ENGLISH AND BURMESE

# DICTIONARY

ENGLISH AND BURMESE

# DICTIONARY

**BY A. JUDSON**

GYAN

*Published by*

Gyan Publishing House
5, Ansari Road
Daryaganj, New Delhi-110002
Phone: 011-47034999, 9811692060
E-mail: books@gyanbooks.com

*Distribution Network*
gyanbooks.com
India, USA, Canada, UK, Australia



ISBN: 978-81-212-7059-5 (PB)
First Published, 1849

2nd Impression 2024

*Printed at:* Gyan Press, Delhi.



**ENGLISH AND BURMESE DICTIONARY**
Author: A. JUDSON

# ENGLISH AND BURMESE

# DICTIONARY.

# ENGLISH AND BURMESE

# DICTIONARY.

ဆရာယုဒသန်

အနက်ပြန်၍အက္ခရာစဉ်အတိုင်းစီရင်ရေးထားသော

# အင်္ဂလိတ်နှင့်မြန်မာအဘိဓါန်။

BY A. JUDSON

RANGOON:
AMERICAN BAPTIST MISSION PRESS,
F. D. PHINNEY, SUPT.
1877

# PREFACE TO THE FIRST EDITION.

In order to avoid tedious repetitions, and bring this work into the smallest possible compass, many words are referred to other words, and many words are omitted; but if the following explanations and directions are attended to, it is hoped that no inconvenience will result from the attempt at compression.

The largest class of words alluded to consists of nouns referred to verbs or adjectives; and the definitions of such may be obtained at once, by changing the verbal affix သည်, or the adjective affix သော, into ခြင်း.

Nouns in *er* or *or*, denoting the agent or subject of the verbs from which they are formed are generally omitted, because almost all verbs in the English language are capable of that modification, and can be made in Burmese, by affixing သောသူ to the verbal root. When they are inserted and referred to verbs or adjectives, their definitions are to be obtained by changing the verbal affix သည် into သောသူ, or by adding သူ to the adjective affix.

When adjectives are referred to verbs, their definitions are to be obtained by changing သည် into သော.

When transitive verbs are referred to adjectives or intransitive verbs, their definitions are to be obtained by changing သော or သည် into စေသည်, or စေအောင်ပြုသည်, or in the latter case by aspirating the initial letter.

Adverbs in *ly*, from adjectives, retaining the meaning of their etymons, are omitted, as they can be made in Burmese by affixing စွာ to the verbal root from which the adjective is derived, or by using some other adverbial increment or reduplication, according to the rules laid down in the author's "Grammatical Notices."

The inflected forms of nouns, adjectives and verbs, with few exceptions, are omitted. Technical terms are generally omitted; for to have introduced those of any particular art or science, would have required some special reason for such preference; and to have introduced the technical of all arts and sciences, even had the author's knowledge been competent to the task, would have changed the work from a portable Dictionary into a voluminons Encyclopædia. It has been his leading aim, to interpret that portion of the English language into Burmese, which is common to all trades and professions; leaving it to the botanist. the zoologist and the chemist, the mathematician and the navigator, to enlarge their respective vocabularies, as they have opportunity.

The English dictionaries followed in compiling this work, are Johnson's and Webster's. Americanisms from the latter are rarely admitted, and never, without being designated as such.

Some remarks on the Burmese orthography adopted, are on paper; but they will find a more appropriate place in the preface to the Burmese and English Dictionary, now in course of preparation. It is necessary to say, however, that when ဉ်, with the preceding vowel, is to be pronounced *een*, it is distinguished by a dot placed over it, thus, ဉံ်.

The following are the abbreviations which occur most frequently, vix. *n.* for noun; *pron.* for pronoun; *pron. a.* for pronominal adjective; *a.* for adjective; *v. t.* for verb transitive; *v. i.* for verb intransitive; *adv. prep. conj.* and *int.* for adverb, preposition, conjunction and interjection.

Maulmain, January, 1849.

## PREFACE TO THE THIRD EDITION.

The first edition of the English and Burmese Dictionary was published in 1849. A second edition was printed in 1866, being a copy of the first, only the form was changed from a quarto to an actavo, as more handy for use in Schools, where the demand was considerable, and the edition exhausted.

The present work has, in addition to all of the above, as left by Mr. Judson, more than five hundred additional definitions, that are Mr. Judson's, but not in the former editions of his Dictionary. There are also a few additional words and definitions, prepared by the Rev. E. O. Stevens, and some few by Dr. Mason; all of these words are marked with an S, or an M., after the definition, to show the source whence they come.

This Dictionary was originally prepared to assist the English student in the acquisition of the Burmese language; hence a great portion of the matter consists of explanations in English of the various shades of meanings attached to the word defined.

The quarto edition was sold at fifteen Rupees per copy, but the price was reduced to ten on the issuing of the second edition.

An abridgement of this work is now in press, designed for Burmans in English Schools, and in which for the most part the English explanations are omitted.

C. B.

RANGOON, AUGUST, 1877.

## PREFACE TO THE FOURTH EDITION.

This edition differs from those previously issued, chiefly in respect to the amount of matter it contains. New *words*, *definitions* and *examples* have been added; amounting in the aggregate to more than *six thousand five hundred*.

These additions have been drawn, for the most part, from the same sources as were the contents of the former editions.

F. H. E.

SANDOWAY, OCTOBER, 1892.

# A DICTIONARY

# ENGLISH AND BURMESE.

## A

A, *art.* one, တစ်၊ တခု၊ some one, တစုံတခု။

Aback, *adv.* နောက်သို့။

Abacut, *n* ရှေးကာလ၌အင်္ဂလိတ်ရှင်ဘုရင်ဆောင်းသောသရဖူတမျိုး။

Abacus, *n.* a counting table, တွက်ရန်သင်ပုံး၊ one kind of cap
a column, တိုင်ထိပ်တမျိုး။

Abaft, *adv.* ဝဲ့ဆီမှ၊ ဝဲ့ဆီသို့။

Abandon, *v. t.* စွန့်သည်၊ ပြစ်ထားသည်။ စွန့်သွားသည်။

Abandoned, *a.* extremely wicked, အလွန်ဆိုးသွမ်းသော။

Abandonment, *n.* from Abandon.

Abase, *v. t.* နှိမ့်ချသည်၊ ရှုတ်ချသည်။

Abasement, *n.* နှိမ့်ချခြင်း၊ ရှုတ်ချခြင်းကိုခံရာအဖြစ်။

Abash, *v. t.* ရှက်စေသည်၊ ရှက်အောင်ပြုသည်၊ အရှက်ခွဲသည်။

Abate, *v. i.* လျော့သည်။ အားလျော့သည်၊ as a fever, ဆုတ်သ
*v. t.* လျော့စေသည်၊ လျှော့သည်။

Abatement, *n.* from above, *v. t.* and *v. i.*

Abb, *n.* ရက်ကန်းတွေး။

Abba, *n.* အဘ။

Abbacy, *n.* ကျောင်းနေပုဂ္ဂိုလ်၏အရာ။

Abbe, *n.* ဗရင်ဂျီရဟန်း။

Abbess, *n.* မယ်သီလရှင်အကြီး၊

Abbey, *n.* ကျောင်းတမျိုး။

Abbot, *n.* ကျောင်းနေပုဂ္ဂိုလ်။

Abbreviate, *v. t.* to shorten or contract, တိုစေသည်၊ ကျဉ်းစေသ
to abridge, အကျဉ်းချုပ်သည်။

Abbreviation, *n.* from above.

Abbreviature, *n.* a mark used for shortening, စာ၌ကျဉ်းအောင်မှ
သောအမှတ်၊ an abridgment, အကျဉ်းအားဖြင့်ရေးထားသောစာ

Abdicate, *v. t.* အရာကိုစွန့်ပြစ်သည်။

Abdication, *n.* from above.

Abdomen, *n.* ဝမ်း၊ ဝမ်းပန်း။

Abdominal, *a.* ဝမ်းနှင့်ဆိုင်သော။

Abdominous, *a.* pertaining to the abdomen, ဝမ်းနှင့်ဆိုင်သော
having a large belly, ဝမ်းကြီးသော၊ ဝမ်းပွသော။

**Abduce**, *v. t.* to draw out, နုတ်သည်။ to draw back, နောက်
**Abducent**, *a.* နောက်သို့ဆွဲတတ်သော။
**Abduction**, *n.* ခိုးတပါးသို့ဆွဲသွားခြင်း။
**Abductor**, *n.* အမြန်ဆွဲတတ်သောအကြော။
**Abecedarian**, *n.* အက္ခရာစာလုံးကိုသင်သောသူ။
**Abed**, *adv.* အိပ်ရာပေါ်မှာ။
**Aberrant** *a.* လွဲသော။ မှားသော။
**Aberration**, *n.* from above.
**Abet**, *v. t.* အားပေးသည်။
**Abeyance**, *n.* အခွင့်မရှိသေး၊ မျှော်ထင့်လျှက်နေရခြင်းအကြောင်း။
**Abhor**, *v. t.* to loathe, ရွံရှာသည်။ to hate, မုန်းထားသည်။
**Abhorrence**, *n.* from above.
**Abhorrent**, *a.* loathsome, ရွံရှာသော။ hateful, မုန်းထားသော။ contrary to, သဘောချင်းမသင့်သော။ ဆန့်ကျင်ဘက်ဖြစ်သော။
**Abide**, *v. i.* နေသည်။ နေရာကျသည်။—a brief time, တည်းခိုသည်။ *v. t.* to await, စောင့်နေသည်။ to sustain, ရပ်ခံသည်။ to bear patiently, သည်းခံသည်။ —by, *v.* သစ္စာမဖျက်၊ တည်ထွံ့သည်။
**Ability**, *n.* power, အစွမ်းသတ္တိ။ တတ်နိုင်သောအခွင့်။ တတ်အား။ တန်ခိုး။ mental capacity, ဉာဏ်သတ္တိ။ capacity. အစွန်းအစ။ faculty, အရည်အသွေး။ အသွား။ —to speak, နှုတ်သတ္တိ။ အာစလျှာစ။—and strength, စွမ်းအား။ စွမ်းပကား။ extent of—, *n.* တတ်နိုင်သမျှ။
**Abject**, *a.* mean, ယုတ်ညံ့သော။ base, ဆိုးယုတ်သော။ servile, ကိုယ်အသရေကိုမမှတ်။ ယုတ်ညံ့သော အမှုကိုမရှောင်ဘဲ ··· ၈လိုသို့ အလွန်လိုက်တတ်သော။
**Abjectness**, *n.* from above.
**Abjure**, *v. t.* ကျိန်ဆို၍စွန့်သည်။
**Ablation**, *n.* နုတ်သွားခြင်း။
**Ablative**, *n.* အပါဒါန်။
**Ablaze**, *adv.* မီးတောက်ထသည်နှင့်။
**Able**, *a.* having competent power, တတ်နိုင်သော။ တတ်စွမ်းသော။ စွမ်းဆောင်နိုင်သော။ having mental capacity, ဉာဏ်သတ္တိနှင့်ပြည့်စုံသော။ —bodied, *a.* သန်စွမ်းသော။
**Ablepsy**, *n.* မျက်မိကန်းခြင်း။
**Abluent**, *n.* ဆေး၍စင်ကြယ်စေတတ်သော။
**Ablution**, *n.* ရေနှင့်ဆေးကြောခြင်း။
**Abnegation**, *n.* ငြင်းပယ်ခြင်း။
**Aboard**, *adv.* သင်္ဘောပေါ်။ လှေပေါ်။ go —, *v. i.* သင်္ဘောပေါ်သို့တက်သည်။

**Abode**, *n.* stay, continuance, နေခြင်း။ a habitation, နေရာ၊ resting place, အာဝါသ၊ *Pali.* make one's —, *v.* နေရာစွဲသည်၊

**Abodement**, *n.* တိတ်နိမိတ်ကိုမြင်ခြင်း။

**Abolish**, *v. t.* to destroy, ဖျက်သည်၊ ဖျက်ဆီးသည်၊ to abrogate, ဖျက်ပယ်သည်၊ ပယ်ရှင်းသည်၊

**Abolition**, *n.* from above, 2d. def.

**Abominable**, *a.* စက်ဆုပ်ရွံရှာဘွယ်၊

**Abominate**, *v. t.* to loathe, စက်ဆုပ်သည်၊ ရွံရှာသည်၊ to hate, မုန်းထားသည်၊

**Abomination**, *n.* extreme detestation, စက်ဆုပ်ရွံရှာ၍မုန်းထားခြင်း။ an object of extreme detestation, စက်ဆုပ်ရွံရှာ၍မုန်းထားဘွယ်သောအရာ၊

**Aboriginal**, *a.* ရှိနှင့်ရင်း။

**Aborigines**, *n. plur.* ပြည်၌ရှိနှင့်ရင်းလူတို့၊

**Abortion**, *n.* a miscarrying, ကိုယ်ဝန်ပျက်ခြင်း။ the produce of untimely birth, လျှောငွေး။

**Abortive**, *a.* brought forth prematurely, အချိန်မစေ့မွေးသွားသော၊ failing in purpose, အကြံမထမြောက်သော၊

**Abound**, *v. i.* ပေါမျှားသည်၊ be prevalent, နိုင်သည်၊ —in, *v. i.* ကြွယ်ဝသည်၊ စည်ပင်သည်၊ စည်ကားသည်၊ ဝပြောသည်၊

**About**, *prep.* around, ပတ်လည်၊ ဝန်းလည်၊ ဝန်းကျင်၊ near to, အနီး။ relating to, အကြောင်းအရာနှင့်ဆိုင်လျှက်၊ employed in, အမှုကိုပြုလျှက်၊ —*adv.* nearly, အခန့်၊ အမျှ၊ အလောက်၊ here and there, ဤမှာ၊ ထိုမှာ၊ အရပ်ရပ်၊ round, အကွေ့အားဖြင့်၊ ပိုက်ပိုက်၊

**Above**, *prep. or adv.* over, higher, အထက်၊ အပေါ်၊ more than, သာလျှက်၊ ကျော်၊ မက၊ beyond, အလွန်၊ —board, *adv.* မထိမ်မဝှက်ဘဲ၊ —cited, *a.* အရင်းထုပ်ဖော်ခဲ့ပြီးသော၊ —ground, *adv.* အသက်ရှင်လျှက်၊ —mentioned, —said, *a.* အရင်ပြောဆိုခဲ့ပြီးသော၊

**Abrade**, *v. t.* ပွန်းအောင်ပြုသည်၊

**Abrahamic**, *a.* ယုဒအမျိုး၏အဘအာဗြဟံနှင့်ဆိုင်သော၊

**Abrasion**, *n.* from Abrade.

**Abreast**, *adv.* ယှဉ်တောင်တန်း။ opposite, ရင်ဆိုင်၊ မျက်နှာချင်းဆိုင်၊ သမသတ်၊

**Abridge**, *v. t.* to epitomize, အကျဉ်းချုပ်သည်၊ to lessen, လယ်စေသည်၊ နည်းစေသည်၊ —of *v. t.* အခွင့်ကိုရုပ်သိမ်းသည်၊

**Abridgment**, *n.* an epitome, အကျဉ်းအားဖြင့်ရေးထားသောစာ၊ အကျဉ်းချုပ်သောစာ၊ အကျဉ်းအားဖြင့်၊ compilation, သင်းပြွတ်၊ a lessening, လယ်စေခြင်း။ a deprivation, အခွင့်ကိုရုပ်သိမ်းခြင်း။

**Abroach**, *adv.* ဖောက်၍အရည်ထွက်အောင်ထားလျှက်၊

**Abroad**, *adv.* out of the house, နေရာအိမ်ပြင်မှာ၊ in another country,

တတိုင်းတနိုင်ငံမှာ။ in all directions, this way and that, ပြင်သို့အနှံ့အပြား။

**Abrogate,** *v. t.* အရင်တည်သောနည်းဥပဒေသ စသည်တို့ကို နောက်တဖန် ပယ်ရှင်းသည်။ ပပျောက်စေသည်။

**Abrogation,** *n.* from above.

**Abrupt,** *a.* broken, craggy, ကမ်းပါးထိပ်ကဲ့သို့ကျိုးပြတ်သော။ sudden, ထမ်းပန်းမသင့်ဘဲဘွားခနဲ့ ဖြစ်သော။

**Abruptly,** *adv.* မထောက်မလှန်း။ မစုံမစမ်းဘဲဘွားခနဲ့ ဖြစ်လျက်။

**Abscess,** *n.* အိုင်းနာ။

**Abscind,** *v. t.* ဖြတ်၍ပယ်သည်။

**Abscission,** *n.* from above.

**Abscond,** *v. i.* ပြေးထွက်၍တိမ်းရှောင်သည်။

**Absence,** *n.* from next.

**Ab'sent, (be,)** *v. i.* to be not present, မရှိမပါ။ —in mind, သတိမရှိ။

**Absent' (one's self,)** *v. i.* အတွေ့မခံ။ အခြားတပါးသို့သွားသည်။

**Absentee,** *n.* မိမိနေရာအရပ်၌မနေ၊ အခြားတပါးသို့ပြောင်းနေသောသူ။

**Absolute,** *a.* complete in itself, အခြားတပါးနှင့်မဆက်ဆံဘဲစုံလင်သော။ unconditional, အခြားတပါးသောအကြောင်းရှိသည်ဖြစ်စေ၊ မရှိသည်ဖြစ်စေ၊ တည်သော။ independent, အခြားတပါးကိုမမှီဘဲတည်သော။ uncontrolled, အဆီးအတားမရှိဘဲအစိုးရသော။ positive, not relative, အခြားတပါးနှင့်မဆိုင်ဘဲသက်သက်ဖြစ်သော။

**Absolution,** *n.* အပြစ်လွှတ်စေဟုစီရင်ခြင်း။

**Absolutism,** *n.* ကိုယ်အလိုအလျောက်စီရင်အုပ်စိုးခြင်း။

**Absolve,** *v. t.* to pardon, အပြစ်လွှတ်သည်။ to free from responsibility, ဝန်ကင်းစေသည်။

**Absorb,** *v. t.* to suck up, စုတ်သည်။ to swallow, မျိုသည်။

**Absorbed (be,)** *v. i.* —in thought, မှိုင်တွေသည်။

**Absorbent,** *a.* စုတ်တတ်သော။ မျိုတတ်သော။

**Absorbent,** *n.* in anatomy, အရည်ကိုစုတ်တတ်သောအကြော။ in medicine, ခြောက်စေတတ်သောဆေး။

**Absorption,** *n.* from Absorb; —in the Deity, ဘုရား၌မြုပ်ခြင်း။

**Abstain (from,)** *v. t.* မခံစားဘဲရှောင်သည်။

**Abstemious,** *a.* ကာမဂုဏ်ချုပ်တည်းတတ်သော။

**Absterge,** *v. t.* သုတ်သင်သည်။

**Abstergent,** *a.* သုတ်သင်တတ်သော။

**Abstersive,** *a.* same.

**Abstinence,** *n.* from Abstain.

**Abstinent,** *a.* မခံစားဘဲရှောင်တတ်သော။

**Abstract',** *v. t.* to take from, ခွဲ၍နုတ်သည်။ to purloin, ခိုးထုတ်သည်။ to consider separately, ခြားနား၍ဆင်ခြင်သည်။

**Ab'stract,** *a.* separated, ခွဲနှုတ်၍ထားပြီးသော။ considered separately, ခြားနား၍ထင်မြင်ပြီးသော။ abstruse, ခက်ခဲနက်နဲသော။

**Ab'stract,** *n.* နှုတ်ထုတ်၍ပေါင်းချုပ်သောစာ။

**Abstracted,** *a.* absent in mind, မှိုင်တွေသော။

**Abstraction,** *a.* the act of taking from, ခွဲ၍နှုတ်ခြင်း။ distinctive consideration, ခြားနား၍ထင်မြင်ခြင်း။ absence of mind, မျက်မှောက်အမှုအရာတို့ကိုအာရုံမပြုဘဲနေခြင်း။ မှိုင်တွေခြင်း။

**Abstruse,** *a.* ခက်ခဲနက်နဲသော။

**Abstruseness,** *n.* from above.

**Abstrusity,** *n.* same; that which is abstruse, ခက်ခဲနက်နဲသောအရာ။

**Absurd,** *a.* လူတို့ဉာဏ်နှင့်ဆန့်ကျင်ဘက်ဖြစ်သော။

**Absurdity,** *n.* လူတို့ဉာဏ်နှင့်ဆန့်ကျင်ဘက်ဖြစ်သောအရာ။

**Abundance,** *n.* from next. (to have in—, ကြွယ်ဝသည်။ ဌေးသည်။)

**Abundant,** *a.* ပေါများသော။ များပြားသော။

**Abuse,** *v. t.* to misuse, မကောင်းအောင်သုံးဆောင်သည်၊ to treat ill, ညှဉ်းဆဲသည်။ to revile, ဆဲရေးသည်။

**Abuse,** *n.* from above.

**Abusive,** *a.* ညှဉ်းဆဲတတ်သော။ ဆဲရေးတတ်သော။ —in speech, နှုတ်ကြမ်းသော။ အာကြမ်းသော။—for sub-def. see under Abuse, *v. t.*

**Abusively,** *adv.* in language, ဘဲဖီး။

**Abut,** *v. i.* အခြားကိုထိအောင်အစွန်းထွက်သည်။

**Abutment,** *n.* အခြားကိုထိအောင်ထွက်သောအစွန်း။

**Abyss,** *n.* အဆုံးအဆမရှိ။ အလွန်နက်သောချောက်။

**Acacia,** *n.* soap—, ကင်ပွန်းပင်။

**Academic,** *a.* သိပ္ပံအတတ်များကိုသင်ခြင်းအမှုနှင့်ဆိုင်သော။

**Academy,** *n.* a place of education, သိပ္ပံအတတ်များကိုသင်ရာအရပ်နှင့်သင်ပေးသောဆရာ၊ သင်ကြားသောတပည့်စု။ a learned society, ပညာရှိတို့အပေါင်းအသင်း။

**Acanthus,** *n.* ခရုပင်။

**Accede (to,)** *v. t.* ဝန်ခံသည်။

**Accelerate,** *v. t.* မြန်စေသည်။

**Accent,** *v. t.* ဂရုသံပေးသည်။ အသံချိန်သည်။ *n.* stress of voice, ဂရုသံ။ a mark to denote the stress of voice, ဂရုသံကိုစာ၌ မှတ်သောအမှတ်။ words, စကား။ the light—. အမြစ်၊ အောက်ခြစ်။ the heavy—, ရှေ့ပေါက်။

**Accentuate,** *v. t.* to mark with accents, ဂရုသံပေးရာကိုစာ၌မှတ်သောအမှတ်ကိုရေးမှတ်သည်။ to pronounce with accents, ထိုအမှတ်အတိုင်းဂရုသံပေးသည်။

**Accept,** *v. t.* to receive favorably, ခံယူသည်။—a favor or blessing,

လက်ခံသည်။ to agree to. ဝန်ခံသည်။ to esteem, ကောင်းမြတ်သည် ဟုထင်၍နှစ်သက်သောစိတ်ရှိသည်။

Acceptable, *a.* good to accept, ခံယူစရာကောင်းသော။ pleasing, နှစ်သက်ဖွယ်ဖြစ်သော။

Acceptableness, *n.* from above.

Acceptance, *n.* from Accept, *v. t.*

Acceptation, *n.* same; the meaning of a word, အနက်အဓိပ္ပာယ်။

Access, *n.* admittance, အထဲသို့ဝင်ခြင်း။ a way of approach, ရောက်ရာလမ်း။ liberty of approach, ဝင်ရသောအခွင့်။ an addition, ထပ်၍ရခြင်း။

Accessible, *a.* မရောက်နိုင်အောင်အဆီးအတားမရှိသော။

Accession, *n.* a coming over to, လာ၍ပေါင်းဖော်ခြင်း။ an addition, ထပ်၍ရခြင်း။ that which is added, ထပ်၍ရသောဥစ္စာ။ an attainment of office or dignity, တစုံတခုသောအရာကိုခံစားခြင်း။

Accessory, *a.* ကူညီသော။ *n.* ထောက်ခံသောသူ။

Accidence, *n.* သဒ္ဒါကျမ်းအကောက်။

Accident, *n.* an undesigned event, အကြံမရှိဘဲအမှတ်တမဲ့ဖြစ်သောအမှု။ an uncaused event, အကြောင်းမရှိဘဲအလိုလိုဖြစ်သောအမှု။ a non-essential attribute, မရှိသော်လည်းဖြစ်တည်နိုင်သောဂုဏ်။

Accidental, *a.* happening undesignedly, အကြံမရှိဘဲအမှတ်တမဲ့ဖြစ်တတ်သော။ happening without cause, အကြောင်းမရှိဘဲအလိုလိုဖြစ်တတ်သော။

Acclaim, *v. t.* ချီးမွမ်း၍ကြွေးကြော်သည်။

Acclamation, *n.* from above.

Acclimate, *v. t.* နေရင်းပြည်မဟုတ်သောပြည်မှာကျန်းမာစေခြင်းငှါကိုယ်ခန္ဓာသဘောပြောင်းလဲအောင်ပြုသည်။

Acclimation, *n.* from above.

Acclivity, *n.* ကုန်းတက်ရာ။

Accommodate, *v. t.* to adapt, တော်လျော်အောင်ပြုသည်။ to supply what is wanted, လိုရာကိုပေးသည်။ အသုံးခံသည်။

Accommodating, *a.* disposed to oblige, သူ့အလိုသို့လိုက်၍ကျေးဇူးပြုတတ်သော။

Accommodatingly, *adv.* ဇာလိုက်ဇာသက်။ မလိုက်တသက်။

Accommodation, *n.* from Accommodate; *v. t.* fitness, adaptation, တော်လျော်ခြင်း။

Accompaniment, *n.* စပ်ဆိုင်သောအရာ။ ပါသောတန်ဆာ။

Accompany, *v. t.* to go with, အတူလိုက်သည်။ to be connected with, ပါသည်။

Accomplice, *n.* မကောင်းသောအမှု၌ထောက်ခံဖော်လက်ခံဖက်။

**Accomplish,** *v. t.* from next ; —one's purpose, *v.* အကြံထမြောက်သည်။ အထမြောက်သည်။
**Accomplished** ( be, ) *v. i.* to be finished, ပြီးသည်။ ပြီးစီးသည်။ to be fulfilled ပြည့်စုံသည်။ to be possessed of educational acquirement, တွေ့လာကြေငြွန်သည်။ attained, ဖြစ်မြောက်သည်။
**Accomplishment,** *n.* from above; attainment of one's purpose, အကြံထမြောက်ခြင်း။ good quality, သဏ္ဍာ။ *Pali.*
**Accord,** *v. i.* ညီညာသည်။ ညီညွတ်သည်။ —as two accounts, အင်းကိုက်သည်။ —with, ညီလျော်သည်။ နားကျသည်။ agree, ဆီဆိုင်သည်။ ဆီလျော်သည်။ —in sentiment or practice, ထက်စုံကျသည်။ ထက်စုံဝင်သည်။ —*v. t.* to make agree, ညီညာစေသည်။ to settle, compose, အမှုကိုဖြေသည်။ to grant, ပေးသည်။
**Accord,** *n.* agreement, ညီညာခြင်း။ permission, အခွင့်ပေးခြင်း။ own will, ကိုယ်အလို။ of one—, *adv.* တညီတညွတ်တည်း။ of one's own—, ခသာ။ လျောက်လျှား။
**Accordance,** *n.* ညီညာခြင်း။ ညီညွတ်ခြင်း။
**According,** *prep.* အတိုင်း။ အညီ။ အလျောက်။
**Accordingly,** *adv.* ညီလျော်စွာ။ လျော်ညီစွာ။
**Accordion,** *n.* သီခြင်းသီတွက်ဆောင်ဆွဲမှုပ်သောသာရေရိုး။
**Accost,** *v. t.* စ၍ပြောသည်။ စ၍နှုတ်ဆက်သည်။
**Accoucheur,** *n.* ဝမ်းဆွဲသမား။
**Accouchement,** *n.* သားရွေးဖွားရာတွင်ပြုစုခြင်း။
**Account,** *n.* a reckoning, အတွက်။ အရေအတွက်။ a register of charges, ငွေစာရင်း။ အရေအတွက်စာရင်း။ sake, behalf, အတွက်။ အမှီ။ အကြောင်း။ a narrative, အကြောင်းစကား။ အကြောင်းအရာ၊ အထုပ္ပတ္တိများကိုစေ့စပ်အတိုင်း။ ( if spoken ) ဖော်ပြသောစကား။ (if written) မှတ်သားသောစာ။ a reason, ပြုခြင်း၏အကြောင်း။ a ground of estimation, ပမာဏပြုစရာအကြောင်း။ —book, *n.* ငွေစာရင်းစာထုပ်။
**Account,** *v. t.* to deem, ထင်မှတ်သည်။ —*v. i.* to render an account, စာရင်းပေးသည်။ to take an —, စာရင်းယူသည်။ to render reasons, အကျိုးအကြောင်းကိုဖော်ပြသည်။ —for, *v. t.* အဘယ်အကြောင်းကြောင့်ဖြစ်သည်ကိုဖော်ပြသည်။
**Accountable,** *a.* အစစ်ခံထိုက်သော။ ဝန်မကင်းမလွတ်သော။
**Accountability,** *n.* from above.
**Accountant** *n.* ရေတွက်တတ်သောသူ။ ငွေစာရင်းကိုစီရင်သောသူ။
**Accoutre,** *v. t.* to equip, အဝတ်တန်ဆာဆင်သည်။ to equip for war, စစ်တန်ဆာများကိုဝတ်ဆင်သည်။
**Accoutrement,** *n.* စစ်တန်ဆာအဝတ်ရုံ။ စစ်ဝတ်စစ်စား။
**Accredit,** *v. t.* ယုံလောက်သောအခွင့်ကိုပေးသည်။

**Accretion,** *n.* တိုးပွားခြင်း။

**Accrue,** *v. i.* ထပ်၍ဖြစ်ထသည်။

**Accumulate,** *v. t.* ဆည်းပူးသည်။

**Accumulation,** *n.* from above.

**Accuracy,** *n.* from next.

**Accurate,** *a.* exactly comformed to, (တစုံတခုနှင့်ပြိုင်လျှင်) တညီတညွတ်တည်းဖြစ်သော။ precise, exact, သေချာသော။ စေ့စပ်သော။ —in speaking or writing, ပြေသော။ —in pronunciation လျှာထည်သော။

**Accurse,** *see* Curse.

**Accursed,** *see* Cursed.

**Accusation,** *n.* from Accuse, —in writing, တိုင်တန်းသောစာ။ —before a court, တရားစွဲဆိုသောစာ၊ စွဲဆိုသောဆင်ခြေ။ တရားလိုစွဲဆိုသောဆင်ခြေ။

**Accusative,** *n.* ကမ္မ။ ကံ။

**Accuse,** *v. t.* to blame, အပြစ်ဘင်သည်။ to inform against, တိုင်တန်းသည်။ to charge in law, တရားစွဲဆိုသည်။ to accuse on suspicion, စွပ်စွဲသည်။ ယိုးစွပ်သည်။

**Accustom,** *v. t.* အကျင့်အလေ့ပါစေအောင်ပြုသည်။

**Accustomed,** *a.* habituated, အကျင့်ပါသော။ အကျင့်အလေ့ပါသော။ being in the habit of, being used to, အလေ့ရှိသော။ (ပြု) လေ့ရှိသော။ (ပြု) တတ်သော။

**Ace,** *n.* အနီစာခွဲဂုဏ်၊ ဖဲခွဲဂုဏ် ၁။

**Acerbity,** *n.* a rough, sour taste, ဖန်ချဉ်သောအရသာ။ harshness of temper, စိတ်ခက်ထန်ခြင်း။

**Acetabulum,** *n.* တင်ပါးခွက်။

**Acetous,** *a.* အချဉ်။ ချဉ်သော။

**Ache,** *v. i.* ကိုက်သည်။ ခဲသည်။

**Achieve,** *v. t.* to accomplish by effort, ကြိုးစား၍ပြီးစီးအောင်ပြုသည်။ to gain by effort, ကြိုးစား၍ရသည်။

**Achievement,** *n.* from above; a distinguished deed, ထူးဆန်းသောအပြုအမူ။

**Acid,** *a.* အချဉ်။ ချဉ်သော။

**Acidify,** *v. t.* ချဉ်စေအောင်ပြုသည်။

**Acidity,** *n.* ချဉ်သောအရသာ။

**Acknowledge,** *v. t.* to assent to, အာမခံသည်၊ ဝန်ခံသည်။ to own the knowledge of, သိကြောင်းကိုဝန်ခံသည်။ to confess, ဝန်ချသည်။

**Acknowledgment,** *n.* from above.

**Acme,** *n.* ထိပ်။ အထွဋ်။

**Acorn,** *n.* ဝက်သစ်ချသီး။

**Acoustics**, *n.* သဒ္ဒါရုံနှင့်ဆိုင်သောအတတ်။
**Acquaint**, *v. t.* ကြားပြောသည်။ —one's self with, ကျွမ်းကျင်တွေ့ထောင်ပြုသည်။
**Acquainted** (be,) *v. i.* to know as a friend, သိကျွမ်းသည်။ အကျွမ်းဝင်သည်။ to be skilled in, တွေ့ကျက်သည်။
**Acquaintance**, *n.* from above; a person well known, အသိအကျွမ်း။ ဈက်နှာသိ။ (to make—, အကျွမ်းဖွဲ့သည်။)
**Acquiesce**, *v. i.* to assent without opposing, မငြင်းဘဲနေသည်။ to agree in opinion, သဘောတူသည်။ —in, ဦးတင်သည်။ accord with, နားကျသည်။
**Acquiescence**, *n.* from above.
**Acquire**, *v. t.* လုပ်၍ရသည်။
**Acquirement**, *n.* သင်၍တတ်သောအတတ်။
**Acquisition**, *n.* from acquire; the thing acquired, လုပ်၍ရသောအရာ။
**Acquisitive**, *a.* လုပ်၍ဆည်းဖူးချင်သောသဘောရှိသော။
**Acquit**, *v. t.* လွှတ်စေသည်။ လွှတ်သည်။ အပြစ်လွှတ်စေထုံးရင်သည်။ —one's self, တော်သင့်အောင်ပြုလုပ်သည်။
**Acquittal**, *n.* အပြစ်လွှတ်ခြင်း။
**Acquittance**, *n.* discharge from debt, ကြွေးဆပ်ရမည်အမှုမှလွှတ်ခြင်း။ a certificate of discharge, ပြေစာလက်မှတ်။
**Acre**, *n.* ကေတည်းဟူသော၊ အလျားအတောင် ၄၄၀၊ အနံ ၄၄ ရှိသောမြေအတိုင်းအတွာ။
**Acrid**, *a.* စပ်ပူသည်။
**Acridness**, *n.* from above.
**Acrimonious**, *a.* same; calculated to hurt the feelings, နားခါးဖွယ်ဖြစ်သော။ စိတ်နာစေတတ်သော။
**Acrimony**, *n.* စိတ်နာစေတတ်သောသဘော။
**Across**, *prep.* from side to side, တဖက်မှတဖက်သို့။ intersecting, ကန့်လန့်။ ဖီလာ။ ဖီလာပြတ်။
**Acrostic**, *n.* ခေါင်းစည်ပဒ္ဒရစာလုံးအလိုက်။ အမည်သညာထွက်သောသီခြင်း။
**Act**, *v. i.* to be in action, လှုပ်သည်။ to operate, ပြုသည်။ ပြုလုပ်သည်။ to behave, ပြုမူသည်။ ကျင့်သည်။ —on the stage, ဇာတ်ခြသည်။ —like, ပြုသည်။ —on, *v. t.* ပြုလုပ်သည်။
**Act**, *n.* a deed, အပြုအမူ။ an edict, မင်းစီရင်ချက်။ a division of a play, ဇာတ်တခဏ်း။
**Action**, *n.* motion, လှုပ်ခြင်း။ operation, ပြုလုပ်ခြင်း။ conduct, ပြုမူခြင်း။ —in law, တရားတွေ့ခြင်း။ တရားမှု။ a battle, စစ်တိုက်ခြင်း။
**Actionable**, *a.* တရားတွေ့စရာလမ်းရှိသော။
**Active**, *a.* having the quality of acting, လှုပ်တတ်သော။ quick in

action, မြန်ဆန်သော၊ လျင်မြန်စွာပြုတတ်သော၊ ထကြွသော၊ making efforts, ကြိုးစားအားထုတ်တတ်သော၊

**Activity**, *n.* from above.

**Actor**, *n.* a doer, ပြုသောသူ၊ ပြုလုပ်သောသူ၊ a stage-player, ဇာတ်သမား။

**Actress**, *n.* ဇာတ်သမ၊

**Actual**, *a.* တကယ်ဖြစ်သော၊

**Actuate**, *v. t.* တိုက်တွန်းသည်၊

**Acumen**, *n.* a sharp point, အချွန်အထက်၊ quickness of intellect, ဉာဏ်ထက်ခြင်း။

**Acute**, *a.* sharp pointed, ချွန်သော၊ sharp, as pain, ပြင်းသော၊ of sharp intellect, ဉာဏ်ထက်သော၊

**Adage**, *n.* ရှေးလူတောင်းတို့ထားသောရသာစကားချက်၊

**Adamic**, *a.* ကမ္ဘာဦးသူ၊ ပဌမလူအာဒံနှင့်ဆိုင်သော၊

**Adamant**, *n.* အလွန်မာသောကျောက်တမျိုး။

**Adam's apple**, *n.* စားလုပ်၊ လည်စေ့၊

**Adapt**, *v. t.* from next.

**Adapted** (be,) *v. i.* တော်လျော်သည်၊ တော်သင့်သည်၊

**Adaptation, Adaptedness**, *n.* from above.

**Add**, *v. t.* to put together, ပေါင်းသည်၊ နှောသည်၊ —by way of augmenting, ဆက်သည်၊ ထပ်သည်၊ ထပ်ဆင့်သည်၊ ထပ်လောင်းသည်၊ —to, in order to supply a deficiency, စွက်သည်၊—to, as a very little to a larger mass, ဖြက်သည်၊

***Addendum***, *n.* ဆက်ရန်အရာ၊

**Adder**, *n.* မြွေဆိုးတမျိုး။

**Addict**, (one's self.) *v.* အကျင့်ပါအောင်ပြုမြဲပြုသည်၊

**Addicted**, *a.* အကျင့်ပါသော၊

**Addition**, *n.* from add; the thing added, ထပ်၍ပေါင်းသောအရာ၊ improvement, သာ၍ကောင်းစေသောအရာ၊

**Additional**, *a.* ထပ်၍ပေါင်းလျက်ရှိသော၊ ရင်ပြင်ရှိသော၊

**Addle, Addled**, *a.* —as an egg, အဆန်ချောင်း၊ ineffective, အချည်းနှီးဖြစ်သော၊

**Address**, *v. t.* to prepare, အသင့်ရှိအောင်ပြင်ဆင်သည်၊ to direct speech to, နှုတ်ဆက်၍ပြောသည်၊ —respectfully, လျှောက်သည်၊ —the king, သံတော်ဦးတင်သည်၊ to direct a letter, မှာစာလိပ်ကိုစီရင်ရေးထားသည်၊

**Address**, *n.* a directing speech to, နှုတ်ဆက်၍ပြောခြင်း။ a respectful address, လျှောက်ထားချက်၊ the manner of address, သူတပါးအားပြောဆိုသည်အနေ၊ skilful management, တတ်လိမ္မာခြင်း။ the direction of a letter, မှာစာလိပ်၊

**Addresses**, *n. plur.* (မိန္မကို) လှည့်ခြင်း။

**Adduce**, *v. t.* သက်သေပြသည်။

**Adductor**, *n.* ရွှေ့သွင်းဆွဲတတ်သောအကြော။

**Adept**, *a.* လေ့ကျက်သော၊ လေ့လာသော။

**Adept**, *n.* agent from above.

**Adequacy**, *n.* from next.

**Adequate**, *a.* တန်သော၊ ထိုက်တန်သော၊ လောက်သော။

**Adhere**, *v. i.* to stick, စေးကပ်သည်။ to stay in contact, ကပ်သည်။ —as a sentiment, စွဲကပ်သည်၊ စွဲလမ်းသည်။ —as a person, ဆည်းကပ်၊ မှီဝဲသည်၊ ငဲ့မှီပူသည်၊ ကပ်ခိုသည်၊ မှီကပ်သည်။ —as a dependent on a patron, မှီတွဲသည်။—to, in order to gain strength, ခိုမှီသည်။

**Adherence**, *n.* from above; a clinging to, ဥပါဒါန်၊ (Pali ဥပါဒါန,) commonly taken in a bad sense.

**Adherent**, *a.* from Adhere, *n.* မှီဝဲသောသူ၊ ခိုလှုံသောသူ။

**Adhesion**, *n.* a sticking, စေးကပ်ခြင်း။ —as a sentiment, စွဲကပ်ခြင်း၊ စွဲလမ်းခြင်း။

**Adhesive**, *a.* စေးကပ်တတ်သော။

**Adieu**, *int.* ချမ်းသာပါစေ။

***Ad infinitum***, *adv.* အဆုံးမရှိဘဲ။

**Adipose**, *a.* ဆူသော။

**Adjacent**, *a.* စပ်လျက်ရှိသော၊ အနီးအစပ်ဖြစ်သော

**Adjective**, *n.* နာမ်နှင့်ဆိုင်သောဝိသေသနာ၊ နာမဝိသေသနာ။

**Adjoin**, *v. i.* စပ်လျက်ရှိသည်။ *v. t. see* Join, *v. t.*

**Adjourn**, *v. i.* နေ့ရက်ကာလရွှေ့သည်။ —*v. t.* postpone (a business,) ရွှေ့ထားသည်။ —a meeting, နောက်တဖန်စည်းဝေးမည်အကြံနှင့်ယခုအစည်းအဝေးကိုဖျက်သည်။

**Adjournment**, *n.* from above, ရွှေ့စည်းကာလ။

**Adjudge**, *v. t.* ဆုံးဖြတ်သည်။ —in writing, စီရင်ချက်ချသည်။

**Adjudicate**, *v. t.* same.

**Adjunct**, *n.* something added to another, ပူးကပ်သောအရာ၊ an associate, ပေါင်းဖက်သောသူ။

**Adjuration**, *n.* from next.

**Adjure**, *v. t.* ကျိန်ဆိုစေသည်၊ သစ္စာပေးသည်။

**Adjust**, *v. t.* to make to fit, တော်လျော်အောင်ပြင်သည်၊ to put in order, ပြင်ဆင်သည်၊ to settle (a difficulty,) ဖြေသည်၊ to settle (accounts,) ရှင်းလင်းစေသည်။

**Adjustment**, *n.* from above.

**Adjutant**, *n.* an assistant military officer, လက်ထောက်ဗိုလ်၊ the adjutant bird of Anglo-Indians, ဒိုးစပ်၊ ငှက်ကြီး။

Admeasurement, *n.* တိုင်းထွာခြင်း။

Administer, *v.* to dispense, furnish, ထုတ်ပေးသည်၊ to act as agent, ဆောင်ရွက်သည်၊ —on the estate of one deceased, လူသေဥစ္စာကိုစီရင်သည်၊ —medicine, ဆေးကုသည်၊

Administration, *n.* from above; —of government, ပြည်မှုကိုဆောင်ရွက်ခြင်း။ the persons who administer government, ပြည်မှုကိုဆောင်ရွက်သောမင်းစု၊

Administrator, *n.* ထုတ်ပေးသောသူ၊ ဆောင်ရွက်သောသူ၊—on the estate of one deceased, လူသေဥစ္စာကိုစီရင်သောသူ၊

Admirable, *a.* နှစ်သက်အံ့ဩဖွယ်၊

Admiral, *n.* တိုက်သင်္ဘောစုကိုအုပ်သောဗိုလ်ချုပ်၊ ရေကြောင်းဗိုလ်ချုပ်ကြီး။

Admiralty, *n.* တိုက်သင်္ဘောနှင့်ဆိုင်သောအမှုများကိုစီရင်သောမင်းစု၊

Admiration, *n.* နှစ်သက်အံ့ဩခြင်း။

Admire, *v. t.* to regard with esteem and wonder, နှစ်သက်အံ့ဩသည်၊ to love greatly, အလွန်ချစ်သည်၊

Admissible, *a.* permissible, အခွင့်ရနိုင်ဖွယ်ရှိသော၊ that may be agreed to, ဝန်ခံစရာကောင်းသော၊

Admission, *n.* from next; admittance, ဝင်ရသောအခွင့်၊

Admit, *v. t.* to grant entrance, ဝင်ရသောအခွင့်ကိုပေးသည်၊ to agree to, ဝန်ခံသည်၊

Admittance, *n.* ဝင်ရသောအခွင့်၊

Admix, *v. t.* ရောနှောသည်။

Admixture, *n.* စွက်ပက်၍ရောနှောသောအရာ၊

Admonish, *v. t.* သတိပေး၍ဆုမ္မသည်။

Admonition, *n.* from above.

Admonitory, *a.* သတိပေး၍ဆုမ္မသော၊

Ado, *n.* အပန်းတကြီးပြုခြင်း။

Adolescence, *n.* state of growing, ကြီးပွားခြင်း။ youth, ပျိုသောအရွယ်၊

Adolescent, *a.* ကြီးပွားလျက်ရှိသော၊

Adopt, *v. t.* —as a son, သားအရာနှင့်မွေးစား၍ထားသည်၊ သားအရာ၌ချီးမြှောက်၍ထားသည်။ —as an opinion or practice, ခံယူသည်၊

Adoption, *n.* from above.

Adoptive, *a.* သားအရာနှင့်မွေးစား၍ထားသော။

Adoration, *n.* from next.

Adore, *v. t.* (ဘုရားကို) ကိုးကွယ်သည်။

Adorn, *v. t.* တန်ဆာဆင်သည်။ တန်ဆာဆင်ဖျင်သည်။ တန်ဆာဆင်ရင်သည်။ ရွှမ်းသည်၊

Adown, *prep.* အောက်သို့၊

Adrift, *adv.* အလွတ်မျောလျက်။

Adroit, *a.* အလျင်အမြန်ထိုးထွင်း၍အကြံထမြောက်တတ်သော၊

**Adroitness**, *n.* from above.
**Adscititious**, *a.* ဆက်လက်၍ထည့်သော။
**Adulation**, *n.* ချီးပင့်လွန်းခြင်း။
**Adult**, *a.* လူလားမြောက်သော။ *n.* လူလားမြောက်သောသူ။
**Adulterate**, *v. t.* ရောနှော၍ညှို့စေသည်။
**Adulterer**, *n.* သူမယားကိုပြစ်မှားသောသူ။ မယားခိုး။ ဖျောက်စောင်း။ လင်စောင်း။ လင်ငယ်။ လင်မျှောင်း။ လင်စောင် is said to be an Aracanese form of expression.
**Adulteress**, *n.* ဖျောက်မထားသောမိန်းမ။
**Adulterous**, *a.* သူမယားကိုပြစ်မှားခြင်းနှင့်ဆိုင်သော။ ဖျောက်မထားခြင်းနှင့်ဆိုင်သော။
**Adultery**, *n.* —by a man, သူမယားကိုပြစ်မှားခြင်း။ —by a woman, ဖျောက်မထားခြင်း။ လင်စောင်ထားခြင်း။ သရောင်ထားခြင်း။ လင်မျှောင်ခြင်း။
**Adumbrate**, *v. t.* အရိပ်ပေးသည်။
***Ad valorem***, *adv.* အဘိုးပြတ်သည်အတိုင်း။
**Advance**, *v. i.* to go forward, တိုးတက်သည်။ ရှေ့တိုးသည်။ —as the wing of an army, လက်စောင်းတက်သည်။ to improve, တိုးပွားသည်။ —*v. t.* to forward, တိုးတက်စေသည်။ to cause to improve, တိုးပွားစေသည်။ to promote, ချီးမြှောက်သည်။ to propose, စ၍ပြောသည်။ to pay before due, အရင်ပေးသည်။ ပေးနှင့်သည်။ to pay a small part beforehand, စားရန်သတ်သည်။ to furnish to another, for the accomplishment of some joint purpose, စိုက်သည်။ စိုက်ထုတ်သည်။ ( alternately advancing and retreating, ရှေ့တိုးနောက်ဆုတ်။ )
**Advance**, *a.* တိုးတက်ခြင်း။ တိုးပွားခြင်း။ ချီးမြှောက်ခြင်း။ စ၍ပြောခြင်း။ ပေးနှင့်ခြင်း။ —(for sub-def. see under above ;) money paid in advance, စားရန်။
**Advanced** ( be, ) *v. i.* —in age, အသက်ကြီးရင့်သည်။
**Advancement**, *n.* တိုးတက်ခြင်း။ တိုးပွားခြင်း။ ချီးမြှောက်ခြင်း။
**Advantage**, *n.* favorable circumstance, အကြံထမြောက်စေခြင်းငှါတော်သင့်သောအကြောင်း။ profit, စီးပွားအကျိုး။ ကျေးဇူး။ prevalence over, နိုင်သောအခွင့်။ take—, *v.* တင်စားသည်။ ကြေသည်။ get the advantage of, တင်စီးသည်။
**Advantage**, *v. t.* အကျိုးကိုပေးသည်။ စီးပွားဖြစ်စေသည်။
**Advantageous**, *a.* အကြံထမြောက်ခြင်းအကြောင်းကိုဖြစ်စေတတ်သော။ အကျိုးကိုဖြစ်စေတတ်သော။ အကျိုးရှိသော။ ကျေးဇူးရှိသော။
**Advent**, *n.* ကြွလာခြင်း။
**Adventitious**, *a.* ထောင်းစွက်သော(အရာ။)
**Adventure**, *v. i.* to try the chance, နိုင်သည်ဖြစ်စေ၊ ရှုံးသည်ဖြစ်စေ

ယာမ်း၍ပြုသည်။ —*v. t.* to hazard. မိုးရိပ်မစရာမကင်းသော်လည်း စမ်း၍ပြုသည်။ to risk life, စွန့်စားသည်။

**Adventure,** *n.* an enterprise of hazard, စွန့်စားခြင်းနှင့်ဆိုင်သောအမှု။ property adventured, ယာမ်း၍အပ်သောဥစ္စာ။

**Adventures,** *n. plur.* အဖြစ်အပျက်အထုပ္ပတ္တိ။

**Adventurous,** *a.* ready to encounter danger, စွန့်စားတတ်သော။ bold, ရဲရင့်သော။ hazardous, ဘေးဖြစ်မည်ကိုမိုးရိပ်စရာအကြောင်းရှိသော။

**Adventurously,** *adv.* too —. စွန့်လွန်းတမာ။

**Adverb,** *n.* ကရိယာနှင့်ဆိုင်သောဝိသေသနာ။ ကြိယာဝိသေသနာ။

**Adversary,** *n.* an enemy, ရန်သူ။ ရန်ဘက်ပြုသောသူ။ an opponent, ဆန့်ကျင်ဘက်ပြုသောသူ။

**Adverse,** *a.* opposing. ဆန့်ကျင်ဘက်ဖြစ်သော။ ထိးတားလျက်ရှိသော။ calamitous, ဘေးပြုတတ်သော။

**Adversative,** *a.* တဖက်ဘချက်နှင့်ဆိုင်သော။

**Adversity,** *n.* ဘေးအန္တရာယ်။ ဒုက္ခဆင်းရဲ။

**Advert (to,)** *v. i.* အကြောင်းပြု၍ပြောသည်။

**Advertise,** *v. t.* to inform, ကြားမှာသည်။ to publish a notice, သိတင်းလွှင့်သည်။

**Advertisement,** *n.* information given, ကြားမှာချက်။ a public notification, သိတင်းလွှင့်စာ။

**Advice,** *n.* from next.

**Advise.** *v. t.* to give counsel. အကြံပေးသည်။ to inform, ကြားမှာလိုက်သည်။ —with. *v.* တိုင်ပင်သည်။

**Advisedly,** *adv.* with advice, တိုင်တိုင်ပင်ပင်။ deliberately, ဆင်ခြင်သည်နှင့်။

**Advisory,** *a.* အကြံပေးခြင်းနှင့်ဆိုင်သော။

**Advocate,** *v. t.* to support, ထောက်မသည်။ to plead for, ရှေ့နေလုပ်သည်။ *n.* a supporter, ထောက်မသောသူ။ a lawyer, ရှေ့နေ။

**Advowson,** *n.* သုစမ္ပာဇရပ်အုပ်ဆရာအရာကိုပေးပိုင်သောအခွင့်။

**Adz,** *n.* တံစဉ်း။ short handled—, ပဲကွပ်။

***Ægis,*** *n.* ဘေးကိုကာနိုင်သောအရာ။

**Æolian,** *a.* လေနှင့်ဆိုင်သော။ —harp, *n.* ဧအိုလျန်စောင်း။

**Aerial,** *a.* လေလဟာနှင့်ဆိုင်သော။

**Aerie,** *n.* ဝံလိုအစရှိသောငှက်ရဲ့သိုက်။

**Aerolite,** *n.* မိုးသီးကောင်းကင်မှကျသောကျောက်။

**Aerology,** *n.* ဝါယောဓာတ်နှင့်ဆိုင်သောအတတ်ပညာ။

**Aerometer,** *n.* လေကိုတိုင်းထွာသောတန်ဆာ။

**Aerometry,** *n.* လေကိုတိုင်းထွာတတ်သောအတတ်ပညာ။

**Aeronaut,** *n.* လေထဲဟာ၌လွှင့်တတ်သောသူ။

**Æsthetic,** *a.* အဲသသက်ဇ တတ်ပညာနှင့်ဆိုင်သော။

**Æsthetics**, *n.* အဲသသက်အတတ်ဘည်းဟူသော၊ လှခြင်းတရားကိုစစ်ဆေးထွေကျက်သောအတတ်ပညာ၊

**Afar**, *adv.* အဝေး၊ ဝေးစွာ၊ ဝေးဝေး၊

**Affability**, *n.* from next.

**Affable**, *a.* condescending in address, မထောင်လွှားဘဲနှုတ်ဆက်တတ်သော၊ courteous, လောကဝတ်ပြုခြင်းငှါကောင်းသော၊

**Affair**, *n.* အမှု၊ အခင်း၊ အခွင့်၊ အရေး၊ (internal affairs of the country, ပြည်ထဲရေး၊)

**Affect**, *v. t.* to produce an effect upon, တစုံတခုသောအရာ၌တစုံတခုသောအကျိုးကိုဖြစ်စေသည်၊ to move the passions, စိတ်ကြွင်နာအောင်ပြုသည်၊ စိတ်ကိုနှိုးဆော်သည်၊ to aim at, aspire to, ရအောင်ကြံရွယ်သည်၊ to love, ချစ်ခင်သည်၊ to make a show of, ဟန်ဆောင်သည်၊

**Affectation**, *n.* ဟန်ဆောင်ခြင်း၊

**Affected**, *a.* တစုံတခုသောအကြောင်းကြောင့် တစုံတခုသော အကျိုးကိုခံရသော၊ စိတ်နှိုးဆော်ခြင်းကိုခံရသော၊ ဟန်ဆောင်သော၊ (for sub-def. see under Affect, *v. t.*)

**Affection**, *n.* a disposition of mind, စိတ်၊ love, မေတ္တာ၊ (to be kindly affectioned, စေတနာရှိသည်၊)

**Affectionate**, *a.* နှုးညွတ်သော၊

**Affectionately**, *adv.* ဖြတ်တနာ၊ (to treat affectionately, ဖြတ်တနာပြုသည်၊)

**Affiance**, *n.* trust, ယုံကြည်ခြင်း၊ marriage engagement, လက်ထပ်အံ့သောဂတိ၊

**Affiance**, *v. t.* လက်ထပ်အံ့သောဂတိထားသည်၊

**Affidavit**, *n.* ကျိန်ဆို၍သက်သေခံသောစကား၊

**Affiliate**, *v. t.* သားအရာ၌ထားသည်၊

**Affiliation**, *n.* from above.

**Affinage**, *n.* သောဟာမျိုးကိုမီးဖြင့်စင်စေခြင်း၊

**Affinity**, *n.* congeniality, သဘောချင်းတူခြင်း၊ relation by marriage, ခင်ပွန်းစပ်၍ပေါက်ဖော်တော်ခြင်း၊

**Affirm**, *v. t.* to assert, ထုတ်ကဲ့ဟုပြောထားသည်၊ to assert positively, ထုတ်ကဲ့ဟုကြပ်တည်းစွာပြောထားသည်၊ to confirm, တည်စေသည်၊ to declare, as under oath, ကျိန်ဆိုသကဲ့သို့ပြောထားသည်၊ သစ္စာပြုသည်၊

**Affirmation**, *n.* ထုတ်ကဲ့ဟုပြောထားခြင်း၊ that which is áffirmed, ထုတ်ကဲ့ဟုပြောထားချက်၊ တည်စေခြင်း၊ ကျိန်ဆိုသကဲ့သို့ပြောထားခြင်း၊ သစ္စာပြုခြင်း၊ (for sub-def. see above, and for the matter affirmed, substitute ချက် for ခြင်း၊)

Affirmative, *a.* ဟုတ်ကဲ့ဟုဆိုလျှက်၊ တည်စေလျှက်။ (for sub-def. see under Affirm, *v. t.*)

Affix', *v. t.* to unite at the end, အဆုံး၌တပ်သည်၊ to connect with, ပူးကပ်သည်။ to annex a syllable to the end of a word, စကားဖျားနှင့်ဆက်သည်။

Af'fix, *n.* စကားဖျားနှင့်ဆက်သောဝိဘတ်၊ ပစ္စည်းစကား။

Afflation, *n.* တစုံတခု၌အငွေ့လွှတ်ခြင်း။

*Afflatus*, *n.* မှုတ်သွင်းခြင်း။

Afflict, *v. t.* နာစေသည်၊ ဆင်းရဲစေသည်။

Affliction, *n.* from above; a cause of affliction, နာစေသောအကြောင်း၊ ဆင်းရဲစေသောအကြောင်း။

Affluence, *n.* from next.

Affluent, *a.* ရတတ်သော၊ ကြွယ်ဝသော။

Afflux, *n.* a flowing to, အရပ်တစုံတခုသို့စီးသွားခြင်း။ that which flows to, စီးသွားသောအရာ။

Afford, *v. t.* to yield, ဖြစ်စေသည်၊ to grant, ပေးကမ်းသည်။ to be able to sell without loss, မရှုံးဘဲရောင်းနိုင်သည်။ to be able to bear expense, စရိတ်တတ်နိုင်သည်။

Affranchise, *v. t.* ကျွန်အဖြစ်မှလွှတ်သည်။

Affray, *n.* ခိုက်ရန်ဖြစ်၍ရန်းရင်းခတ်မှုရှိခြင်း။

Affright, *v. t.* ထိတ်လန့်စေသည်။

Affront, *v. t.* to insult, ရန်ရှာ၍မရိုမသေပြုသည်။ to provoke, စိတ်ဆိုးအောင်ပြုသည်။ —*n.* from above.

Affuse, *v. t.* လောင်းသည်။

Affusion, *n.* from above.

Afield, *adv.* လယ်ပြင်ဆီသို့။

Afire, *adv.* မီးလောင်လျှက်။

Afloat, *a.* or *adv.* ပေါ်လော။

Afoot, *adv.* on foot, ခြေကျင်။ တောင်းခြံ၊ in an incipient state, ကြံစည်၊ ပြုစရှိသည်နှင့်။

Afore, *adv.* ရှေ့မှာ။ —hand, *a.* or *adv.* အရင်ပြင်ဆင်နှင့်လျှက်၊ —said, *a.* အထက်ပြောဆိုခဲ့ပြီးသော၊ —time, *adv.* လွန်ပြီးသောကာလ၌။

Afraid (be,) *v. i.* to fear, ကြောက်သည်၊ to be anxious, စိုးရိမ်သည်။

Afresh, *adv.* အသစ်တဖန်။

African, *a.* အာဖရိကတိုက်နှင့်ဆိုင်သော၊ —*n.* အာဖရိကတိုက်သား။

Afront, *adv.* မျက်နှာချင်းဆိုင်။

Aft, *adv.* ပဲ့ဆီမှာ၊ ပဲ့ဆီသို့။

After, *prep.* behind or later, နောက်၊ following, လိုက်လျှက်၊ according to, အတိုင်း။ (one after the other, ရှေ့ဆက်နောက်ဆက်၊ ရှေ့နောက်။)

After, *adv.* နောက်မှ။ —ages, *n. plur.* နောက်ကာလ၊ —all, *adv.* နောက်ဆုံးမှာ၊ immediately—, နောက်ထပ်။ —birth, *n.* အချင်း။ —clap, *n.* အမှုပြီးလုသောအခါအမှတ်တမဲ့ဖြစ်သောအမှုသစ်၊ —cost, *n* နောက်ထပ်သောစရိတ်။ —crop, *n.* တနှစ်တွင်တဖန်ထပ်၍ရိတ်သောစပါး။ —game, *n.* နောက်တဖန်ပြုရသောပရိယာယ်၊ —life, *n.* နောက်အသက်ရှင်သည်ကာလ။နောက်ထဝ။—noon, *n.* ခွန်းလွဲအချိန်။ နေကျ။ နာရီပြန်၊ latter part of the afternoon, *n.* ညခင်း၊ ညနေ။ —pains, *n.* သားဖွားပြီးသည်နောက်ကိုက်သောအကိုက်အခဲ၊ —piece, *n.* ဇာတ်ကြီးကိုပြပြီးမှဆက်၍ပြသောဇာတ်ကလေး။—state, *n.* နောင်ထဝ၊ —wards, *adv.* နောက်မှ၊

Again, *adv.* once more, တဖန်၊ နောက်တဖန်၊ ပြန်၊ ( verbal affix ; ) beside, သည့်ပြင်၊ moreover, တနည်းကား။ —and again, *adv.* အဖန်ဖန်အထပ်ထပ်၊ အကြိမ်ကြိမ်။

Against, *prep.* in opposition, တဖက်၌၊ contrary to, ဆန့်ကျင်ဘက်။ opposite in place, တဖက်တချက်။ leaning on, မှီလျက်။ in preparation for, တစုံတခုအမှို့ပြင်ဆင်လျှက်။

*Agallochum*, *n.* အကျော်၊

Agape, *adv.* ပစပ်ကိုဟ၍ကြည့်လျှက်၊

Agate, *n.* သဘော်မဟူရာ။

Age, *n.* the measure of life, အသက်အရွယ်။ old age, ကြီးသောအသက်အရွယ်။ အိုခြင်း။ ဇရာ၊ *Pali*, period of time, ကပ်ကာလ၊ contemporaries, တကာလတည်း၌ဖြစ်သောသူတို့။ (to be of age in law, တရားဝင်သည်၊)

Aged, *a.* being of a certain age, ဤမည်သောအသက်အရွယ်ရှိသော၊ old, advanced in life, အသက်ကြီးသော၊ အိုသော။

Agency, *n.* the state of being in action, ပြုခြင်း။ the quality of acting, ပြုနိုင်သောအခွင့်။ the office or business of an agent or factor, ကိုယ်စားလှယ်အရာ။

Agent, *n.* an actor, ပြုသောသူ။ one authorized to act, ပြုရသောအခွင့်ရှိသောသူ၊ an active cause, ပြုနိုင်ခြင်းအကြောင်း။ a deputy, factor, ကိုယ်စားလှယ်။

Agglomerate, *v. i.* လုံးထွေးစု၍နေသည်၊ *v. t.* လုံးထွေးစု၍ထားသည်၊

Aggrandize, *v. t.* ဘုန်းအသရေတိုးစေသည်။

Aggrandizement, *n.* from above.

Aggravate, *v. t.* to make heavy, အမှုကိုသာ၍လေးစေသည်၊ to make worse, သာ၍ဆိုးစေသည်၊

Aggravation, *n.* from above.

Aggregate, *v. t.* စုပေါင်းသည်၊ —*n.* အစုအပေါင်း၊ အနက်။

Aggress, *v. t.* ရန်စပြုသည်၊ စ၍တိုက်သည်။

Aggression, *n.* from above.

**Aggrieve,** *v. t.* to hurt (one's) feelings, မိတ်နာအောင်ပြုသည်၊ to oppress, ညှဉ်းဆဲနှိပ်စက်သည်၊

**Aggroup,** *v. t.* ပုံတပုံနှံစု၍ရေးသည်၊

**Aghast (stand,)** *v. i.* အလွန်ထိတ်လန့်၍မိန်းမောတွေဝေလျက်နေသည်၊ ကြက်သီးထလျက်နေသည်၊ ကြက်သီးမွေးညှင်းထလျက်နေသည်၊

**Agile,** *a.* ပေါ့ပါးလျှင်မြန်သော၊ အကင်းပါးသော၊

**Agility,** *n.* from above.

**Agitate,** *v. t.* to shake, လှုပ်သည်၊ လှုပ်ရှားအောင်ပြုသည်၊ မွှေသည်၊ to stir up, မွှေသည်၊ to disturb, မွှေနှောက်သည်၊ to excite violently, အနိုင်အထက်နှိုးဆော်သည်၊ to irritate, ဆွသည်၊ to discuss, စစ်ဆေးမေးမြန်းသည်၊

**Agitated (be,)** *v. i.* မငြိမ်မသက်ရှိသည်၊ ချောက်ချားသည်၊ —with fear, as a multitude, သဲသဲတုန်သည်၊

**Agitation,** *n.* from above; commotion, လှုပ်ရှားခြင်း။

**Ago,** *adv.* လွန်ခဲ့ပြီးသော (ကာလ) အထက်၊

**Agog,** *adv.* အလွန်လိုချင်သည့်နှင့်၊

**Agonize,** *v. i.* အပြင်းဆုံးသောဝေဒနာကိုခံသည်။

**Agony,** *n.* from above.

**Agrarian,** *a.* လုပ်ခြေ၊ စားမြေနှင့်ဆိုင်သော၊

**Agree,** *v. i.* to be of one mind, သဘောတူသည်၊ to come to one opinion, သဘောညီညွတ်လာသည်၊ to be in concord, သင့်သည်၊ သင့်တင့်သည်၊ to accord, ညီညာသည်။ to suit, ညီလျော်သည်၊ တော်သင့်သည်၊ to be on good terms, ရင်ကြားစေ့သည်၊—with the constitution, ဓာတ်ကြိုက်သည်၊ to resemble, တူသည်၊ (as accounts,) အင်းကိုက်သည်၊ (in respect to a bargain,) ရင်ကြားစေ့သည်၊ —to, *v. t.* ဝန်ခံသည်၊

**Agreeable,** *a.* suitable, conformable, တော်သင့်သော၊ ညီလျော်သော၊ having qualities to be liked, နှစ်သက်ဖွယ်ဖြစ်သော၊ pleasant, ပြေပြစ်သော၊

**Agreement,** *n.* သဘောတူခြင်း။ သဘောညီညွတ်လာခြင်း။ သင့်တင့်ခြင်း။ တူခြင်း။ ဝန်ခံခြင်း။ အာမ၊ (for sub-def. *see* under Agree.)

**Agriculture,** *n.* လယ်ယာလုပ်ခြင်း။

**Aground,** *adv.* resting on the ground, as a vessel in shallow water, တင်နေလျက်၊ thwarted, အကြံပျက်လျက်၊

**Ague,** *n.* တုန်ဖျား။

**Ah,** *int.* အော်၊ ဖြစ်ရလေချင်း။

**Aha,** *int.* ဗော့ဟော၊

**Ahead,** *adv.* before, ရှေ့မှာ၊ forward, ရှေ့သို့၊

**Ahoy,** *int.* ဟော၊

**Aid,** *v. t.* ကူညီသည်၊ ထောက်ပင့်သည်၊ မစသည်၊ စောင့်မသည်၊ —in war,

စစ်ကူသည်၊ —*n.* from above, အစုံ၊ —*n.* agent from Aid, *v. t.* —de-camp, *n* ဗိုလ်ချုပ်စေခိုင်းသောထက်စွဲဗိုလ်။

**Ail,** *v. i.* နာသည်၊ *v t.* နာစေသည်။ —*n.* အနာ၊

**Ailing (be,)** *v. i.* နာတတ်သည်၊

**Ailment,** *n.* အနာရောဂါ၊

**Aim,** *v. t,* မှိန်သည်၊ —at, *v. t.* to point at, ရွယ်သည်။ —at, ရွယ်ရူးသည်၊ ရွယ်ဆောင်သည်၊ to have respect to, ရည်စောင်သည်၊ to take a general —, တန်းမှန်းသည်၊ တန်းယမ်းသည်၊ to direct the purpose, ကြံရွယ်သည်၊ to attempt to gain, ရအောင်ပြုသည်၊ —*n.* from above; object pointed at, ရွယ်ချက်၊ —(as in shooting,) အမှန်း။ purpose. ကြံရွယ်ချက်၊ ကြံစည်ခြင်း။ အကြံ၊

**Aimless,** *a.* မကြံရွယ်ဘဲရှိသော၊

**Air,** *n.* the element, လေ၊ ဝါယော။ *Pali,* publicity, ကျော်ညာခြင်း။ modulation of music, သီခြင်းသံသဘော၊ mien, appearance, အသွားအလာအနေအထိုင်၏လက္ခဏာသဘော၊ —balloon, *n.* ဗလွန်တည်းဟူသောလေပူသွင်း၍မိုဃ်းကောင်းကင်သို့တက်စေတတ်သောလေယဉ်ပုံ၊ —bladder, *n* စည်ဖောင်း။ —gun, *n.* လေသေနတ်၊ —hole, *n.* လေပေါက်၊ —pipe, *n.* လေပြွန်။ —pump, *n.* လေမှိုင်း၊ —tight, *a.* လေလုံသော၊ —*v. t.* လေသလပ်အောင်လှန်းထားသည်၊

**Airiness,** *n.* openness to air, လေတာကျခြင်း၊ levity, ပေါ့ပါးခြင်း။

**Airing,** *n.* from Air, *v. t.*; an excursion in the open air, လေခံ၍လှည့်ပတ်ခြင်း။

**Airs (put on,)** *v i.* ထည်သည်၊ ဂုဏ်လုပ်သည်၊ အန်ထောင်သည်၊

**Airy,** *a.* consisting of air, လေဖြင့်ပြီးသော၊ relating to air, လေနှင့်ဆိုင်သော၊ open to free air, လေတာကျသော၊ လေသာသော၊ light, as air, လေကဲ့သို့ပေါ့ပါးသော၊ unsubstantial, ပေါ့လျော့သော၊ sprightly, ပေါ့ပါး၍ရွှင်လန်းသော။

**Aisle,** *n.* သုဓမ္မာဇရပ်၌ပရိသတ်၏အကြားထမ်း။

**Ajar,** *adv.* တံခါးဖွင့်လာနေလျက်၊

**Akimbo,** *adv.* ခါးထောက်၍နေသည်နှင့်၊

**Akin,** *a.* ပေါက်ဖော်၊ ဆွေမျိုးတော်သော၊

**Alabaster,** *n.* ကျောက်ဖြူနူတမျိုး။

**Alack,** *int.* ဖြစ်ရလေချင်း။

**Alacrity,** *n.* ပေါ့ပါးရွှင်ထန်းခြင်း။

*Alamode, adv.* လူများဝတ်ဆင်သည်အနေအတိုင်း။ လက်ဆန်း။

**Alarm,** *v. t.* to give notice of danger, ဘေးရောက်မည်အကြောင်းကိုသတိပေးသည်၊ to frighten, ကြောက်လန့်စေသည်၊ —*n.* from above. —post, *n.* ဘေးရန်ရှိသော့ကြောင့်စုဝေးရသောအရပ်၊

**Alarmist,** *n.* ကြောက်လန့်စေတတ်သောသူ၊

Alas, *int.* ဖြစ်ရလေချင်း၊ တကာ၊ ကြိုလေချင်း၊ ကျောင်ရေ၊ ကြိုရလေချင်း။
Albeit, *adv.* be it so ဟုတ်စေတော့၊ although. သို့သော်လည်း။
Albino, *n* မိဘအဆင်းညိုမည်းလျက်နှင့်ဖြူသောသား၊
Album *n* အဆွေခင်ပွန်းတို့ကအောင်းမေ့မှုရာရေးမှတ်စုစာ။
Alburn, Alburnum *n.* သစ်အကာ။
Alchemy, *n.* အဂ္ဂိရတ်၊ လုပ်ရတ်။ ( to practice —, အဂ္ဂိရတ်ထိုးသည်၊ လုပ်ရတ်လုပ်သည်။ )
Alcohol, *n.* အရက်ပြန်။
Alcoholic, *a.* အရက်ပြန်ပါသော၊
Alcove, *n.* ကုလားကာကာ၍အခန်းမနှင့်စပ်သောအခန်းငယ်၊
Alder, *n.* သစ်ပင်တမျိုး။
Alderman, *n.* မြို့ဝန်၏တိုင်ပင်အရာရှိ၊
Ale, *n* ဂျုံရည်၊ —house, *n.* ဂျုံရည်ရောင်းသောဆိုင်။
Alembic, *n* ပေါင်းခြွေးခံသောပြွန်ကောက်၊
Alength, *adv.* အလျားအတိုင်း။
Alert, *a.* watchful, စောင့်တတ်သော၊ nimble, ပေါ့ပါးသော၊ on the—, သတိမလစ်၊ စောင့်နေလျက်၊
Alertness, *n.* ပေါ့ပါးခြင်း။
Alexipharmic, *a.* အဆိပ်ကိုနိုင်တတ်သော၊
Algebra, *n* အက္ခရာသင်္ချာအတတ်၊
*Alias*, *adv.* သို့မဟုတ်၊
*Alibi*, *n* အခြားတပါးမှာရှိသည်ကိုပြခြင်း။
Alien, *a.* တတိုင်း၊ တပြည်နှင့်ဆိုင်သော၊
Alienate, *t.* to transfer, (ဥစ္စာကို) သူတပါးလက်သို့လွှဲအပ်သည်၊ to destroy affection, မေတ္တာကိုဖျက်သည်၊ —*a.* မေတ္တာပျက်သော၊
Alienation, *n* from above.
Alight, *v. i* to descend, ဆင်းသည်၊ to settle as a bird, နားသည်၊
Alike (be,) *v. i.* တူသည်၊ တန်းတူသည်။ —*adv.* အတူအညီ၊ အတူတူ၊ ထပ်တူ၊
Aliment, *n.* အစာအာဟာရ၊
Alimony, *n.* ထင်ကွာသောမိန်းမပိုင်ထိုက်သောဥစ္စာ၊
Aliquant, *a.* စားလျှင်အကြွင်းရှိသော၊
Aliquot, *a.* စားလျှင်အကြွင်းမရှိသော၊
Alive, *a.* living, အသက်ရှင်သော၊ sprightly, ပေါ့ပါးရွှင်လန်းသော၊ susceptible, ဆတ်လတ်အိလွယ်တတ်သော၊
Alkali, *n.* အချဉ်ငြိမ်းသောဖြင့်ဆူတတ်သောဆေး၊
All, *a.* အလုံး၊ အလုံးစုံ၊ အားလုံး၊ ခပ်သိမ်း၊ ခပ်သိမ်းစုံ၊ တကာ၊ ရှိသမျှ၊ *adv.* အကုန်၊ အကြွင်းမဲ့၊ at—, in negative sentences, သပ်သပ်၊ မိတ်၊ သက်သက်၊ not at—, *adv.* အလျှင်းမဟုတ်ဘဲ၊ ဒိးဒိး၊ ဒိလာသာ၊ (colloquial), none at —, ဗြဲဗြဲမရှိ၊ —but,

*adv.* ထုမတတ်၊ —together, (in the lump,) ဆုံးသောင်းပြောင်း။ —fours [on,] *adv.* ခြေလေးချောင်းနှင့်၊ လေဖက်တွားလျက်နှင့်၊ —hail, *int.* အလွန်ကျန်းမာပါစေ၊ —knowing, *a.* သဗ္ဗညုတဉာဏ်နှင့်ပြည့်စုံသော၊—powerful, *a.* အနန္တတန်ခိုးနှင့်ပြည့်စုံသော၊—seeing, *a.* ခပ်သိမ်းသောအရာတို့ကိုမြင်သော၊ ဒိဗ္ဗစက္ခုဉာဏ်နှင့်ပြည့်စုံသော၊ —wise, *a.* အနန္တပညာနှင့်ပြည့်စုံသော၊

*Allah*, (Arab.) *n.* ဘုရားသခင်။

Allay, *v. t.* ငြိမ်းစေသည်၊ ဖြေသည်။

Allege, *v. t.* ပြောထားသည်။

Allegation, *n.* ပြောထားခြင်း၊ ပြောထားချက်။

Allegiance, *n.* အရှင်၏သစ္စာကိုစောင့်ထိန်းခြင်း။

Allegorize, *v. i.* သွယ်ဝိုက်သောဥပမာစကားကိုသုံးဆောင်သည်။

Allegory, *n.* သွယ်ဝိုက်သောဥပမာစကား။

Alleluiah, *see* Hallelujah.

Alleviate, *v. t.* ပေါ့စေသည်၊ လျော့စေသည်။

Alleviation, *n.* from above.

Alley, *n.* လက်ကြားလမ်း၊ လမ်းကြားကလေး။

Alliance, *n.* a union of families by marriage, စုံဖက်သင့်မြင့်အမျိုးတော်စေခြင်း၊ a confederation, မိတ်ဖက်၍သင်းဖွဲ့ခြင်း။

Alligator, *n.* မိကျောင်း။

Alliteration, *n.* အက္ခရာတလုံးလိုက်၍လင်္ကာစကားဖွဲ့ခြင်း။

Allopathy, *n.* အနာကိုဆန့်ကျင်ဘက်ပြု၍ဆေးကုခြင်းနည်း။

Allot, *v. t.* ခွဲဝေ၍ထားသည်၊ ခွဲခန့်သည်၊ —a portion of work, တာချသည်။

Allotment, *n.* ခွဲခန့်သောအရာ၊ အငန်းအတာ၊ တာဝန်။

Allow, *v. t.* to permit, အခွင့်ပေးသည်၊ to admit, ဝန်ခံသည်၊ to grant, ပေးကမ်းသည်၊ to abate, လျော့သည်။

Allowable, *a.* permissible, အခွင့်ပေးစရာကောင်းသော၊ that may be agreed to, ဝန်ခံစရာကောင်းသော၊

Allowance, *n.* permission, အခွင့်ပေးခြင်း၊ admission, ဝန်ခံခြင်း၊ an allotted portion, တိုင်းထွာ၍ပေးကမ်းသောအဖို့၊ abatement, လျော့သောအရာ၊ —*v. t.* မည်မျှသုံးဆောင်ရသည်ကိုစီရင်သည်၊ သုံးဆောင်ရန်အဖို့ကိုတိုင်းထွာ၍ပေးကမ်းသည်။

Alloy, *v. t.* to adulterate metal, ကောင်းသောလောဟာနှင့်ညံ့သောလောဟာကိုစွက်၍ရောနှောသည်၊ to reduce by mixture, ရောနှော၍လျော့စေသည်၊ —*n.* baser metal mixed with finer, လောဟာကောင်းနှင့်ရောနှောသောလောဟာညံ့၊ that which reduces the quality of the thing with which it is mixed, ရောနှော၍လျော့စေတတ်သောအရာ၊ the portion in money, အကဲ၊

Allspice, *n.* ငရုတ်ကောင်းပါမျိုး။ *see* Pimento.

Allude (to,) *v. t.* ရည်စောင်းသည်။ —at a venture, ရည်ရေ၁်သည်။
Allure, *v. t.* မြူသည်။ —with a smiling countenance, ဈက်ချိုကျွေးသည်။ မျက်ချိုသွေးသည်။
Allurement, *n.* trom above; that which allures, မြူတတ်သောအရာ။
Allusion, *n.* ရည်စောင်းသောစကား။
Allusive, *a.* from Allude (to.)
Allusively, *adv.* ကထိကပါး။ ကထိကရိ။ in a bad sense, စောင်းတဲ ရိပ်ချည်။
Alluvial, *a.* နုံတင်မြေနှင့်ဆိုင်သော။
Alluvium, *n.* a depositing on shore, နုံတင်မြေ။ deposited matter, နုံညွန်။ ညွန်ပျောင်း။
Ally, *v. t.* to connect families by marriage, စိုဖက်သမြင့်အမျိုးတော်စေသည်။ to unite in a confederacy, ပဋိညာဉ်ပြု၍မိတ်ဖွဲ့သည်။
Ally, *n.* a confederate, ပဋိညာဉ်ပြု၍မိတ်ဖွဲ့သောသူ။ မိဿဟာယဖွဲ့ဖက်။
Almanac, *n.* ပြက္ခဒိန်။
Almighty, *a.* အနန္တတန်ခိုးနှင့်ပြည့်စုံသော။
Almirah, *n.* မတ်တတ်သစ်တာ။
Almond, *n.* ဗာဒံသီး။
Almoner, *n.* စွန့်ကြဲသောဥစ္စာကိုဝေငှသောသူ။
Almost, *adv.* လုပြီ။ လုနီးပြီ။ လုမတတ်။ ကုန်မတတ်။
Alms, *n.* စွန့်ကြဲသောဥစ္စာ။ give—, *v.* စွန့်ကြဲသည်။ —deed, *n.* စွန့်ကြဲခြင်း။ —giving, *n.* same. —house, *n.* သူတပါးစွန့်ကြဲ၍ကျွေးမွေးခြင်းကိုခံသောသူတို့နေရာအိမ်။
Aloe, *n.* ရှားစောင်းလက်ပပ်ပင်။
Aloes, *n.* ရှားစောင်းလက်ပပ်စေး။ ရုဝင်။ blind—, တယော။ ကယော။ —wood, *n.* အကျော်။
Aloft, *adv.* အမြင့်။ အထက်။
Alone, *adv.* အထီး။ ကိုယ်ထီး။ တဦးတည်း။ တခုတည်း။ depending on one's own resources, ကိုယ်ထူးကိုယ်ချွ။ as one travelling by himself, ငေါင်းတောင်းတောင်း။ (to be left alone, အထီးကျန်သည်။)
Along, *adv.* lengthwise, အလျားအတိုင်း။ onward, ရှေ့သို့လိုက်လျှက်။ by or through the length of, ရှောက်လျှက်။ all—, *adv.* တရှောက်လုံး။ —shore, *adv.* ကမ်းနားမှာရှောက်လျှက်။ —side, *adv.* အနားမှာ။ —with, *adv.* နှင့်အတူ။
Aloof, *adv.* at a small distance, မနီးမဝေး။ avoidingly, ရှောင်လျှက်။ (to keep aloof, as an enemy, ရန်ရှားသည်။ ရန်ရှောင်သည်။)
Aloud, *adv.* ကျယ်သောအသံနှင့်။
*Alpha, n.* ဟေလသဘာသာဗျည်းသရစုတွင်ပဌမအက္ခရာအာလဖ။
Alphabet, *n.* ဗျည်းသရအစဉ်။
Alphabetical, *a.* ဗျည်းသရအစဉ်အတိုင်းလိုက်သော။

**Already,** *adv.* ယခုပင်၊

**Also,** *adv.* likewise, လည်း။ moreover, ၎င်းပြင်၊ ၎င်းနည်း။ တနည်းကား။ ထိုမှတပါး။

**Altar,** *n.* ယဇ်စင်၊ ယဇ်ပလ္လင်၊

**Alter,** *v. i.* ပြောင်းလဲသည်၊ *v. t.* ပြောင်းလဲစေသည်၊

**Alteration,** *n.* from above.

**Alterative,** *n.* တဖြည်းဖြည်းပြုပြင်တတ်သောဆေး။

**Altercation,** *n.* အချင်းချင်းငြင်းခုံခြင်း။

**Alternate,** *a.* အလှည့်အလှည့်ဖြစ်သော၊

**Alternately,** *adv.* ဆူလှယ်၊ —in debate, အပြေအတင်၊ အချေအတင်၊ အပြန်အလှန်။

**Alternation,** *n.* from Alternate.

**Alternative,** *n.* အရာနှစ်ခုတွင်တခုကိုပယ်၍တခုကိုယူရခြင်း။

**Although,** *conj.* သို့သော်လည်း။ သို့ရာတွင်၊ သို့မချည်း၊ ထုတ်ပြောသော်လည်း။

**Altitude,** *n.* height, အမြင့်၊ a summit, အထွဋ်ဖျား။

**Altogether,** *adv.* အကုန်၊ အကြွင်းမဲ့၊ —and quickly, ညီညာဖျူဖျူ၊ သောသောဖျူဖျူ၊

**Alum,** *n.* ကျောက်ချဉ်၊

***Alumnus,*** *n.* သိပ္ပံကျောင်းသား။

**Alveolar,** *a.* တွင်းကလေးများပါသော၊ —process, *n.* သွားပေါက်ရတွင်းကလေးများပါသောပါးချိတ်၊ အာပေါင်ရိုး။

**Alvine,** *a.* ဝမ်းနှင့်ဆိုင်သော၊

**Alway, Always,** *adv.* အစဉ်မပြတ်၊ အစဉ်အမြဲ၊ အခါခပ်သိမ်း။

**Am,** *v. i.* (ငါ) ရှိသည်၊ (ငါ) ဖြစ်သည်၊

**Amain,** *adv.* တဟုန်တည်း။

**Amalgam,** *n.* ပြဒါးနှင့်ရောနှောသောလောဟာ၊

**Amalgamate,** *v. t.* to blend metals, လောဟာတစုံတခုကို ပြဒါးနှင့် ရောနှောသည်၊ to blend different things together, ခြားနားသော အရာတို့ကိုရောနှောသည်၊

**Amalgamation,** *n.* from above.

**Amanuensis,** *n.* နှုတ်ထွက်အတိုင်းရေးသောစာရေး။

**Amaranth,** *n.* မညှိုးပန်း။

**Amass,** *v. t.* to heap together, စုပုံသည်၊ to accumulate, ဆည်းပူးသည်၊

**Amateur,** *n.* အမှုအတတ်တစုံတခု၌စိတ်စွဲလမ်းသောသူ၊

**Amativeness,** *n.* ချစ်တတ်သောသဘော၊

**Amatory,** *a.* ချစ်ကြိုက်ခြင်းနှင့်ဆိုင်သော၊

***Amaurosis,*** *n.* အတွင်းတိမ်စွဲခြင်းအနာ၊ ကြောင်တောင်ကန်းခြင်းအနာ၊

**Amaze,** *v. t.* from next.

**Amazed (be,)** *v. i.* to be confused with terror, ထိတ်လန့်၍တွေဝေသည်။ to be confused with wonder, အံ့ဩ၍တွေဝေသည်။ မှိုင်တွေသည်။

**Amazement,** *n.* from above.

**Amazon,** *n.* စစ်တိုက်သောမိမ္မ။

**Ambassador,** *n.* သံတမန်။ မင်းသံ။

**Amber,** *n.* ပယင်း။ liquid—, နန့်းတရုပ်။

**Ambergris,** *n.* ဆန့်ဖတ်။

**Ambidextrous,** *a.* using both hands alike, လက်နှစ်ဖက်သန်သော။ siding with both parties, နှစ်ဦးနှစ်ဖက်ကိုပင်လိုက်လျောတတ်သော။

**Ambient,** *a.* ပတ်သည်ဝန်းကျင်ခြုံဖုံးလွှမ်းသော။

**Ambiguity,** *n.* အနက်မရှင်းလင်းခြင်း။

**Ambiguous,** *a.* having two meanings, အနက်နှစ်ပါးရှိသော။ being of doubtful meaning, အနက်မရှင်းလင်းသော။

**Ambiguously,** *adv.* ယီးဘီးယောင်တောင်။ ယီးတီးယားတား။

**Ambition,** *n.* from next.

**Ambitious,** *a.* မိမိအနေအထက်တက်ချင်သော စိတ်အားကြီးသော။ လွန်ကဲချင်သောစိတ်အားကြီးသော။

**Amble,** *v. i.* ဆင်ရဲသွားသည်။

***Ambrosia,*** *n.* နတ်ဩဇာ။ သုဓာဘုတ်။ *Pali.*

**Ambulation,** *n.* a walking, ခြေကျင်သွားခြင်း။ a moving from place to place, လှည့်လည်ခြင်း။

**Ambulatory,** *a.* having the power of walking, ခြေကျင်သွားတတ်သော။ moving from place to place, လှည့်လည်တတ်သော။

**Ambuscade,** *n.* a lying in wait, တပ်သားပုန်းဝပ်၍နေခြင်း။ the place of lying in wait, တပ်သားပုန်းဝပ်၍နေရာအရပ်။

**Ambush,** *n.* same; the troops lying in wait, ပုန်းဝပ်၍ နေသောတပ်သားစု။

**Ameliorate,** *v. t.* သာ၍ကောင်းစေသည်။

**Amelioration,** *n.* from above.

**Amen,** *int.* အာမင်။ မှန်ပါစေ။

**Amenable,** *a.* ခေါ်လျှင်အစစ်ခံရသော။ မင်းအာဏာအောက်၌ရှိသော။

**Amend,** *v. i.* to grow better, မကောင်းသောအရာလျော့၍ကောင်းသောအရာတိုးပွားသည်။ *v. t.* to correct, ပြင်သည်။ ပြုပြင်သည်။

**Amendment,** *n.* from above.

**Amends,** *n. plur.* reparation, ပြစ်မှားမိသည်အတွက်ပြန်ပေးခြင်း။ အစားပေးခြင်း။ satisfaction, စိတ်ကြေနပ်အောင်ပြုခြင်း။

**Amenity,** *n.* နေရာသာယာခြင်း။

**Amerce,** *v. t.* ငွေဒဏ်ခံစေယူစီရင်သည်။

**Amercement,** *n.* from above.

**America,** *n.* the continent, အမေရိကကျွန်း။ the United States, အမေရိကပြည်။

**American,** *n.* အမေရိကလူ၊ အမေရိက အမျိုးသား။ —*a.* အမေရိကကျွန်း၊ အမေရိကပြည်၊ အမေရိကအမျိုးသားနှင့်ဆိုင်သော။

**Americanism,** *n.* အမေရိကလူတို့သာ ပြောတတ်သောစကား၏ အခြေအနေ။

**Amethyst,** *n.* သီဟိုဠ်နီထသော၊ ကျောက်ခရမ်းပွင့်။

**Amherstia,** *n.* သော်ကာ။

**Amiability,** *n. see* Amiableness.

**Amiable,** *a.* ချစ်ဖွယ်သော။

**Amiableness,** *n.* ချစ်ဖွယ်သောဂုဏ်နှင့်ပြည့်စုံခြင်း။

**Amicable,** *a.* သင့်တင့်သော၊ မိတ်ဆွေဖွဲ့တတ်သော။

**Amid, Amidst,** *prep.* in the midst, အလယ်မှာ။ among, တွင်၊ ၌။

**Amiss,** *a.* or *adv.* မှားလျက်၊ ထွဲလျက်၊ အလွဲ။

**Amity,** *n.* မိတ်ဆွေဖွဲ့ခြင်း။

**Ammonia,** *n.* ဇဝက်သာရေပြန်။

**Ammoniac,** *n.* ဇဝက်သာ။

**Ammunition,** *n.* ခဲ၊ ယမ်း၊ မီးကျောက်။

**Amnesty,** *n.* လွန်သမျှလွှတ်စေဟုချမ်းသာပေးခြင်း။

**Among, Amongst,** *prep.* တွင်၊ အထဲတွင်၊ အတွင်းတွင်၊ ပါလျက်၊ ရောနှောလျက်။

**Amorous,** *a.* ချစ်ကြိုက်တတ်သော၊ တပ်မက်တတ်သော။

**Amorphous,** *a.* ပုံသဏ္ဌာန်မရှိသော။

**Amount,** *v. i.* စုပေါင်း၍ ဤမျှထောက်ဖြစ်လာသည်။ —to in weight, မှိန်ထွက်သည်။ —*n.* အစုအပေါင်း၊ ပေါင်း၊ အတိုးရင်းပေါင်း။

**Amour,** *n.* မင်းဦး၊ မင်းလွှင်ပြုခြင်း။

**Amphibious,** *a.* ရေ၊ မြေ၌ကျင်လည်တတ်သော။

**Amphitheatre,** *n.* ပွဲခံရန်တိုက်ဝိုင်း။

**Ample,** *a.* spacious, ကျယ်ဝန်းသော၊ large, ကြီးကျယ်သော၊ abundant, များပြားသော၊ fully sufficient, လုံလောက်သော။

**Amplification,** *n.* from next.

**Amplify,** *v. t.* to enlarge, ကျယ်ဝန်းစေသည်။ to speak largely or copiously, အကျယ်အားဖြင့်ပြောဆိုသည်။

**Amplitude,** *n.* from Ample.

**Amputate,** *v. t.* ထက်ခြေစသောကိုယ်အင်္ဂါကိုဖြတ်သည်။

**Amputation,** *n.* from above.

**Amreeta,** *n.* အမြိုက်ရည်။

**Amulet,** *n.* လက်ဖွဲ့။ —worn in the ear, နားပန်လက်ဖွဲ့။ (to prepare an amulet, လက်ဖွဲ့ထိုးသည်။)

**Amuse,** *v. t.* ဖျော်သည်၊ မိတ်သာယာရွှင်လန်းအောင်ပြုသည်။ as a child, ကလူသည်၊ ချော့သည်။ —one's self, ကလူစားသည်။

Amusement, *n.* from above.

An, *see* A.

Anabaptist, *n.* ခရစ်ယာန်ဘာသာသွင်းခြင်း မင်္ဂလာကိုထပ်၍ ပေးရမည်ထု ထွေးသောသူ။

Anachronism, *n.* သက္ကရာဇ်အတွက်ထွဲခြင်း။

Anagram, *n.* အက္ခရာတလုံးပြောင်းလဲ၍အခြားသောစကားကိုထွက်စေချက်။

Analogical, *a.* လက္ခဏာတူသော။

Analogy, *n.* from above.

Analysis, *n.* from next.

Analyze, *v. t.* ရောနှောလျက်ရှိသောအရာတို့ကိုအမျိုးအလိုက်တပါးစီတပါး စီခွဲထားသည်။

Anarchy, *n.* ပြည်စိုးမင်းမရှိသဖြင့်မငြိမ်မသက်ရှိခြင်း။

Anathema, *n.* from next.

Anathematize, *v. t.* ပျက်စီးရန်အမှိုပယ်ထားသည်။

Anatomy, *n.* အနာတမိအဘတ်တည်းဟူသောကိုယ်အင်္ဂါများကိုဖွင့်ဖြတ်၍ မှတ်သားထွေကျက်သောအတတ်ပညာ။

Ancestor, *n.* အထက်ဆွေစဉ်မျိုးဆက်အဝင်ဖြစ်သောသူ။

Ancestral, *a.* အထက်ဆွေစဉ်မျိုးဆက်နှင့်ဆိုင်သော။

Ancestry, *n.* အထက်ဆွေစဉ်မျိုးဆက်။

Anchor, *n.* ကျောက်ဆူး။ —*v. t.* ကျောက်ဆူးချသည်။

Anchorage, *n.* ကျောက်ဆူးချရာအရပ်။

Anchoret, *n.* ရသေ့။

Anchovy, *n.* ငါးထန်းရွက်။

Ancient, *a.* belonging to former times, ရှေးကာလနှင့်ဆိုင်သော။ old, အိုသော။ ဟောင်းသော။ သမတိရှည်သော။ —*n.* ရှေးလူဟောင်း။

And, *conj.* နှင့်။ ၍။ moreover, သည်ပြင်။ ထိုမှတပါး။

Andiron, *n.* (Eng.) ထံမိုးတင်ရင်နားပန်းချိတ်။ (Amer.) ထင်းခုံလောက်။

Anecdote, *n.* ငယ်သောအကြောင်းအရာအထူးပွတ္တိတစုံတခု။

Anent, *prep.* အကြောင်းပြုလျက်။ စပ်ဆိုင်လျက်။

Aneurism, *n.* သွေးကြောဖောင်းသောအနာ။

Anew, *adv.* အသစ်တဖန်။

Angel, *n.* ကောင်းကင်တမန်။ ဘုရားသခင်စေလွှတ်တော်မူသောတမန်။

Angelic, *a.* connected with angels, ကောင်းကင်တမန်နှင့်စပ်ဆိုင်သော။ like angels, ကောင်းကင်တမန်ကဲ့သို့ဖြစ်သော။

Anger, *n.* ဒေါသ။ အမျက်။ စိတ်ဆိုးခြင်း။ —of a king, ရာဇမာန်။ (to express anger, အမျက်ထွက်သည်။ to feel anger without expressing it, ဒေါသခုခံသည်။ အမျက်သိုသည်။)

Angina, *n.* လည်ချောင်းနှံ့ခွဲသောအနာတမျိုး။

Angle, 1, *n.* the point where two lines meet. အထောင့်။ ထောင့်။ a right angle, ကျင်တွယ်ထောင့်။ ရိုတ်ထောင့်။ an acute angle,

ထောင့်ချွန်၊ အတိမ်ထောင့်ကျဉ်း။ ကြက်လျှာ၊ an obtuse angle, ထောင့်ခြေ၊ အတိမ်။ ထောင့်ကျယ်၊ —2, *n.* a fishing instrument, ငါးမျှားတန်ဆာ၊ —2, *v.* to fish with an angle, ငါးမျှားသည်၊ to try to gain by artifice, ပရိယာယ်အားဖြင့်ရအောင်ပြုစမ်းသည်၊

**Angler,** *n.* ငါးမျှားသောတံငါ၊

**Anglicism,** *n.* အင်္ဂလိတ်လူတို့သာပြောတတ်သောစကား၏အခြေအနေ၊

**Angry (be,)** *v. i.* အမျက်ထွက်သည်၊ စိတ်ဆိုးသည်၊ စိတ်ထသည်၊ to pretend to be—, မာန်ပြုသည်၊ မာန်ဖီသည်။ to be violently angry, စိတ်ကြီးသည်။ to become angry, အမျက်ဝင်သည်၊ စိတ်ထွက်သည်။—*a.* စိတ်ပေါက်သော၊

**Anguish,** *n.* အလွန်နာကြင်ခြင်းဝေဒနာ၊

**Angular,** *a.* အထောင့်ရှိသော၊

**Anhelation,** *n.* အသက်ရှူခဲခြင်း။

**Anil,** *n.* မဲပင်၊

**Animadversion,** *n.* from next.

**Animadvert (upon,)** *v. t.* to remark on, အကြောင်းပြု၍ပြောသည်၊ to censure, အပြစ်တင်သည်၊

**Animal,** *n.* အသက်ရှင်သောခြေသား။ animals below man, တိရိစ္ဆာန်၊ *pl.* domestic—, သားယဉ်၊ wild—, သားရိုင်း၊ တောသားတောငါး။ eatable—, သားတင်းမျိုး။

**Animalcule,** *n.* အလွန်သေးငယ်သော့ကြောင့်မှန်ပြောင်းမပါဘဲမမြင်နိုင်သောအကောင်၊

**Animate,** *a.* အသက်ရှင်သော။ —*v. t.* to make alive, အသက်ရှင်စေသည်၊ to heighten powers, အားတိုးတက်စေသည်၊ to encourage, hearten, အားပေးသည်၊ to make lively, စိတ်ကြွ၍အားကြီးစေသည်၊

**Animated,** *a.* having life, အသက်ရှင်သော၊ lively, စိတ်ကြွ၍အားကြီးသော၊

**Animation,** *n.* state of being alive, အသက်ရှင်ခြင်း။ act of making alive, အသက်ရှင်စေခြင်း။ state of being lively, စိတ်ကြွ၍အားကြီးခြင်း။

**Animosity,** *n.* ရန်ထားခြင်း။

**Animus,** *n.* စိတ်သဘော၊

**Anise,** *n.* စရုန်စပါး။

**Ankle,** *n.* ဖမျက်၊ ခြေမျက်စိ၊

**Anklet,** *n.* တန်ဆာဆင်သောခြေချင်း။

**Anna,** *n.* ပဲ၊ အန္န၊ အန္နား။

**Annals,** *n. plur.* သက္ကရာဇ်လိုက်၍အကြောင်းအရာအထူးထူးတို့ကိုမှတ်သားသောစာ၊ သက္ကရာဇ်မှတ်စာ၊

**Anneal,** *v. t.* မီးဖြင့်ပွင်သည်၊

**Annex,** *v. t.* to unite at the end, ဆက်သည်။ to join, put together, ပေါင်းသည်။

**Annexation,** *n.* from above.

**Annihilate,** *v. t.* အကြွင်းမဲ့ဖျောက်ဖျက်သည်။

**Annihilated** (be,) *v. i.* နိဗ္ဗာန်ယူသည်။ နိဗ္ဗာန်ဝင်သည်။

**Annihilation,** *n.* act of reducing to nothing, အကြွင်းမဲ့ဖျောက်ဖျက်ခြင်း။ loss of present and future existence, နောက်တဖန်မဖြစ်အောင်ကွယ်ပျောက်ခြင်း။ နိဗ္ဗာန်။ ပရိနိဗ္ဗာန်။

**Anniversary,** *n.* the day, အခါလည်သောနေ့။ celebration of the day, နှစ်စဉ်ပွဲ။

**Anno Domini,** (by contraction, A. D.) *adv.* ခရစ်သက္ကရာဇ်။

**Anno mundi,** *adv.* ကမ္ဘာသက္ကရာဇ်။

**Annotation,** *n.* အနက်အဓိပ္ပာယ်ကိုပြသောအဖွင့်။

**Annotator,** *n.* အနက်အဓိပ္ပာယ်ကိုဖော်ပြသောသူ။

**Announce,** *v. t.* to give first notice, ဦးစွာကြားပြောသည်။ to give public notice, proclaim, ကျော်ညာစေသည်။

**Announcement,** *n.* from above.

**Annoy,** *v. t.* နှောင့်ရှက်သည်။ စိတ်ကိုနှောက်သည်။ —by importunity, ပူဆာသည်။ (to be much annoyed by hearing, နားခါးသည်။)

**Annoyance,** *n.* act of annoying, နှောင့်ရှက်ခြင်း။ state of being annoyed, အနှောင့်အရှက်ခံခြင်း။ cause of annoyance, နှောင့်ရှက်တတ်သောအရာ။ —occasioned by witchcraft, အမှောင့်အရောင်။

**Annual,** *a.* taking place once a year, နှစ်စဉ်ဖြစ်သော။ တနှစ်တခါဖြစ်တတ်သော။ performed in a year, တနှစ်တွင်ပြီးသော။ lasting a year only, တနှစ်သာတည်တတ်သော။

**Annuity,** *n.* တနှစ်တနှစ်တွင်သူဥစ္စာထဲကပေးခဲ၍ရသောငွေပေါင်း။

**Annul,** *v. t.* ဖြေဖျက်သည်။ ပစေသည်။ ပပျောက်စေသည်။ ပလပ်စေသည်။

**Annular,** *a.* အကွင်းပုံရှိသော။

**Annunciate,** *v. t.* သိတင်းကြားပြောသည်။

**Annunciation,** *n.* from above.

**Anodyne,** *n.* အကိုက်အခဲ၊ အနာအကြွင်းကိုငြိမ်းစေတတ်သောဆေး။

**Anoint,** *v. t.* to smear with oil, ဆီလိမ်းသည်။ ဆီလူးသည်။ ဆီနှင့်သုတ်သည်။ to pour oil upon, ဆီသွန်းသည်။ ဘိသိတ်သွန်းသည်။

**Anointed** (person,) *n.* ဘိသိတ်ခံသောသူ။

**Anomalous,** *a.* တနည်းတပုံ၊ တနည်းတသွယ်ဖြစ်သော။

**Anomaly,** *n.* from above.

**Anon,** *adv.* မကြာမမြင့်မှီ။

**Anonymous,** *a.* နာမည်မပါသော။

**Another,** *pron. a.* အခြား။ တခြား။ တပါး။ တထူး။ —one, တယောက်(ကို) တယောက်။ (one of another party, တဖက်သား။)

**Answer**, *v.* to reply to call, ထူးသည်။ to speak in return, ပြန်၍ပြောသည်။ to reply to a question, proposition or charge, ဖြေသည်။ to reply to a charge in court, ထုချေသည်။ ချေပသည်။ to accomplish an end, လိုသောအကျိုးကိုပေးသည်။ to bear a due proportion, တော်သင့်သည်။ to correspond with, အဖက်ဖြစ်သည်။ —*n.* a reply to a call, ထူးချက်။ what is said in reply, ပြန်၍ပြောချက်။ a reply to a question, proposition or charge, ဖြေချက်။ အဖြေ။ ဖြေစာ။ စကားထွေ။ a defendant's reply, ထုချေချက်။

**Answerable**, *a.* that may be replied to, ဖြေနိုင်ဖွယ်ဖြစ်သော။ obliged to give an account, ဖြေရမည်အကြောင်းရှိသော။ accountable, ဝန်မကင်းမလွတ်သော။ အစစ်ခံထိုက်သော။ suitable, တော်သင့်သော။ correspondent, အဖက်ဖြစ်သော။

**Answering**, *a.* corresponding, အဖက်ဖြစ်သော။

**Ant**, *n.* common kind, ပရွက်ဆိတ်။ in the winged state, ပလူ။ a winged species, ပရွက်ပုံ။ white ant, ခြ။ ခြပုန်း။ large species of —, ကျည်း။ large red— (eatable), ခါချဉ်။ —eater (scaly), သင်းခွေချပ်။ —hill, *n.* တောင်ပို့။ ခြပုန်းတောင်ပို့။

**Antagonist**, *a.* ဆန့်ကျင်ဘက်ပြုသော။ —*n.* from same.

**Antarctic**, *a.* တောင်ဝင်ရိုးစွန်းနှင့်ဆိုင်သော။ —circle, *n.* တောင်ဝင်ရိုးစွန်းနှင့်ဆိုင်သောစက်ဝိုင်း။

**Ante**, *pref. in composition*, အရင်။

**Antecedent**, *a.* အရင်ဖြစ်သော။ *n.* အကြောင်း။

**Antechamber**, *n.* အိမ်ရှင်မတွေ့မှီစောင့်၍နေသောအခန်း။

**Antedate**, *v. t.* နှစ်လနေ့ရက်ကိုဆုတ်၍သက္ကရာဇ်ထားသည်။

**Antediluvian**, *a.* မိုးသည်းရေကြီးခြင်းမှီဖြစ်သော။

**Antelope**, *n.* တောဆိတ်။ တောမြင်း။

**Antemeridian**, *a.* နေ့လည်မတိုင်မှီဖြစ်သော။

**Antemundane**, *a.* ကမ္ဘာမတည်မှီဖြစ်သော။

**Antenna**, *n.* ပိုးကောင်၏ခေါင်းပေါ်ပေါက်တတ်သောအမွှေး။

**Antenuptial**, *a.* လက်ထပ်မင်္ဂလာမဆောင်မှီဖြစ်သော။

**Antepast**, *n.* စားချိန်မရောက်မှီအရင်စားသောအစာ။

**Anterior**, *a.* before in place, ရှေ့မှာရှိသော။ prior, အရင်ဖြစ်သော။

**Anthem**, *n.* ထက်ဘမဟုတ်သောသီချင်း။

**Anther**, *n.* ဝတ်ဆံပွင့်။

**Anthracite**, *n.* ကျောက်မီးသွေးစစ်။

**Anthropophagi**, *n. plur.* လူသားကိုစားတတ်သောသူတို့။

**Anti**, *pref. in composition*, တဖက်၌နေသော။

**Antic**, *a.* လူပျက်ကဲ့သို့ဖြစ်သော။

**Antichrist**, *n.* ခရစ်ရန်သူ။

**Anticipate.** *v. t.* to be first or before another, ဦးဆောင်ပြုသည်။ သူမပြုမှီပြုနှင့်သည်။ တင်ကူးသည်။ to do before the time, ပြုချိန်မရောက်မှီပြုသည်။ to enjoy or suffer in prospect, မျှော်၍ခံစားသည်။ expect, မျှော်ကြည့်သည်။ to do with reference to something ahead, လှမ်းကမ်းသည်။

**Anticipation,** *n.* from above.

**Antidote,** *n.* a medicine that counteracts poison, အဆိပ်ကိုနိုင်သောဆေး။ a remedy against evil, ဘေးကိုဆီးတားတတ်သောအရာ။

**Antimony,** *n.* ခနောက်စိမ်း။ sulphuret of—, တေထေကျောက်။

**Antinomian,** *n.* ပညာတရားကိုပယ်သောသူ။

**Antipathy,** *n.* အလိုလိုရုန်း၍ရှောင်ချင်သောစိတ်။

**Anti-pœdobaptist,** *n.* မယုံကြည်သောသူငယ်တို့အား ခရစ်ယာန်ဘာသာသွင်းခြင်းမင်္ဂလာကိုမပေးရဟုယူသောသူ။

**Antipodes,** *n. plur.* မြေကြီးလုံးတဖက်တချက်၌မြေချင်းဆိုင်၍နေသောသူတို့။

**Antiquary,** *n.* ရှေးကာလ၌ဖြစ်သောအရာတို့ကိုစိစစ်ရှာဖွေသောသူ။

**Antiquated,** *a.* ဟောင်းမြင်း၍ယခုကာလ၌မသုံးသော။

**Antique,** *a.* ရှေးကာလနှင့်ဆိုင်သော။

**Antiquity,** *n.* ancient time, ရှေးကာလ၊ လွန်လေပြီးသောကာလ။ people of ancient times, ရှေးလူဟောင်းစု။ (*plur.*) remains of ancient times, ရှေးကာလ၌ ဖြစ်၍ ယခု၌ပင် ကျန်ကြွင်းသေးသော အရာတို့။ time pertaining to the remotest—, ယခေါင်။

**Anti-slavery,** *n.* သူတပါးကိုကျွန်ခံစေ၍စေစားခြင်းအမှုကိုဆန့်ကျင်ဘက်ပြုခြင်း။

**Antispasmodic,** *a.* တက်နာကိုနိုင်တတ်သော။

**Antithesis,** *n.* ကြောင်းတူ၊ သံကွဲစကားချက်။

**Anti-trinitarian,** *n.* ဘုရားသခင်သည်သုံးပါးပေါင်း၍ တဆူတည်းဖြစ်တော်မူသည်ဟူသောအယူဝါဒကိုပယ်သောသူ။

**Antitype,** *n.* ဥပမည်း။ ဥပမေယျ၊ (see type. ပုံဥပမာ။)

**A...er,** *n.* သမင်ဦးချိုအတက်။

**Ant-lion,** *n.* ဖုတ်။

**Anus,** *n.* ဖင်။ စအို။ ဝစ္စမဂ်။

**Anvil,** *n.* ပေ။

**Anxiety,** *n.* သောက။ စိုးရိမ်ခြင်း။ ဗျာပါ။ ကြောင့်ကြခြင်း။ —of mind, အပူအလောင်း။ —and worry, ဗျာပါသောက။

**Anxious,** *a.* စိုးရိမ်သော။ စိတ်အိုသော။

**Any,** *a.* (person), တယောက်ယောက်။ (thing,) တခုခု။

**Aorta,** *a.* နှစ်လုံးထဲကထွက်သောသွေးကြောကြီး။

**Apace,** *adv.* အလျင်အမြန်။

**Apart,** *adv.* separate from others. သူတပါးတို့နှင့်ခွဲခွာလျက်။ distinctively, တခြားစီခွဲခွဲခြမ်းခြမ်း။ in exclusion of, မဆိုတဲ၊ independent of others, သင်းသီး။

**Apartment**, *n.* အိမ်ခန်း။ အခန်း။ principal—, အခန်းမ။

**Apathetic**, *a.* ထုံပေ၊ —person, လူထုံပေ။

**Apathy**, *n.* ထုံပေခြင်း။

**Ape**, *n.* မျောက်၊ long-armed—, မျောက်လွှဲကျော်၊ —*v.* အတုခိုးသည်။

**Aperient**, *a.* သိမ်မွေ့စွာဝမ်းနုတ်တတ်သော။

**Aperture**, *n.* အပေါက်။—of the body, မဂ်ဝ။

**Apex**, *n.* အထွဋ်ဖျား။

**Aphelion**, *n.* နေကိုပြိုဟ်လှည့်ပတ်ရာ၌နေနှင့်ဝေးသောအချက်။

**Aphorism**, *n.* ပညာနှင့်ဆိုင်သောရသာစကားချက်။

**Apiary**, *n.* ပျားအိမ်များကိုထားရာအရပ်။

**Apiece**, *adv.* စီ။

**Apish**, *a.* မျောက်ကဲ့သို့အတုခိုးတတ်သော။

**Apocalypse**, *n.* ဗျာဒိတ်ကျမ်း။

**Apocrypha**, *n.* ကျမ်းပွား။

**Apocryphal**, *a.* pertaining to the apocrypha, ကျမ်းပွားနှင့်ဆိုင်သော၊ being of uncertain authority, အမြေအမြစ်၊ သက်သေမခိုင်ခံ့သော။

**Apogee**, *n.* ပြိုဟ်လှည့်ပတ်ရာ၌မြေကြီးနှင့်ဝေးသောအချက်။

**Apologetic**, *a.* အပြစ်လွတ်အောင်ပြောခြင်းနှင့်ဆိုင်သော။

**Apologize**, *v. i.* အပြစ်လွတ်အောင်ပြောသည်။—for something one is ashamed of, ရှက်ဆေးပြေသည်။

**Apologue**, *n.* ပုံစကား။

**Apology**, *n.* အပြစ်ပြေရာစကား။

**Apoplexy**, *n.* ဝက်ရူးနာတမျိုး။

**Apostacy** *n.* from Apostatize.

**Apostate**, *n.* ဖောက်ပြန်သောသူ။

**Apostatize**, *v. t.* ဖောက်ပြန်သည်။ *v. i.* သွေဖျန်။

**Aposteme**, *see* Imposthume.

**Apostle**, *n.* သခင်ယေရှုခရစ်စေလွှတ်တော်မူသောတမန်တော်။

**Apostolic**, *a.* တမန်တော်တို့နှင့်ဆိုင်သော။

**Apostrophe**, *n.* a digressive address, မရှိသောသူကိုရှိသကဲ့သို့ရှေ့မှောက်ပြု၍ပြောဆိုသောစကားချက်။ a contractive mark, အက္ခရာဖြုတ်ကိုပြသောအမှတ်။

**Apostrophize**, *v.* from above.

**Apothecary**, *n.* ဆေးဝါးကိုဖော်၍ရောင်းသောသူ။

**Apothegm**, *n.* မှတ်စရာကောင်းသောစကားချက်။

**Apotheosis**, *n.* ဘုရားအဖြစ်သို့ချီးမြှောက်ခြင်း။

**Apozem**, *n.* ဆေးပြုတ်ရည်၊ ပြုတ်ဆေး။

**Appal**, *v. t.* အားလျော့သည်တိုင်အောင်ကြောက်လှန့်သည်။

**Appanage**, *n.* သားသမီးအထက်၊ အငယ်စားရန်ထားသောလယ်၊ မြေ။

**Apparatus**, *n.* တန်ဆာပလာ။

**Apparel**, *n.* အဝတ်။

**Apparent**, *a.* visible, ထင်ရှားသော။ seeming, not real, အဟန်ရှိသော။

**Apparition**, *n.* a visible object, ရုပ်ပါရုံ။ a ghost, စ္ဆေ၊ တစ္ဆေ။ a large—, စ္ဆေဥပကာ။

**Appeal**, *v.* to refer to the decision of a higher power, သာ၍ကြီးသောမင်းထံအယူခံမည်ဆိုသည်။ to refer to for proof, or take to witness in swearing, တိုင်တည်သည်။ —to the opinion of another, ခေါ်ကြေသည်။ —*n.* from above.

**Appear**, *v. i.* to become visible, ထင်ပေါ်သည်။ to assume visibility, ကိုယ်ကိုပြသည်။ to come in sight, ပေါ်လာသည်။ to come to light, ပေါ်ထာသည်။ to present one's self, မျက်နှာပြသည်။ to be evident, ထင်ရှားသည်။ to project a little, နိုသည်။ ပြူသည်။ to seem, အဟန်ရှိသည်။

**Appearance**, *n.* a becoming visible, ထင်ပေါ်ခြင်း။ form, အသွင်အပြင်။ ပုံသွင်။ a visible object, ထင်ပေါ်သောအရာ။ ရုပ်ပါရုံ။ an assuming visibility, ကိုယ်ကိုပြခြင်း။ a presenting one's self, မျက်နှာပြခြင်း။ bold—, ရဲရုပ်ရဲရည်။ semblance, အဟန်ရှိခြင်း။ assumed semblance, (ဖြစ်) ဟန်ဆောင်သောအရောင်။ အဟန်။ feigned—, အကြွန်။ likelihood, ဖြစ်မည်လက္ခဏာရှိခြင်း။ a person's exterior, အသွင်အပြင်။ personal—, ဟန်လုံး။ good personal—, သိမ်။ —relating rather to color than form, အဆင်း။ general —, considered as good or bad, အဆင်းအရည်။ အဆင်းအရောင်။ အဆင်းအလှာ။ အဆင်းအဝါ။ အဆင်းသဏ္ဌာန်။ there is an—, သရုပ်ပေါ်သည်။ first —, of a new thing, ပေါ်သစ်စ။ ထက်သစ်။ to have a good personal—, ဟန်ရသည်။

**Appease**, *v. t.* to quiet, ငြိမ်းစေသည်။ to satisfy the mind (after an injury,) စိတ်ပြေအောင်ပြုသည်။

**Appeased** (be,) *v. i.* အမျက်ပြေသည်။ ငြိမ်းသည်။ ငြိမ်းချမ်းသည်။ စိတ်ပြေသည်။ စိတ်ကျေသည်။

**Appellate**, *a.* အယူတော်ခံခြင်းနှင့်ဆိုင်သော။ —court, *n.* အယူတော်ခံရုံး။

**Appellant**, *n.* သာ၍ကြီးသောမင်းထံအယူခံသောသူ။ အယူတော်ခံသူ။

**Appellation**, *n.* နာမည်။ အခေါ်။

**Appellative**, *a.* နာမည်နှင့်ဆိုင်သော။

**Append**, *v. t.* to attach suspensively, ဆွဲ၍ထည့်သည်။ to add as an accessory (to the principal thing,) ဆက်၍ထည့်သည်။ —(as a person,) တွယ်မှီသည်။

**Appendage,** *n.* ဆက်၍ဆိုင်သောအရာ၊ တန်ဆာပလာ၊ suitable—, အခမ်းအနား၊ ကရိယာ၊

**Appendix,** *n.* something appended, ဆက်သောအရာ၊ a supplement to a writing, စကားဆက်၊

**Appertain,** *v. i.* ဆိုင်သည်၊ စပ်ဆိုင်သည်။

**Appetency,** *n.* ပကတိအလို၊

**Appetite,** *n.* natural desire, တဏှာ၊ ရမ္မက်၊ တပ်မက်ခြင်း၊ တပ်မက်မောခြင်း၊ desire of food and drink, စားသောက်ချင်ခြင်း၊ (medicine to promote—, နှုတ်မြိန်ဆေး၊)

**Applaud,** *v. t.* to praise, ချီးမွမ်းသည်၊ to praise by acclamation, ကြွေးကြော်၍ချီးမွမ်းသည်၊

**Applause,** *n.* from above.

**Apple,** *n.* သစ်သော်သီး၊ wild—, ငွေး၊ wood—, မှန်နီ၊ Malay—, သပြေသဖြေ၊—of the eye, မျက်ဆန်၊ —pie, သစ်သော်သီးမုန့်ပနာသွင်းမုန့်၊ —shell, ခရုယား၊ လယ်ခရု၊

**Applicable,** *a.* that may be applied, ကပ်ထားဖွယ်ကောင်းသော၊ that may be fitly applied, စပ်ဆိုင်စေခြင်းငှါဖွယ်ကောင်းသော၊ suitable, fit, တော်သင့်သော၊

**Applicant,** *n.* အခွင့်တောင်းသောသူ၊ လျှောက်သူ၊

**Application,** *n.* the act of applying, ကပ်ထားခြင်း၊ the thing applied, ကပ်ထားသောအရာ၊ a making use of, သုံးဆောင်ခြင်း၊ a making effort, အားထုတ်ခြင်း၊ a soliciting, ချည်းကပ်၍အခွင့်တောင်းခြင်း၊ the improvement of a sermon, တရားဟောရာ၌နှစ်လုံးသွင်းရသောအချက်အရာပြခြင်း၊

**Apply,** *v. t.* to put to, ကပ်ထားသည်၊ to put together flatwise, အပ်သည်၊ ကပ်သည်၊ to put to a certain use, အသုံးပြုသည်၊ to make related to, (တစုံတခုနှင့်) စပ်ဆိုင်စေခြင်းငှါသည်၊ to make effort, အားထုတ်သည်၊ —*v. i.* to suit, တော်သင့်သည်၊ တော်လျော်သည်၊ —to, *v. t.* to have recourse to, as a petitioner, ချည်းကပ်၍အခွင့်တောင်းသည်၊ လျှောက်၍တောင်းသည်၊

**Appoint,** *v. t.* to fix or direct, စီရင်သည်၊ to place in a situation, ခန့်ထားသည်၊ to designate (time or place,) ချိန်းချက်သည်၊ to furnish, တန်ဆာနှင့်ဖွင့်ဆင်သည်၊

**Appointment,** *n.* from above.

**Apportion,** *v. t.* တော်လျော်အောင်ဝေငှသည်။

**Apposite,** *a.* တော်လျော်သော၊

**Appraise,** *see* Apprize.

**Appreciate,** *v. t.* ညီမည်သောအဘိုးထိုက်သည်ဟုစိတ်ထဲမှာထင်မှတ်သည်၊

**Appreciation,** *n.* from above.

Apprehend, *v. t.* to seize, ဖမ်းဆီးသည်။ to understand, နားလည်သည်။ to think, ထင်မှတ်သည်။ to tear, ကြောက်သည်။

Apprehension, *n.* from above; the faculty of understanding, ဉာဏ်။

Apprehensive, *a.* quick to understand, နားလည်တတ်သော။ ဉာဏ်ထက်သော။ fearful, ကြောက်တတ်သော။ စိုးရိမ်တတ်သော။

Apprentice, *n.* လက်သား။

Apprenticeship, *n.* လက်သားခံ၍နေရာကာလအတွင်း။

Apprise, *v. t.* ကြားပြောသည်။ ကြားမှာလိုက်သည်။

Apprize, *v. t.* အဘိုးဖြတ်သည်။

Apprizer, *n.* ရာဖြတ်။ —of gold, etc., စိကိုင်။ —of uncoined money, ဖြတ်ပွဲစား။

Approach, *v. t.* ချဉ်းသည်။ ချဉ်းကပ်သည်။ အနီးသို့လာသည်။ —into the presence of a superior, တိုးဝင်ချဉ်းကပ်သည်။

Approach, *n.* from above: access, အထံသို့ရောက်ခြင်း။

Approbate, *see* Approve.

Approbation, *n.* a being pleased with, နှစ်သက်ခြင်း။ a being pleased with and countenancing, နှစ်သက်၍အားပေးခြင်း။ the act of admitting the propriety of, မှန်ကြောင်းကိုဝန်ခံခြင်း။ a certificate of approbation, အခွင့်ပေးသောစာ။

Appropriate, *v. t.* အသုံးတစုံတခုဘို့ရန်၍ထားသည်။ —*a.* set apart or designed for a particular purpose, အသုံးတစုံတခုဘို့ရန်၍ထားလျက်ရှိသော။ တစုံတခုသောအကြောင်းနှင့်တော်သင့်အောင်လုပ်လျက်ရှိသော။ most fit, suitable, အလွန်တော်လျော်သော။

Appropriation, *n.* from above; portion appropriated, အပိုင်းအစား။

Approval, *see* Approbation.

Approve, *v. t.* to be pleased with, နှစ်သက်သည်။ ကြိုက်သည်။ သဘောတွေ့သည်။ to be pleased with and countenance, နှစ်သက်၍အားပေးသည်။ to admit the propriety of, မှန်ကြောင်းကိုဝန်ခံသည်။ to prove, justify, မှန်ကြောင်းကိုပြသည်။ to give permission, အခွင့်ပေးသည်။

Approximate, *v. t.* တဖြည်းဖြည်းချဉ်းသည်။

Approximation, *n.* from above.

Appulse, *n.* ထိခိုက်ခြင်း။

Appurtenance, *n.* ဆိုင်သောအရာ။

April, *n.* အင်္ဂလိတ်နှစ်တွင်စတုတ္ထတည်းဟူသောအာပြီလ။ nearly answering to the Burman, တံကူးလ။

Apron, *n.* ရှေ့ဖုံးခါးစည်း။ —of a gun, အမြောက်နားဖုံး။ —string, *n.* ရှေ့ဖုံးခါးစည်းကြိုး။

Apropos, *adv.* အဆင်သင့်လျက်။

**Apt,** *a.* fit, တော်သော။ လျှော်သော။ သင့်သော။ having a tendency to, တတ်သော။ as လည်းတတ်သော။ apt to fall; quick (in intellect,) မြန်ထက်သော။

**Aptitude,** *n.* from above.

**Aptness,** *n.* same.

**Aquafortis,** *n.* သေထောဒက။

**Aquarius,** *n.* ကုံရာသီ။

**Aquatic,** *a.* ရေ၌ကျင်လည်တတ်သော။

**Aqueduct,** *n.* ရေပြွန်း။

**Aqueous,** *a.* containing water. ရေနှင့်ပြည့်စုံသော။ like water, ရေကဲ့သို့ဖြစ်သော။

**Aquiline,** *a.* နှာရောင်မောက်သော။

**Arable,** *a.* လယ်လုပ်ရန်ကောင်းသော။

**Arbiter,** *n.* one who decides between two parties, စပ်ကြားမှာစီရင်ဆုံးဖြတ်သောသူ။ a controller, အုပ်ချုပ်စီရင်ပိုင်သောအရှင်။

**Arbitrarily,** *adv.* အစိုးတရ။

**Arbitrary,** *a.* depending on will or discretion, နည်းဥပဒေသကို မလိုက်၊ ကိုယ်စိတ်ရှိရာသို့လိုက်သော။ having absolute power, ကိုယ်အလိုအလျောက်စီရင်ဆုံးဖြတ်ပိုင်သော။

**Arbitrate,** *v. i.* စပ်ကြားမှာစီရင်ဆုံးဖြတ်သည်။

**Arbitration,** *n.* from above; place of—, စိုရာ။

**Arbitrator.** *see* **Arbiter,** *n.* စိုရာသမား။

**Arbor,** *n.* ပန်းနွယ်၊ သစ်ပင်ဖွဲ့သောတဲအိုး။

**Arc,** *n.* စက်ဝိုင်းတခြမ်း။ တစိတ်။

**Arcade,** *n.* အလျားရှည်သောပေါင်းကူး။

**Arcanum,** *n.* မထင်ရှား၊ နက်နဲသောအရာ။

**Arch,** 1, *n.* —of brick or stone, ပေါင်းကူး။ မုတ်။ any low arched covering of bamboo or wood, ပေါင်းကုပ်။ —over a throne of state, ဥကင်။ —over a door or gate, တံခါးမုတ်။ —way, *n.* ပေါင်းကူးမိုးသောလမ်း။ —1, *v. t.* ပေါင်းကူးသည်။ ပေါင်းကုပ်လုပ်သည်။ 2, *a.* လိမ္မာသော။ 3, *pref. in composition,* အကြီး။ —angel, *n.* ကောင်းကင်တမန်မင်း။ —bishop, *n.* ဂိုဏ်းအုပ်ချုပ်။ ဂိုဏ်းချုပ်။ —deacon, *n.* ဂိုဏ်းထောက်။ —duke, *n.* ဩရှတရိပြည်၌မင်းသား။

**Archer,** *n.* လေးသမား။

**Archery,** *n.* လေးနှင့်ပစ်တတ်သောအတတ်။

**Archetype,** *n.* ပုံရင်း။

**Arching,** *a.* ပေါင်းကဲ့သို့ကိုင်းသော။

**Architect.** *n.* ဗိသုကာ။

**Architecture,** *n.* တည်ဆောက်သောအတတ်။

Archives, *n. plur.* စာဟောင်း၊ စာတန်းထားသောတိုက်။
Archness, *n.* from Arch 2.
Arctic, *a.* မြောက်ရှုဝဲနှင့်ဆိုင်သော။ —circle, *n.* မြောက်ရှုဝဲနှင့်ဆိုင်သော စက်ဝိုင်း။
Ardency, *n.* စိတ်အားကြီးခြင်း။
Ardent, *a.* hot, ပူသော။ of strong feelings, စိတ်အားကြီးသော။
Ardor, *n.* from above.
Arduous, *a.* အပန်းတကြီးပြုရသော။
Are, *v. i. plur.* ရှိကြသည်။ ဖြစ်ကြသည်။ *see* Be.
Area, *n.* ပိုင်းခြားသောတလင်းပြင်။
Areca, *n.* ကွမ်းသီး။
Arena, *n.* ပွဲခံ၍တိုက်ကြရာတလင်းပြင်။
Areola, *n.* နို့အုံဖျားကိုဝိုင်း၍ညိုသောအသားအရေ။
Argent, *a.* ငွေရောင်ရှိသော။
Argil, *n.* အိုးမြေ။
Argillaceous, *a.* အိုးမြေပါသော။
Argue, *v. t.* or *v. i.* အကျိုးအကြောင်းကိုပြ၍ဆွေးနွေးသည်။
Argument, *n.* ယုံစေဆောင်ပြသောအကြောင်း။ —in court, ဆင်ခြေဆင်လက်။
Argumentation, *n.* from Argue.
Argumentative, *a.* အကျိုးအကြောင်းကိုပြ၍ဆွေးနွေးသောစကားနှင့်ပြည့်စုံသော။
Arid, *a.* သွေ့ခြောက်သော။
Aridity, *n.* from above.
Aries, *n.* မိဿရာသီ။
Aright, *adv.* မှန်ကန်စွာ။
Arise, *v. i.* to get up, ထသည်။ to ascend, တက်သည်။ —as the sun, (နေ) ထွက်သည်။ to begin, ဦးသည်။ စသည်။ —as from the dead, ထမြောက်သည်။ to appear, come into notice, ပေါ်သည်။ ပေါ်ထွန်းသည်။
Aristocracy, *n.* government administered by the nobility, မှူးမတ်အုပ်စိုးခြင်း။ the nobility, မှူးမတ်စု။
Aristocrat, *n.* မှူးမတ်အုပ်စိုးခြင်းကိုကြိုက်၊ နှစ်သက်သောသူ။
Arithmetic, *n.* အရိသမထိတ်တည်းဟူသောသင်္ချာအတတ်။ ဂဏန်းသင်္ချာ။
Arithmetician, *n.* သင်္ချာအတတ်ကိုတတ်သောသူ။
Ark, *n.* a water-tight box, ရေလုံသောသေတ္တာ။ Noah's ark, နောဧတည်သောသင်္ဘော။ the ark of the covenant, ပဋိညာဉ်ခွေ့သေတ္တာ။
Ark-shell, *n.* ခရုနတ်စာ။ ကျင်လိမ်။ ရှပ်။
Arm, *n.* —of the body, လက်မောင်း။ လက်ရုံး။ လက်ကိုင်း။ —from the elbow to the finger's end, တံတောင်။—above the elbow, မောင်း။

ရင်း။ —of a tree, သစ်ကိုင်း။ —of the sea, ချောင်းဦးတို့၊—chair, *n.* လက်ရန်းပါသောကုလားထိုင်၊ —ful, *n.* လက်တဆုပ်တမိုက်၊ အဆုပ်အမိုက်၊ —hole, *n.* မောင်းထိုး။ —pit, *n.* ချိုင်း။ လက်ကတီး။ လက်ကလိ၊ ချိုင်းတွင်း။

**Arm,** *v.* to equip with weapons, လက်နက်ကရိယာနှင့်ပြည့်စုံစေသည်၊ to take arms, လက်နက်ကိုစွဲကိုင်သည်၊

**Armament,** *n.* တိုက်သင်္ဘောများ။

**Armenian,** *n.* a native of Armenia, အာရမနီ၊ အာရမနီလူ၊ the language of Armenia, အာရမနီစကား။— *a.* အာရမနီပြည်နှင့်ဆိုင်သော၊

**Armillary,** *a.* အကွင်းများနှင့်ပြည့်စုံသော၊

**Arminian,** *n.* ဆရာအာရမိန်အယူဝါဒကိုယူသောသူ၊

**Armistice,** *n.* စစ်တိုက်ဆုတ်ဆိုင်းစာချုပ်၊

**Armor,** *n.* သံချပ်၊ ခိုင်း၊ သွားမှစ၍ကိုယ်၌ဆင်ရင်သောအကွယ်အကာစု၊

**Armorer,** *n.* လက်နက်ကရိယာမျိုးကိုလုပ်သောသူ၊

**Armorial,** *a.* ဘွဲ့တံဆိပ်ပုံနှင့်ဆိုင်သော၊

**Armory,** *n.* လက်နက်တိုက်၊

**Arms,** *n. plur.* weapons, လက်နက်မျိုး။ ensigns armorial, ဘွဲ့တံဆိပ်ပုံ၊ be in—, *v. i.* လက်နက်ကိုစွဲကိုင်သည်၊

**Army,** *n.* ရဲမက်ဗိုလ်ခြေ၊ အလုံးအရင်း။

**Arnotto,** *n.* သီတင်း။

**Aromatic,** *a.* မွှေးသော၊

**Around,** *prep.* and *adv.* about, ပတ်လည်၊ ပတ်ဝန်းကျင်၊ here and there, ဤမှာ၊ ထိုမှာ၊ အရပ်ရပ်၊

**Arouse,** *v. t.* နှိုးဆော်သည်၊

**Arow,** *adv.* အစီအစဉ်၊

**Arracanese,** *n.* a native of Arracan, ရခိုင်၊ ရခိုင်လူ၊ the language of Arracan, ရခိုင်စကား။ —*a.* ရခိုင်ပြည်နှင့်ဆိုင်သော၊

**Arrack,** *n.* ဆန်အရက်၊

**Arraign,** *v. t.* to bring to trial, စစ်ကြောရန်ခေါ်ထားသည်၊ to accuse, အပြစ်တင်သည်၊

**Arraignment,** *n.* from above.

**Arrange,** *v. t.* to put in order, စီစဉ်သည်၊ ပြင်ဆင်သည်၊ ခင်းကျင်းသည်၊ ကျင်းပသည်၊ —in some order, စီမံသည်၊ စီရင်သည်၊ to settle, ဖြေသည်၊ (well arranged, as language, စီစီရီရီ၊ စီစီလင်လင်၊)

**Arrangement,** *n.* from above.

**Arrant,** *a.* အလွန်ဆိုးသော၊

**Arras,** *see* Tapestry.

**Array,** *v. t.* to dispose in order, ခင်းကျင်းသည်၊ to adorn, တန်ဆာဆင်သည်၊ ဝတ်ဆင်သည်၊

**Array,** *n.* from above.

**Arrear**, *n.* ပေးချိန်ရောက်၍မပေးသောငွေ။ ကျန်ငွေ။ in—, *adv.* ပေးစရာရှိသည်အတိုင်းမပေးဘဲနေလျှက်။

**Arrearage**, *n.* ပေးရာရှိသမျှပေး၍မပြေ၊ ကျန်ငွေ။

**Arrest**, *v. t.* to seize by law, မင်းအခွင့်နှင့်ဖမ်းဆီးသည်။ to stop, ဆီးတားသည်။ —*n.* from above.

**Arrival**, *n.* from next.

**Arrive**, *v. i.* ရောက်သည်။ ပေါက်သည်။ ရောက်ပေါက်သည်။ ရောက်လာသည်။ —at a proper place, ဆိုက်ရောက်သည်။ (instantly on arriving, ရောက်မဆိုက်။)

**Arrogance**, *n.* from next.

**Arrogant**, *a.* ထောင်လွှားစော်ကားသော။ မောက်စောက်သော။

**Arrogantly**, *adv.* ကျယ်တယ်တယ်။ စော်ကားသည်နှင့်။ သဟောက်သတာ။

**Arrogate**, *v. t.* အစိုးပိုင်သည်ထက်လွန်ကဲ၍ပြုသည်။

**Arrogation**, *n.* from above.

**Arrow**, *n.* မြှား။ barbed—, စညီးမြှား။

**Arrowroot**, *n.* the maranta, အာရောရွတ်ပင်။ the starch of the maranta root, ထိုအပင်၏အမြစ်ကိုပြုပြင်၍ရသောအမှုန့်။

**Arse**, *n.* တင်သား။ ဖင်ဆုံ။

**Arsenal**, *n.* လက်နက်တိုက်။

**Arsenic**, *n.* စိန်။ varieties, စိန်နီ။ စိန်နီခြင်းသွား။ စိန်ဖြူ။

**Arson**, *n.* မနာလိုသောစိတ်နှင့်သူ့အိမ်ကိုမီးရှို့ခြင်း။

**Art**, 1, *v. i.* (သင်) ရှိသည်။ (သင်) ဖြစ်သည်။ *see* Be. —2, *n.* the act of managing by human skill, ကြံစည်၍ပြုပြင်ခြင်း။ a system of rules to facilitate performance, သင်၍ရသောအတတ်။ အတတ်ပညာ။ skill, dexterity, တတ်ခြင်း။ လိမ္မာခြင်း။ လက်တတ်ပညာ။ a liberal—, နှုတ်မှုပညာအတတ်။ manual—, လက်မှုပညာအတတ်။

**Arterial**, *a.* နှစ်လုံးထဲကထွက်သောသွေးကြောနှင့်ဆိုင်သော။

**Artery**, *n.* နှစ်လုံးထဲကထွက်သောသွေးကြော။

**Artful**, *a.* performed by art, ပညာအတတ်အားဖြင့်ဖြစ်သော။ skilful, လိမ္မာသော။ cunning, crafty, ဆန်းပြားသော။

**Article**, *n.* an item, particular, အချက်။ *a, an, the,* ဟူသောစကား။

**Articulate**, *v. t.* စကားအခွန်းခွန်းဆက်၍မြွက်ဆိုသည်။ —*a.* အခွန်းခွန်းဆက်၍မြွက်ဆိုသော (စကား။)

**Articulation**, *n.* junction, အဆက်ဆက်ခြင်း။ utterance of vocal sounds, စကားအခွန်းခွန်းဆက်ခြင်း။ a consonant, ဗျည်း။

**Artifice**, *n.* ပရိယာယ်။ မာယာ။ ဝေဝုစ်။ (to use artifice, စညီးလဲသည်။ ဆန်းပြားသည်။)

**Artificer**, *n.* လက်မှုပညာနှင့်ထုစ်သောသူ။ လက်မှုပညာသည်။ လက်တတ်။

**Artificial**, *a.* made, not natural, လက်လုပ်သော။ fictitious, not genuine, ဇာတိမဟုတ်။ ပဝတ္တိဖြစ်သော။

Artillery, *n.* ordnance, အမြောက်စု၊ the men collectively, who manage the ordnance, အမြောက်မှုထမ်းစု၊ —man, *n.* အမြောက်သား၊ —officer. အမြောက်ဗိုလ်၊ company of—, အမြောက်တပ်၊

Artisan, *n.* *see* Artificer.

Artist, *n.* an artificer, *which see;* one skilled in some art, ပညာအတတ်တစုံတခုကိုတတ်သောသူ၊

Artistic, *a.* ကြံစည်၍ပြုပြင်သောအရာ၊

Artless. *a.* unskilful, မတတ်မလိမ္မာသော၊ free from guile, ပရိယာယ်မပြုတတ်သော၊ ရိုးသော၊

Arum, *n.* စပ်တုံ၊ ပန်းနဲနက်၊ ဝိန်းယည်၊ fragrant—, ဝိန်းမဟော်ရာ၊

As, *adv.* like as, ကဲ့သို့၊ အတိုင်း၊ အညီ၊ အမျှ၊ နည်းတူ၊ while, အခါ၊ အစဉ်၊ အခိုက်၊ because, သောကြောင့်၊—for,—to, *adv.* မှာ၊ အရာမှာ၊ မူကား၊ —if, —though, *adv.* သကဲ့သို့၊ —well as, *adv.* အမျှ၊ နှင့်အမျှ၊

Asafœtida, *n.* ရှိန်းခို၊

Asbestos, *n.* ကျောက်ဂွမ်း၊

Ascaris, *plur.* Ascarides, *n.* တုတ်၊

Ascend, *v. i.* to go up, တက်သည်၊ to advance, တိုးတက်သည်၊—(a river,) ဆန်သည်၊

Ascendant, *a.* လွှန်ကဲသော၊

Ascendant, Ascendency, *n.* from above.

Ascendingly, *adv.* as smoke, ချောင်းချောင်း၊ တချောင်းချောင်း၊

Ascension, *n.* တက်ခြင်း၊

Ascent, *n.* the act of rising, တက်ခြင်း၊ the way by which one ascends, တက်ရာလမ်း၊ a high place, မြင့်ရာအရပ်၊

Ascertain, *v. t.* to settle, make certain or definite, သေချာအောင်စီရင်သည်၊ to take measures to know with certainty. အတတ်သိအောင်ပြုသည်၊ to make sure of, ချွတ်မတွဲဖြစ်အောင်ပြုသည်၊

Ascetic, *n.* အထီးပြီးခြီစွာကျင့်သောသူ၊ ရသေ့၊ ဗျာသိ၊ —who lives under a tree, ရုက္ခမူ၊

Ascribe, *v. t.* to assign as an effect to a cause, ဤမည်သောအကြောင်းကြောင့် ဤမည်သော အကျိုးဖြစ်သည်ကိုပြောထားသည်၊ to assign as an attribute, ဂုဏ်တစုံတခုနှင့်ဆိုင်ကြောင်းကိုပြောထားသည်၊

Ascription, *n.* from above.

Ashamed (be,) *v. i.* ရှက်သည်၊ အရှက်ရသည်၊ ရှက်ကြောက်သည်၊

Ashes, *n.* ပြာ၊

Ash-hole, *n.* ပြာထားသောတိုက်ကလေး၊

Ashore, *adv.* on shore, ကမ်းပေါ်မှာ၊ ကုန်းပေါ်မှာ၊ to the shore, ကမ်းသို့၊ ကုန်းပေါ်သို့၊

Asiatic, *a.* အာရှတိုက်နှင့်ဆိုင်သော။ —*n.* အာရှတိုက်သား။
Aside, *adv.* on one side, အလွဲ။ at a little distance, ဖိဘ်စိကွာဝေး လျက်။ separate from others, သူတပါးတို့နှင့်ခွဲခွာလျက်။
Ask, *v. t.* to request or claim, တောင်းသည်။ ask for, တောင်းရမ်း သည်။ to inquire, မေးသည်။ မေးမြန်းသည်။ to invite, ခေါ် သည်။ —leave, အခွင့်ပန်သည်။ တိုင်ကြားသည်။ ပန်ကြားသည်။ —pardon, ကန်တော့သည်။
Askant, Askance, *adv.* စောင်းကြည့်လျက်။
Askew, *adv.* အယွဲ့။
Aslant, *adv.* အလွဲ။ ကယ်ကယ်။
Asleep, *a.* or *adv.* အိပ်ပျော်လျက်။
Aslope, *adv.* ဆင်ခြေလျှောကဲ့သို့။
Asp, *n.* မြွေဆိုးတမျိုး။
Asparagus, *n.* ကညွတ်။ wild—, ရှည်ပြံမတက်။
Aspect, *n.* appearance, အဆင်းအရောင်။ countenance, look, မျက်နှာ။ မျက်နှာအနေ။ မျက်နှာထား။ မျက်နှာလက္ခဏာ။ a looking towards, မျက်နှာပြုခြင်း။
Asperity, *n.* roughness, ကြမ်းခြင်း။ moroseness, ကြမ်းတမ်းသော သဘော။ sharpness of speech, ဆူပွသောစကားခြင်းထန်ခြင်း။
Asperse, *v. t.* to sprinkle, ဖြန်းသည်။ to calumniate သူအသရေ ဖျက်အောင်ကဲ့ရဲ့သည်။
Aspersion, *n.* from above.
Aspirant, *a.* from Aspire, *v. i.*
Aspirate, *v. t.* ဟထိုးသံနှင့်ပြောသည်။
Aspiration, *n.* from above; *n.* from next; prayer in the heart, စိတ်နှစ်လုံးထဲမှာဆုတောင်းခြင်း။
Aspire, *v. i.* to desire eagerly, လိုချင်အားကြီးသည်။ to indulge ambitious desire, ရောင့်ရဲခြင်းမရှိ၊ အထက်သို့လှမ်းချင်သည်။
Asquint, *adv.* အယွဲ့ကြည့်သည်။
Ass, *n.* မြည်း။
Assail, *v. t.* စတင်၍တိုက်သည်။
Assailable, *a.* စတင်၍တိုက်နိုင်ဖွယ်ဖြစ်သော။
Assailant, *a.* from Assail. —*n.* agent from above.
Assassin, *n.* မထင်မရှားလူ့အသက်ကိုသတ်သောသူ။
Assassinate, *v. t.* မထင်မရှားလူ့အသက်ကိုသတ်သည်။
Assault, *v. t.* စတင်၍တိုက်သည်။ —outrageously, အဓိကြံ့ဖေါ်သည်။ —in order to bring into one's power, လုပ်ကြံသည်။ —*n.* from above.
Assay, *v. t.* (လောဟာကို) စုံစမ်းသည်။ *see also* Essay
Assay, *n.* from above.

**Assayer,** *n.* ရွှေငွေအစစ်ရှိသည်ထို့ကိုစုံစမ်း၍ခတ်သောသူ၊
**Assemblage,** *n.* အစုအရုံး။
**Assemble,** *v. i.* စုသည်၊ စုရုံးသည်၊ စုဝေးသည်၊ စည်းဝေးသည်၊ —*v. t.* စုသည်၊ from above.
**Assembly,** *n.* အစုအဝေး။ အစည်းအဝေး။ convened for religious or judicial purposes, တရားသဘင်၊
**Assent,** *v.* သဘောတူ၍ဝန်ခံသည်၊ —to, အာမခံသည်၊ ဝန်ခံသည်၊ (reverentially,) ဦးတင်သည်၊
**Assent,** *n.* from above. အာမ၊ ပဋိညာဉ်၊
**Assert,** *v. t.* ဟုတ်ကဲ့ဟုပြောထားသည်၊
**Assertion,** *n.* from above.
**Assess,** *v. t.* —a tax, ငွေခွဲသည်၊ —produce, အခွန်ခွဲပုံထိုး၍ထားသည်၊
**Assessment,** *n.* from above; the money assessed, ခွဲပုံကျ၊
**Assessor,** *n.* agent from Assess, *v. t.*; an assistant judge, တရားသူကြီးတိုင်ပင်ဖက်၊
**Assets,** *n. plur.* ကြွေးဆပ်ရန်ဥစ္စာ၊
**Asseverate,** *v. t.* ကျိန်ဆိုသကဲ့သို့ပြောထားသည်၊ ဓိဋ္ဌာန်သည်၊
**Asseveration,** *n.* from above.
**Assiduity,** *n.* လုံ့လ၊ ဝီရိယ၊
**Assiduous (be,)** *v. i.* လုံ့လရှိသည်၊ ဝီရိယထုတ်သည်၊
**Assign,** *v. t.* to allot, ခွဲဝေ၍ထားသည်၊ to appoint, ခန့်ထားသည်၊ to make over (to another,) လွှဲအပ်သည်၊ —a reason, အကြောင်းကိုပြသည်၊ —a portion of work, တာစုသည်၊
**Assignation,** *n.* a transfer, လွှဲအပ်ခြင်း။ an appointment for meeting, တွေ့ရအောင်ချိန်းချက်ခြင်း။
**Assignee,** *n.* အလွှဲခံသောသူ၊
**Assignment,** *n.* from Assign.
**Assimilate,** *v. i.* တူလာသည်၊ *v. t.* တူစေသည်၊
**Assimilation,** *n.* from above.
**Assist,** *v. t.* ကူညီသည်၊ ထောက်ပင့်သည်၊ မစသည်၊ ချီးပင့်သည်၊ စောင့်မသည်၊ —by way of advice or teaching, သင်ပြဟ်သည်၊
**Assistance,** *n.* from above; အဝံ့၊
**Assistant,** *n.* agent from Assist, ထက်ထောက်၊ a helper. ကူဖော်၊
**Assize,** *n.* a court of law, တရားစီရင်ရန်စုဝေးသောတရားမသူကြီးအစု၊ a statute for regulating market prices, ဈေးရောင်းဝယ်ခြင်းအမှုနှင့်ဥပဒေပေးချက်၊ —*v. t.* ဈေးရောင်းဝယ်ခြင်းအမှုနှင့်ဥပဒေပေးသည်၊
**Associate,** *v.* to unite in company, ပေါင်းဖော်သည်၊ to form into a society, သင်းဖွဲ့သည်၊ be in partnership, ရှက်စပ်သည်၊ —with, သဟာယဖွဲ့သည်၊ —with, familiarly and affectionately, ရွှေဖော်သည်၊ —*n.* a companion, အပေါင်းအဖော်၊ အပေါင်းအဖက်၊ အ

ရွေအဖေါ်၊ ရွေဖေါ်၊ a partner in any engagement, ပေါင်းဖက်၍ လုပ်သောသူ။

ssociation, *n.* from Associate, *v.*; a society, အပေါင်းအသင်း။—as of ideas, ရှည်ဘွဲ့ခြင်း။

Assort, *v. t.* အမျိုးအလိုက်ခွဲ၍ထားသည်။

Assortment, *n.* from above; things assorted, အမျိုးအလိုက်ခွဲ၍ထားသောဥစ္စာ၊ complete—, အစုံ။

Assuage, *v. t.* လျှော့စေသည်၊ ညှိစေသည်။

Assuasive, *a.* လျှော့စေတတ်သော။

Assuetude, *n.* ပြင်း။

Assume, *v. t.* to take on one's self, ထမ်းဆောင်သည်၊ to take unduly, မဆိုင်ဘဲနှင့်ဆိုင်သည်လိုပြုသည်၊ to take for granted, ထုတ်သည်၊ မထုဝ်သည်ကိုမသိဘဲအထုတ်မှတ်ထားသည်။ to take an appearance, အရောင်ဆောင်သည်၊ ရုပ်ဆောင်သည်၊ သရုပ်ဆောင်သည်။

Assuming (be,) *v. i.* ဂုဏ်လုပ်သည်။

Assumption, *n.* from above.

Assurance, *n.* strong assertion, ကြပ်ကြပ်ပြောထားခြင်း။ a feeling of security, စိတ်လုံခြင်း။ full confidence, မယုံမှားဘဲယုံကြည်အားကြီးခြင်း။ conviction of truth, စိတ်ကျခြင်း။ boldness, ရဲရင့်ခြင်း။ excess of boldness, မတန်မရာရဲရင့်ခြင်း။

Assure, *v. t.* to assert strongly, ကြပ်ကြပ်ပြောထားသည်။ to produce a feeling of security, စိတ်လုံစေသည်။ to embolden, ရဲရင့်စေသည်။ to confirm, make certain, မြဲစေသည်။ *see also* Insure.

Asterisk, *n.* စာခွဲသိုးသောကြယ်ပုံ။ ( * )

Asterism, *n.* lunar—, နက္ခတ်။

Astern, *adv.* to the stern, ပဲ့ဆီသို့။ behind a boat or ship, လှေ၊ သင်္ဘောနောက်မှာ။

Asteroid, *n.* ဂြိုဟ်ငယ်။

Asthma, *n.* ပန်းနာ၊ ရှုနာ။

Astir, *adv.* လှုပ်ရှားသည်နှင့်။

Astonish, *v. t.* make to wonder, အံ့ဩစေသည်၊ to amaze, မှိုင်တွေစေသည်။

Astonishment, *n.* wonder. အံ့ဩခြင်း။ amazement, မှိုင်တွေခြင်း။

Astound, *v. t.* အလွန်မှိုင်တွေစေသည်။

Astounded, *part.* အန်အားသင့်သော၊ မိန်းမောသော။

Astraddle, *adv.* ခြေကိုကားရားခွ၍နေသည်နှင့်။

Astral, *a.* ကြယ်နက္ခတ်နှင့်ဆိုင်သော။

Astray, *adv.* ထမ်းလွဲသည်နှင့်။

Astride, *adv.* ခြေကိုကားရားခွ၍နေသည်နှင့်။

Astringe, *v. t.* ကျုံ့စေသည်၊ ချုံ့သည်။

**Astringent,** *a.* ကျုံ့စေတတ်သော၊ —in taste, ဖန်သော၊ slightly —, ဖန့်ဖန့်၊

**Astrologer,** *n.* ဟူးရား၊ အဟောအပြောနှင့်ဆိုင်သောဗေဒင်အတတ်ကိုတတ်သောသူ၊

**Astrology,** *n.* အဟောအပြောနှင့်ဆိုင်သောဗေဒင်အတတ်၊

**Astronomer,** *n.* နေ၊ လ၊ ကြယ် နက္ခတ်နှင့်ဆိုင်သောဗေဒင်အတတ်ကိုတတ်သောသူ၊

**Astronomy,** *n.* အစတရောနမီအတတ်တည်းဟူသော၊ နေ၊ လ၊ ကြယ်နက္ခတ်နှင့်ဆိုင်သောဗေဒင်အတတ်၊

**Astute,** *a.* ဉာဏ်ထက်မြက်သော၊

**Astuteness,** *n.* from above.

**Asunder,** *adv.* တကွဲစီ၊ တခြားစီ၊

**Asylum,** *n.* ဘေးလွတ်၍မှီခိုကပ်စေရာနေရာ၊ lunatic—, အရူးထောင်၊

**At,** *prep.* တွင်၊ ၌၊ မှာ၊

**Atheism,** *n.* ဘုရားမရှိဟုယူသောအယူဝါဒ၊

**Atheist,** *n.* ဘုရားမရှိဟုယူသောသူ၊

**Athirst,** *a.* ရေငတ်သော၊

**Athletic,** *a.* belonging to active games, လက်ရွေး၊ လက်ပန်းစသော၊ အသွားအစုန်အမျိုးမျိုးနှင့်ဆိုင်သော၊ strong, vigorous ခွန်အားကြီးသော၊ သန်မာသော၊

**Athwart,** *prep.* or *adv.* across, ကန့်လန့်၊ crossing a path, သန်းလျှက်၊ မီသာဖြတ်၊

**Atilt,** *adv.* ခေါက်ထိုးခုထားသည်နှင့်၊

**Atlas,** *n.* တိုင်းပြည်ပုံအစု၊ —of the neck, ဦးဆက်ရိုး၊ —*moth*, လိပ်ပြာကြီး၊ ဆင်လိပ်ပြာ၊

**Atmosphere,** *n.* မြေကြီးကိုပတ်သောလေလထု၊

**Atom,** *n.* အထုမြူ၊

**Atomic,** *a.* အထုမြူနှင့်ဆိုင်သော၊

**Atone,** *v. t.* (အပြစ်ကို)ဖြေသည်၊ —for, *v. t.* (အပြစ်)ပြေအောင်ပြုသည်၊

**Atonement,** *n.* from above.

**Atop,** *adv.* ထိပ်ပေါ်မှာ၊

**Atrabilarious,** *a.* ညှိုးငယ်တတ်သောသဘောရှိသော၊

**Atrip,** *adv.* ကျောက်ဆူးနုတ်၍မြေနှင့်ထိရုံရှိသည်နှင့်၊

**Atrocious,** *a.* အလွန်ဆိုးသော၊

**Atrocity,** *n.* အလွန်ဆိုးသောအမှု၊

**Atrophy,** *n.* ဓိန်ကျုံ့သောအနာ၊

**Attach,** *v. t.* to arrest for debt, ကြွေးဆပ်စေခြင်းငှါမင်းအခွင့်နှင့်ဖမ်းဆီးသည်၊ to seize (goods) for debt, ကြွေးဆပ်ရန် (ဥစ္စာကို) မင်းအခွင့်နှင့်သိမ်းသည်၊ သိမ်းထားသည်၊ to bind by affection, ချစ်ခင်စေသည်၊ မိတ်ဖွဲ့စေသည်၊ to make adhere, စွဲကပ်စေသည်၊ to fasten to, ချည်နှောင်၍ဆွဲထားသည်။ to connect with, ဆွယ်ကပ်သည်၊ ဆွယ်မျှောင်သည်။ —to the side of, ပေါင်မျှောင်သည်။ to append (a person,) တွယ်ဖိုး၍ပါစေသည်၊ to make cling to, တွယ်ထားသည်၊

Attachè, *n.* တွယ်ဖိုး၍ပါသောစာရေးမှူးငယ်။

Attached, *p. p. p.* ခင်တွယ်သော၊ ခင်မင်သော၊ (to be inordinately —, မက်မောသည်။)

Attachment, *n.* from above, 1st. and 2d def.; a writ of attachment, ဖမ်းဆီး၊ သိမ်းရုံးရသောမှတ်ချက်။ affection, ချစ်ခင်ခြင်း။ adherence, စွဲကပ်ခြင်း။ —to anything, အငြိအတွယ်။

Attack, *v. t.* စတင်၍တိုက်သည်။ —*n.* from same.

Attain, *v. t.* to gain, ရသည်။ မိသည်၊ to reach, မှီသည်။ —to, *v. t.* မှီသည်။

Attained (be,) *v. i.* ဖြစ်မြောက်သည်၊

Attainable. *a.* နိုင်ဖွယ်။ from above.

Attainder, *n.* ရာဇဝတ်သင့်စေခြင်း။

Attainment, *n.* from Attain; မှီလိ။ that which is attained, ရမိသောအရာ။

Attaint, *v. t.* to taint in law, ရာဇဝတ်သင့်စေသည်။ to defile, ညစ်စွန်းစေသည်၊ to disgrace, အသရေဖျက်သည်။

Attaint, *n.* defilement, အညစ်အစွန်း။ disgrace, အသရေပျက်ခြင်း။

Attemper, *v. t.* to abate by mixture, ရောနှော၍လျော့စေသည်။ to adapt, တော်လျော်စေသည်။ .

Attempt, *v. t.* ပြုစမ်းသည်၊ အားထုတ်စမ်းသည်။ —*n.* from same.

Attend, *v. t.* to accompany, အတူလိုက်သည်၊ ပါသည်။ to be present at, ပါရှိအောင်လာသည်။ to await, စောင့်နေသည်။ to have oversight or charge, ကြည့်ရှုပြုစုသည်။ —on, —upon, *v. t.* to serve, အစေအပါခံသည်။ ဝတ်ပြုသည်။ to pay respect, or wait for orders, ခစားသည်၊ —to, *v. t.* to listen to, နားထောင်သည်။ နားခံသည်။ to be engaged in, သတိနှင့်အမှုစောင့်သည်၊

Attendance, *n.* ပါရှိအောင်လာခြင်း။ စောင့်နေခြင်း။ ကြည့်ရှုပြုစုခြင်း။ ဝတ်ပြုခြင်း။ ခစားခြင်း။ သတိနှင့်အမှုစောင့်ခြင်း။ persons accompanying, အတူလိုက်သောလူစု။ (for sub-def. *see under* Attend.)

Attendant, *a.* အတူလိုက်သော။ ပါသော။ —*n.* one who accompanies, အတူလိုက်သောသူ။ ပါသောသူ။ one who is present at, ပါရှိအောင်လာသောသူ၊ one in waiting, ခစားသောသူ။ a servant, အစေအပါ။ လက်အောက်။ လက်ပါးစေ။ —on a king or royal personage, ကွမ်းရည်ကိုင်။ *pl.* အခြံအရံ။ အခြွေအရံ။ အခြွေအရွေ။

Attention, *n.* regard, နားထောင်ခြင်း။ ပမာဏပြုခြင်း။ courtesy, ထောက်ဝတ်ပြုခြင်း။ heed, သတိ။

**Attentive**, *a.* regardful, မှတ်တတ်သော။ ပမာဏပြုတတ်သော။ careful, သတိရှိတတ်သော။ heedful, နှစ်လုံးမူသော။ သတိထားတတ်သော။
**Attenuant**, *a.* သွက်စေတတ်သော။
**Attenuate**, *v. t.* to make thin as liquid, သွက်စေသည်။ to make thin, slender, သေးစေသည်။
**Attenuation**, *n.* from above.
**Attest**, *v. t.* to bear witness to, သက်သေခံသည်။ to affix a witnessing signature, အသိထက်မှတ်ထိုးသည်။ to call to witness, တိုင်တန်းသည်။
**Attestation**, *n.* သက်သေခံချက်။
**Attire**, *v. t.* to dress, ဝတ်သည်။ to array, ဝတ်ဆင်သည်။
**Attire**, *n.* အဝတ်။ အဝတ်တန်ဆာ။
**Attitude**, *n.* အနေအထိုင်။ နေထိုင်ခြင်း၏အခြေအနေ။ —of the mind, စိတ်ထား။ သဘောထား။
**Attorney**, *n.* ရှေ့နေ။ —general, *n.* မင်းရှေ့နေ။
**Attract**, *v. t.* to draw to, ကိုယ်ဆီသို့ဆွဲငင်သည်။ to allure, ဖြားသည်။ သွေးဆောင်သည်။
**Attraction**, *n.* from above; drawing power, ဆွဲငင်တတ်သောတန်ခိုး။ that which attracts, သွေးဆောင်တတ်သောအရာ။
**Attractive**, *a.* ကိုယ်ဆီသို့ဆွဲငင်တတ်သော။ သွေးဆောင်တတ်သော။ ဖြားတတ်သော။
**At'tribute**, *n.* ဆိုင်သောအရာ။ ဂုဏ်။ သဏ္ဌာန်။ ဂုဏ်အင်္ဂါလက္ခဏာ။
**Attrib'ute**, *v. t.* to ascribe as belonging to, ဆိုင်ကြောင်းကိုပြောသည်။ to assign as to a cause, ဤမည်သောအကြောင်းကြောင့်ဖြစ်သည်ကိုပြောထားသည်။
**Attrition**, *n.* ပွတ်၍ပွန်းခြင်း။
**Attune**, *v. t.* သီခြင်းသံညီအောင်ညှိသည်။
**Auburn**, *n.* နီဝါသော။
**Auction**, *n.* လေလံ။ —room, *n.* လေလံပြစ်ရာအခန်း။
**Auctioneer**, *n.* လေလံပြစ်သောသူ။ လေလံခေါ်။
**Audacious**, *a.* အရှက်အကြောက်မရှိ၊ ခဲတင်းသော။
**Audacity**, *n.* from above; boldness, ခဲရင့်ခြင်း။
**Audible**, *a.* perceivable by the ear, ကြားရသော။ loud enough to be heard, ကြားလောက်သော။
**Audience**, *n.* the act of hearing, နားကြားခြင်း။ admittance to a hearing, လျှောက်ရသောအခွင့်။ an assembly of hearers, ပရိသတ်။
**Audit**, *v.* စာရင်းကိုတွက်စစ်၍မှန်သည်၊ မမှန်သည်ကိုစီရင်သည်။ —*n.* from above.
**Auditor**, *n.* a hearer, ကြားသောသူ။ a hearer of preaching, တရားနာ

သောသူ။ one who audits accounts, စာရင်းကိုတွက်စစ်၍မှန်သည်၊ မမှန်သည်ကိုစီရင်သောသူ။

Auditory, *n.* an assembly of hearers, ပရိသတ်။ a place of preaching, တရားဟောရာအရပ်။ —*a.* နားကြားခြင်းနှင့်ဆိုင်သော။

Au fait, *a.* ရေးရာသော။

Auger, *n.* လွန်ပူကြီး။

Aught, *n.* တစုံတခုသောအရာ။

Augment, *v. i.* တိုးပွားသည်။ *v. t.* တိုးပွားစေသည်။

Augmentation, *n.* from above.

Augur, *v. t.* ထိတ်နိမိတ်ကိုအမှီပြု၍ဟောပြောသည်။ —*n.* agent from above.

Augury, *n.* from Augur, *v. t.*

August, *a.* အလွန်မြင့်မြတ်သော၊ ဘုန်းကြီးသော။ —*n.* အင်္ဂလိတ်နှစ်တွင်အဋ္ဌမလတည်းဟူသောဩဂုတ်လ၊ nearly answering to the Burmese, ဝါခေါင်လ။

Augustan, *a.* ကဲသာဘုရင်ဩဂုတ္တုနှင့်ဆိုင်သော။

Aunt, *n.* a mother's elder sister, မိကြီး။ a mother's younger sister, မိထွေး။ a father's sister, အရီး။

Auricle, *n.* the external ear, နားရွက်။ —of the heart, သွေးဝင်ရာနှစ်လုံး၏အခေါင်း။

Auricular, *a.* pertaining to hearing, နားကြားခြင်းနှင့်ဆိုင်သော၊ told in the ear, နားအပါး၌ပြောသော။

Auriferous, *a.* ရွှေကိုသီးတတ်သော။

Aurora, *n.* အာရုဏ်။ —borealis, *n.* မြောက်ဗျက်နှာစွန်း၌ထွက်သောအခိုးအလျှံ။

Auspices, *n. plur.* ကျေးဇူးပြုခြင်း။

Auspicious, *a.* well omened, နိမိတ်ထကွာဏာကောင်းသော၊ propitious, ကျေးဇူးပြုခြင်းနှင့်ဆိုင်သော၊ fortunate, မင်္ဂလာနှင့်ဆိုင်သော။

Austere, *a.* မျက်နှာထားနှင့်ကြပ်တည်းစွာပြုမူတတ်သော။

Austerity, *n.* from above.

Austerities, *n.* ဒုက္ကရစရိယာ။ a series of the extremest—, မေဒနေယျာ။ (to perform—, ခြိုးခြံစွာကျင့်သည်။)

Austral, *a.* တောင်မျက်နှာနှင့်ဆိုင်သော။

Authentic, *a.* မူလမှန်သော။

Authenticate, *v. t.* မူလမှန်ကြောင်းကိုပြသည်။

Authenticity, *n.* from Authentic.

Author, *n.* an efficient cause, ဖြစ်စေသောသူ။ the composer of a book, စာကိုစီရင်ရေးထားသောသူ။

Authoress, *n.* စာကိုစီရင်ရေးထားသောမိန်း။

Authoritative, *a.* အာဏာရှိသော။

**Authoritatively,** *adv.* အစိုးတရ။

**Authority,** *n.* right to control, အာဏာ။ အစိုးရခြင်း။ အရှိန်။ weight, impressiveness, သြဇာ။ testimony, သက်သေ။ a warrant, အခွင့်။ a legal precedent, စာတန်းစာမှတ်။ acting government, စီရင်အုပ်စိုးသောမင်း။ governmental dominion, အာဏာစက်။ အာဏာတိတ္ထမ။ (the faculty of speaking with—, လျှာစက်။)

**Authorize,** *v. t.* အခွင့်ပေးသည်။ (ဖြို) ရသောအခွင့်ကိုပေးသည်။

**Authorship,** *n.* စာစီရင်ရေးထားသောသူ၏အဖြစ်။

**Autobiography,** *n.* ကိုယ်အဖြစ်အပျက်၊ အထုပ္ပတ္တိကိုစီရင်ရေးထားသောစာ။

**Autocrat,** *n.* ကိုယ်အလိုအလျောက်စီရင်ပိုင်သောရှင်ဘုရင်။

**Auto-da-fe,** *n.* ဗရင်ဂျီဘာသာ၌တနှစ်တခါဒိဋ္ဌိတို့ကိုမီးရှို့သောပွဲ။

**Autograph,** *n.* one's own hand writing, ကိုယ်၏လက်ရေး။ an original manuscript, မူရင်း။

**Automaton,** *n.* အလိုလိုလှုပ်ရှားတတ်သောအရုပ်။

**Autumn,** *n.* အင်္ဂလိတ်ပြည်မှာ တတိယဥတု။ နွေကာလနှင့် ဆောင်းကာလ အကြားဥတု။

**Autumnal,** *a.* တတိယဥတုနှင့်ဆိုင်သော။

**Auxiliary,** *a.* ကူညီသော။ —ကူညီသောသူ။

**Avail,** *v.* ကျေးဇူးရှိသည်။ လိုသောအကျိုးကိုဖြစ်စေသည်။ —one's self of, *v. t.* သုံးဆောင်၍အကျိုးကိုရသည်။

**Avail,** *n.* အကျိုး။ ကျေးဇူး။ *plur.* ရောင်း၍ရသောငွေ။

**Avalanche,** *n.* တောင်ပေါ်ကလျှော၍ကျသောမိုးသီးပွင့်အစိုင်အခဲ။

**Avarice,** *n.* လောဘကြီးခြင်း။

**Avaricious,** *a.* လောဘကြီးသော။

**Avast,** *int.* တန့်တော့။

**Avatar,** *n.* ဟိန္ဒူဘာသာ၌ဘုရားပွင့်ခြင်း။

**Avaunt,** *int.* သွားပဲ့။

**Ave Mary,** *n.* ဗရင်ဂျီဘာသာ၌ပဌနာတမျိုး။

**Avenge,** *v. t.* to take satisfaction by punishing, ထက်စားကျေအောင် အပြစ်အလျောက်ဒါဏ်ပေးသည်။ to revenge, ထက်စားကျေအောင် ရန်တုံ့ပြန်၍ပြုသည်။

**Avengement,** *n.* from above.

**Avenue,** *n.* an entrance-way. ဝင်ဝလမ်း။ an alley planted with trees, တဖက်တချက်သစ်ပင်စိုက်သောလမ်း။

**Aver,** *v. t.* ကြပ်တည်းစွာပြောထားသည်။

**Average,** *v. t.* ဖြမ်းမျှ၍အညီအမျှကျအောင်စီရင်သည်။ —*v. i.* ဖြမ်းမျှ ကြိတ်နယ်၍ဤမျှအကျရှိသည်။ to take an—, ဖြမ်းမျှယူသည်။

**Average,** *n.* from above; a medial sum or quantity, ဖြမ်းမျှကြိတ် နယ်၍အမှတ်ထားသောအရာ။

**Averment,** *n.* from Aver

**Averse**, *a.* disinclined, အလိုမရှိသော။ disliking, မကြိုက်သော။ မနှစ်သက်သော။

**Aversion**, *n.* from above; strong dislike, ငြိုငြင်ခြင်း။ object of dislike, ငြိုငြင်ရာ။ disgust, အရွံအရှာ။

**Avert**, *v. t.* to turn from, လွှဲသည်။ to divert, လွှဲပယ်သည်။

**Aviary**, *n.* ငှက်များထောင်ရာခြံ။

**Avidity**, *n.* အလွန်လိုချင်ခြင်း။

**Avocation**, *n.* a calling away from, အခြားသို့ခေါ်သွားခြင်း။ a small business which calls away from (a greater,) (အမှုကြီးကို) လွှဲ၍ဆောင်ရသောအမှုငယ်။

**Avoid**, *v. t.* to shun, as a moral evil, ရှောင်သည်။ ကြည်ရှောင်သည်။ to shun, as a natural evil, ရှောင်သည်။ ရှောင်လွှဲသည်။ တိမ်းရှောင်သည်။ —by keeping out of sight, ပုန်းရှောင်သည်။

**Avoidance**, *n.* from above.

**Avoirdupois**, *n.* အလေးမျိုးတမျိုး။

**Avouch**, *v. t.* to assert positively, ကြိမ်တည်းစွာပြောထားသည်။ to produce in favor of, အကြောင်းကိုထုတ်ပြသည်။

**Avouchment**, *n.* from above.

**Avow**, *v. t.* အတည့်အထင်းပြောသည်။

**Avowal**, *n.* from above.

**Avulsion**, *n.* ဆွဲဆုတ်ခြင်း။

**Await**, *v. t.* to wait for, expect, ငံ့လင့်သည်။ မျှော်လင့်သည်။ to attend, be ready for, စောင့်နေသည်။

**Awake**, *v. i.* နိုးသည်။ —*v. t.* to rouse from sleep, နှိုးသည်။ to rouse to action, နှိုးဆော်သည်။ —*a.* နိုးသော။ မအိပ်ဘဲနေသော။

**Awaken**, *v. t. see* Awake.

**Award**, *v. t.* စီရင်ဆုံးဖြတ်သည်။ —*n.* စီရင်ဆုံးဖြတ်ချက်။

**Aware**, *a.* သတိရှိသော။

**Away**, *adv.* absent, အခြားတပါး၌။ to another place, အခြားတပါးသို့။ *int.* begone, သွား။ သွားပဲ့။ let us go, သွားကြစို့။ —with, *int.* ယူသွား။ cannot —with *v. t.* မချိမဆံ့နိုင်။

**Awe**, *n.* ကြောက်ရွံ့ရိုသေခြင်း။ —*v. t.* ကြောက်ရွံ့ရိုသေစေခြင်းပြုသည်။

**Aweigh**, *adv.* ကျောက်ဆူးနှုတ်၍မြေနှင့်ထိရုံရှိသည်နှင့်။

**Awful**, *a.* striking with awe, ကြောက်ရွံ့ရိုသေဖွယ်ဖြစ်သော။ struck with awe, ကြောက်ရွံ့ရိုသေသော။ frightful, ကြောက်မက်ဖွယ်ဖြစ်သော။

**Awhile**, *adv.* ကာလအတန်ကြာ။

**Awkward**, *a.* unhandy, clumsy, နေရာကျအောင်မလုပ်၊ မကိုင်တတ်သော။ impolite, မယဉ်ကျေး၊ ရိုင်းသော။

**Awkwardness**, *n.* from above.

**Awl**, *n.* သားရေနယ်ကိုဖောက်ရန်စူး။
**Awning**, *n.* မိုဃ်းကာ၊ ကနားဖြင်း။
**Awry**, *adv.* အယွဲ့၊ ယွဲ့တဲ့တဲ့၊ ယွဲ့စောင်းစောင်း
**Ax**, *n.* ပုဆိန်၊ —head, *n.* ပုဆိန်ခေါင်း၊
**Axiom**, *n.* ဧကဝုစ်စကား၊ အခါဖိုအိုတည်းဟူသော၊ သက်သေမရှိဘဲလျက် ဧကန်စင်စစ်သိရသောစကားချက်။
**Axis**, *n.* ဝင်ရိုး။
**Axle, Axletree**, *n.* same.
**Ay, Aye**, *int.* ထုတ်ကဲ့၊ —Aye, *adv.* အစဉ်အမြဲ၊
**Azure**, *a.* ပြာသော၊မိုဃ်းကောင်းကင်အရောင်ရှိသော၊

# B

**Baa**, *v. i.* သိုး၊ ဆိတ်ကဲ့သို့မြည်သည်။
**Baal**, *n.* ဗာလဘုရား။
**Babble**, *v. i.* ပလွမ်းတီးတာပြောသည်၊ to speak imperfectly as a child, အကလေးကဲ့သို့စကားမပြီမသပြောသည်၊ to talk idly, to prate, ပြိန်းဖျင်းသောစကားများသည်၊ *v. t.* to tell secrets, လျှို့ဝှက်အပ်သောစကားကိုအမှတ်တမဲ့ပြောသည်၊ —*n.* from above.
**Babbler**, *n.* a bird of the genus garrnlax, ငှက်ရောင်းငှက်၊ fan-tailed —, သွေးရှည်၊
**Babe**, *n.* နို့နို့ကလေး၊ နို့နို့သူငယ်။
**Babel**, *n.* ရှုပ်ထွေးခြင်း။
**Babishly**, *adv.* နို့နို့သူငယ်ကဲ့သို့၊
**Baboon**, *n.* မျောက်ကြီးတမျိုး။
**Baby**, *see* Babe, —house, *n.* ယည်မင်းထားရာအရပ်၊
**Babyish**, *a.* နို့နို့သူငယ်ကဲ့သို့ဖြစ်သော၊ .
**Baccalaureate**, *n.* အိပ္ပံကျောင်းတွင်သင်ပြီးမှအရင်ခံသောအရာ၊
**Bacchanalian**, *n.* သေသောက်ကျူး။
**Bacchanals**, *n. plur.* သေသောက်ပွဲ၊
**Bachelor**, *n.* an unmarried man, မယားမနေသေးသောသူ၊ old—, လူပျိုဟိုင်း။ one who has taken the first collegiate degree, အိပ္ပံကျောင်းတွင်အရင်အရာကိုခံသောသူ။
**Back**, *n.* the hinder part of a man, or upper part of an animal, ကြော၊ ကြောကုန်း၊ ကျောက်ကုန်း။ the hinder part of a thing, နောက်ဖေး၊ —of the hand, လက်ဖမိုး၊ လက်ခုံး၊ —of an instrument, အနှောင့်၊ —of a chair, &c. အမှီ၊ —bone, *n.* ကြောရိုး။ —door, နောက်ဖေးတံခါးပေါက်၊ —ground, ကားပုံ၏နောက်မျက်နှာစာ၊ —room, နောက်ဖေးခန်း။ —side, hinder part, နောက်ဖေး၊ buttock, တင်ပါး။ —staff. နေတိုင်းတမျိုး။ —stairs, နောက်ဖေးလှေကား။ —stay, နောက်ဆိုင်းကြိုး၊ —yard, နောက်ဖေးခြံ။

*v. i.* to go back, ဆုတ်သည်။ *v. t.* from above; to support, ထောက်ပင့်သည်။ —a horse, မြင်းပေါ်သို့တက်သည်။ —*a.* လွန်ပြီးသော။ *adv.* to the place whence one came, လာရာအရပ်သို့။ behind, နောက်မှာ။ နောက်သို့။ toward the past, လွန်ပြီးသည်ကာလသို့။ again, in return, အတုံ့။ —bite, *v. t.* ကထိုက်သည်။ ဂိုးချောသည်။ —slide, *v. i.* ရွေ့လျှော့သည်။ —ward *a.* reluctant, (ပြု) ခြင်းငှါအလိုမရှိသောစိတ်ပါသော။ dilatory, ဆေးဆေးနှေးနှေးဖြစ်သော။ dull of intellect, ညာဏ်တုံးသော။ behind in time, နောက်ကျသော။ —ward. —wards, *adv.* with the back forwards, နောက်ဆုတ်။ နောက်ပြန်။ towards the place behind, နောက်သို့။ with the back downwards, ပက်လက်။ from better to worse, နောက်ယုတ်။ contrary to natural order, ပြောင်းပြန်။ thrown back, ပက်လီးပက်လန်။ —wards and forwards, *adv.* ခေါက်တုံ့ခေါက်ပြန်။ လူးလာ။ တုံ့ပယ်တုံ့ပယ်။ တောက်တက်တောက်တက်။ (from beginning to end, နှစ်နှစ်နှောနှော။) (to do back again, လှန်ပြန်သည်။)

Backgammon, *n.* အန်ကစားခြင်းတမျိုး။ ပဆစ်။

Bacon, *n.* ဝက်သားခြောက်။

Bad, *a.* evil, မကောင်းသော။ ဆိုးသော။ diseased, နာသော။ vile, ဆိုးသွမ်းသော။ disagreeable to some of the senses, ဆိုးဝါးသော။ —tempered, *a.* စိတ်မကောင်းသော။

Badge, *n.* အမှတ်အသား။ —worn on the breast, ရင်ဆွဲ။

Badger 1, *n.* ခွေးတူဝက်တူ။ 2, *v. t.* တွေဝေစေသည်။

Badinage, *n.* ကျီစားသောစကား။

Badness, *n.* ဆိုးခြင်း။

Baffle, *v. t.* ပရိယာယ်အားဖြင့်အကြံကိုဖျက်သည်။

Bag, *n.* အိတ်။ —*v. t.* အိတ်ထဲသို့သွင်းသည်။

Bagatelle, *n.* အတွက်မရှိသောအရာ။

Baggage 1, *n.* စစ်ချီရာပါသောဝန်စလယ်။ —2, *n.* a low woman, ဆိုးယုတ်သောမိမ္မ။

Bagnio, *n.* a bath, ရေချိုးအိမ်။ a brothel, ပြည်တန်ဆာအိမ်။

Bagpipe, *n.* သီခြင်းသံထွက်အောင်မှုတ်ရသောသားရေအိတ်။

Bail, *v. t.* to liberate on security, ခံဝန်သူနှင့်လွှတ်သည်။ —a boat, လှေထဲကရေပက်သည်။ —*n.* from above, 1st. def.; one who becomes surety, ခံဝန်သူ။ the amount pledged by a surety ခံဝန်သူဝန်ခံသောဒဏ်ငွေ။

Bailiff, *n.* မြို့စာရေး။ ထောင်မှူး။ နာဇိ။ *Bengali.*

Bait 1, *n.* ငါးမျှားစာ၊ ငှက်ထောင်စာမှစ၍မျှားဘို့၊ ထောင်ဘို့ထည့်သောအစာ။ —1, *v. t.* —a hook, မျှားဘို့အစာထည့်သည်။ to feed on the road, ခရီးသွားရာ၌ခဏရပ်၍ကျွေးသည်။ —*v. i.* to take food on a journey, ခရီးသွားရာ၌ခဏရပ်၍စားသောက်သည်။ —2, *v. t.* to attack by dogs, ခွေးကိုစုးတိုက်သည်။

**Baize**, *n.* သက္ကလတ်ကြမ်းတမျိုး။

**Bake**, *v. t.* ပေါင်းသည်။ —house, *n.* မုန့်ပေါင်းသောအိမ်။ —meats, *n. plur.* ပေါင်းသောအမဲသား။

**Baker**, *n.* မုန့်သည်။

**Bakery**, *n.* မုန့်ပေါင်းသောအိမ်။

**Balachong** (Malay,) *n.* ငါးပိ။

**Balance**, *n.* a pair of scales, ချိန်ခွင်။ equipoise, မျှခြင်း။ overplus of weight, ချိန်ရာ၌အပို။ difference between accounts, စာရင်း၌အကျန်။ the beating part of a watch, နာရီခွက်၌ချိန်ခွင်စက်။ Libra, တူရာသီ။ —*v. t.* to produce an equipoise, ချိန်စက်သည်၊ to make even or equal, မျှစေသည်။ to compare, တိုက်သည်၊ နှိုင်းရှည့်သည်။ to settle accounts, ငွေစာရင်းကိုရှင်းလင်းစေသည်။ *v. i.* to be even, on an equipoise, ညီမျှသည်။ to hesitate between two, စိတ်နှစ်ခွရှိသည်။

**Balcony**, *n.* အပေါ်ဆင့်ပြတင်းပေါက်ပြင်မှာထုတ်သောကြမ်းခြင်း။

**Bald**, *a.* without hair on the head, ခေါင်းတုံးသော။ ခေါင်းတုံးတိုသော။ ခေါင်းပြောင်သော။ ဦးပြည်းသော။ ထိပ်ပြောင်သော။ naked, bare, ပထာဖြစ်သော။ unadorned, တန်ဆာမဆင်သော။

**Baldness**, *n.* from above.

**Balderdash**, *n.* ရောနှောရှုပ်ထွေး၍ယုတ်ညံ့သောအရာ။

**Baldrick**, *n.* အင်္ကျီထိတ်မူးမတ်တို့ဝတ်ဆင်သောခါးစည်းတန်ဆာ။

**Bale**, *n.* ကုန်ထုပ်။ (—of cotton cloth, ပိတ်အုပ်။)

**Baleful**, *a.* အမင်္ဂလာဖြစ်သော။အကျိုးနည်းစေတတ်သော။

**Balk**, *v. t.* (သု) အကြံကိုဖျက်သည်။ —*n.* အကြံဖျက်ခြင်း။

**Ball 1**, *n.* a round body, အလုံး။ a playing—, ခြင်းလုံး။ ဗလီလုံး။ —of thread, ချည်လုံး။ —for cannon, အမြောက်ဆန်။ —2, *n.* entertainment of dancing, ကသောပွဲ။ —room, *n.* ကသောပွဲခံရာအခန်း။

**Ballad**, *n.* သီခြင်းတမျိုး။

**Ballast**, *n.* ချော၊ သင်္ဘောဝမ်းစာ။ —*v. t.* —a boat or ship, ဝမ်းစာတင်သည်။ ဝမ်းစာထိုးသည်။ to make steady, မတိမ်းမယိမ်းတည်စေသည်။

**Balloon**, *n.* မီးအိမ်ပျံ။ မီးပုန်းပျံ· *see also* Air-balloon.

**Ballot**, *n.* စည်းဝေးရာ၌အသီးအသီးသဘောရှိသည်အတိုင်းသွင်းသောလက်မှတ်။ —*v. i.* စည်းဝေးရာ၌အသီးအသီးသဘောရှိသည်အတိုင်းရွေး၍လက်မှတ်သွင်းသည်။

**Balm**, *n.* a kind of fragrant plant, မွှေးသောအပင်တမျိုး။ a fragrant gum, မွှေးသောသစ်စေး။ any thing that relieves or mitigates pain, အနာကိုသက်သာစေတတ်သောဆေး။

Balmy, *a.* like balm, မွှေးသောသစ်စေးကဲ့သို့ဖြစ်သော၊ producing fragrant gum, မွှေးသောအစေးကိုဖြစ်စေတတ်သော၊ fragrant, မွှေးသော။ affording relief, သက်သာစေတတ်သော၊ soothing, စိတ်ပျော်မွေ့စေတတ်သော။

Balsam, *n.* liquid balm, သွက်သောသစ်စေးမွှေး။ —plant, *n.* ဒန့်ဒလက်ပင်၊ ပန်းရှမ်းပင်။

Balsamic, *a.* အနာကိုသက်သာစေတတ်သော။

Baluster, *n.* ပွတ်လုံး။

Balustrade, *n.* ပွတ်လုံးလက်ရန်း၊ လှေကားပေါင်း၊ လက်တင်ရန်း၊ —of an uncovered veranda, ဆင်ကပ်။

Bamboo, *n.* ဝါး။ thorny—, ကြခတ်ဝါး။ long-jointed—, ကြသောင်းဝါး။ —in which rice is baked, ပေါင်းတင်းကျည်၊ a large species, ကြလိုဝါး။ split—, ဝါးခြမ်း။ elephant—, ဝါးမိုး။ old decayed—, ဝါးရောင်း။

Ban, *n.* a public notice, ကျော်ညာစေချက်၊ an interdict or curse, ကျိန်ချက်။ —*v. t.* ကျိန်သည်၊ ကျိန်ဆဲသည်။

Banana, *n.* ငှက်ပျောသီး။

Band, *n.* a ligature, စည်းနှောင်သောကြိုး။ any thing bound round another, ပတ်ထားသောကြိုး။ a company of persons united, သင်းဖွဲ့သောလူစု၊ a company of soldiers, စစ်သူရဲတပ်၊ *in architecture*, အိမ်ခါးပန်း။ *v. t.* to bind together, စည်းနှောင်သည်။ —*v. i.* to associate, သင်းဖွဲ့သည်၊ —together for the accomplishment of any business, သွေးသောက်ဖွဲ့သည်။

Bandage, *n.* ကြပ်စည်းသောအဝတ်၊ —*v. t.* အဝတ်နှင့်ကြပ်စည်းသည်။

Bandanna, *n.* ပိုးပဝါတမျိုး။

Bandbox, *n.* စက္ကူနှင့်လုပ်သောဗူး။

Bandit, *n.* ထားပြ၊ ဓလက္ကာရပြုသောသူ။

Bandoleers, *n.* *plur.* လက်နက်ကိုင်ဝတ်ဆင်သောကြက်ခြေခတ်သားရေစလွယ်ကြိုး။

Bandy, *v. t.* to beat to and fro, ပြန်ချေ၊ လှန်ချေရိုက်သည်။ —words, ပလဲ့ပတင်ပြောသည်၊ —leg, *n.* ခွင်သောခြေထောက်။

Bane, *n.* deadly poison, သေစေတတ်သောအဆိပ်၊ cause of mischief, ruin, ထေးဖြစ်စေတတ်သောအကြောင်း။

Baneful, *a.* ဘေးဖြစ်စေတတ်သော။

Bang, *v. t.* ရိုက်ပုတ်သည်။ —about, *v. t.* ကြမ်းတမ်းစွာကိုင်တွယ်၊ ပြစ်ခတ်သည်။

Bangle, *n.* a bracelet, လက်ကောက်၊ an anklet, တန်ဆာဆင်သောခြေချင်း။

**Banian**, *n.* ညောင်ပင်။ sacred—, ညောင်ဗောဓိပင်။
**Banish**, *v. t.* ပြည်မှနှင်ထုတ်သည်။
**Banishment**. *n.* from **above**; state of banishment, ပြည်မှနှင်ထုတ်ခြင်းကိုခံ၍နေရခြင်း။
**Banister**, *see* Baluster.
**Bank**, *n.* a mound of earth, မြေရိုး။ ထည်ရိုး။ ကန်ပေါင်ရိုး။ a high shore, ကမ်း။ ကမ်းပါး။ projecting—, ကမ်းငူ။ sloping—, ကမ်းပါးလျှော်။ steep—, ကမ်းပါးစောက်။ a shoal, သောင်။ a bench of rowers, တက်ခတ်သူထိုင်ခုံတန်း။ a depository of money belonging to several, လူများငွေကိုစုပုံ၍ထားရာ။ a building used for such a depository, ငွေတိုက်။ bank proprietors, စုပုံ၍ထားသောငွေရှင်စု။ —bill, —note, *n.* ငွေတိုက်ကပေးသောငွေလက်မှတ်။ —stock, *n.* ငွေတိုက်၌သိုထားသောငွေ။ —*v. t.* မြေရိုးဖို့သည်။
**Banker**, *n.* ငွေကိုထိန်းသိမ်းသောသူ။ ငွေထိန်း။
**Bankrupt**, *n.* ကြွေးမြီတင်၍မဆပ်နိုင်သောသူ။ —law, ကြွေးမြီတင်၍မဆပ်နိုင်သောသူတို့နှင့်ဆိုင်သောပြဋ္ဌာန်းတန်း။
**Banner**, *n.* အလံ။
**Bannock**, *n.* မုန့်ပြားတမျိုး။
**Banns**, *see* Ban, *n.* 1st. def.
**Banquet**, *n.* စားပွဲ။ သောက်ပွဲ။ —*v. i.* စားပွဲ၊ သောက်ပွဲခံသည်။
**Banquette**, *n.* မြို့ရိုးအတွင်းမှာရှိသောပလ္လင်။
**Bantam**, *n.* ကြက်ကွ။
**Banter**, *v. t.* ကျီစားသည်။
**Bantling**, *n.* နို့စို့သူငယ်။
**Baptism**, *n.* immersion, နှစ်ခြင်း။ the ordinance of baptism, နှစ်ခြင်းမင်္ဂလာ။ ရေနှစ်မင်္ဂလာ။ ခရစ်ယာန်ဘာသာသွင်းသောမင်္ဂလာ။
**Baptismal**, *a.* ရေနှစ်မင်္ဂလာနှင့်ဆိုင်သော။
**Baptist**, *n.* ယုံကြည်သောသူသည်နှစ်ခြင်းမင်္ဂလာကိုခံရမည်ဟုယူသောသူ။
**Baptistery**, *n.* နှစ်ခြင်းမင်္ဂလာကိုပေးရာရေကန်။
**Baptize**, *v. t.* to immerse, နှစ်သည်။ to administer baptism. ရေနှစ်မင်္ဂလာကိုပေးသည်။ နှစ်ခြင်းမင်္ဂလာပေးသည်။ ခရစ်ယာန်ဘာသာသွင်းသောမင်္ဂလာကိုပေးသည်။
**Bar**, *n.* a long piece of wood, iron, &c. သစ်ချောင်း၊ သံချောင်းအစရှိသောအချောင်း။ —of iron (heavy), သံတုံး။ —in a rail fence, ရက်မ။ —in a woven bamboo fence, ရက်ဖောက်တံ။ same placed across to obstruct, ကန့်လန့်ကျင်။ any obstacle, အဆီးအတား။ a shoal at the entrance of a river, မြစ်ဝပြင်မှာရှိသောစည်း။ an inclosure where cases are tried in court, တရားမှုကိုစီရင်သောမင်းထိုင်ရာကိုကာသောအတွင်းထက်ရန်း။ the body of lawyers, ရှေ့နေစု။ —of a tavern, ထမင်းဆိုင်ရှင်ထိုင်၍ရောင်းရာအခန်း။ —iron,

*n.* သံချောင်းစု၊ moving bar in a machine, ထက်တံ၊ —**keeper,** *n.* ထမင်းဆိုင်စောင့်၊ —shot, *n.* အမြောက်ဆန်ဗလက်၊ *v. t.* to fasten with a bar, ကန့်လန့်ကျင်ထိုးသည်၊ to obstruct, ကန့်ကွက်သည်၊ ဆီးတားသည်၊ ဆီးကာသည်၊

Barb, *n.* —of an arrow, စည်ႏူးသွားထစ်၊ —of a fish hook, ငါးမျှားထစ်၊ —*v. t.* အထစ်ရှိအောင်လုပ်သည်၊

Barbacan, *n.* ခံတပ်၊ မြစ်စင်၊

Barbarian, *n.* foreigner, တတိုင်းတနိုင်ငံသား၊ a savage, လူရိုင်း၊ a cruel man, ရက်စက်သောသူ၊

Barbarism, *n.* တတိုင်းတနိုင်ငံသားတို့စကားပြောထုံးနည်း၊

Barbarity, *n.* from next.

Barbarous, *a.* savage, ရိုင်းစိုင်းသော၊ cruel, inhuman, ရက်စက်သော၊

Barbecue, *v. t.* အကောင်မပျက်ကင်သည်၊

Barbed, *a.* စည်ႏူးသွားထစ်နှင့်ပြည့်စုံသော၊ (—arrow, စည်ႏူးမြွား၊)

Barbel, *n.* Tavoy mountain—, ကကတိုး၊ Morton—, ငါးရတ်နီ၊ ငါးရတ်ဝက်၊

Barber, *n.* ဆတ္တာသည်၊

Barbet, *n.* (green species,) ဗိုးခေါင်း၊ ငှက်ပန်းတိမ်၊ Asiatic—, ကုပ်ခလောင်း၊

Barbican, *n.* ပစ္စင်း၊

Bard, *n.* သီခြင်းစီကုံးသောသူ၊ စာဆို၊ king's—, poet laureate, စာဆိုတော်၊ လက်ာဆရာတော်၊

Bare, *a.* naked, အချည်းစည်း၊ open, exposed, ပလာ၊ တင်းလင်း၊ unadorned, တန်ဆာမဆင်ဖျင်သော၊ mere, သက်သက်၊ —**faced,** *a.* with the face uncovered, မျက်နှာဖုံးမပါသော၊ open, without concealment, တည့်တင်းသော၊ shameless, အရှက်မရှိသော၊—**foot,** *a.* or *adv.* ခြေနင်း၊ ဘိနပ်မပါသော၊ —headed, *a.* ခေါင်းတန်ဆာမပါသော၊ —legged, *a.* ခြေစွပ်မပါသော၊ *v. t.* tomake naked, အဝတ်ကိုချွတ်သည်၊ to uncover, အဖုံးကိုဖွင့်သည်၊

Barely, *adv.* nakedly, အချည်းစည်း၊ indigently, ဆင်းရဲစွာ၊ merely, ရုံမျှ၊ ကာမျှ၊ without anything else, အချည်း၊

Bargain, *v.* ရောင်းဝယ်မှုမှာသဘောတူဝန်ခံသည်၊ —*n.* from *do.* the thing bought or sold, ရောင်းဝယ်သောအရာ၊

Barge, *n.* သံဘန်ကြီးတမျိုး၊ royal—, ခတ်မျှိုဖောင်၊

Bark 1, *n.* သစ်ခေါက်၊ သစ်ခွံ၊ astringent—, ဖန်ခေါက်၊ —1, *v. t.* to strip off the bark, သစ်ခေါက်၊ သစ်ခွံကိုခွာသည်၊ —2, —as a dog, ဟောင်သည်၊

Barley, *n.* မုယော၊ —corn, *n.* မုယောစေ့၊

Barm, *n.* ပေါက်သောအမြှုပ်၊

**Barn,** *n.* ခြင်း၊ ကျွား၊ ဆန်၊ စပါး၊ မြက်ခြောက်မှစ၍ အသုံးအဆောင်များကို ထားသောတင်းကုပ်၊ စပါးကျီ၊

**Barnacle,** *n.* ခရင်း။

**Barometer,** *n.* မိုဃ်းလေကိုတိုင်းချိန်သောတန်ဆာ၊

**Baron,** *n.* ဗာရွန်၊ အင်္ဂလိတ်မှူးမတ်တမျိုး။

**Baronet,** *n.* ဗာရောနက်၊ မှူးငယ်၊ မတ်ငယ်၊

**Barouche,** *n.* ပေါင်းမပါ၊ ဘီးနှစ်စုံတင်သောရထား။

**Barque,** *n.* နှစ်ပင်တိုင်ခွဲသင်္ဘော၊

**Barrack,** *n.* ထက်နက်ကိုင်အမှုထမ်းတို့နေရာတန်းအိမ်၊ အိမ်တန်းရှည်၊

**Barrel,** *n.* စည်၊ a tube, ကျည်တောက်၊ ပြောင်း။ —of a gun, လက်တံ၊ သေနတ်ပြောင်း။ *v. t.* စည်၌သွင်းထားသည်၊

**Barren,** *a.* not bearing children, မြုံသော၊ without young, or without fruit, မိုသော၊ sterile, ညံ့၍အသီးအနှံများစွာမထွက်သော၊ not inventive, ထိုးထွင်းသောညာဏ်မရှိသော၊ unproductive, profitless, ကျေးဇူးမရှိသော၊အကျိုးကိုမပေးသော၊ rough, မြေကြမ်းသော၊

**Barrenness,** *n.* from above.

**Barricade,** *n.* ရန်သူတို့ကိုကာဆီးသောအရာ၊ —*v. t.* ရန်သူတို့ကိုကာဆီးသည်၊

**Barrier,** *n.* a fence or any thing that prevents approach, an obstruction, obstacle, အကာ၊ အဆီးအကာ၊ အဆီးအတား။ a boundary, အပိုင်းအခြား။ a fortress or frontier, ပြည်စွန်း၌တည်သောခံတပ်၊

**Barrister,** *n.* ရှေ့နေ၊ ဝတ်လုံရှေ့နေ၊

**Barrow,** *n.* သင်းပြိုးသောဝက်၊ hand—, ထမ်းစင်၊ လက်တွန်းလှည်း။

**Barter,** *v. t.* လဲသည်၊ ထပ်သည်၊ ဖလှယ်သည်၊ —*n.* from *do.*

**Base,** *n.* အခြေ၊ အမြစ်၊ အောက်ခံ၊ —(of a pagoda,) ဘိနပ်၊ —(of a right angled triangle,) မူလအနား။ —*v.* အမြစ်ချသည်၊ —*a.* mean, ယုတ်သော၊ ယုတ်ညံ့သော၊ vile, ယုတ်မာသော၊ ညစ်ညမ်းသော၊— born, *a.* illegitimate, မင်းဦးမင်းလွှင်ခွေးသော၊ of low birth, ယုတ်သောအမျိုးဖြစ်သော၊

**Baseless,** *a.* အခြေအမြစ်မရှိသော၊

**Basement,** *n.* ခုံ၊ တိုက်ခုံ၊

**Baseness,** *n.* from Base, *a.*

**Bashaw,** *n.* ပသိမြို့ဝန်၊

**Bashful,** *a.* ရှက်တတ်သော၊ —Bashfulness, *n.* from *do.*

**Basilicon,** *n.* ဖယောင်းချက်တမျိုး။

**Basilisk,** *n.* မြွေဆိုးတမျိုး။

**Basin,** *n.* a large bowl, ဇလုံ၊ အင်တုံ၊ a small pond, ရေအိုင်၊ရေကန်၊ a hollow made by falling water, ချောင်းစေ့ဝဲ၊ a small bay, ပင်လယ်ထောင့်ရွေ၊

Basis, *see* Base.

Bask, *v. i.* နေစာလှုံသည်။

Basket, *n.* (of different kinds.) တောင်း။ ခြင်း။ပိုး။ ဇာ။ ပလိုင်း။ —for marketing. စံတောင်း။ measuring—, ခြင်တောင်း။ shallow—, စံကော။ ဘန်း။ small covered—, ပချုပ်။ —suspended from the shoulders or forehead, နောက်လွယ်။ — in which offerings are presented to evil spirits, ခေါ်ခွက်။ handled basket for catching fish, ပလုံး။ large wicker—, ဝုတ်။

Bass, (*pron. Base,*) *n.* အောက်သံ။ အသံ။ —viol, *n.* တယောကြီး။

Bass-relief, *see under* Relief.

Bassoon, *n.* နှဲကြီးတမျိုး။

Bastard, *n.* မင်းဦးမင်းလွှင်ရသောသား။ မြင်တလင်းသား။ —*a.* ဓာတိမ ဟုတ်။ ပဝတ္တိဖြစ်သော။

Baste, 1, *v. t.* to beat, ရိုက်သည်။ to moisten with dripping, အသား ကင်ရာ၌ဆီဆွတ်သည်။ —2, *v. t.* to sew slightly, သီကွယ်၍ထား သည်။ အသီကြီးသီသည်။

Bastinade, *v. t.* ခြေဖဝါးကိုရိုက်ဝှတ်သည်။ —Bastinado, *n.* from *do.*

Bastion, *n.* ဝက်ခေါင်း။

Bat 1, *n.* the animal, လင်းနို့။ လင်းဆွဲ။ —2, *n.* a stick to strike a ball with, ဗလီတံ။

Batch, *n.* a quantity of bread baked at once, တခါတည်းပေါင်းသော ရုန့်။ a mass of things made at once, တခါတည်းလုပ်သောအစု အပေါင်း။

Bateau, *n.* လှေတမျိုး။

Bath, *n.* ရေချိုးကန်။

Bathe, *v. t.* ရေချိုးသည်။ as royalty, ရေစံပယ်တော်မူသည်။ (applied to priests and idols), ရေသပ္ပါယ်သည်။ —in medicine, ဆေးချိုး သည်။ bathing room, *n.* ရေချိုးခန်း။ bathing garment, ရေထဲ။ ရေသနုပ်။

Batoon, *n.* စစ်သူကြီးဆောင်သောအရာဒုတ်။

Batta, (East Indian,) *n* ပိုမို၍ခံရသောအခ။

Battalia, *n.* စစ်အခင်းအကျင်း။

Battalion, *n.* တတပ်။

Batten, *n.* တံခါးပေါင်။ အုပ်ချုပ်တန်း။ *v.—see* Fatten.

Batter, *v. t.* ကြိမ်ဖန်များစွာရိုက်ပုတ်ထိုးခတ်၍ ဖျက်ဆီးသည်။ *n.* ရော နှောသောစားစရာတမျိုး။

Battering ram, *n.* ဝက်ခွတိုးဆွဲ။

Battery, *n.* a place on which guns are mounted, အမြောက်တင်ရန် မြေကတုတ်။ number of guns mounted, ခင်းကျင်း၍ထားသောအ

ခြောက်ရုံး။ *in law*, သူတပါးကိုမိုက်ဝှတ်ခြင်း။ galvanic—, ငှယ်ကြိုး စက်။

**Battle,** *v. t.* စစ်တိုက်သည်။ စစ်ထိုးသည်။ စစ်ပြိုင်သည်။ —*n.* from *do.* —array, *n.* စစ်အခင်းအကျင်း။ —ax, *n.* ရဲတင်း။

**Battledoor,** *n.* ဗလီရိုက်ခွက်။

**Battlement,** *n.* သူရဲခိုနှင့်ပြည့်စုံသောမြို့ရိုး။

**Bauble,** *n.* အသုံးမရှိသောကစားစရာအရာ။

**Bawd,** *n.* မိဗွထိန်း။

**Bawdy,** *a.* ညစ်ပတ်သော။

**Bawl,** *v. i.* အော်သည်။ —out, အော်ဟစ်သည်။ ဟစ်ကြွေးသည်။

**Bay 1,** *n.* an opening of the sea into the land, ပင်လယ်ထောင့်ကွေ့။ —2, *n.* the laurel, သစ်ပင်တမျိုး။ bays, *plur.* an honorary garland, ပန်းဦးရစ်။ —3, *n.* the act of making a stand when surrounded, ပြေးနိုင်စရာမရှိ၊ ရုခံလျှက်နေခြင်း။ —4, *v. i.* ရပ်၍ဟောင်သည်။ —5, *a.* နိုင်လျှော်။ *n.* a color, light—, ဝတ်ပန်း။

**Bay-salt,** *n.* ပင်လယ်ဆား။

**Bay-window,** *n.* ခုံးသောပြတင်းပေါက်။

**Bayonet,** *n.* သေနတ်စွပ်လှံ။ လှံစွပ်။ sword—, သေနတ်စွပ်ဓား။ —*v. t.* သေနတ်စွပ်လှံနှင့်ထိုးသည်။

**Bazar,** *n.* ဈေး။

**Be,** *v. i.* to exist or become or have some quality, ဖြစ်သည်။—(in some place) ရှိသည်။ —about, *v. t.* to be doing, လုပ်နေသည်။ —about to (do,) *v.* (ပြု) လုသည်။ (ပြု) လုနီးသည်။ —it so, *int.* ဤသို့ဖြစ်စေ။ ဖြစ်စေတော့။

**Beach,** *n.* ကမ်းခြေသောင်ပြင်။

**Beached,** *a.* သောင်ခုံပေါ်မှာတင်၍လှိုင်းခတ်ခြင်းကိုခံရသော။

**Beacon,** *n.* သတိပေးရန်သော်၎င်၊ ဘေးလွှတ်ရာလမ်းကိုပြရန်သော်၎င်၊ ထွန်းသောမီး၊ စိုက်သောအထိမ်းအမှတ်။

**Bead,** *n.* ပုတီး။

**Beadle,** *n.* မင်းလုလင်။

**Beagle,** *n.* ယုန်ကိုလိုက်တတ်သောခွေး။

**Beak,** *n.* —of a bird, နှုတ်သီး။ —of a vessel, သင်္ဘောဦးဖျား။

**Beaker,** *n.* ကရားတမျိုး။

**Beam 1,** *n.* a main piece of timber in a roof, ထုပ်။ ယျောက်။ short cross beam above the main one, ထုပ်ပြန်။ any piece of timber hewed for use, ခွဲပြီးသောသစ်တုံး။ —of a balance, ချိန်ခွင် ပေါင်း။ —of a loom, ရက်ကန်းလက်လိပ်။ —of the harness of a loom, ရက်ကန်းခြွမ်း။ —of a plough, ထယ်တုံး။ —of a carriage, ရထားသန်။ —2, *n.* a ray of light, ရောင်ခြည်။ *v. i.* ရောင်ခြည်ထွက်သည်။

Beamy, *a.* ရောင်ခြည်ထွက်တတ်သော။

Bean, *n.* ဝဲတာမျိုး။ wild French—, ဝဲသံတာ။ Goa—, ဝဲခြမ်း။ sword—, ဝဲနှောင်နို။

Bear 1, *n.* ဝက်ဝံ။ —(Great,) ဂုဏ်စုနှိုး။ —(Little,) ခုဝံကြေးမုံ။ 2, *v. t.* to support, sustain, မသည်။ ခံသည်။ ထောက်ကခံသည်။ to carry, ဆောင်သည်။ ကြည်းဆောင်သည်။ to carry about one's person, wear, ဆောင်သည်။ ကိုယ်၌ဆောင်သည်။ —as pain, expense, &c. ခံသည်။ to be able to sustain, endure, ခံနိုင်သည်။ (*neg.*) to be not capable of, မရှိမဆုံ။ to endure with patience, သည်းခံသည်။ to bring forth, as creatures, ဖွားသည်။ မွေးဖွားသည်။ —as trees, သီးသည်။ —a hand, ကြိုးစားအားထုတ်သည်။ —a price, အဘိုးရှိသည်။ —witness or testimony, သက်သေခံသည်။ —*v. i.* to be practicable, ဖြစ်သည်။ to sail (in some direction,) ရွက်တိုက်သည်။ to be situated as to the point of compass, တောင်မျက်နှာ၊ မြောက်မျက်နှာ အစရှိသော အရပ်တို့၌ နေရာကျသည်။ —away, *v. t.* ဆောင်သွားသည်။ —down, ဖိစီးသည်။ —hard, နှိပ်သည်။ —in mind, နှစ်လုံးချုပ်ဖိသည်။ နှစ်လုံးမှတ်ဖိသည်။ —off, ဆောင်သွားသည်။ —on, ဖိစီးသည်။ —on the back, နောက်ကပိုးသည်။ ရိုပိုးသည်။ —on the shoulder, ထမ်းပိုးသည်။ —out, ထက်ခံ၍ထောက်ပင့်သည်။ —through, ဆောင်ရွက်သည်။ —up, to support, keep from failing, မသည်။ ထောက်ကခံသည်။ to keep afloat, ပေါ်လောနေစေသည်။ —*v. i.* to be firm, not to sink, စိတ်မပျက်၊ ခံနေသည်။ —upon, *v. t.* to rest on, မှီနေသည်။ to be connected with, ဆိုင်သည်။ to be directed against, ရွယ်လျှက်ရှိသည်။ —with, *v. t.* သည်းခံသည်။

Beard, *n.* —of the face, မုဆိတ်။ —on the ears of corn, စပါးမြူး။ *see also* Barb, *n.* —*v. t.* to pull the beard, မုဆိတ်ကိုဆွဲသည်။ to oppose to the face, ရင်ဆိုင်၍ငြင်းခုံသည်။

Beardless, *a.* မုဆိတ်မရှိသော။

Bearer, *n.* one that bears, ခံသောသူ။ ဆောင်သောသူ။ a porter, ထမ်းရွက်သောသူ။ ထမ်းသမား။ a nurse, အထိန်း။ a tree that bears fruit, အသီးကိုသီးသောအပင်။ —of a royal umbrella, ထီးတော်မိုး။

Bearing, *n.* mein, behavior, အနေအထိုင်၊ အပြုအမူ။ connection, influence, ဆိုင်ခြင်း။ situation as to the point of compass, တောင်မျက်နှာ၊ မြောက်မျက်နှာအစရှိသောအရပ်တို့၌နေရာကျခြင်း။

Bearish, *a.* ဝက်ဝံကဲ့သို့ဖြစ်သော။

Beast, *n.* a quadruped, သား။ အခြေလေးချောင်းရှိသောတိရိစ္ဆာန်။ a filthy person, ညစ်ပတ်သောသူ။ —of prey, သားရဲ။

Beastly, *a.* like a beast, တိရိစ္ဆာန်ကဲ့သို့ဖြစ်သော။ filthy, ညစ်ပတ်သော။

**Beat,** *v. t.* to strike, ရိုက်ပုတ်သည်။ to strike (as an instrument of music,) တီးသည်။ —(the breast), တီးသည်။ to hammer, ခတ်သည်။ တုသည်။ to pound, ထောင်းသည်။ to agitate, stir up, ခလောက်သည်။ —as water or wind, တိုက်သည်။ —a path, ထမ်းဖြစ်အောင်နင်းသည်။ —the wood for game, တောခြောက်သည်။ —time, သီခြင်းသံညီအောင်လက်ခြောက်နှိမ့်၍ အရိပ်ပြသည်။ to conquer, နိုင်သည်။ အောင်သည်။ *v. i.* —as the pulse, တိုးသည်။ ခုန်သည်။ —quick and strong, in fever, သွေးကြွသည်။ to sail against the wind, လေညာသို့တိုက်သည်။ —about, *v. t.* အရပ်ရပ်တို့၌ရှာသည်။ —against, *v. t.* တိုက်သည်။ ထိခိုက်သည်။ —back, *v. t.* လှန်သည်။ ဆုတ်စေသည်။ —down, *v. t.* to drive down, နှက်သည်။ to break down, ဖြိုဖျက်သည်။ —the price, ဆစ်ဆွက်သည်။ —in, *v. i.* as rain, ပက်သည်။ —into, *v. t.* ကြိုးစား၍သင်ချသည်။ —off, *v. t.* ဆုတ်စေသည်။ —out, *v. t.* to extend by hammering, အပြားခတ်သည်။ —(metal) into the form of a cup or salver, ခုတ်သည်။ to exhaust strength, အားကုန်စေသည်။ —up, *v. t.* ရုပ်ခနဲတိုက်သည်။ —up for, *v. t.* (ထက်နက်ကိုင်သစ်ကို) ရှာသည်။ —upon, *v. t.* တိုက်သည်။

**Beat,** *n.* တချက်၊ နှစ်ချက်အစရှိသောအချက်။ (one beat, for 9 o'clock, တချက်တီး။)

**Beater,** *n.* instrument for pounding, ဆောင့်တံ။

**Beatific,** *a.* ကောင်းကင်ချမ်းသာနှင့်ဆိုင်သော။

**Beatify,** *v. t.* ကောင်းကင်ချမ်းသာကိုခံစားစေသည်။

**Beatitude,** *n.* heavenly blessedness, ကောင်းကင်ချမ်းသာ။ a maxim of blessedness, မင်္ဂလာသုတ်၌ပါသောအချက်။

**Beau,** *n.* လှပစွာဝတ်ဆင်တတ်သောလူပျို။ —ideal, *n.* စိတ်ကူး၍အာရုံထင်သည်အတိုင်းကောင်းသည်ဟုသဘောကျသောအရာ။ —monde, ကာလထုံးစံကိုလိုက်၍ယဉ်ကျေးသောလူစု။

**Beauteous, Beautiful,** *a.* လှသော။

**Beautify,** *v. t.* လှစေသည်။

**Beauty,** *n.* assemblage of features or qualities pleasing to the eye, လှခြင်း။ a particular feature or quality that is pleasing, လှသောလက္ခဏာ။ a beautiful thing, လှသောအရာ။ a beautiful woman, လှသောမိန်းမ။ —spot, *n.* နှံ့သာခြောက်။

**Beaver,** *n.* the animal, ဖျံကတိုး။ a hat made of beaver's fur, ဖျံကတိုးမွေးဖြင့်လုပ်သောသိုး။ the part of a helmet covering the face, မျက်နှာဖုံးသံချပ်။

**Becalm,** *v. t.* (လေကိုငြိမ်စေ၊ စိတ်နှလုံးကိုငြိမ်စေ) ငြိမ်းစေသည်။

**Because,** *conj.* သော့ကြောင့်။ —of, *prep.* ကြောင့်။

**Beche-de-mer,** *n.* *see* Sea slug.

**Beck,** *n.* ခေါင်းကိုညိတ်ခြင်း။

**Beckon,** *v. t.* ခေါင်းညိတ်သဖြင့်ဖြစ်စေ၊ လက်ယပ်သဖြင့်ဖြစ်စေ၊ အမှတ်ပေးသည်။ လက်နှင့်အမှတ်ပေးသည်။

**Becloud,** *v. see* Cloud, *v. t.*

**Become,** *v. i.* to pass from one state to another, (တစုံတခုသော) အဖြစ်သို့ရောက်သည်။ —*v. t.* to suit, befit, accord with, တော်လျော်သည်။ တော်သင့်သည်။ လျောက်ပတ်သည်။ —of, *v.* to happen to, (၌)ဖြစ်သည်။

**Bed,** *n.* a thing to sleep on, အိပ်ရာ။ conjugal connection, စုံဖက်ခြင်း။ a compartment in a garden, ယာခင်း။ —of a river, မြစ်ရေစီးကြောင်း။ —of plants, မျိုးခင်း။ the hollow in which something rests, တဖက်မြုပ်၊ တဖက်ပေါ်သောနေရာ။ a layer, stratum, (မြေ၌)အထပ်အလွှာ။ —bug, ကြမ်းပိုး။ —chamber, *n.* အိပ်ခန်း။ —clothes, အိပ်ရာခင်း။ —fellow, အိပ်ဖော်အိပ်ဖက်။ —maker, အိပ်ရာကိုခင်းသောသူ။ —pan, မထမထိုင်နိုင်သောလူနာတို့ကျင်ကြီး၊ ကျင်ငယ်စွန့်ရန်အိုးပြား။ —post, ခုတင်၌ပါသောမျက်နှာကြက်တိုင်။ —rid, —ridden, *a.* ကြာကြာနေ၍တုံးလုံးနေရသော။ —room, အိပ်ခန်း။ —side, ခုတင်အနား။ —stead, ခုတင်။ ဖတိုင်။ အင်းပျဉ်။ a kindused by people of rank, သာလွန်ညောင်စောင်း။ —tick, မွေ့ရာအိုချုပ်သောအထည်။ မွေ့ရာဖျင်။ —time, အိပ်ချိန်။ —*v. t.* အမြစ်ချသည်။ နေရာချသည်။ —with, *v.* အတူအိပ်သည်။ စုံဖက်သည်။

**Bedaub,** *v. see* Daub, *v.*

**Bedding,** *n.* အိပ်ရန်ကရိယာအစုံ။

**Bedeck,** *v. see* Deck, *v.*

**Bedew,** *v. t.* နှင်းနှင့်စိုစွတ်စေသည်။

**Bedim,** *v. see* Dim, *v.*

**Bedizen,** *v. t.* ပဝတ္တိတန်ဆာနှင့်ဆင်ရင်သည်။

**Bedlam,** *n.* အရူးများကိုထားသောအိမ်။ အရူးထောင်။

**Be-draggle,** *v. see* Draggle, *v.*

**Be-drench,** *v. see* Drench, *v.*

**Bee,** *n.* ပျားကောင်။ carpenter—, ဗိတုန်း။ dammer—, ကွဲ၊ ညွှဲလျက်။ ground—, မြေပျား။ —bread, ပျားပြုပြင်သောဝတ်မှုန်။ —hive, ပျားအိမ်။

**Beech,** *n.* သစ်ပင်တမျိုး။

**Bee-eater,** *n.* the large species, ပျားတူငှက်။ green—, ပုစဉ်းထိုး။

**Beef,** *n.* a bull, cow, နွား။ the flesh of *do.* when killed, နွားသား။ —steak, *n.* ကင်သောနွားသား။

**Beer,** *n.* ဂျုံရည်။

**Beeswax,** *n.* ဖယောင်း။

**Beet** *n.* ရုန်လာဥနီး။

Beetle 1, *n.* the insect, နောက်ချေးပိုး၊ attas—, ကြွေချေးပိုး၊ ချေးတုံးပိုး၊ green and golden, ပိုးမင်းတောင်တာ၊ horned scarab—, ဆွဲမဲ၊ scarab—, ကျွဲချေးပိုး။ —2, a large mallet, တင်းပုတ်၊ —3, *v. t.* အစွန်းထွက်သည်၊

Beeves, *plur.* of Beef, *n.* နွားတို့။

Befall, *v.* ဖြစ်လာသည်၊ as a calamity, သက်ရောက်သည်၊ သင့်ရောက်သည်။

Befit, *v.* *see* Fit, *v.*

Befool, *v.* *see* Fool, *v.*

Before, *prep.* or *adv.* in front or in presence of, ရှေ့၊ straight—, ရှေ့တူရူ။ ရှေ့က၊ first, ရှေ့မဆွ၊ preceding in time, previous, အရင်၊ အထက်၊ ယခင်၊ မ-မှီ၊ မ-ခင်၊ above, superior to, အထက်၊ ထက်၊ —hand, *adv.* antecedently, အရင်၊ မ-မှီ၊ မ-ခင်၊ in a state of accumulation, အပိုအပို၊ (space before, မျက်နှာစာ၊ ရှေ့ဥပစာ၊)

Befoul, *v.* *see* Foul, *v.*

Befriend, *v. t.* to favor, act the part of a friend, မိတ်ဆွေဝတ်ပြုသည်၊ ကျေးဇူးပြုသည်၊ to countenance, မျက်နှာသာပေးသည်၊

Befringe, *v.* *see* Fringe, *v.*

Beg, *v. t.* to ask in charity, တောင်းစားသည်၊ to entreat for, တောင်းပန်သည်၊ ကညသည်၊ to assume, ယုတ်ကြောင်းကိုမပြဘဲယုတ်သည်ကိုယူသည်၊ —pardon, ကန်တော့သည်။

Beget, *v. t.* to generate, သားရအောင်သန္ဓေပေးသည်၊ ဖြစ်ပွားစေသည်၊ to produce, ဖြစ်စေသည်။

Beggar, *n.* သူတောင်းစား၊ ဇုန်းတောင်း၊ ယာစကာ၊ a person of no character, ခွန်းစတ္တား၊ —*v. t.* မွဲစေသည်၊ ဆင်းရဲစေသည်၊ (beggar's lot, ကယ်ပါစု၊ ကယ်ပါရွာ၊)

Beggarly, *a.* extremely indigent, အလွန်ဆင်းရဲသော၊ mean, despicable, ယုတ်ညံ့သော၊

Beggary, *n.* အလွန်ဆင်းရဲခြင်း။

Begin, *v. i.* to commence existing or being, အစရှိသည်၊ စသည်၊ ဦးသည်၊ to commence operating on, အစပြုသည်၊ လုပ်စပြုသည်၊ —speaking, အစချီသည်၊ *v. t.* အစတင်သည်၊ စတင်သည်၊

Beginning, *n.* commencement, အစ၊ အဦး၊ ကနဦး၊ ကနားစ၊ origin, မူလ၊ အရင်း။ (from the beginning, ကတည်းက၊)

Begird, *v.* *see* Gird.

Begone, *int.* သွား၊ သွားယဲ့၊

Begrime, *v. i.* အညစ်အကြေးစွဲကပ်စေသည်၊

Begrudge, *v.* *see* Grudge, *v.*

Beguile, *v. t.* to deceive, လှည့်စားသည်၊ to while away, ပရိယာယ်အားဖြင့်သာယာစွာလွန်စေသည်၊

**Behalf**, *n.* အဖို့။ အတွက်။

**Behave**, *v. i.* ကျင့်ဆောင်ပြုမူသည်။ —badly, စာဂတနိသည်။ အကျင့်ယုတ်မာသည်။

**Behavior**, *n.* from above. အခြင်းအရာ။ အမူအကျင့်။ အမူအရာ။ courteous—, ဗျူဂ္ဂါ။ လောကဝတ်။

**Behead**, *v.* လည်ပင်းကိုဖြတ်သည်။

**Behemoth**, *n.* ဗေဟိမုတ်မြင်းကြီး။

**Behest**, *n.* ပညတ်။

**Behind**, *prep.* or *adv.* at the back, နောက်။ remaining, ကျန်ရစ်လျက်။ ကျန်ကြွင်းလျက်။ under, inferior to, အောက်။ ယုတ်လျက်။ not keeping up, နောက်ကျလျက်။ not yet brought forward, မပါသေးလျက်။ —hand, *adv.* not keeping up, နောက်ကျလျက်။ in arrear, ပေးစရာရှိသည်အတိုင်းမပေးဘဲ။ straight —, နောက်တူရူ။ (to keep behind from reluctance to come forward, နောက်ဓိုသည်။)

**Behold**, *v. t.* ကြည့်သည်။ ကြည့်ရှုသည်။ —reverently, ဖူးမြင်သည်။

**Beholden**, *a.* ကျေးဇူးတင်သော။

**Behoof**, *n.* အကျိုး။ ကျေးဇူး။

**Behoove** (to do,) *v.* မ (ပြု) ဘဲမနေအပ်။ (ပြု) ရမည်။

**Being**, *n.* existence, ဖြစ်ခြင်း။ ဥပါဒ်။ ဇာတိ။ ဘာဝ။ rational—, ဝေနေယျသတ္တဝါ။ ပုဂ္ဂိုလ်။ a person existing, ဖြစ်သောသူ။

**Belabor**, *v. t.* ရိုက်ပုတ်သည်။

**Belated** (be,) *v. t.* အချိန်လွန်မှမိုးချုပ်သည်။

**Belay**, *v. t.* ကြိုးကိုသတ်၍ထားသည်။

**Belch**, *v.* to raise wind from the stomach, လေတက်သည်။ to eject violently, ပြင်းစွာထုတ်ဖြစ်သည်။

**Belchingly**, *adv.* as wind from the stomach, ဟော။

**Beldam**, *n.* အရုပ်ဆိုး၍ကြမ်းတမ်းသောမိန္မအို။

**Beleaguer**, *v. t.* ဝိုင်းရံ၍တပ်ချသည်။

**Belfry**, *n.* ခေါင်းလောင်းစင်။

**Belial**, *n.* အဓမ္မ။

**Belie**, *v. t.* to show to be false, မုသာဖြစ်သည်ကိုပြသည်။ to counterfeit, အရောင်ဆောင်သည်။ to represent falsely, (သူတပါး အကြောင်းကို) မဟုတ်တရုတ်ပြောသည်။

**Belief**, *n.* from next; matter of belief, ယုံချက်။ ယုံကြည်ချက်။

**Believe**, *v. t.* ယုံသည်။ ယုံကြည်သည်။ —Believer, *n.* ယုံသောသူ။ ယုံကြည်သောသူ။

**Belike**, *adv.* ဖြစ်ကောင်းဖြစ်သည်နှင့်။

**Belittle**, *v. t.* ငယ်စေသည်။

**Bell**, *n.* (large) ခေါင်းလောင်း။ (small) ဆည်းလည်း။ a round one, jingle, ချူ။ cow—, ခလောက်။ —man လှည့်လည်၍ဆည်းသည်း

လျှပ်သောသူ။ —metal, ခေါင်းလောင်းသွန်းရန်ကြေး၊ သံရောနှော သောလောဟာ။ —mouthed, *a.* အဝပြဲသော။ —wether, *n.* ချူ ဆွဲသောသိုးထီး။

Belle, *n.* လှလှဝတ်တတ်သောအမျိုး။

Belles lettres, *n. plur.* စာမူ။ စာရေးခြင်းနည်းသိမ်မွေ့သောအတတ်စု။

Belligerent. *a.* စစ်တိုက်လျှက်ရှိသော။ —*n.* စစ်တိုက်လျှက်ရှိသောပြည်။

Bellow, *v. t.* to roar as a bull, (နွား) တွန်သည်။ to make a similar noise, နွားတွန်သကဲ့သို့အော်သည်။ to roar as the wind or sea, ဟုန်းသည်။

Bellows, *n.* မှုတ်။

Belly, *n.* ဝမ်း။ outside of the—. ဝမ်းပိုက်။ big—, ဝမ်းပိုက်တွဲကြီး။ —ache, *vulgar*, ဝမ်းကိုက်ခြင်း။ ဝမ်းနာခြင်း။ —ful, ဝမ်းပြည့်ဝခြင်း။

Belly, *v. i.* ဖောင်းထွက်သည်။

Belong, *v. i.* ဆိုင်သည်။ စပ်ဆိုင်သည်။

Beloved. *a.* ချစ်သော။ ချစ်ခြင်းကိုခံသော။

Below, *prep.* or *adv.* အောက်။

Belt, *n.* ခါးပတ်။ ခါးပန်း။ ခါးစည်း။ peon's—, ပြာတာကွင်း။ shoulder—, ရင်သိုင်း။

Bemire, *v. t.* နွံလူးသည်။

Bemoan, *v. t.* ညည်းတွားမြည်တမ်းသည်။

Bench, *n.* a long seat, ရှည်သောထိုင်ခုံ။ a seat of justice, တရားမသူကြီးထိုင်ရာပလ္လင်။ the court, တရားမသူကြီးစု။

Bend, *v. i.* to be crooked, ကောက်သည်။ to bow at the end or sink in the middle, ညွတ်သည်။ to hang over, ကိုင်းသည်။ to becurving, ကွေ့သည်။ —pliantly. ညွှဲနောင်းသည်။ *v. t.* ကောက်စေသည်။ ညွတ်စေသည်။ ကိုင်းစေသည်။ to curve, to draw together at the ends, ကွေးသည်။ to make submit. နှိမ့်ချသည်။ to exert, အားထုတ်သည်။ —as bow, လေးကိုတင်သည်။ —and string a bow. ခေါက်တိုက်သည်။ —the knee as in courtesying, ဒူးညွတ်သည်။ —flexibly, pliantly, ညွှဲသည်။ —*n.* အကွေး။ အကွေ့။ ထောင့်ကွေ့။

Beneath, *prep.* or *adv.* အောက်။

Benediction, *n.* ကောင်းကြီးပေးခြင်း။ မေတ္တာပို့ခြင်း။

Benefaction, *n.* ကျေးဇူးပြုခြင်း။ —Benefactor, ကျေးဇူးရှင်။ —Benefactress, ကျေးဇူးရှင်မ။

Benefice, *n.* ဓမ္မဆရာအသက်မွေးရန်ဖြစ်သောအရာ။ —Beneficed, *a.* ဓမ္မဆရာအသက်မွေးရန်ဖြစ်သောအရာကိုရသော။

Beneficence, *n.* from next.

Beneficent, *a.* ကျေးဇူးပြုတတ်သော။

Beneficial, *a.* အကျိုးကိုဖြစ်စေတတ်သော။ အကျိုးရှိသော။

**Beneficiary**, *n.* အသက်မွေးခြင်းကျေးဇူးကိုခံရသောသူ။

**Benefit**, *n.* ကျေးဇူးအကျိုး။ —*v. t.* to do good to, ကျေးဇူးပြုသည်၊ အကျိုးကိုပေးသည်၊ *v. i.* to derive advantage, အကျိုးရှိသည်၊ အာနိသင်ရှိသည်။

**Benevolence**, *n.* ကြည်ညိုသောသဘော၊ ကျေးဇူးပြုချင်သောသဘော၊ ချမ်းသာစေချင်သောသဘော၊ မေတ္တာ။ Benevolent, *a.* ကြည်ညိုသော၊ ကျေးဇူးပြုချင်သော၊ ချမ်းသာစေချင်သော။

**Bengalee**, *n.* a native of Bengal, ဘင်္ဂါလီ၊ ဘင်္ဂါလီလူ၊ the Bengal language, ဘင်္ဂါလီစကား။ —*a.* ဘင်္ဂါလ်ပြည်နှင့်ဆိုင်သော။

**Benighted** (be,) *v.* to be overtaken by the night, အမိုက်လွှန်မှ လာ၍ညည့်နက်သည်၊ to be involved in moral darkness, မောဟနှင့်လွှမ်းမိုးလျက်ရှိသည်။

**Benign, Benignant**, *a.* ကျေးဇူးပြုချင်သော၊ အကျိုးကိုဖြစ်စေတတ်သော၊ ချမ်းသာပေးတတ်သော။ —Benignity, *n.* from above.

**Benison**, *n.* မေတ္တာသို့ခြင်း။

**Benjamin**, *n.* *see* Benzoin.

**Bent**, *pret.* of Bend; be bent on, *v. i.* စိတ်တန်းသည်။

**Bent**, *n.* a curve, flexure, အကောက်၊ အကွေး၊ inclination, ဝါသနာ။

**Benumb**, *v. t.* ထုံစေသည်၊ ထုံကျဉ်စေသည်။

**Benzoin**, *n.* ကဏ္ဍုကမည်း။

**Bepraise**, *v. t.* ချီးမွမ်းလွန်းသည်။

**Bequeath**, *v. t.* အမွေကိုပေးသည်၊ သေတမ်းစာနှင့်ပေးသည်။

**Bequest**, *n.* သေတမ်းစာနှင့်ပေးသောအမွေဥစ္စာ။

**Berate**, *v. t.* တိုင်းထွာသည်။

**Bereave** *v. t.* (တစုံတခု) မဲ့ဖြစ်စေအောင်ပြုသည်။ —ment *n.* from *do.*

**Bergamot**, *n.* a species of pear. သစ်သီးတမျိုး၊ a species of perfume, နံ့သာတမျိုး။

**Berry**, *n.* အစေ့ငယ်များပါသောအသီးငယ်။

**Berth**, *n.* that station where a ship lies. သင်္ဘောကျောက်ဆူးချ၍နေရာအရပ်၊ an apartment in a ship, သင်္ဘောထဲမှာနေရာအခန်း။ a bed-place at the side of a cabin, သင်္ဘောအတွင်းနံရံကပ်မှီ၍အိပ်နိုင်ရာလုပ်ထားသောစင်။

**Beryl**, *n.* မြတမျိုး၊ ကျောက်စိမ်းကွဲ။

**Beseech**, *v. t.* တောင်းပန်သည်။

**Beseem**, *v. t.* ဘော်လျော်သည်၊ တော်သင့်သည်၊ လျောက်ပတ်သည်။

**Beset**, *v. t.* to surround, ဝိုင်းရံသည်၊ to harrass, perplex, နှောင့်ရှက်သည်။

**Beshrew**, *v. t.* ကျိန်ဆဲသည်။

**Beside**, *prep.* at the side, အနားမှာ၊ in addition, အပြင်မှာ၊ not belonging to, not in course, အလွဲ၊ be—one's self. *v. i.* အ

ရှုးဖြစ်သည်။ —Besides, *adv.* moreover, အဖြင်း၊ မှတပါး၊ more than, မကး

**Beseige,** *v. t.* to beleaguer, ဝန်းရံ၍တပ်ချသည်။ to surround and annoy, ဝန်းရံ၍နှောင့်ရှက်သည်။

**Besmear,** *v. see* Smear, *v.*

**Besom,** *n.* တန်မြက်စည်း။

**Besot,** *v. t.* အရူးကဲ့သို့ဖြစ်စေသည်။

**Bespangle,** *v. see* Spangle, *v.*

**Bespatter,** *v. see* Spatter, *v.*

**Bespeak,** *v. t.* to speak for beforehand, အရင်တင်၍မှာသည်။ to speak to, ပြောဆိုသည်။ to indicate, အရိပ်အမြွက်ကိုပြသည်။ to forebode, ထိတ်နိမိတ်ကိုပြသည်။

**Besprinkle,** *v. see* Sprinkle, *v.*

**Best,** *a.* အကောင်းဆုံး။

**Bestain,** *v. see* Stain, *v.*

**Bestead,** *v. t.* အကျိုးကိုပေးသည်။

**Bestial,** *a.* belonging to a beast, တိရိစ္ဆာန်နှင့်ဆိုင်သော၊ beastly, တိရိစ္ဆာန်ကဲ့သို့ဖြစ်သော၊ —Bestiality, *n.* တိရိစ္ဆာန်သဘော။

**Bestir,** *v. t.* နှိုးဆော်သည်။

**Bestow,** *v. t.* to give, grant, ပေးကမ်းသည်။ to give in marriage, ပေးစားသည်။ to lay out, dispose of, (တစုံတခု) သို့အပ်ထားသည်၊ to store up, သိုထားသည်၊ —Bestowment, *n.* from *do.*

**Bestraddle,** *v. see* Bestride, *v.*

**Bestrew,** *v. t.* ဖြူးသည်။

**Bestride,** *v. t.* ကားရားခွသည်။ to sit astride, ခြေကိုကားရားခွ၍စီးသည်၊ to pass over at a step, တလှမ်းတည်းနှင့်ကျော်သွားသည်။

**Bestud,** *v. see* Stud, *v.*

**Bet,** *v. t.* လောင်းသည်။ လောင်းစားသည်၊ —*n.* from *do;* that which is staked, လောင်းသောဥစ္စာ။

**Betake,** (one's self to,) *v.* to repair to, (တစုံတခုသောအရပ်) သို့သွားသည်။ to apply (one's self,) ကြိုးစားအားထုတ်သည်။

**Betel,** *n.* ကွမ်း။ —box, ကွမ်းအစ်။ —including nut, leaf, etc. ကွမ်းယာ။ —shears, ကွမ်းညှပ်၊ —spittle, ကွမ်းသွေး။ chewed—, ကွမ်းဖတ်။ —leaf, ကွမ်းရွက်။ —nut, ကွမ်းသီး။

**Bethink,** *v. t.* သတိရသည်။

**Betide,** *v. t.* (၌) ဖြစ်လာသည်၊

**Betimes,** *adv.* early, စောစော၊ in good season, အချိန်တန်မှ။ soon, မကြာမမြင့်မှီ။

**Betoken,** *v. t.* to give a sign of, အမှတ်ပေးသည်။ to forebode, ထိတ်နိမိတ်ကိုပြသည်။

Betray, *v. t.* to deliver into the hands of an enemy, ပရိယာယ် အားဖြင့်ရန်သူလက်သို့အပ်နှံသည်။ to divulge, ဝှက်အပ်သောအရာ ကိုဖော်ပြသည်။ —Betrayal, *n.* from *do.*

Betroth, *v. t.* ထိမ်းမြှန်းသည်။—Betrothal, Betrothment, *n.* from *do.*

Better, *a.* more good, သာ၍ကောင်းသော။ improved in health, သာ၍သက်သာသော။ the—, *n.* သာ၍မြတ်သောအခွင့်။ *v. t.* သာ၍ကောင်းစေသည်။ —*adv.* သာ၍။ (be) —off, *v. i.* သာ၍အရေးသာသည်။ သာ၍အကျိုးရှိသည်။

Between, *prep.* in the intermediate space. စပ်ကြားမှာ။ with one another, အချင်းချင်း။ in common, ဆက်ဆံလျက်။

Betwixt, *prep.* same.

Bevel, *n.* တန်သားတမျိုး။

Beverage, *n.* သောက်ဖွယ်ရန်အမျိုးမျိုး။

Bevy, *n.* အစုအပေါင်း။

Bewail, *v. t.* ညည်းတွားမြည်တမ်းသည်။

Beware, *v. t.* to take care, သတိပြုသည်။ to shun with care, သတိပြု၍ရှောင်သည်။

Bewilder, *v. t.* to lose in pathless places, လမ်းပျောက်၍တွေဝေစေသည်။ to perplex with confusion, မှိုင်တွေစေသည်။

Bewitch, *v. t.* ပြုစားသည်။ ဖမ်းစားသည်။ ရွာဖမ်းသည်။

Bewray, *v. t.* ဝှက်အပ်သောအရာကိုဖော်ပြသည်။

Beyond, *prep.* or *adv.* further onward than, အလွန်။ before, at a distance not reached, ရှေ့အရပ်မှာ။ on the further side of, တဖက်မှာ။ to a greater degree than, သာ၍မက။ —bearing, မရှိဘရိ။ go—, *v. t.* to exceed, သာသည်။ to circumvent, လိမ်လည်သည်။

Bezel, *n.* ကျောက်မျက်အိုးအတွင်းနံ့ဘေး။

Bias, *v. t.* စိတ်ကိုတဖက်သို့ဆွဲယူသည်။ တဖက်သို့ငဲ့ကွက်အောင်ပြုသည်။—*n.* စိတ်ငဲ့ခြင်း။ ငဲ့ကွက်ခြင်း။

Bib, *n.* သူငယ်ရင်ဖုံး။

Bibacious, *a.* disposed to imbibe, အရည်ကိုစုတ်တတ်သော။ addicted to drinking, သေရည်သေရက်ကိုသောက်တတ်သော။

Bible, *n.* သမ္မာကျမ်း။ —Biblical, *a.* သမ္မာကျမ်းနှင့်ဆိုင်သော။

Bibliographer, *n.* စာဟောင်း၊ စာသစ်တို့ကိုရှာဖွေပြုစုသောသူ။ —Bibliography, စာဟောင်း၊ စာသစ်တို့ကိုရှာဖွေပြုစုသောအတတ်။

Bibulous, *a.* အရည်ကိုစုတ်တတ်သော။

Bicapsular, *a.* အစေ့အိမ်နှစ်ခန်းရှိသော။

Biceps, *n.* လက်မောင်းမျက်နှာဘက်၌နေသောလကြော။

Bicipitous, *a.* ခေါင်းနှစ်လုံးရှိသော။

Bicker, *v. i.* ရန်စရှာ၍ပြောသည်။

**Bicornous**, *a.* ဦးနှစ်ချောင်းရှိသော။

**Bicorporal**, *a.* ကိုယ်နှစ်ခုရှိသော။

**Bid**, *v. t.* to invite, ဖိတ်သည်။ to order, မိန့်သည်။ မိန့်တော်မူသည်။ to offer a price, (ဤမျှလောက်) အဘိုးပေးမည်ပြောသည်။ —good speed, မင်္ဂလာနှိသည်။ —welcome, ဧည့်သည်ကိုလောကဝတ်စကားနှင့်ခေါ်သွင်းသည်။ —defiance, ကြိမ်းပသည်။ —fair, *v. i.* to appear fair, မျှော်လင့်စရာကောင်းသည်။ to present a good prospect, မျှော်လင့်ရာအကြောင်းကိုပြသည်။ —*n.* ပေးမည်ပြောသောအဘိုး။

**Bide**, *v. see* Abide, *v.*

**Bidental**, *a.* သွားနှစ်ချောင်းရှိသော။

**Biennial**, *a.* taking place once in two years, နှစ်နှစ်တွင်တခါဖြစ်တတ်သော။ continuing for two years, နှစ်နှစ်တိုင်အောင်တည်တတ်သော။

**Bier**, *n.* (Burmese,) မြင်းဖောင်း။ (Eng.) တလားထမ်းစင်။ (Mussulman,) အလောင်းစင်။

**Biestings**, *n.* နွားမွေးပြီးသည်နောက်၊ အဦးညှစ်သောနို့။

**Bifarious**, *a.* နှစ်ထပ်ရှိသော။ တနှစ်တွင်နှစ်ခါအသီးသီးသော။

**Biform**, **Biformed**, *a.* ပုံနှစ်ပုံရှိသော။

**Bifurcate**, *a.* နှစ်ခွရှိသော။

**Big**, *a.* large, ကြီးသော။ full, fraught, ပြည့်ဝသော။ pregnant, နှုတ်ဗိုက်ကြီးသော။ haughty, ထောင်လွှားသော။ high minded, စိတ်မြင့်သော။

**Bigamy**, *n.* မယားနှစ်ယောက်ရှိခြင်း။

**Bight**, *n.* a small bay, ထောင့်ကွေ့ငယ်။ —of a rope, ကြိုးကွင်း။

**Bigness**, *n.* largeness, ကြီးခြင်း။ size, အလုံးအရပ်။ အကြီးအငယ်ပမာဏ။

**Bigot**, *n.* agent from next.

**Bigoted**, *a.* အလောက်မတန်၊ ကိုယ်အယူကိုသာစွဲလမ်းသော။

**Bigotry**, *n.* from above.

**Bilateral**, *a.* နံဘေးနှစ်ဖက်ရှိသော။ အနားနှစ်ဖက်ရှိသော (ပုံ။)

**Bilboes**, *n.* ထိတ်တုံး။

**Bile**, *n.* သည်းခြေ။

**Bilge**, *n.* သင်္ဘောဝမ်းဗိုက်ရေစာတဖက်တချက်။ —water, သင်္ဘောဝမ်းတွင်ရှိသောရေ။ —*v. i.* သင်္ဘောဝမ်းပေါက်၍ရေဝင်သည်။

**Biliary**, *a.* သည်းခြေနှင့်ဆိုင်သော။

**Bilingsgate**, *n.* ဆိုးညစ်သောစကား။

**Bilingual**, **Bilinguous**, *a.* having two tongues, လျှာနှစ်ခွရှိသော။ speaking two languages, စကားနှစ်ရပ်ကိုပြောတတ်သော။

**Bilious**, *a.* သည်းခြေများလွန်းသော။

**Biliteral**, *a.* အက္ခရာနှစ်လုံးရှိသော။

Bilk, *v. t.* လှည့်စားသည်။

Bill 1, *n.* a fowl's beak, (ငှက်) နှုတ်သီး။ —1, *v. i.* (as doves,) အန့်ထိုးသည်။ —2, *n.* a kind of ax, ပုဆိန်တမျိုး။ —3, *n.* a plaintiff's statement, တရားလိုသည်မင်းရှေ့၌ အပြစ်ဖော်ပြသော လျှောက်စာ။ a draft of law submitted, but not yet enacted, တိုင်ပင်မှုးမတ်အရာရှိတို့ညှိနှိုင်းတိုင်ပင်ရန် ရေးသွင်းသောအလွှာ။ an obligatory writing, စာချုပ်။ a register of charges, list ot goods, or other articles, စာရင်း။ an advertisement, သိတင်းသွင်စာ။ —of exchange, ငွေလွှဲသက်မှတ်။ —of divorce, လင်မယားရှင်းကွာရသောဖြတ်စာ။ *see* Bank bill.

Billet 1, *n.* a stick of wood, ထင်းတချောင်း။ —2, a note, မှာစာကလေး။ —doux, ရည်းစားထံစာ။ *v. t.* ထတ်နက်ကိုင်တည်းနေရာကိုချသည်။

Billiards, *n. plur.* ဗလိကစားခြင်းတမျိုး။

Billion, *n.* ရာကုဋေ။

Billow, *n.* လှိုင်း။ တံပိုး။

Bimanous, *n.* လက်နှစ်ဖက်ရှိသော။

Bin, *n.* ဆန်စပါးစသည်တို့ကိုထားသောသစ်တာအိမ်။

Binacle, *n.* သင်္ဘောအိမ်မျှောင်နှင့်မီးခွက်ထားသောသစ်တာအိမ်။

Binary, *n.* နှစ်ခု။ အစုံ။

Bind, *v. t.* to fasten with a band, စည်းနှောင်သည်။ to restrain by tying, ချည်နှောင်သည်။ to tie hand and foot, တုပ်သည်။ ဝတ်တုပ်သည်။ to put on a border, ကွပ်သည်။ to make firm by tying, ကွပ်ညှပ်သည်။ နှောင်ဖွဲ့သည်။ —tight, ကြပ်စည်းသည်။ ကြေသည်။ to restrain, restrict, confine, ချုပ်သည်။ ချုပ်ထားသည်။ to confirm, ratify, တည်စေသည်။ မြဲစေသည်။ —about, ပတ်စည်းသည်။ —a book, စာအုပ်ချုပ်သည်။ —together, စည်းဖွဲ့သည်။ —into a sheaf, လှိုင်းသည်။ *v. i.* to contract by becoming dry, ခြောက်၍ကျုပ်သည်။ —up, *v. t.* စည်းသည်။ ချုပ်သည်။

Binder, *n.* *see* Book-binder.

Bindery, *n.* စာအုပ်ချုပ်လုပ်သောအခန်း။

Binding, *n.* on a garment, အနားကွပ်။ on any utensil, အကွပ်။ အနားကွပ်။

Binocular, *a.* မျက်စိနှစ်ဖက်ရှိသော။

Binominous, *a.* နာမနှစ်ခုရှိသော။

Biographer, *n.* လူ၏အကြောင်းအရာ၊ အထုပ္ပတ္တိကိုစီရင်ရေးထားသောသူ။

Biographic, *a.* ထိုသို့သောစာနှင့်ဆိုင်သော။

Biography, *n.* လူ၏အကြောင်းအရာ၊ အထုပ္ပတ္တိကိုစီရင်ရေးထားသောစာ။

Biparous, *a.* အမွှာမွေးသော။

Bipartite, *a.* ထက်ခြမ်းခွဲ၍တဖက်တချက်ရှိသော။

**Biped,** *n.* ခြေနှစ်ချောင်းရှိသောသတ္တဝါ။
**Bipennate,** *a.* အတောင်နှစ်ဖက်ရှိသော။
**Bipetalous,** *a.* ပွင့်ချပ်နှစ်ချပ်ရှိသော။
**Birch,** *n.* သစ်ပင်တမျိုး။
**Bird,** *n.* ငှက်။ —bolt, ငှက်ပြစ်ရာမြှားကလေး။ —cage, ငှက်အိမ်။ —lime, ညှောင်စေး။ birdling, ငှက်ကလေး။ bird's eye, *a.* ငှက်ငုံ့ကြည့်မြင်သကဲ့သို့ဖြစ်သော။ —nest, *n.* ငှက်သိုက်။ *pl.* birds in general, ကျေးငှက်။
**Birth,** *n.* a bringing forth, မွေးခြင်း။ (*trans.*) ဖွားခြင်း။ a being born, မွေးခြင်း။ (*intrans.*) that which is born, မွေးသောအရာ။ condition of birth, ယုတ်မြတ်သောဇာတိ။ lineage, အမျိုးအနွယ်။ —day, ဖွားနေ့။ —place, မွေးဖွားရာအရပ်။ ချက်မြှုပ်။ ချက်မြှုပ်ဌာန။ —right, အမွေအရာ။ (time and circumstances of one's birth, ဇာတာ။ ဇာတာပေတာ။)
**Biscuit,** *n.* ဂျုံမုန့်ခြောက်။
**Bisect,** *v. t.* ထက်ခြမ်းခွဲသည်။ ထက်ခြမ်းဖြတ်သည်။
**Bishop,** *n.* ဂိုဏ်းအုပ်။
**Bishopric,** *n.* the office of a bishop, ဂိုဏ်းအုပ်အရာ။ a diocese, ဂိုဏ်းအုပ်စီရင်အုပ်ချုပ်သောနယ်။
**Bismuth,** *n.* ခဲပုပ်။ သေနင်းခဲပုပ်။
**Bison,** *n.* ပြောင်။
**Bissextile,** *n.* လေးနှစ်တွင်တရက်ပိုသောနှစ်။
**Bistoury,** *n.* ဆေးသမားသုံးသောဓားတမျိုး။
**Bit 1,** *n.* a small piece, အစအန။ အတစ်။ အတိုအစ။ —broken off, အစွဲ။ *pl.* fragments, တိုတိုစစ။ bits of food, စားနုပ်စားပေါက်။ —2, the point of a borer, ရှူး။ —3, the iron part of a bridle, ဇက်။ —*v. t.* ဇက်ခွံသည်။
**Bitch,** *n.* ခွေးမ။
**Bite,** *v. t.* pierce or crush with the teeth, ကိုက်သည်။ —at, as a dog, ဟပ်သည်။ to be harsh, violent (as cold,) ပြင်းသည်။ to cause to smart, ပူစပ်စေသည်။ to cheat, လိမ်လည်သည်။ —*n.* seizure by the teeth, ကိုက်ခြင်း။ a wound made by the teeth, ကိုက်ရာ။ as much as is taken at once by biting, အကိုက်။ တခါတည်းကိုက်သောအရာ။
**Bitter,** *a.* —to the taste, ခါးသော။ strong, violent, ပြင်းသော။
**Bitterish,** *a.* ခါး။ ခပ်ခါးခါး။
**Bitterness,** *n.* from Bitter.
**Bitters,** *n. plur.* ခါးသောဆေးစိမ်သောအရည်။
**Bitumen,** *n.* ကျောက်ဖွဲလျှက်။
**Bituminous,** *a.* ကျောက်ဖွဲလျှက်ပါသော။

Bivalve, Bivalvular, *a.* ယောက်သွားကဲ့သို့အခွံနှစ်ခုရှိသော။
Biventral, *a.* ဝမ်းနှစ်ခုရှိသော။
Bivious, *a.* လမ်းနှစ်လမ်းရှိသော။
Bivouac, *v. i.* တတပ်လုံးမအိပ်ဘဲစောင့်နေသည်။
Blab, *v. t.* ဝှက်အပ်သောအရာကိုသတိမရှိဘဲပြောသည်။ —*n.* agent from above.
Black, *a.* —in color, နက်သော။ မည်းသော။ မည်းနက်သော။ shining—, ကျောက်နက်သော။ atrocious, အလွန်ဆိုးသော။ —ball, *n.* ခြေနင်းသုတ်ရန်မှင်တောင့်။ —cattle, *n.* နွားနက်များ။ —eyed, *a.* မျက်လုံးနက်သော။ —lead, *n.* ခဲနက်။ —more, *see* Blackamoor. —smith, *n.* ပန်းပဲ။ (head blacksmith, ဗိုသူကြီး။) *v. t.* နက်အောင်ပြုသည်။ နက်စေသည်။ —*n.* black color, နက်သောအဆင်း။ အနက်။ a black person, အဆင်းမည်းသောသူ။ black clothes, နက်သောအဝတ်။
Blackamoor, *n.* ကပ္ပလီ။
Blackboard, *n.* သင်ပုံးကားကြီး။
Blacken, *v. t.* to make black, နက်စေသည်။ to destroy character, အသရေကိုဖျက်သည်။
Blackguard, *n.* ဆဲရေးတတ်သောသူ။
Blacking, *n.* သုတ်ရန်ဆေးနက်။
Blackish, *a.* ညိုသော။ ခပ်နက်နက်။
Blackleg, *n.* လိမ်လည်၍ လောင်းတမ်းကစားခြင်းအမှုနှင့် အသက်မွေးသောသူ။
Blackness, *n.* နက်သောအရောင်။
Bladder, *n.* the urinary receptacle, ကျင်ငယ်အိမ်။ ရေတောင်းအိမ်။ —of a hog, ဝက်စည်ဖောင်း။ of a fish, စည်ဖောင်း။
Blade, *n.* —of grass, မြက်ရွက်။ —of a sharp instrument, ဓားရွက်။ လှံရွက်။ —of an oar, တက်ရွက်။ a spruce young man, ပြောင်တတ်သောလူပျို။ —bone, *n.* ထက်ပြင်ရိုး။
Blain, *n.* အဖု။
Blamable, *a.* အပြစ်တင်ဖွယ်ရှိသော။
Blame, *v. t.* အပြစ်တင်သည်။ to lay blame on another in order to clear one's self, အပြစ်ချသည်။ —*n.* censure, အပြစ်တင်ခြင်း။ fault, အပြစ်။
Blameless, *a.* အပြစ်မဲ့သော။ အပြစ်မရှိသော။
Blameworthy, *a.* အပြစ်တင်ခြင်းကိုခံထိုက်သော။
Blameworthiness, *n.* ဒေါသ။ အပြစ်။
Blanch, *v. t.* to whiten, ဖြူစေသည်။ to peel, အခွံသင်သည်။
Blanc-mange, *n.* မုန့်ဖြူ။
Bland, *a.* ဖြည်းညှင်းသော။ ပြေပြစ်သော။

**Blandish,** *v. t.* ခြေခြစ်သောစကားနှင့်ချော့မော့သည်။
**Blandness,** *n.* from Bland, *a.*
**Blandishment,** *n.* from above.
**Blank,** *a.* white, ဖြူသော။ empty, unwritten, (as paper or space on paper,) လပ်သော။ လွတ်လပ်သော။ astounded, မှိုင်မှောသော။ —*v. t.* to annul, ချေသည်။ to deprive of color, မျက်နှာဖြူစေသည်။ to astound, မှိုင်တွေသည်။ —*n.* blank paper, လပ်သောစက္ကူ။ void space, ဟင်းလင်းသောအရာ။ a ticket which draws no prize, မဲချရာတွင်ဘာမျှမပါ။ လွတ်လပ်သောမဲ။ —cartridge, *n.* ကျည်စေ့မပါသောယမ်းတောင့်။ —verse, *n.* နောက်ဆုံးအက္ခရာချင်းညီအောင်မစပ်သောလင်္ကာ။
**Blanket,** *n.* သက္ကလတ်စောင်။
**Blaspheme,** *v. t.* to speak irreverently of God, ဘုရားကိုပြစ်မှားသောစကားနှင့်ပြောသည်။ to revile, ကဲ့ရဲ့သည်။
**Blasphemy,** *n.* ဘုရားကိုပြစ်မှားသောစကားနှင့်ပြောခြင်း။
**Blast,** *n.* a sudden gust, လေပုန်း။ a sound made by a wind instrument, မှုတ်သောအသံ။ pernicious influence, ဖျက်တတ်သောအရှိန်။ —*v. t.* to destroy, by some sudden violence, ထိခိုက်၍ရုပ်ခနဲဖျက်သည်။ —by gunpowder, ယမ်းထည့်၍ဖောက်ခွဲသည်။
**Blatant,** *a.* နွားကလေးကဲ့သို့အော်သော။
**Blaze,** *v. i.* to flame, မီးတောက်သည်။ —*v. t.* to make public far and wide, အရပ်ရပ်ကျော်ညာစေသည်။ —*n.* a flame, မီးတောက်။ မီးလျှံ။ notoriety, အရပ်ရပ်ကျော်ညာခြင်း။
**Blazon,** *v. t.* to explain the figures on armorial ensigns, ဖွဲ့တံဆိပ်ပုံ၌ပါသောရုပ်ပုံသဏ္ဌာန်တို့၏အထူးပွတ္တိကိုပြသည်။ to embellish, လှပအောင်တန်ဆာဆင်သည်, to proclaim abroad, ကျော်ညာစေသည်။ to blazon merit, သိဒ္ဓိတင်သည်။
**Blazonry,** *n.* from above.
**Bleach,** *v. t.* to whiten, ဖြူစေသည်။ —*v. i.* to become white, ဖြူလာသည်။
**Bleak,** *a.* ထေတာကျ၍ချမ်းသော။
**Bleakness,** *n.* from above.
**Blear, Blear-eyed,** *a.* မျက်ရည်ပူကျ၍မျက်စိမြွေးသော။
**Bleat,** *v. t.* သိုးကဲ့သို့မြည်သည်။
**Bleating,** *n.* သိုးမြည်သံ။
**Bleed,** *v. i.* to lose blood, သွေးယိုသည်။ to die a violent death, အသေသတ်ခြင်းကိုခံသည်။ to lose sap or juice by exudation, အစေးယိုသည်။ —*v. t.* to let blood, သွေးဖောက်သည်။
**Blemish,** *v. t.* to mar the appearance, ကောင်းသောအဆင်းကိုဖျက်

သည်။ to injure reputation, အသရေလုတ်လျှော့စေခြင်းပြုသည်။ —*n.* a mark of deformity, ကောင်းသောအဆင်းပျက်သောအရာ။ that which impairs reputation, အသရေပျက်သောအရာ။

**Blemished (be,)** *v. i.* အညစ်တွဲသည်။

**Blench 1,** *v. i.* to shrink back, တွန့်ဆုတ်သည်။ —2, *v. t.* to damp, check, အရှိန်ကိုသတ်သည်။

**Blend,** *v. t.* ရောနှောသည်။

**Bless,** *v. t.* to express a wish of happiness for another, မေတ္တာပို့သည်။ to pronounce a benediction on another, ကောင်းကြီးပေးသည်။ to make happy, မင်္ဂလာရှိစေခြင်းပြုသည်။ ချမ်းသာစေသည်။ to consecrate, သန့်ရှင်းစေသည်။ to invoke a blessing on, ကောင်းကြီးမင်္ဂလာကိုဆုတောင်းသည်။ to praise with thanksgiving, ကျေးဇူးကိုသိ၍ချီးမွမ်းသည်။ to praise, magnify, ဂုဏ်တော်ကိုချီးမွမ်းသည်။

**Blessedness,** *n.* felicity, ချမ်းသာ။ holy felicity, သန့်ရှင်းသောချမ်းသာ။

**Blessing,** *n.* from Bless, 1st and 2d def.; means of happiness, မင်္ဂလာ။ ချမ်းသာပေးသောအရာ။

**Blight,** *v. t.* to blast, လေဆိုး၊ မိုးဆိုးထိ၍ပျက်သည်။ to frustrate, အကြံကိုဖျက်သည်။ —*n.* from above.

**Blind,** *a.* without sight, မျက်စိကန်းသော။ စက္ခုကွယ်သော။ မျက်ကန်းသော။ —of one eye, တဖက်ကန်းသော။ တဖက်လှသော။ dark in intellect, မိုက်သော။ obscure, မထင်ရှားသော။ —fold, *v. t.* မျက်စိကိုဖုံးသည်။ —man's buff, *n.* ပုန်းတလုပ်ကစားခြင်း။ —*v. t.* to deprive of sight, မျက်စိကန်းစေသည်။ မျက်စိကိုဖောက်သည်။ to obscure to the eye, ကွယ်စေသည်။ to darken the understanding, မိုက်စေသည်။ —*n.* what conceals, or intercepts vision, အကွယ်အကာ။ venetian—, တရုပ်ကပ်။ a false pretence, အလွဲယူစေသောအရာ။ —person, လူကန်း။

**Blindly,** *adv.* without seeing, မမြင်ဘဲ။ implicitly, without discerning reasons, အကျိုးအကြောင်းကိုမသိဘဲ။ without discretion, ပညာမရှိဘဲ။ confusedly, ယောင်ကန်းကန်း။ as a blind person, အကန်းအဘီး။ အကန်းကန်းအတီးတီး။

**Blindness,** *n.* from Blind, *a.*

**Blink,** *v. i.* to wink, မှိတ်တုတ်မှိတ်တုတ်ကြည့်သည်။ —*v. t.* not to notice, မမှတ်လိုဘဲရှောင်သည်။

**Bliss,** *n.* ချမ်းသာ။

**Blissful,** *a.* ချမ်းသာနှင့်ပြည့်စုံသော။

**Blister,** *n.* a watery vesicle raised by an external application, အဖောင်း။ a blistering plaster, အရေဖောင်းစေတတ်သောဆေးဝေါင်းချက်။ လောင်မီး။ —*v. i.* to rise in a blister, အရေဖောင်းသည်။

—*v. t.* to raise a blister, အရေကိုဖောင်းစေသည်၊ (to apply a blistering plaster, ယောင်မီးတင်သည်၊)

**Blithe, Blithesome,** *a.* ရွှင်လန်းသော၊

**Bloat,** *v. i.* to swell, puff up, ဖေါင်သည်၊ သွတ်သည်၊ to be inflated, turgid, ဖောင်းသည်၊ ဖောင်းသွတ်သည်၊ —*v. t.* to inflate, make turgid, ဖောင်းစေသည်၊ ဖောင်းကြွအောင်လုပ်သည်၊ to elate, make vain, စိတ်ကြွအောင်မြှောက်သည်၊

**Block,** *n.* a short thick piece of wood, အတုံး။ any mass of matter, အခိုင်ကြီး။ the case of a pulley, နားသီး။ နားသီးစက်၊ လက်ခုပ်သီး။ an obstacle, အဆီးအတား။—head, *n.* လူမိုက်၊ —house, *n.* ခံတပ်၊ —tin, *n.* ခဲမဖြူတုံး။ —*v. t.* ကာဆီးသည်၊ —up, *v. t.* ကာဆီးပိတ်ထားသည်၊

**Blockade,** *v. t.* (မြို့ကို) ဝန်းရံသည်၊ ဝိုင်းရံသည်၊ —*n.* from above.

**Blood,** *n.* the fluid that circulates through the arteries and veins, သွေး၊ fresh—, သွေးစိမ်း။ clotted—, သွေးခဲ၊ kindred, ပေါက်ဖေါ်တော်ခြင်း။ lineage, အမျိုးအနွယ်၊ the act of taking life, အသေသတ်ခြင်း။ a fiery young man, စိတ်ပြင်းသောလူမျို၊—guiltiness, လူအသက်ကိုသတ်သောအပြစ်၊ —heat, သွေးပူသကဲ့သို့ပူခြင်း။ —hound, အနံ့ခံ၍လိုက်တတ်သောခွေး။ —letting, သွေးဖောက်ခြင်း။ —pudding, သွေးရော၍လုပ်သောမုန့်တမျိုး။ —red, *a.* (Eng.) သွေးကဲ့သို့၊ (Bur.) ဟင်သပြထားကဲ့သို့နီသော၊ —relation, *n.* ပေါက်ဖေါ်၊ —shed, —shedding *n.* အသေသတ်ခြင်း။ —shot, *a.* မျက်ကြောသွေးထ၍မျက်စိနီသော၊ —stone, *n.* မဟူရာကျောက်တမျိုး။—sucker, မျှော့၊ —thirsty, *a.* အသေသတ်ချင်သောသဘောရှိသော၊ —vessel, *n.* သွေးကြော၊ —warm, *a.* သွေးနွေးကဲ့သို့နွေးသော၊ *v. t.* to let blood, သွေးဖောက်သည်၊ to stain with blood, သွေးနှင့်စွန်းသည်၊

**Bloodless,** *a.* without blood, သွေးမရှိသော၊ without bloodshed, အသေမသတ်ဘဲရှိသော၊

**Bloody,** *a.* stained with blood, သွေးနှင့်စွန်းသော၊ with much bloodshed, အသေသတ်ခြင်းများသော၊ cruel, murderous, အလွန်ရက်စက်သော၊ —flux, *n.* ဝိတ်နာ၊

**Bloom,** *v. i.* to blossom, အပွင့်ပွင့်သည်၊ to be in the freshness of youth, ပျိုသောအသက်အရွယ်နှင့်ပြည့်စုံသည်၊ —*n.* a blossom, အပွင့်၊ the state of blossoming, အပွင့်ပွင့်လျက်ရှိသောအဖြစ်၊ the freshness of youth, ပျိုသောအသက်အရွယ်နှင့်ပြည့်စုံခြင်း။

**Bloomy,** *a.* from Bloom, *v. i.*

**Blossom,** *v. i.* အပွင့်ပွင့်သည်၊ —*n.* အပွင့်၊

**Blot,** *v. t.* to spot with ink, မှင်နှင့်စွန်းသည်၊ to obliterate with ink, မှင်နှင့်ဖျက်သည်၊ to stain with infamy, အသရေကိုဖျက်

သည်။ —out *v. t.* to erase, ချေသည်။ ဖျက်သည်။ —*n.* an ink-spot, မှင်စွန်း။ မှင်ကွက်။ an obliteration by ink, မှင်နှင့်ဖျက်ရာ။ a stain on character, အသရေဖျက်ရန်အကြောင်း။

Blotch, *n.* အဖိုဖို့ကြီး။

Blotting-paper, *n.* မှင်စာသုံးခြောက်စေခြင်းငှါစုပ်ရန်စက္ကူ။

Blow 1, *n.* a stroke, ရိုက်ပုတ်သည့်အချက်။ a single act, တချက်တည်း။ a sudden calamity, ဘေးသင့်ချက်။ —2, *n.* a blossom, အပွင့်။ —*v. i.* အပွင့်ပွင့်သည်။ —3, *v. i.* to move as air, လေလာသည်။ —hard, လေကျသည်။ —violently, လေကြမ်းသည်။ to pant, ဟိုက်သည်။ to breathe, အသက်ရှူသည်။ to sound, on being blown, မှုတ်၍မြည်သည်။ —*v. t.* to drive a current of air upon, or sound (a wind instrument,) မှုတ်သည်။ to drive by a current of air, လေတိုက်သည်။ to spread by report, ကျော်ညာစေသည်။ —as a fly, (ယင်) ချေးဥသည်။ —the nose, ညှစ်သည်။ နှပ်ညှစ်သည်။ —away, *v. t.* လွင့်သည်။ —down, (လေ) တိုက်၍လှည်းသည်။ —off, (from land,) လွင့်သည်။ —(from a tree,) (လေ) တိုက်၍ကြွေသည်။ —out (မီးကို) မှုတ်၍သတ်လိုက်သည်။ —over, *v. i.* မတိမရိုက်ဘဲလွန်သွားသည်။ —pipe, *n.* လေမှုတ်ပြွန်တံ။— up, *v. t.* to inflate, လေသွင်း၍ဖောင်းစေသည်။ to kindle, (မီးကို) မှုတ်၍တောက်စေသည်။ to scatter by the explosion of gunpowder, ယမ်းထည့်၍ခွဲဖျက်သည်။ —*n.* a gale, လေပြင်း။ (to blow upon while repeating a muntra, မန်းမှုတ်သည်။)

Blowzy, *a.* မျက်နှာနီမြန်း၊ ကြမ်းတမ်းသော။

Blubber 1, *n.* ငါးကြီးဆီ။ —2, *v. i.* ငို၍မျက်ရိုးမိုသည်။

Bludgeon, *n.* အဖျားခွဲပါသောဒုတ်။ လက်ခွဲဒုတ်။

Blue, *a.* ပြာသော။ of a dull—, ပြာနောက်နောက်ဖြစ်သော။ —bottle, *n.* ယင်မမဲရှိုင်း။ —clay, *n.* ကြွတီမြေ။ —eyed *a.* မျက်လုံးပြာသော။ *v. t.* အပြာဆိုးသည်။ —*n.* ပြာသောအဆင်း။ အပြာ။ light—, အပြာနု။ deep—, အပြာရင့်။

Blueness, *n.* from Blue, *a.*

Bluff, *n.* ကမ်းစောက်။ —*a.* အခြေအဆို၊ အနေအထိုင်ရှုန့်ကြမ်းသော။

Bluffy, *a.* ကမ်းစောက်များသော။

Bluish, *a.* ပြပြ။

Blunder, *v. i.* to make a mistake, အယောင်လောင်အမှားမှားပြုသည်။ to act at random, ယမ်း၍ပြုသည်။ ယောင်ယမ်းသည်။ —*n.* from above.

Blunderingly, *adv.* ယောင်တားတား။ ယောင်စောင်စတောင်။ ယောင်တီး ယောင်တောင်။ ယောင်ဝေဝေ။

Blunderbuss, *n.* ခရာဝသေနတ်။

Blunt, *a.* not pointed, မချွန်၊ တုံးသော။ not sharp, dull, မထက်၊ တုံး

သော၊ တုံးတိတိ၊ dull of intellect, ဉာဏ်ထိုင်းသော၊ abrupt in address, တိုက်ရိုက်၊ —*v. t.* to make dull. တုံးစေသည်၊ to impair, weaken, (စိတ်) အားကိုလျော့စေသည်၊ (blunted in feelings, ပေနေသော၊)

Bluntness, *n.* from Blunt, *a.*

Blur, *v. t.* မှုန်စေသည်၊ —*n.* မှုန်သောအကွက်၊

Blurt, *v. t.* သတိမရှိဘဲရုတ်ခနဲပြောဆိုသည်၊

Blush, *v. i.* ရှက်၍သွေးပွက်သည်၊ —*n.* from above; first appearance, ရိပ်မိစ၊

Bluster, *v. i.* to be noisy, အသံကျားသည်၊ to swagger, ဝါကြွားသောစကားကိုပြောသည်၊ —*n.* from *do.*

Boa, *n.* စပါးကြီး၊ a small species, စပါးအုံး၊

Boar, *n.* ဝက်ထီး၊ ဝက်သိုး၊

Board, *n.* a thin plank, ပျဉ်ပြား၊—for partitioning a house, ထောင်ပျဉ်၊ —thin and narrow, ပိုးကာပျဉ်၊ a table, စားပွဲ၊ a table at which a council or court is held, တိုင်ပင်၍စီရင်သောသူတို့ဝိုင်းထိုင်ရာစားတင်ခုံ၊ the council or court itself, တိုင်ပင်၍စီရင်သောလူစု၊ on—, *adv.* သင်္ဘောပေါ်၊ လှေပေါ်၊ —*v. t.* to lay with boards, ပျဉ်ခင်းသည်၊ to cover the side of a house or room with boards, ပျဉ်ထောင်သည်၊ to furnish with food for a compensation, အသုံးအခယူ၍ကျွေးသည်၊ to enter (a ship) by force in combat, (သင်္ဘောကို) စုန်တက်၍တိုက်သည်၊ *v. i.* to receive food for a compensation, အသုံးအခပေး၍စားရသည်၊

Boarder, *n.* one who enters (a ship) by force in combat, (သင်္ဘောပေါ်သို့) စုန်တက်၍တိုက်သောသူ၊ one who receives food for a compensation, အသုံးအခပေး၍စားရသောသူ၊

Boarding house, *n.* အသုံးအခယူ၍ကျွေးသောအိမ်၊ —school, ဆရာကျွေးသောတပည့်စုစာသင်ရာအရပ်၊

Boast, *v. i.* ဝါကြွားသည်၊ သံပသည်၊ make a display of authority, ကြိုးပသည်၊ ကြုံးဝါးသည်၊ to make boastful pretensions, ဝင့်ဝါသည် ၊ဝါဝင့်သည်၊ to put on vain and boastful airs, တန်ခိုးသည်၊ တန်ယူသည်၊ —*n.* from above; an occasion of boasting, ဝါကြွားရန်အကြောင်း၊

Boastful, *a.* ဝါကြွားတတ်သော၊

Boastingly, *adv.* ထုန်းစုံး၊ ကြုံးဝါးလျှ၊

Boat, *n.* လှေ၊ သံဘန်၊ ဂေါ်ဒူ၊ ကတ္တူ၊ long flat bottomed—, ဝိန်းကော၊ နံ့ထပ်၊ small boat waiting on a large one, စားတော်လှေကလေး၊ —of state, လှေကား၊ —man, *n.* လှေသား၊ —swain, သင်္ဘောတန်ဆာများကိုထိန်းသောသူ၊ —*v. t.* လှေနှင့်ပို့သည်၊

Boatable, *a.* လှေနှင့်သွားနိုင်သော (မြစ်၊)

Bob, *n.* တွဲလွဲနေသောအလုံးကလေး။ —tail, အမြီးတို။ —wig, ထံတိုဦးထုပ်။ *v. i.* ဘိုးလျှက်ဆုတ်လျှက်နေသည်။

Bobbin, *n.* a kind of spool, တညင်းလုံးတမျိုး။ a kind of cord, ကျွန်ကြိုးလုံး။ ထိုးကြိုးလုံး။

Bode, *v. t.* တိတ်နိမိတ်ကိုပြသည်။

Bodice, *n.* သောက်ခံသောကိုယ်ကျပ်အင်္ကျီ။

Bodiless *a.* ကိုယ်မပါသော။

Bodily, *a.* with a body, ကိုယ်ပါသော။ relating to the body, ကိုယ်နှင့်ဆိုင်သော။ —*adv.* ကိုယ်ခန္ဓာနှင့်တကွ။

Bodkin, *n.* an instrument for making holes in cloth, စူးတမျိုး။ a blunt instrument with an eye, သီအပ်။

Body, *n.* the material substance of an animal, ကိုယ်အကောင်အထည်၊ ကိုယ်ကာယ။ ကိုယ်ခန္ဓာ။ သရီယ။ *Pali.* —collectively, ရူပကာယ။ —(of a cart), (လှည်း) ဖခင်။ matter, ရုပ်။ a person, သူ။ reality, ဓာတ်။ a collection of persons, အပေါင်းအစု။ a pandect, ပေါင်းချုပ်။ strength (of liquor,) လေးသောအရသာ။ —guard, ကိုယ်ရံ၊ ကိုယ်ရံတော်။ ကိုယ်ရံတပ်။ (one of a body-guard, ထက်ခွဲသား။) *v. t.* ရုပ်ပေါ်အောင်ပြုသည်။

Bog, *n.* စိမ့်မြေကွက်။

Boggle, *v. i.* ယီးတီးယားတားပြုမြဲနေသည်။

Boggy, *a.* စိမ့်မြေများသော။

Bohea, *n.* လက်ဖက်ခြောက်တမျိုး။

Boil 1, *n.* အနာစိမ်း။ သွေးစုနာ။ —2, *v. i.* as water, ဆူသည်။ —to a pulp, or to a consistence, ကြိုချက်သည်။ to be under the operation of boiling water, အပြုတ်ခံသည်။ —up and break, ပွက်သည်။ *v. t.* to seethe, ပြုတ်သည်။

Boiler, *n.* ပြုတ်အိုး။

Boisterous, *a.* loud and stormy, ဒီဃီးသက်မုန်တိုင်းကဲ့သို့အသံကျယ်သော။ rough and violent, ပြင်းထန်သော။

Bold, *a.* courageous. ရဲသော။ ရဲရင့်သော။ ရဲဝံ့သော။ flaming—, ရဲရဲတောက်သော။ recklessly—, အတင့်ရဲသော။ daring (to do,) ဝံ့သော။ fearless, ယောကျ်ားပြီသော။ impudent, အရှက်အကြောက်မရှိသော။ standing out to view, ပေါ်ထင်လျှက်နေသော။ steep, စောက်သော။ make—, *v. i.* အခွင့်မရှိဘဲပြုဝံ့သည်။ အရောတဝင်ပြုသည်။ —faced, *a.* အရှက်အကြောက်မရှိသော။ —spirited, *see* Bold, *a.* 2d def.

Boldly, *adv.* ကျားကျားလျားလျား။ ရဲရင့်စွာ။ with perfect boldness, ထိတ်ထိတ်ထန်။

Boldness, *n.* from *do.* —in sinning, အနောတ္တပ္ပ။ *Pali.*

Bolis, *n.* ဥက္ကာ။ ဥဘာ။

**Bolster,** *n.* ခေါင်းအုံးရှည်။ —*v. t.* ခေါင်းအုံးနှင့်ထောက်ပင့်သည်။

**Bolt 1,** *n.* an arrow, မြှား။ a thunder bolt, မိုးကြိုးသွား။ —of a lock, သော့ကျင်။ —of a door, တံခါးကျင်။ မင်းတုပ်။ ကန့်လန့်ကျင်။ ပရစ်။ an iron pin used in fastening timbers, ပူညှိသီသောကဗ္ဗိလသံချောင်း။ spring—, သော့မျောက်ခြီး။ —upright, *adv.* မတ်တတ်။ 1, *v. i.* to start out, ရုပ်ခနဲထွက်သည်။ *v. t.* to fasten with a bolt, တံခါးကျင်ထိုးသည်။ 2, *v. t.* to sift, ဆန်ခါနှင့်ချသည်။

**Bolus,** *n.* ဆေးလုံးကြီး။

**Bomb,** *n.* မိုးဆန်။ —shell, same, သံမီးကျည်။ —vessel, မိုးသင်္ဘော။

**Bombard,** *v. t.* မိုးပြစ်၍တိုက်သည်။

**Bombardier,** *n.* မိုးသား။

**Bombardment,** *n.* from Bombard, *v. t.*

**Bombast,** *n.* အနှစ်မရှိ၊ ကြီးကျယ်သောစကား။

**Bombastic,** *a.* အနှစ်မရှိ၊ ကြီးကျယ်သော။

**Bombazet,** *n.* သံသော့။

**Bona fide,** *adv.* သစ္စာနှင့်ဟုတ်မှန်စွာ။

**Bond,** *n.* that which binds together, စည်းနှောင်သောကြိုး။ that which restrains by tying, နှောင်သောကြိုး။ that which connects, ရှည်တွဲသောကြိုး။ a state of confinement, အချုပ်ခံခြင်း။ a cause or means of union, ပေါင်းခြင်းအကြောင်း။ an obligation, မပြုဘဲမနေရမည်အကြောင်း။ a written obligation, စာချုပ်။ —maid. ကျွန်မ။ —man, —servant, *n.* ကျွန်။ —service, *n.* ကျွန်ဖြစ်၍လုပ်ရခြင်း။ —slave, *see* Slave.

**Bondage,** *n.* confinement, အချုပ်ခံခြင်း။ slavery, ကျွန်ခံခြင်း။

**Bonded,** *a.* စာချုပ်၌ပါသော။

**Bondsman.** *n.* အာမခံ။

**Bone,** *n.* လူရိုး။ အစရှိသောအရိုး။ —setter, *n.* ကျိုးသောအရိုးကိုဆက်တတ်သောသူ။ —*v. t.* အရိုးထွင်သည်။

**Boneless,** *a.* အရိုးမပါသော။

**Bonfire,** *n.* ဝမ်းမြောက်စွာမီးရှို့ခြင်း။

**Bonmot,** *n.* ပျက်ပြယ်သောစကား။

**Bonnet,** *n.* a covering for the head, ဦးထုပ်။ one worn by females, မိန်းမဆောင်းသောဦးထုပ်။

**Bonny,** *a.* handsome, လှသော။ gay, merry, ရွှင်မြူးသော။

**Bonus,** *n.* ဆု။

**Bony,** *a.* အရိုးများသော။

**Booby,** *n.* လူမိုက်။ လူဖျင်း။

**Boodh,** *n.* ဗုဒ္ဓ။

**Boodhism,** *n.* ဗုဒ္ဓကိုကိုးကွယ်ခြင်းဘာသာ။

**Boodhist,** *n.* ဗုဒ္ဓကိုကိုးကွယ်သောသူ။

**Boodhistic,** *a.* ဗုဒ္ဓဘာသာနှင့်ဆိုင်သော၊

**Book,** *n.* a volume of writing, စာအုပ်၊ ဘုတ်၊ ( *Eng.* ) a treatise, စာစောင်၊ a division of a subject, အခန်း။ a volume of blank paper, စာမရေးသေးသောစာအုပ်၊ —account, *n.* စာအုပ်၌မှတ်ထားသောစာရင်း။ —binder, စာအုပ်ကိုချုပ်တတ်သောသူ၊ —binding, စာအုပ်ကိုချုပ်ခြင်း။—case, စာအုပ်ထားသောမတ်တတ်သစ်တား၊ စာတိုက်၊ —keeping, ကုန်စာရင်း ငွေစာရင်းကို ရေးမှတ်သောသူ၊ —keeper, ကုန်စာရင်း၊ ငွေစာရင်းများကိုရေးမှတ်ခြင်း။ —learning, စာကြည့်၍ရသောအတတ်၊ —making, စာစာရင်းရေးထားခြင်း။ —seller, စာအုပ်ရောင်းသောသူ၊ —shelf, စာအုပ်တင်ထားရာစင်၊ —store, (Amer.) စာအုပ်ရောင်းသောဆိုင်၊ —worm, a worm that eats books, စာအုပ်ကိုကိုက်စားတတ်သောပိုး။ a person addicted to reading, စာကြည့်ခြင်း အမှုကိုသာ ဝါသနာရှိသောသူ၊ —*v. t.* စာ၌မှတ်၍ထားသည်၊

**Boom 1,** *n.* a standing boom, ကြက်လျှာတိုင်၊ a studding sail boom, ဆက်၍ထိုးသောရွက်လက်၊ a chain or bar to check a ship's progress, ရေကာတုပ်၊ —of a boat sail, ဗော၊ —2, *v. i.* to roar as the wind, ဟုန်းသည်၊

**Boon,** *n.* သဒ္ဓါ၍ပေးသောလက်ဆောင်၊ —*a.* ရွှင်လန်းတတ်သော၊

**Boor,** *n.* ကျေးတောသား၊

**Boorish,** *a.* ကျေးတောသားကဲ့သို့ဖြစ်သော၊

**Boot 1,** *n.* profit. အကျိုးစီးပွား။ what is paid over and above, တန်ဘိုးထက်ပိုမို၍ပေးသောအရာ၊ အဆစ်အဆွက်၊ (to give to boot, လိုက်သည်၊) —1, *v. t.* အကျိုးကိုဖြစ်စေသည်၊ —2, *n.* the leather covering for the foot and leg, သားရေခြေစွပ်၊ —of a coach, ရထားထိန်းထိုင်ရန်သားရေသစ်ဘာခုံ၊ —jack, *n.* သားရေခြေစွပ်ချွတ်သောခွ၊ —tree, သားရေခြေစွပ်ပုံ၊

**Booted,** *a.* သားရေခြေစွပ်ဝတ်သော၊

**Bootee,** *n.* သားရေခြေစွပ်တို၊

**Booth,** *n.* တဲ၊ ရုံ၊ ကနားခြင်း။ တဲအုံ၊ တဲကုပ်၊ large—, မဏ္ဍပ်၊

**Bootless,** *a.* အကျိုးမရှိသော၊ ခြေစွပ်မပါသော၊

**Booty,** *n.* လက်ရဥစ္စာ၊ play—, *v.* မျှား၍အရှုံးခံသည်၊

**Bo-peep,** *n.* တူတူပုန်းကစားခြင်း။

**Borax,** *n.* လက်ခြား။

**Border,** *n.* an outer part or edge, အစွန်းအနား။ —of a garment, vessel, &c. အနားပတ်၊ အနားကွပ်၊ a border woven in cloth, အနားရစ်၊ confines, နယ်စပ်၊ —*v. i.* နီးစပ်သည်၊ *v. t.* အစွန်းအနားဖြစ်စေခြင်ပြုသည်၊

**Borderer,** *n.* နယ်စပ်မှာနေသောသူ၊

**Bore 1,** *v. t.* လိမ်၍ဖေါက်သည်၊ လွန်သည်၊ —by turning in a lathe, တွင်ခံသည်၊ —1, *n.* a hole made by boring, လိမ်၍ဖေါက်သောအပေါက်၊ caliber, ပြောင်းပေါက်၊ a cause of annoyance, နှောင့်ရှက်သောအရာ၊ —2, a sudden influx of the tide, ဒီလုံး။

**Boreal,** *a.* မြောက်မျက်နှာနှင့်ဆိုင်သော၊

**Boreas,** *n.* မြောက်လေ၊

**Borer,** *n.* သက်ပွတ်ရူး။ the teredo—, ပလုတ်၊

**Born** (be,) *v. i.* မွေးဖွားလျှက်ရှိသည်၊ မွေးဖွားခြင်းကိုခံသည်၊ ပေါက်ဖွားသည်၊

**Borough,** *n.* မြို့၊

**Borrow,** *v. t.* (something to be returned in kind,) ချေးသည်၊ —money, မြီချေးသည်၊ (something to be returned itself,) ငှါးသည်၊ ငှါးရမ်းသည်၊ (to borrow money without repaying it, မြီထူသည်၊) to take for use what belongs to another, သူဥစ္စာကိုထူ၍သုံးသည်၊

**Bosom,** *n.* the breast, ရင်ခွင်၊ heart, mind, စိတ်နှလုံး။

**Boss,** *n.* အဖု၊

**Botanic,** *v.* ဗောတနီအတတ်နှင့်ဆိုင်သော၊

**Botanist,** *n.* ဗောတနီအတတ်ပညာကိုပြုစုသောအရာ၊

**Botanize,** *v. i.* အပင်အမျိုးမျိုးကိုသိကျွမ်းအောင်စစ်ဆေးရှာဖွေသည်၊

**Botany,** *n.* ဗောတနီအတတ်တည်းဟူသော၊ အပင်အမျိုးမျိုးကိုပိုင်းခြား၍သိကျွမ်းနားလည်သောအတတ်ပညာ၊

**Botch,** *n.* an ulcerous swelling, ရောင်သောအနာကြီး။ a clumsily mended spot, ကြမ်းတမ်းစွာဖာသောအဖာ၊ —*v. t.* ကြမ်းတမ်းစွာဖာသည်၊

**Both,** *a.* (persons) နှစ်ယောက်စလုံး။ (things,) နှစ်ခုစလုံး။

**Bother,** *v. see* Pother, *v.*

**Bots,** *n. plur.* တုတ်၊

**Bottle,** *n.* (large,) ပလင်း။ (small,) ဘူး။ —*v. t.* ပလင်း၌သွတ်ထားသည်၊

**Bottom,** *n.* the lowest part, အခြေ၊ အမြစ်၊ အောက်ခံ၊ the foundation, origin, မူလ၊ အရင်း။ —(of a vessel,) စအို၊ —of a well, the sea etc. အောက်ခြေခံ၊ a dale, valley, ချိုင့်၊ a ship, သင်္ဘော၊ —upwards, *adv.* ပြောင်းပြန်၊ —*v. t.* အမြစ်ချသည်၊

**Bottomless,** *a.* အောက်ခံမရှိသော၊ အောက်ခြေခံမရှိသော၊ အနန္တအောက်နက်သော၊

**Bottomry,** *n.* သင်္ဘောကိုပေါင်၍ငွေချေးခြင်း။

**Boudoir,** *n.* ဆိတ်ကွယ်ရာအခန်း။

**Bough,** *n.* သစ်ကိုင်း။

**Bougie,** *n.* ဒွါရထဲသို့သွင်းရန်တန်ဆာ၊

Bounce, *v. i.* ရုပ်ခုန့်ခုန်လွှားသည်။
Bouncer, *n.* ပလွှားသောစကား။
Bouncing, *a.* stout, strong, ကြီးမားသော၊ သန်မာသော၊
Bound 1, *pret.* of Bend, —to, *a.* (တစုံတခုသောအရပ်) သို့သွားဆဲရှိသော၊ —2, *v. t.* to fix the boundaries of, ပိုင်းခြားကန့်သတ်သည်၊ သတ်မှတ်သည်၊ to limit, set bounds to, စည်းကမ်းထားသည်၊ —2, *n.* a boundary, အပိုင်းအခြား၊ a limit, mark not to be passed, စည်းကမ်း။ —3, *v. i.* to leap, spring, ခုန်လွှားသည်၊ to rebound, ပြန်ခုန်သည်၊ —3, *n.* a leap, spring, အခုန်အလွှား။
Boundary, *n.* a bound, အပိုင်းအခြား၊ ကန္တာ၊ between two territories, နယ်စပ်၊ outer limit of a territory, နယ်နိမိတ်၊
Boundless, *a.* အဆုံးအဆမရှိသော၊ အဆုံးမဲ့၊ အဆုံးမရှိသော၊ အနန္တ၊
Bounteous, Bountiful, *a.* စွန့်ကြဲပေးကမ်းတတ်သော၊
Bounty, *n.* liberality, စွန့်ကြဲပေးကမ်းခြင်း၊ a liberal disposition, ပေးကမ်းချင်သောသဘော၊ a premium, ဆု၊
Bouquet, *n.* ပန်းခိုင်၊
Bourn, *n.* အပိုင်းအခြား၊
Bout, *n.* တလှည့်၊
Bovine, *a.* နွားနှင့်ဆိုင်သော၊
Bow, *v. i.* to bend (intrans.) at the top, ကိုင်းညွတ်သည်၊ ဦးညွတ်သည်၊ to bend (trans.) at the top, ညွတ်သည်၊ —with the head bending low, ဦးစောက်စောက်ချသည်၊ to depress, နှိပ်စက်သည်၊ —*n.* an inclination of the head, ဦးညွတ်ခြင်း၊ ဦးချခြင်း၊ —of a ship, သင်္ဘောဦးခွင်၊ —(*pron.* bo,) *n.* an instrument to shoot arrows, လေး၊ လင်းလေး၊ —for shooting pellets, လောက်လေး၊ cross—, တူးလေး၊ any thing curved, အကွေး၊ အခွေ၊ the double of a string forming a loop, ခေါက်တွဲ၊ a rainbow, သက်တံ့၊ —of a stringed instrument, အခြမ်တန်ဆာထိုးတံ၊ —of a yoke, ထမ်းဆိုးကျည်းမှာပါသောသစ်သားလည်ပတ်၊ —of a cross-bow, လေးပျင်၊ —knot, *n.* ခေါက်ထွဲကွင်း၊ —string, *n.* လေးညို၊
Bowels, *n. plur.* the intestines, အူ၊ compassion, ကရုဏာ၊
Bower, *n.* ပန်းနွယ်၊ သစ်ပင်နှင့်ဖွဲ့သောတဲဖုံ၊
Bowl 1, *n.* a large cup, ဂုကန်လုံး၊ basin, အင်တုံ၊ —of a pipe, ဆေးအိုး၊ —2, *n.* a playing ball, ဗ၊ ဗလုံး၊ —wooding, ဗျပ်ခွက်၊ မောင်းထောင်ခွက်၊ glazed earthen— ဓာတ် ကန်၊ gourd—, ဘူးတောင်း၊ *v. i.* ဗလုံးကိုလှိမ့်သည်၊
Bowlder, *n.* ကျောက်လုံးကြီး၊
Bowline, *n.* နားကန်ကြိုး၊

**Bowling-green,** *n.* ဗလုံးပစ်ကစားသောသက်ဝင်ချိုင်း

**Bowsprit,** *n.* ဦးကြက်လျှာရွက်လက်၊

**Box 1,** *n.* a coffer, chest, သစ်တာ၊ a round one, ဆစ်၊ one with a conical cover, အုပ်၊ —with conical cover, on high legs, ခေါင်းပေါင်းအုပ်၊ a small one with an oval cover, ကြုတ်၊ —of a wheel, ပုံတောင်း၊ driver's—, လှည်းဆောင်ပန်း၊ certain seats in a play-house, ဇာတ်ရုံတွင်ပွဲကြည့်ရန်အနားတဖက်တချက်၌ဆောက်သောစင်၊ —up, *v. t.* သစ်တာ၌ထည့်၍ အဖုံးကိုပိတ်သည်၊ —2, *n.* a blow on the temples with the hand, ပါးရိုက်တချက်၊ —2, *v. t.* to strike the temples with the hand, ပါးရိုက်သည်၊ —*v. i.* to fight with the fists, လက်ဝှေ့သတ်သည်၊

**Boxer,** *n.* လက်ဝှေ့သတ်တတ်သောသူ၊

**Boxingly,** *adv.* လက်ဝှေ့လက်ပန်း၊

**Boy,** *n.* လူကလေး၊

**Boyhood,** *n.* လူကလေး၏အဖြစ်၊

**Boyish,** *a.* လူကလေးကဲ့သို့ဖြစ်သော၊

**Brace,** *v. t.* to prop by a transverse stay, မိုင်းကြားနှင့်ထောက်သည်၊ to bind tight, ကြပ်စည်းသည်၊ to make taut, တင်းဆောင်ချည်သည်၊ —the nerves, သန်မာစေသည်၊ *n.* a transverse stay, မိုင်းကြား၊ a tight cincture, ကြပ်စည်းသောကြိုး၊ straps supporting the body of a carriage, ရထားဆိုင်းကြိုး၊ suspenders, ပေါင်းဘီဆိုင်းကြိုး၊ —of a drum, စည်ကြက်ကြိုး၊ —in writing, စာ၌သုံးသောဝက်ခေါင်း၊ a pair, couple, တစုံ၊ a wimble, ရှုးမိုးကောက်၊

**Bracelet,** *n.* လက်ကောက်၊ flat—, လက်ကြပ်၊

**Brack,** *n.* အစုတ်ကလေး၊

**Bracket,** *n.* နှား၊ ကုလားနှီ၊

**Brackish,** *a.* ငန်ငန်၊

**Brad,** *n.* ခေါင်းမပါသောသံချွန်ကလေး၊

**Brag,** *v. i.* ဝါကြွားသည်၊ —*n.* from *do.*

**Braggadocio,** *n.* ဝါကြွားတတ်သောသူ၊ လူဝါ၊

**Braggart,** *n.* same.

**Brahmah,** *n.* ဗြဟ္မာ၊

**Brahmin,** *n.* ပုဏ္ဏား ဗြဟ္မဏာ၊

**Brahminess,** *n.* ပုဏ္ဏေးမ၊ ပုဏ္ဏားမ၊

**Brahminical,** *a.* ပုဏ္ဏားဘာသာနှင့်ဆိုင်သော၊

**Brahminism,** *n.* ပုဏ္ဏားဘာသာ၊

**Braid,** *v. t.* to weave, ရက်သည်၊ to intertwist three strands into one, ဝက်အူကျစ်သည်၊ —*n.* ရက်သောအရာ၊ ဝက်အူကျစ်သောအရာ၊

**Brails,** *n. plur.* ရွက်ရှုပ်ကြိုး၊

**Brain**, *n.* the contents of the skull, ဦးနှောက်၊ understanding, ဉာဏ်၊ —pan, *n.* ဦးခေါင်းခွံ၊ —sick, *a.* နှမ်းသော၊ —*v. t.* ဦးခေါင်းကိုခွဲ၍သတ်သည်၊

**Brainless**, *a.* ဉာဏ်မရှိသော၊ မိုက်သော၊

**Brake 1**, *n.* a thicket, ခြုံစေးပုတ်၊ ခြုံဗိတ်ပေါင်း။ the stipe clasping—, ကက်ဒိ၊ —2, *n.* an instrument for breaking flax or hemp, ပိုက်ဆံသင်သောတန်ဆာ၊ the handle of a pump, ဗုံပိုင်မောင်းလက်၊

**Bramble**, *n.* ဆူးပင်တမျိုး။ ခပ်ချို၊ ဆူးထေ၊

**Bran**, *n.* ဖွဲနု၊

**Bran-new**, *a.* အသစ်စက်စက်၊ ကြွပ်ချွတ်၊

**Branch**, *n.* the limb of a tree, အကိုင်း။ အခက်၊ အခက်အလက်၊ main —, ခက်မ၊ —of leaves or flowers, ပန်းခက်၊ ပန်းခိုင်၊ —of fruit or flowers, အခိုင်၊ —of the fan palm, ထန်းလက်၊ a part that shoots out from the main body, ဖြာသောအရာ၊ —of a river, မြစ်မကခွဲတက်သောမြစ်ငက်၊ descendant from a common stock, အမျိုးအနွယ်အဝင်၊ a section, division, အခဏ်း။ an antler, သမင်ဦးချိုအတက်၊ —*v. i.* ဖြာသည်၊

**Branchy**, *a.* အခက်အလက်များသော၊

**Brand**, *n.* a stick partly burnt, မီးစ၊ a mark made by a hot iron, သံပူနှင့်ခတ်သောတံဆိပ်၊ —*v. t.* to impress a mark with a hot iron, သံပူနှင့်တံဆိပ်ခတ်သည်၊ to make infamous, အသရေကိုဖျက်သည်၊

**Brandish**, *v. t.* လိုင်းကသည်၊

**Brandy**, *n.* ဗြန္ဒီအရက်၊

**Brasier**, *n.* one who works in brass, ပန်းတဉ်း။ a pan for holding coals, မီးမယ်ဖြူ၊

**Brass**, *n.* the metal, ကြေးဝါ၊ fine—, ကြေးဝါညွန့်၊ impudence, မရှက်တတ်သောသဘော၊

**Brassy**, *a.* partaking of brass, ကြေးဝါပါသော၊ like brass, ကြေးဝါကဲ့သို့ဖြစ်သော၊

**Brat**, *n.* ယုတ်မာသောအကလေး။ vulgar.

**Bravado**, *n.* a boast, brag, ဝါကြွားသောစကား။ an arrogant speech, ကြိုးပသောစကား။

**Brave**, *a.* intrepid, ရဲရင့်သော၊ excellent, မြင့်မြတ်သော၊ —*v. t.* to defy, ကြိမ်းပသည်၊ to resist without yielding, ရန်ခံသည်၊

**Bravery**, *n.* from above.

**Bravo**, *n.* ရဲသောထားခြ၊ —*int.* ကောင်းပေ၊

**Brawl**, *v. i.* မြင်းထန်စွာသောအသံနှင့်ရန်တွေ့သည်၊ —*n.* from *do.*

**Brawn,** *n.* the flesh of a boar, ဝက်သား။ a muscular part, ကိုယ်၌ ခိုင်မာသောအသား။ muscular strength, ခွန်အား။

**Brawny,** *a.* ကြီးမားသော၊ သန်မာသော၊

**Bray 1,** *v. t.* to pound, ထောင်းသည်၊ —2, *v. i.* to make the noise of an ass, မြည်းကဲ့သို့မြည်သည်၊ 2, *n.* မြည်းမြည်သံ၊

**Braze,** *v. t.* ကြေးဝါဂဟေနှင့်ဆော်သည်၊

**Brazen,** *a.* made of brass, ကြေးဝါကိုလုပ်သော၊ pertaining to brass, ကြေးဝါနှင့်ဆိုင်သော၊ impudent, အရှက်မရှိသော၊ —faced, *a.* ရဲသောမျက်နှာရှိသော၊ —*v. i.* အရှက်မရှိအောင်ရဲသည်၊

**Brazil wood,** *n.* ဗိတောက်သားမျိုး။

**Breach,** *n.* a rent, အကွဲအပျက်၊ —(in a wall,) ပြိုဖျက်ရာ၊ —of friendship, မိတ်ဆွေပျက်ခြင်း။ —of law, တရားကိုသွန်ကျူးခြင်း။ —of promise, သစ္စာပျက်ခြင်း။

**Bread,** *n.* food made of flour, မုန့်၊ any food, အစာ၊ baked—, ပေါင်မုန့်၊ a cake of—, မုန့်တရှက်၊

**Bread-fruit,** *n.* the tree, မုန့်ပင်၊ hairy—, မျောက်လုပ်ကြီး။

**Breadth,** *n.* အနံ၊ ပြက်၊ ကား။ —of the breast, ရင်ဝ၊

**Break,** *v. t.* —crosswise, ချိုးသည်၊ —lengthwise, to split, ခွဲသည်၊ —(a string or rope,) ဖြတ်သည်၊ to make bankrupt, ကြွေးမဆပ်နိုင်အောင်ပြုသည်၊ to degrade from office, အရာကိုနုတ်၍နှိမ့်ချသည်၊ to make a first disclosure, ရှေ့ဦးစွာဖော်ပြသည်၊ —(an animal,) ကျင့်သည်၊ —bulk, သင်္ဘောဝန်ကိုချစပြုသည်၊ —ground, to plow, ထယ်ထွန်သည်၊ to open trenches, မြေကတုပ်မြောင်းတူးသည်၊ —(one's) heart, စိတ္တဇနာခွဲ၍အတွင်းမှဆွေးဆွေးအောင်ပြုသည်၊ —friendship, မိတ်ဆွေဖျက်သည်၊ —law, တရားကိုသွန်ကျူးသည်၊ —promise, ဂတိပျက်သည်၊ ဂတိချွတ်ယွင်းသည်၊ —an engagement, as lovers, ရည်းစားဖျက်သည်၊ —wind, လေထည်သည်၊ *v. i.* —crosswise, ကျိုးသည်၊ —lengthwise, ကွဲသည်၊ —slightly, တုတ်သည်၊ —as a rope, ပြတ်သည်၊ to become bankrupt, ကြွေးမဆပ်နိုင်အောင်ရှိသည်၊ to decline in health and strength from old age, အို၍ခွန်အားယုတ်လျော့သည်၊ to burst, ထုန်းခနဲပြုသည်၊ —as the morning, မိုဃ်းလင်းသည်၊ အာရုဏ်တက်သည်၊ —away, *v. i.* to disengage one's self and go, ကွာသွားသည်၊ —(as clouds,) လွင့်သွားသည်၊ —down, *v. i.* ပြိုသည်၊ ပြိုလဲသည်၊ *v. t.* ဖြိုသည်၊ —as an earthen vessel, ပေါက်ခွဲသည်၊ —forth, *v. i.* to issue, ပေါ်ထွက်သည်၊ —in a speech, ရုပ်ခနဲမြွက်ဆိုသည်၊ —in, to enter forcibly, အနိုင်အထက်ဝင်သည်၊ to enter suddenly, ရုပ်ခနဲဝင်သည်၊ —in pieces, ကျိုးပဲ့သည်၊ —into, *v. t.* ပေါက်ဖျက်၍ဝင်သည်၊ —loose, *v. i.* ချုပ်ရာမှအတင်းလွတ်သွားသည်၊ —off, to be parted, as a fragment, ပဲ့သည်။ to desist, ဖြတ်သည်။ *v. t.* ဖဲ့သည်၊ ဖုံ့ဖွဲ့သည်။ ဖြတ်သည် ။—out, *v. i.* to appear, issue forth, ပေါ်ထွက်သည်။ to appear in eruptions, ပေါက်သည်။ to throw off restraint, ပေါက်လွှတ်သွားသည်။ —up, အစည်းအဝေးဖျက်သည်။ *v. t.* to put an end to, ဖျက်သည်။ to lay open, ဖောက်ထွင်းသည်။ —water, *n.* ပျိုင်းပံပိုးအမှုန်ကိုသတ်စေအဝင်ဂူကားကောာရေကာတုပ်။ —with, *v. i.* မိတ်ဆွေဖျက်သည်။ —*n.* an opening, ကွဲရာ။ a pause, interruption, ဖြတ်ခြင်း။ a line noting a stop in the sentence, စာဆက်ဖြတ်သည်ကိုပြထားသောအမှတ်။—of day, မိုးလင်းခြင်း၊ အာရုဏ်တက်ခြင်း။

Breakage, *n.* ကျိုးပဲ့သည်အတွက်။

Breaker, *n.* ကျောက်ကိုခတ်သောလှိုင်းချုပ်။

Breakfast, *n.* နံနက်စာ။ —*v. i.* နံနက်စာစားသည်။

Bream, *n.* ငါးဖန်းမ။

Breast, *n.* —of woman, နို့။ နို့အုံ။ သားမြတ်။ ရင်သား။ the forepart of the thorax, ရင်။ ရင်ပတ်။ —of a brute animal, ရင်အုပ်။ the mind, စိတ်နှစ်လုံး။ —bone, *n.* ရင်ရိုး။ —high, *a.* ရင်လောက်မြင့်သော။ —pin, *n.* ရင်ဖုံးတွယ်အပ်။ —plate, ရင်အုပ်တန်ဆာ။ —work. မြေကတုပ်။ —*v. t.* ရင်ဆိုင်တွေ့သည်။ (to place breast to breast,) ရင်ချင်းအပ်သည်။ —*adv.* breast to breast, ရင်ဆိုင်။

Breath, *n.* air respired, အသက်၊ ထွက်သက်ဝင်သက်။ the time of a single respiration, အသက်တရှူခန့်မျှ။ —expired, အပါနသ။ —inspired, ပါဏသ။

Breathe, *v. i.* to respire, အသက်ရှူသည်။ to live, အသက်ရှင်သည်။ to rest, နားနေသည်။ to pass as air, လေကဲ့သို့သွားလာနိုင်သည်။ *v. t.* to inspire or expire, ရှူသည်။ to exercise in order to keep in breath, အသက်ရှူမမှားအောင်ရုပ်ခန္ဓာကိုမနားစေ၊ တဖြည်းဖြည်းသွားလာစေသေးသည်။ to utter softly, တိုးတိုးပြောသည်။ —a vein, သွေးဖေါက်သည်။ —into, မှုတ်သွင်းသည်။ —upon, (တစုံတခု) အပေါ်သို့အငွေ့လွှတ်သည်။ —with difficulty, အပန်းဆိုက်သည်။

Breathing, *n.* respiration, အသက်ရှူခြင်း။ taking breath, ရပ်ဆိုင်၍အမောဖြေခြင်း။ aspiration, စိတ်နှစ်လုံးထဲမှာဆုတောင်းခြင်း။

Breathless, *a.* having ceased to breathe, အသက်ကုန်သော။ spent with labor, မောပန်းသော။

Breech, *n.* the posteriors, တင်သား။ a but-end, ငင်။ —of a gun, ထောက်ရင်း။ —loader, သေနတ်ခါးချိုး။ *a.* —loading, ခါးချိုး။

Breeches, *n. plur.* ပေါင်းဘိတို။

Breed, *v. i.* to be pregnant, ပဋိသန္ဓေစွဲသည်။ ကိုယ်ဝန်ဆောင်သည်။ to grow in embryo, ပဋိသန္ဓေနေသည်။ to be brought forth,

မွေးသည်။ (intrans.); to be increased by a new growth, ပွားသည်။ to raise a breed, မွေးပွားခြင်းကိုပြုစုသည်။ *v. t.* to bring forth, မွေးသည်။ (trans.); ပွားသည်။ to produce, ဖြစ်စေသည်။ to produce by contriving, မိတ်ကူး၍ဖြစ်စေသည်။ to educate, အတတ်တတ်အောင်သွန်သင်သည်။ to bring up, ကျွေးမွေးပြုစုလုပ်သွန်သင်သည်။ *n.* အမျိုး။ အမျိုးအနွယ်။

**Breeding**, *n.* from above. good—, *n.* ခြေငံလျှောက်ပတ်ယဉ်ကျေးပွယ်ရာသောလက္ခဏာနှင့်ပြည့်စုံခြင်း။

**Breeze**, *n.* လေပြေ။ a gentle—, လေညှင်း။

**Brevet**, *n.* အခမတိုးဘဲလျှက်အရာတိုးခြင်းအခွင့်။

**Breviary**, *n.* a compend, အကျဉ်းချုပ်သောစာ။ a book of prayers, ဝတ်ပြုပဌနာပေါင်းပါသောလက်စွဲစာ။

**Brevity**, *n.* shortness, တိုခြင်း။ conciseness, အကျဉ်းအားဖြင့်စီရင်သော။

**Brew**, *v. t.* to make beer, ဂျုံရည်လုပ်သည်။ to plot, မထင်မရှားကြံစည်သည်။

**Brewer**, *n.* ဂျုံရည်လုပ်သောသူ။

**Brewery**, *n.* ဂျုံရည်လုပ်သောတိုက်။

**Bribe**, *n.* တံစိုး။ —(to suppress evidence), (နှုတ်ပိတ်) တံစိုး။ — *v. i.* တံစိုးထိုးသည်။ လက်ဆောင်ထိုးသည်။ —secretly, လက်သိပ်ထိုးသည်။ (to take a bribe, တံစိုးစားသည်။)

**Bribery**, *n.* the act of giving a bribe, တံစိုးထိုးခြင်း။ the act of receiving a bribe, တံစိုးခံခြင်း။ တံစိုးစားခြင်း။ ငွေစားခြင်း။

**Brick**, *n.* အုတ်။ အုတ်လွှာ။ အုတ်ချပ်။ —bat, အုတ်ခဲ။ —dust, အုတ်မှုန့်။ —kiln, အုတ်ဖို။ —layer, ပန်းရန်သမား။ —maker, အုတ်လုပ်သမား။ —wall, round a pagoda, မတာရံ။ တန်တိုင်း။ —*v. t.* အုတ်ခင်းသည်။

**Bridal**, *a.* မင်္ဂလာဆောင်ခြင်းနှင့်ဆိုင်သော။

**Bride**, *n.* မင်္ဂလာဆောင်သောသတို့သမီး။ —cake, မင်္ဂလာဆောင်ပွဲမုန့်။ —groom, မင်္ဂလာဆောင်သောသတို့သား။ —maid, မင်္ဂလာဆောင်သောသတို့သမီး၏အဖော်။ —man, မင်္ဂလာဆောင်သောသတို့သား၏အဖော်။

**Bridewell**, *n.* ဆုံးမ၍အလုပ်လုပ်စေသောတန်းအိမ်။

**Bridge**, *n.* —over water, တန်တား။ —of the nose, နှာရောင်း။ —of a stringed instrument, ခြင်းမိုရ်။ draw—, တန်တားရှင်။ —*v. t.* တန်တားထိုးသည်။ တန်တားခင်းသည်။

**Bridle**, *n.* reins, ဇက်ကြိုး။ a check, restraint, အဆီးအတား။ —*v. t.* to put on a bridle, ဇက်ခွံသည်။ to discipline, control, ဆုံးမသည်။ —*v. i.* to hold up the head and draw in the chin, မျက်နှာထား၍မော့နေသည်။

**Brief**, *a.* short, တိုသော။ concise, အကျဉ်းအားဖြင့်စီရင်သော။ —*n.* an order, မှာစာ၊ a memorandum of a client's case, ရှေ့နေသုံးရန် မှတ်စာ၊

Briefly, *adv.* နည်းသောစကားနှင့်၊ အကျဉ်းအားဖြင့်၊

Brier, *n.* ဆူးပင်၊

Briery, *a.* ဆူးပင်များသော၊

Brig, *n.* နှစ်ပင်တိုင်သင်္ဘော၊

Brigade, *n.* ခြေမက်ဗိုလ်ခြေတစု၊ —major, ခြေမက်ဗိုလ်ခြေတစုကိုအုပ်သော ထက်ထောက်ဗိုလ်၊

Brigadier, *n.* ခြေမက်ဗိုလ်ခြေတစုကိုအုပ်သောဗိုလ်၊

Brigand, *n.* ထားပြ၊

Bigantine, *n.* လျှင်မြန်သောနှစ်ပင်တိုင်သင်္ဘော၊

Bright, *a.* shining as metal. ပြောင်သော၊ ရှန်းသော၊ luminous, ထွန်းထင်းသော၊ clear, ကြည်လင်သော၊ evident, ထင်းရှားသော၊ resplendent, အရောင်ထွန်းတောက်သော၊ illustrious, အသရေတင့်တယ်သော၊ ingenious, ညာဏ်ထက်သော၊ —eyed, မျက်စိအရောင်ကောင်းသော၊ —haired, ဆံပင်ပြောင်လက်သော၊ —with moon light, ထသာသော၊

Brighten, *v. i.* to grow bright, လင်းထသည်၊ to become clear, as a prospect, ရှင်းထင်းလာသည်၊ —*v. t.* to make bright, ပြောင်စေသည်၊ &c. from Bright.

Brightness, *n.* from Bright; lustre, အရောင်အဝါ၊ ရောင်ခြည်၊ အရှိန်အတောက်၊

Brilliancy, *n.* from next.

Brilliant, *a.* shining, resplendent, ထိန်သော၊ တောက်သော၊ အရောင်ထွန်းတောက်သော၊ —as a diamond, အဆင်းအရောင်ရှမ်းသော၊ sparkling with lustre, အရောင်ဖိတ်ဖိတ်တောက်သော၊ splendid, illustrious, ဂုဏ်အသရေထင်ပေါ်သော၊ —*n.* အကွက်စုံသောစိန်၊

Brilliantly, *adv.* တလျှမ်းလျှမ်း

Brim, *n.* အနား၊ နှုတ်ခမ်း၊ အခမ်း၊ —*v. t.* တင်းကျမ်းပြည့်လောင်းသည်၊

Brimful, *a.* လျှံမတတ်ပြည့်သော၊ ပြည့်လျှမ်းသော၊

Brimmer, *n.* လျှံမတတ်ပြည့်သောဖလား၊

Brimstone, *n.* ကန့်၊

Brinded, Brindled, *a.* ကြောင်ကျားသော၊

Brine, *n.* ဆားရည်၊

Bring, *v. t.* to convey hither, ယူခဲ့သည်၊ ဆောင်ခဲ့သည်၊ ဆောင်ယူသည်၊ to cause to come, ရောက်စေသည်၊ —about, ဖြစ်စေသည်၊ —back, to convey back, ပြန်၍ယူခဲ့သည်၊ to recall, ပြန်သာစေသည်၊ —down, to humble, နှိမ့်ချသည်၊ —forth young, ဖွားသည်၊ —forth (a child), မီးဖွားသည်၊ မျက်နှာမြင်သည်၊ —fruit, သီးသည်၊ —together, as parties to make a bargain, စပ်စား

သည်။ —to light, ဖော်သည်။ to produce, ထုတ်သည်။ ထုတ်ဖော်သည်။ —forward, to cause to advance, ထိုးတက်စေသည်။ to produce to view, ဖော်သည်။ —in, to introduce, သွင်းခဲ့သည်။ to yield, စီးပွားဖြစ်စေသည်။ —low, နှိမ့်ချသည်။ —off, to cause to escape, လွတ်အောင်ဆောင်ခဲ့သည်။ to procure the acquittal of, အပြစ်လွတ်စေအောင်ပြုသည်။ —on, ဖြစ်စေသည်။ —out, to bring forth, produce, ထုတ်သည်။ to disclose, ဖော်သည်။—over, တဖက်သို့ပြောင်းစေအောင်သွေးဆောင်၍ရသည်။ —to, (သင်္ဘောကို)ရပ်စေသည်။ —to light, ဖော်သည်။ —under, to subdue, နိုင်သည်။ —up, to feed, clothe, educate, &c. ကျွေးမွေးပြုစုဆုံးမသွန်သင်သည်။ —up an adopted child, မွေးစားထားသည်။ —(a business,) စ၍ကြားပြောသည်။ —(a ship,) ကျောက်ဆူးချသည်။

**Brink**, *n.* an edge; border, အစွန်း။ အနား။ —of a river, ကမ်း။

**Briny**, *a.* ဆားရည်နှင့်ပြည့်စုံသော။

**Brisk**, *a.* ပေါ့ပါးလျှင်မြန်သော။ မြန်ဆန်သော။ —up, *v. i.* ပေါ့ပါးလျှင်မြန်စွာထသည်။

**Brisket**, *n.* အမဲနံ။

**Briskness**, *n.* from Brisk, *a.*

**Bristle**, *n.* အမှင်။ ဝက်မှင်။ —*v. i.* ထောင်းမွေးထသည်။

**British**, *a.* အင်္ဂလိတ်ပြည်နှင့်ဆိုင်သော။

**Brittle**, *a.* ဆတ်သော။ ကြွပ်ဆတ်သော။

**Broach**, *v. t.* to pierce, as a cask of liquor, (အရည်ထွက်စေအောင်) ဖေါက်သည်။ to publish first, ဖော်၍ပြောသည်။ —to *v. i.* လေညာသို့ရုပ်ခနဲလှည့်သည်။

**Broad**, *a.* wide, ကျယ်သော။ ကားကြီးသော။ open, clear, ထင်းထင်းဖြစ်သော။ coarse, gross, ရုန့်ကြမ်းသော။ —ax, *n.* အပြားကြီးသောပေါက်ဆိန်။ battle—, ရဲတင်း။ —cast, *a.* or *adv.* ( မျိုးစေ့ကို ) ကြဲလျှက်။ —cloth, *n.* သက္ကလတ်။ —side, the side of a ship, သင်္ဘောနံဘေး။ a discharge of all the guns on one side of a ship at once, သင်္ဘောနံတောင်တဖက်၌ရှိသောအမြောက်များကိုတပြိုင်နက်ပြစ်ခြင်း။ —sword, ဓားရွက်ကြီးသောဓား။ —wise, *adv.* အနံ့အလိုက်။ (to be broad in the chest, ရင်ကားသည်။)

**Brocade**, *n.* ပန်းပြောက်ထိုးဖဲ။

**Brocage**, *see* Brokerage.

**Brochure**, *n.* စာအုပ်ကလေး။

**Brogue**, *n.* a shoe, ဘိနပ်တမျိုး။ a peculiarity of pronunciation, ဝဲသောစကားသံ။

**Broider**, *see* Embroider.

**Broil**, *v. t.* ကင်သည်။ *v. i.* အကင်ခံသည်။ —*n.* a noisy quarrel, ခိုက်ရန်ဖြစ်၍ရုန်းရင်းခတ်မှုပြုခြင်း။

Broken-hearted, *a.* —through grief, စိတ္တဝေဒနာစွဲ၍စေတွင်းဆွေးဆွေးသော၊ contrite, ကိုယ်အပြစ်ကိုမြင်၍စိတ်ကျိုးပဲ့ကြေမွသော၊
Brokenness, *n.* the state of being broken, ကျိုးခြင်း၊ ကျိုးပဲ့ခြင်း၊ contrition, ကိုယ်အပြစ်ကိုမြင်၍စိတ်ကျိုးပဲ့ကြေမွခြင်း။
Broken-winded, *a.* သက်လုံကျဲသော၊
Broker, *n.* ပွဲစား၊
Brokerage, *n.* ပွဲခ၊
Bronchial, *a.* လည်ချောင်းနှင့်ဆိုင်သော၊
Bronchitis, *n.* လည်ချောင်းနွံစွဲသောအနာတမျိုး။
Bronchocele, *n.* လည်ပင်းကြီးသောအနာ၊
Bronze, *n.* ကြေးနီ၊ ခဲမဖြူ၊ သွပ်ရောနှောသောလောဟာ၊ the color of bronze, ဗရိုဇာအရောင်၊ —*v. t.* ဗရိုဇာအရောင်ထွက်စေသည်၊
Brooch, *n.* ကျောက်မျက်စီသောတန်ဆာ၊
Brood, *v.* to incubate, ဝပ်သည်၊ to cover with the wings, အတောင်နှင့်အုပ်သည်၊ to meditate on, အောင်းမေ့လျက်နေသည်၊ —*n.* a hatch of chickens, တခါတည်း ပေါက်သော ကြက်ငှက်သငယ်စု၊ progeny, အမျိုးအနွယ်၊
Brook 1, *n.* ချောင်းငယ်၊ —2, *v. t.* သည်းခံသည်၊
Broom, *n.* တန်မြက်စည်း။ long handled brush, လှည်းခုံ၊—corn, ပြောင်းလည်ကောက်၊ —stick, တန်မြက်စည်းရိုး။ a braided—, တံကျစ်စည်း။
Broth, *n.* ထမဲသား၊ ကြက်သားပြုတ်ရည်၊ တင်းရည်၊
Brothel, *n.* ပြည်တန်ဆာများနေသောအိမ်၊
Brother, *n.* (elder,) အစ်ကို၊ ( royal ), နောင်တော်၊ (younger,) ညီ၊ —of a woman, မောင်၊ —in law, (of different kinds,) ခဲအို၊ မတ်၊ ယောက်ဖ၊ an elder and a younger—, ညီနောင်၊ညီအစ်ကို၊
Brotherhood, *n.* the relation of brother, ညီအစ်ကိုဖြစ်အဖြစ်၊ a society, အပေါင်း၊ အသင်း။
Brotherly, *a.* like brothers, ညီအစ်ကိုကဲ့သို့ဖြစ်သော၊ affectionate, ချစ်ခင်စုံမက်သောသဘောရှိသော၊
Brought, *pret.* of Bring. —to bed, *past part.* သားကိုဖွားသော၊ မျက်နှာမြင်သော၊
Brow, *n.* the bony arch over the eye, မျက်ခုံး။ မျက်မှောင်၊ eye—, မျက်မှောင်တန်း။ —of a hill, တောင်စောင်း၊ —beat, *v. i.* ငေါက်သည်၊
Brown, *a.* ညိုသော၊ —as the complexion, (အသား) ဟပ်သော၊—*v. t.* ညိုစေသည်၊ to dye a brown color, ခေါင်းဆိုးသည်၊
Brownish, *a.* ခပ်ညိုညို၊
Brownness, *n.* ညိုသောအရောင်၊
Brown study, *n.* မှိုင်ခြင်း။

**Browse,** *v. t.* ထည့္သြင္းစားသည္။
**Bruise,** *v. t.* အသားကိုေၾကေစသည္။ —*n.* အသားေၾကေသာအနာ။
**Bruised** (be,) *v. i.* အသားေၾကသည္။ —internally, အတြင္းေၾကေၾကသည္။
**Bruit,** *v. t.* ေက်ာ္ၾကားေစသည္။ —*n.* ေက်ာ္ၾကားျခင္း။
**Brunette,** *n.* အဂၤလိပ္မ်ိဳးတြင္အဆင္းညိဳေသာမိန္းမ။
**Brunt,** *n.* တိုက္ျခင္းအရွိန္။
**Brush,** *n.* one made of bristles, ဝက္မွင္ဘီး။ a straight one as a large painting brush, တံပြတ္။ hair pencil, or small painting brush, စုတ္။ a thicket, ၿခံေႏြးပုတ္။ a skirmish, တိုက္ခိုက္ျခင္း။ —wood, a thicket, ၿခံေႏြးပုတ္။ small branches cut off, ခုတ္လွဲေသာအခက္အလက္။ —*v. t.* to rub with a brush, ဝက္မွင္ဘီးႏွင့္ဖီးသည္။ to graze, ေပါ့ေပါ့တိုက္သည္။ to wipe lightly, ေပါ့ေပါ့ပြတ္သည္။ to paint, စုတ္ႏွင့္ေရးသည္။ *v. i.* to pass by lightly, သိသြားသည္။ —off, *v. t.* ဝက္မွင္ဘီးႏွင့္သုတ္သင္သည္။ (brush and anoint, as the hair, ဖီးလိမ္းသည္။)
**Brushy,** *a.* အေမြးစုတ္ပြားထေသာ။
**Brutal,** *a.* like a brute, တိရစၧာန္ကဲ့သို႔ျဖစ္ေသာ။ without natural affection. မိမ္းကားေသာ။ savage, cruel, ရက္စက္ေသာ။
**Brutality,** *n.* မိမ္းကားျခင္း။ ရက္စက္ျခင္း။
**Brutalize,** *v. t.* from Brutal.
**Brute,** *a. see* Brutal.
**Brute,** *n.* တိရစၧာန္။ မိမ္းကားေသာသူ။ ရက္စက္ေသာသူ။
**Brutify,** *v. see* Brutalize.
**Brutish,** *a.* like a brute, တိရစၧာန္ကဲ့သို႔ျဖစ္ေသာ။ stupid and ignorant, ဉာဏ္မရွိ၊ မိုက္မဲေသာ။ wild, uncivilized, ရိုင္းစိုင္းေသာ။
**Brutishness,** *n.* ဉာဏ္မရွိ၊ မိုက္မဲျခင္း။ ရိုင္းစိုင္းျခင္း။
**Bubble,** *n.* a small bladder of water, ဗလုံ။ one blown into the air, ေရပူေဖာင္း။ —shell, ခရုသိကေလး။ a cheat, လိမ္လည္ေသာအမႈ။ *v. i.* to rise a bubble, ဗလုံထသည္။ to rise in bubbles, ပူေဖာင္းထသည္။ to make a gurgling noise, သြင္သြင္ျမည္သည္။ *v. t.* to cheat, လိမ္ထည္သည္။ (to bubble and run over, ေဝသည္။)
**Bubblingly,** *adv.* ကြ်ိက္ကြ်ိက္။
**Bubo,** *n.* ဗင္နာ။
**Buccaneer,** *n.* ပင္လယ္ဓားျပ။
**Buck,** *n.* the male of a deer, သမင္၊ ဒရယ္အဖို။ the male of the hare or rabbit, ယုန္ဖို။ a dashing fellow, ပသြားေသာလူပ်ိဳ။
**Bucket,** *n.* ေရပုံး။
**Buckle,** *n.* ထိကေပါက္။ —*v. t.* ထိကေပါက္ေပါက္သည္။ ထိကေပါက္တတ္သည္။ —to, ႀကိဳးစားအားထုတ္သည္။ —with, ၿပိဳင္၍တိုက္သည္။

**Buckler**, *n.* ဒိုင်း၊ လွှား၊ ကာ၊

**Bukram**, *n.* ကော်တင်သောဖျင်ကြမ်း၊

**Buckwheat**, *n.* ဂျုံတမျိုး၊

**Bucolic**, *a.* သိုးထိန်းခြင်းအမှုနှင့်ဆိုင်သော၊

**Bud**, *v. i.* to protuberate before putting forth a leaf or flower, ဖူးသည်၊ အဖူးထွက်သည်၊ to protuberate for a flower, အငုံထွက်သည်၊ *v. t.* to inoculate a plant, တပင်ကအညွှန့်ဖူးကိုတပင်၌ထိုး၍စိုက်သည်၊ *n.* —of a leaf, သရစ်ဖူး၊ —of a leaf or flower, အဖူး၊ —of a flower, အငုံ၊ an incipient—, အမှုံ၊

**Budge**, *v. i.* နေရာမှရွှေ့သည်၊

**Budget**, *n.* a bag, အိတ်၊ a bundle. pack, အထုပ်၊

**Buff**, *n.* buffalo leather, ကျွဲသားရေနယ်၊ viscid substance on the surface of blood, သွေးမျှေး၊ the color, ဝါကြန့်ကြန့်၊

**Buffalo**, *n.* ကျွဲ၊ a short horned—, ခနွား၊

**Buffet 1**, *n.* a cup-board, ပုကန်များထားသောမတ်တတ်သစ်တာ၊ —2, a blow with the fist, လက်သီးထိုးခြင်း၊ —2, *v. t.* to strike with the fist, လက်သီးနှင့်ထိုးသည်၊ *v. i.* to box, လက်ဝှေ့သတ်သည်၊

**Buffoon**, *n.* လူပျက်၊ လူပြောင်၊

**Buffoonery**, *n.* လူပျက်ပြောဆိုပြုသောအခမ်းအနား၊

**Bug**, *n.* ကြမ်းပိုး၊

**Bug-bear**, *n.* သရုပ်ပြ၍အခြောက်အလှန့်ထားသောအရာ၊

**Buggy 1**, *a.* ကြမ်းပိုးများသော၊ —2, *n.* *see* Chaise.

**Bugle**, *n.* ခရာ၊

**Bugler**, *n.* ခရာသမား၊

**Build**, *v. t.* (as a wooden house,) ဆောက်သည်၊ (as a brick-house or a ship,) တည်သည်၊ —an edifice, တည်လုပ်သည်၊ —up, တည်ဆောက်သည်၊ —upon, to rest on, depend on, အမှီပြုသည်၊ to use as a foundation in raising a superstructure, အခြေအမြစ်ပြု၍တည်ဆောက်သည်၊ —*n.* တည်ဆောက်ခြင်းအခြေအနေ၊

**Building**, *n.* အဆောင်၊ တိုက်ဆောင်၊ အိမ်ဆောင်၊ အဆောက်အအုံ၊

**Bulb**, *n.* ဥ၊ မြစ်ဖု၊ အဖု၊

**Bulbous**, *a.* ဥကျတတ်သော (အပင်၊)

**Bulbul**, *n.* ဗွတ်၊ ဝုတ်၊ green—. ငှက်စိမ်း၊ ဒိုင်းတန်သယ်၊

**Bulge**, *n.* ဖုံ၊ ဖိုင်း၊ —*v. i.* ဖုံမို့သည်၊ ဖုံထွက်သည်၊ —in the middle, ပွသည်၊ —upwards, ကုန်းသည်၊

**Bulk**, *n.* size, magnitude, အလုံးအရပ်၊ အကြီးအငယ်ပမာဏ၊ the gross, main part, အများ၊ a ship's hold, သင်္ဘောဝမ်း၊ —head, သင်္ဘောတွင်းခန်းဆီးပျဉ်ထောင်၊

**Bulky**, *a.* လုံးပတ်ကြီးသော၊ နှုတ်ကြီးရင်ကြီးသော၊

**Bull 1**, *n.* the male of the cow, နွားထီး၊ နွားသိုး၊ chief of the herd, နွားထားဥသဘ၊ Taurus, the 2d sign of the zodiac, ပြိဿရာသီ၊ —baiting, နွားကိုခွေးနှင့်ရှုတိုက်ခြင်း၊ —dog, ခေါင်းကြီးသောခွေးမျိုး၊ —frog, တွန်တတ်သောဖားမျိုး၊ —2, an order of the pope, ရဟန်းမင်းအမိန့်တော်စာ၊ —3, a blunder in speaking, နေရာမကျ၊ အထွေပြောသောစကား၊

**Bullet**, *n.* ကျည်ဆံ၊ သေနတ်ဆန်၊

**Bulletin**, *n.* မင်းအခွင့်နှင့်လွှင့်သောသိတင်းစာ၊

**Bullion**, *n.* ရွှေမိမ်း၊ ငွေမိမ်း၊

**Bullock**, *n.* နွားမိုက်၊ နွားပေါက်၊

**Bull's eye**, *n.* a convex glass window, မှန်ခုံး၊ Aldebaran, ရောဟနီ၊

**Bully**, *v. t.* ကြီးပါးသည်၊ —*n.* agent, from *do.*

**Bulrush**, *n.* ဝမာကိုင်းပင်၊

**Bulwark**, *n.* a bastion, ဝတ်ခေါင်း၊ an advanced post, ခံတပ်၊ a defence against an enemy, ရန်သူတို့ကိုဆီးတားသောအရံအကာ၊

**Bum**, *n.* တင်သီး၊

**Bumbailiff**, *n.* ရုံးလုလင်၊

**Bumblebee**, *n. see* Humble bee.

**Bumboat**, *n.* သင်္ဘောစားနပ်ရိက္ခာကိုပို့သောလှေ၊

**Bump**, *v. t.* ဆောင့်သည်၊ —*n.* any protuberance, အဖု၊

**Bumper**, *n.* လျှံမတတ်၊ ပြည့်သောဖလား၊

**Bumpkin**, *n.* ရိုင်းသောကျေးတောသား၊

**Bunch**, *n.* a rising, protuberance, အဖု၊ a protuberance, as the bunch on a camel's back, ဘို့၊ a collection, အစု၊ —(of fruit,) အခွတ်၊ —(of flowers,) အဆုပ်၊ —*v. i.* ဖုသည်၊

**Bunchy**, *a.* having many bunches, အဖုများသော၊ growing in bunches, ခွတ်တတ်သော၊

**Bund** (East Indian,) *n.* မြေကတုပ်၊

**Bundle**, *v. t.* ထုပ်သည်၊ —*n.* အထုပ်၊ —of valuables, အထုပ်အထည်၊ large bundle for conveyance from one place to another, အထုပ်အပိုး၊ —of thatch, အပေါ၊

**Bung**, *n.* စည်ပိုင်းပေါက်ဆို့၊ —hole, စည်ပိုင်းပေါက်၊ —*v. t.* စည်ပိုင်းပေါက်ကိုပိတ်ဆို့သည်၊

**Bungalow** (East Indian,) *n.* ဇရပ်၊ သက်ငယ်မိုးသောအိမ်၊

**Bungarus**, *n.* yellow-banded—, ငန်းတော်ကျား၊ white-banded—, ငန်းဝါ၊

**Bungle**, *v.* အမိုးမသေလုပ်သည်၊ —*n.* အမိုးမသေလုပ်ချက်၊

**Bunn**, *n.* မှိုသောချိုမုန့်တမျိုး၊

**Bunnian**, *n.* (more commonly Bunion.) ခြေဖျားခွ်ဖြစ်သောကျွဲပါးဝိုတမျိုး၊

Buoy, *n.* ဗော်ရာ၊ ဖော့၊ —*v. t.* ဗော်ရာကိုချထားသည်၊ —up, *v. t.* မမြုပ်အောင်မ၍ထားသည်၊ —up the body, as in swimming, ရေဖော့၍ကူးသည်၊

Buoyancy, *n.* from next.

Buoyant, *a.* ပေါ်ထနေသော၊

Bur, *n.* ဆူးများပါသောအသီးငယ်၊

Burden, *n.* a load, ဝန်၊ ဝန်စထယ်၊ a subject on which one dwells, ပြောဆိုရာတွင်သာ၍သတိထားသောအကြောင်းအရာ၊ —of a vessel, လှေ၊ သင်္ဘော၌ပါဝင်သော ချိန်ဝန်အရေအတွက်၊ —of a song, သံကောက်ချက်၊ —*v. t.* လေးသောဝန်ကိုတင်သည်၊

Burdensome, *a.* ပင်ပန်းစေတတ်သော၊

Bureau, *n.* a chest of drawers, အံဆွဲပါသစ်တာ၊ a secretary's office, မင်းစာရေးအမှုနှင့်ဆိုင်သောအခန်း၊

Burgess, *n.* a citizen, မြို့သား၊ a representative of a city, မြို့မှုဆောင်၊

Burgh, *n. see* Borough.

Burgher, *n.* မြို့သား၊

Burglary, *n.* ညည့်အခါအိမ်ကိုဖေါက်ထွင်း၍အတင်းလုယူခြင်းအမှု၊

Burial, *n.* from Bury; —place, *n.* သင်းချိုင်း၊ —service, *n.* သင်းဂြိုဟ်ရာတွင်စာဖတ်၊ ဆုတောင်း၍ဝတ်ပြုခြင်း၊

Burin, *n.* ထုတတ်သောသူသုံးသောကညစ်၊

Burke, *v. t.* (လူကို) ဖမ်း၍သတ်သည်၊

Burlesque, *n.* စကားပြက်၊ —*v. t.* ရယ်ဖွယ်ဖြစ်အောင်ပြက်ချော်သောစကားအားဖြင့်လိမ်၍ပြောဆိုသည်၊

Burly, *a.* ကြီးမားသော၊

Burman, Burmese, *n.* a native of Burma, မြန်မာ၊ မြန်မာလူ၊ the Burmese language, မြန်မာစကား၊ —*a.* မြန်မာပြည်နှင့်ဆိုင်သော၊

Burn, *v. t.* —as fire, လောင်သည်၊ to set fire to, မီးရှို့သည်၊ to consume by fire, ကျွမ်းစေသည်၊ to bake in fire, ဖုတ်သည်၊ to perform cremation, ဖုတ်ကြည်းသင်းဂြိုဟ်သည်၊ ဖုတ်ကျွေးသည်၊ to scorch in cooking, ချစ်စေသည်၊ to dry excessively, သွေ့ခြောက်စေသည်၊ *v. i.* to be on fire, လောင်လျက်ရှိသည်၊ to flame, တောက်သည်၊ to feel excess of heat, ပူလောင်သည်၊ —with lust, ထောင်သည်၊ (vulgar,) —up, *v. t.* ကျွမ်းစေသည်၊ ကျွမ်းလောင်စေသည်၊ —*n.* မီးလောင်သောအနာ၊

Burning glass, *n.* မီးမှန်၊ သူရိယာကန်၊

Burnish, *v. t.* ပွတ်တင်သည်၊ အရောင်တင်သည်၊

Burnt (be,) *v. i.* လောင်ခြင်းကိုခံသည်၊ to be consumed with fire, ကျွမ်းသည်၊ လောင်ကျွမ်းသည်၊ to be scorched in cooking, ချစ်သည်၊ တူးသည်၊ to be excessively dried, သွေ့ခြောက်သည်၊ —offering, —sacrifice, *n.* မီးရှို့သောယဇ်၊

**Burrow**, *v. i.* မြေခေါကိုကျွစ်ထွတ်၍မြေတွင်းခွဲနေသည်။ —*n.* ကျွစ်ခေါတွင်း။

**Bursar**, *n.* ငွေထိန်း။

**Burst**, *v. i.* to suffer disruption, ပေါက်ကွဲသည်။ to do suddenly or with violence, ထုန်းသည်။ ထုန်းခနဲပြုသည်။ *v. t.* to break or rend by force, ဖေါက်ခွဲသည်။ —away, —from, *v. i.* ထုန်းခနဲလွတ်သွားသည်။ —in, ထုန်းခနဲဖေါက်ဝင်သည်။ —open, *v. t.* ထုန်းခနဲဖွင့်သည်။—out, *v. i.* ထုန်းခနဲထွက်သည်။ —*n.* ဖေါက်ခွဲခြင်း။ ထုန်းခနဲထွက်ခြင်း။ hernia, မုဌ္ဌာ။

**Burthen**, *n. see* Burden.

**Bury**, *v. t.* to inter, မြေ၌မြှပ်၍သင်းဂြိုဟ်သည်။ to convey a corpse to the place of interment, မသာချသည်။ to bury by hand, without the aid of a bier, လက်ကြြပ်ချသည်။ to put under ground, မြှပ်ထားသည်။ to cover up in any way, ဖုံးအုပ်သည်။

**Burying place**, *n.* သင်းချိုင်း။

**Bush**, *n.* a tuft of plants whose roots are connected, ရှိ၍ပေါက်သော အပင်ကလေး။ a cluster of shrubs, ခြုံ။ ခြုံဖုတ်။

**Bushel**, *n.* ၁ တင်းခန့်ဆံ့သောက်ရှိသောခြင်တွယ်ခြင်းဖိုပမာဏ။

**Bushy**, *a.* full of branches, အခက်အလက်များသော။ full of bushes, အပင်ကလေးများသော။

**Business**, *n.* employment, အလုပ်အကိုင်။ a particular affair, concern, အခင်း။ အမှု။ အရေး။ ရတက်။ ကိစ္စ။ *Pali.* အခင်းအရော။ အခွင့်။ (one who conducts business, အမှုဆောင်။)

**Buskin**, *n.* မြေခွပ်တိုတမျိုး။

**Buss**, *v. t.* စုတ်သည်။ —*n.* from *do.*

**Bust**, *n.* ခေါင်းကရင်တိုင်အောင်ရေးသောအရုပ်။

**Bustle**, *v. i.* ရုပ်ရက်ခတ်ဖြစ်သည်။ to be in a—, ပျာသာသည်။ —*n.* from *do.*

**Busy**, *a.* employed so as not to be at leisure, အလုပ်ရှိ၍မအားသော။ employed constantly, မပြတ်မစဲ၊ လုပ်ကိုင်လျှက်ရှိသော။ meddlesome, စွက်ဖက်သော။ —body, *n.* စွက်ဖက်သောသူ။ လူခလောက်ဆန်။ *v. t.* မပြတ်မစဲ၊ လုပ်ကိုင်စေသည်။ —one's self, *v.* လုပ်ဆောင်၍နေသည်။

**But**, *prep.* or *conj.* besides, ပြင်၊ မှတပါး။ only, သာ။ in contradistinction, မှုကား။ yet, nevertheless, သော်လည်း၊ သို့ရာတွင်။

**Butcher**, *v. t.* သားထိုးသည်။ —*n.* သားထိုး။ သားထိုးသွား။

**Butchery**, *n.* slaughtering cattle, သားထိုးခြင်းအမှု။ extreme and savage bloodshed, ရက်စက်စွာသတ်ဖြတ်ခြင်းအမှု။

**But-end**, *n.* (or Butt-end,) ဒင်။

**Butler**, *n.* စားပွဲထိန်း။

**Butment**, *n.* ပေါင်းကူးခံ။

**Butt** 1, *n.* a target, ပြစ်ရန်စက်။ the place where a target is set, စက်ခိုက်ရာမြေကတုပ်။ the end of a purpose, ကြံရွယ်သောအချက်အရာ။ a person who is the object of ridicule, ပိုင်း၍ပြက်ပြယ်ပြုရာဖြစ်သောသူ။ —2, a pipe, စည်ကြီးတမျိုး။ —3, *v. i.* to thrust with the head, ခေါင်းနှင့်ဆောင့်သည်။

**Butter,** *n.* ထောပတ်မစိမ်း။ fresh—, အမိမ်းစားထောပတ်။ မသာကား— milk, နို့ကြွက်တက်ရည်။ မိန်ရည်။ —*v. t.* ထောပတ်နှင့်လူးသည်။

**Butterfly,** *n.* လိပ်ပြာ။

**Buttery,** *n.* အစားအသောက်ထားသောအခန်း။

**Buttock,** *n.* တင်သား၊ တင်ပါး၊ ဖင်ဆုံ။

**Button,** *n.* a knob, ဂျင်ဖုံ။ —of a garment, အင်္ကျီသီး။ ကြယ်သီး။ —of a door, တံခါးဝပ်လည်။ —hole, *n.* အင်္ကျီသီးကွင်း။ —mold, *n.* အင်္ကျီသီးပုံ။ —*v. t.* အင်္ကျီသီးတပ်သည်။

**Buttress,** *n.* အုတ်၊ ကျောက်ဖြင့်ပြီးသောမှိုင်း။

**Buxom,** *a.* gay, ရွှင်လန်းသော။ wanton, သောင်းလည်သော။

**Buy,** *v. t.* ဝယ်သည်။ —on credit, အကြွေးဝယ်သည်။ —(a sacred thing), ပူဇော်သည်။

**Buzz,** *v. i.* to make the sound of bees, ပျားကဲ့သို့မြည်သည်။ to whisper buzzingly, တိုးတိုးပြောသည်။

**By,** *prep.* near, အနားမှာ။ by means of, ဖြင့်၊ အားဖြင့်။ at (such) a time, အချိန်တွင်။ according to, အတိုင်း။ (in swearing,) တိုင်တည်လျက်။ —and by, *adv.* မကြာမမြင့်။ မျှားမကြာ။ တဖြည်းဖြည်း။ —end, *v.* မထင်မရှားကြံရွယ်သောအကျိုး။ —gone, *a.* လွန်ပြီးသော။ —law, *n.* စီရင်သောသူတို့သာ ဆိုင်သောဥပဒေ။ —one's self, *a.* တယောက်တည်း။ —path, —road, *n.* မထင်ရှားသောလမ်းကလေး။ —stander, *n.* အမှုသည်မဟုတ်ဘဲနှင့်ကြည့်၍နေသောသူ။ —the bye, *adv.* စကားမစပ်ဘဲ၊ အခြားသောစကားအားဖြင့်။ —word, *n.* a common saying, ဆိုရိုးစကား။ a word of reproach, ပုံခိုင်းကဲ့ရဲ့၍သရုတ်သောစကား။

# C

**Cab,** *n.* ရထားတမျိုး။

**Cabal,** *v. i.* မကောင်းသောအကြံနှင့်သင်းဖွဲ့သည်။ —*n.* မကောင်းသောအကြံနှင့်သင်းဖွဲ့သောလူစု။

**Cabbage** 1, *n.* သင်္ဘောမုံလာ။ —2, *v. t.* အဝတ်ချုပ်စည်တွင်အတိုအစကိုခိုးသည်။

**Cabin,** *n.* သင်္ဘောထဲ၌ကာသောအခန်း၊ —boy, သင်္ဘောခန်းတို့၌အစေခံသောလကလေး။

**Cabinet,** *n.* a set of drawers in a case, ခံထိုးမတ်တတ်သစ်ဘာ။ a private room for consultation, တိုင်ပင်ရန်အခန်းကလေး။ a select council of government, မင်းတိုင်ပင်မှူးမတ်စု။ —council, a consultation held by the councillors of government, မင်းတိုင်ပင်မှူးမတ်တို့စည်းဝေး၍တိုင်ပင်ခြင်း။ members of council, တိုင်ပင်မှူးမတ်စု။ —maker, စပ်သမား။

Cable, *n.* ကျောက်ဆူးကြိုး။ —tier, ကျောက်ဆူးကြိုးကို ခွေ၍ထားသောအခန်း။

Caboose, *n.* ကုန်တင်သင်္ဘော်၌ရှိသောမီးဖို။

Cabriolet, *n.* ရထားတမျိုး။

Cachinnation, *n.* ကျယ်ကျယ်ရယ်ခြင်း။

Cackle, *v. i.* ငန်း၊ ကြက်ကဲ့သို့မြည်သည်။ —as a hen, ကတော်သည်။ ကတောက်သည်။

Cacophony, *n.* မသာယာသောစကားသံ။

Cactus, *n.* ရှားစောင်း။ ရှားစောင်းလက်ဝါး။

Cadaverous, *a.* အသေကောင်လက္ခဏာရှိသော။

Caddy, *n.* လက်ဖက်ခြောက်ထည့်သောသစ်တာကလေး။

Cadence, *n.* a state of sinking, လျှော့ကျခြင်း။ a falling of the voice, စကားသံနိမ့်သွားခြင်း။

Cadet, *n.* a younger brother, ညီ။ a volunteer on pay, in expectation of commission, အရာကိုရမည် မျှော်ထင့်၍ အမှုထမ်းသောလုလင်။

Cadi, *n.* ပသီပြည်၌တရားမသူကြီး။

Caffre, *n.* ကပ္ပလီ။

Cage, *n.* —for birds, ငှက်လှောင်အိမ်။ မြှုင်း။ —for wild beasts, ငြေး။ a petty prison, တန်း။

Caiman, *n.* မိကျောင်း။

Caisson, *n.* ခဲ၊ ယမ်းထားသောသစ်တာကြီး။

Caitiff, *n.* လူဆိုး။

Cajole, *v. t.* ချော့မော့သည်။

Cajolery, *n.* from above.

Cake, *n.* sweet bread, မုန့်ချို။ a flat loaf, မုန့်ပြား။ any thing flat and round like a cake, မုန့်ပြားကဲ့သို့ဝိုင်းဝိုင်းပြားပြားဖြစ်သောအရာ။ fried—, မုန့်ကြော်။ မုန့်ဆီကြော်။ a thin cake very light and brittle, မုန့်လေသွေး။ —*v. i.* to concrete, ခဲသည်။

Calabash, *n.* ဘူး။ ဘူးတင်းပျောင်း။ ရေဘူး။

Calamine, *n.* သွပ်ကျောက်။

Calamitous, *a.* producing misery, အမင်္ဂလာဖြစ်သော၊ ဘေးကိုဖြစ်စေသော။ very miserable, အလွန်ဆင်းရဲပြိုငြင်သော။

Calamity, *n.* a cause of misery, အမင်္ဂလာ။ great misfortune, disaster, ဘေးဥပါတ်။ ဘေးအန္တရာယ်။ ဥပဒ္ဒရော။ *Pali.* ဗျာဓိ။ ဘေးရန်။ ရန်မာန်။

**Calamus,** *n.* ကြံတမျိုး။
**Calash,** *n.* a kind of carriage, ရထားတမျိုး။ a kind of cap worn by ladies, မိန်းမဆောင်းသောခေါင်းထုပ်တမျိုး။
**Calcarious,** *a.* ထုံးနှင့်ရောသော။
**Calcination,** *n.* from next.
**Calcine,** *v. t.* ကြွတ်ကြွပ်ကျေအောင်ချသည်။
**Calculate,** *v.* to compute, reckon, တွက်သည်။ to estimate in the mind, ခြင့်တွက်သည်။ to adapt, adjust, တော်လျော်အောင်စီရင်သည်။ to intend, purpose, ကြံစည်သည်။ plan, ဖန်တီးသည်။
**Calculation,** *n.* from above; တွက်ချက်။
**Calculous,** *a.* ကျောက်စရစ်ပါသော။
**Calculus** *n.* ကျောက်ငယ်အိမ်ကျောက်။
**Caldron,** *n.* အိုးကင်း။
**Calendar,** *n.* နှစ်၊ လ၊ နေ့ရက်မှတ်စာရင်း။
**Calender,** *v. t.* (အဝတ်ကို) ကြွေတိုက်သည်။
**Calenture,** *n.* ဖျားနာတမျိုး။
**Calf,** *n.* the young of a cow, နွားကလေး။ —of the leg, သလုံးသား။ ခြေသလုံး။ ကြွက်သား။
**Caliber,** *n.* the bore of a gun, ပြောင်းပေါက်။ the diameter of the bore, ပြောင်းပေါက်ဝအချင်း။ capacity of intellect, ညာဏ်အစွမ်းသတ္တိ။
**Calico,** ဖိဘ်။ (Amer.) သရက်ထည်။
**Calid,** *a.* ပူသော။
**Calify,** *v. t.* ပူစေသည်။
**Caliph,** *n.* ပသီဘာသာ၌မဟာမတ်ဆွေစဉ်မျိုးဆက်ဖြစ်သောမင်း။
**Caliginous,** *a.* dim, မှုန်သော။ dark, မှောင်သော။
**Caligraphy,** *n.* လှသောလက်ရေး။
**Caliver,** *n.* သေနတ်တမျိုး။
**Calix,** *n.* ခွက်။
**Calk,** *v. t.* —with pitch, &c. ထေးသည်။ ကျပ်သည်။ —with oakum, &c. အခုန်းဆံအစရှိသည်တို့ကိုမိုက်သည်။ (Amer.) မြင်းခွာမှာစိုက်သောသံကွေး၌သံချွန်တပ်သည်။
**Calkin,** *n.* မြင်းခွာသံကွေး၌တပ်သောသံချွန်။
**Call,** *v. t.* to summon, ခေါ်သည်။ to invite, ဖိတ်သည်။ to name, မှည့်သည်။ သမုတ်သည်။ —*v. i.* to make a short visit, ခဏဆက်အောင်သူတပါးအိမ်ကိုခဏဝင်သည်။ —back, *v. t.* to summon back, ပြန်လာအောင်ခေါ်ပြန်သည်။ to revoke, ပြန်၍နှုတ်သိမ်းသည်။ —for, တောင်းသည်။ —forth, နှိုးဆော်သည်။ —in, to collect, စုသိမ်းသည်။ to withdraw from circulation, ပြန်၍နှုတ်သိမ်းသည်။ —off, ပြန်လာအောင်ခေါ်သည်။ —on, to make a

short visit, နှုတ်ဆက်အောင်ဝင်သည်၊ to pray, ပဌနာပြုသည်၊ —out, to summon to fight, စီးချင်းတိုက်ရအောင်ခေါ်သည်၊ to summon into service, အမှုထမ်းစေခြင်းငှါခေါ်သည်၊ *v. i.* to utter a loud noise, အော်ဟစ်သည်၊ —over, *v. t.* to read aloud a list of names, ဦးရေစာရင်းကိုဖတ်သည်။ —to, လှမ်း၍ခေါ်သည်၊ အသံလွှင့်၍ပြောသည်၊ —to mind, သတိရသည်၊ —up, သူတပါးအမှုထားစေခြင်းငှါပြုသည်၊ —by name, အမည်တွင်သည်၊ ခေါ်ဝေါ်သည်၊ —*n.* ခေါ်ခြင်း၊ ဖိတ်ခြင်း၊ နှုတ်ဆက်အောင်ခဏဝင်ခြင်း၊ a demand, တောင်းခြင်း၊ *int.* used in calling fowls, တီတီ၊

**Calling**, *n.* from Call; stated employment, စွဲမြဲ၍လုပ်ကိုင်ဆောင်ရွက်သောအမှု၊ အသက်မွေးမှု၊

**Callipers**, *n.* ကွန်ပါကောက်၊

**Callosity**, *n.* ကျွဲပခုံး၊

**Callous**, *a.* hardened, တင်းမာသော၊ unfeeling, ကြင်နာခြင်းမရှိသော၊

**Callousness**, *n.* from above.

**Callow**, *a.* အမွေးအတောင်မစုံသေးသော၊

**Calm** (be,) *v. i.* ငြိမ်သည်၊ ငြိမ်ဝပ်သည်၊ *v. t.* ငြိမ်စေသည်၊ ငြိမ်ဝပ်စေသည်၊ *n.* from *do. v. i.*

**Calmness**, *n.* same.

**Calomel**, *n.* ပြဒါးဆားရှိ၊

**Calophyllum**, *n.* သရပိ၊

**Caloric**, *n.* အပူ၊

**Calorific**, *a.* ပူစေတတ်သော၊

**Calumet**, *n.* ဆေးတံ၊

**Calumniate**, *v. t.* သူအသရေပျက်အောင်မဟုတ်မမှန်ပြောသည်၊

**Calumnious**, *a.* from above.

**Calumny**, *n.* သူ့အသရေကိုဖျက်သောစကား၊

**Calve**, *v. i.* နွားကလေးကိုမွေးသည်၊

**Calvinist**, *n.* ဆရာကာလဗိန်အယူဝါဒကိုယူသောသူ၊

**Calx**, *n.* ကြိတ်ပြာ၊

**Calyx**, *n.* ပွင့်ပဲ၊ အပဲ၊

**Cambric**, *n.* ကင်ပလစ်ဖိတ်၊

**Camel**, *n.* ကုလားအုတ်၊

**Camelopard**, *n.* သစ်ကုလားအုတ်၊

**Cameo**, *n.* အရုပ်သဏ္ဍာန်ပါသောကျောက်၊

**Camera-obscura**, *n.* အရိပ်ပြသောရုပ်ပုံတန်ဆာ၊

**Camlet**, *n.* သိုးမွေးနှင့်ပိုးရော၍ရက်သောအထည်ဖလံ၊

**Camp**, *n.* troops in temporary quarters, တပ်၊ တပ်ဗိုလ်၊ a place of encampment, တပ်ချရာအရပ်၊ တပ်စခန်းချရာအရပ်၊ —*v. i.* to encamp, တပ်ချသည်။ to encamp on a march, တပ်စခန်းချသည်။

**Campaign,** *n.* a large open plain, လွင်ပြင်။ the time that an army keeps the field, တပ်ဖွဲ့ခြင်းမပျက်၊ အမှုထမ်းရာကာလ။

**Camphene,** *n.* ထင်းရှူးဆီပြန်။

**Camphor,** *n.* (common,) ပရုတ်။ (purified,) ဖုမ္မသိမ်။

**Can 1,** *n.* a metal cup, သံဖြူခွက်။ ကြေးခွက်။ —2, *v. i.* to be able to, နိုင်။ (qual. affix.) to know how to, တတ်။ (qual. affix.)

**Canaille,** *n.* bran, ဖွဲနု။ the lowest class of people, ဆင်းရဲသောလူနှံစု။

**Canal,** *n.* တူးမြောင်း။

**Cancel,** *v. t.* to erase, ချေသည်။ to annul, ပပျောက်စေသည်။ ပထပ်စေသည်။ —sin, အပြစ်ကိုဖြေသည်။

**Cancer,** *n.* a crab, ဂဏန်း။ the 12th sign of the zodiac, ကရကဋ်ရာသီ။ a scirrhous ulcer, လည်ကြော၊ရင်ကြော၌အကျိတ်အခဲဖြစ်၍စားတတ်သောအနာဆိုး။

**Cancerous,** *a.* အနာဆိုးနှင့်သဘောတူသော။

**Candid,** *a.* ငဲ့ကွက်ခြင်းမရှိသော။

**Candidate,** *n.* one who applies for office, အရာကိုခံသောသူ။ one who is subject to an examination for some situation, အရာကိုအလိုရှိ၍စုံစမ်းမေးမြန်းခြင်းကိုခံသောသူ။ one who will probably obtain a situation, အရာကိုရကောင်းမည်သူ။

**Candle,** *n.* မီးဘိုင်။ —made of wax, ဖယောင်းတိုင်။ —made of tallow, အဆီတိုင်။ —light, မီးရောင်။ —mas, ဖရင်ဂျီဘာသာ၌ပွဲတမျိုး။ —stick, ဖယောင်းတိုင်ခုံ။ မီးခုံ။

**Candor,** *n.* from Candid.

**Candy,** *n. see* Sugar-candy, —*v. t.* to conserve with sugar, သကြားနှင့်ကြို့သည်။ to incrust with congelation of sugar, သကြားရည်ကြို့၍သွန်းသည်။

**Cane,** *n.* sugar cane, ကြံ။ a walking stick, တောင်ဝေး။ —brake, ကြံခြုံ။ —*v. t.* တောင်ဝေးနှင့်ရိုက်သည်။

**Canescent,** *a.* ဆံပင်ဖြူစရှိသော။

**Canine,** *a.* pertaining to dogs, ခွေးနှင့်ဆိုင်သော။ like a dog, ခွေးကဲ့သို့ဖြစ်သော။

**Canister,** *n.* သံဖြူပုံး။

**Canker,** *n.* a disease incident to trees, သစ်ပင်၌စွဲသောအနာတမျိုး၊ a kind of eroding ulcer in the mouth, ပါးစပ်၌စွဲ၍စားတတ်သောအနာတမျိုး။ —worm, သစ်သီး၊ သစ်ရွက်ကိုစားတတ်သောပိုးတမျိုး။ —*v. t.* အနာကဲ့သို့စားသည်။

**Cankerous,** *a.* အနာကဲ့သို့စားတတ်သော။

**Cannibal,** *n.* လူသားကိုစားတတ်သောသူ။
**Cannon,** *n.* အမြောက်။ rifled—, ဝက်အူလိမ်အမြောက်။ —ball, အမြောက်ဆန်။
**Cannonade,** *v. t.* အမြောက်များနှင့်ပြစ်သည်။
**Cannonier,** *n.* အမြောက်သား။
**Cannot,** *v. see* Can and not.
**Canoe,** လှေထောင်း။ လုံးတွင်းလှေ။ large canoe with raised sides, ဒိုး။
**Canon,** *n.* a rule, နည်းဥပဒေ။ an ecclesiastical rule, သာသနာမှုနှင့်ဆိုင်သောနည်းဥပဒေ။ genuine scripture, ကျမ်းရင်း။ a kind of ecclesiastical dignity, ဗရင်ဂျီအာသာသနာ၌ရဟန်းတမျိုး။
**Canoness,** *n.* ရဟန်းမတမျိုး။
**Canonical,** *a.* pertaining to a canon, နည်းဥပဒေနှင့်ဆိုင်သော။ according to a canon, နည်းဥပဒေအတိုင်းဖြစ်သော။ belonging to genuine scripture, ကျမ်းရင်းအဝင်ဖြစ်သော။
**Canonicals,** *n. plur.* ဓမ္မဆရာအမှုကိုဆောင်ရွက်စဉ်ဝတ်ဆင်သောအဝတ်တန်ဆာ။
**Canonist,** *n.* သာသနာမှုနှင့်ဆိုင်သော နည်းဥပဒေများကိုနားလည်တွေ့ကျက်သောဆရာ။
**Canonize,** *v. t.* ဗရင်ဂျီအာသာသနာ၌လူသေကိုချီးမြှောက်၍သိတူအရာ၌ခန့်ထားသည်။
**Canopy,** *n.* မျက်နှာကြက်။ ဗိတာန်။
**Cant,** *v. t.* to pitch, လှန်ပြစ်သည်။ *v. i.* to speak with a whining voice, ဖွဲ့နွဲ့ညည်းညူ၍ပြောသည်။ —*n.* a pitch, အလှန်အပြစ်။ whining speech, ဖွဲ့နွဲ့ညည်းညူ၍ပြောခြင်း။ peculiar words and phrases of professional men, သူတပါးဘို့စကားကိုမလိုက်လျောဘဲကိုယ်ကျွမ်းကျင်သောအမှုနှင့်ဆိုးသောစကားကိုသာပြောခြင်း။
**Canter,** *v. i.* ခါးဆိုမီးသွားသည်။ —*n.* from above.
**Cantharides,** *n. plur.* အရေဖောင်းစေတတ်သောယင်တမျိုး။
**Canticle,** *n.* သီခြင်း။
**Canto,** *n.* သီခြင်းခဏ်း။
**Canton,** *n.* တိုင်းပြည်မှတွင်းပိုင်းခြားသောနယ်ပယ်ခရိုင်။ —*v. t.* to divide into districts, နယ်ပယ်ကိုပိုင်းခြားသည်။ —to locate troops, (စစ်သူရဲတို့ကို) နေရာချထားသည်။
**Cantonment,** *n.* စစ်သူရဲတို့ကိုသီးသန့်၍ထားသောနေရာအရပ်။ တပ်စွဲနေရာအရပ်။
**Canvas,** *n.* သင်္ဘောရွက်ထည်။
**Canvass,** *v. t.* to discuss, စစ်ဆေးသည်။ ဆွေးနွေးသည်။ *v. i.* to make interest, တောင်းပန်သည်။ —*n.* from above
**Caoutchouc,** *n.* ကော်ပျဉ်း။ အပင်စေးကော်ပျဉ်း။ ပျဉ်းတွဲဆောင်ချက်သောသစ်စေးတမျိုး။ Tenasserim —, ကြက်ပေါင်။

**Cap**, *n*. a cover for the head, ဦးထုပ်၊ the top, highest part, အထွဋ်၊ the cover of an end, ထိပ်ဖျားအဖုံး၊၊ —of an umbrella, ထီးနားရွက်၊ percussion—, ကြေပွင့်၊ —a pie, *adv*. ခေါင်းကခြေထိ၊ *v. t.* ထိပ်ကိုဖုံးအုပ်သည်၊

**Capability**, *n*. from next.

**Capable**, *a*. able to contain, ဆံ့သော၊ ဆံ့နိုင်သော၊ competent to, တတ်နိုင်သော၊ အစွမ်းအစရှိသော၊ qualified for, ပြုဗိုင်သောအခွင့်ရှိသော၊ —of, in regard to feeling, ရတတ်သော၊ *verb affix*.

**Capacious**, *a*. capable of holding much, များစွာဝင်နိုင်သော၊ wide, extensive, ကျယ်ဝန်းသော၊

**Capacitate**, *v. t.* to enable, တတ်နိုင်စေသည်၊ to qualify for, ပြုဗိုင်သောအခွင့်ရှိစေခြင်းပြုသည်၊

**Capacity**, *n*. ability to contain, ဆံ့ခြင်း၊၊ ဆံ့နိုင်ခြင်း၊၊ ability to perform, တတ်နိုင်ခြင်း၊၊ အစွမ်းအစ၊ လုံ့လ၊ extent of mind, ဉာဏ်ရှိခြင်း၊၊ qualification, ပြုနိုင်သောအခွင့်၊ state, condition, အဖြစ်၊ နေရာအဖြစ်၊

**Caparison**, *n*. တင်ရှန်း၊ —*v. t.* တန်ဆာဆောင်ဖွဲ့ဆင်သည်၊

**Cape**, *n*. a headland, အငူ၊ —of a cloke, ဝတ်လုံထည်၌အဆက်အပေါ်ဖုံးညှောင်ရွက်၊ —jessamine, ဇီဘော၊ (*Gardenia florida*.)

**Caper** 1, the tree, ကတတ်ပင်၊ the bud of the caper bush, အငုံဘူ၊ —2, *v. i.* to leap, ခုန်သည်၊ —*n*. from *do*.

**Capias**, *n*. ဥစ္စာကိုသိမ်းရုံးသောမှတ်ချက်၊

**Capillary**, *a*. ဆံခြည်ကဲ့သို့သေးသော၊

**Capital**, *a*. pertaining to the head, ခေါင်းနှင့်ဆိုင်သော၊ chief, principal, အကြီးဆုံးသော၊ အမြတ်ဆုံးသော၊ great, important, အကြီးအမားဖြစ်သော၊ large (letters,) အလုံးကြီးသော (စာလုံး၊) pertaining to the punishment of death, အသေသတ်ခြင်းနှင့်ဆိုင်သော၊ —*n*. the top of a pillar, တိုင်ထိပ်၊ a chief city, မြို့မ၊ မြို့တော်၊ ဦးစွန်း၊၊ a large letter, အလုံးကြီးသောစာလုံး၊၊ stock, အရင်းအနှီး၊၊ ငွေရင်း၊၊

**Capitalist**, *n*. အရင်းအနှီးရှိသောသူ၊

**Capitation**, *n*. လူကောင်ဦးရေစာရင်းယူခြင်း၊၊

**Capitol** *n*. (of ancient Rome,) ရောမရဲ့တိုက်ကြီး၊၊ Congress house, အမေရိကံသွတ်တော်၊

**Capitulate**, *v. i.* စစ်မြိုင်ရာတွင်ရှုံးသော့ကြောင့်စာချုပ်ကိုခံ၍လက်နက်ကိုချသည်၊

**Capitulation**, *n*. from above; a treaty containing the conditions of surrender, ရှုံးသောသူခံသောစာချုပ်၊

**Capon**, *n*. သင်းပြီးသောကြက်၊ ကြက်သင်း၊၊

**Caprice**, *n*. from next.

**Capricious,** *a.* စိတ်မတည်ကြည်သော။
**Capriciousness,** *n.* မတည်ကြည်သောသဘော။
**Capricorn,** *n.* မကာရရာသီ။
**Capsize,** *v. t.* မှောက်လှန်သည်။ မှောက်လှန်သည်။
**Capstan,** *n.* ကျောက်ဆူးနှုတ်သောမတ်တတ်စက်။
**Capsular,** *a.* ခေါင်းပွ။
**Capsule,** *n.* a pericarp, အစေ့အိမ်။ a crucible, မိုက်။
**Captain,** *n.* the chief of a company of soldiers, တပ်မှူး။ the commander of a vessel, သင်္ဘောပေါ်တွင်စီရင်သောသူ။ ကပ္ပိတန်။ captain general, ဗိုလ်ချုပ်။
**Captation,** *n.* ပရိယာယ်ပြုသောအားဖြင့်သူတပါးချီးမွမ်းခြင်းကိုခံရခြင်း။
**Caption,** *n.* ခေါင်းစည်အလိုက်ထိုးသောလိပ်စာ။
**Captious,** *a.* အပြစ်ရှာတတ်သော။ အပြစ်တင်တတ်သော။
**Captiousness,** *n.* from above.
**Captivate,** *v. t.* to take prisoner, သို့ဖမ်း။ ဖမ်းသည်။ ဖမ်းသွားသည်။ to charm, ချစ်ဖွယ်သောလက္ခဏာနှင့်ချစ်ခင်မြတ်နိုးစေသည်။
**Captive,** *n.* သို့ဖမ်းလူ။ သို့ဖမ်း။ ဖမ်းခြင်းကိုခံသောသူ။ ဖမ်းသွားခြင်းကိုခံရသောသူ။ လက်ရလူ။
**Captivity,** *n.* သို့ဖမ်းကျွန်ခံရာအဖြစ်။ ဖမ်းသွားခြင်းကိုခံရာအဖြစ်။
**Captor,** *n.* သို့ဖမ်း။ ဖမ်းသောသူ။
**Capture,** *v. t.* သို့ဖမ်းဖမ်းသည်။ လက်ရဖမ်းသည်။ —*n.* from *do.* the person or thing captured, လက်ရလူ၊ လက်ရဥစ္စာ။
**Car,** *n.* a kind of cart, လှည်းတမျိုး။ a kind of carriage, ရထားတမျိုး။ a chariot of war, စစ်ရထား။ rail—, မီးရထားတွဲ။
**Carbine,** *n.* သေနတ်တမျိုး။
**Carat,** *n.* a weight of four grains, ကျုံစပါးလေးစေ့မျှနိုင်သောအလေး။ the 24th part of any given quantity of gold, ရွှေ ၂၄ စုတွင်တစု။
**Caravan,** *n.* ခရီးသွားရာစုရုံးစည်းကြပ်၍သွားသောလူစု။
**Caravansary,** *n.* ဇရပ်ကြီး။
**Caraway,** *n.* စမွတ်။ စမွတ်စေ့။
**Carbon,** *n.* မီးသွေးစင်စစ်။
**Carbuncle,** *n.* a kind of precious stone, မှည့်သောကျောက်နီ။ a kind of boil, အနာမြင်းတမျိုး။
**Carcanet,** *n.* ကျောက်စီလည်ကပ်။
**Carcass,** *n.* အသေကောင်။ အပုပ်ကောင်။
**Card 1,** *n.* a written message of civility, နှုတ်ဆက်သောလက်မှတ်တမျိုး။ painted paper used in play, ကစားသောဖဲ။ card of a compass, အိမ်မြှောင်၌တောင်မြောက်အမှတ်ထားသောစက်ဝိုင်း။ —2, an instrument for combing wool, သိုးမွေးဖန်သောဘီး။ —*v. t.* to comb (wool,) ဖီးသည်။

Cardamon, *n.* (plant,) ဖာလာပင်။ (seed,) ဖာလာစေ့၊

Cardiac, *a.* နှစ်လုံးနှင့်ဆိုင်သော။

Cardinal, *a.* ထကြီးအမားဖြစ်သော။ cadinal number, *n.* တစ်၊ နှစ်၊ သုံး၊ မှစ၍။ *n.* ရဟန်းမင်းအမတ်ကြီး၊ မဟာသာဝက။

Care, *n.* anxiety, သောက၊ စိုးရိမ်ခြင်း။ caution, သတိ၊ သတိပြုခြင်း။ charge, စောင့်မခြင်း။ —*v. i.* to be anxious, စိုးရိမ်သည်။ to regard, ထမှုထားသည်။ to take tender—, ယုယသည်။

Careen, *v. t.* စောင်းထားသည်။

Career, *n.* a race, ပြေးခြင်း။ general course. ပြုမြဲပြုခြင်း။

Careful, *a.* anxious, စိုးရိမ်တတ်သော။ cautious, သတိပြုတတ်သော။ provident, ကြည့်ရှုပြုစုတတ်သော။

Carefully, *adv.* with good observation of position, အမှတ်တရ၊

Carefulness, *n.* from above.

Careless, *a.* heedless, သတိလစ်သော၊ သတိမဲ့သော၊ သတိလျော့သော။ free from anxiety, စိုးရိမ်ခြင်းမရှိသော။ regardless, သတိမထားသော။

Carelessness, *n.* from Careless.

Carelessly, *adv.* neglectfully, ကပေါက်ကစက်။ without regard, ဖြစ်စလက်ခတ်။ wastefully, ကပေါက်ကရက်။

Caress, *v. t.* to fondle, ပါးလူးနားလူးပြုသည်။ ပါးလိမ်းသည်။ to treat with affection and kindness, ချစ်သောလက္ခဏာနှင့်ပြုတ်ဆက်၍လောကဝတ်ပြုသည်။ —*n.* from *do.*

Caressingly, *adv.* ပါးလူးနားလူး။ as a dog, ပါးလျှက်နားလျှက်။

Caret, *n.* စာကျန်မှတ်သောကြက်ခြေ။

Cargo, *n.* လှေ၊ သင်္ဘောတင်သောဝန်။

Caricature, *v. t.* စကားဖြစ်စေ၊ ရုပ်ပုံဖြစ်စေ၊ သရုပ်ပေါ်အောင်ကဲ့ရဲ့ဖြစ်တင်သောထခြင်းအရာကိုပြုသည်။ —*n.* from *do.*

Caries, *n.* ထရိုးဆွေးပုပ်သောအနာ။

Carious, *a.* ဆွေးပုပ်သောအနာနှင့်ဆိုင်သော။

Carking, *a.* စိုးရိမ်သော။

Carline, *n.* သင်္ဘောကုန်းပတ်ခံသောဆင့်။

Carman, *n.* လှည်းသမား။

Carminative, *a.* လေကိုနိုင်တတ်သော။

Carmine, *n.* ဖြပ်ပန်းရောင်ရှိသောဆေး။

Carnage, *n.* များစွာခုတ်သတ်ခြင်း။

Carnal, *a.* pertaining to the flesh or fleshly gratifications, ကိုယ်ကာယနှင့်ဆိုင်သော။ ကာမဂုဏ်နှင့်ဆိုင်သော။ natural, unregenerate, လူဇာတိပကတိအတိုင်းဖြစ်သော။ lustful, ကိလေသာတဏှာရှိသော။ pertaining to sexual intercourse, မေထုန်သံဝါသနှင့်ဆိုင်သော။ ယှဉ်ပြိုးခြင်းနှင့်ဆိုင်သော။

**Carnality,** *n.* sensual desire, ကာမဂုဏ်၌ခွဲလမ်းသောစိတ်။ တပ်မက်တတ်သောသဘော။ lustfulness, ကိလေသာတဏှာအားကြီးခြင်း။
**Carnelian,** *n.* မဟူရာ။ ကြက်သွေး။ မဟူရာနီ။
**Carnival,** *n.* ဖရင်ကျီဘာသာ၌တနှစ်တခါခံသောပွဲတမျိုး။
**Carnivorous,** *a.* အသားကိုစားတတ်သော။
**Carol,** *v. i.* ကျူးသည်။ —*n.* ကျူးသောသီခြင်း။
**Carotid artery,** *n.* လည်ကြောမ။
**Carousal,** *n.* သေသောက်ပွဲ။
**Carouse,** *v. i.* သေသောက်ပွဲခံသည်။ —*n.* *see* Carousal.
**Carp,** *v. i.* အကြောင်းမရှိဘဲရှာကြံ၍အပြစ်တင်သည်။ *n.* ငါးဖယ်ထုံး ငါးစည်ပူ။ ငါးနက်ပြာ။ Rohita—, ငါးသိုင်း။
**Carpenter,** *n.* လက်သမား။
**Carpentry,** *n.* လက်သမားအလုပ်။
**Carpet,** *n.* ကော်ဇော။ —bag, လက်ဆွဲအိတ်။ —*v. i.* ကော်ဇောခင်းသည်။
**Carpus,** *n.* လက်ကောက်ဝတ်အရိုးများ။
**Carriage,** *n.* a vehicle on wheels, လှည်းဖြစ်စေ၊ ရထားဖြစ်စေ၊ ဘီးပါသောယာဉ်အမျိုးမျိုး။ —on which the body of a priest is conveyed to its cremation, ရထားခင်တိတ်။ conveyance, ၌ဆောင်ခြင်း။ demeanor, အနေအထိုင်၊ အပြုအမူ။ deportment, အသွားအလာ။ —road, ရထားလမ်း။ —driver, ရထားမှူး။
**Carrion,** *n.* ပုပ်သောအသေကောင်။
**Carronade,** *n.* အမြောက်တမျိုး။
**Carrot,** *n.* မုန်လာဥဝါ။
**Carroty,** *a.* (ဆံပင်) နီဝါသော။
**Carry,** *v. t.* —on the shoulder, ထမ်းသည်။ —on one shoulder, တဖက်ဆောင်းထမ်းသည်။ —on the head, ရွက်သည်။ —on one or both arms, ပွေ့ချီသည်။ —(a child) on the hip, ခါးထစ်ချီသည်။ to bear, convey (thither,) ဆောင်သည်။ ကြည်းဆောင်သည်။ သယ်ပိုးသည်။ as a nurse carries a child, ချီထိန်းသည်။ to bear about one's person, to wear, ကိုယ်၌ဆောင်သည်။ —meaning, ဆိုလိုသည်။ —a point, အောင်သည်။ —one's self, ပြုကျင့်သည်။ —away, to take to another place, ယူသွားသည်။ to break, ချိုးဖွဲ့သည်။ —back, ပြန်၍ဆောင်သွားသည်။ —off, to remove to a distance, ယူသွားသည်။ to kill, သေစေသည်။—on (business,) ဆောင်ရွက်သည်။ သယ်ပိုးသည်။ —out (execute,) ပြီးစီးစေသည်။ —through, to sustain to the end, အဆုံးတိုင်အောင်မစသည်။ to accomplish, ပြီးစီးစေသည်။
**Cart,** *n.* လှည်း။ —ful, အလှည်း။ —horse, လှည်းတိုက်မြင်း။ —load, လှည်းတစီးတိုက်ဝန်။ —rope, လှည်းဝန်ကိုစည်းသောကြိုး။ —rut, လှည်းဘီးကြောင်း။ —way, လှည်းသွားရာလမ်း —wheel, လှည်း

ဘိန်း၊ လှည်းဘီး။ —wright, လှည်းလုပ်သမား။ —*v. t.* လှည်းတိုက်သည်။

Cartage, *n.* လှည်းခ၊

Carte blanche, *n.* အခွင့်ပိုင်သူဝန်ခံတံဆိပ်ပါလျှက်လက်ခံသူအလိုရှိရာရေးမှတ်သောစက္ကူချပ်။

Cartel, *n.* စစ်တိုက်ရာနှစ်ဖက်စစ်သူကြီးတို့ဂတိထား၍အခွင့်ပေးသောစာချုပ်ထက်မှတ်။

Carter, *n.* လှည်းသမား။

Cartilage, *n.* အရိုးနု။

Cartilaginous, *a.* အရိုးနုနှင့်ဆိုင်သော။

Cartouch, *n.* သစ်သားမိုးဆန်း။ *see* Cartridge box.

Cartridge, *n.* ယမ်းတောင့်။ —box, ယမ်းတောင့်ထည့်သောပစ္စား၊ ယမ်းတောင့်အိတ်။ one used by Burmese soldiers, လက်ရုတ်သီး။

Carve, *v. t.* —in wood or metal, ထုသည်။ ပန်းပြောက်ထုသည်။ —in stone, ဆစ်သည်။ —as meat at table, လှီးဖြတ်သည်။ to apportion at pleasure, ကိုယ်အလိုအလျောက်ဝေငှသည်။

Carver, *n.* in wood, ပန်းပုသမား။ —in stone, ကျောက်စစ်သမား။ a carving knife, သားလှီးထား။

Cascade, *n.* ငယ်သောရေတံခွန်။

Case 1, *n.* state, condition, circumstances, အဖြစ်အဟန်။ အကြောင်းအရာ။ state of the body, မာကြောင်း၊ နာကြောင်း။ a subject for discussion, စစ်ဆေးဆွေးနွေးရန်အမှု။ a cause in court, တရားမှု၊ တရားတွေ့မှု။ the inflection of a noun, ဝိဘတ်။ —(in,) *conj.* ဖြစ်လျှင်။ —2, a covering, box, sheath, အိမ်။ အအိမ်။ တန်ဆာအိမ်။ —harden, *v. t.* အပေါ်၌မာအောင်ဆေးသည်။ —knife, *n.* စားပွဲ၌သုံးသောထားကြီး။ —*v. t.* တန်ဆာအိမ်၌ထည့်၍ဖုံးထားသည်။

Casement, *n.* ပတ္တာပါသောမှန်ပြတင်း။

Cash, *n.* ကြေးငွေ၊ —account, ငွေစာရင်း။ —book, ငွေစာရင်းပါသောစာအုပ်။ —keeper, ငွေထိန်း။ *v. t.* —as a bill, (လက်မှတ်အတွက်) ငွေပေးသည်။

Cashew, *n.* သီဟိုဠ်သရက်။

Cashier 1, *n.* ငွေထိန်း။ —2, *v. t.* အရာကနှုတ်သည်။ အရာချသည်။

Casing, *n.* ငိုးသောအပေါ်ထပ်။

Cask, *n.* စည်။

Casket, *n.* ရတနာထွန်ထည့်သောသစ်တာငယ်။ တထား။

Casque, *n.* သံခမောက်လုံး။

Cassay, *n.* ကသည်း။

Cassia, *a.* ရှမ်းသစ်ကြံပိုး။ western—, ထလော၊ one species, တောဓုန်ထီး။

Cassimere, *n.* ချောသောသက္ကလတ်တမျိုး။ သက္ကလတ်ကြိုက်နာ။

**Cassock**, *n.* ခရင်ကျိဆရာဝတ်သောအင်္ကျီတမျိုး။

**Cast**, *v. t.* to throw, ပြစ်သည်။ to throw down, ချသည်။ —seed, မျိုးစေ့ကိုကြဲသည်။ —a fœtus, ကိုယ်ဝန်ပျက်သည်။ —skin, အရေလဲသည်။ —dice, အန်ထိုးသည်။ —lots, စဲချသည်၊ စာရေးတံချသည်။ —lots by the broken stick, တံမှည်ချိုးမျိုးသည်။ တံမှည်ချိုးနှုတ်သည်။ —a net, ကွန်ပြစ်သည်။ ကွန်ဖြန့်သည်။ to cause to lose, ရှုံးစေသည်။ to make to preponderate, နိုင်စေသည်။ to compute, ရေတွက်သည်။ —in the mind, ထိစယ်သည်။ —to eye, ရိပ်ကာကြည့်သည်။ —the parts in a play, ဇာတ်ပွဲ၌အသီးသီးပြောဆိုဆောင်ရွက်ရသောအမှုထူးကိုတာဝေ၍ပေးသည်။ —as in a mold, (ပုံ၌) သွန်းသည်။ —a shade, အရိပ်ကိုချသည်။ အရိပ်ဖြမ်းသည်။ —aside, ပြစ်ထားသည်။ —a side glance, မျက်စောင်းထိုးသည်။ —away, စွန့်ပြစ်သည်။ be —away, (as a ship,) *v. i.* ပျက်သည်။ —down, *v. t.* ချသည်။ be —down, (in mind,) *v. i.* ညှိုးငယ်သည်။ စိတ်ငယ်သည်။ —forth, to drive away, *v. t.* နှင်ထုတ်သည်။ to emit, လွှတ်သည်။ —off, to discard, ပယ်ထားသည်။ to let loose, လွှတ်သည်။ —on (one's self,) အပ်သည်။ —out, နှင်ထုတ်သည်။ နှင်ချသည်။ —up, to compute, ရေတွက်သည်။ to vomit, အန်သည်။ *v. i.* to re-appear, ပေါ်ပြန်သည်။ *n.* a throw, ပြစ်ခြင်း။ —of countenance, မျက်နှာရိပ်။ —of dice, အန်ထိုးခြင်း။ —of the eye, ရိပ်ကာကြည့်ခြင်း။ a form, mold, ပုံ။ a tinge, slight color, ညှိုသောအဆင်းအရောင်။

**Castanet**, *n.* တီးသောတန်ဆာတမျိုး။

**Caste**, *n.* ဇာတ်၊ အမျိုး။

**Caster**, *n.* စားပွဲပေါ်မှာတင်၍သုံးသောဓနိ်ဘူး။

**Castigate**, *v. t.* ရိုက်၍ဒဏ်ပေးသည်။

**Castigation**, *n.* from above.

**Casting net**, *n.* ကွန်။

**Castle**, *n.* ရဲတိုက်။

**Castor**, *n.* the animal, ဖျံကတိုး။ the medicine, ဖျံကတိုးပေါင်းချုံထဲက ထုတ်သောဆေး။

**Castor oil**, *n.* ကြက်ဆူဆီ။ the plant, ကြက်ဆူပင်။

**Castramentation**, *n.* တပ်စွဲ၊ တပ်ရပ်ကိုစီရင်တတ်သောအတတ်။

**Castrate**, *v. t.* အသိုးထုတ်သည်။ ဝှေးစေ့ထိုးသည်။ သင်းသည်။ သင်းကွပ်သည်။ (polite) ခြေသိမ်းသည်။ Castration, *n.* from Castrate.

**Casual**, *a.* happening undesignedly, မကြံစည်ဘဲနှင့်အမှတ်တမဲ့ဖြစ်သော။ happening without cause, အကြောင်းမရှိဘဲဖြစ်သော။ occasional, တခါတလေဖြစ်သော။

Casualty, *n.* an undesigned event, မကြံစည်ဘဲနှင့်အမှတ်တမဲ့ဖြစ်သောအမှု။ death without sickness, မနာမဖျားဘဲသေခြင်းအကြောင်း။

Casuist, *n.* ဖြစ်ရပ်နှင့်ဆိုင်သောအမှုတို့ကိုစစ်ဆေးစီရင်တတ်သောသူ။

Casuistry, *n.* ထိုသို့သောအမှုတို့ကိုစစ်ဆေးစီရင်တတ်သောအတတ်။

Cat, *n.* ကြောင်။ catgut, တယောကြိုး၊ တပ်ရန်သိုးဆိတ်အူ။ cat-head, သင်္ဘောဦး၌ကျောက်ဆူးကိုဆွဲယူသောတိုင်။ cat-o'-nine-tail, ကြိုးသေး ၉ မြွာတပ်သောတံပျာ။ wild—, တောကြောင်။ leopard—, သစ်ကြောင်။

Catacomb, *n.* သင်းချိုင်းဥမင်။

Catalepsy, *n.* လေသင်တုန်းတိုက်သောအနာ။

Catalogue, *n.* အစဉ်အတိုင်းမှတ်သောစာရင်း။

Catamenia, *n.* *see* Menses.

Catamite, *n.* ပကတိနှင့်ဆန့်ကျင်ဘက်ပြု၍သုံးသောလူကလေး။

Catamount, *n.* တောကြောင်တမျိုး။

Cataplasm, *n.* အနာကိုမှည့်စေခြင်းငှါအုံသောဆေး။

Catapult, *n.* ကျောက်ကြီးကိုပြစ်ရန်တန်ဆာ။

Cataract, *n.* a large water-fall, ရေတံခွန်ကြီး။ cataract in the eye, အတွင်းတိမ်စွဲသောအနာ။ ကြောင်တောင်ကန်းခြင်းအနာ။

Catarrh, *n.* နှာစေးနာ။

Catastrophe, *n.* နောက်ဆုံးသောအဖြစ်အပျက်။

Catch, *v. t.* to arrest, ဖမ်းဆီးသည်။ to seize hold of, ဖမ်းမိသည်။ to succeed in catching, အမိဖမ်းသည်။ to entrap, ထောင်မိသည်။ —with a bait, မျှားသည်။ —with a noose, ကျော့သည်။ to overtake, မှီသည်။ —as with a hook, ချိတ်သည်။ —birds, ငှက်ခတ်သည်။ —(a passing or falling object,) ခံယူသည်။ —disease, အနာကူး၍ခံရသည်။ —a fever, ဖျားနာစွဲသည်။ မိသည်။ —in conversation, စကားချိတ်သည်။ စကားအစ်သည်။ —as by a thorn, ငြိသည်။ —as by passion, ငြိစွန်းသည်။ *v. i.* —as disease, ကူးသည်။ —as fire, ညှိသည်။ —at, *v. t.* မမှီတမှီဖမ်းသည်။ ဖမ်းဆွဲသည်။ catchpenny, *n.* အသုံးမတည့်၊ အတိုးရရုံလုပ်သောအရာ။ catchpoll, ရုံးလုလင်။ —up, *v. t.* ရုပ်ခနဲကောက်ယူသည်။ *n.* seizure, ဖမ်းမိခြင်း။ hook, or any thing that catches as a hook, ချိတ်၊ ချိတ်တတ်သောအရာ။ state of readiness to seize, ဖမ်းမိစေခြင်းငှါနေသောအနေ။ a sudden advantage, ရုပ်ခနဲရသောအကျိုး။

Catechetical, *a.* အမေးအဖြေအားဖြင့်သွန်သင်ခြင်းနှင့်ဆိုင်သော။

Catechise, *v. t.* to teach by questions and answers, အမေးအဖြေအားဖြင့်သွန်သင်သည်။ to examine by questions, စစ်ဆေးမေးမြန်းသည်။

Catechism, *n.* အမေးအဖြေစာ

**Catechist,** *n.* အမေးအဖြေအားဖြင့်သွန်သင်သောသူ၊
**Catechu,** *n.* ရှားစေး၊
**Catechumen,** *n.* ခရစ်ယာန် ဘာသာကို မဝင်သေး၊ သင်လျှက် ရှိသောသူ၊ တပည့်တော်လောင်း၊
**Categorical,** *a.* ကေန်အမှန်ဖြစ်သော၊ ရုက္ခဖြစ်သော၊
**Category,** *n.* ထမ်ိအစဉ်၊
**Cater,** *v. i.* သူအဖို့စားရန်သောက်ရန်ဝယ်ပေးသည်၊
**Caterpillar,** *n.* (one kind,) ပိုး၊ (another,) ပိုးတောင့်ထဲ၊ ပေါက်ခတ်၊
**Caterwaul,** *v. i.* ကြောင်အထီးအမတွေ့၍မြည်သည်၊
**Cates,** *n. plur.* မြိန်သောခဲဘွယ်စားဘွယ်၊
**Cat-fish,** *n.* the adipose finned—, ငါးတန်၊ eight barbuled—, ငါးထုပ်ဓား၊ small mailed—, ငါးဆိုက်၊ small fresh water—, ငါးကျော်၊ long headed—, ငါးကြောင်၊ silvery—, ငါးနွားသန်၊ the short headed variety, ငါးမြင်း၊
**Cathartic,** *a.* ဝမ်းနှုတ်တတ်သောဆေး၊
**Cathedral,** *n.* ဂိုဏ်းအုပ်ဆိုင်သောသူ၏ဗွာဇရပ်ကြီး၊
**Catheter,** *n.* ဆီးချူသောပြွန်တန်ထား၊
**Catholic,** *a.* pertaining to the whole church, အသင်းတော်လုံးနှင့်ဆိုင်သော၊ liberal, candid, ငဲ့ကွက်ခြင်းမရှိဘဲကြည်ဖြူသော၊ *see* Roman Catholic.
**Catholicism,** *n.* from Catholic.
**Catholicon,** *n* ခပ်သိမ်းသောအနာရောဂါကိုပျောက်စေတတ်သောဆေး၊
**Catoptrics,** *n.* မြင်၍ရိုက်သောအရောင်နှင့်ဆိုင်သောအတတ်၊
**Cat's eye,** *n.* ကြောင်၊ ကျောက်ရှက်စွန်တမျိုး၊
**Cattle,** *n. plur.* နွားတို့၊
**Caucus,** *n.* တိုင်ပင်ရန်စုဝေးခြင်း၊
**Caudle,** *n.* စပျစ်ရည်အစရှိသည်တို့နှင့်ရောနှော၍ချက်သောဆေးရည်၊
**Caul,** *n.* the omentum, အူကိုဖုံးလွှမ်းသောအမြှေး၊ a kind of female head-dress, မိမ္မဆံထုံးကိုဖုံးသောချာဦးထုပ်၊
**Cauliflower,** *n.* သဘော်ဂေါ်မုံလာတမျိုး၊
**Caulk,** *v. t.* ဓာထေးသည်၊
**Caulker,** *n.* ပရပတ်သမား၊ (caulking stuff,) ပရပတ်၊
**Causal,** *a.* အကျိုးကိုဖြစ်စေနိုင်သောအကြောင်းနှင့်ဆိုင်သော၊
**Causation,** *n.* from Cause, *v. t.*
**Cause,** *n.* that which produces an effect, အကျိုးကိုဖြစ်စေသောအကြောင်း၊ အကြောင်းတရား၊ ပစ္စည်း၊ original—, အကြောင်းရင်း၊ ပဒ္ဓာန၊ *Pali.* a motive, reason, စိတ်ကိုနှိုးဆော်သောအကြောင်း၊ sake, အတွက်၊ အဖို့၊ what concerns a certain interest, တစုံတယောက်သောသူ၏အကျိုးအကြောင်းနှင့်ဆိုင်သောအမှုအရာ၊ a suit

or action in court, တရားတွေ့မှု၊ *v. t.* to produce, ဖြစ်စေသည်၊ to make (be or do,) စေသည်၊ (qual. affix.)

**Causeless,** *a.* အကြောင်းမရှိဘဲဖြစ်သော၊

**Causeway, Causey,** *n.* မြေတန်တား၊

**Caustic,** *a.* အသားကိုစားတတ်သော၊

**Cauter,** *n.* သံပူ၊

**Cauterize,** *v. t.* သံပူအပ်သည်၊

**Cautery,** *n.* (actual,) သံပူအပ်ခြင်း၊ (potential,) အသားကိုစားခြင်း။

**Caution,** *n.* provident care, သတိ၊ သတိပြုခြင်း။ a warning, သတိပေးခြင်း။ *v. t.* to give notice, warning, သတိပေးသည်၊

**Cautionary,** *a.* providing against, သတိပြုသော၊ giving warning, သတိပေးသော၊ given, as a pledge, အာမခံဖြစ်သော၊

**Cautious,** *a.* သတိရှိသော၊ သတိရှိတတ်သော၊

**Cautiousness,** *n.* from above; a cautious disposition, သတိရှိတတ်သောသဘော၊

**Cavalcade,** *n.* မြင်းစီး၍အခမ်းအနားနှင့်သွားသောလူစု၊

**Cavalier,** *a.* gay, sprightly, စိတ်မြန်ထက်သော၊ disdainful, ထောင်လွှားသော၊ —*n.* စိတ်မြန်ထက်သောမြင်းစီးသူရဲ၊

**Cavalry,** *n.* မြင်းတပ်၊

**Cave,** *n.* ဥမင်၊ natural cave in a mountain, တောင်ခေါင်း။

**Cave in,** *v. i.* ထိုက်၍ပြိုကျသည်၊

**Caveat,** *n.* a stop, အဆီးအတား။ a warning, သတိပေးခြင်း။

**Cavern,** *n.* ထူးခေါင်း။ artificial—, ခလိုင်၊

**Cavil,** *v. i.* အကြောင်းမရှိဘဲရန်ရှာခြင်းအားဖြင့်ငြင်းခုံ၍ပြောသည်၊ —*n.* from *do.*

**Cavity,** *n.* a hollow place, အခေါင်း။ —in the earth, ထူးခေါင်း။ —made by falling water, စာလုပ်၊

**Caw,** *v. i.* (ကျီး) အာသည်၊

**Cease,** *v. i.* စဲသည်၊ ရပ်သည်၊ ပြတ်သည်၊ နားသည်၊ —doing, ထက်လျှော့သည်၊ —taking care of, ထက်လွှတ်သည်၊

**Ceaseless,** *a.* မစဲသော၊ မပြတ်သော၊ ဒရစပ်ဖြစ်သော၊

**Cedar,** *n.* သစ်ပင်တမျိုး။

**Cede,** *v. t.* လက်လွှတ်၍အပ်ပေးသည်၊

**Ceil,** *v. t.* အမိုးအောက်ကပျဉ်မျက်နှာကြက်မိုက်သည်၊

**Ceiling,** *n.* ပျဉ်မျက်နှာကြက်၊

**Celebrate,** *v. t.* to praise, ချီးမွမ်းသည်၊ to distinguish by festival ceremonies, အထိမ်းအမှတ်၊ အခမ်းအနားနှင့်ပွဲခံသည်၊

**Celebration,** *n.* from above.

**Celebrity,** *n.* ကျော်စောသောဂုဏ်အသရေ၊

**Celerity,** *n.* လျင်မြန်ခြင်း။

**Celestial,** *a.* pertaining to the sky, အာကာသကောင်းကင်နှင့်ဆိုင်သော၊ pertaining to the heavenly world, ကောင်းကင်ဘုံနှင့်ဆိုင်သော၊

**Celibacy,** *n.* အိမ်ထောင်ဖက်မရှိဘဲနေသည်အဖြစ်။

**Celibate,** *n.* —from childhood, ငယ်ဖြူ။

**Cell,** *n.* a small close room, တိုက်ခန်းကလေး။ a small cavity, အခေါင်းကလေး။ cells occupied by young bees, ပျားသလက်။

**Cellar,** *n.* အိမ်အောက်မြေတိုက်။

**Cellular,** *a.* တွင်းကလေးများနှင့်ပြည့်စုံသော၊

**Ce'ment,** *n.* စေးစပ်ရန်စေးကပ်သောအရာ၊ (metallic,) ဂဟေ။

**Cement',** *v. t.* to make adhere closely, စေးစပ်သည်၊ to solder, ဂဟေဆော်သည်။

**Cemetery,** *n.* သင်းချိုင်း။ သုသာန်။

**Cenotaph,** *n.* သေ၍အလောင်းမရသောသူကိုရည်မှတ်၍လုပ်ထားသောသင်းချိုင်းအထိမ်းအမှတ်။

**Cense,** *v. t.* နံ့သာပေါင်းကိုမြှိုသောအနံ့ဖြင့်မွှေးစေသည်၊

**Censer,** *n.* နံ့သာပေါင်းကိုထည့်၍မြှိုသောထင်ပန်း။

**Censor,** *n.* a guardian of the press, စာကိုဝို့မရှိပ်မှိစစ်ဆေးသောအရာရှိ၊ one given to censure, အပြစ်တင်တတ်သောသူ။

**Censorious,** *v.* အပြစ်တင်တတ်သော၊

**Censoriousness,** *n.* အပြစ်တင်တတ်သောသဘော၊

**Censurable,** *a.* အပြစ်တင်ဖွယ်ဖြစ်သော၊

**Censure,** *v. t.* အပြစ်တင်သည်၊ —*n.* from above; a sentence of censure, အပြစ်တင်သောစကားချက်။

**Census,** *n.* ကျားကြီး၊ ကျားငယ်၊ မကြီး၊ မငယ်၊ ဦးရေစာရင်း၊ လူကောင်ရေ၊

**Cent,** *n.* a hundred, ၁၀၀၊ a copper coin, စင်တဟူခေါ်သောအမေရိကကြေးနီဒင်္ဂါး။

**Centaur,** *n.* လူဥကျွောင်း၊ လူစုက်နှာပါသောမြင်း။ အဿာမုခီ၊ *Pali.*

**Centenarian,** *n.* အသက်တရာရှိသောသူ၊

**Centenary,** *n.* တရာ၊ ၁၀၀။

**Centennial,** *a.* အနှစ်တရာနှင့်ဆိုင်သော၊

**Centipede,** *n.* ကင်းခြေများ၊ coiling—, ပိုးနားသန်၊ ကင်းနားသန်၊

**Central,** *a.* placed in the centre, အလယ်ချက်၌ရှိသော၊ pertaining to the centre, အလယ်ချက်နှင့်ဆိုင်သော၊ —*n.* —point, အချက်အချာ၊ အချက်ဗဟိုရ်။

**Centre,** *n.* အလယ်ချက်၊ အလယ်ခေါင်၊ ဗဟိုရ်၊ —table, အခန်းလယ်မှာထားသောစားပွဲလွတ်။ —*v. t.* to place on a centre, အလယ်ချက်၌နေရာချသည်၊ to collect to a point, တစုတခုသောအရပ်၌စုဝေးစေသည်၊ *v. i.* to be collected to a point, တစုတခုသောအရပ်၌စုဝေးသည်၊ to rest on, မှီခိုသည်၊ (to be in the centre, အလယ်တည့်သည်၊)

**Centrifugal**, *a.* လှည့်ပတ်၍အလယ်ချက်သို့ချည်းနှင့်ကွာသွားတတ်သော။ —force, *n.* အလယ်ချက်ကလွှင့်တတ်သောအရှိန်။
**Centripetal**, *a.* လှည့်ပတ်၍အလယ်ချက်သို့ချည်းသွားတတ်သော။ —force, *n.* အလယ်ချက်သို့ဆွဲတတ်သောအရှိန်။
**Centuple**, *n.* အဆတရာ။
**Centuriate**, *v. t.* တရာစီခွဲ၍ပိုင်းထားသည်။
**Centurion**, *n.* လူတရာကိုအုပ်သောတပ်မှူး။
**Century**, *n.* အနှစ်တရာ။ —plant, သဘော်နာနတ်။
**Cephalic**, *a.* ခေါင်းကိုက်နာကိုနိုင်သော။
**Cerate**, *n.* ဖယောင်းချက်။
**Cere**, *v. t.* ဖယောင်းချက်နှင့်သုတ်သည်။ —cloth, *n.* ဖယောင်းပုဆိုး။
**Cerebellum**, *n.* ဦးနှောက်ကြီးနှင့်ဆက်သောနောက်ဖယ်ဦးနှောက်။
**Cerebral**, *a.* pertaining to the brain, ဦးနှောက်နှင့်ဆိုင်သော။ pronounced from the head, မုဒ္ဓဇာ။
**Cerebrum**, *n.* ဦးနှောက်အထက်ပိုင်း။ ဦးနှောက်ကြီး။
**Cerement**, *n.* အလောင်းကိုထုပ်သောဖယောင်းပုဆိုး။
**Ceremonial**, *n.* ထုံးဥပဒေအတိုင်းအခမ်းအနားနှင့်ခင်းကျင်းစီမံသောအရာစု။
**Ceremonious**, *a.* full of ceremony, ထုံးဥပဒေအတိုင်းခင်းကျင်းစီမံခြင်းများသော။ formal, precise, ထိုသို့သောခင်းကျင်းစီမံခြင်းကိုသတိနှင့်ပြုတတ်သော။
**Ceremoniously**, *adv.* ခမ်းခမ်းနားနား။
**Ceremony**, *n.* ထုံးဥပဒေအတိုင်းအခမ်းအနားနှင့်ခင်းကျင်းစီမံခြင်း။
**Certain**, *a.* true, ဟုတ်သော။ မှန်သော။ sure, ကေရုက္ခာဖြစ်သော။ မချွတ်မလွဲသော။ assured in mind, ယုံမှားခြင်းမရှိ၊ အမှန်သိသော။ particular, some, တစုံတယောက်။ တစုံတခု။ determinate, ကေဝုစ်။
**Certainly**, *adv.* အမှန်အကန်။ မချွတ်မလွဲ။ မုချ။ အတပ်။ အကယ်စင်စစ်။ အကယ်၍။ ဆက်ဆက်။
**Certainty**, *n.* from above, 1st and 2d def.
**Certificate**, *n.* သက်သေခံလက်မှတ်။ —of settlement etc. ပြေစာ။
**Certify**, *v. t.* to testify in writing, စာအားဖြင့်သက်သေခံသည်။ to give certain information, အမှန်သိစေခြင်းငှါကြားပြောသည်။ to establish by some mark or signature, မှန်ကြောင်းကိုပြသောတံဆိပ်လက်မှတ်ထိုးခတ်သည်။
**Cerulean**, *a.* မိုဃ်းကောင်းကင်ကဲ့သို့အရောင်ပြာသော။
**Cerumen**, *n.* နားဖါချေး။
**Cess**, *n.* ငွေခွဲခြင်း။
**Cessation**, *n.* from Cease.
**Cession**, *n.* from Cede.
**Ceylonese**, *n.* သီဟိုဠ်။
**Chafe**, *v. i.* to be worn by rubbing, ပွန်းသည်။ to be angry, စိတ်ဆိုး

သည်။ *v. t.* to wear by rubbing, ပွန်းစေခြင်းပွတ်သည်။ to irritate, စိတ်ဆိုးစေအောင်ပြုသည်။ —*n.* from *do.*

**Chaff,** *n.* ဖွဲ။ အဖျင်း။ အဖျောင်း။ —and small grain, အဖျင်းအစလွှေး။ အသိန်း။

**Chaffer,** *v. i.* ထစ်ဆွက်သည်။

**Chaffing dish,** *n.* ကင်ဖြစ်ဖိုးသောသံမီးဖို။

**Chagrin,** *n.* စိတ်ညစ်ခြင်း။ စိတ်နောက်ခြင်း။ —*v. t.* စိတ်ညစ်စေသည်။ စိတ်နောက်စေသည်။

**Chain,** *n.* ရွှေ၊ ငွေ၊ ကြေး၊ သံအစရှိသည်တို့ကိုကွင်းချင်းဆက်၍လုပ်သောကြိုး။ —pump, သံကြိုးပါသောဗုံပိုင်။ —shot, သံကြိုးနှင့်တွဲသောအမြောက်ဆန်။ *v. t.* သံကြိုးအစရှိသည်တို့နှင့်ချည်နှောင်သည်။

**Chair,** *n.* a moveable seat, ကုလားထိုင်။ a sedan, ထမ်းစင်တမျိုး။ —man, စည်းဝေးအုပ်။ *v. t.* ကုလားထိုင်နှင့်ထမ်းသည်။

**Chaise,** *n.* ဘီးတစုံတပ်၍မြင်းတစီးကသောရထားခေါင်းချုပ်။

**Chalcedony,** *n.* မဟူရာ။

**Chaldron,** *n.* ကျောက်မီးသွေး ၃၆ တင်းခန့်လောက်ဝင်သောခြင့်တောင်း။

**Chalice,** *n.* ဖလား။

**Chalk,** *n.* မြေဖြူ။ —*v. t.* မြေဖြူနှင့်မှတ်သားသည်။

**Chalky,** *a.* မြေဖြူကဲ့သို့ဖြစ်သော။

**Challenge,** *v. t.* to call to single combat, စီးချင်းတိုက်ရအောင်ခေါ်သည်။ to call to a contest, ပြိုင်ရအောင်ခေါ်သည်။ to claim as due, တောင်းပိုင်သော့ကြောင့်တောင်းသည်။ to accuse, အပြစ်တင်သည်။ to reject (a juror,) ပယ်သည်။ —*n.* from *do.*

**Chalybeate,** *a.* သံပါသော။

**Chamber,** *n.* an upper room, အထက်ခန်း။ a sleeping room, အိပ်ခန်း။ a room for meeting, စည်းဝေးရာအခန်း။ —of a gun, အမြောက်၌ယမ်းထည့်ရာ။ —of a mine, ယမ်းထည့်၍ရှိသောတွင်း။ —maid, အိပ်ခန်းမှုကိုဆောင်ရွက်သောမိန်း။ —pot, ကျင်ငယ်စွန့်အိုး။ ကျင်အိုး။

**Chamberlain,** *n.* a certain officer of the palace, အင်္ဂလိပ်ပြည်၌နန်းတော်အရာရှိတမျိုး။ a chamber servant, အိပ်ခန်းမှုကိုဆောင်ရွက်သောသူ။

**Chameleon,** *n.* ပုတ်သင်။ a small species, ပုတ်သင်ခြောက်။ flying—, ပုတ်သင်ပျံ။

**Champac,** *n.* စံကား။ *pron.* စဂါ။ စံကားမိမ်း။

**Champer,** *v. t.* to channel, မြောင်းကြောင်းထိုးသည်။ to cut slopingly, အွှမြတ်သည်။

**Chamois,** *n.* ဆိတ်တမျိုး။

**Champ,** *v. t.* ကြိပ်ကြိပ်ဝါးသည်။

**Champack,** *n.* စံကား။ *pron.* စဂါ။ bearing a yellow flower, စံကားမိမ်း။

**Champagne,** *n.* စပျစ်ရည်တမျိုး။

**Champaign**, *n.* လွင်ပြင်၊

**Champion**, *n.* သူ့အမှုကိုကိုယ်အမှုကဲ့သို့ဆောင်ရွက်၍တိုက်သောသူရဲ၊ သူရဲကောင်း။

**Chance**, *v. i.* အကြောင်းမရှိဘဲအမှတ်တမဲ့ဖြစ်သည်၊ —*n.* from *do*; opportunity, ဖြစ်လွယ်သောအခွင့်။ —medley, အမှတ်တမဲ့သတ်ခြင်း။

**Chancel**, *n.* ဗရင်ဂျီသုဓမ္မာဇရပ်၌စားပွဲတော်ထားသောအရပ်၊

**Chancellor**, *n.* (Eng.) a certain high officer, အင်္ဂလိပ်ပြည်၌ကြီးသောအရာရှိတမျိုး။ a judge in certain courts, တရားသူကြီး။

**Chancery**, *n.* ရုံးတော်တမျိုး။

**Chancre**, *n.* လူ့မျိုးနှာထွက်သောအဖု။

**Chandala**, *n.* စဏ္ဍာလ၊ (Bengalee).

**Chandelier**, *n.* မီးပဒေသာ၊ တန်ဆောင်တိုင်၊

**Chandler**, *n.* ဖယောင်းတိုင်သည်၊ အဆီတိုင်သည်၊

**Change**, *v. i.* to be altered, ပြောင်းသည်၊ (intrans.) ဖေါင်းလဲသည်၊ (intrans.) *v. t.* to alter, ပြောင်းသည်၊ (trans.) ပြောင်းစေသည်၊ ပြောင်းလဲသည်၊ (trans.) ပြောင်းလဲစေသည်၊ to take one thing for another, လဲသည်၊ လဲလှယ်သည်၊ to give or take reciprocally, အချင်းချင်းလဲသည်၊ to barter, ထပ်သည်၊ ဖလှယ်သည်၊ to quit one place for another, နေရာပြောင်းသည်၊ —into; to transmute, ဓာတ်ကိုပြောင်းစေသည်၊ ညှိမည်သောအရာကို ညှိမည်သောအရာဖြစ်စေသည်၊ —one's residence, ပြောင်းရွှေ့သည်၊ —*n.* from *do.* small money used in the market, ဈေးနှုပ်စူး balance of money paid beyond the price, အနှုံးငွေ၊ —of the moon, လကွယ်၊

**Changeable**, *a.* mutable, ပြောင်းလဲတတ်သော၊ variable, တသမတ်တည်းမထုတ်၊ ထွေတတ်သော၊ (applied to fashion,) တလိုက်တလိုက်ယဉ်သော၊

**Changed** (be,) *v. i.* (as milk,) ထဲသည်၊

**Changingly**, *adv.* ဗလောင်းဗလဲ၊

**Changeling**, *n.* one apt to change, မတည်ကြည်သောသူ၊ a child left in place of another, လဲ၍ထားသောအဘလေး။

**Channel**, *n.* a water course, ရေမြောင်း ရေကြောင်း။ the bed of a river, မြစ်မြိုး၊ မြစ်ကြောင်း။ a water communication subtending the bed of a river, ရေကျော်၊ a strait, ကျွန်းလက်ကြား၊ a furrow in a column, ပျော့ကြောင်း။ means of passing or conveying, လမ်း။ —*v. t.* ပျော့ကြောင်းထိုးသည်၊

**Chant**, *v. t.* သီချင်းဆိုသည်၊ ရင့်ညောင်းသည်၊ ရင့်ယူကျွေးသည်၊

**Chanticleer**, *n.* ကြက်ဖ၊

**Chaos**, *n.* the confused mass of matter before arranged by the

Creator, ဘုရားသခင်ပြုပြင်တော်မမူမှီရောနှောရှုပ်ထွေးသောခေတ်လေး ပါး။ any confused mass, ရောနှောရှုပ်ထွေးသောအရာ။

Chaotic, *a.* ရောနှောရှုပ်ထွေးသော။

Chap 1, *v. i.* to crack, ပဲသည်။ ကွဲသည်။ —1, *n.* from *do.* —2, a youth, လုလင်။

Chapel, *n.* a room in a house appropriated to worship, အိမ်၌စည်း ဝေး၍ဝတ်ပြုကိုးကွယ်ရာအခန်း။ a house for public worship, သုဓမ္မာဇရပ်။

Chap-fallen, *a.* စိတ်ပျက်သော။

Chapiter, *n.* တိုင်ထိပ်။

Chaplain, *n.* အိမ်၌ဖြစ်စေ၊ သင်္ဘောပေါ်မှာဖြစ်စေ၊ တပ်သားတို့တွင်ဖြစ်စေ၊ တရားဟောဆရာအရာရှိသောသူ။

Chaplaincy, Chaplainship, *n.* ထိုသို့သောဆရာ၏အရာ။

Chaplet, *n.* ဦးရစ်။ —of flowers, ပန်းဦးရစ်။

Chapman, *n.* ဝယ်သူ။

Chaps, *n. plur.* (တိရိစ္ဆာန်၏) ပစပ်။

Chapter, *n.* a division of a book, အခန်း။ a meeting of clergy-men, အင်္ဂလိပ်ပြည်၌ဓမ္မဆရာတို့အစည်းအဝေး။

Chaptrel, *n.* ပေါင်းကူးတိုင်ထိပ်။

Char 1, *n.* နေ့စားလုပ်သောအလုပ်။ —2, *v. t.* မီးဖုတ်သည်။

Character, *n.* a mark, အမှတ်။ a letter, အက္ခရာ။ a stamp, တံဆိပ်။ hand writing, လက်ရေး။ a quality, leading trait, လက္ခဏာ သဘောအခြေအနေ။ original—, နဂိုရ်၊ ဖြစ်ရင်းပကတိ။ an account of qualities reported, သိတင်း။ a written account, လက္ခဏာကို ဖော်ပြသောစာ။ a person of a certain description, (ဤမည်သော) လက္ခဏာရှိသောသူ။ a good quality, ဂုဏ်။ reputation, ဂုဏ်အ သရေ၊ ကျက်သရေ။ —*v. t.* to inscribe, အက္ခရာထိုးသည်။ to describe, လက္ခဏာကိုဖော်ပြသည်။

Characteristic, *n.* a distinguishing quality, ခြားနားစေသောလက္ခဏာ။ visible—, သရုပ်သကန်။ —*a.* ခြားနားစေသောလက္ခဏာနှင့်ဆိုင် သော။

Characterize, *v. t.* to give a distinguishing character to, လက္ခဏာ အားဖြင့်ခြားနားစေသည်။ to describe the distinguishing qualities of, ခြားနားစေသောလက္ခဏာကိုဖော်ပြသည်။

Charade, *n.* စကားဝှက်တမျိုး။

•Charcoal, *n.* မီးသွေး။

Charge, *v. t.* to make an onset, တိုက်သည်။ to load (a gun,) ခဲ၊ ယမ်းထိုးသည်။ to lay on, တင်သည်။ to lay on a load, ဝန်တင် သည်။ to accuse, အပြစ်တင်သည်။ to place on the debit side of an account, (ပေးရန်အဘိုး) ကိုစာရင်း၌မှတ်သည်။ to direct, instruct, မှာထားသည်။ to enjoin solemnly, သစ္စာပေးသည်။ to commission, intrust with business, အခွင့်ပေးသည်။ အမှုကိုအပ်သည်။ —*n.* an onset, တိုက်ခြင်း။ —of a gun, (သေနတ်၌တချက်တည်း) ထိုးသောခဲ၊ ယမ်း။ gunpowder sufficient for one—, ယမ်းခြင်း that which is laid on, တင်သောအရာ။ accusation, အပြစ်တင်ခြင်း။ entry on the debit side, ပေးရန်အထိုးကိုစာရင်း၌မှတ်သောအချက်။ expense, စရိတ်။ direction, order, မှာထားချက်။ ပညတ်။ that which is committed, intrusted to the care of, ထိန်းသိမ်းကြည့်ရှုစေခြင်းငှါအပ်နှံသောအရာ။ commission, trust, ထိန်းသိမ်းကြည့်ရှုရသောအခွင့်။ —d'affaires, သံတမန်ကိုယ်စား။

**Charger 1,** *n.* a large dish, ရွှေ၊ ငွေ၊ ကျောက်၊ သံကိုလုပ်သောအင်တုံ။
—2, *n.* a war-horse, စစ်မြင်း။

**Chariot,** *n.* ရထား။

**Charioteer,** *n.* ရထားထိန်း။ ရထားစီးသူခဲ့။

**Charitable,** *a.* liberal to the poor, စွန့်ကြဲပေးကမ်းတတ်သော၊ pertaining to liberality to the poor, စွန့်ကြဲပေးကမ်းခြင်းနှင့်ဆိုင်သော။ pertaining to thinking favorably of others, မေတ္တာစိတ်ရှိ၍သူတပါးအမှု၌ကောင်းသောလက္ခဏာကိုရှုမှတ်တတ်သော။

**Charity,** *n.* love, ချစ်ခြင်း။ မေတ္တာ၊ tenderness, ကြင်နာခြင်း။ giving to the poor, စွန့်ကြဲပေးကမ်းခြင်း။ ဒါန၊ *Pali.* what is given to the poor, စွန့်ကြဲပေးကမ်းသောအရာ။ liberality to the poor, စွန့်ကြဲပေးကမ်းတတ်သောသဘော။ disposition to think favorably of others, မေတ္တာစိတ်ရှိ၍သူတပါးအမှု၌ကောင်းသောလက္ခဏာကိုရှုမှတ်တတ်သောသဘော။

**Charlatan,** *n.* ကိုယ်အတတ်ကိုကိုယ်ချီးမွမ်းလွန်းသောသူ။

**Charm,** *v. t.* to control by incantation, မန္တန်အားဖြင့်နူးညွတ်စေသည်။ to gain and secure the affection, ချစ်ဖွယ်သောလက္ခဏာနှင့်မြဲ၍နူးညွတ်စေသည်။ to delight, ရွှင်လန်းမြူးထူးစေသည်။ to fortify by incantation, မန္တန်အားဖြင့်ကွယ်ကာသည်။ to make powerful by incantation, မန်းသည်။ စုတ်သည်။ to summon by incantation, မှော်အတတ်အားဖြင့်ခေါ်သည်။ as a snake, ညှိသည်။ —*n.* amulet, လက်ဖွဲ့၊ ခလဲ့လက်ဖွဲ့။ amulet inclosed in the mouth, ဆွတ်ငုံ။ —bound up in the hair, ယောင်ပန်း။ a combination of letters used as—, ဒါမ။ a formula of incantation, မန္တန်။ —for exciting love, အနူး မှုက်ချစ်၊ မှုက်နှာပွင့်။ a quality which gains and secures the affections, မြဲ၍နူးညွတ်စေတတ်သောဂုဏ်အင်္ဂါလက္ခဏာ။

**Charming,** *a.* very lovely, အလွန်ချစ်ဖွယ်သော။

**Charnel house,** *n.* လူသေတို့၏အရိုးများကိုထားသောမြေတိုက်။

**Chart,** *n.* ပင်လယ်ပုံ။

**Charter**, *n.* အခွင့်ကိုပေးသောတံဆိပ်လက်မှတ်စာ။ —*v. t.* to establish by charter, ထိုသို့သောစာအားဖြင့်အခွင့်ကိုပေးသည်။ —a vessel, သင်္ဘောကိုစာချုပ်၍ငှါးသည်။ —party, *n.* (သင်္ဘောကို) ငှါး၍လုပ်သောစာချုပ်။

**Chary**, *a.* careful, သတိပြုတတ်သော။ frugal, ခြွေတာတတ်သော။

**Chase**, *v. t.* to pursue to catch, ဖမ်း၍လိုက်သည်။ to pursue to drive away, နှင်လျှက်လိုက်သည်။ to pursue to obtain, ရအောင်လိုက်သည်။ —*n.* from *do.* that which flees because pursued, နောက်ကလိုက်သောကြောင့်ပြေးသောအရာ။ —of a gun, အမြောက်ပြောင်းပေါက်အလျှား။ —gun, သင်္ဘောဦး၌တင်သောအမြောက်။

**Chasm**, *n.* ချောက်။

**Chaste**, *a.* pure from illicit gratification of lust, မတရားသောကာမလေသာကာမနှင့်ကင်းစင်သော။ free from obscenity, စိတ်အားဖြင့်ဖြစ်စေ၊စကားအားဖြင့်ဖြစ်စေ၊ကာမလေသာညစ်ညူးခြင်းနှင့်ကင်းစင်သော။ —as pure language, ဒေါသနှင့်လွတ်၍ပြေပြစ်သော (စကား)

**Chaste-tree**, *n.* ထောက်ရှာပင်။

**Chasten, Chastize**, *v. t.* ဆုံးမသည်။ ဒါဏ်ပေးသည်။

**Chastisement**, *n.* ဒါဏ်။

**Chastity**, *n.* from Chaste.

**Chat**, *n.* စကားစမြည်။ —*v. i.* စကားစမြည်ပြောသည်။

**Chattel**, *n.* ပစ္စည်း၊ ဥစ္စာ။

**Chatter**, *v. i.* —as a talking bird, တီတီတွတ်တွတ်ပြောသည်။ to prate, ဖြိန်ဖျင်းသောစကားများသည်။ —as the teeth, မေးခိုက်ခိုက်တုန်သည်။

**Chatty**, *a.* စကားစမြည်များတတ်သော။

**Cheap**, *a.* of moderate price, အသိုးချိုသော။ အသိုးနည်းသော။ mean, မမြတ်၊ ယုတ်သော။

**Cheapen**, *v. t.* to chaffer, ဆစ်သည်။ ဆစ်ဆွက်သည်။ to lessen value, အသိုးနည်းစေသည်။ အသိုးလျှော့စေသည်။

**Cheat**, *v. t.* လိမ်လည်သည်။ စဉ်းလဲသည်။ *n.* —from *do.* one who cheats, စဉ်းလဲသောသူ။ လူကောက်။

**Chebula**, *n.* —tree, ကြံ့စုပင်။

**Check**, *v. t.* to moderate, အားလျှော့အောင်ပြုသည်။ to restrain motion, အရှိန်ကိုသတ်သည်။ ရပ်စေသည်။ —a boat, တက်သတ်သည်။ —a horse, ဇက်ကြိုးသတ်သည်။ to hinder, ဆီးတားသည်။ to rebuke, ဆုံးမသည်။ to control by a counter reckoning, အရင်အရေအတွက်ကို နောက်အရေအတွက်နှင့် စစ်ဆေး၍တိုက်သည်။ (in chess.) ခွဲသည်။ —*n.* from *do.*

**Checker**, *v. t.* to divide into compartments, ကျားကွက်လုပ်သည်။ to diversify, ခြားနားစေသည်။

Checkers, *n.* ကျားထိုးခြင်း။
Checkmate, *n.* စစ်ဘုရင်၌မင်းကျခြင်း။
Cheek, *n.* ပါး။ a fat—, ပါးဖိုး။ lower part of—, ပါးသွယ်။ inside of—, အာခံ။ ပါးစောင်။ —bone, *n.* ပါးရိုး။ —tooth, *n.* အံသွား။
Cheer, *v. t.* to salute with a shout of approbation, ကြိုးကွမ်း၍ညာသံပေးသည်။ to make cheerful, စိတ်သာစေခြင်းပြုသည်။ to animate, excite, အားပေးသည်။ နှိုးဆော်သည်။ *v. i.* to become cheerful, စိတ်သာလာသည်။ —up, *v. t.* စိတ်သက်သာစေသည်။ —by cherup-ing, စုတ်ခေါ်သည်။ —*n.* ကြိုးကွမ်း၍ညာသံပေးခြင်း။ pleasant feel-ing, စိတ်သာခြင်း။ ရွှင်ပျူးခြင်း။ provision, စားသွယ်သောက်သွယ်။
Cheerful, *a.* စိတ်သာသော။ ရွှင်ရွှင်သော။
Cheerfulness, *n.* from above.
Cheerless, *a.* sad, စိတ်မသာသော။ destitute of anything to enliven, ရွှင်ရွှင်စရာမရှိသော။
Cheerly, *a. see* Cheerful.
Cheese, *n.* ဒိန်ခဲ။ —monger, ဒိန်ခဲသည်။ —press, ဒိန်ခဲနှိပ်သောတန်ဆာ။
Chef-d'œuvre, *n.* သူလက်ရာတို့တွင်အကောင်းဆုံးသောလက်ရာ။
Chelonian, *a.* လိပ်နှင့်ဆိုင်သော။
Chemical, *a.* ခေမိတ္ထရိအတတ်နှင့်ဆိုင်သော။
Chemise, *n.* မိန်းမဝတ်သောခြွေးခံ။
Chemist, *n.* ခေမိတ္ထရိအတတ်ပညာကိုပြုစုသောဆရာ။
Chemistry, *n.* ခေမိတ္ထရိ အတတ်တည်းဟူသော မူလဓာတ်ရင်း အမျိုးမျိုးကိုစစ်ဆေးထွေကျက်သောအတတ်ပညာ။
Cherish, *v. t.* to take care of, ကျွေးမွေးပြုစုသည်။ to treat with tenderness and affection, ချစ်ကြင်နာခြင်းအခြင်းအရာနှင့်ပြုစုသည်။ to encourage, အားပေးသည်။ —ill feeling in silence, စိတ်ခုခံသည်။
Cheroot, *n.* ဆေးလိပ်။
Cherry, *n.* သစ်သီးတမျိုး။
Cherub, *n.* ကောင်းကင်တမန်တမျိုး။
Cherubim, *n. plur.* of above, ခေရုဗိမ်။
Cherup, *v. i.* စုတ်ထိုးသည်။ စုတ်ထိုး၍ခေါ်သည်။
Chess, *n.* စစ်တုရင်။ —board, စစ်တုရင်ခုံ။ ( to play—, စစ်တုရင်ထိုးသည်။ )
Chest, *n.* a box, သစ်တာ။ the cavity of the breast, ရင်ခေါင်း။ —of drawers, အံထိုးသစ်တာ။
Chestnut, *n.* သစ်အယ်သီး။ hog—, ဝက်သစ်ချ။ Malay—, သစ်ချ။
Chevaux-de-frise, *n.* သမင်ငြိ။
Chevalier, *n.* ရှင်ထန်းသောမြင်းစီးသူရဲ။

**Chew,** *v. i.* —with the teeth, ဝါးသည်။ —in the mind, ဆင်ခြင်သည်။ —the cud, စားမြုံ့ပြန်သည်။ စားမြုံ့ခတ်သည်။

**Chewings,** *n.* ဝါးဖတ်။

**Chicanery,** *n.* အမှုရှုပ်အောင်ပြုတတ်သောပရိယာယ်။

**Chicken,** *n.* ကြက်ငှက်ကလေး။ —hearted, *a.* ကြောက်တတ်သော။ —pox, *n.* ကျောက်ခြံနာ။

**Chide,** *v. t.* to blame, အပြစ်တင်သည်။ to reprove, ဆုံးမသည်။

**Chief,** *a.* principal in rank or standing, အရာကြီးသော။ အဓိကရဖြစ်သော။ greatest (in various respects,) အကြီးဆုံးသော။ —*n.* head-person, အကြီးအကဲ။ ခေါင်း။ ဥက္ကဋ္ဌ။ အမှိုး။ အကဲအမှူး။—of a city, မြို့အုပ်။ Karen—, စော်ကဲ။ hereditary—, မြည်စိုး။ —of other chiefs, ခေါင်းချုပ်။ main part, အများ။

**Chiefly,** *adv.* principally, အထူးသဖြင့်။ for the most part, အများအားဖြင့်။

**Chieftain,** *n.* အမှူး။ မိုလ်မှူး။

**Chilblain,** *n.* ချမ်းအေးသောဥကြောင့်ပေါက်သောအနာ။

**Child,** *n.* a son or daughter, သား။ သမီး။ a very young person, သူငယ်။ အကလေး။ be with—, *v. i.* ကိုယ်ဝန်ဆောင်သည်။ —bearing, *n.* သားဖွားမြင်ခြင်း။ ဗျက်နွှာမြင်ခြင်း။ —bed, မီးနေခြင်း။ မီးဖွားခြင်း။ —birth, သားခွေးဖွားခြင်း။ (children and grandchildren by affinity, သားချွေးမြေးဖျား။)

**Childe,** *n.* သတို့သား။

**Childhood,** *n.* the state of a child, သူငယ်အဖြစ်။ young age, ငယ်သောအရွယ်။

**Childish,** *a.* like a child, သူငယ်ကဲ့သို့ဖြစ်သော။ pertaining to childhood, သူငယ်အဖြစ်နှင့်ဆိုင်သော။ suitable to a child, သူငယ်နှင့်ထိုက်တန်သော။

**Childishly,** *adv.* ကလေးကလား။

**Childishness,** *n.* from above, 1st def.

**Childless,** *a.* သားသမီးမရှိသော။

**Childlike,** *a.* resembling a child, သူငယ်ကဲ့သို့ဖြစ်သော။ docile, ဆုံးမလွယ်သော။ humble, စိတ်နှိမ့်ချသော။

**Chiliad,** *n.* a thousand, အထောင်။ ၁၀၀၀။ a period of 1000 years, အနှစ်တထောင်။

**Chiliarch,** *n.* လူ ၁၀၀၀ ကိုအုပ်သောမိုလ်။

**Chill,** *a.* cool, အေးသော။ ချမ်းသော။ shivering, တုန်သော။ —*v. t.* from *do.* —*n.* from Chill, *a.*

**Chilli,** *n.* ငရုတ်။

**Chilliness, Chillness,** *n.* from Chill, *a.*

**Chilly,** *see* Chill, *a.*

Chime, *v. i.* to sound in consonance. အသံညီသည်။ to suit, agree with, ညီညွှော်သည်။ *n.* အသံညီခြင်း။

Chimera, *n.* ဓာတ်မယုတ်၊ အချည်းနှီးကြံစည်သောအကြံ။

Chimerical, *a.* ထိုသို့သောအကြံနှင့်ဆိုင်သော။

Chimney, *n.* မီးခိုးထွက်သောအုတ်ပြွန်။ —corner, မီးဖိုအနား။ —piece, မီးဖိုထုပ်မျက်နှာ။ —sweeper, မီးခိုးထွက်သောအုတ်ပြွန်ကိုသုတ်သင်သောသူ။

Chin, *n.* မေးစေ့။ မေးရိုး။ one of the race of Chins, ချင်း။

China, *n.* the country, တရုပ်ပြည်။ china ware, တရုပ်ပြည်၌လုပ်သောကြွေပုကန်။

Chincough, *n.* အိမ်ဖွဲ့၍ချွဲသောချောင်းဆိုးနာတမျိုး။

Chine, *n.* ကျောရိုး၌ကပ်သောအသား။

Chinese, *n.* a native of China, တရုပ်၊ တရုပ်လူ။ the Chinese language, တရုပ်စကား။ —*a.* တရုပ်ပြည်နှင့်ဆိုင်သော။ *n.* China Champac, တရုပ်စံကား။ သဘော်စံကား။

Chink 1, *n.* အအက်။ —2, *v. i.* ချင်ချင်မြည်သည်။ *v. t.* ချင်ချင်မြည်အောင်လှုပ်သည်။

Chinse, *v. t.* ထေးဖာသည်။

Chintz, *n.* သရက်ထည်။

Chip, *v. t.* ပွဲအောင်ခုတ်သည်။ —*n.* ထားစာ။ ခုတ်စာ။ ဝှဆိန်စာ။ ထင်းပေါက်။ stone—, ကျောက်ဖြုန်။ —made in turning, ပွတ်ချေး။

Chiretta, *n.* ဆေးခါးကြီး။

Chirography, *n.* လက်ရေးရေးသည်အတတ်။

Chirology, *n.* လက်ရိပ်ပြသည်အတတ်။

Chiromancy, *n.* လက်ဝါးကိုကြည့်၍ဟောသည်အတတ်။

Chirp, *v. i.* ငှက်ကလေးကဲ့သို့မြည်သည်။

Chirping, *n.* from above.

Chirpingly, *adv.* စစ်စစ်။ စိုးစိုးစီစီ။

Chirurgeon, *see* Surgeon.

Chisel, *n.* carpenter's—, ဆောက်။ circular edged—, ဆောက်ဝိုင်း။ circular or angular—, တံစောင်း။ flat—, ဆောက်ပြား။ broad flat—, ဖြတ်ဆောက်။ —for cutting money, နှိုး။ —*v. t.* ဆောက်နှင့်လုပ်သည်။

Chit-chat, *n.* စကားစမည်။

Chitterlings, *n.* စားကောင်းသောအူ။

Chivalrous, *a.* မာန်မာနကြီး၍ရဲရင့်သော။

Chivalry, *n.* မာန်မာနကြီး၍ရဲရင့်သောသူတို့၏တိုးစံဓလေ့။

Chlorite, *n.* ကျောက်ဝှလဲ။

Chloroform, *n.* မေ့ဆေး။

Chlorosis, *n.* လင်တရူး။

**Chock-full,** *see* Choke-full.

**Chocolate,** *n.* သဘောက်ကူဗ္ဗိုသီးကိုကာဗိကဲ့သို့သောက်ရန်ပြုပြင်၍ထားသော အဖြာ။

**Choice,** *n.* a selection, ရွေးကောက်ခြင်း။ option, ရွေးကောက်ရသောအခွင့်။ the thing chosen, ရွေးကောက်သောအရာ။ make— o', *v. t.* ရွေးကောက်သည်။ —*a.* worthy of being selected, ရွေးကောက်စရာကောင်းသော။ valuable, အဘိုးထိုက်သော။ excellent, ထူးမြတ်သော။ regarding as dear, နှစ်မြောနှိုမက်သော။

**Choir,** *n.* သီခြင်းဆိုသောလူစု။

**Choke,** *v. t.* to stop in the throat, နင်သည်။ —by comp essing the neck, လည်ကိုအစ်သည်။ —by stopping up the win·lp·pe, လည်ချောင်းဆို့အောင်သိပ်သည်။ —by obstructing, (လမ်းကို) ဆို့ဗိတ်သည်။ *v. i.* လည်ချောင်းနင်သည်။ to be irritated in the throat, partially choked by something at the entrance of the windpipe, သီးသည်။ —damp, *n.* နက်သောတွင်း၌ဖြစ်တတ်သောအခိုးအငွေ့။ —full, *a.* လျှံမတတ်ပြည့်သော။

**Chokey.** *n.* ကင်း။ large chokey house, ကင်းရုံ။

**Choler,** *n.* the bile, သည်းခြေ။ wrath, အမျက်။ ဒေါသ။

**Cholera,** *n.* အော့နာဝမ်းကျ။

**Choleric,** *a.* စိတ်တိုသော။

**Choose,** *v. t.* ရွေးသည်။ ရွေးကောက်သည်။

**Chop** 1, *v. t.* to cut off short, ခုတ်သည်။ —down as jungle, ခုတ်ထွင်သည်။ to cut into pieces, တစ်သည်။ to mince, စဉ်းသည်။ 1, *n.* အမဲသားတစ်။ —house, ထမင်းဆိုင်။ —2, *v. t.* to barter, exchange, လဲသည်။ ထပ်သည်။ —3, *v. i.* to shift suddenly (as the wind,) ရုပ်ခနဲလဲသည်။

**Chopping,** *a.* stout, lusty, ထွားထွားကျိုင်းကျိုင်းရှိသော (အကလေး။)

**Chopping-block,** *n.* စဉ်းတီးတုံး။

**Chopping-knife,** *n.* စဉ်းရန်ထား။

**Chops,** *n. plur.* *see* Chaps ; —of a river, မြစ်ဝကမ်းခြေ။

**Choral,** *a.* အသံပြိုင်၍သီခြင်းဆိုခြင်းနှင့်ဆိုင်သော။

**Chord,** *n.* the string of a musical instrument, စောင်း၊ တယော၊ အစရှိသည်တို့၌တီးသောတူရိယာကြိုး။ the harmony of sounds, အသံညီညာခြင်း။ —of an arch, အကွေးစွန်းကိုတန်းသောကြိုး။

**Chordee,** *n.* သင်ကြောတင်းသောအနာ။

**Chore** (Amer.) *n.* အလုပ်ကလေး။

**Chorister,** *n.* a singer in concert, အသံပြိုင်၍သီခြင်းဆိုသောသူ။ (Amer.) one who leads a choir, သီခြင်းသံပေးသောသူ။ သံတိုင်။

**Chorography,** *n.* မြည်ပုံကိုရေးသည်အတတ်။

**Chorus,** *n.* a company singing in concert, အသံပြိုင်၍သီခြင်းဆိုသော

လူစု။ those that occasionally join with the principal singers, လိုက်၍သီခြင်းဆိုသောလူစု၊ the verse in which the latter join, လိုက်၍သီခြင်းဆိုသောအပိုဒ်။ ထပ်၍ဆိုရန်။

Chosen, *a.* လက်ရွေးသော။

Choultry, (East Indian,) *n.* ဇရပ်။

Chouree, *see* Fly-flap,

Chouse, *v. t.* လိမ်လည်သည်။

Chowder, *n.* မုန့်နှင့်ငါးကိုရော၍ပြုတ်သောငါးပြုတ်ဟင်း။

Chowry, *n.* ယင်ခြောက်၊ ယင်ယပ်။

Chrism, *n.* ဆီနှင့်လူးခြင်း။

Christ, *n.* the Messiah, ခရစ်တော်၊ ဆီသွန်းခြင်းဘိသိတ်ခံတော်မူသောသူ။ the proper name of the Messiah, ယေရှုခရစ်။

Christen, *v. t.* to initiate into the Christian religion, ခရစ်ယာန်ဘာသာသွင်းခြင်းမင်္ဂလာကိုပေးသည်။ to give a name, မှည့်သည်။ သမုတ်သည်။

Christendom, *n.* ခရစ်ယာန်ဘာသာတည်သောတိုင်းပြည်ရှေ။

Christian, *n.* ခရစ်ယာန်။ ခရစ်ယာန်ဘာသာကိုယူသောသူ။ —*a.* သခင်ယေရှုခရစ်ဘာသာနှင့်ဆိုင်သော။ —name, *n.* ခရစ်ယာန်ဘာသာ၌သွင်းသောအခါမှည့်သောနာမ။

Christianity, *n.* ခရစ်ယာန်ဘာသာ။ သခင်ယေရှုခရစ်၏ဘာသာ။

Christianize, *v. t.* —(a person,) ခရစ်ယာန်ဘာသာ၌သွင်းသည်။ —(a country,) ခရစ်ယာန်ဘာသာကိုတည်စေသည်။

Christmas, *n.* သခင်ယေရှုခရစ်ဖွားမြင်တော်မူသည်နေ့ရက်ကိုအစွဲပြု၍လုပ်သောနှစ်စဉ်ပွဲ။ —day, ထိုပွဲကိုခံသောနေ့။

Chronic, *a.* တာရှည်စွဲသောအနာ။

Chronicle, *n.* မှတ်စာ။ မှတ်စု။ —*v. t.* မှတ်စာ၌သွင်းသည်။

Chronicler, *n.* မှတ်စာရေးသောသူ။

Chronological, *a.* ခရေနောလဇိအတတ်နှင့်ဆိုင်သော။ ကပ်ကာလ၊ ကောဇာ၊ နှစ်သက္ကရာဇ်ကိုလိုက်သော။

Chronologist, *n.* ခရေနောလဇိအတတ်ပညာကိုပြုစုသောဆရာ။

Chronology, *n.* ခရေနောလဇိအတတ်တည်းဟူသော၊ ကပ်ကာလ၊ ကောဇာ၊ နှစ်သက္ကရာဇ်ကိုစီရင်ခြင်း။ ဖြစ်ထေပြီးသောအမှုအရာအထူးထူးတို့ကိုနှစ်သက္ကရာဇ်အလိုက်မှတ်သားခြင်းအတတ်ပညာ။

Chronometer, *n.* အချိန်မှန်သောနာရီခွက်။

Chrysalis, *n.* ပိုးတုံးလုံး။

Chrysanthemum, *n.* ဂန္ဓမာ။

Chrysolite, *n.* ကျောက်မြတ်တမျိုး။

Chrysophrase, *n.* ကျောက်မြတ်တမျိုး။

Chubbed, Chubby, *a.* တုတ်သော။ တုတ်ဝသော။ တုတ်တုတ်ဝဝသော။

Chuck 1, *see* Cluck. —2, to give a gentle blow, ပေါ့ပေါ့ပုတ်သည်။ to throw with a jerk, ထတ်ခနဲပြစ်သည်။
Chuckle, *v. i.* ရယ်မောသည်။
Chuffy, *a.* စိတ်ဆိုးသောအခြင်းအရာရှိသော။ ဗျက်နှာဝှပ်သော။
Chum, *n.* သိပ္ပံကျောင်းမှာတခန်းတည်းနေသောသူ။
Chump, *n.* သစ်တုံးတို။
Chunam, *n.* အင်္ဂတေ။
Chunk, (Amer.) *n.* အတုံးအတစ်။
Church, *n.* a house for public worship, သုစမ္မာဇရပ်။ a society of Christians, အသင်းတော်။ —man, အင်္ဂလိတ်အသင်းတော်ဝင်သူ။ —member, အသင်းတော်ဝင်သူ။ —warden, သုစမ္မာဇရပ်မှူးဆောင်။ —yard, သုစမ္မာဇရပ်နားသင်းချိုင်း။ —*v. t.* သားဖွားသောမိန်းမကို သုစမ္မာဇရပ်သို့သွင်း၍ကျေးဇူးတော်ကိုချီးခွမ်းသည်။
Churl, *n.* agent from next.
Churlish, *a.* cross, disobliging, ခက်ထန်သော။ hard to deal with, ခဲယဉ်းသော။ niggard, စေးနှဲသော။
Churlishness, *n.* from above.
Churn, *v. t.* —with a churning stick,(ထောပတ်ဖြစ်စေခြင်းငှါ နို့ကို) ချပ်ဘီးပါသောထိုးတံနှင့်ထိုးသည်။ ဒယက်ပါသောပွတ်တံနှင့်ပွတ်သည်။—by shaking a bottle, ဘူးအစရှိသည်တို့နှင့်ဆောင့်သည်။ —*n.* ထောပတ်ထိုးသောစည်။
Chyle, *n.* ဓိလရည်တည်းဟူသောအစာကြေပြီးမှအရည်မြှုဖြစ်သောအရာ။
Chyme, *n.* အစာအိမ်၌ကြေသောအစာ။ ချေးခါး။ ချေးညှို။
Cicatrice, *n.* အမာရွတ်။
Cicade, *n.* ပုစဉ်းရင်ကွဲ။
Cicatrize, *v. t.* အနာပျောက်၍အမာရွတ်ဖြစ်စေခြင်းပြုသည်။
Cider, *n.* သစ်သော်ရည်။
Ci-devant, *a.* or *adv.* အရင်။
Cigar, *n.* ဆေးလိပ်။
Cimeter, *n.* ထားလွှယ်တမျိုး။
Cincture, *n.* a girdle, ခါးစည်းကြိုး။ any thing that binds round, ပတ်စည်းသောကြိုး။
Cinder, *n.* ပြာမဖြစ်သေးသောမီးသွေးခဲ။
Cingalese, *a.* သီဟိုဠ်ကျွန်းနှင့်ဆိုင်သော။
Cinnabar, *n.* တင်းသပတားမြိုင်း။
Cinnamon, *n.* သစ်ကြံပိုး။
Cinque, *n.* ငါးခု။ ၅။
Cion, *n.* the shoot of a plant, အညွှန့်။ a shoot engrafted on another tree, တပင်ကယူပြီးလျှင်တပင်၌ဆက်၍စိုက်သောအညွှန့်။
Cipher, *n.* the figure, ၀, သုည။ ၀။ an intertexture of letters, စာမ

a concealed manner of writing, သူတပါးမသိရအောင်ရေးသော နည်း။ —*v. i.* တွက်သည်။ ဂဏန်းနှင့်တွက်သည်။ စတိတ်တွက်သည်။

Circle, *n.* the outline of a round superficies. အဝိုင်း၊ စက်ဝိုင်း။ အကွင်း။ a company assembled round (some person or object,) ဝန်းရံလျက်ရှိသောလူစု။ persons who are occasionally connected, ပေါင်းဖော်တတ်သောလူစု။ —*v. i.* to move circularly, လှည့်ပတ်သည်။ *v. t.* to go round, လှည့်ပတ်သည်။ (trans.) to surround, ရံသည်။ ဝန်းသည်။ ဝိုင်းသည်။ (to form a circle of people, tents etc. ဝိုင်းဖွဲ့သည်။)

Circuit, *n.* a moving round, လှည့်ပတ်ခြင်း။ the path passed in moving round, လှည့်ပတ်ရာလမ်း။ a round, အပတ်။ the space inclosed in said path, လှည့်ပတ်ရာလမ်းအတွင်းအရပ်။ —of a thing, ပတ်လည်။ ဝန်းကျင်။ places visited in going round, လှည့်ပတ်ရာအရပ်ရပ်။ *v.* —လှည့်ပတ်သည်။ လှည့်ဝိုက်သည်။

Circuitous, *a.* going round in a circuit, ကွင်းသော။ ဝိုက်သော။ ကွေ့သော။ serpentine, ကွေ့ကောက်သော။ —in speech, သွယ်ဝိုက်သော။ ကွေ့လည်သော။ စကားအိမ်ဖွဲ့သော။

Circular, *a.* round, in the form of a circle, ဝန်းသော။ ဝိုင်းသော။ (letter,) အရပ်ရပ်သို့ပေးလိုက်သော (စာ။) —*n.* အရပ်ရပ်သို့ပေးလိုက်သောစာ။ —*adv.* perfectly—, တိတိဝန်းဝန်း။

Circulate, *v. i.* to move round, လှည့်ပတ်သည်။ to pass from place to place, အရပ်ရပ်သို့လှည့်သွားသည်။ *v. t.* လှည့်ပတ်စေသည်။ အရပ်ရပ်သို့ရောက်စေသည်။

Circulation, *n.* from above, *v. i.*

Circum, *pref. in composition.* ပတ်လည်။

Circumambient, *a.* ပတ်လည်ဝန်းကျင်၌ဖုံးလွှမ်းသော။

Circumcise, *v. t.* အရေဖျားကိုလှီးသည်။ လျှော်သည်။ ထားဖြင့်ရစ်သည်။

Circumcision, *n.* from above.

Circumference, *n.* အဝန်း။ —of a spherical or cylindrical body, အလုံးအဝန်း။ လုံးပတ်။

Circumfluent, *n.* ပတ်လည်စီးသော။

Circumfuse, *v. t.* ပတ်ထည်လောင်းသည်။

Circumgyration, *n.* လှိမ့်ခြင်း။

Circumjacent, *a.* ပတ်လည်ဝန်းကျင်၌အနီးအနားရှိသော။

Circumlocution, *n.* စကားသွယ်ဝိုက်ခြင်း။

Circumnavigate, *v. t.* သင်္ဘောနှင့်လှည့်ပတ်သည်။

Circumscribe, *v. t.* to inclose within a limit, ပတ်ထည်၌သတ်မှတ်သည်။ to make narrow, confined, နေရာကျဉ်းအောင်ပြုသည်။

Circumspect, *a.* သတိနှင့်ကြည့်ရှုဆင်ခြင်တတ်သော။

Circumspection, *n.* သတိနှင့်ကြည့်ရှုဆင်ခြင်ခြင်း။

**Circumstance,** *n.* အကြောင်းအရာ၊ အခြင်းအရာ၊ စပ်ဆိုင်သောအရာ၊
**Circumstanced,** *a.* (ဤမည်သော) အကြောင်းအရာနှင့်စပ်ဆိုင်သော၊
**Circumstances,** *n.* (as of one's life,) အဖြစ်အပျက်၊ ကြောင်းချာ၊ အထူးဖွဲ့ဆို၊ ကြောင်းကြောင်းချာ၊ (all the— of a person, city or country from the birth or origin, သနစ်သနာ၊ သနစ်သနယ်၊)
**Circumstantial,** *a.* consisting in circumstances, အကြောင်းအရာဖြစ်သော၊ pertaining to circumstances, အကြောင်းအရာနှင့်စပ်ဆိုင်သော၊ detailing circumstances, အကြောင်းအရာသေချာစွာပါသော၊
**Circumvallation,** *n.* မြို့ပြကျုံးမြောင်းအစရှိသည့်တို့နှင့်တပ်လုပ်၍ထားခြင်း၊
**Circumvent,** ' သွယ်ဝိုက်၍လိမ်လည်သည်၊ တင်စားသည်၊
**Circumvention,** *n.* from above.
**Circumvolution,** *n.* from next.
**Circumvolve,** *v. i.* လိမ့်၍လှည့်ပတ်သည်၊ (intrans.) *v. t.* to roll round, လိမ့်၍လှည့်ပတ်သည်၊ (trans.) to cause to revolve, လိမ့်၍လှည့်ပတ်စေသည်၊
**Circus,** *n.* ပွဲခံစရာဝိုင်း၍ကာသောဝင်း၊
**Cis,** *pref. in composition,* သည့်ဖက်၊
**Cistern,** *n.* သစ်သားရေကန်၊
**Citadel,** *n.* ရဲတိုက်၊
**Citation,** *n.* from next; a passage quoted, နှုတ်ထုတ်သောစာချက်၊
**Cite,** *v. t.* to summon, မင်းအခွင့်နှင့်ခေါ်သည်၊ to quote, စာကစကားကိုနှုတ်ထုတ်၍သက်သေပြသည်၊
**Citizen,** *n.* an inhabitant of a city, မြို့သား၊ an undistinguished inhabitant, မင်းအရာရှိမထုတ်သောမြို့သား၊ an inhabitant of any country, နိုင်ငံသူနိုင်ငံသား၊
**Citizenship,** *n.* မြို့သားအဖြစ်၊ နိုင်ငံသားအဖြစ်၊
**Citron,** *n.* ရှောက်ချိုသီး၊ ရှောက်သခွားသီး၊
**City,** *n.* မြို့၊
**Civet,** *n.* ကြောင်ကတိုးကထုတ်သောဆီမွှေး၊ —cat, ကြောင်ကတိုး၊ ကြောင်ဝံပိုက်၊ ဝါးရောင်းကြောင်ပြောက်၊
**Civic,** *a.* မြို့အမှုအရာနှင့်စပ်ဆိုင်သော၊
**Civil,** *a.* pertaining to the community, ပြည်သူပြည်သားနှင့်ဆိုင်သော၊ pertaining to the administration of government, မင်းစီရင်ခြင်းနှင့်ဆိုင်သော၊ complaisant, ယဉ်ကျေးသော၊
**Civility,** *n.* complaisance, ယဉ်ကျေးခြင်း၊ kind attention, ထောက်ဝတ်ပြုတတ်ခြင်း၊
**Civilization,** *n.* the act of civilizing, ယဉ်စေခြင်း၊ the state of being civilized, ယဉ်ခြင်း၊
**Civilize,** *v. t.* ယဉ်စေသည်၊
**Civilized (be,)** *v. t.* ယဉ်သည်၊ မရိုင်း၊

Clack, *v. i.* to make a short, sharp sound, တောက်တောက်မြည်သည်။ to let the tongue run, စကားများသည်။ —*n.* from *do.*
Claim, *v. t.* ဆိုင်ပိုင်သည်ဟူ၍တောင်းသည်။ —*n.* from *do.* a right to claim, တောင်းပိုင်သောအခွင့်။
Claimant, *n.* agent from Claim, *v. t.*
Clairvoyance, *n.* အထူးသဖြင့်မြင်တတ်သောအတတ်။
Clam, *n.* ယောက်သွားတမျိုး။ one species, ရှပ်ပအုပ်။
Clamant, *a.* အသိကိုလွှင့်၍တောင်းပန်သော။
Clamber, *v. i.* ကုတ်ကုတ်ကတ်ကတ်တက်သည်။
Clamminess, *n.* from next.
Clammy, *a.* စေးသော။
Clamor, *v. i.* အုတ်အုတ်သဲသဲဟစ်ကြွေးသည်။ —*n.* from next.
Clamorous, *a.* from Clamor, *v. i.*
Clamorously, *adv.* noisily, အုန်းအုန်းထင်ထင်။ အုတ်အုတ်ကျက်ကျက်။ ရှုပ်ရှုပ်သဲသဲ။
Clamp, *n.* မျှောက်လက်။ —*v. t.* မျှောက်သက်ရိုက်သည်။
Clan, *n.* ခြားနားသောအမျိုးအစုဖွယ်။
Clandestine, *a.* လျှို့ဝှက်သော။
Clang, *v. i.* ကြေးစည်သံကဲ့သို့မြည်သည်။ —*n.* from *do.*
Clangor, *n.* မြင်းစွာသောကြေးစည်သံ။
Clank, *v. i.* သံခြေချင်းသံကဲ့သို့မြည်သည်။ —*n.* from *do.*
Clansman, *n.* ခြားနားသောအမျိုးအစုဖွယ်နှင့်ဆိုင်သောသူ။
Clap 1, *v. t.* to slap with the hand, လက်ဝါးနှင့်ပုတ်သည်။ to strike with something flat, ပြားသောအရာနှင့်ရိုက်သည်။ to apply hastily, ရုပ်ခနဲကပ်သည်။ to place hastily, အလျင်အမြန်ထားသည်။ to do hastily, အလျင်အမြန်ပြုသည်။ —the hands, လက်ခုပ်တီးသည်။ —board, ပျဉ်ထောင်ပြီးမှ ထပ်၍ နံဘေး ထပ် ကာသည်။ —board, *n.* ပျဉ်ထောင်ပြီးမှထပ်၍ နံဘေးထပ်ကာရန်ပျဉ်ပြားပါး။ —up, *v. t.* အလျင်အမြန်လုပ်သည်။ —*n.* a slap, လက်ဝါးနှင့်ပုတ်ခြင်း။ the sound of striking flat things together, အပြားချင်းရိုက်သောအသံ။ —of thunder, မိုးကြိုးပြိုန်းသံတချက်။ —2, venereal infection, လူမျိုးနာ။
Clapper, *n.* ခေါင်းလောင်းဆန်။
Clap-trap, *n.* သူတပါးချီးမွမ်းစေခြင်းငှါပြုသောပရိယာယ်။
Clare-obscure, *n.* ပန်းချီရေးသောရုပ်ပုံအရာ၌အလင်းနှင့်အရိပ်။
Claret, *n.* စပျစ်ရည်တမျိုး။
Clarify, *v. t.* ကြည်လင်စေသည်။
Clarion, *n.* တံပိုးတမျိုး။
Clash, *v. i.* to strike together with noise, ထိခိုက်၍မြည်သည်။ to meet in opposition, ဆန့်ကျင်သည်။ —*n.* from *do.*

**Clasp**, *n.* ချိတ်။ —*v. t.* to fasten with a clasp, ချိတ်သည်။ to twine around and cling to, ရစ်ပတ်၍တွယ်သည်။ to inclose and hold in the hand, လက်နှင့်ဆုပ်သည်။ to embrace, ဖက်သည်။ —knife, *n.* မောင်းချထား။

**Clasper**, *n.* အညွန့်နွယ်မောင်း။

**Class**, *n.* persons of the same order, ဂုဏ်ရည်တူသောလူစု။ students pursuing the same studies, အတတ်ရည်တူသောတပည့်စု။ things of the same denomination, လက္ခဏာတူသောအရာစု။ ဝဂ္ဂ။ ဝဂ်။ —*v. t.* လက္ခဏာတူရာသီးခြား၍ထားသည်။

**Classic**, *n.* စကားပြေပြစ်၍ပိုသက်သေမှတ်စရာကောင်းသောစာ။ —Classical, *a.* ထိုသို့သောစာနှင့်ဆိုင်သော။

**Classify**, *v. t. see* Class, *v. t.*

**Clatter**, *v. i.* to make rattling sounds, အချင်းချင်းထိခိုက်၍တုတ်တုတ်ကျက်ကျက်သောအသံဖြစ်သည်။ to rattle with the tongue, စကားများသောအသံဖြစ်သည်။ —*n.* from *do.*

**Clause**, *n.* a member of a sentence, အဝုဒ်၏အပိုင်း။ a distinct article in a contract, စာချုပ်၏အချက်။

**Clavicle**, *n.* ညှပ်ရိုး။

**Claw**, *n.* the nail of a beast's or bird's foot, (သား၊ ငှက်၏) လက်သည်း၊ ခြေသည်း။ a foot furnished with nails, လက်သည်း၊ ခြေသည်းပါသောသား၊ ငှက်၏လက်၊ ခြေ။ —*v. t.* လက်သည်း၊ ခြေသည်းနှင့်ကုပ်သည်။

**Clay**, *n.* မြေစေး။ potter's earth, အိုးမြေ။ —cold, *a.* (Eng.) မြေကဲ့သို့အေးသော။ (Burmese,) ငှက်ပြောတုံးကဲ့သို့အေးသော။

**Clayey**, *a.* မြေစေးပါသော။

**Clean**, *a.* စင်သော။ စင်ကြယ်သော။ သန့်စင်သော။ သန့်ရှင်းသော။ သန့်ပြန့်သော။ ရှင်းလင်းသော။ —*v. t.* from *do.* —by water, ဆေးကြောသည်။ —rice by pounding, ဆန်ဖွပ်သည်။ —up, သုတ်သင်သည်။ ရှင်းလင်းစေသည်။ —*adv.* အကုန်အစင်။ တက်တက်။ ပြုတ်ပြုတ်။ nothing left, စင်တလင်းစား။ စင်တလင်းလဲ့။

**Cleanliness**, *n.* from next.

**Cleanly**, *a.* စင်ကြယ်တတ်သော။ သန့်ရှင်းတတ်သော။

**Cleanness**, *n.* from Clean, *a.*

**Cleanse**, *v. t. see* Clean, *v. t.*

**Clear**, *a.* pure (as water,) ကြည်သော။ serene, ကြည်လင်သော။ ကြည်သာသော။ pleasant, သာသော။ unmixed, စစ်။ အတိ။ သက်သက်။ open, plain, conspicuous, ပွင့်လင်းသော။ ပွင့်လန်းသော။ တည့်လင်းသော။ distinct, ပြတ်သားသော။ free, unincumbered, ရှင်းလင်းသော။ perspicuous, အနက်ရှင်းလင်းသော။ open, unobstructed, အဆီးအတားမရှိ၊ ပွင့်လင်းလျှက်ရှိသော။ as a vacant spot of ground, ပြောင်စင်သော။ innocent, အပြစ်နှင့်ကင်းစင်သော။ out of difficulty, အမှုနှင့်လွတ်သော။ unclouded, တိမ်ကြေးစင်သော။ well arranged, applied to language and manners, တည်ပသော။ —as sound, လိုသော။ —headed, ညာဏ်ကောင်းသော။ —sighted, ကောင်းကောင်းမြင်တတ်သော။ —starch, *v. t.* ကစီတင်ပြီးမှထက်နှင့်ဝုတ်သည်။ —*adv.* အကုန်အစင်။ —*v. i.* to become fair, သာထာသည်။ to become unincumbered, ရှင်းလင်းထာသည်။ *v. t.* to make serene, ကြည်လင်စေသည်။ to make pleasant, သာစေသည်။ to free from obstruction, incumbrance, etc. ရှင်းလင်းစေသည်။ သုတ်သင်ရှင်းလင်းသည်။ (cotton,) ဖန်သည်။ to disentangle, အရှုပ်အထွေးကိုဖြှင်သည်။ ထွင်သည်။ to acquit, မှုပြစ်နှင့်ကင်းလွှတ်စေသည်။ to make gain, အမြတ်ရသည်။ —a ship, သင်္ဘောထွက်ရသောအခွင့်ကိုပေးသည်။ to procure clearance, ထိုသို့သောအခွင့်ကိုရအောင်ပြုသည်။ —out a well, တွင်းရေးဆယ်သည်။ —away, သင်သည်။ ပယ်ရှင်းသည်။ မြေရှင်းသည်။ မြေဖျောက်သည်။ —away as bushes etc, from the ground, ပေါင်းသင်သည်။ ထွင်သည်။ —up, *v, i.* as the sky, မိုဃ်းကြည်လင်သည်။ as an affair, အမှုရှင်းလင်းသည်။ *v. t.* ရှင်းလင်းစေသည်။ သုတ်သင်ရှင်းလင်းသည်။ ပယ်ရှင်းသည်။

**Clearance**, *n.* သင်္ဘောထွက်ရသောအခွင့်စာ။

**Clearing-nut**, *n.* ခပေါင်းရေကြည်။

**Clearly**, *adv.* serenely, ကြည်လင်စွာ။ evidently, ထင်ထင်ရှားရှား။ ထင်ထင်။ ထင်ထင်လင်းလင်း။ ပြက်ပြက်။ plainly, honestly, အတည့်အလင်း။ distinctly, ပြတ်သားစွာ။ without intanglement or confusion, ရှင်းလင်းစွာ။

**Clearness**, *n.* sereneness, ကြည်လင်ခြင်း။ plainness, openness, ပွင့်လင်းခြင်း။ perspicuity, ထင်ရှားခြင်း။ distinctness, ပြတ်သားခြင်း။ freedom from obstruction, etc. ရှင်းလင်းခြင်း။

**Cleat**, *n.* ဖားဝပ်။ —*v. t.* ဖားဝပ်ရိုက်သည်။

**Cleave** 1, *v. i.* to stick, စေးကပ်သည်။ to adhere, ကပ်သည်။ စွဲကပ်သည်။ စွဲလမ်းသည်။ —2, to crack open, အက်ကွဲသည်။ *v. t.* to split, ခွဲသည်။

**Cleaver**, *n.* အမဲရိုးဖြတ်သောထား။

**Cleft**, *n.* အအက်။ အကွဲ။ ပပ်ကြား။

**Clemency**, *n.* from next.

**Clement**, *a.* mild, gentle, နူးညံ့သိမ်မွေ့သော။ tender, compassionate, ကြင်နာတတ်သော။ kind, ကျေးဇူးပြုချင်သောသဘောရှိသော။

**Clergy**, *n.* ဓမ္မဆရာစု။ Buddhist—, သင်္ဃာ။—man, ဓမ္မဆရာ။

**Clerical**, *a.* ဓမ္မဆရာနှင့်ဆိုင်သော။

**Clerodendron**, *n.* fragrant—, ဗုကြီး။ scarlet—, ဗုကြီးနီ။

**Clerk,** *n.* a clergyman, ဓမ္မဆရာ။ one that can read, စာတတ်သောသူ။ a writer, စာရေး။ church—, တရားထောက်။ အသင်းစာရေး။ —of a court, ရုံးစာရေး။ —of a custom-house, တိုက်စာရေး။ —of a jail, ထောင်စာချီ။ military—, တပ်စာရေး။ a reader of responses, တရားထောက်။

**Clerkship,** *n.* စာရေးအရာ။

**Clever,** *a.* ချက်ချာသော။ ရေးရာသော။ လိမ္မာသော။ (Amer.) စိတ်ကောင်းသော။

**Cleverly,** *adv.* ရေးရေးသားသား။

**Cleverness,** *n.* from above.

**Clew 1,** *n.* a ball of thread, ခြည်လုံး။ thread, ခြည်ပင်။ any thing placed for a guide, ထမ်းပြ၊ ထမ်းညွှန်ထားသောအရာ။ —2, *v. t.* to gather up (a sail,) ရှုပ်သည်။

**Click,** *v. i.* တျှင်တျှင်မြည်သည်။

**Client,** *n.* ရှေ့နေမှီသောအမှုသည်။

**Cliff,** *n.* ကမ်းစောက်။ တောင်စောက်။

**Climacteric,** *n.* လူအသက်အရွယ်၏အပိုင်းအခြား။

**Climate,** *n.* ပူတတ်၊ အေးတတ်သောဥတု။ ဒေသ၏အခြင်းအရာ။

**Climax,** *n.* စကားအဆင့်ဆင့်တက်ခြင်း။

**Climb,** *v.* ဆွဲငင်၍တက်သည်။

**Clime,** *see* Climate.

**Clinch,** *v. t.* —the hand, လက်ဆုပ်သည်။ —with the hand, လက်နှင့်ကြပ်ကြပ်ဆုပ်၍ကိုင်သည်။ —an iron, ခေါက်၍ရိုက်ထားသည်။ to fasten, မြဲစေသည်။

**Clincher,** *n.* သံမှော့။

**Cling,** *v. i.* to stick, စေးကပ်သည်။ to hang (on,) hang (to,) တွယ်သည်။ တွယ်ကပ်သည်။ —as a child to a parent, ရိပ္ပတ်သည်။ to adhere closely, စွဲကပ်သည်။ စွဲထမ်းသည်။ —to from a feeling of attachment, တွယ်တာသည်။

**Clingy,** *a.* စေးကပ်တတ်သော။

**Clinic, Clinical,** *a.* အိပ်ရာနှင့်ဆိုင်သော။

**Clink,** *v. i.* ချင်ချင်မြည်သည်။ *v. t.* ချင်ချင်မြည်စေသည်။ —*n.* ချင်ချင်မြည်သံ။

**Clip,** *v. t.* ကတ်ကြေးနှင့်အစတွက်ဖောင်ညှပ်သည်။ —(coin,) တိုက်ယူသည်။

**Clipping,** *n.* ကတ်ကြေးစာ။ ကြိတ်စာ။

**Clique,** *n.* သူတပါးတို့နှင့်မရောနှောဘဲအခြားစီသင်းဖွဲ့၍နေသောလူစု။

**Cloak,** *a.* an outer garment, ဝတ်လုံ။ a disguise, လှို့ဝှက်တတ်သောအရာ။ —*v. t.* to cover with a cloak, ဝတ်လုံနှင့်ချုံသည်။ to conceal, လှို့ဝှက်သည်။

Clock, *n.* မတ်တတ်နာရီ၊ နာရီအိမ်၊
Clod, *n.* မြေစိုင်၊ —pate, —poll, ညာဏ်ထိုင်းမှိုင်းသောသူ၊
Clog, *v. t.* to stick to and impede, စေးကပ်၍နှေးစေသည်၊ to lay on a load that impedes, ဝန်တင်၍နှေးစေသည်၊ to put on something that restrains motion, ခေါက်ဆွဲသည်၊ တုံးအစရှိသည်တို့ကိုဆွဲထားသည်၊ —to obstruct, impede. ဆီးတားနှောင့်ရှက်သည်၊ *v. i.* to form an accretion, အစိုင်အခဲကပ်သည်၊ —*n.* something put on to restrain motion, ခေါက်၊ တုံးအစရှိသည်တို့ကိုဆွဲထားသောအရာ၊ impediment, အဆီးအတား၊ a wooden shoe, နံ့အိနပ်တမျိုး၊
Cloister, *n.* a monastery, ကျောင်း၊ a piazza, အမိုးရှိသောစကြံ၊
Cloistered, *a.* လူအဘောင်မှထွက်၍ကျောင်း၌နေရသော၊
Close, (*pron.* cloze,) *v. t.* to stop up, ပိတ်သည်၊ ဆို့သည်၊ to shut, ပိတ်သည်၊ ပိတ်ကာသည်၊ စေ့ထားသည်၊ —, as an umbrella, ရုပ်သည်၊ to unite, စေ့စပ်သည်၊ (trans.) to conclude, finish, အစသတ်သည်၊ ပြီးစေသည်၊ *v. i.* to come together, စေ့စပ်သည်၊ (intrans.) to contract, (intrans.) ကျုံ့သည်၊ to come to a conclusion, ပြီးသည်၊ —in *v. t.* မိုးသည်၊ —in with, သဘောတူ၍ဝန်ခံသည်၊ —up (as scattered bodies,) *v. i.* ရှုံ့သည်၊ —with, *v. t.* to accede to, သဘောတူ၍ဝန်ခံသည်၊ to grapple in wrestling, ရင်ဆိုင်ပူးရှက်သည်၊ —*n* an inclosure, ခြံကာသောနေရာ၊ completion, finish, အပြီး၊ ပြီးခြင်း၊ ပြီးစေခြင်း၊ အစသတ်ခြင်း၊ a termination, ကုန်ခြင်း၊ ဆုံးခြင်း၊ a grapple in wrestling, ရင်ဆိုင်ပူးရှက်ခြင်း၊ —*a.* stopped up, ဆို့သော၊ ပိတ်သော၊ အပေါက်မရှိသော၊ well joined, စေ့စပ်သော၊ viscous, စေးကပ်တတ်သော၊ tight, ကျပ်သော၊ narrow, ကျဉ်းသော၊ confined within narrow limits, ချုပ်လျက်ရှိသော၊ hid, ပုန်းကွယ်သော၊ compressed in style, အကျဉ်းချုပ်၍ပြောသော (စကား၊) confined, as air, လေမလာသော၊ not apt to divulge, မဖော်မပြဘဲ လုံတတ်သော၊ near, နီးသော၊ နီးစပ်သော၊ near together, စိပ်သော၊ ထူသော၊ near, together, with, as an accompanying or following, ထက်ကြပ်ပါသော၊ ထက်ကြပ်လိုက်သော၊ earnest, intent, တန်းမှန်းလျက်ရှိသော၊ pressing in pursuit, ကြပ်ကြပ်လိုက်သော၊ full to the point, တိုက်ရိုက်ပြောသော၊ adhering to the original, မူအတိုင်းလိုက်သော၊ —fisted, —handed, ခဲယဉ်းသော၊ parsimonious, စစ်စည်သော၊ စေးနှဲခြိုခြံသော၊ —stool, *n.* လုံသောကျင်ကြီးစွန့်အိုး၊ —to, *adv.* ထက်ကြပ်၊
Closeness, *n.* from above.
Closet, *n.* a small private room, ဆိတ်ကွယ်သောအခန်း၊ a small store

room, အသုံးအဆောင်များကိုထားသောအခန်းကလေး။ *v. t.* ဆိတ်ကွယ်သောအခန်း၌ခေါ်သွင်းသည်။

**Closing,** *n.* အပြီး။ ပြီးခြင်း။ ဆုံးခြင်း။

**Closure,** *n.* the act of shutting, ပိတ်ခြင်း။ ပိတ်ကာခြင်း။ that which closes, အပိတ်အကာ။

**Clot,** *v. i.* ခဲသည်။ —*n.* အရည်ကဖြစ်သောအခဲ။

**Cloth,** *n.* အထည်။ အထည်အလိပ်။ *see* Clothes; *see* Table-cloth.

**Clothe,** *v. t.* to put on garments, ဝတ်သည်။ အဝတ်နှင့်ရုံသည်။ to furnish with garments, အဝတ်ပေးသည်။ to invest, commission, အခွင့်ပေး၍ခန့်ထားသည်။

**Clothes,** *n. plur.* အဝတ်။ —worn on special occasions, ဝတ်လဲ။ *see* Bed-clothes. —man, အဝတ်ကိုရောင်းသောသူ။ —press, အဝတ်တန်ဆာထည့်သောမတ်တတ်သစ်တာ။

**Clothier,** *n.* အထည်အလိပ်ကိုရက်သောသူ။

**Cothing,** *n.* အဝတ်။

**Cloud,** *n.* —in the sky, တိမ်၊ မိုဃ်းတိမ်။ dark gloomy—, တိမ်ဝှမ်း။ thick massive—, တိမ်တိုက်။ thin fleecy—, တိမ်မှိုး။ a flying —, တိမ်ပြေး။ a thin—, တိမ်လွှာ။ clouds which lie in heaps, တိမ်ထပ်။ clouds which lie in rolls, တိမ်လိပ်။ clouds which lie in scales, တိမ်ငါးကြင်းကြေး။ —in the eye, တိမ်။ တိမ်သထား။ —in a painting, ကြိုးလှိုင်း။ —in a stone, ဂေါ်။ a large collection, ကြီးသောအစုအရုံး။ a state of obscurity, မရှင်းလင်းသောအဖြစ်။ —capt, —wrapt, *a.* မိုဃ်းတိမ်ဖုံးအုပ် (သောတောင်ထိပ်။) —as dark, and indicating rain, မိုဃ်းသည်း။ —*v. t.* to over spread with clouds, မိုဃ်းအုံ့စေသည်။ to make dark, obscure, မရှင်းလင်းစေအောင်ပြုသည်။ to make of a gloomy aspect, မှုန်စေသည်။ to variegate in painting, ကြိုးလှိုင်းပေါ်အောင်ဆေးချယ်လှယ်သည်။

**Clondiness,** *n.* from next.

**Cloudy,** *a.* overcast with clouds, မိုဃ်းအုံ့သော။ consisting of a cloud, တိမ်ဖြစ်သော။ of gloomy, sullen appearance, မှုန်သော။ marked with veins, ဂေါ်ပါသော။ obscure, မရှင်းလင်းသော။

**Clout,** *n.* a patch, အဖာ။ a cloth for any mean use, အညစ်အကြေးသုတ်ရန်ပဝါ။

**Clove,** *n.* လေညှင်းပွင့်။

**Clove,** *pas. part.* of Cleave, —footed, —hoofed, *a.* ခွာကွဲပြားသော။

**Clover,** *n.* မြက်ပင်တမျိုး။

**Clown,** *n.* ကျေးတောသား။

**Clownish,** *a.* ကျေးတောသားကဲ့သို့ဖြစ်သော။ မယဉ်ကျေးသော။ ရိုင်းသော။

**Clownishness,** *n.* from above.

**Cloy**, *v. t.* from next.

**Cloyed** (be,) *v. i.* ငြီးသည်။

**Club**, *n.* a cudgel, လက်စွဲဒုတ်ကြီး။ a social party, အပေါင်းအသင်း။ the expenses of such a party, အပေါင်းအသင်းကုန်သောစရိတ်။ —law, *n.* မင်းအစဥ္ဆင့်မရှိဘဲအနိုင်အထက်ဖိရင်ခြင်း။ *v. i.* to associate, အပေါင်းအသင်းဖွဲ့သည်။ *v. t.* to contribute to common expense, စရိတ်ငွေကိုဆိုင်၍စုပေါင်းသည်။

**Cluck**, *v. i.* (ကြက်မသည်ကြက်ကလေးကို)ခေါ်သံနှင့်မြည်သည်။ to make a clucking sound with the tongue, indicative of anger or regret, တက်ခေါက်သည်။

**Clue**, *see* Clew

**Clump**, *n.* a block of wood, သစ်တုံး။ —of grass, အစုတ်၊မြက်စုတ်။ —of bamboos, ဝါးရုံ။ a cluster or tuft (of trees,) အရုံ၊ သစ်ရုံ။ a thicket, ချုံဖုတ်။

**Clumsiness**, *n.* from next.

**Clumsy**, *a.* moving heavily and awkwardly, ဆေးဆေးလေးလေး တဖိမ့်ဖိမ့်သွားတတ်သော။ awkward, unhandy, ထိုင်းထိုင်းမှိုင်းမှိုင်း၊ ဆေးဆေးလေးလေးလုပ်ကိုင်တတ်သော။ badly constructed, ill made, ပုံပန်းမရ၊ မသေချာသော။

**Cluster**, *n.* a bunch (of fruit,) အခွက်။ (of flowers), အဆုပ်။ a clump (of trees,) အရုံ။ —of bushes, ချုံဖုတ်။ a collection (of things,) အစုအရုံး။ —*v. i.* ခွတ်၍နေသည်၊ စုရုံးသည်။

**Clutch**, *v. t.* —in the hand, လက်ဆုပ်သည်။ —with the hand, လက်နှင့်ဆုပ်၍ကိုင်သည်။ —*n.* from *do.*

**Clutches**, *n. plur.* တိရိစ္ဆာန်၏လက်။

**Clutter**, *n.* things lying in confusion, ရှုပ်ထွေးသောအရာစု။ noise, bustle, အုတ်အုတ်ကျက်ကျက်သောအသံ။ —*v. t.* ရှုပ်ထွေးစေသည်။

**Clyster**, *n.* ဝမ်းချူဆေး။ —pipe, ဝမ်းချူသောပြွန်တန်ဆာ၊ ဝမ်းချူတန်ဆာ။

**Coach**, *n.* ဘီးနှစ်စုံတပ်သောရထား။ —box, ရထားထိန်းထိုင်ရာခုံ။ —hire, ရထားငှါးသောအခ။ —man, ရထားထိန်း။

**Coadjutant**, *a.* ကူညီလျက်ရှိသော။

**Coadjutor**, *n.* လုပ်ဖော်ဆောင်ဖက်။

**Coagulate**, *v. i.* ခဲ၍သွားသည်။ *v. t.* ခဲစေသည်။

**Coagulation**, *n.* from above.

**Coagulum**, *n.* အရည်ကဖြစ်သောအခဲ။

**Coal**, *n.* —of fire, မီးခဲ။ live coals, မီးကြီး။ charcoal, မီးသွေး။ fossil coal, ကျောက်မီးသွေး။ —black, *a.* (Eng.) မီးသွေးကဲ့သို့။ (Bur.) မှင်ကဲ့သို့ကျုတ်ကျုတ်နက်သော။ —mine, —pit, *n.* ကျောက်မီးသွေးတွင်း။

**Coalery,** *n.* ကျောက်မီးသွေးတွင်းရှိသောအရပ်။

**Coalesce,** *v. i.* to grow into one mass, သမသည်။ တသားတည်းပေါင်းသည်။

**Coalescence,** *n.* from above.

**Coalition,** *n. do.* union of persons or parties, အပေါင်းအသင်းဖွဲ့ခြင်း။

**Coarse,** *a.* —as thread, ရုန့်သော။ —in texture or grain, ကြမ်းသော၊ ရုန့်ကြမ်းသော။ —in language or manners, မယဉ်ကျေး၊ ရိုင်းသော။

**Coarseness,** *n.* from above.

**Coast,** *n.* —of the sea, ပင်လယ်ကမ်းနား။ —of a country, ပြည်စွန်း၊ ပြည်နား။ —*v. i.* ပင်လယ်ကမ်းနားမှာရှောက်သွားသည်။

**Coastwise,** *adv.* ပင်လယ်ကမ်းနားအလိုက်။

**Coat,** *n.* an upper garment, အင်္ကျီ။ the hair of a beast, တိရစ္ဆာန်၏အမွေး။ a cover, layer, အထပ်အလွှာ။ —of arms, ဆွဲတံဆိပ်ပုံကိုရေး၍ထားသောကား။ —of mail, သံချပ်အင်္ကျီ။ inner coat of the stomach, ဝမ်းဆိုးကြမ်း။ —*v. t.* to cover, as with an amalgam, ပွတ်သည်။ to overlay with plate, စိန်းကွပ်သည်။

**Coatee,** *n.* ထိုင်မသိမ်းအင်္ကျီ။

**Coating,** *n.* သုတ်သောဆေး၊ ပွတ်သောဆေးအစရှိသောအရာ။ —of tar, pitch, etc. ဓလိမ်း။

**Coax,** *v. t.* ချော့မော့သည်။ ဖျော့သည်။ (to come round one coaxingly, ဝိုက်ကျွသည်။)

**Coaxingly,** *adv.* ကချွဲကလျှ။ ကချွဲကချွဲ။

**Cob,** (Amer.) *n.* ပြောင်းဖူးအူတိုင်။

**Cobble,** *v. t.* မသေမချာလုပ်သည်။

**Cobler,** *n.* ခြေနင်းဟောင်းကိုဖာသောသူ။

**Cobra,** *n.* မြွေဟောက်။

**Cobweb,** *n.* ပင့်ကူအိမ်။ ပင့်ကူမျှင်။

**Cochineal,** *n.* the insect, ပိုး။ ချိပ်ပိုး။ lac, ချိပ်။

**Cock,** *n.* the male of the hen, ကြက်ဖ။ the male of any bird, ငှက်ထီး။ a spout to let out liquor, သော့ပါသောပြွန်။ —of a gun, မိုင်ပေါင်။ မိုင်ပေါင်မီးမောင်း။ —of a hat, သိုးခြောင့်။ —of hay, မြက်ခြောက်ပုံ။ —crowing, ကြက်တွန်ချိန်။ —fight, ကြက်တိုက်ခြင်း။ —horse, *adv.* on horseback, မြင်းစီးလျက်။ exultingly, ကြွားဝါလျက်။ —loft, *see* Loft. —pit, *n.* the place where cocks fight, ကြက်ဝိုင်း။ the room in the lowest part of a ship of war, တိုက်သင်္ဘော၏အောက်ဆုံးအဆင့်မှာရှိသောအခန်း။ —*v. t.* to set erect, ငေါက်ထောက်ထားသည်။ —a gun, သေနတ်မောင်းတင်သည်။ —a hat, သိုးကိုအခြောင့်ပေါ်အောင်လုပ်သည်။ —hay, မြက်ခြောက်ပုံ ပုံသည်။

Cockade, *n.* သိုးငှက်အမှတ်အသားထားသောအပွင့်။
Cockatrice, *n.* မြွေတမျိုး။
Cock-boat, *n.* သံဘန်ကလေး။
Cockerel, *n.* ကြက်ဖြီးခေါင်ပေါက်။
Cocket, *n.* a custom house seal, အကောက်တံဆိပ်။ a custom house pass, အကောက်စာချုန်။
Cockle, *n.* ယောက်သွားခုံးအမျိုး။
Cockney, *n.* (a cant word.) လန်ဒန်မြို့သား။
Cockroach, *n.* ပိုးဟပ်။
Cock's comb, *n.* the comb of a cock, အမောက်။ ကြက်မောက်။ the plant, ကြက်မောက် (ပင်။); *see* Coxcomb.
Cockswain, *n.* သံဘန်တက်မကိုင်။
Cockup, *n.* ကသပေါင်း။ large kind, ကသမြင်း။
Cocoa, *n.* သဘော်ကုဏ္ဍို။
Cocoa nut, *n.* အုန်းသီး။ one mouthed —, ဧကခွတ်အုန်းသီး။ —meat, အုန်းဆန်။ —milk, အုန်းရည်။
Cocoon, *n.* ပိုးအိမ်။
Coction, *n.* ပြုတ်ခြင်း။
Cod 1, *n.* a pod, ပဲတောင့်။ —2, a species of fish, ငါးတမျိုး။
Code, *n.* —of laws, ဓမ္မသတ်။
Codger, *n.* ပိုးကြီး။
Codicil, *n.* သေတန်းစာနှင့်ထပ်မံ၍သွင်းသောအချက်။
Codle, *v. t.* ပြော့သည်။
Coefficacy, *n.* အကျိုးဖြစ်စေခြင်းငှါဖက်စပ်၍လုပ်သောအရှိန်။
Coefficient, *a.* အကျိုးဖြစ်စေခြင်းငှါဖက်စပ်၍လုပ်သော။
Coefficiency, *n.* from above.
Cœliac, *a.* အူနှင့်စပ်ဆိုင်သော။
Coequal, *see* Equal.
Coerce, *v. t.* အနိုင်အထက်ဆီးတားသည်။
Coercion, *n.* from above.
Coercive, *a.* အနိုင်အထက်ဆီးတားနိုင်သော။
Coessential, *a.* ဓာတ်အဖြစ်တူသော။
Coeternal, *a.* ထာဝရတည်ခြင်းအားဖြင့်တူသော။
Coeval, *a.* အသက်အရွယ်တူသော။
Coexist, *v. i.* တချိန်တကာလတည်းတွင်ဖြစ်သည်။
Coexistence, *n.* from above.
Coextend, *v. i.* ကျယ်ဝန်းခြင်းအားဖြင့်ဖြစ်စေ၊ ရှည်လျားခြင်းအားဖြင့်ဖြစ်စေ၊ တာရှည်ခြင်းအားဖြင့်ဖြစ်စေညီမျှသည်။
Coextension, *n.* from above.
Coffee, *n.* the berry, ကာဖီစေ့။ the liquor. ကာဖီရည်။ —house, ကာ

မီရည်အစရှိသောသောက်ရန်စားရန်ကိုရောင်းသောဆိုင်။ —pot, ကာဖီရည်ထည့်သောကရား။

Coffeewort, *n.* ကြက်ရှမ်း။ ရှုထိ။ ဆောက်။ ခွေး။

Coffer, *n.* ကြေးငွေထည့်သောသစ်တာ။

Coffin, *n.* တလား။

Cog 1, *v. t.* to wheedle in order to deceive, ချော့မော့မျှော်လိမ်လည်သည်။ —a die, အန်စာ၌လိုသောစုက်ရှာကို ရစေခြင်းငှာထည့်မှာထားသည်။ —2, *n.* စက်သွား။

Cogency, *n.* တိုက်တွန်းခြင်းအရှိန်။

Cogent, *a.* တိုက်တွန်းခြင်းအရှိန်ရှိသော။

Cogitate, *v. i.* to think, စိတ်ထင်သည်။ to meditate, ဆင်ခြင်သည်။

Cogitation, *n.* from above.

Cogitative, *a.* ထင်မှတ်တတ်သော။

Cognate, *a.* kindred by birth, ပေါက်ဖော်တော်သော။ of the same family or class, အမျိုးတူသော။

Cognition, *n.* သိခြင်း။

Cognizable, *a.* that may be apprehended, သိအပ်သော။ that may be tried before a court, စစ်ကြောအပ်သော။

Cognizant, *a.* သိမှတ်လျက်ရှိသော။

Cognizance, *n.* a taking notice, သိမှတ်ခြင်း။ recollection, သတိရခြင်း။ judicial trial, စစ်ကြောခြင်း။ right to try judicially, စစ်ကြောရသောအခွင့်။ *in law*, an acknowledgment, ဝန်ခံခြင်း။

Cognomen, *n.* ထပ်ဆင့်၍မှည့်သောအမည်နာမ။

Cohabit, *v. i.* to dwell together, အတူနေသည်။ —as husband and wife, အိမ်ထောင်သင့်သည်။

Cohabitant, *n.* အတူနေသောသူ။

Cohabitation, *n.* from Cohabit.

Coheir, *n.* အမွေခံဖက်။

Cohere, *v. i.* to stick or cling together, *n.* ထက်ါချင်းစွဲကပ်သည်။ to be well connected, suited in connection of parts, စပ်စပ်ဟပ်ဟပ်ရှိသည်။

Coherence, *n.* from above.

Coherent, *a.* from Cohere.

Cohesion, *n.* အချေးချင်းကပ်ခြင်း။

Cohesive, *a.* အချေးချင်းကပ်တတ်သော။

Cohort, *n.* လူ ၅၀၀ ခန့်ပါသောတပ်။

Coif, *n.* ဦးထုပ်တမျိုး။

Coil, *v. t.* ခွေသည်။ ခွေ၍ထားသည်။ —*n.* အခွေ။

Coin, *n.* ဒင်္ဂါး။ —*v. t.* —money, ဒင်္ဂါးခတ်သည်။ —words, စကား

သစ်ကိုလုပ်သည်။ to fabricate, forge, ဇာတိဖြစ်သောအရောင်ဆောင်ဆောင်လုပ်သည်။

Coinage, *n.* making coin, ဒင်္ဂါးခတ်ခြင်း။ coined money collectively, လူများသုံးသောဒင်္ဂါးပေါင်း။ expense of coining money, ဒင်္ဂါးခတ်ခြင်းစရိတ်။ fabrication, forgery, ဇာတိဖြစ်သောအရောင်ဆောင်ဆောင်လုပ်ခြင်း။

Coincide, *v. i.* to fall or meet in the same point, တချက်တည်းထပ်မိ၍နေရာကျသည်။ to agree, concur, တညီတညာတည်းဖြစ်သည်။

Coincidence, *n.* from above; meeting of events in time, ဆုံမိခြင်း။

Coir, *n.* အုန်းဆံ။

Coition, *n.* သံဝါသ၊ မေထုန်။

Coke, *n.* ကျောက်မီးသွေးကိုမီးရှို့၍ရသောမီးသွေး။

Colander, *n.* အရည်အဖတ်ကိုစစ်သောဆန်ခါ။

Cold, *a.* frigid, more than cool, အေးသော၊ ချမ်းသော၊ wanting affection, ချစ်ခြင်းမေတ္တာနည်းသော၊ indifferent, စိတ်အားနည်းသော၊ free from lust, ကိလေသာစိတ်မရှိသော၊ unaffecting, သူတပါးစိတ်ကိုမနှိုးဆော်တတ်သော။ —blooded, having cold blood, သွေးအေးသော၊ without sensibility or feeling, စိတ်အားနည်းသော၊ —hearted, မေတ္တာစိတ်အားနည်းသော၊ —*n.* အေးခြင်း၊ ချမ်းခြင်း၊ catarrh, နှာစေးနာ၊ have a—, *v.* နှာစေးသည်။ take a—, အအေးမိသည်။

Coldness, *n.* from cold, *a.*

Colic, *n.* ဝမ်းကိုက်နာ။

Collapse, *v. i.* ပိန်သွားသည်။ —*n.* from *do.*

Collar, *n.* a ring for the neck, လည်ကွင်း၊ လည်ကပ်၊ any thing tied round the neck, လည်ပတ်၊ the part of a garment that surrounds the neck. အင်္ကျီလည်ခွံ၊ —bone, ညှပ်ရိုး၊ —*v. t.* to put a ring on the neck, လည်ကွင်းကိုစွပ်သည်။ လည်ကွင်းကိုတပ်သည်။ to put on any—, လည်ပတ်ကိုထည့်သည်။ to seize by the —, အင်္ကျီလည်ခွံကိုကိုင်၍ဖမ်းသည်။

Collate, *v. t.* to lay together and compare, (စာ) တိုက်သည်။ (စာ) တည်းသည်။ to confer a benefice, သာသနာအမှုနှင့်ဆိုင်သောအရာ၌ခန့်ထားသည်။

Collateral, *a.* being side by side, နံဘေးချင်းရှည်၍နေသော၊ running parallel, အချည်းအကွာတညီတည်းပြိုင်၍သွားသော၊ indirectly related by birth, တော်စပ်သော၊ not direct or immediate, တိုက်ရိုက်မထုတ်သော၊ concurrent, ညီညွတ်သော။

Collation, *n.* from collate; luncheon, သားရေစာ။

Colleague, *n.* အမှုဆောင်ဖော်ဆောင်ဖက်။

Collect, *v. t.* together, စုသည်၊ စုရုံးသည်။ စုဆောင်းသည်။ (trans.)

စုဝေးစေသည်၊ စုသိမ်းသည်၊ စုထားသည်၊ to demand and receive (debts, taxes, etc.) တောင်းခံသည်၊ to gain from observation, etc. မှတ်၍သိရသည်၊ *v. i.* to come together, စုရုံးသည်။ (intrans.) စုဝေးသည်၊ —one's self, *v. t.* ကိုယ်စိတ်ကိုသိမ်းဆည်းသည်၊ —*n.* ပဌနာတို၊

**Collected**, *a.* not disconcerted, cool, steady, စိတ်ကိုသိမ်းဆည်း၍တည်တံ့သော၊

**Collection**, *n.* the act of gathering, စုခြင်း၊ စုရုံးခြင်း၊ စုဝေးစေခြင်း၊ စုပေါင်းခြင်း။ an assemblage (of persons or things,) အစုအရုံး၊ အစုအဝေး၊ အစုအပေါင်း၊ ဂိုဏ်း၊ ကလာပ်၊ *Pali.* —of money, စုထားသောငွေ၊ things collected and arranged, စုပေါင်း၍ပုံထင်သောအရာ၊ aggregate, အနုတ်၊

**Collective**, *a.* အရာရာစု၍ဖြစ်သော၊

**Collector**, *n.* စုသောသူ၊ etc. *see under* Collect; —of revenue, အခွန်ခံ၊ အခွန်ခေါင်း၊ အခွန်ဝန်၊ —of a port, အကောက်ဝန်၊ sub—, သူကြီး၊

**College**, *n.* an association of learned men, ပညာရှိတို့အပေါင်းအသင်း။ an edifice occupied by the students of the arts and sciences, သိပ္ပံအတတ်သင်ရာကျောင်း။ the teachers and students collectively, သိပ္ပံကျောင်း၌ သင်ပေးသော အရာ၊ သင်ကြားသော တပည့်စု၊

**Collegian**, *n.* သိပ္ပံကျောင်း၌နေသောသူ၊

**Collegiate**, *a.* သိပ္ပံကျောင်းနှင့်စပ်ဆိုင်သော၊

**Collet**, *n.* ကျောက်မျက်ဆိုးစောက်ဆုံး၊

**Collide**, *v. i.* ထိခိုက်သည်၊

**Collier**, *n.* a digger of coal, ကျောက်မီးသွေးကိုတူးယူသောသူ၊ a dealer in coal, ကျောက်မီးသွေးကိုရောင်းသောသူ၊ a coal ship, ကျောက်မီးသွေးတင်သောသင်္ဘော၊

**Colliery**, *n. see* Coalery; the coal trade, ကျောက်မီးသွေးကိုရောင်းခြင်းအမှု၊

**Colliquate**, *v. t.* အရည်ကြိုသည်၊

**Collision**, *n.* from Collide.

**Collocate**, *v. t.* နေရာချထားသည်၊

**Collocation**, *n.* from above; the state of being placed, ချထားသောနေရာ၊

**Collocution**, *n. see* Colloquy.

**Collop**, *n.* စားရန်အသားတတစ်၊

**Colloquial**, *a.* အချင်းချင်းစကားပြောခြင်းနှင့်စပ်ဆိုင်သော၊

**Colloquy**, *n.* တယောက်နှင့်တယောက်စကားပြောခြင်း။

**Collude**, *v. i.* (သူတပါးကို) လိမ်သည်ခြင်းငှါ ထိုင်ပင်၍ သဘောတူ၊ ပရိယာယ်ပြုသည်။

**Collusion**, *n.* from above.

**Collyrium**, *n.* မျက်စဉ်း။

**Collocynth**, *n.* ဝမ်းနုတ်ဆေးတမျိုး။

**Colombo**, *n.* ကောလုမ္ဗိုမြို့ကထွက်သောဆေးမြစ်။

**Colon 1**, *n.* the largest division of the intestines, အူမအပိုင်း။ —2, one mark of punctuation, အင်္ဂလိပ်စာ၌သုံးပိုက်တမျိုး။ (:)

**Colonel**, *n.* ၁၀၀၀ တပ်ကိုအုပ်သောဗိုလ်။

**Colonial**, *a.* ကောလနီအရပ်နှင့်စပ်ဆိုင်သော။

**Colonist**, *n.* ကောလနီအရပ်၌နေရာကျသောသူ။

**Colonize**, *v. t.* နေရင်းပြည်ကထွက်၍ လွှတ်လပ်သောအခြားအရပ်ကိုပြုစုသည်။

**Colonnade**, *n.* a circular range of columns, ဝိုင်းစိုက်သောတိုင်တန်း။ any range, စီစိုက်သောတိုင်တန်း။

**Colony**, *n.* people emigrating, နေရင်းပြည်ရှင်မင်း၏ အုပ်စိုးခြင်းကိုဝန်ခံလျက်နေရင်းပြည်ကထွက်၍လွှတ်လပ်သောအခြားအရပ်၌မြို့ရွာတည်၍နေသောလူစု။ the place colonized, ထိုလူစုနေရာအရပ်၊ ကောလနီအရပ်။

**Color**, *n.* hue, dye, အရောင်၊ အဆင်း။ အရည်၊ အသွေးအရည်။ freshness of face, မျက်နှာလန်းခြင်း။ appearance to the mind, စိတ်ထင်၊ assumed appearance, အရောင်၊ အဟန်၊ အကြွန်၊ species, kind, အမျိုး။ အတည်၊ အဝ၊ coloring stuff, အရောင်တင်ဆေး။ —*v. t.* to put on a color, အရောင်တင်သည်၊ ဆေးသုတ်သည်၊ to dye, ဆေးဆိုးသည်၊ to assume an appearance, အရောင်ဆောင်သည်၊ အဟန်ဆောင်သည်၊ အကြွန်ပြုသည်၊ (as, နှာကြွန်ပြုသည်။)

**Colored**, *a.* having black skin, အဆင်းမည်းသော (သူ။)

**Coloring**, *n.* from Color, *v. t.*

**Colors**, *n. plur.* အလံ၊ ရဲလံ။

**Colossal**, *a.* အလွန်ကြီးမားသော။

**Colossus**, *n.* အလွန်ကြီးမားသောရုပ်တု။

**Colporteur**, *n.* စာအုပ်ကိုလည်၍ရောင်းသောသူ။

**Colt**, *n.* မြင်းကလေး။

**Colter**, *n.* ထယ်ဦး၌ထပ်သောသံသွား။ ထယ်သွားအညှောက်။

**Columbian**, *a* pertaining to Columbia, ကောလုံဗျပြည်နှင့်ဆိုင်သော၊ pertaining to America, အမေရိကပြည်နှင့်ဆိုင်သော။

**Column**, *n.* a round pillar, တိုင်၊ part of a page divided lengthwise, စာမျက်နှာ၌ကန့်ထားသောအကန့်၊ a row of troops, လက်နက်ကိုင်တန်း၍နေသောအတန်း။

**Comatose**, *a.* သွေးထိုင်း၍အိပ်ချင်သော၊

**Comb**, *n.* ဘီး၊ ချပ်ဘီး၊ coarse—, ဘီးကြဲ၊ fine—, ဘီးစိပ်၊ *see also* Cock's comb and Honeycomb. —brush, ဘီးတိုက်တံပွတ်၊ —case, ဘီးအိမ်၊ —of plantains, ငှက်ပျောဖီး၊ —*v. t.* ဘီးနှင့်ဖီးသည်၊ —thread, ခြည်စာသပ်သည်၊

**Combat**, *v. t.* to fight against, တိုက်သည်၊ စစ်ပြိုင်သည်၊ to oppose, ဆီးတားသည်၊ —*n.* from *do.*

**Combatant**, *n.* တိုက်သောသူ၊ စစ်ပြိုင်သောသူ၊

**Combination**, *n.* a union of particulars, စုပေါင်းခြင်း၊ a collection, assemblage, အစုအပေါင်း၊ commixture, ဆက်ဆံ၍ရောနှောခြင်း၊ association, သင်းဖွဲ့ခြင်း၊

**Combine**, *v. i.* to unite, ပေါင်းသည်၊ to commix, ဆက်ဆံ၍ရောနှောသည်၊ to unite in friendship, သင်းဖွဲ့သည်၊ —*v. t.* ပေါင်းစေသည်၊ သင်းဖွဲ့စေသည်၊

**Combustible**, *a.* မီးလောင်တတ်သော၊

**Combustion**, *n.* မီးလောင်ခြင်း၊

**Come**, *v. i.* to move towards, လာသည်၊ (respectful,) ကြွလာသည်၊ to arrive, ရောက်သည်၊ to happen, ဖြစ်လာသည်၊ —about, to happen, ဖြစ်လာသည်၊ to change, ပြောင်းလဲသည်၊ (intrans.) —after, *v. t.* to follow, လိုက်သည်၊ to come to get, ရအောင်လာသည်၊ —again, (return hither,) *v. i.* ပြန်လာသည်၊ —at, *v. t.* to reach, မှီသည်၊ to obtain, မိသည်၊ ရသည်၊ —away, ထွက်လာသည်၊ —back, ပြန်လာသည်၊ —by, (obtain,) *v. t.* ရသည်၊ —down, *v. i.* to descend, ဆင်းလာသည်၊ to be humbled, နှိမ့်ချခြင်းသို့ရောက်သည်၊ —for, *v. t.* ရအောင်လာသည်၊ —forth, *v. i.* ထွက်သည်၊ —from, *v. t.* ထွက်လာသည်၊ —in, *v. i.* to enter, ဝင်သည်၊ (as a new year, နှစ်ကူးသည်၊ နှစ်သစ်တက်သည်၊) to comply, ဝန်ခံသည်၊ to be brought into use, အသုံးဝင်လာသည်၊ to bear young, သားဖွားသည်၊ to bear fruit, အသီးသီးသည်၊ —into, *v. t.* to comply with, ဝန်ခံသည်၊ to join with, အပေါင်းဝင်သည်၊ —near, —nigh, ချဉ်းသည်၊ —of, *v. i.* to proceed from, as a descendant, ဆင်းသက်သည်၊ to proceed from, as an effect, (တစုံတခု)ကြောင့်ဖြစ်သည်၊ —off, to depart from, ကွာလာသည်၊ to get free, လွတ်သည်၊ —on, to advance, တိုးတက်၍လာသည်၊ to increase (intrans.) တိုးပွားသည်၊ to happen to, သင့်ရောက်သည်၊ —out, to proceed from, ထွက်လာသည်၊ to appear, come to light, ပေါ်လာသည်၊ —out as from a hole, ပေါက်သည်၊ —out with, *v. t.* ဖော်ပြသည်၊ —over, ကူးလာသည်၊ —short, *v. i.* to tail of reaching, မမှီဘဲနေသည်၊ to fail ot performing duty, ပြုရ

သောဝတ်ကိုမပြုဘဲနေသည်။ —to, *v. t.* to consent or yield, ဝန်ခံရသည်။ to amount to, စုပေါင်း၍ဤမျှလောက်ဖြစ်ထသည်။ *v. i.* (as from a swoon,) ပြန်သည်။ —to pass, ဖြစ်လာသည်။ —up, to ascend, တက်လာသည်။ (as a tree,) ပေါက်သည်။ —(as a fashion,) အသုံးဝင်လာသည်။ —up to, *v. t.* မှီသည်။ — up with, လိုက်၍မှီသည်။ —upon, တိုက်သည်။ *int.* Come! လာ။

Comedian, *n.* စိတ်ကိုပျော်ရွှင်စေတတ်သောဇာတ်သမား။

Comedy, *n.* စိတ်ကိုပျော်ရွှင်စေတတ်သောဇာတ်။

Comeliness, *n.* from next. ပဋိရူပ။ *Pali.* တင့်တယ်လျောက်ပတ်ခြင်း။

Comely, *a.* goodly, appearing well, လှသော။ တင့်တယ်သော။ proper, becoming, ဖွယ်ရာသော။လျောက်ပတ်သော။

Comet, *n.* ကြယ်တံခွန်။

Comfit, *n.* ခြောက်သောယို။

Comfort, *v. t.* to console, သက်သာစေသည်။ နှစ်သိမ့်စေသည်။ to animate, အားပေးသည်။ —*n.* relief from pain, သက်သာခြင်း။ နှစ်သိမ့်ခြင်း။ the act of animating, အားပေးခြင်း။ that which comforts, သက်သာစေသောအရာ။ နှစ်သိမ့်စေသောအရာ။ that which animates, အားပေးသောအရာ။

Comfortable, *a.* in a state of comfort, သက်သာသော။ ချမ်းမြေ့သော။ affording comfort, သက်သာစေတတ်သော။

Comic, Comical, *a.* pertaining to comedy, စိတ်ကိုပျော်ရွှင်စေတတ်သောဇာတ်နှင့်ဆိုင်သော။ laughable, ရယ်စရာရှိသော။ droll, ပွက်ချော်သော။

Coming, *n.* လာခြင်း။ ရောက်ခြင်း။

Comma, *n.* အင်္ဂလိပ်စာ၌အပိုက်တမျိုး။ ( , )

Command, *v. t.* to speak with authority, မိန့်သည်။ မိန့်တော်မူသည်။ to give direction, to order, ပညတ်သည်။ ဥပဒေထားသည်။ to control, have power over, အစိုးရသည်။ အုပ်စိုးသည်။ to overlook, မြင့်သောအရပ်ကကြည့်၍မြင်နိုင်သည်။ —*n.* a direction, order, mandate, အမိန့်။ အမိန့်တော်။ ပညတ်။ ဥပဒေ။ control, အစိုးရခြင်း။ power of overlooking, မြင့်သောအရပ်ကကြည့်၍မြင်နိုင်ခြင်း။

Commandant, *see* next.

Commander, *n.* အုပ်စိုးသောသူ။ —of a vessel, တရုန်း။ သင်္ဘောသူကြီး။

Commandment, *n.* အမိန့်။ အမိန့်တော်။ ပညတ်။ ဥပဒေ။

Commaterial, *a.* ဓာတ်ချင်းတူသော။

Commemorate, *v. t.* (ဖြစ်ပြီးသောအမှုကို) အမှတ်ရစေခြင်းငှါ အခမ်းအနားပွဲဆင်၍ပွဲလုပ်သည်။

Commemoration, *n.* from above.

Commence, *v. i.* to begin, (intrans.) စသည်။ ဦးသည်။ —speaking, အစချီသည်။ as a new month, လကူးသည်။ as a new year, နှစ်သစ်

တက်သည်။ —earing, အနှံမပေါ်သည်။ to take the first degree in a college, သိပ္ပံကျောင်းမှာအရာကိုခံသည်။ *v. t.* to begin, (trans.) အစပြုသည်။ လုပ်စပြုသည်။ —operation, (as the wind or rain), ဆော်သည်။

**Commencement,** *n.* from above.

**Commend,** *v. t.* to bring to favorable notice, ကောင်းမွန်ခြင်းငှါ ပြောသည်။ to commit with confidence, ယုံကြည်၍အပ်နှံသည်။ to praise, ချီးမွမ်းသည်။ to render acceptable, နှစ်သက်ဖွယ် ဖြစ်စေသည်။ —for a religious performance, သာဓုခေါ်သည်။

**Commendable,** *a.* ချီးမွမ်းဖွယ်ဖြစ်သော။

**Commendation,** *n.* ချီးမွမ်းခြင်း။

**Commendatory,** *a.* ချီးမွမ်းသော။

**Commensurable,** *a.* တိုင်းရခြင်းအားဖြင့်တူသော။

**Commensurate,** *a.* အညီအမျှဖြစ်သော။

**Comment,** *v. t.* အနက်အဓိပ္ပာယ်ကိုဖွင့်ပြသည်။ —*n.* အနက်အဓိပ္ပာယ်ကို ဖွင့်ပြသောအချက်။

**Commentary,** *n.* အနက်အဓိပ္ပာယ်ကိုဖွင့်ပြသောစာ။

**Commentator,** *n.* အနက် အဓိပ္ပာယ် ကို ဖွင့်ပြသောစာကို စီရင် ရေးထား သောသူ။

**Commerce,** *n.* traffic, ကုန်သွယ်ခြင်း။ ဖောက်ကား ရောင်းဝယ်ခြင်းအမှု။ mutual intercourse, သိကျွမ်း၍ဆက်ဆံခြင်း။ sexual connection, သံဝါသပြုခြင်း။

**Commercial,** *a.* ဖောက်ကားရောင်းဝယ်ခြင်းအမှုနှင့်ဆိုင်သော။

**Commingle,** *v. i.* ပြွမ်းနှောသည်။ *v. t.* ပြွမ်းနှောစေသည်။

**Comminute,** *v. t.* ကြေအောင်ကြိတ်သည်။

**Commiserate,** *v. t.* သနားသည်။ ကြင်နာသည်။

**Commiseration,** *n.* from above.

**Commissary,** *n.* a commissioner, အရေးပိုင်။ the officer who has charge of furnishing provisions, etc, for an army, တပ်ဦး ရိက္ခာထောက်ကျိုး။

**Commissariat,** *n.* တပ်ဦးရိက္ခာထောက်ကျိုးနှင့်ဆိုင်သောအမှုများ။

**Commission,** *n.* the act of committing, ထွဲအပ်ခြင်း။ the act of appointing. ခန့်ထားခြင်း။ letters patent. ထွဲအပ်သောစာ။ ခန့်ထား သောစာ။ charge, authority given, ခန့်ထားသောအရာ။ persons joined in an office or trust, အမှုရှင်ထွဲအပ်၍ခန့်ထားသဖြင့်အမှု ကိုဆောင်ပိုင်သောလူစု။ authority to act as an agent in trade, ဥစ္စာရှင်ထွဲအပ်၍ကိုယ်စားလှယ်ပြုရသောအခွင့်။ factorage, ကိုယ်စား လှယ်ခ။ ပွဲခ။ —of a fault, အပြစ်ပြုမိခြင်း။ —merchant, *n.* ကုန် သည်ကိုယ်စားလှယ်။ —*v. t.* အခွင့်ပေး၍ခန့်ထားသည်။ send on business, စေခိုင်းသည်။ စေစားသည်။

**Commissioner,** *n.* အခွင့်တွဲအပ်၍ခန့်ထားသဖြင့်စီရင်ပိုင်သောအရေးပိုင်။
**Commissure,** *n.* အစပ်၊စပ်ကြောင်း။
**Commit,** *v. t.* to give in trust, အပ်သည်။ အပ်နှံသည်။ to transfer to (another,) တွဲအပ်သည်။ to put, deposit, ထည့်သည်။ ထားသည်။ to deliver over to confinement, ချုပ်ထားစေခြင်းငှါအပ်သည်။ to do what cannot be recalled, ပြန်၍မယူနိုင်အောင်ပြုမိသည်။ —a fault, အပြစ်ပြုသည်။ ပြုမိသည်။ —one's self by word, စကားတွယ်သည်။
**Commitment,** *n.* from above.
**Committal,** *n.* လှောင်ထားစေခြင်းငှါအပ်ခြင်း။
**Committee,** *n.* သူတပါးတွဲအပ်၍အမှုကိုဆောင်ရသောသူ။
**Commix,** *see* Commingle.
**Commixture,** *see* Mixture.
**Commode,** *n.* ကျင်ကြီးစွန့်အိုးပါသောကုလားထိုင်။
**Commodious,** *a.* အသုံးတည့်သော။
**Commodiousness,** *n.* from above.
**Commodity,** *n.* ကုန်။
**Commodore,** *n.* တိုက်သင်္ဘောစုကိုအုပ်သောဗိုလ်။
**Common,** *a.* belonging to a people generally, လူများဆိုင်သော။ လူများဆက်ဆံသော၊ပုံပါသကဆိုင်သော၊သင်္ဃိကဖြစ်သော။ belonging to the public, အရှင်မရှိ၊ အလိုရှိသောသူယူသုံးရသော။ အသာဓိကာဖြစ်သော။ ordinary, usual, လူများပြုတတ်သော။ လူများ၌ဖြစ်တတ်သော၊ မပြတ်မပြတ်ဖြစ်တတ်သော။ ordinary, undistinguished, သာမည။ နှင်နှင်။ in—, *adv.* ဆက်ဆံသည်နှင့်။ —council *n.* မြို့ဝန်၏ဘိုင်ပင်အရာရှိစု။ —law, ထုံးဟောင်း။ —place, စာ၌မှတ်သောအချက်။ *a.* ထူးထွင်းသောညာဏ်မရှိဘဲလူများသိတတ်၊ ပြောတတ်သော (အရာ။) —place, (religious instruction,) ဝေါဟာရ (ဒေသနာ။) —pleas, (court of,) *n.* ရုံးအရာရှိမင်းတမျိုး။ —sense, လောကီအကျိုးအကြောင်း၊ အမှုအရာများကိုပိုင်းခြား၍နားလည်တတ်သောညာဏ်။ —ပုံပါသကဆိုင်သောမြေကွက်။
**Commonalty,** *n.* မှူးမတ်မဟုတ်သောလူစု၊ ဆင်းရဲသားစု။
**Commoner,** *n.* one of the common people, မှူးမတ်မဟုတ်သောသူ၊ ဆင်းရဲသား။ a representative of the common people, အင်္ဂလိတ်ပြည်မှာဆင်းရဲသားပိုင်းကရွေးကောက်၍လွှတ်တော်၌စီရင်ရသောအခွင့်နှင့်ခန့်ထားသောအရာရှိ။
**Commonly,** *adv.* usually, ဖြစ်တတ်သည်နှင့်။ for the most part, အစဉ်မပြတ်လို့ပင်။
**Commonness,** *n.* မပြတ်မပြတ်ဖြစ်တတ်ခြင်း။
**Commons,** *n.* the common people, ဆင်းရဲသားများ။ House of Commons, အင်္ဂလိတ်ပြည်မှာအောက်လွှတ်တည်းဟူသော၊ ဆင်းရဲသားပိုင်း။

ကရွေးကောက်၍လွှတ်တော်၌စီရင်ရသောအရာရှိစု။ food provided at a common table, အတူစားသောက်သောသူတို့အမျှဖွင့်ဆင်သော စားဘွယ်သောက်ဘွယ်။

**Commonwealth**, *n.* civil polity, ပြည်နိုင်ငံတည်ခြင်းအရာ။ the public, ပြည်သူပြည်သားစု။ a republic, ပြည်သူပြည်သားသမတရွေးကောက်ထား သောမင်းအုပ်စိုးသောပြည်။

**Commotion**, *n.* agitation, လှုပ်ရှားခြင်း။ tumult, disturbance, ရုန်းရင်းခတ်မှုပြုခြင်း။

**Commune**, *v. i.* to converse familiarly, ဆက်ဆံ၍စကားပြောသည်။ (Amer.) to partake of the Lord's supper, သခင်ဘုရားပွဲတော် ကိုဝင်၍စားသောက်သည်။

**Communicant**, *n.* သခင်ဘုရားပွဲတော်ကိုဝင်၍စားသောက်သောသူ။

**Communicate**, *v. t.* to share with another, ဝေမျှပေးကမ်းသည်။ to give information, သိတင်းပြောသည်။ ကြားပြောသည်။ ပြန်ကြား သည်။ *v. t.* to have a communication, လမ်းဖွင့်လျက်ရှိသည်။ to have intercourse, စာအားဖြင့်ဖြစ်စေ၊ စကားအားဖြင့်ဖြစ်စေ၊ တယောက်နှင့်တယောက်ကြားပြောလျက်ရှိသည်။ to have in common, ဆက်ဆံသည်။ to partake of the Lord's supper, သခင် ဘုရားပွဲတော်ကိုဝင်၍စားသောက်သည်။

**Communicated (be)**, *v. i.* as some quality from one to another, ခတ်ကူးသည်။

**Communication**, *n.* a passage, တအက်မှတအက်သို့ကူးသွားရာလမ်း။ the act of imparting, ဝေမျှပေးကမ်းခြင်း။ intercourse, တယောက်နှင့်တယောက်ကြားပြောခြင်း။ that which is communicated, ကြားပြောသောအရာ။

**Communicative**, *a.* disposed to impart, ဝေမျှပေးကမ်းတတ်သော။ disposed to give information, ကြားပြောတတ်သော။

**Communion**, *n.* fellowship, ပေါင်းဖော်ဆက်ဆံခြင်း။ friendly union, မိဿဟာယဖွဲ့ခြင်း။ a partaking of the Lord's supper, သခင် ဘုရားပွဲတော်ဝင်ခြင်း။ Christians united in faith and worship, ကိုးကွယ်ခြင်းနည်းတူသောတပည့်တော်စု။

**Community**, *n.* common possession, ဆက်ဆံခြင်း။ the public, ပြည် သူပြည်သားများ။

**Commutable**, *a.* ထပ်လဲနိုင်သော။

**Commutation**, *n* exchange, ထပ်လဲခြင်း။ change, ပြောင်းလဲခြင်း။

**Commute**, *v. t.* to exchange, ထပ်သည်။ လဲသည်။ to exchange one punishment for another of less severity, ကြီးသောဒဏ်အစား ငယ်သောဒဏ်ကိုပေးသည်။

**Compact'**, *a.* closely united in one mass, တဖိုန်းတည်းဖြစ်သော။ well arranged, in close compass, ကျစ်လစ်သော။ သိပ်သည်းသော။

—(style,) အကျဉ်းချုပ်၍ပြောသော (စကား။) —*v. t.* တပေါင်းတည်းဖြစ်စေအောင်ပြုသည်။ တဖိနှိပ်တည်းဖြစ်စေအောင်ပြုသည်။

Com′pact, *n.* သဘောတူဝန်ခံချက်။

Compactly, *adv.* အိပ်အိပ်သည်းသည်း။

Compactness, *n.* from Compact, *a.*

Companion, *n.* အပေါင်းအဖော်။ အပေါင်းအဖက်။ —from childhood, ငယ်ကျွမ်း။ ငယ်ပေါင်း။ သူငယ်ချင်း။

Companionable, *a.* ပေါင်းဖော်ရကောင်းသော။

Companionship, *n.* ပေါင်းဖော်ခြင်းအရာ။

Company, *n.* a collection. အစု။ အစုအပေါင်း။ an assembly, စုဝေးသောလူစု။ guests, ဧည့်သည်များ။ society, ပေါင်းဖော်သောလူစု။ keeping company, ပေါင်းဖော်ခြင်း။ a society, အပေါင်းအသင်း။ အဘောင်း။ —of merchants, ကုန်ဖက်စု။ —of soldiers, လူ၁၀၀ရှိသောတပ်။ the crew of a ship, သင်္ဘောတစင်းတွင်ပါသောသင်္ဘောသားစု။ the East India Company, အိန္ဒိယတိုင်းကိုစိုးရင်အုပ်စိုးသောမင်းစု။ အိန္ဒိယကုမ္ပဏီ။ bear—, *v. t.* (သူ) နှင့်အတူလိုက်သည်။ keep—, *v. i.* ပေါင်းဖော်သည်။ receive—, *v. t.* ဧည့်ခံသည်။ —*v. i.* ပေါင်းဖော်သည်။

Comparable, *a.* ပြိုင်နှိုင်းရကောင်းသော။

Comparative, *a.* ပြိုင်နှိုင်း၍သိမှတ်နိုင်ဖွယ်ဖြစ်သော။

Compare, *v. t.* —the likeness or unlikeness, ပြိုင်နှိုင်းသည်။ နှိုင်းရှည်သည်။ နှိုင်းနှုန်းသည်။ to liken, ပုံခိုင်းသည်။ ပုံပြသည်။ ခိုင်းနှိုင်းသည်။ —together, တိုင်းရှည်သည်။ lay together, တိုက်တည်းသည်။ *v. i.* to be like or equal, တူသည်။ မျှသည်။ —*n.* *see* next.

Comparison, *n.* from Compare, *v. i.*; similitude, ဥပမာ။ the state of being compared, ပြိုင်နှိုင်း၍ထားသောအနေ။

Compart, *v. t.* အကန့်အကွက်လုပ်သည်။

Compartment, *n.* အကန့်အကွက်။ —on a play-board, ကျားကွက်။

Compass, *v. t.* to encircle with the arms, ပတ်သည်။ to surround, environ, ရံသည်။ ဝန်းသည်။ ဝိုင်းသည်။ to go round လှည့်ပတ်သည်။ to obtain, မိသည်။ ရသည်။ to purpose, ကြံရွယ်သည်။ —*n.* a circle, round, အဝန်း။ အဝိုင်း။ the girth of a cylindrical body, လုံးပတ်။ a going round, လှည့်ပတ်ခြင်း။ a curving round, ဝိုက်သွားခြင်း။ the path passed in going round, လှည့်ပတ်ရာလမ်း။ the space enclosed in said path, လှည့်ပတ်ရာလမ်းအတွင်းအရပ်။ a limited space, ကန့်ကွက်သောအရပ်။ extent of reach, မှီနိုင်ရာအရပ်။ —of voice, အသံခြင်းဆိုရာ၌လိုက်၍မှီနိုင်ရာ။ the mariner's compass, အိမ်မြှောင်အိမ်။ a pair of compasses, ကွန်ပါ။

**Compasses,** *n. plur. see* last def.
**Compassion,** *n.* ကရုဏာ၊သနားခြင်း။
**Compassionate,** *a.* ကရုဏာသက်တတ်သော၊ သနားတတ်သော၊ —*v. t.* သနားသည်၊
**Compatible,** *a.* ညီလျှော်သော၊
**Compatibility,** *n.* from above.
**Compatriot,** *n.* မြို့သားချင်း။
**Compeer,** *n.* an equal in rank, အရာချင်းတူသောလူ၊ a companion, အပေါင်း၊
**Compel,** *v. t.* အနိုင်အထက်ပြုသည်၊
**Compellation,** *n.* style of address, နှုတ်ဆက်ခြင်းအနည်း။ a substitute for the name of a person, in addressing him, နှုတ်ဆက်ရာတွင်သူနာမကိုမထုတ်ဘဲနာမအစားသုံးသောစကား။
**Compend,** *n.* အကျဉ်းချုပ်သောစာ၊
**Compendious,** *a.* အကျဉ်းချုပ်သော။
**Compendium,** *see* Compend. —of Scripture, *n.* ကျမ်းပေါင်းမှတ်စု၊
**Compensate,** *v. t.* to reward for service, ဆုချသည်၊ to make amends for, အစားပေးသည်၊ to give in consideration of losses incurred, အလျော်အစားပေးသည်၊ to give in consideration of suffering incurred, ဆင်းရဲခံသည်အတွက်အကျိုးကိုပေးသည်၊
**Compensation,** *n.* from above; that which is given, ပေးသောအရာ၊ အလျော်အစား။ to make —, *v.* အလျော်အစားမြိုက်သည်၊ *see* Damages.
**Compensative,** *a.* အစားပေးသော၊
**Compete,** *v. i.* ပြိုင်သည်၊
**Competence,** Competency, *n.* sufficiency, သုံးလောက်သောဥစ္စာ၊ adequacy, capacity, နိုင်ခြင်း၊ တတ်နိုင်ခြင်း။ qualification, right, (ပြု) ပိုင်သောအခွင့်၊ have a—, *v. i.* ကိုတန်သည်၊
**Competent,** *a.* sufficient, လောက်သော၊ သုံးလောက်သော၊ capable, နိုင်သော၊ တတ်နိုင်သော၊ qualified, (ပြု) ပိုင်သောအခွင့်ရှိသော၊ belonging to. စပ်ဆိုင်သော၊
**Competition,** *n.* ပြိုင်ခြင်း။
**Competitor,** *n.* ပြိုင်သောသူ၊
**Compilation,** *n.* စာအစောင်စောင်တို့ကနှုတ်ထုတ်၍စီရင်ရေးထားသောစာ၊ အကျဉ်း။
**Compile,** *v. t.* to collect and arrange in a book, စာအစောင်စောင်တို့ကနှုတ်ထုတ်၍စီရင်ရေးထားသည်၊ to compose, စာစီသည်၊
**Complacence,** Complacency, *n.* a being pleased with, နှစ်သက်ခြင်း။ a being gratified with, အားရခြင်း။ a feeling complacent, ကြည်ညိုခြင်း။ သဒ္ဓါခြင်း။

Complacent, *a.* နှစ်သက်မြင်းရှိသော၊ *see also* Complaisant.

Complain, *v. i.* to lament, မြည်တမ်းသည်၊ —with expressions of regret, တယူသည်၊ တသသည်၊ to find fault, မြည်တွန်သည်၊ to inform against, တိုင်တန်းသည်၊ to present an accusation, တရားစွဲဆိုသည်၊ တရားစစ်ဆေးသည်၊ to lodge a complaint in writing, စာထားသည်၊ စာစွဲသည်၊

Complainant, *n.* တရားလို၊

Complaint, *n.* from Complain; disease, အနာရောဂါ၊

Complaisance, *n.* from next.

Complaisant, *a.* ယဉ်ကျေးသော၊ လောကဝတ်ပြုတတ်သော၊ သူအလိုသို့လိုက်ချင်သော၊

Complement, *n.* ပြည့်စုံရာ၊

Complementary, *a.* ပြည့်စုံစေသော၊

Complete, *a.* full, perfect, ပြည့်စုံသော၊ စုံလင်သော၊ finished, ပြီးစီးသော၊ fulfilled in time, စေ့သော၊စေ့စုံသော၊ —*v. t.* to make full, perfect, ပြည့်စုံသည်၊ စုံလင်စေသည်၊ to finish, ပြီးစီးစေသည်၊ ထက်စသတ်သည်၊

Completely, *adv.* အကုန်၊ အကုန်အစင်၊ အစုံအလင်၊ စုံလင်စွာ၊ fully, တင်းကျမ်း၊ perfectly, အသေ၊ without exception, အချပ်စုံ၊

Completeness, *n.* from Complete, *a.*

Completion, *n.* from Complete, *v. t.* သမ္မတ္တိ၊ အပြီး၊ —of a line of poetry, ပဒဝုဇ္ဇ၊ to—, ပြီးဆောင်၊

Complex, *a.* composed of two or more parts, not simple, မူလမစင်သော၊ နှစ်ခု၊ သုံးခုပေါင်းလျက်ရှိသော၊ involved, difficult, ရှုပ်ထွေးသော၊

Complexion, *n.* color, အရောင်အဆင်း၊ the color of the face, မျက်နှာ၏အရောင်အဆင်း၊ temperament of body, ကိုယ်ကာယ၏သဘော၊

Complexity, Complexness, *n.* from Complex.

Compliance, *n.* from Comply.

Compliant, *a.* (သူအလို) သို့လိုက်တတ်သော၊

Complicate, *a.* အင်္ဂါရှက်တင်များပြားသော၊ —*v. t.* from next.

Complicated (be,) *v. i.* ကမ္မဋ္ဌာန်တန်ဆာကျယ်၍ရှုပ်ထွေးသည်၊

Complication, *n.* from Complicate, *a.* and *v. t.*

Compliment, *v. t.* praise, လောကဝတ်စကားအားဖြင့်ချီးမွမ်းသည်၊ to congratulate, သူအကျိုးကိုမြင်၍ အားရဝမ်းမြောက်သောစကားနှင့်သူကိုနှုတ်ဆက်သည်၊ —*n.* from *do.*

Complimentary, *a.* from Compliment, *v. t.*

Complot, *v. i.* မကောင်းသောအကြံနှင့်တိုင်ပင်၍သင်းဖွဲ့သည်၊ —*n.* from *do.*

**Comply,** *v. i.* to consent, ဝန်ခံသည်။ to follow the wishes of another, သူအလိုသို့လိုက်သည်။ လိုက်စားသည်။

**Component,** *a.* တလုံးတခုတည်းစုပေါင်းသောအရာနှင့်စပ်ဆိုင်သော။ —part, *n.* အစိတ်။

**Comport,** *v. i.* တော်သည်။ လျော်သည်။ သင့်သည်။ —one's self, *v. t.* ကျင့်ဆောင်ပြုမူသည်။

**Compos mentis,** *a.* စိတ်မပေါ့သွတ်၊ အကောင်းသာရှိသော။

**Compose,** *v. t.* to unite several things in one, များသောအရာတို့ကို စုပေါင်း၍တလုံးတခုတည်းဖြစ်စေခြင်းစီရင်သည်။ to constitute or form as parts of a whole, တလုံးတခုတည်းစုပေါင်းသောအရာစု တွင်ဝင်သည်။ to dispose, arrange, စီစဉ်သည်။ ပျင်ဆင်သည်။ to quiet, ငြိမ်းစေသည်။ to settle (a difficulty,) နှစ်ဖက်သဘောတူ၍လျှော့သဖြင့်၊ (အမှုကို) ဖြေသည်။ —the mind, နှစ်သိမ့်စေသည်။ —the countenance, မျက်နှာပိုးသတ်သည်။ —music, သီခြင်းသံကိုအစဉ်သင့်ထားသည်။ —types, ပုံစီသည်။ —writing, စာစီသည်။ ရေးထားသည်၊ စပ်ဆိုသည်၊ စီကုံးသည်။

**Composed,** *a.* —in spirit, ငြိမ်သက်သော။ —in manner, ဣန္ဒြေဆောင်သော။ —in countenance, မျက်နှာထားကောင်းသော။ to become—. နှစ်သိမ့်သည်။

**Composition,** *n.* the uniting of several things in one, များသောအရာတို့ကိုစုပေါင်း၍တလုံးတခုတည်းဖြစ်စေခြင်းစီရင်ခြင်း။ a disposing in order, စီစဉ်ခြင်း။ order, အစီအစဉ်။ the act of forming tunes, သီခြင်းသံကိုအစဉ်သင့်ထားခြင်း။ a musical piece, အစဉ်သင့်ထားသောသီခြင်းသံ။ the act of setting types, ပုံစီခြင်း။ the act of writing as an author, စာစီခြင်း။ a writing, စီသောစာ။ a combination, ဆက်ဆံ၍ရောနှောသောအရာ။ mutual concession, အချင်းချင်းဝန်ခံခြင်း။ the act of discharging a debt, by paying part, ကြွေးရှင်လျှော့၍ခံသော့ကြောင့်ကြွေးအရှိကိုသာပေးခြင်း။

**Compositor,** *n.* စာပုံစီသောသူ။

**Compost,** *n.* မြေဩဇာဆောင်နောက်ချေးအစရှိသည်တို့ကိုရောနှောသောအရာ။

**Composure,** *n.* a settled state of mind, ငြိမ်သက်ခြင်း။ the act of composing writing, စာစီခြင်း။ a piece of writing, စီသောစာ။

**Compotation,** *n.* ပွဲဖွဲ့၍သောက်ခြင်း။

**Compound,** *v. t.* to compose of several ingredients, ရောနှောစုပေါင်းသည်။ *v. t.* and *v. i.* to settle (a difficulty,) by compromise, နှစ်ဖက်သဘောတူ၍လျှော့သဖြင့် (အမှုကို) ဖြေသည်။ to discharge a debt by paying part, ကြွေးရှင်လျှော့၍ခံသော့ကြောင့်ကြွေးစားလျှော့၍ပေးသည်။ to bargain in the lump, ဝုတ်ပြတ်အမှု၌ဝန်ခံသည်။ —*a.* composed of two or more ingredients, not simple, မှုသမခစ်သော၊ အများစုပေါင်း၍ဖြစ်သော၊ —*n.* something formed by the mixture of several ingredients, ရောနှောသောအရာ၊ (East Indian,) an inclosure, ဝင်း။

Comprehend, *v. t.* to comprise, contain, ငုံသည်၊ ပါဝင်သောအရာကိုခံသည်၊ to understand, နားလည်သည်၊ မိတ်ငုံမိသည်၊

Comprehensible, *a.* that may be comprised, ပါဝင်နိုင်သော၊ intelligible, နားလည်လွယ်သော၊

Comprehension, *n.* the act of comprising, ပါဝင်သောအရာကိုခံခြင်း power of understanding, ဉာဏ်၊ နားလည်နိုင်သောအစွမ်း။

Comprehensive, *a.* capable of containing much, များစွာဆံ့သော၊ of extensive understanding, ဉာဏ်ကျယ်သော၊

Compress′, *v. t.* to squeeze, ညှစ်သည်၊ to force into a narrower compass, သိပ်သည်၊ သိပ်သည်းသည်၊ to press down, ဖိသည်၊ နှိပ်သည်၊

Com′press, *n.* အနာစည်းသောဖုံး။

Compression, *n.* from Compress, *v. t.*

Compressure, *see* Pressure.

Comprise, *v. t.* ငုံသည်၊ ပါဝင်သောအရာကိုခံသည်၊

Comprised (be,) *v. i.* —in a writing, ပါထသည်၊ ပါရှိသည်၊

Compromise, *v. t.* to settle (a difficulty) by mutual concession, နှစ်ဖက်သဘောတူ၍လျှော့သဖြင့် (အမှုကို) ဖြေသည်၊ to commit by some improper concession, မလျှော့သင့်ဘဲလျှော့၍ပြုမိသည်၊—*n.* from *do.*

Compulsion, *n.* အနိုင်အထက်ပြုခြင်း။

Compulsive, Compulsory, *a.* အနိုင်အထက်ပြုတတ်သော၊

Compunction, *n.* နောင်တရခြင်း။

Compunctious, *a.* နောင်တရခြင်းနှင့်စပ်ဆိုင်သော၊

Computable, *a.* capable of being counted, ရေတွက်နိုင်ဖွယ်၊ capable of being computed, တွက်နိုင်ဖွယ်၊

Computation, *n.* from next; a counted number, အရေအတွက်၊ တွက်ချက်၊ —without the use of figures, နှုတ်တွက်၊

Compute, *v. t.* to count, ရေတွက်သည်၊ —by algebraic signs, ရုပ်တွက်သည်၊ —without the use of figures, နှုတ်တွက်တွက်သည်၊ to calculate, တွက်သည်၊ ခြင့်ချိန်သည်၊ to estimate in the mind, ခြင့်တွက်သည်၊

Comrade, *n.* အပေါင်းအဖော်၊ အပေါင်းအဖက်၊

Con 1, *adv.* on the opposite side, တဖက်မှာ၊ —1, *n.* one who is on the opposite side, တဖက်မှာနေသောသူ၊ —2, *v. t.* to fix in the mind, နှစ်လုံးပိုက်မိအောင်သင်သည်၊

Concatenate, *v. t.* ကွင်းချင်းဆက်သကဲ့သို့စည်၍ဆက်သည်၊

**Concatenation**. *n*. from above.

**Concave**, *a*. ခွက်သော၊ —as a spot of ground, ချိုင့်သော၊ slightly—. ဖိမ့်သော၊ မွိုက်သော၊ —*n*. ခွက်ရာ၊ —*v. t*. ခွက်စေသည်၊

**Concavity**, *n*. a being concave, ခွက်ခြင်း။ that which is concave, ဂွက်ရာ၊ အခွက်။ a hollow place, အခေါင်း။ —of a mortar, ဆုံကျည်၊

**Concavo-concave**, *a*. နှစ်ဖက်ခွက်သော၊

**Concavo-convex**, *a*. တဖက်ခွက်၍တဖက်ခုံးသော၊

**Conceal**, *v. t*. to keep from being known, ထိမ်သည်၊ ထိမ်ချန်သည်၊ တိမ်ဝှက်သည်၊ to screen from view. ကွယ်သည်၊ —by subterfuges, ကွက်ထောင့်သည်၊ ထောင့်ဝှက်သည်၊ (trans.) to hide, secrete, ဝှက်သည်၊ ဝှက်ထားသည်၊ ကွယ်ဝှက်သည်၊ ပွက်သည်၊ —one's self, ပုန်းသည်၊ ပုန်းရှောင်သည်၊ ငြိုသည်၊ (to be completely concealed, ပုန်းကွယ်သည်၊)

**Concealment**, *n*. from above; a place of concealment, ပုန်းရှောင်ရာအရပ်၊

**Concede**, *v. t*. to admit to be true, မငြင်းဘဲနေသည်၊ to yield a point, လျှော့၍နေရာပေးသည်၊ လျှော့၍ဝန်ခံသည်၊

**Conceit**, *v. t*. စိတ်ထင်သည်၊ —*n*. a thought, စိတ်ထင်၊ a groundless imagination, ထင်စရာအကြောင်းမရှိဘဲထင်သောအထင်၊ a vain fancy, အချည်းနှီးသောအထင်၊ an odd eccentric thought, သူတပါးမထင်၊ ထူးခြားသောအထင်၊ a laughable idea, ရယ်ဖွယ်သောအထင်၊ self-conceit, ကိုယ်မြတ်သည်ဟုအထွဲထင်သောအထင်၊ be out of —with, *v. t*. စိတ်ကုန်သည်၊

**Conceited**. *a*. entertaining a flattering opinion of one's self, ကိုယ်မြတ်သည်ဟုအလွဲထင်တတ်သော၊ ထောင်လွှားသော၊

**Conceivable**, *a*. that may be imagined, အာရုံထင်ဖွယ်သော၊ that may be understood, နားလည်နိုင်ဖွယ်သော၊

**Conceive**, *v*. to receive in the womb, ပဋိသန္ဓေစွဲသည်၊ to form an idea, အာရုံထင်သည်၊ to get an idea of, အကြံရသည်၊ to think, စိတ်ထင်သည်၊

**Concentrate**, *v. t*. အုံ၍စုထားသည်၊

**Concentration**, *n*. from above.

**Concentre**, *v. i*. အလယ်ချက်မှာချည်း၍စုဝေးသည်၊ *v. t*. အထယ်ချက်မှာချည်း၍စုထားသည်၊

**Concentric**, *a*. အလယ်ချက်တချက်တည်းဖြစ်သော (စက်ဝိုင်း။)

**Conception**, *n*. the act of conceiving, ပဋိသန္ဓေစွဲခြင်း။ the state of being conceived, ပဋိသန္ဓေနေခြင်း။ the act of forming an idea, အာရုံထင်ခြင်း။ the act of getting an idea, အကြံရခြင်း၊

the act of understanding, နားလည်ခြင်း၊ သိခြင်း။ an odd thought, ထူးခြားသောစိတ်ထင်။

Concern, *v. t.* to relate to, စပ်ဆိုင်သည်။ to interest the feelings, စိတ်ကိုနှိုးဆော်သည်။ *n.* that which relates to. ဆိုင်သောအမှု၊ that which ( one ) must attend to, ကြည့်ရှုဆောင်ရန်အမှု၊ business, အမှု၊ အခင်း။ အခွင့်၊ အရေး၊ importance, အမှုအသားကြီးခြင်း။ solicitude, စိုးရိမ်ခြင်း၊ စိုးနှောင့်ခြင်း။

Concerned (be,) *v. i.* စိုးရိမ်သည်၊ ကြောင့်ကြသည်၊ be—, [in *or* with] *v. t.* ဆိုင်သည်။

Concernedly, *adv.* တလှိုံ့နွေးနွေး၊ တအိုံ့နွေးနွေး။

Concerning, *prep.* ဆိုင်လျှက်၊ စပ်ဆိုင်လျှက်၊ အကြောင်းအရာနှင့်ဆိုင်လျှက်။

Concernment, *see* Concern, *n.*

Concert', *v. t.* တိုင်ပင်၍စီရင်သည်။ ညီညာ၍ပြုသည်။

Con'cert, *n.* from above ; several performers singing or playing in harmony, တီးမှုတ်သံ၊ သီခြင်းသံပြိုင်ဆိုခြင်း။

Concession, *n.* from Concede; the point yielded, လျှော့၍ပေးသောနေရာ။ acknowledgement, confession, ဝန်ချခြင်း။

Conch, *n.* ခရုခွံ၊ ယောက်သွားခွံ အစရှိသောရေဘိရိန္တာန်တို့၏အခွံ။

Conchologist, *n.* ကုံခေါလဂျိအတတ်ပညာကိုပြုစုသောဆရာ။

Conchology, *n.* ကုံခေါလဂျိအတတ်ပညာ။ ခရု၊ ယောက်သွားမှစ၍အခွံပါသော တိရိန္တာန် အမျိုးမျိုးကို သိအံ့သောငှါ သင်ကြား လေ့ကျက် သော အတတ်ပညာ။

Conciliate, *v. t.* ကြေချမ်းအောင်ပြုသည်။

Conciliation, *n.* Conciliatory, *a.* from above.

Concise, *a.* ကျဉ်သောအနက်ကိုအကျဉ်းအားဖြင့်ချုပ်သော ( စကား။ ) အကျဉ်းအားဖြင့်စီရင်သော။

Conciseness, *n.* from above.

Concision, *n.* ဖြတ်ပြစ်ခြင်း။

Conclave, *n.* a private apartment, ဆိတ်ကွယ်ရာအခန်း။ a close meeting, ဆိတ်ကွယ်ရာအခန်း၌စည်းဝေးသောလူစု။

Conclude, *v. t.* to shut up, ပိတ်သည်။ to decide, ဆုံးဖြတ်သည်။ to finish, ပြီးစီးစေသည်။ လက်စသတ်သည်။ to infer, အရာတခုကိုထောက်ရှု၍တခုကိုသိရသည်။ —*v. i.* to come to an end, ကုန်သည်။ to settle opinion, သဘောချသည်။ to come to a conclusion, အထင်ရောက်သည်။

Conclusion, *n.* an end, အဆုံး။ a decision, ဆုံးဖြတ်ခြင်း။ an inference, အရာတခုကိုထောက်ရှု၍တခုကိုသိရသောအချက်။ the act of settling (one's) opinion, သဘောချခြင်း။

Conclusive, *a.* ဆုံးဖြတ်သော။

**Concoct**, *v. t.* to digest, (အစာကို) ချေသည်၊ to ripen, မှည့်စေသည်၊
**Concoction**, *n.* from above.
**Concomitant**, *n.* အတူပါသော၊
**Concord**, *n.* agreement, (of things,) ညီညာခြင်း၊ ညီညွတ်ခြင်း၊ friendly agreement, သင့်တင့်ခြင်း၊ a compact, သဘောတူဝန်ခံချက်၊ harmony of sounds, အသံညီခြင်း၊
**Cancordance**, *n.* စာစောင်၌ ပါသောစကားတို့ကို တွေ့လွယ်အောင် အသီးအသီးနေရာနှင့်တကွသရဖွည်းအစဉ်အတိုင်းစီရင်ရေးထားသောစာ၊
**Concordant**, *a.* ညီညာသော၊ သင့်တင့်သော၊
**Concordat**, *n.* သဘောတူဝန်ခံချက်၊
**Concourse**, *n.* a coming together, စုပေါင်းခြင်း၊ a collection, assembly, အစုအပေါင်း၊ အစုအဝေး၊ a place of meeting, စုပေါင်းရာ၊
**Concrescence**, *n.* from next.
**Concrete**, *v. i.* စေးကပ်၍တစိုင်တခဲတည်းဖြစ်သည်၊ *n.* စေးကပ်၍တစိုင်တခဲတည်းဖြစ်သောအရာ၊
**Concretion**, *n.* from Concrete, *v. i.*; the mass concreted, စေးကပ်၍ဖြစ်သောအစိုင်အခဲ၊
**Concubinage**, *n.* လက်မထပ်ဘဲစုံဖက်ခြင်း၊
**Concubine**, *n.* အသိမ်း၊ အသိမ်းအပိုက်၊ လက်မထပ်ဘဲနေသောမိန်း၊ ကိုယ်လုပ်၊ —of a king, မောင်းမ၊ မောင်းမမိဿံ၊
**Concupiscence**, *n.* ကာမရာဂစိတ်စွဲခြင်း၊ မတရားသောကိလေသာ၊
**Concur**, *v. i.* to meet in one point, တချက်တည်းစုလာ၍ပေါင်းသည်၊ to harmonize in any measure, သဘောညီညွတ်၍စုပေါင်းသည်၊ to be united in action, တညီတညွတ်တည်းကြံညီးဆောင်သည်၊ —in opinion, သဘောတူသည်၊
**Concurrence**, *n.* from above.
**Concurrent**, *a.* from Concur.
**Concussion**, *n.* တိုက်၍လှုပ်ခြင်း၊
**Concussive**, *a.* တိုက်၍လှုပ်တတ်သော၊
**Condemn**, *v. t.* to censure, အပြစ်တင်သည်၊ to pronounce guilty, အပြစ်အလျှောက်စီရင်သည်၊ အပြစ်ခံစေဟုစီရင်သည်၊ —as unfit for use, အသုံးမဝင်ဟုပယ်သည်၊
**Condemnation**, *n.* အပြစ်အလျှောက်စီရင်ခြင်း၊
**Condemnatory**, *a.* အပြစ်အလျှောက်စီရင်ခြင်းနှင့်ဆိုင်သော၊
**Condensable**, *a.* သိပ်သည်းစေနိုင်ဖွယ်၊
**Condensate**, *see* Condense.
**Condensation**, *n.* from above.
**Condensative**, *a.* သိပ်သည်းစေတတ်သော၊
**Condense**, *v. t.* to compress into a smaller substance, or make

more compact, သိပ်သည်။ သိပ်သည်းသည်။ to inspissate, ပျစ်စေသည်။

Condenser, *n.* ထေကိုသိပ်သောတန်ဆာ။

Condescend, *v. i.* to dispense with the privileges of superiority, ကိုယ်ဂုဏ်အသရေကိုအမှီမပြုဘဲကိုယ်ထက်ငယ်သောသူနှင့်လိုက်လိုက်လျောလျောပြုသည်။ to recede from one's right, ကိုယ်ပိုင်ထိုက်သောအရာကိုလျှော့၍ဝန်ခံသည်။ to stoop, ကိုယ်ကိုနှိမ့်သည်။

Condescension, *n.* from above.

Condign, *a.* ခံထိုက်သော (ဒါဏ်။)

Condiment, *n.* စမဲ။

Condition, *n.* a state of being, အဖြစ်။ ဖြစ်ခြင်းဆိုင်ရာအကြောင်းအရာ။ အခြေအနေ။ အနေအထား။ အဖြစ်အပျက်။ rank, အမြင့်အနိမ့်အစရှိသောအရာ။ property, attribute, ဂုဏ်အင်္ဂါလက္ခဏာ။ a circumstance, appendage, စပ်ဆိုင်သောအကြောင်းအရာ။ a term of contract or engagement, ဝန်ခံရန်တင်၍ထားသောဥပဒေချက်။

Conditional, *a.* တစုံတခုသောအကြောင်းအရာအားဖြင့်ဖြစ်သော။

Condole, *v. i.* to be grieved at the distress of another, သူတပါးဆင်းရဲခြင်းကိုမြင်၍စိတ်ကြင်နာသည်။ to communicate such feeling to the distressed person, ထိုဆင်းရဲခြင်းကြောင့်ကြင်နာသောစကားနှင့်နှုတ်ဆက်သည်။

Condolence, *n.* from above.

Conduce to, *v. t.* မစတတ်သည်။ (အကျိုးကို) ပြုစုတတ်သည်။

Conducive, *a.* from above.

Conduct', *v. t.* to lead, ပို့သည်။ ပို့ဆောင်သည်။ ကြပ်မ၍ပို့သည်။ to direct, စီရင်သည်။ to manage, cary on (business,) ဆောင်ရွက်သည်။ကြည့်ဆောင်သည်။သယ်ပိုးသည်။ to behave, ကျင့်ဆောင်ပြုမူသည်။ —one's self, *do.* to convey by stages, ချော့ပို့သည်။

Con'duct, *n.* from above. —အမှုအရာ။ အမူအကျင့်။ စာဂ။ *Pali.*

Conductor, *n.* —of the electric fluid, လျှပ်စစ်မိးရှောက်နိုင်သောအရာ။ —of lightning, မိုးကြိုးလျှပ်စစ်ကိုဆွဲစေခြင်းငှါစိုက်ထားသောသံချောင်း။ —of water, ရေမြောင်း။

Conduit, *n.* a pipe, ရေပြွန်။ a cock, သော့ပါသောပြွန်။

Cone, *n.* အုပ်ဆောင်းပုံ။

Confabulation, *n.* စကားစမည်ပြောခြင်း။

Confection, *n.* ယို။ (to make—, ယိုကြိုသည်။ ယိုထိုးသည်။)

Confectioner, *n.* ယိုသည်။

Confederacy, Confederation, *n.* alliance, ပဋိညာဉ်ပြု၍မိတ်ဖွဲ့ခြင်း။ the persons allied, ပဋိညာဉ်ပြု၍မိတ်ဖွဲ့ရာဝင်သောလူစု။

Confederate, *v. i.* ပဋိညာဉ်ပြု၍မိတ်ဖွဲ့သည်။ —*a.* from *do.* *n.* ပဋိညာဉ်ပြု၍မိတ်ဖွဲ့သောသူ။ မိတ်ဆွေတောဖွဲ့ဖက်။

Confer, *v. i.* to consult together, ဆွေးနွေးတိုင်ပင်သည်။ —*v. t.* to bestow, grant, ပေးကမ်းသည်၊ သဒ္ဓါသည်။ —(a title), ချီးသည်။ —a favor by way of reward, ဆုချသည်။

Conference, *n.* ဆွေးနွေးတိုင်ပင်ခြင်း။ a meeting for conference, ဆွေးနွေးတိုင်ပင်ခြင်းငှါစည်းဝေးခြင်း။

Confess, *v. t.* to acknowledge a fault, ဝန်ချသည်။ (အပြစ်) ကိုဖော်ပြ၍တောင်းပန်သည်။ to admit as true, မငြင်း၊ ဝန်ခံသည်။ to publicly own, acknowledge, ထင်ရှားစွာဝန်ခံသည်။ to receive confession, ဗရင်ဂျီဘာသာ၌ သူတပါးဖော်ပြ တောင်းပန်ခြင်းကိုနားခံသည်။ ဒေသနာကြားသည်။ (clerical.)

Confession, *n.* from above; a written creed, ယုံကြည်ချက်များကိုဖော်ပြသောစာ။ —of priests one to another, ပဝါရဏာ။ *Pali.*

Confessional, *n.* သူတပါးဖော်ပြတောင်းပန်ခြင်းကို နားခံသောဆရာထိုင်ရန်ထရပ်။

Confessor, *n.* one who confesses his sins, အပြစ်ကိုဖော်ပြတောင်းပန်သောသူ။ one who publicly owns or acknowledges, ထင်ရှားစွာဝန်ခံသောသူ။ one who receives confession, သူတပါးဖော်ပြတောင်းပန်ခြင်းကိုနားခံသောဆရာ။

Confidant, *n.* လျှို့ဝှက်သောအရာတို့ကိုဖော်ပြ၍သိသောသူ။

Confide, *v. t.* ယုံ၍အပ်နှံသည်။ —in, to believe in, ယုံကြည်သည်။ to trust in, ကိုးစားသည်။

Confidence, *n.* ယုံကြည်အားကြီးခြင်း။ trust in another, (သူကို)ကိုးစားခြင်း။ trust in one's self, ကိုယ်ကိုကိုးစားခြင်း။ boldness, ရဲရင့်ခြင်း။ excessive boldness, proceeding from self conceit, ကိုယ်ကိုကိုးစားလွန်း၍အရှက်အကြောက်မရှိခြင်း။

Confident, *a.* fully assured, တွေးတောခြင်းမရှိဘဲယုံကြည်သော။ over bold from self conceit, ကိုယ်ကိုကိုးစားလွန်း၍အရှက်အကြောက်မရှိသော။ positive, dogmatic, မိုင်ခံ့စွာပြောထားသော။

Confidential, *a.* trusty, ယုံလောက်သော (သူ။) not to be divulged, လျှို့ဝှက်အပ်သော (အရာ။)

Configuration, *n.* external figure, ပုံသဏ္ဌာန်။ the face of a horoscope, ဇာတာပုံ။

Con'fine, *n.* a border, edge. အစွန်းအနား။ *plur.* —of a country, နယ်စပ်။ —*a.* နီးစပ်သော။

Confine', *v. t.* to shut up, ချုပ်သည်။ ချုပ်ထားသည်။ to restrain, ချုပ်တည်းသည်။ —one's self, *v.* အပိုင်းအခြားကိုမလွန်ဘဲအတွင်း၌နေသည်။

Confined (be,) *v. i.* from above; to be brought to bed, မီးနေသည်။ ဖွားမြင်သည်။

Confinement, *n.* from Confine and Confined; place of confinement for slight offences, တန်း။

Confirm, *v. t.* တည်စေသည်။ ခိုင်ခံ့စေသည်။ မြဲမြံစေသည်။

Confirmation, *n.* from above.

Confirmative, Confirmatory, *a.* from same.

Confiscate, *v. t.* သိမ်းယူသည်။

Confiscation, *n.* from above.

Conflagration, *n.* ကြီးစွာသောမီးလောင်ခြင်း။

Conflict, *v. i.* to hit against, ထိခိုက်သည်။ to strike or drive against, တိုက်ခိုက်သည်။ to strive against, တိုက်လှန်သည်။ to be in opposition, ဆန့်ကျင်ဘက်ဖြစ်သည်။ —*n.* from *do.*

Confluence, *n.* a meeting of streams, မြစ်ဆုံ။ —of roads, လမ်းဆုံ။ a running together of people, စုဝေးခြင်း။ an assemblage, အစုအဝေး။

Confluent *a.* တချက်တည်းစုဝေးသော။

Conflux, *see* Confluence.

Conform, *v. t.* to make like in external form, တပုံတသဏ္ဍာန်တည်းဖြစ်အောင်လုပ်သည်။ to make like in mind or manners, စိတ်သဘောအားဖြင့်ဖြစ်စေ၊ အပြုအကျင့်အားဖြင့်ဖြစ်စေ၊ တူအောင်စီရင်သည်။ တညီတညွတ်တည်းဖြစ်စေသည်။ —to, *v.* တညီတညွတ်တည်လိုက်လျောသည်။

Conformable, *a.* having the same shape, တပုံတသဏ္ဍာန်တည်းဖြစ်သော။ alike in mind or manners, စိတ်သဘောတူသော။ အပြုအကျင့်တူသော။ suitable, consistent, ညီလျော်သော။ compliant, (သူအလို) သို့လိုက်လွယ်သော။

Conformation, *n.* the act of conforming, တညီတညွတ်တည်းဖြစ်စေခြင်း။ structure or texture, တည်ဆောက်ခြင်း၏ပြင်ပုံ၊ အတွင်းပုံ။ တည်ဆောက်ခြင်းအခြေအနေ။

Conformist, *n.* အင်္ဂလိပ်ပြည်၌မင်းစီရင်သည့်အတိုင်းကိုးကွယ်သောသူ။

Conformity, *n.* from Conformable, 1st, 2d and 3d def.

Confound, *v. t.* to confuse, ရောနှောရှုပ်ထွေးစေသည်။ to confuse the mind, စိတ်တွေဝေစေသည်။ to occasion a mistake, အလွဲယူစေသည်။ to astound, မိန်းမောစေသည်။ to terrify, ကြောက်လန့်စေသည်။ to destroy, ဖျက်ဆီးသည်။

Confraternity, *n.* ညီအစ်ကိုချင်းကဲ့သို့သင်းဖွဲ့သောလူစု။

Confront, *v. t.* to face, မျက်နှာချင်းဆိုင်၍နေသည်။ —witnesses, သက်သေချင်းတိုက်သည်။ to compare, ပြိုင်နှိုင်းသည်။

Confuse, *v. t.* from next.

Confused, *a.* confounded, ရောနှောရှုပ်ထွေးသော။ confounded in mind, စိတ်ငွေသော၊ စိတ်းဝသော၊ မကြည်စည်နိုင်အောင်စိတ်တွေဝေသော၊ ashamed, ရှက်ကြောက်သော၊

Confusedly, *adv.* ကတောက်ကတက်၊ စနောင်စနင်၊ mixed together, ဗလုံးဗထွေး၊ (in conversation), ဇော်ဂလိဗွက်၊

Confusion, *n.* from above; tumult, ရုန်းရင်းခတ်မှုဖြစ်ခြင်း၊ ရှုပ်ရှက်ခတ်ဖြစ်ခြင်း၊ utter ruin, ပျက်စီးဆုံးရှုံးခြင်း၊

Confutation, *n.* from next.

Confute, *v. t.* to refute, ချေပသည်၊ to show to be wrong, မှားကြောင်းကိုပြသည်၊

Congée, *n.* သွားမည်ပြုသည်ကာလ၊ မိမိအသားအတိုင်းနှုတ်ဆက်ခြင်း၊

Congeal, *v. i.* အေးခဲသည်၊ *v. t.* အေးခဲစေသည်၊

Congealment, *n.* အေးခဲသောအစိုင်အခဲ၊

Congee, *n.* ထမင်းရည်၊

Congelation, *n.* from Congeal.

Congenial, *a.* of the same nature, အမျိုးချင်းတူသော၊ of the same temper, သဘောချင်းတူသော၊ suitable, adapted, သင့်သော၊

Congeniality, *n.* from above.

Congenital, *a.* born at the same time, ဌားဖက်ဖြစ်သော၊ innate, ဝမ်းတွင်းကပါသော၊

Congeries, *n.* ငယ်သောအရာများစုရုံး၍ဖြစ်သောအစုအပုံ၊

Congest, *v. t.* စုစေသည်၊ စုပုံသည်၊

Congestion, *n.* သွေးစုခြင်း၊ သွေးဝုတ်စုခြင်း၊

Conglaciate, *see* Glaciate.

Conglobate, *v. t.* စု၍လုံးစေသည်၊

Conglobe, *v. i.* စု၍လုံးသည်

Conglomerate, *a.* စု၍လုံးသော၊ —*v. t.* စု၍လုံးစေသည်၊

Conglomeration, *n.* from above.

Conglutinate, *see* Glutinate.

Congratulate, *v. t.* သူ့အကျိုးကိုမြင်၍အားရဝမ်းမြောက်သောစကားနှင့်သူကိုနှုတ်ဆက်သည်၊ —one on the presentation of a religious offering, အနုမောဒနာခေါ်သည်၊

Congratulation, *n.* from above.

Congratulatory, *a.* from same.

Congregate, *v. i.* စုရုံးသည်၊ စုဝေးသည်၊ *v. t.* စုရုံးစေသည်၊ စုဝေးစေသည်၊

Congregation, *n.* the act of collecting, စုရုံးစေခြင်း၊ စုဝေးစေခြင်း၊ a collection, assemblage, အစုအရုံး၊ အစုအဝေး၊ an assembly, အစည်းအဝေး၊ a worshiping assembly, စည်းဝေးသောပရိသတ်၊

Congregational, *a.* စည်းဝေးသောပရိသတ်နှင့်ဆိုင်သော၊

Congregationalism, *n.* သာသနာတော်အတွင်း၌ သင်းခွဲသောပရိသတ်

အသီးအသီးဘို့သည်ကိုယ်အသင်းမှုကိုစီရင်ခြင်းတည်းဟူသောအုပ်ချုပ်ခြင်းပင်
ထားသော။

Congregationalist, *n.* ဤနည်းပုံကိုထားသောကိုယူသောသူ။ *see* Independent.

Congress, *n.* —of nations, သံတမန်၊ အရေးပိုင်အစရှိသော၊ မင်းခန့်ထား သောအရာရှိတို့၏အစည်းအဝေး။ —of the United States, အမေရိက ပြည်၌ ခရိုင် အသီး အသီးတို့ကစေလွှတ်ခန့်ထား၍ လွှတ်တော်ပေါ်မှာ နိုင်ငံမှုရေးကိုစီရင်ထိုးဖွဲ့သောလွှတ် အရာရှိတို့၏အစည်းအဝေး။ အမေရိက လွှတ်တော်။

Congressional, *a.* မင်းအရာရှိတို့၏အစည်းအဝေးနှင့်ဆိုင်သော။

Congruity, *n.* from next.

Congruous, *a.* ညီညာသော၊ တော်လျော်သော၊ သင့်သော။

Conic, *a.* having the form of a cone, အုပ်ဆောင်းပုံသဏ္ဌာန်ရှိသော၊ pertaining to a cone, အုပ်ဆောင်းပုံနှင့်ဆိုင်သော။ —sections, Conic, *n.* အုပ်ဆောင်းပုံကိုလွှနှင့်အနည်းနည်းဖြတ်၍ရသောပုံ၊ ငါးပုံ တို့နှင့်ဆိုင်သောတွက်နည်းအတတ်။

Conjectural, *a.* ယမ်းဆခြင်းနှင့်ဆိုင်သော။

Conjecturally, *adv.* တောယမ်းမည်ဖြင့်။

Conjecture, *v. t.* ယမ်းဆသည်။ —in regard to the future, မျှော် တွေးသည်။ —*n.* from *do.*

Conjoin, *see* Join.

Conjoint, *see* Joint, *v. t.*

Conjointly, *adv.* ဖက်ဒူးရေသောင်း။

Conjugal, *a.* လက်ထပ်ခြင်းနှင့်ဆိုင်သော။

Conjugate, *v. t.* ဝိထတ်၊ ပစ္စည်းသက်၍ကရိယာပြုသည်။

Conjugation, *n.* from above; the act of uniting, ပေါင်းထားခြင်း။

Conjunct, *a.* met together, ဆုံမိသော။ united, ပေါင်းဖက်သော။

Conjunction, *n.* from above; *and, but,* ကဲ့သို့နာမကရိယာတို့ကိုတွဲသော စကား။ —*adv.* in—, as a star, နီရတုံ။

Conjunctive, *a.* united, ပေါင်းလျက်ရှိသော၊ serving to unite, ပေါင်း စေတတ်သော။

Conjuncture, *n.* a combination of events, အကြောင်းအရာရှားဆုံမိ ခြင်း။ a critical time, အမှုအားကြီးသောအချိန်ကာလ။ union, ပေါင်းခြင်း။ mode of union, ပေါင်းသောနည်း။

Conjuration, *n.* from Conjure' and Con'jure.

Conjure', *v. t.* to summon in a sacred name, ဘုရားကိုတိုင်တည်၍ (တစုံတယောက်ကို)ခေါ်သည်။ to implore with solemnity, ဘုရား ကိုတိုင်တည်၍ (တစုံတယောက်ကို) တောင်းပန်သည်။

Con'jure, *v. t.* မှော်အတတ်၊ နတ်ဝိဇ္ဇာအတတ်အားဖြင့်ပြုသည်။

Conjurer, *n.* agent from above, မှော်ဆရာ၊ နတ်ဝိဇ္ဇာအတတ်သမား။ wizard, စုန်း။

**Connate,** *a.* born at the same time, ဖွားဖက်ဖြစ်သော။ innate, implanted by natnre, ဝမ်းတွင်းကပါသော။ ဖွားကတည်းကပါသော။

**Connatural,** *a.* implanted by nature, *see* above; partaking of the nature, ဓာတိချင်းတူသော။ ဝမ်းတွင်းပါသော။

**Connect,** *v. t.* —(in varions ways,) ဆက်သည်။ စပ်သည်။ ပူးကပ်သည်။ ပေါင်းသည်။ —in verse. ဖွဲ့ဆိုသည်။ —by lashiug along side, ပူးတွဲသည်။ —with, ဆွယ်ကပ်သည်။ —by a rope in order to support in an upright position, ဆိုင်းတွသည်။ (trans.) ဖက်သည်။ ရှညိသည်။ တွဲသည်။

**Connected,** *a.* collaterally related. တော်သော။ တော်စပ်သော။ as race or lineage, ဆက်နွယ်သော။ —closely, mutually, စပ်ရှက်သော။ စပ်ရှညိသော။ —continuonsly, in a smooth orderly manner, စပ်လျှည်သော။

**Connection,** *n.* from Connect and Connected.

**Connective,** *a.* from Connect.

**Connivance,** *n.* from next.

**Connive,** *v. i.* အပြစ်မတင်၊ တိတ်ဆိတ်စွာအခွင့်ပေးသည်။

**Connoisseur,** *n.* ကျွမ်းကျင်လေ့ကျက်သဖြင့်ဓါသအပြစ်ရှိသည်မရှိသည်ကို သိမြင်၍ပြတတ်သောသူ။

**Connubial,** *a.* ထက်ထပ်ခြင်းနှင့်ဆိုင်သော။

**Conquer,** *v. t.* to overcome, နိုင်သည်။ အောင်သည်။ အောင်မြင်သည်။ to gain one's end, အကြံထမြောက်သည်။ —in battle, စစ်အောင်သည်။ စစ်နိုင်သည်။

**Conqueror,** *n.* အောင်သူ။ အောင်မြင်သောသူ။

**Conquest,** *n.* နိုင်ခြင်း။ အောင်ခြင်း။ that which is conquered, အောင်၍ရသောအရာ။

**Consanguineous,** *a.* ခေါက်ဖော်တော်သော။

**Consanguinity,** *n.* from above.

**Conscience,** *n.* consciousness of the moral character of one s own actions, ကိုယ်ပြုသောအမှုကောင်းသည်မကောင်းသည်၊ အပြစ်ရှိသည် မရှိသည်ကိုသိသောစိတ်။ conscientious scruple, ဩတ္တပ္ပစိတ်။ real sentiment, အတွင်းစိတ်။

**Conscientions,** *a.* ဩတ္တပ္ပစိတ်ရှိ၍ဖြောင့်မတ်သော။

**Conscientiousness,** *n.* from above.

**Conscionable,** *a.* အကြောင်းနှင့်ညီလျော်သော။ တော်လျော်သော။

**Conscions,** *a.* knowing one's own mind, ကိုယ်စိတ်ကိုသိတတ်သော။ inwardly persuaded, စိတ်အတွင်း၌အမှန်သိသော။

**Consciousness,** *n.* from above.

**Conscript,** *a.* စာရင်း၌ဝင်သော (သူ။)

**Conscription,** *n.* (လူကို) စာရင်းမှတ်သားခြင်း။

Consecrate, *v. t.* ဘုရားဝတ်နှင့်ဆိုင်သောအမှု၌သုံးဆောင်ရန်သီးသန့်၍ခွဲထားသည်။ —an idol, အနေကဇာတင်သည်။

Consecration, *n.* from above.

Consecutive, *a.* အစဉ်အတိုင်းလိုက်သော။ တခုနှင့်တခုဆက်၍လိုက်သော။

Consecutively, *adv.* အဆက်ဆက်။ အစဉ်တစိုက်။

Consecution, *n.* from above.

Consent′, *v. i.* to be of the same mind, သဘောတူသည်။ to agree to, ဝန်ခံသည်။ in mind, စိတ်ပါသည်။

Con′sent, *n.* from above; harmony of parts, ညီညွတ်ခြင်း။ sympathetic correspondence, ဆက်ဆံခြင်း။

Consentaneous, *a.* ညီလျော်သော။ တော်လျော်သော။

Consequence, *n.* that which naturally follows, အစဉ်သင့်လိုက်သောအရာ။ an effect, အကြောင်းအားဖြင့်ဖြစ်သောအကျိုး။ a deduction, တခုနှင့်တခုကိုနှိုင်းယှဉ်၍ သဘောချသောအရာ။ importance, အမှုကြီးခြင်း။ အားကြီးခြင်း။ account, အတွက်။ as, အတွက်ရှိသည်။ အတွက်မရှိ။ in—, အကြောင်းကြောင့်။ အားဖြင့်

Consequent, *a.* following as an effect, အကျိုးဖြစ်သော။ တစုံတခုသောအကြောင်းကြောင့်ဖြစ်သော။ following as a deduction, တခုနှင့်တခုကိုနှိုင်းယှဉ်၍ထင်ရှားသော။

Consequential, *a. see* Consequent; important, အမှုကြီးသော။ proud, pompous, ထောင်လွှားသော။

Conservation, *n.* from Conserve.

Conservative, *a.* from Conserve.

Conservatory, *n.* လုံခြုံစွာထားရာအရပ်။

Conserve′, *v. i.* လုံခြုံအောင်ထားသည်၊ မဆွေးလျော့မပျက်စီးအောင်ပြုသည်။

Con′serve, *n.* ယို။

Consider, *v. t.* to think on with care, စဉ်းစားသည်။ စဉ်းဝါးသည်။ ဆင်ခြင်သည်။ to view attentively, စေ့စေ့ကြည့်ရှုသည်။ to have regard to, ထောက်ရှုသည်။ to deliberate, တွေးတောသည်။ to requite, ဆုချသည်။ to weigh, estimate in the mind, ထောက်ခြင့်သည်။ —with reference to something future, တွေးခေါ်သည်။ —and mark down, စဉ်းကုပ်သည်။

Considerable, *a.* worthy of consideration, ထောက်ရှုဖွယ်ကောင်းသော။ of some distinction, အသရေအတန်အရာရှိသော။ moderately large, အတန်အရာကြီးသော။

Considerably, *adv.* အင်တန်။

Considerate, *a.* thoughtful, ဆင်ခြင်တတ်သော။ careful, သတိပြုတတ်သော။ not rigorous, မကြပ်တည်းသော။ to have regard to anothers feelings or interests, ညှာတာသော၊ ညှာတွယ်သော။ (without consideration, အညှာတာမဲ့။)

Consideration, *n.* ဆင်ခြင်ခြင်း၊ စေ့စေ့ကြည့်ရှုခြင်း၊ ထောက်ရှုခြင်း၊ ဝိစာရ၊ *Pali.* motive, reason, object in view, ထောက်စရာအကြောင်း၊ ပြုခြင်း၏အကြောင်း၊ မျှော်လင့်ရာအကျိုး၊ the having some claim to notice or regard, ထောက်ရှုဖွယ်ဖြစ်ခြင်း။

Consign, *v. t.* to commit, အပ်နှံသည်၊ to transfer (to another,) လွှဲအပ်သည်။

Consignee, *n.* သူတပါးအပ်နှံသောပစ္စည်းဥစ္စာကိုခံသောသူ။

Consigner, *n.* အပ်နှံသောသူ။

Consignment, *n.* the act of consigning, အပ်နှံခြင်း၊ goods consigned, အပ်နှံသောပစ္စည်းဥစ္စာ၊ the writing of consignment, အပ်နှံသောလက်မှတ်စာ။

Consist, *v. i.* ဖြစ်သည်၊ တည်သည်၊ —of, *v. i.* ရောနှောဖြစ်သည်။ —with, *v. i.* သင့်သည်။

Consistence, Consistency, *n.* the state of being, တည်ခြင်း၊ firmness, ခိုင်ခံ့သောအဖြစ်၊ a degree of density, ပျစ်ခြင်း၊ a harmony of parts, အစမှအဆုံးတိုင်အောင်ညီညာခြင်း။

Consistent, *a.* firm, not fluid, အရည်မထုတ်၊ အခဲဖြစ်သော၊ accordant, congruous, ညီညာသော၊ ညီလျော်သော။

Consistory, *n.* အသင်းတော်အမှုကိုစစ်ကြောရန်စည်းဝေးသောဓမ္မထရာစု။

Consociate, *see* Associate, *v.*

Consociation, *see* Association.

Consolable, *a.* နှစ်သိမ့်စေနိုင်ဖွယ်ဖြစ်သော။

Consolation, *n.* comfort, နှစ်သိမ့်ခြင်း၊ cause of comfort, နှစ်သိမ့်စေသောအကြောင်း။

Consolatory, *a.* နှစ်သိမ့်စေတတ်သော။

Console, *v. t.* နှစ်သိမ့်စေသည်။

Consolidate, *v. i.* to become firm, hard, solid, တလုံးတခဲတည်းဖြစ်သည်၊ —*v. t.* to make firm, hard, solid, တွေအောင်ပြုသည်၊ တလုံးတခဲတည်းဖြစ်အောင်ပြုသည်၊ to unite two or more things in one, တလုံးတခုတည်းဖြစ်အောင်ပေါင်းထားသည်။

Consolidation, *n.* from above.

Consonance, *n.* from next.

Consonant 1, *a.* agreeing in sound, အသံညီသော၊ accordant, consistent, agreeable to, ညီညာသော၊ လျှော်သော၊ သင့်သော၊ 2, *n.* an articulation, ဗျည်း။

Consort, *v. i.* to associate, (intrans.) ပေါင်းဖော်သည်၊ ပေါင်းဖက်သည်၊ —*v. t.* to unite in marriage, စုံဖက်စေသည်၊ —*n.* a companion, အပေါင်းအဖော်၊ အပေါင်းအဖက်၊ a partner in marriage, ခင်ပွန်း၊ စုံဖက်၊ union, concurrence, စု၍ပေါင်းခြင်း။ an assembly convened for consultation, တိုင်ပင်ရန်စုဝေးသောလူစု၊

Conspicuous, *a.* ထင်ရှားသော၊ ထင်ပေါ်သော၊ ပွင့်လင်းသော၊ ပွင့်လန်းသော၊

Conspicuousness, *n.* from above.

Conspiracy, *n.* from Conspire.

Conspirator, *n.* ပုန်ကန်မည်အကြံအစရှိသောမကောင်းသောအကြံနှင့်သင်းဖွဲ့သောသူ၊

Conspire, *v. i.* to concert a crime, မကောင်းသောအကြံနှင့်သင်းဖွဲ့သည်။ to concert treason, ပုန်ကန်ခြင်းငှါသင်းဖွဲ့သည်၊ to concur to one end, တညီတညွတ်တည်းညီညာ၍ပြုသည်၊

Constable, *n.* an officer of the peace, ရုံးလုလင်အုပ်၊ ရုံးစေ၊ a petty —, ရာဇဝတ်ထိန်း။ the Lord High Constable, အင်္ဂလိတ်ပြည်၌မင်းအရာရှိတမျိုး။

Constabulary, *a.* ရုံးလုလင်အုပ်၊ ရုံးလုလင်စုနှင့်ဆိုင်သော၊

Constancy, *n.* from next. အဓိဋ္ဌာန်၊ *Pali.*

Constant, *a.* permanent, မြဲသော၊ steady, persevering, တည်တံ့သော၊

Constantly, *adv.* without change or rotation, ပင်တိုင်၊

Constellation, *n.* a cluster of stars, ကြယ်စု၊ တာရာ၊ နက္ခတ်၊ an assemblage of excellencies, ချီးမွမ်းဖွယ်သောဂုဏ်စု၊

Consternation, *n.* ထိတ်လန့်၍တွေဝေခြင်း။

Constipate, *v. t.* to condense, သိပ်သည်၊ to obstruct and stop, လမ်းကိုဆို့ပိတ်၍ဆီးတားသည်၊ to make costive, ဝမ်းချုပ်စေသည်၊

Constipation, *n.* from above, ဝမ်းချုပ်ခြင်း။

Constituency, *n.* ခန့်ထားပိုင်သောလူစု၊

Constituent, *a.* elemental, ဓာတ်၌ပါသော၊ being a part of, အင်္ဂါဖြစ်သော၊

Constituent, *n.* an essential part, ဓာတ်၌ပါသောအရာ၊ any composing part, အင်္ဂါဖြစ်သောအရာ၊ one that constitutes or appoints, ခန့်ထားပိုင်သောသူ၊

Constitute, *v. t.* to set. establish, တည်သည်၊ (trans.) to form, compose, ဓာတ်၌ပါ၍ဖြစ်စေသည်၊ to appoint, ခန့်ထားသည်။

Constitution, *n.* the act of constituting, တည်ခြင်း။ original make, တည်ဆောက်ခြင်းအခြေအနေ၊ နဂိုရ်၊ nature of a thing, ဓာတ်၊ ဖြစ်ရင်းပကတိ၊ frame or temper of mind, ဓာတ်၊ သဘော၊ an established form of government, တိုင်းနိုင်ငံတည်စကပင်မင်းအဆက်ဆက်တို့ဝန်ခံရန်ဥပဒေထားသောနိုင်ငံပဋိညာဉ်၊

Constitutional, *a.* bred or inherent in the constitution, အမိဝမ်းတွင်းပါသော၊ နဂိုရ်၌ပါသော၊ consistent with the constitution of government, နိုင်ငံပဋိညာဉ်အတိုင်းဖြစ်သော၊

**Constitutionality**, *n.* from above, 2d def.

**Constrain**, *v. t.* to compel, အနိုင်အထက်ပြုသည်။ to confine, ချုပ်ထားသည်။

**Constrained**, *a.* (in speech and manners,) ကြောက်ရွံ့၍အပြောအဆို အနေအထိုင်ကျုံ့သော။

**Constraint**, *n.* from Constrain.

**Constrict′**, *v. t.* to bind, ကြပ်စည်းသည်။ to tie up the nose (of an unruly animal,) နှာရှုတ်ချည်သည်။ to contract, make narrow, ချည်းသည်။ ရှုံ့သည်။

**Constricted**, *a.* နှင့်သော။ —as the bowels, ကြင်တင်တင်ရှိသော။ subject to a stricture, ဆောင့်သော။

**Constriction**, *n.* from Constrict and Constricted.

**Constringe**, *see* Constrict.

**Constringent**, *a.* from above.

**Construct**, *v. t.* ဆောက်သည်။ တည်ဆောက်သည်။ လုပ်သည်။ ပြုလုပ်သည်။

**Construction**, *n.* the act of building. တည်ဆောက်ခြင်း။ the form of building, conformation, တည်ဆောက်ခြင်းအခြေအနေ။ grammatical arrangement of words. သဒ္ဒါအစီအစဉ်။ explanation of meaning, အနက်အဓိပ္ပာယ်ကိုဖော်ပြခြင်း။

**Constructive**, *a.* အနက်အဓိပ္ပာယ်ကိုဖော်ပြသောအားဖြင့်ထင်ရှားသော။

**Construe**, *v. t.* to translate, အနက်ပြန်သည်။ to explain the meaning, အဓိပ္ပာယ်ကိုပြသည်။

**Constuprate**, *v. t.* (မိန္မကို) အဓမ္မပြုသည်။

**Constupration**, *n.* from above.

**Consubstanial**, *a.* ဓာတ်ချင်းတူသော။

**Consubstantiation**, *n.* သခင်ဘုရား ပွဲတော်၌ အသားတော် အသွေးတော် သည်မုန့်စပျစ်ရည်နှင့်ပေါင်းဖက်ခြင်း။

**Consul**, *n.* the chief magistrate of the ancient Roman republic, ရောမနိုင်ငံဟောင်း၌မင်းပြုသောအမတ်ကြီး။ an officer commissioned in foreign countries to protect the affairs of his own, တတိုင်းတပြည်၌ ရပ်တန့်၍ ကိုယ် အမျိုးသား ချင်း တို့ကိုစောင့်မရသော အရာရှိ။ (English,) အင်္ဂလိပ်အမှုဆောင်။

**Consular**, *a.* ထိုသို့သောအမတ်ကြီး၊ အရာရှိနှင့်ဆိုင်သော။

**Consulship**, *n.* ထိုသို့သောအမတ်ကြီး၊ အရာရှိအရာ။

**Consult**, *v.* to take counsel together, တိုင်ပင်သည်။ to ask advice, အကြံပေးပါဟု ပြောဆိုသည်။ to have regard to, ထောက်ထားသည်။ —with a view to union of sentiment or action, ညှိနှိုင်းသည်။

**Consultation**, *n.* a taking counsel together, တိုင်ပင်ခြင်း။ the persons who consult together, တိုင်ပင်သောလူစု။

Consume, *v. t.* —by corroding or wearing away, စားသည်။—by fire, ကျွမ်းစေသည်။ to cause to decay and disappear, ပြယ်စေသည်။ ကုန်စေသည်။ ပျောက်စေသည်။ to destroy, ဖျက်ဆီးသည်။ —(property,) ဖြုန်းတီးသည်။ ကုန်ဆောင်သုံးသည်။ —time, လွန်စေသည်။ —*v. i.* to waste away, (intrans.) ပြယ်သည်။ ဖြုန်းတီးသည်။

Consummate, *v. t.* ပြီးစေသည်။ ပြီးစီးစေသည်။ ပြည့်စုံစေသည်။

Consummate, *a.* စေ့စုံသော။ စုံလင်သော။

Consummation, *n.* အပြီး။ ပြည့်စုံခြင်း။

Consumption, *n.* from Consume; the disease, အဆုတ်၌စွဲ၍ဖြစ်သောချောင်းဆိုးနာ။ ချောင်းခြောက်။

Consumptive, *a.* affected with a pulmonary disease, ချောင်းဆိုးနာစွဲတတ်သော။

Contact, *n.* ထိခြင်း။ —*adv.* in contact, as a star, နီရတုံး။

Contagion, *n.* the communication of disease, အနာကူးခြင်း။ contagious virus, အနာကူးစေတတ်သောအဆိပ်။ a contagious disease, ကူးတတ်သောအနာ။ contagious moral evil, ကူးတတ်သောဒုစရိုက်သဘော။

Contagious, *a.* catching, (အနာကဲ့သို့) ကူးတတ်သော။ possessing contagious virus, ကူးစေတတ်သော။ အဆိပ်ပါသော။

Contain, *v. t.* to comprise, ငုံသည်။ ပါဝင်သောအရာကိုခံသည်။ to be able to hold, ဆံ့သည်။ —*v. i.* to restrain one's self, ကိုယ်စိတ်ကိုချုပ်တည်းသည်။

Contained (be,) *v. i.* ပါသည်။ ထဲသည်။

Contaminate, *v. t.* ညစ်ညူးစေသည်။

Contamination, *n.* from above: pollution, ညစ်ညူးခြင်း။

Contemn, *v. t.* မခန့်ညားသောစိတ်ရှိသည်။

Contemplate, *v. t.* to consider attentively, ကြည့်ရှုဆင်ခြင်သည်။ to have in view, မျှော်ခေါ်သည်။ to intend, အကြံရှိသည်။

Contemplation, *n.* from above.

Contemplative, *a.* ကြည့်ရှုဆင်ခြင်တတ်သော။

Contemporary, *see* Cotemporary

Contempt, *n.* from Contemn; *in law*, disobedience of the orders of a court, အာဏာကိုလွန်ခြင်း။

Contemptible, *a.* မခန့်ညားစရာကောင်းသော။

Contemptuous, *a.* မခန့်ညားတတ်သော။ မထီမဲ့မြင်ပြုတတ်သော။

Contend, *v. i.* to strive in opposition, ပြိုင်၍နိုင်အောင်အားထုတ်သည်။ to quarrel, ပဋိဃာတ်ဖြစ်သည်။ —in rivalry, အရည်သွေးသည်။ —for, *v. t.* ရအောင်ကြိုးစားအားထုတ်သည်။

Contendingly, *adv.* အလုအရက်။

**Content′**, *a.* ရောင့်ရဲသော။

**Content′**, *v. t.* to satisfy (the mind,) ရောင့်ရဲစေသည်။ to please, အားရစေသည်။

**Content′**, *n.* contentment, ရောင့်ရဲခြင်း။ acquiescence, ဝန်ခံခြင်း။

**Con′tent, Con′tents**, *n.* that which is contained, ပါဝင်သောအရာ။ —of a book, စာ၌ပါသောအကြောင်းအရာ။

**Contented**, *a.* ရောင့်ရဲသော။ တင်းတိမ်သော။

**Contention**, *n.* from Contend.

**Contentious**, *a.* ဆန့်ကျင်ဘက်ပြုတတ်သော။ ရန်တွေ့တတ်သော။

**Contentment**, *n.* content, ရောင့်ရဲခြင်း။ gratification, အားရခြင်း။

**Contest**, *v.* to strive in opposition, ပြိုင်၍နိုင်အောင်အားထုတ်သည်။ to dispute. contradict, ငြင်းခုံသည်။ —*n.* from *do.*

**Context**, *n.* စာအစီအစဉ်။ ရှေ့နောက်စကား။

**Contexture**, *see* Texture.

**Contiguity**, *n.* from next.

**Contiguous**, *a.* နီးစပ်သော၊ ထိအောင်နီးစပ်သော။ as places or buildings, ကြောခိုင်းနံစပ်သော။

**Continence, Continency**, *n.* from next.

**Continent 1**, *a.* temperate, ကာမဂုဏ်ချုပ်တည်းသော။ chaste, ကာမရာဂချုပ်တည်းသော။ —2, *n.* ကျွန်းကြီး။ မဟာကျွန်း။

**Continental**, *a.* မဟာကျွန်းနှင့်ဆိုင်သော။

**Continence, Contingency**, *see* Contingent, *n.* 1st def.

**Contingent**, *a.* ကေန်အမှန်မဟုတ်ဘဲအနေကံနိဖြစ်တတ်သော၊ ပုံမသေသော။

**Contingent**, *n.* a contingent event, ထိုသို့ဖြစ်သောအမှု။ a quota, အငန်းအတာ။

**Continual**, *a.* အစဉ်မပြတ်သော။

**Continually**, *adv.* အစဉ်။

**Continuance**, *n.* from Continue; တည်ခြင်း။ ဋ္ဌိတိက္ခဏာ။ *Pali.* (to do in continuance, ဆက်လက်သည်။

**Continuation**, *n.* continuous operations, တဆက်တည်းလုပ်ခြင်း။ that which is continued, တဆက်တည်းလုပ်သောအရာ။

**Continuator**, *n.* တဆက်တည်းလုပ်သောသူ။

**Continue**, *v. i.* to remain, နေသည်။ to be permanent, တည်သည်။ to persevere, တည်ကြည်သည်။ —*v. t.* to do without ceasing, မပြတ်ပြုသည်။ to prolong, ရှည်အောင်ဆက်၍လုပ်သည်။

**Continuity**, *n.* from next; အစဉ်။

**Continuous**, *a.* အဆက်မပြတ်သော။ without an opening or interstice, တဗိန်းတည်းဖြစ်သော။

**Continuously**, *adv.* အလင်မပြတ်။ တစာစာ။

**Contort**, *v. t.* လိမ်သည်။ လိမ်လစ်သည်။

Contortion, *n.* from above.

Contour, *n.* ရုပ်ပုံပေါ်ဒေါင်ရေးသောအကြောင်း။

Contra, *adv.* တဘက်မှာ၊

Contraband, *a.* —(practice,) မင်းဝိတ်ပင်မြစ်တားသော်လည်းဝှက်ကဲ့၍ပြုသော(အမှု၊) —(goods), ဝှက်ကဲ့၍ရောင်းဝယ်သော (ဥစ္စာ၊)

Contract, *v. i.* to grow narrow, ကျဉ်းသွားသည်၊ to shrink (intrans.), ကျုံ့သည်၊ to bargain, ရောင်းဝယ်မှုမှာသဘောတူဝန်ခံသည်၊ *v. t.* to draw into a less compass, ချဉ်းသည်၊ ချုံ့သည်၊ ချုံ့ယှုံသည်၊ to wrinkle, တွန့်စေသည်၊ ယှုံစေသည်၊ ရှုံ့စေသည်၊ to abridge, အကျဉ်းချုပ်သည်၊ to affiance, ထိမ်းမြားမည်ဂတိထားသည်၊ —a debt, ကြွေးတင်သည်၊ —a disease, အနာစွဲသည်၊ —guilt, အပြစ်ရောက်သည်၊ a habit, အကျင့်ပါသည်၊ —*n.* a compact, သဘောတူဝန်ခံချက်၊ a writing containing a contract, သဘောတူဝန်ခံချက်စာချုပ်၊ —of marriage, ထိမ်းမြားမည်ဂတိထားခြင်း၊

Contracted, *a.* of limited views, အမြော်အမြင်နည်းသော၊ mean, selfish, ကိုယ်အကျိုးကိုသာငဲ့ကွက်တတ်သော၊ —, as a muscle permanently, အကြောဆိုင်းသော၊ shrunk, ကျုံ့သော၊

Contraction, *n.* ကျဉ်းသွားခြင်း၊ ချဉ်းခြင်း၊ ချုံ့ခြင်း၊ တွန့်ခြင်း၊ တွန့်စေခြင်း၊ အကျဉ်းချုပ်ခြင်း၊ (for the sub-def. *see under* Contract, *v.*)

Contractor, *n.* ရောင်းဝယ်မှုမှာသဘောတူဝန်ခံသောသူ၊

Contradict, *v. t.* to oppose by words, ငြင်းခုံသည်၊ to be contrary to, ဆန့်ကျင်ဘက်ပြုသည်၊ —a superior impudently, နှုတ်ဖွန့်ထိုးသည်၊ oppose, ဖီဆန်သည်၊

Contradiction, *n.* from above.

Contradictory, *a.* ditto.

Contradistinction, *n.* from next.

Contradistinguish, *v. t.* ဆန့်ကျင်ဘက်ဖြစ်သောလက္ခဏာတို့ကိုပြိုင်ထား၍ခြားနားကြောင်းကိုထင်ရှားစေသည်၊

Contraposition, *n.* a placing over against, တဘက်တချက်၌ထားခြင်း၊ an opposite position, တဘက်၌ရှိသောနေရာ၊

Contrariety, *n.* from next.

Contrarily, *adv.* at cross purposes, ကစွဲကစောင်း၊ perversely, ကိုးလိုးကန့်လန့်၊

Contrary, *a.* ဆန့်သော၊ ဆန့်ကျင်သော၊ ဆန့်ကျင်ဘက်ဖြစ်သော၊ *n.* ဆန့်ကျင်ဖက်၊

Contrast, *v. t.* လက္ခဏာမတူ၊ ခြားနားကြောင်းကိုထင်ရှားစေခြင်းငှါ ပြိုင်ထားသည်၊ —*n.* from *do.*

Contravallation, *n.* ရန်သူခိုရန်မြေကတုပ်၊

Contravene, *v. t.* ဆီးတားသည်၊ —authority, အာဏာကိုဆန်သည်၊
Contravention, *n.* from above.
Contribute, *v. t.* to pay a share with others, အသီးသီးထည့်ကြရ ဝင်၍ထည့်သည်၊ to tend towards, help on, promote, ပိုင်း၍ပြု သည်၊ ညီညာသည်၊ —what is wanting, ဖြည့်ဖက်သည်၊
Contribution, *n.* from above; that which is contributed, ပိုင်း၍ ထည့်သောဥစ္စာ၊
Contributive, Contributory, *a.* from Contribute.
Contrite, *a.* ကိုယ်အပြစ်ကိုမြင်၍စိတ်ကျိုးပဲ့ကြေမွသော၊
Contrition, *n.* from above; the act of grinding to powder, မှုန့် အောင်ပွတ်ကြိတ်ခြင်း။
Contrivance, *n.* the act of devising, စိတ်ကူးခြင်း။ the thing devised, စိတ်ကူး၍လုပ်သောအရာ၊ artifice, plot, ပရိယာယ်၊ မာယာ၊ ဝေဝုတ်၊
Contrive, *v. t.* စိတ်ကူးသည်၊ —something new or curious, ငွလီ သည်၊
Control, *v. t.* to subject to authority, နိုင်၍အုပ်ချုပ်သည်၊ to rule, အုပ်ချုပ်စီရင်သည်၊ to restrain, keep within bounds, မလွှန် ကျူးစေခြင်းငှါချုပ်တည်းသည်၊ to have the entire control of, ချုံ၍ပိုင်သည်၊ —*n.* from *do.*
Controversial, *a.* Controversy, *n.* from next.
Controvert, *v. t.* အယူကွဲ၍ငြင်းခုံသည်၊
Contumacious, *a.* အာဏာကိုဆန်၍တင်းမာသော၊
Contumacy, *n.* from above.
Contumelious, *a.* စော်ကားသော၊ ရမ်းကားသော၊
Contumely, *n.* from above.
Contusion, *n.* the act of bruising, အသားကြေစေခြင်း။ a bruise, အ သားကြေသောအနာ၊
Convalescence, *n.* from next.
Convalescent, *a.* အနာပျောက်၍ တဖြည်းဖြည်းအား တိုးပွားလျက်ရှိသော၊
Convene, *v. i.* စည်းဝေးသည်၊ —*v. t.* စည်းဝေးစေသည်၊
Convenience, *n.* from next; ease, ချမ်းသာ၊ that which contributes to ease, ချမ်းသာစေသောအရာ၊
Convenient, *a.* တော်လျော်သော၊ အဆင်သင့်သော၊ အခန့်သင့်သော၊ အလျှည် သင့်သော၊
Convent, *n.* ကျောင်း။
Conventicle, *n.* small assembly, ငယ်သောအစည်းအဝေး။ an assembly of dissenters, မင်းစီရင်ခြင်းသို့မလိုက်ဘဲကိုးကွယ်သောအစည်း အဝေး။ a dissenting meeting house, ထိုသို့ကိုးကွယ်သောသူစည်း ဝေးရာသုဓမ္မာဇရပ်၊

**Convention,** *n.* the act of assembling, စည်းဝေးခြင်း၊ union, ပေါင်းဖော်ခြင်း၊ a formal meeting, အစည်းအဝေး၊ a temporary contract, ရက်သတ်၍သဘောတူဝန်ခံဂတိထားခြင်း။

**Converge,** *v. i.* သွယ်စည်တွင်တခုနှင့်တခုနီးသွားသည်။

**Convergent,** *a.* from above.

**Conversable,** *a.* စကားစမည်ပြောလွယ်သော။

**Conversant,** *a.* having familiar intercourse, ပေါင်းဖော်၍သိကျွမ်းသော၊ versed in, ကျွင်လည်လေ့ကျက်သော၊ having relation to, စပ်ဆိုင်သော၊

**Conversation,** *n.* familiar discourse, စကားစမည်ပြောခြင်း၊ familiar intercourse, ပေါင်းဖော်၍သိကျွမ်းခြင်း၊ behaviour, ကျင့်ဆောင်ပြုမူခြင်း၊

**Conversational,** *a.* စကားစမည်ပြောခြင်းနှင့်ဆိုင်သော။

**Converse',** *v. i.* to discourse familiarly, တယောက်နှင့်တယောက်စကားပြောသည်၊ to have familiar intercourse, ပေါင်းဖော်၍သိကျွမ်းသည်၊ to have sexual intercourse, သံဝါသပြုသည်။

**Con'verse,** *n.* from above; an inverse proposition, အပြန်အလှန်၊ အလိုက်သင့်သောစကားချက်။

**Conversion,** *n.* from next.

**Convert',** *v. t.* to change, ပြောင်းသည်၊ ပြောင်းလဲသည်၊ to appropriate, အ သုံးတစုံတခုအို့ခွဲ၍ထားသည်။

**Con'vert,** *n.* အယူဝါဒပြောင်းလဲသောသူ။

**Convertible,** *a.* that may be changed, ပြောင်းလဲနိုင်ဖွယ်ဖြစ်သော၊ that may be used one for the other, လဲနိုင်ဖွယ်ဖြစ်သော၊

**Convex,** *a.* ခုံးသော၊ —as a bridge, လိပ်ခုံးသော၊ heaping, ဖိုးသော၊

**Convexity,** *n.* a being convex, ခုံးခြင်း၊ that which is convex, ခုံးရာ၊ အခုံး။

**Convexo Concave,** *a.* တဖက်ခုံး၍တဖက်ခွက်သော။

**Convexo Convex,** *a.* နှစ်ဖက်ခုံးသော။

**Convey,** *v. t.* to carry, ပို့ဆောင်သည်၊ သယ်ပိုးသည်၊ to hand from one to another, လက်ဆင့်ကမ်းသည်၊ — by stages, ချောပို့သည်၊ to transfer, (ပိုင်သောပစ္စည်းဥစ္စာကို)လွှဲအပ်သည်၊ —intelligence, ကြားလိုက်သည်။

**Conveyance,** *n.* from above; a vehicle, လှည်း၊ ရထားအစရှိသော၊ နေရာပြောင်း၍စီးရန်ယဉ်။ a deed, (ပိုင်သောပစ္စည်းဥစ္စာကို) လွှဲအပ်သောစာချုပ်၊ —by stages, ချော။

**Convict',** *v. t.* အပြစ်ရှိကြောင်းကိုထင်ရှားပြသည်။

**Con'vict,** *n.* ရာဇဝတ်သင့်သောလူ။

**Conviction,** *n.* from Convict'; a convincing of error, မှားကြောင်းကိုပြခြင်း၊

**Convince,** *v. t.* to satisfy the mind by evidence, သဘောကျစေသည်။ to constrain one to plead guilty, ဝန်ချစေသည်။
**Convivial,** *a.* စားသောက်၍ပျော်ရွှင်သော။
**Conviviality,** *n.* from above.
**Convocate,** *v. t.* စည်းဝေးစေခြင်းငှါခေါ်သည်။
**Convocation,** *n.* from above; an assembly of clergymen, မွေ့ထရာတို့အစည်းအဝေး။
**Convoke,** *see* Convocate.
**Convolute,** *a.* လိပ်လျက်ရှိသော။
**Convolution,** *n.* from next.
**Convolve,** *v. t.* လိပ်သည်။
**Convoy',** *v. t.* စောင့်ကြပ်၍ပို့သည်။
**Con'voy,** *n.* a convoying force, စောင့်ကြပ်၍ပို့သောတပ်၊ တိုက်သင်္ဘော။ that which is convoyed, အပို့ခံရသောအရာ။
**Convulse,** *v. t.* to contract by spasms, တက်စေသည်။ to shake violently, တုန်လှုပ်စေသည်။
**Convulsion,** *n.* from above; a fit, တက်နာ။ ကျဗဟုန်း။
**Cony,** *n.* ယုန်တမျိုး။
**Coo,** *v. i.* ခိုကဲ့သို့ကူသည်။
**Cook,** *v. t.* ချက်ပြုတ်သည်။ —house, *n.* စားဖိုအိမ်။ a king's cook house, ပွဲတော်ဖို။ priest's cook house, သရဖုတ်။ cook house of a monastery, တလားဖုတ်။ —room, စားဖိုခန်း။ —*n.* စားဖိုသည်။ ဖိုးသူကြီး။ king's—, စားတော်ကဲ။
**Cookery,** *n.* ချက်ပြုတ်သောအတတ်။
**Cool,** *a.* less than cold, ခပ်အေးအေး။ ခြေသော။ —as the sun or wind, ရှိသော။ to be cool of the morning, နေစောသို့သည်။ not zealous, not ardent, စိတ်အားနည်းသော။ —*v. i.* to become less hot, အပူလျော့သည်။ to become less ardent, စိတ်အားလျော့သည်။ —*v. t.* to make cool, အေးစေသည်။ to moderate excitement, စိတ်အားလျော့စေသည်။ —*n.* ချမ်းအေးသောနံနက်ခင်း။ ညခင်း။
**Cooler,** *n.* that which cools, အေးစေတတ်သောအရာ။ a vessel for cooling, အေးစေသောအိုး။
**Coolness,** *n.* from Cool, *a.*
**Cooly,** *n.* (East Indian,) အလုပ်သမား။ အထမ်းသမား။ ကူလီ။
**Coop,** *n.* ကြက်လှောင်အိမ်။ *v. t.* to confine in a coop, လှောင်အိမ်၌လှောင်ထားသည်။ to confine in narrow limits, ကျဉ်းသောနေရာ၌ချုပ်ထားသည်။
**Cooper,** *n.* ထည့်ရန်စည်ကိုလုပ်သောသူ။
**Cooperage,** *n.* စည်လုပ်ခ။

**Co-operate,** *v. i.* ဆိုင်၍ပြုလုပ်သည်။
**Co-operation,** *n.* from above.
**Co-ordinate,** *a.* အရာတူသော။
**Coot,** *n.* ငှက်တမျိုး။
**Co-partner,** *n.* ခွဲဖက်ကျသောသူ။ —in trade, ကုန်ဖက်။
**Co-partnership,** *n.* အမြတ်အညီစား။ ဆိုင်၍ ဖောက်ကား ရောင်း ဝယ် ခြင်း အဖြစ်။
**Cope 1,** *n.* a kind of hook, ခေါင်းချုံသောအရာ။ any thing spread overhead, အမိုး။ 2, *v. i.* ဆိုင်ပြိုင်သည်။ to try to cope with a superior, အန်တုသည်။
**Copier,** *see* Copyer.
**Coping,** *n.* အုတ်မြို့တန်တိုင်းပေါ်မှာ ခေါင်ကြောင်း ပေါ်အောင် အုပ် သော အုတ်လွှာ။
**Copious,** *a.* abundant, ပေါများသော၊ များပြားသော။ diffuse in style, စကားများသော။
**Copiousness,** *n.* from above.
**Copper,** *n.* the metal, ကြေးနီ။ —when considered as the subject of some chemical treatment, ဓါး a copper boiler, ချက်ပြုတ်ရန် ပို့သောထားသောအိုးကြီး။ a small copper coin, ကြေးနီဒင်္ဂါး။ —plate, *n.* ရုပ်ပုံထုသောကြေးနီပြား။ —smith, *n.* ပန်းဘဲ။ —works, *n.* ကြေးနီထိုးသောအရပ်။ —worm, *n.* ဖိုး။ —*v. t.* ကြေးနီပြား ကွပ်၍ထားသည်။
**Copperas,** *n.* ဒုဏ္ဍာစိမ်း၊ ပါထဒုဏ္ဍာ။
**Coppice, Copse,** *n.* ချုံ၊ ချုံပုတ်။
**Copulate,** *v. i.* သံဝါသပြုသည်။ မေထုန်ပြုသည်။ —as snakes, လိမ်ပတ် သည်။
**Copulation,** *n.* from above.
**Copulative,** *a.* ပေါင်းဘက်သော။
**Copy,** *n.* a manuscript, ရေးသောစာ။ a transcript, ထက္ကူ။ the likeness of any object, ပုံတူအောင်ရေးသောအရုပ်။ a writing copy, ထက်ထပ်လိုက်၍ရေးရသောပုံ။ a pattern, example, လိုက်ရသော ပုံသက်သေ။ —book, *n.* အတုလိုက်၍ရေးရသောလက်ရေးပုံ။ —hold, *n.* အင်္ဂလိပ်ပြည်မှာမြေကိုပိုင်သောအခွင့်တမျိုး။ —right, *n.* ကိုယ်စီ ရင်ရေးထားသောစာကိုပုံနှိပ်၍ သူတပါးမရောင်းရဘဲကိုယ်သာရောင်းရ သောအခွင့်။ —*v. t.* to transcribe, စာကူးသည်။ to make the likeness of an object, ပုံတူအောင်ရေးသည်။ to form after a model, ပုံတူအောင်လုပ်သည်။ to imitate, တုသည်၊ အတုပြုသည်။ (to learn to write from a copy, ထက်ရေးခံသည်။)
**Copyer, Copyist,** *n.* စာကူးသောသူ။
**Coquet′,** *v.* မျက်နှာများအောင်ပရိယာယ်ပြု၍ချစ်ကြိုက်ရောင်ဆောင်သည်။

**Coquette**, *n.* agent from above.
**Coquetry**, *n.* from Coquet, *v.*
**Coral**, *n.* သန္တာ၊ ခရုကျောက်မောက်၊ —tree, တောကသစ်။
**Corban**, *n.* အလှူဒါန။
**Corbeil**, *n.* မြေကတုပ်လုပ်ရန်မြေထည့်သောတောင်း။
**Cord**, *n.* a small rope, ကြိုး။ —twisted by hand, လက်ပေါက်ကြိုး။ —of wood, အလျား ၈ ပေ၊ အနံ ၄ ပေ၊ အောက် ၄ ပေရှိသောထင်းပုံ။ —*v. t.* ကြိုးနှင့်ချည်သည်။
**Cordage**, *n.* ကြိုးကြီးငယ်ရှု။
**Cordial**, *a.* invigorating, အားတက်စေတတ်သော၊ sincere, သဘောဖြောင့်သော၊ ကြည်သော။ hearty, affectionate, စေတနာရှိသော၊ well disposed towards, ကြည်ညိုသော၊ ညွတ်နူးသော၊ —*n.* invigorating medicine, အားတက်စေတတ်သောဆေး၊ anything which comforts, နှစ်သိမ့်စေတတ်သောအရာ။
**Cordiality**, *n.* sincerity, သဘောဖြောင့်ခြင်း။ affectionate feeling, စေတနာရှိခြင်း။
**Cordon**, *n.* စီလျှက်ချသောခံတပ်။
**Core**, *n.* —of fruit, အူတိုင်၊ —of a boil, အနာပိမ်း၏အမြစ်။
**Coriander**, *n.* နံနံစေ့။
**Cork**, *n.* ဖော့အူး the cork tree, ဖော့ပင်၊ the bark of said tree, ဖော့သား။ a cork stopple, ဖော့ဆို့၊ —screw, *n.* ဖော့ဆို့ကိုဆွဲထုတ်သောဝက်အူ၊ —*v. t.* ဖော့နှင့်ပိတ်ဆို့သည်။
**Cormorant**, *n.* တင်ကျီးငှက်၊ ဗောရော။
**Corn**, *n.* grain, စပါး။ (Amer.) maize, ပြောင်းဖူး။ excrescence on the foot, ခြေဖျား၌ဖြစ်သောကျွဲပနို့။ —*v. t.* (အမဲသားကို) ဆားနယ်သည်။
**Cornea**, *n.* မျက်စိ၌ကြည်လင်သောမျက်လွှာ။
**Corneous**, *a.* ဦးချိုကဲ့သို့ဖြစ်သော။
**Corner**, *n.* an angle, အထောင့်၊ a secret place, ဆိတ်ကွယ်သောအရပ်၊ an edge, border, အစွန်းအနား။ —stone, *n.* တိုက်ထောင့်အမြစ်ကျောက်။ —wise, *adv.* တောင့်ပြတ်၊ ထောင့်တန်း။ —*v. t.* မလွှတ်နိုင်အောင်ကျဉ်းကျပ်ရာသို့သွင်းသည်။
**Cornet**, *n.* a certain wind instrument, မှုတ်သောတန်ဆာတမျိုး။ a subordinate cavalry officer, မြင်းတပ်ထိကိုဆောင်သောဗိုလ်ကလေး။
**Cornice**, *n.* ဖောင်း။
**Corollary**, *n.* ရှေ့စကားကိုထောက်၍နောက်သိရသောစကားချက်။
**Coronal**, *n.* ဦးရစ်ပန်းကုံး။
**Coronation**, *n.* မကိုဋ်တင်၍ရာဇာဘိသိတ်သွန်းခြင်း။
**Coroner**, *n.* အမှတ်မဲ့သေသည်ကိုမေးမြန်းစစ်ကြောရသောအရာရှိ။
**Coronet**, *n.* မှူးမတ်ဆောင်းသောပေါင်း။

Corporal 1, *n.* a subordinate infantry officer, တကြပ်ကဲသား —2, *see* Corporeal.
Corporate, *a.* တလုံးတကိုယ်တည်းစုပေါင်းသော။
Corporation, *n.* မင်းအခွင့်နှင့်စုပေါင်း၍တယောက်တည်းသောသူကဲ့သို့မိရှိရသောလူစု။
Corporeal, *a.* consisting of a body, ကိုယ်ဖြစ်သော။ pertaining to a body, ကိုယ်နှင့်ဆိုင်သော။
Corps, *n.* စစ်သူရဲအစု။ စစ်သည်တပ်။
Corpse, *n.* အလောင်းကောင်။ လူသေ။ လူသေကောင်။ အသုက။ *Pali.*
Corpulence, *n.* from next.
Corpulent, *n.* ဝသော။ ဝဖြိုးသော။ ကိုးကြီးရင်းကြီးသော။
Corpuscle, *n.* အထုမြူ။
Corpuscular, *a.* အထုမြူနှင့်ဆိုင်သော။
Correct, *a.* ဖြောင့်သော။ အဖြစ်တင်ခွင့်မရှိ။ မှန်သော။ —in estimate, အထောက်တန်သော။ —*v. t.* to rectify, ဖြောင့်စေသည်။ to amend, ပြင်သည်။ ပြုပြင်သည်။ to chastise, ဆုံးမသည်။ to obviate by mixture, ရောနှော၍ပြုပြင်သည်။
Correction, *n.* from Correct, *v. t.*; an amendment, ပြင်သောအရာ။ ပြင်သောအချက်။
Corrective, *a.* from Correct, *v. t.*
Correctness, *n.* from Correct, *a.*
Correlate, Correlative, *a.* တဖက်တချက်၌နေ၍ရှည်တွဲသော။ —*n.* တဖက်တချက်၌နေ၍ရှည်တွဲသောလူ။ —in marriage, စုံဖက်။ ခင်ပွန်း။ မျောက်သား။ အိမ်ထောင်ဖက်။
Correspond, *v. i.* to be a match, ဖက်သည်။ အဖက်ဖြစ်သည်။ to accord, ညီညာသည်။ to suit, တော်လျော်သည်။ to communicate by letter, အချင်းချင်းမေတ္တာစာပေးလိုက်သည်။
Correspondence, *n.* from above; letters which pass between correspondents, အချင်းချင်းပေးလိုက်သောမေတ္တာစာ။
Correspondent, *a.* from Correspond, *v. i.* —*n.* မေတ္တာစာရေး၍ပေးလိုက်သောသူချင်း။
Corridor, *n.* အလျားရှည်၍တံခါးပေါက်များသောထက်ခံခန်း။
*Corrigenda, n. plur.* စာ၌ပြင်စရာအချက်။
Corrigible, *a.* that may be amended, ပြင်နိုင်ဖွယ်ဖြစ်သော။ that may be chastised, ဆုံးမနိုင်ဖွယ်ဖြစ်သော။
Corroborate, *v. t.* to strengthen, ခိုင်ခံ့စေသည်။ to confirm, တည်စေသည်။ to make more certain, ယုံထောက်တန်စေအောင်ပြုသည်။
Corroboration, *n.* from above.
Corroborative, *a.* from *do.*
Corrode, *v. t.* (သံချေးကဲ့သို့) တဖြည်းဖြည်းစားသည်။

Corrosion, *n.* from above.
Corrosive, *a.* from Corrode, *v. t.*
Corrugate, *v. t.* တွန့်စေသည်။
Corrugation, *n.* from above.
Corrupt, *a.* putrid, ပုပ်သော။ spoiled, vitiated, ယိုယွင်းသော။ depraved, ယုတ်မာသော။ destitute of integrity, သစ္စာပျက်သော။ infected with errors, အမှားများပါသော။ —*v. i.* ပုပ်သည်။ ယိုယွင်းသည်။ *v. t.* ပုပ်စေသည်။ ယိုယွင်းစေသည်။ ယုတ်မာစေသည် သစ္စာပျက်စေသည်။ အမှားများကိုသွင်းသည်။ (for sub-def. *see* above.)
Corruptible, *a.* ပုပ်တတ်သော။ ယိုယွင်းတတ်သော။ သစ္စာပျက်တတ်သော။ (for sub-def. *see* Corrupt, *a.*)
Corruption, *n.* from Corrupt, *a.* pus. (အနာ၌ဖြစ်သော) ပြည်။
Corsair, *n.* ပင်လယ်ဓားပြ။
Corse, *see* Corpse.
Corselet, *n.* သံချပ်ရင်ဖုံး။
Corset, *n.* ထောက်ခံကိုယ်ကျပ်အင်္ကျီ။
*Cortege*, *n.* အခြွေအရံ။
Coruscant, *a.* from next.
Coruscate, *v. i.* အရောင်လျှပ်သည်။ —as a witch, တောက်စားသည်။
Coruscation, *n.* from above.
Cosey, *a.* ကျစ်ကျစ်လစ်လစ်မွေ့လျော်ဖွယ်ဖြစ်သော။
Cosmetic, *n.* နံ့သာရည်၊ မျက်နှာချေအစရှိသော၊ မျက်နှာလှအောင်လိမ်းကျံသောဆေး။ —wood, တောင်သန့်ကြီး။
Cosmogony, *n.* စကြဝဠာတည်ကြောင်းကိုပြသသောအတတ်ပညာ။
Cosmography, Cosmology, *n.* စကြဝဠာတန်ဆာများကိုပြသသောအတတ်ပညာ။
Cosmopolite, *n.* နေလေရာအရပ်ရပ်တို့ကိုနေရင်းဌာနကဲ့သို့မှတ်သောသူ။
Cosset, *n.* လူကျွေးမွေးသောသိုးသငယ်။
Cost, *n.* price, အဘိုး။ expense, စရိတ်။ charges of a suit in law, တရားစရိတ်။ forfeiture, loss, အလျော်။ နာခြင်း။ ရှုံးခြင်း။ —*v. t.* to be of (such) a price, ထိုက်သည်။ အဘိုးထိုက်သည်။ to be of (such) expense, (ညီမည်သော) စရိတ်ရှိသည်။ to occasion (such) a loss, အလျော်၊ အနာ၊ အရှုံးခံစေသည်။
Costive, *a.* ဝမ်းမိုင်သော။ ဝမ်းချုပ်သော။ ဝမ်းခက်သော။ very—, ဝမ်းကျစ်သော။
Costiveness, *n.* from above.
Costliness, *n.* from next.
Costly, *a.* of high price, အဘိုးများစွာထိုက်သော။ expensive, စရိတ်များသော။

Costume, *n.* အဝတ်ဝတ်နည်း။

Cot, *n.* a small house, အိမ်ကလေး။ တဲ။ a bedstead, ခုတင်။

Cotemporary, *a.* တကာလတည်း၌ဖြစ်သော။ *n.* တကာလတည်း၌ဖြစ်သောသူ။

*Coterie*, *n.* သင်းဆွေခင်ပွန်းအစည်းအဝေး။

Cotillion, *n.* ကခြင်းတမျိုး။

Cottage, *n.* အိမ်ကလေး။

Cotter, Cottager, *n.* အိမ်ကလေး၌နေသောသူ။

Cotton, *n.* (undressed,) ဝါ။ (dressed,) ဂွမ်း။ ဝါကောက်။ (woven,) ဖျင်။ ဒိတ်။ unbleached —, ဒိတ်မိမ်း။ —in rolls, for spinning, မိုင်း။ tree—, နုဝါ။ —tree, လက်ပံပင်။ —field, ဝါခင်း။

Couch, *v. i.* to lie down, အိပ်သည်။ to recline on the knees, ဝပ်သည်။ to lie in ambush, ချောင်း၍နေသည်။ to stoop, ကျုံ့သည်။ —*v. t.* to lay down to rest, သိပ်ထားသည်။ to conceal, hide, ဝှက်ထားသည်။ to imply, ဆိုလိုသည်။ —a spear, လှံရိုးဖျားကို ထောက်ရာ၌စိုက်ထားသည်။ —a cataract, မျက်စိ၌အတွင်းတိမ်ကို နှိပ်၍ချသည်။ —*n.* a bed, အိပ်ရာ။ seat of repose, လျှောင်းရာခုတင်။

Couchant, *a.* ဝပ်လျှက်နေသော။

Cough, *v. i.* ချောင်းဆိုးသည်။ ချောင်းပန်းဆိုးသည်။ —*n.* ချောင်းဆိုးနာ။ (with a constant cough, ချောင်းတဟုတ်ဟုတ်။ ချောင်းတဟွဲ့ဟွဲ့။

Council, *n.* an assembly, convened for consultation, တိုင်ပင်သောလူစု။ counsellors of government, တိုင်ပင်မှူးမတ်စု။ an assembly of clergymen convened on ecclesiastical business, တိုင်ပင်ရန်စည်းဝေးသောဓမ္မဆရာစု။ —board, —table, *n.* တိုင်ပင်သောသူတို့စည်းဝေး၍ထိုင်သောစားပွဲ။

Councillor, *see* Counsellor.

Counsel, *v. t.* to advise, အကြံပေးသည်။ to warn, သတိပေးသည်။ —*n.* advice, အကြံပေးခြင်း။ consultation, တိုင်ပင်ခြင်း။ prudence, ပညာသတိ။ design, အကြံအစည်။ a lawyer, ရှေ့နေ။

Counsellor, *n.* one who gives advice, အကြံပေးသောသူ။ —of goverment, တိုင်ပင်မှူးမတ်။ a lawyer, ရှေ့နေ။

Count 1, *n.* an earl, ကောလ္လာ။ မှူးမတ်တမျိုး။ —2, *v. t.* to number, ရေတွက်သည်။ to compute, တွက်သည်။ to place to one's credit, (သူအဖို့) မှတ်၍ထားသည်။ to regard, ထင်မှတ်သည်။ —one's beads, ပုတီးစိပ်သည်။ —3, *n.* numbering, ရေတွက်ခြင်း။ number, အရေအတွက်။

Countenance, *n.* the face, မျက်နှာ။ appearance of the face, aspect, မျက်နှာရည်။ favorable regard, အလိုရှိသောလက္ခဏာကိုပြခြင်း။ steady, composed look, မပျက်သောမျက်နှာ။ —*v. t.* to regard favorably. အလိုရှိသောလက္ခဏာကိုပြသည်။ —(wrong,) မျက်နှာသာပေးသည်။ to encourage, aid, အားပေးသည်။ to gain—, မျက်နှာရသည်။

Counter 1, *n.* a counterfeit coin used for counting, လိုရာသုံးအို့ခတ်သောဒင်္ဂါး။ a shop-table. ဆိုင်ခုံ။ —2, *adv.* in opposition, in an opposite direction, တဖက်ခြင်းနေလျှက်။ ဆန့်လျှက်။ ဆန့်ကျင်ဘက်ပြုလျှက်။

Counteract, *v. t.* ဆန့်ကျင်ဘက်ပြု၍ဆီးတားသည်။ ဖျက်သည်။

Counterbalance, *v. t.* to make one weight equal to another, ချိန်စက်သည်။ to countervail. တဖက်ခြင်းနေ၍အရှိန်ကိုသတ်သည်။

Counter-evidence, *n.* အရင်သက်သေခံချက်ကိုဖျက်သောနောက်သက်သေခံချက်။

Counterfeit, *a.* forged, သူတပါး၏တံဆိပ်လက်မှတ်နှင့်တူအောင်လုပ်သော (အရာ။) assuming a false appearance, အရောင်ဆောင်လျှက်ရှိသော။ not genuine. ပဝတ္တိဖြစ်သော။ —*v. i.* to feign, အရောင်ဆောင်သည်။ (ဖြစ်) ကြွန်ပြုသည်။ —*v. t.* to forge, သူတပါး၏တံဆိပ်လက်မှတ်နှင့်တူအောင်လုပ်သည်။ to imitate, assume a resemblance, အသွင်တူအောင်အရောင်ဆောင်သည်။ —*n.* an impostor, မကောင်းသောအကြံနှင့်အရောင်ဆောင်သောသူ။ the thing forged ပုံတူအောင်အရောင်ဆောင်၍လုပ်သောအရာ။

Counterfeiter, *n.* စံရွှင်သမား။

Countermand, *v. t.* to revoke a former command, အရင်ပေးသောအမိန့်အမှာကိုနုတ်၍အမိန့်အမှာသစ်ကိုပေးသည်။ to contradict the orders of another, သူတပါးအာဏာကိုဆန်သည်။

Countermarch, *v. i.* စစ်ချီရာလမ်းကိုဆုတ်ပြန်၍ချီလာသည်။ —*n.* from above.

Countermark, *n.* ထပ်မံ၍ခတ်သောတံဆိပ်။

Countermine, *n.* ယမ်းကိုမြှုပ်၍ရှိရန်ခလိုင်၍ တူးသောတွင်းကိုဖျက်အောင်ဖောက်၍တူးသောတွင်း။ —*v. t.* ရန်သူ၏အကြံကိုပရိယာယ်အားဖြင့်ဖျက်သည်။

Countermotion, Countermovement, *n.* ဆီးတားအောင်ပြုခြင်း။

Counterpane, *n.* အကန့်ဖော်၍ချုပ်သောအိပ်ရာခင်း။

Counterpart, *n.* အဖက်။

Counterplot, *v. i.* သူတပါးပြုသောပရိယာယ်ကိုဖျက်ရအောင်အခြားသောပရိယာယ်ကိုပြုသည်။ —*n.* from above.

Counterpoise, *v. t.* to counterbalance, ချိန်စက်သည်။ to countervail, တဖက်ခြင်းနေ၍အရှိန်ကိုသတ်သည်။ —*n.* a weight sufficient to balance another, ချိန်စက်၍ညီမျှသောအရာ။ a force sufficient to counteract another, တဖက်ခြင်းနေ၍အရှိန်ကိုသတ်သောအရာ။

Counter-poison, *n.* အဆိပ်ကိုနိုင်သောဆေး။

Counter-pressure, *n.* တဖက်ဖိခြင်း။

Counter-project, *n.* အကြံအစည်တပါးကိုဆန့်ကျင်တက်ပြုသောအကြံအစည်တပါး။

Counterscarp, *n.* မြင်းကျုံးထိပ်။

Countersign, *v. t.* တပ်ပံ၍လက်မှတ်ထိုးသည်။

Countervail, *v. t.* နိုင်လောက်သောအစွမ်းနှင့်ဆီးတားသည်။

Counterwork, *see* Counteract.

Counting-house, Counting-room, *n.* ကုန်စာရင်း၊ ငွေစာရင်းတွက်ချက်ရှင်းလင်းသောအခန်း၊

Countless, *a.* မရေတွက်နိုင်အောင်များပြားသော။

Country, *n.* a region, ပြည်။ တိုင်းကား။ —under one jurisdiction, တိုင်းနိုင်ငံ။ the whole—, မြို့ပြရွာပြည်။ နိုင်ငံလုံး။ an assemblage of countries, မဇ္ဈိမတိုက်။ in phrases of enumeration, ပြည်ထောင်။ [as တပြည်ထောင်။] rural parts, ကျေးတော။ —born, *a.* ကပြား။ —man, *n.* a native of any country, ပြည်သား။ one of the same country, ပြည်သားချင်း၊ အမျိုးသားချင်း၊ ရပ်ဆွေရပ်မျိုး။ a rustic, ကျေးတောသား။ တောတွင်းသား။ —seat, *n.* တောၐဆောက်သောသူဌေးအိမ်။

County, *n.* မြို့နယ်။

*Coup-de-grace*, *n.* ညှဉ်းဆဲသည်အဆုံး၌ ချက်ချင်းသေစေအောင်သတ်သောအချက်။

*Coup-de-main*, *n.* ရုပ်ရုပ်ချွံချွံဝင်တိုက်ခြင်း။

Couple, *n.* two, နှစ်ခု။ a pair, တစုံ။ တရံ။ man and wife, လင်မယား။ အိမ်ထောင်စုံ။ မိတ်သင်စုံ။ a tie connecting two things, တွဲသောကြိုး။ —*v. t.* to connect, တွဲထားသည်။ to unite in marriage, စုံဖက်စေသည်။

Couplet, *n.* လင်္ကာ၌ပုဒ်စုံ။ twins, အမွှာ။ (to be a couplet, နှစ်လုံးပျူး။)

Courage, *n.* ရဲရင့်ခြင်း၊ သူရဲဘော၊ —and strength, ရဲစွမ်းသတ္တိ။ (to have a flush of desperate courage, ရဲကြက်သီးထသည်၊ ရဲစားသည်။)

Courageous, *a.* ရဲရင့်သော၊ သူရဲဘောရှိသော၊

Courier, *n.* အလျှင်အမြန်လွှတ်သောတမန်။ mounted—, မြင်းသည်ကြေဉ်း။

Course, *n.* a going, သွားခြင်း။ a passing on, proceeding, အစည်အတိုင်းလိုက်ခြင်း။ a running, ပြိုင်၍ပြေးခြင်း။ the line of motion, သွားရာလမ်း။ —of a river, မြစ်စည်း။ race-ground, ပြိုင်၍ပြေးရာလမ်း။ orderly proceeding, စီစည်ခြင်း။ a series, order, အစီအစဉ်။ an arranged system, စီစည်သောအရာ။ conduct, ပြုမူခြင်း။ drift, ပဋိပါဋိ၊ *Pali.* အစည်။ number of dishes set on the table at once, တခါတည်းခင်းကျင်းသောစားသွယ်သောက်ရန်။ —of a stream, ချောင်းရိုး။ မြစ်ရိုး၊ ရေရိုး။ —(of,) အစည်အတိုင်း။ —*v.* to run after, လိုက်ပြေးသည်။ —(as the blood,) စီးသည်။ —*verb. affix.* of—, ပေါ့။

Courser, *n.* ပြေးတတ်သောမြင်း။

Courses, *n. plur.* the lower sails of a ship, အောက်ဆုံးသောသင်္ဘောရွက်။ the menstrual discharge, ဥတု။ မိးရပ်။ ရာသီပန်း။

Court, *n.* an inclosure before or around a house, made by a fence or wall, ဝင်း။ တန်တိုင်းလုပ်၍ထားသောအိမ်၏ဥပစာ။ a palace, နန်းတော်။ the occupants of a palace, နန်းတော်သားစု။ the supreme council hall, လွှတ်တော်။ any hall of justice, ရုံးတော်။ a civil court, တရားရုံး။ a criminal court, ရာဇဝတ်ရုံး။ persons assembled for the administration of justice or government, လွှတ်၊ ရုံးပေါ်မှာထိုင်၍စီရင်သောမင်း။ flattering attentions, *n.* from Court, *v. t.* —day, *n.* တရားစီရင်သောနေ့။ —house, *n.* လွှတ်တော်။ ရုံးတော်။ —martial, *n.* စစ်ကြောစီရင်သောစိုလ်စု။ —plaster, *n.* အနာအုပ်ရန်ဆေးသုတ်လူးသောပိုးထည်အချပ်အပြား။ —yard, *see* Court, *n.* 1st def. —*v. t.* to attempt to persuade by flattering attentions, ချော့မော့၍ဖြားယောင်းသည်။ to woo, (မိန်းမကို) လှည့်သည်။

Courteous, *a.* polite, ယဉ်ကျေးသော။ complaisant, kind, လောကဝတ်ပြုတတ်သော။

Courteously, *adv.* ပျပျငှါငှါ။

Courtesan, *n.* ပြည်တန်ဆာမိန်းမ။

Courtesy, *n.* politeness, ယဉ်ကျေးခြင်း။ polite attentions, လောကဝတ်ပြုခြင်း။ a favor, ကျေးဇူးပြုခြင်း။ salutation by a slight genuflection, ဒူးတုပ်ဆက်ခြင်းနှင့်ဆိုင်သောဖူးညွှတ်ခြင်းကိုပြုခြင်း။ —*v. i.* ဒူးတုပ်ဆက်ခြင်းနှင့်ဆိုင်သောဖူးညွှတ်ခြင်းကိုပြုသည်။

Courtier, *n.* one who frequents a royal court, မင်းထံခစားသောသူ။ one who courts favor, ဖြားယောင်းသောသူ။

Courtliness, *n.* from next.

Courtly, *a.* relating to a royal court, နန်းတော်နှင့်ဆိုင်သော။ polite, ယဉ်ကျေးသော။

Courtship, *n.* (မိန်းမကို) လှည့်ခြင်း။

Cousin, *n.* the son or daughter of an uncle or aunt, အကြီး၊ အထွေး၊ မိကြီး၊ မိထွေး၊ ဦးရီး၊ အရီး၏သားသမီး။ ညီအစ်ကိုတော်။ နှမတော်။ ညီအစ်မတော်။ မောင်တော်။ a cousin of a different sex, and having a parent of a different sex from the parent of the other, သွေးမြောက်သား။ a collateral relative, တော်စပ်သောသူ။ —german, *n.* same, 1st def.

Cove. *n.* လေဝှန်းရာထောင့်ကွေ့။ sheltered—,

Covenant, *v. i.* ဝန်ခံ၍ဂတိထားသည်။ —*n.* a mutual agreement, သဘောတူဖွဲ့သောပဋိညာဉ်။ a writing containing such an agreement, ပဋိညာဉ်ဖွဲ့သောစာချုပ်

Cover, *v. t.* to lay, place, or spread over, ဖုံးသည်။ အုပ်သည်။ to plaster, အုံသည်။ မံသည်။ to clothe, ချုံသည်။ —up the head, ခေါင်းမြီးချုံသည်။ to hide, conceal, လျှိုသည်။ ဝှက်သည်။ to overspread, လွှမ်းသည်။ —with an umbrella, hat, etc. ဆောင်းသည်။ to screen, shelter, ကွယ်ကာသည်။ to brood over, ဝပ်သည်။ to copulate, as a [illegible] beast, တက်သည်။ to be equivalent to, ညီမျှသည်။ to co[illegible]e, ပါဝင်သောအရာကိုခံသည်။ —with a roof, မိုးသည်။ —a vessel with a network, ခက်သည်။ —, *n.* that which is laid, placed or spread over, အဖုံး။ that which screens, shelters, အကွယ်အကာ။ a sheltering—, အမိုးအကာ။ a pot-lid, စလောင်း။

Covering, *n.* that which overspreads, ဖုံးလွှမ်းတတ်သောအရာ။ clothes, ချုံသောအဝတ်။ a roof, အမိုး။

Coverlet, *n.* အိပ်ရာခင်းလွှမ်း။ စောင်။ တင်းတိမ်။ ဖူးစောင်။

Covert, *a.* covered, ဖုံးလွှမ်းသော။ disguised, လျှို့ဝှက်သော။ —in language, လျှို့ကတ်သော။

Covert, *n.* a covered place, ဖုံးလွှမ်းသောအရပ်။ a hiding place, ကွယ်ကာပုန်းရှောင်ရာအရပ်။ —on a fortification, သူရဲခို။

Coverture, *n.* ကွယ်ကာရာ။

Covert-way, *n* မြင်ကျုံးထိပ်ဥပစာ။

Covet, *v. t.* to desire eagerly, လိုချင်အားကြီးသည်။ to desire inordinately, တပ်မက်မောသည်။

Covetous, *a.* very desirous, အလွန်လိုချင်သော။ inordinately desirous, လောဘကြီးသော။

Covetousness, *n.* လောဘကြီးခြင်း။

Covey, *n.* a hatch of young birds with the mother, ငှက်မကြီးနှင့်ငှက်သငယ်စု။ a flock of birds, ငှက်စု။

Cow 1, *n.* နွားမ။ —dung, နောက်ချေး။ —herd, *n,* နွားကျောင်း။ နွားထိန်း။ —house, *n.* နွားတင်းကုပ်။ —leech, *n.* နွားကိုကုသောဆေးသမား။ —lick, *n.* နောက်သို့ထန်၍နေသောချွေဆံစပ်။ —pox, *n.* နွားကျောက်။ —, *v. t.* ခြောက်သည်။

Coward, *n.* သူရဲဘောနည်းသောသူ။ ကြောက်တတ်သောသူ။

Cowardice, *n.* from next, 1st def.

Cowardly, *n.* wanting courage, သူရဲဘောနည်းသော။ ကြောက်တတ်သော။ mean, base, ယုတ်မာသော။ ညစ်ညမ်းသော။

Cower, *v. i.* ကုပ်ကုပ်နေသည်။

Cowl, *n.* ဗရင်ဂျီဘာသာဘုန်းကြီးရဟန်းခေါင်းမြီးချုံရသောဝတ်လုံလည်ရှည်။

**Co-worker,** *n.* ဆို၍ပြုလုပ်သောသူ။

**Cowry,** *n.* ကြွေ။ when used in play, ကြွေအန်။

**Coxcomb,** *n.* လူပေါက်ပန်း။

**Coy,** *a.* ရှက်၍ရှောင်တတ်သော။

**Coyness,** *n.* modest reserve, ရှက်၍ရှောင်ခြင်း။ the disposition to be shy and reserved, ရှက်၍ရှောင်တတ်သောသဘော။

**Cozen,** *v. t.* လိမ်လည်သည်။

**Crab,** *n.* the fish, ဂဏန်း။ ပုစွန်လုံး။ ဂဏ္ဍမ္မ။ fresh water—, လယ်ဂဏန်း။ saltwater—, ဒီကြောင်းဂဏန်း။ hermit—, ပန်းစွတ်။ ဝင်ကစွတ်။ king—, ပင်လယ်ဂဏန်း။ paddling—, ဂဏန်းထဲ။ sand—, ဂဏန်းမြင်းမိုင်း။ Cancer, the fourth sign of the Zodiac, ကရကဋ်ရာသီ။

**Crabbed,** *a.* hard to deal with, ကတ်သတ်သော။ ဝန်တိုသော။ rough, harsh, (applied to things,) ကြမ်းသော။

**Crabbedness,** *n.* from above.

**Crack,** *v. i.* to open in chinks, ပပ်သည်။ အက်သည်။ ကွဲသည်။ to utter a sharp sound, ဖျောက်ခနဲမြည်သည်။ —*v. t.* to break slightly, ခွဲသည်။ —(a whip,) ဖျောက်ခနဲမြည်အောင်ဆွဲတုပ်လိုက်သည်။ —a joke, ပျက်ရယ်ပြုသည်။ —the knuckles, လက်ချိုးသည်။ —open, အာသည်။ —brained, *a.* စိတ်ပေါ့သော။

**Crack,** *n.* a chink, fissure, ပပ်ကြား။ အအက်။ a flaw, အနာအဆာ။ a quick sharp sound, ဖျောက်ခနဲမြည်သံ။

**Cracked,** *a.* —in intellect, စိတ်ပေါ့သော။ —open, အာတာသော။

**Cracker,** *n.* a small rocket, ဖျောက်အိုး။ (Amer.) a hard biscuit, မာအောင်လုပ်သောကျုံမုန့်ပြားတမျိုး။

**Crackingly,** *adv.* ဖျောက်ဖျောက်။

**Crackle,** *v. i.* ဖြစ်ဖြစ်မြည်သည်။

**Cradle,** *n.* a small rocking cot, လှုပ်ပုခက်။ —of a ship, သင်္ဘောကိုရေထဲသို့လျှောချရန်တန်ဆာ။ —for reaping grain, စပါးကိုအစီလိုက်ပုံ၍ကျအောင်ရုတ်ရိတ်သောထားတံစည်။ —song, ဓယည်။ သားကျူးသီခြင်း။ —(a child,) *v. t.* ပုခက်၌သိပ်သည်။ —(grain,) အစီလိုက်ပုံ၍ကျအောင်ရုတ်ရိတ်သည်။

**Craft,** *n.* cleverness, လိမ္မာခြင်း။ the using of artifice, ဆန်းပြားတတ်ခြင်း။ manual art, လက်မှုပညာ။ small vessels of different kinds, လှေ၊ သံဘန်အစရှိသောသင်္ဘောကလေးအမျိုးမျိုး။

**Craftiness,** *n.* from Crafty.

**Craftsman,** *n.* လက်မှုပညာသည်။လက်မှုပညာနှင့်လုပ်သောသူ။

**Crafty,** *a.* cunning, skilled in artifice, ပရိယာယ်နှင့်လိမ္မာသော။ ဆန်းပြားတတ်သော။

**Crag,** *n.* အစွန်းထွက်သောကျောက်။

Cragged, Craggy, *a.* မညီမညွတ်၊ ကျောက်စွန်းများသော။
Cram, *v. i.* to eat to satiety, စားပိုနင့်အောင်စားသည်။ —*v. t.* to stuff, crowd, သိပ်သွင်းသည်။ to force down food, အနိုင်နှံ့သည်။ မရှိမဆုံ့စားစေသည်။
Cramp, *v. t.* to occasion cramp, ကြွက်တက်စေသည်။ to restrain, ချုပ်တည်းသည်။ to fasten with a cramp, မျှော့ကုတ်၍စပ်သည်။ —*n.* a species of convulsion, ကြွက်တက်ခြင်း။ restraint, ချုပ်တည်းခြင်း။ —of iron, မျှော့။ —iron, *v.* မျှော့။ (to secure with a cramp, မျှော့ကုတ်သည်။)
Cranberry, *n.* အသီးတမျိုး။
Crane, *n.* the bird, ကြိုးကြာ။ the machine, လေးသောဥစ္စာကိုမြှောက်တင်ရန်စက်တန်ဆာ။
Craniology, *n.* ကရာနယောလဇိအတတ်တည်းဟူသောဦးခေါင်းကိုစစ်ဆေးထောက်ကျွက်သောအတတ်ပညာ။
*Cranium*, *n.* ဦးခေါင်းခွံ။
Crank 1, *n.* လက်လှည့်။ —2, *a.* (သင်္ဘောကဲ့သို့) စောင်းလွယ်သော။
Cranny, *n.* a chink, crevice, ပပ်ကြား။ a corner, hole, ထောင့်ကြား။
Crape, *n.* ဆတ်သွားဖူးရှာ။
Crash, *v. i.* ထဲပြို၍အသံထွက်သည်။ —*n.* လဲပြို၍ထွက်သောအသံ။
Crate, *n.* ခြင်းတောင်းတမျိုး။
Crater, *n.* မီးတောင်ကမီးထွက်သောအပေါက်။
Craunch, *v. t.* ကြွပ်ကြွပ်ဝါးသည်။
Cravat, *n.* လည်စည်း။
Crave, *v. t.* to beg for, တောင်းပန်သည်။ to long for, တောင့်တသည်။
Craven, *n.* a cock conquered and dispirited, တိုက်ကြရာတွင်ကြောက်၍ပြေးသောကြက်။ a coward, recreant, သူရဲဘောမရှိ၊ အရှုံးခံသောသူ။
Craw, *n.* စာလုပ်။
Crawl, *v. i.* —as a worm, လိမ်လွန့်၍သွားသည်။ —on all fours, တွား၍သွားသည်။ to move slowly, တလုတ်လုတ်သွားသည်။
Crayon, *n.* ရေးသားရန်လုပ်သောခဲတောင့်တမျိုး။
Craze, *v. t.* from next.
Crazy, *a.* impaired and weakened, ယိုယွင်း၍မခိုင်ခံ့ဖြစ်သော။ insane, ရူးသော။ (in a wild crazy manner, ကမိန်းကပါး။ ကတန်းကယမ်း။)
Creak, *v. i.* ကြိတ်ကြိတ်မြည်သည်။ as a cart wheel, အီသည်။
Creakingly, *adv.* ကြိုးကြိုးကြိတ်ကြိတ်။
Cream, *n.* —of milk, နို့ဆီ။ မလိုင်။ —of tartar, မြုပ်ပေါင်သောစကရစ်ဓာတ်။ —colored, *a.* (Eng.) နို့ဆီကဲ့သို့အဆင်းရှိသော၊ (Bur.) အိုးသစ်ကဲ့သို့အဆင်းရှိသော။

**Creamy**, *a.* နို့ဆီကဲ့သို့ဖြစ်သော။

**Crease**, *v. t.* အမျိုးအကြောင်းထင်အောင်ခေါက်သည်။ —*n.* ခေါက်၍အရာထင်သောအမျိုးအကြောင်း။

**Create**, *v. t.* to cause to exist, ဖြစ်စေသည်။ ဖန်ဆင်းသည်။ to put in order, ပြုပြင်သည်။ to invest with a new character, အရာနှင့်ခန့်ထားသည်။ (created being, နိမ္မိတ္တသတ္တဝါ။)

**Creation**, *n.* from above; a created thing, ဖန်ဆင်းသောအရာ။ all created things collectively, ဖန်ဆင်းသောအရာအပေါင်း။ စကြဝဠာတန်ဆာအပေါင်း။

**Creative**, *a.* ဖန်ဆင်းနိုင်သော။

**Creator**, *n.* ဖန်ဆင်းတော်မူသောဘုရားသခင်။

**Creature**, *n.* a created being, rational or irrational, နိမ္မိတ္တသတ္တဝါ၊ တိရိစ္ဆာန်။ a beast, တိရိစ္ဆာန်။ one who is entirely dependent on another, ကျေးဇူးရှင်အလိုသို့သာလိုက်ရသောသူ။

**Credence**, *n.* ယုံခြင်း။ ယုံကြည်ခြင်း။

**Credentials**, *n. plur.* ကိုယ်အကြောင်းကိုသူတပါးယုံစေခြင်းငှါကိုယ်နှင့်ဆောင်သောလက်စွဲစာ။

**Credibility**, *n.* ယုံလောက်သောအဖြစ်။ ယုတ္တိရှိခြင်း။ ယုတ္တိယုတ္တာ။

**Credible**, *a.* ယုံလောက်သော။ ယုတ္တိရှိသော။ ယုံထောက်တန်သော။ ယုံဖွယ်သော။

**Credit**, *v. t.* to believe, ယုံသည်။ ယုံကြည်သည်။ to enter on the credit side of an account, သူတပါးပေးရန်ရှိ၍ဆပ်ပေးရာရာကိုစာရင်းနှင့်မှတ်သည်။ —*n.* belief, ယုံခြင်း။ ယုံကြည်ခြင်း။ reputation derived from proofs of credibility, ယုံလောက်သောလက္ခဏာနှင့်ရှည်သောဂုဏ်အသရေ။ the reverse of debit in book keeping, သူတပါးပေးရန်ရှိ၍ဆပ်ပေးရာရာကို စာ ရင်း နှင့် မှတ် သော အ ချက်။ the time allowed for payment, နေ့ငင်း၊ လင့်နှင့်ရောင်းဝယ်ရသောကာလ။ on—, *adv.* အကြွေး။ အကြွေးအငမ်း။ (to sell on credit. အကြွေးရောင်းသည်။)

**Creditable**, *a.* အသရေရှိသော။ ချီးမွမ်းဖွယ်ရှိသော။

**Creditor**, *n.* ကြွေးရှင်။ မြီရှင်။

**Credulity**, *n.* from next.

**Credulous**, *a.* ယုံလောက်သောသက်သေမရှိဘဲယုံလွယ်တတ်သော။

**Creed**, *n.* that which is believed, ယုံချက်။ a summary of faith အချုပ်အချာဖြစ်သောယုံချက်။

**Creek 1**, *v. i.* ခရည်ခရည်မြည်သည်။ —2, *n.* ချောင်းဦးတို့၊ချောင်းတို့၊ ထက်တက်ချောင်းတို့။

**Creep**, *v. i.* —as a worm, လိမ်လွန့်၍သွားသည်။ —on all fours, တွား၍သွားသည်။ —as a vine, နွယ်၍သွားသည်။ to move slowly, တလုတ်လုတ်သွားသည်။ to steal in, အမှတ်တမဲ့ဝင်သည်။

Creeper, *n.* အနွယ်၊ နွယ်ပင်၊ ဗိုလုံ၊ Rangoon—, ထားဝယ်မှိုင်း။

Creese, Crease, *n.* ကြိတ်၊ ကြိတ်ထား။

Cremation, *n.* ဖုတ်ကြည်းသင်းဂြိုဟ်ခြင်း။

Creole, *n.* အဖကုလားဖြူ၊ အမိကပ္ပလိမွေးဖွားသောသားကပြား။

Crepitate, *v. i.* ဖြစ်ဖြစ်မြည်သည်။

Crepitation, *n.* from above.

Crescent, *a.* ကြီးပွားသော၊ —*n.* the waxing moon, လဆန်း။ the figure of the waxing moon, လဆန်းဝိုး

Cress, *n.* စမုန်နီ။

Crest, *n.* a cock's comb, အမောက်၊ a tuft of hair or feathers on the head, ဦးစွန်း။ ဆောင်းမွေး။ royal —, မကိုဋ်၊ —, of a wave, လှိုင်းခေါင်းဖြူ၊ —fallen, *a.* စိတ်ပျက်သော၊

Crested, *a.* နဂါးမောက်ရှိသော၊

Cretaceous, *a.* မြေဖြူပါသော၊

Crevice, *n.* အပေါ်၊ အအက်၊ ပေါ်ကြား။

Crew, *n.* a company of people, လူအစုအပေါင်း။ a ship's company, သင်္ဘောတစင်းတွင်ပါသောသင်္ဘောသားစု၊

Crib, *n.* a manger, မြင်းစားကျင်း။ နွားစားခွက်၊ a stall, မြင်း၊ နွားထားသောအကန့်၊ a cottage. အိမ်ကလေး။ a child's cot, သူငယ်အိပ်ရာခုတင်၊ *v. t.* ကျည်းမြောင်းချုပ်ထားသည်၊

Crick, *n.* တိုးတွဲ၊

Cricket 1, *n.* the insect, ပရစ်၊ —2, *n.* the play, ခလိကစားခြင်း။ —3, *n.* a low stool, ခုံကလေး။

Crier, *n.* လည်၍ကျော်ညာစေသောသူ၊ သိတင်းကိုလွှင့်သောသူ၊ အဆော်၊ camp—, တပ်ဆော်၊ religious,—, နိဗ္ဗာန်ဆော်၊ (to act the part of a crier, စည်ထည်သည်၊)

Crime, *n.* transgression, ပြစ်မှားခြင်း။ ပြစ်မှားသောအပြစ်၊ an atrocious violation of law, ရာဇဝတ်သင့်ထိုက်သောအပြစ်၊

Criminal, *a.* guilty, အပြစ်ရှိသော၊ relating to crimes, အပြစ်နှင့်ဆိုင်သော၊ violating public law, ရာဇဝတ်သင့်ထိုက်သော၊

Criminal, *n.* a guilty person, အပြစ်ရှိသောသူ၊ a convict, ရာဇဝတ်သင့်သောသူ၊ —conversation, (by contraction, Crim. con.) *n.* သူမယားကိုပြစ်မှားခြင်း။

Criminality, *n.* from Criminal, *a.*

Criminate, *v. t.* အပြစ်တင်သည်၊

Crimination, *n.* from above.

Crimp, *n.* တစိုတခုသောအမှုကို ဆောင် ရွက် စေ ခြင်း ငှါ သွေး ဆောင် သော လုလင်၊

Crimple, *v. t.* to corrugate, တွန့်စေသည်။ to curl, လိပ်သည်။

Crimson, *a.* တွေးတွေးနီသော၊ ရဲရဲနီသော၊

**Cringe 1,** *n.* ဓောင်းလျှားပင်။—2, *v. i.* ကုပ်ကုပ်နေ၍ချော့မော့သည်။

**Crinum,** *n.* ပဒိုင်းကြီး။ ရေပဒိုင်း။

**Crinkle,** *v. i.* ကျက်တွန့်တက်သည်။

**Cripple,** *v. t.* ခြေမစွမ်းအောင်ပြုသည်။ —*n.* ခြေမစွမ်းသောသူ။

**Crisis,** *n.* အစွမ်းကုန်တက်၍ပြောင်းလဲရသောအချက်။ —of a disease, အနာ၏ရက်ဆုံးကျ၍ပြောင်းလဲရသောအချက်။

**Crisp,** *a.* curled, လိပ်သော။ brittle, ကြွပ်သော။ ဆတ်သော။ —*v. t.* လိပ်သည်။

**Crispy,** *see* Crisp, *a.*

**Criterion,** *n.* a test, စံ။ a standard of judging, စုံစမ်းရန်ထားသော အရာ။

**Critic,** *n.* one skilled in discriminating between beauties and faults, ကောင်းသောလက္ခဏာ၊ မကောင်းသောလက္ခဏာတို့ကိုပိုင်းခြား၍ပြတတ်သောသူ။ one skilled in scrutinizing written works, စာကိုဆန်းစစ်တတ်သောသူ။ one apt to find fault, အပြစ်တင်တတ်သောသူ။

**Critical,** *a.* skilful in discriminating, etc. ကောင်းမကောင်းတို့ကိုပိုင်းခြားသိတတ်သော။ skilful in scrutinizing written works, စာကိုဆန်းစစ်တတ်သော။ accurate, စေ့စပ်သော၊ သေချာသော။ apt to find fault, အပြစ်တင်တတ်သော၊ ကတ်သတ်သော။ pertaining to a crisis, အစွမ်းကုန်တက်၍ပြောင်းလဲရသောအချက်နှင့်ဆိုင်သော။ အကျိုးအပြစ်နှစ်ပါးအကြား၌နေသော။

**Criticise,** *v. t.* to examine and show the beauties and faults of (a performer,) ကောင်းသောလက္ခဏာ၊ မကောင်းသောလက္ခဏာတို့ကိုပိုင်းခြား၍ပြသည်။ to censure, အပြစ်တင်သည်။

**Criticism,** *n.* from above; a critical remark, ပိုင်းခြား၍ပြသောစကား။

**Critique,** *n.* same.

**Croak,** *v. i.* —as a frog, (ဖား) မြည်သည်။ —as a raven, (ကျီး) အာသည်။ to grumble, မြည်တွန်သည်။ *n.* ဖားမြည်သံ၊ ကျီးအာသံ၊

**Crock,** *n.* ကြွပ်မိုး။ *v. t.* (Amer.) ကြွပ်မိုးနှင့်လူးသည်။

**Crockery,** *n.* မြေခွက်၊ ဝက္ကန်အမျိုးမျိုး။

**Crocodile,** *n.* မိကျောင်း။ monitor—, ဖွတ်မိကျောင်း။

**Crone,** *n.* မိမွဲအို။

**Crony,** *n.* ဆွေရင်းမျိုးချာကဲ့သို့သောအသိအကျွမ်း။

**Crook,** *v. t.* to make crooked, ကောက်စေသည်။ —*v. i.* to curve (intrans.,) ကွေးသည်။ —backed, *a.* ကုန်းသော။ —*n.* a curve, bend, အကောက်၊ အကွေး။ a crooked stick of timber, တံကူး။ a shepherd's staff, မျိုဘ်ပါသောသိုးထိန်းတန်ဆာ။

**Crooked,** *a.* not straight, bent, ကောက်သော။ curving, ကွေးသော။

Crookedly, *adv.* applied to things, ကောက်တီးကောက်တောက်။ deceitfully, ကောက်ကျိုကောက်ကျစ်။ (to saw crookedly, လွှပတ်သည်။)

Crookedness, *n.* from above.

Crop, *v. t.* to reap, ရိတ်သည်။ to cut off the end, အဖျားကိုဖြတ်သည်။ —*n.* that which is reaped or gathered at one harvest time, တကြိမ်တခါတည်းရိတ်၍ရသောအသီးအနှံ။ a fowl's craw, ငှက်၏စာလုပ်။

Crosier, *n.* ဂိုဏ်းအုပ်လက်စွဲလှံတံ။

Croslet, *n.* လက်ဝါးကပ်တိုင်ကလေး။

Cross, *a.* lying across, ကန့်လန့်နေသော။ adverse, ဆန့်ကျင်ဘက်ဖြစ်သော။ perverse, ကတ်သတ်သော။ peevish, fretful, စိတ်တိုသော။ ဝန်တိုသော။ sullen, စိတ်ငြိုသော။ —bow, *n.* ဒူးလေး။ —bar, ကန့်လန့်ကျင်။ —eyed, *a.* မျက်စိစောင်းသော။ —grained, *a.* as wood, အသားရှုပ်သော။ hard to deal with, ကတ်သတ်သော။ —legged, *a.* တင်ကထင်မှိတ်၍ (ထိုင်သော။) တင်ပျဉ်ခွေသော။ —purpose (at,) *adv.* ကလွဲစောင်းပင်း။ —staff, *n.* နေ၊ လ၊ ကြယ် နက္ခတ်အမြင့်ကိုတိုင်းသောတန်ဆာတမျိုး။ —way, *n.* ဖြတ်လမ်း။ Southern—, တံငါကွန်တိုင်။ —*v. i.* to lie across, ကန့်လန့်နေသည်။ —*v. t.* to mark across, ကန့်သည်။ to lay across, ကန့်လန့်ထားသည်။ to erase, ချေသည်။ to make the sign of the cross on, လက်ဝါးကပ်တိုင်ပုံကိုရေးသားသည်။ to go over, ကျော်၍သွားသည်။ to pass from side to side, ကူးသည်။ သန်းသည်။ to thwart, obstruct, ဆန့်ကျင်ဘက်ပြုသည်။ ဆီးတားသည်။ —the breed, အမျိုးဘာဝချင်းစပ်ရှက်ရောနှောသည်။ —examination, *n.* from next; —examine, —question, *v. t.* (သက်သေကို) လှန်ပြန်စုဆစ်၍မေးသည်။ —*n.* the mark ×, ကြက်ခြေ။ (to make such a mark, ကြက်ခြေခတ်သည်။) a kind of gibbet, လက်ဝါးကပ်တိုင်။ a line drawn through another, ကန့်လန့်သားသောအကြောင်း။ that which thwarts, obstructs, ကန့်လန့်နေသောအရာ။ ဆီးတားသောအရာ။ —*prep.* *see* Across.

Crossing, *n.* —of roads, လမ်းလေးခွ။

Crossness, *n.* perverseness, ကတ်သတ်ခြင်း။ peevishness, စိတ်တိုခြင်း။

Crosswise, *adv.* ကန့်လန့်။ ဒိလာ။

Crotch, *n.* အခွ။ သစ်ခွ။

Crotched, *n.* ခွသော။

Crotchet, *n.* a wooden prop, ထောက်ခွ။ one of the notes in music, သီခြင်းသံပုံတမျိုး။ one mark in English writing, အင်္ဂလိပ်စာ၌စကားချပ်ကိုမှတ်သားသောအမှတ်တမျိုး။ [ ]; an odd conceit, ထင်မှတ်စရာအကြောင်းမရှိဘဲလျှက်ထူးခြားစွာထင်မှတ်ချက်။

Croton, *n.* Rangoon—, သက်ရင်းကတော်။ wild—, သက်ရင်းနီ။

**Crouch,** *v. i.* to lie close to the ground, ဝပ်သည်။ ပြပ်ဝပ်သည်။ to cringe, ကုပ်ကုပ်နေ၍ချော့မော့သည်။

**Croup 1,** *n.* the rump of a fowl, ကြက်ဆီဘူးဖုံ။ the buttocks of a horse, မြင်းတင်ပါး။ —2, *n.* the disease, ကြက်ညှာနာ။

**Crow 1,** *v. i.* —as a cock, တွန်သည်။ —as a pheasant, မိန်းသည်။ to vaunt, vapor, ဝါကြွားသည်။ —2, *n.* ကြက်တွန်သံ။ —3, *n.* the bird, ကျီးကန်း။ —of iron, ကုလားဖောင်း။ —bar, သံတူးရွင်း။ သံကုတ်။

**Crowd,** *v. t.* to compress, သိပ်သည်။ to stuff, သိပ်သွင်းသည်။ to squeeze in a press of people, ညပ်ဆောင်လူချင်းကျပ်၍ နေကြသည်။ to press by solicitation, အပူအပြင်းတောင်းသည်။ —sail, ရွက်ကုန်တင်၍ ပြေးသည်။ —around, *v. t.* ဝိုင်း၍ကျပ်လျက်နေကြသည်။ —forward, through, into, etc. *v. i.* စုဝေး၍ကျပ်ရာမှ ထိုးသွားသည်။ —*n.* things closely pressed together, မိသိပ်၍ထားသောအရာစု။ a throng of people, လူထပ်သောလူထု။ လူချင်းကျပ်၍နေသောအစုအဝေး။ a large multitude, များစွာသောလူအစုအဝေး။ the populace, ဆင်းရဲသားစု။

**Crowded (be,)** *v. i.* ကျည်းကျပ်သည်။

**Crowdedly,** *adv.* ဗရပွစ်။

**Crown,** *n.* a diadem, မကိုဋ်။ သရဖူ။ ပေါင်းသရဖူ။ royalty, ရှင်ဘုရင်၏ဘုန်းအာနုဘော်။ a chaplet, ဦးရစ်။ a reward bestowed on a victor, အောင်ဆု။ the top, summit, ထိပ်။ အထွဋ်။ a coin stamped with a crown, မကိုဋ်ပုံခတ်သောဒင်္ဂါး။ —post, *n.* ခေါင်တိုင်။ —money, နန်းစည်ငွေ။ —jewels, နန်းစည်ပတ္တမြား။ *v. t.* to invest with royalty, (Eng.) မကိုဋ်တင်သည်။ (Bur.) နန်းတင်သည်။ ရာဇာဘိသိတ်ပေးသည်။ to cover the top, ထိပ်အုပ်တင်သည်။ to exalt, ချီးမြှောက်သည်။ to complete, စုံလင်စေသည်။

**Crucible,** *n.* မိုက်။ မိုက်လုံး။

**Crucifix,** *n.* လက်ဝါးကပ်တိုင်ပုံ။

**Crucifixion,** *n.* from Crucify.

**Cruciform,** *a.* လက်ဝါးကပ်တိုင်ပုံတူသော။

**Crucify,** *v. t.* လက်ဝါးကပ်တိုင်၌မှိုက်ထားသည်။

**Crude,** *a.* raw, not cooked, မကျက်။ စိမ်းသော။ in a natural state, မပြုမပြင်သော။ နိုင်းသော။ undigested (as food,) မကြေသော။ not matured in the mind, ကောင်းစွာမရှုးစမ်း။ မဆင်ခြင်သေးသော (အရာ။)

**Crudeness, Crudity,** *n.* from above.

**Cruel,** *a.* ရက်စက်သော။

**Cruelty,** *n.* from above.

**Cruet,** *n.* ပုံးရည်၊ ဆီအစရှိသည်တို့ကိုထည့်သောဖန်ဘူးကလေး။

Cruise, *v. i.* သင်္ဘောစီး၍ပင်လယ်၌လှည့်လည်သည်။ —*n.* from above.
Cruiser, *n.* ပင်လယ်၌အရပ်ရပ်လှည့်လည်သောသင်္ဘော။
Crumb, *n.* မုန့်အစအနး။
Crumble, *v. i.* ပွဲ့ညွှဲသည်။ *v. t.* ဖွဲ့ဖျွဲသည်။ —to powder, ကြေညက်သည်။
Crumple, *v. i.* တွန့်အောင်ဆုပ်သည်။
Crunch, *v. t.* ဖြွပ်ဖြွပ်ကိုက်၍ဝါးသည်။
Crupper, *n.* မြီးသိုင်းကြိုး။
Crusade, *n.* သာသနာပလူတို့ကိုသွား၍တိုက်ခြင်း။
Cruse, *see* Cruet.
Cruset, *n.* ပန်းတိမ်သုံးသောခွက်။
Crush, *v. t.* to press so as to break, ကျိုးပဲ့အောင်ဖိနှိပ်သည်။ to comminute, ကြိတ်သည်။ ကြည်းသည်။ to subdue, နှိပ်နင်းသည်။ to oppress, နှိပ်စက်သည်။— *n.* from Crush, *v. t.*
Crushed (be), *v. i.* contrite, ကြေခွသည်။
Crust, *n.* an external coat, အခွံ။ —of bread, ပေါင်မုန့်အကာ။ a small bit of bread, မုန့်ပဲ့။ a scab, အနာ၏အဖေး။ —of a pie, ၎ာပနာသွင်းမုန့်အပေါ်သား၊ အောက်သား။ *v. t.* မာသောအရာနှင့်လွှမ်းအုပ်သည်။
Crustaceous, *a.* အဆစ်ဆစ်အဥ္စပတ်လျှက်ရှိသော (ရေတ်ရိုဏ္ဍာန်။)
Crusty, *a.* friable as crust, ရွသော။ snappish, စိတ်တိုသော။ စိတ်ဆတ်သော။ ကြွပ်ဆတ်သော။
Crutch, *n.* ဘောင်ဝေးထောက်ခွ။ ချိုင်းထောက်ခွ။
Cry, *v. i.* to exclaim, ကျွေးကြော်သည်။ to scream, အော်ထစ်သည်။ to utter a loud voice in weeping, ငိုကြွေးသည်။ to make a noise, as some animals, မြည်သည်။ —*v. t.* to proclaim, ကျော်ညာစေသည်။ —against, အပြစ်တင်၍ကျွေးကြော်သည်။ —down, to decry, ကဲ့ရဲ့သည်။ to overbear, ဝိုင်း၍နှိပ်နင်းသည်။ —out, *v. i.* to scream, အော်သည်။ to complain loudly, မြည်တွန်သည်။ —up, *v. t.* ချီးမွမ်းသည်။ —*n.* from Cry, *v. i.*
Cryptic, *a.* လျှို့ဝှက်သော။
Cryptography, *n.* လျှို့ဝှက်သောလက်ရေး။
Crystal, *n.* quartz, ကျောက်သလင်း။ the glass of a watch case, နာရီအိမ်မှာဖုံးသောမှန်ခုံး။
Crystal, Crystalline, *a.* ကြည်လင်သော။
Crystallize, *v. t.* ကျောက်သလင်းဖြစ်စေသည်။
Crystalization, *n.* from above.
Cub, *n.* the young of a bear, ဝက်ဝံသငယ်။ the young of a fox, မြေခွေးသငယ်။
Cube, *n.* အလျား၊ အနံ၊ အောက်ညီမျှသောပုံ။

Cubeb, *n.* ဗိတ်ချင်း။
Cubic, *a.* အလျား၊ အနံ၊ စောက်ညီမျှသော။
Cubit, *n.* တတောင်။ ဒံ။ standard—, သံတောင်။
Cuckold, *n.* လင်ဓောင်ထားသောမိန်းမ၏လင်။ —*v. t.* ထိုသို့သောလင်ဖြစ်စေသည်။
Cuckoo, *n.* (black species,) ဥဩ။ the large bottle green species with a long tail, ဝါဗလေး။
Cucumber, *n.* သခွားသီး။ a sour—, သခွားချဉ်။
Cud, *n.* the food chewed by a ruminating animal, စားမြုံပြန်သောအရေး အမြုံ။ စားမြုံ။ —of betel, အယား။ ကွမ်းရာ။ —of tobacco, ဆေးငုံ။
Cuddle, *v. i.* တိုးကပ်၍နေသည်။
Cuddy, *n.* သင်္ဘော၌စားစရာပြင်သောအခန်း။
Cudgel, *n.* လက်စွဲဒုတ်ကြီး။ —*v. t.* ဒုတ်နှင့်ရိုက်သည်။
Cue, *n.* the tail or end of a thing, အမြီး။ အဖျား။ မြီးဖျား။ a hint, အရိပ်အမြွက်။ humor, စိတ်သဘော။—such as Chinamen wear, ဆံဝက်အမြီးကျစ်။
Cuff 1, *v. t.* to strike with the fist, လက်ဆုပ်နှင့်ထုသည်။ —1, *n.* a blow with the fist, လက်ဆုပ်နှင့်ထုခြင်းအချက်။ —2, *n.* the fold at the end of a sleeve, အင်္ကျီလက်ဖျားအနားပတ်။
Cuirass, *n.* ရင်အုပ်တန်ဆာ။
Cuirassier, *n.* ရင်ကြပ်ဝတ်သောစစ်သည်။
Culinary, *a.* စားဖို့နှင့်ဆိုင်သော။
Cull, *v. t.* ရွေးကောက်သည်။
Cully, *n.* အလိမ်ကိုအလွယ်ခံသောသူ။
Culminate, *v. i.* ခွန်းတည့်သည်။
Culmination, *n.* from above.
Culpable, *a.* အပြစ်တင်ခွင့်ရှိသော။
Culprit, *n.* အပြစ်ဒါဏ်ခံထိုက်သောသူ။
Cultivate, *v. t.* to till the ground, လယ်၊ ယာ၊ ဥယဉ်လုပ်သည်။ to produce by tillage, လယ်၊ ယာ၊ ဥယဉ်လုပ်၍ဖြစ်စေသည်။ to improve by effort, တိုးပွားစေခြင်းငှါကြိုးစည်လုပ်ဆောင်သည်။
Cultivation, Culture, *n.* from above.
Cultivator, *n.* လယ်ယာလုပ်သောသူ။
Culverin, *n.* လုံးပတ်သေး၍အလျားရှည်သောအမြောက်။
Culvert, *n.* ပေါင်းကူး။
Cumber, *v. t.* to overload, ဝန်ပိသည်။ to retard, နှေးစေသည်။ to embarrass, နှောင့်ရှက်သည်။
Cumbersome, Cumbrous, *a.* not easily borne, လေး၍ဆောင်ခဲသော။ troublesome, နှောင့်ရှက်တတ်သော။

Cumbrance, *see* Encumbrance.
Cumin, *n.* ဇီယာ။
Cumulate, *v. t.* ပုံသားသည်။
Cuneated, Cuneiform, Cuniform, *a.* သပ်၏ပုံသဏ္ဍာန်ရှိသော။
Cunning, *a.* skilful, လိမ္မာသော။ crafty, ပရိယာယ်ပြုတတ်သော။ deceitful, လိမ်လည်တတ်သော။ *n.* from *do.*
Cup, *n.* a small bowl, ခွက်။ စားခွက်။ ပုကန်လုံးကသေး။ ဖလား။ small glass—, ကတိ။ earthen—, မြေအင်း။ the liquor contained in a cup, ခွက်၌ပါသောသောက်ရေ။ —bearer, *n.* မင်းကိုစပျစ်ရည်ဆက်သောအရာရှိ။ —board, *n.* ပုကန်ထားသောမတ်ဘတ်သစ်တာ။ — *v. t.* to draw blood with a cupping glass, တွင်စုတ်သည်။ တွင်စုတ်သည်။
Cupel, *n.* မိုက်။ မိုက်လုံ။ deep—, မိုက်ခေါက်။ လုံခေါက်။ flat—, မိုက်ထင်။
Cupidity, *n.* လောဘ။ လောဘတဏှာ။ လောဘမှု။
Cupola, *n.* တိုက်မိုးပေါ်၌ဆင့်၍တည်ဆောက်သောခေါင်းလောင်းပုံအမိုး။
Cupping glass, *n.* တွင်း။
Cur, *n.* ခွေးညှီ။
Curable, *a.* ဆေးကု၍ပျောက်နိုင်သော (အနာ။)
Curacy, *n.* သင်းအုပ်ဆရာ၏ကိုယ်စားလှယ်အရာ။
Curate, *n.* သင်းအုပ်ဆရာ၏ကိုယ်စားလှယ်။
Curative, *a.* ဆေးကုခြင်းနှင့်ဆိုင်သော။
Curator, *n.* ကြည့်ရှုပြုစုသောသူ။ အုပ်ထိန်းသောသူ။
Curb, *n.* —of a bridle, မေးသိုင်းကြိုး၊ a restraint, အဆီးအတား။ a frame round a well, ရေတွင်းပေါင်။ ရေတွင်းခြမ်းရပ်ပေါင်။ —*v. t.* —a horse, ဇက်ချုပ်၍စီးသည်။ to restrain, ဆီးတားသည်။ ချုပ်တည်းသည်။ to furnish with a well-curb, (ရေတွင်း၌) မိုးရပ်ပေါင်ခတ်သည်။
Curd, *n.* နို့ခဲ။ နို့မှိုင်း။ နို့တမ်း။ မိန့်။ —in a soft state, မိန့်ကလိုင်။
Curdle, *v. i.* to coagulate as milk, နို့ခဲသည်။ to congeal, as curdled milk, နို့ခဲသလိုခဲသည်။ —*v. t.* to change into curd, နို့ခဲရအောင်ပြုသည်။
Cure, *v. t.* to heal, ဆေးကု၍အနာကိုပျောက်စေသည်။ to remove (an evil,) ရှင်းလင်းစေသည်။ to prepare for preservation, မပုပ်မသိုးရအောင်ပျင်ဆင်သည်။— *n.* the act of healing, အနာကိုပျောက်စေခြင်း။ a remedy for disease, အနာကိုပျောက်စေသောဆေး။ the employment of a curate, သင်းအုပ်ဆရာ၏ကိုယ်စားလှယ်အရာ။
Curfew, *n.* ညရှစ်နာရီအချိန်၌ခေါင်းလောင်းထိုးခြင်း။
Curiosity, *n.* a desire to know something new or unknown, မတွေ့မမြင်သေးသောအရာကိုအတွေ့ချင်မြင်ချင်သောစိတ်သဘော။ an object

of curiosity, မတွေ့မမြင်သေးသောသူအလွန်တွေ့မြင်ချင်ဖွယ်သောအရာ။ ထူးဆန်းသောအရာ။

**Curious,** *a.* desirous to know what is new or unknown, မတွေ့မမြင်သေးသောအရာကိုအလွန်တွေ့မြင်ချင်သောစိတ်သဘောရှိသော။ nicely and carefully inquisitive, စေ့စေ့ငြွေငြွေမေးမြန်းတတ်သော။ nicely done, နူးနယ်သော။ rare, singular, ထူးဆန်းသော။ (small and— သေးကွေးသော။)

**Curiousness,** *n.* from above.

**Curl,** *v.* to form into ringlets, လိပ်သည်။ —spirally, တွေ့လှိမ့်သည်။ to curve, ကွေ့သည်။ to twist, လိမ်သည်။ to undulate, roll over and over, (လှိုင်းကဲ့သို့) လိမ့်သည်။ —*n.* အလိပ်။ အကွေ့။ အလိမ်။ (လှိုင်း၏) အလိမ့်။ ဆံလိပ်။ (for sub-def. *see* above.)

**Curlew,** *n.* ကုလားကပ်ငှက်။ မိန်းမလက်သဲ။

**Curling tongs,** *n.* ဆံပင်ကိုကွေ့လိပ်သောညှပ်။

**Curly,** *a.* လိပ်သော (ဆံပင်။) —headed, *a.* ဆံပင်လိပ်သော။

**Curmudgeon,** *n.* စေးနှဲ၍အလွန်ခက်ထန်သောသူ။

**Currant,** *n.* ငယ်သောသစ်သီးတမျိုး။

**Currency,** *n.* general circulation, အနှံ့အပြားလှည့်လည်ခြင်း။ general reception, တဦးမှတဦးသို့လှည့်သည်၍နေရာရခြင်း။ that which is current, as a medium of trade, ရောင်းဝယ်မှုတွင်အသိုးချေရန်လူများသုံးစွဲ၍တဦးမှတဦးသို့လှည့်ထည်သောအရာ။

**Current,** *a.* in general circulation and use, အနှံ့အပြားသုံးစွဲ၍တဦးမှတဦးသို့လှည့်ထည်သော။ generally admitted, လူများထက်ခံသော။ now passing, ယခုဖြစ်သော။ —*n.* a running stream, ရေစီး။ စီးသောရေ။ successive course, သွားမြဲသွားခြင်း။ —price, အညွန့်နှုန်း။ အညွန့်နှုန်းအကဲ။ downward—, ရေစုံ။ opposing—, ရေဆန်။ strong —, ရေခြင်း။

**Curricle,** *n.* ရထားတမျိုး။

**Currier,** *n.* သားရေလုပ်သမား။ သားရေနယ်ကိုပြုပြင်သောသူ။

**Curry** 1. *v. t.* to dress leather, သားရေနယ်ကိုပြုပြင်သည်။ to clean with a curry-comb, သံဘီးနှင့်ဖီးသည်။ —favour, မျက်နှာရအောင်ချော့မော့သည်။ —comb, *n.* သံဘီး။ —2, *n.* ဟင်းတမျိုး။ any thing of which curry can be made, ဟင်းလျာ။ ဟင်းကျွေး။ hotch-potch—, ဟင်းလေး။

**Curse,** *v. t.* to imprecate evil, ကျိန်သည်။ ကျိန်ဆဲသည်။ to inflict evil, ဘေးဒါဏ်ရောက်စေသည်။ —*n.* from *do.* (to have a curse take effect, မိမ်ရေသင့်သည်။)

**Cursed,** *a.* execrable, ကျိန်ဆဲစရာကောင်းသော။ most abominable, အလွန်ဆိုး၍ရွံရှာစရာကောင်းသော။

**Cursory,** *a.* ရှပ်ကာပြုသော။

Cursorily, *adv.* ရှပ်ရှပ်။
Curt, *a.* တိုသော။
Curtail, *v. t.* to make shorter, တိုအောင်ဖြတ်သည်။ to lessen, နည်းစေသည်။ လျှော့စေသည်။
Curtain, *n.* a cloth suspended for a screen, ကုလားကာ။—of a bed, ခြင်ထောင်။ (in fortification,) ဝက်ခေါင်းနှစ်ခုကြားမှာတည်သော မြို့ရိုး။ —*v. t.* ကုလားကာနှင့်ကာသည်။
Curvature, *n.* a bending, ကွေးခြင်း။ a bend, အကွေး။
Curve, *v.* to decline from a right line, ကိုင်းသည်။ to bend, draw together at the ends, ကွေးသည်။ ကွေးညွတ်သည်။ to be serpentine, ကွေ့သည်။ ကွေးကောက်သည်။ —*a.* from above, 2d and 3d def. —*n.* အကွေး။ အကွေ့။ (for sub-def.) *see* Curve, *v.*
Curvet, *v. i.* မြင်းကဲ့သို့ခုန်သည်။ —*n.* from *do.*
Curvilinear, *a.* ကွေးသောပုံရှိသော။
Curvingly, *adv.* ကွန့်ရကွန့်။
Cushat, *n.* ခိုတမျိုး။
Cushion, *n.* —to sit on, ဖုံ့နေရာထိုင်။ နေရာဖုံ။ အခုန္တီး။ —to lean on, မှီအုံး။
Cusp, *n.* ထန်းသောလဆာအကွေးစွန်း။
Cusped, *a.* အကွေးစွန်းရှိသော။
Custard, *n.* ကြက်ဥ၊ သကြား၊ နို့ရောနှော၍လုပ်သောမုန့်။ ကြက်ဥမုန့်။—apple, ဩဇာ။ —species, တနပ်စား။ တပွတ်။
Custodial, *a.* စောင့်ရှောက်ခြင်းနှင့်ဆိုင်သော။
Custody, *n.* watch-care, စောင့်ရှောက်ခြင်း။ confinement, ချုပ်ထားခြင်း။
Custom 1, *n.* common practice, ထုံးစံ။ ဓလေ့။ အတတ်။ ထုံးနိုး။ သဘော။ habit, way, စာရိတ်။ (*Pali,* စာရိတ္တ။) habitual buying at the same place, ဖောက်သည်။ ဝယ်မြဲဝယ်ခြင်း။ —2, *n.* duty on imports and exports, အကောက်။ —house, *n.* အကောက်တိုက်။ —house (in Rangoon,) ဒေဝန်းတိုက်။ —house for receiving transit duties, ဌာ။
Customary, *a.* according to custom, ထုံးစံအတိုင်းဖြစ်သော။ habitual, ဖြစ်လေ့ရှိသော။
Customer, *n.* ဖောက်သည်။
Cut, *v. t.* —(by different processes,) ဖြတ်သည်။ လှီးသည်။ ခုတ်သည်။ ညှင်းသည်။ ရှသည်။ pare, as precious stones, တွပ်သည်။ —as a saw, လွှစားသည်။ to carve, ထုသည်။ ဆစ်သည်။ to intersect, ကန့်သည်။ to wound the feelings, စိတ်နာစေသည်။ —a pack of cards. ဖဲချိုးသည်။ —across, *v. t.* ဖြတ်လမ်းကိုလိုက်သည်။—asunder, ဖြတ်သည်။ —into long slices, ညှင်းသည်။ —away (as a thicket). ဖြတ်သတ်သည်။ —a file, တံစဉ်းစိတ်သည်။ —down,

*v. t.* to fell, ခုတ်လှည်းသည်။ to dispirit, စိတ်ပျက်အောင်ပြုသည်။ —off, separate by cutting, ဖြတ်သည်။ ဖြတ်၍ကွဲကွာစေသည်။ ခုတ်ဖြတ်သည်။ to kill, သတ်သည်။ to put away, ဖယ်ရှားသည်။ to prevent, ဆီးတားသည်။ —in pieces, တစ်သည်။ —out, to take out by cutting, ထားနှင့်ကော်ယူသည်။ —a garment, အဝတ်ကိုညှပ်သည်။ ဆုန်းသည်။ —work, လုပ်ရန်ကြံစည်သည်။ to adapt, တော်လျော်အောင်လုပ်သည်။ to take the place of, သူ့အရာကိုလု၍ရသည်။ —purse, *n.* ကတ်ကြေးကိုက်သူခိုး။ —short, *v. t.* to make to stop suddenly, ရုတ်ခနဲရပ်စေသည်။ to shorten, တိုအောင်ဖြတ်သည်။—throat, *n.* လူသတ်။—up, *v. t.* to divide into parts by cutting, အပိုင်းပိုင်းဖြတ်သည်။ ဆစ်သည်။ to clear away, ပယ်ရှင်းသည်။ —*n.* from Cut, *v. t.*; the gap or opening made by cutting, ဖြတ်ရာ။ လှီးရာ။ ခုတ်ရာ။ ညှပ်ရာ။ ရှရာ။ a stroke or blow, ရိုက်ခြင်းတချက်။ a channel, ကူးကြောင်း။ a slice, လှီးသောအလွှာ။ a shorter path, ဖြတ်ထမ်း။ the stamp on which a picture is carved, ပုံရိုက်ရန်ထုသောရုပ်ပုံ။ a picture stamped, ပုံရိုက်သောရုပ်ပုံ။ the fashion in which a thing is cut, ညှပ်သောပုံ။

**Cutaneous**, *a.* သားရေနှင့်ဆိုင်သောအနာ။

**Cutch**, *n.* ရှားစေး။

**Cuticle**, *n.* the scarf skin, အပေါ်သားရေ။ the thin external covering of bark, အပေါ်ခွံ။ a thin skin formed on the surface of liquor, အရည်ပေါ်မှာတက်သောအမြှေး။

**Cutlass**, *n.* ထားလွယ်တမျိုး။

**Cutler**, *n.* ထား၊ ကတ်ကြေးအစရှိသည်တို့ကိုလုပ်သောပန်းပဲ။

**Cutlery**, *n.* ထားအစရှိသောဖြတ်တတ်လှီးတတ်ညှပ်တတ်သောတန်ဆာမျိုး။

**Cutlet**, *n.* ကြော်သောအမဲသား၊ ကြက်သား၊ ငါးသား။

**Cutter**, *n.* a cutting instrument, ဖြတ်လှီးသောတန်ဆာ။ a quick boat, မြန်သောသံဘောန်။

**Cutting**, *n.* a piece cut off, ဖြတ်စ။ ဖြတ်နု။ a slip, စိုက်ရန်ဖြတ်ယူသောအခက်အလက်။

**Cuttle-fish**, *n.* ပဝယ်။

**Cutwal** (East Indian,) *n.* ရာဇဝတ်ထိန်း။

**Cutwater**, *n.* သင်္ဘောဦးချွန်း။

**Cycle**, *n.* a circle, စက်ဝိုင်း။ a period of time in which the same revolution of the heavenly bodies begins again, နေ၊ လ၊ ကြယ် နက္ခတ်လှည့်ပတ်ရာစက်ဝိုင်း၊ ရွေ့လျောက်နှင့်ရွေ့လျောက် နေရာဟောင်းသို့ ရောက်အောင်လှည့်ပတ်သောကပ်ကာလ။

**Cygnet**, *n.* ငန်းသငယ်။

**Cyclopœdia**, *see* Encyclopœdia.

Cylinder, *n.* စည်ပိုး —worn in the lobe of the ear, နားတောင်း။
Cylindrical, *a.* စည်ပိုကဲ့သို့ဖြစ်သော။ လုံးသော။
Cymbal, *n.* ထင်းကွင်း။
Cynic, *n.* စိတ်တို၍အဖြစ်တင်တတ်သောပညာရှိ။
Cynical, *a.* စိတ်တို၍အဖြစ်တင်တတ်သော။
Cynosure, *n.* the pole star, ဓူဝံ။ an object that commands attention and exerts influnce, လူများကြည့်ရှု၍နည်းခံယောက်သောအရာ။
Cypher, *see* Cipher.
Cypress, *n.* သစ်ပင်တမျိုး။
Czar, *n.* ရုရှရှင်ဘုရင်။
Czarina, *n.* ရုရှမိဖုရား။

# D

Dab, *v. t.* to strike gently, သာသာပုတ်သည်။ to strike gently with a soft substance, ပျော့သောအရာနှင့်ပုတ်သည်။ —*n.* a gentle blow, သာသာပုတ်ခြင်းအချက်။ a small soft lump, ပျော့သောအမှိုင်ငယ်၊
Dabble, *v. i.* to play or dash about in water, ရေ၌ဗောက်ဗက်ခတ်၍ကစားသည်။ to do slightly, or superficially, ပေါ့လျော့စွာပြုလုပ်သည်။ to meddle, စွက်ဖက်၍ပြုသည်။
Dacoit, *n.* ထားပြ။
Dad. Daddy, *n.* အဘ (သူငယ်ပြောသောစကား။)
Daft *a.* စိတ်ပေါ့သော။ စိတ်ပေါသော။
Dagger, *n.* တိုသောသန်လျက်။ single edged—, ထားမြှောင်။
Daggle, *see* Draggle.
Daguerreotype, *n.* ကြေးပြားပေါ်မှာနေရောင်ခြည်ထိုး၍ ရုပ် ပုံ ထင် ရ သော အတတ်။
Daily, *a.* နေ့တိုင်းဖြစ်သော။ —*adv.* နေ့တိုင်း။ နေ့ရက်အစဉ်အတိုင်း။ ရက်ဆက်။
Daintiness, *n.* from next.
Dainty, *a.* savory, ဆိမ့်သော။ အရသာရှိသော။ nice in selecting food, အစားရွေး၍နည်းနည်းစားတတ်သော။ delicate in form or appearance, လှပနူးနယ်ယဉ်ကျေးသော။ —*n.* ဆိမ့်သောအစာ။
Dairy, *n.* the management of milk and the making of butter and cheese, နို့အလုပ်နှင့်ဆိုင်သောအမှုအရာ။ the room where the business is conducted, နို့အမှုနှင့်ဆိုင်သမျှကိုပြုဖွင်သောအခန်း။ —maid, နို့အမှုနှင့်ဆိုင်သမျှလုပ်ဆောင်သောမိန်း။
Daisy, *n.* ပန်းပွင့်တမျိုး။
Dale, *n.* တောင်ကြား။ ချိုင့်။

**Dalliance**, *n.* from next.

**Dally**, *v. i.* to play, ကစားသည်။ to toy, wanton, ကာမရာဂနှင့်ရှည်၍ကစားသည်။ to while away time idly, အချည်းနှီးကစားသဖြင့် ကာလကိုလွန်စေသည်။

**Dam 1**, *n.* a female parent (among quadrupeds,) တိရိစ္ဆာန်တို့တွင်အမိ။ —2, a bank or fence to obstruct or confine water, ဆည်။ တမံ။ —2, *v. t.* ဆည်သည်။ တမံခတ်သည်။ တမံဆည်သည်။

**Damage**, *n.* from Damaged (be;) *plur.* damages, လျော်ဖြစ်။ လျော်ငွေ။ —for trespass on property, ဘဏ္ဍာစားလျော်ငွေ။ —for trespass on person, နှုတ်လွန်။ သက်ရောက်လျော်ငွေ။ —for trespass in case of crim. con. ကာမဖြစ်လျော်ငွေ။ —*v. t.* from next.

**Damaged (be,)** *v. i.* (in various ways,) အကျိုးနည်းသည်။ အကျိုးပျက်သည်။ ယိုယွင်းသည်။ယုတ်ညံ့သည်။ ချွတ်ယွင်းသည်။

**Damask**, *n.* ရုပ်ပုံပေါ်ထအောင်ရက်သောအထည်။

**Dame**, *n.* မမ။ မယ်ရှင်။

**Damn**, *v. t.* to condemn, အပြစ်နှင့်အလျောက်စီရင်သည်။ to sentence to hell, ငရဲကိုခံစေခြင်းငှါစီရင်သည်။ to disapprove, ကဲ့ရဲ့ပြစ်တင်သည်။

**Damageable**, *a* အပြစ်နှင့်အလျောက်စီရင်စရာကောင်းသော။

**Damnation**, *n.* from Damn, 2nd def.

**Damp**, *a.* ထိုင်းသော။ ထိုင်းထိုင်းဖြစ်သော။ ထန်းထန်းဖြစ်သော။ slightly damp, ထဝ်ထဝ်ဖြစ်သော။ —*v. t.* to make humid, ထိုင်းထိုင်းဖြစ်အောင်ပြုသည်။ to check, အရှိန်ကိုသတ်သည်။ to dispirit, စိတ်အားကိုလျော့စေသည်။ —*n.* humid air, နှင်းငွေ့။ မိုးသီးငွေ့။ humidity, ထိုင်းထိုင်းဖြစ်ခြင်း။ depression of spirits, စိတ်အားလျော့ခြင်း။

**Dampen**, *see* Damp, *v. t.*

**Dampness**, *n.* from Damp, *a.*

**Damps**, *n. plur.* နဂါးငွေ့။

**Damsel**, *n.* အပျို။

**Dance**, *v. i.* (Bur.) ကသည်။ (Eng.) သိုင်းကွက်ကျအောင်နင်း၍ကသည်။ ခြေထိုး၍ကသည်။ ကရုန်သည်။ —attendance, တိုးလျှိုး၍ခစားသည်။ —*n.* the act of dancing, ကခြင်း။ the form or kind of dancing, ကနည်း။

**Dancer**, *n.* ကချေသည်။ အကသမား။

**Dancing-master**, *n.* အကသင်သောဆရာ။

**Dancing-school**, *n.* အကသင်သောနေရာအရပ်။

**Dandle**, *v. t.* လှုပ်၍ချော့သည်။

**Dandruff**, *n.* ဗောက်။

**Dandy,** *n.* လှလှဝတ်တတ်သောလူမျိုး။
**Danger,** *n.* ဘေးရောက်စရာအကြောင်း။ cause of—, ရန်။
**Dangerous,** *a.* ဘေးရောက်စရာအကြောင်းရှိသော။ —to be occupied, ခြေကြမ်းသော။ —in passing, ခရီးဆစ်သော။ လမ်းဆစ်သော။
**Dangle,** *v. i.* တွဲလွဲနေသည်။
**Dank,** *a.* စိုစွတ်သော။
**Dapper,** *a.* ပု၍ပေါ့ပါးသော။
**Dapple,** *a.* ကွက်ကျားသော။
**Dare,** *v. i.* to venture, (ပြု) ဝံ့သည်။ —(to do), ဝံ့စားသည်။ —*v. t.* defy, ကြိမ်းပသည်။ ကြိမ်းဝါးသည်။
**Daring,** *a.* over—, အရဲကိုးသော။
**Dark,** *a.* without light, အလင်းမရှိ၊ မိုက်သော။ မိုက်မဲသော။ မှောင်သော very—, တူအောင်မိုက်သော။ gloomy, မှိုင်းသော။ မှိုင်းမဲသော။ of a dark color, ငြိုသော။ without prospect, မျှော်လင့်စရာမရှိသော။ obscure, not perspicuous, နက်နဲခက်ခဲသော။ unenlightened, ignorant, အသင်အကြားမရှိသောကြောင့်မတတ်မလိမ္မာသော။ downcast, ညှိုးငယ်သော။ gloomy in countenance, မျက်နှာငြိုသော။ covert, လျှို့ဝှက်သော။ —(be,) *v. i.* as evening, မိုးစုံးချုပ်သည်။ grow—, as from a squall, မှောင်ကျသည်။ —*n.* darkness, မှောင်မိုက်။ obscurity, မထင်မရှားနေခြင်း။ ignorance, မတတ်မလိမ္မာ။ မိုက်ခြင်း။ (dark minded person, လူမိုက်။ အန္ဓပုထုဇဉ်။)
**Darken,** *v. t.* မိုက်စေသည်။ မှိုင်းစေသည်။ ညှိုစေသည်။ မျှော်လင့်စရာမရှိအောင်ပြုသည်။ (for sub-def. *see* Dark, *a.*;) to obscure, perplex, ရှုပ်ထွေးစေသည်။
**Darkly,** *adv.* မဲမဲသဲသဲ။ duskily, ရိတရော။
**Darkness,** *n.* မောဟ။ မောဟမှု။ from Dark, *a.*
**Darksome,** *a.* without light, အလင်းမရှိ၊ မိုက်သော။ မှောင်သော။ မှိုင်းသော။
**Darling,** *a.* အလွန်ချစ်ဖွယ်ဖြစ်သော။ —*n.* အလွန်ချစ်ဖွယ်သောသူ။ အချစ်ဆုံး။
**Darn,** *v. t.* ဖိတ်သားထိုးသည်။ —*n.* ဖိတ်သားထိုးချက်။
**Dart,** *n.* လှံယည်။ —*v. t.* to throw (as a dart,) ထိုးပြစ်သည်။—*v. i.* to fly (like a dart,) ဖြတ်ခနဲပြေးသည်။
**Darter,** *n.* တင်ကျီး။
**Dash,** *v. t.* to strike or throw with a jerk, ဆောင့်၍ပြစ်သည်။ ဖြန်းခနဲပြစ်သည်။ to throw (water,) ပက်သည်။ to throw in a little, စွက်သည်။ to break, destroy, ချိုးဖျက်သည်။ to abash, မျက်နှာပျက်စေသည်။ *v. i.* to rush, တဟုန်တည်းပြေးသည်။ —against, *v. t.* ထိုးခိုက်သည်။ တိုက်မိသည်။ —as waves, (လှိုင်း) ရိုက်သည်။ —out, *v. t.* ချေသည်။ —*n.* from same; a mark denoting a

break or stop in writing, အပိုက်မှည်း။ (—)

**Dashing,** *a.* ပလ္လားတတ်သော။

**Dashingly,** *adv.* ရွှက်ခနဲ။ ရွှက်ရွှက်။

**Dastard,** *a.* သူရဲဘောနည်းသော။ —*n.* သူရဲဘောနည်းသောသူ။ ကြောက်တတ်သောသူ။

**Data,** *n. plur.* things admitted, သူတပါးမြင်း၊ သဘောကျသောအကြောင်းအရာ။ things known, from which to deduce things unknown, မသိသေးသောအကြောင်းအရာကိုသိအံ့သောဌါ နှိုင်းချိန်ရန်ဖြစ်သော၊ သဘောကျနှင့်သောအကြောင်းအရာ။

**Date 1,** *n.* the fruit, စွန်ပလွံသီး။ —2, time stated, သက္ကရာဇ်။ ရက်စွဲ၊ နေ့စွဲ။ —2, *v. t.* နှစ်၊ လ၊ နေ့၊ ရက်ကိုမှတ်သားသည်။

**Dative,** *n.* သမ္ပဒါန။

**Daub,** *v. t.* လူးသည်။ ကျုံသည်။ —*n.* လူးသောအကွက်။

**Daughter,** *n.* သမီး။ သားမိန်း။ —in-law, *n.* ချွေးမ။

**Daunt,** *v. t.* ကြောက်စေသည်။

**Dauntless,** *a.* မကြောက်၊ ရဲသော။

**Dauphin,** *n.* ပြင်သစ်ပြည်မှာအိမ်ရှေ့မင်း။

**Dawn,** *v. i.* အာရုဏ်တက်သည်။ မိုဃ်းသင်းစရှိသည်၊ လင်းအားကြီးသည်၊ —*n.* the break of day, အာရုဏ်။ ဝေလီဝေလင်း။ မိုဃ်းသင်းစ။ beginning, first appearance, ပွင့်စ။ ဖြစ်စ။

**Day,** *n.* (artificial,) နေ့။ (natural,) ရက်။ (luna,) ဒိဓ။ *Pali.* bad —, နေ့ဝုပ်။ ရက်ဝုပ်။ —light, နေ့အလင်း။ time during, လက်ထက်။ ကာလ။ an appointed time, ချိန်းချက်သောအချိန်။ time of contest, ပြိုင်ရာကာလ။ day by—, *adv.* နေ့ရက်အစဉ်အတိုင်း။ from day to—, တနေ့ထက်တနေ့။ to—, ယနေ့။ ခုနေ့။ win the —, *v.* အောင်သည်။ —book, *n.* နေ့စွဲ၊ ရက်စွဲမှတ်သောငွေစာရင်း။ —before worship day, အဖိတ်နေ့။ အကြိုနေ့။ —after worship day, အပိုနေ့။ every other —, ရက်ခြား။ ရက်ချင်း။ —break, မိုဃ်းလင်းစ။ —labor, နေ့စားလုပ်ခြင်း။ —light, နေ့အလင်း။ —spring, အာရုဏ်တက်ခြင်း။ —star, *see* Morning star; —time, နေ့အချိန်။ New Year's day, နှစ်ဆန်းတရက်။ day's man, *n.* စပ်ကြားမှာစီရင်သောသူ။ —work, တနေ့လုပ်ရသောအလုပ်။

**Dazzle,** *v. t.* from next.

**Dazzled (be,)** *v. i.* မျက်စိဗနိသည်။

**Dazzlingly,** *adv.* ပြိုးသား။

**Deacon,** *n.* an assistant officer in a church, သင်းထောက်။ a clergyman of the lowest order, အင်္ဂလိတ်ပြည်မှာခမ္မဆရာတမျိုး။

**Deaconess,** *n.* သင်းထောက်မိန်း။

**Deaconship,** *n.* သင်းထောက်အရာ။

**Dead,** *a.* deprived of life, သေသော။ without life, အသက်မရှိသော။

having the appearance of being dead or without life, အသက်မရှိသကဲ့သို့ဖြစ်သော၊ သေသောလက္ခဏာရှိသော၊ perfectly still, မလှုပ်မရှားသော၊ without energy, အရှိန်တန်ခိုးမရှိသော၊ listless, အရသာမရှိသော၊ —language, ရှေးကာလပြောဆို၍ ယခုကာလမပြောမဆို၊ ကွယ်ပျောက်သော (ဘာသာစကား။) —drunk, မလှုပ်ရှားနိုင်အောင်ယစ်မူးသော၊ —light, *n.* သင်္ချိုင်းမီးခွက်။ —reckoning, အိမ်မျှော်နှင့်ရေတိုင်းကိုအမှီပြု၍ သင်္ဘောသွားသောခရီးကိုတွက်ခြင်း။ —people, သေသောလူတို့၊ —of night, ညညှိနက်သောအချိန်။ —of winter, ဆောင်းလယ်။ (almost dead, သေကောင်ပေါင်းလဲရှိသည်၊ to be all dead, ပြုတ်ပြုတ်စင်သည်။)

Deaden, *v. t.* to abate vigor or action, အရှိန်ကိုသတ်သည်၊ to make torpid, ထုံစေသည်၊ —(liquor,) ပေါ့စေသည်။

Deadly, *a.* သေစေတတ်သော၊

Deadness, *n.* from Dead, *a.*

Deaf, *a.* နားပင်းသော။

Deafen, *v. t.* from *do.*

Deafness, *n.* from same.

Deal 1, *v. t.* to distribute, ဝေငှသည်၊ to scatter, ကြဲသည်၊ —*v. i.* to act, behave, ပြုကျင့်သည်၊ to traffic, ကုန်ကူးရောင်းဝယ်သည်၊ —by, *v. t.* (တစုံတယောက်) နှင့်ပြုသည်၊ —in, to trade in, (ဤမည်သောဥစ္စာကို) ရောင်းဝယ်၍နေသည်၊ to have to do with habitually, သုံးစွဲသည်၊ —with, to treat, (သူတပါး) နှင့်ပြုသည်၊ to contend with, ပြိုင်၍ပြုသည်၊ to discipline, ဆုံးမသည်၊ —1, *n.* much, အများ၊ a great—, အပုံ၊ distribution of cards, ဖဲဝေခြင်း။ —2, fir-wood, ထင်းရှူးသား။

Dealer, *n.* အသည်၊ ကုန်သည်။

Dealing, *n.* from Deal, *v. i.*

Dean, *n.* ဂိုဏ်းထောက်၊

Dear, *a.* of high price, အဘိုးကြီးသော၊ တောင်းတင်းတိုသော၊ beloved, ချစ်ခြင်းကိုခံရသော၊ —bought, ကြီးသောအဘိုးနှင့်ဝယ်သော(ဥစ္စာ၊) —*n.* ချစ်ခြင်းကိုခံရသောသူ၊

Dearly, *adv.* at a high price, အဘိုးကြီးစွာ၊ with much fondness, ချစ်ကြင်နာစွာ။

Dearness, *n.* high price, အဘိုးကြီးခြင်း။ tender love, ချစ်ကြင်နာခြင်း။

Dearth, *n.* scarcity, ရှားပါးခြင်း။ famine, အစာခေါင်းပါးခြင်း။

Death, *n.* cessation of life, သေခြင်း၊ အနိစ္စ၊ မစ္စု၊ မရဏ၊ *Pali.* ချောက်မှုည်း၊ (poetical), king of—, သေမင်း၊ messenger of—, သေမင်းတမန်၊ the state of the dead, သေသည်အဖြစ်၊ the cause, or law of —, သေခြင်းတရား၊ a personification of —, သေမင်း၊ —bed, *n.* သေရာခုတင်၊ —watch, ပိုးကောင်တမျိုး၊ (the

near approach of death, မရဏာသန်း to be near death, သေဝပါးနီးသည်။ almost to death, သေလုထနန်း (လုပ်ရသည်။)
**Deathless**, *a.* သေခြင်းသဘောမရှိသော။
**Deathlike**, *a.* resembling death, သေသောလက္ခဏာရှိသော။ cadaverous, အသေကောင်လက္ခဏာရှိသော။ လူသေကဲ့သို့ဖြစ်သော။
**Death's door**, *n.* သေဝ။
**Debar**, *v. t.* မဝင်ရအောင်ဆီးတားသည်။ ကန့်ကွက်သည်။
**Debark**, *see* Disembark.
**Debase**, *v. t.* ယုတ်ညံ့စေသည်။
**Debasement**, *n.* ယုတ်ညံ့ခြင်း။ ယုတ်ညံ့စေခြင်း။
**Debatable**, *a.* ဆွေးနွေးငြင်းခုံစရာအကြောင်းရှိသော။
**Debate**, *v.* ဆွေးနွေးငြင်းခုံသည်။ —*n.* from *do.*
**Debauch**, *v. t.* to corrupt by sensual indulgence, ကာမဂုဏ်အားဖြင့်ယုတ်မာစေသည်။ to seduce from allegiance, သစ္စာပျက်စေသည်။ —*n.* an excess of sensual indulgence, ကာမဂုဏ်အားဖြင့်လွန်ကျူးခြင်း။
**Debauchee**, *n.* ကာမဂုဏ်အားဖြင့်လွန်ကျူးတတ်သောသူ။
**Debauchery**, *n.* an excess of sensual indulgence, ကာမဂုဏ်အားဖြင့်လွန်ကျူးခြင်း။ corruption of fidelity, သစ္စာပျက်စေခြင်း။
**Debauchment**, *n.* from Debauch, *v. t.*
**Debenture**, *n.* ကြွေးမြီဆပ်ရန်ရှိသည်ဟုဝန်ခံသောစာချုပ်။
**Debilitate**, *v. t.* ချို့နဲ့စေသည်။
**Debility**, *n.* ချို့နဲ့ခြင်း။
**Debit**, *v. t.* သူတပါးပေးရန်ရှိသည်ကိုစာရင်း၌မှတ်သည်။ —*n.* သူတပါးပေးရန်ရှိသည်ကိုစာရင်း၌မှတ်ချက်။
**Debonair**, *a.* ယဉ်ကျေးသော။
**Debouch**, *v. i.* ကျဉ်းမြောင်းရာထဲကထွက်သည်။
**Debris**, *n.* ကျောက်အကျိုးအပဲ့။
**Debt**, *n.* ကြွေး။ မြီ။ ကမ်ပတ်။
**Debtor**, *n.* ကြွေးတင်သောသူ။ ကြွေးစား။ မြီစား။
**Debut**, *n.* အစအဦးပြုခြင်း။ ပြုစ။
**Decade**, *n.* တဆယ်။ ၁၀။
**Decagon**, *n.* ဆယ်ထောင့်ပုံ။ ဒသဂံ။ a regular decagon, ဒသရန်း။
**Decalogue**, *n.* ပညတ်တော်ဆယ်ပါး။
**Decamp**, *v. i.* to march from an encampment, တပ်ချရာမှဖြုတ်သွားသည်။ to go off, ထွက်သွားသည်။
**Decant**, *v. t.* အနှစ်ကျန်ရစ်အောင်ငှဲယူသည်။
**Decanter**, *n.* ကြည်လင်သောအရည်ကိုထည့်သောပုလင်း။
**Decapitate**, *v. t.* လည်ပင်းကိုဖြတ်သည်။

Decay, *v. i.* တဖြည်းဖြည်းဆိုယွင်းသည်၊ —*n.* from *do.;* ဖေါက်ပြန်ခြင်း၊ ဗိကာရ၊

Decayed (be,) *v. i.* ဆွေးမြေ့သည်၊

Decease, *v. i.* သေသည်၊ စုတေသည်။ —*n.* from *do.*

Deceit, *n.* a misleading of the mind, လှည့်စားခြင်း။ fraud, ကလိကမာ။ a deluding, လိမ်လည်ခြင်း။ deceitfulness, လှည့်စားတတ်သောသဘော၊

Deceitful, *a.* tending to mislead the mind, လှည့်စားတတ်သော။ fraudulent, လိမ်လည်တတ်သော၊ လိမ်ကောက်သော၊ false, ဆန်းပြားသော၊ dishonest, သဘောကောက်သော၊ ကောက်ကျစ်သော၊ သဘောကြောင်သော၊

Deceitfully, *adv.* ကောက်ကျိုကောက်ကျစ်၊

Deceitfulness, *n.* from above.

Deceivable, *a.* လှည့်စားခံသော၊ လှည့်စားနိုင်ဖွယ်။

Deceive, *v. t.* to mislead the mind, လှည့်စားသည်၊ လှည့်ဖြားသည်၊ to delude, လိမ်လည်သည်၊ to disappoint, စိတ်ပျက်စေသည်၊

December, *n.* အင်္ဂလိပ်နှစ်တွင်ဒွါဒသမလတည်းဟူသောဒိစင်္ဘာလ၊ nearly answering to the Burman, နတ်တော်လ၊

Decency, *n.* becomingness, လျောက်ပတ်ခြင်း၊ propriety of conduct ရှုမြင်ရှိခြင်း။

Decennary, *n.* ဆယ်နှစ်၊

Decennial, *n.* ဆယ်နှစ်နှင့်ဆိုင်သော၊

Decent, *n.* becoming, လျောက်ပတ်သော၊ behaving with modesty and propriety, သိုက်မြိုက်သော၊ moderate, တော်ရုံရှိသော၊

Deception, *n.* a misleading, လှည့်စားခြင်း။ a cheating, လိမ်လည်ခြင်း။ the state of being misled, လှည့်စားခြင်းကိုခံရသည်အဖြစ်။

eceptive, *see* Deceitful.

Decide, *v. t.* to settle, determine, ဆုံးဖြတ်သည်၊ ပြဌာန်းသည်၊ ထုံးဖြတ်သည်၊ —on summing up evidence, ကောက်ယူစီရင်သည်၊ —*v. i.* to settle in the mind, စိတ်သဘောကျသည်၊

Decided, *a.* free from hesitation, နှောင့်နှေးခြင်းမရှိသော၊ (to be fully decided in mind, ပြန်းစိတ်ချသည်၊)

Decidedly, *adv.* တောက်တောက်ပြတ်ပြတ်၊ in speech, (to speak—, အပြီးပြောသည်၊)

Deciduous, *a.* ကြွေတတ်သော၊

Decillion, *n.* သိန်းနယုတ၊

Decimal, *a.* numbered by ten, တဆယ်စီစီ၍ရေတွက်သော၊ increasing or diminishing by tens, တဆယ်တဆယ်တက်သော၊ တဆယ်တဆယ်ဆုတ်သော၊ —fraction, *n.* ဒသမတ်။ ဒသမတ်ကိန်း။

Decimate, *v. i.* to take a tenth part, ဆယ်ပုံတွင်တပုံကိုယူသည်၊ to execute every tenth man, ဆယ်ယောက်တွင်တယောက်ကိုရွေးထုတ်၍သတ်သည်။

**Decimation**, *n.* from above.

**Decipher**, *v. t.* နက်နဲသောအနက်ကိုဖော်ပြသည်။

**Decision**, *n.* from Decide, *v. t.* and *v. i.*; judicial—, ကောက်ချက်၊ ဆုံးဖြတ်ချက်။ —in writing, ဖြတ်စာ၊ ဖြတ်တန်းဖြတ်စာ၊ freedom from doubt and hesitation, နှောင့်နှေးခြင်းမရှိ၊ အလျှင်အမြန်စိတ်ပြဌာန်းခြင်း။

**Decisive**, *a.* ဆုံးဖြတ်တတ်သော၊

**Decisiveness**, *n.* from above.

**Deck**, *n.* ကုန်းပတ်၊ quarter—, ဝဲကုန်းပတ်၊ —*v. t.* to furnish with a deck, ကုန်းပတ်ထိုးသည်၊ to adorn, array, ဆင်သည်။ တန်ဆာဆင်သည်။

**Decker**, *n.* two—, ကုန်းပတ်နှစ်ဆင့်ရှိသောသင်္ဘော၊ three—, ကုန်းပတ်သုံးဆင့်ရှိသောသင်္ဘော၊

**Declaim**, *v. i.* ပရိသတ်ရှေ့မှာကျယ်ကျယ်ပြောဆိုသည်။

**Declamation**, *n.* from above; speech delivered in public, ပရိသတ်ရှေ့မှာကျယ်ကျယ်ပြောဆိုသောအချက်၊

**Declamatory**, *a.* relating to the practice of declaiming, ပရိသတ်ရှေ့မှာကျယ်ကျယ်ပြောဆိုခြင်းနှင့်ဆိုင်သော၊ appealing to the passions, ယုံထောက်သောသက်သေမရှိဘဲ သူတပါးတို့စိတ်ကိုနိုးဆော်တတ်သော၊

**Declaration**, *n.* the act of telling openly, ထင်ရှားအလင်းပြောဆိုခြင်း။ a plain statement of report, ထင်ရှားအလင်းဖြစ်ပြောသောအချက် a proclamation, ကျော်ညာစေခြင်း၊ the act of making any statement, ပြောထားခြင်း။

**Declarative, Declaratory**, *a.* making declaration, ထင်ရှားအထင်းပြောဆိုသော၊ exhibiting, ဖော်ပြသော၊ proclaiming, ကျော်ညာစေသော၊

**Declare**, *v. t.* to tell openly, ထင်ရှားအထင်းပြောဆိုသည်၊ to exhibit, ဖော်ပြသည်၊ to proclaim, ကျော်ညာစေသည်။ to affirm, ထုတ်ကဲ့ထုပြောထားသည်၊

**Declension**, *n.* ရွေ့လျော့ခြင်း။

**Declination**, *n.* a leaning down, ညွတ်ခြင်း။ a deflection, deviation, ရှောင်ခြင်း။ လမ်းမှလွဲခြင်း။ deterioration, ရွေ့လျော့ခြင်း။ variation from a point, အချက်မှလွဲခြင်း။

**Declinature**, *n.* (သူတပါးပေးသောအရာကို) မခံမယူဘဲခြင်းပယ်ခြင်း။

**Decline**, *v. i.* to lean downward, ညွတ်သည်၊ to deflect, deviate, တိမ်းသည်၊ ယိမ်းသည်။ လမ်းမှလွဲသည်။ to bend downward, အောက်သို့ရွေ့သွားသည်၊ to fail, be impaired, ရွေ့လျော့

သည်။ —as a religion, မှေးသည်။ to fall in value, (အသိုး) ယုတ်လျော့သည်။ —*v. t.* to bend downward, ညွတ်သည်။ to deflect, make deviate, လွှဲစေသည်။ လမ်းမှလွှဲစေသည်။ to avoid, shun, ရှောင်သည်။ to refuse, reject, ငြင်းပယ်သည်။ —a noun, နာမ်၌ ဝိဘတ်သတ်၍ပေါင်းသည်။ —*n.* ရွေ့လျော့ခြင်း။ —of the sun, နေကျ။ (to be declining as the sun, နေစောင်းသည်။)

**Declivity,** *n.* ဆင်ခြေလျော။ projecting declivity of a mountain, တောင်ငူ။ sloping declivity of a mountain, တောင်လမောင်း။

**Declivous,** *a.* ဆင်ခြေလျောဖြစ်သော။

**Decoct,** *v. t.* to boil, ပြုတ်သည်။ to digest, (အစာကို) ကြေသည်။

**Decoction,** *n.* a boiling, ပြုတ်ခြင်း။ the liquor in which a substance has been boiled, ပြုတ်ဆေး။

**Decollate,** *v. t.* လည်ပင်းကိုဖြတ်သည်။

**Decollation,** *n.* from above.

**Decompose,** *v. t.* တလုံးဘဝတည်းစုပေါင်းသောအရာတို့ကိုတခြားစီခွဲထားသည်။

**Decomposition,** *n.* from above.

**Decompound,** *v. t.* ရောနှောသောအရာတို့ကိုထပ်မံ၍ရောနှောစေသည်။

**Decorate,** *v. t.* တန်ဆာဆင်သည်။ —with flowers, etc. ပန်ဆင်သည်။

**Decoration,** *n.* the act of adorning, တန်ဆာဆင်ခြင်း။ an ornament, ဆင်သောတန်ဆာ။

**Decorous,** *a.* လျောက်ပတ်သော။

**Decorum,** *n.* တင့်တယ်လျောက်ပတ်ခြင်း။

**Decoy,** *v. t.* ဖမ်းစေခြင်းပြုသည်။ lure, as a serpent, ညှို့သည်။ to decoy a wild animal by means of a tame one, တယ်သည်။ —*n.* ဖမ်းစေခြင်းပြုသောအရာ။ —animal, တိန်ညင်း။ —duck, ဝမ်းဘဲတိန်ညင်း။

**Decrease,** *v. i.* to become less, ဆုတ်ယုတ်သည်။ လျော့ပါးသည်။ —*v. t.* from *do.* —*n.* from *do.* —*v. i.* —of the moon, လဆုတ်။

**Decree,** *v. t.* to decide, determine judicially, စီရင်ဆုံးဖြတ်သည်။ to decide concerning a future event, (ဖြစ်စေခြင်းငှါ) စီရင်သည်။ to decree, ပညတ်သည်။ ဥပဒေထားသည်။ to issue an edict, အမိန့်တော်ထုတ်သည်။ —*n.* from *do.* 1st and 2d def.; an order, edict, ပညတ်။ ဥပဒေ။ အမိန့်တော်။ စီရင်ချက်။ —of a court, ရုံးလက်မှတ်။

**Decrepit,** *a.* အိုမင်း၍ချွတ်နွဲ့သော။

**Decrepitate,** *see* Crepitate.

**Decrepitude,** *n.* from Decrepit.

**Decretal,** *n.* အမိန့်တော်သက္ကဲစု။

**Decrial,** *n.* from next.

**Decry,** *v. t.* ရှုတ်ချ၍ပြောသည်။
**Decumbent,** *see* Recumbent.
**Decuple,** *a.* ဆယ်ဆရှိသော။
**Decurion,** *n.* လူတဆယ်ကိုအုပ်သောအကြပ်။
**Decursion,** *n.* စီးသွားသဖြင့်ကျဆင်းခြင်း။
**Decurtation,** *n.* တိုအောင်ဖြတ်ခြင်း။
**Decussate,** *v. t.* ဖြတ်၍ကန့်ခြင်း။
**Decussation,** *n.* from above.
**Dedecorous,** *a.* ကဲ့ရဲ့စရာကောင်းသော။
**Dedentition,** *n.* the shedding of teeth in children, ငယ်သွားလဲခြင်း။ the loss of teeth, သွားကျွတ်ခြင်း။
**Dedicate,** *v. t.* to consecrate by a religious ceremony, အနုမောဒနာပြုသည်။ to offer in worship, လှူတန်းပူဇော်သည်။ to inscribe an address to a patron, ကိုယ်စီရင်ရေးထားသောစာကိုဂုဏ်အသရေရှိသောသူထံ၊ ပဏ္ဏာမစာအားဖြင့်ဆက်သွင်းသည်။
**Dedication,** *n.* from above; an address to a patron, prefixed to a book, ကိုယ်စီရင်ရေးထားသောစာကိုဂုဏ်အသရေရှိသောသူထံဆက်သွင်းသောပဏ္ဏာမစာ။ (feast of the dedication, ထက်ကံနဲ့ပွဲ။)
**Deduce,** *v. t.* to draw from, နုတ်ထုတ်သည်။ to infer, သိသောအကြောင်းအရာကိုထောက်၍မသိသောအကြောင်းအရာကိုသိသည်။
**Deducible,** *a.* ထိုသို့သိနိုင်ဖွယ်ဖြစ်သော။
**Deduct,** *v. t.* to take from, နုတ်ယူသည်။ နှိမ်ယူသည်။ to remit, လျှော့သည်။
**Deduction,** *n.* the act of deducting, နုတ်ယူခြင်း။ လျှော့ခြင်း။ that which is deducted, နုတ်ယူသောအရာ။ လျှော့သောအရာ။ an inference, အရင်သိသောအကြောင်းအရာကိုထောက်၍နောက်သိရသောအကြောင်းအရာ။
**Deed,** *n.* an act, performance, အပြု။ အမူ။ အကျင့်။ ကမ္မယာ။ ကံ။ စရိယာ။ past deeds, ပုဗ္ဗကမ္မ။ a good—, သုစရိုက်။ a bad—, ဒုစရိုက်။ —of the mind, မနောကံ။ —of the body, ကာယကံ။ —performed in words, ဝစီကံ။ —of righteousness, ဓမ္မကံ။ an exploit, ထူးဆန်းသောအပြုအမူ။ a contract transfering property, လွှဲအပ်သောစာချုပ်။ a deed of mortgage, ပေါင်နှံသောစာချုပ်။ အပေါင်စာချုပ်။ *see also* Quit-claim; in—, *adv.* အကယ်။ အမှန်။ စင်စစ်။ —*v. t.* (Amer.) စာချုပ်နှင့်လွှဲအပ်သည်။
**Deem,** *v.* ထင်မှတ်သည်။
**Deep,** *a.* far below the surface, နက်သော။ low in situation, နိမ့်သော။ difficult of investigation နက်နဲသော။ sagacious, မျှော်မြင်ကြံစည်တတ်သော။ grave in sound, လေးသော (အသံ။) exceeding, of great degree, အလွန်ဖြစ်သော။ အထူးသဖြင့်ဖြစ်သော။

ဈွား‌ဈွာဖြစ်သော။ —mouthed, *a.* အသံဟိန်းသော။ —seated, ရင်းသော။ — *adv.* အလွန်။ အထူးသဖြင့်။ —*n.* the sea, ပင်လယ်။ a deep place, နက်သောအရပ်။

Deepen, *v. i.* to become deeper, တဖြည်းဖြည်းနက်သည်။ —*v. t.* to make deep, နက်အောင်ပြုသည်။ နက်စေသည်။ to make dark, မည်းစေသည်။ to augment, increase the strength of, အရှိန်ကြီးစေသည်။

Deepness, *n.* from Deep, *a.*

Deer, *n.* (of different kinds,) သမင်။ ဒရယ်။ ဆတ်။ ဂျီ။

Deface, *v. t.* to mar the face or surface, အဆင်းသဏ္ဌာန်ကိုဖျက်သည်။ to obliterate, erase, ချေဖျက်သည်။

Defacement, *n.* from above.

Defalcate, *v. t.* ပယ်ဖြတ်သည်။

Defalcation, *n.* from above.

Defamation, *n.* from Defame, *v. t.*

Defamatory, *a.* from next.

Defame, *v. t.* သူ့အသရေပျက်အောင်မဟုတ်မမှန်ပြောသည်။ အတင်းပြောသည်။

Default, *v. i.* (ပြုသင့်သောဝတ်ကို)လျှပ်၍နေသည်။ —*n.* from *do.;* defect, want, မစုံမလင်ခြင်း။

Defaulter, *n.* agent from Default, *v. i.;* one who refuses to appear in court when summoned, စိုးမင်းထံချိန်းချက်သောနေ့မလာမရောက်ဘဲနေသောသူ။ one who fails in the discharge of dues to government, ငွေ ဆက် သွင်း ချိန် ရောက် ၍ မ ဆက် မ သွင်း ဘဲ နေ သောသူ။

Defeasance, *n.* from next, 3d def.

Defeat, *v. t.* to overthrow in battle, ရှုံးအောင်တိုက်သည်။ to frustrate, အကြံကိုဖျက်သည်။ to make null, အချည်းနှီးဖြစ်စေသည်။ ပလပ်စေသည်။ —*n.* from *do.;* အရှုံး။

Defecate, *v. t.* ကြည်လင်စေသည်။ ရှင်းလင်းစေသည်။

Defect, *n.* a want, imperfection, မစုံမလင်။ ချို့တဲ့ခြင်း။ a failing fault, ချွတ်ယွင်းသောအချက်။ a blemish, အနာအဆာ။

Defection, *n.* ဖောက်ပြန်ခြင်း။

Defective, *a.* wanting, imperfect, မစုံမလင်၊ ချို့တဲ့သော။ faulty, ချွတ်ယွင်းသော။

Defectiveness, *n.* from above.

Defence, *n.* from Defend ; anything that defends, ရန်သူဘေးမှလွတ်အောင်ဆီးတားကွယ်ကာစောင့်မတတ်သောအရာ။ vindication, အပြစ်ဖြေရာစကားကိုပြောခြင်း။ a defendant's reply, တရားခံဖြေသောဆင်ခြေ။ ချေပချက်။ ထုချေချက်။

**Defenced,** *a.* ခိုင်ခံ့သော (မြို့)

**Defenceless,** *a.* အကွယ်အကာမရှိသော။

**Defend,** *v. t.* to protect by warding off some evil, ရန်သူဘေးမှလွတ်ဆောင်ဆီးတားကွယ်ကာစောင့်မသည်။ to vindicate, အဖြစ်တင်ခြင်းကိုလှန်၍ဖြေသည်။

**Defendant,** *n.* ရန်သူကိုလှန်၍စောင့်မသောသူ။ one accused in law. တရားခံ။

**Defender,** *n.* ကွယ်ကာစောင့်မသောသူ။

**Defensible,** *a.* that may be defended, ရန်သူဘေးမှလွတ်ဆောင်စောင့်နိုင်ဖွယ်ဖြစ်သော။ that may be vindicated, အဖြစ်တင်ခြင်းကိုလှန်၍ဖြေနိုင်ဖွယ်ဖြစ်သော။

**Defensive,** *a.* suitable for defence, ရန်သူဘေးမှလွတ်ဆောင်ဆီးတားကွယ်ကာရန်ကောင်းသော။ being in a state of defence, ရန်သူကိုရပ်ခံဆီးတား၍နေသော။

**Defer,** *v. t.* အချိန်ကာလကိုရွှေ့၍ပြုသည်။ —to, *v.* (သူ) အယူခံသည်။

**Deference,** *n.* ရိုသေ၍နားထောင်ခြင်း။

**Deferential,** *a.* ရိုသေ၍နားထောင်တတ်သော။

**Defiance,** *n.* from Defy.

**Deficiency,** *n.* from next.

**Deficient,** *a.* incomplete, မစုံလင်သော။ wanting, လိုသော။

**Deficit,** *n.* မမှီခြင်း။ မမှီ၊ လိုသောအရာ။

**Defile 1,** *v. t.* to make unclean, ညစ်စေသည်။ ညစ်ညူးစေသည်၊ to make turbid, နောက်စေသည်။ —(a woman,) ဖျက်ဆီးသည်။ ရှုတ်ချသည်။ —2, *v. i.* to march in a line, စီစည်း၍သွားသည်။ —3, *n.* လမ်းကြောင်း။

**Defilement,** *n.* from Defile, *v. t.;* uncleanness, ညစ်ခြင်း။ ညစ်ညူးခြင်း။ turbidness, နောက်ခြင်း။

**Definable,** *a.* from next, (substituting, နိုင်ဖွယ်ဖြစ်သော for သည်။)

**Define,** *v. t.* to fix the limits of, ပိုင်းခြားသည်။ သတ်မှတ်သည်။ to circumscribe, နေရာကျဉ်းအောင်ပြုသည်။ to explain the meaning of, စကား၏အနက်ကိုဖော်ပြသည်။ to describe the properties of, သရုပ်သကန်ကိုဖော်ပြသည်။

**Definite,** *a.* having certain limits, အမှန်အကန်သတ်မှတ်လျက်ရှိသော။ certain, သေးသော။ exact, precise, သေချာသော။ သေသတ်သော။ of determinate meaning, အနက်သေချာသော။ (definite language စကားသေ။ to come to a definite conclusion, ဆုန်းဆသည်။)

**Definitely,** *adv.* အသေသတော။ သေသေချာချာ။

**Definiteness,** *n.* from above

**Definition**, *n.* —of meaning, စကား၏အနက်ကိုဖော်ပြခြင်း။ —of properties, သရုပ်သကန်ကိုဖော်ပြခြင်း။

**Definitive**, *a.* သတ်မှတ်စေသော၊ သေဝဝ်စေသော၊ ဆုံးဖြတ်စေသော၊

**Deflagration**, *n.* မီးရှို့ခြင်း။

**Deflect**, *v. i.* လွှဲသည်၊ တိမ်းသည်၊

**Deflection**, *n.* from Deflect, *v. i.*

**Deflexure**, *n.* same; a leaning downward, ညွှတ်ခြင်း။

**Defloration**, *n.* from next.

**Deflour**, *v. t.* to deface, အရုပ်အဆင်းကိုဖျက်သည်၊ to deprive of virginity, ပန်းကောင်းကိုအညှန့်ချိုးသည်၊ ပန်းဦးခူးသည်၊

**Defluxion**, *n.* အနာကအပူရည်ယိုခြင်း။

**Defoliation**, *n.* the shedding of leaves, သစ်ရွက်ကြွေခြင်း။ the season of shedding leaves, သစ်ရွက်ကြွေသောအချိန်၊

**Deforce**, *v. t.* သူ့အိမ်၊ မြေ၊ လယ်ယာကိုအနိုင်သိမ်းယူ၍နေသည်။

**Deforcement**, *n.* from above.

**Deform**, *a.* disfigured, ရုပ်ပုံသဏ္ဌာန်ပျက်သော၊ ugly, အရုပ်ဆိုးသော၊ —*v. t.* to disfigure, ရုပ်ပုံသဏ္ဌာန်ကိုပျက်သည်။ to make ugly အရုပ်ဆိုးစေသည်။

**Deformed**, *a.* ugly, အရုပ်ဆိုးသော၊ of unnatural form, ပကတိအတိုင်းမဟုတ်၊ အရုပ်ပျက်သော၊

**Deformity**, *n.* ugliness, အရုပ်ဆိုးခြင်း။ an unnatural state of shape or form, ပကတိအတိုင်းမဟုတ်၊ အရုပ်ပျက်ခြင်း။

**Defraud**, *v. t.* to deprive another by artifice, သူ့ဥစ္စာကိုလိမ်လည်၍ယူသည်၊ to withold what is due, သူ့ဥစ္စာကိုမပေး၊ အနိုင်ယူထားသည်၊

**Defraudment**, *n.* from above.

**Defray**, *v. t.* စရိတ်ခံသည်၊

**Defrayment**, *n.* from above.

**Defunct**, *a.* သေသော၊

**Defy**, *v. t.* to challenge to combat, စီးချင်းထိုက်ရအောင်ခေါ်သည်။ to dare, ကြိမ်းပသည်၊ ကြိမ်းမောင်းသည်၊ ကြိမ်းဝါးသည်။

**Degeneracy, Degeneration**, *n.* from next; the state of being degenerated, ရွေ့လျော့ယိုယွင်းသောအဖြစ်၊

**Degenerate**, *a.* ရွေ့လျော့သော၊ ယုတ်လျော့သော၊ ယုတ်ညံ့သော၊ —*n.* from above; —*v. i.* ဆုတ်ယုတ်သည်၊ လျော့ပါးသည်၊

**Deglutinate**, *v. t.* ကော်နှင့်ကပ်ပြီးသောအရာကိုခွါသည်၊

**Deglutition**, *n.* မျိုခြင်း။

**Degradation**, *n.* from next.

**Degrade**, *v. t.* to deprive of rank or office, အရာကချသည်၊ to abase, ရှုတ်ချသည်၊

**Degree,** *n.* a step, အထစ်၊ အဆင့်၊ အတန်း a step in lineage, အဆက်၊ measure, extent, အတိုင်းအတွာ၊ rank, အမြင့်၊ အနိမ့်အစရှိသောအရာ၊ နေရာ၊ the 360th part of a circle, အသိဘ၊

**Degrees (by.)** *adv.* step by step, အဆင့်ဆင့်၊ gradually, တရွေ့တရွေ့၊ တဖြည်းဖြည်း။

**Dehort,** *v. t.* မပြုရအောင်သတိပေးသည်၊

**Dehortation,** *n.* from above.

**Deicide,** *n.* ဘုရားဖြစ်သောသူ၏အသက်ကိုသတ်ခြင်း။

**Deification,** *n.* from next.

**Deify,** *v. t.* to make a god of, ဘုရားအဖြစ်သို့ချီးမြှောက်သည်၊ to regard as a god, ဘုရားကဲ့သို့မှတ်သည်၊

**Deign,** *v. i.* ကိုယ်ကိုနှိမ့်လျက်ကျေးဇူးပြု၍လုပ်သည်၊

**Deism,** *n.* ဘုရားသခင်ရှိသေ်လည်းဗျာဒိတ်တော်မရှိဟုယူသောအယူဝါဒ၊

**Deist,** *n.* ထိုသို့အယူဝါဒရှိသောသူ၊

**Deity,** *n.* God, ဘုရားသခင်၊ ဓမ္မရာဇာ၊တရားမင်း။ the Godhead, ဘုရားသခင်၏ဇာတိအဖြစ်တော်၊ a god, နတ်ဘုရား။

**Deject,** *v. t.* ညှိုးငယ်စေသည်၊

**Dejected (be,)** *v. i.* စိတ်ညှိုးငယ်သည်၊ ဗျည်းခွေသည်၊ ဝမ်းခေါင်းဟင်းထင်းသည်၊

**Dejection,** *n.* ညှိုးငယ်ခြင်း။

**Delay,** *v. i.* to remain without (doing,) ဆိုင်းသည်၊ဆိုင်းထင့်သည်၊ to be dilatory, ဖင့်နွှဲသည်၊ ဖင့်စားသည်၊ အခါလေးမြင့်သည်၊ —*v. t.* to make wait, ဆိုင်းထားသည်၊ ကြန့်ကြာအောင်ပြုသည်၊—*n.* from above.

**Delectable,** *a.* ရွှင်မြူးစေတတ်သော၊

**Delectation,** *n.* ရွှင်မြူးခြင်း။

**Delegate,** *v. t.* to send with authority to transact business, အခွင့်အရေးကိုအပ်၍စေလွှတ်သည်၊ to send as one's representative, ကိုယ်စားခန့်ထားသည်၊ to deliver over, intrust, (အခွင့်အရေးကို) လွှဲအပ်သည်၊ —*n.* အခွင့်အရေးကိုရ၍အမှုကိုဆောင်ရသောသူ၊

**Deleterious,** *a.* ဖျက်ဆီးတတ်သော (အရာ၊)

**Delf,** *n.* ကြွေဝုကန်နှင့်တူအောင်လုပ်သောဝုကန်တမျိုး။

**Deliberate,** *v. i.* စဉ်းစားသည်၊ ဆင်ခြင်သည်၊ —on, တွေးတောသည်၊ consult, နိုင်းပြင်းသည်၊ —together, တိုင်ပင်သည်၊ *a.* from above; formed with deliberation, သတိနှင့်စဉ်းစားဆင်ခြင်ပြီးမှသဘောကျသော၊ slow, နှေးသော၊

**Deliberateness,** *n.* သတိနှင့်စဉ်းစားဆင်ခြင်တတ်ခြင်း။

**Deliberation,** *n.* from Deliberate, *v. t.*

**Deliberative,** *a.* pertaining to deliberation, စဉ်းစားဆင်ခြင်ခြင်းနှင့်

ဆိုင်သော။ apt or disposed to deliberate, စဉ်းစားဆင်ခြင်တတ်သော။

Delicacy, *n.* from next; a dainty. ဆိမ့်သောအစာ။

Delicate, *a.* smooth, ချောသော။ ရွတ်သော။ tender, နုနယ်သော။ fine, nice, နူးညံ့သိမ်မွေ့သော။ ညှံ့သက်သော။ nice to the taste, အရသာကောင်းသော။ polite, ယဉ်ကျေးသော။ dainty, nice in selecting, ရွေးချယ်မိစ်တတ်သော။ careful to avoid whatever excites shame, ရှက်ဖွယ်သောအမှုကိုသတိနှင့်ရှောင်တတ်သော။ not robust, မခိုင်ခံ့၊ နုနယ်သော။

Delicateness, *n.* from above.

Delicious, *a.* highly pleasing to the taste, ဆိမ့်သော။ဆိမ့်အိမ့်သော။ yielding great delight, အလွန်ရွှင်မြူးစေတတ်သော။

Deliciousness, *n.* from above; great delight, အလွန်ရွှင်မြူးခြင်း။

Delight, *v. i.* to be much pleased, အားရနှစ်သက်သည်။ —*v. t.* to affect with great pleasure, ပျော်မွေ့စေသည်။ ရွှင်မြူးစေသည်။ *n.* a high degree of pleasure, ပျော်မွေ့ရွှင်လန်းခြင်း။ the cause of delight, ပျော်မွေ့ရွှင်လန်းခြင်းအကြောင်း။

Delightful, Delightsome, *a.* ပျော်မွေ့ရွှင်လန်းစေသော။

Delightfulness, Delightsomeness, *n.* from above.

Delineate, *v. t.* to draw the form of, ရုပ်ပုံပေါ်အောင်ရေးသည်။ to portray, ပန်းချီရေးသည်။ —on painted work, ယွန်းထိုးသည်။ to describe, သရုပ်သကန်ပေါ်အောင်ပြောသည်။

Delineation, *n.* from above; form drawn, ရေးသောရုပ်ပုံ။

Delinquency, *n.* ပြုရသောဝတ်ကိုမပြုဘဲနေသောအပြစ်။

Delinquent, *a.* ပြုရသောဝတ်ကိုမပြုဘဲနေသော။ *n.* agent from *do.*

Deliquate, Deliquiate, *v. i.* လေနှင့်ပေါင်း၍အရည်ဖြစ်သည်။

Deliquation, Deliquiation, *n.* from above.

Delirious, *a.* —from any cause, စိတ်ကတောင်ကရင်ဖြစ်သော။ —from the effects of illness, သွေးရူးသွေးတန်းဖြစ်သော။ ငန်းရူးဖမ်းသော။

Delirium, *n.* from above.

Deliver, *v. t.* to free, လွတ်သည်။ to save, ကယ်လွတ်သည်။ ကယ်နှုတ်သည်။ ကယ်တင်သည်။ ကယ်မသည်။ to commit, အပ်သည်။ အပ်ပေးသည်။ အပ်နှံသည်။ to utter, မြွက်ဆိုသည်။ —in accouchment, ဝမ်းဆွဲထုပ်သည်။ —in marriage, ဆောင်နှင်းသည်။ (royal) —over, *v. t.* ထွဲအပ်သည်။ နှင်းသည်။ —over on going away, အပ်ခဲ့သည်။ —up, အပ်သည်။

Deliverance, *n.* လွတ်ခြင်း။ ကယ်တင်ခြင်း။ အကျွတ်တရား။ အပ်ခြင်း။ ထွဲအပ်ခြင်း။ မြွက်ဆိုခြင်း။ သားမွေးဖွားခြင်း။ —(for sub-def. *see* above.)

**Delivery**, *n.* same; mode of speaking, မြွက်ဆိုသောနည်း။ (to be near delivery, ရှုတ်မိုက်ရင့်သည်။ ပဋိသန္ဓေရင့်သည်။
**Dell**, *n.* နက်သောချိုင့်။
**Delta**, *n.* ပင်လယ်သို့ဆင်းသောမြစ်နှစ်ခြာကွဲ၍အကြားခ္ဓကျန်သောကျွန်းမြေ။
**Delude**, *v. t.* လိမ်လည်သည်။
**Deluge**, *v. t.* ရေလွှမ်းမိုးသည်။ —*n.* from *do.*
**Delusion**, *n.* လိမ်လည်ခြင်း။
**Delusive**, **Delusory**, *a.* လိမ်လည်တတ်သော။ လှည့်စားတတ်သော။
**Delusiveness**, *n.* from above.
**Delve**, *v. t.* တူးသည်။
**Demagogue**, *n.* ဆင်းရဲသားတို့ကိုနိုးဆော်၍သွေးဆောင်သောသူ။
**Demand**, *v. t.* to claim with authority, အစိုးပိုင်သကဲ့သို့တောင်းသည်။ to inquire authoritatively, အစိုးပိုင်သကဲ့သို့မေးသည်။ —satisfaction, တောသစ်သည်။ to require (a price) in selling, ရောင်းသောသူကဲ့သို့(အဘိုးကို) တောင်းသည်။ —*n.* from above; a calling for in order to obtain, လိုချင်၍ရှာခြင်း။
**Demarkation**, *n.* မိုင်းခြားသတ်မှတ်ခြင်း။
**Demean** (one's self,) *v. t.* to behave, ကျင့်ဆောင်ပြုမူသည်။ to degrade one's self, ကိုယ်ကိုရှုတ်ချသည်။
**Demeanour**, *n.* အနေအထိုင်အပြုအမူ။
**Demerit**, *n.* အကုသိုလ်။ အပြစ်။ မကောင်းမှု။ အပုညာ။ ပါပ။ *Pali.*
**Demesne**, *n.* မူးမတ်မိုးရောဆိုးဘေးတို့မှဆင်းသက်၍ပိုင်သောမြေ။
**Demi**, *pref. in composition*, တဝက်။
**Demigod**, *n.* လောကဘုရား။
**Demirep**, *n.* အသရေပျက်သောမိန္မ။
**Demise**, *v. t.* သေတန်းစာအားဖြင့် (ဥစ္စာကို) လွှဲအပ်သည်။ *n.* from *do;* death (of a king,) အနိစ္စရောက်ခြင်း။
**Democracy**, *n.* တိုင်းပြည်အရေးကိုပြည်သူပြည်သားများတိုင်ပင်၍စီရင်အုပ်စိုးခြင်း။
**Democrat**, *n.* ထိုသို့အုပ်စိုးခြင်းကိုကြိုက်နှစ်သက်တတ်သောသူ။
**Demolish**, *v. t.* ဖြိုဖျက်သည်။
**Demolition**, *n.* from above.
**Demon**, *n.* နတ်ဆိုး။
**Demoniac**, *n.* နတ်ဆိုးစွဲသောသူ။
**Demoniacal**, *a.* နတ်ဆိုးနှင့်ဆိုင်သော။
**Demonology**, *n.* နတ်ဆိုးတို့အကြောင်းအရာများကိုပြသောစာ။
**Demonstrable**, *a.* ယုံမှားရန်မရှိအောင်အတတ်အမှန်ပြနိုင်ဖွယ်ဖြစ်သော။
**Demonstrate**, *v. t.* ယုံမှားရန်မရှိအောင်အတတ်အမှန်ပြသည်။
**Demonstration**, *n.* from above; incontrovertible proof, မငြင်းခုံနိုင်သောသက်သေ။ exhibition, ထုတ်ပြခြင်း။

**Demonstrative**, *a.* from same.
**Demoralization**, *n.* from next.
**Demoralize**, *v. t.* ကောင်းသောသဘောဖျက်၍ယုတ်မာစေသည်၊
**Demulcent**, *a.* ပျော့စေ၊လျှော့စေတတ်သော (ဆေး၊)
**Demur**, *v. i.* စိတ်ဇဝေဇဝါဖြစ်၍ရပ်တန့်လျက်နေသည်၊ —*n.* from *do.*
**Demure**, *a.* မျက်နှာပိုးသေသော၊ —Demureness, *n.* from *do.*
**Demurrage**, *n.* သင်္ဘောကိုကြန့်ကြာစေသောကြောင့်ခံရသောစရိတ်ငွေ၊
**Demy**, *n.* စက္ကူတမျိုး၊
**Den**, *n.* —for wild beasts, သားရဲတွင်း၊ —for concealment ဝှန်း၊ ကွယ်ရာထူးခေါင်း၊
**Denary**, *n.* တဆယ်၊ ၁၀၊
**Denationalize**, *v. t.* နေရင်းပြည်သူပြည်သားအမျိုးအရာပျောက်စေသည်၊
**Dengue**, *n.* တုပ်ကွေးနာ၊
**Deniable**, *a.* ငြင်းခုံနိုင်ဖွယ်ဖြစ်သော၊
**Denial**, *n.* from Deny, *v. i.*
**Denizen**, *n.* တိုင်းပြည်၌အခွင့်ရသောတတိုင်းတပြည်သား၊
**Denominate**, *v. t.* မှည့်သည်၊ အမည်မှည့်သည်၊ ခေါ်ဝေါ်သည်၊ သမုတ်သည်၊
**Denomination**, *n.* a name, အမည်၊ နာမ၊ ပညတ်၊ အခေါ်အဝေါ်၊ a class of persons or things under the same name, နာမပညတ်တခုတည်း၌ပါဝင်သောအရာစု၊ a body of people believing and worshipping alike, ကိုးကွယ်ခြင်းအားဖြင့်လက္ခဏာတူသောအပေါင်းအသင်း၊
**Denominator**, *n.* ပိုင်းခြေ၊
**Denotation**, *n.* from next.
**Denote**, *v. t.* to mark, မှတ်သည်၊ to indicate, ပြညွှန်သည်၊ to signify, ဆိုလိုသည်၊
**Denouement**, *n.* ဖော်ပြ၍ရှင်းလင်းစေခြင်း၊
**Denounce**, *v. t.* to announce in a threatening manner, ထင်ရှားစွာအပြစ်တင်၍ခြိမ်းခြောက်သည်၊ to inform against တိုင်တန်းသည်၊
**Denouncement**, *n.* from above.
**Denovo**, *adv.* အသစ်တဖန်၊
**Dense**, *a.* thick, မကြည်း၊ ပျစ်သော၊ close, compact in substance သိပ်သော၊
**Denseness**, **Density**, *n.* from above.
**Dent**, *v. t.* ဝိမ့်ထောင်းနှိပ်သည်၊ —*n.* အဝိမ့်၊
**Dental**, *a.* pertaining to the teeth, သွားနှင့်ဆိုင်သော၊ pronounced from the teeth, ဒန္တဇ၊
**Denticulated**, *a.* သွားစိသော၊

**Dentifrice**, *n.* သွားပွတ်ဆေး။
**Dentist**, *n.* သွားပြုပြင်တတ်သောဆေးသမား၊ သွားစိုက်ဆရာ။
**Dentition**, *n.* the cutting of teeth, သွားပေါက်ခြင်း။ the time of cutting teeth, သွားပေါက်သောအချိန်အရွယ်။
**Denude, Denudate**, *v. t.* to strip, အဝတ်ချွတ်သည်။ to uncover, အဖုံးကိုဖွင့်သည်။ to make bare, exposed, ပလာထားသည်။ဟင်းလင်းထားသည်။
**Denudation**, *n.* from above.
**Denunciation**, *n.* from Denounce, *v. t.*
**Deny**, *v. t.* to contradict, ငြင်းသည်၊ ငြင်းခုံသည်။ to refuse to grant, မပေးဘဲငြင်းသည်။ to disown, reject, ငြင်းပယ်သည်။ —peremptorily, ခါတွက်သည်။ —(a charge) constantly, မိန်းကွယ်သည်။
**Deobstruct**, *v. t.* အဆီးအတားကိုပယ်သည်။
**Deobstruent**, *a.* အဆီးအတားကိုပယ်တတ်သော (ဆေး)
**Deodand**, *n.* အမှတ်တမဲ့ထိခိုက်၍လူသေလျှင်လျှော်ရသောဒါဏ်ငွေ။
**Deovolente**, (by contraction, D. V.,) *adv.* ဘုရားသခင်အလိုရှိတော်မူသည်နှင့်။
**Depart**, *v. i.* to go from, ထွက်သွားသည်။ to deviate, လွဲသည်။ to cease, be no more, ကွယ်သည်၊ ပျောက်သည်။ to die, သေသည်။ —from *v. t.* to leave, ကွာသွားသည်၊ စွန့်သွားသည်။
**Department**, *n.* compartment, အကန့်အကွက်။ a separate allotment of business, အငန်းအတာ။
**Departure**, *n.* from Depart.
**Depend**, *v. i.* to be suspended, တွဲ၍နေသည်။ to derive support, မှီ၍နေသည်။ to derive existence, အမှီပြု၍ဖြစ်သည်။ to confide, ယုံကြည်သည်။ to rely, trust, ကိုးစားသည်။ —on အားကိုးသည်။ အားပြုသည်။
**Dependence, Dependency**, *n.* from above; that which is dependent (on something else,) မှီသောအရာ။
**Dependent**, *a.* တွဲ၍နေသော၊ မှီ၍နေသော၊ အမှီပြု၍ဖြစ်သော။ —(for sub-def. *see* above.) —*n.* အမှီပြုသောသူ၊ မှီခိုသောသူ။
**Depending**, *a.* pending, not yet decided, မစီရင်၊ မဆုံးဖြတ်သေးသော။
**Depict**, *v. t.* to portray, ပန်းချီရေးသည်။ to describe, ပြော၍ပြသည်။
**Depletion**, *n.* လစ်စေခြင်း။
**Deplorable**, *a.* lamentable, မြည်တမ်းစရာကောင်းသော၊ occasioning sorrow, ဝမ်းနည်းစရာကောင်းသော၊ wretched, ဆင်းရဲသော။
**Deplore**, *v. t.* မြည်တမ်းသည်။
**Deploy**, *v. t.* စစ်မျက်နှာကိုဖြန့်သည်။
**Deplume**, *v. t.* အတောင်ကိုချွတ်သည်။

Deponent, *n.* မင်းရှေ့မှာသက်သေခံသောသူ။
Depopulate, *v. t.* ပြည်သူပြည်သားအိုကိုသုတ်သင်ပယ်ရှင်းသည်။
Depopulation, *n.* from above.
Deport, *v. t.* to carry away, သယ်ပိုးသည်။ to transport, တပြည်မှတပြည်သို့ပို့ဆောင်သည်။ —one's self, *v. i.* ကျင့်ဆောင်ပြုမူသည်။
Deportation, *n.* from Deport, *v. t.*
Deportment, *n.* from Deport one's self. *v. i.* carriage, အသွားအလာ၊
Depose, *v. t.* to lay down, ချထားသည်။ to divest of office, အရာကချသည်။ to bear testimony before a magistrate, မင်းရှေ့မှာသက်သေခံသည်။
Deposit, *v. t.* to lay down, ချထားသည်။ to lay up, သိုထားသည်။ to commit, အပ်ထားသည်။ အပ်နှံသည်။ to give in pledge, ပေါင်နှံသည်။ —*n.* ချထားသောအရာ၊ သိုထားသောအရာ၊ အပ်နှံသောအရာ၊ ပေါင်နှံသောအရာ၊ အပေါင်၊ အပေါင်အနှံ၊ သိုထားရာအရပ်၊ (for sub-def. *see* above.)
Depositary, *n.* အပ်နှံခြင်းကိုခံ၍စောင့်ထိန်းရသောသူ။
Deposition, *n.* a laying down, ချထားခြင်း။ that which is deposited, ချထားသောအရာ။ a giving testimony on oath, ကျိန်ဆို၍သက်သေခံခြင်း။ testimony given on oath, ကျိန်ဆို၍သက်သေခံချက်။ a deposing from office, အရာကချခြင်း။
Depository, *n.* သိုထားရာအရပ်၊ ထဘ္ဍာတိုက်၊ sacred—, စေတီ၊ (Buddhist).
Depot, *n.* သိုထားရာအရပ်။
Depravation, *n.* ယုတ်မာခြင်း။ ယုတ်မာစေခြင်း။
Deprave, *v. t.* ယုတ်မာစေသည်။
Depravity, *n.* ယုတ်မာခြင်း။
Deprecate, *v. t.* to pray against, ဘေးလွတ်စေခြင်းငှါတောင်းပန်သည်။ to feel strong desire that (it) may not be, မဖြစ်ပါစေနှင့်ဟုဆောင်းမေ့သည်။
Deprecation, *n.* from above.
Deprecative, *a.* တောင်းပန်၍ဘေးနှင့်လွတ်စေတတ်သော။
Depreciate, *v. i.* အသိုးလျော့သည်။ —*v. t.* to lower the value of, အသိုးကိုလျော့စေသည်။ to speak disparagingly of, အသိုးကိုလျော့အောင်ပြောသည်။
Depreciation, *n.* from above.
Depredate, *v. t.* to plunder, လုရက်သည်။ to destroy, ဖျက်ဆီးသည်။
Depredation, *n.* from above.
Depredatory, *a.* လုရက်တတ်သော။
Depress, *v. t.* to press down, နှိပ်သည်။ to repress, keep down, နှိမ့်သည်။ to lower, put down, နှိမ့်သည်။ ချသည်။ to impair,

weaken, အရှိန်ကိုလျော့စေသည်။ to humble, နှိမ့်ချသည်။ to deject, ညှိုးငယ်စေသည်။

Depression, *n.* a pressing down, နှိပ်ခြင်း။ a depressed spot, မွှပ်ရာ။ a hollow, ချိုင့်ရာ။ a putting down, နှိမ့်ခြင်း။ an humbling, နှိမ့်ချခြင်း။ dejection, ညှိုးငယ်ခြင်း။ a weak, low state, အား လျော့၍နည်းခြင်း။

Deprivation, *n.* from next.

Deprive, *v. t.* to bereave, (တစုံတခု) မဲ့ဖြစ်စေအောင်ပြုသည်။ to hinder, debar, ဆီးတားသည်။ —of office, အရာကချသည်။

Depth, *n.* deepness, အနက်။ အောက်။ အအောက်။ a deep place, နက် သောအရပ်။ the middle part, အထဲ၊ အတွင်း။ abstruseness, နက် နဲခက်ခဲခြင်း။ reach of mind, ဉာဏ်ကျယ်ခြင်း။

Depthless, *a.* အဆုံးအဆမရှိ၊ အလွန်နက်သော။

Depulsory, *a.* ပယ်ရှင်းတတ်သော။

Depurate, *v. t.* မစင်ကြယ်သောအရာနှင့်ကင်းစင်စေသည်။

Depuration, *n.* from above.

Deputation, *n.* from next; the person or persons deputed, အခွင့် အရေးကိုရ၍အမှုကိုဆောင်ရသောသူ။

Depute, *v. t.* to appoint as a substitute, ကိုယ်စားခန့်ထားသည်။ to send with authority to transact business, အခွင့်အရေးအပ်၍ စေလွှတ်သည်။

Deputy, *n.* သူကိုယ်စားအမှုကိုဆောင်ရသောသူ။ ကိုယ်စား၊ ကိုယ်စားလှယ်။

Derange, *v. t.* from next.

Deranged (be,) *v. i.* to be put out of order, အစီအစဉ်ပျက်သည်။ to be thrown into confusion, ရှုပ်ထွေးသည်။ to be disordered in intellect, စိတ်ပေါ့သည်။ သွပ်သည်။ နှမ်းသည်။ to have the nervous system—, နှစ်လုံးသွေးပျက်သည်။ partially—, ရူးသွပ် သည်။ ရူးတီးရူးတူးဖြစ်သည်။

Derangement, *n.* from above.

Dereliction, *n.* abandonment, စွန့်ပြစ်ခြင်း။ a turning aside, လွှဲသွား ခြင်း။

Deride, *v. t.* —by actions or words, ကရော်ကမည်ပြုသည်။ ပျက်ရယ် ပျက်ပြယ်ပြောသည်။ turn into ridicule, အသွမ်းသွေးသည်။ ရယ် သွမ်းသွေးသည်။ treat with derision, ပျက်ချော်သည်။

Derision, *n.* from above.

Derisive, *a.* from same.

Derivable, *a.* (တစုံတခု) ကခံ၍ရနိုင်ဖွယ်ဖြစ်သော။

Derivation, *n.* from Derive.

Derivative, *a.* derived, (တစုံတခု) ကထွက်သော။ dependent, (တစုံ တခု) ကိုမှီ၍ဖြစ်သော။

Derive, *v. t.* to receive from, (တစုံတခု) ကခံ၍ရသည်။ to deduce draw from, (မူလအမြစ်) ကနုတ်ထုတ်သည်။
Dernier, *a.* နောက်ဆုံးသော။
Derogate, *v. t.* (ဂုဏ်အသရေကိုသော်၎င်း၊ ဥစ္စာတန်ဘိုးကိုသော်၎င်း၊)ယုတ်လျော့စေခြင်းပြုသည်။
Derogation, *n.* from above.
Derogative, Derogatory, *a.* ယုတ်လျော့စေသော။
Dervise, *n.* ပသီဘာသာသင်္ဃရသေ့လုပ်သောသူ။
Descant′, *v. t.* to sing, သီခြင်းဆိုသည်။ to discuss at large, အကျယ်အားဖြင့်ပြောဆိုသည်။
Des′cant, *n.* a song, သီခြင်း။ a free discourse, အကျယ်အားဖြင့်ပြောဆိုသောစကား။
Descend, *v. i.* to come down, ဆင်းသည်၊ ဆင်းသက်သည်။ to proceed from an ancestor, ဆင်းသက်သည်။ —as property, from father to son, ဘိုးဘေးမှဆင်းသက်၍ကိုယ်ထက်သို့ရောက်သည်။ —(a river,) စုန်သည်။ to invade, (တကျွန်းတနိုင်ငံကိုသဘော်မှ) ဆင်း၍တိုက်သည်။
Descendant, *n.* နောက်ဆွေစဉ်မျိုးဆက်အဝင်ဖြစ်သောသူ။
Descendent, *a.* ဆင်းသော၊ ဆင်းသက်သော။
Descension, *n.* from Descend.
Descent, *n.* from Descend; a declivity, ဆင်ခြေလျှော။ lineage, ဆွေစဉ်မျိုးဆက်။
Describable, *a.* သရုပ်သကန်ပေါ်အောင်ပြောနိုင်ဖွယ်ဖြစ်သော။
Describe, *v. t.* to mark out, ရေးသားသည်။ to give an account of, သရုပ်သကန်ပေါ်အောင်ပြောသည်။
Description, *n.* from above: the words by which a thing is described. သရုပ်သကန်ပေါ်အောင်ပြောသောစကား။ a class of persons or things, လက္ခဏာတူသောလူစုဖြစ်စေ၊ အရာစုဖြစ်စေ။
Descriptive, *a.* from Describe.
Descry, *v. t.* (မထင်ရှားသောအရာကိုသော်၎င်း၊ ဝေးသောအရာကိုသော်၎င်း၊) ကြည့်၍မြင်သည်။
Desecrate, *v. t.* (ဘုရား၊ တရားနှင့်ဆိုင်သောအရာကို) လောကီအရာပြု၍သုံးစွဲသည်။ (ရှိုးခိုးကြောက်သင့်သောအရာကို) ရှုတ်ချ၍သုံးဆောင်သည်။
Desecration, *n.* from above.
Des′ert, *a.* လူမရှိ၊ မနေ၊ မပြုပြင်၊ ဆိတ်ညံ်သော။ —*n.* လူမရှိ၊ မနေ၊ မပြုပြင်၊ ဆိတ်ညံသောအရပ်။ တောအရပ်။ တောကန္တာရ။ a sandy region, သဲကန္တာရ။
De sert′ 1, *v. t.* to forsake, စွန့်ပြစ်သည်။ —*v. i.* to quit contrary to engagement, သစ္စာဖျက်၍ထွက်ပြေးသည်။ —2, *n.* from Deserve, *v. t.;* that which is deserved, ခံထိုက်သောအကျိုး။

**Deserter,** *n.* သစ္စာဖျက်၍ထွက်ပြေးသောသူ။

**Desertion,** *n.* from Desert, *v. t.;* the state of being deserted, စွန့်ပြစ်ခြင်းကိုခံရခြင်း။

**Deserve,** *v. t.* ခံထိုက်သည်။ —*v. i.* ကောင်းသောအကျိုးကိုခံထိုက်သည်။

**Dessicate,** *v. t.* သွေ့ခြောက်စေသည်။

**Desideratum,** *n.* လိုသောအရာ။ လိုချင်ဘွယ်သောအရာ။

**Design,** *v. t.* to draw the form of, ရုပ်ပုံပေါင်အခင်းရေးသည်။ to mark out, မှတ်သားသည်။ to purpose, intend, ကြံစည်သည်။ ကြံရွယ်သည်။ ကြံဖန်သည်။ —clandestinely, ကြံခိုးသည်။ —in view of some contingent event, ကြံစောင်သည်။ —for, ရန်ထားသည်။ —*n.* a sketch, ပေါင်အခင်းရေးသောရုပ်ပုံ။ something marked out, မှတ်သားသောအရာ။ a purpose, intention, အကြံအစည်။ အကြံအရွယ်။

**Designable,** *a.* ပိုင်းခြား၍သိနိုင်ဘွယ်ဖြစ်သော။

**Designate,** *v. t.* to mark out, မှတ်သားသည်။ ထိမ်းမှတ်သည်။ to point out, ပြညွှန်သည်။ to select for some appointment, ခန့်ထားရန်ရွေး၍မှတ်သားသည်။

**Designation,** *n.* from above; a mark, name, mode of address by which one is designated, အမှတ်အသား။ ပညတ်။ အခေါ်အဝေါ်။ ခေါ်ဝေါ်နည်း။ အမည်အရည်။

**Designedly,** *adv.* အကြံအစည်နှင့်။

**Designing,** *a.* crafty, ပရိယာယ်ပြုတတ်သော။ deceitful, လိမ်ညည်တတ်သော။

**Desirable,** *a.* worthy of desire, လိုချင်ဘွယ်ရှိသော။ pleasing, agreeable, နှစ်သက်ဘွယ်ဖြစ်သော။

**Desirableness,** *n.* from above.

**Desire,** *v. t.* to wish for, လိုသည်။ အလိုရှိသည်။ လိုချင်သည်။ to feel an appetite for, တပ်မက်သည်။ to express a wish for, အလိုရှိကြောင်းကိုပြောသည်။ တောင်းသည်။ —*n.* from above; a wish (to obtain,) အလို။ ဆန္ဒ။ ချင်ခြင်း။ a longing for, ရမက်။ that which is desired, လိုချင်သောအရာ။

**Desirous,** *a.* having a desire for, အလိုရှိသော။ having an appetite for, တပ်မက်သော။

**Desist,** *v. i.* တန့်သည်။ ရပ်ဆိုင်းသည်။

**Desistance,** *n.* from above.

**Desk,** *n.* —for writing, စာရေးစားပွဲခေါင်း။ for preaching, တရားဟောပလ္လင်။

**Desolate,** *a.* desert, လူမရှိ၊ ဆိတ်ညံသော။ laid waste, ဖျက်ဆီးပယ်ရှင်းလျက်ရှိသော။ solitary and wretched, ထင်းရဲ၍တယောက်တည်း

နေရသော၊ ကိုးကွယ်ရာမရှိသော၊ —*v. t.* ဖျက်ဆီးပယ်ရှင်းသည်၊ destroy utterly as a province, ခြေလှန်သည်၊

**Desolation,** *n.* from above; a place laid waste, ပျက်စီးသောအရပ်၊

**Despair,** *v. i.* မျှော်သင့်ခြင်းမရှိ၊ စိတ်ပျက်သည်၊ to give up in—, လက်မှိုင်ချသည်၊ —*n.* from above.

**Despatch,** *see* Dispatch.

**Desperado,** *n.* ကြောက်ရွံ့ခြင်းမရှိ၊ ကိုယ်အသက်ကိုမမှတ်ဘဲရက်စက်ကြမ်းကြုတ်စွာပြုတတ်သောသူ၊

**Desperate,** *a.* without hope, မျှော်လင့်စရာမရှိသော၊ reckless of danger, မျှော်လင့်ခြင်းမရှိရဲရင့်သော၊ ferocious, as a madman, အရူးကဲ့သို့ပြင်းထန်စွာပြုသော၊

**Desperation,** *n.* from above.

**Despicable,** *a.* မခန့်ညားစရာကောင်းသော၊

**Despicableness,** *n.* from above.

**Despisable,** *see* Despicable.

**Despise,** *v. t.* မခန့်ညား၊ အမှုမထား၊ ပမာဏမပြု၊

**Despite,** *n.* from Despiteful; —*prep.* ဆီးတားသော်လည်း၊

**Despiteful,** *a.* အငြိုးထားသော၊ ရန်ငြိုးဖွဲ့သော၊

**Despoil,** *v. t.* လုယူသည်၊ လုရက်သည်၊

**Despoliation,** *n.* from above.

**Despond,** *v. i.* to doubt of success, fail in spirits, မျှော်လင့်ခြင်းအားနည်းသည်၊ to lose all spirit, စိတ်ပျက်သည်၊

**Despondency,** *n.* from above.

**Despondent,** *a.* from Despond.

**Despot,** *n.* ကိုယ်အလိုအလျောက်စီရင်ပိုင်သောရှင်ဘုရင်၊

**Despotic,** *a.* ကိုယ်အလိုအလျောက်စီရင်ပိုင်သောမင်းအုပ်စိုးခြင်းနှင့်ဆိုင်သော၊

**Despotism,** *n.* ကိုယ်အလိုအလျောက်စီရင်ပိုင်သောမင်းအုပ်စိုးခြင်း၊

**Despumation,** *n.* အမြှုပ်ထခြင်း၊

**Dessert,** *n.* စားပွဲ၌နောက်ဆုံးမှထည့်သောစားသွယ်သောက်သွယ်၊

**Destination,** *n.* appointment, ခန့်ထားခြင်း၊ the end of an appointment, ခန့်ထားစရာအကြောင်း၊ the place of destination, ခန့်ထားရာအရပ်၊

**Destine,** *v. t.* to appoint, ခန့်ထားသည်၊ to fix definitely, အသေအချာစီရင်ဆုံးဖြတ်၍ထားသည်၊

**Destiny,** *n.* a cause or power that fixes definitely, အသေအချာစီရင်ဆုံးဖြတ်၍ထားခြင်းအကြောင်း၊ the state of being definitely fixed by some superior power, အသေအချာစီရင်ဆုံးဖြတ်၍ထားသောနေရာ၊ one's own—, ကမ္မသကာ၊ fate, ကံ၊ နဖူးစာ၊

**Destitute,** *a.* being without (something,) not having, (—) မဲ့သော၊

(—) မရှိသော။ needy, ယင်းရဲသော။ stripped of every thing, ကြွပ်ချွတ်သော။

**Destitution,** *n.* from above.

**Destroy,** *v. t.* ဖျက်သည်။ ဖျက်ဆီးသည်။ ဖျောက်ဖျက်သည်။ —utterly as a province, မြေလှန်သည်။

**Destroyed (be,)** *v. i.* ပျက်စီးသည်။ ပျက်ပြားသည်။ —completely, as a body of troops, တပ်ပြိုသည်။

**Destructibility,** *n. see* next.

**Destructible,** *a.* ပျက်စီးခြင်းသို့ရောက်နိုင်ဖွယ်ဖြစ်သော။

**Destruction,** *n.* from Destroy: ဖောက်ပြန်ခြင်း။ ဝိကာရ။ ဝိဗ္ဗဏ္ဍ။ *Pali,* a cause of destruction, ဖျက်ဆီးခြင်းအကြောင်း။

**Destructive,** *a.* ဖျက်ဆီးတတ်သော။

**Destructiveness,** *n.* from above.

**Desuetude,** *n.* အလေ့အကျင့်ပျက်ခြင်း။

**Desultory,** *a.* အစီအစဉ်မသင့်သော။

**Detach,** *v. t.* to separate, ခွာသည်။ to select and send away, ရွေးချ်စေလွှတ်သည်။

**Detached,** *a.* separate, distinct, ခြားနားသော။

**Detachment,** *n.* ရွေးချ်စေလွှတ်သောစစ်သည်ဖြစ်စေ၊ တိုက်သင်္ဘောဖြစ်စေ။

**Detail,** *v. t.* to state particulars, ဖြစ်သမျှသောအကြောင်းအရာတို့ကိုအစဉ်အတိုင်းကြားပြောသည်။ to make a selection from troops စစ်သူရဲစုထဲကရွေးကောက်သည်။ —*n.* from *do.*

**Detain,** *v. t.* to withhold, မပေးဘဲနေသည်။ to restrain from proceeding, ဆီးတားသည်။ to hold in custody, ချုပ်ထားသည်။ —for a little while, တည်းသည်။

**Detainder,** *n.* ချုပ်ထားစေခြင်းငှါပေးသောအမိန့်စာ။

**Detect,** *v. t.* to find out what is hidden, (ပုန်းကွယ်သောအရာကို) တွေ့မြင်သည်။ to bring to light, ဖော်ပြသည်။ to catch in questioning, စကားအောက်သည်။ အစ်သည်။ တစ်သည်။

**Detection,** *n.* from above.

**Detention,** *n.* from Detain

**Deter,** *v. t.* ပြုလိုသောစိတ်ပျက်အောင်တားဆီးသည်။

**Deterge,** *v. t.* ဆေးကြောသည်။

**Detergent,** *a.* ဆေးကြောတတ်သော။

**Deteriorate,** *v. i.* ရွေလျော့သည်။ ယုတ်လျော့သည်။ ယုတ်ညံ့သည်။ —*v. t.* from *do.*

**Deterioration,** *n.* from same.

**Determent,** *n.* ပြုလိုသောစိတ်ပျက်အောင်တားဆီးကြောင်း။

**Determinate,** *a.* definitely marked out, ထင်မှတ်လျက်ရှိသော။ fixed,

established, ပြဋ္ဌာန်းချက်ရှိသော။ decisive, ဆုံးဖြတ်လျှက်ရှိသော။ resolved on, စိတ်ချလျှက်ရှိသော။ *n.* certain, ကေဒုစ်။
Determination, *n.* ပြဋ္ဌာန်းခြင်း။ ဆုံးဖြတ်ခြင်း။ (ညှိမည်သော)လမ်းသို့လိုက်ဆောင်ပြွန်၍လိုက်စေခြင်း။ စိတ်ချခြင်း။ ဆုံးခြင်း။ (for sub-def. *see* next.)
Determine, *v. t.* to limit, bound. သတ်မှတ်သည်။ to fix, establish, ပြဋ္ဌာန်းသည်။ to decide, ဆုံးဖြတ်သည်။ ထုံးဖွဲ့သည်။ to give a direction to, (ညှိမည်သော) လမ်းသို့လိုက်ဆောင်ပြွန်၍ လိုက်စေခြင်း။ —*v. i.* to resolve, စိတ်ချသည်။ to come to an end, ဆုံးသည်။
Determined, *a.* firm in purpose, စိတ်မိုင်ခံ့မြဲမြဲသော။
Deterred (be,) *v. i.* —by fear of offending, အားနာသည်။
Detersive, *see* Detergent.
Detest, *v t.* to abhor, ရွံရှာသည်။ to hate, မုန်းထားသည်။
Detestable, *a.* ရွံရှာစရာကောင်းသော။ မုန်းစရာကောင်းသော။ ရွံစဖွယ်သော။
Detestation, *n.* from Detest.
Dethrone, *v. t.* နန်းကချသည်။ နန်းချသည်။
Dethronement, *n.* from above.
Detonate, *v. i.* (ယမ်းကဲ့သို့) မှုတ်သည်။
Detonation, *n.* from above.
Detour, *n.* ကွင်းသွားခြင်း။ ဝိုက်သွားခြင်း။
Detract, *v. t.* သူအသရေယုတ်လျော့အောင်ပြောသည်
Detraction, *n.* from above.
Detractive, *a.* သူအသရေကိုယုတ်လျော့စေတတ်သော။
Detriment, *n.* အကျိုးပျက်ခြင်း။ ဆုံးပါးခြင်း။
Detrimental, *a.* အကျိုးကိုပျက်စေတတ်သော။
Detrition, *n.* ပွန်းတီးခြင်း
Detrude, *v. t* အောက်သို့တွန်းထိုးသည်။
Deuce 1, *n.* a demon, နတ်ဆိုး။ —2, *n.* two. နှစ်ခု။
Deuterogamy, *n.* လင်မယားသေပြီးမှတခန်လက်ထပ်ခြင်း။
Deuteronomy, *n.* ထပ်၍ပေးသောတရား။ ဓမ္မဟောင်းကျမ်းတို့တွင်ပဉ္စမကျမ်းတည်းဟူသောတရားပေးရာကျမ်း။
Devastate, *v. t.* ဖျက်ဆီးပယ်ရှင်းသည်။
Devastation, *n.* from above.
Develop, *v. t.* ဖော်ပြသည်။
Development, *n.* from above.
Devest, *see* Divest
Devexity, *n.* နိမ့်ခြင်း။ ညွတ်ခြင်း။
Deviate, *v. i.* to vary (from a certain course,) လွဲသည်။ turn

aside from the proper way, လွဲသွားသည်၊ သွေဖယ်သည်။ to err, sin, မှားယွင်းသည်၊

Deviation, *n.* from above.

Device, *n.* contrivance, မိတ်ကူးခြင်း၊ something contrived, မိတ်ကူးသောအရာ၊ an expedient, ဥပါယ်၊ ဥပါယ်တမျည်၊ stratagem, ပရိယာယ်၊ an heraldric emblem, တွဲပုံ၊

Devil, *n.* Satan, မာရ်နတ်၊ မာရ်နတ်သား၊ a demon, နတ်ဆိုး၊ an inhabitant of hell, ငရဲသား၊

Devilish, *see* Diabolic.

Devious, *a.* out of the common way, လမ်းလွဲသော၊ wandering, လှည့်လည်သော၊ erring, မှားယွင်းလျက်ရှိသော၊

Devise, *v. t.* to contrive, မိတ်ကူးသည်၊ မိတ်ကူးသန်းသည်။ ဉာဏ်ရှာသည်၊ ဉာဏ်ကူးသည်၊ —secretly, တိတ်ဆိတ်ကြံသည်၊ပုန်း၍ကြံသည်၊ —and execute, လုပ်ကြံသည်၊ to bequeath by will, သေတန်းစာအားဖြင့်ပေးသည်၊ —*n.* from *do.* 2d def.; a will, သေတန်းစာ၊

Devoid, *a.* လပ်သော၊ ကင်းစင်သော၊

Devoir, *n.* duty, ဝတ်၊ an act of civility or respect, ရိုသေစွာပြုသောလောကဝတ်၊

Devolve, *v. t.* to roll down, အောက်သို့လှိမ့်သည်၊ to transfer from one to another, တဦးမှတဦးသို့လွှဲအပ်သည်၊ —*v. i.* to pass from one to another, တဦးမှတဦးသို့ရောက်သည်၊

Devote, *v. t.* to appropriate by vow, သစ္စာပြု၍ဆက်ကပ်သည်၊ to give up wholly, လုံးလုံးပေးအပ်သည်၊ to consign over, စွန့်ပြစ်သည်၊ —one's self to, as a study, etc. လေ့ကျက်သည်၊

Devoted, *a.* entirely attentive to, မိတ်စွဲထမ်းသော၊

Devotedness, *n.* from above.

Devotee, *n.* one wholly devoted to religion, ဘုရားမှု၊ တရားမှုကိုသာဆောင်သောသူ၊ one unreasonably devoted, ထိုအမှုကိုဆောင်လွန်းသောသူ၊ ascetic, ရသေ့၊

Devotion, *n.* the state of being devoted to God, ဘုရားအားဆက်ကပ်ခြင်းကိုခံရသောအဖြစ်၊ sincere engagedness in religious duties, ဘုရားဝတ်၌မွေ့လျော်ခြင်း၊ divine worship, ဘုရားသခင်ကိုကိုးကွယ်ခြင်း၊ prayer, ဆုတောင်းပဌနာပြုခြင်း၊ reverence, ရိုသေစွာပြုခြင်း၊ ardent attachment, အလွန်နှစ်သက်စုံမက်ခြင်း၊

Devotional, *a.* ဘုရားသခင်ကိုဝတ်ပြုကိုးကွယ်ခြင်းနှင့်ဆိုင်သော၊

Devour, *v. t.* to eat ravenously, ဖွဲ့ဝါးသည်လိုစားသည်၊ ကြွပ်ကြွပ်ရွပ်ရွပ်စားသည်၊ တပ်၍စားသည်၊ ကိုက်စားသည်၊ to destroy, ဖျက်ဆီးသည်၊ to enjoy with avidity, ဝမ်းမြောက်စွာခံယူသည်၊

Devout, *a.* sincerely engaged in the performance of worship and other religious duties. ဘုရားဝတ်၌မွေ့လျော်တတ်သော၊ ဘုရားသခင်ကို ကိုးကွယ်ခြင်းအမှု၌ စိတ်စွဲလမ်းသော၊ earnest, စိတ်အားကြီးသော၊

Devoutness, *n.* from above, 1st def.

Dew, *n.* နှင်း၊ ဆီးနှင်း၊ —drop, နှင်းပေါက်၊ နှင်းသီး။ —lap, နွားပါးပျည်း၊ လည်ပျည်း။

Dewy, *a.* like dew, ဆီးနှင်းနှင့်တူသော၊ wet with dew, ဆီးနှင်းရွှဲစိုသော၊

Dexter, Dextral, *a.* လက်ျာ၊

Dexterity, Dextrousness, *n.* from next; လက်တတ်ပညာ၊

Dextrous, *a.* expert in performing, အလျှင်အမြန်ပြီးစီးစေတတ်သော၊ expert in contriving, စိတ်ကူးလျှင်သော၊

Dhall, *n.* ဝဲစညီးကုံ၊

Diabetes, *n.* ကျင်ပြေသောရောဂါ၊

Diabolic, Diabolical, *a.* pertaining to the devil, မာရ်နတ်နှင့်ဆိုင်သော၊ like the devil, မာရ်နတ်နှင့်သဘောတူသော၊ hellish, ငရဲသားကဲ့သို့ဖြစ်သော၊

Diachylon, *n.* ဖယောင်းချက်တမျိုး။

Diaconal, *a.* သင်းထောက်ဆရာနှင့်ဆိုင်သော၊

Diacoustics, *n.* ပြောင့်သောလမ်းမှထွဲသောသဒ္ဒါရုံနှင့်ဆိုင်သောအတတ်၊

Diacritic, Diacritical, *a.* making distinctions, ခြားနားစေသော၊ distinctive, showing distinction, ပိုင်းခြား၍ပြတတ်သော၊

Diadem, *n.* မကိုဋ်၊ သရဖူ။

Diœresis, *n.* အင်္ဂလိပ်စာ၌စပ်လျက်ရှိသောသရနှစ်လုံးကိုမပေါင်းရဘဲတခြားစီဖတ်ရမည်ဟုပြသောအမှတ်၊ (. .)

Diagnostic, *n.* အနာရောဂါ၏သင်္ကေတကိုသိရသောအချက်၊

Diagonal, *n.* ထောင့်တန်း။ —*a.* ထောင့်တန်းဖြစ်သော၊

Diagonally, *adv.* ထားလွှယ်ခုတ်၊ ထောင့်တန်း၊

Diagram, *n.* ဂဲဩမေဋြိအတတ်၌အတိုင်းအထွာကိုမှတ်သားသောပုံ၊ တိုင်းထွာပုံ။

Dial, *n.* နေတိုင်းနာရီ၊ —plate, နေတိုင်းနာရီစက်ဝန်း၊

Dialect, *n.* ဝဲသောစကား။

Dialectic, Dialectical, *a.* pertaining to a dialect, ဝဲသောစကားနှင့်ဆိုင်သော၊ inferential, သိပြီးသောအရာနှင့်နှိုင်းရှည်၍မသိသေးသောအရာကိုသိနိုင်ခြင်းနှင့်ဆိုင်သော၊

Dialling, *n.* နေတိုင်းနာရီကိုလုပ်တတ်သောအတတ်၊

Dialogist, *n.* သူတပါးနှင့်အလှည့်အလည်ဆွေးနွေးပြောဆိုသောသူ၊

Dialogue, *n.* အလှည့်အလှည့်ဆွေးနွေးပြောဆိုခြင်း။

Diameter, *n.* အချင်း။

Diametrical, *a.* အချင်းနှင့်ဆိုင်သော၊

Diametrically, *adv.* တဖက်တချက်၌နေလျှက်။
Diamond, *n.* စိန်ကျောက်။ စွန်းမြိုး။ ကေဘ်ပြေဒ်။ —for cutting glass, မှန်ဖြတ်စိန်။ —of a second quality, နာရကတ္တိ။
Diaper, *n.* ပိုက်ဆံဖြည်ကိုပုံနှင့်ရက်သောအထည်။
Diaphanous, *a.* ဖန်မှန်ကဲ့သို့ကြည်လင်၍ တဖက်မှတဖက် သို့အလင်းထိုးဖောက်ထင်ရှားနိုင်သော။
Diaphoretic, *a.* ချွေးထွက်စေတတ်သော။
Diaphragm, *n.* ရင်နှင့်ဝမ်းကိုပိုင်းခြားသောအမြှေး။
Diarrhœa, *n.* ဝမ်းကျနာ။ to be subject to chronic diarrhœa, ဝမ်းပျက်သည်။ to have constant diarrhœa, (ဝမ်းတွေသည်။)
Diary, *n.* နေ့စဉ်အတိုင်းဖြစ်သောအမှုအရာတို့ကိုမှတ်သောစာ။ နေ့စဉ်မှတ်စု။
Diastole, *n.* သွေးဝင်အောင်နှစ်လုံးပွင့်ခြင်း။
Dibble, *n.* တူးရွင်းကလေး။
Dice, *plur.* of Die. —box, *n.* အန်စာကြွတ်။ အန်နီတောင်အုပ်။ (to play dice, အန်ကစားသည်။ to throw dice in playing, အန်စာထိုးသည်။)
Dictate, *v. t.* to tell with authority, အာဏာနှင့်ပြောသည်။ to communicate to an amanuensis, စာရေးရေးရန်စာစီ၍ပြောသည်။ နှုတ်တိုက်ပြောသည်။ —*n.* an order, command, အမိန့် အမှာ။ ပညတ်။ a precept, rule, နည်းဥပဒေ။
Dictation, *n.* from Dictate, *v. t.*
Dictator, *n.* စီရင်ပိုင်သောသူ။
Dictatorial, *a.* အစိုးတရပြောသော။
Diction, *n.* စကား၏အနေအခြေ။
Dictionary, *n.* အဘိဓာန်။
Dictum, *n.* ပြောဆိုချက်။
Didactic, *a.* နည်းဥပဒေသပေးခြင်းနှင့်ဆိုင်သော။
Diddle, *v. t.* လိမ်လည်သည်။
Die 1, *n.* a cube to play with, အန်စာ။ —colored red on certain sides, အန်နီတောင်။ a stamp used in coining, ဒင်္ဂါးခတ်သောတံဆိပ်။ —2, *v. i.* to lose life, သေသည်။ စုတေသည်။ ဘဝပြောင်းသည်။ သေလွန်သည်။ အနိစ္စရောက်သည်။ applied to priests, (ဖုန်းကြီး) ပြန်သည်။ applied to kings, နတ်ရွာစံသည်။ applied to Boodhs, နိဗ္ဗာန်ယူသည်။ (to be near dying, မနည်းဖြစ်သည်။) —by violence, အဓိမ်းသေသည်။ in Boodhist usage, ကံဖြစ်သည်။ ကံကုန်သည်။ (of a prince), —(as sound,) တဖြည်းဖြည်းလျော့၍ပျောက်သည်။ —(as liquor,) ပေါ့၍သွားသည်။ —away, လျော့သွားသည်။
Diet 1, *n.* ဓာတ်နှိပြည်၌ဖြည့်မှုဖြည့်ရေးကိုစီရင်သောမင်းအစုအဝေး။ —2, food, အစားအသောက်။ စားဘွယ်သောက်ဘွယ်။ food regulated by

medical rules, ဓာတ်ကြိုက်ရာသို့လိုက်၍စားသောအစား၊ —drink, ဓာတ်စာကိုရှောင်၍သောက်ရသောအရည်၊ —2, *v. t.* to feed, အစာကျွေးသည်၊ —*v. i.* to eat according to medical rules, ဓာတ်စားသည်၊

Dietary, Dietetic, *a.* ဓာတ်စားခြင်းနှင့်ဆိုင်သော၊

Differ, *v. i.* to be unlike, ခြားနားသည်၊ ထူးခြားသည်၊ to be of a different opinion, သဘောမတူ၊ ကွဲလမ်းသည်၊ to be at variance, မသင့်မတင့်၊ ဆန့်ကျင်ဘက်ဖြစ်သည်၊

Difference, *n.* from above; the ground of difference, ခြားနားသည့်အကြောင်း။ an occasion of being on bad terms, မသင့်မတင့်နေသည့်အကြောင်း။

Different, *a.* another, not the same, အခြား၊ တခြား၊ တပါး၊ unlike, dissimilar, diverse, ခြားနားသော၊ ကွဲပြားသော၊

Difficult, *a.* not easy, မလွယ်၊ ခက်သော၊ ခဲသော၊ ကတ်သော၊ (verbal aux.;) hard to deal with, ကတ်သတ်သော၊ —of investigation, ခက်ခဲနက်နဲသော၊

Difficulty, *n.* a being hard, not easy, ခက်ခြင်း၊ ခဲခြင်း၊ (aux.;) that which is hard to be accomplished, ခက်သောအမှု၊ an obstacle, embarrassment, အဆီးအတားအနှောင့်အရှက်၊ that which is hard to be understood or believed, သဘောမကျ၊ မယုံနိုင်သောအကြောင်း။ (with great difficulty, အနိုင်နိုင်။)

Diffidence, *n.* distrust of one's self, ကိုယ်ညာဏ်၊ ကိုယ်အစွမ်းသတ္တိကို မယုံ၍မကိုးစားခြင်း။ bashfulness, မျက်နှာမရဲ၊ ရှက်ကြောက်ခြင်း။

Diffident, *a.* distrustful, whether of one's self or of another, (သူတပါးကိုသော်၎င်း၊ ကိုယ်ကိုသော်၎င်း) မယုံ၍မကိုးစားသော၊ bashful, မျက်နှာမရဲ၊ ရှက်ကြောက်သော၊

Diffluent, *a.* အရပ်လေးမျက်နှာသို့ပျံ့စီးသွားသော၊

Diffuse, *a.* widely spread, အနှံ့အပြားပျံ့သွားသော၊ copious (in style,) စကားများပြားသော၊ —*pron.* Diffuze, *v. t.* to spread, as a fluid, ပျံ့သည်၊ —a pleasant odor, ကြူသည်၊ ကြိုင်သည်၊ သင်းပျံ့သည်၊ to spread abroad, အနှံ့အပြားပျံ့သည်၊

Diffused (be,) *v. i.* distributed throughout, စွေ၊ စွေနှံ့သည်၊

Diffusion, *n.* from above.

Diffusive, *a.* အနှံ့အပြားပျံ့တတ်သော၊

Diffusiveness, *n.* from above.

Dig, *v.* —in excavating, တူးသည်၊ —in cultivating the ground, တူးဆွသည်၊ to pierce with something sharp, ချွန်သောအရာနှင့်ထိုးသည်၊ —a hole or pit, တွင်းတူးသည်၊ —down, *v. t.* တူး၍ပြိုသည်၊ တူးဖောက်သည်၊ —in, —into, ထိုးသည်၊ —out, တူး

ယှူသည်။ တူး၍ဖော်သည်။ —through, တူး၍ဖောက်သည်။ —up, —*see* —out; —as with a snout, တူးကော်သည်။

**Digest′**, *v. t.* to arrange in order, classify, ဆိုင်ရာဆိုင်ရာသီးသန့်၍ထားသည်။ to concoct, (အစာကို) ချေသည်။ to consider thoroughly, တိုင်းထွာဆင်ခြင်မိသည်။ to soften by boiling, ပြုတ်၍ပျော့စေသည်။ to bear with patience, သည်းခံသည်။ —*v. i.* to suppurate, ပြည်မှည့်သည်။ to dissolve in the stomach, ကြေသည်။

**Di′gest**, *n.* ဆိုင်ရာဆိုင်ရာသီးသန့်၍ထားသောစာ။

**Digestion**, *n.* from Digest, *v. t.* and *v. i.*

**Digestive**, *a.* from same.

**Digit**, *n.* a finger's breadth, လက်သစ်။ the 12th part of the diameter (of the sun or moon,) အချင်း ၁၂ မိတ်တွင်တမိတ်။ a figure in arithmetic, ဂဏန်း။ စတိတ်။

**Digital**, *a.* လက်ချောင်းနှင့်ဆိုင်သော။

**Dignify**, *v. t.* to promote, ချီးမြှောက်သည်။ to honor, အသရေပေးသည်။

**Dignitary**, *n.* အင်္ဂလိတ်ဘာသာ၌အရာကြီးသောမှူးအရာ။

**Dignity**, *n.* high excellence, မြင့်မြတ်ခြင်း။ —of rank, အရာကြီးခြင်း။ —of appearance and deportment, ဂါတိဂုဏ်။

**Dignified**, *a.* highly excellent, exalted, မြင့်မြတ်သော။ ဂုဏ်အသရေရှိသော။ independent, အနေခံ့သော။

**Digress**, *v. i.* အစဉ်လိုက်ပြောသည်အတွင်း၊ အခြားသောစကားကိုသွင်း၍ပြောသည်။

**Digression**, *n.* from above.

**Digressive**, *a.* from Digress, *v. i.*

**Dike**, *n.* a ditch, မြောင်း။ a mound of earth to check the influx of water, ကန်ပေါင်ရိုး။ ကန်ဆည်ရိုး။ —*v. t.* ဆည်ထားသည်။

**Dilapidate**, *v. i.* ဟောင်းနွမ်း၍ပြိုပျက်သည်။

**Dilapidation**, *n.* from above.

**Dilate**, *v. i.* to widen, ကြီးကျယ်သည်။ to speak copiously, ကျယ်ကျယ်ပြောဆိုသည်။ —*v. t.* to enlarge, expand, ကြီးကျယ်စေအောင်ပြုသည်။ ချဲ့သည်။

**Dilatory**, *a.* slow, tardy, နှေးသော။ ဆေးထေးနှေးနှေးဖြစ်သော။ delaying, procrastinating, (intrans.,) ဖင့်နွဲ့သော။

**Dilatoriness**, *n.* from above.

**Dilemma**, *n.* အမှုနှစ်ပါးကြားမှာတွေးဆ၍နေရသောအကြောင်း။

**Diligence**, *n.* လုံ့လ။ လုံ့လပြုခြင်း။ ဝီရိယ။ ဝီရိယထုတ်ခြင်း။ ဝါယာမ။ indefatigable—, ပရက္ကမ။ *Pali.* (with great diligence and effort, လုံ့လတကြီး။)

Diligent, *a.* လုံ့လပြုတတ်သော၊ ဝီရိယထုတ်တတ်သော၊ ဝါယာမထုတ်သော၊

Dill, *n.* စမွတ်၊

Dilucidate, *see* Elucidate.

Diluent, *a.* from next. —*n.* from next.

Dilute, *v. t.* to make thin, rare, ကြည်းစေခြင်း၊ သွက်စေခြင်းပြုသည်၊ ချော်သည်၊ to weaken (as liquor,) ပေါ့စေသည်၊

Dilution, *n.* from above.

Diluvial, Diluvian, *a.* မိုဃ်းရေကြီးစွာလွှမ်းမိုးခြင်းနှင့်ဆိုင်သော၊

Diluvium, *n.* နုံး၊ ညွန်၊

Dim, *a.* not seeing clearly, မှုန်သော၊ ပြာသော၊ မွဲသော၊ not clearly seen, obscure, မှုန်သော၊ ရီသော၊ ဝေသော၊ faded, dull, မှိန်သော၊ မှေးသော၊ dull of apprehension, ညာဏ်တုံးသော၊ —sighted, မျက်စိမှုန်သော၊ —*v. t.* from same.

Dime, *n.* အမေရိကပြည်မှာ ဒေါလာဒင်္ဂါးဆယ်စုတွင်တစုဖြစ်၍ မိမ်ယူခေါ်ဝေါ်သောငွေဒင်္ဂါးဘမျိုး၊

Dimension, *n.* အတိုင်းအတွာ၊

Diminish, *v. i.* to grow less, ငယ်သွားသည်၊ နည်းသွားသည်၊ လျော့ပါးသည်၊ လျော့လျားသည်၊ —in violence, as a quarrel, ရန်ငြိမ်းသည်၊ —*v. t.* to make less, (in various ways,) ငယ်စေသည်၊ နည်းစေသည်၊ ဆုတ်ယုတ်စေသည်၊ လျော့စေသည်၊ ညှိုးစေသည်၊

Diminution, *n.* from above.

Diminutive, *n.* ကျစ်သောအရာ၊ လှိုသောအရာ၊ —*a.* ကျစ်သော၊ လှိုသော၊ သိမ်သော၊

Diminutiveness, *n.* from above.

Dimissory, *n.* လွှတ်အပ်ခြင်းနှင့်ဆိုင်သော၊

Dimity, *n.* ဝိတ်တမျိုး၊

Dimly, *adv.* obscurely, သိတိတိ၊ သိဝေဝေ၊ မှုန်တုန်တုန်၊ darkly, မှုန်မှိုန်မွှား၊

Dimness, *n.* from Dim, *a.*

Dimple, *n.* ပါးပေါက်အစရှိသောအသားချိုင့်ရာ၊ —*v. i.* အသားချိုင့်သည်၊

Din, *v. i.* ကျည်ကျည်လောင်လောင်မြည်သည်၊ —*n.* ကျည်ကျည်လောင်လောင်မြည်သောအသံ၊

Dine, *v. i.* to eat dinner, နေ့လယ်စာစားသည်၊ —*v. t.* to give a dinner to, နေ့လယ်စာကျွေးသည်၊

Ding dong, *n.* ခေါင်းလောင်းထိုးသံ၊

Ding, *v. t.* ပြင်းခနဲပြစ်သည်၊

Dinginess, *n.* from Dingy.

Dingle, *n.* ကျဉ်းမြောင်းသောချိုင့်၊

**Dining-room**, *n.* ထမင်းစားခန်း။

**Dinner**, *n.* နေ့လယ်စာ။ —time, *n.* နေ့လယ်စာစားချိန်။

**Dint**, *n.* a blow, stroke, အရိုက်တချက်။ အပုတ်တချက်။ force, အရှိန်။

**Diocesan**, *n.* ဂိုဏ်းအုပ်။

**Diocese**, *n.* ဂိုဏ်းအုပ်စိုးရင်ပိုင်သောနယ်။

**Dioptrics**, *n.* လေ၊ ရေအစရှိသည်တို့ကိုဖောက်၍ဖြောင့်သောလမ်းမှလွဲသော အလင်းရောင်ခြည်နှင့်ဆိုင်သောအတတ်။

**Dip**, *v. i.* to sink in a liquid, နစ်သည်။ to incline downward, ဦးစောက်နေသည်။ —*v. t.* to immerse, နှစ်သည်။ to take out (some of a liquid) with a ladle or other instrument, ခပ်သည်။ —into. a business, အမှုနှံ့ဝင်သည်။ —into, a book, စာပေါ့ပေါ့ကြည့်သည်။— *n.* ဦးစောက်နေခြင်း။

**Diphthong**, *n.* အသံတခုတည်းဖြစ်အောင်ပေါင်းသောသရနှစ်ခု။

**Diploma**, *n.* မင်းအခွင့်ကိုသော်၎င်း၊ ဘွဲ့ကိုသော်၎င်း၊တံဆိပ်ခတ်၍ပေးသောစာ။

**Diplomacy**, *n.* သံတမန်နှင့်ဆိုင်သောအမှုအရေး။

**Diplomatic**, *a.* furnished with a diploma, တံဆိပ်ခတ်သောစာကိုရသော။ pertaining to diplomacy, သံတမန်အမှုအရေးနှင့်ဆိုင်သော။

**Diplomatist**, *n.* သံတမန်အမှုအရေးကိုလေ့ကျက်သောသူ။

**Dipper**, *n.* one that dips, နှစ်ပေးသောသူ။ a water-dipper, ရေမှုတ်။ priest's, —ဓမ္မခရိုင်။ ရေစစ်။

**Dipping-needle**, *n.* ဦးစောက်နေတတ်သောဖိမ်မျှောင်။

**Dire**, *a.* အလွန်ကြီးစွာသောဘေးဥပါတ်ပါသော။

**Direct**, *a.* straight, ဖြောင့်သော။ straight forward, တည့်သော။ plain, open, တည့်ထင်းသော။ —*v. t.* to point, aim, ချိန်သည်။ ချိန်သည်။ to point out, ပြညွှန်သည်။ to show the way, လမ်းပြသည်။ to lead, manage, စီရင်ပဲ့ပြင်သည်။ to prescribe, order, မှာထားသည်။ —*adv.* straight forward, မိုက်မိုက်။

**Direction**, *n.* a pointing, aiming, ချိန်ခြင်း။ ချိန်ခြင်း။ course, လိုက်သောလမ်း။ the act of leading, managing, စီရင်ပဲ့ပြင်ခြင်း။ a prescription, order, မှာထားချက်။ a precept, rule, နည်း။ ဥပဒေ။ စီရင်ချက်။ ဥပဒေထားချက်။ အထုံးအဖွဲ့။ အထုံးအဖြတ်။ a superscription, မှာစာလိပ်။ a body of directors, စီရင်သောလူစု။

**Directly**, *adv.* in a straight line, တည့်တည့်။ ရှုးရှူ။ without intervention, စည်းတိုက်။ expressly, အတည့်အထင်း။ တိုက်ရိုက်။ instantly, ချက်ချင်း။

**Director**, *n.* စီရင်ပဲ့ပြင်သောသူ။ —of the ceremony, ချိန်တတ်သမား။

**Directory**, *n.* a rule to direct, နည်းဥပဒေသ။ a book of directions, နည်းဥပဒေသများပါသောစာ။ a book containing a list of inhabitants and their places of abode, မြို့သူမြို့သားများနေရာကိုပြသောစာ။

Direful, *see* Dire.
Dirge, *n.* သင်းဂြိုဟ်သီခြင်း။
Dirk, *n.* တိုသောသန်လျက်တမျိုး။ ကြိတ်ထား။
Dirt, *n.* အညစ်အကြေး။ filth, အချေး။ ဂျည်းညှော်။
Dirtiness, *n.* from next.
Dirty, *a.* not clean, ညစ်သော။ ညစ်ညူးသော။ —, as clothes or the body, ညစ်ထပ်သော။ ညစ်ထေးသော။ —in one's habits, ညစ်ပတ်သော။ ညစ်ကြေးသော။ turbid, နောက်သော။ cloudy, မှိုင်းတွဲ့သော။ base, mean, ယုတ်ညံ့သော။ —*v. t.* ညစ်စေသည်။
Dis, *pref. in composition,* အ (negative.)
Disability, *n.* မတတ်နိုင်ခြင်း။
Disable, *v. t.* မတတ်နိုင်အောင်ပြုသည်။
Disabuse, *v. t.* အလွဲယူခြင်းနှင့်ကင်းလွတ်စေသည်။
Disaccustom, *v. t.* အလေ့အကျင့်ကိုဖျက်သည်။
Disadvantage, *n.* that which tends to prevent success, အကြံအထမမြောက်စေခြင်းငှါဖြစ်သည့်အကြောင်း။ loss, injury, အကျိုးပျက်ခြင်း။ —*v. t.* အကျိုးပျက်အောင်ပြုသည်။
Disadvantageous, *a.* အကြံအထမမြောက်စေခြင်းငှါဖြစ်စေတတ်သော။ အကျိုးပျက်စေတတ်သော။ (for sub-def. *see* above.)
Disaffect, *v. t.* to alienate affection, နှစ်သက်သောစိတ်ပျက်အောင်ပြုသည်။ to dislike, မချစ်မကြိုက်။
Disaffected, *a.* ill disposed towards, မနာလိုသော။
Disaffection, *n.* from above.
Disagree, *v. i.* to differ, ခြားနားသည်။ မတူ။ to differ in opinion, သဘောမတူ။ မညီမညွတ်။ not to suit, မသင့်။ to be at variance, မသင့်မတင့်။
Disagreeable, *a.* နှစ်သက်နှစ်လိုဖွယ်မရှိသော။
Disagreement, *n.* from Disagree.
Disallow, *v. t.* to refuse permission, အခွင့်မပေး၊ ငြင်းသည်။ to refuse assent, to reject, ဝန်မခံ၊ ငြင်းပယ်သည်။
Disallowable, *a.* အခွင့်မပေး၊ ငြင်းစရာကောင်းသော။
Disannul, *v. t.* ချေဖျက်သည်။
Disappear, *v. i.* ကွယ်ပျောက်သည်။ to cease to appear, ကွယ်သည်၊ to cease to be, တိမ်မြုပ်သည်။ ပျောက်သည်။ ငုပ်သည်။ ပပျောက်သည်။ (—and be blown away, ပျောက်လွင့်သည်။)
Disappearance, *n.* from above.
Disappoint, *v. t.* to defeat expectation, မျှော်လင့်ခြင်းကိုဖျက်သည်၊ to frustrate a purpose, အကြံအစည်ကိုဖျက်သည်။
Disappointment, *n.* defeat of expectation, မျှော်လင့်စရာအကြောင်းပျက်ခြင်း။ failure of purpose, အကြံအစည်ပျက်ခြင်း။

**Disapprobation,** *n.* from next.

**Disapprove,** *v. t.* to dislike, မကြိုက်၊ မနှစ်သက်၊ to manifest dislike, မျက်နှာသာမပေး၊ အပြစ်တင်သည်။ to reject as disliked, ဝန်မခံ၊ ငြင်းပယ်သည်။

**Disarm,** *v. t.* to deprive of arms, လက်နက်ကိုသိမ်းရုံးသည်။ to deprive of force, စွမ်းအားကိုဖျက်သည်။

**Disarrange,** *v. t.* to disorder, အစီအစဉ်ကိုဖျက်သည်။ to confuse, ရှုပ်ထွေးစေသည်။

**Disarrangement,** *n.* from above.

**Disarray,** *v. t.* to throw into disorder, ခင်းကျင်းခြင်းကိုဖျက်သည်။ to divest of dress or ornament, အဝတ်တန်ဆာကိုချွတ်သည်။ —*n.* disorder, အခင်းအကျင်းပျက်ခြင်း။ undress, အဝတ်တန်ဆာချွတ်ခြင်း။

**Disaster,** *n.* အမင်္ဂလာ၊ ဘေးဥပါဒ်။

**Disastrous,** *a.* အမင်္ဂလာရှိသော၊ ဘေးဥပါဒ်ဖြစ်စေတတ်သော

**Disavow,** *v. t.* ငြင်းပယ်သည်။

**Disavowal,** *n.* from above.

**Disband,** *v. t.* တပ်ဖွဲ့ခြင်းကိုဖျက်သည်။

**Disbelief,** *n.* from next.

**Disbelieve,** *v. t.* မယုံ။

**Disburden,** *v. t.* ဝန်ချ၍ချမ်းသာပေးသည်။

**Disburse,** *v. t.* ထုတ်၍ပေးသည်။

**Disbursement,** *n.* from above; the money paid out, ထုတ်၍ပေးသောငွေ။

**Disc,** *see* Disk.

**Discard,** *v. t.* to reject, cast off, ပယ်ထားသည်။ to dismiss from service, လွှတ်လိုက်သည်။

**Discern,** *v. t.* to see, on looking, ကြည့်၍မြင်သည်။ to distinguish, discriminate, ပိုင်းခြား၍သိမှတ်နိုင်သည်။ —mentally, ထင်မြင်သည်။

**Discernible,** *a.* ကြည့်၍မြင်နိုင်ဖွယ်ဖြစ်သော၊

**Discerning,** *a.* discriminating, ပိုင်းခြား၍သိမှတ်တတ်သော၊ ဉာဏ်ကောင်းသော။

**Discernment,** *n.* ပိုင်းခြား၍သိမှတ်တတ်သောဉာဏ်။

**Discharge,** *v. t.* to take out a load, ဝန်ချသည်။ to disburden, ဝန်ချ၍လွှတ်သည်။ —a gun, သေနတ်ပြစ်သည်။ —a debt, ကြွေးကိုဆပ်သည်။ —a debtor, ကြွေးစားကိုလွှတ်သည်။ —from an obligation, ပြုရသောဝတ်မှလွှတ်သည်။ —one's obligations, ဝတ်ကြေအောင်ပြုသည်။ —from an accusation, အပြစ်တင်ခြင်းမှလွှတ်သည်။ —from confinement, ချုပ်ထားရာမှလွှတ်သည်။ —

from office, အရာမှချသည်။ —from service, လွှတ်လိုက်သည်။ —a duty, ပြုရသောဝတ်ကိုပြုသည်။ —as matter, ပြည်ထွက်သည်။ —urine freely, ဆီးရွှင်သည်။ —*n.* from above; a certificate of discharge, ဖြေစာ။ လွှတ်စာ။ purulent matter discharged, ထွက်သောပြည်။ သားနံ့ရည်။ slimy—, အယိအယွဲ။

**Discinct,** *a.* ခါးစည်းကိုမစည်းသော။

**Disciple,** *n.* တပည့်။ တပည့်တော်။ အန္တေဝါသိက။ *Pali.* —*v. t.* to teach, ဆုံးမသွန်သင်သည်။ to make a disciple of, တပည့်အဖြစ်နှင့်တည်စေသည်။

**Discipleship,** *n.* တပည့်၏အဖြစ်။

**Disciplinable,** *a.* capable of instruction and improvement, ဆုံးမသွန်သင်၍ရနိုင်ဖွယ်ဖြစ်သော။ suitable to be disciplined, ဆုံးမစရာကောင်းသော။

**Disciplinarian,** *a.* ဆုံးမသွန်သင်ခြင်းနှင့်ဆိုင်သော။ —*n.* ဆုံးမသွန်သင်တတ်သောသူ။

**Disciplinary,** *a.* ဆုံးမသွန်သင်ခြင်းနှင့်ဆိုင်သော။

**Discipline,** *v. t.* to instruct or educate, ဆုံးမသွန်သင်သည်။ ဝဲပျင်သည်။ to punish, ဆုံးမ၍အပြစ်ပေးသည်။ to punish severely, နှိပ်ကွပ်သည်။ ကွပ်ညှပ်သည်။ to subject to church censure, ခရစ်ယာန်အသင်းတော်၌ဆုံးမသည်။ —*n.* from same; rules of discipline, ဆုံးမသွန်သင်ခြင်းနည်းဥပဒေသ။ subjection to discipline, ဆုံးမသွန်သင်ခြင်းကိုခံခြင်း။

**Disclaim,** *v. t.* ငြင်းပယ်သည်။

**Disclose,** *v. t.* to uncover and show, ဖွင့်ပြသည်။ to reveal, ဖော်ပြသည်။ ညွှန်းပြသည်။

**Disclosure,** *n.* from above.

**Discolor,** *v. t.* from next.

**Discolored (be,)** *v. i.* အရောင်ပျက်သည်။ စွန်းကွက်သည်။

**Discomfit,** *v. t.* တိုက်လှန်၍ပြစ်သည်။

**Discomfiture,** *n.* တိုက်လှန်၍ပြစ်ခြင်းကိုခံရခြင်း။

**Discomfort,** *n.* ပူပန်ခြင်း။

**Discommode,** *v. t.* နှောင့်ရှက်သည်။

**Discompose,** *v. t.* to derange, အစီအစဉ်ကိုဖျက်သည်။ to confuse, ရှုပ်ထွေးစေသည်။ to disturb peace of mind, စိတ်မငြိမ်မဝပ်ဖြစ်အောင်ပြုသည်။

**Discomposedly,** *adv.* unsteadily, ကလိန်းကထက်။

**Discomposure,** *n.* မငြိမ်မဝပ်ရှိခြင်း။

**Disconcert,** *v. t.* —a plan, အကြံကိုဖျက်သည်။ —the mind, မကြံစည်နိုင်အောင်စိတ်နေရာမကျဖြစ်စေခြင်းငှါပြုသည်။

**Discongruity,** *see* Incongruity.

**Disconnect,** *v. t.* (in various ways,) အဆက်အစပ်တွဲကိုဖြုတ်သည်၊ အစပ်အပူးကိုခွာသည်၊ အပေါင်းအစည်းကိုဖျက်သည်၊

**Disconnected,** *a.* not arranged in an orderly manner, အစီအစဉ်မသင့်သော၊

**Disconnectedly,** *adv.* တောက်တီးတောက်တက်၊ (in discourse.)

**Disconsolate,** *a.* နှစ်သိမ့်သာယာခြင်းမရှိသော၊

**Discontent, Discontentment,** *n.* from next.

**Discontented,** *a.* uneasy, ညီးငွေ့သော၊ dissatisfied, အလိုမပြည့်စုံ၍ စိတ်မသာသော၊

**Discontentedly,** *adv.* တောက်တီးတောက်တက်၊

**Discontinuance,** *n.* from Discontinue, *v.* and Discontinuous, *a.*

**Discontinue,** *v. i.* to cease, စဲသည်၊ ရပ်သည်၊ ပြတ်သည်၊ —*v. t.* to leave off, ဖြတ်သည်၊ ပြုမြဲမပြုဘဲနေသည်၊

**Discontinued (be,)** *v. i.* —for want of further supply, ပြတ်လပ်သည်၊

**Discontinuous,** *a.* အစီအစဉ်ပြတ်သော၊

**Discord, Discordance,** *n.* from next.

**Discordant,** *a.* not concordant, မညီမညွှတ်သော၊ not on friendly terms, မသင့်မတင့်သော၊ dissonant, အသံမညီညာသော၊

**Discount,** *v. t.* လျှော့၍ပေးသည်၊ လျှော့၍ခံသည်၊ —*n.* from same; the sum discounted, လျှော့ရသောငွေ၊

**Discountenance,** *v. t.* to look on with disapprobation, မျက်နှာသာမပေး၊ ထွဲသည်၊ to disapprove, အခွင့်မပေး၊ အပြစ်တင်သည်၊ —*n.* from same.

**Discourage,** *v. t.* ရှုမည့်စိတ်ကိုပျက်စေအောင်ပြုသည်၊

**Discouraged (be,)** *v. i.* အားလျော့သည်၊ စိတ်ပျက်သည်၊

**Discouragement,** *n.* from above; that which discourages, ရှုမည့်စိတ်ပျက်ရန်အကြောင်း၊

**Discourse,** *v. i.* to converse, အချင်းချင်းပြောဆိုသည်၊ to make a speech, အကျိုးအကြောင်းကိုထုတ်ဖော်၍အစဉ်အတိုင်းပြောဆိုသည်၊ —*n.* from same; a sermon, တရားဟောစာ၊

**Discourteous,** *a.* လောကဝတ်မပြုသော၊

**Discourtesy,** *n.* from above.

**Discover,** *v. t.* to bring to light, ဖော်ပြသည်၊ to find out what is unknown, မထင်ရှား၊ မသိသေးသောအရာကိုတွေ့သည်၊ တွေ့မြင်သည်၊

**Discoverable,** *a.* that may be brought to light, ဖော်ပြနိုင်ခွယ်ဖြစ်သော၊ that may be found out, တွေ့မြင်နိုင်ခွယ်ဖြစ်သော၊

**Discovery,** *n.* from Discover.

**Discredit,** *v. t.* to disbelieve, မယုံဘဲနေသည်၊ to deprive of credit,

အသရေလျှော့စေခြင်းပြုသည်။ —*n.* disbelief, မယုံဘဲနေခြင်း။ want of credit, အသရေနည်းခြင်း။

Discreditable, *a.* အသရေလျှော့စေတတ်သော။ —in report, ထိတင်းဝှင်သော။

Discreet, *a.* ပညာသတိရှိသော။

Discreetness, *n.* from above.

Discrepance, Discrepancy, *n.* from next.

Discrepant, *a.* မညီမညွတ်သော။ မညီမညာသော။

Discrete, *a.* ခြားနားသော။

Discretion, *n.* knowledge and prudence, ပညာသတိ။ သမ္ပာသတိ။ liberty of acting according to one's own judgment, ကိုယ်ပညာသတိရှိသည်အတိုင်းပြုရသောအခွင့်။

Discretional, Discretionary, *a.* ကိုယ်ပညာသတိရှိသည်အတိုင်း ပြုရသော (အမှု။)

Discriminate, *v. t.* to observe the difference between, ပိုင်းခြား၍သိမှတ်သည်။ to mark with notes of difference, ပိုင်းခြား၍မှတ်သားသည်။ to make a distinction between, တခြားစီခွဲထားသည်။

Discriminating, *a.* capable of making distinction, ပိုင်းခြား၍သိမှတ်တတ်သော။

Discrimination, *n.* from Discriminate, *v. t.*

Discriminative, *a.* manifestly marking a distinction, ထင်ရှားစွာခြားနားစေသော (သင်္ကေတ။) observing distinction, ပိုင်းခြားသိမှတ်တတ်သော။

Discrown, *v. t.* (Eng.) မကိုဋ်ကိုချွတ်သည်။ (Bur.) နန်းကချသည်။

Discumbency, *see* Recumbency.

Discumber, *see* Disencumber.

Discursion, *n.* လှည့်လည်ခြင်း။

Discursive, *a.* roving about, လှည့်လည်တတ်သော။ inferential, အကျိုးအကြောင်းကိုအစဉ်အတိုင်းလိုက်စစ်ခြင်းနှင့်ဆိုင်သော။

Discus, *n.* ထွေပြား။

Discuss, *v. t.* —(a subject,) နှီးနှောသည်။ —and consult, နှီးနှောတိုင်ပင်သည်။ —(a swelling,) ကြေစေသည်။

Discussion, *n.* from above.

Discussive, Discutient, *a.* ကြေစေတတ်သော (ဆေး။)

Disdain, *v. t.* မိမိနှင့်မတန်မရာထင်သောကြောင့်မာနစိတ်နှင့်ရှုသည်။ —*n.* from above.

Disdainful, *a.* from Disdain, *v. t.*

Disease, *n.* အနာရောဂါ။

Diseased, *a.* အနာစွဲသော။

**Disembark,** *v. i.* သင်္ဘောပေါ်ကကုန်းသို့တက်သည်။ —*v. t.* သင်္ဘောပေါ်က ကုန်းသို့တင်သည်။

**Disembarkment,** *n.* from above.

**Disembody,** *v. t.* to divest of body, ကိုယ်ကာယနှင့်ကင်းလွတ်စေသည်။ to discharge from military array, တပ်ဖွဲ့ခြင်းကိုဖျက်သည်။

**Disembogue,** *v. i.* မြစ်ကြီးသို့၎င်၊ ပင်လယ်သို့၎င်စီးဝင်သည်။

**Disembroil,** *v. t.* ရှုပ်ထွေးသောအမှုကိုရှင်းလင်းစေသည်။

**Disenable,** *see* Disable.

**Disenchant,** *v. t.* ဆေးဝါးပရောဂအားဖြင့်သော်၎င်၊ မန္တန်အားဖြင့်သော်၎င်၊ ပြုသောအမှုကိုပြေအောင်ဖြေသည်။

**Disencumber,** *v. t.* to free from encumbrance, နှောင့်နှေးစေသောအရာနှင့်ကင်းလွတ်စေသည်။ to free from any obstruction, အဆီးအတားအနှောင့်အရှက်ကိုပယ်ရှားသည်။

**Disengage,** *v. t.* from Disengaged (be,) —*a.* vacant, being at leisure, အားသော၊ လပ်သော၊ လွတ်ထပ်သော၊ be—, *v. i.* to be detached from, ကွာရှင်းသည်။ to be free from, လွတ်သည်။ to be cleared, disentangled, ရှုပ်ထွေးခြင်းနှင့်ကင်းလွတ်သည်။ to be free from attachments, အငြိအတွယ်အစွဲအလမ်းနှင့်ကင်းလွတ်သည်။

**Disengagement,** *n.* from above.

**Disentangle,** *v. t.* အရှုပ်အထွေးကိုဖြေသည်။ ရှင်းလင်းစေသည်၊ သင်ထွင်သည်။

**Disenthrall,** *see* Disinthrall.

**Disenthrone,** *v. t.* နန်းကချသည်။

**Disentrance,** *v. t.* ဘဝင်မြစ်ခြင်းကိုဖြေဖျောက်သည်။

**Disespouse,** *v. t.* လင်မယားကွာစေသည်။

**Disesteem,** *v. t.* မလေးမြတ်၊ ပမာဏမပြု။ —*n.* from *do.*

**Disfavor,** *v. t.* to regard unfavorably, မျက်နှာသာမပေး၊ ထွဲသည်။ to withhold favor, ကျေးဇူးမပြုဘဲနေသည်။ —*n.* from *do.*

**Disfigure,** *v. t.* အဆင်းသဏ္ဌာန်ကိုဖျက်သည်။ (to be disfigured in face as when crying, မဲ့သည်။)

**Disfigurement,** *n.* from above.

**Disfranchise,** *v. t.* ပိုင်သောအခွင့်ကိုသိမ်းရုံးသည်။

**Disfranchisement,** *n.* from above.

**Disfurnish,** *v. t.* အသုံးအဆောင်အခင်းအနားတို့ကိုသိမ်းရုံးသည်။

**Disgarnish,** *v. t.* ဝတ်စားတန်ဆာတို့ကိုချွတ်သည်။

**Disgorge,** *v. t.* to vomit, အန်သည်။ အော့သည်။ to throw out with violence, အထုန်ခြင်းနှင့်ထုတ်၍ထုတ်ပြစ်သည်။

**Disgrace,** *v. t.* to put out of favor, သဏ္ဍာသောစိတ်ပျက်၍အခွင့်မပေးဘဲနှိမ့်ချသည်။ to bring to shame, အသရေကိုဖျက်သည်။ —*n.* the state of being out of favor, အထက်ရသောမျက်နှာပျက်ခြင်း။ dishonor, အသရေပျက်ခြင်း။ a cause of disgrace, အသရေပျက်သည့်အကြောင်း။

Disgraceful, *a.* အသရေပျက်ခြင်းနှင့်ဆိုင်သော (အမှု။)

Disguise, *v. t.* to conceal by an unusual habit or mark, သူတပါးမသိစေခြင်းငှါအရုပ်ကိုဖျက်သည်။ to hide by a counterfeit appearance, အရောင်ဆောင်သည်။ to intoxicate, ယစ်မူးစေအောင်သောက်သည်။ —one's speech, အသံလွှဲ၍ပြောသည်။ —*n.* any dress or habit that disguises the appearance, သူတပါးမသိစေခြင်းငှါအရုပ်ကိုဖျက်ခြင်း၏အကြောင်းအရာ။ an assumed form, အရောင်၊ အဟန်၊ intoxication, သေသောက်၍ယစ်မူးခြင်း။ (under a disguise, ဖုံ့ပုန်း။)

Disgust, *v. i.* from Disgusted (be,); —*n.* from next. —*int.* expressive of disgust ထွီ။ ဗြဲ။ ဖွယ်။

Disgusted (be,) *v. i.* ရွံသည်။ ရွံရှာသည်။ စက်ဆုပ်သည်။

Disgustful, *a.* ရွံစရာ။ ရွံရှာဖွယ်ဖြစ်သော။

Disgusting, *a.* ရွံစဖွယ်သော။ ရွံစချင်ဖွယ်သော။

Disgustingly, *adv.* မသိုးမသန့်။ —, implying moisture, ဗြစ်ဗြစ်စက်စက်။

Dish, *n.* a broad open vessel, ပုကန်ပြားကြီး။ oval—, ပုကန်လျှား။ the food served in a dish, စားပွဲခင်းရာတွင်ပုကန်ပြားကြီး၌ထည့်သောစားရန်အစား။ —cloth, ပုကန်သုတ်ပဝါ။ —water, ပုကန်ဆေးရေ။ —*v. t.* စားပွဲခင်းရာတွင်ပုကန်ပြားကြီး၌ထည့်သည်။

Dishabille, *n.* သတိမပြုဘဲဝတ်သောအဝတ်။

Dishearten, *v. t.* စိတ်ပျက်စေအောင်ပြုသည်။

Dishevel, *v. t.* (ဆံပင်ကို) ဖားရားဖြုသည်။

Dishonest, *a.* devoid of honesty, မရိုးမဖြောင့်သော။ သစ္စာမရှိသော။ သတောကောက်သော။ fraudulent, လိမ်လည်တတ်သော။

Dishonesty, *n.* from above.

Dishonor, *v. t.* to disgrace, အသရေကိုဖျက်သည်။ to violate the chastity of, ပန်းကောင်းကိုအညှန့်ချိုးသည်။ to treat with indignity, မလေးမစားပြုသည်။ —a bill, ငွေထက်မှတ်ကိုငြင်းပယ်သည်။ —*n.* အသရေဖျက်ခြင်း။

Dishonorable, *a.* disgraceful, အသရေကိုဖျက်ခြင်းနှင့်ဆိုင်သော။ destitute of honor, အသရေမရှိသော။ reproachful, ကဲ့ရဲ့စရာကောင်းသော။

Disinclination, *n.* from Disinclined (be).

Disincline, *v. t.* from next.

Disinclined (be,) *v. i.* အလိုမရှိ။ မနှစ်သက်။ —to go, ထော်တော်ပင်သွားချင်သည်။

**Disingenuous,** *a.* not frank, လျှို့ဝှက်သော။ unfair, meanly artful, စဉ်းလဲသော။

**Disingenuousness,** *n.* from above.

**Disinherit,** *v. t.* အမွေခံအခွင့်ကိုဖြတ်သည်။

**Disinter,** *v. t.* သင်းချိုင်းတွင်းမှထုတ်ဖော်ပြန်သည်။

**Disinterested,** *a.* having no personal interest, ကိုယ်တိုင်မဆိုင်သော။ having no regard to private interest, ကိုယ်အကျိုးကိုမငဲ့ကွက်သော။

**Disinterestedness,** *n.* from above.

**Disinterment,** *n.* from Disinter.

**Disinthrall,** *v. t.* ကျွန်ခံရာမှလွှတ်သည်။

**Disjoin,** *v. t.* ခွဲခွာသည်။

**Disjoint,** *v. i.* to dislocate. အဆစ်ကိုဖြုတ်သည်။ to separate at the joints, အဆစ်ကိုလှီး၍ဖြတ်သည်။ to break the natural order, ရှုတ်ယှက်ခတ်စေသည်။

**Disjunct,** *a.* ကွဲကွာသော။

**Disjunction,** *n.* from next.

**Disjunctive,** *a.* ခွဲခွာသော။

**Disk,** *n.* နေ၊ လ၊ ကြယ်၊ နက္ခတ်၏မျက်နှာ။

**Dislike,** *v. t.* မကြိုက်၊ မနှစ်သက်။ ငြင်းပယ်သည်။ မနာလိုသည်။ —*n.* from *do.*

**Dislocate,** *v. t.* to displace, အလွဲထားသည်။ to put out of joint, (အဆစ်ကို) ဖြုတ်သည်။

**Dislocated,** *p. p. p.* အဆစ်လွဲသော။ အကြောလွဲသော။

**Dislocation,** *n.* from above.

**Dislodge,** *v. t.* နေရာမှနှင်ထုတ်သည်။

**Disloyal (be,)** *v. i.* အရှင်၏သစ္စာကိုသော်၎င်း၊ သခင်ပုန်း၏သစ္စာကိုသော်၎င်း ဖောက်သည်။

**Disloyalty,** *n.* from above; ရာဇဂိုဏ်း။

**Dismal,** *a.* most gloomy, အလွန်မှိုင်းဝေသော။ calamitous, အမင်္ဂလာဖြစ်သော။ ဆေးကြီးသော။ frightful, ကြောက်မက်ဖွယ်ဖြစ်သော။

**Dismantle,** *v. t.* ချွတ်ပယ်သည်။

**Dismask,** *v. t.* မျက်နှာဖုံးကိုချွတ်သည်။

**Dismast,** *v. t.* ရွက်တိုင်ကိုချိုးဖဲ့သည်။

**Dismay,** *v. t.* ခြောက်လှန့်သည်။ *n.* from next

**Dismayed (be,)** *v. i.* ကြောက်လန့်သည်။

**Dismember,** *v. t.* to cut off the limbs, ခြေလက်အင်္ဂါတို့ကိုဖြတ်သည်။ to cut in pieces, အပိုင်းပိုင်းဖြတ်သည်။

**Dismemberment,** *n.* from above.

**Dismiss,** *v. t.* to let go, လွှတ်သည်။ to send, စေလွှတ်သည်။ to put out of a situation, လုပ်ဆောင်သောအခွင့်ကိုနှုတ်၍လွှတ်လိုက်သည်။ to remove from office, အရာကချသည်။ —a suit, လက်မခံ၊ ပယ်သည်။ —a motion or petition in court, ပလိုက်သည်။

**Dismissal, Dismission,** *n.* from above.

**Dismount,** *v. i.* to alight from a horse or other beast, မြင်းပေါ်ကဆင်းသည်။ စီးသည်အရာကဆင်းသည်။ —*v. t.* to throw from a horse, etc. မြင်းပေါ်ကချသည်။ စီးသည်အရာကချသည်။ to remove (a gun) from its carriage, (အမြောက်ကို) လှည်းပေါ်ကချသည်။

**Disobedience,** *n.* from Disobey.

**Disobedient,** *a.* နားမထောင်တတ်သော၊ အာဏာကိုဆန်တတ်သော၊

**Disobey,** *v. t.* နားမထောင်၊ အာဏာကိုဆန်သည်။

**Disoblige,** *v. t.* သူတပါးအလိုကိုဆန့်ကျင်ဘက်ပြုသည်

**Disobliging,** *a.* not disposed to please, unaccommodating, သူတပါးအလိုကိုမလိုက်တတ်သော၊ ကတ်သတ်သော၊ ဝန်ထိုသော၊

**Disorder,** *v. t.* to derange, အစီအစဉ်ကိုဖျက်သည်၊ to confuse, ရှုပ်ထွေးစေသည်။ to produce indisposition, အနာရောဂါကိုဖြစ်စေသည်၊ to discompose the mind, (စိတ်) မငြိမ်မဝပ်ဖြစ်အောင်ပြုသည်။ —the intellect, (စိတ်ကို) ပေါ့စေသည်။ —*n.* want of order, အစီအစဉ်ပျက်ခြင်း။ confusion, ရှုပ်ထွေးခြင်း။ irregularity of conduct, နည်းသို့မလိုက်၊ လွန်ကျူးခြင်း။ tumult, ရုန်းရင်းခတ်မှုပြုခြင်း။ disease, အနာရောဂါ၊ discomposure of mind, စိတ်မငြိမ်မဝပ်ခြင်း။ derangement of intellect, စိတ်ပေါ့ခြင်း။ (in—, ဖရိုဖရဲ၊ ပသမ်းပတာ၊ ဗရုန်းဗရင်း။)

**Disorderly,** *a.* out of proper order, အစီအစဉ်မသင့်သော၊ behaving contrary to good order, နည်းသို့မလိုက်၊ လွန်ကျူးတတ်သော၊ —*adv.* ကရောက်ကရက်၊ confusedly, စနောင်စနင်း —in mind, ကယောင်ကယင်၊ —in conversation, ဇော်ဂလီစကား၊ dishevelledly, ဖိုးရိုးဖားရား။ (rapidly and disorderly, ရှုပ်ထိရှုပ်ထိုး။ ကသီကရီ။)

**Disorganization,** *n.* from next.

**Disorganize,** *v. t.* စီစဉ်ပြင်ဆင်ခြင်းကိုဖျက်သည်။

**Disown,** *v. t.* ငြင်းပယ်သည်။

**Disparage,** *v. t.* to degrade by an unworthy union, ယုတ်ညံ့သောအရာနှင့်ပေါင်းစေ၍ရှုပ်ချသည်။ to dishonor, debase, အသရေကိုရှုပ်ချသည်။

**Disparagement,** *n.* from above.

**Disparity,** *n.* မတူမညီခြင်း။

**Dispart,** *v. t.* ခွဲခွာသည်။

**Dispassionate,** *a.* cool, free from passion, လျှစ်လျူသော၊ impartial, လျှစ်လျူသောစိတ်နှင့်စီရင်သော၊

**Dispatch,** *v. t.* to send (a person,) စေသည်။ စေလိုက်သည်။ စေလွှတ်

သည်။ to send (a letter,) ပေးလိုက်သည်။ to kill, သတ်သည်။ to perform expeditiously, အလျှင်အမြန်ပြီးစေသည်။ တွင်ကျယ်သည်။ —, as business, ထိန်းသိမ်းသည်။ —*n.* speed, လျှင်မြန်ခြင်း။ expeditious performance, အလျှင်အမြန်ပြီးစေခြင်း။ တွင်ကျယ်ခြင်း။ a letter sent with expedition, အလျှင်အမြန်ပေးလိုက်သောစာ။ a letter on business of government, မင်းအခွင့်နှင့်ပေးလိုက်သောစာ။ (to do with urgent dispatch, ထက်ဝါးပူတိုက်သည်။)

**Dispel,** *v. t.* to scatter by force, အနိုင်အထက်ဖြန့်ကြဲသည်။ to dissipate, လွှင့်သည်။

**Dispensable,** *a.* အသုံးရှိသော်လည်းမသုံးဘဲနေနိုင်ဖွယ်ဖြစ်သော။

**Dispensary,** *n.* ဆေးဝါးကိုဝေငှသောအရပ်။

**Dispensation,** *n.* distribution, ဝေငှခြင်း။ the dealing of God with his creatures, ဘုရားသခင်သည်သတ္တဝါတို့အားစီရင်ပြုပြင်တော်မူခြင်း။ granting an exemption from the obligation of law, ပညတ်ဥပဒေအတိုင်းမပြု၊ မကျင့်၊ နေရသောအခွင့်ကိုပေးသည်။

**Dispensative,** *a.* လွှတ်ရသောအခွင့်ကိုပေးသော။

**Dispensatory,** *a.* လွှတ်ရသောအခွင့်ကိုပေးပိုင်သော။ —*n.* ဆေးဖော်နည်းစာ။

**Dispense,** *v. t.* ဝေငှသည်။ —with, to set aside, pass by, ဖွဲ့ပယ်သည်။ to suspend the operation of, ဆိုင်းထားသည်။ to excuse from, မပြုဘဲနေရသောအခွင့်ကိုပေးသည်။ to do without, အသုံးရှိသော်လည်းမသုံးဘဲနေသည်။

**Dispeople,** *v. t.* မြို့သူမြို့သားအိမ်ကိုသုတ်သင်ပယ်ရှင်းသည်။

**Disperse,** *v. i.* to be scattered, ကွဲပြားသည်။ to be dissipated, လွင့်သည်။ —*v. t.* to scatter, ကွဲပြားစေသည်။ to spread abroad, ဖြန့်ကြဲသည်။ to dissipate, လွှင့်သည်။ to distribute, ဝေငှသည်။

**Dispersion,** *n.* from above.

**Dispersive,** *a.* tending to scatter, ဖြန့်ကြဲတတ်သော။ tending to dissipate, လွှင့်တတ်သော။

**Dispirit,** *v. t.* စိတ်ပျက်အောင်ပြုသည်။ စိတ်ငယ်စေသည်။

**Displace,** *v. t.* to remove from its usual or proper place, နေရာမှရွှေ့၍အထွေထားသည်။ to remove from office, နေရာကချသည်။ (to be displaced, as one muscle across another, အကြောတင်သည်။)

**Displacement,** *n.* from above.

**Displacency,** *n.* အားမရ၍မနှစ်သက်ခြင်း။

**Display,** *v. t.* to expand, ဖြန့်သည်။ to exhibit, ဖွင့်ပြသည်။ to set out to view, ကျင်းပသည်။ —*n.* from *do.*

**Displease,** *v. t.* to offend, စိတ်ဆိုးစေသည်။ to disgust, ရွံရှာစေသည် to be disagreeable to, မကြိုက်မနှစ်သက်ဖွယ်ဖြစ်သည်။

**Displeasure,** *n.* anger, စိတ်ဆိုးခြင်း။ dislike, မကြိုက်မနှစ်သက်ခြင်း။

**Displode,** *see* **Explode.**
**Disport,** *see* **Sport.**
**Disposable,** *a.* (ဤမည်သောအသုံးသို့) ခွဲ၍ထားနိုင်ဖွယ်ဖြစ်သော။
**Disposal,** *n.* from next; the power of disposing, regulating, etc. စီရင်ပြုပြင်ပိုင်သောအခွင့်။ the power of giving away, လွှဲအပ်ပိုင်သောအခွင့်။
**Dispose,** *v. t.* to put in order, စီစဉ်သည်။ to place, ထားထည်။ နေရာချသည်။ to adapt, regulate properly, တော်လျော်အောင်စီရင်သည်။ စီရင်ပြုပြင်သည်။ —the mind, စိတ်ကိုပြုပြင်သည်။ —of, to sell, ရောင်းသည်။ to part with, give away, လွှဲအပ်သည်။ to apply to a particular purpose, (ဤမည်သောအသုံးသို့) ခွဲ၍ထားသည်။ to use, employ, သုံးဆောင်သည်။ to place, နေရာချထားသည်။
**Disposed,** *a.* inclined, သဘောရောက်သော။
**Disposition,** *n.* the act of disposing, စီစဉ်ခြင်း။ the manner of disposing, စီစဉ်သောနည်း။ arrangement, အဆင်။ transfer of property, လွှဲအပ်ခြင်း။ tendency, ဖြစ်တတ်သောသဘော။ temper of mind, စိတ်သဘော။ propensity, ဝါသနာ။
**Dispossess,** *v. t.* ဥစ္စာကိုနှုတ်၍လက်ကချည်းသက်သက်နေစေသည်။
**Dispossession,** *n.* from above.
**Dispraise,** *v. t.* ကဲ့ရဲ့ပြစ်တင်သည်။ —*n.* from *do.*
**Disprofit,** *n.* အကျိုးပျက်ခြင်း။
**Disproof,** *n.* from Disprove.
**Disproportion,** *n.* from next.
**Disproportional, Disproportionate,** *a.* အချိုးအစားမရသော။
**Disprove,** *v. t.* (စကားကို) ချေသည်။ ချေပသည်။ မဟုတ်ကြောင်းကိုပြသည်။
**Disproval,** *n.* from above.
**Disputable,** *a.* ငြင်းခုံနိုင်ဖွယ်ဖြစ်သော။
**Disputant,** *n.* အပြန်အလှန်နှီးနှောပြောဆိုသောသူ။
**Disputation,** *n.* အပြန်အလှန်နှီးနှောပြောဆိုခြင်း။
**Disputatious, Disputative,** *a.* ငြင်းခုံတတ်သော။
**Disputatiously,** *adv.* ကကြော်တကန်။
**Dispute,** *v.* to contend, ပြိုင်၍နိုင်အောင်အားထုတ်သည်။ to deny the truth or propriety of, ဟုတ်သည်ဟုဝန်မခံငြင်းခုံသည်။ to contend in argument, အပြန်အလှန်နှီးနှောပြောဆိုသည်။ to strive to maintain, လက်မလွှတ်၊ ဆီးတားသည်။ —*n.* from above; altercation, အချင်းချင်းငြင်းခုံခြင်း။
**Disqualification,** *n.* from next; that which deprives of legal power or right, ပြုပိုင်သောအခွင့်မရှိအောင်ပြုသည့်အကြောင်း။ that which disables, မတတ်နိုင်စေသည့်အကြောင်း။ that which ren-

ders it unsuitable to obtain (a situation,) မခံမရသင့်သောအကြောင်း။

**Disqualify**, *v. t.* to deprive of legal power or right, ပြုပိုင်သောအခွင့်မရှိစေခြင်းပြုသည်။ to disable, မတတ်နိုင်စေခြင်းပြုသည်။

**Disquiet**, *v. t.* disturb, မငြိမ်မဝပ်စေခြင်းပြုသည်။ to harass, နှောင့်ရှက်သည်။ to make uneasy, ပင်ပန်းစေသည်။ —*n.* a being disturbed, မငြိမ်မဝပ်ခြင်း။ a being harassed, အနှောင့်အရှက်ခံရခြင်း။ uneasiness, ပင်ပန်းခြင်း။

**Disquisition**, *n.* (အကျိုးအကြောင်းကို) စစ်ဆေးမေးမြန်းခြင်း။ —in writing, စစ်ဆေးမေးမြန်းသောစာ။

**Disregard**, *v. t.* အမှုမထား။ ပမာဏမပြု။ —*n.* from *do.*

**Disrelish**, *v. t.* to dislike the taste of, (အရသာကို)မကြိုက်။ to dislike (in general,) မကြိုက်မနှစ်သက်။ —*n.* from *do.*

**Disreputable**, *a.* not reputable, အသရေမရှိသော။ injurious to reputation, အသရေကိုဖျက်တတ်သော (အမှု။)

**Disrepute**, *n.* want of reputation, အသရေမရှိခြင်း။ loss of reputation, အသရေပျက်ခြင်း။

**Disrespect**, *n.* အနာဒရ။ (to treat a superior with disrespect, တော်ဒှန်သည်။)

**Disrespectful**, *a.* မထိမ့်ခြင်းပြုသော။ မရိုမသေပြုသော။

**Disrespectfully**, *adv.* မထိလေးစား။ မထိမဲ့စား။ မထိတရိ။ မနိုင်း။ မခိုင်း။ မခိုင်းတရှည်။ rudely. ရင့်ရင့်သီးသီး။ နင့်သီး။

**Disrobe**, *v. t.* အဝတ်တန်ဆာကိုချွတ်သည်။

**Disruption**, *v. t.* ခွဲဖြတ်ခြင်း။

**Dissatisfaction**, *n.* from Dissatisfied.

**Dissatisfy**, *v. t.* သူ့အလိုသို့မလိုက်။ စိတ်မသာစေခြင်းပြုသည်။

**Dissatisfied**, *a.* discontented, အလိုမပြည့်စုံ၍စိတ်မသာသော။ not gratified, အားမရသော။ not satisfied in mind (after receiving an injury,) မကြေမနပ်သော။ displeased, စိတ်ဆိုးသော။

**Dissect**, *v. t.* ပိုင်းဖြတ်သည်။

**Dissection**, *n.* from above.

**Disseize**, *v. t.* ဥစ္စာကိုမတရားသဖြင့်နှုတ်၍လက်ကချည်းနေစေသည်။

**Dissemble**, *v. t.* လှို့ဝှက်သည်။

**Disseminate**, *v. t.* မျိုးစေ့ကြဲသည်လို (အယူဝါဒကို) နှံ့ပြားစေသည်။ —as news, သိတင်းလွှင့်သည်။

**Dissemination**, *n.* from above.

**Dissension**, *n.* အချင်းချင်းမသင့်မတင့်ငြင်းခုံခြင်း။

**Dissent**, *v. t.* to differ in opinion, သဘောမတူ။ to refuse assent, ဝန်မခံ။ to leave an established church, မင်းစီရင်သောထာသာကို ဝန်မခံဘဲနေသည်။

Dissenter, *n.* agent from above.
Dissentient, *a.* သဘောမတူ၊ ဝန်မခံကြောင်းကိုပြောထားသော။
Dissertation, *n.* (အကျိုးအကြောင်းကို) ထုတ်ဖော်၍ပြသခြင်း။ **—in writing,** ထုတ်ဖော်၍ပြသသောစာ။
Disservice, *v. t.* အကျိုးကိုဖျက်သည်။ —*n.* from *do.*
Disserviceable, *a.* အကျိုးကိုဖျက်တတ်သော။
Dissever, *v. t.* ခွဲဖြတ်သည်။
Dissimilar, *a.* မတူသော။ ခြားနားသော။
Dissimilarity, *n.* from above; နာနတ်။ *Pali.*
Dissimilitude, *n.* same; want of resemblance, ပုံမတူခြင်း။
Dissimulation, *n.* လျှို့ဝှက်ခြင်း။
Dissipate, *v. t.* to scatter so as to be lost, ပျံ့လွင့်စေအောင်ပြုသည်။ to squander, waste, ဖြုန်းတီးအောင်ပြုသည်။ —the mind, စိတ်ကို ပျံ့လွင့်စေအောင်ပြုသည်။
Dissipated, *a.* devoted to vicious pleasures, ကာမဂုဏ်အသားဖြင့်လွန်ကျူးလျက်နေသော။ —in thought, စိတ်ထွေလွင့်သော။ scattered, ပျံ့လွင့်သော။
Dissipation, *n.* from Dissipate and Dissipated.
Dissociate, *v. t.* ခွဲခွာသည်။
Dissoluble, *a.* that may be turned to liquid, အရည်ဖြစ်နိုင်သော။ that may be disorganized, broken to pieces, ပြတ်ဖျက်နိုင်သော။ that may be loosed, ဖြည်နိုင်ဖွယ်ဖြစ်သော။
Dissolute, *a.* ကာမဂုဏ်လွန်ကျူး၍သွမ်းသော့သော။
Dissoluteness, *n.* from above.
Dissolution, *n.* အရည်ဖြစ်ခြင်း။ အရည်ဖြစ်စေခြင်း။ အရည်ကြိုခြင်း။ ကျိုးဝဲ့ကြေပွစေခြင်း။ ပြတ်ဖျက်ခြင်း။ death, သေခြင်း။ (for other subdef. *see* Dissolve.)
Dissolvable, *see* Dissoluble.
Dissolve, *v. i.* to be melted, အရည်ဖြစ်လာသည်။ to lose strength, အားလျော့သည်။ to be broken to pieces, or come to an end by a dissolution of parts, ကျိုးဝဲ့ကြေပွသည်။ ပြတ်ဖျက်သည်။ —*v. t.* to melt, make liquid, အရည်ဖြစ်စေသည်။ to melt, fuse, အရည်ကြိုသည်။ to break to pieces, or destroy by a separation of parts, ကျိုးဝဲ့ကြေပွစေသည်။ ဖြတ်ဖျက်သည်။ to loose, disunite, ဖြည်သည်။ to clear, solve, ရှင်းလင်းစေသည်။ —(a charm,) ဖျက်သည်။ —an assembly, အစည်းအဝေးကိုဖျက်သည်။
Dissolvent, *see* Solvent.
Dissonance, *n.* from next.
Dissonant, *a.* အသံမညီမညာသော။
Dissuade, *v. t.* မပြုစေခြင်းငှါပြသပြောဆိုသည်။

**Dissuasion,** *n.* from above.

**Dissuasive,** *a.* မပြုစေခြင်းငှါပြောဆိုတတ်သော။

**Dissyllable,** *n.* နှစ်လုံးသံရှိသောသဒ္ဒါ။

**Distaff,** *n.* ပိုက်ဆံဝင့်ရာတွင်ပိုက်ဆံထွေးချည်းထားသောတိုင်၊

**Distain,** *see* Stain, *v. t.*

**Distance,** *n.* space between, အကွာ၊ အကွာအဝေး၊ လမ်းခရီး၊ လမ်းတာ၊ အတိုင်းအရှည်၊ space of time, အကြာအမြင့်၊ the remoteness which respect requires, အပါးသို့မချဉ်းကပ်ဘဲရိုသေစွာပြု၍နေခြင်း။ reserve, လိုက်လျော၍မပြုဘဲမျက်နှာပိုးကိုသတ်၍နေခြင်း။ —*v. t.* ရှေ့သို့လွန်၍နောက်၌ကျန်ရစ်စေသည်။

**Distant,** *a.* separate, ကွာလျက်ရှိသော၊ remote in place, ကွာဝေးသော၊ ကွာလမ်းသော၊ ဝေးသော၊ remote in time, ကြာမြင့်သော၊ reserved in manners, လိုက်လျော၍မပြုဘဲမျက်နှာပိုးကိုသတ်၍နေသော၊ (rather distant, မနီးမကမ်း။)

**Distaste,** *n.* aversion of the palate, အရသာကိုမကြိုက်ခြင်း။ dislike, မကြိုက်မနှစ်သက်ခြင်း။ disgust, ရွံခြင်း။

**Distasteful,** *a.* ရွံဖွယ်ဖြစ်သော၊

**Distemper,** *n.* disease, အနာရောဂါ၊ bad propensity, ယိုယွင်းသောစိတ်သဘော၊

**Distemperature,** *n.* derangement of temperature, အပူအအေးမမျှခြင်း။ perturbation of mind, စိတ်မတည်ကြည်၍မပြိမ်မဝပ်ဖြစ်ခြင်း။ confusion, ရှုပ်ထွေးခြင်း။

**Distempered (be,)** *v. i.* to be diseased, အနာရောဂါစွဲသည်၊ to be disordered in intellect, စိတ်မကောင်း၊ ပေါ့သည်၊ to be perturbed in mind, စိတ်မတည်ကြည်၍မငြိမ်မဝပ်ဖြစ်သည်၊ to be disaffected, မနာလိုသောစိတ်ရှိသည်၊

**Distend,** *v. t.* to stretch apart, ကားထောင်ဖြသည်၊ to stretch in all directions. တခုလုံးဖောင်းကြွထောင်ဖြသည်၊

**Distended (be),** *v. i.* as the stomach or bowels, အယ်သည်၊ ကယ်သည်၊

**Distention,** *n.* from above.

**Distich,** *n.* လင်္ကာ၌ပုဒ်စုံ၊

**Distill,** *v. i.* to fall in drops, စက်စက်ကျသည်၊ to flow gently, တထွေထွေစီးသည်၊ —*v. t.* to let fall in drops, စက်စက်ချသည်၊ —(liquor,) ပေါင်းခံ၍ချက်သည်၊ (distilled water, ရေခြိမ်း)

**Distillation,** *n.* from above.

**Distiller,** *n.* အရက်ကိုချက်သောသူ၊

**Distillery,** *n.* အရက်ရုံ၊

**Distinct,** *a.* different, ခြားနားသော၊ distinguished, ခြားနားသီးသန့်

သော၊ so separated as not to be confounded, ပြတ်သားသော၊ not confused, clear, ရှင်းလင်းသော၊

Distinctly, *adv*. applied to words of hearing. ထက်ထက်၊ ဆတ်ဆတ်၊ သတ်သတ်၊ applied to words of seeing, ထင်ထင်ရှားရှား၊ clearly, သဲသဲကွဲကွဲ၊ separately, အသီးအခြား၊ အသီးအသီး၊

Distinction, *n*. the act of making a difference or of distinguishing, ပိုင်းခြားခြင်း၊ ပိုင်းခြား၍သိမှတ်ခြင်း၊ a note or mark of difference, ခြားနားသောလက္ခဏာ၊ ခြားနားသောအကြောင်း၊ the act of noting or marking difference, ခြားနားသောအကြောင်းကိုမှတ်သားခြင်း၊ eminence, ထွန်းကဲခြင်း၊ that which confers eminence, ထွန်းကဲခြင်းအကြောင်း၊

Distinctive, *a*. ခြားနားသောအကြောင်းကိုမှတ်သားတတ်သော၊

Distinctness, *n*. from Distinct.

Distinguish, *v. t.* to know or ascertain difference, ပိုင်းခြား၍သိမှတ်သည်၊ to mark difference, ခြားနားသောအကြောင်းကိုမှတ်သားသည်၊ သဲခွဲ၊ to separate by some mark of honor or preference, ခြားနားထင်ရှားစေသည်၊

Distinguished, *a*. remarkable, famous, အထိကရဖြစ်သော၊ ကျော်စောသော၊ ထင်ပေါ်သော၊ မျက်နှာကြီးသော၊ မျက်နှာများသော၊ preeminent, တစ်ခေါ်ထောက်သော၊

Distort, *v. t.* to twist out of shape, လိမ်ဖယ်သည်၊ —(features,) ယွဲ့အောင်ပြုသည်၊ —(meaning,) လွဲဖယ်၍ပြောသည်၊

Distortion, *n*. from above; a being twisted out of shape, လိမ်လျက်နေခြင်း၊ a being distorted (in face,) ယွဲ့ခြင်း၊

Distract, *v. t.* to draw toward various points, အရပ်ရပ်သို့ကွဲပြားစေအောင်ပြုသည်၊ to throw into confusion by a multiplicity of objects, အမှုများ၍ကသိကရိဖြစ်စေသည်၊ to disorder the intellect, နှစ်လုံးသွေးကိုပျက်စေအောင်ပြုသည်၊ ရူးစေသည်၊

Distractedly, *adv*. စနောင်းစနင်း၊

Distraction, *n*. a drawing in different directions, အရပ်ရပ်သို့ကွဲပြားစေအောင်ပြုသည်၊ confusion from multiplicity of objects, အမှုများ၍ကသိကရိဖြစ်ခြင်း၊ madness, နှစ်လုံးသွေးပျက်ခြင်း၊ ရူးခြင်း၊

Distrain, *v. t.* တောင်းထုက်သည်၊

Distraint, *n*. from above.

Distress, *v. t.* to affect with pain, နာစေသည်၊ to make unhappy, ဆင်းရဲစေသည်၊ ပင်ပန်းစေသည်၊ ပူဆွေးအောင်ပြုသည်၊ —the mind, စိတ်ကိုနှောက်သည်၊ —*n*. pain, နာခြင်းဝေဒနာ၊ trouble, ဆင်းရဲပြင်းခြင်း၊ စိတ်ပူပန်ခြင်း၊ distraint, *which see*.

Distressed (be), *v. i.* in mind, စိတ်ပူပန်သည်၊ —from anxiety, စိတ်ဇိုးသည်၊ —from continued grief, စိတ်ပူဆွေးသည်၊ —in body or mind, စိတ်ဆုတ်ယုတ်သည်။ —in (the bowels), ဆူထောင်သည်။ —from conscious inability to accomplish an object, စိတ်အိုက်သည်။

**Distribute,** *v. t.* to deal, ဝေငှသည်။ to divide, ခွဲခန့်သည်။ to divide into shares, ခွဲဝေသည်။ —throughout, ပြန့်မျှသည်။ —equally, မျှတသည်။ မျှဝေသည်။

**Distribution,** *n.* from above; ဝေဇ္ဇမိက။ *Pali.*

**Distributive,** *a.* ဝေငှတတ်သော။ ခွဲခန့်တတ်သော။ for sub-def. *see* above.

**District,** *n.* နယ်။

**Distrust,** *v. t.* မယုံ။ —*n.* from same.

**Distrustful,** *a.* မယုံတတ်သော။

**Disturb,** *v. t.* to stir up, agitate, မွှေသည်။ မွှေနှောက်သည်။ to disquiet, မငြိမ်မဝပ်အောင်ပြုသည်။ to annoy, နှောင့်ယှက်သည်။ to interrupt regular order, အသွားအလာ၊ အပြုအမူကိုချွတ်ယွင်းအောင်ပြုသည်။

**Disturbance,** *n.* from above, ရုန်းရင်းခတ်ပြုခြင်း။

**Disturbed (be),** *v. i.* in mind, စိတ်နောက်သည်။ စိတ်မကြည်မသာဖြစ်သည်။ ဗလုံဆူထသည်။

**Disunion,** *n.* a separation, ကွာခြင်း။ the act of disjoining, ခွဲခွာခြင်း။ a breach of concord, စိတ်ဆွေဖျက်ခြင်း။

**Disunite,** *v. t.* ခွဲခွာသည်။ ကွဲပြားစေသည်။

**Disuse,** *v. t.* to cease to use, မသုံးဘဲနေသည်။ to disaccustom, အလေ့အကျင့်ကိုဖျက်သည်။ —*n.* from same.

**Disused (be),** *v. i.* ပပျောက်သည်။

**Ditch,** *n.* —for water, မြောင်း။ —for defence, ကျုံး။

**Ditto,** *n.* ၎င်း။ ၎င်းနည်း။

**Ditty,** *n.* သီခြင်းတိုတမျိုး။

**Diuretic,** *a.* ဆီးကိုရွှင်စေသော။

**Diurnal,** *a.* relating to a day, နေ့နှင့်ဆိုင်သော။ daily, နေ့တိုင်းဖြစ်တတ်သော။

**Divaricate,** *v. i.* ကားသည်။

**Divarication,** *n.* from above.

**Dive,** *v. i.* ငုပ်သည်။ —into (a thing,) *v. t.* လုံးလုံးဝင်သည်။

**Diverge,** *v. i.* သွယ်စည်းတွင်တခုနှင့်တခုကွာသွားသည်။

**Divergent,** *a.* from above.

**Divers,** *a.* မနည်းမများသော။ *see* next.

**Diverse,** *a.* different, dissimilar, ကွဲပြားသော။ ခြားနားသော။ အထူးထူးအပြားပြား။ singularly different, ထူးခြားသော။ different from itself, various, multifarious, ထွေသော၊ ထူးထွေသော၊ ထွေပြားသော၊

Diversify, *v. t.* ထူးထွေစေသည်။ အထူးထူးအထွေထွေဖြစ်စေသည်။

Diversion, *n.* from Divert.

Diversity, *n.* from Diverse.

Divert, *v. t.* to turn aside, လွှဲသည်၊ လွှဲဖောင်ပြုသည်။ to please, amuse. ဖျော်သည်၊ စိတ်သာယာရွှင်လန်းအောင်ပြုသည်၊ ကလူသည်၊ မြူသည်။

Divest, *v. t* to strip, အဝတ်တန်ဆာကိုချွတ်သည်။ to take away from, သိမ်းယူသည်။

Divide, *v. i.* to part, ကွဲသည်။ —*v. t.* to part, ခွဲသည်၊ ခွဲထားသည်၊ ပိုင်းသည်၊ —by cutting crosswise, ပိုင်းဖြတ်သည်၊ to separate into parts, ခွဲစိတ်သည်၊ စိတ်ဖြာသည်။ to make a division between, ပိုင်းခြားသည်၊ to disunite, ကွဲပြားစေသည်၊ to part into shares, ခွဲဝေသည်၊ to distribute, ဝေငှသည်။ —, (in arithmetic,) စားသည်၊ —into two equal parts, ဝက်သည်၊ ထက်ဝက်ခွဲသည်၊ ထက်ခြမ်းခွဲသည်၊

Dividend, *n.* a share, အစုသင့်၊ a number to be divided, စားရန်တည်ကိန်း။

Dividers, *n.* ကွန်ပါ။

Divination, *n.* from next.

Divine, *a.* pertaining to deity, ဘုရားနှင့်ဆိုင်သော၊ partaking of the nature of God, ဘုရားဇာတိပကတိရှိသော၊ like God, ဘုရားနှင့်တူသော၊ excellent in the highest degree, အလွန်ထူးဆန်းသော၊ —*v.* နတ်ဝိဇ္ဇာအတတ်အားဖြင့်သိမြင်ဟောသည်၊ —by means of fowl's bones, ကြက်ရိုးထိုးသည်၊ —*n.* ဓမ္မဆရာ၊

Divinity, *n.* the being or nature of God, ဘုရားသခင်၏ဇာတိအဖြစ်၊ God. ဘုရားသခင်၊ a god, ဘုရား၊ a celestial being, နတ်ပုဂ္ဂိုလ်၊ ဗြဟ္မာပုဂ္ဂိုလ်၊ theology, တရားတော်၊

Divisibility, *n.* from next.

Divisible, *a.* ခွဲနိုင်ဖွယ်ဖြစ်သော၊

Division, *n.* a being divided, ကွဲခြင်း၊ the act of dividing, ခွဲခြင်း၊ that which divides, အပိုင်းအခြား၊ the part separated, ပိုင်းခြားသောအရာ၊ အဆစ်အပိုင်း၊ အပိုင်းအစား၊ a separate body of men, ခွဲထားသောလူစု၊ a part or portion, ခွဲထားသောအရာ၊ disunion, မသင့်မတင့်ကွဲပြားခြင်း၊ —, (in arithmetic,) စားခြင်း၊ a section (of a writing), အခန်း၊

Divisor, *n.* စားခြေ၊

Divorce, *v. t.* to part husband and wife, လင်မယားကိုကွာစေသည်၊

to put away (a wife or husband,) ကွာသည်။ ကွာရှင်းသည်။ to disunite, ခွဲခွာသည်။ —*n.* from same.

**Divulge,** *v. t.* to reveal, ဖော်ပြသည်။ to publish, ကျော်ညာစေသည်။

**Dizen,** *see* Bedizen.

**Dizzy,** *a.* giddy, မူးဝေသော။ heedless, သတိထစ်ယပ်သော။

**Dizziness,** *n.* from above.

**Do,** *v. i.* to act or behave, ပြုသည်။ မူသည်။ ပြုကျင့်သည်။ to fare, (မာလျှက်သော်၎င်း၊ နာလျှက်သော်၎င်း) ရှိသည်။ to be adapted to, တော်သင့်သည်။ (aux.) (—) လျှက်ရှိသည်။ (—) တုန်းရှိသည်။ —*v. t.* to perform (in various ways,) ပြုသည်။ မူသည်။ ကျင့်ဆောင်သည်။ ဆောင်ရွက်သည်။ to finish, ပြီးစီးစေသည်။ ထက်စသတ်သည်။ —away, *v. t.* ပယ်ရှားသည်။ ပပျောက်စေသည်။ —away with, *v. t.* same; —with. to use, employ, သုံးဆောင်သည်။ to dispose of, place, နေရာချထားသည်။—with (have to,) ဆိုင်သည်။ —without, အသုံးရှိသော်လည်းမသုံးဘဲနေသည်။

**Docile,** *a.* easily taught, သင်လွယ်သော။ easily disciplined, ဆုံးမလွယ်သော။

**Docility,** *n.* from above.

**Dock 1,** *v. t.* to cut short, တိုတောင်းဖြတ်သည်။ —2, *n.* the tail of a beast cut short, အမြီးငုတ်တို။ —3, *n.* a deep trench for shipping, သင်္ဘောသွင်းထားရန်ကျင်း။ —yard, သင်္ဘောတန်ဆာများကိုထားသောဝင်း။ —*v. t.* to place in dock, (သင်္ဘောကို) ကျင်းသို့သွင်းထားသည်။

**Docket,** *n.* a bill tied to goods, လိပ်စာ။ a note of the heads of a writing, လက်မှတ်တမျိုး။

**Doctor,** *n.* a teacher of any art or science, သိပ္ပံအတတ်ကိုသင်ပေးသောဆရာ။ one who has received the highest degree in a faculty, ဘွဲ့ကြီးကိုခံသောလူတတ်။ a physician, ဆေးသမား။ ဆေးကုသမား။ —*v. t.* ဆေးကုသည်။

**Doctorate,** *n.* လူတတ်ခံသောဘွဲ့ကြီး။ —, *v. t.* ထိုဘွဲ့ကြီးကိုပေးသည်။

**Doctorship,** *n.* ဘွဲ့ကြီးကိုခံသောလူတတ်၏အဖြစ်။

**Doctress.** *n.* ဆေးကုတတ်သောမိန်းမ။

**Doctrinal,** *a.* ပြသသောတရားနှင့်ဆိုင်သော။

**Doctrine,** *n.* the act of teaching, ပြသခြင်း။ a principle taught, ပြသသောတရားဒေသနာ။ အဆုံးအမ။

**Document,** *n.* a precept. နည်းဥပဒေသ။ a writing containing evidence or proof, စာရင်း။ လက်မှတ်။

**Dodecagon,** *n.* ဆယ့်နှစ်ထောင့်ပုံ။ ဒွါဒသဂံ။ a regular dodecagon, ဒွါဒသရန်။

**Dodge,** *v.* တိမ်းသည်။ တိမ်းရှောင်သည်။

**Doe,** *n.* ဒရယ်မ။

**Doff,** *v. t.* (အဝတ်ကို) ချွတ်သည်။

**Dog,** *n.* the animal, ခွေး။ a dog that follows every master, ခွေးသဘင်။ a strange dog that comes and remains of his own accord, ခွေးဝင်စား။ a mad—, ခွေးရူး။ a kind of andiron, ခွေးရုပ်ပါထောလင်းခုံသောက်။ —bane, ခဲယဲ။ —days, အဒရနက္ခတ်သည်နေနှင့်ရှည်၍ထွက်ဝင်သောဥတုကာလ။ —fish, ငါးမန်းဟိုင်းတမျိုး။ —star, အဒရ။—tooth, အစွယ်။ —trot, ခွေးပြေး။ —vane, လေတိုင်း။ wild—, တောခွေး။ —*v. t.* နှောင့်ရှက်၍လိုက်သည်။

**Doge,** *n.* ဝေနိတ်နိုင်ငံအုပ်။

**Dogged,** *a.* သုန်မှုန်၍နေသော။

**Doggedness,** *n.* from above.

**Doggerel,** *n.* ညံ့သောသီခြင်း။

**Doggish,** *a.* ခွေးသဘောရှိသော။ မိတ်တိုသော။

**Dogma,** *n.* အယူဝါဒ။

**Dogmatic,** *a.* pertaining to a dogma, အယူဝါဒနှင့်ဆိုင်သော။ positive, dictatorial, နိုင်ခံ့စွာပြောထားသော။

**Dogmatism,** *n.* from next.

**Dogmatize,** *v. i.* နိုင်ခံ့စွာပြောသည်။

**Doings,** *n. plur.* အပြုအမူ။

**Dole,** *v. t.* ခွဲဝေသည်။ —*n.* ခွဲဝေသောအရာ။

**Doleful,** *a.* နှစ်လိုးကြေကွဲစေချာအကြောင်းရှိသော။

**Doll,** *n.* ယည်မင်း။

**Dollar,** *n.* ဒ ၃ံ ဒင်္ဂါး။ ဒေါ်လာဒင်္ဂါး။

**Dolomite,** *n.* အန္တကူ။

**Dolorous,** *see* Doleful.

**Dolt,** *n.* လူမိုက်။ ညာဏ်မဲ့သောသူ။

**Doltish,** *a.* ညာဏ်ထိုင်းသော။

**Doltishness,** *n.* from above.

**Domain,** *n.* kingdom, နိုင်ငံ။ territory, ပိုင်ထိုက်သောနယ်။

**Dome,** *n.* a grand building, ဘုံမိတ်မှန်။ a cupola, တိုက်မိုးပေါ်၌ဆင့်၍တည်ဆောက်သောခေါင်းလောင်းပုံအမိုး။

**Domestic,** *a.* pertaining to the internal affairs of one's house, အိမ်တွင်းအမှုနှင့်ဆိုင်သော။ remaining at home, ပြင်ပသို့မလည်၊ ကိုယ်အိမ်တွင်နေတတ်သော။ tame, not wild, မရိုင်း၊ ယဉ်ပါးသော။ not foreign, အခြားပြည်နှင့်မဆိုင်၊ ကိုယ်ပြည်နှင့်ဆိုင်သော။ —*n.* ငယ်သား။

**Domesticate,** *v. t.* to accustom to remaining at home, ပြင်ပသို့မလည်၊ အိမ်တွင်နေရာချစေသည်။ to tame, ယဉ်ပါးစေသည်။

**Domestication,** *n.* from above.

**Domicil**, *n.* နေရာအိမ်။
**Dominant**, *a.* ကြီးကဲသော။ အစိုးရသော။
**Domination**, *n.* အုပ်စိုးခြင်း။
**Domineer**, *v. i.* to rule arbitrarily, အစိုးတရပြုသည်။ to be rude, haughty, စော်ကားသည်။
**Dominical**, *a.* သခင်ဘုရားနေ့နှင့်ဆိုင်သော။
**Dominion**, *n.* sovereign authority, အာဏာ။ အစိုးရခြင်း။ power to direct, စီရင်ပိုင်သောအခွင့်။ predominance, ကဲလွန်ခြင်း။ territory under a government, နိုင်ငံ။
**Domino**, *n.* ဝတ်လုံတမျိုး။
**Donation**, *n.* a giving, ဒါန။ a gift, ဒါနဝတ္ထု။
**Donative**, *n.* ဒါနဝတ္ထု။
**Done (be)**, *v. i.* as grain cooked in water, နပ်သည်။ —away, ပြေပြိမ်းသည်။ ပြေပျောက်သည်။
**Donkey**, *n.* မြည်းရန်မြ။
**Donor**, *n.* ပေးကမ်းသောသူ။
**Doodle**, *n.* လူအဖျင်း။
**Doom**, *v. t.* အပြစ်ခံစေဟုစီရင်သည်။ —*n.* condemnation, အပြစ်ခံစေဟုစီရင်ခြင်း။ a judicial sentence, စီရင်ဆုံးဖြတ်ခြင်း။ the state to which one is doomed, စီရင်သောအပြစ်ဒါဏ်ကိုခံရခြင်း။ ruin, ပျက်စီးဆုံးရှုံးခြင်း။
**Doomsday**, *n.* စီရင်ဆုံးဖြတ်တော်မူသောနေ့။
**Door**, *n.* the gate of a house, တံခါး။ တံခါးရွက်။ —which swings from the top, ကဲလား။ a door-way, တံခါးဝ။ တံခါးပေါက်။ —case, တံခါးတိုင်၊ တံခါးထုပ်၊ တံခါးခုံတည်းဟူသောတံခါးပုံ။ (not in use.) —keeper, တံခါးစောင့်။ —post, တံခါးတိုင်။ —sill, တံခါးခုံ။ —way, တံခါးဝ။
**Dorian**, *n.* ဒူးရင်းသီး။ —preserve, ဒူးရင်းယို။
**Dormant**, *a.* sleeping, အိပ်လျက်ရှိသော။ being at rest, ငြိမ်လျက်နေသော။
**Dormitory**, *n.* a bed-room, အိပ်ခန်း။ a burial-place, သင်းချိုင်း။
**Dormouse**, *n.* ကြွက်တမျိုး။
**Dorsal**, *a.* ကျောကုန်းနှင့်ဆိုင်သော။
**Dose**, *n.* တခါတည်းသောက်ရသောဆေး။ —. *v. t.* ဆေးကိုတိုက်သည်။
**Dot**, *n.* မှဲ့။ —*v. t.* အပြောက်အပြောက်ဖြစ်အောင်ပြုသည်။
**Dotage**, *n.* the childishness of old age, သူငယ်ပြန်ခြင်းအဖြစ်။ excessive fondness, အချစ်လွန်ခြင်း။
**Dotal**, *a.* ထိမ်းမြားခြင်းနှင့်ဆိုင်သော။
**Dotard**, *n.* one in his second childhood, သူငယ်ပြန်ခြင်းအဖြစ်သို့ရောက်သောသူ။ one excessively fond, အချစ်လွန်သောသူ။

Dote, *v. i.* to have the intellect impaired by age, သူငယ်ပြန်သည်။ to be excessively fond, အချစ်လွန်သည်။

**Double**, *a.* two of a sort, နှစ်ဖက်ရှိသော။ composed of two thin substances placed together by their surfaces, နှစ်လွှာထပ်သော။ twice as much, နှစ်ဆဖြစ်သော။ of two kinds, နှစ်မျိုးဖြစ်သော။ two in number, နှစ်ခုပါသော။ acting a double part, လှို့ဝှက်သော။ အရောင်ဆောင်သော။ —barrelled (gun,) နှစ်လုံးပြူး (သေနတ်။) —dealer, *n.* လိမ်လည်သောသူ။ —dealing, လိမ်လည်ခြင်း။ —*entendre*, အနက်နှစ်ချက်ထွက်သောစကား။ —minded, *a.* စိတ်နှစ်ခွရှိသော။ —tongued, လျှာနှစ်ခွပြောတတ်သော။ —*v. i.* to become as much again, နှစ်ဆတိုးပွားသည်။ to turn back in running, တွံ့ပြန်၍ပြေးသည်။ to be deceitful, လိမ်လည်သည်။ —*v. t.* to fold, ခေါက်သည်။ to contain twice as much, နှစ်ဆဖြစ်သည်။ to augment by adding as much again, နှစ်ဆဖြစ်စေအောင်ပြုသည်။ to repeat, ထပ်၍ပြုသည်။ to add one to another in the same order, တဆတဆတက်သည်။ to sail round a point, (အငူခွန်းကို) လှည့်ပတ်မိသည်။ —*n.* twice as much, နှစ်ဆ။ a turn in running, တွံ့ပြန်၍ပြေးသောအချက်။ a trick လိမ်လည်သောအချက်။

**Doublet**, *n.* a vest, အင်္ကျီခါးတိုတမျိုး။ two, a pair, တစုံ။ တရံ။

**Doubloon**, *n.* ရွှေဒင်္ဂါးတမျိုး။

**Doubt**, *v.* to be in uncertainty, ယုံမှားသည်။ ဇဝေဇဝက်ရှိသည်။ ဝိစိကိစ္ဆာရှိသည်။ to distrust, မယုံ။ —*n.* from above; uncertainty of condition, ပိုမသေဖြစ်ခြင်း။ difficulty objected, သဘောမကျသောအချက်။ (Pali.) ဝိစိကိစ္ဆာ။

**Doubtful**, *a.* uncertain in mind, ယုံမှားသော။ not clear in meaning, အနက်မရှင်းလင်းသော။ admitting of doubt, ယုံမှားဖွယ်ဖြစ်သော။ not certain or defined, ပိုမသေသော။ မသေချာသော။

**Doubtfulness**, *n.* from above.

**Doubtingly**, *adv.* ဇဝေဇဝက်။ ဇဝေဇဝါ။ —as to what is heard, နားဝေနားဝါ။

**Doubtless**, *adv.* ပိုသေ။ ယုံမှားဖွယ်မရှိသည်နှင့်။

*Douceur*, *n.* a present, လက်ဆောင်။ a bribe, တံစိုး။

**Dough**, *n.* မုန့်စိမ်း။ —nut, မုန့်တမျိုး။

**Doughtiness**, *n.* from next,

**Doughty**, *a.* brave, ရဲရင့်သော။ illustrious, ဂုဏ်အသရေရှိသော။

**Douse**, *v. i.* ရုပ်ခနဲရေထဲသို့ကျသည်။ —, *v. t.* ရုပ်ခနဲရေထဲသို့ချသည်။

**Dove**, *n.* ခို။ ဥခို။ one species, ခိုးနီပု။ ring—, ခိုးလင်းပြာ။ turtle—, ခိုးလည်ပြောက်။ —tail, *v. t.* လက်ရှက်စပ်သည်။ —tail, *n.* from same.

**Dowager,** *n.* အိမ်၊ လယ်ယာ၊ ခိုးသိုး၊ မြေအစရှိသည်တို့ကိုတသက်ခွင့်တွင် ပိုင်ထိုက်သောမုဆိုးမ။

**Dowdy,** *n.* ဝတ်ရစားလျော်ကပ်စွာမဝတ်တတ်၊ မယဉ်ကျေးသောမိမ္မ။

**Dower,** *n.* the property which a bride brings to her husband, ထက်ထပ်ရာတွင်မိန္မမိဘပေးသောလက်ဖွဲ့ဥစ္စာ။ the property which a widow enjoys during life, မုဆိုးမဖြစ်၍ တသက်ခွင့်တွင် ပိုင်ထိုက်သောဝတ္ထု။ the gift of a bridegroom to the bride's parents, ထက်ထပ်ရာတွင် မိန္မ မိဘကို ကန်တော့ရသော ပဏ္ဏာကြေးငွေ။ something obtained by gift, ပေးကမ်း၍ရသောဝတ္ထု။

**Dowered,** *a.* လက်ဖွဲ့ဥစ္စာပါသော (မိန္မ)

**Dowerless,** *a.* လက်ဖွဲ့ဥစ္စာမပါသော (မိန္မ)

**Down 1,** *n.* the fine soft feathers of fowls, ငှက်နု၊ ငှက်ညှင်း။ —2, a large open plain, လွင်ပြင်။ —3, *prep.* အောက်သို့၊ မြင့်သော အရပ်မှနိမ့်သောအရပ်သို့၊ —4, *adv.* in a descending direction, အောက်သို့ဆင်းသည်နှင့်၊ on the ground, or in a low place, အောက်၌၊ below the horizon, ဝင်လျှက်ရှိသော၊ at length, ထည်းသည်နှင့်၊ to a suitable degree, အတော်အတန်၊ —cast, *a.* မျက်နှာငည်းငယ်သော၊ မှိုင်သော၊ —fall, *n.* a falling, ပြိုပျက်ခြင်း၊ ruin, ပျက်စီးခြင်း၊ —hill, *n.* a declivity, ဆင်ခြေလျှော၊ —hill, *a.* declivous, ဆင်ခြေလျှောဖြစ်သော၊ sloping, အောက်သို့လျှော လျှက်ရှိသော၊ —looked, *a.* မျက်နှာကျလျှက်နေသော၊ —5, *int.* ဆင်းတော့၊ —with, ချတော့၊

**Downright,** *a.* direct to the point, တိုက်ရိုက်ဖြစ်သော၊ open, plain, အတည့်အလင်းဖြစ်သော၊ undisguised, အရောင်မဆောင်သော၊ — *adv.* rightdown, အောက်သို့တည့်တည့်၊ in direct terms, တိုက်ရိုက်၊ completely, အကုန်အစင်၊

**Downward,** *a.* အောက်သို့ဆင်းသော၊ အောက်သို့မျက်နှာပြုလျှက်ရှိသော၊ —, Downwards, *adv.* အောက်သို့၊

**Downy,** *a.* covered with down, ငှက်နုပါသော၊ soothing, ငြိမ်းစေသော၊

**Dowry,** *n. see* Dower, *n.* 1st, 3d and 4th def.

**Doxology,** *n.* ဘုရားသခင်ဂုဏ်တော်ကိုချီးမွမ်းသောသီခြင်းတမျိုး။

**Doxy,** *n.* မိန္မရှင်၊

**Doze,** *v. i.* ငိုက်၍ပျော်သည်၊ used with reference to royalty, မှေး စက်၊ or မှေးစက်သည်၊

**Dozen,** *n.* ဆယ့်နှစ်ခု၊ ၁၂။

**Dozy,** *a.* အိပ်ချင်သော၊

**Drab 1,** *n.* a dirty, abandoned woman, ညစ်ပတ်သောမိန္မ၊ —2, kind of dark woollen cloth, သက္ကလတ်တမျိုး၊ —3, *a.* of a dark color, ညိုသော၊

**Drachm,** *n.* the weight, *see* **Dram;** a certain Roman coin, ရောမငွေဒင်္ဂါးတမျိုး။

**Draff,** *n.* အသုံးမရှိ၍ စွန့်ပြစ်သောအရာ။

**Draft,** *v. t.* to select and detach some from a company, လူစုထဲကရွေး၍ခွဲထားသည်၊ to compose and write, စာစီကုံးသည်၊ to delineate, ရုပ်ပုံပေါ်အောင်ရေးသည်၊ —*n.* a selecting and detaching some from a company, လူစုထဲကရွေး၍ခွဲထားခြင်း။ a writing composed, စီကုံးသောစာ၊ a written order for money, ငွေထုတ်လက်မှတ်၊ a delineation, ရေးသောရုပ်ပုံ၊

**Drafts,** *n.* ကျွားထိုးခြင်းတမျိုး။

**Drag,** *v. i.* to trail, ဒရင့်သီလိုက်သည်၊ to proceed heavily, နှေးနှေးသွားသည်၊ to fish with a drag, ပိုက်ချ၍တိုက်ဆွဲသည်၊ —(as an anchor,) ထွန်သွားသည်၊ —(as a door,) ထိမိုက်၍နေသည်၊ —(as a horse his feet,) သီသည်၊ *v. t.* —to haul along (the ground,) ဒရွတ်ဆွဲငင်သည်၊ —timber with buffaloes, သစ်ရွတ်သည်၊ to trail, ဒရွတ်သီမိုးဆွဲငင်သည်၊ —(the bottom of a river, pond, etc.) ပိုက်တိုက်သည်၊ ပိုက်ခိုပ်တိုက်သည်၊ —*n.* a kind of cart, လက်ဆွဲသောလှည်းတမျိုး။ truck, လှည်းခင်တိတ်၊ a kind of harrow, ထွန်တမျိုး။ a drag-net, ပိုက်တမျိုး။ a rake to be used under water, ရေထဲ၌ဖျိတ်ဆွဲရန်သံချိပ်အစွာပါသောတန်ဆာ။ any thing dragged along, ဒရွတ်ဆွဲရသောအရာ၊ —net, ပိုက်တမျိုး။

**Draggle,** *v. t.* ဒရင့်သီတိုက်၍ညစ်စေသည်၊

**Dragon,** *n.* ပျံတတ်သောနဂါး။ —tree, ကွမ်းထင်း

**Dragon's crest,** *n.* နဂါးမောက်၊

**Dragon-fly,** *n.* ပုစဉ်း။

**Dragoon,** *n.* သေနတ်ပါသောမြင်းစီးသူရဲ၊ —*v. t.* to deliver up to the soldiery, စစ်သူရဲတို့အားခွင့်လွှတ်၍လုယူစေသည်၊ to compel by violence, အနိုင်အထက်ပြု၍ညှဉ်းဆဲသည်၊

**Drain,** *v. t.* to draw off water (from land,) မြောင်းသွယ်၍ရေကိုထွက်စေသည်၊ to exhaust gradually, တဘက်မကျန်မကြွင်းအောင်တဖြည်းဖြည်းကုန်စေသည်၊ —off, တဖြည်းဖြည်းထွက်စီးစေသည်၊ —*n.* a ditch, မြောင်း။ a covered ditch, sewer, ပေါင်းကူးမြောင်း။

**Drake,** *n.* ဝမ်းဘဲဖို၊

**Dram,** *n.* the weight, မြမ်းတည်းဟူသောအချိန်၊ one draught of rum, တခါတည်းသောက်သောအရက်၊

**Drama,** *n.* ဇာတ်၊ ဇာတ်ပွဲ။

**Dramatic,** *a.* ဇာတ်နှင့်ဆိုင်သော၊

**Dramatist,** *n.* ဇာတ်လုပ်သောသူ၊

**Draper,** *n.* အထည်သည်။

**Drapery,** *n.* cloth, အထည်၊ အထည်အလိပ်၊ the making of cloth, အထည်အလိပ်လုပ်ခြင်း၊ the dress of a picture or statue, ရုပ်ပုံ၌ပါသောအဝတ်တန်ဆာ၊ hangings, ပန်းတောင်းလည်း။

**Drastic,** *a.* အားကြီးသော (ဆေး။)

**Draught,** *n.* the act of drawing, as by a beast of burden, ရုန်းငင်ခြင်း။ a sweeping for fish, ပိုက်ဆွဲငင်ခြင်း။ the fishes taken in a sweep-net, ပိုက်တိုက်ရပါသောငါးစု၊ the drawing of a bow, (လေးကို) တင်ခြင်း။ the act of drinking, သောက်ခြင်း။ the quantity drank at once, တခါသောက်၊ the depth a ship sinks in water, သင်္ဘောနစ်သောအတိုင်းအထွာ၊ *see* Draft, *n.* —horse, လှည်း၊ ရထားကသောမြင်း။ —of wind, လေတား (to be situated in a draught of wind, လေတာကျသည်။)

**Draw,** *v. t.* to pull, ဆွဲသည်။ ငင်သည်။ to pull, as a beast of burden, ရုန်းသည်။ to drag, ဒရွပ်ဆွဲသည်။ to attract, persuade, သွေးဆောင်သည်။ to pull out, ဆွဲထုတ်သည်။ to take out, ထုတ်ယူသည်။ —(water,) ခပ်သည်။ —a wire, နန်းဆွဲသည်။ to suck, စုပ်သည်။ to sip, sup, ရှုပ်သည်။ to inhale, ရှူသည်။ to extend in length, ငင်သည်။ သွယ်သည်။ —words, လေးလေးပြောသည်။ to delineate, form an image of, ပုံရေးသည်။ ရုပ်ပုံပေါ်အောင်ရေးသည်။ to derive, receive from, (တစုံတခုထဲက) ခံယူသည်။ to compose and write, စာစီကုံးသည်။ to write an order for money, (ငွေထုတ်လက်မှတ်စာကို) ရေးသည်။ —as a ship, (ရေကို) နစ်သည်။ —(a bow,) တင်သည်။ to eviscerate, ဝမ်းခွဲ၍အူကိုထုတ်သည်။ —back, *v. i.* ဆုတ်သည်။ —in, *v. i.* to shrink, တွန့်သည်။ —in the reins, ဇက်ချုပ်သည်။ —, so as to stop the horse, ဇက်သတ်သည်။ to retreat within, အတွင်းသို့ဆုတ်သည်။ —*v. t.* to allure, ဖြားယောင်းသွေးဆောင်သည်။ —near, —nigh, *v. t.* ချဉ်းသည်။ ချဉ်းကပ်သည်။ —off, *v. i.* to retire, ဆုတ်သည်။ —*v. t.* to withdraw, နုတ်သွားသည်။ to make flow out of a vessel, (အရည်ကို) ထွက်ဆင်းစေသည်။ to extract by distillation, ပေါင်းခံသည်။ —a line, အကြောင်းငင်သည်။ —on, *v. i.* to advance, တိုးတက်သည်။ *v. t.* to allure, ဖြားယောင်းသွေးဆောင်သည်။ to occasion, ဖြစ်စေသည်။ to demand payment, by a written order, ငွေထုတ်လက်မှတ်ကိုရေး၍ငွေကိုတောင်းသည်။ —out, *v. t.* to extend in length, ငင်သည်။ မျှင်သည်။ lengthen, as a bar of metal by beating, ဆန့်သည်။ to spin, မိုင်းငင်သည်။ —out, as circuitous conversation, သွယ်ဝိုက်သည်။ to pull out, ဆွဲထုတ်သည်။ to take out, ထုတ်ယူသည်။ to extract, နုတ်သည်။ to prolong, သွယ်ဝိုက်သည်။ to spread by beating, ထပြားခတ်သည်။ to induce by motive, သွေးဆောင်သည်။ to bring forth by alluring address, မြှူ၍ထုတ်ဖော်သည်။ to detach, နှုတ်၍ခွဲထားသည်။ to range (in battle,) ခင်းကျင်းသည်။ —over, *v. t.* to cause to come over, အပေါ်သို့ကျော်လာစေခြင်းဆွဲသည်။ to persuade to leave one party for another, ကူးပြောင်းစေခြင်းသွေးဆောင်သည်။ —together, စုဝေးစေသည်။ —up, *v. t.* to put in array, ခင်းကျင်းသည်။ to compose and write, စာစီကုံးသည်။

**Drawback,** *n.* money paid back, ပြန်ပေးရသောငွေ။ a loss of advantage, အကျိုးယုတ်လျော့ခြင်း။

**Drawbridge,** *n.* တန်တားရှင်။

**Drawee,** *n.* ငွေလွှဲလက်မှတ်ကိုခံ၍ပေးရသောသူ။ ငွေလွှဲလက်မှတ်ခံ။

**Drawer,** *n.* —of liquor, စည်ထဲကအရည်ကိုထုတ်ယူသောသူ။ —of water, ရေခပ်သောသူ။ —of a bill, ငွေလွှဲလက်မှတ်ကိုရေးသောသူ။ ငွေလွှဲလက်မှတ်ရှင်။ a sliding box, အံ။ ဆွဲအံ။

**Drawers,** *n. plur.* ခြေးခံဘောင်းဘီ။

**Drawing,** *n.* from Draw; a delineation, sketch, ရေးသောရုပ်ပုံ။ —master, *n.* ပန်းချီဆရာ။ —room, ဧည့်ခံရာအခန်း။

**Drawl,** *v.* လေးလေးပြောသည်။

**Drawn,** *a.* neither conquering nor defeated, မရှုံးမနိုင်ရှိသော။

**Dray,** *n.* လှည်းခင်တိတ်။

**Dread,** *v. t.* အလွန်ကြောက်သည်။ *n.* great fear, အလွန်ကြောက်ခြင်း။ deep reverence, အလွန်ရိုသေကြောက်ရွံ့ခြင်း။ an object of fear, ကြောက်ရွံ့စရာအရာ။ —*a.* exciting great fear, အလွန်ကြောက်စေသော။ frightful, terrible, ကြောက်မက်ဖွယ်ဖြစ်သော။ most venerable, awful, အလွန်ရိုသေကြောက်ရွံ့ဖွယ်ဖြစ်သော။ (to have a settled dread of, ညင်ပါသည်။)

**Dreadful,** *a.* frightful, terrible, ကြောက်မက်ဖွယ်ဖြစ်သော။ fraught with danger, ဘေးဥပါဒ်နှင့်ပြည့်စုံသော။

**Dreadfulness,** *n.* from above.

**Dreadless,** *a.* ကြောက်ခြင်းမရှိ။ ရဲရင့်သော။

**Dream,** *n.* thought during sleep, အိပ်မက်။ an idle fancy, အချည်းနှီးအာရုံပြုခြင်း။ —*v.* to think while asleep, အိပ်မက်သည်။ အိပ်မက်မြင်သည်။ to think idly, အချည်းနှီးအာရုံပြုသည်။ to imagine, expect, မျှော်ခေါ်သည်။

**Dreamless,** *a.* အိပ်မက်မမြင်သော။

**Dreamy,** *a.* အိပ်မက်များတတ်သော။

**Drear, Dreary,** *a.* ဆိတ်ညံ၍ညှိုးငယ်ဖွယ်သော။

**Dreariness,** *n.* from above.

**Dredge 1,** *n.* ရေထဲ၌ရှိသောအရာတို့ကိုဆွဲငင်တိုက်ယူသောထွန်ခြစ်။ —*v. t.*

to take with a dredge, ရေထွန်ခြစ်နှင့်တိုက်ယူသည်။ —2, *v. t.* to sprinkle flour (on roasting meat,) မုန့်ညက်ကိုဖြူးသည်။

**Dreggy**, *a.* အနစ်ပါသော။

**Dregs**, *n. plur.* အနစ်။ အနည်အဖတ်။

**Drench**, *v. t.* to soak, ရွဲရွဲစိုစွတ်စေသည်။ to saturate with drink, ဝမ်းပြည့်အောင်တိုက်သည်။ —*n.* မြင်းကိုတိုက်သောဝမ်းနှုတ်ဆေး။

**Dress**, *v. t.* to straighten, ဖြောင့်စေသည်။ to put in order, ပြင်ဆင်သည်။ —a wound, (အနာကို) ဆေးတင်သည်။ to put on clothes, အဝတ်ဝတ်သည်။ ဝတ်စားသည်။ ဝတ်ဆင်သည်။ —by a glass, မှန်ပိုတင်သည်။ မှန်ပိုထုတ်သည်။ to decorate, adorn, တန်ဆာဆင်သည်။ ဆင်ပြင်သည်။ —up, *v. t.* အဝတ်တန်ဆာဆင်သည်။ —cotton with a bow-string, ဖတ်။ ငွမ်းဖတ်။ (ဝါဖတ်။)—*n.* clothes, အဝတ်။ ornamental apparel, အဝတ်တန်ဆာ။ ဝတ်စားတန်ဆာ။

**Dresser**, *n.* an assistant to a surgeon, အနာကိုဆေးကုသပြုပြင်သော လက်ထောက်ဆေးသမား။ a side-table on which food is prepared, ချက်ပြုတ်ရန်ပြင်ရာခုံ။

**Dressing**, *n.* clothes, အဝတ်။ medicaments, bandages, etc. အနာ၌ဆေးတင်၍ပတ်ရစ်သောအရာ။ manure spread over the ground မြေကောင်းအောင်ပြုပြင် ထည့်သောင်းသောအရာ။ correction, ဆုံးမခြင်း။ —room, အဝတ်ဝတ်သောအခန်း။

**Dressy**, *a.* ဟုတ်ဟုတ်ဝတ်တတ်သော။

**Dreul**, *v. i.* သွားရည်ယိုသည်။

**Dribble**, *v. i.* to fall in drops, တစက်စက်ကျသည်။ to slaver, သွားရည်ယိုသည်။

**Driblet**, *n.* a small bit, အစအန။ a small sum of money, ငွေစ။

**Drift**, *v. i.* to be driven into heaps by the wind, လေတိုက်၍အစုစုအပုံပုံနေသည်။ to float with a current, ရေ၌မျောသည်။ —*v. t.* to drive into heaps, လေတိုက်၍အစုစုအပုံပုံနေစေသည်။ —*n.* a heap of matter driven together by the wind, လေတိုက်၍စုပုံလျက်နေသောအပုံ။ any thing floating on the water, ရေ၌မျောသောအရာ။ impulse, တိုက်တွန်းခြင်း။ course of an impulse, တိုက်တွန်း၍လိုက်ရာ။ aim, အကြံအစွယ်။ meaning, သရုပ်။—of words, အထားအလား။ —wood, *n.* ရေ၌မျောသောသစ်သား။ (ရေမျောထင်း။)

**Drill**, *v. t.* to pierce with a borer, ထက်ငွတ်စူးနှင့်ဖောက်သည်။ to persuade, သွေးဆောင်သည်။ to train (soldiers,) စစ်ရေးသင်သည်။ —*n.* a borer, ထက်ငွတ်စူး။ the act of training (soldiers.) စစ်ရေးသင်ခြင်း။

**Drink**, *v.* to swallow liquor, သောက်သည်။ to take spirituous liquor to excess, သေသောက်ကြူးသည်။ —in, *v. t.* to absorb,

စုတ်သည်၊ to take in, ခံယူသည်၊ —off, *v. t.* အကုန်သောက်သည်၊ —offering, *n.* သွန်းလောင်းရာပူဇော်သကာ၊ —one's health, *v. t.* နှုတ်ဆက်၍သောက်သည်၊ —to, same; —up, *see* —off. —*n.* သောက်ရည်၊

**Drip,** *v. i.* တစက်တစက်ကျသည်။ —*n.* from same. —stone, ကျောက်ရေစစ်၊

**Dripping,** *n.* အသားကင်ရာ၌ကျသောအဆီ၊ —pan, *n.* အသားကင်ရာ၌အဆီခံသောလင်ပန်း။

**Drive,** *v. i.* to be forced along by wind or water, လေ၊ ရေတိုက်၍ပါသွားသည်။ to rush, ပြင်းထန်စွာပြေးသည်၊ to take a ride in a carriage, ရထားစီး၍လည်သည်၊ —fast in riding, မိုင်းနှင်သည်၊ *v. t.* to hammer in, ရိုက်သည်၊ နှက်သည်၊ —a wedge, သပ်ပင်းသည်၊ to force along, အနိုင်သွားစေသည်၊ နှင်သည်၊ to impel, တိုက်တွန်းသည်၊ —against, တိုက်မိုက်သည်၊ —a team or carriage, စီး၍နှင်သည်၊ စီး၍မောင်းသည်၊ to chase, hunt, ဖမ်း၍လိုက်သည်၊ to compel, အနိုင်အထက်ပြုသည်၊ to hurry on, မရပ်မဆိုင်းလျှင်မြန်စေသည်၊ to straiten, distress, ကျဉ်းကြပ်စေသည်၊ to carry on (business,) ဆောင်ရွက်သည်၊ —at, *v. t.* ရွယ်သည်၊ —away, —off, *v. t.* to force to go away, မောင်းသည်၊ to expel, နှင်ထုတ်သည်၊ to scatter, လွှင့်သည်၊ —down, —in, *v. t.* နှက်သည်၊ —out, *v. t.* နှင်ထုတ်သည်၊ —*n.* ရထားစီး၍လည်ခြင်း။

**Drivel,** *n.* သွားရည်။ —*v. i.* to slaver, သွားရည်ယိုသည်၊ to be silly, အရူးကဲ့သို့ဖြစ်သည်၊

**Driveller,** *n.* from above.

**Driving,** *n.* အမောင်း။

**Drivingly,** *adv.* (in business,) စီးစီးနင်းနင်း။

**Drizzle,** *v. i.* မိုးဖွဲဖွဲကျသည်၊

**Droll,** *a.* ရယ်စချင်ဖွယ်သောလက္ခဏာရှိသော၊ ပျက်ချော်သော၊ —*n.* ပျက်ရယ်ပြုသောသူ၊ လူပျက်၊

**Drollery,** *n.* ပျက်ပြယ်သောအမှုအရာ

**Dromedary,** *n.* ကုလားအုတ်တမျိုး။

**Drone,** *n.* a male bee, ပျားထီး၊ ပျားမှက်၊ an idler, လူပျင်း၊ —*v. i.* ပျင်းရိလျက်နေသည်၊

**Dronish,** *a.* ပျင်းရိသော၊

**Drool,** *see* Drivel, *v. i.*

**Droop,** *v. i.* to be weak and faint, ညှိုးနွမ်းသည်၊ to languish from sorrow, ညှိုးငယ်သည်၊

**Drop,** *v. i.* to fall in drops, တစက်တစက်ကျသည်၊ to fall suddenly, ရုပ်ခနဲကျသည်၊ ရုပ်ခနဲထဲသည်၊ to come to an end, ကွတ်

ပျောက်သည်။ —*v. t.* to make fall in drops, တစက်တစက်ချသည်။ to let fall from the hand, ကျဆောင်လက်လွှတ်သည်။ to cease prosecuting (a business.) တိုး၍မပြုဘဲနေသည်။ ဖြုံဖယ်သည်။ to utter slightly, ပေါ့ပေါ့ပြောသည်။ to leave, ထားသည်။ to forsake, ပြစ်ထားသည်။ to let come to an end, ကွယ်ပျောက်စေသည်။ to lower, နှိမ့်ချသည်။ to variegate, as if by dropping, အစက်အစက်ချ၍ချယ်လှယ်သည်။ —astern, *v. i.* to recede behind a vessel, သင်္ဘောနောက်မှာဆုတ်သည်။ to be left by a vessel in advance, သင်္ဘောတစင်းကိုတစင်းမမှီ၊ ဝေးကွာလျှက်ကျန်ရစ်သည်။ —down, *v. i.* တဖြည်းဖြည်းစုန်သည်။ —in, *v. i.* အမှတ်တမဲ့ရောက်လာသည်။ —*n.* a small globule, အစက်။ အပေါက် —of rain, မိုးပေါက်။ an ear-drop, နားသန်သီး။ —of a gallows, လည်ဆွဲတိုင်း၌လူနင်းရန်ပအွာနှင့်အရှင်ထားသောပျဉ်ပြား။

Droppingly, *adv.* အစက်စက်အရေက်ရက်။ စက်လက်။ (from the body.)

Drops, *n. plur.* အစက်ချ၍တိုက်သောဆေးရည်။

Dropsical, *a.* ရေဖျဉ်းနာစွဲသော။

Dropsy, *n.* ရေဖျဉ်းနာ။

Dross, *n. scoria*, ချေး။ refuse, အချေး။

Drossy, *a.* ချေးပါသော။ အချေးပါသော။ (for sub-def. *see* above.)

Drought, Drouth, *n.* from next.

Droughty, *a.* dry from want of rain, မိုးခေါင်၍သွေ့ခြောက်သော။ thirsty, ရေငတ်သည်။

Droughtiness, *n.* from above.

Drove, *n.* လမ်းသို့လိုက်သွားလျှက်ရှိသော ကျွဲ၊ နွား၊ သိုးစု။

Drover, *n.* သိုးနွားများကိုသယ်ပို့၍ရောင်းသောသူ။

Drown, *v. i.* to perish in water, ရေ၌မြုပ်၍သေသည်။ —*v. t.* to overwhelm in water, ရေ၌မြုပ်သည်။ to kill by overwhelming in water, ရေ၌မြုပ်၍သတ်သည်။

Drowse, *v. i.* မှေးရှက်သည်။

Drowsiness, *n.* from next.

Drowsy, *a.* sleepy, အိပ်ချင်သော။ dozing, မှေးရှက်သော။

Drub, *v. t.* ရုတ်နှင့်ရိုက်သည်။

Drudge, *v. i.* အငြိမ်မနေ၊ တကုပ်ကုပ်လုပ်ရသည်။ —*n.* ထိုသို့လုပ်ရသောသူ။

Drudgery, *n.* from above.

Drug, *n.* an ingredient used in compounding medicines, ထလာဆေး။ an odoriferous—, နံ့သာကောင်း။ an unsalable article, ရောင်း၍မစွန့်နိုင်သောဥစ္စာ။ —*v. i.* ဆေးဖျော်နှော့သည်။

Druggist, *n.* ထလာဆေးရောင်းသောသူ။

Druid, *n.* ရှေးကာလ၌အင်္ဂလိပ်ပြည်မှာဓမ္မဆရာ။

Drum, *n.* စည်။ ဗျော။ ဘုံ။ ခေါ်တို။ စည်ဆုပ်။ စည်ဝုတ်။ great drum of the palace. beat every third hour, ဗဟိုရ်စည်။ small cylindrical —, (fixed in a circular frame,) ပတ်ဘို့။ ပတ်သာ။ small military —, တိုက်မောင်း။ —head, စည်မျက်နှာ။ —major, တပ်နှစ်စည်ဆရာကြီး။ —stick, ထက်ခတ်။ —v. တီးသည်။

Drummer, *n.* စည်တီးသမား။ ဗျောတီးသမား။ စည်သမား။

Drunk, Drunken, *a.* intoxicated, ယစ်မူးသော။ soaked, ရွဲရွဲစိုသော။

Drunkard, *n.* သေသောက်ကြူး။ ယစ်ထုပ်။

Drunkenness, *n.* from Drunk.

Drupe, *n.* အစေ့တလုံးပါသောသစ်သီးအမျိုးမျိုး။

Dry, *a.* destitute of moisture, သွေ့ခြောက်သော။ very —, ရောင်းခြောက်သော။ —, as paint. အိတ်သော။ not rainy, မိုဃ်းမရွာသော။ မိုဃ်းခေါင်သော။ not juicy, အရည်မရွှမ်းသော။ ဖတ်သလတ်လတ်ရှိသော။ without tears, မျက်ရည်မကျသော။ not giving milk, နို့ခြတ်သော။ thirsty, ရေငတ်သော။ jejune, စိတ်ကိုနိုးဆော်ရန်အကြောင်းမရှိသော။ —as fruit or flesh, ခြောက်ကပ်သော။ not ornate (as style,) မရွှမ်းသော (စကား။) sarcastic, ရှုံးဟာနိုဆောင်၍ကရော်ကမည်ပြောသော (စကား။) —goods, *n.* အထည်အလိပ်။ —nurse, အထိန်း။ —rot, (in timber,) ရေမထိဘဲဆွေးမြေ့ခြင်း။ —shod, *a.* ခြေမစွတ်မစိုသော။ when spoken of the weather, မိုဃ်းခေါင်သော။ —*v. i.* to become free from moisture, သွေ့လာသည်။ to evaporate wholly, ခန်းခြောက်သည်။ as a swelling or sore, or as milk in the breast, ချပ်းသည်။ (nearly—, ထန့်ထန့်။ ဖန့်ဖန့်။) —*v. t.* to make free from moisture, သွေ့ခြောက်စေသည်။

Dryad, *n.* ရုက္ခစိုးနတ်သမီး။

Dryness, *n.* from Dry, *a.*

Duad, *n.* နှစ်ခုပေါင်း၍တခုတည်းဖြစ်သောအရာ

Dual, *a.* နှစ်ခုဆိုင်လိုသော။

Duality, *n.* ဒွန်း *Pali.* ဒွေစုံ။

Dub, *v. t.* ဘွဲ့ပေးသည်။

Dubber, *n.* (East Indian,) သားရေဘူးကြီး။

Dubious, *a.* uncertain in mind, ယုံမှားသော။ not clear in meaning, အနက်မရှင်းလင်းသော။ admitting of doubt, ယုံမှားဖွယ်ဖြစ်သော။ not certain or defined, ပုံမသေသော။ မသေချာသော။

Dubiousness, *n.* from abov

Ducal, *a.* ဒူကမင်းကြီးနှင့်ဆိုင်သော။

Ducat, *n.* ရွှေငွေဒင်္ဂါးတမျိုး။

Duck 1, *v. i.* to drop the head, ငုံ့သည်။ to plunge under water for a moment, ရေငုပ်သည်။ —*v. t.* to plunge, etc. ရေငုပ်စေသည်။ —, *n.* a sudden inclination of the head, ငုံ့ခြင်း။

2, *n.* the water fowl, ဝမ်းဘဲ၊ pintail —, ဘဲကျား။ wild — တောဝမ်းဘဲ၊ —weed, မှော်၊ —legged, *a.* ခြေတိုသော၊ —3, *n.* a kind of sail-cloth, ရွက်ထည်တမျိုး။

**Ducking-stool**, *n.* ရေငုပ်ရန်ခုံ၊

**Duckling**, *n.* ဝမ်းဘဲကလေး။

**Duct**, *n.* ပြွန်၊

**Ductile**, *a.* flexible, ပျော့သော၊ ပျောင်းသော၊ that may be drawn into wire, နန်းဆွဲနိုင်ဖွယ်ဖြစ်သော၊ that may be extended by beating, ခတ်၍ဆန့်နိုင်ဖွယ်ဖြစ်သော၊ tractable, docile. သွေးဆောင်လွယ်သော၊

**Ductileness, Ductility**, *n.* from above.

**Dudgeon**, *n.* အငြိုးဖွဲ့ခြင်း။

**Duds**, *n. plur.* ထီတမာ၊

**Due**, *a.* owed, that ought to be paid, ကြွေးတင်၍ဆပ်ရသော (ငွေ၊) that ought to be done, ပြုရသော(ဝတ်၊) that ought to arrive (at a certain time,) ရောက်ရသောအချိန်စေ့သော၊ —*n.* a debt, ကြွေးတင်၍ဆပ်ရသောငွေ၊ a duty, ပြုရသောဝတ်၊ that which is requisite, တောင်းပိုင်သောအရာ၊ —*adv.* တည့်တည့်၊

**Duel**, *n.* အချင်းချင်းသဘောတူစီးချင်းထိုးခြင်း။ Duelling, *n.* same.

**Duellist**, *n.* ထိုသို့စီးချင်းထိုးသောသူ၊

**Duenna**, *n.* မိန်းမငယ်ကိုစောင့်ထိန်းသောမိန်းမအို၊

**Dug**, *n.* the teat (of a beast,) နို့တိုင်၊

**Duke**, *n.* ဒူကာ၊ မှူးမတ်တမျိုး။

**Dulcet**, *a.* sweet to the taste, ချိုသောအရသာရှိသော၊ sweet to the ear, အသံသာယာသော၊

**Dulcify**, *v. t.* ချိုစေသည်၊

**Dulcimer**, *n.* တီးရသောတူရိယာတမျိုး။

**Dull**, *a.* blunt, not sharp, မထက်၊ တုံးသော၊ stupid, ဉာဏ်တုံးသော၊ တုံးအသော၊ spiritless, စိတ်အားနည်းသော၊ sluggish, လေးထိသော၊ ဆေးဆေးလေးလေးဖြစ်သော၊ sleepy, အိပ်ချင်သော၊ obscure, not clear, မကြည်လင်သော၊ မှုန်သော၊ —as sound, အသံအုပ်သော၊ dim, not bright, မွဲသော၊ မှိန်သော၊ မှေးသော၊ ညှိုးနွမ်းသော၊ faded, နွမ်းသော၊ —as the eyes, ဝေမှေးသော၊ ပြာသော၊ sad, စိတ်မသာသော၊ cheerless, ရွှင်ထန်းစရာမရှိသော၊ not animating, စိတ်ကိုမနှိုးဆော်တတ်သော၊ —of hearing, နားထူသော၊ နားထိုင်းသော၊ —in understanding, ဉာဏ်နှုန့်သော၊ —head, *n.* ဉာဏ်ထုံးသောသူ၊ (to feel dull, မှိန်းသည်၊) *v. i.* to become blunt, တုံးလာသည်၊ —*v. t.* from Dull, *a*

**Dulness**, *n.* from Dull, *a.*

Duly, *adv.* in a suitable manner, မြသင့်သည့်အတိုင်း။ at the proper time, အချိန်နှင့်မှ။

Dumb, *a.* incapable of speech, အသော။ silent, စကားမပြောဘဲနေသော။ (dumb person, လူအ။)

Dumbness, *n.* from above.

Dumfound, *v. t.* ဖြန်မပြောနိုင်အောင်ပြုသည်။

Dumpish, *a.* စိတ်မသာသော။

Dumpling, *n.* မြတ်သောမုန့်တမျိုး။

Dumps, *n. plur.* from Dumpish.

Dumpy, *a.* ဝပုတုပ်တုပ်ရှိသော။

Dun 1, *a.* မြိပ်ရောင်ရှိသော။ —2, *v. t.* အပူအပြင်းတောင်းသည်။ *n.* အပူအပြင်းတောင်းသောကြွေးရှင်။

Dunce, *n.* လူမိုက်။ ညာဏ်ထိုင်းသောသူ။

Dung, *n.* ချေး။ ကျင်ကြီး။ —fork, *n.* မြင်းချေး၊ နွားချေးကိုကော်ရန်သုံးခွခက်ရင်း။ —hill, *n.* မြင်းချေး၊ နွားချေးပုံ။ —*v. t.* မြင်းချေး၊ နွားချေးကိုချသည်။

Dungeon, *n.* မြေခွဲတူး၍လုပ်သောထောင်။

*Duodenum*, *n.* အစာအိမ်နှင့်ဆက်သောအူတပိုင်း။

Duodecimo, *n.* or *a.* ၆ ခေါက်ချိုး။

Dupe, *v. t.* လိမ်လည်သည်။ —*n.* လိမ်လည်ခြင်းစကားကိုယုံလွယ်သောသူ။

Duplicate, *n.* a thing which corresponds to another, အစက်။ a transcript, လက်ခွဲ။

Duplicate, *v. t.* ခေါက်ချိုးချိုးသည်။

Duplication, *n.* from above; a fold, အခေါက်။

Duplicity, *n.* အရောင်ဆောင်ခြင်း။ လျှို့ဝှက်ခြင်း။

Durability, Durableness, *n.* from next.

Durable, *a.* ခိုင်ခံ့မြဲမြံတတ်သော။

Durance, *n.* အချုပ်ခံခြင်း။

Duration, *n.* continuance in time, ဖြစ်စဉ်ကာလအတန်း။ အစွန်း။ power of continuance, ခိုင်ခံ့မြဲမြံတတ်ခြင်း။ whole—, ပတ်လုံး။

Duress, *n.* အချုပ်ခံခြင်း။

During, *prep.* while, ဖြစ်စဉ် (တွင်။) throughout (time,) ပတ်လုံး။

Dusk, *a.* မှုန်သော။ မိုသော။ ဝေသော။ (to be dusky as the atmosphere before rain, မိုးသီးမှုန်သည်။ before wind, လေမှုန်သည်။) —*n.* from same; twilight, ဆည်းဆာ။

Duskiness, *n.* from Dusk, *a.*

Dusky, *see* Dusk, *a.*; —, tending to blackness, ခပ်ညိုညို။

Dust, *n.* (of different kinds,) အမှုန့်။ အမှုန်။ မြူ။ ဖုတ်။ ဖုံ။ မြေမှုန့်။ —risen and floating or settled, ဖုံမှုန့်။ —lying on the ground, ဖုတ်။ a low condition, နှိမ့်ချသောနေရာ။ —brush

ဖုံကိုဖြည်းသောအဘိး။ —man, ဖုတ်ကိုသယ်ယူသောသူ။ —v. to sprinkle with dust, ဖုံကိုဖူး၍ထားသည်။ to wipe dust from, ဖုံကိုသုတ်သည်။

**Duster**, *n.* ဖုံကိုသုတ်သောအဘိး။

**Dustiness**, *n.* from next.

**Dusty (be,)** *v. i.* to be clouded with dust, ဖုံအထထွားသည်။ to be covered with dust, ဖုံတင်သည်။ very—, as the roads, ဖုံထူသည်။

**Dutch**, *a.* ဟောလန်ပြည်နှင့်ဆိုင်သော။ —man, *n.* ဟောလန်။ ဟောလန်လူ။

**Duteous, Dutiful**, *a.* performing what is duty. ဝတ်ပြုတတ်သော။ respectful, ရိုသေတတ်သော။

**Dutifulness**, *n.* from above.

**Duty**, *n.* that which ought to be done, ဝတ်။ ပြုရသောဝတ်။ ကျင့်ဝတ်။ ဝတ်တရား။ ပဋိပတ်။ *Pali.* a religious duty, ဓမ္မဝတ်။ သိတင်း။ သီလ။ an act of reverence, ရိုသေစွာနှုတ်ဆက်ခြင်း။ the business of a soldier, စစ်သည်စောင့်ရသောအမှု။ custom, အကောက်။ —day, ဥပုသ်နေ့။ သိတင်းနေ့။ course of—, မင်္ဂ။ (duties to government, မင်္ဂလာတိုင်း။ မင်္ဂလာမှု။ duties to God, ဘုရားဝတ်။ duties of hospitality, ဧည့်သည်ဝတ်။ duties to parents, မိဘဝတ်။ duty incumbent on a priest, သိက္ခာ။)

**Dwarf**, *n.* လူပု။ —*v. t.* from next.

**Dwarfish**, *a.* stunted, ပုသော။ သောင်သော။ diminutive, ယုတ်သော။ ညှက်သော။

**Dwell**, *v. i.* to abide. နေသည်။ နေရာကျသည်။ —upon. in the mind, အာရုံပြုသည်။ to be fixed in attention, အာရုံစွဲကပ်သည်။ to continue long on a subject, ကြာသည်။

**Dwelling**, *n.* နေရာ။ —house, နေရာအိမ်။ —place, နေရာအရပ်။ အသိုက်အအုံ။ အသိုက်အဓွန်း။

**Dwindle**, *v. i.* လျော့သွားသည်။

**Dye**, *v. t.* ဆိုးသည်။ ဆေးဆိုးသည်။ —red, ပန်းဆိုးသည်။ *n.* a color obtained by dyeing, ဆေးဆိုး၍စွဲသောအရောင်။ a coloring liquor, ဆိုးသောဆေးရည်။

**Dyer**, *n.* အထည်ဆိုးသမား။ ပန်းဆိုးသမား။

**Dying**, *a.* mortal, သေတတ်သော။

**Dynasty**, *n.* နန်းမျိုးနန်းဆက်။ ထီးမျိုးနန်းမျိုး။ နန်းမျိုးနန်းစဉ်။

**Dysentery**, *n.* သွေးပါဝမ်းကျနာ။ မိတ်ကိုက်နာ။ ဝမ်းကိုက်နာ။

**Dyspepsy**, *n.* အစာမကြေသောအနာ။

**Dyspeptic**, *a.* အစာမကြေသောအနာစွဲသော။

**Dysury**, *n.* ဆီးခဲောင်နာ။

# E

**Each**, *a.* every one, တိုင်း apiece, စီ —one, ကိုယ်စီကိုယ်စီ

**Eager**, *a.* စိတ်အားကြီးသော

**Eagerness**, *n.* from above.

**Eagerly**, *adv.* ကြိုးကြိုးကြွကြွ၊ စိတ်အားကြီးသည်နှင့်

**Eagle**, *n.* the bird, ဝံလို၊ ရွှေလင်းတ၊ an American gold coin, ဒသ ထဟုဒေါ်ဝေါ်သောအမေရိကရွှေဒင်္ဂါးတမျိုး —eyed, *a.* ဝံလိုကဲ့သို့ မျက်စိရှင်သော

**Ear**, *n.* the organ of hearing, နား သောတ *Pali.* the external part of that organ, နားရွက် a spike of corn, အနှံ၊ စပါးနှံ၊ give—, *v. i.* နားထောင်သည် —drop, *n.* နားသန့်သီး —hole, နားပေါက် —lap, နားဖျဉ်း —lock, နားပန်းဆံ —pick, နားဖာ ကော် —ring, နားသန့်ကွင်း —shot, ခေါ်သံကြားလောက်သောအ ရပ် —wax, နားဖာချေး —wig, ကင်းစုန်း —of a pail, နား ပန်း —witness, ကိုယ်တိုင်ကြားသောသူ —*v. i.* အနှံထွက်သည်

**Earl**, *n.* ဧရလ၊ အင်္ဂလိပ်မှူးမတ်တမျိုး —marshall, *n.* အင်္ဂလိပ်အရာရှိ တမျိုး

**Earless**, *a.* နားမရှိသော

**Earliness**, *n.* from next.

**Early**, *a.* not late, စောသော prior, အရင်ဖြစ်သော premature, အ ချိန်မရောက်မှီဖြစ်သော —*adv.* betimes in the morning, စော စော၊ စောစောစီးစီး very—, စောစောကြီး အစောကြီး (to be early in the morning, မိုးသောက်သည်၊ မိုးသောက်ထသည်)

**Earn**, *v. t.* to deserve by labor, လုပ်၍ခံထိုက်သည် to gain by labor, လုပ်၍ရသည်

**Earnest**, *a.* ardent, eager, စိတ်အားကြီးသော intent, စိတ်စွဲလမ်းလျက် ရှိသော —*n.* reality, ကေန့်အမှန်ဖြစ်ခြင်း something given in advance, စားရန်

**Earnestly**, *adv.* ရှပ်ပူတိုက်၊ ရှပ်ပူစီးတိုက်၊ ကြပ်ကြပ်

**Earnestness**, *n.* from Earnest, *a.*

**Earning**, *n.* that which is deserved by labor, လုပ်၍ခံထိုက်သော အရာ that which is gained by labor, လုပ်၍ရသောအရာ လုပ် ဆောင်စီးပွား

**Ears** (by the,) *adv.* ပဋိကတ်ဖြစ်သည်နှင့်

**Earth**, *n.* the element, မြေ —removed from a hole while digging, မြေစာ the terraqueous globe, မြေကြီး၊ ပထဝီမြေကြီး the ground, မြေမျက်နှာပြင် the world, လောက —board, ထယ်တုံး၌ကပ်သောမြေလှန်ဖျဉ် —born, *a.* မြေသားဖြစ်သော —bound,

မြေငလျင်ကဲ့သို့လှုပ်တတ်သော။ —quake, *n.* မြေကြီးလှုပ်ခြင်း။ လှုပ်လှုပ်ခြင်း။ —worm, တီ။ မြေကြော။ —*v. t.* မြေ၌မြှုပ်သည်။

**Earthen,** *a.* မြေကိုလုပ်သော။

**Earthliness,** *n.* from next.

**Earthly,** *a.* pertaining to the earth, မြေကြီးနှင့်ဆိုင်သော။ pertaining to the world, ဤလောကနှင့်ဆိုင်သော။ mean, vile, ယုတ်ညံ့သော။ —minded, ဤလောက၌ စိတ်စွဲလမ်းသော။ —mindedness *n.* from *do.*

**Earthy,** *a.* consisting of earth, မြေဖြစ်သော။ partaking of earth, မြေပါသော။ relating to earth, မြေနှင့်ဆိုင်သော။ resembling earth, မြေနှင့်တူသော။

**Ease,** *n.* rest, quiet, ငြိမ်ခြင်း။ ငြိမ်သက်ခြင်း။ ငြိမ်းချမ်းခြင်း။ ချမ်းသာ။ relief, comfort, သက်သာခြင်း။ facility, လွယ်ခြင်း။ freedom of manners, ကျင့်ထည်ကျွမ်းကျင်သည်ဖြစ်၍ နေရာကျအောင်ပြုမူပြောဆိုတတ်ခြင်း။ —*v. t.* to relieve, သက်သာစေသည်။ ချမ်းသာစေသည်။ to slacken, လျှော့သည်။

**Easel,** *n.* ပန်းချီရေးသောခုံ။

**Easement,** *n.* သက်သာခြင်း။

**Easily,** *adv.* အလွယ်တကူ။ လွယ်လင့်တကူ။ သာရာဘ။

**Easiness.** *n.* facility, လွယ်ခြင်း။ readiness to comply, (သူ့အလို)သို့လိုက်လွယ်ခြင်း။ smoothness of motion, မလှုပ်မရှား၊ ညက်ညောခြင်း။

**East,** *n.* the eastern quarter of the heavens, အရှေ့။ အရှေ့မျက်နှာ၊ south—, အရှေ့တောင်။ north—, အရှေ့မြောက်။ the eastern parts of the earth, အရှေ့အရပ်။ —*a.* အရှေ့မှာရှိသော။

**Easter,** *n.* သခင်ယေရှုခရစ်သေခြင်းမှ ထမြောက်တော်မူသည်ကိုထောက်၍ခံသောပွဲ။

**Easterly, Eastern,** *a.* situated in the east, အရှေ့မျက်နှာ၊ အရှေ့အရပ်၌ရှိသော။ pertaining to the east, အရှေ့မျက်နှာ၊ အရှေ့အရပ်နှင့်ဆိုင်သော။

**Eastward,** *adv.* အရှေ့မျက်နှာသို့။

**Easy,** *a.* quiet, free from pain or uneasiness, ငြိမ်သော။ ငြိမ်သက်သော။ ငြိမ်းချမ်းသော။ ချမ်းမြေ့သော။ giving no uneasiness, မနှောင့်ယှက်သော။ not difficult, လွယ်သော။ လွယ်ကူသော။ gentle, ဖြည်းညင်းသော။ compliant, (သူ့အလို) သို့လိုက်လွယ်သော။ easily satisfied, ရောင့်ရဲလွယ်သော။ sufficient, ကုံလုံသော။ free, unconstrained, ကျင့်လည်ကျွမ်းကျင်သည်ဖြစ်၍ နေရာကျအောင်ပြောဆိုပြုမူလွယ်သော။ smooth, ချောသော (စကား။) smooth in motion, မလှုပ်မရှားညက်ညောသော။ not burdensome, မလေးလံသော။

Eat, *v.* စားသည်၊ ဘုန်းပေးသည်။ (clerical), —one's words, ကိုယ်စကား ကိုနှုတ်ပြန်သည်။

Eatable, *n.* or *a.* စားဖွယ်၊ ခဲဖွယ်။ *pl.* ဘောဇဉ်။

Eating-house, *n.* ထမင်းဆိုင်။

Eaves, *n. plur.* အမိုးစွန်း၊ တံစက်၊ —dropper, *n.* အိမ်နားမှာချောင်း၍ နားထောင်သောသူ၊ —trough, ရေတရောက်။

Ebb, *v. i.* ဒီရေကျသည်။ —*n.* ရေကျ၊ ဒီရေကျ၊ —tide, *do.*

Ebony, *n.* ယင်းတိုက်၊ ပင်လယ်ဗုတ်။ (Tavoy.)

Ebriety, *n.* ယစ်မူးခြင်း။

Ebullition, *n.* the operation of boiling, ဆူခြင်း။ —of passion, အမျက်ထွက်ခြင်း။

Eccentric. Eccentrical, *a.* deviating from the centre, အလယ်ချက် တချက်တည်းမဖြစ်သော (စက်ဝိုင်း။) not following the same course, အစဉ်အတိုင်းမလိုက်သော၊ departing from the usual course, ထုံးစံဓလေ့သို့မလိုက်သော။

Eccentricity, *n.* from above.

Ecclesiastes, *n.* ဓမ္မဟောင်းကျမ်းတို့တွင်ဒေသနာကျမ်း။

Ecclesiastical, Ecclesiastic, *a.* အသင်းတော်နှင့်ဆိုင်သော၊

Ecclesiastic, *n.* ဓမ္မဆရာအရာရှိသောသူ၊

Echo, *n.* ပဲ့တင်၊ ပဲ့ဘင်သံ။ —*v.* ပဲ့တင်ခတ်သည်၊ ပဲ့တင်ထပ်သည်၊ —*n.* from overhanging trees, မြိုင်သံ၊ from an arched roof, လှိုင်သံ။

Eclaircise, *v. t.* ရှင်းသင်းစေသည်၊

Eclaircissement, *n.* from above.

Eclat, *n,* ဂုဏ်အသရေထွန်းပခြင်း၊

Eclectic, *a.* ရွေးကောက်တတ်သော၊

Eclipse, *v. t.* from Eclipsed (be,) *n.* from next.

Eclipsed (be,) *v. i.* —as a heavenly luminary, ကြတ်သည်၊ to be obscured, darkened, ကွယ်သည်၊ [to seize upon (sun or moon) and occasion an eclipse, ငပုပ်ဖမ်းသည်၊]

Ecliptic, *n.* ၁၂ ရာသီတို့၌နေသွားရာလမ်းတည်းဟူသောကောလိဗ္ဗိတ်စက်ဝိုင်း။

Eclogue, *n.* သိုးထိန်းတို့အကြောင်းအတင်ဆိုကြသောသီခြင်း။

Economic, *a.* အိမ်တွင်းအမှုအရေးနှင့်ဆိုင်သော။

Economical, *a.* ခြွေတာသော၊ စရိတ်ကုန်နည်းအောင်ပြုတတ်သော၊

Economist, *n.* ခြွေတာသောသူ၊

Economize, *v.* စရိတ်ကုန်နည်းအောင်ပြုသည်။

Economy, *n.* regulation, disposition, စီရင်ပြုပြင်ခြင်း၊ the regulation of the concerns of a household. အိမ်တွင်းအမှုအရေးကိုစီရင်ခြင်း၊ a frugal and discreet use of money. စရိတ်ကန်နည်းအောင် စီရင်ခြင်း။

Ecstasy, *n.* trance, သဝင်ဖြစ်ခြင်း။ uncontrollable joy, စိတ်မချုပ်တည်းနိုင်အောင်အလွန်ဝမ်းမြောက်ခြင်း။

Ecstatic, *a.* entrancing, သဝင်ဖြစ်စေတတ်သော၊ rapturous, transporting, စိတ်မချုပ်တည်းနိုင်အောင်အလွန်ဝမ်းမြောက်စေတတ်သော။

Ecumenical, *a.* ခပ်သိမ်းသောလူမျိုးနှင့်ဆိုင်သော။

Eddy, *n.* a whirlpool, ဝဲ။ a current running opposite to the main stream, ဝဲဆန်။ rapid—, ဝဲမြေး။ —*v. i.* ဝဲလည်သည်။

Edge, *n.* the cutting part of a blade, အသွား။ a sharp side, အစောင်း။ a border, အစွန်အနား။ —of the water, ရေစ။ ရေစပ်။ sharpness, ထက်မြက်ခြင်း။ —of the hand, လက်စောင်း။ —of the wind, လေစောင်း။ be set on—, as the teeth, *v. i.* သွားကြိန်းသည်။ —tool, *n.* အသွားပါသောတန်ဆာ။ —*v. t.* to furnish with an edge, အသွားဖော်သည်။ —with steel, သံမဲတင်သည်။ to sharpen, ထက်အောင်သွေးသည်။ to put on a border, အနားပတ်တင်သည်။ to incite, တိုက်တွန်းသည်။ to move sideways, ရွှဲ့ရွှေ့သည်။ —*v. i.* to advance gradually, တဖြည်းဖြည်းရွှေ့လာသည်။ —away, တစောင်းထိုး၍ထွက်သည်။ (one edge over an other, နံဖေးထပ်။)

Edgewise, *adv.* with the edge turned forward, အသွားကိုရှေ့သို့လှည့်၍ကိုင်သည်နှင့်။ with the side foremost, တစောင်းထိုးသည်နှင့်။

Edging, *n.* ရာဝတ်အနား၌လှအောင်ဆက်သောအနားပတ်ဆက်။

Edible, *a.* စားပွယ်ဖြစ်သော။

Edict, *n.* အမိန့်တော်၊ မင်းစီရင်ချက်။ royal—, ပြန်တန်း။

Edification, *n.* from Edify, *v. t.*

Edifice, *n.* တည်ဆောက်သောအရာ။

Edify, *v. t.* to build up, တည်ဆောက်သည်။ တည်ထောင်သည်။ to instruct and improve, ဆုံးမသွန်သင်ခြင်းအားဖြင့်ဉာဏ်ပညာပါရမီတိုးပွားစေသည်။

Edit, *v. t.* စာကိုပြုပြင်၍ပုံနှိပ်စေသည်။

Edition, *n.* from above; one impression, တခါတည်းပုံနှိပ်သောစာစောင်။

Editor, *n.* စာကိုပြုပြင်၍ပုံနှိပ်စေသောသူ။

Editorial, *a.* ထိုသူနှင့်ဆိုင်သော။

Editorship, *n.* ထိုသူ၏အမှုအရာ။

Edolius, *n.* longtailed—, ငှက်တော်။

Educate, *v. t.* တတ်အောင်ဆုံးမသွန်သင်သည်။

Education, *n.* from above

Educational, *a.* ဆုံးမသွန်သင်ခြင်းနှင့်ဆိုင်သော။

Educe, *v. t.* ထုတ်သည်။

Edulcorate *v. t.* ချိုစေသည်။

**Eel**, *n.* ငါးရှဉ့်။ species, ငါးဇရုန်။ ငါးဓတို့။ conger—, ငါးသဝေဗီသပေါက်။ common—, ငါးလင်ပန်း။ muraena—, ငါးပြောက်။

**Efface**, *v. t.* to destroy a form painted or carved, အရုပ်အဆင်းကိုချေဖျက်သည်။ to erase, မထင်ရှားစေအောင်ချေဖျက်သည်။ to remove an impression from the mind, စိတ်မမှတ်မိအောင်မေ့လျော့စေသည်။

**Effect**, *n.* result, အကျိုး။ အကြောင်း၏အကျိုး။ ဖြစ်စေသောအကျိုး။ force, အစွမ်းသတ္တိ။ —*v. t.* to cause to be, ဖြစ်စေသည်။ to accomplish (an object,) ပြီးစီးစေသည်။ (to take effect, as medicine or disease, တိုက်သည်။)

**Effective**, *a.* efficacious, (ဤမည်သောအကျိုးကို) ဖြစ်စေနိုင်သော။ efficient, ဖြစ်စေတတ်သော။ able, အမှုကိုတတ်နိုင်သော။

**Effects**, *n. plur.* ဥစ္စာပစ္စည်း။

**Effectual**, *a.* (ဤမည်သောအကျိုးကို) ဖြစ်စေတတ်သော။

**Effectuate**, *see* Effect, *v. t.*

**Effeminacy**, *n.* from next.

**Effeminate**, *a.* မိန်းမကဲ့သို့နူးညံ့သော။

**Efforvesce**, *v. i.* ဆူသည်။ ဆူပွက်သည်။

**Effervescence**, *n.* from above.

**Effervescent**, *a.* ဆူပွက်လျက်ရှိသော။

**Efficacious**, *a.* (အကျိုးကို) ဖြစ်စေနိုင်သော။ အရှိန်ရှိသော။

**Efficacy**, *n.* from above; အစွမ်းသတ္တိ။ အရှိန်။ တန်ခိုး။ တေဇော်။ *Pali.*

**Efficient**, *a.* producing an effect, (အကျိုးကို) ဖြစ်စေသော။ tending to produce, ဖြစ်စေတတ်သော။

**Effigy**, *n.* ရုပ်ပုံ။

**Efflate**, *see* Inflate.

**Efflorescence**, *n.* from next.

**Efflorescent**, *a.* အပွင့်ပွင့်သော။

**Effluvium**, *n.* an exhalation, အငိုး။ အငွေ့။ a noxious exhalation, အကာင်း။

**Efflux**, *n.* စီးထွက်ခြင်း။

**Effort**, *n.* ကြိုးစားခြင်း။ အားထုတ်ခြင်း။ ဥဿာဟ။ *Pali.*

**Effrontery**, *n.* မရှက်မကြောက်။ မထိမဲ့မြင်ပြုခြင်း။

**Effulgence**, *n.* from next; divine—, ရောင်တော်။

**Effulgent**, *a.* အရှိန်အဝါနှင့်တောက်ပထွန်းလင်းသော။

**Effuse**, *v. t.* သွန်သည်။

**Effusion**, *n.* the act of pouring out, သွန်ခြင်း။ သွန်းလောင်းခြင်း။ the pouring out of words, သွက်သွက်ပြောဆိုခြင်း။

**Effusive**, *a.* သွန်းလောင်းတတ်သော။

**Egg**, *n.* ဥ။ အဥ။ —plant, ခရမ်းပင်။ a large variety, ဆင်ခရမ်း။

**Egotism**, *n.* from Egotize.
**Egotist**, *n.* ကိုယ်အကြောင်းကိုပြောလွန်းသောသူ။
**Egotize**, *v. i.* ကိုယ်အကြောင်းကိုပြောလွန်းသည်။
**Egregious**, *a.* အထူးသဖြင့်ဖြစ်သော။
**Egress**, *n.* ထွက်ခြင်း။
**Egyptian**, *a.* အဲဂုတ္တုပြည်နှင့်ဆိုင်သော။
**Eh**, *int.* ဟေ့။
**Eight**, *a.* ရှစ်၊ ၈၊ —fold, ရှစ်ဆဖြစ်သော။ —o'clock, ရှစ်နာရီ။ —score, တရာခြောက်ဆယ်၊ ၁၆၀။
**Eighteen**, *a.* ဆယ်ရှစ်၊ ၁၈။
**Eighteenth**, *a.* ဆယ်ရှစ်ခုမြောက်သော၊ အဋ္ဌာရသမ၊
**Eighth**, *a.* ရှစ်ခုမြောက်သော၊ အဋ္ဌမ။
**Eightieth**, *a.* ရှစ်ဆယ်ပြည့်သော။
**Eighty**, *a.* ရှစ်ဆယ်၊ ၈၀။
**Either**, *a.* some one (thing,) တခုခု၊ —(person,) တယောက်ယောက်။ one of two (things,) နှစ်ခုတွင်တခုခု၊ —(persons,) နှစ်ယောက်တွင်တယောက်ယောက်၊ —*conj.* သို့မဟုတ်၊ —or, သော်၎င် —သော်၎င်။
**Ejaculation**, *n.* တခွန်းတလေတိုးတိုးဆုတောင်းခြင်း။
**Ejaculatory**, *a.* ထိုသို့ဆုတောင်းခြင်းနှင့်ဆိုင်သော။
**Eject**, *v. t.* to throw out, ထုတ်ပြစ်သည်။ to expel, နှင်ထုတ်သည်။ to dismiss from office, အရာကချသည်။
**Ejection, Ejectment**, *n.* from above.
**Eke**, *v.* လောက်အောင်ထပ်၍ထည့်သည်၊ —out, ချသည်၊ ချွေတာသည်။
**Elaborate**, *v. t.* to produce with labor, လုပ်၍ဖြစ်စေသည်၊ to improve and perfect by diligent operation, လုံ့လထုတ်၍ချေ့စပ်သေချာစွာပြီးစီးစေသည်။ —*a.* လုံ့လထုတ်၍ချေ့စပ်သေချာစွာပြီးစီးသော။
**Elapse**, *v. i.* လွန်သည်။
**Elastic**, *a.* ပြုပြင်တိုင်းမနေ၊ နေမြဲနေရာသို့ရုန်းကန်၍ပြန်တတ်သော။
**Elasticity**, *n.* ထိုသို့ပြန်တတ်သောသဘော။
**Elate**, *a.* and *v. t.* from next.
**Elated** (be,) *v. i.* စိတ်မြင့်သည်။
**Elation**, *n.* from above.
**Elbow**, *n.* the joint of the arm, တံတောင်၊ တံတောင်ဆစ်၊ a corner, bend, အထောင့်၊ —chair, လက်တင်ပါသောကုလားထိုင်၊ —*v. t.* တံတောင်နှင့်တွက်သည်။
**Elder 1**, *a.* သာ၍အသက်ကြီးသော၊ —, *n.* a senior in age or rank အသက်ကြီးသောသူ၊ အသက်ကြီး။ —2. a kind of tree, သစ်ပင်တမျိုး။
**Elderly**, *a.* အသက်ခပ်ကြီးကြီး။

Eldership, *n.* seniority, အသက်ကြီးခြင်း၊ the office of an elder, အသက်ကြီးအရာ၊

Eldest, *a.* အသက်အကြီးဆုံးသော၊

Elect, *a.* ရွေးကောက်သော၊ ရွေးချယ်သော၊ —*v. t.* ရွေးကောက်သည်၊ ရွေးချယ်သည်၊ —*n.* ရွေးကောက်သောသူ၊ ရွေးချယ်သောသူ၊

Election, *n.* the act of choosing, ရွေးကောက်ခြင်း၊ the power of choosing, ရွေးကောက်ရသောအခွင့်၊

Elective, *a.* exerting the power of choice, ရွေးကောက်ရသောအခွင့်ရှိသော၊ pertaining to choice, ရွေးကောက်ခြင်းနှင့်ဆိုင်သော၊

Electric, Electrical, *a.* လျှပ်စစ်ဓါးနှင့်ဆိုင်သော၊ —fluid, *n.* လျှပ်စစ်ဓါး၊

Electricity, *n.* လျှပ်စစ်ဓါးနှင့်ဆိုင်သောအတတ်ပညာ၊

Electrify, Electize, *v. t.* လျှပ်စစ်ဓါးကိုသွင်းသည်၊

Electuary, *n.* ရေနယ်၍မျိုရသောဆေး၊

Eleemosynary, *a.* စွန့်ကြဲခြင်းနှင့်ဆိုင်သော၊

Elegance, *n.* from next.

Elegant, *a.* ခွန်ရည်သော၊ မွန်ခွန်ရည်ရည်ရှိသော၊ လှပယဉ်ကျေးသော၊ သပ်ပယ်သော၊

Elegiac, *a.* သင်းပြိုဟ်သီခြင်းနှင့်ဆိုင်သော၊

Elegy, *n.* သင်းပြိုဟ်သီခြင်း၊

Element, *n.* the first or constituent principle of any thing, ဓာတ်၊ an ingredient or constituent part, အင်္ဂါ၊ a rudiment of an art or science, ထိုပွဲအတတ်တွင်ရှေ့ဦးစွာသင်ရသောအရာ၊ natural state or sphere, ဇာတိအားဖြင့်အလိုက်ဖက်သင့်သောနေရာ၊

Elemental, *a.* ဓာတ်နှင့်ဆိုင်သော၊

Elementary, *a.* simple, uncompounded, ဓာတ်စင်သော၊ initial, rudimental, ထိုပွဲအတတ်တွင်ရှေ့ဦးစွာသင်ရသောအရာဖြစ်သော၊

Elephant, *n.* ဆင်၊ ကာဠာဝက၊ decoy tame—, မှန်းဆင်၊ double tusked—, စွယ်စုံ၊ —with one tusk, တည်၊ chief of elephants, ဆင်ကဲ၊ full grown male—, ဆင်ပြောင်၊ young male—, ဆင်ပေါက်၊ —driver, ဆင်ဦးစီး၊ —keeper, ဆင်ထိန်း၊

Elephanteer, *n.* ဆင်စီးသူရဲ၊

Elephantiasis, *n.* လူ၌ဖြစ်သောခြေသားလုံးကြီးနာ၊

Elevate, *v. t.* to raise, ချီးပင့်သည်၊ to exalt, ချီးမြှောက်သည်၊ to elate with pride, ချီးသင့်သည်၊ စိတ်ကြွစေခြင်းမြောက်၍ပြောသည်၊ to improve, make excellent, မြင့်မြတ်စေခြင်းပြုစုသည်၊ —the voice, (အသံကို) မြှင့်သည်၊ to make louder, (အသံကို) ကျယ်စေသည်၊

Elevated (be,) *v. i.* raised in the centre, မို့မောက်သည်၊

Elevation, *n.* the act of raising, ချီးပင့်ခြင်း၊ the act of exalting ချီးမြှောက်ခြင်း၊ an elevated state, exaltation, ချီးမြှောက်ရာ၊ ကြီးသောအရာ၊ excellence, မြင့်မြတ်ခြင်း၊ a high place, မြင့်သော

အရပ်၊ a hill, ကုန်း။ a rising of the voice, အသံတက်ခြင်း။ an augmentation of voice, အသံသာ၍ကျယ်ခြင်း။

**Eleve,** *n.* ကျွေးမွေးပြုစုခြင်းကိုခံသောသူ၊

**Eleven,** *a.* ဆယ်တစ်၊ ၁၁၊

**Eleventh,** *a.* ဆယ်တစ်ခုမြောက်၊ ဧကာဒသမ။

**Elf, Elfin,** *n.* ပြိတ်၊

**Elicit,** *v. t.* ထင်ပေါ်စေသည်၊

**Eligibility, Eligibleness,** *n.* from Eligible.

**Eligible,** *a.* fit to be chosen, ရွေးကောက်စရာကောင်းသော၊ suitable, desirable, လိုချင်စရာကောင်းသော၊ that can be elected (to an office,) ရွေးကောက်နိုင်ဖွယ်ဖြစ်သော၊

**Elision,** *n.* အင်္ဂလိတ်စာ၌သရကိုဖြတ်ခြင်း။

**Elite,** *n.* a select body of soldiers, လက်ရွေးခဲမက်၊ the best part of persons or things. အကောင်းဆုံး၊ အမြတ်ဆုံးသောလူစု၊ အရာစု၊

**Elixir,** *n.* အမြန်မြန်ကြို၍ယူသောဆေးရည်၊ ပေါင်းခံ၍ယူသောဆေးရည်၊

**Ell,** *n.* နှစ်တွာခန့်ရှိသောအတိုင်းအတွာ၊

**Ellipsis,** *n.* (in geometry,) ဝမ်းဘဲဥပုံ၊ ဝန်းလျား။ ဝိုင်းလျား။ (in grammar,) စကားမြုပ်ခြင်း။

**Elliptical,** *a.* pertaining to an ellipsis, ဝမ်းဘဲဥပုံနှင့်ဆိုင်သော၊ having form of an ellipsis, ဝမ်းဘဲဥပုံရှိသော၊ having one or more words unexpressed, မြုပ်သောစကားပါသော၊

**Elm,** *n.* ချောက်ဆိတ်ပင်၊

**Elocution,** *n.* manner of delivery, မြွက်ဆိုသောနည်း။ elegant delivery, လျှောက်ပတ်ဖွယ်ရာယဉ်ကျေးသောစကားနှင့်မြွက်ဆိုခြင်း။

**Elongate,** *v. t.* to lengthen. extend, ရှည်အောင်ဆွဲသည်၊ —*v. i.* to remove farther off, ခွာသွားသည်၊

**Elongation,** *n.* the act of extending, ရှည်အောင်ဆွဲခြင်း။ the state of being extended, ဆွဲ၍ရှည်ခြင်း။ recession, ခွာသွားခြင်း။ distance, အကွာအဝေး။

**Elope,** *v. i.* ထွက်ပြေးသည်၊

**Elopement,** *n.* from above.

**Eloquence,** *n.* from next.

**Eloquent,** *a.* မိတ်ပါစေခြင်းငှါ လျှောက်ပတ်ဖွယ်ရာ ယဉ်ကျေးသောစကား နှင့်ပြောဆိုတတ်သော၊

**Else,** *a.* အခြားတပါး။ —*adv.* beside, ထိုမှတပါး။ otherwise, သို့မဟုတ်၊ —where, *adv.* အခြားတပါးမှာ၊

**Elucidate,** *v. t.* ရှင်းထင်းစေသည်၊

**Elucidation,** *n.* from above.

**Elude,** *v. t.* ပရိယာယ်အားဖြင့်လွတ်အောင်ပြုသည်၊

**Elysian,** *a.* နတ်ပြည်နှင့်ဆိုင်သော

**Elysium**, *n.* နတ်ပြည်။
**Emaciate**, *v. i.* ပိန်သည်။ —*v. t.* from same.
**Emaciation**, *n.* from above.
**Emanate**, *v. i.* ထွက်သည်။
**Emanation**, *n.* the act of issuing, ထွက်ခြင်း။ that which issues, ထွက်သောအရာ။
**Emancipate**, *v. t.* ကျွန်အဖြစ်မှလွှတ်သည်။
**Emancipation**, *n.* from above.
**Emasculate**, *v. t.* သင်းကွပ်သည်။
**Emasculation**, *n.* from above.
**Embalm**, *v. t.* —a dead body, အလောင်းကောင်ကိုမပုပ်အောင်ထထ ဆေးသွင်းသည်။ to preserve from decay, မယိုယွင်းအောင်ပြုစုသည်။
**Embankment**, *see* Imbankment.
**Embargo**, *n.* သင်္ဘောမထွက်ရအောင်မင်းအခွင့်နှင့်ဆီးတားခြင်း။
**Embark**, *v. i.* to go on board ship, ကုန်းကသင်္ဘောပေါ်သို့တက်သည်။ to engage in, (အမှု၌) ဝင်သည်။ —*v. t.* to put on board ship, ကုန်းကသင်္ဘောပေါ်သို့တင်သည်။ to cause to engage in, (အမှု၌) ဝင်စေသည်။
**Embarkation**, *n.* from above.
**Embarrass**, *v. t.* to perplex, ရှုပ်ထွေးစေသည်။ to hinder and annoy, အဆီးအတားအနှောင့်အယှက်ပြုသည်။ to confound, မှိုင်တွေစေသည်။
**Embarrassment**, *n.* from above.
**Embassador**, *n.* သံတမန်။
**Embassy**, *n.* သံတမန်ကိုစေလွှတ်ခြင်းအမှုအရေး။
**Embattle**, *v. t.* စစ်ခင်းကျင်းသည်။
**Embay**, *v. t.* (အထွက်ခက်အောင်)ပင်လယ်ထောင့်ကွေ့အတွင်းသို့သွင်းသည်။
**Embed**, *v. t.* အမြစ်ချသည်။
**Embellish**, *v.t.* လှပအောင်တန်ဆာဆင်သည်။ —with gold, ရွှေချယ်သည်။
**Embellishment**, *n.* from above.
**Ember**, *a.* အင်္ဂလိတ်ဘာသာ၌ဝါနှင့်ဆိုင်သော (နေ့ရက်။)
**Embers**, *n. plur.* မီးမှုန်။
**Embezzle**, *v. t.* သူတပါးအပ်သောဥစ္စာကိုမတရားသဖြင့်သိမ်းယူသည်။
**Embezzlement**, *n.* from above.
**Emblaze, Emblazon**, *v. t.* to paint with ensigns armorial, ဌ္ဌ တံဆိပ်ပုံတို့ကိုရေးထားသည်။ to adorn with embellishment. ချီးမြှောက်သောတန်ဆာတို့ကိုဆင်သည်။
**Emblem**, *n.* အနက်အဓိပ္ပါယ်ပါသောပုံ။
**Emblematic, Emblematical**, *a.* ထိုသို့သောပုံပမာအားဖြင့်အနက်အဓိပ္ပါယ်ကိုပြသော။
**Embodiment**, *n.* from next.

**Embody**, *v. t.* တလုံးတဝတည်းစုပေါင်း၍ထားသည်။
**Embolden**, *v. t.* ရဲရင့်စေသည်။
**Emboss**, *v. t.* to form with bosses, အဖုဖော်၍လုပ်သည်။ to engrave *in relievo*, ရုပ်ပုံမောက်၍ထင်ပေါ်အောင်ထုသည်။
*Embouchure*, *n.* မြစ်ဝ။
**Embowel**, *v. t.* to eviscerate, အူကိုထုတ်သည်။ to swallow up, မြိုသည်။
**Embrace**, *v. t.* to clasp in the arms, ဖိုက်သည်။ ဖက်သည်။ ဖက်လယ်းသည်။ to receive, ခံယူသည်။ to comprise, ပါဝင်သောအရာကိုခံသည်။ (to accept cordially, သဘောဖိုက်သည်။)
**Embracement**, *n.* from above.
**Embracingly**, *adv.* ဖက်လဲတစ်း။
**Embrasure**, *n.* မြောင်းပေါက်။
**Embrocate**, *v. t.* (အနာကို) ဆေးရည်နှင့်သုတ်လူးသည်။
**Embrocation**, *n.* from above; a medicinal lotion, အနာကိုသုတ်လူးရန်ဆေးရည်။
**Embroider**, *v. t.* ပန်းဖြောက်ထိုးသည်။
**Embroiderer**, *n.* ပန်းထိုးသမား။
**Embroidery**, *n.* အထည်၌ထိုးသောပန်းပြောက်။ အပြောက်အဖြိုန်း။
**Embroil**, *v. t.* အမှုရှုပ်ထွေးအောင်ပြုသည်။
**Embryo**, *n.* the first rudiments of an animal in the womb ကလလရေကြည်။ အမြုပ်။ သားတစ်။ the rudiments of any thing yet imperfectly formed, အလောင်း။
**Emendation**, *n.* the act of correcting, ပြင်ခြင်း။ a correction, ပြင်သောအချက်။
**Emerald**, *n.* မြ။ ကျောက်စိမ်း။
**Emerge**, *v. i.* ဖုံးလွှမ်းသောအထဲကထွက်လာသည်။
**Emergence**, **Emergency**, *n.* from above; a sudden event, ရုပ်တရက်ဖြစ်သောအမှု။ an exigence, ရုတ်တရက်ဖြစ်၍ကြိုးစားအားထုတ်ရသောအမှု။
**Emergent**, *a.* from Emerge; urgent, pressing, ရုပ်တရက်ဖြစ်၍ကြိုးစားအားထုတ်ရမည့်အကြောင်းရှိသော။
**Emerods**, *see* Hemorrhoids.
**Emersion**, *n.* from Emerge.
**Emery**, *n.* သံကျောက်တမျိုး။ မိန်သွေးကျောက်။ ဈွှေသွေးကျောက်။
**Emetic**, *n.* အန်ဆေး။
**Emigrant**, *a.* တပြည်မှတပြည်သို့နေရာပြောင်းသော။
**Emigrant**, *n.* from above.
**Emigrate**, *v. i.* တပြည်မှတပြည်သို့နေရာပြောင်းသည်။
**Emigration**, *n.* from above.

**Eminence, Eminency,** *n.* height, မြင့်ခြင်း။ a high place, မြင့်သောအရပ်။ a hill, ကုန်း။ a summit, highest point, အထွဋ်၊ ထိပ်။ excellence, မြင့်မြတ်ခြင်း။ an exalted state, မြင့်မြတ်သောနေရာ။ distinction celebrity, အဓိကရဖြစ်ခြင်း။ ကျော်စောခြင်း။

**Eminent,** *a.* high, မြင့်သော၊ exalted, မြင့်မြတ်သော၊ distinguished, celebrated, အဓိကရဖြစ်သော၊ —in any manual operation ထက်မြောက်သော။

**Eminently,** *adv.* အထူးသဖြင့်။

**Emissary,** *n.* လျှို့ဝှက်၍စေလွှတ်သောသူ။

**Emission,** *n.* from next.

**Emit,** *v. t.* to send forth, throw or give out, လွှတ်သည်၊ ထွက်စေသည်၊ to let fly, discharge, ပြစ်သည်၊ ထိုးပြစ်သည်။ to issue a decree, (အမိန့်အမှာတော်ကို)ထုတ်သည်။ to issue a bank note, (ငွေလက်မှတ်ကို) အနှံ့အပြားထုတ်သည်။

**Emmet,** *n.* ပရွက်ဆိတ်။

**Emollient,** *n.* ပျော့စေတတ်သော။

**Emolument,** *n.* အမှုကိုဆောင်ရွက်သောအားဖြင့်ခံရသောအကျိုး။

**Emotion,** *n.* စိတ်၊ စိတ်ရှိခြင်း။

**Empale,** *v. t.* ငြောတိုင်စိုက်၍ကာသည်၊ *see* Impale.

**Empanel,** *see* Impanel.

**Emperor,** *n.* ရှင်ဘုရင်။ —of China, ဥုံးတည်ဘွား။

**Emphasis,** *n.* ဂရုသံ။

**Emphasize,** *v. t.* ဂရုသံနှင့်မြွက်ဆိုသည်။

**Emphatic, Emphatical,** *a.* strong, အားကြီးသော (အသံ၊) uttered with emphasis, ဂရုသံနှင့်မြွက်ဆိုသော၊ requiring emphasis ဂရုသံနှင့်မြွက်ဆိုသင့်သော။

**Empire,** *n.* imperial dignity, ရှင်ဘုရင်စိုးစံခြင်း။ supreme control, အုပ်စိုးခြင်း။ a kingdom, နိုင်ငံ။

**Em'piric,** *n.* ဆေးကျမ်းကိုမတတ်ဘဲယမ်း၍ကုသောသူ။

**Empir'ic, Empirical,** *a.* အမှန်မသိဘဲယမ်း၍ပြုခြင်းနှင့်ဆိုင်သော။

**Employ,** *v. t.* to use, သုံးသည်၊ သုံးဆောင်သည်၊ to have in one's service, စေခိုင်းသည်၊ စေစားသည်။ —time, တစုံတခုကိုလုပ်၍ကာလကိုလွန်စေသည်၊ —one's self, လုပ်ဆောင်၍နေသည်၊ commission, ခိုင်းသည်၊ —at a distance, ခိုင်းလိုက်သည်။ —*n.* occupation, business, အလုပ်အကိုင်၊ ဆောင်ရွက်သောအမှု၊ agency, service for another, စေခိုင်းသောအရာ

**Employee,** *n.* စေခိုင်းခြင်းကိုခံသောသူ။

**Employment,** *n.* from Employ, *v. t.* and same as Employ, *n.*

**Empoison,** *see* Poison, *v. t.*

**Emporium,** *n.* ရောင်းဝယ်ဖောက်ကားခြင်းများပြားသောအရပ်။

**Empoverish,** *see* Impoverish.
**Empower,** *v. t.* ပြုပိုင်သောအခွင့်ကိုပေးသည်။
**Empress,** *n.* မိဖုရား။
**Emprise,** *see* Enterprise.
**Emptiness,** *n.* from next.
**Empty,** *a.* containing nothing, void, လစ်သော၊ လွတ်လပ်သော။ ထာမှုမပါ၊ ပလာဖြစ်သော။ free from, ကင်းစင်သော။ unsubstantial, wanting substance, အချည်းနှီးသက်သက်ဖြစ်သော၊ အနှစ်မဲ့ဖြစ်သော။ —banded, *a.* လက်ချည်းဖြစ်သော၊ (—grain, စပါးဖျင်း။) —*v. t.* from Empty, *a.* 1st def; to pour out, သွန်သည်။ —(a vessel of its contents,) လှယ်ဖယ်သည်။ —*v. i.* to disembogue, မြစ်ကြီးသို့ဝင်၊ ပင်လယ်သို့ဝင်စီးဝင်သည်။
**Empyreal,** *a.* ကောင်းကင်ထဝက်နှင့်ဆိုင်သော။
**Empyrean,** *n.* ကောင်းကင်ထဝက်။
**Emulate,** *v. t.* အားကျသည်။
**Emulation,** *n.* from above; a desire to emulate, အားကျသောစိတ်ရှိခြင်း။
**Emulous,** *a.* အားကျသောစိတ်ရှိသော။
**Emulsion,** *n.* ဆီပါသောဆေးတမျိုး။
**Enable,** *v. t.* တတ်နိုင်အောင်ပြုသည်။
**Enact,** *v. t.* ဥပဒေထားသည်။ ပညတ်ထားသည်။ စီရင်ထုံးဖွဲ့သည်။
**Enactment,** *n.* from above; နည်းဥပဒေ။ a fresh enactment of government, in addition to the standing, ဓမ္မသတ်။ ရာဇသတ်။
**Enamel,** *n.* the composition, မိညွှာ။ —of a tooth, သွားအပေါ်ထပ်။ —*v. t.* မိညွှာနှင့်သုတ်သည်။
**Enamour,** *v. t.* ချစ်ကြိုက်အားကြီးစေသည်။
**Encage,** *v. t.* ငှက်အိမ်၌သော်၎င်း၊ ပြိုင့်၌သော်၎င်း၊ လှောင်ထားသည်။
**Encamp,** *v.* တပ်ချသည်။ တပ်စားခန်းချသည်။ စားခန်းချသည်။ စားခန်းထောက်ချသည်။
**Encampment,** *n.* တပ်ဝိုင်း။
**Encase,** *see* Incase.
*Enceinte,* *a.* ကိုယ်ဝန်ရှိသော။
**Enchain,** *see* Chain, *v. t.*
**Enchant,** *v. t.* to bewitch, ပြုစားသည်။ to subdue by charms or spell, မန္တန်အားဖြင့်နိုင်သည်။ to operate on by magical or supernatural skill, ဝိဇ္ဇာမရအတတ်အားဖြင့်ပြုလုပ်သည်။ to ravish with delight, ယစ်မူးအောင်ချစ်ကြိုက်စေသည်။
**Enchanted,** *a.* dangerous to be occupied, မြေကြမ်းသော။
**Enchanting,** *a.* ထယ်မူးအောင်ချစ်ကြိုက်ဖွယ်ဖြစ်သော။
**Enchantment,** *n.* from Enchant.

Enchase, *v. t.* စီချယ်သည်။
Encircle, *v. t.* ပတ်သည်။ ရစ်သည်။ ဝန်းသည်။ ဝိုင်းသည်။
Enclose, *see* Inclose.
Encomiast, *n.* ချီးမွမ်းသောသူ။
Encomiastic, *a.* ချီးမွမ်းခြင်းနှင့်ဆိုင်သော။
Encomium, *n.* ချီးမွမ်းခြင်း။
Encompass, *v. t.* ပတ်သည်။ ရစ်သည်။ ရံသည်။ လှည့်ပတ်သည်။ ဝန်းသည်။ ဝိုင်းသည်။
*Encore, adv.* တဖန်။
Encounter, *v. t.* to meet face to face, ဆိုင်တွေ့သည်။ to meet in rivalry or contest, ဆိုင်ပြိုင်သည်။ to meet and resist, ခံ၍တိုက်သည်။ —*n.* from above.
Encourage, *v. t.* to animate, အားပေးသည်။ to excite, နှိုးဆော်သည်။ to make bold, ရဲရင့်စေသည်။
Encouragement, *n.* from above; that which animates, အားပေးခြင်းအကြောင်း။ that which excites, နှိုးဆော်ခြင်းအကြောင်း။
Encroach (on,) *v. t.* သူတပါးပိုင်သောအရာကိုတဖြည်းဖြည်းဝင်၍သိမ်းသည်။
Encroachment, *n.* from above.
Encrust, *see* Incrust.
Encumber, *v. t.* to impede motion with a load, လေးသောဝန်ကိုတင်၍နှေးစေသည်။ to embarrass, obstruct, အဆီးအတားအနှောင့်အရှက်ပြုသည်။
Encumbrance, *n.* any heavy thing that impedes motion, လေး၍နှေးစေသောအရာ။ any impediment, ဆီးတားနှောင့်ရှက်သောအရာ။
Encyclopædia, *n.* သိပ္ပံအတတ်ပညာအမျိုးမျိုးစုံလင်သောစာ။
End, *n.* extremity, အစွန်း။ အဖျား။ —of the (finger, toe, or tongue, ထိပ်။ —of a wood, တောဦး။ တောစွန်း။) termination, အဆုံး။ ဆုံးခြင်း။ ultimate state, နောက်ဆုံးသောနေရာ။ result, အကြောင်း၏အကျိုး။ object aimed at, ကြံရွယ်သောအကျိုး။ —(an *or* on,) *adv.* ထောင်လျက်ရှိသည်နှင့်။ (to place end to end so as just to touch, တေ့သည်။) —*v. i.* to come to an end, ကုန်သည်။ —as a quarrel, ရန်ပြီသည်။ —as goods, ဆုံးပါးသည်။ to be terminated, ဆုံးသည်။ အဆုံးသို့ရောက်သည်။ —*v. t.* from End, *v. i.*
Endamage, *see* Damage, *v.*
Endanger, *v. t.* ဘေးရောက်စရာအကြောင်းကိုပြုသည်။
Endear, *v. t.* ချစ်ဖွယ်ဖြစ်စေသည်။ ချစ်ခြင်းကိုခံစေသည်။
Endearment, *n.* ချစ်စေခြင်းအကြောင်း။
Endeavor, *v. i.* ကြိုးစားသည်။ အားထုတ်သည်။ အားကြိုးသည်။ —*n.* from above.

**Endemic**, *a.* ဒေသအရပ်အလိုက်စွဲတတ်သော (အနာ။)
**Endite**, *see* Indite.
**Endless**, *a.* without end, အနန္တ၊ အဆုံးမရှိသော။ continual, အစဉ်မပြတ်သော။
**Endorse**, *see* Indorse.
**Endow**, *v. t.* to furnish with a dower, ထက်ဖွဲ့သည်။ to furnish with permanent provision, အသက်မွေးလောက်အောင်ဥစ္စာပစ္စည်းကိုပေးကမ်း၍ထားသည်။ to indue, ပြည့်စုံစေသည်။
**Endowment**, *n.* from above; property permanently appropriated to any object, စရိတ်စကလုံလောက်အောင်ပေးကမ်း၍ထားသောဥစ္စာပစ္စည်း။ a natural gift, ဖွားရင်းမူလကပါသောအစွမ်းသတ္တိ။
**Endue**, *see* Indue.
**Endurable**, *a.* ခံနိုင်ဖွယ်ဖြစ်သော။
**Endurance**, *n.* from next.
**Endure**, *v. i.* to last, တည်သည်။ —*v. t.* to bear, sustain, ခံသည်။ to bear with patience, သည်းခံသည်။ ခံမှုသည်။
**Endwise**, *adv.* on the end, ထောင်လျက်ရှိသည်နှင့်။ with the end forward, အလျားအလိုက်။
**Enema**, *n.* ဝမ်းချုဆေး။
**Enemy**, *n.* ရန်သူ။
**Energetic**, *a.* strong ခွန်အားရှိသော။ operative, အားထုတ်သော။
**Energy**, *n.* strength, ခွန်အား၊ အာနုဘော်။ strength exerted, အားထုတ်ခြင်း။ efficacy, အစွမ်းသတ္တိ။
**Enervate**, *v. t.* အားလျော့စေသည်။
**Enervated** (be), *v. i.* —by brooding over bereavements or loss, စိတ်ဆွေးမြေ့သည်။
**Enfeeble**, *v. t.* အားလျော့စေသည်။
**Enfeoff**, *v. t.* ပိုင်ရသောအခွင့်ကိုပေးသည်။
**Enfilade**, *n.* မီးပေါက်လက်နက်နှင့်ပြစ်ခတ်ရန်ဖြောင့်သောလမ်း။ —*v. t* မီးပေါက်လက်နက်နှင့်လမ်းတရှောက်လုံးပြစ်ခတ်သည်။
**Enforce**, *v. t.* to strengthen, ခွန်အားနှင့်ပြည့်စုံစေသည်။ to force, အနိုင်အထက်ပြုသည်။ to urge with energy, ကြပ်ကြပ်နှိုးဆော်သည်။ —the laws, ဓမ္မသတ်၊ ရာဇသတ်အရနှင့်စီရင်သည်။ —an order, စီရင်ချက်အတိုင်းတည်စေသည်။
**Enforcement**, *n.* from above.
**Enfranchise**, *v. t.* to liberate, ကျွန်အဖြစ်မှသော်၎င်း၊ အချုပ်ခံရာအဖြစ်မှသော်၎င်း၊ လွှတ်သည်။ to admit to a certain privilege, ပြည်သူပြည်သားအဖြစ်သို့ရောက်ရသော အခွင့်အစရှိသောအခွင့်တစုံတခုကိုပေးသည်။
**Enfranchisement**, *n.* from above.

Engage, *v.* to become surety, အာမခံသည်။ ခံဝန်သည်။ —mutually, ပဋိညာဉ်ဖွဲ့သည်။ to pawn, ပေါင်နှံသည်။ to promise, ဂတိထားသည်။ to enlist, (တစုံတခုသောအမှု၌) ဝင်မည်ဟုဝန်ခံစေသည်။ to draw and attach to, ဖြားယောင်းသွေးဆောင်သည်။ to attract and fix, စွဲလမ်းစေသည်။ to fight, တိုက်သည်။ တိုက်ဆိုင်သည်။ —in battle, စစ်တိုက်သည်။ ထိုးသည်။ စစ်ပြိုင်သည်။ —in a lawsuit, တရားတွေ့သည်။ —in rivalry, ပြိုင်တုသည်။ —in, *v. t.* to undertake, (အမှု၌)ဝင်စပြုသည်။

Engaged, *a.* zealous, စိတ်အားကြီးသော။ —in (be), *v. i.* to be occupied in, လုပ်ဆောင်၍မအား။

Engagedness, *n.* from Engaged, *a.*

Engagement, *n.* the act of becoming surety, အာမခံခြင်း။ the act of making a promise, ဂတိထားခြင်း။ adherance to a party, တဖက်၌စွဲလမ်းခြင်း။ occupation, လုပ်ဆောင်ခြင်း။ a battle, စစ်ပြိုင်ခြင်း။

Engaging, *a.* attractive, winning, ဖြားယောင်းသွေးဆောင်တတ်သော။ စိတ်နှလုံးညွတ်စေတတ်သော။ မြူတတ်သော။

Engender, *v. t.* to beget, သားရအောင်သန္ဓေပေးသည်။ to produce, ဖြစ်စေသည်။

Engine, *n.* a machine, စက်။ ယန္တရားစက်။ steam—, မီးယန္တရားစက်။ a military machine, စစ်တိုက်ရန်စက်တန်ဆာ။ —for extinguishing fire, မီးငြိမ်းရေစက်။မီးသတ်ရန်ဗုံပိုင်။

Engineer, *n.* one who understands the management of engines, ယန္တရားစက်တို့ကိုစီရင်တတ်သောသူ။ one who directs the artillery, စစ်တိုက်ရန်စက်တန်ဆာတို့ကိုစီရင်သောသူ။

English, *a.* အင်္ဂလိပ်။ အင်္ဂလိပ်ပြည်၊ အင်္ဂလိပ်အမျိုးနှင့်ဆိုင်သော။ —man *n.* အင်္ဂလိပ်။ အင်္ဂလိပ်လူ။

Engorge, *see* Gorge.

Engrain, *see* Ingrain.

Engrave, *v. t.* to carve, ထုသည်။ to impress on the mind, နှလုံး၌စွဲကပ်စေသည်။ to cut in (wood), ထိုးသည်။

Engraver, *n.* ထုတတ်သောသူ။

Engraving, *n.* the act of carving, ထုတတ်သောအတတ်။ a picture engraved, ထုသောရုပ်ပုံ။

Engross, *v. t.* to monopolize, ကိုယ်သုံးဖို့သော်၎င်း၊ လုပ်၍ရောင်းဖို့သော်၎င်း၊ အကုန်သိမ်းရုံးသည်။ to copy in a fair hand, သေချာရှင်းလင်းစွာရေးကူးသည်။

Engulf, *v. t.* ဝဲကတော့မှစ၍နက်သောအရာ၌မြုပ်သည်။

Enhance, *v. t.* to enlarge, သာ၍ကြီးစေသည်။ to advance, ထိုးစေသည်။ တိုးပွားစေသည်။

**Enhancement**, *n.* from above.

**Enigma**, *n.* a dark saying, နက်နဲခက်ခဲသောစကား။ a riddle, စကားထာ။ (to make an enigma, စကားထာဖွက်သည်။)

**Enigmatic, Enigmatical**, *a.* အနက်မထင်ပေါ်၊ မြုပ်လျှက်ရှိသော။

**Enjoin**, *v. t.* မှာထားသည်။

**Enjoy**, *v. t.* to take pleasure in, ခံစားသည်။ စံစားသည်။ စံမြန်းသည်။ စံမွေ့သည်။ (appropriate to royalty or divinity,) —one's self, ပျော်မွေ့သည်။ မွေ့လျော်သည်။ ရွှင်ပြုံးသည်။ ကွန့်မြူးသည်။ —flights of fancy, စိတ်ကွန့်မြူးသည်။

**Enjoyment**, *n.* from above; —of any good, စည်းစိမ်။

**Enkindle**, *see* Kindle.

**Enlarge**, *v. i.* to become larger, ကြီးပွားသည်။ ဖြစ်ပွားသည်။ —*v. t.* to make larger, သာ၍ကြီးစေသည်။ to expand, သာ၍ကျယ်စေသည်။ to advance, တိုးပွားစေသည်။ to release, ချုပ်ခံရာမှလွှတ်သည်။ to speak largely, or copiously, ကျယ်ကျယ်ပြောဆိုသည်။

**Enlargement**, *n.* from above.

**Enlighten**, *v. t.* to make light, ထင်းစေသည်။ to impart mental light, ထင်းချင်းအောင်ပြုသည်။

**Enlist**, *v. i.* အမှုထမ်းစာရင်း၌ပါဝင်သည်။ —*v. t.* အမှုထမ်းစာရင်း၌သွင်းသည်။

**Enliven**, *v. t.* to heighten power, အားတိုးတက်စေသည်။ to excite the mind, စိတ်ကြွအောင်ပြုသည်။ to make cheerful, ရွှင်ရွှင်စေသည်။

*En masse*, *adv.* တစုတလုံးတည်း။ တအုပ်တအား။

**Enmity**, *n.* ရန်။ ပဋိဃာတ်။ *Pali.* (at enmity, ရန်ဘက်။)

**Ennoble**, *v. t.* to make noble, မှူးတော်မတ်တော်အရာကိုပေးသည်။ to exalt, မြင့်မြတ်စေသည်။

*Ennui*, *n.* ညီးငွေ့ခြင်း။

**Enormity**, *n.* a transgression, မတရားသောအမှု။ an atrocious crime, အလွန်ဆိုးသွမ်းသောအမှု။

**Enormous**, *a.* excessive, ကြီးလွန်းသော။ exceedingly large, အလွန်ကြီးမားသော။

**Enough**, *a.* လောက်သော။ —*n.* အလောက်။ (infrequent,) အလုံအလောက်။ just—, အတန်အရာ။ —*adv.* just—, အလောတန်။ အလောတော်။

**Enquire**, *see* Inquire.

**Enrage**, *v. t.* from next.

**Enraged** (be,) *v. i.* ပြင်းထန်စွာအမျက်ထွက်သည်။ inveterately—မုန်းအားကြီးသည်။

**Enrapture**, *v. t.* အလွန်ရွှင်ပျော်မြူးထူးစေသည်။

**Enrich**, *v. t.* to make rich, ကြွယ်ဝစေသည်။ ငွေရတတ်အောင်ပြုသည်။ to fertilize, မြေဩဇာဖြစ်စေခြင်းငှါမှိုက်၍ပြုပြင်သည်။ to furnish richly, ကြွယ်ဝပြည့်စုံစေသည်။

**Enrobe**, *v. t.* ဝတ်ဆင်သည်။

**Enroll**, *v. t.* နာမည်ကိုစာရင်း၌သွင်းသည်။

**Enrolment**, *n.* from above.

**Ensample**, *see* Example.

**Ensanguine**, *v. t.* သွေးနှင့်လူးသည်။

**Ensconce**, *v. t.* ကွယ်ကာ၍နေရာချသည်။

**Enshrine**, *v. t.* ဌာပနာသည်။

**Ensign**, *n.* a flag, အလံ။ an officer who carries a flag, အလံဆောင်ဗိုလ်။

**Enslave**, *v. t.* ကျွန်ခံစေသည်။

**Enstamp**, *v. t.* to impress with some mark or figure, တံဆိပ်ခတ်သည်။ to impress the mind, စိတ်စွဲလမ်းအောင်ပြုသည်။ စိတ်နှလုံး၌စူးလျက်နေအောင်ပြုသည်။

**Ensue**, *v. i.* အကြောင်းအားဖြင့်အကျိုးဖြစ်သကဲ့သို့ဖြစ်လာသည်။

**Ensuing**, *a.* next following, ဆက်လျက်ဖြစ်ဆဲရှိသော။

**Entail**, *v. t.* အမွေဥစ္စာကိုဆက်ကာဆက်ကာခံစေခြင်းငှါ သေတန်းစာအားဖြင့်စီရင်၍ထားသည်။

**Entailment**, *n.* from above.

**Entangle**, *v. t.* to tangle, ရှုပ်ထွေးစေသည်။ to catch, ငြိတွယ်စေသည်။ to insnare, ကျော့မိသည်။ ဝင်သည်။

**Entanglement**, *n.* from above.

**Enter**, *v.* to go in, ဝင်သည်။ to put in, ဝင်စေသည်။ သွင်းသည်။ to set down in writing, စာရင်း၌မှတ်သားသည်။ —on, *v. t.* (အမှု၌) ဝင်စပြုသည်။ —warmly into a (business), စိတ်ဝင်စားသည်။ —on record, စာတန်းထိုးသည်။ မှတ်ပုံတင်သည်။

**Enterprise**, *n.* ညာဏ်အားဖြင့်ထိုးထွင်း၍ခက်ခဲစွာဆောင်ရွက်ရသောအမှု။

**Enterprising**, *a.* ထိုသို့သောအမှုကိုဆောင်ရွက်တတ်သော။

**Entertain**, *v. t.* to receive and treat hospitably, ဧည့်သည်ဝတ်ကိုပြုသည်။ to treat with conversation, ထောတဝတ်စကားကိုပြောသည်။ to amuse, please, ပျော်သည်။ စိတ်သာယာရွှင်လန်းစေသည်။ to keep in one's service, maintain, စေခိုင်းရန်လုလင်ခမဲကိုကျွေးထားသည်။ to harbor, cherish in the mind, စိတ်ထဲ၌ထက်ခံသည်။ to take cognizance of, (စစ်ကြောရန်အမှုကို)လက်ခံသည်။

**Entertaining**, *a.* amusing, pleasing, ပျော်တတ်သော။ စိတ်သာယာရွှင်လန်းစေတတ်သော။

**Entertainment**, *n.* the reception and accommodation of guests,

ဧည့်သည်ဝတ်ကိုပြုခြင်း။ a feast, စားပွဲ,သောက်ပွဲ၊ ပွဲလမ်းသဘင်၊ the pleasure derived from seeing and hearing that which is interesting, ကြည့်ရှုနားထောင်သောအားဖြင့်စိတ်ပျော်မွေ့ရွှင်လန်းခြင်း။ the act of harboring in the mind စိတ်ထဲ၌လက်ခံခြင်း။

**Enthrall,** *see* Inthrall.

**Enthrone,** *v. t.* (Eng.) ရာဇပလ္လင်ပေါ်မှာတင်သည်။ (Burm.) နန်းတင်သည်။

**Enthusiasm,** *n.* from Enthusiastic.

**Enthusiast,** *n.* agent from next.

**Enthusiastic,** *a.* စိတ်အားသန်လွန်းသော။

**Entice,** *v. t.* ဖြားယောင်းသွေးဆောင်သည်။

**Enticement,** *n.* from above.

**Entire,** *a.* မချို့တဲ့၊ စုံလင်သော၊ အကြွင်းမဲ့ဖြစ်သော။

**Entirely,** *adv.* အကုန်အစင်၊ အကြွင်းမဲ့၊ ပြီးစင်၊ အသေသိ။

**Entireness,** *n.* from Entire.

**Entitle,** *v. t.* to give a name, သမုတ်သည်။ to confer a title, ဘွဲ့ပေးသည်။ to furnish with a claim to, ပိုင်ထိုက်သောအခွင့်ကိုပေးသည်။

**Entity,** *n.* existence, ဖြစ်ခြင်း။ အဖြစ်။ a thing which exists, ဖြစ်သောအရာ။

**Entomb,** *v. t.* သင်းချိုင်းတွင်း၌ထားသည်။

**Entrails,** *n. plur.* ဝမ်းတွင်းသား။

**En'trance,** *n.* the act of entering, ဝင်ခြင်း၊ အဝင်။ the liberty of entering, ဝင်ရသောအခွင့်။ the passage by which a place is entered, ဝင်ဝ။ —of a road, လမ်းပေါက်၊ လမ်းဝ။ commencement, အစအဦးပြုခြင်း။ the act of entering into possession, ဝင်စားခြင်း။

**Entrance',** *v. t.* ဘဝင်ဖြစ်စေသည်။

**Entrap,** *v. t.* ထောင်၍ဖမ်းသည်၊ ထောင်မိသည်၊ ကျော့မိသည်၊ ဖမ်းမိသည်။ —by a covered pit, တွင်းကျထောင်သည်။

**Entreat,** *v. t.* to beseech, တောင်းသည်။ တောင်းပန်သည်။ to pray, ဆုတောင်းသည်။

**Entreaty,** *n.* from above.

**Entry,** *n.* the act of entering, ဝင်ခြင်း။ the passage by which a place is entered, ဝင်ဝ။ the act of entering into possession, ဝင်စားခြင်း။ the act of registering, စာရင်း၌မှတ်သားခြင်း။

**Entwine,** *see* Intwine.

**Entwist,** *see* Twist, *v.*

**Enumerate,** *v. t.* ရေသည်။

**Enumeration,** *n.* from above.

Enunciate, *v. t.* to utter, မြွက်ဆိုသည်။ to relate, ကြားပြောသည်။ to proclaim, ကျော်ညာစေသည်။
Enunciation, *n.* from above.
Envelop, *v. t.* to wrap up, ထုပ်သည်။ to cover up, ဖုံးအုပ်သည်၊ —*n.* အဖုံး၊ အဖုံးအအုပ်။
Envenom, *v. t.* to impregnate with venom, အဆိပ်ကိုသွင်းသည်၊ to exasperate, မုန်းထားစေသည်။
Enviable, *a.* calculated to excite envy, ငြူစူဖွယ်ဖြစ်သော။ exceedingly desirable, အလွန်လိုချင်ဖွယ်ဖြစ်သော။
Envious, *a.* feeling envy, ငြူစူသော။ pertaining to envy, ငြူစူခြင်းနှင့်ဆိုင်သော။
Environ, *v. t.* ဝန်းရံသည်။ ပတ်ဝိုင်းသည်။
Environs, *n. plur.* ဆင်ခြေဖုံး။ —(of a thing), ထက်ဝန်းကျင်။
Envoy, *n.* သံတမန်။ မင်းသံ။
Envy, *v. t* ငြူစူသည်။ —*n.* from *do.* ဣဿာ။ *Pali.*
Epact, *n.* ပိုလွန်သောနေ့ရက်။
Epaulet, *n.* ပခုံးစွန်းပန်းပွား။
Ephemeral, *a.* တရက်မျှသာတည်တတ်သော။
Ephemeris, *n.* a diary, နေ့စဉ်မှတ်စာ။ an astronomical register of the daily state and position of the heavenly bodies, နေ၊ လ၊ ကြယ်နက္ခတ်အလှည့်အပတ်အသွားအလာတို့ကိုနေ့စဉ်မှတ်သားသောစာရင်း။
Ephemeron, *n.* တရက်မျှသာအသက်ရှင်တတ်သောပိုးမျိုး။
Epic, *n.* ရကန်။ —*a.* ရကန်နှင့်ဆိုင်သော။
Epicine, *a.* ပုလ္လိင်၊ ဣတ္ထိလိင်နှစ်ပါးဝင်သော (စကား။)
Epicure, *n.* အစားအသောက်၌မွေ့လျော်တတ်သောသူ။
Epicurean, *a* ထိုသို့သောမွေ့လျော်ခြင်းနှင့်ဆိုင်သော။
Epicycle, *n.* စက်ဝိုင်းကြီးအတွင်း၌ပါသောစက်ဝိုင်း။
Epidemic, *n.* ကာလနာ။ —*a.* ကာလနာနှင့်ဆိုင်သော။
Epidermis, *n.* အပေါ်သားရေ။
Epiglottis, *n.* အသက်လေထွက်ဝင်ရာအဝကိုပိတ်သောအခင်း
Epigram, *n.* အနက်အဓိပ္ပါယ်ထက်မြက်သောလင်္ကာစကားတို။
Epigrammatic, *a.* ထိုသို့သောသဘောရှိသော (စကား။)
Epilepsy, *n.* ဝက်ရူးနာတမျိုး။
Epileptic, *a.* ထိုအနာစွဲသော။
Epilogue, *n.* ဇာတ်အဆုံး၌ဖွဲ့ရွဲ့သောစကား။
Epiphany, *n.* သခင်ယေရှုခရစ် ဖွားမြင်တော်မူသောအခါ၌ ပေါ်ထွန်းသောကြယ်ကိုအကြောင်းပြု၍ ဂေါ်လိတ်ဘာသာသည်နှင့်စည်ခံသောပွဲ။
Episcopacy, *n.* ဂိုဏ်းအုပ်အုပ်စိုးရာဘာသာ။
Episcopal, *a.* ဂိုဏ်းအုပ်နှင့်ဆိုင်သော။

Episcopalian, *n.* ဂိုဏ်းအုပ်အုပ်စိုးသောအသင်းတော်ဝင်သူ။
Episcopate, *n.* ဂိုဏ်းအုပ်အရာ။
Episode, *n.* ထက်ဝန်းစကားချပ်။
Epistle, *n.* သူတပါးသို့ရေး၍ပေးလိုက်သောစာ၊ မေတ္တာစာ၊ သောင်းပါးစာ၊ ဝန်စာ။
Epistolary, *a.* မေတ္တာစာနှင့်ဆိုင်သော။
Epitaph, *n.* သင်းချိုင်းအပေါ်မှာထိုး၍ထားသောကဗ္ဗည်းစာ။
Epithalamium, *n.* မင်္ဂလာဆောင်ပွဲနှင့်ဆိုင်သောသီချင်း။
Epithet, *n.* ကောင်းသောဂုဏ်၊ မကောင်းသောဂုဏ်ကိုဖော်ပြသောစကား။
Epitome, အကျဉ်းချုပ်သောစာ။
Epitomize, *v. t.* ကျယ်သောစာကိုအကျဉ်းချုပ်သည်။
Epoch, *n.* သက္ကရာဇ်၊ ကောဇာ။
Equability, *n.* from next.
Equable, *a.* ညီညွတ်သော။
Equal, *a.* of the same bulk or extent, ညီမျှသော။ even, uniform, ညီညွတ်သော။ of the same qualities, တန်းတူသော၊ ထပ်တူသော၊ ရည်တူသော၊ အလားတူသော။ suitable, adequate, တန်သော၊ လောက်သော။ —*n.* တန်းတူသောသူ၊ ရည်တူသောသူ၊ အလားတူသောသူ။ —*v. t.* from Equal, *a.*; to come up to, မှီသည်။ (to make equal, ထပ်တူပြုသည်။)
Equality, *n.* the state of being the same, in regard to bulk, extent, etc. ညီမျှခြင်း။ evenness, uniformity, ညီညွတ်ခြင်း။
Equalize, *v. t.* ညီမျှစေသည်။
Equanimity, *n.* စိတ်တသမတ်တည်းရှိခြင်း။
Equation, *n.* ညီမျှစေခြင်း။
Equator, *n.* အရှေ့အနောက်သို့လိုက်၍မြေကြီးလုံးထက်ဝန်းကျင်ကိုပတ်ရစ်သောပဟိုရ်စက်ဝိုင်း။
Equerry, *n.* မြင်းတော်ထိန်း။
Equestrian, *a.* မြင်းစီးခြင်းနှင့်ဆိုင်သော။
Equiangular, *a.* ထောင့်ချင်းညီသော။
Equidistant, *a.* အကွာအဝေးချင်းတူသော။
Equilateral, *a.* အချိုးအစားညီမျှသော။
Equilibrium, *n.* ချိန်စက်၍ညီမျှခြင်း။
Equinoctial, *a.* နေ့နာရီနှင့်ညနာရီညီမျှခြင်းနှင့်ဆိုင်သော။ —line, *see* Equator.
Equinox, *n.* the vernal—, ပဌမဥတုဥ္စနေ့နာရီနှင့်ညနာရီညီမျှသောအချိန်ကာလ။ the autumnal—, တတိယဥတုဥ္စနေ့နာရီနှင့်ညနာရီညီမျှသောအချိန်ကာလ။
Equip, *v. t.* to furnish with arms and military accoutrements, ထက်နက်တန်ဆာစုံကိုပျှင်ဆင်၍ပေးသည်။ to furnish with requi-

sites for any undertaking, အသုံးအဆောင်အခမ်းအနားကိုပြင်ဆင်၍ပေးသည်။

Equipage, *n.* military arms and accoutrements, လက်နက်တန်ဆာစုံ။ suitable accompaniment, အဆောင်အရောင်အခမ်းအနား။

Equipment, *n.* from Equip; articles furnished in equiping, ပြင်ဆင်၍ထားသောအသုံးအဆောင်အခမ်းအနား။

Equipoise, *see* Equilibrium.

Equitable, *a.* တရားသော၊ ဖြောင့်မတ်သော၊ တရားနှင့်ညီလျော်သော။

Equity, *n.* တရား၊ ဖြောင့်မတ်ခြင်းတရား။

Equivalence, *n.* from next,

Equivalent, *a.* equal in value, အဘိုးသားနှင့်တူသော၊ equal in force, အစွမ်းသတ္တိချင်းတူသော၊ of the same import, အနက်အဓိပ္ပာယ်ချင်းသဘောတူသော။ —*n.* ညီမျှသောအရာ။

Equivocal, *a.* of doubtful meaning, အနက်အဓိပ္ပာယ်မှန်သော၊ obscure, အနက်မရှင်းသော၊ occasioning uncertainty, စိတ်ဂဝေဂဝါဖြစ်ရသောအကြောင်းရှိသော။

Equivocate, *v. i.* လိမ်လည်အံ့သောငှါအနက်မမှန်၊ မရှင်းလင်းသောစကားကိုသုံးဆောင်သည်။

Equivocation, *n.* from above.

Era, *n.* epoch, သက္ကရာဇ်၊ ကောဇာ၊ a division of time, ကပ်၊ ကာလအပိုင်းအခြား။

Eradiate, *v. i.* ရောင်ခြည်ထွက်သည်။

Eradiation, *n.* from above.

Eradicate, *v. t.* to extirpate, အမြစ်ပါနုတ်သည်။ to destroy thoroughly, သုတ်သင်ပယ်ရှင်းသည်။ ရှင်းရှင်းဖျက်ဆီးသည်။

Eradication, *n.* from above.

Erase, *v. t.* ချေသည်။ ချေဖျက်သည်။

Erasure, *n.* from above; the spot where something has been erased, ချေရာ။

Ere, *adv.* မ—မှီ။ မ—ခင်၊ —long, မကြာမမြင့်မှီ၊ —now, ယခုအချိန်မရောက်မှီ၊ —while, အရင်၊ အထက်။

Erebus, *n.* မရဏာနိုင်ငံ။

Erect, *a.* upright, မတ်သော၊ တည့်မတ်သော၊ directed upward, ထောင်လျက်ရှိသော၊ firm, unshaken, ခိုင်ခံ့တည်ကြည်သော။ —*v. t.* to make upright, မတ်သည်။ to raise and set upright, ထူသည်။ ထောင်သည်။ ထူထောင်သည်။ စိုက်သည်။ to set up, build, establish, တည်သည်။ တည်ဆောက်သည်။ တည်ထောင်သည်။ to elevate, exalt, ချီးမြှောက်သည်။ to animate, အားပေးသည်။

Erection, *n.* from Erect, *v. t.*

Erectness, *n.* မတ်ခြင်း။

**Ergo,** *adv.* ထိုကြောင့်။
**Ermine.** *n.* the animal, သားတမျိုး။ the fur of the ermine, ထိုသား၏အရေ။
**Erode,** *see* Corrode.
**Erosion,** *n.* from above.
**Err,** *v. i.* to mistake, လွဲသည်။ မှားသည်။ to entertain erroneous sentiments, မှောက်မှားသည်။ to sin, မှားယွင်းသည်။ ချော်သည်။
**Errand,** *n.* a verbal message, မှာလိုက်သောအချက်။ business on which one is sent, သူတပါးစေခိုင်း၍ဆောင်ရွက်ရသောအမှု။
**Errant,** *a.* deviating, လမ်းလွဲသော။ rambling about, အရပ်ရပ်လှည့်လည်သော။
**Errantry,** *n.* from above, 2d def.
**Erratic,** *a.* အတည်မကျ၊ အရပ်ရပ်လှည့်လည်တတ်သော။
**Erratum,** *n.* လက်ရေးစာ၊ ပုံနှိပ်စာ၌စာလုံးမှားသောအချက်။
**Erroneous,** *a.* လွဲသော။ မှားသော။
**Error,** *n.* from Err; အမှား။ false opinion, မိစ္ဆာဒိဋ္ဌိ။
**Errorist,** *n.* မိစ္ဆာဒိဋ္ဌိအယူကိုစွဲလမ်းသောသူ။
**Erst,** *adv.* ရှေးက။
**Eructate,** *v. i.* လေတက်သည်။
**Eructation,** *n.* from above.
**Erudite,** *a.* စာပေ၌ကြေပြွန်သော။
**Erudition,** *n.* from above.
**Eruption,** *n.* a bursting forth, ပေါက်ကွဲ၍ထွန်းခနဲထွက်ခြင်း။ a sudden, hostile excursion, ရုတ်ခနဲထွက်၍တိုက်ခြင်း။ a breaking out of humors, အဖုအဖိမ့်ပေါက်ခြင်း။
**Erysipelas,** *n.* အနာဒိး၊ အနာလျှံတမျိုး။
**Escalade,** *n.* စစ်တိုက်ရာတွင်မြို့ရိုး၊ သစ်တပ်ကိုလှေကားဖြင့် တက်၍ကျော်ဝင်ခြင်း။
**Escape,** *v.* လွတ်ဆောင်ပြေးသည်။ လွတ်ဆောင်ရှောင်သည်။ —danger, ရန်လွတ်သည်။ —*n.* from same; a slight mistake, အမှတ်တမဲ့ပြုမိခြင်း။
**Escheat,** *v. i.* အမွေခံမရှိသော်ငှင်၊ ရာဇဝတ်သင့်သော်ငှင်၊ မင်းဥစ္စာဖြစ်သည်။ —*n.* from *do.*
**Eschew,** *v. t.* ရှောင်သည်။
**Escort,** *v. t.* ကြပ်မ၍ပို့သည်။ —*n.* ကြပ်မ၍ပို့သောလူစု။
**Escritor,** *n.* စာရေးသစ်တာ။
**Esculent,** *a.* စားဖွယ်ဖြစ်သော။
**Escutcheon,** *n.* တံဆိပ်ပုံကိုရေး၍ထားသောကား။
**Esophagus,** *n.* အစာရေစာဝင်ရာလည်ချောင်း။
**Esoteric,** *a.* မထင်ရှား၊ လျှို့ဝှက်သော။

**Espalier,** *n.* စည်း၊ စောင်ရန်းဖြစ်အောင်စိုက်သောအပင်။

**Especial,** *a.* အထူးသဖြင့်အမှုထားစရာရှိသော။

**Especially,** *adv.* အထူးသဖြင့်။

**Espial,** *n.* from Espy; သူလျှို။

**Espionage,** *n.* သူလျှိုလုပ်ခြင်း။

**Esplanade,** *n.* မြို့ကျုံးအပြင်ပစာ၊ စစ်တလင်း။

**Espousal,** *n.* from next.

**Espouse,** *v. t.* to give in marriage, ပေးစားသည်၊ ထိမ်းမြားသည်။ to marry, လက်ထပ်သည်။ to take part with, လက်ခံသည်။

**Espy,** *v. i.* (မထင်ရှားသောအရာကိုသော်၎င်း၊ ဝေးသောအရာကိုသော်၎င်း) ကြည့်၍မြင်သည်။

**Esquire,** *n.* an attendant or knight, မှူးရုံမတ်ရုံ။ a justice or justice of peace, တရားသူကြီး။ ခုံ။

**Essay,** *v. t.* to endeavor, အားထုတ်သည်။ to attempt, try, စမ်းသည်၊ ပြုစမ်းသည်။ —*n.* from above; a kind of dissertation, ဆွေးနွေးသောစာ။

**Essayist,** *n.* ဆွေးနွေးသောစာကိုရေးတတ်သောသူ။

**Essence,** *n.* existence, ဓာတ်။ အဖြစ်။ fundamental nature, ဓာတ်။ ဖြစ်ရင်းပကတိ။ နဂိုရ်။ a being, ဖြစ်သောသူ။ the predominant qualities of a substance extracted and concentrated, ပြန်၍ချက်သောအရည်၊ ထုတ်သောဩဇာ။ perfume, အနံ့။ —of flowers. ဝတ်ရက်၊ ပန်းရက်။ fragrant—, နံ့သာရည်။

**Essential,** *a.* pertaining to the constitution or existence of a thing, ဖြစ်ရင်းပကတိ၌ပါသော။ နဂိုရ်နှင့်ဆိုင်သော။ highly important, အဓိကဖြစ်သော။ rectified, ပြန်၍ချက်သော။ —*n.* အဓိက။

**Establish,** *v. t.* to settle, တည်သည်၊ တည်ထားသည်၊ တည်ထောင်သည်၊ ပြဋ္ဌာန်းသည်။ to make firm, fix firmly, ခိုင်ခံ့မြဲမြံစေသည်။ to enact, ဥပဒေထားသည်။

**Establishment,** *n.* from above; a settled station or state, အတည်ကျသောနေရာ။ a stated regulation, system of law, စီရင်၍ထားသောနည်းဥပဒေသ။ ပညတ်တရား။ a stated allowance for subsistence, စရိတ်စက လုံလောက်အောင် စီရင်၍ ထားသောအရာ။ the employees of an office collectively, အရာရှိအခြောက်ခံ၊ စာရေး၊ လုလင်၊ အမှုထမ်းစု။ a system of worship established by law, ဘုရားသခင်အားဝတ်ပြုကိုးကွယ်ခြင်းအမှုကိုမင်းအာဏာနှင့်စီရင်ချထားသောအရာ။

**Estate,** *n.* condition, အပြင်၊ အနိမ့်အမြင့်ရှိသောနေရာ။ property, ပိုင်နက်။ the general interest or business of a government, ပြည်သူပြည်သားများနှင့်ဆိုင်သောအမှုအရေး၊ တိုင်းရေးပြည်ရေး။ inherited real estate, အမွေတက်ရာ၊ ဘိုးဘွားအမွေဆင်ဆက်ရင်း။

**Esteem,** *v. t.* to think, ထင်မှတ်သည်။ to regard highly, ကောင်းမြတ်သည်ဟုထင်၍နှစ်သက်သောစိတ်ရှိသည်။ —*n.* from *do.*
**Estimable,** *a.* that may be estimated, မြင့်တွက်နိုင်ဖွယ်ဖြစ်သော၊ worthy of esteem, နှစ်သက်ဖွယ်ဖြစ်သော။
**Estimate,** *v. t.* to calculate in the mind, မြင့်တွက်သည်။ to compute, reckon, တွက်သည်။ ခန့်တွက်သည်။ —*n.* from above;—of a plan, စနစ်။ estimated value, မြင့်တွက်၍ထားသောတန်ဖိုး၊ mental estimate of extent, အခန့်အတာ။
**Estimation,** *n.* same, esteem, affectionate regard, နှစ်သက်ခြင်း။
**Estrange,** *v. t.* to withdraw from acquaintance, အကျွမ်းဝင်သောအမှုကိုဖျက်သည်။ to alienate affection, မေတ္တာကိုဖျက်သည်။
**Estrangement,** *n.* from above.
**Estuary,** *n.* ပင်လယ်ဝ။
***Et cetera,*** &c. အစရှိသည်တို့။ မှစ၍။
**Etch,** *v. t.* ကြေးနီပြားပေါ်၌ရုပ်ပုံပေါ်အောင်ထုလုပ်ရေးသားသည်။
**Etching,** *n.* ကြေးနီပြားရုပ်ပုံပေါ်မှာနှိပ်၍ယူသောရုပ်ပုံ။
**Eternal,** *a.* without beginning, အစမရှိသော။ without end, အဆုံးမရှိသော။ without beginning or end, အစအဆုံးမရှိသော၊ perpetual, အစဉ်အမြဲတည်သော။ နိစ္စထာဝရ။ —*n.* ထာဝရဘုရား။
**Eternity,** *n.* အနန္တကာလ။
**Eternize,** *v. t.* to make endless, အစဉ်အမြဲတည်စေသည်။ to make forever famous, အစဉ်အမြဲကျော်စောစေသည်။
**Ether,** *n.* an element purer than air, (ရှေးပညာရှိတို့အထင်အထိုင်း) လေထက်သန့်ရှင်းသောဓာတ်။ (*in chemistry,*) ပြန့်၍ထွက်သောဆေးတမျိုး။
**Ethereal,** *a.* pertaining to ether, လေထက်သန့်ရှင်းသောဓာတ်နှင့်ဆိုင်သော။ like ether, လေထက်သန့်ရှင်းသောဓာတ်သဘောရှိသော။ heavenly, ကောင်းကင်နှင့်ဆိုင်သော။
**Ethical,** *a.* ဒေသိကတရားနှင့်ဆိုင်သော။
**Ethics,** *n. plur.* ကျင့်ဝတ်တရားကိုမှိုင်းခြား၍ပြသောနည်းဥပဒေသများ၊ ဒေသိကတရား။
**Etiquette,** *n.* လူအကြီးအငယ်၊ အယုတ်အမြတ်အချင်းချင်းပြုရသောလောကဝတ်ထုံးစံဓလေ့။
**Etymological,** *a* ဝေါဟာရဗဒအတတ်နှင့်ဆိုင်သော။
**Etymologist,** *n.* ထိုအတတ်၌ကျွမ်းလည်သောသူ။
**Etymology,** *n.* စကား၏အမြစ်အခြေကိုပြသောအတတ်။ ဝေါဟာရဗဒအတတ်။
**Etymon,** *n.* စကား၏အမြစ်အခြေဖြစ်သောစကားရင်း။
**Eucharist,** *n.* သခင်ယေရှုခရစ်၏ကျေးဇူးတော်ကိုအောင်းမေ့ခြင်းမင်္ဂလာပွဲတော်။

**Eucharistic**, *a.* pertaining to the Lord's supper. ထိုပွဲတော်နှင့်ဆိုင်သော။ expressive of thankfulness, ကျေးဇူးကိုချီးမွမ်းခြင်းနှင့်ဆိုင်သော။

**Eugenia**, *n.* သပြေ။ one species, ကွဲ့သိုက်သပြေ။

**Eulogist**, *n.* agent from next.

**Eulogize**, *v. t.* ချီးမွမ်းသောစကားကိုချီးကုံးသည်။

**Eulogy**, *n.* ချီးမွမ်းသောစကား။

**Eunuch**, *n.* a castrated person, သင်းကွပ်ပြီးသောသူ။ the keeper of a harem, မိန်းမစိုး။

**Euphonic, Euphonious**, *a.* သာယာသောစကားသံရှိသော။

**Euphony**, *n.* သာယာသောစကားသံ။

**Euphorbium**, *n.* ရှားစောင်းစေး။

**European**, *a.* ဥရောပတိုက်နှင့်ဆိုင်သော။ —*n.* ဥရောပတိုက်သား။

**Evacuate**, *v. t.* to make empty, လစ်စေသည်။ လွတ်လပ်စေသည်။ —the bowels, (ကျင်ကြီး၊ ကျင်ငယ်ကို) စွန့်သည်။ —a place, (နေရာမှ) ထွက်သွားသည်။

**Evacuation**, *n.* from above.

**Evade**, *v. t.* to avoid, escape, လွှတ်အောင်ရှောင်သည်။ တိမ်းရှောင်သည်။ to elude, ပရိယာယ်အားဖြင့်လွတ်အောင်ပြုသည်။

**Evanescence**, *n.* from next.

**Evanescent**, *a.* ကွယ်ပျောက်တတ်သော။

**Evangelical**, *n.* pertaining to the gospel, ဧဝံဂေလိတရားနှင့်ဆိုင်သော။ according to the gospel, ဧဝံဂေလိတရားနှင့်ညီသော။

**Evangelist**, *a.* a preacher of the gospel, ဧဝံဂေလိတရားကိုဟောသောဆရာ။ သာသနာပြုဆရာ။ the writer of one of the four Gospels, ခရစ်ဝင်ကျမ်းလေးစောင်ကိုစီရင်ရေးထားသောသူ။

**Evangelize**, *v.* ဧဝံဂေလိတရားကိုဟောပြောပြသသွန်သင်သည်။

**Evaporate**, *v. i.* အငိုးအငွေ့ဖြစ်၍ပျောက်လွင့်သည်။ —*v. t.* from same.

**Evaporation**, *n.* from above.

**Evasion**, *n.* from Evade.

**Evasive**, *a.* လွတ်အောင်ပရိယာယ်ပြုတတ်သော။

**Evasively**, *adv.* ကောက်ကာကာ။ ယိုးကာယောင်ကာ။ ယိုးတိုးယားတား။

**Eve**, *n.* ညဦး။ နေဝင်ချုပ်သောအချိန်။

**Even**, *a.* alike, equal, level, ညီညာသော။ not leaning, တည့်သော။ of uniform temper, (စိတ်) တသမတ်တည်းရှိသော။ not odd, စုံသော။ အစုံ။ —handed, တက်သိမ်ခင့်၊ ဖြောင့်မတ်စွာစီရင်သော။ —*v. t.* ညီညာစေသည်။ —*adv.* မျှ။ ပင်။ စင်။ ဘဲ။ —tempered, *a.* စိတ်တသမတ်တည်းဖြစ်သော။

**Evenly**, *adv.* as several ends cut at the same length, တိရှို။

**Evening**, *n.* ညဦး။ ညဦးယံ။ နေဝင်းချုပ်သောအချိန်။

**Evenness**, *n.* from Even, *a.*, smoothness, အပြေအပြစ်။
**Event**, *n.* that which takes place, အဖြစ်အပျက်။အကြောင်းအရာ။ a consequence, အကြောင်း၏အကျိုး။
**Eventful**, *a.* အဖြစ်အပျက်များသော။
**Eventual**, *a.* consequential, တစုံတခုသောအကြောင်းကြောင့်ဖြစ်သော။ ultimate, နောက်ဆုံး၌ဖြစ်သော။
**Eventually**, *adv.* နောက်ဆုံး၌။
**Eventuate**, ( Amer. ) *v. i.* တစုံတခုသောအမှုပြီးသည်အဆုံး၌ဖြစ်လာသည်။
**Ever**, *adv.* at any time, တရံသောအခါ။ at all times, အခါခပ်သိမ်း။ perpetually, forever, အစဉ်။ အစဉ်အမြဲ။ အစဉ်မပြတ်။ in any way, တစုံတခုသောအားဖြင့်။ —(as soon as,) *adv.* (မြုမြ) ချင်း။ —and anon, ခဏခဏ။ —green, *a.* ၁၂ ရာသီအရွက်စိမ်းသော။ —lasting, အစဉ်အမြဲတည်သော။ ထာဝရဖြစ်သော။ အစဉ်မပြတ်သော။ —more, *adv.* အစဉ်အမြဲ။
**Every**, *a.* တိုင်း။ —body, *n.* လူတိုင်း။ —day, *adv.* နေ့တိုင်း။ —where, အရပ်တိုင်း။ ခပ်သိမ်းသောအရပ်တို့၌။
**Eviet**, *v. t.* မှုဖြစ်အလျှောက်စီရင်၍သိမ်းယူသည်။
**Evidence**, *n.* that which elucidates and makes credible, ယုံထောက်ခအောင်သက်သေထင်ရှားသောအရာ။ testimony, သက်သေခံချက်။ သက်သေသာကေ။ a witness, သက်သေခံသောသူ။ —*v. t.* ယုံထောက်အောင်ဖော်ပြသည်။
**Evident**, *a.* ထင်ရှားသော။
**Evidential**, *a.* ယုံလောက်အောင်ထင်ရှားစေတတ်သော။
**Evidently**, *adv.* clearly, ထင်းထင်းထင်းလင်း။
**Evil**, *a.* မကောင်း။ ဆိုးသော။ ဆိုးယုတ်သော။ —affected, မနာလိုသော။ —doer, *n.* ဒုစရိုက်ကိုပြုသောသူ။ —entreat, *v. t.* ညှဉ်းဆဲသည်။ —minded, *a.* မနာလိုသော။ —speaking, *n.* သူတပါးသရေပျက်အောင်ပြောဆိုခြင်း။ —worker, *see* —doer; —(natural,) အမင်္ဂလာ။ ဘေး။ ဥပါဒ်။ အန္တရာယ်။ ဒါဏ်။ ဥပဒ္ဒဝေ။ —(moral,) မကောင်းသောအမှု။ ဒုစရိုက်။ အပြစ်။
**Evince**, *v. t.* ယုံလောက်အောင်ဖော်ပြသည်။
**Evincible**, *a.* ယုံလောက်အောင်ဖော်ပြနိုင်ဖွယ်ဖြစ်သော။
**Eviscerate**, *v. t.* အူကိုထုတ်သည်။
**Evocation**, *n.* from next.
**Evoke**, *v. t.* ပေါ်လာအောင်အာဏာနှင့်ခေါ်သည်။
**Evolution**, *n.* the act of unrolling and unfolding, အခွေကိုဖြည်ခြင်း။ ဖြည်ဖွင့်ခြင်း။ that which is unrolled and unfolded, ဖြည်ဖွင့်သောအရာ။ (*in algebra,*) နုတ်ခြင်း။ (*in tactics,*) လှည့်လည်၍တပ်ရေးခြင်း။

Evolve, *v. i.* အခွေပြည်သည်။ ပြည်ပွင့်သည်။ —*v. t.* from *do.*
Evulsion, *n.* နုတ်ခြင်း။
Ewe, *n.* သိုးမ။
Ewer, *n.* လက်ဆေးရေကရား။
Exacerbate, *v. t.* to exasperate, ဒေါသမိတ်ပြင်းထန်စေသည်။ to augment, heighten, (အနာကို) တိုးစေသည်။
Exacerbation, *n.* from above.
Exact 1, *a.* precise, သေချာသော။ စေ့စပ်သော။ —in speaking, ပြတ်သားသော။ perfectly conformable, တညီတညွတ်တည်းဖြစ်သော။ တချက်တည်းနေရာကျသော။ —2, *v. t.* အနိုင်အထက်ပေးစေသည်။ ငွေညှစ်သည်။
Exacting, *a.* strict, ကျည်းကျပ်သော။
Exaction, *n.* from Exact, *v. t.*; that which is exacted, အနိုင်အထက်တောင်း၍ပေးရသောအရာ။
Exactness, *n.* from Exact, *a.*
Exactor, *n.* အနိုင်အထက်တောင်းသောသူ။
Exaggerate, *v. t.* ပိုလျှံ၍ပြောဆိုသည်။ စကားကားသည်။ စကားလျှံသည်။ ကားပြောသည်။
Exaggeration, *n.* from above.
Exalt, *v. t.* to lift up, မြှောက်သည်။ to promote, ချီးမြှောက်သည်။ ချီးမြှင့်သည်။ to make excellent, မြင့်မြတ်စေအောင်ပြုသည်။
Exaltation, *n.* from above.
Examination, *n.* from next; အစစ်။ (to undergo an examination အစစ်ခံသည်။)
Examine, *v. t.* to search into, investigate, စစ်သည်။ စစ်ဆေးသည်။ to interrogate judicially, စစ်မေးသည်။ စစ်ကြောသည်။ မေးမြန်းသည်။ —thoroughly, စေ့နှစ်သည်။ မိစစ်သည်။
Example, *n.* a pattern, model, illustration, ပုံ။ သက်သေ။ a warning to others, အများကြောက်ရွံ့စေခြင်းငှါဆုံးမခံရသောသူ။
Exanimate, *a.* lifeless, အသက်မရှိသော။ disheartened, စိတ်ညှိုးနွမ်းသော။
Exasperate, *v. t.* to provoke to rage, ဒေါသမိတ်ပြင်းထန်စေသည်။ to augment violence, အရှိန်ကြီးစေသည်။
Exasperation, *n.* from above; violent anger, ဒေါသမိတ်ပြင်းထန်ခြင်း။
Excavate, *v. t.* ခလိုင်သည်။ ခေါင်၍တူးသည်။ —in a slanting direction, ခယောင်သည်။
Excavation, *n.* ခလိုင်။ —in a mountain, ကူ။ ဥမင်။
Exceed, *v.* to be more, သာသည်။ လွန်သည်။ to be more excellent, လွန်ကဲသည်။ —(the original,) ဆင့်ကဲသည်။ —(others,) ထန်း

ကြွယ်သည်။ to go too far, လွန်သည်။ ကျူးသည်။ လွန်ကျူးသည်။ —to be superabundant, မိုသည်။ မိုမိုသည်။ မိုမောက်သည်။

Exceedingly. *a.* or *adv.* extraordinary, ဇိသေသ၊ အကြောင်းမတန်၊ အင်မတန်၊ အထူးသဖြင့်၊ အယ်ဆောင်၊ အလွန့်တရာ၊ ဝက်ဝက်ကွဲ၊

Excel, *v.* သာသည်။ လွန်သည်။ လွန်ကဲသည်။ မြတ်သည်။ —in skill or execution, ထူးချွန်သည်။

Excellence, *n.* from Excellent.

Excellency, *n.* same; (a title,) မြင့်မြတ်သောသခင်။

Excellent, *a.* မြတ်သော၊ မြင့်မြတ်သော၊ ထူးမြတ်သော၊ မဟာ၊

Except, *v. t.* to leave out, omit, (မပါစေဘဲ) ထားသည်။ —*v. i.* to object, သဘောမတူ၊ ငြင်းသည်။ —*conj.* or *prep.* unless, မ—လျှင်၊ but, beside, ငြင်၊ မှတပါး၊ exclusive of, ချွတ်၊

Exception, *n.* from Except, *v.*; that which is excepted, မပါစေဘဲ ထားသောအရာ၊ an objection presented, သဘောမတူ၊ ငြင်းသော အချက်၊ offence taken, အားမရ၊ မနှစ်သက်ခြင်း၊

Exceptionable, *a.* သဘောမတူ၊ ငြင်းနိုင်ဖွယ်ဖြစ်သော၊

Excess, *n.* that which exceeds, သာသောအရာ၊ that which is beyond the common of due proportion, မိုမိုသောအရာ၊ the act of going too far, လွန်ကျူးခြင်း၊ —in the natural appetites, ကြူးသည်။

Excessive, *a.* being beyond the common or due proportion, မိုမို သော၊ too much, လွန်သော၊ (verbal affix:) vehement, violent, ပြင်းထန်သော၊ သည်းထန်သော၊

Exchange, *v. t.* to give one thing for another, ထပ်သည်။ ထည့် သည်။ လဲသည်။ လဲလှယ်သည်။ ဖလှယ်သည်။ လဲဖယ်သည်။ to change one thing for another, ပြောင်းလဲသည်။ —goods, ဖောက်ကားသည်။ —*n.* from above; the thing given or received, လဲသောအရာ၊ the transferring of money by a bill of exchange, ငွေလွှဲလက်မှတ်အားဖြင့်တပြည်မှတပြည်သို့ငွေကိုလွှဲအပ်၍ ခံရခြင်း၊ the place where merchants meet for business, ကုန် သည်စုဝေးရာအရပ်။

Exchequer, *n.* ငွေတော်ကိုပေးရာခံရာရုံး၊

Excise, *n.* အစား အသောက် အသုံး အဆောင် အတွက် ပေးရသော အခွန်။ —man, ထိုအခွန်ကိုခံသောသူ၊

Excision, *n.* a cutting off, ဖြတ်ခြင်း၊ extirpation, ပယ်ရှင်းခြင်း၊

Excitable, *a.* နှိုးဆော်နိုင်ဖွယ်ဖြစ်သော၊

Excite, *v. t.* နှိုးဆော်သည်။ တိုက်တွန်းသည်။ —a quarrel by mischievous representations, ဂုံးတိုက်သည်။ ဂုံးချောသည်။

Excitement, *n.* from above; that which excites, နှိုးဆော်ခြင်းအ ကြောင်း၊

Exclaim, *v. i.* ဟစ်အော်သည်။
Exclamation, *n.* from above; a mark of emphasis or surprise, အာမေဍိတ်စာပုဒ်အမှတ်တမျိုး။ ( ! )
Exclamatory, *a.* ကျွေးကြော်ခြင်းနှင့်ဆိုင်သော၊
Exclude, *v. t.* to thrust out, နှင်ထုတ်သည်။ to hinder from entering, မဝင်ရအောင်ဆီးတားသည်။ to except, မပါစေဘဲထားသည်။
Exclusion, *n.* from above.
Exclusive, *a.* hindering, debarring, မဝင်ရအောင်ဆီးတားသော၊ not including, မပါစေဘဲထားသော။
Excogitate, *v. t.* ထိုးထွင်းသည်။
Excogitation, *n.* from above.
Excommunicate, *v. t.* ပွဲတော်သို့မဝင်ရအောင်အသင်းတော်မှ နှင်ထုတ်သည်။ သာသနာမှဖျောက်သည်။
Excommunication, *n.* from above.
Excoriate, *v. t.* to flay, အရေကိုခွာသည်။ to abrade, အရေကိုပွန်းသည်။
Excoriation, *n.* from above.
Excrement, *n.* matter excreted and ejected, အချေး၊ အချေးအညှော်။ dung, ချေး၊ ကျင်ကြီး၊ မစင်၊ ဝစ်။
Excrescence, *n.* အဖု၊ အသားတိုး။ fleshy—, အသားထွက်၊ အသားဖြတ်၊
Excrete, *v. t.* ခွဲခွာ၍စွန့်သည်။
Excretion, *n.* from above; that which is excreted, ခွဲခွာ၍စွန့်သောအရာ၊
Excretive, Excretory, *a.* ခွဲခွာ၍စွန့်တတ်သော၊
Excruciate, *v. t.* ပြင်းထန်စွာသောဝေဒနာကိုဖြစ်စေသည်၊
Exculpate, *v. t.* အပြစ်တင်ခွင့်နှင့်လွတ်အောင်ပြောသည်။
Exculpation, *n.* from above.
Excursion, *n.* a wandering from a stated path, သွားမြဲလမ်းမှလွှဲ၍လည်သွားခြင်း၊ a ramble for pleasure, ပျော်ရွှင်ရအောင်အခြားတပါးသို့လှည့်လည်ခြင်း။
Excursive, *a.* လမ်းမှလွှဲ၍လှည့်လည်တတ်သော၊
Excursus, *n.* အလျှည်သင့်၍သွင်းသောစကားချပ်၊
Excusable, *a.* that may be excused, အပြစ်လွှတ်နိုင်သော (အမှု) admitting of excuse or justification, အပြစ်လွတ်အောင်ပြောနိုင်သော (အမှု)
Excuse, *v. t.* to pardon, အပြစ်မှလွှတ်သည်။ to free from obligation, ပြုရသောဝတ်မှအခွင့်ပေး၍လွှတ်သည်။ to vindicate, အပြစ်လွတ်အောင်ပြောသည်။ —one's self from duty, ယိုးမယ်ဖွဲ့သည်။ —*n.* အပြစ်လွတ်အောင်ပြောခြင်း၊

**Execrable,** *a.* deserving to be cursed, ကျိန်ဆဲဖွယ်ဖြစ်သော။ abominable, စက်ဆုပ်ရွံရှာဖွယ်ဖြစ်သော။

**Execrate,** *v. t.* to curse, ကျိန်ဆဲသည်။ to abominate, စက်ဆုပ်ရွံရှာသည်။

**Execration,** *n.* from above.

**Execute,** *v. t.* to perform, လုပ်ဆောင်သည်။ to complete, ပြီးစီးစေသည်။ ထက်စသတ်သည်။ —the laws, ဓမ္မသတ်၊ ရာဇသတ်အရနှင့်စီရင်သည်။ —an order, စီရင်ချက်အတိုင်းတည်စေသည်။ —punishment, အပြစ်ဒါဏ်ပေးသည်။ ကွပ်မျက်သည်။ to put to death, ကွပ်ညှပ်သည်။ သတ်သည်။

**Execution,** *n.* from above; slaughter, သတ်ဖြတ်ဖျက်ဆီးခြင်း။ a warrant authorizing the seizure of goods, သိမ်းပိုင်သောစာချက်။

**Executioner,** *n.* အပြီးစီရင်သောသူ။ အာဏာသား။ ထောင်သား။ လက်မရွံ။ an outlawed—, ပါးကွက်။

**Executive,** *a.* having to perform, လုပ်ဆောင်ရသော။ having to carry the laws into effect, ဓမ္မသတ်၊ ရာဇသတ်အရနှင့်စီရင်ပိုင်သော။

**Executor,** *n.* သေတန်းစာထားသည်အတိုင်းစီရင်သောသူ။

**Exegesis,** *n.* အနက်အဓိပ္ပာယ်ကိုဖော်ပြခြင်း။

**Exegetical,** *a.* အနက်အဓိပ္ပာယ်ကိုဖော်ပြခြင်းနှင့်ဆိုင်သော။

**Exemplar,** *n.* လိုက်ရသောပုံ။

**Exemplary,** *a.* worthy of imitation, ကြည့်၍အတုလုပ်ရန်ကောင်းသော။ good to give warning, သတိပေးရန်ကောင်းသော။

**Exemplification,** *n.* from next; —in *Pali* grammar, ဖြယုတ်။

**Exemplify,** *v. t.* to show by example, ပုံပြသည်။ to transc စာကူးသည်။

**Exempt,** *a.* လွတ်သော။ ကင်းလွတ်သော။ —*v. t.* လွှတ်သည်။

**Exemption,** *n.* freedom, လွတ်ခြင်း။ the act of freeing, လွှတ်ခြင်း။

**Exercise,** *v.* to move (as the limbs,) လှုပ်ရှားသည်။ to exert, အားထုတ်သည်။ to practice for improvement in skill, အလေ့အကျက်ဖြစ်အောင်ပြုလုပ်သည်။ to practice, perform, လုပ်ဆောင်၍နေသည်။ to use, employ, သုံးဆောင်သည်။ to discipline, ဆုံးမသည်။ to put forth exertion for health, ကျန်းမာအောင်မောပန်းစွာလုပ်သည်။ —*n.* from above; a task, တာဝန်။ an act of worship, ဘုရားဝတ်ပြုခြင်း။

**Exert,** *v. t.* ကြိုးစားသည်။ အားထုတ်သည်။ အားစိုက်သည်။

**Exertion,** *n.* from above; active—, ထကြွလုပ်ရှား။ (with great exertion, အပတ်တကုတ်။ ကုတ်ကုတ်ကတ်ကတ်။)

**Exfoliate,** *v. i.* အလွှာပ်ကွာသည်။

Exhalation, *n.* from next; that which is exhaled, အငွေ့၊ အမိုးအငွေ့၊ noxious—, နဂါးငွေ့၊

Exhale, *v. t.* emit a vapor, အငွေ့ကိုလွှတ်သည်၊ to evaporate, အငွေ့ကိုလွင့်တက်စေသည်။

Exhaust, *v. t.* to draw or drain off, (အရည်ကို) ထွက်ဆင်းစေသည်၊ to make quite empty of contents, အကုန်ထုတ်သည်၊ to expend the whole, အကြွင်းမဲ့ကုန်စေသည်၊ to wear away, ဖြုန်းတီးသည်၊ to make quite weary, အားကုန်စေသည်။

Exhausted (be,) *v. i.* as a liquid, ခန်းခြောက်သည်၊ spent, ဖြုန်းတီးသည်၊ worn out, ညှိုးနွမ်းသည်။ နွမ်းရိသည်။ —from fatigue or illness, နုန်းချွေသည်၊ to be weak, မှည်းချွေသည်၊ to be out of breath, ဟောဟဲသည်။ (in an exhausted state, ဟောဟဲဟောဟဲ၊)

Exhaustion, *n.* from above; the state of being quite wearied, အားကုန်ခြင်း။

Exhibit, *v. t.* ထင်ရှားအောင်ပြသည်။ ဖွင့်ပြသည်။ ဖော်ပြသည်။

Exhibition, *n.* from above; a theatrical—, ဇာတ်ပွဲ။

Exhilarate, *v. t.* ရွှင်လန်းစေသည်၊

Exhilaration, *n.* from above.

Exhort, *v. t.* ကောင်းအောင်နှိုးဆော်တိုက်တွန်း၍ပြောသည်၊

Exhortation, *n.* from above; the form of words used in exhorting, နှိုးဆော်တိုက်တွန်းသောစကား။

Exhortative, *a.* ကောင်းအောင်နှိုးဆော်ခြင်းဆောင်တတ်သော၊

Exhumation, *n.* from next.

Exhume, *v. t.* သင်းချိုင်းတွင်းမှထုတ်ဖော်သည်၊

Exigence, Exigency, *n.* ကျည်းမြောင်းရောဆိုက်၍ ချက်ချင်းကြံစည်ဆောင်ရွက်ရသောအမှု။

Exile, *v. t.* ပြည်မှနှင်ထုတ်သည်၊ —*n.* the state of being exiled, ပြည်မှနှင်ထုတ်ခြင်းကိုခံ၍နေရခြင်း၊ one suffering banishment, ပြည်မှနှင်ထုတ်ခြင်းကိုခံ၍နေရသောသူ၊

Exist, *v. i.* to be, ဖြစ်သည်၊ to live, အသက်ရှင်သည်၊ to continue in being, တည်သည်၊ နေသည်၊

Existence, *n.* from above; being, ဇာတိ၊ ဘဝ၊ whole existence throughout successive transmigrations, သံသရာ၊

Existent, *a.* ဖြစ်သော၊

Exodus, *n.* departure, ထွက်ခြင်း။ the second book of the Old Testament, ဓမ္မဟောင်းကျမ်းတို့တွင်ဒုတိယကျမ်းတည်းဟူသောထွက်မြောက်ရာကျမ်း။

Ex-officio, *adv.* တစုံတခုသောအရာရှိသောကြောင့်ပြုရသောအခွင့်တစုံတခုရှိသည်နှင့်၊

Exonerate, *v. t.* to disburden, ဝန်ချသည်၊ to free from blat

အပြစ်တင်ခြင်းနှင့်ကင်းလွတ်စေသည်။ to discharge from obligation, မြွရသောဝတ်မှလွတ်သည်။

**Exorbitance**, *n.* from next.

**Exorbitant**. *a.* exceeding due bounds, လွန်ကျူးသော။ too large, ကြီးလွန်းသော။

**Exorcise**, *v. t.* ဘုရားကိုတိုင်တည်၍သန္တာပြုစေသောအားဖြင့်နတ်ဆိုးတို့ကို နှင်ထုတ်သည်။

**Exorcism**, *n.* from above.

**Exordium**, *n.* အစီး၊ စကားချီး။

**Exoteric**, *a.* မလျှို့ဝှက်၊ ထင်ရှားသော။

**Exotic**, *a.* တတိုင်းတပြည်မှဆောင်ခဲ့၍ပြုစုသော (အရာ။)

**Expand**, *v. i.* to open (as a flower,) ပွင့်သည်။ to be enlarged, ကြီးပွားသည်။ —*v. t.* to open. ဖွင့်သည်။ to spread, ဖြန့်သည်။ to stretch apart, ကားစေခြင်းပြုသည်။ to enlarge, ကြီးပွားစေခြင်းပြုသည်။ to diffuse, spread abroad, ပျံ့ပွားစေခြင်းပြုသည်။

**Expanse**, *n.* ဖြန့်ကျူးသောအရာ —of heaven, အာကာသ၊ ကောင်းကင်။

**Expansion**, *n.* from Expand.

**Expansive**, *a.* ပျံ့ပွားတတ်သော။

*Ex parte*, *a.* တပက်နှင့်သာဆိုင်သော။

**Expatiate**, *v. i.* to rove at large, ပေါက်လွှတ်လှည့်လည်သည်။ to enlarge in discourse, ကျယ်ကျယ်ပြောဆိုသည်။

**Expatriate** (one's self,) *v.* ကိုယ်နေရင်းပြည်ကိုစွန့်သည်။

**Expect**, *v. t.* to look for, ဖြစ်မည်ထင်သည်။ မျှော်သည်။ to wait for (a desirable event) with expectance, စောင့်စားသည်။ to regard (a desirable event) as probable, ထင်စားသည်။

**Expectance, Expectancy, Expectation**, *n.* from above.

**Expectorate**, *v. t.* သလိပ်ကိုဟက်၍ထွေးသည်။

**Expectoration**, *n.* from above.

**Expedience, Expediency**, *n.* from next.

**Expedient**. *a.* tending to promote an object, (တမှိတရသောအကျိုးကို) ပြုစုတတ်သော။ advantageous, အကျိုးရှိသော။ ကျေးဇူးရှိသော။ —*n.* that which serves to promote a purpose, ထိုသို့ပြုစုတတ်သောအမှု။ a means to an end, ဥပါယ်တရှည်။ ပရိယာယ်။

Expedite, *v. t.* အဆီးအတားကိုပယ်ရှင်း၍အလျှင်အမြန်ပြီးစီးစေခြင်းပြုစုသည်။

**Expedition**. *n.* တွင်ခြင်း။ တွင်တွင်ပြုလုပ်ခြင်း။

**Expeditious**, *a.* တွင်တွင်ပြုလုပ်တတ်သော။

**Expeditiously**, *adv.* ထတ်ထတ်၊ ချက်ချင်း။

**Expel**, *v. t.* to force to leave, နှင်ထုတ်သည်။ to eject, throw out,

ထုတ်ပြစ်သည်၊ —evil spirits from a person or town, တေသသူထုတ်သည်။

Expend, *v. t.* သုံး၍ကုန်သည်။

Expenditure, *n.* from above; money expended, ကုန်သောငွေ၊ စရိတ်၊ အသုံးစရိတ်။

Expense, *n.* same: အကုန်အကျ၊ အကျအခန်း၊ စရိတ်စကာ။ travelling —, လမ်းစရိတ်။

Expensive, *a.* attended with much expense, စရိတ်များသော။ costly, အဘိုးကြီးသော။

Experience, *v. t.* to know by trial, စုံစမ်း၍သိသည်။ to know by actual feeling, ကိုယ်တိုင်ခံ၍သိရသည်။ to enjoy or suffer, ခံသည်၊ ခံစားသည်။ —*n.* from *do.*

Experiment, *n.* စုံစမ်းခြင်း။

Experimental, *a.* pertaining to experiment, စုံစမ်းခြင်းနှင့်ဆိုင်သော၊ attained by experience, ကိုယ်တိုင်ခံ၍သိရခြင်းနှင့်ဆိုင်သော။

Expert, *a.* လေ့ကျက်ကျွမ်းကျင်၍အလျှင်အမြန်ပြီးစေတတ်သော။

Expertness, *n.* from above.

Expiate, *v. t.* အပြစ်ကိုဖြေသည်။

Expiated (be), *v. i.* အပြစ်ပြေသည်။

Expiation, *n.* from above.

Expiatory, *a.* အပြစ်ကိုဖြေတတ်သော။

Expiration, *n.* from next.

Expire, *v. i.* to breathe out, ထွက်သက်ကိုထုတ်သည်။ to die, သေသည်။ to come to an end, အဆုံးသို့ရောက်သည်၊ ကုန်သည်။

Explain, *v. t.* to make plain, ရှင်းလင်းစေသည်။ to illustrate meaning, အနက်အဓိပ္ပာယ်ကိုဖော်ပြသည်၊ ဖွင့်ပြသည်။ —(a dream), ဖတ်သည်၊

Explained (be), *v. i.* to be unravelled, အပတ်ပြေသည်။

Explanation, *n.* from above; meaning presented in words, ဖော်ပြသောအနက်အဓိပ္ပာယ်။ a conciliatory conversation, တြေချမ်းသောစကားပြေပြောခြင်း။

Explanatory, *a.* from Explain.

Expletive, *a.* ပိုမိုသော။ —*n.* စကားပို၊ စကားမ။

Explicable, *a.* ရှင်းလင်းနိုင်သော။

Explicate, *v. t.* to unfold, ဖြန့်သည်။ to explain, ဖွင့်ပြသည်။

Explication, *n.* from above; meaning explained, ဖွင့်ပြသောအချက်၊ အနက်၊

Explicit, *a.* တည့်လင်းသော၊ ရှင်းလင်းသော။

Explicitness, *n.* from above.

Explode, *v. i.* to burst with a loud sound, ကျယ်သောအသံနှင့်ပေါက်

ကွဲသည်။ —as gunpowder, (ယမ်း) ထသည်၊ (ယမ်း) မှုတ်သည်. —*v. t.* from same, to force into disrepute and disuse, ရှား စွာအပြစ်တင်၍ဖယ်ရှားသည်။

**Exploit,** *n.* ထူးဆန်းသောအပြုအမူ။

**Exploration,** *n.* from next.

**Explore,** *v. t.* (တစုံတခုကိုတွေ့အံ့သောငှါ) အရပ်ရပ်သို့လိုက်၍ကြည့်ရှု သည်။

**Explosion,** *n.* from Explode *v. i.*

**Export,** *v. t.* တပြည်မှတပြည်သို့တင်ဆောင်ယူသွားသည်။ —*n.* တင်ကုန်၊ ထုတ်ကုန်။

**Exportation,** *n.* from above.

**Expose,** *v. t* to lay open to view, လှန်၍ပြသည်။ to leave bare, unguarded, အကွယ်အကာမရှိ၊ ထားသည်။ to set out for sale, ရောင်းဖို့ထုတ်ပြသည်။ —(*pron.* expoza,) *n.* ဖော်ပြခြင်း။ (open and exposed, ဗိုလ်ပတ်ထက်။)

**Exposedness,** *n.* အကွယ်အကာမရှိ၊ ဟင်းလင်းနေသောအဖြစ်။

**Exposition,** *n.* explanation, အနက်အဓိပ္ပာယ်ကိုဖော်ပြခြင်း။ meaning explained, အနက်အဓိပ္ပာယ်ကိုဖော်ပြချက်၊ အဖွင့်၊ ဖွင့်ချက်။

**Expositor,** *n.* အနက်အဓိပ္ပာယ်ကိုဖော်ပြသောဆရာ။

**Expostulate,** *v. i.* သာယာစွာအပြစ်တင်၍သတိပေးသည်။

**Expostulation,** *n.* from above.

**Exposure,** *n.* from Expose, *v. t.*

**Expound,** *v. t.* အနက်အဓိပ္ပာယ်ကိုဖော်ပြသည်။

**Express,** *v. t.* to press out, ညှစ်၍ယူသည်။ to communicate, whether by word, figure or sign, စကားဖြင့်သော်၎င်း၊ ရုပ်ပုံဖြင့် သော်၎င်း၊ အမှတ်လက္ခဏာဖြင့်သော်၎င်း၊ ဖော်ပြသည်။ to tell, declare in words, ပြောသည်။ —*a.* plain, clear, တည့်လင်းသော။ ရှင်း လင်းသော။ resembling, ပုံတူသော။ intended, ကြံရွယ်၍ပြုသော။ —*n.* a messenger sent on special business, မှာထားရန် အကြောင်းရှိ၍စေလွှတ်ရာသို့သွားရသောသူ။ a message sent, စေ လွှတ်၍မှာလိုက်သောစကား။

**Expression,** *n.* from above; a mode of speech, ပြောဆိုသောနည်း။ —of the countenance, မျက်နှာရည်။

**Expressive,** *a.* ရှင်းလင်းစွာဖော်ပြတတ်သော။

**Expulsion,** *n.* နှင်ထုတ်ခြင်း။

**Expunge,** *v. t.* ချေသည်။

**Expurgation,** *n.* စင်ကြယ်စေသည်။

**Expurgatory,** *a.* စင်ကြယ်စေတတ်သော။

**Exquisite,** *a.* exceedingly nice, အလွန်ချေစပ်ကောင်းမွန်သော။ most intense, အပြင်းဆုံးသော၊ most penetrating, နိုးဘွင်းခြင်ဆိမိမ့်ထောင်ပြုတတ်သော၊

Extant, *a.* ယခုရှိသော၊ ဖြစ်လျက်ရှိသော၊ ထည်သေးသော၊

Extemporaneous, Extemporary, *a.* အသယ်သို့ပြောရမည်ကိုရှေ့ဦးစွာကြံစည်၍မထားဘဲပြောဟောသော (စကား။)

Extempore, *adv.* ရှေ့ဦးစွာကြံစည်၍မထားဘဲပြောသည်နှင့်။

Extemporize, *v. i.* အသယ်သို့ပြောရမည်ကိုရှေ့ဦးစွာကြံစည်၍မထားဘဲပြောဟောသည်။

Extend, *v. t.* to stretch, တန်းသည်။ to spread, ဖြန့်သည်။ to stretch out (the arm,) ဆန့်သည်။ to enlarge, ကြီးကျယ်စေသည်။ —time, နေ့ရက်အချိန်ကာလကိုရွှေ့သည်။ to impart to, မှီစေသည်။ ပေးသည်။ —*v. i.* to reach, မှီသည်။ ရောက်သည်။

Extension, *n.* တန်းခြင်း၊ ဖြန့်ခြင်း၊ ဆန့်ခြင်း၊ ကြီးကျယ်ခြင်း၊ ကြီးကျယ်စေခြင်း၊ မှီစေခြင်း၊ ပေးခြင်း၊ (for sub-def. *see* above.)

Extensive, *a.* ကျယ်သော။ ဖြန့်ကျယ်သော၊ ကြီးကျယ်သော၊

Extensiveness, *n.* from above.

Extensor, *n.* ဆန့်တတ်သောအကြော။

Extent, *n.* size, dimension, အကြီးအကျယ်၊ အတိုင်းအထွာ၊ —of a line, အရှည်အလျား၊—of reach, မှီနိုင်ရာအရပ်။ superficial—, အကျယ်အဝန်း၊ impartation, communication, မှီခြင်း၊ သက်ရောက်ခြင်း၊

Extenuate, *v. t.* to make slender, သေးစေသည်။ to diminish, လျော့စေသည်။ —(a fault,) နည်းစေသည်။ ပေါ့စေသည်။

Extenuation, *n.* from above.

Exterior, *n.* the outer part, အပြင်၊ အပ၊ the outside, အပေါ်ယံ။ the visible deportment, ထင်ရှားသောအဆင်းအရည်။ —*a.* pertaining to the outside, အပြင်နှင့်ဆိုင်သော၊ external, အပြင်၌ရှိသော။

Exterminate, *v. t.* အကုန်အစင်ဖျက်ဆီးသည်။

Extermination, *n.* from above.

External, *a.* outward, အပြင်၌ရှိသော။ visible, apparent, အပေါ်ယံက ဖြစ်သော။

Externals, *n. plur.* the outer parts, အပြင်အပ။ —of religion, ကာယ၊ ဝစီနှစ်ပါးနှင့်ဆိုင်သောဝတ်ပြုကိုးကွယ်ခြင်း၊

Extinct, *a.* extinguished, ငြိမ်းပြီးသော။ သေသော။ being at an end, ဆုံးသော၊ (the religion is extinct, သာသနာကွယ်သည်။)

Extinction, *n. see* Extinguishment; the state of being extinct, ပြတ်ခြင်း၊ ဆုံးခြင်း၊

Extinguish, *v. t.* to quench, (မီးကို) သတ်သည်။ သေသည်။ ငြိမ်းသည်။ —(desire, etc.) ငြိမ်းအောင်ပြုသည်။ to destroy, ဖျက်ဆီးသည်။

Extinguisher, *n.* ဆီမီးတိုင်သတ်သောကတော့၊

**Extinguishment,** *n.* from Extinguish.

**Extirpate,** *v. t.* to eradicate, အမြစ်ပါနှုတ်သည်။ to destroy thoroughly, သုတ်သင်ပယ်ရှင်းသည်။ ရှင်းရှင်းဖျက်ဆီးသည်။

**Extirpation,** *n.* from above.

**Extol,** *v. t.* ချီးမွမ်းသည်။ ဖွဲ့ချီးသည်။

**Extort,** *v. t.* အနိုင်အထက်ညှစ်၍ယူသည်။ —money under false pretence, လှုပ်စားသည်။ —by quiet threatening, အနူကြွမ်းခီးသည်။

**Extortion,** *n.* from above; the practice of usury, ငွေချေး၍အတွန်အကျူးအတိုးစားခြင်း။

**Extortioner,** *n.* ထိုသို့ပြု၍အသက်မွေးသောသူ။

**Extra,** *a.* အပိုအမိုဖြစ်သော။

**Extract,** *v. t.* to draw out, နှုတ်သည်။ —(from a writing,) နှုတ်ထုတ်သည်။ —the predominant qualities (of a plant or drug,) ဩဇာကိုထုတ်ယူသည်။ —(urine or fæces with an instrument,) ဖူသည်။ —metal from ore, သတ္တုခွဲသည်။ —*n.* that which is extracted. နှုတ်သောအရာ။ a passage taken from a writing, နှုတ်ထုတ်သောအချက်။ စကားနှုတ်။ a tincture extracted from plants. drugs, etc. ရသဩဇာကိုနှုတ်၍ရသောအရည်။

**Extraction,** *n.* နှုတ်ခြင်း။ (ဩဇာကို) ထုတ်ယူခြင်း။ (for sub-def. *see* above;) descent, lineage, အမျိုးအနွယ်ဆင်းသက်ခြင်း။

**Extraneous,** *a.* ကိုယ်၌ပါရင်းမထုတ်၊ အခြားတပါးကဖြစ်သော။

**Extraordinary,** *a.* not ordinary, uncommon, singular, သာမညမထုတ်သော။ ထူးသော။ ထူးခြားသော။ အဖိကရဖြစ်သော။ very superior, uncommonly excellent, ထူးဆန်းသော။ wonderful, အံ့ဩဖွယ်ဖြစ်သော။ အာကာ။ အိုဘဲ့။ ဖိသောသ။ —*int.* ပတောင့်ပတော။ (extraordinary person, လူကိုမသား။)

**Extraordinarily,** *adv.* remarkably, ထဲထောင်း ခဲစွ။ wonderfully, ကြောက်ဖွယ်။

**Extravagance,** *n.* from next

**Extravagant,** *a.* —in language, စကားကားသော။ —in feelings, စိတ်အားသန်လွန်းသော။ —in expense, အသုံးအစွဲဖွားသော။ unreasonable, အကြောင်းမတန်သော။

**Extravasated,** *a.* သွေးကြည်ဥသော။

**Extreme,** *a.* outermost, အစွန်ဆုံးသော။ last, နောက်ဆုံးသော။ utmost in degree. အပြင်းဆုံးသော။ —*n.* အစွန်း။ အဆုံး။

**Extremity,** *n.* end, အစွန်း။ အဆုံး။ အဖျား။ highest degree, အပြင်းဆုံးသောဝေဒနာ။ utmost difficulty, အခက်ဆုံးသောအမှု။

**Extricate,** *v. t.* to free from difficulty, အမှုမှကယ်နှုတ်သည်။ to cause to be emitted, (အငွေ့ကို) လွှတ်သည်။ deliver, ကယ်သည်။

Extrication, *n.* from above.

Extrinsic, *a.* ကိုယ်၌မပါ၊ အခြားတပါးနှင့်ဆိုင်သော။

Extrude, *v. t.* ထုတ်ပြစ်သည်။

Extrusion, *n.* from above.

Extuberance, *see* Protuberance.

Exuberance, *n.* from next.

Exuberant, *a.* abundant, အလွန်ပေါများသော။ producing in abundance, အလွန်များစွာထွက်တတ်သော။

Exude, *v. i.* ပြင်သို့စိမ့်၍ထွက်သည်။

Exudation, *n.* from above.

Exult, *v. i.* ရွှင်မြူးသည်။ မြူးထူးသည်။ မြူးစားသည်။

Exultant, *a.* Exultation, *n.* from above.

Exuviæ, *n. plur.* လဲ၍ပြစ်သောခွံ၊ အရေ။

Eye, *n.* the organ of seeing, မျက်စိ။ စက္ခု။ *Pali.* —of a needle, အပ်နဖား။ —for a hook, ချိတ်ချိတ်သောကွင်း။ —ball, မျက်လုံး။ —brow, မျက်ခုံးမွေး။ —glance, ရိပ်ကာကြည့်ခြင်း။ —glass, မျက်မှန်။ —lash, မျက်တောင်။ —let, အပေါက်ကလေး။ —lid, မျက်ခွံ။ မျက်လွှာ။ the edge of an eyelid, မျက်ခမ်း။ —salve, မျက်စည်းဖယောင်းချက်။ —servant, ရှေ့တွင်တသွယ်၊ ကွယ်ရာတခြားလုပ်တတ်သောသူ။ —service, ထိုသို့လုပ်ကိုင်ခြင်း။ —sight, the sense of seeing, စက္ခုာယတန။ the sight of the eye, မြင်ခြင်း။ —sore, မြင်ပျင်းသောအရာ။ —tooth, အစွယ်။ —witness, ကိုယ်တိုင်သိမြင်သောသူ။ —*v. t.* စေ့စေ့ကြည့်ရှုသည်။ (medicine for the eye, မျက်စည်း။ to have the eyes closed from languor or anxious thought, မှိန်းစက်သည်။)

Eyry, *n.* ငှက်ရဲတို့အသိုက်ဖွဲ့၍နေရာအရပ်။

# F

Fable, *n.* ဒဏ္ဍာရီ။

Fabled, *a.* ဒဏ္ဍာရီအားဖြင့်ပြောဆိုသော။

Fabric, *n.* a structure, ဆောက်လုပ်သောအရာ။ cloth manufactured, ရက်သောအထည်အလိပ်။ လက်လုပ်အထည်။

Fabricate, *v. t.* to construct, ဆောက်လုပ်သည်။ to manufacture, လက်မှုပညာနှင့်လုပ်သည်။ to devise falsely, မဟုတ်မမှန်ဘဲလုပ်ကြံသည်။

Fabrication, *n.* from above.

Fabulist, *n.* ဒဏ္ဍာရီစာကိုစီကုံးတတ်သောသူ။

Fabulous, *a.* ဒဏ္ဍာရီဖြစ်သော။

Façade, *n.* the outside of a fortification, မြို့ပြင်ဘက်နံရံ။ the front of an edifice, တိုက်မျက်နှာပြုသောဘက်။

Face, *n.* the visage, မျက်နှာ။ a bold visage, ရဲရင့်သောမျက်နှာ။ —to face, *adv.* မျက်နှာချင်းဆိုင်။ —to face, openly, တွေ့တွေ့တင်တင်။ —to face unexpectedly, ပက်ပင်းပါ။ (with a sweet smiling face, မျက်ရွှင်။)—*v.* to have the face toward, မျက်နှာပြုသည်။ to oppose face to face, မျက်နှာချင်းဆိုင်၍ဆီးတားသည်။ to cover in front, ရှေ့မျက်နှာဘက်ကိုလှအောင်ကွပ်သည်။

Faces (make,) *v.* မျက်နှာကိုအရုပ်ဆိုးအောင်လုပ်၍ပြသည်။

Facet, *n.* တွပ်ကွက်။

Facetious, *a.* စိတ်ရွှင်လန်း၍ပြုံးရယ်အောင်ပြောတတ်သော။

Facial, *a.* မျက်နှာနှင့်ဆိုင်သော။

Facile, *a.* လွယ်သော။

Facilitate, *v. t.* လွယ်အောင်ပြုသည်။

Facility, *n.* ease, လွယ်ခြင်း။ dexterity, လေ့ကျက်သော့ကြောင့်အလွယ်တကူပြုတတ်ခြင်း။

Facing, *n.* ရှေ့မျက်နှာဘက်ကိုလှအောင်ကွပ်သောအရာ။

*Fac simile*, *n.* တူအောင်ရေးသောလက်ရေးစာ။

Fact, *n.* a deed, အပြုအမူ။ a circumstance, event, အဖြစ်အပျက်။ အကြောင်းအရာ။ reality, အကယ်စင်စစ်ဖြစ်ခြင်း။ ဟုတ်မှန်ခြင်း။

Faction, *n.* a party in society opposed to government, မင်းအိုးတော်ဘက်၌နေ၍ဆန့်ကျင်ဘက်ပြုသောလူစု။ tumult, ရုန်းရင်းခတ်မှုပြုခြင်း။

Factious, *a.* ဆန့်ကျင်ဘက်နေ၍ရုန်းရင်းခတ်မှုပြုတတ်သော။

Factitious, *a.* made by art, ထက်လုပ်သော(အရာ) fictitious, ပဝတ္တိဖြစ်သော။

Factor, *n.* an agent, ကိုယ်စားလှယ်။ a multiplicand, မြှောက်ရန်တည်ကိန်း။ a multiplier, မြှောက်ခြေ။ မြှောက်ကိန်း။

Factorage, *n.* ကိုယ်စားလှယ်ခ။ ပွဲခ။

Factory, *n.* the house where factors reside, ကိုယ်စားလှယ်တို့နေရာတိုက်၊ အိမ်။ a number of factors, ကိုယ်စားလှယ်တို့အစု။—where many looms are in operation, ရက်ကန်းရုံ။ *see* Manufactory.

Factotum, *n.* စေခိုင်းသမျှကိုလုပ်ကိုင်ရသောသူ။

Faculty, *n.* a power of the mind, အတွင်းအဘောသဘာတန့။ ability, အစွမ်းသတ္တိ။ အရည်အသွေး။ အသွား။ facility of performance, တွင်းတတ်သောသတ္တိ။ privilege, ပိုင်သောအခွင့်။ the instructors in a college collectively, သိပ္ပံကျောင်း၊ မဟာကျောင်း၌သင်ပေးသောဆရာစု။

Facundity, *n.* နှုတ်သတ္တိ။

Fade, *v. i.* —(as color,) မှိန်သည်။ ပြယ်သည်။ မှေးသည်။—(as a flower,) ညှိုးနွမ်းသည်။ နွမ်းနယ်သည်။ to decline, ဆားလျော့သည်။ to pass away, perish, မတည်မမြဲ၊ ဖောက်ပြန်တတ်သည်။

**Fæces,** *n. plur* sediment, အနှစ်အနယ်။ excrement, ကျင်ကြီး။

**Fag,** *v. i.* လုပ်ဆောင်၍ပင်ပန်းသည်။

**Fag-end,** *n.* အမြိတ်စ။

**Fagot,** *n.* ထင်းစည်း။

**Fail,** *v. i.* to become deficient, မပြည့်၊ လျော့သည်။ to become extinct, ပြတ်သည်။ ပျက်သည်။ to become weaker, to decline, မသန်မစွမ်း၊ ခွန်အားယုတ်လျော့သည်။ not to attain, မမှီဘဲနေသည်။ to come short of duty, ပြုရသောဝတ်ကိုမပြုဘဲနေသည်။ not to accomplish one's purpose, အကြံပျက်သည်။ အကြံမမြောက်နေရသည်။ to become insolvent, ကြွေးမဆပ်နိုင်အောင်ရှိသည်။ —*v. t.* to disappoint, သူတပါးမျှော်သင့်ရန်အကြောင်းရှိသည်အတိုင်းမပြုဘဲ၊ နေသည်။ to neglect to aid, မမစဘဲစွန့်ပြစ်သည်။

**Failing,** *n.* from above; a fault, အပြစ်၊ an infirmity, ပေါ့လျော့သောအပြစ်။

**Failure,** *n.* from Fail.

**Fain,** *adv.* ဝမ်းမြောက်စွာ။

**Faint,** *a.* weak, exhausted, worn out (in different ways,) နွမ်းနယ်သော၊ နုန်းချွေသော၊ အားနည်းသော။ —as color, အရောင်မထွက်။ မှိန်သော။ —as sound, အသံသေးသော။ dejected in mind, စိတ်ညှိုးငယ်သော။ —hearted, သူရဲတောနည်းသော၊ ကြောက်တတ်သော။ —*v. i.* to become weak, အားယုတ်လျော့သည်။ to lose the animal functions, သေငယ်သေသည်။ မှောသည်။ နစ်သည်။ သွေးရွှန်သည်။ to be dispirited, စိတ်ညှိုးငယ်သည်။ စိတ်ပျက်သည်။

**Faintly,** *adv.* weakly, သဲ့သဲ့။

**Faintness,** *n.* from Faint, *a.*

**Fair 1,** *a.* white (in complexion,) ရုပ်နှာဖြူသော။ handsome, လှသော။ clear, ကြည်လင်သော၊ —(as wind,) သင့်သော။ open, အဆီးအတားမရှိ၊ ရှင်းလင်းသော။ frank, လှို့ဝှက်ခြင်းမရှိ၊ တည့်လင်းသော။ impartially upright, တဖက်သို့မလိုက်စားဘဲမျှတသော။ —(as hand writing,) ရှင်းလင်းသော။ unspotted, အစွန်းအကွက်မရှိသော။ —2, *n.* the female sex, မိန်းမများ။ —3, a stated, great market, ပိုင်း။

**Fairness,** *n.* from Fair, *a.*

**Fairy,** *n.* ရုက္ခစိုးနတ်တမျိုး။

**Faith,** *n.* belief, ယုံခြင်း။ trust, ယုံကြည်ခြင်း။ faithfulness, သစ္စာ။

**Faithful,** *a.* adhering to truth and duty, သစ္စာစောင့်သော။ true to one's word ဂတိတည်သော၊ ဂတိမှန်သော၊ steady, constant, မတိမ်းမယိမ်းတည်ကြည်သော၊ တည်ထုံ့သော၊

**Faithfulness**, *n.* from above.

**Faithless**, *a.* သစ္စာမရှိသော၊ သစ္စာဖျက်သော၊

**Faithlessness**, *n.* from above.

**Fakir**, *n.* ဖော်ကီ၊ ထိန္ဒူ၊ ရသေ့တမျိုး။

**Falchion**, *n.* ထားလွယ်ကောက်တမျိုး။

**Falcon**, *n.* the bird, သိမ်းငှက်၊ Bengal—, ဗေါင်းဒြီးငှက်၊ a sort of gun, အမြောက်ကလေး။

**Falconer**, *n.* သိမ်းတိုက်သမား။

**Falconry**, *n.* သိမ်းတိုက်သမားအတတ်၊

**Fall**, *v. i* —from a higher to a lower place, ကျသည်၊ —from an erect posture, လည်းသည်၊—as the countenance, (မျက်နှာ) ကျသည်၊ —from a situation, အရာမှကျသည်၊ ရွေ့လျှောသည်၊ —from a stem, ကြွေသည်၊ —from a good estate, ဖောက်ပြန်သည်၊ to disembogue, မြစ်မသို့သော်ငှင်၊ ပင်လယ်သို့သော်ငှင် စီးဝင်သည်၊ to die by violence, အသေသတ်ခြင်းကိုခံသည်၊ to come to an end, ဆုံးသည်၊ to decrease, ယုတ်လျော့သည်၊ to grow weak, အားလျော့သည်၊ to become low, နိမ့်သွားသည်၊ to become, pass into some state, (တစုံတခုသော) အဖြစ်သို့ရောက်သည်၊ to come to pass, ဖြစ်လာသည်၊ ရောက်သည်၊ to come into the hands, or become the property of, (တစုံတယောက်သောသူ၏) လက်သို့ရောက်သည်။ to be uttered carelessly, (ပြော၍) အမှတ်တမဲ့စကားဖြစ်သည်၊ to languish, နွမ်းနယ်ခြင်းသို့ရောက်သည်၊ —astern, သင်္ဘောတစင်းကိုတစင်းမမှီ၊ ဝေးကွာလျှက်ကျန်ရစ်သည်၊ —away, to become lean, ပိန်ကြုံသည်၊ to decline, ရွေ့လျော့သည်၊ to break faith, သစ္စာဖျက်သည်၊ to fall from a good estate, ဖောက်ပြန်သည်၊ —back, to retreat, ဆုတ်သည်၊ to fail of performing a purpose, ပြုရသောအမှုကိုမပြုဘဲနေသည်၊ —down, to sink down, အောက်သို့ကျသည်၊ to become prostrate, ပြပ်ဝပ်သည်။ to drop down a river, တဖြည်းဖြည်းစုန်သည်၊ —foul of, *v. t.* ထိခိုက်သည်၊ —from, *v. i.* to recede from, ခွာသွားသည်၊ to apostatize, ဖောက်ပြန်သည်၊—in, အစဉ်အလိုက်ဝင်၍နေသည်၊ —in place, အချက်ကျသည်၊ —in with, *v. t.* to agree with, သဘောတူသည်၊ to comply with, သဘောတူ၍ဝန်ခံသည်။ to meet with, တွေ့ကြုံသည်။ —off, *v. i.* to drop from a tree, ကြွေသည်၊ ကြွေကျသည်၊ to withdraw, ခွာသွားသည်၊ to deteriorate, ယုတ်လျော့သည်၊ to apostatize, ဖောက်ပြန်သည်၊ to perish, ပျက်စီးသည်၊ —(as a ship,) ပါးသည်၊ —on, *v. t.* စတင်၍တိုက်သည်၊ —out, *v. i.* to happen,

ဖြစ်လှာသည်။ to quarrel, ရန်တွေ့သည်။ —short, to fail of reaching, မမှီဘဲနေသည်။ —short of a perfect state, သုန်ဖွင်းသည်။ သေ့သည်။ to become insufficient, မလောက်လောက်ဖြစ်သည်။ —to begin hastily, eagerly, အလျှင်အမြန်စ၍ပြုသည်။ to apply one's self, အားထုတ်သည်။ —under, to be ranged and classed with, တစုံတခုသောအပိုင်းအခြားသို့ဝင်သည်။ to come within the cognizance of, စီရင်စုန္တပါသည်။ —upon, *v. t.* စတင်၍တိုက်သည်။ —*n.* ကျခြင်း။ ထည်းခြင်း။ အသေခံခြင်း။ ဆုံးခြင်း။ လုတ်လျော့ခြင်း။ (for sub-def. *see* Fall, *v. i.*) a sinking of tone, အသံနိမ့်ခြင်း။ a declivity, ဆင်ခြေလျှော။ a cascade, cataract, ရေမော်။ ရေထံခွန်။ autumn, အင်္ဂလိပ်ပြည်မှာတတိယဥတု။ သစ်ရွက်ကြွေသောဥတု။

**Fallacious**, *a.* misleading, လွဲစေတတ်သော။ deceitful, လှည့်စားတတ်သော။

**Fallacy**, *n.* လိမ်လည်သောစကား။

**Fallibility**, *n.* from next.

**Fallible**, *a.* မှားတတ်သော။

**Falling-sickness**, *n.* ဝက်ရူးနာတမျိုး။

**Falling-star**, *n.* ကြယ်ပျံ။

**Fallow 1**, *a.* —in color, as deer, နီဝါဝါ။ —2, never cultivated, မလုပ်ဘူးသေးသော (မြေ။) left for a time, after having been cultivated, မလုပ်ဘဲအလွတ်အလပ်ထားသော (လယ်။) left unsowed after plowing, ထွန်ပြီးမှမစိုက်မကြဲအလွတ်အလပ်ထားသော (လယ်။)

**False**, *a.* not true, not right, မဟုတ်သော။ မမှန်သော။ perfidious, သစ္စာဖောက်သော။ deceitful, လှည့်စားတတ်သော။ ဆန်းပြားသော။ ပလီသော။ counterfeit, ပဝဏ္ဏဖြစ်သော။ feigned, အယောင်ဆောင်သော။ —hearted, သစ္စာဖောက်တတ်သော။

**Falsehood**, *n.* from False; lying words, မဟုတ်မမှန်သောစကား။ မုသာ။ အမှား။ deceit, ကလိကမာ။

**Falsify**, *v. t.* to counterfeit, forge, မမှန်ဘဲလျှက်အသွင်တူအောင်လုပ်သည်။ to break faith, ဂတိကိုဖျက်သည်။ to disprove, မဟုတ်မမှန်ကြောင်းကိုပြသည်။

**Falsity**, *n.* *see* Falsehood.

**Falter**, *v. i.* to hesitate in speech, ဆုတ်ဆုတ်ဆိုင်းဆိုင်းပြောသည်။ to hesitate in action, ဆုတ်ဆုတ်ဆိုင်းဆိုင်းပြုသည်။ to be impaired in intellect, စိတ်ဉာဏ်ယွင်းသည်။

**Fame**, *n.* notoriety, ကျော်စော။ ကိတ္တိ။ အကျော်အစော။ celebrity ဂုဏ်အသရေ။

**Famed**, *see* Famous.

**Familiar,** *a.* well acquainted, မိတ်ကျွမ်းဝင်သော။ intimately acquainted, ခြေကျွမ်းဝင်၊ လက်ကျွမ်းဝင်ဖြစ်သော။ courteous and affable, ပလ္လွားခြင်းမရှိဘဲလောကဝတ်နှင့်လိုက်လိုက်လျောလျောပြုတတ်သော။ well versed in, လေ့ကျက်ကျွမ်းကျင်သော။ —*n.* intimate, မိတ်ကျွမ်းဝင်သောသူ။ a demon in league with a man, လူနှင့်အပေါင်းအသင်းဖွဲ့သောနတ်ဆိုး။

**Familiarity,** *n.* from Familiar, *a.*

**Familiarize,** *v. t.* from *do.*

**Familiarly,** *adv.* လက်ကျွမ်းဝင်၊ ခြေကျွမ်းဝင်။ မနိုင်မကန်။ မနိုင်ယည်ကြိကန်။

**Family,** *n.* a household, အိမ်သူအိမ်သားအစု။ တအိမ်ထောင်။ a race, kindred, အမျိုးအနွယ်။ honorable descent, ဂုဏ်အသရေရှိသောအမျိုးအနွယ်။ a class, order, လက္ခဏာတူသောအရာစု။

**Famine,** *n.* အစာအာဟာရခေါင်းပါးခြင်း။ သရောခိုင်းခြင်း။ ဒုဗ္ဘိက္ခန္တရကပ်။

**Famish,** *v. i.* to be hungry, ဝတ်မွတ်သည်။ to die of hunger, ဝတ်မွတ်၍သေသည်။ —*v. t.* starve, အစာသတ်၍ထားသည်။ to starve to death, အစာသတ်ထား၍သတ်သည်။

**Famous,** *a.* possessed of notoriety, ကျော်စောသော။ celebrated, ဂုဏ်အသရေထင်ရှားသော။ ဖြပ်ထွက်သော။ very —, ကျော်ဇွန်းသော။ (a famous man, လူကျော်။)

**Fan,** *n.* —for cooling the face, ယပ်တောင်။ —used by priests, တရပတ်။ —for winnowing grain, စံကော။ —*v. t.* to cool with a fan, ယပ်သည်။ ယပ်ခတ်သည်။ to winnow, လှေ့သည်။

**Fanatic,** *n.* ဘုရား၊ တရားအမှု၌အလွန်မိတ်အားသန်၍သူရူးကဲ့သို့ဖြစ်သောသူ။

**Fanatical,** *a.* ထိုသို့သောဖြစ်ခြင်းနှင့်ဆိုင်သော။

**Fanaticism,** *n.* ထိုသို့ဖြစ်ခြင်း။

**Fanciful,** *a.* အာရုံထင်၍ညာဏ်ကွန့်မြူးခြင်းနှင့်ဆိုင်သော။

**Fancy,** *n.* a modification of the imagination, အာရုံထင်၍ကွန့်မြူးတတ်သောညာဏ်။ a thought, opinion, မိတ်အထင်။ liking, ကြိုက်သောမိတ်သဘော။ —*v.* to imagine, အာရုံပြု၍ညာဏ်ကွန့်မြူးသည်။ to think, မိတ်ထင်သည်။ to like, ကြိုက်သည်။

**Fane,** *n.* ကိုးကွယ်ရာအရပ်။

**Fang,** *n.* a tusk, အစွယ်။ a claw or talon, အစွယ်နှင့်တူသောလက်သည်း၊ ခြေသည်း။ the root of a tooth, သွားဏ်အမြစ်။

**Fanged,** *a.* အစွယ်ရှိသော။

**Fantastic, Fantastical,** *a.* အမှန်မထုတ်၊ ညာဏ်ကွန့်မြူး၍အာရုံထင်လျက်သာရှိသော။

**Far,** *a.* ဝေးသော။ —*adv.* distantly, ဝေးစွာ။ exceedingly, အလွန်။ —famed, *a.* အနီးအဝေးအရပ်ရပ်တို့၌ကျော်စောသော။ —fetched, brought from a distance, အဝေးကဆောင်ခဲ့သော။ obtruded unnaturally, မနီးစပ်ဘဲသယ်ပိုးချ်သွင်းသော၊ —off, *adv.* at a distance, အဝေးမှာ၊ to a distance, အဝေးသို့၊ —sighted, *a.* အဝေးသို့မျှော်မြင်တတ်သော၊ (far and wide, as news spread abroad. သိတင်းဟိုးဟိုးကျော်သည်။)

**Farce**, *n.* ဒဏ္ဍာရီဇာတ်ကလေး။

**Farcy**, *n.* မြင်းစွဲစွဲသောနူနာ။

**Fardel**, *n.* အထုပ်ကလေး။

**Fare**, *v. i.* to travel. ခရီးသွားသည်။ to be in some state, good or ill, ချမ်းသာလျက်သော်၎င်းဆင်းရဲလျက်သော်၎င်းရှိ၍နေသည်။ to feed, (*intrans.*) စားသောက်သည်။ —*n.* the price of passage, ကူတို့ခ၊ provisions, စားဘွယ်သောက်ဘွယ်။

**Farewell**, *int.* ကောင်းကောင်းသွားတော့၊ ကောင်းကောင်းနေတော့၊ —*n.* သွားသောအခါနှုတ်ဆက်သောစကား။

**Farina**, *n.* ဝတ်မှုန်။

**Farinaceous**, *a.* မုန့်ညက်နှင့်ဆိုင်သော။

**Farm**, *n.* land rented, ငှါး၍ထားသောမြေ၊ the privilege of using or selling, (အယ်ဥစ္စာမဆို) သုံးပိုင်၊ ရောင်းပိုင်သောအခွင့်၊ (Amer.,) cultivated ground, လယ်တော၊ ယာတော၊ —house, လယ်၊ ယာလုပ်သောသူနေရာအိမ်၊ —*v. t.* to lease or take on lease, (လယ်တော၊ ယာတောကိုသော်၎င်း၊ သုံးပိုင်သောအခွင့်ကိုသော်၎င်း) ငှါးသည်။ to take the revenue for a certain consideration, အခွန်သောနှင့်ဝယ်သည်။ to hold the monopoly of the sale of certain articles, ပိုင်ခံသည်။ to cultivate land, လယ်ယာလုပ်ခြင်းအမှုကိုဆောင်ရွက်သည်။

**Farmer**, *n.* one who takes ground, etc. on lease, လယ်တော၊ ယာတောအစရှိသည်တို့ကိုငှါးသောသူ၊ one who takes the revenue for a certain consideration, အခွန်သောနှင့်ဝယ်သောသူ၊ one who holds the monopoly of the sale of certain articles, ပိုင်၊ ပိုင်ခံသောသူ၊ a cultivator of land, လယ်ယာလုပ်သောသူ။

**Farming**, *n.* လယ်ယာလုပ်ခြင်းအမှု။

**Farmost**, *a.* အဝေးဆုံး။

**Farrago**, *n.* ရောနှောရှုပ်ထွေးသောအရာစု။

**Farrier**, *n.* a shoer of horses, မြင်းခွာ၌သံကွင်းကိုရိုက်သောသူ၊ a horse-doctor, မြင်းနာကိုကုသောဆေးသမား။

**Farrow 1**, *v.* ဝက်မွေးသည်။ —*n.* တခါတည်းမွေးသောဝက်ကလေး

2, *a.* သားကျသင့်သောနှစ်၌မကျဘဲနေသော (နွားမ၊)

**Farther**, *a.* သာ၍ဝေးသော။

**Farthest**, *adv.* သာ၍ဝေးသောအရပ်၌—သို့၊ —*a.* အဝေးဆုံးသော၊ စွန်ဆုံးသော၊ —*adv.* အဝေးဆုံးသောအရပ်၌ —သို့၊

**Farthing**, *n.* ဇာသိန်ပုဒ်ခေါ်ငွေဒင်္ဂါးအင်္ဂလိပ်ကြေးနီခင်္ဂါးအငယ်ဆုံး။

**Fasces,** *n. plur.* ရောမမင်းရှေ့မှာဆောင်သောကြိမ်စည်း။

**Fascinate,** *v. t.* မြွေညှို့သကဲ့သို့လူတယောက်ကိုတယောက်ပြုစားသည်။

**Fascination,** *n.* from above.

**Fascine,** *n.* ထင်းစည်း။

**Fashion,** *v. t.* to form, ပုံလုပ်သည်။ to fit, တော်လျော်အောင်ပြုလုပ်သည်။ to make according to prevailing usage, ထုံးစံအတိုင်းပြင်ဆင်သည်။ —*n.* form, shape, ပုံသဏ္ဌာန်။ the prevailing mode of dress, လူများဝတ်ဆင်ကြသောအဝတ်ပုံ။ manner, sort, အမျိုး၊ အတည်၊ အဝ၊ custom, ထုံးစံ။ gentility, ခြေလည်လျှောက်ပတ်ယဉ်ကျေးပွယ်ရာခြင်းလက္ခဏာ။

**Fashionable,** *a.* in accordance with the prevailing mode, ထုံးစံအတိုင်းဖြစ်သော။ behaving according to the prevailing fashion, ကာလသို့လိုက်၍နေထိုင်ပြုမူသော။ dressing well according to the newest modes, ကာလအလိုက်လှလှဝတ်ဆင်တတ်သော။ genteel, well bred, ခြေလည်လျှောက်ပတ်ယဉ်ကျေးပွယ်ရာသော။

**Fast** 1, *a.* swift, လျင်သော။ မြန်သော။ —*adv.* လျင်မြန်စွာ။ —2, firmly fixed, အမြဲစွဲသော။ strong, ခိုင်ခံ့သော။ —*adv,* မြဲမြံစွာ။ ခိုင်ခံ့စွာ။ ကြပ်ကြပ်။ —by, အနားမှာ။ —3, *v. i.* အစာရှောင်သည်။ —, *n.* abstinence from food. အစာရှောင်ခြင်းအကျင့်။ the time of fasting, အစာရှောင်သောနေ့ရက်ကာလ။ —day, အစာရှောင်သောနေ့။

**Fasten,** *v. t.* to fix firmly, အမြဲစွဲစေသည်။ to make adhere to, အမြဲကပ်စေသည်။ to make secure, လုံခြုံစေသည်။ —a rope, ကြိုးစကိုသတ်သည်။ —on စွဲကပ်သည်။ —on lengthwise, မျှောင်သည်။

**Fastening,** *n.* လုံချုံအောင်ကန့်လန့်ကျင်မှစ၍ကန့်သောအရာ။

**Fastidious,** *a.* difficult to please, စိတ်နှင့်တွေ့ခဲသော။ squeamish, နှစ်လုံးမသန့်၊ ရှုံတတ်သော။

**Fastidiousness,** *n.* from above.

**Fastness,** *n.* from Fast 2; a strong hold, ခိုင်ခံ့လုံချုံသောနေရာ။

**Fat,** *a.* having much fat, ဆူသော။ ဆူဖြိုးသော။ corpulent, ဝသော။ ဝဖြိုးသော။ affluent, ကြွယ်ဝသော။ fertile (မြေ) ဩဇာရှိသော။ producing abundantly, ပွားများစေတတ်သော။ —bellied, ဝမ်းခေါက်ထူသော။ —*n.* the unctuous part of flesh, အဆီ။ the rich part of a thing, အဆီအပြား။ —*v. t.* ဆူအောင်ပြုသည်။

**Fatal,** *a.* necessary, inevitable, မဖြစ်ဘဲမနေရသော။ destructive, deadly, ပျက်စီးဆုံးရှုံးစေတတ်သော။

**Fatalism,** *n.* ခပ်သိမ်းသောအမှုအရာတို့သည်မဖြစ်ဘဲမနေရအောင်ဖြစ်သည်ဟုယူသောအယူဝါဒ။

**Fatalist,** *n.* ထိုသို့အယူဝါဒရှိသောသူ။

Fatality, *n.* from Fatal; frequency of death, ရှားနွာသေကြေပျက်စီးခြင်း။

Fate, *n.* uncontrollable causation, မဖြစ်ဘဲမနေရအောင်ပြုပျင်တတ်သောအကြောင်း။ that which must inevitably take place, မဖြစ်ဘဲမနေရအောင်ပြုပျင်သောအမှုအရာ။ destruction, ပျက်စီးဆုံးရှုံးခြင်း။ —marks on the forehead indicative of one's destiny, fortune, နဖူးစာ။ ကံ။

Fated, *a.* မဖြစ်ဘဲမနေရအောင်ပြုပျင်သော (အမှုအရာ။)

Father, *n.* အဘ။ ခမည်း။ အဖေ။ ဘခေ။ ထခင်။ ပိတာ။ *Pali.* —*v. t.* to adopt and treat as one's own child, သားအရာ၌ထား၍မွေးစားသည်။ to profess to be the father or author, အဘဟုတ်သည်ကိုသော်၎င်း၊ ကိုယ်ပြုလုပ်သည်ကိုသော်၎င်းဝန်ခံသည်။ —in-law, *n.* ယောက္ခမယောက်ျားသူ။ —and son, သားအဖ။

Fatherless, *a.* အဘမရှိသော။

Fatherly, *a.* အဘကဲ့သို့ချစ်ခင်ပြုစုတတ်သော။ —*adv*, အဘကဲ့သို့။

Fathom, *n.* အလံ။ ကုလလေးတာ။ —*v. t.* to encompass with the arms, ထွံသည်။ to reach, မှီသည်။ to sound, (ရေ) စမ်းချသည်။ to understand thoroughly, နက်နက်နဲနဲနားလည်သည်။

Fathomless, *a.* too deep to be measured, မတိုင်းထွာနိုင်အောင်နက်သော။ incomprehensible, နက်နက်နဲနဲနားမလည်နိုင်သော (အရာ။)

Fatigue, *v. t.* from Fatigued (be,) —*n.* from next; military duty beside the use of arms, စစ်တိုက်လက်နက်မပါဘဲထက်နတ်ကိုင်ဆောင်ရသောအမှု။

Fatigued (be,) *v. i.* မောသည်။ ပင်ပန်းသည်။ မောပန်းသည်။ greatly—, အပန်းကြီးသည်။ (to be fatigued in the arms and cease effort ထက်ပန်းကျသည်။)

Fatiguingly, *adv.* အပန်းကြီးစွာ။ အပန်းတကြီး။ တပင်တပန်း။

Fatling, *n.* ဆူအောင်ကျွေးသောအကောင်။

Fatness, *n.* from Fat, *a.;* unctuous matter, အဆီ။

Fatten, *v. i.* to grow fat, ဆူဖြိုး၍လာသည်။ —*v. t.* to make fat by feeding, ဆူဖြိုးအောင်ကျွေးသည်။

Fatty, *a.* အဆီပါသော။

Fatuity, *n.* မိုက်ရူးရူးဖြစ်ခြင်း။

Faucet, *n.* စည်၌တပ်သောပြွန်။

Fault, *n.* a blemish or defect, မကောင်းသောသဏ္ဍာန်။ အပြစ်အဆာ။ —of priests, အာပတ်။ a sin, အပြစ်။ the state of being at a loss, တွေးတောခြင်း။ find—, *v. see* next, —*v. t.* အပြစ်တင်သည်။

Faultiness. *n.* from Faulty.

**Faultless**, *a.* အပြစ်မရှိသော။ အပြစ်တင်ခွင့်နှင့်ကင်းလွတ်သော။ အပြစ်အဆာမရှိသော။

**Faulty**, *a.* having blemishes or defects, မကောင်းသောလက္ခဏာရှိသော အပြစ်အဆာရှိသော။ guilty, အပြစ်ရှိသော။ erroneous, မှားသော။

*Faux pas*, *n.* မှားယွင်းခြင်း။

**Favor**, *v. t.* to regard with kindness, ကြည်ညိုသည်။ to encourage, အားပေးသည်။ to do an act of kindness to, ကျေးဇူးပြုသည်။ to resemble in features, မျက်နှာချင်းဆင်တူသည်။ —*n.* ကြည်ညိုခြင်း။ အားပေးခြင်း။ ကျေးဇူးပြုခြင်း။ (for sub-def. *see* above;) lenity, သနား၍ကြပ်တည်းစွာမစီရင်ဘဲနေခြင်း။ a token of remembrance, အောက်မေ့မှုရာပေးသောအရာ။

**Favorable**, *a.* conferring favor, ကျေးဇူးပြုလျက်ရှိသော။ conducive to, မစပြုစုလျက်ရှိသော။

**avorite**, *a.* regarded with special affection, အထူးသဖြင့်ချစ်ခင်စုံမက်ခြင်းကိုခံရသော။ particularly liked, အထူးသဖြင့်ကြိုက်သော (အရာ။) —*n.* one who is regarded with special affection, အထူးသဖြင့်ချစ်ခင်စုံမက်ခြင်းကိုခံရသောသူ၊ ယက်ရင်း။ a thing which is particularly liked, အထူးသဖြင့်ကြိုက်သောအရာ။

**Favoritism**, *n.* တဖက်သို့ငဲ့ကွက်ခြင်း။

**Fawn** 1, *n.* a young deer, ဒရယ်သငယ်။ —2, *v. i.* to court favor servilely, ပါးလူးနားလူးပြု၍ချော့မော့သည်။

**Fay** 1, *see* Fairy. —2, *v. i.* to fit exactly, တော်၍ချေ့စပ်သည်။

**Fealty**, *n.* အရှင်၏သစ္စာကိုစောင့်ခြင်း။

**Fear**, *v.* to be afraid, ကြောက်သည်။ ကြောက်ရွံ့သည်။ to be anxious, စိုးရိမ်သည်။ *v. t.* to respect, reverence, ခန့်ညားသည်။ —*n.* from *do.* ဘယ။ *Pali.* —of sinning, ဩတ္တပ္ပ။ *Pali.* —of the consequences of sin in a future state, သံဝေဂ။

**Fearful**, *a.* afraid, ကြောက်သော။ timid, ကြောက်တတ်သော။ frightful ကြောက်မက်ဖွယ်ဖြစ်သော။

**Fearfully**, *adv.* ရွံ့ရွံ့တွံ့တွံ့။

**Fearfulness**, *n.* from above.

**Fearless**, *a.* မကြောက်၊ ရဲရင့်သော။ ယောကျ်ားပီသော။

**Fearlessly**, *adv.* ထီမထင်။

**Fearlessness**, *n.* from above.

**Feasibility**, *n.* from next.

**Feasible**, *a.* ပြုနိုင်ဖွယ်ဖြစ်သော။

**Feast**, *n.* an entertainment, စားသောက်ပွဲ။ a festival, သဘင်ပွဲ။ ပွဲလမ်းသဘင်။ something delicious, မြိန်ရှက်ဖွယ်သောအရာ။ —day, ပွဲနေ့။ —*v. i.* to eat sumptuously, မြိန်ရှက်စွာစားသောက်သည်။ —*v. t.* to entertain with sumptuous provisions, မြိန်ရှက်

ပွဲယ်သောအစာနှင့်ကျွေးသည်။ (to set a feast before one, တည်ကျွေးသည်။)

Feat, *n.* ထူးဆန်းသောအပြုအမူ။

Feather, *n.* ငှက်မွေး၊ အမွေးအတောင်၊ —of an arrow, မြားရွက်၊ —bed, ငှက်မွေးသွတ်သောမွေ့ရာ။ *v. t.* အမွေးအတောင်နှင့်ပြည့်စုံစေသည်။

Featly, *adv.* လျင်မြန်သေချာစွာပြုသည်နှင့်။

Feature, *n.* မျက်နှာ၏ပုံပန်းလက္ခဏာ။

Febrifuge, *a.* ဖျားနာကိုပျောက်စေတတ်သော(ဆေး၊) —*n.* ထိုသို့သောဆေး၊

Febrile, *a.* ဖျားနာနှင့်ဆိုင်သော။

February, *n.* အင်္ဂလိပ်နှစ်တွင်ဒုတိယလတည်းဟူသောဖေဖြွာရီလ။ nearly answering to the Burmese, တပို့တွဲလ။

Feculent, *a.* foul with sediment, အနှစ်အနယ်ပါသော။ containing excrement, ကျင်ကြီးပါသော။

Fecundity, *n.* များစွာမွေးဖွားတတ်ခြင်း။

Federal, *a.* ဂတိသစ္စာပြု၍အပေါင်းအသင်းဖွဲ့ခြင်းနှင့်ဆိုင်သော။

Federalist, *n.* အမေရိကပြည်မှာ ခရိုင်ချင်းအပေါင်းအသင်းဖွဲ့ခြင်းဘက်၌နေသောသူ။

Fee 1, *n.* a recompence for services, ဆု။ retaining—, ခြေကြွ။ lawyer's—, ရှေ့နေစား။ government writer's—, ရေးစား။ —on gaining a case, အောင်၊ အအောင်။ —on losing a case, ကွမ်းသိုး။ —*v. t.* to pay a fee to, ဆုချသည်။ to engage the service of another, by advancing a fee, အခအရင်ပေး၍ငှါးထားသည်။ —2, *n.* a perpetual right, အမြဲပိုင်သောအခွင့်။

Feeble, *a.* weak, အားနည်းသော။ debilitated, ချိနဲ့သော။ —minded, ဥာဏ်ထိုင်းနွဲ့သော။

Feebleness, *n.* from Feeble.

Feebly, *adv.* —and slowly, လုတ်လုတ်လွဲလွဲ၊ တလုတ်လုတ်။

Feed, *v. i.* to eat, (*intrans.*) စားသည်။ to eat in a wonted place, စားကျက်၌စားသည်။ *v. t.* to give food to, ကျွေးသည်။ to supply with provisions, ကျွေးမွေးသည်။ to supply fuel, (မီး)မွေးသည်။ —*n.* အစာ။

Feel, *v.* to perceive by the touch, တွေ့သည်။ to examine by touch, စမ်းသည်။ to have the sense of, ခံသည်၊ ခံစားသည်။ to sympathize with, ကြင်နာသည်။ to excite a particular sensation, (ညှိမည်သော) အတွေ့ရှိသည်။ —for, *v. t.* ကြင်နာသည်၊ စာနာသည်။ —of, စမ်းသပ်သည်။ —*n.* the sense of feeling, ကာယာယတန၊ တွေ့တတ်သောသတ္တိ။ the act of perceiving by the touch, တွေ့ခြင်း။

Feeler, *see* Antennæ.

Feeling, *n. see* Feel, *n.*; sensation, ခံစားခြင်း။ sensibility, ခံစား

တတ်ခြင်း sympathy, ကြင်နာခြင်း —*a.* possessing great sensibility. ခံစားလွယ်သော easily excited to pity, ကြင်နာလွယ်သော (to have strong feelings, စိတ်အားကြီး၊ အားသန်သည်၊ to be wanting in passion or zeal, စိတ်အားနည်းသည်)

**Feign,** *v. t.* to invent or imagine, အလိုလိုစိတ်ကူး၍လုပ်သည်။ to pretend, make a show of, (ဖြစ်)ကြွန်ပြုသည်၊ အရောင်ဆောင်သည်၊ [illegible]ကန့်ပြုသည်။ —death, သေကြွန်ပြုသည်။ unwillingness, ဆင်သည်။

**Feigning,** *n.* (ဖြစ်) ကြွန်ပြုခြင်း။

**Feint,** *n.* a pretence, အကြွန်၊ ဟန်ပြုခြင်း၊ a mock attack, တိုက်ကြွန်ပြုခြင်း၊ တိုက်ရောင်ဆောင်ခြင်း၊ (to make a feint, ဟန်ခင်းသည်။)

**Felicitate,** *v. t.* သူအကျိုးကိုမြင်၍အားရဝမ်းမြောက်သောစကားနှင့် သူကိုနှုတ်ဆက်သည်၊ *a.* ချမ်းသာနှင့်ဆိုင်သော။

**Felicity,** *n.* ချမ်းသာ။

**Feline,** *a.* ကြောင်နှင့်ဆိုင်သော။

**Fell 1,** *a.* ရက်စက်သော။ —2, *n.* သားရေ။ —3, *v. t.* to cut down, ခုတ်လှဲသည်။ to knock down, ရိုက်လှဲသည်။

**Felloe,** *n.* ဘီးဖနောင့်။

**Fellow,** *n.* a companion, အပေါင်းအဖော်၊ အပေါင်းအဖက်၊ one of a pair, အဖက်၊ an equal, အလားတူသောသူ၊ an ordinary or contemptible person, သာမညသူ၊ —of a college, သိပ္ပံကျောင်းအသင်းဝင်သူ၊ —citizen, အမျိုးသားချင်း၊ —commoner, ဆက်ဆံဖိုင်သောသူ၊ —counsellor, တိုင်ပင်ဖက်၊ —countryman, အမျိုးသားချင်း၊ ရပ်ဆွေရပ်မျိုး၊ —countrywoman, အမျိုးသမီး၊ —creature, သတ္တဝါချင်း၊ —feeling, ကြင်နာခြင်း၊ —heir, အမွေခံဖက်၊ —helper, —laborer, လုပ်ဖော်ဆောင်ဖက်၊ —mortal, လူသတ္တဝါချင်း၊ —prisoner, အချုပ်ခံသောသူချင်း၊ —servant, အစေခံကျွန်ချင်း၊ —soldier, ရဲမက်ချင်း၊ —student, စာသင်ဖော်၊ စာသင်ဖက်၊ —subject, အရှင်တပါး၏ကျေးကျွန်ချင်း၊ —sufferer, ဆင်းရဲဖော်၊ ဆင်းရဲဖက်၊ —traveller, ခရီးသွားဖော်၊ သွားဖက်၊

**Fellowship,** *n.* companionship, ပေါင်းဖော်ခြင်း၊ ပေါင်းဖက်ခြင်း၊ association, သင်းဖွဲ့ခြင်း၊ အပေါင်းအသင်းဖွဲ့ခြင်း၊ —in a college, သိပ္ပံကျောင်းအသင်းဝင်ခြင်းအရာ၊ —*v. t.* လက်ခံ၍အပေါင်းအသင်းဖွဲ့သည်။

***Felo-de-se,*** *n.* ကိုယ်အသက်ကိုသတ်သောသူ။

**Felon 1,** *n.* one who has committed a capital crime, ရာဇဝတ်သင့်သောသူ၊ —, *a.* ရက်စက်သော၊ —2, *n.* whitlow, ခွနာ၊

**Felonious,** *a.* အလွန်ဆိုးသွမ်းသော။

**Felony,** *n.* ရာဇဝတ်သင့်ထိုက်သောအမှု။

**Felt.** *n.* the skin of beasts, သားရေ၊ a cloth or stuff made of hair without weaving, သားမွေးဖြင့်မရက်ဘဲ ထိပ သည်း၍ လုပ်သော အထည်။

Felucca, *n.* လှေတမျိုး။

Female, *n.* အမ။ —*a.* being of the sex that bears young, အမဖြစ်သော။ pertaining to females, အမနှင့်ဆိုင်သော။

Feminine, *a.* female, အမဖြစ်သော။ pertaining to females, အမနှင့်ဆိုင်သော။ soft, tender, နူးညံ့သိမ်မွေ့သော။ effeminate, မိန်းမကဲ့သို့နူးညံ့သော။ —gender, *n.* ဣတ္ထိလိင်။

Femoral, *a.* ပေါင်နှင့်ဆိုင်သော။

Femur, *n.* ပေါင်ရိုး။

Fen, Fenland, *n.* ရေညွှန်းရာအရပ်။ ရေညွှန်းတတ်သောကွင်း။

Fence, *n.* အဆီးအကာ။ စည်း။ —forming an enclosure, အရံအကာ။ ပရိဝန်။ *Pali.* —*v. t.* to inclose with a fence, ခြံကာသည်။ ခြံဝိုင်းသည်။ —*v. i.* to practice in order to become skillful in the use of the sword, ထားရေးပြသည်။ သိုင်းကစားသည်။

Fencer, *n.* ထားရေးပြသောသူ။ သိုင်းကစားသောသူ။

Fencing, *n.* from Fence, *v. i.*

Fend (off,) *v. t.* ကာဆီးသည်။

Fender, *n.* ဒိုးကာ။

Fenny, *a.* boggy, မိဉ့်မြေများသော။ pertaining to fens, မိဉ့်မြေနှင့်ဆိုင်သော။

Feoff, *see* Enfeoff.

Ferment', *v. i.* ပေါက်သည်။ —*v. t.* ဖောက်သည်။

Fer'ment, Fermentation, *n.* from above; mental commotion, စိတ်ထဲ၌လှိုက်ဆူ၍နေသည်။ —used in making intoxicating liquor, သေမျိုးစေ့။

Fern, *n.* reed—, တကျားကြီးမှိန်။ climbing—, ဓနိရင်ကောက်။

Ferocious, *a.* အလွန်ရက်စက်သော။

Ferocity, *n.* from above,

Ferreous, *a.* partaking of iron, သံပါသော။ pertaining to iron, သံနှင့်ဆိုင်သော။

Ferret 1, *n.* the animal, သားတမျိုး။ —2, *v. t.* to drive out of a lurking place, ဝှန်းကွယ်ရာထဲကနှင်ထုတ်သည်။ —3, *n.* a kind of tape, ကျစ်ပြားကြိုးတမျိုး။

Ferriage, *n.* ကူတို့ခ။

Ferruginous, *a.* သံပါသော။

Ferrule, *n.* အခွေး။

Ferry, *n.* the place of crossing a river, ကူတို့။ —boat, *n.* ကူတို့လှေ။ —man, ကူတို့သမား။ ကူတို့သည်။ —*v. t.* ကူတို့ခိုသည်။

Fertile, *a.* of a productive soil, မြေကောင်း၍အသီးအနှံများစွာဖြစ်စေ

တတ်သော။ productive in any way, များစွာတိုးပွားစေတတ်သော။
Fertility, *n.* from above.
Fertilize, *v. t.* အသီးအနှံများစွာဖြစ်စေအောင်မြေကိုပြုပြင်သည်။
Ferule, *n.* လက်ဝါးကိုရိုက်၍ဆုံးမရန်သစ်သားထက်ဝါး။ —*v. t.* ထိုသို့သော လက်ဝါးနှင့်ရိုက်သည်။
Fervency, Fervor, *n.* from next.
Fervent, Fervid, *a.* hot, ပူသော။ earnest, excited, စိတ်အားကြီးသော။
Festal, Festive, *a.* pertaining to a festival, ပွဲနှင့်ဆိုင်သော။ mirthful, joyous, ရွှင်လန်းစရာအကြောင်းရှိသော။
Fester, *v. i.* ပြည်ဖြစ်သည်။
Festival, *n.* ပွဲထမ်းသဘင်။ triumphal—. အောင်ပွဲ။
Festivity, *n.* ပွဲလုပ်၍ပျော်မွေ့ခြင်း။
Festoon, *n.* artificial flowers, ပန်းဆွဲ၊ ornamental hangings, ပန်းတောင်းလည်း။
Fetch, *v. t.* to go and bring, သွား၍ယူခဲ့သည်။ to bring, ဆောင်ခဲ့သည်။ to derive, (တစုံတခု) ကခံ၍ရသည်။ to reach, မှီသည်။ —a price, အဘိုးကိုရသည်။ —*n.* ပရိယာယ်။
Fete, *n.* ပွဲခံသောနေ့။
Fetid, *a.* နံစော်သော။
Fetlock, *n.* ခွာဆံမွေး။
Fetor, *n.* အနံ့အစော်။
Fetter, *n.* a chain for the feet, သံခြေချင်း။ a hopple, ထူး။ —*v. t.* to put on fetters. ခြေချင်းခတ်သည်။ ခြေချင်းရိုက်သည်။ to confine, ချုပ်ထားသည်။
Fetus, *n.* human—. ကိုယ်ဝန်။ brute—, အီး။ ဝမ်းပိုး။
Feud, *n.* ရိုက်ရန်။
Feudal, *a.* ဘိမြေမပိုင်၊ အရှင်၏အမှုကိုဆောင်စည့်အခါပိုင်ရခြင်းနှင့်ဆိုင်သော။
Fever, *n.* ဖျားနာ။ —occasioned by a cold, နှာစေးဖျား။ the spotted—, ငန်းကွက်။ the yellow—, ငန်းဝါ။ jungle—, ငှက်ဖျား။ (to take a jungle fever, ငှက်ဖျားသင့်သည်။ to be in a fever, နာဖျားသည်။ to affect with violent fever attended with delirium, ငန်းရူးဖမ်းသည်။)
Feverish, *a.* ဖျားချင်သော။
Few, *a.* မများ၊ နည်းသော။ နည်းပါးသော။ (few and many, အနည်းနှင့် အများ။)
Fewness, *n.* from above.
Fiat, *n.* ရှိစေယုမိန့်ခြင်း။
Fib, *n.* ကလိကမာ။ —*v. i.* ကလိကမာပြောသည်။
Fibre, *n.* အမျှင်။
Fibrous, *a.* အမျှင်ပါသော။

**Fibula,** *n.* ခြေသလုံး၏အရိုးငယ်။
**Fickle,** *a.* စိတ်မတည်ကြည်သော။
**Fickleness,** *n.* from above.
**Fiction,** *n.* the act of inventing or imagining, အမှန်မရှိသဲအလိုလို စိတ်ကူး၍လုပ်ခြင်း။ that which is invented or imagined, ထိုသို့ လုပ်သောအရာ။ ဒဏ္ဍာရီ။
**Fictitious,** *a.* ပဝတ္တိဖြစ်သော။
**Fiddle,** *n.* တယော။ —stick, တယောထိုးတံ။ —string, တယောကြိုး။ —*v.* တယောထိုးသည်။
**Fidelity,** *n.* သစ္စာစောင့်ခြင်း။
**Fidget,** *v. i.* နေမတည်၊ ထိုင်မကျဖြစ်သည်။ —*n.* from *do.*
**Fidgety,** *a.* from Fidget, *v. i.*
**Fiducial,** *a.* ယုံကြည်သော။
**Fiduciary,** *n.* ယုံကြည်၍အပ်နှံခြင်းကိုခံသောသူ။
**Fie,** *int.* အစေ။ အစေခေ။ အမိမိ။
**Fief,** *n.* အမြဲမပိုင်၊ အရှင်၏အမှုကိုဆောင်စေညီအခါပိုင်ရသောမြေ။
**Field,** *n.* cultivated ground, ယာ။ လယ်ယာ။ ယာခင်း။ တောင်ယာ။ မြေရာ။ —cultivated for the first time, လယ်တီ။ an open, vacant spot, လွင်ပြင်။ rice—, လယ်တာ။ (collection of rice fields, ထယ်တော။) an extensive rice—, လယ်ပြင်။ an extensive plain, လဟာပြင်။ room for action or operation, ဆောင် ရွက်ရာအရပ်။ the ground where a battle is fought, စစ်တိုက် ကြသောနေရာ။ စစ်မြေပြင်။ a battle, စစ်တိုက်ပွဲ။ the ground of a picture, ကားမျက်နှာ။ —of labor, ခေတ်။ *Pali.* —marshal, ဗိုလ်ချုပ်ကြီး။ —officer, အရာကြီးသောဗိုလ်။ —piece, စစ်ဆောင် အမြောက်။ —preacher, လွင်ပြင်၌တရားဟောသောသူ။ —sport, တောကစားခြင်း။
**Fiend,** *n.* ငရဲသား၊ နတ်ဆိုး။
**Fiendish,** *a.* ငရဲသား၊ နတ်ဆိုးကဲ့သို့ဖြစ်သော။
**Fierce,** *a.* vehement, အရှိန်ကြီးသော။ violent, ပြင်းထန်သော။ savage, ကြမ်းကြုပ်သော။
**Fierceness,** *n.* from above.
**Fiery,** *a.* consisting of fire, မီးဖြစ်သော။ hot like fire, မီးကဲ့သို့ပူ သော။ impetuous, ပြင်းထန်သော။ passionate, စိတ်ဆိုးတတ်သော။
**Fife,** *n.* ခွေ။ ပုလွေ။
**Fifteen,** *a.* ဆယ်ငါး။ ၁၅။
**Fifteenth,** *a.* ဆယ်ငါးခုမြောက်။ ပဉ္စဒသမ။
**Fifth,** *a.* ငါးခုမြောက်။ ပဉ္စမ။
**Fiftieth,** *a.* ငါးဆယ်ပြည့်သော။
**Fifty,** *a.* ငါးဆယ်။ ၅၀။ (a band of fifty men, ငါးဆွေးသောက်။)

**Fig**, *n.* တည်သီး။ သင်္ဘောသဖန်းသီး။

**Fight**, *v.* to strive with. တိုက်သည်။ တိုက်ခိုက်သည်။ to contend in battle, စစ်တိုက်သည်။ —as fowls, and some animals, ခွပ်။ —*n.* from *do.*

**Fighting**, *n.* from Fight, *v.*

**Fightingly**, *adv.* အမိကရုဏ်း။ *Pali.*

**Figment**, *n.* အမှန်မထုတ်ဘဲအလိုလိုစိတ်ကူး၍လုပ်သောအရာ။

**Figurative**, *a.* representing by resemblance, ပုံဆောင်သော။ abounding with figures of speech, ဥပမာစကားများသော။

**Figure**, *n.* shape, form, ပုံ။ သဏ္ဍာန်။ appearance, ပုံပြင်၊ အသွင်အပြင်။ distinguished character, ဂုဏ်အသရေ။ an image, တူအောင်လုပ်သောပုံ။ ရုပ်ပုံ။ order (in logic,) အစီအစဉ်။ a character denoting a number, ဂဏန်း။ numeral—, စတိတ်၊ a horoscope, ဇာတာပုံ။ a similitude, comparison, ပုံဥပမာ၊ a trope or figure of speech, ဥပမာ။ တင်စားသောစကား။ ပုံစကား။ ဥပစာ။ —head, ခေါင်းရုပ်။ —*v. t.* to give shape to, ပုံထုတ်သည်။ to show by a visible resemblance, ပုံပြသည်။ to adorn with figures, ပုံပြင်ချယ်လှယ်သည်။ to represent by a figurative resemblance, ပုံဆောင်သည်။ to image in the mind, စိတ်ထဲ၌အာရုံပြုသည်။ to use a figure of speech, ပုံကပ်သည်။ —*v. i.* to make a distinguished appearance, ဂုဏ်ပြသည်။

**Filament**, *n.* အမျှင်။

**Filch**, *v. t.* ခိုးယူသည်။

**File** 1, *n.* a string or stick on which things are strung, သီတံ၊ သီကြိုး။ papers, strung on a line, or wire, သီ၍ထားသောထက်မှတ်စာ။ a bundle of papers, စုပေါင်း၍ထားသောစာ။ a list or roll, စာရင်း။ a row of men, သယ်ဘစည်ပြိနေသောလူစု။ —*v. t.* to string on a line or wire, (ထက်မှတ်စာများကို)သီထားသည်။ to arrange in a bundle, စုပေါင်း၍ထားသည်။ to present in order, အစဉ်အတိုင်းထုတ်ပြသည်။ —*v. i.* to march one after another, တယောက်နောက်တယောက်ရှိသွားသည်။ —2, *n.* the tool, တံစဉ်း။ —*v. t.* to cut or rub with a file, တံစဉ်းတိုက်သည်။

**Filial**, *a.* သားသမီးနှင့်ဆိုင်သော။

**Filiation**, *n.* အထနှင့်သားတော်ခြင်း။

**Filigree**, *n.* ရွှေငွေအပြောက်။

**Filings**, *n. plur.* တံစဉ်းစာ။

**Fill**, *v. t.* to make full, ပြည့်စေအောင်ထည့်သည်။ ပြည့်စေသည်။ to store abundantly, ကြွယ်ဝစေသည်။ to make complete, စုံလင်စေသည်။ to satisfy with food, ဝအောင်ကျွေးသည်။ to perform the duties of an office, (အရာရှိဖြစ်၍ ထရာနှင့်ဆိုင်သောအမှုကို) ဆောင်သည်။ — *v. i.* to become full, ပြည့်၍လာသည်။ —out. *v. t.* အစို အလင်ထည့်သည်။ —up, to make full, ပြည့်အောင်ထည့်သည်။ —as a pit, ဖို့သည်။ to occupy the whole extent of, ပြည့်အောင်နေသည်။ to complete, စုံလင်စေသည်။ —time, (တစုံတခုကို) အစည်ပြီလုပ်၍ကာလကိုလွန်စေသည်။ —*v. i.* to become full, ပြည့်၍လာသည်။ —*n.* လိုသမျှ။ *see also* Thill.

Fillet, *n.* —for the hair, ဆံထိမ်းကြိုးဖြဲး။ any ring, ကွင်း။ —of veal, နွားကလေး၏ပေါင်သား။

Fillip, *v. t.* လက်နှင့်တောက်သည်။ —*n.* from *do.*

Filly, *n.* မြင်းမကလေး။

Film, *n.* a thin skin, အမြှေး။ a cloud on the eye, တိမ်သလာ။

Filmy, *a.* အမြှေးပါသော။

Filter, *v. t.* to strain, စစ်သည်။ —*v. i.* to pass through a filter, ရေစစ်ရန်တန်ဆာစိမ့်ထွက်၍ယိုကျသည်။ —*n.* ရေစစ်ရန်တန်ဆာ။

Filth, *n.* အညစ်အကြေး။ ရွံ့ပုပ်။ အညို့။ အချေး။

Filthiness, *n.* from next.

Filthy, *a.* ညစ်သော။ ညစ်ညမ်းသော။ ညစ်ကြေးသော။

Filthily, *adv.* most—, တေတေတာတာ။

Filtrate, *v. t.* စစ်သည်။

Filtration, *n.* from above.

Fin, *n.* ငါးဆူး။ the back fin, ငါးဆူးတောင်။ —footed, —toed, *a.* ဝမ်းဘဲခြေကဲ့သို့တပြားတည်းနေသော။

Final, *a.* ultimate, အဆုံးဖြစ်သော။ နောက်ဆုံးသော။ အဆုံးစွန်သော decisive, ဆုံးဖြတ်သော။ respecting the ultimate end in view, စိတ်ကိုရှီးဆော်သောအကြောင်းနှင့်ဆိုင်သော။

Finality, *n.* အဆုံးဖြစ်ခြင်း။

Finally, *adv.* အပြီး။

Finance, *n.* revenue, ကောက်ခံ၍ရသောငွေတော်။ income, profit, အတိုးအပွား။ စီးပွား။

Financial, *a.* ငွေတော်နှင့်ဆိုင်သော။

Financier, *n.* အခွန်ဘဏ္ဍာစုကိုရေတွက်မှတ်သား၍အုပ်ခံသောအမတ်။

Finch, *n.* ငှက်ပုတီး။

Find, *v. t.* to meet with or obtain by seeking, တွေ့သည်။ to meet with, ကြုံတွေ့သည်။ ကြုံကြိုက်သည်။ to furnish, supply, အသုံးခံသည်။ —a verdict, ဆုံးဖြတ်သည်။ —one's self, မာလျှက်သော်ရင်း၊ နာလျှက်သော်ရင်း၊ ရှိ၍နေသည်။ —fault with, အပြစ်တင်သည်။ ဆိုမြည်သည်။ မြည်တွန်သည်။ —in, အသုံးခံသည် —in the heart, *v.* အလိုရှိသည်။ —out, *v. t.* to discover,

(မထင်ရှား၊မသိသေးသောအရာကို) တွေ့သည်၊ to invent, ထိုးထွင်း၍သိသည်။

Fine 1, *a.* not coarse, ချောသော၊ of minute particles, ညက်သော၊ မွတ်သော၊ nice, delicate, နူးသော၊ clear, ကြည်လင်သော၊ pure, စင်ကြယ်သော၊ သန့်ရှင်းသော၊ keen, ထက်မြက်သော၊ of discerning intellect, ညာဏ်ကောင်းသော၊ excellent, ကောင်းမြတ်သော၊ elegant, လှပယဉ်ကျေးသော၊ showy in dress, သစ်သစ်လွင်လွင်ဝတ်ဆင်လျက်ရှိသော၊ splendid, ဂုဏ်အသရေတင့်တယ်သော၊ —draw, *v. t.* အရာမထင်အောင်အစုတ်ကိုချုပ်သည်၊ —as powder, ထောင်းထောင်း၊ သိသိညက်ညက်၊ —spoken, *a.* စကားလှလှပြောတတ်သော၊ —1, *v. t.* to clarify, ကြည်လင်စေသည်၊ ရှင်းလင်းစေသည်၊ —2, *n.* အလျော်၊ လျော်ငွေ၊ လျော်ပြစ်၊ လျော်ဒါဏ်၊ ဒါဏ်ငွေ၊ —imposed on a whole village collectively, ရွာပုံကြေး၊ —, *v. t.* to impose a fine, အလျော်စီရင်သည်၊ —3, (in,) *adv.* အဆုံး၌၊ အချုပ်အချာကား။

Fineness, *n.* from Fine, *a.*

Finery, *n.* လှပသောအဝတ်တန်ဆာ၊

Finesse, *n.* ပရိယာယ်၊

Finger, *n.* လက်ချောင်း၊ little—, လက်သန်း၊ middle—, လက်ခလယ်၊ ring—, လက်သူကြွယ်၊ —board, တယော၌တပ်သောခလုပ်၊ —*v. t.* to touch lightly, လက်နှင့်တို့သည်၊ to play on (an instrument,) လက်နှင့်တီးသည်၊ to pilfer, ခိုးယူသည်။

Finical, *a.* အယဉ်ဖမ်းတတ်သော၊

Finis, *n.* အဆုံး၊

Finish, *v. t.* to complete, ပြီးစေသည်၊ ပြီးစီးစေသည်၊ အစသတ်သည်၊ လက်စသတ်သည်၊ *v. i.* အဆုံးသတ်သည်၊ လက်စသိမ်းသည်၊ to make perfect, စုံလင်စေသည်၊ to put an end to, ဆုံးစေသည်၊ —*n.* from *do.* အပြီး၊

Finishing, *n.* same.

Finite, *a.* having limit, အပိုင်းအခြားရှိသော၊ having an end, အဆုံးရှိသော၊

Finiteness, *n.* from above.

Finny, *a.* ငါးဆူးရှိသော၊

Fir, *n.* ထင်းရှူးပင်၊ ထင်းရှူးသား၊

Fire, *n.* the element, မီး၊ တေဇော၊ *Pali.* a burning, မီးလောင်ခြင်း၊ sharpness of intellect, ညာဏ်ထက်မြက်ခြင်း၊ ardor of temper, စိတ်အားသန်ခြင်း၊ on—, *adv.* မီးလောင်လျက်၊ —arms, *n. plur.* မီးပေါက်လက်နက်၊ —ball, *n.* a grenade, လက်ပြစ်ဗုံးဆန်၊ a bolis, ဥက္ကာ၊ ဥကာ၊ —brand, a stick kindled at one end, မီးစ၊ an incendiary, ရန်ပွားစေသောသူ၊ —brush, မီးဖိုနားမှာသုံးရန်

တန်မြက်စည်း၊ —engine, မီးသတ်ဗုံပိုင်း၊ —fly, ပိုးစုန်းကြူး၊ ပိုးစုန်းကြူး၊ —hook, မီးချိတ်၊ မီးလောင်ရာ၌ချိတ်ဆွဲရန်သံချိတ်၊ —lock, သေနတ်၊ မီးပါသေနတ်၊ —man, မီးလောင်ရာ၌မီးကိုသတ်သောသူ၊ —new, *a.* ကြွပ်ရွတ်၊ —office, *n.* မီးမှုကိုဝန်ခံ၍ဆောင်ရွက်သောသူ၏နေရာ၊ —ordeal, မီးနှင့်အစစ်ဆေးခြင်း၊ —pan, a pan for holding fire, မီးမယ်ဖြူ၊ the pan of a firelock, နားခွက်၊ —place, မီးဖိုထားသောနေရာ၊ a wooden fire place, မီးရုပ်ပေါင်း၊ —proof, *a.* မီးမလောင်နိုင်သော (တိုက်၊အိမ်၊) —ship, မီးဖောင်၊ —side, မီးဖိုနား၊ —wood, ထင်း၊ —work, မီးပန်းထွက်အောင်ပြုလုပ်သောတန်ဆာ၊ —*v. t.* to set on fire, မီးရှို့သည်၊ မီးတိုက်သည်၊ to make a fire, မီးမွေးသည်၊ to incite, နှိုးဆော်တိုက်တွန်းသည်၊ —a gun, သေနတ်ပြစ်သည်၊ —*v. i.* to take fire, မီးညိသည်၊ to be suddenly angry, ရုပ်ခနဲအမျက်ထွက်သည်၊

Firing, *n.* the act of discharging fire arms, သေနတ်ပြစ်ခြင်း၊ fire-wood, ထင်း၊

Firkin, *n.* စည်းငယ်တမျိုး၊

Firm 1, *a.* compact, အိပ်သည်းလျှက်ရှိသော၊ fixed, steady, မိုင်ခံ့မြဲမြံသော၊ unyielding, စိတ်တင်းမာသော၊ constant, တည်တံ့သော၊ mature, ရင့်မာသော၊ —in mind, whether for good or evil, စိတ်မိုင်ခံ့သော၊ —of purpose, သဘောသန်သော၊ —(in language,) မောက်မာသော၊ —2, *n.* ကုန်ဖက်စု၊

Firmament, *n.* မိုဃ်းမျက်နှာကြက်၊

Firman, *n.* ပသိမင်းပေးသောစာချွန်၊

Firmly, *adv.* tightly, ကြပ်ကြပ်၊ မိမိ၊

Firmness, *n.* from Firm, *a.*

First, *a.* —in time, ပဌမ၊ အဦးဆုံးသော၊ —in place, foremost, ရှေ့ဆုံးသော၊ most excellent, အမြတ်ဆုံးသော၊ —fruit, *n.* အဦးသီးသောအသီး၊ —rate, *a.* most excellent, အမြတ်ဆုံးသော၊ largest, အကြီးဆုံးသော၊ —*adv.* အစအဦး၌၊ ရှေ့ဦးစွာ၊ အစစွာ၊ ဦးဦး၊ ဦးဦးဖျားဖျား၊ လက်ဦးစွာ၊ —begotten, —born, *a.* သားဦးဖြစ်သော၊ —created, *a.* အဦးဆုံးဖန်ဆင်းသော၊

Firstling, *n.* အဦးဖွားသောသား၊

Fiscal, *a.* ငွေတော်နှင့်ဆိုင်သော၊

Fish, *n.* ငါး၊ the flesh of fish, ငါးသား၊ —hook, ငါးမျှား၊ —market ငါးဈေး၊ —monger, ငါးသည်၊ —pond, ငါးကိုမွေးသောရေကန်၊ —*v. t.* to catch fish, ငါးဖမ်းသည်၊ to take fish with a hook, ငါးမျှားသည်၊ to try to obtain by artifice, ရအောင်ပရိယာယ်ပြုသည်၊ —up, *v. t.* (ရေထဲက) ဖေ်ယူသည်၊

Fisher, Fisherman, *n.* တံငါ၊

**Fishery,** *n.* the business of catching fish, ငါးဖမ်းခြင်းအမှု၊ a place for catching fish. ငါးဖမ်းရာအရပ်၊

**Fishing-line,** *n.* ငါးမျှားကြိုး။

**Fishing-rod,** *n.* သုတ်တံ၊ ငါးမျှားတံ၊

**Fishy,** *a.* consisting of fish, ငါးပါသော၊ like fish, ငါးကဲ့သို့ဖြစ်သော၊

**Fissure,** *n.* အအက်၊

**Fist,** *n.* လက်သီး။ လက်သီးဆုပ်၊ —*v. t.* လက်သီးနှင့်ထိုးသည်၊

**Fisticuffs,** *n.* လက်ပွေ့သတ်ခြင်း။

**Fistula,** *n.* နက်သောအနာဆိုး။

**Fistular, Fistulous,** *a.* ပြောင်းလောင်းဖြစ်သော၊

**Fit 1,** *n.* a paroxysm, အနာဘက်ခြင်း။ a convulsion, တက်နာ၊ a turn, အကြိမ်အလှည့်၊ —2, *a.* from next. —*v. i.* တော်သည်၊ လျော်သည်၊ ညီလျော်သည်၊ သင့်သည်၊ လျောက်ပတ်သည်၊ ဖွယ်ရာသည်၊ —*v. t.* from *do.* —out, အသုံးခံ၍ပြင်ဆင်သည်၊ —up, အသင့်ရှိစေအောင်ပြင်ဆင်သည်၊

**Fitful,** *a.* တက်လျှက်ဆုတ်လျှက်ရှိသော၊

**Fitness,** *n.* from Fit, *v. i.*

**Five,** *a.* ငါး။ ၅၊ —fold, ငါးဆဖြစ်သော၊ —o'clock, ငါးနာရီ၊

**Fix,** *v. i.* to settle, နေရာကျသည်၊ to cease to be fluid, (အရည်) ခဲသည်၊ to cease to be volatizable, အငွေ့မဖြစ်အောင်ချုပ်ထားလျှက်ရှိသည်၊ —*v. t.* to settle, နေရာချသည်၊ —a time, ချိန်းချက်သည်၊ to fasten, စွဲစေသည်၊ to make stable, တည်စေသည်၊ to make firm, durable, မိုင်ခံ့မြဲမြံစေသည်၊ to harden, (အရည်ကို) ခဲစေသည်၊ to set, deprive of volatility, (အငွေ့မဖြစ်နိုင်အောင်) ချုပ်ထားသည်၊ —as paint, ဆေးချုပ်သည်၊ —the eye, စေ့စေ့ကြည့်သည်၊ (Amer.) to put in order, ပြင်ဆင်သည်၊ —in, *v. t.* မိတ်ချသည်၊ —up, (Amer.) ပြင်ဆင်သည်၊

**Fixation,** *n.* from above.

**Fixedness,** *n.* stability, တည်ခြင်း။ the state of being set or settled, သေဝပ်ခြင်း။

**Fixidity, Fixity,** *n.* သေဝပ်ခြင်း။

**Fixture,** *n.* settled position, တည်သောနေရာ၊ any thing fixed in a building, အိမ်၌အမြဲစွဲကပ်၍ထားသောအရာ၊

**Flabbiness,** *n.* from next.

**Flabby,** *a.* အိအိအဲ့အဲ့ဖြစ်သော၊ (flabby substance, အပျည်း။)

**Flaccid,** *a.* ပျော့သော၊ အိသော၊

**Flaccidity, Flaccidness,** *n.* from above.

**Flag 1,** *n.* the water plant, ပန်းပြား။ sweet—, လင်းဘော၊ —2, an ensign or colors, အလံ၊ —of victory, အောင်လံ၊ triangular—, ကြက်လျှာလံ၊ —officers, တိုက်သင်္ဘောမှူးချုပ်၊ —ship, တိုက်

သဘေင်္ဘာ ဗိုလ်ချုပ်စီးသောသင်္ဘော။ —staff, အလံတိုင်၊ မာလိန်တိုင်၊ တံခွန်တိုင်။ (*sacred.*) —3, a flat stone for paving, ခင်းရန်ကျောက်ပြား။ —stone, *do.* —*v. t.* to pave with flat stones, ကျောက်ပြားခင်းသည်။ —4, *v. i.* to hang loose, လျော့ရှဲကျသည်၊ to lose vigor, အားလျော့သည်။ (paper ornaments, streamers etc., attached to flags, မဲသေးမွှား။)

**Flageolet**, *n.* ခြွေငယ်၊

**Flagellate**, *v. t.* ရိုက်သည်၊

**Flagellation**, *n.* from above.

**Flaggy**, *a.* from Flag, *v. i.*

**Flagitious**, *a.* အလွန်ဆိုးသော၊

**Flagitiousness**, *n.* from above.

**Flagon**, *n.* ထက်ကိုင်ကွင်းပါသောတကောင်း။

**Flagrancy**, *n.* from next.

**Flagrant**, *a.* မကောင်းသောအားဖြင့်ကျော်စောသော။

**Flail**, *n.* စပါးဝုတ်သောဒုတ်ဘန်ဆား၊

**Flake**, *n.* any thin matter cleaving off in scales, အလွှာ၊ အလွှာ၊ a layer or stratum, အထပ်၊

**Flam**, *n.* လိမ်သည်းသာစကား။

**Flambeau**, *n.* မီးစည်း။

**Flame**, *v. i.* တောက်သည်၊ မီးတောက်သည်။ —*n.* a blaze, မီးတောက်၊ small—, မီးပွင့်၊ extreme ardor, အလွန်စိတ်အားကြီးခြင်း။ —colored, *a.* ရဲရဲနီသော၊

**Flammable**, *a.* မီးရှို့နိုင်ဖွယ်ဖြစ်သော။

**Flanch, Flange**, *n.* နားရွက်၊

**Flank**, *n.* the side of an animal, တိရိစ္ဆာန်နံဘေး၊ the side of an army, တပ်လက်ျာခေါင်း။ လက်ဝဲခေါင်း။ the side of a bastion, မြို့ရိုးခွံ့ဝက်ခေါင်းနံဘေး။ —*v. t* to attack the side, နံဘေးကိုတိုက်သည်၊ to take a station on the side, နံဘေး၌နေရာကျသည်၊

**Flannel**, *n.* သက္ကလတ်တမျိုး။

**Flap**, *v. i.* to move as something broad and loose, ဖတ်ထတ်နေသည်၊ —*v. t.* to beat with something broad and loose, အပြားနှင့်ပုတ်သည်၊ —*n.* ဖတ်လတ်နေသောအရာ၊ —of (a saddle,) ကတောင်၊

**Flare**, *v. i.* to burn with an unsteady flame, မီးတောက်မငြိမ်၊ to glitter unpleasantly, (မျက်စိရှုးအောင်) မီးရောင်ထိုးသည်၊ to open or spread outward, အဝပြဲသည်။

**Flash**, *v. i.* to corruscate, အရောင်လျှပ်သည်၊ အလျှပ်ထွက်သည်၊ အလျှံထွက်သည်၊ —*v. t.* from same; to dash, (ရေကို) ကော်၍ပက်

ထည်း —*n*. the corruscation of flame, မီးလျှံ —of light, မီးလျှပ် —of lightning, လျှပ်ပြက်သောအလျှံ

**Flashy,** *a.* လျှပ်ပေါ်သော

**Flask,** *n.* a kind of bottle, ပုလင်းတမျိုး a powder case, ယမ်းဘူး

**Flasket,** *n.* ခံတောင်း

**Flat,** *a.* level, not spherical, ပြားသော level, not uneven, ပြန့်သော ပြန့်ပျူးသော ညီညာသော low and level, pressed down. မိသော low, even with the ground, ပြပ်သော ပြပ်စပ်နေသော insipid, tasteless, ပေါ့သော အရသာမရှိသော not affording pleasure, ရွှင်လန်းစရာမရှိသော dull, unanimated, စိတ်ကိုမနိုးဆော်တတ်သော —( as sound,) မထက်သော peremptory, downright, တိုက်ရိုက်ဖြစ်သော—bottomed, ဝမ်းပြားသော (လှေ) —iron, *n.* မီးပူ —nosed, *a.* နှာခေါင်းမိမ့်သော —*n.* level spot of ground, a plain. ညီညာသောမြေကွက် ကွင်းပြင် လွင်ပြင် a shoal, သောင်ပြင် —of a knife, ဓားပြား a flat-bottomed boat, ဝမ်းပြားသော(လှေ) —*v. t.* to make low and level, ဖိဖိနေအောင်ပြုသည် to make insipid, ပေါ့စေသည် —*v. i.* to grow flat, ညီညာသွားသည် to become insipid, ပေါ့သွားသည်

**Flatness,** *n.* from Flat, *a.*

**Flatter,** *v. t.* to soothe by praise, စိတ်ကိုကြွအောင်မြှောက်သည် မြှောက်ပင့်သည် to coax by praise, ချီးမွမ်း၍ချော့မော့သည် ဘွဲ့နွဲ့သည်

**Flattery,** *n.* from above; (a flattering deceiving fellow, တာတာဆိုး ပလီဆိုး)

**Flatulence,** *n.* from next; (to suffer from flatulence, လေခံသည်)

**Flatulent,** *a.* ဝမ်းနှင့်လေပါသော

**Flatwise,** *adv.* ပြားလတိုင်း

**Flaunt,** *v. i.* ပလွှားသည်

**Flavor,** *n.* odor, အနံ့ taste, အရသာ

**Flavored,** *a.* having odor, အနံ့ရှိသော having a quality that affects the taste, အရသာရှိသော

**Flaw,** *n.* an injury, defect, အနာ အနာအဆာ a gust of wind, လေဝုန်း

**Flax,** *n.* ပိုက်ဆန် ခေါမ

**Flaxen,** *a.* made of flax, ပိုက်ဆန်ခြည်ကိုရက်သော resembling flax. ပိုက်ဆန်ခြည်ကဲ့သို့ဖြစ်သော

**Flay,** *v. t.* သားရေကိုဆုတ်ခွာသည်

**Flea,** *n.* ခွေးလှေး အလှူအလှေး —bite, ခွေးလှေးကိုက်ရာ

**Fleam,** *n.* ခြင်း နွားကိုသွေးဖောက်သောဓား

**Fledge,** *v. t.* from next.

**Fledged** (be,) *v. i.* အမွေးအတောင်စုံသည်

Flee, *v. i.* to run, ပြေးသည်။ —*v. t.* to avoid, ရှောင်သည်။

Fleece, *n.* သိုးတကောင်ကိုညှပ်၍ရသောအမွေးစု။ —*v. t.* to shear off wool, သိုးမွေးကိုညှပ်သည်။ to strip of property, ဥစ္စာကိုအစဉ်သိမ်းယူသည်။

Fleecy, *a.* covered with wool, သိုးမွေးပါသော။ resembling wool, သိုးမွေးကဲ့သို့ဖြစ်သော။

Fleer, *v. i.* ကရော်ကမည်ပြုသည်။

Fleet 1, *n.* သင်္ဘောအစု။ —2, *a.* အပြေးမြန်သန်သော။ —*v. i.* to pass swiftly, အလျင်အမြန်ပြေးသည်။ to be in a transient state, လွန်သွားတတ်သည်။

Fleetness, *n.* from Fleet, *a.*

Flesh, *n.* the covering of the bones beneath the skin, အသား။ dry, flabby—, အရွတ်။ —on the ribs, နံပတ်။ —on the side of an animal, နံရပ်သား။ meat, အမဲသားနှင့်ကြက်သား။ the body, ကိုယ်ကာယ။ carnality, ကာမ။ human nature, လူ့ဓာတိပကတိ။ kindred, အမျိုးအနွယ်။ —color, လူ့အသွေးအရေးနှင့်တူသောအဆင်း။ —colored, *a.* လူ့အသွေးအရေးနှင့်တူသော။ —*v. t.* to initiate, လက်ဦးသွင်းသည်။ to accustom to, အကျင့်ပါစေခြင်းပြုသည်။ to glut, စားမိုနင့်စေခြင်းပြုသည်။

Fleshly, *a.* pertaining to the flesh, အသားနှင့်ဆိုင်သော။ pertaining to the body, ကိုယ်ကာယနှင့်ဆိုင်သော။ carnal, ကာမဂုဏ်နှင့်ဆိုင်သော။ corpulent, ဆုံမြိုးသော။ plump, ထွားသော။

Flexibility, *n.* ပျော့သောသဘော။ ပျောင်းသောသဘော။ သွေးဆောင်လွယ်သောသဘော။ (for sub-def. *see* next.)

Flexible, *a.* pliant, ပျော့သော။ ပျောင်းသော။ easily persuaded, သွေးဆောင်လွယ်သော။

Flexibleness, *n.* from above.

Flexile, *see* Flexible.

Flexion, Flexure, *n.* the act of bending, ကွေးခြင်း။ a bend, အကွေး။

Flexuous, *a.* ကွေးလျှက်ရှိသော။ ကွေးကောက်လျှက်ရှိသော။

Flicker, *v. i.* သွက်သွက်လှုပ်သည်။

Flickeringly, *adv.* just alive, လက်လက်ကလေး။

Flight, *n.* the act of fleeing, ပြေးခြင်း။ the act of flying, ပျံခြင်း။ a number of birds flying, ပျံသောငှက်စု။ —of fancy, ဉာဏ်ကွန့်မြူးခြင်း။ —of stairs, လှေကား။ လှေကားထစ်။

Flightiness, *n.* from next.

Flighty, *a.* fleeting, အလျင်အမြန်ပြေးတတ်သော။ unsteady in mind, စိတ်နှစ်ထိုင်အတည်မကျသော။ slightly deranged in mind, စိတ်ပေါ့သော။

Flimsiness, *n.* from next.

**Flimsy,** *a.* ပါးပါးလျှလျှဖြစ်သော။

**Flinch,** *v. i.* တွန့်သည်။ —from fear, တွန့်ရှုံ့သည်။ —from unwillingness to give, တွန့်တိုသည်။

**Fling,** *v. t.* to throw, ပြစ်သည်။ ပြစ်လိုက်သည်။ to throw to the ground, လှည်းချသည်။ —*v. i.* to fly into violent gestures, ရုန်းဖိရုန်းပေါက်ပြုသည်။ to make cutting remarks, နာရောကိုရှာ၍ ကဲ့ရဲ့သည်။ —*v. t.* —open, ရုပ်ခနဲဖွင့်သည်။ —up, (အရာကို)စွန့်ပြစ်သည်။ —*n.* from above.

**Flint,** *n.* လိပ်သည်းကျောက်။ —to strike fire with, မီးခတ်ကျောက်။ —of a musket, မီးကျောက်။ မီးပါကျောက်။

**Flinty,** *a.* consisting of flint, လိပ်သည်းကျောက်ပါသော။ resembling flint, လိပ်သည်းကျောက်ကဲ့သို့မာသော။ unfeeling, မသနားတတ်သော။

**Flippancy,** *n.* from next.

**Flippant,** *a.* fluent, သွက်လွက်သော။ light and garrulous, ပေါ့လျော့သော။ စကားများသော။

**Flirt,** *v. t.* to throw with a jerk, ခါ၍ပြစ်သည်။ —*v. i.* to be light, unsteady, လေ်လည်သည်။ —*n.* from above;— *v. t.* a flighty girl, လေ်လည်သောမိန်းကလေး။

**Flirtation,** *n.* from Flirt, *v. i.*

**Flit,** *v. i.* အလျင်အမြန်ပျံသွားသည်။

**Flitch,** *n.* ဝက်တခြမ်းသား။

**Float,** *v. i.* to remain without sinking, ပေါလောနေသည်။ to move with the tide or current, ပေါလောမျောသည်။ —down, မျောသည်။ *v. t.* from Float, *v. i.* —*n.* any thing that floats, ပေါလောမျောသောအရာ။ a raft, ဖောင်။ the cork attached to a fish-hook, ငါးမျှားဖော့။

**Flock,** *n.* —of sheep, etc. သိုး၊ ဆိတ်အစု။ —of birds, ငှက်အစု။ a lock of wool, သိုးမွေးတခက်။ —bed, သိုးမွေးသွတ်သောမွေ့ရာ။ —*v. i.* စုဝေးသည်။

**Flog,** *v. t.* တံပျာနှင့်ရိုက်သည်။

**Flood,** *n.* inundation, လွှမ်းမိုးသောရေ။ the flowing of the tide, တက်သောဒီရေ။ —tide, ရေတက်။ ဒီရေတက်။ —gate, ပြွန်ဖိတ်တံခါး —mark, ရေတက်သောရေရာ။ —*v. t.* ရေလွှမ်းမိုးသည်။

**Flooding,** *n.* သွေးသွန်နာ။

**Floor,** *n.* the bottom of a room, ကြမ်း။ a raised floor in a *Kyoung*, ကွန်းစင်။ a story, ထိုက်ဆင့်။ အိမ်ဆင့်။ —*v. t.* ကြမ်းခင်းသည်။ —by tying down bamboos, ကြမ်းကြောသည်။

**Floral,** *a.* ပန်းပွင့်နှင့်ဆိုင်သော။

**Florescence,** *n.* အပွင့်ပွင့်ခြင်း။

**Florid,** *a.* red, နီသော၊ embellished, နားတန်ဆာဖြစ်စေခြင်းငှါ ကုံးသော (စကား၊)

**Floridness,** *n.* from above.

**Florist,** *n.* ပန်းအမျိုးမျိုးတို့ကိုအလေ့အကျက်ပြုစုရှာဖွေမှတ်သားသောသူ၊ ပန်းသည်၊

**Flota, Flotilla,** *n.* သင်္ဘောအစု၊

**Flotsam,** *n.* အရှင်မမြဲ၊ ပေါလောမျောသောဥစ္စာ၊

**Flounce,** *v. i.* to throw the limbs about irregularly, ခြေခင်းဆန့်၍ နေသည်၊ ခြေခင်းဆန့်စေခြင်းလှုပ်သည်၊ *v. t.* to deck with a flounce, ကြာယပ်ထည့်သည်၊ ကြာယပ်တွဲသည်၊ —*n.* loose, puckered trimming, ကြာယပ်ကြာချပ်၊

**Flounder,** *see* Flounce, *v.*

**Flounderingly,** *adv.* ခြေခင်းဆန့်၊

**Flour,** *n.* မုန့်ညက်၊ —*v. t.* မုန့်ညက်နှင့်ဖျူးသည်၊

**Flourish,** *v. i.* to thrive luxuriantly, စည်ကားဝေဆာသည်၊ to be prosperous, စီးပွားတိုးတက်သည်၊ to use copious and florid language, သယ်သယ်ဗိုးဗိုးယည့်ကျော့ခွာပြောသည်၊ to use bold, sweeping strokes in writing, လှပဆန်းပြားစွာရေးသည်၊ —a sword, ထားကိုဝင့်သည်၊ —*n.* from above, in the three last senses, (the religion is flourishing, သာသနာထွန်းသည်၊)

**Flout,** *v.* ကဲ့ရဲ့ကမည်ပြုသည်၊

**Flow,** *v. i.* to run as water, စီးသည်၊ to rise as the tide, (ဒီရေ) တက်သည်၊ to proceed, issue, ထွက်သည်၊ to abound, စည်ပင်သည်၊ to be smooth, gliding, ချောညီသည်၊ to be rich, luxuriant, ဝေဆာသည်၊ to hang loose and waving, ဝဲလျားနေသည်၊ —out, ထွက်စီးသည်၊ —*n.* from above.

**Flower,** *n.* ပန်း၊ အပွင့်၊ ပန်းပွင့်၊ charmed—, ပဒိတ်ပန်း၊ —bud, အငုံ၊ ပန်းငုံ၊ —in silver, ငွေပွင့်၊ —the plant, ပန်းပင်၊ —work, ပန်းပြောက်၊ (artificial flowers suspended for ornament, ပန်းဆွဲ၊ ပန်းဆိုင်း၊) —*v. i.* အပွင့်ပွင့်သည်၊

**Flower-fence,** *n.* ဒေါင်းစုတ်၊ ဓါးဝယ်သီထ၊ မိန်ပန်း၊

**Flowered,** *a.* embellished with figures of flowers, ပန်းပြောက်ပါသော၊

**Floweret,** *n.* ငယ်သောပန်းပွင့်၊

**Flowery,** *a.* full of flowers, ပန်းပွင့်များသော၊ embellished, ပမာပမည်းဆောင်၍လှပယည့်ကျေးစေခြင်းပြောသော (စကား၊) စကားချယ်လှယ်သော၊

**Flouring,** *a.* luxuriant, ဝေဆာသော၊

**Fluctuate,** *v. i.* to move as a wave, လှိုင်းအိထသည်၊ to move hither and thither, ရသားလှုပ်ဖြစ်သည်၊ to waver, be in doubt, စိတ်ဝေ

and thither, ရထားလိုဖြစ်သည်။ to waver, be in doubt, ဝင်ဝေသည်။ စဝေစဝကဲ်ရှိသည်။

Fluctuation, *n.* from above.

Flue, *n.* မီးခိုးထွက်ရန်ပြွန်။

Fluency, *n.* from next, 2d. def.

Fluent, *a.* flowing, စီးတတ်သော။ ready in the use of words, သွက်သွက် လွက်လွက် ပြောတတ်သော။ စကားပြောဖြတ်သော။ ဖြတ်လတ်သော။ smooth, ချောညီသော။

Fluently, *adv.* သွက်သွက်။ ဖြတ်ဖြတ်။

Fluid, *n.* အရည်။ —*a.* အရည်ဖြစ်သော။

Fluidity, Fluidness, *n.* the quality of being capable of flowing. အရည်ဖြစ်သောသဘော။ the state of being fluid, အရည်ဖြစ်ခြင်း။

Fluke, *n.* ကျောက်ဆူးသွား။

Flume, *n.* ရေစက်ဆင်ရန်လုပ်သောပြွန်။

Flummery, *n.* a sort of jelly, မုန့်ဦးနှောက်ကဲ့သို့လုပ်သောမုန့်တမျိုး။ empty words, အနှစ်သာရမရှိသောစကား။

Flurry, *n.* ရုပ်ရက်ခတ်ဖြစ်ခြင်း။ (in a flurry, ပရုပ်ပရက်။)

Flush 1, *v. i.* to come suddenly, ရုပ်ခနဲရောက်လာသည်။ to spread suddenly as blood, (သွေးကဲ့သို့) ဖြန့်သည်။ to become red, နီလာသည်။ —*v. t.* from Flushed (be,) —, *n.* from above; —2, *a.* vigorous, သန်မြန်သော။ abounding in, ကြွယ်ဝသော၊

Flushed (be,) *v. i.* to be red in the face, (မျက်နှာ) နီသည်။ to be elated, စိတ်မြင့်သည်။

Fluster, *v. t.* ရှုပ်ထွေးအောင်ပြုသည်။

Flute, *n.* a kind of wind instrument, ပြွေ။ ဝူလွေ။ a channel in a pillar, မြောင်းကြောင်း။ —*v. t.* မြောင်းကြောင်းထိုးသည်။

Flutter, *v. i.* to flap the wings, အတောင်တဖျတ်ဖျတ်ခတ်သည်။ to vibrate, wave, တလစ်ထစ်နေသည်။ to be agitated, စိတ်လှုပ်ရှားသည်။ —*v. t.* လှုပ်ရှားစေအောင်ပြုသည်။ —*n.* လှုပ်ရှားခြင်း။

Flux, *n.* a flow, စီးခြင်း။ a passing, လွန်သွားခြင်း။ an issue, ယိုထွက်ခြင်း။ that which issues, ယိုထွက်သောအရာ။ diarrhœa, ဝမ်းကျနာ။

Fluxion, *n.* စီးခြင်း။ စီးသွားခြင်း။

Fly 1, *v. i.* as a bird, ပျံသည်။ to pass swiftly, အလျင်အမြန်ပြေးသည်။ to flee, run away, ထွက်ပြေးသည်။ —as a spring, (မောင်း) ကျသည်။ to part asunder, ကွဲပျက်သည်။ —*v. t.* to shun, ရှောင်သည်။ —a kite, စွန်လွှတ်သည်။ let—, to shoot, ပြစ်သည်။ to let go suddenly, ရုပ်ခနဲလွှတ်သည်။ —at, ရုပ်ခနဲတက်၍ထိုက်သည်။ —away, as chaff, လွေလွင့်သည်။ —back, *v. i.* ကန်၍

ပြန်သည်၊ အကန်ခံ၍ပြန်သည်၊ —into a passion, ရုပ်ခနဲအမျက်ထွက်သည်။ —leaf, *n.* စာအုပ်မျက်နှာဖုံး၊ —off, *v. i.* စည်သည်။ the (water) flies off, ရက်ထသည်၊ —open, ရုပ်ခနဲပွင့်သည်၊ —out, to rush out, ရုပ်ခနဲထွက်သည်၊ to break out into licence, ပေါက်လွှတ်သွားသည်၊ —2, *n.* ယင်၊ —blow, *v. t.* ယင်ချေးဥသည်၊ —blow, *n.* ယင်ချေးဥ၊ —flap, *n.* ယင်းခြောက်၊ ယင်ယပ်၊ မြင်ခြောက်၊ one used by the king, သားမြီးယပ်။

Fly-catcher, *n.* ငှက်ခေါက်၊ ငှက်တစပ်၊ azure headed—, စတုံတူ။ broad-tailed—, တိုင်းကား၊

Flying, *a.* waving, as colors, တလစ်လစ်နေသော၊

Flying-fish, *n.* ငါးပျံ၊

Foal, *n.* မြင်းကလေး —*v. t.* (မြင်းမ) မွေးသည်။

Foam, *n.* အမြှုပ်။ —*v. i.* to gather foam, အမြှုပ်ထသည်။ to throw out foam, အမြှုပ်ထွက်သည်။ to be in a rage, အမျက်ဟုန်းဟုန်းထွက်သည်၊

Foamy, *a.* အမြှုပ်ထသော၊

Fob, *n.* နာရီအိတ်၊

Focal, *a.* ရောင်ခြည်စုသောအချက်နှင့်ဆိုင်သော၊

Focus, *n.* ရောင်ခြည်စုသောအချက်။

Fodder, *n.* မြင်း၊ နွားကိုကျွေးသောအစာ၊ —*v. t.* (မြင်း၊ နွား) ကိုအစာကျွေးသည်၊

Foe, *n.* ရန်သူ။ —man, same

Foetus, *n.* —(of animals,) ဝမ်းပိုး၊ ဗီး။

Fog, *n.* နှင်း၊

Fogginess, *n.* from next.

Foggy, *a.* နှင်းကျလျှက်ရှိသော၊

Foible, *n.* ဝါသနာကြောင့်ထွဲတတ်သောအချက်၊

Foil 1, *v. t.* to defeat, နိုင်သည်၊ to frustrate, အကြံကိုဖျက်သည်၊ —*n.* a defeat, ရှုံးခြင်း၊ a failure of attempt, အကြံပျက်ခြင်း၊ —2, *n.* a blunt sword used in fencing, သိုင်းကစားရာ၌ကိုင်သောဓုတ်၊ —3, *n.* a thin leaf of metal placed in an ouch, ရောင်ပြား၊ a leaf of metal used in gilding, ရွှေမျက်ပါး၊ ငွေမျက်ပါး၊ အစရှိသော၊ အပြားခတ်သောသတ္တုပြား၊ a coating of quicksilver, မှန်ထိန်းပြဒါး၊

Foin, *v.* သိုင်းကစားရာ၌ထိုးသည်၊

Foist, *v.* မဟုတ်မမှန်ဘဲစာလုပ်၍သွင်းသည်၊

Fold 1, *n.* a pen for sheep, သိုးခြံ၊ a flock of sheep, သိုးစု၊ —, *v. t.* သိုးခြံထဲသို့သွင်းသည်၊ —2, *v.* to double, ခေါက်သည်၊ —the hands, လက်ရှက်သည်၊ —the arms, လက်ပိုက်သည်၊ —up, ရုပ်၍ထားသည်၊ —, *n.* a double, အခေါက်၊ (in composition,) as much again, ထဆ။ —-in the waist cloth used as a pocket, ခါးပိုက်ဖိတ်။ —of a door, တံခါးရွက်။ (with folded arms, လက်ပိုက်။)

Folder, *n.* စက္ကူခေါက်သောထား။

Folding *adv.* (as doors,) နှံ့ထေးထပ်။

Foliage, *n.* သစ်ရွက်စု။

Foliate, *v. t.* အပြားဖြစ်အောင်ခတ်သည်။

Folio, *n.* or *a.* ခခေါက်မျိုး။

Folk, Folks, *n.* လူစု။ လူများ။

Follicle, *n.* ကြောထွေးငယ်တမျိုး။

Follow, *v.* to go after, လိုက်သည်။ နောက်ကလိုက်သည်။ နောက်သို့လိုက်သည်။ —at a distance for the purpose of watching, နောက်ရောင်လိုက်သည်။ to succeed in course, အစဉ်အတိုင်းလိုက်သည်။ to comply with, ဦးစားပေးသည်။ to pursue, မှီအောင်လိုက်သည်။ to obey, နားထောင်သည်။ to endeavour to be or do like, (သူ) နည်းတူကျင့်သည်။ to adhere to, မှီခိုသည်။ to practice (as stated business,) လုပ်ဆောင်၍နေသည်။ —as an example, ပုံပြုသည်။ (following, ဖဝါးခြေထပ်။)

Follower, *n.* agent from above; a retainer, နောက်ပါလူငယ်။

Folly, *n.* မိုက်ခြင်း။ မိုက်မဲခြင်း။

Foment, *v. t.* to apply a warm medicament, ကြွပ်ထုပ်ထိုးသည်။ to bathe with a cloth dipped in warm water, ရေနွေးဆွတ်သောအဝတ်နှင့် (အနာပေါ်မှာ) ထုပ်သည်။ to excite, နှိုးဆော်တိုက်တွန်းသည်။

Fomentation, *n.* from above, in the first two senses; the lotion applied to a diseased part, အဝတ်ကိုဆွတ်၍အနာပေါ်မှာအုပ်ရန်လုပ်သောဆေးရည်။

Fond, *a.* အသွန်ချစ်ကြိုက်သော။

Fondle, *v. t.* ပါးလူးနားလူးပြုသည်။ ပါးလူးပါးလဲပြုသည်။ ပါးထိမ်းသည်။

Fondness, *n.* from Fond.

Font 1, *n.* a large basin for baptizing children, သူငယ်တို့ကိုနှစ်ခြင်းမင်္ဂလာပေးရာကျောက်အင်တုံ။ —2, a complete assortment of printing types, စာပုံနှိပ်သောပုံစံ။

Fontanel, *n.* သွေးဝှတ်၊ သွေးဆိုးတမိုမိုထွက်ယိုအောင်လုပ်သောအနာ။

Food, *n.* အစာ၊ အာဟာရ။ ထောဇည်။ စားဖွယ်ခဲဖွယ်။ cooked—, အနပ်။ —of a priest, ကာလိကာ။ *Pali.* —including eatables and drinkables, ရေစာ။ —for horses, မြင်းစာ။

Fool *n.* an idiot, လူရူး။ အရူး။ အသွပ်။ ဗာလ။ သွက်ချာတော။ a natural, ငယ်ရူး။ an ignorant person, အမိုက်ကြီး။ an unwise person, လူမိုက်။ a buffoon, လူပျက်။ make a— of, *v. t.*

ကျီစားသည်၊ play the —with, ပျက်ရယ်ပြုသည်။ —*v. i.* to trifle, ပျင်းရိ၍ကစားသည်၊ —*v. t.* to cheat, လိမ်ထည်သည်။ —away, အချည်းနှီးသုံး၍ကုန်စေသည်။

Foolery, *n.* foolish conduct, မိုက်မိုက်ပြုခြင်း။ useless, silly conduct, အကျိုးမရှိ၊ အချည်းနှီးပြုခြင်း

Foolhardiness, *n.* from next.

Foolhardy, *a.* အဆင်အခြင်မရှိ၊ ရဲသော။ အရဲးကိုးသော။

Foolish, *a.* wanting in common intellect, နှမ်းသော။ unwise, မိုက်သော။ vain, unsteady, လျှပ်ပေါ်သော။ useless, profitless, အကျိုးမရှိ၊ ဦးနွှမ်းဖွယ်မထုတ်သော။

Foolishly, *adv.* သောသွပ်သွပ်။

Foolishness, *n.* from above.

Foolscap, *n.* စက္ကူတမျိုး။

Foot, *n.* the end of the leg, ခြေ။ —of king, ခြေဝါးတော်။ a base, bottom, foundation, အခြေ။ အမြစ်။ (*in poetry,*) ပါဒ။ အပုဒ်။ a measure of 12 inches, ၁၂ လက်မ။ ၂မိုက်။ ၁ပေ။ ၁ဖဝါး။ infantry, ခြေသည်သူရဲတပ်။ —of a bed, ခြေရင်း၊ —of a mountain, တောင်ခြေရင်း။ on—, *adv.* ခြေကျင်။ set on—, *v. t.* (အမှုကို) အဦးပြုသည်။ —ball, *n.* ခြေလုံး။ made of ratan, ခြင်းလုံး။ —boy, နောက်လိုက်အစေအပါလူကလေး။ —company, ခြေသည်တတပ်။ —hold, ခြေနင်းရန်အကွက်အထစ်၊ —man, နောက်လိုက်။ အစေအပါငယ်သား။ —pad, လမ်းခရီး၌တိုက်သောသားမြ၊ —path, လမ်းကြောင်းကလေး။ —print, ခြေရာ။ footprint of Gautama, ခြေစက်တော်။ —soldier, ခြေသည်သူရဲ။ —step, —stalk, အရွက်တံ။ —step, ခြေရာ။ ခြေနင်းရာ။ (with no sound of footsteps, လူခြေတိတ်။) —stool, ခြေတင်ခုံ။ —stove, ခြေတင်ရန်မီးသစ်တာ။ —warmer, ခြေတင်ရန်ရေပူသစ်တာ။ —*v. i.* to dance, ခြေလိုး၍ကသည်။ —*v. t.* to ascertain, and set down the sum total, အစုစုပေါင်းချုပ်ကိုမှတ်သားသည်။

Footing, *n.* ground for the foot, ခြေနင်းရာ။ foundation, အခြေ။ အမြစ်။ ခြေတက်ခံ။ posture of troops, တပ်ခြေ။ permanent position, တည်ရာ။ နေရာကျရာ။

Fop, *n.* လှလှဝတ်ဆင်၍ပလွှားသောသူ။

Foppery, *n.* from next.

Foppish, *a.* လှလှဝတ်ဆင်၍ပလွှားသော။

For, *prep.* for the sake of, အမှို။ အမှို့ငှါလိုငှါ။ on account of, အတွက်။ အတွက်ကြောင့်။ because of, ကြောင့်။ အကြောင်းကြောင့်။ instead of, အစား။ ကိုယ်စား။ in order to, ငှါ။ အလိုငှါ။ toward, သို့။ throughout, ပတ်လုံး။ notwithstanding, (သို့)

သော်လည်း။ —*conj.* အကယ်ကြောင့်နည်းဟူမူကား၊ —as much as, *conj.* (ထိုသို့ရှိသည်) ဖြစ်၍။

**Forage,** *n.* food for horses and cattle, မြင်း၊ နွားကိုကျွေးသောအစာ။ search for such food, မြင်း၊ နွားကိုကျွေးရန်အစာကိုလှည့်လည်၍ရှာခြင်း။ —*v.* to collect forrage, မြင်း၊ နွားအစာကိုလှည့်လည်၍ရှာသည်။ to plunder at large, လှည့်လည်လုယူသည်။

**Foray,** *n.* နယ်ခြား၊ ပယ်ခြားသို့ဝင်တိုက်၍လုယူဖျက်ဆီးခြင်း။

**Forbear,** *v.* to cease, stop, စဲသည်။ ရပ်သည်။ ပြတ်သည်။ to refrain, မပြုဘဲနေသည်။ to be patient, သည်းခံသည်။

**Forbearance,** *n.* from above; a patient disposition, သည်းခံတတ်သောသဘော၊ ခန္တီ။ *Pali.*

**Forbearing,** *a.* မိတ်ရှည်သော၊ အူရှည်သော၊

**Forbid,** *v.* to prohibit, မြစ်တားသည်။ to hinder, ဆီးတားသည်။

**Forbidding,** *a.* မျက်နှာထားနှင့်နေသော။

**Force,** *n.* strength, power, အား၊ ခွန်အား၊ အစွမ်းသတ္တိ၊ တန်ခိုး၊ အရှိန်။ exertion, အားထုတ်ခြင်း။ compulsion, အနိုင်အထက်ပြုခြင်း။ troops, ဗိုလ်ခြေ၊ ဗိုလ်ပါ၊ စစ်ဗိုလ်ပါ၊ ဗိုလ်ထုဗိုလ်အင်း။ be in—, *v. i.* as law or command, တည်သည်။ —*v. t.* to make effort, အားထုတ်၍ပြုသည်။ to compel, အနိုင်အထက်ပြုသည်။ —(plants,) အနိုင်အထက်ကြီးပွားစေသည်။ —(meat.) သိပ်၍သွတ်သွင်းသည်။ —along, အားထုတ်၍သွားစေသည်။ —from, အနိုင်အထက်ယူသည်။ —in, အနိုင်အထက်သွင်းသည်။ —out, အနိုင်အထက်ထုတ်သည်။

**Forceps,** *n.* ဆေးသမားသုံးသောညှပ်။

**Forcible,** *a.* strong, အားကြီးသော။ efficacious, တတ်စွမ်းနိုင်သော။ violent, ပြင်းထန်သော၊ done by force, အနိုင်အထက်ပြု၍ပြီးသော။

**Forcibly,** *adv.* အတင်းအကြပ်၊ အနိုင်အထက်။

**Ford,** *n.* ကော၍ဆင်းကူးနိုင်အောင်ရေတိမ်သောအရပ်။ *v. t.* ထောက်မိ၍ (မြစ်ကို) ကူးသည်။

**Fordable,** *a.* ထောက်မိ၍ကူးနိုင်ဖွယ်ဖြစ်သော။

**Fore,** *a.* ရှေ့သော၊ ရှေ့၌ရှိသော။ —*adv.* ရှေ့၌။ —*n.* —finger, လက်ညှိုး။

**Forearm,** *v. t.* အရေးမရောက်မှီလက်နက်ကိုဟုပ်ဆင်သည်။

**Forebode,** *v.* to foreshow, (အမှု) မဖြစ်မှီဖော်ပြသည်။ to have some presage of the future, ဖြစ်လတ့်သောအမှုအရေး၏အရိပ်အမြွက်ကိုမြင်သည်။

**Forecast,** *v. t.* တင်၍မိတ်ကူးသည်။ —*n.* from *do.*

**Forecastle,** *n.* သင်္ဘောဦးကုန်းပတ်ပေါ်မှာတည်သောသံဘန်ပေါင်း။

**Forecited,** *a.* အထက်ဆိုခဲ့ပြီးသော။

**Foreclose,** *v. t.* to prevent, ဆီးတားသည်။ ပိတ်ပင်သည်။ —a mortgage, ပေါင်နှံသောစာချုပ်အရအတိုင်းရွေးနှုတ်ခွင့်မရအောင်ပြုသည်။

Foreclosure, *n.* from above
Foredoom, *v. t.* အပြစ်ခံစေဟုတင်ကူး၍စီရင်သည်။
Fore-end, *n.* ဦး။
Forefather, *n.* အထက်ဆွေစဉ်မျိုးဆက်အဝင်ဖြစ်သောသူ။
Forefend, *v. t.* ကာဆီးသည်။
Forefinger, *n.* လက်ညှိုး။
Forefoot, *n.* တိရိစ္ဆာန်၏ရှေ့လက်။
Forego, *v. t.* မခံစားဘဲပြင်းပယ်သည်။
Forefront, *n.* ဦး။
Foregoing, *a.* အရင်ဖြစ်သော။
Foreground, *n.* ကားပုံ၏ရှေ့မျက်နှာစာ။
Forehanded, *a.* provident, မျှော်ခေါ်၍ကြိုထားသော။ having property in store, ဆည်းဖူးတတ်၍ကုံတန်သော။
Forehead, *n.* နဖူး။ bald—, နဖူးပြောင်။
Foreign, *a.* belonging to another country, တတိုင်းတပြည်နှင့်ဆိုင်သော။ not pertaining to, (အမှုအရေးနှင့်) မဆိုင်သော။
Foreigner, *n.* တတိုင်းတပြည်သား။
Forejudge, *v. t.* အမှုကိုမစစ်မှီစီရင်ဆုံးဖြတ်သည်။
Foreknow, *v. t.* (အမှု) မဖြစ်မှီသိနှင့်သည်။
Foreknowledge, *n.* from above.
Foreland, *n.* အငူ။
Foreleg, *n.* တိရိစ္ဆာန်၏ရှေ့လက်။
Forelock, *n.* နဖူးဆံ။ —worn by young women, ဗျာပါဆံ။ (to wear forelocks or curls, ဗျာပါဆံထူသည်။ ဝေသည်။)
Foreman, *n.* လုပ်ဆောင်သောသူတို့တွင်ခေါင်းအကြီးဖြစ်သောသူ။
Foremast, *n.* သင်္ဘောဦးရွက်တိုင်။
Forementioned, *a.* အတက်ဆိုခဲ့ပြီးသော။
Foremost, *a.* first in place, ရှေ့ဆုံးသော။ ရှေ့ဖျားကျသော။ first in dignity, အမြတ်ဆုံးသော။
Forenamed, *a.* အထက်ကအမည်နာမကိုထုတ်၍ဆိုခဲ့ပြီးသော။
Forenoon, *n.* ဠှန်းမတည့်မှီအချိန်။ ဠှန်းသပ်။ နံနက်ခင်း။ နေတက်။
Forensic, *a.* တရားမှုနှင့်ဆိုင်သော။
Foreordain, *v. t.* အရင်ဘင်၍စီရင်ခန့်ထားသည်။
Foreordination, *n.* from above.
Forepart, *n.* ဦး။ အဦး။ ရှေ့ပိုင်း။
Forerank, *n.* ရှေ့ဆုံးသောနေရာ။
Forerun, *v. t.* ရှေ့ကသွားသည်။
Forerunner, *n.* a harbinger, ရှေ့ပြေး။ a prognostic, ဖြစ်လတံ့သောအမှုအရာကိုပြသောလက္ခဏာ။
Foresail, *n.* သင်္ဘောဦးရွက်။ ဦးအောက်ဖိုး။

**Foresee**, *v. t.* (အမှု) မဖြစ်မှီမြင်သည်။ အရင်တင်၍မြင်သည်။
**Foreshow**, *v. t.* (အမှု) မဖြစ်မှီဖော်ပြသည်။ အရိပ်ပြေးသည်။
**Foreside**, *n.* ဦး။
**Foresight**, *n.* the act of foreseeing, (အမှု) မဖြစ်မှီမြင်ခြင်း။ provident care of futurity, မျှော်ခေါ်ခြင်း။ အမျှော်အမြင်။
**Foresighted**, *a.* မျှော်ခေါ်တတ်သော။
**Foreskin**, *n.* ပုဏ္ဍိန်အရေဖျား။
**Forest**, *n.* တောကြီး။ သစ်တော။ game—, မိဂဒါဝန်။ *Pali.* a thick—, တောအုပ်။
**Forester**, *n.* တောခေါင်း။ တောအုပ်။
**Forestall**, *v. t.* to anticipate, သူမပြုမှီပြုနှင့်သည်။ တင်ကူးသည်။ —the market, အမြတ်အစွန်းရအောင်ဆီးကြို၍ဝယ်သည်။
**Forestay**, *n.* ဦးဆိုင်းကြိုး။ —sail, ကြက်လျှာ။
**Forester**, *n.* an inhabitant of a forest, ကျေးတောသား။ the keeper of a forest, တောစောင့်အရာရှိ။
**Foretaste**, *n.* စားချိန်မရောက်မှီမြည်းစမ်းခြင်း။
**Foretell**, *v. t.* ဖြစ်လတ့်သောအမှုအရာကိုဟောပြောနှင့်သည်။
**Forethought**, *n.* မျှော်ခေါ်ခြင်း။
**Foretooth**, *n.* ရှေ့သွား။
**Foretop**, *n.* the hair on the forepart of the head, ရှေ့ထုံး the top of the foremast, ဦးရွက်တိုင်မာလိန်စင်။
**Forever**, *adv.* အစဉ်အမြဲ။ အစဉ်မပြတ်။
**Forewarn**, *v. t.* (အမှု) မရောက်မှီသတိပေးသည်။
**Forfeit**, *v. t.*— (money,) လျှော်သည်။ —(estate,) အသိမ်းခံရသည်။ —character, အသရေပျက်သည်။ —*n.* အလျှော်။ ငွေလျှော်။ လျှော်ဖြစ်။ လျှော်ဒါဏ်။ အကျအလျှော်။ အလျောက်လျှော်။
**Forfeiture**, *n.* from Forfeit, *v.*
**Forge**, *v. t.* to work iron on a large scale, သံတန်ဆာအကြီးအကျယ်တို့ကိုထုရိုက်၍လုပ်သည်။ to counterfeit, မှန်ဘဲလျက်အသွင်တူအောင်လုပ်သည်။ —*n.* a furnace in which iron is heated and hammered, သံတန်ဆာအကြီးအကျယ်တို့ကိုထုရိုက်၍ လုပ်သောပန်းပဲဖိုကြီး။
**Forgery**, *n.* the act of counterfeiting, သူတပါး၏တံဆိပ်လက်မှတ်နှင့်တူအောင်လုပ်ခြင်း။ that which is counterfeited, ထိုသို့တူအောင်လုပ်သောအရာ။
**Forget**, *v. t.* မေ့လျော့သည်။ မေ့ကျန်သည်။
**Forgetful**, *a.* apt to forget, မေ့လျော့တတ်သော။ heedless, သတိလစ်တတ်သော။
**Forgetfulness**, *n.* from above.

Forgive, *v. t.* အပြစ်လွှတ်သည်၊ ချမ်းသာပေးသည်၊ သည်းခံသည်။ —freely, ဖြေလွှတ်သည်၊

Forgiveness, *n.* from above.

Forgiving, *a.* disposed to forgive, အပြစ်လွှတ်ချင်သောသဘောရှိသော၊

Fork, *n.* ခက်ရင်း၊ ခက်ရင်းခွ၊ three tined—, သုံးခွခက်ရင်း၊

Forked, *a.* ခွသော၊

Forlorn, *a.* deserted, စွန့်ပြစ်ခြင်းကိုခံရသော၊ wretched, ထင်းရဲပြိုကြေသော။

Form, *n.* shape, ပုံ။ ပုံသဏ္ဌာန်၊ အသွင်အပြင်၊ ပုံပန်း၊ သရုပ်၊ pattern, ပုံ၊ ပုံသက်သေ၊ appearance, ပုံပြင်၊ disposition, order, အစီအစဉ်။ stated method, ပြုမြဲထုံးစံ၊ stated method in writing, ပြုမြဲထုံးစံကိုပြသောစာ၊ ceremony, ထုံးစံအတိုင်းစီမံသောအခမ်းအနား။ a long seat or bench, ခုံရှည်၊ a class of scholars, အတတ်ရည်တူသောတပည့်စု၊ types composed and arranged for one impression, စာပုံနှိပ်ရန်စီမံသောအကွက်အကန့်၊ —*v. t.* to make, လုပ်သည်၊ to shape, ပုံလုပ်သည်။ to arrange, put in order, စီစဉ်သည်၊ စီရင်သည်၊ ပြင်ဆင်သည်၊

Formal, *a.* according to established method, ပြုမြဲထုံးစံရှိသည်အတိုင်းဖြစ်သော၊ ceremonious, ခမ်းခမ်းနားနားစီမံသော၊ regular and precise in manners, ဆူငြိမ်းခြင့်ချိုသေသေချာချာနေထိုင်ပြုမူသော၊ placed in order, စီစဉ်သော၊ external, superficial, အတွင်းမထုတ်၊ အပေါ်ယံသာဖြစ်သော၊

Formalist, *n.* one who observes forms and ceremonies, ပြုမြဲထုံးစံအတိုင်းပြုတတ်သောသူ၊ an insincere worshipper, စိတ်မပါဘဲကိုးကွယ်သောသူ၊

Formality, *n.* from Formal.

Formally, *adv.* ceremoniously, ခမ်းခမ်းနားနား။

Formation, *n.* from Form, *v.*

Former, *a.* prior, အထက်ဖြစ်သော၊ အရင်ဖြစ်သော၊ past, လွန်ပြီးသော၊ long past, ရှေးကာလသဥ္စဖြစ်သော၊ mentioned before, အထက်ဆိုခဲ့ပြီးသော၊

Formerly, *adv.* in time past, အထက်က၊ အရင်က၊ ယခင်က၊ of old, ရှေးက၊ ရှေးဦးစွာ။ ရှေးမဆွက၊

Formidable, *a.* ကြောက်ရွံ့ဖွယ်ဖြစ်သော၊

Formula, *n.* အကျရာသေဝပ်၍အမြဲသုံးစွဲသောစကား၊

Formulary, *n.* ထိုသို့သောစကားပုံ။

Fornicate, *v. i.* to have sexual intercourse without marriage, လက်မထပ်ဘဲနှင့်ပြုသည်။ or as a married man with an unmarried woman, မယားရှိသောသူသည်မိန်းမလွှတ်နှင့်မှားယွင်းသည်၊

Fornication, *n.* from above, မတရားသောမေထုန်။

**Forsake,** *v. t.* စွန့်သည်၊ စွန့်ပြစ်သည်၊ စွန့်သွားသည်၊ ပြစ်ထားသည်။
**Forsooth,** *adv.* ကောန်၊ အမှန်၊
**Forswear,** *v.* to renounce upon oath, သစ္စာပြု၍စွန့်သည်၊ to swear falsely, မဟုတ်မမှန်ဘဲကျိန်ဆိုသည်။
**Fort,** *n.* a walled place, မြို့ရိုး၊ a stockade, သစ်တပ်၊ a castle, ရဲတိုက်။
**Forte,** *n.* လွန်၍တတ်သောအမှု၊
**Forth,** *adv.* forward, ရှေ့သို့၊ out, ပြင်သို့၊ —coming, *a.* ပေါ်မည်ဆဲဆဲရှိသော၊
**Forthwith,** *adv.* ချက်ချင်း။
**Fortieth,** *a.* လေးဆယ်မြောက်သော၊
**Fortification,** *n.* from next; the science of fortifying a place, ထိုသို့တည်လုပ်တတ်သောအတတ်၊ a fort, သစ်တပ်၊ မြို့ရိုး၊ ရဲတိုက်၊ မြို့ပြ၊ —of earth, မြေမြို့၊ —in advance of the main force, ခံတပ်၊ *plur.* တန်ဆောင်၊ ပြအိုး၊ မြို့ရိုး၊ မြို့တာ၊
**Fortify,** *v. t.* surround with a wall, palisade, etc. သစ်တပ်၊ မြို့ရိုး၊ အစရှိသည်တို့ကိုတည်လုပ်သည်၊ to strengthen, confirm, ခိုင်ခံ့မြဲမြံစေသည်၊
**Fortitude,** *n.* အသည်းကြီးခြင်း၊ ညှိုးငယ်ခြင်းမရှိ၊ ခံနိုင်ခြင်း။
**Fortnight,** *n.* ၁၄ ရက်၊
**Fortress,** *see* Fort.
**Fortuitous,** *a.* happening undesignedly, အကြံမရှိဘဲအမှတ်တမဲ့ဖြစ်တတ်သော၊ happening without cause, အကြောင်းမရှိဘဲအလိုလိုဖြစ်တတ်သော၊
**Fortunate,** *a.* propitious, မင်္ဂလာရှိသော၊ successful, အကြံထမြောက်သော၊ lucky, အခွင့်သင့်၍ရသော၊ ကံကောင်းသော၊
**Fortune,** *n.* the good or ill that befalls man, လောကဓံတရား၊ မင်္ဂလာဖြစ်စေ၊ အမင်္ဂလာဖြစ်စေ၊ လူတို့၌သက်ရောက်တတ်သောအမှုအရာ၊ ကံ၊ နဖူးစာ၊ property, ရတတ်သောပစ္စည်းဥစ္စာ၊ —hunter, ငွေရတတ်သောမယားကိုရှာသောသူ၊ —teller, လူတို့၌ဖြစ်လတံ့သောအမှုအရာတို့ကိုဟောပြောဖော်ပြသောသူ၊
**Forty,** *a.* လေးဆယ်၊ ၄၀၊
**Forum,** *n.* တရားရုံး။
**Forward,** *adv.* toward the place, before, ရှေ့သို့၊ straight—, ရှေ့ရှေ့ရူရူ၊ toward the head of a vessel, (သင်္ဘော) ဦးဆီသို့၊ —*a.* being at the fore part, ရှေ့၌ရှိသော၊ ready, prompt, အရင်ပြုချင်သော၊ eager, earnest, စိတ်အားကြီးသော၊ bold, confident အရှက်မရှိသော၊ being in advance of the time or season, အချိန်ကာလသော်ရင်၊ အချိန်အရွယ်သော်ရင်မရောက်မှီဖြစ်သော၊ —*v. t.* to promote, တိုးတက်စေခြင်းပြုသည်၊ to quicken, မြန်စေသည်၊ to transmit, ပေးလိုက်သည်။

**Forwardness**, *n*. from Forward, *a*.
**Fosse**, *n*. ကျုံး။
**Fossil**, *n*. ခဲတက်၊ ကျောက်မြှင်၊ သစ္စာမြှင်း။
**Foster**, *v. t.* to nourish, မွေးသည်၊ ကျွေးမွေးသည်၊ မွေးစားသည်၊ to sustain and promote, မြှစ်သည်၊ —brother, *n*. အမိမွေးစားသော သားမြင့်ညီအစ်ကိုဖြစ်သောသူ၊ —child, မွေးစားသောသား၊ —father, မွေးစားသောအဘ၊ —mother, မွေးစားသောအမိ၊
**Foul**, *a*. dirty, not clear, ညစ်သော၊ ညစ်ပတ်သော၊ အညစ်အကြေးကပ်သော၊ turbid, နောက်သော၊ cloudy, ငိုဆီးအုံ့သော၊ vile, ဆိုးယုတ်သော၊ abominable, ရွံရှာဖွယ်ဖြစ်သော၊ shameful, ရှက်ဖွယ်သော၊ iniquitous, အဓမ္မဖြစ်သော၊ —(as wind,) မသင့်သော၊ (—as a rope,) ငြိတွယ်သော၊ —mouthed, နှုတ်ထွက်ကြမ်းသော၊ fall—of, *v. t.* to assail, တိုက်သည်၊ to run against, ထိုက်မိသည်၊ —to make filthy, ညစ်ထပ်စေခြင်းပြုသည်၊
**Foulness**, *n*. from Foul, *a*.
**Found** 1, *v. t.* place a foundation, တည်စပြုသည်၊ တည်ထောင်သည်၊ 2, *v. t.* to cast in a mold, (ပုံ၌) သွန်းသည်၊
**Foundation**, *n*. basis, ground-work, အခြေ၊ အမြစ်၊ rise, origin, မူလ၊ အရင်း၊ bottom, အောက်ခံ၊ —of a brick or stone building, တိုက်မြစ်၊ —(of a pagoda,) အိနပ်၊ the act of founding, တည်ထောင်စပြုခြင်း၊ an establishment affording permanent support, စရိတ်စကလုံလောက်အောင်စီရင်၍ထားသောအမှီတကဲ၊
**Founder**, *v. i.* to sink, as a ship, (သင်္ဘော) နစ်မြုပ်သည်၊ to fail of accomplishing one's purpose, အကြံပျက်သည်၊ —*v. t.* to make (a horse) lame, (မြင်းကို) ခြေနာစေခြင်းပြုသည်၊
**Foundery**, *n*. ကြေး၊ သံအစရှိသည်တို့ကိုသွန်းလုပ်သောအိုက်၊
**Foundling**, *n*. ကောက်၍မွေးသောသား။
**Fount**, **Fountain**, *n*. a spring, စမ်းရေပေါက်၊ a jet, ရေပန်း၊ origin, source, မူလ၊ အမြစ်၊ အရင်း။
**Fountain-head**, *n*. မူလအမြစ်၊
**Four**, *a*. လေး၊ ၄၊ —fold, four times as much, လေးဆဖြစ်သော၊ four times repeated, လေးထပ်ဖြစ်သော၊ —footed, အခြေလေးချောင်းရှိသော၊ —o'clock, လေးနာရီ၊ —score, ရှစ်ဆယ်၊ ၈၀၊ —square, စတုရန်းဖြစ်သော၊ —wheeled, ဘီးလေးဘီးတပ်သော၊
**Fourteen**, *a*. ဆယ်လေး၊ ၁၄၊
**Fourteenth**, *a*. ဆယ်လေးခုမြောက်သော၊ စတုဒ္ဒသမ၊ ၁၄ ခု၊
**Fourth**, *a*. လေးခုမြောက်သော၊ စတုတ္ထ၊
**Fowl**, *n*. ငှက်၊ —*v*. ငှက်ကိုဖမ်းသည်၊
**Fowler**, *n*. ငှက်ကိုဖမ်းသောမုဆိုး၊
**Fowling-piece**, *n*. ငှက်ပြစ်သေနတ်၊

**Fox**, *n.* မြေခွေး —hunter, မြေခွေးတို့ကိုလိုက်ဖမ်းသောငှုဆိုး။

**Fracas**, *n.* ခိုက်ရန်ဖြစ်၍ရုန်းရင်းခတ်မှုပြုခြင်း။

**Fraction**, *n.* the act of breaking, ခွဲခြင်း။ a part broken off, a bit, အစအနေ။ *in arithmetic*, အပိုင်းဂဏန်း။

**Fractional**, *a.* being a fraction, အစအနဖြစ်သော။ pertaining to a fraction, အစအနနှင့်ဆိုင်သော။

**Fractious**, *a.* စိတ်ထတ်သော။

**Fractiousness**, *n.* from above.

**Fracture**, *v. t.* ချိုးသည်။ ခွဲသည်။ —*n.* ကျိုးရာ။ ကွဲရာ။

**Fragile**, *a.* easily broken, ကျိုးလွယ်သော။ ထတ်သော။ weak and easily destroyed, မခိုင်ခံ့၊ ပျက်လွယ်သော။

**Fragility**, *n.* from above.

**Fragment**, *n.* a part broken off, အကျိုးအပဲ့၊ ကျိုးပဲ့သောအစအန။ a small remnant of a book, စာစောင်ထဲကကျရစ်၍အနည်းငယ်မျှရသောစာ။ *pl.* တိုတိုစစ။ bits of food, စားနှပ်စားပေါက်။ စားနှပ်စားဖွဲ။

**Fragmentary**, *a.* အစအနများဖြစ်သော။

**Fragrance, Fragrancy**, *n.* from next; pleasing scent, မွှေးသောအနံ့။ vegetable—, ရနံ့။

**Fragrant**, *a.* မွှေးသော။ —as the air filled with sweet odors, ရနံ့ကြိုင်သော။

**Frail**, *a.* weak, infirm, အားနည်းသော၊ မခိုင်ခံ့သော။ weak and easily destroyed, မခိုင်ခံ့၊ ပျက်လွယ်သော။ liable to err, ချွတ်ယွင်းတတ်သော။

**Frailness**, *n.* from above.

**Frailty**, *n.* weakness, infirmity, အားနည်းသောအဖြစ်။ မခိုင်ခံ့သောအဖြစ်။ weakness of moral principle, ချွတ်ယွင်းတတ်သောသဘော fault proceeding from moral infirmity, အားနည်းသောအားဖြင့်ရောက်သောအပြစ်။

**Frame**, *v. t.* to fabricate, construct, ဆောက်သည်။ ဆောက်လုပ်သည်။ to prepare and adjust the main parts of a building, အမြွထည်ဆောက်သည်။ to construct in an orderly series, စီစဉ်၍လုပ်သည်။ to contrive, devise, စိတ်ကူး၍လုပ်သည်။ —*n.* a fabric, structure, ဆောက်လုပ်သောအရာ။ the main parts of a structure fitted to each other, အမြွထည်ဆောက်သောအရာ။ an adjusted series or composition of parts, စီစဉ်၍လုပ်သောအရာ၊ a case, အိမ်၊ တန်ဆာအိမ်။ a structure for supporting things, ခုံ၊ စင်။ —of a picture, ကားပေါင်။ —of a roof, ဆောင်ပုံ။ —of an umbrella, ထီးတိုင်။ order, အစီအစဉ်။ temper of mind စိတ်သဘော။

Franchise, *n.* an exemption, လွတ်ရသောအခွင့်။ a privilege or right in affairs of government, မင်းမှုမင်းရေးနှင့်ဆိုင်သောအခွင့်။

Frangible, *a.* ကျိုးလွယ်သော။

Frank 1, *a.* လျှို့ဝှက်ခြင်းမရှိ၊ တည့်လင်းသော၊ ဟောဟောတိုင်းတိုင်းဖြစ်သော၊ —2, *v. t.* to exempt a letter from postage, စာခွံခမရှိရအောင်လိပ်စာထိုးသည်။ —*n.* a letter exempted from postage, စာခွံခလွတ်သောစာ၊ the writing exempting a letter from postage, စာခွံခလွတ်သောလိပ်စာ။

Frankincense, *n.* လောဗန်။

Frankly, *adv.* ဟောဟောတိုင်းဘိုင်း။

Frankness, *n.* from Frank, *a.*

Frantic, *a.* သွက်ချာတောလိုက်အောင်ရူးသော။

Fraternal, *a.* ညီအစ်ကိုနှင့်ဆိုင်သော။

Fraternity, *n.* the relation of a brother, ညီအစ်ကိုဖြစ်ခြင်း a society, အပေါင်းအသင်း။

Fratricide, *n.* ညီအစ်ကိုကိုသတ်သောသူ။

Fraud, *n.* လိမ်လည်ခြင်း။ deceit, ကလိဘမာ။

Fraudful, Fraudulent, *a.* containing fraud, လိမ်လည်သော၊ deceitful, trickish, လိမ်လည်တတ်သော။

Fraudulence, *n.* လိမ်လည်တတ်ခြင်း။

Fraught, *a.* loaded, ဝန်တင်သော၊ replete, ပြည့်စုံသော။

Fray 1, *n.* ပဋိပက္ခဖြစ်၍တိုက်ခိုက်ခြင်း။ ပရုန်းပရင်းတိုက်ခိုက်ခြင်း။ —2, *v. t.* ပွတ်၍ပွန်းသည်။

Freak, *n.* မှုံ့သွင့်သောစိတ်ပေါက်၍ရုပ်တရက်ပြုသောအမှု။

Freakish, *a.* ထိုသို့ပြုတတ်သော။

Freckle, *n.* ယင်ချေး။

Freckled, *a.* ယင်ချေးရှိသော။

Free, *a.* at liberty, unrestrained, လွတ်သော၊ အဆီးအတားမရှိသော၊ exempt, လွတ်သော၊ ကင်းလွတ်သော၊ frank, unreserved, ဟောဟောတိုင်းတိုင်းဖြစ်သော၊ liberal, လက်ကြီးသော၊ without expenses, စရိတ်မရှိသော၊ unconstrained, အလိုလိုဖြစ်သော။ gratuitous, not done from importunity, မချွဲဆော်ဘဲပြုတတ်သော၊ —from responsibility, ဝန်ကင်းသော၊ —from enemies, ရန်ရှင်းသော၊ —from (some malady,) ကျွတ်လွဲသော၊ —of, အခွင့်ရှိသော၊ —agent, *n.* ကိုယ်အလိုအလျောက်ပြုရသောအခွင့်ရှိသောသူ၊ —booter, ထားပြ၊ —born, *a.* ကျွန်ဖြစ်သားမဟုတ်သော၊ —cost, *n.* စရိတ်လွတ်ခြင်း။ —hearted, *a.* စေတနာစိတ်နှင့်ထက်ကြီးသော၊ —man, *n.* one who enjoys liberty, ကျွန်မဟုတ်၊ လူလွတ်။ one entitled to some franchise, အခွင့်ရသောသူ၊ —mason, *see* Mason, 2. —school, *n.* စာသင်ခကိုမပေးရဘဲစာသင်သောနေရာအရပ်။ —spoken, *a.* အတည့်အလင်းပြောတတ်သော။ —stone, *n.* ထိုက်တည်ရန်ဆစ်ခွဲကောင်းသောကျောက်။ —thinker, ဘုရား၊ တရားကိုမရိုသေသောသူ။ —will, the power of acting as one will, အဆီးအတားမရှိဘဲ ကိုယ်အလိုအတိုင်း စီရင်နိုင်သောအခွင့်။ voluntariness, ကိုယ်အလိုအလျောက်စိတ်ရှိခြင်း။ —woman, ကျွန်မဟုတ်သောမိန်းမ။ —*v. t.* to release, set at liberty, လွှတ်သည်။ to disengage, exempt, လွှတ်စေသည်။ ကင်းလွတ်စေသည်။ (free of incumbrance and care, လက်ခါခါခြေခါခါ။) to clear, disentangle, ရှင်းလင်းစေသည်။

Freedman, *n.* ကျွန်အဖြစ်မှလွှတ်ခြင်းကိုခံရသောသူ။

Freedom, *n.* liberty, the state of being without restraint, လွတ်ခြင်း၊ အဆီးအတားမရှိ၊ ကိုယ်အလိုအလျောက်ပြုနိုင်ခြင်း။ the state of being frank, unreserved, ဟောဟောတိုင်းတိုင်းဖြစ်ခြင်း။ ease or facility of speaking and behaving, ကျင်လည်ကျွမ်းကျင်သည်ဖြစ်၍နေရာကျအောင်ပြုမူပြောဆိုနိုင်ခြင်း။ improper familiarity, မရှက်မကြောက်၊ အရောတဝင်ပြုခြင်း။ —of, အခွင့်ရှိခြင်း။

Freehold, *n.* လုံးလုံးပိုင်သောအိမ်၊ လယ်ယာမြေ။

Freeholder, *n.* အိမ်၊ လယ်ယာမြေကိုပိုင်သောသူ။

Freely, *adv.* plentifully, ခြောခြော။ without fear of offending, ဝတ်ထိစေပါ။ အားမနာဘဲ။ without regret, လွှတ်လွှတ်ရက်ရက်။

Freeze, *v. i.* (ရေ) ခဲ၍ခဲသည်။ —*v. t.* from Freeze, *v. i.*

Freight, *v. t.* သင်္ဘောကိုဝန်တင်သည်။ —*n.* the cargo of a ship, သင်္ဘောပေါ်မှာတင်သောဝန်။ သင်္ဘောဝန်စည်။ the transportation of goods by ship, ဝန်စည်ကိုသင်္ဘောပေါ်မှာတင်၍ပို့ခြင်း။ money due for such transportation, ဝန်စည်ကိုတင်၍ပို့သောသင်္ဘောခ။

French, *a.* ပြင်သစ်ပြည်၊ ပြင်သစ်အမျိုးနှင့်ဆိုင်သော။ —horn, *n.* ခရာ။ —man, ပြင်သစ်။ ပြင်သစ်လူ။ ပြင်သစ်အမျိုးသား။

Frenchified, *a.* ပြင်သစ်လူနှင့်တူသော။

Frenzy, *n.* ရူးခြင်း။

Frequency, *n.* from next.

Fre'quent, *a.* ခဏခဏဖြစ်လှသော။

Frequent', *v. t.* ခဏခဏသွား၍နေသည်။

Frequently, *adv.* ခဏခဏ။

Fresco, *n.* shady coolness, အရိပ်ရှိ၍ချမ်းအေးခြင်း။ a picture drawn in dusk, မှောင်ရိပ်၌နေယှန်ရေးသောကားချပ်ပုံ။

Fresh, *a.* not faded or impaired, မနွမ်း၊ လန်းသော။ of a healthy appearance, မျက်နှာမဖျော့တော့ကျန်းမာခြင်းလက္ခဏာရှိသော။ new, မဟောင်း၊ အသစ်ဖြစ်သော။ just arrived, အသစ်ရောက်လာသော။ —(as the wind,) ဆတ်ဆတ်လာသော။ —(as cool water,)

ငံေ၊ငြ သား not salt, မငန်၊ ရှိသော၊ not stale, ထတ်သော၊ unfatigued, မမောမပန်းသော၊ luxuriant, ဆိုင်းသော၊

**Freshen,** *v. i.* to lose saltness, အငန်ပြယ်ပျောက်၍တဖြည်းဖြည်းရှိလာသည်၊ to grow brisk, (လေ) ဆတ်ဆတ်လာသည်။ —*v. t.* to make fresh, free from saltness, အငန်ပျောက်၍ရှိစေသည်၊

**Freshet,** (Amer.) *n.* မြစ်ရေလျှမ်းမိုးခြင်း။

**Freshman,** *n.* သိပ္ပံကျောင်းမှာပဌမနှစ်တွင်သင်သောတပည့်၊

**Freshness,** *n.* from Fresh, *a.*

**Fret,** *v. i.* to be worn away, ပွန်းသည်၊ to be vexed, စိတ်ညစ်သည်၊ to utter peevish expressions, တောက်တီးခြည်တွန်သည်၊ —*v. t.* to wear away by friction, ပွန်းစေခြင်းပွတ်သည်၊ to vex, စိတ်ညစ်စေခြင်းပြုသည်၊ to irritate, စိတ်ဆိုးစေခြင်းပြုသည်၊ to form into raised work, ဩဇာဆုပ်အမြောက်ထုသည်၊ —work, *n.* ဩဇာဆုပ်အမြောက်၊ vexation, စိတ်ညစ်ခြင်း။ irritation, စိတ်ဆိုးခြင်း။

**Fretful,** *a.* disposed to fret, စိတ်ညစ်ကဝ်သော၊ irritable, စိတ်ဆိုးတတ်သော၊

**Fretfulness,** *n.* from above.

**Friability,** *n.* from next.

**Friable,** *a.* easily crumbled or pulverized, ကြေလွယ်သော၊ ပွသော၊ short, crusty (as bread,) ရွသော၊ ကြွပ်ရွသော၊

**Friar,** *n.* ဗရင်ဂျီရဟန်း။

**Fricassee,** *n.* အခဲသား၊ ကြက်သားကိုခုတ်စဉ်း၊ ရေနှော၍ ကျော်သော အကျော်တမျိုး။

**Friction,** *n.* ပွတ်ခြင်း။

**Friday,** *n.* ဗရိဿ၊ သောက်ကြာနေ့၊

**Fried,** *a.* ဆီကျော်သော၊ —cakes, မုန့်ဆီကျော်၊

**Friend,** *n.* အဆွေခင်ပွန်း။ မိတ်ဆွေ၊ မိတ်ခင်းပွန်း၊ ဆွေတါ။ a royal—, အကြည်တော်။ (to become friends, မိတ်ဆွေဖွဲ့သည်။)

**Friendless,** *a.* အဆွေခင်ပွန်းမရှိသော၊

**Friendliness,** *n.* from next.

**Friendly,** *a.* having the feelings of a friend, မိတ်ဆွေဖြစ်သော၊ မိတ်ဆွေဖွဲ့ချင်သောသဘောရှိသော၊ disposed to do favors, ကျေးဇူးပြုချင်သောသဘောရှိသော၊ favorable, propitious, ကျေးဇူးပြုခြင်းနှင့်ဆိုင်သော၊ on friendly terms, ပနံ့စားသော၊

**Friendship,** *n.* personal attachment, မိတ်ဆွေဖွဲ့ခြင်း။ personal kindness, မေတ္တာစိတ်ရှိ၍ကျေးဇူးပြုခြင်း။ union of—, မိတ္တဗာဟု၊

**Frieze,** *n.* သက္ကလတ်ကြမ်းတမျိုး။

**Frigate,** *n.* တိုက်သင်္ဘောလတ်၊

**Fright,** *n.* ကြောက်လန့်ခြင်း။

**Frightedly,** *adv.* ကြောက်လန့်တကြား။
**Frighten,** *v. t.* ခြောက်လှန့်သည်။
**Frightened (be,)** *v. i.* ကြောက်လန့်သည်။
**Frightful,** *a.* ကြောက်မက်ဖွယ်ဖြစ်သော။ Frightfully, *adv.* as from wounds, or the near approach of death, မလှတမ။
**Frightfulness,** *n.* from above.
**Frigid,** *a.* cold, အေးသော။ ချမ်းသော။ without warmth of affection, ချစ်ခြင်းမေတ္တာနည်းသော။ wanting zeal, စိတ်အားနည်းသော။ destitute of generative warmth, ကာမထေသာစိတ်မရှိသော။ unanimated, dull, သူတပါးစိတ်ကိုမနှိုးဆော်တတ်သော။
**Frigidity, Frigidness,** *n.* from above.
**Frill,** *n.* အဝတ်နားခွံတွန့်၍ထည့်သောအနားဆက်။
**Fringe,** *n.* —of cloth, အမြိတ်။ gilt—, ဘဲရုံ။ ornamental hangings, ပန်းတောင်းလည်း။ သတောင်းလည်း။ —*v. t.* အမြိတ်ဖြစ်စေ၊ ပန်းတောင်းလည်ဖြစ်စေ၊ ဆွဲချသည်။
**Frippery,** *n.* အသုံးမရသောအဝတ်တန်ဆာ။
**Frisk,** *v. i.* မြူးထူးခုန်လွှားသည်။
**Frisky,** *a.* မြူးထူးခုန်လွှားတတ်သော။
**Frith,** *n.* ပင်လယ်တောင့်ကြွက်ဝင်သောအဝပေါက်။
**Fritter,** *v. t.* သေးသေးနုပ်နုပ်ဖြစ်အောင်ပြုသည်။ —away, လျှော့စေအောင်ပြုသည်။ —*n.* a shred, သေးသေးနုပ်နုပ်ဖြစ်အောင်လုပ်ထားသောအရာ။ a fried cake, မုန့်ဆီကြော် a fried bit of meat, အမဲသားကြော်ကလေး။
**Frivolous,** *a.* not worth notice, အတွက်မရှိသော။ အမှုမထားထောက်သော။ slight, trivial, ပေါ့လျော့သော။
**Frivolity, Frivolousness,** *n.* from above.
**Friz, Frizzle,** *v. t.* တွန့်ခွေ၍ထားသည်။
**Fro,** *adv.* နောက်သို့။
**Frock,** *n.* a sort of gown close on all sides, သင်တိုင်း။ a girl's dress, မိန်းကလေးဝတ်သောဂါဝန်။ —coat, အင်္ကျီရှည်တမျိုး။ shirt, အင်္ကျီလည်ခွပ်။
**Frog,** *n.* ဖား။ fishing—, ငါးကြောက်ဖား။ young—, ဖားလောင်း။ ery noisy small species, ဖားတလက်။ a long eatable—, ဘဲပေါင်စိမ်း။ small species which lives on trees, ဖားပြုပ်။
**Frolic,** *v. i.* to play joyfully, ရွှင်လန်းမြူးထူးစွာကစားသည်။ to play tricks of levity, ပျက်ရယ်ပြု၍ကစားသည်။ —*a.* from same. —*n.* from Frolic, *v. i.*
**Frolicksome,** *a.* ရွှင်လန်းမြူးထူးစွာကစားတတ်သော။ ပျက်ရယ်ပြု၍ကစားတတ်သော။ (for sub-def. *see* above.)
**From,** *prep.* apart, away, မှ။ က။ because of, ကြောင့်။

Front, *n.* the fore part, ဦး၊ the space before, မျက်နှာစာ၊ ရှေ့ဥပစာ၊ —room, အိမ်ဦးခန်း၊ —piece (of a cap), နေရောင်ကာ၊ —*v.* to face, မျက်နှာပြုသည်။ to stand face to face, မျက်နှာချင်းဆိုင်၍နေသည်။

Frontal, *a.* မျက်နှာစာနှင့်ဆိုင်သော၊

Frontier, *n.* နယ်စပ်၊ ပြည်စွန်ပြည်နား၊

Frontispiece, *n.* စာစောင်၊ စာအုပ်မျက်နှာဖုံး၌ပါသောရုပ်ပုံ၊

Frontlet, *n.* နဖူး၌ဆောင်သောလက်ဖွဲ့၊

Frost, *n.* freezing coldness, ရေခဲစေအောင်အေးမြသောအချမ်းအအေး၊ thin particles of ice, ဆီးခဲ၊ နှင်းခဲ၊ —bitten, *a.* dead (as plants) from the effect of frost, အအေးမိ၍သေသော၊ frozen, as the limb of an animal, သွေးခဲ၍တောင့်မလှုပ်နေသော၊ —work, *n.* ဆီးခဲသဏ္ဌာန်နှင့်တူအောင်လုပ်သောအပြောက်၊ —*v.t.* ဆီးခဲသဏ္ဌာန်နှင့်တူအောင်သကြားရည်သွန်းသည်၊

Frosty, *a.* freezing cold, ဆီးခဲဖြစ်စေအောင်ချမ်းသော၊ containing frost, ဆီးခဲပါသော၊ white, like frost, ဆီးခဲကဲ့သို့ဖြူသော၊ chill in affection, ချစ်ခြင်းမရှိသော၊

Froth, *n.* spume, foam, အမြှုပ်၊ empty words, အနှစ်သာရမရှိသောစကား၊ —*v. i.* to gather froth, အမြှုပ်ထသည်၊ to throw out froth, အမြှုပ်ထွက်သည်၊

Frothy, *a.* containing froth, အမြှုပ်ပါသော၊ empty, vain, အနှစ်သာရမရှိသော၊

Frouzy, *a.* နံစော်သော၊

Froward, *a.* စိတ်ခိုင်မာ၍ဆုံးမခဲသော၊

Frowardness, *n.* from above.

Frown, *v. i.* မျက်မှောင်ကုပ်၍ကြည့်သည်၊ မျက်မှောင်ကျုတ်၍ကြည့်သည်၊ —*n.* from *do.*

Fructify, *v. t.* အသီးကိုသီးစေသည်၊

Frugal, *a.* ခြွေတာသော၊

Frugality, *n.* from above.

Fruit, *n.* the produce of a plant or tree, အသီး၊ —in the earliest stage of its formation, သီးကင်း၊ —that is ripened in the sun, နေပူခံသီး၊ —that faces the rising sun, နေညာသီး၊ —that faces the setting sun, နေအောက်သီး၊ result, profit, အကျိုး၊ —bearing, *a.* အသီးကိုသီးတတ်သော၊ —bud, *n.* အသီးထွက်ရာအဖူး၊ —tree, အသီးကိုသီးသောအပင်၊

Fruiterer, *n.* သစ်သီးသည်၊

Fruitery, *n.* သစ်သီးဝလံကိုသိုထားသောအခန်း၊

Fruitful, *a.* bearing much fruit, များစွာအသီးကိုသီးသော၊ bearing

many children, သားသမီးများသော(မိန်း) very productive, များစွာဖြစ်စေတတ်သော၊ abounding in, ဝပြောသော၊
Fruitfulness, *n.* from above.
Fruition, *n.* ခံစံစားခြင်း။
Fruitless, *a.* without fruit, အသီးမဲ့၊ profitless, အကျိုးမရှိသော၊
Fruitlessness, *n.* from above.
Frumentaceous, *a.* စပါးအမျိုးဖြစ်သော၊
Frumentarious, *a.* စပါးနှင့်ဆိုင်သော၊
Frustrate, *a.* unsuccessful, အကျိုးပျက်လျက်ရှိသော၊ useless, unprofitable, အကျိုးမရှိသော၊ အချည်းနှီးသက်သက်ဖြစ်သော၊ —*v. t.* to render null, အကျိုးကိုဖျက်သည်၊ to balk, ကြံအစည်ကိုဖျက်သည်၊
Frustration, *n.* from above.
Frustum, *n.* ဖြတ်စဖြတ်ပိုင်း။
Fry, *v. t.* ကြော်သည်၊ —*v. i.* အကြော်ခံသည်၊ —*n.* a dish of something fried, ကြော်သောအစာ၊ a swarm of small fish, ငါးကလေးအစု၊
Frying pan, *n.* လက်တံပါသောဒယ်အိုးကင်းပြား။
Fuddle, *v. t.* ယစ်မူးစေခြင်းငှါသေရည်သေရက်ကိုတိုက်သည်၊
Fudge, *int.* အလကား၊ အလကားမဲ့၊
Fuel, *n.* ထင်း၊ ထင်းမီး၊ (to gather fuel, ထင်းခွေသည်၊)
Fugacious, *a.* လွင့်တတ်သော၊
Fugaciousness, Fugacity, *n.* from above.
Fugitive, *a.* readily wafted away, လွင့်တတ်သော၊ readily escaping, ပျောက်လွင့်တတ်သော၊ fleeing, ထွက်ပြေးသော၊ unsettled, wandering, အတည်မကျ၊ လှည့်သည်တတ်သော၊ written for temporary perusal, ခေတ္တကြည့်ရှုရန်ရေးသော (စာ၊) —*n.* ထွက်ပြေးသောသူ၊ —from justice, ဝါရန်းပြေး၊
Fulcrum, *n.* အခု၊ အခုအခံ၊ ကုတ်ခုတုံး၊ မောင်းခုတုံး၊
Fulfil, *v. t.* to accomplish, ပြည့်စုံစေသည်၊ to finish, ပြီးဆုံးစေသည်၊ to complete in time, စေ့အောင်ပြုသည်၊
Fulfilment, *n.* from above.
Fulgent, *a.* တောက်ထွန်းသော၊ ထွန်းပသော၊
Full 1, *a.* replete, ပြည့်သော၊ ပြည့်ဝသော၊ ပြည့်စုံသော၊ crowded, ပြွတ်သော၊ satisfied with food, (စား၍) ဝသော၊ ဝလင်သော၊ plump, fat, (မဒိန်) ဝသော၊ complete, စုံလင်သော၊ clear, strong, (အသံ) လုံသော၊ abounding in, ကုံတန်သော၊ ကြွယ်ဝသော၊ —moon, *n.* လပြည့်၊ —1, ပြည့်ခြင်း၊ စုံလင်ခြင်း၊ ဝခြင်း၊ (for sub-def. *see* above;) the whole, အကုန်၊ *adv.* quite, without abatement, အလျှော့မလျှော့ဘဲ၊ directly, တည့်တည့်၊

တိုက်ခိုက်။ exactly, စေ့စပ်စွာ၊ သေချာစွာ။ —bloom, *a.* ကားအောင်ပွင့်သော (ပန်း။) —laden, *a.* တင်းကျပ်းပြည့်တင်ထားသော။ —orbed, လဝန်းသော။ —*2*, *v. t.* (သက္ကလတ်ကိုရက်ပြီးလျှင်) ချေးညှော်စင်၍ ထူထဲညီညာစေခြင်းငှါ ဖွပ်လျှော်သည်။

**Fuller**, *n.* သက္ကလတ်ကိုဖွပ်လျှော်သောသူ၊

**Fuller's earth**, *n.* သက္ကလတ်ကိုဖွပ်လျှော်ရန်သုံးသောမြေစေးတမျိုး။

**Fullness**, *n.* from Full, *a.*

**Fully**, *adv.* အကုန်အစင်၊ completely, တင်းကျပ်း။

**Fulminate**, *v.* to thunder, မိုဃ်းခြိမ်းသည်။ to make a thundering noise, မိုဃ်းခြိမ်းသကဲ့သို့ပြင်းထန်စွာမြည်သည်။ to menace by ecclesiastical authority, ဂိုဏ်းအုပ်၊ ရဟန်းမင်းအာဏာနှင့်ခြိမ်းခြောက်၍အပြစ်ပေးသည်။

**Fulmination**, *n.* from above.

**Fulsome**, *a.* စက်ဆုပ်ရွံရှာဖွယ်ဖြစ်သော၊

**Fumble**, *v. i.* to do clumsily, awkwardly, နေရာမကျ၊ ပြုလုပ်သည်။ —*v. t.* to tumble together, ရောနှောရှုပ်ထွေးအောင်ပြုလုပ်သည်။

**Fume**, *n.* vapor, အခိုးအငွေ့။ medicinal—, မှိုင်း၊ anger, အမျက်ဒေါသ။ —*v. i.* to throw off vapor, အခိုးအငွေ့ထွက်သည်။ to be angry, အမျက်ထွက်သည်။

**Fumigate**, *v. t.* အခိုးအငွေ့နှင့်တို့သည်၊ မှိုင်းတိုက်သည်။ (to receive fumigation, မှိုင်းခံသည်။ fumigating medicine, မှိုင်းဆေး။)

**Fun**, *n.* ရွှင်လန်းကစားခြင်း။

**Function**, *n.* performance, အမှုကိုဆောင်ခြင်း။ ဆောင်ရွက်ခြင်း။ office or employment, အမှုကိစ္စကိုဆောင်ရွက်ခြင်း၏အရာ။ power, faculty, အစွမ်းသတ္တိ။

**Functionary**, *n.* အရာရှိသောသူ၊

**Fund**, *n.* stock or capital, အရင်းအနှီး။ ငွေရင်း။ money deposited to be lent on interest, အတိုးရအောင်သွင်းထားသောငွေ၊ —*v. t.* အတိုးရအောင်ငွေကိုသွင်းထားသည်။

**Fundament**, *n.* ခင်း ဖင်ဝ။

**Fundamental**, *a.* pertaining to the foundation, အမြစ်အမြစ်နှင့်ဆိုင်သော။ essential, of the utmost importance, အကြောင်းကြီးဖြစ်သော၊

**Funeral**, *n.* မသာ၊ မသာချခြင်း။ —*a.* မသာနှင့်ဆိုင်သော။ (appendages of a funeral, သေခမ်းသေနား။)

**Funereal**, *a.* sad, dismal, မသာကဲ့သို့ဖြစ်သော။ suited to a funeral, မသာနှင့်သင့်သော။

**Fungus**, *a.* မှိုကဲ့သို့ဖြစ်သော။ —*n.* a mushroom, မှို၊ any morbid excrescence, အသားထွက်။

**Funnel,** *n.* a cone shaped tube, ကတော့။ a pipe for the passage of smoke, မီးခိုးပြွန်၊ ခေါင်းတိုင်။

**Funny,** *a.* ပျော်ရယ်ဖွယ်ဖြစ်ခြင်းနှင့်ဆိုင်သော။ droll, ပျက်ချော်သော။

**Fur,** *n.* fine, short hair, မွေးညှင်း။ a skin covered with such hair, မွေးညှင်းပါသောသားရေ။ a coat of morbid matter on the tongue, ဖျားနာသောအခါလျှာ၌စွဲကပ်သောအချေး။

**Furbelow,** *n.* ဂါဂရာအောက်အနားကွပ်။

**Furbish,** *v. t.* to burnish, မှတ်တင်သည်။ အရောင်တင်သည်။ to rub in order to brighten, အရောင်ထွက်အောင်ပွတ်သည်။

**Furious,** *a.* most violent, အလွန်ပြင်းထန်သော။ transported with anger, အလွန်ပြင်းထန်စွာအမျက်ထွက်သော။

**Furl,** *v. t.* ရှုပ်၍ချည်းထားသည်။

**Furlong,** *n.* အတောင် ၄၄၀ ရှိသောအတိုင်းအထွာ။

**Furlough,** *n.* စစ်မှုကိုထမ်းရောက်ကိုယ်ရေးကြောင့်၍သွားရသောအခွင့်။

**Furnace,** *n.* သံအစရှိသည်တို့ကိုကြိုချက်သောမိုး။

**Furnish,** *v. t.* to supply, အသုံးလိုသမျှကိုပေးသည်။ to fit up with suitable utensils, appendages, etc. အသုံးခံသည်။ အသုံးအဆောင်အခမ်းအနားကိုပြင်ဆင်၍ပေးသည်။

**Furniture,** *n.* household utensils, အိမ်ထောင်ပရိက္ခရာ။ any utensils, သုံးဆောင်သောတန်ဆာ။ ornaments, ဆင်သောတန်ဆာ၊ အဆောက်အဦး။

**Furred,** *a.* ဖျားနာသောအခါအချေးစွဲကပ်သော (လျှာ၊)

**Furrier,** *n.* မွေးသူ၊ မွေးညှင်းရှိသောသားရေကိုရောင်းသောသူ။

**Furrow,** *n.* the mark made by a plow, ထွန်ကြောင်း။ ထယ်ကြောင်း။ a fluted channel, ပျော့ကြောင်း။ a wrinkle, အတွန့်။ —*v. t.* အကြောင်းလုပ်သည်။

**Further,** *a.* more distant, သာ၍ဝေးသော။ additional, ၎င်ပြင်ရှိသော။ —*adv. see* Farther, *adv.;* besides, moreover, ထိုမှတပါး၊ တနည်းကား၊ ၎င်ပြင်။ —*v. t.* to advance, တိုးတက်စေသည်၊ ကူညီသည်။ မစသည်။ to help, assist, ကူညီသည်၊ မစသည်။

**Furtherance,** *n.* from Further, *v. t.*

**Furthermore,** *adv.* ထိုမှတပါး။ တနည်းကား။ ၎င်နည်း။

**Furthest,** *see* Farthest.

**Furtive,** *a.* obtained by theft, ခိုး၍ရသော (အရာ၊) concealed, လျှို့ဝှက်သော။

**Fury,** *n.* from Furious; a violent woman, အလွန်ကြမ်းတမ်းသောမိန်း။

**Fuse,** *v. t.* to melt, အရည်ကြိုသည်။ —*v. i.* to be melted, ကြို၍အရည်ဖြစ်သည်။

**Fusee,** *n.* the cone of a watch, နာရီခွက်၌ကြိုးပတ်ရစ်သောစတ်၊ —of a bomb or grenade, စနက်။ (to place a fusee, စနက်တွယ်သည်။)

Fusible, *a.* အရည်ကြိုနိုင်ဖွယ်ဖြစ်သော။

Fusil, *n.* လက်စွဲသေနတ်။

Fusion, *n.* from Fuse.

Fuss, *n.* မဖြစ်လောက်သောအမှုနှင့်ရွှမ်နေအောင်ပြုလုပ်ခြင်း။ အပင်၊ တကြီးလုပ်ခြင်း။

Fustian, *n.* a kind of cloth, ဝွမ်းနှင့်ပိုက်ဆန်ခြည်ကိုရောရက်သောအထည်။ bombast, ကြီးကျယ်၊ ဝါကြွားသောစကား။

Fustic, *n.* သစ်သားတမျိုး။

Fusty, *a.* မှိုတက်သော၊အောက်သော။

Futile, *a.* of no effect, အကျိုးမဲ့သော။ empty, vain, အချည်းနှီးသက်သက်ဖြစ်သော။

Futility, *n.* from above.

Future, *a.* ဖြစ်လတ္တံ့သော။ —*n.* နောင်ကာလ။ အနာဂတ်။ အနာဂတ္တိ။ (—state, လောကဈ္ဈရာ၊ တမလွန်ထဝ၊)

Futurity, *n.* same; a future event, ဖြစ်လတ္တံ့သောအမှုအရာ။ the state of being future, ဖြစ်လတ္တံ့ရှိခြင်း။ ရှေ့ခွန်း။ အနာဂတ်။ future existence, သံသရာ။

Fuzz, *v. i.* အမှုန်လွှင့်သည်။ —ball, *n.* မှိုဥတမျိုး။

# G

Gab, *n.* စကားများခြင်း။

Gabardine, *n.* သင်တိုင်းတမျိုး။

Gabble, *v. i.* ပြိန်းဖျင်းသောစကားများသည်။ —*n.* from *do.*

Gabion, *n.* မြေမိုးပေါ်၌ကွယ်ကာရန်ဆင့်သောမြေကတုပ်တောင်း။

Gable, *n.* မြင်းမိုရ်ဒိတ်။

Gaby, *n.* လူအဖျင်း။

Gad, *v. i.* အကြောင်းမရှိ၊ အဓိဝါတမဲ့လှည့်လည်သည်။

Gadfly, *n.* မှက်။

Gaffer, *n.* အိုးကြီး။

Gaffle, *n.* ကြက်တိုက်ရာဆက်သောစတက်။

Gag, *v. t.* to stop the mouth by thrusting in something, ပစပ်ကိုဆို့ဓိတ်သည်။ to heave with nausea, ကျိသည်။ —*n.* ပစပ်ကိုဆို့ဓိတ်သောတန်ဆာ။

Gage, *v. t.* ထောင်းသည်။ *see also* Gauge, *v.* —*n.* အပေါင်အနှံ၊ *see also* Gauge, *n.*

Gaggle, *v. i.* ငန်းကဲ့သို့မြည်သည်။

Gaily, *adv.* from Gay.

Gain, *v.* to make profit, အမြတ်ရသည်။ to win, နိုင်၍ရသည်။ to acquire. လုပ်၍ရသည်။ to bring over by persuading, ဘွေးဆောင်၍ရသည်။ to advance, (intrans.) တိုးတက်သည်။ to reach, attain, မှီသည်။ ရောက်သည်။ —over, *v. t.* သွေးဆောင်၍ရသည်။ —time, *v.* to do beforehand, (ပြု) ရမည်အချိန်မရောက်မှီ (ပြု) နှင့်သည်။ to move too fast (as a timepiece,) မြန်သည်။ —a case in court, တရားနိုင်သည်။ *n.* pecuniary profit. အမြတ်။ အမြတ်အစွန်း။ any profit, advantage, စီးပွား။ အကျိုး။ မိုလ်။ (gaining and losing by turns, ဖဲစား၊ ဖဲချေး)

**Gainful**, *a.* အကျိုးစီးပွားကိုဖြစ်စေတတ်သော။

**Gainless**, *a.* အကျိုးမရှိသော။

**Gainsay**, *v. t.* ငြင်းခုံသည်။

**Gairish**, *a.* လှသောအဝတ်ကိုဝတ်၍ပလွှားသော။

**Gait**, *n.* a going, walking, သွားခြင်း။ လှမ်း၍သွားခြင်း။ manner of walking, လှမ်းသွားခြင်း၏အခြေအနေ။ —as a horse, အသွား။ (with an uneven gait, ဖယ်ရမ်း၊)

**Gaiter**, *n.* ခြေသလုံး၊ ခြေဖမိုးကိုဖုံးအုပ်သောခြေစွပ်ရောင်တမျိုး။

**Gala-day**, *n.* ပွဲနေ့။

**Galaxy**, *n.* နဂါးငွေ့။

**Gale**, *n.* လေပြင်း။ မုန်တိုင်း။

**Galiot**, *n.* နှစ်ပင်တိုင်သင်္ဘောတမျိုး။

**Gall 1**, *n.* the bile, သည်းခြေ။ ဗဍသည်းခြေ။ any thing very bitter, အလွန်ခါးသောအရာ။ rancor, ရန်ငြိုးဖွဲ့ခြင်း။ —bladder, သည်းခြေအိမ်။ —2, *n. see* Nut-gall. —3, *v. t.* to fret, wear away, ပွန်းပွတ်သည်။ to vex, စိတ်နာအောင်ပြုသည်။ to irritate, စိတ်ဆိုးအောင်ပြုသည်။ to harass, ပင်ပန်းအောင်ပြုသည်။

**Gal'lant**, *a.* ရဲရင့်သော။

**Gallant'**, *a.* မိန်းမတို့ကိုမှုက်ချွဲသွေး၍လောကဝတ်ပျူငှါပြုတတ်သော။ —*n.* agent, from next; a wooer, မိန်းမကိုလှည့်တတ်သောသူ။ —*v. t.* (မိန်းမတို့ကို) မှုက်ချွဲသွေး၍လောကဝတ်ပျူငှါပြုသည်။

**Gal'lantry**, *n.* from Gal'lant, *a.* and Gallant', *v. t.*; seductive practices, မိန်းမတို့ကိုလှည့်၍မှားယွင်းခြင်း။

**Galleon**, *n.* ထကျွာသို့သောစပါနီသင်္ဘောကြီး။

**Gallery**, *n.* a portico or open walk, ဖြင်မှာထုတ်သောကြမ်းပြင်။ a raised platform in a building, သင်္ဘောစည်ထိုင်ရန်စင်။

**Galley**, *n.* a large decked boat, သံဘန်ကြီးတမျိုး။ the cook-room in an armed ship, တိုက်သင်္ဘော၌ရှိသောမီးဖို။ —slave, *n.* ရာဇဝတ်သင့်၍သံကြိုးနှင့်ချည်နှောင်လျှက်သံဘန်ခတ်ရသောသူ။

**Gallic**, *a.* ပြင်သစ်ပြည်နှင့်ဆိုင်သော။

**Gallicism**, *n.* ပြင်သစ်တို့သာပြောတတ်သောစကားအပြောအဆို။

**Gallinaceous**, *a.* ကြက်မျိုးနှင့်ဆိုင်သော။

**Gallipot,** *n.* ဆေးထည့်ရန်စဉ့်အိုးကလေး။
**Gallon,** *n.* ဂါလံဘည်းဟူသော ၄ ကွတ်နှင့်မျှသောအခြင်အတွယ်။
**Gallop,** *v.* ခါးဆိုချပြေးသည်။ —*n.* from same.
**Gallows,** *n.* ထည်ဆွဲတိုင်၊ လည်ဆွဲချတိုင်။
**Gallowses,** *n. see* Suspenders.
**Galoche,** *n.* ခြေနင်းအပေါ်မှာထပ်၍စွပ်သောခြေနင်း။
**Galvanic,** *a.* ဂါလဝနီအတတ်နှင့်ဆိုင်သော။
**Galvanism,** *n.* ဂါလဝနီအတတ်၊ လျှပ်စစ်မီးနှင့်ဆိုင်သောပညာအတတ်တမျိုး။
**Galvanize,** *v. t.* ဂါလဝနီအတတ်အားဖြင့်လျှပ်စစ်မီးကိုသွင်းသည်။
**Gamble,** *v. i.* လောင်းတမ်းကစားသည်။
**Gambler,** *n.* လောင်းတမ်းကစားသောသူ။
**Gamboge,** *n.* သစ်စေးတမျိုး။ သနထော်စေး။
**Gambol,** *v. i.* မြူးထူးကခုန်၍ကစားသည်။ —*n.* from *do.*
**Game,** *v. i.* to play, ကစားသည်။ to gamble, လောင်းတမ်းကစားသည်။ —*n.* from above; a single match at play, ကစားရာဌ်တပွဲ။ a making sport of, ပျက်ရယ်ပြုခြင်း။ animals taken in the chase, တောဒ္ဓရဆိုးလိုက်၍ဖမ်းသောသားငှက်။ —cock, တိုက်သောကြက်။ —keeper, မင်းပိုင်သောတောဒ္ဓအလွတ်နေသောတိရိစ္ဆာန်တို့ကိုကြည့်ရှုရသောအရာရှိ။
**Gamesome,** *a.* ရွှင်လန်းမြူးထူးစွာကစားတတ်သော။
**Gamester,** *n.* လောင်းတမ်းကစားသောသူ။
**Gaming,** *n.* လောင်းတမ်းကစားခြင်း။ —house, လောင်းတမ်းကစားသောအိမ်၊ ဗိုင်အိမ်။ —table, လောင်းတမ်းကစားသောခုံ။
**Gammer,** *n.* အမေကြီး။
**Gammon,** *n.* ဝက်ပေါင်ခြောက်။
**Gamut,** *n.* သီချင်းဆိုရာ၌အထက်သံ၊ အောက်သံကိုပြသောပုံ။
**Gander,** *n.* ငန်းဖို။
**Gang,** *n.* အစည်းအကြပ်ဖွဲ့သောလူစု။
**Gangrene,** *v. i.* ကိုယ်အင်္ဂါတစိတ်တခုသေ၍ပုပ်သည်။ —*n.* from *do.*
**Gangway,** *n.* သင်္ဘောပေါ်တွင်တခန်းမှတခန်းသို့ကူးသန်းသောလမ်းပေါက်။
**Ganja,** *n.* ဘင်း။ ဆေးခြောက်။ (polite).
**Gantlet,** *n.* ရာဇဝတ်သင့်၍စစ်သည်အများတချက်စီရိုက်ရသောဒဏ္ဍဒါဏ်တမျိုး။
**Goal,** *n. see* Jail.
**Gap,** *n.* a fissure, အအက်။ အအက်အကွဲ။ a notch, အထစ်။ an opening made by a breach, ပြိုကျ၍ဖြစ်သောအပေါက်အဝ။
**Gape,** *v. i.* to yawn, သမ်းသည်။ expand, ပြဲသည်။ to open the mouth, ဟသည်။ to open in a fissure, အက်ကွဲသည်။ အာကွဲသည်။ —after, —for. *v. t.* အလွန်တောင့်တသည်။

**Gapingly,** *adv.* အာတာကျွဲ။ (vulgar).

**Garb,** *n.* dress, အဝတ်။ mode of dress, အဝတ်ဝတ်ခြင်း၏အခြေအနေ။ exterior appearance, အသွင်အပြင်။

**Garbage,** *n.* သားငှက်တို့၏ဝမ်းတွင်းသားတွင်စားဖွယ်မကောင်းသောအရာ။

**Garble,** *v. t.* to sift, ဆန်ခါနှင့်ခါသည်။ to seperate the good from the bad, ကောင်းသောအရာ၊ မကောင်းသောအရာတို့ကိုခွဲခွာ၍ထားသည်။

**Garden,** *n.* ဥယျာဉ်။ ဥယျာဉ်ပန်းမှန်။ flower,—, ပန်းခြံ။ kitchen—, ဟင်းခင်း။ —*v. i.* ဥယျာဉ်ကိုစိုက်ပျိုးပြုစုသည်။

**Gardener,** *n.* ဥယျာဉ်ကိုစိုက်ပျိုးပြုစုသောသူ။

**Gargle,** *v. t.* လုပ်ကျင်းသည်။ လုပ်ဆေးသည်။ —*n.* လုပ်ရေ၊ပါးလုပ်ရေ။

**Garland,** *n.* ပန်းကုန်း။

**Garlic,** *n.* ကြက်သွန်ဖြူ။

**Garment,** *n.* အဝတ်။

**Garner,** *n.* စပါးကျီ။ —*v. t.* သိုထားသည်။

**Garnet,** *n.* ဈေးဖြူကုန်း။ ပဒဲကျောက်။ *Pali.* ဂေါမုဝ်။

**Garnish,** *v. t.* to adorn, တန်ဆာဆင်သည်။ to furnish with suitable appendages, ဆိုင်သောတန်ဆာတို့ကိုနိုင်သင့်အောင်ပြုပြင်၍ထားသည်။ —*n.* ဆင်သောတန်ဆာ။

**Garniture,** *n.* same.

**Garret,** *n.* သင်္ဘောကြမ်း။

**Garrison,** *n.* မြို့စောင့်ထားသောစစ်သည်တော်သား။ —*v. t.* မြို့စောင့်စေခြင်း၊ ငါးစစ်သည်များကိုထားသည်။

**Garrulity,** *n.* from next.

**Garrulous,** *a.* စကားများသော။

**Garter,** *n.* ခြေစွပ်စည်းကြိုး။

**Gas,** *n.* ဓာတ်ငွေ့။

**Gasconade,** *v. i.* ဝါကြွားသည်။ —*n.* from above.

**Gaseous,** *a.* ဓာတ်ငွေ့ကဲ့သို့ဖြစ်သော။

**Gash,** *v. t.* to cut, ခုတ်သည်။ —(fish or flesh) ငှင်းသည်။ —*n.* ခုတ်ရာ။ ခွင်းရာ။

**Gasify,** *v. t.* ဓာတ်ငွေ့ဖြစ်စေသည်။

**Gas-light,** *n.* ဓာတ်ငွေ့အလင်း။

**Gasp,** *v. i.* အသက်ငင်သည်။ —*n.* from Gasp, *v. i.*

**Gaspingly,** *adv.* မှိုက်ကြီးတင်း။

**Gastric,** *a.* အစာအိမ်နှင့်ဆိုင်သော။ —juice, *n.* အစာအိမ်၌အစာကိုကြေစေတတ်သောအရည်။

**Gate,** *n.* the door of an outside inclosure, အိမ်ခြင်တံခါး။ any large door, ကြီးသောတံခါး။ an avenue, passage way, လမ်းပေါက်

ထမ်းဝ။ *see also* Flood-gate; —keeper, ထံခါးစောင့်။ —way, အိမ်ခြံဝင်းတံခါးပေါက်။

Gather, *v.* to collect, စုသည်။ စုရုံးသည်။ to collect in heaps, စုပုံသည်၊ to collect and deposit, စုထားသည်။ စုသိမ်းသည်။ to accumulate, ဆည်းဖူးသည်၊ —in and deposit, သိမ်းဆည်းသည်။ to bring into union, စုပေါင်းသည်၊ —up from, ကျုံးသည်၊ to assemble (intrans.) စုဝေးသည်။ စည်းဝေးသည်။ to assemble (trans.,) စုဝေးစေသည်။ to pluck, ဆွတ်သည်။ to plait or pucker, တွန့်၍ချုပ်သည်။ to learn from observation, မှတ်၍သိရသည်၊ —, (as fuel), ထင်းခွေသည်။ —, (as leaves), ရွှးသည်။ —*n.* အတွန့်၊ တွန့်၍ချုပ်သောအရာ၊ (in gathers, တွန့်ရွန့်၊)

Gathering, *n.* the act of assembling, စုဝေးခြင်း။ စည်းဝေးခြင်း။ an assembly, အစုအဝေး။ the act of collecting and depositing, စုထားခြင်း။ စုသိမ်းခြင်း။ a collection of pus, ပြည်စုဝေးသော အနာ။

Gautama, *n.* ဂေါတမ။

Gaudiness, *n.* from next.

Gaudy, *a.* ဝင့်ဝင့်ဝါဝါဝတ်ဆင်လျှက်ရှိသော။

Gauge, *v. t.* အရည်ထည့်ရန်အိုး၊ စည်သို့ကိုတိုင်းထွာသည်။ —*n.* an instrument for gauging, တိုင်းထွာရန်တန်ဆာ။ any measure, အတိုင်းအထွာ။

Gauger, *n.* တိုင်းထွာသောအရာရှိ။

Gaunt, *a.* ပိန်ကြုံသော။

Gauntlet, *n.* သံချုပ်လက်စွပ်။

Gaur, *n.* ပြောင်

Gauze, *n.* ကြာခြည်အထည်၊

Gawk, *n.* လူနုံ။

Gawky, *a.* မှိုင်းသော

Gay, *a.* fine, showy, သစ်သစ်လွင်လွင်ဝတ်စားတန်ဆာတို့ကိုဝတ်ဆင်လျှက်ရှိသော။ merry, joyful, ရွှင်လန်းပြုံးထူးစွာကစားချင်သောသဘောရှိသော။

Gayety, *n.* ရွှင်လန်းပြုံးထူးစွာကစားခြင်း။

Gaze, *v. i.* စိန်းစိန်းကြည့်သည်။ —*n.* from *do.*

Gazelle, *n.* တောဆိတ်၊

Gazette, *n.* သတင်းစာ။ —*v. t.* သတင်းစာ၌သွင်းသည်၊

Gazeteer, *n.* a writer of news, သတင်းစာကိုစီရင်ရေးထားသောသူ၊ an alphabetic geography, ဗျည်းသရအစဉ်အတိုင်းလိုက်၍တိုင်းပြည်မြို့ရွာတို့၏အကြောင်းကိုရေးထားသောစာစောင်။

Gazing stock, *n.* လူအများဝိုင်း၍ကြည့်သောသူ၊

Gear, *n.* တန်ဆာဇလား၊ —*v. t.* တန်ဆာဇလားကိုဆင်ဖွင်၍ထားသည်။

**Gelatine**, *n.* အမဲသားကိုပြုတ်၍ပျစ်ပျစ်ချွဲချွဲအစေးထွက်သောအရာ။

**Gelatinous**, *a.* ထိုသို့သောအရာကဲ့သို့ဖြစ်သော။

**Geld**, *v. t.* အသိုးထုတ်သည်။ သင်းကွပ်သည်။ ဆိုးမသည်။ (polite)

**Gelding**, *n.* မြင်းပြီး။ မြင်းစင်။

**Gelid**, *a.* အလွန်ချမ်းသော။

**Gem**, *n.* ကျောက်မျက်။ မျက်ရွဲန်။ မျက်ရှင်။ မျက်ချွဲ။ —*v. t.* ကျောက်မျက်ကိုစီချယ်သည်။

**Gemini**, *n.* မေထုန်ရာသီ။

**Gender**, *n.* (masculine,) ပုလ္လိင်။ (feminine,) ဣတ္ထိလိင်။ (neuter,) နပုလ္လိင်။ common—, ဦဘလိင်။ —*v. t. see* Engender.

**Genealogical**, *n.* ဆွေစဉ်မျိုးဆက်စာရင်းနှင့်ဆိုင်သော။

**Genealogist**, *n.* ဆွေစဉ်မျိုးဆက်စာရင်းကိုတတ်သောသူ။

**Genealogy**, *n.* ဆွေစဉ်မျိုးဆက်စာရင်း။

**General**, *a.* pertaining to the many, အများနှင့်ဆိုင်သော။ comprehending the many, အများကိုချုပ်ချာသော။ having reference to the many, အများကိုရည်စေခင်သော။ —*n.* the whole, အပေါင်း။ a chief commander, ဗိုလ်ချုပ်ကြီး။ သေနာပတိ။ စစ်ဘုရင်။

**Generalissimo**, *n.* ဗိုလ်ချုပ်ကြီး။ သေနာဓိပတိ။ စစ်ဘုရင်။ ဗိုလ်မှူး။

**Generality**, *n.* အများ။

**Generalize**, *v. t.* အလားတူသောအရာအသီးအသီးတို့ကိုအချုပ်အချာပြု၍တခန်းစီထားသည်။

**Generally**, *adv.* အများအားဖြင့်။ ယေဘုယျ။ *Pali.*

**Generalship**, *n.* စစ်မှုကိုစီရင်တတ်သောအတတ်။

**Generate**, *v. t.* to beget, သားရအောင်သန္ဓေပေးသည်။ to cause to be, ဖြစ်စေသည်။

**Generation**, *n.* from above; a race, lineage, အမျိုးအနွယ်။ a single succession in natural descent, ဆွေစဉ်မျိုးဆက်တဆက်။ the people of the same period, တကပ်တကာလအတွင်းဘွင်ဖြစ်သောလူစု။

**Generative**, *a.* capable of begetting, သန္ဓေပေးနိုင်သော။ capable of producing, ဖြစ်စေနိုင်သော။

**Generic, Generical**, *a.* ချုပ်ချာသောအမျိုးနှင့်ဆိုင်သော။

**Generosity**, *n.* the quality of being generous, ကောင်းသောစေတနာစိတ်သန်ခြင်း။ liberality in act, ထက်ကြီးခြင်း။

**Generous**, *a.* of honorable birth, အမျိုးမြတ်သော။ magnanimous, ကောင်းသောစေတနာစိတ်သန်သော။ disinterested, ကိုယ်အကျိုးကိုမငဲ့ကွက်သော။ liberal, ရက်ရောစွာပေးကမ်းတတ်သော။ strong, သန်မြန်သော။

**Generousness**, *n.* from above.

**Genesis**, *n.* ဓမ္မဟောင်းကျမ်းတို့တွင်ပဌမကျမ်းတည်းဟူသောကမ္ဘာဦးကျမ်း။

**Geneva,** *see* Gin.

**Genial,** *a.* favorable to propagation, ပွားမြင်စေခြင်းနှင့်သင့်သော။ favorable to cheerfulness, စိတ်သာယာစေတတ်သော။

**Genii,** *n. plur.* of Genius, 1st def.

**Genio,** *n.* ဝါသနာထူးခြားသောသူ။

**Genital,** *a.* သိဝါသပြုခြင်းနှင့်ဆိုင်သော။

**Genitals,** *n. plur.* အင်္ဂါဇာတ်။

**Genitive,** *n.* သမ္ဗန္ဓ။— case, သာမီ။

**Genitor,** *n.* သန္ဓေပေးသောသူ။ အဘ။

**Genius,** *n.* guardian spirit, လူစောင့်နတ်။ natural talent, ပကတိဉာဏ်။ superior natural talents, ထူးဆန်းသောဉာဏ်။ one possessed of such talents, ထူးဆန်းသောဉာဏ်ရှိသောသူ။

**Genteel,** *a.* ယဉ်ကျေးသော။ ကျော့မော့သော။

**Genteelness,** *n.* from above.

**Gentian,** *n.* ဆေးဝုလဲ။

**Gentile,** *n.* an alien, တပါးအမျိုးသား a heathen, သာသနာပလူ။

**Gentility,** *n.* politeness, ယဉ်ကျေးခြင်း။ good extraction, အမျိုးမြတ်ခြင်း။

**Gentle,** *a.* of good extraction, အမျိုးမြတ်သော။ meek, mild, နူးညံ့သိမ်မွေ့သော။ moderate, not violent, ငြိမ်းညွှန်းသော။ သာကြည်သော။ —in treatment, မျှင်းသော။ —as sound, ငြသော။

**Gentleman,** *n.* သူကောင်း။

**Gentlemanly,** *a.* သူကောင်းကဲ့သို့ဖြစ်သော။

**Gentleness,** *n.* meekness, mildness, နူးညံ့သိမ်မွေ့ခြင်း။ moderation, tender treatment, ငြိမ်းညွှန်းခြင်း။

**Gentlewoman,** *n.* သူကောင်းမ။

**Gently,** *adv.* ငြိမ်းငြိမ်းနွေးနွေး။ အသာအယာ။ အသာကလေး။ moderately, မွေ့မွေ့။ —as rain, တစိတ်စိတ်။

**Gentoo,** *see* Hindoo.

**Gentry,** *n.* သူကောင်းမျိုး။

**Genuflection,** *n.* ဒူးထောက်ခြင်း။

**Genuine,** *a.* ဇာတိဖြစ်သော။စစ်သော။စင်စစ်ဖြစ်သော။(not genuine, ပဝတ္တိ။)

**Genuineness,** *n.* from above

**Genus,** *n.* ချုပ်ချာသောအမျိုး။

**Geocentric,** *a.* မြေကြီးနှင့်အတူဗဟိုရှိချက်မကိုဖွဲ့ပတ်တတ်သော။

**Geographer,** *n.* ဇီဩဂရဖီအတတ်ပညာကိုတတ်သောသူ။

**Geographic, Geographical,** *a.* ဇီဩဂရဖီအတတ်ပညာနှင့်ဆိုင်သော။

**Geography,** *n.* ဇီဩဂရဖီအတတ်တည်းဟူသောမြေကြီးပေါ်မှာကျွန်းကြီး၊ ကျွန်းငယ်၊ဆိုင်၊ ပင်လယ်အစရှိသောတိုင်းပြည်မြို့ရွာတို့၏အကြောင်းကိုပြသောအတတ်ပညာ။

**Geological**, *a.* ဇဲဩလဇိအတတ်ပညာနှင့်ဆိုင်သော။
**Geologist**, *n.* ဇဲဩလဇိအတတ်ပညာကိုတတ်သောသူ။
**Geology**, *n.* ဇဲဩလဇိအတတ်တည်းဟူသောမြေကြီးအတွင်းခေါင်း၏အဖြစ်အပျက်အထုပ္ပတ္တိတို့ကိုပြသောအတတ်ပညာ။
**Geometric, Geometrical.** *a.* ဇဲဩမဋ္ဌရိအတတ်ပညာနှင့်ဆိုင်သော။
**Geometrician**, *n.* ဇဲဩမဋ္ဌရိအတတ်ပညာကိုတတ်သောသူ။
**Geometry**, *n.* ဇဲဩမဋ္ဌရိအတတ်တည်းဟူသောအလျား၊ အနံ၊ အထုတို့ကိုတိုင်းထွာသောအတတ်ပညာ။
**Georgic**, *n.* ထယ်လုပ်ခြင်းအမှုကိုဖော်ပြသောလင်္ကာစာ။
**Germ**, *n.* a sprout, အညွှန့်။ origin, first principle, မူလ၊ အမြစ်။
**German 1**, *n.* ဇာမနီပြည်၊ ဇာမနီအမျိုးနှင့်ဆိုင်သော။ —2, *see* Cousin-german.
**Germinate**, *v. i.* to sprout, from a seed, အညွှန့်ထိုးသည်။ to bud, as a leaf or flower, အဖူးထွက်သည်။
**Germination**, *n.* from above.
**Gestation**, *n.* ကိုယ်ဝန်ဆောင်ခြင်း။
**Gesticulate**, *v. i.* လက်ရိပ်၊ ခြေရိပ်ကိုပြသည်။
**Gesticulation**, *n.* from above.
**Gesture**, *n.* a motion of the body or limbs, ကိုယ်အင်္ဂါလှုပ်ရှားခြင်း။ a motion of the body or limbs expressive of sentiment or passion, စိတ်နှစ်လုံးတညီတည်းကိုယ်အင်္ဂါလှုပ်ရှားခြင်း။
**Get**, *v. t.* to obtain, ရသည်။ to beget, သန္ဓေပေးသည်။ to procure to be, (ဖြစ်အောင်) ပြုသည်။ —*v. i.* to become, ဖြစ်လာသည်။ —above, *v. t.* to arrive above, အပေါ်သို့ရောက်သည်။ to surmount, conquer, နိုင်သည်။ —ahead, *v.* တိုးတက်သည်။ —along, *v. i.* to fare, ဖြစ်သည်။ to proceed, advance, တိုးတက်၍သွားသည်။ —among, *v. t.* အထဲသို့ဝင်သည်။ —asleep, *v. i.* အိပ်ပျော်သွားသည်။ —at, *v. t.* မှီသည်။ —away, *v. i.* to depart, ထွက်သွားသည်။ to escape, လွတ်သွားသည်။ —back, ပြန်ရောက်သည်။ —before, *v.* to arrive before, ရှေ့သို့ရောက်သည်၊ to go beyond, လွန်သည်။ —behind, *v.* to arrive behind, နောက်သို့ရောက်သည်။ to fall in the rear, နောက်ကျသည်။ —between, *v. t.* စပ်ကြားသို့ဝင်သည်။ —by heart, *v. t.* နှုတ်ကျက်ရသည်။ အာဂုံဆောင်သည်။ —by a lucky hit, စွပ်မိ၍ရသည်။ —clear, *v. i.* လွတ်သည်၊ လွတ်ခြင်းသို့ရောက်သည်။ —down, ဆင်းသည်။—drunk, ယစ်မူးသည်။ —forward, *v.* to proceed, advance, တိုးတက်၍သွားသည်။ to prosper, စီးပွားရသည်။ —free, *v. i.* လွတ်သွားသည်။ —home, ကိုယ်နေရာသို့ရောက်သည်။ —in, *v. t.* အထဲသို့သွင်းသည်။ *v. i.* —into, ဝင်သည်။ —loose, လွတ်သွားသည်။ —near, *v. t.* အနီးသို့ရောက်သည်။ —off, *v. i.* to

alight, ဆင်းသည်။ to escape, လွတ်သွားသည်။ —*v. t.* to take off, ချွတ်သည်။ to dispose of, in sale, ရောင်း၍ ခွဲသည်။ —on, to put on, ဝတ်သည်။ စွပ်သည်။ to arrive on, အပေါ်သို့တတ်သည်။ —*v. i.* to proceed, advance, တိုးတက်၍သွားသည်။—out, to depart from, ထွက်သည်။ ထွက်သွားသည်။ —*v. t.* to draw out, ထုတ်သည်။ —over, to pass over, လွန်သွားသည်။ to surmount, အထမြောက်သည်။ —the day, *v.* နိုင်သည်။ —through, *v.* to pass through, ပေါက်သွားသည်။ to accomplish, ပြီးစီးစေသည်။ —to, *v. t.* မှီသည်။ —together, *v. i.* to assemble, စုဝေးသည်။ —*v. t.* to collect, စုပုံသည်။ to amass, ဆည်းပူးသည်။ —up, *v. i.* to rise, ထသည်။ to ascend, တက်သည်။ —*v. t.* to prepare, ဖွင်ဆင်သည်။ —with child, သန္ဓေပေးသည်။

Gewgaw, *n.* လှ၍အသုံးမရှိသောတန်ဆာ။

Ghastliness, *n.* from next.

Ghastly, *a.* deathlike, လူသေကဲ့သို့ဖြစ်သော။ shocking, ကြောက်လန့်စရာရှိသော။

Ghee, (East Indian,) *n.* ထောပတ်ကြမ်း။

Gherkin, *n.* သခွားသနပ်။

Ghost, *n.* spirit, နံ။ ဝိညာဉ်။ an apparition, တစ္ဆေ။ တစ္ဆေ။

Ghostlike, *a.* တစ္ဆေကဲ့သို့ဖြစ်သော။

Ghostly, *a.* spiritual, ဝိညာဉ်နှင့်ဆိုင်သော။ religious, ဘုရားတရားနှင့်ဆိုင်သော။ pertaining to apparitions, တစ္ဆေနှင့်ဆိုင်သော။

Giant, *n.* one of uncommon size, လွန်ကဲ၍အလုံးအရပ်ကြီးမြင့်သောသူ။ a person of uncommon strength, အစွမ်းသတ္တိထူးဆန်းသောသူ။ —shell, ကလွန်းတောင်။ ကျားလက်သည်း။

Giantess, *n.* ကိုယ်ကြီးမားသောမိန်းမ။

Gibberish, *n.* မပြီမသ၊ ထွေးလုံးရစ်ပတ်ပြောသောစကား။

Gibbet, *n.* ကွပ်မျက်သောသူအသေကောင်ကို ထင်ရှားအောင်မြောက်တင်၍ထားသောစင်။ —*v. t.* ထိုသို့မြောက်တင်၍ထားသည်။

Gibbous, *a.* ကုန်းသော။

Gibe, *v. i.* ကရော်ကမည်ပြုသည်။ —*n.* from *do.*

Giblets, *n. plur.* ငှက်ကောင်ကိုမကင်မှီဝမ်းတွင်းသားနှင့်အဖျားအနားကိုလှီးဖြတ်၍ကျော်သောအရာ။

Giddiness, *n.* from next.

Giddy, *a.* affected with vertigo, ခေါင်းမူးသော။ inducing giddiness, မူးစေတတ်သော။ unsteady, စိတ်မတည်ကြည်သော။ heedless, သတိမရှိတတ်သော။ —brained, —headed, *a.* same, last def.

Gift, *n.* a present, လက်ဆောင်။ ပဏ္ဏာကာရ။ ထပ်သပ်ပကာ။ *Pali.* a reward, ဆု။ ဆုလာဘ်။ an offering, အလှူ။ ဒါနဝတ္ထု။ the act of

giving, ပေးကမ်းခြင်း။ the power or right of giving, ပေးကမ်းနိုင်သောအခွင့်။ a mental endowment, ပကတိပညာဉာဏ်။
**Gifted,** *a.* (တစုံတခုသော) အစွမ်းသတ္တိနှင့်ပြည့်စုံသော။
**Gig,** *n.* a play top, ဂျင်။ a kind of chaise, မြင်းရထားတမျိုး။ a kind of boat, သိတန်တမျိုး။
**Gigantic,** *a.* အလွန်ကြီးမားသော။
**Giggle,** *v. i.* တကျိုကျိုရယ်သည်။ —*n.* from *do.*
**Gild,** *v. t.* —(in various ways,) ရွှေချသည်။ ရွှေရည်ပွတ်သည်။ ရွှေစွမ်းမံသည်။ to brighten, ပြောင်လက်စေခြင်ပြုသည်။
**Gill,** *n.* —of a fish, ပါးဟက်။ ပါးဖျည်း။ —of a fowl, ကြက်ပါးဖျည်း။ —(*pron.* Jill,) *n.* မိလတညဲးဟူသော မ-ဉ် အစိုဝင်သောအခြင်အတွယ်။
**Gimlet,** *n.* လွန်ပူ။
**Gimcrack,** *n.* ကစားချန်စက်ငယ်။
**Gin 1,** *n.* a kind of ardent spirit, ဇညီမြွှအရက်။ —2, a kind of machine, ယန္တရားစက်တမျိုး။ a kind of trap, ထောင်ရန်ဘန်ဆာတမျိုး။
**Ginger,** *n.* ချင်းစိမ်း။ dried —, ချင်းခြောက်။ the plant, ချင်း။ —bread, ချင်းစိမ်းမုန့်။ —wert, ကန့်ဘိတ်။ စဘူးခေါင်း ပဂေါ်။
**Gingle,** *see* Jingle.
**Gipsy,** *n.* ဇိပစိလူတမျိုး။
**Giraffe,** *n.* သစ်ကုလားအုတ်။
**Girandole,** *n.* မီးပဒေသာ။
**Gird,** *v. t.* to bind round, စည်းသည်။ to clothe, ဝတ်ဆင်သည်။—the loins, ခါးတောင်းကျိုက်သည်။ —the loins loosely, ခါးတောင်းပွကျိုက်သည်။ —the loins tightly, ခါးတောင်းရှောင်သည်။
**Girder,** *n.* ရက်မ။
**Girdle,** *n.* ခါးစည်း။ ခါးပန်း။ —*v. t.* to bind round the waist, ခါးစည်းသည်။ to environ, ပတ်ဝိုင်းသည်။
**Girl,** *n.* မိန်းကလေး။ မိန်းကလေး။ a little —, လုံမကလေး။
**Girlhood,** *n.* မိန်းကလေး၏အဖြစ်။
**Girlish,** *a.* မိန်းကလေးကဲ့သို့ဖြစ်သော။
**Girth,** *n.* —of a saddle, ထိကပေါက်ကြိုး။ a circular bandage, ပတ်စည်းသောကြိုး။ compass round, လုံးပတ်။
**Gist,** *n.* နိုင်းချိန်ဆွေးနွေးခြင်း၏အချုပ်အချာဖြစ်သောမူလအကြောင်း။
**Give,** *v. t.* to bestow, ပေးသည်။ ပေးကမ်းသည်။ make an offering, လှူတန်းသည်။ —in charity, စွန့်ကြဲသည်။ ဒိုးလှမ်းပေးကမ်းသည်။ —in marriage, ပေးစားသည်။ ထိမ်းမြားသည်။ to deliver, အပ်သည်။ —*v. i.* to yield to pressure, လျော့သည်။ —away, *v. t.* ဖွဲ့အပ်သည်။ မှာလိုက်သည်။ —back, ပြန်ပေးသည်။ —forth, ကျော်ညာစေသည်။ —in, *v. i.* အရှုံးခံသည်။ —in to, သဘောကျွတ်

ဝန်ခံသည်။ —out, *v. t.* to publish, ကျော်စေသည်။ to issue, send forth, ထုတ်သည်၊ လွှတ်သည်။ —*v. i.* to cease from exertion, အားလျှော့သည်။ —over, *v.* to relinquish to (another,) စွန့်၍အပ်သည်။ to abandon (a practice,) ဖြတ်သည်။ to relinquish in despair, မျှော်လင့်သောစိတ်ပျက်၍စွန့်သည်။ to cease to act, မပြုဘဲနေသည်။ —place, *v. i.* ဆုတ်၍နေရာပေးသည်။ —from hand to hand, လက်ဆင့်ကမ်းသည်။ —up one's purpose, စိတ်ကျသည်၊ စိတ်လျှော့သည်။ —to drink, တိုက်သည်။ —the road, လမ်းဖွဲ့သည်။ —thanks, ကျေးဇူးရှိသည်ဟုဝန်ခံသည်။ —up, *v. t.* to abandon, စွန့်သည်။ to deliver, အပ်သည်၊ to resign to (another,) စွန့်၍အပ်သည်။ to relinquish in despair, စိတ်ပျက်၍စွန့်သည်။ to yield (in contest,) လျှော့ပေးသည်။ —up further effort, လက်ချသည်။ ဖိန်းချသည်။—way, *v. i.* to retreat, ဆုတ်သည်။ to make room for, နေရာပေးသည်။ to cease opposing, အားလျှော့၍နေရာပေးသည်။ to break (in various ways,) ပြတ်သွားသည်။ ကျိုးသွားသည်။ ပြိုသွားသည်။

Gizzard, *n.* ငှက်အမြစ်၊

Glacial, *a.* ရေခဲဖြစ်သော၊

Glacier, *n.* ဆီးနှင်း၊ မိုးသီးရေခဲသောလွင်ပြင်။

Glacis, *n.* ကျုံးထိပ်ဆင်ခြေလျှော၊

Glad, *a.* pleased, cheerful, စိတ်သာသော။ ဝမ်းသာသော။ making glad or expressing gladness, ဝမ်းသာခြင်းနှင့်ဆိုင်သော၊

Gladden, *v. t.* စိတ်သာအောင်ပြုသည်။ ဝမ်းသာအောင်ပြုသည်။

Glade, *n.* တောခွဲလွင်ကွက်၊

Gladiator, *n.* ပွဲလုပ်၍တယောက်ကိုတယောက်ထိုးနှက်သောသူ၊

Gladness, *n.* from Glad, *a.*

Gladsome, *see* Glad, *a*

Glair, *n.* ငှက်ဥအကာ၊

Glance, *v. i.* to dart a ray of light, အရောင်လျှပ်ခနဲဖြက်သည်၊ to fly off, စည်သည်။ to look with a sudden cast of the eye, ရိပ်ကာကြည့်သည်၊ to hint, အရိပ်အမြွက်ပေးသည်။ —*n.* from above, 1st and 3d def.

Gland, *n.* သွေးကြော၊ ထေကြောလုံးတွေ့ဖွဲ့စည်းသောကြောတွေ။ parotid—, ပါးချေး

Glanders, *n.* ဓောင်းဂေါနာ၊

Glandulous, *a.* containing glands, ကြောတွေးပါသော၊ pertaining to glands, ကြောတွေးနှင့်ဆိုင်သော၊

Glare, *v. i.* to shine with a bright, dazzling light, ပြိုးပြိုးပြောင်ပြောင်အရောင်ထွက်သည်။ to look with large, fierce eyes, မျက်လုံးကျယ်နှင့်ပြိုးပြိုးပြောင်ပြောင်ကြည့်သည်။ —*n.* from *do.*

**Glaring**, *a.* conspicuous, ထင်ရှားသော (အပြစ်။)

**Glass**, *n.* the substance, ဖန်။ a mirror or a pane, မှန်။ a vessel of glass, ဖန်ခွက်။ burning—, မီးမှန်။ သူရကန်။ *Pali.* cupping—, တွင်း။ wine—, ဖန်ကတိ။ ဖန်ကတုံး။ an hour-glass, သဲနာရီ။ *plur* spectacles, မျက်မှန်။ —furnace, ဖန်ချက်မီးဖို။ —making, ဖန်ချက်ခြင်းအလုပ်။

**Glassy**, *a.* made of glass, ဖန်ဖြစ်သော။ like glass, ဖန်ကဲ့သို့ဖြစ်သော။

**Glave**, *n.* ထားလွှယ်တမျိုး။

**Glaze**, *v. t.* to furnish with glass windows, မှန်ပြတင်းလုပ်သည်။ —(ware,) စည့်သုတ်သည်။ ကြွေသုတ်သည်။ (glazed dish, ကြွေဝှက်နန်း။)

**Glazier**, *n.* မှန်ပြတင်းကိုလုပ်သောသူ။

**Gleam**, *v. i.* မှောင်မိုက်၌အရောင်ထွက်သည်။ —*n.* from *do.*

**Glean**, *v. t.* ကောက်သင်းကောက်သည်။

**Glebe**, *n.* ground, မြေ။ ground appropriated to religious purposes, ဝတ်မြေ။ ဝတ်မြေတကန်။

**Glee**, *n.* merriment, ရွှင်လန်းမြူးထူးခြင်း။ a merry song, သီခြင်းတမျိုး။

**Gleet**, *v. i.* ယိုသည်။ ယိုယွဲ့သည်။ သားနံ့ရည်ထွက်သည်။ —*n.* ကျောင်ငယ်ချောင်းကယိုသောအယိုအရည်။ ယိုနာ။

**Glen**, *n.* ချိုင့်။

**Glib**, *a.* smooth, ညက်ညောသော။ voluble in speech, ညက်ညက်ညောညောပြောတတ်သော။

**Glide**, *v. i.* to flow gently, သာသာစွာငြိမ်းသွားသည်။ to pass smoothly and still, ငြိမ်သက်စွာရှောက်သွားသည်။

**Glimmer**, *v. i.* မှိန်မှိန်တောက်သည်။ —*n.* from *do.*

**Glimpse**, *n.* a momentary view, ခဏမြင်ခြင်း။ အငွေ့အသက်။ a momentary enjoyment, ခဏခံစားခြင်း။

**Glisten, Glister**, *v, i.* အရောင်တောက်သည်။

**Glitter**, *v. i.* အရောင်လျှပ်သည်။ မိုးရက်သည်။ ပြိုးပြက်သည်။ —as glazed cloth, ကြွေရောင်ပြေးသည်။ —*n.* from *do.*

**Glitteringly**, *adv.* ပြိုးပြား။ ဖိတ်ဖိတ်။ ထက်လက်။

**Gloat**, *v. i.* တပ်မက်သောစိတ်နှင့်ကြည့်သည်၊

**Globe**, *n.* a round body, အလုံး။ the terraqueous ball, ပထဝီမြေကြီးလုံး။ —(terrestrial,) ပထဝီမြေကြီးလုံး၏ပုံ။ —(celestial,) ကြယ်နက္ခတ်တို့၏အခြင်းအရာကိုပြသောပုံလုံး။ —fish, ငါးပူတင်း။

**Globular, Globulous**, *a.* လုံးသော။

**Globule**, *n.* a small globe, အလုံးငယ်။ a drop, အစက်။ အပေါက်။

**Glomerate**, *see* Conglomerate.

**Gloom, Gloominess**, *n.* from next.

**Gloomily**, *adv.* မှောက်မှောက်သက်သက်။ မှောက်တောက်တောက်။

**Gloomy,** *a.* dark, မှိုင်းဝေသော။ —in countenance, မျက်နှာငုပ်သော —in mind, ညှိုးငယ်သော။

**Glorification,** *n.* from next.

**Glorify,** *v. t.* to praise, ချီးမွမ်းသည်။ to exalt, ချီးမြှောက်သည်။

**Gloriosa,** *n.* ဆီမီးတောက်။

**Glorious,** *a.* excellent, honorable, မြင့်မြတ်သော။ ဂုဏ်အသရေထင်ရှားသော။ magnificent, ဘုန်းကြီးသော။

**Glory,** *n.* splendor, အရောင်အဝါ။ honor, ဂုဏ်အသရေ။ magnificence, ဘုန်း။ adoring praise, ကိုးကွယ်ရာ၌ချီးမွမ်းခြင်း။ boasting, ဝါကြွားခြင်း။ —*v. i.* to boast, ဝါကြွားသည်။ to exult proudly, ဝါကြွားဝမ်းမြောက်သည်။

**Gloss,** *v. t.* to make glossy, လွင်အောင်ပြုသည်။ to render specious, အရည်အသွေးသွားအောင်ပြုပြင်သည်။ to explain the meaning of, အနက်အဓိပ္ပာယ်ကိုရှင်းလင်းအောင်ပြသည်။ —*n.* the brightness of a smooth surface, ပြောင်သောအရောင်။ a specious representation, ပြုပြင်၍လှသောအရည်အသွေး။ interpretation, အနက်အဓိပ္ပာယ်ကိုပြသောစကား။

**Glossary,** *n.* နက်နဲသောစကားတို့ကိုအနက်ပြသောအဘိဓာန်။

**Glossiness,** *n.* from next.

**Glossy,** *a.* လွင်သော။

**Glottis,** *n.* ထွက်သက်၊ ဝင်သက်လမ်းဖြစ်သောလည်ချောင်းဝ။

**Glove,** *n.* လက်ဖုံးဖြစ်သောလက်စွပ်။

**Glow,** *v. i.* to shine with intense heat, မီးအရှိန်ပူ၍ရဲရဲနီသည်။ to feel ardently, စိတ်အားသန်သည်။

**Glowworm,** *n.* ပိုးစုန်းကြူး။

**Gloze,** *v. i.* ချော့မော့သည်။ —over, *v. t.* အရေးလှအောင်ပြုပြင်သည်။

**Glue,** *n.* ကျွဲကော်။ —*v. t.* ကျွဲကော်နှင့်ကပ်သည်။

**Glut,** *v. t.* to swallow greedily, ရမက်ကြီးစွာမျိုချသည်။ to surfeit, စားပိုနိုင်သည်တိုင်အောင်စားသည်။ —*n.* အပြည့်အနှက်။

**Gluten,** *n.* စပါးမှုန့်၌ရှိသောအစေး။

**Glutinous,** *a.* စေးသော၊ စေးကပ်တတ်သော။

**Glutton,** *n.* အစားကြူးသောသူ။ ဝမ်းသူခိုး။

**Gluttonous,** *a.* အကြူးအလွန်စားတတ်သော။

**Gluttony,** *n.* အစားကြူးခြင်း။

**Gnarl,** *v. i.* ဟိန်းသည်။

**Gnarled,** *a.* knotty, အမျက်ဆိုပါသော။

**Gnash,** *v. i.* အံသွားခဲကြိတ်သည်။

**Gnashingly,** *adv.* အံသွားအခဲ။

**Gnat,** *n.* ခြင်။

**Gnaw**, *v. t.* ကိုက်သည်။ ခြစ်၍ကိုက်သည်။ —as pain, ခဲသည်၊ ကိုက်သည်။ —(paper), as a mouse, တောက်သည်။

**Gnomon**, *n.* နေတိုင်းနာရီမှိန်တိုင်။

**Go**, *v. i.* to move from, သွားသည်။ (respectful,) ကြွသွားသည်။ to proceed from, လားသည်။ —about, to go from place to place, လှည့်လည်သည်။ —*v. t.* to attempt, လုပ်မည်ပြုသည်။ —against, to march to attack, တိုက်အောင်သွားသည်။ —against (the wind), တက်သည်။ to be contrary to, ဆန့်ကျင်ဘက်ပြုသည်။ —aside, *v. i.* to deviate, လွဲသည်။ ဖဲသည်။ ဖယ်သည်။ ပါးသွားသည်။ —astray, လမ်းလွဲသည်။ —back, ပြန်သွားသည်။ retreat, ဆုတ်နစ်သည်။ —before, *v. t.* ရှေ့ကသွားသည်။ —between, *v. t.* to mediate, စပ်ကြားပြုသည်။ *n.* စပ်ကြားသူ။ —beyond, *v. t.* လွန်သွားသည်။ လွန်သည်။ လွန်ကဲသည်။ —by, *v. t.* to pass by, သီသည်။ ရှောက်သွားသည်။ to pass away unnoticed, အမှတ်တမဲ့လွန်သွားသည်။ to follow a rule, (နည်းဥပဒေသ) အတိုင်းလိုက်သည်။ —*n.* ပရိယာယ်အားဖြင့်လွန်သွားခြင်း။ —cart, လူကလေးသွားတတ်အောင်တွန်းသောလှည်းကလေး။ —down, *v. i.* to descend, ဆင်းသွားသည်။ to be swallowed, မြို၍ဝင်သည်။ to set, as a celestial luminary, ဝင်သည်။ —down (a river,) *v.* စုန်သည်။ —forth, *v. i.* ထွက်သွားသည်။ —forth to meet, ဆီးကြိုသည်။ —near, ချဉ်းသွားသည်။ —hard with, *v. t.* လွတ်မည်၊ မလွတ်မည်ကိုမထင်နိုင်အောင်ခက်သည်။ —in, *v.* ဝင်သည်။ —off, *v. i.* to depart to a distance, အဝေးသို့သွားသည်။ —(as fire-arms,) ပေါက်သည်။ —on, တိုးတက်သည်။ —out, to depart from, ထွက်သွားသည်။ to march on an expedition, ချီသွားသည်။ to become extinct, ငြိမ်းသည်။ ပျောက်သည်။ —over, *v. t.* to peruse, (စာကို)ကြည့်သည်။ to examine in course, အစဉ်အတိုင်းကြည့်ရှုဆင်ခြင်သည်။ —*v. i.* to pass from one side to the other, တဘက်မှတဘက်သို့ပြောင်းသည်။ —over to (another party), ဝင်စားသည်။ —round, *v. t.* လှည့်သည်။ လှည့်လည်သည်။ —round (a corner,) ကွင်းသည်။ —round (the end of a thing), ပန်းသည်။ —through, to pass through, အလယ်သို့ရှောက်သွားသည်။ to penetrate through, ပေါက်သွားသည်။ ထုတ်ချင်းခပ်သွားသည်။ to accomplish, ပြီးစီးစေသည်။ to bear to the end, အဆုံးတိုင်အောင်ခံသည်။ —through with, to execute effectually, အထမြောက်အောင်ပြီးစီးစေသည်။ —under (such a name,) *v.* (ဤမည်သောနာမည်) စွဲကပ်သည်။ —up, (a river,) ဆန်သည်။ —upon, *v. t.* အကြောင်းကိုပြုသည်။ —without, to be destitute of, မရှိမပါဘဲနေသည်။ —to meet,

ကြိုဆိုသည်။ ခရီးဦးကြိုဆိုသည်။ —to meet, in order to stop, ကြိုဆီးသည်။

Goad, *n.* ရုတ်ချွန်။ *v. t.* to prick with a goad, ရုတ်ချွန်နှင့်ထိုးသည်။ to stimulate, နှိုးဆော်တိုက်တွန်းသည်။

Goal, *n.* the mark aimed at in racing, ပန်းတိုးမှတ်တိုင်တမျိုး။ ထက်ဖျားမှတ်တိုင်။ the starting post, ထက်ရင်းမှတ်တိုင်။ an object aimed at, ရှာသောအကျိုး။

Goat, *n.* ဆိတ်။ large imported species, ဆိတ်ကုလား။ —herd, ဆိတ်ထိန်း။ —sucker, ငှက်ဖျင်း။ *see* night jar.

Goatish, *a.* ကာမရာဂသို့လိုက်တတ်သော။

Gobble, *v. t.* ကြက်ဆင်ကဲ့သို့အောပေါင်သံနှင့်စားသည်။

Goblet, *n.* ဖလားကြီး။

Goblin, *n.* စဉ္ဆေတမျိုး။ ကြဝ်။

Goby, *n.* ကသဗိုး။ point-tailed—, ငါးပြေနို။

God, *n.* an object of worship, ဘုရား။ the supreme object of worship, ဘုရားသခင်။ ဘုရားရှင်။ a deified being, superior to man, နတ်။ နတ်ဘုရား။ a god who has dominion over some part of the earth, ဘုမ္မစိုး။ (one destined to attain to deification, ဘုရားလောင်း။) —child, ခေါင်းကိုင်သူငယ်။ —daughter, ခေါင်းကိုင်သမီး။ —father, ခေါင်းကိုင်အဘ။ —mother, ခေါင်းကိုင်အမိ။ —send, ကိုယ်အကြံအစည်မရှိဘဲကိုယ်လက်သို့ရောက်သောအရာ။ —son, ခေါင်းကိုင်သား။ —speed, မင်္ဂလာ။

Goddess, *n.* နတ်သမီး။

Godhead, *n.* ဘုရားသခင်၏ဇာတိအဖြစ်တော်။

Godless, *a.* ဘုရားမဲ့။ ဘုရားကိုမယုံကြည်၊ မကိုးကွယ်သော။

Godlike, *a.* ဘုရားကဲ့သို့ဖြစ်သော။

Godliness, *n.* from next.

Godly, *a.* ဘုရားဝတ်၌မွေ့လျော်သော။

Godown, (East Indian,) *n.* ပစ္စည်းဥစ္စာများကိုသိုထားသောတိုက်။

Goggle, *v. i.* မျက်စိစောင်းသည်။ —eyed, *a.* မျက်လုံးကျယ်နှင့်ကြီးထိုး ကြောင်တောင်ကြည့်တတ်သော။

Goggles, *n. plur.* မျက်လုံးအိမ်ပါဖုံးမိသောမျက်မှန်။

Goglet or gurglet, *n.* ရေတကောင်း။

Going, *n.* from Go; conduct, ကျင့်ကြံပြုမူခြင်း။

Goitre, *n.* လည်ပင်းကြီးသောအနာ။

Gold, *n.* ရွှေ။ —beater, ရွှေခတ်သောသူ။ —fish, ရွှေငါး။ —lace, ရွှေရွာ။ —leaf, ရွှေမျက်ပါး။ ရွှေချပ်။ —smith, ပန်းတိမ်သမား။ —thread, ရွှေချည်။ —wire, ရွှေနန်းကြိုး။ (packet of gold-leaf, ရွှေဆိုင်း။)

Golden, *a.* made of gold, ရွှေ။ ရွှေကိုလုပ်သော။ partaking of gold,

ရွှေပါသော၊ of the color of gold, ရွှေရောင်ရှိသော၊ pre-eminently excellent, အထွဋ်အမြတ်ဖြစ်သော၊

**Gondola**, *n.* ဝေနိတ်မြို့မှာသုံးသောလှေ၊

**Gondolier**, *n.* ထိုလှေကိုခတ်သောသူ၊

**Gone**, *a.* past, လွန်ပြီးသော၊ ruined, ပျက်ပြီးသော၊ (clean gone, တက်တက်၊ as တက်တက်ကုန်ပြီ၊)

**Gong**, *n.* (protuberant,) မောင်း၊ (flat,) ကြေးစည်၊ ကြေးနင်း၊

**Gonorrhea**, *n.* ယိနာ၊ လွှမ်းနာ၊

**Good**, *a.* having desirable qualities, ကောင်းသော၊ valid, ခိုင်ခံ့သော၊ —bye, *int.* ကောင်းကောင်းသွားတော့၊ ကောင်းကောင်းနေတော့၊ —conditioned, *a.* ကောင်းသောလက္ခဏာရှိသော၊ —humored, စိတ်သာတတ်သော၊ —looking, အဆင်းအရည်ကောင်းသော၊ လှပသော၊ —man, *n.* အိမ်ရှင်၊ (a good person, ကလျာဏပုထုဇဉ်၊) —natured, *a.* စိတ်ကောင်းသော၊ —tempered, *do.* —will, *n.* ကြည်ညိုသောစေတနာ၊ whatever is commendable or desirable, ကောင်းသောအရာ၊ အကောင်း၊ whatever is conducive to happiness, မင်္ဂလာ၊ advantage, welfare, ကောင်းကျိုး၊ a virtuous deed, ကောင်းသောအမှု၊ သုစရိုက်၊ (to do another good, ကျေးဇူးပြုသည်၊)

**Goodliness**, *n.* from next.

**Goodly**, *a.* လှသော၊ တင့်တယ်သော၊

**Goodness**, *n.* the state of being good, ကောင်းခြင်း၊ a good disposition, ကောင်းသောသဘော၊ a benevolent disposition, ချမ်းသာစေချင်သောသဘော၊ moral virtue, ဂုဏ်ကျေးဇူး၊ kindness, ကျေးဇူးပြုခြင်း၊ ကလျာဏ၊

**Goods**, *n. plur.* personal estate, ဥစ္စာပစ္စည်း၊ merchandize, ကုန်စည်၊ —collectively, ဥစ္စာရုပ်၊ —bought and sold by weight, ချိန်ကုန်တိုက်ကုန်၊

**Goody**, *n.* အမေကြီး၊

**Goose**, *n.* the animal, ငန်း၊ ruddy—, စကြဝက်၊ a tailor's smoothing iron, ချုပ်သမားသုံးသောသံပူ၊

**Gooseberry**, *n.* ငယ်သောသစ်သီးတမျိုး၊ Brazil—, ဇီး၊

**Gordian-knot**, *n.* မဖြေနိုင်သောပြဿနာ၊

**Gore** 1, *n.* blood, သွေး၊ clotted blood, သွေးခဲ၊ —2, a wedge shaped piece of cloth sewed into a garment, အဝတ်၌သွင်း၍ချုပ်သောကြိတ်လျှာ၊ —in a Burmese jacket, ရင်တောင်း၊ —3, *v. t.* to pierce, with a horn, ဦးချိုနှင့်ဝှေ့၍ထိုးသည်၊ to stab with any pointed instrument, ထိပ်အစရှိသည်တို့နှင့်ထိုးသည်၊

**Gorge**, *n.* the gullet, ရေမျို၊ လည်မျို၊ the opening into a gulf, ချောက်ထဲသို့ဆင်းရာလမ်းဝ၊ —*v. t.* ရမက်ကြီးစွာမျိုချသည်၊

Gorgeous, *a.* ညီးညီးတောက်အောင်ဝတ်ဆင်သော။
Gorgeousness, *n.* from above.
Gorget, *n.* ထည်ပတ်တမျိုး။
Gorgon, *n.* အလွန်ကြောက်မက်ဖွယ်သောအရာ။
Gormand, *n.* အစားကြူးသောသူ။
Gormandize, *v. i.* ရမက်ကြီးစွာအကြူးအလွန်စားသည်။
Gory, *a.* covered with blood, သွေးလူးသော။ murderous, လူ့အသက်ကိုသတ်တတ်သော။
Gosling, *n.* ငန်းကလေး။
Gospel, *n.* the glad news of salvation by Christ, ဝမ်းမြောက်စရာသိတင်းစကားတည်းဟူသောဧဝံဂေလိတရား။ one of the four histories of Jesus Christ, ခရစ်ဝင်ကျမ်း။
Gossamer, *n.* လေ၌လွင့်ပါလျက်နေသောအမျှင်။
Gossip, *n.* idle talk, ပလေပလွင့်စကား။ one who indulges in idle talk, ပလေပလွင့်ပြောတတ်သောသူ။ —*v. i.* ပလေပလွင့်စကားကိုပြောသည်။
Goth, *n.* ဂေါသ။ ဂေါသလူ။
Gothic, *a.* ဂေါသအမျိုးနှင့်ဆိုင်သော။
Gouge, *n.* ဆောက်ခုံး၊ စလွန်း။ —*v. t.* ဆောက်ခုံးနှင့်ထွင်းသည်။
Gourd, *n.* the plant, ဘူးပင်။ species, စသာသွား၊ မြင်းသွား၊ bitter—သခွတ်ခါး။ bottle—, ဘူးဆင်စွယ်။ snake—, ပဲလင်းမြွေ။ the fruit, ဘူးသီး၊ a calabash, ရေဘူး။
Gout 1, *n.* အမြီးဆစ်ကိုက်သောအနာ။ —2, *pron.* Goo, *n.* အရသာ။
Gouty, *a.* အမြီးဆစ်ကိုက်နာစွဲသော။
Govern, *v.* to direct, စီရင်သည်။ to control, အုပ်ချုပ်သည်။ to rule, အစိုးရသည်။ အုပ်စိုးသည်။ မင်းပြုသည်။
Governance, *n.* from above.
Governess, *n.* a female invested with authority, အုပ်စိုးသောမိန်း၊ မင်းကတော်။ an instructress, tutoress, သိပ္ပံအတတ်ကိုသင်ချသောမိန်း။
Government, *n.* direction, စီရင်ခြင်း၊ control, အုပ်ချုပ်ခြင်း၊ the exercise of authority, အစိုးရခြင်း၊ the authoritative administration of public affairs, ပြည်မှုပြည်ရေးကိုစီရင်ခြင်း၊ the persons who govern, စီရင်အုပ်စိုးသောအရာရှိစု။ a country subject to a ruling power, အုပ်စိုးသောတိုင်းနိုင်ငံ။
Governmental, *a.* အုပ်စိုးခြင်းနှင့်ဆိုင်သော။
Governor, *n.* a ruler, ဝန်မင်း၊ အုပ်စိုးသောမင်း၊ —of a city, မြို့ဝန်။ —of a small town, မြို့ကိုင်။ deputy—of a maritime province, ရေဝန်။ an instructor, tutor, သိပ္ပံအတတ်ကိုသင်ချသောဆရာ။ —general, ဘုရင်။ —of India, အိန္ဒိယဘုရင်။

**Gown**, *n.* a woman's outside garment, ဂါဝရား၊ မိန့်ဝတ်သောအင်္ကျီ။ a long loose outside garment or robe, သိုယင်းအင်္ကျီ။
Gowned, *a.* သိုယင်းအင်္ကျီဝတ်သော။
Grab, *v. t.* ဆုတ်ယူသည်။
Grabble, *v. i.* (လက်နှင့်) စမ်း၍ရှာသည်။
**Grace**, *n.* favor, ကျေးဇူး၊ divine favor, ဘုရားသခင်၏ကျေးဇူးတော်။ virtue obtained through divine favor, ဘုရားသခင်၏ကျေးဇူးတော်ကြောင့်ရသောပါရမီ။ gracefulness, တင့်တယ်ခြင်း။ a short prayer before or after meals, မစားမှီသော်၎င်း၊ စားပြီးမှသော်၎င်း၊ ပြုသောပဌနာ။ (the title of a duke,) ကျေးဇူးရှင်။ —*v. t.* တန်ဆာဆင်သည်။
Graceful, *a.* လှပယဉ်ကျေးသော။
Gracefulness, *n.* from above.
Graceless, *a.* သီလမဲ့။
Graces, *n. plur.* မိတ်ဆွေခြင်း။
**Gracious**, *a.* kindly disposed, ကျေးဇူးပြုချင်သော သဘောရှိသော၊ granting favors, ကျေးဇူးပြုတတ်သော၊ possessed of virtue through the grace of God, ဘုရားသခင်၏ကျေးဇူးတော်ကြောင့်ပါရမီရှိသော။
Graciousness, *n.* from above.
**Gradation**, *n.* a regular series or process, marked by degrees or steps, အဆင့်ဆင့်စီစဉ်ခြင်း၊ a regular advance from step to step, ထင့်ကဲဆင့်ကဲတိုးတက်ခြင်း။
**Grade**, *n.* a step, အထစ်။ rank, အမြင့်၊ အနိမ့်အစရှိသောအရာ။
Gradual, *a.* တရွေ့ရွေ့ဖြစ်သော၊ ဖြည်းသော။
Gradually, *adv.* တကဲ့တကဲ့၊ တဖြည်းဖြည်း။
**Graduate**, *v. t.* to divide and mark by degrees, မိတ်သည်။ —*v. i.* to receive a degree from a college, အိပ်ပွဲကျောင်းမှာအရာကိုခံသည်။ —*n.* အိပ်ပွဲကျောင်းမှာအရာကိုခံသောသူ။
**Graduation**, *n.* regular progression by degrees, ထင့်ကဲဆင့်ကဲတိုးတက်ခြင်း။ the act of marking with degrees, မိတ်ခြင်း။
**Graft**, *v. t.* အညွန့်တပင်မှယူပြီးလျှင်တပင်၌ဆက်၍စိုက်သည်။ —*n.* ထိုသို့ဆက်၍စိုက်သောအညွန့်။
**Grain**, *n.* corn, စပါး။ a single corn, စပါးစေ့၊ parched—, ထန်ပေါက်။ empty—, စပါးဖြင်း။ the weight, ဂရင်တည်းဟူသောရွှေးစပါးစေ့တလုံးနှင့်အမျှဖြစ်သောအချိန်၊ any small particle, အလုံးကလေး။ —of sand, သဲလုံး။ a very small portion, အနည်းငယ်မျှ။ the substance of wood, as modified by the fibres, သစ်သား၌ချောမွတ်၊ ရှုန်းရင်းသောခေတ်။ the position of the fibres of wood, သစ်သား၌အသားအကြောအမှင်အဆင်း။ dyed or stained

substance, သေးဆိုးသောအရာ။ temperament, စိတ်နှစ်လုံး၏သဘော။ —(dye in,) *v. t.* ခြည်ကိုဆိုးသည်။

Grained, *a.* ပွတ်ရှပ်ထသော။

Grains 1, *n. plur.* what remains after brewing, ချိုရည်ချက်၍ကျန်သောအဖတ်။ —2, *n. plur.* a kind of harpoon, ငါးထိုးသော နှစ်ခွသုံးခွဆူး။

Gram, *n.* ကုလားပဲ။

Gramineous, *a.* မြက်ပင်ပါသော။

Graminivorous, *a.* မြက်ကိုစားတတ်သော။

Grammar, *n.* the science of words, သဒ္ဒါရေး။ a book that treats of the science, သဒ္ဒါရေးကိုနားလည်စေခြင်းငှါပြသသောကျမ်း။ သဒ္ဒါကျမ်း။

Grammarian, *n.* သဒ္ဒါရေးကိုနားလည်သောသူ။

Grammatic, Grammatical, *a.* pertaining to grammar, သဒ္ဒါရေးနှင့်ဆိုင်သော။ according to the rules of grammar. သဒ္ဒါရေးနှင့်ညီသော။

Granary, *n.* စပါးကျီ။ ကျီကျု။ a small—, စည်း။ commissariat—. ရိက္ခာထောက်ကျီ။

Grand, *a.* large and spacious, ကြီးကျယ်သော။ high and excellent, ကြီးမြတ်သော။ မြင့်မြတ်သော။ illustrious, ဘုန်းအသရေကြီးသော။

Grandam, *n.* ဖွားအေ။

Grandchild, *n.* မြေး။

Grand-daughter, *n.* မြေးမိန်း။

Grandee, *n.* အရာကြီးမြင့်သောသူ။

Grandeur, *n.* from Grand.

Grandfather, *n.* အဘိုး။ ဖိုးဘေး။

Grandiloquence, *n.* ကြီးမြင့်သောစကားပြောခြင်း။

Grandmother, *n.* အဘွား။ ဖွားအေ။

Grandseignior, *n.* တုရကရှင်ဘုရင်။

Grandsire, *n.* အဘိုး။

Grandson, *n.* မြေးယောကျာ်း။

Grange, *n.* လယ်လုပ်သူနှင့်ဆိုင်သောကျီကျု၊ တိုက်အိမ်၊ အခင်း၊ တင်းကုပ်စု။

Granite, *n.* ရင့်မာသောပကတိကျောက်မြစ်။ ကျောက်နှမ်းဖတ်။

Granivorous, *a.* အစေ့ကိုစားတတ်သော။

Grant, *v. t.* to bestow, ပေးကမ်းသည်။ to transfer the owning of အပိုင်ပေးအပ်သည်။ to admit as true what is not proved ထုတ်ကြောင်းကိုသူတပါးမပြသော်လည်းဝန်ခံသည်။ —*n.* from above; the thing granted, ပေးကမ်းသောအရာ။ a conveyence in writing. အပိုင်ပေးသောစာချုပ်။

Grantee, *n.* အပိုင်ပေး၍ခံရသောသူ။

**Grantor**, *n.* အပိုင်ပေးသောသူ။

**Granular**, *a.* consisting of grains, အစေ့ဖြစ်သော။ resembling grains အစေ့ကဲ့သို့ဖြစ်သော။

**Granulate**, *v. i.* to be formed into grains, အလုံးကလေးများဖြစ်သည်—*v. t.* to form into grains, အလုံးကလေးများဖြစ်စေအောင်ပြုသည်။ to make rough on the surface, ပြတ်ရှပ်ထစေအောင်ပြုသည်။

**Granulous**, *a.* အစေ့များသော။

**Grape**, *n.* စပျစ်သီး။ Indian—, ရင်ခေါင်း။ —shot, အမြောက်စရိတ်။

**Graphic, Graphical**, *a.* pertaining to the art of writing, စာရေးခြင်းနှင့်ဆိုင်သော။ describing with accuracy, ပုံကျအောင်ကောင်းစွာရေးချဲ့ပြသော။

**Grapnel**, *n.* an anchor with several flukes, အခွယ်များသောကျောက်ဆူး။ a grappling iron, သံချိတ်ကြီး။

**Grapple**, *v. t.* to lay fast hold on, ဆုပ်ကိုင်၍ဆွဲထားသည်။ to seize with a grappling iron, သံချိတ်နှင့်ချိတ်၍ထားသည်။ —*v. i.* to grasp in wrestling, နပန်းလုံးသည်။ —with, *v. t.* ပြိုင်နှိုင်းသည်။ —*n.* from *do.*

**Grasp**, *v. t.* to clutch, လက်နှင့်ဆုပ်ကိုင်သည်။ to hug, ကြပ်ကြပ်ဖိုက်ဖက်သည်။ to seize and appropriate with undue eagerness, မရရအောင်မတော်သောထပြု၍ယူငင်သည်။—at, *v. t.* ဖမ်းဆွဲသည်။ —*n* a clutching with the hand, လက်နှင့်ဆုပ်ကိုင်ခြင်း။ a seizing and appropriating, မရရအောင်သိမ်းယူခြင်း။ the power of seizing, သိမ်းယူနိုင်သောအစွမ်းသတ္တိ။

**Grass**, *n.* မြက်။ မြက်ပင်။ earliest—, နေဓာခြက်။ khus khus—, ပန်းရင်း။ —hopper, နှံကောင်။ a large kind, နှံမ။ —plot, မြက်ပင်ကိုပြုစု၍ထားသောမြေကွက်။ —cutter, စာရိတ်။

**Grassy**, *a.* မြက်ပေါသော။

**Grate 1**, *n.* iron lattice work, သံကွန်ရက်။ သံကွန်ခြာ။ a fire-place made of iron bars, သံချောင်းစီသောမီးဖို။ —*v. t.* to close a passage way with iron bars, (အပေါက်ဝ၌) သံချောင်းဖိုက်ပိတ်သည်။ —**2**, *v.* to rub one rough thing against another, ကြမ်းတန်းသောအရာချင်းပွတ်တိုက်သည်။ to wear away by rubbing, ပွန်းအောင်ပွတ်သည်။ to irritate, စိတ်ဆိုးစေသည်။ to make a harsh sound by the friction of rough bodies, ပြတ်ရှပ်ထသောအသံထွက်သည်။

**Grateful**, *a.* having a due sense of benefits, ကျေးဇူးသင်သော။ကျေးဇူးကိုသိသော။ agreeable, pleasing, ကြိုက်ဖွယ်နှစ်သက်ဖွယ်ဖြစ်သော။

**Gratefulness**, *n.* from above.

**Grater**, *n.* အမှုန့်ရအောင်ပွတ်တိုက်ရန်တန်ဆာ။

**Gratification,** *n.* the act of pleasing, အားရစေခြင်း။ the state of being pleased, အားရခြင်း။ that which affords pleasure, အားရစေသောအရာ၊ a recompence, ဆု။

**Gratify,** *v. t.* to please, အားရစေသည်၊ to recompence, ဆုချသည်။

**Gratified (be),** *v. i.* အားရသည်။ အားရပါးရရှိသည်။

**Gratis,** *adv.* အသိုးမပေးရဘဲ၊

**Gratitude,** *n.* ကျေးဇူးတင်ခြင်း၊ ကျေးဇူးကိုသိခြင်း၊ ကျေးဇူးကိုသိသောစိတ်။

**Gratuitous,** *a.* done voluntarily, not of necessity, ပြုရမည်အကြောင်းမရှိဘဲ ကိုယ်အလိုအလျောက်ပြုသော၊ asserted without proof, သက်သေမရှိဘဲပြောထားသော။

**Gratuitously,** *adv.* from above; gratis, အသိုးမပေးရဘဲ။

**Gratuity,** *n.* a present, လက်ဆောင်။ something given in return for a favor, ဆုလပ်။

**Gratulate,** *see* Congratulate.

**Grave 1,** *a.* of composed demeanor, ရှုခြေဆောင်သော။ မျက်နှာထားကောင်းသော၊ မျက်နှာပိုးသေသော။ —in mind, သမ္မာသတိရှိသော။ —(as business,) လေးသော။ —(as sound,) နိမ့်သော၊ —2, *v. see* Engrave; —3, *n.* သင်းချိုင်းတွင်း။ —clothes, *plur.* အလောင်းကောင်ကိုဝတ်သောအဝတ်။ —digger, သင်းချိုင်းတွင်းကိုတူးသောသူ၊ သုသာရာဇာ၊ —stone, ကမ္ပည်းထိုး၍သင်းချိုင်းမှာအမှတ်အသားထားသောကျောက်ပြား။ —yard, သင်းချိုင်း။

**Gravel,** *n.* fine particles of stone, သေးနုပ်သောကျောက်စရစ်၊ a calculous concretion in the kidneys or bladder, ကျောက်ကပ်အိမ်မှာတည်သောကျောက်။ ဆီးနာစွဲ၍ဖြစ်သောကျောက်။ —walk, ကျောက်စရစ်ခင်းသောလမ်းကြောင်း။ —*v. t.* to spread with gravel, ကျောက်စရစ်ခင်းသည်။ to embarrass in debate, တဖက်သားထွက်ပေါက်မရအောင်ဖိတ်၍ပြောသည်၊ (to be affected with the gravel. ကျောက်ဘည်သည်၊)

**Gravelly,** *a.* ကျောက်စရစ်များသော။

**Graver,** *n. see* Engraver; an engraving tool, ရုပ်ပုံထုသောဆောက်၊

**Gravitate,** *v. i.* လေးသောသဘောရှိ၍ကိုယ်ထက်ကြီးသောဝတ္ထုရှိရာသို့ရောက်လိုသည်၊

**Gravitation,** *n.* from above; the tendency of bodies to one another, ရုပ်ချင်းဆွဲငင်ခြင်း၊

**Gravity,** *n.* weight, heaviness, လေးခြင်း၊ လေးသောသဘော၊ tendency towards a centre, ကိုယ်ထက်လေးသောဝတ္ထုရှိရာသို့ရောက်လိုသောသဘော။ composed demeanor, ရှုခြေဆောင်ခြင်း။

**Gravy,** *n.* အသားကိုကင်၍ထွက်သောဆီရည်။

**Gray,** *a.* white with a mixture of black, အဖြူအမည်းရော၍စွဲသောအဆင်းရှိသော၊ —(applied to horses,) မောင်းဝတ်၊ —(applied to cloth.) တွင်းချင်းသော။ turn—, *v. i.* တွင်းချင်းသေးလိုက်သည်။ —beard, *n.* အသိုးကြီး။ —eyed, *a.* မျက်လုံးနွဲ့သော။ —haired, —headed, ဆံပင်ဖြူသော။ (gray head, ခေါင်းဖြူ။ to have gray hairs, သေမင်းအယ်စိုက်သည်။)

**Grayness,** *n.* from Gray.

**Graze,** *v.* to feed on growing grass, အလိုအလျောက်မြက်ကိုစားသည်။ to furnish with grass, မြက်ကိုကျွေးသည်။ to touch lightly in passing, ရှင်သည်။

**Grazier,** *n.* နွားကိုမွေးသောသူ။

**Grazing,** *a.* ကျက်စားရာစားကျက်ပေါများသော။

**Grease 1,** *n.* animal fat, ဆီဥ။ —*v. t.* to smear with grease, ဆီဥနှင့်လူးသည်။ to bribe, တံစိုးထိုးသည်။ —2, *n.* a disease in the feet of horses, မြင်းခြေ၌ဖြစ်သောအနာတမျိုး။

**Greasiness,** *n.* from next.

**Greasy,** *a.* unctuous, ဆီဥပါသော။ smeared with grease, ဆီဥနှင့်လူးသော။ smooth, slippery, ဆီဥကဲ့သို့ချောသော။ fat of body, ဝဖြိုးသော။

**Great,** *a.* —(in various ways,) ကြီးသော။ ကြီးကျယ်သော။ ကြီးမြင့်သော။ ကြီးမြတ်သော။ ကြီးကဲသော။ ဧရာ။ မဟာ။ *Pali.* familiar, မိတ်ကျွမ်းဝင်သော။ —bellied, ဝမ်းပိုက်ကြီးသော။ —grandchild, *n.* မြစ်။ —grandfather, အဘေး။ —grandmother, အဘေးမ။ —great grandchild, တီ။ —great grandfather, အဘီ။ —great grandmother, အဘီမ။ —hearted, *a.* courageous, ရဲရင့်သော။ having fortitute, အသည်းကြီးသော။

**Greatness,** *n.* from Great, *a.*; size, အထုအထည်။ ဒုဗယ်။

**Greaves,** *n. plur.* သံချပ်ခြေစွပ်။

**Grecian,** *n.* ဂရိတ်။ ယောထသ။ ဂရိတ်လူ။ ယောလသသလူ။ —*a.* ဂရိတ်ပြည်နှင့်ဆိုင်သော။ ယောလသပြည်နှင့်ဆိုင်သော။

**Greedily,** *adv.* ဖျံ့ဝါးသည်လို။

**Greediness,** *n.* from Greedy.

**Greedy,** *a.* having a keen appetite, စားချင်အားကြီးသော။ eager to obtain, ရမက်ကြီးသော။

**Greek,** *see* Grecian; *n.* the language of Greece, ဂရိတ်စကား။ ယောလသသစကား။

**Green** *a.* —in color, စိမ်းသော။ dark—, စိမ်းညိုသော။ fresh—, စိမ်းလန်းသော။ light—, စိမ်းလဲ့သော။ fresh, လန်းသော။ new, သစ်သော။ —eyed, မျက်စိစိမ်းသော။ —house, *n.* အေးအေးမခံနိုင်သောအပင်များကိုကာသောမှန်အိမ်။ —sickness, သင်တရူး။ —sward, မြက်ခင်း။ —wood, စိမ်းလန်းသောတော။ —color, စိမ်းသောအဆင်း။ a grassy plat, မြက်ပေါများသောမြေကွက်။

**Greenish,** *a.* ခပ်စိမ်းစိမ်း။
**Greenness,** *n.* from Green, *a.*
**Greens,** *n. plur.* ဟင်းရွက်။
**Greet,** *v. t* နှုတ်ဆက်သည်။
**Gregarious,** *a.* စုပေါင်းနေတတ်သော။
**Grenade,** *n.* လက်ပြစ်ဗုံးဆန်။
**Grenadier,** *n.* အရပ်မြင့်သောခြေသည်သူရဲ။
**Grey,** *see* Gray.
**Grey-hound,** *n.* အပြေးကောင်းသောခွေးတမျိုး။
**Griddle,** *n.* ရှန့်ကိုအပူတိုက်ရန်အိုးကင်းပြား။
**Gride,** *v. t.* ကြိတ်၍ဖြစ်သည်။
**Gridiron,** *n.* သံကင်ပြစ်။
**Grief,** *n.* ဝမ်းနည်းခြင်း။
**Grievance,** *n.* ဝမ်းနည်းစေသောအရာ၊ နှောင့်ရှက်သောအရာ။
**Grieve,** *v. i.* to sorrow, ဝမ်းနည်းသည်။ —*v. t.* to make sorry, ဝမ်းနည်းစေသည်။ to hurt the feelings, စိတ်နာစေသည်။
**Grievous,** *a.* causing grief, ဝမ်းနည်းစေတတ်သော။ distressing, ဆင်းရဲစေတတ်သော။ hard to be borne, ခက်ခဲသော။
**Grievousness,** *n.* from above.
**Griffin,** *n.* ချင်သေ့တဝက်၊ ဝံလိုတဝက်ဖြစ်သောအကောင်။
**Grig,** *n.* ရွှင်လန်းစွာကစားတတ်သောသူ။
**Grill,** *v. t.* ကင်သည်။
**Grim,** *a.* frightful, ကြောက်မက်ဖွယ်သောမျက်နှာရှိသော။ ugly, ill favored, မျက်နှာပုံအကျည်းတန်သော။
**Grimace,** *n.* မျက်နှာကိုယွဲ့ယဲ့ခြင်း။
**Grimalkin,** *n.* ကြောင်အို။
**Grime,** *n.* စွဲကပ်သောအညစ်အကြေး။ —*v. t. see* Begrime.
**Grimness,** *n.* from Grim.
**Grin,** *v. i.* နှုတ်ခမ်းဖြဲသည်။ —*n.* from *do.*
**Grind,** *v. t.* to pulverize by friction, ကြိတ်သည်။ —down, ကြည်းသည်။ —to powder, ကြိတ်နယ်သည်။ to rub in order to sharpen, polish, etc. သွေးသည်။ to rub one against another, ပွတ်တိုက်လျက်နေသည်။ to oppress ညှဉ်းဆဲသည်။ —stone, *n.* ထားသွေးကျောက်စက်။
**Grinder,** *n.* a double tooth, အံသွား။
**Gripe,** *v. i.* to feel the colic, ဝမ်းကိုက်သည်။ *v. t.* to produce pain in the bowels, ဝမ်းကိုက်စေသည်။ to grasp with the hand လက်နှင့်ဆုပ်ကိုင်သည်။ to oppress, နှိပ်စက်ကလူပြုသည်။ —*n.* လက်နှင့်ဆုပ်ကိုင်ခြင်း။ နှိပ်စက်ကလူပြုခြင်း။ (for sub-def, *see do.*)
**Gripes,** *n. plur.* ဝမ်းကိုက်နာ။

**Grisken**, *n.* ကြောရိုးပါသောဝက်သား။
**Grisly**, *a.* အလွန်ထိတ်လန့်ဖွယ်သော။
**Grist**, *n.* တခါကြိတ်ရန်အပ်ထားသောဆန်။ —mill, မုန့်ညက်ကြိတ်ရန်ယန္တရားစက်။
**Gristle**, *n.* အရိုးနု။
**Gristly**, *a.* အရိုးနုပါသော။
**Grit**, *n.* အဖြုန်း။
**Grittiness**, *n.* from next.
**Gritty**, *a.* ကျောက်ဖြုန်းပါသော။
**Grizzle, Grizzled**. *a.* see Gray.
**Groan**, *v. i.* ညည်းတွားသည်။ ကြည်းဟီးသည်။ ညည်းညူသည်။ —*n* ညည်းတွားခြင်းအသံ။
**Groaning**, *n.* from Groan.
**Groat**, *n.* အင်္ဂလိတ်ငွေဒင်္ဂါးရှိလင်ဘိုးစုတစုဖြစ်သောငွေဒင်္ဂါးတမျိုး။
**Grocer**, *n.* လက်ဖက်ခြောက်၊ သကြားအစရှိသောအချို့အချည်တို့ကိုရောင်းသောသူ။
**Grocery**, *n.* လက်ဖက်ခြောက်၊ သကြားအစရှိသောအချို့အချည်တို့ကိုရောင်းသောဆိုင်။
**Grog**, *n.* ရေရောသောအရက်။ —shop, အရက်ရောင်းသောဆိုင်။ (licensed grog-shop, ဒိုင်အိမ်။)
**Groggy**, *a.* အရက်သောက်၍ယစ်မူးသော။
**Groin**, *n.* ပေါင်ချန်။
**Groom**, *n.* မြင်းထိန်း။
**Groove**, *n.* လျှောထိုးရန်အကြောင်း။ —*v. t.* လျှောထိုးရန်အကြောင်းကိုထိုးသည်။
**Grope**, *v.* to search by feeling, စမ်း၍ရှာသည်။ to feel for the way, စမ်းတဝါးစမ်းတဝါးပြုသည်။
**Gross**, *a.* thick, bulky, တုပ်တုပ်ဝဝရှိသော။ coarse, ရုန့်ကြမ်းသော။ dense, မကြည်၊ ပျစ်သော။ unrefined, vulgar, မယဉ်ကျေး၊ နိုင်းပြသော။ glaring, အပြစ်ထင်ရှားသော။ —*n.* the main part, အများ။ twelve dozen, ၁၄၄။
**Grossness**, *n.* from Gross, *a.*
**Grot, Grotto**, *n.* ဥမင်။
**Grotesque**, *a.* ပကတိအတိုင်းမဟုတ်၊ ညာဏ်ကွန့်မြူး၍လုပ်သော (အရာ။)
**Ground**, *n.* the surface of the earth, မြေ။ မြေမျက်နှာပြင်။ sandy— သဲဖုတ်မြေ။ region, ဒေသအရပ်။ landed property, ပိုင်သောမြေ၊ foundation, အမြေ။ အမြစ်။ origin, မူလအရင်း။ a cause, reason, အကြောင်း။ —of a picture, ကားမျက်နှာ။ *plur.* lees, settlings, အနစ်အနည်။ gain—, *v. i.* နိုင်၍တိုးတက်သည်။ give—, ဆုတ်၍နေရာပေးသည်။ lose—, ရှုံး၍ဆုတ်သည်။ —floor, *n.* အောက်

ဆင့်။ —plot, the ground on which a building is placed, အိမ်ရာမြေ။ the ichnography of a building, တိုက်အိမ်အမြေ အမြစ် အကျယ်အကျဉ်းကိုပြသောပုံ။ —work, အမြေအမြစ်။ —v. i. to run a-ground, တင်သည်။ v. t. to lay on the ground, မြေပေါ်မှာချထားသည်။ to place, settle, တည်ထားသည်။ to settle in knowledge, ထိပ္ပံအတတ်၌စိတ်စွဲသမ်းသည်တိုင်အောင်သင်ချသည်။ —nut, n. မြေပဲ။

Groundless, a. without ground or foundation, အမြေအမြစ်မရှိသော။ without cause or reason, အကြောင်းမဲ့သော။

Groundsel, n. အိမ်တိုင်အမြစ်စိုက်သောမိကျောင်းတုံး။

Group, v. t. စုရုံးသည်။ —n. အစုအရုံး။

Grouse, n. တောကြက်။

Grout, n. ကြမ်းသောမုန့်ညက်။

Grove, n. မြိုင်။ ရုံ။ စုံ။ ရကိုင်။ ဂန္ဒိုင်။ bamboo—, ဝေဠုဝန်။ *Pali.*

Grovel, v. i. to be prostrate on the face, ဝပ်တွားသည်။ to act a fawning, servile part, ကိုယ်အသရေကိုမမှတ်၊ ယုတ်ညံ့သောအမှုကိုမရှောင်ဘဲ၊ခယာဝယာပါးလူးပါးလဲပြုတတ်သည်။

Grow, v. i. to spring from the ground, (အပင်)ပေါက်သည်။ to increase in bulk or stature, ကြီးပွားသည်။ to increase, advance, တိုးပွားသည်။ to become, ဖြစ်လာသည်။ to proceed as from a cause, (တစုံတခုသောအကြောင်းကြောင့်) ဖြစ်သည်။ v. t. to raise by cultivation, ထယ်၊ ယာ၊ ဥယဉ်လုပ်၍ဖြစ်စေသည်။ —together, v. i. to close and adhere, ကြီးပွားရာတွင်တလုံးတဝတည်းဖြစ်လာသည်။ —up, to advance to maturity, ကြီးပွားသည်။ to close up, ဓမ္မပိတ်လာသည်။

Growl, v. i. ဟိန်းသည်။

Grown-over, a. မြက်ပေါင်းရစ်ပတ်ပိုးအုပ်လျှက်ရှိသော။

Growth, n. gradual enlargement in bulk or stature, ကြီးပွားခြင်း။ increase, advancement, တိုးပွားခြင်း။ produce, ကြီးပွား၍ဖြစ်သောအရာ။

Grub, n. ပိုးတုံးလုံး။

Grub-up, v. t. တူးဆွ၍နှုတ်ပြစ်သည်။

Grudge, v. to be envious, ငြူစူသည်။ to be unwilling to part with, နှမြောသည်၊ တွန့်တိုသည်။ —n. ill will, မနာလိုခြင်း။ an old quarrel, ရန်ငြိုးဖွဲ့ခြင်း။

Grudgingly, adv. စိတ်သည်းမိဘ်နည်း။ စေးနှဲသည်နှင့်။

Gruel, n. မုန့်ညက်ကြိုသောကစီရည်။ rice—, ထမင်းနယ်။

Gruff, a. မျက်နှာခေါက်သိုးသိုးဖြစ်သော။ မျက်နှာပုပ်သော။ မျက်နှာထူသော။

Gruffness, n. from above.

**Grum**, *a.* —in countenance, မျက်မှောင်ကြုတ်သော။ —in sound, အသံမကောင်းသော။ အသံဟိုးသော။

**Grumble**, *v. t.* to murmur, မြည်တွန်သည်။ to roar as the elements, ဟည်းသည်။

**Grumous**, *a.* ပျစ်သော။

**Grunt**, *v. i.* ဝုတ်ဝုတ်မြည်သည်။ —*n.* from *do.*

**Guana**, *n.* ဖွတ်။

**Guano**, *n.* ငှက်နောတည်းဟူသော၊ ပင်လယ်ကမ်းနားမှာထုံထပ်၍ရှိသောငှက်ချေး။

**Guarantee**, **Guarantor**, *n.* agent from next.

**Guaranty**, *v.* လိုချင်အောင်ဝန်ခံသည်။ —*n.* from *do.*

**Guard**, *v. i.* စောင့်နေသည်။ —*v. t.* to keep in safety, လုံချုံအောင်စောင့်သည်။ to conduct safely, လုံချုံအောင်ပို့ဆောင်သည်။ —*n* a state of vigilance, စောင့်နေခြင်း။ safe keeping, လုံချုံအောင်စောင့်ခြင်း။ that which protects, preserves, etc. လုံချုံအောင်စောင့်သောအရာ။ a man or body of men keeping guard, အစောင့်၊ လူစောင့်၊ *pl.* ဇခြံအစုံ။ —of a hilt, ထားမြီးသက်ကာ။ —of a spindle, ဘူးတောင်း။ advanced—, ရှေ့ကင်းတပ်။ body —, ကိုယ်ရံ။ life—, *do.* rear—, နောက်ကင်းတပ်။

**Guarded**, *a.* cautious, circumspect, သတိနှင့်ပြုသော။

**Guardian**, *n.* မိဘအစပ်၍အကလေးကိုစောင့်မအုပ်ထိန်းသောသူ၊ အအုပ်အထိန်း၊ ရင်ခွင်ပိုက်၊ ထိန်းသိမ်းသောသူ။ —*a.* စောင့်လျှက်ရှိသော။

**Guardianship**, *n.* စောင့်မအုပ်ထိန်းခြင်း။

**Guava**, *n.* မာလကာသီး။

**Gubernatorial**, *a.* မင်းအာဏာနှင့်ဆိုင်သော။

**Gudgeon**, *n.* a species of fish, ငါးကြင်း။ red eyed—, ငါးကြင်းမျက်ဆန်နီ။ a credulous person, ယုံလွယ်သောသူ။ an axle, ဝင်ရိုး။

**Guerdon**, *n.* ဆု။

**Guess**, *v.* တော်ဆသည်၊ ယမ်းဆသည်၊ တစ်ခါယော်သည်။ to have an indistinct recollection, မျက်မှန်းတန်းမိသည်။ —*n.* from *do.*

**Guessing**, *n.* အမှန်း။ (to be good at guessing, အမှန်းကောင်းသည်။)

**Guessingly**, *adv.* တောသာမ်းမည့်ဖြင့်၊ ယမ်းတမ်းယမ်းတမ်း။

**Guest**, *n.* ဧည့်သည်။ a temporary— ကပ်ပါး--chamber, ဧည့်ခံရာအခန်း။ ဇိမ်မှူးခန်း။

**Guidance**, *n.* from next.

**Guide**, *v. t.* to show the way, လမ်းပြသည်။ to direct in the way, ခေါ်ဆောင်သည်။ to conduct, ကြပ်မကျ်ပို့သည်။ to give rules of conduct, နည်းပေးသည်။ *n.* လမ်းပြသောသူ၊ ခေါ်ဆောင်သောသူ၊ ကြပ်မ

သောသူ။ နည်းပေးသောသူ။ နိဿရည်း။ a superior—, ဥပဇ္ဈာယ်။ *Pali.* —post, ထမ်းခြမှတ်တိုင်။ (for sub-def. *see do.*)

**Guild**, *n.* ကုန်သွယ်ခြင်းအမှုနှင့်ဆိုင်သောအပေါင်းအသင်း။

**Guile**, *n.* ပရိယာယ်ခြင်း။ လိမ်လည်ခြင်း။

**Guileful**, *a.* ပရိယာယ်တတ်သော။ လိမ်လည်တတ်သော။

**Guileless**, *a.* ရိုးသားသော။

**Guillotine**, *n.* ဂိလတိန်တည်းဟူသောလူထည်ပင်းကိုဖြတ်သောစက်တန်ဆာ။ —*v. t.* ဂိလတိန်စက်တန်ဆာနှင့်လူထည်ပင်းကိုဖြတ်သည်။

**Guilt**, *n.* အပြစ်။ အကုသိုလ်။ မကောင်းမှု။

**Guiltiness**, *n.* from Guilty.

**Guiltless**, *a.* အပြစ်နှင့်ကင်းစင်သော။

**Guilty**, *a.* အပြစ်ရှိသော။

**Guinea**, *n.* the country, ဂိနေပြည်။ the coin, အင်္ဂလိပ်ရွှေဒင်္ဂါးတမျိုး။ —hen, ကြက်တမျိုး။ —pig, ပွေးကောင်။

**Guise**, *n.* mode of behavior, ကျင့်ကြံပြုမူဟန်။ mode of dress, ဝတ်ဆင်သည့်နည်း။

**Guitar**, *n.* စောင်းတမျိုး။

**Gulf**, *n.* a large bay, ပင်လယ်ထောင့်ကွေ့။ an abyss, နက်သောချောက်။ a whirlpool, ဝဲဩဃ။

**Gull**, *n.* ငှက်ထွေး။ ပင်လယ်ကျက်တူရွေး။ one easily cheated, လိမ်လည်ခြင်းကိုခံလွယ်သောသူ။ —*v. t.* လိမ်လည်သည်။

**Gullet**, *n.* အစာရေစာဝင်ရာလည်ချောင်း။ စားဝင်။

**Gully**, *n.* ချောင်းရိုး။

**Gulp**, *v.* ကျိုက်သည်။ ကျိုက်၍မျိုသည်။ —*n.* တကျိုက်။

**Gum 1**, *n.* the juice that exudes from trees, သစ်စေး။ အစေး။ lac, ချိပ်။ —2, the flesh that covers the teeth, သွားဖုံး။ —boil, သွားဖုံးရောင်၍ပြည်ဖြစ်သောအနာ။

**Gumminess**, *n.* from next

**Gummy**, *a.* သစ်စေးပါသော။

**Gump**, *n.* လူမိုက်။

**Gun**, *n.* a cannon, အမြောက်။ a musket, သေနတ်။ —barrel, သေနတ်ပြောင်း။ —boat, မိန်ပြောင်းပါသောရဲသင်္ဘော။ —carriage, အမြောက်တင်သောလှည်းခင်တိုက်။ အမြောက်လှည်း။ —flint, မီးကျောက်။ သေနတ်ကျောက်။ —lock, သေနတ်မီး။ —powder, ယမ်း။ —shot, of a cannon, အမြောက်တကမ်း။ တလှမ်း။ —shot, of a musket, သေနတ်တကမ်း။ တလှမ်း။ —shot, *a.* ကျည်စေ့မှန်၍ဖြစ်သော (အနာ။) —smith, *n.* သေနတ်လုပ်သောသူ။ —stock, သေနတ်ဖင်။

**Gunner**, *n.* အမြောက်သား။

**Gunnery**, *n.* အမြောက်ပစ်တတ်သောအတတ်။

**Gunning**, *n.* ထည်၍သေနတ်ပစ်သည်။

Gunny-bag, *n.* (East Indian,) ဂုနီအိတ်။
Gunwale, *n.* သင်္ဘော်နံဘေးအထက်နား၊ လက်ရိုး။
Gurgle, *v. i.* သွင်သွင်မြည်သည်။
Gurglet, *n.* ရေတကောင်း။
Gurglingly, *adv.* သွက်သွက်၊ တသွင်သွင်။
Gurjun, *n.* oil of the Dipteracarpus; see Wood-oil
Gush, *v. i.* ပန်း၍ထွက်သည်၊ —*n.* from *do.*
Gushingly, *adv* တဖိဖိ။
Gusset, *n.* အသားသွင်းသောအထည်စ။
Gust 1, *n.* a blast of wind, လေပုန်း၊ (to blow a sudden gust, လေပုန်းတိုးသည်၊) —2, relish, မြိန်ရှက်သောအရသာ။
Gusto, *n.* same.
Gusty, *a.* လေပုန်းထန်သော။
Gut, *n.* အူ။ —*v. t.* to eviscerate, အူကိုထုတ်သည်၊ to strip off the contents, ပါသမျှကိုနှိုက်ယူသည်။
Gutta-serena, *see* Amaurosis.
Gutter, *n.* ရေသွန်သောမြောင်း။
Guttle, *v.* ဖျိုဝါးသလိုစားသည်။
Guttural, *a.* pertaining to the throat, လည်မြောင်းနှင့်ဆိုင်သော၊ pronounced from the throat, ကဏ္ဌဇာ။
Guy, *n.* မုဆိတ်ကြိုး။
Guzzle, *v.* စွတ်မိုသောက်သည်။
Gymnasium, *n.* လက်ရွေ၊ လက်ပန်းစသော၊ ကိုယ်လှုပ်ရှားခြင်းအမှုတို့ကိုလေ့ကျက်အောင်သင်သောနေရာအရပ်။
Gymnastic, *a.* လက်ရွေ၊ လက်ပန်းစသော၊ ကိုယ်လှုပ်ရှားခြင်းအမျိုးမျိုးနှင့်ဆိုင်သော။
Gypsum, *n.* မြေဖြူတမျိုး။
Gyration, *n.* လည်ခြင်း။
Gyve, *n.* မြချင်း။

# H

Ha, *int.* ဟား။
Habeas-corpus, *n.* ချုပ်ထားသောသူကိုတမင်းမှတမင်းသို့တွဲအပ်သောစာ။
Haberdasher, *n.* ကုန်တို၊ စည်စကိုရောင်းသောသူ။
Habergeon, *n.* စစ်တိုက်ရာရင်နှင့်လည်ပင်းကိုဖုံးအုပ်သောတန်ဆာ။
Habiliment, *n.* အဝတ်။
Habit, *n.* garb, အဝတ်၊ common practice, အကျင့်အလေ့၊ အကျင့်စလေ့၊ a disposition or state acquired by constant practice အကျင့်ပါခြင်း။ —*v. t.* ဝတ်ဆင်သည်။
Habitable, *a.* နေနိုင်ဖွယ်ဖြစ်သော။

**Habitant,** *see* Inhabitant.
**Habitat,** *n.* ပကာဘိဖြစ်ခွာသရင်းအရပ်ဌာန။
**Habitation,** *n.* နေရာ။
**Habitual,** *a.* acquired by practice, အကျင့်အလေ့ဖြစ်သော။ customary, ဖြစ်လေ့ရှိသော။ ထုံးစံဖြစ်သော။
**Habituate,** *v. t.* အကျင့်အလေ့ပါစေခြင်းပြုသည်။
**Habituated,** *a.* အကျင့်အလေ့ပါသော။
**Habitude,** *n.* common practice, အကျင့်အလေ့။ custom, ထုံးစံ။
**Hack 1,** *n.* a horse kept for hire, ငှါးသောမြင်း။ a carriage kept for hire, ငှါးသောရထား။ a common prostitute, ပြည့်တန်ဆာ။ —2, *v. t.* ခုတ်သည်။ —*v. i. see* Hawk, *v.* (with a hacking cough, တဟက်ဟက်။)
**Hackery.** (East Indian,) *n.* ထရိုက်လှည်းယာဉ်။
**Hackle.** *v. t.* —(as flax,) ဖန်သည်။ ဖြီးသည်။
**Hackney,** *a.* အများတကာငှါးရန်ဖြစ်သော။ —coach, *n.* အများတကာငှါးရန်ရထား။ ဈေးရထား။
**Hackneyed,** *a.* used much and in common, လူတိုင်းအစဉ်မပြတ်အသပ်ထပ်သုံးသော (အရာ) thoroughly acquainted with, အနှံ့အစပ်သိကျွမ်းသော။
**Had,** *pret.* of Have;—rather, သာ၍အလိုရှိသည်။
**Haddock,** *n.* ငါးတမျိုး။
**Hades,** *n.* မရဏာနိုင်ငံ။
**Haft,** *n.* လက်နက်ရိုး။ လက်ကိုင်တန်ဆာရိုး။ —*v. t.* အရိုးတပ်သည်။
**Hag,** *n.* စက်ဆုပ်ရွံ့ယ်သောအဘိုးမကြီး။
**Haggard,** *a.* မပြုမပြင်နေသဖြင့်ကြုံ၍အရုပ်ဆိုးသော။
**Haggess,** *n.* ခုတ်စဉ်း၍အူအမျိုးမျိုးထဲသို့သွင်း၍ပြုတ်သောဝက်သား။
**Haggle,** *v. t.* to mangle by hacking, မညီမညာခုတ်ထစ်သည်။ to be difficult in bargaining, ကတ်ကတ်သတ်သတ်ဆစ်ဆွက်သည်။
**Hagiographer,** *n.* ဓမ္မကျမ်းစာကိုစီရင်ရေးထားသောသူ။
**Hail 1,** *n.* မိုးသီးသိး။ —stone, *do. v. i.* မိုးသီးသီးကျသည်။ —2, *v. t.* to call at some distance, လှမ်း၍ခေါ်သည်။ —*int.* ချမ်းသာပါစေ။
**Hair,** *n.* —of the body, အမွေး။ —of the head, ဆံ။ ဆံခြည်။ ဆံပင်။ short hair on the forehead, ဆံယည်။ braided—. ဆံကျစ်။ —brained, *see* Hare-brained; —breadth, *n.* ဆံခြည်တပင်မျှ။ (to come within a hair's breadth, ဗီးစားစားလိုသည်။) —cloth, အမွေးအမှင်နှင့်ရက်သောအထည်ကြမ်း။ —comb, ဆံချပ်ဘီး။ —powder, ဆံပင်၌ဖျန်းရန်နံ့သာမှုန့်။ —pin, ဆံထိုး။ ornamental one to keep the hair in order, ဆံကျင်။ ဦးသျှောင်ကျင်။ (whole hair of the head, ဆံပင်ဦးလုံး။)

Hairiness, *n.* from next.

Hairy, *a.* consisting of hair, အမွေးဖြစ်သော။ abounding with hair, အမွေးထူသော။

Halberd, *n.* ရဲတင်းပုဆိန်ပါသောလှံ။

Halberdier, *n.* ထိုလက်နက်ကိုဆောင်သောစစ်သူရဲ။

Halcyon, *n.* ငဟစ်ငှက်ညှင်း။ —*a.* ငြိမ်သက်သော။

Hale, *a.* သန်မာသော။

Half, *n.* ထက်ဝက်။ တဝက်။ ဗဝက်။ —of some original, တခုလတ်။ —of a journey, လမ်းတခုလတ်။ —*adv.* တဝက်အားဖြင့်။ in halves lengthwise, ထက်ခြမ်း။ in halves crosswise, ထက်ပိုင်း။ —blood, *n.* အဘသေင်ဥင်၊ အမိသေင်ဥင်၊ ကွဲပြားသောသူ။ —cast, *a.* ကပြား။ (reproachful.) အမျိုးမစစ်။ —moon, *n.* လထက်ဝက်။ လခြမ်း။ —penny, အင်္ဂလိပ်ကြေးနီဒင်္ဂါးအမျိုး။ —pike, လက်စွဲလှံတို။ —way, *a.* ခရီးတဝက်၌ရှိသော။ —witted, စိတ်ပေါ့သော။

Hall, *n.* a large room, ခန်းမ။ a court-house, တရားရုံး။

Hallelujah, *int.* ထာဝရဘုရားကိုချီးမွမ်းကြလော့။ ဟာလေလုယာ။

Halliard, *n.* ရွက်တင်ကြိုး။

Halloo, *v.* ဟစ်ခေါ်သည်။ ကျွေးကြော်သည်။ —*int.* ဟေး။ ဟလူး။ အလှူ။

Hallow, *v. t.* to consecrate, set apart for a sacred purpose, သန့်ရှင်းစေသည်၊ ဘုရား၊ တရားအမှု၌သုံးဆောင်ရန် သီးသန့် ၍ ထားသည်။ to reverence, ရိုသေလေးမြတ်သည်။

Hallucination, *n.* a mistake, မှားယွင်းခြင်း။ an illusion of sense, ထင်မိထင်ရာထင်ခြင်း။

Halo, *n.* (နေ) အိမ်ဖွဲ့။ (လ) အိမ်ဖွဲ့။ imperfect—, နေထီးဆောင်း။

Halt, *v. i.* to stop, တန့်သည်။ ရပ်သည်။ to limp, ထော့နဲ့သွားသည်။ to hesitate, ဆုတ်ဆိုင်းဆိုင်းဖြစ်၍နေသည်။ *v. t.* to cause to stop, တန့်စေသည်။ ရပ်စေသည်။ —*n.* from *do.* (halting between two, ဇဝေဇဝါ။ ဒွိဟ။ စိတ်နှစ်ခွဖြစ်သည်နှင့်။)

Halter, *n.* a rope attached to a horse's head, မြင်းချည်ကြိုး။ a rope for hanging a man, လည်ဆွဲချသောကြိုး။ လည်ဆွဲကြိုး။

Halve, *v. t.* ထက်ဝက်ခွဲသည်။ —lengthwise, ထက်ခြမ်းခွဲသည်။ —crosswise, ထက်ပိုင်းဖြတ်သည်။

Halves, *n. plur.* of Half, *n.*

Ham, *n.* the bend under the knee, ဒူးကောက်ကွေး။ the thigh of a hog salted and smoked, ဝက်ပေါင်း ဝက်ပေါင်ခြောက်။ ဆားမြိမ်ပြီးမှ မီးခိုးတိုက်၍ထားသော ဝက်ပေါင်။ —string, ဒူးကောက်ကွေးကြော။ —string, *v. t.* ဒူးကောက်ကွေးကြောကိုဖြတ်သည်။

Hamadryad, *n.* belted—, ငန်းသိုကွင်း။ dusky—, ငန်းပုပ်။

Hamlet, *n.* ရွာကလေး။ ဇနပုဒ်။

Hammer, *n.* သံတူ။ —for drawing nails, ဆိတ်ကြို။ sledge—, တူမကြီး။ —of a gunlock, မိုင်ပေါင်း။ မိုင်ပေါင်းမိုးမောင်း။ —*v. t.* to beat with a hammer, သံတူနှင့်ရိုက်သည်။ to beat, ထုသည်။ to contrive, စိတ်ကူးသည်။

Hammock, *n.* သင်္ဘောပေါ်မှာသုံးသောပုခက်။

Hamper 1, *n.* တင်းခြင်း။ —2, *v. t.* to entangle, ရှုပ်ထွေးစေသည်။ to shackle, in various ways, မပြေးနိုင်အောင်ထုံးခတ်ခြင်း၊ ခေါက်ဆွဲခြင်းအစရှိသည်တို့ဖြင့်ပြုလုပ်၍ထားသည်။

Hand, *n.* the palm with the fingers, လက်။ a measure of 4 inches, လက် ၄ သစ်အတိုင်းအတွာ။ the right or left side, လက်ျာဘက်၊ လက်ဝဲဘက်။ an employee, စေခိုင်းခြင်းကိုခံသောသူ။ form of hand-writing, လက်ရေးပုံ။ at —, *adv.* near in place, အနီးမှာ။ အနားမှာ။ near in time, (ဖြစ်) ခါနီးတွင်။ in —, *adv.* in present payment, လက်ငင်း။ in a state of execution, ပြုလုပ်တုန်း။ off —, တွင်တွင်။ on —, လက်ထဲမှာ။ under—, ကိုယ်တိုင်လက်ထိုးသည်နှင့်။ —barrow, *n.* သယ်ပိုးရာသုံးသောထမ်းစင်။ —basket, လက်ကိုင်ပါသောတောင်း။ —bell, ဆွဲလွဲ။ —bill, သိတင်းစာလွှာ။ —breadth, လက် ၄ သစ်အတိုင်းအတွာ။ —cuff, လက်ထိပ်သံကွင်း။ —cuff, *v. t.* လက်ထိပ်ခတ်သည်။ —gallop, *n.* ဖြည်းဖြည်းခါးဆို့ပြေးသွားခြင်း။ —kerchief, လက်ကိုင်ပဝါ။ —maid, —maiden, လက်ပါးစေမိမ္မ။ —mill, လက်လှည့်ကြိတ်ဆုံ။ —saw, ထိုးလွှ။ —spike, သင်္ဘောသားစွဲဆောင်သောရူး။ —writing, လက်ရေး။ —*v. t.* to give with the hand, ကမ်းသည်။ to lead by the hand to some place, လက်ကိုကိုင်တွယ်မစ၍နေရာချသည်။ —a sail, ရွက်ကိုရုပ်သည်။ —down, အဆင့်ဆင့်လွှဲအပ်သည်။ —over, အပ်သည်။ (living from hand to mouth, လုပ်လုပ်စားစား။ with the hands behind, လက်ပြန်။ hands curved in the shape of a cup, လက်ခုပ်။)

Handful, *n.* as much as the hand will contain, တလက်ဖက်။ as much as the hand will grasp, လက်တဆုပ်။

Handicraft, *n.* လက်မှုပညာ။

Handiwork, *n.* လက်ဖြင့်လုပ်သောအရာ။ လက်ရာ။ လက်ကိုင်း။

Handle, *v. t.* to feel with the hand, လက်နှင့်စမ်းသည်။ to use with the hand, လက်နှင့်ကိုင်သုံးသည်။ to familiarize, အလေ့အကျက်ပြုသည်။ to treat in discourse, အကျိုးအကြောင်းကိုထုတ်ဖော်ပြောသည်။ to treat in management, ပြုလုပ်သည်။ —*n.* အကိုင်း။ —of a tool, အရိုး။ —of an oar, တက်ရိုး။ —of a harrow, ထွန်ကိုင်း။ —of a lute or harp, လက်ရိုး။ —of a utensil, လက်ကိုင်။

**Handsome,** *a.* လှသော၊ လှပသော၊ smooth and nice, ချောသော၊ exceedingly—, မှန်အောင်လှသော၊

**Handy,** *a.* ready, dextrous, ပြုလုပ်ဖို့ရာအသင့်ရှိသော၊ convenient for use, သုံးဆောင်ဖို့ရာအသင့်ရှိသော၊

**Hang,** *v. i.* to be suspended, တွဲလွဲနေသည်၊ to bend over downward, ကိုင်းသည်၊ ညွတ်သည်။ to depend မှီ၍နေသည်၊ to linger, ဧင့်နွှဲသည်။ to be steep, စောက်သည်၊ to be suspended by the neck, လည်ဆွဲချုပြင်းကိုခံရသည်။ —*v. t.* to suspend, ဆွဲထားသည်၊ to put to death by suspending by the neck, လည်ဆွဲချ၍သတ်သည်။ —about, အနီးအပါး၌တဝဲလည်လည်နေသည်။ —down, တွဲလွဲသည်၊ —man, *n.* လက်မရှိ၊ —nail, လက်သည်းစွယ်၊ —on, *v. t.* တွယ်ကပ်သည်။ —out, ပြင်မှာဆွဲထားသည်၊ —over, *v. i.* to project above, အပြင့်ကအငူစွန်းထွက်၍မိုးနေသည်။ to impend, မိုး၍နေသည်။ —together, တွယ်ကပ်လျက်နေသည်၊ —loosely about, ဖားသည်၊ —up, *v. t.* ဆွဲထားသည်၊

**Hanger,** *n.* ထားလွယ်ကောက်၊

**Hanging,** *a.* pertaining to putting to death by suspending by the neck, လည်ဆွဲချ၍သတ်ခြင်းနှင့်ဆိုင်သော၊ —*n.* ထရံတွင်းကလှပစွာချယ်လှယ်၍ဆွဲကပ်သောအထည်အလိပ်၊ ornamental hangings, ပန်းတောင်းလည်း —down the head, *adv.* ငိုက်ဆိုက်၊

**Hank,** *n.* ခြည်ခင်၊ —of thread knotted, ခြည်ထွေး၊

**Hanker,** *v. i.* တောင့်တသည်၊

**Hap,** *n.* chance, အကြောင်းမရှိဘဲ၊ အမှတ်တမဲ့ဖြစ်ခြင်း၊ that which takes place by chance, ထိုသို့ဖြစ်သောအရာ၊ —hazard, *do.*

**Hapless,** *a.* အမင်္ဂလာရှိသော၊

**Haply,** *adv.* by chance, အကြောင်းမရှိဘဲ၊ အမှတ်တမဲ့၊ perhaps, ဖြစ်မည်၊ မဖြစ်မည်ဟုမသိသည်နှင့်၊

**Happen,** *v. i.* to come by chance, အမှတ်တမဲ့ဖြစ်သည်၊ to take place, ဖြစ်လာသည်။

**Happiness,** *n.* သုခ၊ ချမ်းသာ၊

**Happy,** *a.* enjoying felicity, ချမ်းသာသော၊ ပျော်ပါးသော၊ ရွှင်လျော်သော၊ producing felicity, ချမ်းသာစေသော၊ most apt, suitable, conducive to, အလွန်အဆင်သင့်သော၊

**Harangue,** *v.* ပရိသတ်ရှေ့မှာအကျိုးအကြောင်းကိုကြီးကျယ်သောအသံနှင့်ထုတ်ဖော်၍မြွက်ဆိုသည်၊ —*n.* from *do.*

**Harass,** *v. t.* ပင်ပန်းအောင်နှောင့်ရှက်သည်၊

**Harbinger,** *n.* a forerunner, ရှေ့ပြေး၊ one who gives notice of another's arrival, ရောက်လာမည်ဟုကြားပြောသောသူ၊

**Harbor,** *n.* a place of refuge, ခိုလှုံသောအရပ်၊ ထိုင်ရှုံသောနေရာ၊ a port for ships, သင်္ဘောခိုလှုံရာကောင်းသောဆိပ်၊ သင်္ဘောဆိပ်၊

လှော်ဆိပ်၊ —master, သင်္ဘောဆိပ်အုပ်။ —*v. i.* to take refuge, တည်းခိုသည်။ ခိုလှုံသည်၊ —*v. t.* to receive and entertain, ထက်ခံ၍နေရာပေးသည်၊ to protect, keep safe, လုံခြုံအောင်ထားသည်။ —resentment, အငြိုးထားသည်။ ငြှိုးသည်။

Hard, *a.* not soft, မာသော၊ very—, မာကျောသော၊ difficult, not easy, ခက်ခဲသော၊ rough, harsh, ခက်ထန်သော၊ ကြမ်းတမ်းသော၊ tight as a knot, ကျပ်သော၊ stringent, strict, ကြပ်တည်းသော၊ violent, ပြင်းသော၊ ထန်သော၊ —(as liquors,) ဖန်ဖန်ဖြစ်သော၊ hard to deal with, ခဲယဉ်းသော၊ ကတ်သတ်သော၊ —favored, —featured, *a.* မျက်နှာကြမ်းသော၊ —hearted, *a.* မကြင်နာတတ်သော၊ ရက်စက်သော၊ —knot, *n.* နှစ်ကျိတ်ကျိတ်၍ချည်သော အထုံး၊ —mass, အခဲ၊ —mouthed, *a.* အာသော၊ အာမာသော၊ —ware, *n.* သံဘန်ဆာအသည်၊ —*adv.* from same; laboriously, ကြိုးစားအားထုတ်သည်နှင့်၊ —by, အနီးမှာ၊ အနားမှာ၊ —up, *a.* မလှုပ်နိုင်အောင်ကျည်းကျပ်ရာသို့ရောက်သော၊ —of hearing, နားလေးသော၊

Harden, *v. i.* to become hard, ခဲဆဲဖြစ်သည်။ to become unfeeling, စိတ်ခိုင်မာ၍လာသည်၊ to become inured, able to bear, ခံနိုင်အောင်ဖြစ်လာသည်၊ —*v. t.* to make hard, ခဲစေသည်။ မာစေသည်၊ to make unfeeling, စိတ်ခိုင်မာစေသည်၊ to inure, ခံနိုင်အောင်ပြုသည်။

Hardened, *a.* inveterately vicious, ဆိုးသွမ်းခြင်ဆိုးသွမ်းသော၊ —in mind, obstinate, စိတ်ခိုင်မာသော။

Hardihood, *n.* ရဲရင့်ခိုင်ကြံ့ခြင်းသတ္တိ၊

Hardiness, *n.* from Hardy.

Hardly, *adv.* with difficulty, ခက်ခဲစွာ၊ ဖြစ်ခဲသည်နှင့်။ scarcely, မရှိတမှိ၊ တော်တော်ပင်၊ severely, ကြပ်တည်းစွာ၊ ကြမ်းတမ်းစွာ၊

Hardness. *n.* from Hard, *a.* —of heart, အနေဒုဗ္ဗ၊ *Pali.*

Hardship, *n.* hard toil or suffering, ပင်ပန်းစွာခံရခြင်း၊ oppression, လွှည်းဆဲနှိပ်စက်ခြင်း။

Hardy, *a.* bold, ရဲရင့်သော၊ strong to endure, ခိုင်ခံ့သော၊ တောင့်မာသော၊ vigorous, မာဆာသော၊

Hare, *n.* ယုန်။ —brained, *a.* သတိမရှိဘတ်သော၊ —lip *n.* နှုတ်ခမ်းပြတ်၊ —lipped, *a.* နှုတ်ခမ်းပြတ်ပါသော၊

Harem, *n.* မောင်းမမိဿံတို့နေရာ၊ တန်းလျားဆောင်။

Harier, *n.* ယုန်လိုက်ခွေး၊

Hark, *int.* နားထောင်။

Harlequin, *n.* လူပြက်၊

Harlot, *n.* ဗိမ္မရှင်၊ ပြည့်တန်ဆာ၊ ကြေးစား။

Harm, *v. t.* အပြစ်ပြုသည်၊ အကျိုးပျက်စေခြင်းပြုသည်၊ —*n.* အကျိုးပျက်ခြင်း။

Harmful, *a.* အပြစ်ပြုတတ်သော၊ အကျိုးကိုဖျက်တတ်သော။

Harmless, *a.* အပြစ်မပြုတတ်သော၊ အကျိုးကိုမဖျက်တတ်သော။

Harmonic, *a.* အသံညီညာခြင်းနှင့်ဆိုင်သော။

Harmonics, *n.* သီချင်းသံအစရှိသော၊ အသံညီညာခြင်းနှင့်ဆိုင်သောသိပ္ပံ အတတ်။

Harmonious, *a.* adapted to each other, အချင်းချင်းတော်သင့်သော၊ consonant, အသံညီညာသော၊ friendly, သင့်တင့်သော။

Harmonist, *n.* a musician, သီချင်းသံကိုစီရင်တတ်သောသူ၊ one who harmonizes corresponding passages, အညီအညာ စီစည်းတတ်သောသူ၊

Harmonize, *v. i.* to accord, ညီညာသည်၊ to be friendly, သင့်တင့်သည်။ to agree in sounds, အသံညီညာသည်၊ —*v. t.* from same; အသင့်ပြုသည်။

Harmony, *n.* from above; a writing in which corresponding events are harmonized, ခြားနားသောအကြောင်းအရာတို့ကိုအညီအညာစီစည်း၍ရေးထားသောစာ။

Harness, *n.* military accoutrements, စစ်သူရဲဝတ်ဆင်သောအဝတ်တန်ဆာ။ the furniture of a draught animal, ခွဲကြိုးတန်ဆာခုံ၊ ခွဲကြိုး။ the heddles of a loom, နှပ်၊ ရက်ကန်းနှပ်၊ —*v. t.* to equip with military accoutrements, စစ်ဝတ်တန်ဆာကိုဝတ်ဆင်သည်။ to put on the furniture of a draught animal, ခွဲကြိုးတန်ဆာကိုပြင်ဆင်သည်။ to attach to a vehicle, ကသည်။ (ရထား) ကောက်သည်။

Harp, *n.* စောင်း။ စောင်းကောက်။ —*v.* စောင်းတီးသည်။ —upon, *v. t.* စိတ်စွဲလမ်းသောအရာကိုအထပ်ထပ်ပြောဆိုတတ်သည်။

Harper, *n.* စောင်းတီးသမား။

Harpoon, *n.* မှိန်း။ သန္တတ်။ —with several prongs, မှိန်းလက်ဝါး။ *v. t.* မှိန်းနှင့်ထိုးသည်။

Harpsichord, *n.* ပြွေစုံတမျိုး၊ သံစုံသစ်တားတမျိုး။

Harpy, *n.* a certain fabulous animal, လင်းတကိုယ်နှင့်လူမျက်နှာရှိသောအကောင်။ a ravenous plunderer, လောဘကြီး၍လုယူတတ်သောသူ၊

Harquebuss, *n* ရှေးကာလသုံးသောသေနတ်တမျိုး။

Harridan, *n* အို၍ပျက်သောမိန္မ၊

Harrow, *n.* ထွန်။ —*v. t.* to break the ground with a harrow, ထွန်သည်။ —a field of young plants, ရှုန်းသည်။ to fill with anguish, (စိတ်ကို) ထိုးဆွသည်။

Harry, *v. t.* လုယူဖျက်ဆီးသည်။

Harsh, *a.* rough to the touch, ကြမ်းသော။ rough to the taste, ဖန်

ဖန်ဖြစ်သော၊ rough to the ear, နားမခံသာသော၊ နားခွါးသော၊ rough in speech or manners, ကြမ်းတမ်းသော၊ ကြမ်းကြုတ်သော၊ ရုန့်ကြမ်းသော၊ သောင်းကျန်းသော၊ austere, severe, ကြမ်းတည်းသော၊ ခက်ထန်သော၊

**Harshness,** *n.* from above.

**Harslet,** *n.* ဝက်ဝမ်းတွင်းသား။

**Hart,** *n.* သမင်ဒရယ်အဖို။

**Hartshorn,** *n.* ဒရယ်ချိုရေဖြန်း။

**Harvest,** *n.* the season of reaping, စပါးရိတ်၍သိမ်းဟူသည့်ကာလ၊ grain gathered in, ရိတ်၍သိမ်းယူသောစပါး။ the product of labor, လုပ်ဆောင်ခြင်း၏အကျိုး။ —home, တလင်းရာက်ပွဲ။

**Hash,** *v. t.* စဉ်းကောသည်။ —*n.* စဉ်းကောသောအစာ။

**Haslet,** *see* Harslet.

**Hasp,** *n.* သော့ခလောက်ခတ်ရန်ချောက်လက်၊ —*v. t.* ချောက်ထက်နှင့်ခတ်သည်။

**Hassock,** *n.* ဝတ်ပြုရာကာလဒူးထောက်သောဖုံ။

**Haste, Hasten,** *v. i.* to endeavor to be speedy, လျင်မြန်စေခြင်းကြိုးစားသည်၊ —*v. t.* to accelerate movement, လျင်မြန်စေခြင်းနှိုးဆော်သည်၊ —*n.* quickness of action, အလျင်အမြန်ပြုခြင်း။ sudden passion, စိတ်ထခြင်း။ make—, *v. i.* လျင်မြန်စေခြင်းကြိုးစားသည်၊

**Hastiness,** *n.* from next,

**Hasty,** *a.* quick, speedy, ကြီးကြီးကြွကြွဖြစ်သော၊ precipitate, သတ္တိမရှိသော၊ လစ်သော၊ eager, စိတ်အားကြီးသော၊ irritable, စိတ်ထတတ်သော၊ စိတ်တိုသော၊ —pudding, *n.* ပြုတ်သောမုန့်တမျိုး။

**Hat,** *n.* covering for the head (of different kinds,) သိုး၊ ခမောက်၊ ခမောက်ပိုတို၊ ဦးထုပ်။ —band, သိုးပတ်သောကြိုးပြား၊ —box, —case, သိုးအိမ်။

**Hatch 1,** *v. t.* to produce young from eggs, ဥကပေါက်စေသည်၊ to contrive, စိတ်ကူးသည်။ —, *n.* a brood of chickens, တခါတည်းပေါက်သောကြက်ငှက်သငယ်စု။ —2, the cover of an opening in a ship's deck, ကုန်းပတ်အိဖုံး။ —way, ကုန်းပတ်ပေါက်။

**Hatchel,** *n.* ဝိုက်ဆန်ခြည်ကိုရအောင်သင်တွင်သောတန်ဆာ၊ —*v. t.* ထိုတန်ဆာနှင့်သင်တွင်သည်၊

**Hatchet,** *n.* ပုဆိန်ကလေး။ —face, မျက်နှာချွန်း။

**Hatchment,** *n.* သေသောသူ၏ဘွဲ့တံဆိပ်ပုံကိုရေး၍ထားသောကား။

**Hate,** *v. t.* မုန်းသည်၊ အမုန်းထားသည်၊ မနှာလိုသည်၊ —to see, မြင်ပျင်းသည်။ —*n.* from *do.*

**Hateful,** *a.* မုန်းစရာရှိသော၊ မုန်းစဖွယ်ဖြစ်သော၊

**Hatefulness,** *n.* from above.

**Hatred,** *n.* မုန်းခြင်း၊ အမုန်း။ —prompted by another, မုန်းထေး။
**Hatter,** *n.* သိုးထုပ်သောသူ။
**Haughtiness,** *n.* from next.
**Haughty,** *a.* proud and disdainful, မာနထောင်လွှားသော၊ ထောင်ထားသော၊ imperious, အမိုးတရပြုတတ်သော၊ insolent, စော်ကားသော၊ စော်ကားမော်ကားသော၊ ရမ်းကားသော။
**Haul,** *v. t.* ဆွဲငင်သည်၊ —*n.* from *do.*
**Haum,** *n.* ဝဲငှော်း။
**Haunch,** *n.* တင်ပါးဆုံသား။
**Haunt,** *v. t.* to frequent, မပြတ်မပြတ်သွားသလာကျက်နေသည်၊ to trouble with frequent visits, ခဏခဏလာ၍နှောင့်ရှက်သည်၊ —as a ghost, စွဲလွှဲနေသည်၊ —*n.* မပြတ်မပြတ်သွားလာကျက်နေသောအရပ်။
**Hautboy,** *n.* ခြွေတမျိုး။
**Hauteur,** *n.* ထောင်လွှားစော်ကားခြင်း။
**Have,** *v. t.* to be possessed of, (တစုံတခုသောသူ) နှင့်ရှိသည်၊ to own, ပိုင်သည်၊ to take in marriage, စုံဖက်ပြုယူသည်၊ to regard, ထင်မှတ်သည်။ to be obliged to, (ပြု) ရမည်၊ —a care, သတိပြုသည်။ —a hand in, ဝင်၍ပြုသည်၊ —joy, ဝမ်းမြောက်သည်။ —pleasure, ခံစားသည်၊ —pain, နာသည်၊ —sorrow, ဝမ်းနည်းသည်။ *verbal aux.* ပြီ၊ ခဲ့ပြီ၊ —at, တိုက်သည်၊ —away, ယူသွားသည်။ —by heart, နှုတ်ကျက်ရသည်။ အာဂုံဆောင်သည်၊ —in the heart, *v.* အကြံရှိသည်၊ —in common, ဆက်ဆံသည်။ *v. t.* —on, to wear, ဝတ်သည်၊ —on the head, ဆောင်းသည်။ —out, ဖြင်သို့ထုတ်သည်။
**Haven,** *n.* a port for ships, သင်္ဘောခိုတွဲ့ရာကောင်းသောဆိပ်။ သင်္ဘောဆိပ်၊ လှေဆိပ်၊ a place of safety, လုံခြုံသောနေရာ။
**Havoc,** *n.* ရွာဖွားသွားဖျက်ဆီးခြင်း။
**Hawk 1,** *v.* to rake the throat, ဟက်သည်။ချောင်းဟက်သည်၊ —2, *v. t.* to peddle (goods,) ကုန်တို ကုန်စကိုသည်၍ရောင်းသည်၊ —3, *n.* the bird, သိမ်းငှက်၊ one species, လင်းယုန်၊ black—, စွန်နက်၊ Calcutta sparrow—, သိမ်းကြက်မ၊ —eyed, *a.* အထူးသဖြင့်မျက်စိကောင်းသော၊ —*v. i.* to practice falconry, သိမ်းတိုတ်သည်။
**Hawker,** *n.* ကုန်တို၊ ကုန်စကိုသည်၍ရောင်းသောသူ။
**Hawser,** *n.* ကျောက်ဆူးကြိုးတမျိုး။
**Hay,** *n.* မြက်ခြောက်၊ —cock, မြက်ခြောက်သုပ်ရာအရပ်၌အစုစုပုံထားသာမြက်ခြောက်ပုံ၊ —loft, နွားတင်းကုပ်၌ မြက်ခြောက်တင်ထားသောစင်၊ —maker, မြက်ခြောက်လုပ်သောသူ၊ —mow, သိုထား

သောခြုတ်ခြောက်၊ —rick, —stack, ကောင်းမွန်စွာမိုးကာ၍ထား သောခြုတ်ခြောက်ပုံ၊

Hazard, *n.* uncertainty, ဖြစ်မည်၊ မဖြစ်မည်ကိုမသိနိုင်သောအကြောင်းရှိသည်အဖြစ်။ peril, risk, jeopardy, ဘေးဖြစ်မည်ကိုမိုးရိမ်စရာအကြောင်း။ —*v. t.* to risk, jeopard, မိုးရိမ်စရာရှိလျက်နှင့်စမ်း၍ပြုသည်။ အဘယ်သို့ဖြစ်မည်ကိုမသိဘဲလျက်စွန့်၍ပြုသည်၊ စွန့်စားသည်။

Hazardous, *a.* perilous, ဘေးဖြစ်မည်ကိုမိုးရိမ်စရာအကြောင်းရှိသော၊

Haze, *n.* fog, နှင်း၊ dry vapor, မြူ၊

Hazel, *a.* နီကြန်ကြန်ဖြစ်သော၊ လဲ့ပြာရောင်ထွက်သော၊

Hazy, *a.* foggy, နှင်းဝေသော၊ thick with vapor, မြူဆိုင်းသော၊

He, *pron.* သူ၊ (mas.) —*a.* အထီး၊ အဖို၊

Head, *n.* the top of the body, ဦးခေါင်း၊ ခေါင်း၊ a chief, အကြီးအကဲ၊ အအုပ်အချုပ်၊ —of workmen, ဆိုင်း၊ the front part, မျက်နှာစာ၊ the place of honor, အမြတ်ဆုံးသောနေရာ၊ the place of command, အုပ်ချုပ်သောနေရာ၊ opposition, ဆီးတားခြင်း၊ a division (of a book,) အခန်း၊ understanding, ဉာဏ်၊ own will, ကိုယ်အလို၊ crisis, height, တိုး၍ကြီးသောနေရာ၊ —(of bed,) ခေါင်းရင်း၊ —of a sore, အနာထိပ်ဝ၊ —of a cask, စည်မျက်နှာဝဝိတ်၊ —(of corn,) အနှံ၊ အဖူး၊ —of hair, ဆံပင်ဦးသုံး၊ —(of an instrument,) အခေါင်း၊ —of a river, မြစ်ဖျား၊ —of a table, စားပွဲအရင်း၊ —(of a vessel,) ဦး၊ —ache, ခေါင်းကိုက်နာ၊ intermittent headache, ဦးရည်း၊ —band, ဆံပင်သိမ်းသောကြိုးပြား၊ —board, ခုတင်ထိုးတား၊ —dress, မွမ်းဆောင်းသောခေါင်းအုပ်တန်ဆာ၊ —land, အငူ၊ —man, ခေါင်း၊ အကြီးအကဲ၊ အရပ်ခေါင်း၊ —piece, armor for the head, စစ်တိုက်ရာခေါင်းကိုဖုံးအုပ်သောတန်ဆာ၊ —quarters, မိုလ်ချုပ်တည်းနေရာ၊ —sea, သင်္ဘောရှေ့က လာသောလှိုင်းဒဏ်၊ —spring, မြစ်ဖျားစမ်းရေပေါက်၊ —stall, ဦးခက်၊ —stone, the chief or corner stone, တိုက်ထောင့်အထွတ်ကျောက်၊ the stone at the head of a grave, သင်းချိုင်းတွင်းခေါင်းရင်းမှာစိုက်သောကျောက်တိုင်၊ —way, သင်္ဘောတက်သွားခြင်း၊ —wind, လေဆန်၊ —*a.* ကြီးကဲသော၊ အုပ်ချုပ်သော၊ —*v. t.* to lead, ဦးဆောင်၍ပြုသော၊ to direct, အုပ်ချုပ်စီရင်သည်၊ to go to the front of, နောက်ကလှည့်တက်၍ရှေ့ကဆီးသည်၊ to furnish with a head, ခေါင်းတပ်သည်၊ to lop, cut off the top, အဖျားကိုရုတ်ဖြတ်သည်။ —*v. i.* as a river, မြစ်ဖျားစမ်းရေထွက်သည်။ —as a plant, အရွက်စုံ၍အဖူးဖြစ်သည်၊

Headfirst, *adv.* ခေါက်ထိုး၊

Heading, *n.* —of a column in a table of columns, ဓလေ့၊

Headless, *a.* having no head, ဦးခေါင်းမရှိသော၊ having no leader,

ဆင်ခြင်ဉာဏ်မရှိသော၊ being without understanding, prudence ပညာသတိမရှိသော။

**Headlong**, *a.* သတိမရှိဘဲလျှင်မြန်သော။ —*adv.* with head foremost, ခေါင်းထိုး၊ ဦးခေါင်း။ precipitately, သတိမရှိ၊ လျှင်မြန်သည်နှင့်၊ ဒရွတ်နှိုး၊ ဟိုးရိုးဟူးရား၊ ကတိုက်ကရိုက်။

**Headmost**, *a.* ရှေ့ဖျားကျသော။

**Headstrong**, *a.* သူတပါး၏စကားကိုနားမထောင်၊ ကိုယ်အလိုသို့အဟုန်တည်လိုက်တတ်သော၊ ခေါင်းမာသော။

**Heady**, *a.* same; intoxicating, ယစ်မူးစေတတ်သော။

**Heal**, *v. i.* to grow sound, အနာပျောက်ဆဲရှိသည်။ (to be healed, ကျက်သည်။) —*v. t.* to cure, အနာကိုပျောက်စေသည်။ to reconcile, ရန်ကိုငြိမ်းစေသည်။

**Health**, *n.* ကျန်းမာခြင်း၊ ကျန်းမာပကတိဖြစ်ခြင်း၊ ဩသာခြင်း။

**Healthful, Healthy**, *a.* free from disease, အနာမရှိ၊ ကျန်းမာသော၊ မာချာသော၊ ဩသာသော၊ conducive to health, ကျန်းမာစေတတ်သော၊ pertaining to a healthy state, ကျန်းမာခြင်းနှင့်ဆိုင်သော။

**Healthfulness, Healthiness**, *n.* from above.

**Heap**, *v. t.* to pile, ပုံသည်။ to accumulate, ဆည်းပူးသည်။ to make convex, elevated in the centre, ပိုမိုသည်၊ ဖောင်းလန်၍နေစေအောင်ပြုသည်။ —*n.* အပုံ။

**Hear**, *v.* to perceive by the ear, ကြားသည်၊ နားကြားသည်၊ to obey, နားထောင်သည်။ —preaching, တရားနာသည်။

**Hearing**, *n.* the sense of hearing, သောတာယတန၊ the act of perceiving by the ear, နားကြားခြင်း၊ the act of obeying, နားထောင်ခြင်း၊ an opportunity of addressing (a superior,) လျှောက်ရသောအခွင့်၊ the reach of the ear, အသံကြားနိုင်သော၊ အဝေးအကွာ။

**Hearken**, *v. i.* to listen, attend to, နားထောင်သည်၊ နားခံသည်။ to obey, (စကားကို) နားထောင်သည်။

**Hearsay**, *n.* တယောက်ကိုတယောက်ကြားပြောသောစကား။

**Hearse**, *n.* တလားတင်ခင်တိတ်။

**Heart**, *n.* ဟဒယ၊ Pali; the fountain of blood, နှစ်လုံး၊ the inner part, အနှစ်၊ the mind, စိတ်နှလုံး၊ courage, သူရဲဘော၊ ရဲရင့်သောသဘော၊ by —, *adv.* နှုတ်ကျက်၊ အာဂုံဆောင်သည်နှင့်၊ —ache, *n.* စိတ်ပူပန်ခြင်း၊ —breaking, *a.* စိတ်အနာခံ၍အတွင်းဆွေးဆွေးစေသော၊ —broken, *a.* စိတ်အနာခံ၍အတွင်းဆွေးဆွေးသော၊ —burn, *n.* လေပူတက်နာ၊ —burning, *n.* စိတ်အစွဲ၍ငြူစူမနာလိုခြင်း၊ —ease, စိတ်ငြိမ်သက်ခြင်း၊ —felt, *a.* နှစ်လုံး၌ခံသော၊ —rending, အလွန်ညှိုးငယ်စေသော၊ —sick, အလွန်ညှိုး

ငယ်သော။ —string, *n.* နှစ်လုံးကိုဆွဲသောအကြော။ —whole, *a.* စိတ်စွဲထမ်းခြင်းနှင့်လွတ်သော။

**Hearten,** *v. t.* အားပေးသည်။

**Hearth,** *n.* မီးဖိုရှေ့မှာခင်းစီသောကျောက်ပြား။ ထွက်ပြား။

**Heartiness,** *n.* from Hearty.

**Heartless,** *a.* without affection, ချစ်ခြင်းသဘောမရှိသော။ without courage, သူရဲသဘောမရှိသော။

**Heart-seed,** *n.* မထဲမဲ။

**Heartlessness,** *n.* from Heartless.

**Hearty,** *a.* စေတနာနှင့်တကွစိတ်ပါကိုယ်ရောက်မှုသော။

**Heat,** *n.* caloric, အပူ။ the state of being hot, ပူခြင်း။ prickly— ဒိတ်။ the state of feeling warm, အိုက်ခြင်း။ a single effort, အားထုတ်ခြင်းတချက်။ ardor, fervency, စိတ်အားကြီးခြင်း။ rage, ပြင်းစွာစိတ်ဆိုးခြင်း။ —*v. i.* to grow hot, ပူလာသည်။ to become ardent, စိတ်အားတိုးပွားသည်။ —*v. t.* to make hot, ပူစေသည်။ —again, လှုံသည်။ to make ardent, စိတ်အားကြီးစေသည်။

**Heath,** *n.* the plant, အပင်တမျိုး။ a plain, covered with heath, ကွင်းပြင်။

**Heathen,** *a.* သာသနာပလူ။ ဘုရား၊ တရားကိုမသိသောသူ။ —*a.* သာသနာပလူတို့နှင့်ဆိုင်သော။

**Heathendom,** *n.* ဘုရား၊ တရားကိုမသိ၊ မိုက်မဲသောတိုင်းပြည်စု။

**Heathenish,** *n.* pertaining to the heathen, သာသနာပလူတို့နှင့်ဆိုင်သော။ pertaining to heathenism, ဘုရား၊ တရားကိုမသိ၊ မိုက်မဲခြင်းနှင့်ဆိုင်သော။

**Heathenism,** *n.* ဘုရား၊ တရားကိုမသိ၊ မိုက်မဲသောအဖြစ်။

**Heather,** *see* Heath.

**Heave,** *v. i.* to rise, swell, ဖွံ့ဖုံကြွသည်။ to pant, ဟိုက်သည်။ to retch, အူသည်။ —*v. t.* to lift, raise, မြှောက်သည်။ ကြွသည်။ မြှောက်သည်။ to cause to swell, ဖွံ့ဖုံကြွစေသည်။ to lift and throw, မြှောက်ပစ်သည်။ —high, *v. t.* မြှောက်သည်။ —in sight, *v. i.* ပေါ်လာသည်။ —to, *v. t.* (သင်္ဘောကို) ရပ်စေသည်။ —up, to raise, မြှုကြွသည်။ to vomit, အန်သည်။ —*n.* an effort upwards, မြှုကြွခြင်းအားထုတ်ခြင်း။ an effort to vomit, အူခြင်း။ —offering, မြှောက်ရာပူဇော်သကာ။

**Heaven,** *n.* the sky, မိုဃ်းကောင်းကင်။ the heavenly expanse, အာကာသကောင်းကင်။ အာကာသဓာတ်။ the heavenly world, ကောင်းကင်ဘုံ။ ဘုရားသခင်နေတော်မူရာကောင်းကင်။ the Sovereign of heaven, ကောင်းကင်ဘုံ၏အရှင်ဘုရားသခင်။ —born, *a.* ကောင်းကင်သားဖြစ်သော။ —ward, *adv.* ကောင်းကင်သို့။

**Heavenliness.** *n.* အလွန်ကောင်းမြတ်ခြင်း။

**Heavenly,** *a.* pertaining to heaven, ကောင်းကင်နှင့်ဆိုင်သော၊ resembling heaven, ကောင်းကင်လက္ခဏာရှိသော၊ exceedingly excellent, အလွန်ကောင်းမြတ်သော၊ —*adv.* ကောင်းကင်တို့၌ဖြစ်သကဲ့သို့၊ —minded, *a.* ကောင်းကင်စိတ်သဘောရှိသော၊ ကောင်းကင်အရာတို့၌စိတ်စွဲလမ်းသော၊

**Heavily.** *adv.* တစ်တစ်၊

**Heaviness,** *n.* from next.

**Heavy,** *a.* weighty, လေးသော၊ လေးလံသော၊ dejected, ညှိုးငယ်သော၊ depressing to the spirits, ညှိုးငယ်စေသော၊ burdensome, ပင်ပန်းစေတတ်သော၊ dull, စိတ်အားနည်းသော၊ wanting animation, စိတ်ကိုမနိုးဆော်တတ်သော၊ drowsy, မျက်စိလေးလံသော၊ wanting activity, ဆေးနှေးသော၊ ဆေးဆေးလေးလေးဖြစ်သော၊ difficult, ခက်ခဲသော၊ arduous, အမှုကြီးသော၊ stupid, ညာဏ်တုံးသော၊ large, ကြီးမားသော၊ thick, dense, ထူထပ်သော၊ abundant, သည်းထန်သော၊ loud, (အသံ) ကျယ်သော၊ —handed လက်လေးသော၊ —hearted, စိတ်ညှိုးငယ်သော၊ —laden, ဝန်လေးသော၊

**Hebdomadal,** *a.* consisting of seven days, ၇ ရက်နှင့်ဆိုင်သော၊ occuring every seven days, ၇ ရက် ၇ ရက်လည်တိုင်းဖြစ်တတ်သော၊

**Hebraic,** *a.* ဟေဗြဲဘာသာစကားနှင့်ဆိုင်သော။

**Hebraism,** *n.* ဟေဗြဲဘာသာ၌သာပြောတတ်သောစကားဂါထာနေ၊

**Hebraist,** *n.* ဟေဗြဲဘာသာစကားကိုနားလည်သောသူ။

**Hebrew,** *n.* an Israelite or Jew, ဟေဗြဲလူ၊ the Hebrew language, ဟေဗြဲဘာသာစကား၊ —*a.* ဟေဗြဲအမျိုးနှင့်ဆိုင်သော၊

**Hecatomb,** *n.* တိရစ္ဆာန်ကောင်ရေ ၁၀၀ ကိုယဇ်ပူဇော်ခြင်း။

**Hectic,** *a.* ချောင်းဆိုးနာစွဲသောသူကြောင့်တက်တတ်သော (ဖျားနာ။)

**Hector,** *n.* လူကျယ်။ —*v. t.* လူကျယ်လုပ်၍နှောင့်ယှက်သည်၊

**Heddles,** *n. plur.* နှုပ်။

**Hedge,** *n.* စည်းရိုး။ စည်းတန်း။ အပင်စိုက်၍လုပ်သောစည်းခေါင်ရန်း။ —*v. t.* to inclose with a hedge, စည်းစောင်ရန်းဖြစ်အောင်အပင်ကိုစိုက်၍ကာရံသည်၊ to obstruct, ဆီးကာသည်၊

**Hedge-hog,** *n.* ဖြူပုမျိုး။

**Heed,** *v. t.* to take care, သတိပြုသည်။ သတိထားသည်။ သတိရှိသည်၊ to take notice of, မှတ်သည်၊ အမှုထားသည်၊ to mind, နားထောင်သည်။ —*n.* care, သတိ၊ သတိပြုခြင်း။ the act of paying attention to, နားထောင်ခြင်း။

**Heedful,** *a.* from Heed, *v. t.*

**Heedless,** *a.* သတိမရှိသော၊ careless, ပေါ့စက်သော၊

**Heedlessly,** *adv.* in the manner of one staring about forgetful of his own situation. နမက်နမော်၊ နမော်နမဲ့၊ မော်မိမော်မန်း။

**Heedlessness**, *n.* from above.
**Heel 1**, *n.* ဖနှောင့်၊ ခြေဖနှောင့်၊ ဖနှောင့်ဖကျည်း၊ —piece, ဖနှောင့်ခံ၊ —tap, ဖနှောင့်ခံတပ်၊ —2, *v. i.* စောင်းသည်။
**Heft**, *n.* အမှုန်း၊ —*v. t.* အလေးအပေါ့ကိုသိအောင်ပင့်၍မသည်။
**Hegira**, *n.* ပသိပရောဖက်မဟာမတ်ပြေးသောသက္ကရာဇ်။
**Heifer**, *n.* နွားမထန်း။
**Heigh-ho**, *int.* တညီး၊ ဟည်း။
**Height**, *n.* altitude, အမြင့်၊ stature, ကိုယ်အရပ်၊ အထောက်အရပ်၊ an eminence, မြင့်သောအရပ်၊ the utmost state, or degree, အမြင့်ဆုံးသောနေရာ၊ exaltation, မြင့်မြတ်ခြင်း။
**Heighten**, *v. t.* တိုးစေသည်၊ တိုးပွားစေသည်။
**Heinous**, *a.* အလွန်အပြစ်ကြီးသော။
**Heinousness**, *n.* from above.
**Heir**, *n.* အမွေခံ၊ အမွေစား။ —apparent, *n.* မဆုံးမထွဲအထအမွေကိုခံထိုက်သောသူ၊ နန်းလောင်း၊ အိမ်ရှေ့မင်း။ —loom, သူတပါးလက်သို့မထွဲရဘဲ အမွေခံသောသူသာ ပိုင်သောပရိဘောဂ။ —presumptive, သာ၍ခံထိုက်သောသူမပေါ်လျှင်အစားအမွေကိုခံထိုက်သောသူ။
**Heiress**, *n.* အမွေခံမိန္မ။
**Heirship**, *n.* အမွေခံ၏အဖြစ်။
**Heliacal**, *a.* emerging from the light of the sun, နေရောင်ထဲကထွက်လာသော၊ passing into the light of the sun, နေရောင်ထဲသို့ဝင်သော။
**Helical**, *a.* လိမ်ရစ်သော။
**Hell**, *n.* ငရဲ၊ ငရဲပြည်၊ နရက်၊ *Pali.* lowest—, အဝီစိ၊ small hells, ဥဿဒနရက်၊ —fire, ငရဲမီး၊ (an inhabitant of hell, ငရဲသား။)
**Hellenic**, *a.* ဟေလသအမျိုးနှင့်ဆိုင်သော။
**Hellenism**, *n.* ဟေလသဘာသာသဒ္ဒါသာပြောတတ်သောစကား၏အနေ။
**Hellenist**, *n.* ဟေလနိတ်လူတည်းဟူသောဟေလသဘာသာစကားကိုပြောတတ်သောယုဒအမျိုးသား။
**Hellenistic**, *a.* ဟေလနိတ်လူတို့နှင့်ဆိုင်သော။
**Hellish**, *a.* pertaining to hell, ငရဲနှင့်ဆိုင်သော၊ like the inhabitants of hell, ငရဲသားကဲ့သို့ဖြစ်သော။
**Helm**, *n.* တက်မ။
**Helmet**, *n.* သံခမောက်လုံး။
**Helmeted**, *a.* သံခမောက်လုံးကိုဆောင်းသော။
**Helmsman**, *n.* တက်မကိုင်။
**Help**, *v. t.* to aid, assist, မိုင်းမသည်၊ ရိုင်းပင်းသည်၊ ကူသည်၊ ညီသည်၊ ထောက်သည်၊ မသည်၊ စောင်မသည်၊ to relieve, remedy, အနာပျောက်စေအောင်ကုသည်၊ to forbear, မပြုဘဲနေသည်၊ —forward, တိုးတက်စေအောင်မစသည်၊ —mate, —meet, *n.* လုပ်ဖော်ဆောင်ဖက်၊ —on, *v. t.* တိုးတက်စေအောင်မစသည်၊ —out, ကယ်နှုတ်သည်။

—over, အကြီအမြောက်အောင်ကူညီသည်။ —to, သူတပါးလိုချင်သော အရာကိုရှာ၍ပေးသည်။ —*n.* from Help, *v. t.*

**Helpful,** *a.* ကူညီမစတတ်သော။

**Helpless,** *a.* without power in one's self, ကိုယ်ကိုကိုယ်မတတ်နိုင်သော။ destitute of support or assistance, ကိုးကွယ်ရာမဲ့ဖြစ်သော။

**Helplessness,** *n.* from above.

**Helter-skelter,** *adv.* ကစဉ့်ကလျား။ ပယာမ်းပတာ။ ဗရိုဗရဲ။

**Helve,** *n.* ပုဆိန်ရိုး။

**Hem 1,** *v. i.* to make a certain sound from the throat, ချောင်းဟန့်သည်။ ချောင်းသံပြုသည်။ —*n.* the said sound made from the throat, ချောင်းဟန့်သောအသံ။ —*int.* အဟန်း။ —2, *v. t.* to fold and sew down the edge, အနားလိုးသည်။ —in, ဝိုင်း၍ဆီးကာသည်။ —*n.* the edge of a garment folded and sewed down, အနားလိုး။

**Hemisphere,** *n.* အလုံး၏ထက်ခြမ်း။ လုံးခြမ်း။

**Hemistich,** *n.* လင်္ကာစာကြောင်းတဝက်။

**Hemorrhage,** *n.* သွေးပြုခြင်း။

**Hemorrhoids,** *n.* မြင်းသရိုက်။

**Hemp,** *n.* ဒင်း။ urena—, ကပ်စေးနဲ။ nettle—, ဖွင်း။ sida—, ဥင်ခန်းငသင်း။

**Hempen,** *a.* ဒင်းလျှော်ကိုလုပ်သော။

**Hen,** *n.* ကြက်မ။ a small species, တိန်ညင်။ —coop, ကြက်လှောင်အိမ်။ —hearted, *a.* သူရဲဘောနည်းသော။ —pecked, မယားကိုကြောက်တတ်သော။ —roost, *n.* ကြက်အိပ်တန်း။

**Hence,** *adv.* from this place, သည်အရပ်မှ။ from this time, ယခုအခါမှ။ for this cause, သည်အကြောင်းကြောင့်။ —forth, —forward, *adv.* ယခုမှစ၍။

**Henna,** *n.* ဒန်း။ ဒန်းကြီး။ ဒန်းကျား။

**Hepatic,** *a.* အသည်းနှင့်ဆိုင်သော။

**Heptagon,** *n.* ခုနစ်ထောင့်ပုံ။

**Heptangular,** *a.* ခုနစ်ထောင့်ရှိသော (ပုံ)

**Heptarchy,** *n.* မင်းခုနစ်ပါးဧရင်အုပ်စိုးခြင်း။

**Her,** *poss.* and *obj. of* She, *which see;* —self, *pron.* သူကိုယ်။ သူကိုယ်တိုင်။ သူကိုယ်တိုင်ပင်။

**Herald,** *n.* သိတင်းကိုကျော်ညာစေသောသူ။ အဆော်။

**Heraldry,** *n.* the blazoning of arms or ensigns armorial, ဘွဲ့တံဆိပ်ပုံနှိပ်ပါသောရုပ်ပုံသဏ္ဌာန်တို့၏အထူးထူးကိုပြခြင်း။ the science of blazoning, ထိုအထူးထူးကိုပြတတ်သောအတတ်။

**Herb,** *n.* အခါလည်ရုံသာရှင်တတ်သောအပင်။

**Herbaceous,** *a.* ထိုသို့သောအပင်နှင့်ဆိုင်သော။

Herbage, *n.* မြက်ပင်အစရှိသော၊ အခါလည်ရှိသာ ရှင်တဝ်သော အပင်အမျိုးမျိုး။
Herbal, *n.* ထိုအပင်မျိုးတို့အကြောင်းအရာကိုပြသောကျမ်း။
Herbalist, *n.* ထိုအပင်အမျိုးမျိုးကိုသိကျွမ်းအောင်စစ်ဆေးတတ်သောသူ။
Herculean, *a.* of great strength, ခွန်အားကြီးသော၊ requiring great strength, ဆောင်ရွက်ခြင်းသော ငါ အ လွန်ကြီး စွာ အား ထုတ် ရ သော (အမှု)
Herd, *n.* ကျွဲ၊ နွားတို့အစု၊ —*v. i.* တစ်နေ့ရာနက်ကဲ့သို့ပေါင်းသင်းသည်၊ နွားအုပ်။
Herdsman, *n.* နွားကျောင်း၊ အကျောင်း။
Here, *adv.* in this place, သည်မှာ၊ သည်အရပ်မှာ၊ hither, သည်ကို၊ သည်အရပ်သို့၊ in the present state of existence, ယခုဘဝမှာ၊ --about, —abouts, *adv.* သည်အရပ်အနီးအပါးတွင်၊ —after, at some future time, နောက်တခါ၊ (in a future state, နောင်ဘဝမှာ၊ —*n.* နောင်ဘဝ၊)—and there, အရပ်ရပ်၊—at, သည်ဟာမှာ၊ —by, ဤအကြောင်းအားဖြင့်၊ —in, in this, သည်တွင်၊ in this cause, ဤအကြောင်းမှာ၊ —of, some of this, ဤအရာအမှုကို၊ by means of this, ဤအကြောင်းအားဖြင့်၊ —on, —upon, ဤအကြောင်းတွင်၊ —to, unto, သည်အရပ်သို့၊ —to-fore, in times before the present, ယခုတိုင်အောင်၊ formerly, ရှေးကာလ၌၊ —with, together with this, သည်ဟာနှင့်တကွ၊ by means of this, သည်အရာအားဖြင့်၊ *int.* take it, ယော့၊
Hereditament, *n.* အမွေခံနိုင်သောဥစ္စာ၊
Hereditary, *a.* ဆက်ကာဆက်ကာအမွေခံရသော (ဥစ္စာ၊) (by hereditary succession, မျိုးဆက်ဖရာ၊)
Heresiarch, *n.* မိစ္ဆာဒိဋ္ဌိဆရာကြီး။
Heresy, *n.* မိစ္ဆာဒိဋ္ဌိ၊
Heretic, *n.* မိစ္ဆာဒိဋ္ဌိအယူကိုယူသောသူ၊ ဒိဋ္ဌိ၊ မိစ္ဆာဒိဋ္ဌိ၊
Heretical, *a.* မိစ္ဆာဒိဋ္ဌိနှင့်ဆိုင်သော၊
Heritage, *n.* အမွေဥစ္စာ၊
Hermaphrodite, *n.* မိန်းလျှာ၊ ယောက်ျားလျှာ၊ one kind, ညာတောဖျည်း။
Hermeneutic, *a.* အနက်အဓိပ္ပာယ်ကိုပြသော၊ *n.* အနက်အဓိပ္ပာယ်ကိုပြတတ်သောအတတ်ပညာ။
Hermetic, Hemetical, *a.* pertaining to chemistry, ဓေမိဿရီအတတ်ပညာနှင့်ဆိုင်သော၊ closed so as to be air-tight, လေလုံအောင်ပိတ်သော၊ (to close hermetically, အံတံပိတ်သည်၊)
Hermit, *n.* တောနှင့်တယောက်တည်းနေသောသူ၊
Hermitage, *n.* ထိုသူ၏နေရာ၊ သင်္ခမ်း။
Hernia, *n.* ဒုဿ၊
Hero, *n.* a man of extraordinary courage and strength, ရဲရင့်ခြင်း

နှင့်တကွအစွမ်းသတ္တိထူးဆန်းသောသူ၊ သူရဲကောင်း။ a very illustrious personage. ထူးသခြင့်ထင်ပေါ်ကျော်စောသောသူ။
Heroic, *a.* pertaining to a hero, ထိုသို့သောသူနှင့်ဆိုင်သော၊ possessed of the qualities of a hero, ရဲရင့်ခြင်းနှင့်တကွအစွမ်းသတ္တိရှိသော။
Heroine, *n.* ရဲရင့်၍ထင်ပေါ်ကျော်စောသောမိန်း။
Heroism, *n.* from Heroic, 2d def.
Heron, *n.* ဗျိုင်း၊ one species, မြို့ဗျိုင်း။ night—, ထင်းဝက်၊ the common English heron, ငှက်ငန်း။
Herpes, *n.* အဖုအဖိမ့်ပေါက်သောအနာအမျိုးမျိုး။ varieties, အနာမိးအနာ လျှာ ရေယုန်၊
Herring, *n.* ငါးတမျိုး။ fresh water—, ငါးဖယ်။
Hers, *poss. of* She, *which see.*
Herschel, *n.* the planet, ဗာယိရဂြိုဟ်။
Hesitancy, *n.* တွေးတော၍နေခြင်း။
Hesitate, *v. i.* to pause in uncertainty in regard to action, နှောင့်နှေးသည်၊ to falter in speech, ရုပ်ခနဲမပြောတည့်နိုင်ဖြစ်သည်။
Hesitatingly, *adv.* ဇဝေဇဝက်၊ ဇဝေဇဝါ။
Hesitation, *n.* from above. ကုက္ကုစ္စ၊ *Pali.*
Hesperian, *a.* အနောက်မျက်နှာနှင့်ဆိုင်သော။
Heterodox, *a.* မိစ္ဆာဒိဋ္ဌိနှင့်ဆိုင်သော၊ —as a person, အယူဖြစ်သော၊ အယူသန်သော၊ အယူသီးသော။
Heterodoxy, *n.* မိစ္ဆာဒိဋ္ဌိ။
Heterogeneous, *a.* ဓာတ်ချင်းခြားနားသော။
Hew, *v. t.* to slice off from the side (of timber,) ခွေသည်၊ ပါးစုတ်သည်၊ —off, ဖျင်းခွေသည်၊ to chop, ခုတ်သည်၊ to shape by cutting, ခုတ်၍ထောင်းသည်၊ ခုတ်လုပ်သည်၊ —stone, ကျောက်ဆစ်သည်။
Hexagon, *n.* ခြောက်ထောင့်ပုံ၊ ဆဋ္ဌဂံ၊ a regular hexagon, ဆဋ္ဌရန်း။
Hexameter, *n.* စာတကြောင်းခြောက်ပါဒပါသောလင်္ကာမျိုး။
Hexangular, *a.* ခြောက်ထောင့်ရှိသော (ပုံ၊)
Hey, —day, *int.* ဟေ။
Hiatus, *n.* an opening of the mouth, အဟ၊ a gap, အာဟပေါ်အကွဲ၊
Hibernal, *a.* ဆောင်းကာလနှင့်ဆိုင်သော။
Hiccough, *n.* ကြို့၊ — *v. i.* ကြို့ထိုးသည်။
Hickory, *n.* သစ်ပင်တမျိုး။
Hide 1, *n.* သားရေ၊ —2, *v. i.* to conceal one's self, ပုန်း၍နေသည်၊ —*v. t.* to screen from view, ကွယ်သည်၊ to conceal, secrete, ဝှက်သည်၊ ဝှက်ထားသည်၊ ကွယ်ဝှက်သည်၊ ဖွတ်သည်၊ —and seek, *n.* ပုန်းတမ်းကစားခြင်း။
Hideous, *a.* အသွင်အရုပ်ဆိုး၍ကြောက်မက်ဖွယ်ဖြစ်သော။

**Hideousness**, *n.* from above.
**Hiding-place**, *n.* ပုန်းရှောင်၍နေရာ။
**Hie**, *v. i.* အလျှင်အမြန်သွားသည်။
**Hierarch**, *n.* the chief of an order of angels, ကောင်းကင်တမန်မှူး။ an archbishop, ဂိုဏ်းအုပ်ချုပ်။
**Hierarchy**, *n.* an order of angels with their chief, ကောင်းကင်တမန်မှူးနှင့်တကွကောင်းကင်တမန်အပေါင်းအသင်း။ an established church with its different orders of clergy, ဂိုဏ်းအုပ်၊ သင်းအုပ်၊ သင်းထောက်နှင့်တကွမင်းပြုစုသောအရပ်ဌာနအပေါင်းအသင်း။
**Hieroglyphic**, *a.* pertaining to hieroglyphics, အနက်အဓိပ္ပာယ်ရှိသောပုံနှင့်ဆိုင်သော၊ emblematic, ပုံအားဖြင့်အနက်အဓိပ္ပာယ်ကိုပြသော။
**Hieromancy**, *n.* ယဇ်ပူဇော်သောအားဖြင့်သိ၍ဟောဘတ်ခြင်း။
**Hierophant**, *n.* ဘုရား၊ တရားနှင့်ဆိုင်သောအကြောင်းအရာတို့ကိုဖော်ပြသောသူ။
**Higgle**, *v. i.* ကတ်ကတ်သတ်သတ်ဆစ်ဆွက်သည်။
**High**, *a.* distant upwards, မြင့်သော၊ exalted, excellent, မြင့်မြတ်သော။ exalted in rank, ကြီးမြင့်သော။ towering, မားသော။ (as ကြီးမားသော၊) proud, ostentations, ထောင်လွှားသော။ violent, ပြင်းထန်သော။ strong, အားကြီးသော။ of great price, အဘိုးကြီးသော။ —church, *n.* ဂိုဏ်းအုပ်ချုပ်၍အာဏာတည်စေခြင်း၌အလိုရှိသောသင်းဝင်စု။ —land, မြစ်ညာ၊ မြစ်ဖျားနှင့်ကျသောအထက်အရပ်။ —lander, မြစ်ညာ၊ မြစ်ဖျားနှင့်နေသောအထက်သား။ —priced, *a.* အဘိုးကြီးသော။ —priest, *n.* ယဇ်ပုရောဟိတ်မင်း။ —road, လမ်းမ။ —water, ရေပြည့်။ —way, လမ်းမ။ —wayman, လမ်းခရီးနှင့်တိုက်သောထားပြ။ —*adv.* at a great height, အမြင့်။ eminently, အထူးသဖြင့်။ strongly, အားကြီးစွာ။ —born, *a.* အမျိုးမြတ်သော၊ —bred, အမျိုးမြတ်၍ယဉ်ကျေးသော။ —colored, အရောင်ရဲသော။ —flavored, သြဇာသေးနက်သော။ —flown, ဝါကြွားသော (စကား။) —handed, အနိုးတရပြုသော၊ —mettled, စိတ်ထက်မြက်သော။ —minded, စိတ်မြင့်သော။ နှလုံးထားမြင့်သော၊ —seasoned, ပူစပ်သောအရသာရှိအောင်ချက်သော၊ —sounding, ဝါကြွားသော (စကား။) —spirited, စိတ်ထက်မြက်သော။ —wrought, ခေါ်စပ်သေချာစွာပြီးသော၊ —*n.* မြင့်ရာအရပ်။ on—, *adv.* အမြင့်၊ မြင့်သောအရပ်မှာ။
**Highness**, *n.* from High, *a.;* (a title,) ဘုန်းကြီးသောသခင်။
**Hilarious**, *a.* ရွှင်မြူးသော။
**Hilarity**, *n.* from above.
**Hill**, *n.* a small mountain, တောင်ပူသော၊ an elevated spot of land, ကုန်း။ (Amer.) a cluster of plants, and the earth raised about them, ပင်ခြစ်ခြေရင်းနှင့်ရှိသောမြေတောင်။ —side, တောင်ပူ

သောခါးပန်း။ —top, တောင်ပူဆာထိပ်။ —v. t. (Amer.) ပင်မြစ်ခြေရင်း၌မြေတောင်ပို့သည်။
Hillock, n. a small hill, တောင်ပူဆာကလေး။ —raised by white ants, တောင်ပို့။
Hilly, a. တောင်များသော။
Hilt, n. ထားလွယ်ရိုး။
Hilted, a. ဓားရိုးပါသော (ထားလွယ်။)
Him, obj. of He, which see; —self, pron. သူကိုယ်။ သူကိုယ်တိုင်။ သူကိုယ်တိုင်ပင်။ —self (by,) adv. သူကိုယ်တယောက်တည်း။
Hind 1, n. a female deer, သတ်မ။ —2, a rustic, ကျေးတောသား၊ —3, a. နောက်သော။ နောက်၌ရှိသော။ —foot, n. တိရိစ္ဆာန်၏ခြေ။ —leg, တိရိစ္ဆာန်၏ခြေထောက်။ —most, နောက်ဆုံးသော။ —part, နောက်ဖေး။ နောက်ပိုင်း။
Hinder, a. နောက်၌ရှိသော။ နောက်ဖေး၌ရှိသော။ —v. t. to prevent, ဆီးတားသည်။ ကန့်ကွက်သည်။ to retard, နှေးစေခြင်းငှါနှောင့်ရှက်သည်။
Hinderance, n. an impediment, အဆီးအတား။ ဆီးတားသောအရာ၊ that which retards, နှေးစေခြင်းငှါနှောင့်ရှက်သောအရာ။
Hindermost, see Hindmost.
Hindoo, n. ဟိန္ဒူ။ ဟိန္ဒူလူ။ ကလယ်။ —a. ဟိန္ဒူလူအမျိုးနှင့်ဆိုင်သော။
Hindooism, n. ဟိန္ဒူဘာသာ။
Hinge, n. ပတ္တာ။ —v. i. မှီ၍လိုက်သည်။
Hint, n. အရိပ်။ အရိပ်အမြွက်။ စကားရိပ်။ —given by sign, အရိပ်အမှတ်။ —v. အရိပ်အမြွက်ပေးသည်။ —with the eye, မျက်ရိပ်ပေးသည်။ (to try to catch a hint, အရိပ်ဖမ်းသည်။ to get a hint of, ရိပ်မိသည်။)
Hintingly, adv. ရိပ်တိတ်တိတ်။
Hip, n. တင်ပါးရိုး။
Hippogriff, n. မြင်းတောင်ပံ။
Hippopotamus, n. ရေမြင်း။
Hire, v. t. ငှါးသည်။ —n. အခ။
Hireling, a. အခစားသော။ —n. အခစား။ သူရင်းငှါး။
His, poss. of He, which see.
Hiss, v. —as a man, ရှီထိုးသည်။ ရှူထိုးသည်။ —as a snake, မှုတ်သည်။ ရှူးရှူးမြည်သည်။ —as an arrow, ရွှီခနဲမြည်သည်။ —n. from do.
Hissing, adv. ကျွိကျွိ။ ရှီရှီ။ —as wind impinging on the fire, ရှူးရှူး၊
Hist, int. တိတ်တိတ်နေ။
Historian, n. ရာဇဝင်ကျမ်းကိုစီရင်ရေးထားသောဆရာ။

Historic, Historical, *a.* အကြောင်းအရာ အထုပ္ပတ္တိကိုဖော်ပြသောစာနှင့်ဆိုင်သော၊

History, *n.* အကြောင်းအရာအထုပ္ပတ္တိကိုဖော်ပြသောစာ၊ universal—, မဟာဝင်၊ civil—, ရာဇဝင်ကျမ်း၊ —of continents or great islands, ဒီပဝင်၊ —of a pagoda, သမိုင်း၊ .

Histrionic, *a.* ဇာတ်ပွဲနှင့်ဆိုင်သော၊

Hit, *v.* to strike against, ထိသည်၊ ထိခိုက်သည်၊ ခိုက်မိသည်၊ to touch a mark aimed at, မှန်းသည်၊ စွဲသည်၊ to come to the point, နေရာကျသည်၊ to be to the point, as a remark ထိသည်၊ ထိုက်ဆိုက်သည်၊ အမှန်ကျသည်၊ အချက်ကျသည်၊ to reach, မှီသည်၊ —off, *v. t.* ကြံစည်ခြင်းမရှိဘဲတူအောင်လုပ်သည်၊ —on, —upon, အမှတ်တမဲ့တွေ့သည်၊ ကြုံမိသည်၊ as a plan, အကြံရသည်၊ —out, နေရာကျအောင်အမှတ်တမဲ့ပြုလုပ်သည်၊ —right, happen opportunely, တော်ပြေးသည်၊ —*n.* a striking against, အထိ၊ အထိအခိုက်၊ a casual coincidence, အမှတ်တမဲ့နေရာကျခြင်း၊

Hitch, *v. i.* to go by jerks, ပွတ်ကာရွေ့ကာထိုး၍သွားသည်၊ to become entangled, ငြိသည်၊ ငြိတွယ်သည်၊ —*v. t.* to catch by a hook, ငြိအောင်ချိတ်သည်၊ (Amer.) to secure (a horse) by the bridle, ဇက်ကြိုးကိုချိတ်၍ထားသည်၊ —*n.* အငြိအတွယ်၊

Hither, *adv.* သည်ကို၊ ဤအရပ်သို့၊ —to, to this time, ယခုတိုင်အောင်၊ to this place, ဤအရပ်တိုင်အောင်၊ —ward, —wards, ဤအရပ်သို့၊ —and thither, ခုန်ကျိုခုန်ကျော်၊ တောင်ပြောက်၊ ရထားလုံး as the bee flies, ဒိတုန်းပျံ၊ —*a.* သည်ဘက်၌ရှိသော၊ —most, သည်ဘက်၌အနီးဆုံးသော၊

Hive, *n.* a receptacle for bees, ပျားခွေးထောအိမ်၊ a company, အစုအပေါင်း၊ —*v. t.* ပျားအိမ်ထဲသို့ပျားကိုသွင်းသည်၊

Ho, *int.* ဟိုး၊ အထယ်၊ expressive of pain, အလိုလေး၊

Hoar, *a.* ဖြူသော၊ —frost, *n.* နှင်းခဲ၊

Hoard, *v. t.* မထင်မရှားသိုထားသည်၊ —*n.* မထင်မရှားသိုထားသောဥစ္စာ၊

Hoariness. *n.* ဖြူသောအဖြစ်၊

Hoarse, *a.* အသံပြာသော၊

Hoarseness, *n.* from above.

Hoary, *see* Hoar; —headed, *a.* ဆံပင်ဖြူသော၊

Hoax, *v. t.* ဖျက်ချော်သည်၊ —*n.* from *do.*

Hobble, *v. i.* ထို့နင်းထို့နင်းသွားသည်၊ —*n.* from *do.*

Hobby, *n.* a kind of horse, ထားကြီးသောမြင်းကလေး၊ a wooden horse for children, လူကလေးစီးရန်မြင်းရုပ်၊ a favorite object of pursuit, စိတ်စွဲလမ်းသောအမှု၊ —horse, same, 2d and 3d def.

Hobgoblin, *n.* ကြောက်မက်ဖွယ်သောစုန်း

Hobnail, *n.* သံမှိုတမျိုး၊

**Hock**, *n.* တိရိစ္ဆာန်၏ခြေထောက်၊ —*v. t.* ခြေကြောကိုဖြတ်သည်၊

**Hockle**, *v. t.* same.

**Hocus-pocus**, *n.* မျက်လှည့်သမားလိမ်လည်ခြင်း။

**Hod**, *n.* ပေါက်ကမို၊

**Hodge-podge**, *see* Hotch-potch.

**Hodiernal**, *a.* ယခုနေ့နှင့်ဆိုင်သော၊

**Hoe**, *n.* ပေါက်တူး။ a broad—, ပေါက်တူးပြား၊ —*v. t.* ပေါက်တူးနှင့်ပေါက်ဆွသည်၊

**Hog**, *n.* ဝက်၊ large male—, ဝက်တောင်း။ —herd, ဝက်ထိန်း၊ —pen, —sty, ဝက်ခြံ၊ —plain, ငွေး။ —wash, ဝက်ကိုကျွေးရန်အ[illegible]ရောနှော၍ထားသောအရာ၊

**Hoggish**, *a.* greedy, gluttonous, ဝက်သဘောကဲ့သို့ကိုယ်ဝမ်းဝအောင်သာစားတတ်သော၊ eager to obtain, ရမက်ကြီးသော၊

**Hoggishness**, *n.* from above.

**Hogshead**, *n.* ဟောဂရှက်တည်းဟူသောဂါလံ ၆၃ ခုဝင်သောစည်ကြီး၊

**Hoiden**, *n.* အရှက်မရှိ၊ ရှုခြေမဆောင်၊ မိုင်းပြသောမိန်းကလေး၊

**Hoist**, *v. t.* to raise with an effort, အားထုတ်၍ချီကြွသည်၊ to draw upwards, အထက်သို့ဆွဲယူသည်၊

**Hold**, *v. t.* to retain in the hand, ကိုင်သည်၊ to make fast, အမြဲစွဲစေသည်၊ to maintain, as an opinion, အယူရှိသည်၊ to regard, ထင်မှတ်သည်၊ to comprise, ပါဝင်သောအရာကိုခံသည်၊ to be able to contain, ဆံ့သည်၊ to be water-tight, မယိုအောင်လုံသည်၊ to retain possession of, လက်နှင့်မလွှတ်၊ စွဲကိုင်သည်၊ as an anchor, ကျောက်ကိုက်သည်၊ to have possession of, ပိုင်သည်၊ to compel (one) to observe or fulfil, မပြုဘဲနေသောအခွင့်ကိုမပေး၊ ပြုစေသည်၊ to confine, ချုပ်သည်၊ ချုပ်တည်းသည်၊ to continue doing, ပြုမြဲပြုသည်၊ to observe, keep, ခံသည်၊ဆောင်သည်၊ —a festival, ပွဲခံသည်၊ —the breath, အသက်အောင့်လျက်နေသည်၊ —a conversation, အချင်းချင်းစကားပြော၍နေသည်၊ —the tongue, တိတ်တိတ်နေသည်၊ —*v. i.* to remain true, တည်သည်၊ to endure, ခံသည်၊ not to give way, ခိုင်သည်၊ to adhere firmly, မကွာ၊ စွဲကပ်သည်၊ —back, *v. t.* to keep from action, မပြုရအောင်တားသည်၊ —forth, to present to view, ဘွမ်း၍ပြသည်၊ —*v. i.* to harangue, ပရိသတ်ရှေ့မှာကျယ်ကျယ်ပြောဆိုသည်၊ —in, *v. t.* to restrain, ချုပ်တည်းသည်၊ —in subjection, နှိပ်နင်းသည်၊ —in the arms, ပိုက်သည်၊ to draw in the reins, ဇက်ကြိုးသတ်သည်၊ —*v. i.* to restrain one's self, အောင့်သည်၊ —off, *v. t.* to keep at a distance, ချဉ်းကပ်ရသောအခွင့်ကိုမပေးဘဲနေသည်၊ —*v. i.* to refuse assent, ဝန်မခံဘဲနေသည်၊ —off, refuse to do, တွတ်ကတ်သည်၊ —on, *v. t.* to keep hold of, ဆွဲကိုင်သည်။ —with a pulling effort, ဆွဲကိုင်သည်။ —*v. i.* to continue, တည်ကြည်သည်။ —out, *v. t.* to present to view, လှမ်း၍ပြသည်။ —*v. i.* to endure without failing, အားမလျော့ဘဲခိုင်ခံ့သည်။ ရပ်ခံသည်။ not to yield, လျော့မပေးဘဲနေသည်။ —still, to remain without moving, မလှုပ်ဘဲနေသည်။ —to, *v. t.* to cling to, ဆွဲကပ်သည်။ —together, *v. i.* to remain in union, အချင်းချင်းမကွာဘဲ၊ ပေါင်း၍နေသည်။ —up, *v. t.* to raise, ချီကြွသည်။ to sustain, support, မသည်။ ထောက်မသည်။ အောက်ကခံသည်။ to retain, (ကျောင်ငယ်) အောင့်သည်။ to exhibit, ထင်ရှားစွာပြသည်။ —*v. t.* to support one's spirits, စိတ်မပျက်၊ ခံနေသည်။ to cease raining, မိုးစဲသည်။ —with, *v. t.* သူတပါးဘက်၌နေသည်။ —*n.* a grasp with the hand, ကိုင်ခြင်း။ something to hold by, ဆွဲကိုင်ရန်။ power over, စီရင်နိုင်သောအခွင့်။ influence over, သွေးဆောင်နိုင်သောအခွင့်။ custody, ချုပ်ထားခြင်း။ a place of confinement, ချုပ်ထားရာအရပ်။ a place of security, လုံချုံသောအရပ်။ a fortress, ခံတိုက်။ the interior cavity of a ship, သင်္ဘောဝမ်း။ —*int.* မပြနှင့်။

Holder, *n.* လက်ကိုင်။

Hole, *n.* an aperture, အပေါက်။ ဆွိရ၊ *Pali.* cranny, ထောင့်ကြား။ a cavity, အခေါင်း။ passage through from side to side, တူးပေါက်။ —through the head of any thing, နဖားပေါက်။

Holiday, *n.* ပွဲနေ့။

Holiness, *n.* from Holy.

Hol'lo, *v. i.* ဟစ်သည်။

Hollo', *int.* ဟေး။

Holland, *a.* ဟောလန်ပြည်နှင့်ဆိုင်သော။

Hollander, *n.* ဟောလန်။ ဟောလန်လူ။

Hollow, *a.* having a cavity, အခေါင်းရှိသော။ not solid, ခေါင်းပွပြစ်သော။ with a hole through lengthwise, ဟောင်းလောင်းဖြစ်သော။ of deep sound. ဟိန်းသော (အသံ။) false, insincere, သစ္စာမရှိသော။ သဘောမဖြောင့်သော။ —eyed, မျက်တွင်းဟောက်သော။ မျက်တွင်းချောင်သော။ —hearted, သစ္စာမရှိသော။ —*n* a cavity, အခေါင်း။ a low spot, ချိုင့်။ a place scooped out, ခလိုင်။ —*v. t.* ခလိုင်သည်။ ခေါင်း၍တူးသည်။

Hollowness, *n.* from Hollow, *a.*

Holocaust, *n.* မီးရှို့ရာယဇ်။

Holster, *n.* မြင်းသေနတ်စွပ်သောသားရေအိတ်။

Holy, *a.* set apart for a sacred purpose, ဘုရား၊ တရားအမှုကြီးနှင့်ထားသျှက်ရှိသော။ pertaining to religion, ဘုရား၊ တရားနှင့်ဆိုင်

သော။ morally pure, သန့်ရှင်း၊စင်ကြယ်သော။ replete with virtue, ပါရမီရင့်သော။ —writ, *n.* ဘုရားထားသောကျမ်း။

Homage, *n.* an act of obeisance, ဦးညွှတ်ခြင်း။ ရှိခိုးခြင်း။ reverential worship, ဝတ်ပြုကိုးကွယ်ခြင်း။ divine—, ဝန္ဒနာ။ *Pali.* (to pay divine homage, ဝန္ဒနာပြုသည်။)

Home, *n.* ကိုယ်နေရာအိမ်။ —born, *a.* ကိုယ်ပြည်က ဖြစ်သော။ —bred, *do.* uncultivated, မသည်ကျေးသော။ —less, ကိုယ်နေရာမရှိသော။ —made, ကိုယ်ပြည်၊ ကိုယ်အိမ်၌လုပ်သော (အရာ။) —sick, ကိုယ်နေရာအိမ်ကိုအောင်းငွေ၍စိတ်ညှိုးငယ်သော။ —spun, ကိုယ်ပြည်၊ ကိုယ်အိမ်၌ရက်သော (အထည်။) —stead, *n.* ကိုယ်နေမြဲအိမ်တည်ရာအရပ်။ —ward, —wards, *adv.* ကိုယ်နေရာသို့။ —ward-bound, *a.* ကိုယ်နေရာသို့ပြန်လျှက်ရှိသော။ —*adv.* စိတ်တိုက်စိသည်နှင့်။

Homeliness, *n.* from next.

Homely, *a.* မချောမယည်၊ အကျည်းတန်သော။ အဆင်းတန်သော၊ အရုပ်ဆိုးသော။ artless, ရိုးသော။

Homeopathy, *n.* အနာသဘောကိုလိုက်လျော၍ဆေးကုခြင်းနည်း။

Homicide, *n.* ရန်သူစိတ်မရှိဘဲလူအသက်ကိုသတ်သောသူ။

Homily, *n.* တရားဟောစာ။

Hommock, *see* Hummock.

Homogeneous, *a.* ဓာတ်ချင်းတူသော။

Hone, *n.* သင်တုန်းသွေးသောကျောက်။ —*v. t.* ထိုကျောက်နှင့်သွေးသည်။

Honest, *a.* guileless, straight forward, သဘောဖြောင့်သော။ ရိုးသားသော။ ရိုးဖြောင့်သော။ upright, ဖြောင့်မတ်သော။ open, frank, လှည့်ဖြားခြင်းမရှိ၊ တည့်လင်းသော။ chaste, ကာမေသုဗ္ဗာနိကျူးခြင်းနှင့်ကင်းစင်သော။

Honesty, *n.* from above.

Honey, *n.* ပျားရည်။ —bee, ပျားကောင်။ small species, ယင်ပျား။ —comb, ပျားလပို။ (empty honey-comb, ပျားသွန်း။) —dew, ချိုသောနှင်းရည်။ —moon, မင်္ဂလာဆောင်သည်နေ့မှတလခန့်အောင်ဖြစ်သောလ။ —suckle, မြက်တမျိုး။

Honied, *a.* smeared with honey, ပျားရည်နှင့်လူးသော။ sweet as honey, ပျားရည်ကဲ့သို့ချိုသော။

Honor, *n.* reputation, ဂုဏ်အသရေ၊ dignity, ဘုန်း။ reverence, ရိုသေခြင်း။ civilities paid, လောကဝတ်ပြုခြင်း။ *a title of respect,* မင်းဘုရား။ —*v. t.* to respect, reverence, ရိုသေသည်၊ to make honorable, အသရေကိုပေးသည်။ to exalt, ချီးမြှောက်သည်။ to treat with due civility and respect, ပြုရသောဝတ်ကိုပြုသည်။ —a bill, ငွေလက်မှတ်ကိုဝန်ခံ၍ငွေကိုပေးသည်။

Honorable, *a.* enjoying good reputation, ဂုဏ်အသရေရှိသော။ of high birth, အမျိုးမြတ်သော။ consistent with honor and reputation, ဂုဏ်အသရေရှိသောသူနှင့် ထိုက်တန်သော။ worthy of esteem and praise, ချီးမွမ်းဖွယ်ဖြစ်သော။ frank, honest, လျှို့ဝှက်ခြင်းမရှိ၊ ရိုးဖြောင့်သော။

Honorary, *a.* conferring honor, ဂုဏ်အသရေကိုပေးတတ်သော။ possessing a place without service or reward, အမှုကိုမထမ်း၊ အကျိုးစီးပွားကိုမရဘဲအရာသက်သက်ရှိသော။

Honorific, *a.* same, 1st def.

Hood, *n.* ဝတ်လုံလည်ပင်းနှင့်ဆက်သောခေါင်းအုပ်။ —of a cobra, ပါးပျဉ်း။ —wink, *v. t.* to blind by covering the eyes, မျက်စိကိုဖုံးအုပ်သည်။ to impose on, လိမ်လည်သည်။ လှည့်စားသည်။

Hoof, *n.* ခွာ။ —print, ခွာရာ။

Hook, *n.* ချိတ်။ —for fishing, ငါးမျှားး။ —for driving elephants, ချွန်းတောင်း။ —*v. t.* to fasten with a hook, ချိတ်သည်။ to catch with a hook, မျှားသည်။ to insnare, ကျော့မိသည်။

Hookah, *n.* ဆေးဘူး။

Hooked, *a.* ကောက်သော။ ကွေးသော။ —nosed, နှာသီးဖျားကောက်သော။

Hoop 1, *n.* ခွေပတ်။ စည်ပတ်။ —*v. t.* to bind with hoops, ခွေပတ်ထိုးသည်။ စည်ပတ်ထိုးသည်။ —2, *v. i.* to halloo, shout, အော်ဟစ်သည်။ ညာသံပေးသည်။

Hoopoe, *n.* တောင်ဘီးစုးငှက်။ ဘီးတောင်ချုပ်။ ဘီးတောင်ပိုး။

Hooping-cough, *n.* ကြက်ညှာနာ။

Hoot, *v. i.* to cry, as an owl, (ငှက်ဆိုး) မြည်သည်။ to shout in derision, အရှက်ခွဲသံနှင့်ဟစ်သည်။ —*n.* from above.

Hop, *v. i.* to leap, ခုန်သည်။ to spring forward on one leg, ခြေတဖက်နှင့်ခုန်သည်။ —*n.* from *do.* (hoppingly, with both feet, ခုန်ဆွခုန်ဆွ။)

Hope, *v.* မျှော်လင့်သည်။ မျှော်ဘင်းသည်။ —*n.* from *do.*

Hopea tree, *n.* သက်နှီးပင်။

Hopeful, *a.* full of hope, မျှော်လင့်တတ်သော။ promisi[illegible] မျှော်လင့်စရာအကြောင်းရှိသော။

Hopefulness, *n.* from above.

Hopeless, *a.* မျှော်လင့်စရာမရှိ၊ စိတ်ပျက်သော။

Hopelessness, *n.* from above.

Hopper, *n.* ကြိတ်ဆုံခွံပါသောဖြည်။

Hopple, *n.* ခတ်ထူး။ သိုင်းထူး။ —*v. t.* ထူးခတ်သည်။

Horal, Horary, *a.* တနာရီနှင့်ဆိုင်သော။

Horde, *n.* အတည်မကျ၊ လှည့်လည်တတ်သော်လူစု။

Horizon, *n.* မိုဃ်းကုပ်စက်ဝိုင်း။ မိုဃ်းကုပ်။

Horizontal, *a.* တုံးလုံးဖြစ်သော။

**Horn,** *n.* —on a creature's head, ဦးချို။ a kind of wind instrument, မှုတ်သောတရာ၊ တံပိုး။ French—, ညှင်း။ a drinking cup made of horn, ချိုကိုလုပ်သောသောက်ခွက်။ antennæ, ပိုးကောင်၏ခေါင်း၌ပေါက်သောအမှင်။ —of the moon, လ၏တပြင်စွန်း။ —bill, the large species, ယောင်ယင်ငှက်။ the black species, ယောင်ယင်နက်။ the small species, အောက်ချင်းငှက်။ —book, ရှေးကာလသုံးသောသင်ပုံး။ —mad, *a.* အလွန်ပြင်းထန်စွာအမျက်ထွက်သော။ —owl, *n.* တီးတုတ်။ —pipe, ကခြင်းတမျိုး။ —work, ဝက်ခေါင်းတမျိုး။

**Horned,** *a.* ဦးချိုရှိသော။

**Hornet,** *n.* ပျားတူ။ ပျားသန်း။

**Horny,** *a.* ချိုနှင့်တူသော။

**Horologe,** *n.* နာရီ။

**Horoscope,** *n.* ဇာတာခွင်။ ဇာတာပုံ။ (to construct a horoscope, ဇာတာဖွဲ့သည်။)

**Horrent,** *a.* ဖောင်းမွေးထသကဲ့သို့ဖြစ်သော။

**Horrible,** *a.* အလွန်ကြောက်မက်ဖွယ်ဖြစ်သော။

**Horrid,** *a.* same; disgusting, ရွံရှာစရာရှိသော။ rough, ကြမ်းသော။

**Horrific,** *a.* အလွန်ကြောက်လန့်စေတတ်သော။

**Horrify,** *v. t.* အလွန်ကြောက်လန့်စေသည်။

**Horripilation,** *n.* ကြက်သီးထခြင်း။ ကြက်သီးမွေးညှင်းထခြင်း။

**Horror,** *n.* အလွန်ကြောက်လန့်ရွံရှာခြင်း။

**Horse,** *n.* the animal, မြင်း။ အဿ။ *Pali.* cavalry, မြင်းတပ်။ a wooden frame on legs, ခွေးခြေ။ —back, *adv.* မြင်းစီးလျက်။ —block, *n.* မြင်းကိုတက်ရန်ခုံ။ —boy, မြင်းထိန်းသောလူကလေး။ —breaker, မြင်းကိုသင်သောသူ။ မြင်းခံ။ —fly, မှက်။ —guards, ကိုယ်ရံမြင်းတပ်။ —hair, မြင်းမှင်။ —keeper, မြင်းထိန်း။ —laugh, မြင်းကွာရယ်ခြင်း။ —leech, a large kind of leech, မျှော့ကြီး။ a farrier, မြင်းဆေးသမား။ —man, a rider on horseback, မြင်းစီးသောသူ။ a soldier who serves on horseback, မြင်းစီးသူရဲ။ —manship, မြင်းစီးသောအတတ်။ —pistol, မြင်းသေနတ်။ —play, ကြမ်းတမ်းစွာကစားခြင်း။ —pond, မြင်းကိုရေချသောကန်။ —race, မြင်းပြိုင်ပြေးခြင်း။ မြင်းပွဲ။ မြင်းပြိုင်ပွဲ။ flying—, သိမ်ဗျော့မြင်း။ —radish, သဘော်ဒန့်သလွန်ပင်။ —shoe, မြင်းခွာ၌ရိုက်သောသံကွင်း။ —stealer, မြင်းခိုး။ —whip, ကြိုးသေပါသောနှင်တံ။ မြင်းနှင်တံ။ —whip, *v. t.* တိုနှင်တံနှင့်ရိုက်သည်။

**Hortation,** *see* Exhortation.

**Hortative,** *see* Exhortative.

**Horticulture,** *n.* ဥယျာဉ်စိုက်ပျိုးသောအတတ်။

**Hosannah,** *int.* ဟောရှန္နာ။ ကယ်တင်တော်မူပါ။

**Hose,** *n.* ခြေစွပ်။
**Hosier,** *n.* ခြေစွပ်ရောင်းသောသူ။
**Hosiery,** *n.* ခြေစွပ်စု။
**Hospitable,** *a.* disposed to entertain guests, ဧည့်သည်ဝတ်ကိုပြုတတ်သော။ partaining to hospitality, ဧည့်သည်ဝတ်ကိုပြုခြင်းနှင့်ဆိုင်သော။
**Hospital,** *n.* လူနာအိမ်။
**Hospitality,** *n.* ဧည့်သည်ဝတ်ပြုခြင်း။
**Host 1,** *n.* one who entertains a guest, ဧည့်ခံသောသူ။ an innkeeper, ထမင်းဆိုင်ရှင်။ —2, an army, ဗိုလ်ခြေ။ —3, deified bread, ဗရင်ဂျီဘာသာ၌ဘုရားဟူ၍ကိုးကွယ်သောမုန့်။
**Hostage,** *n.* အာမခံအဖြစ်နှင့်ထားစေခံနေသောသူ။
**Hostess,** *n.* a female host, ဧည့်ခံသောမိန္မ။ a female innkeeper, ထမင်းဆိုင်သည်မ။
**Hostile.** *a.* pertaining to war, စစ်တိုက်ခြင်းနှင့်ဆိုင်သော။ adverse, ဆန့်ကျင်ဘက်ဖြစ်သော။
**Hostility,** *n.* from above.
**Hostler,** *n.* ထမင်းဆိုင်၌ရှိသောမြင်းထိန်း။
**Hot,** *a.* having sensible heat, ပူသော။ passionate, very—, ပူပြင်းသော။ scorchingly—, ချစ်ချစ်လောင်လောင်ပူသော။ စိတ်ဆတ်သော။ eager, စိတ်အားကြီးသော။ violent, ပြင်းထန်သော။ lustful, တဏှာအားကြီးသော။ pungent to the taste, စပ်သော။ smarting, ရှိန်းရှိန်း။ —bed, *n.* မြင်းချေး၊ နွားချေးကိုထည့်၍နွေးစေခြင်းငှါပြုပြင်သောခြံ။ —headed, *a.* စိတ်ပြင်းသော။ —house, *n.* ဆောင်းကာလ၌ပန်းပင်၊ ဟင်းပင်တို့ကိုပူနွေးစေခြင်းငှါမိုးကာရန်လုပ်သောဖန်အိမ်။ (to feel hot in the stomach, ပူဆာသည်။)
**Hotch-potch,** *n.* ရောရီရောရာရောနှော၍ချက်လုပ်သောအစာ။
**Hotel,** *n.* ထမင်းဆိုင်ကြီး။
**Hough,** *n.* တိရစ္ဆာန်၏ပေါင်ဖျားဗိုင်း၊ —*v. t.* ပေါင်ကြောကိုဖြတ်သည်။
**Hound,** *n.* အမဲကိုလိုက်သောခွေး။
**Hour,** *n.* နာရီ။ —glass. သဲနာရီ။ —hand, နာရီလက်။
**Hourly,** *a.* နာရီတိုင်းဖြစ်သော။
**House,** *n.* a place of abode, အိမ်။ brick or stone—, တိုက်။ တိုက်တာ။ large respectable—, အိမ်ကြီးရခိုင်။ —that fronts East or West, နေကျောအိမ်။ manner of living, the table, စားပွဲ၊ family, race, အမျိုးအနွယ်။ an assembly of legislators, မင်းအစည်းအဝေး။ —breaker, အိမ်ကိုဖောက်ဖျက်သောသူခိုး။ —dog, အိမ်စောင့်ခွေး။ —hold, a family, အိမ်သူအိမ်သားအစု။ တအိမ်ထောင်။ domestic affairs, အိမ်ထောင်မှုရေး။ —hold, *a.* အိမ်သူအိမ်သားစုနှင့်ဆိုင်သော။ —holder, *n.* အိမ်ရှင်။ —hold stuff.

ခံထောင်ပရိက္ခရာ။ —keeper, one who keeps his own house and taole, ကိုယ်အိမ်၊ကိုယ်စားပွဲရှိသောသူ။ a female in charge of family affairs, သူတပါးအိမ်မှု၊ စားပွဲမှုကိုကြည့်ရှုပြုစုသောမိန်း။ —keeping, အိမ်မှု၊ စားပွဲမှုကိုပြုစုခြင်း။ —leek, one species, ရှက်ကျောပင်ပေါက်။ —less, *a.* နေရာအိမ်မရှိသော။ —maid, *n.* အိမ်၌ရှိသောအရာတို့ကိုသုတ်သင်ပျင်ဆင်သောမိန်းကလေး။ —room, အိမ်၌နေရာ။ —top, တိုက်ထိပ်။ အိမ်ခေါင်ထိပ်။ —warming, အိမ်သိမ်းပွဲ။ —wife, the mistress of a family, အိမ်ရှင်မ။ a female who is a good manager of a family, အိမ်မှုအိမ်ရေးကိုကောင်းစွာကြည့်ရှုပြုစုတတ်သောအိမ်ရှင်မ။ —wifery, အိမ်မှုအိမ်ရေးကိုအိမ်ရှင်မိန်းကြည့်ရှုပြုစုခြင်း။ —wright, အိမ်ဆောက်လက်သမား။ licensed gambling—, ဒိုင်အိမ်။ —*v. t.* to admit to residence, အိမ်၌နေရာပေးသည်။ to put under shelter, အမိုးအောက်၌သွင်းထားသည်။

**Housing**, *n.* မိုးနှီး။

**Hovel**, *n.* အိမ်ကုပ်ကလေး။

**Hover**, *v. i.* to hang over or about, fluttering or flapping the wings, ကောင်းကင်၌အားတောင်ခတ်လျက်ရပ်တန့်၍နေသည်။ to move about near (a place,) အနီးအပါး၌အဝှေ့လည်လည်နေသည်။ to be in suspense, တွေးတောလျက်နေသည်။

**How**, *adv.* in what manner, အဘယ်သို့။ အဘယ်နှယ်။ ဘယ်သို့၊ အသို့။ to what degree, အဘယ်မျှလောက်။ for what reason, အဘယ်ကြောင့်။ by what means, အဘယ်သို့သောအားဖြင့်။ —beit, သို့သော်လည်း။ —ever, —soever, although, သို့သော်လည်း။ in whatever manner, မည်သို့မဆို။ —*pron.* —many, ဘယ်နှစ်။

**Howdah**, *n.* ဆင်ပေါင်းကား။ ဆင်ပေါင်းကား။

**Howitzer**, *n.* ဗုံးအမျိုး။

**Howl**, *v. i.* to cry as a dog, အူသည်။ to growl, ဟိန်းသည်။

**Hoy**, *n.* တပင်တိုင်သင်္ဘောကလေး။

**Hub**, *n.* ပုံတောင်းအိမ်။

**Hubbub**, *n.* ဆူတ်ဆူတ်ကျက်ကျက်သောအသံ။

**Hucklebone**, *n.* တင်ပါးရိုး။

**Huckster**, *n.* ကုန်သေးသည်။

**Huddle**, *v. t.* to perform in haste and disorder, ကပျာကယာပြုလည်း။ to collect in a hurry, ကပျာကယာစုရုံးသည်။ —*v. i.* to come together in hurried disorder, ကပျာကယာနှင့်ဝေးသည်။ —*n.* from *do.*

**Hue 1**, *n.* color, အရောင်။ —2, a rousing cry, နှိုးဆော်သံ။

**Huff**, *v.* စိတ်ဆိုး၍ထောင်လွှားစော်ကားသည်။ —*n.* from *do.*

**Huffish**, **Huffy**, *a.* from Huff, *v.*

**Hug,** *v. t.* to grasp in the arms, ပိုက်ဖက်၍ညှစ်သည်။ ဖက်ထမ်းသည်။ —the shore. ကမ်းနားမှာရှောက်သွားသည်။ —*n.* from *do.*

**Huge,** *a.* အလွန်ကြီးမားသော။

**Hugeness,** *n.* from above.

**Hulk,** *n.* ရွက်တိုင်တန်ဆာကိုနုတ်ပယ်၍ထားသောသင်္ဘောကိုယ်သက်သက်။

**Hull 1,** *n.* the frame or body of a ship, ရွက်တိုင်တန်ဆာမပါသောသင်္ဘောကိုယ်သက်သက်။ —2, the outer covering of a nut or grain, အခွံ။ —*v. t.* အခွံကိုခွာသည်။

**Hum,** *v. i* to make the sound of bees, (ပျား) မြည်သည်။ to make a noise like the humming of bees, ပျားမြည်သံကဲ့သို့အသံထွက်သည်။ —*v. t.* to sing in a low voice, သီချင်းတိုးတိုးဆိုသည်။ to impose on, လိမ်လည်သည်။ —*n.* the noise of bees, ပျားမြည်သံ။ a noise like that of bees, ပျားမြည်သံနှင့်တူသောအသံ။ —*int.* အင်း။

**Human,** *a.* having the qualities of man, လူ၏ဂုဏ်အင်္ဂါလက္ခဏာနှင့်ပြည့်စုံသော။ pertaining to man, လူမျိုးနှင့်ဆိုင်သော။ —kind, *n* လူမျိုး။

**Humane,** *a.* ကြင်နာတတ်သော။

**Humanity,** *n.* the nature of man, လူ့ဇာတိ။ mankind, လူမျိုး။ tender feelings, ကြင်နာတတ်သောသဘော။ philology, သဒ္ဒါရေး။

**Humanize,** *v. t.* နူးညံ့စေသည်။ ကြင်နာတတ်သောသဘောနှင့်ပြည့်စုံစေသည်။

**Humanly,** *adv.* လူ့သဘောရှိသည်အတိုင်း။

**Humbird, Humming bird,** *n.* ပန်းရည်စုတ်ငှက်။

**Humble,** *a.* low, နိမ့်သော။ mean, ယုတ်သော။ lowly, not proud, စိတ်နှိမ့်ချသော။ အောက်ကျို့သော။ submissive, ကျိုးငြံသော။ —*v. t* to abase, degrade, နှိမ့်ချသည်။ ရှုတ်ချသည်။ make submissive, နှိုသည်။ to make lowly in mind, စိတ်နှိမ့်ချစေသည်။ မာနကိုနှိမ့်ချသည်။

**Humble bee,** *n.* ပိတုန်း။

**Humbled (be,)** *v. i.* in spirit, စိတ်ကျိုးပဲ့သည်။ စိတ်ကျိုးပဲ့ကြေခွသည်။

**Humbleness,** *n.* from Humble, *a.*

**Humbles,** *n.* သမင်ဒရယ်အူ။

**Humbug,** *v. t.* လိမ်လည်သည်။ *n.* from *do.*

**Humdrum,** *n.* ညီးငွေ့ဖွယ်ဖြစ်သောအရာ။

**Humerus,** *n.* လက်မောင်းရိုး။

**Humeral,** *a.* လက်မောင်းရိုးနှင့်ဆိုင်သော။

**Humid,** *a.* damp, ထိုင်းထိုင်းဖြစ်သော။ wet, စိုစွတ်သော။

**Humidity.** *n.* from above.

**Humiliat** နှိမ့်ချသည်။ ရှုတ်ချသည်။

**Humiliating,** *a.* မာနနှိမ့်ချတတ်သော၊ ရှက်ကြောက်စေတတ်သော၊

**Humiliation,** *n.* the act of humbling, နှိမ့်ချခြင်း၊ ရှုတ်ချခြင်း၊ the state of being humbled, နှိမ့်ချခြင်း၊ ရှုတ်ချခြင်းကိုခံရာ ဖြစ်၊ the act of abasing pride or putting to shame, မာနနှိမ့်ချခြင်း၊ ရှက်ကြောက်စေခြင်း၊

**Humility,** *n.* စိတ်နှိမ့်ချခြင်း၊

**Humming bird,** *n.* ပန်းရည်စုတ်ငှက်၊

**Hummock,** *n.* တောင်ငယ်၊

**Humor,** *n.* a fluid of the body, ကိုယ်၌ရှိသောအရည်၊ a cutaneous eruption, အဖုအပိမ့်၊ a peculiar temperament, အတည်မကျ၊ ပြောင်းလဲတတ်သောစိတ်သဘော၊ a turn for the ludicrous, ရယ်ရွှင်ဖွယ်သောစကားကို ပြောတတ်သောသဘော၊ a mode of speaking that excites mirth, ရယ်ရွှင်ဖွယ်သောစကားကိုပြောခြင်း၊ petulance, စိတ်တိုခြင်းသဘော၊ —*v. t.* to comply with the changing temper of another, သူစိတ်အတည်မကျ၊ ပြောင်းလဲရာသို့လိုက်လျောသည်၊ to accommodate, တော်လျော်အောင်ပြုစုသည်၊

**Humorist,** *n.* one who follows his own changing temper, ကိုယ်စိတ်အတည်မကျ၊ ပြောင်းလဲသည့်အတိုင်းပြုတတ်သောသူ၊ one who indulges humor in his speech, ရယ်ရွှင်ဖွယ်သောစကားကိုပြောတတ်သောသူ၊

**Humorous,** *a.* following one's own humor, ကိုယ်စိတ်ရှိတိုင်းပြုတတ်သော၊ capable of speaking so as to excite mirth, ရယ်ရွှင်ဖွယ်သောစကားကိုပြောတတ်သော၊ jocular, ရယ်ရွှင်ဖွယ်ဖြစ်သော၊

**Humorousness,** *n.* from above.

**Humorsome,** *a.* influenced by the present humor, ကိုယ်စိတ်ရှိတိုင်းပြုလိုသော၊ petulant, စိတ်တိုသော၊

**Hump,** *n.* the protuberance of a crooked back, ကြောငိုးငယ်အဖုံး၊ the protuberance on the neck of cattle, ထမ်း၊

**Humpback,** *n.* ကြောကုန်းသောသူ၊

**Humbacked,** *a.* ကြောကုန်းသော၊

**Hunch,** *v. t.* to thrust with the fist, လက်သီးနှင့်ထိုးသည်၊ to push with the elbow, တံတောင်နှင့်တွက်သည်၊ to crook the back, ကြောကုန်း၍ထသည်၊ —*n.* a thrust with the fist, လက်သီးနှင့်ထိုးချက်၊ —with the elbow, တံတောင်နှင့်တွက်ချက်၊

**Hunchback,** *see* Humpback.

**Hunchbacked,** *see* Humpbacked.

**Hundred,** *n.* ten times ten, အရာ၊ တရာ၊ ၁၀၀၊ a division of a territory (in England,) မြို့နယ်၏အပိုင်းအခြား၊

**Hundredth,** *a.* သတမြောက်၊ တရာပြည့်သော၊

Hunger, *v. i.* to feel the want of food, ငွေ့သိပ်သည်၊ ဆာငွတ်သည်၊ ဆာလောင်သည်။ to long for, ဆာငတ်ခင်မွတ်သည်။ တောင့်တသည်။ —*n.* from *do.*

Hungry, *a.* from same; barren (soil,) မကောင်းသော (မြေ)

Hunks, *n.* စေးနှဲစဉ်စည်သောသူ၊

Hunt, *v.* to chase, or search for wild animals, မုဆိုးလုပ်သည်။ သမဲကိုလိုက်သည်၊ to pursue in order to catch, လိုက်၍ဖမ်းသည်၊ to search in order to find, တွေ့အောင်ရှာသည်၊ —after, —for, *v. t.* ရှာဖွေသည်၊ —down, ဆုံးရှုံးစေခြင်းငှါလိုက်၍ညှဉ်းဆဲသည်၊ —from, ထွက်သွားစေအောင်လိုက်သည်၊ —*n.* from Hunt, *v.*

Hunter, *n.* မုဆိုး။

Hunting, *n.* သမဲကိုလိုက်ခြင်း၊ —horn, မုဆိုးသုံးသောခရာ၊

Huntress, *n.* မုဆိုးမိမ္မ၊

Huntsman, *n.* မုဆိုး၊

Hurdle, *n.* a texture of twigs, သစ်ခက်ကိုရက်သောကပ်၊ a kind of sled, ကပ်ခင်းသောနွပ်ဖခဲ၊

Hurkaru, *n.* အရပ်ရပ်သို့စေခိုင်းသောလက်ပါးစေလူငယ်။

Hurl, *v. t.* ပြင်းစွာပြစ်သည်၊

Hurly-burly, *n.* ရုန်းရင်းခတ်ခြင်း၊

Hurrah, Hurra, *int.* ညာသံပေး၍ကြွေးကြော်ခြင်း၊

Hurricane, *n.* မုန်တိုင်း၊

Hurry, *v. i.* to do hastily, အလျင်အမြန်ပြုသည်၊ —*v. t.* to accelerate movement, လျင်မြန်စေအောင်နှိုးဆော်သည်၊ to urge with precipitation, ကပျာကယာနှိုးဆော်သည်၊ —away, *v. i.* to leave hastily, အလျင်အမြန်ထွက်သွားသည်၊ —*v. t.* to carry off hastily, အလျင်အမြန်ဆောင်သွားသည်၊ —*n.* from above; (in a hurry, ဗျာလောင်၊ ဗျာထိုင်၊)

Hurt, *v. t.* to give pain, နာစေသည်၊ to impair, ညှိုးစေသည်၊ to injure, damage, ယိုယွင်းစေသည်။ —the feelings, စိတ်နာစေသည်၊ —*n.* a wound, အနာ၊ that which gives pain, နာခြင်းအကြောင်း၊ harm, injury, အကျိုးပျက်ခြင်း၊

Hurtful, *a.* အကျိုးကိုဖျက်တတ်သော၊

Hurtle, *v. i.* ရင်အပ်တိုက်သည်၊

Husband, *n.* လင်၊ မောင်နှံ။ (in law style,) —and wife, လင်နှင့်မယား၊ ဇနီးခင်ပွန်း၊ ဇနီးခင်ပွန်း၊ ကာမပိုင်၊ —*v. t.* အကျည်းနှိုးမကုန်စေအောင်ကောင်းစွာသုံးစွဲသည်၊ (to have a husband, လင်ထားနေသည်၊)

Husbandman, *n.* တောင်ယာလုပ်သောသူ၊လယ်ယာလုပ်သောသူ၊တောင်သူ၊

Husbandry, *n.* the cultivation of the ground, လယ်ရာလုပ်ခြင်းအမှု၊

thrifty management, အချည်းနှီးမကုန်အောင်ကောင်းစွာသုံးခြင်း။

**Hush,** *a.* တိတ်သော၊ တိတ်ဆိတ်သော။ —*v. t.* to still noise, တိတ်စေသည်။ to make calm, quiet, ငြိမ်စေသည်။ —money, *n.* နှုတ်ပိတ်တံစိုး။ —up, *v. t.* (အမှုကို) ပဖျောက်အောင်ပြုသည်။ —*int.* တိတ်။

**Husk,** *n.* အခွံ။ —of grain, ပွဲကြမ်း၊ ဖွဲနု။ —*v. t.* အခွံခွာသည်။

**Huskiness,** *n.* from Husky.

**Husking,** (Amer.) *n.* ပြောင်းဖူးခွံခွာပွဲ။

**Husky,** *a.* abounding in husks, အခွံများသော။ dry as husks, အခွံကဲ့သို့သွေ့ခြောက်သော။ —(as the voice,) ဖြာသော။

**Hussar,** *n.* မြင်းစီးသူရဲတမျိုး။

**Hussy,** *n.* ယုတ်ညံ့သောမိန်းမ။

**Hustings,** *n.* ပြည်သူပြည်သားကိုဆောင်ရွက်ရမည်သူတို့သည်တတ်၍ချီးမြှောက်ခြင်းကိုခံရသောနေရာ။

**Hustle,** *v. t.* to shake together, အချင်းချင်းတိုက်အောင်လှုပ်သည်။ to push in a crowd, ဝိုင်းရံ၍တွန်းထိုးသည်။

**Huswife,** *see* Housewife.

**Hut,** *n.* အိမ်ကုပ်ကလေး၊ အိမ်ပိစပ်၊ အိမ်စုတ်။

**Hutch,** *n.* စပါးသည့်ရန်သစ်တာ။

**Huzza,** *see* Hurrah.

**Hyacinth,** *n.* the plant, ပန်းပင်တမျိုး၊ the mineral, ဂေါမိဒ်တည်းဟူသောကျောက်မြတ်။

**Hyades,** *n.* ရေနက္ခတ်။

**Hybrid,** *n.* အမျိုးကွဲသောတိရိစ္ဆာန်ချင်းစပ်ရှက်၍ရသောသား။

**Hydra,** *n.* ခေါင်းများသောနဂါး။

**Hydragogue,** *n.* အရည်ထွက်စေသောဆေး။

**Hydraulics,** *n.* ရေကိုဖြန့်နှင့်ဆောင်ခြင်းအတတ်။

**Hydrocele,** *n.* အူကိုရေဝင်သောအနာ။

**Hydrocephalus,** *n.* ခေါင်းဦးနှောက်ရေဖျဉ်းနာ။

**Hydrogen,** *n.* ထုဒရောဇင်တည်းဟူသောအုပ်ဇီဇင်နှင့်ရောနှော၍ရေကိုဖြစ်စေတတ်သောဓာတ်ငွေ့။

**Hydrographer,** *n.* ပင်လယ်ပုံကိုရေးတတ်သောသူ။

**Hydrography,** *n.* ပင်လယ်ပုံကိုရေးတတ်သောအတတ်။

**Hydrology,** *n.* အာပေါဓာတ်နှင့်ဆိုင်သောအတတ်ပညာ။

**Hydromel,** *n.* ရေနှင့်ရောသောပျားရည်။

**Hydrometer,** *n.* ရေကိုတိုင်းထွာသောတန်ဆာ။

**Hydrometry,** *n.* ရေကိုတိုင်းထွာတတ်သောအတတ်ပညာ။

**Hydropathy,** *n.* အနာအမျိုးမျိုးကိုရေဓာတ်ဖြင့်ကုသသောအတတ်ပညာ။

**Hydrophobia,** *n.* ခွေးရူးပြန်။

Hydrostatics, *n.* ရေကိုချိန်တတ်သောအတတ်ပညာ။
Hyena, *n.* သားရဲတမျိုး။
Hygeian, *a.* ကျန်းမာပကတိနှင့်ဆိုင်သော။
Hygrometer, *n.* လေအစိုအခြောက်ကိုတိုင်းထွာသောတန်ဆာ။
Hymen, *n.* the god of marriages, ရှေးဘာသာ၌မင်္ဂလာဆောင်နတ်သား။ the virginal membrane, ကညာ၏အင်္ဂါဇာတ်အမြှေး။
Hymeneal, Hymenean, *a.* မင်္ဂလာဆောင်ခြင်းနှင့်ဆိုင်သော။
Hymn, *n.* ချီးမွမ်းသောသီချင်း။ —book, သီချင်းစာ။ —*v. t.* ချီးမွမ်း၍သီချင်းဆိုသည်။
Hyp, *n.* စိတ္တဇနာစွဲ၍မသက်မသာ၊ ညှိုးငယ်ခြင်း။ —*v. t.* ထိုသို့သောအနာစွဲစေသည်။
Hyperbola, *n.* ယုပါဗလတည်းဟူသော၊ အုပ်ဆောင်းပုံကိုသွနှင့်ဖြတ်၍ရသောပုံတမျိုး။
Hyperbole, *n.* ပုံပမာအားဖြင့်ပိုလျှံ၍ပြောသောစကား။
Hyperbolic, Hyperbolical, *a.* pertaining to the hyperbola, ယုပါဗလပုံနှင့်ဆိုင်သော။ exaggerative, ပုံပမာအားဖြင့်ပိုလျှံသော (စကား)
Hyperborean, *a.* မြောက်မျက်နှာနှင့်ဆိုင်သော။
Hypercritic, *a.* စာစောင်၌အပြစ်တင်ဖွယ်ကိုတွေ့အံ့သောငှါအထူးသဖြင့်စစ်ဆေးရှာဖွေ၍ဖော်ပြခြင်းနှင့်ဆိုင်သော။ —*n.* ထိုသို့ဖော်ပြတတ်သောသူ။
Hypercritical, *see* Hypercritic, *a*
Hyphen, *n.* စကားအဆက်ကိုပြသောအမှတ်၊ ( - )
Hypochondria, *n.* ဥပါဒါန်ကြောင့်ဖြစ်သောစိတ္တဇနာ။
Hypochondriac, *a.* ထိုသို့သောအနာစွဲသော။
Hypocrisy, *n.* လှည့်ဖြားခြင်း။ သီလရှိရောင်ဆောင်ခြင်း။
Hypocrite, *n.* လှည့်ဖြားသောသူ။ သီလရှိရောင်ဆောင်သောသူ။
Hypocritical, *a* လှည့်ဖြားတတ်သော။ သီလရှိရောင်ဆောင်တတ်သော။
Hypogastric, *a.* ဝမ်းတွင်းအောက်ပိုင်းနှင့်ဆိုင်သော။
Hypotenuse, *n.* အနားစောင်း။
Hypothesis, *n.* တွေ့မြင်သောအရာကိုထောက်၍ထင်မှတ်သောအထင်အမှတ်။
Hypothetic, *a.* ထင်မှတ်ခြင်းနှင့်ဆိုင်သော။
Hypped, *see* Hypochondriac.
Hyson, *n.* လက်ဖက်ခြောက်တမျိုး။
Hysterics, *n.* မိန်းမတို့၌စွဲတတ်သောတက်နာတမျိုး။
Hysteric, Hysterical, *a.* subject to hysterics, ထိုအနာစွဲတတ်သော။ pertaining to hysterics, ထိုအနာနှင့်ဆိုင်သော။

# I

I, *pron.* ငါ၊ ကျွန်ုပ်၊ အကျွန်ုပ်၊ (mas.) ကျွန်တော်၊ (fem.) ကျွန်မ၊ ထပင့်တော်မ၊ တပည့်တော်၊ used in addressing a religious teacher.
Ibex, *n.* တောဆိတ်တမျိုး။

**Ibidem,** *adv.* ၎င်း၌။

**Ibis,** *n.* ရွှေကောလင်္ဂအဲဂုတ္တုပြည်သားကိုးကွယ်သောအရုမိတ်ငှက်။ the ibis of Bengal, ခရုစုတ်အငြူ။ pelican—, ငှက်ကျား။

**Ice,** *n.* congealed water, ရေခဲ။ concreted sugar, သကြားခဲ။ —berg, ကျွန်း၊ တောင်ကဲ့သို့ဖြစ်၍နေသောရေခဲ။ —house, ရေခဲထားသောတိုက်။ —*v. t.* (မုန့်အပေါ်တွင်) သကြားရည်သွန်းသည်။

**Ichnography,** *n.* တိုက်၊ အိမ်၏အခြေအမြစ်၊ အကျယ်အကျဉ်းကိုပြသောပုံ။

**Ichneumon,** *n.* မိကျောင်းဥကိုဖောက်စားတတ်သောမြွေပါမျိုး။

**Ichor,** *n.* သားနံ့ရည်။

**Ichorous,** *a.* သားနံ့ရည်ကဲ့သို့ဖြစ်သော။

**Ichthyology,** *n.* ငါးအစရှိသောရေတိရစ္ဆာန်အမျိုးမျိုးကိုမှတ်သားထွေကျွတ်သောအတတ်ပညာ။

**Icicle,** *n.* တွဲလွဲနေသောရေခဲ။

**Iciness,** *n.* from next.

**Icy,** *a.* abounding in ice, ရေခဲများသော။ consisting of ice, ရေခဲဖြစ်သော။ freezing, ရေခဲကဲ့သို့ဖြစ်စေတတ်သော။ destitute of affection, ချစ်ခြင်းမေတ္တာမရှိသော။

**Idea,** *n.* object of perception recollected, စိတ်ထဲမှာအာရုံကပ်သောအရာ။ thought, စိတ်အထင်အမှတ်။

**Ideal,** *a.* စိတ်ထဲမှာအာရုံထင်လျှက်ဖြစ်သော။

**Idem,** *a.* ၎င်း။

**Identical,** *a.* တူသော။ အတူတူဖြစ်သော။

**Identify,** *v. t.* to prove the same, အတူတူဖြစ်ကြောင်းကိုပြသည်။ to make the same, အတူတူဖြစ်စေသည်။

**Identity,** *n.* အတူတူဖြစ်ခြင်း။

**Id est,** (by contraction, i. e.,) *conj.* ဟူ၍။ တည်းဟူသော။

**Idiocy,** *n.* ငယ်ရူးဖြစ်ခြင်း။

**Idiom,** *n.* အခြားလူမျိုးတို့ပြောဆိုသောနည်းနှင့်မတူ၊ ကိုယ်ဘာသာစကားကိုသာလိုက်၍ပြောဆိုနည်း။

**Idiomatic,** *a.* ထိုသို့ပြောဆိုနည်းနှင့်ညီသော။

**Idiopathic,** *a.* အနာရင်းနှင့်ဆိုင်သော။

**Idiopathy,** *n.* အခြားသောအနာကြောင့်မဖြစ်သောအနာရင်း။

**Idiot,** *n.* ငယ်ရူး။ ဝမ်းတွင်းရူး။

**Idiotic,** *a.* အရူးကဲ့သို့ဖြစ်သော။

**Idiotism** 1, *see* Idiom. —2, *see* Idiocy.

**Idle,** *a.* not working, အလုပ်မလုပ်ဘဲနေသော။ lazy, ပျင်းရိသော။ unoccupied, အားလပ်သော။ useless, vain, အလကားဖြစ်သော။ အချည်းနှီးဖြစ်သော။ အကျိုးမရှိသော။ ဖြိန်းဖျင်းသော။ —*v. i.* တယ်အလုပ်မှုမလုပ်ဘဲနေသော။ —away, *v. t.* —time, တယ်အလုပ်မှုမလုပ်ဘဲ (ကာလကို) လွန်စေသည်။

**Idleness**, *n.* from Idle, *a.*

**Idler**, *n.* one who does nothing, တယ်အလုပ်မျှမလုပ်ဘဲနေသောသူ၊ a lazy person, ပျင်းရိသောသူ၊

**Idly**, *adv.* implying disregard of authority, နှံ့စုံပြစ်၊

**Idol**, *n.* an image as an object of worship, ဘုရားရုပ်တု၊ ဆင်းတု၊ —of cloth or paper, made on a clay model, မံဘုရား။ an object of excessive attachment. ကသိုဏ်းပြု၍ရှုသောအရာ၊ *pl.* ရုပ်ပွားဆင်းတု၊

**Idolater**, *n.* ရုပ်တုကိုကိုးကွယ်သောသူ၊

**Idolatress**, *n.* ရုပ်တုကိုကိုးကွယ်သောမိန်း၊

**Idolatrous**, *n.* pertaining to idolatry, ရုပ်တုကိုကိုးကွယ်ခြင်းနှင့်ဆိုင်သော၊ pertaining to excessive attachment, ကသိုဏ်းပြု၍ရှုခြင်းနှင့်ဆိုင်သော၊

**Idolatry**, *n.* the worship of idols, ရုပ်တုကိုကိုးကွယ်ခြင်း။ excessive attachment, ကသိုဏ်းပြု၍ရှုခြင်း။

**Idolize**, *v. t.* ကသိုဏ်းပြု၍ရှုသည်၊

**Idyl**, *n.* လင်္ကာတမျိုး၊

**If**, *conj.* suppose that, လျှင်၊ whether or not, ဖြစ်သည်မဖြစ်သည်ကိုမသိသည်နှင့်၊

**Igneous**, *a.* မီးပါသော၊

**Ignescent**, *a.* မီးထွက်တတ်သော၊

**Ignis fatuus**, *n.* မြေစုန်း၊

**Ignite**, *v. i.* ညီသည်၊ *v. t.* ညှိသည်၊

**Ignition**, *n.* from above.

**Ignoble**, *a.* of low birth, အမျိုးယုတ်သော၊ mean, ယုတ်မာသော၊

**Ignominious**, *a.* အသရေပျက်သော၊ ကဲ့ရဲ့ဖွယ်ဖြစ်သော၊

**Ignominy**, *n.* အသရေပျက်ခြင်း။

**Ignoramus**, *n.* ဝါဝင့်သောလူမိုက်၊ သူမိုက်၊

**Ignorance**, *n.* want of knowledge, မသိခြင်း။ moral darkness, မောဟ၊ မိုက်မဲခြင်း။ (in utter ignorance, တမတရ၊)

**Ignorant**, *a.* မသိသော၊ မတတ်သော၊ မိုက်မဲသော၊

**Ignore**, *v. t.* ပမာဏမပြု၊ အမှုမထား။

**Iliac**, *a.* အောက်အူနှင့်ဆိုင်သော၊

**Ill**, *a.* နာကျည်းသော၊ နာကြင်သော၊ evil, မကောင်းသော၊ ဆိုးသော၊ diseased, နာသော၊ —blood, *n.* ဒေါသ၊ —nature, စိတ်မကောင်းခြင်း။ —will, မနာလိုသောစိတ်၊ —(natural,) အမင်္ဂလာ၊ ဘေး၊ ဥပါဒ်၊ —(moral,) မကောင်းသောအမှု၊ ဒုစရိုက်၊ —*adv.* not properly, မတော်သည်နှင့်၊ not easily, မလွယ်၊ ခက်သည်နှင့်၊ —bred, *a.* မယဉ်ကျေး၊ ရိုင်းသော၊ —breeding, *n.* from *do.* —conditioned, *a.* ဝိနည်ကြို၍ရှိတဲ့သော၊ —disposed, မနာလိုသော၊ —faced,

ရုပ်နှာပိုးမလှသော။ —favored, ရုပ်နှာပိုအကျည်းတန်သော၊ —intentioned, မကောင်းသောအကြံကိုကြံသော၊ —looking, *see* —favored; —natured, စိတ်မကောင်းသော။ —omened, နိမိတ်လက္ခဏာမကောင်းသော။ —starred, အမင်္ဂလာရှိသော။ (to be very ill, သည်းနေသည်။ မနည်းဖြစ်သည်။)

Illapse, *n.* တဖြည်းဖြည်းဝင်ခြင်း။

Illative, *a.* သိသောအကြောင်းအရာကိုထောက်၍မသိသောအကြောင်းအရာကိုသိခြင်းနှင့်ဆိုင်သော။

Illaudable, *a.* ချီးမွမ်းထိုက်မဟုတ်သော၊

Illegal, *a.* ဓမ္မသတ်၊ ရာဇသတ်၊ မင်းအာဏာကိုလွန်ကျူးသော၊ မတရားသော၊

Illegality, *n.* ထိုသို့လွန်ကျူးခြင်းအဖြစ်။

Illegible, *a.* မထင်ရှား၊ မသိသာသောကြောင့်မဖတ်နိုင်သော (စာ၊)

Illegitimacy, *n.* မင်းဦးမင်းလွှင်အဖြစ်၌တည်ခြင်း။

Illegitimate, *a.* out of lawful wedlock, မင်းဦးမင်းလွှင်ရသော။ illegal unauthorized, မထုတ်မမှန်ဘဲဖြစ်သော။

Illiberal, *a.* not free or generous, လက်မကြီးသော။ စေးနှဲသော။ not candid, not catholic, သူတပါးကိုမကြည်ဖြူ၊ ကိုယ်၌ခံ့ကွက်တတ်သော။ not becoming a well bred man, ယဉ်ကျေးသောသူနှင့်မတော်မတန်သော။

Illiberality, *n.* from above.

Illicit, *a.* unlawful, မတရားသော။ contraband, မင်းမိတ်ပင်ဖြစ်တသော။ သော်ထည်းဖုက်ကဲ့၍ပြုသော (အမှု။)

Illimitable, *a* အပိုင်းအခြားမရှိသော။

Illiterate, *a.* စာမတတ်သော။

Illness, *n.* အနာရောဂါ။

Illogical, *a.* ဝေကျွံးအကြောင်းကိုထင်ခြင်း၍ထုတ်မှန်ခွာသဘောကျခြင်းနှင့်မညီမညာသော၊

Illude, *v. t.* အရောင်ဆောင်၍လိမ်ထည်သည်။

Illume, Illumine, *v. t.* လင်းစေသည်။

Illuminate, *v. t.* လင်းစေသည်။ —*v. t.* to enlighten, လင်းစေသည်၊ to adorn with lights, မီးထွန်း၍မီးအရောင်ဖြင့်လင်းစေသည်၊ to adorn (a book) with pictures, ရုပ်ပုံသဏ္ဌာန်နှင့်ချယ်လှယ်သည်၊ to elucidate the meaning, အနက်အဓိပ္ပာယ်ကိုရှင်းလင်းစေသည်၊

Illumination, *n.* from above; that which gives light, လင်းစေသောအရာ။ brightness, lustre, အရောင်အဝါ။ the impartation of divine light, ဘုရားအလင်းကိုပေးတော်မူခြင်း။

Illusive, Illusory, *a.* အရောင်ဆောင်၍လိမ်ထည်တတ်သော။

Illustrate, *v. t.* to brighten with light, ထွန်းလင်းစေသည်။ to brighten with honor, ဂုဏ်အသရေထင်ပေါ်စေသည်၊ to elucidate the meaning, အနက်အဓိပ္ပာယ်ရှင်းလင်းစေသည်၊

**Illustration**, *n.* from above; an enlarged—, ဥဒါဟရုဏ်။ —in Pali grammar, ဖြယုတ်။

**Illustrative**, *a.* from same.

**Illustrious**, *a.* ဂုဏ်အသရေထင်ရှားကျော်စောသော။

**Ill-will**, *n.* မနာလိုခြင်း။ with—, မနာလိုသည်နှင့်။ မလိုတမ။

**Image**, *n.* a representation, likeness, ရုပ်ပုံ။ a statue or idol, ရုပ်တု။ an object conceived in the mind, အာရုံထင်သောအရာ။ —worship, ရုပ်တုဆင်းတုကိုကိုးကွယ်ခြင်း။ —*v. t.* အာရုံထင်သည်။

**Imagery**, *n.* sensible representations, ရုပ်ပုံများ။ representations in writing or speech, ပုံစကားများ။

**Imaginable**, *a.* စိတ်ကွန့်မြူး၍ပြုပြင်နိုင်ဖွယ်ဖြစ်သော။

**Imaginary**, *a.* အမှန်မထုတ်၊ စိတ်ထင်ရုံသာရှိသော။

**Imagination**, *n.* the faculty of the mind by which it forms ideas from previous conceptions, စိတ်ကွန့်မြူး၍ပြုပြင်နိုင်သောညာဏ်။ conception in the mind, အာရုံထင်ခြင်း။ contrivance, စိတ်ကူးခြင်း။

**Imaginative**, *a.* စိတ်ကွန့်မြူး၍ပြုပြင်တတ်သော။

**Imagine**, *v. t.* to form ideas in the mind from previous conceptions, စိတ်ကွန့်မြူး၍ပြုပြင်သည်။ to devise, စိတ်ကူးသည်။ to think, suppose, ထင်မှတ်သည်။

**Imbank**, *v. t.* မြေရိုးမြှင့်သည်။ တမံခတ်သည်။

**Imbankment**, *n.* a bank of earth, မြှင့်သောမြေရိုး။ a dam, ဆည်။ တမံ။

**Imbecile**, *a.* အစွမ်းသတ္တိမရှိသော။

**Imbecility**, *n.* from above.

**Imbed**, *v. t.* (မြေ၌) တပိုင်းကိုမြှုပ်၍ထားသည်။

**Imbibe**, *v. t.* absorb, drink in, စုတ်သည်။ to receive (in the mind,) ခံယူသည်။

**Imbitter**, *v. t* to make bitter, ခါးစေသည်။ to make unhappy, ဆင်းရဲစေသည်။ to make more violent, ပြင်းထန်စေသည်။

**Imbosom**, *v. t.* to hold in the bosom, ရင်ခွင်၌ပိုက်သည်။ to inclose, cover up, ဖုံးအုပ်သည်။

**Imbrown**, *v. t.* ညိုစေသည်။

**Imbrue**, *v. t.* စိုရွှဲစေသည်။

**Imbrute**, *v. t.* တိရစ္ဆာန်ကဲ့သို့ဖြစ်စေသည်။

**Imbue**, *v. t.* to steep in some coloring matter, ဆေးဆိုးရေအောင်စိမ်ထားသည်။ to fix in the mind, စိတ်စွဲလမ်းစေသည်။ နှလုံးသွင်း၍စွဲလမ်းစေသည်။

**Imitable**, *a.* နည်းကိုယူ၍လိုက်နိုင်ဖွယ်ဖြစ်သော။

**Imitate**, *v. t.* နည်းကိုလိုက်သည်။ နည်းကိုယူ၍လိုက်သည်။ တုအောင်လုပ်သည်။ အတုလုပ်သည်။ တုပသည်။ —in language, တုဖက်သည်။—

without consideration, ယောင်ပေါင်သည်။ to learn to—. နည်းမှီးသည်။

Imitation, *n.* from above; that which is made like, တူအောင်လုပ်သောအရာ။

Imitative, *a.* နည်းကိုယူ၍လိုက်တတ်သော၊ တူအောင်လုပ်တတ်သော၊ အတုလုပ်တတ်သော။

Immaculate, *a.* spotless, အစွန်းအကွက်မရှိသော။ pure, စင်ကြယ်သော။

Immaterial, *a.* incorporeal, အရူပဖြစ်သော၊ ရုပ်မပါ၊ နံသတ်သက်ဖြစ်သော။ unimportant, အတွက်မရှိသော။

Immature, *a.* not ripe, မမှည့်သေးသော။ imperfect, မပြည့်စုံသေးသော။

Immaturity, *n.* from above.

Immeasurable, *a.* မတိုင်းထွာနိုင်အောင်ကြီးကျယ်သော၊ အတိုင်းမရှိသော၊ အနန္တ။ *Pali.*

Immediate, *a.* acting without a medium, မသွယ်ဝိုက်ဘဲစည်တိုက်ပြုသော။ produced by direct agency, ဖြစ်စေသောအကြောင်းကြောင့်စည်တိုက်ဖြစ်သော။ instant, အခြားမဲ့ဖြစ်သော၊ ဆက်တိုက်ဖြစ်သော။

Immediately, *adv.* without intermission, ဆက်တိုက်။ applied to consumption by fire, မြိုက်ခနဲ။

Immedicable, *a.* ဆေးကု၍မပျောက်နိုင်သော (အနာ။)

Immemorial, *a.* ကာလရှည်ကြာ၍မမှတ်နိုင်ဖွယ်ဖြစ်သော။

Immense, *a.* immeasurable, မတိုင်းထွာနိုင်အောင်ကြီးကျယ်သော။ very large, အလွန်ကြီးကျယ်သော။

Immensity, *n.* from above.

Immensurable, *see.* Immeasurable.

Immerge, *v. t.* to immerse, နှစ်သည်။ —*v. i.* to sink into, ပိုးလွှမ်းသောအထဲသို့ဝင်သော။

Immerse, *v. t.* to dip, နှစ်သည်။ to plunge deeply, နှစ်မြှုပ်သည်။

Immersion, *n.* from Immerge and Immerse.

Immethodical, *v. t.* အစီအစဉ်အတိုင်းမထုတ်သော။

Immigrate, *v. i.* (တပြည်မှထွက်၍) တပြည်သို့ဝင်၍နေရာချသည်။

Immigration, *n.* from above.

Imminent, *a.* သက်ရောက်မည်လာကြောဘနှင့်ရှိနေသည်။

Immiscible, *a.* မရောနှောနိုင်သော (အရာ။)

Immission, *n.* from next.

Immit, *v. t.* သွင်းသည်။

Immobility, *n.* from Immoveable.

Immoderate, *a.* လွန်းလွန်သော။

Immodest, *a.* အရှက်မရှိ၊ ကမြင်းသော၊ ကယက်သော၊ နန်သော။

Immodesty, *n.* from above.

Immolate, *v. t.* ယဇ်ပူဇော်ရန်သတ်သည်။
Immolation, *n.* from above.
Immoral, *a.* မတရားသော၊ ဆိုးယုတ်သော၊
Immorality, *n.* မတရားသောအမှု၊ ဆိုးယုတ်သောအမှု။
Immortal, *a.* exempt from death, သေတတ်သောသဘောမရှိသော၊ ထာဝရအသက်နှင့်ပြည့်စုံသော၊ imperishable, မပျောက်ပျက်နိုင်သော၊
Immortality, *n.* မသေမပျောက်၊ နိစ္စအမြဲတည်နိုင်သောအခွင့်၊
Immortalize, *v. t.* မသေမပျောက်၊နိစ္စအမြဲတည်စေသော၊
Immoveable, *a.* not to be moved from its place, နေရာမှမရွေ့နိုင်သော၊ not to be altered or shaken in purpose, မလှုပ်နိုင်အောင်စိတ်ခိုင်ခံ့သော၊ not susceptible of tender feelings, မကြင်နာတတ်သော၊
Immoveableness, *n.* from above.
Immunity, *n.* လွတ်ရသောအခွင့်၊
Immure, *v. t.* တိုက်၌လှောင်ထားသည်။
Immutability, Immutableness, *n.* from next.
Immutable, *a.* မပြောင်းလဲနိုင်သော၊
Imp 1, *n.* offspring, သားသမီး။ a puny devil, နတ်ဆိုးငယ်၊ —2, *v. t.* ထပ်၍ကြီးစေသည်။
Impact, *v. t.* ဖိပ်သည်းအောင်နှက်သည်။
Impair, *v. t.* from next.
Impaired (be,) *v. i.* to deteriorate, ယုတ်ညံ့သည်၊ ယုတ်လျော့သည်၊ to be damaged, ယိုယွင်းသည်၊ to be weakened, အားလျော့ပါးသည်၊
Impale, *v. t.* တံရှိုးထိုး၍ထားသည်၊ တံကျင်လျှိုသည်၊
Impalpable, *a.* စမ်းသပ်၍မတွေ့အောင်နုးညံ့သော၊
Impannel, *v. t.* တရားမှုကိုစီရင်ရသောသူတို့ကိုရွေးချယ်၍စာရင်း၌သွင်းသည်၊
Imparadise, *v. t.* အလွန်ချမ်းသာသောနေရာ၌နေရာချသည်၊
Imparity, *n.* မညီမျှခြင်း။
Impart, *v. t.* to give a part or portion, ဝေ၍ပေးကမ်းသည်၊ to make known, ကြားပြောသည်၊
Impartation, *n.* from above.
Impartial, *a.* ငဲ့ကွက်ခြင်းမရှိသော၊ ရှက်နှာကြီးငယ်မရွေးတဲ့ရှိသော၊ သာနှာညီမျှဖြစ်သော၊ လျစ်လျူသော၊ equitable, တည့်မတ်သော၊
Impartiality, *n.* from above.
Impartially, *adv.* သာညာညီမျှ၊
Impassable, *a.* မကူး၊ မကျော်၊ မရှောက်၊ မသွားနိုင်သော (လမ်း။)
Impassible, *a.* နာကြင်တတ်သောသဘောနှင့်ကင်းလွတ်သော၊

**Impassioned,** *a.* စိတ်အားကြီးသော။
**Impassive,** *a. see* Impassible.
**Impatience,** *n.* from next.
**Impatient,** *a.* uneasy under endurance, သည်းမခံတဝံသော။ eager to obtain, အလျှင်လိုသော။
**Impawn,** *v. t.* ပေါင်ထားသည်။
**Impeach,** *v. t.* to charge (a public officer) with a crime, အရာရှိသောအမှုကိုမင်းကြီးထံလျှောက်ထားအစီရင်ခံသည်။ to censure, အပြစ်တင်သည်။
**Impeachable,** *a.* အပြစ်တင်ရန်ရှိသော။
**Impeachment,** *n.* လျှောက်ထားအစီရင်ခံချက်။ အပြစ်တင်ချက်။
**Impeccability,** *n.* from next.
**Impeccable,** *a.* ဒုစရိုက်အပြစ်မရောက်နိုင်သော။
**Impede,** *v. t.* ဆီးတားသည်။ ဆိုင်းတွယ်သည်။ မြစ်တားသည်။
**Impediment,** *n.* အဆီးအတား။ (with impediments and delays, ထစ်ငေါ့ထစ်ငေါ့။)
**Impel,** *v. t.* to push forward, ရွှေ့သို့တွန်းသည်။ to instigate, တိုက်တွန်းသည်။
**Impen,** *v. t* ခြံခွဲလှောင်ထားသည်။
**Impend,** *v. i.* to hang over, မိုး၍နေသည်။ to be ready to fall on, သက်ရောက်မည်လာသကဲ့သို့ရှိနေသည်။
**Impendent,** *a.* from above.
**Impenetrability, Impenetrableness,** *n.* from next.
**Impenetrable,** *a.* that cannot be penetrated, ထိုး၍ဖောက်နိုင်ခွယ်မဖြစ်သော။ that cannot be affected, သွေးဆောင်၍မရနိုင်အောင်စိတ်မိုင်ခိုင်သော။
**Impenitence, Impenitency,** *n.* from next.
**Impenitent,** *a.* နောင်တမရသော။
**Imperative,** *n.* အာဏာထားသော၊ အာဏာထားခြင်းနှင့်ဆိုင်သော။
**Imperceptible,** *a.* မသိမမှတ်နိုင်ခွယ်ဖြစ်သော။
**Imperfect,** *a.* defective, မစုံလင်သော။ ချို့တဲ့သော။ liable to err, မှားယွင်းတတ်သော။
**Imperfection,** *n.* from above.
**Imperforate,** *a.* အပေါက်မရှိသော။
**Imperial,** *n.* စားတော်ခံခွေး။ —*a.* အစိုးရခြင်းနှင့်ဆိုင်သော။
**Imperious,** *a.* arrogant and domineering, မာနထောင်လွှား၍အမိုးတရပြုတတ်သော။ urgent, pressing, ကြပ်တည်းစွာတိုက်တွန်းသော။
**Imperiousness,** *n.* from above.
**Imperishable,** *a.* မပျက်စီးနိုင်သော။
**Impermanence,** *n.* အနိစ္စ။ အမြဲမရှိခြင်း။

Impermanent, *a.* မမြဲသော။
Impersonal, *a.* ကတ္တမရှိသော (ကရိယာ၊)
Impersuasible, *a.* သွေးဆောင်၍မရနိုင်ဖွယ်ဖြစ်သော။
Impertinence, *n.* from next.
Impertinent, *a.* not pertinent, မဆိုင်သော။ meddling, intrusive, စွက်ဖက်သော။
Imperturable, *a.* မလှုပ်ရှားနိုင်ဖွယ်ဖြစ်သော။
Impervious, *a.* impenetrable, ထိုးဖောက်နိုင်ဖွယ်မဖြစ်သော။ that cannot be passed through, လျှို၍ဝင်နိုင်ဖွယ်မဖြစ်သော။
Impetuosity, Impetuousness, *n.* from next.
Impetuous, *a.* violent, အဟုန်ပြင်းသော။ vehement of mind, စိတ်ပြင်းထန်သော။
Impetus, *n.* နှင်သောအား၊ တွန်းသောအား။
Impiety, from Impious.
Impinge, *v. i.* ထိခိုက်သည်။ တိုက်မိသည်။ —as rays of light on the eye, အရောင်ထိုးသည်။
Impingement, *n.* from above.
Impious, *a.* ဘုရားသခင်ကိုမရိုမသေ၊ ပြစ်မှားသော။
Implacability, Implacableness, *n.* from next.
Implacable, *a.* ငြိုး၍မပြေနိုင်သော။
Implant, *v. t.* အစအဦးသွန်သင်သည်။
Implead, *v. t.* တရားစွဲဆိုသည်။
Implement, *n.* လုပ်ကိုင်ရန်တန်ဆာ။ ပရိက္ခရာ။ ပရိကံ။
Impletion, *n.* ပြည့်ဝခြင်း။
Implicate, *v. t.* to bring into connection with, ပါဝင်စေသည်။ to prove to be connected with, ပါဝင်သည်ကိုပြသည်။
Implication, *n.* from Imply.
Implicit, *a.* implied, from Imply; entire, အကြွင်းမဲ့ဖြစ်သော။ (ယုံကြည်ခြင်း။)
Implicitness, *n.* from above, 2d def
Implore, *v. t.* တောင်းပန်သည်။
Imply, *v. t.* တည့်တည့်မပြောဘဲ၊ ပြောရာရောက်စေအောင်ပြုသည်။
Impoison, *see* Poison, *v. t.*
Impolicy, *n.* လိုသောအကျိုးကိုမပြုတတ်သောအမှု။
Impolitic, *a.* လိုသောအကျိုးကိုမပြုတတ်သော။
Imponderous, *a.* ချိန်သားမရှိသော။
Imporosity, *n.* from next.
Imporous, *a.* အသားသိပ်သည်း၍စိမ့်ယိုခြင်းမရှိအောင်လုံချုံသော။
Import 1, *v. t.* to bring into one country from another, တပြည်မှထုတ်ယူဆောင်ကြဉ်းသောဝတ္ထုကိုတပြည်သို့သွင်းသည်။ —2, to

mean, ဆိုလိုသည်။ —3, to bear on the interest of, အကျိုးနှင့်ဆိုင်သည်။ —1, *n.* goods imported, သွင်းကုန်၊ တပြည်မှထုတ်ယူဆောင်ကြည့်၍တပြည်သို့သွင်းသောဝတ္ထု။ —2, meaning, စကားအဓိပ္ပါယ်အနက်၊ ဆိုလိုသောအနက်။ —3, a bearing on some interest, အကျိုးနှင့်ဆိုင်ခြင်း။ substantial—, အနှစ်သာရ။

**Importance,** *n.* from next.

**Important,** *a.* having a bearing on some interest, လိုသောအကျိုးနှင့်ဆိုင်သော။ of great consequence, ကြီးသော (အမှု) အမှုကြီးသော။ ဂရုပြုဖွယ်ဖြစ်သော။

**Importation,** *n.* from Import, *v. t.* 1st def.

**Importune,** *v. t.* ကြွပ်ကြွပ်တောင်းပန်သည်၊ ပူဆာသည်။

**Importunity,** *n.* from above.

**Impose,** *v. t.* to lay on, တင်ထားသည်။ to place, အာဏာနှင့်ခန့်ထားသည်။ to enjoin, မှာထားသည်၊ ဥပဒေထားသည်။ —a tax, ငွေခွဲသည်။ —a penalty, ဒဏ်ထားသည်။ —on, လိမ်လည်သည်၊ လှည့်စားသည်။ —by some trick of legerdemain, သမင်ကြိုထိုးပြုသည်။

**Imposing,** *a.* ထန်ကောင်း၍သူတပါးစိတ်ကိုနှိမ့်နင်းတတ်သော။ အရှိန်ကြီးသော။

**Imposition,** *n.* the act of laying on, တင်ထားခြင်း။ the act of enjoining, မှာထားခြင်း။ the imposing of a tax, ငွေခွဲခြင်း။ constraint, အနိုင်အထက်ပြုခြင်း။ imposture, လိမ်လည်ခြင်း။

**Impossibility,** *n.* that which cannot be, မဖြစ်နိုင်သောအမှု။ that which cannot be done, မပြုနိုင်သောအမှု။

**Impossible,** *a.* မဖြစ်နိုင်၊ မပြုနိုင်သော (အမှု။)

**Impost,** *n.* အကောက်တော်။

**Imposthume,** *n.* အိုင်းနာ။

**Impostor,** *n.* အရောင်ဆောင်၍သူတပါးများကိုလိမ်လည်သောသူ။

**Imposture,** *n.* အရောင်ဆောင်၍လိမ်လည်ခြင်း။

**Impotence, Impotency,** *n.* from next.

**Impotent,** *a.* weak, အားနည်းသော။ unable, မတတ်စွမ်းနိုင်သော။ wanting the power of propagation, မြှုသော။

**Impound,** *v. t.* အလွတ်လှည့်လည်သောမြင်း၊ နွားအစရှိသည်တို့ကိုဖမ်း၍လှောင်ထားရာခြံ၌လှောင်ထားသည်။

**Impoverish,** *v. t.* to reduce to poverty, ဥစ္စာပြုန်းတီး၍ဆင်းရဲစေအောင်ပြုသည်။ to exhaust fertility, မြေကိုကြွပ်စေအောင်ပြုသည်။

**Impoverishment,** *n.* from above.

**Impracticability, Impracticableness,** *n.* from next.

**Impracticable,** *a.* that cannot be done, မပြုနိုင်သော (အမှု။) untractable, ဆုံးမ၍မရနိုင်သော (သူ။)

**Imprecate,** *v. t.* ကျိန်သည်။

**Imprecation,** *n.* from above.

**Impregnable,** *a.* that cannot be taken by assault, တိုက်၍မရနိုင်သော (မြို့) not to be shaken (in purpose,) မလှုပ်နိုင်အောင်ခိုင်မာသော (စိတ်။)

**Impregnate,** *v t.* to make pregnant, သန္ဓေပေးသည်။ to communicate the quality of one thing to another, ဓာတ်ကူးအောင်ရောနှောသည်။

**Impregnation,** *n.* from above.

**Imprescriptible,** *a.* သုံးသည်ဖြစ်စေ၊ မသုံးသည်ဖြစ်စေ၊ မတိမ်မကောက်နိုင်သော (အခွင့်။)

**Impress',** *v. t.* to imprint, stamp, ပုံနှိပ်သည်။ တံဆိပ်ခတ်သည်။ to print, စာပုံနှိပ်သည်။ to indent, အရာထင်အောင်နှိပ်သည်။ to fix in the mind, စိတ်စွဲလမ်းအောင်ပြုသည်။ စိတ်နှလုံး၌စူးလျက်နေအောင်ပြုသည်။ to affect (the mind,) စိတ်ကိုနိုးဆော်သည်။ to press into service, အမှုထမ်းစေခြင်းငှါအနိုင်အထက်ပြု၍သွင်းသည်။ —a mark on the forehead, မှန်ကူသည်။

**Im'press,** *n.* a figure made by pressure, နှိပ်သောပုံ။ mark of distinction, ခြားနားသောလက္ခဏာ။

**Impressible,** *a.* ပုံနှိပ်သော (အရာ။)

**Impression,** *n.* the act of impressing, ပုံနှိပ်ခြင်း။ a figure made by pressure, နှိပ်သောပုံ။ effect produced on the mind, တစုံတခုသောစိတ်။ image retained in the mind, အောက်မေ့သောအရာ။ an edition, တခါတည်းပုံနှိပ်သောစာစောင်။

**Impressive,** *a.* တစုံတခုသောစိတ်ရှိအောင်ပြုတတ်သော။ စိတ်နှလုံးကိုနိုးဆော်တတ်သော။

**Impressiveness,** *n.* from above; weight, အလေး။

**Impressment,** *n.* အမှုထမ်းစေခြင်းငှါအနိုင်အထက်သွင်းခြင်း။

**Imprimatur,** *n.* စာပုံနှိပ်ရသောအခွင့်။

**Imprimis,** *adv.* ပဌမအချက်၌၊ ရှေ့ဦးစွာ၌။

**Imprint',** *v. t.* to impress, ပုံနှိပ်သည်။ to print, စာပုံနှိပ်သည်။ to fix in the mind, စိတ်နှလုံး၌စူးလျက်နေအောင်ပြုသည်။

**Im'print,** *n.* စာအုပ်ပဌမမျက်နှာကထားသောကမ္ပည်းလိပ်စာ။

**Imprison,** *v. t.* to put in prison, ထောင်ထဲမှာလှောင်ထားသည်။ to confine, ချုပ်ထားသည်။

**Imprisonment,** *n.* from above; the state of being in prison, ထောင်ထဲမှာအလှောင်အထားကိုခံရခြင်း။ the state of being confined အချုပ်ကိုခံရခြင်း။

**Improbability,** *n.* from next.

**Improbable,** *a.* ဖြစ်မည်လက္ခဏာမရှိသော။ ဖြစ်မည်ဟုထင်စရာမရှိသော၊

**Improbity,** *n.* မရိုးသား၊ မဖြောင့်မတ်ခြင်း။

**Impromptu,** *adv.* ကြိုစည်၍မထားဘဲချက်ချင်းပြောသည်နှင့်၊ —*n.* ထိုသို့ပြောသောအချက်။

**Improper,** *a.* not proper, မတော်မသင့်သော၊ not becoming, မလျောက်ပတ်သော၊ not according to the settled usage of speech, ပြောမြဲထုံးစံအတိုင်းမဟုတ်သော၊ not qualified for, မသင့်သော။

**Impropriety,** *n.* from above; 1st, 2d and 3d def.

**Improvable,** *a.* တိုး၍ကောင်းဖွယ်ရာသောအကြောင်းရှိသော၊

**Improvableness,** *n.* from above.

**Improve,** *v. i.* to advance, တိုးပွားသည်၊ to grow better, တိုး၍ကောင်းသည်၊ ကောင်း၍ကောင်း၍လာသည်၊ —*v. t.* to make better, တိုး၍ကောင်းစေသည်၊ ကောင်းသောအရာ၌တိုးပွားစေသည်၊ to use to advantage, make productive, အကျိုးရှိအောင်သုံးဆောင်သည်၊

**Improvement,** *n.* from above; a valuable addition, သာ၍ကောင်းအောင်ထပ်သောအရာ။

**Improvidence,** *n.* from next.

**Improvident,** *a.* တင်ကူး၍မကြိုစည်တတ်သော၊ နောင်အဖို့မကြိုစည်တတ်သော။

**Imprudence,** *n.* from next.

**Imprudent,** *a.* အကျိုးအကြောင်းကိုသတိနှင့်မဆင်ခြင်သော၊

**Impudence,** *a.* from next.

**Impudent,** *a.* အရှက်မရှိ၊ ရဲရင့်သော၊ (impudent fellow, ကမြင်းထိုး။)

**Impugn,** *v. t.* ငြင်းခုံသည်၊

**Impulse,** *n.* impelling force, ရှေ့သို့တွန်းသောအား၊ instigating cause, တိုက်တွန်းခြင်းအကြောင်း။

**Impulsion,** *n.* from next,

**Impulsive,** *a.* impelling, ရှေ့သို့တွန်းသော၊ instigating, တိုက်တွန်းသော၊

**Impunity,** *n.* exemption from punishment, ဒဏ်နှင့်လွတ်ခြင်း၊ freedom from injury, ဘေးနှင့်လွတ်ခြင်း။

**Impure,** *a.* unclean, မစင်ကြယ်သော၊ မသန့်ရှင်းသော၊ ညစ်သော၊ ညစ်ညမ်းသော၊ —applied to the passions, ညစ်ညူးသော၊ turbid, နောက်သော၊

**Impureness, Impurity,** *n.* from above; (impurities attached to drugs and minerals, ဒေါသ၊)

**Impurple,** *v. t.* နီမောင်းအောင်ပြုသည်၊

**Imputable,** *a.* ဆိုင်သည်ကိုပြောထားဖွယ်ဖြစ်သော၊

**Imputation,** *n.* from next.

**Impute,** *v. t.* to attribute, ဆိုင်သည်ကိုပြောထားသည်၊ to reckon as if belonging, ဆိုင်သကဲ့သို့မှတ်ထားသည်၊

In, *pref. in composition, (privative or negative,)* not, အ၊ မ။ within, အတွင်း။ (*intensive,*) more, သာ၍။ —*prep.* တွင်၊ နှင့်၊ မှာ။ ဝယ်။ —as much as, *conj.* (ရှိသည်) ဖြစ်၍။ —that, သောကြောင့်။

Inability, *n.* မတတ်နိုင်ခြင်း။

Inaccessible, *a.* မရောက်နိုင်အောင်အဆီးအတားရှိသော။

Inaccuracy, *n.* from next.

Inaccurate, *a.* (တစုံတခုနှင့်ပြိုင်လျှင်)ညီမညွတ်သော၊ မဖြောင့်မမှန်သော၊ ချွတ်ယွင်းသော။

Inaction, *n.* want of action, မလှုပ်ဘဲနေခြင်း။ forbearance of operation, မပြုမလုပ်ဘဲနေခြင်း။ idleness, ပျင်းရိခြင်း။

Inactive, *a.* destitute of the quality of acting, မလှုပ်တတ်သော၊ not diligent or industrious, မကြိုးစား၊ အားမထုတ်တတ်သော၊ ပျင်းရိသော။

Inactivity, *n.* from above.

Inadequacy, Inadequateness, *n.* from next.

Inadequate, *a.* မတန်မလောက်သော။

Inadhesive, *a.* ပွယ်သော။ မစေးသော။

Inadmissible, *a.* ဝန်ခံစရာမကောင်းသော။

Inadvertence, Inadvertency, *n.* from next.

Inadvertent, *a.* regardless, အမှတ်တမဲ့နေသော။ careless, သတိလစ်သော။

Inadvertently, *adv.* အမှတ်မဲ့။ အမှတ်တမဲ့၊ အမှတ်မထင်။

Inalienable, *see* Unalienable.

Inane, *a.* ထာမှုမပါ၊ ပလာဖြစ်သော။

Inanimate, *a.* lifeless, အသက်မရှိသော၊ အဝိညာဏကဖြစ်သော၊ destitute of animation, စိတ်ကြွ၍အားကြီးခြင်းမရှိသော။

Inanition, *n.* from Inane; exhaustion, အားကုန်ခြင်း။

Inanity, *n.* from Inane.

Inappetence, *n.* ပကတိအလိုမရှိခြင်း။

Inapplicable, *n.* that may not be applied, ကပ်ထားဖွယ်မကောင်းသော။ that cannot be fitly applied, စပ်ဆိုင်အောင်ပြုဖွယ်မကောင်းသော။

Inapplication, *n.* မကြိုးစား၊ အားမထုတ်ဘဲနေခြင်း။

Inapposite, *a.* မတော်မလျော်သော။

Inapproachable, *see* Unapproachable.

Inappropriate, *a.* မတော်မလျော်သော။

Inaptitude, *n.* မတော်မသင့်ခြင်း။

Inarable, *a.* လယ်လုပ်ရန်မကောင်းသော။

Inarticulate, *a.* not articulate, အဆွန်ဆက်ခြင်းမရှိဘဲဖြည်သော(အသံ။) indistinct of utterance, အပြောမပြတ်သားသော။

**Inarticulation,** *n.* from above.
**Inartificial,** *a.* not done by **art,** လက်ဖြစ်အတတ်ဖြင့်မလုပ်သော (အရာ၊) artless, ပရိယာယ်မပြု၊ ရိုးသားသော။
Inattention, *n.* from next.
Inattentive, *a.* regardless, မမှတ်ဘဲနေသော၊ careless, သတိလစ်သော။
Inaudible, *a.* နားမကြားနိုင်သော (အသံ။)
Inaugural, *a.* အခမ်းအနားပြု၍ချီးမြှောက်ခန့်ထားခြင်းနှင့်ဆိုင်သော။
Inaugurate, *v. t.* အခမ်းအနားပြု၍ချီးမြှောက်ခန့်ထားသည်။
Inauguration, *n.* from above.
Inauspicious, *a.* ill omened, နိမိတ်လက္ခဏာမကောင်းသော။ unfortunate, အမင်္ဂလာနှင့်ဆိုင်သော။
Inborn, *a.* ဝမ်းတွင်းကပါသော။ မွေးကတည်းကပါသော။
Inbred, *a.* အတွင်းသန္ဓေကပါသော။
Incage, *v. t.* ငှက်လှောင်အိမ်၌ဖြစ်စေ၊ ခြံ၌ဖြစ်စေ၊ လှောင်ထားသည်။
Incalculable, *a.* အဆုံးအဆမရှိသော။
Incalesence, *n.* from next.
Incalescent, *a.* တငွေ့ငွေ့ပူသော။
Incantation, *n.* မန္တန်အားဖြင့်ဖြစ်စေ၊ ဝိဇ္ဇာမရေအားဖြင့်ဖြစ်စေ၊ ပြုလုပ်ခြင်း။
Incapability, *n.* from next.
Incapable, *a.* not capable, မတတ်နိုင်သော။ မတတ်စွမ်းနိုင်သော။ not qualified, ပြုပိုင်သောအခွင့်မရှိသော။
Incapacitate, *v. t.* to make incapable, မတတ်နိုင်အောင်ပြုသည်။ to disqualify, ပြုပိုင်သောအခွင့်ကိုဖျက်သည်။
Incapacity, *n.* want of capacity. မတတ်နိုင်ခြင်း။ want of qualification, ပြုပိုင်သောအခွင့်မရှိခြင်း။
Incarcerate, *v. t.* ထောင်ထဲမှာလှောင်ထားသည်။
Incarceration, *n.* from above; the state of being incarcerated, ထောင်ထဲမှာအလှောင်အထားကိုခံရခြင်း။
Incarnate, *a.* ကိုယ်ခန္ဓာ၌တည်နေသော။
Incarnation, *n.* ကိုယ်ခန္ဓာကိုခံယူခြင်း။
Icase, *v. t.* တန်ဆာအိမ်၌ထည့်၍ဖုံးထားသည်။
Incautious, *a.* သတိမရှိသော။
Incautiousness, *n.* from above.
Incendiary, *n.* one who sets fire to a building, အိမ်ကိုမီးရှို့သောသူ။ a fomenter of discord, ဋီးတိုက်သောသူ။
In cense, *n.* မီးရှို့ရာနံ့သာပေါင်း။
Incense', *v. t.* စိတ်ဆိုးအောင်ပြုသည်။ အမျက်ထွက်အောင်ပြုသည်။
Incentive, *a.* နှိုးဆော်တိုက်တွန်းသော။ —*n.* နှိုးဆော်တိုက်တွန်းသောအရာ။
Inception, *n.* အစအဦး။
Incertitude, *n.* ယုံမှားခြင်း။

Incessant, *a.* အစဉ်မပြတ်သော။
Incessantly, *adv.* ဒရစပ်။ ရွက်စပ်။ when applied to words of crying, ဘာဘယ်ဘယ်။ တကြွကြွ။
Incest, *n.* ပေါက်ဖော်ဖြစ်၍လက်မထပ်သင့်သောသူတို့စုံဖက်ခြင်း။
Incestuous, *a.* ထိုသို့သောအပြစ်ရှိသော။
Inch, *n.* ၁ ပေဆယ်နှစ်ပိုင်းတွင်တပိုင်းတည်းဟူသောတလက်မ။
Inchoate, *a.* စသော။
Incidence, *n.* from next.
Incident, *a.* accidental, အကြံမရှိဘဲအမှတ်တမဲ့ဖြစ်လွှာသော။ apt to happen, ဖြစ်တတ်သော။ —*n.* an incidental event, အကြံမရှိဘဲအမှတ်တမဲ့ဖြစ်သောအကြောင်းအရာ။ any event, အကြောင်းအရာ။ incidental, *see* Incident, *a.*; occasional, အစဉ်အမြဲမဟုတ်၊ တခါတလေဖြစ်တတ်သော။
Incipient, *a.* စသော။
Incision, *n.* ထားနှင့်လှီးရာ။
Incisor, *n.* ရှေ့သွား။
Incite, *see* Excite.
Incivility, *n.* from Uncivil.
Inclemency, *n.* from next.
Inclement, *a.* not mild, not gentle, မနူးညံ့မသိမ်မွေ့သော၊ ကြမ်းတမ်းသော။ stormy, boisterous. မိုးသီးလေပြင်းသော။
Inclinable, *a.* လိုက်ချင်သည့်လိုလိုရှိသော။
Inclination, *n.* from Incline, *v. i.*; natural bent, ဂါသနာ။ affection, regard, နှစ်သက်ခြင်း။
Incline, *v. i.* to lean, တိမ်းသည်၊ ယိမ်းသည်။ စောင်းသည်။ to be disposed, သဘောရောက်သည်၊ to desire, အလိုရှိသည်။ to cause to lean, တိမ်းစေခြင်ပြုသည်။ စောင်းစေခြင်ပြုသည်။ to dispose the mind, သဘောရောက်စေခြင်ပြုသည်။ to bow (the head,) ညွတ်သည်။ to set on its side, as a vessel to drain off the contents, ငဲ့သည်။
Inclined (be,) *v. i.* တိမ်းငဲ့သည်၊ ယိုင်သည်။
Inclose, *v. t.* to confine on all sides, ကာရံ၍ထားသည်၊ ဝန်းရံ၍ပိတ်ထားသည်။ to surround with a fence, ခြံကာသည်။ to shut up (as in a box,) သွင်း၍ပိုးထားသည်။ to envelop, cover with a wrapper, စက္ကူနှင့်ထုပ်ထားသည်။ —in a shrine, ဌာပနာသွင်းသည်။ —in the mouth, ငုံသည်။
Inclosure, *n.* from above; space inclosed, ခြံကာလျက်ရှိသောခြံ၊ the contents of an envelop, စက္ကူနှင့်ထုပ်ထားသောစာ။ —into which wild elephants are decoyed, ဆင်ကျုံး။

**Include,** *see* Inclose, 1st def.; to comprise, ငုံသည်။ ပါဝင်သောအရာကိုခံသည်။

**Inclusive,** *a.* ပါဝင်လျှက်ရှိသော။

.**Incog,** *see* Incognito.

**Incogitancy,** *n.* စိတ်မထင်မှတ်၊ မကြံစည်၊ မဆောင်းမြှောဘဲနေခြင်း။

**Incognito,** *adv.* ရုပ်ဖျောက်ပြုသည်နှင့်

**Incognizable,** *a.* မှတ်သား၍သိနိုင်ဖွယ်မထုတ်သော။

**Incoherence, Incoherency,** *n.* from next.

**Incoherent,** *a.* not cohesive, မစေးမကပ်သော။ not well connected, မစပ်မဟပ်သော။ not consistent with itself, အသမတ်တည်းမဖြစ်သော။

**Incoherently,** *adv.* ကတောက်ကတက်။

**Incombustible,** *a.* မလောင်နိုင်သော။

**Imcome,** *n.* ဝင်ငွေ။

**Incommensurable,** *a.* တခုနှင့်တခုတိုင်းထွာ၍မရနိုင်အောင်ဖြစ်သော။

**Incommensurate,** *a.* same; not adequate, မတန်မလောက်သော။

**Incommode,** *v. t.* အနေခက်အောင်ပြုသည်။

**Incommodious,** *a.* အသုံးမတည့်သော။

**Incommodiousness,** *n.* from above.

**Incommunicable,** *a.* that cannot be given, သူတပါးထို့အားမပေးနိုင်အောင်ဖြစ်သော။ that cannot be told, မကြားမပြောနိုင်အောင်ဖြစ်သော။

**Incommunicative,** *a.* မကြားမပြော၊ အပေါင်းအဖော်မလုပ်တတ်သော။

**Incommutable,** *a.* ထပ်၍မလဲနိုင်အောင်ဖြစ်သော။

**Incompact, Incompacted,** *a.* မကျစ်လစ်သော။

**Incomparable,** *a.* အတုမရှိသော။ အပ္ပမေယျ။ *Pali.*

**Incompatibility,** *n.* from next.

**Incompatible,** *a.* ဆန့်ကျင်သော။ မညီလျော်နိုင်အောင်ဖြစ်သော။

**Incompetence, Incompetency,** *n.* from next.

**Incompetent,** *a.* inadequate, မတန်မလောက်သော။ incapable, မတတ်နိုင်သော။ not qualified, (ပြု) ပိုင်သောအခွင့်မရှိသော။ not belonging to, မစပ်ဆိုင်သော။

**Incomplete,** *a.* imperfect, မစုံလင်သော။ unfinished, မပြီးစီးသော၊ လက်စမသတ်သော။ —*adv.* လက်စတင်းလင်း။ fit for neither this nor that, စကောစက။

**Incompleteness,** *n.* from above.

**Incomprehensibility, Incomprehensibleness,** *n.* from next.

**Incomprehensible,** *a.* အစိန္တေယျဖြစ်သော။ နားလည်အောင်မကြံစည်နိုင်ဖွယ်ဖြစ်သော။ —subject, အစိန္တေယျ။ *Pali.*

**Incomprehension,** *n.* နားလည်အောင်မကြံစည်နိုင်ခြင်း။

Incomprehensive, *a.* ရှားရှာမဆုံသော။
Incompressible, *a.* မသိပ်နိုင်ဖွယ်ဖြစ်သော။
**Inconceivable,** *a.* not conceivable, အာရုံမထင်နိုင်ဖွယ်ဖြစ်သော။ not intelligible. နားမလည်နိုင်ဖွယ်ဖြစ်သော။
Inconclusive, *a.* သဘောကျရန်အကြောင်းမရှိသော။
Incongenial, *see* Uncongenial.
Incongruity, *n.* from next.
Incongruous, *a.* မတော်မသင့်သော။
Inconsequent, *a.* ကာရန်မသင့်သော။
Inconsiderable, *a.* not worthy of notice, အတွက်မရှိသော။ small, အနည်းငယ်ဖြစ်သော။
Inconsiderate, *a.* မဆင်ခြင်တတ်သော။ သတိမပြုတတ်သော။ ပက်စက်သော။
Inconsideration, *n.* from above.
Inconsistence, Inconsistency, *n.* from next.
Inconsistent, *a.* not consistent, မညီမလျော်သော။ not uniform, ထအဆုံးမညီသော။ တသမတ်တည်းမဖြစ်သော။ ကွက်ကျားသော။
Inconsolable, *a.* မနှစ်သိမ့်နိုင်သော။
Inconstancy, *n.* from next.
Inconstant, *a.* မတည်တံ့သော။
Inconsumable, *n.* that cannot be burnt up, မကျွမ်းလောင်နိုင်သော။ that cannot perish, မပျောက်ပျက်နိုင်သော။
Incontestable, *a.* မငြင်းခုံနိုင်ဖွယ်ဖြစ်သော။
Incontiguous, *a.* မထိသော။
Incontinence, Incontinency, *n.* from next.
Incontinent, *a.* not restraining the sensual appetites, ကာမရာဂကို မချုပ်တည်းတတ်သော။ unable to restrain discharges, ကျင်ကြီး ကျင်ငယ်ရှင်၍မချုပ်တည်းနိုင်သော။
Incontrovertible, *a.* ငြင်းခုံစရာအကြောင်းမရှိသော။
Inconvenience, *n.* from next.
Inconvenient, *a.* not convenient, မတော်မလျော်သော။ အဆင်မသင့်သော။ incommodious, အသုံးမတည့်သော။
Inconvertible, *a.* မပြောင်းမလဲနိုင်သော။
Incorporate, *v. t.* to mix, ရောနှောသည်။ to unite in one body, တလုံးတကိုယ်တည်းဖြစ်အောင်ပေါင်းထားသည်။
Incorporation, *n.* from above.
Incorporeal, *a.* ရုပ်မပါ၊ နာမ်သက်သက်ဖြစ်သော။
Incorrect, *a.* not correct, မမှန်သော။ containing mistakes, အမှားပါသော။
Incorrectness, *n.* from above.
Incorrigible, *a.* that cannot be amended, မပြင်နိုင်အောင်ဖြစ်သော။

that cannot be reformed by correction, ဆုံးမ၍မရနိုင်အောင်ဖြစ်သော။

**Incorrigibleness**, *n.* from above.

**Incorrupt**, *a.* not putrid, မပုပ်သော။ not spoiled, vitiated, မယိုယွင်းသော။ not depraved, မယုတ်မာသော။ possessed of integrity, သစ္စာရှိသော။ free from error, အမှားနှင့်ကင်းသော။

**Incorruptness**, *n.* from above.

**Incorruptible**, *a.* that cannot decay, or become vitiated, မယိုယွင်း၊ မပျက်စီးနိုင်သော။ of inflexible integrity, သစ္စာမပျက်နိုင်သော။

**Incrassate**, *v. t.* ပျစ်အောင်ပြုသည်။

**Increase**, *v. i.* တိုးပွားသည်။ ပွားများသည်။ ဆပွားသည်။ —in geometrical progression, ဆတက်သည်။ ဆတိုးသည်။ —by interest, ဖြိုတက်သည်။ —*v.* from *do.* —*n.* from above, *v. i.*; increment, matter added, အတိုးအပွား၊ အစီးအပွား။

**Incredibility**, *n.* from next

**Incredible**, *a*, မယုံနိုင်ဖွယ်ဖြစ်သော။

**Incredulity**, *n.* from next.

**Incredulous**, *a.* မယုံတတ်သော။ ယုံခဲသော။

**Increment**, *n.* the act of increasing (intrans.,) တိုးပွားခြင်း။ matter added, အတိုးအပွား၊ အစီးအပွား။

**Increscent**, *a.* တိုးပွားလျက်ရှိသော။

**Incrust**, *v. t.* မာသောအရာနှင့်လွှမ်းအုပ်သည်။

**Incrustation**, *n.* လွှမ်းအုပ်သောအခွံ။

**Incubate**, *v. t.* ဝပ်သည်။

**Incubus**, *n.* ဘီလူးစီးခြင်း။

**Inculcate**, *v. t.* နှစ်လုံး၌မှတ်မိအောင်အထပ်ထပ်ဆုံးမပေးသည်။

**Inculcation**, *n.* from above.

**Inculpate**, *v. t.* အပြစ်တင်သည်၊

**Incumbency**, *n.* the act of lying on, အပေါ်မှာအိပ်နေခြင်း။ the state of holding an office, အရာရှိခြင်း။

**Incumbent**, *a.* lying on, မှီ၍နေသော။ requisite to be performed, မပြုဘဲမနေရသော (ဝတ်၊) —*n.* အရာရှိသောသူ။

**Incumber**, *see* Encumber.

**Incur**, *v. t.* to bring on one's self, ကိုယ်ပေါ်သို့ရောက်စေအောင်ပြုသည်။ to become liable to, ခံထိုက်သောအပြစ်သို့ရောက်သည်။ —a debt, ကြွေးတင်သည်။ —displeasure, ဒေါသခံသည်။ —a penalty, အပြစ်သင့်သည်၊ ရောက်သည်။

**Incurable**, *a.* ဆေးကုစ၍မပျောက်နိုင်သော (အနာ၊) (incurable sore. အနာကြီး၊)

**Incurious**, *a.* သိချင်သောစိတ်မရှိသော။

Incursion, *n.* ပြည်နယ်သို့ဝင်တိုက်၍လုယူဖျက်ဆီးခြင်း။
Incurvate, *v. t.* ကွေးသည်။ ညွတ်သည်။
Incurvation, *n.* from above.
Incus, *n.* နားအတွင်းရှိလေးခုတွင်ဒုတိယအရိုးတည်းဟူသောအမိုင့်ကုံ။
Indebted, *a.* ကြွေးတင်လျက်ရှိသော။
Indebtedness, *n.* ကြွေးတင်လျက်ရှိသောအဖြစ်။
Indecency, *n.* from next.
Indecent, *a.* not becoming, မလျောက်ပတ်သော။ immodest (in language or manners,) ရှက်ဖွယ်သော။ (to behave indecently, သရမ်းသည်။)
Indecision, *n.* from next, 2d def.
Indecisive, *a.* not settling or determining, မဆုံးဖြတ်သော။ wavering, နှောင့်နှေးသော။
Indecorous, *a.* မလျောက်ပတ်သော။
Indecorously, *adv.* ပိုးမိုးပက်စက်။
Indecorum, *n.* from above.
Indeed, *adv.* အကယ်စင်စစ်။ အမှန်။ ကောင်း။ —*int.* ဟုတ်ပါသည်တကား။
Indefatigable, *a.* ဆောင်ရွက်၍မပင်ပန်းနိုင်သော။
Indefeasible, *a.* မကျေမပျက်နိုင်သော။
Indefectible, *a.* မချွတ်ယွင်းနိုင်သော။
Indefensible, *a.* that cannot be defended, ရန်သူအားခုခံလွတ်စေခြင်းငှါ စောင့်နိုင်ဖွယ်မဖြစ်သော။ that cannot be vindicated, အပြစ်တင်ခြင်းကိုလွှဲ၍ဖြေနိုင်ဖွယ်မဖြစ်သော။
Indefinable, *a.* မသေချာနိုင်သော။
Indefinite, *a.* not limited, or defined, အပိုင်းအခြားမရှိသော။ incalculable, အဆုံးအဆမရှိသော။ not precise, မသေချာသော။ (indefinite language, စကားရှင်း။)
Indefinitely, *adv.* ယိုးကားယောင်ကား။ ယိုးတိုးယောင်တောင်။ ယိုးတိုးယားတား။ vaguely, ယိသဲ့သဲ့။
Indelible, *a.* မကျေမပျက်နိုင်သော
Indelicacy, *n.* from next,
Indelicate, *a.* impolite, မယဉ်ကျေးသော။ approaching to indecency, ရှက်ဖွယ်သောအမှုကိုသတိနှင့်မရှောင်တတ်သော။
Indemnification, *n.* from next.
Indemnify, *v. t.* ရှုံးပါးသည်အတွက်ပြန်ပေးသည်။
Indemnity, *n.* that which is given to make good a loss, ရှုံးပါးသည်အတွက်ပြန်ပေးသောဥစ္စာ။ security against a loss, ရှုံးပါးသည်အတွက်ပြန်ပေးမည်ဝန်ခံချက်။
Indent, *v. t.* to notch the margin, as a row of teeth, ခွေးသွားမိတ်မိတ်သည်။ to secure by a written engagement, စာချုပ်၍ထား

သည်။ *see* Dent, *v. t.* —for, *v. t.* ဝန်ခံသောလက်မှတ်နှင့် တောင်း၍ယူသည်။ —*n.* ခွေးသွားစိတ်ကြား။ *see* Dent, *n.*

**Indentation,** *see* Indent, *n.*

**Indented** (be,) *v. i.* ဓိမ့်သည်။

**Indenture,** *n.* စာချုပ်။ —*v. t.* စာချုပ်နှင့်ထားသည်။

**Independence,** *n.* from next.

**Independent,** *a.* အခြားတပါးကိုမမှီဘဲအလိုလိုနေသော။ —*n.* ရှုနိုပမိင အာသာကိုယူသောသူ။ *see under* Congregationalism.

**Independently,** *adv.* without restraint, ပေါက်လွှတ်။ ဓိးလွှတ်စွာ။

**Indescribable,** *a.* စကားအားဖြင့်မဖေ်မပြနိုင်ခွယ်ဖြစ်သော။

**Indestructable,** *a.* မပျက်စီးနိုင်သော။

**Indeterminate,** *a.* indefinite, အပိုင်းအခြားမရှိသော။ not precise, မသေချာသော။

**Indevotion,** *n.* ဘုရားဝတ်၌မမွေ့လျော်ခြင်း။

**Index,** *n.* မာတိကာစည်။ that which points out, ပြညွှန်သောအရာ။ a table of references to the contents of a book, စာအုပ်၊ စာစောင်၌ပါသော အချက်အထက်၊ အခေါက်နေရာကို သိသာစေခြင်းပြညွှန်သောစာရင်း။ ဂဏာန်းချက်စာရင်း။ —of a watch, နာရီလက်။

**Indexterity,** *n.* အလျင်အမြန်မပြီးစီးစေတတ်ခြင်း။

**India-rubber,** *see* Caoutchouc.

**Indian,** *n.* a native of India, ရှုန္ဒုတိုင်းသား။ an original native of the continent of America, အမေရိကတိုင်းပြည်၌ရှိနှင့်ရင်းလူ။ —*a.* pertaining to India, ရှုန္ဒုတိုင်းနှင့်ဆိုင်သော။ pertaining to the aborigines of America, အမေရိကတိုင်းပြည်၌ရှိနှင့်ရင်း အမျိုးနှင့်ဆိုင်သော။ —corn, *n.* ပြောင်းဖူး။

**Indicant,** *a.* from next.

**Indicate,** *v. t.* ပြညွှန်သည်။ အရိပ်ပေးသည်။

**Indication,** *n.* from above; လက္ခဏာ။ အရိပ်အခြေ။ that which points out, ပြညွှန်သောအရာ။

**Indicative,** *a.* အရိပ်ကိုပြသော။

**Indict,** *v. t.* အပြစ်တင်၍မေးမြန်းစစ်ကြောရန်အကြောင်းကိုဖော်ပြလျှောက်ထားသည်။

**Indictable,** *a.* ထိုသို့လျှောက်ထားထိုက်ဖြစ်သော။

**Indiction,** *n.* ကာလအတမျိုး။

**Indictment,** *n.* အပြစ်တင်၍ မေးမြန်းစစ်ကြောရန်အကြောင်းကိုဖော်ပြလျှောက်ထားချက်။

**Indifference,** *n.* from next; want of respect, စိတ်၌မခန့်ခြင်း။ ထိနံ။ *Pali.* (to regard with indifference, လျှစ်လျူရှုသည်။)

**Indifferent,** *a.* neutral in feeling, without choice, လျှစ်လျူသော။ impartial, without bias, ငဲ့ကွက်ခြင်းမရှိသော။ of no consequence, အထွက်မရှိသော။ ordinary, not excellent, သာမညသာ ဖြစ်သော။

Indigence, *n.* from Indigent.

Indigenous, *a.* ဖြစ်ရင်းဒေသအရပ်၌ဖြစ်ပွားသော။

Indigent, *a.* သုံးဆောင်ရန်မရှိ၊ ဆင်းရဲသော။ ကြေးမဲ့သော။

Indigested, *a.* not distributed into classes, ဆိုင်ရာဆိုင်ရာသီးသန့်၍ မထား။ ရောနှောလျက်ရှိသော။ not concocted in the stomach, မကြေသော။ not well considered, မစဉ်းစား၊ မဆင်ခြင်မိသော (အရာ။)

Indigestible, *a.* not digestible, မကြေနိုင်သော။ not to be borne. သည်းမခံနိုင်အောင်ဖြစ်သော။

Indigestion, *n.* အစာမကြေနိုင်ခြင်း။

Indignant, *a.* angry, အမျက်ထွက်သော။ affected with anger and disdain, မခန့်ညားသောစိတ်နှင့်အမျက်ထွက်သော။

Indignation, *n.* from above.

Indignity, *n.* မပြုသင့်ဘဲနှင့်မရိုမသေပြုသော (အမှု။)

Indigo, *n.* မဲ။ မဲနယ်။ wild, မဲရိုင်း။

Indirect, *a.* not straight, မဖြောင့်သော။ not direct to the point, မတည့်သော။ ထိုက်ရိုက်မထုတ်သော။ circuitous in management, သွယ်ဝိုက်သော။ not honest, မဖြောင့်မတ်သော။ —in speech, စကားတောက်သည်၊ ဖြစ်သည်။

Indiscernible, *a.* ကြည့်၍မမြင်နိုင်ဖွယ်ဖြစ်သော။

Indiscreet, *a.* ပညာသတိမရှိသော။

Indiscretion, *n.* from above.

Indiscriminate, *a.* ပိုင်းခြား၍မသိမမှတ်တတ်သော။

Indispensable, *a.* မသုံးမဆောင်ဘဲမနေနိုင်သော (အရာ။)

Indispose, *v. t.* to make unfit, မတော်အောင်ပြုသည်။ to disincline, မနှစ်သက်အောင်ပြုသည်။ disorder slightly, မအီမသာဖြစ်အောင် ပြုသည်။ (slightly diseased, သားရိုးသားရိ။)

Indisposition, *n.* from above.

Indisputable, *a.* မငြင်းခုံနိုင်ဖွယ်ဖြစ်သော။ ငြင်းခုံဖွယ်မရှိဖြစ်သော။

Indissoluble, Indissolvable, *a.* that cannot be liquified, အရည် မဖြစ်နိုင်သော။ not separable in its parts, မကြေနိုင်သော။ that cannot be loosed or broken, မပြေမလွတ်နိုင်သော။

Indistinct, *a.* not plainly distinguished, မခြားနား၊ မသီးသန့်သော။ not clear, မပြတ်သားသော။ မရှင်းထင်းသော။

Indistinctly, *adv.* obscurely, ရိရိ။ ရိုးရိုးရိရိ။

Indistinctness, *n.* from above.

Indistinguishable, *a.* ပိုင်းခြား၍သိမှတ်နိုင်ဖွယ်မဖြစ်သော။

Indite, *v. t.* to compose writing. စာစီသည်။ to dictate to an amanuensis, စာရေးရေးရန်စာစီ၍ပြောသည်။
Individual, *a.* တဦးတည်း။ တခုတည်း။ —*n.* တဦးသောသူ။
Individuality, *n.* ကိုယ်တယောက်တည်းဖြစ်ခြင်းအဖြစ်။
Indivisibility, *n.* from next.
Indivisible, *a.* ခွဲနိုင်ခွယ်ဖြစ်သော။
Indocile, *a.* not easily taught, သင်ခဲသော။ not easily disciplined, ဆုံးမခဲသော။
Indocility, *n.* from above.
Indoctrinate, *v. t.* သွန်သင်သည်။
Indolence, *n.* from Indolent. *a.* ပျင်းရိသော။
Indomitable, *a.* ဆုံးမ၍မရနိုင်လောင်ဖြစ်သော။
Indorse, *v. t.* ထက်မှတ်စာတဖက်၌ထပ်၍ထက်မှတ်ထိုးသည်။
Indorsement, *n.* from above; that which is indorsed, ထက်မှတ်စာတဖက်၌ရေးထားသောစာ။
Indraught, *n.* ရေဝင်ပေါက်။
Indubitable, *a.* ယုံမှားရန်မရှိသော။
Induce, *v. t.* to prevail on, သွေးဆောင်၍ရသည်။ to produce, ဖြစ်စေသည်။
Inducement, *n.* သွေးဆောင်သောအရာ။
Induct, *v. t.* အခမ်းအနားနှင့်တကွအရာ၌ခန့်ထားသည်။
Induction, *n.* from above; from Deduce, 2d def. *see* Deduction, 3d def.
Inductive, *a.* သိသောအကြောင်းအရာကိုထောက်၍ မသိသောအကြောင်းအရာကိုသိတတ်သော။
Indue, *v. t.* ပြည့်စုံစေသည်။
Indulge, *v. t.* မဆီးတား၊ အခွင့်ပေးသည်။ (သု) အလိုသို့လိုက်သည်။ —in, ပျော်မွေ့သည်။ မွေ့လျော်သည်။
Indulgence, *n.* from above.
Indulgent, *a.* မဆီးတား၊အခွင့်ပေးတတ်သော၊(သု)အလိုသို့လိုက်တတ်သော။
Indurate, *v. i.* ခဲဆဲဖြစ်သည်။ —*v. t.* ခဲစေခြင်ပြုသည်။ မာစေခြင်ပြုသည်။
Induration, *n.* from above; an indurated spot in the flesh, အကျိတ်အခဲ။ ကျွဲပခုံး။ —in the groin, ပေါင်မိုး။ —in the viscera, ဖေး (to have such an induration, ဖေးထသည်။)
Industrial, *a.* လုံ့လပြု၍အလုပ်လုပ်ဆောင်ခြင်းနှင့်ဆိုင်သော။
Industrious, *a.* လုံ့လပြုသော။ ဝီရိယထုတ်သော။
Industry, *n.* လုံ့လ။ လုံ့လပြုခြင်း။ ဝီရိယ။ ဝီရိယထုတ်ခြင်း။
Indwelling, *a.* အထဲမှာနေတတ်သော။
Inebriate, *a.* ယစ်မူးစေသည်။ *n.* —သေသောက်ကြူး။
Inebriation, Inebriety, *n.* from above.

**Ineffable,** *a.* သရုပ်သကန်ပေါ်အောင်မပြောနိုင်သော (အရာ။)
**Ineffaceable,** *a.* မကျေနိုင်သော။
**Ineffective, Ineffectual, Inefficacious, Inefficient,** *a.* မဖြစ်စေနိုင်သော၊ မတတ်နိုင်သော၊ ခေမာသော၊ နုန့်နဲ့သော၊ ပေါ့တန်သော၊ ပေါ့ဆသော။
**Inefficacy, Inefficiency,** *n.* from above.
**Inelegance,** *n.* from next.
**Inelegant,** *a.* လှပသောအဆင်းမရှိ၊ ကောင်းမွန်သောတန်ဆာကိုလည်းမဆင်သော။
**Ineligible,** *a.* not fit to be chosen, ရွေးကောက်စရာမကောင်းသော၊ not suitable or desirable, လိုချင်စရာမကောင်းသော၊ not eligible (to an office,) ရွေးကောက်နိုင်ဖွယ်မဟုတ်သော။
**Ineloquent,** *a.* မိတ်ပါစေခြင်းငှါလျှောက်ပတ်ဖွယ်ရာထင်ညီကျေးသောစကားနှင့်မပြောမဆိုတတ်သော။
**Inept,** *a.* unsuitable, မတော်မလျော်သော၊ impertinent, မဆိုင်သော၊ နေရာမကျအောင်ပြောမိသော။
**Ineptness,** *n.* from above.
**Inequality,** *n.* want of equality in regard to bulk, extent, etc. မညီမမျှခြင်း။ want of evenness or uniformity, မညီမညွတ်ခြင်း။
**Inequitable,** *a.* မတရားသော၊ မဖြောင့်မတ်သော။
**Inert,** *a.* not moving itself, မလှုပ်ရှားတတ်သော၊ dull, heavy, လေးထိသော။
**Inertia,** *n.* မလှုပ်ရှားဘဲနေတတ်သောသဘော။
**Inertness,** *n.* from Inert, *a.*
**Inestimable,** *a.* that cannot be computed, မရေတွက်နိုင်သော၊ that cannot be sufficiently esteemed, နှစ်သက်၍မမှီနိုင်သော။
**Inevitable,** *a.* မလွှဲမရှောင်နိုင်အောင်ဖြစ်သော။
**Inexcusable,** *a.* အပြစ်မလွှတ်နိုင်သော (အမှု။)
**Inexhaustible,** *a.* မကုန်နိုင်အောင်များသော။
**Inexorable,** *a.* တောင်းပန်၍မရနိုင်အောင်ခိုင်ခံသော။
**Inexpedience,** *n.* from next.
**Inexpedient,** *a.* not tending to an end, အကျိုးကိုမပြုစုတတ်သော၊ inconvenient, အဆင်မသင့်သော။
**Inexpensive,** *a.* စရိတ်မများသော။
**Inexperience,** *n.* from next.
**Inexperienced,** *a.* မလေ့ကျက်၊ မကျွမ်းကျင်သော။
**Inexpert,** *a.* မလေ့ကျက်၊ မကျွမ်းကျင်၍အလျှင်အမြန်မပြီးစီးစေတတ်သော။
**Inexpertness,** *n.* from above.
**Inexpiable,** *a.* မပြေနိုင်သော (အပြစ်။)
**Inexplicable,** *a.* မရှင်းသင်းနိုင်သော။
**Inexplicit,** *a.* မတည့်လင်းသော၊ မရှင်းလင်းသော။

Inexpressible, *a.* စကားထားဖြင့်ဖော်၍မပြောနိုင်ဖွယ်ဖြစ်သော။
Inextinguishable, *a.* မငြိမ်းနိုင်သော။
Inextricable, *a.* မရှင်းသင်းနိုင်အောင်ရှုပ်ထွေးသော။
Infallibility, *n.* from next.
Infallible, *a.* မမှားနိုင်သော။ မချွတ်မယွင်းနိုင်သော။
Infamous, *a.* ဆိုးသွမ်းသောသိတင်းကျော်စောသော။
Infamy, *n.* from above.
Infancy, *n.* ငယ်ရွယ်သောအဖြစ်။
Infant, *a.* နုငယ်သော။ —*n.* a new-born child, နို့စို့သူငယ်။ any child သူငယ်။ ငယ်ရွယ်သောသူ။ အကလေး။
Infanticide, *n.* သူငယ်အသက်ကိုသတ်ခြင်း။
Infantile, *a.* နို့စို့သူငယ်နှင့်ဆိုင်သော။
Infantry, *n.* ခြေသည်တပ်။
Infatuation, *n.* from above; the state of being like a fool, အရူးကဲ့သို့ဖြစ်ခြင်း။
Infect, *v. t.* (အနာ) ကူးစေသည်။
Infection, *n.* from above; infectious matter, အနာကူးစေတတ်သောအဆိပ်။ contagious moral evil, ကူးတတ်သောဒုစရိုက်သဘော။
Infectious, *a.* catching, အနာကဲ့သို့ကူးတတ်သော။ possessing contagious virus, ကူးစေတတ်သောအဆိပ်ပါသော။
Infelicitous, *a.* unhappy, ဆင်းရဲသော။ unpropitious, အမင်္ဂလာရှိသော။
Infelicity, *n.* from above.
Infer, *v. t.* သိသောအကြောင်းအရာကိုထောက်၍မသိသောအကြောင်းအရာကိုသိသည်။ ခြင့်ချိန်၍သိသည်။
Inference, *n.* အရင်သိသောအကြောင်းအရာကိုထောက်၍ နောက်သိသောအကြောင်းအရာ။
Inferential, *a.* pertaining to inference, ခြင့်ချိန်၍သိခြင်းနှင့်ဆိုင်သော။ deduced or deducible by inference, ခြင့်ချိန်၍သိဖွယ်ဖြစ်သော။
Inferior, *a.* ယုတ်သော။ ညံ့သော။ —*n.* ယုတ်သောသူ။ (to become inferior, ဆုတ်ယုတ်သည်။)
Inferiority, *n.* ယုတ်ခြင်း။ ယုတ်သောအဖြစ်။
Infernal, *a.* ငရဲနှင့်ဆိုင်သော။
Infertile, *a.* မြေမကောင်း၍အသီးအနှံမထွက်သော။
Infertility, *n.* from above.
Infest, *v. t.* နှောင့်ရှက်သည်။ (to be infested with insects, ပိုးကျသည်။)
Infidel, *a.* ဘုရား၊ တရားကိုမယုံကြည်သော။ —*n.* ဘုရား၊ တရားကိုမယုံကြည်သောသူ။

**Infidelity**, *n.* from Infidel, *a.*; unfaithfulness, သစ္စာဖောက်ခြင်း။ အဂတိ။ *Pali.*

**Infinite**, *a.* အနန္တ၊ အဆုံးမရှိသော၊ အဆုံးမဲ့။

**Infinitude, Infinity**, *n.* အနန္တဖြစ်ခြင်း။

**Infirm**, *a.* not firm, မခိုင်သော။ feeble in body, ချို့နဲ့သော၊ weak, inefficient, နုန့်နဲ့သော။

**Infirmary**, *n.* လူနာအိမ်။

**Infirmity**, *n.* feebleness of body, ချို့နဲ့ခြင်း။ weakness of purpose, နုန့်နဲ့ခြင်း။ disease, အနာရောဂါ။ a failing, ပေါ့လျော့သောအဖြစ်။ (age of infirmity, ဟာနိယာအရွယ်။)

**Infix**, *v. t.* စွဲသည်။ စွဲကပ်သည်။

**Inflame**, *v. t.* to kindle, ညှိသည်။ to set on fire, မီးရှို့သည်။ to heat (the body,) ပူစေသည်။ —as one's passions, ပူလောင်စေသည်။ to increase passion, စိတ်အားကြီးစေသည်။ to irritate, စိတ်ဆိုးစေသည်။

**Inflammable**, *a.* ညှိလွယ်သော။

**Inflammation**, *n.* the act of setting on fire, မီးရှို့ခြင်း။ the state of being on fire, မီးလောင်ခြင်း။ the heat of the body produced by disease, အနာရောဂါအရှိန်ကြောင့်ကိုယ်ပူခြင်း။ violence of passion, စိတ်ပြင်းထန်ခြင်း။

**Inflammatory**, *a.* tending to heat the body, ကိုယ်ကိုပူစေတတ်သော။ tending to excite tumult, မငြိမ်မသက်ဖြစ်အောင်နှိုးဆော်တတ်သော။

**Inflate**, *v. t.* to puff up with air, လေသွင်း၍ဖောင်းစေသည်။ to elate, စိတ်မြင့်အောင်ပြုသည်။

**Inflation**, *n.* the state of being distended with air, လေနှင့်ပြည့်၍ဖောင်းခြင်း။ elation, စိတ်မြင့်ခြင်း။

**Inflect**, *v. t.* ရှုဖယ်သည်။

**Inflection**, *n.* from above; —of the voice, အသံထား၊ အသံယူ။

**Inflective**, *a.* ရှုဖယ်တတ်သော။

**Inflexibility**, *n.* from next.

**Inflexible**, *a.* that cannot be bent, မကွေးမကောက်၊ မကိုင်းမညွှတ်နိုင်အောင်မာသော။ that cannot be persuaded, သွေးဆောင်၍မရနိုင်အောင်ခိုင်မာသော။ unchangeable, မပြောင်းလဲနိုင်သော။ —in purpose, သဘောမပြောင်းလဲနိုင်အောင်စိတ်ခိုင်မာသော။

**Inflict**, *v. t.* (ဒါဏ်) ပေးသည်။

**Infliction**, *n.* from above.

**Influence**, *v. t.* to affect, တစုံတခုသောအရာ၌တစုံတခုသောအကျိုးကိုဖြစ်စေသည်။ to induce, သွေးဆောင်၍ရသည်။ —*n.* အကျိုးကိုဖြစ်စေနိုင်သောအား။ သွေးဆောင်နိုင်သောအစွမ်းသတ္တိ၊ ဩဇာ။

**Influential**, *a.* အကျိုးကိုဖြစ်စေနိုင်သောအားရှိသော၊ သွေးဆောင်နိုင်သောအစွမ်းသတ္တိရှိသော၊ သြဇာရှိသော။
**Influenza**, *n.* ကာလလိုက်သောချောင်းဆိုးနာ။
**Influx**, *n.* the act of flowing in, စီးဝင်ခြင်း။ an abundant coming in, များစွာဝင်ခြင်း။
**Infold**, *v. t.* to involve, လိမ်ပတ်သည်၊ to inwrap, ထုပ်သည်၊ to embrace, ပိုက်သည်၊ ဖက်သည်။
**Inform**, *v. t.* to give life to, အသက်ရှင်စေသည်၊ to give information, ကြားပြောသည်၊ —from a distance, ကြားမှာသည်၊ —by writing, ကြားရေးသည်၊ ကြားလိုက်သည်။
**Informal** *a.* ထုံးဥပဒေအတိုင်းမဟုတ်သော။
**Informality**, *n.* from above.
**Informant**, *n.* ကြားပြောသောသူ။
**Information**, *n.* intelligence given, ကြားပြောခြင်း၊ ကြားပြောချက်၊ knowledge obtained, ကြားသိခြင်း။
**Infraction**, *n.* သစ္စာကိုဖျက်ခြင်း။
**Infrangible**, *a.* မကျိုးမပေါက်နိုင်သော။
**Infrequency**, *n.* from next.
**Infrequent**, *a.* တခါတလေသာဖြစ်သော။
**Infringe**, *v. t.* to violate (a contract,) သစ္စာကိုဖျက်သည်၊ —a right, ပိုင်ထိုက်သောအရာကိုဖျက်သည်၊ to transgress, လွန်ကျူးသည်။
**Infringement**, *n.* from above.
**Infuriate**, *a.* အလွန်ကြမ်းတမ်းစွာအမျက်ထွက်သော၊ —*v. t.* from same.
**Infuscate**, *v. t.* မည်းစေသည်။
**Infuse**, *v. t.* to pour in, လောင်းသည်၊ to put into the mind, နှစ်လုံးသွင်းသည်၊ to steep in water, ရေ၌စိမ်ထားသည်။
**Infusion**, *n.* from above; the liquor in which something is steeped, စိမ်ဆေး။
**Ingathering**, *n.* အသီးအနှံကိုသိမ်းယူခြင်း။
**Ingenious**, *a.* စိတ်အကူးအသန်းလိမ္မာသော၊ ဉာဏ်ထက်မြက်သော။
**Ingenuity**, *n.* from above.
**Ingenuous**, *a.* frank, လျှို့ဝှက်ခြင်းမရှိ၊ တည့်လင်းသော၊ ဖောတောတိုင်းတိုင်းဖြစ်သော၊ disinterested, ကိုယ်အကျိုးကိုမငဲ့ကွက်သော။
**Ingenuousness**, *n.* from above.
**Inglorious**, *a.* ဂုဏ်အသရေမရှိသော။
**Ingot**, *n.* ရွှေတုံး၊ ငွေတုံး။
**Ingraft**, *see* Graft, *v. t.*
**Ingrain**, *v. t.* မရက်မီခြည်ကိုဆိုးသည်။
**Ingrate**, *n.* ကျေးဇူးမဲ့သောသူ။
**Ingratiate**, *v. t.* စိတ်နှင့်တွေ့အောင်ပြုသည်။

**Ingratitude**, *n.* ကျေးဇူးမသိခြင်း၊ ကျေးဇူးမဲ့ခြင်း။
**Ingredient**, *n.* ရောနှော၍စုပေါင်း၍ပါသောအရာ။
**Ingress**, *n.* ဝင်ခြင်း။
**Inguinal**, *a.* ပေါင်ခွန်နှင့်ဆိုင်သော။
**Ingulf**, *v. t.* ဝဲဩဲ၌သင်္ဂြိုဟ်သည်။
**Inhabit**, *v. t.* နေမြဲနေသည်။
**Inhabitable**, *a.* နေမြဲနေနိုင်ဖွယ်ဖြစ်သော။
**Inhale**, *v. t.* ဝင်သက်ကိုရှူသည်။
**Inhabitant**, *n.* နေမြဲနေသောသူ၊ အိမ်ရာရှိသောသူ၊ —of a place, ထရပ်သား။
**Inharmonious**, *a.* အသံမညီမညာသော။
**Inhere**, *v. i.* စွဲလျှက်ရှိသည်။
**Inherent**, *a.* from above; innate, ပကတိပါရင်းဖြစ်သော။
**Inherit**, *v. t.* အမွေခံသည်။
**Inheritable**, *a.* အမွေခံဖွယ်ဖြစ်သော။
**Inheritance**, *n.* အမွေဥစ္စာ၊ အမွေအငွေ့တ်၊ အမွေအနှစ်။
**Inhesion**, *n.* စွဲလျှက်ရှိခြင်း။
**Inhibit**, *v. t.* မြစ်တားသည်။
**Inhibition**, *n.* from above.
**Inhospitable**, *a.* ဧည့်သည်ဝတ်ကိုမပြုတတ်သော။
**Inhuman**, *a.* ရက်စက်သော။
**Inhumanity**, *n.* from above.
**Inhume**, *v. t.* သင်းဂြိုင်းတွင်း၌မြှုပ်ထားသည်။
**Inhumation**, *n.* from above.
**Inimical**, *a.* unfriendly, ရန်သက်ဖြစ်သော၊ adverse, ဆန့်ကျင်ဘက်ဖြစ်သော။
**Inimitable**, *a.* တူအောင်မလုပ်နိုင်ဖွယ်ဖြစ်သော။
**Iniquitous**, *a.* မတရားသော။
**Iniquity**, *n.* မတရားခြင်း၊ အဓမ္မအမှု။
**Initial**, *a.* အဦးဖြစ်သော၊ —letter, *n.* ရှေ့ဆောင်သောအက္ခရာ။
**Initiate**, *v. t.* to instruct in rudiments, (ပညာအစတတ်) အစတွင်သင်သည်၊ to introduce into a new situation, သွင်း၍နေရာပေးသည်။
**Initiation**, *n.* from above.
**Initiatory**, *a.* အစတွင်သင်ခြင်းနှင့်ဆိုင်သော၊ သွင်း၍နေရာပေးခြင်းနှင့်ဆိုင်သော။
**Inject**, *v. t.* ပြွန်နှင့်ထိုး၍သွင်းသည်။
**Injection**, *n.* from above; a clyster, ဝမ်းချုဆေး။
**Injudicious**, *a.* သတိပညာနှင့်မလိုက်လျောသော။
**Injunction**, *n.* ပညတ်။

**Injure,** *v. t.* to hurt, နာစေသည်။ to harm, အပြစ်ပြုသည်။ to impair, ညှိုးစေသည်။ to damage, ယိုယွင်းစေသည်။ to destroy the welfaro of, အကျိုးပျက်အောင်ပြုသည်။ ညှဉ်းဆဲသည်။

**Injurious,** *a.* hurtful, အကျိုးကိုဖျက်တတ်သော။ wrongful, တရားကိုလွန်ကျူး၍ညှဉ်းဆဲတတ်သော။ (to be injurious to the constitution, ဓာတ်ခိုက်သည်။)

**Injury,** *n.* from Injure, *v. t.* violent—, အဓမ္မ။

**Injustice,** *n.* မတရားသောအမှု။

**Ink,** *n.* မှင်။ မှင်ရည်။ India—, မှင်တောင့်။ မှင်ခဲ။ —nut, ဆေးသီး။ —stand, မှင်အိုး။ —*v. t.* မှင်နှင့်လူးသည်။ (to prepare ink, မှင်သတ်သည်။)

**Inkling,** *n.* a hint, အရိပ်။ an inclination, သဘောရောက်ခြင်း။

**Inky,** *a.* မှင်ကဲ့သို့ဖြစ်သော။

**Inland,** *a.* ပင်လယ်နှင့်မနီးစပ်၊ ကွာဝေးသော။

**Inlay,** *v. t.* ထွင်း၍အသားသွင်းသည်။ (inlaid work, ဇဝါ။

**Inlet,** *n.* ဝင်ဝ။

**Inly,** *adv.* အထဲမှာ။ အတွင်းမှာ။

**Inmate,** *n.* တအိမ်ထဲ၌တည်းနေသောသူချင်း။

**Inmost,** *a.* အတွင်းဆုံးသော။

**Inn,** *n.* a tavern, ထမင်းဆိုင်။ a house for students of law, ရှေ့နေအတတ်သင်သောသူတို့နေရာအိမ်။ —holder, —keeper, ထမင်းဆိုင်ရှင်။

**Innate,** *a.* ပကတိပါရင်းဖြစ်သော၊ ဝမ်းတွင်းကပါသော။

**Innavigable,** *a.* သင်္ဘောသွားရာလမ်းမရှိသော။

**Inner,** *a.* အတွင်းဖြစ်သော။

**Innermost,** *see* Inmost.

**Innocence,** *n.* from next.

**Innocent,** *a.* harmless, အပြစ်မပြုတတ်သော။ free from guilt, အပြစ်မရှိသော။ free from guile, စိတ်ရိုးသားသော။

**Innocuous,** *a.* အပြစ်မပြုတတ်သော။

**Innovate,** *v. i.* ပြောင်းလဲ၍အသစ်ပြုပြင်သည်။

**Innovation,** *n.* from above.

**Innoxious,** *see* Innocuous.

**Innuendo,** *n.* အရိပ်အမြွက်။

**Innumerable,** *a.* မရေတွက်နိုင်အောင်များသော။

**Inoculate,** *v. t.* to bud, တပင်ကအညွန့်ဖူးကိုတပင်၌ထိုး၍စိုက်သည်။ to insert the small pox virus, ကျောက်ထိုးသည်။

**Inoculation,** *n.* from above.

**Inodorous,** *a.* အနံ့မရှိသော။

**Inoffensive,** *a.* giving no provocation, စိတ်ဆိုးစရာအကြောင်းမရှိ

သော။ giving no annoyance, မနှောင့်ရှက်တတ်သော။ harmless, အပြစ်မပြုတတ်သော။

Inofficial, *see* Unofficial.

Inofficious, *a.* မေတ္တာတရားနှင့်မညီသော။

Inoperative, *a.* အကျိုးကိုမဖြစ်စေတတ်သော။

Inopportune, *a.* unseasonable, အချိန်မဲ့သော။ inconvenient, အခွင့်မသင့်သော။

Inordinate, *a.* ကျူးလွန်သော။

Inorganic, *a.* တိုးပွားတတ်သောအင်္ဂါမရှိသော။

Inosculate, *v. t.* ပူးကပ်ရောနှောသည်။

Inquest, *n.* စစ်ဆေးခြင်း။

Inquietude, *n.* မငြိမ်သက်ခြင်း။

Inquire, *v. t.* မေးမြန်းသည်။ —in order to draw out something, စကားစုံစမ်းသည်။ စကားကြောင်းလမ်းသည်။ —after, ရှာဖွေသည်။ —into, စစ်ဆေးသည်။ဆွေးနွေးသည်။ထောက်လှမ်းသည်။ —on subjects connected with science and religion, ဓမ္မနာတင်း။ (to go and enquire after another's welfare, ထောက်ခံသည်။)

Inquiry, *n.* from above.

Inquisition, *n.* examination, စစ်ဆေးခြင်း။ judicial investigation, စစ်ကြောခြင်း။ the inquisitorial court of the papacy, ရောင်ကိုတာသာ၌မိစ္ဆာဒိဋ္ဌိကိုစစ်ကြော၍ဒါဏ်စီရင်သောမင်းစု။

Inquisitive, *n.* စစ်ဆေးမေးမြန်းတတ်သော။

Inquisitiveness, *n.* လိုသိသောသဘော။

Inquisitor, *n.* one who examines officially, စစ်ကြောသောသူ။ a member of the court of Inquisition, ရောင်ကိုတာသာ၌မိစ္ဆာဒိဋ္ဌိကိုစစ်ကြော၍ဒါဏ်စီရင်သောမင်း။

Inquisitorial. *a.* စစ်ကြောခြင်းနှင့်ဆိုင်သော။

Inroad, *n.* ပြည်နယ်သို့ဝင်တိုက်၍လုယူဖျက်ဆီးခြင်း။

Insalubrious, *a.* ဥတု၊ ဒေသအလိုက်၊ ရောဂါဖြစ်စေတတ်သော။

Insalubrity, *n.* from above

Insane, *a.* ရူးသော။

Insanity, *n.* from above.

Insatiable, Insatiate, *a.* မရောင့်ရဲနိုင်သော။ တင်းမတိမ်နိုင်သော။

Insatiableness, Insatiety, *n.* from above.

Inscribe, *v. t.* to write on, အက္ခရာတင်သည်။ လိပ်စာထိုးသည်။ to dedicate a writing or book, *see* under Dedicate; to draw a figure within another, ပုံတခုအတွင်း၌ပုံတခုကိုရေးသားသည်။

Inscription, *n.* အက္ခရာတင်သောစာ။ လိပ်စာ။ —on stone, ကျောက်စာ။ *see* under Dedication.

Inscrutable. *a.* စစ်ဆေး၍နားမလည်နိုင်အောင်ဖြစ်သော။

**Insect,** *n.* ပိုး ကောင်၊ အလှူအလှေ့ insects in general, ပိုးမွှား၊ ပိုးရွ၊
**Insecure,** *a.* မလုံချုံသော၊
**Insecurity,** *n.* from above.
**Insensate,** *a.* ထိုင်းမှိုင်းသော၊
**Insensibility,** *n.* from next.
**Insensible,** *a.* imperceptible, မသိမမြင်နိုင်လွယ်ဖြစ်သော၊ unimpressible, ထုံကိုင်သော၊ destitute of the power of feeling or perceiving, ဝေဒနာကိုမခံစားတတ်သော၊ အမှတ်သညာမရှိသော၊ not susceptible of emotion or passion, လှုပ်လှုပ်ရှားသောစိတ်မရှိသော၊
**Insensibly,** *adv.* from above; by degrees, တဖြည်းဖြည်း၊
**Inseparable,** *a.* မကွာနိုင်သော၊
**Insert,** *v. t.* သွင်းသည်၊
**Insertion,** *n.* from above.
**Inshore,** *adv.* ကမ်းနားမှာ၊
**Inside,** *n.* အထဲ၊ အတွင်း၊
**Insidious,** *a.* ပရိယာယ်နှင့်တဖြည်းဖြည်းဝင်၍နိုင်အောင်ပြုတတ်သော၊
**Insidiousness,** *n.* from above.
**Insight,** *n.* အတွင်းကိုသိမြင်ခြင်း၊
**Insignia,** *n.* အသီးအသီးရာထူးအလိုက်၊သီးခြား၍မှတ်သားအောင်ချက်သောတန်ဆာ၊ အဆောင်အရောင်၊ —of nobility, ရွှေစလွယ်၊
**Insignificance,** *n.* from next.
**Insignificant,** *a.* without meaning, အနက်အဓိပ္ပာယ်မရှိသော၊ unimportant, အတွက်မရှိသော၊
**Insincere,** *a.* အတွင်းအပမညီ၊ အရောင်ဆောင်သော၊
**Insincerity,** *n.* from above.
**Insinuate,** *v. i.* to enter gently, အသာအယာဝင်သည်၊ —*v. t.* to introduce gently, အသာအယာသွင်းသည်၊ to hint, အရိပ်အမြွက်ပေးသည်၊
**Insinuating,** *a.* apt to gain on the affections, စိတ်နှင့်တွေ့အောင်ပြားယောင်းတတ်သော၊
**Insinuation,** *n.* from Insinuate and Insinuating.
**Insipid,** *a.* အရသာမရှိသော၊ ပေါ့သော၊
**Insipidity,** *n.* from above.
**Insist (on,)** *v. t.* to dwell on in discourse, အစွဲပြု၍ပြောဆိုသည်၊ to ask perseveringly, စိတ်မငြီးငွေ့တဲတောင်းသည်၊
**Insnare,** *v. t.* ကျော့မိသည်၊
**Insobriety,** *n.* ယစ်မူးတတ်ခြင်း၊
**Insociable,** *see* Unsociable.
**Insolate,** *v. t.* နေပူမှာလှန်းထားသည်၊
**Insolence.** *n.* from next.

Insolent, *a.* စော်ကားသော၊ ရမ်းကားသော၊ စော်ကားမော်ကားသော၊ ဟောဒုရမ်းသော၊

Insoluble, *a.* အရည်မဖြစ်နိုင်ဖွယ်ရှိသော၊

Insolvable, *a.* အဓိပ္ပာယ်မရှင်းသင်းနိုင်ဖွယ်ဖြစ်သော၊

Insolvency, *n.* from next.

Insolvent, *a.* ကြွေးကိုမဆပ်နိုင်သော၊

Insomuch, *adv.* ထိုင်အောင်၊

Inspect, *v. t.* ကြည့်ရှုသည်၊

Inspection, *n.* from above.

Inspector, *n.* agent from Inspect; government inspector of silver. ပွဲတုပ်၊

Inspiration, *n.* from next.

Inspire, *v. t.* to draw into the lungs, ဝင်သက်ရှုသည်၊ ပင့်သက်ရှုသည်၊ to breathe into, မှုတ်သွင်းသည်၊ to impart supernatural wisdom, ထူးဆန်းသောဉာဏ်ကိုမှုတ်သွင်းသည်၊

Inspiring, *a.* animating, စိတ်ကြွ၍အားကြီးစေတတ်သော၊

Inspirit, *v. t.* အားပေးသည်၊

Inspissate, *v. t.* ပျစ်စေသည်၊

Instability, *n.* want of permanency, အမြဲမရှိခြင်း၊ unsteadiness of purpose, စိတ်သဘောမတည်ကြည်ခြင်း၊

Instable, *see* Unstable.

Install, *v. t.* အခမ်းအနားနှင့်တကွအရာ၌ခန့်ထားသည်၊

Installation, *n.* from above.

Installment, *n.* ပေးသွင်းရန်ငွေအနက်တွင်ချိန်းချက်သောအချိန်ရောက်မှပေးသွင်းရသောငွေတစု၊

Instance, *n.* solicitation, တောင်းပန်ခြင်း၊ example, ပုံသက်သေ၊ time, turn, အကြိမ်၊ —*v. t.* ပုံသက်သေပြသည်၊

Instant, *n.* ခဏ၊ (Pali.) *a.* earnestly endeavouring, မရ၊ ရအောင်တန်းမှန်း၍အားထုတ်သော၊ immediate, အခြားမဲ့ဖြစ်သော၊ ဆက်တိုက်ဖြစ်သော၊ current, ယခုဖြစ်သော၊ —*n.* ခဏ၊ တမဟုတ်၊ တအောင့်၊

Instantaneous, *a.* ချက်ချင်းဖြစ်သော၊

Instanter, Instantly, *adv.* အခြားမဲ့၊ ချက်ချင်း၊ တဝဲမခြား၊ လောချင်း၊ လောဆဲ၊ လောလော၊ ရုတ်တရော၊ ရုတ်တရက်၊ ရုတ်ချင်း၊ ရုတ်ခနဲ၊ ရှောင်တခင်၊

Instate, *v. t.* နေရာပေးသည်၊

Instead, *adv.* အစား၊ ကိုယ်စား၊

Instep, *n.* ခြေဖမိုးအဆက်၊

Instigate, *v. t.* နှိုးဆော်တိုက်တွန်းသည်၊ —a quarrel, ကိုးချောသည်၊

Instigation, *n.* from above; ဥပယောဇညီ၊ *Pali.*

**Instill,** *v. t.* to infuse by drops, အစက်စက်ချ၍သွင်းသည်၊ to communicate slowly, တဖြည်းဖြည်းနှစ်လုံးသွင်းသည်။

Instinct, *n.* ပကတိအားဖြင့်စရိုက်ဘာသာသိတတ်သောဉာဏ်။

Instinctive, *a.* ထိုဉာဏ်နှင့်ဆိုင်သော။

Institute, *v. t.* to establish, တည်သည်။ to initiate, (ပညာအတတ်) အစတွင်သင်သည်။ to commence, အစပြုသည်။ —a suit, တရားစွဲဆိုသည်၊ တရားပြုလုပ်သည်။ —*n.* တရားဥပဒေ။

Institution, *n.* the act of establishing, တည်ခြင်း။ an enactment, တရားဥပဒေ၊ စီရင်ထုံးဖွဲ့ချက်၊ an established system, စီရင်၍ထားသောအရာ။

**Instruct.** *v. t.* to teach, သင်ချသည်၊ သင်ပေးသည်၊ သွန်သင်သည်၊ ပဲ့ပြင်သည်၊ to put up to, အကြံပေးသည်၊ to direct, order, မှာထားသည်၊ မှာလိုက်သည်၊ to inform, ကြားပြောသည်။

Instruction, *n.* the act of teaching, သွန်သင်ခြင်း။ ဩဝါဒ၊ a direction, မှာထားခြင်း။ နည်းဥပဒေ၊ အဆုံးအမ။ gentle—, အနုသာသနာ၊ letter of—, မှာစာ၊ (to leave instruction, မှာခဲ့သည်။)

Instructive, *a.* ပညာတိုးပွားစေတတ်သော။

Instructor, *n.* သင်ပေးသောဆရာ။

Instructress, *n.* သင်ပေးသောမိမ္မ။

Instrument, *n.* an implement, လုပ်ကိုင်ရန်တန်ဆာ။ means used to accomplish a purpose, တစုံတခုသောအကျိုးကိုဖြစ်စေခြင်းငှါသုံးဆောင်သောအရာ၊ a musical machine, တူရိယာ၊ a deed or contract, စာချုပ်။

Instrumental, *a.* conducive to, အကျိုးကိုပြုစုတတ်သော၊ pertaining to musical instruments, တူရိယာနှင့်ဆိုင်သော။

Instrumentality, *n.* from above, 1st def.

Instrumentive, *a.*—case, ကရဏ၊ *Pali.*

Insubordination, *n.* ချုပ်ချိုးခြင်းကိုဝန်မခံခြင်း။

Insufferable, *a.* မခံနိုင်ဖွယ်ဖြစ်သော၊ သည်းမခံနိုင်ဖွယ်ဖြစ်သော။

Insufficiency, *n.* from next.

Insufficient, *a.* not enough, မလောက်သော၊ incompetent to, မတတ်နိုင်သော၊ (not sufficiently, မကောမကား၊)

Insular, *a.* ကျွန်းနှင့်ဆိုင်သော။

Insulate, *v. t.* အခြားတပါးသောအရာတို့နှင့်ကွင်း၍အခြားစီနေအောင်ထားသည်။

Insulation, *n.* ထိုသို့နေခြင်း။

**Insult′,** *v. t.* ရိုသေသင့်သည်အတိုင်းမပြု၊ မရိုမသေပြုသည်။

**In′sult,** *n.* from above.

Insultingly, *adv.* ကရော်ကမည်၊ သရော်သည်နှင့်၊ ခရောသောပါး။

Insuperable, *n.* that cannot be passed, မကျော်နိုင်သော(အရာ။) that cannot be surmounted. တကြိမ်မထားမြောက်နိုင်သော (အမှု

Insupportable, *see* Insufferable.

Insurance, *n.* from next; the premium paid for insuring, လုံချုံအောင်ခံဝန်သည်အတွက်ပေးရသောငွေ။

Insure, *v. t.* လုံချုံအောင်ခံဝန်သည်။

Insurgent, *a.* အာဏာကိုဆန့်လျှက်ရှိသော။ —*n.* အာဏာကိုဆန့်သောသူ။ ပုန်ကန်သောသူ။

Insurmountable, *see* Insuperable.

Insurrection, *n.* ပုန်ကန်ခြင်း။

Insusceptible, *a.* မနာတတ်သော၊ မကြွင်နာတတ်သော။

Intaglio, *n.* တခြမ်းပေါ်အောင်လုပ်သောရုပ်ပုံ။

Intangible, *a.* စမ်းသပ်၍မတွေ့မရှိသော။

Intact, *a.* မထိမပျက်သေးသော။

Integer, *n.* မချိုတဲ့၊ စုံလင်သောအရာ။

Integral, *a.* whole, entire, စုံလင်သော။ making part of a whole, အင်္ဂါစုအဝင်ဖြစ်သော။

Integrity, *n.* entireness, မချိုတဲ့၊ စုံလင်ခြင်း။ uprightness, ဖြောင့်မတ်ခြင်း။

Integument, *n.* ဖုံးအုပ်သောအရာ။ ဖုံးလွှမ်းသောအရာ။

Intellect, *n.* ညာဏ်။ (to have a comprehensive—, ညာဏ်ကျယ်သည်။ to have a dull—, ညာဏ်တုံးသည်။ to have a good—, သဘောညာဏ်ကောင်းသည်။ to have a shallow—, ညာဏ်တိမ်သည်။ to have a sharp—, ညာဏ်ထက်မြက်သည်။)

Intellective, *a.* နားလည်တတ်သော။

Intellectual, *a.* having intellect, ညာဏ်ရှိသော။ relating to the intellect, ညာဏ်နှင့်ဆိုင်သော။

Intelligence, *n.* intellect, ညာဏ်။ information communicated, ကြားမှာသောသိတင်းစကား။ friendly intercourse, မိသဟာယဖွဲ့ခြင်း။ an intelligent being, ဝေနေယျသတ္တဝါ။

Intelligencer, *n.* သိတင်းကြားမှာသောသူ။

Intelligent, *a.* endowed with intellect, ညာဏ်ရှိသော။ သဘောပေါက်သော။ knowing, ညာဏ်ကောင်းသော။ သိနားလည်တတ်သော။

Intelligible, *a.* နားလည်နိုင်ဖွယ်ဖြစ်သော။

Intemperance, *n.* from next.

Intemperate, *a.* immoderate in the indulgence of the appetites, ကာမဂုဏ်ကိုမချုပ်တည်းသော။ addicted to the use of intoxicating liquor, သေရည်သေရက်ကိုသောက်တတ်သော။ excessive, ကျူးလွန်သော။

Intend, *v.* အကြံရှိသည်။ ကြံရွယ်သည်။ မှန်းရွယ်သည်။

**Intendant,** *see* Superintendent.
**Intense,** *a.* အလွန်အားကြီးသော၊
**Intensely,** *adv.* ကြပ်ကြပ်၊ with words of darkness, blackness ကျုတ်ကျုတ်၊ with words of heat, ကြက်ကြက်၊ applied to the heat of the sun, ကြိကြိ၊
**Intenseness, Intensity,** *n.* from above.
**Intension,** *n.* တင်ခြင်း။
**Intensive,** *a.* အားကြီးစေသော၊
**Intent,** *a.* စိတ်သဘောစိုက်လျက်ရှိသော၊ စိတ်တန်းမှန်းလျက်ရှိသော၊ —*n.* အကြံအစည်၊ အကြံအရွယ်၊
**Intention,** *n.* close attention, စိတ်သဘောစိုက်လျက်နေခြင်း။ design, အကြံအစည်၊ အကြံအရွယ်၊ ဝိတက်၊ *Pali.*
**Intentional,** *a.* ကြံစည်၍ပြုသော (အမှု၊)
**Intently,** *adv.* မိန်းမိန်း။
**Intentness,** *n.* from Intent, *a.*
**Inter,** *v. t.* မြေ၌မြှုပ်၍သင်းဂြိုဟ်သည်၊
**Intercalar, Intercalary,** *a.* ငင်သော (ရက်၊) ထပ်သော (လ၊)
**Intercalate,** *v. t.* —a day, ရက်ငင်သည်၊ —a month, လထပ်သည်၊
**Intercalation,** *n.* from above; (intercalated month, အဓိမာသ၊)
**Intercede,** *v. i.* to mediate, စပ်ကြားပြုသည်၊ to plead for, သူ့အဖို့တောင်းပန်သည်။
**Intercept,** *v. t.* to stop and seize on the way, ကြိုဆို၍ဖမ်းဆီးသည်၊ to obstruct, မြစ်တားသည်၊
**Interception,** *n.* from above.
**Intercession,** *n.* from Intercede.
**Intercessor,** *n.* စပ်ကြားပြုသောသူ၊ သူ့အဖို့တောင်းပန်သောသူ၊
**Interchange,** *v. t.* to give and take mutually, အချင်းချင်းလဲလှယ်သည်၊ to succeed alternately, အပြန်အလှန်လဲပြောင်းသည်၊ —*n.* from same; —of conversation, ပဋိသန္ထာရ၊ *Pali.* စကားချေစပ်ခြင်း။
**Intercommunication,** *see* Intercourse.
**Intercostal,** *a.* နံရိုးစပ်ကြားမှာရှိသော၊
**Intercourse,** *n.* တဦးနှင့်တဦးအပေါင်းအဖက်ပြု၍ဆက်ဆံခြင်း။ sexual—, သင့်နေခြင်း။ စုံဖက်ခြင်း။ မေထုန်သံဝါသ၊
**Interdict,** *v. t.* မြစ်တားသည်၊ Interdiction, *n.* from *do.*
**Interdictory,** *a.* မြစ်တားသော၊
**Interest,** *v. t.* to cause to be concerned in, ဆိုင်စေသည်၊ to affect the feelings, စိတ်ပါဝင်စေခြင်းငှါပြုသည်၊ —*n.* concern in, ဆိုင်ခြင်း။ ပါဝင်ခြင်း။ advantage, benefit, welfare, ကျေးဇူး။ အကျိုး။ favor with others, မျက်နှာရခြင်း။ regard to private profit

ကိုယ်အကျိုးကိုငဲ့ကွက်ခြင်း။ premium paid for money, အတိုး၊ အတိုးအညွန့်။ —of a debt, ဖြီဘိုး။ compound interest, စာရင်းလှန်တိုးသောအတိုး။ (to put at—, အတိုးချသည်။ to live on—, အတိုးစားသည်။)

**Interfere**, *v. i.* to intermeddle, လူအမှုကိုဝင်၍ပြုသည်။ to come in collision, ထိခိုက်သည်။

**Interference**, *n.* from above.

**Interfused**, *a.* စပ်ကြားမှာသွန်းလောင်းလျက်ရှိသော။

**Interim**, *n.* ခြားသောကာလ။

**Interior**, *n.* အတွင်း။ —*a.* အတွင်း၌ရှိသော။

**Interjacent**, *a.* စပ်ကြားမှာရှိသော။

**Interject**, *v. t.* စပ်ကြားမှာသွင်းသည်။

**Interjection**, *n.* from above; an exclamation, ကျူးကြော်သောစကား။

**Interlace**, *v. t.* ရောနှောသည်။

**Interlapse**, *n.* ခြားသောကာလ။

**Interlard**, *v. t.* တသမတ်တည်းမပြော၊ စကားချပ်နှင့်ပြောသည်။

**Interleave**, *v. t.* စာအုပ်၌အလွတ်ချပ်၍ထည့်သည်။

**Interline**, *v. t.* စာနှစ်ကြောင်းအကြား၌ချပ်၍ရေးသည်။

**Interlineation**, *n.* from above; the matter inserted, စာနှစ်ကြောင်းအကြား၌ချပ်၍ရေးသောစကား။

**Interlocution**, *n.* အလှည့်အလှည့်ဆွေးနွေးပြောဆိုခြင်း။

**Interlocutory**, *a.* ထိုသို့သောပြောဆိုခြင်းနှင့်ဆိုင်သော။

**Interlope**, *v. i.* မဆိုင်ဘဲနှင့်ဆိုင်ရောင်ဆောင်၍ပြုသည်။

**Interlude**, *n.* ဇာတ်မပြတ်ဆောင်ချပ်၍ပြုသောအရာ။

**Intermarriage**, *n.* from next.

**Intermarry**, *v. i.* တမျိုးနှင့်တမျိုးဆက်သက်၍အပြန်အလှန်လက်ထပ်သည်။

**Intermeddle**, *v. i.* ဝင်၍စွက်ပက်သည်။

**Intermedial**, **Intermediate**, *a.* စပ်ကြားမှာနေသော။ (intermediate space, အကြား၊ အကြိုအကြား။)

**Interment**, *n.* from Inter, *v. t.*

**Interminable**, *a.* အဆုံးမရှိနိုင်သော။

**Intermingle**, *v. t.* ရောရှက်သည်။

**Intermission**, *n.* from next; intervenient time, ခြားသောကာလ။

**Intermit**, *v. i.* to cease for a time, စဲသည်။ ခဏပြတ်သည်။ ရပ်တန့်သည်။ —as a fever, ကျသည်။ —*v. t.* စဲစေသည်။ ခဏဖြတ်သည်။ ရပ်တန့်စေသည်။

**Intermittent** (fever,) *a.* ကျဘတ်သော (အဖျား။)

**Intermix**, *v. t.* ရောနှောသည်။

**Intermixture**, *n.* a mass formed by mixture, ရောနှောသောအရာ။ admixture, စွက်ပက်၍ရောနှောသောအရာ။

**Intermundane**, *a.* စကြဝဠာကြားမှာဖြစ်သော။

**Internal**, *a.* interior, အတွင်း၌ရှိသော။ pertaining to the heart, စိတ်သဘောနှင့်ဆိုင်သော။ intrinsic, ဓာတ်အတိုင်းဖြစ်သော။

**Internuncio**, *n.* တဦးမှတဦးသို့စေလွှတ်သောတမန်။

**Interpolate**, *v. t.* မထုတ်မမှန်ဘဲစာလုပ်၍သွင်းသည်။

**Interpolation**, *n.* from above; the passage interpolated, ထိုသို့သွင်းသောစကားချက်။

**Interpose**, *v. i.* to mediate, စပ်ကြားမှာပြုသည်။ —*v. t.* to place between, စပ်ကြားတွင်ထားသည်။ to obstruct, ဆီးတားသည်။

**Interposition**, *n.* from above, 1st and 2d def.

**Interpret**, *v. t.* to translate, အနက်ပြန်သည်။ စကားပြန်သည်။ ပြန်ဆိုသည်။ to explain the meaning, အနက်အဓိပ္ပာယ်ကိုဖော်ပြသည်။ —(a dream), ဖတ်သည်။

**Interpretation**, *n.* from above; meaning explained, အနက်အဓိပ္ပာယ်ကိုဖော်ပြသောစကား။ —of an original text, နိဿယ ယျူ၊ ပါဠိအနက်။

**Interpreter**, *n.* စကားပြန်။

**Interregnum**, *n.* ရှင်ဘုရင်တဦးနန်းသက်ကုန်၍တဦးနန်းမထိုင်မှီသောကာလ။

**Interrogate**, *v. t.* မေးစစ်သည်။

**Interrogation**, *n.* from above; a question, အမေး၊ a note that marks a question, အင်္ဂလိပ်စာ၌အပိုက်တမျိုး။ (?)

**Interrogative**, *a.* မေးမြန်းသော (စကား။)

**Interrogatory**, *n.* အမေး။ —*a. see* Interrogative.

**Interrupt**, *v. t.* to break continuity, ဖြတ်သည်။ to obstruct, hinder, ဆီးတားသည်။

**Interruption**, *n.* from above; a hindrance, အဆီးအတား၊ ပရိဗိတ်။

**Intersect**, *v. t.* ကန့်လန့်ဖြတ်သည်။

**Intersection**, *n.* from above; the point of crossing, ကန့်လန့်ဖြတ်ချက်။

**Intersperse**, *v. t.* အများထဲတွင်ခြားနားသောအရာတို့ကိုကွက်ကွက်ကျားကျားထားသည်။

**Interspersion** *n.* from above.

**Interstice**, *n.* ကျဉ်းမြောင်းသောအကြား။ as of the ribs, နံကြိုနံကြား။

**Intertexture**, *n.* အချင်းချင်းရောနှော၍ရက်သောအဖြစ်။

**Intertwine, Intertwist**, *v. t.* ပူးလိမ်သည်။

**Interval**, *n.* —of space, အကြား၊ စပ်ကြား၊ —of time, ခြားသောကာလ။ low, level ground, ချိုင့်ဝှမ်းသောအရပ်။ (at intervals, ကြိုးကြား၊ ရံဖန်။)

**Intervene**, *v. i.* စပ်ကြားသို့ဝင်သည်။

**Intervention**, *n.* from above.

**Interview**, *n.* မျက်နှာချင်းဆိုင်တွေ့၍စကားပြောဆိုခြင်း။

Interweave, *v. t.* အချင်းချင်းရောနှော၍ရက်သည်။
Intestate, *a.* dying without making a will, သေတန်းစာမရှိဘဲသေသော။ not devised, သေတန်းစာမထားသော (ဥစ္စာ။)
Intestinal, *a.* အူနှင့်ဆိုင်သော။
Intestine, *a.* အတွင်း၌ဖြစ်သော။ ပြည်တွင်းနှင့်ဆိုင်သော။
Intestines, *n. plur.* အူ။ အအူ။
Inthrall, *v. t.* ကျွန်ခံစေသည်။
Inthrallment, *n.* from above; bondage, ကျွန်ခံခြင်း။
Inthrone, *see* Enthrone.
Intimacy, *n.* မိတ်ကျွမ်းဝင်ခြင်း။ (to be on terms of intimacy, ရင်းနှီးသည်။)
Intimate, *a.* internal, အတွင်း၌ဖြစ်သော။ close in friendship and acquaintance, မိတ်ကျွမ်းဝင်သော။ —*n.* မိတ်ကျွမ်းဝင်သောသူ။ —*v. t.* အရိပ်ပေးသည်။
Intimately, *adv.* familiarly, မိတ်ကျွမ်းဝင်သည်နှင့်။ ပွန်းတီးတီး။ လက်ပွန်းတတီး။ closely, accurately, စေ့စေ့စပ်စပ်။ သေသေချာချာ။
Intimation, *n.* အရိပ်အမြွက်။ အမြွက်။ —given by sign, အရိပ်အမှတ်။
Intimidate, *v. t.* ကြောက်အောင်ပြုသည်။
Intimidation, *n.* from above.
Into, *prep.* အတွင်းသို့။ အထဲသို့။
Intolerable, *a.* မခံနိုင်ဖွယ်ဖြစ်သော။ သည်းမခံနိုင်ဖွယ်ဖြစ်သော။
Intolerance, *n.* from next.
Intolerant, *a.* not enduring, မခံတတ်သော။ not tolerating difference of opinion or worship, အယူဝါဒအမှု၊ ကိုးကွယ်ခြင်းအမှု၌ကွဲပြားရအောင်အခွင့်မပေးတတ်သော။
Intomb, *v. t.* သင်းချိုင်းတွင်း၌ချထားသည်။
Intonation, *n.* မြည်ကျူးခြင်း။
Intoxicate, *v. t.* from next.
Intoxicated (be,) *v. i.* ယစ်မူးသည်။
Intoxication, *n.* from above. အမူး။
Intractable, *a.* ဆုံးမ၍မရနိုင်ဖွယ်ဖြစ်သော။
Intractableness, *n.* from above.
Intransitive, *a.* မကူးမပြောင်းတတ်သော။
Intransmutable, *a.* ဇာတ်မပြောင်းလဲတတ်သော။
Intrench, *v. t.* to surround with a trench, (မြို့) ပတ်လည်၌ကျုံးတူးသည်။ to furrow, အကြောင်းလုပ်သည်။ —on, *v. t.* သူတပါးပိုင်သောအရာကိုဝင်၍သိမ်းယူသည်။
Intrenchment, *n.* မြို့ဆင်ခြေဖုံးနှင့်ကျုံးအစရှိသောမြို့ကရိယာ။
Intrepid, *a.* မကြောက်၊ ရင့်သော။ သူရဲဘောရှိသော။
Intrepidity, *n.* from above.

**Intricacy**, *n.* from next.
**Intricate**, *a.* ရှုပ်ထွေးသော။
**Intrigue**, *v. i.* လျှို့ဝှက်၍ပရိယာယ်နှင့်ကြံစည်သည်၊ —*n.* from *do.*
**Intrinsic**, *a.* ဇာတိအတိုင်းဖြစ်သော။
**Introduce**, *v. t.* to bring in, သွင်းသည်၊ to lead into (the presence of,) သွင်းပေးသည်၊ to commence the use of, သုံးဆောင်စေသည်။ to produce, ဖြစ်စေခြင်းပြုသည်။ to make preliminary remarks, ဦးစွာညွှန်းပြသည်။ —parenthetically, စကားချပ်သည်။
**Introduction**, *n.* from above; a preliminary remark, အဦး၊ စကားဦး။
**Introductory**, *a.* သွင်းတတ်သော။ ထမ်းပြတတ်သော။ preliminary, ဦးစွာညွှန်းပြသော။
**Intromit**, *v. t.* မဆီးတားဘဲဝင်စေသည်၊
**Introspect**, *v. t.* အတွင်းသို့ကြည့်ရှုသည်၊
**Introvert**, *v. t.* အတွင်းသို့လှည့်သည်။
**Intrude**, *v. i.* အခွင့်မရှိဘဲဝင်သည်။ —*v. t.* အခွင့်မရှိဘဲသွင်းသည်၊ —*v. i.* လူရာဝင်သည်။ လူဇော်ဝင်သည်။ အရာဝင်သည်။
**Intrusion**, *n.* from above.
**Intrusive**, *a.* အခွင့်မရှိဘဲဝင်တတ်သော။ —သွင်းတတ်သော။ disrespectful, သရေတတ်သော။
**Intrust**, *v. t.* ယုံ၍အပ်နှံသည်။
**Intuition**, *n.* အလိုအလျောက်သိတတ်သောဉာဏ်။
**Intuitive**, *a.* အလိုအလျောက်သိတတ်သောဉာဏ်နှင့်ဆိုင်သော။ (intuitive wisdom, သယမ္ဘုဉာဏ်၊)
**Intumescence**, *n.* ဖောရောင်ခြင်း။ (intumescent-sore, အနာဖုံး၊)
**Inturgescence**, *n.* same.
**Intwine**, *v. t.* ပူးလိမ်သည်၊
**Inundate**, *v. t.* လွှမ်းမိုးသည်။
**Inundation**, *n.* from above.
**Inure**, *v. t.* ခံနိုင်စေခြင်းငှာတစတစမှားး၍ပြုသည်။
**Inutility**, *n.* အသုံးမရနိုင်အောင်ဖြစ်ခြင်း။ အကျိုးမဲ့ခြင်း။
**Invade**, *v. t.* to enter a country hostilely, ပြည်နယ်ကိုဝင်၍တိုက်သည်။ to encroach on, သူတပါးပိုင်သောအရာကိုဝင်၍ သိမ်းယူသည်၊
**Inval'id**, *a.* weak, အားမရှိသော၊ of no force in law, ချို့တဲ့၍မတည်သော။
**Invalid'**, *n.* မကျန်းမမာသောသူ။
**Invalidate**, *v. t.* from Inval'id, 2d def.
**Invalidity**, *n.* ချို့တဲ့နုန့်နဲ့ခြင်း။
**Invaluable**, *a.* မဖြတ်နိုင်အောင်အဘိုးထိုက်သည်။
**Invariable**, *a.* ပြောင်းလဲခြင်းမရှိသော၊

Invariableness, *n.* from above.
Invasion, *n.* from Invade.
Invective, *n.* from next.
Inveigh, *v. i.* ပြစ်တင်၍ကဲ့ရဲ့သည်။
Inveigle, *v. t.* ပရိယာယ်နှင့်ဖြားယောင်းသည်။
Invent, *v. t.* to contrive and make something new, ထိုးထွင်း၍အစအဦးလုပ်သည်။ to devise falsely, မဟုတ်မမှန်ဘဲလုပ်ကြံသည်။
Invention, *n.* from above, 1st def; that which is invented, ထိုးထွင်း၍အစအဦးလုပ်သောအရာ။ fiction, အမှန်မဟုတ်ဘဲဒဏ္ဍာရီရေးထားသောအရာ။
Inventive, *a.* ထိုးထွင်း၍ကြံစည်တတ်သော။
Inventory, *n.* ဥစ္စာပစ္စည်းစာရင်း။
Inverse, *a.* အပြန်အလှန်ဖြစ်သော။ ပြောင်းပြန်ဖြစ်သော။ —*v. t. see* Invert.
Inversion, *v.* from next.
Invert, *v. t.* အပြန်အလှန်ထားသည်။ ပြောင်းပြန်ထားသည်။
Invest, *v. t.* to clothe, အဝတ်ဝတ်သည်။ to commission, အခွင့်ပေး၍ခန့်ထားသည်။ to confer office or honor, ချီးမြှောက်ခန့်ထားသည်။ to adorn, တန်ဆာဆင်သည်။ to besiege, ဝန်းရံ၍တပ်ချသည်။ to deposit (money) with a view of profit, ရင်းနှီးသည်။
Investigate, *v. t.* စစ်ဆေးမေးမြန်းသည်။ စစ်ကြောမေးမြန်းသည်။ စိစစ်သည်။ ဆွေးနွေးသည်။ —and discuss, ဆွေးနွေးနှီးနှောသည်။ to proceed step by step in an investigation, ပွဆစ်သည်။
Investigation, *n.* from above.
Investiture, *a.* အရာ၌ခန့်ထားခြင်း။
Investment, *n.* from Invest.
Inveteracy, *n.* from next.
Inveterate, *a.* စွဲကပ်၍ပျောက်ခဲသော။
Invidious, *a.* မနာလိုဖွယ်ဖြစ်သော။
Invigorate, *v. t.* သန်မာစေသည်။
Invigoration, *n.* from above.
Invincible, *a.* မအောင်နိုင်ဖွယ်ဖြစ်သော။
Invincibility, *n.* from above.
Inviolable, *a.* မပျက်ရသော။ မဖျက်သင့်ဖွယ်ဖြစ်သော။
Inviolate, *a.* မပျက်သော။
Invisibility, *n.* from next; အရူပ။
Invisible, *a.* မထင်ရှားသော။ အရူပဖြစ်သော။ ရူပါရုံမဟုတ်။ မြင်နိုင်ဖွယ်မဖြစ်သော။ (to have the power of becoming invisible, ဈန်းဖြိုးသည်။)
Invitation, *n.* from next; (to give an invitation, ဖိတ်မန်သကပြုသည်။ to send an invitation, ဖိတ်ကြားသည်။

**Invite,** *v. t.* to ask to come, ဖိတ်သည်။ —respectfully, ပင့်သည်။ to allure, မြူသည်။ သွေးဆောင်သည်။

**Invocate,** *v. t.* ဆုတောင်းသည်။

**Invocation,** *n.* from above.

**Invoice,** *v. t.* ဥစ္စာပစ္စည်းကိုအဆိုးထားခြင်းမှတ်သားသည်။ —*n.* ထိုသို့မှတ်သားသောစာရင်း။

**Invoke,** *v. t.* ဆုတောင်းသည်။

**Involuntary,** *a.* unwilling, အလိုမရှိသော။ independent of will or choice, အလိုမပါဘဲပကတိအတိုင်းဖြစ်သော။

**Involution,** *n.* from next.

**Involve,** *v. t.* to wind over and about, လိမ်ပတ်သည်။ to wrap over and over, ထုပ်ရစ်သည်။ to cover on all sides, လွှမ်းမိုးသည်။ to imply, ပြောရာရောက်သည်။ to take with, အတူပါစေခြင်းပြုသည်။ to entangle, plunge (in difficulty,) ထွေးလုံးရစ်ပတ်စေခြင်းပြုသည်။

**Invulnerability,** *n.* ကာယသိဒ္ဓိ။

**Invulnerable,** *a.* ထိုးခုတ်ပြစ်ခတ်၍မနာနိုင်သော။ (science of becoming invulnerable, သိဒ္ဓိရတ်။)

**Inward,** *a.* interior, အတွင်း၌ရှိသော။ pertaining to the heart, စိတ်သဘောနှင့်ဆိုင်သော။ —*adv.* အထဲသို့။ အတွင်းသို့။

**Inwards,** *n. plur.* ဝမ်းတွင်းသား။ —*adv* အတွင်းသို့။

**Inweave,** *v. t.* ရေးသားလျက်ပါစေခြင်းရက်သည်။

**Inwrap,** *v. t.* to wrap up, ထုပ်သည်။ to cover up, ဖုံးအုပ်သည်။

**Inwreath,** *v. t.* ပန်းကုံးနှင့်ပတ်ရစ်သည်။

**Inwrought,** *a.* ပန်းပြောက်ထိုးသော။

**Iodine,** *n.* ပင်လယ်ကျောက်ညှိပြာကိုလုပ်သောဆေးတမျိုး။

**Iota,** *n.* ဆိတ်စိကလေး။

**Ipecacuanha,** *n.* အန်ဆေးတမျိုး။

**Irascible,** *a.* စိတ်ဆိုးတတ်သော။

**Ire,** *n.* အမျက်ထွက်ခြင်း။

**Ireful,** *a.* အမျက်ထွက်လျက်ရှိသော။

**Iris,** *n.* the rainbow, သက်တံ့။ —of the eye, မျက်ရစ်။

**Irish,** *a.* အိုင်ရိရှ်။ အိုင်ယာလန်ပြည်။ အိုင်ယာလန်အမျိုးနှင့်ဆိုင်သော။ —man, *n.* အိုင်ရိရှ်အမျိုးသား။

**Irksome,** *a.* ပင်ပန်းစေတတ်သော။

**Irksomeness,** *n.* from above.

**Iron,** *n.* the metal, သံ။ unwrought—, သံမိုင်း။ bits of—, သံတိုသံစ။ tattooing—, စုတ်တံ။ a utensil made of iron, သံတန်ဆာ။ —wood, ပျဉ်းကတိုး။ —bound, *a.* ကျောက်ထူထပ်သော(ကမ်း။) —mold, *n.* သံချေးစွန်းကွက်။ —monger, သံတန်ဆာ

ကိုရောင်းသောသူ။ —ore, သံကျောက်။ —works, *plur. see* Forge.
—*a.* made of iron, သံ။ သံကိုလုပ်သော။ —clad. သံကွပ်သော။ firm, unyielding, မိုင်မာသော။ —hearted, မကြင်နာတတ်သော။ ရက်စက်သော။ —*v. t.* to smooth with a hot iron, သံပူတိုက်သည်။ to handcuff, လက်ထိတ်ခတ်သည်။ to put on fetters, ခြေချင်းခတ်သည်။

**Ironical,** *a.* သရော်ခြင်းနှင့်ဆိုင်သော။

**Irons,** *n. plur.* manacles, သံလက်ထိတ်။ fetters, သံခြေချင်း။

**Irony,** *n.* သရော်ခြင်း။

**Irradiate,** *v. t.* လင်းစေသည်။ ထွန်းလင်းစေသည်။

**Irradiation,** *n.* from above.

**Irrational,** *a.* destitute of reason, လူ့ညာဏ်မရှိသော။ unreasonable, ပညာနှင့်မညီလျော်သော။

**Irrationally,** *adv.* applied to language, ပတောက်ပယာင်။

**Irreclaimable,** *a.* ဆုံးစွ၍မရနိုင်အောင်ဖြစ်သော။

**Irreconcileable,** *a.* that cannot be recalled to amity, ရန်ငြိမ်း၍မသင့်နိုင်သော။ incompatible, မညီလျော်နိုင်အောင်ဖြစ်သော။

**Irreconciled,** *a.* ရန်မငြိမ်း မသင့်မတင့်သော။

**Irreconcilement, Irreconciliation,** *n.* from above.

**Irrecoverable,** *a.* ပျောက်၍မရနိုင်အောင်ဖြစ်သော။

**Irredeemable,** *a.* မရွေးမနုတ်နိုင်အောင်ဖြစ်သော။

**Irreducible,** *a.* အရင်ကဲ့သို့ပြန်မဖြစ်စေနိုင်အောင်ရှိသော။

**Irrefragable,** *a.* မချေပနိုင်အောင်ဖြစ်သော။

**Irrefutable,** *a.* same.

**Irregular,** *a.* not according to rule, နည်းဥပဒေနှင့်မညီသော။ not according to custom, ထုံးစံအတိုင်းမဟုတ်သော။ not in the usual way, ဖြစ်မြဲမဖြစ်သော။ not in regular order, အစီအစဉ်အတိုင်းမဟုတ်သော။ not uniform, မညီမမျှသော။ အစီအစဉ်မသင့်သော။ not straight, မဖြောင့်သော။ not morally right, မတရားသော။

**Irregularity,** *n.* from above.

**Irregularly,** *adv.* ကြောင်တီးကြောင်တောင်။

**Irrelative,** *a.* မစပ်မဆိုင်သော။

**Irrelevancy,** *n.* from next.

**Irrelevant,** *a.* not connected with, မဆိုင်သော။ foreign, ဗာဟိရ။ *Pali.* not pertinent, မဆီမဆိုင်သော (စကား။) နေရာမကျ၊ မထိမိုက်သော (စကား။)

**Irrelevantly,** *adv.* တဖြင့်တပါး။

**Irreligion,** *n.* from next, 1st def.

**Irreligious,** *a.* destitute of religion, ဘုရားကိုမကိုးကွယ်၊ တရားကိုမကျင့်

ဆောင့်သော။ contrary to religion, ဘုရား၊ တရား၊ နှင့်ထန့်ကျင်ဆတ်ဖြစ်သော။

**Irremeable,** *a.* သွား၍မပြန်နိုင်သော (လမ်း။)

**Irremediable,** *a.* incurable, ဆေးကု၍မပျောက်နိုင်သော။ that cannot be amended, ပြုပြင်၍မရနိုင်အောင်ဖြစ်သော။

**Irremissible,** *a.* မလွှတ်နိုင်သော (အပြစ်။)

**Irremovable,** *a.* မပြောင်းသွဲနိုင်သော။

**Irreparable,** *a.* ပြုပြင်နိုင်ဖွယ်မထုတ်သော။

**Irrepealable,** *a.* မရုတ်သိမ်းနိုင်သော(အမိန့်တော်။)မပျက်နိုင်သော(ဥပဒေ။)

**Irrepleviable,** *a.* အာမခံပေး၍ဥစ္စာကိုရုတ်ယူနိုင်ဖွယ်မထုတ်သော။

**Irreprehensible,** *a.* အပြစ်တင်ဖွယ်မထုတ်သော။

**Irrepressible,** *a.* မချုပ်တည်းနိုင်ဖွယ်ဖြစ်သော။

**Irreproachable,** *a.* ကဲ့ရဲ့ဖွယ်မထုတ်သော။

**Irreprovable,** *a.* အပြစ်တင်ဖွယ်မထုတ်သော။

**Irresistible,** *a.* ရဟ်ခံ၍မဆီးတားနိုင်အောင်ဖြစ်သော။

**Irresolute,** *a.* နှုန့်နှဲသော။

**Irresolution,** *n.* from above.

**Irrespective,** *a.* မထောက်မထားဘဲနေသော။

**Irresponsible,** *a.* not accountable, ဝန်ကင်းလွတ်သော။

**Irretrievable,** *a.* ပျောက်၍မရနိုင်အောင်ဖြစ်သော။

**Irreverence,** *n.* from next.

**Irreverent,** *a.* ဘုရားကိုမထိမဲ့မြင်ပြုသော။ ဘုရား၊ တရားကိုမရိုသေသော။

**Irreverently,** *adv.* မထီလေးစား။ မရိုမသေ။ မထိမဲ့မြင်။

**Irreversible,** *a.* မပြေမပျက်နိုင်အောင်ဖြစ်သော။

**Irrevocable,** *a.* မရုတ်နိုင်၊ မဖျက်နိုင်အောင်ဖြစ်သော။

**Irrigate,** *v. t.* ရေနှင့်စိုစွတ်အောင်ပြုသည်။

**Irrigation,** *n.* from above

**Irriguous,** *a.* စိုစိုမိုင့်မိုင့်ရှိသော (မြေ။)

**Irritability,** *n.* from next.

**Irritable,** *a.* easily susceptible of heat from friction, အပွတ်ခံ၍ပူလွယ်သော။ easily provoked, စိတ်တိုသော။ စိတ်တိုတောင်းသော။ စိတ်တိုလွယ်သော။ ဝန်တိုသော။ ဒေါသတိုသော။ quick in temper, ကြွပ်ရွပ်သော။ snappish, ကြွပ်ဆတ်သော။

**Irritate,** *v. t.* to excite heat by friction, တိုက်ပွတ်၍ပူစေသည်။ to excite anger, စိတ်ထွက်အောင်ပြုသည်။ to provoke, ကတိုက်သည်။ agitate, ဆွသည်။ (to be slightly irritated, စိတ်ရှသည်။)

**Irritation,** *n.* from above.

**Irruption,** *n.* a sudden bursting in, ထိုးခနဲဖောက်ဝင်ခြင်း။ a sudden inroad, ပြည်နယ်ကိုထိုးခနဲဝင်၍တိုက်ဖျက်ခြင်း။

**Is,** *v. i.* (သူ) ရှိသည်။ (သူ) ဖြစ်သည်။ *see* Be; (as it is, ထိုရှိ။)

**Ischury**, *n.* ဆီးချုပ်သောအနာ။
**Isinglass**, *n.* ငါးကာသွက်သောကော်။
**Islamism**, *n.* ပသီဘာသာ။
**Island, Isle**, *n.* ကျွန်း။ (the great south island, တောင်ဗြိတ်ကျွန်း။)
**Islander**, *n.* ကျွန်းသား။
**Islet**, *n.* ကျွန်းငယ်။
**Israelite**, *n.* ဣသရေလအမျိုးသား။
**Issue**, *v. i.* to go or come out, ထွက်သည်။ to flow out, ထွက်စီးသည်။ to proceed as a progeny, ဆင်းသက်သည်။ —*v. t.* to utter, emit, ထုတ်သည်။ ထုတ်ပေးသည်။ —*n.* a going out, ထွက်ခြင်း။ a flowing out, ထွက်စီးခြင်း။ an emission, ထုတ်ခြင်း။ ထုတ်ပေးခြင်း။ proceeds, တက်ငွေ။ ultimate result, အဆုံး။ progeny, သားသမီး။ a fontanel, သွေးဝုပ်၊ သွေးဆိုးတစုံစုံထွက်ယို စေအောင်လုပ်သောအနာ။ the point where parties at variance are diametrically opposed, အမှုသည်နှစ်ဦးသဘောမတူနိုင်သော အချက်။ (to issue a warrant, ဝါရန်းစာထုတ်သည်။)
**Isthmus**, *n.* ကျွန်းဆက်ကုန်းမြေ။
**It**, *pron.* ထိုဟာ။ ထိုအရာ။
**Italian**, *n.* ဣတလီလူ။ —*a.* ဣတလီပြည်နှင့်ဆိုင်သော။
**Italic**, *a.* ဖိန်ဖိန်စောင်းစောင်းရေးသောစာလုံးတမျိုး။
**Itch**, *v. i.* ယားသည်။ ယားယံသည်။ —*n.* the disease, ယားနာ။ common—, ဝဲခြောက်။ a constant, teazing desire, စွဲလမ်းသော အလိုရမ္မက်။ (with slight itching, ယားတားတား။)
**Itchy**, *a.* ယားနာစွဲသော။
**Item**, *n.* an article, separate particular, အချက်။ စာခွဲပါသောအချက် တချက်။ a hint, ငရိပ်အမြွက်။ —*adv.* တနည်းကား။
**Iterate**, *v. t.* to do again, ထပ်၍ပြုသည်။ to utter again, ထပ်၍ပြော သည်။
**Iteration**, *n.* from above.
**Itinerant**, *a.* from Itinerate.
**Itinerantly**, *adv.* ဒေသစာရီ။
**Itinerary**, *n.* အပြည်ပြည်သို့လှည့်လည်ရာဒေသများတို့ကိုရေးသား၍ထား သောစာ။
**Itinerate**, *v. i.* ဒေသစာရီလှည့်လည်သည်။
**Its**, *poss.* of It, *which see.*
**Itself**, *pron.* ထိုအရာပင်။ *see* Himself; (by itself, ထီးထီး။ သက်သက်။ သန့်သန့်)
**Ivory**, *n.* ဆင်စွယ်။ —black, ဆင်စွယ်ဖုတ်သောမီးသွေး။
**Ivy**, *n.* နွယ်ပင်တမျိုး။

# J

**Jabber,** *v. i.* အလျှင်အမြန်ပြော၍စကားများသည်။

**Jacinth,** *see* Hyacinth.

**Jack,** *n.* an instrument to pull off boots, သားရေခြေနင်းကိုချွတ်သော တန်ဆာ။ an engine to turn a spit; သားငါးကင်သောတံမြှင်ကို လည်စေတတ်သောအိုးကြီးတန်ဆာ။ the fruit, ပိန္နဲသီး။ one variety, စွန်ပတတ်။

**Jackal,** *n.* မြေခွေး။

**Jackanapes,** *n.* ပလွှားသောလူမိုက်ကလေး။

**Jackass,** *n.* မြည်းထီး။

**Jackboots,** *n.* သံချုပ်ခြေနင်း။

**Jacket,** *n.* အင်္ကျီခါးတို။ ထိုင်မသိမ်းအင်္ကျီ။ tight body—, ကိုယ်ကျပ် အင်္ကျီ။ close—, worn by girls, ရင်ကျပ်အင်္ကျီ။ tight sleeved—, အင်္ကျီလက်ကျပ်။ loose sleeved—, အင်္ကျီလက်ကျယ်။ padded—, ဂွမ်းခံအင်္ကျီ။

**Jackpudding,** *n.* လူပြက်။

**Jacknet,** *n.* ပိတ်ရာဇာ။

**Jaculation,** *n.* ပြစ်ခြင်း။

**Jade,** *v. i.* စိတ်ပျက်သည်။ —*v. t.* ပင်ပန်းစေသည်။ —*n.* လုတ်မာသောမိန်း။

**Jagg,** *v. t.* ခွေးသွားစိတ်စိတ်သည်။ —*n.* ခွေးသွား။

**Jagged, Jaggy,** *a.* ခွေးသွားစိတ်စိတ်လျှက်ရှိသော။

**Jaggedness,** *n.* from above.

**Jaggery,** (East Indian,) *n.* ထန်းလျက်။

**Jaghire,** (East Indian,) *n.* မြို့စားပိုင်သောနယ်။

**Jail,** *n.* —for criminals, ထောင်။ —for debtors, တန်း။

**Jailer,** *n.* ထောင်မှူး။ under—, ထောင်သား။

**Jakes,** *n.* ရေအိမ်။

**Jalap,** *n.* ဝမ်းနုတ်ဆေးတမျိုး။

**Jam 1,** *n.* ယိုတမျိုး။ 2, —*v. t.* သိပ်သည်။

**Jamb,** *n.* တံခါးခေါင်။

**Jangle,** *v. i.* ပဋိပက္ခဖြစ်၍ဆန့်ကျင်ဘက်ပြောသည်။

**Janitor,** *n.* တံခါးစောင့်။

**Janizary,** *n.* တုရကပြည်မှာရှင်ဘုရင်ကိုယ်ရံ။

**Jansenist,** *n.* ဆရာယံစင်အယူဝါဒကိုယူသောသူ။

**Janty,** *a.* လှအောင်ဆင်ပျင်လျှက်ရှိသော။

**January,** *n.* အင်္ဂလိပ်နှစ်တွင်ပဌမလတည်းဟူသောဇာနွာရီ။ nearly answering to the Burmese, ပြာသိုလ။

**Japan,** *n.* the country, ဇပန်။ the varnish, ဇာပန်ဆေး။ —earth, ရှာ စေး။ —*v. t.* ဇပန်ဆေးနှင့်သုတ်သည်။

**Japanese,** *n.* ဇပန်လူ။ —*a.* ဇပန်ပြည်နှင့်ဆိုင်သော။

**Jar 1,** *v. i.* to emit a rattling, tremulous sound, တုန်ခါ၍မြည်သည်။ to clash, disagree, မသင့်မတင့်၊ ဆန့်ကျင်သည်။ —*v. t.* တုန်ခါသော အသံမြည်အောင်ပြုသည်။ —*n.* a rattling, tremulous sound, တုန်ခါ၍မြည်သောအသံ။ the state of a door partly open, မပိတ် မပွင့်၊ အလွတ်နေခြင်း။ —2, a glazed pot, စဉ့်အိုး။ an unglazed—, အိုးစရည်း။

**Jargon,** *n.* မပြီမသ၊ ထွေးလုံးရှစ်ပတ်သောစကား။

**Jasmine,** *n.* စမ္ပာယ်ပင်။ the Cape jasmine, ဇီဇဝါပင်။ သုံးဆင့်ပန်း။ wild—, တောစမ္ပာယ်။ Spanish—, မြတ်လေး။ Arabian—, သဘောမလိ။

**Jasper,** *n.* ကျောက်စိမ်း။ နဂါးသွဲ့။ yellow—, မဟာဆတ်အပါ။ green—, သင်းတွဲစိန်ကျောက်။

**Jaundice,** *n.* သည်းခြေနာ။

**Jaundiced,** *a.* affected with the jaundice, သည်းခြေနာစွဲသော။ prejudiced against, မနာလိုသောစိတ်ရှိသော။

**Jaunt,** *v. i.* ပျော်ရွှင်ရအောင်လှည့်လည်သည်။ —*n.* from *do.*

**Javelin,** *n.* လှံတမျိုး။

**Jaw,** *n.* [the upper,] ပါးရိုး။ [the lower,] ပါးမှုတ်ရိုး၊ မေးရိုး။ —bone, same: —tooth, အံသွား။

**Jay,** *n.* ငှက်ခါး။

**Jealous,** *a.* suspicious of conjugal fidelity, ကိုယ်ခင်ပွန်းကိုယုံမှားသော။ apprehensive of rivalry in love, ကိုယ်ချစ်သောသူသည် သူတပါးကိုသာ၍ ချစ်သည်ဟူ၍ ငါ့ကိုယ်ချစ်သောသူကိုသူတပါးမတော် မတန်ချစ်သည်ဟူ၍ ငါထင်၍စိတ်ပူပန်သော။ concerned for, သူ မကောင်းမည်ကိုစိုးရိမ်၍ စိတ်ပူပန်သော။ zealous for, သူ့အဖို့စိတ် အားကြီးသော။

**Jealousy,** *n.* from above.

**Jean,** *n.* ဝါဂွမ်းနှင့်သိုးမွေးရော၍ရက်သောအထည်တမျိုး။ ဇည်း။ (*Eng.*)

**Jeer,** *v.* သရော်သည်။ —*n.* from *do.*

**Jehovah,** *n.* ယေဟောဝါ။ ထာဝရဘုရား။

**Jejune,** *a.* အဆီအပြား၊ အနှစ်သာရမရှိသော (စာ)

**Jejuneness,** *n.* from above.

**Jelly,** *n.* နို့နှပ်ပျစ်နှစ်ကျိုသွဲ့အောင်ကြိုချက်သောအစာ။

**Jenny,** *n.* ချည်ငင်ရန်ယန္တရားစက်တမျိုး။

**Jeopard,** *v. t.* to hazard, စိုးရိမ်စရာမကင်းသော်လည်းစမ်း၍ပြုသည်။ အဘယ်သို့ဖြစ်မည်ကိုမသိဘဲလျက်စွန့်၍ပြုသည်။ စွန့်စားသည်။

**Jeopardy,** *n.* ဘေးဖြစ်မည်ကိုစိုးရိမ်စရာအကြောင်း။

**Jerk,** *v. t.* to make a short, quick motion (in thrusting, twitching, etc.,) တုပ်သည်။ to throw with a short, quick motion

တုပ်၍ဖြစ်သည်။ (with a jerk, ဗောက်ခနဲ။) by jerks up and down, ဆောင့်အိးဆောင့်ထစ်။)

**Jerkin,** *see* Jacket.

**Jerkingly,** *adv.* in gait as a lame person, ဆတ်ခေတာင့်။ —as a child learning to walk, တုပ်ဟိတုပ်တက်။

**Jessamine,** *see* Jasmine.

**Jest,** *v. i.* ပျက်ရယ်ပြုသည်။ —*n.* from *do.*

**Jester,** *n.* လူပျက်။

**Jesuit,** *n.* ယေရှုဗ်အမည်ရှိသောခရင်ဂိုဏ်းဆရာတမျိုး။

**Jesuitic, Jesuitical,** *a.* pertaining to the Jesuits, ယေရှုဗ်အသင်းနှင့်ဆိုင်သော။ crafty, deceitful, ပရိယာယ်ပြု၍လိမ်လည်တတ်သော။

**Jesuitism,** *n.* the principles and practices of the Jesuits, ယေရှုဗ်အကျင့်တရား။ craft. deceit, ပရိယာယ်ပြု၍လိမ်လည်ခြင်း။

**Jet 1,** *n.* the fossil, ကျောက်နက်တမျိုး။ —2, an artificial spurt of water, ရေပန်း။ —d'eau, same; —3, *see* Jut.

**Jetson,** *n.* သင်္ဘောပေါ်ကဖြစ်ချ၍ကုန်းသို့ရောက်သောဥစ္စာ။

**Jetty,** (East Indian,) *n.* တန်တားဦးတို။

**Jew,** *n.* ယုဒအမျိုးသား။ ထယ္ပူဒိအမျိုးသား။

**Jewel,** *n.* a precious stone, ကျောက်မျက်။ ကျောက်မြတ်။ —for the nose, နှာဆွဲ။ an ornament set with precious stones, ကျောက်မျက်စီသောတန်ဆာ။ an object of special regard and affection, အချစ်တော်။

**Jeweler,** *n.* ကျောက်သွေး၍ရောင်းသောသူ။

**Jewelry,** *n.* ကျောက်မြတ်စု။

**Jewish,** *a.* ယုဒအမျိုးသားနှင့်ဆိုင်သော။

**Jews-harp,** *n.* ခြေခြောင်း။

**Jib,** *n.* ဦးကြက်လျှာရွက်ထက်။ —boom, ဦးကြက်လျှာရွက်ထက်ထက်။

**Jig,** *v. i.* ကခုန်သည်။ —*n.* from *do.*

**Jilt,** *v. t.* ယောက်ျားကိုချစ်ကြိုက်ဟန်ပြုပြီးမှပယ်သည်။ —*n.* ယောက်ျားကိုချစ်ကြိုက်ဟန်ပြုပြီးမှပယ်တတ်သောမိန်း။

**Jingle,** *v. i.* ချွင်ချွင်မြည်သည်။ —*v. t.* from *do.* —*n.* ချွင်ချွင်မြည်တတ်သောအရာ။ a small round bell, ချူ။

**Jinjal,** (East Indian,) *n.* မိန်ခြောင်း။

**Job,** *n.* ဝတ်ဖြတ်လုပ်ရသောအလုပ်။ —*v. i.* to work by the job, ဝတ်ဖြတ်လုပ်ရသည်။ to buy and sell as a broker, ပွဲစားလုပ်၍ရောင်းဝယ်သည်။ —*v. t.* to stab. ထိုးသည်။

**Jockey,** *n.* one that rides in a race, မြင်းပြိုင်ရာစီးသောသူ။ a dealer in horses, မြင်းကုန်သည်။ မြင်းသည်။ a cheat, လိမ်လည်သောသူ။ —*v. t.* လိမ်လည်သည်။

**Jocose, Jocular,** *a.* ပျက်ရယ်ပြုတတ်သော။

Jocularity, *n.* ပျက်ရယ်ပြုခြင်း။
Jocund, *a.* ပျော်ရွှင်မြူးတူးသော။
Jog, *v. i.* to trot slowly, ခွေးပြေးသုံချောင်းထောက်သွားသကဲ့သို့သွားသည်။ —*v. t.* to excite attention by a push, သတိပေး၍တိုးထိုက်သည်။ —*n.* from *do.*
Joggle, *v. t.* လှုပ်သည်။
Jogi, *n.* ယောဂီ။
Join, *v. i.* to be united to, စေ့စပ်သည်။ to be contiguous, စပ်သည်။ to be associated, ပေါင်းသည်။ သင်းဖွဲ့သည်။ —edgewise, ပူးစပ်သည်။ to be closely joined, စပ်ဟပ်သည်။ စေ့စေ့စပ်သည်။ —*v. t.* to unite (in various ways,) ဆက်သည်။ စပ်သည်။ ပူးကပ်သည်။ ပေါင်းသည်။ ဖက်သည်။ ရှည်သည်။ တွဲသည်။ —battle, စစ်ပြိုင်သည်။ to unite, as by tying up together, ပူးပေါင်းသည်။ —by intersecting, ပူးရှက်သည်။
Joiner, *n.* a carpenter, လက်သမား။ a cabinet maker, စပ်သမား။
Joining-hand, *n.* ကူးရှက်၍ရေးသောလက်ရေး။
Joint, *n.* အဆစ်။ အဖု။ junction, အဆက်။ seam, အစပ်။ out of —, *a.* dislocated, အဆစ်ပြုတ်လျှက်ရှိသော။ disordered, ရှုပ်ထွေးသော။ —shared by more than one, နှစ်ယောက်သုံးယောက်ပိုင်သော (ဥစ္စာ။) unitedly possessing, အတူပိုင်သော။ acting in concert, ဆုံစည်း၍ပြုသည်။ —heir, *n.* အတူပိုင်သောအမွေခံ။ —stock, *n.* ဆုံစည်း၍ရင်းနှီးကြသောငွေ။ —*v. t.* အမြီးဆက်တွင်အပိုင်းပိုင်းလှီးဖြတ်သည်။ (to do jointly, ပိုင်းညီသည်။)
Jointed, *a.* having joints, အဆစ်ပါသော။ divided at the joints, အမြီးဆက်တွင်လှီး၍ပြတ်လျှက်ရှိသော။
Jointure, *n.* လက်ထပ်ရာခြားနားသီးသန့်၍လင်မပိုင်ရ၊ သို့။ကိုလက်ဖွဲ့သောဥစ္စာ။
Joist, *n.* ထုပ်။
Joke, *v.* ပျက်ရယ်ပြုသည်။ ကျီစားသည်။ —*n.* from *do.*
Jole, *n.* ပါးစောင်။
Jollity, *n.* from next.
Jolly, *a.* jovial, ပျော်ရွှင်သော။ plump, ဝသော။
Jolly-boat, *n.* စတော်သိဘန်။
Jolt, *v.* ဆောင့်၍လှုပ်သည်။
Jostle, *v. t.* တွန်းသည်။
Jot, *n.* ဆိတ်ဖီကလေး။ —*v. t.* ကုပ်သည်။ မှတ်သားသည်။
Journal, *n.* a diary, နေ့စဉ်အတိုင်းဖြစ်သောအမှုအရာတို့ကိုမှတ်သောစာ။ နေ့စဉ်မှတ်စုစာ။ မှတ်စုစာ။ a periodical publication, မှိန်းချက်သောအချိန်တို့၌အစည်သင့်စီရင်သောစာ။ —of military occurrences, အရေးပိုစာ။

**Journalist,** *n.* ထိုသို့သောစာကိုစီရင်ရေးထားသောသူ။
**Journalize,** *v.* ထိုသို့သောစာကိုစီရင်ရေထားသည်။
**Journey,** *v. i.* ခရီးသွားသည်။ —*n.* from *do.*
**Journey-man,** *n.* အခစားခဲ့၍သူရင်းငှါးလုပ်သောသူ။
**Joust,** *v. i.* ကစားခြင်းစစ်တိုက်သည်။ —*n.* from *do.*
**Jovial,** *a.* ပျော်ရွှင်သော။ foolishly—, ပေါ်လွင်သော။
**Joy,** *v. i.* ဝမ်းမြောက်သည်။ ဝမ်းသာသည်။ ရွှင်လန်းသည်။ —*n.* from *do.* ပီတိ။ —(in the happiness of others,) မုဒိတာ။ *Pali.*
**Joyful, Joyous,** *a.* ရွှင်ပျော်ဘွယ်သော။
**Joyless,** *a.* ဝမ်းမြောက်ခြင်းမရှိသော။
**Jubilant,** *a.* အောင်သံကြွေးကြော်ပြုသော။ ရွှင်မြူးသော။
**Jubilee,** *n.* ယုဘိလပွဲ။
**Judaic, Judaical,** *a.* ယုဒအမျိုးနှင့်ဆိုင်သော။
**Judaism,** *n.* ယုဒဘာသာ။
**Judaize,** *v. i.* ယုဒဘာသာဓလေ့ကျင့်သည်။
**Judge,** *v. i.* to form an opinion, သဘောကျသည်။ to decide, ဆုံးဖြတ်စီရင်သည်။ to examine judicially and pass sentence, စစ်ကြောစီရင်သည်။ to rule or govern, အုပ်စိုးသည်။ —*n.* one who can form a discriminating opinion, ပိုင်းခြားခြင်းသိတတ်သောသူ။ one who has authority to examine and pass sentence, တရားသူကြီး။ တရားမသူကြီး။ —of gold etc, စံကိုင်။
**Judgement,** *n.* opinion, စိတ်အထင်။ the act of deciding, စီရင်ဆုံးဖြတ်ခြင်း။ mental power of comparing and deciding, ထင်မြင်၍သဘောကျတတ်သောဉာဏ်။ a judicial sentence, တရားစီရင်ဆုံးဖြတ်ချက်။ punishment, ဒါဏ်။ —day, တရားစီရင်ဆုံးဖြတ်တော်မူသောနေ့။ —hall, တရားရုံး။ —seat, တရားပလ္လင်။
**Judicatory,** *n.* တရားမှုကိုစီရင်ပိုင်သောမင်းစု။
**Judicature,** *n.* တရားမှုကိုစီရင်ပိုင်သောအခွင့်။
**Judicial, Judiciary,** *a.* တရားမှုကိုစီရင်ခြင်းနှင့်ဆိုင်သော။
**Judicious,** *a.* သတိပညာရှိသော။ သတ်ပညာနှင့်ညီသော။
**Judiciousness,** *n.* from above.
**Jug,** *n.* အိုးဝကျဉ်း။ wide-mouthed water—, ဗူးတ်အိုး။
**Juggle,** *v. i.* to practice legerdemain, မျက်လှည့်ပြသည်။ —*v. t.* to cheat, လိမ်လည်သည်။ —*n.* from *do.*
**Juggler,** *n.* မျက်လှည့်သမား။
**Jugglery,** *n.* မျက်လှည့်ပြခြင်းအတတ်။
**Jugular,** *a.* လည်ချောင်းနှင့်ဆိုင်သော။ —vein, *n.* လည်ချောင်းကြောမ။
**Juice,** *n.* (vegetable,) အစေးအရည်။ (animal,) အဆီ။ —of flowers, ပန်းဝတ်ရက်။
**Juiciness,** *n.* from next.

Juicy, *a.* အရည်ရွှမ်းသော။
Jujube, *n.* ဆီး။
Julep, *n.* ဆေးတိုက်ရန်ရောနှော၍လုပ်ထားသောအရည်။
Julian, *a.* ကဲသာဘုရင်ယုလိနှင့်ဆိုင်သော။
July, *n.* အင်္ဂလိတ်နှစ်တွင်သတ္တမလတည်းဟူသောဂျုလိုထုရွှေလျှော့၍ခေါ်ဝေါ်သောဂျုလိုင်လ။ nearly answering to the Burmese, ဝါဆိုလ။
Jumble, *v. t.* ရှုပ်ထွေးအောင်ရောနှောသည်။ —*n.* ရှုပ်ထွေးအောင်ရောနှောသောအရာ။
Jump, *v. i.* ခုန်သည်။ —*n.* from *do.*
Juncate, *n.* ဖြန်သောခဲဘွယ်စားဘွယ်။
Junction, *n.* from Join; အဆက်။ the point or place of joining, ဆက်ချက်။ စပ်ချက်။ etc, —of two letters in orthography, ငွေးဝေ်။ (in grammar,) သံယုတ်။
Juncture, *n.* same; a critical time, ငိုးရိမ်စရာရှိ၍ အပန်းတကြီးဆောင်ရွက်ရသောအချိန်။
June, *n.* အင်္ဂလိတ်နှစ်တွင်ဆဋ္ဌမလတည်းဟူသောဂျွန်လ။ nearly answering to the Burmese, နယုန်လ။
Jungle, *n.* မြို၊ မြိုစေးပုတ်။ ဖုန်းဆိုး။
Junior, *a.* အသက်သာ၍ငယ်သော။
Juniper, *n.* ရသမ်ပင်။
Junk 1, *n.* bits of old rope, ကြိုးတိုကြိုးစ။ —2, a Chinese vessel, တရုပ်သင်္ဘော။ စာလုပ်။
Junket, *v. i.* လျှို့ဝှက်၍အတူစားသောက်ကြသည်။ —*n.* from *do.*
Junto, *n.* လျှို့ဝှက်၍သင်းဖွဲ့သောလူစု။
Jupiter, *n.* the planet, ကြာသာပတေးဂြိုဟ်။
Juridical, *n.* တရားမှုကိုစီရင်ခြင်းနှင့်ဆိုင်သော။
Jurisdiction, *n.* authority, အာဏာ။ power of deciding cases, တရားမှုကိုစစ်ကြော၍စီရင်ပိုင်သောအခွင့်။ the region over which authority extends, စီရင်စု။
Jurisprudence, *n.* ဓမ္မသတ်နှင့်ထုံးဟောင်းကိုလေ့ကျက်သောအတတ်ပညာ။
Jurist, *n.* ထိုအတတ်ပညာကိုလေ့ကျက်သောသူ။
Juror, *see* Juryman.
Jury, *n.* တရားသူကြီးနှင့်တိုင်ပင်၍တရားကိုစီရင်ရာတွင်အမှုသည်နှင့်ဂုဏ်ရည်တူလူတကျိပ်နှစ်ယောက်။ —man, ထိုတကျိပ်နှစ်ယောက်အဝင်ဖြစ်သောသူ။
Jurymast, *n.* တိုင်ဌါး။
Just, *a.* right, according to rule, မှန်သော။ တရားသော။ impartial, တည့်မတ်သော။ upright, ဖြောင့်မတ်သော။ —*adv.* exactly, သေသေချာချာ။ merely, ကာမျှ။ ရုံမျှ။ narrowly, ဆိတ်မိလိုသည်နှင့်။

—at, (တစုံတခုသောအရပ်၊ တစုံတခုသောအချိန်) တွင်ပင်။ —by, အနားမှာပင်။ (just alive, လဲ့လဲ့ကျန်သည်။)

**Justice,** *n.* equity, တရား။ a judge, တရားသူကြီး။ chief, တရားမသူကြီး။ a petty judge, justice of peace, ခုံ၊ ခုံမင်း။ ရွှံ့သမတ်။

**Justiciary,** *n.* တရားသူကြီး။ တရားမသူကြီး။

**Justifiable,** *a.* မှန်ကြောင်းကိုပြနိုင်ဖွယ်ဖြစ်သော။

**Justifiableness,** *n.* from above.

**Justification,** *n.* from next.

**Justify,** *v. t.* to prove to be just, မှန်ကြောင်းကိုပြသည်။ to clear from guilt, အပြစ်နှင့်ကင်းလွတ်စေသည်။ ဖြောင့်မတ်ရာ၌တည်စေသည်။

**Justle,** *see* Jostle.

**Justness,** *n.* မှန်ခြင်း။

**Jut,** *v. i.* အစွန်းထွက်သည်။

**Juvenile,** *a.* ငယ်ရွယ်သောသူနှင့်ဆိုင်သော။

**Juxtaposition,** *n.* အနားမှာထားခြင်း။

# K

**Kaleidoscope,** *n.* ပန်းစုံဘူး။

**Karen,** *n.* ကရင်။ ကရင်လူ၊ ကရင်အမျိုးသား။ —*a.* ကရင်အမျိုးသားနှင့်ဆိုင်သော။

**Keckle,** *v. t.* ကျောက်ဆူကြိုးကိုမပွန်းမပြတ်စေခြင်း၊ ကြိုးငယ်နှင့်စည်းပတ်သည်။

**Kedge,** *n.* ကျောက်ဆူးငယ်။ —*v. t.* ကျောက်ဆူးချ၍လှေတားဆွဲသည်။

**Keel,** *n.* ဧရာ။ —*v. t.* (သင်္ဘောကို) မှောက်ထားသည်။ —haul, ဒါဏ်ပေး၍သင်္ဘောလုံးပတ်အောက်၊ တဖက်မှတဖက်သို့ဆွဲသည်။

**Keelson,** *n.* သင်္ဘောဧရာအလိုက်တံကူတို့ကိုညှပ်ဖိ၍ထားသောသစ်။

**Keen,** *a.* sharp, ထက်မြက်သော။ eager, စိတ်အားကြီးသော။ strong, violent, ပြင်းပြသော။

**Keenness,** *n.* from above.

**Keep,** *v. t.* to retain, သူတပါးလက်သို့မလွှဲမအပ်၊ ကိုယ်လက်၌ထားသည်။ to reserve, not communicate, ထိမ်ဝှက်သည်။ to have in custody, watch over, protect, စောင့်သည်။ စောင့်ထိန်းသည်။ စောင့်ရှောက်သည်။ to perform, practise, ကျင့်စောင့်သည်။ to practise, observe (as a rite or a holy day,) စောင့်ထိန်းသည်။ စောင့်ရှောက်သည်။ —one's word, သစ္စာစောင့်သည်။ ဂတိစောင့်သည်။ —(a festival,) ခံသည်။ ဆောင်သည်။ to tend (creatures,) ထိန်းသည်။ ကျောင်းသည်။ to board, supply with food, ကျွေးသည်။ ကျွေးမွေးသည်။ to have in employ, သုံးဆောင်၍ထားသည်။ to continue doing, ပြုမြဲပြုသည်။ —company, အပေါင်း

အစေခံလုပ်သည်၊ —lent, ငါးဆိုသည်၊ ရှောင်သည်၊ —one's bed, နာ၍မထဘဲနေသည်၊ —house, ကိုယ်အိမ်၊ ကိုယ်စားဝွဲနှင့်ပြည့်စုံသည်၊ —school, တပည့်များကိုသင်သည်၊ —*v. i.* to remain in the same state, နေသည်၊ to endure, not perish, မပျက်ဘဲနေသည်၊ to stay for a time, တည်းခိုမြဲနေသည်၊ —back, *v. t.* not to communicate, ထိမ်ဝှက်သည်၊ not to deliver, မအပ်ဘဲနေသည်၊ to prevent from advancing, မတိုးမတက်စေခြင်းဆီးတားသည်၊ —down, မထနိုင်စေခြင်းနှိမ့်ထားသည်၊ —from, မချည်းစေခြင်းဆီးတားသည်၊ —in, to confine, ချုပ်ထားသည်၊ —in subjection, နှိမ်နင်းသည်၊ နှိမ်ထားသည်၊ not to disclose, ထိမ်ဝှက်သည်၊ to restrain (feeling,) စောင့်သည်၊ —off, မချည်းစေခြင်းဆီးတားသည်၊ —*v. i.* မချည်းဘဲနေသည်၊ —on, တိုးတက်၍သွားသည်၊ —out, *v. t.* မဝင်စေခြင်းဆီးတားသည်၊ —sake, *n.* စောင်းမေ့ချာဆိုပေးခဲ့သောလက်ဆောင်၊ —to, *v. t.* အစည်အတိုင်းလိုက်သည်၊ —under, to restrain, ချုပ်တည်းသည်၊ —up, *v. i.* နာသေ၁်လည်းမအိပ်ဘဲနေသည်၊ —*v. t.* to maintain without abatement, မနိမ့်မလျော့စေဘဲထားသည်၊ to continue, တည်စေသည်၊ —*n.* ရဲတိုက်အတွင်းဦးခိုင်ခံ့သောတိုက်ခန်း။

Keeper, *n.* အစောင့်၊ လူစောင့်၊ အထိန်း။ —of a jail, ထောင်မှူး။

Keeping, *n.* congruity, consistency, ညီလျော်ခြင်း။

Keg, *n.* စည်ငယ်။

Kelp, *n.* ပင်လယ်ကျောက်ညှိကိုဖုတ်၍ရသောပြာ။

Ken, *v. t.* အဝေးကကြည့်၍မြင်သည်၊ —*n.* အဝေးကကြည့်၍မြင်နိုင်ရာ၊

Kennel 1, *n.* a dog house, ခွေးလှောင်အိမ်၊ —2, a gutter, မြောင်းငယ်၊

Kentle, *see* Quintal.

Kerchief, *see* Handkerchief and Neckerchief.

Kern, *see* Quern.

Kernel, *n.* —of fruit, အသန်၊ a concretion in the flesh, အကျိတ်အခဲ၊

Ketch, *n.* သင်္ဘောငယ်တမျိုး။

Ketchup, *n.* စံခဲတမျိုး။

Kettle, *n.* ရေနွေးအိုး။ —drum, စိုးစည်၊

Key 1, *n.* the instrument for opening a lock, သော့၊ the leading tone in music, သီခြင်းအိုင်သံအမှီပြုသောအသံ၊ —hole, သော့ပေါက်၊ —stone, ပေါင်းကူးဂူအလယ်မဟိုရိ၍တည်သောအိးသွားသပ်ကျောက်၊ —2, *see* Quay.

Khan, *n.* ပသီပြည်မှာမင်း။

Kick, *v.* ကန်သည်၊ ကျောက်သည်၊ —*n.* အကန်တချက်၊

Kickshaw, *n.* အချည်းနှီးဖြစ်သောအရာ၊

Kid, *n.* ဆိတ်ကလေး။ —formal style, ဆိတ်သငယ်။ *v. i.* ဆိတ်ကလေး ကိုမွေးသည်။

Kidnap, *v. t.* (လူကို) ခိုးယူ၍သွားသည်။

Kidney, *n.* ကျောက်ကပ်။

Kill, *v. t.* သတ်သည်။ သတ်ဖြတ်သည်။ သတ်ညှစ်သည်။ —with a club, ရိုက်သတ်သည်။

Kiln, *n.* an oven, မီးဖို။ a brick kiln, အုတ်ဖို။ —dry, *v. t.* မီးဖို၌ သွေ့ခြောက်စေသည်။

Kilter, *n.* ဖြစ်ခြင်း၏အကြောင်းအရာ၊ အခြေအနေ။

Kimbo, *a.* ကွေးသော။

Kin, *n.* relationship, အဆွေအမျိုးဖြစ်ခြင်း။ relations, ဆွေမျိုးပေါက်ဖော်။

Kind 1, *n.* အမျိုး။ အတည်။ အဝ။ sort, အပိုင်းအစား။ —2, *a.* ကျေးဇူး ပြုချင်သော။ —hearted, ကျေးဇူးပြုချင်သောသဘောရှိသော။ (kind feeling, သဒ္ဒါခြင်း။)

Kindle, *v. i.* to take fire, တောက်သည်။ —*v. i.* to cause to take fire, မီးညှိသည်။ မီးတွန်းသည်။ to arouse, နှိုးဆော်သည်။

Kindliness, *n.* ကျေးဇူးပြုချင်သောသဘော။

Kindly, *a.* ကျေးဇူးပြုတတ်သော။ —disposed, ကြည်နူးသော။ —*adv* ကြည်ဖြူသည်နှင့်။

Kindness, *n.* kind feeling, ကျေးဇူးပြုချင်သောသဘော။ an act of good will, ကျေးဇူး။

Kindred, *n.* relationship, အဆွေအမျိုးဖြစ်ခြင်း။ relatives, ဆွေမျိုး ပေါက်ဖော်။ ဆွေညာတကာ။ —*a.* အမျိုးချင်းတူသော။

Kine, *n. plur.* of Cow.

King, *n.* ရှင်ဘုရင်။ တခရှင်။ မင်းတရား။ မင်းကြီး။ ရာဇာ။ —craft, မင်း မာယာ။ —crab, ကမ်း။ ပင်လယ်ဂနန်း။ —crow, ကျီးကြီးအွဲ။ —fish ကရူရံ။ ငါးကျွဲယင်။ (Tavoy).

Kingfisher, *n.* ဗိန်ညင်း။ (a small species,) ဗိန်ညင်း။

King's bench, *n.* တရားမရုံး။

King's evil, *n.* လည်ပင်း၌ပေါက်တတ်သောကျွပ်နာ။

Kingdom, *n.* နိုင်ငံ။ တိုင်းနိုင်ငံ။

Kingly, *a.* like a king, ရှင်ဘုရင်ကဲ့သို့ဖြစ်သော။ belonging to a king, ရှင်ဘုရင်နှင့်ဆိုင်သော။

Kingship, *n.* ရှင်ဘုရင်အရာ။ ရှင်ဘုရင်အရိပ်အရာ။ စည်းစိမ်။

Kink, *v. i.* ကျက်တွန့်တက်သည်။ —*n.* ကျက်တွန့်တက်အဖေါ်။

Kinsfolk, *see* Kindred, *n.* ဆွေမျိုးညာတကာ။

Kinsman, *n.* ယောက်ျားဆွေမျိုး။ အဆွေသားချင်း။

Kinswoman, *n.* မိန်းဆွေမျိုး။

Kirk, *n.* ဆးကာတလိပြည်မှာတည်သောအသင်းတော်။

Kirtle, *n.* အင်္ကျီတမျိုး။

**Kiss**, *v. t.* (Eastern.) နမ်းသည်။ (Western,) (ပါးအစရှိသည်တို့ကို)စုတ်သည်။ —*n.* from above.

**Kit**, *n.* ကိုယ်နှင့်ပါသောအဝတ်တန်ဆာ။

**Kitchen**, *n.* စားဖိုခန်း။ စားဖိုအိမ်။ —garden, *n.* ထင်းသီးဟင်းရွက်စိုက်ပျိုးသောယာခင်း။ —maid, *n.* စားဖိုသည်မိန်းမ။ —stuff, *n.* ချက်ပြုတ်ရာတွင်ရသောအဆီ။

**Kite**, *n.* the bird, စွန်။ Brahmanee—, စွန်ခေါင်းဖြူ။ spotted—, စွန်ပြောက်။ the common kind, စွန်ပုပ်။ the large kind, ခေါင်းစွန်။ a paper kite, စွန်လေတံခွန်။

**Kitten**, *n.* ကြောင်ကလေး။ —*v. i.* ကြောင်ကလေးကိုမွေးသည်။

**Klick**, *see* Click.

**Knack**, *n.* အလွယ်တကူပြီးစီးစေတတ်သောပညာဉာဏ်။

**Knapsack**, *n.* စစ်သည်အဝတ်တန်ဆာထည့်သောအိတ်။

**Knave**, *n.* ဆိုးညစ်လိမ်လည်သောသူ။

**Knavery**, *n.* from next.

**Knavish**, *a.* ဆိုးညစ်လိမ်လည်သော။

**Knead**, *v. t.* နယ်သည်။

**Kneading-trough**, *n.* မုန့်နယ်သောခွက်။

**Knee**, *n.* the joint between the thigh and leg, ဒူး။ top of the—, ဒူးခေါင်း။ a crooked timber used in ship building, တံကူ။ —deep, *a.* ဒူးဆစ်ကျွံအောင်နစ်သော။ —joint, *n.* ဒူးဆစ်။ —pan, ဒုန်ညင်း။

**Kneel**, *v. i.* ဒူးထောက်သည်။ ဒူးတုပ်သည်။ —with the head down, တုပ်ဝပ်သည်။

**Knell**, *n.* မသာချရာအမှတ်ပေး၍ခေါင်းလောင်းထိုးခြင်း။

**Knick-knack**, *n.* ကစားစရာကလေး။

**Knife**, *n.* ဓား။ large—, ဓားမ။ table—, သားလှီးဓား။ —with protuberant back, ဓားမောက်။

**Knight**, *n.* နိုက်တည်းဟူသောအင်္ဂလိပ်မှူးငယ်မတ်ငယ်တမျိုး။ —errant, လှည့်လည်တတ်သောနိုက်မှူးမတ်။ —*v. t.* နိုက်အရာကိုပေးသည်။

**Knighthood**, *n.* နိုက်မှူးမတ်အရာ။

**Knightly**, *a.* နိုက်မှူးမတ်နှင့်တော်သင့်သော။

**Knit**, *v. i.* to be closely united, စွဲစပ်သည်။ —*v. t.* to interweave by needles, ထိုး၍ရက်သည်။ to unite closely, စွဲစပ်အောင်ပြုသည်။

**Knitting-needle**, *n.* ထိုးအပ်။

**Knob**, *n.* အဖု။

**Knobbed, Knobby**, *a.* အဖုများသော။

**Knock**, *v. t.* to tap, ခေါက်သည်။ to strike against, ထိခိုက်သည်။ —down, ရိုက်လှဲသည်။ —off, *v. t.* ကွာအောင်ရိုက်သည်။ —out,

ထွက်သောင်မြိုက်သည်။ —under, *v. i.* အရှုံးခံသည်။ —up, *v. t.* to arouse, နိုး၍ထစေသည်၊ to beat out, ခေါက်နှိမ့်စေသည်။ —*n.* ခေါက်ချက်။ ထိမိုက်ချက်။

**Knocker**, *n.* တံခါးခေါက်ရန်တန်ဆာ။

**Knoll**, *n.* ကုန်း။

**Knop**, *see* Knob.

**Knot**, *v.* ထုံးသည်။ —*n.* a tie, အထုံး။ —in timber, အမျက်။ အမျက်အသက်။ a bad—, အကျက်အဆော၊ a bond of union, ဖွဲ့နှောင်ရန်အကြောင်း။ a cluster, collection, အစုအဝေး။ a thing hard to be solved, ခြေခဲသောအရာ။ —of hair worn by men, ဦးသျှောင်။ မလောင်ထုံး။ —at the end of a rod, ဒင်ဖု။

**Knotted**, *a.* —(as a string,) အထုံးများသော။—(as timber,) အမျက်များသော။

**Knotty**, *a.* same; difficult, hard of solution, ခြေခဲသော။

**Know**, *v.* to perceive with certainty, သိသည်။ —how, တတ်သည်။ to be acquainted with, သိကျွမ်းသည်။ to recognize, သတိရ၍မှတ်မိသည်။ —by report, ကြားသိသည်။ —by seeing, သိမြင်သည်။

**Knowing**, *a.* intelligent, သိနားလည်တတ်သော။

**Knowledge**, *n.* from know; information, သုတ။ intuitive—, ဉာဏ်ဖြင့်သိခြင်း။ observation, အသိအမြင်။ remembrance, အမှတ်အသား။ much—, ဗဟုသုတ။ learning, သိပ္ပံအတတ်ကိုတတ်ခြင်း။

**Know-nothing**, *n.* မိတ်တုံး။ လူမိုက်ကြီး။

**Knuckle** 1. *n.* the protuberant joint of a finger, လက်ခေါက်။ the knee joint of a calf, နွားကလေးပေါင်။ —2, *v. i.* အရှုံးခံသည်။

**Knurled**, **Knurly**, *see* Gnarled.

**Koran**, *n.* ကောရန်အမည်ရှိသောပသိကျမ်း။

# L.

**Label**, *n.* လိပ်စာ။ —*v. t.* လိပ်စာထိုးသည်။

**Labial**, *a.* နှုတ်ခမ်းနှင့်ဆိုင်သော၊ ဩဋ္ဌဇ။

**Labio-dental**, *a.* နှုတ်ခမ်းနှင့်သွားထိ၍ပြောသော (ဗျည်း)

**Labor**, *v.* to work, အလုပ်လုပ်သည်။ လုပ်ကိုင်သည်။ လုပ်ဆောင်သည်။ to make exertion, ကြိုးစားအားထုတ်သည်။ to toil, be fatigued, ပင်ပန်းခြင်းကိုခံရသည်။ to be in travail, သားဖွားခြင်းဝေဒနာကိုခံရသည်။ —*n.* from *do.*

**Laboratory**, *n.* ဆေးအမျိုးမျိုးကိုစစ်ဆေးစီရင်၍လုပ်ရာအခန်း။

**Laborer**, *n.* အလုပ်လုပ်သောသူ။

**Laborious**, *a.* using exertion, ကြိုးစားအားထုတ်တတ်သော၊ requiring labor, toilsome, ပင်ပန်းစေတတ်သော။

**Laboriously**, *adv.* တပင်တပန်း။

**Labyrinth,** *n.* a place formed with intricate passages, ဝင်္ကပါ။ an inexplicable affair. ရှုပ်ထွေးသောအမှုအရာ။
**Lac 1,** *n.* the gum, ချိပ်, —2, a hundred thousand, တသိန်း။ ၁၀၀၀၀၀။
**Lace,** *n.* a twisted cord, ပေါက်ကြိုး။ fine net work of thread, ချာနူး။ —*v. t.* to fasten with a string through eyelet holes, ကြိုးနှင့်ခက်၍ချည်သည်။ to adorn with lace, ချာဖူးနှင့်ကွပ်သည်။ to lash, ရိုက်သည်။
**Lacerate,** *v. t.* ဆုတ်ဖြတ်သည်။
**Laceration,** *n.* from above.
**Lachrymal,** *a.* မျက်ရည်နှင့်ဆိုင်သော။
**Lachrymatory,** *n.* မျက်ရည်ထည့်ထားသောဘူး။
**Lachrymose.** *a.* မျက်ရည်ကျဘတ်သော။
**Lack,** *v.* လိုသည်။ —*n.* from *do.*
**Lack-a-day,** *int.* ဖြစ်ရလေခြင်း။
**Lacquer,** *n.* သစ်စေးနှင့်ရောသောသားရိုး။ —*v. t.* သားရိုးတင်သည်။ (one who works in lacquer, ပန်းယွန်း။)
**Lackey,** *n.* အစေအပါလူကလေး။ —*v. i.* အစေအပါလုပ်သည်။
**Laconic, Laconical,** *a.* အကျဉ်းအားဖြင့်ပြောသော။
**Lactation,** *n.* နို့တိုက်ခြင်း။
**Lacteal, Lacteous,** *a.* pertaining to milk, နို့နှင့်ဆိုင်သော။ pertaining to chyle, ဓိလရည်နှင့်ဆိုင်သော။ —*n.* ဓိလရည်ကိုစုတ်ယူသောအကြော။
**Lactescence,** *n.* from next.
**Lactescent,** *a.* နို့ကိုဖြစ်စေတတ်သော။
**Lad,** *n.* လူကလေး၊ ကာလသား။ —at the age of puberty, လူပျိုခင်း။ လူပျိုပေါက်။
**Ladder,** *n.* လှေကားရှင်။ a short one on the toddy-palm, ရင်းဆွဲ၊ ရင်းဆွဲတောင်။
**Lade,** *v. t.* to load, ဝန်တင်သည်။ to dip and throw out, ပက်၍ဖြစ်သည်။ to dip and throw in, ခပ်၍လောင်းသည်။
**Lading,** *n.* လှေ၊ သင်္ဘော၌တင်သောဝန်။
**Ladle,** *n.* —for dipping up milk, soup, etc., ယောက်ချို။ ထမ်းချို။ for bailing out water, ခါးခွဲ။
**Lady,** *n.* ကတော်၊ သခင်မ။
**Lady-like,** *a.* ယဉ်ကျေးသောမိန်းမကဲ့သို့ဖြစ်သော။
**Ladyship,** *n.* ကတော်အရာ။
**Lag,** *v. i.* နှေး၍နောက်ကျသည်။
**Laic, Laical,** *a.* ရွှေအရာမယုက်သော။
**Lair,** *n.* တောသား၊ တောငါးအိပ်ရာ။

**Laird**, *n.* သခင်။
**Laity**, *n.* ဓမ္မဆရာမဟုတ်သောလူစု။
**Lake 1**, *n.* အိုင်။ ဒိုင်။ —2, ပန်းရောင်။
**Lama**, *n.* လာမဘုရား။
**Lamb**, *n.* သိုးကလေး။ သိုးသငယ်။
**Lambent**, *a.* အပေါ်တွင်ရှပ်ကာနေသော။
**Lambkin**, *n.* ငယ်သောသိုးကလေး။
**Lamb-like**, *a.* သိုးကလေးကဲ့သို့ဖြစ်သော။ နူးညံ့သိမ်မွေ့သော။
**Lame**, *a.* injured or disabled in some part of the body, အနာဖြစ်၍မစွမ်းသော။ crippled in the foot or leg, ခြေမစွမ်းသော၊ imperfect, မစုံလင်၊ ချို့တဲ့သော။ —*v. t.* from *do.*
**Lamellated**, *see* Laminated.
**Lamely**, *adv.* တော့နှဲ့။
**Lameness**, *n.* from Lame, *a.*
**Lament**, *v.* မြည်တမ်းသည်။
**Lamentable**, *a.* မြည်တမ်းစရာအကြောင်းရှိသော။
**Lamentation**, *n.* from Lament.
**Lamina**, *n.* အထပ်။ အလွှာ။
**Laminated**, *a.* အထပ်ထပ်အလွှာလွှာနေသော။
**Lamp**, *n.* မီးခွက်။ ဆီမီးခုံ။ globe—, ဖန်ပေါင်းချောင်း။ hanging kerosene lamp with porcelain shade, ထသာဖန်အိမ်။ —black, ဆီမှင်။ —light, ဆီမီး။
**Lampoon**, *v. t.* ကရေးကမည်ကဲ့ရဲ့သည်။ —*n.* from *do.*
**Lamprey**, *n.* ငါးရှဉ့်တမျိုး၊
**Lance**, *n.* လှံ။ —*v. t.* to pierce with a lance, လှံနှင့်ထိုးသည်။ to open (a vein) with a lancet, ထားနှင့်ဖောက်သည်။ —(a sore,) ဖောက်ခွဲသည်။
**Lancet**, *n.* သွေးဖောက်ထား။
**Lancewood**, *n.* ဈွက်နှာပန်း။ (Tenasserim.)
**Lanch**, *v. t.* to throw (as a lance,) လက်လွှတ်ထိုးသည်။ —(a ship,) ချသည်။ —*v. i.* to start off at large, ပေါက်လွှတ်သွားသည်။ —*n.* the lanching of a ship, သင်္ဘောချခြင်း။ kind of boat, သိဘန်တမျိုး။
**Land**, *n.* dry ground, ကုန်း။ ကြည်း။ earth, မြေ။ wild—, မြေရိုင်း။ landed property, ပိုင်သောမြေ။ a region, ဒေသအရပ်။ ပြည်။ —flood, *n.* ရေလွှမ်းမိုးခြင်း။ —force, ကြည်းတပ်။ —holder, *see* Land-owner; —jobber. မြေရောင်းချပွဲစားလုပ်သောသူ။ —lady, ထမင်းဆိုင်တည်ရောင်းသောမိန်းမ။ —locked, *a.* မြေစွန်းမှတ်ပိုင်းလျှက်ရှိသော။ —lord, *n.* a proprietor of land, မြေရှင်။ an inn-keeper, ထမင်းဆိုင်ရှင်။ —mark, a mark to designate

the boundary of land, မြေမှတ်တိုင်။ an object on land that serves as a guide to seamen, ပင်လယ်အဝေးကကြည့်၍ကုန်းပေါ်မှာအထိမ်းအမှတ်ပြုရသောအရာ။ —owner, မြေရှင်။ —tax, မြေဆိုင်မြေခွန်။ —waiter, အကောက်တော်တိုက်စာရေး။ —ward, *adv.* ကုန်းသို့။ by—, ကုန်းကြောင်း။ —wind, *n.* ကုန်းကလာသောလေ။ —*v. i.* to go on shore, ကုန်းသို့တက်သည်။ —*v. t.* to put on shore, ကုန်းပေါ်သို့တင်သည်။

**Landau,** *n.* ပေါင်းချုပ်ကိုဖွင့်နိုင်၊ ရုပ်နိုင်သောရထားတမျိုး။

**Landed,** *a.* owning land, လယ်ယာမြေကိုပိုင်သော။ လယ်မြေရှင်ဖြစ်သော။

**Landgrave,** *n.* ဂျာမနီပြည်မှာမှူးမတ်တမျိုး။

**Landing, Landing-place,** *n.* ဆိပ်။ ဆိပ်ကမ်း။ ရေဆိပ်။ —of a ferry, ကူးတို့ဆိပ်။

**Landscape,** *n.* မျက်စိရှေ့တွင်တော၊ တောင်၊ သစ်ပင်မှစ၍မြင်သမျှသောအရာ။

**Lane,** *n.* လမ်းကြား။ အကြိုအကြား။ (between two objects,) —connecting two main roads, လက်ကြားလမ်း။

**Langrage, Langrel-shot,** *n.* သံချောင်း၊ သံလုံးမှစ၍ရောနှောသောအမြောက်စရိတ်ဆန်။

**Language,** *n.* speech, စကားပြောခြင်း။ words, စကား။ ဝါစာ။ *Pali.* mode of speaking peculiar to a people, ဘာသာစကား။ style of speaking, စကားပြောခြင်းအခြေအနေ။ —master, ဘာသာစကားကိုသင်ချသောဆရာ။ an original, ပါဠိ။

**Languid,** *a.* ညှိုးနွမ်းသော။

**Languish,** *v. i.* to become languid, ထားယုတ်လျော့သည်။ to pine under sorrow, ညှိုးငယ်၍ပိန်သွားသည်။ to look with love, တပ်သောစိတ်နှင့်ကြည့်သည်။

**Languishment,** *n.* from above.

**Languor,** *n.* from Languid.

**Laniard,** *n.* သင်္ဘောပေါ်မှာချည်နှောင်ရန်ကြိုးတို။

**Laniferous, Lanigerous,** *a.* သိုးမွေးကိုဖြစ်စေတတ်သော။

**Lank,** *a.* not plump, not distended, မဖောင်း။ ပိန်သော၊ thin, lean, မဝ၊ ပိန်သော။

**Lankness,** *n.* from above.

**Lantern,** *n.* မီးအိမ်။ မှန်အိမ်။ magic—, မီးအိမ်စကြာ။ flying—, မီးပုံးပျံ။ မီးအိမ်ပျံ။ paper—suspended from a flag-staff, မီးပုံး။

**Laodicean,** *a.* လျှစ်လျူသောစိတ်ရှိသော။

**Lap 1,** *v. i.* to lie partly over, နားပေထပ်၍နေသည်။ —*v. t.* to lay partly over, နားပေထပ်၍ထားသည်။ to infold, ခေါက်သွင်း၍ထားသည်။ —*n.* ပေါင်ခွင်။ —dog, ခါးပိုက်ပိုက်ခွေးကလေး။ —ful, ပေါင်ပေါ်မှာတင်ထားနိုင်သမျှ။ —stone, ဘိနပ်၊ မြေနှင်းထိုးရာပေါင်

ပေါ်တွင်တင်၍လုဝ်သောကျောက်။ —2, *v. t.* to take up (liquor) with the tongue, လျက်၍ (သောက်သည်။)

**Lapel,** *n.* အင်္ကျီနှုတ်ခမ်းတမျိုး။

**Lapidary,** *n.* ကျောက်သွေးသမား။

**Lapidist,** *n.* ကျောက်ကုန်သည်။

**Lappet,** *n.* ဦးခေါင်းဆောင်းရာကကျလျှက်ရှိသောအပြတ်။

**Lapse,** *v. i.* to pass gradually, တရွေ့တရွေ့ရွေ့သွားသည်။ to fall into error or fault, ရွေ့လျော့သည်။ to pass from one's hand to another's, တဦးသက်မှတဦးလက်သို့ပြောင်းကူးသည်။—*n.* from *do.*

**Larboard.** *n.* သင်္ဘောလက်ဝဲဘက်။ (to put the helm to larboard, မက်သည်။)

**Larceny,** *n.* ခိုးမှု။ ခိုးပြစ်။

**Lard,** *n.* ဝက်ဆီ။ —*v. t.* to stuff with pork, အမဲသား၊ ကြက်သားထဲမှာဝက်သားကိုသွင်းသည်။ to enrich, ကြွယ်ဝပြည့်စုံစေသည်။

**Larder,** *n.* အမဲသား၊ ဝက်သားအစရှိသည်တို့ကိုထားသောအခန်း။

**Large,** *a.* being of great size, ကြီးသော။ ကြီးကျယ်သော။ ကြီးမားသော။ —and high, ကြီးမြင့်သော။ much, abundant, များသော။ များပြားသော။ diffuse, copious, စကားများသော။ at —, *adv.* without restraint, အလွတ်။ diffusely, ကျယ်သောစကားနှင့်။

**Largeness,** *n.* from above.

**Largess,** *n.* ဆုလာဘ်။

**Lark,** *n.* ငှက်တမျိုး။

**Larum,** *n.* ဘေးရောက်မည်အကြောင်းကိုသတိပေးသောအသံ။

**Larva,** *n.* ပိုးတုံးလုံး။ —of the mosquito, ပိုးခြောက်ထိုး။

**Larynx,** *n.* အသက်ထွက်ဝင်ရာလည်ချောင်းအထက်ပိုင်း။

**Lascar,** *n.* ခလာသီ။

**Lascivious,** *a.* ကာမလောဘစိတ်နှင့်ညစ်ညမ်းသော။

**Lasciviousness,** *n.* from above.

**Lasciviously,** *adv.* ဝတ်လစ်စလစ်။

**Lash,** *n.* the thong or cord attached to a whip handle, နှင်တံအစည်ကြိုး၊ တံပျာအစည်ကြိုး။ a stroke with a lash, အစည်ကြိုးနှင့်ရိုက်သည်အချက်။ —*v. t.* to strike with a lash or ratan, အစည်ကြိုးတပ်၍ရိုက်သည်။ ကြိမ်နှင့်ရိုက်သည်။ to secure or fasten by tying, ကြပ်စည်းသည်။

**Lass,** *n.* အပျို။

**Lassie,** (Scotch,) *n.* same.

**Lassitude,** *n.* ပင်ပန်းသောအကြောင်ညှိုးနွမ်းခြင်း။

**Last** 1, *a.* နောက်ဆုံးသော။ နောက်ဆုံးဖြစ်သော။ ပစ္ဆိမ။ *Pali.* at —, *adv.* နောက်ဆုံးသောကာလ၌။ to the —, အဆုံးတိုင်အောင်။ — year, *n.* မနှစ်။ —*adv.* နောက်ဆုံးမှာ။ —2, *v. i.* to endure,

တည်သည်။ to remain without perishing, မဖွက်ဘဲခံသည်။ to remain unconsumed, မကုန်ဘဲခံသည်။ —3, *n.* a mold on which shoes are made, ခြေနင်းချုပ်ရာသစ်သားပုံ။ the very—, နောက်ဆုံးဖိတ်။ —4, a certain measure, ခြင်တွယ်ခြင်း၏ပမာဏတမျိုး။

**Latch**, *n.* မောင်းတံခါးကျင်း။ —*v. t.* မောင်းတံခါးကျင်နှင့်ဒိတ်သည်။

**Latchet**, *n.* ခြေနင်းကြိုး။

**Late**, *a.* coming after the usual time, အချိန်လွန်မှဖြစ်သော၊ နောက်ကျသော။ not early, မစောသော။ —at night, ညဉ့်နက်သော။ recent, ဖြစ်၍မကြာသေးသော။ —*adv.* from *do.*

**Latency**, *n.* from Latent.

**Lateness**, *n.* from Late.

**Latent**, *a.* မထင်မရှားကွယ်လျှက်ရှိသော။

**Later**, *a.* နောက်ဖြစ်သော၊ နောက်ကျသော၊ နှောင်းသော။

**Lateral**, *a.* growing out of the side, နံပါးကထွက်သော။ being in a line with the side, အလျှားလိုက်ဖြစ်သော။

**Laterite**, *n.* ဂဝိကျောက်။

**Latest**, *a.* နောက်ဆုံးဖြစ်သော။

**Lath**, *n.* အုတ်ကြွပ်တန်း။

**Lathe**, *n.* —for turning, ပွတ်၊ ပွတ်ခုံ၊ ပွတ်ခုံပွတ်ကျော။ —for boring, တွင်၊ တွင်ခုံ။

**Lather**, *n.* ဆပ်ပြာမြှုပ်။ —*v. t.* ဆပ်ပြာမြှုပ်နှင့်လူးသည်။

**Latin**, *a.* လာတိန်အမျိုးနှင့်ဆိုင်သော။

**Latitude**, *n.* extent, အကျယ်အဝန်း။ distance from the equator, အရှေ့အနောက် သို့ လိုက် ၍ မြေ ကြီးလုံးထက်ဝန်းကျင်ကိုပတ်ရစ်သောဗဟိုရဲ့စက်ဝိုင်းနှင့်ခြားသောအဝေးအကွာ။ indefinite acceptation, မသေချာသောအနက်။ freedom from settled rules, နည်းဥပဒေသကိုမလိုက်၊ ပေါက်လွှတ်ပြုခြင်း။

**Latitudinarian**, *a.* နည်းဥပဒေသကိုမလိုက်၊ ပေါက်လွှတ်ပြုခြင်းနှင့်ဆိုင်သော။

**Latter**, *a.* subsequent, နောက်ဖြစ်သော။ mentioned afterwards, နောက်ဆိုသော။ being in time, not long past, နောက်ကျသောကာလ၌ဖြစ်သော။

**Lattice**, *n.* ကွန်ရက်ပြတင်းပေါက်။

**Laud**, *v. t.* ချီးမွမ်းထောမနာပြုသည်။

**Laudable**, *a.* ချီးမွမ်းဖွယ်ဖြစ်သော။

**Laudableness**, *n.* from above.

**Laudanum**, *n.* ဘိန်းရည်။

**Laudation**, *n.* from Laud, *v. t.*

**Laudatory**, *a.* ချီးမွမ်းခြင်းနှင့်ဆိုင်သော။

**Laugh**, *v. i.* ရယ်သည်။ —hard, ရယ်ဟက်သည်။ —loud, ရယ်မော

သည်။ ဟက်ဟက်ပက်ပက်ရယ်သည်။ —derisively, ရယ်သွမ်းသွေးသည်။ —and be merry, ရယ်ရွှင်သည်။ —at, v. t. ပြက်ရယ်ပြုသည်။ —n. from Laugh, v. i.

Laughable, *a.* ရယ်ဖွယ်ဖြစ်သော။

Laughableness, *n.* from above.

Laughing-stock, *n.* ပြက်ရယ်ပြုရာ။

Laughingly, *adv.* တဟဟ။

Laughter, *n.* ရယ်ခြင်း။ loud and rude—, အဟိ။ (with loud and shameless—, ဟိဟိဟာဟာ။)

Launch, *see* Lanch.

Laundress, *n.* ခဝါသည်မ။

Laundry, *n.* ခဝါတဲ။ ခဝါရုံ။

Laureate, *a.* ကရဝေးရွက်နှင့်ပတ်ရစ်သော။

Laurel, *n.* ကရဝေးမျိုး။

Laurus, *n.* ပန်းနံ့သာ။

Lava, *n.* မီးတောင်ထဲကထွက်သောချော်မြှုပ်။

Lave, *v.* ရေချိုးသည်။

Lavement, *n.* from above; *see* Clyster.

Laver, *n.* ရေချိုးရာအင်တုံကြီး။

Lavish, *a.* အသုံးဖြုန်းသော။ လက်ကြီးသော။ —*v. t.* အသုံးဖြုန်းသည်။

Lavishment, Lavishness, *n.* from above.

Law, *n.* an edict or ordinance, အမိန့်။ အမိန့်တော်။ ပညတ်။ ဥပဒေ။ judicial process, တရားတွေ့ခြင်း။ —of nature, ဓမ္မတာ။ common law, ထုံးဟောင်း။ moral law, တရား။ ဓမ္မ။ statute law, ဓမ္မသတ်။ —giver, —maker, နည်းဥပဒေကိုထားသောသူ။ ဓမ္မသတ်ကိုစီရင်ထုံးဖွဲ့သောသူ။ —suit, တရားမှု။ တရားတွေ့မှု။ တရားတဘောင်။

Lawful, *a.* တရားအတိုင်းဖြစ်သော။

Lawfulness, *n.* from above.

Lawless, *a.* not guided by law, တရားမဲ့ပြုကျင့်သော။ တရားကိုမမှတ်။ ပေါက်လွှတ်ပြုတတ်သော။ contrary to law, တရားနှင့်မညီ၊ ဆန့်ကျင်ထက်ဖြစ်သော။

Lawlessness, *n.* from above.

Lawlessly, *adv.* ဒရပေ။ တရားမဲ့။

Lawn 1, *n.* a smooth, grassy plain, ညီညာသောမြက်ခင်း။ —2, a sort of fine linen, ဇိတ်ချောတမျိုး။ Scotch—, နှင်းသုတ်။

Lawyer, *n.* one versed in law, ဓမ္မသတ်တရားကိုကျွမ်းကျင်သောသူ။ one who conducts a suit for a client, ရှေ့နေ။

Lax, *a.* slack, not tense, မတင်း၊ လျော့သော။ of loose texture, ထည်သား မသိပ်သည်းသော။ vague, indefinite, မသေချာသော။ not strict, မကြပ်တည်းသော။ loose in the bowels, ဝမ်းပြေသော။

58

**Laxation,** *n.* လျှော့ခြင်း။
**Laxative,** *a.* ဝမ်းပြေစေသောဆေး။
**Laxity, Laxness,** *n.* from above.
**Lay 1,** *n. see* Layer. —2, a song, သီချင်း။ —3, *a.* not clerical, ဓမ္မဆရာမဟုတ်သော၊ not pertaining to the clergy, ဓမ္မဆရာနှင့်မဆိုင်သော။ —man, *n.* ဓမ္မဆရာမဟုတ်သောသူ။ တကာ။ ဒါရကာ။ ဥပါသကာ၊ *Pali.* —woman, တကာမ၊ ဒါရကာမ။ ဥပါသိကာ၊ *Pali.* —4, *v. t.* to place, place along, ထားသည်၊ တုံးလုံးထားသည်၊ to arrange, place in order, ခင်းသည်၊ စီစဉ်သည်၊ to spread on a surface, သုတ်သည်၊ to allay, quiet, still, ငြိမ်စေသည်၊ to beat down, လဲစေအောင်ရိုက်သည်၊ to charge, impute, တင်သည်။ —an ambush, တပ်မြှုပ်၍ထားသည်၊ —a course (as a ship,) သွားလိုရာအရပ်သို့တည့်တည့်သွားရသည်။ —an egg, ဥသည်၊ —a plan, စိတ်ကူးသည်၊ —siege, ဝိုင်းရံ၍ထားသည်၊ —snares, ကျော့ကွင်းကိုထောင်ထားသည်၊ —a wager, လောင်းစားသည်၊ —wait, *see* Lay an ambush; —about, *v. i.* ယန်းသည်၊ —aside, *v. t.* to put aside, ထားသည်၊ to deposit, သိုထားသည်၊ to put away, ပယ်ရှားသည်၊ to discontinue, ဖြတ်သည်၊ ပြုမြဲမပြုဘဲနေသည်။ —at, ရိုက်ရအောင်အားထုတ်သည်၊ —away, သိုထားသည်၊ —by, to set apart for some use, ရန်၍ထားသည်၊ —by for future use, စောင်သည်၊ to throw aside, ပြစ်ထားသည်၊ to put off, ချွတ်၍ထားသည်၊ —down, to place on the ground, ချထားသည်၊ to give up, relinquish, စွန့်သည်။ to state, ပြောထားသည်၊ —hold of, to take hold of, ကိုင်ယူသည်၊ to seize hold of, ဖမ်းမိသည်၊ —in, သိုထားသည်၊ —on, to impose, တင်ထားသည်၊ to inflict blows, တိုက်သည်။ ရိုက်သည်။ —open, to open, ဖွင့်သည်၊ လှန်သည်၊ to uncover and show, ဖွင့်ပြသည်၊ to reveal, ဖော်ပြသည်၊ —out, to expend, သုံး၍ကုန်သည်၊ to expose to view, ခင်းကျင်း၍ပြသည်၊ —(a garden,) စီစဉ်၍လုပ်ထားသည်။ —(a corpse,) ပျင်ဆင်သည်။ to exert, အားထုတ်သည်။ —over, ခွမ်းမံသည်။ —to, to charge upon, အပြစ်တင်သည်၊ to apply with vigor, အားထုတ်သည်၊ —(a ship,) ရပ်နေသည်။ —together, စု၍ထားသည်။ —to heart, စိတ်မပြေအောင်အောင်းမေ့လျှက်နေသည်။ —under obligation, ကျေးဇူးတင်အောင်ပြုသည်။ —under restraint, တား၍ထားသည်၊ —up, to store, သိုထားသည်၊ —up in mind, မှတ်ကျုံးသည်။ to confine with illness, နာ၍ပြင်ပသို့မထွက်နိုင်အောင်ပြုသည်၊ —waste, သုတ်သင်ပယ်ရှင်းသည်၊

**Layer,** *n.* အထပ်အလွှာ။

**Lazar**, *n.* အနာဆိုးစွဲသောသူ။ —house, **Lazaretto**, *n.* ထိုသို့သောသူတို့နေရာအိမ်။

**Laziness**, *n.* from next.

**Lazy**, *a.* indolent, ပျင်းရိသော၊ slow, နွှေးသော၊ very—, ပျင်းမိုးထသော၊

**Lea**, *n.* ကွင်းပြင်။

**Leach**, *v. t.* ပြာရေကိုစစ်၍ယူသည်။ —tub, *n.* ပြာရေကိုစစ်သောစည်ပိုင်း။

**Lead**, *n.* (*pron.* led,) ခဲပုပ်၊ ခဲမပုပ်။ ashes of—, ခဲပြာ။ sugar of—, ခဲသား။ sounding—, ခဲဒုတ်။ —*v. t.* ခဲပြားနှင့်ကွပ်သည်။ (*pron.* leed,) to take by the hand and help along, လက်ဆွဲ၍ဆောင်သွားသည်။ to conduct, ပို့သည်။ ကြွပ်မ၍ပို့ဆောင်သည်။ to show the way, လမ်းပြသည်။ to go before, take the lead, ဦးတည်သည်။ ခေါင်းတည်သည်။ အမိကပြုသည်။ ခေါင်းဆောင်သည်။ —in singing, တိုင်သည်။ to draw, သွေးဆောင်သည်။ —a life ကျင့်၍နေသည်။ —astray, လမ်းလွဲစေခြင်းသွေးဆောင်သည်။ —captive, ဖမ်းသွားသည်။ —*n.* ခေါင်းတည်ခြင်း။

**Leaded**, *a.* သပ်မှည်းပေး၍ကြိုသော (စာကြောင်း။)

**Leaden**, *a.* ခဲကိုလုပ်သော။

**Leader**, *n.* one who leads, ခေါင်းတည်သောသူ။ a chief, အကြီးအကဲ။

**Leading**, *n.* ပို့ဆောင်ခြင်း။ —strings, သူငယ်မသွားတတ်မှီလှမ်းသွားရာဆွဲစေသောကြိုး။

**Leadsman**, *n.* ရေစမ်း။

**Leaf**, *n.*—of a plant, အရွက်၊ ဖက်ရွက်။ —of paper, စက္ကူချပ်၊ leaves which cover the ears of corn, ဖေါ်းပုံး။ —of a flower, အလွှာ၊ —of a book, အချပ်။ —of a door, တံခါးရွက်။ —of gold, ရွှေရွက်ပါး။ ရွှေချပ်။ —stalk, သစ်ရွက်ငိုးတံအညှာ။

**Leafless**, *a.* အရွက်မရှိသော၊

**Leaflet**, *n.* အရွက်ငယ်။

**Leafy**, *a.* သစ်ရွက်နှင့်ပြည့်စုံသော၊

**League** 1, *n.* a measure of 3 miles, တပိုင်ခွဲ။ —2, *v. i.* ပဋိညဉ်ပြု၍မိတ်ဖွဲ့သည်။ —*n.* a confederacy, from *do.*

**Leak**, *v. i.* ယိုသည်။ —*n.* from same: a crack or aperture at which water is let in or out, ယိုပေါက်။

**Leakage**, *n.* ယိုသည်အတွက်။

**Leaky**, *a.* ယိုတတ်သော၊

**Lean** 1, *v. i.* to incline, တိမ်းသည်။ ထိမ်းသည်။ စောင်းသည်။ ယိမ်းယိုင်သည်။ —sidewise, ကျွံသည်။ —against or upon, *v. t* မှီသည်။ —to, ငဲ့ကွက်သည်။ —2, *a.* not fat, ဝိန်သော။ ဝိန်ကြုံသော၊ ကြုံတွသော၊ very—, ဝိန်ကပ်သော၊ —as a purse, ဝိန်ချောင်သော၊ as barren ground, မြေသြဇာမရှိသော။ jejune, အဆီအပြား၊ အနှစ်သာရမရှိသော၊ —*n.* အသား။

Leaningly, *adv.* ယိုင်တိုင်တိုင်။ leaning to one side and the other as a drunken man, တိမ်းဘိတိမ်းပါး။
Leanness, *n.* from Lean, *a.*
Leap, *v. i.* ခုန်သည်၊ ခုန်လွှားသည်။ —*v. t.* to leap over, ခုန်ကျော်သည်၊ —*n.* from *do.* —frog, ကြက်ဖခုန်ကစားခြင်း။ —year, ရက်ဝင်သောနှစ်။
Learn, *v.* to acquire knowledge and skill, သင်သည်၊ သင်ကြားသည်၊ to teach, သင်ချသည်။ —and store up, သင်မှီးသည်။
Learned, *a.* versed in literature, စာတတ်သော၊ —in science, သိပ္ပံအတတ်ကိုတတ်သော၊ skillful, တတ်မြောက်လိမ္မာသော၊ —man, *n.* လူတတ်။
Learner, *n.* agent from Learn, 1st def. တပည့်။
Learning, *n.* စာပေတတ်ခြင်း၊ သိပ္ပံအတတ်ကိုတတ်ခြင်း။ extensive—, စာဝါ၊ *Pali.* act of—, သင်ခြင်း။ ပရိယတ်၊ *Pali.*
Lease, *v. t.* (အိမ်၊ မြေ၊ လယ်ယာကို) အခွန့်ငှါးသည်။ —*n.* a contract for leasing, အငှါးစာချုပ်။
Leash, *n.* တိရိစ္ဆာန်ကိုချည်သောကြိုး။
Least, *a.* အငယ်ဆုံးသော၊
Leather, *n.* သားရေနယ်၊ ဖိုဝိုင်သားရေ၊
Leathern, *a.* သားရေနယ်ကိုလုပ်သော၊
Leave 1, *n.* permission, အခွင့်၊ ceremony of departure, သွားမည်အကြောင်းကိုနှုတ်ဆက်ခြင်း။ —2, *v.* to quit, ထွက်သွားသည်၊ to forsake, စွန့်သည်၊ စွန့်သွားသည်၊ to let remain, ထားသည်၊ ချန်ခြွင်းသည်၊ to cause to remain on going away, ထားခဲ့သည်၊ နေရစ်စေသည်၊ to deposit, အပ်ထားသည်၊ to bequeath, သေတန်းစာခွင့်ပေးသည်၊ to permit without interposition, တတ်ထိုင်းမြဲရသောအခွင့်ကိုပေးသည်၊ to desist from, ထပ်မံ၍မပြုဘဲနေသည်၊ —off, *v. t.* to desist from, *see* last def.; to cease, စဲသည်၊ to forsake, abandon. စွန့်ပြစ်သည်၊ —out, to omit in writing, စာရေးကူးချန်ချွှဲသည်၊
Leaved, *a.* အရွက်နှင့်ပြည့်စုံသော၊
Leaven, *n.* တဆေး၊ —*v. t.* တဆေးကပါ၍ဖောင်းကြွစေသည်၊
Leavings, *n. plur.* ကြွင်းချန်၍ပြစ်ထားသောအရာ၊ —after eating, စားကြွင်းစားကျန်။
Leacher, *n.* ကာမရာဂများသောသူ။
Leacherous, *a.* ကာမရာဂများသော၊
Leachery, *n.* from above.
Lection, *n.* ပါဌ်။
Lecture, *v.* to deliver a formal discourse, ပရိသတ်ရှေ့မှာစကားအကြောင်းကိုထုတ်ဖော်၍ပြသည်၊ to reprove, အပြစ်တင်၍ဆုံးမသည်။

—*n.* a formal discourse, ပရိသတ်ရှေ့မှာအကျိုးအကြောင်းကို ထုတ်ဖော်၍ပြသသောစကား။ a reproof, အပြစ်တင်၍ဆုံးမသောစကား။

**Led,** *pret.* of Lead; —horse, *n.* ဝန်တင်သောမြင်း။

**Ledge,** *n.* a layer, အထပ်အလွှာ။ a ridge of rock, ကျောက်ခို။ —in water, ကျောက်တန်း။ —above water, ကျောက်ဆောင်။ a projecting part, အငူ။ အစွန်း။

**Ledger,** *n.* ကုန်သည်စာရင်းချုပ်။

**Lee,** *n.* လေအောက်ဘက်။ —shore, လေအောက်သောင်ကမ်း။ —ward, *adv.* လေအောက်သို့။ —way, *n.* လေလိုက်မသွား၊ လေတင်သို့ကျော်၍သွားရသောလမ်း။

**Leech,** *n.* မျှော့။ land—, ကြွတ်။ one species, တောင်ပျော့တ်။ (to apply a leech, မျှော့တိုက်သည်။)

**Leek,** *n.* ကြက်သွန်တမျိုး။ တောကြက်သွန်။

**Leer,** *v. i.* ငဲ့၍ကြည့်သည်။ စောင်း၍ကြည့်သည်။

**Lees,** *n. plur.* အနှစ်အနည်။

**Leet,** *n.* ရုံးတော်တမျိုး။

**Left 1,** *a.* လက်ဝဲနှင့်ဆိုင်သော။ ဘယ်နှင့်ဆိုင်သော။ —hand, *n.* လက်ဝဲလက်။ —side, လက်ဝဲဘက်။ —handed, *a.* လက်ဝဲလက်သန်သော။ ဘယ်သန်သော။ —2, *pret.* of Leave; be—, *v. i.* နေရစ်သည်။ ကျန်ရစ်သည်။ ကျန်ကြွင်းသည်။

**Leg,** *n.* ခြေထောက်။ from the knee to the ankle, ခြေသလုံး။

**Legacy,** *n.* သေတန်းစာနှင့်ပေးသောအမွေဥစ္စာ။

**Legal,** *a.* ဓမ္မသတ်တရားအတိုင်းဖြစ်သော။ ဓမ္မသတ်တရားနှင့်ညီသော။

**Legality,** *n.* from above.

**Legalize,** *v. t.* from Legal, *a.*

**Legate,** *n.* ရဟန်းမင်းစေလွှတ်သောသံတမန်။

**Legatee,** *n.* သေတန်းစာအားဖြင့်အမွေဥစ္စာကိုရသောသူ။

**Legatine,** *a.* ရဟန်းမင်းသံတမန်နှင့်ဆိုင်သော။

**Legation,** *n.* သံတမန်ကိုစေလွှတ်ခြင်းအမှုအရေး။

**Legend,** *n.* a chronicle, မှတ်စာ။ an idle story, ဒဏ္ဍာရီစကား။ an inscription, ကမ္ပည်းလိပ်စာ။

**Legendary,** *a.* မှတ်စာနှင့်သော်ငြင်၊ ဒဏ္ဍာရီစကားနှင့်လော်ငြင်ဆိုင်သော။

**Legerdemain,** *n.* မျက်လှည့်ပြခြင်း။

**Legged,** *a.* ခြေထောက်ရှိသော။

**Legging,** *n.* ခြေစွပ်။

**Legibility, Legibleness,** *n.* from next.

**Legible,** *a.* ထင်ရှားသိသာသောအကြောင်နှင့်ဖတ်နိုင်သော (စာ။)

**Legion,** *n.* a Roman brigade, လူ ၅၀၀၀ ခန့်ပါသောတပ်။ any military force, ခဲမက်မိုလ်ခြေ။ a great number, အပုံ။

**Legislate,** *v.* ဥပဒေထားသည်။ ပညတ်ထားသည်။ စီရင်ထုံးဖွဲ့သည်။

**Legislation**, *n.* from above.
Legislative, *a.* having the power of enacting laws, ဥပဒေထားပိုင်သော။ relating to enacting laws, ဥပဒေထားခြင်းနှင့်ဆိုင်သော။
Legislator, *n.* နည်းဥပဒေကိုထားသောသူ။ ဓမ္မသတ်ကိုစီရင်ထုံးဖွဲ့သောသူ။
Legislature, *n.* ဥပဒေထားပိုင်သောမင်းစု။
Legitimacy, *n.* from next.
Legitimate, *a.* born in lawful wedlock, လက်ထပ်၍ဖွားမြင်သော(သား။) correct, well-grounded. ဟုတ်မှန်သော။ *v. t.* လက်ထပ်၍ဖွားမြင်သောသားအရာကိုပေးသည်။
Legitimation, *n.* from above.
Legume, Legumen, *n.* ပဲတောင့်တမျိုး။
Leguminous, *a.* ပဲဖြစ်သော၊ ပဲနှင့်ဆိုင်သော။
Leisure, *n.* အားလပ်ခြင်း။
Leisurely, *a.* တဖြည်းဖြည်းဖြစ်သော။ *adv.* တဖြည်းဖြည်း။
Lemma, *n.* ယခင်တည်းဟူသောပြောထားသောအရာမှန်ကြောင်းကိုပြသောစကားချက်။
Lemon, *n.* ရှောက်ချဉ်သီး။ —grass, စပါးလင်။
Lemonade, *n.* ရှောက်ချဉ်ရည်ဖျော်။
Lemur, *n.* flying—, မျောက်လွှောင်ပျံ။
Lend, *v. t.* (something to be returned in kind,) ချေးသည်။ (something to be returned itself,) ငှါးသည်။ —money, ငွေချေးသည်။
Length, *n.* extent from end to end, အရှည်၊ အလျား။ အတိုင်းအရှည်။ အစွန်း။ extent of space, အကျယ်။ extent of time, အကြာ။ at —, *adv.* at last, နောက်ဆုံးမှာ။
Lengthen, *v. i.* to grow longer, ရှည်လာသည်။ *v. t.* to make longer, သာ၍ရှည်စေအောင်ပြုသည်။ —time, တာရှည်စေသည်။ ကြာစေသည်။
Lengthwise, *adv.* အလျားအတိုင်း။ အလျားအလိုက်။
Lengthy, *a.* ရှည်သော။
Leniency, *n.* *see* next.
Lenient, Lenitive, *a.* ပျော့စေတတ်သော။ လျော့စေတတ်သော။
Lenity, *n.* ကြင်နာသောစိတ်နှင့်ဖြည်းညှင်းစွာပြုခြင်း။
Lens, *n.* မှန်ဘီလူး၊ မှန်ပြောင်း။
Lent, *n.* ဝါရှောင်ရသောရက်လေးဆယ်။ (all the year beside lent, ဝါပ။)
Lenticular, Lentiform, *a.* မှန်ဘီလူး၊ မှန်ပြောင်းသဏ္ဍာန်ရှိသော။
Leo, *n.* သိဟ်ရာသီ။
Leonine, *a.* belonging to a lion, ခြင်္သေ့နှင့်ဆိုင်သော။ like a lion, ခြင်္သေ့ကဲ့သို့ဖြစ်သော။
Leopard, *n.* ကျားသစ်။ —cat, ကြောင်သစ်။

**Leper,** *n.* လူနာ၊ နူနာစွဲသောသူ။ the class, သွေးမစွမ်း။
**Leprosy,** *n.* နူနာ၊ ကုဋ္ဌနာ၊ ကုတ်ဆိ။ species of—, ခရုသင်း၊ ကရုဏ်ဖြူနာ၊
**Leprous,** *a.* နူနာစွဲသော။
**Less,** *a.* in size, သာ၍ငယ်သော၊ —in quantity, သာ၍နည်းသော၊ *adv.* from *do.;* —*n.* not so much, သာ၍နည်းသောအရာ၊ an inferior, ယုတ်သောသူ။
**Lessee,** *n.* (အိမ်၊ မြေ၊ လယ်ယာကို) ငှါး၍ယူသောသူ။
**Lessen,** *v. i.* to become less, ငယ်လာသည်၊ နည်းလာသည်၊ —*v. t.* to make less, ငယ်စေသည်၊ နည်းစေသည်၊ လျော့စေသည်၊ ယုတ်စေသည်။
**Lesser,** *see* Less, *a.*
**Lesson,** *n.* a portion to be learnt and recited, သင်ရန်အခန်း၊ —to be learned or recited at night, ညဝါ၊ precept inculcated, သွန်သင်သောဩဝါဒ၊ reproof, ဆုံးမသောစကား။
**Lessor,** *n.* (အိမ်၊ မြေ၊ လယ်ယာကို) ငှါးထားသောသူ။
**Lest,** *conj.* စိုး၍၊ စိုးသောကြောင့်။
**Let,** *v. t.* to permit, အခွင့်ပေးသည်၊ to lease, (အိမ်၊ မြေ၊ လယ်ယာကို) ငှါးထားသည်၊ —money on interest, အတိုးချသည်၊ ငွေချသည်၊ မြီချသည်၊ to hinder, ဆီးတားသည်၊ —blood, သွေးဖောက်သည်၊ *verb, aux. precative,* ပါစေ၊ *imp.* 1*st pers.* စို့၊ *imp.* 3*d pers.* စေ၊ လေစေ၊ —alone, တတ်တိုင်းထားသည်၊ လက်လွှတ်၍ထားသည်၊ —down, လျှော့၍ချသည်၊ —in or into, ဝင်ရသောအခွင့်ကိုပေးသည်၊ —loose, လွှတ်သည်၊ —off, to release, လွှတ်သည်၊ —off (a gun,) ဖောက်သည်၊ —out, ထွက်ရသောအခွင့်ကိုပေးသည်၊ —*n.* အဆီးအတား။
**Lethargic,** *a.* အအိပ်ကြီးလွန်တတ်သော။
**Lethargy,** *n.* အအိပ်ကြီးလွန်သောရောဂါ။
**Lethe,** *n.* မေ့လျော့ခြင်း။
**Lethean,** *a.* မေ့လျော့စေတတ်သော။
**Letter,** *n.* character of the alphabet, အက္ခရာ၊ စာလုံး၊ a written communication, မှာစာ၊ မေတ္တာစာ၊ သဝဏ်၊ သဝဏ်စာ၊ ဆောင်းပါးစာ၊ the literal meaning, ဖြင်အနက်၊ a type used in printing, ပုံနှိပ်စာလုံး၊ —press, ပုံနှိပ်သောစာ၊ —*v. t.* ကမ္ပည်းထိုးသည်၊
**Lettered,** *a.* versed in literature, စာပေတတ်သော။
**Letters,** *n. plur.* စာပေတတ်ခြင်း။
**Lettuce,** *n.* ဟင်းရွက်တမျိုး။
**Levant,** *a.* အရှေ့မျက်နှာနှင့်ဆိုင်သော။
**Levanter,** *n.* ပြင်းထန်သောအရှေ့လေ။
**Levée,** *n.* a receiving company in the morning, နံနက်ယံဧည့်ခံခြင်း၊ an assemblage of persons on a morning visit of ceremony

or respect, နံနက်ယံခ္စတ်ဆက်အောင်စုဝေး၍လာသောလူစု၊ a royal or princely levee, ညီလာခံခြင်း။

Level, *a.* ညီညာသော၊ တညီတည်းဖြစ်သော၊ ညီညွတ်သော၊ *v. t.* to make level, ညီညာစေသည်၊ တညီတည်းဖြစ်အောင်လုပ်သည်၊ ဖွမ်းသည်၊ to make level by spreading out the parts, ဖြိသည်၊ —with a stick, တံသုတ်ကျုမ်းသည်၊ to reduce to an even surface, ကျုမ်းသည်၊ to aim, ချိန်သည်၊ —at, *v.* to point at, ရွယ်သည်၊ to aim in purpose, ကြံရွယ်သည်၊ to set—, တည့်သည်၊ —*n.* an even surface, ညီညာသောမျက်နှာပြင်၊ par, အညီအမျှ၊ an instrument for leveling, ချိန်တန်ဆာ၊ ဖိမ်မျှောင်ဝပ်၊

Lever, *n.* one used to prize with, ကုတ်၊ one turning on a pivot. မောင်းတံ။

Leveret, *n.* ယုန်ကလေး။

Leviathan, *n.* လဝိယာသန်ငါးကြီး။

Levigate, *v. t.* ညက်အောင်ကြိတ်သည်၊

Levite, *n.* လေဝိအမျိုးသား။

Levitical, *a.* လေဝိအမျိုးသားနှင့်ဆိုင်သော၊

Leviticus, *n.* ဓမ္မဟောင်းကျမ်းတို့တွင် တတိယကျမ်းတည်းဟူသောဝတ်ပြုရာကျမ်း။

Levity, *n.* lightness, ပေါ့ခြင်း၊ unsteadiness of temper or conduct, လျှပ်ပေါ်ခြင်း၊ လေ်လည်ခြင်း။

Levy, *v. t.* —troops, လူခွဲသည်၊ —money, ငွေခွဲသည်၊ ငွေခွဲခန့်သည်၊ ငွေတော်ခွဲသည်၊ —war, စစ်တိုက်ရအောင်တပ်ကရိယာကိုပြုင်ဆင်သည်။ —a fine, လျှော်ဒါဏ်ထားသည်၊ *n.* from *do.* —of money, ထမ်း။

Leeward, *adv.* လေအောက်သို့၊ (to go to leeward, ပါးသည်၊)

Lewd, *a.* ကာမရာဂအားဖြင့်ညစ်ညမ်းသော၊

Lewdness, *n.* from above.

Lexicographer, *n.* အဘိဓာန်ကိုစီရင်ရေးထားသောဆရာ၊

Lexicography, *n.* အဘိဓာန်ကိုစီရင်ရေးထားခြင်း။

Lexicon, *n.* အဘိဓာန်၊

Liable, *a.* responsible, သူတပါးအတွက်ဝန်မကင်းဖြစ်သော၊ exposed to, အကွယ်အကာမရှိဖြစ်သော၊

Liableness, Liability, *n.* from above.

Liar, *n.* မုသာစကားကိုသုံးသောသူ၊

Libation, *n.* the act of pouring in worship, ပူဇော်ရာဘို့သွန်းလောင်းခြင်း။ the liquor poured, ပူဇော်ရာဘို့သွန်းလောင်းသောအရည်၊

Libel, *v. t.* သူ့အသရေပျက်အောင်စာစီသည်၊ *n.* သူ့အသရေပျက်အောင်စီသောစာ၊

**Libelous**, *a.* သူ့ယသရေပျက်စေခြင်းနှင့်ဆိုင်သော။

**Liberal**, *a.* giving freely, ရက်ရောစွာပေးကမ်းတတ်သော။ large, from free giving, ပေးချီများသော။ not selfish or contracted, ကိုယ်အကျိုးကိုသာမငဲ့ကွက်တတ်။ free, unrestrained, ဟောဟောတိုင်းတိုင်းဖြစ်သော။ large, profuse, များပြားသော။ general, extensive, ကျယ်ဝန်းသော။ of good birth, အမျိုးမြတ်သော။

**Liberality**, *n.* freeness in giving, လက်ကြီးခြင်း။ a donation, ဒါနဝတ္ထု။ general benevolence, ငဲ့ကွက်ခြင်းမရှိ၊ ကျယ်ဝန်းသောစေတနာ။

**Liberate**, *v. t.* လွှတ်သည်။

**Liberated** (be,) *v. i.* —from slavery, တော်လှန်သည်။

**Liberation**, *n.* from above.

**Libertine**, *n.* အမှုမထားဘဲကာမဂုဏ်အားဖြင့်လွန်ကျူးတတ်သောသူ။

**Liberty**, *n.* freedom, အဆီးအတားမရှိ၊ အလွတ်နေခြင်း။ privilege of following one's own will, အဆီးအတားမရှိ၊ ကိုယ်အလိုသို့လိုက်ရသောအခွင့်။ leave, permission, အခွင့်။ improper familiarity, အရှက်အကြောက်မရှိ၊ အရောတဝင်ပြုခြင်း။

**Libidinous**, *a.* တဏှာရာဂစိတ်အစွဲအလမ်းကြီးသော။

**Libidinousness**, *n.* from above.

**Libra**, *n.* တူရာသီ။

**Librarian**, *n.* စာတိုက်စိုး။

**Library**, *n.* စာအုပ်စု၊ စာထုပ်စု။

**Librate**, *v. i.* ရှိန်စက်ရာအလျှော့အသာမရှိ၊ လှုပ်ရှားလျက်နေသည်။

**Libration**, *n.* from above.

**License**, *v. t.* ပြုရသောအခွင့်ကိုပေးသည်။ —*n.* authority to do, ပြုရသော‑အခွင့်။ unwarrantable liberty, အခွင့်မရှိဘဲပေါ်တ်လွှတ်ပြုခြင်း။

**Licensure**, *n.* from above.

**Licentiate**, *n.* ပြုရသောအခွင့်ကိုရသောသူ။

**Licentious**, *a.* အလွန်အကျူးပြုတတ်သော။

**Licentiousness**, *n.* from above.

**Lick 1**, *v. t.* (with the tongue,) လျက်သည်။ —up. သုတ်သင်ပယ်ရှင်းသည်။ —2, to beat, ရိုက်သည်။ *n.* ရိုက်ချက်။

**Lickerish**, *a.* nice in the choice of food, အစာကိုရွေးတတ်သော။ savory, ဆိမ့်သော။

**Licorice**, *n.* ဆေးမြစ်အမျိုး။

**Lictor**, *n.* မင်းလုလင်ခေါင်း။ ထက်ရာထောင်။ လက်ျာထောင်။ ရုံးလုလင်။

**Lid**, *n.* အဖုံး။ —of a pot, စလောင်း။

**Lie 1**, *v. i.* to utter falsehood, မုသာစကားကိုပြောသည်။ —*n.* မုသာစကား။ ကလိမ်ကမာ။ —2, *v. i.* to be in a horizontal posture, လဲလုံးနေသည်။ to be recumbent, as an animal, ဝပ်သည်။ to lean against, မှီ၍နေသည်။ to rest on, တင်၍နေသည်။ to be situated, နေရာရှိသည်။ to be (in some condition,) ဖြစ်သည်။ —as an action in law, စခဲထားရန်အကြောင်းရှိသည်။ —in ambush, or in wait, (တပ်သား) ဝှန်းဝပ်၍နေသည်။ —by, to intermit doing, ရပ်နေသည်။ —down, to go to repose, အိပ်သည်။ —in (a person,) အခွင့်ရှိသည်။ to be in child-bed, မီးနေသည်။ —on, to rest, as an obligation, (မြို့) ရမည့်အကြောင်းရှိသည်။ —on one side, စောင်းသည်။ နံပေးစောင်း၍ အိပ်သည်။ —open, ဟသည်။ —over, to remain unsettled, မပြတ်နေသည်။ —to (as a ship,) ရပ်၍နေသည်။လှေကျောက်ချ။ —under, to be obliged to, တာဝန်ရှိသည်။ —with, to belong to, ဆိုင်သည်။ to have sexual intercourse with, သင့်နေသည်။

Lief, *adv.* သဘောတူသည်နှင့်။

Liege 1, *n.* ကျွန်။ —2, သခင်။ —1, *a.* ကျွန်ဖြစ်သော။ ကျွန်နှင့်ဆိုင်သော။ —2, ပိုင်သော။ အစိုးရသော။

Lien, *n.* ကြိုမဆပ်မှီ ကြီးရှင်လက်၌ ရှိသောပစ္စည်း ဥစ္စာကို တောင်းပိုင်သောအခွင့်။

Lientery, *n.* အစာမကြေဘဲဝမ်းသွားသောအနာ။

Lieu, *n.* အစား။

Lieutenant, *n.* an officer acting in the place of another, မင်းကိုယ်စားလှယ်။ အကိုင်။ သွေးသောက်ကြီး။ the second officer in a military company, တပ်မှူးငယ်။

Life, *n.* vitality, အသက်။ ဇီဝ။ *Pali.* time of living, အသက်ရှင်ရာကာလ။ period of one's—, အာယုကပ်။ *Pali.* state of existence, ဘဝ။ manner of living, ကျင့်ဆောင်ပြုမူခြင်း။ —biography, လူ၏အကြောင်းအရာအထုပ္ပတ္တိကိုစီရင်ရေးထားသောစာ။ original, not copy, မူလ။ vivacity, spirit, စိတ်ကြွ၍အားကြီးခြင်း။ animate beings in general, အသက်ရှင်သောသတ္တဝါအစုအပေါင်း။ —boat, မမြုပ်နိုင်သောလှေ။ —guard, ကိုယ်ရံတော်သား။ —less, *a.* without life, အသက်မရှိသော။ (lifeless substance, နိဇီဝ။) spiritless, စိတ်အားနည်းသော။ —time, *n.* အသက်တည်ရာကာလ။ လက်ထက်။

Lift, *v. t.* ကြွသည်။ မြှသည်။ ပင့်သည်။ မြှောက်သည်။ ကြွပင့်သည်။ —up (the eyes,) မျှော်၍ကြည့်သည်။ —the voice, ကျယ်ကျယ်ပြောသည်။ ဟစ်ဟစ်သည်။ —*n.* from Lift, *v. t.*

Ligament, *n.* that which connects, ရှည်တွဲသောကြိုး။ the substance which connects the bones, ရှည်တွဲသောအကြော။

Ligature, *n.* that which binds together, a band, စည်းနှောင်သောကြိုး။ the act of binding. စည်းနှောင်ခြင်း။

Light 1, *n.* the element, အလင်း။ any thing that gives light, ထွန်းသောမီးခွက်။ မီးတိုင်အစရှိသောအရာ။ a window, ပြတင်းပေါက်။ *a.* not dark, လင်းသော။ a little—, ထင်းတင်းတင်း။ white or whitish, ဖြူသော။ ခပ်ဖြူဖြူဖြစ်သော။ —*v. t.* to kindle, ညှိသည်။ to make light, ထွန်းသည်။ လင်းစေသည်။ —house, *n.* မီးပြထိုက်။ —ship, မီးပြသင်္ဘော။ —2, *a.* not heavy, ပေါ့သော ။when applied to accent, ထေတှ။ *Pali.* easy of performance, လွယ်သော။ easy of digestion, ကြေလွယ်သော။ weak, not strong, အားမရှိသော။ active, nimble, ပေါ့ပါးသော။ gay, airy, ပေါ့ပါးရွှင်လန်းသော။ unsteady, မတည်တံ့သော။ —fingered, ထက်ဆော့သော။ —footed, ပေါ့ပါးလျှင်မြန်သော။ —headed, heedless, သတိမရှိသော။ slightly delirious, စိတ်ကတောင်ကယင်ဖြစ်သော။ —horse, *n.* ပေါ့ပါးသောစစ်တန်ဆာကိုဝတ်ဆင်၍လျှင်မြန်သောမြင်းစီးသူရဲတပ်။ —infantry, ပေါ့ပါးသောစစ်တန်ဆာကိုဝတ်ဆင်၍လျှင်မြန်သောခြေသည်သူရဲတပ်။ —minded, *a.* မထင်ခြင်တတ်သော။ သတိမပြုတတ်သော။ —3, *v. i.* to fall and hit, ကျ၍ထိသည်။ to happen to find, အမှတ်တမဲ့တွေ့သည်။ to descend (from a horse or carriage,) ဆင်းသည်။ to descend and rest, နားသည်။

Lighten 1, *v. t.* to illuminate, လင်းစေသည်။ —*v. i.* to flash, as the electric fluid, လျှပ်ပြက်သည်။ လျှပ်စစ်ပြက်သည်။ —2, *v. t.* to make lighter, less heavy, ပေါ့စေခြင်လုပ်သည်။

Lighter, *n.* သင်္ဘောဝန်ကိုတင်သောသင်္ဘန်ကြီး။

Lightness, *n.* from Light, 2.

Lightning, *n.* လျှပ်စစ်။ လျှပ်စစ်နွယ်။

Lights, *n. plur.* အဆုတ်။

Lightsome, *a.* luminous, လင်းသော။ gay, airy, ပေါ့ပါးရွှင်သန်းသော။

Ligneous, *a.* သစ်သားဖြစ်သော။

Lignum-vitæ, *n.* သစ်သားတမျိုး။

Like 1, *a.* similar, ကဲ့သို့ဖြစ်သော။ the same or similar, တူသော။ အတူတူဖြစ်သော။ probable, likely, ဖြစ်ကောင်းဖြစ်လတံ့သော။ ဖြစ်မည်လက္ခဏာရှိသော။ —minded, စိတ်သဘောတညီတညွတ်တည်းဖြစ်သော။ *n.* တူသောအရာ။ —*adv.* in the same manner, နည်းတူ။ probably, likely, ဖြစ်ကောင်းဖြစ်သည်နှင့်။ —as, သဖွယ်။ a little like as, လိုလို။ —2, *v. t.* to be pleased with, ကြိုက်သည်။ နှစ်သက်သည်။ စိတ်နှင့်တွေ့သည်။ to please to (do,) (ပြု) ချင်သည်။

Likelihood, *n.* from next.

Likely, *a.* probable, ဖြစ်ကောင်းဖြစ်လတံ့သော။ ဖြစ်မည်လက္ခဏာရှိသော။ of good qualities, ဂုဏ်အင်္ဂါသက္ခဏာရှိသော။ —*adv.* probably, ဖြစ်ကောင်းဖြစ်သည်နှင့်။

Liken. *v. t.* ပုံခိုင်းသည်။ ပုံနှိုင်းသည်။ နှိုင်းခိုင်းသည်။

Likeness, *n.* resemblance, တူခြင်း။ a picture or image resembling the original, ပုံ။

Likewise, *adv.* in like manner, ကဲ့သို့။ နည်းတူ။ also, လည်း။ moreover, ထိုမှတပါး။ ငှင်ပြင်။

Liking, *n.* from Like, 2.

Lilac, *n.* ပန်းပွင့်တမျိုး။

Lily, *n.* a land lily, နှင်းပွင့်။ a water-lily, ကြာ။ tiger—, သစ္စာပန်း။

Limb, *n.* of the body, ကိုယ်အင်္ဂါ။ —of a tree, အကိုင်း။ အခက်။ an end, extremity, အစွန်း။

Limber, *a.* ပျော့သော။ ပျောင်းသော။ (to make limber, ပျောင်းသည်။)

Limberness, *n.* from above.

Limbo, Limbus, *n.* ငရဲငယ်။

Lime 1, *n.* a viscous matter used to catch birds, ညှော်ငစေး။ —2, the fruit. သံပုရာသီး။ sweet—, ရှောက်လိမ္မော်။ —3, the mineral, ထုံး။ slaked—, ဖောက်ထုံး။ —kiln, ထုံးဖို။ —stone, ထုံးကျောက်။ —water, ထုံးရည်။

Limit, *v. t.* to fix the boundaries of, ပိုင်းခြားကန့်သတ်သည်။ သတ်မှတ်သည်။ to set bounds, စည်းကမ်းထားသည်။ to make narrow, confined, နေရာကျဉ်းစေခြင်းပြုသည်။ —*n.* a boundary, အပိုင်းအခြား။ a mark not to be passed, စည်းကြောင်း။ a border, အစွန်း။ အနား။

Limitation, *n.* the act of setting bounds to, စည်းကမ်းထားခြင်း။ the act of restricting the meaning of a word, စကား၏အနက်ကို မချဲ၊ ကျဉ်းစေခြင်း။

Limner, *n.* ပန်းချီ။

Limp, *v. i.* ထော့နဲ့သွားသည်။

Limpid, *a.* ကြည်သော။

Limpidly, *adv.* သွင်သွင်။

Limpingly, *adv.* ပေါက်ဆတ်ပေါက်ဆတ်။

Limy 1, *a.* glutinous, စေးသော။ —2, containing lime, ထုံးပါသော။

Linch-pin, *n.* နားစောင့်။

Linden-bloom, *n.* one species, တရော်။

Line 1, *n.* longitudinal entension, အတန်း။ a string, ကြိုး။ an extended string, တန်းသောကြိုး။ any thing drawn longitudinally, အကြောင်း။ an extended mark, ရေးသားသောအကြောင်း။ a row of things set in order, အတန်း။ အစီအစဉ်ထားသောအရာ။ boundary—, စည်းကမ်း။ (when marked by a hedge or fence, စည်း။ စောင်ရန်း။) —of junction between two territories, နယ်စပ်။ —of writing, စာကြောင်း။ —of an original text, ပါဠိတန်း။ —of poetry, လင်္ကာစာကြောင်း။ အပုဒ်။ *in geo-*

*metry*, လိုင်း a straight line, လိုင်းဖြောင့် a curved line, လိုင်းကွေး a perpendicular line, လိုင်းမတ် ruling—, ပျဉ်းတံ ပျဉ်းကြိုး —2, *v. t.* —a garment. နှစ်ထပ်ချုပ်သည်။ —a vessel, လွှာသည်။ —a box as with paper, လျှောင်းသည်။ —with boards, ပျဉ်ပြားကပ်သည်။

**Lineage,** *n.* အမျိုးအနွယ်၊ အဆက်အနွယ်၊ သားစဉ်မြေးဆက်၊ ဆွေစဉ်မျိုးဆက်၊ hereditary stock, ဇာတိမျိုး။

**Lineal,** *a.* composed of lines, ရေးသားသောအကြောင်းနှင့်ပြီးသော၊ descended in a direct line, အမျိုးအနွယ်မပြတ်၊ ဆင်းသက်သော၊

**Lineament,** *n.* မျက်နှာ၏ပုံပန်းလက္ခဏာ။

**Linear,** *a. see* Lineal, 1st def.

**Linen,** *a.* ပိုက်ဆန်ခြည်ကိုလုပ်သော၊—*n.* cloth made of flax. ပိုက်ဆန်ခြည်ကိုရက်သောအထည်။ an under garment, အတွင်းအင်္ကျီ။ —draper, ပိုက်ဆန်ခြည်အထည်အလိပ်ကိုရောင်းသောကုန်သည်၊

**Linger,** *v. i.* ဝင့်နှေးသည်၊ (in speaking,) အချွင်သည်။

**Lingo,** *n.* စကား။

**Lingual,** *a.* pertaining to the tongue, လျှာနှင့်ဆိုင်သော၊ pronounced from the tongue, ဇိဝှာ။

**Linguist,** *n.* ဘာသာစကားအမျိုးမျိုးကိုတတ်သောဆရာ၊

**Liniment,** *n.* လိမ်းသုတ်ရန်ဆေး၊ —to be rubbed in, နယ်ဆီ၊

**Lining,** *n.* အထဲခံ၊ —of a petticoat, အတွင်းခံ၊

**Link 1,** *n.* a ring of a chain, ကွင်းချင်းဆက်သောကြိုးကွင်းတကွင်း၊ *v. t.* to connect with a link. ကွင်းနှင့်ဆက်တွဲသည်၊ to connect (figuratively,) စပ်စပ်ရှည်တွဲသည်။ —subjects in discourse, ရှိတ်ဆက်သည်။ —2, *n.* a torch, မီးစည်း၊ —boy, မီးစည်းကိုင်သောသူ။

**Linnet,** *n.* ငှက်တမျိုး။

**Linseed,** *n.* ပိုက်ဆန်စေ့။

**Linstock,** *n.* အမြောက်၌ရန်မီးစညှပ်သောတန်ထား၊

**Lint,** *n.* အဝတ်မှခြစ်၍ထွက်သောအမျှင်၊

**Lintel,** *n.* တံခါးသုပ်။

**Lion,** *n.* ချင်သေ့၊ *see* Leo; —hearted *a.* ရဲရင့်သော၊

**Lioness,** *n.* ချင်သေ့မ၊

**Lip,** *n.* —of the mouth, နှုတ်ခမ်း၊ —of a vessel, အစွန်းအနား၊

**Liquefaction,** *n.* from next.

**Liquefy,** *v. t.* အရည်ကြိုသည်၊

**Liqueur,** *n.* အရက်မျိုး။

**Liquid,** *n.* အရည်၊ odoriferous—, နံ့သာနှုတ်ရည်၊ —*a.* အရည်ဖြစ်သော၊

**Liquidate,** *v. t.* ကြွေးကိုပြေအောင်ဆပ်ပေးသည်၊

**Liquor,** *n.* a liquid, အရည်၊ intoxicating—, ယစ်မျိုး၊ သုရာ၊ *Pali.*

သော၊ — made from rice, and much used by the Karens, ခေါင်ရည်၊ astringent—, ခနံ့ရည်၊ rum, အရက်၊ အရက်သေစာ၊

**Liqnorice**, *n.* နွယ်ချို၊ သဘော်ာနွယ်ချို၊

**Lisp**, *v.* s အက္ခရာကိုမပြီ၊ th ခေါ်သည်၊

**List 1**, *n.* a strip of cloth forming a border, အထည်အလိပ်၌ပါသော အနားပတ်၊ —2, the line inclosing the ground for public games, ကစားပွဲပတ်ထည်၌ဆီးတားသောအရာ၊ —3, a catalogne, အစဉ်အတိုင်းမှတ်သောစာရင်း၊ 4, —*v. t. see* Enlist; —1, to cover with a list, အနားပတ်နှင့်ကွပ်သည်၊ —2, to inclose for a public game, ကစားပွဲပတ်လည်၌ဆီးတားသည်၊ —5, *v. i.* to desire, ဇလိုရှိသည်၊ —6, *n.* an inclination (of a ship) to one side, (သင်္ဘော) စောင်းခြင်း၊ —7, *v. i. see* next.

**Listen**, *v. i.* to hearken in order to hear, (ကြားအောင်) နားထောင်သည်၊ to attend to, နားခံသည်၊ —attentively, နားစွင့်သည်၊ —with attention and deference, နှိုးနာသည်၊ —with regard and acceptance, နာခံနာယူသည်၊ —with pleasure and delight, နားပြီမ့်သည်၊ —with thrilling pleasure, နားစွင့်သည်၊ to wish to listen, နာလိုသည်၊ to obey, (စကားကို) နားထောင်သည်၊

**Listless**, *a.* သတိမရှိ၊ အမှုမထားဘဲနေသော၊ စိတ်ပေါ့လျော့သော၊

**Listlessness**, *n.* from above.

**Litany**, *n.* တောင်းပန်သောပဌနာ၊

**Literal**, *a.* not figurative, ဥပစာမပါ၊ ပဌမအနက်ဖြစ်သော၊ following the exact words (in translating,) စကားကိုအစဉ်အတိုင်းလိုက်သော၊ consisting of letters, အက္ခရာစာလုံးဖြစ်သော၊

**Literary**, *a.* pertaining to literature. စာပေကျမ်းဂန်နှင့်ဆိုင်သော၊ versed in literatnre, စာပေကျမ်းဂန်ကိုတတ်သော၊

**Literati**, *n. plur.* လူတတ်တို့၊

**Literatnre**, *n.* စာပေကျမ်းဂန်ကိုတတ်သောအတတ်ပညာ၊

**Lithe**, *a.* ပျော့သော၊ ပျောင်းသော၊

**Lithograph**, *v. t.* ကျောက်ပြားပေါ်မှာပုံ၊ အက္ခရာလိုး၍နှိပ်သည်၊

**Lithography**, *n.* ထိုသို့ပုံနှိပ်သောအတတ်၊

**Lithology**, *n.* ထိုသောသဘာအတတ်တည်းဟူသောကျောက်အမျိုးမျိုးကိုမှတ်သားသောအတတ်ပညာ၊

**Litigant**, *n.* အမှုသည်၊ တရားတွေ့သူ၊

**Litigate**, *v.* တရားတွေ့သည်၊

**Litigation**, *n.* from above.

**Litigious**, *a.* inclined to judicial contests, လိုလားသော၊ တရားတွေ့တတ်သော၊ အမှုရှာတတ်သော၊ disputable, ငြင်းခုံနိုင်ဖွယ်ဖြစ်သော၊

**Litter 1**, *n.* a bed for carriage, ထမ်းစင်၊ straw, etc. spread for animals to sleep on, နွား၊ မြင်းစသည်တို့အိပ်ရာဘို့ခင်းသောမြက်

ခြောက်၊ ကောက်ရိုးအစရှိသောအရာ၊ shreds and small matters scattered about, ဖရိုဖရဲရှိသောအတိုအစများ၊ —v. t. to spread with straw, etc. မြက်ခြောက်၊ ကောက်ရိုးအစရှိသည်တို့ကိုခင်းသည်၊ to scatter on with shreds, etc. အတိုအစကိုဖရိုဖရဲကြဲဖြန့်သည်။ —2, to bring forth, as certain animals, (ခွေး၊ ဝက်၊ ကြောင်ကဲ့သို့) ခွေးဖွားသည်။ —n. a brood of certain young animals, တခါတည်းပေါက်ဖွားသောသားငယ်စု။

Little, *a.* small in bulk, ငယ်သော၊ small in quantity, နည်းသော၊ small in size, as the young of animals, ကလေး။ —*n.* အနည်းငယ်၊ တဆိတ်တပေါက်၊ a very—, အလျှော၊ —*adv.* နည်းနည်း၊ ငိုးငည်း၊ တစိုးတစိ၊ by little and little, တစေ့စေ့၊ by a very little, ရိပ်ရိပ်သိသိ၊ a little while, အတန်ငယ်၊ ခဏ၊ a little while ago, ရှေးနှောင်း၊ a very—, ပျက်သိကာ၊ ယောင်သောင်ကလေး။

Littleness *n.* from Little, *a.*

Liturgy, *n.* ကိုးကွယ်ခြင်းအရာ၌စကားသေဝပ်၍အမြဲသုံးစွဲသောစားနမကာရ၊ *Pali.*

Live, (*pron. Liv.*) *v. i.* to be alive, အသက်ရှင်သည်၊ to dwell, reside, နေသည်၊ နေရာရှိသည်၊ to continue, be permanent, တည်သည်၊ to pass time, ကာလကိုလွန်စေသည်၊ to subsist, support life, အသက်မွေးသည်၊ to remain undestroyed, မပျက်ဘဲနေသည်၊ —(*pron. Live.*) *a.* having life, အသက်ရှင်သော၊ containing fire, (မီးရှိသော) မီးခဲ၊ —stock, *n.* မွေးထားသောသတ္တဝါ၊ မြင်းအစရှိသောတိရစ္ဆာန်စု။

Livelihood, *n.* အသက်မွေးရာအကြောင်း။

Liveliness, *n.* from Lively.

Livelong, *a.* နှေးနှေးလွန်သော၊

Lively, *a.* ပေါ့ပါးလျှင်မြန်သော၊

Liver, *n.* အသည်း၊

Livery, *n.* တဆင်တည်းဝတ်သောအဝတ်၊ —stable, ငှါးရန်မြင်းထားသောရုံ၊

Livid, *a.* ပြာသော၊

Living, *n.* means, subsistence, property, အသက်မွေးရာဥစ္စာ၊ livelihood, အသက်မွေးရာအကြောင်း၊ —water, စမ်းရေ၊

Lixivium, *n.* *see* Lye.

Lizard, *n.* the common house lizard, အိမ်မြှောင်၊ the earth lizard, သင်းခွေ၊ the large crowing lizard of Burma, တောက်တဲ့၊

Lo, *int.* ကြည့်ပါ၊

Loach, *n.* ငါးသလဲ၊

Load, *n.* ဝန်၊ —when carried on the back, ဝန်ထုပ်၊ —*v. t.* to lay on a load, ဝန်တင်သည်။ to make heavy, လေးစေခြင်းပြုသည်။ to charge a gun, သေနတ်ကိုဆေးထိုးသည်။

Loading, *n.* a load, ဝန်။ the charge of a musket, သေနတ်၌ထိုးသောခဲ၊ ယမ်း။

Loadstone, *n.* သံဖိုက်ကျောက်။ ကျောက်သံစား။

Loaf, *n.* မုန့်လုံး။ —sugar, သကြားတိုင်ကဖြစ်သောသကြားခဲ။

Loafer, *n.* အရပ်ရပ်လည်တတ်သောလူဖျင်း။

Loam, *n.* နွံသောမြေတမျိုး။

Loan, *v. t.* see Lend; —*n.* ချေးသောအရာ။ ငှါးသောအရာ။

Loath, *see* Loth.

Loathe, *v. t.* စက်ဆုပ်သည်။ ရွံရှာသည်။ —in the stomach, နှလုံးနာသည်။

Loathsome, *a.* စက်ဆုပ်ရွံရှာဘွယ်ဖြစ်သော။

Loathsomeness, *n.* from above.

Lobby, *n.* အိမ်ဦးမှာအခန်းကလေး။

Lobe, *n.* —of the lungs, အဆုတ်တချပ်။ အဆုတ်ညွှန့်။ —of the liver, အသည်းတချပ်။ —of the ear, နားရွက်ဖျား။

Lobster, *n.* ပုဇွန်တုပ်ကြီးအမျိုး။

Local, *a.* တစုံတခုသောအရပ်နှင့်ဆိုင်သော။

Locality, *n.* from above; a place, အရပ်။

Locate, *v. t.* နေရာအရပ်ကိုရွေး၍ချထားသည်။

Location, *n.* ချထားသောနေရာအရပ်။

Loch, *see* Lake.

Lock, *n.* သော့အိမ်။ of a gun, သေနတ်မီး။ —of a canal, တူးမြောင်း၌သတ်သောတမံရှင်။ —of hair, ဆံပင်တခက်။ —smith, သော့အိမ်လုပ်သောပန်းပဲ။ —*v. t.* to fasten with a lock, သော့ခတ်သည်။ to shut up closely, လုံခြုံစေခြင်းပိတ်ထားသည်။ to clasp tight, ကြပ်ကြပ်ဖက်သည်။

Locker, *n.* သင်္ဘောပေါ်မှာသော့ခတ်ရသောအခန်းကလေး။

Locket, *n.* မောင်းနှင့်ပိတ်ရသောတန်ဆာကလေး။

Locomotion, *n.* တရပ်မှတရပ်သို့ပြောင်းသွားခြင်း။

Locomotive, *a.* တရပ်မှတရပ်သို့ပြောင်းသွားတတ်သော။ —*n.* မီးရထား။

Locust 1, *n.* the insect, ကျိုင်း။ migratory—, ဆင်ပိုး။ —2, the tree, သစ်ပင်တမျိုး။

Lodge, *v. i.* to reside, နေသည်။ to stay for a time, တည်းခိုသည်။ —*v. t.* to place, ထားသည်။ ချထားသည်။ to furnish with a temporary dwelling, တည်းခိုရန်နေရာပေးသည်။ —in the mind, နှလုံးသွင်းသည်။ —a complaint, စာစွဲသည်။ စာထားသည်။ —*n.* တဲ။

Lodging, *n.* တည်းခိုသောနေရာ။

**Lodgment**, *n*. the act of getting a place to stay, နေရာရခြင်း။ an accumulation, collection, အစုအဝေး။

**Loft**, *n*. အပေါ်ဆောင်။

**Loftiness**, *n*. from next.

**Lofty**, *a*. high, မြင့်သော။ elevated in condition or character, မြင့်မြတ်သော။ sublime, ကြီးမြင့်သော။ haughty, မာနထောင်လွှားသော။

**Log**, *n*. a thick piece of wood, သစ်တုံး။ —of a ship, ရေတိုင်းငါး။ the quadrantal board used to measure a ship's way, သင်္ဘောခရီးတိုင်းဗီလာ။ —book, သင်္ဘောခရီးတိုင်းဗီလာစာရင်း။ —house, သစ်တုံးအိမ်။ —line, ဗီလာကြိုး။ ရေတိုင်းကြိုး။ —reel, ဗီလာကြိုးရစ်သောတည်းလုံး။

**Logarithms**, *n. plur*. ဂဏန်းသင်္ချာတွက်ရာတွင်အကျဉ်းအားဖြင့်မှတ်သားရေတွက်ခြင်းအနည်း။ လော့ဂရိသမ်ဂဏန်းတွက်နည်း။

**Loggerhead**, *n*. လူမိုက်။

**Logic**, *n*. လော့ဂျစ်အတတ်တည်းဟူသောလိုးသွင်းမြဲ ဟုတ်မှန်ကြောင်းကိုဖော်ပြသောအတတ်ပညာ။

**Logical**, *a*. လော့ဂျစ်အတတ်ပညာနှင့်ဆိုင်သော။

**Logician**, *n*. လော့ဂျစ်အတတ်ပညာကိုလေ့ကျက်သောသူ။

**Logwood**, *n*. တိန်းညက်နှင့်တူသောသစ်သားတမျိုး။

**Loins**, *n. plur*. ခါး။ ခါးတိုင်။

**Loiter**, *v. i*. ဖွင်းရိ၍ဖင့်နွဲ့သည်။

**Loll**, *v. i*. to recline, လျောင်းသည်။ to hang out the tongue, (ဟိုက်၍) လျှာကိုထုတ်နေသည်။

**Lone**, **Lonely**, *a*. single, alone, အထီး။ ကိုယ်ထီး။ solitary, အပေါ်မရှိ၊ ဆိတ်ညံလျက်ရှိသော။

**Loneliness**, *n*. from above.

**Lonesome**, *a*. မပျော်နိုင်အောင်ဆိတ်ညံလျက်ရှိသော။

**Long 1**, *a*. —in dimension, ရှည်သော။ မျောသော။ ဒီဃ။ *Pali*. —as a road, ရှည်ဝေးသော။ —space of time, ရှည်လျားသော။ —in time, ကြာသော။ ကြာမြင့်သော။ ရက်ကြာသော။ —boat, *n*. သင်္ဘောနှင့်ပါသောသီတန်ကြီး။ —*adv*. to a great length, ရှည်စွာ။ for a long time, သမတိ။ ရှည်ကြာစွာ။ ကြာမြင့်စွာ။ all along, throughout, တ—လုံး။ လုံးလုံး။ —armed, *a*. လက်ရှည်သော။ —headed, မျှော်ကြည့်တတ်သော။ —legged, ခြေထောက်ရှည်သော။ ဒူးရှည်သော။ —lived, အသက်ရှည်သော။ —run, *n*. နောင်အမှု။ နောင်ကာလ။ —sighted, *a*. အဝေးကိုမြင်နိုင်သော။ —suffering, သည်းခံတတ်သော။ စိတ်ရှည်သော။ —suffering, *n*. from *do*. —waisted, *a*. ခါးရှည်သော။ —winded, having strong lungs, သက်လုံကောင်းသော။ lengthy in speaking, ကြာရှည်စွာပြောတတ်သော။ —2, *v. t*. တောင့်တသည်။ —for, as food, ခင်ခွတ်သည်။

60

Longevity, *n.* အသက်ရှည်ခြင်း။

Longing, *n.* —for, တောင့်တခြင်း။ အာသီသ။ *Pali.* ရမက်။ lustful— (in men), တဏှာရူး။ —for, *adv.* တငမ်းငမ်း။

Longitude, *n.* length, အရှည်အလျား။ distance from a meridian. တောင်မြောက်သို့လိုက်၍မြေကြီးသုံးထက်ဝန်းကျင်ကိုပတ်ရစ်သောမေရိဒျန်စက်ဝိုင်းတစုံတခုနှင့်ခြားသောအဝေးအကွာ။

Longitudinal, *a.* အလျားအတိုင်းဖြစ်သော။

Look, *v. i.* to direct the eye in order to see, ကြည့်သည်။ to seem, appear, ထင်သည်။ to face, front, မျက်နှာပြုသည်။ —after, *v. t.* to take care of, ကြည့်ရှုပြုစုသည်။ to expect, မျှော်သည်။ to seek, ရှာဖွေသည်။ —at, ကြည့်ရှုသည်။ —for, to expect, မျှော်နေသည်။ မျှော်ငံ့သည်။ —forward, မျှော်ခေါ်သည်။ —forward to, မျှော်ရှုသည်။ ကြည့်မျှော်သည်။ —forward in an upward direction, မော်ကြည့်သည်။ —into, to examine, စစ်ဆေးသည်။ —on, to be a spectator, ကြည့်၍နေသည်။ to regard, esteem, ထင်မှတ်သည်။ —out, *v. t.* to search for, ရှာဖွေသည်။ to be on the watch, စောင့်၍နေသည်။ —out, *n.* မျှော်စင်။ ယိုစင်။ —over, *v. t.* to view in course, အစဉ်အတိုင်းကြည့်ရှုသည်။ —to, to see to, ကြည့်ရှုသည်။ to take care of, ကြည့်ရှုပြုစုသည်။ —in expectation of something, ကျေးဇူးရှိမည်ဟုမှိဝဲ၍နေသည်။ —up, မော့ကြည့်သည်။ —up to reverently, ဖူးမျှော်သည်။ —up, to search for, ရှာဖွေသည်။ —*n.* the act of looking, ကြည့်ခြင်း။ the aspect, မျက်နှာအနေ။ မျက်နှာထား။

Looking-glass, *n.* မှန်။ ကြေးမုံ။

Looks, *n.* မျက်နှာအထား။

Loom 1, *n.* ရက်ကန်းစင်။ movable—, ရက်ကန်းနံ့စင်။ —2, *v. i.* ကြီးရောင်ထင်သည်။

Loop, *n.* ကုလားနှိုက်ကွင်း။ ကြိုးကွင်း။ —hole, an aperture through which small arms may be fired, သေနတ်ပြစ်ရန်အပေါက်။ an aperture that gives a passage out, ထွက်ရန်အပေါက်။

Loose, *v. t.* to unbind, ဖြေသည်။ to loosen, လျှော့သည်။ to free, လွှတ်သည်။ —*a.* not tied or secured with a string, ဖြေလျက်ရှိသော။ not tight, close, မကျပ်၊ ချောင်သော။ not compact, မသိပ်သည်း၊ ဖွားသော။ not tight, tense, မတင်း၊ လျှော့သော။ not firm, မခိုင်၊ နွဲ့သော။ free, unconfined, လွတ်သော။ flimsy, ပါးပါးလျလျဖြစ်သော။ vague, not precise, မသေချာသော။ lax in the bowels, ဝမ်းပြောသော။ (very loose,) ဝမ်းကျသော။ ဝမ်းလျှောသော။ ဝမ်းသက်သော။ not orderly, နည်းသို့မလိုက်၊ လွန်ကျူးတတ်သော။ wanton. လော်မာသော။ —*n.* ပေါက်လွှတ်ဖြစ်ခြင်း။

Loosen, *v. t.* to relax, free from tension, လျှော့သည်။ to make less firm in position, နှဲ့စေအောင်ပြုသည်။ နှဲ့သည်။ to make less dense or compact, ကြဲအောင်၊ ပွအောင်လုပ်သည်။ to free from restraint, လွှတ်သည်။ to relax the bowels, ဝမ်းပျော့စေသည်။

**Looseness,** *n.* from Loose, *a.*

**Lop,** *v. t.* ချိုင်သည်။ ခုတ်ချိုင်သည်။

**Loquacious,** *a.* စကားများသော၊ လျှာပါးသော။

**Loquaciousness, Loquacity,** *n.* from above.

**Lord,** *n.* a master, သခင်။ သခင်။ a nobleman, မှူးမတ်။ Jehovah, ထာဝရဘုရား။ —of law, ဓမ္မရာဇာ၊ တရားမင်း။ —*v. i.* အစိုးတရပြုသည်။

**Lordliness,** *n.* from next.

**Lordlike, Lordly,** *a.* pertaining to a lord, သခင်နှင့်ဆိုင်သော၊ imperious, အစိုးတရပြုတတ်သော။

**Lordship,** *n.* the state or quality of being a lord, သခင်ဖြစ်ခြင်း၊ မှူးမတ်ဖြစ်ခြင်း။ dominion, အစိုးရခြင်း။ a seigniory, မြို့စားပိုင်သောနယ်။ (the title of a lord,) ကိုယ်တော်အရှင်။

**Lore,** *n.* အတတ်ပညာ။

**Loricate,** *v. t.* လွှမ်းအုပ်သည်။

**Lorikeet,** *n.* red rumpt—, ငြမ်းလိုးငှက်။

**Loris,** *n.* slow—, မျောက်လှော်ခင်း (Tavoy.)

**Lorn,** *see* Forlorn.

**Lose,** *v. t.* to suffer the loss of, (တစုံတခု) ပျောက်ခြင်းကိုခံသည်။ (တစုံတခု) ဆုံးခြင်းကိုခံသည်။ to fail of gaining, ရှုံးသည်။ —the appetite, ခံတွင်းပျက်သည်။ —a battle, စစ်ပျက်သည်။ စစ်ပျက်၍ရှုံးသည်။ —property, power etc. ပါကျသည်။ —a case in court, တရားရှုံးသည်။ —sight of, မျက်ခြေပြတ်သည်။ —as a month for business, ထပ်ပွမ်သည်။ —time, to delay, for no purpose, ကာလကိုအလကားမဲ့လွန်စေသည်။ to move too slowly (as a timepiece,) နှေးသည်။ —way, လှော၊ သင်္ဘောဆုတ်၍မျောသည်။ —the way, လမ်းလွဲ၍မတွေ့နိုင်။

**Loss,** *n.* the being possessed of no longer, ပျောက်ခြင်း။ ဆုံးခြင်း။ the not gaining in contest, ရှုံးခြင်း။ destruction, ruin, ပျက်စီးခြင်း၊ be at a—, *v. i.* တွေးတောသည်။ to suffer severe—, အရှုံးကြီးသည်၊ နာသည်။

**Lost** (be,) *v. i.* ပျောက်သည်။ ပျောက်ပျက်သည်။ to be in a place unknown, so as not to be found, ပျောက်သည်။ —at sea, မြှုပ်သည်။ be ruined, အကျိုးနည်းသည်။ ဆုံးရှုံးသည်။ (a little lost in thought, မှိုင်တိုင်တိုင်။) *pret.* and *pass. part.* of Lose, *which see.*

**Lot,** *n.* မဲ။ စာရေတံ။ the part which falls to one by lot, မဲကျ၍

ရသောအရာ၊ any portion or parcel, ဝေပုံ၊ a piece, or division of land, (Amer.,) မှတ်သားသောမြေအကွက်။ (to cast lots, စာရေတံချသည်၊ ခဲချသည်၊)

Loth, *a.* (မြ) ပျင်းသော၊

Lotion, *n.* ဆွတ်လူးရန်ဆေးရည်၊

Lottery, *n.* စာရေးတံချခြင်း။

Lotus, *n.* ကြာပွင့်၊

Loud, *a.* အသံကျယ်သော။

Loudly, *adv.* thunderingly, ထိန်းထိန်း။ ကြိုး။

Loudness, *n.* from above

Lounge, *v. i.* ပျင်းရိ၍နေသည်။

Louse, *n.* သန်း၊ a body louse, သန်းချေး၊ —(*pron.* Lonz,) *v. t.* သန်းရှာသည်၊

Lonsiness, *n.* from next.

Lousy, *a.* သန်းများသော၊ သန်းချေးများသော။

Lout, *n.* ယုတ်သောကျေးတောသား။

Lovable, *a.* ချစ်ဖွယ်ဖြစ်သော။

Love, *v. t.* to feel affection for, ချစ်သည်၊ စုံမက်သည်၊ နှစ်သက်သည်၊ မြတ်နိုးသည်။ ကြင်နာသည်။ —an object of compassion, ချစ်သနားသည်။ —as lovers of different sexes, ချစ်ကြိုက်သည်၊ —in secret, နောက်မိုးကြိုက်သည်။ to indulge in mutual love, ရည်းစားထားသည်၊ (to send a love letter, အလွှာပေးသည်၊) to like, ကြိုက်သည်၊ —*n.* from *do.* မေတ္တာ၊ —letter, ရည်းစားဖြစ်၍ ပေးလိုက်သောစာ၊ —lorn, *a.* ရည်းစားပျက်သော၊ —sick, စုံမက်လိုသောသူကိုစိတ်တန်း၍ညှိုးငယ်လျက်နေသော။ —song, *n.* ရည်းစားဖွဲ့၍ဆိုသောတေးခြင်း။ —suit, *a.* မိန်းမကိုလှည့်ခြင်း။ —tale, *n.* ချစ်ကြည်ရည်ငံခြင်းအကြောင်းကိုပြသောဝတ္ထု။

Loveliness, *n.* from next.

Lovely, *a.* ချစ်ဖွယ်ဖြစ်သော၊ ချစ်ဖွယ်သောရုပ်နှင့်ပြည့်စုံသော၊

Lover, *n.* one who loves or likes, ချစ်သောသူ၊ ကြိုက်သောသူ၊ one who is in love (the love being reciprocated,) ရည်းစား၊ ရည်းစားသနား၊ faithless—, ရည်းစားပျက်၊

Loving-kindness, *n.* မေတ္တာစိတ်နှင့်ကျေးဇူးပြုခြင်း။

Low 1, *a.* not high, နိမ့်သော၊ squat, ပြပ်သော၊ low and level, ပြန့်သော၊ below the usual price, အသိုးနည်းသော၊ not loud, အသံကျဉ်းသော၊ —in spirits, ညှိုးငယ်သော၊ weak, အားနည်းသော၊ mean, ယုတ်ညံ့သော။ later in time, နောက်၌ဖြစ်သော၊ —land, *n.* မြစ်ရင်း၊ မြစ်ခြေ၌ကျသောအောက်အရပ်၊ —lander, မြစ်ရင်း၊ မြစ်ခြေ၌နေသောအောက်သား၊ —water, ရေစစ်၊ —*adv.* from *do.* —born, *a.* အမျိုးယုတ်သော၊ —bred, ယုတ်ညံ့သော

လူ စုတွင်ကျွေးမွေးပြုစုခြင်းကိုခံခဲ့ပြီးသော။ —minded, မိတ်သဘော နိမ့်သော။ —priced, အဘိုးနည်းသော။ —spirited, ညှိုးငယ်သော။ —thoughted, ယုတ်ညံ့သောမိတ်သဘောရှိသော။ —2, *v. i.* —as a cow, ထွန်သည်။

**Lower 1,** (*pron.* Lo-er,) *v. i.* to go down, ဆင်းသည်။ to become less (in price,) လျော့သည်။ —*v. t.* to make low, နှိမ့်သည်။ နှိမ့်ချသည်။ to reduce (the price,) လျော့သည်။ to impair in rank or excellence, ယုတ်စေသည်။ (lower part of a river, country, etc, အောက်ပြေ။) —2, (*pron.* Lou-er,) *v. i.* မိုဃ်းမှိုင်းသည်။

**Lowery,** *a.* from Cover, 2.

**Lowliness,** *n.* from Lowly, *a.*

**Lowly,** *a.* mean, ယုတ်ညံ့သော။ humble, မိတ်နှိမ့်ချသော။

**Lowness,** *n.* from Low, *a.*

**Loyal,** *a.* faithful to a master, အရှင်၏သစ္စာစောင့်ထိန်းသော။ faithful in marriage, ထိမ်းခင်ပွန်း၏သစ္စာစောင့်ထိန်းသော။

**Loyalist,** *n.* အရှင်၏သစ္စာစောင့်ထိန်းသောသူ။

**Loyalty,** *n.* from Loyal.

**Lozenge,** *n.* a rhomb, မှန်ကူ။ a form of medicine, စုတ်၍စားသော ဆေးပြားကလေး။ a small cake of sweet materials, သကြားမုန့်ပြားကလေး။

**Lubber,** *n.* ထိုင်းမှိုင်းသောလူမိုက်။

**Lubberly,** *a.* ထိုင်းထိုင်းမှိုင်းမှိုင်းဖြစ်သော။

**Lubricate,** *v. t.* ချောအောင်လူးသည်။

**Lubricity,** *n.* ချောခြင်း။

**Lucent,** *a.* ထွန်းပသော။

**Lucid,** *a.* shining, ထွန်းပသော။ clear, ကြည်လင်သော။ clear in intellect, ပဋိဘာန်မိတ်ကောင်းသော။ clear, distinct, ရှင်းလင်းသော။ ပြတ်သားသော။

**Lucidness,** *n.* from above.

**Lucifer 1,** *n.* the planet Venus, သောက်ကြာကြယ်။ —2, Satan. မာရ်နတ်။

**Luck,** *n.* အကြံမရှိဘဲအမှတ်တမဲ့ဖြစ်သောအမှု။

**Lucky,** *a.* အခွင့်သင့်၍ရသော။ fortunate, ကံကောင်းသော။ —day, ရက်ကောင်း။

**Luckily,** *adv.* ဗွေတ်သလို။

**Lucrative,** *a.* အကျိုးဖြိုးမြီးသော။

**Lucre,** *n.* gain, အမြတ်အစွန်း။ unworthy gain, မတရားသဖြင့်ရသော အမြတ်အစွန်း။

**Lucubrate,** *v. i.* ညအချိန်၊ မီးခွက်နားမှာစာကြည့်သည်။

Lucubration, *n.* from above; that which is composed by night, ညမှိန်၊ မီးရင်ရေးထားသောစာ။
Ludicrous, *a.* ရယ်ဖွယ်ဖြစ်သော။
Luff, *v. i.* လေကိုကော်၍တိုက်သည်။
Lug, *v. t.* ဆွပ်ဆွဲငင်သည်။
Luggage, *n.* ခရီးသွားရာပါသောဝန်စလယ်။
Lugger, *n.* သင်္ဘောတမျိုး။
Lugubrious, *a.* ဝမ်းနည်းခြင်းနှင့်ဆိုင်သော။
Lukewarm, *a.* ကြက်သီးနွေးနွေး၊ moderately warm, မပူ၊ မအေး၊ ချုပ်ချုပ်နွေးသော။ indifferent in feeling, စိတ်အားနည်းသော။
Lukewarmness, *n.* from above.
Lull, *v. i.* to become quiet, ငြိမ်သွားသည်။ —as the wind, လေတိတ်သည်။— *v. t.* to make quiet, ငြိမ်စေသည်။
Lullaby, *n.* လူးတားခြင်း။
Lumbago, *n.* ခါးကိုက်နာ။
Lumbar, *a.* ခါးနှင့်ဆိုင်သော။
Lumber, *n.* အသုံးမရ၊ ဖြစ်ထားသောဥစ္စာ။ —(Amer.,) သစ်သားမျိုး။ —*v. t.* ကစဲကရဲဖြစ်ထားသည်။ —*v. i.* to move heavily, လေးထိစွာသွားသည်။
Luminary, *n.* အလင်းရောင်ကိုပေးသောအရာ။ အလင်းအိမ်။
Luminous, *a.* shining, emitting light, ထွန်းလင်းသော။ brilliant, ထွန်းသော။ တောက်သော။
Luminousness, *n.* from above.
Lump, *n.* အခဲ၊ အတုံး။ အစိုင်အခဲ။ in the—, *adv.* သောင်းခြောင်း။ ပုတ်ပြတ်။ —*v. t.* မခြားနားဘဲရောနှော၍ထားသည်။
Lumpish, *a.* လေးထိသော။
Lumpy, *a.* အခဲများသော။
Luna, *n.* လ။
Lanacy, *n.* madness occasioned by the moon, ရေထရူးနာ။ any madness, ရူးခြင်း။
Lunar, *a.* လနှင့်ဆိုင်သော။
Lunatic, *n.* အရူး။ ရေထရူး။
Lunation, *n.* လတလှည့်တပတ်။
Lunch, Luncheon, *n.* သားရေစာ။ —*v. t.* သားရေစာစားသည်။
Lungs, *n. plur.* အဆုတ်။
Lunged, *a.* အဆုတ်ရှိသော။
Lurch, *v. i.* (သင်္ဘော) ရုပ်ခနဲစောင်းသည်။ —*n.* from *do* · in the— *adv.* ကျည်းကျပ်သောနေရာ၌။
Lure, *v. t.* မြှူသည်။ decoy, ညှိသည်။ —*n.* မြှူတတ်သောအရာ။
Lurid, *a.* မှိုင်းမဲသော။

**Lurk**, *v. i.* ဝုန်းကွယ်လျှက်နေသည်။
**Lurking-place**, *n.* ဝုန်းကွယ်၍နေရာ။
**Luscious**, *a.* ဆိမ့်အိမ့်သော။
**Lusciousness**, *n.* from above.
**Lust**, *v. i.* to long for, တောင့်တသည်။ to have carnal desire, ကိလေသာစိတ်ရှိသည်။ တဏှာရာဂစိတ်ရှိသည်။ —after, တပ်မက်သည်။ —*n.* from *do.* ကိလေသာ။ ကာမ။ ရမ္မက်။
**Lustful**, *a.* တဏှာရာဂအားကြီးသော။ ကိလေသာစိတ်ကြီးသော။
**Lustiness**, *n.* from **Lusty**, *a.*
**Lustral**, *a.* from next.
**Lustrate**, *v. t.* စင်ကြယ်စေသည်။
**Lustration**, *n.* from above.
**Lustre**, *n.* splendor, အရောင်အဝါ။ ရောင်ခြည်။ အရှိန်အတောက်။ a sconce with lights, မီးပဒေသာ။
**Lusty**, *a.* သန်မာသော။
**Lutanist**, *n.* စောင်းတီးသမား။
**Lute 1**, *n.* a kind of harp, စောင်းတမျိုး။ စောင်းကောက်။ —2, a kind of clay, မြေစေးတမျိုး။ —*v. t.* မြေစေးနှင့်ကျံသည်။
**Lutestring**, *n.* ပိုးထည်တမျိုး။
**Lutheran**, *n.* လုသာလုသာ‌ဝါဒကိုထူသောသူ။
**Luxation**, *n.* အဆစ်ပြုတ်ခြင်း။
**Luxuriance**, *n.* from **Luxuriant**, *a.*
**Luxuriant**, *a.* ဝေဆာသော။ ဝေဖားသော။ fresh, ဆိုင်းသော။
**Luxuriate**, *v. i.* အလွန်များပွားထွက်တတ်သည်။
**Luxurious**, *a.* ကာမဂုဏ်၌ပျော်မွေ့ခြင်းနှင့်ဆိုင်သော။
**Luxury**, *n.* the enjoyment of sensual gratification, ကာမဂုဏ်မှုနှင့်ပျော်မွေ့ခြင်း။ a dainty, ဆိမ့်သောအစာ။ any thing delightful to the senses, ကာမဂုဏ်မှုနှင့်ပျော်မွေ့ရန်အရာ။
**Lycanthropy**, *n.* တိရိစ္ဆာန်နှင့်အလားတူသောရူးခြင်း။
**Lyceum**, *n.* အတတ်ပညာမျိုးကိုသွန်သင်ဖော်ပြသောအရပ်။
**Lye**, *n.* ပြာစစ်ရည်။ ဆပ်ပြာရည်။
**Lymph**, *n.* မဟာဆီ။ လူဆီ။
**Lymphatic**, *a.* မဟာဆီနှင့်ဆိုင်သော။ —*n.* မဟာဆီအကြော။
**Lynch**, *v. t.* မင်းအာဏာနှင့်မဟုတ်ဘဲရာဇဝတ်မှုကိုသတော့တူ၍စီရင်သည်။ (Amer.)
**Lynx**, *n.* ကြောင်စက်ခုန်။
**Lyre**, *n.* စောင်းတမျိုး။
**Lyric, Lyrical**, *a.* စောင်းတီး၍ဆိုရသော (သီခြင်း)
**Lyrist**, *n.* စောင်းတီးသမား။

# M.

**Macadamize,** *v. t.* ကျောက်စရစ်နှင့်ခင်းသည်။
**Macaroni,** *n.* ရှိနီ့ဂျိုအမျိုး၊
**Macaw,** *n.* ကျက်တူရွှေးတမျိုး။
**Mace 1,** *n.* an ensign of authority, လိုင်းအမျိုး၊ —bearer, လိုင်းဆောင်သောသူ။ —2, the spice, ဇာတိပ္ပိုလ်ပွင့်။
**Macerate,** *v. t.* to make lean, cause to pine or waste away, ပိန်ကြုံစေ၍ညှိုးဆဲသည်။ to steep almost to a solution, ကြိုသည်။
**Maceration,** *n.* from above.
**Machiavelian,** *a.* မင်းမသာသွင်လိမ္မာသော၊ ထင်းပြားတတ်သော၊
**Machination,** *n.* အကြံအမြောက်စေခင်စိတ်ကူးခြင်း။
**Machine,** *n.* စက်တန်ဆာ။ ယန္တရားစက်၊ စက်ရဟတ်၊
**Machinery,** *n.* စက်တန်ဆာအမျိုး။ superhuman agency in poetry, လင်္ကာစာ၌ပါသောနတ်အစရှိသောလူထက်တန်ခိုးကြီးသောသူတို့၏အပြုအမူ။
**Machinist,** *n.* စက်တန်ဆာကိုလျှော့ကျွက်ကျွမ်းကျင်သောသူ။
**Mackerel,** *n.* ငါးအမျိုး။ Madagascar—, ငါးပျွတ်။
**Maculate,** *v. t.* အစွန်းအကွက်ဖြစ်စေအောင်လုပ်သည်။
**Maculation,** *n.* from above.
**Mad,** *a.* insane, ရူးသော၊ furious, အလွန်ပြင်းထန်သော၊ (Amer.) inflamed with anger, အလွန်ပြင်းထန်စွာ အမျက်ထွက်သော၊ —brained, စိတ်ပြင်းထန်သော၊ —cap, *n.* သတိမရှိ၊ စိတ်ပြင်းထန်သောသူ၊ —headed, *a. see* Mad-brained; —house, *n.* အရူးများကိုစုရုံး၍ထားသောအိမ်၊ —man, အရူး။
**Madam,** *n.* မမ၊ မသီရှင်၊ ခင်ဗျား၊ အမယ်၊ အမိ၊
**Madden,** *v. i.* to become mad, ရူးသွားသည်။ —*v. t.* to make mad, ရူးစေသည်။
**Madder,** *n.* နှိပါးဆေး။
**Madefaction,** *n.* စိုစွတ်စေအောင်ပြုသည်။
**Madness,** *n.* from Mad, *a*
**Magazine,** *n.* a store, or st r›-house, တဲ့ဗျာတိုက်၊ a periodical publication, အပတ်ဆိုက်သောကာလအပိုင်နှိုင့်ဆို၌စီရင်၍ပုံနှိပ်သောစာ။
**Maggot,** *n.* the insect, လောက်၊ an odd fancy, အလကားကြံစည်သောအကြံအစည်။
**Maggoty,** *a.* လောက်များသော၊
**Magi, Magian,** *n.* မာဂုပညာရှိ၊
**Magic,** *n.* မှော်။
**Magical,** *a.* မှော်နှင့်ဆိုင်သော၊
**Magician,** *n.* မှော်ဝင်။

**Magisterial**, *a.* pertaining to a master, အရှင်နှင့်ဆိုင်သော။ imperious, အစိုးတရပြုသော။
**Magisterialness**, *n.* from above.
**Magistracy**, *n.* the office of a magistrate, ရာဇဝတ်ရေး၊ တရားရေးကို စီရင်ပိုင်သောမင်း၏အရာ။ the body of magistrates, ရာဇဝတ်ရေး၊ တရားရေးကိုစီရင်ပိုင်သောအရာရှိစု။
**Magistrate**, *n.* ရာဇဝတ်ရေး၊ တရားကိုစီရင်ပိုင်သောမင်း။ စစ်ကဲ။
**Magnanimity**, *n.* from next.
**Magnanimous**, *a.* ကိုယ်အကျိုးကိုငဲ့ကွက်ခြင်းမရှိ၊ ကောင်းမြတ်သောစေတနာ စိတ်ရှိသော။ စိတ်သဘောမြင့်မြတ်သော။
**Magnate**, *n.* မှူးမတ်။
**Magnesia**, *n.* ဆေးတမျိုး။
**Magnet**, *n.* သံလိုက်ကျောက်။
**Magnetic**, *a.* pertaining to the magnet, သံလိုက်ကျောက်နှင့်ဆိုင်သော။ attractive, ကိုယ်ဆီသို့ဆွဲငင်တတ်သော။
**Magnetism**, *n.* the science of the magnet, သံလိုက်ကျောက်နှင့်ဆိုင် သောအတတ်ပညာ။ attractive power, ဆွဲငင်တတ်သောတန်ခိုး။
**Magnetize**, *v. t.* သံလိုက်ကျောက်၏ဓာတ်ကိုကူးစေသည်။
**Magnific**, *see* Magnificent.
**Magnificence**, *n.* from next; အဝှန်းအဝါ။
**Magnificent**, *a.* အသွန်ဆန်းကြွယ်မြင့်မြတ်သော။
**Magnifier**, *n.* မှန်ဘီလူး။
**Magnify**, *v. t.* to make greater, သာ၍ကြီးစေအောင်ပြုသည်။ to represent as estimable, ဂုဏ်အသရေထင်ပေါ်စေအောင်ချီးမွမ်းသည်။ to promote, ချီးမြှောက်သည်။
**Magniloquence**, *n.* from next.
**Magniloquent**, *a.* ကြီးမြင့်သောစကားကိုပြောသော။
**Magnitude**, *n.* bigness, size, အကြီးအငယ်ပမာဏ။ greatness, ကြီးခြင်း။ ကြီးကျယ်ခြင်း၊ ကြီးမြင့်ခြင်း။ ကြီးမြတ်ခြင်း။
**Magpie**, *n.* ငှက်တမျိုး။
**Mahogany**, *n.* ပိတောက်တမျိုး။
**Mahometan**, *n.* ရှင်မဟာမတ်စီရင်သောဘာသာကိုယူ၍ကိုးကွယ်သောသူ၊ ပသီ။
**Mahometanism**, *n.* ရှင်မဟာမတ်ဘာသာ၊ ပသီဘာသာ။
**Maid, Maiden**, *n.* a young unmarried woman, အပျို။ မိန်းမပျို၊ အပျိုကညာ။ a female servant, ကျွန်မ။ old—, အပျိုကြီး။ အပျိုဟိုင်း။
**Maiden**, *a.* pertaining to a maid, အပျိုနှင့်ဆိုင်သော။ unused, မသုံးသေးသော။
**Maidenhood**, *n.* အပျို၏အဖြစ်။ state of—, ပန်းဦး။
**Maidenly**, *a.* အပျိုကဲ့သို့တင့်တယ်လျောက်ပတ်သော။

**Mail 1**, *n.* defensive armor, whether chain or plate, သံချပ်။ —clad, *a.* သံချပ်အင်္ကျီကိုဝတ်သော။ —2, *n.* a letter bag, ချောပို့ရသော စာအိတ်။ —coach, စာချောပို့ရထား။ —*v. t.* ချောပို့ရသောစာအိတ် သို့သွင်းသည်။

**Maim**, *v. t.* လက်၊ ခြေ၊ အင်္ဂါတစုံတခုသို့ တွဲစေခြင်းပြုသည်။ —*n.* from *do.*

**Main**, *a.* principal, chief among others, အမ၊ အများတို့တွင်အကြီးဖြစ်သော။ —land, *n.* ကြီးကျယ်သောကုန်း။ —mast, သင်္ဘောကန့်မ ရွက်တိုင်။ —sail, ရွက်မ၊ ကန့်မအောက်ဖိုး။ —top, ကန့်မရွက်တိုင် မာလိန်စင်။ —yard, ကန့်မရွက်တိုင်အောက်ဖိုးရွက်လက်ကြီး။ —, the chief part, bulk, အများ။ —strength, ခွန်အား။ the ocean, ပင်လယ်။

**Mainly**, *adv.* အများအားဖြင့်။

**Mainprize**, *v. t.* ခံဝန်သူလက်သို့အပ်သည်။ —*n.* from *do.*

**Maintain**, *v. t.* to preserve unimpaired, မလျော့မပျက်၊ တည်တံ့စေခြင်း ပြုသည်။ —a position, မဆုတ်မယုတ်တဲဆီးတားခံရပ်၍နေသည်။ to supply with provision, ကျွေးမွေးသည်။ to support the expense of, စရိတ်ခံသည်။ to stand by, support the cause of, အမှုကိုသယ်ပိုးဆောင်ရွက်သည်။ ထောက်ပင့်သည်။ to assert and sustain by argument, ထုတ်မှန်ကြောင်းထင်ရှားစေခြင်းပြုသည်။

**Maintainable**, *a.* from above.

**Maintenance**, *n.* from Maintain.

**Maize**, *n.* ပြောင်းဖူး။

**Majestic**, *a.* elevated, lofty, မြင့်မြတ်သော။ august, ဘုန်းကြီးသော။

**Majesty**, *n.* dignity, မြင့်မြတ်ခြင်း။ power and glory, ဘုန်းအာနုဘော်။ the title of a sovereign, ဘုရား။

**Major**, *a.* greater, သာ၍ကြီးသော။ —domo, *n.* အိမ်အုပ်၊ အထွာခိုး။ —general, ဗိုလ်ချုပ်။ ၁၀၀၀ တပ်ကိုအုပ်သောဗိုလ်စစ်ကဲ။

**Majority**, *n.* the greater number, more than half, တစုကိုနှစ်စုခွဲရာ တွင်များသောအစု။ full age, တရားဝင်သောအသက်အရွယ်။ the office of a major, ဗိုလ်စစ်ကဲအရာ။

**Make**, *v. t.* to create, ဖန်ဆင်းသည်။ to form of materials, လုပ်သည်။ to produce, cause to be, ဖြစ်စေသည်။ to cause to (do,) —စေ သည်။ (qual. aff.) to perform, ပြုလုပ်သည်။ လုပ်ဆောင်သည်။ to compose, constitute, ပါ၍ဖြစ်စေသည်။ to put in order, ပြင်ဆင်သည်။ —an abode, နေရာချသည်။ —a bed, အိပ်ရာကိုခင်း သည်။ —fast, ကြိုးသတ်သည်။ —friendship, မိတ်ဆွေဖွဲ့သည်။ gain, အမြတ်ရသည်။ —(land,) ချည်း၍မြင်နိုင်သည်။ —love, ဖျည့် သည်။ —merry, ပျော်ရွှင်ခြင်းကိုပြုသည်။ —a place, ရောက် သည်။ —sail, ရုပ်သောရွက်ကိုဖြန့်၍တိုက်သည်။ —water, to pass urine, ကျင်ငယ်စွန့်သည်။ —water, to leak, ရေယိုသည်။

—**way**, to advance, တိုး၍သွားသည်။ to give room for passing, ဖယ်၍ပေးသည်။ —*v. i.* to proceed, go, သွားသည်။ to tend to effect, ဖြစ်အောင်ပြုသည်။ to rise, as the tide, ဒီရေတက်သည်။ —account of, *v. t.* to esteem, နှစ်သက်သည်။ to have regard to, အမှုထားသည်။ ပမာဏပြုသည်။ —as if, *v. i.* အရောင်ဆောင်သည်။ —away with, *v. t.* ပယ်ရှင်းသည်။ —bate, *n.* ဂိုးတိုက်သောသူ။ —believe, *v.* အဟုတ်ပြု၍လှည့်စားသည်။ —free with, *v. t.* အရောတဝင်ပြုသည်။ —good, to maintain, မလျော့မပျက်အောင်စောင့်မသည်။ to fulfil an engagement, ဂတိအတိုင်းပြုသည်။ to make amends, ဖြစ်မှားသည်အတွက်ပေးရသည်။ အစားပေးရသည်။ —light of, အတွက်မရှိသကဲ့သို့မှတ်သည်။ မထီမဲ့မြင်ပြုသည်။ —much of, စုံမက်ဖွယ်မှတ်၍ပြုစုသည်။ —of, to make use of, သုံးသည်။ to regard, ထင်မှတ်သည်။ —out (what opinion to entertain of,) အဘယ်သို့ယူရသည်။ —out, *v. i.* to succeed, အကြံထမြောက်သည်။ —*v. t.* to make plain to one's understanding, (နက်နဲသောအရာကို) နားလည်အောင်ရှင်းလင်းစေသည်။ to make out distinctly, သားနားသည်။ to evince, ယုံထောက်အောင်ဖော်ပြသည်။ to write out, အပြီးရေးထားသည်။ —over, လွှဲအပ်သည်။ —peace, *n.* ဖျန်ဖြေသောသူ။ —sure of, *v. t.* to consider as certain, ဧကန်အမှန်(ဖြစ်မည်)စိတ်သဘောကျသည်။ to secure to one's possession, ကိုယ်လက်သို့မရောက်ဘဲမနေနိုင်အောင်ပြုသည်။ —up, *v. i.* to approach, ချဉ်းကပ်သည်။ —*v. t.* to collect into a mass, စုထားသည်။ to reconcile, ဖျန်ဖြေသည်။ to repair, ပြုပြင်သည်။ to supply what is wanting, လိုသေးသည်အရာကိုဖြည့်စွက်သည်။ to compose, as parts, (တစုံတခုဖြစ်အောင်) စု၍ဝင်သည်။ to shape, ပုံထုတ်သည်။ to compensate, အစားပေးသည်။ to arrange (accounts.) ရှင်းလင်းအောင်ပြင်သည်။ —up one's mind, သဘောချသည်။ —up for, *v.* အစားပေးသည်။ —up with, ရန်ပြေ၍မိတ်ဆွေဖွဲ့သည်။ —use of, *v. t.* သုံးသည်။ —weight, *n.* ချိန်စက်ရာညီအောင်ထည့်သောအရာ။ —frame, တည်ဆောက်သောပုံ။

**Maker**, *n.* the Creator, ဖန်ဆင်းတော်မူသောဘုရားသခင်။ a manufacturer, လက်မှုပညာနှင့်လုပ်သောသူ။

**Maladministration**, *n.* တိုင်းပြည်အရေးမကောင်းအောင်စီရင်ခြင်း။

**Malady**, *n.* အနာရောဂါ။

**Malapert**, *a.* စွက်ဖက်၍စော်ကားတတ်သော

**Malapropos**, *adv.* မတော်မလျော်၊ အချိုးအစားမရသည်နှင့်။

**Malaria**, *n.* အနာရောဂါဖြစ်စေတတ်သောလေ။

**Malay**, *a.* ပသျှူး။

**Malconformation**, *see* **Malformation**.

**Malcontent,** *a.* မင်းစိုးရင်ခြင်းကိုအားမရ၊ အပြစ်တင်သော။
**Male,** *n.* အထီး။ အဖို။ —of the human race, ယောက်ျား။ —*a.* being of the sex that procreates young, အထီးဖြစ်သော။ pertaining to males, အထီးနှင့်ဆိုင်သော။
**Malediction,** *n.* ကျိန်ဆဲခြင်း။
**Malefactor,** *n.* ရာဇဝတ်သင့်သောသူ။
**Malevolence,** *n.* from next.
**Malevolent,** *a.* ငြူစူသော။ မနာလိုသော။
**Malformation,** *n.* မတော်မတန်တည်ဆောက်ခြင်း၏ပုံ။
**Malice,** *n.* from next; ငြူစူခြင်း။ ဣဿာ။ *Pali.*
**Malicious,** *a.* ရန်ငြိုးဖွဲ့သော။
**Maliciousness,** *n.* from above.
**Malign,** *a.* malicious, ရန်ငြိုးဖွဲ့သော။ pernicious, tending to injure, အပြစ်ပြုတတ်သော။ —*v. t.* to injure maliciously, မနာလိုသောစိတ်နှင့်အပြစ်ပြုသည်။ to defame, သူ့အသရေပျက်စေအောင်မဟုတ်မမှန်ပြောသည်။
**Malignancy,** *n.* from next.
**Malignant,** *a.* malicious, ရန်ငြိုးဖွဲ့သော။ pernicious, အပြစ်ပြုတတ်သော။ virulent, အပြစ်ဖြစ်စေတတ်သောအရှိန်ပြင်းထန်သော။
**Malignity,** *n.* from above.
**Mall,** (*pron.* Maul,) *n.* တင်းပုတ်။ —*v. t.* တင်းပုတ်နှင့်ရိုက်သည်။ —(*pron.* Mal,) *n.* သစ်ရိပ်လွှမ်းမိုးလျက်မြို့သူမြို့သားများသွားလာနေထိုင်ရန်စင်္ကြံ။
**Mallard,** *n.* ဘဲခြေနီ။
**Malleability,** *n.* from next.
**Malleable,** *a.* ထုရိုက်၍ဆန့်ထွက်နိုင်သော။
**Malleate,** *v. t.* ဆန့်၍ထွက်အောင်ထုရိုက်သည်။
**Mallet,** *n.* ဆောက်ပုတ်။ တက်ရိုက်။ large wooden—, တင်းပုတ်။
**Malpractice,** *n.* မတရားသောအမှု။
**Malt,** *n.* ဂျုံရည်လုပ်ရန်ရေစွဲစိမ်ပြီးမှခြောက်အောင်ထားသောစပါး။
**Maltreat,** *v. t.* ညှဉ်းဆဲသည်။
**Maltreatment,** *n.* from above.
**Malversation,** *n.* မတရားသောအမှု။
**Mamaluke,** *n.* အဲဂုတ္တုပြည်မှာစစ်ပါရီ။
**Mamma,** *n.* အမိ။ မိခင်။
**Mammillary,** *n.* နို့သီးနှင့်ဆိုင်သော။
**Mammon,** *n.* လောကီစည်းစိမ်။
**Mammoth,** *n.* သားကြီးတမျိုး။
**Man,** *n.* a human being, လူ။ နရ။ မနုဿ။ *Pali.* bad—, မသူတော်။ wise—, သုခမိန်၊ ပညာရှိ။ ကဝိ။ ပဏ္ဍိတ။ young—, လုလင်။ သခဲ။ a

male of the human race, လူယောက်ျား။ a male adult, not a boy, လူကြီး။ male servant, ကျွန်ယောက်ျား။ —eater, လူသားကိုစားတတ်သောသူ။ —hater, လူမျိုးကိုမုန်းသောသူ။ —of letters, လူတတ်။ —of war, စစ်တိုက်သင်္ဘောကြီး။ —servant, ကျွန်ယောက်ျား။ —slaughter, killing men, လူအသက်ကိုသတ်ခြင်း။ killing without malice, ရန်သူစိတ်မရှိဘဲလူအသက်ကိုသတ်ခြင်း။ —slayer, လူအသက်ကိုသတ်သောသူ။ —stealer, လူကိုခိုးသောသူ။ *v. t.* လူသွင်းသည်။

**Manacle**, *n.* လက်ထိတ်။ —*v. t.* လက်ထိတ်ခတ်သည်။

**Manage**, *v. t.* to direct, စီရင်သည်။ to conduct, ကြည့်ဆောင်သည်။ သယ်ပိုးသည်။ to train (as a horse,) ယဉ်အောင်ဆုံးမသည်။ to control, နိုင်၍အုပ်ချုပ်သည်။ to use in accordance with one's will, အလိုရှိသည်အတိုင်းသုံးဆောင်သည်။

**Manageable**, *a.* စီရင်လွယ်သော။ ကြည့်ဆောင်လွယ်သော။ ဆုံးမလွယ်သော။

**Management**, *n.* from Manage.

**Mandamus**, *n.* မင်းမှတ်စုက်တမျိုး။

**Mandarin**, *n.* တရုပ်မှူးမတ်။

**Mandate**, *n.* အမိန့်တော်။

**Mandatory**, *a.* အမိန့်တော်ပါသော။

**Mandible**, *n.* (ငှက်) နှုတ်သီး။

**Mandrake**, *n.* အနူဆေးသီး။

**Mandrel**, *n.* ပွတ်တွင်းစူး။

**Manducate**, *v. t.* ဝါးသည်။

**Mane**, *n.* လည်ဆံ၊ လည်ဆံမွေး။

**Manes**, *n. plur.* နတ်စ္ဆေ။

**Maneuvre**, *v.* to make a dextrous movement of troops, or ships, လိမ္မာစွာဗျူဟ်သည်၍တပ်ရေးပြသည်။ to manage with address or art, ပရိယာယ်နှင့်စီရင်ဆောင်ရွက်သည်။ —*n.* from *do.*

**Manful**, *a.* having the spirit of a man, ယောက်ျားကဲ့သို့ရဲရင့်သော။ magnanimous, ကိုယ်အတက်သို့ငဲ့ကွက်ခြင်းမရှိ၊ စိတ်ဖြင့်ဖြတ်သော။

**Manfulness**, *n.* from above.

**Mange**, *n.* ဝဲနာ။ —in horses, ဝဲပွေး။

**Manger**, *n.* စားကျင်း၊ စားခွက်။

**Manginess**, *n.* from Mangy.

**Mangle** 1, *v. t.* to cut and rend in a bungling manner, နေရာမကျ ခုတ်ဖြတ်ဆုတ်ဖွဲ့သည်။ —2, *v. t.* to calender, (အဝတ်ကို) ကြေ ထိုက်သည်။

**Mango**, *n.* သရက်။ horse—, ဆင်နှင်းသရက်။ ထခွတ်။ —bird, ငှက်ဝါ။ —fish, ငါးပုဏ္ဏား။

**Mangosteen**, *n.* မင်းကွတ်။ the wild kind, သစ်တို။

**Mangouse**, *n.* မြွေပါမျိုး။
**Mangrove**, *n.* one species, ပြုပင်။
**Mangy**, *a.* ဝဲစွဲသော။
**Manhood**, *n.* human nature, လူအဖြစ်။ the state of a male of the human race, ယောကျ်ားအဖြစ်။ the state of an adult male, အရွယ်ရောက်သောအဖြစ်။
**Mania**, *n.* ရူးခြင်း။
**Maniac**, *n.* အရူး။
**Manichean**, *n.* ဆရာမာနက်အယူကိုယူသောသူ။
**Manifest**, *a.* ထင်ရှားသော။ —*v. t.* ထင်ရှားစေသည်။ —*n.* တင်ကုန်၊ ပါကုန်ကိုမှတ်သားသောစာရင်း။
**Manifestation**, *n.* from Manifest, *v. t.*
**Manifesto**, *n.* မင်းသည်မိမိအကြောင်းအရာကိုကျော်ညာစေသောစာ။
**Manifold**, *a.* များပြားသော။
**Manikin**, *n.* လူပု။
**Maniple**, *n.* လက်တဆုတ်။
**Mankind**, *n.* လူမျိုး။
**Manliness**, *n.* from next.
**Manly**, *a.* like a grown man, လူကြီးကဲ့သို့ဖြစ်သော။ having the firmness of a man, လူကြီးကဲ့သို့အသည်းကြီးသော။ နှစ်လုံးရည်ရှိသော။ precociously—, စိတ်ကြီးသော။ dignified, stately, ဂုဏ်အသရေရှိသော။ —(as the voice,) အောင်မာသော။
**Manna**, *n.* the food of heaven, မန္နဆန်။ the drug, ဆေးတမျိုး။
**Manner**, *n.* way, custom, habitual practice, နည်း။ နှယ်။ ထုံးတမ်း။ ဓလေ့ဓလာ။ ဘာသာဓလေ့။ —of doing, အနေအထား။ carriage, အနေအထိုင်။ kind, sort, အမျိုး။ အတည်။ အဝ။ mien, external appearance, သွားလာနေထိုင်ပြုမူခြင်း၏လက္ခဏာသဘော။
**Mannerism**, *n.* ကိုယ်ကိုသိမ်းဆည်းချုပ်တည်း၍တနည်းတည်းသွားလာနေထိုင်ပြုမူခြင်း။
**Mannerist**, *n.* ကိုယ်ကိုသိမ်းဆည်းချုပ်တည်း၍တနည်းတည်းသွားလာနေထိုင်ပြုမူတတ်သောသူ။
**Mannerliness**, *n.* from next.
**Mannerly**, *a.* ယဉ်ကျေးလျှောက်ပတ်သော။
**Manners**, *n. plur.* behaviour, ကျင့်ဆောင်ပြုမူခြင်း၏အခြင်းအရာ။ polite deportment, ယဉ်ကျေးလျှောက်ပတ်သောအခြင်းအရာ။
**Manor**, *n.* မြေစားပိုင်သောနယ်။
**Manse**, *n.* တရားနာပရိသတ်အခွင့်ပေး၍တရားဟောဆရာနေသောအိမ်။
**Mansion**, *n.* နေရာအိမ်။ (of an elevated character,) ဘုံ။ ဘုံဗိမာန်။
**Mantel**, *n.* မီးဖိုပေါ်၌ထားသောထုပ်။ —piece, *do.*
**Mantis**, *n.* praying—, နှံဗောင်။

**Mantle**, *n.* an outside covering of cloth, စောင်။ a garment worn by women over the shoulder, တပက်။ —*v. t.* to cover, ဖုံးလွှမ်းသည်။ —*v. i.* to spread, expand, ပြန့်ပြားသည်။ to gather and form on the surface, ထုပ်ပြန့်၍နေသည်။ တင်းနေသည်။

**Mantua**, *n.* ဂါဝန်။ —maker, ဂါဝန်မျိုးကိုချုပ်တတ်သောသူ။

**Manual**, *a.* performed by the hand, လက်လုပ်သော။ used by the hand, လက်စွဲသော။ —exercise, *n.* တပ်ရေးပြခြင်း။ —လက်စွဲစာ။

**Manuduction**, *n.* လက်ဆွဲ၍ကြည်းဆောင်ယူသွားခြင်း။

**Manufactory**, *n.* လက်မှုပညာသည်ရုံ။

**Manufacture**, *v. t.* လက်မှုပညာနှင့်လုပ်သည်။ —*n.* လက်မှုပညာနှင့်လုပ်သောအရာ။ —of cloth, လက်လုပ်အထည်။

**Manufacturer**, *n.* လက်မှုပညာသည်။

**Manumission**, *n.* from next.

**Manumit**, *v. t.* ကျွန်အဖြစ်မှလွှတ်သည်။

**Manure**, *v. t.* မြေကြွ၍အသီးအနှံများပွားဖြစ်စေခြင်းငှါနွားချေးအစရှိသည်တို့ကိုမြှိုသည်။ —*n.* ထိုသို့မြှိုသောအရာ။ နောက်ချေး။

**Manuscript**, *n.* လက်နှင့်ရေးသောစာ။ လက်ရေးစာ။

**Many**, *a.* များသော။ များပြားသော။ how—, *pron. a.* တယ်နှစ်။ —colored, အဆင်းကွဲပြားသော။ —times, *adv.* ကြိမ်ဖန်များစွာ။ —*n.* အများ။

**Map**, *n.* —of the earth, မြေပုံ။ —of a country, တိုင်းပြည်ပုံ။ —*v. t.* မြေပုံ၊ တိုင်းပြည်ပုံကိုရေးသည်။

**Maple**, *n.* သစ်ပင်တမျိုး။

**Mar**, *v. t.* to make incomplete, မစုံမလင်ဖြစ်စေအောင်ပြုသည်။ to impair, damage, ယုတ်စေသည်။ ဖျက်သည်။ to deform, အဆင်းသဏ္ဍာန်ကိုဖျက်သည်။

**Marasmus**, *n.* ဗိန်ကြီးသောအနာ။

**Marand**, *v. i.* အရပ်ရပ်လှည့်လည်သမျှကိုလုယူလျက်လှည့်လည်သည်။

**Marauder**, *n.* ထိုသို့လှည့်လည်သောသူ။

**Marble**, *n.* the stone, မာ၍အရောင်တင်တတ်သောကျောက်။ a playing ball of marble, ကျောက်ဒိုး။ —*v. t.* ကြိုးလှိုင်းပေါ်ဒိအောင်ဆေးချယ်လှယ်သည်။

**March** 1, *n.* အင်္ဂလိပ်နှစ်တွင်တတိယလတည်းဟူသောမတ်လ။ nearly answering to the Burmese, တပေါင်းလ။ —2, *v. i.* ချီသွားသည်။ —as troops, စစ်ချီသည်။ —*v. t.* ချီစေသည်။ —*n.* ချီသွားခြင်း။

**Marches**, *n. plur.* နယ်စပ်။

**Mare**, *n.* မြင်းမ။

**Margin**, *n.* border, edge, အစွန်း။ အနား။ the blank edge of a page, စာအရင်းအဖျားကိုလက်ကိုင်ရန်မှည်းကန့်၍လှပ်ထားသောအရာ။

**Marginal,** *a.* ငြိသို့လှပ်ထားသောအရာတွင်မှတ်သားသော (အချက်။)
**Marigold,** *n.* အထပ်တရာ။
**Marian,** *n.* the tree, မရန်းပင်။
**Marine,** *a.* ပင်လယ်နှင့်ဆိုင်သော။ —*n.* naval affairs, သင်္ဘောနှင့်ဆိုင်သောအမှုအရာ။ a soldier serving on board ship, တိုက်သင်္ဘောစီးသောစစ်သူရဲ။
**Mariner,** *n.* သင်္ဘောသား။
**Maritime,** *a.* relating to the sea, ပင်လယ်နှင့်ဆိုင်သော။ bordering on the sea, ပင်လယ်နှင့်နီးစပ်သော။
**Mark,** *n.* (of different kinds,) အမှတ်။ အမှတ်အသား။ အထိမ်းအမှတ်။ a trace, အကြောင်းရာ။ an impression, မိုက်ရာ၊ နှက်ရာ၊ ဒါဏ်ရာ၊ ခတ်ရာ၊ ထိုးရာအစရှိသောအချက်အရာ။ —on animals, တွေ။ —in wood, အမှုက်။ a target, ပြစ်ရန်စက်။ a sign, token, indication, လက္ခဏာ။ အရိပ်အခြေ။ သညာ။ a character made by one who cannot write his name, ကြွက်ခြေခတ်သောလက်မှတ်။ —*v. t.* (in different ways,) မှတ်သည်။ မှတ်ထားသည်။ ရေးသည်။ ရေးသားသည်။ to impress, stamp, တံဆိပ်ခတ်သည်။
**Markee,** *n.* ဇိုလ်တဲ။
**Market,** *n.* ဈေး။ —man, ဈေးသည်။ —price, ဈေးပေါက်။ ဈေးကြောင်းပေါက်။ အနှုန်းအကဲ။ ဈေးနှုန်း။ —town, ဈေးရှိသောမြို့ရွာ။ နိဂုံး။ —*v. i.* ဈေးရောင်းဝယ်သည်။
**Marketable,** *a.* ဈေး၌ရောင်းဖွယ်ရန်ဖြစ်သော။
**Marksman,** *n.* လက်ခြောင့်သောသူ။ လက်ကောင်းသောသူ၊
**Marl,** *n.* ထုံးပါသောမြေတမျိုး။
**Marling,** *n.* ဇန်ကြိုး။
**Marline-spike,** *n.* သင်္ဘောသားသုံးသောသံစူးကြီး။
**Marmalade,** *n.* ယိုဘမျိုး။
**Marmorean,** *a.* မာရှိအရောင်တင်တတ်သောကျောက်နှင့်ဆိုင်သော။
**Maroon,** *v. t.* လူမရှိသောကျွန်းပေါ်မှာ (လူကို) ချထားသည်။
**Marque,** *n.* တိုင်းဘပါးကသင်္ဘောတို့ကိုတိုက်ယူရသောအခွင့်။
**Marquetry,** *n.* ထွင်း၍အသားသွင်းသောအပြောက်။ ဓာဝါ။
**Marquis,** *n.* မာကွိ။ အင်္ဂလိပ်မှူးမတ်တမျိုး။
**Marriage,** *n.* လက်ထပ်မင်္ဂလာဆောင်ခြင်း။ the ceremony, လက်ထပ်မင်္ဂလာ။
**Marriageable,** *a.* လက်ထပ်သင့်သောအချိန်အရွယ်ရှိသော။ လက်ထပ်သင့်သော။
**Marrow,** *n.* ခြင်ဆီ။ —bone, ခြင်ဆီပါသောအရိုး။
**Marry,** *v.* အိမ်ထောင်သည်။ အိမ်ထောင်ကျသည်။ လက်ထပ်၍စုံဖက်သည်။ —*v. t.* to join in marriage, လက်ထပ်ပေးသည်။ to dispose

of in marriage, ထိမ်းမြားပေးစားသည်။ to take in marriage, လက်ထပ်၍ယူသည်။

**Mars,** *n.* the planet, အင်္ဂါဂြိုဟ်။

**Marsh,** *n.* ရေညွှန်းရာအရပ်။ ရေညွှန်းတတ်သောကွင်း။

**Marshall,** *n.* a regulator of ceremonies, ပွဲသဘင်၌စီရင်၍နေရာချသောသူ။ a military officer, ဗိုလ်မှူး။ —*v. t.* စီရင်ခင်းကျင်းသောသူ။

**Marshy,** *a.* စိမ့်မြေဖြစ်သော။

**Mart,** *n.* ရောင်းဝယ်ဖောက်ကားခြင်းနေရာအရပ်။ ဈေး။

**Martial,** *a.* pertaining to war, စစ်မှုနှင့်ဆိုင်သော။ warlike, စစ်တိုက်တတ်သော။ စစ်တိုက်မှုကိုအလိုရှိသော။

**Martinet,** *n.* စစ်ရေးပြရာ၌ထွေကျက်သောသူ။

**Martingale,** *n.* မေးတွဲကြိုး။

**Martyr,** *n.* စွဲလမ်းသောအယူဝါဒကြောင့်အသေခံရသောသူ။ မာတုရ။ —*v. t.* စွဲလမ်းသောအယူဝါဒကြောင့်သတ်သည်။

**Martyrdom,** *n.* စွဲလမ်းသောအယူဝါဒကြောင့်အသေခံရခြင်း။

**Martyrology,** *n.* မာတုရတို့အကြောင်းအရာအထုပ္ပတ္တိများကိုဖော်ပြရေးထားသောစာ။

**Marvel,** *v. i.* အံ့ဩသည်။ —*n.* အံ့ဩဖွယ်သောအရာ။

**Marvellous,** *a.* wonderful, အံ့ဩဖွယ်ဖြစ်သော။ incredible, မယုံနိုင်ဖွယ်ဖြစ်သော။

**Masculine,** *a.* male, အထီး၊ အဖိုဖြစ်သော။ ယောက်ျားဖြစ်သော။ manly, resembling man, ယောက်ျားကဲ့သို့ဖြစ်သော။ —gender, *n.* ပုလ္လိင်။

**Mash,** *v. t.* ကြိတ်နယ်သည်။ —*n.* ကြိတ်နယ်သောအရာ။

**Mask,** *n.* a visor, ဝဲထဝါ။ မျက်နှာဖုံး။ a disguise, တိမ်းရှောင်ခြင်းငှါပြုသောပရိယာယ်။ a masquerade, ဝဲလဝါဆောင်းကြသောပွဲ။ —*v. t.* to cover the face with a visor, ဝဲထဝါဆောင်းသည်။ to screen from view, ကွယ်ထားသည်။

**Mason,** *n.* a workman in brick and stone, ပန်းရန်သမား။ a free mason, မာစုန်အသင်းအပေါင်းဝင်သောသူ။

**Masonic,** *a.* မာစုန်အသင်းအပေါင်းနှင့်ဆိုင်သော။

**Masonry,** *n.* the art of a mason, ပန်းရန်အတတ်။ the craft of free masons, မာစုန်အသင်းအပေါင်းနှင့်ဆိုင်သောအမှုအရေး။

**Masoretic,** *a.* မာဆောရိတ်ဆရာတို့စီရင်ခြင်းနှင့်ဆိုင်သော။

**Masquerade,** *n.* ဝဲလဝါဆောင်းကြသောပွဲ။ —*v. i.* ဝဲလဝါဆောင်းပွဲကိုဝင်သည်။

**Mass 1,** *n.* a lump, အခဲ။ အစိုင်အခဲ။ အတုံး။ အလုံးအခဲ။ a heap, great quantity, အပုံ။ the gross, main part, အများ။ number altogether, အထွေး။ အနက်။ —2, the service of the Roman catholic church, ဖရင်ဂျီတဘာသာ၌ဝတ်ပြုခြင်း။

**Massacre,** *v. t.* သစ္စာပျက်၍ရက်စက်စွာသတ်ဖြတ်သည်။ —*n.* from *do.*

**Massive, Massy,** *a.* အသားအိပ်၍လေးလံကြီးမားသော။

**Massiness Massiveness,** *n.* from above.

**Mast,** *n.* ရွက်တိုင်။ ထင်းသည့်တိုင်၊ jury —, တိုင်ငှါး။

**Masted,** *a.* ရွက်တိုင်နှင့်ပြည့်စုံသော။ ပင်တိုင်။ (as နှစ်ပင်တိုင်။ with two masts,).

**Master,** *n.* one who has power over, အခွင့်ရသောသူ။ အရှင်၊ အရှိုင်။ သခင်။ a school teacher, ဆရာ။ one eminently skilled, ထွေကျွက်သောသူ။ တတ်မြောက်သောသူ။ one who has taken the second collegiate degree, သိပ္ပံကျောင်းတွင်ဘွဲ့ထတ်ခံသောသူ။ a well mannered boy, ယဉ်ကျေးသောလူကလေး။ —*a.* chief among many, မ။ —builder, *n.* ဗိသုကာ။ —key, သော့အိမ်အမျိုးမျိုးကိုဖွင့်သောသော့။ —piece, ထူးဆန်း စွာလုပ်သောအရာ။ —stroke, ထူးဆန်းသောအပြုအမူ။ —*v. t.* နိုင်သည်။ အောင်သည်။

**Masterly,** *a.* အထူးသဖြင့်ပြီးစီးသော။

**Mastership, Mastery,** *n.* dominion, rule, အစိုးရခြင်း၊ superiority, pre-eminence, သာ၍ကြီးမြတ်ခြင်း။ eminent skill, ထူးဆန်းသောအတတ်။

**Mastic,** *n.* မုရွက်ချေး။

**Masticate,** *v. t.* အစာကိုဝါးသည်။

**Mastication,** *n.* from above.

**Masticatory,** *n.* မမျိုဘဲဝါးရသောဆေး၊—*a.* အစာကိုဝါးခြင်းနှင့်ဆိုင်သော။

**Mastiff,** *n.* တိုက်တတ်သောခွေးတမျိုး။

**Mastless,** *a.* ရွက်တိုင်မရှိသော။

**Mastodon,** *n.* ရှေးကာလရှိ၍ယခုကွယ်ပျောက်သောသားကြီးတမျိုး။

**Mastoid,** *a.* နို့အုံနှင့်ဆိုင်သော။

**Mat,** *n.* ဖျာ။ a coarse mat made of reeds, ကျူကပိုင်။ the same made of the inner part of the bamboo, နှီးသားဖျာ။ a fine tough kind, ပေါက်ဖျာ။ —*v. t.* to spread with mats, ဖျာခင်းသည်။ *see also* Matted.

**Match 1,** *n.* a combustible substance used for catching fire, ထိကတောက်။ lucifer—, မီးခြစ်။ —lock, မီးပေါက်သေနတ်။ ခါရှိုး။ မီးပေါက်သက်နက်။ —maker, အောင်သည်။ အောင်သွယ်။ —2, *v. i.* to suit, correspond, tally, ဖက်သည်။ အဖက်ဖြစ်သည်။ to be united in marriage, ထက်ထပ်၍စုံဖက်သည်။ —*v. t.* to suit, make proportionate, အဖက်ဖြစ်အောင်ပြုသည်။ to cope with ပြိုင်နိုင်းသည်။ to be able to cope with, ပြိုင်ဖက်နိုင်သည်။ to marry, give in marriage, စုံဖက်စေသည်။ —boards in carpentry, လျှာထိုး၍စပ်သည်။ ကြက်လျှာထိုးသည်။ —*n.* that which suits or tallies, အဖက်ဖြစ်သောအရာ။ one of a pair, အဖက်။ one able to cope with another, ပြိုင်ဖက်နိုင်သောသူ။ a competition for victory, ပြိုင်နှိုင်းခြင်း။ boxing—, လက်ေ့ဝှေ့ပွဲ။ union by marriage, လက်ထပ်၍စုံဖက်ခြင်း။ one to be married, လက်ထပ်ဖို့ရာဖြစ်သောသူ။ what is a match for, အတု။

**Matchless**, *a.* အတုမရှိသော၊ အဖက်မရှိသော။

**Mate**, *n.* a companion, အဖက်၊ ပေါင်းဖက်သောသူ။ a correlate in marriage, ခင်ပွန်း။ the male or female of animals, အစုံအဖက်။ an assistant, second in subordinate, လက်ထောက်။ a ship's officer, မာလိန်။ —*v. t.* to maintain equality with, ပြိုင်နှိုင်းသည်။ to marry, give in marriage, စုံဖက်စေသည်။

**Mateless**, *a.* အဖက်မရှိသော။

**Materia medica**, *n.* ဆေးဝါးအမျိုးမျိုး။

**Material**, *a.* consisting of matter, ရုပ်ဖြစ်သော၊ အထည်ကိုယ်ဖြစ်သော။ having a bearing on some interest, လိုသောအကျိုးနှင့်စပ်ဆိုင်သော။ momentous, အမှုကြီးသော။ —*n.* လုပ်ဆောင်ဘို့ဖြစ်သောအရာ။

**Materialism**, *n.* နံမရှိ၊ ရုပ်သာရှိသည်ဟူသောအယူဝါဒ။

**Materialist**, *n.* ထိုသို့ယူသောသူ။

**Materiality**, *n.* ရုပတ္တသော။

**Materially**, *adv.* in the state of matter, ရုပ်ဖြစ်သည်နှင့်။ in the main, အများအားဖြင့်။ essentially, အမှုကြီးဆိုင်သည်နှင့်။

**Materiel**, *n.* စစ်တန်ဆာထက်နက်ရိက္ခာအစုံ။

**Maternal**, *a.* အမိနှင့်ဆိုင်သော၊

**Maternity**, *n.* အမိဖြစ်ခြင်းအဖြစ်။

**Mathematic, Mathematical**, *a.* မာသေမာတိတ်အတတ်ပညာနှင့်ဆိုင်သော။

**Mathematician**, *n.* မာသေမာတိတ်အတတ်ပညာကိုတတ်သောသူ။

**Mathematics**, *n.* မာသေမာတိတ်တည်းဟူသော၊ သင်္ချာအတတ်အစရှိသောအရေအတွက်၊ အတိုင်းအထွာ အမျိုးမျိုး နှင့် ဆိုင်သော အတတ်ပညာ။ ဝေဝင်။

**Matin**, *a.* နံနက်အချိန်နှင့်ဆိုင်သော။

**Matins**, *n. plur.* နံနက်ဝတ်။

**Matress**, *n.* မွေ့ရာ။ —stuffed in partitions, မွေ့ရာထောက်။

**Matrice, Matrix**, *n.* the womb, သားငယ်အိမ်။ a mold, သွန်းရန်ပုံ။

**Matricide**, *n.* the killing of one's own mother, ကိုယ်အမိကိုသတ်ခြင်း။ the killer of one's own mother, ကိုယ်အမိကိုသတ်သောသူ။

**Matriculate**, *v. t.* အိပ်ကျောင်းမှာတပည့်အရာ၌ခန့်ထားသည်။

**Matriculation**, *n.* from above.

**Matrimonial**, *a.* လက်ထပ်မင်္ဂလာဆောင်ခြင်းနှင့်ဆိုင်သော။

**Matrimony**, *n.* လက်ထပ်မင်္ဂလာဆောင်ခြင်း။

**Matrix** *see* Mtrice.

**Matron**, *n.* မိန်းမကြီး။

**Matronal. Matronly,** *a.* မိန်းမကြီးကဲ့သို့ဖြစ်သော။
**Matross,** အမြောက်သားသက်ထောက်။
**Matted,** *a.* entangled, ရှုပ်ထွေးသော (ဆံပင်။)
**Matter,** *n.* ဖြင်၊ material substance, ရုပ်၊ ဘုတ်၊ (*Pali.*) အထည်ကိုယ်၊ subject, thing treated, အကြောင်းအရာ၊ affair, business, အမှု၊ အခင်း၊ အရေး။ consequence, account, အတွက်၊ pus, ပြည်။ —*v. i.* အတွက်ရှိသည်။
**Mattock,** *n.* ပေါက်တူး။
**Mattress,** *see* Matress.
**Maturate,** *v. i.* ပြည်မှည့်သည်။ —*v. t.* ပြည်မှည့်စေသည်။
**Maturation,** *n.* from above; the process of ripening, မှည့်၍လာခြင်း။
**Maturative,** *a.* conducing to suppuration, ပြည်ဖြစ်စေတတ်သော။ conducing to ripen, မှည့်စေတတ်သော။
**Mature,** *a.* ripe, မှည့်သော၊ brought to perfection, ရင့်သော၊ prepared for action, ကြိုချက်၍ပြီးစီးသော။ —*v. i.* မှည့်၍လာသည်၊ ရင့်၍လာသည်။ ကြိုချက်၍ပြီးစီးသည်။ —*v. t.* from above; (for sub-def, *see under* Mature, *a.*)
**Maturely,** *adv.* အကုန်အစင်ဆင်ခြင်သည်နှင့်။
**Maturity, Matureness,** *n.* from Mature, *a.* အရင့်အမာ။
**Maudlin,** *a.* ယစ်မူး၍ထိုင်းမှိုင်းသော။
**Maugre,** *adv.* ဆီးတားသော်လည်း။
**Maul,** *see* Mall.
**Maund,** *n.* အခွက်နှစ်ဆယ်ကျော်။
**Mausoleum,** *n.* ကောင်းခြန်ခွာတန်ဆာဆင်သောသင်းချိုင်းကြီး။
**Maw,** *n.* the stomach of an animal, တိရိစ္ဆာန်အစာအိမ်၊ the crop of a bird, ငှက်၏လည်ပင်း။
**Mawkish,** *a.* နှစ်လိုးရှိစေတတ်သော။
**Maxillary,** *a.* ပါးရိုးနှင့်ဆိုင်သော။
**Maxim,** *n.* စကားပုံစကား။ ပြင်းခိုးစရာမရှိသောစကား။
**May 1,** *n.* အင်္ဂလိပ်နှစ်တွင်ပဉ္စမလတည်းဟူသောမေလ၊ —pole, မေလရောက်သောအခါပွဲလုပ်၍ကကြသောပန်းတိုင်တိုင်၊ —2, *v. i.* to be possible, ဖြစ်နိုင်သည်။ to be able, (ပြု) နိုင်သည်။ to have liberty, permission (to do,) အခွင့်ရှိသည်။ *precative affix,* စေသော၊ စေသတည်း။ —be, *v.* perhaps, ဖြစ်လျှင်ဖြစ်လိမ့်မည်။
**Mayor,** *n.* မြို့ဝန်။
**Mayoress,** *n.* မြို့ဝန်ကတော်။
**Maze,** *n.* ရှုပ်ထွေးသောအဖြစ်၊ —*v. t.* စိတ်တွေဝေစေသည်။
**Mazy,** *a.* ရှုပ်ထွေးသော။
**Me,** *obj.* of I, *which see.*

**Mead 1,** *n.* honey and water, ပျားရည်နှင့်ရေရောသောသောက်ရည်။ —2, **Meadow,** မြက်ပင်ပေါက်ဘိုထားသောမြေကွက်။ မြက်ခင်း။

**Meager,** *a.* lean, ဗိန်သော။ destitute of richness, ညြဲတာမရှိသော။

**Meagerness,** *n.* from above.

**Meal 1,** *n.* a portion of food taken at a stated time, စားပွဲ။ အနပ်။ as, တနပ်၊ one meal, နှစ်နပ်၊ two meals, enough for meal, တပြတ်စာ။ —time, စားချိန်။ —2, ပြောင်းဖူးမှုန့်ညက်။

**Mealy,** *a.* like meal, မှုန့်ညက်ကဲ့သို့ဖြစ်သော။ soft, smooth, to the touch, ညက်ညောသော။ sprinkled with meal, မှုန့်ညက်နှင့်ဖျူးသော။ —mouthed, တည့်တည့်တိုက်ရိုက်မပြော၊ သူတပါးအလိုသို့သာပြောတတ်သော။

**Mean 1,** *a.* low in rank or birth, အမျိုးမမြတ်၊ ဆင်းရဲသားဖြစ်သော။ base, low minded, စိတ်သဘောနိမ့်သော။ not worthy of notice or regard, ပမာဏမပြုစရာမကောင်းသော။ of little value, poor, အသိုးမထိုက်၊ ယုတ်ညံ့သော။ —spirited, သဘောနေ၊ သဘောထားယုတ်ညံ့သော။ —2, *v. t.* to intend, အကြံရှိသည်။ ကြံရွယ်သည်။ to signify, import, ဆိုလိုသည်။ —3, *a.* middle, removed from both extremes, အလယ်။ intervening, စပ်ကြားမှာနေသော။ —time, —while, *n.* စပ်ကြားအချိန်မှာ။ —3, the middle point or place between extremes, မမြတ်၊ မယုတ်၊ လတ်သောအရာ။ something subservient to an end, တစုံတခုသောအကျိုးကိုရခြင်းငှါသုံးသောအရာ။ အားဖြင့်။ in, အားဖြင့်။ by means of; *see also* Means.

**Meander,** *v. i.* ကောက်ကောက်ကွေ့ကွေ့သွားသည်။ —*n.* from *do.*

**Meaning,** *n.* intention, အကြံအရွယ်။ signification, ဆိုလိုချက်။ အနက်အဓိပ္ပါယ်။ purport of words, အရေး drift, သရုပ်။

**Meanness,** *n.* from **Mean 1.**

**Means,** *n.* something subservient to an end, တစုံတခုသောအကျိုးကိုရခြင်းငှါသုံးသောအရာ။ အား။ in, အားဖြင့်။ by means of; resources, သုံးဆောင်ရန်ဘဏ္ဍာပစ္စည်း။ —(by all,) *adv.* without fail, စင်စစ် မချွတ်။ —(by any,) *adv.* in some way, တစုံတခုသောအားဖြင့်။ —(by no,) *adv.* not at all, အလျှင်းမထုတ်ဘဲ။

**Measles,** *n.* ဝက်သက်။

**Measurable,** *a.* that may be measured, တိုင်းထွာနှိုင်းယှဉ်ဖြစ်သော။ moderate, အတော်အတန်ဖြစ်သော။

**Measure,** *v. i.* to be of a certain dimension, (ဤမည်သော) အတိုင်းအထွာရှိသည်။ —*v. t.* to compute the dimension of, တိုင်းထွာသည်။ to ascertain the quantity or degree of, ခြင်သည်။ ခြင်တွယ်သည်။ —with a cubit, တောင်ထွာသည်။ —with a *tah,* တာထိုးသည်။ to estimate in the mind, ခြင့်တွက်သည်။ to make equal to, ညီမျှစေသည်။ to pass over, လွန်သွားသည်။ —*n.* that by which dimension is ascertained, အတာ၊ တိုင်းထွာစရာလက်သန်၊ တောင်၊ တာ။ that by which quantity is ascertained, ခြင်တွယ်စရာတောင်း၊ တင်း၊ ဇလား။ a liquid—, ရှူ။ extent, dimension, ပမာဏ၊ အတိုင်းအထွာ။ a limited or definite quantity, ညီမျှလောက်။ a portion allotment, အငန်းအတာ။ *in music,* သီခြင်းသံအတိုင်းအထွာ။ *in poetry,* လင်္ကာအပိုက်၏အတိုင်းအထွာ။ an action adapted to some end, တစုံတခုသောအကျိုးကိုရခြင်းငှါပြုမှုသောအပြုအမူ။ —of government, ဝါရင်ထုံးဖြတ်ချက်။

**Measured,** *a.* equal, uniform, ညီညွတ်သော။

**Measureless,** *a.* အတိုင်းအရှည်မရှိသော။

**Measurement,** *n.* အတိုင်းအရှည်။ the act of measuring, တိုင်းထွာခြင်း။ ခြင်တွယ်ခြင်း။ dimension, အတိုင်းအထွာ၊ ပမာဏ။ quantity, အခြင်အတွယ်။ a size, အဝန်းအတာ။

**Meat,** *n.* flesh for eating, စားရန်အသား။ food in general, အစား။ —offering, ထောပတ်ညီပူဇော်သကာ။

**Mechanic,** *a.* pertaining to machines, ယန္တရားစက်မျိုးနှင့်ဆိုင်သော။ pertaining to some handicraft, လက်မှုပညာနှင့်ဆိုင်သော။ constructed or performed by the rules of mechanics, လက်မှုပညာနှင့်လုပ်သော (အရာ) skilled in mechanics, လက်မှုပညာတတ်သော။ —*n.* လက်မှုပညာတတ်သောသူ။

**Mechanical,** *a. see* Mechanic, *a.*

**Mechanics,** *n.* စက်တန်ဆာမျိုးနှင့်ဆိုင်သောအတတ်ပညာ။

**Mechanism,** *n.* the structure of a machine, ယန္တရားစက်၏အခြေအနေ။ the action of a machine, ယန္တရားစက်လှည့်ပတ်သွားလာလှုပ်ရှားခြင်း။

**Mechanist,** *n.* စက်တန်ဆာမျိုးကိုလုပ်တတ်သောသူ။

**Meconium,** *n.* မွေးစသူငယ်စွန့်သောကျင်ကြီး။

**Medal,** *n.* အထိမ်းအမှတ်ဖြစ်စေခြင်းငှါပုံတံဆိပ်ခတ်သောဒင်္ဂါး။

**Medallion,** *n.* ထိုသို့သောဒင်္ဂါးကြီး။

**Meddle,** *v. i.* to have to do, to take part, ဝင်၍ပြုသည်။ to intrude, အခွင့်မရှိဘဲဝင်သည်။ စွက်ဖက်သည်။ —with, *v. t.* to handle idly or officiously, ဆော့၍ကိုင်သည်။

**Meddler,** *n.* သူတပါးအမှုကိုဝင်၍စွက်ဖက်သောသူ။ boastful—, (especially in medicine), သမားရောင်မောင်းတောင်း။

**Meddlesome,** *a.* စွက်ဖက်တတ်သော။ ဆော့တတ်သော။

**Medial,** *a.* ပြင်းမှု၍အညီအမျှကျသော။

**Median,** *a.* မေဒျပြည်နှင့်ဆိုင်သော။

**Mediate,** *a.* lying betwen, စပ်ကြားမှာဖြစ်သော။ not immediate, စည်တိုက်မဟုတ်ဘဲသွယ်ဝိုက်၍ဖြစ်သော။ —*v. i.* အမှုသည်နှစ်ဦးအကြား

တွင်အမှုပြေအောင်ပြုသည်။ to love affairs, အောင်သွယ်သည်၊ သွယ်သည်။ act the part of a go-between, စပ်ကြားပြုသည်။ —*v. t.* ထိုသို့ပြု၍ပြီးစေသည်။

**Mediation**, *n.* from Mediate, *v. i.*

**Mediator**, *n.* အမှုသည်နှစ်ဦးအကြားတွင်အမှုပြေအောင်ပြုသောသူ။

**Mediatorial**, *a.* ထိုသို့ပြုသောသူနှင့်ဆိုင်သော။

**Medicable**, *a.* ဆေးကုစ၍ပျောက်နိုင်သော (အနာ။)

**Medical**, *a.* pertaining to the healing art, အနာပျောက်အောင်ဆေးကုခြင်းနှင့်ဆိုင်သော။ medicinal, အနာပျောက်စေသောသတ္တိရှိသော။ (—book, ဆေးကျမ်း။ ဘိန္နောကျမ်း။)

**Medicament**, *n.* ဆေး။

**Medicate**, *v. t.* to impregnate with something medicinal, ဆေး၏ဓာတ်ကူးအောင်ရောနှောသည်။ to treat with medicine, ဆေးကုသည်။

**Medication**, *n.* from above.

**Medicative**, *a.* အနာပျောက်စေတတ်သော (ဆေး။)

**Medicinal**, *a.* အနာပျောက်စေသောသတ္တိရှိသော။ —powder, ဆေးမှုန့်။

**Medicine**, *n.* a substance used in the healing of disease, ဆေး။ ဆေးဝါး။ the science of healing, ဆေးကုခြင်းအတတ်။ —and charms collectively, ဆေးဝါးပယောဂ။ (to prepare medicine, ဆေးဖော်သည်။)

**Mediocre**, *a.* မမြတ်၊ မယုတ်၊ အလတ်ဖြစ်သော။

**Mediocrity**, *n.* a middle state of degree, မမြတ်၊ မယုတ်၊ အလတ်ဖြစ်သောအဖြစ်။ moderation, temperance, ကာမဂုဏ်ချုပ်တည်းခြင်း။

**Meditate**, *v. i.* ဆင်ခြင်သည်။ —*v. t.* ကြံစည်သည်။

**Meditation**, *n.* ဆင်ခြင်ခြင်း၊ နှလုံးသွင်းခြင်း။ မနသိကာရ။ *Pali.*

**Meditative**, *a.* ဆင်ခြင်တတ်သော။

**Mediterranean**, *a.* ပတ်လည်၌ကုန်းရှိသော။

**Medium**, *n.* space or substance through which a body moves, တရပ်မှသည်တရပ်သို့ထိုးဖောက်ရှောက်သွားရန်ဖြစ်သောအရာ။ mean, that which lies between extremes, အလတ်။ ထတ်သောနေရာ။ means to an end, အသား *see* Means.

**Medley**, *n.* ရောနှောသောအရာ။

**Medullar, Medullary**, *a.* ခြင်ဆီနှင့်ဆိုင်သော။

**Meed**, *n.* ဆု။

**Meek**, *a.* စိတ်နူးညံ့သိမ်မွေ့သော၊ —eyed, မျက်စိထောင်သွားခြင်းသဘောမရှိ၊ နှိမ့်ချသောလက္ခဏာနှင့်ကြည့်ရှုတတ်သော။

**Meeken**, *v. t.* from Meek.

**Meekness**, *n.* from Meek.

**Meet** 1, *a.* တော်လျော်သော။ —2, *v.* to come together in company with, တွေ့သည်၊ တွေ့ကြုံသည်၊ တွေ့မြင်သည်။ ကြုံတွေ့သည်၊ ကြုံကြိုက်သည်၊ to come in contact, to join, ဆုံသည်၊ to come together, ဆုံမိသည်၊ to come together face to face, ဆိုင်သည်၊ to encounter, ဆိုင်တွေ့သည်၊ —in rivalry or contest, ဆိုင်ပြိုင်သည်၊ —in order to quarrel, တွေ့ဆားသည်၊ to assemble, စုဝေးသည်၊ စည်းဝေးသည်၊ together, (all parties), စုံညီသည်၊ to get, receive, ရသည်၊ ခံရသည်၊ —with, of similar applications. —wild beasts, တောထိသည်။

Meeten, *v. t.* တော်လျော်အောင်ပြုသည်။

Meeting, *n.* from Meet, *v.* an assembly, အစုအဝေး၊ အစည်းအဝေး၊ —house, *n.* သုစမ္ဗာဇရပ်။

Meetness, *n.* from Meet, *a.*

Megrim, *n.* ပြင်းစွာသောခေါင်းကိုက်ခြင်း။

Melancholic, *see* Melancholy, *a.*

Melancholy, *n.* စိတ်ညှိုးငယ်ခြင်း၊ —*a.* depressed in spirits. စိတ်ညှိုးငယ်သော၊ calamitous, ဘေးနှင့်ဆိုင်သော၊

Melee, *n.* ရှုပ်ရှက်ခတ်၍တိုက်ခိုက်ခြင်း။

Meliorate, *see* Ameliorate.

Melliferous, *a.* ပျားရည်ကိုဖြစ်စေတတ်သော။

Mellifluent, Mellifluous, *a.* ပျားရည်စီးယိုသကဲ့သို့ချိုသာသော (စကား)

Mellow, *a.* soft with ripeness, မှည့်၍ပျော့သော၊ soft to the ear, ပျော့ပျောင်းသော (စကားသံ၊) soft and smooth to the taste, သိမ်မွေ့နူးညံ့သောအရသာရှိသော၊ soft or easy to the eye, ကြည့်ခြင်းအားဖြင့်ရှက်ခြင်းမဖြစ်သော (အရာ၊) soft as earth, not indurated or stiff, နူးပွသော၊ —*v. i.* and *v. t.* from *do.*

Mellowness, *n.* from same.

Melodious, *a.* သီခြင်းဆိုသံ၊ တီးမှုတ်သံ အညီအညွတ်လျော်၍ သာယာသော၊ ကျူးဝေသော၊ ကျူးရင့်သော၊

Melody, *n.* from above.

Melon, *see* Musk-melon and Water-melon.

Melt, *v. i.* to become liquid, အရည်ဖြစ်သွားသည်၊ to be softened in feeling, နူးညွတ်ခြင်းသို့ရောက်သည်။ to be disheartened, စိတ်ပျက်သည်၊ —with sympathy, နှစ်လိုးကြေကွဲသည်၊ —*v. t.* to liquify, အရည်ကြိုသည်၊ to soften the mind, နူးညွတ်စေသည်၊ to dishearten, စိတ်ပျက်အောင်ပြုသည်၊ to waste away, ပျောက်လွင့်စေသည်၊

Member, *n.* a part of the body, or a component part of any integral, အင်္ဂါ၊ one of a community or society, သင်းဝင်သူ၊ a part of a sentence, အပုဒ်၏အပိုင်း။

Membership, *n.* သင်းဝင်သူဖြစ်ခြင်း။

**Membrane**, *n.* အမြှေး။
**Membraneous**, *a.* အမြှေးဖြစ်သော။
**Memento**, *n.* သတိပေးချက်။
**Memoir**, *n.* a biography, လူ၏အကြောင်းအရာအထူးထူးတို့ကိုဖော်ပြရေးထားသောစာ။ a chronicle, မှတ်စာ။
**Memorable**, *a.* worthy of being remembered, မှတ်မိစရာကောင်းသော။ worthy of celebrity, ကျော်စောထိုက်သော။
**Memorandum**, *n* မမေ့မလျော့သတိရစေခြင်းငှါမှတ်သောအချက်။
**Memorial**, *n.* something made or instituted to preserve the memory of, မှတ်မိစေခြင်းငှါစီရင်သောအရာ၊ အထိမ်းအမှတ်။ a memorandum, *which see;* a petition, အကျိုးအကြောင်းကိုဖော်ပြသောလျှောက်စာ။
**Memorialist**, *n.* ထိုသို့သောလျှောက်စာကိုဆက်သွင်းသောသူ။
**Memorialize**, *v. t.* ထိုသို့သောလျှောက်စာကိုဆက်သွင်းသည်။
**Memoriter**, *adv.* နှုတ်ကျက်။ အာဂုံဆောင်သည်နှင့်။
**Memory**, *n.* the faculty of remembering, မှတ်မိတတ်သောစိတ်။ မှတ်ဉာဏ်။ remembrance, မှတ်မိခြင်း။ the time within which past events can be remembered, မှတ်မိနိုင်သောကာလ။
**Menace**, *v. t.* ခြိမ်းခြောက်သည်။ —*n.* from *do.*
**Menagerie**, *n.* သားရဲများလှောင်ခြံ။
**Menagogue**, *n.* မိးရပ်ခြောက်ပျောက်စေသောဆေး။
**Mend**, *v.t.* to repair, correct, ပြင်သည်။ to make better, တိုး၍ကောင်းစေအောင်ပြုသည်။ —*v. i.* to grow better, တိုး၍ကောင်းသွားသည်။ to be convalescent, အနာပျောက်၍တဖြည်းဖြည်းအားတိုးပွားလျက်ရှိသော။
**Mendacious**, *a.* မုသာစကားကိုပြောတတ်သော။
**Mendacity**, *n.* from above.
**Mendicant**, *a.* တောင်းစားတတ်သော။ —*n.* လူတောင်းစား။ ယာစကာ။ သူဖုန်းစား။ ဖုန်းတောင်းယာစကာ။
**Mendicity**, *n.* တောင်းစား၍နေခြင်းအဖြစ်။
**Menial**, *a.* pertaining to servants, အစေအပါးခံခြင်းနှင့်ဆိုင်သော။ low, mean, ယုတ်ညံ့သော။ —*n.* အစေအပါး၊ ကျွန်။
**Meninges**, *n.* ဦးနှောက်ကိုဖုံးလွှမ်းသောအမြှေး။
**Menology**, *n.* လစ်မှတ်စာရင်း။
**Menses**, *n.* မိးရပ်။ ဥတု။ ရာသီပန်း။
**Menstrual**, *a.* monthly, တလတခါဖြစ်တတ်သော။ pertaining to the menses, မိးရပ်နှင့်ဆိုင်သော။
**Menstruous**, *a.* မိးရပ်ရှိသော။ ကိုယ်မကောင်းသော။
**Menstruum**, *n.* အရည်ဖြစ်စေနိုင်သောဆေး။
**Mensurable**, *a.* တိုင်းထွာ၊ ခြင်တွယ်နိုင် ခွယ်ဖြစ်သော။

**Mensuration,** *n.* တိုင်းထွာ၊ ခြင်တွယ်ခြင်း။
**Mental,** *a.* စိတ်နှစ်လုံးနှင့်ဆိုင်သော၊
**Mentally,** *adv.* စိတ်နှစ်လုံးအားဖြင့်၊
**Mention,** *v. t.* သွင်း၍ပြောသည်။ —*n.* from *do.*
**Mephitic,** *a.* နံစော်သော၊
**Mercantile,** *a.* ဖောက်ကားရောင်းဝယ်ခြင်းအမှုနှင့်ဆိုင်သော၊
**Mercenary,** *a.* hireling, အခစားသော၊ hired, as service, ငှါး၍ရသော (အရာ၊) actuated by the hope of gain, လောဘအလိုသို့လိုက်တတ်သော၊ —*n.* a hireling, အခစားသောသူ၊ a soldier that serves for hire only, ငွေနှင့်အငှါးခံ၍အမှုထမ်းသောစစ်သူရဲ၊
**Mercer,** *n.* ပိုးထည်မျိုးကိုရောင်းသောသူ၊ ပိုးထည်သည်၊
**Merchandise,** *n.* ကုန်စည်၊ ကုန်စလယ်၊ —long on hand, ကုန်ပုပ်၊ remnants of —, ကုန်တိုကုန်စ၊
**Merchant,** *n.* ကုန်သည်၊
**Merchantable,** *a.* ရောင်း၍ခွင့်ရှိင်သော၊
**Merchantman,** *n.* ကုန်တင်သင်္ဘော၊
**Merciful,** *a.* compassionate, သနားတတ်သော၊ကရုဏာသက်တတ်သော၊ disposed to pity and forgive, သနား၍အပြစ်လွှတ်တတ်သော၊
**Merciless,** *a.* မသနားတတ်သော၊ ကရုဏာမရှိတတ်သော၊
**Mercurial,** *a.* pertaining to quicksilver, ပြဒါးနှင့်ဆိုင်သော၊ active, sprightly, မြန်ဆန်သော၊
**Mercury,** *n.* the planet, ဗုဒ္ဓဟူးဂြိုဟ်၊ quicksilver, ပြဒါး၊ sprightly qualities, မြန်ဆန်သောသဘော၊
**Mercy,** *n.* compassion, ကရုဏာ၊ သနားခြင်း၊ a disposition to pity and forgive, သနား၍အပြစ်လွှတ်တတ်သောသဘော၊ the exercise of pity and forgiveness, သနား၍အပြစ်လွှတ်ခြင်း၊ ချမ်းသာပေးခြင်း၊ —seat, အပြစ်ဖြေရာပလ္လင်၊
**Mere,** *a.* စင်၊ သက်သက်၊
**Merely,** *adv.* ချည်း၊ သာ၊ ကာမျှ၊ ထဲ၊
**Meretricious,** *a.* pertaining to a harlot, မိန်းမရှင်နှင့်ဆိုင်သော၊ alluring by false show, ပဝတ္တိဖြစ်၍လှည့်စားတတ်သော၊
**Merge,** *v. i.* မြုပ်သည်၊
**Meridian,** *n.* *in astronomy,* တောင်မြောက်သို့လိုက်၍မြေကြီးလုံးထက်ဝန်းကျင်ကိုပတ်ရစ်သောမေရိဒျန်စက်ဝိုင်း၊ noon, မွန်း တည့် အ ချိန်၊ the highest point, အထွဋ်၊ (to pass the meridian, နေကျော်သည်၊)
**Merit,** *v. t.* (ခံ)ထိုက်သည်၊ —*n.* desert of good, ကောင်းသောအကျိုးကိုခံထိုက်ခြင်း၊ ကုသိုလ်၊ ကောင်းမှု၊ ပုညာ၊ value, excellence, ကောင်းမြတ်ခြင်း၊ reward deserved, ခံထိုက်သောအကျိုး၊
**Meritorious,** *a.* ကောင်းသောအကျိုးကိုခံထိုက်သော၊

**Meritoriousness,** *n.* from above.

**Mermaid,** *n.* ရေသူ။ ချူးသူ။

**Merriment,** *n.* from next.

**Merry,** *a.* ရယ်ရွှင်ပျော်မြူးသော။ ပေါ်လွင်သော။ —andrew, *n.* လူပျက်။ —make, —making, ရယ်ရွှင်ပျော်မြူးရသောပွဲ။ —thought, ကြက်ရင်အုပ်ရိုး။

**Mersion,** *see* Immersion.

**Mesentery,** *n.* အဆီပျဉ်း။

**Mesh,** *n.* ကွန်ကွက်၊ ပိုက်ကွက်။

**Meshy,** *a.* ကွန်ကွက်၊ ပိုက်ကွက်နှင့်ပြီးသော။

**Meslin,** *n.* ရောနှောသောစပါးမျိုး။

**Mesmerise,** *v. t.* လက်နှင့်သုံးသပ်၊ မြူပျှင်သောအားဖြင့်အိပ်ပျော်စေသည်။

**Mesmerism,** *n.* လက်နှင့်သုံးသပ်၊ မြူပျှင်သောအားဖြင့်အိပ်ပျော်စေတတ်သောအတတ်။

**Mess,** *n.* a quantity of food prepared at once, တခါတည်းချက်၍တခါတည်းစားပွဲပေါ်မှာတင်သောစားရန်။ a medley, ရောနှောသောအရာ။ the provender given to a beast at once, တိရိစ္ဆာန်ကိုတခါတည်းကျွေးသောအစာ။ a number of persons who eat together, ပေါင်းသင်းဆက်ဆံ၍စားသောက်သောလူစု။ —*v. i.* to take food, စားသောက်သည်။ to take food together, ပေါင်းသင်းဆက်ဆံ၍စားသောက်သည်။ —mate, *n.* စားပေါင်း။ စားဖော်။

**Message,** *n.* စေလွှတ်၍ကြားမှာလိုက်သောအချက်။

**Messenger,** *n.* one who is sent, စေလွှတ်သူ။ စေလွှတ်ခြင်းကိုခံသောသူ။ တမန်။ heavenly—, ကောင်းကင်တမန်။

**Messiah,** *n.* မေရှိယ။ ခရစ်တော်။ ဆီသွန်းခြင်းဘိသိက်ခံတော်မူသောသူ။

**Messianic,** *a.* မေရှိယနှင့်ဆိုင်သော။

**Messieurs,** *plur.* of Mister.

**Messuage,** *n.* အိမ်ဥပစာပတ်လည်ရှိသောအရာ။

**Metacarpus,** *n.* လက်ဖမိုးအရိုးလေးခု။

**Metal,** *n.* သတ္တု။ adulterated—, တော။

**Metallic,** *a.* သတ္တုနှင့်ဆိုင်သော။

**Metallurgy,** *n.* သတ္တုချသောအတတ်။

**Metamorphose,** *v. t.* ရုပ်နှင့်တကွအဆင်းသဏ္ဌာန်ကိုပြောင်းလဲစေသည်။

**Metamorphosis,** *n.* from above.

**Metaphor,** *n.* ပုံစကား။ ဥပမာ။

**Metaphoric,** *a.* ပုံခိုင်းသော။

**Metaphrase,** *n.* မူအလိုက်အနက်ပြန်သောစာ။

**Metaphrastic,** *a.* မူအလိုက်အနက်ပြန်သော။

**Metaphysic, Metaphysical,** *a.* ပရမတ်သင်းပြိုဟ်နှင့်ဆိုင်သော။

**Metaphysician,** *n.* ပရမတ်သင်းပြိုဟ်ကိုတတ်သောသူ။

**Metaphysics**, *n.* ပရမတ်သင်းပြိုဟ်။
**Mete**, *see* Measure.
**Metempsychosis**, *n.* သေ၍ကိုယ်ခန္ဓာပြောင်းခြင်း။
**Meteor**, *n.* a transitory body in the sky, မိုဃ်းကောင်းကင်နှင့်ဆိုင်သောအရာ။ a bolis, ဥက္ကာ။ ဥဘာ။ an ignis fatuus, မြေစုန်း။ fire ball seen at sea, ပင်လယ်စုန်း။ a falling star, ကြယ်ပျံ။
**Meteoric**, *a.* ဥက္ကာနှင့်ဆိုင်သော။
**Meteorology**, *n.* မိုဃ်းကောင်းကင်နှင့်ဆိုင်သောအရာတို့ကိုဖော်ပြသောအတတ်ပညာ။
**Metheglin**, *n.* ပျားရည်နှင့်ရေကိုရော၍ချက်သောအရည်။
**Methinks**, *v.* ငါထင်သည်။
**Method**, *n.* an arrangement, အမိအစဉ်။ a way, manner, နည်း။ —of doing, အနေအထား။
**Methodical**, *a.* စီစဉ်သော။
**Methodism**, *n.* မေသောဒိတ်အယူဝါဒ။
**Methodist**, *n.* မေသောဒိတ်တည်းဟူသောအရာဝေစာလိအယူဝါဒကိုယူသောသူ။
**Methodistic**, *a.* မေသောဒိတ်အယူဝါဒနှင့်ဆိုင်သော။
**Methodize**, *v. t.* စီစဉ်သည်။
**Metre**, *n.* လင်္ကာပိုက်ပါဒအတိုင်းအထွာ။
**Metrical**, *a.* လင်္ကာပိုက်ပါဒအတိုင်းအထွာနှင့်ဆိုင်သော။
**Metropolis**, *n.* မြို့မ။ မြို့တော်။
**Metropolitan**, *a.* မြို့မနှင့်ဆိုင်သော။ —*n.* ဂိုဏ်းအုပ်ချုပ်။
**Mettle**, *n.* ပြင်းထန်မြန်ဆန်သောစိတ်သဘော။
**Mettlesome**, *a.* ပြင်းထန်မြန်ဆန်သောစိတ်သဘောရှိသော။
**Mew 1**, *v. t.* လှောင်ထားသည်။ —2, *n.* လှောင်အိမ်။ —3, *v. i.* (ကြောင်)မြည်သည်။
**Mewl**, *v. i.* သူငယ်ကဲ့သို့ငိုသည်။
**Miasm, Miasma**, *n.* ဥပါတ်ဖြစ်စေတတ်သောမြေငွေ့။
**Miasmatic**, *a.* ထိုမြေငွေ့နှင့်ဆိုင်သော။
**Mica**, *n*, လင်းဖျား။
**Microcosm**, *n.* ငယ်သောစကြဝဠာတည်းဟူသောသူ။
**Micrometer**, *n.* အသေးအနုပ်ကိုတိုင်းထွာသောတန်ဆာ။
**Microscope**, *n.* သေးနုပ်သောအရာတို့ကိုကြည့်၍မြင်နိုင်သောမှန်ဘီလူး။ ကျောက်ကြည့်မှန်။
**Microscopic**, *a.* ထိုသို့သောမှန်နှင့်ဆိုင်သော။
**Mid**, *a.* အလယ်ဖြစ်သော။ —course, *n.* လမ်းအလယ်။ —day, နေ့တည့်။ —heaven, မိုဃ်းကောင်းကင်အလယ်။ —land, *a.* ပြည်အလယ်၌ကျသော။ —night, *n.* သန်းခေါင်။ (after midnight, သန်းခေါင်ကျော်။ —ship, *a* သင်္ဘောအလယ်၌ကျသော။ —shipman,

*n*. တိုက်သဘောဲအရေရှိကလေး။ —stream, မြစ်လယ်။ —summer, အင်္ဂလိတ်နှစ်တွင်ဒုတိယဥတုအလယ်။ —way, လမ်းအလယ်။ —winter, အင်္ဂလိတ်နှစ်တွင်စတုတ္ထဥတုအလယ်။

Middle, *n*. အလယ်။ အလယ်ခုက်။ အလယ်ခေါင်။ —*a*. အလယ်ဖြစ်သော။ အလတ်။ —aged, မပျို၊ မအို၊ အလတ်ဖြစ်သော။ —most, အလယ်တည့်တည့်ဖြစ်သော။ —of the day, နေ့လယ်။ နေ့ခင်း။

Middling. *a*. neither very good nor very bad, မယုတ်၊ မမြတ်၊ အလတ်သာဖြစ်သော၊ သာမည။ tolerable, တော်ရုံမျှရှိသော။

Midrib, *n*. ဖက်ကြော။

Midriff, *n*. ရင်နှင့်ဝမ်းကိုပိုင်းခြားသောအမြှေး။

Midst, *n*. အလယ်ခေါင်။ —of the sea, ပင်လယ်ထွေ။

Midwife, *n*. ဝမ်းဆွဲမိမ္မ၊ ထက်သည်။

Mien, *n*, မျက်နှာထားနှင့်တကွအသွားအလာအနေအထိုင်၏လက္ခဏာ။

Miff, *n*. ခဏစိတ်ဆိုးခြင်း။

Might, *n*. ခွန်အား။ အစွမ်းသတ္တိ။

Mightiness, *n*. from next.

Mighty, *a*. ခွန်အားကြီးသော၊ အစွမ်းသတ္တိနှင့်ပြည့်စုံသော၊ တန်ခိုးရှိသော။

Migrate, *v*. *i*. တပြည်မှတပြည်သို့ပြောင်းသည်။

Migration, *n*. from above.

Migratory, *a*. အရပ်ရပ်တို့သို့နေရာပြောင်းတတ်သော။

Milch, *a*. နို့ထွက်သော

Mild, *a*. soft, gentle, နူးညံ့သော၊ သိမ်မွေ့သော။ moderate, not violent, မပြင်းထန်၊ ပြည်းညှင်းသော။ tender and gentle in temper, စိတ်ကောင်းသော၊ pleasant to the taste, ချိုသော၊ pleasant (as weather,) သာယာသော။ —spirited, —tempered, စိတ်ကောင်းသော။

Mildew, *n*. မှို။

Mildewed, *a*. မှိုတက်သော။ ဖားဥတက်သော။

Mildness, *n*. from Mild.

Mile, *n*. တာငါးရာခန့်ခွဲသောတိုင်၊ —stone, ငါးရာတွင်းတွင်စိုက်သောမှတ်တိုင်။

Miliary, *a*. အပူထွက်ခြင်းနှင့်ဆိုင်သော။ —fever, *n*. အပူထွက်သောအဖျား။

Militant, *a*. စစ်တိုက်လျက်ရှိသော။

Military, *a*. စစ်မှုနှင့်ဆိုင်သော။ —*n*. စစ်သူရဲများ။

Militate, with or against, *v*. *t*. ဆန့်ကျင်ဘက်ပြုသည်။

Militia, *n*. စစ်မှုပေါ်ရှိလျှင်ရလွယ်အောင်စည်းကြပ်၍စစ်ရေးပြသောပြည်သားများ။ mounted—, မြင်းစု။

Milk, *n*. နို့။ နို့ရည်။ —fever, မီးနေသည့်အတွင်းဖြစ်တတ်သောဖျားနာ။ —maid, နို့ညှစ်သောမိန်းမ။ —pail, နို့ထည့်သောစည်ပိုင်း။ —sop,

ပြောင်ပြောင်းသောသူ။ —weed, one kind, ဥတလုံး။ —white, *a.* နို့ကဲ့သို့ဖြူသော။ —woman, *n.* နို့သည်မိမ္မ။ —*v. t.* နို့ညှစ်သည်။

**Milkiness,** *n.* from next.

**Milky,** *a.* made of milk, နို့ကိုလုပ်သော။ like milk, နို့နှင့်တူသော။ yielding milk, နို့ထွက်သော။ soft, tender, နူးညံ့သော။ —way, *n.* နဂါးငွေ့။

**Mill 1,** *n.* a copper coin, မိလဟူးခေါ်ဝေါ်သောအမေရိကကြေးနီဒင်္ဂါး။ —2, engine for grinding, etc. ပွတ်ကြိတ်ရန်ယန္တရားစက်။ a hand mill for husking grain or grinding into flour, ကြိတ်ဆုံ။ —cog, စက်ခွေးသွား။ —dam, ရေစက်လှည့်မှီရာဆည်မြောင်း။ —horse, စက်လှည့်သောမြင်း။ —pond, ရေစက်လှည့်မှီရာဆည်သောရေကန်။ —race, ရေစက်လှည့်မှီရာလုပ်သောမြောင်း။ —stone, ကျောက်ကြိတ်ဆုံ။ ကျောက်ဆုံ။ —wright, ယန္တရားစက်ကိုလုပ်သောလက်သမား။ —2, *v. t.* to grind, ကြိတ်သည်။ to stamp the edges of coin, ဒင်္ဂါးနားကိုခွေးသွားမိပ်စိတ်သည်။

**Millenarian,** *n.* သခင်ယေရှုခရစ်သည်ကောင်းကင်မှဆင်းသက်၍မြေကြီးပေါ်မှာအနှစ်တထောင်ပတ်လုံးစိုးစံတော်မူမည်ဟုအယူရှိသောသူ။

**Millenary,** *a.* အရေအတွက်အားဖြင့်တထောင်ရှိသော။

**Millenial,** *a.* မိလေနိကပ်ကာလနှင့်ဆိုင်သော။

**Millenium,** *n.* မိလေနိကပ်ကာလတည်းဟူသော၊ သာသနာတော်တည်ထောင်ရသောအနှစ်တထောင်။

**Milleped,** *n.* ပိုးလုံးကောင်။

**Miller,** *n.* one who grinds corn, ဂျုံစပါးအစရှိသည်တို့ကိုကြိတ်၍မုန့်ညက်လုပ်သောသူ။ *see also* Moth.

**Millet,** *n.* (panicum,) ဆပ်။ လူး။ species, ကလိ။ ပြောင်း။

**Milliner,** *n.* မိမ္မဦးထုပ်မျိုးကိုလုပ်ရောင်းသောသူ။

**Millinery,** *n.* မိမ္မဆင်သောဦးထုပ်တန်ဆာမျိုး။

**Million,** *n.* အသန်း။ တသန်း။ ၁၀၀၀၀၀၀။ (ten millions, ကုဋေ။)

**Millionaire,** *n.* တသန်းရတတ်သောလူ။

**Millionth,** *a.* တသန်းပြည့်သော။

**Milt,** *n.* the spleen, သရက်ရွက်။ the roe of fish, ငါးဥ။

**Milter,** *n.* ငါးထီး။

**Mimic,** *n.* အတုလုပ်တတ်သောသူ။ —*v. t.* ပျက်ပျက်ချော်ချော်ပြု၍အတုလုပ်သည်။ အတုသင်သည်။ —*n.* agent from *do.*

**Mimicker,** *n.* same.

**Mimickry,** *n.* from Mimic, *v. t.*

**Mina,** *n.* (large species,) သာလိကာ။ (small species,) ဇရက်။ crested —, ဇရက်မောက်တင်။

**Minaret,** *n.* ရှရင်။

**Minatory,** *a.* ခြိမ်းခြောက်သော။

**Mince,** *v. t.* to cut into small pieces, စဉ်းသည်၊ စဉ်းကောသည်၊ —with a knife, the point remaining unmoved, ထွာသည်၊ to extenuate in speaking, အကြီးကိုအငယ်ဖြစ်စေခြင်းငှါလျှော့၍ပြောဆိုသည်၊ to speak softly and affectedly, မပြောချင်ချင်၊ ပြောချင်ချင်နှင့်ဟန်ယူ၍ပြောသည်၊ to walk with short and affected steps, မလှမ်းချင်ချင်၊ လှမ်းချင်ချင်နှင့်ဟန်ယူ၍သွားသည်၊ —pie, *n.* အမဲသားကိုဒွာပနာသွင်း၍လုပ်သောမုန့်၊

**Mind,** *n.* စိတ်၊ စိတ်နှစ်လုံး၊ မနော၊ *Pali.* —considered collectively, နာမကာယ၊ (in composition often, စိတ်စက်၊ စိတ်ထက်၊) —*v. t.* to observe, မှတ်သည်၊ မှတ်ထားသည်၊ to regard, မှတ်သည်၊ အမှုထားသည်၊ to obey, နားထောင်သည်၊ to recollect, (obsol.) သတိရသည်၊

**Minded,** *a.* disposed, (ညှိမည်သောစိတ်ရှိသော၊) high—, စိတ်မြင့်သော၊

**Mindful,** *a.* bearing in mind, အောင်းမေ့သော၊ having regard to, ပမာဏပြုသော၊ heedful, သတိပြုသော၊

**Mindfulness,** *n.* from above.

**Mindless,** *a.* မမှတ်ဘဲနေသော၊ သတိမထားဘဲနေသော၊

**Mine 1,** poss. of I, *which see* —2, *n.* a pit yielding metals or minerals, ဓာတ်၊ သတ္တုထွက်သောတွင်း၊ a quarry, ကျောက်တွင်း၊ *in fortification,* ယမ်းကိုမြှုပ်၍ မြှိုရန်ခလိုင်၍တူးသောတွင်း၊ —*v. i.* to dig pits, တွင်းတူးသည်၊ —*v. t. see* Undermine.

**Miner,** *n.* တွင်းတူးသောသူ၊

**Mineral,** *n.* ဓာတ်၊ ဓာတ်ကျောက်၊ —*a.* ဓာတ်ကျောက်နှင့်ဆိုင်သော၊ —spring, *n.* ဆေးစမ်းတွင်း၊

**Mineralogist,** *n.* မိနေရောလဂျီအတတ်ပညာကိုပြုစုသောဆရာ၊

**Mineralogy,** *n.* မိနေရောလဂျီအတတ်တည်းဟူသောဓာတ်အမျိုးမျိုးကိုဗိုင်းခြား၍သိကျွမ်းနားလည်တတ်သောအတတ်ပညာ၊

**Mingle,** *v.* ရောနှောသည်၊ (to be mingled together promiscuously, ထွေးရောသည်၊)

**Miniature,** *n.* ပန်းချီရေးသောမျက်နှာရုပ်ပုံငယ်၊

**Minikin,** *a.* ကျစ်သော၊ လှိုသော၊

**Minim,** *n.* a dwarf, လူပု၊ one of the notes in music, သီချင်းသံပုံတမျိုး၊

**Minimum,** *n.* အငယ်ဆုံး၊ အနည်းဆုံး၊

**Minion,** *n.* ပါးလူးပါးလဲပြုမြင်းအားဖြင့်ချစ်နှာရသောသူ၊

**Minister,** *v. i.* to serve, အစေခံသည်၊ အမှုကိုဆောင်ရွက်သည်၊ ဝတ်ပြုသည်၊ to afford aid or supplies, ပြုစုသည်၊ လုပ်ကျွေးသည်၊ to give medicine, ဆေးကုသည်၊ —*v. t.* to furnish, အသုံးခံသည်၊ —*n.* an assistant, လက်ထောက်၊ an agent, ကိုယ်စားလှယ်၊ one in charge of some department of government,

ဝန်။ prime—, ဝန်ကြီး။ resident—, အရေးပိုင်။ private minister of state, အတွင်းဝန်။ public minister of state, အပြင်ဝန်။ the representative of a sovereign at a foreign court, သံတမန်။ a clergyman, ဓမ္မဆရာ။

Ministerial, *a.* attending for service, အစေခံလျှက်ရှိသော။ having some official charge, ဝန်အရာရှိသော။ pertaining to ministers of state, လွှတ်တော်နှင့်ဆိုင်သော။ clerical, ဓမ္မဆရာအရာနှင့်ဆိုင်သော။

Ministrant, *a.* attendant on service, အခစားလျှက်ရှိသော။ performing service, အမှုဆောင်လျှက်ရှိသော။

Ministration, *n.* the act of performing service, အမှုကိုဆောင်ခြင်း။

Ministry, *n.* agency, the office of an agent, ကိုယ်စားလှယ်အရာ။ the clerical function, ဓမ္မဆရာအရာ။ the persons who compose the executive government, လွှတ်အရာရှိအစု။

Minium, *n.* ဆိုး။ ခဲမဝုပ်ဖြာနီ။

Minor, *a.* သာ၍ငယ်သော။ —*n.* တရားမဝင်သေးသောသူ။

Minority, *n.* the state of being under age, တရားမဝင်သေးသောအသက်အရွယ်။ the smaller number, တစုကိုနှစ်စုခွဲရာတွင်နည်းသောအစု။

Minotaur, *n.* လူမျက်နှာနှင့်ကိုယ်တပိုင်းပါသောနွားသား။

Minster, *n.* ကျောင်း။

Minstrel, *n.* အရပ်ရပ်လှည့်လည်လျှက်သီခြင်းဆို၍တီးမှုတ်သောသူ။ (king's minstrels, အဆိုတော်။)

Minstrelsy, *n.* ထိုသို့သီခြင်းဆို၍တီးမှုတ်ခြင်း။

Mint 1, *n.* the plant, ဗိန္သုပင်။ ပင်စိမ်းပင်။ —wort, one species, ရူလာနဓာ။ —2, the place where money is coined, ဒင်္ဂါးခတ်သည်တိုက်။ —master, ဒင်္ဂါးခတ်သည်အိုက်စိုး။ —*v. t.* to coin, ဒင်္ဂါးခတ်သည်။ to fabricate, မမှန်ဘဲလျှက်လုပ်သည်။

Mintage, *n.* ဒင်္ဂါးခတ်သည်အတွက်အကောက်ယူသောငွေ။

Minuend, *n.* နှုတ်ရန်တည်ကိန်း။

Minuet, *n.* ကခြင်းတမျိုး။

Minus, *adv.* နှုတ်သည်နှင့်။

Minute', *a.* very small, သေးနုပ်သော။ exact, စေ့စပ်သော။

Min'ute, *n.* the 60th part of an hour, မိနစ်တည်းဟူသောစက္ကန့် ၆၀ နှင့်ညီမျှသောကာလအပိုင်းအခြား။ the 60th part of a degree, လိတ္တာ။ a memorandum, အကျဉ်းအားဖြင့်မှတ်သားသောအချက်။ —book, မိနစ်သဲနာရီ။ —guns, *plur* တမိနစ်ခြားစီပြစ်သောအမြောက်။ အကျဉ်းအားဖြင့်မှတ်သားသောအချက်များပါသောစာအုပ်။ —glass, hand, မိနစ်လက်။ —*v. t.* အကျဉ်းအားဖြင့်မှတ်သား၍ရေးထားသည်။

**Minutely**, *adv.* စည်းစည်း။
**Minutiæ**, *n. plur.* သေးငယ်သောအကြောင်းအရာ။
**Minx**, *n.* ကမြင်းမကလေး။
**Miracle**, *n.* ထူးဆန်းသောတန်ခိုးအားဖြင့်သာပြုနိုင်သောအမှု။
**Miraculous**, *a.* ထူးဆန်းသောတန်ခိုးအားဖြင့်သာပြုနိုင်သော။
**Mirage**, *n.* တံလျှပ်၊ လင်းလှပ်။
**Mire**, *n.* thin mud, ရွှံ့ရည်။ —on the bank of a river, နွံနှံ ညွန်ပျောင်း။
**Mired** (be,) *v. i.* ရွှံ့နွံမြုပ်သည်။
**Mirror**, *n.* မှန်၊ ကြေးမုံ။
**Mirth**, *n.* from next.
**Mirthful**, *a.* ရွှင်လန်းမြူးထူးသော။
**Mirthless**, *a.* ရွှင်လန်းမြူးထူးခြင်းမရှိသော။
**Miry**, *a.* ရွှံ့များသော။
**Mis**, *pref. in composition*, အလွဲ။
**Misacceptation**, *n.* အလွဲယူခြင်း။
**Misadventure**, *n.* အကျိုးပျက်သောအမှု။
**Misadvised**, *a.* ကောင်းကောင်းမစီရင်သော (အမှု၊)
**Misaimed**, *a.* အချက်ကျအောင်မချိန်သော။
**Misanthrope**, **Misanthropist**, *n.* လူမျိုးကိုမုန်းသောသူ။
**Misanthropic**, **Misanthropical**, *a.* လူမျိုးကိုမုန်းသော။
**Misanthropy**, *n.* from above.
**Misapplication**, *n.* from next.
**Misapply**, *v. t.* အလွဲသုံးဆောင်သည်။
**Misapprehend**, *v. t.* အထင်လွဲသည်။
**Misapprehension**, *n.* from above.
**Misarrange**, *v. t.* နေရာမကျ၊ အလွဲထားသည်။
**Misbecome**, *v.* မတော်မသင့်ဖြစ်သည်။
**Misbegotten**, *a.* မင်းဦး၊ မင်းလွှင်ဖြစ်သော။
**Misbehave**, *v. i.* မတော်မသင့်ကျင့်ဆောင်ပြုမူသည်။
**Misbehavior**, *n.* from above.
**Misbelief**, *n.* အလွဲယုံခြင်း။
**Misbestow**, *v. t.* အလွဲပေးကမ်းသည်။
**Miscalculate**, *v.* အလွဲတွက်သည်၊ အတွက်မှားသည်။
**Miscalculation**, *n.* from above.
**Miscall**, *v. t.* အခေါ်လွဲသည်။
**Miscarriage**, *n.* from next.
**Miscarry**, *v.* to fail of accomplishing a purpose, အကြံပျက်သည်၊ အကြံမမြောက်နေသည်။ to bring forth prematurely, ကိုယ်ဝန် ပျက်သည်၊ ကိုယ်ဝန်လျှောသည်။

**Miscellaneous,** *a.* အထူးထူးအထွေထွေဖြစ်သော။

**Miscellany,** *n.* a mixture of various kinds, အထူးထူးအထွေထွေဖြစ်သောအရာစု။ a collection of various kinds of compositions, အထူးထူးအထွေထွေပါသောစာစု။

**Mischance,** *n.* အခွင့်မတော်၍အကျိုးပျက်ခြင်း။

**Mischief,** *n.* harm, damage, injury, အကျိုးကိုဖျက်ခြင်း။ intentional injury, မနာလိုသောစိတ်နှင့်အကျိုးကိုဖျက်ခြင်း။ ill consequence, မကောင်းသောအကျိုး။ —maker, ကုန်းတိုက်သောသူ။ ကုန်းသည်။ ကုန်းမ။

**Mischievous,** *a.* hurtful, injurious, အကျိုးကိုဖျက်တတ်သော။ inclined to do mischief, အကျိုးကိုဖျက်ချင်သောသဘောရှိသော။

**Mischievousness,** *n.* from above.

**Mischoose,** *v. t.* အလွဲရွေးကောက်သည်။

**Miscible,** *a.* ရောနှော၍သင့်သော။

**Misconception,** *n.* from next.

**Misconceive,** *v.* အထင်လွဲသည်။

**Misconduct,** *n.* မဟုတ်မမှန်ကျင့်ဆောင်ပြုမူခြင်း။

**Misconstruction,** *n.* from next.

**Misconstruct,** *v. t.* အနက်ကိုအလွဲကောက်ယူသည်။

**Miscount,** *v. t.* အလွဲရေတွက်သည်။ အရေအတွက်မှားသည်။

**Miscreant,** *n.* အလွန်ဆိုးယုတ်သောသူ။

**Miscreated,** *a.* ပကတိအတိုင်းမဟုတ်၊ အရုပ်ပျက်သော။

**Misdated,** *a.* နှစ်၊ လ၊ နေ့ရက်ကိုအလွဲမှတ်သားသော။

**Misdeed,** *n.* မကောင်းသောအမှု။

**Misdeem,** *v. t.* အလွဲထင်မှတ်သည်။

**Misdemeanor,** *n.* အပြစ်ရှိသောအမှု။

**Misdirect,** *v. t.* အလွဲလမ်းကိုပြညွှန်သည်။

**Misdo,** *v. t.* မှားယွင်းသည်။

**Misdoer,** *n.* မှားယွင်းသောသူ။

**Misemploy,** *v. t.* အကျိုးမဲ့သုံးဆောင်သည်။

**Misemployment,** *n.* from above.

**Miser,** *n.* အလွန်စေးနှဲသောသူ။ လူစေးနှဲ။

**Miserable,** *a.* wretched, အလွန်ဆင်းရဲသော။ distressed, ငြိုငြင်သော။ very poor, mean, အလွန်ယုတ်ညံ့သော။ of no use, worthless, အချည်းနှီးဖြစ်သော။ ကျေးဇူးမရှိသော။

**Miserly,** *a.* အလွန်စေးနှဲသော။ စေးနှဲခြိုးခြံသော။

**Misery,** *n.* wretchedness, အလွန်ဆင်းရဲခြင်း။ calamity, အမင်္ဂလာ။ ဘေးဥပါဒ်။ unhappiness, ဒုက္ခ။

**Misfashion, Misform.** *v. t.* ပုံမကျဘဲလုပ်သည်။

**Misfortune,** *n.* အမင်္ဂလာ။ အကျိုးပျက်ကြောင်း။

**Misgive,** *v.* စိတ်ပျက်စေခြင်ငှါသည်။

**Misgotten,** *a.* မတရားသဖြင့်ရသော (အရာ၊)
**Misgovern,** *v. t.* မဟုတ်မမှန်ဘဲအုပ်ချုပ်စီရင်သည်၊
Misgovernment, *n.* from above.
**Misguide,** *v. t.* လမ်းလွဲအောင်ပြညွှန်သည်၊
**Mishap,** *n.* အခွင့်မတော်၍အကျိုးပျက်ခြင်း။
**Misimprove,** *v.* မကောင်းအောင်သုံးဆောင်သည်။
Misimprovement, *n.* from above.
**Misinform,** *v. t.* မဟုတ်မမှန်ဘဲကြားပြောသည်၊
Misinformation, *n.* မဟုတ်မမှန်ဘဲကြားပြောချက်၊
**Misinterpret,** *v. t.* မဟုတ်မမှန်ဘဲအနက်ပြန်သည်၊
Misinterpretation, *n.* from above.
**Misjudge,** *v. t.* အလွဲထင်မှတ်သည်၊
Misjudgment, *n.* from above.
**Mislay,** *v. t.* နေရာကျအောင်မထား၊ အလွဲထားသည်၊ အထားမှားသည်၊
**Mislead,** *v. t.* to lead astray, လမ်းလွဲစေသည်။ လမ်းကိုလွှဲ၍ပြသည်၊ —the mind, to deceive, လှည့်စားသည်၊ လှည့်ဖြားသည်၊ to draw into error, or sin, မှားယွင်းစေခြင်းငှါသွေးဆောင်သည်၊
**Misleader,** *n.* a deceiver, လှည့်ဖြားသောသူ၊ a false teacher, အလွဲပြန်သောဆရာ၊
Mislike, *see* Dislike.
**Mismanage,** *v. t.* မကောင်းအောင်စီရင်သည်၊
Mismanagement, *n.* from above.
**Misname,** *v. t.* အမည်နာမကိုအလွဲခေါ်သည်၊
**Misnomer,** *n.* from above.
Misogamist, *n.* လက်ထပ်ခြင်းအမှုကိုမုန်းသောသူ၊
**Misogyny,** *n.* မိန်းမကိုမုန်းခြင်း။
**Misplace,** *v. t.* to mislay, နေရာကျအောင်မထား၊ အလွဲထားသည်၊ အထားမှားသည်၊ —affection, မချစ်ထိုက်သောသူကိုချစ်သည်၊ —confidence, မယုံထိုက်သောသူကိုယုံသည်၊
**Misprint,** *v. t.* အလွဲပုံနှိပ်သည်။ —*n.* အလွဲပုံနှိပ်ချက်၊
**Misprision,** *n.* ရာဇဝတ်သင့်ထိုက်သောအမှုကိုထိမ်ဝှက်သော်၎င်း၊ အားပေးသော်၎င်းရောက်သောအပြစ်။
**Mispronounce,** *v. t.* ဌာန်ကရိုဏ်းမကျအောင်ပြောသည်၊
**Misproportion,** *v. t.* အချိုးအစားမမျှလုပ်သည်၊
**Misquote,** *v. t.* အခြားသောစာထဲကအလွဲကောက်နုတ်၍ကိုယ်ရေးသောစာ၌သွင်းသည်၊
**Misquotation,** *n.* ထိုသို့ကောက်နုတ်၍သွင်းသောစာချက်၊
**Misrate,** *v. t.* အလွဲခြင့်တွက်သည်၊
**Misreckon,** *v. t.* အလွဲတွက်သည်၊
**Misrelate,** *v. t.* အလွဲပြန်ပြောသည်၊

Misremember, *v. t.* အလွဲမှတ်မိသည်။
Misreport, *v. t.* အလွဲပြောထားသည်။
Misrepresent, *v. t.* မဟုတ်မမှန်ဘဲဖော်ပြပြောထားသည်။
Misrepresentation, *n.* the act of misrepresenting, from above; an incorrect account, မဟုတ်မမှန်ဘဲဖော်ပြသောစကား။
Misrule, *n.* ရှုန်းရင်းခတ်မှုပြုခြင်း။
Miss 1, *n.* a well mannered girl, ယဉ်ကျေးသောမိန်းကလေး။ a kept mistress, အသိမ်း။ *prefixed to names of girls and young women*, မိ၊ ရှင်၊ မ။ —2, *v.* to fail in aim, not to hit, မမှန်၊ မှားသည်။ အချက်မှားသည်။ to fail of finding the way, လွဲသည်။ လမ်းလွဲသည်။ to fail of obtaining, မရဘဲနေသည်။ to discover (something) to be wanting, ထားသည်နေရာမှာမရှိသည်ကိုရိပ်မိသည်။ to feel the want of, မရှိကြောင်းကိုအောင်းမေ့သည်။ to let pass, to go without, မသုံးဘဲနေသည်။ to omit in reading, or writing, စာကိုချွဲဖတ်သည်။ စာကိုချွဲရေးသည်။ —*n.* မရှိကြောင်းကိုအောင်းမေ့ခြင်း။
Missal, *n.* ဖရင်ဂျီထာသာ၌ဝတ်ပြုရာသုံးစွဲသောစာ။
Misshape, *v. t.* to misform, ပုံမကျဘဲလုပ်သည်။ to deform, အရုပ်ဆိုးအောင်လုပ်သည်။
Missile, *a.* ပြစ်စရာထိုပြစ်သော။ —*n.* ပြစ်ရန်လက်နက်။
Missing, *a.* ရှိမြဲအရပ်၌မရှိသော။
Mission, *n.* a sending with some commission, အခွင့်နှင့်စေလွှတ်ခြင်း။ persons sent, အခွင့်နှင့်စေလွှတ်သောသူတို့။
Missionary, *n.* သာသနာပြုစေခြင်းငှါစေလွှတ်သောသူ။ သာသနာပြုဆရာ။ —*a.* သာသနာပြုခြင်းအမှုနှင့်ဆိုင်သော။ —society, သာသနာပြုအသင်း။
Missive, *a.* (as a letter,) ပေးလိုက်သော။ (as a weapon,) ပြစ်စရာထိုပြစ်သော။
Misspell, *v. t.* စာလုံးပေါင်းခြင်းမှားသည်။
Misspend, *v. t.* အကျိုးမဲ့သုံးသည်။
Misspense, *n.* from above.
Misstate, *v. t.* မဟုတ်မမှန်ပြောထားသည်။
Misstatement, *n.* မဟုတ်မမှန်ပြောထားသောစကား။
Mist, *n.* နှင်း။ ဆီးနှင်း။
Mistake, *v. i.* လွဲသည်၊ မှားသည်။ အထင်မှားသည်။ —*v. t.* အလွဲယူသည်။ —*n.* from *do.* (to make a mistake from absence or confusion of mind, ယောင်ယမ်းသည်။)
Mister, *n. a term of compellation*, (by contration, Mr.) မောင်၊ ကို၊ ဦး။ addressed to one whose name is not known, ခွန်းရှင်၊ (respectful,) မောင်ဘအာတ်၊ မောင်ဟာဝါ၊ (not respectful.)

**Mistime,** *v. t.* ထမျှိန်မတော်မသင့်အောင်စီရင်သည်။
**Mistiness,** *n.* from Misty.
**Mistle,** *v. i.* မိုဃ်းဖွဲဖွဲရွာသည်။
**Mistletoe,** *n.* one species, ကျီးပေါင်း။
**Mistranslate,** *v. t.* မမှန်မကန်စာကိုအနက်ပြန်သည်။
**Mistranslation,** *n.* မမှန်မကန်အနက်ပြန်သောစာ။
**Mistreat,** *v. t.* ညှဥ်းဆဲသည်။
**Mistress,** *n.* a woman who has authority, အစိုးရသောမိန်းမ၊ အရှင်မ၊ သခင်မ၊ —of a house, ဇနီး၊အိမ်ရှင်၊ a woman teacher, တပည့်တို့သခင်သောမိန်းမ၊ a woman well skilled (in any thing,) လိမ္မာကျွတ်သောမိန်းမ၊ a woman beloved and courted, ရည်းစားဖြစ်သောမိန်းမ၊ a concubine, အသိမ်း၊ madam, မမ၊ *prefixed to names of married women,* (by contraction Mrs.) မ၊ မယ်။
**Mistrust,** *v. t.* မယုံသင်္ကာရှိသည်၊ သင်္ကာမကင်းရှိသည်။ —*n.* from *do.*
**Mistrustful,** *a.* မယုံတတ်သော။
**Misty,** *a.* confused with mist, နှင်းဝေသော၊ dim, obscure, dusky, မှုန်သော၊ မိုသော၊ ဝေသော။
**Misunderstand,** *v. t.* အထွဲယူသည်။
**Misunderstanding,** *n.* misconception, အထွဲယူခြင်း၊ unfriendly feeling, မသင့်မတင့်နေခြင်း။
**Misuse,** *v. t.* to use to a bad purpose, မကောင်းအောင်သုံးဆောင်သည်၊ to mistreat, ညှဥ်းဆဲသည်။ —*n.* from *do.*
**Mite,** *n.* the insect, ခွာ၊ a small particle, အသွန်သေးနုပ်သောအစအနှ။
**Mitigate,** *v. t.* ပေါ့စေသည်၊ လျှော့စေသည်၊ ညှိုးစေသည်။
**Mitigation,** *n.* from above.
**Mitre,** *n.* ဂိုဏ်းအုပ်ဆောင်းသောပေါင်း။
**Mitred,** *a.* ဂိုဏ်းအုပ်ပေါင်းကိုဆောင်းရသော။
**Mitten,** *n.* လက်ချောင်းမပါ၊ လက်ဖုံးဖြစ်သောထက်စွပ်။
**Mittimus,** *n.* ရှုပ်ထားရန်ဆင့်ဆိုသောမှတ်ချက်။
**Mix,** *v. t.* to mingle, ရောနှောသည်၊ to blend into one, စရနယ်သည်။
**Mixed (be,)** *v. i.* —together, ပြွမ်းနှောသည်၊ —into a mass, ထွေးလုံးသည်။
**Mixture,** *n.* the act of mixing, ရောနှောခြင်း၊ စရနယ်ခြင်း၊ the mass or compound made by blending different ingredients into one, အမျိုးမျိုးရောပေါင်းသောအရာ။
**Mizzenmast,** *n.* သင်္ဘောပဲ့ရွက်တိုင်။
**Mnemonics,** *n.* မှတ်မိသောညာဏ်နှင့်ဆိုင်သောအတတ်ပညာ။
**Moan,** *v.* ညည်းတွားသည်။ —*n.* from *do.*
**Moanfully,** *adv.* ညည်းညည်းတွားတွား။

Moat, *n.* ကျုံး။

Mob, *n.* ရုန်းရင်းခတ်မှုပြုသောအစုအဝေး။ —*v. t.* လူအစုအဝေးတို့ဝိုင်း၍ညှဉ်းဆဲသည်။

Mobility, *n.* လှုပ်ရှားလွယ်သော။

Mock, *v. t.* to mimic in contempt or derision, ပြောင်တောင်တောင်ပြု၍အတုလုပ်သည်၊ အတုသင်သည်၊ to deride, ကရော်ကမည်ပြုသည်၊ သရော်သည်၊ to illude, အရောင်ဆောင်၍လိမ်လည်သည်။ —by inviting to take a thing and then refusing to give it, ယိုထိုးသည်။ —*n.* ကရော်ကမည်ပြုခြင်း။ —*a.* အာတိမဟုတ်၊ အရောင်ဆောင်၍ပဝတ္တိဖြစ်သော။

Mockery, *n.* from Mock, *v.* and *a.*

Mocking-bird, *n.* ဇရက်ငှက်။

Modal, *a.* ဒြပ်နှင့်မဆိုင်၊ ဂုဏ်နှင့်သာဆိုင်သော။

Mode, *n.* an accident or non-essential attribute, ဒြပ်နှင့်ကွာခွင်သောဂုဏ်၊ manner, way, နည်း။ fashion of dress, ဝတ်ဆင်သောအဝတ်ပုံ။

Model, *n.* ပုံ၊ ပုံပန်း။ —*v. t.* ပုံနှင့်ညီအောင်လုပ်သည်။

Moderate, *a.* not excessive, မလွန်ကျူးသော၊ not violent, မပြင်းထန်သော၊ ငြည်းညှင်းသော၊ not rapid, မမြန်သော၊ ခပ်နှေးနှေးဖြစ်သော၊ not extraordinary, သာမညဖြစ်သော၊ —as price, မှီသော၊ —*v. t.* လျော့စေသည်၊ ပေါ့စေသည်၊ ညှံ့စေသည်၊ —*v.* လျော့သွားသည်၊ ညှံ့သွားသည်။

Moderately, *adv.* တအိန့်အိန့်၊ သက်သက်သာသာ၊ ငြည်းငြည်းနှေးနှေး၊ မိမ့်မိမ့်လေးလေး။ gently, ဖွဖွ၊ applied to words of warmth, ချုပ်ချုပ်၊ slowly, နားနားနေနေ၊

Moderation, *n.* from Moderate, *a.*

Moderator, *n.* one that moderates, ငြိမ်းစေသောသူ၊ a chairman, စည်းဝေးအုပ်၊

Modern, *a.* ရှေးကာလနှင့်မဆိုင်၊ ယခုကာလနှင့်သာဆိုင်သော။

Modernize, *v. t.* ယခုကာလနှင့်တော်လျော်အောင်လုပ်သည်။

Moderns, *n. plur.* ယခုကာလ၌ဖြစ်သောသူတို့။

Modest, *a.* restrained by a sense of propriety or feelings of publicity, ဣန္ဒြေစောင့်လျက်ရှိသော၊ ဟိရိဩတ္တပ္ပရှိသော၊ အရှက်အကြောက်ရှိတတ်သော၊ influenced by a desire to avoid shame, အရှက်ငဲ့သော၊ not excessive or extreme, အတော်အရွတန်ဖြစ်သော။

Modesty, *n.* from above.

Modicum, *n.* အနည်းငယ်။

Modification, *n.* the act of modifying, ပြုပြင်ခြင်း။ the change effected, ပြုပြင်ချက်။

**Modify,** *v. t.* ပြုပြင်သည်။ ဖြပ်ကိုမဖျက်ဘဲဂုဏ်ကိုသာပြုပြင်သည်။
**Modish,** *a.* ထည်ကြော့သောထုံးစံအတိုင်းဖြစ်သော။
**Modulate,** *v. t.* အသံညှိသည်။
**Modulation,** *n.* from above.
**Mogul,** *n.* မကိုလူမျိုး။
**Mohair,** *n.* ဆိတ်တမျိုး၏အမွေးကိုရက်သောအသည်။
**Mohur,** *n.* ရူပီ ၁၆ ဖြားထိုက်သောရွှေဒင်္ဂါး။
**Moiety,** *n.* တဝက်။
**Moil,** *v. i.* ကြိုးကြိုးကုတ်ကုတ်လုပ်သည်။
**Moist,** *a.* ရေစွတ်သော။ စိုစွတ်။
**Moisten,** *v. t.* from above; စွတ်သည်။
**Moisture,** *n.* a small degree of wetness, ရေစွတ်ခြင်း။ a small quantity of liquid, အနည်းငယ်သောအရည်။
**Molasses,** *n.* တင်လဲ။
**Mold,** *n.* သွန်းရန်ပုံ။ ပုံပန်း။ —*v. t.* ပုံထုတ်သည်။ —a candle, ဖယောင်းတိုင်သွန်းသည်။
**Molding,** *n.* ဇောင်း။
**Mole 1,** *n.* a small dark spot on the skin, မှဲ့။ one that increases, မှဲ့ရှင်။ —2, a mound of stones running into the sea, ရေကာထုပ်။ —3, the animal, ပွေးမျိုး။ —hill, ပွေးကျင်းစာပုံ။
**Molest,** *v. t.* နှောင့်ရှက်သည်။
**Molestation,** *n.* from above
**Mollification,** *n.* from Mollify.
**Mollify,** *v. t.* to soften, ပြေပြစ်စေသည်။ ပျော့စေသည်။ to assuage, လျော့စေသည်။ to appease, ပြေပြစ်စေသည်။
**Molten,** *a.* အရည်ကြို၍သွန်းသော။
**Moment,** *n.* an instant, ခဏ။ တမဟုတ်။ တခဏောင်း။ ခဏတဖြုတ်။ ခဏ။ အခိုက်အတန့်။ မဏ။ importance, အမှုကြီးခြင်း။
**Momentary,** *a.* ခဏချင်းဖြစ်သော။
**Momentous,** *a.* အမှုကြီးသော။
**Momentum,** *n.* သွားစေခြင်း၌ထုတ်၍သွင်းသောအားအရှိန်။
**Monachism,** *n.* ရဟန်း၏အဖြစ်အနေ။
**Monad,** *n.* ပရမာဏုမြူ။
**Monarch,** *n.* ရှင်ဘုရင်။ မင်းဧကရာဇ်။ မင်းတရား။ အဝရှင်။ သခုတ်နတ်။
**Monarchical,** *a.* vested in a single ruler, ရှင်ဘုရင်အစိုးရသော။ pertaining to monarchy, ရှင်ဘုရင်အစိုးရခြင်းနှင့်ဆိုင်သော။
**Monarchy,** *n.* the rule of a monarch, ရှင်ဘုရင်အစိုးရခြင်း။ a kingdom, ရှင်ဘုရင်အစိုးရသောနိုင်ငံ။
**Monastery,** *n.* ရဟန်းနေရာကျောင်း။ cluster of monasteries, ကျောင်းတိုက်။

**Monastic**, *a.* ရဟန်းနေရာကျောင်းနှင့်ဆိုင်သော။

**Monday**, *n.* မနွေ့၊ တနင်္လာနေ့။

**Monetary**, *a.* ကြေးငွေနှင့်ဆိုင်သော၊

**Money**, *n.* ကြေးငွေ၊ အွေငွေ။

**Moneyed**, *a.* ကြေးငွေများသော။

**Monger**, *see* the compounds, Fishmonger, etc.

**Mongrel**, *a.* အမျိုးမစစ်သော၊ လမျိုးရောရှက်သော။

**Monition**, *n.* သတိပေးခြင်း။

**Monitor**, *n.* one who cautions, သတိပေးသောသူ၊ —*in schools*, လက်ထောက်တပည့်ကြီး။

**Monitorial, Monitory**, *a.* သတိပေးသော၊သတိပေးခြင်းနှင့်ဆိုင်သော၊

**Monk**, *n.* ရဟန်း။

**Monkey**, *n.* မျောက်၊ —tiger, ကြောင်ကြီးကျောက်၊ —fisher, မျောက်တံငါ။

**Monkish**, *a.* like a monk, ရဟန်းကဲ့သို့ဖြစ်သော၊ pertaining to a monk, ရဟန်းနှင့်ဆိုင်သော။

**Monochord**, *n.* ကြိုးတပင်ရှိသောစောင်း။

**Monocular**, *a.* မျက်စိတဖက်သာရှိသော၊

**Monody**, *n.* တယောက်တည်းဆိုသောသီခြင်း။

**Monogamy**, *n.* မယားတယောက်တည်းရှိရခြင်း။

**Monogram**, *n.* စာမ၊

**Monologue**, *n.* တကိုယ်ထီးချင်းပြောဆိုသောစကား။

**Monomania**, *n.* တ ခု တ ခု သော အရာ၌ စိတ်စွဲလမ်းအားကြီး၍ အရူးကဲ့သို့ ဖြစ်ခြင်း။

**Monomaniac**, *n.* ထိုသို့ဖြစ်သောသူ၊

**Monopolize**, *v. t.* တဦးတည်းချုပ်၍ရောင်းဝယ်သည်၊

**Monopoly**, *n.* တဦးတည်းချုပ်၍ရောင်းဝယ်ရသောအခွင့်

**Monosyllabic**, *a.* တလုံးသံရှိသောသဒ္ဒါနှင့်ပြည့်စုံသော (ဘာသာစကား။)

**Monosyllable**, *n.* တလုံးသံရှိသောသဒ္ဒါ၊

**Monotonous**, *a.* တသံတသမတ်တည်းထွက်သော၊

**Monotony**, *n.* uniformity of sound, တသံတသမတ်တည်းထွက်သောအသံ၊ want of variety, ခြားနားခြင်းမရှိ၊ တခုတည်းသာဖြစ်ခြင်း။

**Monsoon**, *n.* ရာသီကိုလိုက်သောလေ၊

**Monster**, *n.* an animal unnatually formed, အမျိုးဇာတိအတိုင်းမထွက်၊ ဖွားမြင်ကတည်းကရုပ်ပုံသဏ္ဌာန်ပျက်သောလူ၊ တိရိစ္ဆာန်၊ a person horribly wicked, ကြောက်မက်ဖွယ်ဖြစ်အောင်အလွန်ဆိုးသွမ်းရက်စက်သောသူ၊ ဘီလူး၊ အမနုဿ၊

**Monstrosity**, *n. see* Monster; the state of being out of the common order of nature, from next.

**Monstrous**, *a.* unnaturally formed, အမျိုးဇာတိအတိုင်းမထွက်၊ ဖွားမြင်

ကတည်းကရှပ်ပုံသဏ္ဍာန်ပျက်သော၊ enormous, အလွန်ကြီးမားသော၊ shocking, ကြောက်ဖွယ်ဖြစ်သော။

Month, *n.* လ။

Monthly, *a.* လတိုင်းဖြစ်သော၊ တစည်အတိုင်းဖြစ်သော။

Monument, *n.* a pillar erected for a memorial, ထင်ရှားစွာအထိမ်းအမှတ်ထားသောကျောက်တိုင်၊ အုတ်တိုင်၊ brick or stone work raised in memory of the dead, သင်းချိုင်းဆုဌာအမှတ်ထားသောကျောက်ပုံ၊ အုတ်ပုံ၊ —inclosing or surmounting an urn. အမျိုးအိုး၊ a pagoda in memory of a Boodh, စေတီ။

Monumental, *a.* being a memorial, အထိမ်းအမှတ်ဖြစ်သော၊ pertaining to a monument, ကျောက်တိုင်၊ အုတ်တိုင်အစရှိသည်တို့နှင့်ဆိုင်သော၊

Mood, *n.* temper of mind, စိတ်သဘော၊

Moody, *a.* စိတ်ပျက်သော၊

Moon, *n.* လ၊ စန္ဒာ၊ *Pali.* —as a planet, တနင်္လာဂြိုဟ်၊ —beam, လရောင်ခြည်၊ —calf, လူမိုက်၊ —eyed, *a.* ကြက်ဖျတ်သင့်သော၊ —flower, *n.* နွယ်ကစွန်းအဖြူ၊ —light, လရောင်၊ —shine, လအရောင်အဝါ၊ —struck, *a.* လရောင်ထိ၍ချူးသော၊

Moor 1, *n.* a heathy plain, ကွင်းပြင်၊ လွင်ပြင်၊ a marsh, fen ရေညွှန်းရာအရပ်၊ —land, *do.* —2, *v. t.* ဦးထိပ်ဆံ၊ ငှဲထိပ်ဆံဒူ၍ချည်သည်၊

Moorman, *see* Musselman.

Moot, *v. t.* ပြဿနာဖြစ်၍ဆွေးနွေးနှီးနှောသည်၊

Mop, *n.* တံပွတ်၊ —with a long handle, တံပွတ်တံ၊ —*v. t.* တံပွတ်နှင့်သုတ်သည်၊

Mope, *v. i.* မှိုင်၍နေသည်၊

Moral, *a.* relating to social duties, ကျင့်ဝတ်တရားနှင့်ဆိုင်သော၊ conformed to rules of right, ကျင့်ဝတ်တရားနှင့်ညီသော၊ inferable from the ordinary course of things, ဖြစ်မြဲဖြစ်ကြောင်းကိုထောက်၍သိရသော၊ —*n.* ပုံစကားကိုထောက်၍သိရသောအတွင်းအနက်၊

Moralist, *n.* a teacher of morality, ကျင့်ဝတ်တရားကိုပြသသောဆရာ၊ one who practices moral duties, ကျင့်ဝတ်တရားကိုကျင့်သောသူ၊

Morality, *n.* moral duties, ကျင့်ဝတ်တရား၊ system of moral duties, ကျင့်စည်တရား၊ conformity to right, တရားနှင့်ညီခြင်း၊

Moralize, *v.* ကျင့်ဝတ်တရားကိုပြသသည်၊

Morals, *n. plur.* ကျင့်ဝတ်တရား၊

Morass, *n.* မိန့်ခြေ၊

Moravian, *n.* မောရာဗိအယူဝါဒကိုယူသောသူ၊

Morbid, *a.* အနာရောဂါနှင့်ရှည်သော၊ အနာရောဂါကိုဖြစ်စေတတ်သော၊

**Morceau**, *n.* အစအန။
**More**, *a.* သာ၍များသော။ —*adv.* to a greater degree, သာ၍။ သာသည်နှင့်။ again, တဖန်။ နောက်တဖန်။ be no—, *v. i.* သေခဲ့ပြီ။ ပျောက်ပျက်ခဲ့ပြီ။ —than, *adv.* မကာ။ —*n.* သာ၍များသောအရာ။
**Moreover**, *adv.* ၎င်ပြင်။ ၎င်နည်း။ တနည်းကား။ ထိုမှတပါး။
**Morinda**, *n.* one species, ချောက်ဆေး။
**Morion**, *n.* သံခမောက်လုံးတမျိုး။
**Morn**, *see* next.
**Morning**, *n.* နံနက်။ (by corruption,) မနက်။ forenoon, နံနက်ခင်း။ early part of the—, နံနက်ခြေ။ —star, ကြယ်နီ။
**Morocco**, *n.* သားရေနယ်ချော။
**Morose**, *a.* မျက်နှာထားနှင့်စကားတိုကိုပြောတတ်သော။
**Moroseness**, *n* from above.
**Morrow**, *n.* နက်ဖန်။ နက်ဖန်နေ့။ day after the—, သန်ဘက်။ to—, *adv.* နက်ဖန်နေ့၌။
**Morsel**, *n.* စားစရာတဆိတ်ကလေး။
**Mortal**, *a.* subject to death, သေတတ်သောသဘောရှိသော။ causing death, သေစေတတ်သော။ human, လူမျိုးနှင့်ဆိုင်သော။ —*n.* လူသတ္တဝါ။
**Mortality**, *n.* the state of being subject to death, သေတတ်သောအဖြစ်။ death, သေခြင်း။ အနိစ္စ။ power of destroying, ဖျက်ဆီးနိုင်သောအစွမ်း။
**Mortar**, *n.* a vessel to pound in, ဆုံ။ a military engine for throwing bombs, shells, etc. မိုး။ ခရာဝအမြောက်။ —2, cement used in masonry, သရွတ်။ a composition of sand and lime- အင်္ဂတေသရွတ်။ a very durable kind, နရပတေ။
**Mortgage**, *v. t.* ပေါင်သည်။ ပေါင်နှံသည်။ —*n.* the thing mortgaged, အပေါင်အနှံ။ ပေါင်ရှင်။ one which may be redeemed at any time, ပေါင်သေ။ the state of being mortgaged, ပေါင်နှံလျက်ရှိခြင်း။
**Mortgagee**, *n.* အပေါင်ခံသောသူ။
**Mortgager**, *n.* အပေါင်ထားသောသူ။
**Mortification**, *n* from next.
**Mortify**, *v. i.* to gangrene, ကိုယ်အင်္ဂါတစိတ်တခုသေ၍ပုပ်သည်။ —*v. t.* to cause to gangrene, from *do.*; to subdue passion and appetite by self denial, ပြီးခြင်းခွါကျင့်၍စိတ်ကိုချုပ်တည်းသည်။ to wound pride, မာန်မာနကိုချိုးဖဲ့၍ရှက်ကြောက်စေအောင်ပြုသည်။
**Mortise**, *n.* စခွေးပေါက်။ —*v. t.* စခွေးပေါက်ထွင်းသည်။
**Mortmain**, *n.* ဖွဲ့နိုင်သောအခွင့်မရှိသောပိုင်ခြင်း။
**Mosaic**, *a.* ပရောဖက်မောရှေနှင့်ဆိုင်သော။

**Mosaic-work,** *n.* ပန်းချီဆေးရေးသကဲ့သို့ဖန်မှန်၊ ကျောက်စီသောအရာ။
**Moslem,** *see* **Mussulman.**
**Mosque,** *n.* ဗလီ။
**Moss,** *n.* ရေညှိ၊ ရေညှိပင်၊
**Mossy,** *a.* ရေညှိစွဲသော၊
**Most,** *a.* consisting of the greatest number, အများဆုံးသော၊ nearly all, အားလုံးကုန်မတတ်၊ —*adv. denoting the superlative degree,* ဆုံး။ to the greatest extent, သာ၍များသောအားဖြင့်၊ —*n.* almost the whole, အားလုံးကုန်မတတ်၊ the greatest amount, the utmost, အကြီးဆုံး၊ အများဆုံး။
**Mostly,** *adv.* အများအားဖြင့်။
**Mote,** *n.* အလွန်သေးနုပ်သောအစအန။
**Moth,** *n.* ဖလံ၊ ဖလံပြွ၊ humming—, ပေါ်ယင်း၊ နတ်ညှင်း။
**Mother,** *n.* a female parent, အမိ၊ အမေ၊ အမယ်၊ မိခင်၊ မာတာ၊ *Pali.* the thick substance formed in vinegar, ပဒိုးရည်ခေါင်း။ —in-law, ယောက္ခမမိန်းမ၊ step—, မိထွေး။ —and daughter, သားအမိ။ —land, မွေးဖွားရာဇာတိမြေ၊ —of pearl, ပုလဲရတတ်သောကန္မာ၊ —tongue, မိထွေးပြောတတ်သောဘာသာစကား၊ —wit, ဝမ်းတွင်းကပါသောဉာဏ်ပညာ။
**Motherless,** *a.* အမိမရှိသော။
**Motherly,** *a.* အမိကဲ့သို့ချစ်ခင်ပြုစုတတ်သော။ —*adv.* အမိကဲ့သို့။
**Mothy,** *a.* ပိုးကိုက်၍ဖျက်သော။
**Motion,** *n.* animal life and action, လှုပ်ခြင်း၊ လှုပ်ရှားခြင်း။ change of place or position, ရွေ့ခြင်း၊ နေရာမှပြောင်းခြင်း။ a proposition in a deliberative assembly, ဦးတည်၍ပြောခြင်း၊ ဦးတည်၍ပြောချက်၊ an intestinal evacuation, ဝမ်းသွားခြင်း။
**Motionless,** *a.* မလှုပ်ရှားဘဲနေသော။
**Motive,** *a.* လှုပ်စေသော၊ —*n.* ပြုစေခြင်းငှါမိတ်ကိုနှိုးဆော်သောအကြောင်း။
**Motley,** *a.* ချယ်လှယ်သော။
**Motto,** *n.* ရှေ့ထားသောစကားရင်း။
**Mould,** *n.* fine, soft earth, မြေနု၊ the substance produced on the surface by dampness, မှို၊ —board. ထယ်သွားနှင့်မြေစာကိုပယ်ချအောင်တပ်သောပျဉ်ပြား။ —*v. i.* မှိုတက်သည်။
**Moulder,** *v. i.* ဆွေးမြေ့သည်။
**Mouldiness,** *n.* from next.
**Mouldy,** *a.* မှိုတက်သော။
**Moult,** *v. i.* အမွေးအတောင်လဲသည်။
**Mound,** *n.* မြေကတုပ်၊ မြေပုံ၊ ထုတ်ပုံ၊ ကျောက်ပုံ၊ artificial—, မြေတောင်၊ (to raise such a mound, မြေတောင်မြှောက်သည်။)
**Mount 1,** *n.* တောင်၊ —2, *v. i.* to ascend, တက်သည်။ —*v. t.* to

cause to ascend, from *do.*; to furnish with **horses**, မြင်းစီးစေသည်၊ to embellish with ornaments, တန်ဆာဆင်သည်၊ to place on a carriage, (အခြေတက်ကို) လှည်းပေါ်မှာ တင်ထားသည်။ —guard, *v.* ကင်းစောင့်နေသည်။

**Mountain**, *n.* တောင်၊ —with an overhanging top, တောင်ကထစ်။

**Mountaineer**, *n.* တောသူတောင်သား။

**Mountainous**, *a.* တောင်များသော။

**Mountebank**, *n.* a stage doctor, တစ်ရောင်ဆောင်၍ကျော်ညာသော ဆေးသမား။ any boastful pretender, လူဝါ။

**Mourn**, *v.* to express grief, ညည်းတွားမြည်တမ်းသည်၊ to wear the habit of sorrow, မသာအဝတ်ကိုဝတ်သည်။

**Mournful**, *a.* sorrowful, ဝမ်းနည်းသော၊ စိတ်မသာရှိသော၊ expressive of grief, ဝမ်းနည်းခြင်းလက္ခဏာရှိသော၊ lamentable, ညည်းတွားမြည်တမ်းစရာအကြောင်းရှိသော။

**Mournfulness**, *n.* from above.

**Mourning**, *n.* the act of expressing grief, ညည်းတွားမြည်တမ်းခြင်း၊ the dress worn by mourners. ထထိမ်းအမှတ်ပြု၍ဝတ်သောအဝတ်။

**Mouse**, *n.* (one kind,) ကြွက်ကယ်လောင်း၊ (another,) ကြွက်ဝမ်းဖြူ၊ China white—, ကြွက်ဖြူ၊ field—, လယ်ကြွက်၊ shrew—, ကြွက်စုတ်၊ —hole, ကြွက်ဝင်ပေါက်၊ —trap, ကြွက်ထောင်ချောက်။

**Mouser**, *n.* ကြွက်ကိုဖမ်းတတ်သောကြောင်၊ ခွေး။

**Mouth**, *n.* the aperture in the head by which food is received, ခံတွင်း၊ ပစပ်၊ the same aperture considered as the instrument of speech, နှုတ်၊ the opening of a vessel, river, pit, etc. အဝ၊ down in the—, *a.* ညှိုးငယ်သော၊ make a— or make mouths, *v.* ပစပ်ကိုယွဲ့မဲ့၍ပြသည်၊ အသံထား၍ပြောသည်၊ bottom of the—, အာခေါက်၊ inside of the—, အာ၊ roof of the—, အာခေါင်၊ sides of the—, အာစောင်၊ (by—, နှုတ်လွှတ်၊)

**Mouthed**, *a.* *see* the compounds, Foul-mouthed, etc. wide—, *i. e.* talkative, နှုတ်ပြသော။

**Mouthful**, *n.* တလုပ်စာ။

**Mouthpiece**, *n.* အဝင်။

**Movable**, *a.* အရှင်ဖြစ်သော၊ ရွေ့နိုင်သော။

**Movables**, *n. plur.* ပရိဘောဂအသုံးအဆောင်စု။

**Move**, *v. i.* to have animal motion, လှုပ်သည်၊ လှုပ်ရှားသည်၊ —gently, လှုပ်ရှက်သည်၊ to change place or position, ရွေ့သည်၊ နေရာမှပြောင်းသည်၊ သွားသည်၊ to remove, change the place of residence, နေရာပြောင်းသည်၊ ပြောင်းလဲသည်၊ to have an intestinal evacuation, ဝမ်းသွားသည်၊ —*v. t.* to remove (a thing) from its place, ရွေ့သည်၊ ထွသွားသည်၊ to prevail on (the mind,) နှိုးဆော်တိုက်တွန်းခြင်းရသည်။ သွေးဆောင်ခြင်းရသည်။ to shake, လှုပ်သည်။ လှုပ်ရှားစေခြင်းပြုသည်။ to propose in a deliberative assembly, ဦးတည်ခြင်းပြောသည်။ —*n.* ရွေ့ခြင်း။

**Moveless**, *a.* ရွေ့ခြင်းမရွေ့နိုင်သော။

**Movement**, *n.* from Move, *v. i.* and *v. t.*

**Moving**, *a.* exciting, စိတ်နှလုံးကိုနှိုးဆော်တတ်သော။

**Mow**, (*pron. mou,*) *n.* ခြတ်ခြောက်စင်။ —(*pron. mo,*) *v. t.* ရိတ်သည်။

**Much**, *a.* များသော။ as—, *n.* အများ။ how—, *pron. adj.* အဘယ်မျှ။ အဘယ်လောက်။ တတ်ခန့်လောက်။ အဘယ်ကဲ့သို့လောက်။ so—, *pron. adj.* ဤမျှ။ ဤမျှလောက်။ သည်ခန့်လောက်။ သည်ကလောက်။ —*n.* အများ။ အတိုး´ *adv.* to a great degree, များစွာ။ များစွာ။ အပုံကြီး။ nearly, လောက်။

**Mucilage**, *n.* အကျိ။ အချွဲ။

**Mucilaginous**, *a.* slimy, slightly viscid, ကျိချွဲသော။ pertaining to mucilage, အကျိအချွဲနှင့်ဆိုင်သော။

**Muck**, *n.* ခြေကောင်းအောင်းပြုစုမြိုရာစုထားသော နွားချေးအစရှိသောအရာ။ —worm, a worm that lives in muck, လောက်။ a stingy fellow, စိမ်ညည်သောသူ။ နှမြောသောသူ။

**Mucous**, *see* Mucilaginous.

**Mucus**, *n.* any mucilaginous substance, အကျိအချွဲ။ phlegm, သလိပ်။ saliva, တံတွေး။ snot, နှပ်။ —from the intestinal canal, ဝိတ်။

**Mud**, *n.* ရွှံ့။ ရွှံ့သွန်း။ tenacious— ရွှံ့စေး။ thin—, ရွှံ့ရည်။ —deposited on the bank of a body of water, ညွန့်ချောင်း။ နုန်း။ —puddle, ဗွက်။ ရွှံ့ဗွက်။

**Mudar**, *n.* မနိုး။ or, ရနိုး။

**Muddiness**, *n.* from Muddy.

**Muddle**, *v. t.* to make muddy, as water, နောက်သည်။ to intoxicate partially, မူးစေသည်။

**Muddy**, *a.* as water, နောက်သော။ containing mud, ရွှံ့ရှိသော။ besmeared with mud, ရွှံ့လူးသော။ of the color of mud, စွဲသော။ stupid, ညာဏ်တုန်းသော။ —headed, *n.* ညာဏ်တုံးသော။ —*v. t.* ရွှံ့နှင့်လူးသည်။

**Muff**, *n.* လက်နှစ်ဖက်သွတ်ရန်မွေးရှိပေါက်ရှိသောသားရေအိတ်။

**Muffin**, *n.* ရန်ဘုမုန့်။

**Muffle**, *v. t.* to cover (the neck and face,) ချုံရုံသည်။ to blindfold, မျက်စိကိုဖုံးသည်။ to cover up, ဖုံးလွှမ်းသည်။ —an oar, တက်ကိုအဝတ်စုတ်နှင့်ပတ်ရစ်သည်။ —a drum, စည်ဝှုံးကိုအဝတ်နှင့်ပတ်ရစ်သည်။

**Muffler**, *n.* မျက်နှာဖုံး။

**Mufti**, *n.* ပသီတရားသဘင်ရိုက်စာချုပ်။

**Mug,** *n.* ခွက်။

**Muggy,** *a.* moist, စွတ်သော။ close, warm, (Amer.) လေမလာ။ ထိုက်သော။

**Mulatto,** *n.* အသားလတ်။

**Mulberry,** *n.* ပိုးစာပင်။

**Mulct,** *n.* အလျော်။ လျော်ငွေ။ လျော်ဖြစ်။ လျော်ဒါဏ်။ ဒါဏ်ငွေ။ —*v. t.* အလျော်စီရင်သည်။

**Mule,** *n.* လား။ one species, လော။

**Muleteer,** *n.* လားစီးသောသူ။

**Muliebrity,** *n.* အရွယ်ရောက်သောမိန်းမအဖြစ်။

**Mulish,** *a.* လားကဲ့သို့ခွတ်ခွဲနေတတ်သော။

**Mull,** *v. t.* အဂ္ဂိနည့်ခြင်းနှင့်ရောနှော၍ချက်သည်။

**Muller,** *n.* ကျောက်လုံး။ ကျောက်သွေး။

**Mullet,** *n.* ကဘီလူး။ the large eyed—, ငါးစင်။ a small species, ငါးလုံး။

**Multangular,** *n.* အနားထောင့်များသော။

**Multifarious,** *a.* အထူးထူးအပြားပြားဖြစ်သော။

**Multiform,** *a.* အဆင်းသဏ္ဍာန်များပြားသော။

**Multiparous,** *a.* သားကောင်များဖွားတတ်သော။

**Multiple,** *n.* စား၍အကြွင်းမရှိသောဂဏန်း။

**Multiplicand,** *n.* မြှောက်ခံတည်ကိန်း။

**Multiplication,** *n.* the act of increasing in number, တိုးပွားများပြားခြင်း။ *in arithmetic,* မြှောက်ခြင်း။ —table, ကိုးကြောင်း။

**Multiplicity,** *n.* များပြားခြင်း။

**Multiplier,** *n.* မြှောက်ခြေ။ မြှောက်ကိန်း။

**Multiply,** *v. i.* to increase in number, တိုးပွားများပြားသည်။ —*v. t.* from above; *in arithmetic,* မြှောက်သည်။ to use the multiplication table, ကိုးကြောင်းတွက်သည်။

**Multitude,** *n.* a great number, အများ။ an assemblage, အစုအရုံး။ a host of men, အလုံးအရင်း။

**Multitudinous,** *a.* manifold, များပြားသော။ having the appearance of a multitude, များပြားသကဲ့သို့ဖြစ်သော။

**Multocular,** *a.* မျက်စိများသော။

**Multum in parvo,** *adv.* နည်းသောစကား၌များသောအနက်ပါသည်နှင့်။

**Mum,** *a.* တိတ်ဆိတ်သော။

**Mumble,** *v.* to speak inwardly and indistinctly, မြည်တွန်တွန်ပြောသည်။ to chew as one with no teeth, မြုံ၍စားသည်။

**Mumblingly,** *adv.* မြုံစွေစွေ။ မြုံတုံတုံ။

**Mummer,** *n.* မျက်နှာဖုံးဆောင်းသောလူပျက်။

**Mummery**, *n.* ရုတ်နှာဖုံးဆောင်းသော လူပျက်ပြောဆို ပြသသောအခင်းအနေ။

**Mummy**, *n.* တကောဆေးသွင်း၍တာရှည်စောင့်ထားသောအလောင်းကောင်။

**Mumps** 1, *n.* the disease, ပါးစေ့ရောင်နာ။ —2, *n.* sullenness, မှုန်၍နေခြင်း။

**Munch**, *v. t.* ပါးလုပ်ပါးလောင်းစားသည်။

**Mundane**, *a.* လောကဓာတ်နှင့်ဆိုင်သော။

**Municipal**, *a.* မြို့သူမြို့သားတို့နှင့်ဆိုင်သော။ မျူနီစီပါယ်။ (Eng.)

**Munificent**, *a.* များစွာသောဥစ္စာကိုရက်ရက်ရောရောပေးကမ်းသော။

**Muniment**, *n.* ခံတိုက်။ မြို့ရိုး။

**Munition**, *n.* စစ်ကရိယာ။

**Muntra**, *n.* မန္တန်။ မန္တရား။

**Mural**, *a.* တံတိုင်း၊ မြို့ရိုးနှင့်ဆိုင်သော။

**Murder**, *v. t.* မနာလိုသောစိတ်နှင့်လူ့အသက်ကိုသတ်သည်။ —*n.* from *do.*

**Murderer**, *n.* မနာလိုသောစိတ်နှင့်လူ့အသက်ကိုသတ်သောသူ။ လူသတ်။

**Murderous**, *a.* guilty of murder, မနာလိုသောစိတ်နှင့်လူ့အသက်ကို သတ်ခြင်းအပြစ်ရှိသော။ involving murder, လူ့အသက်ကိုသတ် ခြင်းနှင့်ဆိုင်သော။

**Murex**, *n.* နဂါးခေါင်း။

**Muriate**, *n.* —of ammonia, ဇဝက်သာ။

**Muriatic**, *a.* ရေငန်နှင့်ဆိုင်သော။

**Murky**, *a.* မှိုင်းဝသော။

**Murmur**, *v. i.* to make a low continuous noise, တဖေးဖေးမြည် သည်။ to grumble, မြည်တွန်သည်။ —as the wind or sea, ဟိန်းသည်။

**Murmurer**, *n.* မြည်တွန်တတ်သောသူ။

**Murrain**, *n.* ကျွဲ၊ နွားကိုစွဲသောအနာတမျိုး။

**Murrey**, *a.* နီမောင်းသောအရောင်ရှိသော။

**Muscle**, *n.* a bundle of fibres, လေကြော။ အကြော။ a kind of bivalvular shell fish, ယောက်သွားတမျိုး။ salt-water—, ကျောက် ပင်ဝန်း။ fresh-water—, ပင်ဝန်း။

**Muscovado**, *n.* သကာ။

**Muscular**, *a.* pertaining to a muscle, လေကြောနှင့်ဆိုင်သော။ strong, brawny, သန်မာသော။

**Musculous**, *a.* same; full of muscles, လေကြောများသော။

**Muse** 1, *n.* a fabulous goddess of poetry, လင်္ကာသီခြင်းဖွဲ့ကုံးခြင်း အမှုကိုအစိုးရသောနတ်သမီး။ poetical genius, လင်္ကာသီခြင်းဖွဲ့ကုံး တတ်သောဉာဏ်။ —2, *v. i.* to ponder in silence, ဆင်ခြင် ဆောင်းမြှောသည်။ to be absent in mind, မှိုင်တွေသည်။

**Museum**, *n.* ထူးဆန်းသောအရာတို့ကိုထားရာတိုက်။

**Mush**, *n.* ချက်ပြုတ်သောပြောင်းဖူးမှုန့်ညက်။

**Mushroom**, *n.* the plant, မှို။ edible—, one species, ပါးရောင်းမှို။ an upstart, အမျိုးဇာတိမထုတ်ဘဲလျှက်လူကြီးလုပ်သောသူ။

**Music**, *n.* vocal, သီချင်းဆိုခြင်း။ instrumental, တီးမှုတ်ခြင်း။ —box, သံစုံသစ်တာ။

**Musical**, *a.* pertaining to music, သီချင်းဆိုသံ၊ တီးမှုတ်သံနှင့်ဆိုင်သော။ harmonious, melodious, သီချင်းဆိုသံ၊ တီးမှုတ်သံညီညာခြင်း၊ အချို အချိုဆိမ့်လျော်ခြင်းသာယာသော။

**Musician**, *n.* သီချင်းဆိုခြင်း၊ တီးမှုတ်ခြင်းအမှုကိုတတ်ကျွမ်းသောသူ။

**Musk**, *n.* ကတိုး။ —cat, *do.* —melon, သခွားမွေး သခွားမွှေး။ —rat, ကြွက်ကတိုး။ ကြွက်နံ့သာ။ —plant, ဘိလူးထက်ဝါး။

**Musket**, *n.* သေနတ်။

**Musketeer**, *n.* သေနတ်ကိုင်။ သေနတ်စွဲ။

**Musketoon**, *n.* မိန့်ပြောင်းတမျိုး။

**Musketry**, *n.* သေနတ်စု။

**Musky**, *a.* ကတိုးကဲ့သို့မွှေးသော။

**Muslin**, *n.* (of different kinds,) မာဒရတ်ဖက်။ ခါသာ။ ထေလူများ။ မာဒရတ်ဗိတ်။

**Musquito** *n.* ခြင်။ —curtain, ခြင်ထောင်။

**Mussulman**, *n.* ပသီ။

**Must 1**, *qual. affix*, ရသည်။ ရမည်။ —2, *n.* မပေါက်သေးသောစပျစ်ရည်။

**Mustaches**, *n. plur.* နှုတ်ခမ်းမွေး။ lowee extremity of the—, ကြင်စွယ်။

**Mustard**, *n.* မုန်ညင်း။

**Muster 1**, *v. i.* to meet in one place, စုရုံးသည်။ —*v. t.* to collect, assemble, စုရုံးစေသည်။ to collect (troops,) စုရုံးစည်းကြပ်စေသည်။ စစ်စီစည်သည်။ — *n.* an assembling of troops for review, စုရုံးစည်းကြပ်၍စစ်ရေးပြသည်။ —book, တပ်စာရင်း။ —2, (East Indian,) a sample, ဘန်း။

**Mustiness**, *n.* from next.

**Musty**, *a.* ဘောက်သော။ as wine, အနံ့ဖောက်သော။

**Mutability**, *n.* ပြောင်းလဲတတ်သောသဘော။ အနိစ္စ။

**Mutable**, *a.* ပြောင်းလဲတတ်သော။ အနိစ္စဖြစ်သော။

**Mutation**, *n.* ပြောင်းလဲခြင်း။

**Mute**, *a.* dumb, အသော။ silent, ဆိတ်ဆိတ်သော။ —*n.* လူအ။

**Mutilate**, *v. t.* to cut off a member, အင်္ဂါကိုဖြတ်သည်။ to render imperfect, ချို့တဲ့စေသည်။

**Mutilation**, *n.* from above.

**Mutineer**, *n.* မင်းအာဏာကိုဆန့်၍ပုန်ကန်သောအမှုထမ်း။

**Mutinous**, *a.* မင်းအာဏာကိုဆန့်၍ပုန်ကန်ခြင်းသောသဘောရှိသော။

**Mutiny,** *v. i.* တပ်သားဖြစ်စေ၊ သင်္ဘောသားဖြစ်စေ၊ မင်းအာဏာကိုဆန့်၍ ပုန်ကန်သည်။ *n.* from *do.*
**Mutter,** *v. i.* တိုးတိုးမြည်တွန်သည်။
**Mutton,** *n.* သိုးသား။
**Mutual,** *a.* အချင်းချင်းဖြစ်သော။
**Mutually,** *adv.* အချင်းချင်း။ အညမည။ *Pali.*
**Muzzle,** *n.* the mouth, နှုတ်။ the orifice, (of a tube,) အဝ။ a fastening for the mouth, နှုတ်စွပ်ကွင်း။ —*v. t.* (တိရစ္ဆာန်၏) နှုတ်ကိုချုပ်တည်းသည်။
**My,** *poss. of* I, *which see.* —self, *pron.* ငါကိုယ်။ ငါကိုယ်တိုင်။ ငါကိုယ်တိုင်ပင်။
**Myology,** *n.* လေကြောများကိုဖော်ပြသောအတတ်။
**Myopy,** *n.* အနီးကြည့်မှသာမြင်နိုင်ခြင်း။
**Myriad,** *n.* ten thousand, အသောင်း။ တသောင်း။ ၁၀၀၀၀။ an indefinitely large number, အထောင်အသောင်းမကသောအရေအတွက်။
**Myrmidon,** *n.* ကြမ်းတမ်းသောစစ်သူရဲ။
**Myrrh,** *n.* မုရန်ဆေး။
**Myrtle,** *n.* သစ်ပင်တမျိုး။
**Mystagogue,** *n.* နက်နဲသောအရာတို့ကိုဖော်ပြသောဆရာ။
**Mysterious,** *a.* လူတို့ဉာဏ်နှင့်မကြံစည်နိုင်အောင်ခက်ခဲနက်နဲသော။
**Mysteriousness,** *n.* from above.
**Mystery,** *n.* a subject beyond the reach of the human intellect, လူတို့ဉာဏ်နှင့်မကြံစည်နိုင်အောင်ခက်ခဲနက်နဲသောအရာ။ a handicraft, လက်မှုပညာ။
**Mystic, Mystical,** *a.* အတွင်းအနက်နှင့်ပြည့်စုံသော။
**Mysticism,** *n.* from above; obscurity of doctrine, အနက်မရှင်းလင်းသောအယူဝါဒ။
**Mystification,** *n.* from next.
**Mystify,** *v. t.* နားမလည်နိုင်အောင်ရှုပ်ထွေးစေသည်။
**Mythic, Mythical,** *a.* ဒဏ္ဍာရီဖြစ်သော။
**Mythological,** *a.* နတ်ဘုရားဇာတ်ရေးနှင့်ဆိုင်သော။
**Mythology,** *n.* နတ်ဘုရားဇာတ်ရေး။

# N.

**Nab,** *v. t.* ရုပ်ခနဲဖမ်းသည်။
**Nabob,** *n.* a viceroy in India, ဟိန္ဒူပြည်မှာဝန်ကြီးအရာရှိသောမင်း။ one who has enriched himself in India, ဟိန္ဒူပြည်မှာနေ၍ ငွေရတတ်သောသူ။
**Nadir,** *n.* အောက်ဗဟိုရိုချက်မ။
**Nag,** *n.* မြင်းကလေး။

Naiad, *n.* ရေနတ်သမီး။

Nail, *n.* —of the fingers or toes, a claw, လက်သည်း၊ ထက်သည်း၊ ခွာ၊ ခြေသည်း။ —of iron, သံချွန်၊ သံမှို၊ large—, မယ်နာ၊ hang—, လက်သည်းစွယ်၊ the 16th part of a yard, လက်၄သစ်ရှိသောအတိုင်းအထွာ၊ —*v. t.* သံရိုက်၍ထားသည်။

Naive, *a.* ဟန်ဆောင်ခြင်းမရှိ၊ ပကတိသဘောအတိုင်းအတည့်အလင်းဖြစ်သော။

Naiveté, *n.* from above.

Naked, *a.* having no clothes on, အချည်းစည်းရှိသော၊ အဝတ်မဝတ်ဘဲရှိသော။ open, exposed, ပထား၊ ဟင်းလင်း၊ အဖုံးမရှိသော၊ အကွယ်အကာမရှိသော။ plain, undisguised, တည့်လင်းသော။ mere, လက်သက်။

Nakedness, *n.* from above.

Name, *n.* that by which a person or thing is called, အမည်၊ နာမ၊ နာမည်။ character, reputation (good or bad,) ထိတင်း၊ appearance, အဟန်၊ —*v. t.* to give a name, မှည့်သည်၊ သမုတ်သည်၊ ခေါ်တွင်သည်၊ ခေါ်ဝေါ်သည်၊ ပညတ်သည်၊ (to be named အမည်ထားသည်၊) to mention by name, အမည်နာမကိုထုတ်၍ပြောသည်။

Nameless, *a.* နာမည်မရှိသော။

Namely, *adv.* တူ၊ ဟူ၍၊ ဟူသော၊ ဟူသည်ကား၊

Names (call,) *v. t.* ယုတ်မာသောနာမည်ကိုတင်၍ကဲ့ရဲ့သည်။

Namesake, *n.* သူတပါးနာမည်ကိုတင်၍အမှည့်ခံရသောသူ။

Nankeen, *n.* တရုပ်ဖိတ်။

Nap 1, *v. i.* ခဏကလေးအိပ်ပျော်သည်၊ —*n.* from *do.* —2, the villous substance of woolen cloth, သက္ကလတ်အမွေး။

Nape, *n.* လည်ကုပ်၊ ကုပ်ဆက်၊ ဇက်၊

Naphtha, *n.* ရေနံကြွတ်သစ်။

Napkin, *n.* လက်သုတ်ပဝါ။

Narcotic, *a.* ထုံကျဉ်စေတတ်သော (ဆေး၊)

Nard, *see* Spikenard.

Narrate, *v. t.* အကြောင်းအရာအထုပ္ပတ္တိများကိုအစဉ်အတိုင်းပြောသည်၊ ရေရွတ်၍ဖြန့်ပြောသည်။

Narration, *n.* the act of narrating, from above; the narrative, ထိုသို့ပြောသောစကား၊ စာ။

Narrative, *n.* အကြောင်းစကား၊ ဝတ္ထု၊ *see* above. —*a.* relating events, ထိုသို့ပြောသော။ disposed to relate, etc. ထိုသို့ပြောတတ်သောသဘောရှိသော။

Narrator, *n.* agent, from Narrate.

Narrow, *a.* not wide, အနံငယ်သော၊ ဖြတ်ငယ်သော၊ ကျဉ်းသော၊ ကျဉ်း

ကျဉ်းမြောင်းသော၊ ကားငယ်သော။ အနံသေးသော။ small, ငယ်သော။ နည်းသော။ exact, accurate, စေ့စပ်သော။ just, ရိုမှုဖြစ်သော။ —minded, အမြော်အမြင်နည်း၍သူတပါးတို့ကိုစေတနာစိတ်မရှိ၊ ကိုယ်အကျိုးကိုသာငဲ့ကွက်တတ်သော၊ —*v. i.* to become narrow, ကျဉ်း၍သွားသည်။ —*v. t.* to make narrow, ကျဉ်းစေခြင်းပြုသည်။ ချုံးသည်။ to lessen, ငယ်စေသည်။ နည်းစေသည်။

**Narrowness**, *n.* from Narrow, *a.*

**Narrows**, *n. plur.* ပင်လယ်ချောင်းဆက်သောရေကြောင်း။

**Nasal**, *a.* pertaining to the nose, နှာခေါင်းနှင့်ဆိုင်သော။ pronounced from the nose, နှာခေါင်းနှင့်မြွက်ဆိုသော။

**Nascent**, *a.* ဖြစ်စရှိသော။

**Nastiness**, *n.* from next.

**Nasty**, *a.* ညစ်ပတ်သော။

**Nat**, *n.* နတ်။ evil—, နတ်မိစ္ဆာ။ good—, သမ္မာဒေဝနတ်။ guardian of the sea, ပင်လယ်စောင့်။ household—, အိမ်ဦးနတ်။ the patroness of boatmen, လှိုင်းရှင်မ။ —which occasions eclipses, ရာဟု။ အသူရိန်။

**Natal**, *a.* ဖွားမြင်ခြင်းနှင့်ဆိုင်သော။

**Natant**, *a.* ပေါ်လောနေသော။ ပေါ်လောမျောသော။

**Nation**, *n.* လူမျိုးတမျိုး။

**National**, *a.* pertaining to a nation. တစုံတမျိုးသောလူမျိုးနှင့်ဆိုင်သော။ public, general, ပြည်သူပြည်သားအပေါင်းတို့နှင့်ဆိုင်သော။ unduly attached to one's own country, ကိုယ်နေရင်းပြည်၏ဘာသာဓလေ့ကိုသာနှစ်သက်သော။

**Native**, *a.* possessed at birth, ဝမ်းတွင်းကပါသော။ produced by nature, လူမလုပ်၊ အလိုလိုဖြစ်သော။ pertaining to one's birth place, မွေးဖွားရာရွာနှင့်ဆိုင်သော။ original, မူလအရင်းဖြစ်သော။ —*n.* (ညွှန်ပြသောပြည်၌) မွေးဖွားသောသူ။

**Nativity**, *n.* birth (of a person,) ဖွားမြင်ခြင်း။ circumstantials of one's birth, ဇာတာ။

**Natural**, *a.* pertaining to, produced by, agreeing with nature, ပကတိအတိုင်းဖြစ်သော။ ပကတိနှင့်ညီသော။ unaffected, ဟန်ဆောင်ခြင်းမရှိ၊ ပကတိသဘောအတိုင်း အတည့်အလင်းဖြစ်သော။ illegitimate, မင်းဦးမင်းလွှင်ရသော။ —*n.* ငယ်ရူး။

**Naturalist**, *n.* ကမ္ဘာတန်ဆာများကိုစစ်ဆေးလေ့ကျက်သောသူ။

**Naturalize**, *v. t.* to invest with the privilege of a native, ပြည်သူပြည်သားအရိပ်အရာကိုပေးသည်။ to familiarize, အကျင့်အလေ့ပါသောအရာကဲ့သို့ဖြစ်စေသည်။

**Nature**, *n.* visible things collectively, ကမ္ဘာတန်ဆာစု။ a producing power, ဖန်ဆင်းသောတန်ခိုး။ constitution, original make, နဂိုရ်။

ဓာတ်၊ qualities, attributes collectively, ပကတိ၊ သဘော၊ the regular course of things, ဖြစ်မြဲ၊ ခွန်အား၊ the aggregate powers of the bodily constitution, ဆန္ဒမ်းသဘော၊ sort, kind, အမျိုး။

Naught, *a.* မကောင်းသော၊ —*n.* ထာမျှမဟုတ်သောအရာ။

Naughtiness, *n.* from next.

Naughty, *a.* ဆိုးသော။

Nausea, *n.* ပျို့တို့တို့ရှိခြင်း။

Nauseate, *v.* to be disposed to vomit, အော်ဂလီဆန်သည်၊ ပျို့တို့တို့ရှိသည်၊ to loathe, စက်ဆုပ်ရွံရှာသည်။

Nauseous, *a.* စက်ဆုပ်ရွံရှာဖွယ်ဖြစ်သော။

Nauseousness, *n.* from above.

Nautical, *a.* ပင်လယ်ကူးခြင်းနှင့်ဆိုင်သော။

Nautilus, *n.* ရွက်တိုက်ခရု၊ one species, ခရုသင်း။

Naval, *a.* သင်္ဘောနှင့်ဆိုင်သော။

Nave, *n.* —of a wheel, ပုံတောင်းအိမ်၊ —of a church, သူစခွာဇရပ်အလယ်ပိုင်း။

Navel, *n.* ချက်၊ ချက်မ၊ a prominent—, ချက်ထိုး၊ a concave—, ချက်မ၊ —string, ချက်ကြိုး။

Navigable, *a.* သင်္ဘောနှင့်ကူးနိုင်ဖွယ်ဖြစ်သော။

Navigate, *v.* သင်္ဘောနှင့် (ပင်လယ်ကို) ကူးသည်။

Navigation, *n.* the act of navigating, from above; the art of navigating, သင်္ဘောနှင့်ပင်လယ်သမ်းသို့ကူးတတ်သောအတတ်။

Navigator, *n.* သင်္ဘောနှင့်ကူးတတ်သောသူ။

Navy, *n.* သင်္ဘောစု၊ တိုက်သင်္ဘောစု။

Nay, *adv.* no, မဟုတ်၊ not only so, ထိုမျှမက။

Neap-tide, *n.* ရေသေ။

Near, *a.* nigh, နီးသော၊ နီးကပ်သော၊ အနီးအပါးဖြစ်သော၊ intimate, အကျွမ်းသော၊ frugal, ချွေတာသော၊ —sighted, အနီးကြည့်မှသာမြင်နိုင်သော၊ —*adv.* လုပြီး လုနီးပြီး လုမတတ်၊ ကုန်မတတ်၊ —*v. t.* အနီးသို့ရောက်သည်။

Nearly, *adv.* not quite, သိုးသိုးသီးသီး။

Nearness, *n.* from Near, *c.* အနားအပါးအနီးအကပ်။

Neat 1, *n.* နွား။ —2, *a.* clean, အညစ်အကြေးမပါ၊ စင်ကြယ်သော၊ free from tawdry appendages, ကျစ်လစ်၍တင့်တယ်သော၊ pure (as style,) ဒေါသနှင့်ကင်းလွတ်၍ပြေပြစ်သော၊ clear (as weight,) သက်သက်၊ slender in form and appearance, သွယ်သပ်သော။

Neatness, *n.* from above.

Nebulous, *a.* တိမ်ဖုံးသော။

**Necessarian**, *n.* ဖြစ်သမျှတို့သည်မဖြစ်ဘဲမနေနိုင်စေခြင်းဖြစ်သည်ဟုအယူရှိသောသူ။

**Necessaries**, *n. plur.* အသက်ရှင်စေမှီရာအစား၊ အသောက်အသုံးအဆောင်တို့။

**Necessary**, *a.* that must be indispensably requisite, မဖြစ်ဘဲမနေရသော၊ မရှောင်မလွှဲဖြစ်ရသော၊ acting from necessity, ကိုယ်အလိုအလျောက်မပြုဘဲအနိုင်အထက်လိုက်၍ပြုရသော၊ —*n.* ရေအိမ်။

**Necessitate**, *v. t.* မ (ပြု) ဘဲမနေနိုင်စေခြင်းပြုသည်။

**Necessitous**, *a.* အလွန်ဆင်းရဲသော။

**Necessity**, *n.* the cause of that which must be and cannot be otherwise, မဖြစ်ဘဲမနေနိုင်စေခြင်းဖြစ်စေသောအကြောင်း။ irresistible compulsion, ကိုယ်အလိုအလျောက် မပြုရဘဲသူတပါးအနိုင်အထက်ပြုစေခြင်း။ extreme indigence, အလွန်ဆင်းရဲခြင်း။

**Neck**, *n.* —of an animal or a vessel, လည်ပင်း။ လည်တိုင်။ ရက်တိုင်။ —of land, တကျွန်းနှင့်တကျွန်းဆက်သောကုန်းမြေ။ —cloth, လည်စည်း၊ လည်စည်းပဝါ။ —kerchief, လည်သိုင်းပဝါ။ —lace, လည်ဆွဲ၊ ထထက်။

**Necromancer**, *n.* မှော်ဝင်၊ မှော်ဆရာ။

**Necromancy**, *n.* မှော်အတတ်။

**Nectar**, *n.* the drink of the gods, အမြိတ်ရည်။ any sweet liquor, ချိုသောသောက်ရည်။

**Nectareous**, *a.* ချိုသောသောက်ရည်ကဲ့သို့အလွန်ချိုသော။

**Nectary**, *n.* ပန်းရက်တည်သောနေရာ။

**Need**, *v. t.* to be in want of, လိုသည်။ အသုံးလိုသည်။ —*n.* want, အလို။ indigence, ဆင်းရဲခြင်း။ a prime—, လိုရင်း။

**Needful**, *a.* အသုံးလိုသော (အရာ။)

**Needle**, *n.* —for sewing, အပ်။ round eyed—, တရုပ်အပ်။ oblong eyed—, ကုလားအပ်။ cambric—, ချွေးချွေးအပ်။ devil's—, ဝူစည်း။ magnetic—, သံလိုက်ချောင်း။ —case, အပ်ကျည်တောက်။ —of a mariner's compass, အိမ်မြှောင်။ —work, အပ်နှင့်ချုပ်ထုပ်ရာ။

**Needleful**, *n.* အပ်ချည်တပင်စာ။

**Needless**, *a.* အသုံးမလိုသော။

**Needs**, *adv.* မဖြစ်ဘဲမနေရသည်နှင့်။

**Needy**, *a.* သုံးဆောင်ရန်မရှိသော၊ ဆင်းရဲသော။

**Neem**, *n.* the tree, သင်္ဘောတမာခါးပင်။

**Nefarious**, *a.* အလွန်ဆိုးယုတ်သော။

**Negation**, *n.* မဟုတ်ဟုပြောထားခြင်း။ ငြင်းခုံခြင်း။

**Negative**, *a.* denying, မဟုတ်ဟုပြောထားသော။ not positive, implying silence, ဝန်မခံဘဲတိတ်ဆိတ်စွာနေသော။ not positive or having actual existence, ရုပ်သွင်မဖြစ်၊ ထင်ရှားမဖြစ်သောအားဖြင့်သာဖြစ်သော။ —*n.* a proposition that denies, မထုတ်ဟုပြောထားချက်။ the right of preventing an enactment, အမိန့်အရာကိုပယ်နိုင်သောအခွင့်။ —*v. t.* to disprove, မထုတ်ကြောင်းကိုပြသည်။ to reject an enactment, အမိန့်အရာကိုပယ်သည်။

Neglect, *v. t.* to leave undone, မပြုဘဲလျှပ်ထားသည်။ to slight, not to notice, ပမာဏမပြု။ အမှုမထား။ —*n.* from *do.* (to be neglected, လစ်ဟင်းသည်။)

Neglectful, *a.* apt to leave undone, မပြုဘဲဖြစ်ထားတတ်သော။ apt to slight, ပမာဏမပြု၊ အမှုမထားတတ်သော။ heedless, သတိလစ်တတ်သော။

Neglectfully, *adv.* ကပေါက်ကချက်။ ပြစ်စလက်ခတ်။

Negligence, *n.* from Neglect, *v. t.* habitual omission of what ought to be done, ပြုသင့်သောအမှုကိုမပြုဘဲနေတတ်သောအကျင့်စရိုက်။

Negligent, *a.* ပြုသင့်သောအမှုကိုသတိသစ်၍မပြုဘဲနေတတ်သော။

Negligently, *adv,* ထပေါ့သရေ။

Negotiate, *v.* အမှုပြီးစီးအောင်နှီးနှောတိုင်ပင်သည်။

Negotiation, *n.* from above.

Negotiator, *n.* agent from same.

Negress, *n.* ကပ္ပလီမိန်း။

Negro, *n.* ကပ္ပလီ။

Neigh, *v. i.* ဟီသည်။

Neighbor, *n.* အိမ်နီးချင်း။ နီးစပ်သောသူ။ near—, အိမ်မိုးခြင်တင်။

Neighborhood, *n.* ပတ်ဝန်းကျင်နီးစပ်သောအရပ်။

Neighborly, *a.* အိမ်နီးချင်းဝတ်တရားနှင့်ညီသော။

Neither, *a.*—thing, နှစ်ခုတွင်တခုမျှမယုတ်သော။ —person, နှစ်ယောက်တွင်တယောက်မျှမယုတ်သော။ *conj.* ထိုမျှမက။

Nemine contradicente, (by contraction, Nem. con.) *adv.* ထယ်သူမျှမငြင်းဘဲသဘောတညီတညွတ်တည်း။

Neology, *n.* စကားသစ်ကိုသွင်းခြင်း။

Neophyte, *n.* ဘာသာဝင်သောလူသစ်။

Nephew, *n.* the son of a man's brother or of a woman's sister, သား။ သားဖွား။ the son of a man's sister or of a woman' brother, တူ။

Nephritic, *a.* pertaining to the kidneys, ကျောက်ကပ်နှင့်ဆိုင်သော။ subject to the gravel or stone, ကျင်ငယ်အိမ်မှာကျောက်စွဲသော။ curative of the gravel or stone, ကျင်ငယ်အိမ်မှာကျောက်စွဲအနာကိုပျောက်စေတတ်သော။

Nepotism, *n.* သားဖွားနှင့်တူတို့ကိုအလွန်ချစ်ခြင်း။

**Nerve,** *n.* an organ of sensation, အာရုံကြော၊ အမျှင်ကြော၊ firmness of mind. မိုင်ခဲ့မြဲမြံသောသဘော၊ —*v. t.* မိုင်ခဲ့မြဲမြံစေသည်။

**Nervous,** *a.* pertaining to the nerves, အာရုံကြောနှင့်ဆိုင်သော၊ having weak or diseased nerves, ထိတ်လန့်တတ်သော၊ strong vigorous, သန်မာသော။

**Nervousness,** *n.* from above.

**Nest,** *n.* အသိုက်၊ ငှက်သိုက်၊ —of bees, ပျားအုံ၊ —egg, အလင်မပြတ် စေခြင်ငှာချန်ထားသောဥ။

**Nestle,** *v. i.* တိုးခွေ၍ဝပ်နေသည်။

**Nestling,** *n.* အသိုက်နှင့်မကွာသေးသောငှက်ကလေး။

**Net 1,** *n.* a casting net, ကွန်၊ a large casting—, မထိကွန်၊ small casting net, with a handle, မှိုင်းဝန်း၊ a seine, ပိုက်၊ —work, ကွန်ရွက်၊ ကွန်ခြား —2, *a.* remaining after all expenses are paid, စရိတ်ပြင်၊ မိုရ်ကျန်သော၊ အစတ်တင်သော၊ being clear of all deductions, သတ်သက်၊ —*v. t.* စရိတ်ပြင်၊ မိုရ်အမြတ်ရ သည်။

**Nether,** *a.* အောက်ဖြစ်သော၊ —most, အောက်ဆုံးကျသော။

**Netting,** *n.* ကွန်ရွက်၊ ကွန်ခြား

**Nettle,** *n.* ထိဝ်ဆွေပင်၊ one species, ဖက်ယား၊ the *urtica heterophylla;* —*v. t.* စိတ်ညစ်စေသည်။

**Neuralgia,** *n.* အာရုံကြောထိုးခွဲသောအနာ၊

**Neuter,** *a.* အဘယ်ထက်ကမနေ၊ စပ်ကြားမှာနေသော၊ မတရားနေသော၊ —gender, *n.* နပုလ္လိင်၊ —ထိုသို့နေသောသူ၊ an animal of neither sex, နပုန်း။

**Neutral,** *a. see* Neuter, *a.* —*n.* စပ်ကြားမှာနေသောသူ၊ (neutral state of mind, ဥပေက္ခာ၊)

**Neutrality,** *n.* from Neuter, *a.*

**Neutralization,** *n.* from next.

**Neutralize,** *v. t.* to destroy the peculiar properties of substances by combining them, ဓာတ်ချင်းရောနှော၍ပြယ်စေသည်၊ to render inert or inefficient, အရှိန်ကိုပြယ်ပျောက်စေသည်။

**Never,** *adv.* အဘယ်ကာလ၌မျှမ (ထုတ်၊)

**Nevertheless,** *adv.* သို့သော်လည်း၊ သို့ရာတွင်၊

**New,** *a.* not old, သစ်သော၊ အသစ်ဖြစ်သော၊ not familiar, unacquainted with, မတွေ့ကျက်၊ မကျွမ်းကျင်သော၊ —fangled, အသစ်ဖြစ်သည်ကိုကြိုက်၍လုပ်သော (အရာ၊) —fashioned, ထုံးစံသစ်အတိုင်းလုပ်သော၊ ထက်သစ်သော၊ —moon, *n.* လသစ်၊ (brand new, အသစ်စက်စက်၊)

**Newness,** *n.* from New.

**News,** *n.* သိတင်း၊ သိတင်းစကား၊ —paper, သိတင်းစာ၊

Next, *a.* adjoining, နီးစပ်သော၊ အနားမှာရှိသော၊ nearest, အနီးဆုံးဖြစ်သော၊

Nib, *n.* —of a bird, နှုတ်သီး၊ the point of a thing, အချွန်၊ အဖျား၊

Nibbed, *a.* ချွန်သော၊ အဖျားရှိသော၊

Nibble, *v.* to bite in small bits, တိခနဲကိုက်သည်၊ to bite, as a fish the bait, တွယ်သည်၊ to carp at, ရှာကြံ၍အပြစ်တင်သည်၊

Nice, *a.* savory. ဆိမ့်သော၊ အရသာရှိသော၊ fine, ချောသော၊ delicate, နူးသော၊ နူးညံ့သော၊ tender, not firm, မခိုင်ခံ့၊ နုနယ်သော၊ accurate, စေ့ငုတ်သော၊ သေချာသော၊ exact in dress or manners, ကျစ်လစ်သော၊ rather handsome in dress or manners, သပ်သပ်ရပ်ရပ်ဖြစ်၍တင့်တယ်သော၊ good (in a general sense,) ကောင်းသော၊ accurately discriminating, ညာဏ်ရှိ၍ခွဲခြားတတ်သော၊ requiring close scrutiny, ပိုင်းခြား၍သိနိုင်ခဲသော၊ scrupulously cautious, စေ့စေ့သတိပြုတတ်သော၊ extremely dainty, အသွန်ရွေးချယ်ခြင်းတတ်သော၊ fastidious, စိတ်နှုန်တွေ့ခဲသော၊ squeamish, နှစ်လုံးမသန့်၊ ရွံတတ်သော၊

Niceness, Nicety, *n.* from above.

Niche, *n.* လှိုင်ခေါင်း၊ လှိုင်း၊ လှိုင်ဇုတ်ကူ၊

Nick, *n.* အချိန်ကာလ၏အချက်၊ *see also* Notch ; —*v. t.* to hit at the right moment, အချက်ကျအောင်ပြုသည်၊ —a horse's tail, မြင်းမြီးကိုထောင်ကြွစေခြင်းငှါမြီးထူးမြီးရင်းကိုထိုး၍ပြုပြင်သည်၊

Nickname, *n.* ကျီစယ်၍ပေးသောနာမည်၊ —*v. t.* ကျီစယ်၍နာမည်ပေးသည်၊

Niece, *n.* the daughter of a man's brother, or of a woman's sister, တူမ၊ တူမတော်၊ the daughter of a man's sister, or of a woman's brother, တူမ၊

Niggard, *a.* စေးနှဲသော၊ စေးနှဲခြိုးခြံသော၊ ကပ်စေးနှဲသော၊ —*n.* လူစေးနှဲ၊

Niggardly, *a.* *see* Niggard, *a.*

Niggardliness, *n.* from above.

Nigh, *a.* နီးသော၊ အနီးအပါးဖြစ်သော၊ (nigh ox, ဝဲညာဉ်း) —*adv.* *see* Near, *adv.*

Night, *n.* ည၊ ညဉ့်၊ to—, *adv.* ယနေ့ညမှာ၊ —cap, *n.* အိပ်ရာ၌ဆောင်းသောဦးထုပ်၊ —dress, အိပ်ရာ၌ဝတ်သောအဝတ်၊ —fall, ညဦး၊ —gown, ညမှာဝတ်သောအင်္ကျီ၊ —walker, ညမှာလှည့်လည်တတ်သောသူ၊ —watch, a division of the night, ညဦးယံ၊ သန်းခေါင်ယံ၊ မိုးသောက်ယံ၊ a watch or guard in the night, ညစောင့်၊

Nightingale, *n.* ညဉ့်အခါသာယာစွာမြည်တတ်သောငှက်တမျိုး၊

Nightjar, *n.* ခြေဝပ်၊ ငှက်ဖျင်း၊ Aracan.

Nightly, *a.* ညည့်အချိန်နှင့်ဆိုင်သော။ —*adv.* by night, ညမှာ။ every night, ညတိုင်း။

**Nightmare**, *n.* ဘီလူးစီး၍လေးငင်လမ်းခြင်း။

Nightshade, *n.* ဆေးပင်တမျိုး။ Malabar—, ဂျင်ထိုင်။

**Nigrescent**, *a.* အဆင်းမည်းနက်၍သွားသော။

**Nihility**, *n.* အဘမျှမထုတ်သောအဖြစ်။

**Nimble**, *a.* ပေါ့ပါးလျင်မြန်သော။

**Nimbleness**, *n.* from above.

Nine, *a.* ကိုး။ ၉။ —fold, *a.* ကိုးဆဖြစ်သော။ —o'clock, ကိုးနာရီ၊ တချက်တီး။ —pins, ခွဲထောင်ကယ်။

Nineteen, *a.* ဆယ့်ကိုး၊ ၁၉။

Nineteenth, *a.* ဆယ့်ကိုးခုမြောက်သော၊ နဝဒသမ။

Ninetieth, *a.* ကိုးဆယ်ပြည့်သော။

Ninety, *a.* ကိုးဆယ်၊ ၉၀။

Ninny, *n.* လူမိုက်ကလေး။

Ninth, *a.* ကိုးခုမြောက်သော၊ နဝမ။

Nip, *v. t.* to pinch, ဆိတ်သည်။ to blast, ဥတုမသင့်၊ ထိခိုက်၍ရှုံ့ခွေ ခြောက်သည်။ —*n.* from *do.*

Nippers, *n.* ညှပ်။

Nipple, *n.* နို့သီး။

Nit, *n.* သန်းဥ။

Nitre, *n.* ယမ်းစိမ်း။

Nitrogen, *n.* နိုတရောဂျင်တည်းဟူသောအုပ်ဆီဂျင်နှင့်ရောနှော၍လေကိုဖြစ်စေသောဓာတ်ငွေ့။

**Nitrous**, *a.* ယမ်းစိမ်းနှင့်ဆိုင်သော။

**No**, *adv.* nay, မဟုတ်။ not (before a comparative adjective,) သာ၍မ။ —(repeated,) တည့်အင်။ —*a.* not any, none, အဘယ်မျှမထုတ်သော။

Nobility, *n.* high excellence, မြင့်မြတ်ခြင်း။ high birth, အမျိုးမြတ်ခြင်း။ distinguished rank, မှူးမတ်အရာ။ persons of rank, မှူးမတ်စု။ မှူးတော်မတ်တော်၊

Noble, *a.* excellent, exalted, မြင့်မြတ်သော။ of high birth, အမျိုးမြတ်သော။ of distinguished rank, အရာကြီးသော။ မှူးမတ်အရာရှိသော။ —man, *n.* အမတ်။ မှူးမတ်။ —, same.

**Nobleness**, *n.* high birth, အမျိုးမြတ်ခြင်း။ high rank. အရာကြီးခြင်း။ greatness of mind, magnanimity, စိတ်သဘောမြင့်မြတ်ခြင်း။

**Nobody**, *n.* (is,) အဘယ်သူမျှမ (ရှိ။)

**Noctambulation**, *n.* အိပ်ပျော်လျက်ထ၍လှည့်လည်ခြင်း။

**Noctambulist**, *n.* အိပ်ပျော်လျက်ထ၍လှည့်လည်တတ်သောသူ။

Nocturnal, *a.* pertaining to night, ညည့်နှင့်ဆိုင်သော။ taking place in the night, ညည့်၌ဖြစ်သော။

Nod, *v. i.* ငိုက်မျဉ်း။ *v.* to decline the head with a quick motion, ခေါင်းညိတ်သည်။ to drop the head through drowsiness, ငိုက်သည်။ ငိုယိုသည်။ ငိုက်မျဉ်းသည်။ to have a momentary fit of drowsiness, မှေးခနဲပျော်သည်။ —*n.* from *do.* 1st and 2d def.

Noddle, *n.* the head (in contempt,) ဉကွောင်း။

Noddy, *n.* လူမိုက်ကလေး။

Node, *n.* a knob, အဖု။ a place of intersection, ကန့်လန့်ဖြတ်ချက်။

Nodule, *n.* အဖုကလေး။

Noggin, *n.* သစ်သားကိုလုပ်သောရေခွက်။

Noise, *n.* sound, အသံ။ အသံဖြည်ခြင်း။ loud—, အသံဗလံ။ clamor, ထစ်ကျော်ခြင်း။ much public talk, ကျော်ညာခြင်း။ —*v. t.* ကျော်ညာစေသည်။

Noiseless, *a.* တိတ်ဆိတ်သော။

Noisiness, *n.* from Noisy.

Noisome, *a.* noxious to health, အနာရောဂါကိုဖြစ်စေတတ်သော disgusting, ရွံရှာစက်ဆုပ်ဖွယ်ဖြစ်သော။

Noisomeness, *n.* from above.

Noisy, *a.* making a loud sound, အသံကြီးသော။ အသံများသော။ ဆူတ်ဆူတ်ကျက်ကျက်ဖြစ်သော။ မြည်သော။ noisy in speech, နှုတ်ကြမ်းသော။

Noisily, *adv.* သောင်းသောင်း၊ သောင်းသောင်းသဲသဲ၊ ဝီလောင်မလောင်း။

Nolens volens, *adv.* အလိုရှိသည်ဖြစ်စေ၊ မရှိသည်ဖြစ်စေ။

Nomad, *n.* လယ်ယာမလုပ်၊ ဆိတ်၊ သိုး၊ နွားကိုသာထိန်းကျောင်း၍အတည်မကျ၊ အရပ်ရပ်လည်သောသူ။

Nomadic, *a.* ကျက်စားရာကိုရှာ၍ထိန်းကျောင်းခြင်းနှင့်ဆိုင်သော။

Nombles, *n.* ဒရယ်အူ။

Nomenclature, *n.* ခေါ်ဝေါ်သမုတ်သောနာမည်စု။

Nominal, *a.* pertaining to names, နာမည်နှင့်ဆိုင်သော။ existing in name only, စကေန်အမှန်မဟုတ်၊ ခေါ်ဝေါ်သမုတ်ခြင်းသာရှိသော။

Nominally, *adv.* ခေါ်ဝေါ်သမုတ်ခြင်းအားဖြင့်။

Nominate, *v. t.* to mention by name, နာမကိုထုတ်၍ပြောသည်။ to denominate, မှည့်သည်။ သမုတ်သည်။ to designate for some situation, ခန့်ထားရန်ရွေးကောက်လျှာထားသည်။

Nomination, *n.* from above, last def.

Nominative, *n.* ကတ္တား။

Nominator, *n.* agent, from Nominate.

Nominee, *n.* ခန့်ထားရန်ရွေးကောက်လျှာထားခြင်းကိုခံရသောသူ။

Non, *pref.* in *composition*, အ၊ မ။

**Nonage,** *n.* တရားမဝင်ရသေးသောအသက်အရွယ်။

**Nonagon,** *n.* ကိုးထောင့်ပုံ။ နဝဂံ။ a regular nonagon, နဝရန်း။

**Nonappearance,** *n.* ထာရောက်ရသောနေ့ရက်အချိန်၌မလာမရောက်နေခြင်း။

**Nonattendance,** *n.* ပါရှိအောင်မလာဘဲနေခြင်း။

**Nonchalance,** *n.* from next.

**Nonchalant,** *a.* လျစ်လျူသော။

**Nonce,** *n.* တကြိမ်။ အကြိမ်အစည်။

**Noncompliance,** *n.* ဝန်မခံဘဲနေခြင်း။

**Non compos mentis,** *a.* ရူးသွပ်သော။

**Nonconductor,** *n.* လျှပ်စစ်ဓါးမရှောက်နိုင်သောအရာ။

**Nonconformist,** *n.* မင်းစီရင်သည့်အတိုင်းမကိုးကွယ်သောသူ။

**Nonconformity,** *n.* want of conformity, စိတ်သဘော၊ အပြုအကျင့်အား ဖြင့်မတူဘဲနေခြင်း။ dissent from an established church, မင်း စီရင်သည့်အတိုင်းမကိုးကွယ်ဘဲနေခြင်း။

**Noncontagious,** *a.* ကူးစက်တတ်သောအဆိပ်မပါသော။

**Nondescript,** *a.* အရုပ်သကန်မဖော်မပြသေးသော (အရာ)

**None,** *a.* not one, တခုမျှမရှိသော။ not any, အလျှင်းမရှိသော။

**Nonentity,** *n.* *see* Nonexistence.

**Nonessential,** *n.* အဓိကမဖြစ်သောအရာ။

**Nonesuch,** *n.* အတုမရှိသောသူ။ အတုမရှိသောအရာ။

**Nonexistence,** *n.* absence of existence, မဖြစ်ခြင်း။ a thing not existing, မဖြစ်သောအရာ။

**Nonillion,** *n.* ရာနဟုတ။

**Nonjuring,** *a.* အမျိုးအရာမထုတ်သော့ကြောင့်သစ္စာမခံဘဲနေသော။

**Nonjuror,** *n.* agent, from above.

**Nonnatural,** *n.* မညီမျှလျှင်အနာရောဂါကိုဖြစ်စေနိုင်သောအရာ။

**Nonpareil,** *a.* အတုမရှိသော။

**Nonpayment,** *n.* ကြွေးမဆပ်ဘဲနေခြင်း။

**Nonplus,** *v. t.* မကြံစည်နိုင်အောင်ပြုသည်။ —*n.* မကြံစည်နိုင်ခြင်း။

**Nonplusedly,** *adv.* မောဟကန်းကန်း။

**Nonresidence,** *n.* from next.

**Nonresident,** *a.* ကိုယ်နေရာ၌မနေသော။

**Nonresistant,** *a.* သူတပါးကိုမဆီးတား။ သည်းခံသော။

**Nonsense,** *n.* senseless talk, အဖျင်းစကား။ idle talk, အလကားစကား။

**Nonsensical,** *a.* အလကားဖြစ်သော။

**Nonsuit,** *v. t.* တရားလိုသူသည်တရားမတွေ့စေနှင့်ဟုစီရင်သည်။

**Noodle,** *n.* လူမိုက်။

**Nook,** *n.* ထောင့်ကြား။

**Noon,** *n.* မွန်းတည့်။ —day, —tide, မွန်းတည့်အချိန်။

Noose. *v. t.* ကျော့မိသည်။ —*n.* a snare, ကျော့ကွင်း။ ညွတ်ကွင်း။ any slip-knot, ကွင်းလျှော။

Nor, *adv.* လည်း —မ။ လည်း —မ။ as, မိတ်ဆွေကိုလည်းမချစ်၊ ရန်သူကိုလည်း မကြောက်၊ he neither loves a friend, nor fears an enemy.

Normal, *a.* according to rule, တိမျှညီညီနှင့်ညီသော၊ နည်းဥပဒေသအတိုင်းဖြစ်သော။ teaching rudiments, သိပ္ပံအတတ်တွင်ရှေးဦးစွာသင်ရသောအရာတို့ကိုသင်ပြသော။

North, *n.* the northern quarter of the heavens, မြောက်၊ မြောက်မျက်နှာ၊ ဥတ္တရ၊ *Pali.* the northern parts of the earth, မြောက်အရပ်။ —*a.* မြောက်မှာရှိသော။ —east, *a.* အရှေ့မြောက်မျက်နှာနှင့်ဆိုင်သော။ —eastern, *see* —east; —star, *n.* ဓူဝံ၊ —west, အနောက်မြောက်။ —*a.* အနောက်မြောက်မျက်နှာနှင့်ဆိုင်သော။ —western, *see* —west.

Northerly, Northern, *a.* situated in the north, မြောက်မျက်နှာ၊ မြောက်မျက်နှာအရပ်၌ရှိသော၊ pertaining to the north, မြောက်မျက်နှာ၊ မြောက်အရပ်နှင့်ဆိုင်သော။

Northerner, *n.* မြောက်ပြည်၊ မြောက်အရပ်၌နေသောသူ။

Northernmost, *a.* မြောက်မျက်နှာ၌အဝေးဆုံးဖြစ်သော၊

Northward, *adv.* မြောက်မျက်နှာသို့။

Nose, *n.* နှာ၊ နှာခေါင်း။ —of a bellows, ဖိုနှာတံ။ —*v. t.* နမ်းသည်။

Nosegay, *n.* ပန်းခိုင်။

Nosology, *n.* အနာရောဂါတို့ကိုအစဉ်အတိုင်းမှတ်သားသောစာရင်း။

Nostril, *n.* နှာခေါင်းပေါက်၊

Nostrum, *n.* ဖော်နည်းကိုမပြသေးသောဆေး။

Not, *adv.* မ။

Nota bene, *int.* (by contraction, N. B.) ကောင်းကောင်းမှတ်တော့။

Notable, *a.* distinguished, remarkable, ထင်ရှားရဖြစ်သော၊ ကျော်စောသော၊ active, industrious, ကြည့်ရှုစုလုပ္ပ အားထုတ်တတ်သော။

Notarial, *a.* စာချုပ်ထိန်းနှင့်ဆိုင်သော။

Notary, *n.* စာချုပ် လက်မှတ်အမျိုးမျိုးကို ထက်ခံထိန်းသိမ်းသော အရာရှိ၊ စာချုပ်ထိန်း။

Notation, *n.* မှတ်သားရေးထားခြင်း။ *in arithmetic, see* Numeration.

Notch, *v. t.* ထစ်သည်။ —*n.* အထစ်။

Note, *v. t.* to mark down in writing, မှတ်သားသည်။ to observe, mark in the mind, မှတ်သည်။ မှတ်ထားသည်။ —and learn, မှတ်နာသွေ့ကျက်သည်။ —*n.* something marked down, a short remark, အမှတ်အသား၊ မှတ်သားချက်။ a mark, token, လက္ခဏာ။ notice, heed, မှတ်ခြင်း၊ reputation, consequence, အသရေ။ a musical sound, မြည်သံ၊ သီခြင်းသံ။ a mark of sound in music, သီချင်းသံပုံ။ a short letter, a billet, စာစေ့စာငယ်။ a note of hand or other short writing on business, လက်မှတ်။ an annotation, comment, အနက်အဓိပ္ပာယ်ကိုပြသောသဝှင်း။ —book, မှတ်စုစာ။ dotted—, သံပုံရှေ့ကပေါက်။ half—, သံပုံဝက်။ quarter—, သံပုံစိတ်။ whole—, သံပုံလုံး။

Noted, *a.* much known, ကျော်စောသော။

Nothing, *n.* not any thing (is,) တစုံမျှမ (ရှိ။) nonexistence, မဖြစ်ခြင်း။ —*adv.* အလျှင်းမဟုတ်ဘဲ။

Nothingness, *n.* တစုံမျှမဖြစ်ခြင်း။

Notice, *v. t.* to observe, မှတ်သည်။ to heed, regard, အမှုထားသည်။ to remark upon, အကြောင်းပြုလျက်ပြောသည်။ to treat with civilities, လောကဝတ်ပြုသည်။ —*n.* observation, မှတ်ခြင်း။ information, ကြားပြောခြင်း။ a writing that communicates information, သတင်းကြားစာ။ civility, လောကဝတ်။ (for sub-def. *see do.*)

Noticeable, *a.* မှတ်ရကောင်းသော။

Notification, *n.* the act of notifying, သိစေအောင်ပြောခြင်း။ notice given, သိစေအောင်ပြောချက်။ the writing that notifies, သတင်းကျော်ညာစာ၊ သတင်းလွှင့်စာ။ public —, ကျော်ညာအောင်ပြုခြင်း။

Notify, *v. t.* သိစေအောင်ပြောသည်၊ ကြားပြောသည်။

Notion, *n.* conception, အစဉ်ထင်ခြင်း။ opinion, ဝိတ်ထင်။

Notional, *a.* အမှန်မဟုတ်၊ အစဉ်ထင်ရုံမျှသာရှိသော။

Notoriety, *n.* from next; အကျော်အစော၊ ကျော်စောခြင်း။

Notorious, *a.* ထင်ရှားကျော်ညာသော၊ သတင်းနှံ့ပြားသော။

Notwithstanding, *adv.* သို့သော်လည်း။

Noun, *n.* နာမ်။

Nourish, *v. t.* to supply with nutriment, ကျွေးမွေးသည်။ to promote the growth of, တိုးပွားအောင်ပြုစုသည်။

Nourishing, *a.* nutritious, အသွေးအသားကိုပြုစုတတ်သော။

Nourishment, *n.* food, sustenance, အစာအာဟာရ။ the act of promoting the growth of, တိုးပွားအောင်ပြုစုခြင်း။ the act of promoting animal growth, အသွေးအသားကိုပြုစုခြင်း။

Novel, *a.* သစ်သော၊ အသစ်ဖြစ်သော။ —*n.* အမှန်မရှိဘဲအလိုလိုစိတ်ကူး၍လုပ်သောစာ၊ ဝတ္ထုစာ။ *pl.* စာပေါ်ဗလွှင်၊ စာယည်စာနှ။

Novelist, *n.* an innovator, ပြောင်းလဲ၍အသစ်ပြုလုပ်သောသူ။ a writer of novels, ဝတ္ထုစာကိုစီရင်ရေးသားသောသူ။

Novelty, *n.* newness, သစ်ခြင်း။ something new and curious, ထူးဆန်းသောအရာ။

November, *n.* အင်္ဂလိပ်နှစ်တွင် ၁၁ ကြိမ်မြောက်သောလ တည်းဟူသော

နိဝဘိဘဿ nearly answering to the Burmese တန်ဆောင မုန်းလ။

Novice, *n.* one who is new in any business, လူသစ်။ a probationer for the priesthood, ဆရာလောင်း၊ ရှင်လောင်း။ (Boodhistic,) သာမဏေ၊ ရှင်၊ မောင်ရှင်။

Novitiate, *n.* လူသစ်ဖြစ်၍စုံစမ်းခြင်းကိုခံရာကာလ။

Now, *adv.* at the present time, ယခု၊ just—, ယခုမှာ၊ ခုဝင်း၊ only just—, ယခုမှ၊ (introductory or explanatory,) မူကား။ ထိုသို့ဆိုသော်၊ —a days, ယခုကာလတွင်။ —and then, တခါတလေ။ —*n.* ယခုကာလ။

Noway, Noways, *see* Nowise.

Nowhere, *adv.* (is,) တယ်ဆိမှာမ (ရှိ။)

Nowise, *adv.* (is,) တဲ့နှယ်မျှမ (ရှိ။)

Noxious, *a.* အကျိုးကိုဖျက်တတ်သော၊ ဘေးဖြစ်စေတတ်သော။

Noxiousness, *n.* from above.

Noyau, *n.* အရက်ချို။

Nozzle, *n.* နှုတ်သီး။

Nucleus, *n.* a kernel, အဆန်။ a centre of conglomeration, စုဝိ၍လုံးရာအလယ်ချက်မ။ the head of a comet, ကြယ်တံခွန်အတွင်းဆန်။

Nudge, *v. t.* တို့သည်။

Nudity, *n.* အချည်းစည်းဖြစ်ခြင်း။

Nugatory, *a.* အချည်းနှီးဖြစ်သော၊ လိုသောအကျိုးကိုမဖြစ်စေနိုင်သော။

Nuisance, *n.* နှောင့်ရှက်တတ်သောအရာ။

Null, *a.* မတည်၊ ပယ်ပါသော၊ တည်တံ့နိုင်သောအားမရှိသော။

Nullification, *n.* from next.

Nullify, *v. t.* ပယ်ပါစေသည်။

Nullity, *n.* nothingness, ဘာမျှမဖြစ်ခြင်း။ want of legal force, တည်တံ့နိုင်သောအားမရှိခြင်း။ မတည်ပယ်ပါခြင်း။

Numb, *a.* ထုံသော၊ ထုံကျဉ်သော။ —*v. t.* from *do.*

Number, *v. t.* ရေတွက်သည်။ —*n.* an arithmetical designation of one or more, ကိန်း။ the figures which express the number, နံပတ်။ (Eng.) numerical quantity, အရေအတွက်။ many, အများ။ harmonious measure, လင်္ကာအပိုက်၏အတိုင်းအထွာ။ *in grammar,* the singular, ဧကဝုစ်၊ the plural, ဗဟုဝုစ်၊ an immense—, အသင်္ချေ။

Numberless, *a.* မရေတွက်နိုင်အောင်များသော။

Numbers, *n.* ဓမ္မဟောင်းကျမ်းတို့တွင်စတုတ္ထကျမ်းတည်းဟူသောတောလည်ရာကျမ်း။

Numbness, *n.* ထုံခြင်း။

Numerable, *a.* ရေတွက်နိုင်သော။

Numeral, *a.* အရေအတွက်နှင့်ဆိုင်သော။

Numerally, *adv.* အရေအတွက်အားဖြင့်။

Numeration, *n.* the act of numbering, ရေတွက်ခြင်း။ the act of arranging and reading numeral figures, ဂဏန်းဒီစည်၍ဖတ်သားခြင်း။

Numerator, *n.* ပိုင်းဝေ။

Numeric, Numerical, *a.* *see* Numeral.

Numerous, *a.* များပြားသော။ ထူပြောသော။

Numskull, *n.* ညာဏ်ထိုင်းသောသူ။

Nun, *n.* မယ်သီလရှင်။

Nuncheon, *see* Luncheon.

Nuncio, *n.* ရတနာမင်းစေလွှတ်သောသံတမန်။

Nuncupative, Nuncupatory, *a.* ထင်ရှားအောင်ပြောထားသော။

Nunnery, *n.* မယ်သီလရှင်နေသောကျောင်း။

Nuptial, *a.* လက်ထပ်မင်္ဂလာနှင့်ဆိုင်သော။

Nuptials, *n. plur.* လက်ထပ်မင်္ဂလာဆောင်ခြင်း။

Nurse, *v. t.* to tend (a child,) ထိန်းသည်။ ထိန်းချီသည်။ to suckle, နို့တိုက်သည်။ to tend (the sick,) စောင့်ထိန်းသည်။ to take care of (in various senses,) ကြည့်ရှုပြုစုသည်။ —*n.* a woman that tends a child, ထိန်း။ အချီ။ wet nurse, နို့ထိန်း။ နို့သည်။ one that tends the sick. (လူနာကို) စောင့်ထိန်းသောသူ။ one that takes care of, ကြည့်ရှုပြုစုသောသူ။

Nursery, *n.* the room where children are nursed, သူငယ်ထိန်းခန်း။ a plantation of young trees, စိုက်ရန်အပင်မျိုးကိုပျိုး၍ထားသောခြံ။

Nursling, *n.* နို့နို့သူငယ်။

Nurture, *v. t.* ကျွေးမွေးပြုစုဆုံးမသွန်သင်သည်။ —*n.* from *do.*

Nut, *n.* the fruit, အခွံမာသောအသီးမျိုး။ —of a screw, ဝက်အူအိမ်။ —shell, မာသောအစေ့ခွံ။ ground—, မြေပဲ။

Nutgall, *n.* ပဉ္စကာနီသီး။

Nutmeg, *n.* ဇာတိပ္ဖိုလ်။ wild nutmeg tree, ကျွဲသွေး။ ဘောင်စိကား။

Nutriment, *n.* အစာအာဟာရ။

Nutrition, *n.* same; the act of promoting animal growth, အသွေးအသားကိုပြုစုခြင်း။

Nutritious, Nutritive, *a.* အသွေးအသားကိုပြုစုတတ်သော။

Nuzzle, *v.* နှုတ်သီးနှင့်ထိုး၍ရှာသည်။

Nymph, *n.* ရုက္ခစိုးနတ်သမီး။

# O

O, *int.* ဪ။ သော။ expressive of satisfaction, ဧသော့သော။
Oaf, *n.* ငယ်ရူး။
Oak, *n.* ဝက်သစ်ချပင်။ သဗိတ်။ —apple, ပဏ္ဏရသ
Oaken, *a.* ဝက်သစ်ချသားကိုလုပ်သော။
Oakum, *n.* ကျစ်ဆံနှိုင်တွေး။
Oar, *n.* တက်။ ခတ်တက်။ —for steering, ပဲ့တက်။
Oasis, *n.* သွေ့ခြောက်သောအရပ်၌စိမ်းလန်းသောအကွက်။
Oat, Oats, *n.* စပါးတမျိုး။
Oath, *n.* သစ္စာပြုခြင်း။ ကျိန်ဆိုခြင်း။ —on scripture, ကျမ်းသစ္စာ၊ vow, သစ္စာ။ make —, *v.* ကျိန်ဆိုသည်။ ကျမ်းကိုင်သည်။
Obduracy, *n.* from next.
Obdurate, *a.* မပြောင်းလဲနိုင်အောင်စိတ်နှစ်လုံးခိုင်မာသော။
Obedience, *n.* နားထောင်ခြင်း။
Obedient, *a.* နားထောင်တတ်သော။ အနေ်အတာခံသော။ ကျိုးနွံသော။
Obeisance, *n.* နှုတ်ဆက်ခြင်းနှင့်ဆိုင်သောဦးညွှတ်၊ ဦးညွှတ်ခြင်း။ ရှိခိုးခြင်း။ လက်အုပ်ချီခြင်း။
Obelisk, *n.* a kind of pyramid, ချွန်းသောကျောက်တိုင်။ a mark in writing, စာ၌သုံးသောအမှတ်တမျိုး။ (†)
Obese, *a.* ဆူဖြိုးသော။
Obeseness, Obesity, *n.* from above.
Obey, *v. t.* နားထောင်သည်။ အုပ်စိုးခြင်းကိုဝန်ခံသည်။
Obfuscate, *v. t.* မိုက်စေသည်။ မှိုင်းစေသည်။
Obit, *n.* မသာ။
Obituary, *n.* a list of the dead, သေသောသူတို့စာရင်း။ an account of a person deceased, သေသောသူ၏အကြောင်းအထူပ္ပတ္တိများကိုမှတ်သားရေးထားသောစာ။ —*a.* —notice. *do.*
Ob'ject, *n.* —of sense, အာရုံ။ —of desire, အလိုရှိရာ။ —of pursuit, ရအောင်ရှာသောအရာ။ ကြံရွယ်သောအကျိုး။ —acted on, ရာ။ (in verbal nouns, from အရာ။) immaterial object of thought, ဓမ္မာရုံ။
Object', *v. t.* to throw before, ကန့်လန့်ထားသည်။ to propose against, မနှစ်သက်စရာအကြောင်းကိုပြ၍ထားသည်။
Objection, *n.* မနှစ်သက်စရာအကြောင်းကိုပြ၍ထားချက်။
Objectionable, *a.* liable to objection, ငြင်းခုံစရာရှိသော။ that may be found fault with, အပြစ်တင်စရာရှိသော။
Objective, *a.* pertaining to an object, (ပြုရာ) နှင့်ဆိုင်သော။ —*n.* ကမ္မ။ ကံ။
Objector, *n.* မနှစ်သက်စရာအကြောင်းကိုပြ၍ထားသောသူ။

blate, *a.* ထိပ်ဝဒ်သော၊ လုံးဝိုင်ဖြစ်သော၊
Oblation, *n.* ပူဇော်သကာ၊
Obligate, *v. t. see* Oblige, 1st def.
Obligation, *n.* a reason which compels to the performance of something, မ (ပြု) ဘဲမနေရမည်အကြောင်း၊ favor conferred, ကျေးဇူးရှိခြင်း၊ (to be under—, ကျေးဇူးတင်သည်၊)
Obligatory, *a.* မ (ပြု) ဘဲမနေရမည်အကြောင်းရှိသော၊
Oblige, *v. t.* to constrain to (do,) မ (ပြု) ဘဲမနေရမည်အကြောင်းကို စီရင်သည်၊ to do a favor, confer an obligation, ကျေးဇူးပြုသည်၊
Obliging, *a.* ကျေးဇူးပြုတတ်သော၊
Oblique, *a.* deflected, ရွှေသော၊ inclined, စောင်းသော၊ တိမ်းသော၊ ယိမ်းသော၊ လွဲသော၊ indirect in management, တိုက်ရိုက်မဟုတ်၊ သွယ်ဝိုက်သော၊ (to go in an oblique direction, ပါးသွားသည်၊)
Obliqueness, *n.* from above.
Obliquity, *n.* from Oblique, 1st and 2d def.;—, deviation from right, မှားယွင်းခြင်း၊
Obliterate, *v. t.* ချေသည်၊ to make lost, ပျောက်ဖျက်သည်၊ (obliterated, ထိမ်မြုပ်သော၊)
Obliteration, *n.* from above.
Oblivion, *n.* forgetfulness, မေ့လျော့ခြင်း၊ amnesty, လွှတ်သမျှလွှတ်စေ ထုံချမ်းသာပေးခြင်း၊
Oblivious, *a.* forgetful, မေ့လျော့တတ်သော၊ causing forgetfulness, မေ့လျော့စေတတ်သော၊
Oblong, *a.* လျားသော၊ —*n.* လျားသောပုံ၊
Obloquy, *n.* ကဲ့ရဲ့သင်းပြုပ်ခြင်း၊
Obnoxious, *a.* amenable, ဒေါ်သွင်းအစစ်ခံရသော၊ exposed to, အကွယ်အကာမရှိနေရသော၊ censurable, အပြစ်တင်ဖွယ်ဖြစ်သော၊ odious, ငြင်ပျင်းစရာရှိသော၊
Obnoxiousness, *n.* from above.
Obscene, *a.* lewd, ကိလေသာညစ်ညမ်းခြင်းနှင့်ရှည်သော၊ disgusting, စက်ဆုပ်ရွံရှာဖွယ်ဖြစ်သော၊
Obsceneness, Obscenity, *n.* ကိလေသာညစ်ညမ်းခြင်းနှင့်ရှည်သောစကားဖြစ်စေ၊ အပြုအမူဖြစ်စေ၊
Obscuration, *n.* the act of darkening, မိုက်စေခြင်း၊ the state of being darkened, အလင်းကွယ်ခြင်း၊
Obscure, *a.* dark, မိုက်သော၊ not clear in meaning, အနက်မထင်ရှားသော၊ not easily legible, အက္ခရာမထင်သော၊ dim, not clearly seen, မှုန်သော၊ ရေးရေးသာထင်သော၊ —*v. t.* from *do.*
Obscureness, Obscurity, *n.* from same.
Obscurely, *adv.* indistinctly, ရိုးရိုးရိုးရိုး၊ ရေးရေး၊ မှုန်တုန်တုန်၊ by

glimpses, ရေးရေးခြိပ်ခြိပ်၊ dubiously, ဝိုးတိုးဝါးတားး dimly, သိတိတိ၊

**Obsequies,** *n. plur.* သောခမ်းသေနားပြုပွင်ဆောင်ရွက်ခြင်း။

**Obsequious,** *a.* very obedient, သူ့အလိုသို့လိုက်၍စေ့စေ့နားထောင်တတ်သော၊ servile, သဘောနေ၊ သဘောထားယုတ်ညံ့၍သူ့အလိုသို့အစွန်လိုက်တတ်သော၊

**Obsequiousness,** *n.* from above.

**Observable,** *a.* ကြည့်၍မှတ်ရကောင်းသော၊

**Observance,** *n.* the act of observing or keeping, စောင့်ခြင်း။ respect paid, မြဲသေစွာပြုခြင်း။ performance of rites, ဝတ်ပြုခြင်း အခမ်းအနားနှင့်တကွပြုလုပ်ခြင်း။

**Observant,** *a.* ကြည့်ရှု၍မှတ်ထားတတ်သော၊ —of, စောင့်တတ်သော၊

**Observation,** *n.* the act of observing, ကြည့်၍မှတ်ခြင်း။ remark, အကြောင်းပြု၍ပြောသောစကားဘုက်၊ knowledge, အသိအခြင်း၊

**Observatory,** *n.* ကြယ်နက္ခတ်တို့ကိုကြည့်၍မှတ်သားရာတိုက်ခြင့်၊

**Observe,** *v. t.* မှတ်ထားသည်။ to look at attentively, ကြည့်၍မှတ်သည်၊ သိမှတ်သည်၊ to remark, အကြောင်းပြု၍ပြောသည်၊ to keep, celebrate, စောင့်သည်၊ to practice, ကျင့်ဆောင်သည်၊ ဆောက်တည်သည်၊

**Observing,** *a.* စေ့စေ့ကြည့်၍မှတ်တတ်သော၊

**Obsolescent,** *a.* ရှေးကသုံး၍ယခုသုံးခြင်းနည်းသော၊

**Obsolete,** *a.* ရှေးကသုံး၍ယခုသုံးခြင်းမရှိသော၊

**Obstacle,** *n.* အဆီးအတား။

**Obstetric,** *a.* ဝမ်းဆွဲအတတ်နှင့်ဆိုင်သော၊

**Obstinacy,** *n.* from next.

**Obstinate,** *a.* stubborn, မိတ်ခိုင်မာ၍ဖျောင်းဖျမရနိုင်သော၊ ဆောင့်တောင့်သော၊ firmly fixed, အမြဲစွဲသော၊ headstrong, ခေါင်းမာသော၊

**Obstinately,** *adv.* ဇွတ်ခိုး၊ အတင်း။ ဇွတ်တရွတ်၊

**Obstreperous,** *a.* ဟစ်ကျော်သံများသော၊

**Obstreperousness,** *n.* from above.

**Obstruct,** *v. t.* to block up, ကန့်လန့်ထားသည်။ ပိတ်ဆို့၍ထားသည်၊ to impede, ဆီးတားသည်၊ ပိတ်ပင်းသည်၊ —as a stream of water, ပင်းသည်၊

**Obstruction,** *n.* အဆီးအတား။

**Obstructive,** *a.* ဆီးတားတတ်သော

**Obtain,** *v. t.* to get, ရသည်။ —*v. i.* to have subsistence, be established, တည်လျှက်ရှိသည်၊

**Obtainable,** *a.* ရနိုင်ဖွယ်ဖြစ်သော၊

**Obtest,** *v. t.* တောင်းပန်သည်၊

**Obtrude,** *v. t.* —by force, တနိုင်အထက်သွင်းသည်၊ —by fraud,

ထိပ်ထည့်၍သွင်းသည်။ —*v. i.* to enter uninvited, အခွင့်မရှိဘဲဝင်သည်။

Obtrusion, *n.* from above.

Obtrusive, *a.* အခွင့်မရှိဘဲသွင်းတတ်သော။ —ဝင်တတ်သော။

Obtuse, *a.* blunt, not sharp pointed, မချွန်၊ တုံးသော။ dull, stupid, ဉာဏ်တုံးသော။ not clear, not shrill, မသိရှုပ်သော။

Obtuseness, *n.* from above.

Obviate, *v. t.* ပယ်ထားသည်။

Obvious, *a.* ထင်ရှားသော။

Occasion, *v. t.* ဖြစ်စေသည်။ ပေါ်စေသည်။ —*n.* a cause, (အကျိုးကိုဖြစ်စေသော) အကြောင်း။ a circumstance of need, အသုံးပြုခြင်းနှင့်ညီသောအမှုအရာ။ an opportunity, အဆင်သင့်ခြင်း၏အခွင့်။

Occasional, *a.* အစဉ်အမြဲမဟုတ်၊ တခါတလေဖြစ်တတ်သော။

Occasionally, *adv.* တခါတလေ။ ကြိုးကြား။ ရံဖန်။ ရံခါ။

Occident, *n.* အနောက်မျက်နှာ။

Occidental, *a.* အနောက်မျက်နှာနှင့်ဆိုင်သော။

Occiput, *n.* နောက်စေ့။

Occult, *a.* မထင်ရှား၊ ကွယ်လျှက်ရှိသော။

Occultation, *n.* (ကြယ်) ကွယ်ခြင်း။

Occupancy, *n.* သိမ်း၍နေခြင်း။

Occupant, *n.* သိမ်း၍နေသောသူ။

Occupation, *n.* the act of taking possession, သိမ်းယူခြင်း။ the keeping in use, သုံးဆောင်၍နေခြင်း။ business, အလုပ်အကိုင်။

Occupied, *a.* engaged, busy, လုပ်ဆောင်၍မအားသော။

Occupy, *v. t.* to take possession, သိမ်းယူသည်။ to keep in use, သုံးဆောင်၍နေသည်။ to take up, fill up, ပြည့်စေ၍နေသည်။ to employ one's self, လုပ်ဆောင်၍နေသည်။ to follow (as business,) အမြဲလုပ်ဆောင်၍နေသည်။ —a throne, နန်းထိုင်သည်။

Occur, *v. i.* to happen, take place, ဖြစ်လာသည်။ —to the mind, စိတ်ထင်မှတ်သည်။ to be found (in a writing,) ပါရှိသည်။

Occurrence, *n.* a happening or taking place, ဖြစ်လာခြင်း။ an incident, event, အဖြစ်အပျက်။ အကြောင်းအရာ။

Ocean, *n.* ပင်လယ်။ သမုဒ္ဒရာ။

Ochre, *n.* အရောင်အဆင်းရှိသောမြေ။ red—, မြေနီ။

Octagon, *n.* ရှစ်ထောင့်ပုံ။ အဋ္ဌံ။ a regular octagon, အဋ္ဌရန်း။

Octangular, *a.* ရှစ်ထောင့်ရှိသော (ပုံ။)

Octave. *n.* the eighth day after a festival, ပွဲလမ်းပြီး၍ရှစ်ရက်မြောက်သောနေ့။ *in music,* သီခြင်းဆိုသံတို့တွင်ရှစ်ခုမြောက်သောအသံ။

Octavo, *n.* and *a.* ၄ ခေါက်ချိုး။

Octennial, *a.* happening every eighth year, ရှစ်နှစ်ဘွင်တခါဖြစ်တတ်သော၊ lasting eight years, ရှစ်နှစ်တိုင်တိုင်တည်တတ်သော။
Octillion, *n.* သန်းပကောဋိ။
October, *n.* အင်္ဂလိပ်နှစ်ဘွင်ဆယ်ခုမြောက်သောလတည်းဟူသောအောက်တိုဘာလ။ nearly answering to the Burmese, သီတင်းကျွတ်။
Octogenarian, *n.* အသက်ရှစ်ဆယ်ရှိသောသူ။
Octuple, *a.* ရှစ်ဆဖြစ်သော။
Ocular, *a.* မြင်ခြင်းနှင့်ဆိုင်သော။
Oculist, *n.* မျက်စိနာကိုကုတတ်သောဆေးသမား။
Odd, *a.* not even, မစုံသော၊ left, remaining, ကြွင်းသော၊ singular, strange, ထူးခြားသော၊ —looking, သူတပါးနှင့်အဆင်းအရည်မတူ၊ ခြားနားသော။
Oddity, *n.* singularity, strangeness, ထူးခြားခြင်း၊ a singular person, သူတပါးနှင့်မတူ၊ ထူးခြားသောသူ။
Oddness, *n.* the state of being odd, မစုံခြင်း၊ singularity, strangeness, ထူးခြားခြင်း။
Odds, *n.* excess, အပိုအမို၊ advantage, သာသောအခွင့်၊ နိုင်သောအခွင့်၊ dissension, မသင့်မတင့်ဖြစ်ခြင်း။
Ode, *n.* လင်္ကာသီခြင်းတမျိုး။
Odina wood, *n.* နှံ့ဘဲ။
Odious, *a.* hateful, မုန်းရောရှိသော၊ disgusting, စက်ဆုပ်ရွံရှာဖွယ်ဖြစ်သော။
Odiousness, *n.* from above.
Odium, *n.* hatred, မုန်းခြင်း၊ hatefulness, မုန်းစရာရှိခြင်း၊
Odor, *n.* အနံ့။
Odoriferous, Odorous, *a.* မွှေးသော၊ —drug, နံ့သာကောင်း၊ နံ့သာနံ့တ်၊
Of, *prep. sign of the possessive*, ၏၊ among, တွင်၊ out of, ထဲက၊ about, concerning, အကြောင်းအရာနှင့်ဆိုင်လျှက်၊ by means of, ကြောင့်၊ အားဖြင့်။
Off, *int.* သွားဟဲ့၊ —*prep.* အပေါ်မှာမဟုတ်၊ —*adv.* at some distance, အဝေးမှာ၊ away from, ကွာသည်နှင့်၊ towards the outside, အပသို့၊ be—, *v. i.* to give up a purpose, အကြံပျက်သည်၊ to be gone, သွားခဲ့ပြီ၊ be badly *or* poorly—, အရေးမသာ၊ အကျိုးနည်းသည်၊ be well—, အရေးသာသည်၊ အကျိုးရှိသည်။ —hand, *adv.* မဈင်ဆင်ဘဲ၊ မသိုင်းဝိုင်းဘဲ၊ —ox, အတိုင်း။
Offal, *n.* the parts of an animal unfit for eating, တိရိစ္ဆာန်တကောင်လုံးတွင်မစားသင့်၊ ဖြစ်ကောင်းသောအရာ။ refuse, စွန့်ပြစ်စရာကောင်းသောအရာ၊
Offence, *n.* displeasure, စိတ်ဆိုးခြင်း၊ transgression, ပြစ်မှားခြင်း၊ an

occasion of transgressing, ပြစ်မှားစေသောအကြောင်း။ attack, တိုက်ခြင်း။ —of speech, နှုတ်လွန်မှု။ နှုတ်ပြစ်။

Offend, *v. t.* to displease, စိတ်ဆိုးစေသည်။ to annoy, hurt, နှောင့်ရှက်သည်။ နာစေသည်။ to transgress, ပြစ်မှားသည်။ to cause to transgress, ပြစ်မှားစေသည်။ —with the hand, လက်လွန်သည်။

Offender, *n.* ပြစ်မှားသောသူ။

Offensive, *a.* displeasing, မကြိုက်မနှစ်သက်ဖွယ်ဖြစ်သော။ disgusting, စက်ဆုပ်ရွံရှာဖွယ်ဖြစ်သော။ injurious, နာစေသော။ assailant, စတင်၍တိုက်သော။ suitable for attack, တိုက်ရာတွင်သုံးစရာကောင်းသော။

Offensiveness, *n.* from above, 1st, 2d and 3d def.

Offer, *v. t.* to present for acceptance, ပေးသည်။ to present in worship, ပူဇော်သည်။ လှူသည်။ ဆက်ကပ်သည်။ ဆက်သသည်။ —to a demon or evil spirit, နတ်ပသသည်။ နတ်တင်သည်။ to place in view, ပြသည်။ to bid (a price,) (ဤမျှထောက်) ပေးမည်ပြောသည်။ —*v. i.* to become present, ရောက်သည်။ to propose to (do,) (ပြု) မည်ပြောသည်။ to make an attempt to (do,) (ပြု) စမ်းသည်။ —violence, အနိုင်အထက်ပြုမည်ထကြွဟန်ကိုပြသည်။ —*n.* the act of offering, ပေးခြင်း price bid, ပေးမည်ပြောသောအထိုး။

Offering, *n.* ပူဇော်သကာ။ a mean—, ဒါနဒါသ။ religious—, အလှူအတန်း။ ဒါနဝတ္ထု။ a princely—, ဒါနသာမိ။ —of food to a pagoda, or idol, သင်ပုတ်။

Office, *n.* a situation of delegated employment, အရာ။ hereditary—, အမျိုးအရာ။ အရိပ်အရာ။ an official situation, ရာထူး။ appropriate business, အလုပ်။ အတာ။ ကိုယ်ဆောင်ရသောအမှု။ ပြုရသောဝတ်။ a deed done to another, သူတပါးအို့ပြုသောအမှု။ a place where business is transacted, အမှုဆောင်ရာအခန်း။ an out-house, အခြံအရံအိမ်။

Officer, *n.* အရာရှိ။ —under a chief, အရာခံ။ အကိုင်။ civil—, အရာထမ်း။

Official, *a.* pertaining to office, အရာနှင့်ဆိုင်သော။ done by authority, မင်းအခွင့်စီရင်သော။ —*n.* ဂိုဏ်းအုပ်ခန့်ထားသောအရာရှိ။

Officiate, *v. i.* အရာရှိဆောင်ရွက်ရသောအမှုကိုဆောင်ရွက်သည်။

Officinal, *a.* ဆေးဆိုင်မှာပါတတ်သော။

Officious, *a.* kind, ကျေးဇူးပြုတတ်သော။ importunately kind, ကျေးဇူးပြုလွန်းသော။ meddlesome, စွက်ဖက်သော။

Officiousness, *n.* from above, 2d and 3d def.

Offing, *n.* ပင်လယ်ဝ။

Offscouring, *n.* ပွတ်တိုက်၍ထွက်သောအချေးအညှော်။

Offset, *n.* a sprout from a root, အညွှန့်။ *in surveying,* မညီညာသောထောင့်။ *in accounts,* စာရင်းတဖက်၌မှတ်သားသောအချက်။
Offspring, *n.* သားသမီး။ သားစဉ်မြေးဆက်။ အဆွေးအသား။
Oft, Often, Ofttimes, Oftentimes, *adv.* frequently, ခဏခဏ။ many times, ကြိမ်ဖန်များစွာ။
Ogle, *v. t.* စောင်းကာကြည့်သည်။
Ogre, *n.* ဘီလူး။
Ogress, *n.* ဘီလူးမ။
Oh, *int.* အိုး။ ထေး။ an expression of pain, အလယ်။ အလယ်လေး။ အလိုအလို။
Oil, *n.* ဆီ။ —bag (of a fowl,) ကြက်ဆီဘူး။ —cloth, ဆီသုတ်သောအထည်။ —color, ဆီနှင့်ဖျော်သောသုတ်ဆေး။ —gas, ဆီငွေ့။ kerosene—, ရေနံဆီ။ fragrant—, နံ့သာဆီ။ ပန်းစုံဆီ။ —dipper, ဆီချိုး —*v. t.* ဆီလူးသည်။
Oiliness, *n.* from next.
Oily, *a.* containing oil, ဆီပါသော။ like oil, ဆီကဲ့သို့ဖြစ်သော။
Oint, *see* Anoint.
Ointment, *n.* ဖယောင်းချက်။ ဖယောင်းဆီ။ drawing—, ပြည်စုတ်ဖယောင်း။ fragant—, နံ့သာပျောင်း။
Okra, *n.* ရုံးပတီ။
Old, *a.* advanced in life, not young, အိုသော။ အသက်ကြီးသော။ very—, အိုမင်းသော။ near withering, ရော်သော။ very old and withered, ရွတ်တွအိုသော။ —and crumbling, ဟောင်းမြင်းသော။ of a certain age, (ဤမည်သော) အရွယ်ရှိသော။ of long continuance, တာရှည်ပြီးသော။ ကြာပြီးသော။ not new, ဟောင်းသော။ ဟောင်းနွမ်းသော။ —as grain, oil, wine, etc., နှစ်ချိုသော။ ancient, ရှေးကာလ၌ဖြစ်သော။ —age, *n.* အသက်ကြီးခြင်း။ အိုခြင်း။ —fashioned, *a.* ရှေးထုံးစံအတိုင်းလုပ်သော။ ထက်ဟောင်းသော။ —man, *n.* ခေါင်းဖြူ။ သက်အို။ သက်ကျား။ (an old, dried up fellow, ရွတ်တွကြီး။) —maid, *n.* အပျိုကြီး။ အပျိုဟိုင်း။ ancient time, ရှေးကာလ။
Olden, *a.* ရှေးကာလနှင့်ဆိုင်သော။
Oldness, *n.* from Old, *a.*
Oleaginous, *a.* ဆီပါသော။
Olfactory, *a.* ဃာနာရုံနှင့်ဆိုင်သော။ —nerve, *n.* အနံ့ကိုတွေ့ထိသောအမျှင်ကြော။
Oligarchy, *n.* မှူးမတ်အုပ်စိုးခြင်း။
Olio, *n.* အရောအနှော။
Olive, *n.* သံလွင်။ a kind of shell, ခြေဝှတ်။ ခရုမိုင်းလွန်း။
Olympiad, *n.* ၄ နှစ်။

**Omega**, *n.* ဟေလသ ဘာသာ ဗျည်းသ ရ စု တွင် နောက် ဆုံးသောအက္ခရာ ဩမေဃာ။

**Omelet**, *n.* ကြက်ဥကြော်။

**Omen**, *n.* တိတ်၊ နိမိတ်။ ဥပ္ပနိမိတ်။

**Omentum**, *n.* အူကိုဖုံးလွှမ်းသောအမြှေး။

**Ominous**, *a.* တိတ်နိမိတ်ဖြစ်သော။ (ominous saying, စနည်း။)

**Omission**, *n.* from next.

**Omit**, *v. t.* to leave undone, မ (ပြု) ဘဲလှပ်ထားသည်။ to leave out in writing, စာရေးကူးရာ၌ချန်ခဲ့သည်။ စာချန်ခဲ့သည်။

**Omnibus**, *n.* ရှေးရထားကြီး။

**Omnifarous**, *a.* ခပ်သိမ်းသောအမျိုးပါသော။

**Omnific**, *a* ခပ်သိမ်းသောအရာတို့ကိုဖန်ဆင်းသော။

**Omniform**, *a.* ခပ်သိမ်းသောပုံသဏ္ဍာန်ကိုဆောင်သော။

**Omnigenous**, *a.* ခပ်သိမ်းသောအမျိုးပါသော။

**Omnipotence**, *n.* အနန္တတန်ခိုး။

**Omnipotent**, *a.* အနန္တတန်ခိုးရှိသော။

**Omnipresence**, *n.* ခပ်သိမ်းသောအရပ်တို့၌ရှိခြင်း။

**Omnipresent**, *a.* ခပ်သိမ်းသောအရပ်တို့၌ရှိသော။

**Omniscience**, *n.* သဗ္ဗညုတဉာဏ်။

**Omniscient**, *a.* ခပ်သိမ်းသောအရာတို့ကိုသိသော။

**Omnivorous**, *a.* ခပ်သိမ်းသောအစာမျိုးကိုစားတတ်သော။

**On**, *prep.* upon, အပေါ်မှာ၊ အပေါ်သို့။ at, မှာ။ တွင်။ ၌။ *denoting the objective*, ကို။ —*adv.* forward, ရှေ့သို့။ in continuance, ဦး။

**Once**, *adv.* one time, တခါ။ one time only, တခါတည်း။ one former time, အရင်တခါ၊ တရံရောအခါ။ at—, at the same point of time, တချက်တည်း။ တပြိုင်နက်။ immediately, ချက်ချင်း။ with a sudden motion, တုပ်ခနဲ။

**One**, *a.* တစ်။ ၁။ ဧက။ တပါး။ —eyed, မျက်စိတဖက်သာရှိသော။ —sided, တဖက်သို့ငဲ့ကွက်တတ်သော။ —*adv.*—sidedly, တမိတစောင်း။ —another, အချင်းချင်း။ —after another, စီရရီ။ တဟောသဟော။ (taking one and leaving one, in weaving mats, တပင်ချိ တပင်ချ။)

**Oneness**, *n.* singleness in number, တခုတည်းဖြစ်ခြင်း။ union in one, တလုံးတဝတည်းဖြစ်ခြင်း။

**Onerous**, *a.* ပင်ပန်းစေတတ်သော။

**Onion**, *n.* ကြက်သွန်။ —bed, ကြက်သွန်ခင်း။ —skin, ကြက်သွန်ခွံ။ (tops of the onions, ကြက်သွန်မြိတ်။)

**Only**, *a.* တ (ခု) တည်း။ တ (ယောက်) တည်း။ —*adv.* merely, သာ။ nothing but, သက်သက်။

**Onset**, *n.* ထိုက်ခြင်း။

**Onslaught**, *n.* same.

**Ontology**, *n.* ပရမတ်သင်းပြိုဟ်။

**Onward**, *a.* going forward, ရှေ့သို့တိုး၍သွားသော။ increasing, တိုးပွားသော။ —*adv.* forward, ရှေ့သို့။ in a state of advanced progression, ရှေ့သို့တိုး၍တက်သည်နှင့်။

**Onyx**, *n.* မဟူရာ။

**Ooze**, *v. t.* စိမ့်သည်။ —*n.* နွံနှစ်၊ ညွန့်ပြောင်း။

**Oozy**, *a.* နွံနှစ်ပါသော။

**Opal**, *n.* မဟူရာ။

**Opaque**, *a.* လင်းရောင်မဖောက်နိုင်သော (အရာ။)

**Ope**, *see* Open, *v.*

**Open**, *a.* ဒလဟာ၊ not shut, မပိတ်၊ ပွင့်လျှက်ရှိသော၊ လစ်လျှက်ရှိသော၊ spread, expanded, ဖြန့်လျှက်ရှိသော။ not covered, ဟင်းလင်းရှိသော။ not stopped, မဆို့မပိတ်သော၊ unenclosed, ဟင်းလင်းသော။ unsealed, တံဆိပ်မခတ်သော ။unobstructed, အဆီးအတားမရှိသော၊ unscreened, အကွယ်အကာမရှိသော။ not concealed, လျှို့ဝှက်ခြင်းမရှိသော၊ အတည့်အလင်းဖြစ်သော။ —handed, လက်ကြီးသော၊ ရက်ရောစွာပေးကမ်းတတ်သော၊ —hearted, လျှို့ဝှက်ခြင်းမရှိ၊ ဟောဟောတိုင်းတိုင်းဖြစ်သော၊ —mouthed, ရမက်ကြီးသော၊ *v. t.* to unloose, set open, ဖွင့်သည်။ လှစ်သည်။ to spread, expand, ဖြန့်သည်။ to unstop, အဆို့ကိုနှုတ်သည်။ to remove obstruction, အဆီးအတားကိုပယ်ရှင်းသည်။ ရှင်းလင်းစေသည်။ to pull open, ဖြဲသည်။ to make an opening through a crowd, ခွဲသွားသည်။ to perforate, ဖောက်သည်။ to divide, split, ခွဲသည်။ to disclose, reveal, ဖော်ပြသည်၊ to begin, ဦး၍ပြုသည်၊ အစပြုသည်။ *see* Lay open; —*v. i.* to unclose itself, ပွင့်သည်။ (intrans.:) to begin, ဦးသည်။ စသည်။ —*n.* —work, ကျွက်တူရွေးအိမ်၊ —work in cloth or paper or boards, ချား။

**Opening**, *n.* an aperture, အပေါက်၊ အဝ၊ အကြား။ the dawn, နေအာရုဏ်၊ မိုဃ်းလင်းစ။

**Openly**, *adv.* publicly, ထင်ရှားစွာ၊ plainly, ပွင့်လင်းစွာ။ face to face, တွေ့တွေ့တင်တင်။

**Openness**, *n.* freedom from covering or obstruction, ဟင်းလင်းဖြစ်ခြင်း။ plainness, clearness, ရှင်းလင်းခြင်း။ freedom from disguise, လျှို့ဝှက်ခြင်းမရှိ၊ အတည့်အလင်းဖြစ်ခြင်း။ expression of frankness, ပကတိမျက်နှာ။

**Opera**, *n.* တီးမှုတ်သောဇာတ်ပွဲ။

**Operate**, *v. i.* to act, produce effect, ပြုသည်။ ပြုလုပ်သည်။ အကျိုးရှိအောင်လုပ်သည်။ *in surgery*, ဆေးသမားတန်ဆာနှင့်လုပ်သည်။

**Operation**, *n.* from above.

**Operative,** *a.* exerting, အားထုတ်သော။ efficacious, (အကျိုးကို) ဖြစ်စေသော။ —*n.* လုပ်ဆောင်သောသူ။

**Operose,** *a.* ပင်ပန်း၊အခါင်လက်ဝင်များသော။

**Ophidian,** *n.* ငါးမြွေထိုး။ ငါးရှင်ဘူ။ (Tavoy.)

**Ophthalmy,** *n.* မျက်စိပူစပ်သောအနာ။

**Opiate,** *n.* အိပ်ပျော်စေတတ်သောဆေး။

**Opine,** *v. i.* စိတ်ထင်သည်။

**Opinion,** *n.* a notion, စိတ်ထင်။ ထင်မှတ်ခြင်း။ a sentiment, အယူ။ ဝါဒ။ settled—, သံမိဋ္ဌာန်။ doctrine, ဒိဋ္ဌိ။ good estimation, နှစ်သက်ခြင်း။ be of—, *v.* စိတ်ထင်သည်။ သဘောရှိသည်။ ထင်မှတ်သည်။ (to have a settled opinion, သံမိဋ္ဌာန်ကျသည်။)

**Opinionated, Opinionative,** *a.* ကိုယ်အယူ၌စိတ်စွဲလမ်းတတ်သော။

**Opium,** *n.* ဘိန်း။ *polite name,* ဆေးနက်။

**Opodeldoc,** *n.* လိမ်းသုတ်ရန်ဆပ်ပြာဆေး။

**Opponent,** *n.* ဆန့်ကျင်ဘက်။ ဆန့်ကျင်ဘက်ပြုသောသူ။ ရန်ဖက်။

**Opportune,** *a.* occurring at the proper time, တော်သင့်သောအချိန်ဖြစ်သော။ occurring at a convenient or desirable time, အဆင်သင့်သော။ အခန့်သင့်သော။ happening just right, အဆူကျသော။

**Opportunity,** *n.* a convenient time, အဆင်သင့်သောအချိန်ကာလ။ convenient means, အဆင်သင့်သောအခွင့်။ privilege, အခွင့်။

**Oppose,** *v. t.* to set against, မျက်နှာချင်းဆိုင်လျက်တဖက်၌ထားသည်။ to act against, ဆန့်ကျင်ဘက်ပြုသည်။ ဆီးတားသည်။ contradict, ဓိဆန်သည်။ —bitterly, ဝုတ်ခတ်သည်။

**Opposed,** *a.* adverse, ဆန့်ကျင်ဘက်ဖြစ်သော။

**Opposite,** *a.* fronting, မျက်နှာချင်းဆိုင်လျက်တဖက်၌ရှိသော။ adverse, ဆန့်ကျင်ဘက်ဖြစ်သော။ —*n.* ဆန့်ကျင်ဘက်။ —*adv.* right—, တူရူ။ on each side—, တဖက်တချက်။

**Opposition,** *n.* the state of being in front of, မျက်နှာချင်းဆိုင်လျက်တဖက်၌နေခြင်း။ the act of opposing, ဆီးတားခြင်း။ contrariety, ဆန့်ကျင်ဘက်ဖြစ်ခြင်း။

**Oppress,** *v. t.* နှိပ်စက်သည်။ ညှဉ်းဆဲသည်။ ညှဉ်းပန်းသည်။ နှိမ်ထားသည်။

**Oppressed** (be,) *v. i.* as the stomach with food, အစာမကြေ၊ ဝမ်းလေးသည်။

**Oppression,** *n.* the act of oppressing, နှိပ်စက်ခြင်း။ ညှဉ်းဆဲခြင်း။ a sense of heaviness in the stomach, အစာမကြေ၊ ဝမ်းလေးခြင်း။ dullness of spirit, ညှိုးနွမ်းခြင်း။

**Oppressive,** *a.* treating rigorously and unjustly, ညှဉ်းဆဲနှိပ်စက်တတ်သော။ heavy, overwhelming, အလွန်ပင်ပန်းစေတတ်သော။

**Opprobrious,** *a.* အသရေပျက်သော။ အရှက်ကွဲစေသော။

Opprobrium, *n.* အသရေပျက်ခြင်း။ အရှက်ကွဲခြင်း။
Oppugn, *v. t.* ဆန့်ကျင်ဘက်ပြု၍ဆီးတားသည်။
Oppugnancy, *n.* from above.
Optative, *a.* အလိုကိုဖော်ပြသော၊
Optic, *a.* စက္ခာယတနနှင့်ဆိုင်သော၊ —nerve, *n.* မျက်စိနှင့်တည်၍မြင်စေသောအမျှင်ကြော။ စက္ခယနုတ၊
Optical, *see* Optic, *a.*
Optician, *n.* စက္ခာယတနနှင့်ရူပါရုံအကြောင်းကိုစစ်ဆေးလေ့ကျက်သောဆရာ၊
Optics, *n.* စက္ခာယတနနှင့်ရူပါရုံအကြောင်းကိုထုတ်ဖော်သောအတတ်ပညာ၊
Optimism, *n.* ဖြစ်လေသမျှတို့သည်ကောင်းမြတ်သောအကျိုးကိုပြုစုမည်အကြောင်းစီရင်တော်မူသည်ဟုယူသောအယူဝါဒ၊
Option, *n.* choice, preference, အလိုရှိ၍ရွေးကောက်ခြင်း။ the power of selection, ရွေးကောက်ရသောအခွင့်၊
Optional, *a.* အလိုရှိသည်အတိုင်းရွေးကောက်ရသော၊
Opulence, *n.* from next.
Opulent, *a.* ဥစ္စာရတတ်သော၊ ကြွယ်ဝသော၊
Or, *conj.* သို့မဟုတ်၊
Oracle, *n.* a supernatural communication, ဗျာဒိတ်၊ the place where supernatural communications are made, ဗျာဒိတ်ထားရာအရပ်ဌာန၊ one famed for wisdom, ထူးဆန်းသောပညာရှိ၊
Oracular, *a.* uttering oracles, ဗျာဒိတ်ထားသော၊ like an oracle, ဗျာဒိတ်လက္ခဏာတူသော၊
Oral, *a.* နှုတ်မြွက်၍ပြောသော၊ —language, *n.* နှုတ်ထွက်စကား။
Orally, *adv.* နှုတ်တိုက်၊
Orange, *n.* လိမ္မော်သီး။ စုန်စင်၊ (Tavoy.)
Orangery, *n.* လိမ္မော်ဥယျာဉ်၊
Orang-outang, *n.* လူဝံ၊
Oration, *n.* ပရိသတ်ရှေ့မှာအကျိုးအကြောင်းကိုထုတ်ဖော်၍အစဉ်ပြီအတိုင်းမြွက်ဆိုသောစကား၊
Orator, *n.* ထိုသို့မြွက်ဆိုသောသူ၊
Oratorical, *a.* ပရိသတ်ရှေ့မှာမြွက်ဆိုခြင်းနှင့်ဆိုင်သော၊
Oratory, *n.* the act of public speaking, ပရိသတ်ရှေ့မှာအစဉ်ပြီအတိုင်းမြွက်ဆိုခြင်း။ a place for prayer, ဆုတောင်းရာအရပ်၊
Orb, *n.* a spherical body, အလုံး။ a circular body that turns on an axis, စက်၊ a circular, အဝိုင်း။ စက်ဝိုင်း။ the path of a planet, ဂြိုဟ်လှည့်လည်ရာလမ်း။ a period of time, ကပ်ကာလ၊
Orbid, Orbicular, *a.* spherical, လုံးသော၊ circular, ဝန်းသော၊ ဝိုင်းသော၊
Orbit, *n.* ဂြိုဟ်အစရှိသောမိုဃ်းကောင်းကင်အလုံးလှည့်လည်ရာလမ်း။

**Orchard,** *n.* ဥယာဉ်။

**Orchestra,** *n.* ပွဲသဘင်၌စုရုံးလျှက်ရှိသောအတီးသမားစု။

**Ordain,** *v. t.* to direct, appoint, စီရင်သည်။ to institute, establish, တည်သည်၊ to place in an ecclesiastical office, ဓမ္မဆရာအရာ၌ခန့်ထားသည်။ (ordained preacher, လက်တင်မင်္ဂလာဆရာ။)

**Ordeal,** *n.* (four kinds,) ကမ္ဘာသေးရပ်။

**Order,** *v. t.* to regulate, dispose, စီစဉ်သည်။ to manage, direct, စီရင်သည်၊ to command, မှာသည်။ မိန့်သည်။ မိန့်တော်မူသည်။ စေစား၊ စေခိုင်းသည်။ —*n.* regular disposition, အစီအစဉ်။ proper state, ကောင်းကောင်းစီရင်ပြုပြင်သောအဖြစ်။ settled mode, ဖြစ်မြဲထုံးစံ။ a command, အမှာ။ အမိန့်။ အမိန့်တော်။ စီရင်ချက်။ government order on a pointed palm leaf, စာချွန်။ a direction in writing, မှတ်ချက်။ persons of the same class, ဂုဏ်ရည်တူသောလူစု။ things of the same denomination, လက္ခဏာတူသောအရာစု။ a measure to secure an end, တစုံတခုသောအကျိုးကိုရခြင်းငှါပြုမူသောအပြုအမူ။ in —to, ငှါ။ အလို့ငှါ။ (noun affix;) အောင်။ (verbal affix.)

**Orderly,** *a.* methodical. စီစဉ်သော။ according to good order. ကောင်းကောင်းစီရင်ပြုပြင်သော။ သပ်သပ်ရပ်ရပ်ရှိသော။ according to established method, ဖြစ်မြဲထုံးစံအတိုင်းဖြစ်သော။ —book, *n.* ဗိုလ်စီရင်ချက်ပါသောစာအုပ်။ —sergeant, ဗိုလ်ထံမှာခစားသောအကျပ်။

**Orders,** *n. plur.* ဓမ္မဆရာ၏အခွင့်အရာ။

**Ordinal,** *a.* အစီအစဉ်ကိုပြသော။ —number, *n.* ပဌမ၊ ဒုတိယ၊ တတိယ မှစသည်။

**Ordinance,** *n.* an established rule, ဥပဒေထားချက်။ ပညတ်ဥပဒေ။ an instituted rite, စီရင်ထုံးဖွဲ့သောမင်္ဂလာ။

**Ordinary,** *a.* according to uniform custom, ဖြစ်နေကျအတိုင်းဖြစ်သော၊ common, usual, လူများပြုတတ်သော။ common, undistinguished, သာမည။ plain in appearance, အဆင်းမလှသော။ —*n.* a judge of ecclesiastical causes, သာသနာမှုကိုစစ်ကြောစီရင်ပိုင်သောအရာရှိ။ a settled station or state, အတည်ကျသောနေရာ။ an eating house, ထမင်းဆိုင်။

**Ordination,** *n.* the state of being appointed, ခန့်ထား၍နေရာကျခြင်း၊ the conferring an ecclesiastical office, ဓမ္မဆရာအရာ၌ခန့်ထားခြင်း၊ လက်တင်မင်္ဂလာ။

**Ordnance,** *n.* အမြောက်စု။

**Ordure,** *n.* မစင်။ အင်။ ကျင်ကြီး။ ဝမ်း။

**Ore,** *n.* သတ္တုကျောက်။ သတ္တုမချူသေးသောကျောက်။

**Organ,** *n.* a natural instrument of action or operation, ကိုယ်ကာ

ယန္တရားကိရိယာ၊ an instrument or means of communication, ကြားပြောရာလမ်း။ the musical instrument so called, ဖွဲ့စိုကြီး၊ သံစုံသစ်တာကြီး။ —loft, ဖွဲ့စိုတင်ထားသောအပေါ်ဆင့်၊ (organs of intellect or thought, ဝိညာဏကန္ဒာ၊ organs of sensation, ဝေဒနာကန္ဒာ၊)

Organic, Organical, *a.* consisting of organs, ကိုယ်ကာယနှင့်ကရိယာနှင့်ပြည့်စုံသော၊ produced by the organs, ကိုယ်ကာယနှင့်ကရိယာအားဖြင့်ဖြစ်သော၊

Organism, *n.* ကိုယ်ကာယနှင့်ကရိယာအစုံအလင်ပြုပြင်ခြင်း၏အခြေအနေ၊

Organist, *n.* ဖွဲ့စိုကိုတီးတတ်သောသူ၊

Organization, *n.* from next; organized structure, အင်္ဂါနှင့်ကရိယာအစုံအလင်ပြုပြင်သောအရာ၊

Organize, *v. t.* to form with suitable organs, ကိုယ်ကာယနှင့်ကရိယာအစုံအလင်ဖြစ်စေခြင်းပြုပြင်သည်၊ to arrange and systematize, အင်္ဂါနှင့်ကရိယာစုံလင်စေခြင်းပြုပြင်သည်၊ —an army, တပ်ဖွဲ့သည်။

Orgies, *n. plur.* သေသောက်ပွဲ။

Orient, *a.* rising as the sun, နေထွက်သကဲ့သို့တက်သော၊ eastern, အရှေ့မျက်နှာ၊ အရှေ့အရပ်၌ရှိသော၊ bright, shining, ပြောင်သက်သော၊ —*n.* အရှေ့မျက်နှာ၊

Oriental, *a.* အရှေ့မျက်နှာနှင့်ဆိုင်သော၊ —*n.* အရှေ့တိုင်းပြည်သား။

Orientalism, *n.* အရှေ့တိုင်းပြည်သားတို့သာပြောတတ်သောစကား၏အနေ၊

Orientalist, *n.* အရှေ့တိုင်းပြည်၏စာပေကျမ်းဂန်တို့ကိုလေ့ကျက်သောသူ၊

Orifice, *n.* အဝ။

Origin, *n.* the beginning (of a thing,) အစ၊ အဦး။ foundation, source, cause, မူလ၊ အရင်း။ အမြစ်၊ အခြေ၊ အရင်းအချာ၊ ပကတူ။

Original, *n.* same as Origin; a writing from which a trans-script or translation is made, မူ၊ —*a.* first in order, အဦးဆုံးသော၊ primitive, pristine, မူလအရင်းဖြစ်သော၊ able to originate new thought, အဘယ်သူမျှမကြံစည်ဘူးသောအကြံကိုကြံစည်တတ်သော၊ —suit, *n.* ငွေရင်းအမှု၊

Originality, *n.* from above.

Originate, *v. i.* စ၍ဖြစ်သည်၊ *v. t.* စ၍ဖြစ်စေသည်၊ ထိုးထွင်းသည်၊

Origination, *n.* from above.

Oriole, *n.* ငှက်ဝါ။

Orison, *n.* ပဌနာ၊

Orlop, *n.* သင်္ဘောအောက်ဝမ်းကြမ်း။

Ornament, *n.* တန်ဆာ၊ —for the hands and arms, လက်ဝတ်လက်စား။ —for the ear, spherical, ကြွက်နားတောင်း။ —*v. t.* တန်ဆာဆင်သည်၊

Ornamental, *a.* ဆင်တတ်သောတန်ဆာဖြစ်သော၊

**Ornate,** *a.* တန်ဆာဆင်သော၊ as language, စကားရွှမ်းသော၊

**Ornithologist,** *n.* ငှက်နှင့်သော လက္ခဏာအတတ်ပညာကိုပြုစုသောဆရာ၊

**Ornithology,** *n.* ငှက်နှင့်သောလက္ခဏာအတတ်ဘည်းဟူသော ငှက်အမျိုးမျိုးကို မှတ်သားလေ့ကျက်သောအတတ်ပညာ၊

**Orphan,** *n.* bereaved of father, ဘသက်ဆိုး၊ bereaved of mother, မိသက်ဆိုး၊ —*v. t.* မိဘမဲ့ဖြစ်စေအောင်ပြုသည်။

**Orphanage,** *n.* မိသက်ဆိုး၊ ဘသက်ဆိုးဖြစ်ရသောအဖြစ်၊ မိသက်ဆိုး၊ ဘသက်ဆိုးများကိုမွေးထားရာအိမ်၊

**Orpiment,** *n.* ဆေးဒန်း၊ ဆေးဒန်းရွှေဝါ၊ red—, ဆေးဒန်းနီ၊

**Orrery,** *n.* လများနှင့်တကွဂြိုဟ်တို့အညီဟန်ကိုပြသောစက်တန်ဆာ၊

**Ort,** *n.* ဖြစ်လိုက်သောအစအန၊

**Orthodox,** *a.* ဟုတ်မှန်သောအယူဝါဒကိုယူသော၊

**Orthodoxy,** *n.* from above.

**Orthoepy,** *n.* ခေါ်ရိုးပြောစည်အတိုင်း အသံနေရာကျအောင်သင်ပေးသော အတတ်၊

**Orthography,** *n.* ရှာနိကမ္ဗိုဇ်း ကျကျရေးသားနိုင်အောင် သင်ပေးသော အတတ်၊

**Ortolan,** *n.* နှံပြည်စုတ်၊

**Oscillate,** *v. i.* တောက်တက်ခတ်လှုပ်၍နေသည်၊

**Oscillation,** *n.* from above.

**Ospray,** *n.* ဝံသက်၊

**Osseous,** *a.* အရိုးကဲ့သို့ဖြစ်သော၊

**Ossify,** *v. i.* အသားကအရိုးဖြစ်သည်၊ —*v. t.* from same.

**Ossification,** *n.* from above.

**Ostensible,** *a.* ထင်ရှားသော၊

**Ostentation,** *n.* from next.

**Ostentatious,** *a.* ဝါကြွားသော၊ ပလွှားသော၊

**Osteology,** *n.* ကိုယ်ကာယ၌ရှိသောအရိုးတို့ကိုဖော်ပြသောအတတ်၊

**Ostrich,** *n.* ငှက်ကုလားအုတ်၊

**Other,** *a.* အခြား၊ တခြား၊ တပါး၊ တထူး၊ each—, တယောက် (ကို) တယောက်၊ the —day, ယမနေ့၊ —where, *adv.* အခြားတပါးမှာ၊ —wise, *conj.* သို့မဟုတ်၊ —wise, *adv.* in a differe manner, အနည်း၊ အခြား၊ တပါးသောနည်းအားဖြင့်၊

**Ottar of roses,** *n.* နှင်းဆီ။

**Otter,** *n.* ဖျံကောင်၊

**Ottoman,** *a.* တူရကီပြည်နှင့်ဆိုင်သော၊ —*n.* ခြေတင်ခုံတမျိုး။

**Ouch,** *n.* ရှက်အိမ်၊ ရှက်အိုး၊

**Ought,** *v. i.* ရသည်၊ ရမည်၊ (verb. affix )

**Ounce 1,** *n.* the weight, အောင်စတမျိုးတည်းဟူသောဖြမ်း ၁၆ ခုရှိသော

အမှိုန်၊ ဆောင်းတမျိုးတည်းဟူသော ပင်နီ ဝေဝတ် ၂၀ ရှိသောအမှိုန်။ —*r*, *n.* the animal, ကျွဲးသစ်တမျိုး။

**Our, Ours,** *poss. of* We, *which see.*

**Ourself, Ourselves,** *pron.* ငါတို့ကိုယ်တိုင်။

**Oust,** *v. t.* နှင်ထုတ်သည်။

**Out,** *adv.* without, အပြင်၊ အပ၊ to the end, အဆုံးတိုင်အောင်၊ loudly, အသံကျယ်ကျယ်၊ be—, *v. i.* to be disclosed, ပေါ်ပြလျက်ရှိသည်၊ to be extinguished, သေသည်၊ to be spent, သုံး၍ကုန်သည်၊ to be destitute, မရှိဘဲနေသည်၊ to be in error, မှားသည်၊ to be at a loss, တွေးတောသည်။ —of, *adv.* on the outside of, (တစုံတခုသောအရာ) ၏ပြင်မှာ၊ from the inside, အထဲက၊ beyond, အလွန်၊ aside, အလွဲ၊ in consequence of, ကြောင့်၊ *v. t.* ပြင်သို့ထုတ်သည်။

**Outact,** *v. t.* သာ၍ပြုသည်။

**Outbalance,** *v. t.* သာ၍လေးသည်။

**Outbar,** *v. t.* မဝင်နိုင်အောင်ကန့်လန့်ထိုး၍ပိတ်ထားသည်။

**Outbid,** *v. t.* သာ၍ပေးမည်ပြောသည်။

**Outbound,** *see* Outwardbound.

**Outbrave,** *v. t.* ထောင်လွှား၍နိုင်သည်။

**Outbrazen,** *v. t.* အရှက်မရှိ၊ မျက်နှာခဲရင့်၍နိုင်သည်။

**Outbreak, Outbreaking,** *n.* ပေါက်၍ဟုန်းခနဲထွက်ခြင်း။

**Outbreathe,** *v. t.* သက်လုံကောင်း၍နိုင်သည်။

**Outcast,** *a.* နှင်ထုတ်ခြင်းကိုခံရသော။ —*n.* one who is cast out, နှင်ထုတ်ခြင်းကိုခံရသောသူ၊ one who has lost caste, ဇာတ်ပျက်၍အဘယ်သူမျှမပေါင်းဖော်ရသောသူ၊ a condemned—, လူဆိုးလူပါး။

**Outcry,** *n.* a scream, ကြွေးကြော်၍အော်ဟစ်ခြင်း။ an auction, လေလံ။

**Outdare,** *v. t.* သာ၍ပြုဝံ့သည်။

**Outdo,** *v. t.* လွန်ကဲ၍ပြုသည်။

**Outdoors,** *adv.* အိမ်ပြင်မှာ၊ အိမ်ပြင်သို့။

**Outer,** *a.* ပြင်မှာရှိသော၊ ဗာဟိရ၊ *Pali.*

**Outermost,** *see* Outmost.

**Outface,** *v. t.* မျက်နှာထားခဲရင့်၍နိုင်သည်။

**Outfit,** *n.* အခြားအရပ်သို့သွားရာသုံးဆောင်ရန်ပြင်ဆင်သောအသုံးအဆောင်။

**Outflank,** *v. t.* တပ်တဖက်စောင်းကျွန်၍နေသည်။

**Outfly,** *v. t.* ပျံကြရာတွင်သာလွန်၍သွားသည်။

**Outgeneral,** *v. t.* စစ်မှုစစ်ရေး၌လိမ္မာ၍နိုင်သည်။

**Outgive,** *v. t.* (ဤမည်သောသူ) ထက်သာ၍ပေးသည်။

**Outgo,** *v. t.* to go beyond, သွားကြရာတွင်သာလွန်၍သွားသည်၊ to excel, လွန်ကဲသည်၊ to circumvent, သွယ်ဝိုက်၍လိမ်ထည်သည်။

**Outgoing**, *n.* a going out, မြင်သို့ထွက်သွားခြင်း၊ outer border, အစွန်အနား။

**Outgrow**, *v. t.* to surpass in growth, ကြီးမြင့်ကြရာတွင်သာလွန်၍ကြီးမြင့်သည်။ to become too large or too old (for something,) မဝတ်နိုင်အောင်ကြီးမြင့်သည်၊ မဝတ်နိုင်အောင်ကြီးရင့်သည်။

**Outguard**, *n.* ကင်းတပ်။

**Outhouse**, *n.* အခြံအရံအိမ်။

**Outlandish**, *a.* foreign, တတိုင်းတပြည်နှင့်ဆိုင်သော၊ rustic, clownish, ကျေးတောသားကဲ့သို့ဖြစ်သော၊ မယဉ်ကျေးသော။

**Outlast**, *v. t.* သာ၍တာရှည်သည်။

**Outlaw**, *v. t.* to withdraw the protection of law, လွှတ်၊ ရိုးပယ်သည်။ to sentence to death wherever found, တွေ့ရာသင်းချိုင်းဖြစ်စေဟုစီရင်သည်။ —*n.* one deprived of the protection of law, လွှတ်၊ ရိုးပယ်သောသူ။ one sentenced to death wherever found, တွေ့ရာသင်းချိုင်းဖြစ်သောသူ။

**Outlawry**, *n.* from Outlaw, *v. t.*

**Outlay**, *n.* သုံး၍ကုန်သောငွေ။

**Outleap**, *v. t.* ခုန်ကြရာတွင်သာလွန်၍သွားသည်။ —*n.* ထွက်၍ပြေးခြင်း။

**Outlet**, *n.* ထွက်ပေါက်။ —by the side of a reservoir of water, ထွဲပေါက်။

**Outline**, *n.* contour, ရုပ်ပုံပေါ်ရှိမှသာရေးသားသည့်အကြောင်း။ a brief sketch, အကျဉ်းအားဖြင့်ဖော်ပြသောစကား။

**Outlive**, *v. i.* (သေသောသူထက်) သာလွန်၍အသက်ရှင်သည်။

**Outlying**, *v.* စီစဉ်သောအရာတို့တွင်မပါ၊ ပြင်မှာကျန်ရစ်သည်။

**Outmarch**, *v. t.* ချီကြရာတွင်သာလွန်၍သွားသည်။

**Outmost**, *a.* အစွန်းဆုံးသော။

**Outnumber**, *v. t.* သာ၍များသည်။

**Outpost**, *n.* ကင်းတပ်၊ ရံတပ်။

**Outpour**, *v. t.* သွန်သည်။

**Outrage**, *v. t.* ကြမ်းတမ်းစွာညှဉ်းဆဲသည်။ —*n.* from *do.*

**Outrageous**, *a.* violently transgressive, ကြမ်းထမ်းစွာလွန်ကျူးသော၊ very excessive, အတိုင်းထက်လွန်သော။

**Outrageously**, *adv.* rudely, ကသောက်ကရောက်။

**Outre**, *a.* ထူးခြားသော။

**Outreach**, *v. t.* လိမ်လည်သည်။

**Outride**, *v. t.* မြင်းနှင့်သွားကြရာတွင်သာလွန်၍သွားသည်။

**Outrider**, *n.* မြင်းနှင့်သွားရာပါသောမြင်းအခြံအရံ။

**Outrigger**, *n.* တွင်းခင်း၊ (*pron.* တကင်း။)

**Outright**. *adv.* instantly, ချက်ချင်း၊ completely, အကုန်အစင်။

**Outroot,** *v. t.* အမြစ်ပါနှုတ်သည်။
**Outrun,** *v. t.* to pass in running, ပြေးကြရာတွင်သာလွန်၍ပြေးသည်။ to exceed, လွန်သည်။
**Outsail,** *v. t.* ရွက်တိုက်၍သွားကြရာတွင်သာလွန်၍သွားသည်။
**Outsell,** *v. t.* သာ၍ကြီးသောအဘိုးနှင့်ရောင်းသည်။
**Outset,** *n.* အစပြုခြင်း။
**Outshine,** *v. t.* သာ၍ထွန်းလင်းသည်။
**Outside,** *n.* the surface, or the space without, အပြင်။ ပြင်လွှင်။ အပ။ အပေါ်ယံ။ —of an angle, ထောင့်စွန်း။ —person, ပြင်ပသူ။ the highest price, အကြီးဆုံးသောအဘိုး။ —appearance, အပသဏ္ဌာန်။ —merely, အကာယံကာ။ —*adv.* on the—, ပြင်လွှင်ထဲ။
**Outsit,** *v. t.* အချိန်လွန်အောင်ထိုင်နေသည်။
**Outskirt,** *n.* အစွန်းအနား။
**Outspread,** *v. t.* ဖြန့်သည်။
**Outstanding,** *a.* မဆပ်သေးသော (ကြွေး။)
**Outstare,** *v. t.* မျက်နှာထားရဲရင့်၍နိုင်သည်။
**Outstretch,** *v. t.* ကားသည်။
**Outstrip,** *v. t.* ပြေးကြရာတွင်သာလွန်၍ပြေးသည်။
**Outswear,** *v. t.* ကျိန်ဆို၍နိုင်သည်။
**Out-talk,** *v. t.* စကားများ၍နိုင်သည်။
**Outvie,** *v. t.* ပြိုင်လွန်ကဲသည်။
**Outvote,** *v. t.* လူကိုရွေးကောက်ခန့်ထားသောအမှုမှစ၍အခြားသောအမှုကိုစီရင်ကြရာတွင်၊ အသီးအသီးကိုယ်အလိုကိုဖော်ပြ၍သဘောတူများသောသူတို့သည်သဘောတူနည်းသောသူတို့ကိုအောင်သည်။
**Outwalk,** *v. t.* ခြေချင်းသွားကြရာတွင်သာလွန်၍သွားသည်။
**Outward,** *a.* exterior, အပြင်၌ရှိသော။ apparent, visible, ထင်ရှားသော။ tending to the outside, ပြင်သို့သွားသော။ —*adv.* ပြင်သို့။ —bound, *a.* တကျွန်းတနိုင်ငံသို့သွားလျက်ရှိသော။
**Outwards,** *adv.* ပြင်သို့။
**Outwear,** *v. t.* သာ၍တာရှည်စွာအသုံးပြုခြင်းကိုခံနိုင်သည်။
**Outweigh,** *v. t.* to exceed in weight, သာ၍လေးသည်။ to exceed in importance, သာ၍အားကြီးသည်။
**Outwit,** *v. t.* ပရိယာယ်အားဖြင့်နိုင်သည်။
**Outwork,** *n.* ပြင်းဘား။
**Oval,** *n.* ဘဲဥပုံ။ —*a.* ဘဲဥပုံရှိသော။
**Ovary,** *n.* သန္ဓေတည်ရာ။
**Oven,** *n.* ပေါင်းဖို။
**Over,** *prep.* or *adv.* above in place or position, အထက်။ အပေါ်။ above, more than, သာလျက်။ ကျော်။ beyond, အလွန်။ above in authority, အစိုးရလျက်။ upon the surface at large, တပြင်

လုံးအရပ်ရပ်။ across from side to side, ကျော်လျက်၊ တဖက်မှ တဖက်သို့၊ from one to another, တွဲလျက်၊ during, throughout, ပတ်လုံး၊ တိုင်တိုင်၊ on a side, *see* Turn over, Roll over, etc. —again, *adv.* တဖန်။ —against, မျက်နှာချင်းဆိုင်လျက်တဖက်၌ ရှိသည်နှင့်။ —and above, အပြင်၊ မှတပါး၊ —and over, အထပ်ထပ်။ —and over in a disordered manner, မှောက်ခါးမှောက်နှံ။ —*a.* past, လွန်ပြီးသော။

**Overabound**, *v. i.* အလွန်အကျူးပေါများသည်။

**Overact**, *v. t.* အလွန်အကျူးပြုလိုက်သည်။

**Overalls**, *n.* ပြင်ပေါင်းဘီ။

**Overanxious**, *a.* စိုးရိမ်လွန်းသော။

**Overarch**, *v. t.* ပေါင်းကူးကဲ့သို့ရှက်တင်လွှမ်းမိုးသည်။

**Overawe**, *v. t.* ကြောက်ရွံ့ရိုသေစေအောင်ပြုသည်။

**Overbalance**, *v. t.* သာ၍လေးသည်။ —*n.* အပိုအလို။

**Overbear**, *v. t.* ဖိစီးသည်။

**Overbearing**, *a.* ထောင်လွှားစော်ကား၍ပြုမူတတ်သော၊ ဂုဏ်မောက်သော။

**Overbearingly**, *adv.* ကထကရ။

**Overblown**, *a.* လွင့်၍ပျောက်သော။

**Overboard**, *adv.* သင်္ဘောပေါ်က။

**Overburden**, *v. t.* ဝန်လေးအောင်တင်သည်။

**Overcast**, *a.* မိုဃ်းအုံ့သော၊ —*v. t.* from same; to sew over, အပ်ပြန်ပေါက်သီ၍ချုပ်သည်၊ ဝက်သိုးချုပ်သည်။

**Overcautious**, *a.* သတိပြုလွန်းသော။

**Overcharge**, *v. t.* to load to excess, ပို၍ဝန်တင်သည်။ to charge too much, စာရင်း၌မှတ်သင့်သည်ထက်ပို၍မှတ်သည်။ —*n.* an excessive load, အပိုတင်သောဝန်။ an unfair charge, စာရင်း၌ပို၍သွင်းသောအချက်။

**Overcloud**, *v. t.* မိုဃ်းအုံ့စေသည်။

**Overcoat**, *n.* ပြင်ဝတ်အင်္ကျီ။

**Overcome**, *v. t.* to conquer, နိုင်သည်၊ အောင်သည်။ to surmount a difficulty, အကြိုထမြောက်သည်။

**Overdo**, *v. t.* to do too much, ပြုလွန်းသည်။ to fatigue, ပင်ပန်းစေသည်။ to cook too much, အချက်အပြုတ်လွန်သည်။

**Overdraw**, *v. t.* ခံရန်ရှိသည်ထက်ပိုလျှံ၍ငွေထုတ်လက်မှတ်ကိုပေးလိုက်သည်။

**Overdress**, *v. t.* အလွန်အကျူးဝတ်ဆင်သည်။

**Overdrive**, *v. t.* အလွန်အကျူးနှင်မောင်းသည်။

**Overeager**, *a.* စိတ်အားကြီးလွန်းသော။

**Overeat**, *v. t.* စားကြူးသည်။

**Overflow**, *v. t.* to run over, လျှံသည်။ to spread over, လွှမ်းသည်။ to inundate, လွှမ်းမိုးသည်။ —*n.* from *do.*

**Overgrow,** *v. t.* အပင်ပေါက်၍ (မြေကို) ဖုံးလွှမ်းသည်။
**Overgrown,** *a.* ကိုယ်ကြီးလွန်းသော။
**Overhang,** *v. t.* အမြင့်က အငုံ့ထွန်းဘွက်၍မိုးနေသည်။
**Overhaul,** *v. t.* to examine, စစ်ဆေးသည်။ to overtake, လိုက်၍မှီသည်။
**Overhead,** *adv.* အထက်မှာ။
**Overhear,** *v. t,* အမှတ်တမဲ့ကြားသည်။
**Overjoy,** *v. t.* အလွန်ဝမ်းမြောက်စေသည်။
**Overlabor,** *v. t.* to harass with toil, ပင်ပန်းအောင်လုပ်ကိုင်စေသည်။ to spend too much work on, လက်ခံများလွန်းသည်။
**Overlade,** *v. t.* (လှေ၊ သင်္ဘောကို) ဝန်တင်သင့်သည်ထက်ထိုး၍တင်သည်။
**Overland,** *n.* ကုန်းကြောင်း။
**Overlarge,** *a.* ကြီးလွန်းသော။
**Overlay,** *v. t.* to lay too much upon, ပိုမို၍တင်သည်။ to oppress by weight, ဖိ၍နှိပ်စက်သည်။ to spread over the surface, ခွမ်းမံသည်။ —with glass, မှန်စီသည်။ —with plate, မိန်းကွပ်သည်။ —with quicksilver, ပြဒါးထိန်းသည်။ —the border in order to strengthen it, အနားကွပ်သည်။
**Overleap,** *v. t.* ခုန်ကျော်၍သွားသည်။ ခုန်လွှား၍သွားသည်။
**Overload,** *v. t.* ဝန်ပိုမို၍တင်သည်။ —the stomach, စားပိုနင့်သည်။
**Overlook,** *v. t.* to view from a higher place, အမြင့်ကကြည့်သည်။ to peruse, စာကြည့်သည်။ to oversee, ကြည့်ရှုကြပ်မသည်။ to let pass with impunity, အပြစ်ကိုမမှတ်။ အပြစ်အလျှောက်မစီရင်ဘဲနေသည်။ to neglect, သတိလစ်၍မမှတ်ဘဲနေသည်။
**Overmaster,** *v. t.* နိုင်သည်။
**Overmatch,** *v. t.* ပြိုင်၍နိုင်သည်။ —*n.* agent from *do*
**Overmuch,** *a.* များလွန်းသော။ —*adv.* လွန်ကျူးစွာ။ —လွန်း။ (verbal affix.)
**Overnight,** *adv.* ညအချိန်မရောက်မှီ။
**Overpast,** *a.* လွန်ပြီးသော။
**Overpay,** *v. t.* ပိုမို၍ပေးသည်။
**Overplus,** *n.* အပိုအမို။
**Overpoise,** *v. t.* သာ၍လေးသည်။ —*n.* သာ၍လေးသောအလေး။
**Overpower,** *v. t.* အားကြီး၍နိုင်သည်။
**Overpress,** *v. t.* ဖိစီးသည်။
**Overprize,** *v. t.* တန်ဆိုးထက်လွန်၍ဖြတ်သည်။
**Overrate,** *v. t.* same.
**Overreach,** *v. t.* လိမ်သည်သည်။
**Overripe,** *a.* မှည့်လွန်းသော။

**Overrule,** *v. t.* to manage by predominant power. အချုပ်အချာဖြစ်၍စီရင်ပြုပြင်သည်။ to supersede or reject, ပယ်သည်။

**Overrun,** *v. t.* လွှမ်းမိုးသည်။

**Oversea,** *a.* သမုဒ္ဒရာကြည့်ကဖြစ်သော။

**Oversee,** *v. t.* ကြည့်ရှုကြပ်မသည်။ စောင့်ကြပ်သည်။ —and direct authoritatively, ထိန်းကြပ်သည်။

**Overseer,** *n.* အကြီးအကြပ်။ sub—, ခေါင်းခွဲ။

**Overset,** *v. t.* to throw down on the side, လှည်းသည်။ to turn bottom upwards, မှောက်လှန်သည်။

**Overshade,** *v. t.* မှောင်မိုက်နှင့်ဖုံးလွှမ်းသည်။

**Overshadow,** *v. t.* to throw a shadow over, အရိပ်နှင့်ဖုံးလွှမ်းသည်။ to shelter, ကွယ်ကာသည်။

**Overshoot,** *v. t.* ရွတ်သောအချက်ကိုလွန်၍မှန်းသည်။

**Overshot,** *a.* (စက်ရဟတ်) အပေါ်ကိုရှုပ်၍တိုက်သော။

**Oversight,** *n.* superintendence, ကြည့်ရှုကြပ်မခြင်း။ a mistake, သတိလစ်၍မှားခြင်း။

**Oversleep,** *v. i.* အိပ်ကြွးသည်။

**Oversoon,** *adv.* အချိန်မရောက်မီ။

**Overspread,** *v. t.* ဖုံးလွှမ်းသည်။ လွှမ်းသည်။ လွှမ်းမိုးသည်။ —with a cloth, ချုံသည်။ ချုံရုံသည်။ ဆုပ်ချုံသည်။

**Overstep,** *v. t.* ကျော်သွားသည်။

**Overstock,** *v. t.* အလွန်အကျွံးသွင်းထားသည်။

**Overstrain,** *v. t.* အလွန်အကျွံအားထုတ်သည်။

**Overt,** *a.* evident, ထင်ရှားသော။ involving action, အပြုအမူဖြစ်သော။

**Overtake,** *v. t.* လိုက်၍မှီသည်။

**Overtask,** *v. t.* အလွန်အကျွံးလုပ်စေသည်။

**Overthrow,** *v. t.* to turn upside down, မှောက်လှန်သည်။ to throw down from an erect position, လှည်းသည်။ to demolish, ဖြိုဖျက်သည်။ to defeat, ရှုံးအောင်တိုက်သည်။ to destroy, ဖျက်ဆီးသည်။ —*n.* from *do.*

**Overtop,** *v. t.* to rise above the top, သာ၍မြင့်အောင်တက်သည်။ to excel, surpass, လွန်ကဲသည်။

**Overture,** *n.* a proposal, အဦးတင်၍ပြောထားသည်။ a prelude, (in music,) သီခြင်းသံ၊ တီးမှုတ်သံကိုပွဲဦးချခြင်း။

**Overturn,** *v. t.* to throw down on the side. လှည်းသည်။ to turn bottom upwards, မှောက်လှန်သည်။ to destroy, ဖျက်ဆီးသည်။ —*n.* from *do.*

**Overturning,** *n.* same; a change, revolution, ပြောင်းလဲခြင်း။

**Overvalue,** *v. t.* အလွန်အကျွံးအဆိုးဖြတ်သည်။

**Overweening,** *a.* စိတ်မြင့်လွန်းသော။

**Overweigh**, *v. t.* သာ၍လေးသည်။
**Overweight**, *n.* သာ၍လေးသောအလေး။
**Overwhelm**, *v. t.* လွှမ်းမိုးသည်။
**Overwhelmingly**, *adv.* ပြားစီး။ —(in speech,) ရွှန်းရွှန်းတင်း။
**Overwork**, *v. t.* ပင်ပန်းအောင်လုပ်ကိုင်စေသည်။
**Overworn**, *a.* ပင်ပန်းစွာလုပ်ကိုင်သောအားဖြင့်ခွန်အားထုတ်ယုတ်၍ ကုန်သော။
**Overwrought**, *a.* လက်ဝင်များသော (အရာ)
**Overzealous**, *a.* စိတ်အားကြီးလွန်းသော။
**Oviform**, *a.* ဥနှင့်ပုံသဏ္ဌာန်တူသော။
**Oviparous**, *a.* ဥတတ်သော။
**Owe**, *v. t.* to be indebted, ကြွေးရှိသည်။ to be obliged for, ကျေးဇူးတင်လျှက်ရှိသည်။
**Owing**, *a.* due, ကြွေးတင်၍ဆပ်ရသော။ consequential, following as an effect, တစုံတခုသောအကြောင်းကြောင့်ဖြစ်သော။
**Owl**, *n.* (different species,) ဇီးကွက်။ ခင်ပုပ်။ တီးတုတ်။ screech,—ဇိန်။ ထင်ကောင်မိုး။ ငှက်ဆိုး။
**Own** 1, *an emphatic appendage* to the possessive of pronouns, ကိုယ်တိုင်၏။ —2, *v. t.* to be the owner of, ပိုင်သည်။ to acknowledge, admit to be true, ဝန်ခံသည်။ to confess, ဝန်ချသည်။
**Owner**, *n.* အရှင်။ ပိုင်သောသူ။ အရှင်ပိုင်။ သာမိကာ။ (without an owner, အသာမိကာ။ အရှင်မရှိသော။)
**Ownership**, *n.* ပိုင်ခြင်း။
**Ox**, *n.* နွားပြိုး။ နွားသင်း။
**Oxygen**, *n.* အုပ်ဇုဂျင်တည်းဟူသောအချဉ်ကိုဖြစ်စေတတ်သောဓာတ်ငွေ့။
**Oxymel**, *n.* ပျားရည်နှင့်ရောသောပုံးရည်။
**Oyster**, *n.* ကနုကမာ။ pearl—, ပုလဲမအေ။ —bed, ကမာစွဲသောအရပ်။

# P.

**Pabular, Pabulous**, *a.* အစာအာဟာရနှင့်ဆိုင်သော။
**Pabulum**, *n.* အစာအာဟာရ။
**Pace**, *v. i.* to step along, ခြေလှမ်းသွားသည်။ to amble, ဆင်ရှုံသွားသည်။ လှမ်းထိုးသွားသည်။ —*v. t.* to measure by steps, လှမ်း၍တိုင်းသည်။ —*n.* a step of the foot, အလှမ်း။ manner of walking, လှမ်းသွားခြင်း၏အခြေအနေ။ a measure of 5 feet, ၅ ပေအတိုင်းအထွာ။
**Pacer**, *n.* ဆင်ရှုံသွားတတ်သောမြင်း။ လှမ်းထိုးသွားတတ်သောမြင်း။
**Pacific**, *a.* calm, tranquil, ငြိမ်သော။ tending to appease, ငြိမ်းစေတတ်သော။

**Pacification**, *n.* from Pacify; the act of making peace between contending powers, စစ်မှုငြိမ်း၍မိတ်ဆွေဖွဲ့စေခြင်း။

**Pacify**, *v. t.* to still, quiet, ငြိမ်းစေသည်။ နှစ်သိမ့်စေသည်။ to appease passion, စိတ်ပြေအောင်ပြုသည်။ to appease, ဖျော်သည်။

**Pack**, *v. t.* to place in a snug compass, သိပ်သိပ်သည်းသည်းထည့်သည်။ to bind up in a package, ထုပ်သည်။ —up for conveyance, ထုပ်ပိုးသည်။ to sort and arrange cards privately, ကစားရန်ဖဲအနေကိုဂွင်သည်။ to unite picked persons for some private end, ရွေးကောက်၍ဖွဲ့စေသည်။ —cloth, *n.* ထုပ်သောအဝတ်။ —off, *v. i.* အလျင်အမြန်ထွက်သွားသည်။ —thread, *n.* ဗန်ကြည်။ a bundle, package, bale, အထုပ်။ ဝန်ထုပ်။ a set of cards, ဖဲတပုံ။ a number of persons confederated in some bad design, လူဆိုးချင်းစည်းဖွဲ့သောအပေါင်းအသင်း။ a number of dogs hunting together, သားလိုက်သောခွေးစု။ —horse, ဝန်တင်မြင်း။ —saddle, ထုံးကွဲ။

**Package**, *n.* အထုပ်။ ဝန်ထုပ်။ —of valuables, အထုပ်အထည်။

**Packet**, *n.* a small pack, အထုပ်ကလေး။ a vessel that carries letters and passengers, *see* next; —ship, လူနှင့်စာပို့သောကုတ္တိသင်္ဘော။

**Pact, Paction**, *n.* သဘောတူဖွဲ့သောပဋိညာဉ်။

**Pad 1**, *n.* a flat saddle, ထုံး။ —of a saddle, ကုန်းနှီးကွဲ။ —2, an easy paced horse, အသွားကျသောမြင်း။ *adv. see* Foot-pad.

**Padded**, *a.* ဂွမ်းခံ။

**Paddle**, *v.* to row with a pawing motion, လှော်သည်။ to play in the water with a pawing motion, ရေရက်၍ကစားသည်။ —*n.* လှော်တက်။

**Paddock 1**, *n.* a large frog or toad, ဖားကြီး။ —2, an enclosure for deer, etc. သမင်၊ ဒရယ်ခြံ။

**Paddy 1**, *n.* rice in the hull, စပါး။ —2. an Irishman, (a cant word,) အုရလ်ကျွန်းသား။ —bird, ဗျိုင်းအောက်။

**Padlock**, *n.* သော့ခလောက်။ —*v. t.* သော့ခလောက်ခတ်သည်။

**Pœan**, *n.* အောင်ပွဲသီခြင်း။

**Pagan**, *n.* သာသနာပလူ။ ဘုရားတရားကိုမသိသောသူ။ —*a.* pertaining to pagans, သာသနာပလူတို့နှင့်ဆိုင်သော။ pertaining to paganism, ဘုရား၊ တရားကိုမသိ၊ မိုက်မဲခြင်းနှင့်ဆိုင်သော။

**Paganism**, *n.* ဘုရား၊ တရားကိုမသိ၊ မိုက်မဲသောအဖြစ်။

**Paganize**, *v. t.* ဘုရား၊ တရားကိုမသိ၊ မိုက်မဲသောအဖြစ်သို့သွင်းသည်။

**Page 1**, *n.* a boy in attendance on a great man, လူကြီးထံခစားသောလူကလေး။ —2, one side of the leaf of a book, စာရွက်နှာ။ —*v. t.* စာရွက်ရွက်နှာစဉ်ကိုဂဏန်းနှင့်မှတ်သည်။

**Pageant**, *n.* ပွဲသဘင်အခမ်းအနားနှင့်ဆောင်သွားသောအရုပ်ဇာတ်အထူးထူးအပြားပြားသောအရာ။

**Pageantry**, *n.* ပွဲသဘင်အခမ်းအနားနှင့်အထူးထူးအပြားပြားသောအရာတို့ကိုထင်ရှားစွာပြ၍ဆောင်သွားခြင်း။

**Pagoda**, *n.* စေတီ။ hollow—, ဂူထိုး။ —with a recess in each side, မုချွေါ။ —slave, ဘုရားကျွန်။ pagodas collectively, စေတီဂူထိုး။

**Paguma**, *n.* the three-striped, —ကြောင်နဂါး။

**Pail**, *n.* ရေဆွဲစည်ပိုင်း။

**Pain**, *n.* —of body, နာခြင်းဝေဒနာ။ distress of mind, စိတ်ပူခြင်းဝေဒနာ။ —*v. t.* နာစေခြင်းပြုသည်။ စိတ်ပူစေခြင်းပြုသည်။

**Painful**, *a.* giving pain, နာစေသော။ စိတ်ပူစေသော။ full of pain, နာသော။ ဆင်းရဲသော။ difficult, ခက်ခဲသော။ making toilsome efforts, ပင်ပန်းစွာလုပ်ရသော။

**Painfulness**, *n.* from above.

**Painless**, *n.* နာခြင်းဝေဒနာမရှိသော။ စိတ်ပူခြင်းဝေဒနာမရှိသော။

**Pains**, *n. plur.* toilsome efforts, ပင်ပန်းစွာလုပ်ရခြင်း။ the distress of travail, သားဖွားခြင်းဝေဒနာ။ —taker, agent from next. —taking, *a.* လုံ့လဝီရိယထုတ်သော။ —taking, *n.* from *do.*

**Paint**, *n.* ချယ်သုတ်ရန်ဆေး။ —*v. t.* to besmear with paint, ဆေးသုတ်သည်။ to color, အရောင်တင်သည်။ to form a figure or likeness in colors, ပန်းချီရေးသည်။ to diversify with colors, ဆေးချယ်သည်။ ဆေးရေးသည်။ to describe, သရုပ်သကန်ကိုဖော်ပြသည်။ (painted work, အပြောက်အပြန်း။)

**Painter 1**, *n.* —of houses, ဆေးသုတ်သောသူ။ —of pictures, ပန်းချီ။ —2, a rope to fasten a boat with, သင်္ဘောကိုချည်ထားသောကြိုး။

**Painting**, *n.* the art of forming figures or likenesses in colors, ပန်းချီသမားအတတ်။ a picture, ဆေးရေးသောရုပ်ပုံ။ picture work, ဇာဝါ။ —in a frame, ကားရုပ်။

**Pair**, *n.* အစုံ။ အရုံ။ အရန်။ applied to horses, အစုံအဝက်။ —*v. i.* to be united in couples, စုံဝက်သည်။ to fit as a counterpart, အဝက်ဖြစ်သည်။ —*v. t.* to unite in couples, စုံဝက်စေသည်။

**Palace**, *n.* the residence of a king, နန်းတော်။ the residence of a grandee, အိမ်တော်။

**Palanquin**, *n.* ပါလကီ။ —carriage, ပါလကီရထား။ ထမ်းစင်။ ယာဉ်ပေါင်း။ large state—, ဝေါဇလား။

**Palatable**, *a.* အရသာကောင်းသော။

**Palatal**, *a.* pertaining to the palate, အာခေါင်နှင့်ဆိုင်သော။ pronounced from the palate, တာလုဇာ။

**Palate**, *n.* the roof of the mouth, အာခေါင်။ taste, စိတ်ဝါသနာ။

**Palaver**, *n.* စကားစမြည်။

**Pale 1**, *a.* blanched (in countenance from fright.) ဖြူသော။ wan, deficient in color, ဖျော့သော။ not brilliant, အရောင်မှေးသော။ —eyed, မျက်မှိန်သော။ —faced, မျက်နှာဖျော့သော။ မျက်နှာဖျော့တော့တော့ရှိသော။ —*v. t.* from Pale 1; —2, *n.* a narrow pointed board, used in making a fence, ဝင်းခတ်သောကျည်းစွန်း။ ဝင်းခတ်သောသင်ပုံးပေါင်း။ an inclosing fence, ကျည်းခတ်သောဝင်း။ a limited territory, နယ်။ —, *v. t.* ဝင်းခတ်သည်။

**Paleness**, *n.* from Pale, *a.*

**Palfrey**, *n.* မိန်းမစီးသောမြင်း။

**Pali**, *n.* ပါဠိဘာသာ။

**Paling**, *n.* ထိုးခတ်သောကျည်းစွန်း။

**Palisade**, *n.* သစ်တပ်တိုင်။ ရင်တား။ —*v. t.* သစ်တပ်တည်သည်။

**Palish**, *a.* ခပ်ဖျော့ဖျော့။ ဖျော့တော့တော့။

**Pall 1**, *n.* a cloak of state, ကြီးသောအရာနှင့်ဆိုင်သောဝတ်လုံ။ the cloth thrown over a coffin, တလားကိုဖုံးလွှမ်းသောအဝတ်။ —2, *v. i.* to become vapid, အရသာပေါ့သွားသည်။ —*v. t.* to make vapid, အရသာပေါ့စေသည်။ to weaken, impair, အားလျော့စေသည်။ to cloy, အီစေသည်။

**Palladium**, *n.* ဘေးမှလွှတ်အောင်ဆီးတားကွယ်ကာသောအရာ။

**Pallet 1**, *n.* a small bed, ခုတင်ကလေး။ —2, the board of a painter's colors, ပန်းချီရေးရန်ဆေးစုံတင်သောလက်ကိုင်ကျည်းပြားငယ်။

**Palliate**, *v. t.* to extenuate a fault, အပြစ်ပေါ့အောင်ပြောသည်။ to mitigate, လျော့စေသည်။

**Palliation**, *n.* from above.

**Palliative**, *a.* ပေါ့စေတတ်သော။ လျော့စေတတ်သော။

**Pallid**, *a.* ဖျော့သော။

**Pallor**, *n.* from above.

**Palm**, *n.* the inner part of the hand, လက်ဖဝါး။ the measure of 3 inches, လက် ၄ သစ်။ a genus of trees, including အုန်း၊ ကွမ်းသီး၊ စွန်ပလွံ၊ ထန်း၊ ဓနိ and ပေ။ Karen cabbage—, ရင်ချင်း၊ a token of victory, အောင်ပန်း။ —*v. t.* လက်ကပ်ခိုးသည်။

**Palmated**, *a.* လက်ပြားကဲ့သို့သဏ္ဍာန်ရှိသောအရွက်။

**Palmiped**, *a.* ဝမ်းဘဲကဲ့သို့တပြားတည်းခြေရှိသော။

**Palmyra**, *n.* ပေပင်။ wild—, တောထန်းပင်။ ထန်းရှောက်ထူ။

**Palmistry**, *n.* လက်ဝါးလက္ခဏာကိုကြည့်၍ဟောခြင်း။

**Palmy**, *n.* prosperous, စွန်ပလွံပင်ကဲ့သို့စည်ပင်သော။

**Palpability**, **Palpableness**, *n.* from next.

**Palpable**, *a.* tangible, တွေ့ရသော၊ အတွေ့ခံရသော၊ plain, obvious, ထင်ရှားသော၊
**Palpitate**, *v. i.* —from weakness, နှစ်လုံးခုန်သည်၊ ရင်ခုန်သည်၊ —from fear, နှစ်လုံးတုန်သည်၊
**Palpitation**, *n.* from above.
**Palsied** (be,) *v. i.* to have the palsy, လေဖြောသောနာစွဲသည်၊ to be deprived of energy, ခွန်အားပျက်သည်၊
**Palsy**, *n.* လေဖြောသောနာ၊ —*v. t.* from Palsied (be.)
**Palter**, *v. i.* တိမ်းရှောင်သည်၊
**Paltry**, *a.* ယုတ်ညံ့သော၊
**Pamper**, *v. t.* ဆိမ့်အိမ့်သောအစာအာဟာရနှင့်ကျွေးသည်၊
**Pamphlet**, *n.* ခိုင်ခံ့သောမျက်နှာဖုံးမပါသောစာအုပ်၊
**Pamphleteer**, *n.* ထိုသို့သောစာအုပ်ကိုစီရင်ရေးထားသောသူ၊
**Pan**, *n.* a vessel broad and shallow, အင်တုံ၊ လင်ပန်း။ ဒိုးကင်း။ —of a gun, နားခွက်၊ *see* Frying pan; —cake, ဒိုးကင်းပူထိုက်သောမုန့်ပြား။
**Panacea**, *n.* အနာအမျိုးမျိုးကိုနိုင်သောဆေး။
**Panada**, *n.* ပြုတ်၍ဖျော်သောမုန့်၊
**Pancake**, *n.* ကျော်သောမုန့်ပြား။ မုန့်ပြစ်စလက်၊
**Pancreas**, *n.* အစာအိမ်နှင့်ကြောရိုးစပ်ကြားမှာတည်သောကြောထွေး။
**Pandect**, *n.* ချုပ်ချာသောစာ၊ ပေါင်းချုပ်၊
**Pander**, *n.* agent from next; —*v.* မိမ္ဘကူးသည်၊ မိမ္ဘကုန်ကူးသည်၊ (provincial.)
**Pane**, *n.* မှန်တချပ်၊
**Panegyric**, *n.* ချီးမွမ်းသောစကား၊
**Panegyrist**, *n.* agent from next.
**Panegyrize**, *v. t.* ချီးမွမ်းသောစကားကိုစီကုံးသည်၊
**Panel**, *n.* a board inserted in a frame, မှန်အိမ်ကွက်၊ a roll of jurors, တရားသူကြီးနှင့်တိုင်ပင်စီရင်သောသူတို့စာရင်း။ —*v. t.* ပျဉ်ထောင်မှာမှန်အိမ်ကွက်ထည့်၍ကာသည်၊
**Pang**, *n.* ပြင်းစွာသောဝေဒနာ၊
**Pangolin**, *n.* သင်းခွေချပ်၊
**Panic**, *n.* from next; —struck, *a.* အကြောင်းမရှိဘဲထိတ်လန့်သော၊
**Pannel**, *n.* ကုန်းနှီးတမျိုး။
**Pannier**, *n.* တင်ခြင်း။ ဝန်တင်ခြင်း။ (a pair of panniers, တတင်း)
**Panoply**, *n.* လက်နက်စုံ၊
**Panorama**, *n.* ဝိုင်းရံသောကားရုပ်ကြီး၊
**Pant**, *v. i.* ပန်းဟိုက်၊ to palpitate, နှစ်လုံးတုန်သည်၊ to be out of breath, ဟိုက်သည်၊ —feebly, သက်လုံမိုသည်၊ to long earnestly, အလွန်တောင့်တသည်၊

**Pantaloons**, *n. plur.* ဘောင်းဘီ။
**Pantheism**, *n.* ခပ်သိမ်းသောအရာတို့သည်ဘုရားသခင်ဖြစ်သည်ဟုယူသောအယူဝါဒ။
**Pantheon**, *n.* ခပ်သိမ်းသောနတ်ဘုရားတို့ကိုးကွယ်ရာဗိမာန်။
**Panther**, *n.* ကျားသစ်တမျိုး။
**Pantile**, *n.* ရေဝင်ကြွပ်ခုံး။
**Pantler**, *n.* မင်းအိမ်မှာမုန့်တိုက်မှူး။
**Pantofle**, *n.* အိပ်ရာခန်းမှာစီးရန်ခြေနင်း။
**Pantomime**, *n.* အရိပ်အမှတ်သာပေး၍ပြသောဇာတ်ပွဲ။
**Pantomimic**, *a.* ထိုသို့သောဇာတ်ပွဲနှင့်ဆိုင်သော။
**Pantry**, *n.* စားရန်အစာမျိုးကိုထားသောအခန်း။
**Panurgy**, *n.* အလုပ်အမျိုးမျိုးကိုလုပ်တတ်သောအတတ်။
**Pap** 1, *n.* a nipple, နို့သီး။ —2, soft food for an infant, သူငယ်စားနိုင်ဖျော်သောမုန့်။
**Papa**, *n.* အဘ၊ ဖခင်။
**Papacy**, *n.* ရဟန်းမင်း၏အရာ။
**Papal**, *a.* ရဟန်းမင်းနှင့်ဆိုင်သော။
**Papaya**, *n.* သင်္ဘောသီး၊ သင်္ဘောသခွါးသီး။
**Paper**, *n.* the manufactured substance used for writing and printing, စက္ကူ၊ red—, ပန်းစက္ကူ၊ a thin kind, ဂိုစက္ကူ၊ ရေစက္ကူ။ a newspaper, သတင်းစာ၊ a written instrument, စက္ကူစာ၊ —maker, စက္ကူလုပ်သောသူ၊ —mill, စက္ကူလုပ်ရန်အဝတ်စုတ်ကြိတ်သောဆုံ၊ —plant, ဆေးလေးမသိုင်း၊ —stainer, စက္ကူကိုဆေးခြယ်သောသူ။ *a.* စက္ကူ၊ စက္ကူကိုလုပ်သော၊ —money, *n.* ငွေလက်မှတ်၊ —*v. t.* ဆေးခြယ်သောစက္ကူကိုအခန်းနံရံ၌ဘောင်ကပ်သည်။
**Papilio**, *n.* လိပ်ပြာ။
**Papist**, *n.* ရဟန်းမင်းဘာသာကိုယူသောသူ။
**Pappy**, *see* Pulpy.
**Par**, *n.* အညီအမျှ၊ (to be on a par, တန်းတူသည်၊ ရည်တူသည်။)
**Parable**, *n.* ပုံဥပမာ။
**Parabola**, *n.* ပရာဗလတည်းဟူသောအချပ်ဆောင်းပုံကိုသွန်နှင့်ဖြတ်၍ရသောပုံတမျိုး။
**Parabole**, *see* Parable.
**Parabolic, Parabolical**, *a.* ပုံဆောင်သော။
**Parachute**, *n.* ဓလွန်းစက်နှင့် မိုးပျံကောင်းကင်သို့တက်ပြီး၍ဖြည်းဖြည်းဆင်းရန်တန်ဆာ။
**Paraclete**, *n.* ဘုရားသခင်စေလွှတ်တော်မူသောဥပဇ္ဈာယ်ဆရာ။
**Parade**, *v. t.* to make a display of, ကျင်းပ၍ပြသည်။ to present in military array, တပ်ပြသည်။ —*n.* display, ကျင်းပ၍ပြခြင်း၊

the place where troops assemble for exercise, စစ်ရေးပြရာအရပ်။

**Paradigm**, *n.* ပုံသက်သေ။

**Paradise**, *n.* the garden of Eden, ကမ္ဘာဦးဥယျာဉ်။ a place of felicity, သုခသက်သက်ရှိသောအရပ်။ the state of justified spirits, ပရဒိသုဘဝ။

**Paradisiacal**, *a.* blissful, ချမ်းသာနှင့်ပြည့်စုံသော။ pertaining to Paradise, ပရဒိသုဘဝနှင့်ဆိုင်သော။

**Paradox**, *n.* ထုတ်လျက်နှင့်မထုတ်ရောင်ဆောင်သောစကား။

**Paradoxical**, *a.* ထုတ်လျက်နှင့်မထုတ်ရောင်ဆောင်သော။

**Paragon**, *n.* ထူးဆန်းသောပုံပန်း။

**Paragraph**, *n.* ပုဒ်ကြီး။ ပုဒ်မ။

**Parallax**, *n.* နေ၊ လ၊ ကြယ်နက္ခတ်တို့ကိုအရပ်ရပ်ကကြည့်ရှုလျှင်ထိုအရာတို့သည်ရွေ့ဟန်ရှိသောလက္ခဏာ။

**Parallel**, *a.* extended side by side at the same distance, ချည်းခြင်း၊ ကွာခြင်းမရှိ၊ တညီတည်းပြိုင်၍နေသော။ being in accordance with, တညီတညွတ်တည်းဖြစ်သော။ similar in the main, ခပ်တူတူဖြစ်သော။ —*v. t.* to place parallel, ချည်းခြင်း၊ ကွာခြင်းမရှိ၊ တညီတည်းပြိုင်၍နေစေသည်။ to make accordant, တညီတညွတ်တည်းဖြစ်စေသည်။ to have the same general character, သရုပ်သကန်တူသည်။ to compare with, နှိုင်းရှည့်သည်။ —*n.* a line running parallel, ချည်းခြင်း၊ ကွာခြင်းမရှိ၊ တညီတည်းပြိုင်၍နေသောအကြောင်း။ အကြောင်းပြိုင်။ လိနာပြိုင်။ conformity, တညီတညွတ်တည်းဖြစ်ခြင်း။ comparison made, နှိုင်းရှည့်ခြင်း။

**Parallelism**, *n.* from Parallel, *a.*

**Parallelogram**, *n.* အလျားချင်း၊ အနံချင်းညီမျှလျက်ရှည်လျားသော ၄ထောင့်ပုံ။ စတုလျားပုံ။

**Paralysis**, *n.* လေကြောသေနာ။

**Paralytic**, *a.* လေကြောသေနာစွဲသော။

**Paralyze**, *v. t.* to affect with palsy, လေကြောသေနာစွဲစေသည်။ to deprive of energy, ခွန်အားကိုဖျက်သည်။

**Paramount**, *a.* အကြီးဆုံးသော။

**Paramour**, *n.* ရည်းစား။

**Parapet**, *n.* မြေကတုတ်။

**Paraphernalia**, *n.* *plur.* မယားပိုင်သောဥစ္စာ။

**Paraphrase**, *v. t.* ပါဠိအနက်ကိုအကျယ်အားဖြင့်ဖွင့်ပြသည်။ —*n.* ထိုသို့ဖွင့်ပြသောအချက်။

**Paraphrast**, *n.* ထိုသို့ဖွင့်ပြသောသူ။

**Paraphrastic**, *a.* အကျယ်အားဖြင့်ဖွင့်ပြသော။

**Parasite**, *n.* one who flatters and fawns for a living, သူတပါးမိတ်

ကိုကြွေးအောင်းမြှောက်ပင့်၍ကိုယ်အသက်မွေးသောသူ။ a plant which takes root in another, သစ်၊ သစ်ခွ၊ ကျီးပေါင်းကဲ့သို့အခြားသော အပင်ကိုမှီ၍ပေါက်သောအပင်မျိုး။ pendulous—, လေသိုက်။

**Parasitic,** *a.* given to flattery, မြှောက်ပင့်တတ်သော။ rooted as a parasite plant. အခြားသောအပင်၌အမြစ်စွဲသော။

**Parasol,** *n.* မိမ္မဆောင်းသောထီးကလေး။

**Parboil,** *v. t.* ပြုတ်သည်။

**Parcel,** *v. t.* ခွဲဝေသည်။ —out a work, ငန်းခွဲသည်။ —*n.* a part, အပိုင်း။ a quantity, mass, အပုံ။ တပုံ။ a small bundle, အထုပ် ကလေး။ a number (of persons,) လူတွေ။

**Parch,** *v. t.* to burn the surface of, လှော်သည်။ to dry to extremity, အလွန်သွေ့ခြောက်အောင်ပူစေသည်။ —with thirst, ရေ ငတ်၍အာခေါင်ခြောက်အောင်ပြုသည်။

**Parchment,** *n.* စာရေးရန်သားရေ။

**Pardon,** *v. t.* အပြစ်လွှတ်သည်။ ချမ်းသာပေးသည်။ ဖြေရှင်းသည်။ —*n.* from *do.*

**Pardonable,** *a.* အပြစ်လွှတ်နိုင်ဖွယ်ဖြစ်သော။

**Pare,** *v. t.* to peel with a knife, နွှင်သည်။ နွှာသည်။ နွှေးသည်။ သင် သည်။ to shave off, လှီးလွှာ၍ခွာသည်။ —off the end, တိသည်။

**Paregoric,** *n.* အကိုက်အခဲကိုပြေစေသောဆေး။

**Parent,** *n.* a father, အဘ။ a mother, အမိ။ *plur.* မိဘ။

**Parentage,** *n.* အမျိုး။ respectable—, မိကောင်းဖခင်။

**Parental,** *a.* pertaining to parents, မိဘနှင့်ဆိုင်သော။ affectionate as parents, မိဘကြင်နာတတ်သကဲ့သို့ကြင်နာသော။

**Parenthesis,** *n.* စကားချပ်။

**Parenthetic, Parenthetical,** *a.* စကားချပ်နှင့်ဆိုင်သော။ (introduce parenthetically, စကားချပ်သည်။)

**Parhelion,** *n.* နေနှင့်တူသောအရောင်။

**Pariah,** *n.* ဇာတ်ပျက်၍နှင်ထုတ်ခြင်းကိုခံရသောသူ။

**Parietal,** *a.* ကျောက်ရိုး၊ ထုတ်ရိုးနှင့်ဆိုင်သော။

**Paring,** *n.* နွှေးနွှာသောအခွံ။

**Parish,** *n.* သင်းအုပ်ဆရာအုပ်စု။

**Parishioner,** *n.* သင်းအုပ်ဆရာအုပ်စုအတွင်းနေသောသူ။

**Parity,** *n.* ညီမျှခြင်း။

**Park,** *n.* အမဲကိုလိုက်ရန်ခြံထိုး၍ထားသောတောအုပ်ကြီး။ —of artillery, စစ်ဆောင်အမြောက်စု။

**Parlance,** *n.* စကားမည်။ ဝေါဟာရစကား။

**Parley,** *v. i.* ဆွေးနွေးတိုင်ပင်သည်။ —*n.* from *do.*

**Parliament,** *n.* အင်္ဂလိတ်လွှတ်တော်။

**Parliamentary,** *a.* လွှတ်တော်နှင့်ဆိုင်သော။

Parlor, *n.* a room for receiving company, ဧည့်ခံရာအခန်း၊ the room occupied by the family in common, အိမ်သူအိမ်သား ထိုင်နေရာအခန်း။
Parochial, *a.* သင်းအုပ်ဆရာပိုင်းခြား၍ထိန်းသိမ်းသောအရပ်နှင့်ဆိုင်သော။
Parody, *n.* သူတပါးရေးထားသောစကားကိုပြောင်း၍အတုအပလုပ်သောစာ။
Parole, *n.* a promise ဂတိထားသောစကား။ a password, အဆီးအတား မရှိ၊ သွားရသောအခွင့်နှင့်ဆိုင်သောစကား။
Paroquet, *n.* ကျေးကျွတ်။
Parotid, *a.* နားရင်းအောက်၌တံထွေးတည်သောကြောထွေးနှင့်ဆိုင်သော။
Paroxysm, *n.* အနာတက်ခြင်း။ —of fever, အဖျားတက်ခြင်း။
Parrakeet, *n.* Bengal—, ကျေးကုလား၊ rose—, ringed—, ကျေး ကျွတ်။ Alexandrine—, ကျေးကျက်တော။
Parricidal, *a.* အမိ၊ အဘကိုသတ်ခြင်းနှင့်ဆိုင်သော။
Parricide, *n.* အမိကိုသတ်သောသူ၊ အဘကိုသတ်သောသူ။
Parrot, *n.* ကျက်တူရွေး၊ ကျေးသား၊ ကျက်တော။
Parry, *v. t.* ဖယ်ရှားသည်။
Parse, *v. t.* သဒ္ဒါရေးအလိုက်၊ စကားအခြေအနေလက္ခဏာတို့ကိုပြသည်၊ ယှဉ်ဖွဲ့ဖွက်သည်။
Parsee, *n.* ပါရသီ။
Parsimonious, *a.* ခြွေတာလွန်းသော၊ စေးနှဲသော၊ စိစစ်သော။
Parsimony, *n.* from above.
Parsnip, *n.* ရုန်လာဥမျိုး။
Parson, *n.* သင်းအုပ်ဆရာ။
Personage, *n.* သင်းအုပ်ဆရာနေရာကျောင်းနှင့်ဝတ်မြေ။
Part, *v. t.* divide ပိုင်သည်၊ ခွဲသည်၊ to divide into shares, ခွဲဝေ သည်၊ to separate, ခွဲခွာသည်၊ to make a division between, ပိုင်းခြားသည်။ to screen, secrete. သိုးသန့်အောင်ခွဲထုတ်၍အခြားစီ ထားသည်။ —enemies, ဖျန်သည်။ —*v. i.* to become separated, detached, ကွာသည်၊ ကွဲကွာသည်၊ to depart from, ကွာသွားသည်။ —*n.* a portion not the whole, အပိုင်း၊ some, အချို့၊ တချို့၊ a member, component part. အင်္ဂါ၊ a portion which falls to one share, အဖို့၊ an allotment, portion of work, အငန်းအတာ၊ side, party, ဘက်၊ character appropriated in a play, ဇာတ်ပွဲ၌ပြောဆိုဆောင်ရွက်ရန်တာဝန်၍လုပ်ရသောအမှု၊ *see* Parts.
Partake, *v. i.* ဆက်ဆံ၍ယူသည်။
Parted (be,) *v. i.* —for a length of time, ကွေကွင်းသည်။
Parterre, *n.* ပန်းခင်း။
**Partial**, *a.* inclined to favor one side, ငဲ့ကွက်သော၊ ရှုထ်နှာကိုထောက် သော၊ —in deciding, ယင်းချည်းသိုက်သော၊ preferring, သာ၍

ပြကတ်သော၊ relating to a part only, not general, တပိုင်း၊ တနို၊ တစက်နှင့်သာဆိုင်သော၊

Partiality, *n.* from above, 1st and 2d def.

Partially, *adv.* from Partial, *a.;* in part, not wholly, အကုန်အစင်မထုဝ်ဘဲ၊

Partible, *a.* ခွဲဝေနိုင်ဖွယ်ဖြစ်သော၊

Participant, *a.* and *n.* agent, from next.

Participate, *v.* ဆက်ဆံသည်၊ ဆက်ဆံခံယူသည်၊

Participation, *n.* from above.

Participle, *n.* နာမ်သဘောနှင့်ကြိယာသဘောကို ဆက်ဆံသောသဒ္ဒါ၊

Particle, *n.* a minute portion of matter, အစအနု၊ အထုမြူ၊ a very small part (of any thing,) အနည်းငယ်မျှ၊ finest conceivable—, ဧရမဘဏုမြူ၊

Particular, *a.* pertaining to a single person or thing, (တယောက်) တည်း၊ ဟ (ခု) တည်းနှင့်ဆိုင်သော၊ minute, exact, စေ့စပ်သော၊ odd, singular, ထူးခြားသော၊ nice in taste, အလွန်ရွေးချယ်မိစမ်တတ်သော၊ uncommon, သာမညမဟုတ်သော၊ scrupulous, ခြိမ်ခြယ်သော၊ *n.* an article, item, အချက်၊ အချက်အရာ၊ an individual, တယောက်သောသူ၊

Particularity, *n.* specification of particulars, အသီးအသီးတို့ကိုမှတ်သားခြင်း၊ a petty matter, သေးနုပ်သောအကြောင်းအရာ၊ something singular, ထူးခြားသောအရာ၊

Particularize, *v. t.* to specify in detail, အသီးအသီးတို့ကိုအစဉ်အတိုင်းပြောထားသည်၊ to select and specify, ရွေး၍ပြောထားသည်၊

Particularly, *adv.* သေသေချာချာ၊

Parting, *n.* from Part, *v.*

Partisan 1, *n.* an adherent to a party, တစက်၌နေသောသူ၊ တစက်သား၊ adherent, အဝင်အပါ၊ —2, *n.* a kind of pike, လှံတမျိုး၊

Partition, *n.* the act of dividing, ပိုင်းခြင်း၊ ခွဲခြင်း၊ ပိုင်းခြားခြင်း၊ the act of dividing into shares, ခွဲဝေခြင်း၊ a separate room, အခန်း၊ that by which rooms are divided, အကာ၊ —of boards, ခန်းဆီးပျဉ်ထောင်၊ —from the floor to the roof, မာရဖင်၊ —of brick, ခန်းဆီးနံရံ၊ —*v. t.* to divide into distinct parts, ပိုင်းခြားသည်၊ to divide into shares, ခွဲဝေသည်၊

Partly, *adv.* အကုန်အစင်မဟုတ်၊ တပိုင်း၊ တချို့သာ၊

Partner, *n,* one who partakes or shares with another, ဆက်ဆံသောသူ၊ an associate in work, လုပ်ဖော်ဆောင်ဖက်၊ an associate in trade, ကုန်ဖက်၊ one who dances with another, ကပွဲ၌ကသောသူ၊ a correlate in marrage, နှံဖက်၊ ခင်ပွန်း၊

Partnership, *n.* ကုန်ဖက်တုပ်ခြင်း။ (in partnership, ဖက်ရှယ်ရွေလောင်း။)
Partridge, *n.* ခါ။
Parts, *n. plur.* talents, ညာဏ်သတ္တိ။ country, region, ပြည်၊ ဒေသ အရပ်။
Parturient, *a.* မွေးဖွားလုသော။
Parturition, *n.* မွေးဖွားခြင်း။
Party, *n.* a number of persons united in opposition to others, တဖက်ခွဲနေသောလူစု၊ one of two litigants, အမှုသည်၊ တရားတွေ့ ဖက်၊ တရားဖက်၊ one concerned in an affair, (အမှုခွဲ) ပါသော လူ၊ a company at an entertainment, ပွဲဝင်သောလူစု၊ a detachment of soldiers, စေလွှတ်သောစစ်သည်စု၊ —colored *a* အထူးထူး အပြားပြားသော အဆင်းအရောင်ရှိသော၊ —man, *n.* တဖက်ခွဲနေသောသူ၊ —spirit, တဖက်ခွဲဖွဲ့လမ်း၍အားသန်သောစိတ်၊ —wall, တိုက်၊ အိမ်အကြားခွဲကာသောအုတ်ရိုး။
Paschal, *a.* ပသခါပွဲနှင့်ဆိုင်သော။
Pass, *v. i.* to go, သွားသည်၊ to move from one state to another, ကူးသည်၊ ပြောင်းသည်၊ to vanish, cease, လွန်သည်၊ to be current (as a bank bill,) ငွေနှင့်အပြားသုံးစွဲသကဲ့သို့တဦးသို့လှည့် လည်သည်၊ —*v. t.* to go by, အနားမှာရှောက်သွားသည်၊ to go beyond, လွန်သွားသည်၊ to surpass, excel, သာသည်၊ လွန်သည်၊ လွန်ကဲသည်၊ to go along the length of, ရှောက်သည်၊ to go through the midst of, ဖောက်သွားသည်၊ to go across or over, ကူးသည်၊ to spend, live through (time,) လွန်စေသည်၊ to cause to go, သွားစေသည်၊ to hand, ကမ်းသည်၊ လှမ်း၍ပေးသည်၊ to transfer from one to another, လွှဲအပ်သည်၊ to neglect, leave behind, ချန်ထားသည်၊ to utter, မြွက်ဆိုသည်၊ ပြောထား သည်၊ to be approved, after discussion, or on examination, (the house, etc. being understood,) အခွင့်ရသည်၊ to admit, approve, အခွင့်ပေးသည်၊ မှန်ကြောင်းကိုဝန်ခံသည်၊ to enact, ဥပဒေထားသည်၊ ပညတ်ထားသည်၊ to impose fraudulently, လိမ်လည်၍ယူစေသည်၊ —away, လွန်သွားသည်၊ —*v. t.* လွန်စေ သည်၊ —by, *v. i.* အနားမှာရှောက်သွားသည်၊ —by near, သရီ သည်၊ —*v. t.* to disregard, မမှတ်ဘဲနေသည်၊ to set aside, dispense with, လွှဲပယ်သည်၊ to let go with impunity, အပြစ် မပေးဘဲနေသည်၊ —off, သူတပါးယုံမှတ်လက်ခံစေခြင်းငှါအရောင် ဆောင်၍ပြသည်၊ —on, *v. i.* တိုး၍သွားသည်၊ —over, to go from side to side, ကူးသွားသည်၊ to go over without touching, ကျော်သွားသည်၊ ရှုံသည်၊ —*v. t.* to disregard, မမှတ်ဘဲ နေသည်၊ —the eye over, မိုဃ်ကာကြည့်သည်၊ —the hand over, စမ်းသတ်သည်၊ —word, *n.* အဆီးအတားမရှိ၊ သွားရသော

အခွင့်နှင့်ဆိုင်သောစကား။ a narrow passage, ဖောက်သွားသောလမ်း။ a passport, အဆီးအတားမရှိ၊ သွားလာစေဟုအခွင့်ပေးသောစာ။ a thrust, တချက်ထိုးခြင်း။ a state, condition, ဖြစ်တန်း။ come to—, *v. i.* ဖြစ်လာသည်။

Passable, *a.* that may be passed, ရှောက်သွားနိုင်ဖွယ်ဖြစ်သော။ tolerable, တော်တော်ရှိသော။

Passage, *n.* the act of passing, သွားခြင်း။ ရှောက်သွားခြင်း။ ဖောက်သွားခြင်း။ ကူးသွားခြင်း၊ the time of passing from one place to another, ခရီးသွား၍ကြာသောကာလ။ road, way, လမ်း။ way of egress or entrance, အပေါက်အလမ်း။ အပေါက်အဝ။ a particular part of a book or writing, စာ၌ပါသောအချက်။ an occurrence, အဖြစ်အပျက်။ အကြောင်းအရာ။

Passenger, *n.* a traveller, ခရီးသွားသောသူ။ one who has a place in a public conveyance, ကုတ္တိုစီးသောသူ။ ချောသို့ခြင်းကိုခံ၍ခရီးသွားသောသူ။

Passibility, Passibleness, *n.* from next.

Passible, *a.* ဝေဒနာခံနိုင်ဖွယ်ဖြစ်သော။

Passim, *adv.* စာ၌ပါလေရာရာ။

Passing, *a.* surpassing, လွန်ကဲသော။ —*adv.* အလွန်။

Passing bell, *n.* လူသေသောအချိန်၌ခေါင်းလောင်းထိုးခြင်း။

Passion, *n.* sensation, ဝေဒနာ။ suffering, ခံခြင်း။ desire, တဏှာ။ အာလယ။ *Pali.* emotion, စိတ်။ စိတ်ရှိခြင်း။ heat, ကိလေသာ။ ardor, zeal, စိတ်အားကြီးခြင်း။ anger, ဒေါသအချက်။ love, ချစ်ကြိုက်ခြင်း။ —flower, ခူကာပွင့်။ အာသာဝတီပွင့်။ (to feel strong passion for, တပ်စွန်းသည်။ exemption from passion, အနာသဝ။)

Passionate, *a.* highly excited, စိတ်အားကြီးသော။ irritable, easily provoked, စိတ်တိုသော။

Passionately, *adv.* violently, ကြွပ်ကြွပ်ရွပ်ရွပ်။

Passionless, *a.* စိတ်လျစ်လျူသော။

Passive, *a.* receiving or capable of receiving impressions, ဝေဒနာခံသော။ ဝေဒနာခံတတ်သော သဘောရှိသော။ unresisting, မဆီးတား၊ သည်းခံတတ်သော။

Passiveness, Passivity, *n.* from above.

Passover, *n.* ပသခါပွဲ။

Passport, *n.* အဆီးအတားမရှိ၊ သွားလာစေဟုအခွင့်ပေးသောစာ။ ကင်းစာ။

Past, *a.* လွန်ပြီးသော။ —*n.* အတိတ်။ ဝုဒ္ဓ။ *Pali.* လွန်ပြီးသောကာလ။ —time, ယခင်။ အရင်။ time recently—, ယမန်။ as ယမန်နေ့။ —*prep.* အလွန်။

Paste, *n.* —used as a cement, ရွှံ့ညက်ကော်။ —used in cookery,

မုန့်မိမ်းပြား။ artificial stones, ချက်ကျောက်။ —board, ထူထောင်ထပ်သောစက္ကူ၊ စက္ကူထူ။ —*v. t.* ကော်နှင့်ကပ်သည်။

**Pastern,** *n.* မြင်းဖနှောင့်။

**Pastil,** *n.* ဆေးတောင့်။

**Pastime,** *n.* ပျော်မွေ့ခြင်း။

**Pastor,** *n.* a shepherd, သိုးထိန်း။ minister of a church, သင်းအုပ်ဆရာ။

**Pastoral,** *a.* pertaining to the care of flocks, သိုးထိန်းခြင်းနှင့်ဆိုင်သော။ pertaining to the care of a church, သင်းအုပ်ဆရာအရာနှင့်ဆိုင်သော။ —*n.* သိုးထိန်းခြင်းအမှုနှင့်ဆိုင်သောလင်္ကာစာ။

**Pastorate, Pastorship,** *n.* သင်းအုပ်ဆရာ၏အရာ။

**Pastry,** *n.* မုန့်အမျိုးမျိုး။ —cook, မုန့်အမျိုးမျိုးကိုလုပ်သောသူ။

**Pasturage,** *n.* the business of feeding or grazing cattle, မြင်း၊ နွားကိုစားကျက်၌လွှတ်၍စားစေခြင်းအမှု။ ground fit for grazing, မြင်း၊နွားကျက်စားရာဘို့ကောင်းသောအရပ်။

**Pasture,** *n.* ကျက်စားရာစားကျက်ဖြစ်သောမြေကွက်။ စားကျက်။ —*v. t.* ကျက်စားရာအရပ်၌ထားသည်။

**Pat 1,** *a.* အချက်ကျသော။ —*v. t.* 2, ပေါ့ပေါ့ပုတ်သည်။ —*n.* ပေါ့ပေါ့ပုတ်ခြင်းအချက်။

**Patch,** *n.* a piece sewed on, အဖာ။ a small plaster stuck on the face, မျက်ခွက်၌ကပ်ထားသောပိုးထည်စကလေး။ a small piece of ground, မြေကွက်ကလေး။ —*v. t.* to close a hole by a patch or any material inserted, ဖာသည်။ to stick a small plaster on the face, မျက်ခွက်၌ပိုးထည်စကလေးကိုကပ်ထားသည်။ —work, *n.* သရက်ထည်၊ ပိတ်စအမျိုးမျိုးကိုစပ်၍ချုပ်သောအထည်။

**Pate,** *n.* ခေါင်း။

**Patella,** *n.* ဒူးဂျင်း။

**Patent,** *a.* open to the perusal of all, ထံဆိပ်မခတ်၊ ဖွင့်လျက်ရှိသော။ appropriated by letters patent, တဦးတည်းရောင်းပိုင်၊ သုံးပိုင်သောအခွင့်ကိုပေးသောစာနှင့်ဆိုင်သော။ —*n.* အခွင့်အရာကိုပေးသောစာ။ —*v. t.* တဦးတည်းရောင်းပိုင်၊ သုံးပိုင်သောအခွင့်ကိုပေးသည်။

**Patentee,** *n.* တဦးတည်းရောင်းပိုင်၊ သုံးပိုင်သောအခွင့်ကိုရသောသူ။

**Paternal,** *a.* pertaining to a father, အဘနှင့်ဆိုင်သော။ inherited from a father, အဘလက်မှအမွေခံသော (ဥပမာ။)

**Paternity,** *n.* အဘဖြစ်ခြင်း၏အဖြစ်။

**Path,** *n.* a way, course, track, လမ်း။ လမ်းပန်း။ လမ်းကြောင်း။ a narrow way, *see* next; —way, လမ်းကြား။ လမ်းကလေး။

**Pathetic, Pathetical,** *a.* ကရုဏာသက်စေတတ်သော။

**Pathless,** *a.* လမ်းပေါက်မရှိသော။

**Pathology,** *n.* အနာရောဂါအမျိုးမျိုးတို့ကိုနားလည်၍ကုတတ်သောအတတ်ပညာ။

Pathos, *n.* နှိုးဆော်ခြင်း၊ အမျက်ဉ်စိတ်အားသန်ခြင်း။
Patience, *n.* ခန္တီ၊ သည်းခံခြင်း။
Patient, *a.* သည်းခံသော၊ —*n.* one who is acted on, အပြုကိုခံသောသူ၊ a person diseased, လူနာ၊
Patois, *n.* တစုံတခုသောအရပ်၌ပြောတတ်သောစကားဖေါ်အနေဖြစ်အနေ၊
Patriarch, *n.* the father of a race, အမျိုး၏အဘ၊
Patriarchal, *a.* သာသနာပိုင်နှင့်ဆိုင်သော၊
Patrician, *n.* မှူးတော်မတ်တော်၊ —*a.* မှူးမတ်အရာရှိသော၊
Patrimonial, *a.* ဘိုးစည်ဘဆက်အမွေခံသောဥစ္စာနှင့်ဆိုင်သော၊
Patrimony, *n.* ဘိုးစည်ဘဆက်အမွေခံသောဥစ္စာ၊
Patriot, *n.* ကိုယ်ပြည်ကိုအလွန်နှစ်သက်သောသူ၊
Patriotic, *a.* ကိုယ်ပြည်ကိုအလွန်နှစ်သက်သောစိတ်နှင့်ပြည့်စုံသော၊
Patriotism, *n.* from above.
Patrol, *v. i.* ထပ်၌လှည့်လည်၍စောင့်ထိန်းသည်။ —*n.* agent from same.
Patron, *n.* ချီးပင့်မစသောကျေးဇူးရှင်၊
Patronage, *n.* from Patronize.
Patroness, *n.* ချီးပင့်မစသောကျေးဇူးရှင်မ၊
Patronize, *v. t.* ချီးပင့်မစသည်၊
Patronymic, *n.* ဘိုးဘေးတို့မှဆက်၍ခံရသောအမည်နာမ၊
Patten, *n.* သံကွင်းတပ်သောခုံဘိနပ်၊
Patter, *v. i.* ဖြောက်ဖြောက်မြည်သည်၊
Pattern, *n.* a model, example, ပုံ၊ ပုံနာ၊ ပုံသက်သေ၊ precedent, ပုံစံ၊ a sample, specimen, သန်း၊ —*v. t.* ပုံတူအောင်လုပ်သည်။ —after, နည်းတူကျင့်သည်၊ နည်းကိုယူ၍လိုက်သည်။
Paucity, *n.* နည်းခြင်း၊ ရှားပါးခြင်း၊
Paunch, *n.* ဝမ်း၊ အူအိမ်၊
Pauper, *n.* အလွန်ဆင်းရဲ၍လူတပါးကျွေးမွေးခြင်းကိုခံရသောသူ၊
Pause, *v. i.* တန့်သည်၊ တန့်ရပ်သည်။ —*n.* a short stop, from same; temporary suspense, တွေးတော၍ရပ်ခြင်း၊ a break in writing, ဝုဒ်မ၊
Pave, *v. t.* to lay with stones or bricks, ကျောက်၊ အုတ်နှင့်ခင်းသည်။ to prepare a passage, လမ်းကိုဖွင့်သည်။
Pavement, *n.* ကျောက်ခင်း၊ အုတ်ခင်း၊
Pavilion, *n.* ကုလားတဲ၊ —*v. t.* ကုလားတဲ၌နေရာချ၍ပေးသည်။
Paving, *n. see* Pavement.
Paw, *n.* တိရစ္ဆာန်လက်၊ —*v. t.* ယက်သည်၊ ပေါက်သည်၊
Pawn, *v. t.* ပေါင်သည်၊ ပေါင်နှံသည်။ —*n.* the thing pawned, အပေါင်အနှံ၊ —which is forfeited at a specified time, ပေါင်ရှင်၊ —which may be redeemed at any time, ပေါင်သေ၊ the

state of being pawned, ပေါင်နှံလျက်ရှိခြင်း။ —broker, အပေါင်ခံ၍ငွေချေးသောသူ။ —in chess, နယ်။

**Pay,** *v. t.* to give the price of, အဖိုးချေသည်။ to discharge a debt, ကြွေးဆပ်သည်။ ငြိဆပ်သည်။ to repay, ဆပ်ပေးသည်။ to smear, daub, လူးသည်။ —attention, *v.* နားထောင်သည်။ —day, *n.* ကြွေးဆပ်ရသောနေ့။ အခပေးရသောနေ့။ —for, *v. t.* အခပေးသည်။ —master, *n.* ငွေကိုထိန်း၍ပေးရသောသူ။ —off, *v. t.* အခပေး၍လွှတ်လိုက်သည်။ —out, (ကျောက်ဆူးကြိုးကို) လျှော့ပေးသည်။ —respect, ရိုသေစွာပြုသည်။ —*n.* wages, အခ၊ အခအရစ်။ money due, ပေးစရာငွေ။

**Payable,** *a.* ပေးရသောအချိန်စေ့သော (ငွေ။)

**Payment,** *n.* from Pay, *v.*

**Pea,** *n.* ပဲတမျိုး။

**Peace,** *n.* respite from war, စစ်ငြိမ်းခြင်း။ freedom from quarrels, ရန်မရှိ၊ သင့်တင့်ခြင်း။ quietness, tranquility, ငြိမ်ဝပ်ခြင်း။ ငြိမ်သက်ခြင်း။ be at—, *v. i.* ရန်မရှိ၊ သင့်တင့်သည်။ break the—, *v.* မငြိမ်မဝပ်၊ ရုန်းရင်းခတ်မှုပြုသည်။ hold one's—, တိတ်ဆိတ်စွာနေသည်။ keep—, ရန်မဖြစ်စေခြင်ပြုသည်။ keep the—, ငြိမ်ဝပ်စေခြင်ပြုသည်။ make—, ရန်ငြိမ်းစေသည်။ ဖွန်ဖြေသည်။ —breaker, *n.* agent from, break the—,— maker, agent from make—, —offering, မိဿတဘာယပူဇော်သကာ။ —officer, ရုန်းရင်းခတ်မှုမဖြစ်စေခြင်းငှါစောင့်ကြပ်ရသောအရာရှိ။ —*int.* တိတ်တိတ်။

**Peaceable,** *a.* free from war, စစ်တိုက်ခြင်းနှင့်လွတ်သော။ free from quarrels, ရန်တွေ့ခြင်းမရှိ၊ သင့်သင့်တင့်တင့်ဖြစ်သော။ quiet, unagitated, ငြိမ်သက်သော။ not violent, bloody, unnatural, ဘေးဒါဏ်နှင့်ကင်းလွတ်၍ငြိမ်သက်စွာ (သေခြင်း။)

**Peaceful,** *a.* free from war, စစ်တိုက်ခြင်းနှင့်လွတ်သော။ quiet, undisturbed, ငြိမ်သက်သော။ ငြိမ်ဝပ်သော။ pacific, ငြိမ်းစေတတ်သော။

**Peacefulness,** *n.* from above.

**Peach,** *n.* သစ်သီးတမျိုး။ အတ္တိပါ။ (Mergui,) မပို့ (Shan.)

**Peacock,** *n.* ဥဒေါင်း။ the male—, ဒေါင်းဖို။ Malay—, မင်းဒေါင်း။ peacock's pride, မိန်ပန်း။ ဓါးဝယ်သီလာ။

**Peahen,** *n.* ဒေါင်းမ။

**Peak,** *n.* the top of a hill, တောင်ထိပ်ဖျား။ the end of a thing that terminates in a point, အချွန်။

**Peaking,** *a.* ချွန်သော။

**Peal,** *v. i.* ဟိန်းသည်။ —*n.* from *do.*

**Pear,** *n.* သစ်သီးတမျိုး။ prickly—, ရှားစောင်း။

**Pearl,** *n.* ပုလဲ၊ ပုလဲစေ့။ —oyster. ပုလဲမယော။

Pearl-ash, *n.* စင်ကြယ်သောပြာဆား။
Pearly, *a.* containing pearls, ပုလဲပါသော။ clear as pearls, ပုလဲကဲ့သို့ကြည်လင်သော။
Peasant, *n.* ကျေးတောသား။
Peasantry, *n.* ကျေးတောသားစု။
Pease, *n.* ပဲကျက်။
Peat, *n.* ထင်းကဲ့သို့မီးဆိုက်သောမြေစိုင်။
Pebble, *n.* အလုံးကြီးသောကျောက်စရစ်။
Pebbly, *a.* ကျောက်စရစ်များသော။
Peccability, *n.* from next.
Peccable, *a.* ဒေါက်ပြန်နိုင်သောသဘောရှိသော။
Peccadillo, *n.* ငယ်သောအပြစ်။
Peccant, *a.* sinful, အပြစ်ရှိသော။ morbid, ကိုယ်ကာယ၌အပြစ်ပြုတတ်သော။
Peccavi, *int.* ပြစ်မှားပါပြီ။
Peck 1, *n.* နှစ်ပြည်ခန့်ထောက်ရှိသောခြင်ကွယ်ခြင်း၏ပမာဏ။ —2, *v. t.* to strike with the beak, ဆိတ်ပေါက်သည်။ to pick up food with the beak, နှုတ်သီးနှင့်ကောက်စားသည်။ to strike with a pointed instrument, ချွန်သောအရာနှင့်ပေါက်သည်။ —a flint, ထတ်သည်။
Pectinated, *a.* ဘီးသွားကဲ့သို့စိတ်သော။
Pectoral, *a.* ရင်နှင့်ဆိုင်သော။
Peculate, *v. i.* ပိုပါသာကငွေကိုမတရားသဖြင့်သိမ်းယူသည်။
Peculation, *n.* from above.
Peculiar, *a.* belonging to a person and to him only, တဦးတည်းနှင့်သာဆိုင်သော။ singular, particular, ထူးခြားသော။ —*n.* တဦးတည်းလုံးလုံးပိုင်သောဥစ္စာ။
Peculiarity, *n.* သူတပါးနှင့်မတူ၊ ထူးသောအခြင်းအရာ။
Pecuniary, *a.* ကြေးငွေနှင့်ဆိုင်သော။
Pedagogue, *n.* စာသင်ဆရာ။
Pedal, *a.* ခြေနှင့်ဆိုင်သော။ —*n.* အခြေ။
Pedant, *n.* agent from next.
Pedantic, *a.* ကိုယ်တတ်သောအတတ်ကိုပဿွား၍ပြတတ်သော။
Pedantry, *n.* from above.
Peddle, *v. i.* to be employed about small matters, သေးနုပ်သောအမှုများကိုပြုလုပ်၍နေသည်။ to hawk, ကုန်တိုး ကုန်စကိုလည်၍ရောင်းသည်။
Peddler, *n.* agent from above, 2d def.
Peddling, *a.* unimportant, အတွက်မရှိသော။

Pedestal, *n.* တိုင်ခုံ။ ဘိနပ်။ ခြေခုံ။ —on which offerings are presented before a pagoda, သင်ပုတ်ပလ္လင်။

Pedestrian, *a.* ခြေကျင်သွားသော။ —*n.* agent from above.

Pedicle, *n.* အညှာ။

Pedigree, *n.* lineage, ဆွေစဉ်မျိုးဆက်။ genealogy, ဆွေစဉ်မျိုးဆက်စာရင်း။

Pediment, *n.* မြို့ပြတင်း၊ တံခါး၊ ပေါင်းကူးထုပ်ပေါ်၌ထည့်သောတန်ဆာ။

Pedler, *see* Peddler.

Pedobaptism, *n.* ယုံကြည်သောသူ၏သားသမီးတို့အားခရစ်ယာန်ဘာသာသွင်းသောမင်္ဂလာကိုပေးခြင်း။

Pedobaptist, *n.* ယုံကြည်သောသူ၏သားသမီးတို့အားခရစ်ယာန်ဘာသာသွင်းသောမင်္ဂလာကိုပေးရမည်ဟုယူသောသူ။

Peel, *n.* အခွံ။ —*v. t.* to take off the skin or rind, အခွံကိုနွှင်သည်၊ သင်သည်။ to plunder, လုယက်သည်။

Peep, *v. i.* to begin to appear, စ၍ပေါ်သည်။ to look slily, ချောင်း၍ကြည့်သည်။ to cry as a chicken, *see* Pip; —hole, Peeping hole, *n.* ချောင်း၍ကြည့်သောအပေါက်။ —from *do.*

**Peer 1,** *n.* one of the same rank, အရာချင်းတူသောသူ။ one of the same qualities, တန်းတူသောသူ။ ရည်တူသောသူ။ အလားတူသောသူ။ a companion, fellow, အပေါင်းအဖော်။ a nobleman, အမတ်၊ မှူးတော်၊ မတ်တော်။ —2, *v. i.* to come just in sight, ပေါ်စရုံရှိသည်။ to look narrowly, စေ့စေ့ကြည့်သည်။

Peerage, *n.* the rank of peer, မှူးမတ်အရာ။ the body of peers, မှူးမတ်စု။

Peeress, *n.* အမတ်ကတော်။

Peerless, *a.* အတူမရှိသော။ အဖက်မရှိသော။

Peerlessness, *n.* from above.

Peevish, *a.* fretful, စိတ်ညစ်ဘတ်သော။ irritable, စိတ်ဆိုးတတ်သော။

Peevishness, *n.* from above.

Peg, *n.* a wooden nail, မှို။ အမှို။ စလုတ်။ —used to secure anything stretched out, ပနက်။ —driven into a tree to facilitate ascent, ကုလားမှို။ sharp peg driven into the ground to impede the approach of enemies, တံသင်။ pegs of a porter's yoke, ထမ်းဆိုးကျင်။ the pin of a musical instrument, on which the string is strained, ယက်လှည့်။ —*v. t.* မှိုရိုက်သည်။

Peguan, *see* Talaing.

Pelf, *n.* ယုတ်ညံ့သောဥစ္စာ။ ကြေးငွေ။

Pelican, *n.* ဝံပို။ white—, စက္ကဝက်။

Pelisse, *n.* မိန္မဝတ်လုံ။

**Pellet,** *n.* a small ball, အလုံးကလေး၊ a ball for a pellet bow, လောက်စာ၊ —bow, လောက်၊ လောက်လေး။

**Pellicle,** *n.* အမြှေး။

**Pell-mell,** *adv.* ကပျာကယာ၊

**Pellucid,** *a.* ကြည်လင်သော၊

**Pelt 1,** *n.* သားရေ၊ —2, *v. t.* ပြစ်ခတ်သည်၊

**Peltry,** *n.* သားရေများ၊

**Pelvis,** *n.* ဝမ်းခေါင်းအောက်ပိုင်း၊ ဆီးစ၊

**Pen 1,** *n.* an instrument of writing, နှင်တံ၊ —made of reed, ခေါင်တံ၊ Chinese—, စုတ်၊ —knife, မှင်တံချွန်သောဓားကလေး၊ —man, စာရေး၊ —manship, the art of writing, စာရေးခြင်းအတတ်၊ —*v. t.* to compose writing, စာစီကုံးသည်၊ —2, *n.* a small inclosure, ခြံကလေး၊ —*v. t.* to shut up in a pen, ခြံ၌လှောင်ထားသည်၊

**Penal,** *a.* enacting punishment, ဒဏ်ထားသော၊ incurring punishment, ဒဏ်ခံထိုက်ခြင်းနှင့်ဆိုင်သော၊ —settlement, *n.* ရာဇဝတ်သင့်သောသူ့အိုးနေရာ၊

**Penalty,** *n.* ဒဏ်၊ အပြစ်ဒဏ်၊ ခံရသောအပြစ်၊ ရာဇဝတ်၊

**Penance,** *n.* ကိုယ်အပြစ်ပြေစေခြင်းခံရသောဒဏ်၊

**Penchant,** *n.* ငုံ့ကွက်သောစိတ်၊

**Pencil,** *n.* —of hair, စုတ်တံ၊ —of lead, ခဲတံ၊ —of iron, ကညစ်၊ —of soapstone, ကန့်ကူဆန်၊ —of stone for writing on a slate, ကျောက်တံ၊ —of light, စုစည်းသောရောင်ခြည်လျှံ၊ —*v. t.* ခဲတံနှင့်သားသည်၊

**Pendant,** *n.* an ear-drop, နားသန့်သီး၊ any thing hanging by way of ornament, တွဲလွဲနေသောတန်ဆာ၊ a flag with two points, ငှက်တောင်ခြူးထိ၊

**Pendency,** *n.* အမှုမပြီးမှီနေခြင်းအဖြစ်၊

**Pendent,** *a.* တွဲလျားကျရှိသော၊

**Pending,** *a.* unsettled, undecided, မစီရင်မဆုံးဖြတ်သေးသော၊

**Pendulous,** *a.* တွဲလွဲနေသော၊

**Pendulum,** *n.* တောက်တက်ခဝ်လှုပ်၍နေစေသောနာရီချိန်သီးတန်ဆာ၊ ချိန်ခွက်၊

**Penetrability,** *n.* from next.

**Penetrable,** *a.* ပေါက်နိုင်ဖွယ်ဖြစ်သော၊

**Penetrant,** *a.* ဖောက်နိုင်သော၊ ဝင်နိုင်သော၊

**Penetrate,** *v. t.* to pierce and enter, ဖောက်၍ဝင်သည်၊ to pass into the interior, အထဲသို့ဝင်သည်၊ to affect the mind, နှလုံးကိုထိုက်စေသည်၊ to reach the meaning of, အနက်အဓိပ္ပါယ်ကိုနား

ထည့်သည်။ —into (a subject), ထိုးထွင်းသည်။ dive into with the hand or an instrument, နှိုက်သည်။

**Penetrating,** *a.* discerning, ထိုးထွင်းတတ်သောညာဏ်ကောင်းသော။

**Penetration,** *n.* the act of piercing and entering, ဖောက်၍ဝင်ခြင်း။ strength of intellect, ထိုးထွင်းတတ်သောညာဏ်။

**Penetrative,** *a.* ဖောက်၍ဝင်တတ်သော။ ထိုးထွင်းတတ်သော။

**Penguin,** *n.* ရေငှက်တမျိုး။

**Peninsula,** *n.* ကျွန်းဆွယ်။

**Peninsular,** *a.* ကျွန်းဆွယ်နှင့်ဆိုင်သော။

**Peninsulate,** *v. t.* ရေပတ်လည်ဝိုင်းထု၍ထက်ဆွယ်သောကျွန်းငယ်ဖြစ်စေသည်။

**Penis,** *n.* လိင်။ ယောက်ျားၡ်အင်္ဂါဇာတ်။

**Penitence,** *n.* နောင်တ။ နောင်တရခြင်း။

**Penitent,** *a.* နောင်တရသော။ —*n.* နောင်တရသောသူ။

**Penitential,** *a.* နောင်တရခြင်းနှင့်ဆိုင်သော။

**Penitentiary,** *n.* ဆုံးမခြင်းကိုခံခို့ရာအခြစ်သင့်သောသူတို့နေရာအိမ်။

**Pennant,** *n.* အလျားရှည်သောအလံ။

**Penniless,** *a.* ငွေကြေးမရှိသော။ ငွေကြေးမဲ့သော။

**Pennon,** *n.* အလံငယ်။

**Penny,** *n.* ဖာသိန် ၄ စုနှင့်မျှသောပင်နီတည်းဟူသောအင်္ဂလိပ်ငွေကြေးနီခင်္ဂါး။ —weight, ပင်နီဝေတ်တည်းဟူသောဂရင် ၁၄ စုနှင့်မျှသောအချိန်။ —wise, *a.* ကြီးသောအမှုကိုဆောင်စရာရှိလျက်နှင့်ငယ်သောအမှုကိုသာဆောင်တတ်သော။ —worth, *n.* as much as is worth a penny, ပင်နီတပြားအဘိုးထိုက်သောအရာ။ a cheap bargain, အဘိုးအနည်းငယ်နှင့်ဝယ်၍ရသောအရာ။

**Pensile,** *a.* တွဲတွဲနေသော။ ဆွဲသော။

**Pension,** *n.* အမှုထမ်းမှလွတ်၍ခံရသောအငြိမ်းစားစရိတ်။ —*v. t.* အမှုထမ်းခြင်းမှလွတ်စေ၍အငြိမ်းစားစရိတ်ပေးသည်။

**Pensionary,** *n.* အမှုထမ်းခြင်းမှလွတ်၍အငြိမ်းစားရခြင်းနှင့်ဆိုင်သော။

**Pensioner,** *n.* အမှုထမ်းခြင်းမှလွတ်၍အငြိမ်းစားရသောသူ။ အငြိမ်းစား။

**Pensive,** *a.* ဘောင်းမေ့၍စိတ်မရွှင်သော။

**Pensiveness,** *n.* from above.

**Pentachord,** *n.* ကြိုးငါးပင်ရှိသော။

**Pentagon,** *n.* ငါးထောင့်ပုံ။ ပဉ္စဂံ။ a regular pentagon, ပဉ္စရန်း။

**Pentangular,** *a.* ငါးထောင့်ရှိသော (ပုံ။)

**Pentateuch,** *n.* ဓမ္မဟောင်းကျမ်းတို့တွင်ပဉ္စကြိုကျမ်းငါးကျမ်း။

**Pentecost,** *n.* ပင်တေကုတ္တေပွဲ။

**Penthouse,** *n.* အမိုး။

**Penumbra,** *n.* နေ၊ လတမိတ်၊ တခြမ်းကြတ်ရာအမိုက်နှင့်အလင်းကြားခြားသောအရိပ်။

**Penurious**, *a.* ကိုယ်ဆင်းရဲစေအောင်ခြွေတာလွန်းသော။
**Penuriousness**, *n.* from above.
**Penury**, *n.* သုံးဆောင်ရန်မရှိ၊ ဆင်းရဲခြင်း။
**Peon**, *n.* မင်းလုလင်၊ မင်းစေခြာတာ။
**People**, *n.* persons in general, the inhabitants of a country, ပြည်သူပြည်သား။ the populace, ဆင်းရဲသားများ။ —*v. t.* အိမ်ခြေ၊ လူနေရှိစေအောင်ပြုစုသည်။ —collectively, male and female, great and small, ကျားကြီးကျားငယ်၊ မကြီးမငယ်။
**Pepper**, *n.* (red,) ငရုတ်။ (black,) ငရုတ်ကောင်း။ —box, ငရုတ်ကောင်းမှုန့်ထည့်သောဘူး။ —caster, ငရုတ်ကောင်းမှုန့်ထည့်သောဖန်ဘူး။ —corn, ငရုတ်ကောင်းစေ့။ —mint, ဆေးပင်တမျိုး၊ ပက်ပါမိန့်ပင်။ —*v. t.* ငရုတ်ကောင်းမှုန့်နှင့်ဖျူးသည်။
**Per**, *prep.* by, through, အားဖြင့်၊ လက်တွင်၊ apiece, စီ၊ လျှင်။
**Peradventure**, *adv.* (ဖြစ်) မည်၊ မ (ဖြစ်) မည်ကိုမသိသည်နှင့်။
**Perambulate**, *v. t.* ရှောက်၍သွားသည်။
**Perambulation**, *n.* from above.
**Per annum**, *adv.* တနှစ်လျှင်။
**Perceivable**, *see* Perceptible.
**Perceive**, *v. t.* to obtain an idea of by the senses, အာယတနအားဖြင့်သိမှတ်သည်။ to get some knowledge of, ရိပ်မိသည်။ to know, သိရသည်။
**Percentage**, *n.* တရာစီကောက်သောအရာ။
**Percentum**, (by contraction, per cent.) *adv.* တရာလျှင်။
**Perceptibility**, *n* from next.
**Perceptible**, *a.* အာယတနအားဖြင့်သိမှတ်နိုင်ခွယ်ဖြစ်သော။
**Perception**, *n.* from Perceive; အာရုံကိုတွေ့ခြင်း။ ဗသာ၊ *Pali.* a notion, idea, အထင်အမှတ်။
**Perceptive**, *a.* အာယတနအားဖြင့်သိမှတ်သော။
**Perch**, *n.* a measure of length, *see* Rod; a roost for fowls, ကြက်အိပ်တန်း။ ငှက်နားတန်း။ the fish, ကကတစ်၊ ငါးစင်စပ်။ climbing —, ငါးပြေမ။ —*v. i.* နားနေသည်။
**Perchance**, *adv.* (ဖြစ်) မည်၊ အကြောင်းမရှိဘဲ (ဖြစ်) မည်၊ မ (ဖြစ်) မည်ဟုမဆိုနိုင်သည်နှင့်။
**Percipience**, *n.* from next.
**Percipient**, *see* Perceptive.
**Percolate**, *v. t.* to filter, စစ်သည်။ —*v. i.* to pass through a filter, ရေစစ်တန်ဆာမှစိမ့်ထွက်၍ယိုကျသည်။
**Percolation**, *n.* from above.
**Percuss**, *v. t.* ထိုက်သည်။ ခတ်သည်။
**Percussion**, *n.* from above.

Perdition, *n.* ပျက်စီးခြင်း။
Perdue, *adv.* လျှို့ဝှက်သည်နှင့်။
Peregrinate, *v. i.* အတိုင်းတိုင်းအပြည်ပြည်လှည့်လည်သည်။
Peregrination, *n.* from above.
Peremptoriness, *n.* from next.
Peremptory, *a.* absolutely decisive, ပြောရန်မရှိအောင်အပြီးဆုံးဖြတ်သော၊ positive in opinion, သူ့အပါးစကားကိုနားမထောင်ဘဲခိုင်ခံ့စွာနေတတ်သော။
Perennial, *a.* lasting through the year, တနှစ်လုံးတည်တတ်သော၊ perpetual, အစဉ်မပျက်ဘဲနေတတ်သော။
Perfect, *a.* complete, စုံလင်သော၊ replete, ပြည့်စုံသော၊ perfected in knowledge or skill, အကုန်အစင်တတ်မြောက်သော၊ —*v. t.* from *do.*
Perfectibility, *n.* from next.
Perfectible, *a.* စုံလင်နိုင်သော။
Perfection, *n.* from Perfect, *a*; an excellent quality, ဂုဏ်၊ မြတ်သောဂုဏ်အင်္ဂါလက္ခဏာ၊ complete ပြီးစီးခြင်း၊ သိဒ္ဓိ။
Perfective, *a* စုံလင်စေတတ်သော။
Perfectly, *adv.* in the highest degree, အမြတ်ဆုံးသောအားဖြင့်၊ wholly, entirely, အကုန်အစင်၊ အကြွင်းမဲ့၊ အစုံအလင်၊ completely, အသေ။
Perfectness, *n.* from Perfect, *a.*
Perfidious, *a.* သစ္စာပျက်သော။
Perfidiousness, Perfidy, *n.* from above.
Perforate, *v. t.* ဖောက်သည်၊ —(cloth or paper) as an insect, ပိုးတောက်သည်။
Perforation, *n.* from above: an aperture, အပေါက်။
Perforce, *adv.* အနိုင်အထက်။
Perform, *v. t.* to do work, ပြုသည်၊ လုပ်သည်၊ ကျင့်သည်၊ လုပ်ဆောင်သည်၊ to finish, accomplish, ပြီးစီးစေသည်၊ ပြည့်စုံစေသည်။
Performance, *n.* from above; a deed, act, အပြု၊ အမှု၊ အကျင့်၊ a work written, စီကုံးသောစာ။
Perfume, *v. t.* ထုံသည်၊ —*n.* a perfuming substance, အထုံ၊ အမွှေးအထုံ၊ a fragrant drug, အထုံခဲ၊ a fragrant liquid, အထုံရည်၊ a fragrant smell, အမွှေး။
Perfumer, *n.* အထုံသည်။
Perfumery, *n.* အထုံအမျိုးမျိုး။
Perfunctory, *a.* အမှုမထားဘဲပြုသော။
Perhaps, *adv.* (ဖြစ်) မည်၊ မ (ဖြစ်) မည်ကိုမသိသည်နှင့်။
Pericardium, *n.* နှလုံးကဖုံးသွမ်းသောအမြှေး။

Pericarp, *n.* အစေ့အိမ်၊ —of a lily ကြာခွက်၊
Pericranium, *n* ဦးခေါင်းခွံဖုံးလွှမ်းသောအမြှေး၊
Perigee, *n.* ပြိုဟ်လှည့်ပတ်ရာ၌မြေကြီးနှင့်နီးသောအချက်၊
Perihelion, *n.* နေကိုပြိုဟ်လှည့်ပတ်ရာ၌နေနှင့်နီးသောအချက်၊
Peril, *n.* ဘေးရောက်စရာအကြောင်း၊ —*v. t.* ဘေးရောက်စရာအကြောင်းကို ရှာသည်၊
Perilous, *a.* ဘေးရောက်စရာအကြောင်းရှိသော၊
Perimeter, *n.* ပတ်လည်အနားပေါင်း၊ ပရိမဏ္ဍိုး၊
Period, *n.* the time of a circuit or revolution, လှည့်ပတ်ခြင်းအချိန် ကာလ၊ a division of time, an era, ကပ်၊ ကာလအပိုင်းအခြား၊ length of life, အသက်တာ၊ end, termination, အဆုံး၊ a complete sentence, အပုဒ်၊ one mark of punctuation, ထင်လိပ်စာ နှင့်အပိုက်တမျိုး၊ ( . ) —of pestilence, ရောဂန္တရကပ်၊ *Pali.*
Periodic, Periodical, *a.* pertaining to a period of time, လှည့်ပတ် ခြင်းအချိန်ကာလနှင့်ဆိုင်သော၊ occurring at certain intervals, အစည်းအတိုင်းအချိန်းချက်သောနှစ်လ နေ့ ရက် အချိန် ရောက် လျှင် ဖြစ် တတ်သော၊
Periosteum, *n.* အရိုးကိုဖုံးလွှမ်းသောအမြှေး၊
Peripatetic, *a.* pertaining to walking to and fro, စင်္ကြံသွားခြင်းနှင့် ဆိုင်သော၊ Aristotelian, ဆရာအာရိဿောတလအယူဝါဒဖြစ်သော၊
Periphery *n.* အဝန်း၊
Periphrase, *v.* သွယ်ဝိုက်၍ပြောသည်၊ —*n.* သွယ်ဝိုက်သောစကား၊
Periphrastic, *a.* သွယ်ဝိုက်သောစကားနှင့်ပြောသော၊
Perish, *v. i.* to die, သေသည်၊ သေကြေသည်၊ to be destroyed, ပျက် သည်၊ ပျက်စီးသည်၊
Perishable, *a.* ပျက်တတ်သော၊
Perishableness, *n.* from above.
Peristaltic, *a.* spiral, လိမ်ရစ်သော၊
Peristyle, *n.* ဝိုင်းနှီးချွန်းဝိုက်သောလက်ခံတိုင်၊
Periwig, *n.* ဆံပင်ဦးထုပ်၊
Periwinkle, *n.* the plant, စလယ်၊ စလယ်ဖြူ၊ စလယ်နီ၊ စလယ်ကျား၊ သတော်မညီပန်း၊
Perjure, *v.* မထုတ်မမှန်ဘဲကျိန်ဆိုသည်၊
Perjury *n.* from above.
Perk, *v.* ဟန်ရှိသည်၊ —*a.* from *do.*
Permanence, Permanency, *n.* from next; နိစ္စ၊ ဓုဝ၊ *Pali.*
Permanent, *a.* တည်သော၊ မြဲသော၊ မြဲခဲ့သော၊ ထာဝရ၊
Permanently, *adv.* မြဲစွာ၊
Permeable, *a.* စိမ့်၍ပေါက်နိုင်ဖွယ်ဖြစ်သော၊ထိုး၍ဖောက်နိုင်ဖွယ်ဖြစ်သော
Permeate, *v. t.* စိမ့်၍ပေါက်သည်၊ ထိုး၍ဖောက်သည်၊

Permissible, *a.* အခွင့်ပေးစရာကောင်းသော၊ အခွင့်ရနိုင်ဖွယ်ရှိသော၊

Permission, *n.* အခွင့်၊ အခွင့်ပေးခြင်း။ အဝါဓိသာ၊ *Pali.*

Permissive, *a.* from next.

Permissively, *adv.* အခွင့်ပေးသည်နှင့်၊ အနုညာတ၊ *Pali.*

Permit, *v. t.* to allow, အခွင့်ပေးသည်၊ အခွင့်ဖွင့်သည်၊ to suffer, let alone, မဆီးတား၊ ကြည့်၍နေသည်၊ —*n.* အကောက်တော်ခြေစာ၊ —to build etc. obtained from government, ပဋ္ဌာ၊

Permutation, *n.* လဲလှယ်ခြင်း။

Pernicious, *n.* ဖျက်ဆီးတတ်သော၊

Perniciousness, *n.* from above.

Peroration, *n.* အချုပ်အချာစကား။ နိဂုံး။

Perpendicular, *a.* မတ်တတ်ဖြစ်သော၊ (—of a right angled triangle, *n.* အနားမတ်၊)

Perpetrate, *v. t.* (မကောင်းသောအမှုကို) ပြုသည်၊

Perpetration, *n.* from above.

Perpetual, *a.* unceasing, အစဉ်မပြတ်သော၊ permanent, တည်သော၊ မြဲသော၊

Perpetuate, *v. t.* မြဲစွဲစေအောင်ပြုသည်၊

Perpetuation, *n.* from above.

Perpetuity, *n.* အစဉ်မပြတ်တည်ခြင်း။

Perplex, *v. t.* to entangle, make intricate, ရှုပ်ထွေးစေအောင်ပြုသည် to disturb with doubts, ဇဝေဇဝက်ဖြစ်စေအောင်ပြုသော၊

Perplexity, *n.* entanglement, intricacy, ရှုပ်ထွေးခြင်း။ embarrassment of mind, စိတ်ဇဝေဇဝက်ဖြစ်ခြင်း။

Perquisite, *n.* အခမှတပါးသီးခြား၍ပေးသောအရာ။

Perry, *n.* သစ်သီးရည်တမျိုး။

Per se, *adv.* တခြားစီ၊

Persecute, *v. t.* ညှဉ်းဆဲသည်၊

Persecution, *n.* from above.

Perseverance, *n.* from next; အဓိဋ္ဌာန်၊ *Pali.*

Persevere, *v. i.* စွဲမြဲသည်၊

Persevering, *a.* firm in mind, ခိုင်ကျည်သော၊

Persian, *a.* ပေရှပြည်နှင့်ဆိုင်သော၊

Persimmon, *n.* တည်၊ *Diospyros kaki.*

Persist, *v. i.* ခိုင်မာသောစိတ်နှင့်စွဲမြဲသည်၊

Persistence, *n.* from above.

Persistent, *a.* from Persist.

Person, *n.* a rational being, သူ၊ *pl.* လူသူ၊ a human being, လူသဏ္ဍဝါ၊ the form and appearance of a human being,

လူ၏အဆင်းသဏ္ဍာန်၊ (ဤမည်သောသူ၏) အရောင်အဆင်း။ (on the person, as stolen goods, လက်ပူးလက်ကြပ်.)

**Personable**, *a.* ကောင်းသောအဆင်းအရည်ရှိသော။

**Personage**, *n.* ကြီးမြတ်သောသူ၊

**Personal**, *a.* pertaining to an individual, လူများနှင့်မဆိုင်၊ တယောက်တည်းနှင့်သာဆိုင်သော၊ pertaining to the corporeal nature, ကိုယ်ကာယနှင့်ဆိုင်သော၊ —(estate,) ကိုယ်နှင့်ပါနိုင်သော (ဥစ္စာ။)

**Peasonality**, *n.* that which constitutes individuality, ကိုယ်တိုင်ကိုယ်ဖြစ်ခြင်းအဖြစ်၊ something said with direct reference to a person, ရည်စောင်း၍ပြောသောစကား။

**Personally**, *adv.* in person, ကိုယ်တိုင်၊ individually, တယောက်တည်းနှင့်သာဆိုင်လျက်။

**Personate**, *v. t.* အရောင်ဆောင်သည်၊

**Personation**, *n.* from above.

**Personification**, *n.* from next.

**Personify**, *v. t.* အသက်မရှိသောအရာကိုအသက်ရှိသောသူကဲ့သို့ပုံဆောင်၍ပြောသည်၊

**Perspective**, *a.* စက္ခုယတနနှင့်ဆိုင်သော၊ —*n.* ပန်းချီရေးရာ၌ရုပ်ပုံများကိုပကတိအတိုင်းအနီးအဝေးထင်ခြင်ရအောင်ရေးဘတ်သောအတတ်၊

**Perspicacious**, *a.* quicksighted, မျက်စိရှင်သော၊ of acute discernment, ဉာဏ်ကောင်းသော၊ ဉာဏ်ထက်သော၊

**Perspicacity**, *n.* from above.

**Perspicuity**, **Perspicuousness**, *n.* from next.

**Perspicuous**, *a.* ရှင်းလင်းသော၊

**Perspirable**, *a.* ချွေးထွက်နိုင်ဖွယ်ဖြစ်သော၊

**Perspiration**, *n.* ချွေး၊ ချွေးရည်၊

**Perspire**, *v. i.* ချွေးထွက်သည်၊ —freely from heat, ချွေးပြန်သည်၊

**Persuadable**, **Persuasible**, *a.* သွေးဆောင်၍ရနိုင်ဖွယ်ဖြစ်သော၊

**Persuade**, *v. t.* သွေးဆောင်သည်၊ ဖြားယောင်းသည်၊ —to accompany, အခေါ်ညှိသည်၊ —gently, မှုန်းဖျောင်းသည်၊ ဖျောင်းဖျသည်၊ ညှင်းဖျောင်းသည်၊

**Persuasion**, *n.* the act of persuading, သွေးဆောင်ခြင်း၊ the state of being persuaded or settled in opinion, သဘောကျခြင်း။ a system of opinions, သဘောကျသောအယူဝါဒ၊ the persons who adopt the same opinions or system of belief, အယူဝါဒတူသောလူစု၊

**Persuasive**, **Persuasory**, *a.* သွေးဆောင်တတ်သော၊ နားဝင်သော၊ ဖြားယောင်းသော၊ ဖျောင်းဖျသော၊

**Pert**, *a.* lively, ပေါ့ပါးလျှင်မြန်သော၊ saucy, မထေးမဲ့ဖြစ်သော၊

**Pertain**, *v. i.* ဆိုင်သည်၊ စပ်ဆိုင်သည်၊

Pertinacious, *a.* persistive in opinion, စိတ်စွဲလမ်း၍ဖျောင်းဖျမရနိုင်သော။ constant, steady, တည်ကြည်သော။ petulantly wilful, သရဲသော။

Pertinacity, *n.* from above.

Pertinence, Pertinency, *n.* from next.

Pertinent, *a.* ဆိုင်သော၊ ထိုက်မိသော။ အချက်ကျသော။

Pertness, *n.* from Pert.

Perturb, Perturbate, *v. t.* to agitate, မွှေသည်။ မွှေနှောက်သည်။ to disquiet, မငြိမ်မဝပ်စေခြင်းပြုသည်။

Perturbation, *n.* disturbance, မွှေနှောက်ခြင်း။ disquiet, မငြိမ်မဝပ်ခြင်း။

Peruke, *n.* ဆံပင်ဦးထုပ်။

Perusal, *n.* from next.

Peruse, *v. t.* (စာ) ကြည့်သည်။

Pervade, *v. t.* to pass through (an aperture,) ဖောက်၍သွားသည်။ to spread throughout, နှံ့ပြားသည်။

Pervasion, *n.* from above.

Pervasive, *a.* နှံ့ပြားတတ်သော။

Perverse, *a.* ကတ်သတ်သော၊ ဆန့်ကျင်ဘက်ပြုတတ်သော။

Perversely, *adv.* ကိုးလိုးကန့်လန့်၊ ဆန့်ကျင်ဘက်ပြုသည့်နှင့်။

Perverseness, Perversity, *n.* from above.

Perversion, *n.* from next.

Pervert, *v. t.* အမှန်မှလွှဲဖယ်သည်။ —(another's words,) အထကောက်သည်။

Pervious, *a.* မိမှ၍ပေါက်နိုင်ဖွယ်ဖြစ်သော၊ ထိုး၍ဖောက်နိုင်ဖွယ်ဖြစ်သော။

Perviousness, *n.* from above.

Pest, *n.* a fatal epidemic, သေစေတတ်သောကာလနာ၊ any thing noxious, destructive, နှောင့်ရှက် ဖျက် ဆီး တတ် သော အ ရာ။ —house, *n.* ကာလနာစွဲသောသူတို့နေရာအိမ်။

Pester, *v. t.* နှောင့်ရှက်သည်။

Pestiferous, Pestilent, Pestilential, *a.* producing epidemic disease, ကာလနာကိုဖြစ်စေတတ်သော။ noxious, destructive, နှောင့်ရှက်ဖျက်ဆီးတတ်သော။

Pestilence, *n.* သေစေတတ်သောကာလနာ။

Pestle, *n.* ကျည်ပွေ့။ —used in cleaning rice, မောင်းကျောက်။

Pet 1, *n.* a slight fit of displeasure, စိတ်ပေါက်ခြင်း။ —2, *n.* any thing fondled and indulged, စုံမက်၍ကျွေးမွေးသောအရာ။ အချစ်တော်။ —*v. t.* to fondle, ပါးလျှူနားလျှူပြုသည်။ to indulge (one) in any thing, အရာရာ၌ (သူ) အလိုသို့လိုက်သည်။

Petal, *n.* အလွှာ၊ ပွင့်ချပ်။

Petard, *n.* သံယမ်းအိုး၊
Petiole, *n.* သစ်ရွက်ရိုးတံအညှာ၊ ဖက်ညှာ၊
Petition, *v. t.* ပန်ကြားသည်၊ တောင်းသည်၊ တောင်းပန်သည်၊ ဆုတောင်းသည်၊ လျှောက်၍တောင်းသည်၊ ပန်တွာသည်၊ မေတ္တာရပ်ခံသည်၊ (clerical,) —*n.* from above; a written petition, လျှောက်စာ၊ လျှောက်လွှာ၊
Petitionary, *a.* တောင်းပန်ခြင်းနှင့်ဆိုင်သော၊
Petrean, *a.* ကျောက်နှင့်ဆိုင်သော၊
Petrifaction, *n.* conversion into stone, ကျောက်ဖြစ်လာခြင်း၊ that which is converted into stone, ကျောက်ဖြစ်လာသောအရာ၊
Petrifactive, Petrific, *a.* ကျောက်ဖြစ်စေတတ်သော၊
Petrify, *v. i.* ကျောက်ဖြစ်၍လာသည်၊ —*v. t.* to convert to stone, ကျောက်ဖြစ်စေသည်၊ to make callous, unfeeling, မကြင်နာတတ်သောစိတ်ရှိစေသည်၊
Petroleum, *n* ရေနံ၊
Petronel, *n.* မြင်းသေနတ်၊
Petticoat, *n.* ထမိန်၊ ထဘီ၊ ကုန်းစပ်၊ a close—, လုံချည်၊
Pettifogger, *n.* ငယ်သောအမှုကိုလိုက်တတ်သောရှေ့နေ၊
Pettiness, *n.* from Petty.
Pettish, *a.* စိတ်တိုသော၊
Pettishness, *n.* from above.
Pettitoes, *n.* နို့နို့ဝက်ကလေးခြေ၊
Petty, *a.* small, ငယ်သော၊ သေးနုပ်သော၊ unimportant, ပမာဏမပြုလောက်သော၊
Petulance, Petulancy, *n.* from next.
Petulant, *a.* ရွပ်ဆတ်သော၊
Pew, *n.* သုဝမ္မဇရပ်၌ကွက်ကန့်၍စင်းအသီးသီးလုပ်ထားသောနေရာထိုင်ရာ၊
Pewter, *n.* ခဲမပုပ်နှင့်ခဲမဖြူရောသောသတ္တု၊ ဘင်၊
Phaeton, *n.* ဘီးနှစ်စုံတပ်သောရထားပေါင်းချုပ်၊
Phalanx, *n.* လေးမျက်နှာတပ်ဖွဲ့၍နေသောစစ်သည်စု၊
Phantasm, *n.* အမှန်မထုတ်ဘဲလျှက်ထင်မြင်သောအရာ၊
Phantom, *n.* a spectre, တစ္ဆေ၊ a fancied vision, *see* Phantasm.
Pharisaic, Pharisaical, *a.* ဖာရိရှဲနှင့်ဆိုင်သော၊
Pharisee, *n.* ဖာရိရှဲတည်းဟူသော၊ ကိုယ်ကျင့်တရားကိုအမှီပြု၍ဝါကြွားသောသူ၊
Pharmacopeia, *n.* ဆေးဖော်နည်းစာ၊
Pharmacy, *n.* ဆေးအမျိုးမျိုးကိုဖော်သောအတတ်၊
Pharos, *n.* ပင်လယ်နားဆောက်တည်သောမီးပြတိုက်၊
Pharynx, *n.* အစာရေစားဝင်ဝဖြစ်သောလည်ချောင်းအထက်ပိုင်း၊
Phase, Phasis, *n.* ထင်ရှားရှားသောအဆင်းသဏ္ဌာန်၏အခြေအနေ၊

**Pheasant**, *n.* ရစ်၊ the crow pheasant, ဗုတ်၊ argus—, မင်းဒေါင်း။ peacock—, ဒေါင်းကုလား။

**Phenix**, *n.* a fabulous bird, ဗဏ္ဏာရီငှက်တမျိုး။ an extraordinary person, ထူးဆန်းသောသူ၊

**Phenomenon**, *n.* ထင်ရှားပွားသောအထင်းသဏ္ဍာန်။

**Phial**, *n.* ဖန်ဘူးငယ်၊

**Philanthropic, Philanthropical**, *a.* လူမျိုးကိုချစ်ခြင်းနှင့်ဆိုင်သော၊

**Philanthropist**, *n.* လူမျိုးကိုချစ်၍ကျေးဇူးပြုတတ်သောသူ၊

**Philanthropy**, *n.* လူမျိုးကိုချစ်၍ကျေးဇူးပြုခြင်း။

**Philippic**, *n.* ရေရွတ်ဖော်ပြ၍ ပရိသတ်ရှေ့မှာ ကြပ်တည်းစွာအပြစ်တင်သောစကား။

**Philological**, *a.* ဘာသာစကားအမျိုးမျိုးနှင့်ဆိုင်သော၊

**Philologist**, *n.* ဖိလောသဖီအတတ်ပညာကိုလေ့ကျက်သောဆရာ၊

**Philology**, *n.* ဖိလောလဖီအတတ်တည်းဟူသောဘာသာစကားမျိုး၏မူလအချုပ်အချာမှစ၍ခြားနားသောလက္ခဏာများကို ဖော်ပြသော အတတ်ပညာ၊

**Philosopher**, *n.* ပညာအတတ်အမျိုးမျိုးတို့ကိုစိစစ်ရှာဖွေတတ်သောသူ၊

**Philosophic, Philosophical**, *a.* ဖိလောစဖီအတတ်နှင့်ဆိုင်သော၊

**Philosophize**, *v. i.* အကျိုးအကြောင်းကိုလိုက်စစ်မေးမြန်း၍ဖော်ပြသည်။

**Philosophy**, *n.* ဖိလောစဖီအတတ်တည်းဟူသော၊ ပညာအမျိုးမျိုး တို့ ကို စိစစ်၍ဖော်ပြသောအတတ်ပညာ၊

**Philter**, *n.* အနူး၊ မျက်ချစ်၊ မျက်နှာပွင့်၊ —*v. t.* —a person, မျက်ချစ်ဆေးနှင့်ထိုးသည်၊ —a draught, မျက်ချစ်ဆေးနှင့်ခတ်သည်။

**Phiz**, *n.* မျက်နှာ၊

**Phlebotomist**, *n.* သွေးဖောက်တတ်သောဆရာ၊

**Phlebotomize**, *v. t.* သွေးဖောက်သည်။

**Phlebotomy**, *n.* from above.

**Phlegm**, *n.* သလိပ်၊ချွဲခန်း။

**Phlegmagogue**, *n.* သလိပ်စင်စေတတ်သောဝမ်းနှုတ်ဆေး။

**Phlegmatic**, *a.* abounding in phlegm, သလိပ်များသော၊ dull, heavy, စိတ်ဆေးနှေးသော၊

**Phlogiston**, *n.* မီးအတွင်းဓာတ်၊

**Phonics**, *see* Acousticร.

**Phosphoresce**, *v. i.* ပိုးစုံးကဲ့သို့အရောင်ထွက်သည်၊

**Phosphorescent**, *a.* from above.

**Phosphorus**, *n.* the morning star, ကြယ်နီ၊ *in chemistry*, ထမိုက်၌ ပိုးစုံးကဲ့သို့အရောင်ထွက်တတ်သောအရာ၊

**Photograph**, *v. t.* ဓာတ်ရိုက်သည်၊

**Phrase**, *n.* စကားပြောဆိုနည်း၏အခြေအနေ၊ —*v. t.* ခေါ်ဝေါ်သည်၊

**Phraseology**, *n. see* Phrase, *n.*

**Phrenology,** *n.* ဖရေနောလဂိအတတ်တည်းဟူသောဦးခေါင်းကိုစစ်ဆေး ထောက်ကျက်သောအတတ်ပညာ။

**Phrensy,** *n.* ရူးခြင်း။

**Phthisis,** *see* Consumption.

**Phylactery,** *n.* ထက်ဖွဲ့။

**Physic.** *n.* a substance used in healing diseases, ဆေး။ the science of healing, ဆေးကုခြင်းအတတ်။ —*v. t.* to treat with physic, ဆေးကုသည်။ to cleanse the bowels by evacuation, ဝမ်းနှုတ်သည်။ —nut, *n.* သင်္ဘောကြက်ဆူ။

**Physical,** *a.* pertaining to visible nature, ထင်ရှားသောကမ္ဘာတန်ဆာနှင့်ဆိုင်သော၊ pertaining to corporeal substance, ရူပကာယနှင့်ဆိုင်သော။ visible, apparent, အပေါ်ယံကဖြစ်သော၊ relating to the science of healing, ဆေးကုခြင်းအတတ်နှင့်ဆိုင်သော။

**Physician,** *n.* ဆေးသမား၊ အကုသမား၊ ဘိဇ္ဇာဆရာ၊ ဓာတ်ဆရာ။

**Physics,** *n. plur.* လောကဓာတ်တန်ဆာများကိုစစ်ဆေးထောက်ကျက်သောအတတ်ပညာ၊ လောကဓာတ်ပညာ။

**Physiognomist,** *n.* မျက်နှာအခြေအနေ၏ လက္ခဏာတို့ကိုထောက်၍စိတ်သဘောကိုသိတတ်သောသူ။

**Physiognomy,** *n.* configuration of countenance, မျက်နှာအခြေအနေ၏လက္ခဏာ။ the science of discovering the character of the mind from the features of the face, မျက်နှာအခြေအနေ၏လက္ခဏာတို့ကိုထောက်၍စိတ်သဘောကိုသိနိုင်သောအတတ်ပညာ။

**Physiological,** *a.* ဖူစိဩလဂိအတတ်နှင့်ဆိုင်သော။

**Physiologist,** *n.* ဖူစိဩလဂိအတတ်ကိုတတ်သောသူ။

**Physiology,** *n.* ဖူစိဩလဂိ အတတ်တည်းဟူသော ကိုယ်ခန္ဓာအပေါင်းအစု၊ အကြောင်းအရာများကိုဖော်ပြသောအတတ်ပညာ။

**Physiology,** *see* Botany.

**Piacular,** *a.* အပြစ်ကိုဖြေတတ်သော။

**Piano-forte,** *n.* ခြေစုံတမျိုး၊ သံစုံသစ်တာတမျိုး။ သံစုံစောင်း။

**Piazza,** *n.* အိမ်မနှင့်ဆက်၍အမိုးပါသောစင်္ကြံ။

**Picaroon,** *n.* ပင်လယ်ထားပြ။

**Pice,** *n.* ဝဲမိတ်၊ ပိုက်ဆံ။

**Pick,** *v. t.* to pluck, ဆွတ်သည်။ to clean or clear, by pulling off what adheres, ထွင်၍ယူသည်။ to strike with the beak, ဆိတ်ပေါက်သည်။ to strike with a sharp instrument, ချွန်သောအရာနှင့်ပေါက်သည်။ to select, ရွေးကောက်သည်။ —(a bone,) ထွင်၍စားသည်။ —(cotton or wool,) ဖန်သည်။ —(the ear,) ကော်သည်။ —a lock, သော့ကျင်ကိုသံကောက်နှင့်ရွေ၍ဖွင့်သည်။ —(a pocket,) နှိုက်၍ခိုးသည်။ —a quarrel, ရန်ထွေသည်။ —*v. i.* to eat slowly, and by morsels, ရွေးချယ်စိစစ်၍စားသည်။ —ax, *n.* ပေါက်တူးလုံး။ —from, *or* off, *v. t.* ကောက်၍ဖြစ်သည်။ —lock, *n.* an instrument for picking a lock, သော့ကျင်ကို ချေ့ဖွင့်သောသံကောက်။ a person who picks locks, သော့ကျင်ကို သံကောက်နှင့်ချေ့၍ဖွင့်တတ်သောသူခိုး။ —out, *v. t.* ရွေးကောက်သည်။ —pocket, —purse, *n.* ငွေအိပ်ထဲကနှိုက်၍ခိုးသောသူ။ —thank, ကိုယ်အကျိုးကိုသာငဲ့ကွက်၍သူအလိုသို့လိုက်သောသူ။ —up, *v. t.* ကောက်ယူသည်။ —*n.* a sharp pointed iron tool, ချွန်သောသံချောင်း။ option, ရွေးကောက်ရသောအခွင့်။

Pickaxe, *n.* ပေါက်တူးလုံး။

Pickback, *adv.* ကြောပေါ်မှာ။

Picked, *a.* ချွန်သော။

Pickedness, *n.* from above.

Picket, *n.* a pale, ဝင်းခတ်သောပျဉ်ချွန်။ ဝင်းခတ်သောသင်ပုံးခေါင်း။ a palisade, သစ်တပ်တိုင်။ an advanced guard, ကင်းတပ်။ —*v. t.* to inclose with pales, ပျဉ်ချွန်ဝင်းခတ်သည်။ သင်ပုံးခေါင်းဝင်းခတ်သည်။ to fortify with palisades, သစ်ရှုပ်တည်သည်။

Pickle, *n.* the liquor, ချဉ်ရည်။ an eatable impregnated with vinegar, salt, etc. ချဉ်ဖတ်။ သနပ်။ —*v. t.* ချဉ်ရည်၌စိမ်၍ထားသည်။ ချဉ်စိမ်သည်။ ချဉ်ထည့်သည်။

Picnic, *n.* အသီးသီးကိုယ်စားသောက်ဖို့ရာကိုယူခဲ့၍ပျော်ဆင်သောစားသောက်ပွဲ။

Pictorial, *a.* ပန်းချီရေးသော။

Picture, *n.* a painting, ဆေးရေးသောရုပ်ပုံ။ a likeness, ပုံ။ —frame, ကားပေါင်။ —in a frame, ကားရုပ်။ —*v. t.* to paint a resemblance, တူအောင်ပန်းချီရေးသည်။ to form an ideal likeness, အာရုံအားဖြင့်တူအောင်ထင်သည်။

Picturesque, *a.* ညာဏ်ကွန့်မြူးခြင်းနှင့်ဆိုင်၍ပန်းချီရေးဖို့ရာကောင်းအောင်ကြည့်ရှုစရာဖွယ်အဆင်းအရည်ရှိသော။

Piddle, *v. i.* to deal in trifles, သေးနုပ်သောအမှုများကိုပြုလုပ်၍နေသည်။ to pick at table, မစားချင်သလိုလိုစားသည်။

Pie 1, *n.* a crust baked with contents, မုန့်ပနာသွင်းမုန့်။ ရုန့်မုန့်ပနာ။ —2, printers' types thrown together, ရောနှောသောစာလုံးငုံများ။ —3, the smallest copper coin in India, မတ်ခြား။ ပိုင်။

Piebald, *a.* ကျားသောအဆင်းရှိသော။

Piece, *n.* part, portion, fragment, အစ။ အဘာစ။ အပိုင်း။ အကျိုး။ အပဲ့။ —of cloth, အထည်။ —of composition, စာတစောင်။ —of music အစည်သင့်ထားသောသီခြင်းသံတခါ။ a picture, ဆေးရေးသောရုပ်ပုံ။ a coin, ဒင်္ဂါး။ a musket or gun. သေနတ်။ အခြောက်။ of a—, တမျိုးတည်း။ တထည်တည်း။ တဝတည်း။ —meal, *a.* ခြားခြားစားနားဖြစ်သော။ —meal, *adv.* into fragments

ထမိတ်မိတ်အရွှားရွှား။ by pieces, တစတစ။ —*v. t* ဆက်၍ထုတ်သည်။

**Pied,** *a.* piebald, ကျားသောအဆင်းရှိသော၊ variegated ချယ်လှယ်သော။

**Pier,** *n.* a stone pillar supporting an arch, တန်တားပေါင်းကူးတိုင်။ a mole, ရေကာတုတ်။ the part of the wall of a house between windows, ပြတင်းပေါက်နှစ်ခုအကြားနှင့် တိုက်သားနံရံ။ —glass, အခန်းတွင်းနှံ့ကပ်ထားသောမှန်ကြီး။

**Pierce,** *v.* ရှုးသည်။ ထိုး၍ဖောက်သည်။ go through, ခွင်းသည်။

**Piercer,** *n.* ရှူး။

**Piety,** *n.* reverence for God and religion, ဘုရား၊တရားကိုရိုသေခြင်း။ performance of duty to God, ဘုရားဝတ်ကိုပြုခြင်း။ performance of filial duties, မိဘဝတ်ကိုပြုခြင်း။

**Pig,** *n.* the young of swine, ဝက်ကလေး။ Guinea—, ပူး၊ an oblong mass of lead or iron, ခဲတုံး။ သံတုံး။ —*v.* to farrow, ဝက်ခွေးသည်။

**Pigeon,** *n.* ခို။ fan-tailed—, ခိုတော့။ fruit—, ဘုမ္မတီး၊ ground—, ပြူးပြူး၊ imperial—, ရှိုမတီး၊ also called, ငှက်ငွှား။ the green species, ငှူ၊ —house, ခိုအိမ်၊ ခိုရင်း၊ ခိုစင်။

**Piggery,** *n.* ဝက်ခြံ။

**Piggin,** *n.* ရေမှုတ်တမျိုး။

**Pigment,** *n.* အရောင်တင်ဆေး။

**Pigmy,** *n.* လူဝ၊ —*a.* ဝသော၊ သောင်သော။

**Pigtail,** *n.* the hair of the head tied in a cue, ဝက်အုကျစ်သောဆံ။ a small roll of tobacco, ကျစ်၍ထားသောဆေးတောင့်။

**Pike,** *n.* လှံရှည်၊ —staff, လှံမြီး။

**Piked,** *a.* ချွန်သော။

**Pilaster,** *n.* ၄ ထောင့်တိုင်။

**Pile 1,** *n.* a heap, အပုံ၊ a large edifice, တည်ဆောက်သောအရာကြီး။ —*v. t.* to heap up, ပုံသည်။ ပုံထားသည်။ to fill above the brim, မိုမောက်အောင်ပြုသည်။ —2. *n.* a large post driven into the earth, မြေနှံ့ရိုက်နှက်၍စိုက်သောတိုင်ကြီး၊ —3, the nap of cloth, သက္ကလတ်အမွေး။

**Piles,** *n.* မြင်းသရိုက်။

**Pilfer,** *v.* လက်ဆော့၍ယူသည်။

**Pilferer,** *n.* သူခိုး။

**Pilgrim,** *n.* ခရီးသွားသောဧည့်သည်အာဂန္တု။

**Pilgrimage,** *n.* ဧည့်သည်အာဂန္တုဖြစ်၍ခရီးသွားခြင်း။

**Pill** *n.* ဆေးလုံး။

**Pillage,** *v. t.* အနိုင်အထက်ပြု၍လုယူသည်။ —*n.* လုယူသောဥစ္စာ၊

**Pillar,** *n.* a post, တိုင်။ any thing that affords support, အမှီတကဲ။

Pillion, *n.* ယောက်ျားစီးသောကုန်းနှီးနောက်ကဆက်၍မိန္မစီးသောကုန်းနှီး။
Pillory, *n.* လည်ထိတ်၊ လက်ထိတ်။
Pillow, *n.* ခေါင်းအုံး။ —bier, —case, ခေါင်းအုံးစွပ်အိတ်။ —*v.* ခေါင်းအုံးသည်။
Pilot, *n.* ရေကြောင်းမာလိန်။ —*v. t.* သင်္ဘောသွားရာရေကြောင်းကိုပြသည်။
Pilotage *n.* ရေကြောင်းမာလိန်တွက်
Pimento, *n.* ယမဲကကျွန်းမှာဖြစ်သောငရုတ်ကောင်း။
Pimp, *n.* and *v. see* Pander. *n.* and *v.*
Pimple, *n.* ဝက်ခြံ။ (in pimples, ဖွံ့ရရှ။)
Pin, *n.* the instrument used for fastening clothes တွယ်အပ်၊ တည်းအပ်။ ornamental pin for the hair, ဆံကျင်၊ a peg, မှို၊ a bolt, bar, etc. အကျင်၊ (used in composition only,) —cushion, *n.* တွယ်အပ်ထိုးထားသောအုံးငယ်။ —feather, မွေးနု။ —hole, အပ်ထိုးသောအပေါက်။ —money, မယားသုံးပိုင်သော သင်းသီးငွေ။ —*v. t.* အပ်နှင့်တွယ်သည်၊ မှိုရိုက်သည်။
Pinafore, *n.* အပေါ်ချိုင်ဖုံး။
Pincers, *n.* ညှပ်၊ ဇာဂဏာ၊ ကျေးနှုတ်သီး။
Pinch, *v. t.* —as with the fingers, ဆိတ်သည်။ to compress, as between two substances. ညှပ်သည်၊ to straiten, distress, ကြပ်တည်းစွာပြုသည်၊ နာစေသည်၊ ဆင်းရဲစေသည်။ —*v. i.* to be over frugal, ခြွေတာလွန်းသည်။ —*n.* from above, *v. t.* —, a small quantity, တဆိတ်ကလေး။
Pinchbeck, *n.* ကြေးနီနှင့်သွပ်ရောသောသတ္တု၊ ခပ်ပွား၊ တောခပ်ပွား။
Pinchers, *see* Pincers.
Pine 1, *n.* ထင်းရှူး Hammer—, သစ်မင်း၊ —2, *v. i.* စိတ်နေမကောင်း၊ ဝိန်သွားသည်။ —away, ချုံးသည်၊ ကြုံသည်။
Pine-apple, *n.* နာနတ်သီး။
Pinfold, *n.* လှောင်ခြံ။
Pinion, *n.* the extreme joint of a wing, တောင်ပံအဖျားဆစ်၊ a wing, အတောင်၊ the tooth of a smaller wheel answering to that of a larger, စက်ကြီးနှင့်ဖက်တွဲ၍ထားသောစက်ငယ်၏အသွား။ bands for the arms လက်ပြန်ကြိုး။ —*v. t.* to bind the wings, အတောင်ချင်းရှက်၍ချည်သည်။ to bind the arms, လက်ပြန်ကြိုးချည်သည်၊ လက်ပြန်ချည်၍ထားသည်။ to restrict, စည်းကမ်းသတ်၍ထားသည်။
Pink (color,) *n.* ပန်းနုအရောင်။ —*v. t.* ထိုးသည်။
Pinnace, *n.* သံထန်တမျိုး။
Pinnacle, *n.* အထွဋ်ဖျား။
Pinnacled, *a.* အထွဋ်ဖျားရှိသော။
Pinnate, *a.* ရွက်စိပ်သော။

Pint, *n.* ဗိန္တုတည်းဟူသော ၂၇ အချိန့်ဝင်သောအခြင်အတွယ်။
Pioneer, *n.* သူတပါးရှေ့သို့သွား၍လမ်းကိုဖွင့်သောသူ။
Pious, *a.* reverencing God and religion, ဘုရား၊ တရားကိုရိုသေသော။ being in the habit of performing duty to God, ဘုရားဝတ်ကိုပြုတတ်သော။ being in the habit of performing filial duties, မိဘဝတ်ကိုပြုတတ်သော။
Pip 1, *n.* ကြက်ဦးစွဲသောအနာတမျိုး။ —2. *v. i.* ကြက်ကလေးကဲ့သို့မြည်သည်။
Pipe, *n.* a wind instrument, မြေး•ဝှလွေ။ a tube, hollow cylinder, ပြွန်။ —in a Burmese bellows, ဖိုနှာတံ။ —to blow fire with, မီးပြောင်း။ ventilating—, လေပြွန်။ a tobacco-pipe, ဆေးတံ။ a puncheon, ဂါလံ ၁၂၀ ဝင်သောစည်ကြီး။ —*v.* to play on a wind instrument, မှုတ်သည်။ to whistle (as the wind,) လေချွန်သကဲ့သို့မြည်သည်။
Pipkin, *n.* လက်ကိုင်ပါသောမြေအိုး။
Pippin, *n.* သစ်သော့သီးတမျိုး။
Piquancy, *n.* from next.
Piquant, *a.* sharp, stimulating to the taste, မြက်မြက်စက်စက်ရှိသော။ sharp, smart, pointed (as style,) မြက်မြက်စက်စက်ရှိသကဲ့သို့ဖြစ်သော (စကား။)
Pique, *n.* စိတ်ညစ်ခြင်း။ —*v. t.* to nettle, စိတ်ညစ်စေသည်။ to rouse some uneasy passion, စိတ်ညစ်စေ၍နှိုးဆော်သည်။ —one's self (on,) *v.* ဝါကြွားသည်။
Piquet, *see* Picket.
Piracy, *n.* from Pirate. *v.*
Pirate, *n.* ပင်လယ်ထားပြ။ —*v.* to rob on the sea, ပင်လယ်၌ပါးမှာထားပြတိုက်သည်။ to take surreptitiously, (သူတပါး၏သောစာကို) ခိုး၍သုံးသည်။
Piratical, *n.* from above, *v.*
Pirouette, *n.* ကိုယ်ကိုလှည့်လည်ခြင်း။
Piscatory, *a.* ငါးနှင့်ဆိုင်သော။
Pisces, *n.* မိန်ရာသီ။
Piscine, *n.* ငါးမျိုးနှင့်ဆိုင်သော။
Pish, *int.* ရှိ။
Pismire, *n.* ပရွက်ဆိတ်။
Piss, *n.* (*vulgar,*) ကျင်ငယ်၊ သေး။ —*v. i.* သေးပေါက်သည်။
Pistol *n.* မြင်းသေနတ်။ —*v. t.* မြင်းသေနတ်နှင့်ပြစ်သည်။
Piston, *n.* ထိုးတံ။ ပြွတ်တံ။ ပြွတ်ထိုးတံ။
Pit, *n.* a hole in the earth, တွင်း။ the middle part of a theatre, ဇာတ်ရုံတွင်ပွဲကြည့်ရန်အလယ်ခန်း။ —of the stomach, ရင်ညွန့်။

a dent in the flesh, ထဝိမ့်။ a mark left by the small pox, ကျောက်ပေါက်မာ။ —coal, ကျောက်မီးသွေး၊ —fall, ကျဆောင်ထောင်သောတွင်း၊ —man, အောက်ကနေ၍လွှဆွဲသောသူ။ —saw, သစ်ကိုတိုက်သောလွှ။ saw—, လွှတွင်း။ *v. t.* to dent, ဝိမ့်အောင်နှိပ်သည်။ *adv. see* Pitted.

Pitapat, *adv.* နှစ်လုံးတုန်လှုပ်လျက်။

Pitch 1, *n.* ထင်းရှူးစေး။ —black, *a.* အလွန်နက်သော။ —*v, t.* ထင်းရှူးစေးနှင့်လူးသည်။ —2, *n.* a point or degree of elevation, အမြင့်။ the highest point, အထွဋ်။ အဖျား။ —3, *v.* to fall headlong, ခေါက်ထိုးကျသည်။ to light, settle, နား၍နေသည်။ encamp, တပ်ချသည်။ to fix choice (upon,) ရွေးယူသည်။ —as a boat or ship, စုန်သည်။ —*v t.* to throw, ပြစ်သည်။ to throw down, ပြစ်ချသည်။ to throw heading. ခေါက်ထိုးချသည်။ —a tent, တဲဆောင်သည်။ —a tune, သီခြင်းသံကိုတိုင်သည်။ —quoits, ထွေကစားသည်။ —fork, *n.* (for hay,) မြက်ကော်ခက်ရင်းခွ၊ —(for thorns,) ဆူးထောက်ခွ၊ —pipe, သီခြင်းသံကိုဖမ်းသောတန်ဆာ။

Pitched battle, *n.* အပွန်းအတီးခံ၍တိုက်ခြင်း။

Pitcher, *n.* ကရား။ ရေကရား။

Pitchy, *a.* like pitch, ထင်းရှူးစေးကဲ့သို့ဖြစ်သော။ very dark, မှောင်မိုက်သော။

Piteous, *a.* excitative of pity သနားစဖွယ်ဖြစ်သော။ compassionate, သနားတတ်သော။ wretched, အလွန်ဆင်းရဲသော။ paltry, ယုတ်ညံ့သော။

Piteousness, *n.* from above, 1st and 2d def.

Pith, *n.* —of a plant or tree အူ။ strength, force, ခွန်အား။ အနှစ်သာရ။

Pithiness, *n.* from Pithy.

Pithless, *a.* without pith, (as plant or tree,) အူမရှိသော၊ wanting force, အနှစ်သာရမရှိသော။

Pithy, *a.* containing pith, consisting of pith, အူရှိသော၊အူများသော။ forcible, အနှစ်သာရရှိသော။

Pitiable, *a.* to be pitied, သနားဖွယ်ဖြစ်သော။ wretched, အလွန်ဆင်းရဲသော။

Pitiableness, *n.* from above.

Pitiful, *a.* compassionate, သနားတတ်သော။ excitative of pity, သနားစဖွယ်ဖြစ်သော။ paltry, ယုတ်ညံ့သော။

Pitifulness, *n.* from above.

Pitiless, *a.* destitute of pity, မသနားတတ်သော။ not exciting pity, သနားဖွယ်မထုတ်သော။

Pitilessness, *n.* from above.

Pittance, *n.* သူတပါးပေးသောအနည်းငယ်။

Pitted, *a.* ကျောက်ပေါက်မာရှိသော။

Pity, *v. t.* သနားသည်။ ကြင်နာသည်။ —*n.* compassion, သနားခြင်း။ ကရုဏာ။ a ground or cause of compassion, သနားရန်အကြောင်း။

Pivot, *n.* a horizontal one, မောင်းကန့်လန့်ကျင်။ လက်တံကန့်လန့်ကျင်။ an upright one, မဏ္ဍိုင်။

Pix, *n.* ဗရင်ဂျီဘာသာ၌ကိုးကွယ်ရန်မုန့်ပြားကိုထည့်ထားသောသင်တာ။

Placability, Placableness, *n.* from next.

Placable, *a.* စိတ်ပြေနိုင်သော။

Placard, *n.* အနှံ့အပြားသိစေခြင်းငှါကပ်ထားသောစာ။

Placate, *v. t.* စိတ်ပြေဖောင်ပြုသည်။

Place, *n.* a certain portion of space, a locality, အရပ်။ ဌာန။ ဒေသ။ ဓသန်။ *Pali.* a portion or passage of writing, စာ၌ပါသောအချက်။ situation, station, office, rank, အရာ။ room, stead, အစား။ give—, *v.* to make room (for,) ဆုတ်၍နေရာပေးသည်။ to give room or advantage, နေရာအခွင့်ကိုပေးသည်။ take—, to come to pass, ဖြစ်လာသည်။ to take precedence, သူရှေ့မှာနေရာရှိသည်။ —man, *n.* အရာရှိသောသူ။ —*v. t.* to put, ထည့်သည်။ ထားသည်။ ထည့်ထားသည်။ နေရာချသည်။ to fix in a place, တည်သည်။ တည်ထားသည်။ to appoint, ခန့်ထားသည်။ —in order, စီစဉ်သည်။ —one upon another, ထပ်သည်။ ထင့်သည်။ —end to end or edge to edge so as just to touch, တေ့သည်။

Placenta, *n.* အချင်း။ သွေးဖအိမ်။

Placid, *a.* calm, tranquil, ငြိမ်သော။ ငြိမ်သက်သော။ serene, pleasant, သာသော။ သာယာသော။ gentle, mild, နူးညံ့သိမ်မွေ့သော။

Placidity, Placidness, *n.* from above.

Plagiarism, *n.* from Plagiarize.

Plagiarist, *n.* agent from same.

Plagiarize, *v. t.* သူတပါးစီကုံးသောစာကိုနုတ်ယူ၍ကိုယ်စီကုံးသောစာကဲ့သို့သုံးသည်။

Plagiary, *n.* *see* Plagiarism, and Plagiarist.

Plague, *v. t.* to annoy, နှောင့်ရှက်သည်။ to affect with some calamity, ဘေးဖြစ်စေခြင်းပြုသည်။ —*n.* any thing annoying, နှောင့်ရှက်သောအရာ။ a calamity, ဘေးဥပါဒ်။ a kind of malignant fever, ကာလနာတမျိုး။

Plaguy, *a.* နှောင့်ရှက်တတ်သော။

Plaid, *n.* စကောတလံအထည်တမျိုး။

Plain, *a.* level, ညီညာသော၊ simple, void of ornament, တန်ဆာမဆင်၊ ရိုးသော၊ not handsome, မလှသော၊ simple, artless, ပရိယာယ်မပြု၊ ရိုးသော၊ unaffected, undisguised, လျှို့ဝှက်ခြင်းမရှိ၊ တည့်ထင်းသော၊ clear, evident, easily understood, ထင်ရှားသော၊ ရှင်းလင်းသော၊ simple, unmixed, အရောအနှောမရှိ၊ သက်သက်ဖြစ်သော၊ —dealing, ပရိယာယ်မပြု၊ ရိုးသားသော၊ —dealing, *n.* ဒသဟာ၊ ထဟာခြင်း၊ from above; —work, မချယ်လှယ်ဘဲရိုးရိုးချုပ်သောအချုပ်၊ —*adv.* not obscurely, ရှင်းသင်းစွာ၊ distinctly, ဖြတ်သားသည်နှင့် straight forward, တိုက်ရိုက်၊ အတည့်အလင်း။ —hearted, *a.* ရိုးသားသော၊ —spoken, အတည့်အလင်းပြောတတ်သော၊ —*n.* လွင်ပြင်၊ ကွင်းပြင်၊ a bare plain, ကွင်းပြင်ထီးထီး၊ open—, ဒထဟာ၊ ထဟာခြင်း၊ sandy—, သဲပြင်၊ —*v. t.* ညီညာစေသည်။

Plainness, *n.* from Plain, *a.*

Plaint, *n.* from next; a plaintiff's charge or accusation in court, တရားလိုစွဲသောဆင်ခြေ၊

Plaintful, *a.* ငြည်းတမ်းသော၊

Plaintiff, *n.* တရားလို၊

Plaintive, *a.* ငြည်းတမ်းတတ်သော၊

Plaintiveness, *n.* from above.

Plait, *v. t.* to fold, double, ခေါက်သည်၊ to weave, ရက်သည်၊ to intertwist three strands into one, ဝက်ဆူကျစ်သည်၊ —*n.* a fold, အခေါက်၊ something woven, ရက်သောအရာ၊ three strands interwisted into one, ဝက်ဆူကျစ်သောအရာ၊

Plan, *v. t.* to form a draft or representation, ပုံထုတ်သည်၊ စနစ်ပုံထုတ်သည်၊ to form in design, စိတ်ကူး၍ကြံစည်သည်၊ calculate in the mind, ဇနိတ်းသည်၊ ထိဆယ်သည်၊ —*n.* a draft or form, ပုံ၊ စနစ်ပုံ၊ a scheme, project, အကြံအစည်၊ အကြံအစွယ်၊

Plane, *n.* a level surface, ညီညာသောမျက်နှာပြင်၊ ပြန့်ပြူးသောအရာ၊ a carpenter's plane, ရွှေပေါ်၊ —iron, ရွှေပေါ်သွား၊ —*v. t.* ရွှေပေါ်ထိုးသည်၊

Planeirons, *n.* ရွှေပေါ်သွားများ၊

Planet, *n.* ဂြိုဟ်၊ —that presides at one's birth, နံဂြိုဟ်၊ —struck, *a.* ဂြိုဟ်အရှိန်ထိ၍ပျက်သော၊

Planetarium, *see* Orrery.

Planetary, *a.* ဂြိုဟ်နှင့်ဆိုင်သော၊

Planisphere, *n.* အပြားပေါ်မှာရေးသောအလုံးပုံ၊

Plank, *n.* ထူသောပျဉ်ပြား၊ thick—, ရှည်ပျဉ်၊ —*v. t.* ထူသောပျဉ်ခင်းသည်၊

Plano-concave, *a.* တဖက်ပြား၍တဖက်ခွက်သော၊

**Plano-convex,** *a.* တဖက်ပြား၍တဖက်ခုံးသော။

**Plant,** *n.* အပင်၊ မျိုးပင်။ —*v. t.* —a seed or plant, စိုက်သည်။ —with the intention of transplanting, မျိုးသည်၊ မျိုးထောင်သည်။ to erect, set upright, စိုက်သည်။ ထူသည်။ ထောင်သည်။ to settle, establish, တည်ထောင်သည်။ to place, (as cannon,) တင်သည်။

**Plantain,** *n.* ငှက်ပျော။ small species, ငှက်ပျောဆိတ်ဖီး၊ နံ့သာဖူး။ large red and yellow—, ရှင်ငှက်ပျော။ large green sweet species, ငှက်ပျောသီးမွှေး။ slightly acid—, ငှက်ပျောဖီးကြမ်း။ other species, ငှက်ပျောရခိုင်။ ငှက်ပျောမင်း။ ငှက်ပျောဆင်ထဲ။

**Plantation,** *n.* the act of planting, စိုက်မျိုးခြင်း။ the place planted, ကိုင်း။ ယာခင်း။

**Planter,** *n.* လယ်ယာလုပ်သောသူ။ စိုက်မျိုးသောသူ။

**Planting,** *n.* စိုက်မျိုးခြင်း။

**Plash,** *n.* a puddle, ရွှံ့ဗွက်။ *and see* Splash.

**Plashy,** *a.* ရွှံ့ဗွက်များသော။

**Plaster,** *n.* a composition for coating walls, အင်္ဂတေ။ a covering for a sore, spread with salve, အနာအုပ်ရန်ဖယောင်းချက် သုတ်လူးသောဖျင်၊ သားရေ။ —*v. t.* to overlay with plaster, အင်္ဂတေကိုင်သည်။ to cover with a plaster, ဖယောင်းချက်နှင့်ဖုံးသည်။ to cover with some soft substance, မံသည်။ to smooth over, extenuate a fault, အပြစ်ပေါ့လျော့စေခြင်းပြောသည်။

**Plastering,** *n.* အင်္ဂတေ။

**Plastic,** *a.* ပုံပေါ်စေခြင်းဖန်ဆင်းတတ်သော။

**Plat 1,** *n.* မြေအကွက်။ —2, *see* Plait, *v. t.*

**Plate,** *n.* a flat piece of metal, ရွှေပြားအစရှိသောသတ္တုကိုလုပ်သောအပြား။ wrought silver, ခတ်လုပ်သောငွေတန်ဆာအသုံးအဆောင်။ a small shallow vessel used to eat from, ပုကန်ပြား။ a piece of matting used for a plate, စားပြင်။ wall plate of a brick building, မိကျောင်းတုံး။ a piece of timber which supports the ends of the rafters, လျှောက်။ —*v. t.* to beat into thin plates, အပြားခတ်သည်။ to cover with plates, ရွှေပြားအစရှိသည်တို့နှင့်ချယ်လှယ်သည်။ to cover with metal plates, မိန်းကွပ်သည်။ to overlay with metal in a state of fusion, ရွှေရည်အစရှိသည်တို့နှင့်ပွတ်သည်။

**Platform,** *n.* a level spot, တလင်း။ a floor, ကြမ်း။ a stage, စင်။ *see also* Plate,[2] လျှောက်။

**Platina.** *n.* ရွှေ၊ ငွေ၊ သံထက်မကအလေးဆုံး၊ အမာဆုံးဖြစ်သောလောဟာ။ ကြေးဖြူ။ ရွှေဖြူ။

**Platinum,** *n.* ရှင်သံ။

Platoon, *n.* လေးဖျက်နှာဖွဲ့၍ခံသောတပ်။
Platter, *n.* (wooden,) ဗျပ်။ (earthen.) ဝှကနိုပြားကြီး။
Plaudit, *n.* ဗြိုးခွပ်းခြင်း။
Plausibility, Plausibleness, *n.* from next.
Plausible, *a.* ကောင်းရောင်၊ မှန်ရောင်ဆောင်သော၊ အပေါ်ချောသော၊ having the semblance of truth, ယုံတမ်းသော၊
Play, *v. i.* to sport, ကစားသည်၊ to contend in a game, ကစားသည်၊ to gamble, လောင်းတမ်းကစားသည်၊ to perform on an instrument of music, တီးမှုတ်သည်။ to move this way and that, လှုပ်ရှားသည်၊ to operate, ပြုလုပ်သည်။ to act on the stage, ဇာတ်ပြသည်၊ to act like, personate a character, ပြုသည်၊ လုပ်သည်၊ —*v. t* to put in action, ပြုလုပ်စေသည်၊ to show off in sport, ကစား၍ပြသည်၊ to act (a part) on the stage, ဇာတ်ပြသည်၊ —a trick with, ကျီစားသည်၊ —cards, ဖဲကစားသည်၊ ဖဲရိုက်သည်၊ —day, *n.* ကစားရသောနေ့၊ —false, *v. t.* လိမ်လည်၍လှည့်စားသည်၊ —fellow, *n.* ကစားဖက်၊ သူငယ်ချင်း။ —game, *n.* လူကလေးကစားခြင်း။ —mate, *see* —fellow, —off, *v. t.* ကစား၍ပြသည်၊ —on, —upon, *v. t.* ကျီစားသည်၊ —thing, *n.* သူငယ်ကစားသောအရာ၊ —*n.* from above; a drama, ဇာတ်၊ ဇာတ်ပွဲ။ a dramatic exhibition, ဇာတ်ပွဲ၊ room for motion, လှုပ်ရှားရာအခွင့်၊ liberty of acting, ပြုလုပ်ရာအခွင့်၊ —bill, *n.* ပွဲသဘင်၌ဇာတ်ခင်းကျောင်းရာစာရင်း။ —house, *n.* ဇာတ်ရုံ၊
Playful, *a.* ကစားတတ်သော၊
Plea, *n.* an argument in a court of justice, လွှတ်၊ ရုံး၌တရားလို၊ တရားခံပြောဆိုသောစကား။ a cause in court, တရားတွေ့မှု၊ a defendant's reply, တရားခံချေသောဆင်ခြေ၊ an apology, အပြစ်ဖြေရာစကား။ entreaty, တောင်းပန်သောစကား။
Plead, *v. i.* to argue, in a court of justice, လွှတ်၊ ရုံး၌တရားလို၊ တရားခံပြောဆိုသည်၊ လျှောက်လဲချေပသည်၊ to argue, urge reasons for or against, အကျိုးအကြောင်းကိုထွေးနွေးပြသ၍ (သွေးဆောင်သည်၊) to urge entreatingly, တောင်းပန်၍ (သွေးဆောင်သည်၊) —*v. t.* to adduce in proof, သက်သေပြသည်၊ to allege in self defence, တရားခံချေပပြောဆိုသည်၊ to offer as an excuse, အပြစ်ဖြေဆောင်ပြောသည်။
Pleader, *n.* an attorney, ရှေ့နေ၊ an arguer, အကျိုးအကြောင်းကိုထွေးနွေးပြသ၍သွေးဆောင်သောသူ၊
Pleading, *n.* လွှတ်၊ ရုံး၌တရားလို၊ တရားခံအလှည့်လှည့်ပြောဆိုခြင်း၊ ဆင်ခြေ၊
Pleasant, *a.* သာသော၊ သာယာသော၊ သာမေသော၊ —in mind, ပျော်ရွှင်သော၊ —to the taste, ဆိမ့်ဆိမ့်သော၊ —as the voice or countenance, ချိုသော၊ စိတ်သာစေတတ်သော၊ ပျော်ပါးစေတတ်သော

**Pleasantly**, *adv.* အသာအယာ။

**Pleasantness**, *n.* from above.

**Pleasantry**, *n.* gayety, ပျော်ရွှင်ခြင်း။ humorous speech, ရယ်ရွှင်ဖွယ်သောစကား။

**Please**, *v. i.* (ပြုခြင်းငှါ) အလိုရှိသည်။ (ပြု) ချင်သည်။ —*v. t.* from next, ဖြူသည်။

**Pleased** (be,) *v. i.* to feel satisfied, happy, စိတ်သာသည်။ စိတ်သာယာသည်။ to enjoy one's self, ပျော်ပါးသည်။ ပျော်မွေ့သည်။ to like to (do.) *see* Please, *v. i.* —with, *v. t.* ကြိုက်သည်။ နှစ်သက်သည်။ စိတ်တွေ့သည်။ —in hearing, နားသာသည်။

**Pleaser**, *n.* သူ့အလိုသို့လိုက်သောသူ။

**Pleasing**, *a.* affording pleasure, စိတ်သာစေတတ်သော။ ပျော်မွေ့စေတတ်သော။ gaining approbation, နှစ်သက်ခြင်းကိုခံတတ်သော။ —to the taste, ချိုသော။ အရသာရှိသော။ —to the ear, ချိုလည်သော။ ချိုသော။

**Pleasurable**, *a.* same, 1st def.

**Pleasure**, *n.* agreeable feeling, satisfaction, စိတ်သာခြင်း။ ပျော်မွေ့ခြင်း။ approbation, နှစ်သက်ခြင်း။ will, အလို။ a favor, ကျေးဇူး။

**Plebeian**, *n.* ဆင်းရဲသား။ —*a.* ဆင်းရဲသားနှင့်ဆိုင်သော။

**Pledge**, *v. t.* to pawn, ပေါင်သည်။ ပေါင်နှံသည်။ to give as a warrant or security, ပေါင်ထားသက်သေသို့ဂတိထားသည်။ to give in worship, ရွယ်ကိုးသည်။ —*n.* a thing pawned, အပေါင်အနှံ။ a thing given or considered as security, အာမခံအရာ။ ပေါင်ဘုင်။ something given in advance, စားရန်။ a hostage, အာမခံအရာ၌ထားခြင်းကိုခံသောသူ။

**Pledget**, *n* အနာပေါ်မှာအုပ်၍ထားသောအဝတ်စ။

**Pleiades**, *n. plur.* ကြောက်ဆိပ်။ ကြတ္တိကာ။

**Plenary**, *a.* စုံလင်သော။

**Plenipotence**, *n.* from next.

**Plenipotent**, *a.* စုံလင်သောအခွင့်တန်ခိုးရှိသော။

**Plenipotentiary**, *n.* စီရင်ပိုင်သောအခွင့်တန်ခိုးစုံလင်သောသံတမန်။

**Plenitude**, *n.* fullness, ပြည့်ခြင်း။ completeness, စုံလင်ခြင်း။

**Plenteous, Plentiful**, *a.* copious, ပေါများသော။ များပြားသော။ yielding abundance, များများဖြစ်စေတတ်သော။ having abundance, ကြွယ်ဝသော။ ဝပြောသော။ ဖွံ့ဖြိုးသော။

**Plenteousness, Plentifulness, Plenty**, *n.* from above; အပုံ။

**Plentifully**, *adv.* freely, ချောချော။

**Pleonasm**, *n.* from next.

**Pleonastic**, *a.* စကားပိုပိုသော။

**Plethora**, *n.* from next.

Plethoric, *a.* သွေး၊ အရည်ထန်သော၊
Pleurisy, *n.* လေတက်ကျင်နာ၊
Pliability, Pliableness, Pliancy, Pliantness, *n.* from next,
Pliable, Pliant, *a.* flexible, ပျော့သော၊ ပျောင်းသော၊ easily persuaded, သွေးဆောင်လွယ်သော၊ သဘောလွယ်သော၊
Pliers, *n.* ညှပ်၊ ဇာဂဏာ၊
Plight 1, *see* Pledge, *v. t.* 2nd def. —*n.* အဖြစ်၊ အနေအခြေ၊
Plinth, *n.* တိုင်ခုံ၊ ဘိနပ်၊
Plod, *v. i.* တကုပ်ကုပ်လုပ်သည်၊
Plot 1, *n.* a plat of ground, မြေအကွက်၊ a draft or plan of a piece of ground, မြေအကွက်ပုံ၊ —2, *v.* to contrive, မိတ်ကူးသည်၊ to intrigue, plan secretly, လျှို့ဝှက်၍ကြံစည်သည်၊ to make a plan of ground, လယ်၊ ယာ၊ ဥယာဉ်အစရှိသောမြေပုံရေးသည်၊ —*n.* a secret scheme, လျှို့ဝှက်၍ကြံစည်ခြင်း၊ the framework of a story or play, ဇာတ်ဝတ္ထုကိုကြံစည်၍ထုတ်လုပ်သောအခန်းအနားအစီအစဉ်၊
Plough, *n.* ထယ်၊ —share, ထယ်သွား၊ —*v. t.* to cut the ground in furrows, ထယ်နှင့်ထွန်သည်၊ to run through in sailing, (ပင်လယ်ရေကို) ခွဲ၍သွားသည်၊ —man, *n.* လယ်လုပ်သောသူ၊
Plover, *n.* (one species,) ငှက်တလိုင်း၊ spur-winged—, တီတီတွား၊
Pluck 1. *v. t.* to twitch out, ဆတ်ခနဲနုတ်သည်၊ to strip by plucking, အမွေးအတောင်ကိုနုတ်သည်၊ to gather, (fruit, etc.) ဆွတ်သည်၊ —as leaves, ရွှသည်၊ —2, *n.* နှစ်လုံးသည်းပွတ်၊
Plug, *n.* ဆို့၊ —*v. t.* ဆို့သည်၊ ဆို့ပိတ်သည်၊
Plum, *n.* the fruit, အစေ့တလုံးပါသောသစ်သီးတမျိုး၊ a dried raisin, စပျစ်သီးခြောက်၊ £ 100,000 ရူပီတသန်း၊ —cake, *n.* စပျစ်သီးခြောက်ပါသောမုန့်ဖုတ်၊ —pudding, *n.* စပျစ်သီးခြောက်ပါသောမုန့်ပေါင်း၊
Plumage, *n.* ငှက်အမွေးအတောင်၊
Plumb, *v. t.* မျှန်သည်၊ မျှန်ချသည်၊ —*n.* မျှန်သီး၊ a weight, မျှန်ထုပ်၊ မှန်ထုပ်၊ —line, *n.* မျှန်ကြိုး၊ —*adv.* မတ်တတ်၊ မတ်လတ်၊
Plumbago, *n.* ခဲနက်၊
Plumber, *n.* ခဲတန်ဆာလုပ်သောသူ၊
Plume, *n.* a feather, အမွေးအတောင်၊ a feather worn as an ornament for the head, ခေါင်း၌တန်ဆာဆင်သောငှက်မွေး၊ ငှက်တောင်၊ reputation, credit, ဂုဏ်အသရေ၊ —*v. t.* to trim and adjust feathers, အမွေးအတောင်ကိုပြုပြင်သည်၊ to adorn with plumes, ငှက်မွေး၊ ငှက်တောင်နှင့်တန်ဆာဆင်သည်၊ —one's self (on,) *v.* ဝါကြွားသည်၊

**Plummet**, *n.* a plumb, ချိန်သီး၊ ချိန်ထုပ်၊ မှန်ထုပ်၊ a piece of lead used in ruling paper, မျဉ်းသားသောခဲတောင့်၊ ခဲခြား။

**Plump**, *a.* ဝသော၊ ဝဖြိုးသော၊ —as a child, or any young animal, ဖွံ့သော၊ ဖွံ့ဖြိုးသော၊ *v. i.* ဗိုးခနဲကျသည်၊ —out, —up, *v. t.* ဖောင်းကြွအောင်ပြုသည်၊ —*v. i.* ဖုံ့ဖုံ့ကြွသည်၊ —*adv.* ဗိုးခနဲ၊

**Plumply**, *adv.* တည့်တည့်၊

**Plumpness**, *n.* from Plump. *a.* အဖွံ့အထွား။

**Plumy**, *a.* အမွေးအတောင်နှင့်ပြည့်စုံသော၊

**Plunder**, *v. t.* လုယူသည်၊ လုရက်သည်၊ (to treat as plunder, ထက်ရပြုသည်၊) —*n.* လုယူသောဥစ္စာ၊ လက်ရဥစ္စာ၊

**Plunderer**, *n.* လုယူသောသူ၊ ထားပြ၊

**Plunge**, *v. i.* ရုပ်ခနဲဝင်သည်၊ ရုပ်ခနဲကိုယ်ကိုသွင်းသည်၊ —*v. t.* နှစ်သည်၊ ထိုး၍သွင်းသည်။

**Plural**, *a.* တခုထက်သာ၍များသော။ —*n.* ဗဟုဝုစ်၊

**Pluralist**, *n.* မင်းစီရင်သောသာသနာဌာနအရာအများရှိသောဓမ္မဆရာ၊

**Plurality**, *n.* တခုထက်သာ၍များခြင်း။

**Plus**, *adv.* ပေါင်းသည်နှင့်၊

**Pluvial, Pluvious**, *a.* မိုးသီးရွာခြင်းနှင့်ဆိုင်သော၊

**Ply**, *v. i.* to bend, yield, ညွတ်သည်၊ to go in haste, အလျင်အမြန်သွားသည်၊ —*v. t.* to lay on, တိုက်သည်၊ to importune, ပူဆာသည်၊ *v. t.* and *v. i.* to work steadily, practice with diligence, တကုပ်ကုပ်လုပ်သည်၊ ကြိုးစားအားထုတ်သည်၊

**Pneumatic**, *a.* consisting of air, လေဖြစ်သော၊ relating to air, လေနှင့်ဆိုင်သော။

**Pneumatics**, *n.* လေကိုသုံး၍ပြုပြင်ခြင်းနှင့်ဆိုင်သောအတတ်၊

**Pneumatology**, *n.* လေတည်းဟူသောဝါယောဓာတ်နှင့်ဆိုင်သောအတတ်ပညာ၊

**Poach**, *v. t.* to parboil, ပြုတ်သည်၊ to steal, ခိုးသည်၊ to steal game, မယူအပ်သောသားငှက်တို့ကိုဖမ်းယူသည်၊

**Poacher**. *n.* agent from above, last def.

**Poachy**, *a.* စို၍ပျော့သောကြောင့်အနင်းမခံသော (မြေ၊)

**Pock**, *n.* ကျောက်ပေါက်သောအဖု၊ —mark, *n.* ကျောက်ပေါက်မာ၊ —marked, *a.* ကျောက်ပေါက်မာထင်သော၊

**Pocket**, *n.* အင်္ကျီအိတ်၊ ပေါင်းဘီအိတ်၊ —book, *n.* မှတ်သားရန်လက်စွဲစာအုပ်ငယ်၊ —glass. *n.* လက်စွဲဆောင်သောမှန်ငယ်၊ —hole, *n.* အင်္ကျီအိတ်ဝ၊ ပေါင်းဘီအိတ်ဝ၊ —money, *n.* အသေးအသွပ်သုံးရန်ကိုယ်၌ဆောင်သောငွေ၊ —*v. t.* အင်္ကျီအိတ်၊ ပေါင်းဘီအိတ်ထဲမှာထည့်သည်၊

**Pod**, *n.* ပဲတောင့်၊ ပဲသီးတောင့်၊ —and contents, ပဲသီး။

**Poem**, *n.* လင်္ကာတစောင်၊

Poesy. *see* Poetry.
Poet, *n.* လင်္ကာဆရာ၊ စာစပ်ဆိုသောဆရာ။ —laureate, *n.* စာဆိုတော်။
Poetaster, *n.* ထိုးထွင်းသောညာဏ်နည်းသောလင်္ကာဆရာ။
Poetess, *n.* စာစပ်ဆိုသောမိန်းမ။
Poetic, Poetical, *a.* pertaining to poetry, လင်္ကာနှင့်ဆိုင်သော၊ like poetry, *n.* လင်္ကာစာကဲ့သို့ဖြစ်သော၊ လင်္ကာလက္ခဏာရှိသော၊ လင်္ကာသဘောရှိသော၊
Poetry, *n.* ပျို့၊ ကဗျာ၊ လင်္ကာ၊ ဖတ်စာ၊ epic—, ရကန်၊
Poh, *int.* ဟူး၊
Poignancy, *n.* from next.
Poignant, *a.* stimulating to the taste, ဖြက်ဖြက်စပ်စက်ရှိသော၊ acrimonious, biting, နားခါးဖွယ်ဖြစ်သော၊ piercing, severe, ပြင်းသော၊ ထန်သော၊
Point, *n.* a sharp end, အချွန်၊ ချွန်သောအဖျား၊ —of a needle, အပ်သွား၊ —of a knife, ဓားဦး၊ extremity, အစွန်း၊ အဖျား၊ a small cape or headland, ငယ်သောအငူ။ *in geometry,* အမှတ်၊ a particular spot in space or time, အချက်၊ .. particular matter, အချက်အရာ၊ an object aimed at, ရွယ်ချက်၊ a particular sentiment intended to strike with force, ထိခိုက်သောစကားချက်၊ a stop in writing, အပိုက်၊ a quarter of the heavens, မျက်နှာ၊ a point of the mariner's compass, အိမ်မြှောင်ကြိုး၊ a central—, အချက်အချာ၊ အချက်မ၊ ဗဟိုရ်၊ ခရိုင်၊ a string furnished with a tag, ပိုးကောင်းတပ်သောကြိုး၊ —*v. t.* to sharpen the end, ချွန်[illegible] (an object,) ချိန်သည်၊ to punctuate, ပုဒ်သည်၊ —at, *v. t.* —as by the finger, လက်ညွှန်သည်၊ လက်ညွှန်ထိုးသည်၊ to allude to, ရည်စောင်းသည်၊ —out, *v. t.* ညွှန်၍ပြသည်၊
Pointed, *a.* naturally, as a leaf, ချွန်းသော၊
Pointer, *n.* any thing that points, ညွှန်ပြတတ်သောအရာ၊ a dog that shows the game, သားကောင်ထွက်ကိုပြတတ်သောခွေး၊
Pointless, *a* တုံးသော၊
Poise, *v. t.* to make of equal weight, ချိန်စက်သည်၊ ညီမျှအောင်ချိန်စက်သည်၊ —*n.* equilibrium, ချိန်စက်၍ညီမျှခြင်း၊ a counterpoising weight, ချိန်စက်၍ညီမျှစေသောအရာ၊
Poison, *n* အဆိပ်၊ အဆိပ်အတောက်၊ —*v.* .. to make poisonous (as an arrow,) အဆိပ်နှင့်လူးသည်၊ to infect with a poisonous quality, အဆိပ်ဖြစ်စေတတ်သောသဘောကိုသွင်းသည်၊ to administer poison to, အဆိပ်ခတ်၍ပေးသည်၊ to kill by poison, အဆိပ်နှင့်သေစေသည်၊ to corrupt, taint, ယိုယွင်းစေသည်၊ —tree, *n.* ဆိပ်ပင်၊

Poisonous, *a.* တောက်စေတတ်သော၊ သေစေတတ်သော၊ အဆိပ်ရှိသော၊ ယိုယွင်းစေတတ်သော။

Poke 1, *n.* a bag, အိတ်၊ —2, *n.* an impediment attached to the neck of a beast, လည်ထိတ်၊ —put on men in disgrace, ဝင်းတကား၊ —3, *v.* to feel about (as in the dark,) စမ်းတိစမ်းတမ်းသွားသည်၊ to touch or disturb with something long, ဒုတ်အစရှိသည်တို့နှင့်ထိုးသည်။

Poker, *n.* မီးမွှေသံချောင်း။

Pokerish, (Amer.) *a.* ကြောက်လန့်ဖွယ်ဖြစ်သော၊

Polar, *a.* မြေကြီးလုံးဝင်ရိုးဖျားနှင့်ဆိုင်သော။

Polarity, *n.* တနိုတရုသောမျက်နှာသို့လိုက်တတ်သောသဘော၊

Polarize, *v. t.* ထိုသို့သောသဘောကိုသွင်းသည်။

Pole 1, *n.* an extremity of the earth's axis, မြေကြီးလုံးဝင်ရိုးဖျား၊ —star, *n.* ဓူဝံ၊ —2, *n.* a long stick, ဒုတ်ချောင်းရှည်၊ မျှော၊ a measure of length, *see* Rod; forked—, used to twist off fruit and leaves, တံဃူ၊ —of a carriage, ရထားသန်၊ လှည်းသန်၊ —ax, *n.* ခုတင်းပုဆိန်၊ —*v. t.* to furnish with poles for support, တိုင်ထောင်သည်၊ to impel by poles (as a boat,) ထိုးဝါးနှင့်ထိုးသည်၊ —cat, *n.* ကြောင်းငကျည်။

Polemic, Polemical, *a.* ဆွေးနွေးငြင်းခုံသော၊

Police, *n.* the internal government of a place, မြို့သူမြို့သားတို့အမှုအရေးကိုစီရင်ခြင်း၊ those who have the charge of preserving order, etc. ရာဇဝတ်ရုံးအရာရှိစု၊ —office, *n.* ရာဇဝတ်ရုံး၊ —man, ခဲသား၊

Policy, *n.* a system of legislative and administrative measures, ပြည်မှုပြည်ရေးကိုစီရင်ခြင်းတရား၊ wisdom and prudence in management, အမှုအရေးကိုကောင်းစွန်စွာစီရင်တတ်သောညာဏ်ပညာ၊ —of insurance, *n.* လုံချုံအောင်ဝန်ခံသောစာချုပ်။

Polish, *v. i.* to become smooth and glossy, အရောင်တက်သည်၊ —*v. t.* to make permanently smooth and glossy, အရောင်တင်သည်၊ —as gold, ဦးသည်၊ to make refined, ကျော့အောင်ပြုသည်၊ ယဉ်ကျေးစေအောင်သင်သည်၊ —*n.* glossy smoothness produced by friction, ပွတ်ခြင်းဖြင့်ထွက်သောအရောင်၊ refinement, ကျော့ခြင်း၊ ယဉ်ကျေးခြင်း၊

Polite, *a.* of polished manners, ကျော့သော၊ ယဉ်ကျေးသော၊ complaisant, obliging, လောကဝတ်ပြုတတ်သော၊ —in speech, ယဉ်ငံသော၊

Politely, *adv.* ပျူပျူငှါငှါ

Politeness, *n.* from above, ပျူငှါ၊ လောကဝတ်၊

Politic, *a.* sagacious in pursuing measures adapted to the public welfare, ပြည်မှုပြည်ရေးကိုကောင်းစွန်စွာစီရင်ခြင်း၌ညာဏ်ပညာရှိသော။ cunning, artful. လိမ္မာသော။ adapted to gain an end, လိုရာအကျိုးကိုဖြစ်စေတတ်သော။ *see also* next.

**Political**, *a.* ပြည်မှုပြည်ရေးနှင့်ဆိုင်သော။

**Politician**, *n.* one skilled in politics, ပြည်မှုပြည်ရေးကိုနားလည်သောသူ။ a man of artifice, ပရိယာယ်ပြုတတ်သောသူ။

**Politics**, *n.* ပြည်မှုပြည်ရေးကိုစီရင်ခြင်းနှင့်ဆိုင်သောအတတ်ပညာ။

**Polity**, *n.* တိုင်းနိုင်ငံရေးကိုစီရင်အုပ်ချုပ်ခြင်း၏ထုံးနည်း။

**Poll**, *n.* the head, ဦးခေါင်း။ a register of persons, လူစာရင်း။ an election of officers, မင်းအရာရှိတို့ကိုရွေးကောက်၍ခန့်ထားခြင်း။ the place of electing officers, ရွေးကောက်၍ခန့်ထားရာအရပ်။ —tax, *n.* လူခွန်။ လူဦးရေခွန်။ —*v. t.* to cut off the end, clip, အဖျားကိုဖြတ်သည်။ တိသည်။ to shear, ညှပ်သည်။ to enter in a register, ဦးရေစာရင်း၌မှတ်သားသည်။

**Pollen**, *n.* ဝတ်မှုန်။

**Pollute**, *v. t.* to make unclean, ညစ်စေသည်။ ညစ်ညမ်းစေသည်။ to make turbid, နောက်စေသည်။ to defile by illicit sexual intercourse, ဖျက်ဆီးသည်။ ရှုတ်ချသည်။

**Pollution**, *n.* from above; uncleanness, ညစ်ခြင်း။ ညစ်ညမ်းခြင်း။

**Polt**, (Amer.) *n.* ရိုက်ပုတ်ခြင်းတချက်။

**Poltroon**, *n.* အသည်းနည်းသောလူညစ်။

**Polygamist**, *n.* မယားအများရှိသောသူ။

**Polygamy**, *n.* မယားအများရှိခြင်း။

**Polyglot**, *a.* စကားအများနှင့်ဆိုင်သော။

**Polygon**, *n.* အထောင့်အများရှိသောပုံ။ ပေါလုဂံ။ a regular polygon, ပေါလုရန်း။

**Polygonal**, *a* အထောင့်အများရှိသော (ပုံ။)

**Polypus**, *n.* a kind of zoophyte, ရေတိရစ္ဆာန်တမျိုး။ a kind of tumor, အနာဆိုးတမျိုး။

**Polysyllabic**, **Polysyllabical**, *a.* အသံအများရှိသောသဒ္ဒါနှင့်ပြည့်စုံသော (ဘာသာစကား။)

**Polysyllable**, *n.* အသံအများရှိသောသဒ္ဒါ။

**Polytheism**, *n.* ဘုရားများစွာရှိသည်ဟုယူသောအယူဝါဒ။

**Polytheist**, *n.* ဘုရားများစွာရှိသည်ဟုယူသောသူ။

**Pomace**, *n.* သစ်သီးအရည်ကိုယူ၍ကျန်သောအဖတ်။

**Pomade**, Pomatum, *n.* မွှေးအောင်ထုံ၍လုပ်သောဆီခဲ။

**Pomatum**, *v. t.* မွှေးသောဆီခဲနှင့်သုတ်သည်။

**Pomegranate**, *n.* သလဲသီး။

**Pomfret**, *n.* ငါးမွ။ ငါးပါမောင်း။ ငါးမန့်။

**Pommel**, *n.* —of a sword, ထားရိုးနောက်ဖိတ်ခွေး၊ —of a saddle, ကဦး။ —*v. t.* ထုရိုက်သည်။

**Pomp**, *n.* ဆန်းကြယ်သောအခမ်းအနားနှင့်ကျက်သရေပခြင်း။

**Pomposity, Pompousness**, *n.* from next.

**Pompous**, *a.* displaying pomp, ဆန်းကြယ်သောအခမ်းအနားနှင့်တကွ ကျက်သရေပ၍ပြခြင်းနှင့်ပြည့်စုံသော။ ostentatious, ဝါကြွားသော၊ ပလွှားသော။

**Pond**, *n.* a natural one, အိုင်၊ ဆင်း၊ an artificial one, ရေကန်။

**Ponder**, *v. t* ဆင်ခြင်သည်။

**Ponderosity, Ponderousness**, *n.* from next.

**Ponderous**, *a.* အလွန်လေးသော။

**Poniard**, *n.* တိုသောသန်လျက်၊ —*v. t.* သန်လျက်နှင့်ထိုးသည်။

**Pontiff**, *n.* a high priest, ယဇ်ပုရောဟိတ်မင်း။ a pope, ရဟန်းမင်း။ သာသနာပိုင်။

**Pontific, Pontifical**, *a.* ယဇ်ပုရောဟိတ်မင်းနှင့်ဆိုင်သော၊ ရဟန်းမင်းနှင့်ဆိုင်သော။

**Pontificate**, *n.* ရဟန်းမင်း၏အရာ။

**Pontoon**, *n.* လှော်ခင်းသောတန်တား။

**Pony**, *n.* မြင်းငယ်။

**Poodle**, *n.* ခွေးငယ်တမျိုး။

**Pool**, *see* Pond.

**Poop**, *n.* သင်္ဘောပဲ့ကုန်းပတ်မြင့်။

**Poor**, *a.* destitute of property, ဥစ္စာမရှိ၊ ဆင်းရဲသော၊ ငြေးမဲ့သော၊ destitute of good qualities, mean, paltry, ယုတ်သော၊ ယုတ်ညံ့သော၊ မကောင်းသော၊ အတွက်မရှိသော၊ အသုံးမရသော။ destitute of fertility, sterile, (မြေ) ညံ့၍အသီးအနှံများစွာမထွက်သော။ unhappy, ဆင်းရဲသော၊ ဒုက္ခိတဖြစ်သော၊ lean, ဖိန့်သော၊ exciting tender feeling, ကြင်နာဖွယ်ဖြစ်သော —house, *n.* သူတပါးစွန့်ကြဲ၍ကျွေးမွေးခြင်းခံသောသူတို့နေရာအိမ်၊ —law, *n.* ဆင်းရဲငတ်မွတ်၍တောင်းစားသောသူတို့အမှုကိုစီရင်သောဥပဒေ၊ —rate *n.* ဆင်းရဲငတ်မွတ်သောသူတို့ကိုကျွေးမွေးရန်ခွဲသောစရိတ်။ —spirited, *a.* သဘောနေ၊ သဘောထားယုတ်ညံ့သော။

**Poorly**, *a.* မကျန်းမမာသော။

**Poorness**, *n.* from Poor.

**Pop**, *v. i.* ဖောက်ခနဲသွားလာသည်၊ *v. t.* ဖောက်ခနဲသွင်းသည်၊ —gun, *n.* ဖောင်ဖောင်ထိုးသောကျည်တောက်။ —*n.* ပေါက်သံ။

**Pope**, *n.* ရဟန်းမင်း၊ သာသနာပိုင်။

**Popedom**, *n.* ရဟန်းမင်း၏အရာ၊

**Popery**, *n.* ရဟန်းမင်း၏ဘာသာ၊ ဇရင်ဂျီဘာသာ၊

**Popish**, *a.* ရဟန်းမင်းဘာသာနှင့်ဆိုင်သော။

**Poppy**, *n.* ဘိန်းပင်။

**Populace**, *n.* ဆင်းရဲသားများ။

**Popular**, *a.* pertaining to the common people, ဆင်းရဲသားတို့နှင့်ဆိုင်သော။ suitable to the common people, ဆင်းရဲသားတို့နှင့်တော်တန်သော။ pleasing to the people at large, မြည်သူမြည်သားတို့နှစ်သက်သော။ prevalent among the people, မြည်သူမြည်သားတို့တွင်နှံ့ပြားသော။

**Popularity**, *n.* လူများနှစ်သက်ခြင်း။

**Populate**, *v. i.* to breed people, ငွေးပွားခြင်းကိုပြုစုသည်။ —*v. t.* to furnish with people. အိမ်ခြေ၊ လူနေရှိစေအောင်ပြုစုသည်။

**Population**, *n.* from above, *v. t.*; the whole number of inhabitants, မြည်သူမြည်သားပေါင်း။

**Populous**, *a.* မြည်သူမြည်သားစည်ပင်သော။

**Populousness**, *n.* from above.

**Porcelain**, *n.* ကြွေဝုကန်ခွေး။

**Porch**, *n.* အမိုးရှိသောခွေးကတက်။ ကနားခြင်း။ အိမ်ဦး။ —of a palace, လျှောင်းတော်ဦး။ lower front part of a Burman house. ခလောက်ဆွဲ။

**Porcine**, *a.* ဝက်နှင့်ဆိုင်သော။

**Porcupine**, *n.* ဖြူကောင်။ sea—, ငါးပူတင်း။ —quill, ဖြူဆူး။

**Pore 1**, *n.* ချွေးပေါက်။ —2, *v. i.* စေ့စေ့ကြည့်၍နေသည်။

**Pork**, *n.* ဝက်သား။

**Porker**. *n.* ဝက်။

**Porkling**, *n.* ဝက်ကလေး။

**Porosity**, **Porousness**, *n.* from next.

**Porous**, *a.* မိမ့်ယိုရန်အပေါက်များသော။

**Porpoise**, *n.* လင်းမိုင်။

**Porphyry**. *n.* ခဲတက်ကျောက်တမျိုး။

**Porridge**, *n.* (Eng.,) တင်းရည်။ (Amer.,) မုန့်နှပ်။ rice—, ယာဂုမန်းရည်။

**Porringer**, *n.* အကိုင်ပါသောဇလားမိမ့်။

**Port**, *n.* a harbor, သင်္ဘောဆိပ်။ ; gate, တံခါးဝ။ an aperture in the side of a ship, သင်္ဘောနံရံ၌ရှိသောအပေါက်။ manner of bodily deportment, သွားလာနေထိုင်ခြင်း၏အခြေအနေ။ —hole *n.* သင်္ဘောနံရံ၌ရှိသောအပေါက်။

**Portable**, *a.* ဆောင်သွားနိုင်ဖွယ်ဖြစ်သော။

**Portableness**, *n.* from above.

**Portage**, *n.* the act of carrying, ပို့ဆောင်ခြင်း။ the price of carrying, ပို့ဆောင်ခ။

**Portal**, *n.* တံခါး။

**Portcullis**, *n.* မြို့၊ တံခါးဆိတ်ခါးဒိတ်။
**Porte**, *n.* တုရကလွှတ်တော်။
**Portend**, *v. t.* မဖြစ်မှီဖော်ပြသည်။ ဖြစ်မည်လက္ခဏာကိုပြသည်။
**Portent**, *n.* အမင်္ဂလာဖြစ်သောတိတ်နိမိတ်။ ပုပ္ပနိမိတ်။
**Portentous**, *a.* ominous of ill, ဘေးဖြစ်မည်လက္ခဏာကိုပြသော။ prodigious, monstrous, ကြီးမားချဲ့ကြောက်မက်ဖွယ်ဖြစ်သော။
**Porter**, *n.* a door-keeper, တံခါးစောင့်။ a carrier of burdens, ဝန်ထမ်းသမား။ a kind of beer, ဂျုံရည်တမျိုး။
**Porterage**, *n.* ထမ်းခ။
**Portfolio**, *n.* စာရေးစက္ကူထည့်ထားရန်တန်ဆာ။
**Portico**, *n.* အမိုးရှိသောစင်္ကြံ။
**Portion**, *v. t.* to parcel, ခွဲဝေသည်။ to endow, လက်ဖွဲ့သည်။ —*n.* a part (of a whole,) အပိုင်း။ some, အချို့၊ တချို့။ a part that falls to one's share, အမွေ။ (*see* Share ; one's part of an inheritance,) အမွေခံရသောအမွေ။ a wife's dowry, လက်ဖွဲ့ဥစ္စာ။
**Portliness**, *n.* from next.
**Portly**, *a.* grand of mien, သွားတန်၊ နေဟန်ကြီးကျယ်သော။ stout, corpulent, တုပ်တုပ်ဝဝရှိသော။
**Portmanteau**, *n.* ခရီးသွားရာဆောင်သောသားရေသစ်တာ။
**Portrait**, *n.* ပန်းချီရေးသောမျက်နှာရုပ်ပုံ။
**Portraiture**, *n.* —in colors, ဆေးရေးသောရုပ်ပုံ၊ —in words, သရုပ်သကန်ကိုဖော်ပြသောစကား။
**Portray**, *v. t.* to delineate in colors, ရုပ်ပုံပေါ်အောင်ပန်းချီရေးသည်။ to describe in words, သရုပ်သကန်ကိုဖော်ပြသည်။
**Portress**, *n.* တံခါးစောင့်မိန်း။
**Portuguese**, *n.* ဖရင်ဂီလူမျိုး။
**Pose**, *v. t.* တဖက်သားထွက်ပေါက်မရအောင်ဒိတ်၍ပြောသည်။
**Posited**, *a.* တည်ထားလျက်ရှိသော။
**Position**, *n.* situation, တည်ရာ၊ တည်နေရာ။ attitude, အနေအထိုင်။ နေထိုင်ခြင်း၏အခြင်း၏အခြေအနေ။ a principle laid down, ပြောထားသောအကြောင်း။
**Positive**, *a.* directly expressed, တည့်တည့်ပြောထားသော။ absolute, unconditional, အခြားတပါးရှိသည်ဖြစ်စေ၊ မရှိသည်ဖြစ်စေ၊ တည်သော။ absolute, not relative, အခြားတပါးနှင့်မဆိုင်ဘဲသတ်သတ်ဖြစ်သော။ actually existing, not negative, မုချဖြစ်သော။ settled by arbitrary appointment, တရားကိုယ်ရင်းမဟုတ်၊ ပညတ်ပေးပိုင်သောအရှင်၏အာဏာအားဖြင့်သာတည်သော။ confident, တုံ့မှားခြင်းမရှိသော။ dogmatic, ခိုင်ခံ့စွာပြောတတ်သော။
**Positiveness**, *n.* from above.
**Posse comitatus**, *n.* ရာဇဝတ်ဂိုဏ်းအရာရှိနှင့်မင်းလူလင်စု။

Possess, *v. t.* to own, ပိုင်သည်။ to occupy, have in use, သုံးဆောင်၍နေသည်။ to obtain, get possession of, ရသည်။ —as a spirit, (in various ways,) ဖမ်းသည်။ ဖမ်းစားသည်။ အစိမ်းအဝါးဖမ်းသည်။ ပူးသည်။ ဝင်သည်။ စွဲသည်။ မှင်တက်မိသည်။ အပမှီသည်။ (person possessed by a နတ်၊ နတ်ဝင်။) —of, *v. t.* ပိုင်ရသောအခွင့်ကိုပေးသည်။ —one's self of, *v.* သိမ်းယူသည်။ သိမ်းရုံးသည်။ —with, *v. t.* ပြည့်စုံစေအောင်ပြုသည်။

Possession, *n.* from Possess; thing possessed, property, goods, ဥစ္စာ၊ ပစ္စည်း။ —of wealth, စည်းစိမ်။ —by some kind of evil spirit, ပယောဂ။

Possessive, *a.* having possession, ပိုင်သော၊ သုံးဆောင်၍နေသော။ —*n.* သမ္ဗန္ဓ။

Possessor, *n.* ပိုင်သောသူ၊ သုံးဆောင်၍နေသောသူ။

Posset, *n.* အချည်ထည့်၍ခဲသောနို့။

Possibility, *n.* from next.

Possible, *a.* ဖြစ်နိုင်သော။

Post 1, *n.* a piece of timber set upright, တိုင်၊ သစ်တိုင်၊ ကွန်းတိုင်။ set up for a mark, မှတ်တိုင်။ —around which a horse is trained, မြင်းခုံတိုင်။ —which supports the ridge of a roof, ခေါင်တိုင်။ a military station, တပ်သားစောင့်နေရာ။ an official situation, အရာ။ a carrier from one stage to another, ချောပို့သောသူ၊ —bill, *n.* ချောပို့ရာပါသောစာစာရင်း။ —boy, *n.* ချောပို့မြင်းစီးသောလူကလေး။ —chaise, *n.* ချောပို့ရထား။ —haste, *n.* ချောပို့သကဲ့သို့လျင်မြန်ခြင်း။ —horn, *n.* ချောပို့သူတို့မှုတ်သောတံပိုး။ —horse, *n.* ချောပို့မြင်း။ —man, *n.* စာပို့လုလင်၊ စာကိုချောပို့သောသူ၊ —mark, *n.* စာချောပို့တိုက်ကခတ်သောတံဆိပ်။ —master, *n.* စာချောပို့တိုက်စိုး။ —master general, *n.* စာချောပို့တိုက်ဝန်။ —office, *n.* စာချောပို့တိုက်၊ ချောပို့တိုက်။ —paid, *a.* ချောပို့ခပေးပြီးသော။ —town, *n.* a town in which a post office is established, စာချောပို့တိုက်ရှိသောမြို့ရွာ။ a town in which post-horses are kept, ချောပို့မြင်းထားသောမြို့ရွာ။ —*v. t.* to put up a public notification, အနှံ့အပြားသိစေခြင်းငှါစာကပ်၍ထားသည်။ to place, station, နေရာချထားသည်။ to engross, သေချာရှင်းထင်းစွာရေးကူးသည်။ —*v. i.* အလျင်အမြန်ခရီးသွားသည်။ —*adv.* ချောပို့သည်နှင့်။ —2, *pref. in composition*, နောက်။

Postage, *n.* စာချောပို့ခ။

Post-date, *v. t.* နှစ်လနေ့ရက်ကိုလွန်၍သက္ကရာဇ်ထားသည်။

Postdiluvian, *a.* မိုးသည်းရေကြီးစွာလွှမ်းမိုးသောနောက်ဖြစ်သော။

Posterior, *a.* နောက်ဖြစ်သော။

Posteriors *n. plur.* တင်ပါး၊ ဖင်ဆုံ။

**Posterity**, *n.* သားစဉ်မြေးဆက်၊ ထောက်ဆွေစဉ်မျိုးဆက်။
**Postern**, *n.* တံခါးငယ်၊ မလှယ်တံခါး၊ မလှယ်ပေါက်။
**Post-existence**, *n.* နောင်တမလွန်ဘဝ၌ဖြစ်ခြင်း။
**Post-fix**, *v. t.* စကားဖျားခွဲဆက်သည်၊ —*n.* စကားဖျား၌ဆက်သောဝိဘတ်။
**Posthumous**, *a.* လူသေသောနောက်ဖြစ်လာသော (အရေး)
**Postil**, *n.* အနက်အဓိပ္ပာယ်ပြသောအဖွင့်။
**Postillion**, *n.* ရထားကသည့်မြင်းကိုစီးသောသူ။
**Post-meridian**, *a.* နွန်းလွဲမှဖြစ်လာသော။
**Post-nuptial**, *a.* လက်ထပ်မင်္ဂလာဆောင်ပြီးမှဖြစ်လာသော။
**Postpone**, *v. t.* အချိန်ကာလကိုရွှေ့၍ပြုသည်။ ရွှေ့ထားသည်။
**Postponement**, *n.* from above.
**Postscript**, (by contraction, P. S.) *n.* စာအဆုံး၌ဆွဲ၍ရေးသွင်းသော စကား။
**Postulate**, *v. t.* ဟုတ်မှန်ကြောင်းကိုမပြဘဲဟုတ်မှန်သည်ကိုအလိုလိုမှတ်ထားသည်။ —*n.* ဟုတ်မှန်ကြောင်းကိုမပြဘဲဟုတ်မှန်သည်ကိုအလိုလိုမှတ်ထားသောအချက်။
**Postulation**, *n.* from above, *v. t.*
**Postulatum**, *n. see* Postulate, *n.*
**Posture**, *n.* attitude, အနေအထိုင်၊ နေထိုင်ခြင်း၏အခြေအနေ၊ state, condition, အဖြစ်၊ အနေ၊ အခြေအနေ။
**Posy**, *n.* an inscription on a ring, လက်စွပ်၌အက္ခရာတင်သောစာ၊ a bouquet, nosegay, ပန်းခိုင်။
**Pot**, *n.* အိုး။ large iron—, ဒယ်အိုးကင်း။ gazed—, စဉ့်အိုး။ metal—, for cooking, ရှောက်မိုင်း။ —with long neck and open mouth, မြူတာ၊ ညောင်ရေအိုး။ —used to bake by steam, ပေါင်းချောင်း —bellied, *a.* ဝမ်းပူသော၊ —belly, *n.* ပူသောဝမ်း။ —companion, *n.* သောက်ဖော်သောက်ဖက်။ —herb, *n.* တင်းရွက်။ —hook, *n.* မီးဖို၌အိုးဆွဲသောသံချိတ်။ —kiln, အိုးဖို။ —lid, *n.* စလောင်း။ —sherd, *n.* အိုးစောင်းခြမ်း။ စောင်းခြမ်းကွဲ၊ —valiant, *a.* သေရက်သောက်၍ရဲသော။ —*v. t.* အိုး၌ထည့်ထားသည်။
**Potable**, *a.* သောက်ဖွယ်ကောင်းသော။
**Potash**, *n.* မီးဖိုပြာရည်ကိုချက်၍ရသောဆား၊ ပြာဆား၊ သစ်ပင်ဆား။
**Potation**, *n.* the act of drinking, သောက်ခြင်း။ a drinking bout. သောက်ပွဲ၊ a draught, တခါသောက်။
**Potato**, *n.* သဘော်ချောက်ဥ၊ the sweet potato, ကန်စွန်းဥ၊ ကန်စွန်းမြစ်။
**Potency**, *n.* from next.
**Potent**, *a.* powerful, အားကြီးသော၊ တန်ခိုးကြီးသော၊ အရှိန်ကြီးသော၊ possessing great dominion, မင်းအာဏာကြီးသော။
**Potentate**, *n.* ရှင်ဘုရင်။
**Potential**, *n.* not actually existing, but possible to exist, အကယ်၍

မဖြစ်သော်လည်းဖြစ်နိုင်ဖွယ်အခွင့်ရှိသော၊ not capable of sensation, but capable of producing it, စိတ်မရှိသော်လည်းစိတ်ကိုဖြစ်စေတတ်သော။

Pother, *v. t.* ရှုပ်ထွေးစေအောင်နှောင့်ရှက်သည်၊ —*n.* အနှောင့်အရှက်ခံ၍ရှုပ်ထွေးခြင်း။

Potion, *n.* တခါတည်းသောက်ရသောဆေး။

Potsherd, *n.* စောင်းခြမ်းကွဲ၊ အိုးစောင်းခြမ်း။

Pottage, *n.* ဟင်းရည်။

Potter, *n.* အိုးထိန်း။

Pottery, *n.* earthen ware, မြေအိုးအမျိုးမျိုး၊ the place where pots are made, အိုးဖို။

Pottle, *n.* ၄ပိုင့် အချိန်ဝင်သောအခြင်အတွယ်။

Pouch, *n.* အိတ်ငယ်။

Poulterer, *n.* ကြက်သည်။

Poultice, *n.* အနာကိုမှည့်စေအောင်အုံသောဆေး၊ —*v. t.* အနာကိုမှည့်စေအောင်ဆေးအုံသည်။

Poultry, *n.* ကြက်၊ ငန်း၊ ဝမ်းဘဲမျိုး။

Pounce 1, *n.* the talon of a bird of prey, ငှက်ရဲ၏ခြေသည်း၊ —on, *v. t.* ခြေသည်းနှင့်ကုတ်သည်။ —2, *n.* the pulverized gum, စာရေးရာ၌မှင်မပြန့်စေအောင်ဖြူးရန်သဲ၊ —*v. t.* သဲဖြူးသည်။

Pound 1, *n.* the weight, ပေါင်တည်းဟူသော ၂၇ ခန့်ရှိသောအချိန်၊ money equal to 20 shillings, ရှိလိန် ၂၀ မျှသောအင်္ဂလိပ်ငွေ၊ —2, *v. t.* ထောင်းသည်၊ hammer, ထုသည်၊ —lightly in a mortar, အဖွဖွန်းဆတ်သည်၊ —otherwise than in a mortar in order to pulverize, တေသည်၊ —and smite, ထုနှက်သည်၊ —3, *n.* a pinfold, လှောင်ခြံ၊ —*v. t.* see Impound.

Poundage, *n.* so much per pound, အကောက်။

Pounder, *n.* a pestle, ကျည်ပွေ့၊ a gun carrying a ball of a certain number of pounds, ကျည်အချိန်ဤမျှလောက်ဝင်သောအမြောက်။

Pour, *v. t.* —out, သွန်သည်၊ —as in the ceremony of dedicating a religious offering, ရေစက်ချသည်၊ —into or upon, သွန်းသည်၊ လောင်းသည်၊ to emit, send forth, ထွက်သည်။ —*v. i.* to flow impetuously, ဖြိုးစွာစီးသည်။

Pout, *v. i.* to stick out the lips, နှုတ်ခမ်းစူသည်၊ to be sullen, မာန်မူသည်။

Poverty, *n.* destitution of property, ဥစ္စာမရှိ၊ ဆင်းရဲခြင်း၊ jejuneness, နှစ်လိုဖွယ်ကောင်းသောအကြောင်းမရှိ၊ ဗိတိမဖြစ်ခြင်း၊ dryness (of style,) မရွှမ်း၊ ခြိုးခြင်း။

Powder, *v. t.* to reduce to fine particles, ညက်ညက်ပြုသည်၊ ညက်ညက်မှုန်မှုန်ဖြစ်စေအောင်ပြုသည်၊ to sprinkle with powder, အမှုန့်

ဖြူးသည်။ —*n.* a dry substance composed of fine particles, အမှုန့်။ gun-powder, ယမ်း။ —for the hair, ဆံပင်၌ဖြူးရန် နံ့သာမှုန့်။ —box, *n.* နံ့သာမှုန့်ထည့်သောအစ်။ —cart, *n.* ခဲ ယမ်း တင်သောလှည်း။ —chest, *n.* ခဲ ယမ်းထည့်သောသစ်တာ။ —flask, *n.* ယမ်းဘူး။ —horn, *n.* ယမ်းကျည်တောက်။ —mill, *n.* ယမ်း ချက်လုပ်ရန်ယန္တရားစက်။ —room, *n.* သင်္ဘော၌ ယမ်းထားသော အခန်း။

Powdery, *a.* easily pulverized, ကြေခွသော။ dusty, ဖုံတင်သော။

Power, *n.* ability, အစွမ်းသတ္တိ။ တတ်နိုင်သောအခွင့်။ force, strength, အား။ ခွန်အား၊ အရှိန်။ တန်ခိုး။ တေဇော်။ အာနုဘော်။ mental capacity, ဉာဏ်သတ္တိ။ a faculty of the mind, အတွင်းအာယတန။ influence, ဩဇာ။ dominion, authority, အာဏာ။ အာဏာစက်။ အစိုးရခြင်း။ အုပ်စိုးရသောအခွင့်။ acting government, စီရင်အုပ်စိုးသောမင်း။ military force, ဗိုလ်ခြေ။ delegated authority, အရှင်ကိုယ်စားစီရင်ရသောအခွင့်။ —of attorney, ကိုယ်စားစီရင်စိမ့်သောငှါထွဲအပ်သောအခွင့်။

Powerful, *a.* able to accomplish, အစွမ်းသတ္တိရှိသော။ တတ်စွမ်းနိုင်သော။ strong, forcible, ခွန်အားကြီးသော။ အရှိန်တန်ခိုးကြီးသော။ influential, ဩဇာရှိသော။ သူတပါးတို့ကိုသွေးဆောင်နိုင်သော။ possessing great dominion, မင်းအာဏာကြီးသော။

Powerfulness, *n.* from above.

Powerless, *a.* မတတ်နိုင်သော၊ အားမရှိသော။

Pox, *n.* pustules, အဖုများ။ cow—, နွားကျောက်။ chicken—, ကျောက်ဖြူ။ ရေကျောက်။ small—, ကျောက်ကြီး။ the venereal disease, လူပျိုနာ။ လူအညီနာ။

Practicability, Practicableness, *n.* from next.

Practicable, *a.* that may be done or effected, ပြုအပ်ဖြစ်သော။ ပြုအပ်ဖြစ်နိုင်သော။ လုပ်နိုင်ခွယ်ဖြစ်သော။ ပြီးစီးနိုင်ခွယ်ဖြစ်သော။ that may be used, သုံးဆောင်နိုင်ခွယ်ဖြစ်သော။

Practical, *a.* pertaining to practice or action, လုပ်ဆောင်ပြုမှုခြင်းနှင့် ဆိုင်သော။ doing, not speculating merely, လုပ်ဆောင်ပြုမှု တတ်သော။

Practice, *n.* habitual action, ပြုမြဲပြုခြင်း။ customary use, ထုံးဆောင်မြဲ သုံးဆောင်ခြင်း။ performance, not theory, လုပ်ဆောင်ပြုမှုခြင်း။ frequent use in order to acquire skill, အကျင့်ပါအောင်အထပ် ထပ်ပြုခြင်း။ —on parade, စစ်ရေးပြခြင်း။ the exercise (of a profession,) လုပ်ဆောင်၍နေခြင်း။ medical treatment, ဆေးကု နည်း။ artifice, ပရိယာယ်ပြုခြင်း။ —*v.* to do habitually, ပြုမြဲပြုသည်။ လေ့ကျက်သည်။ အလေ့ပြုသည်။ လေ့ကျင့်သည်။ to perform repeatedly, in order to become skilled in, အကျင့်ပါ

အောင်အထပ်ထပ်ပြုသည်။ အကျင့်ပြုသည်။ to follow (as a business.) လုပ်ဆောင်၍နေသည်။ to use artifice, ပရိယာယ်ပြုသည်။ to use artifice in persuading, ပရိယာယ်ပြု၍ဖျားယောင်းသည်။ to try experiments, စုံစမ်း၍ပြုသည်။

**Practitioner**, *n.* တစုံတခုသောအတတ်ကိုအမှီပြု၍လုပ်ဆောင်သောသူ။

**Praetor**, *n.* စစ်ကဲမင်း။

**Pragmatic, Pragmatical**, *a.* စွက်ဖက်တတ်သော။

**Pragmaticalness**, *n.* from above.

**Prairie**, *n.* လွင်ပြင်ဒလဟာ။

**Praise**, *v. t.* ချီးမွမ်းသည်။ ထောမနာသည်။ ကောင်းကြီးပေးသည်။ flatter ironically, ခနဲ့သည်။ *n.* from above; —worthy, *a.* ချီးမွမ်းထိုက်သော။

**Prance**, *v. i.* to leap, spring, ခုန်သွားသည်။ —as a horse, ခွသည်။ to walk affectedly, ဟန်ယူသည်။

**Prank** 1, *v. t.* တန်ဆာဆင်သည်။ —2, *n.* ကျီစားခြင်း။

**Prankish**, *a.* ကျီစားတတ်သော။

**Prate**, *v.* ပြိန်းဖျင်းသောစကားများသည်။

**Prattle**, *v.* အကလေးကဲ့သို့တီတီတွတ်တွတ်ပြောသည်။ —*n.* from above;

**Pravity**, *see* Depravity.

**Prawn**, *n.* ပုဇွန်တုပ်။

**Praxis**, *n.* သင်ရာတွင်လိုက်ရန်ပုံသက်သေ။

**Pray**, *v.* to petition God, ဆုတောင်းသည်။ ပဌနာပြုသည်။ to entrust a favor, တောင်းပန်သည်။ —for, မေတ္တာရှိသည်။

**Prayer**, *n.* from above; —book, *n.* ပဌနာစာအုပ်။ —meeting, *n.* ပဌနာစည်းဝေးခြင်း။

**Prayerful**, *a.* ဆုတောင်းလေ့ရှိသော။ ဆုတောင်းတတ်သောသဘောရှိသော။

**Prayerfulness**, *n.* from above.

**Prayerless**, *a.* ဆုတောင်းလေ့မရှိသော။

**Pre**, *pref. in composition*, အရင်။

**Preach**, *v.* တရားဟောသည်။ ဟောကြားသည်။ —and teach, ဟောကြားဖြသဆုံးမသွန်သင်သည်။

**Preacher**, *n.* တရားဟောဆရာ။ ဓမ္မကထိကပုဂ္ဂိုလ်။

**Preaching**, *n.* ဒေသနာ။ act of—, ဓမ္မဒေသနာ။ တရားဟောခြင်း။

**Preachment**, *n.* တရားဟောချက်။

**Pre-acquaintance**, *n.* အရင်ကျွမ်းဝင်ခြင်း။

**Pre-adamic**, *a.* အာဒံအရင်ဖြစ်သော။

**Preamble**, *n.* အဦး။ စကားချီး။ —*v. t.* ချီး၍ဆိုသည်။

**Pre-appoint**, *v. t.* အရင်ချိန်းချက်သည်။

**Pre-appointment**, *n.* from above.

**Pre-apprehension**, *n.* မစစ်မဆေးမှီထူမိသောအထူး။

**Prebend**, *n.* အင်္ဂလိတ်ဘာသာ၌ကျောင်းကစ၍ ဝတ်တကန်အတွင်းကထွက်သောပစ္စည်းဥစ္စာ။

**Prebendary**, *n.* ထိုပစ္စည်းဥစ္စာကိုစားသောဆရာ။

**Precarious**, *a.* တည်မည်၊ မတည်မည်ကိုမသိနိုင်ဘွယ်ဖြစ်သော။

**Precariousness**, *n.* from above.

**Precative, Precatory**, *a.* တောင်းပန်ခြင်းနှင့်ဆိုင်သော။

**Precaution**, *n.* အမှုမရောက်မှီပေးသောသတိ။ —*v. t.* အမှုမရောက်မှီသတိပေးသည်။ တင်ကူး၍သတိထားသည်။

**Precautionary**, *a.* အမှုမရောက်မှီသတိပေးခြင်းနှင့်ဆိုင်သော။

**Precede**, *v.* to be previous to, အရင်ဖြစ်သည်။ to be before in place or rank, သူ့ရှေ့မှာနေရာရှိသည်။ အရာသာ၍ကြီးသည်။

**Precedence, Precedency**, *n.* from above; superior advantage over, သာ၍အခွင့်ရခြင်း။

**Precedent**, *a.* အရင်ဖြစ်သော။ —*n.* နည်း။ ပုံစံ။ သက်သေဖြစ်မှီရာဖြစ်ဘူးသောအမှု။ —in law. ဖြတ်ထုံး။

**Precentor**, *n.* သီချင်းသံပေးသောသူ။

**Precept**, *n.* a rule for the direction of conduct, နည်းဥပဒေ။ အထုံးအဖွဲ့။ အထုံးအဖြတ်။ *in law*, a written command or mandate, မှတ်ချက်။

**Preceptive**, *a.* နည်းဥပဒေပေးသော။

**Preceptor**, *n.* သင်ပေးသောဆရာ။

**Preceptress**, *n.* သင်ပေးသောမိန်းမ။

**Precession**, *n.* ရှေ့သို့သွားခြင်း။

**Precinct**, *n.* an outer limit, အစွန်း။ အနား။ နယ်နိမိတ်။ the parts of a territory collectively, နယ်။ precincts of a house or town, ဥပစာ။

**Precious**, *a.* being of great price or value, ရှားစွာသောအဖိုးထိုက်သော။ very estimable, အလွန်နှစ်သက်ဘွယ်ဖြစ်သော။ implying affection, အမြတ်တနိုးသော။ (anything that is precious, ရတနာ။)

**Preciousness**, *n.* from above.

**Precipice**, *n.* တောင်စောက်။ ကျောက်ထရံ။

**Precipitance, Precipitancy**, *n.* from next.

**Precipitant**, *see* Precipitate, *a.*

**Precipitate**, *v. i.* to fall headlong, စောက်ထိုးကျသည်။ to sink to the bottom, on being disengaged in solution, အရည်နှင့်ထည့်လျှင်ခတ်ကွဲ၍အောက်သို့အနှစ်ကျသည်။ —*v. t.* to throw headlong, စောက်ထိုးချသည်။ to disengage in solution and throw the bottom, အရည်နှင့်ထည့်ပြီးလျှင်ခတ်ကိုခွဲ၍အောက်သို့အနှစ်ချသည်။ to force on hastily, လျင်မြန်စောင်အနိုင်အထက်ပြုသည်။

to hurry blindly or rashly, တဟုန်ထိုးထွက်သည်၊ —*a.* falling headlong, ခေါက်ထိုးကျသည်၊ hasty, ကြီးကြီးကြွကြွဖြစ်သော၊ over hasty, in rash hurry, သတိမရှိလျှင်မြန်သော၊ သစ္စာသတိလစ်သော၊ —*n.* အရည်နှင့်ထည့်လျှင်ခေါက်ကျွဲ၍အနှစ်ကျသောအရာ၊

Precipitately, *adv.* ဦးနှစ်၊ ဦးနှစ်မကျ၊

Precipitation, *n.* from Precipitate, *v. t.* 1st and 2d def, and from Precipitate, *a.*

Precipitious, *a.* steep, ခေါက်သော၊ falling headlong, ခေါက်ထိုးကျသော၊ rapidly descending, အောက်သို့ဆင်းပြေးသော၊ heady, ကိုယ်အလိုသို့တဟုန်တည်းလိုက်တတ်သော၊

Precipitousness, *n.* from above.

Precise, *a.* definite exact, သေချာသော၊ excessively nice, punctilious, ထူးခြားနှိုက်ချွတ်သေချာလွန်းသော၊ စေ့စပ်လွန်းသော၊

Preciseness, *n.* from above.

Precision, *n.* same, 1st def.

Preclude, *v. t.* တားမြစ်သည်၊ ပိတ်ပင်သည်၊

Preclusion, *n.* from above.

Preclusive, *a.* တားမြစ်တတ်သော၊

Precocious, *a.* early ripe, စောစောမှည့်တတ်သော၊ being in advance of one's own age, အသက်အရွယ်နှင့်မလိုက်၊ ထူးခြားနှိုက်တတ်မြောက်သော၊

Precociousness, Precocity, *n.* from above.

Precogitate, *v. t.* တင်ကူး၍ကြံရွယ်သည်၊

Precognition, *n.* အရင်စောင်းကြား၍သိရခြင်း၊

Preconceive, *v. t.* အရင်ထင်မှတ်သည်၊

Preconception, *n.* from above.

Preconcert, *v. t.* အရင်ညှိနှိုင်းတိုင်ပင်စည်းကြပ်၍ထားသည်၊

Preconstitute, *v. t.* အရင်ဘည်သည်၊

Precontract, *v. t.* အရင်သဘောတူ၍ဂတိထားသည်၊

Precursor, *n.* ဖြစ်သတ္တံ့သောအမှုအရေးကိုပြသောနိမိတ်လက္ခဏာ၊

Predaceous, *a.* သားရဲကဲ့သို့ဖမ်းစားတတ်သော၊

Predal, *a.* pertaining to prey, ဖမ်းစားခြင်းနှင့်ဆိုင်သော၊ practising plunder, လုယက်တတ်သော၊

Predatory, *a.* လုယက်တတ်သော၊

Predecessor, *n.* (တစုံတခုသော) သောသူ၏အရာကိုအရင်ခံရဘူးသောသူ၊

Predestinarian, *n.* ဖြစ်သမျှသောအမှုအရာတို့ကို ဘုရားသခင်သည် အရင်တင်၍စီရင်ခန့်ထားတော်မူသည်ဟုယူသောသူ၊

Predestinate, *see* Predestine.

Predestination, *n.* from next.

Predestine, *v. t.* အရင်တင်၍စီရင်ခန့်ထားသည်၊

**Predetermination**, *n.* from next.
**Predetermine**, *v. t.* အရင်တင်၍ပြဋ္ဌာန်းသည်။
**Predial**, *a.* လယ်၊ ယာ၊ ဥယျာဉ်နှင့်ဆိုင်သော။
**Predicability**, *n.* from next.
**Predicable**, *a.* တစုံတခုသောအခြင်းအရာနှင့်ဆိုင်သည်မဆိုင်သည်ကိုပြောထားနိုင်ဖွယ်ရှိသော။
**Predicament**, *n.* a category, a series or order, အစီအစဉ်၊ state, condition, အခြင်း၊ အခြေအနေ၊
**Predicant**, *n.* agent from next.
**Predicate**, *v. t.* တစုံတခုသောအခြင်းအရာနှင့်ဆိုင်သည်မဆိုင်သည်ကိုပြောထားသည်။ —*n.* ဆိုင်သည်မဆိုင်သည်ကိုပြောထားသောအရာ။
**Predication**, *n.* from above.
**Predict**, *v. t.* ဖြစ်လတံ့သောအမှုအရာကိုဟောပြောနှင့်သည်။
**Prediction**, *n.* from above; အနာဂတ္တိစကား။
**Predilection**, *n.* အလိုရှိရင်း။
**Predispose**, *v. t.* အရင်တင်၍တော်လျော်အောင်ပြုပြင်သည်။
**Predisposition**, *n.* predilection, အလိုရှိရင်း။
**Predominance**, *n.* from next
**Predominant**, *a.* from next; applied to a race of people, ဦးစွန်းထွန်းသော။
**Predominate**, *v. i.* အားကြီး၍လွန်ကဲသည်။
**Predomination**, *n.* from above.
**Preelect**, *v. t.* အရင်ရွေးကောက်သည်။
**Preeminence**, *n.* from next.
**Preeminent**, *a.* လွန်ကဲသော၊ တစ်ခေါ်လောက်သော။
**Preemption**, *n.* အရင်ဝယ်သောအခွင့်။
**Preen**, *v. t.* အမွေးအတောင်ကိုပြုပြင်သည်။
**Preengage**, *v. t.* to engage by previous contract, အရင်တင်၍ဂတိထားစေသည်၊ to attach by previous influence, အရင်သွေးဆောင်၍ရသည်။
**Preengagement**, *n.* prior engagement, အရင်ဂတိထားခြင်း။ prior attachment, အရင်ငြိတွယ်ခြင်း။
**Preestablish**, *v. t.* အရင်တင်၍တည်ထားသည်။
**Preestablishment**, *n.* from above.
**Preexamination**, *n.* from next.
**Preexamine**, *v. t.* အရင်တင်၍စစ်ဆေးသည်။
**Preexist**, *v. i.* ရှေးအဝဖြစ်သည်။
**Preexistence**, *n.* from above.
**Preexistent**, *a.* from same.
**Preface**, *n.* အချီး၊ စကားချီး၊ နိဒါန်း၊ —*v.* စကားချီး၍စီကုံးသည်။

**Prefatory**, *a.* စကားဦးလျှက်ဖြစ်သော။
**Prefect**, *n.* မြို့ဝန်။
**Prefecture**, *n.* မြို့ဝန်အရာ။
**Prefer**, *v. t.* to regard more (than another,) သာ၍ကြိုက်နှစ်သက်သည်။ to advance in rank or office, အရာတိုး၍ပေးသည်။ ချီးမြှောက်သည်။ to present formally, ဆက်သည်။ ဆက်သွင်းသည်။
**Preferable**, *a.* သာ၍ကြိုက်နှစ်သက်စရာကောင်းသော။
**Preference**, *n.* the act of regarding more (than another,) သာ၍ကြိုက်နှစ်သက်ခြင်း။ the act of promoting one above another, တဦးထက်တဦးကိုသာ၍ချီးမြှင့်ခြင်း။
**Preferment**, *n.* အရာတိုး၍ပေးခြင်း။ ချီးမြှောက်ခြင်း။
**Prefiguration**, *n.* from Prefigure.
**Prefigurative**, *a.* from next.
**Prefigure**, *v. t.* အရင်တင်၍ပုံပြသည်။
**Prefix**, *v. t.* to place or fix before or at the beginning, အရင်း၌တပ်သည်။ to add (a syllable) at the beginning of a word, စကားရင်း၌ထားသည်။ —*n.* စကားရင်း၌ထားသောဝိဘတ်။
**Pregnancy**, *n.* from next; ဋ္ဌတ်ငုံသန္ဓေ။ ပဋိသန္ဓေ။
**Pregnant**, *a.* being with young, as a woman, ကိုယ်ဝန်ဆောင်သော။ ဋ္ဌတ်ပိုက်ရှိသော။ ပဋိသန္ဓေစွဲသော။ —as an animal, အီးရှိသော။ ဝမ်းပိုးရှိသော။ illustrative, ရှင်းလင်းစွာပြသော။
**Prejudge**, **Prejudicate**, *v. t.* to form an opinion, without understanding the merits of the case, အကျိုးအကြောင်းကိုနားမလည်ဘဲသဘောကျသည်။ to decide before examination, မစစ်မကြောမှီစီရင်ဆုံးဖြတ်သည်။
**Prejudication**, *n.* from above.
**Prejudice**, *n. and v. t.* from next.
**Prejudiced (be,)** *v. i.* to be inclined for or against, without a proper understanding, အကျိုးအကြောင်းကိုနားမလည်ဘဲစိတ်စွဲထမ်းလျှက်ရှိသည်။ to be injured, အကျိုးနည်းသည်။ အကျိုးပျက်သည်။
**Prejudicial**, *a.* အကျိုးနည်းစေတတ်သော။ အကျိုးပျက်စေတတ်သော။
**Prelacy**, *n.* the office of a prelate, ဂိုဏ်းအုပ်အရာ။ episcopacy, ဂိုဏ်းအုပ်၊ အုပ်စိုးရာဘာသာ။
**Prelate**, *n.* ဂိုဏ်းအုပ်။
**Prelatical**, *a.* ဂိုဏ်းအုပ်အရာနှင့်ဆိုင်သော။
**Prelection**, *n.* ပရိသတ်ရှေ့မှာအကျိုးအကြောင်းကိုထုတ်ဖော်၍ပြသသောစာ။
**Prelibation**, *n.* စားချိန်မရောက်မှီမြည်းစမ်းခြင်း။
**Preliminary**, *a.* introductory in discourse, ချီး၍ညွှန်းပြသော။ preparatory in business, ကြီးသောအမှုကိုဆောင်ရွက်အံ့သောငှါရှင်း

ထင်းရသော။ —*n.* ကြီးသောအမှုကိုဆောင်ရွက်ခဲ့သောပုဂ္ဂိုလ်။ —င်းရသောအမှုငယ်။

Prelude, *v.* to play an overture, သီချင်းသံနှင့်တီးမှုတ်ခြင်းသံကိုပွဲဦးနှိုးပြုသည်။ —*n.* an overture, from same; something introductory, နောက်ဖြစ်သောအရာနှင့်သဘောတူ၍ သွင်းသောအရာ။ a prognostic, ဖြစ်လတ္တံ့သောအမှုအရာ၏နိမိတ်လက္ခဏာ။

Prelusive, Prelusory, *a.* နောက်ဖြစ်သောအရာနှင့်သဘောတူ၍နိမိတ်ဖြစ်သော။

Premature, *a.* ripe before the proper time, အချိန်မရောက်မှီမှည့်သော။ happening too soon or before the proper time, အချိန်မရောက်မှီဖြစ်သော၊စောလွန်းသော။ လျင်လွန်းသော။

Prematurely, *adv.* မဦးမချွတ်။

Prematureness, Prematurity, *n.* from above.

Premeditate, *v. i.* အရင်တင်၍ဆင်ခြင်သည်။ —*v. t.* အရင်တင်၍ကြံရွယ်သည်။

Premeditation, *n.* from above.

Premier, *a.* အကြီးဆုံးသော။ —*n.* တိုင်းရေး၊ ပြည်ရေးကိုသာ၍စီရင်ရသောအတွင်းဝန်ကြီး။

Premiership, *n.* အတွင်းဝန်ကြီးအရာ။

Premise,′ *v. t.* အရင်ပြောထားသည်။

Prem′ise, *n.* အရင်ပြောထားသောအချက်။

Premises, *n. plur.* သတ်မှတ်သောအိမ်ရာမှစ၍၊ ထယ်ယာခိုင်းမြေ။

Premium, *n.* bounty, reward, ဆု။ interest on money loaned, အတိုး။ extra pay, မြှောက်၍ပေးသောအမြှောက်ငွေ။

Premonish, *v. t.* အမှုမရောက်မှီသတိပေးသည်။

Premonition, *n.* from above.

Premonitory, *a.* from same.

Prentice, *see* Apprentice.

Preoccupancy, *n.* from Preoccupy, 1st def.

Preoccupation, *n.* from next.

Preoccupy, *v. t.* to take possession before another, သူတပါးမသိမ်းမယူမှီသိမ်းယူသည်။ to prepossess, နှစ်သက်စေခြင်းငှါတင်ကူး၍ပြုသည်။

Preordain, *v. t.* အရင်တင်၍စီရင်ခန့်ထားသည်။

Preordination, *n.* from above.

Preparation, *n.* from Prepare, *v. t.;* the state of being prepared, or in readiness, အသင့်ရှိခြင်း။ medicine prepared for use, ဖော်သောဆေး။

Preparative, *a.* ပြင်ဆင်တတ်သော။ —*n.* ပြင်ဆင်တတ်သောအရာ။

Preparatory, *a.* ပြင်ဆင်တတ်သော။

Prepare, *v. t.* to fit, adapt, တော်လျော်အောင်ပြင်သည်။ to make ready, ပြင်ဆင်သည်။ to provide for future use, အသင့်ထားသည်။ ရန်၍ထားသည်။ —medicine, ဆေးဖော်သည်။ to make preparation to do (something,) ဝိုင်းကိုင်သည်။

Prepay, *v. t.* အရင်ပေးနှင့်သည်။

Prepense, *a.* အရင်တင်၍ကြံရွယ်သော။

Prepollency, *n.* သာ၍နိုင်တတ်ခြင်း။

Preponderance, Preponderancy, Preponderation, *n.* from next.

Preponderant, *a.* from next.

Preponderate, *v.* to exceed in weight, သာ၍လေးသည်။ to exceed in potency or influence, သာ၍အားကြီးသည်။

Preposition, *n.* အင်္ဂလိပ်ဘာသာစကားတွင် နာမ်ရှေ့၌ ဝိဘတ်ထားသော စကား။

Prepossess, *v. t.* နှစ်သက်စေခြင်းငှါတင်ကူး၍ပြုသည်။

Prepossessing, *a.* tending to invite favor, ကြိုက်နှစ်သက်ဖွယ်ဖြစ်သော။

Prepossession, *n.* တဖက်သို့ငဲ့ကွက်၍စိတ်စွဲလမ်းခြင်း။

Preposterous, *a.* inverted in order, ပြောင်းပြန်ဖြစ်သော။ absurd, လူတို့ဉာဏ်နှင့်ဆန့်ကျင်ဘက်ဖြစ်သော။

Preposterousness, *n.* from above.

Prepuce, *n.* လိင်အရေဖျား။

Prerequire, *v. t.* အရင်တင်၍တောင်းသည်။

Prerequisite, *a.* အရင်မရှိဘဲအလိုမပြည့်စုံနိုင်သည်ဖြစ်၍မရှိဘဲမနေရသော။ —*n.* ထိုသို့မရှိဘဲမနေရသောအရာ။

Prerogative, *n.* အများသောသူတို့နှင့်မဆိုင်၊ ဆိုင်သင့်သောသူတို့နှင့်သာဆိုင်သောအခွင့်။

Presage′, *v. t.* to indicate a future event, ဖြစ်လတံ့သောအမှုအရာ၏ လက္ခဏာဖြစ်သည်။ to foretell, မဖြစ်မှီဟောပြောနှင့်သည်။

Pres′age, *n.* ဖြစ်လတံ့သောအမှုအရာ၏လက္ခဏာတိတ်နိမိတ်။

Presbyter, *n.* an elder, အသက်ကြီးသောသူ။ အသက်ကြီး။ a pastor of a church, သင်းအုပ်ဆရာ။

Presbyterian, *a.* ပရက်ဗုတေရိယာဘာသာနှင့်ဆိုင်သော။ —*n.* ပရက်ဗုတေရိဘာသာကိုယူသောသူ။

Presbyterianism, *n.* သာသနာတော်အတွင်း၌သင်းအုပ်၊ အသက်ကြီးတို့သည်စည်းဝေး၍အသင်းတော်တို့ကိုအုပ်စိုးခြင်းတည်းဟူသောပရက်ဗုတေရိဘာသာ။

Presbytery, *n.* အသင်းတော်တို့ကိုအုပ်စိုးသောသင်းအုပ်၊ အသက်ကြီးတို့အစည်းအဝေး။

Prescience, *n.* from next; the attribute of fore-knowledge, အနာဂတ်သညာဏ်။

**Prescient,** *a.* ထင်မှုမဖြစ်မှီသိနိုင်သော။
**Prescribe,** *v.* to lay down a rule, ဥပဒေပေးသည်။ to direct medically, လူနာသောက်ရန်ဆေးကိုစီရင်သည်။ —diet, ခေတ်ကူသည်။
**Prescript,** *see* next, 1st and 2nd def.
**Prescription,** *n.* a rule, precept, ဥပဒေနည်း။ a medical direction, လူနာသောက်ရန်ဆေးကိုစီရင်ချက်။ right derived from long usage, ကြာမြင့်စွာသုံးသော့ကြောင့်ပိုင်ထိုက်သောအခွင့်။
**Prescriptive,** *a.* ကြာမြင့်စွာသုံးသော့ကြောင့်ပိုင်ထိုက်သော။
**Presence,** *n.* the being present, ပါရှိခြင်း။ ရင်ခြင်း။ မျက်နှာစာ။ the place before or near a person, အထံ။ ဆီ။ မျက်မှောက်။ ရှေ့။ ရှေ့မှောက်။ personal appearance, နေထိုင်ခြင်း၏လက္ခဏာသဘော။ —of mind, သတိရှိခြင်း။ —chamber, —room, *n.* ညှော်ခံရာအခန်း။ —of a king, ညီလာခံရာအခန်း။
**Pres′ent 1,** *a.* being not absent, ပါရှိသော။ being now, ယခုရှိသော။ ready at hand, အသင့်ရှိသော။ favorably attentive, နားညောင်းသော။ not absent in mind, သတိရှိသော။ —*n.* time being, ပစ္စုပ္ပန်။ ယခုကာလ။ ပစ္စုပ္ပန်။ at—, *adv.* ယခု။ အခု။ —moment, ခုဒင်။ —2, *n.* a gift, လက်ဆောင်။ ပဏ္ဏာ။ —sent to a distance, ဆောင်းပါးလက်ဆောင်။ —made to a bride or groom, လက်ဖွဲ့။ *plur.* letter or official writing, မှာစာ။ လက်မှတ်စာ။
**Present′,** —*v. t.* to introduce into the favor of, သွင်းပေးသည်။ to show, place in view, ပြသည်။ to give with some form of ceremony, ဆက်သည်။ ဆက်ပေးသည်။ to offer, (သူတပါးယူစေခြင်းငှါ) ပေးသည်။ —from a distance, သရောက်သည်။ to lay before some authority, လျှောက်ထိုးသည်။ လျှောက်စာသွင်းသည်။ to point (a weapon,) ချိန်သည်။ ချယ်သည်။ —arms, သေနတ်ကိုထောင်၍ထက်စိုက်ကိုင်သည်။ —one's self, မျက်နှာပြသည်။
**Presentable,** *a.* သွင်းဖွယ်ကောင်းသော။ ဆက်ဖွယ်ကောင်းသော။
**Presentation, Presentment,** *n.* from Present′, *v. t.*
**Presentiment,** *n.* ဖြစ်လတံ့သောအမှုအရာ၏အရိပ်အမြွက်ကိုသိရခြင်း။
**Presently,** *adv.* မကြာမမြင့်မှီ။
**Preservable,** *a.* ဘေးနှင့်လွတ်အောင်စောင့်ထားနိုင်ဖွယ်ဖြစ်သော။ မပျက်နိုင်အောင်သိမ်းထားနိုင်ဖွယ်ဖြစ်သော။ ယိုကြိုဖွယ်ကောင်းသော။ for sub-def. *see* Preserve, *v. t.*
**Preservative, Preservatory,** *a.* မပျက်အောင်လုံစေတတ်သော။ —*n.* မပျက်အောင်လုံစေတတ်သောအရာ။
**Preserve,** *v. t.* to keep from evil, ဘေးနှင့်လွတ်အောင်စောင့်ထားသည်။ to save from decay, မပျက်အောင်သိမ်းထားသည်။ to season with sugar, etc. ယိုကြိုသည်။ —*n.* ယို။
**Preside (over,)** *v. t.* အုပ်သည်။ အုပ်ချုပ်သည်။ ကြီးကြပ်သည်။

Presidency, *n.* the state of presiding over, အုပ်ချုပ်ခြင်းအရာ။ the office of president of a nation, နိုင်ငံအုပ်အရာ။ the term of presidential rule, ဤမည်သောနိုင်ငံအုပ်လက်ထက်ကာလ။ *in the East Indies,* မြို့ဝန်စီရင်သောမြို့နယ်ရှိရပ်။

President, *n.* one that presides, အုပ်သောသူ။ —of a meeting, စည်းဝေးအုပ်။ —of a company, အပေါင်းအသင်းအုပ်။ —of a nation, နိုင်ငံအုပ်။ —of a republic, သမတမင်း။

Presidential, *a.* presiding over, အုပ်လျက်ရှိသော။ pertaining to a president, သိမ်ပွဲကျောင်းအုပ်၊ နိုင်ငံအုပ်နှင့်ဆိုင်သော။

Presidial, *a.* ခဲတိုက်နှင့်ဆိုင်သော။

Press, *v. t.* to act on with weight or force, ဖိသည်။ နှိပ်သည်။ —with a lever in order to raise, ကော်သည်။ to squeeze, ညှစ်သည်။ to hug, ဖိုက်ဖက်၍ညှစ်သည်။ to constrain to, အနိုင်အထက်ပြုသည်။ to force into service, အမှုထမ်းစေခြင်းငှါအနိုင်အထက်သွင်းသည်။ to urge, enforce importunately, ကြပ်တည်း၊ နှုတ်နှိုးဆော်သည်။ to drive with violence, ကြပ်ကြပ်နှင်သည်။ to straiten, distress, နှိပ်စက်သည်။ —down, နှိပ်နယ်သည်။ —*v. i.* to use strong effort, ကြိုးစားအားထုတ်သည်။ to push in a crowd, စုဝေး၍ကျပ်ရာမှာတိုးသည်။ —gang, *n.* အမှုထမ်းစေခြင်းငှါလူကိုရှာ၍ဖမ်းဆီးသောလူစု။ —money, အမှုထမ်းရမည်သူခံရသောငွေ။ —a pressing machine, နှိပ်သောတန်ဆာ၊ ဖိသောတန်ဆာ၊ ညှစ်သောတန်ဆာ။ a printing machine, ပုံနှိပ်တန်ဆာ။ the art or business of printing, စာပုံနှိပ်ခြင်းအမှု။ a crowd or throng, ထူထပ်သောလူထု၊ ကျပ်၍နေသောအစုအဝေး။ a multiplicity of business, များပြားသောအမှု။ a case or closet for clothes, အဝတ်တန်ဆာထည့်သောမတ်တတ်သေတ္တာ။ —bed, *n.* ခေါက်ခုတင်။ —man, *n.* စာပုံနှိပ်သောသူ။

Pressing, *a.* urgent, not easily dispensed with, မလွှဲသာသော (အမှု။)

Pressure, *n.* from Press, *v. t.;* the force of one body acting on another, အား၊ ထိရှိန်။

Prestige, *n.* dominant influence, ဟိတ်။ *plur.* juggling tricks, မျက်လှည့်ပြခြင်းအတတ်။ (to use the prestige of a name for the sake of effect, ဟိတ်လုပ်သည်။)

Presto, *adv.* တခဏချင်း။

Presumable, *a.* အတပ်မသိသော်လည်း အမှန်ဖြစ်လိမ့်မည်ဟုယူဆနိုင်ကောင်းသော။

Presume, *v.* to take for granted, without actual knowledge, အတပ်မသိသော်လည်း အမှန်ဖြစ်လိမ့်မည်ဟုယူသည်။ to venture without permission, အခွင့်မရှိဘဲပြုဝံ့သည်။ to venture from over confidence, ကိုတ်ကိုကိုးစားလွန်း၍ရဲရင့်စွာပြုသည်၊ to be arrogant, ထောင်လွှားစော်ကားသည်၊

**Presumption**, *n.* from above; probability, ဖြစ်ကောင်းဖြစ်လိမ့်မည်အကြောင်း။ ဖြစ်ထန်လက္ခဏာရှိခြင်း။

**Presumptive**, *a.* အတတ်မသိဘဲထင်စရာအကြောင်းရှိသော၊ ယုံထောက်တန်သော၊

**Presumptuous**, *a.* bold to excess, ရဲရင့်လွန်းသော၊ arrogant, ထောင်လွှားစော်ကားသော၊ irreverent, မထိမဲ့မြင်ပြုသော၊ bold in sin, ဖြစ်မှားခြင်းအမှု၌ရဲသော၊

**Presumptuousness**, *n.* from above.

**Presupposal, Presupposition**, *n.* from next.

**Presuppose**, *v. t.* အရင်ဖြစ်ကြောင်းကိုပြုသည်။

**Presurmise**, *v. t.* အမှုမဖြစ်မှီဂဝေဂဝက်ထင်သည်။

**Pretence**, *n.* from next; a right to claim, တောင်းပိုင်သောအခွင့်။

**Pretend**, *v.* to assume an appearance not conformable to reality, (ဖြစ်) ကြွန်ပြုသည်၊ အတန်ပြုသည်၊ အရောင်ဆောင်သည်။

**Pretension**, *n.* the laying claim to some accomplishment, ပြည့်စုံကြောင်းကိုပြောထားခြင်း။ the laying claim to some right, တောင်းပိုင်ကြောင်းကိုပြောထားခြင်း။ a right to claim, တောင်းပိုင်သောအခွင့်။

**Preterition**, *n.* လွန်ခြင်း။

**Preterlapsed**, *a.* လွန်လေပြီးသော။

**Pretermission**, *n.* from next.

**Pretermit**, *v. t.* မဖုတ်ဘဲထားသည်။

**Preternatural**, *a.* ဖြစ်မြဲမထုတ်သော၊ ပကတိအတိုင်းမဟုတ်၊ ထူးထွေသော၊

**Pretext**, *n.* ဥပါယ်မိုခြင်း။

**Pretor**, *n.* တရားမသူကြီး။

**Prettiness**, *n.* from next.

**Pretty**, *a.* handsome, လှသော၊ neat, တင့်တယ်သော၊ pleasing, စိတ်ပျော်စေတတ်သော၊ —*adv.* တော်တော်။

**Prevail**, *v.* to have force, တတ်စွမ်းနိုင်သည်။ to have effect, influence, အားရှိ၍အခွင့်ရသည်၊ to conquer, နိုင်သည်၊ to induce, persuade effectually, သွေးဆောင်၍ရသည်၊ to gain some end, အကြံထမြောက်သည်၊

**Prevalence, Prevalency**, *n.* from above.

**Prevalent**, *a.* from same; the religion is prevalent, သာသနာတည်သည်။

**Prevaricate**, *v. t.* တိမ်းကာပါးကာပြောသည်၊

**Prevarication**, *n.* from above.

**Prevenient**, *a.* တင်ကူး၍ပြုသော၊

**Prevent**, *v. t.* to hinder, တားသည်။ ဆီးတားသည်။ ဟန့်ထားသည်။ ကန့်ကွက်သည်။ ပိတ်ပင်းသည်။ to go before, (obsol.) ရှေ့ကသွားသည်။

**Prevention**, *n.* from above; ဖြစ်တားခြင်း။ ပဋိသိတ်။ *Pali.*

**Preventive**, *a.* ဆီးတားတတ်သော။ —*n.* ဆီးတားတတ်သောအရာ။

**Previous**, *a.* အရင်ဖြစ်သော။

**Prey** (upon,) *v. t.* plunder, လုယူသည်။ to seize and devour, ဖမ်းစားသည်။ to waste away, တဖြည်းဖြည်းစားသည်။ —*n.* spoil, plunder, လုယူသောဥစ္စာ။ ထက်ရဥစ္စာ။ ravin, သားရဲ၊ ငှက်ရဲဖမ်းစားသောအကောင်။ ravage, လုယူဖမ်းစားခြင်း။

**Price**, *n.* အဘိုး။ အကျ။ အဘိုးအစား။ —current, *n.* ဈေးနှုန်းပေါက်စာရင်း။

**Priceless**, *a.* အဘိုးအနှုန်းထိုက်သော။

**Prick**, *v. t.* to pierce with something sharp, ဆူးစောင်ထိုးသည်။ to erect (the ear,) (နားရွက်ကို) ထောင်သည်။ တစွင့်စွင့်ရှိသည်။ to stick in (the point,) ထိုးထားသည်။ to designate by a puncture or mark, မှတ်ထားသည်။ to incite, နှိုးဆော်သည်။ to pain (the mind,) ဆူးရှစေအောင်ပြုသည်။ to make acid, ချဉ်စေအောင်ပြုသည်။ —*n.* a piercer, ဆူး။ a sharp, stinging pain, ဆူးရှစ်နာခြင်း။ a puncture, ဆူးရာ။

**Pricker**, *n.* ဆူး။

**Pricking**, *n.* from Prick, *v. t.;* a sensation of being pricked, အပ်နှင့်ဆွသကဲ့သို့ဖြစ်ခြင်း။

**Prickle**, *n.* ဆူး။ —*v. i.* (Amer.) to have a pricking sensation on checking the circulation of the blood, ကျဉ်သည်။

**Prickly**, *a.* ဆူးများသော။

**Pride**, *n.* high opinion of one's self, စိတ်မြင့်ခြင်း။ selfish feeling of superiority to others, မာန်။ မာန။ စိတ်မာန်။ မာန်စောင်။ haughtiness, မာနထောင်လွှားခြင်း။ ဂုဏ်မာန်။ decoration, ornament, တန်ဆာဆင်ခြင်း။ တင့်တယ်ခြင်း။ ostentation, ဝါကြွားခြင်း။ ပလွှားခြင်း။ —of India, တမာခါးပင်။ —one's self, (in *or* on,) *v.* ဝါကြွားသည်။

**Priest**, *n.* one who officiates in sacred offices, ဓမ္မဆရာ။ —of Boodh, ခင်ကြီး။ ရဟန်း။ ပဉ္စင်း။ ဘိက္ခု။ *Pali.* ဘုန်းကြီး။ one authorized to offer sacrifices, ယဇ်ပုရောဟိတ်။ the pastor of a church, သင်းအုပ်။ —craft, *n.* ဘုန်းကြီးပရိယာယ်။ —ridden, *a.* မစည်းစား၊ မဆင်ခြင်ဘဲဘုန်းကြီးအလိုသို့သာလိုက်သော။

**Priestess**, *n.* ဓမ္မဆရာအရာကိုခံရသောမိန်းမ။ —of Boodh, ရဟန်းမ။ ဘိက္ခုနီ။

**Priesthood,** *n.* the office of a priest, ဘုန်းကြီးအရာ။ the priests collectively, ဘုန်းကြီးစု၊ သံဃာတော်။

**Priestly,** *a.* pertaining to a priest, ဘုန်းကြီးနှင့်ဆိုင်သော။ becoming a priest, ဘုန်းကြီးနှင့်တော်သင့်သော။

**Prig,** *n.* ဟန်ရှိ၍မထေ့မဓားပြုတတ်သောသူငယ်။

**Prim,** *a.* ဝတ်ဆင်နေထိုင်ပြုမူရာ၌ကျစ်လစ်လွန်းသော။ —*v. t.* ကျစ်လစ်စွာတန်ဆာဆင်သည်။

**Primacy,** *n.* ဂိုဏ်းအုပ်ချုပ်အရာ။

**Primary,** *a.* primitive, မူလအရင်းဖြစ်သော။ first in order of time, အဦးဆုံးသော။ first in importance and excellence, အကြီးဆုံး၊ အမြတ်ဆုံးသော။

**Primate,** *n.* ဂိုဏ်းအုပ်ချုပ်။

**Prime,** *a.* original, အရင်းဖြစ်သော။ early, စောသော။ first in rank or excellence, အကြီးဆုံး၊ အမြတ်ဆုံးသော။ —minister, *see* Premier; —*n.* the early morning, စောစောနံနက်အချိန်။ the beginning, first part, ဖြစ်စ၊ ပွင့်စ။ the best part, အကောင်းဆုံးသောအမှု။ the height of perfection, အမြတ်ဆုံးသောနေရာ။ —*v. t.* to put powder in the pan of a musket, နားဆေးခတ်သည်။ နားယမ်းခတ်သည်။ to lay on the first coat of paint, အရောင်ခံဆေးသုတ်သည်။

**Primer,** *n.* သူငယ်တို့သင်ရန်စာလုံးပေါင်းစာ၊ သင်ပုံးကြီး။

**Primeval,** *a.* မူလအရင်းဖြစ်သော။

**Priming,** *n.* the powder in the pan of a musket, နားဆေး၊ နားယမ်း။ the first coat of paint, အရောင်ခံဆေး။

**Primitive,** *a.* primeval, မူလအရင်းဖြစ်သော။ radical, not derived, မူလဖြစ်သော။ formal, precise, ရှေးမြေ့ဓောင့်၍သေသေချာချာနေထိုင်ပြုမူသော။ —*n.* မူလစကား။

**Primitiveness,** *n.* from Primitive, *a.*

**Primness,** *n.* from Prim, *a.*

**Primogenial,** *a.* ဖြစ်ရင်းဓာတ်သက်သက်ဖြစ်သော။

**Primogenitor,** *n.* ရှေးဦးစွာသောအဘ။

**Primogeniture,** *n.* သားဦးဖြစ်ခြင်း။

**Primordial,** *a.* ရှေးဦးစွာသောကာလမှစ၍ဖြစ်သော။

**Prince,** *n.* the son of a king, မင်းသား။ a subordinate sovereign, စော်ဘွား။ a king, မင်းကြီး။ a chief, ဝန်၊ အကြီးအကဲ။ —regent, ရှင်ဘုရင်ကိုယ်စားပြု၍အုပ်စိုးသောမင်းသား။

**Princedom,** *n.* မင်းအဖြစ်အရာ။

**Princely,** *a.* having royal rank, မင်းမျိုးဖြစ်သော။ resembling a prince, မင်းကဲ့သို့ဖြစ်သော။ becoming a prince, မင်းနှင့်တော်သင့်သော။ magnificent, အလွန်တန်းကြွယ်မြင့်မြတ်သော။

**Prince's feather,** *n.* ကြက်ရက်။

**Princess,** *n.* မင်းသမီး။

**Principal,** *a.* chief in rank or standing, အရာကြီးသော။ the greatest (in various respects,) အကြီးဆုံးသော။ —*n.* a head person, အကြီးအကဲ၊ ခေါင်း။ a presiding person, အအုပ်အချုပ်။ a chief actor, not an accessory, အကြီးလုပ်သောသူ။ ကိုယ်တိုင်စီရင်သောသူ။ money at interest, အတိုးချသောငွေ၊ —of a debt, ဖြင်း။

**Principality,** *n* sovereignty, အစိုးရခြင်း။ the domain of a prince, မင်းသားစားသောမြို့နယ်။

**Principally,** *adv.* chiefly, အထူးသဖြင့်။ for the most part, အများအားဖြင့်။

**Principia,** *n. plur.* အခြေအမြစ်ဖြစ်သောတရား၊ ရှေးဦးသွားသင်ရသောတရားနှု။

**Principle,** *n.* an element, a constituent primordial substance, ဓာတ်။ ဖြစ်ရင်းဇာတိအတိုင်းတည်သောအရာ။ a first cause, source or origin, မူလအကြောင်း၊ an operative cause, ဖြစ်စေသောအကြောင်း။ fundamental truth, တရား။ အခြေအမြစ်ဖြစ်သောတရား။ တရားရင်း။ constitutional propensity, ပကတိသဘော။ tenet, အယူဝါဒ။ —*v. t.* အယူဝါဒစွဲလမ်းစေသည်။

**Print,** *v. t.* to imprint, stamp, ပုံနှိပ်သည်။ တံဆိပ်ခတ်သည်။ to impress letters of words, စာပုံနှိပ်သည်။ စာပုံရိုက်သည်။ —*n.* a mark made by impression, နှိပ်ရာ။ an instrument for making an impression, နှိပ်ရန်ပုံ။ representation made by impression, နှိပ်သောပုံ။ the state of being printed, စာပုံနှိပ်လျက်ရှိခြင်း။ a news paper, သတင်းစာ။ be out of—, *v.* ပုံနှိပ်သောစာကုန်၍မရှိ။

**Printer,** *n.* ပုံနှိပ်သောဆရာ။

**Printing,** *n.* from Printer, *v. t.;* —press, ပုံနှိပ်ဟန်ဆာ။

**Printless,** *a.* လှမ်းသွား၍ခြေရာမထင်တတ်သော။

**Prior 1,** *a.* အရင်ဖြစ်သော။ —2, *n* ဗရင်ဂျီဘာသာ၌ကျောင်းအုပ်တမျိုး။

**Prioress,** *n.* မယ်သီလရှင်အကြီး။

**Priority,** *n.* the state of being previous, အရင်ဖြစ်ခြင်း။ precedence in place or rank, သူ့ရှေ့မှာနေရာရှိခြင်း။ အရာသာ၍ကြီးခြင်း။

**Priory,** *n.* ကျောင်းတမျိုး။

**Prism,** *n.* ဖြတ်မ်းတည်းဟူသောနေရောင်ခြည်ကွဲပြားသောဖန်တန်ဆာ။

**Prison,** *n.* —for criminals, ထောင်။ —for debtors, တန်း။ any place of confinement, နှောင်အိမ်။ ချုပ်ထားရာအရပ်။ —for condemned criminals, လက်မခွံထောင်။ *v. t. see* Imprison.

**Prisoner,** *n.* အချုပ်ခံသောသူ။ one in irons, အကျည်းခံရသောသူ။ အကျဉ်းသမား။

**Pristine**, *a.* မူလအရင်းဖြစ်သော။
**Prithee**, *int.* တောင်းပန်ပါ၏။
**Privacy**, *n.* a state of being retired, ဆိတ်ကွယ်ရာ၌နေခြင်း။ a place of retirement, ဆိတ်ကွယ်ရာအရပ်။
**Private**, *a.* pertaining to one's self, not public, သူတပါးတို့နှင့်မဆိုင်၊ ကိုယ်နှင့်သာဆိုင်သော။ retired, sequestered, ဆိတ်ကွယ်သော။ kept secret, not publicly known, မထင်မရှားဖြစ်သော။ ပုန်းကွယ်သော။ လျှို့ဝှက်လျက်ရှိသော။ not invested with public office or employment, အရာမရှိသော။ —*n* တပ်သား။ လက်နက်ကိုင်။ in—, *adv.* မထင်မရှား။ လျှို့ဝှက်သည်နှင့်။
**Privateer**, *n.* ကုန်သည်တိုက်သင်္ဘော။ —*v.* မင်းရန်ဘက်ရှိရာကိုယ်သင်္ဘော၊ ကိုယ်စရိတ်နှင့်ဖွဲ့လှည့်လည်၍တိုက်သည်။
**Privateness**, *n.* from Private, *a.*
**Privately**, *adv.* ရုပ်ဖျောက်။ မထင်မရှား။
**Privation**, *n.* the act of taking from, နုတ်ယူခြင်း။ the state of being deprived, (တစုံတခု) မဲ့နေခြင်း။ absence, မရှိမပါခြင်း။
**Privative**, *a.* (တစုံတခု) မဖြစ်စေအောင်ပြုတတ်သော။ နုတ်ယူတတ်သော၊
**Privilege**, *n.* အခွင့်။ —*v. t.* အခွင့်ပေးသည်။ အခွင့်ဖြစ်စေအောင်ပြုသည်။
**Privily**, *adv.* တိတ်ဆိတ်စွာ။
**Privity**, *n.* အတွင်းသိ၊ သိခြင်း။
**Privy**, *a.* pertaining to one's self, not public, သူတပါးနှင့်မဆိုင်၊ ကိုယ်နှင့်သာဆိုင်သော။ secret, clandestine, လျှို့ဝှက်သော။ secret, not open or publicly exposed, ကွယ်ထားလျက်ရှိသော။ privately knowing, အတွင်းသိ၊ သိလျက်ရှိသော။ —council, *n.* တိုင်ပင်မှူးမတ်စု။ —*n.* ရေအိမ်။ ရေသွန်။ (polite,) အိမ်သာ။
**Prize** 1, *n.* something wrested from an enemy, လက်ရဥစ္စာ။ a reward gained in successful rivalry, ပြိုင်၍ရသောဆု။ any reward, ဆု။ ဆုလပ်။ —fighter, ဆုရစေအောင်ပွဲ၌ပြိုင်သောသူ။ —2, *v.* to apprize, အဖိုးဖြတ်သည်။ to value highly, ကောင်းသည်၊ မြတ်သည်ဟုထင်သည်။ စုံမက်သည်။ နှစ်ခြိုသည်။ —3, *see* Pry, 2,
**Pro**, *adv.* ဖက်မှာ။
**Probability**, *n.* from next.
**Probable**, *a.* ဖြစ်ကောင်းဖြစ်လတံ့သော။ ဖြစ်မည်အကြောင်းရှိသော။ to be probably true, ယုံထောက်တန်သော။ ယုံထောက်သင့်သော။
**Probate**, *n.* သေတမ်းစာမှန်ကြောင်းကိုသက်သေပြခြင်း။
**Probation**, *n.* the act of trying, စုံစမ်းခြင်း။ the act of showing the truth of, ထုတ်မှန်ကြောင်းကိုပြခြင်း။
**Probational**, **Probationary**, *a.* စုံစမ်းတတ်သော။ စုံစမ်းခြင်းနှင့်ဆိုင်သော။
**Probationer**, *n.* စုံစမ်းခြင်းကိုခံသောသူ။ —for the priesthood, သာမဏေ။ *Pali.* ရှင်။ မောင်ရှင်။

Probative, Probatory, *a.* pertaining to trial, စုံစမ်းခြင်းနှင့်ဆိုင်သော။ pertaining to proof, ဟုတ်မှန်ကြောင်းကိုပြခြင်းနှင့်ဆိုင်သော။

Probe, *n.* အနာကိုထိုးထောက်၍စမ်းသောထိုးတံ။ —*v. t.* to examine (a wound) with an instrument, ထိုးတံနှင့်ထိုးထောက်၍စမ်းသည်။ to investigate thoroughly, အကုန်အစင်စစ်ဆေးသည်။

Probity, *n.* ဖြောင့်မတ်ခြင်း။ ရိုးသားခြင်း။

Problem, *n.* ဖြေဗလင်တည်းဟူသော၊ ဟုတ်သည်မဟုတ်သည်ကိုသေချာစွာသိအောင်စုံစမ်းစရာဖြစ်သောအရာ။

Problematical, *a.* အမှန်မသိ၊ ယုံမှားဖွယ်ဖြစ်သော။

Proboscis, *n.* နှာမောင်း။ လမောင်း။

Procedure, *n.* from next.

Proceed, *v. i.* to go, သွားသည်။ ကြွသည်။ (respectful,) to pass on regularly, အစဉ်အတိုင်းလိုက်သည်။ to go forward, ရှေ့သို့တိုး၍သွားသည်။ to advance, တိုးတက်သည်။ to issue, ထွက်သည်။ to descend from an ancestor, ဆင်းသက်သည်။ to do, act, carry on, transact, ပြုမူသည်။ ပြုလုပ်သည်။ ဆောင်ရွက်သည်။

Proceeds, *n. plur.* တက်ငွေ။ အထွက်။

Proceeding, *n.* from Proceed, *v. i.*

Process, *n.* progressive course, အစဉ်အတိုင်းလိုက်၍တိုးသွားခြင်း။ a series of actions tending to some end, ပြီးစီးခြင်းသို့ရောက်အောင်ပြုလုပ်ခြင်း။ a series of motions in growth, decay, etc. အစဉ်အတိုင်းတရွေ့ရွေ့ဖြစ်ခြင်း၊ ပျက်ခြင်း။ course of law, တရားတွေ့မှုကိုဆောင်ရွက်စီရင်ခြင်း။

Procession, *n.* the act of proceeding or issuing, ထွက်ခြင်း၊ a formal, ceremonious march, အခမ်းအနားကိုခင်းကျင်း၍သွားခြင်း။

Processional, Processionary, *a.* အခမ်းအနားကိုခင်းကျင်း၍သွားခြင်းနှင့်ဆိုင်သော။

Proclaim, *v. t.* to announce in a loud voice, ကြွေးကြော်သည်။ to publish (in any way,) ကျော်ညာစေသည်။

Proclamation, *n.* from above; —in writing, ကျော်ညာစေသောစာ။

Proclivity, *n.* ဝါသနာ။

Proclivous, *a.* ဝါသနာရှိသော။

Proconsul, *n.* ရှေးကာလ၊ ရောမလွှတ်တော်စေလွှတ်ခန့်ထားသောမြို့ဝန်။

Proconsular, *a.* ထိုသို့သောမြို့ဝန်နှင့်ဆိုင်သော။

Procrastinate, *v.* တာရှည်သွေးသည်။ အချွဲငင်သည်။ (in speaking,) delay, နွဲ့ဖင့်သည်။ ဖင့်ဆားသည်။

Procrastination, *n.* from above.

Procreant, Procreative, *a.* from next.

Procreate, *v. t.* ဖြစ်ပွားစေသည်။

Procreation, *n.* from above.

**Proctor**, *n.* an agent, ကိုယ်စားလှယ်။ an attorney in a spiritual court, သာသနာရေးနှင့်ဆိုင်သောရှေ့နေ။ a magistrate in a university, သိပ္ပံကျောင်း၌အကြီးအကဲ။

**Procumbent**, *a.* မှောက်လျက်နေသော။

**Procurable**, *a.* ရနိုင်ဖွယ်ဖြစ်သော။

**Procuration, Procurement**, *n.* from Procure.

**Procurator**, *n.* ကိုယ်စားလှယ်။

**Procure**, *v. t.* to obtain, ရသည်။ to bring about ဖြစ်စေအောင်ပြုသည်။

**Procurer**, *n.* agent from above, *and see* Pander, *n.*

**Procuress**, *n.* မိန္မကျူး၊ သောမိန္မ။ မိန္မကုန်ကူးသောမိန္မ။ (provincial.)

**Procuring**, *a.* ဖြစ်စေတတ်သော။

**Prodigal**, *a.* အသုံးဖွားသော။ လက်ကြီးသော။ လက်ဖွားသော။ —*n.* agent from *do.*

**Prodigality**, *n.* from same.

**Prodigious**, *a.* huge, ရောကြီးသော။ အလွန်ကြီးမားသော။ very wonderful, အလွန်အံ့ဩဖွယ်ဖြစ်သော။

**Prodigy**, *n.* a preternatural wonder, ပကတိအတိုင်းမဟုတ်၊ အံ့ဩဖွယ်ဖြစ်သောအရာ။ အံ့ဖွယ်သရဲ။ an alarming portent, ကြောက်မက်ဖွယ်သောတိတ်နိမိတ်။

**Produce′**, *v. t.* to bring out or forward, ဖော်သည်။ ထုတ်ဖော်သည်။ to exhibit, ဖော်ပြသည်။ to effect, cause to be, be the means of the existence of, ဖြစ်စေသည်။ ဖြစ်စေအောင်ပြုသည်။ ဖြစ်မည့်အကြောင်းကိုပြုသည်။ to make, လုပ်သည်။ to yield in the way to profit, ပေးသည်။ ထွက်စေအောင်ပြုသည်။ စီးပွားဖြစ်စေအောင်ပြုသည်။

**Prod′uce**, *n.* that which is produced, brought into being, ဖြစ်စေသောအရာ။ that which is produced from the ground, အသီးအနှံ။ increase, profit, အတိုးအပွား။ စီးပွား။

**Product**, *n.* same; a result of operation, လုပ်၍ရသောအရာ။ the amount of two numbers multiplied, မြှောက်ရကိန်း။

**Production**, *n.* from Produce, *v. t.;* that which is produced, brought into being, ဖြစ်စေသောအရာ။ a result of operation, လုပ်၍ရသောအရာ။

**Productive**, *a.* capable of producing, efficient, ဖြစ်စေတတ်သော။ yielding profit, စီးပွားဖြစ်စေသော။ အကျိုးကိုပေးသော။

**Productiveness**, *n.* from above.

**Proem**, *n.* အပျိုး။ စကားပျိုး။

**Profanation**, *n.* from Profane, *v. t.*

**Profane**, *a.* irreverent, ဘုရား၊ တရားကိုမရိုသေသော။ secular, not sacred, လောကနှင့်ဆိုင်သော။ unclean, not holy, မစင်ကြယ်၊ ညစ်ညမ်းသော။ —*v. t.* to desecrate, (ဘုရား၊ တရားနှင့်ဆိုင်သော

အရာကို) လောကီအရာပြု၍သုံးစွဲသည်။ (မြီးမြောက်သင့်သောအရာကို) ရှုတ်ချ၍သုံးဆောင်သည်။ to treat with irreverence, မရိုမသေပြုသည်။ မတိမ့်ခြင်ပြုသည်၊ to pollute, မစင်ကြယ်စေသင်ပြုသည်။ ညစ်ညမ်းစေသည်၊ to be —, အကျိန်ခံရသည်။

Profaneness, Profanity, *n.* irreverence, ဘုရား၊ တရားကိုမရိုသေခြင်း။ profane language, ဘုရား၊ တရားကိုမရိုသေပြောဆိုခြင်း။

Profess, *v. t.* to declare openly, avow, အတည့်အလင်းပြောသည်။ to publish as one's character or vocation, ဤမည်သောအတတ်ကိုတတ်သည်၊ ဤမည်သောအယူဝါဒရှိသည်ဟုအနှံ့အပြားပြောသည်။

Profession, *n.* from above; a calling, vocation, မြဲစွဲ၍လုပ်သောအတတ်။

Professional, *a.* ထိုသို့သောအတတ်နှင့်ဆိုင်သော။

Professor, *n.* agent from Profess, *v. t.;* a teacher of any art or science, သိပ္ပံအတတ်ကိုသင်ပေးသောဆရာ။

Professorial, *a.* သိပ္ပံအတတ်ဆရာနှင့်ဆိုင်သော။

Professorship, *n.* သိပ္ပံအတတ်ဆရာ၏အရာ။

Proffer, *v. t.* ယူရသောအခွင့်ကိုပေးသည်။

Proficience, Proficiency, *n.* တိုးတက်၍တတ်ခြင်း။

Proficient, *n.* ထွေကျွက်သောသူ။

Profile, *n.* မျက်နှာတခြမ်းပုံ။

Profit, *v. i.* to improve. တိုးပွားသည်။ to derive benefit, အကျိုးရှိသည်။ အာနိသင်ရှိသည်။ to make gain, အမြတ်ရသည်။ —*v. t.* to improve, တိုးပွားစေသည်။ to benefit, အကျိုးကိုပေးသည်။ စီးပွားဖြစ်စေသည်။ —*n.* advantage, benefit, အတိုးအပွား။ စီးပွား။ အကျိုး။ ကျေးဇူး။ ဗိုလ်။ အာနိသင်။ *Pali.* —of others, ပရဟိတ။ *Pali.* gain, အမြတ်။ အမြတ်အစွန်း။

Profitable, *a.* advantageous, အကျိုးရှိသော။ အကျိုးကိုဖြစ်စေတတ်သော။ ကျေးဇူးပြုတတ်သော။ gainful, lucrative, စီးပွားဖြစ်စေတတ်သော။ အကျိုးဖြိုးဖြိုးသော။

Profitableness, *n.* from above.

Profitless, *a.* အကျိုးမရှိသော။

Profligacy, Profligateness, *n.* from next.

Profligate, *a.* ဆိုးသွမ်းသော။ အလင်္ကာကျင့်သော။ —*n.* လူဆိုးလူသွမ်း။ အလင်္ကာကျင့်သောသူ။

Profluent, *a.* စီးသွားလျှက်ရှိသော။

Profound, *a.* very deep, အလွန်နက်သော။ intellectually deep, penetrating, နက်နဲသော။ ထိုးထွင်းသော။ ညာဏ်ကောင်းသော။ very humble, အလွန်မိတ်ရှိမှိုချသော။ sound, as sleep, (အအိပ်) ကြီးသော။ —*n.* the sea, ပင်လယ်။ a very deep place, အလွန်နက်သောအရပ်။

**Profoundly**, *adv.* with deep penetration, ထိုးထွင်းသည်နှင့်၊ with deep sorrow, အလွန်ဝမ်းနည်းသည်နှင့်၊

**Profoundness, Profoundity**, *n.* from Profound, *a.*

**Profuse**, *a.* exuberant, အလွန်ပေါများသော၊ lavish, အသုံးကြွားသော၊ လက်ကြီးသော၊

**Profuseness, Profusion**, *n.* from above.

**Profusely**, *adv.* as perspiration, ရှိုင်ရှိုင်၊ as tears or blood, ဒီးဒီး၊ ဖြိုက်ဖြိုက်၊

**Prog**, *n.* စားစရာ၊

**Progenitor**, *n.* အထက်ဆွေစဉ်မျိုးဆက်အဝင်ဖြစ်သောသူ၊

**Progeny**, *n.* သားသမီး၊ သားစဉ်မြေးဆက်၊

**Prognostic**, *a.* from Prognosticate; —*n.* ဖြစ်လတံ့သောအရာ၏နိမိတ် လက္ခဏာ၊ —*v. t.* မဖြစ်မှီဖော်ပြသည်၊ တိတ်နိမိတ်ပြသည်၊

**Prognostication**, *n.* from above.

**Programme**, *n.* a preface, အချီး၊ စကားချီး၊ a notification, သတင်း ကြော်ညာစာ၊

**Progress'**, *v. i.* to move forward, ရှေ့သို့တိုး၍သွားသည်၊ to advance, တိုးတက်သည်၊

**Prog'ress**, *n.* from above; increase, တိုးပွားခြင်း။

**Progression**, *n.* from Progress, *v. i.;* (arithmetical,) ပေါင်း၍ရေတွက်ခြင်း၊ (geometrical,) ထပ်တိုး၍ရေတွက်ခြင်း၊ ထပ်တက်၍ရေတွက်ခြင်း။

**Progressive**, *a.* from Progress, *v. i.*

**Progressiveness**, *n.* from above.

**Prohibit**, *v. t.* to forbid, interdict, မြစ်တားသည်၊ ကမြစ်သည်၊ ပညတ်သည်၊ to hinder, ဆီးတားသည်၊ ကန့်ကွက်ခြင်း။

**Prohibition**, *n.* မြစ်တားခြင်း။ ပညတ်၊

**Prohibitive, Prohibitory**, *a.* မြစ်တားသော၊

**Project'**, *v. i.* to jut, အစွန်းထွက်သည်၊ —convexly, as a promontory, ငူသည်၊ to protrude, as from a hole, ပြူသည်၊ to stick out, ငေါသည်၊ ငေါက်တောက်တောက်ရှိသည်၊ to be elevated, ချီငေါ်သည်၊ *v. t.* to throw or impel forward, ရှေ့သို့ပစ်သည်၊ ရှေ့သို့တွန်းသည်၊ to plan, စိတ်ကူး၍ကြံစည်သည်၊ to sketch, ပုံထုတ်သည်၊

**Proj'ect**, *n.* စိတ်ကူး၍ကြံစည်ခြင်း၊ အကြံအရွယ်၊

**Projectile**, *a.* impelling forward, ရှေ့သို့တွန်းတတ်သော၊ impelled forward, ရှေ့သို့တွန်းခြင်းကိုခံသော၊ —*n.* ရှေ့သို့တွန်းသောအရာ၊

**Projection**, *n.* the act of throwing or impelling forward, ရှေ့သို့ ပစ်ခြင်း၊ ရှေ့သို့တွန်းခြင်း။ something jutting out, ထွက်သောအစွန်း။ the act of planning, ကြံရွယ်ခြင်း။ a work planned,

ကြံစွယ်သောအမှု။ a plan, sketch, ထုတ်သောပုံ။ —of earth or wood in a path-way, ခလုတ်။

Projector, *n.* ကြံစွယ်သောသူ။

Prolapse, *n.* အောက်သို့လျှော့ကျခြင်း။

Prolate, *a.* ထိပ်ဝမောက်သော၊ လုံးစောက်ဖြစ်သော။

Prolepsis, *n.* from next.

Proleptic, *a.* တင်ကူး၍ပြောသော။

Prolific, *a.* bearing much fruit, များစွာအသီးကိုသီးသော။ bearing many children, သားသမီးများသော (မိန်း) productive from internal resources, တိုးပွား၍များစွာထွက်တတ်သော။

Prolix, *a.* ကြာရှည်သော။

Prolixness, Prolixity, *n.* from above.

Prolocutor, *n.* စည်းဝေးအုပ်။

Prologue, *n.* အချီး၊ စကားချီး။

Prolong, *v. t.* to extend the duration of, ကြာမြင့်စေခြင်းပြုသည်၊ ကြာမြင့်စေသည်။ to draw out by delay, ဖင့်နွှဲသည်။ to change an appointed time to one more distant, ကာလအချိန်ကိုရွှေ့သည်။ to prolongate, *which see.*

Prolongate, *v. t.* သာ၍ရှည်အောင်ပြုသည်။

Prolongation, *n.* from the last two.

Promenade, *v. i.* ပျော်မွေ့ခြင်းငှါလှည့်ပတ်သွားလာသည်။ —*n.* from same; the place of promenading, လှည့်ပတ်သွားလာရာအရပ်။

Prominence, Prominency, *n.* from next; that which is prominent, မောက်သောအရာ၊ မို့သောအရာ။

Prominent, *a.* rising above the surface, မောက်သော၊ မို့သော၊ —as the eyes, ပြူးသော၊ distinguished, ထင်ပေါ်သော၊ အဓိကရဖြစ်သော၊ ဖြစ်ထွန်းသော။

Promiscuous, *a.* ရောနှော၍ရှုပ်ထွေးသော။

Promiscuously, *adv.* ရောရိုးရောရာ

Promise, *v.* to make a binding declaration, ဂတိထားသည်။ to afford reason to expect, မျှော်လင့်ရသောအခွင့်ကိုပေးသည်၊ —*n.* a binding declaration, ဂတိ၊ ဂတိထားခြင်း။ ဂတိဝတ်၊ သစ္စာဂတိ၊ a ground of expectation, မျှော်လင့်ရသောအခွင့်။

Promissory, *a.* ဂတိပါသော။

Promontory, *n.* မြင့်သောအငူ၊ အငမော်။

Promote, *v. t.* to forward, advance, တိုးတက်အောင်ပြုသည်၊ တိုးပွားအောင်ပြုသည်။ to elevate in rank or office, ချီးမြှောက်သည်၊ ရာထူးတိုး၍ပေးသည်၊ ချီးမြှင့်သည်။ to invest with discretionary power, မြှောက်စားသည်။

Promotion, *n.* from Promote, *v. t.*

**Prompt,** *a.* မြဲစရာအကြောင်းရှိလျှင်ချက်ချင်းပြုတတ်သော၊ ကာလအချိန်ရောက်မှမြန်ထက်သော၊ —*v. t.* to excite to action, နှိုးဆော်တိုက်တွန်းသည်၊ to suggest to a speaker in aid of his memory, သတိရအောင်ထောက်သည်၊ to suggest to the mind, အကြံပေးသည်၊

**Promptitude, Promptness,** *n.* from Prompt, *a.*

**Promulgate,** *v. t.* ကျော်ညာစေသည်၊ —an order, အမိန့်တော်ထုတ်သည်၊

**Promulgation,** *n.* from above.

**Promulge,** *v. t.* to promulgate, ကျော်ညာစေသည်၊ to teach (new doctrines,) (အယူဝါဒသစ်ကို) သင်ပေးသည်၊

**Prone,** *a.* bending forward (in a greater or less degree,) ငုံ့သော၊ ကိုင်းသော၊ ဝပ်သော၊ lying with the face downwards, မှောက်လျက်ရှိသော၊ rapidly descending, အောက်သို့ထင်းပြေးသော၊ declivous, ထင်ပြေလျှောဖြစ်သော၊ propense, ဝါသနာရှိသော၊

**Pronely,** *adv.* မှောက်ခုံ၊

**Proneness,** *n.* from above.

**Prong,** *n.* ခက်ရင်းသွား၊

**Pronominal,** *a.* နာမ်စားနှင့်ဆိုင်သော၊

**Pronoun,** *n.* နာမ်စား၊

**Pronounce,** *v. t.* to utter articulately, အက္ခရာကျအောင်မြွက်သည်၊ to utter formally or strongly, မြွက်ဆိုသည်၊ ပြောထားသည်၊

**Pronunciation,** *n.* အက္ခရာကျအောင်မြွက်ခြင်း၊ courtly—, နန်းသံ၊ (with imperfect—, as a child, တော့အီတော့အ၊)

**Proof,** *n.* trial, experiment, စုံစမ်းခြင်း၊ certain evidence, ငြင်းခုံရန်မရှိအောင်ခိုင်ခံ့စွာသက်သေဖြစ်သောအရာ၊ firmness, stability, မလှုပ်ရှားနိုင်အောင်ခိုင်ခံ့ခြင်း၊ impenetrable hardness, ထိုး၍မဖောက်နိုင်အောင်ခိုင်မာခြင်း၊ the bubbles on the surface of spirituous liquor, အရက်၌ထသောဗလုံး၊ the strength of spirituous liquor, အရက်၏အရှိန်၊ —impression, စာပုံနှိပ်ရာတွင်မှန်မမှန်ကိုစမ်း၍နှိပ်သောပုံ၊ —sheet, *do.* —*a.* firm, stable, မလှုပ်ရှားနိုင်အောင်ခိုင်ခံ့သော၊ impenetrably hard, ထိုး၍မဖောက်နိုင်အောင်ခိုင်မာသော၊ —against a weapon, ဖြိုးသော၊

**Prop,** *v. t.* ခုသည်၊ ထောက်သည်၊ ထောက်မသည်၊ —*n.* အခု၊ အခုအခံ၊ အထောက်၊ အထောက်အမ၊ —of timber, ထောက်၊ ခိုင်းကြား၊

**Propagate,** *v. t.* to multiply by births or successive productions, မျိုးပြန့်ပွားအောင်ပြုသည်၊ to spread in space, as sound or light, စက်၍ကူးသည်၊ စက်၍နှံ့ပြားသည်၊ to spread abroad, as news, (သိတင်း) နှံ့ပြားစေသည်၊ to extend and establish in different places, အရပ်ရပ်တိုးပွားစေသည်၊ to produce, ဖြစ်စေသည်၊

Propagation, *n.* from above.

Propel, *v. t.* ရွှေ့သို့တွန်းသည်။ —a boat by pushing against the ground with a long oar from the stern, ဝှဲတင်ထိုးသည်။ —violently, ရွှသည်။

Propeller, *n.* စက်ဝှန်းဒီးသောဘီး။

Propense, *a.* ဝါသနာရှိသော။

Propension, Propensity, *n.* —of mind, ဝါသနာ။ —of matter, (ဖြစ်) တတ်သောသဘော။ constitutional—, ပကတိသဘော။

Proper, *a.* peculiar, not common, အများနှင့်မဆိုင်၊ တဦးတည်းနှင့်သာဆိုင်သော။ fit, suitable, တော်လျော်သော။ တော်သင့်သော၊ လျောက်ပတ်သော။ being exactly in place, အချက်ကျသော။

Property, *n.* an attribute, ဆိုင်သောအရာ။ ဂုဏ်။ သတ္တိ။ right of possession, ပိုင်ထိုက်ခြင်း။ the thing possessed, goods, ဥစ္စာပစ္စည်း။ ပိုက်နက်။ ဝတ္ထု။ money, ကြေးငွေ။

Prophecy, *n.* from next; အနာဂတ္တိစကား။ prophetical writing, အနာဂတ္တိကျမ်း။ —relating to the affairs of the present world, သိုက်။

Prophesy, *v. t.* ဖြစ်လတံ့သောအမှုအရာကိုဟောပြောနှင့်သည်။

Prophet, *n.* agent from above; ပရောဖက်။

Prophetess, *n.* ပရောဖက်မိန်း၊ ပရောဖက်မ။

Prophetic, Prophetical, *a.* ဖြစ်လတံ့သောအမှုအရာကိုဟောပြောခြင်းနှင့်ဆိုင်သော။

Prophylactic, *a.* အနာကိုကွယ်ကာဆီးတားနိုင်သော (ဆေး)

Propinquity, *n.* နီးခြင်း။ အနီးအပါး၌ရှိခြင်း။

Propitiate, *v. t.* ကြေချမ်းစေအောင်ပြုသည်။ မိတ်ပြေ၍စေတနာရှိစေအောင်ပြုသည်။

Propitiation, *n.* from above.

Propitiatory, *a.* from Propitiate; —*n.* အပြစ်ပြေရာပလ္လင်။

Propitious, *a.* favorable, ကျေးဇူးပြုလျက်ရှိသော။ disposed to be favorable, ကျေးဇူးပြုချင်သော။

Propitiousness, *n.* from above.

Proponent, *n.* one who makes a proposal, ထင်မြင်ရန်သို့တင်၍ပြောသောသူ။ one who lays down a proposition, အဦးပြောထားသောသူ။

Proportion, *n.* the comparative relation of one part to another, အချိုးအစား။ symmetry, အချိုးအစားရှိခြင်း။ အတက်အဆင်းညီမျှခြင်း။ —*v. t.* အချိုးအစားရှိစေအောင်ပြုသည်။ အတက်အဆင်းညီမျှစေအောင်ပြုသည်။

Proportionable, Proportional, Proportionate, *a.* အချိုးအစားရှိသော။ အတက်အဆင်းညီမျှသော။ မျှတသော။

Proposal, *n.* ထင်မြင်ရန်သို့တင်ကျူး၍ပြောထားသောအရာ။

**Propose**, *v. t.* ဆင်ခြင်ရန်ဘို့တင်ကူး၍ပြောထားသည်။ စဉ်ပြောသည်။

**Proposition**, *n. see* Proposal; a statement made, အဦးပြောထားသောအရာ။

**Propound**, *see* Propose.

**Proprietary**, *a.* ပိုင်သောသူနှင့်ဆိုင်သော။ —*n. see* next.

**Proprietor**, *n.* ပိုင်သောသူ။ အရှင်။ အရပိုင်။

**Propriety**, *n.* correctness, အပြစ်တင်ခွင့်မရှိ၊ မှန်ခြင်း။ consonance with right or good custom, ဌယ်ရာလျှောက်ပတ်ခြင်း။

**Propulsion**, *n.* from Propel.

**Propulsive**, *a.* from same.

**Prorogation**, *n.* from next.

**Prorogue**, *v. t.* (စည်းဝေးသူတို့ကို) လွှတ်၍တဖန်စည်းဝေးရသောအချိန်ကို ချိန်းချက်၍ထားသည်။

**Prosaic**, *a.* လင်္ကာမထုတ်သောစာနှင့်ဆိုင်သော။

**Proscribe**, *v. t.* to sentence to the heaviest penalties of the law, ရာဇဝတ်ပေးသည်။ to outlaw, တွေ့ရာသင်းချွင်းဖြစ်စေဟုစီရင်သည်။ to interdict the use of, မသုံးရဟုမြစ်တားသည်။

**Proscription**, *n.* from above.

**Proscriptive**, *a.* from same.

**Prose**, *n.* လင်္ကာမထုတ်သောစာ။ စကားပြေ။ —*v. i.* to write unmeasured language, လင်္ကာမဟုတ်သောစာကိုစီကုံးသည်။ to be tedious in detailing, ကြားသောသူနားငြီးသည်တိုင်အောင်ကြာရှည်စွာပြောဆိုသည်။

**Prosecute**, *v. t.* to persevere in endeavours, အကြံထမြောက်အောင် တိုးတက်၍ဆောင်ရွက်သည်။ to sue, တရားစွဲဆိုသည်။ စာထား၍ တရားပြုလုပ်သည်။

**Prosecution**, *n.* from above; မင်းမှု။

**Prosecutor**, *n.* agent from same; တရားလို။

**Proselyte**, *n.* ဘာသာဝင်သူ။ —*v. t.* ဘာသာဝင်အောင်ပြုသည်။

**Proselytism**, *n.* သူတပါးတို့ကိုဘာသာဝင်စေခြင်းငှါကြိုးစားခြင်း။

**Prosody**, *n.* လင်္ကာစပ်နည်း။

**Prospect**, *n.* a view of things within reach of the eye, မျက်စိတဆုံး ဝှမ်းကြည့်၍မြင်ခြင်း။ scenery at some distance, မျှော်ခင်း။ expectation, ထင်စားခြင်း။ ground of expectation, မျှော်လင့်ရသောအခွင့်။

**Prospective**, *a.* looking forward, မျှော်၍ကြည့်သော။ using foresight, မျှော်ခေါ်သော။

**Prospectus**, *n.* စာစီကုံးသည်အခြေအနေကိုပြသောစာ။

**Prosper**, *v. i.* to be successful, အကြံထမြောက်သည်။ to thrive, စီးပွားတိုးသည်။ —*v. t.* from above.

Prosperity, *n.* အကျိုးစီးပွားတိုးတက်ခြင်း။ စည်းစိမ်ရှိခြင်း။
Prosperous, *a.* အကျိုးစီးပွားတိုးတက်သော။
Prostitute, *v.* to devote to indiscriminate lewdness, ပြည်တန်ဆာဖြစ်စေအောင်ပြုသည်၊ to sell for some vile purpose, ငွေရစေအောင်ယုတ်ညံ့သောအမှု၌သုံးသည်၊ —*n.* a whore, ပြည်တန်ဆာ၊ မိမ္မရှင်း၊ a base hireling, ယုတ်ညံ့သောအမှုကိုပြုသောသူ၊
Prostitution, *n.* from Prostitute, *v.*
Prostrate, *a.* အလျားပြပ်စပ်ဝပ်၍နေသော၊ အလျားမှောက်၍နေသော၊ —*v. t.* to throw down, demolish, လှည်း၍ထားသည်၊ မှောက်လှန်သည်၊ —one's self, ပြပ်ဝပ်၍နေသည်၊ ဝပ်တွား၍နေသည်၊ to be stretched out prostrate, ဝပ်စင်းသည်၊
Prostration, *n.* from above; sudden loss of natural strength and vigor, ခွန်အားတိတ်သွားခြင်း။
Prosy, *a.* စိတ်ကိုမနှိုးဆော်တတ်သော၊
Protean, *a.* ရုပ်ပုံသဏ္ဌာန်ပြောင်းလဲတတ်သော၊
Protect, *v. t.* ကွယ်ကာစောင့်မသည်၊
Protection, *n.* the act of protecting, ကွယ်ကာစောင့်မခြင်း။ that which protects, ကွယ်ကာစောင့်မသောအရာ၊ အကွယ်အကာ၊ a writing that secures from molestation, အဆီးအတားအနှောင့်အရှက်မရှိစေနှင့်ဟုအခွင့်ပေးသောစာ၊
Protective, *a.* from Protect.
Protector, *n.* ကွယ်ကာစောင့်မသောသူ၊
Protégé, *n.* မြှောက်စားခြင်းကိုခံရသောသူ၊
Protempore, *adv.* အစဉ်မထုတ်၊ ခဏသာ၊
Protest', *v.* to attest positively, ကြွပ်တည်းစွာပြောထားသည်၊ —against, *v. t.* သဘောမတူ၊ ဝန်မခံ၊ ငြင်းပယ်သည်၊
Pro'test, *n.* from above; —(in writing,) သဘောမတူ၊ ဝန်မခံ၊ ငြင်းပယ်သောစာ၊
Protestant, *n.* ပရောတေစ္တန့်ဘာသာကိုဝင်သောသူ၊ —*a.* ပရောတေစ္တန့်ဘာသာနှင့်ဆိုင်သော၊
Protestantism, *n.* ရောမဘာသာကိုငြင်းပယ်၍သမ္မာကျမ်းစာကိုအမှီပြုသောဘာသာတည်းဟူသောပရောတေစ္တန့်ဘာသာ၊
Protestation, *n.* from Protest, *v.*
Proto, *a.* ပဌမ၊ အဦးဆုံးဖြစ်သော၊
Prototype, *n.* ပုံရင်း။
Protract, *v. t.* to lengthen in time, တာရှည်စေသည်၊ to defer, အချိန်ကာလကိုရွှေ့သည်၊
Protraction, *n.* from above.
Protractive, *a.* from same.
Protrude, *v. i.* to jut, stick out, အစွန်းထွက်သည်၊ ပြင်သို့ထွက်၍

နေသည်။ to project a little, as from a hole, ပြူသည်။ —*v. t.* to thrust forward, ရှေ့သို့တိုးသည်။ to thrust out, ပြင်သို့တိုးသည်။ —the lips, နှုတ်သီးကိုရှူသည်။ နှုတ်ခမ်းကိုရှူထသည်။

**Protrusion,** *n.* from above.

**Protrusive,** *a.* from Protrude.

**Protrusively,** *adv.* —as the lips, စုတ်စုတ်ရှေ့ရှေ့။

**Protuberance,** *n.* ဖုသောအစုအရာ။ အဖု။ —of the occiput, နောက်စေ့။

**Protuberant,** *a.* from next.

**Protuberate,** *v. i.* ဖုသည်။ ပြူးသည်။ ဖုထစ်သည်။ —as the eyes, မျက်စိပြူးသည်။ —in a point, ရှူသည်။ ရှူထသည်။

**Protuberation,** *n.* from above.

**Proud,** *a.* high minded, စိတ်မြင့်သော။ ဂုဏ်နေမြင့်သော။ နှစ်လုံးထားမြင့်သော။ selfishly feeling superior to others, မာနရှိသော။ haughty, မာနထောင်လွှားသော။ ostentatious, ဝါကြွားသော။ ဟုန်လွှားသော။ grand, ကြီးမြတ်သော။ မြင့်မြတ်သော။ —flesh, *n.* အသားဆိုး။

**Prove,** *v. t.* to try, စုံစမ်းသည်။ to evince, establish by evidence, ထုတ်မှန်ကြောင်းကိုသက်သေပြသည်။ to experience, ကိုယ်တိုင်ခံ၍သိရသည်။ —*v. i.* to be ascertained by a trial or a subsequent event, တစုံတခုသောအားဖြင့်ထုတ်မှန်ကြောင်းထင်ရှားသည်။

**Provender,** *n.* မြင်း၊ နွားစားသောအစာခြောက်။

**Proverb,** *n.* သုတ္တံစကားပုံ။ ပုံစကား။

**Proverbs,** *n.* ဓမ္မဟောင်းကျမ်းတို့တွင်သုတ္တံကျမ်း။ (book of proverbs, relating to government, ရာဇနီတိ။ relating to common life, လောကနီတိ။)

**Proverbial,** *a.* သုတ္တံစကားပုံနှင့်ဆိုင်သော။

**Provide,** *v. t.* to procure beforehand, တင်ကူး၍ရှာထားသည်။ to furnish, အသုံးလိုသောအရာကိုပေးသည်။ အသုံးခံသည်။ to stipulate previously, အရင်ပြော၍ထားသည်။

**Provided that,** *conj.* ဖြစ်လျှင်။

**Providence,** *n.* provident regard to the future, from next; the divine superintendence and care ဘုရားသခင်ကြည့်ရှုပြုစုတော်မူခြင်း။

**Provident,** *a.* မျှော်ခေါ်၍ကြိုထားသော။

**Providential,** *a.* ဘုရားသခင်ကြည့်ရှုပြုစုတော်မူသောအားဖြင့်ဖြစ်သော။

**Province,** *n.* a small country dependent on a larger, ကျွန်းသက်ဖြစ်သောပြည်ငယ်။ a region, ဒေသအရပ်။ the proper affair or business of any one, အင်္ဂါနှံအတာ။ sphere of operation, ကိုယ်နှင့်ဆိုင်၍ဆောင်ရွက်စည်အတိုင်းဆောင်ရွက်ရသောနေရာ။

**Provincial,** *a.* ကျွန်းသက်ဖြစ်သောပြည်ငယ်နှင့်ဆိုင်သော။

**Provincialism**, *n.* ဝေးသောကျေးလက်၌ခြားနားစွာပြောဆိုနည်း။

**Provision**, *n.* from Provide; measures taken beforehand, တင်ကူး၍ပြုသောအပြုအမူ။ stores provided, သိုထားသောအရာ။ eatables, food, အစာ၊ စားဘွယ်သောက်ဘွယ်။ previous stipulation, အရင်ပြော၍ထားသောအချက်။ provisions for a journey, စားနပ်၊ ရိက္ခာကံကျွေး၊ ရိက္ခာဆန်ရေ။ —*v. t.* စားရန်သောက်ရန်သောက်ဆောင်ပေး၍ထားသည်။

**Provisional, Provisionary**, *a.* ခဏသာဓိရင်၍ထားသော။

**Proviso**, *n.* စကားခြွင်း။ စကားရှင်း။

**Provocation**, *n.* from Provoke; that which excites anger, ဒေါသအမျက်ကိုနှိုးဆော်သောအရာ။

**Provocative**, *a.* နှိုးဆော်တတ်သော။

**Provoke**, *v. t.* to rouse, နှိုးဆော်သည်။ to incense, စိတ်ဆိုးစေခြင်းပြုသည်။ ဒေါသအမျက်ကိုနှိုးဆော်သည်။ ကုံးချောစားသည်။ ကုံးချောတိုက်သည်။ to irritate by backbiting representations, ကတိုက်သည်။ —a quarrel between others, ရန်တိုက်သည်။ to cause to be, ဖြစ်စေသည်။

**Provost**, *n.* the chief magistrate of a city, မြို့ဝန်။ the president of a college, သိပ္ပံကျောင်းအုပ်။ a military sheriff, တပ်၌ပါသောထောင်မှူး။

**Prow**, *n.* သင်္ဘောဦးချွန်း၊ လှေဦးချွန်း။

**Prowess**, *n.* ရဲရင့်စွာတိုက်တတ်သောသတ္တေ။

**Prowl**, *v. i.* အလုအရက်သွည့်ပတ်သည်။

**Prowler**, *n.* agent from above.

**Proximate**, *a.* အနီးဆုံးသော။

**Proximity**, *n.* အနီးဆုံးဖြစ်ခြင်း။

**Proxy**, *n.* ကိုယ်စားလှယ်။

**Prude**, *n.* ရှက်ကြောက်ဟန်ပြုသောမိန်း။

**Prudence**, *n.* ပညာသတိနှင့်ပြုတတ်သောသတ္တေ။

**Prudent**, *a.* ပညာသတိနှင့်ပြုတတ်သော။

**Prudential**, *a.* pertaining to prudence, ပညာသတိနှင့်ဆိုင်သော။ exercising discretionary power, ကိုယ်ပညာသတိရှိသည်အတိုင်းပြုရသောအခွင့်ရှိသော။

**Prudentials**, *n. plur.* ပညာသတိနှင့်ဆိုင်သောနည်းဥပဒေ။

**Prudery**, *n.* from next.

**Prudish**, *a.* ရှက်ကြောက်ဟန်ပြုတတ်သော။

**Prune**, *v. t.* —a tree, အကိုင်းအခက်ကိုခုတ်ထွင်သည်။ —feathers, အမွေးအတောင်ကိုပြုပြင်သည်။

**Pruning-hook, Pruning-knife**, *n.* အကိုင်းအခက်ကိုခုတ်ထွင်သောထား။

**Prurience**, *n.* ယားခြင်း။

**Prurient**, *a.* ယားယျက်ရှိသော။

**Pry 1**, *v. i.* to search into, သိချင်သောစိတ်နှင့်နှိုက်နှိုက်နှဲနှဲရှာဖွေသည်။ —into, ချောင်းကြည့်သည်။ ချောင်းမြောင်းသည်။ —2, (Amer.) *v. t.* to raise as with a lever, ကော်သည်။ ကလော်သည်။

**Pryingly**, *adv.* နှိုက်နှိုက်ကျွတ်ကျွတ်။

**Psalm**, *n.* ဆာလံသီချင်း။

**Psalmist**, *n.* ဆာလံသီချင်းကိုစီကုံးသောဆရာ။

**Psalmody**, *n.* ဆာလံသီချင်း၊ ဓမ္မသီချင်းကိုဆိုခြင်း။

**Psalter**, *n.* ဆာလံကျမ်းစာ။

**Psaltery**, *n.* စောင်းတမျိုး။

**Pseudo**, *a.* ပဝဏ္ဏိဖြစ်သော။

**Pshaw**, *int.* ဩ။

**Psychology**, *n.* စိတ်ဝိညာဉ်နှင့်ဆိုင်သောအတတ်ပညာ။

**Puberty**, *n.* အပျို၊ လူပျိုဖြစ်သောအရွယ်။

**Pubes**, *n.* အမွေး။

**Pubescence**, *n.* from next.

**Pubescent**, *a.* အရွယ်ရောက်သော။

**Public**, *a.* pertaining to the people at large, ပြည်သူပြည်သားများနှင့်ဆိုင်သော။ open to all, generally known, လူများသိရသော။ ပွင့်လင်းသော။ open to common use, လူများသုံးရသော။ ပုံပါသကဖြစ်သော။ —house, *n.* ထမင်းဆိုင်။ —spirited, *a.* လူများအကျိုးကိုပြုစုချင်သောသဘောရှိသော။ —*n.* ပြည်သူပြည်သားများ။ in—, *adv.* လူများရှေ့မှာ။

**Publican**, *n.* a collector of taxes, အခွန်ခံ။ an innkeeper, ထမင်းဆိုင်ရှင်။

**Publication**, *n.* from Publish; a work printed and offered to the public, လူများကြည့်ဘို့ပုံနှိပ်သောစာ။

**Publicity**, *n.* the state of being before the public, လူများရှေ့မှာထင်ရှားခြင်း။ notoriety, ကျော်စောခြင်း။

**Publish**, *v. t.* to make known to the public, ကျော်ညာစေခြင်းပြုသည်။ သိတင်းလွှင့်သည်။ to print for public use, လူများကြည့်ဘို့ပုံနှိပ်သည်။

**Publisher**, *n.* agent from above.

**Pucker**, *v. t.* from next; (in puckers, တွန့်ရွန့်။)

**Puckered** (be,) *v. i.* ရှုံ့သည်။

**Pudenda**, *n.* whether male or female, အင်္ဂါဇာတ်။ နိမိတ်၊ ဘော၊ လိင်။

**Pudding**, *n.* ရှိပြောင်း။ —stick, ယောက်မ။

**Puddle**, *n.* ရွံ့ပွက်။ ဗွက်။

**Pudency, Pudicity**, *n.* ဟိရိ။ ရှက်ခြင်း။

**Puerile**, *a.* သူငယ်ကဲ့သို့ဖြစ်သော။

**Puerility**, *n.* from above.

**Puerperal**, *a.* သားဖွားခြင်းနှင့်ဆိုင်သော။

**Puff**, *v.* to blow with a quick blast, ထုတ်ခနဲမှုတ်သည်။ ဖွာသည်။ to pant, ဟိုက်သည်။ to inflate, လေသွင်း၍ဖောင်းစေသည်။ to praise with exaggeration, ကား၍ချီးမွမ်းသည်။ —away, *v. t.* လွင့်စေအောင်မှုတ်သည်။ —up, to inflate, လေနှင့်ဖောင်းစေသည်။ လေသွင်း၍ဖောင်းစေသည်။ to elate, စိတ်မြင့်စေအောင်ပြုသည်။ —*n.* a sudden emission of breath, ထုတ်ခနဲမှုတ်လိုက်သောလေတမှုတ်။ အဖွာ။ any thing light and porous, အနှစ်သာရမရှိ၊ ဖောင်းသွတ်သောအရာ။ a substance of loose texture to sprinkle powder, ထွိဗတ်။ exaggerated praise, ကား၍ချီးမွမ်းသောစကား။

**Puffy**, *a.* ကြွရွသော။ ပွသော။ —*adv.* ဖောင်းပွပွ။

**Pugilism**, *n.* လက်ဝှေ့သတ်ခြင်း။

**Pugilist**, *n.* လက်ဝှေ့သတ်သောသူ။

**Pugnacious**, *a.* ရန်ရှာ၍တိုက်တတ်သော။

**Pugnacity**, *n.* from above.

**Pugnosed**, *a.* နှာတံနိမ့်၍နှာသီးမြင့်သော။

**Puisne**, *a.* အရာငယ်သော။

**Puissance**, *n.* from next.

**Puissant**, *a.* ခွန်အားကြီးသော။ တန်ခိုးကြီးသော။

**Puke**, *v.* (vulgar,) အန်သည်။ —*n.* အန်ဆေး။

**Pulchritude**, *n.* လှခြင်း။ တင့်တယ်ခြင်း။

**Pule**, *v. i.* တအဲ့အဲ့ညည်းသံပြုသည်။

**Pull**, *v. t.* to draw, ဆွဲသည်။ ငင်သည်။ to draw (as a beast of burden,) ရုန်းသည်။ —contrarily, in order to extricate one's self, ရုန်းသည်။ to gather (fruit, etc.) ဆွတ်သည်။ —down, အောက်သို့ဆွဲ၍ချသည်။ to demolish, ဖြိုဖျက်သည်။ to humble, degrade, နှိမ့်ချသည်။ ရှုတ်ချသည်။ —off, ချွတ်သည်။ —out, —up, နှုတ်သည်။ —*n.* ဆွဲငင်ခြင်း။

**Pullet**, *n.* ကြက်မကလေး။

**Pulley**, *n.* the wheel of a block, နားဆင်း။ the block, နားသီး။ နားသီးစက်။ လက်ခုပ်သီး။

**Pullulate**, *v. i.* to germinate from a seed, အညှောက်ထိုးသည်။ to bud, as a leaf or flower, အဖူးထွက်သည်။

**Fulmonary, Pulmonic**, *a.* အဆုတ်နှင့်ဆိုင်သော။

**Pulp**, *n.* any soft mass, ရေကြောင့်ပျော့သောအရာ။ the soft part fruit, အသီး၌ပျော့သောအသား။

**Pulpiness**, *n.* from Pulpy.

**Pulpit**, *n.* တရားဟောပလ္လင်။

**Pulpy**, *a.* soft from the admixture of a liquid, ရေကြောင့်ပျော့သော၊ soft as the pulp of fruit, မသီးကဲ့သို့ပျော့သော၊

**Pulsate**, *v. i.* သွေးတိုးသည်၊ သွေးခုန်သည်။

**Pulsation**, *n.* from above.

**Pulsatorily**, *adv.* ထွတ်ထွတ်၊

**Pulse 1**, *n.* the motion of an artery, သွေးတိုးခြင်း။ သွေးခုန်ခြင်း။ the act of impinging, ထိခိုက်ခြင်း။ —2, ပဲမျိုး။ ပဲစေ့။

**Pulverable**, *a.* အမှုန့်ဖြစ်နိုင်သော။

**Pulverize**, *v. t.* အမှုန့်ဖြစ်စေအောင်ပြုသည်၊ ချသည်။ ထုခြေသည်၊ ခြေချသည်။

**Pumelow**, *n.* ကျွဲကောသီး။

**Pumice**, *n.* မီးတောင်ကထွက်သောကျောက်။

**Pummel**, *see* Pommel.

**Pump**, *n* ဗုံဗိုင်။ air—, လေစုတ်ပြွန်၊ —handle, ဗုံဗိုင်မောင်းလက်။ —*v.* to raise water by a pump, ဗုံဗိုင်ထိုးသည်၊ to question artfully, သွယ်ဝိုက်၍မေးစစ်သည်။

**Pumpkin**, *n.* ဖရုံသီး။ long white—, ကျောက်ဖရုံသီး။ yellow—, ရွှေဖရုံသီး။

**Pun**, *n.* ပကတိအနက်၊ရယ်ဖွယ်စွာအနက်၊နှစ်ချက်ပါသောစကား။ —*v. i.* ထိုသို့သောစကားနှင့်ပြောသည်။

**Punch 1**, *n.* an iron instrument for perforating, စူး။ ဖောက်စူး။ a piece of steel with a letter on the end *in relievo*, စာလုံးပုံရအောင်တံဆိပ်ခတ်ရန်သံပုံ၊ instrument used in cutting money, ငွေ။ —*v. t.* to perforate with an iron instrument, စူးနှင့်ဖောက်သည်။ (Amer.) to thrust against, ထိုးသည်။ —2, *n.* the liquor, အရက်နှင့်ရေရော၍အချိုအချဉ်ခတ်သောအဖျော်ရည်။ —3, a harlequin, လူရွှင်။

**Puncheon**, *n.* ဂါလံ ၁၂၀ ဝင်သောစည်ကြီး။

**Punchy**, *a.* တုပ်ဝသော၊

**Punctilio**, *n.* ထုံးတမ်းနှင့်ဆိုင်၍ပြုသင့်သောအမှုကလေး။

**Punctilious**, *a.* ထုံးတမ်းနှင့်ဆိုင်၍ပြုသင့်သောအမှုကလေးတို့ကိုပြုတတ်သော၊

**Punctiliousness**, *n.* from above.

**Punctual**, *a.* အချိန်မလွဲ၊ မှန်မှန်ပြုတတ်သော၊

**Punctuality**, *n.* from above.

**Punctuate**, *v. t.* ပုဒ်သည်၊

**Punctuation**, *n.* from above.

**Puncture**, *v. t.* စူးဖောက်ထိုးသည်၊ —*n.* from above; the hole made by puncturing, စူးရာ၊ စူးပေါက်ရာ၊

**Pundit**, *n.* ပဏ္ဍိတ်ဆရာ၊

**Pungency**, *n.* from next.

**Pungent,** *a.* pricking, stimulating to the nostrils, ထန့်ရှူးသော။ hot, စပ်ပူသော။ sharp, stimulating to the taste, အရသာရှူးသော။ acrimonious, biting, နားခါးလွယ်ဖြစ်သော။ piercing, severe, ပြင်းသော။ ထန်သော။

**Pungently.** *adv.* မြိုးမြိုးမြိုက်မြိုက်။ ရှိုးရှိုးရှိန်းရှိန်း။

**Puniness,** *n.* from Puny.

**Punish,** *v t.* ဒဏ်ပေးသည်။ အပြစ်ပေးသည်။ ဒဏ်ခတ်သည်။ —severely, နှိပ်ကွပ်သည်။ ကွပ်ညှပ်သည်။

**Punishable,** *a.* ဒဏ်ခံထိုက်သော။

**Punishment,** *n.* ဒဏ်။ မကောင်းကျိုး။ အကုသလဝိပါက်။ figuratively, အပြစ်။ —of hell, အပြစ်ငရဲ။

**Punitive,** *a.* ဒဏ်ပေးသော။

**Punka,** *n.* ယမားယပ်။

**Punster,** *n.* စကားပျက်၊ စကားချော်ပြောတတ်သောသူ။

**Puny,** *a.* ကျစ်သော။ ညှက်သော။ လှီသော။

**Pup,** *n.* ခွေးကလေး။ —*v.* ခွေးကလေးမွေးသည်။

**Pupil 1,** *n.* the apple of the eye, မျက်ဆန်။ မျက်စေ့။ မျက်စိသူငယ်အိမ်။ —2, a scholar, တပည့်။

**Pupilage,** *n.* တပည့်၏အဖြစ်။

**Puppet,** *n.* ရုပ်သေး။ a collection of puppets, ရုပ်သေးရုပ်စုံ။ —show, ရုပ်သေးပွဲ။

**Puppy,** *see* Pup, *n.*

**Purblind,** *a.* မျက်စိသီသော။ မှုန်သော။

**Purchase,** *v. t.* ဝယ်သည်။ ဝယ်ချမ်းသည်။ *n.* from above; that which is purchased, ဝယ်သောအရာ။ a fulcrum, အခူ။

**Pure,** *a.* clean, စင်ကြယ်သော။ သန့်ရှင်းသော။ သန့်ပြန့်သော။ free from foreign admixture, ရှင်းလင်းသော။ clear (as water,) ကြည်သော။ clear, mere, အတိ။ စင်။ သက်သက်။ unadulterated, ဓာတ်စင်သော။

**Pureness,** *n.* from above.

**Purgation,** *n.* from Purge.

**Purgative,** *a.* cleansing, ရှင်းလင်းစေတတ်သော။ cathartic, ဝမ်းနုတ်တတ်သော။ (a purgative, ဝမ်းကျဆေး။)

**Purgatory,** *a.* ရှင်းလင်းစေတတ်သော။ —*n.* ဖရင်ဂျီတာသာသာအတိုင်းအပြစ်ရှင်းလင်းစေသောငရဲငယ်။

**Purge,** *v. t.* to cleanse, ရှင်းလင်းစေသည်။ to evacuate the intestines, ဝမ်းနုတ်သည်။ —*v. i.* ဝမ်းကျသည်။ —*n.* ဝမ်းနုတ်ဆေး။

**Purging,** *n.* ဝမ်းကျနာ။

**Purification,** *n.* from Purify.

**Purificative, Purificatory,** *a.* သန့်ရှင်းစေတတ်သော။ ရှင်းလင်းစေတတ်သော။

**Purifier,** *n.* သန့်ရှင်းစေသောအရာ။ ရှင်းလင်းစေသောအရာ။

**Purify,** *v. t.* from Pure, 1st, 2d, and 3d def. —drugs, etc, ဖေါသထုတ်သည်။

**Puritan,** *n.* ရှေးကာလမင်းမိရင်သောဥပဒေကိုမလိုက်၊ ကျမ်းအတွက်ကိုလိုက်၍ကိုးကွယ်သောသူ။

**Purity,** *n.* from Pure.

**Purl,** *v. i.* သွင်သွင်မြည်သည်။

**Purlieu,** *n.* အစွန်။ အနား။

**Purlin,** *n.* ထုပ်လုလင်။ မြှား။

**Purloin,** *v. t.* ကဲ့ဖွက်သည်။ ကဲ့ဖွက်၍ယူသည်။ —by a sleight of hand, လက်ကပ်ခိုးသည်။

**Purloiningly,** *adv.* ခိုးကြောင်ခိုးဖွက်။

**Purple,** *a.* နီမောင်းသော။ မြဲရောင်ရှိသော။ မြဲမြဲ။ dark —, ငြိမောင်းသော။ —*n.* purple color, နီမောင်းသောအဆင်း။ မြဲရောင်။ a purple robe, နီမောင်းသောဝတ်လုံ။ —*v. t.* နီမောင်းစေခြင်ပြုသည်။ to dye —, မြဲပန်းဆိုးသည်။

**Purport,** *v. t.* to indicate, ပြညွှန်သည်။ to mean, import, ဆိုလိုသည်။ —*n.* from above; meaning, ဆိုလိုချက်အနက်အဓိပ္ပာယ်။ သဂြုပ်။ —of words, အရေး။

**Purpose,** *v. t.* ကြံစည်သည်။ ကြံရွယ်သည်။ —*n.* intention, design, အကြံအစည်။ အကြံအရွယ်။ an object aimed at, ကြံရွယ်သောအရာ။ end, effect, consequence, အကျိုး။

**Purposely,** *adv.* တမင်သာ။

**Purr,** *v. i.* ကြောင်ဟီးသံနှင့်မြည်သည်။

**Purse,** *n.* ငွေအိတ်။ ငွေစလွယ်။ —proud, *a.* ဥစ္စာဂုဏ်တက်သော။ —*v.* မှုံသည်။

**Purser,** *n.* တိုက်သင်္ဘောတွင်စားနပ်ရိက္ခာကိုဝေငှသောအရာရှိ။

**Purslain,** *n.* မြေပြစ်ပင်။

**Pursuance** (in,) *see* next.

**Pursuant,** *prep.* နှင့်အညီ။ အတိုင်း။ ကြောင့်။

**Pursue,** *v. t.* to follow in course, အစဉ်အတိုင်းလိုက်သည်။ to follow in order to overtake, မှီအောင်လိုက်သည်။ လိုက်ထိသည်။ commonly combined with, ရှာဖွေသည်။ to practice, တုပ်ဆောင်၍နေသည်။

**Pursuit,** *n.* from same.

**Pursuivant,** *n.* မင်းပါးတွင်ခေသောအရာရှိ။

**Pursy,** *a.* တုပ်ဝ၍ပန်းတိုက်ခြာရှုတတ်သော။

**Purulence,** *n.* ပြည်ဖြစ်ခြင်း။

**Purulent,** *a.* ပြည်ပါသော။
**Purvey,** *v. t.* အသုံးခံသည်။
**Purveyance,** *n.* from above; provisions, စားစရိတ်။
**Purveyor,** *n.* စားဖွဲ့မှုကိုဆောင်၍အသုံးခံသောသူ။ king's—, စားတော်ဝန်။
**Purview,** *n.* အကျယ်အဝန်း။
**Pus,** *n.* ပြည်။
**Push,** *v. t.* to press against, တွန်းသည်။ တွန်းထိုးသည်။ —with the head, ခွေ့သည်။ to thrust at, ထိုးသည်။ to urge forward, တိုက်တွန်းသည်။ to make an effort, အားထုတ်သည်။ to constrain, အနိုင်အထက်ပြုသည်။ —down, တွန်းချသည်။ —as an ox, ခွေ့သည်။ —*v. i.* to go ahead, —into, ထိုးဝင်သည်။ ရှေ့သို့တိုး၍တက်သည်။ —off (a boat,) *v. t.* ကန့်သည်။ ကျောက်သည်။ —*n.* from *do.*
**Pusillanimity,** *n.* from next.
**Pusillanimous,** *a.* သူရဲဘောနည်းသော။
**Puss, Pussy,** *n.* ကြောင်အခေါ်။
**Pustulate,** *v. i.* အဖုပေါက်သည်။
**Pustule,** *n.* အဖု။
**Put,** *v. t.* to place, ထည့်သည်။ ထားသည်။ ထည့်ထားသည်။ နေရာချသည်။ —*v. i.* to steer, ဝှဲ့သည်။ —about, *v. t.* လှည့်သည်။ —aside, ထားသည်။ ဖယ်ရှားသည်။ —away, ပယ်ရှားသည်။ —a wife, ကွာသည်။ ကွာရှင်းသည်။ —by, to turn aside, လွှဲသည်။ လွှဲပယ်သည်။ to deposit, သိုထားသည်။ —down, to set down, ထားသည်။ to enter in writing, မှတ်ထားသည်။ to make low, နှိမ့်သည်။ နှိမ့်ချသည်။ to confute, ချေသည်။ —forth, to propose, ဆင်ခြင်ရန်တင်၍ပြောသည်။ to reach out, လှမ်းသည်။ to germinate, အညှောက်ထိုးသည်။ အဖူးထွက်သည်။ အရွက်ပေါက်သည်။ to exert, အားထုတ်သည်။ to publish, လူများကြည့်ဘို့ပုံနှိပ်သည်။ —*v. i.* to leave port, လွှင့်သည်။ —in, *v. t.* သွင်းသည်။ —in a safe quiet place, ထိပ်ထားသည်။ —in fear, ကြောက်စေခြင်းပြုသည်။ —in mind, သတိပေးသည်။ —in order, စီစဉ်သည်။ ဆင်သည်။ ပြင်ဆင်သည်။ —in practice, လုပ်ဆောင်ပြုမူသည်။ —*v. i.* (သင်္ဘောဆိပ်သို့) ဝင်သည်။ —in for, သူတပါးနှင့်ပြိုင်၍ကိုယ်ဘို့တောင်းသည်။ —into, *v. t.* သွင်းသည်။ —into, as an article into a larger mass to improve it, ခတ်သည်။ —off, to lay aside, ချွတ်သည်။ to turn aside, လွှဲပယ်သည်။ to postpone, အချိန်ကာလကိုရွှေ့၍ပြုသည်။ to pass into other hands falaciously, အရောင်ဆောင်၍သူတပါးလွှဲစေသည်။ to discard, ပယ်ထားသည်။ —*v. i.* to push from land, ကမ်းကခွာ၍သွားသည်။ —on, *v. t.* to place on, တင်သည်။ to clothe,

ဝတ်သည်။ clothe, as with a priest's garment, သင်္ကန်းရုံသည်။ to assume, ဆောင်သည်။ to deceive. လှည့်ဖြားသည်။ —on trial, တရားစစ်ခံရစေခြင်းငှါသည်။ —v. i. to make more effort, သာ၍ကြိုးစားသည်။ to be put out of temper, စိတ်ကောက်သည်။ —out, v. t. to place at interest. အတိုးနှင့်ချသည်။ ငွေတိုးချသည်။ —to sleep, သိပ်သည်။ to extinguish. သတ်သည်။ သေသည်။ ငြိမ်းသည်။ to reach out, ဆန့်သည်။ to expel, နှင်ထုတ်သည်။ to disconcert, စိတ်ကိုရှုပ်ထွေးစေခြင်းငှါသည်။ —out the eyes, မျက်စိကန်းစေခြင်းငှါသည်။ —over, အချိန်ကာလကိုရွှေ့၍ငှါသည်။ —to, to unite, ပေါင်းသည်။ —to bed, သားဖွားချိန်ငှါစုသည်။ to death, သတ်သည်။ —to (a door,) စေ့ထားသည်။ —to it, အနေကျဉ်းကြပ်ရစေခြင်းငှါသည်။ —to sea, ဆိပ်ကမ်းကထွက်၍ပင်လယ်သို့လွှင့်သွားသည်။ —to a stand, ရပ်စေသည်။ —to the sword, သတ်သည်။ —to torture, အပူအပြင်းစစ်သည်။ —to trial, စုံစမ်းသည်။ —together, ပေါင်းသည်။ —up, to lay aside, ထားသည်။ to deposit, သိုထားသည်။ to expose for sale at auction, လေလံပြစ်သည်။ —up with, သည်းခံသည်။

Putative, *a.* သူတပါးထင်မှတ်သော။

Putrefaction, *n.* from next.

Putrefy, *v. i.* ပုပ်သည်။ *v. t.* from same.

Putrescence, *n.* from next.

Putrescent, *n.* ပုပ်လျှက်ရှိသော။

Putrid, *a.* ပုပ်သော။ ပုပ်စပ်သော။

Putridity, Putridness, *n.* from above.

Putty, *n.* the powder of calcined tin, ခဲမဖြူကိုမီးဖုတ်၍ထွက်သောအချေး။ Burmese cement, သားရိုး။ (to smear with the same, သားရိုးကိုင်သည်။) cement used by European glaziers, မြေဖြူနှင့်ဆီရော၍လုပ်သောသားရိုး။

Puzzle, *v. i.* to be bewildered, စိတ်နားဝေနားဝါဖြစ်သည်။ မှိုင်တွေသည်။ —*v. t.* from above; to entangle, make confused, ရှုပ်ထွေးစေသည်။ —*n.* from *do.*

Pwo, *n.* —Karen, တလိုင်းကရင်။

Pygmy, *n.* အခြင့်တတောင်သာရှိသောသူ။

Pylorus, *n.* အစာအိမ်၏ထွက်ဝ။

Pyramid, *n.* ချွန်ချွန်ပုံထားသောအုတ်ပုံ၊ ကျောက်ပုံတည်းဟူသောမိရုမိဒ်ပုံ။

Pyre, *n.* သူကောင်ကိုတင်၍သင်းဂြိုဟ်ရန်ပုံထားသောထင်းပုံ။

Pyrite, *n.* ဗဟန်းကျောက်။ small iron—, ဗထန်းကြက်ချေး။ yellow—, ဗဟန်းရွှေဝါ။

Pyrology, *n.* တေဇောဓာတ်နှင့်ဆိုင်သောအတတ်ပညာ။

Pyrometer, *n* မီးပူပြင်းအရှိန်ကိုတိုင်းထွာသောတန်ဆာ။

**Pyrotechnics**, *n*. မီးပန်းကိုစီရင်သောအတတ်။
**Pyrrhonism**, *n*. အမှုခပ်သိမ်းတို့ကိုယုံမှားခြင်း။
**Python**, *n*. စပါးကြီး။
**Pythoness**, *n*. ငါးနတ်ကတော်။
**Pyx**, *n*. ဗရင်ဂျီဘာသာ၌ ဘုရားယူ၍ အထူရှိသော ရန်ကို ထည့်ထားသော သစ်တာ။

# Q.

**Quack**, *v. i.* (ဝှဲ့) မြည်သည်။ —*n*. a boastful pretender, လူဝါ။ a pretender to medical skill, ဆေးမတတ်ဘဲတတ်ရောင်ဆောင်၍ ဆေးကုသောသူ။
**Quackery**, *n*. ဆေးမတတ်ဘဲတတ်ရောင်ဆောင်၍ဆေးကုခြင်း။
**Quadragesima**, *n*. ဝါရှောင်ရသောရက်ပေါင်းလေးဆယ်။
**Quadrangle**, *n*. ၄ ထောင့်ပုံ။
**Quadrangular**, *a*. ၄ ထောင့်ရှိသော (ပုံ။)
**Quadrant**, *n*. the fourth part, အစိတ်။ the quarter of a circle, စက်ဝိုင်းလေးစိတ်တွင်တစိတ်။ a sextant, နေထိုင်း။
**Quadrate**, *n*. စတုရန်း။ —*v. i.* ညီညာသည်။
**Quadrature**, *n*. a square, စတုရန်း။ the act of squaring, စတုရန်းဖြစ်စေသည်။
**Quadrennial**, *a*. happening every four years, ၄ နှစ်တွင်တခါဖြစ်တတ်သော။ lasting four years, ၄ နှစ်တိုင်အောင်တည်တတ်သော။
**Quadrilateral**, *a*. အနားလေးဖက်ရှိသော (ပုံ။)
**Quadrille**, *n*. ဖဲကစားခြင်းတမျိုး။
**Quadrillion**, *n*. ဆယ်ကောဋိ။
**Quadruped**, *n*. သား။ အခြေလေးချောင်းရှိသောတိရစ္ဆာန်။
**Quadruple**, *a*. လေးဆဖြစ်သော။
**Quaff**, *v*. သောက်ချင်ခြင်းရမ္မက်အာသာနှင့်သောက်သည်။
**Quagmire**, *n*. အပေါ်တင်း၍ဖိသောနုန်း။
**Quail 1**, *n*. ငုံး။ —pipe, ငုံးတယ်သောခြွေ။ —2, *v. i.* ရှုံ့သည်။
**Quaint**, *a*. nice, exact, စေ့စွတ်ဒသော။ သေချာသော။ ridiculously plain, ရိုးလွန်း၍ရယ်ဖွယ်ဖြစ်သော (စကား။)
**Quaintness**, *n*. from above.
**Quake**, *v. i.* တုန်လှုပ်သည်။ သိန့်သည်။
**Qualification**, *n*. that which makes fit or capable, ထိုက်ကျက်၍တတ်နိုင်သောအစွမ်းသတ္တိ။ capacity, အတောင်အသတ်။ abatement, diminution, လျော့ခြင်း။ limitation of meaning, အနက်အဓိပ္ပာယ်ကျဉ်းအောင်ပြုခြင်း။
**Qualify**, *v. t.* to make fit for, တော်သင့်စေအောင်ပြင်ဆင်သည်။ ပြုပြင်သည်။

ထတ်နိုင်အောင်ပြုသည်။ to abate, diminish, လျှော့စေသည်။ လျှော့သည်။ to modify the meaning, အနက်ကျဉ်းအောင်ပြုသည်။

**Quality,** *n.* an attribute, ဆိုင်သောအရာ။ ဂုဏ်။ သတ္တိ။ character, leading trait, လက္ခဏာ။ သဘော။ အခြေအနေ။ disposition, temper, စိတ်သဘော။ sort, kind, အမျိုး။ superior rank, မြတ်သောအမျိုး။ persons of rank, အမျိုးမြတ်သောလူစု။

**Qualm,** *n.* from next.

**Qualmish,** *a.* နှစ်လုံးနာသော။ အော်ဂလီဆန်သော။

**Quandary,** *n.* ယုံမှားခြင်း။ ဇဝေဇဝက်ရှိခြင်း။

**Quantity,** *n.* မည်မျှမဆို၊ တစုံတခုသောအပိုင်း။ အချို့။ တချို့။ —estimated, အခြင့်အတွက်။ —measured, အခြင်အတွယ်။

**Quantum,** *n.* အမျှ။

**Quarantine,** *n.* ကာလနာကူးမည်စိုးရိမ်သော်ကြောင့်မြို့ဆိပ်သို့ရောက်သော သင်္ဘောမဝင်၊ ရပ်ဆိုင်း၍နေရသောရက်ပေါင်း။

**Quarrel,** *v. i.* ရန်တွေ့သည်။ ခိုက်ရန်ဖြစ်သည်။ အငြင်းပွားသည်။ make a—, ရန်ရှာသည်။ to continue in a—, ရန်ပြုသည်။ —*n.* from above; ခိုက်ရန်။ (quarrels and fightings, ခိုက်ပွားရန်စစ်။)

**Quarrelingly,** *adv.* အမိကရုဏ်။

**Quarrelsome,** *a.* ရန်တွေ့တတ်သော။ ရန်လိုသော။

**Quarry,** *n.* ကျောက်ကိုတူးယူသောကျောက်တွင်း။ —*v. t.* ကျောက်တွင်းက တူးယူသည်။

**Quart,** *n.* ကွတ်တည်းဟူသော ၂ ပိဿာနှင့်မျှသောအခြင်အတွယ်။

**Quartan,** *n.* and *a.* လေးရက်တခါတက်တတ်သော (ဖျားနာ။)

**Quarter,** *n.* the fourth part, လေးစိတ်တွင်တစိတ်။ လေးမှုတမှု။ အပိတ်။ a cardinal point, မျက်နှာ။ a particular region (of a town or country,) အရပ်။ *plur.* a place of lodging or temporary residence, တည်းရာအရပ်။ sparing the life of a captive, အောင်သူမသတ်ဘဲအသက်ချမ်းသာပေးခြင်း။ —day, သုံးလတကြိမ် မြှန်းချက်၍အတိုးအခပေးသောနေ့။ —deck, သင်္ဘောဝဲ့ကုန်းပတ်။ —master, တပ်သားတို့ကိုတည်းနေရာချထား၍ စားနပ်ရိက္ခာအစရှိ သည်တို့ကိုအုပ်ချုပ်စီရင်သောဗိုလ်။ —*v. t.* to divide into four parts, လေးစိတ်စိတ်သည်။ to divide into compartments, အကန့် အကွက်လုပ်သည်။ to station in a temporary dwelling, တည်း နေရာချပေးသည်။

**Quarterly,** *a.* consisting of a fourth part, လေးစိတ်တစိတ်ဖြစ်သော။ recurring once in three months, သုံးလတကြိမ်ဖြစ်သော။

**Quarto,** *n.* and *a.* ၂ ခေါက်ချိုး။

**Quartz,** *n.* ဂေါ်ထီး။ crystallized—, မှန်ပလုပ်။ မြင်မှန်။ ဖန်ကျောက်။

**Quash,** *v. t.* to crush, ကျိုးပဲ့အောင်ဖိနှိပ်သည်။ to subdue, နှိပ်နင်းသည်။ to cancel, ချေဖျက်သည်။ —as an indictment, ပလိုက်သည်။

Quarternion, *n.* လေးခု၊ လေးယောက်၊
Quaver, *v. i.* to tremble, တုန်လှုပ်သည်၊ to shake the voice in speaking or singing, တုန်လှုပ်သံဖြင့်ပေးသည်၊ —*n.* from same; one of the notes in music, သီခြင်းသံပုံတမျိုး။
Quay, *n.* ဆိပ်၊ သင်္ဘောရှည်သောတန်တားဦးဆို။
Quean, *n.* ယုတ်မာသောမိန်းမ၊
Queasy, *a.* qualmish, နှစ်လုံးနာသော၊ squeamish, နှစ်လုံးမသန့်၊ စွံတတ်သော၊
Queen, *n.* မိဖုရား၊ chief—, နန်းမတော်၊—*v. i.* မိဖုရားလုပ်သည်၊
Queenly, *a.* မိဖုရားကဲ့သို့ဖြစ်သော၊
Queer, *a.* သူတပါးတို့နှင့်မတူ၊ ရယ်စချင်ဖွယ်သောလက္ခဏာရှိသော၊
Quell, *v. t.* to subdue, နှိပ်နင်းသည်၊ to quiet, ငြိမ်းစေသည်၊ ငြိမ်းအောင်ပြုသည်၊
Quelque-chose, *see* Kickshaw.
Quench, *v. t.* to extinguish, (မီးကို) သတ်သည်၊ သေသည်၊ ငြိမ်းသည်၊ to quiet, ငြိမ်းအောင်ပြုသည်၊ —thirst, ရေငတ်ပြေအောင်ပြုသည်၊ to check the force of, အရှိန်ကိုသတ်သည်၊
Quenchless, *a.* မငြိမ်းနိုင်သော၊ မသေနိုင်သော၊
Querist, *n.* မေးမြန်းသောသူ၊
Querl, *v. t.* ခွေသည်၊
Quern, *n.* လက်ဖွဲ့ကြိတ်ဆုံ၊
Querulous, *a.* မြည်တမ်းတတ်သော၊
Querulousness, *n.* from above.
Query, *v.* မေးမြန်းသည်၊ —*n.* အမေး။
Quest, *n.* ရှာဖွေခြင်း။
Question, *v.* to inquire, မေးမြန်းသည်၊ —on subjects of science or religion, ဓမ္မနာသည်၊ to interrogate, မေးစစ်သည်၊ to be in uncertainty about, ယုံမှားသည်၊ —*n.* the act of inquiring, or interrogating, မေးမြန်းခြင်း၊ မေးစစ်ခြင်း၊ that which is asked, အမေးပုစ္ဆာ၊ —which forms a subject for discussion, ပြဿနာ၊ discussion, နှီးနှောခြင်း၊ debate, ဆွေးနွေးငြင်းခုံခြင်း၊ judicial examination, စစ်ကြောခြင်း၊ examination by torture, အပူအပြင်းစစ်ခြင်း။
Questionable, *a.* ယုံမှားဖွယ်ဖြစ်သော၊
Questor, *n.* တဏ္ဍာခိုး။
Quib, *n.* ကရော်ကမည်ပြောချက်၊
Quibble, *v. i.* သူ့စကားကျော့အောင်လိမ်လည်၍ပြောသည်၊ *n.* from *do.*
Quick, *a.* living, အသက်ရှင်သော၊ swift, လျင်မြန်သော၊ မြန်ထက်သော၊ brisk, nimble, ပေါ့ပါးလျင်မြန်သော၊ sudden in motion, ထတ်လတ်သော၊ —lime, *n.* မဖောက်ထုံး၊ —sand, နစ်တတ်သောသဲ

သောင်း —set, စည်းစောင်ရန်းဖြစ်စေခြင်းဝင်ကိုက်သောအပင်း —sighted, *a.* မျက်ရိပ်ကောင်းသော၊ မျက်စိရှင်သော၊ —in hearing, နားပါးသော၊ —in temper, ရှပ်ကြွပ်သော၊ —in thought and feeling, စိတ်မြန်ဆန်သော၊ —silver, *n.* ပြဒါး။ —witted, *a.* ညာဏ်ထက်မြက်သော၊ —*n.* နာကြင်တတ်သောအသား။

**Quicken,** *v. i.* to become alive, အသက်ရှင်လာသည်။ —*v. t.* to make alive, အသက်ရှင်စေသည်။ to accelerate, မြန်စေသည်။ to stimulate, အားကြွစေသည်။

**Quickness,** *n.* from Quick, *a.* 2d, 3d and 4th def. —of intellect, ဇဝန (ညာဏ်)။

**Quickly,** *adv.* လျင်မြန်စွာ၊ အသော့၊ အဆောတလျင်၊ အလျင်အမြန်၊ မြမြ၊ မြိုက်မြိုက်၊ instantly နိုတမင်း၊ နိုမိနိုမင်း violently, ရက်ရက်၊

**Quick-sighted,** *a.* မျက်စိရှင်သော၊

**Quid,** *n.* အယာ၊ အယာစား။

**Quiddle,** *v. i.* ပေါ့လျော့စွာပြုသည်။

**Quidnunc,** *n.* သိတင်းသစ်စကားကိုမေးမြန်းရှာဖွေတတ်သောသူ၊

**Quiescence,** *n.* from next.

**Quiescent,** *a.* still, quiet, ငြိမ်သော၊ composed, undisturbed, ငြိမ်သက်သော၊ silent, not sounded, as a silent letter, ရေးသားသည်အတိုင်းမဖတ်ရွတ်သော (အက္ခရာ၊)

**Quiet,** *a.* still, ငြိမ်သော၊ တိတ်ဆိတ်သော၊ undisturbed, ငြိမ်သက်သော၊ undisturbed by enemies, ရန်ငြိမ်းသော၊ not giving trouble, not turbulent, အမှုမလုပ်၊ ငြိမ်ဝပ်စွာနေသော၊ soothing, pleasant, as a wilderness, ဆည်းကြီးသော၊ —*n.* from above, 1st and 2d def. —*v. t.* to still, appease, calm, ငြိမ်းစေသည်။ —the mind, နှစ်သိမ့်စေသည်။ ဖြေဆည်းသည်။

**Quietism,** *n.* စိတ်ငြိမ်ဝပ်ခြင်း။

**Quietist,** *n.* စိတ်ငြိမ်ဝပ်ခြင်းပါရမီကိုအမြတ်ဆုံးထားသောသူ၊

**Quietly,** *adv.* တိတ်တဆိတ်၊

**Quietness, Quietude,** *n.* from Quiet, *a.*

**Quietus,** *n.* ဖြေလွှတ်ခြင်း။

**Quill,** *n.* —of a fowl's wing, အတောင်း —of a shuttle, ရက်ဖောက်၊ —on which thread is wound, ခြည်သေ့၊

**Quilt,** *n.* ဥမ်းပေါက်အိပ်ရာခင်း။ —*v. t.* ဥမ်းခံ၍ချုပ်သည်။

**Quinine,** *n.* ကွီနိန်၊ အဖျားဖြတ်ဆေးတမျိုး။

**Quinquangular,** *a.* ၅ ထောင့်ရှိသော (ပုံ၊)

**Quinquenial,** *a.* happening every five years, ၅ နှစ်တွင်တခါဖြစ်တတ်သော၊ lasting five years, ၅ နှစ်တိုင်စောင်တည်တတ်သော၊

**Quince,** *n.* Bengal—, ဆုပ်ရှစ်သီး၊

**Quinsy,** *n.* လည်ချောင်းညီးသောအနာတမျိုး။

**Quintal**, *n.* ပေါင်တရာရှိသောအချိန်။
**Quintessence**, *n.* အထပ်ထပ်ပြန်၍ချက်သောအရည်။
**Quintillion**, *n.* သောင်းကောဋိ။
**Quintuple**, *a.* ၅ ဆဖြစ်သော။
**Quip**, *see* Quib.
**Quire 1**, *see* Choir; —2, *n.* 24 sheets of paper, စက္ကူ ၂၄ ချပ်။
**Quirk**, *n.* a quibble, သုစကားကျောအောင်လိမ်လည်၍ပြောချက်။
**Quit**, *v. t.* to leave, ထွက်သွားသည်။ to abandon, give up, စွန့်သည်။ ပြစ်ထားသည်။ to discharge, ဖြေလွှတ်သည်။ —*a.* free from difficulty, အမှုနှင့်လွတ်သော။
**Quitclaim**, *n.* ကိုယ်ပိုင်သောအိမ်၊ မြေစသည်တို့ကိုသူတပါးသို့လွှဲအပ်သောစာချုပ်။
**Quite**, *adv.* အကုန်အစင်။ လုံးလုံး။ အကြွင်းမဲ့။
**Quitrent**, *n.* အိမ်၊ မြေကိုလုံးလုံးမပိုင်၍အနည်းငယ်ပေးရသောအခ။
**Quits**, *int.* နှစ်ဦးနှစ်ဝပင်အမှုပြေ၍ရှင်းလင်းကြပြီ။
**Quittance**, *n.* ပြေစာ။
**Quiver 1**, *n.* မြားကျည်တောက်။ မြားတောင့်။ —2, *v. i.* တုန်လှုပ်သည်။
**Quixotic**, *a.* အမှုနှင့်မတန်အောင်စွန့်စားတတ်သော။
**Quiz**, *v. i.* သူအလိုကိုရယ်ဖွယ်ဖြစ်အောင်မြှောက်၍သရော်သည်။
**Quoit**, *n.* ထွေပြား။
**Quondam**, *a.* ရှေးဖြစ်ဘူးသော။ တောင်းသော။
**Quorum**, *n.* အမှုအရေးကိုစီရင်နိုင်အောင်များသောအစည်းရှိစု။
**Quota**, *n.* အငန်းအတာ။
**Quotation**, *n.* from next; a passage quoted, နှုတ်ထုတ်သောအချက်။
**Quote**, *v. t.* to cite from another, သူတပါးစကားကိုနှုတ်ထုတ်သက်သေပြသည်။ to name, as the price of an article, ဈေးနှုန်းပေါက်ရာကိုထုတ်ပြသည်။
**Quoth**, *v. i.* ပြောဆိုသည်။
**Quotidian**, *a.* နေ့တိုင်းတက်တတ်သော (အဖျား)
**Quotient**, *n.* စား၍ရသောလပ်။ ရထပ်။

# R

**Rabbet**, *v.* နံဖေးထပ်၍စပ်သည်။
**Rabbi**, *n.* ယုဒဆရာရဗ္ဗိ။ အရှင်ဘုရား။
**Rabbinical**, *a.* ယုဒဆရာရဗ္ဗိတို့နှင့်ဆိုင်သော။
**Rabbit**, *n.* ယုန်ငယ်မျိုး။ သင်္ဘောယုန်။ ဖွးတောင်။
**Rabble**, *n.* ဆင်းရဲသောလူနှုပ်စု။
**Rabid**, *a.* furious, ပြင်းထန်သောစိတ်ရှိသော။ insane, ရူးသော။
**Race 1**, *n.* a particular breed, အမျိုး။ ဆွေ။ lineage, အမျိုးအနွယ်။ အဆက်အနွယ်။ သားမြေးမြေးဆက်။ —2, *v.* to run swiftly.

အလျှင်အမြန်ပြေးသည်၊ to contend in running, ပြိုင်၍ပြေးသည်၊ —s, *n.* from above; *see also* Mill-race; —ground, *n.* မြင်းပြိုင်ရာတလင်း။ —horse, *n.* အပြေးပြိုင်ရန်ထားသောမြင်း။

**Raciness**, *n.* from Racy.

**Rack** 1, *n.* an engine of torture, အပူအပြင်းခံစေခြင်းရန်စက်တန်ဆာ၊ extreme pain, ပြင်းစွာသောဝေဒနာ၊ a wooden grate in which hay is placed for cattle, မြင်း၊ နွားတို့အတန်မြက်ကိုယူ၍စားရန်ကာဆီးသောခြံ၊ —*v. t.* to torture on a rack, စက်တန်ဆာနှင့်အပူအပြင်းခံစေသည်၊ to excruciate, ပြင်းထန်စွာသောဝေဒနာကိုခံစေသည်၊ to wrest, လိမ်ဖယ်၍ယူသည်၊ —2, *n.* a thin fleecy cloud, တိမ်မြူ။ —3, *v. t.* to draw off from the lees, အနှစ်မပါအောင်စောက်၍စစ်ယူသည်၊

**Racket** 1, *n.* rattling noise, ဆူတ်ဆူတ်ကျက်ကျက်သောအသံ၊ —2, *n.* an instrument for striking a tennis ball, ဗလီရိုက်ပွတ်၊

**Racy**, *a.* သြဇာလေးနက်သော၊

**Radiance, Radiancy**, *n.* from next.

**Radiant**, *a.* အရောင်တောက်ပသော၊

**Radiate**, *v.* ရောင်ခြည်ဖြာ၍သွားသည်၊

**Radiation**, *n.* from above.

**Radical**, *a.* pertaining to original constitution, နဂိုရှိပါသော၊ ပကတိအတိုင်းဖြစ်သော၊ fundamental, မူလအရင်းနှင့်ဆိုင်သော၊ underived, မူလဖြစ်သော၊ —*n.* a primitive word, မူလဖြစ်သောစကား။ an advocate of extreme reform, မကောင်းသောအမှုကိုအကုန်အစင်ပယ်ရှားခြင်းငှါအားထုတ်လွန်းသောသူ၊

**Radicate**, *v. i.* အမြစ်ကျသည်၊

**Radication**, *n.* from above.

**Radish**, *n.* မုန်လာ၊ မုန်လာဥ၊ Indian horse—, ဒန့်သလွန်၊

**Radius**, *n.* the semidiameter of a circle, စက်ဝန်းထက်ဝက်အချင်းတဝက်၊ the large bone between the elbow and the wrist, တံတောင်ရိုးကြီး။

**Radix**, *n.* အမြစ်၊

**Raffle**, *v.* ထည်ကစားသည်၊ ထည်ကောက်သည်၊ ဖွင်ကွဲကစားသည်၊ —*n.* from *do.*

**Raft**, *n.* ဖောင်၊ *v. t.* ဖေါလောဘျောစေသည်၊

**Rafter**, *n.* an upper one of bamboo, အခြင်၊ an upper one of wood, ရနယ်၊ an under one, whether of bamboo or wood, ကြားမြေ၊

**Rag**, *n.* အဝတ်စုတ်၊ ပုဆိုးမြမ်း။ —man, အဝတ်စုတ်ကိုဝယ်၍ရောင်းသောသူ၊

**Ragamuffin**, *n.* ဆိုးယုတ်သောသူ၊

**Rage**, *v. i.* to be enraged, ပြင်းစွာအမျက်ထွက်သည်၊ to be violently agitated, ဖြင်းထန်စွာလှုပ်ရှားသည်။ to ravage without restraint, အဆီးအတားမရှိ၊ နိုင်လျက်၊ ညှဉ်းဆဲလျက်ရှိသည်။ —*n.* from *do.*

**Ragged,** *a.* —as cloth, စုတ်လျက်ရှိသော။ —as a person, အဝတ်စုတ်သော။ jagged, ခွေးသွားစိပ်စိတ်လျက်ရှိသော။

**Raggedness,** *n.* from above.

**Ragout,** *n.* ဩဇာလေးနက်သောအစား။

**Rahu,** *n.* ရာဟုဂြိုဟ်။

**Rail 1,** *n.* ရက်မလှို့မြင်းတား။ ရက်ဖောက်တန်း။ the bird, ရေကြက်။ —road, မီးရထားသွားရန်သံချောင်းသွယ်၍ခင်းသောလမ်း။ —fence, မြင်းတား။ —*v. t.* to inclose with rails, ရက်မလှို့မြင်းတားနှင့်ဝင်းခတ်သည်။ —2, to use abusive language, ဆဲသည်။ ဆဲရေးသည်။

**Railing,** *n.* ဝင်းခတ်သောရက်မလှို့မြင်းတား။

**Raillery,** *n.* ကလူစားခြင်း။ ကျီစားခြင်း။

**Railway,** *n.* မီးရထားလမ်း။

**Raiment,** *n.* အဝတ်။

**Rain,** *v. i.* မိုဃ်းရွာသည်။ —incessantly, မိုဃ်းခွေသည်။ —*n.* water suspended in a cloud, မိုဃ်း။ fine—, မိုဃ်းဖွဲ။ the act of raining, မိုဃ်းရွာခြင်း။ the water falling in drops, မိုဃ်းရေပေါက်။ —bow, သက်တံ့။ (broken rainbow, ကိုဋ်ဒုတ်။ a double one, မှိုတ်ခါးဗိတ်။) —water, မိုဃ်းရေ။ (god of—, ပဇ္ဇုန်နတ်။)

**Rainy,** *a.* abounding with rain, မိုဃ်းများသော။ raining most of the time, မိုဃ်းခွေသော။ (rainy season, မိုဃ်းဥတု။ ဝဿာန်ဥတု။)

**Raise,** *v. t.* to lift, ကြွသည်။ ချီသည်။ ပင့်သည်။ to set upright, ထောင်သည်။ ထူသည်။ to set up, build, establish, တည်သည်။ ဟည်ထောက်သည်။ တည်ထောင်သည်။ to promote, ချီးမြှောက်သည်။ to increase, enhance, တိုးတက်စေသည်။ တိုးပွားစေသည်။ to excite, stir up, နှိုးဆော်သည်။ to bring up, တက်စေသည်။ to bring from death to life, ထမြောက်စေသည်။ to begin, originate, စ၍ပြုသည်။ to occasion, cause to be, ဖြစ်စေသည်။ to make prominent, conspicuous, ပေါ်ထွန်းစေသည်။ to cause to grow, လယ်၊ ယာ၊ ဥယျာဉ်လုပ်၍ဖြစ်စေသည်။ to leaven, ဖောင်းကြွစေသည်။ —(money,) ရှာဖွေ၍စုထားသည်။ —a shout or cry, အော်ဟစ်သည်။ ဟစ်ကြွေးသည်။ —a siege, ဝန်းရံသောတပ်ကိုရုပ်သိမ်း၍ပြန်သည်။ —troops, နှိုးဆော်စုရုံးစည်းကြုပ်၍တပ်ဖွဲ့သည်။ —the voice, ကျယ်ကျယ်ပြောသည်။

**Raisin,** *n.* စပျစ်သီးခြောက်။

**Rajah,** *n.* ရာဇာ။ မင်းကြီး။

**Rake 1,** *n.* a dissolute fellow, ကာမဂုဏ်သွန်ကျူး၍သွမ်းသော့သောသူ။ —2, *n.* the instrument, ထွန်ခြစ်။ —*v. t.* to scratch or scrape with an instrument having teeth, ခြစ်သည်၊ —as the bottom of a river, ချောင်တိုက်သည်၊ to gather with a rake, ထွန်ခြစ်နှင့်ခြစ်၍စုပုံသည်၊ to search closely, စေ့စေ့ရှာဖွေသည်၊ to enfilade, မီးပေါက်လက်နက်နှင့်လမ်းတရှောက်လုံးခြစ်ခတ်သည်၊ —together, အရပ်ရပ်တို့ကသယ်ယူ၍စုပုံသည်၊ —up, စု၍ပုံထားသည်၊

Rakish, *a.* ကာမဂုဏ်သွန်ကျူး၍သွမ်းသော၊

Rally 1, *v. i.* to recover from defeat, ရှုံးပြီးမှတဖန်တက်ပြန်သည်၊ to recover strength, အားပြည့်၍လာသည်၊ —*v. t* and *n.* from above; —2, to banter, ကျီစားသည်၊ ကျီစယ်သည်၊ —*n.* from *do.*

Ram 1, *n.* the male of the sheep, သိုးထီး၊ Aries, the 1st sign of the zodiac, မိဿရာသီ၊ *see also* Battering ram; —2, *v. t.* နှက်သည်၊

Ramble, *v. i.* အရပ်ရပ်လှည့်လည်၍သွားသည်၊ —in mind, စိတ်ကစားသည်၊ —*n.* from *do.*

Ramblingly, *adv.* ကတောက်ကတတ်၊

Ramification, *n.* from Ramify.

Ramify, *v.* ဖြာ၍သွားသည်၊

Rammer, *n.* ထိုးတံ၊

Ramous, *a.* အခက်အလက်များသော၊

Ramp, *v. i.* ခုန်သွားသည်၊

Rampant, *a.* overleaping, ခုန်လွှား၍သွားသော၊ exuberant, အလွန်ပေါများသော၊ *in heraldry*, ပတတ်ရပ်လျက်ရှိသော၊

Rampart, *n.* မြေတပ်၊ မြေကတုပ်၊

Ramrod, *n.* သေနတ်ထိုးတံ၊

Rancid, *a.* တောင်စပ်စပ်ရှိသော၊

Rancidity, Rancidness, *n.* from above.

Rancor, *n.* from next.

Rancorous, *a.* ရန်ငြိုးဖွဲ့သော၊

Random, *a.* အမှတ်တမဲ့ဖြစ်သော၊ အမှတ်တမဲ့ပြုသော၊ at—, *adv.* ထမ်း၍ပြုသည်နှင့်၊ ကတောင်ကတင်၊ ကတောင်ကယောင်၊

Range, *v. i.* to rove at large လှည့်ပတ်၍သွားသည်၊ to be in a line with, အဖြောင့်ဖြောင့်သည်၊ —*v. t* to set in a row, စီသည်၊ to dispose in classes, ဆိုင်ရာဆိုင်ရာသီးသန့်၍ထားသည်၊ to arrange, စီစဉ်သည်၊ ခင်းကျင်းသည်၊ ဂွင်ဆင်သည်၊ —along, *v. t.* ရှောက်၍သွားသည်၊ —*n.* a row, အစီအစဉ်၊ အတန်း၊ a class, လက္ခဏာတူသောအရာစု၊ a wandering or roving, လှည့်ပတ်၍သွားခြင်း၊ compass or extent of excursion, လှည့်ပတ်၍ရောက်ရာအရပ်၊ —of hills တောင်ရိုး၊ တောင်တန်း၊

Rank 1, *a*. vigorous, thrifty, ထေားကြီးသော၊ သန်သော၊ fertile, (မြေ) ကောင်း၍ဖွားစွာဖြစ်စေတတ်သော၊ strong scented, ဟောင်စော်သော၊ အနံ့ပြင်းသော၊ strong scented, as fish, flesh, etc. ညှီသော၊ ညှီဝေါက်သော၊ strong to the taste, အရသာပြင်းသော၊ —2, *v. i.* to take one's place in regard to others, သူတပါးတို့တွင်ကိုယ်နေရာရှိသည်၊ —*v. t.* to place in order, စီစဉ်သည်၊ to assign a certain place among others, သူတပါးတို့တွင်(တစုံတခုသော)နေရာ၊ ကိုယ်နေရာကိုပေးသည်၊ to be of the same—, တော်ရည်တူသည်၊ —*n.* a line of men placed abreast, ယင်တောင်တန်း၊ a row, အတန်း၊ a class, လက္ခဏာတူသောအရာစု၊ grade, degree, အမြင့်၊ အနိမ့်အစရှိသောအရာ၊ high degree, dignity, မြတ်သောအရာ၊

Rankle, *v. i.* —as a wound or sore, ပြည်ဖြစ်အောင်ပူစပ်ကိုက်ခဲသည်၊ —as an evil passion, ရှူပွက်သည်၊

Rankness, *n.* from Rank, *a.*

Ransack, *v. t.* to search unceremoniously, မွှေနှောက်၍ရှာသည်၊ to pillage thoroughly, အကုန်အစင်လုရက်၍ယူသည်၊

Ransom, *v. t.* ရွေးသည်၊ ရွေးနှုတ်သည်၊ —*n.* release from bondage, ရွေးနှုတ်ခြင်း၊ the price paid for release, ရွေးပေးသောငွေ၊

Rant, *v. i.* အနှိုးအစဉ်ကြောင်းကိုမဖြတ်ဘဲကျယ်ကျယ်ပြောဟောသည်၊ —*n.* from *do.*

Rap, *v. t.* to slap, ဖုတ်သည်၊ to knock, ခေါက်သည်၊ to transport (the mind,) တဝင်ဖြစ်စေအောင်ပြုသည်၊ —*n.* from above, 1st and 2d def.

Rapacious, *a.* လုယူတတ်သော၊

Rapaciousness, *n.* from above.

Rapacity, *n.* the act of plundering, လုယူခြင်း၊ addictedness to plunder, လုယူတတ်ခြင်း၊ ravenousness, အစားကြီးစွာစားခြင်း၊ greediness of gain, ရငွက်ကြီးခြင်း၊

Rape, *n.* မုဒိမ်းကျင့်ခြင်း၊

Rapid, *a.* မြန်သော၊ လျှင်သော၊ as a wheel in motion, ရွတ်သော၊

Rapidity, *n.* from above.

Rapidly, *adv.* ဖြတ်ဖြတ်၊ မြိုက်မြိုက်၊ သုတ်သုတ်၊ ရုပ်ရုပ်၊ မြန်မြန်၊

Rapids, *n. plur.* ရေမော်၊

Rapier, *n.* ထားမြှောင်၊ ထားသွန်၊

Rapine, *n.* လုယူခြင်း၊ လုရက်ခြင်း၊

Rapture, *n.* uncontrollable joy, စိတ်မချုပ်တည်းနိုင်အောင်အလွန်ဝမ်းမြောက်ခြင်း၊ the state of being rapt, တဝင်ဖြစ်ခြင်း၊

Rapturous, *a.* စိတ်မချုပ်တည်းနိုင်အောင်အလွန်ဝမ်းမြောက်သော၊

Rare 1, *a.* infrequent, တခါတလေသာဖြစ်သော၊ uncommonly excellent, ထူးဆန်းသော။ tenuous, not dense, မသိပ်၊ ပွသော။ as liquid, ကြည်သော။ —2, *a.* partially cooked, မကျက်တကျက်ရှိသော။

**Raree-show,** *n.* လှည့်လည်၍ထက်ခံမှိရာသစ်တာဌပါသောရုပ်ပုံတန်ဆာ။

**Rarefaction,** *n.* from next.

**Rarefy,** *v. i.* မသိပ်၊ ပွ၍သွားသည်။ —*v. t.* မသိပ်၊ ပွစေအောင်ပြုသည်။

**Rarely,** *adv.* တခါတလေသော။

**Rareness,** *n.* from Rare, 1, and 2.

**Rarity,** *n.* uncommonness, infrequency. တခါတလေသာဖြစ်ခြင်း။ a thing valued for its scarcity, ရှားပါးသောကြောင့်နှစ်သက်ဖွယ်သောအရာ။ tenuity, opposed to denseness, မသိပ်၊ ပွခြင်း။

**Rascal,** *n.* လူဆိုး။

**Rascality,** *n.* from next.

**Rascally,** *a.* ဆိုးယုတ်သော။

**Rase,** *see* Erase, and Raze.

**Rash 1,** *a.* မဆင်ခြင်ဘဲအဆောတလျင်ပြုတတ်သော။ —2, *n.* အဖုပေါက်ခြင်းမျိုး။

**Rasher,** *n.* ဝက်သားခြောက်တလွှာ။

**Rashness,** *n.* from Rash, *a.*

**Rasp,** *n.* သစ်သားတိုက်သောတံစဉ်းကြမ်း။ —*v. t.* တံစဉ်းကြမ်းနှင့်တိုက်သည်။

**Rasure,** *see* Erasure.

**Rat,** *n* ကြွက်။ bamboo—, ပွေး။

**Ratable,** *a.* that may be apprized, အဘိုးဖြတ်နိုင်ဖွယ်ဖြစ်သော။ taxable, အခွန်ခံဖွယ်ဖြစ်သော။

**Ratan,** *n.* ကြိမ်။ large species used as ropes, ရမ္မထား။ an inferior species, ယောက်ကြိမ်။ a rod, ကြိမ်လုံး။

**Rate 1,** *n.* price, အဘိုး။ estimated value, ဖြတ်သောအဘိုး။ a sum assessed, ခွဲခန့်သောငွေ။ so much as, အမျှ။ ညီမည်မျှ။ degree, rank, အရာ။ နေရာ။ —, *v. t.* to apprize, အဘိုးဖြတ်သည်။ to rank, assign a place among others, သူတပါးတို့တွင်နေရာချပေးသည်။ —2, to scold in rough, abusive language, တိုင်းထွာသည်။

**Rather,** *adv.* more willingly, သာ၍အလိုရှိသည်နှင့်။ a little more or greater, သာ၍များသည်နှင့်။ သာ၍ကြီးသည်နှင့်။ somewhat, ခပ်။ (before adjectives reduplicated from verbal roots, as, ခပ်ဆိုးဆိုး။ rather bad.)

**Ratification,** *n.* from next.

**Ratify,** *v. t.* သဘောတူ၍တည်စေခြင်းအခွင့်ကိုပေးသည်။

**Ratio,** *n.* အချိုးအစား။

**Ratiocination**, *n.* သိသောအကြောင်းအရာကိုထောက်၍မသိသောအကြောင်းအရာကိုသိခြင်း။

**Ration**, *n.* ဝေမြဲအတိုင်းဝေငှသောအစားအသောက်။

**Rational**, *a.* endowed with reason, လူ့ညာဏ်ရှိသော။ ဝေနေယျသတ္တဝါဖြစ်သော။ agreeable to reason, လူ့ညာဏ်နှင့်ညီလျော်သော။ judicious, wise, သတိပညာနှင့်ညီလျော်သော။

**Rationale**, *n.* အကျိုးအကြောင်းကိုဖော်ပြခြင်း။

**Rationalist**, *n.* လူ့ညာဏ်ကိုအမှီပြုသောသူ။

**Ratsbane**, *n.* ကြွက်သေစေခြင်းအစာကျွေးရန်အဆိပ်အတောက်။

**Rattle**, *v. i.* မြိမ့်မြိမ့်မည်သည်။ —*v. t.* မြိမ့်မြိမ့်မြည်စေခြင်းလှုပ်သည်။ —*n.* မြိမ့်မြိမ့်မည်သောတန်ဆာ။ —snake, အမြီးထဲကမြိမ့်မြိမ့်မြည်သောမြွေ။

**Rattlingly**, *adv.* ခြောက်ချက်။ တခြောက်ချက်။ [rattling together, ယောင်ထင် (ခတ်။)]

**Ravage**, *v. t.* လုယူဖျက်ဆီးသည်။ *n.* from *do.*

**Rave**, *v. i.* to be delirious, စိတ်ကတောင်ကရင်ဖြစ်သည်။ to utter mad outcries, အရူးကဲ့သို့လှည့်လည်၍အော်ဟစ်သည်။

**Ravel**, *v. t.* to entangle, ရှုပ်ထွေးစေသည်။ to disentangle, အရှုပ်အထွေးကိုဖြေသည်။ ရှင်းလင်းစေသည်။

**Ravelin**, *n.* တစ်ခြမ်းဝက်ခေါင်းထိုး၍လုပ်သောမြေကတုပ်။

**Raven**, (ra-vn,) *n.* ကျီးအာ။ —(rav-n,) *v. t.* အားကြီးစွာလုယူ၍ဖမ်းစားသည်။

**Ravenous**, *a.* voracious, အားကြီးစွာစားတတ်သော။ violently bent on seizing and devouring, အားကြီးစွာလုယူ၍ဖမ်းစားတတ်သော။

**Ravenousness**, *n.* from above

**Ravine**, *n.* မြောင်းနှီး။

**Ravish**, *v. t.* to seize and carry off by violence, အနိုင်အထက်ပြု၍လုယူသည်။ to commit a rape upon, မုဒိမ်းကျင့်သည်။ to transport (the mind,) မချုပ်တည်းနိုင်အောင်စိတ်အားကြီးစေခြင်းငှါပြုသည်။

**Ravisher**, *n.* မုဒိမ်း။ မုဒိမ်းတတ္တ။

**Ravishment**, *n.* from above

**Raw**, *a.* not cooked, မကျက်၊ စိမ်းသော။ not sufficiently cooked, မနပ်သော။ not covered with skin, အသားနီလန်၍နေသော။ unskilled, မထွေကျက်သော။ cold and damp, စိုထိုင်းထိုင်းရှိအောင်ချမ်းသော။ unwrought, မလုပ်သေးသော။

**Rawness**, *n.* from above.

**Ray**, *n.* ရောင်ခြည်။ နေခြည်။ strong rays of the sun, နေပူယပ်။

**Rayless**, *a.* မှောင်မိုက်သော။

**Raze**, *v. t.* အကုန်အစင်သုတ်သင်ပယ်ရှင်းသည်။

**Razor,** *n.* သင်တုန်း။

**Re,** *prefix in composition,* တဖန်။

**Reach,** *v. t.* to extend or stretch from a distance, လက်လှမ်းသည်။ to extend to, မှီသည်။ လှမ်း၍မှီသည်။ to hand, ကမ်းသည်။ to arrive at, ရောက်သည်။ to gain, obtain, ရသည်။ —after, ရအောင်အားထုတ်သည်။ —out, လှမ်းသည်။ —to, —unto, ထိအောင်ရောက်သည်။ မှီသည်။ —*n.* a space that can be reached, မှီနိုင်ရာအရပ်။ power of reaching, မှီနိုင်သောအစွမ်းသတ္တိ။ contrivance, ပရိယာယ်။ extent, အရှည်အလျား။ —of a hand or weapon, အလှမ်း။

**Re-act,** *v. t.* အတုံ့ပြန်၍ပြုသည်။

**Re-action,** *n.* from above.

**Read**(*pron.* reed,) *v.* —audibly, ဖတ်သည်။ ဖတ်ရွတ်သည်။ —silently, စာကြည့်သည်။ —as a scholar to his teacher, ဆိုသည်။ to discover from certain signs, လက္ခဏာကိုထောက်၍သိနားလည်သည်။ —(*pron.* red,) *a.* စာတတ်သော။

**Readiness,** *n.* from Ready, *a.*

**Reading,** *n.* from Read, *v.;* variation of copies, မူနှင့်ထပ်ကွဲပြားနား ကွဲပြားသောအချက်။

**Re-admission,** *n.* from next.

**Re-admit,** *v. t.* တဖန်ဝင်ရသောအခွင့်ကိုပေးသည်။

**Ready,** *a.* prompt, ကာလအချိန်ရောက်မှပြန်ထက်သော။ quick-witted, ဉာဏ်ထက်သော။ dextrous, အလျင်အမြန်ပြီးစေတတ်သော။ present in hand, လက်ငင်းချေးသော (ငွေ။) prepared, fitted, အသင့်ရှိသော။ favorably disposed, not reluctant, စေတနာရှိသော။ သဘောရောက်သော။ being about to, (ဖြစ်) လုသော။ facile, လွယ်သော။ make—, *v. t.* ပြင်ဆင်သည်။ —made, *a.* လုပ်ပြီးသော။ —witted, ဉာဏ်ထက်သော။

**Real,** *a.* actually existing, ကေန်အမှန်ဖြစ်သော။ genuine, true, not counterfeit, ပဝတ္တိမဟုတ်၊ ဓာတ်ဖြစ်သော။ စင်စစ်ဖြစ်သော။ true, not assumed, အရောင်မဆောင်၊ မှန်သော။ —(estate,) အိမ်၊ မြေကဲ့သို့ကိုယ်နှင့်မပါနိုင်သော (ဥစ္စာ။)

**Realger,** *n.* ဆေးခန်းနီ၊ မြင်းသီလာ။

**Reality,** *n.* actual existence, ကေန်အမှန်ဖြစ်ခြင်း။ truth, ဟုတ်မှန်ခြင်း။ something important, အမှုကြီးသောအရာ။

**Realize,** *v. t.* to bring into actual being, ဖြစ်စေသည်။ ကေန်အမှန်ဖြစ်အောင်ပြုသည်။ to obtain actual possession of, ကိုယ်လက်သို့ရောက်အောင်ရသည်။ to impress on the mind as a reality, ကေန်အမှန်ဖြစ်သည်ကိုအောင်းမေ့သည်။

**Really,** *adv.* ကေန်၊ အမှန်၊ အတပ်၊ စင်စစ်၊ မချွတ်

**Realm,** *n.* နိုင်ငံ။
**Ream,** *n.* စက္ကူစွပ်ရေ ၄၈၀ ဝင်သောစက္ကူထုပ်။
**Re-animate,** *v. t.* to restore to life, တဖန်အသက်ရှင်စေသည်။ to inspire with new spirit, (အားလျော့သောသူကို) အားပေးသည်။
**Re-animation,** *n.* from above.
**Reap,** *v. t.* to cut with a sickle, ရိတ်သည်။ to obtain, ရသည်။
**Reaping-hook,** *n.* တံစဉ်။
**Re-appear,** *v. i.* တဖန်ပေါ်သည်။
**Re-appearance,** *n.* from above.
**Rear 1,** *n.* the hinder part, နောက်ဖေး။ the hinder part of an army or fleet, နောက်တပ်။ —admiral, ရေကြောင်းဗိုလ်ချုပ်ငယ်။ —guard, နောက်ကင်းတပ်။ —ward, *see* Rear 1.—2, *v. t.* to raise, ကြွသည်။ ချီသည်။ ပင့်သည်။ to bring up to maturity, ကြီးအောင်ကျွေးမွေးသည်။ to educate, တတ်အောင်ဆုံးမသွန်သင်သည်။ to exalt, ချီးမြှောက်သည်။
**Re-ascend,** *v. i.* တဖန်တက်ပြန်သည်။
**Reason,** *n.* the rational faculty, ဉာဏ်။ ဆင်ခြင်တတ်သောဉာဏ်။ a cause, အကြောင်း။ a ground of action, ပြုစေခြင်းငှါမိတ်ကိုနှိုးဆော်တတ်သောအကြောင်း။ right, justice, တရား။ —*v.* to exercise the faculty of reason, အကျိုးအကြောင်းကိုဆင်ခြင်သည်။ to infer, သိသောအကြောင်းအရာကိုထောက်၍ မသိသောအကြောင်းအရာကိုသိသည်။ to discuss, ဆွေးနွေးနှီးနှောသည်။ to persuade by reasoning, အကျိုးအကြောင်းကိုပြ၍သွေးဆောင်သည်။
**Reasonable,** *a.* rational, လူဉာဏ်ရှိသော။ အကျိုးအကြောင်းကိုဆင်ခြင်တတ်သော။ agreeable to reason, လူဉာဏ်နှင့်ညီလျော်သော။ just, suitable, အလျော်အတန်ဖြစ်သော။ within due bounds, အသင့်အတန်သော။
**Reasonableness,** *n.* from above.
**Reasoning,** *n.* from Reason, *v.*
**Re-assemble,** *v. t.* တဖန်စုဝေးပြန်စေသည်။
**Re-assert,** *v. t.* ထုတ်ကဲ့ဟုတဖန်ပြောထားသည်။
**Re-assume,** *v. t.* ယူပြန်သည်။
**Re-assure,** *v. t.* မိတ်လုံအောင်ပြုပြန်သည်။
**Re-baptize,** *v. t.* ခရစ်ယာန်ဘာသာသွင်းရာမင်္ဂလာကိုထပ်၍ပေးသည်။
**Rebel′,** *v. i.* ပုန်ကန်သည်။ ပုန်စားသည်။
**Reb′el,** *n.* ပုန်ကန်သောသူ။ သူပုန်။ ရန်ခြောင်။
**Rebellion,** *n.* ပုန်ကန်ခြင်း။
**Rebellious,** *a.* တော်လှန်သော။ အာဏာကိုဆန့်သော။ engaged in rebellion, ပုန်ကန်လျက်ရှိသော။ prone to rebel, ပုန်ကန်တတ်သော။ refractory, ခေါင်းမာသော။

**Rebound,** *v. i.* to spring back from contact, တကန်ခံ၍ရုန်သည်၊ to reverberate, အသံရိုက်၍ပြန်လာသည်။

**Rebuff,** *v. t.* ရုပ်ခနဲဆီးတားသည်။ —*n.* from *do.*

**Rebuild,** *v. t.* အသစ်တဖန်တည်ဆောက်ပြန်သည်။

**Rebuke,** *v. t.* to blame, အပြစ်တင်သည်။ to reprove, ဆုံးမသည်။ —*n.* from *do.*

**Rebus,** *n.* စကားဝှက်၊ စကားလိမ်။

**Rebut,** *v. t.* သူ့စကားကျေအောင်လှန်၍ချေသည်၊ ထုချေသည်။

**Rebutter,** *n.* တရားတွေ့မှု၌နောက်ထပ်ထောင်း၍ချေပသောစကား။

**Recall,** *v. t.* to call back, ပြန်လာစေအောင်ခေါ်ပြန်သည်၊ to call to mind, သတိရသည်၊ to take back (words,) (ပြောမိသောစကားကို) နုတ်ပြန်သည်။ to revoke, ပြန်၍နုတ်သိမ်းသည်၊ —*n.* from above, 1st def.

**Recant,** *v. t.* —a declaration, ပြောထားသောစကားကိုနုတ်ပြန်သည်၊ —an opinion, ယူမိသောအယူဝါဒကိုစွန့်ပြန်သည်။

**Recantation,** *n.* from above.

**Recapitulate,** *v. t.* ပြောဆိုခဲ့ပြီးသောအချုပ်အချာစကားကိုထပ်ဆင့်၍ပြောပြန်သည်။

**Recapitulation,** *n.* from above.

**Recapture,** *v. t.* လက်ရသိမ်းယူသွားသောအရာကိုရန်သူတို့လက်မှနုတ်ယူပြန်သည်။

**Recede,** *v. i.* to draw back, ဆုတ်သည်၊ to desist from, တန့်ရပ်၍နေသည်။ —Re-cede, *v. t.* လက်လွှတ်၍အပ်သောအရာကိုအရှင်ဟောင်းလက်သို့တဖန်ပြန်၍အပ်ပြန်သည်။

**Receipt,** *n.* the act of receiving, ခံယူခြင်း။ money received, ခံယူသောငွေ၊ a writing acknowledging the taking (of money or goods,) ခံယူကြောင်းကိုထားသောစာချုပ်၊ ပြေစာ၊ a recipe, ဆေးဖော်နည်း။

**Receivable,** *a.* ခံယူထိုက်ကောင်းသော။

**Receive,** *v. t.* to accept, ခံယူသည်။ —a place of trust from another, ဆက်ခံသည်။ —as a visitor, ဧည့်ခံသည်။ to take by way of obtaining, ခံရသည်။ to admit in the way of friendly intercourse, လက်ခံသည်၊ to be able to contain, ဆံ့သည်။

**Receiver,** *n.* one who receives, ခံယူသောသူ၊ ခံရသောသူ၊ one who partakes of stolen goods, သူခိုးလက်ခံ၊ a vessel for receiving the product of distillation, အရက်ရည်ခံသောအိုး။ the vessel of an air-pump, လေထုတ်ရာဖြစ်သောဖန်အိုး။

**Recency,** *n.* from Recent, *a.*

**Recension,** *n.* (စာကို) တဖန်ကြည့်၍ပြင်ပြန်ခြင်း။

**Recent,** *a.* being of late origin or existence, မကြာမမြင့်ဖြစ်သော။ fresh, of late occurrence, အသစ်ဖြစ်သော။

**Recently,** *adv.* မကြာမှီကာလထက။

**Recentness,** *n.* from above.

**Receptacle,** *n.* စုဝေး၍ထည့်ထားရာအရပ်၊

**Reception,** *n.* from Receive, *v.*

**Receptive,** *a.* ခံယူတတ်သော။

**Recess,** *n.* a withdrawing, ဆုတ်ခြင်း။ retreat, retirement, ဆိတ်ကွယ်ရာအရပ်၌နေခြင်း။ place of retirement or secrecy, ဆိတ်ကွယ်ရာအရပ်။ ဝှန်းကွယ်ရာအရပ်။ intermission or suspension of business, အမှုကိုဖြတ်၍အားထယ်ခြင်း။ a secret or abstruse part, နက်နဲသောအရာ။

**Recession,** *n.* from Recede, *v.* **Re-cession,** *n.* from Re-cede, *v.*

**Recipe,** *n.* ဆေးဖော်နည်း။

**Recipient,** *n.* ခံယူသောသူ။ ခံရသောသူ။

**Reciprocal,** *a.* အပြန်အလှန်ဖြစ်သော။

**Reciprocate,** *v. t.* အပြန်အလှန်ပြုသည်။

**Reciprocation,** *n.* from above.

**Reciprocity,** *n.* from Reciprocal, *a.*

**Recision,** *n.* ဖြတ်ခြင်း။

**Recital,** *n* the act of repeating from memory, ရွတ်ခြင်း။ the act of relating an account, ရေရွတ်၍ပြန်ပြောခြင်း။

**Recitation,** *n.* သင်၍ရသောစာကိုဆရာရှေ့မှာပြန်ခြင်း။

**Recitative,** *a.* သီခြင်းဆိုခြင်းတမျိုး။

**Recite,** *v. t.* to repeat from memory, ရွတ်သည်။ to rehearse a lesson (before an instructor,) စာပြန်သည်။ to relate, ရေရွတ်၍ပြန်ပြောသည်။

**Reckless,** *a.* သတိမရှိသော။ သတိလစ်သော။ ကန့်စင်းမရှိသော။ wanton, အကာစင်းမရှိသော။

**Recklessly,** *adv.* inconsiderately, ဟီးရိုးဟူးရား။ ဖောက်ပြီးဖောက်ဖတ်။ indecorously, ပိုးစိုးပက်စက်။

**Recklessness,** *n.* from above.

**Reckon,** *v. t.* to number, ရေတွက်သည်။ to compute, တွက်သည်။ to assign in an account, မှတ်ထားသည်။ to regard, ထင်မှတ်သည်။ —on, —upon, *v. t.* ဖြစ်မည်ကိုထင်စားသည်။ —with, *v. t.* စာရင်းရှင်းထင်းအောင်ပြုသည်။ to examine judicially, စစ်ကြောသည်။

**Reckoning,** *n.* the act of counting or of computing, ရေတွက်ခြင်း။ တွက်ခြင်း။ an account taken, အရေအတွက်။ a register of charges, ငွေစာရင်း။ အရေအတွက်စာရင်း။ a settlement of accounts, စာရင်းရှင်းထင်းစေအောင်ပြုခြင်း။ regard, ထင်မှတ်ခြင်း။ judicial investigation, စစ်ကြောခြင်း။

**Reclaim,** *v. t.* to demand to have returned, ပြန်၍တောင်းသည်။ to reform, bring back from evil to good, ဆိုးသောအဖြစ်မှကောင်းသောအဖြစ်သို့ရောက်စေအောင်ပြုသည်။ ပြန်၍ကောင်းစေအောင်ပြုသည်။

**Recline,** *v.* လျောင်းသည်။ ထည်းလျောင်းသည်။ လျောင်းစက်သည်။ (royal.)

**Recluse,** *a.* ဆိတ်ကွယ်ရာ၌နေသော။ —*n.* agent from above.

**Recognition, Recognizance,** *n.* from next; *in law*, an acknowledgment, ဝန်ခံခြင်း။

**Recognize,** *v. t.* သတိရ၍မှတ်မိသည်။ to get a hint of, ရိပ်မိသည်။

**Recoil,** *v. i.* to fall back, ဆုတ်သည်။ to rebound, ထိ၍ပြန်လာသည်။ —*n.* from *do.*

**Re-coin,** *v. t.* ဒင်္ဂါးအထပ်ခတ်ပြန်သည်။

**Re-coinage,** *n.* from above.

**Recollect,** *v. t.* သတိရသည်။ to have an indistinct recollection of, မှန်းမိသည်။ မှားတားတားမှိုသည်။ —Re-collect, *v. t.* စုရုံးပြန်သည်။

**Recollection,** *n.* from Recollect.

**Re-commence,** *v. t.* စ၍ပြုပြန်သည်။ —an unfinished word, ဆက်စဆက်သည်။

**Recommend,** *v. t.* to commend to another's kindness, သူတပါးထံမျက်နှာရစေအောင်ပြီးခွင်းသည်။ to make acceptable, သူတပါးနှစ်သက်စေအောင်ပြုသည်။

**Recommendation,** *n.* from above.

**Recommendatory,** *a.* from same.

**Re-commit,** *v. t.* တစန်အပ်ပြန်သည်။

**Re-commitment,** *n.* from above.

**Recompence,** *v. t.* to reward for service, ဆုချသည်။ to give in consideration of sufferings endured, ခံရသည့်အတွက်အကျိုးကိုပေးသည်။ to give in consideration of losses incurred, ထထျောစားပေးသည်။ to requite, အထွေအလျှည့်ပြန်၍ပြုသည်။ အထွေချေသည်။ —*n.* from above; that which is paid, ပေးသောအရာ။

**Re-compose,** *v. t.* to compose anew, အသစ်စီစည်၍လုပ်ပြန်သည်။ to quiet anew, အသစ်တစန်ငြိမ်းစေသည်။

**Reconcilable,** *adjective in* နိုင်ခွယ် from next.

**Reconcile,** *v. t.* ဖျန်ဖြေသည်။ to remove alienation, ကြေချမ်းစေအောင်ပြုသည်။ သင့်သင့်တင့်တင့်ဖြစ်စေသည်။ to unite in mind, စေ့စပ်သည်။ စေ့ဆိုသည်။ to bring to acquiescence, မငြင်းဘဲဝန်ခံ၍နေစေအောင်ပြုသည်။ to make congruous, ညီလျော်စေအောင်ပြုသည်။

**Reconcilement, Reconciliation,** *n.* from above

**Reconnoitre,** *v. t.* ဈည့်သည်၍ကြည့်ရှုသည်။ — in war, ကင်းထိုးသည်။
**Re-conquer,** *v. t.* ထပ်၍အောင်မြင်သည်။
**Re-consider,** *v. t.* အသစ်တဖန်ဆင်ခြင်သည်။
**Re-consideration,** *n.* from above.
**Re-convey,** *v. t.* ပြန်၍ပို့သည်။
**Rec'ord,** *n.* မှတ်ပုံ၊ မှတ်စု၊ —of the time and circumstances of one's birth, နေ့ရက်ဇွဲဇာတာ၊ traditional records, ဥပါဒ်စကား၊ official—, စာတမ်း၊ —keeper, မှတ်ပုံထိန်း။
**Record',** *v. t.* မှတ်ပုံတင်သည်၊ ရေးမှတ်သည်။
**Recorder,** *n.* agent from above; a certain law officer, တရားစီရင်ခြင်းအမှုနှင့်ဆိုင်ပင်ဖက်။
**Recount,** *v. t.* အစဉ်အတိုင်းပြန်ပြောသည်။
**Recourse,** *n.* application for some favor, ကျေးဇူးခံအံ့သောငှါချည်း ကပ်၍တောင်းပန်ခြင်း၊ the act of applying to a certain use, အသုံးပြုခြင်း။
**Recover,** *v. i.* ထမြောက်သည်၊ သက်သာသည်။ —from fainting, ပြန်သည်။ —*v. t.* from above; to regain, ရပြန်သည်။ to bring back from evil, (မကောင်းသောအရာထဲက) နှုတ်၍အရင်နေရာသို့ ပြန်စေသည်။
**Recoverable,** *adjectives in* နိုင်ဖွယ် from above.
**Recovery,** *n.* from Recover, *v.*
**Recreancy,** *n.* from next.
**Recreant,** *a.* cowardly, သူရဲဘောနည်းသော၊ ကြောက်တတ်သော၊ apostate, ဖောက်ပြန်လျက်ရှိသော။
**Recreate,** *v. t.* to refresh, အားပြည့်စေခြင်းသည်။ အမောအပန်းပြေ၍နေသည်။ to gratify, အားရစေသည်၊ ပျော်မွေ့စေသည်။ —*v. i.* to take pleasure, ပျော်မွေ့လျက်နေသည်။
**Recreation,** *n.* from above.
**Recreative,** *a.* refreshing, အမောအပန်းပြေတတ်သော၊ gratifying, ပျော်မွေ့စေတတ်သော။
**Recriminate,** *v.* ဈန်ပြန်၍အပြစ်တင်သည်။
**Recrimination,** *n.* from above.
**Recruit,** *v. t.* to repair by fresh supplies, လျော့ပါးသည်ကိုထပ်၍ ဖြည့်စွက်ပြန်သည်။ to supply an army with new men, ထက်နက်ကိုင်အသစ်ထပ်၍ခွဲခန့်သည်။ —*v. i.* to gain fresh supplies, အားဖြည့်သည်။ —*n.* အသစ်ခွဲခန့်သောထက်နက်ကိုင်။
**Rectangle,** *n.* အလျား၊ အနံမျှသောရိုက်ထောင့်လေးထောင့်ပုံ၊ ရိုဏ္ဍဂံ။
**Rectangular,** *a.* ကျင်တွယ်ထောင့်ရှိသော၊ ရိုက်ထောင့်ရှိသော။
**Rectification,** *n.* from next.
**Rectify,** *v. t.* to make right, correct, ဖြောင့်အောင်ပြုသည်။ to

improve by repeated distillation, ထပ်၍ဖြန့်သည်။ အထပ်ထပ်ဖြန့်၍ချက်သည်။

**Rectilinear**, *a.* ဖြောင့်တန်းသော။

**Rectitude**, *n.* ဖြောင့်မတ်ခြင်း။

**Rector**, *n.* a ruler, အုပ်စိုးသောသူ။ a priest of superior rank, အင်္ဂလိပ်ဘာသာ၌ အကြီးသောသင်းအုပ်။ the president of college, သိပ္ပံကျောင်းအုပ်။

**Rectory**, *n.* အရာကြီးသောသင်းအုပ်ဆရာနေရာကျောင်းနှင့်ဝဝ်မြေ။

**Rectum**, *n.* အူမအောက်ဆုံးပိုင်း။

**Recumbency**, *n.* from next.

**Recumbent**, *a.* လျောင်းလျက်ရှိသော။

**Recur**, *v. i.* to occur again to the mind, စိတ်ထင်မှတ်ဖြန့်သည်။ to have recourse, အသုံးပြုသည်။

**Recurrence**, *n.* return, ပြန်ခြင်း။ တဖန်ဖြစ်ခြင်း။ recourse, နောက်မှအသုံးပြုခြင်း။

**Recurrent**, *a.* အဖန်ဖန်ဖြစ်သော။

**Recusant**, *a.* မင်းစီရင်သောဘာသာကိုဝန်မခံ ငြင်းသော။ —*n.* from *do.*

**Red**, *a.* နီသော။ dull—, နီညိုညို။ excessively—, နီတာတာ။ နီမြန်းသော။ fiery—, ရဲရဲနီသော။ pale—, နီကျင်ကျင်။ very—, နီရဲရဲ။ —haired, ဆံပင်နီသော။ —hot, ရဲအောင်ပူသော။ —*n.* နီသောအဆင်း။ —lead, ဆုံး။ a deep—, ပန်းရင့်။ ကြက်သွေး။ bluish—, နီပြာပြာ။ မိုးယ်းကြိုးရောင်။ a pale—, ပန်းနု။

**Redden**, *v. i.* နီ၍လာသည်။ —*v. t.* နီအောင်ပြုသည်။

**Reddish**, *a.* ခပ်နီနီ။ disagreeably—, နီစပ်စပ်။

**Redeem**, *v. t.* ရွေးသည်။ ရွေးနှုတ်သည်။

**Redeemer**, *n.* agent, from above; the Saviour, ရွေးနှုတ်ကယ်တင်တော်မူသောသခင်။

**Re-deliver**, *v. t.* ပြန်၍အပ်သည်။

**Re-demand**, *v. t.* တောင်းပန်သည်။

**Redemption**, *n.* from Redeem.

**Redintegrate**, *v. t.* အသစ်တဖန်ပြုပြင်သည်။

**Redintegration**, *n.* from above.

**Redness**, *n.* from Red, *a.*

**Redolence**, *n.* from next.

**Redolent**, *a.* မွှေးသော။

**Re-double**, *v. t.* to repeat more than once, အထပ်ထပ်ပြုသည်။ to increase by repeated additions, တဆတဆတိုးပွားစေသည်။

**Redoubt**, *n.* တပ်ပြင်၌ရှိသောအမြောက်စင်။

**Redoubtable**, *a.* ခွန်အားရှိ၍ကြောက်ထိန့်စေတတ်သော။

**Redound,** *v. i.* to come back with force, လှန်၍ဆုတ်လာသည်။ to conduce to, အကျိုးကိုဖြစ်စေသည်။

**Redress,** *v. t.* to repair, ပြုပြင်သည်။ to make up for, အစားပေးသည်။ —*n.* from *do.*

**Reduce,** *v. t.* to bring to a former state, အရင်ဖြစ်စေသည်နည်းတူတဖန်ဖြစ်စေသည်။ to bring to some state or condition, တစုံတခုသောအဖြစ်သို့ရောက်စေသည်။ to diminish, လျော့စေသည်။ to lower, ယုတ်စေသည်။ ရှုတ်ချသည်။ to subdue, အောင်သည်။ to classify, ဆိုင်ရာဆိုင်ရာသီးသန့်၍ထားသည်။

**Reducible,** *adjectives in* နိုင်ဖွယ် from above.

**Reduction,** *n.* from Reduce.

**Redundant,** *a.* အကျိုးမရှိဘဲပိုမိုသော။

**Reduplicate,** *v. t.* ခေါက်ချိုးချိုးသည်။

**Reduplication,** *n.* from above.

**Re-echo,** *v.* ပဲ့တင်သံပြန်၍ခတ်သည်။

**Reed,** *n.* ကျူပင်။ ဖောင်းပင်။ —of a weaver, ရည်သွား။

**Reef 1,** *n.* ပင်လယ်၌ပေါ်သောကျောက်တန်း။ —2, *v. t.* ရွက်ကိုလိုရာတွင်ခေါက်လိပ်၍ချည်ထားသည်။

**Reek,** *n.* အငွေ့။ —*v. i.* အငွေ့ထွက်သည်။

**Reel 1,** *n.* တည်ဉ်းလုံး။ ရဟတ်။ ရဟတ်ချား။ စက်တည်ဉ်း။ —, *v. t.* to gather thread from a spindle, ရဟတ်ချားထဲသို့သွင်းသည်။ —2, *v. i.* to stagger, ကတိမ်းကပါးသွားသည်။ ထိမ်းဘိသည်။ ယိမ်းဘိယိမ်းပါးသွားသည်။

**Re-elect,** *v. t.* ရွေးကောက်ပြန်သည်။

**Re-elective,** *a.* တဖန်ရွေးကောက်နိုင်ဖွယ်ဖြစ်သော။

**Re-embark,** *v.* to go again on board ship, သင်္ဘောပေါ်သို့တဖန်တက်ပြန်သည်။ to put on board ship again, သင်္ဘောပေါ်သို့တဖန်တင်ပြန်သည်။

**Re-enact,** *v. t.* ထပ်၍ဥပဒေထားပြန်သည်။

**Re-enforce,** *v. t.* to strengthen, ထောက်မသည်။ to add fresh troops, တပ်သားထပ်၍ဖြည့်ပြန်သည်။

**Re-enforcement,** *n.* from above; additional force, ထပ်၍ဖြည့်ပြန်သောတပ်သား။

**Re-enter,** *v.* ဝင်ပြန်သည်။

**Re-enthrone,** *v. t.* နန်းတင်ပြန်သည်။

**Re-establish,** *v. t.* တည်ထောင်ပြန်သည်။

**Re-establishment,** *n.* from above.

**Re-examine,** *v. t.* စစ်ဆေးပြန်သည်။

**Re-examination,** *n.* from above.

**Refection,** *n.* refreshment, အားဖြည့်ခြင်း။ a luncheon, သားရေစာ။

**Refectory**, *n.* ထမင်းစားဆောင်၊ စားသောက်ဆောင်။

**Refer**, *v. i.* to have relation, ဆိုင်သည်၊ to allude (to,) ရည်ဆောင်သည်၊ ရည်ရွယ်သည်၊ ရည်မှတ်သည်၊ to have recourse for information, ကိုယ်တိုင်မသိသောအရာကို သိစေခြင်းငှာ တပါးကိုအမှီပြုသည်၊ —*v. t.* to transfer to (some other jurisdiction,) လွှဲအပ်သည်၊ to send elsewhere for information, ကိုယ်တိုင်မသိသောအရာကိုသိစေခြင်းငှာတပါးထံသို့စေလွှတ်သည်၊ to connect subordinately, နှိမ့်သား၍ဆိုင်စေသည်၊ to classify, ဆိုင်ရာဆိုင်ရာအားသင့်၍ထားသည်။

**Referable**, *adjective in* နိုင်ရွယ် from above.

**Referee**, *n.* အလွှဲခံရသောသူ။

**Reference**, *n.* from Refer, *v. i.* 1st and 2d def. and Refer, *v. t.* 1st and 2d def.; —to (in,) ဆိုင်သည်အမှုမှာ။

**Refine**, *v. i.* to become pure, clear, ကြည်၍လာသည်၊ to become better (in any respect,) ကောင်း၍လာသည်၊ to affect nicety, နူးညံ့သိမ်မွေ့ရောင်ဆောင်သည်၊ —*v. t.* from next; to purify, as metal, ချွတ်သည်။

**Refined (be,)** *v. i.* to be clarified, ကြည်လင်သည်၊ ရှင်းလင်းသည်၊ to be fine, delicate, နူးညံ့သိမ်မွေ့သည်၊ to be polished in manners, ကျော့သည်၊ ယဉ်ကျေးသည်၊ to be of nice, discriminating taste, ဝိစိ၍ပိုင်းခြားတတ်သောဉာဏ်ရှိသည်၊ to have pure and correct moral principles, နူးညံ့သိမ်မွေ့ချစ်သနားတတ်သောစိတ်သဘောရှိသည်။

**Refinement**, *n.* from above, and from Refine, *v. t.* 1st and 2d def. and from Refine, *v. i.* last def.; artificial practice, ငမြိုသာယ်။

**Refit**, *v. t.* အသစ်ပြုပြင်ပြန်သည်။

**Reflect**, *v. t.* to throw back, လှန်သည်၊ —*v. i.* to throw back light, အရောင်ပြန်သည်၊ to turn the thoughts on the past, ဆင်ခြင်ထောင်းမေ့သည်၊ to consider attentively, စေ့စေ့ဆင်ခြင်သည်၊ to bring reproach, ကဲ့ရဲ့စရာရှိစေခြင်းပြုသည်၊ to make a reproachful intimation, ငပြစ်ရိပ်ကိုပြ၍ပြောဆိုသည်။

**Reflection**, *n.* from above; အဆင်ခြင်၊ တဒါရို၊ *Pali.* light reflected, ပြန်သောအရောင်၊ an observation, remark, အကြောင်းပြု၍ပြောသောစကားချက်။

**Reflective**, *a.* throwing back images, အရိပ်ကိုပြန်၍ပြသော၊ meditative, ဆင်ခြင်တတ်သော။

**Reflex**, *a.* နောက်သို့လှန်သော။

**Reflexible**, *adjective in* နိုင်ရွယ် from above.

**Reflexive**, *a.* လှန်ပြီးသောအရာနှင့်ဆိုင်သော။

**Reflorescence**, *n.* အပွင့်ပွင့်ပြန်ခြင်း။
**Re-flourish**, *v. i.* တဖန်စည်ကားဝေဆာသည်။
**Re-flow**, *v. i.* to flow back, တွန့်၍စီးသည်။ to ebb, ဒီရေကျသည်။
**Refluence, Reflux**, *n.* from above.
**Refluent**, *a.* from same.
**Reform**, *v. i.* ဆိုးသောအဖြစ်မှ ကောင်းသောအဖြစ်သို့ပြောင်းလဲသည်။ —*v. t.* from above; ပြုပြင်သည်၊ အသစ်ပြုပြင်သည်။
**Reformation**, *n.* from *do.*
**Refracted** (be) *v. i.* (ရောင်ခြည်) စသွတိမ်းသည်။
**Refract**, *v. t.* from above.
**Refraction**, *n.* from above.
**Refractive**, *a.* (ရောင်ခြည်) သွေတိမ်းစေတတ်သော။
**Refractoriness**, *n.* from next.
**Refractory**, *a.* နားမထောင်၊ ကျေကြွန်တကန့်ပြုတတ်သော။ အာဂုံအာဂါပြုသော၊ အောင့်တောင့်သော။
**Refragable**, *a.* ကျော်ပန့်နိုင်ဖွယ်ဖြစ်သော။
**Refrain**, *v. i.* to forbear, မပြုဘဲနေသည်။ —*v. t.* to prevent doing, မပြုဘဲနေစေခြင်းဆီးတားသည်။
**Refrangibility**, *n.* from next.
**Refrangible**, *a.* (ရောင်ခြည်) သွေတိမ်းနိုင်ဖွယ်ဖြစ်သော။
**Refresh**, *v. t.* to cool, အေးစေသည်။ to recreate, အားဖြည့်စေခြင်းပြုသည်၊ အမောအပန်းကိုဖြေ၍နေသည်။ to re-animate, (အားလျော့သောသူကို) အားပေးသည်။ to renovate what is impaired, ယိုယွင်းသည်ကိုပြုပြင်သည်။
**Refreshed** (be,) *v. i.* အားဖြည့်သည်။
**Refreshment**, *n.* the state of being refreshed, အားဖြည့်ခြင်း။ a revival of spirits, အားတက်ခြင်း။ that which affords refreshment, အစာအာဟာရမှစ၍အားဖြည့်စေသောအရာ။
**Refrigerant**, *a.* from next.
**Refrigerate**, *v. t.* အေးစေသည်။
**Refrigeratory**, *n.* အငွေ့ပူ၏အရှိန်ကိုသတ်၍အရည်ဖြစ်စေသောတန်ဆာ။
**Refuge**, *n.* လုံခြုံသောနေရာ၊ ခိုလှုံရာ၊ မှီခိုရာ။ take—, *v.* ခိုလှုံသည်၊ မှီခိုသည်၊ မှီကဝ်သည်။ take refuge in a person or thing to avoid some evil, ခိုကဝ်သည်။ to take refuge in the glory or power of another, ခိုလှုံသည်။
**Refugee**, *n.* ဘေးလွတ်၍ခိုလှုံရာရှာဖွေသောသူ။
**Refulgence, Refulgency**, *n.* from next; အရောင်အဝါ။
**Refulgent**, *a.* အရောင်ထွန်းလင်းသော။
**Refund**, *v. t.* ပြန်၍ပေးသည်။

**Refusal**, *n.* from next; the power of taking or refusing, ယူရ၊ ပယ်ရသောအခွင့်။

**Refuse'**, *v. t.* to deny a request, မပေးဘဲငြင်းသည်။ to deny peremptorily, ခါတွက်သည်။ to reject, ငြင်းပယ်သည်။ —to obey, ငြင်းဆန်သည်။

**Ref'use**, *a.* စွန့်ပစ်အပ်သော။ —*n.* စွန့်ပစ်သောအရာ၊ အမှိုက်၊ အမှိုက်သရိုက်၊ remnants, အကျုံ့၊ the threshed pods of peas and beans, အမှော်၊

**Refutable**, *a.* ချေပနိုင်ဖွယ်ဖြစ်သော။

**Refutation**, *n.* from next.

**Refute**, *v. t.* ချေပသည်။ ထုချေသည်။ ချေလည်းသည်။

**Regain**, *v. t.* ရပြန်သည်။

**Regal**, *a.* pertaining to a king, ရှင်ဘုရင်နှင့်ဆိုင်သော၊ like a king, ရှင်ဘုရင်ကဲ့သို့ဖြစ်သော။

**Regale**, *v. t.* ပျော်မွေ့စေခြင်းပြုသည်။

**Regalement**, *n.* from next.

**Regalia**, *n.* မင်းခြောက်တန်ဆာ။

**Regality**, *n.* မိုးခံခြင်း။

**Regard**, *v. t.* to look at, ကြည့်ရှုသည်။ to observe, look at with some attention, ကြည့်မှတ်သည်။ to take notice of, ဘွေထူသည်၊ to account, reckon, ထင်သည်။ ထင်မှတ်သည်။ to have regard to, ထောက်ထားသည်။ to make account of, အမှုထားသည်။ ပမာဏပြုသည်။ to esteem, ကောင်းခြတ်သည်ထုထင်၍နှစ်သက်သောစိတ်ရှိသည်။ —as important, ဂရုပြုသည်။ to keep religiously, စောင့်သည်။ to relate to, ဆိုင်သည်။ —*n.* from same; —to (have,) *v. t.* to have respect to, ထောက်ထားသည်၊ to feel for, ထောက်စာသည်။ [to regard (a desirable event) as probable, ထင်စားသည်။ to lose regard for, စိတ်ကုန်သည်။ စိတ်ပြတ်သည်။]

**Regardful**, *a.* မှတ်တတ်သော၊ ပမာဏပြုတတ်သော၊ သတိပြုတတ်သော။

**Regarding**, *prep.* in regard to, ကို၊ မှာ၊ မှုကား။ ဟူမှုကား။

**Regardless**, *a.* ပမာဏမပြုတတ်သော၊ သတိမထားသော၊ အမှတ်တမဲ့နေသော။

**Regatta**, *n.* လှေ၊ သံဆန်ချင်းပြိုင်သောပွဲ။

**Regency**, *n.* rule, government, အစိုးရခြင်း။ vicarious government, မင်းကြီးကိုယ်စားပြု၍အုပ်စိုးခြင်း။ a body of men intrusted with vicarious government, မင်းကြီးကိုယ်စားပြု၍အုပ်စိုးရသောမင်းစု၊

**Regenerate**, *a.* and *v. t.* from next.

**Regenerated** (be,) *v. i.* ဒုတိယမွေးခြင်းကိုခံသည်။ ဓာတ်ပကတိသဘောပြောင်းလဲသည်။

**Regeneration**, *n.* from above.

**Regent**, *a.* ruling, governing, အုပ်စိုးသော။ exercising vicarious authority, မင်းကြီးကိုယ်စားပြု၍အုပ်စိုးလျှက်ရှိသော။ —*n.* agent from same; one who rules in the minority of the rightful prince, ရင်ခွင်ပိုက်။

**Regicide**, *n.* the murderer of a king, ရှင်ဘုရင်ကိုသတ်သောသူ။ the murder of a king, ရှင်ဘုရင်ကိုသတ်ခြင်း။

**Regimen**, *n.* ခါတ်ကြိုက်ရာသို့လိုက်၍အစာတာရှုစသော၊ ဆူရိယာဥပုဒ်ကျွတ ဆောင်ဆိုးဖြတ်၍ပေးသောအရာ။

**Regiment**, *n.* လူ ၁၀၀၀ ရှိသောတပ်။ စစ်သည်တပ်။

**Regimental**, *a.* လူ ၁၀၀၀ ရှိသောတပ်နှင့်ဆိုင်သော။

**Regimentals**, *n. plur.* တပ်သားဆင်သောအဝတ်တန်ဆာ။

**Region**, *n.* tract of country, အရပ်ဒေသ။ place where a thing is, ရှိရာအရပ်။

**Register**, *n.* a record, မှတ်ပုံ။ record of dates, boundaries, etc, မှော်ကွန်း။ a list, account, စာရင်း။ အင်းစာရင်း၊ an officer who registers, မှတ်ပုံတင်သောအရာရှိ။ —*v. t.* to record, မှတ်ပုံတင်သည်။ to account, စာရင်းနှင့်မှတ်သားသည်။ (to be entered in a register, စာရင်းဝင်သည်။)

**Registrar**, *n.* မှတ်ပုံတင်သောအရာရှိ။

**Registry**, *n.* the act of registering, မှတ်ပုံတင်ခြင်း။ the place where a register is kept, မှတ်ပုံထားသောတိုက်။

**Reglet**, *n.* သပ်ရှည်။

**Regnant**, *a.* အုပ်စိုးလျှက်ရှိသော။

**Re-gorge**, *v. t.* to vomit up, အန်သည်။ to swallow again, တဖန်မျိုပြန်သည်။

**Regress**, *n.* ထွက်၍သွားခြင်း။

**Regret**, *v. t.* to be sorry for (one's own conduct,) နောင်တရသည်။ to be sorry for the loss of (something valuable,) နှမြောသည်။ to be sorry for the loss of (friends,) လွမ်းသည်။ လွမ်းဆွတ်သည်။ လွမ်းကျင်သည်။ —*n.* from *do.*

**Regular**, *a.* conformed to rule, နည်းဥပဒေနှင့်ညီသော။ orderly, methodical, အစီအစဉ်အတိုင်းဖြစ်သော။ according to custom, ထုံးစံအတိုင်းဖြစ်သော။ even, uniform, ညီမျှသော။ steady, constant, မြဲမြဲဖြစ်သော။

**Regularity**, *n.* from above; အမှန်။

**Regulate**, *v. t.* to adjust by rule, နည်းဥပဒေအတိုင်းကျအောင်ပြုသည်။ to put in good order, ကောင်းစွာနှင့်စီရင်ပြုပြင်သည်။

**Regulation**, *n.* from above; an order, ဥပဒေ။ စီရင်ချက်။

**Regulator**, *n.* agent from Regulate; that part of a machine that regulates its motion, ယန္တရားစက်၌အလျှင်နှင့်အနှေးကိုဖြင်စေသော တန်ဆာ။

**Regurgitate**, *v. t.* to throw out violently, ပြင်းစွာထုတ်ပြစ်သည်။

**Re-hear**, *v. t.* (စီရင်ပြီးသောတရားကို) တဖန်စစ်ဆေးပြန်သည်။

**Rehearsal**, *n.* from next.

**Rehearse**, *v. t.* to repeat from memory, ရွတ်သည်။ —a play, ဇာတ်တိုက်သည်။ to narrate, အကြောင်းအရာအထူးထူးတို့များကို အစဉ်အတိုင်းပြန်ပြောသည်။

**Reheat**, *v. t.* နွှေးသည်။

**Reign**, *v. i.* to enjoy sovereign power, မိုးစံသည်။ မိုးမိုက်သည်။ မိုးဆက်သည်။ to have dominion, အစိုးရသည်။ to predominate, အားကြီး၍လွှမ်းကဲသည်။ to begin to—, နန်းတက်သည်။ —*n.* sovereignty, မိုးစံခြင်း။ စည်းစိမ်။ the time of a king's government, မိုးစံရာကာလ။ လက်ထက်။ dominion, အစိုးရခြင်း။ preponderance, အားကြီး၍လွှမ်းကဲခြင်း။

**Re-imburse**, *v. t.* အစားပြန်ပေးသည်။

**Re-imbursement**, *n.* from above.

**Re-impression**, *n.* a re-printing, အသစ်တဖန်စာပုံနှိပ်ခြင်း။ a new impression on the mind, တစုံတခုသောစိတ်ဖြစ်ပြန်ခြင်း။

**Rein**, *n.* the strap or cord of a bridle, ဇက်ကြိုး။ reins to guide oxen, နွားကန်ကြိုး။ the power of controlling, နိုင်၍အုပ်ချုပ်သောအခွင့်။ —*v. t.* to manage by a bridle, ဇက်ကြိုးနှင့်ပဲ့ပြင်သည်။ to control, နိုင်၍အုပ်ချုပ်သည်။

**Reins**, *n. plur.* the kidneys, ကျောက်ကပ်။

**Re-instate**, *v. t.* နေရာအခြေနှင့်ထားပြန်သည်။

**Re-iterate**, *v. t.* ထပ်ထပ်ပြုသည်။

**Re-iteration**, *n.* from above.

**Reject**, *v. t.* to refuse, not accept, ပယ်သည်။ ငြင်းပယ်သည်။ ပယ်ရှားသည်။ to throw away, ပြစ်သည်။ ပြစ်ထားသည်။ to forsake, စွန့်သည်။ စွန့်ပြစ်သည်။ —and destroy, ပယ်ဖျက်သည်။

**Rejection**, *n.* from above.

**Rejoice**, *v. i.* ဝမ်းမြောက်သည်။ ရွှင်လန်းသည်။ —*v. t.* from same.

**Rejoicing**, *n.* from above.

**Re-join**, *v. t.* to join again, ဆက်ပြန်သည်။ etc. *see under* Join; to meet again, တွေ့ပြန်သည်။ —*v. i.* to answer to a reply, ပြန်၍ပြောဆိုသည်။ *in law, pleading*, ထုချေပြောဆိုသည်။

**Rejoinder**, *n.* from last def.

**Re-kindle**, *v. t.* မီးညှိပြန်သည်။

**Relapse**, *v. i.* to return to error or vice, ဒွေးလျှော့ဖောက်ပြန်သည်။

to be subject to a return of illness, အနာလှန်၍ထပြန်သည်၊ —*n.* from above.

**Relate,** *v. t.* to narrate, အကြောင်းအရာအထုပ္ပတ္တိများကိုအစဉ်အတိုင်း ပြောသည်၊ ရေတွက်၍ပြန်ပြောသည်၊ ပြန်ကြားသည်၊ —*v. i.* to have reference, ဆိုင်သည်၊ စပ်ဆိုင်သည်၊

**Related,** *a.* —by consanguinity, ပေါက်ဖော်တော်သော၊ —collaterally, တော်စပ်သော၊ distantly—, စပ်နွယ်သော၊ nearly—, နီးရင်းသော၊

**Relation,** *n.* from Relate, *v. t.* and *v. i.* and from Related, *a.*; a relation, kinsman, ဆွေမျိုးပေါက်ဖော်၊ ဆွေမျိုးဉာတကာ၊ an own—, ဆွေရင်းမျိုးချာ၊ အဆွေအမျိုးစစ်။

**Relative,** *a.* having relation, စပ်သော၊ စပ်ဆိုင်သော၊ not absolute, not positive, ကိုယ်တိုင်သက်သက်မဖြစ်၊ အခြားသောအရာနှင့်နှိုင်းရှည်ပြီးမှသာဖြစ်သော၊ —*n.* a relation, kinsman, ဆွေမျိုးပေါက်ဖော်၊ ဆွေဉာတကာ၊ ဆွေသားချင်း၊ consanguineous—, အသွေးအသား၊ paternal—, အဘသားချင်း၊ maternal—, အမိသားချင်း၊ that which has relation to something else, ဆိုင်သောအရာ၊

**Relatives,** *n.* ဉာတကာ၊ ဉာတိ၊ ဆွေမျိုးဉာတကာ၊

**Relax,** *v. t.* to slacken, လျော့သည်၊ to loosen, make less firm, နှဲ့ဖောင်ပြုသည်။ —effort, လုဿလရှော့လျော့သည်၊ to ease, relieve, သက်သာဖောင်ပြုသည်၊ to remove constipation, ဝမ်းပျော့စေသည်၊ to make languid, ညှိုးနွမ်းစေသည်၊

**Relaxation,** *n.* from above.

**Relay,** *n.* ချောခြင်း။

**Release,** *v. t.* လွှတ်သည်၊ လွှတ်လိုက်သည်။ —*n.* from *do.* အကျွတ်၊

**Relent,** *v. i.* ကြင်နာသောစိတ်ဝင်သည်။ စိတ်ကြေကွဲသည်။

**Relentless,** *a.* ကြင်နာသောစိတ်မရှိ၊ ခိုင်မာတတ်သော၊

**Relevancy,** *n.* from next.

**Relevant,** *a.* ဆိုင်သော၊ တိုက်မိသော၊ အချက်ကျသော၊ နေရာကျ၍ခိုက်မိသော (စကား၊) ဆီဆိုင်သော၊

**Reliable,** *a.* ကိုးစားစရာကောင်းသော၊

**Reliance,** *n.* ကိုးစားခြင်း။

**Relic,** *n.* that which remains after the loss or decay of the greater part, ပျက်ပျက်စီးစီးကျန်ကြွင်းသောအရာ၊ that which remains of a dead person, သေသောသူကကျန်ရစ်သောအရာ၊ —of a Boodh, ဓာတ်တော်၊ မွေတော်။

**Relict,** *n.* မုဆိုးမ၊

**Relief,** *n.* from next, 1st and 2d def.; the prominence of a figure above the ground on which it is formed, ရင်ပုံမောက်၍ထင်ပေါ်ခြင်း။

**Relieve,** *v. t.* to alleviate, or remove pain, သက်သာစေသည်၊ ချမ်းသာပေးသည်၊ to release from service, အမှုထမ်းရာမှနှုတ်သည်၊ to abate the inconvenience of a thing by something dissimilar. နှောင့်ရှက်သောအရာကိုလျော့ညှိ့အောင်ပြုသည်၊

**Relieved (be,)** *v. i.* —from fatigue, အပန်းပြေသည်၊ —from wind in the stomach, လေနိုပ်သည်၊ နိုမ်သည်၊

**Relievo,** *see* Relief, last def.

**Religion,** *n.* performance of the law of God, ဘုရား၏တရားကိုကျင့်ခြင်း။ a particular system of faith and worship, တာသာ၊ (there is no religion, သာသနာပသည်၊)

**Religionist,** *n.* ဘုရား၏တရား၌စိတ်စွဲလမ်းသောသူ၊

**Religious,** *a.* pertaining to religion, ဘုရား၏တရားကိုကျင့်ခြင်းနှင့်ဆိုင်သော၊ pious ဘုရားဝတ်ကိုပြုတတ်သော၊ conscientiously exact, တရားကိုထောက်ထား၍ခွဲစပ်သေချာသော၊

**Relinguish,** *v. t.* to let alone, withdraw from, လက်လွှတ်၍ထားသည်၊ to forsake, စွန့်ပြစ်သည်။

**Relinquishment,** *n.* from above.

**Reliquary,** *n.* သေသောသူကကျန်ရစ်သောအရာတို့ကိုထည့်ထားသောသစ်တာ၊

**Relish,** *v.* နှစ်ခြိုက်သည်။ mostly used in the adverbial form, နှစ်နှစ်ခြိုက်ခြိုက်၊ *v. i.* အရသာရှိသည်၊ ဆိမ့်သည်၊ —*v. t.* from above: to like the taste of, မြိန်သည်၊ မြိန်ရှက်သည်၊ to like (any thing,) ကြိုက်သည်၊ —*n.* taste. အရသာ၊ ဩဇာ၊ liking, ကြိုက်ခြင်း။ the faculty of liking or being pleased with, ကြိုက်တတ်သောစိတ်၊

**Relishable,** *a.* ဆိမ့်သော၊

**Relishingly.** *adv.* ခြိုက်ခြိုက်မြိုက်မြိုက်၊ နှစ်နှစ်မြိုက်မြိုက်၊

**Reluctance,** *n.* from next.

**Reluctant,** *a.* စိတ်မပါသော၊ (ပြု) ခြင်းငှါအလိုမရှိသော၊ အလိုမရှိ၊ ဆေးဆေးနှေးနှေးဖြစ်သော၊ —(to do,) ပျင်းသော၊ (to pretend to be reluctant, စိတ်လုပ်သည်၊)

**Reluctantly,** *adv.* —through fear of losing, အလွှိုလွှို၊

**Reluctate,** *v. i.* စိတ်မပါသောကြောင့်လေးလေးကန်ကန်နေသည်၊

**Relume, Relumine,** *v. t.* to rekindle, မီးညှိပြန်သည်၊ to enlighten anew, လင်းစေပြန်သည်၊

**Rely,** *v. i.* —on, ကိုးစားသည်။

**Remain,** *v. i.* to continue, နေသည်၊ —for a little while, တည်းသည်၊ to be left, နေရစ်သည်၊ ကျန်ရစ်သည်၊ ကျန်ကြွင်းသည်၊ to be alive, တင်သည်၊ to be left out of a greater number or quantity, ကြွင်းသည်၊

**Remainder**, *n.* အကျန်၊ အကြွင်း။ ကျန်ကြွင်းသောအရာ။ —in subtraction, နှုတ်ကြွင်း။ —in division, သေသာ။

**Remains**, *n. plur.* what remains after a part has been destroyed, ဖျက်ဆီးသောနေရာတွင်ကျန်ကြွင်းရစ်သောအစအန။ a dead body, a corpse, အလောင်းကောင်။

**Remand**, *v. t.* ပြန်စေသည်။

**Remark**, *v. t.* to take notice of, ကြည့်၍မှတ်သည်။ to speak about, အကြောင်းပြု၍ပြောသည်။ —*n.* အကြောင်းပြု၍ပြောသောစကားချက်။

**Remarkable**, *a.* observable, ကြည့်၍မှတ်စရာကောင်းသော။ extraordinary, ထူးခြားသော။ အံ့ဩဖွယ်ဖြစ်သော။

**Remarkably**, *adv.* extraordinarily, in a good sense, ခဲခေါင်း။

**Remediable**, *a.* (မကောင်းသောအမှုအရာ) ပပျောက်နိုင်ဖွယ်ဖြစ်သော။

**Remedial**, *a.* ပပျောက်စေနိုင်မှုရာဖြစ်သော။

**Remediless**, *a.* incurable, မပြုပြင်နိုင်ဖွယ်ဖြစ်သော။

**Remedy**, *v. t.* to cure, ဆေးကု၍ (အနာကို) ပျောက်စေသည်။ to remove (an evil,) ပပျောက်စေသည်။ —*n.* that which cures disease, ကု၍အနာကိုပျောက်စေနိုင်သောဆေး။ that which removes an evil, မကောင်းသောအမှုအရာကိုပပျောက်စေသောအရာ။

**Remember**, *v. t.* to bear in mind, မှတ်မိသည်။ to recollect, သတိရသည်။ to bear in mind with interest or affection, အောင်းမေ့သည်။

**Remembrance**, *n.* from above; knowledge, အမှတ်အသား။ a memorial, မှတ်မိစေခြင်းငှါစီရင်သောအရာ။ the time within which past events can be remembered, မှတ်မိနိုင်သောကာလ။ a written memorandum, မှတ်စာ။ —*n.* သတိပေးသောသူ။

**Remind**, *v. t.* သတိပေးသည်။ နှိုးသည်။ (*lit. to heat again.*)

**Reminiscence**, *n.* the faculty of remembering, မှတ်မိတတ်သောစိတ်။ မှတ်ညာဏ်။ recollection, သတိရခြင်း။

**Remiss**, *a.* ပေါ့လျော့သော။ ပြုသင့်သောအမှုကိုသတိမထား၍လစ်ဟင်းစေတတ်သော။

**Remission**, *n.* from Remit, 1st, 2d and 4th def.

**Remissness**, *n.* from Remiss.

**Remit**, *v. i.* to become less intense, လျော့သည်။ —*v. t.* to relax, slacken, လျော့သည်။ to release from (a tax or duty,) လွှတ်သည်။ to pardon, အပြစ်လွှတ်သည်။ to deliver over, လွှဲအပ်သည်။ to transmit (specie or bills,) ပေးလိုက်သည်။

**Remittance**, *n.* ငွေကိုပေးလိုက်ခြင်း။

**Remnant**, *n.* ကျန်ကြွင်းသောအရာ၊ အကျန်။ အကြွင်း။ *pl.* အစအန၊ အကျူး။

**Re-model**, *v. t.* ပုံနှင့်ညီအောင်လုပ်ပြန်သည်။

**Remonstrance**, *n.* from next.

**Remonstrate,** *v. i.* အပြစ်တင်စရာအကြောင်းကိုပြ၍တားမြစ်အောင်ပြောသည်။

**Remorse,** *n.* from next.

**Remorseful,** *a.* ကိုယ်အပြစ်ကြောင့်စိတ်ကြင်နာသော။

**Remorseless,** *a.* ကရုဏာမရှိ၊ ရက်စက်သော။

**Remote,** *a.* distant, ဝေးသော။ not consonant, မသင့်တော်သော။ separate, distinct, သီးသန့်သော၊ slight, ဆိတ်မိဖြစ်သော။

**Remoteness,** *n.* from above.

**Remotest,** *a.* အစွန်ဆုံးသော။

**Removable,** *adjective* in နိုင်ဖွယ် from Remove.

**Removal,** *n.* from next.

**Remove,** *v. i.* to change place or position, ရွှေ့သည်။နေရာမှပြောင်းသည်။ သွားသည်။ to change the place of residence, နေရာပြောင်းသည်။ ပြောင်းလဲသည်။ —to another state (die), စုတေသည်။ ရွှေ့သည်။ —*v. t.* to move (a thing) from its place, ရွှေ့သည်။ to cause to change place, နေရာပြောင်းစေသည်။ to displace from office, အရာမှချသည်။ —out of the way, ဖယ်ရှားသည်။ to take or put away in any manner, ယူသွားသည်။ ပယ်သည်။ ပပျောက်စေသည်။ ပြေငြိမ်းစေသည်။ —*n.* from above.

**Remunerable,** *adjective* in နိုင်ဖွယ် from next.

**Remunerate,** *v. t.* to reward for service, ဆုချသည်။ to give in consideration of sufferings endured, ဒုက္ခခံသည်အတွက်အကျိုးကိုပေးသည်။ to give in consideration of losses incurred, ထလျှော်စားပေးသည်။

**Remuneration,** *n.* from above; that which is paid, ပေးသောအရာ။

**Remunerative,** *a.* အစားပေးတတ်သော။ ဆုချတတ်သော။

**Re-murmur,** *v. i.* ပြန်၍တဖေးဖေးမြည်သည်။

**Renascent,** *a.* အသစ်တဖန်ပေါ်လာသည်။

**Rencounter,** *n.* a meeting face to face, ဆိုင်တွေ့ခြင်း။ a meeting in rivalry or contest, ဆိုင်ပြိုင်ခြင်း။ a combat, fight, စစ်ပြိုင်ခြင်း။

**Rend,** *v. t.* ဆုတ်သည်။ ဆုတ်ဖဲ့သည်။ ခွဲဖျက်သည်။

**Render,** *v. t.* to pay back, ပြန်၍ပေးသည်။ to repay, requite, အတုံ့ချေသည်။ အတုံ့အလှည့်ပြန်၍ပြုသည်။ to give on demand, သူတပါးတောင်း၍အပ်ပေးရသည်။ to make or cause to be, ဖြစ်စေသည်။ to translate, အနက်ပြန်သည်။ to afford, ပေးသည်။ ပေးကမ်းသည်။

**Rendezvous,** *v.* ချိန်းချက်၍စုဝေးသည်။ —*n.* ချိန်းချက်၍စုဝေးရာအရပ်။

**Renegade,** *n.* an apostate, ဖောက်ပြန်သောသူ။ a vagabond, နေရာမရှိ၊ အရပ်ရပ်လှည့်လည်သောလူဆိုး။

**Renew,** *v. t.* to renovate, အသစ်တဖန်ပြုပြင်သည်။ to make again,

အသစ်တဖန်လုပ်ပြန်သည်၊ to repeat, do again, ထပ်မံ၍ပြုပြန်သည်၊ to begin again, တဖန်စ၍ပြုပြန်သည်။

**Renewal**, *n.* from above.

**Rennet**, *n. see* Runnet.

**Renounce**, *v. t.* ပယ်သည်၊ ငြင်းပယ်သည်။

**Renouncement**, *n.* from above.

**Renovate**, *v. t.* အသစ်တဖန်ပြုပြင်သည်။

**Renovation**, *n.* from above.

**Renown**, *n.* ကျော်စော၊ ကိတ္တိ၊

**Renowned** (be,) *v. i.* ကျော်စောသည်၊

**Rent** 1, *n.* —in cloth, အစုတ်အပြဲ၊ —in a building, etc. အကွဲအပြက်၊ —2, *v. t.* အခပေး၍ငှါးသည်။ အခယူ၍ငှါးသည်၊ —2, *n.* money paid or received for rent, ငှါးခ၊

**Rental**, *n.* အိမ်၊ လယ်၊ ယာအစရှိသည်တို့ကိုငှါးသောစာရင်း။

**Renunciation**, *n.* from Renounce.

**Repair** 1, *v. t.* to restore to a good condition, ပြင်သည်၊ ပြင်ဆင်သည်၊ ပြုပြင်သည်၊ to make amends, ဖြစ်မှားသည်အတွက်ပေးရသည်၊ အစားပေးရသည်။ —*n.* from *do.* —2, *v. i.* to betake one's self, (တစုံတခုသောအရပ်) သို့သွားသည်။

**Reparable**, *a.* ပြုပြင်နိုင်ဘွယ်ဖြစ်သော၊

**Reparation**, *n.* from Repair.

**Repartee**, *n.* ရယ်ဘွယ်ဖြစ်အောင်ပြန်ပြောသောစကားချက်၊

**Re-pass**, *v.* ကူးပြန်သည်၊ ရှောက်ပြန်သည်၊ —in order to show off one's self, သလားသည်၊ —*see* Pass.

**Repast**, *n.* the act of eating, အစားစားခြင်း။ a meal, တနပ်စာ၊

**Repay**, *v. t.* to pay back, ပြန်၍ပေးသည်၊ ဆပ်သည်၊ to requite, အထွဲ့အဖွဲ့ပြန်၍ပြုသည်၊

**Repayment**, *n.* from above; the money or thing repaid, ပြန်၍ပေးသောအရာ၊

**Repeal**, *v. t.* (အမိန့်တော်ကိုရုတ်) သိမ်းသည်၊ —*n* from *do.*

**Repeat**, *v. t.* to do again, ထပ်၍ပြုသည်၊ ထပ်မံ၍ပြုသည်၊ တဖန်ပြုပြန်သည်။ ဖွန်ပြန်သည်၊ တုံ့ပြန်သည်။ —an order, ထင့်ဆိုသည်၊ အမိန့်တော်ပြန်သည်၊ —an account, ပြန်ပြောသည်၊ —certain sentences or prayers, ဓီးပြန်းသည်၊ to say over again, ထပ်၍ပြောသည်။ —from memory, ရွတ်သည်၊

**Repeatedly**, *adv.* အဖန်ဖန်။ အထပ်ထပ်၊ ထပ်ခါထပ်ခါ၊ အကြိမ်ကြိမ်၊ တလုံလဲလဲ၊ တလဲလဲ၊ အလီလီ၊ ကြိမ်ဖန်များစွာ၊ —and without intermission, ဗရစပ်၊ မထပ်မနား။

**Repel**, *v. t.* to force back, နောက်သို့ဆုတ်အောင်ဆီးတားသည်၊ to make rebound, ကန်သည်၊

**Repellent**, *a.* ဆုတ်စေတတ်သော၊
**Repent**, *v. i.* နောင်တရသည်။
**Repentance**, *n.* နောင်တ၊ နောင်တရခြင်း။
**Repentant**, *a.* နောင်တရသော။
**Re-people**, *v. t.* တဖန်အိမ်ခြေ၊ လူနေရှိစေခြင်းငှါ စုပြန်သည်၊
**Re-percussion**, *n.* ပြန်၍ခတ်ခြင်း။
**Repertory**, *n.* စုရုံးသိုထားရာ၊
**Repetition**, *n.* from Repeat.
**Repetitious**, *a.* အထပ်ထပ်ပြောဆိုတတ်သော။
**Repine**, *v. i.* to be discontented and unhappy, စိတ်ညစ်ညူး၍နေသည်။ to complain discontentedly, စိတ်ညစ်ညူး၍မြည်တွန်သည်။
**Replace**, *v. t.* to put again in the former place, အရင်နေရာ၌ထားပြန်သည်။ to put in a new place, နေရာသစ်၌ထားသည်။ to refund, ပြန်၍ပေးသည်။ to furnish a substitute, အစားထားသည်။
**Replenish**, *v. t.* ပြည့်စေခြင်းငှါဖြည့်သည်။ လုံလောက်စေခြင်းထားသည်၊
**Replete**, *a.* ပြည့်သော၊ ပြည့်ဝသော၊ ပြည့်စုံသော။
**Repletion**, *n.* from above; plethora, သွေး၊ အရည်တန်ခြင်း။
**Replevin**, *n.* ထားမခံပေး၍လွှတ်ခြင်း။
**Replication**, *n.* from next.
**Reply**, *v.* စကားတုံ့သည်။ to answer to a call, ထူးသည်။ to speak in return, ပြန်၍ပြောသည်။ to answer to a question, proposition or charge, ဖြေသည်။ to answer a charge in court, ထုချေသည်၊ ချေပသည်။ as a defendant in court, ဆင်ခြေလည်ရှက်သည်၊ —*n.* စကားတုံ့၊ written—, ပြန်စာ၊ an answer to a call, ထူးချက်၊ what is said in answer, ပြန်၍ပြောချက်၊ an answer to a question, proposition or charge, ဖြေချက်၊ အဖြေ၊ ဖြေစာ၊ the plea of a defendant, ထုချေချက်၊ ချေပချက်။
**Report**, *v. t.* to bring back an account of, ပြန်လာ၍ (ကြားမြင်သောအရာကို) ပြောသည်။ (ကြားမြင်သောအရာကို) ပြန်ပြောသည်၊ to communicate information, ပြန်ကြားသည်၊ ကြားပြောသည်။ အကြောင်းကြားသည်၊ to relate, (အမှုအရာကို) ပြန်ပြောသည်၊ to present an account of, အမှုအရာကိုမှတ်၍ မှတ်စာကိုသွင်းသည်။ to tell from one to another, တယောက်ကိုတယောက်ပြောသည်။ —*n.* an account returned, ပြန်လာ၍ (ကြားမြင်သောအရာကို) ပြောသောစကား။ a relation, အမှုအရာကိုပြန်ပြောသောစကား။ a statement of facts, မှတ်စုစာရင်း။ rumor, common fame, အနှံ့အပြားပြောခြင်း။ သိတင်းစကား။ repute, public character, အသရေ၊ sound emitted, မြည်သောအသံ။
**Repose**, *v. i.* to lie at rest, အိပ်သည်၊ to rest in confidence, ကိုးစား၍ငြိမ်ဝပ်စွာနေသည်၊ —*v. t.* to lay at rest, ငြိမ်ဝပ်စွာနေစေခြင်း

ပြုသည်၊ to deposit, သိုထားသည်၊ —confidence or trust, ယုံသည်၊ —*n.* a lying at rest, အိပ်ခြင်း၊ quiet, tranquillity, ငြိမ်ဝပ်ခြင်း။

**Reposit**, *v. t.* သိုထားသည်၊

**Repository**, *n.* သိုထားရာအရပ်၊

**Re-possess**, *v. t.* အပိုင်ရပြန်သည်၊

**Re-possession**, *n.* from above.

**Reprehend**, *v. t.* to find fault with, အပြစ်တင်သည်၊ to reprove, အပြစ်တင်၍ဆုံးမသည်၊

**Reprehensible**, *adjective* in နိုင်ဖွယ် from above.

**Reprehension**, *n.* from same.

**Reprehensive, Reprehensory**, *a.* အပြစ်တင်ခြင်းနှင့်ဆိုင်သော၊

**Represent**, *v. t.* to show by something similar, ပုံသဏ္ဌာန်အားဖြင့်ပြသည်၊ to describe, သရုပ်သကန်ကိုဖော်ပြသည်၊ to state in words, အကြောင်းကိုကြားပြောသည်၊ to act as a substitute, ကိုယ်စားလုပ်သည်၊

**Representation**, *n.* from above; that which exhibits, by resemblance, ပုံ၊ pattern, ဝတ္ထု။

**Representative**, *n.* a deputy, ကိုယ်စားလှယ်၊ a member of the House of Representatives, အမေရိကပြည်မှာပြည်သူပြည်သားတို့ထဲကရွေးကောက်၍လွှတ်တော်၌စီရင်ရသောအရာရှိ။

**Repress**, *v. t.* to quell, နှိပ်နင်းသည်၊ to restrain, ချုပ်တည်းသည်၊

**Repression**, *n.* from above.

**Repressive**, *a.* နှိပ်နင်းတတ်သော၊ ချုပ်တည်းတတ်သော၊

**Reprieve**, *v. t.* ကွပ်မျက်ရသောနေ့ရက်အချိန်ကာလကိုရွှေ့သည်၊ —*n.* from above.

**Reprimand**, *v. t.* ကြပ်တည်းစွာအပြစ်တင်၍ဆုံးမသည်၊ —*n.* from *do.*

**Re-print**, *v. t.* အသစ်တဖန်ပုံနှိပ်သည်၊ —*n.* အသစ်တဖန်ပုံနှိပ်သောစာ၊

**Reprisal**, *n.* တိုက်စားတိုက်၍ယူခြင်း။

**Reproach**, *v. t.* ကဲ့ရဲ့၍အပြစ်တင်သည်၊ —*n.* from above; a cause of reproach, ကဲ့ရဲ့၍အပြစ်တင်စရာအကြောင်း။

**Reproachful**, *a.* expressing censure opprobriously, ကဲ့ရဲ့၍အပြစ်တင်သော၊ opprobrious, အသရေပျက်သော၊ အရှက်ကွဲစေသော၊

**Reprobate**, *v. t.* to condemn and reject with detestation, ရွံရှာ၍ပယ်ထားသည်၊ to abandon to all evil, ပျက်စီးရန်အမှိုပယ်ထားသည်၊ —*a.* rejected on examination, စစ်ဆေး၍ပယ်ထားသော၊ abandoned, အလွန်ဆိုးသွမ်းသော၊ —*n.* အလွန်ဆိုးသွမ်းသောသူ၊

**Reprobation**, *n.* from Reprobate, *v. t.*

**Re-produce**, *v. t.* အသစ်တဖန်ဖြစ်သည်၊ အသစ်တဖန်ဖြစ်မည်အကြောင်းကိုပြုသည်၊

**Reproduction,** *n.* from above.

**Reproof, Reproval,** *n.* from next.

**Reprove,** *v. t.* to censure, အပြစ်တင်၍ဆုံးမသည်။

**Reptile,** *a.* creeping as a worm, လိမ်လွန့်၍သွားတတ်သော။ creeping as an animal with short legs, တွား၍သွားတတ်သော။ groveling, ကိုယ်အသရေကိုမငဲ့၊ ယုတ်ညံ့သောအမှုကိုပြုတတ်သော။ —*n.* လိမ်လွန့်၍သွားတတ်သောတိရိစ္ဆာန်၊ တွား၍သွားတတ်သောတိရိစ္ဆာန်။

**Republic,** *n.* ပြည်သူပြည်သားသမတရွေးကောက်သောမင်းအုပ်စိုးသောပြည်၊

**Republican,** *a.* ထိုသို့သောအုပ်စိုးခြင်းနှင့်ဆိုင်သော။ —*n.* ထိုသို့သောအုပ်စိုးခြင်းကိုကြိုက်နှစ်သက်သောသူ။

**Republication,** *n.* from next.

**Republish,** *v. t.* လူများကြည့်ရန်အမှီအသစ်တဖန်ပုံနှိပ်သည်။

**Repudiate,** *v. t.* to disavow, ငြင်းပယ်သည်။ to divorce (a wife,) ကွာသည်။ ကွာရှင်းသည်။

**Repudiation,** *n.* from above.

**Repugnance,** *n.* contrariety, ဆန့်ကျင်ဘက်ဖြစ်ခြင်း။ strong dislike, အလိုမရှိ၊ ရွံရှာခြင်း။

**Repugnant,** *a.* ဆန့်ကျင်သော။ ဆန့်ကျင်ဘက်ဖြစ်သော။

**Repulse,** *v. t.* နောက်သို့ဆုတ်စေအောင်ဆီးတားသည်။ —*n.* from *do.*

**Repulsion,** *n.* the act of repelling, ဆုတ်စေခြင်း။ the power of repelling, ဆုတ်စေနိုင်သောအစွမ်း။

**Repulsive,** *a.* repelling, ဆုတ်စေတတ်သော။ forbidding, မျက်နှာထားနှင့်နေသော။

**Repulsiveness,** *n.* from above.

**Reputable,** *a.* အသရေရှိသော။

**Reputation,** *n.* အသရေ၊ ကောင်းသောအသရေ၊ သိတင်း။

**Repute,** *v. t.* ထင်သည်။ ထင်မှတ်သည်။ —*n.* character, good or bad, သိတင်း။ reputation, ကောင်းသောအသရေ။

**Request,** *v. t.* တောင်းသည်။ တောင်းပန်သည်။ —*n.* from *do;* the thing requested, တောင်းသောအရာ။ a desiring or seeking after, လိုချင်၍ရှာခြင်း။

**Requiem,** *n.* ခရင်ကျန်ဘာသာ၌သေလွန်သောသူသည်ငြိမ်သက်စွာနေရအောင်တောင်းပန်သောသီခြင်း။

**Require,** *v. t.* to demand, တောင်းသည်။ to need, လိုသည်။ အသုံးလိုသည်။

**Requirement,** *n.* တောင်းခြင်း။

**Requisite,** *a.* အသုံးလိုသော (အရာ။)

**Requisition,** *n.* တောင်းခြင်း။

**Requital,** *n.* from next.

**Requite,** *v.* အထိုက်အလျောက်ပြန်၍ပြုသည်။ အစားချေသည်။ အထိုက်ဆပ်သည်။

Rereward, *see* Rearward.
Rescind, *v. t.* (အမိန့်တော်ကို) ရုတ်သိမ်းသည်။
Rescission, *n.* from above.
Rescript, *n.* အမိန့်တော်။
Rescue, *v. t.* ကယ်လွှတ်သည်။ —*n.* from *do.*
Research, *v. t.* စိစစ်ရှာဖွေသည်။ —*n.* from *do.*
Resemblance, *n.* likeness, တူခြင်း။ something similar, ပုံ။
Resemble, *v.* to be like, တူသည်။ to liken, ပုံပြင်သည်။ ပုံပြသည်။
Resent, *v.* စိတ်ဆိုးသည်။ မျက်ရန်းကြီးသည်။ မျက်ရန်းလိုသည်။ —an insinuation, တောသစ်သည်။
Resentful, *a.* စိတ်တိုသော။
Resentment, *n.* from Resent; —*v.* to harbor—, အငြိုးထားသည်။ စိတ်ရှုခံသည်။ ရန်ငြိုးထားသည်။
Reservation, *n.* from next; something reserved, ချန်ခြွင်း၍ထား သောအရာ။ (without reservation, ကြွင်းသားလုံးပုံ၊ အကြွင်းမဲ့။)
Reserve, *v. t.* ချန်ခြွင်း၍ထားသည်။ ချန်ခြွင်း၍သိုထားသည်။ —*n.* from same; something reserved, ချန်ခြွင်း၍ထားသောအရာ။ a body of troops reserved for some exigence, အသင့်ရန်၍ထားသော တပ်။ restraint in behavior, အမူအကျင့်ကိုချုပ်၍နေခြင်း။
Reserved, *a.* အမူအကျင့်ကိုချုပ်၍နေတတ်သော။
Reservedness, *n.* from above.
Reservoir, *n.* ရေလှောင်ထားရာကန်။
Re-ship, *v. t.* သင်္ဘောပေါ်သို့တဖန်ပြန်၍တင်ပြန်သည်။
Re-shipment, *n.* from above.
Reside, *v. i.* နေသည်။ နေရာကျသည်။
Residence, *n.* from above; the place of abode, နေရာအရပ်။
Residency, *n.* သံတဲ။
Resident, *a.* နေလျက်ရှိသော။ —*n.* (ဤမည်သောအရပ်၌) နေသောသူ။ အရေးပိုင်။
Residual, Residuary, *a.* အကြွင်းနှင့်ဆိုင်သော။
Residue, *n.* အကြွင်း။ အကြွင်းအကျန်။
Residuum, *n.* ဆေးဖော်လုပ်၍ကျန်ကြွင်းသောအဖြုန်းအဖတ်။
Resign, *v. t.* to lay down, as an office, (အရာကို) ထက်လွှတ်သည်။ to cease maintaining, ထက်လျှော့သည်။ to give up to (another,) စွန့်၍အပ်သည်။ —one's self, ကိုယ်အလိုသို့မလိုက်၊ သူအလိုကိုဝန်ခံသည်။ ကိုယ်ကိုအပ်သည်။
Resignation, *n.* from above.
Resigned, *a.* submissive to another's will, သူအလိုသို့လိုက်၍ဝန် ခံသော။
Resin, *n.* အဆီပါသောသစ်စေး။

**Resinous**, *a.* သစ်စေးပါသော။

**Resist**, *v. t.* to oppose, ဆန့်ကျင်ထက်ပြုသည်။ ဆီးတားသည်။ to withstand, maintain the ground against, ရုခံသည်။ to remain unyielding to pressure, မလျော့၊ တင်းမာစွာခံသည်။ —punishment from a superior, ဆန့်ခံသည်။ —an assault, ရန့်ခံသည်၊

**Resistance**, *n.* from above.

**Resistible**, *a.* ရုခံ၍ဆီးတားနိုင်ဖွယ်ဖြစ်သော။

**Resistless**, *a.* ရုခံ၍မဆီးတားနိုင်အောင်ဖြစ်သော။

**Resoluble, Resolvable**, *a.* that may become fluid, အရည်ဖြစ်နိုင်ဖွယ်။ that may be resolved into its parts, ခွတ်ကွဲနိုင်သော။

**Resolute**, *a.* မိတ်မိုင်ခံ့သော၊ မိတ်သန့်သော၊ ကြံ့ခံ့သော၊ ကြံ့မိုင်သော။

**Resolutely**, *adv.* ကြံ့ကြံ့ရန့်ရန့်။

**Resoluteness**, *n.* from above.

**Resolution**, *n.* from next; resoluteness, မိတ်မိုင်ခံ့သောသဘော၊ a determination defined by vote, အများသဘောတူ၍စီရင်ချက်၊

**Resolve**, *v. i.* to become fluid, အရည်ဖြစ်၍သွားသည်။ to be separated into component parts, ခွတ်ကွဲသည်။ to adopt a settled purpose, သံမိဋ္ဌာန်ချသည်။ မိတ်ပြဋ္ဌာန်းသည်။ to determine by vote, အများသဘောတူ၍စီရင်သည်။ —on making resistance, ရန့်မူသည်။ —*v. t.* to make fluid, အရည်ဖြစ်စေသည်။ to separate into component parts, ခွတ်ခွဲသည်။ to disentangle, clear, explain, ရှင်းလင်းစေသည်။ to solve a difficult question, ပြဿနာကိုဖြေသည်။ to settle in an opinion, သဘောချသည်။ —( to do,) သဘောထားသည်။ to constitute by vote, ဖြစ်အောင်အများသဘောတူ၍စီရင်သည်။ —*n.* a fixed purpose, settled intention, သံမိဋ္ဌာန်၊ a determination defined by vote, အများသဘောတူ၍စီရင်ချက်၊

**Resonant**, *a.* from Resound.

**Resort**, *v. i.* to repair to, တစုံတခုသောအရပ်သို့သွားသည်။ to have recourse to, နောက်မှအသုံးပြုသည်။ —*n.* from above; concourse, အစုအဝေး။ a place frequented, ခဏခဏရောက်လာရာအရပ်။

**Resound**, *v. i.* to sound back, ပြန်၍မြည်သည်။ to be full of sound, အသံနှင့်ပြည့်၍နေသည်။ to sound abroad, အနှံ့အပြားကျော်စေသည်။ —as the protracted tones of a drum, peal as an organ or bell, ဟိန်းသည်။

**Resource**, *n.* a means of accomplishing one's wishes, အလိုပြည့်စုံစေခြင်းငှါအသုံးပြုသောအရာ။ an expedient, ဥပါယ်။ *plur.* သုံးဆောင်ရန်အထွာအပစ္စည်း။

**Respect**, *v. t.* to have regard to, ထောက်ထားသည်။ to treat with—, ရိုကျိုးသည်၊ to esteem with some degree of reverence, လေးမြတ်သည်၊ ခန့်ညားသည်၊ to relate to, ဆိုင်သည်၊ —the person of, မျက်နှာကိုထောက်သည်၊ မျက်နှာကိုမှတ်သည်၊ —n from *do.;* ရိုသေခြင်း၊ အာဒရ၊ *Pali.* —to (have,) *v. t.* ထောက်ထားသည်၊

Respectability, *n.* from next, 1st def.

Respectable, *a.* possessing qualities which deserve or command respect, လေးမြတ် ဖွယ် သော ဂုဏ် ရှိ သော၊ အသရေကောင်းသော၊ passable, tolerable, တော်တော်ရှိသော၊ (respectable person, သူကောင်း။)

Respecter (of persons,) *n.* မျက်နှာကိုထောက်သောသူ၊ မျက်နှာကိုမှတ်သောသူ၊

Respectful, *a.* ရိုသေလေးမြတ်သော၊ ရိုသေလေးမြတ်သောထကျွဏာရှိသော၊

Respecting, *prep.* with respect to, ကို၊ မှာ၊ မူကား၊ ဟူမူကား။

Respective, *a* relative, ဆိုင်သော၊ စပ်ဆိုင်သော၊ pertaining to a particular person, ကိုယ်နှင့်သာဆိုင်သော၊ ကိုယ်စီအသီးအသီးဆိုင်သော၊

Respirable, *a.* အသက်ရှူဖွယ်ကောင်းသော၊

Respiration, *n.* from next; power of—, သက်လုံ၊

Respire, *v.* အသက်ရှူသည်၊

Respite, *v. t.* to relieve by a pause, တန့်ရပ်ဆောင်အခွင့်ပေးသည်၊ to reprieve, ကွပ်မျက်ရသောနေ့ရက်အချိန်ကာလကိုရွှေ့သည်၊ —*n.* an interval of rest, တန့်ရပ်ရသောအခွင့်၊ a reprieve, ကွပ်မျက်ရသောနေ့ရက်အချိန်ကာလကိုရွှေ့ခြင်း၊

Resplendence, *n.* from next.

Resplendent, *a.* brilliant, အရောင်ထွန်းတောက်သော၊ very conspicuous, distinguished, ထွန်းသော၊ ဂုဏ်အသရေထင်ပေါ်သော၊

Respond, *v. i.* to answer to a call, ထူးသည်၊ to speak in return, ပြန်၍ပြောသည်၊ လဲဆိုသည်၊ to correspond, အဖက်ဖြစ်သည်၊

Respondent, *n.* စကားချေသောသူ၊ ချေပသောသူ၊ *in law,* ထင်ချေလဲဆိုသောသူ၊

Response, *n* ထူးချက်၊ ပြန်၍ပြောချက်၊ ပြေချက်၊

Responsibility, *n.* from next.

Responsible, *a.* liable, သူတပါးအတွက်ဝန်မကင်းဖြစ်သော၊ able to discharge an obligation, ဝန်ခံသည်အတိုင်းတတ်နိုင်သော၊

Responsive, *a.* from Respond.

Rest 1, *v. i.* နားသည်၊ to cease from motion, တန့်သည်၊ ရပ်သည်၊ to be still, quiet, ငြိမ်သည်၊ ငြိမ်ဝပ်သည်၊ ငြိမ်သက်သည်၊ remain quiet, ဆောင်းသည်၊ to lie, repose, အိပ်သည်၊ to sleep, အိပ်ပျော်သည်၊ to lean on, မှီသည်၊ to be placed on, တင်နေ

သည်။ to be fixed, settled, deposited, တည်နေသည်။ —*v. t.* to lay at rest, ငြိမ်စေသည်။ —for refreshment, စားခန်းချသည်။ စားခန်းထောက်ချသည်။ to place, as on a support, ထမ်းမှီစေသည်။ —*n.* from above *v. i.;* a resting place, ငြိမ်၍နေရာအရပ်။ that on which any thing leans or is supported, အခု၊ အခုအခံ။ —from evil, နိဗ္ဗာန်။ —2, that which remains, အကြွင်း။ others, ကြွင်းသောသူ၊ အခြားသောသူ။

**Restaurateur,** *n.* ထမင်းဆိုင်။

**Restiff,** *a.* (as a horse,) ကစ်မိုတတ်သော။

**Restiffness,** *n.* from above.

**Restitution,** *n.* the act of restoring what has been taken away, သိမ်းယူမိသောအရာကိုပြန်၍ပေးခြင်း။ the act of making amends for a loss, အစားပေးသည်။

**Restless,** *a.* unquiet, မငြိမ်သော။ —as a child, ဆော့သော။ sleepless, အိပ်၍မပျော်နိုင်၊ တကြောင်ကြောင်နေသော။ (in a restless disorderly manner, ရောက်ရိုရောက်ရက်။)

**Restlessness,** *n.* from above.

**Restoration,** *n.* from Restore.

**Restorative,** *a.* တဖန်အားပြည့်စေတတ်သော။ —*n.* တဖန်အားပြည့်စေတတ်သောဆေး။

**Restore,** *v. t.* to give back, ပြန်၍ပေးသည်။ to replace, အရင်နေရာ၌ထားပြန်သည်။ to recover, (မကောင်းသောအရာထဲက) နှုတ်၍အရင်နေရာသို့ပြန်စေသည်။ to recover from disease, အနာမှထမြောက်စေသည်။ to make restitution, အစားပေးသည်။ to make amends, ပြစ်မှားမိသည်အတွက်ပြန်ပေးသည်။ to renew, အသစ်တဖန်ဖြစ်စေပြန်သည်။

**Restrain,** *v. t.* မလွန်ကျူးစေခြင်းငှါတားမြစ်သည်။ ချုပ်တည်းသည်။ —one's self, စောင့်စည်းသည်။ —the feelings, ထူးဆသည်။ —feeling, အောင့်သည်။ ချိုသိပ်သည်။ —force or motion, အရှိန်ကိုသတ်သည်။

**Restraint,** *n.* from above; that which restrains, မလွန်ကျူးစေခြင်းငှါတားမြစ်သောအရာ၊ ချုပ်တည်းသောအရာ။

**Restrict,** *v. t.* စည်းကမ်းသတ်၍ဥပဒေထားသည်။

**Restriction,** *n.* from above.

**Restrictive,** *a.* from Restrict, *v. t.*

**Result,** *v. i.* အကြောင်းကြောင့်ဖြစ်သည်။ —*n.* အကျိုး။ အကြောင်း၏အကျိုး။ ပစ္စုပ္ပန်။ *Pali.*

**Resume,** *v. t.* to take back, ပြန်ယူသည်။ to take again, ယူပြန်သည်။ to recommence, စ၍ပြုပြန်သည်။

**Resumption,** *n.* from above, 1st and 2d def.

**Resurrection**, *n.* သေခြင်းမှထမြောက်၍ရှင်ပြန်ခြင်း။

**Resuscitate**, *v. t.* တဖန်အသက်ရှင်စေပြန်သည်။

**Resuscitation**, *n.* from above.

**Retail**, *v. t.* to sell in small quantities, ထက်လီရောင်းသည်။ ထက်လီမိတ်၍ရောင်းသည်။ အသေးအမိတ်၍ထက်လီရောင်းသည်။ to report from place to place. လှည့်လည်၍သိတင်းစကားကိုကြားပြောသည်။ —*n.* from *do.* 1st def.

**Retailer**, *n.* agent, from above.

**Retain**, *v. t.* to keep in possession, သူတပါးသက်သို့မလွှဲမအပ်၊ ကိုယ်ထက်၌ထားမြဲထားသည်။ to hold from escape, ထိန်းသည်။ ခွဲစေသည်။ ဆွဲထားသည်။ to keep in pay, ငှါး၍ထားသည်။ —in memory. နှုတ်ကျက်ရသည်။

**Retainer**, *n.* agent, from above, 1st def.; a follower, နောက်ပါလူငယ်။ a retaining fee, ငွေကြို။

**Retake**, *v. t.* တဖန်သိမ်းယူပြန်သည်။

**Retaliate**, *v.* လက်စားချေသည်။ ရန်တုံ့ပြုသည်။ အစားချေသည်။

**Retaliation**, *n.* from above.

**Retard**, *v. t.* to make slow, နှေးစေသည်။ to render more late, ကြန့်ကြာအောင်ပြုသည်။

**Retardation**, *n.* from above.

**Retch**, *v. i.* ရှို့သည်။ ထွေအန်သည်။ နှစ်လုံးရှို့သည်။ —and vomit, ရှို့အန်သည်။

**Retention**, *n.* from Retain, 1st def.; the act of retaining in the mind, အာရုံကပ်ခြင်း။ the faculty of retaining in the mind, အာရုံကပ်တတ်သောစိတ်။ မှတ်ညာဏ်။

**Retentive**, *a.* having the power to keep from escape, ထိန်းတတ်သော။ ခွဲစေတတ်သော။ ဆွဲထားတတ်သော။ having the power of retaining ideas, အာရုံကပ်တတ်သော။ having the power of remembering, မှတ်မိတတ်သော။ အမှတ်မြဲသော။ မှတ်ညာဏ်ရှိသော။

**Retentiveness**, *n.* from above.

**Reticular**, **Reticulated**, *a.* ကွန်ခြာဖြစ်သော။

**Reticule**, *n.* လက်စွဲကွန်ခြာအိတ်။

**Retina**, *n.* မျက်လုံးအတွင်းနောက်ပိုင်းကိုသွမ်းဖုံးသောအမြှေး။

**Retinue**, *n.* နောက်ပါအခြွေအရံ။

**Retire**, *v. i.* to retreat, ဆုတ်ထွက်သည်။ to withdraw, depart, ထွက်သွားသည်။ to go into a state of comparative privacy, ဆိတ်ငြိမ်ရာအရပ်သို့ထွက်၍နေသည်။ —into the woods, as a hermit, တောထွက်သည်။

**Retired (be,)** *v.* ဆိတ်ကွယ်သည်။ ဆိတ်ငြိမ်သည်။

**Retirement**, *n.* from above.

**Retiring,** *a.* ကိုယ်ဂုဏ်ကိုမပြလိုဘဲဆိတ်ကွယ်ရာ၌နေချင်သောသဘောရှိသော။

**Retort,** *v. t.* to throw back, ပြန်၍ပြစ်သည်။ to answer back disrespectfully, လှန်ပြန်၍ပြောသည်။ to return an accusation, ပြန်လှန်၍အပြစ်တင်သည်။ to bend back, နောက်သို့ကွေးအောင်ပြုသည်။ —*n.* from above, 2d and 3d def.; a curved pipe used in distillation, ပေါင်းခြွေးခံသောပြွန်ကောက်။ အိုးလည်ကောက်။

**Retouch,** *v. t.* ဆေးထပ်၍ပြုပြင်ပြန်သည်။

**Retrace,** *v. t.* (လာခဲ့သောလမ်းကို) လှည့်၍ပြန်သည်။

**Retract,** *v. t.* ပြောမိသောစကားကိုနှုတ်ပြန်သည်။

**Retractation, Retraction,** *n.* from above.

**Retreat,** *v. i.* ဆုတ်သည်။ ဆုတ်သွားသည်။ ဆုတ်နစ်သည်။ —*n.* from *do;* retirement, ဆိတ်ညံရာသို့ထွက်၍နေခြင်း။ a place of retirement, ဆိတ်ညံရာဖြစ်၍ထွက်နေသောအရပ်။

**Retreatingly,** *adv.* နောက်ဆုတ်။ advancing and retreating, ဆုတ်တိုးဆုတ်တက်။

**Retrench,** *v. t.* to cut off, ဖြတ်၍ပြစ်သည်။ to lessen expenses, စရိတ်နည်းအောင်ပြုသည်။

**Retrenchment,** *n.* from above.

**Retribute,** *v. t.* to requite, အတုံ့အလှည့်ပြန်၍ပြုသည်။ to award rewards and punishments, အကျိုးအပြစ်ကိုစီရင်သည်။

**Retribution,** *n.* from above.

**Retributive, Retributory,** *a.* from same.

**Retrievable,** *adjective* in နိုင်ဖွယ် from next.

**Retrieve,** *v. t.* to recover from loss or injury, ကယ်နှုတ်၍ရပြန်သည်။

**Retrocede,** *see* Recede.

**Retrocession,** *see* Recession.

**Retrograde,** *v. i.* နောက်သို့ပြန်သည်။ ဆုတ်သည်။ —*a.* from *do.*

**Retrogression,** *n.* from same.

**Retrogressive,** *a.* from Retrograde, *v. i.*

**Retrospect,** *v.* နောက်သို့ပြန်ကြည့်သည်။ — Retrospection, *n.* from *do.*

**Retrospective,** *a.* from same.

**Retrude,** *v. t.* နောက်သို့တွန်းသည်။

**Retund,** *v. t.* တုံးအောင်ပြုသည်။

**Return,** *v. i.* to come back, ပြန်လာသည်။ to go back, ပြန်သွားသည်။ to answer, ပြန်၍ပြောသည်။ to retort, လှန်ပြန်၍ပြောသည်။ —*v. t.* to bring back, ပြန်၍ယူခဲ့သည်။ to carry back, ပြန်၍ဆောင်သွားသည်။ to send back (hither or thither,) ပြန်၍ပေးလိုက်သည်။ to pay back, ပြန်၍ပေးသည်။ to requite, အတုံ့အလှည့်ပြန်၍

ပြုသည်။ to render an account, စာရင်းဟူ၍ သွင်းသည်။ —*n.* from *do;* profit, ရသောအကျိုး။ —*adv.* in—, ထက်စား။

**Re-union,** *n.* from next.

**Re-unite,** *v. i.* to unite again, ပေါင်းပြန်သည်။ —*v. t.* from same; to reconcile, သင့်တင့်စေခြင်းပြုသည်။

**Reveal,** *v. t.* ဖော်ပြသည်။

**Revel,** *v. i.* to feast with loose merriment, ပွဲလုပ်၍ကာမဂုဏ်အမှုနှင့် ယစ်မူးပျော်ပါးသည်။ to play wantonly or without restraint, ပေါက်လွတ်ကစားသည်။ —*n.* from *do.*

**Revelation,** *n.* the act of disclosing, ဖော်ပြခြင်း။ a divine communication, ဗျာဒိတ်ထားတော်မူခြင်း။ that which is divinely communicated, ဗျာဒိတ်ထားတော်မူချက်။ the books containing such communication, သမ္မာကျမ်း။ apocalypse, ဗျာဒိတ်ကျမ်း။

**Revelry,** *n.* from Revel, *v. i.*

**Revenge,** *v. t.* ထက်စားကျေအောင်ရန်တုံ့ပြန်၍ပြုသည်။ —*n.* from *do.*

**Revengeful,** *a.* ထက်စားကျေအောင်ရန်တုံ့ပြန်၍ပြုချင်သောစိတ်ရှိသော။

**Revenue,** *n.* အခွန်၊ အကောက်မှစ၍ခွဲခန့်၊ ကောက်ခံ၍ရသောဥစ္စာတော်။ —paid on the produce of the ground, မြေဆီမြေခွန်။

**Reverberate,** *v. i.* ပြန်၍မြည်သည်။ အသံရိုက်၍ပြန်လာသည်။ —*v. t.* from same.

**Reverberation,** *n.* from above.

**Revere, Reverence,** *v. t.* ရိုသေလေးမြတ်သည်။ ခန့်ညားသည်။

**Reverence,** *n.* from above; an act of respectful obeisance, ရိုသေစွာရှိခိုးခြင်းနှင့်ဆိုင်သောဦးညွှတ်၊ ဦးညွှတ်ခြင်း။ a title of the clergy, အရှင်ဘုရား။

**Reverend,** *a.* ရိုသေထိုက်သော။

**Reverent, Reverential,** *a.* ရိုသေသော။

**Reverently,** *adv.* အရိုအသေ။

**Reversal,** *n.* from next.

**Reverse,** *v. t.* to turn upside down, ပြောင်းပြန်ထားသည်။ လှည့်၍ ရိုက်သည်။ to turn to the contrary direction, လှန်ပြန်သည်။ to annul, ပယ်သည်။ —*n.* a change, ပြောင်းလဲခြင်း။ a contrary, opposite, ဆန့်ကျင်ဘက်။ the back side of a medal or coin, အနောက်ဖက်။ (in reversed order, ပဋိလောမ။)

**Reversion,** *n.* from next, 2d def.

**Revert,** *v. i.* to return, ပြန်သည်။ —to the proprietor at the death of a temporary possessor, ခဏပိုင်သောသူသေမှအရင်ပိုင်သောသူ ထက်သို့ရောက်ပြန်သည်။

**Revery,** *n.* တွေဝေတွေးကျက်အကြည်းနှိုးကြီးစည်၍နေခြင်း။

**Review,** *v. t.* to look back upon, လှည့်၍ကြည့်သည်။ နောက်သို့ပြန်၍

ကြည့်သည်၊ to see again, တဖန်မြင်ပြန်သည်၊ to inspect, ကြည့်ရှုသည်၊ to re-examine, တဖန်ပြန်၍စစ်ဆေးပြန်သည်၊ —a writing, စာကိုကြည့်လျှက်ကောင်းသောလက္ခဏာ၊ မကောင်းသောလက္ခဏာတို့ကိုပိုင်းခြား၍ဖော်ပြသည်၊ —*n.* from above.

**Revile**, *v. t.* ဆဲသည်၊ ဆဲရေးသည်၊ ကျော်ဆဲသည်၊ ကဲ့ရဲ့သည်၊

**Revisal, Revision**, *n.* from next.

**Revise**, *v. t.* (စာကို) ပြုပြင်ခြင်းငှါစေ့စေ့ကြည့်ရှုသည်၊

**Re-visit**, *v. t.* တဖန်တွေ့မြင်အောင်သွားပြန်သည်၊

**Revival**, *n.* from next; a season of uncommon attention to religion, မြို့သူ၊ ရွာသားအများတို့သည်စည်းစားသောအားဖြင့်သံဝေဂရ၍တပည့်တော်အဖြစ်သို့ရောက်ခြင်း။

**Revive**, *v. i.* to return to life, အသက်ရှင်ပြန်သည်၊ to recover new strength, အားဖြည့်သည်၊ to recover public regard, ပေါ်ထွန်းပြန်သည်၊ —*v. t.* to restore to life, တဖန်အသက်ရှင်စေသည်၊ to impart new spirit, (အားလျော့သောသူကို) အားတိုးပွားအောင်ပြုသည်၊ to bring again into notice or action, (တိမ်မြုပ်သောအရာကို) တဖန်ပေါ်ထွန်းအောင်ဖော်ပြန်သည်၊ to restore to public regard, တဖန်ပေါ်ထွန်းအောင်ပြုပြန်သည်၊

**Revivification**, *n.* from next.

**Revivify**, *v. t. see* Revive, *v. t.* 1st and 2d def.

**Reviviscence**, *n.* အသက်ရှင်ပြန်ခြင်း။

**Revocable**, *adjective* in နိုင် ဖွယ် from Revoke.

**Revocation**, *n.* from next.

**Revoke**, *v. t.* နှုတ်သိမ်းပြန်သည်၊

**Revolt**, *v. i.* to renounce allegiance and go over to the enemy, အာဏာတော်ကိုငြင်းဆန်၍ ရန်သူဘက် သို့ ပြောင်းလဲသည်၊ ပုန်ကန်သည်၊ သောင်းကျန်းသည်၊ to be shocked, ရွံသည်၊ —*n.* from above, 1st def.

**Revolting**, *a.* ရွံစေသော၊

**Revolution**, *n.* from Revolve, *v. i.*; a change in government, မင်းမျိုးမှစ၍နိုင်ငံမှုရေးကိုစီရင်သောထုံးဖြတ်ဟောင်းကိုပြောင်းလဲခြင်း။

**Revolutionary**, *a.* ထိုသို့သောပြောင်းလဲခြင်းနှင့်ဆိုင်သော၊

**Revolutionize**, *v. t.* ထိုသို့သောပြောင်းလဲခြင်းကိုဖြစ်စေသည်၊

**Revolve**, *v. i.* to turn round itself, လည်သည်၊ ချာချာလည်သည်၊ to move round something else, လည်သည်၊ လှည့်ပတ်သည်၊ —*v. t.* to consider, ဆင်ခြင်သည်၊

**Revulsion**, *n.* ဆုတ်သွားသည်၊

**Reward**, *v. t.* to render according to desert, ထိုက်သည့်အားလျော်စွာအကျိုးအဖြစ်ကိုဆပ်ပေးသည်၊ to give in consideration of service, ဆုချသည်၊ ဆုပေးသည်၊ —*n.* that which is rendered according to desert, ထိုက်သည်အားလျော်စွာဆပ်ပေးသောအကျိုး၊ အခြစ်၊ a present made in consideration of service, ဆု၊ ဆုလပ်၊ —of merit, ကုသလဗိဘက်၊ ကောင်းကျိုး၊ —granted to a conqueror, အောင်ဆု၊ stipulated pay, အခ၊

**Rhapsody**, *n.* အမှိုက်အဆက်မသင့်သောစကား၊

**Rhetoric**, *n.* ရေတောရိုက်အတတ်တည်းဟူသော၊ စိတ်ပါစေခြင်းငှါလျောက် ပတ်ခွယ်ရာယည်ကျေးသောစကားနှင့်ပြောဆိုတတ်သောအတတ်၊

**Rhetorical**, *a.* ရေတောရိတ်အတတ်နှင့်ဆိုင်သော၊

**Rhetorician**, *n.* ရေတောရိတ်ကိုလေ့ကျက်သောဆရာ၊

**Rheum**, *n.* အနာရောဂါတမျိုး၊

**Rheumatic**, *a.* တူလာနာနှင့်ဆိုင်သော၊

**Rheumatism**, *n.* တူလာနာ၊

**Rhinoceros**, *n.* ကြံ့ကောင်၊ double-horned—, ကြံ့ရှော်၊ single-horned—, ကြံ့ဆင်၊

**Rhomb**, *n.* မှန်ကူကွက်၊ ရှုး၊

**Rhomboid**, *n.* မညီမညာသောမှန်ကူကွက်၊ ရှုမ္ဘာဒိ၊

**Rhubarb**, *n.* ဝမ်းနုတ်ဆေးခါးမြစ်တမျိုး၊

**Rhyme**, *n.* လင်္ကာပုဒ်စိုင်နောက်ဆုံးသောအသံညီညာသောလင်္ကာ၊

**Rib**, *n.* a side bone of the thorax, နံရိုး၊ a knee in a ship, တံကူ၊ mid—, ဇက်ကြော၊ short—, နံတို၊

**Ribald**, *a.* ဆိုးညစ်သော၊

**Ribaldry**, *n.* ဆိုးညစ်သောစကား၊

**Riband, Ribbon**, *n.* ဖိုးကြိုးပြား၊ ကျော်ရက်ဖိုးကြိုးပြား၊ —fish ငါးတံခွန်၊

**Ribbed**, *a.* furnished with ribs, နံရိုးပါသော၊ marked by wales and channels, အရိုးအကြောင်းပေါ်သော (အထည်၊)

**Rice**, *n.* the grain, ကောက်စပါး၊ glutinous—, ကောက်ညှင်း၊ black—, ငချိပ်၊ wild—, စပါးရိုင်း၊ နတ်စပါး၊ parched—, ပေါက်ပေါက်၊ —cooked for a priest, ဆွမ်း၊ ဆွမ်းပန်း၊ a grain of—, ဆန်စေ့၊ small broken—, ဆန်ကွဲ၊ best quality of—, ဆန်ချင်း၊ poorest quality, ဆန်ဖွား၊ middling quality, ဆန်လတ်၊ —dealer, ဆန်သည်၊ the kernel, ဆန်၊ the kernel boiled, ထမင်း၊

**Rich**, *a.* wealthy, ဥစ္စာရတတ်သော၊ ကြေးငွေရတတ်သော၊ having in abundance, ကြွယ်ဝသော၊ costly, valuable, အတိုးများစွာထိုက်သော၊ plentiful, abundant, ပေါများသော၊ များပြားသော၊ abounding in (provisions,) ဝပြောသော၊ replete with, ပြည့်စုံသော၊ fertile, productive, များစွာဖြစ်စေတတ်သော၊ high colored, အရောင်ရဲသော၊ high flavored, ဩဇာထေးနက်သော၊ (—man, သူဌေး၊ သူကြွယ်၊)

**Riches**, *n.* များစွာသောဥစ္စာ၊

**Richness**, *n.* from Rich; —of the earth, မြေဩဇာ၊

**Rick,** *n. see* **Hay-rick.**
**Rickets,** *n.* သူငယ်ကိုစွဲတတ်သောအနာတမျိုး။
**Rickety,** *a.* ထိုသို့သောအနာစွဲသော။
**Rid,** *v. t.* to free, deliver, လွှတ်သည်။ to free from, disencumber, ကင်းလွတ်စေခြင်းပြုသည်။ ရှင်းလင်းစေသည်။
**Riddance,** *n.* from above.
**Riddle 1,** *n.* a coarse sieve, ဆန်ခါကြဲ။ —*v. t.* to sift, ဆန်ခါကြဲနှင့်စစ်သည်။ to perforate with small holes, အပေါက်အပေါက်လုပ်သည်။ —2, *n.* an enigma, စကားထာ။ (to make a riddle, စကားထာထွက်သည်။)
**Ride,** *v.* စီးသည်။ —at full speed, ဒါးဆုံစိုင်းသည်။ —*n.* မြင်း၊ နွားစီးခြင်း။ လှည်း၊ ရထားစီးခြင်း။
**Rider,** *n.* —of a horse, မြင်းစီး။
**Ridge,** *n.* —of a roof, အိမ်ခေါင်။ slanting corner—, အုန်းလက်။ —of earth, (large,) မြေရိုး။ (small,) ကန်စင်းရိုး။ a range of hills, တောင်ရိုး။ —of high mountains, မြီးမတောင်တန်း။ —beam, ခေါင်လျှောက်။ —of the nose, နှာတံ။ —*v. t.* အရိုးအကြောင်းပေါ်စေခြင်းလုပ်သည်။
**Ridicule,** *v. t.* ပြက်ရယ်ပြက်ပြယ်ပြုသည်။ ကချော်ကချွတ်ပြုသည်။ —*n.* from above.
**Ridiculingly,** *adv.* ခရော်သောပါး။
**Ridiculous,** *n.* ရယ်စရာကောင်းသော။
**Ridiculousness,** *n.* from above.
**Riding-coat, Riding-habit,** *n.* မြင်းစီးသောအခါဝတ်သောအင်္ကျီ။
**Rife,** *a.* ပေါများသော။
**Riff-raff,** *n.* အမှိုက်သရိုက်။
**Rifle 1,** *v. t.* လုယူသည်။ လုရက်သည်။ —2, *n.* အမြောင်းရိုးပါသောသေနတ်။ ဝက်အူလိမ်သေနတ်။
**Rift,** *v. i.* အက်သည်။ ကွဲသည်။ —*n.* အအက်။ အကွဲ။
**Rig,** *v. t.* to accoutre, အဝတ်တန်ဆာဆင်သည်။ to fit (a ship) with tackling, ရွက်ကြိုးတန်ဆာဖွဲ့ဆင်သည်။
**Rigging,** *n.* dress, အဝတ်တန်ဆာ။ the tackle of a ship, ရွက်ကြိုးတန်ဆာ။
**Right,** *a.* သစ္စာသော။ straight, ဖြောင့်သော။ equitable, ဖြောင့်မတ်သော။ တရားသော။ not wrong, မှန်သော။ မှန်ကန်သော။ true, ဟုတ်သော။ not left, but the opposite, လက်ျာနှင့်ဆိုင်သော။ တယ်နှင့်ဆိုင်သော။ —*n.* conformity to truth and justice, တရား။ ဖြောင့်မတ်ခြင်း။ မှန်ခြင်း။ ဟုတ်မှန်ခြင်း။ just claim, legal title, ownership, ဆိုင်ခြင်း။ ပိုင်ခြင်း။ ပိုင်ထိုက်ခြင်း။ တောင်းပိုင်သောအခွင့်။ —angle, *n.* ကျင်တွယ်ထောင့်။ —angled, *a.* ကျင်တွယ်ထောင့်ရှိ

သော။ —hand, *n.* လက်ျာလက်။ —hearted, *a.* စိတ်သဘောဖြောင့်သော။ —minded, *a.* ဖြောင့်မတ်စွာကြံစည်တတ်သော။ ရိုးသားသော။ —side, *n.* လက်ျာဘက်။ ညာ။ —*v. i.* မတ်မတ်ဖြစ်သည်။ —*v. t.* ညှည်းဆဲခြင်းကိုခံရရာထဲကနုတ်ယူသည်။ —*int* ဟုတ်ကဲ့။ that's it! ယှို။ တော်လှပြီ။ (on the right and left, ထယ်ဖြစ်ညာဖြစ်။ not right, မဟုတ်တရုတ်။ မဟုတ်မဟတ်။)

Righteous, *a.* ဖြောင့်မတ်သော။

Righteousness, *n.* from above; တရား။

Rightful, *a.* having a just claim, ပိုင်ထိုက်သော။ consonant to justice, မှန်သော။ တရားနှင့်ညီသော။

Rightfulness, *n.* from above.

Rightness, *n.* from Right, *a.*

Rigid, *a.* stiff, not flexible, တောင့်သော။ တင်းသော။ strict, stringent, ကြပ်တည်းသော။

Rigidity, Rigidness, *n.* from above.

Right, *n.* *see* Reglet.

Rigmarole, *n.* အကျိုးအကြောင်းနှင့်မဆိုင်သောစကားရှည်။

Rigor, *n.* rigidness, တင်းမာခြင်း။ chilliness, ချမ်းစိမ့်တုန်ခြင်း။ stiffness of temper, စိတ်ခိုင်မာခြင်း။ strictness, ကြပ်တည်းခြင်း။ severe cold, အလွန်ချမ်းအေး၍ခက်ထန်ခြင်း။

Rigorous, *a.* strict, rigid, ကြပ်တည်းသော။ ခက်ထန်သော။ severely cold, အလွန်ချမ်းအေး၍ခက်ထန်သော။

Rigorousness, *n.* from above.

Rill, *n.* စမ်းရေစီးရာချောင်းငယ်။

Rim, *n.* နှုတ်ခမ်းနား။

Rime, *n.* နှင်းခဲ။

Rimple, *v. t.* တွန့်စေသည်။ —*n.* အတွန့်။

Rimy, *a.* နှင်းခဲများသော။

Rind, *n.* —of a plant, ပင်ပဝ်။ —of a tree, သစ်ခေါက်။ —of fruit, အသီးခွံ။

Ring 1, *n.* အကွင်း။ ကွင်း။ ခွေ။ စက်ဝိုင်း။ —for the finger, လက်စွပ်ကွင်း။ flat ring used as a band, ခွေ။ plain finger—, မောင်းခွေ။ —for an oar, ခတ်ကွင်း။ an ornamental—, အကွင်းအဖြည့်။ —leader, *n.* အဓကာကိုဆန်သောသူတို့၏အကဲအမှူး။ —streaked, *a.* အကွက်အပြောက်ရှိသော။ —worm, *n.* ပွေး။ —2, *v. i.* to sound as a bell, နောင်နောင်မြည်သည်။ ခေါင်းလောင်းမြည်သည်။ ခေါင်းလောင်းသံမြည်သည်။ to be filled with the fame of, ကျော်စောသောသိတင်းနှံ့ပြားသည်။ —*v. t.* to cause (a bell) to sound, (ခေါင်းလောင်း) ထိုးသည်။

Ringingly, *adv.* တနောင်နောင်။

**Ringlet**, *n.* ခွေလိပ်သောဆံပင်တခက်။
**Rinse**, *v. t.* ကျင်းသည်။
**Riot**, *v. i.* to revel, ဖွဲ့လုပ်၍ကာမဂုဏ်အမှုနှင့်ယစ်မူးပျော်ပါးသည်။ to banquet luxuriously, ဖွဲ့လုပ်၍မြိန်ရှက်စွာစားသောက်သည်။ to act wilfully and without control, ပေါက်လွှတ်ပြုသည်။ to raise an uproar or sedition, အာဏာတော်ကိုဆန့်၍ရုန်းရင်းခတ်မှုပြုသည်။ —*n.* from above.
**Riotous**, *a.* from same.
**Rip**, *v. t.* to separate by tearing and cutting, ဆုတ်ဖြတ်သည်။ —open, (a seam,) *v.* ချုပ်ရိုးကိုဖြုတ်သည်။ —up, *v. t.* ထွန်ယွှာ၍စစ်သည်။ —*n.* ဆုတ်ဖြတ်ရာ။
**Ripe**, *a.* —as grain, fruit, etc. မှည့်သော၊ nealy—, ရွမ်းမှည့်သော၊ quite—, ပြော်သော၊ brought to perfection, ရင့်သော၊ prepared for action, တိုက်ချက်၍ပြီးစီးသော။
**Ripen**, *v. i.* မှည့်၍လာသည်။ ရင့်၍လာသည်။ တိုက်ချက်၍ပြီးစီးသည်။ —*v. t.* from same, (for sub def. *see under* Ripe.)
**Ripeness**, *n.* from Ripe.
**Ripple**, *v. i.* (ရေ) ဖြက်ဖြက်ထ၍စီးသည်။ —*v. t.* from above; —*n.* ဖြက်ဖြက်ထသောလှိုင်းကလေး။
**Rise**, *v. i.* to get up, ထသည်။ to ascend, တက်သည်။ —as the sun, ထွက်သည်။ —as the moon, ထပေါ်သည်။ ထွက်သည်။ —as a blister, ဖောင်းကြွသည်။ to begin, ဦးသည်။ စသည်။ to advance, တိုးတက်သည်။ —as from the dead, ထမြောက်သည်။ to appear, come into notice, ပေါ်သည်။ ပေါ်ထွန်းသည်။ —to the surface (of water,) ပေါ်လောပေါ်သည်။ —*n.* from above; elevation or degree of ascent, အမြင့်။ source, origin, မူလ၊ အမြစ်၊ အရင်း။
**Risibility**, *n.* from next, 1st def.
**Risible**, *a.* having the faculty of laughing, ရယ်တတ်သော၊ laughable, ရယ်ဖွယ်ဖြစ်သော။
**Rising**, *n.* from Rise, *v.*
**Risk**, *v. t.* to hazard, စိုးရိမ်စရာရှိလျက်နှင့်စမ်း၍ပြုသည်။ အဆုံးနှင့်အဘယ်သို့ဖြစ်မည်ကိုမသိဘဲလျက်စွန့်၍ပြုသည်။ စွန့်စားသည်။ —*n.* ဘေးဖြစ်မည်ကိုစိုးရိမ်စရာအကြောင်း။
**Rite**, *n.* ဝတ်ပြုခြင်း၏အခမ်းအနား။
**Ritual**, *a.* ဝတ်ပြုခြင်း၏အခမ်းအနားနှင့်ဆိုင်သော၊ —*n.* ဝတ်ပြုခြင်း၏အခမ်းအနားကိုပြသောစာ။
**Rival**, *v. t.* ပြိုင်သည်။ —*a.* ပြိုင်လျက်ရှိသော —*n.* ပြိုင်သောသူ၊ ပြိုင်ဘက်၊ အတု။
**Rivalry**, *n.* from Rival, *v.* (in the way of rivalry, အနိုင်တုအနိုင်ပ၊)

**Rive**, *v. i.* ကွဲသည်။ —*v. t.* ခွဲသည်။

**River**, *n.* မြစ်။ the main—, မြစ်မ။ —horse, *n.* ရေမြင်း။ —water, *n.* မြစ်ရေ။

**Rivet**, *n.* ခွဲပြီးမှအဖျားပေဆောင်တေးသောသံမှို။ —*v. t.* သံမှိုခွဲပြီးမှအဖျားပေဆောင်တော်မြဲစေသည်။

**Rivulet**, *n.* ချောင်း။ မြောင်း။

**Road**, *n.* a public passage, လမ်း။ လမ်းပန်း။ —that branches off from another, လမ်းခွ။ anchorage, ကျောက်ချစရာအရပ်။ —stead, *n.* same, 2d def.

**Roam**, *v. i.* လှည့်လည်၍သွားသည်။

**Roan**, *a.* (မြင်း) သလုံးမွေး။

**Roar**, *v. i.* —as a lion, ဟောက်သည်။ —as a tiger, a storm, fire, the waves of the sea, ဟုန်းသည်။ —as thunder, မြည်းသည်။ to cry aloud, ကျယ်သောအသံနှင့်မြည်သည်။ အော်ဟစ်သည်။

**Roaringly**, *adv.* ဟုန်းဟုန်း။ ဟုန်းခနဲ။

**Roast**, *v. t.* မီးနားမှာကင်သည်။ ဖုတ်သည်။ —in embers, ဖိုးသည်

**Rob**, *v. t.* အနိုင်အထက်လုယူသည်။ ထားမြိတိုက်သည်။

**Robber**, *n.* ထားပြ။ မုဒိမ်းဘက္က။ *pl.* ပြည်ဆူ၊ပြည်ဖြောင့်။ rebel, ရန်ဖြောင့်။ ရန်သူ။

**Robbery**, *n.* from Rob.

**Robe**, *n.* ဝတ်လုံ။ —*v. t.* to put on a robe, ဝတ်လုံဝတ်သည်။ to array, တန်ဆာဆင်သည်။

**Robin**, *n.* ငှက်တမျိုး။

**Robust**, *a.* သန်မာသော။ သန်စွမ်းသော။ (robust man, လူသန်။)

**Robustness**, *n.* from above.

**Rochet**, *n.* မွေးဆရာဝတ်သောအင်္ကျီဖြူ။

**Rock 1**, *n.* ကျောက်။ ကျောက်ခဲ။ သီလာ။ *Pali.* —salt, *n.* သိန္ဓောဆား။ —2, *v.* လှုပ်သည်။

**Rocket**, *n.* (of different kinds,) မီးပုံး။ မီးကျည်။ မီးပဒိတုန်း။ မီးဝုစညီး။ မီးလင်းခြေ။ မိုပုံး။ wheel—, စက်မီး။

**Rockiness**, *n.* from Rocky.

**Rocking-chair**, *n.* လှုပ်တတ်သောကုလားထိုင်။ လှုပ်ကုလားထိုင်။

**Rocky**, *a.* full of rocks, ကျောက်များသော။ hard as a rock, ကျောက်ခဲကဲ့သို့မာသော။

**Rod**, *n.* a long stick, တံဖျား။ နှင်တံ။ ကြိမ်လုံး။ iron—, ကဗ္ဗိလသံချောင်း။ fishing—, သုတ်တံ။ a staff of authority, လှံတံ။ a measure of length, ဆယ်တတောင်ရှိသောအတိုင်းအထွာ။

**Rodomontade**, *n.* အချည်းနှီးဝါကြွားသောစကား။

**Roe 1**, *n.* the female of the hart, သမင်ဒရယ်အမ။ —2, *n.* the eggs of fish, ငါးဥ။

**Rogation**, *n.* တောင်းပန်ခြင်း။
**Rogue**, *n* လိမ်လည်တတ်သောလူဆိုး။
**Roguery**, **Roguishness**, *n.* from next.
**Roguish**, *a.* knavish, ဆိုးညစ်လိမ်လည်သော။ playing tricks with, ကျီစားတတ်သော။
**Roil** (Amer.) *v. t.* to render turbid, နောက်စေသည်။ to fret, စိတ်ညစ်စေအောင်ပြုသည်။
**Roll**, *v. i.* to turn over and over, လိမ့်သည်၊ —away, လိမ့်သန်သည်၊ to run on wheels, (ရထား) စီး၍သွားသည်၊ to turn from side to side, လူးသည်။ လူးလည်သည်။ to revolve, လည်သည်၊ လှည့်လည်သည်၊ —*v. t.* to turn over and over, လှိမ့်သည်။ —away, လှိမ့်လှန်သည်။ to turn from side to side, လူးအောင်လှုပ်သည်၊ to wrap round in itself, လိပ်သည်၊ to inwrap, ပတ်၍ထားသည်၊ to form into balls. လက်နှင့်ပွတ်၍လုံးအောင်လုပ်သည်။ to level with a roller, ဗလိမ့်ဆွဲ၍ညှိသည်။ to spread with a rolling-pin, လက်လိမ့်နှင့်လှိမ့်၍ပြားအောင်လုပ်သည်၊ to bring a continuous sound from a drum, အသံမစဲအောင်စည်ကိုတီးခတ်သည်။ —*n.* the act of rolling, လိမ့်ခြင်း။ လှိမ့်ခြင်း။ the thing rolling, လိမ့်သောအရာ။ a mass made cylindrical, အတောင့်။ cloth, paper, etc. rolled up, အလိပ်။ a register, စာရင်း။ a chronicle, မှတ်စာ၊ the beating of a drum so as to produce a continuous sound, အသံမစဲအောင်စည်ကိုတီးခတ်ခြင်း။ (in rolls, အလိပ်လိပ်၊)
**Roller**, *n.* a cylinder used in levelling ground, ဗလိမ့်၊ printer's—, မှင်တုံး။ cloth rolled up for a bandage, ကြပ်စည်းမှုရာလိပ်သောအဝတ်လိပ်။ ငှက်ခါး။ see Jay; broad-billed—, ငိုဃီးကောင်းငှက်။
**Rolling**, *a.* rising and falling in slopes, ကုန်းကျင်းရှိသော (မြေ။)
**Rollingly**, *adv.* as the eyes, ကြိုတိုးကြောင်ဘောင်း။
**Rolling-pin**, *n.* မုန့်ပြားလုပ်ရန်လက်လိမ့်၊
**Rolling-press**, *n.* လှိမ့်၍ရိုက်သောပုံနှိပ်တန်ဆာ။
**Roman**, *n.* ရောမအမျိုးသား။ —*a.* pertaining to the Romans, ရောမအမျိုးသားနှင့်ဆိုင်သော။ papal, *see* next; —Catholic, *a.* ရောမဘာသာတည်းဟူသော ဗရင်ဂျီဘာသာနှင့်ဆိုင်သော။ ရဟန်းမင်းနှင့်ဆိုင်သော။
**Romance**, *n.* အမှန်မရှိဘဲအလိုလိုစိတ်ကူး၍လုပ်သောစာ။ ဝတ္ထာရီစာ။
**Romanism**, *n.* ဗရင်ဂျီဘာသာ။
**Romantic**, *a.* fanciful, အာရုံထင်၍ညာဏ်ကွန့်မြူးခြင်းနှင့်ဆိုင်သော။ extravagant, အကြောင်းခတန်သော။
**Romish**, *see* Roman Catholic.

**Romp,** *v. i.* ကခုန်မြူးထူး၍ကစားသည်။ —*n.* ကခုန်မြူးထူး၍ကစားတတ်သောမိန်းကလေး။

**Rood,** *n.* အလျားအတောင် ၁၁၀၊ အနံ ၄၀ ရှိသောမြေအတိုင်းအထွာ။

**Roof,** *n.* အမိုး။ —of the mouth, အာခေါင်။ —of a boat, တံကိုင်ပေါင်း။ four sided—, စကြာ။ graduated—, ဝေဇယန္တ။ *Pali.* additional roof appended to a main—, လက်တံမြင်း။ —*v. t.* မိုးသည်။

**Roofing,** *n.* ဖျာ၊ အုတ်ကြွပ်မှစ၍အပေါ်ဝါကိုမိုးရန်တန်ဆာ။

**Roofless,** *a.* အမိုးမရှိသော။

**Rook,** *n.* ကျီးအ။

**Room,** *n.* place, နေရာ။ stead, အစား။ an apartment, အခန်း။ space, လစ်ခန်း။ —*v. i.* နေရာရှိသည်။

**Roomy,** *a.* နေရာအခန်းကျယ်ဝန်းသည်။

**Roost,** *v. i.* ဝပ်၍အိပ်သည်။ —*n.* ကြက်အိပ်တန်း။

**Rooster,** *n.* ကြက်ဖ။

**Root,** *n.* အမြစ်။ bulbous—, အမြစ်ဖု။ —of a verb in Pali, ဓာတ်။ —*v.* to take root, အမြစ်စွဲသည်။ to turn up with the snout, နှုတ်သီးနှင့်ထိုး၍ကော်သည်။ —out, —up, *v. t.* to extirpate, အမြစ်ပါနှုတ်သည်၊ to destroy thoroughly, သုတ်သင်ပယ်ရှင်းသည်၊ ရှင်းရှင်းဖျက်ဆီးသည်။

**Rope,** *n.* ကြိုးကြီး။ twisted—, နန်းတိုက်ကြိုး။ mooring—, ထိပ်ဆံကြိုး။ —dancer, ကြွမ်းထိုးသမား။ —ladder. *n.* ကြိုးလှေကား။ —maker, *n.* ကြိုးကျစ်သောသူ။ —walk, *n.* ကြိုးကျစ်ရာတဲတန်း။

**Ropiness,** *n.* from next.

**Ropy,** *a.* ကျိသော၊ စွဲသော။

**Rosary,** *n.* မိပ်ဝုတီး။

**Rose,** *n.* နှင်းဆီ။ —water, *n.* နှင်းရည်။

**Roseate,** *a.* နှင်းဆီကဲ့သို့လှသော။

**Roselle,** *n.* the plant, ချဉ်ပေါင်။

**Rosin,** *see* Resin.

**Rostrum,** *n.* the head of a ship, သင်္ဘောဦး။ an elevated place for public speaking, စုဝေးသောသူတို့ကြားစေခြင်းငှါ တတ်၍ပြောဆိုရာစင်။

**Rosy,** *a.* နှင်းဆီပွင့်ကဲ့သို့အဆင်းနီသော။

**Rot,** *v. i.* to be decayed, ဆွေးမြေ့သည်။ to putrify, ပုပ်သည်။ —*v. t.* from the same; —*n.* from above; a disease among sheep, သိုးကိုစွဲတတ်ခဲသောအနာ။

**Rotary,** *a.* လိမ့်သော။

**Rotation,** *n.* from next.

**Rotatory,** *a.* rotary. လိမ့်သော၊ coming in turn, အလှည့်အလည်ကျဖြစ်သော။

**Rote,** *n.* နှုတ်ကျက်ရအောင်အထပ်ထပ်ပြောဆိုခြင်း။

**Rotten,** *n.* decayed, ဆွေးမြေ့သော၊ putrid, ပုပ်သော၊ —as cloth, ထိယဲ့သော၊ not solid or hard, အနှစ်မရှိသော၊ unsound, treacherons, သစ္စာမရှိသော၊

**Rottenness,** *n.* from above.

**Rotund,** *a.* circular, ဝန်းသော၊ ဝိုင်းသော၊ spherical, လုံးသော၊

**Rotundity,** *n.* from above.

**Rotundo,** *n.* တိုက်ဝိုင်း။

**Rouge,** *n.* ပါးလှအောင်လူးရန်ဆေးနီ၊ —*v. t.* (ပါးကို) ဆေးနီနှင့်လူးသည်။

**Rough,** *a.* rude, ကြော့ကြမ်းသော၊ not smooth, ကြမ်းသော၊ ပြုတ်ရှပ်ထသော၊ —as the sea, လှိုင်းတံပိုးထသော၊ —as tho weather, မိုးသည်းလေရှိ၍မသာယာဖြစ်သော၊ harsh to the taste, ဖန်ဖန်ဖြစ်သော၊ harsh to the ear, နားမခံသာသော၊ unpolished, rude, မယဉ်ကျေး၊ ရိုင်းသော၊ —in disposition, စိတ်ကြမ်းသော၊ harsh in temper, speech, or manners, ကြမ်းတမ်းသော၊ nnfinished, အရိုင်းတောထွက်သော၊ —cast, *v. t* ပုံလောင်း၍ထားသည်၊ —*n.* အလောင်း။ (in composition,) ပုံလောင်း၍ထားသောအရာ၊ —draft, *n.* ရုပ်ပုံပေါ်အောင်သာ၊ ရေးသားသောအရာ၊ —draw, *v. t.* ရုပ်ပုံပေါ်အောင်သာ၊ ရေးသားသည်၊ —hew, *v. t.* အကြမ်းထပ်၍လောင်းသည်၊ —rider, *n.* မြင်းကျင့်သောသူ၊ —shod, *a.* မြင်းခွာမှာရိုက်သောကျွေးဦးသံချွန်တပ်သော၊ —work, *v. t.* အကြမ်းလုပ်သည်။

**Roughen,** *v. i.* ကြမ်း၍သွားသည်၊ —*v. t.* ကြမ်းအောင်ပြုသည်။

**Roughness,** *n.* from Rough.

**Roughly,** *adv.* (unevenly) applied to language and things, အထင်ထင်၊ အရစ်ရစ်၊ violently, ဇရကြမ်း။ ကသောင်းကနင်း။

**Round,** *a.* circular, ဝန်းသော၊ ဝိုင်းသော၊ cylindrical or spherical, လုံးသော၊ ample, လုံလောက်သော၊ downright, တိုက်ရိုက်ဖြစ်သော၊ open, plain, အတည့်အလင်းဖြစ်သော၊ smooth, flowing, စီလျှဉ်ညီသော၊ full, complete, မချို့တဲ့၊ စုံလင်သော၊ —house, *n.* a constable's prison, ကင်းကချုပ်ထားရာတန်း။ a house on a ship's quarter deck, သင်္ဘောဝဲကုန်းပတ်ပေါ်မှာတည်သောသံတန်ပေါင်း။ —*n.* a circular thing, အဝိုင်း။ စက်ဝိုင်း။ a circuit, လှည့်ပတ်ရာ၊ အပတ်၊ rotation, အလှည့်အသည်ကျဖြစ်ခြင်း။ a rundle, လှေကားထစ်၊ a general discharge of fire arms, တတပ်လုံးတပြိုင်နက်သေနတ်ဖောက်ခြင်း။ —*v. i.* to become round, ဝန်း၍လာသည်၊ ဝိုင်း၍လာသည်၊ လုံး၍လာသည်။ to go round, လှည့်လည်သည်၊ —*v. t.* to make circular or spherical, ဝိုင်းအောင်ပြုသည်၊ လုံးအောင်ပြုသည်၊ to encircle, ပတ်သည်၊ ရစ်သည်၊ ဝန်းရံသည်၊ ဝိုင်းသည်။ to move round (a thing,) လှည့်လည်သည်။ to go round (a point of land,) ကုပ်မိ၍သွားသည်၊ to mould into smoothness, အစီအလျှဉ်သင့်အောင်စီကုံးသည်။ —*adv.* or *prep.* on all sides, ပတ်သည်။ ပတ်ဝန်းကျင်။ here and there, ဤမှာ။ ထိုမှာ။ အရပ်ရပ်။ circularly, တလည်လည်။ from side to side, တဖက်မှတဖက်သို့။ not in a direct line, အကွေ့အားဖြင့်။ ဝိုက်ဝိုက်။ come—, get—, *v. t.* သွယ်ဝိုက်၍လိမ်လည်သည်။ —about, *a.* circuitous in speech, သွယ်ဝိုက်သော။ encompassing, ပတ်လည်သော။

Rounded (be,) *v. i.* elevated in the centre, မောက်သည်။ မို့သည်။

Roundelay, *n.* သီခြင်းတမျိုး။

Roundish, *a.* ခပ်လုံးလုံး။

Round-leaved, *a.* ရွက်ဝန်းသော။

Roundness, *n.* from Round, *v.*

Rouse, *v. t.* to awaken, နှိုးသည်။ to excite, နှိုးဆော်သည်။

Rout, *n.* ရုန်းရင်းခတ်မှုဖြစ်သောအစုအဝေး။ —2, *v. t.* စစ်သည်တို့ကိုဖရိုဖရဲပြေးစေအောင်တိုက်ဖျက်သည်။ —2, *n.* from above.

Route, *n.* ခရီးသွားရာလမ်း။

Routine, *n.* အစဉ်ပြုမြဲ။

Rove, *v. i.* အရပ်ရပ်လှည့်လည်၍သွားသည်။

Rover, *n.* agent, from same; a pirate, ပင်လယ်ဓားပြ။

Row 1, *n.* အတန်း။ အစီအစဉ်ထားသောအရာ။ —boat, ခတ်လှေ။ —2, *v. t.* တက်ခတ်သည်။ —(rou,) *n.* ရုန်းရင်းခတ်မှုပြုခြင်း။

Rowel, *n.* the wheel of a spur, မြင်းစီးခြေနင်းဖနှောင့်၌ထည့်သောသံစက်။ a large seton, မြင်း၌စွဲသောအနာကိုပျောက်စေခြင်းငှါအသား၌ထုဝ်ချင်းခတ်ဖောက်၍ပြည်ဖြစ်အောင်လျှိုထားသောကြိုး။ —*v. t.* အသား၌ထုတ်ချင်းခတ်ဖောက်၍ကြိုးကိုလျှိုထားသည်။

Rower, *n.* တက်ခတ်သောသူ။

Rowlock, *n.* တက်ခတ်မှီရာသံဘန်စပ်၌ထစ်သောအထစ်။

Royal, *a.* pertaining to a king, ရှင်ဘုရင်နှင့်ဆိုင်သော။ like a king, ရှင်ဘုရင်ကဲ့သို့ဖြစ်သော။

Royalist, *n.* ရှင်ဘုရင်ဖက်ကသာနေသောသူ။

Royalty, *n.* မိုးစံခြင်း။ (to enjoy royalty, နန်းစံသည်။)

Rub, *v. t.* ပွတ်သည်။ —against, *v. t.* တိုက်သည်။ —down (a horse,) *v. t.* ပွတ်သပ်သည်။ —hard, တိုက်ပွတ်သည်။ —lighty, သုတ်သည်။ —on a touch stone, မှတ်ချသည်။ —off, ကုန်အောင်ပွတ်သည်။ —off, as dirt from the flesh, ချည်းတွန်းသည်။ —out, to erase, ချေသည်။ ချေဖျက်သည်။ to separate by friction, ပျောက်အောင်ပွတ်တိုက်သည်။ —through, တိုက်ခိုက်၍သွားသည်။ အထိအခိုက်များ၍သွားသည်။ —up, to brighten by friction, ပြောင်အောင်ပွတ်သည်။ to stir up, နှိုးဆော်သည်။ —between the thumb and fingers, ဖျစ်သည်။ (to be rubbed off, as the skin,

ထရေကြွတ်သည်။) —*n.* the act of rubbing, from above; that which makes progress difficult, ထသွားခက်စေသောအရာ။ a difficult point, ခက်ခဲသောအရာ။

**Rubber,** *n.* agent, from Rub, *v.;* the instrument used in rubbing, ပွတ်ရန်တန်ဆာ။ *see also* India-rubber.

**Rubbish,** *n.* broken fragments of buildings, ပြိုပျက်လျှိုးပဲ့သောအတိုအစ။ useless stuff, ထမ္ဘိက်သရိုက်။ —accumulated from cutting up weeds, bushes, etc. ပေါင်းမှက်။

**Rubescent,** *a.* နီဤလာသော။

**Rubicund,** *a.* ခပ်နီနီ။

**Rubied,** *a.* ကျောက်နီကဲ့သို့အဆင်းနီသော။

**Rubific,** *a.* နီစေသော။

**Rubric,** *n.* ပဌနာစာအုပ်၌ပါသောစီရင်ချက်များ။

**Ruby,** *n.* the precious stone, ကျောက်နီ။ ပတ္တမြား။ spotted—, ပတ္တမြားပြောက်။ balass—, ပန်းရည်ကျောက်။ redness, နီသောအဆင်း။ —*a.* ကျောက်နီကဲ့သို့အဆင်းနီသော။

**Ruck,** (Amer.) *v. t.* တွန့်စေသည်။ —*n.* အတွန့်။

**Ructation,** *n.* လေချဉ်တက်ခြင်း။

**Rudder,** *n.* တက်မ။

**Ruddiness,** *n.* from next.

**Ruddy,** *a.* အဆင်းနီသော။

**Rude,** *a.* disrespectful in addressing others, နှင့်သီးသော။ သီးရန့်သော။ ရင့်သီးသော။ not well finished, မချောမပ်၊ မသေချာသော။ unpolished, မယဉ်ကျေး၊ မိုင်းသော။ rough, ကြမ်းသော။ ကြေဲကြမ်းသော။ coarse of manners, ကြမ်းတမ်းသော။ impetuous, ထပေါ့နိုဖြင်းသော။ ပြင်းထန်သော။ unquiet, troublesome, as a child, ဆော့သော။ (inconsiderate, rude person, လူပေါက်သောက်။)

**Rudeness,** *n.* from above.

**Rudely,** *adv.* disrespectfully, ရင့်ရင့်သီးသီး။

**Rudiment,** *n.* an element of an art or science, သိပ္ပံအတတ်တွင်ရှေးဦးစွာသင်ရသောအရာ။ germ, origin, မူလအမြစ်။

**Rudimental,** *a.* elementary, သိပ္ပံအတတ်တွင်ရှေးဦးစွာသင်ရသောအရာဖြစ်သော။ initial, ထဦးဖြစ်သော။

**Rue,** *v. t.* to repent bitterly, အလွန်နောင်တရသည်။ to be exceedingly sorry for some evil, အလွန်ဝမ်းနည်းသည်။

**Rueful,** *a.* အလွန်ဝမ်းနည်းဖွယ်ဖြစ်သော။

**Ruff,** *v. t.* တွန့်စေသည်။ —*n.* တွန့်သောထည်စည်း။

**Ruffian,** *n.* ရက်စက်သောသူ။

**Ruffle,** *v. t.* to wrinkle, တွန့်စေသည်။ to disorder the surface of water, လှိုင်းကြတ်စွပ်ထဖောင်ပြုသည်။ to discompose the mind,

(စိတ်) မငြိမ်မဝပ်ဖြစ်စေအောင်ပြုသည်။ to furnish with frills, အဝတ်နား၌တွန့်၍ထည့်သည်။ —*n.* a frill, အဝတ်နား၌တွန့်၍ထည့်သောအနားဆက်။ discomposure, မငြိမ်မဝပ်ဖြစ်ခြင်း။

Ruffled, (be,) *v. i.* —in mind, စိတ်ချည်သည်။

Rug, *n.* ခွေးရှည်ကော်စော။

Rugged, *a.* very uneven, အဖုအထစ်များသော။ hard favored, မျက်နှာကြမ်းသော။ rough in temper, speech or manner, ကြမ်းတမ်းသော။ rough in style, အစီအလျှော်မသင့်သော။ shaggy, စုတ်ဖွားထသော။ tempestuous, မိုးဃ်းလေမှုန်၍မသာယာဖြစ်သော။

Ruggedness, *n.* from above.

Rugose, *a.* အတွန့်များသော။

Ruin, *v. t.* ဖျက်သည်။ ဖျက်ဆီးသည်။ —*n.* the act of destroying, ဖျက်ဆီးခြင်း။ the state of being destroyed, ပျက်စီးခြင်း။ that which destroys, ဖျက်ဆီးခြင်းအကြောင်း။ the remains of a building demolished, မြို့ပျက်သောအကျိုးအပဲ့။

Ruined (be,) *v. i.* အကျိုးနည်းသည်။ ပျက်စီးသည်။ ပျက်ပြားသည်။

Ruins, *n. plural,* မြို့ပျက်ရာ။

Ruinous, *a.* destructive, ဖျက်ဆီးတတ်သော။ demolished, destroyed, မြို့ပျက်သော။ ပျက်စီးသော။

Rule, *v.* to have authority, အစိုးရသည်။ ပိုင်နိုင်သည်။ to govern, စီရင်သည်။ အုပ်ချုပ်သည်။ အုပ်စိုးသည်။ ကြီးစိုးသည်။ ချုပ်ချသည်။ မင်းပြုသည်။ to mark with lines by a ruler, မျဉ်းတံချသည်။ မျဉ်းသားသည်။ —*n.* the possession of authority, အစိုးရခြင်း။ government, စီရင်ခြင်း။ အုပ်ချုပ်ခြင်း။ အုပ်စိုးခြင်း။ an instrument for drawing lines, မျဉ်းတံ။ .. large one used by carpenters, တန်သား။ —of a carpenter's plummet, ခွေးလျှာ။ ဝိသားမျဉ်း။ —of action, စည်း။ ထုံးဥပဒေ။ —in grammar, သုတ်။ golden—, ရွှေမျဉ်း။ a direction, precept, canon, စီရင်ချက်။ နည်းဥပဒေ။ အထုံးအဖွဲ့။ အထုံးအဖြတ်။

Ruler, *n.* a governor, အုပ်စိုးသောသူ။ မင်း။ လူအုပ်မင်း။ an instrument for drawing lines, မျဉ်းတံ။

Ruling, *a.* predominant, အားကြီး၍လွန်ကဲသော။

Rum, *n.* တင်လဲကိုချက်သောအရက်။

Rumble, *v. i.* ကြုံးကြုံးမြည်သည်။ —as an earthquake, [illegible]သည်းသည်။ —as thunder, မိုးဃ်းမြည်သည်။ —in the bowels, ဝန်းကြွတ်သည်။

Ruminant, *a.* from next, 1st def.

Ruminate, *v. i.* to chew the cud, စားမြုံ့ပြန်သည်။ to reflect, ထင်မြင်ဆောင်းမှေ့သည်။

Runiuation, *n.* from Ruminate.

**Rummage**, *v. t.* လှန်လှော၍ရှာဖွေသည်။ —*n.* from above.
**Rummer**, *n.* ဖန်ခွက်ကြီး။
**Rumor**, *v. t.* တန့်ထပြောဆိုသည်။ —*n.* တန့်ထပြောဆိုသောသတင်းစကား။ a noisy—, ကောလာဟလ။ (to be the subject of a discreditable rumor, သတင်းပုပ်သည်။)
**Rump**, *n.* the root of the tail, မြီးထူး။ the buttocks, တင်သား။
**Rumple**, *v. t.* ရှုံ့တွန့်စေအောင်လုပ်သည်။
**Run**, *v. i.* to move swiftly, ပြေးသည်။ —with a leaping motion, ပြေးသွားသည်။ to pass and repass regularly, သွားလာခြင်းသွားလာသည်။ to flow (as fluid,) စီးသည်။ to flow out, ထွက်စီးသည်။ to discharge, as matter, ပြည်ထွက်သည်။ to turn on an axis, လည်သည်။ to be smooth, gliding, as language, စီလျော်သည်။ to pass (as time,) လွန်သည်။ to proceed, go in some direction, သွားသည်။ —as a boundary line, တန်း၍သွားသည်။ to dwell on, in the mind, စိတ်ထဲ၌စွဲလျက်နေသည်။ to have reception, အခွင့်ရသည်။ —*v. t.* to thrust, ထိုးသည်။ to drive, ဝင်နှင်သွားစေသည်။ to cause to go and come regularly, သွားလာခြင်းသွားလာစေသည်။ to smuggle, မင်းအခွင့်မရှိဘဲ (ကုန်ကို) ခိုက်ကဲ့၍ထုတ်သွင်းသည်။ to prosecute in thought, အစည်အကိုင်းလိုက်၍ဆင်ခြင်သည်။ to fuse, အရည်ကြိုသည်။ to cast in a mold, ပုံသွန်းသည်။ —the hazard or risk, စိုးရိမ်စရာရှိလျက်နှင့်စမ်း၍ပြုသည်။ —a line, မိုင်းကြိုးလျှက်မှတ်သား၍ထားသည်။ —after, *v. t.* to follow hastily, မြန်မြန်လိုက်သည်။ to search for, ရှာဖွေသည်။ —against, *v. t.* တိုက်သွားသည်။ —a-muck (Malay,) စိတ်ဖေါက်၍ပြေးလျက်ထိုးသွားသည်။ —away, *v. i.* ထွက်ပြေးသည်။ —down, *v. t.* to chase and take, လိုက်၍ဖမ်းမိသည်။ to come upon (a vessel) and sink it, တိုက်၍နှစ်မြုပ်သည်။ to crush, နှိပ်စက်သည်။ —high, *v. i.* အားကြီးသည်။ —*v. t.* ဝင်သည်။ —on, *v. i.* to continue for some time, ကြာ၍နေသည်။ to talk incessantly, မပြတ်ပြောသည်။ —*v. t.* to bear hard on, အနှောက်အယှက်ပြုသည်။ —out, *v. i.* to come to an end, ကုန်သည်။ to expatiate, ကျယ်ကျယ်ပြောဆိုသည်။ —*v. t.* to waste, ဖြုန်းတီးအောင်သုံးသည်။ —over, *v.* to pass over (the edge or brim,) လျှံသည်။ to do cursorily, မှုမဲ့ပြုသည်။ —through, *v. t.* ကုန်အောင်သုံးသည်။ —up, *v. i.* တိုးတက်သည်။ —*v. t.* from above; —*n.* the act of running, ပြေးခြင်း။ successive motion, လိုက်သွားခြင်း။ course, process, စီးညီခြင်း။ way, will, uncontrolled course, ကိုယ်အလိုအလျောက်ပြုမှုခြင်း။ reception, success အခွင့်ရခြင်း။ distance

passed over, ခရီးရောက်ခြင်း၏အတိုင်းအရှည်။ the generality, အများ။ in the long—, *adv.* အဆုံး၌။

**Runagate**, *n.* နေရာမဲ့။ အရပ်ရပ်လှည့်လည်သောလူဆိုး။

**Runaway**, *n.* ထွက်ပြေးသောသူ။

**Rundle**, *n.* လှေကားထစ်။

**Rung**, *pret.* of Ring.

**Runner**, *n.* one that runs, ပြေးသောသူ။ a racer, ပြိုင်၍ပြေးသောသူ။ a messenger, စေလွှတ်ခံ။ a young twig, အညွန့်။ one of the timbers on which a sled or sleigh slides, ရှပ်ဖောင်း။

**Runnet**, *n.* နွားသငယ်၏အစာအိမ်။

**Running**, *n.* from Run, *v.;* that which runs or flows, ထွက်စီးသောအရာ။ —*a.* being in succession, ဆက်။ as, ရက်ဆက်။ အဆက်ဆက်။ —fight, *n.* တစက်ကစီးလျှက်တစက်ကဆုတ်ခံ၊ ဆုတ်ခံပြီလျှက်တိုက်ခြင်း။ —title, *n.* စာပ်စဉ်ထိုးသောလိပ်စာ။

**Runt**, *n.* လှိုညွက်သောအကောင်။

**Rupee**, *n.* ငွေ။ ဒင်္ဂါး။ ရူပီး။

**Rupture**, *v. t.* to break or burst, ဖောက်ခွဲသည်။ —*n.* the act of breaking or bursting, ဖောက်ခွဲခြင်း။ the state of being broken or burst, ပေါက်ကွဲခြင်း။ breach of friendship, မိတ်ဆွေပျက်ခြင်း။ breach of peace between nations, စစ်ငြိမ်ရာအကြောင်းကိုဖျက်ခြင်း။ hernia, ရူကျ။

**Rural**, *a.* ကျေးတောနှင့်ဆိုင်သော။

**Ruse**, *n.* ပရိယာယ်။ မာယာ။ ဝေဝုစ်။

**Rush 1**, *n.* ကိုင်းပင်မျိုး။ —candle, —light, *n.* ကိုင်းမီးတိုင်။ —2, *v. i.* ထုန်ခနဲပြေးသည်။ —through the water as a boat, ရက်ပန်းစေးသည်။ —*n.* from above.

**Rushing**, *n.* same.

**Rushy**, *a.* abounding with rushes, ကိုင်းတောရှိသော။ made of rushes, ကိုင်းပင်နှင့်ရက်သော။

**Rusk**, *n.* မုန့်ကင်။

**Russet**, *a.* ဝါတာတာ။

**Rust**, *n.* the oxide of metals, သံချေးမှစ၍သတ္တုနှင့်တက်သောအချေး။ any foul matter contracted, အချေး။ အချေးအညှော်။ —*v. i.* to contract rust, အချေးတက်သည်။ to become dull by inaction, ပျင်းမှိုးထသည်။ —*v. t.* from above.

**Rustic**, *a.* pertaining to the country, ကျေးတောနှင့်ဆိုင်သော။ rude, unpolished, ကျေးတောသားကဲ့သို့မယဉ်ကျေး၊ ရိုင်းသော။ plain, simple, unadorned, တန်ဆာမဆင်၊ ရိုးသော။—*n.* ကျေးတောသား။ တောတွင်းသား။ တောသား။

Rusticate. *v. i.* ကျေးတောသို့တည်းနေသည်။ —*v. t.* ကျေးတောသို့နှင်ထုတ်သည်။
**Rustication,** *n.* from above.
**Rusticity,** *n.* from Rustic, *a.*
**Rustiness,** *n.* from Rusty.
**Rustle,** *v. i.* ခြွပ်ခြွပ်မြည်သည်။
**Rustlingly,** *adv.* ခြွပ်ခြွပ်။ တခြွပ်ခြွပ်။
**Rusty,** *a.* covered with rust, သံချေးတက်သော။ dull from inaction, ပွင်းမိုးထသော။
**Rut,** *n.* လှည်းကြောင်း။
**Ruth,** *n.* mercy, ကရုဏာ။ misery, ဒုက္ခ။
**Ruthless,** *a.* pitiless, မသနားတတ်သော။ cruel, inhuman, ရက်စက်သော။
**Ruthlessness,** *n.* from above.
**Rye,** *n.* စပါးတမျိုး။
**Ryot,** *n.* (East India,) ထယ်လုပ်သောသူ။

# S.

**Sabaoth,** *n.* ဗိုလ်ခြေ။
**Sabbatarian,** *n.* စနေနေ့ကဥပုသ်စောင့်ရသောနေ့ဖြစ်သည်ဟုယူသောသူ။
**Sabbath,** *n.* a day of rest and religious observance, ဥပုသ်နေ့။ a season of rest, ငြိမ်ဝပ်စွာနေရသောအချိန်ကာလ။ —breaking, *n.* ဥပုသ်နေ့၌ဥပုသ်မစောင့်ဘဲနေခြင်း။
**Sabbatic, Sabbatical,** *a.* ဥပုသ်နေ့နှင့်ဆိုင်သော။
**Sabianism,** *n.* နေ၊ လ၊ ကြယ်နက္ခတ်တို့ကိုကိုးကွယ်သောအာသာ။
**Sable,** *a.* ညိုသော။
**Sabre,** *n.* ထားလွယ်ကောက်တမျိုး။ —*v. t.* ထားနှင့်ခုတ်၍သတ်သည်။
**Saccharine,** *a.* သကြားဓာတ်ပါသော။
**Sacerdotal,** *a.* ဓမ္မဆရာ၊ ယဇ်ပုရောဟိတ်၊ သင်းအုပ်နှင့်ဆိုင်သော။ *see under* Priest.
**Sachel,** *see* Satchel.
**Sack 1,** *n.* a large, coarse bag, အိတ်ကြီး။ ဂုန်အိတ်။ —cloth, ဂုန်အထည်။ —2, *v. t.* (မြို့ကို) တိုက်၍ရက်စက်စွာလုယက်သည်။ —*n.* from *do.*
**Sackbut,** *n.* နှဲခရာတမျိုး။
**Sacking,** *n.* အထည်ကြမ်း။
**Sack-posset,** *n.* စပျစ်ရည်ထည့်၍ခဲသောနို့။
**Sacrament,** *n.* သန့်ရှင်းသောဓမ္မမင်္ဂလာ။
**Sacramental,** *a.* ဓမ္မမင်္ဂလာနှင့်ဆိုင်သော။
**Sacred,** *a.* set apart for religious purposes, ဘုရား၊ တရားအမှုခြားနား

ရှိထားသော၊ pertaining to religion, ဘုရား၊ တရားနှင့်ဆိုင်သော၊ exclusively appropriated to, (တစုံတယောက်သောသူ) အပိုင်သိမ်းမြားခွဲထားသော၊ inviolable, မဖျက်ရသော၊

Sacredness, *n.* from above.

Sacrifice, *v. t.* to kill and offer to deity, ယဇ်ပူဇော်သည်၊ to give up for the sake of something else. (တစုံတခု) ကိုရမည်အကြောင်းစွန့်ပစ်သည်၊ to give up with loss, စွန့်ပြစ်ရသည်၊ —*n.* the act of sacrificing, *from same;* the thing sacrificed, ယဇ်ပူဇော်သောအရာ၊ စွန့်အပ်သောအရာ၊ စွန့်ပြစ်သောအရာ၊

Sacrificial, *a.* ယဇ်ပူဇော်ခြင်းနှင့်ဆိုင်သော၊ —food, ယဇ်စာ၊

Sacrilege, *n.* from next.

Sacrilegious, *a.* (ဘုရား၊ တရားနှင့်ဆိုင်သောအရာကို) လောကီအရာပြုစ်သုံးစွဲသည်၊

Sacristan, *n.* သုစ္စမွှာရေချပ်စောင့်၊

Sacristy, *n.* သုစ္စမွှာရေချပ်နှင့်ဆိုင်သောဝတ်စားဘန်ဆာ အသုံးအဆောင်တို့ကိုထားရာအခန်း၊

Sacrum, *n.* မြီးညောင်း၊

Sad, *a.* not pleased, unsatisfied, unhappy, စိတ်မသာသော၊ sorrowful, ဝမ်းနည်းသော၊ downcast, မျက်နှာညှိုးငယ်သော၊ calamitous, ထေးကိုဖြစ်စေတတ်သော၊ bad, ဆိုးသော၊

Sadden, *v. t.* စိတ်မသာဖြစ်အောင်ပြုသည်၊ ညှိုးငယ်စေသည်၊

Saddle, *n.* ကုန်းနှီး၊ —bags, မြင်းဘင်သားရေအိတ်၊ —cloth, တင်ရန်း၊ —horse, စီးရန်ထားသောမြင်း၊ —tree, ကုန်းနှီးအတွင်းကခံသောသစ်သား၊ —of the ridge of a roof, ဝမ်းဘဲတောင်း၊ ခေါင်ထုပ်၊ (the upper saddle), —*v. t.* to put on a saddle, ကုန်းနှီးတင်သည်၊ to impose a burden, ဝန်တင်သည်၊

Saddler, *n.* ကုန်းနှီးချုပ်သမား၊

Sadducean, *a.* ဇဒ္ဒုကဲနှင့်ဆိုင်သော၊

Sadducee, *n.* ဇဒ္ဒုကဲဘည်းဟူသောနောင်ထဝမရှိ၊ ကောင်းကင်တမန်မရှိ၊ နိဗ္ဗည်မရှိဟုယူသောသူ၊

Sadness, *n.* from Sad.

Safe, *a.* free from danger, လုံချုံသော၊ free from hurt, ဘေးနှင့်လွတ်သော၊ securing from harm, ဘေးနှင့်လွတ်အောင်ပြုသော၊ being in close custody, မလွတ်နိုင်အောင်ချုပ်ထားလျက်ရှိသော၊ —conduct, *n.* အဆီးအဘားမရှိ သွားရသောအခွင့်၊ —guard, ဘေးလွတ်မည်အကြောင်း၊ —keeping, လုံချုံစွာထားခြင်း၊ အစားအသောက်ထည့်ထားရန်မတ်တတ်သစ်တာ၊ (to feel safe, စိတ်လုံချုံသည်၊)

Safety, *n.* from Safe, *a.* —lamp, ဘေးကင်းသောမီးခွက်၊ —valve, ရေငွေ့ပေါက်ကိုဖိတ်သောအဘိဉ်၊ place of—, ရန်ရဝေးသောအရပ်၊

Safflower, *n.* ဆူးပန်း၊

Saffron, *n.* ကုံကုမံ။
Sag, *v. i.* လျှော့၍ကွဲကျသည်။
Sagacious, *a.* လိမ္မာသော။ ညာဏ်ထက်သော။
Sagaciousness, Sagacity, *n.* from above.
Sage, *n.* ပညာရှိ။ (mint wort,) ဘူဇိနာ။ —*a.* ပညာရှိသော။
Sageness, *n.* from above, first def.
Sagittarius, *n.* ဓနုရာသီ။
Sago, *n.* သာဂူ။ ပင်ပွား။ ဝံခတင်။ large—, မှိုသီးသီး။ Mergui—, တောက်တာ။
Sail, *n.* cloth to be extended on a mast, ရွက်။ double—, used by Burmese and Chinese, ဂရုန်တောင်။ studding—, ရွက်ရှင်။ a vessel, သင်္ဘော။ make—, *v.* ရွက်ကိုထိုး၍ဖွင့်သည်။ set—, ရွက်ဖွင့်တိုက်သွားသည်။ strike—, ရွက်ကိုရုပ်သည်။ —cloth, *n.* ရွက်ထည်။ —loft, ရွက်ချုပ်ရာအခန်း။ —maker, ရွက်ချုပ်သမား။ —yard, ရွက်လက်။ —*v.* ရွက်တိုက်သည်။ လွှင့်သည်။ သင်္ဘောစီးသည်။ —as with poised wings, ဝဲသည်။
Sailer, *n.* ပင်လယ်ကိုလွှင့်တတ်သောသင်္ဘော။
Sailor, *n.* သင်္ဘောသား။
Saint, *n.* သန့်ရှင်းသောသူ။ —*v. t. see* Canonize.
Sainted, *a.* သန့်ရှင်းခြင်းပါရမီနှင့်ပြည့်စုံသော။
Saintlike, Saintly, *a.* like a saint, သန့်ရှင်းသောသူကဲ့သို့ဖြစ်သော။ suiting a saint, သန့်ရှင်းသောသူနှင့်တော်သင့်သော။
Sake, *n.* purpose of obtaining, ရခြင်းငှါကြံရွယ်ခြင်း။ account, အတွက်။ —of (for the,) ငှါ။ အလိုငှါ။ (noun affix;) အောင်။ (verbal affix.)
Salable, *a.* ရောင်း၍ထွက်သော (ဥစ္စာ။)
Salacious, *a.* တပ်မက်ခြင်းအားကြီးသော။ ကာမရာဂနှင့်ဆိုင်သော။
Salaciousness, Salacity, *n.* from above,
Salad, *n.* အစိမ်းစားဟင်းရွက်။
Salam, *n.* ဆလံတည်းဟူသောချမ်းသာပါစေဟုနှုတ်ဆက်ခြင်း။
Salamander, *n.* မီးမလောင်နိုင်ရဟုဆိုသောအကောင်။
Salaried, *a.* နှစ်ခ၊ လခကိုရသော။
Salary, *n.* လခ။
Sale, *n.* the act of selling, ရောင်းခြင်း။ opportunity of selling, ရောင်းရသောအခွင့်။ an auction, လေလံ။ —work, ရောင်းဘို့လုပ်သောအရာ။
Saleable, *a.* ရောင်းနိုင်သော။
Saleableness, *n.* from above.
Saleratus, *n.* ပြာဆား။
Salesman, *n.* ချုပ်ပြီးသောအဝတ်ကိုရောင်းသောသူ။

**Salient,** *a.* leaping, ခုန်တတ်သော၊ projecting, ထစွန်းထွက်သော၊

**Saline,** *a.* consisting of salt, ဆားဖြစ်သော၊ pertaining to salt, ဆားနှင့်ဆိုင်သော၊

**Saliva,** *n.* တံတွေး။

**Salivary,** *a.* တံတွေးနှင့်ဆိုင်သော။

**Salivate,** *v. t.* ဆေးတိုက်၍တံတွေးယိုစေသည်။

**Salivation,** *n.* from above.

**Sallow,** *a.* ဖြူဖတ်ဖြူရော်ရှိသော၊

**Sallowness,** *n.* from above.

**Sally,** *v. i.* တဟုန်တည်းထွက်၍တိုက်သည်၊ စပ်ရှုပြီကစားသည်၊ —*n.* a sortie, တဟုန်တည်းထွက်၍တိုက်ခြင်း။ စပ်ရှုပြီ၊ sudden speech, ရုပ်ခနဲပြောဆိုခြင်း။ an excursion, ထွက်၍လည်သွားခြင်း၊ any act of levity or extravagance, ပေါက်လွှတ်ပြုလုပ်ခြင်း။ —port, ထွက်ရန်အပေါက်။ မလွယ်ပေါက်။

**Saloon,** *n.* ကောင်းမွန်စွာကျင်းပသောဧည့်ခံခန်း။

**Salt,** *n.* ဆား။ —*a.* ငန်သော၊ —cellar, *n.* ဆားခွက်၊ —marsh, ရေငန်လွှမ်းသောကွင်း။ —mine. ဆားတွင်း။ —pan. ဆားရည်လှောင်သောကန်၊ —petre, ယမ်းစိမ်း။ —water, ရေငန်။ —work, ဆားဖို၊ ဆားတော၊ *v. t.* ဆားနယ်၍ထားသည်၊ ဆားစိမ်၍ထားသည်၊

**Salted,** *a.* impregnated with—, ဆားစိမ်သော၊

**Saltant,** *a.* ခုန်လျှက်ရှိသော၊

**Saltation,** *n.* ခုန်ခြင်း။

**Saltish,** *a.* ငန်ငန်။ ခပ်ငန်ငန်။

**Saltness,** *n.* ငန်ခြင်း။

**Salts,** *n. plur.* ဝမ်းနှုတ်ဆား။

**Salubrious,** *a.* ကျန်းမာစေတတ်သော၊

**Salubriousness, Salubrity,** *n.* from above.

**Salutariness,** *n.* from next.

**Salutary,** *a.* heathful, ကျန်းမာစေတတ်သော၊ beneficial, အကျိုးကိုဖြစ်စေတတ်သော၊ အကျိုးရှိသော။

**Salutation,** *n.* from Salute, *v.*

**Salutatory,** *a.* နှုတ်ဆက်ခြင်းနှင့်ဆိုင်သော၊

**Salute,** *v. t.* to greet, နှုတ်ဆက်သည်၊ နှုတ်ခွန်းဆက်သည်၊ to kiss, နမ်းရှုပ်သည်။ to offer some testimonial of respect, ဥပဒေအတိုင်းရိုသေစွာပြုသည်၊ —*n.* from above.

**Salutiferous,** *a.* ကျန်းမာစေတတ်သော၊

**Salvable,** *a.* ကယ်တင်နိုင်ဖွယ်ဖြစ်သော၊

**Salvage,** *n.* ဆယ်ဘိုး၊ ဆယ်ခ၊

**Salvation,** *n.* ကယ်တင်ခြင်း၊

**Salve,** *n.* ဖယောင်းချက်။ ဖယောင်းဆီ။

**Salver,** *n.* ကသပိ။ lily shaped—, ကြာကလပ်။
**Salvo,** *n.* ချန်ခြင်း၍ထားသောအရာ။
**Samaritan,** *a.* ရှမာရိအမျိုးနှင့်ဆိုင်သော၊ —*n.* ရှမာရိအမျိုးသား။
**Same,** *a.* တူသော။ အတူတူဖြစ်သော။ (in the same manner, နည်းတူ၊)
**Sameness,** *n.* from above.
**Sample,** *n.* a specimen, တန်း။ an example, instance, ပုံသက်သေ။
**Sampler,** *n.* ပန်းမှစ၍အက္ခရာထိုးသောကားပုံ။
**Sanable,** *a.* ဆေးကုစ၍ပျောက်နိုင်ဖွယ်ဖြစ်သော။
**Sanatary,** *a.* အနာရောဂါကိုကာဆီးတတ်သော။
**Sanative,** *a.* ဆေးကုစ၍ပျောက်စေတတ်သော။
**Sanctification,** *n.* from Sanctify.
**Sanctifier,** *n.* agent, from next.
**Sanctify,** *v. t.* to set apart for a sacred purpose, ဘုရား၊ တရားအဖို့ သီးသန့်ခြားနား၍ခွဲထားသည်။ to make morally pure, သန့်ရှင်း စေသည်။ to make the means of holiness, သန့်ရှင်းခြင်းအကြောင်း ဖြစ်စေသည်။ to protect, ကွယ်ကာစောင့်မသည်။
**Sanctimonious,** *a.* သန့်ရှင်းခြင်းဟိရိမိရှိရောင်ဆောင်သော။
**Sanctimoniousness,** *n.* from above.
**Sanction,** *v. t.* တည်စေခြင်းငှါသဘောတူ၍အခွင့်ပေးသည်။
**Sanctity,** *n.* သန့်ရှင်းခြင်းဟိရိမိ။
**Sanctuary,** *n.* a holy place, သန့်ရှင်းရာဌာန။ house devoted to divine worship, ဘုရားဝတ်ပြုရာသုခမ္မာဇရပ်။ a place of safety, လုံချုံသောနေရာ။
**Sand,** *n.* သဲ။ သထဲ။ coarse, glistening—, သဲဖျက်ဆန့်ကြောင်း။ —bank, သောင်။ သဲစု။ —blind, *a.* သဲကဲ့သို့ထင်မြင်သော။ မျက်စိမှုန်ဖွဲသော။ —box, *n.* မှင်စာလုံးခြောက်စေခြင်းငှါရန်သဲအိုး။ —fly. *n.* ဖြုတ်။ —stone, *n.* သဲကျောက်။ the red variety, တောင်ဦးကျောက်။ —paper, ကော်ဖတ်။ —*v. t.* သဲကိုဖျန်းသည်။
**Sandal 1,** *n.* a kind of shoe, ဘိနပ်။ thick wooden—, ခုံဘိနပ်။ —completely covered with cloth, ခိန်းဘိနပ်။ —maker, ဘိနပ် ထိုးသမား။ —2, *n.* the wood, စန္ဒကူး။
**Sanders,** *n.* same.
**Sandiness,** *n.* from Sandy.
**Sandwich,** *n.* အမဲသား၊ ဝက်သားကိုလှီး၍ချုပ်ထားသောမုန့်ပြား။
**Sandy,** *a.* abounding with sand, သဲများသော။ of the color of sand, သဲကဲ့သို့ဖြူဝါဝါရှိသော။
**Sane,** *a.* healthy, ကျန်းမာသော။ of a sound mind, စိတ်မပေါ့သွတ်၊ အကောင်းသားရှိသော။ စိတ်ကောင်းသော။
**Sangfroid,** *n.* လျှစ်လျူသောစိတ်။
**Sanguiferous,** *a.* သွေးကိုသယ်ဒိုးပို့ဆောင်တတ်သော (အကြော၊)

Sanguify, *v. t.* သွေးဖြစ်စေသည်။

Sanguinary, *a.* bloody, အသေသတ်ခြင်းများသော။ blood-thirsty, အသေသတ်ချင်သောသဘောရှိသော။

Sanguine, *a.* red, နီသော။ abounding with blood, သွေးများသော။ ardent, စိတ်အားကြီးသော။

Sanguineness, *n.* from above.

Sanguineous, *a.* consisting of blood, သွေးဖြစ်သော။ abounding with blood, သွေးများသော။

Sanhedrim, *n.* ယုဒလွှတ်တော်။

Sanies, *n.* သားနံ့ရည်။

Sanious, *a.* သားနံ့ရည်ထွက်သော။

Sanity, *n.* စိတ်မပေါ့သွတ်၊ အကောင်းသာရှိခြင်း။

Sanscrit, *n.* သံသကြိုက်ဘာသာ။ (or သသီကရိုက်။). . . .

Sap 1, *n.* the juice of plants and trees, ပင်ရည်သစ်ရည်။ —2, *v. t.* မြေရိုးအောက်သို့တွင်းဖောက်သော။ —*n.* a military mine, ခေါင်း၌တူးသောတွင်း။

Sapan wood, *n.* တိန်းညက်သား။

Sapid, *a.* အရသာရှိသော။

Sapience, *n.* ညာဏ်ပညာ။

Sapient, *a.* ညာဏ်ပညာရှိသော။

Sapless, *a.* သစ်ရည်မရှိသော (အပင်။)

Sapling, *n.* ငယ်သောအပင်။

Saponaceous, *a.* ဆပ်ပြာပါသော။

Sapor, *n.* အရသာ။

Saporific, *a.* အရသာဖြစ်စေတတ်သော။

Sapper, *n.* ခေါင်း၌တူးသောသူ။

Sapphire, *n.* နီလာ။

Sappiness, *n.* from next.

Sappy, *a.* abounding with sap, သစ်ရည်များသော။ not firm, tender, နူးညံ့သော။ weak in intellect, ညာဏ်နည်းသော။

Sarcasm, *n.* ကရောင်ကမည်ပြုခြင်း။ သရော်သောစကား။

Sarcastic, *a.* ကရောင်ကမည်ပြုသော။ သရော်သော။

Sarcophagus, *n.* ရှေးကာလ၌သုံးသောကျောက်တလား။

Sardine, Sardins, *n.* ကျောက်နီတမျိုး။ the fish, ငါးဗိန်းနဲ့ဓွေး။

Sardonic laugh, *n.* မလိုသံနှင့်ရယ်မောခြင်း။

Sardonyx, *n.* ကြောင်။

Sarsaparilla, *n.* wild—, ကုကူး။

Sassafras, *n.* မှန်သင်း။ လေင်ကျောင်။

Sash, *n.* a belt, ခါးစည်း။ ခါးပတ်။ ခါးပန်း။ the frame of a window in which the glass is set, ပြတင်းမှန်အိမ်ကွက်။

Satan, *n.* မာရ်နတ်၊ စာတန်၊
Satanic, Satanical, *a.* မာရ်နတ်နှင့်သဘောတူသော၊
Satchel, *n.* စာထည့်သောလွယ်အိတ်ငယ်၊
Sate, *v. t.* စားမိုနင့်စေအောင်ပြုသည်၊
Satellite, *n.* ဂြိုဟ်ကိုလှည့်ပတ်သောလ၊
Satiate, *v. t.* to feed to the full, ဝစေအောင်ကျွေးသည်၊ to sate, glut, စားမိုနင့်သည်တိုင်အောင်စားသည်၊
Satiety, *n.* စားမိုနင့်ခြင်း၊
Satin, *n.* ဖဲ၊ a strong kind, ပဲခ်
Satire, *n.* from Satirize.
Satirical, *a.* from same.
Satirist, *n.* agent, from same.
Satirize, *v. t.* နာအောင်ပြယ်သောစကားနှင့်ကဲ့ရဲ့ပြောဆိုသည်၊
Satisfaction, *n.* the act of gratifying desire, အလိုပြည့်စုံစေခြင်း၊ the state of being gratified, အလိုပြည့်စုံခြင်း၊ အားရခြင်း၊ amends, စိတ်ကြေနပ်စေအောင်ပြုခြင်း၊
Satisfactorily, *adv.* လျှော်လျှော်၊
Satisfactory, *a.* giving satisfaction, အလိုပြည့်စုံစေတတ်သော၊ အားရစေတတ်သော၊ making amends, စိတ်ကြေနပ်စေအောင်ပြုတတ်သော၊
Satisfy, *v. t.* to feed to the full, ဝစေအောင်ကျွေးသည်၊ စားမြိန်ပြေသည်၊ to gratify desire, အားရစေအောင်ပြုသည်၊ အလိုပြည့်စုံစေသည်၊ to settle the mind, သဘောကျသည်၊ —the mind, စိတ်ချေသည်၊ to make amends, စိတ်ကြေနပ်စေအောင်ပြုသည်၊
Satisfied (be,) *v. i.* —in mind, စိတ်ကြေငြမ်းသည်၊ စိတ်ကြေနပ်သည်၊ စိတ်ပြေသည်၊ —with food, တင်းတိမ်သည်၊ ချင်ရဲပြေသည်၊
Saturate, *v. t.* နှံ့ပြားငုံမိအောင်ထည့်သည်၊ (to be saturated with water, ရေစိမ့်သည်၊)
Saturation, *n.* from above.
Saturday, *n.* စနေ၊ စနေနေ့၊
Saturn, *n.* the planet, စနေဂြိုဟ်၊
Saturnine, *a.* စိတ်ဆေးဆေးလေးလေးဖြစ်သော၊
Satyr, *n.* အစွယ်မစွယ်သား၊ လူတဝက်၊ ဆိတ်တဝက်ဖြစ်သော၊
Sauce, *n.* a condiment, စမဲ၊ any culinary appendage to rice or bread, ဟင်း၊ ဟင်းလျာ၊ —pan, *n.* အဖုံးနှင့်ထက်ကိုင်တပ်ပါသောသံအိုးလုံး၊ —*v. t.* အရသာရှိအောင်ရောနှော၍ချက်ပြုတ်သည်၊
Saucebox, *n.* မထီလေးစားပြောတတ်သောသူ၊
Saucer, *n.* လက်ဖက်ရည်ပုကန်ပြား၊
Saucily, *adv.* မထီတရီ၊ မထီလေးစား၊
Sauciness, *n.* from next.
Saucy, *a.* မထီလေးစားပြောတတ်သော၊

**Saunter,** *v. i.* အချည်းနှီးလှည့်လည်သွားလာသည်။
**Saurian,** *a.* အိမ်မြှောင်မျိုးနှင့်ဆိုင်သော။
**Sausage,** *n.* ဝက်အူကျောင်း။
**Savage,** *a.* pertaining to the forest, တောနှင့်ဆိုင်သော။ wild, ရိုင်းသော။ inhuman, ရက်စက်သော။ —in disposition, စိတ်ကြမ်းသော။ —*n.* an uncivilized man, လူရိုင်း။ a cruel man, ရက်စက်သောသူ။
**Savageness,** *n.* from Savage, *a.*
**Savanna,** *a.* လွင်တီးခေါင်း။
**Savant,** *n.* လူတတ်။
**Save,** *v. t.* to deliver from some evil, ကယ်နှုတ်သည်။ ကယ်ဆယ်သည်။ ကယ်တင်သည်။ ကယ်မသည်။ ကယ်ယူသည်။ ကယ်လွှတ်သည်။ to keep from being spent or lost, မကုန်စေခြင်းပြုသည်။ to lay up without spending, မသုံးဘဲသိုထားသည်။ to hinder from occurrence, မဖြစ်စေခြင်းပြုသည်။ တားဆီးသည်။ to except, (မပါစေဘဲ) ထားသည်။
**Saving,** *a.* frugal, ခြွေတာသော။ close, စစ်စည်သော။ securing against loss, မရှုံးမဖြတ်ဘဲအရင်းသာရှိစေခြင်းဖြစ်သော။ delivering from evil, ကယ်တင်တတ်သော။ —*n.* something kept from being expended or lost. ကုန်စေခြင်းမသုံးဘဲထားသောအရာ။ exception, reservation, ချန်ခြွင်း၍ထားသောအရာ။
**Savingness,** *n.* from Saving, *a.*
**Saviour,** *n.* one who saves, ကယ်တင်သောသူ။ the Redeemer of mankind, ကယ်တင်တော်မူသောသခင်။
**Savor,** *n.* odor, အနံ့။ taste, အရသာ။ —*v. i.* to emit some odor, ဤမည်သောအနံ့ရှိသည်။ to have a particular taste, ဤမည်သောအရသာရှိသည်။ to partake of the quality or nature of, ဤမည်သောသဘောရှိသည်။ —*v. t.* to like, ကြိုက်သည်။ နှစ်သက်သည်။
**Savoriness,** *n.* from next.
**Savory,** *a.* ဩဇာလေးနက်သော။ pleasant to the taste, ဆိမ့်သော။ ဆိမ့်အိမ့်သော။ odorous, မွှေးသော။
**Saw,** *n.* လွှ။ circular—, လွှစက်။ cross-cut—, ဖြတ်လွှ။ band—, ထိုးလွှ။ key-hole—, မြောက်မြီးလွှ။ pit—, တိုက်လွှ။ scroll—, အကောက်လွှ။ —dust, လွှစာ။ —pit, *n.* လွှတွင်း။ —fish, *n.* ငါးမင်း။ one species, ငါးတက်ဝဲ။ —*v.* လွှတိုက်သည်။ *v. t.* လွှဆွဲသည်။
**Saw-set, Saw-wrest,** *n.* လွှဖယ်။
**Sawyer,** *n.* လွှသမား။
**Say,** *v. t.* ပြောသည်။ ဆိုသည်။ မြွက်သည်။
**Say, Saying,** *n.* ပြောချက်။ စကား။
**Scab,** *n.* an incrustation over a sore, အဖေး။ the disease, ဝဲနာ။

Scabbard, *n.* ထားအိမ်။

Scabbed. Scabby, *a.* affected with scabs, အဖေးဖြစ်တတ်သောအနာတမျိုးစွဲသော။ diseased with the scab, ဝဲနာစွဲသော။

Scabbiness, *n.* from above.

Scabious, *a.* နူနာတမျိုးစွဲသော။

Scabrous, *a.* အဖုအထစ်များသော။

Scaffold, *n.* a temporary structure by the side of a building, ငြမ်း။ a stage, elevated platform, စင်။ လင့်စင်။

Scaffolding, *n.* same, 1st def.

Scald 1, *v. t.* ရေပူလောင်သည်။ —meat, etc. ရေပူဖြင့်နှစ်သည်။ —milk, etc ချက်သည်။ —*n.* ရေပူလောင်သောအနာ။ —2, *n.* scurf on the head, ဒက်နာ။ —head, ခေါင်း၌စွဲသောနူနာတမျိုး။

Scale 1, *n.* the cup of a balance, ချိန်ခွင်ခွက်။ a balance, ချိန်ခွင်၊ small—, ကပ်ပယ်။ large scales, ဆွဲချိန်ခွင်။ —*plur.* a balance, or pair of balances, ချိန်ခွင်၊ a small kind, ကပ်ပယ်၊ a large kind, ရာဇူ။ ဆွဲ။ Libra, တူရာသီ။ —, *v. t.* to compare with, နှိုင်းရှည့်သည်။ —2, of a fish, ငါးကြေး။ any thin lamina, အထပ်၊ အလွှာ၊ to clear of scales, အကြေးထိုးသည်။ to take off in thin laminas, အလွှာခွာသည်။ —*v. i.* အလွှာကွာသည်။ —3, *n.* a ladder, လှေကား။ —*v. t.* to climb by a ladder, လှေကားဖြင့်တက်သည်၊ an escalade, စစ်တိုက်ရာတွင်လှေကားဖြင့်တက်၍ကျော်ဝင်ခြင်း။ regular gradation, အလုတ်၊ အလတ်၊ အမြတ်အားဖြင့်အဆင့်ဆင့်နေကြသောပုံ။ a graduated instrument, စနစ်ပုံထုတ်ရန်ပုဒ်ပိုးတံ၊ a graduated measure for ascertaining the proportions between a picture and the thing represented, အကျည်းစနစ်ဘာတိုင်းပုံ။ to gamut, သီခြင်းဆိုရာ၌အထက်သံ၊ အောက်သံကိုပြသောပုံ။

Scaled, *a.* having scales, အကြေးရှိသော။

Scalene, *a.* အချိုးအစားမညီမမျှသော (သုံးထောင့်ပုံ။)

Scaliness, *n.* from Scaly.

Scaling-ladder, *n.* စစ်တိုက်ရာတွင်တက်၍ကျော်ဝင်ရန်လှေကား။

Scall, *see* Scald head.

Scallop, *n.* the shell fish, အတွန့်အကွေးပါသောခရု။ a curve in an edge, လှိုင်းအိကွေး။ —*v. t.* အဝတ်နားကိုလှိုင်းအိကိုက်သည်။

Scalp, *n.* ဉကျောင်းရေ။ —*v. t.* ဉကျောင်းရေကိုခွာသည်။

Scalpel, *n.* ဆေးသမားသုံးသောထား။

Scaly, *a.* having scales, အကြေးရှိသော။ resembling scales, or laminas, အထပ်အလွှာကဲ့သို့ဖြစ်သော။

Scamp, *n.* လူအဖျင်း။ အသုံးမရသောသူ။

Scamper, *v. i.* ကပျာကယာပြေးသည်။

**Scan**, *v. t.* to scrutinize, စစ်ဆေးသည်။ to divide a line of poetry into feet, လင်္ကာစာကြောင်းကိုပုဒ်ပါးအားဖြင့်ပိုင်းခြားသည်။

**Scandal**, *n.* calumny, သူ့အသရေပျက်စေအောင်ကဲ့ရဲ့ခြင်း။ disgrace, အသရေပျက်ခြင်း။

**Scandalize**, *v. t.* to offend by some trespass, သူတပါးစိတ်ဆိုးစေအောင်ပြစ်မှားသည်။ to calumniate, သူ့အသရေပျက်စေအောင်ကဲ့ရဲ့ပြောဆိုသည်။

**Scandalous**, *a.* offending by some trespass, စိတ်ဆိုးစေအောင်ပြစ်မှားသော။ disgraceful, အသရေကိုဖျက်တတ်သော။ shameful, ရှက်ဖွယ်ဖြစ်သော။

**Scant**, *a.* မလောက်တလောက်ဖြစ်သော။ —*v. t.* မကြီးလောက်၊ မများလောက်အောင်ပြုသည်။

**Scantiness, Scantness**, *n.* from Scanty.

**Scantling**, *n.* အနံငယ်သောပျဉ်ပြား။

**Scanty**, *a.* narrow, not broad, ကျဉ်းသော။ not sufficient, မလောက်သော။ မလုံမလောက်သော။

**Scape**, *see* Escape.

**Scapula**, *n.* ထက်ပြင်ရိုး။

**Scar**, *n.* အနာရွတ်။ အမာရွတ်။ —of a burn, မီးလောင်မာ။ —*v. t.* အနာရွတ်ထင်အောင်ပြုသည်။

**Scarce**, *a.* ရှားသော။ ရှားပါးသော။ ခေါင်းပါးသော။ unusually—, ဆွန်ပါးသော။ —*adv.* hardly, မှီတမှီ။ with difficulty, ဖြစ်ခဲသည်နှင့်။

**Scarcely**, *adv.* same.

**Scarceness, Scarcity**, *n.* from Scarce.

**Scare**, *v. t.* ခြောက်သည်။ —crow, *n.* ငှက်ခြောက်။

**Scarf**, *n.* တပက်။

**Scarf-skin**, *n.* အပေါ်သားရေ။

**Scarification**, *n.* from next.

**Scarify**, *v. t.* ဆွေးရုတ်သည်။

**Scarlet**, *a.* ထွေးထွေးနီသော။ ရဲရဲနီသော။

**Scarp**, *n.* အတွင်းကျုံးထိပ်။

**Scath**, *v. t.* အကျိုးပျက်စေအောင်ပြုသည်။ အပြစ်ပြုသည်။ —*n* from above.

**Scathful**, *a.* အပြစ်ပြုတတ်သော။

**Scathless**, *a.* အကျိုးပျက်ခြင်းနှင့်ကင်းလွတ်သော။

**Scatter**, *v. t.* to throw about, ကြဲသည်။ to spread abroad, ဖြန့်ကြဲသည်။ to disperse, ကွဲပြားစေသည်။ —(a liquid upon an article of food, ဆမ်းသည်။)

**Scattered (be)**, *v. i.* dissipated, ပျံ့လွင့်သည်။ လေလွင့်သည်။ *adv.* ဖရိုဖရဲ။

**Scatteringly**, *adv.* wastefully, ဖိတ်ဖိတ်စဉ်စဉ်။

**Scavenger**, *n.* လမ်းကိုသုတ်သင်သောသူ။

**Scene**, *n.* the stage, ဇာတ်ခြံရာတသင်း။ one division of a play, ဇာတ်တခန်း။ a view presented to the eye. ရှုကွက်ခြင်းတလွှာ။ an assemblage of things looked at, ကြည့်ရှုမြင်ရသောအခြင်းအရာစု။

**Scenery**, *n.* the appearance of places, မျှော်မြင်ခြင်း။ the arrangement and decoration of the stage, ဇာတ်ခြံရန်အခမ်းအနား။

**Scenic, Scenical**, *a.* ဇာတ်ခြံခြင်းနှင့်ဆိုင်သော။

**Scent**, *n.* the sense of smelling, ဃာနပသာဒ။ အနံ့ရတတ်သောသတ္တိ။ the substance smelt, odor, ဂန္ဓာရုံ။ အနံ့။ perfume, အမွှေးအထုံ။ an unpleasant—, အနံ့။ အစော်။ —*v. t.* to smell, အနံ့ရသည်။ အနံ့ခံသည်။ to perfume, ထုံသည်။

**Scentless**, *a.* အနံ့မရှိသော။

**Sceptre**, *n.* ရာဇလှံတံ။

**Sceptred**, *a.* ရာဇလှံတံကိုပိုင်ထိုက်သော။

**Schedule**, *n.* စာရင်း။

**Scheme**, *n.* an arranged system, စီစဉ်၍ထားသောအရာ။ a design, plan. အကြံအစွယ်။ a horoscope, ဇာတာပုံ။ —*v.* to contrive, မိတ်ကူးသည်။

**Schism**, *n.* အသင်းတော်၌ကွဲပြားခြင်း။ (to cause a schism, သင်းခွဲသည်။)

**Schismatic**, *n.* သင်းခွဲသောသူ။ ဇောတိ။ —*a.* သင်းခွဲခြင်းနှင့်ဆိုင်သော။

**Schismatical**, *a.* same.

**Scholar**, *n.* one who attends school, စာသင်သား။ a disciple (of any kind,) တပည့်။ a man of learning, လုတတ်။

**Scholarship**, *n.* learning, စာပေတတ်ခြင်း။ a foundation for supporting a scholar, စာသင်သားစားသောက်သုံးဆောင်ရန်စရိတ်ကိုလှူ လောက်အောင်စီရင်၍ထားသောအမှီဘက်။

**Scholastic**, *a.* pertaining to schooling, စာသင်ခြင်းနှင့်ဆိုင်သော။ scholar-like, စာသင်တပည့်ကဲ့သို့ဖြစ်သော။

**Scholiast**, *n.* အနက်အဓိပ္ပာယ်ကိုဖွင့်ပြသောသူ။

**Scholium**, *n.* ထပ်၍ဖွင့်ပြသောစကားချက်။

**School**, *n.* a place of education, စာသင်သောနေရာအရပ်။ a collection of scholars, စာသင်တပည့်စု။ persons united in any particular system of philosophy or religion, အယူဝါဒတူသောအပေါင်းအသင်း။ —boy, *n.* စာသင်သောလူကလေး။ —dame, *see* —mistress, —fellow, စာသင်ဖော်သင်ဖက်။ —girl, စာသင်သောမိန်းကလေး။ —house, စာသင်ဇရပ်။ —madam, *see* —mistress; —master, စာသင်ဆရာ။ —mistress, စာသင်ဆရာမ။ —*v. t.* to instruct, သင်ကြားသည်။ သွန်သင်သည်။ to discipline, ဆုံးမသည်။

Schooling, *n.* instruction, သင်ချခြင်း။ သွန်သင်ခြင်း။ discipline, ဆုံးမခြင်း။ pay for teaching, စာသင်ခ။
Schooner, *n.* ၂ ပင်တိုင်သင်္ဘောတမျိုး။
Sciatica, *n.* ခါးဆစ်ခါး၊ ရင်းကိုက်သောအနာ။
Science, *n.* သိပ္ပံအတတ်။
Scientific, *a.* သိပ္ပံအတတ်နှင့်ဆိုင်သော။
Scimitar, *see* Cimeter.
Scintillate, *v. i.* မီးပွားထွက်သည်။
Scintillation, *n.* from above.
Sciolist, *n.* အပေါ်ယံကတတ်သောသူ။
Scion, *see* Cion.
Scirrhus, *n.* အကျိတ်အခဲစွဲသောအကြော။
Scirrhosity, *n.* အကြောကိုမှီ၍ဖြစ်သောအကျိတ်အခဲ။
Scirrhous, *a.* အကြောကိုမှီသောအကျိတ်အခဲပေါက်သော။
Scission, *n.* ဖြတ်ခြင်း။
Scissors, *n.* ကတ်ကြေး။ —bill, ပင်ထယ်ပေါ်ငှက်။
Scissure, *n.* ဖြတ်ရာ။
Scoff, *v. i.* မရိုမသေကဲ့ရဲ့သည်။ —*n.* from above.
Scoffer, *n.* agent, from Scoff, *v. i.*
Scoffingly, *adv.* အသွမ်း။
Scold, *v. i.* တောက်တီးခြည်တွန်သည်။ —*n.* တောက်တီးခြည်တွန်တတ်သောမိမ္မ။ နှုတ်သီးကောင်း။
Scollop, *see* Scallop.
Sconce, *n.* the head, ဥကျောင်း။ a hanging candlestick, ဆွဲသောမီးခုံ။
Scoop, *v. t.* to lade out, ခွဲ့နှင့်ခပ်ပြစ်သည်။ to excavate, ခလိုင်သည်။ —*n.* a bailing ladle, ခွဲ့။ a vessel used for bailing a boat, ပက်ခွံ။ —for catching fish, ယက်သွဲ့။
Scope, *n.* room for action, ညာဏ်ရှိတိုင်းပြုနိုင်သောအခွင့်အရေး။ aim, purpose, အကြံအရွယ်။
Scorbutic, *a.* သွေးရည်ကြည်းသောအနာစွဲသော။
Scorch, *v. t.* to burn slightly, မြိုက်သည်။ to dry to extremity, အလွန်သွေ့ခြောက်ခေါင်ပူစေသည်။
Score, *v. t.* to notch, ထစ်သည်။ to mark down, မှတ်သားသည်။ —*n.* a notch, အထစ်။ the number of twenty. နှစ်ဆယ်။ a long incision, မြင်းရာ။ a line drawn, အကြောင်း။ a register of articles purchased on credit, ယူသောအမျိုးကိုမှတ်သားသောစာရင်း။ reason, account, အကြောင်း။ အတွက်။ အမှီ။
Scoria, *n.* ချော်။
Scorn, *v. t.* မိမိနှင့်မတန်မရာထင်၍မာနစိတ်နှင့်ရှုတ်ရှာသည်။ —*n.* from *do.*
Scorner, *n.* agent, from Scorn, *v. t.*

**Scornful**, *a.* contemptuous, မထီမဲ့မြင်ပြုတတ်သော။ insolent, စော်ကားသော။

**Scorpion**, *n.* the reptile, ကင်းမြီးကောက်။ crab—, ကင်းဂုဏ်နှ။ large back—, ကင်းမထက်မည်း။ eighth sign of the zodiac, ဗြိစ္ဆာရာသီ။

**Scortatory**, *a.* ကာမဂုဏ်သွန်ကျူးခြင်းနှင့်ဆိုင်သော။

**Scot** 1, *n.* a Scotchman, သကောတလံအမျိုးသား။ —2, money assessed on each individual, ငွေခွဲ၍အသီးအသီးပေးရသောခွဲဝိုက်။ —free, *a.* free from taxation, ငွေခွဲခြင်းနှင့်လွတ်သော။ unharmed, အမှုမထိဘဲနေသော။

**Scotch** 1, *see* Scottish; —man, *n.* သကောတလံအမျိုးသား။ —2, *v. t.* to cut with shallow incisions, ခုတ်ပေါက်သည်။ —3, (Amer.) *v. t.* to prop (a wheel,) ခုသည်။

**Scottish**, *a.* သကောတလံပြည်။ သကောတလံအမျိုးနှင့်ဆိုင်သော။

**Scoundrel**, *n* ဆိုးညစ်သောသူ။

**Scour**, *v. t.* to scrub, အကြမ်းတိုက်ပွတ်သည်။ to purge violently, ဝမ်းကိုအပြင်းချသည်။ to range by, over, or along, with rapidity and force, အပြင်းရွောက်၍အနှံ့အပြားသွားသည်။ —*v. i.* to be purged violently, ပြင်းစွာဝမ်းကျသည်။ to race, အလျင်အမြန်ပြေးသည်။

**Scourge**, *v. t.* to lash severely, အစည်ကြိုးတပ်၍ရိုက်သည်။ ကြိမ်နှင့်ပြင်းစွာရိုက်သည်။ to punish severely, ပြင်းစွာဒါဏ်ပေးသည်။ to harass, ပင်ပန်းအောင်နှောင့်ရှက်သည်။ —*n.* a lash, အစည်ကြိုး။ any whip, တံပွာ။ ကြိမ်လုံး။ a severe punishment, ပြင်းစွာသောဒါဏ်။ a cause of great calamity, ဘေးဥပါဒ်ပြုသောအကြောင်း။

**Scourging**, *n.* —when inflicted by government authority, ရာဇဒါဏ်။

**Scout** 1, *v. i.* ကင်းထောက်လှည့်လည်သည်။ —*n.* agent, from *do.* —2, (Amer.) *v.* to put to shame, အရှက်ခွဲသည်။

**Scowl**, *v. i.* မျက်မှောင်ကုပ်၍ကြည့်သည်။ မျက်မှောင်ကျုံ့၍ကြည့်သည်။ —*n.* from *do.*

**Scrabble**, *v. i.* to scratch with the hand, လက်နှင့်ခြစ်သည်။ to make irregular marks, ကြောင်ခြစ်သည်လိုရေးသည်။

**Scrag**, *n.* ကြိုလှီလျှက်အဖုအထစ်များသောအရာ။

**Scragged**. **Scraggy**, *a.* rough with irregular points, အဖုအထစ်များသော။ lean with roughness, ကြိုလှီလျှက်အဖုအထစ်များသော။

**Scraggedness**, **Scragginess**, *n.* from above.

**Scramble**, *v. i.* to climb irregularly or disorderly, ကပျာကယာဆွဲငင်၍တက်သည်။ to catch and pull with others, အချင်းချင်းလုယူသည်။ —*n.* from *do.*

**Scrap**, *n.* အစအန။ —book, အစအနရေးထားသောစာအုပ်။

Scrape 1, *v. t.* ခြစ်သည်။ —acquaintance, *v.* ခင်ကျွမ်းဝင်အောင်အပေါက်အစရှာကြံ၍ပြုသည်။ —off, *v. t.* ခြစ်ခွာသည်။ —together, တကုတ်ကုတ်ဆည်းဖူးသည်။ —*n.* from Scrape 1, *v. t.* —2, နှောင့်ရှက်သောအမှု။

Scraper, *n.* an instrument for scraping, ခြစ်သောတန်ဆာ။ a shoe-scraper, ခြေနင်းခြစ်။

Scraping, *n.* from Scrape; that which is scraped off, ခြစ်ခွာ၍ရသောအစား။

Scratch, *v. t.* to make marks with something pointed, ခြစ်သည်။ to wound by striking in the nails, ကုပ်သည်။ ခြက်သည်။ to rub with the nails, ခြောက်သည်။ to paw (the earth,) ထက်သည်။ to wound slightly, ရှသည်။ —off, ခြစ်၍ဖွဲ့သည်။ —out, ခြေသည်။ —up, ဆွသည်။ —*n.* a mark made by scratching, ခြစ်ရာ။ a slight wound, ရှနာ။ personal contest, ပြိုင်၍တိုက်ခြင်း။

Scratches, *n. plur.* ခြင်းခွာဆစ်၌ဖြစ်သောအနာတမျိုး။

Scrawl, *v. t.* မညီမညာ၊ မပြေမသရေးသားသည်။ —*n.* မညီမညာ၊ မပြေမသရေးသားသောစာ။

Screak, *v. i.* ကြွတ်ကြွတ်မြည်သည်။ —*n.* from *do.*

Scream, *v. i.* အော်ဟစ်သည်။ —in concert, ညာသည်။ —as a fowl, ရေဉ်သည်။ —*n.* from above; the sound of screaming, အော်တစ်သံ။

Screaming, *n.* same.

Screech, *v. i.* ငယ်သံပါအောင်အော်ဟစ်သည်။ —*n.* from *do.* —owl, ငှက်ဆိုး။ မိန်ကောင်း လင်ကောင်မိုး။ ခင်ပုပ်။

Screen, *v. t.* to protect by interposing, ကွယ်ကာသည်။ to sift, ဆန်ခါနှင့်ချသည်။ —*n.* what protects by interposing, အကွယ်အကာ။ —from the sun, နေကာ။ a curtain suspended for concealment, ကုလားကာ။ a sieve, ဆန်ခါ။

Screw, *n.* ဝက်အူ။ —pine, the sail leaf variety, ဆတ်သွားပင်။ the fragrant variety, ဆတ်သွားမွှေးပင်။ the law-land variety, သပေါ့။ —driver, ဝက်အူလှည့်။ ဝက်အူလိမ်။ —*v. t.* to apply a screw, ဝက်အူလှည့်၍ညှပ်သည်။ to put on with a screw, ဝက်အူနှင့်တပ်သည်။ to force, အနိုင်အထက်ပြုသည်။ to extort, ငွေညှစ်သည်။ to distort the features, မျက်နှာမဲ့ပြုသည်။

Scribble, *v. t.* တဘုက်လွတ်ရေးသည်။ သော့လက်ရေးရေးသည်။ —*n.* တဘုက်လွတ်ရေးသောစာ။ သော့လက်ရေးရေးသောစာ။

Scribbler, *n.* agent, from Scribble, *v. t.*; a petty writer, စာတိုစာစများကိုပြုလုပ်ရေးသားတတ်သောသူ။

Scribe, *n.* a writer, clerk, စာရေး။ one skilled in scriptural law, ကျမ်းဘာသာဆရာ။

**Scrimp,** (Amer.) *v.* မထောက်ထောင်ပြုလုပ်သည်။

**Scrip 1,** *n.* a small bag, အိတ်ငယ်။ —2, a note, small writing, လက်မှတ်။

**Scriptural,** *a.* ကျမ်းစာ၌ပါသော။

**Scripture,** *n.* ကျမ်းစာ။

**Scrivener,** *n.* စာချုပ်ကိုဝိုက်ဆုံးတတ်သောစာရေး။

**Scrofula,** *n.* ကျပ်နာ။ —*a.* pertaining to scrofula, ကျပ်နာနှင့်ဆိုင်သော။ affected with scrofula, ကျပ်နာစွဲသော။

**Scroll,** *n.* စာလိပ်။

**Scrotum,** *n.* လိန်ခူ၊ ဝှေးစေ့အိတ်၊ ကပ်ပယ်အိတ်၊ ထဥ။

**Scrub,** *v. t.* to scour, အကြမ်းထိုက်ပွတ်သည်။ —*v. i.* to struggle (for a living,) ကုတ်ကုတ်ကတ်ကတ်လုပ်သည်။ —*n.* အယုတ်စား ကလူ။

**Scrubbed, Scrubby,** *a.* ယုတ်ညံ့သော။

**Scruple 1,** *n.* the weight, စကြုပလတည်းဟူသောဂရင် ၂၀ နှင့်မျှသော အချိန်။ —2, *v.* to doubt, ယုံမှားသည်၊ ဗိမိကိန္တာရှိသည်၊ ဇဝေဇဝက် ရှိသည်။ to hesitate in regard to duty, ဩတ္တပ္ပရှိ၍ဆုတ်ဆိုင်း လျက်နေသည်။ —*n.* fear of doing wrong, ဩတ္တပ္ပ။ hesitation in regard to duty, from Scruple, *v.* 2d def.

**Scrupulosity, Scrupulousness,** *n.* from next.

**Scrupulous,** *a.* hesitating from fear of doing wrong, ဩတ္တပ္ပရှိ၍ ဆုတ်ဆိုင်းလျက်နေသော။ nicely careful, သေသေချာချာသတိပြု တတ်သော။

**Scrutinize,** *v. t.* ဖိစစ်သည်၊ စစ်ဆေးသည်။

**Scrutiny,** *n.* from above.

**Scrutoir,** *see* Escritoir.

**Scud,** *v. i.* အလျင်အမြန်ပြေးသည်။ —*n.* လေ၌လွင့်သောတိမ်သွား၊ တိမ်ပြေး။

**Scuffle,** *v. t.* လုံးထွေး၍တိုက်ခိုက်သည်။ —*n.* from *do.*

**Scull,** *n. see* Skull.

**Sculler,** *n.* agent, from Scull, *v.*

**Scullery,** *n.* အိုး၊ ခွက်၊ ဝုကန်မှစ၍ထမင်းချက်သောတန်ဆာထားရာအခန်း။

**Scullion,** *n.* အိုးသူကြီးယက်ဆောက်ကလုပ်သောမိန္မကလေး။

**Sculpt,** *v. t.* ထုလုပ်သည်။

**Sculptor,** *n.* agent, from next; —in wood, ပန်းဝုသမား။

**Sculpture,** *v. t.* သစ်သား၊ ကျောက်အစရှိသည်တို့ကိုအရုပ်ထုသည်။ —in wood, ပန်းထုသည်၊ အရုပ်ထုသည်။ —*n.* the act of carving, engraving, etc. ထိုသို့အရုပ်ထုတတ်သောအတတ်။ carved work, ထုသောရုပ်ပုံ။

**Scum,** *n.* froth, အမြှုပ်။ excrement, အချေး။ —*v. t.* သဲ့သည်။

89

**Scupper,** *n.* သင်္ဘောရွှံ့နုတ်ပေါက်။

**Scurf,** *n.* အရေပေါ်၌ရှိ၍ကွာသောအမျှော့အလျှပ်။ —on bark, အခွံအခြောက်။

**Scurfiness,** *n.* from next.

**Scurfy,** *a.* အမျှော့အလျှပ်ထလျှက်ရှိသော။

**Scurrility,** *n.* ဆိုးညစ်ကြမ်းတမ်းသောစကား။

**Scurrilous,** *a.* ဆိုးညစ်ကြမ်းတမ်းသော။

**Scurvy 1,** *n.* သွေးရည်ကြည်းသောအနာ။ —2, *a.* Scurfy, *which see;* mean, vile, ယုတ်ညံ့သော။

**Scuttle 1,** *n.* a flat bottomed basket, တန်း။ —2 a small hatchway, ကုန်းပတ်ပေါက်ငယ်။ an opening in the roof of a house, အိမ်မိုး၌ဖောက်သောပြတင်းပေါက်။ —*v. t.* to make a hole in the bottom of a ship, သင်္ဘောဝမ်းကိုဖောက်သည်။ to sink by perforating the bottom, သင်္ဘောနစ်မြုပ်အောင်ဖောက်သည်။

**Scythe,** *n.* မြက်ရိတ်ထား။

**Sea,** *n.* ပင်လယ်၊ သမုဒ္ဒရာ။ —air, ပင်လယ်လေ။ —beat, —beaten, *a.* လှိုင်းတံပိုးရိုက်သော။ —board, *n.* ပင်လယ်ကမ်းနား။ *adv.* ပင်လယ်ကမ်းနားသို့။ —boat, *n.* ပင်လယ်ကူးနိုင်သောသင်္ဘော။ —born, *a.* ပင်လယ်၌မွေးဖွားသော။ —bound, ပင်လယ်ဝိုင်းသော။ —boy, *n.* သင်္ဘောမှာလုပ်သောလူကလေး။ —breach, ပင်လယ်ကမ်းပြိုပျက်၍ရေလျှံခြင်း။ —breeze, ပင်လယ်ကလာသောလေ။ —built, *a.* ပင်လယ်ကူးဘို့တည်သော။ —calf *see* Seal; —chart, *n.* ပင်လယ်ပုံ။ —circled, *a.* ပင်လယ်ဝိုင်းသော။ —coal, *n.* ကျောက်မီးသွေး။ —coast, ပင်လယ်ကမ်းနား။ —compass, အိမ်မျှောင်အိမ်။ —faring, *a.* ပင်လယ်ကူးတတ်သော။ —fight, *n.* သင်္ဘောချင်းတိုက်ခြင်း။ —fish, ပင်လယ်ငါး။ —fowl, ပင်လယ်ငှက်။ —girt, *a.* ပင်လယ်ဝိုင်းသော။ —god, *n.* ပင်လယ်စောင့်နတ်။ —green, *a.* ပင်လယ်ရေကဲ့သို့အရောင်စိမ်းသော။ —man, *n.* သင်္ဘောသား။ —manship. သင်္ဘောသားတတ်သောအတတ်။ —mark, သင်္ဘောသားတို့သိမှတ်ရန်ပြထားသောမှတ်တိုင်။ —monster, ပင်လယ်၌ကြီးမားထူးဆန်းသောအကောင်။ —port, သင်္ဘောဆိပ်။ —risk, ပင်လယ်ပေါ်မှာအေးဖြစ်မည်စိုးရိမ်စရာအကြောင်း။ —room, သင်္ဘောလှည့်ပတ်သွားလာလောက်သောနေရာ။ —serpent, ပင်လယ်ရေမြွေ။ —service, တိုက်သင်္ဘော၌အမှုထမ်းခြင်း။ —shell, ပင်လယ်ကမ်းနား၌ရှိသောခရုယောက်သွားခွံ။ —shore, ပင်လယ်ကမ်း။ —sick, *a.* သင်္ဘောတောက်၍မူးသော။ —sickness, *n.* from *do.* —side, ပင်လယ်ကမ်းနား။ —term, သင်္ဘောသားစကား။ —ward, *adv.* ပင်လယ်သို့၊ ပင်လယ်ထက်သို့။ —water, *n.* ပင်လယ်ရေ။ —weed, ပင်လယ်ကျောက်ပွင့်။ —perch, ပင်လယ်ငါးမြေမ။ —slug, ဆင်မျှော့။ ပင်လယ်မို။ သဲပလုတ်။ —urchin, ကျောက်သင်္ဘော။ —worthiness, from next; —worthy, *a.* ပင်လယ်ကူးသန်းသော (သင်္ဘော။)

**Seal** 1, *n.* a sea calf, သားတပိုင်း၊ ငါးတပိုင်းရှိသောအကောင်။ —2, a stamp, တံဆိပ်။ တံဆိပ်ပုံ။ a mark or impression made by stamping, တံဆိပ်။ ခတ်သောတံဆိပ်။ တံဆိပ်ခတ်ရာ။ an act of confirmation, တည်စေခြင်း။ —*v. t.* to stamp, တံဆိပ်ခတ်သည်။ တံဆိပ်ရိုက်သည်။ to confirm, တည်စေသည်။

**Sealer**, *n.* တံဆိပ်ခတ်သောအရာရှိ။

**Sealing-wax**, *n.* သင်္ဘောချိပ်။

**Seam**, *n.* —in cloth, ချုပ်ရိုး။ —in boards စပ်ကြောင်း။ a scar အနာရွတ်။ —*v. t.* to join by suture, ချုပ်သည်။ —or otherwise, စပ်သည်။ to scar, အနာရွတ်ထင်အောင်ပြုသည်။

**Seamless**, *a.* ချုပ်ရိုးမရှိသော။

**Seamster**, *n.* အချုပ်သမား။

**Seamstress**, *n.* အချုပ်သည်မ။

**Sear**, *v. t.* to cauterize, သံပူအပ်သည်။ to wither and dry, နွမ်း၍သွေ့ခြောက်စေသည်။ to make callous or insensible, ကြင်နာခြင်းမရှိအောင်ပြုသည်။ —*a.* နွမ်း၍သွေ့ခြောက်သော။

**Search**, *v. t.* to look through for the purpose of ascertaining, စေ့နှံ့အောင်ကြည့်ရှုသည်။ စူးစမ်းသည်။ to seek, ရှာသည်။ ရှာဖွေသည်။ —into, စစ်ဆေးသည်။ နှိုက်နှဲ့သည်။ —the ground for hid treasures, ဘုမ္မိရတ်လိုက်သည်။ —*n.* from Search, *v. t.* —warrant, ရှာဖွေရသောလက်မှတ်စာ။

**Season** 1, *n.* a division of the year, ဥတု။ cold—, ဆောင်းကာလ။ ဟေမန္တဥတု။ *Pali.* rainy—, မိုဃ်းကာလ။ ဝဿာန္တဥတု။ *Pali.* warm—, နွေကာလ။ ဂိမှန္တဥတု။ *Pali.* a proper or convenient time, အချိန်။ အဆင်သင့်သောအချိန်။ a time of some continuance, အင်တန်ကာလ။ —2, *v. t.* to render palatable, အရသာကောင်းအောင်ပြုသည်။ to render more agreeable, or pleasant, သာ၍နှစ်သက်ဖွယ်ဖြစ်အောင်ပြုသည်။ to qualify by admixture, ရောနှော၍အရှိန်ညှိစေသည်။ to imbue, နှစ်လုံးသွင်း၍စွဲလမ်းစေသည်။ to prepare for use, အသုံးဝင်စေခြင်းငှါပြုပြင်သည်။

**Seasonable**, *a.* occurring at the proper time, တော်သင့်သောအချိန်၌ဖြစ်သော။ occurring at a convenient or desirable time, အဆင်သင့်သော။ အခန့်သင့်သော။ happening just right, အချက်ကျသော။

**Seasonableness**, *n.* from above.

**Seasoning**, *n.* အရသာကောင်းစေသောအရာ။ လက်သုပ်။

**Seat**, *n.* a sitting place or thing to sit on, ထိုင်ရာ။ ထိုင်ခုံ။ a sitting place of authority, ပလ္လင်။ a place of settled abode, တည်နေရာအရပ်။ —*v. t.* to cause to sit down, ထိုင်စေသည်။ to place on (an elevated situation,) တင်သည်။ to assign a situation,

နေရာပေးသည်၊ နေရာချသည်၊ to fix in a place, တည်သည်၊ တည်ထားသည်၊ —one's self, *v. i.* ထိုင်သည်၊

**Secant,** *a.* ကန့်သော

**Secede,** *v. i.* အပေါင်းအသင်းထဲကထွက်၍အသီးအခြားနေသည်၊

**Seceder,** *n.* agent, from above.

**Secern,** *v. t.* သီးသန့်ဆောင်ခွဲနှုတ်၍အခြားစီထားသည်၊

**Secession,** *n.* from Secede.

**Seclude,** *v. t.* to exclude, မဝင်စေခြင်းဆီးထားသည်၊ to keep apart from society, ထောင့်ကွယ်သောအရပ်၌နေစေသည်၊

**Seclusion,** *n.* from above; the state of living apart from society, ထောင့်ကွယ်ရာ၌နေခြင်း၊

**Seclusive,** *a.* ထောင့်ကွယ်သောအရပ်၌နေစေတတ်သော၊

**Second,** *a.* next to the first, ဒုတိယ၊ နှစ်ခုမြောက်သော၊ inferior, ယုတ်သော၊ —hand, received from another, သူတပါးလက်မှတဆင့်ခံရသော၊ applied to clothes, တပတ်ရစ်၊ not new, that has been used by another, သူတပါးသုံးပြီးသော၊ —rate, *n.* ဒုတိယအရာ၊ —sight, ဖြစ်လတံ့သောအမှုအရာကိုမြင်တတ်သောဉာဏ်၊ —*v. t.* to support, ထောက်သည်၊ ထောက်မသည်၊ —*n.* agent, from above; one who attends a duelist, သတေ့ာတူစိန်ချင်းထိုးသောသူ၏အပေါင်းအဖော်၊ the 60th part of a minute, စက္ကန့်တည်းဟူသောနှစ်ခရာခွဲ၊

**Secondary,** *a.* not primary, မူလအရင်းမဟုတ်၊ နောက်ဖြစ်သော၊ of the second order or rate, ဒုတိယအရာနှင့်ဆိုင်သော၊

**Seconder,** *n.* ထောက်သောသူ၊ အတူလိုက်ပြောသောသူ၊

**Secresy,** *a.* from next.

**Secret,** *a.* concealed, hidden, ဝှက်ထားလျှက်ရှိသော၊ လျှို့ဝှက်လျှက်ရှိသော၊ removed from sight, retired (as a place,) ဆိတ်ကွယ်သော (အရပ်၊) being in privacy, ဆိတ်ကွယ်ရာ၌နေသော၊ ပုန်းရှောင်လျှက်နေသော၊ not apparent, occult, မထင်ရှားသော၊ close, not apt to divulge, မဖော်ပြတဲလုံ့တတ်သော၊ —*n.* something concealed, ဝှက်ထားသောအရာ၊ လျှို့ဝှက်သောအရာ၊ something unknown or difficult to be known, မထင်ရှားနက်နဲသောအရာ၊ in—, *adv.* လျှို့ဝှက်သည်နှင့်၊

**Secretary,** *n.* a scribe, စာရေး၊ a head of some department of government, ဝန်၊ ဝန်ကြီး၊ royal—, ရွှေတော်ရေး၊

**Secrete,** *v. t.* to hide, conceal, ဝှက်သည်၊ ဝှက်ထားသည်၊ ထွက်သည်၊ to secern, သီးသန့်ဆောင်ခွဲနှုတ်၍အခြားစီထားသည်၊ —one's self, *v.* ပုန်း၍နေသည်၊

**Secretion,** *n.* from Secrete, 2d def.; matter secreted, သီးသန့်ဆောင်ခွဲနှုတ်၍အခြားစီထားသောအရာ၊

**Secretness,** *n.* from Secret, *a.*

**Sect,** *n.* အယူဝါဒသီးသန့်၍ကွဲပြားသောလူစု။

**Sectarian,** *n.* အယူဝါဒသီးသန့်၍ကွဲပြားသောသူ၊ —*a.* အယူဝါဒသီးသန့်၍ကွဲပြားခြင်းနှင့်ဆိုင်သော၊

**Sectarianism,** *n.* အယူဝါဒသီးသန့်၍ကွဲပြားခြင်း။

**Sectary,** *see* Sectarian, *n.*

**Section,** *n.* the act of cutting asunder, ပိုင်းဖြတ်ခြင်း။ a part separated from the rest, a distinct part, ပိုင်းဖြတ်သောအရာ၊ အပိုင်း။ a division of a book or writing, အပိုင်း၊ အခန်း။

**Sectional.** *a.* အပိုင်းနှင့်ဆိုင်သော၊

**Sector,** *n.* စက်ဝိုင်းမှရှိသောတန်ဆာတမျိုး။

**Secular,** *a.* လောကီ၊ လောကီအရာဖြစ်သော၊ လောကီနှင့်ဆိုင်သော၊

**Secularity,** *n.* လောကီအရာတို့၌စိတ်စွဲလမ်းခြင်း။

**Secularization,** *n.* from next.

**Secularize,** *v. t.* (သာသနာတော်အမှုနှင့်ဆိုင်သောအရာကို) လောကီအရာပြု၍သုံးစွဲသည်။

**Secundines,** *n. plur.* အချင်း၊ အမြှေး။

**Secure,** *a.* safe. free from danger, လုံခြုံသော၊ free from apprehension, မစိုးရိမ်သော၊ wanting caution, သတိမရှိဘဲနေသော၊ certain, assured in mind, ယုံမှားခြင်းမရှိဘဲအမှန်သိသော၊ confident in, တွေးတောခြင်းမရှိဘဲယုံကြည်သော၊ —*v. t.* to make safe, လုံခြုံစွာပြုသည်။ to keep (liquids, etc.) from escaping, မယိုမထွက်နိုင်အောင်လုံစေသည်။ to keep in safe custody, မလွတ်နိုင်အောင်ချုပ်ထားသည်။ to make certain of attainment, မချွတ်မလွဲရအောင်ပြုသည်။ (to feel secure, စိတ်လုံခြုံသည်။)

**Security,** *n.* from Secure, *a.*, that which ensures safety, လုံခြုံစေသောအရာ၊ a surety, အာမခံ၊ a—, for debt, ငြိတိုင်၊ a pledge, အပေါင်၊ အပေါင်အနှံ၊ —bond, အာမခံစာချုပ်၊ bail, ခံဝန်၊ တိုင်ခံ၊

**Sedan,** *n.* ထမ်းစင်။

**Sedate,** *a.* composed in manner, ဆူငြိမ်အောင်သော၊ staid in mind, တည်ကြည်သော၊

**Sedateness,** *n.* from above.

**Sedative,** *a.* ဝေဒနာကိုညှိစေတတ်သော၊

**Sedentary,** *a.* accustomed to sit much, အထိုင်ရများသော၊ pertaining to a sitting posture, ထိုင်ခြင်းနှင့်ဆိုင်သော၊

**Sedge,** *n.* ပန်းဖျားတော၊ one species, တောကြက်လီတ်။ —root, ဝက်မြစ်ဥ၊

**Sedgy,** *a.* ပန်းဖျားပင်ပေါများသော၊

**Sediment,** *n.* အနှစ်၊ အနည်၊ ညွန်နှစ်၊

**Sedition**, *n.* ပုန်ကန်ခြင်း။

**Seditious**, *a.* pertaining to sedition, ပုန်ကန်ခြင်းနှင့်ဆိုင်သော။ disposed to, or tending to excite sedition, ပုန်ကန်စေခြင်းငှါနှိုးဆော်တတ်သော။

**Seditiousness**, *n.* from above.

**Seduce**, *v. t.* to entice to some sin, မှားသောလမ်းသို့သွေးဆောင်သည်။ to entice (a woman) to a surrender of chastity, (မိန်းမကို) အလိုသို့ပါစေခြင်းငှါ လှည့်ဖြားသွေးဆောင်သည်။

**Seducement**, **Seduction**, *n.* from above.

**Seductive**, *a.* မှားသောလမ်းသို့သွေးဆောင်တတ်သော။

**Sedulity**, **Sedulousness**, *n.* လုံ့လဝီရိယ။

**Sedulous** (be,) *v. i.* လုံ့လပြုသည်။ ဝီရိယထုတ်သည်။

**See** 1. *n.* ဂိုဏ်းအုပ်၊ ဂိုဏ်းချုပ်၊ ရဟန်းမင်းအုပ်စိုးသောနယ်။ —2, *v. t.* to perceive by the eye, မြင်သည်။ to look (in order to ascertain,) ကြည့်သည်။ ကြည့်ရှုသည်။ to understand, know, နားလည်သည်။ သိသည်။ to meet with, တွေ့မြင်သည်။ to take care, သတိပြုသည်။ —to, —with ease, မြင်လွယ်သည်။ *v. t.* to look to, ကြည့်ရှုသည်။

**Seed**, *n.* —of plants, အစေ့။ —of animals, သုက်။ ကာမရည်။ for sowing, မျိုးစေ့။ origin, မူလ။ အရင်း။ အမြစ်။ offspring, progeny, သားသမီး။ သားစဉ်မြေးဆက်။ lineage, race, အမျိုး။ အမျိုးအနွယ်။ —grain, မျိုးစေ့။ —plot, မျိုးခင်း။ —pulse, မျိုးပဲ။ —time, စိုက်ပျိုးရသောအချိန်ကာလ။ မျိုးစေ့ကြဲရသောအချိန်ကာလ။ *v. i.* အစေ့တည်သည်။

**Seedling**, *n.* မျိုးပင်။

**Seedy**, *a.* အစေ့များသော။

**Seeing**, *n.* မြင်ခြင်း။ faculty of—, စက္ခုဝိညာဏ် *Pali.* —*adv.* သော့ကြောင့်။

**Seek**, *v. t* to search, look for, ရှာသည်။ ရှာဖွေသည်။ to ask for, တောင်းသည်။ တောင်းပန်သည်။ —and store up, ရှာမှီးသည်။

**Seem**, *v. i.* to appear to (be,) (ဖြစ်) ထင်ရှိသည်။ to assume an appearance of, (ဖြစ်) ရောင်ဆောင်သည်။ ဟန်ဆောင်သည်။

**Seeming**, *a.* plausible, ကောင်းရောင်၊ မှန်ရောင်ဆောင်သော။ —*n.* အဟန်။ အရောင်။

**Seemingness**, *n.* from above.

**Seemliness**, *n.* from next.

**Seemly**, *a.* တင့်တယ်လျောက်ပတ်သော။

**Seer**, *n.* ဖြစ်လတံ့သောအမှုအရာကိုမြင်တတ်သောသူ။

**See-saw**, *v. i.* မောင်းတံလွှဲသကဲ့သို့လွှဲသည်။ —*n.* from *do.*

**Seethe**, *v. t.* ပြုတ်သည်။

Segar, *n.* ဆေးလိပ်။

Segment, *n.* စက်ပိုင်းခွဲ။

Segregate, *v. t.* အခြားစီခွဲထားသည်။

Seignior, *n.* a lord, master, အရှင်။ သခင်။ the lord of a territory, မြို့စား။

Seigniory, *n.* the dignity of a lord, သခင်၏အရာ။ the territory, or domain of a prince or nobleman, မြို့စားပိုင်သောနယ်။

Seine, *n.* ပိုက်။ ပိုက်ကွန်။

Seizable, *a.* ဖမ်းနိုင်ခွယ်ဖြစ်သော။

Seize, *v. t.* to catch, ဖမ်းမိသည်။ —on, as a spirit, ဖမ်းစားသည်။ to arrest, ဖမ်းဆီးသည်။ to take forcible possession of, အနိုင်အထက်ယူသည်။ အတင်းယူသည်။ လုယူသည်။ to take (property) by legal authority, သိမ်းသည်။ to fasten by tying, ချည်သည်။

Seized of (be,) *v.* လက်မှာရှိသည်။

Seizure, *n.* from Seize; the thing seized, ဖမ်းမိသောအရာ။ လက်ရဥစ္စာ။

Seldom, *adv.* တခါတလေသော။

Select, *v. t.* ရွေးကောက်သည်။ ရွေးချယ်သည်။ —*a.* choice, ရွေးကောက်ထိုက်သော။ ထူးခြတ်သော။

Selection, *n.* from Select, *v. t.*; a number of things selected, ရွေးကောက်သောအရာစု။

Selenite, *n.* ကျောက်သလင်းဂေါ်တ်။

Self, *n. or pron.* ကိုယ်။ ကိုယ်တိုင်။ ကိုယ်ထိုင်ကိုယ်ကြြဝ်။ မိမိ။ —abasement, မိမိကိုယ်ကိုနှိမ့်ချခြင်း။ —abhorrence, မိမိကိုယ်ကိုမိမိရွံရှာခြင်း။ —approving, *a.* မိမိအကျင့်ကိုမိမိနှစ်သက်သော။ —conceit, *n.* from next; —conceited, *a.* ငါခြတ်သည်ဟုကိုယ်ကိုအထွဲထင်တတ်သော။ ထောင်လွှားသော။ —condemnation. *n.* ငါ၌အပြစ်ရှိသည်ဟုဆို၍ကိုယ်တိုင်စီရင်ခြင်း။ —confidence, *n.* from next; —confident, *a.* မိမိကိုယ်ကိုမိမိကိုးစားသော။ —deceived, ကိုယ်ကိုကိုယ်လှည့်စားသော။ —defence, *n.* ရန်သူဘေးမှလွတ်စေခြင်းမိမိကိုယ်ကိုမိမိကွယ်ကာစောင့်မခြင်း။ —denial, *n.* from next; —denying, *a.* ကိုယ်အလိုကိုငြင်းပယ်သော။ —destruction, *n.* ကိုယ်ကိုကိုယ်ဖျက်ဆီးခြင်း။ —determination, *n.* from next; —determining, *a.* —ကိုယ်အလိုအလျောက်စီရင်ဆုံးဖြတ်သော။ —devotement, *n.* မိမိကိုယ်ကိုမိမိပေးအပ်ခြင်း။ —esteem, *n.* မိမိကိုယ်ကိုမိမိလေးခြတ်ခြင်း။ —evident, *a.* နဂိုရ်အားဖြင့်ထင်ရှားသော။ —examination, *n.* ကိုယ်ကျင့်ကြံပြုမူသောအမှုကိုစစ်ဆေးခြင်း။ —existence, *n.* from next; —existent, *a.* သူတပါးကိုအမှီမပြုဘဲကိုယ်အလိုအလျောက်ဖြစ်သော။ —inflicted, ကိုယ်ကိုကိုယ်ပေးသော (ဒါဏ်။) —interest, *n.* ကိုယ်အကျိုး။ —interested, *a.* ကိုယ်အကျိုးကိုမှတ်တတ်သော။ —knowledge, *n.* မိမိသဘောကိုမိမိသိခြင်း။

—love, မိမိကိုယ်ကိုမိမိချစ်ခြင်း။ —murder, မိမိအသက်ကိုမိမိသတ်ခြင်း။ —opinioned, *see* Opinionated; —possession, *n.* စိတ်ရှုငြိမ်တည်ကြည်သော၊ သတိရှိသော၊ —preservation, ဘေးမှလွတ်အောင်မိမိကိုယ်ကိုမိမိစောင့်ထားခြင်း။ —restraint, ကိုယ်ကိုကိုယ်ချုပ်တည်းခြင်း။ —sacrificing, *a.* မိမိကိုယ်ကိုမိမိစွန့်အပ်သော၊ —righteous, ကိုယ်၌ကုသိုလ်ရှိသည်ဟုထင်သော၊ —righteousness, *n.* from *do.* —same, *a.* တူသော၊ အတူတူဖြစ်သော၊ —satisfied, မိမိကိုယ်ကိုမိမိနှစ်သက်အားရသော၊ —seeking, ကိုယ်အကျိုးကိုရှာတတ်သော၊ —sufficiency, *n.* from next; —sufficient, *a.* သူ့အပါးကိုအမှီမပြုဘဲကိုယ်ညာဏ်၊ ကိုယ်အစွမ်းသတ္တိကိုကိုးစားသော၊ —taught, သင်ပြသောသူမရှိဘဲကိုယ်တိုင်ကြိုးပန်း၍တတ်သော၊ —will, one's own will, ကိုယ်အလို၊ —wilfulness, ကိုယ်အလိုသို့အားကြီးစွာလိုက်တတ်သောသဘော၊ —willed, *a.* ကိုယ်အလိုသို့သာလိုက်တတ်သော၊

Selfish, *a.* ကိုယ်အကျိုးကိုသာမှတ်တတ်သော၊

Selfishness, *n.* from above.

Sell, *v. t.* ရောင်းသည်၊ ရောင်းချသည်၊ ရောင်းထုတ်သည်၊ —on credit, အကြွေးရောင်းသည်၊ —off, ထုခွဲ၍ရောင်းသည်၊

Seller, *n.* agent, from above.

Selvage, Selvedge, *n.* ကလနား။

Semblance, *n.* resemblance, တူခြင်း။ အဟန်ရှိခြင်း။ external appearance, အသွင်အပြင်၊

Semen, *n.* သုတ်၊ ကာမရည်၊

Semi, *pref.* *in composition,* တဝက်၊

Semi-annual, *a.* ခြောက်လတခါဖြစ်တတ်သော၊

Semi-annular, *a.* *see* —circular.

Semi-barbarian, *n.* ခပ်ယဉ်ယဉ်၊ ခပ်ရိုင်းရိုင်းဖြစ်သောသူ၊

Semi-boodh, *n.* ပစ္စေကဗုဒ္ဓ၊ *Pali.*

Semi-breve, *n.* သီခြင်းသံပုံကမျိုး။ ( o )

Semi-circle, *n.* စက်ဝိုင်းတခြမ်း။

Semi-circular, *a.* စက်ဝိုင်းတခြမ်းဖြစ်သော၊

Semicolon, *n.* အင်္ဂလိပ်စာ၌အပိုဒ်တမျိုး။ ( ; )

Semi-diameter, *n.* အချင်းတဝက်၊

Semi-fluid, *n.* မကြည်၊ ပျစ်သောအရည်၊

Semi-metal, *n.* ထုရိုက်၍မဆန့်ထွက်တတ်သောသတ္တု၊

Seminal, *a.* pertaining to seed, အစေ့နှင့်ဆိုင်သော၊ original, radical, မူလအရင်းဖြစ်သော၊ နဂိုရှိ၌ပါသော၊

Seminary, *n.* သိပ္ပံအတတ်များကိုသင်ရာအရပ်နှင့်သင်ပေးသောဆရာ၊ သင်ကြားသောတပည့်စု၊

Semi-sextile, *n.* ဂြိုဟ်နှစ်လုံးအထိ ၃၀ ကွာသောအနေ၊

Semi-vowel, *n.* သရသဘောဟောသောဗျည်း။

**Sempiternal,** *a.* အစဉ်အမြဲတည်သော၊ ထာဝရဖြစ်သော၊

**Senate,** *n.* an assembly of rulers, ပြည်မှုပြည်ရေးကိုတိုင်ပင်စီရင်သော အရာရှိအစည်းအဝေး။ *in United States,* the higher branch of the legislature, အထက်လွှတ်တော်။

**Senator,** *n.* အထက်လွှတ်အရာရှိ။

**Senatorial,** *a.* လွှတ်အရာရှိနှင့်ဆိုင်သော။

**Send,** *v. t.* to cause to be conveyed, ပေးလိုက်သည်။ ပါးလိုက်သည်။ to cause to go from one place to another, စေသည်။ စေလွှတ်သည်။ စေလိုက်သည်။ to cause to come to or upon, ရောက်စေသည်။ —away, လွှတ်လိုက်သည်။ —for, ခေါ်သည်။ —forth, —out, ထွက်စေသည်။ —on business, စေခိုင်းသည်။ စေစားသည်။ —with authority, စေခန့်သည်။

**Senescence,** *n.* တိုးခြင်း။

**Seneschal,** *n.* မင်းအိမ်၌အခမ်းအနားကိုစီရင်သောအရာရှိ။

**Senile,** *a.* အိုသောအသက်အရွယ်နှင့်ဆိုင်သော။

**Senility,** *n.* အိုခြင်း။

**Senior,** *a.* older in age, သာ၍အသက်ကြီးသော၊ older in standing or office, သာ၍တာရှည်စွာအရာနှင့်နေသော၊ —*n.* agent, from same.

**Seniority,** *n.* from same.

**Senna,** *n.* ပွေးကိုင်း။

**Sennight,** *n.* ခုနစ်ရက်လည်။

**Sensation,** *n.* perception. အာယတနအားဖြင့်သိမှတ်ခြင်း၊ အမှတ်သညာရှိခြင်း။ feeling resulting from an impression, ဝေဒနာခံစားခြင်း။

**Sense,** *n.* the faculty of seeing, hearing, etc. မနာယတနကိုထား၍ အခြားသောအာယတနငါးပါးတွင်တစ်ပါး။ sensation, *see above;* mental perception, apprehension, discernment, မနာယတန၊ ဉာဏ်။ knowledge. understanding, သိနားလည်ခြင်း။ organ of—, ပသာဒရုပ်။ *Pali.* opinion, judgment, စိတ်ထင်မှတ်ခြင်း။ meaning, import, ဆိုလိုသောအနက်အဓိပ္ပာယ်။

**Senseless,** *a.* insensible, အမှတ်သညာမရှိသော၊ ဝေဒနာကိုမခံစားတတ်သော၊ foolish, stupid, မိုက်သော၊

**Senselessness,** *n.* from above.

**Sensibility,** *n.* capability of perceiving, အာယတနအားဖြင့်သိမှတ်နိုင်သောအစွမ်းသတ္တိ။ susceptibility of impression, ဝေဒနာခံစားလွယ်သောသဘော၊ နှစ်လုံးခိုက်မိလွယ်သောသဘော။ capability of being easily affected by external agency, *from next,* last def.

**Sensible,** *a.* capable of perceiving, အာယတနအားဖြင့်သိမှတ်တတ်သော၊ အမှတ်သညာရှိသော၊ အာရုံခံစားတတ်သော၊ perceptible, အာယတနအားဖြင့်သိမှတ်နိုင်ခွယ်ဖြစ်သော၊ having feelings easily excited, ဝေဒနာခံစားလွယ်သော၊ နှစ်လုံးခိုက်မိလွယ်သော၊ intelligent, ညာဏ်ကောင်းသော။ convinced, settled in mind, သဘောကူလွယ်ရှိသော။ easily affected by external agency, အကြောင်းတစုံတခုဖြစ်ပွားခြင်းကိုအလွယ်တကူခံတတ်သော။

Sensitive, *a.* see Sensible, 1st and 3d def. —plant, *n.* ထိကရုံးပင်။

Sensitiveness, *n.* from Sensitive, last def.

Sensorium, Sensory, *n.* စိတ်တည်ရာ။

Sensual, *a.* pertaining to the five senses, မနဲ့ဒါယတနကိုထားခြင်းအခြားသောအာယတနငါးပါးနှင့်ဆိုင်သော။ pertaining to the flesh or fleshly gratifications, ကာမဂုဏ်နှင့်ဆိုင်သော။ devoted to the indulgence of the appetites, ကာမဂုဏ်၌စွဲလမ်းသော။

Sensualist, *n.* ကာမဂုဏ်၌စွဲလမ်းသောသူ။

Sensuality, *n.* from Sensual, last def.

Sensualize, *v. t.* ကာမဂုဏ်၌စွဲလမ်းစေသည်။

Sentence, *n.* a judicial decision, ကောက်ချက်။ ဆုံးဖြတ်ချက်။ a short pithy saying, လေးနက်သောစကားတို။ a period, အပုဒ်။ —*v. t.* စီရင်ဆုံးဖြတ်သည်။

Sententious, *a.* အကျဉ်းအားဖြင့်လေးနက်စွာပြောတတ်သော။

Sentient, *a.* အာယတနအားဖြင့်သိမှတ်တတ်သော။ အာရုံကိုခံစားတတ်သော။

Sentiment, *n.* opinion, စိတ်ထင်။ အယူ။ opinion blended with feeling, စိတ်။ sickly sensibility, an over indulgence of soft feelings, နူးညံ့သောစိတ်အလိုကိုလိုက်လွန်းတတ်သောသဘော။

Sentimental, *a.* presenting sentiments, ဩဝါဒပါသော။ over indulgent of soft feelings, နူးညံ့သောစိတ်အလိုကိုလိုက်လွန်းသော။

Sentinel, Sentry, *n.* ကင်းစောင့်။

Sentry-box, *n.* ကင်းတဲ။

Sentry-post, *n.* ကင်း။

Separable, *a.* ကွဲကွာနိုင်သော။

Separate, *v. i.* to part, ကွာသည်။ ကွဲကွာသည်။ ခွာသည်။ to cleave, အက်ကွဲသည်။ —*v. t.* to part, ခွဲခွာသည်။ to set apart ခွဲထားသည်။ to divide, make a space between, ပိုင်းသည်။ ပိုင်းခြားသည်။ ခြားနားစေသည်။ သီးခြားသည်။ —parties in a quarrel, ရန်ငြိမ်းစေခြင်းဖျင်သည်။ to divorce, (ထင်မယားကို) ကွာစေသည်။ —*a.* တခြားစီရှိသော။ ခြားနားသော။

Separately, *adv.* တသီးတခြား။ တသီးတဖုံ။ တဖို့တခန်း။ အသီးအသီး။

Separation, *n.* the act of saparating, *from* Separate, *v. t.* the state of being separated, from Separate, *v. i.*

Separatist, *n.* အပေါင်းအသင်းထဲကထွက်၍အသီးအခြားနေသောသူ။

Sepoy, *n.* စစ်ပါဟိ။ စစ်ပိုင်။ ကုလားနက်လက်နက်ကိုင်။

Septagon, *n.* ခုနှစ်ထောင့်ပုံ။ သတ္တဂံ။ a regular septagon, သတ္တရန်။

Septangular, *a.* ခုနှစ်ထောင့်ရှိသော (ပုံ။)

September, *n.* ဇင်လိတ်နှစ်တွင်ကိုးခုမြောက်သောလတည်းဟူသော စက်တဘီသလ၊ nearly answering to the Burman, တော်သလင်းလ၊
Septenary, *a.* ခုနှစ်ခုဖြစ်သော၊
Septennial, *a.* happening every seventh year, ခုနှစ်နှစ်တွင်တခါဖြစ်တတ်သော၊ lasting seven years, ခုနှစ်နှစ်တိုင်တိုင်တည်တတ်သော၊
Septillion, *n.* ထောင်ပကောဋိ၊
Septuagenarian, *n.* အသက်ခုနှစ်ဆယ်ရှိသောသူ၊
Septuagint, *n.* ဟေလသဘာသာအနက်ပြန်သောဓမ္မဟောင်းကျမ်းစာ၊
Septuple, *a.* ခုနှစ်ဆဖြစ်သော၊
Sepulchral, *a.* သင်းချိုင်းတွင်းနှင့်ဆိုင်သော၊
Sepulchre, *n.* သင်းချိုင်းတွင်း။
Sepulture, *n.* သင်းချိုင်းတွင်း၌သင်းပြုသ်ခြင်း။
Sequacious, *a.* လိုက်တတ်သော၊
Sequel, *n.* a subsequent part, နောက်ပိုင်း။ a consequence, အကျိုး။
Sequence, *n.* order of succession, အစဉ်အတိုင်းလိုက်ခြင်း။ series, arrangement, အစီအစဉ်၊
Sequent, *a.* အစဉ်အတိုင်းလိုက်သော၊
Sequester, Sequestrate, *v. t.* to take and keep from the owner for a time, အကြောင်းရှိ၍ဥစ္စာရှင်လက်မှခဏသိမ်း၍တခြားစီထားသည်၊ to place in retirement, လူစုထဲကထွက်၍ဆိတ်ငြိမ်ရာအရပ်၌နေစေသည်၊
Sequestration, *n.* from above.
Seraglio, *n.* မောင်းမမိဿံတို့နေရာ၊
Serai, *n.* တည်းခိုရာဇရပ်၊
Seraph, *n.* ကောင်းကင်တမန်တမျိုး။
Seraphic, *a.* angelic, ကောင်းကင်တမန်ကဲ့သို့ဖြစ်သော၊ pure, သန့်ရှင်းသော၊
Seraphim, *plur.* of Seraph, *which see.*
Serenade, *v. t.* ကြိုက်ချစ်သောမိန်းမအိမ်နားမှာညအချိန်တွင်တီးမှုတ်ခြင်းကိုပြု၍သီခြင်းဆိုသည်၊ —*n.* ထိုသို့သောသီခြင်းဆိုခြင်း။
Serene, *a.* ကြည်လင်သော၊
Sereneness, Serenity, *n.* from above.
Serf, *n.* မျိုးစဉ်ကျွန်၊
Serge, *n.* သက္ကလတ်တမျိုး။
Sergeant, *n.* a high bailiff, အရာကြီးသောမြို့စာရေး၊ a high law-officer, အရာကြီးသောရှေ့နေ၊ a subordinate military officer, အကြပ်ကြီး၊
Seriatim, *adv.* အစဉ်အတိုင်း။
Series, *n.* အစီအစဉ်၊
Serious, *a.* grave in mind, ပေါ့လျော့ခြင်းမရှိ၊ သမ္မာသတိရှိသော၊ being

in earnest, ပြက်ရယ်ခြင်းမဟုတ်၊ ကေန့်အမှန်ဖြစ်သော၊ important, အမှုကြီးသော။

Seriousness, *n.* from Serious.

Sermon, *n.* ဟောသောဒေသနာ၊ တရားဟောစာ။

Sermonize, *v. i.* တရားဟောသည်။

Serous, *a.* ကြက်တက်ရည်သဘောရှိသော။

Serpent, *n.* မြွေ။ fiery—, မီးမြွေ။ green—, မြွေစိမ်း။ poisonous—, မြွေဆိုး။

Serpentine, *a.* ကွေ့ကောက်သော။

Serrated, *a.* ခွေးသွားစိတ်စိတ်သော။

Serum, *n.* ကြက်တက်ရည်၊ နို့ကြက်တက်ရည်။

Servant, *n.* one who attends another and acts at his command, အစေအပါး၊ အစေခံ၊ အစေခံကျွန်၊ ငယ်သား။ a slave, ကြေးကျွန်၊ ဒါသ၊ *Pali.* a hired person; အခစား၊ စာရင်းငှါး၊ သူရင်းငှါး။ the subject of a king, ကျွန်တော်မျိုး။ one in the employ of government, အမှုတော်ထမ်း။

Serve, *v. t.* to attend at command, အစေခံသည်၊ အစေအပါခံသည်။ to perform the work of, အမှုကိုဆောင်သည်၊ အမှုကိုထမ်းသည်။ to obey and worship, ဝတ်ပြုသည်။ to comply with, အလိုကို လိုက်သည်။ to supply with food at table, စားပွဲ၌ပြင်၍ပေးသည်၊ to be of use to, အသုံးရှိသည်။ to be sufficient for လောက်သည်၊ တန်သည်။ to be in the place of, အစားဖြစ်သည်။ to deal with, (တစုံတပါး) ၌ပြုကျင့်သည်။ to serve as an occasion, အဆင်သင့်သည်။ —an execution, မှတ်ချက်အရနှင့်သိမ်းသည်။ —a warrant, မှတ်ချက်အရနှင့်ဖမ်းဆီးသည်။ —out, ဝေငှသည်။ —up, စားပွဲပေါ်မှာပြင်၍ထားသည်။

Service, *n.* labor performed at the command of another, သူတပါးစေစား၍လုပ်ဆောင်ခြင်း၊ သူတပါး၏အမှုဆောင်ခြင်း၊ အစေ။ performance of duty, ဝတ်ပြုခြင်း။ military or naval duty, အမှုထမ်းခြင်း။ use, အသုံး။ usefulness, အသုံးရှိခြင်း။ a course at table, စားပွဲ၌ခင်းကျင်းသောစားဖွယ်သောက်ရန်။ a set of dishes used at a meal, နံနက်စာ၊ နေ့လယ်စာအဖို့ခင်းကျင်းရသောပုကန်စု။

Serviceable, *a.* အသုံးဝင်သော၊ ကျေးဇူးရှိသော၊ အကျိုးကိုဖြစ်စေတတ်သော။

Serviceableness, *n.* from above.

Servile, *a.* pertaining to servitude, အစေခံသော၊ အစေကျွန်ဖြစ်သော၊ အစေခံခြင်းနှင့်ဆိုင်သော၊ meanly submissive, သဘောနေ၊ သဘောထားယုတ်ညံ့၍သူ့အလိုသို့အလွန်လိုက်တတ်သော။

Servileness, Servility, *n.* from above.

Serving-maid, *n.* အစေခံမိန္မ။

**Serving-man**, *n.* အစေခံယောက်ျား။
**Servitor**, *n.* နောက်လိုက်သောသူ။
**Servitude**, *n.* အစေခံကျွန်အဖြစ်၊ ကြွေးကျွန်အဖြစ်။
**Sesamum**, *n.* နှမ်းပင်၊ —oil, နှမ်းဆီ၊ —seed, နှမ်းစေ့။
**Session**, *n.* the act of sitting, ထိုင်ခြင်း။ the sitting of a court, လွှတ်၊ ရုံးပေါ်မှာထိုင်၍တရားစီရင်ခြင်း။ the period of court session, လွှတ်ရုံးပေါ်မှာထိုင်၍တရားစီရင်ရာကာလ။
**Set**, *v. t.* to place in its natural position, တည့်တည့်ထားသည်။ to place erect, ထောင်၍ထားသည်။ to put, place, (indefinitely,) ထည့်ထားသည်။ to put, fix, place (more or less permanently,) တည်၍ထားသည်။ to plant. စိုက်သည်။ စိုက်ပျိုးသည်။ to fix (as a gem in metal,) တင်သည်။ to stud (with gems,) (ကျောက်) စီသည်။ to join (a broken bone,) ဆက်သည်။ to adjust by (something,) ညီစေအောင်ပြင်သည်။ to adapt musical notes to words, သီချင်းသံနေရာကျအောင်ပြင်သည်။ to put on a fine edge, ကျင်းသည်။ —eyes on, ကြည့်၍မြင်သည်။ —one's self, အားထုတ်သည်။ —one's self against, ဆန့်ကျင်ဘက်သို့ဝင်သည်။ —a price, အဖိုးထားသည်။ —a sail, ရွက်ကိုဖြန့်သည်။ —a spring, မောင်းတင်သည်။ —a time, ချိန်းချက်သည်။ —a trap, ထောင်သည်။ —a watch, sentry, ကင်းထားသည်။ ကင်းစောင့်ထားသည်။ *see also under* be—, *v. i.* —as the sun, ဝင်သည်။ to become hard, ခဲသည်။ to flow, စီးသည်။ —about, *v.* အစပြုသည်။ (လုပ်) စပြုသည်။ —against, *v. t.* to place in opposition or as an equivalent, ပြိုင်၍တဖက်၌ထားသည်။ to provoke enmity between others, ရန်ဖက်ဖြစ်အောင်ဂုံးတိုက်သည်။ —a-going, *v. t.* (ဖြစ်) အောင်အစအဦးပြုသည်။ —apart, တခြားစီခွဲထားသည်။ သီးသန့်သည်။ သီးခြားသည်။ —aside, to put a side, not to take into the account, ထားသည်။ to pass by, reject, ဖွဲပယ်သည်။ ပယ်ထားသည်။ to annul, ပစေသည်။ —at ease, ငြိမ်းစေသည်။ —at naught, အမှုမထား၊ ပမာဏမပြု။ —at rest, to quiet, ငြိမ်စေသည်။ to settle and place beyond controversy, ငြင်းစရာမရှိအောင်သေချာစွာစီရင်၍ထားသည်။ —at work, လုပ်ဆောင်စေအောင်စီရင်သည်။ —by, to put aside, ထားသည်။ to esteem, နှစ်သက်သည်။ —down, to put down, ထားသည်။ —down and leave, ချထားသည်။ to enter in writing, မှတ်သားသည်။ —forth, to present to view, ဖော်ပြသည်။ to propagate, ကျော်ညာစေသည်။ —forward, to promote, ထိုးတက်စေအောင်ပြုသည်။ —*v. i.* to move or march, ချီသည်။ ချီသွားသည်။ —free, လွှတ်သည်။ —in, *v.* to arrive (as a season,) ရောက်သည်။ to become settled, နေရာကျသည်။ —in order, စီစဉ်သည်။ ဆင်သည်။ ပြင်

ဆင်သည်၊ —off, to decorate, တန်ဆာဆင်သည်၊ လှအောင်ပြင်ဆင်သည်၊ —to present favorably, ကောင်းသောလက္ခဏာကိုသာပြသည်၊ to place in opposition or as an equivalent, ပြိုင်၍တစက်နှင့်ထားသည်၊ to set apart, တခြားစီခွဲထားသည်၊ —off, *n.* နှိမ်၍ကြွေးဆပ်ရန်အချက်၊ —on, *v. t.* to place on, တင်သည်၊ တင်ထားသည်၊ to instigate, တိုက်တွန်းသည်၊ to assault, တိုက်သည်၊ —on edge, (သွား) ကြိန်းအောင်ပြုသည်၊ —on fire, မီးရှို့သည်၊ —out, to allot, ခွဲဝေ၍ထားသည်။ —on (a dog,) ရှူးတိုက်သည်၊ to mark by boundaries, ပိုင်းခြားသည်၊ to decorate, တန်ဆာဆင်သည်။ လှအောင်ပြင်ဆင်သည်၊ to present favorably, ကောင်းသောလက္ခဏာကိုသာပြသည်၊ to begin, စသည်၊ အစပြုသည်၊ to start on a journey, or course, ထွက်သည်၊ သွားစပြုသည်။ —over, အအုပ်ချုပ်ထားသည်၊ —right, ဖြောင့်အောင်ပြုသည်၊ —to, အစပြုသည်၊ (လုပ်) စပြုသည်၊ —up, to place erect, ထောင်သည်၊ ထူသည်၊ —the tune, တိုင်သည်၊ to build, establish, တည်သည်၊ တည်ဆောက်သည်၊ တည်ထောင်သည်၊ to propose, ဆင်ခြင်ရန်အလို့ငှာတင်၍ပြောသည်၊ to raise (from depression,) ချီပင့်သည်၊ —a cry, အော်ဟစ်သည်၊ *v. i.* to begin business, ထူထောင်သည်၊ to assume a character, ဤမည်သောသူဖြစ်သည်ဟုပြောထားသည်၊ —upon. *see* —on; —*a.* orderly, regular, စီစဉ်သော၊ စီရင်မြဲအတိုင်းဖြစ်သော၊ be—, *v. i.* to be fixed, as in the mnd, တွဲ၍နေသည်၊ to be fixed (as the eyes,) စိုက်၍နေသည်၊ to be fixed (as the lower jaw,) ခိုင်သည်၊ to be settled, adjusted by rule, သေဝပ်သည်၊ သေချာသည်၊ to be firmly attached in mind, စိတ်စွဲလမ်းသည်၊ စိတ်ဝင်စား၍နေသည်၊ to be firm, obstinate, စိတ်ခိုင်မာသည်၊ to be hard up, cornered, မလွှပ်နိုင်အောင်ကျဉ်းကျပ်ရာသို့ရောက်သည်၊ —*n.* a number of things fitted to be used together, စုံလင်သောအရာစု၊ a number of persons of similar characters or habits, အပေါင်းအသင်း။ the going down (of a luminary,) ဝင်ခြင်း။

Seton, *n.* အသားခွဲထုတ်ချင်းခပ်ဖောက်၍သွေးဝှပ်၊ သွေးဆိုးတခုခုထွက်ယိုစေခြင်းငှါလျှိုထားသော[illegible]ကြိုး။

Settee, *n.* အနှီပါသောထိုင်ခုံရှည်၊

Setter, *n.* agent, from Set, *v.*; *see also* Setting-dog.

Setting, *n.* from Set, *v.*

Setting-dog, *n.* ငှက်ကိုရှာတတ်သောခွေး။

Settle 1, *n.* ထိုင်ခုံ၊ —2, *v. t.* to place in a permanent state, အတည်ချသည်၊ နေရာချသည်၊ သေဝပ်အောင်ပြုသည်၊ သန္နိဋ္ဌာန်ချသည်၊ to set up in business, ထူထောင်စေသည်၊ to confirm, make permanent, တည်စေသည်၊ မြဲစေသည်၊ to place beyond controversy, ငြင်းခုံရာမရှိစေခြင်းငှာသေချာစွာစီရင်၍ထားသည်။ to determine, ထုံးဖွဲ့သည်။ to decide, ပြတ်ခွာသည်။ ထုံးဖြတ်သည်။ to free from wavering, စိတ်သဘောကျစေခြင်းငှာသည်။ စိတ်ချသည်။ to cause to subside and become compact, (မှုသောမြေကို) သိပ်စေခြင်းငှာသည်။ to establish by gift, အစဉ်အမြဲခံယူပိုင်စေတည်းစီရင်သည်။ to fix firmly (in the mind.) စိတ်စွဲလမ်းစေသည်။ to cause sediment to sink, အနှစ်ကျစေခြင်းငှာသည်။ to compose, tranquilize, ငြိမ်းစေသည်။ to plant with inhabitants, အိမ်ခြေ၊ လူနေရှိစေခြင်းငှာစုသည်။ —accounts, စာရင်းကိုရှင်းစေသည်။ စာရင်းကိုရှင်းလင်းစေခြင်းငှာသည်။ —a difficulty, ဖြေဖျန်သည်။ အမှုပြီးပြေစေခြင်းငှာသည်။ အမှုကြေချမ်းစေခြင်းငှာသည်။ —the rate of house or land tax, ငွေခွဲပုံထားသည်။ အခွန်ခွဲပုံထားသည်။ —(a quarrel,) ဖြေဖျန်သည်။ —*v. i.* to become fixed or stationary, အတည်ကျသည်။ to fix one's residence, နေရာကျသည်။ to establish a domestic state, အိမ်ထောင်သည်။ to become calm, ငြိမ်း၍သွားသည်။ to sink out of place, ယိုသည်။ to sink to the bottom, as sediment, (အနှစ်)ကျသည်။ to sink and become compact, လျော့၍သိပ်သွားသည်။

**Settled** (be,) *v. i.* လက်စသေသည်။ သေချာသည်။ ပိုသေသည်။ —as a difficulty, ကြေချမ်းသည်။ ကြေနပ်သည်။ ကြေပြေသည်။ ပြီးပြေသည်။ —in opinion, ထဝင်ကျသည်။ သဘောကျသည်။ —as a quarrel, ရန်ငြိမ်းသည်။ —and intent on (something) သဘောစိုက်မိသည်။

**Settlement,** *n.* from above; a place or colony formed by emigration from the mother country, နေရင်းပြည်ကထွက်၍သွတ်လပ်သောအခြားသောအရပ်၌တည်ထောင်သောမြို့ရွာ။ property settled on a wife, လင်မပိုင်၊ မယားသာပိုင်သောဥစ္စာ။

**Settling,** *n.* from Settle, *v.; plur.* sediment, အနှစ်။ အနည်။

**Seven,** *n.* ခုနှစ်။ သတ္တ။ ၇။ —fold, *a.* ခုနှစ်ဆဖြစ်သော။ —night, *see* Sennight; —o'clock, ခုနှစ်နာရီ။ —score, *a.* တရာလေးဆယ်။ ၁၄၀။

**Seventeen,** *a.* ဆယ်ခုနှစ်။ ၁၇။

**Seventeenth,** *a.* ဆယ့်ခုနှစ်ခြောက်သော။ သတ္တရသမ။

**Seventh,** *a.* ခုနှစ်ခြောက်သော။ သတ္တမ။

**Seventieth,** *a.* ခုနှစ်ဆယ်ပြည့်သော။

**Seventy,** *a.* ခုနှစ်ဆယ်။ ၇၀။

**Sever,** *v. t.* to cut off, ဖြတ်သည်။ —by cutting in two, ဆုတ်ဖြတ်သည်။ to disjoin, ခွဲခွာသည်။ to separate and place apart, တခြားစီခွဲထားသည်။ to divide or separate into parts, ပိုင်းသည်။ ပိုင်းခြားသည်။ အပိုင်းပိုင်းဖြတ်သည်။

**Several,** *a.* distinct, ခြားနားသော။ some, not many, divers, မနည်း။

မျှားသော၊ အသျှို၊ တသျှို၊ appropriate to each distinctly, ကိုယ်စီကိုယ်စီအသီးအသီးဆိုင်သော၊

Severally, *adv.* အသီးသီးအပြားပြား။

Severance, *n.* from Sever.

Severe, *a.* very strict, stringent, အလွန်ကြပ်တည်းသော၊ hard, harsh, rigorous, ခက်ထန်သော၊ ကြမ်းတမ်းသော၊ violent, ပြင်းသော၊ပြင်းပြသော၊ —in countenance, မျက်နှာထားနှင့်နေသော၊ မျက်နှာမိုးသေသော၊ over-stern and—, မျက်နှာထားကြီးသော၊

Severely, *adv.* violently, အပူအပြင်း၊ sorely, အနာတရ၊ အနာဆာရ၊

Severity, *n.* from above.

Sew, *v. t.* ချုပ်သည်၊ —up, ပိတ်၍ချုပ်သည်၊

Sewer, *n.* အချုပ်သမား။ (*pron.* su-er,) *n.* ပေါင်းကူးမြောင်း။

Sewing-needle, *n.* အပ်၊

Sex, *n.* gender, လိင်၊ womankind, မိန်းမမျိုး။ male—, *n.* ယောက်ျားမျိုး။ female—, *n.* မိန်းမမျိုး။

Sexagenarian, *n.* အသက်ခြောက်ဆယ်ရှိသောသူ၊

Sexagon, *n.* ခြောက်ထောင့်ပုံ၊ ဆဋ္ဌံ၊ a regular sexagon, ဆဋ္ဌရန်း။

Sexangular, *a.* ခြောက်ထောင့်ရှိသော (ပုံ၊)

Sexennial, *a.* happening every sixth year, ခြောက်နှစ်တခါဖြစ်တတ်သော၊ lasting six years, ခြောက်နှစ်တိုင်တိုင်တည်တတ်သော၊

Sextant, *n.* the sixth part of a circle, စက်ဝိုင်း ၆ စိတ်တွင်တစိတ်၊ an instrument for measuring the altitude of the Sun, etc. နေတိုင်း။

Sextillion, *n.* ပကောဋိ၊

Sextile, *n.* ဂြိုဟ်နှစ်လုံးအသီး ၆၀ ကွာသောအနေ၊

Sexton, *n.* သုဿာန်စောင့်၊

Sextuple, *a.* ခြောက်ဆဖြစ်သော၊

Sexual, *a.* အထီး၊ အမ၊ ယောက်ျား၊ မိန်းမပြားနားခြင်းနှင့်ဆိုင်သော၊

Shabbiness, *n.* from next.

Shabby, *a.* ragged and dirty, ညစ်စုတ်သော၊ paltry, ညစ်ညှိုးသော၊

Shackle, *v. t.* to bind the limbs, (လက်၊ ခြေကို)ချည်နှောင်သည်၊ to obstruct free action, အလိုရှိတိုင်းမပြုနိုင်အောင်ဆီးတားကန့်ကွက်၍ထားသည်၊

Shackles, *n. plur.* — for the feet, ခြေချင်း။ —for the hands, သံကွင်းလက်ထိတ်၊

Shad, *n.* Rangoon—, ငါးသလောက်၊ Malay—, ငါးပဋ္ဌ။

Shaddock, *n.* ကျွဲကော၊ ရှောက်တုံအိုး။

Shade, *n.* interception of light, အရိပ်၊ darkness, မှောင်မိုက်၊ a shady place of retreat, အရိပ်သခင်။ a screen, အကွယ်အကာ၊ a gradation of color, အရောင်နှစ်ခုရောနှောစပ်ချက်ခြင်း။ the dark part of a picture, မည်းဆောင်ရေးသောအရိပ်သဏ္ဍာန်။ a spirit, ghost, စေ္ဆ။ applied to plants, growing in the shade, ထောင်းရိပ်။ —*v. t.* to intercept the light, အရိပ်နှင့်လွှမ်းမိုးသည်။ to overspread with darkness, မှောင်မိုက်နှင့်ဖုံးလွှမ်းသည်။ to screen, ကွယ်ကာသည်။ to mark, with gradations of color, အရောင်နှစ်ခုရောနှောစပ်ရှက်ဆောင်ရေးသည်။ to paint in obscure colors, အရိပ်သဏ္ဍာန်မည်းဆောင်ရေးသည်။

Shades, *n. plur.* မရဏာခွင်း၊ glass candle—, ဓနိကြာခွင့်။

Shadiness, *n.* from Shady, *a.*

Shading, *n.* အရိပ်သဏ္ဍာန်မည်းဆောင်ရေးခြင်း။

Shadow, *n.* a defined shade, အရိပ်။ ဆာယာ၊ *Pali.* darkness, မှောင်မိုက်။ a screen, အကွယ်အကာ။ a faint representation, မထင်ရှားသောအရိပ်အရောင်။ a typical representation, ပုံဆောင်၍ပြသောအရိပ်အရောင်။ —*v. t. see* Shade, *v. t.;* to represent faintly or imperfectly, အရိပ်အရောင်ကိုသာပြသည်။ to represent typically, ပုံဆောင်၍အရိပ်အရောင်ကိုပြသည်။

Shadowy, *a.* full of shade, အရိပ်လွှမ်းမိုးသော။ partaking of shade, အရိပ်ပါသော။ faintly representative, အရိပ်အရောင်ကိုသာပြသော။ unsubsantial, unreal, အကောင်အထည်မထုတ်။ အရိပ်သာဖြစ်သော။

Shady, *a.* အရိပ်လွှမ်းမိုးသော။ အရိပ်များသော။

Shaft 1, *n.* an arrow, မြား။ any thing straight, ဖြောင့်တန်းသောအရာ။ အတံ။ a column, pillar, တိုင်။ the pole of a carriage, ရထားထမ်း။ လှည်းသန်။ the handle of a spear, လှံရိုး။ —2, *n.* a deep narrow pit opening into a mine, ဓာတ်။ သတ္တုထွက်သောတွင်း။ ထဲသို့ဝင်ရာအပေါက်။

Shag, *n.* ရှည်ကြမ်းသောသက္ကလတ်အမွေး။

Shagged, Shaggy, *a.* —as hair, စုတ်ဖွား။ စုတ်ဖွားထသော။ (—and long as hair, သုပ်သုပ်။) —as nap, အမွေးရှည်သော။

Shaggedness, Shagginess, *n.* from above.

Shake, *v. i.* to be agitated with a vibratory motion, လှုပ်သည်။ —as a dog's tail, နှံ့ထည်။ to tremble, quake, တုန်သည်။ တုန်လှုပ်သည်။ —tremulously, ခိုက်ခိုက်တုန်သည်။ to become weak, အားလျော့သည်။ —*v. t.* from same; —hands, လက်ကို၍ခြုတ်ဆက်သည်။ —off, *v. t.* ခါသည်။ ခါဖြစ်သည်။ ခါထွက်သည်။ —*n.* from above, *v. i.* and *v. t.*

Shaking, *n.* from Shake, *v. i.* and *v. t.*

Shaky, *a.* အပေါက်အအက်များသော (သစ်သား။)

Shall, *verb. aff. of tense,* မည်။ ရမည်။ အံ့။ လတ္တံ့။

Shallop, *n.* သံထန်တမျိုး။

Shallow, *a.* တိမ်သော။ —as a dish, ပက်သော။ —in intellect, ဉာဏ်တိမ်သော။ —brained, *a.* ဉာဏ်တိမ်သော။ —*n.* စည်း တိမ်။ သောင်တိမ်။

Shallowness, *n.* from Shallow, *a.*

Sham, *v.* ဟန်ဆောင်သည်။ —*n.* from above.

Shambles, *n. plur.* အမဲရောင်းဈေး။

Shambling, *a.* အသွားအလာနင်းခွက်မကျသော။

Shame, *n.* ဟိရိ။ ရှက်ခြင်း။ ရှက်ကြောက်ခြင်း။ modesty, (Pali.) သဇ္ဇီ။ —(put to.) *v. t.* အရှက်ခွဲသည်။ —*v. t.* ရှက်စေသည်။ ရှက်ကြောက်စေသည်။ —faced, *a.* ရှက်တတ်သော။ —facedness, *n.* from above.

Shameful, *a.* ရှက်ဖွယ်သော။

Shamefulness, *n.* from above.

Shameless, *a.* အရှက်မရှိသော။ ကခြင်းသော။ ကလတ်သော။

Shamelessness, *n.* from above. အဟိရိက။ *Pali.* မရှက်ခြင်း။

Shamelessly, *adv.* အလဇ္ဇီ။

Shampoo, *v. t.* နှိပ်သည်။ နှိပ်နယ်သည်။ —by treading, နင်းပေးသည်။

Shan, *n.* ရှမ်းလူ။

Shank, *n.* the leg, ခြေထောက်။ the long part of an instrument, အတံ။ အရိုး။

Shanty, *n.* တဲကုပ်ကလေး။

Shape, *n.* ပုံ။ ပုံပန်း။ သဏ္ဌာန်။ —*v. t.* to give form to, ပုံလုပ်သည်။ to form, make, ဖန်ဆင်းသည်။ —a course, ဤမည်သောလမ်းသို့ လိုက်သည်။ —to, *v. t.* တညီတည်းဖြစ်စေခြင်ငှါလုပ်သည်။

Shapeless, *a.* ပုံသဏ္ဌာန်မရှိသော။

Shapely, *a.* ပုံပန်းတော်သင့်သော။

Shard, *n.* ခေါင်ခြမ်း။ အိုးခေါင်ကြမ်း။

Sharded, *a.* having wings sheathed with a hard case, အတောင်ပေါ်မှာအခွံအုပ်သော (ပိုးကောင်။)

Share, *v. t.* to divide among two or more, ခွဲဝေသည်။ to partake with another, ထက်ဆံ၍ယူသည်။ —*n.* the part belonging to each one on distribution, အစုသင့်။ ဝေစု။ ဝေပုံ။ ခွဲဝေ၍အသီးအသီးခံရသောအမွှ။ a portion, quantity, တပိုင်း။ တပုံ။ အညွှန့်။ တညွှန့်။ an allotment, portion of work, အငန်းအတာ။ a part or portion of any thing owned by a number in common, စုပုံ ထက်ဆံ၍ ပိုင်ကြရာတွင်ကိုယ်စီကိုယ်စီအသီးအသီးဆိုင်သောပိုင်စုသင့်။ *see also* Plough-share. —holder, *n.* အသီးအသီးစုပုံကြရာပါဝင်သောသူ။

Sharer, *n.* agent, from Share, *v. t.;* one who takes a share, အစုသင့်ကိုခံသောသူ။ ဝေစုကိုခံသောသူ။ ဝေပုံကိုခံသောသူ။

**Shares,** (go,) *v.* ဆက်ဆံ၍ယူသည်။

**Shark,** *n.* the fish, ငါးမန်းဟိုင်း။ hammer-headed—, ငါးမန်းသန္တတ်။ a greedy fellow who gets the property of others, လောဘတိုက်တွန်း၍သူတပါးဥစ္စာကိုပရိယာယ်နှင့်ရအောင်ယူသည်။ —*v.* သူတပါးဥစ္စာကိုပရိယာယ်နှင့်ရအောင်ယူသည်။

**Sharp,** *a.* having a keen edge or fine point, ထက်သော။ acute, not obtuse, ချွန်သော။ thin-faced, မျက်နှာလုံးသော။ astute, ညာဏ်ထက်မြက်သော။ quick of apprehension, နားပါးသော။ quick sighted, မျက်စိရှင်သော။ shrill, piercing, အသံစူးသော။ very acid, စူးအောင်ချဉ်သော။ harsh, bitter, as words, နားခွဲခါးသော။ severely rigid, inflexible, အာဏာထက်သော။ eager for food, စားချင်သောအာသာငမ်းငမ်းရှိသော။ eager, ardent, စိတ်အားကြီးသော။ severe, violent, ပြင်းသော။ ထန်သော။ vigilant, လုံ့လဖြစ်၍စောင့်တတ်သော။ subtle in bargaining, ရောင်းဝယ်မှုတွင်လိမ္မာသော။ severely cold, မိမ့်အောင်အေးသော။ —edged, *a.* အသွားထက်သော။ —pointed, *a.* အဖျားထက်သော။ —set, having a sharp appetite, စားချင်အားကြီးသော။ eager in desire, လိုချင်အားကြီးသော။ —shooter, *n.* လက်ဖြောင့်သောသူ။ —sighted, *a.* မျက်စိရှင်သော။ —sightedness, *n.* from above. —visaged, *a.* မျက်နှာလုံးသော။ —witted, *a.* ညာဏ်ထက်မြက်သော။

**Sharpen,** *v. t.* from Sharp, *a.* သွေးသည်။

**Sharper,** *n.* လူလိမ်လူကောက်။ စံရွှင်သမား။

**Sharply,** *adv.* pungently, ပြူးပြူးမြက်မြက်။

**Sharpness,** *n.* from Sharp, *a.*

**Shaster,** *n.* ဗြဟ္မာရကျမ်း။

**Shatter,** *v. t.* to break to pieces, ဖရမ်းဖတာခွဲသည်။ to burst into pieces, အစိတ်စိတ်အစွာစွာပေါက်ခွဲသည်။ to disorder (the intellect,) (စိတ်ကို) ပေါ့စေသည်။ —brained, *a.* စိတ်ပေါ့သော။

**Shatters,** *n. plur.* အစိတ်စိတ်အစွာစွာ။

**Shave,** *v. t.* as with a razor, ရိတ်သည်။ to cut off in slices, လှီးလွှာ၍ခွာသည်။ to make smooth by cutting off slices, ထားကိုက်၊ ရွေပေါ်၊ တံစဉ်းနှင့်ချောအောင်ထိုးသပ်သည်။ to fleece, အကုန်အစင်သိမ်းယူသည်။ to skim along the surface, သီသွားသည်။ —*n.* ကိုက်။

**Shaveling,** *n.* ဦးပြည်းထိပ်ပြောင်။

**Shaver 1,** *n.* agent, from Shave. —2, *n.* လူကလေး။

**Shaving,** *n.* from Shave, *v. t.;* a slice pared off, လှီးလွှာ၍ခွာသော အလွှာ။ —made by a shave, ကိုက်စာ။ —made by a plane, ရွေပေါ်စာ။

Shawl, *n.* အနံကြီးသောတပက်။
She, *pron.* သူ။ (fem.) —*a.* အမ။
Sheaf, *n.* လှိုင်း၊ ကောက်လှိုင်း။
Shear, *v. t.* ညှပ်သည်။ ကိုက်ညှပ်သည်။ ညှပ်ဖြတ်သည်။
Shearing, *n.* from Shear, *v. t.*
Shears, *n.* ကတ်ကြေးကြီး။ —for cutting metal, ကိုက်။ ကြိတ်။
Sheath, *n.* ဓား၊ လှံစသည်တို့ကိုသွင်းထားသောအိမ်။ အအိမ်။ —of a bamboo sprout, ဝါးပတ်။ —winged, *a.* အတောင်ပေါ်မှာအခွံဖုံးသော (ပိုးကောင်။)
Sheathe, *v. t.* to put into a sheath, (ဓား၊ လှံစသည်တို့ကို) အိမ်၌သွင်းထားသည်။ to cover with mucilaginous matter, ကျိချွဲသောအဆေးနှင့်လူးသည်။ to cover as a ship's bottom with thin boards, ပိုးကာကပ်သည်။ —with copper, ကြေးနီကွပ်သည်။
Sheathing, *n.* သင်္ဘောရေဝမ်းပိုး၊ နံစောင်ကိုကွပ်ကပ်သောအရာ။ —board, *n.* ပိုးကာ။
Sheave, *n.* လက်ခုပ်သီးစက်ဆန်။
Shed 1, *v. t.*—blood, အသွေးကိုသွန်သည်။ အသေသတ်သည်။—feathers, အတောင်ကျွတ်သည်။ —fragrance, မွှေးသည်။ —leaves, အရွက်ကြွေသည်။ —light, ထွန်းလင်းသည်။ အရောင်ထွက်သည်။ —skin, အရေလဲသည်။ —tears, မျက်ရည်ယိုသည်။ —2, *v. t.* to cause to fall clear, (မိုးသီးရေစက်ကို) လျှောကျစေသည်။ —*n.* တင်းကုပ်။ —with a roof sloping on one side only, တစက်ရပ်တဲ။ a long—, တဲလျှား။
Shedder, *n.* agent, from Shed 1, *v. t.*
Shedding, *n.* from Shed 1, and Shed 2.
Sheen, *n.* အရောင်အဝါ။
Sheep, *n.* သိုးကောင်။ a large species, ဆိတ်။ —cot, *n.* သိုးခြံငယ်။ —fold, *n.* သိုးခြံ။ —hook, *n.* သိုးဖမ်းသောချိတ်။ —market, *n.* သိုးရောင်းဈေး။ —shearer, *n.* သိုးမွေးကိုညှပ်သောသူ။ —shearing, *n.* the act of shearing sheep, သိုးမွေးကိုညှပ်ခြင်း။ the time of shearing sheep, သိုးမွေးညှပ်ချိန်ကာလ။ —skin, *n.* သိုးရေ။ —stealer, *n.* သိုးခိုး။ —stealing, *n.* သိုးကိုခိုးခြင်း။ —walk, *n.* သိုးကျက်စားရာအရပ်။
Sheepish, *a.* ရှက်ကြောက်လွန်းသော။
Sheepishness, *n.* from above.
Sheep's-eye, *n.* ရှက်သောအဟန်နှင့်မိပ်ကာကြည့်ခြင်း။
Sheer 1, *a.* clear, အတိ။ သက်သက်။ —2, *v. i.* ဖယ်သွားသည်။ —off, *v. i.* ဖယ်ရှောင်သည်။
Sheers, *n. plur.* ဝက်ခွ။
Sheet, *n.* —of a bed, အိပ်ရာခင်း၊ ချုထည်။ of a sail, ဆိကြိုး။

—fish, ငါးပတ်။ —of paper, စက္ကူတချပ်။ any thing expended, အခင်း။ အလွှာ။ —anchor, *n.* အကြီးဆုံးသောကျောက်ဆူး။ —copper, *n.* ကြေးနီပြား။ —iron, *n.* သံပြား။ —lead, *n.* ခဲပြား။

Shekel, *n.* ရှေးကာလ၌သုံးသောငွေဒင်္ဂါးတမျိုး။ တကျပ်ခန့်ရှိသောငွေဒင်္ဂါး။

Shelf, *n.* a board fixed against a support, ခန်းဆီး။ နံရံနားမှာကပ်၍လုပ်သောစင်။ a sand-bank, သောင်။ a ledge of rocks under water, ရေထဲမှာကျောက်တန်း။

Shell, *n.* the covering of certain animals, အခွံ။ inner shell inclosing the kernel, အဆန်အိမ်။ outer—, အခွံ။ an outer covering or case, —of the *tan* fruit, ထန်းခွေမှုတ်။ —of the coconut, အုန်းမှုတ်။ ဖြင်ကအကြမ်းခံသောအရာ။ အစွယ်သွင်းရန်အကြမ်းအိမ်။ —*v. t.* to take off the shell, အခွံကိုခွာသည်။ to separate from the ear, ခြွေယူသည်။ —fish, *n.* အခွံရှိသောရေတိရိစ္ဆာန်။ one species, ကြေး။

Shelter, *v. t.* to be spread over the head of, အမိုးဖြစ်သည်။ to ward off from over head, မိုးကာသည်။ to protect, ကွယ်ကာစောင့်မသည်။ —*n.* something spread over head, အမိုး။ something which covers from an evil, အမိုးအကာ။ something which protects, အကွယ်အကာ။ —(take,) *v.* to get under cover of, ခိုသည်။ —from the rain, မိုးလုံးခိုသည်။ to take refuge in, ခိုခိုသည်။ ခိုလှုံသည်။

Shelterless, *a.* ခိုခိုရာမရှိသော။

Shelve, *v. i.* ဆင်ခြေလျှောရှိသည်။

Shepherd, *n.* a keeper of sheep, သိုးထိန်း။ သိုးကျောင်း။ a pastor of a church, သင်းအုပ်ဆရာ။

Sherbet, *n.* သကြားနှင့်ရောက်ရည်ရော၍လုပ်သောသောက်ရန်အရည်။

Sherd, *see* Shard.

Sheriff, *n.* မြို့သူကြီး။

Shew-bread, *see* Show-bread.

Shibboleth, *n.* စုံစမ်းရန်ထားသောအရာ။

Shield, *n.* a buckler, ကာ။ ဒိုင်း။ လွှား။ that which protects, by interposing, အကွယ်အကာ။ a large—, ရင်ကာ။ —*v. t.* to protect by interposing, ကွယ်ကာသည်။

Shift, *v. i.* to change place or position, ရွှေ့သည်။ ပြောင်းသည်။ to change its direction as the wind, လဲသည်။ to contrive, မိတ်ကူးသည်။ to practice indirect methods, ဥပါယ်တမျည်ပြုသည်။ —*v. t.* to change, ပြောင်းသည်။ ပြောင်းလဲသည်။ to change (clothes,) လဲသည်။ —off, *v. t.* (အနှောင့်အရှက်နှင့်

ကင်းလွတ်ဆောင်ပြုသည်။) —*n.* a change, ပြောင်းလဲခြင်း။ an expedient, ဥပါယ်တဗျူဟ်။ a chemise, မိန်းမဝတ်သောခြေးခံအင်္ကျီ။

Shiftless, *a.* မိတ်မကူးတတ်သော။

Shilling, *n.* ပင်နိ ၁၂ ရှနှင့်မျှသော၊ ရှိလိန်တည်းဟူသောအင်္ဂလိတ်ငွေဒင်္ဂါး။

Shin, *n.* ခြင်းခေါင်း။ ညှိုကျည်း။ ညှိုတံကျည်း။

Shine, *v. i.* to shed light, အရောင်ထွက်သည်။ ထွန်းသည်။ ထွန်းလင်းသည်။ ထွန်းပသည်။ ထွန်းတောက်သည်။ to be bright, ပြောင်သည်။ —as something polished, အရောင်တက်သည်။ to be conspicuous, distinguished, ထွန်းသည်။ ဂုဏ်အသရေထင်ပေါ်သည်။ (The moon shines, လရောင်ပသည်။) —*n.* fair weather, မိုးလင်းကြည်လင်ခြင်း။ brightness, အရောင်အဝါ။

Shingle, *n.* a thin board for roofing, ပျဉ်ခြိအုတ်ကြွပ်။ bamboo—, ဝါးကပ်။ small, round stones, pebbles, ကျောက်စရစ်။ —*v. t.* ပျဉ်ခြိအုတ်ကြွပ်နှင့်မိုးသည်။

Shining, *n.* from Shine, *v.*

Shiningly, *adv.* လွလွ။ applied to words of whiteness.

Shiny, *a.* from Shine, *v.*

Ship, *n.* သင်္ဘော။ *properly,* သုံးပင်တိုင်သင်္ဘော။ —board, *adv.* သင်္ဘောပေါ်။ —boy, *n.* သင်္ဘောပေါ်မှာအစေခံလူကလေး။ —builder, *n.* သင်္ဘောကိုတည်သောဗိသုကာ။ —building, *n.* သင်္ဘောကိုတည်ခြင်း။ —carpenter, *n.* သင်္ဘောကိုတည်သောလက်သမား။ —chandler, *n.* သင်္ဘောတန်ဆာများကိုရောင်းသောသူ။ —holder, *n.* သင်္ဘောသူကြီး။ —master, *n.* ကပ္ပိတန်။ —mate, *n.* သင်္ဘောစီးပေါင်းစီးဖော်။ —money, *n.* တိုက်သင်္ဘောစရိတ်ပေးဘို့ခွဲသောငွေ။ —owner, သင်္ဘောရှင်။ —wreck, *n.* from next. —wrecked, (be) *v. i.* သင်္ဘောပြိမ်းသည်။ —wright, *n.* *see* —builder. —*v. t.* သင်္ဘောပေါ်မှာတင်သည်။

Shipment, *n.* from Ship, *v. t.;* the goods shipped, သင်္ဘောပေါ်မှာတင်သောကုန်။

Shipping, *n.* သင်္ဘောများ။

Ship-shape, *adv.* ဝိုပန်းကျသည်နှင့်။

Shire, *n.* မြို့နယ်။

Shirk, *v.* တိမ်းရှောင်သည်။

Shirt, *n.* ခြေးခံ။ အင်္ကျီသည်စွပ်။

Shirting, *n.* ခြေးခံလုပ်ရန်ကောင်းသောအထည်။

Shittim, *n.* ရှေးကာလ၌သုံးသောသစ်သားတမျိုး။

Shiver, *v. i.* to break into small pieces, အမိတ်မိတ်အစွာစွာ ကျိုးပဲ့သည်။ to quake, tremble, တုန်လှုပ်သည်။ —*v. t.* from above, 1st def. —*n.* ကျိုးပဲ့သောအစအန။

**Shivering,** *n.* from Shiver, *v.* (intensive of words of shivering, ထိတ်ယိတ် (တုန်သည်၊)

**Shoal,** *v.* to grow shallow, တိမ်သွားသည်၊ to crowd around, ဝိုင်း၍ ကျပ်လျှက်နေကြသည်၊ —*n.* a sand bank, shallow, သောင်တိမ်၊ ဧည်းတိမ်၊ a crowd, လူထပ်သောအစုအဝေး။ —*a.* တိမ်သော၊

**Shoaly,** *a.* သောင်များသော၊

**Shock,** *v. t.* to shake by violent collision, လျှပ်အောင်ပြင်းစွာတိုက်ခိုက်သည်၊ to strike with disgust, အသွန်စက်ဆုပ်ရွံရှာအောင်ပြုသည်၊ to horrify, အလွန်ကြောက်လန့်စေသည်၊ —*v. i.* ကောက်လှိုင်းပုံထားသည်၊ —*n.* from above, *v. t.;* a communication of electric fluid, လျှပ်စစ်ဓါးကိုသွင်းခြင်း။ a pile of sheaves, ပုံထားသောကောက်လှိုင်း။

**Shoe,** *n.* an outer covering for the foot, ခြေနင်း။ a sandal, ဘိနပ်၊ a horse-shoe, မြင်းခွာ၌ရိုက်သောသံကွင်း။ the shoe of a runner, စွပ်ဖားကွပ်၊ —black, ခြေနင်းကိုသုတ်ပွတ်သောသူ၊ —blacking, ခြေနင်းသုတ်ရန်ဆေးနက်၊ —buckle, ခြေနင်းထိကပေါက်၊ —flower, ခေါင်ရမ်း။ —leather, ခြေနင်းလုပ်ရန်သားရေ၊ —maker, ခြေနင်းထိုးသမား။ —string, —tie, *n.* ခြေနင်းကြိုး။ —*v. t.* to furnish, with shoes, စီးစေခြင်းငှါခြေနင်းကိုပေးသည်၊ —a horse, မြင်းခွါ၌သံကွင်းကိုရိုက်သည်၊ —a sled or sleigh, စွပ်ဖားကိုကွပ်သည်၊

**Shoeing-horn,** *n.* ခြေနင်းထဲသို့ခြေကိုသွင်းလွယ်အောင်လုပ်သောတန်ဆာ၊

**Shoo,** *int.* ရှူး၊

**Shoot,** *v. t.* to throw with force, ပြစ်သည်၊ ပြစ်ခတ်သည်၊ to send forth, ထွက်စေသည်၊ to pass through with swiftness, ထုတ်ချင်းခပ်ပေါက်အောင်တဟုန်တည်းပြေးသည်၊ —*v. i.* to send forth, အညွန့်ထွက်သည်၊ to jut, အစွန်းထွက်သည်၊ to feel a darting pain, ထိုး၍ကိုက်သည်၊ —as pain, ထိုးကြွင့်သည်၊ —out, *v. t.* —(as the lips,) ရှူးသည်၊ —up, *v. i.* ကြီးမြင့်၍တက်သည်၊ —*n.* a young twig or branch, အညွန့်၊ a sprout from a stump or root, အတက်၊

**Shooter,** *n.* ပြစ်သောသူ၊

**Shop,** *n.* ဆိုင်၊ ဈေးဆိုင်၊ work-shop, လက်ပညာအတတ်ရုံ၊ —board, *n.* ရုံ၌အလုပ်ကိုတင်၍လုပ်သောခုံ၊ —keeper, *n.* ဆိုင်ရှင်၊ —lifter, *n.* ဆိုင်မှာခိုးသောသူ၊ —man, *n.* ဆိုင်စောင့်၊ —*v. i.* ဆိုင်များကိုလည်၍လိုသောအရာကိုဝယ်သည်၊

**Shore,** 1, *n.* the bank of a lake or sea, ကမ်း။ a landing place, ဆိပ်ကမ်း။ —2, *n.* a buttress, ထိုင်း။ ကြား၊ —2, *v. t.* မှိုင်းကန့်သည်၊

**Shoreless,** *a.* ကမ်းမရှိသော၊

**Shorl**, *n.* အမြုက်၊ အကျောက်နက်။

**Short**, *a.* not long, တိုသော။ တိုတောင်းသော။ not tall, နိမ့်သော။ not far distant, in time, မကြာမမြင့်သော။ insufficient, မလောက်သော။ not of adequate extent or quantity, မမှီလောက်သော။ incomplete, deficient, မစုံထင်။ ချို့တဲ့သော။ shallow (in mind,) တိမ်သော။ not retentive (as the memory,) မမှတ်မိတတ်သော။ abrupt, ထမ်းပန်း မသင့်ဘဲ သွားခနဲ ဖြစ်သော။ friable, crusty, ရွသော။ —armed, *a.* လက်တိုသော။ —coming, *n.* from come short, *v.* —hand, *v.* အထိမ်းအမှတ်အားဖြင့်အကျဉ်းရေးသောစာ။ —legged, *a.* ခြေထောက်တိုသော။ —and bandy-legged, ကွာသော။ —lived, *a.* not living long, အသက်တိုသော။ being of short continuance, ခဏသာတည်သော။ —of, (be) *v.* လောက်အောင်မရနိုင်။ rib, *n.* နံတို။ —sighted, *a.* near-sighted, အနီးကြည့်မှသာမြင်နိုင်သော။ being of limited intellect, အမျှော်အမြင်မရှိသော။ —sightedness, *n.* from above, —waisted, *a.* ခါးတိုသော။ —winded, *a.* သက်လုံမကောင်းသော။ —witted, *a.* ညာဏ်နည်းသော။ stunted, တိုက်တိုက်။ —, *n.* အချုပ်အချာ။ —(in,) *adv.* အကျဉ်းအားဖြင့်။

**Shorten**, *v. i.* to grow shorter, တိုသွားသည်။ —*v. t.* to make short, တိုအောင်ပြုသည်။ တိုစေသည်။ to lessen, နည်းအောင်ပြုသည်။ နည်းစေသည်။ to cut short, တိုအောင်ဖြတ်သည်။ —distance (by land,) ခြေကြောရှုပ်သည်။ to make friable, ရွအောင်ပြုသည်။

**Shortening**, *n.* ရုန့်ကိုရွစေတတ်သောအရာ။

**Shortly**, *adv.* soon, မကြာမမြင့်မှီ။ briefly, နည်းသောစကားနှင့်အကျဉ်းအားဖြင့်။

**Shortness**, *n.* from Short, *a.*

**Shot**, 1, *n.* the act of shooting, ပစ်ခြင်း။ the reach of any thing shot, ပစ်၍လှမ်းမှီရာအရပ်။ cannon shot, အမြောက်ဆန်။ grape —, အမြောက်စရိတ်။ musket —, သေနတ်ကျည်စေ့။ small —, စရိတ်။ စရိတ်စေ့။ Indian—, ဗုဒ္ဓသရဏ။ —hole, *n.* ကျည်ပေါက်သောအပေါက်။ —2, *n.* a charge for eating, ထမင်းဆိုင်၌စားသောက်၍ကုန်သောစရိတ်။ —free, *a.* စရိတ်မပေးရဘဲလွတ်သော။ (at every shot, လက်တိုင်း။)

**Shote**, *n.* ဝက်ပျိုကလေး။

**Should**, *pret. of* Shall, ရမည်။

**Shoulder**, *n.* ပခုံး။ —belt, *n.* ရင်သိုင်း။ —blade, *n.* လက်ပြင်ရိုး။ —knot, ပခုံးစွန်းပန်းပွား။ —*v. t.* to push with the shoulder, ပခုံးခေါင်းထိုးသည်။ to place on the shoulder, ပခုံးပေါ်မှာတင်သည်။ (over one shoulder and under the other arm, လက်ကတော့။)

**Shout,** *v. i.* ကြွေးကြော်သည်၊ ဟစ်ကြော်သည်၊ —*n.* from *do.*

**Shove,** *v. t.* တွန်းသည်၊ တွန်းထိုးသည်၊ —off (a boat,) ကန်သည်၊ —*n.* from *do.*

**Shovel,** *n.* တူးရွင်းပြား။ ငန်းပြား။ ကော်ပြား။ a large—, တလပါ၊ large wooden—, ပက်ကော်၊ spade, တူးရွင်း။ —*v. t.* တူးရွင်းပြားနှင့် ထိုးကော်၍ပက်သည်၊

**Show,** *v. t.* ပြသည်၊ ပြသသည်၊ ပြညွှန်သည်၊ ထုတ်ပြသည်၊ ဖော်ပြသည်၊ —favor, ကျေးဇူးပြုသည်၊ —mercy, ချမ်းသာပေးသည်၊ —*v. i.* to appear, ထင်သည်၊ —off same good quality, ဂွယ်ရောင်ပြသည်၊ —bread, *n.* ပူဇော်သောမုန့်၊ ရှေ့တော်မုန့်၊ —forth, *v. t.* ထင်ရှားစေသည်၊ to disclose, ညွှန်းပြသည်၊ —up, *v. t.* ဖော်ပြသည်၊ —by figure, ပုံပြသည်၊ —*n.* semblance, အဟန်၊ external appearance, အသွင်အပြင်၊ assumed appearance, (ဖြစ်) ဟန်ဆောင်သောအရောင်၊ publicity, လူများရှေ့မှာထင်ရှားခြင်း။ a spectacle exhibited to view, ကြည့်ရှုစေခြင်းငှါ ထုတ်ပြသောအရာ၊ ostentatious display, ပလွှားခြင်းကျူးပ၍ပြခြင်း။ representative action, ဇာတ်ပွဲပြခြင်း။ (—one's tongue, လျှာထုတ်သည်၊)

**Shower,** *n.* a fall of rain of short duration, ခဏမိုးသည်းရွာခြင်း။ a fall of fire, stones, etc. မီးမိုးသည်းရွာခြင်း။ ကျောက်မိုးသည်းရွာခြင်း။ a liberal distribution, အပေးအကမ်းပွားခြင်း။ —*v. t.* to wet with rain, စိုစွတ်အောင်မိုးသည်းရွာသည်၊ to distribute liberally, ရက်ရောစွာပေးကမ်းသည်၊ to wet with falling water, (as in a shower-bath,) ကိုယ်ပေါ်သို့ရေပေါက်ဖွားဖွားချသည်၊ —bath, *n.* ကိုယ်ပေါ်သို့ရေပေါက်ဖွားဖွားချ၍ချိုးသောအခန်း။

**Showery,** *a.* ခဏခဏမိုးသည်းရွာလျက်ရှိသော၊

**Showy,** *a.* fine, gay, သစ်သစ်လွင်လွင်ဝတ်စားတန်ဆာတို့ကိုဝတ်ဆင်လျက်ရှိသော၊ gaudy, ဝင့်ဝင့်ဝါဝါဝတ်ဆင်လျက်ရှိသော၊ splendid, အသရေတင့်တယ်သော၊

**Shred,** *v. t.* အစအနထွက်အောင်ကိုက်ညှပ်သည်၊ —*n.* ကိုက်ညှပ်၍ထွက်သောအစအန၊

**Shrew,** *n.* တောက်တီးမည်တွန်တတ်သောမိန်းမ၊ —mouse, *n.* ကြွက်စုတ်၊

**Shrewd,** *a.* cunning, လိမ္မာသော၊ of nice discernment, ဉာဏ်ထက်သော၊

**Shrewdness,** *n.* from above

**Shrewish,** *a.* တောက်တီးမည်တွန်တတ်သော၊

**Shriek,** *v. i.* ငယ်သံပါအောင်အော်ဟစ်သည်၊ —*n.* from *do.*

**Shrift,** *n.* (ဗရင်ကိုဖုန်းကြီးရှေ့မှာ) အပြစ်ကိုဖော်ပြ၍တောင်းပန်ခြင်း။

**Shrike,** *n.* ငှက်ဘီလူး။

**Shrill,** *a.* အသံထက်သော၊ အသံစူးသော၊ အသံစာသော၊

**Shrillness,** *n.* from above.

**Shrilly**, *adv.* တစာစာ။
**Shrimp**, *n.* ပုစွန်ဆိတ်။ a large species, ပုစွန်ကျော။ small fresh water—, ပုစွန်ရေချို။
**Shrine**, *n.* ဓာတ်ပုံနာတိုက်။
**Shrink**, *v. i.* to contract, ကျုံ့သည်။ ကျုံ့ယုံ့သည်။ to draw in from fear, တွန့်၍ဆုတ်သည်။ —*v. t.* from above, 1st def. —back, တွန့်ရှုံ့သည်။ —from, *v. i.* to withdraw and avoid, တွန့်၍ဆုတ်သွားသည်။ —up, *see* Shrink, *v. i.* and *v. t.* —*n.* from Shrink, *v. i.*
**Shrive**, *v. t.* အပြစ်ကိုဖော်ပြ၍တောင်းပန်ခြင်းကိုခံသည်။
**Shrivel**, *v. i.* ရှုံ့ယှုံ့သည်။ —*v. t.* from *do.* —up, *see* Shrivel, *v. i.* and *v. t.*
**Shroud**, *v. t.* to overspread, ဖုံးလွှမ်းသည်။ to cover from some evil, မိုးကာသည်။ to dress for burial, (အသေအလောင်းကို) ဝတ်ချုံသည်။ —*n.* an overspreading cover, ဖုံးလွှမ်းတတ်သောအရာ။ something that covers from evil, အမိုးအကာ။ the dress of a corpse, အသေအလောင်းကိုဝတ်ချုံသောအဝတ်။
**Shrouds**, *n. plur.* ရွက်တိုင်ဆိုင်းကြိုး။ နားမရဲဆိုင်း။
**Shrub**, *n.* မကြီးတတ်သောအပင်မျိုး။
**Shrubbery**, *n.* မကြီးတတ်သောအပင်မျိုးကိုပြုစုသောခြံ။
**Shrubby**, *a.* မကြီးတတ်သောအပင်မျိုးများသော။
**Shrug**, *v.* ပခုံးတွန့်သည်။ —*n.* *do.*
**Shudder**, *v. i.* ထိန့်၍တုန်လှုပ်သည်။
**Shuffle**, *v. t.* mix confusedly ရှုပ်ထွေးအောင်ရောနှောသည်။ —cards, ဖဲဖန်သည်။ to do privately, in the midst of confusion, ရှုပ်ထွေးသည်အတွင်းလျှို့ဝှက်၍ပြုသည်။ —*v. i.* to practice artifice, အလှုံးလုံးအလဲလဲပြုသည်။ to move with an irregular gait, နင်းခွက်မကျဘဲလှမ်းသွားသည်။ to shove the feet in walking, ရှုပ်တိုက်၍သွားသည်။ —off, *v. t.* ကင်းလွတ်စေအောင်ဥပါယ်တမျဉ်ပြုသည်။ —*n.* from Shuffle, *v. t.* 1st def. and *v. i.* 1st def.
**Shuffling** *n.* from Shuffle, *v.*
**Shun** *v. t.* to avoid, as a moral evil, ရှောင်သည်။ ကြဉ်ရှောင်သည်။ to avoid, as a natural evil, ရှောင်သည်။ ရှောင်တွဲသည်။ တိမ်းရှောင်သည်။ ရှောင်တိမ်းသည်။
**Shut**, *v. t.* to close (an opening with something,) ပိတ်သည်။ —the eyes, မျက်စိမှိတ်သည်။ —the hand, လက်ဆုပ်သည်။ —(the mouth,) စေ့ထားသည်။ to stop up, ဆို့သည်။ ပိတ်ဆို့သည်။ —*v. i.* —one eye while looking with the other, ချိန်၍ကြည့်သည်။ to be closed, as a flower, ငုံသည်။ —in *v. t.* to inclose, ပိတ်ထားသည်။ to confine, ချုပ်ထားသည်။ to cover

or intercept the view, ကွယ်ကာသည်။ —out, *v. t.* မဝင်စေအောင် ဆီးတားသည်။ —*v. i.* —in, as evening, မိုးညှိုးချုပ်သည်။ မိုးဆီး ချုံးသည်။ —up, *v. t.* to close the entrance into, တံခါးပေါက် ကိုပိတ်သည်။ to obstruct, ပိတ်ဆို့ချိတ်ထားသည်။ to confine, ချုပ် ထားသည်။

**Shutter,** *n.* ပြတင်းရွက်၊ ပြတင်းပိတ်။

**Shuttle,** *n.* လွန်း။

**Shuttlecock,** *n.* ဗလီတောင့်။

**Shy,** *a.* fearful of near approach, ကြောက်ရွံ့၍ရှောင်တတ်သော၊ ရှောင် တတ်သောသဘောရှိသော၊ cautious, wary, သတိပြုတတ်သော၊ —*v. i.* လန့်၍နံဘေးစောင်းခုန်လိုက်သည်။

**Shyness,** *n.* from Shy, *a.*

**Siamese,** *n.* native of Siam, ယိုးဒယား၊ ယိုးဒယားလူ။ the language, ယိုးဒယားစကား။ —*a.* ယိုးဒယားပြည်နှင့်ဆိုင်သော။

**Sibilant,** *a.* ရှူးထိုးသံပါသော။

**Sibyl,** *n.* ရှေးကာလ၌ထင်ပေါ်သောစိဗိလဟုသမုတ်ခြင်းကိုခံရသောနတ်ဝင်မ။

**Sibylline,** *a.* စိဗိလနတ်ဝင်မနှင့်ဆိုင်သော။

**Sick,** *a.* ill, diseased, နာသော၊ အနာရှိသော။ —as the stomach, နှစ်လုံးနာသော၊ —(slightly sick at the stomach, မအီမသာ။) —list, *n.* လူနာစာရင်း။ —of, *a.* disgusted with, ငြီးငွေ့သော။

**Sicken,** *v. i.* နာလာသည်။ နှစ်လုံးနာလာသည်။ for sub-def. *see above;* to grow weak, အားလျော့သည်။ —*v. t.* from Sick, *a.*

**Sickish,** *a.* ရှိစေတတ်သော။ —*adv.* တောက်အီးတောက်အဲ့။ တောက် အဲ့အဲ့။

**Sickle,** *n.* တံစဉ်။

**Sickliness,** *n.* from next.

**Sickly,** *a.* disposed to disease, နာတတ်သောသဘောရှိသော၊ tending to produce disease, အနာဖြစ်စေတတ်သော။ faint, weak, အား လျော့လျက်ရှိသော။

**Sickness,** *n.* from Sick, *a.;* a disease, အနာရောဂါ။

**Side,** *n.* —of a superficies, အနား၊ အစွန်းအနား။ —of an animal, နံဘေး၊ နံပါး၊ နံစောင်း၊ —raised, as a partition or screen, နံကာ၊ as a house wall, etc. နံရံ၊ as a boat, နံထောင်း —of the head, ထိပ်စောင်း။ —of a bamboo house or fence, ထရံ။ —of a house, chest, etc. နံဘေး —of a boat or ship, နံဘေး၊ နံစောင်း၊ —of a hill, ခါးပန်း။ —of a river, road, country, etc. တဖက်၊ အစွန်းအနား။ one of two corresponding parts, အဖက်၊ တဖက်၊ a party, ဘက်၊ တဖက်၌နေသောလူစု။ —board, *n.* စားပွဲဖျာင်ဆင် သောခုံ၊ —box, *n.* ဇာတ်ရုံတွင် ပွဲကြည့်ရန် အနားတဖက်တချက်၌ ဆောက်သောခန်း —hill, ဆင်ခြေလျှော။ —saddle, *n.* မိန်းမစီးရန်

ကုန်းနှီး။ —table, *n.* အခန်းနားမှာထားသောစားပွဲလွတ်။ —walk, *n.* လမ်းမကြီးတွင်တဖက်တချက်ကခြေကျင်သွားရာအနားလမ်း။ —*a.* ငဲ့ကွက်သော။ —*v. i.* တဖက်၌ပါဝင်သည်။ —*adv.* —by side, နံဘေးချင်းဆိုင်။ from side to side, ဘယ်ပြောင်းညာပြန်။

Sidelong, *a.* အလျားအလိုက်ဖြစ်သော။

Sidereal, *n.* ကြယ်နက္ခတ်တို့နှင့်ဆိုင်သော။

Sideways, Sidewise, *adv.* towards one side, စောင်းသည်နှင့်။ laterally, အလျားအလိုက်ဖြစ်သည်နှင့်။ —as in looking back, ပြန်စောင်း။

Sidle, *v. i.* ဘေးစောင်းထိုး၍သွားသည်။

Siege, *n.* ဝန်းရံ၍တပ်ချခြင်း။

Sieve, *n.* ဆန်ခါ။

Sift, *v. t.* to separate by a sieve, ဆန်ခါနှင့်ချသည်။ to scrutinize, စစ်ဆေးသည်။ —(for gold,) ကျင်သည်။

Sigh, *v. i.* ပင့်သက်ရှူ၍ညည်းသည်။ —*n* from *do.*

Sight, *n.* the sense of seeing, စက္ခာယတန။ the act of seeing, မြင်ခြင်း။ space visible, ကြည့်၍မြင်နိုင်သောအကွာအဝေး။ an aperture to direct the vision, ကြည့်ရာအပေါက်။ an object of sight, ရူပါရုံ။ a spectacle, ကြည့်ရှုဖွယ်ဖြစ်သောအရာ။ အမြင်။ take—, *v. i.* တည့်အောင်ကြည့်ရှုသည်။ out of—, *adv.* မျက်ကွယ်။

Sightless, *a.* မျက်စိကန်းသော။

Sightliness, *n.* from next.

Sightly, *a.* ကြည့်ရှုဖွယ်ကောင်းသော။

Sign, *n.* a token, လက္ခဏာ။ a visible—, အရိပ်အရောင်။ an audible—, အရိပ်အသံ။ a significant gesture or motion, အမှတ်။ a mark of distinction, အမှတ်အသား။ a signature, sign manual, လက်မှတ်။ လက်ရေးလက်မှတ်။ an exhibition of one's name, occupation, etc, *see* —board, a typical representation, ပုံပမာ။ a memorial or a signal, အထိမ်းအမှတ်။ something presented as proof or evidence, သက်သေ။ a remarkable phenomenon, attesting an assertion, or indicating a future event, နိမိတ်။ နိမိတ်လက္ခဏာ။ a twelfth part of the zodiac, ရာသီ။ —board, *n.* ဆိုင်ရှေ့မျက်နှာစာ၌ကပ်ထားသောကမ္ပည်းစာ။ —manual, *n.* လက်ရေးလက်မှတ်။ —post, *n.* ကမ္ပည်းကပ်ထားသောတိုင်။ —*v. t.* to affix one's signature, လက်မှတ်ထိုးသည်။ to mark, မှတ်သားသည်။ to make a significant gesture or motion, အမှတ်ပေးသည်။ to give a sign with the hand, လက်ရိပ်ပြသည်။

Signal, *n.* အထိမ်းအမှတ်ထားသောနိမိတ်လက္ခဏာ၊အထိမ်းအမှတ်။ —fire, *n.* အထိမ်းအမှတ်ပြသောခီး၊ —post, အမှတ်တိုင်။ —*a* ထူးဆန်းသော။

**Signalize,** *v. t.* to make distinguished, ဂုဏ်အသရေထွန်းစေအောင်ပြုသည်။ to give notice by signal, အထိမ်းအမှတ်ကိုပြသည်။ အမှတ်ပေးသည်။

**Signature,** *n.* a sign manual, လက်မှတ်။ a mark, အမှတ်။ အမှတ်အသား။

**Signet,** *n.* တံဆိပ်တော်။

**Significance, Significancy,** *n.* meaning, import, ဆိုလိုချက်။ အနက်အဓိပ္ပါယ်။ imposingness, အရှိန်ကြီးခြင်း။ moment, importance, အမှုကြီးခြင်း။

**Significant, Significative,** *a.* ဆိုလိုသော။ အနက်အဓိပ္ပါယ်ရှိသော။

**Signify,** *v. t.* to make known, သိစေအောင်ပြုသည်။ ထင်ရှားစေသည်။ to mean, ဆိုလိုသည်။ to import, be of some consequence, တစုံတခုသောအကျိုးနှင့်စပ်ဆိုင်သည်။ အတွက်ရှိသည်။

**Silago,** *n.* ငါးဝှလွေး။

**Silence,** *n.* from Silent, *a.* —*v. t.* to prevent (one's) speaking, နှုတ်ကိုပိတ်၍ထားသည်။ မပြောဘဲတိတ်ဆိတ်စွာနေစေသည်။ to still, ငြိမ်စေသည်။ to put an end to, ဆုံးစေသည်။ —*int.* တိတ်တိတ်။

**Silent,** *a.* not speaking, စကားမပြောဘဲနေသော။ taciturn, စကားနည်းသော။ still, အသံမပြုဘဲရှိသော။ တိတ်ဆိတ်သော။ ဆိတ်ညံ့သော။ calm, quiet, ငြိမ်သော။ ငြိမ်သက်သော။ wanting efficiency, ခေမသော။ (to remain silent, ခပ်မဆိတ်နေသည်။)

**Silently,** *adv.* ခပ်မဆိတ်။ တုဏှီသော။ *Pali.* တိတ်ဆိတ်။ တိတ်တဆိတ်။

**Silk,** *n.* —thread, ပိုး။ ပိုးခြည်။ —cloth, ပိုးထည်။ fine—, ပိုးညွန့်။ —mercer, *n.* ပိုးထည်ရောင်းသောသူ။ —weaver, *n.* ပိုးထည်ရက်သောသူ။ —worm, *n.* ပိုးကောင်။

**Silken,** *a.* made of silk, ပိုး။ ပိုးကိုလုပ်သော။ soft, delicate, နူးညံ့သော။

**Silkiness,** *n.* from next.

**Silky,** *a.* made of silk, ပိုး။ ပိုးကိုလုပ်သော။ smooth, fine, ပိုးကဲ့သို့ချောသော။

**Sill,** *n.* ထံခါးခုံ။

**Sillabub,** *n.* နို့နှင့်စပျစ်ရည်ရောထောသောက်ရန်အရည်။

**Silliness,** *n.* from next.

**Silly,** *a.* wanting in common intellect, နုန်းသော။ မိတ်ပေါ့သော။ unwise, မိုက်သော။

**Silure,** *n.* ငါးပတ်။

**Silver,** *n.* ငွေ။ pure silver, ထော်။ ခရူပတ်။ ဓိးရွှ။ —beater, *n.* ငွေခတ်သောသူ။ —smith, *n.* ပန်းတိမ်သမား။ —*a.* made of silver, ငွေ။ ငွေကိုလုပ်သော။ pale like silver, ဖော်ကဲ့သို့ဖြူသော။ soft in voice, အသံချိုသော၊ —*v. t.* to overlay with silver, ငွေနှင့်ခွမ်းမံသည်၊ to wash with—, ငွေရည်ပွတ်သည်၊ to make bright, ပြောင်စေသည်၊ to whiten, ဖြူစေသည်၊

**Silvery,** *a.* ငွေကဲ့သို့ဖြစ်သော၊

**Similar,** *a.* တူသော၊

**Similarity,** *n.* from above.

**Similarly,** *adv.* အတူတူ၊

**Simile,** *n.* ဥပမာ၊ ပုံပမာ၊

**Similitude,** *n.* the state of being similar, တူသောအဖြစ်၊ a simile, *which see.*

**Simmer,** *v. i.* စီစီဖြည်ဖြည်းပွက်သေးထသည်၊

**Simony,** *n.* ဓမ္မဆရာအရာကိုရောင်းဝယ်ခြင်းအဖြစ်၊

**Simper,** *v. i.* စိတ်ပေါ့သွတ်သကဲ့သို့ပြုံးသည်၊ —*n.* from *do.*

**Simple,** *a.* consisting of one thing, uncompounded, မူလစစ်သော၊ မူလမှန်သော၊ ရောနှောခြင်းမရှိဘဲတသန့်တည်းရှိသော၊ not complex or complicated, ကရိယာတန်ဆာကျည်း၍ရှင်းလင်းသော၊ unaffected, undisguised, လှည့်ဖျက်ခြင်းမရှိ၊ တည့်ထင်းသော၊ plain, unadorned, တန်ဆာမဆင်၊ ရိုးသော၊ plain, artless, ပရိယာယ်မပြု၊ ရိုးသော၊ silly, not cunning, မလိမ္မာ၊ မိုက်သော၊ —hearted, *a.* ဖြောင့်သောစိတ်သဘောရှိသော၊ —minded, *a.* ပရိယာယ်မရှိ၊ ရိုးသားသော၊ —*n.* ရောနှောခြင်းမရှိ၊ တမျိုးတည်းဖြစ်သောဆေး၊

**Simpleness, Simplicity,** *n.* from Simple, *a.*

**Simpleton,** *n.* သူမိုက်၊

**Simplification,** *n.* from next.

**Simplify,** *v. t.* ရောနှောရှုပ်ထွေးခြင်းကိုရှင်းလင်းစေ၍အစီအစဉ်အလိုက်ထားသည်၊

**Simply,** *adv.* artlessly, ပရိယာယ်မပြု၊ ရိုးရိုးသားသား၊ merely, စုည်အသာ၊ ကာမျှ၊

**Simulate,** *v. t.* အရောင်ဆောင်သည်၊

**Simulation,** *n.* from above.

**Simultaneous,** *a.* တပြိုင်နက်ဖြစ်သော၊

**Simultaneousness,** *n.* from above.

**Sin,** *n.* ဖြစ်မှားခြင်း၊ ဒုစရိုက်၊ အပြစ်၊ အာပတ်၊ (of priests,) unpardonable sin of priests, ပါရာဇိက၊ *Pali.* —offering, *n.* အပြစ်ဖြေရာပူဇော်သကာ၊ —*v. i.* ဖြစ်မှားသည်၊ ဒုစရိုက်ပြုသည်၊ အပြစ်ပြုသည်၊ မှားယွင်းသည်၊ —against, *v. t.* ဖြစ်မှားသည်၊

**Since,** *adv.* because that, သောကြောင့်၊ after, from the time that, နောက်မှ၊ ago, လွန်ခဲ့ပြီး၊ အထက်၊

**Sincere,** *a.* pure, unmixed, စစ်၊ သက်သက်၊ undissembling, လှည့်ဖျက်ခြင်းမရှိ၊ သဘောဖြောင့်သော၊ ကြည်ညိုသော၊

**Sincerity,** *n.* from above.
**Sinecure,** *n.* အမှုမထမ်းဘဲအခြွမ်းစားရခြင်းအရာ။
**Sinecurist,** *n.* အမှုမထမ်းဘဲအခြွမ်းစားရသောသူ။
**Sine-die,** *adv.* နေ့ရက်ကိုမချိန်းချက်ဘဲ။
**Sinew,** *n.* အကြော၊ လေကြော၊ *figuratively,* ခွန်အား။
**Sinewy,** *a.* consisting of sinews, လေကြောဖြစ်သော၊ strong, vigorous, သန်မာသော။
**Sinful,** *n.* အပြစ်ရှိသော။
**Sinfulness,** *n.* အပြစ်။
**Sing,** *v.* သီခြင်းဆိုသည်၊ ကျူးသည်၊ —as a bird, မြည်သည်၊ မြည်တွန်သည်၊ —as a serpent, တွန်သည်။
**Singe,** *v. t.* မှိုက်သည်။
**Singer,** *n.* သီခြင်းသည်၊ —who leads the chorus, သံကောက်။
**Singing-book,** *n.* သီခြင်းဆိုရန်၊ သံနှိမ့်၊ သံမြင့်ကိုပြသသောစာအုပ်။
**Singing-master,** *n.* သီခြင်းဆရာ။
**Single,** *a.* one only, တဦးတည်းဖြစ်သော၊ တခုတည်းဖြစ်သော၊ not double, having one thickness only, ထွာချင်း။ unmarried (man,) မယားမရှိသော (သူ၊) unmarried (woman,) လင်မရှိသော (မိန်း၊) performed with one antagonist on a side, စီးချင်း။ unbiased and clear, ငဲ့ကွက်ခြင်းမရှိ၊ ကြည်လင်သော၊ —handed, *a.* လုပ်ကိုင်သူတယောက်တည်းရှိသော၊ —hearted, single-minded, *a.* စိတ်တသမတ်တည်းရှိသော၊ —out, *v. t.* ရွေးကောက်သည်။
**Singleness,** *n.* from Single, *a.* 1st, 2d, and last def.
**Singly,** *adv.* alone, (as a person travelling by himself,) ပေါင်းတောင်းတောင်း။ ထီးတလီးလီး။
**Singular,** *a.* one only, တဦးတည်းဖြစ်သော၊ တခုတည်းဖြစ်သော၊ *Sui-generis,* ကမ်ိတ်တခေသ၊ peculiar, ထူးခြားသော၊ rare, eminent, ထူးဆန်းသော၊ *n.* ဧကဝုစ်။
**Singularity,** *n.* peculiarity, ထူးခြားသောအခြင်းအရာ၊ something curious or extraordinary, ထူးဆန်းသောအရာ။
**Sinister,** *a.* left, လက်ဝဲ၊ evil, ဆိုးယုတ်သော၊ inauspicious, နိမိတ်လက္ခဏာမကောင်းသော။
**Sink,** *v. i.* to fall through (a medium of less gravity,) နစ်သည်၊ နစ်မွန်းသည်၊ to go down gradually, လျော့ကျသည်၊ —as a post in the ground, နှံ့သည်၊ to go down through, တွံသည်၊ to enter or penetrate, ဖောက်၍ဝင်သည်၊ to become low, subside, နိမ့်သွားသည်၊ to become deep, as the eyes, (မျက်တွင်း) ဟောက်သည်၊ ချောင်သည်၊ —in the middle, as a floor or piece of timber, ညွတ်သည်၊ to fall, as price, လျော့သည်၊ to decline, ရွေ့လျော့သည်၊ —*v. t.* to immerse, နှစ်သည်။

to make by digging, တွင်းတူးသည်။ to bring low, နှိမ့်သည်။ to depress, degrade, နှိမ့်ချသည်။ to bring down (price,) လျော့စေသည်။ —*n.* a sewer, ပေါင်းကူးမြောင်း။ a place for throwing water, ရေသွန်ရာအရပ်။

**Sinless,** *a.* အပြစ်မရှိသော၊ အပြစ်ကင်းလွတ်သော။

**Sinner,** *n.* အပြစ်ရှိသောသူ၊ ပြစ်မှားသောသူ။

**Sinuosity,** *n.* from next.

**Sinuous,** *a.* ကွေးကောက်သော၊

**Sinus,** *n.* a deep narrow bay, အောင်ထိုင်ထောင့်ကွေး။ an elongated abscess, တွင်းနက်သောအနာပေါက်။

**Sip,** *v. t.* —with the lips, ရှုပ်သည်။ to suck, စုတ်သည်။ —*n. do.*

**Siphon,** *n.* ရေခိုးပြွန်တံ။ ပြွန်ကောက်။

**Sir,** *n. a title of compellation,* ခင်ဗျား။ ရှင်။ ဘျား။ to one whose name is not known, ဥန်းရှင်။ a title of a baronet or knight, အရှင်။

**Sire,** *n.* father, အဘ။ the male parent of a horse, သားကိုရသော မြင်းထီး။ *a term of compellation addressed to a king,* ဘုရား။

**Siren,** *n.* a singing goddess, ဆိုငြင်းသည်နတ်သမီး။ a fascinating woman, မြူတတ်သောမိန်းမ။

**Sirloin,** *n.* ခါးဆစ်သား။

**Sirrah,** *n.* ဟဲ့။

**Sister,** *n.* the elder sister of a man or woman, အစ်မ။ the younger sister of a man, နှမ။ the younger sister of a woman, ညီမ။ —in-law, *n.* (of different kinds,) မရီး။ ခယ်မ။ ယောက်မ။

**Sisterhood,** *n.* သင်းဖွဲ့သောမိန်းမစု။

**Sisterly,** *a.* like a sister, ညီအစ်မ၊ နှမကဲ့သို့ဖြစ်သော။ affectionate, ချစ်ခင်စုံမက်သောသဘောရှိသော။

**Sit** *v. i.* to rest on the posteriors, ထိုင်သည်။ to incubate, ဝပ်သည်။ to lean on, မှီသည်။ to be put on as a garment, ဝတ်လျက်ရှိသည်။ —down, *v. i.* to place one's self on the posteriors, ထိုင်သည်။ to begin a siege, (မြို့ရှေ့မှာ) တပ်ချသည်။ to settle, နေရာကျသည်။ —up, *v. i.* to rise from lying to sitting, အိပ်ရာမှထ၍ထိုင်သည်။ to stay, without going to bed, မအိပ်တဲစောင့်နေသည်။

**Site,** *n.* အရာ။ (as, မြို့ရာ။ အိမ်ရာ။ အိမ်မြေရာ။)

**Sitting,** *n.* from Sit; *see* Session, 2d def. (—idly တငုတ်ငုတ်။)

**Situate, Situated,** *a.* placed, တည်လျက်ရှိသော။ sustaining some relation to, စပ်ဆိုင်သော။

**Situation,** *n.* position, တည်ရာ။ တည်နေရာ။ state, condition, ဖြစ်

ခြင်း၏အခကြောင်းအရာ၊ place, office, အရာ၊ hereditary —, အမိုဝ်အရာ၊ (to lose a —, အရာကျသည်၊)

**Six**, *a.* ခြောက်၊ ၆၊ —fold, *n.* ခြောက်ဆဖြစ်သော၊ —o'clock, ခြောက်နာရီ၊ ထေးချက်တီး၊ —shooter, သေနတ်ခြောက်လုံးပြူး၊ —score, *a.* တရာနှစ်ဆယ်၊ ၁၂၀၊

**Sixteen**, *a.* ဆယ်ခြောက်၊ ၁၆၊ သောဠသ၊

**Sixteenth**, *a.* ဆယ်ခြောက်ခုခြောက်သော၊ သောဠသမ၊

**Sixth**, *a.* ခြောက်ခုခြောက်သော၊ ဆဋ္ဌမ၊

**Sixtieth**, *a.* ခြောက်ဆယ်ပြည့်သော၊

**Sixty**, *a.* ခြောက်ဆယ်၊ ၆၀၊

**Sizable**, *a.* အလုံးအရပ်တော်သော၊

**Size** 1, *n.* bigness, bulk, magnitude, အထုအထည်၊ dimension, တာတိုင်းအတွာ၊ measurement, အဝန်းအတာ၊ (commonly,) ဒုဒယ်၊ အလုံးအရပ်၊ အလုံးအပေါက်၊ အကြီးအငယ်ပမာဏ၊ —, *v. t.* အကြီးအငယ်အလိုက်စီစည်သည်၊ —2, *n.* a glutinous substance, ကော်ရည်၊ gold—, ရွှေချဆေး —, *v. t.* ကော်ရည်နှင့်သုတ်သည်၊ ကော်ကျွေးသည်၊ အစာတင်သည်၊ ခြည်စာကျွေးသည်၊

**Sized**, *a.* ညီမည်သောအလုံးအရပ်ရှိသော၊

**Siziness**, *n.* from Size.

**Sizing**, *n.* ကော်ရည်၊ ခြည်စာ၊

**Sizy**, *a.* စေးသော၊

**Skate** 1, *n.* a fish, လိပ်ကျောက်၊ လိပ်ကျောက်ခွန်၊ လိပ်ကျောက်တံခွန်၊ 2, *n.* ရေခဲပေါ်တွင်စီးရန်၊ သံချောင်းတပ်သောခြေနင်း၊ —*v. i.* သံချောင်းတပ်သောခြေနင်းကိုစီး၍လျှောက်ချောတိုက်၍သွားသည်၊

**Skein**, *n.* ခြည်ခင်၊

**Skeleton**, *n.* အရေ၊ အသားကျ၍ကုန်သောကိုယ်ခန္ဓာမို၊ အကောင်အလိုက်နေရာမပျက်၊ ထားသောအရိုး၊

**Skeptic**, *n.* အမှုမျိုးကိုယုံမှားသောသူ၊

**Skeptical**, *a.* အမှုမျိုးကိုယုံမှားတတ်သော၊

**Skepticism**, *n.* အမှုမျိုးကိုယုံမှားခြင်း၊

**Sketch**, *v. t.* ပုံသဏ္ဌာန်ပေါ်ရုံမျှသာရေးသား၍ထားသည်၊ —*n.* ပုံသဏ္ဌာန်ပေါ်ရုံမျှသာရေးသား၍ထားသောအရာ၊

**Skewer**, *n.* တံမြိုကန့်လန့်ကျင်၊ —*v. t.* တံမြိုမှာကန့်လန့်ကျင်နှင့်ထိုးသည်၊

**Skiff**, *n.* သံဘန်ငယ်၊

**Skilful**, *a.* တတ်ခြောက်၍လိမ္မာသော၊

**Skilfulness**, **Skill**, *n.* from above; တတ်ခြောက်ခြင်း၊ လက်တတ်ပညာ၊ magical—, ဝိဇ္ဇာမရ၊ uncommon skill of hand, လက်ဆိပ်၊ (according to one's—, တတ်တိုင်း၊)

**Skilled**, *a.* တတ်မြောက်၍လိမ္မာသော၊ ကြေငြိမ်သော၊ ကျွမ်းကျင်သော၊ to be well skilled in, တတ်သိသော၊ ထွေထာသော၊

**Skillet,** *n.* ထက်ကိုင်တံပါသောသံအိုးလုံး။

**Skim,** *v. t.* to take off what rises on the surface, သဲ့သည်။ သဲ့ယူသည်။ —*v. i.* to glide near the surface, သီသွားသည်။ to treat with slight attention, အပေါ်ယံ၌ကာသာပြုသည်။ —milk, *n.* နို့ဆီကိုသဲ့ယူ၍ကျန်ရစ်သောနို့ရည်။

**Skimmer,** *n.* သဲ့ယူရန်ယောက်ချို။

**Skimming,** *n. plur.* သဲ့၍ဖြစ်သောအရာ။

**Skin,** *n.* —of any animal, အရေ။ အရေပြား။ —of a beast, သားရေ။ —of fruit, အခွံ။ —deep, *a.* အရေထန်ရုံမျှရှိသော။ —flint, *n.* လူကပ်စေးနှဲ။ လူကောင်စေး။ —*v. t.* to strip off the skin, ခွာသည်။ နွှင်သည်။ သင်သည်။ သားရေကိုဆုတ်ခွါသည်။ to peel, အခွံကိုနွှေးခွါသည်။ to cover with skin, အရေဖုံးလွှမ်းအောင်ပြုသည်။

**Skink,** *n.* သင်းခွေ။

**Skinny,** *a.* အရေကပ်၍နေသော။

**Skip,** *v. i.* ခုန်သည်။ —*v. t.* to leap over, ခုန်သွားသည်။ to omit, မ (ပြု) ဘဲလှပ်ထားသည်။ —over, *v. t. see* Skip, *v. t.* last def. —*n.* ခုန်ခြင်း။

**Skipper,** *n.* သင်္ဘောငယ်တွင်အကြီးအကဲလုပ်သောသူ။

**Skirmish,** *v. i.* စစ်ရေးမင်ဘဲအဆင်သင့်၊ဆိုင်မိ၍တိုက်သည်။ —*n. do.* sudden—, စစ်ငြိုးတို။

**Skirt,** *n.* the loose part of a coat below the waist, အင်္ကျီအောက်ပိုင်း။ a close petticoat, လုံချည်။ a border, edge, margin, အစွန်အနား။ —*v. t.* အစွန်အနားဖြစ်အောင်ပြုသည်။

**Skittish,** *a.* ကြောက်လန့်တတ်၍အနှေးမခံဝံ့သော။

**Skittishness,** *n.* from above.

**Skulk,** *v. i.* တွက်လျှိုး၊ ကြောင်လျှိုးနေသည်။

**Skull,** *n.* the brain-pan, ဦးခေါင်းခွံ။ a cock boat, သိဘန်ကလေး။ a short oar, ခတ်တက်တို။ —cap, သံပုရာခွံ။ —*v. t.* ထိုးခတ်သူမပါဘဲ၊ သိဘန်သွားအောင်ပဲ့ကနေ၍မိုင်းမက်သည်။

**Sky,** *n.* မိုဃ်းကောင်းကင်။ —blue, *a.* မိုဃ်းကောင်းကင်ကဲ့သို့ပြာသော။ —color, *n.* မိုဃ်းကောင်းကင်အရောင်။ —colored, *a.* မိုဃ်းကောင်းကင်အရောင်ရှိသော။ —high, *a.* မိုဃ်းကိုမှီအောင်မြင့်သော။ —lark, *n.* ထိုး၍ပျံတက်စဉ်မြည်တတ်သောငှက်။ —light, *n.* အမိုးပြတင်း။ —rocket, *n.* ဒိုးပျံ။

**Skyey,** *a.* မိုဃ်းကောင်းကင်ကဲ့သို့ဖြစ်သော။

**Skyward,** *adv.* မိုဃ်းကောင်းကင်သို့။

**Slab,** *n.* —of wood, ပကာချောင်း။ —of stone, ကျောက်ပြား။

**Slabber,** *see* Slav-er.

**Slack,** *a.* not tense, လျော့သော။ remiss, not duly attentive, ပေါ့လျော့သော။ not putting forth effort, အားမထုတ်၊ ဖျော့ဖျော့ညံ့ညံ့

ထုပ်သော၊ slow, နှေးသော၊ —(be,) *v. i.* as the tide, (ရေ) စဲ သည်၊ —*v. i.* and *v. t. see* Slacken, *v. i.* and *v. t.* —*n.* ကြိုးဖိတ်ကျသောအပိုင်း၊ —*adv.* အကုန်အစင်မယုတ်ဘဲ၊

Slacken, *v. i.* to become less tense, လျော့သွားသည်၊ to relax effort, လုံ့လနှေးလျော့သည်၊ to abate, အားလျော့သည်၊ to become slow, နှေးသွားသည်၊ to lose cohesion, အစေးပြယ်သည်၊ —*v. t.* to make less tense, လျှော့သည်၊ to cause efforts to relax, လုံ့လနှေးလျော့စေအောင်ပြုသည်၊ to abate, mitigate, ပေါ့စေသည်၊ လျော့စေသည်၊ ညံ့စေသည်၊ to make slow, နှေးစေသည်၊ to deprive of cohesiveness, အစေးပြယ်စေအောင်ပြုသည်၊

Slackness, *n.* from Slack, *a.*

Slake, *v. t.* —(thirst,) ပြေအောင်သောက်သည်၊ —fire, သတ်သည်၊ —(lime,) ဖျော်သည်၊

Slam, *v. t.* ဆောင့်၍တွန်းလိုက်သည်၊

Slander, *v. t.* သူ့အသရေပျက်အောင်မယုတ်မဖွန်ပြောသည်၊ အတင်းပြောသည်၊ —*n. do.*

Slanderous, *a.* from Slander, *v. t.*

Slang, *n.* ထန်းစကား၊

Slant, *a.* (in various ways,) တိမ်းသော၊ ယိမ်းသော၊ စောင်းသော၊ ရှသော၊ —*v. t. do.*

Slap, *v. t.* လက်ဝါးနှင့်ပုတ်သည်၊ —the arms with the hand, လက်ခမောင်းခတ်သည်၊ လက်ပန်းပေါက်ခတ်သည်၊—dash, *adv.* တဖြိုင်နက်၊

Slash, *v. t.* ခုတ်သည်၊ —*n.* ခုတ်ရာ၊

Slat, *n.* ခါးပတ်ပျဉ်း၊

Slate, *n.* —for roofing, ကျောက်အုတ်ကြွပ်၊ —for writing, ကျောက်သင်ပုံး၊ —pencil, *n.* ကျောက်တံ၊ —*v. t.* ကျောက်အုတ်ကြွပ်နှင့်မိုးသည်၊

Slattern, *n.* အနေအထိုင်အဝတ်အစားပက်စက်သောမိန်း၊

Slatternly, *adv.* ကပြစ်ကညစ်၊

Slaughter, *v. t.* သတ်ဖြတ်သည်၊ —house, *n.* သားကောင်ကိုသတ်သောတင်းကုပ်၊ —*n. do.*

Slaughterous, *a.* from Slaughter, *v. t.*

Slave, *n.* ကြေးကျွန်၊ pagoda—, ကျွန်သိးတော်၊ ဘုရားကျွန်၊ ခွာသား၊ ပန်းမွှက်ကျုံး၊ —born, *a.* သားပေါက်ကျွန်ဖြစ်သော၊ —holder, —owner, *n.* ကျွန်ရှင်၊ —trade, *n.* လူကိုဖမ်း၍ရောင်းစားခြင်းအမှု၊ —*v. i.* ကြေးကျွန်ကဲ့သို့ပင်ပန်းစွာအလုပ်လုပ်သည်၊

Slaver, *n.* လူကိုဖမ်း၍ရောင်းသောသင်္ဘော၊

Slav-er, *n.* သွားရည်၊ —*v. i.* သွားရည်ယိုသည်၊

Slavery, *n.* ကျွန်ခံခြင်း၊

Slavish, *a.* ကျွန်ခံသကဲ့သို့ဖြစ်သော၊

**Slavishness**, *n.* from above.

**Slay**, *v. t.* သတ်ဖြတ်သည်။

**Slayer**, *n.* agent, from above.

**Sleazy**, *a.* ပါးပါးလျှလျှဖြစ်သော။

**Sled**, *n.* စွပ်ဖားအိမ်။

**Sledge**, *n.* a large hammer, ပန်းပဲသုံးသောသံတူကြီး။ a sled, *which see.*

**Sleek**, *a.* ချောလွှင်သော။ —*v. t. do.*

**Sleekness**, *n.* from Sleek, *a.*

**Sleep**, *v. i.* —as common people, အိပ်ပျော်သည်။ ပျော်မွေ့သည်။ —as kings, စက်တော်ခေါ်သည်။ —as priests, ကျိန်းသည်။ ကိန်းသည်။ —as a deity, ကျိန်းစက်သည်။ ပိုက်သည်။ —too much, အိပ်ကျူးသည်။ —very soundly, အိပ်မောကျသည်။ to remain in a state of repose, ကျိန်းဝပ်သည်။ ကျိန်းအောင်းသည်။ (applied to deity). (to be half asleep and half a wake, ချောက်မှည်းသည်။)

**Sleepiness**, *n.* from Sleepy, *a.*

**Sleepless**, *a.* အိပ်မပျော်နိုင်၊ တကြောင်ကြောင်နေသော။

**Sleepy**, *a.* inclined to sleep, အိပ်ချင်သော။ soporiferous, အိပ်ပျော်စေတတ်သော။

**Sleet**, *n.* ဖွဲဖွဲမှုန်မှုန်ကျသောနှင်းခဲ။

**Sleety**, *a.* ဖွဲဖွဲမှုန်မှုန်ကျသောနှင်းခဲနှင့်ဆိုင်သော။

**Sleeve**, *n.* အင်္ကျီလက်။ မောင်းစွပ်။ —button, *n.* အင်္ကျီလက်မှာထည့်သောအသီး။

**Sleigh**, *n.* စွပ်ဖားအိမ်။

**Sleight**, *n.* မျက်လှည့်ပြခြင်းအမှု။ —of hand, လက်လှည့်အားဖြင့်ပြုသောအမှု။

**Slender**, *a.* small in bulk compared to the length, သေးသော။ small, not large, ငယ်သော။ weak, အားနည်းသော။ delicately formed, လျှပါးသော။

**Slenderness**, *n.* from above.

**Sley**, *n.* ရည်သွား။

**Slice**, *v. t.* လှီးသည်။ လှီးဖြတ်သည်။ —lengthwise, လွှာသည်။ ညှင်းသည်။ —*n.* အလွှာ။ —of dried flesh, သားညှင်း။

**Slide**, *v. i.* to slip along, ချောသည်။ to slip, lose footing, ချော်သည်။ to pass insensibly, အမှတ်တမဲ့သွားသည်။ —down, လျှောသည်။ —along, *v. t.* ချောသွားအောင်တွန်းလိုက်သည်။ —in, *v. t.* အမှတ်တမဲ့သွင်းသည်။ —*n.* ချောသွားခြင်း။

**Slight**, *a.* small, inconsiderable, အနည်းငယ်ဖြစ်သော။ not strong or violent, ပေါ့သော။ အားနည်းသော။ of loose texture, ပါးလျှသော။ —*v. t.* လေးစားမှုမပြုသည်။ —*n. do.*

**Slightly**, *adv.* very little, မဩ။

**Slightness,** *n.* from Slight, *a.*
**Slim,** *a.* သေးသော။
**Slime,** *n.* (of various sorts,) အချွဲ၊ အကျိအချွဲ၊ အညှိ၊ ရေညှိ။
**Sliminess,** *n.* from Slimy.
**Slimness,** *n.* from Slim.
**Slimy,** *a.* အချွဲပါသော၊ အညှိပါသော၊ ကျိချွဲသော၊ ချွဲပျစ်သော။
**Sliness,** *n.* from Sly.
**Sling,** *n.* an instrument for throwing stones, သားရေကြိုးလက်ထွဲ၊ a hanging bandage to sustain the arm, လက်ကိုသိုင်းထားသောကြိုး။ an instrument for suspending a load, ဆိုင်း။ —*v. t.* to throw with a sling, လက်ထွဲနှင့်ပြစ်သည်။ to suspend (the arm) in a sling, (လက်ကို) သိုင်းထားသည်။ to suspend (a load) in a sling ဆိုင်းနှင့်ဆွဲထားသည်။
**Slink,** *v. i.* ထို့ဈ်ထွက်သွားသည်။
**Slip,** *v. i.* to slide along, ချောသည်။ to slide and lose footing, ချော်သည်။ to err, မှားသည်။ to escape insensibly, အမှတ်တမဲ့လွတ်သည်။ —*v. t.* to lose by negligence. လက်လွတ်စေခြင်းသတိလစ်သည်။ to let loose (as hounds,) လွှတ်သည်။ to throw off (a bridle,) ချွတ်သည်။ to part (twigs from a tree,) ဖဲ့သည်။ —away, *v. i.* မထင်မရှားထွက်သွားသည်။ —into, *v. i.* အမှတ်တမဲ့ဝင်သည်။ *v. t.* အမှတ်တမဲ့သွင်းသည်။ —knot, *n.* ကွင်းလျှော။ —off, *v. t.* အလျှင်အမြန်ချွတ်သည်။ —on, *v. t.* အလျှင်အမြန်ဝတ်သည်။ —out, *v. i.* ချွတ်ယွင်းသည်။ —over, *v. t.* မ (ဖြ) ဘဲလွှတ်ထားသည်။ —shod, *a.* ခြေနင်းဖနှောင့်ဖိတ်ကိုဖိ၍စီးသော။ —*n.* the act of slipping, ချော်ခြင်း။ an error, မှားခြင်း။ အမှား။ a twig separated from the main stock, ဖဲ့ယူသောအကိုင်း၊ အခက်၊ အညွန့်။ an escape, လွတ်စေခြင်းခြေးခြင်း။ a long, narrow piece ရှည်သောအစအန။ (slipping and sinking, as when walking in the mud, နင်းကျွံနင်းထွံ။)
**Slipper,** *n.* အိမ်တွင်စီးရန်ခြေနင်း။
**Slipperiness,** *n.* from next.
**Slippery,** *a.* having lubricity, ချောသော။ changeable, မတည်ကြည်၊ ပြောင်းလဲတတ်သော။
**Slit,** *v. t.* to cut into strips, အလျားအလိုက်သေးသေးဆုတ်ဖြတ်သည်၊ —as flesh for drying, ညှင်းသည်။ to make a long fissure, အနည်းငယ်မျှသာစုတ်ပြတ်စေခြင်းဖြတ်သည်။ —*n.* စုတ်ပြတ်သောအရာ။
**Sliver,** *v. t.* အလျားအလိုက်ဖဲ့ယူသည်။ —*n.* အလျားအလိုက်ဖဲ့ယူသောအစအန။
**Slobber,** *see* Slav-er.

**Sloop,** *n.* တပင်တိုင်သင်္ဘော။
**Slop,** *v. i.* ရေစရေနတင်အောင်လုပ်သည်။ —*n.* တင်၍နေသောရေစရေန။
**Slope,** *v. i.* လျှောလျှောနေသည်။ —*v. t.* from above; to cut obliquely, အစွန်းဖြတ်သည်။ to slope inwards, ဟိုက်သည်။ —*n.* လျှောလျှောနေသောမြေ။ declivity, ဆင်ခြေလျှော။
**Sloppiness,** *n.* from next.
**Sloppy,** *a.* ရွှံ့ပွက်များသော။
**Slopseller,** *n.* ချုပ်ပြီးသောအဝတ်ကိုရောင်းသောသူ။
**Slopshop,** *n.* ချုပ်ပြီးသောအဝတ်ကိုရောင်းသောဆိုင်။
**Slot,** *n.* သမင်ခြေရာနင်းရာ။
**Sloth,** *n.* dilatoriness, ဆေးဆေးနှေးနှေးဖြစ်ခြင်း။ indolence, ပျင်းရိခြင်း။
**Slothful,** *a.* ပျင်းရိသော။
**Slothfulness,** *n.* from above.
**Slouch,** *v. i.* ငုံ့လျှိုးလျှိုးဖြစ်သော။ —*n.* *do.*
**Slough,** (*pron. slou,*) *n.* နက်သောရွှံ့ပွက်။ ရွှံ့အိုင်။ —(*pron. sluff,*) *n.* the cast skin of a serpent, မြွေရေလဲ။ the part which separates from a sore, အသားယိ။ အသားဆွေး။ —*v. i.* အသားယိ၊ အသားဆွေးကွာကျသည်။
**Sloven,** *n.* agent, from Slovenly.
**Slovenliness,** *n.* from next.
**Slovenly,** *a.* အနေအထိုင်အဝတ်အစားပက်စက်သော။
**Slow,** *a.* not quick, နှေးသော။ နှေးကွေးသော။ လေးပင်သော။ လေးကန်သော။ —from idleness or reluctance, ခင်လေးမှိုသော။ dilatory, tardy, လေးလံသော။ ဆေးဆေးလေးလေးဖြစ်သော။ moderate, gentle, ဖြည်းသော။
**Slowness,** *n.* from above.
**Slowly,** *adv.* မိမ်မိမ်ခြေခြေ။ မိမ့်မိမ့်လေးလေး။ မိမ်ခြေနခြေ။ နားနားနေနေ။
**Sludge,** *n.* ရွှံ့။
**Slue,** *v. t.* လှည့်သည်။
**Slug,** *n.* a sluggard လူပျင်း။ a kind of snail, ပက်ကျိ။ sea—, ပင်လယ်မိုး။ ဆင်မျှော့။ a piece of metal used for the charge of a gun, ကျည်စေ့။
**Sluggard,** *n.* လူပျင်း။
**Sluggish,** *a.* lazy, ပျင်းရိသော။ dull, heavy, ထိုင်းသော။ ထိုင်းမှိုင်းသော။ လေးလံသော။ ဆေးဆေးလေးလေးဖြစ်သော။ inert, မလှုပ်ရှားတတ်သော။
**Sluggishness,** *n.* from above.
**Sluice,** *n* a vent for water through a dam or embankment, ဆည်မြှိုးပြွန်ပေါက်။ a water-gate, ဆည်မြှိုးပြွန်တံခါး။
**Slumber,** *v. i.* မှေးခနဲ့ပျော်သည်။ *n.* *do.*

**Slumberous**, *a.* အိပ်ပျော်စေတတ်သော။

**Slump**, (Amer,) *v. i.* ကျွံသည်။

**Slur**, *v. i.* to soil, sully (character,) ညစ်နွမ်းစေသည်။ to pass over lightly, အပေါ်ယံရုံ၍ပြောသည်။ *v. t.* အသံရစ်သည်။ —*n.* ထသာရေရှုခြင်း။

**Slut**, *n.* အနေအထိုင်အဝတ်အစားပက်စက်သောမိန်းမ။

**Sluttish**, *a.* မကျစ်လစ်၊ ပက်စက်သော။

**Sluttishness**, *n.* from above.

**Sly**, *a.* လျှို့ဝှက်၍လိမ္မာစွာပြုတတ်သော။

**Smack**, *v. i.* to kiss audibly, စုတ်ထိုးသည်။ to part the lips audibly in tasting, စုတ်၍မြည်းသည်။ to have a taste of, ဤမည်သောအရသာရှိသည်။ to have a taint of, အနံ့အသက်ရှိသည်။ —*v. t.* to crack (a whip,) ဖျောက်ခနဲမြည်အောင်ဆွဲတုပ်လိုက်သည်။ —*n.* from above, *v. i.*; a small vessel, သင်္ဘောငယ်တမျိုး။

**Small**, *a.* little, not great, ငယ်သော။ little in size, as the young of animals, ကလေး။ —in quantity, အနည်းငယ်သော။ —and curious, သေးကွေးသော။ slender, သေးသော။ weak, အားနည်းသော။ —arms, *n.* သေနတ်မျိုး။ —pox, *n.* ကျောက်ကြီး။ —*n.* ငယ်သောအပိုင်း။ —quantity, အနည်းကလေး၊ အနည်းငယ်။

**Smallness**, *n.* from Small, *a.*

**Smart**, *a.* causing a hot or pungent sensation, စပ်စေသော၊ ပူစေသော၊ ကြိန်းစေသော၊ rather violent, ခပ်ပြင်းပြင်း။ brisk, vivacious, ဖြတ်ဖြတ်လတ်လတ်ပြောသော။ vivacious and pertinent, ဖြတ်ဖြတ်လတ်လတ်နှင့်အချက်ကျသော။ showy, သစ်သစ်လွင်လွင်ဝတ်ဆင်လျက်ရှိသော။ —*v. i.* to feel a hot or pungent sensation, စပ်သည်။ ပူသည်။ ကြိန်းကြိန်းစပ်သည်။ —as the eyes, မျက်စိဆူးသည်။ to be distressed in mind, စိတ်ပူသည်၊ ပူပန်သည်။ —*n.* from above, *v. i.*

**Smartness**, *n.* from Smart, *a.*

**Smash**, *v. t.* ချိုးဖဲ့ဖျက်ဆီးသည်။

**Smattering**, *n.* အပေါ်ယံရုံကာမျှသာတတ်ခြင်း။

**Smear**, *v. t.* လူးသည်။ —(as the face,) လိမ်းကျံသည်။ လိမ်းထွတ်သည်။ —with a composition of clay, dung, etc., မြေကျံသည်။ —with tar, pitch, etc., ခလိမ်းထိုးသည်။

**Smell**, *v. t.* to perceive by the nose, အနံ့ရသည်။ အနံ့ခံသည်။ —*v. i.* to affect the olfactory nerves, အနံ့ရှိသည်။ —offensively, နံစော်သည်၊ ညှော်စော်နံသည်။ —of, *v. t.* နမ်းသည်။ *v. i.* ဤမည်သောအနံ့ရှိသည်။ —*n.* the sense of smelling, ဃာနာယတန။ အနံ့ရတတ်သောသတ္တိ။ scent, odor, ဂန္ဓာရုံ၊ အနံ့။

**Smelling**, *n.* from Smell, *v.* —bottle, *n.* နှာဘူး၊ နှာနှုတ်ဘူး။

**Smelt,** *v. t.* သတ္တုကျခအောင်ချက်သည်။ —iron, သံချက်သည်။
**Smerk,** *v. i.* လော်မာသောလက္ခဏာနှင့်ပြုံးသည်။ —*n. do.*
**Smile,** *v. i.* ပြုံးသည်။ —*n. do.*
**Smilingly,** *adv.* ပြုံးပြုံး၊ ခပ်ပြုံးပြုံး။
**Smirch,** *v. t.* ညစ်နွမ်းစေအောင်ပြုသည်။
**Smirk,** *see* Smerk.
**Smite,** *v. t.* to strike, ရိုက်သည်၊ ဝှတ်သည်၊ ခတ်သည်။ to kill by violence, ရိုက်သတ်သည်။ to punish, ဒါဏ်ခတ်သည်။ to effect with some passion, နှစ်လုံးကိုမိုက်စေသည်။ to collide, ထိခိုက်သည်။
**Smiter,** *n.* agent, from above.
**Smith,** *n.* a blacksmith, ပန်းပဲ၊ a brasier, ပန်းတညီးသမား၊ —gold or silver smith, ပန်းထိမ်သမား။
**Smithy,** *n.* ပန်းပဲရုံ။
**Smock,** *n.* မိန္မဝတ်သောခြွေးခံအင်္ကျီ။ —faced, *a.* မိန္မမျက်နှာပုံရှိသော။
**Smoke,** *n.* မီးခိုး။ —dried, *a.* ခြောက်ခြောက်အောင်မီးခိုးတိုက်၍ထားသော။ —*v. i.* to emit smoke, မီးခိုးထွက်သည်။ —*v. t.* —tobacco, ဆေးသောက်သည်။ —opium, ဘိန်းရှုသည်။ to apply smoke to, မီးခိုးတိုက်သည်။
**Smoker,** *n.* ဆေးသောက်သောသူ။
**Smoking,** *n.* from Smoke, *v.*
**Smoky,** *a.* emitting smoke, မီးခိုးထွက်သော။ like smoke, မီးခိုးကဲ့သို့ဖြစ်သော။ subject to be filled with smoke, မီးခိုးဖျောင်၍ရှိသော။ tarnished with smoke, မီးခိုးစွဲ၍နေသော။
**Smooth,** *a.* even on the surface, ချောသော၊ ချောမွတ်သော။ —and fine in substances, ချောညက်သော၊ gently flowing, သာယာစွာစီးလျှက်ရှိသော၊ even, as verse, အစီအလျှည်သင့်သော၊ plausible, အပေါ်ချောသော။ bland, pleasing, ချောမောသော၊ ပြေပြစ်သော။ —to the touch, ညက်မွတ်သော။ —faced, *a.* မျက်နှာချောမွတ်သော။ —paced, *a.* အသွားကျသော။ —tongued, *a.* နှုတ်ချိုသော။ glib, ညက်ပြောသော။ —*v. t.* from above; to make easy, လွယ်စေသည်။ to make calm, ငြိမ်စေသည်။ —by gentle strokes, as a black-smith when finishing a tool, ဆင်းသည်။
**Smoothly,** *adv.* from Smooth, *a.;* without opposition, အဆီးအတားမရှိသည်နှင့်၊ easily, အလွယ်တကူ။
**Smoothness,** *n.* from Smooth, *a.*
**Smother,** *v. t.* to suffocate with smoke, မီးခိုးနှင့်မွန်စေသည်။ to suffocate by close covering, အသက်မရှူနိုင်အောင်ဖုံးအုပ်သည်။ to suppress, မထင်ပေါ်စေအောင်ဖုံးအုပ်သည်။ —*n.* smoke, မီးခိုး။ thick dust, ထောင်းထောင်းထသောဖုတ်။

Smouldering, *a.* မီးခိုးမထွက်၊ အထဲမှာလောင်လျက်ရှိသော။
Smuggle, *v. t.* မင်းအခွင့်မရှိဘဲ (ကုန်ကို) ဖွက်ကြံ၍ထုတ်သွင်းသည်။
Smuggler, *n.* agent, from above.
Smuggling, *n.* from Smuggle, *v.*
Smut, *v. i.* from Smutty, *a.* —*n.* a spot made with soot, မီးသွေး၊ ကြပ်ခိုးအစရှိသည်တို့နှင့်စွန်းကွက်သောအကွက်။ black mildew, စပါးခြွဲတတ်သောမှို။ obscenity, စကားညစ်။
Smutch, *v. t.* အခိုးအငွေ့နှင့်စွန်းကွက်အောင်ပြုသည်။
Smuttiness, *n.* from next.
Smutty, *a.* soiled with soot, etc. မီးသွေး၊ ကြပ်ခိုးအစရှိသည်တို့နှင့်စွန်းကွက်သော။ tainted with black mildew, as grain, မှိုစွဲသော (စပါး) obscene, as language, ညစ်သော (စကား)
Snack, *n.* a share, ဝေစု။ a slight repast, သာရေစာ။
Snaffle, *n.* မြင်းဇက်တမျိုး။
Snag, *n.* a sharp, short branch, အခက်ငုတ်စွန်း၊ ငုတ်စူး။ the branch of a sunken tree, တံစုန်းသစ်ငုတ်။ a projecting tooth, ခေါသောသွား။
Snagged, Snaggy, *a.* အခက်ငုတ်စွန်းများသော။
Snail, *n.* ခရုကွက်။ one variety, ခရုပုတ်။ round mouthed—, ခရုစဆိုလိမ်။
Snake, *n.* မြွေ။ carpet—, ကြက်ဥခိုးမြွေ။ rat—, ငန်းစောင်း။ ribbon—, မြွေမိမ်း။ မြီးရှည်။ variegated tree—. ရက်ကန်းကြိုးမြွေ။
Snake-gourd, *n.* ပဲလင်းမြွေ။
Snaky, *a.* like a snake, မြွေကဲ့သို့ဖြစ်သော။ having snakes, မြွေရှိသော။
Snap, *v. i.* to break short, ဆတ်ခနဲကျိုးပြတ်သည်။ တုပ်ခနဲကျိုးပြတ်သည်။ to bite at, ဟပ်သည်။ to utter short, angry words, ဆိုးဆိုးဆတ်ဆတ်ပြောသည်။ —*v. t.* to break short, ဆတ်ခနဲချိုးဖြတ်သည်။ တုပ်ခနဲချိုးဖြတ်သည်။ to bite suddenly, ဟပ်၍ကိုက်သည်။ to hit, as with the finger and thumb, လက်ဖြစ်တီးသည်။ to crack (a whip,) ဖျောက်ခနဲမည်အောင်ဒွဲတုပ်လိုက်သည်။ —at, *v. t.* ဟပ်သည်။ —off, *v. t.* ဆတ်ခနဲကိုက်ဖြတ်သည်။ —up, *v. t.* ဆတ်ဆတ်ခါခါငြင်းသည်။ —*n.* *do.*
Snappish, *a.* apt to snap, ဟပ်တတ်သော။ irritable, စိတ်ဆတ်သော။ ကြွပ်ဆတ်သော။
Snappishness, *n.* from above.
Snare, *n.* ကျော့ကွင်း။ ညွှတ်။ ဂုပ်။ ညွှတ်ကွင်း။ —*v. t.* ကျော့မိသည်။
Snarl 1, *v. i.* ဟိန်းသည်။ —2, *v. t.* ရှုပ်ထွေးစေသည်။ *n. do.* 1. & 2.
Snarler, *n.* agent, from Snarl 1.
Snatch, *v. t.* ဆတ်ခနဲယူသည်။ —in eating, ဟပ်သည်။ —*n.* *do.*
Sneak, *v. i.* to move privately, as if ashamed, ကြွက်လျှို၊ ကြောင်

ရှိုးဖြစ်သွားသည်၊ to behave with meanness and servility, သူတလိုသို့လိုက်၍ညစ်ပတ်စွာပြုသည်။
Sneaking, *a.* စေားနှဲသော၊
Sneer, *v. i.* ကဲ့ရဲ့သောစိတ်နှင့်ရှုံ့၍မေးငေါ့သည်၊ *n. do.*
Sneeze, *v. i.* ချေသည်၊ ချေဆတ်သည်။ —*n. do.*
Snicker, *v. i.* တခိခိရယ်သည်။
Sniff, *see* Snuff, *v.*
Sniggle, *v. t.* ကျော့မိ၍ဆွဲယူသည်။
Snip, *v. t.* ကတ်ကြေးနှင့်အစထွက်အောင်ညှပ်သည်။ —*n.* ကတ်ကြေးစာ၊
Snipe, *n.* ဇင်ရော်၊ ရေငုံး၊
Snivel, *v. i.* to run at the nose, နှာရည်ယိုသည်၊ to cry, as children, တညည့်ညည့်ငိုသည်။ —*n.* နှာရည်၊
Snore, *v. i.* ဟောက်သည်၊
Snort, *v. i.* နှာခေါင်းနှင့်မှုတ်သည်။
Snot, *n.* နှပ်၊
Snotty, *a.* နှပ်ပေသော၊
Snout, *n.* တိရစ္ဆာန်နှာခေါင်း၊
Snow, *n.* မိုဃ်းပွင့်၊ ဆီးနှင်း၊ မိုဃ်းနှင်း၊ ဟိမ၊ Pali. —ball, *n.* မိုဃ်းပွင့်လုံး၊ —drift, *n.* လေတိုက်၍စုပုံလျက်နေသောမိုဃ်းပွင့်၊ —white, *a.* ငွမ်းကဲ့သို့ဖြူသော၊ —*v. i.* မိုဃ်းပွင့်ကျသည်၊
Snowy, *a.* မိုဃ်းပွင့်များသော၊
Snub, *v. t.* ထမ်းပန်းမထင့်ဘဲရှုပ်ခနဲဆူသည်၊
Snub-nose, *n.* ဖိမ့်သောနှာခေါင်း၊
Snub-nosed, *a.* နှာခေါင်းဖိမ့်သော၊
Snuff, *v.* to inhale, ရှူသည်၊ to inhale with a sudden and strong effort, ရှုပ်သည်၊ —up နမ်းရှူသည်၊ —up the scent audibly, နမ်းရှုပ်သည်၊ to crop the wick of a lamp or candle, မီးစာကိုညှပ်သည်။ —*n.* pulverized tobacco, နှာခေါင်းဆေး၊ နှာနှတ်ဆေး၊ the charred part of a wick, မီးစာကျွမ်း၊ take—, *v. t.* နှာရှူသည်၊ နှာနှတ်သည်၊ —box, *n.* နှာခေါင်းဆေးဘူး၊ —taker, *n.* နှာရှူသောသူ၊
Snuffers, *n. plur.* မီးညှပ်၊ မီးစာညှပ်၊
Snuffle, *v. i.* to speak through the nose, နှာခေါင်းသံနှင့်ပြောသည်၊ to breathe with difficulty through the nose, အသက်ရှူခက်သည်၊
Snuffy, *a.* နှာနှတ်၍ပေလျက်ရှိသော၊
Snug, *a.* well arranged in small compass, compact, သိပ်သည်းသော၊ ကျစ်လစ်သော၊ close, not exposed to notice, ဝှန်းကွယ်သော၊
Snuggle, *v. i.* ထိုးဝှေ့၍ဝပ်နေသည်၊
Snugly, *adv.* ဖိဖိရိရိ၊
So, *adv.* in like manner, ထိုအတူ၊ ထိုနည်းတူ၊ in such a degree, ထို

မျှလောက်။ thus, ထိုသို့။ therefore, ထိုကြောင့်။ သို့ဖြစ်၍။ provided that, သို့ဖြစ်လျှင်။ —as to, *adv.* အောင်။ တိုင်အောင်။ —forth, *adv.* မှစ၍။ ကြွင်းသောအရာနှင့်ဆိုင်လျက်။ —much, *a.* and *adv.* ဤမျှလောက်။ ထိုမျှလောက်။ —so, *adv.* တော်တော်ကလေး။ —that, *adv.* it being so, သို့ဖြစ်၍။ so as to, အောင်။ တိုင်အောင်။ in order to, ငှါ။ အလိုငှါ။ (noun affix;) အောင်။ (verbal affix;) —then, *adv.* သို့ဖြစ်လျှင်။ (Mr. So and So,) သခင်မည်သူမည်ဝါ။

**Soak**, *v. t.* to steep, စိမ်သည်။ စိမ်ထားသည်။ to drench, ရွှဲရွှဲစိုစွတ်စေသည်။ —*v. i.* to be steeped, စိမ်ထားလျက်နေသည်။ —into, *v. t.* စိမ့်၍ဝင်သည်။ —through, *v. t.* စိမ့်၍ထွက်သည်။

**Soap**, *n.* ဆပ်ပြာ။ —boiler, *n.* ဆပ်ပြာချက်သောသူ။—stone, *n.* ကန့်ကူကျောက်။ —suds, *n.* ဆပ်ပြာမြှုပ်။ —berry, ဆိတ်ချေးသီး။ —*v. t.* ဆပ်ပြာနှင့်လူး၍ထားသည်။

**Soapwort**, *n.* one species, မန်ကျည်းပေါက်။

**Soapy**, *a.* ဆပ်ပြာနှင့်လူးလျက်ရှိသော။

**Soar**, *v. i.* to fly aloft, အထက်သို့ပျံတက်သည်။ to rise high, အမြင့်သို့တက်သည်။

**Sob**, *v. i.* ရှိုက်သည်။ —*n. do.*

**Sobingly**, *adv.* တရှိုက်ငင်ငင်။

**Sober**, *a.* temperate in drinking, သောက်ရာ၌မလွန်မကျူးသော။ not intoxicated, မယစ်မမူးသော။ having the passions well regulated, နှလုံးခြေစောင့်သော။ serious, ပေါ့လျော့ခြင်းမရှိ၊ သမ္မာသတိရှိသော။ —minded, *a.* နှလုံးခြေစောင့်တတ်သော။ —*v. t.* ယစ်မူးခြင်းကိုပြေသည်။

**Soberness, Sobriety**, *n.* from Sober, *a.*

**Sobriquet**, *n.* ကဲ့ရဲ့ယ၍ပေးသောနာမည်။

**Sociableness, Sociability**, *n.* from next.

**Sociable**, *a.* disposed to associate, ပေါင်းဖော်ချင်သောသဘောရှိသော။ disposed to familiar conversation and intercourse, လိုက်လိုက်လျောလျောပေါင်းဖော်နှီးနှောချင်သောသဘောရှိသော။

**Social**, *a.* pertaining to society, ပေါင်းဖော်သောသူတို့နှင့်ဆိုင်သော။ sociable, *which see*, in both defs.

**Socialness**, *n.* from above.

**Society**, *n.* a number of persons associated, ပေါင်းဖော်သောလူစု။ သင်းဖွဲ့သောလူစု။ အပေါင်းအသင်း။ အောင်း။ company, fellowship, ပေါင်းဖော်ခြင်း။ သင်းဖွဲ့ခြင်း။ (to enter a society, အသင်းဝင်သည်။)

**Sock**, *n.* ခြေစွပ်။

**Socket**, *n.* —of a candlestick, ဖယောင်းတိုင်စိုက်သောနေရာ။

—of the eye, ဈက်တွင်း၊ ဈက်လုံးဖိမ်၊ —of the shoulder, မောင်းဖိုး၊ —of a tooth, သွားမြစ်တွင်း၊ —of a post, တိုင်ခြေရွှင်။
Sod, *n.* မြက်ဖုတ်ပါသောမြေသွား၊
Soda, *n.* ပင်လယ်အပင်ကိုချက်၍ရသောပြာဆား၊ ပြာဆားနွှ။
Soder, *see* Solder.
Sodomy, *n.* ယောက်ျားချင်းမေထုန်ပြုခြင်း၊
Sofa, *n.* အမှီပါသောခုံရှည်။
Soft, *a.* not hard, ပျော့သော၊ delicate, ဖိသော၊ —and yielding, ပျော့နှဲ့သော၊ —and cohesive, ပိုင်သော၊ gentle, mild, delicate, နူးညံ့သိမ်မွေ့သော၊ gentle, moderate, ဖြည်းညှင်းသော၊ —as sound, *do.* —as color, နုသော၊ —as air, သာယာသော၊ —as water, ရှိသော၊ —hearted, *a.* ကြင်နာတတ်သော၊ —voiced, *a.* ဖြည်းညှင်းသောအသံရှိသော၊
Soften, *v. t.* from Soft, *a.;* to mitigate, ပေါ့စေသည်၊ လျော့စေသည်၊ ညံ့စေသည်၊ to make soft, especially by cooking, နူးနပ်စေသည်၊ to make soft by some process, နူးသည်။
Softly, *adv.* from Soft, *a.;* not loudly, တိုးတိုး၊ in low sound, သိမ့်သိမ့်၊ တရွရွ၊ gently, အသာအသာ၊ —speech, တီးတီးတိုးတိုး၊
Softness, *n.* from Soft *a.*
Soggy, (Amer.,) *a.* စို၍ထေးသော၊
Soho, *int.* ဟေး၊
Soi-disant, *a.* အရောင်ဆောင်သော၊
Soil 1, *n.* the upper stratum of the ground, အပေါ်ယံမြေသွား၊ alluvial—, မြေနု၊ မြေနုကျွန်းပေါ်၊ country, ပြည်၊ —2, *v. t.* to make dirty, ညစ်စေသည်၊ to stain, စွန်းစေသည်၊ —*n.* dirt, အညစ်အကြေး၊ a stain, အစွန်း၊
Soiree, *n.* ညစ်ပွဲ၊
Sojourn, *v. i.* တည်းခိုသည်၊ တည်းနေသည်၊ —*n.* *do.*
Sojourner, *n.* agent, from Sojourn, *v.* အာဂန္တု၊
Sojournment, *n.* from Sojourn, *v.*
Solace, *v. t.* သက်သာစေသည်၊ နှစ်သိမ့်စေသည်၊ —*n.* သက်သာခြင်း၊ နှစ်သိမ့်ခြင်း၊ that which solaces, သက်သာစေသောအရာ၊ နှစ်သိမ့်စေသောအရာ၊
Solar, *a.* နေနှင့်ဆိုင်သော၊
Solder, *v. t.* ဂဟေနှင့်ဆော်သည်၊ ခဲဆော်သည်၊ —*n.* ဂဟေ။
Soldier, *n.* စစ်သည်၊ စစ်သူရဲ၊ တပ်သား၊ လက်နက်ကိုင်၊ စစ်သူခက်၊ ရဲမက်၊ ရဲသား၊ သူရဲသူခက်၊
Soldierlike, Soldierly, *a.* စစ်သူရဲနှင့်ထိုက်တန်သော၊
Soldiership, *n.* စစ်သူရဲအဖြစ်၊
Soldiery, *n.* စစ်သူရဲစု၊

**Sole** 1, *n.* the bottom of the foot, ခြေဖဝါး။ —of the king's foot, ရွှေဖဝါးတော်။ —of an elephant's foot, ဆင်ဘိနပ်။ the bottom of a shoe, ခြေနင်းခုံခံ။ —leather, *n.* ခြေနင်းခုံခံထည့်ရန်သားရေထူ။ —*v. t.* ခြေနင်းခုံခံထည့်သည်။ —2, *n.* the fish, Tenasserim —, ငါးခွေးလျှာ။ 3, *a.* တဦးတည်း။ တခုတည်း။

**Solecism**, *n.* ပြောမှား။ ပြောစည်းကိုမလိုက်၊ နေရာမကျသောစကား။

**Solemn**, *a.* religiously sober, ဘုရား၊ တရားကိုရှိသေ၍ရှုမြဲစောင့်သော။ pertaining to religious solemnity, ဘုရား၊ တရားကိုရှိသေ၍ရှုမြဲစောင့်ခြင်းနှင့်ဆိုင်သော။

**Solemnity**, *n.* from above, 1st def.; religious ceremony, သာသနာရေးနှင့်ဆိုင်၍အခမ်းအနားနှင့်ခင်းကျင်းစီမံသောအခြင်းအရာ။

**Solemnize**, *v. t.* ဝတ်ပြုခြင်း၏အထိမ်းအမှတ်အခမ်းအနားနှင့်စီရင်သည်။

**Solemnization**, *n.* from above.

**Solicit**, *v. t.* to intreat, တောင်းပန်သည်။ to excite, နှိုးဆော်သည်။

**Solicitation**, *n.* from above.

**Solicitor**, *n.* agent, from Solicit; a lawer, ရှေ့နေ။

**Solicitous**, *a.* very desirous, လိုချင်ဇောကြီးသော။ anxious, စိုးရိမ်သော။

**Solicitude**, *n.* from above.

**Solid**, *a.* hard, မာသော။ not hollow, အခေါင်းမရှိသော၊ တသားတည်း၊ သိပ်သည်းသော၊ ခေါင်းပိတ်သော၊ နားပင်းပိတ်သော။ compact and firm, တသားတည်းဖြစ်၍ခိုင်ခံ့သော။ စတိ။ substantial, အခြေအမြစ်ခိုင်ခံ့သော။ —*n.* မာသောအရာ။

**Solidity, Solidness**, *n.* from Solid, *a.*

**Soliloquize**, *v. i.* အပေါင်းအဖော်မရှိဘဲတယောက်ချင်းတည်းပြောသည်။

**Soliloquy**, *n.* တယောက်ချင်းတည်းပြောသောစကား။

**Solitarily**, *adv.* ထီးတလီးထီး။

**Solitariness**, *n.* from next.

**Solitary**, *a.* lone, အထီး၊ ကိုယ်ထီး။ still, remote from society, ဆိတ်ညံလျက်ရှိသော၊ ဆည်းညံသော။ —*n.* ဆိတ်ကွယ်ရာ၌နေသောသူ။

**Solitude**, *n.* from Solitary, *a.*

**Solstice**, *n.* the summer solstice, ဥတ္တရာယနညီအစွန်း။ the winter solstice, ဒက္ခိဏာယနညီအစွန်း။

**Solubility**, *n.* from next.

**Soluble**, *a.* အရည်ဖြစ်နိုင်သော။

**Solution**, *n.* the act of becoming liquid, အရည်ဖြစ်ခြင်း။ the liquid thus made, အရည်ဖြစ်သောအရာ။ dissolution of parts, ပြုတ်ဖျက်ခြင်း။ resolution, explanation, ရှင်းလင်းစေခြင်း။

**Solvable**, *a.* ရှင်းလင်းနိုင်သော။

**Solve**, *v. t.* ရှင်းလင်းစေသည်။

**Solvency**, *n.* ကြွေးကိုဆပ်နိုင်ခြင်း။

**Solvent**, *a.* having the power of dissolving, အရည်ဖြစ်စေနိုင်သော။ able to pay debts, ကြွေးကိုဆပ်နိုင်သော။ —*n.* အရည်ဖြစ်စေနိုင်သောဆေး။

**Somatology**, *n.* ကိုယ်ခန္ဓာတရား။

**Sombre**, *a.* မှိုင်းဝေသော။

**Some**, *pron. a.* a part, not the whole. အချို့။ တချို့။ some one (indefinite,) တစုံတဦး။ တစုံတခု။ —body, *n.* တစုံတယောက်သောသူ။ —how, *adv.* တစုံတခုသောအားဖြင့်။ —thing, *n.* တစုံတခုသောအရာ။ တဆုန်းတဆ။ —time, *adv.* at one time or another, တစုံတခုသောအချိန်၌။ formerly, အထက်က။ အရင်က။ ယခင်က။ —times, *adv.* တခါတလေ။ ရံခါ။ ရန်ဖန်။ —what, *n.* something, တစုံတခုသောအရာ။ some, more or less, အချို့။ တချို့။ *adv.* rather, ခပ်။ (before adjectives reduplicated from verbal roots:) —where, *adv.* တစုံတခုသောအရပ်၌။

**Somerset**, *n.* ခုန်၍ပြိန်းထိုးသည်။

**Somnambulism**, *n.* မှင်တက်မိလျှက်လှည့်လည်ခြင်း။

**Somnambulist**, *n.* မှင်တက်မိလျှက်လှည့်လည်တတ်သောသူ။

**Somniferous, Somnific**, *a.* အိပ်ပျော်စေတတ်သော။

**Somniloquist**, *n.* အိပ်ပျော်လျှက်ယောင်ယမ်း၍စကားပြောသောသူ။

**Somnolence, Somnolency**, *n.* from next.

**Somnolent**, *a.* အိပ်ချင်သော။

**Son**, *n.* သား။ သားယောက်ျား။ —by affinity, သားဖွား။ an own—, သားရင်း။ adopted—, မွေးစားသား။ wife's son by a former husband. မယားပါသား။ —in-law, *n.* သမက်။

**Song**, *n.* သီခြင်း။ တေးခြင်း။ အခြင်း။ one kind, ကြိုးခြင်း။ funeral—, ငိုခြင်း။

**Songster**, *n.* သီခြင်းသည်။

**Songstress**, *n.* သီခြင်းသည်မ။

**Sonnet**, *n.* တဆယ်လေးကြောင်းသာရှိရသောလင်္ကာ။

**Sonorous**, *a.* yielding sound, အသံထွက်သော။ loud sounding, အသံကျယ်သော။

**Sonorousness**, *n.* from above.

**Sonship**, *n.* သား၏အဖြစ်။

**Soon**, *adv.* before long, မကြာမမြင့်မှီ။ early, စောစော။ lief, သဘောတူသည်နှင့်။ as —as, *adv.* —ပြီးမှချက်ချင်း။

**Soot**, *n.* ကြပ်ခိုး။

**ooth**, (in) *adv.* ကေန်အမှန်။ စင်စစ်။

**oothe**, *v. t.* to please with blandishments, ချော့မော့သည်။ to please, delight, မြူသည်။ to quiet (the mind,) ငြိမ်းစေသည်။ နှစ်သိမ့်စေသည်။ to mollify, လျှော့စေသည်။ ညှိုးစေသည်။

**Soothing**, *a.* quiet, as a wilderness, ဆည်းကြိုသော။
**Soothsay**, *v. t.* ဖြစ်လတံ့သောအမှုအရာကိုဟောပြောနှင့်သည်။
**Soothsayer**, *n.* agent, from above.
**Sootiness**, *n.* from next.
**Sooty**, *a.* consisting of soot, ကြွပ်မိုးဖြစ်သော။ producing soot, ကြွပ်မိုးဖြစ်စေတတ်သော။ black as soot, ကြွပ်မိုးကဲ့သို့မည်းသော။
**Sop**, *n.* စားဖို့ရာအရည်၌နှစ်သောမုန့်။
**Sophism**, *n.* ထုတ်မှန်ရောင်ဆောင်၍လိမ်လည်သောစကား။
**Sophist**, *n.* agent, from next.
**Sophistic, Sophistical**, *a.* ထုတ်မှန်ရောင်ဆောင်၍လိမ်လည်သော။
**Sophisticate**, *v. t.* ဇာတိရင်းကိုဖျက်၍ပဝတ္တိဖြစ်စေခြင်းပြုသည်။
**Sophistication**, *n.* from above.
**Sophistry**, *n.* ထုတ်မှန်ရောင်ဆောင်သောစကားနှင့်လိမ်လည်ခြင်း။
**Sophomore**, *n.* သိပ္ပံကျောင်း၌ဒုတိယနှစ်တွင်သင်သောတပည့်။
**Soporiferous, Soporific**, *a.* အိပ်ပျော်စေတတ်သော။ —medicine, အိပ်ဆေး။
**Sorcerer**, *n.* မှော်အတတ်၊ နတ်ဝိဇ္ဇာအတတ်အားဖြင့်ပြုသောသူ။
**Sorceress**, *n.* နတ်ကတော်။ စုန်းမ။
**Sorcery**, *n.* မှော်အတတ်၊ နတ်ဝိဇ္ဇာအတတ်အားဖြင့်ပြုခြင်း။
**Sordid**, *a.* dirty, ညစ်သော။ vile, ယုတ်မာသော။ stingy, စေးနှဲသော။
**Sordidness**, *n.* from above.
**Sore**, *a.* tender to the touch, နာသော။ hurt in feelings, grieved, စိတ်နာသော။ severe, ခက်ထန်သော။ ပြင်းထန်သော။ —*n.* အနာ၊ အဆာ။
**Sorely**, *adv.* severely, အနာဆာရ။ အနာတရ။
**Soreness**, *n.* from Sore, *a.*
**Sorrow**, *v. i.* ဝမ်းနည်းသည်။ —*n. do.*
**Sorrowful**, *a.* feeling sorrow, ဝမ်းနည်းသော။ producing sorrow, ဝမ်းနည်းစေတတ်သော။
**Sorrowfulness**, *n.* from above, 1st def.
**Sorry**, *a.* feeling sorrow, ဝမ်းနည်းသော။ poor, paltry, ယုတ်သော။ ယုတ်ညံ့သော။
**Sort**, *n.* kind, အမျိုး။ အတည်။ အဝ။ အပိုင်းအစား။ manner, နည်း။ နှယ်။ —*v. t.* to classify, အမျိုးအလိုက်တခြားစီခွဲထားသည်။ ဆိုင်ရာဆိုင်ရာသီးသန့်၍ထားသည်။ to conjoin, ဝက်တွဲသည်။ ရှည်တွဲသည်။ to select, ရွေးကောက်သည်။ —*v. i.* to be joined with others of the same kind, အမျိုးအလိုက်စုပေါင်းသည်။ to suit, တော်သင့်သည်။
**Sortie**, *n.* တထုန်တည်းထွက်၍တိုက်ခြင်း။
**Sortilege**, *n.* စာရေးတံချခြင်း။ မဲချခြင်း။

**Sot,** *n.* a dolt, လူမိုက်။ a drunkard, သေစ်ာထုပ်ကြီး။

**Sottish,** *a.* ညာဏ်ခဲ့သော။

**Sottishness,** *n.* from above.

**Sought,** *pret.* and *part.* of Seek.

**Soul,** *n.* spirit of a rational being, ဝေနေယျသတ္တဝါ၏ဝိညာဉ်။ ဝိညာဉ ဏ။ *Pali.* a human being, လူ။

**Soulless,** *a.* ယုတ်ညံ့သောသဘောရှိသော။

**Sound 1,** *n.* a piece of water separating an island from the mainland, ကျွန်းနှစ်ကျွန်းပိုင်းခြားသောထက်ကြား။ —2. *n.* noise, အသံ။ သဒ္ဒါ။ *Pali.* —heard, သဒ္ဒါရုံ။ gentle—, သံလေး။ သံ ညောင်း။ shrill—, သံလွင်။ —*v. i.* to make a noise, အသံ မြည်သည်။ to seem like in sound, ကြားကဲ့သို့သောအသံရှိသည်။ as a buzzing noise in the ear, နားဟူသည်။ —*v. t.* to cause to make a noise, အသံထွက်စေခင်ပြုသည်။ to give a signal by sound, အထိန်းအမှတ်ပြုဖြစ်အသံပေးသည်။ to proclaim, ကျော် ညာစေသည်။ —3, *v. t.* to try the depth of water, ရေစမ်းချ သည်။ to try to find out, စုံစမ်းသည်။ —4, *a.* free from disease, အနာမရှိသော။ free from a flaw or defect, အနာအဆာ နှင့်လွတ်သော။ free from error, မိစ္ဆာဒိဋ္ဌိနှင့်လွတ်သော။ strong, valid, ခိုင်ခံ့သော။ laid on with force, as a blow, ပြင်းသော။ profound, as sleep, (အအိပ်) ကြီးသော။ not broken or weakened in mind or body, မချွတ်မယွင်း၊ ပကတိအတိုင်းဖြစ်သော။ —*adv.* fast (asleep), ကြပ်ကြပ်။

**Soundings,** *n. plur.* ရေစမ်းချ၍မှီနိုင်သောအရပ်။

**Soundness,** *n.* from Sound, *a.*

**Soup,** *n.* အစ်သား၊ ကြက်သားပြုတ်ရည်။ —ladle, *n.* ယောက်မှို။

**Sour,** *a.* acid, ချဉ်သော။ cross, စိတ်မြန်သော။ —in countenance, မျက်နှာအောက်သိုးသိုးဖြစ်သော။ —to the smell, ချဉ်နံ့ရသော။ —*v. i.* ချဉ်ပေါက်၍လာသည်။ —*v. t.* from Sour, *a.* —sop, *n.* မွှေးရဉ်းကြံသား။

**Source,** *n.* the head of a river, မြစ်ဖျား။ first cause, origin, မူလ။ အရင်း။ အမြစ်။

**Sourish,** *a.* ချဉ်ချဉ်။ ခပ်ချဉ်ချဉ်။ ပြိန်းပြိန်းချဉ်သော။

**Sourness,** *n.* from Sour, *a.*

**Souse,** *v. t.* to steep in pickle, ချဉ်စိမ်သည်။ to plunge into water, ရေနှစ်နှစ်သည်။ —*v. i.* to rush upon, as a bird of prey, သုတ် သည်။ —*n.* ချဉ်စိမ်သောအစာ။

**South,** *n.* the southern quarter of the heavens, တောင်။ တောင် မျက်နှာ။ ဒက္ခိဏ။ *Pali.* the southern parts of the earth, တောင်အရပ်။ —*a.* တောင်မှာရှိသော။ —east, *n.* အရှေ့တောင်။

*a.* အရှေ့တောင်မျက်နှာနှင့်ဆိုင်သော၊ —eastern, *see* —east. *a.* —west, *n.* အနောက်တောင်။ *a.* အနောက်တောင်မျက်နှာနှင့်ဆိုင်သော၊ —western, *see* —west, *a.*

**Southerly, Southern,** *a.* situated in the south, တောင်မျက်နှာ၊ တောင်အရပ်၌ရှိသော။ pertaining to the south, တောင်မျက်နှာ၊ တောင်အရပ်နှင့်ဆိုင်သော။

**Southerner,** *n.* တောင်ပြည်၊ တောင်အရပ်၌နေသောသူ။

**Southernmost,** *a.* တောင်မျက်နှာ၌အဝေးဆုံးဖြစ်သော။

**Southward,** *adv.* တောင်မျက်နှာသို့။

**Sovereign,** *n.* ဧကရာဇ်မင်း။ ရှင်ဘုရင်။ သနင်း။ —of gods, ဧဒိန္ဒ။ သကြားမင်း။ —of a great island, ဒိပရာဇ်။ —of the four grand islands, မန္တတ်မင်း။ စကြာမင်း။ —*a.* supreme in power, မိုးစံသောအခွင့်တန်ခိုးရှိသော။ supremely efficacious, အရှိန်တန်ခိုးအကြီးဆုံးသော။

**Sovereignty,** *n.* မိုးစံခြင်း။

**Sow** (sou,) *n.* ဝက်မ။ —(so,) *v. t.* (မျိုးစေ့) ကြဲသည်။

**Sowbug,** *n.* မိုးလုံးကောင်။

**Sower,** *n.* agent, from Sow, *v. t.*

**Space,** *n.* (boundless,) အနန္တာကာသ။ *Pali.* အဆုံးမရှိသောကောင်းကင်။ —in regard to place, အာကာသ။ ပဉ္စမဘုတ်။ —in regard to time, ကာလ။ distance between two bodies, အကွာ။ အကွာအဝေး။ length of time, အကြာအမြင့်။ unoccupied space, လဟာ။ intervening—, စပ်ကြား။

**Spacious,** *a.* ကျယ်ဝန်းသော။

**Spaciousness,** *n.* from above.

**Spade,** *n.* တူးရွင်း။ ငန်းပြား။ a narrow—, တူးရွင်းခေက်။

**Span,** *n.* the length of half a cubit, အထွာ။ a pair (of horses,) အရှည်။ တရှည်။ —*v. t.* to measure with a span, ထွာသည်၊ to measure (in general), တိုင်းထွာသည်။

**Spangle,** *n.* ကြယ်ပွင့်။ —of gold, ရွှေပွင့်။ —*v. t.* နဂါးထားထိုးသည်။ ရွှေပွင့်၊ ငွေပွင့်ထိုးသည်။

**Spaniel,** *n.* ခွေးတမျိုး။

**Spank,** *v. t.* လက်ဝါးနှင့်ရိုက်သည်။

**Spanker,** *n.* ပဲ့ကြက်လှျာရွက်။ ပဲ့အောက်ပိုး။ —boom, *n.* ပဲ့ကြက်လှျာရွက်လက်။

**Spar 1,** *n.* crystalized mineral, ကျောက်တမျိုး။ a round piece of timber used for mast and yards, ရွက်တိုင်၊ ရွက်လက်လုပ်ရန်သစ်လုံး။ —*v. i.* လက်ပန်းခြသည်။

**Spare 1,** *v. t.* to use frugally, without being lavish or profuse, အသုံးမဖြုန်း၊ ခြွေတာသည်။ to give with reluctance, as unable to part with, နှစ်မြောက်ပေးသည်။ to forbear from pity, သနားခြင်း (ဖြင့်) ဘဲနေသည်။ to forbear using, မသုံးဘဲနေသည်။ —*a.* that is disengaged and can be disposed of, အားလပ်၍သုံးနိုင်ဖွယ်ဖြစ်သော။ —2, *a.* lean, ဒိန်ကြိုသော။ အကောင်းပါးသော။ scanty, မလုံလောက်သော။

**Spareness,** *n.* from above.

**Sparerib,** *n.* ဝက်နံတချပ်။

**Sparingly,** *adv.* နည်းကျဉ်းစွာ။

**Spark,** *n.* a particle of fire emitted, မီးပေါက်။ မီးပွား။ a showy, gay fellow, လှပစွာဝတ်ဆင်၍ ရွှင်လန်းသောကာလသား။

**Sparkle,** *n.* မီးပေါက်။ —*v. i.* to emit sparks, မီးပေါက်စည်သည်။ to glitter, အရောင်လျှပ်သည်။

**Sparrow,** *n.* စာငှက်။ —that constructs a hanging nest, စာပေါင်းသောင်း။ စာဘူးတောင်း။ one species, မိုးဃီးစာ။

**Sparse,** *a.* ပါးသော။ ပါးရှားသော။

**Sparseness,** *n.* from above.

**Spasm,** *n.* (of various kinds,) အကြောဆွဲခြင်း။ တွန့်ခြင်း။ တက်ခြင်း။ တွက်တက်ခြင်း။

**Spasmodic,** *a.* အကြောဆွဲခြင်း၊ တက်ခြင်းနှင့်ဆိုင်သော။

**Spatter,** *v. t.* ဖြန်းသည်။ စည်သည်။ —dashes, *n.* သားရေခြေစွပ်။

**Spatula,** *n.* ဖယောင်းချက်ညှိသောတံပြား။

**Spavin,** *n.* ခွာဆစ်နာ။

**Spawn,** *n.* ငါးဥ။ —*v. i.* (ငါး) ဥသည်။

**Spawner,** *n.* ငါးမ။

**Speak,** *v.* ပြောသည်။ ဆိုသည်။ မြွက်သည်။ စကားပြောသည်။ နှုတ်မြွက်သည်။ ပြောဆိုသည်။ မြွက်ဆိုသည်။

**Speaker,** *n.* agent, from above; a chairman, စည်းဝေးအုပ်။

**Speaking-trumpet,** *n.* အဝေးသို့လှမ်း၍နှုတ်ဆက်သောတံပိုး။

**Spear,** *n.* လှံ။ —man, လှံကိုင်သူရဲ။ —*v. t.* လှံနှင့်ထိုးသည်။

**Spearmint,** *n.* ဗိန္ဓပင်။

**Special,** *a.* noting a sort or species, အမျိုးအမည်ကိုမှတ်သားသော။ peculiar, ထူးခြားသော။ အထူးသဖြင့်ဖြစ်သော။ appropriate, designed for a particular purpose, တစုံတခုသောအကြောင်းနှင့် တော်သင့်အောင်လုပ်သော။ uncommon, သာမညမဟုတ်သော။ chief in excellence, လွန်ကဲသော။

**Specially,** *adv.* အထူးသဖြင့်။

**Specie,** *n.* ကြေးငွေ။

**Species,** *n.* ချုပ်ချာသော အမျိုးတွင် အသီးအသီး ကွဲပြားသော အမျိုး။ အမျိုးထွဲ။

**Specific,** *a.* pertaining to a particular species, တမျိုးတည်းနှင့်ဆိုင်၍

ခြားနားစေသောလက္ခဏာဖြစ်သော၊ specified, တန်းမှန်း၍ပြောထားသော (အရာ၊) —*n.* အနာရောဂါကိုအစဉ်ပျောက်စေတတ်သောဆေး။

**Specifically,** *adv.* အမျိုးအားဖြင့်၊ အမျိုးအလိုက်၊

**Specificate, Specify,** *v. t.* to designate by name, အမည်အားဖြင့်မှတ်သားသည်၊ to mention particularly, တန်းမှန်း၍ပြောသည်၊

**Specification,** *n.* from above.

**Specimen,** *n.* တန်း။

**Specious,** *a.* ကောင်းရောင်၊ မှန်ရောင်ဆောင်သော၊ အပေါ်ချောသော၊

**Speciousness,** *n.* from above.

**Speck,** *n.* a small spot, အပေါ်တွင်အစက်ကလေး။ a small particle, သေးနုပ်သောအစအန၊

**Speckle,** *n.* ညွှန်းပြောက်၊ —on a beast, ဝါစွေပြောက်၊

**Speckled,** *a.* ညွှန်းပြောက်ရှိသော၊ ဝါစွေပြောက်ရှိသော၊ စာဥကွက်၊ —on a dark ground, as on an animal, နှမ်း။ (as နွားနှမ်း။) —and marked with different colors, ပြောက်ကျားသော၊

**Spectacle,** *n.* ကြည့်ရှုဖွယ်ဖြစ်သောအရာ၊ ကြည့်ရှုဖို့ရာထုတ်ပြသောအရာ၊ *n. plur.* glasses, မျက်မှန်၊

**Spectator,** *n.* ကြည့်ရှုသောသူ၊

**Spectral,** *a.* စ္ဆေနှင့်ဆိုင်သော၊

**Spectre,** *n.* စ္ဆေ၊

**Spectrum,** *n.* ရူပါရုံ၊

**Specular,** *a.* ကြေးမုံနှင့်ဆိုင်သော၊

**Speculate,** *v. i.* to consider attentively, ကြည့်ရှုဆင်ခြင်သည်၊ to buy in expectation of an advance in price, အမြတ်ရမည်မျှော်ထောက်၍ဝယ်ထားသည်၊

**Speculation,** *n.* from above; the act of devising, scheming, မိတ်ကူးခြင်း။

**Speculatist,** *n. see* Speculator; a theorist, မိတ်ကူး၍ထောက်ရှုနှိုင်းချိန်တတ်သောသူ၊

**Speculative,** *a.* meditative, ဆင်ခြင်တတ်သော၊ pertaining to theory, not practice, မိတ်ကူးခြင်းနှင့်သာဆိုင်သော၊

**Speculator,** *n.* agent, from Speculate.

**Speculum,** *n.* ကြေးမုံ၊

**Speech,** *n.* the act of speaking, နှုတ်မြွက်ခြင်း။ စကားပြောခြင်း။ the manner of—, အပြောအဆို၊ the power of speaking, စကားပြောနိုင်သောသတ္တိ၊ language, စကား။ that which is spoken, ပြောချက်၊ အမြွက်၊ spoken words, နှုတ်ထွက်၊ a formal discourse in public, ပရိသတ်ရှေ့မှာအကျိုးအကြောင်းကိုထုတ်ဖော်၍အစဉ်အတိုင်းပြောဆိုသောစကား။

**Speechless,** *a.* dumb, အသော၊ silent, စကားမပြောဘဲနေသော၊

Speed, *v. i.* to make haste, လျှင်မြန်စေခြင်းစွာသွားသည်၊ to succeed, အကြံထမြောက်သည်၊ to fare, ချမ်းသာသောင်ရင်၊ ဆင်းရဲသောင်ရင်၊ ရှိ၍နေသည်၊ —*v. t.* to accelerate movement, လျှင်မြန်စေခြင်း နှိုးဆော်သည်၊ to cause to succeed, အကြံထမြောက်စေသည်၊ *n.* swiftness, လျှင်မြန်ခြင်း၊၊ success, အကြံထမြောက်ခြင်း၊၊

Speedy, *a.* လျှင်မြန်သော၊

Spell, *n.* ဂါထာ၊ a formula of incantation, မန္တန်၊ မန္တရား၊ a turn, အလှည့်၊ —bound, *a.* မန္တန်အားဖြင့်အချုပ်ခံရသော၊ —*v.* to put letters together, စာပေါင်းသည်၊ to name letters and pronounce, စာလုံးပေါင်း၍အံသည်၊ —out, *v. t.* သိမြင်သောအရာကို ထောက်၍မသိမမြင်သောအရာကိုရိပ်မိသည်၊

Spelling, *n.* from Spell, *v.* —book, *n.* သင်ပုံးကြီး၊၊

Spelter, *n.* သွပ်မှိုင်း၊

Spend, *v. t.* to expend, သုံး၍ကုန်သည်၊ to waste lavishly, ဖွားဖွား သုံး၍ဖြုန်းတီးသည်၊ —time, လွန်စေသည်၊ (to be spent, ကုန် ကျသည်၊)

Spendthrift, *n.* agent, from last def

Sperm, *n.* semen, သုတ်၊ the white of whales, ငါးကြီးအဆီခဲ၊

Spermaceti, *n.* *see* last definition ; —oil အာနန္ဒာဆီ၊

Spew, *v.* အန်သည်၊

Sphere, *n.* a globular body, အလုံး၊ a circuit, လှည့်ပတ်ရာထမ်း၊ province, ကိုယ်နှင့်ဆိုင်၍ဆောင်ရွက်စည်အတိုင်းဆောင်ရွက်ရသော နေရာ၊ rank, အရာ၊

Spherical, *a.* လုံးသော၊

Spheroid, *n.* prolate—, ထိပ်ဝမောက်သောအလုံး၊ oblate—, ထိပ်ဝ ဖိမ့်သောအလုံး၊

Sphincter, *n.* ရှုံ့၍ရသောအကြော၊

Sphinx, *n.* မနုသီဟ၊

Spice, *n.* ငရုပ်ကောင်း၊ သစ်ကြံပိုး၊ ဇီယာစသော၊ ရွေးစပ်သောအသီးအပွင့်၊ —*v. t.* အရသာကောင်းစေခြင်းငှာရွေးစပ်သောအသီးအပွင့်ကိုခပ်သည်၊

Spicery, *n.* ရွေးစပ်သောအသီးအပွင့်မျိုး၊

Spiciness, *n.* from next.

Spicy, *a.* producing spice, ရွေးစပ်သောအသီးအပွင့်ထွက်သော (မြေ၊) aromatic and pungent, ရွေးစပ်သော၊

Spider, *n.* ပင့်ကူ၊ —shell, ခရုဂနန်း၊ bear—, တောပင့်ကူ၊ jumping—, ယင်ခိုး၊

Spigot, *n.* အဆို့၊

Spike, *n.* an ear of corn, အနှံ၊ a large nail, သံချွန်ကြီး၊ မှယ် ; —*v. t.* to fasten with a spike, မယ်နှင့်စွဲ၍ထားသည်၊ to stop a vent by driving a spike in, (အမြောက်နား) ဝကိုသံဆို့ရိုက်၍ထားသည်၊

Spile, *n.* a spigot, ထဆို့။
Spill, *v. t.* to let run over, မိတ်သည်။ မိတ်စဉ်သည်။ to pour out, သွန်သည်။
Spin, *v. t.* to draw out and twist into thread, ငင်သည်။ ဝင့်သည်။ to twirl, ချွေသည်။ —*v. i.* to twirl, ချာချာလည်သည်။ to stream out in a small current, မျှင်မျှင်ပန်း၍နေသည်။ —*v. t.* to draw out, ငင်သည်။ to prolong, သွယ်ဝိုက်သည်။ to procrastinate, ရှည်သွေးသည်။
Spinage, *n.* Nepaul—, ဟင်းကနွယ်။
Spinal, *a.* ကျောရိုးနှင့်ဆိုင်သော။
Spindle, *a.* a spinning pin, ဝင်ရိုး။ —of the quill, လွန်းဆန်။ —of thread, ခြည်ဝင်။ the pin of a spool, ယောက်လည်တံ။ a slender stalk, သေးသောအပင်ရိုး။
Spine, *n.* the back bone, ကျောရိုး။ a thorn, ဆူး။
Spinet, *n.* ငွေစိုတမျိုး။
Spinning-wheel, *n.* ရစ်။
Spinster, *n.* မိုင်းဝင့်သောမိမ္မ။ an unmarried woman, အပျို။
Spiraile, *n.* အပေါက်ငယ်။
Spiral, *a.* —as a screw, ဝက်အူရစ်ကဲ့သို့ဖြစ်သော။ —as a winding staircase, ကြောင်လိမ်။
Spirally, *adv.* ကွန့်ရွန့်။ (to move spirally, ကွန့်သည်။ ရွန့်သည်။)
Spire, *n.* a winding line like the thread of a screw or a creeper, ဝက်အူရစ်။ နွယ်လိမ်။ a steeple, ပြာသာဒ်။ a blade of grass, မြက်ရွက်။
**Spirit,** *n.* an immaterial, intelligent substance, နံ။ ဝိညာဉ်။ the soul, ဝေနေယျသတ္တဝါ၏ဝိညာဉ်။ evil—, နတ်ဆိုး။ an immaterial, intelligent being, နံသက်သက်ဖြစ်သောသူ။ vigor of intellect. ဉာဏ်သတ္တိ။ mental excitement, မိတ်။ temper, သဘော။ မိတ်သဘော။ strength, energy, အား။ အရှိန်။ a ghost, စုန်း။ ဥပကာ။ *Pali.* distilled liquor, အရက်။ ardent—, သေရည်။ —*v. t.* to excite, နှိုးဆော်သည်။ —away, *v. t.* ဖြားယောင်းသွေးဆောင်သည်။
Spirited, *a.* animated, မိတ်အားကြီးသော။ high—, မိတ်ထက်မြက်သော။
Spiritedness, *n.* from above.
Spiritless, *a.* မိတ်အားနည်းသော။
Spiritual, *a.* immaterial, အရူပဖြစ်သော။ ရုပ်မပါ၊ နံသက်သက်ဖြစ်သော။ mental, ဝိညာဉ်နှင့်ဆိုင်သော။ မိတ်နှစ်လုံးနှင့်ဆိုင်သော။ pertaining not to the carnal, but renewed nature, ဓာတ်ပကတိနှင့်မဆိုင်၊ ဝိညာဉ်ပကတိနှင့်ဆိုင်သော။ pertaining not to temporal, but religious, လောကီနှင့်မဆိုင်၊ သာသနာတော်နှင့်ဆိုင်သော။

**Spirituality**, *n.* from above.
**Spiritualize**, *v. t.* from Spiritual.
**Spirituous**, *a.* အရက်ဖြစ်သော။
**Spiry**, *see* Spiral.
**Spissitude**, *n.* ပျစ်ခြင်း။
**Spit 1**, *n.* a long pointed instrument, used for roasting, impaling, etc. တံရှူး၊ တံကျင်။ a narrow shoal running into the sea, စည်းခွန်းစည်းခွယ်။ —*v. t.* တံရှူးထိုးသည်၊ တံကျင်လျှိုသည်။ —2, *v.* ထွေးသည်၊ တံထွေးထွေးသည်။ —box, *see* Spittoon.
**Spite**, *v. t.* ငြိုးသည်၊ အငြိုးထားသည်၊ အငြိုးဖွဲ့သည်။ —*n. do.* in —of, ဆီးတားသော်လည်း။
**Spiteful**, *a.* from Spite, *v. t.*
**Spitefulness**, *n.* from above.
**Spittle**, *n.* တံထွေး။ betel—, ကွမ်းသွေး။
**Spittoon**, *n.* ထွေးခံ၊ ထွေးခံ။
**Splash**, *v.* ရွှံ့စည်သည်။
**Splashy**, *a.* ရွှံ့ပွက်များသော။
**Splayfoot**, *a.* ခြေဖယ်သော။
**Spleen**, *n.* the milt, သရက်ရွက်။ *a.* from next, both definitions.
**Spleeny**, *a.* cross, ill-humoral, sullen. စိတ်ငြိုသော။ hypochondriac, ဥပါဒါန်ကြောင့်ဖြစ်သောစိတ္တဇနာခွဲသော။
**Splendent**, *see* Resplendent.
**Splendid**, *a.* resplendent, ထွန်းတောက်သော၊ အရောင်အဝါထွန်းလင်းသော၊ ကြီးကျယ်မြင့်မြတ်သော။ illustrious, ဂုဏ်အသရေထင်ရှားကျော်စောသော။
**Splendor**, *n.* from above, အဝှန်းအဝါ၊ —of attendants, etc. အခြံအရံအကျော်အစော။
**Splenetic**, *see* Spleeny.
**Splice**, *v. t.* (ကြိုးပြတ်ချောင်း) ခွဲ၍ဆက်သည်။
**Splint, Splinter**, *n.* a small piece split off lengthwise, ခွဲမိတ်၍ရသောအချောင်းကလေး။ a thin board used in surgery, ကြိပ်စည်းသောဒုတ်ပြား။ —*v. t.* to split off lengthwise, အလျားလိုက်ခွဲမိတ်သည်။ to bind up with a splint, ဒုတ်ပြားပေါင်း၍ကြိပ်စည်းသည်။
**Split**, *v. i.* ကွဲသည်၊ *v. t.* —wood, ခွဲသည်။ ထင်းပေါက်သည်။ —into several parts, ခွဲမိတ်သည်။
**Spoil 1**, *v. t.* to seize by violence, လုယူသည်၊ လုရက်သည်။ —*n.* လုယူသောဥစ္စာ။ ထက်ရဥစ္စာ။ —2, *v. i.* to be corrupt, vitiated, ruined, ပျက်သည်၊ ယိုယွင်းသည်၊ ပြတ်သတ်သည်။ *v. t. do*
**Spoke**, *n.* လှည်းဘီးကန့်။

Spokesman, *n.* ရှေ့နေ။
Spoliate, *v. t.* လုယူသည်။
Spoliation, *n.* from above.
Sponge, *n.* the marine vegetable substance, ရေမှို၊ an instrument for cleaning cannon, အမြောက်ကိုရေကျုပ်သောတံပွတ်။ —*v. t.* to wipe with a sponge, ရေမှိုနှင့်သုတ်သည်။ to clean a cannon, အမြောက်ကိုတံပွတ်နှင့်ရေကျုပ်သည်။ *v. i.* ပရိယာယ်နှင့်ရအောင်ညှစ်၍ယူသည်။
Sponginess, *n.* from next.
Spongy, *a.* ရေမှိုကဲ့သို့ပွရောင်းရောင်းဖြစ်သော။
Sponsal, *a.* လက်ထပ်မင်္ဂလာနှင့်ဆိုင်သော။
Sponsor, *n.* အာမခံ၊ ဝန်ခံသူ။
Spontaneity, Spontaneousness, *n.* from next.
Spontaneous, *a.* အလိုလိုဖြစ်သော၊ ကိုယ်အလိုအလျောက်ဖြစ်သော။
Spontoon, *n.* လှံတို။
Spool, *n.* တညင်းလုံး။
Spoon, *n.* ဇွန်း။ —meat, *n.* ဟင်းရည်။
Spoonful, *n.* တဇွန်းစာ။
Sport, *v.* ကစားသည်။ —*n.* play, ကစားခြင်း။ mockery, ကရော်ကမည်ပြုခြင်း။ that with which one plays, ကစားသောအရာ၊ a diversion of the field, အမဲကိုလိုက်ခြင်း။ ငှက်ကိုဖမ်းခြင်း။ ငါးကိုမျှားခြင်း။
Sportful, Sportive, *a.* ကစားတတ်သော။
Sportfulness, Sportiveness, *n.* from above.
Sportsman, *n.* တောကစားသောသူ။
Spot, *n.* a small place discolored, အပေါက်အစက်၊ အစွန်းအကွက်၊ tattooed—, ထိုးကွင်း။ beauty—, နံ့သာမြောက်၊ a mark on an animal, အကွက်အကျား။ soft spot (in the cranium of an infant), ငယ်ထိပ်၊ a small place or subdivision of a district, အရပ်အကွက်၊ a small extent of ground, မြေကွက်။ —*v. t.* to maculate, အစွန်းအကွက်ဖြစ်အောင်လုပ်သည်။ to tarnish reputation, အသရေယုတ်လျော့အောင်ပြုသည်။
Spotless, *a.* free from spots, အစွန်းအကွက်မရှိသော၊ pure, စင်ကြယ်သော။
Spotted, *a.* marked with some discoloration, စွန်းကွက်သော၊ —as an animal, ကွက်ကျားသော။
Spousal, *a.* လက်ထပ်မင်္ဂလာနှင့်ဆိုင်သော။
Spousals, *n. plur.* လက်ထပ်မင်္ဂလာဆောင်ခြင်း။
Spouse, *n.* ခင်ပွန်း။ အိမ်ထောင်ဖက်၊ မျောက်သား။
Spout, *n.* the projecting mouth of a vessel, နှုတ်၊ နှုတ်သီး၊ a pipe,

မြိုန်။ *see also* Water-spout; —*v. i.* ပန်းသည်။ —*v. t.* to blow out, မှုတ်သည်။ to mouth, အသံထွက်ပြောသည်။

**Sprain,** *v. t.* and *n.* from next.

**Sprained (be),** *v. i.* အကြောမြက်သည်။ အကြောမြစ်သည်။ အဆစ်မြက်သည်။ slightly sprained, အကြောတုပ်သည်။

**Sprat,** *n.* bristle-finned —, ငါးပြား။

**Sprawl,** *v. i.* ကိုးရိုးကားရားနေသည်။

**Spray,** *n.* the end of a branch, သစ်ခက်ဖျား။ the flying foam of a wave, လှိုင်းကစည်ဲသောရေပန်း။

**Spread,** *v. i.* to become larger in superficial extent, ကျယ်သွားသည်။ to be diffused, as odor, ပျံ့သည်။ to catch from one to another, တရပ်မှတရပ်သို့ကူးသည်။ to be propagated, as news, အရပ်ရပ်နှံ့ပြားသည်။ —out into many minute parts, ပွာသည်။ —as a religion, ပြစ်ပွားသည်။ —*v. t.* from above; —open, ဖြန့်လွှင်သည်။ to extend to length and breath, ခင်းသည်။ to set out and furnish, as a table, ခင်းကျင်းသည်။ to expand, scatter over a certain surface, ဖြန့်သည်။ ဖြန့်ကြဲသည်။ —as news, ကျော်ညာသည်။ —news, သိတင်းလွှင့်သည်။ —overhead, မိုးသည်။ —out (in the sun), လှန်းသည်။ —*n.* superficial extent, အကျယ်အဝန်း။

**Spreadingly,** *adv.* overwhelmingly, ပြားစီး။

**Sprig,** *n.* အညွှန့် —*v. t.* ပန်းညွှန့်ထိုးသည်။

**Sprightliness,** *n.* from next.

**Sprightly,** *a.* ဖြန်ဆန်သော။

**Spring,** *v. i.* to rise, as from seed, ပေါက်သည်။ to appear, come to light, ပေါ်လာသည်။ to proceed, issue, as a progeny, ဆင်းသက်သည်။ to proceed as from a cause, (တစုံတခုသောအကြောင်း) ကြောင့်ဖြစ်သည်။ to proceed or issue, as from a source, ထွက်စီးသည်။ to leap, ခုန်သည်။ ခုန်သွားသည်။ to rush, ထုန်းခနဲပြေးသည်။ to fly, as a spring, (မောင်း) ကျသည်။ to rise suddenly, ရုပ်ခနဲထသည်။ —*v. t.* to cause to rise suddenly, ရုပ်ခနဲထစေသည်။ to produce suddenly, ရုပ်ခနဲဖြစ်စေသည်။ —a leak, (သင်္ဘော) ပေါက်၍ရေဝင်သည်။ —a mine, မြှုပ်သောယမ်းအိုးကိုရှို့သည်။ —as a trap, ထောင်ချောက်မောင်းကျအောင်ပြုသည်။ —*n.* a leap ခုန်ခြင်း။ ခုန်သွားခြင်း။ the flying back (of a bow), ကန်၍ပြန်ခြင်း။ elastic force, ကန်တတ်သောသတ္တိ။ any active power, ပြုပြင်တတ်သောသတ္တိ။ an elastic body, မောင်း။ a fountain, စမ်းရေပေါက်။ hot—, ရေပူအိုင်။ origin, source, မူလအရင်း။ the vernal season, အပင်ပေါက်သောဥတုတည်းဟူသောအင်္ဂလိပ်ပြည်၌ာပဌမဥတု။ ဆောင်းကာလနှင့်

နွေကာလအကြားဥတု၊ —back, *v. i.* ကန်၍ပြန်သည်၊ အကန်ခံ၍ပြန်သည်၊ —tide, *n.* ရေသာ။

**Springe,** *n.* မောင်းကျထောင်သောကျော့ကွင်း။

**Springiness,** *n.* from next.

**Springy,** *a.* elastic, ပြုပျင်တိုင်းမနေ၊ နေမြဲနေရာသို့ကန်၍ပြန်တတ်သော၊ abounding in fountains, စမ်းရေပေါက်ပေါများသော၊

**Sprinkle,** *v. t.* to scatter (a liquid), ဖြန်းသည်၊ (—a liquid upon an article of food,) ဆမ်သည်၊ to scatter (in fine particles), ဖျူးသည်၊ *v. i.* to rain moderately, တဖိတ်ဖိတ်ရွာသည်၊

**Sprinkling,** *n.* from above.

**Sprite,** *n.* စုန်း၊

**Sprout,** *v. i.* အညှောက်ထိုးသည်၊ အပင်ပေါက်သည်၊ —*n.* —from a seed, အညှောက်၊ —from a fallen trunk, သစ်တံခိုး၊ bamboo, —, အမျှိုး —from a stump or root, အတက်၊

**Spruce 1,** *n.* ထင်းရှူး၊ —2, *a.* ကျစ်လစ်စွာဝတ်ဆင်၍တန်ဆာသော၊

**Spruceness,** *n.* from above 2nd def.

**Spry,** (Amer.) *a.* ပေါ့ပါးလျင်မြန်သော၊

**Spume,** *n.* အမြှုပ်၊ —*v i.* အမြှုပ်ထွက်သည်၊

**Spumy,** *a.* အမြှုပ်ပါသော၊

**Spunge,** *see* Sponge.

**Spunging-house,** *n.* တန်း၊

**Spungy,** *see* Spongy.

**Spunk,** *n.* သစ်ဆွေး၊

**Spur,** *n.* —of a horseman, မြင်းစီးခြေနင်းဖနှောင့်၌ထည့်သောသံစက်ရွ၊ —of a cock, ကြက်တက်၊ an instigating cause, နှိုးဆော်မြင်းအကြောင်း၊ a projection, ထွက်သောအစွန်း၊ —*v. t.* to goad with a spur, ခြေဖနှောင့်သံစက်နှင့်ထိုးသည်၊ to instigate, နှိုးဆော်သည်၊

**Spurious,** *a.* not genuine, ပဝဏ္ဏဖြစ်သော၊ illegitimate, မင်းဦးမင်းလွှင်ရသော၊

**Spuriousness,** *n.* from above.

**Spurn,** *v. t.* to kick, ကန်သည်၊ ကျောက်သည်၊ to reject with pride, မိတ်နေမြင့်၍ပယ်သည်၊

**Spurt,** *v.* ပန်းသည်၊ —*n.* from *do.*

**Sputter,** *v. i.* to emit in small particles, ဖြစ်သည်၊ ဖြစ်ဖြစ်သံနှင့်ရွာ၍စည်ထွက်သည်၊ to speak quickly and indistinctly, တဖြစ်တောက်တောက်ပြောသည်၊ to speak confusedly and incoherently, ပထွေးပလုံးပွားဆောင်ပြောသည်၊

**Sputteringly,** *adv.* (in speech), တဖြစ်တောက်တောက်၊

**Spy,** *n.* တံလျှို၊ သူလျှို၊ —*v. t.* to espy, (မထင်ရှားသောအရာကိုသော်၎င်း၊ ဝေးသောအရာကိုသော်၎င်း) ကြည့်၍မြင်သည်၊ to discover on close examination, စေ့စေ့စစ်ဆေး၍သိရသည်၊ to explore secretly, (ရန်သူတို့၏အခြင်းအရာများကိုသိစေခြင်) သူလျှိုလုပ်၍ကြည့်ရှုသည်၊ —glass, *n.* တိုင်သော်မှန်ပြောင်း။

Squab, *a.* ထွားသော၊ ဖိုးသော၊

Squabble, *v. i.* ခိုက်ရန်ဖြစ်သည်၊ —*n. do.*

Squad, *n.* စစ်သည်စု။

Squadron, *n.* a body of troops, စစ်သည်တပ်၊ a number of armed vessels, လှေတပ်၊ သင်္ဘောတပ်။

Squalid, *a.* ညစ်ထေးသော။

Squalidness, *n.* from above.

Squall 1, *v. i.* အော်ဟစ်သည်၊ —*n.* from above; —2, *n.* a gust of wind, လေဝှန်း။ side—, လေခွေ၊ a tempest, လေသက်မိုးသက်၊

Squally, *a.* လေဝှန်းတိုက်တတ်သော၊

Squalor, *n.* from Squalid.

Squamous, *a.* ငါးကြေးကဲ့သို့အကြေးအခွံရှိသော၊

Squander, *v. t.* ဖွာဖွာသုံး၍ဖြုန်းတီးသည်၊

Square, *a.* a figure having four equal sides and four right angles, a regular tetragon, စတုရန်း။ a carpenter's square, ကျင်တွယ်။ par, ညီမျှခြင်း။ superficial content, အလျားနှင့်အနံမြှောက်၍ရသောအရာ၊ a number multiplied into itself, ဂဏန်းအလားတူချင်းမြှောက်၍ရသောကိန်း။ —*a.* having four equal sides and four right angles, အလျားအနံမျှ၍ ကျင်တွယ်ထောင့်ကျသော၊ square built, မိုင့်မိုင့်ရှိသော၊ honest, ဖြောင့်သော၊ even, leaving no balance, အကြွင်းမရှိ၊ ညီမျှသော (စာရင်း။) —*v. t.* to make rectangular, ကျင်တွယ်ထောင့် ကျစေခြင်လုပ်သည်၊ to make square, အလျားနှင့်အနံညီမျှ၍ ကျင်တွယ်ထောင့်ကျစေခြင်လုပ်သည်၊ to make accord, (တစုံတခုနှင့်) ညီညွတ်စေခြင်လုပ်သည်၊ to make fit, တော်သင့်စေခြင်ပြုသည်၊ to settle accounts, ရှင်းလင်းစေခြင်ပြုသည်၊ to multiply a number into itself, ဂဏန်းအလားတူချင်းမြှောက်သည်၊ —*v. i.* to accord with, quadrate, ညီညွတ်သည်၊

Squareness, *n.* from Square *a.*

Squash, *v. t.* ဖိ၍ပြားသွားစေခြင်ဆောင့်သည်၊ —*n.* from *do.*

Squat, *v. i.* ဆောင့်ကြောင့်ထိုင်သည်၊ —*a.* from *do.* ပြပ်သော၊ ဝါးဝပ်သော၊

Squeak, *v. i.* to Squeal, ငယ်သံပါစေခြင်အော်ဟစ်သည်၊ to creak, ကြိတ်ကြိတ်မြည်သည်၊ —*n.* from *do.*

Squeamish, *a.* နှစ်လိုးမသန့်၊ ရွံတတ်သော၊

Squeamishness, *n.* from above.

**Squeeze**, *v. t.* to press closely, ညှစ်သည်၊ အစ်သည်၊ to hug, ဖိုက်ဖက်၍ညှစ်သည်၊ to oppress, နှိပ်စက်သည်၊ to compress between two, ညှပ်သည်၊ to compress in the hands, နယ်သည်၊ ဆုပ်နယ်သည်၊ —out, ညှစ်ထိမ်သည်။ (by rubbing between the thumb and finger,) ညှစ်ဖျက်သည်။ —out (of a shell or socket,) ထွပ်သည်၊ —*v. i.* to push in a crowd, စုဝေး၍ကျပ်ရာမှာထိုးသည်၊ —*n.* from *do.*

**Squib**, *n.* a small rocket, ဗျောက်အိုး၊ မီးဝုန့်ဆိတ်၊ —which makes a succession of reports, ဗျောက်တန်း၊ a petty lampoon, ကရေဉ်ကမည်ပြုသောစကားကလေး။

**Squill**, *n.* ပင်ထယ်ကြက်သွန်၊ Indian—, ပမိုင်းကြက်သွန်၊

**Squint**, *v. i.* မျက်စိစောင်းသည်၊

**Squint-eyed**, *a.* from above.

**Squire**, *see* Esquire.

**Squirm**, *v. i.* တွန့်လိမ်သည်၊

**Squirrel**, *n.* ရှဉ့်၊ black—, ထင်းသက်၊ Assamese—, ရှဉ့်နွဲ၊ a flying squirrel, ရွှး၊ ရွှးပျံ၊ ကြွက်ရွှးပျံ၊ ရှဉ့်ပျံ၊

**Squirt**, *n.* ပြွတ်၊ —*v. t.* ပြွတ်နှင့်ထိုးသည်၊

**Squirtingly**, *adv.* ပြွတ်ပြွတ်၊

**Stab**, *v. t.* ထိုး၍ဖောက်သည်၊ —*n.* from *do.*

**Stability**, **Stableness**, *a.* from next.

**Stable 1**, *a.* firm, durable, ခိုင်ခံ့မြဲမြံသော၊ မြဲစွဲသော၊ steady in purpose, persevering, မြဲမြံတည်ကြည်သော၊ —2, *n.* မြင်းဇောင်း၊ မြင်းတင်းကုပ်၊ —*v. t.* ဇောင်းသွင်းသည်၊

**Stack**, *see* Hay-stack; —*v. t.* (မြက်ခြောက်ကို) ပုံထားသည်။

**Staff 1**, *n.* walking-stick, တောင်ဝေး၊ flag—, မောလိန်တိုင်၊ tripodal —, တောင်ဝေးထောက်ကွ၊ musical—, သံပုံတန်း၊ an ensign of office, အရာရှိသောဒုတ်၊ လှံတံ၊ —2, *n.* the officers immediately connected with the chief commander, ဗိုလ်ချုပ်မင်း၏အခြံအရံ၊

**Stag**, *n.* ဆတ်ဖို၊

**Stage**, *n.* a raised platform, စင်၊ လင့်စင်၊ the scene of a theatre, ဇာတ်ခြံရာတထင်၊ a stopping-place on a journey, စခန်း၊ စခန်းထောက်၊ ခရီးထောက်၊ a step, degree, အထစ်၊ အဆင့်၊ အတန်း၊ a stage coach, *see* next; —coach, *n.* ချောသို့ရထား၊ —play, *n.* ဇာတ်ပွဲ၊ —player, *n.* ဇာတ်သမား၊ သဘင်သည်၊

**Stagger**, *v. i.* to reel, ကတိမ်းကပါးသွားသည်၊ to waver, တွေးတော သည်၊ —*v. t.* from *do.*

**Staggeringly**, *adv.* ယိုင်တီးယိုင်တိုင်၊

**Staggers**, *n.* မြင်းနှင့်စွဲသောရောဂါတမျိုး၊

Staging, *n.* ငြမ်း။

Stagnancy, Stagnation, *n.* from Stagnate.

Stagnant, *a.* from next; ဆိုင်သော။

Stagnate, *v. i.* to cease to flow, မစီးဘဲဆိုင်သည်။ to cease to move, မလှုပ်ရှားဘဲရပ်နေသည်။ to be dull (as business), ဆေးဆေး လေးလေးဖြစ်သည်။

Staid, *a.* sedate in manners, ရှုခြေဆောင်သော။ sedate in mind, စိတ်တည်ကြည်သော။ steady, ဆောက်တည်သော။

Staidness, *n.* from above.

Stain, *v. t.* to maculate, စွန်းကွက်စေခြင်ပြုသည်။ to dye, ဆိုးသည်။ ဆေးဆိုးသည်။ to tarnish character, အသရေယုတ်လျော့စေခြင် ပြုသည်။ —*n.* a discolored spot, အစွန်းအကွက်။ —of iron in wood, သံဆိပ်။ a blemish on character, အသရေပျက်သော အရာ။

Stainless, *a.* free from a stain, အစွန်းအကွက်မရှိသော။ having an unblemished character, အသရေမယုတ်မလျော့သော။ အသရေ မပျက်သော။

Stair, *n.* a step, rundle, လှေကားထစ်။ *plur.* လှေကား။ —case, *n.* လှေကားကာ။ winding stair case, ကြောင်လိမ်လှေကား။

Stake, *n.* ပနက်သံ။ a post sharpened at one end, နက်၍စိုက်ရန်ချွန် သောတိုင်။ one used for a mark or limit, မှတ်တိုင်။ ပနက်တိုင်။ one used to moor a boat at, ကြက်ဆူးတိုင်။ impaling—, တံ ကျင်။ —for winding warp on, ရည်တိုင်။ that which is wagered, လောင်းသောအရာ။ the state of being wagered, အ လောင်းခံခြင်း။ —*v. t.* to set a stake, တိုင်စိုက်သည်။ to mark a limit by a stake, ပနက်စိုက်သည်။ to wager, လောင်းသည်။ လောင်းစားသည်။

Stalactite, *n.* ကျောက်နို့။

Stale, *a.* vapid, အရသာပြယ်သော။ trite (as a remark), ကြားရဖန် များ၍ပေါ့သော။ rancid, အသိုး။ ပုပ်စရှိသော။

Staleness, *n.* from above.

Stalk 1, *n.* အရိုး။ (in composition, as ငှက်ပျောရိုး။ စပါးရိုး။) —of a tree, ပင်စည်။—2, *v. i.* to walk proudly, ဟန်ရှိ၍သွားသည်။ to walk skulkingly, ကြွက်လျှိုးကြောင်လျှိုးသွားသည်။

Stalking-horse, *n.* ကွယ်ကာရာအရာ။

Stall, *n.* a crib, မြင်း။ နွားထားသောအကန့်။ a frame on which goods are exposed for sale, ဆိုင်ခုံ the seat of a church dignitary, သုဓမ္မာဇရပ်၌ဂိုဏ်းအုပ်၊ ဂိုဏ်းထောက်ထိုင်ရာအရပ်။ —fed, *a.* စာခင်းသွင်း၍ကျွေးသော။ —*v. t.* စာခင်းသွင်းသည်။

Stallion, *n.* မြင်းထီး။ မြင်းသိုး။

**Stamen,** *n.* the filament and anther of a flower, ဝတ်ဆံတိုင်။ the solid part of a body, အနှစ်သာရ။

**Stamina,** *n. plur.* of above, 2nd definition.

**Stammer,** *v. i.* စကားထစ်သည်။ စကားဆွံ့သည်။

**Stamp,** *v. t.* —with the foot, ခြေနှင့်ဆောင့်သည်။ to impress with some mark or figure, တံဆိပ်ခတ်သည်။ —a coin, ဒင်္ဂါးခတ်သည်။ to impress on the mind, စိတ်စွဲလမ်းစေအောင်ပြုသည်။ စိတ်နှလုံး၌စူးလျက်နေစေအောင်ပြုသည်။ —short and quick, as an angry child, ဆွေ့ဆွေ့ခုန်သည်။ —*n.* a seal, တံဆိပ်။ တံဆိပ်ပုံ။ a mark or impression made by stamping, တံဆိပ်။ ခတ်သော တံဆိပ်။ တံဆိပ်ခတ်ရာ။ a kind, sort, အမျိုး။

**Stanch** 1. *v. t.* (သွေး) တိတ်စေအောင်ပြုသည်။ —2, *a.* firm, sound, strong, ခိုင်ခံ့သော။ firm in principle, မြဲမြံတည်ကြည်သော။

**Stanchion,** *n.* ထောက်တိုင်။

**Stand,** *v. i.* to be erect, ရပ်သည်။ မတ်တတ်နေသည်။ ထောင်လျက်ရှိသည်။ to be placed or situated, တည်လျက်ရှိသည်။ to persevere, တည်ကြည်သည်။ to stop, halt, ရပ်သည်။ တန့်သည်။ to continue, be permanent, တည်သည်။ to maintain one's ground, ရပ်ခံသည်။ တန့်စားသည်။ to have a place among others, နေရာရှိသည်။ to be, ဖြစ်သည်။ to hold a course (at sea), (တစုံတခုသော) လမ်းသို့လိုက်သည်။ —*v. t.* to bear, endure, ခံသည်။ to resist, ခုခံသည်။ to abide, စောင့်နေသည်။ —against, *v. t.* ဆီးတားသည်။ —by, *v. i.* အနားမှာရပ်နေသည်။ *v. t.* (တစုံတဦးသောသူ) ဖက်၍နေသည်။ အားပေးသည်။ —fast, *v. i.* တည်ကြည်မြဲမြံသည်။ —fire, *v. i.* သေနတ်နှင့်ပြစ်ခတ်သော်ထည်း တန့်ရပ်၍နေသည်။ —for, *v. i.* to offer one's self as a candidate for office, အရာလိုချင်သောသဘောကိုဖော်ပြ၍ထားသည်။ to side with, (တစုံတဦးသောသူ) ဖက်၍နေသည်။ to signify, ဆိုလိုသည်။ —(one's) ground, *v.* မဆုတ်ဘဲရပ်ခံ၍နေသည်။ —(one) in, *v. t.* cost, (ဤမည်သော) စရိတ်ရှိသည်။ —(one) in hand, *v.* လိုသောအကျိုးနှင့်စပ်ဆိုင်သည်။ —off, *v. i.* to keep off, မချည်းဘဲနေသည်။ not to comply, ဝန်မခံဘဲနေသည်။ —out, *v. i.* to be prominent, မောက်သည်။ မို့သည်။ —as the eyes, ပြူးသည်။ to persist in opposition, အတင်းနေသည်။ —to, *v. i.* to make effort အားထုတ်သည်။ to persevere, တည်ကြည်သည်။ to persist, ခိုင်မာသောစိတ်နှင့်တည်ကြည်သည်။ —trial, *v. i.* စစ်ကြောမည်အမှုကိုမတိမ်းမရှောင်ဘဲနေသည်။ —up, *v. i.* to arise, ထသည်။ —up for, *v. t.* စောင့်မသည်။ —upon, *v. t.* to take pride in, (တစုံတခုသောအကြောင်း) ကြောင့်ဝါကြွားသည်။ —with, *v. i.* to be consistent with, ညီလျော်သည်။ —*n.* a stop, halt,

ရပ်ခြင်း၊ တန့်ခြင်း၊ the act of maintaining one's ground, ရပ်ခံခြင်း၊ a place or post where one stands, ရပ်နေရာ၊ rank, အရာ၊ a frame or table for supporting things, ခုံ၊ water—, ရေညှပ်အိုးစင်၊ —of arms, သေနတ်နှင့်တကွကရိယာအစုံ၊ be at a —, *v. i.* နှောင့်နှေးသည်၊

**Standard,** *n.* an ensign, flag, အလံ၊ a test, criterion, စံ၊ settled rule, သက်သေ၊ a rule of judging, စံစမ်းရန်ထားသောအရာ၊ —bearer, *n.* အလံကိုင်၊

**Standing,** *a.* established, settled, permanent, မြဲသော၊ အမြဲဖြစ်သော၊ ဖြစ်မြဲဖြစ်သော၊ အတည်ကျသော၊ နေရာကျသော၊ သေဝပ်သော၊ ပိုသေသော၊ stagnant, အိုင်၍နေသော၊ fixed, not movable, အသေဖြစ်သော၊ —*n.* a place to stand on, ရပ်နေရာ၊ state, condition, အနေအထား၊ rank, အရာ၊ duration ဖြစ်စဉ်ကာလအတန်၊

**Standish,** *n.* မှင်အိုးနှင့်မှင်တံထည့်သောသစ်တာ၊

**Stannary,** *n.* သံဖြူထွက်၍လုပ်သောအရပ်၊

**Stanza,** *n.* ဂါထာ၊

**Staple 1,** *n.* a settled mart or market, အတည်ကျသောဈေး၊ the chief commodity of a place, ရွာ့ရွာထွက်၍ထုတ်ရောင်းရသောကုန်၊ —*a.* settled in trade, ရောင်းဝယ်မှု၌အတည်ကျသော၊ ပိုသေသော၊ chiefly produced and exposed for sale, ရောင်းချရန်မှာ၊ရွာထွက်သောကုန်၊ —2, *n.* the pile of wool, သိုးမွေး၊ —of cotton, ဝါဂွမ်းဆန်၊ —of flax, ပိုက်ဆန်လျှော်မျှင်၊ —3, *n.* a loop of iron, ကျီးခြေ၊ ကျီးခြေကွင်း၊

**Star,** *n.* ကြယ်၊ brilliant—, သောက်ရူး (poetical,) morning—, ကြယ်နီ၊ north polar—, ရှုဝံကြယ်၊ shooting—, ကြယ်ပျံ၊ an asterisk, ကြယ်ပုံ၊ a spangle, နဂါးထား၊ ရွှေပွင့်၊ ငွေပွင့်၊ —fish, (the double), သံဝုရာပိုင်း၊ —gazer, *n.* ကြယ်နက္ခတ်တို့ကိုကြည့်မှတ်၍ဗေဒင်တွက်တတ်သောသူ၊ —light, *n.* ကြယ်ရောင်၊ —lit, *a.* ကြယ်ရောင်နှင့်လင်းသော၊ —spangled, *a.* ကြယ်တံဆိပ်အများပါသော၊

**Starboard,** *n.* သင်္ဘောလက်ျာ၊ *v. t.* ခိုင်းသည်၊

**Starch,** *n.* ကစီ၊ —*v. t.* ကစီတင်သည်၊

**Starched,** *a.* precise in manners, ဆူးခြေစောင့်၍စွေ့စပ်သေချာလွန်းသော၊

**Stare,** *v. i.* မိန့်းမိန်းကြည့်သည်၊ —*n. do.*

**Staringly,** *adv.* မြူးတူးပြောင်တောင်၊ တကြောင်ကြောင်၊

**Stark,** *a.* sheer, အတိ၊ သက်သက်၊ —*adv.* entirely, အကုန်အစင်၊ အကြွင်းမဲ့၊

**Starless,** *a.* ကြယ်မထင်သော၊

**Starling,** *n.* ဇရက်မျိုး၊ pied—, ကျွဲဇရက်၊ ဇရက်ချေးစား၊

**Starry,** *a.* abounding in stars, ကြယ်များသော၊ proceeding from stars, ကြယ်ကထွက်သော။ shining like stars, ကြယ်ကဲ့သို့တောက်ပသော။

**Start,** *v. i.* to move suddenly, ဆတ်ခနဲလှုပ်သည်။ to set out (from a place), သွားစပြုသည်။ ထွက်သည်။ —*v. t.* to cause to move suddenly, ဆတ်ခနဲလှုပ်စေခြင်းပြုသည်။ to cause to rise and come out suddenly. ဆတ်ခနဲထ၍ထွက်စေသည်။ to commence, set a going. (ဖြစ်) စေခြင်းအစအဦးပြုသည်။ to dislocate, (အဆစ်ကို) ပြုတ်သည်။ —up, *v. i.* ဆတ်ခနဲထသည်။ —*n.* from above; —*v.* get the—, ဦးစေခြင်းပြုသည်။ သူမပြုမီပြုနှင့်သည်။

**Starting-post,** *n.* လက်ရင်းမှတ်တိုင်။

**Startle,** *v. i.* to start from fear, လန့်သည်။ ထိတ်လန့်သည်။ *v. t. do.*

**Starvation,** *n.* from next.

**Starve,** *v. i.* to be in a famishing state, ငတ်ခွတ်သည်။ to perish with hunger, ငတ်ခွတ်၍သေသည်။ —one's self, အစာသတ်နေသည်။ —*v. t.* to famish, အစာသတ်၍ထားသည်။ to kill with hunger, အစာသတ်ထား၍သတ်သည်။

**Starveling,** *n.* ငတ်ခွတ်၍ပိန်ကြုံသောသူ။

**State,** *n.* condition, အဖြစ်။ ဖြစ်ခြင်း၏အကြောင်းအရာ။ အနေအထား။ အခြေအနေ။ အဖြစ်အပျက်။ rank, အမြင့်၊ အနိမ့်အစရှိသောအရာ။ high degree, dignity, မြတ်သောအရာ။ pomp, ဆန်းကြယ်သောအခမ်းအနားနှင့်ကျင်းပခြင်း။ body politic, တချုပ်တချာတည်းဖြစ်သောပြည်သူပြည်သားအပေါင်းအစု။ တနိုင်ငံတည်းဖြစ်သောပြည်သူပြည်သားအပေါင်းအစု။ the principal persons in government, တိုင်းနိုင်ငံရေးကိုစီရင်အုပ်ချုပ်သောမင်းစု။ section of a country, ခရိုင်။ —room, *n.* the receiving room in a government house, မင်းတိမ်၌ဧည့်ခံရာအခန်း။ a high-class room on board ship, သင်္ဘောပွဲနံဘေးခန်း။ natural—, ပင်ကိုယ်။ —*v. t.* —in words, ပြောထားသည်။ —in writing, ရေးထားသည်။

**Stated,** *a.* regular, occurring at regular times, ဥပဒေထား၍ဝံ့သေသော။

**Stateliness,** *n.* from next.

**Stately,** *a.* မြင့်မြတ်သော။ dignified, အနေခံ့သော။

**Statement,** *n.* from State, *v.;* the substance stated by word or writing, ပြောထားချက်။ ရေးထားချက်။

**Statesman,** *n.* တိုင်းမှူး၊ နိုင်ငံရေးကိုသိကျွမ်းနားလည်သောသူ။

**Statics,** *n.* မှိန်တွယ်ခြင်းအမှုနှင့်ဆိုင်သောအတတ်။

**Station,** *n.* a place of standing, ရပ်နေရာ။ position, တည်ရာ။ တည်နေရာ။ office, situation, rank, အရာ။ occupation, အလုပ်အကိုင်။ —master, မီးရထားရုံပိုင်။ railway—, မီးရထားရုံ။ —*v. t.* နေရာချသည်။

**Stationary**, *a.* တိုးရွှံမသွားဘဲနေသော၊ အတည်ကျသော၊
**Stationer**, *n.* စက္ကူမှစ၍စာရေးတန်ဆာစုံကိုရောင်းသောသူ၊
**Stationery**, *n.* စက္ကူမှစ၍စာရေးတန်ဆာ၊
**Statistic, Statistical**, *a.* ပြည်သူပြည်သားဦးရေမှစ၍အကြောင်းအရာတို့နှင့်ဆိုင်သော၊
**Statistics**, *n.* ပြည်သူပြည်သားဦးရေမှစ၍အကြောင်းအရာများကိုမှတ်သားသောစာရင်း။
**Statuary**, *n.* the art of carving in wood. ပန်းပုသမားအတတ်၊ —in stone, ကျောက်ဆစ်သမားအတတ်၊
**Statue**, *n.* ရုပ်တု၊
**Stature**, *n.* အရပ်၊ အထောက်အရပ်၊
**Statute**, *n.* ဓမ္မသတ်၊ အထုံးအဖွဲ့၊ နည်းဥပဒေ၊
**Stave** 1, *n.* စည်လုပ်ရန်ပြုပြင်သောပျဉ်ပြား။ —2, *v. t.* ဖောက်ခွဲသည်၊ —off, *v. t.* ဖယ်ရှားသည်၊
**Staves**, *n. plur.* of Staff.
**Stay**, *v. i.* to remain. နေသည်၊ to stop, stand still. ရပ်တန့်သည်၊ to wait, ငံ့သည်၊ ဆိုင်းသည်၊ to rest, rely, မှီသည်၊ ကိုးစားသည်၊ —*v. t.* to cause to remain, prevent from proceeding, နေစေသည်၊ တန့်ရပ်စေသည်၊ မသွားအောင်ဆီးတားသည်၊ to cause to wait, ဆိုင်းစေသည်၊ to support, hold up ထောက်သည်၊ ထောက်မသည်၊ —*n.* continuance, နေခြင်း။ a stand, stop, တန့်ရပ်ခြင်း။ a hinderance, အဆီးအတား။ a prop, support, အထောက်၊ အထောက်အမ။ transverse —, ပိုင်းကြား။ —of a mast, ရှေ့ဆိုင်းကြိုး၊ နောက်ဆိုင်းကြိုး။ —of an umbrella, ထီးထတ်၊ *plur.* a bodice, ထောက်ခံကိုယ်ကျပ်အင်္ကျီ၊ —sail, *n.* ကြက်လျှာရွက်၊
**Stead**, *n.* အစား၊ ကိုယ်စား။ stand in—, *v.* အကျိုးရှိသည်၊
**Steadfast**, *a.* fast-fixed, firm, ခိုင်ခံ့မြဲမြံသော၊ steady in mind, မြဲမြံတည်ကြည်သော၊
**Steadfastness**, *n.* from above.
**Steadiness**, *n.* from next; အဓိဋ္ဌာန်၊ (in a good cause.) သဓော၊
**Steady**, *a.* firm ခိုင်ခံ့သော၊ constant in mind တည်ကြည်သော၊ တည်တံ့သော၊ conducting with propriety ဣန္ဒြေရှိသော၊ —in purpose. စိတ်သေဝပ်သော၊ စိတ်သေသတ်သော၊ uniform, သမက်သော၊ —*v. t.* ခိုင်ခံ့အောင်ပြုသည်၊
**Steadily**, *adv.* တရေးရေး။ (applied chiefly to words of seeing.)
**Steak**, *n.* ကင်သောအမဲသား၊ ဝက်သား။
**Steal**, *v. t.* to take by theft, ခိုးသည်၊ to gain clandestinely, လျှို့ဝှက်ခြင်းနှင့်ပရိယာယ်ပြု၍ရသည်၊ —away, *v. t.* တိတ်ဆိတ်

ခွာမသင်မရှားထွက်သွားသည်။ —in, *v. t.* တိတ်ဆိတ်ခွာမထင်မရှား ဝင်သည်။

Stealth, *n.* theft, ခိုးခြင်း။ clandestine practice, လျှို့ဝှက်ခွာပြုခြင်း။

Stealthy, *a.* လျှို့ဝှက်ခွာပြုသော။

Steam, *n.* ရေငွေ့။ —boat, *n. see* —vessel; —car, *n.* မီးရထား။ —engine, *n.* မီးယန္တရားစက်တန်ဆာ။ —vessel, *n.* မီးသင်္ဘော။ —*v. i.* အငွေ့ထသည်။ —*v. t.* to apply steam to, အငွေ့တိုက်သည်။ to cook by steam, ပေါင်းသည်။ —clothes, ပေါင်းခံသည်။

Steamer, *n.* မီးသင်္ဘော။

Steatite, *n.* ကန့်ကူ။

Steed, *n.* မြင်း။

Steel, *n.* သံမဏိ။ သံခဲ။ —*v. t.* to point or edge with steel, သံမဏိအသွားတင်သည်။ to make firm, unyielding, ခိုင်ကျည်စေခြင်းပြုသည်။

Steelyard, *n.* စည်းချိန်။

Steep 1, *a.* စောက်သော။ —*n.* တောင်စောက်။ —2, *v. t.* မိမ်သည်။ မိမ်၍ထားသည်။ —in pickle, ချဉ်တည်သည်။

Steeple, *n.* ပြာသာဒ်။

Steepness, *n.* from Steep, *a.* စောက်။

Steer 1, *n.* နွားပိုက်။ —2, *v. t.* to direct the course of a vessel, ဝဲ့သည်။ ဝဲ့ကိုင်သည်။ to direct the course of conduct, ဝဲ့ပွင်သည်။

Steerage, *n.* from above;— *in a ship*, the apartment before the great cabin, ဝဲ့ခန်းရှေ့မှာရှိသောအခန်း။

Steersman, *n.* တက်မကိုင်။ ဝဲ့နင်း။

Stellar, *a.* ကြယ်နက္ခတ်နှင့်ဆိုင်သော။

Stem, *n.* the stock of a tree, ပင်စည်။ —of a plant, ပင်တံ။ a petiole a pedicle, အညှာ။ a race, generation, အမျိုး။ the prow of a ship, သင်္ဘောဦးချွန်။ —*v. t.* to go against (a current), ဆန်၍သွားသည်။ to check, အရှိန်ကိုသတ်သည်။

Stench, *n.* အနံ့အစော်။

Stenography, *n.* အထိမ်းအမှတ်အားဖြင့် အကျဉ်းရေးတတ်သောအတတ်။

Stentorian, *a.* အလွန်အသံကျယ်သော။

Step, *v.* ခြေလှမ်းသည်။ —as a God, ခြေတော်ဖြန့်သည်။ ခြေတော်ဖြန့်သည်။ —short and quick as an antic horse, ဆွဲဆွဲခုန်သည်။ —over, ကျော်သွားသည်။ —*n.* from above; the space passed by the foot in walking, ခြေလှမ်း။ progression, the act of advancing, တိုးတက်ခြင်း။ one remove in ascending or descending, တက်ရာ၊ ဆင်းရာနှင့်တဆင့်။ a rundle, လှေကားထစ်။ stone or brick steps to a pagoda, စောင်းတန်း။

Step-brother, *n.* အမိခြား၊ အဘခြားသောညီ၊ အစ်ကို၊ မောင်။

Step-daughter, *n.* လင်ပါသမီး။ မယားပါသမီး။

Step-father, *n.* ထထွေး။ Step-Mother, *n.* မိထွေး။

Stepping-stone, *n.* ရွံ့လွှတ်အောင်စီခင်းသောကျောက်။

Step-sister, *n.* အမိခြား၊ အဘခြားသောညီအစ်မ၊ နှမ။

Step-son, *n.* လင်ပါသား။ မယားပါသား။

Stereography, *n.* ညီညာသောအပေါ်မှာရုပ်ပုံရအောင်ရေးသောအတတ်။

Stereometry, *n.* ရုပ်ကိုတိုင်းထွာသောအတတ်။

Stereotype, *v.* စာပုံကိုတခြားတည်းသွန်းလုပ်၍ထားသည်။ —*n.* တခြားတည်းသွန်းလုပ်၍ထားသောစာပုံ။

Sterile, *a.* barren, as land, ညံ့၍အသီးအနှံများစွာမထွက်သော၊ barren of ideas, ထိုးထွင်းသောညာဏ်မရှိသော။

Sterility, *n.* from above.

Sterling, *n.* pertaining to English coin, အင်္ဂလိပ်ဒင်္ဂါးမျိုးနှင့်ဆိုင်သော။ of solid worth, အနှစ်သာရရှိသော။

Stern 1, *n.* ပဲ့။ —port, *n.* ပဲ့ပြတင်းပေါက်။ —post, *n.* ရာဇထိုင်။ —way, *n.* လှော်၊ သင်္ဘောဆုတ်၍ပျောခြင်း။ —2, *a.* —in countenance, မျက်နှာထားသော။ —in conduct, ကြပ်တည်းသော။

Sternmost, *a.* နောက်ဆုံး၌ရှိသော (သင်္ဘော။)

Sternness, *n.* from Stern, *a.*

Sternum, *n.* ရင်ရိုး။

Sternutation, *n.* ချေခြင်း။

Stew 1, *v. t.* တငွေ့ငွေ့ပြုတ်ထားသည်။ —*n.* တငွေ့ငွေ့ချက်သော ဟင်းပြုတ်။ —2, *n.* a brothel, ပြည်တန်ဆာများနေသောအိမ်။

Steward, *n.* a butler, စားပွဲထိန်း။ —of a king, စားတော်ကဲ။ —of a prince's estate, အကြီးတော်။ a superintendent of income and expenditure, ငွေထိန်း။ ဘဏ္ဍာစိုး။

Stewardship, *n.* စားပွဲထိန်းအရာ။ ငွေထိန်းအရာ။ ဘဏ္ဍာစိုးအရာ။

Stick 1, *n.* ဒုတ်။ —lac, *n.* အခြင်းအတံပါသောချိပ်။ —2, *v. t.* to stab, ထိုး၍ဖောက်သည်။ to fix on a pointed instrument, ထိုး၍ထားသည်။ —3, *v. i.* to adhere by tenacity, စေးကပ်သည်။ to stay in contact, ကပ်သည်။ to be fixed in, စွဲသည်။ to cleave to, စွဲကပ်သည်။ to hesitate, နှောင့်နှေးသည်။ to be stopped or hindered from proceeding, မတိုးမတက်နိုင်အောင်ဆီးတားလျက်ရှိသည်။ —(in the throat,) ခြက်သည်။ —*v. t.* to make adhere, စေးကပ်အောင်ပြုသည်။ —by, *v. t.* (တစုံတဦးသောသူ) ဖက်၍နေသည်။ —fast in a passage, တစ်သည်။ —out, *v. i.* to jut, အစွန်းထွက်သည်။ —out (as the lips,) ထော်သည်။

—up on account of being uneven. ခေါသည်။ to protrude as from a hole, ပြူသည်။ to project, as a snag, ငေါသည်။ ငေါက်ထောက်ထောက်ရှိသည်။ to be prominent, မောက်သည်။ နိုသည်။ to stand out, as the eyes, ပြူးသည်။ to persist, အတင်း နေသည်။ —up, *v. i.* ထောင်လျက်ရှိသည်။ —up, as the ears, တစွင့်စွင့်ရှိသည်။ —*adv.* —up, obliquely, ငေါငေါင်း unevenly, ထော်လော်ကန့်လန့်။

Stickiness, *n.* from Sticky, *a.*

Stickle, *v. i.* ထန့်ကျင်ဘက်ပြု၍ငြင်းခုံသည်။

Stickler, *n.* agent, from above.

Sticky, *a.* စေးသော။ စေးကပ်တတ်သော။ —as clothes not quite dry, စေးထန်းထန်း၊ စေးထိုင်းထိုင်းဖြစ်သော။

Stiff, *a.* not flexible, not pliant, တောင့်သော။ tense, taught, တင်း သော။ တင်းမာသော။ inspissated, ပျစ်သော။ strong, violent, ပြင်းသော။ unyielding, firm in mind, ခိုင်မာသော။ not smooth and easy, as style, အစီအလျှဉ်မသင့်သော။ not easy and natural in behavior, ပြောဆိုပြုမူနေထိုင်ခြင်းအမှု၌ပကတိအလိုသို့ မလိုက်၊ ကျုံ၍နေသော။ —hearted, —necked, *a.* စိတ်ခိုင်မာသော။

Stiffen, *v. i.* to become stiff, တောင့်သွားသည်။ etc. (for sub. def. *see* above), *v. t.* from Stiff, *a.*

Stiffness, *n.* from Stiff, *a.*

Stifle 1, *v. t.* to suffocate, as with smoke, dust, etc, ရှုနိုအောင် ပြုသည်။ to extinguish, ငြိမ်းသည်။ to repress, restrain, ချုပ်တည်းသည်။ to suppress, မထင်မပေါ်နိုင်အောင်ဖုံးဖိသည်။ —2, *n.* မြင်းခြေဆစ်။

Stigma, *n.* a brand, သံပူနှင့်ခတ်သောတံဆိပ်။ a mark of infamy, အသရေပျက်ခြင်းအကြောင်းအရာ။

Stigmatize, *v. t.* to brand, သံပူနှင့်တံဆိပ်ခတ်သည်။ to set a mark of disgrace on, အသရေပျက်အောင်မှတ်ထားသည်။

Stile, *n.* ကျော်၍ထွက်ဝင်ရန်လှေကားခုံ။

Stiletto, *n.* ထားရှူး။

Still 1, *n.* ပေါင်းခံ၊ ပေါင်းခံ၍အစေးရှိသောအရက်ချက်ရန်တန်ဆာ။ —2, *a.* silent, တိတ်သော၊ တိတ်ဆိတ်သော။ solitary, ဆိတ်ညံ့သော။ တည်း ညီသော။ quiet, *a.* ငြိမ်သော motionless, မလှုပ်ဘဲနေသော။ —born, *a.* လှောင်မွေးဖြစ်သော။ —2, *v. t.* to appease, ငြိမ်းစေ သည်။ —3, *adv.* till, and at the present time, သေး။ notwithstanding, သို့သော်လည်း။

Stilt, *n.* ကုလားမခြေတောက်။

Stimulant, *n.* အားတွေ့စေတတ်သောဆေး။

Stimulate, *v. t.* to excite, နှိုးဆော်သည်၊ တိုက်တွန်းသည်၊ to quicken (internal action), အားကြွစေသည်။

Stimulation, *n.* from above.

Stimulus, *n.* နှိုးဆော်သောအရာ။

Sting, *n.* —of a insect, အမြီးနှိပ်ပါသောဆူး၊ အမြီးဆူး။ any thing which gives deep pain, စပ်စပ်ပါအောင်နာစေတတ်သောအရာ။ —*v. t.* to pierce with a sting, တုပ်သည်၊ to inflict sharp pain, စပ်စပ်ပါအောင်နာစေသည်။

Stinginess, *n.* from next.

Stingy, *a.* စေးနှဲသော။

Stink, *v. i.* နံသည်၊ နံစော်သည်။ —*n.* from *do.*

Stint, *v. t.* to restrain within certain limits, အလိုအတိုင်းမဖြစ်စေခြင်းငှါတားမြစ်သည်၊ to assign a task, အငန်းအတာချ၍ပေးသည်၊ —*n.* a restraint, တားမြစ်သောအရာ။ a task assigned, အငန်းအတာ။

Stipend, *n.* အခ။

Stipendiary, *a.* အခစားခြင်းနှင့်ဆိုင်သော။ —*n.* အခစားသောသူ။

Stipulate, *v. i.* ဝန်ခံ၍ဂတိထားသည်။

Stipulation, *n.* from above, an agreement or covenant, ဝန်ခံ၍ဂတိထားချက်။

Stir, *v. i.* to move, လှုပ်သည်၊ —*v. t.* to move, လှုပ်သည်၊ to remove a little, ဆိတ်စိမ့်ရွေ့သည်၊ to set a going (ဖြစ်) အောင် အစအဦးပြုသည်၊ to agitate, မွှေသည်၊ to excite, နှိုးဆော်သည်၊ ဆော်ဩသည်၊ —backwards and forwards, *v. t.* ယှော်သည်၊ —up, *v. t.* to agitate, မွှေသည်၊ နှောက်သည်၊ —up from the bottom, ခလောက်သည်၊ —*n.* ရုန်းရင်းခတ်မှုပြုခြင်း။

Stirring, *a.* မနေမနားအားထုတ်၍လုပ်ကိုင်လျှက်နေတတ်သော။

Stirrup, *n.* နင်းခွက်။

Stitch, *v. t.* to sew, အပ်ချုပ်သည်၊ —in a particular manner, အပ်ပြန်ပေါက်ချုပ်သည်၊ —*n.* a single pass of the needle and thread, အပ်တချက်ချုပ်။ a turn of thread in knitting, ထိုး၍ရက်ရာ၌မြည်တကွင်း။ a sharp pain, လေတံကျင်း။

Stiching, *n.* from above, *v.*

Stithy, *n.* ပေ။

Stoccado, *n.* ထားနှင့်ထိုးခြင်းတချက်။

Stock, *n.* the stem of a tree, ပင်စည်၊ ပင်မ၊ —(of fruit or flowers,) အခိုင်၊ —of a plough, ထယ်တုံး။ a log of wood, သစ်တုံး။ the handle of a tool, အရိုး။ —of a musket, သေနတ်ဒင်၊ —of an anchor, ကျောက်ဆူးလက်၊ a cravat, လည်စည်း။ a race, family, အမျိုး၊ hereditary—, အမျိုးအရိုး။ capital,

ငွေရင်း။ ရင်းနှီးသောငွေ၊ အရင်းအနှီး။ funded money, bearing interest, အတိုးရအောင်သွင်းထားသောငွေ၊ *plur.* —for the legs, ထိတ်၊ ထိတ်တုံး။ (to put in the stocks, ထိတ်ခတ်သည်။) —for a ship in building, အုံးတုံး။ —broker, *n.* အတိုးရအောင်သွင်းထားသောငွေလက်ခံပွဲစား။ —holder. *n.* အတိုးရအောင်သွင်းထားသောငွေရှင်၊ —jobber, *n.* တိုးရအောင်သွင်းထားသောငွေကိုရောင်းဝယ်သောသူ၊ —still, *a.* သစ်တုံးကဲ့သို့မလှုပ်ဘဲနေသော၊ —, *v. t.* လုံလောက်အောင်သိုထားသည်။

**Stockade**, *n.* သစ်တပ်၊ —*v. t.* သစ်တပ်တည်သည်။

**Stocking**, *n.* ခြေအိတ်။

**Stocky**, *a.* တုပ်သော၊ တုပ်တုပ်ရှိသော။

**Stoic**, *a.* လျစ်လျူသော၊ —*n.* agent, from *do.*

**Stoical**, *see* Stoic, *a.*

**Stoicism**, *n.* from above.

**Stoker**, *n.* မီးဖို၊ မီးသင်္ဘောအစရှိသည်တို့၌မီးကိုစောင့်ထိန်းရသောသူ၊

**Stole**, *n.* ရှည်သောအင်္ကျီတမျိုး။

**Stolid**, *a.* ညာဏ်တုံးသော၊

**Stomach**, *n.* the ventricle of digestion, အစာအိမ်၊ appetite, စားသောက်ချင်ခြင်း။ inclination, အလို၊ sullenness, မာန်မူခြင်း။

**Stomacher**, *n.* ရင်စည်းတန်ဆာ၊

**Stomachful**, *a.* မာန်မူတတ်သော၊

**Stomachic**, *a.* pertaining to the stomach, အစာအိမ်နှင့်ဆိုင်သော၊ recreating the stomach, အစာအိမ်ကိုအားဖြည့်စေတတ်သော၊

**Stone**, *n.* common stone, ကျောက်၊ ကျောက်ခဲ၊ precious stone, gem, ကျောက်မြတ်၊ ကျောက်မျက်၊ ကျောက်ရွှန်း counterfeit precious stone, မန္တလီ၊ a rough—, ကျောက်ပြွတ်၊ pudding—, ကျောက်ဖုံ၊ a calculus, ကျင်ငယ်အိမ်ကျောက်၊ a testicle, ဝှေးစေ့၊ the nut of a drupe, အစေ့တလုံးပါသောသစ်သီး၏အစေ့၊ the weight of 14 pounds, ၃၈ဝ ခန့်ရှိသောအချိန်၊ *see also* Gravestone; —blind, *a.* ပြိုးပြိုးမမြင်နိုင်အောင်ကန်းသော၊ —cutter, *n.* ကျောက်ထစ်သမား။ —dead, *a.* အလျှင်းအသက်မရှိသော၊ —fruit, *n.* အစေ့တလုံးပါသောသစ်သီး။ —horse, *n.* မြင်းလား။ မြင်းသိုး။ —pit, *n.* ကျောက်တွင်း။ —*v. t.* ကျောက်ခဲနှင့်ပစ်သည်။

**Stoniness**, *n.* from next.

**Stony**, *a.* made of stone, ကျောက်နှင့်ပြီးသော၊ abounding with stones, ကျောက်ခဲများသော၊ hard hearted, မကြင်နာတတ်သော၊ ရက်စက်သော၊ —hearted, *a.* *see* last definition.

**Stool**, *n.* a seat, ထိုင်ခုံ၊ matter evacuated from the intestines, စွန့်သောကျင်ကြီး။

**Stoop**, *v. i.* to bend the body downward and forward. ငုံ့သည်၊

ကုန်းသည်၊ ကုဝ်သည်၊ to bow down, ဦးညွှတ်သည်၊ —respectfully, ညွှတ်တွားသည်၊ တုဝ်ကွသည်၊ တွံဝပ်သည်၊ အောက်ကျို့သည်၊ to take a lower place, ကိုယ်ကိုနှိမ့်ချ၍နိမ့်သောနေရာ၌နေသည်၊ to come down, အောက်သို့ဆင်းသည်၊ to yield, submit, ဝန်ချသည်၊ to condescend, ကိုယ်ဂုဏ်အသရေကိုမမှတ်ဘဲကိုယ်ထက်ငယ်သောသူတို့နှင့်လိုက်လိုက်လျောလျောပြုသည်၊ to bow down, ကျို့သည်၊ —*n.* from *do.*

Stop, *v. i.* to cease to go forward, တန့်သည်၊ ရပ်သည်၊ to cease, leave off, စဲသည်၊ —*v. t.* from *do;* to obstruct (a passage). ကန့်လန့်ထားသည်၊ ပိတ်ဆို့၍ထားသည်၊ to hinder, impede, တားမြစ်သည်၊ ဆီးတားသည်၊ to put an end to the motion or action of, သတ်သည်၊ to close (an aperture), ဆို့သည်၊ ပိတ်သည်၊ —cock, *n.* သော့ပါသောပြွန်၊ —short, *v. i.* ရုပ်ခနဲရပ်နေသည်၊ —for rest or refreshment, ခရီးထောက်ချသည်၊ —*n.* from above, *trans.* and *intrans.;* an obstacle, impediment, အဆီးအတား၊ a mark of punctuation, အပိုက်၊ *imp.* တန့်တော့၊

Stoppage, *n.* from Stop, *v. t.* —of urine, ကျင်ချုပ်ခြင်း၊ ဆီးချုပ်ခြင်း၊ —of the courses, ဓိးရပ်ခြောက်၊

Stopper, Stopple, *n.* အဆို့၊

Storax, *n.* species, ကိုင်းသားမိုကြီး၊ ကွန်းလော၊

Storage, *n.* တိုက်၌သိုထားခြင်း၊ the price of storage, သိုထားခ၊

Store, *v. t.* to lay up, သိုသည်၊ သိုထားသည်၊ သိုမှီးသည်၊ to replenish, လုံလောက်အောင်ထားသည်၊ —*n.* goods stored up, သိုထားသောဥစ္စာ၊ အလှူ၊ a plenty, large quantity, အပုံ၊ *see also* —house; be in—, *v. i.* သိုထားလျှက်ရှိသည်၊ —house, *n.* တိုက်၊ အလှူတိုက်၊ (if in a palace or *kyoung,*) ကျက်သရေတိုက်၊ —keeper, *n.* တိုက်စောင့်၊

Stored, *a.* ထေးရေးသောရုပ်ပုံနှင့်တန်ဆာဆင်လျှက်ထားသော၊

Stork, *n.* တောင်နီး၊ Jabiru—, ငှက်ကုလား၊

Storm, *n.* a tempest, မုန်တိုင်း၊ မိုဃ်းသက်မုန်တိုင်း၊ a violent assault on a fortified place, မြို့ကိုရုပ်ရုပ်ချုံချုံတိုက်ခြင်း၊ —*v. i.* to be a tempest, မိုဃ်းသက်မုန်တိုင်းဖြစ်သည်၊ to act under the impulse of rage, ပြင်းစွာအမျက်ထွက်၍ကြမ်းတမ်းစွာပြုသည်၊ *v. t.* မြို့ကိုရုပ်ရုပ်ချုံချုံတိုက်သည်၊

Stormy, *a.* tempestuous, မိုဃ်းသက်မုန်တိုင်းကျသော၊ violent in language and conduct, အပြုအမူအပြောအဆိုပြင်းထန်သော၊

Story, *n.* a narration, အကြောင်းအရာအထူးပွတ္တိများကိုအစဉ်အတိုင်းပြောသောစကား၊ ဝိုစကား၊ a religious story, ဝတ္ထု၊ a fabulous story, ပုံပြင်၊ a set of rooms on the same floor, ထပ်ဆင့်၊ အိမ်ဆင့်၊ —teller, *n.* ပုံပြင်ရှိုချ၍ပြောတတ်သောသူ၊

**Stout**, *a.* strong, lusty, သန်မာသော၊ bold, ရဲရင့်သော၊ သူရဲသော ရှိသော၊ firm, resolute, မိုင်ခိုင်သော၊ large and bulky, ထွားသော၊ ကြီးကျိုင်းသော၊ large of compass, in comparison with the height, တုတ်သော၊ တုတ်ဝသော၊ —hearted, *a.* သူရဲသောရှိသော၊

**Stoutness**, *n.* from Stout.

**Stove**, *n.* an iron fire-place, သံမီးဖို၊ a foot-stove, ခြေတင်သံမီးဖိုကလေး၊

**Stow**, *v. t.* to put in place, နေရာ၌ထည့်ထားသည်၊ to lay up, သိုထားသည်၊

**Stowage**, *n.* from above.

**Straddle**, *v. i.* ခြေကိုကားသည်၊ *v. t.* ခွစီးသည်၊ ကားရာခွစီးသည်၊

**Straggle**, *v. i.* to wander from the way, လမ်းမှထွက်၍အရပ်ရပ်လှည့်လည်သည်၊ to shoot out irregularly, အစည်အတိုင်းမလိုက်၊ ထိုး၍ထွက်သည်၊

**Straight**, *a.* ဖြောင့်သော၊ ဖြောင့်တန်းသော၊ —up, not inclined, တည့်သော၊ မတ်သော၊ —*adv.* ချက်ချင်း၊ ရုပ်တရက်၊ —forward, *adv.* ရှေ့သို့စိုက်စိုက်၊ ရူးရူး၊ တည့်တည့်၊ ရှေ့ရှု၊ —through, crosswise, ထုတ်ချင်း၊ —through, lengthwise, မိုးမျှ၊

**Straighten**, *v. t.* from Straight, *a.* ဖြောင့်သည်၊

**Straightness**, *n.* from Straight, *a.*

**Straightway**, *adv. see* Straight, *adv.*

**Strain**, *v. t.* to stretch tight, တင်းစေအောင်ဆွဲသည်၊ to put to the utmost effort, တင်းတင်းကြပ်ကြပ်အားထုတ်စေအောင်ပြုသည်၊ to constrain against nature, ပကတိအတိုင်းသို့မလိုက်၊ ကျုံ၍နေအောင်ပြုသည်၊ to sprain, အဆစ်ခြက်စေအောင်ပြုသည်၊ to press in the arms, ဖိုက်ဖက်၍ညှစ်သည်၊ to filter, စစ်သည်၊ —*v. i.* to make a violent effort, အပန်းကြီးစွာအားထုတ်သည်၊ —*n.* from above, *v. i.;* a heavy stretch, ကြပ်ကြပ်တင်းစေအောင်ဆွဲခြင်း၊ a sprain, အဆစ်ခြက်သောအနာ၊ —of speaking, ပြောဆိုခြင်း၏လက္ခဏာ၊ —of writing, စာစီကုန်းခြင်း၏လက္ခဏာ၊ some particular mode of music, တနည်းတသွယ်ဖြစ်သောသီခြင်းသံထွက်ခြင်း၊ natural bent, ဝါသနာ၊

**Strainer**, *n.* ရေစစ်ပဝါ၊

**Strait**, *a.* narrow, ကျဉ်းသော၊ strict, rigorous, ကြပ်တည်းသော၊ difficult, distressful, ခက်ခဲသော၊ ခဲသည်းသော၊ —*n.* a narrow passage between two continents or islands, ကျွန်းထက်ကြား၊ a difficult, distressing affair, ခက်ခဲသောအမှု၊ ခဲသည်းသောအမှု၊ (to be in a strait between two, မိတ်ဓင်သည်၊)

**Straiten**, *v. t.* to make narrow, ကျဉ်းစေအောင်ပြုသည်၊ to confine within narrow limits, ကျဉ်းကျပ်စေအောင်ပြုသည်။ to distress, ပင်ပန်းစေသည်။ to make tense or tight, တင်းစေအောင်ဆွဲသည်။

Strait-laced, *a.* tight laced, ကိုယ်ကျပ်အင်္ကျီဝတ်သော။ stiff, constrained, ပကတိအလိုသို့မလိုက်၊ ကျုံ့၍နေသော။ strait, rigid, ကြပ်တည်းသော။

Straitness, *n.* from Strait, *a.*

Stramineous, *a.* ကောက်ရိုးသဘောရှိသော။

Stramonium, Stramony, *n.* *see* Thorn apple.

Strand 1, *n.* a beach, ကမ်းခြေသောင်ပြင်။ —*v. t.* ကမ်းခြေသောင်ပေါ်မှာသင်္ဘောကိုတင်သည်။ —2, *n.* one twist of a rope, လွန်း။ ကြိုးလွန်း။

Strange, *a.* foreign, တတိုင်းတပြည်နှင့်ဆိုင်သော။ new, သစ်သော။ အသစ်ဖြစ်သော။ wonderful, အံ့ဩဘွယ်ဖြစ်သော။ odd, ထူးခြားသော။ *int.* ပတောင့်ပတော။

Strangeness, *n.* from above.

Stranger, *n.* a foreigner, တတိုင်းတပြည်သား။ one unknown or unacquainted, မသိမကျွမ်းသောသူ။ a guest, ဧည့်သည်။ လူစိမ်း။

Strangle, *v. t.* to choke, stop in the throat, နင်သည်။ —by compressing the neck, လည်ကိုညှစ်သည်။ —by applying a rope, လည်ကြိုးတပ်၍သတ်သည်။ to suppress, hinder from coming to the light, မထင်ပေါ်နိုင်အောင်ဖုံးဖိသည်။

Strangulation, *n.* from above.

Strangury, *n.* ဆီးစေ့နာ။

Strap, *n.* ကြိုးပြား။ —*v. t.* to beat with a strap, ကြိုးပြားနှင့်ရိုက်သည်။ to bind with a strap, ကြိုးပြားနှင့်ချည်သည်။ to draw (a razor) flatwise on a strap, ကျွင်းသည်။

Strapping, *a.* ထွားကျိုင်းသော။

Stratagem, *n.* မာယာ။ ပရိယာယ်။

Strategy, *n.* စစ်တိုက်ခြင်းအမှုကိုစီရင်တတ်သောအတတ်။

Stratify, *v. t.* အထပ်ထပ်အလွှာလွှာဖြစ်စေအောင်ပြုသည်။

Stratum, *n.* အထပ်အလွှာ။

Straw, *n.* ကောက်ရိုး။ —color, *n.* နုံ့သာရောင်။ —colored, *a.* နုံ့သာရောင်ဖြစ်သော။ —roofed, —thatched, *a.* ကောက်ရိုးနှင့်မိုးသော။

Strawberry, *n.* အသီးငယ်တမျိုး။

Strawy, *a.* ကောက်ရိုးဖြင့်ပြီးသော။

Stray, *v. i.* to leave the way, လမ်းမှလွဲသည်။ to rove out of the way, လမ်းမှလွဲ၍လှည့်လည်သည်။ to rove at large, အလိုအလျောက်လှည့်လည်၍သွားသည်။ to deviate from right, to err, မှားသည်။ မှားယွင်းသည်။ —*n.* လွတ်၍လည်သောတိရိစ္ဆာန်။

**Streak**, *n.* အကြောင်း၊ —in stone or wood, ကြိုး၊ —*v. t.* အကြောင်းထင်စေခြင်းလုပ်သည်။

**Stream**, *v. i.* စီးသည်၊ စီးသွားသည်၊ စီးထွက်သည်၊ စီးယိုသည်၊ —*n.* a current of water, ရေစီး၊ စီးသောရေ၊ a gentle—, ရေယဉ်၊ a current of any liquid substance, စီးသောအရည်၊ successive course, အစဉ်အလိုက်သွားခြင်းသွားခြင်း၊ a brook or river, ချောင်း၊ မြစ်၊

**Streamer**, *n.* a long flag, အလံရှည်၊ one offered in worship, တံခွန်၊ ကြက်လျှာတံခွန်၊

**Streamlet**, *n.* ချောင်း၊

**Streamy**, *a.* စီးသောရေများသော၊

**Street**, *n.* a road, လမ်း၊ a road by houses, အိမ်တန်းလမ်း၊ —walker, *n.* လမ်းလည်မိန်းမ၊

**Strength**, *n.* (of various kinds), အား၊ ခွန်အား၊ အရှိန်၊ ဗလ၊ power of endurance, ခိုင်ခံ့ခြင်းသတ္တိ၊ military—, ဗိုလ်အား၊

**Strengthen**, *v. i.* to gain strength, အားတိုးသည်၊ —*v. t.* to impart strength to, အားတိုးစေခြင်းပြုသည်၊ to animate, encourage, hearten, အားပေးသည်၊ to make strong, enduring, ခိုင်ခံ့စေသည်၊ to confirm, establish, တည်စေသည်၊

**Strenuous**, *a.* စိတ်အားကြီး၍ကြိုးစားအားထုတ်တတ်သော၊

**Strenuousness**, *n.* from above.

**Stress**, *n.* အား၊ အရှိန်၊

**Stretch**, *v. t.* to extend in a line, တန်းသည်၊ to strain, make tense, တင်းစေခြင်းဆွဲသည်၊ to extend, as the hand and arm, ဆန့်သည်၊ —out the leg, ခြေဆင်းသည်၊ to spread, expand, ဖြန့်သည်၊ to extend, as a superficies and make fast, ကြက်သည်၊ to make an effort, အားထုတ်သည်၊ to exceed, လွန်ကျူးသည်၊ —*v. i.* to reach to, မှီသည်၊ ထိစေခြင်းရောက်သည်၊ to bear pulling without breaking, ဖျဉ်းသည်၊ to hold a course (at sea), (တစုံတခုသော) လမ်းသို့လိုက်သည်၊ —along as a creeper, နွယ်သည်၊ —apart, *v. t.* ကားစေခြင်းပြုသည်၊ —out, *see* Stretch, *v. t.* 3d and 4th definition; —*n.* from *do.*

**Stretched** (to be), *v. i.* စင်းသည်၊ drawn out, as iron by beating, ဆန့်သည်၊ —out long. စင်းမျောမျော၊

**Strew**, *v. t.* ကြဲသည်၊

**Strickle**, *n.* တံသုတ်၊ စတုတ်၊

**Stricken**, *a.* —in years or age, အသက်ကြီးရင့်သော၊

**Strict**, *a.* close, tight, ကျပ်သော၊ tense, တင်းသော၊ exact, သေချာသော၊ severe, rigorous, ကြပ်တည်းသော၊ exacting, ကျဉ်းကျပ်သော၊

**Strictly,** *adv.* tightly, ကြပ်ကြပ်၊ မိမိ၊
**Strictness,** *n.* from above.
**Stricture,** *n.* a hit, အထိအခိုက်၊ an animadversion, အကြောင်းပြု၍ပြောချက်၊ a constriction, အောင့်ခြင်း။
**Stride,** *v. i.* to straddle, ခြေကိုကားသည်၊ to walk with long steps, ကျယ်ကျယ်ခြေလှမ်း၍သွားသည်၊ —*v. t.* to pass over at a step, တလှမ်းတည်းနှင့်ကျော်၍သွားသည်၊ —*n.* ကျယ်သောခြေလှမ်း။
**Stridingly,** *adv.* ကားရား။
**Stridulous,** *n.* ကြွတ်ကြွတ်မြည်သော၊
**Strife,** *n.* emulative contest, အားကျ၍ပြိုင်ခြင်း။ contention, ဆန့်ကျင်ဘက်ပြု၍ပြိုင်ခြင်း။ a quarrel, ပဋိဃာတ်ဖြစ်ခြင်း၊ ရန်တွေ့ခြင်း၊
**Strike,** *v.* to give a blow, ရိုက်သည်၊ ပုတ်သည်၊ —as lightning, မိုးကြိုးပြစ်သည်၊ —backwards, as with the elbow, တွက်သည်၊ —forwards, as the paddle of a wheel, စက်ခုပ်သည်၊ —with the fore feet (as a horse), ပေါက်သည်၊ —with the paw, ခုပ်သည်၊ —as a serpent, ပေါက်သည်၊ —as rays of light upon the eye, အရောင်ထိုးသည်၊ နေစွယ်ထိုးသည်၊ —against, ထိခိုက်သည်၊ ခိုက်တိုက်သည်၊ —at, as with a gun or sword, ချိန်းသည်၊ —right and left, ယမ်းသည်၊ to stamp, ခတ်သည်၊ to hit in order to produce sound, တီးသည်၊ ထိုးသည်၊ to punish, ဒါဏ်ခတ်သည်၊ to affect the mind, နှစ်လုံးခိုက်အောင်ပြုသည်၊ to appear, occasion a thought or sentiment, ထင်သည်၊ အထင်ဖြစ်စေသည်၊ to level (a measure), တံသုတ်နှင့်ကျမ်းသည်၊ to ground, တင်သည်၊ —a bargain, လက်ဝါးရိုက်သည်၊ ရောင်းဝယ်မှုတွင်သဘောတူ၍ဝန်ခံသည်၊ —a flag, အလံကိုချသည်၊ —a root, အမြစ်ကျသည်၊ —a sail, ရွက်ကိုရုပ်သည်၊ ရွက်ကိုသိမ်းသည်၊ —hither and thither, *v.* ယမ်းသည်၊ —in, *v. i.* to enter suddenly, ရုပ်ခနဲဝင်သည်၊ to recede from the surface, ငုပ်၍ဝင်သည်၊ —in with, *v. t.* တညီတည်းလိုက်လျောသည်၊ —off, *v. t.* to erase from an account, လျှော့သည်၊ to cut off, ဖြတ်၍ကွဲကွာစေသည်၊ to print, ပုံနှိပ်သည်၊ —out, *v. t.* to produce by collision, (မီး) ရအောင်ခတ်သည်၊ to erase, ချေသည်၊ ချေဖျက်သည်၊ to invent, ထိုးထွင်း၍လုပ်သည်၊ *v. i.* ထွက်၍လှည့်လည်သည်၊ —through, *v. t.* ထုတ်ချင်းခပ်သည်၊ —up, *v. t.* သီခြင်းဆိုစ၊ တီးမှုတ်စပြုသည်၊ —*n.* တံသုတ်၊
**Striking,** *a.* impressive, နှစ်လုံးကိုခိုက်စေတတ်သော၊
**String,** *n.* a small cord, ကြိုးသေး။ —slightly twisted. ဖန်ခြည်၊ bow—, လေးညို့၊ several things placed on file, သီထားသောအရာစု၊ a line of things strung for ornament, အကုံး။ သီကုံး

သောအရာစု။ a fibre, အမျှင်။ a nerve, အကြော။ a series, အစီအစဉ်။ the tough substance that unites the sides of a pod, ပဲတောင့်အမျှင်။ —of beads, ရွဲကုံး။ —*v. t.* to furnish with strings, ကြိုးနှင့်ပြည့်စုံအောင်လုပ်သည်။ to file on a string, သီသည်။ သီကုံးသည်။ to make tense, တင်းအောင်ပြုသည်။ —a bow, လေးတင်သည်။ to strip the strings from the sides of pods, ပဲတောင့်အမျှင်ကိုသင်သည်။

**Stringent,** *a.* ကြပ်တည်းသော။

**Stringently,** *adv.* ကြပ်ကြပ်။ ကြပ်တည်းစွာ။

**Stringy,** *a.* အမျှင်များသော။

**Strip,** *v. t.* to pull off, ချွတ်သည်။ to peel off, အခွံကိုနွှင်သည်။ နွှာသည်။ နွှေးသည်။ သင်သည်။ to deprive, (တစုံတခု) မဲ့ဖြစ်အောင်ပြုသည်။ to plunder, လုယူသည်။ —*n.* အလျားရှည်သောအဝတ်စ။

**Stripe,** *n.* a line of different color, အစင်း။ a blow with a whip, အစည်ကြိုးနှင့်သော်ရင်း၊ ကြိမ်နှင့်သော်ရင်း၊ ရိုက်သည့်အချက်၊ အရှိုး။ —*v. t.* အစင်းထင်အောင်လုပ်သည်။

**Striped,** *a.* (longitudinally), အစင်း· အစင်းပါသော။ အကြောင်းအစင်းပါသော။ (transversely), အတန်းအတန်းပါသော။

**Stripling,** *n.* လူပျိုကလေး။

**Strive,** *v. i.* to make efforts, ကြိုးစားသည်။ အားထုတ်သည်။ လုံးပန်းသည်။ —with, *v. t.* to vie with, အားကျ၍ပြိုင်သည်။ to contend with, ပြိုင်၍နိုင်အောင်အားထုတ်သည်။

**Striving,** *n.* from above.

**Stroke 1,** *n.* a blow, ရိုက်ပုတ်သည့်အချက်။ ဒါဏ်။ a sudden calamity, ဘေးသင့်ချက်။ the sound of a clock, တီးချက်။ —of the oar, တက်ချက်။ a touch of the pencil, စုတ်တံနှင့်တချက်တည်းရေးသားခြင်း။ a touch of the pen, မှင်တံနှင့်တချက်တည်းရေးသားခြင်း။ a masterly effort, ကြိုးစား၍ထိုးထွင်းသောအမှု။ much business, များစွာအမှုဆောင်ရွက်ခြင်း။ —2, *v. t.* သပ်သည်။ စမ်းသပ်သည်။ သုံးသပ်သည်။

**Stroll,** *v. i.* အားလပ်၍လှည့်လည်သည်။ —*n.* from *do.*

**Strong,** *a.* having strength (of various kinds), စွမ်းမာသော၊ ခွန်အားရှိသော၊ အားကြီးသော၊ သန်စွမ်းသော။ —of body, သန်မာသော။ firm, having the power of endurance, ခိုင်ခံ့သော။ zealous, စိတ်အားကြီးသော။ having some quality in a high degree, အရှိန်ကြီးသော။ ပြင်းသော။ ထန်သော။ well impregnated with some pungent or stimulating ingredient, လေးသော။ လေးနက်သော။ အနှစ်အရသာရှိသော။ hard of digestion, ကျေခဲသော (အစာ)။ —hand, *n.* အနိုင်အထက်ပြုခြင်း။ —handed, *a.*

ထက်အားကြီးသော၊ —hold, *n.* ခဲတိုက်၊ —minded, *a.* ဉာဏ်ကြီးကျယ်သော၊ —in purpose, အားသန်သော၊

Strop, *n.* သင်တုန်းကျောင်းသောသားရေတန်ဆာ၊ —*v. t.* (သင်တုန်းကို) ကျောင်းသည်၊

Strophe, *n.* ဂါထာ၊

Structure, *n.* an edifice, တည်ဆောက်သောအရာ၊ construction, conformation, တည်ဆောက်ခြင်းအစရင်ခြင်း၊

Struggle, *v. i.* to writhe and pull, လွန့်ထိမ်၍ရုန်းသည်၊ to strive violently, make painful effort, အပန်းတကြီးကြိုးစားသည်၊ —*n.* from above; contention, ထန့်ကျင်ဆက်ပြု၍ပြိုင်ခြင်း၊

Strugglingly, *adv.* —to overcome a difficulty, တုတ်တုတ်ကတ်ကတ်၊

Strumpet, *n.* ပြေးစားမ၊

Strut, *v. i.* ဟန်ရှိလျှက်မော့၍သွားသည်၊ —*n.* from *do.*

Stub, *n.* သစ်ငုတ်၊ —*v. t.* to grub up, တူးဆွ၍နုတ်ပြစ်သည်၊ to hit the toes against, ခြေဖျားနှင့်တိုက်ခိုက်မိသည်၊

Stubbed, Stubby, *a.* တုံးသော၊

Stubble, *n.* ရိုးပြတ်၊

Stubborn, *a.* obstinate, စိတ်ခိုင်မာ၍ဖျောင်းဖျမရနိုင်သော၊ to be firm in mind, persevering, စိတ်ခိုင်ကျည်သော၊ inflexible, မကိုင်းမညွတ်နိုင်အောင်မာသော၊

Stubbornly, *adv.* အတင်း၊

Stubbornness, *n.* from above.

Stub-nail, *n.* တိုသောသံချွန်၊

Stucco, *n.* အင်္ဂတေအဆွး၊

Stud, *n.* a short post supporting some beam or other timber, ဈား၊ ဈားတိုင်၊ a large-headed nail, မှို၊ a button for a shirt sleeve, အင်္ကျီလက်ဖျားတွင်တွယ်ရန်အသီးချွင်၊ a collection of breeding horses and mares, ပွားများစေခြင်းငှါထားသောမြင်းထား၊ မြင်းမအစု၊ —*v. t.* to adorn with studs, မှိုစိ၍တန်ဆာဆင်သည်၊

Studding-sail, *n.* ရွက်လက်မ၌ဆက်၍ထိုးသောရွက်ရှင်၊

Student, *n.* a scholar, စာသင်ဘပည့်၊ စာသင်သောသူ၊ a man given to books, စာနှင့်မွေ့လျော်သောသူ၊

Studied, *a.* versed, လေ့ကျက်သော၊

Studio, *n.* အတတ်ပညာသင်သောရုံ၊

Studious, *a* given to learning, စာသင်သောဝါသနာရှိသော၊ diligent, လုံ့လပြုတတ်သော၊ careful, သတိပြုတတ်သော၊

Studiousness, *n.* from above, 1st definition.

Study, *v. i.* to apply the mind to books, စာသင်သည်၊ to endeavour, ကြိုးစားသည်၊ —*v. t.* to apply the mind to, in order to understand, သိနားလည်စေခြင်းသင်သည်။ to consider attentively, စေ့စေ့ထင်မြင်သည်။ သုံးသပ်သည်။ —*n.* from above, *v. i.* and *v. t.;* an apartment devoted to study, စာကြည့်ခန်း။ စာသင်ခန်း။

**Stuff,** *n.* substance, matter, အထည်ကိုယ်။ materials, လုပ်ဆောင်ဖို့ဖြစ်သောအရာ။ furniture, goods, ပရိက္ခရာ။ ဝတ္ထု။ wove-cloth, fabrics of the loom, အထည်အလိပ်။ any thing, ဟာ။ အရာ။ —*v. i.* to eat gluttonously, စားပိုနင့်စေခြင်းစားသည်။ —*v. t.* to crowd in, cram, သိပ်သွင်းသည်။ with the mouth stuffed with food, ပါးလုပ်ပါးလောင်း။

**Stuffing,** *n.* သိပ်သွင်းသောအရာ။

**Stuffy,** *a.* သုန်မှုန်၍နေသော။

**Stultify,** *v. t.* မိုက်ကြောင်းကိုပြသည်။

**Stum,** *n.* မပေါက်သောစပျစ်ရည်။

**Stumble,** *v. i.* ထိမိ၍လည်းသည်။ to err, မှားသည်။ မှားယွင်းသည်။ to light on by chance, အမှတ်တမဲ့တွေ့သည်။ —*v. t.* to nonplus, မကြံစည်နိုင်စေခြင်းပြုသည်။ —*n.* from above, *v. i.* 1st and 2nd definition.

**Stumbling-block,** *n.* ထိမိ၍လည်းစရာအကြောင်း။

**Stumbling-stone,** *n.* ထိမိ၍ လည်းစရာကျောက်။

**Stump,** *n.* —of a tree, သစ်ငုတ်။ —of a tooth, သွားငုတ်။ —of an arm or a leg, လက်တို။ ခြေတို။ snag, ငုတ်စူး။

**Stumpy,** *a.* သစ်ငုတ်များသော။

**Stun,** *v. t.* from next.

**Stunned (be),** *v. i.* မေ့သည်။

**Stunt,** *v. t.* from next.

**Stunted (be),** *v. i.* ဝုသည်။ ကျစ်သည်။ သောင်သည်။

**Stupefaction,** *n.* from Stupefy; stupor, ထုံခြင်း။

**Stupefactive,** *a.* ထုံးစေတတ်သော။

**Stupefied (be),** *v. i.* မိန်းမောသည်။ အန်အားသင့်သည်။ ထုံကျဉ်သည်။ (—as by a blow, နမူးနထူး။)

**Stupefy,** *v. t.* ထုံးစေခြင်းပြုသည်။

**Stupendous,** *a.* အလွန်အံ့ဩဖွယ်ဖြစ်သော။

**Stupendousness,** *n.* from above.

**Stupid,** *a.* dull in intellect, ညာဏ်တုံးသော။ ထိုင်းသော။ ထိုင်းမှိုင်းသော။ ပုညီးတွဲသော။ ညာဏ်ထုံသော။ dull of apprehension, နားထူသော။ uninteresting, စိတ်နှစ်လုံးကိုမနိုးဆော်တတ်သော။ thick headed, ထူလဗျစ်ကြီးသော။

**Stupidity,** *n.* from above, 1st and 2d definition.

**Stupor,** *n.* ထုံခြင်း။

**Stuprate,** *v. t.* ရုမ်ဒိမ်းကျင့်သည်။
**Sturdiness,** *n.* from next.
**Sturdy,** *a.* သောင်မာသော၊ သန်မာခိုင်ခံ့သော။
**Stutter,** *v. i.* စကားထစ်သည်၊ စကားဆွံ့သည်။
**Stutteringly,** *adv.* ထစ်ထစ်။
**Sty,** *n.* ဝက်ခြံ။
**Stygian,** *a.* ငရဲနှင့်ဆိုင်သော။
**Style,** *n.* an iron pen, ကညစ်၊ the character of language, music, painting, etc. အခြေအနေ၊ သက္ကတာ၊ သဘော၊ a mode of appellation, ခေါ်ဝေါ်ရသောနည်း။ a mode of reckoning time, နှစ်လနေ့ရက်ကိုမှတ်သောနည်း။ manner, way of doing, ပြုသောနည်း။ —*v. t.* ခေါ်ဝေါ်သည်။
**Stylish,** *a.* ကာလအလိုက်လှလှဝတ်ဆင်သော။
**Styptic,** *a.* သွေးကြောဝကိုပိတ်စေတတ်သော။
**Suasible, Suasion, Suasive, Suasory,** *see* Persuasible, etc.
**Suavity,** *n.* နူးညံ့ချိုသာခြင်း။
**Sub,** *pref. in composition,* အောက်။
**Sub-acid,** *a.* စပ်ချဉ်ချဉ်။
**Subaltern,** *a.* တပ်ခွဲအရာငယ်သော၊ —*n.* ဗိုလ်ထောက်။
**Sub-dean,** *n.* ဂိုဏ်းထောက်ကိုယ်စားလှယ်။
**Sub-divide,** *v. t.* ထပ်၍ခွဲမိတ်ခြန်သည်။
**Subdivision,** *n.* from above; a part of a larger part, ခွဲမိတ်ခြန်သောအရာ၊ —of a place, အစုအကွက်။
**Subduct,** *v. t.* နုတ်သည်။
**Subduction,** *n.* from above.
**Subdue,** *v. t.* to reduce to subjection, အောင်၍နှိမ့်ထားသည်၊ to conquer, overcome, အောင်သည်၊ နိုင်သည်၊ to crush, နှိပ်နင်းသည်၊ to overcome and remove, နိုင်၍ပျောက်စေသည်။
**Subdued (be),** *v. i.* tamed, အသားသေသည်။
**Subduer,** *n.* agent, from above.
**Subjacent,** *a.* အနိမ့်မှာနီးစပ်လျက်ရှိသော။
**Sub'ject,** *a.* situate under, အောက်မှာရှိသော၊ being under dominion, အုပ်စိုးခြင်းကိုခံလျက်ရှိသော၊ unable to avoid, မလွတ်၊ ခံရသော၊ —*n.* one who is under a sovereign, ကျွန်၊ ကျွန်တော်မျိုး။ —of government, ကျေးကျွန်၊ the object acted on, အရာရာ၊ (in verbal nouns) a topic, အကြောင်းအရာ၊ Subject′, *v. t.* to bring under dominion, အုပ်စိုးခြင်းကိုခံစေသည်၊ to enslave, ကျွန်ခံစေသည်၊ to reduce to the necessity of enduring, မလွတ်နိုင်ဘဲခံရအောင်ပြုသည်၊ to submit for examination, အစစ်ခံရအောင်အပ်သည်။

**Subjection**, *n.* from above, *v. t.;* the state of being subject, အုပ်စိုးခြင်းကိုခံခြင်း။
**Subjective**, *a.* စိတ်တင်သောအရာနှင့်ဆိုင်သော။
**Subjoin**, *v. t.* ဆက်၍ထည့်သည်။
**Subjugate**, *v. t.* တိုက်ထွ၍အုပ်စိုးသည်။
**Subjugation**, *n.* from above.
**Subjunctive**, *a.* တစုံတခုသောအရာနှင့်ဆက်လျက်ရှိသော။
**Sublimate**, *v. t.* evaporate and re-condense, ဖြန်၍ကြိုချက်သည်။ to improve, make more excellent, တိုး၍ကောင်းမြတ်စေအောင်ပြုသည်။ —*n.* corrosive—, ပြဒါးဆား။
**Sublimation**, *n.* from above.
**Sublime**, *a.* high, မြင့်သော။ high in excellence, မြင့်မြတ်သော။ great and lofty, ကြီးမြင့်သော။ —*v. t. see* Sublimate.
**Sublimity**, *n.* from above, *a.*
**Sublunary**, *a.* ဤလောကနှင့်ဆိုင်သော။
**Submarine**, *a.* ပင်လယ်အောက်မှာရှိသော။
**Submerge**, *v. t.* မြုပ်သည်။ —in water, ရေမြုပ်သည်။
**Submersion**, *n.* from above.
**Submission**, *n.* the act of submitting one's self, သူတပါးအုပ်စိုးခြင်းကိုဝန်ခံခြင်း။ the act of yielding, ဝန်ချခြင်း။ acknowledgment of a fault, အပြစ်ရှိသည်ဟုဝန်ချခြင်း။ တောင်းပန်ခြင်း။ resignation, ကိုယ်အလိုသို့မလိုက်၊ သူအလိုကိုဝန်ခံခြင်း။
**Submissive**, *a.* yielding to another, ဝန်ချသော။ သူအလိုကိုဝန်ခံသော။ နားထောင်သော။ စိတ်နူးသော။ humble, နှိမ့်ချသော။ ကျိုးငံ့သော။
**Submissiveness**, *n.* from above.
**Submit**, *v. i.* to yield, ဝန်ချသည်။ —*v. t.* to lay before (a superior), တင်သည်။ to refer for decision, လွှဲအပ်သည်။ —one's self, *v. t.* (တစုံတဦးသောသူ၏) အုပ်စိုးခြင်းကိုဝန်ခံသည်။
**Subordinate**, *a.* inferior in order, အရာသာ၍ငယ်သော။ descending in a regular series, အစဉ်အတိုင်းအဆင့်ဆင့်ဆုတ်ယုတ်သော။ —*v. t.* အစဉ် အတိုင်း အဆင့်ဆင့် ဆုတ်ယုတ်သော အရာ၌ ခန့် ထားသည်။
**Subordination**, *n.* from above.
**Suborn**, *v. t.* to induce one to swear falsely, မမှန်သောကျိန်ဆိုခြင်းကိုပြုစေသည်။ to procure privately or by collusion, လျှို့ဝှက်၍ရအောင်ပြုသည်။
**Subornation**, *n.* from above.
**Subpœna**, *n.* သက်သေချေါ်သောလက်မှတ်စာ။
**Subscribe**, *v. t.* လက်မှတ်ထိုးသည်။ *v. i.* ဝန်ခံသည်။
**Subscription**, *n.* from Subscribe; a writing with names sub-

scribed. လက်မှတ်ထိုးသောစာ။ consent given by subscribing, လက်မှတ်ထိုး၍ ဝန်ခံခြင်း။ sum subscribed, လက်မှတ်ထိုး၍ပေးသွင်းသောငွေပေါင်း။

Subsequent, *a.* နောက်ဖြစ်သော။

Subsequently, *adv.* နောက်မှ။

Subserve, *v. t.* ညီသည်။ မသည်။ အကျိုးကိုပြုစုတတ်သည်။

Subservience, Subserviency, *n.* from above.

Subservient, *a.* from Subserve.

Subside, *v. i.* to settle, as sediment, (အနှစ်) ကျသည်။ to sink, become low, နိမ့်သွားသည်။ to become tranquil, ငြိမ်သွားသည်။ to abate, လျော့သည်။

Subsidence, Subsidency, *n.* from above.

Subsidiary, *a.* ကူညီသော။ ထောက်ပင့်သော။ မစသော။ —*n.* agent from *do.*

Subsidize, *v. t.* ကူညီထောက်ပင့်စေခြင်းငှါလက်ဆောင်တံစိုးပေးသည်။

Suisqdy, *n.* ကူညီထောက်ပင့်စေခြင်းငှါပေးသောလက်ဆောင်တံစိုး။

Subsist, *v. i.* to be, exist, ဖြစ်သည်။ to continue, retain the present state, တည်သည်။ to have the means of living, အသက်မွေးရန်အကြောင်းရှိသည်။ to inhere, စွဲလျက်ရှိသည်။

Subsistence, Subsistency, *n.* the act of subsisting, ဖြစ်ခြင်း။ that which subsists, ဖြစ်သောအရာ။ means of living, အသက်မွေးရန်အကြောင်း။ provision for sustaining life, အသက်မွေးရန်အစာအာဟာရစသောအသုံးအဆောင်။ inherence, စွဲ၍ရှိခြင်း။

Subsistent, *a.* from Subsist, *v. i.* 1st and last def.

Substance, *n.* any thing that exists, အရာ။ ဟာ။ ဥစ္စာ။ သရုပ်သကောင်။ အကောင်အထည်။ အထည်ကိုယ်။ animate—, သတ္တဝါညာဏ။ သတ္တဝ။ *Pali.* lifeless—, နိဇ္ဇီဝ။ *Pali.* that which supports accidents, ဖြဲ။ the essential part (of a thing), ဖြစ်ရင်းပကတိဖြစ်သောအရာ။ နဂိုရှိနှင့်ဆိုင်သောအရာ။ something real, not apparent or imaginary, အဏ္ဏ။ the solid part (of a thing), အနှစ်။ သာရ။ goods, property, ဥစ္စာ။ ဂဏ္ဏ။ ဝတ္ထု။ —of any thing, အသားအပေါ်။

Substantial, *a.* real, actually existing, ကေန်အမှန်ဖြစ်သော။ having real substance, not empty or imaginary, အဏ္ဏဖြစ်သော။ အနှစ်သာရရှိသော။ material, အထည်ကိုယ်ဖြစ်သော။ strong, ခိုင်ခံ့သော။ moderately wealthy, ကုံလုံသော။

Substantiality, *n.* from above, 1st, 2d and 3d def.

Substantialness, *n.* from Sustantial.

Substantiate, *v. t.* တည်စေသည်။

Substantive, *a.* ဖြစ်ခြင်းနှင့်ဆိုင်သော။ —*n.* နာမ်။

**Substitute**, *v. t.* အစားထိုးသည်၊ အစားခိုက်သည်၊ —*n.* a person substituted for another, ကိုယ်စား။ ကိုယ်စားလှယ်၊ ကိုယ်စားထားသောသူ၊ ကိုယ်စားထိုးသောသူ၊ —who is equally interested with the principal, ကိုယ်တူကွဲကွဲ၊ ကိုယ်တူရင်း၊ a thing substituted for another, အစားထိုးသောအရာ၊

**Substitution**, *n.* from above, *v. t.*

**Substract**, *see* Subtract.

**Substratum**, *n.* အောက်ကခင်းသောအထပ်အလွှာ၊

**Substructure**, *n.* အောက်ခံ၊

**Subtend**, *v. t.* အောက်ကတန်းသည်၊

**Subtense**, *n.* အောက်ကတန်းသောအရာ၊ အောက်ကတန်း။

**Subterfuge**, *n.* လွတ်အောင်ပြုသောဥပါယ်တမျှည်၊

**Subterranean, Supterraneous**, *a.* မြေကြီးအောက်မှာတည်သော၊

**Subtile**, *a.* fine and minute, နူးညှံ့သေးနုပ်သော၊ fine, nice, delicate, နူးညှံ့သိမ်မွေ့သော၊ piercing, as pain, ရူးသော၊ cunning, လိမ္မာသော၊ deceitful, လိမ်ထည်သော၊ over-nicely distinguished, စေ့စေ့စပ်စပ်ခြားနားလွန်းသော၊

**Subtilization**, *n.* from next.

**Subtilize**, *v. t.* from Subtile 1st and last def.

**Subtle**, *see* Subtile.

**Subtract**, *v. t.* နုတ်သည်၊ ကုတ်သည်၊

**Subtraction**, *n.* from above.

**Subtrahend**, *n.* နုတ်ကိန်း။

**Suburb**, *n.* မြို့၏ဥပစာ၊ ထင်မြေဖုံး။ မြို့ကျေးလက်၊ *pl.* ကျေးလက်၊

**Suburban**, *a.* မြို့၏ဥပစာ၌တည်သော၊

**Subversion**, *n.* from Subvert.

**Subversive**, *n.* from next.

**Subvert**, *v. t.* မှောက်လှန်ဖျက်ဆီးသည်၊

**Succedaneous**, *a.* အစားထိုး၍သုံးရသော၊

**Succedaneum**, *n.* အစားထိုး၍သုံးသောအရာ၊

**Succeed**, *v.* to follow in order, အစဉ်အတိုင်းလိုက်သည်၊ to take place in regular succession, ဆက်ခံသည်၊ —as a generation, ဆင်းသက်သည်၊ to come in the place of another, (တစုံတဦးသောသူ၏) အရာ၌ဝင်သည်၊ to follow, come after, နောက်သို့လိုက်သည်၊ to terminate successfully, ပြီး၍ဖြစ်သည်၊ to obtain one's end. အကြံထမြောက်သည်၊ —*v. t.* from two last def.

**Success**, *n.* အကြံထမြောက်ခြင်း။

**Successful**, *a.* အကြံထမြောက်သော၊ အကျိုးစီးပွားကိုရသော၊

**Succession**, *n.* from Succeed, 1st and 2d def.; a series of descendants, ဆင်းသက်သောအမျိုးအနွယ်။ hereditary—, အမြဲအရာ။

Successive. *a.* အစဉ်အတိုင်းလိုက်သော၊ တခုနောက်တခုလိုက်သော၊ ဆက်ကာဆက်ကာဖြစ်သော။

Successively, *adv.* အဆက်ဆက်အတန်တန်၊ အတန်တန်အရန်ရန်။

Successless, *a.* အကျိုးစီးပွားကိုမရသော။

Successor, *n.* (တစုံတဦးသောသူ၏) အရာကိုဆက်ခံရသောသူ။

Succinct, *a.* အကျဉ်းအားဖြင့်ချုပ်၍ပြောသော (စကား။)

Succinctness, *n.* from above.

Succor, *v. t.* မစသည်၊ —*n.* from *do.* အကူအညီ။

Succulence, *n.* from next.

Succulent, *a.* အရည်ရွှမ်းသော၊

Succumb, *v. i.* ဝန်ချသည်။

Such, *pron. a.* of this or that sort, သို့၊ ဤသို့၊ ထိုသို့၊ ယင်းသို့၊— (refering to what has been specified,) ဤမည်သော၊ the same that, သော၊ (connecting particle.)

Suck, *v. t.* to draw (milk from the breast,) နို့သည်၊ to draw by any mode of suction, or to imbibe, absorb, စုတ်သည်။ —*n.* from above, 1st def.; milk drawn from the breast, နို့သောနို့။

Sucker. *n.* any thing that sucks or draws, စုတ်သောအရာ၊ a pipe used in sucking, ပစပ်နှင့်စုတ်သောပြွန်တံ၊ ခေါင်တံ၊ ပတ္တူတံ၊ the shoot of a tree from the root, အဘက်၊ one variety of fish. ငါးပြန်နီ။

Suckle, *v. t.* နို့တိုက်သည်။

Suckling, *n.* နို့နို့သူငယ်၊ နို့နို့ကလေး။

Suction, *n.* စုတ်ခြင်း။

Sudden, *a.* ရုပ်ခနဲဖြစ်သော၊ on a —, *adv.* ရုပ်ခနဲ၊ ဖောက်ခနဲ။

Suddenness, *n.* from Sudden.

Suddenly, *adv.* ရုပ်ခနဲ၊ စုတ်ချင်း၊ or စုတ်ချည်း၊ ရုပ်ခနဲ၊ ပြုတ်ခနဲ၊ ဆတ်ခနဲ၊ ဆတ်ချည်း၊ ရုတ်ခြည်းမှတ်။ —and loudly, ဗိုင်းခနဲ။ —and unexpectedly, လတ်လတ်ဆတ်ဆတ်။

Sudorific, *a.* ချွေးထွက်စေသော၊

Sudorous, *a.* ချွေးဖြစ်သော။

Suds, *n.* ဆပ်ပြာမြှုပ်။

Sue, *v. t.* to prosecute at law, တရားစွဲဆိုသည်၊ စာထားတရားပြုလုပ်သည်။ —*v. i.* to petition, တောင်းပန်သည်၊လျှောက်တောင်းသည်။

Suet, *n.* ကျောက်ကပ်၌ကပ်သောအဆီခဲ။

Suffer, *v. t.* to bear, as pain, or to endure, sustain, ခံသည်၊ ခံမှုသည်၊ —punishment, အပြစ်သင့်သည်၊ အပြစ်ခံသည်၊ ဒါဏ်ခံသည်။

to permit, မဆီးမတားဘဲနေသည်၊ —*v. t.* to undergo pain, နာသည်၊ —loss, နာသည်၊ to be injured, ယိုယွင်းသည်၊

**Sufferable,** *a.* ခံနိုင်ဖွယ်ဖြစ်သော၊

**Sufferance,** *n.* the bearing of a pain, ဝေဒနာခံခြင်း၊ နာခြင်း၊ patience, သည်းခံခြင်း၊ permission, မဆီးမတားဘဲနေခြင်း။

**Sufferer,** *n.* agent, from Suffer.

**Suffering,** *n.* from Suffer.

**Suffice,** *v. i.* to be sufficient, လောက်သည်၊ —*v. t.* to satisfy, အလိုပြည့်စုံစေသည်၊

**Sufficiency,** *n.* enough, အလုံအလောက်၊ adequacy, တန်ခြင်း၊ ထိုက်တန်ခြင်း၊ ability, တတ်နိုင်သောအစွမ်းသတ္တိ၊ (to have a tolerable sufficiency, ကြေးငံသည်၊ ထက်ငံသည်၊

**Sufficient,** *a.* enough, လောက်သော၊ adequate, တန်သော၊ ထိုက်တန်သော၊ able, capable competent to, နိုင်သော၊ တတ်နိုင်သော၊

**Suffix,** *v. t.* စကားဖျားနွဲ့ထက်သည်၊ —*n.* စကားဖျားနွဲ့ဆက်သောဝိဘတ်၊

**Suffocate,** *v. t.* —with water, ရွှံ့အောင်ပြုသည်၊ to stifle, as with smoke, dirt, etc. မွန်းအောင်ပြုသည်၊

**Suffocation,** *n.* from above.

**Suffragan,** *n.* ဂိုဏ်းချုပ်စီရင်ရာပါဝင်သောဂိုဏ်းအုပ်၊

**Suffrage,** *n.* တဖက်၌နေ၍သဘောရှိရာအမှတ်လက္ခဏာကိုပြသည်၊

**Suffuse,** *v.* ဖုံးလွှမ်းသည်၊

**Suffusion,** *n.* from above.

**Sugar,** *n.* သကြား၊ —candy, သကြားခဲ၊ သကြားပွင့်၊ —cake, သကြားမုန့်၊ —cane, ကြံ၊ ကြံမင်း၊ ဘောင်းကြံ၊ —loaf, သကြားတိုင်၊ —plum, ဆီးသီးငယ်သဏ္ဌာန်လုပ်သောသကြားလုံး၊ unrefined—, ကြံသကာ၊

**Sugary,** *a.* sweet as sugar, သကြားကဲ့သို့ချိုသော၊ containing sugar, သကြားပါသော၊

**Suggest,** *v. t.* to hint, အရိပ်ပေးသည်၊ to furnish a thought, အကြံပေးသည်၊ ဉာဏ်ပေးသည်၊ သညာပေးသည်၊

**Suggestion,** *n.* from above; something suggested, အကြံပေးချက်၊

**Suicidal,** *a.* ကိုယ်အသက်ကိုသတ်ခြင်းနှင့်ဆိုင်သော၊

**Suicide,** *n.* self-murder, ကိုက်အသက်ကိုသတ်ခြင်း။

**Suit,** *n.* a set, number of things fitted to be used together, စုံလင်သောအရာစု၊ a petition, တောင်းပန်ခြင်း၊ courtship, (မိန်းမကို) ဖျည့်ခြင်း၊ a lawsuit, တရားမှု၊ တရားတွေ့မှု၊ —*v. i.* တန်သည်၊ တော်သည်၊ လျော်သည်၊ ထင့်သည်၊ ညီလျော်သည်၊ —*v. t.* from *do.*

**Suitable,** *a.* from Suit, *v. i.* အထောက်တန်သော၊ fit, ထိုက်တန်သော၊ လျောက်ပတ်သော၊

**Suitableness,** *n.* from above; ပဋိရူပ၊ *Pali.*

Suite, *n.* နောက်ပါအခြွေအရံ၊
Suited (be), *v. i.* အားရသည်။
Suitor, *n.* agent, from Sue, and Sue to; a wooer, (မိန္မကို) ဖွဲ့ညီသောသူ။
Sulkiness, *n.* from next.
Sulky, *see* Sullen.
Sullen, *a.* စိတ်ငြိုသော၊ သုန်မှုန်၍နေသော၊ မာန်မူသော။ သိုးသော။ privately angry, စိတ်ဖွက်သော။
Sullenness, *n.* from above.
Sullenly, *adv.* သိုးကျားကျား။ မှုန်တုန်တုန်၊
Sully, *v. t.* to soil, ညစ်စေသည်။ to tarnish (in various ways,) မှိန်စေခြင်း၊ မှုန်စေခြင်း၊ မှေးစေခြင်းပြုသည်။ to tarnish character, အသရေယုတ်လျော့စေခြင်းပြုသည်။
Sulphur, *n.* ကန့်မှုန့်၊
Sulphuret, *n.* —of iron, သံတိုက်ကျောက်။ ဖယန်းကျောက်။
Sulphureous, Sulphuric, Sulphurous, *a.* ကန့်ပါသော။ ကန့်သဘောရှိသော။
Sultan, *n.* တုရကရှင်ဘုရင်။
Sultriness, *n.* from next.
Sultry, *a.* ညှိုးနွမ်းစေခြင်းပူအိုက်သော။
Sum, *v. t.* to collect into one. ပေါင်းသည်။ to bring into a small compass, အကျဉ်းချုပ်သည်။ —*n.* amount, ပေါင်း။ a quantity, အရှိ။ တရှိ။ what contains the whole in brief, အချုပ်အချာ၊ completion, စုံလင်ခြင်း။
Summary, *a.* compendious, အကျဉ်းချုပ်သော။ အချုပ်အချာဖြစ်သော၊ performing in a short, off-hand manner, မသိုင်းဝိုင်းဘဲအဆောတလျင်ပြုသော၊ —*n.* အချုပ်အချာ။ စကားချုပ်၊
Summer 1, *n.* the season, အင်္ဂလိတ်ပြည်မှာဒုတိယဥတုတည်းဟူသောနွေကာလ။ —2, *n.* the principal beam of a floor, မိကျောင်းတုံး။ ရက်မ၊ round—, ပေါင်းကွတ်။
Summerset, *n.* ပြွမ်းထိုးခြင်း။
Summit, *n.* ထိပ်၊ အထွဋ်အထိပ်။ အခေါင်။ အဖျား။ အထက်ဆုံး။ —of the universe, ထဝက်။
Summon, *v. t.* အာဏာနှင့်ခေါ်သည်။ ချခေါ်သည်။ သမ္မန်ချသည်။
Summons, *n.* ချခေါ်သောလက်မှတ်စာ။ (Eng.) သမ္မန်စာ၊
Summum bonum, *n.* အကောင်းဆုံး၊ အမြတ်ဆုံးသောအကျိုး။
Sumpter, *n.* အသုံးအဆောင်များကိုတင်သောမြင်း၊
Sumptuary, *a.* အသုံးစရိတ်နှင့်ဆိုင်သော၊
Sumptuous, *a.* စရိတ်အကုန်များ၍အဆန်းအကြွယ်ဖြစ်သော၊
Sumptuousness, *n.* from above

Sun, *n.* နေ။ သူရိယာ။ *Pali.* as a planet, တနင်္ဂနွေဂြိုဟ်။ morning—, နေစော။ —dew, မိုဃ်းတွင်းသေး ကျေးသနပ်ပန်း။ —beam, *n.* နေရောင်ခြည်။ —bright, *a.* နေကဲ့သို့တောက်ပသော။ —burnt, *a.* နေပူခံ၍ညိုသော။ —dial, *n.* နေတိုင်းနာရီ။ —down, နေဝင်ချိန်။ —fish, ရှူး —dried, *a.* နေပူခံ၍သွေ့ခြောက်သော။ —light, *n.* နေရောင်။ —lit, *a.* နေရောင်နှင့်လင်းသော။ —proof, *a.* နေခြည်မထိုးမဖောက်နိုင်သော။ —rise, —rising, *n.* the rising of the sun, နေထွက်ခြင်း။ the time of the sun's rising, နေထွက်ချိန်။ —set, —setting, *n.* the setting of the sun, နေဝင်ခြင်း။ the time of the sun's setting, နေဝင်ချိန်။ —shine, *n.* နေရောင်။ —shiny, *a.* နေရောင်ထွန်းလင်းသော။ —stroke, *n.* ရောင်ထိချက်။ —*v. t.* နေပူမှာလှန်းသည်။ (from sun rise to set, နေထွက်နေဝင်။)

Sunday, *n.* တနင်္ဂနွေနေ့။ တနင်္ဂနွေနေ့။

Sunder, *v. t.* ခွာသည်။ ခွဲခွာသည်။ ခွဲဖြတ်သည်။ ပိုင်းသည်။ in—, *adv.* ပိုင်းဖြတ်သည်နှင့်။

Sundrily, *adv.* အစစ။

Sundry, *a.* မနည်းမများသော။ အချို့။ တချို့။ ဓိနာ။ ဓိနာအာဝ။

Sunflower, *n.* နေကြာ။

Sunken, *a.* as a perished eye, ယောက်တောက်။

Sunny, *a.* like, the sun, နေကဲ့သို့ဖြစ်သော။ proceeding from the sun, နေထဲကထွက်သော။ exposed to the rays of the sun, နေရောင်ကိုခံလျက်ရှိသော။

Sup, *v. t.* ရှုပ်သည်။ —*v. i.* ညစာစားသည်။ —*n.* from above, *v. t.* တရှုပ်။

Super, *pref. in composition*, အပေါ်။

Superabound, *v. i.* အလွန်ပေါမှားသည်။

Superabundance, *n.* from next.

Superabundant, *a.* အလွန်ပေါမှားသော။

Superadd, *v. t.* ထပ်လောင်းသည်။ စွက်သည်။ ဖျောက်သည်။

Superaddition, *n.* from above.

Superangelic, *a.* ကောင်းကင်တမန်ထက်အရာသာ၍ကြီးသော။

Superannuated (be), *v. i.* အသက်အရွယ်လွန်၍အမှုထမ်း၊ အရာထမ်းကလွတ်သော။

Superannuation, *n.* from above.

Superb, *a.* မြင့်မြတ်ဆန်းကြယ်သော။

Supercargo, *n.* သင်္ဘောနှင့်လိုက်၍ကုန်စည်ကိုရောင်းဝယ်ရသောသူ။

Supercelestial, *a.* မိုဃ်းကောင်းကင်ထက်မြင့်သော။

Supercilious, *a.* ထောင်လွှားစော်ကားသော။

Superciliousness, *n.* from above.

Supereminence, *n.* from next.

Supereminent, *a.* အလွန်မြင့်မြတ်သော။
Supererogation, *n.* from next.
Supererogatory, *a.* ပြုသင့်သည်ထက်သာလွန်၍ပြုသော။
Superexcellence, *n.* from next.
Superexcellent, *a.* အလွန်မြတ်သော။
Superficial, *a.* being on the surface, အပေါ်ယံ၌ရှိသော၊ shallow, မနက်၊ တိမ်သော။ smattering, အပေါ်ယံ၌ကာသမျှတတ်သော။ —*n.* extent, အကျယ်အဝန်း။
Superficialness, *n.* from above.
Superficies, *n.* အပြင်၊ မျက်နှာပြင်၊ အလွှာ၊
Superfine, *a.* အချောဆုံးသော။
Superfluity, *n.* အသုံးလိုသည်ထက်ပိုမို၍ရှိသောအရာ။
Superfluous, *a.* အသုံးလိုသည်ထက်ပိုမို၍ရှိသော။
Superhuman, လူပကတိ၊ အစွမ်းသတ္တိထက်သာ၍ထူးမြတ်သော။
Superincumbent, *a.* တင်လျက်ရှိသော။
Superinduce, *v. t.* ထပ်ဆင့်၍သွင်းသည်။
Superinduction *n.* from above.
Superintend, *v. t.* ကြည့်ရှုကြပ်မသည်၊ စောင့်ကြပ်သည်၊ ကြပ်မသည်၊ (—and encourage,) ကမကထပြုသည်။
Superintendence, *n.* from above.
Superintendent, *n.* agent from Superintend.
Superior, *a.* higher, upper, သာ၍မြင့်သော။ higher in rank or office, အရာသာ၍ကြီးသော။ more excellent, သာ၍မြတ်သော။ လွန်ကဲသော။ more powerful, သာ၍တန်ခိုးကြီးသော။ —*n.* သာ၍ကြီးမြတ်သောသူ။ လွန်ကဲသောသူ။
Superiority, *n.* from above.
Superlative, *a.* အမြတ်ဆုံးဖြစ်သော။
Superlativeness, *n.* from above.
Supernal, *a.* having a higher position, သာ၍မြင့်သော။ relating to things above, ကောင်းကင်ဘုံနှင့်ဆိုင်သော။
Supernatant, *a.* ပေါ်လောနေသော။
Supernatural, *a.* လူတို့တန်ခိုးထက်လွန်ကဲသောတန်ခိုးအားဖြင့်ဖြစ်သော။
Supernumerary, *a.* ပိုမိုသော။ —*n.* ပိုမိုသောသူ။
Superposition, *n.* တင်ခြင်း။
Superscribe, *v. t.* လိပ်စာရေးသည်။
Superscription, *n.* လိပ်စာ၊ ကမ္ပည်း။
Supersede, *v. t.* အစားသွင်းသောအားဖြင့် (တဦးသောသူ၊ တခုသောအရာကို) ပယ်သည်။
Supersession, *n.* from above.

**Superstition**, *n.* from next; false religion, မိစ္ဆာဒိဋ္ဌိ၊ credulity, ယုံလောက်သောသက်သေမရှိဘဲအလွယ်ယုံခြင်း၊

**Superstitious**. *a.* unreasonably fearful in religious matters, ဘုရား၊ တရားနှင့် ဆိုင်သောအမှု၌ အထောက်မတန် ကြောက်ရွံ့သော၊ excessively scrupulous in the performance of duty, ဝတ်ပြုရာ၌ ဖြစ်ထွေစိတ်အားကြီး၍စောင့်စည်းလွန်းသော၊

**Superstructure**, *n.* ထပ်ဆင့်၍တည်ဆောက်သောအရာ၊

**Supervene**, *v. i.* ထပ်၍ပေါ်လာသည်၊

**Supervenient**, *a.* from above.

**Supervision**, *n.* from next.

**Supervise**, *v. t.* ပွင်ဆင်စောင့်ကြည့်ရှုသည်၊

**Supervisor**, *n.* agent, from above.

**Supine**, *a.* lying on the back, ပက်လက်နေသော၊ careless and indolent, သတိမရှိ၊ ပျင်းရိသော၊

**Supineness**, *n.* from above.

**Supper**, *n.* ညစာ၊

**Supperless**, *a.* ညစာမစားသော၊

**Supplant**, *v. t.* ပရိယာယ်အားဖြင့်သူနေရာကိုလုယ၍ရသည်၊

**Supple**, *a.* ပျော့သော၊ ပြောင်းသော၊ —*v. t.* from *do.*

**Supplement**, *n.* a supply of what is wanting, ဖြည့်စွက်၍ထည့်သော အရာ၊ an appendix to a writing, ဆက်သောစာ၊ စကားဆက်၊

**Supplemental, Supplementary**, *a.* ဆက်လက်၍ထည့်သော၊

**Suppleness**, *n.* from Supple, *a.*

**Suppliant, Supplicant**, *a.* တောင်းပန်သော၊ —*n.* agent, from *do.*

**Supplicate**, *v. t.* တောင်းပန်သည်၊

**Supplication**, *n.* from above.

**Supply**, *v. t.* to fill up a deficiency, ဖြည့်စွက်သည်၊ to furnish, အသုံးခံသည်၊ အသုံးလိုသမျှကိုပေးသည်၊ to use instead of, အစားထားသည်၊ —*n.* the act of furnishing what is wanted, လိုသောအရာကိုဖြည့်စွက်၍ထည့်ထားခြင်း၊ the things furnished, အသုံးလိုသည်အတိုင်းဖြည့်စွက်၍ထည့်ထားသောအရာ၊

**Support**, *v. t.* to prop up, ခုသည်၊ ထောက်သည်၊ ထောက်မသည်၊ —with a prop, ထောက်ခံသည်၊ to bear, sustain, ခံသည်၊ ဆောက်ကခံသည်၊ မသည်၊ (—on one or both arms,) ပွေ့သည်၊ ပွေ့ချီသည်၊ ပွေ့ဖက်သည်၊ to support with one arm, and clasp with the other, ပွေ့ပိုက်သည်၊ to endure, ခံသည်၊ to endure with patience, သည်းခံသည်၊ to aid, stand by, ကူညီသည်၊ ထောက်ပင့်သည်၊ to sustain by argument, ထုတ်မှန်ကြောင်းထင်ရှားအောင်ပြသည်၊ to bear the expense of, စရိတ်ခံသည်၊ to maintain with provision, etc. စရိတ်ခံ၍ကျွေးမွေးသည်၊ လုပ်

ကျွေးသည်။ —a good character, ကောင်းသောအသရေကိုဆောင်သည်။ —life, အသက်မွေးသည်။ to represent well, (တစုံတဦးသော) သူ၏အရောင်ကိုတူအောင်ဆောင်သည်။ —*n.* the act of upholding, sustaining, etc. ထောက်ခြင်း၊ မခြင်း၊ ကူညီခြင်း၊ any thing that supports, အရုံ၊ ဒူတုံး၊ ထောက်ခံ၊ အမှီ၊ အမှီတံကဲ၊ ထောက်၊ —for the back, တံကဲ၊ အထောက်၊ အထောက်အမ၊ ထောက်ပင့်သောအရာ၊ that which aids, ကူညီသောအရာ၊ ထောက်မသောအရာ၊ sustenance, အသက်မွေးခြင်း၊ ကျွေးမွေးခြင်း၊

Supportable, *a.* ခံနိုင်ဖွယ်ဖြစ်သော၊

Supposable, *a.* ထင်မှတ်ဖွယ်ဖြစ်သော၊

Supposal, *see* Supposition.

Suppose, *v. t.* to state as if true for the sake of argument, ဆွေးနွေးရန်ရှိစေခြင်းငှါအမှန်ကဲ့သို့ပြောထားသည်။ to infer the necessity of, မရှိဘဲမနေရဟုဝေဖန်သည်။ to imagine, think, ထင်မှတ်သည်။

Supposition, *n.* from above.

Suppositious, *a.* အရောင်ဆောင်လျက်ရှိသော၊

Suppress, *v. t.* to crush, နှိပ်နင်းသည်။ to restrain (feeling,) စောင့်သည်။ to retain without disclosure, ထိမ်ဝှက်သည်။ to stifle, မထင်မပေါ်နိုင်အောင်ဖုံးဖိသည်။ to check, stop (a discharge,) ရပ်စေသည်။ ချုပ်သည်။ စောင့်စောင်ပြုသည်။

Suppression, *n.* from above.

Suppurate, *v. i.* ပြည်မှည့်သည်။

Suppuration, *n.* from above.

Supremacy, *n.* from next, 1st def.

Supreme, *a.* highest in authority, အကြီးဆုံးသောအာဏာတန်ခိုးမရှိသော၊ highest, most excellent, အမြင့်ဆုံး၊ အမြတ်ဆုံးဖြစ်သော၊

Surcease, *see* Cease.

Surcharge, *v. t.* ဝန်ပိုမိုချတင်သည်။

Surcingle, *n.* မြင်းကုန်းပတ်ကြိုး၊

Sure, *a.* certain, unfailing, ကေန်မုချဖြစ်သော၊ မချွတ်မယွင်းဖြစ်သော၊ assured in mind, ယုံမှားခြင်းမရှိ၊ အမှန်သိသော၊ အတပ်သိသော၊ firm, permanent, တည်သော၊ မြဲမြံသော၊ secure, လုံချုံသော၊ to be—, *adv.* ကေန်အမှန်၊ —footed, *a.* အသွားကျင့်မယည်းတတ်သော၊

Suretyship, *n.* အာမခံဖြစ်ခြင်း၊

Surety, *n.* certainty, ကေန်မုချဖြစ်ခြင်း၊ မချွတ်မယွင်းမှန်ခြင်း၊ security, safety, ဘေးလွတ်၍လုံချုံခြင်း၊ one bound of another, အာမခံ၊ the act of being or giving security, အာမခံခြင်း၊ တိုင်ခံခြင်း၊

Surf, *n.* သောင်ပေါ်မှာရိုက်သောလှိုင်းချုပ်၊

**Surface**, *n.* အပြင်၊ မျက်နှာပြင်၊ အဝှမ်း၊ outside, အပေါ်ယံ၊ —of the sea, ပင်လယ်ကြော၊ —of the earth, မြေပြင်၊

**Surfeit**, *v. t.* စားပိုးနင့်သည်တိုင်အောင်စားသောက်သည်၊ —*v. i.* မကျိမဆံ့စားသောက်သည်၊ —*n. do.*

**Surge**, *n.* လှိုင်းတံပိုး၊ —*v. i.* လှိုင်းတံပိုးထသည်၊

**Surgeon**, *n.* ဓားနှင့်လှီးဖြတ်ခြင်း၊ ဆေးလူးဖုံခြင်း၊ အမှုနှင့်ကုသောဆေးသမား၊

**Surgery**, *n.* ထိုသို့ကုတတ်သောဆေးသမားအတတ်၊

**Surgical**, *a.* ထိုအတတ်နှင့်ဆိုင်သော

**Surliness**, *n.* from next.

**Surly**, *a.* မျက်နှာထားနှင့်မှုန်ချနေတတ်သော၊

**Surmise**, *v. t.* အမှုမဖြစ်မှီဂဝေဂဝက်ထင်သည်၊ —*n.* from *do.*

**Surmount**, *v. t.* to rise above, အပေါ်သို့ထက်သည်၊ to overcome (a difficulty,) အကြိုထမြောက်သည်၊ to surpass, exceed, သာသည်၊ လွန်သည်၊ လွန်ကဲသည်၊

**Surmountable**, *adjective* in နိုင်ဖွယ်၊ from above.

**Surname**, *v. t.* ဆင့်၍မှည့်သည်၊ —*n.* ထပ်ဆင့်၍မှည့်သောအမည်နာမ၊

**Surpass**, *v. t.* သာသည်၊ လွန်သည်၊ လွန်ကဲသည်၊ —in skill or execution, ထူးချွန်သည်၊

**Surpassing**, *a.* ထူးဆန်းသော၊ အလွန်မြတ်သော၊

**Surplice**, *n.* အင်္ဂလိပ်မင်းဆရာဝတ်သောအင်္ကျီဖြူ၊

**Surplus** Surplusage, *n.* အပိုအမို၊

**Surprisal**, *n.* from next.

**Surprise**, *v. t.* to take unawares, ရှောင်တခင်တိုက်ထွသည်၊ to strike with wonder, အံ့ဩစေသည်၊ to confuse the mind, စိတ်တွေဝေစေသည်၊ —*n.* from above, 1st def.; sudden wonder, ရုတ်ခနဲအံ့ဩခြင်း၊

**Surprising**, *a.* အလွန်အံ့ဩဖွယ်ဖြစ်သော၊ ထူးဆန်းသော၊

**Surrender**, *v. t.* ဝန်ချချအပ်သည်၊ —*n* from *do.*

**Surreptitious**, *a.* သူတပါးမသိအောင်ကြံစည်၍ပြုသော၊

**Surrogate**, *n.* ဂိုဏ်းအုပ်ကိုယ်စားလှယ်၊

**Surround**, *v. t.* ဝန်းရံသည်၊ ဝိုင်းသည်၊ ပတ်ဝိုင်းသည်၊ ခြံရံသည်၊ ဝန်းဝိုင်းသည်၊ attend, ခြွေရံသည်၊

**Surtout**, *n.* အပေါ်အင်္ကျီ၊

**Surveillance**, *n.* ကြည့်ရှု၍စောင့်နေခြင်း၊

**Survey**, *v. t.* to inspect throughout, အနှံ့အပြားကြည့်ရှုသည်၊ to view, in order to make some decision, (တစုံတခုကို) ဆုံးဖြတ်ခြင်းငှါစစ်ဆေး၍ကြည့်ရှုသည်၊ to examine, and mark the approaches of a coast, ပင်လယ်ရေချောင်း၊ မြစ်ရေချောင်းကိုရေစမ်း၍မှတ်သားသည်၊ to measure land, မြေတိုင်းသည်၊ —*n. do*

**Surveying**, *n*. မြေတိုင်းအတတ်။

**Surveyor**, *n*. agent, from Survey; —general, *n*. မြေတိုင်းအမတ်။

**Survival**, *n*. from next.

**Survive**, *v. i.* to remain alive, အသက်ရှင်သေးသည်။ —*v. t.* to outlive, (သေးသောသူထက်) သာလွန်၍အသက်ရှင်သည်။

**Survivor**, *n*. agent, from above.

**Susceptibility, Susceptibleness**, *n*. from next.

**Susceptible**, *a*. capable of receiving impression, ခံနိုင်သောသဘော ရှိသော။ having feelings easily excited, ဝေဒနာခံစားလွယ်သော။ စိတ်ကိုနှိုးဆော်နိုင်လွယ်ဖြစ်သော။

**Suspect**, *v. t.* to imagine without evidence, သက်သေမရှိဘဲထင်မှတ် သည်။ to think guilty without proof, ယုတ်ပတ်သည်။ to regard as doubtful, သက်ဘမကင်း၊ ယုံမှားသည်။ —of a crime, ပိုးသည်။

**Suspend**, *v. t.* to hang up, ဆွဲထားသည်။ —by the neck, လည်ဆွဲ ချသည်။ —from the shoulder, လွယ်သည်။ to make depend on, မှီစေသည်။ to intermit, စဲစေသည်။ to stay, တန့်ရပ်စေသည်။ ဆိုင်းစေသည်။ to deprive of a privilege, အခွင့်ကိုနုတ်သိမ်း သည်။ —opinion, နှောင့်နှေးသည်။ —from office, အရာကို မနုတ်ဘဲမှိန်ထားသည်။ (in a hanging, suspensive manner, ရှာဖွား။)

**Suspenders**, *n*. ပေါင်းအိသိုင်းကြိုး။

**Suspense**, *n*. an intermission, စဲခြင်း။ uncertainty of mind, နှောင့် နှေးခြင်း။

**Suspensible**, *a*. ပေါ်လောနေနိုင်သော။

**Suspension**, *n*. from Suspend.

**Suspicion**, *n*. from Suspect; သိသရ၊ သက်ဘ၊ *Pali*. doubt, ယုဇနာ။ (free from suspicion, ယုဇနာကင်းသည်။)

**Suspicious**, *a*. ယုဇနာရှိသော။ apt to imagine without evidence, သက်သေမရှိဘဲထင်မှတ်တတ်သော။ apt to think guilty without proof, ယုတ်ပတ်တတ်သော။ calculated to excite suspicion, ယုတ်ပတ်ရန်ရှိသော။

**Suspiciousness**, *n*. from above.

**Sustain**, *v. t.* to bear, bear up, ခံသည်။ အောက်ကခံသည်။ မသည်။ to hold suspended, keep from falling, အောက်သို့မကျအောင် ဆွဲ၍ထားသည်။ to support, aid, stand by, ကူညီသည်။ ထောက် ပင့်သည်။ ထောက်မသည်။ to support by argument, ထုတ်မှန် ကြောင်းထင်ရှားအောင်ပြသည်။ to bear, endure, ခံသည်။ to endure without failing, to hold out, ရပ်ခံသည်။ to bear the expense of, စရိတ်ခံသည်။ to maintain with provisions, စရိတ်

ခံ၍ကျွေးမွေးသည်။ —a good character, ကောင်းသောအသရေကိုဆောင်သည်။ to represent well, (တစုံတဦးသော) သူ၏အရောင်ကိုတူအောင်ဆောင်သည်။

**Sustainable,** *a.* ထောက်နိုင်ခွယ်ဖြစ်သော။

**Sustainer,** *n.* agent, from Sustain.

**Sustenance,** *n.* maintenance, ကျွေးမွေးခြင်း။ food, အစာ၊ စားဘွယ်သောက်ဘွယ်။

**Sustentation,** *n.* from Sustain, and *see* Sustenance.

**Sutler,** *n.* တပ်နှင့်လိုက်၍စားဘွယ်သောက်ရန်ကိုရောင်းသောသူ။

**Suttee,** *n.* လင်အလောင်းနှင့်အတူမီးသင်းဂြိုဟ်ခြင်းကိုခံသောမယား။

**Suture,** *n.* the act of sewing, အပ်နှင့်ချုပ်ခြင်း။ the seam which unites the bones of the skull, ဦးကျွေခြင်းစွဲဆက်။

**Swab,** *n.* တံပွတ်။ *v. t.* တံပွတ်နှင့်သုတ်သည်။

**Swaddle,** *v. t.* —(an infant). အဝတ်နှင့်ပတ်ရစ်သည်။

**Swaddling-cloth,** *n.* ငွားမြင်စသူငယ်ကိုပတ်ရစ်သောအဝတ်။

**Swag,** *see* Sag.

**Swagger,** *v. i.* ဟိတ်ဟန်ဆောင်သည်။

**Swain,** *n.* ကျေးတောသားလုလင်။

**Swallow 1,** *n.* hirundo rustica, မိုးလင်းငှက်။ hirundo Daurica, ပုံလွှား။ hirundo esculens, ဇိဝဇိုး။ —2, *v. t.* မျိုသည်။ —, *n.* the gullet, အစာရေစာဝင်ရာလည်ချောင်း။ ရေမျို၊ လည်မျို, as much as is swallowed at once, တကျိုက်။

**Swamp,** *n.* ဗိမ့်၊ ဗိမ့်မြေ။ an extensive swamp, ညွန်ဗွက်ကြီးကျယ်ရာ။ —*v. t.* —(a boat or vessel), နစ်မြုပ်သည်။

**Swampy,** *a.* ဗိမ့်မြေဖြစ်သော။

**Swan,** *n.* ဟင်္သာ။

**Swap,** *v. t.* ထပ်သည်၊ လဲသည်။

**Sward,** *n.* မြက်ဖြစ်ကွယ်သောအပေါ်ယံမြေသွား၊ မြက်ပင်ပေါ်သောမြေမိုင်။ green—, မြက်ခင်း။

**Swarm,** *v. i.* —as bees, တအုံလုံးပြောင်းသွားသည်။ to collect in a crowd, တိုးသည်။ to be crowded with animals in motion, တိုးတက်သောအကောင်များနှင့်အပြည့်ရှိသည်။ *n.* —of bees, ပျားအုံ။ —(of small animals,) အစုအခိုး။ —(of people), အစုအဝေး။

**Swarthe, Swarthy,** *a.* ညိုသော။

**Swarthiness,** *n.* from above.

**Swash,** *n.* (Amer.) ရေခတ်ခြင်း။

**Swath,** *n.* a line of grass, etc. mowed down, တင်းစား။ the breadth of a sweep of a scythe, တင်းစားအနံ။

**Swathe,** *v. t.* အဝတ်နှင့်ကြပ်စည်းသည်။ —*n.* ကြပ်စည်းသောအဝတ်။

**Sway,** *v. i.* to lean to one side, တိမ်းသည်၊ ယိမ်းသည်။ —*v. t.* to bias, တဖက်သို့ငဲ့ကွက်ဆောင်ပြုသည်၊ to wield, စွဲကိုင်၍ဆောင်သည်၊ to rule, govern, အုပ်စိုးသည်၊ —*n.* the swing (of a weapon,) ဝင့်ခြင်း။ influence, သွေးဆောင်နိုင်သောအစွမ်းသတ္တိ၊ rule, အုပ်စိုးခြင်း။

**Swear,** *v. i.* to take an oath, ကျိန်ဆိုသည်၊ ကျမ်းကိုင်သည်၊ ကျမ်းဆိုသည်၊ —*v. t.* to administer an oath to, သစ္စာတိုက်သည်၊ ကျမ်းတိုက်သည်၊

**Sweat,** *n.* ချွေး။ —*v. i.* ချွေးထွက်သည်၊ —*v. t.* from *do.*

**Sweaty,** *a.* ချွေးနှိုနှိုသော၊

**Sweep,** *v. i.* to pass with swiftness and violence, ထုန်းခနဲပြေးသွားသည်၊ to glide along near the surface, သီသွားသည်၊ —as the wind, လေသုတ်ထသည်၊ —*v. t.* to clean or clear away with a broom, လှည်းသည်၊ တံမြက်စည်းလှည်းသည်၊ to remove with celerity and violence, ထုန်းခနဲပယ်ရှားသည်၊ ပြင်းစွာသုတ်သင်ပယ်ရှင်းသည်၊ to strike (a musical instrument) with a long stroke, သံရှည်ဘီးသည်၊ သံရှည်ထိုးသည်၊ to drag (the bottom of a river), ချော်တိုက်သည်၊—*n.* extent of reach, မှီနိုင်ရာအရပ်၊ a wellpole, မောင်း။ —net, *n.* ပိုက်တမျိုး။ —stake, *n.* လောင်းသောဥစ္စာကိုနိုင်၍ယူသောသူ၊

**Sweeper,** *n.* အမှိုက်လှည်းသမား။

**Sweepings,** *n. plur.* တံမြက်ချေး။

**Sweet,** *a.* —to the taste, ချိုသော၊ —to the smell, မွှေးသော၊ —to the ear, သာယာသော၊ —to the eye, လှသော၊ fresh, not salt, ချိုသော၊ fresh, not turned (as milk), ဆိမ့်သော၊ fresh, not stale, လတ်သော၊ mild, gentle, နူးညံ့သိမ်မွေ့သော၊ —bread, *see* Pancreas; —meat, *n.* ထို၊ —scented, —smelling, *a.* မွှေးသော၊ —tempered, *a.* စိတ်ကောင်းသော၊ —toned, *a.* အသံသာယာသော၊ excessively—, ချိုမြက်သော၊ —*n.* ချိုသောအရာ၊

**Sweeten,** *v. t.* from Sweet, *a.*

**Sweetheart,** *n.* ရည်းစား။

**Sweetish,** *a.* ခပ်ချိုချို၊ ချိုချိုထိုထို၊

**Sweetness,** *n.* from Sweet, *a.*

**Swell,** *v. i.* to grow bigger, become turgid, ရောင်သည်၊ ရောင်ရမ်းသည်၊ to rise as water in a river or the sea, မိုသည်၊ မောက်သည်၊ to rise into waves, လှိုင်းထထသည်၊ to be inflated, puffed up or out, ဖောင်းသည်၊ to protuberate, ဖုသည်၊ to become larger, ကြီးပွားသည်၊ —up, rise, ကောသည်၊ rise up conically, စူနှိသည်၊ ပွံ့သည်၊ ပွံ့ပွံ့ကြွသည်၊ to increase in sound, အသံတိုး၍ကြီးသည်၊ to be inflated with pride or passion, မာနအားဖြင့်ထူအန်းဖောင်းကြွ၍ရှိသည်၊ —*v. t.* from bove; —*n.*

—of the sea, လှိုင်းအိ။ extension of bulk, ကြီးပွားခြင်း။ an ascent or elevation of land, ကုန်း။ an increase of sound, အသံတိုး၍ကြီးခြင်း။ (to be slightly swelled, ရမ်းသည်။)

**Swelling**, *n.* a tumor, ရောင်သောအနာ။ a protuberance, အဖု။ —as from a blow, အဖူး။ inflation with pride or passion, မာန အားဖြင့်ထူအန်းဖောင်းကြွခြင်း။ —of the whole body, ဖိန်းဖြိုကိုယ်ရောင်။

**Swelter**, *v. t.* အိုက်ခြင်း၊ ပူခြင်းကြောင့်ညှိုးနွမ်းသည်။

**Sweltry**, *a.* ညှိုးနွမ်းစေအောင်ပူအိုက်သော။

**Swerve**, *v. i.* တိမ်းသွားသည်။

**Swift**, *a.* လျင်သော၊ မြန်သော၊ လျင်တန်သော။ violently—, လျင်ထန်သော။ —footed, *a.* ခြေသန်မြန်သော။ —*n.* ငှက်။ လက်ပုတ်ငှက်။

**Swiftness**, *n.* from Swift, *a.*

**Swig**, *v.* ရှူက်ကြီးစွာနှင့်သောက်သည်။

**Swill**, *v. t.* နွားဝတ်ရေချဲသောက်သကဲ့သို့သောက်သည်။ တုတ်သည်။ —*n.* ဝက်စာအရည်။

**Swim**, *v. i.* to float, ပေါ်လောနေသည်။ to be conveyed by the stream, မြော၍သွားသည်။ to move through water by the motion of the limbs, ရေကူးသည်။ to be dizzy, မူးဝေသည်။ —by throwing the hands over and forward, လက်ခြစ်ကူးသည်။

**Swindle**, *v.* သူ့ဥစ္စာကိုလိမ်လည်၍ယူသည်။

**Swindler**, *n.* agent, from above.

**Swine**, *n.* ဝက်။

**Swing**, *v. i.* to oscillate, တောက်တက်ခတ်လှုပ်၍နေသည်။ to move in a swing, ဒန်းစီးသည်။ to turn on the anchor, (သင်္ဘော) ထည်သွားသည်။ —*v. t.* to make oscillate, တောက်တက်ခတ်လှုပ်စေအောင်ပြုသည်။ to make move to and fro, as in a swing, လွှဲသည်။ ဒန်းလွှဲသည်။ to move to and fro, as the arms, in walking, ဟန်လွှဲ၍သွားသည်။ to whirl round in the air, ဝှေ့သည်။ —round (as a sword), ဒွှဲဝှဲသည်။ to make whirl round itsef, ချွေသည်။ —*n.* oscillation, တောက်တက်ခတ်လှုပ်၍နေခြင်း။ a rope or other apparatus to swing in, ဒန်း။ the sway (of a weapon), ဝှေ့ခြင်း။ momentum, သွားစေခြင်းငှါသွင်းသောအားအရှိန်။ unconstrained operation, ပေါက်လွှတ်ပြုခြင်း။

**Swinge**, *v. t.* ပြင်းစွာရိုက်ပုတ်သည်။

**Swingle**, *v. t.* to clean (flax), ထု၍ခြစ်သည်။

**Swinish**, *a.* ဝက်ကဲ့သို့ဖြစ်သော။

**Switch**, *n.* တံပျာ။ —of hair, ဆံစု။ —*v, t.* တံပျာနှင့်ရိုက်သည်။

**Swivel**, *n.* a ring that turns on a staple, လှည့်နိုင်အောင်လုပ်ထားသောကွင်း။ ပြသပူ။ a small cannon that may be turned in any direction, လှည့်၍လည်သောမိန့်ပြောင်း။

**Swollen (be)**, *v. i.* as the stomach or bowels, အယ်သည်။

**Swoon**, *v. i.* မြောသည်။ နစ်သည်။ သေငယ်သေသည်။ —*n.* from *do.*

**Swoop**, *v. t.* သုတ်သည်။ ထိုးသုတ်သည်။ သုတ်သွားသည်။ —*n.* from *do.*

**Sword**, *n.* ထားလွယ်။ short—, ထားမြှောင်။ two edged—, သန်လျက်။ —bearer, *n.* ထားတော်ကိုဆောင်သောသူ။ —belt, *n.* ထားလွယ်ကြိုး။ —blade, *n.* ထားရွက်။ —fish, *n.* ငါးဆင်။ —knot, *n.* ထားလွယ်ကြိုးပန်းပွား။ —player, ထားရေးပြသောသူ။

**Sybarite**, *n.* ကာမဂုဏ်၌ပျော်မွေ့သောသူ။

**Sycamore**, *n.* တည်ပင်တမျိုး။ သဖန်းပင်။

**Sycophant**, *n.* a tale bearer, ကုံးချောသောသူ။ a parasite, သူတပါးစိတ်ကြိုက်အောင်မြှောက်ပင့်လေ့ရှိသောသူ။

**Syllabic**, *a.* တပေါင်းတည်းဖြစ်သောစကားသံနှင့်ဆိုင်သော။

**Syllabication**, *n.* စာလုံးပေါင်းခြင်း။

**Syllable**, *n.* တပေါင်းတည်းဖြစ်သောစကားသံ။

**Syllabub**, *n.* နို့နှင့်စပျစ်ရည်ရောနှောသောအရည်။

**Syllabus**, *n.* နှုတ်ထုတ်၍ပေါင်းချုပ်သောစာ။ နိဒါန်း။

**Syllogism**, *a.* စကားသုံးရပ်ကိုဖွဲ့၍ဧကန်မုချဖော်ပြသောစကား။

**Syllogistic**, *a.* ထိုသို့သောစကားနှင့်ဆိုင်သော။

**Syllogize**, *v. i.* စကားနှစ်ရပ်ဟုတ်မှန်ကြောင်းကိုသက်သေပြပြီးမှထိုစကားနှစ်ရပ်ကိုချင့်ချိန်၍တတိယစကားရပ်ကိုထုတ်ပြသည်။

**Sylph**, *n.* အာကာသစိုးနတ်သမီး။

**Sylvan**, *a.* တောနှင့်ဆိုင်သော။

**Symbol**, *n.* a compend, အကျဉ်းချုပ်သောစာ။ emblem, အနက်အဓိပ္ပာယ်ပါသောပုံ။

**Symbolic, Symbolical**, *a.* ပုံပမာအားဖြင့်အနက်အဓိပ္ပာယ်ကိုပြသည်။

**Symbolize**, *v. i.* to have a resemblance of properties, သဘောတူသည်။ —*v. t.* from above; to make emblematical, အနက်အဓိပ္ပာယ်ပါသောပုံဖြစ်စေသည်။

**Symmetrical**, *a.* အချိုးအစားရသော။

**Symmetry**, *n.* from above.

**Sympathetic**, *a.* from next.

**Sympathize**, *v. i.* to have a common feeling, ကိုယ်ချင်းစာနာသည်။ to feel in consequence of what another feels, ဖြင်နာသည်။

**Sympathy**, *n.* from above.

**Symphonious**, *a.* အသံညီညာသော။

**Symphony**, *n.* from above.

**Symptom**, *n.* လက္ခဏာ။ အရိပ်အခြေ။ ရှိပ်။

**Symptomatic,** *a.* being a symptom, လက္ခဏာဖြစ်သော၊ happening concurrently, ထပ်၍ပေါ်လာသော၊

**Synagogue,** *n.* ယုဒဓမ္မဇရပ်၊

**Synchronism,** *n.* from next.

**Synchronize,** *v. i.* တကာလတည်းတွင်ဖြစ်သည်၊

**Syncope,** *n.* မှော့ခြင်း၊ နစ်ခြင်း၊ သေငယ်သေခြင်း၊

**Synod,** *n.* ဓမ္မဆရာအစည်းအဝေးကြီး၊

**Synonym,** *n.* အနက်တူသောစကား၊

**Synonymous,** *a.* အနက်တူသော၊

**Synopsis,** *n.* အကျဉ်းချုပ်သောစာ၊

**Synovia,** *n.* အရိုးဆစ်ကိုစိုစေသောဆီ၊ အစေ့သည်းခြေ၊

**Syntax,** *n.* သဒ္ဒါရေးနှင့်ညီလျှော်စေအောင်စီရင်သောနည်းစု၊

**Synthesis,** *n.* လက္ခဏာတူသောအရာတို့ကိုတချုပ်တချာစီပေါင်းစု၍ထားခြင်း၊

**Syphon,** *see* Siphon.

**Syringe,** *n.* ပြွတ်၊

**Syrup,** *n.* တင်လဲ၊

**System,** *n.* order, method, အစီအစဉ်၊ an arrangement of opinions and rules, လောက၊ ဓမ္မရေးနှင့်အယူဝါဒ၊ နည်းဥပဒေသများကို တချုပ်တချာစီ၊ စီစဉ်ပြုပြင်သောအရာ၊

**Systematic,** *a.* orderly, methodical, အစီအစဉ်သို့လိုက်သော၊ arranged in a system, လောက၊ ဓမ္မရေးနှင့်အယူဝါဒ၊ နည်းဥပဒေသများကိုတချုပ်တချာစီ၊ စီစဉ်ပြုပြင်လျက်ရှိသော၊

**Systematize,** *v. t.* from above.

# T.

**Tabasheer,** *n.* ဝါးထဲကကျောက်၊

**Tabby,** *a.* အဆင်းကျားသော၊

**Tabefy,** *v. i.* ပိန်သွားသည်၊

**Tabernacle,** *n.* တဲ၊ —*v. i.* တည်းသည်၊

**Tabid,** *a.* နာ၍ပိန်သော၊

**Tablature,** *n.* အမိုးနံရံနှင့်ပန်းချီရေးထားသောရုပ်ပုံ၊

**Table,** *n.* a flat surface, အပြားအပျဉ်၊ ပြားသောအရာ၊ a raised frame for eating, etc. စားပွဲ၊ စားပွဲတင်၊ စားပွဲတင်ခုံ၊ study—, စာတင်ခုံ၊ fare, provision, စားဘွယ်၊ သောက်ရန်၊ the persons sitting at table, စားပွဲနှင့်ထိုင်၍စားသောက်သောသူစု၊ the ground of a record or register of any kind, အင်း၊ —of inflected terminations or affixes, ဝိဘတ်သွယ်၊ —of contents, နိဒါန်း၊ a record, register, စာရင်း၊ —cloth, *n.* စားပွဲသွမ်း၊ စားပွဲခင်း၊

—knife, သားလှီးဓား။ —land, *n.* တောင်ထိပ်၊ ကုန်းထိပ်ပေါ်မှာပြန့်ပြူးသောမြေကွက်။

**Tablet,** *n.* ရေးမှတ်ရန်အပြားအပျဉ်။

**Tabor,** *n.* စည်ငယ်တမျိုး။

**Tabular,** *a.* pertaining to a flat surface, အပြားအပျဉ်နှင့်ဆိုင်သော။ entered in tables, ဇင်းစာရင်းဝင်သော။

**Tache,** *n.* ချိတ်။

**Tacit,** *a.* တိတ်ဆိတ်စွာနေသောအားဖြင့်ဝန်ခံရာရောက်သော။

**Taciturn,** *a.* စကားနည်းသော။

**Taciturnity,** *n.* from above.

**Tack,** *v. t.* to attach slightly, တည်းသည်၊ တည်းထားသည်၊ တွယ်သည်၊ တွယ်ထားသည်။ to change the course of sailing, (သင်္ဘောကို) လှည့်၍ကော်တိုက်သည်။ —*n.* a small nail, သံချွန်ကလေး။ a rope to secure the lower corner of a sail, ရေသိကြိုး။

**Tackle,** *n.* a block, pulley and appendages, ကြိုးပါသောနားသီးစက်။ a weapon, လက်နက်။ an implement, တန်ဆာ။ the rigging of a ship, ရွက်ကြိုးတန်ဆာ။ —*v. t.* to harness, ကသည်။ to graple, ဆုပ်ကိုင်၍ဆွဲထားသည်။

**Tackling,** *n.* the rigging of a ship, ရွက်ကြိုးတန်ဆာ။ implements, တန်ဆာစု။ harness, ချဲကြိုးဘန်ဆာ။

**Tact,** *n.* touch, feeling, ကာယာယတန။ တွေ့တတ်သောသတ္တိ။ good discernment, ပိုင်းခြား၍သိတတ်သောဉာဏ်။ peculiar skill in managing to gain an end, အလိုပြည့်စုံရအောင်လိမ္မာပြုပြင်တတ်သောဉာဏ်သတ္တိ။

**Tactic,** *a.* စစ်ခင်းကျင်းအမှုနှင့်ဆိုင်သော။

**Tactician,** *n.* စစ်ခင်းကျင်းအမှုကိုစီရင်နိုင်သောသူ။

**Tactics,** *n.* စစ်ခင်းကျင်းအမှုကိုစီရင်တတ်သောအတတ်။

**Tactile,** *a.* အတွေ့ခံရသော။

**Taction,** *n.* တွေ့ခြင်း။

**Tadpole,** *n.* ဖားလောင်း။

**Tag,** *n.* သီတံအပ်။ —*v. t.* to fit with a tag, (ကြိုးဖျားနှင့်) သီတံအပ်တပ်သည်။ to append, ဆက်၍ထည့်သည်။

**Tail,** *n.* အမြီး။ —of a comet, တံခွန်။

**Tailor,** *n.* အချုပ်သမား။ အပ်ချုပ်သမား။ —bird, နှံပြည်စုတ်။

**Tailoress,** *n.* အချုပ်သည်မ။

**Taint,** *v. t.* to impregnate with a bad quality, လုတ်ညှုံ့သောဓါတ်ကူးအောင်ရောရှက်သည်။ to affect with incipient putrefaction, ပုပ်စရှိအောင်ပြုသည်။ to tarnish character, အသရေလုတ်လျော့အောင်ပြုသည်။ —*n.* the state of being impregnated with a bad quality, ယုတ်ညံ့သောဓာတ်ကူးစေခြင်းရောရှက်၍ဖိုယွင်းခြင်း။ incipient putrefaction. ဝုပ်စမှုခြင်း၊ ဆွေးခြင်း။ a depreciation of character, အသရေယုတ်လျော့ခြင်း။

**Take,** *v. t.* to possess one's self of, ယူသည်။ to receive, ခံယူသည်။ to catch, ဖမ်းဆီးသည်။ to capture, သိမ်းဖမ်းဖမ်းသည်။ to entrap, ထောင်၍ဖမ်းသည်။ to apprehend (meaning), ယူသည်။ to lay hold of, ကိုင်ယူသည်။ to receive (as an impression), ခံသည်။ to receive into the stomach, စားသောက်သည်။ to copy, paint a likeness, ပုံတူစေခင်ရေးသည်။ to admit, ဝင်ရသောအခွင့်ကိုပေးသည်။ to receive without resisting, သည်းခံသည်။ to derive, (တစုံတခုက) ခံ၍ရသည်။ to suppose, think, ထင်မှတ်သည်။ to hire, ငှါးသည်။ to attack and get possession of, တိုက်၍ရသည်။ to require need, လိုသည်။ —*v. i.* to gain reception, အခွင့်ရသည်။ စွက်နှာရသည်။ to succeed, ပြီး၍ဖြစ်သည်။ to catch (as disease), ကူးသည်။ to catch (as fire), ညှိသည်။ —advantage of, *v. t.* အချက်ကိုဖမ်း၍သုံးသည်။ —after, *v. t.* နည်းကိုလိုက်သည်။ နည်းတူကျင့်သည်။ —aim, *v. i.* ချိန်သည်။ —air, ပေါ်၍ပျံ့လွင့်သည်။ —the air, လေခံသည်။ —along, *v. t.* ကိုယ်နှင့်အတူပါစေခြင်းသွားသည်။ တွယ်မိုးသည်။ —away, *v. t.* to remove, ယူသွားသည်။ to take from (another), နှုတ်ယူသည်။ to put out of the way, ပယ်ရှားသည်။ —by catching, ဖမ်းယူသည်။ —breath, *v. i.* အသားဖြည့်သည်။ —by the hand, လက်ခံသည်။ —care, သတိပြုသည်။ —care of, *v. t.* ကြည့်ရှုပြုစုသည်။ ထိန်းသည်။ —cold, *v.* အအေးခံမိသည်။ —a course, *v. i.* တစုံတခုကိုရခြင်းအလို့ငှါ ကျင့်ကြံပြုမူသည်။ —one's own course, *v. i.* ကိုယ်အလိုအလျောက်ကျင့်ကြံပြုမူသည်။ —delight, *v. i.* ပျော်မွေ့ရွှင်လန်းသည်။ —down, *v. t.* to bring low, နှိမ့်ချသည်။ to swallow, မျိုသည်။ to pull down, ဖြိုဖျက်သည်။ to write down, ရေးမှတ်သည်။ —effect, *v.* ဖြစ်စေသည်။ —(as medicine), ဆေးသင့်သည်။ —for, *v. t.* တစုံတဦးသောသူ၊ တစုံတခုသောအရာကိုအခြားသောသူ၊ အခြားသောအရာဖြစ်သည်ထုအထွဲထင်မိသည်။ —for granted, *v. t.* ထုတ်သည်မထုတ်သည်ကိုမသိဘဲအထုတ်မှတ်ထားသည်။ —from, *v. t.* to subtract, နှုတ်သည်။ to take away, နှုတ်ယူသည်။ to derogate from, ယုတ်လျော့စေခြင်းပြုသည်။ —heed, *v. i.* သတိပြုသည်။ —hold, *v. t.* ကိုင်ယူသည်။ —in, *v. t.* to fence in, ခြံကာသည်။ to comprise, ငုံသည်။ ပါဝင်သောအရာကိုခံသည်။ to comprehend mentally, စိတ်ငုံမိသည်။ to withdraw from without, or from being spread, as a sail, ရုပ်သည်။ to receive, ခံယူသည်။ to receive, as a guest, လက်ခံသည်။ to cheat, လိမ်လည်သည်။

—in hand, *v. t.* လုပ်မည်အကြံနှင့်အစပြုသည်။ —in, ရုပ်သိမ်းသည်။ —in with, *v. t.* လိုက်လျောသည်။ —the liberty, *v. i.* အခွင့်မရှိဘဲအလိုအလျောက်ပြုသည်။ —notice, *v.* to observe, မှတ်သည်။ to remark upon, အကြောင်းပြု၍ပြောသည်။ —oath, *v. i.* ကျိန်ဆိုသည်။ ကျမ်းကိုင်သည်။ —off, *v. t.* —(a hat, etc.) ချွတ်သည်။ —(a load, etc.) ချသည်။ —(a limb, etc.) ဖြတ်သည်။ —one's self, သွားသည်။ to take away, ယူသွားသည်။ to remove out of the way, ပယ်သည်။ to draw a side from, ခွဲသည်။ to swallow, မျိုသည်။ to copy, ပုံတူအောင်ရေးသည်။ ပုံတူအောင်လုပ်သည်။ to imitate, mimick, အတုလုပ်သည်။ —off from, *v. t.* to lessen, လျော့စေသည်။ —on, *v. i.* ငိုကြွေးမြည်တမ်းသည်။ —out, *v. t.* to remove from within, ထုတ်သည်။ နှုတ်သည်။ to clear away, ဖြေဖျောက်သည်။ —pains, *v. i.* လုံ့လဝီရိယထုတ်သည်။ —part, *v. i.* ဆက်ဆံ၍ယူသည်။ —part with, *v. t.* (တစုံတဦးသောသူ) ဖက်သို့ဝင်သည်။ —place, *v. i.* to occur, ဖြစ်လာသည်။ to gain the ground, အခွင့်ရသည်။ —pleasure, *v. i.* ပျော်မွေ့သည်။ —possession of, *v. t.* သိမ်းယူသည်။ —pride, *v. i.* ဝါကြွားသည်။ —a resolution, *v.* အဓိဋ္ဌာန်ချသည်။ —revenge, *v. i.* လက်စားချေအောင်ရန်တုံ့ပြန်၍ပြုသည်။ —root, *v. i.* to become rooted, အမြစ်စွဲသည်။ to be established in principle, စွဲလမ်းသည်။ —satisfaction, *v. i.* စိတ်ကြေနပ်အောင်ပြုသည်။ —shame, *v. i.* ရှက်ကြောက်ခြင်းသို့ရောက်သည်။ —side with, *v. t.* (တစုံတဦးသောသူ) ဖက်သို့ဝင်သည်။ —thought, *v. i.* စိုးရိမ်သည်။ —time, *v. i.* ဆင်ခြင်တိုင်းထွာ၍ပြုသည်။ —to, *v. t.* to repair to, (တစုံတခုသောအရပ်) သို့သွားသည်။ —to become attached to, ဝါသနာရှိ၍စိတ်စွဲသည်။ to apply one's self with good will, ဝါသနာရှိ၍သယ်ပိုးကြည်းဆောင်သည်။ —to one's self and take care of, သိမ်းပိုက်သည်။ —to heart, *v. i.* စိတ်မပြေအောင်အောင်းမေ့လျက်နေသည်။ —up, *v. t.* to take, ယူသည်။ to lift up, ကြွသည်။ ချီသည်။ ပင့်သည်။ to arrest, ဖမ်းဆီးသည်။ to reply to, ပြန်၍ပြောသည်။ to begin (a speech), ချီသည်။ to enter upon, engage in, (အမှု၌) ဝင်သည်။ to occupy, fill, ပြည့်အောင်နေသည်။ —time, ကာလကို လွန်စေသည်။ —money, ငွေချေးသည်။ —a promissory note, ငွေလက်မှတ်ကိုချေသည်။ —up with, *v. t.* အားမရသော်လည်း မငြင်းဘဲဝန်ခံသည်။ —honey from bees, ပျားဖွပ်သည်။ —upon (one's self), *v.* မဆိုင်ဘဲလျက်ဆိုင်သည်လိုပြုသည်။ —a way, *v. i.* တစုံတခုသောလမ်းသို့လိုက်သည်။ —with, *v.* စိတ်တွေ့သည်။ *int.* —it, ယော့။

**Taking**, *n.* from Take; mental distress, စိတ်ပူဆွေးခြင်း။

**Talaing,** *n.* a native of Pegu. တလိုင်း။ တလိုင်းလူ။ the language, တလိုင်းစကား။ —*a.* တလိုင်းပြည်နှင့်ဆိုင်သော။

**Talc,** *n.* လကျော်း။

**Tale,** *n.* a fictitious story, ဝတ္ထုဒရီ။ an unwritten —, ပုံစကား။ a reckoning, အရေအတွက်။ information, သိတင်းပြောချက်။ *see also* **Tell tales;** —bearer, *n.* ကုန်းချောသောသူ။

**Talent,** *n.* the weight, ရှေးကာလ၌သုံးသောအချိန်ပမာဏတမျိုး။ faculty, ability, အစွမ်းသတ္တိ။

**Talented,** *a.* အစွမ်းသတ္တိနှင့်ပြည့်စုံသော။ ချွန်သော။

**Talisman,** *n.* ဘေးရန်ကိုကွယ်ကာနိုင်သောအဆောင်။

**Talk,** *v. i.* စကားပြောသည်။ —*n.* from above; common parlance, စကားစမည်။ ဝေါဟာရစကား။

**Talkative,** *a.* စကားများသော။ နှုတ်ပွါးသော။

**Talkativeness,** *n.* from above.

**Talking,** *n.* from Talk, *v.*

**Tall,** *n.* အရပ်မြင့်သော။ disproportionately —, လှသော။

**Tallness,** *n.* from above.

**Tallow,** *n.* အဆီခဲ။ ဆီခဲ။ —candle, *n.* အဆီတိုင်။ —chandler, *n.* အဆီတိုင်သည်။ —*v. t.* အဆီခဲနှင့်သုတ်သည်။

**Tally,** *n.* a stick marked to keep a reckoning, ဂန္ထိ။ (one who keeps count with a tally, ဂန္ထိကိုင်။) a thing which corresponds to another, a match, fellow, အဖက်။ အဖက်ဖြစ်သောအရာ။ keep—, *v.* ဂန္ထိချိုးသည်။ —*v. t.* to score, with correspondent marks, ဂန္ထိတဖက်စီမှတ်သည်။ —by breaking the stick, ဂန္ထိတဖက်စီချိုးသည်။ —*v. i.* to correspond, be a match, ဖက်သည်။ အဖက်ဖြစ်သည်။

**Talmud,** *n.* ယုဒကျမ်းတတ်တို့စီရင်ရေးထားသောဋီကာ။

**Talon,** *n.* (ငှက်ရဲ၏) ခြေသည်း။

**Tamable,** *a.* ယဉ်စေနိုင်သော။

**Tamarind,** *n.* မန်ကျည်း။ —fruit, (not quite ripe,) မန်ကျည်းကြက်ဆူ။

**Tambor,** *n.* စည်တမျိုး။ —work, *n.* ပန်းပွင့်ထိုးသောခွေ။

**Tamborine,** *see* Tambor.

**Tame,** *n.* not wild, ယဉ်သော။ subdued in spirit, စိတ်နှိမ့်သော။ နှိမ့်ချသော။ dull, စိတ်ကြွမနိုးဆော်တတ်သော။ —*v. t.* to reclaim from a wild state, ယဉ်အောင်ဆုံးမသည်။ to subdue, နိုင်သည်။ အောင်သည်။

**Tamely,** *adv.* စိတ်နှိမ့်ချ၍သည်းခံသည်နှင့်။

**Tameness,** *n.* from Tame, *a.*

**Tamper,** *v. i.* to meddle slightly, ပေါ့ပေါ့စဉ်း၍ဖွသည်။ to practise on, or use artifice in persuading, ပရိယာယ်ပြု၍ဖြားယောင်းသည်။

**Tan**, *n.* ရေစွဲမိမိသောသစ်ခေါက်။ —after being used in tanning, သစ်ခေါက်ဖတ်။ —*v. t.* to convert skin into leather, သားရေကိုသစ်ခေါက်ရည်စွဲမိမိ၍နယ်သည်။ to imbrown by the sun, နေပူခံ၍ညိုစေခြင်းပြုသည်။ —pit, —vat, *n.* သားရေစိမ်သောကျင်း။

**Tandem**, *adv.* မြင်းတစီးနောက်တစီးစည်းလျှက်၊ ရထားမှာဆက်ခတ်၍ကနွှင်သည်နှင့်။

**Tang**, *n.* အရသာ။

**Tangent**, *a.* အနားကိုသိ၍လွန်သွားသော။

**Tangibility**, **Tangibleness**, *n.* အတွေ့ခံနိုင်သောသတ္တိ။

**Tangible**, *a.* ဖေါ်ပြပါရှိဖြစ်သော။ တွေ့ခံရသော၊ အတွေ့ခံရသော၊ တွေ့မြင်းကိုခံနိုင်သောသတ္တိရှိသော။

**Tangle**, *v. t.* to intermingle confusedly, ရှုပ်ထွေးစေခြင်းပြုသည်။ to insnare, ကျော့မိသည်။ —*n.* ရှုပ်ထွေးသောအရာ။

**Tank**, *n.* ရေကန်။

**Tankard**, *n.* ကရား။

**Tanner**, *n.* သားရေလုပ်သမား။

**Tannin**, *n.* သစ်ခေါက်ခတ်ရည်။

**Tansy**, *n.* ဆေးပင်တမျိုး။

**Tantalize**, *v. t.* စိတ်ကိုပူဆွေးစေခြင်းငှါလိုသောအရာကိုပြ၍မပေးဘဲနေသည်။

**Tantamount**, *a.* ညီမျှသော။

**Tap 1**, *v. t.* to strike gently, အသာပုတ်သည်။ to rap gentle (at a door,) အသာခေါက်သည်။ —*n.* a gentle blow, အသာပုတ်ချက်။ —2, *v. t.* to pierce for letting out liquid, အရည်ထွက်စေခြင်းဖောက်သည်။ —*n.* a pipe, ပြွန်။ a spigot, အဆို့။ —root, *n.* ရေသောက်မြစ်။

**Tape**, *n.* ကျစ်ကြိုးပြား။ ထိုးကြိုးပြား။ —needle, *n.* ကြိုးသိအပ်။ ကြိုးထိုးအပ်။ —worm, *n.* ပြားသောသံကောင်။

**Taper 1**, *n.* ဖယောင်းတိုင်ကလေး။ —2, *v. i.* သွယ်သည်။ ချွန်းသည်။ —at the end, ချွန်သည်။ —*a.* from *do.*

**Taperingly**, *adv.* ချွန်ချွန်။

**Tapestry**, *n.* ပန်းခြောက်ထိုးသကဲ့သို့ဖြစ်စေခြင်းရက်သောရုပ်ပုံကုလားကာ။

**Tapioca**, *n.* ဗိယောမိန့်မျှောက်ပင်။

**Tapir**, *n.* Malay—, တရှူး။

**Tapis (on the).** *adv.* ညှိနှိုင်းတိုင်ပင်ခြင်းကိုခံသည်နှင့်။

**Tapster**, *n.* ထမင်းဆိုင်၌သောက်ရန်အရည်ကိုထုတ်၍လိုက်သည့်သောသူ။

**Tar**, *n.* ကတ္တရာဆီ၊ ထင်းရှူးဆီ။ —water *n.* ကတ္တရာဆီနှင့်ရောနှောသောရေ။ —*v. t.* ကတ္တရာဆီနှင့်သုတ်သည်။

**Tardiness**, *n.* from next.

Tardy, *a.* slow, နှေးသော၊ dilatory, လေးလံသော၊ ဆေးဆေးနှေးနှေးဖြစ်သော၊ late, not being in season, အချိန်လွန်မှဖြစ်သော၊

Tare, *n.* ပယ်။ ပိုတွက်၊ ခြင့်တွက်ပယ်သမျှ။

Target, *n.* a shield, ကာ၊ ဒိုင်း၊ လွှား၊ a mark to shoot at, ပြစ်ရန်စက်၊

Targum, *n.* ယုဒကျမ်းတတ်တို့စီရင်ရေးထားသောအဋ္ဌကထာ၊

Tariff, *n.* ထုတ်ကုန်၊ သွင်းကုန်ကောက်စာရင်းဝှံ၊

Tarnish, *v. t.* (in various way,) မှိန်စေခြင်း၊ မှုန်စေခြင်း၊ မှေးစေခြင်းပြုသည်၊ to sully character, အသရေယုတ်လျော့စေခြင်းပြုသည်၊ —*v. i.* မှိန်သည်၊ အရောင်မှေးသွားသည်၊

Tarnished (be,) *v. i.* စွန်းကွက်သည်၊

Tarpaulin, *n.* ကတ္တရာဆီနှင့်သုတ်သောရွက်ထည်၊

Tarry, *v. i.* to stay, နေသည်၊ to stay behind, နေရစ်သည်၊ to wait, ဆိုင်းသည်၊ ဆိုင်းထင့်သည်၊ to be dilatory, ဖင့်နွှဲသည်၊

Tart, *a.* sour, ချဉ်သော၊ sharp, stingy, နှာခေါင်းသော၊ —*n.* ဥပနာသွင်းမုန့်တမျိုး၊

Tartar, *n.* စပျစ်ရည်ထား၊ စပျစ်ထား၊ —found upon the teeth, သွားချေး၊ a native of Tartary, တရုတ်၊

Tartarean, *a.* ငရဲနှင့်ဆိုင်သော၊

Tartness, *n.* from Tart, *a.*

Task, *n.* အငန်းအတာ၊ လုပ်ငန်းလုပ်တာ၊ —master, *n.* အငန်းအတာကိုချပေးသောသခင်၊ —*v. t.* အငန်းအတာကိုချပေးသည်၊

Tassel, *n.* ပန်းဆွဲ၊

Taste, *v. t.* to perceive by the palate, အရသာခံသည်၊ to eat a little of, အနည်းငယ်စားသည်၊ to experience, enjoy or suffer, ခံသည်၊ ခံစားသည်၊ —*v. i.* to affect the palate, အရသာရှိသည်၊ —*n.* the act of tasting, အရသာခံခြင်း၊ the sense of tasting, ဇိဝှါယတန၊ အရသာခံတတ်သောသတ္တိ၊ that quality which affects the palate, ရသာရုံ၊ အရသာ၊ liking, ကြိုက်တတ်သောသဘော၊ the faculty of discerning what is good, proper, etc, ကောင်းမကောင်း၊ သင့်မသင့်၊ လျော်မလျော်ကိုပိုင်းခြားစီသိတတ်သောဉာဏ်၊ a specimen, တန်း၊ —of, *v. t.* to try by tasting, မြည်းသည်၊ မြည်းစမ်းသည်၊ to experience, ခံသည်၊ ခံစားသည်၊ —*v. i.* ဤမည်သောအရသာရှိသည်၊

Tasteful, *a.* savory, ဆိမ့်သော၊ အရသာကောင်းသော၊ having good taste, ကောင်းမကောင်း၊ သင့်မသင့်၊ လျော်မလျော်ကိုပိုင်းခြားစီသိတတ်သောဉာဏ်ရှိသော၊

Tasteless, *a.* အရသာမရှိသော၊ ပေါ့သော၊

Taster, *n.* မြည်းစမ်းသောသူ၊

Tasting, *n.* from Taste, *v.*

**Tasty,** *a.* tasteful, having good taste, ကောင်းမကောင်း၊ သင့်မသင့်၊ လျော်မလျော်ကိုပိုင်ခြား၍ သိမှတ်တတ်သောညာဏ်ရှိသော၊ neat, ကျစ်ထစ်၍တင့်တယ်သော၊

**Tatter,** *n.* အဝတ်စုတ်၊

**Tattered,** *a.* စုတ်သော၊

**Tattle,** *v. i.* to prate, ဖြန်းဖျင်းသောစကားများသည်၊ to tell tales, စကားပို့သည်၊ —*n.* from above, 1st def.

**Tattler,** *n.* agent, from Tattle, *v.*

**Tattoo 1,** *n.* တပ်သားတို့ကိုဆိမ်းသောစည်သံ၊ —2, *v. t.* ထိုးကွင်းထိုးသည်၊ —a circle on the cheeks, ပါးကွက်သည်၊ —the face in the manner of the Chin woman, ပါးရဲထိုးသည်၊ —in figures, မှင်ကြောင်းထိုးသည်၊ —in fine specks, မှင်စေ့ထိုးသည်၊ (tattooing iron, စုတ်တံ၊)

**Taught,** *a.* drawn tight, as a rope, တင်းသော၊

**Taunt,** *v. t.* စိတ်နာအောင်ကဲ့ရဲ့သည်၊ —*n.* from *do.*

**Tauntingly,** *adv.* ကရော်ကမည်၊ ကရော်သည့်နှင့်၊

**Taurus,** *n.* the common ox or cow, နွား၊ the 2d sign of the zodiac, ပြိဿရာသီ၊ the wild taurus of Burmah, နှိုင်း၊

**Tautological, Tautologus,** *a.* အနက်တူသောစကားကိုထပ်၍ပြောသည်၊

**Tautology,** *n.* from above.

**Tavern,** *n.* ထမင်းဆိုင်၊ —keeper, *n.* တမင်းဆိုင်ရှင်၊

**Taw,** *n.* ဦး၊ ဦးလုံး၊

**Tawdriness,** *n.* from next.

**Tawdry,** *a.* ထိန်ထိန်ဝါဝါ၊မတင့်တယ်သောအဝတ်ကိုဝတ်ဆင်လျက်ရှိသော၊

**Tawny,** *a.* နီပါသော၊

**Tax,** *v. t.* to assess, ငွေခွဲသည်၊ to charge with a fault, အပြစ်တင်သည်၊ to load, ဝန်တင်သည်၊ —*n.* money assessed, ခွဲသောငွေ၊ ခွဲပုံကျငွေ၊ ခွဲထမ်းကျငွေ၊ municipal—, ပြဝတာကြေး၊ —levied on the whole city and province, no class excepted, မြို့ဝန်းခွဲပုံ၊ charge, accusation, အပြစ်တင်ခြင်း၊ that which is imposed, တင်သောဝန်၊ —free, *a.* ငွေခွဲခြင်းနှင့်လွတ်သော၊ ကြေးထမ်းလွတ်သော၊ —gatherer, *n.* ခွဲထမ်းကျငွေကိုလိုက်၍ခံရသောသူ၊ —payer, ကြေးထမ်းသော၊ (to pay taxes, ကြေးထမ်းသည်၊)

**Taxable,** *a.* ငွေခွဲခံရသော၊ ကြေးထမ်းရသော၊

**Taxation,** *n.* ငွေခွဲခြင်း၊

**Tea,** *n.* the dried leaf, လက်ဖက်ခြောက်၊ the liquor, လက်ဖက်ရည်၊ —cup, *n.* လက်ဖက်ရည်ဝှကန်လုံး၊ —kettle, *n.* ရေနွေးတည်သောကရား၊ —plant, *n.* လက်ဖက်ပင်၊ finest kind of tea-leaf, eaten by the Burmese, အှုပြည်ဖူး၊ —pot, *n.* လက်ဖက်ရည်

ကရား။ —spoon, *n.* လက်ဖက်ရည်ဇွန်း။ —table, *n.* ထက်ဖက်ရည်စားပွဲ။

**Teach,** *v. t.* to instruct, သင်ချသည်။ သင်ပေးသည်။ သွန်သင်သည်။ to teach books, စာပို့သည်။ ပို့ချသည်။ စာချသည်။ —by verbal instruction, နှုတ်တိုက်ချသည်။ to show, impart to the mind, ပြသည်။ to communicate moral instruction, ဆုံးမဩဝါဒပေးသည်။

**Teachable,** *a.* သင်တတ်သော။ သင်လွယ်သော။

**Teachableness,** *n.* from above.

**Teacher,** *n.* ဆရာ။ a religious —, အာစရိယ၊ *Pali.* a superior —, ဥပဇ္ဈာယ်ဆရာ။ နိဿရည်းဆရာ။

**Teaching,** *n.* from Teach; doctrine, ဒေသနာ။

**Teak,** *n.* the tree, ကျွန်းပင်။ the wood, ကျွန်းသား။ Hamilton —, တလဟတ်။

**Teal,** *n.* whistling —, စစ်စလီ။ cotton —, ဘဲလုံး။

**Team,** *n.* မြင်းတစုံ၊ နှစ်စုံ။ နွားတရှဉ်း၊ နှစ်ရှဉ်း။

**Teamster,** *n.* နှင်စီး၊ လှည်းစီးကသောလှည်း၊ ရထားကိုနှင်သောသူ။

**Tear,** (*pron.* teer,) *n.* မျက်ရည်။ (to have a tear formed in the eye, မျက်ရည်ဥသည်။ to have the eye filled with tears, မျက်ရည်ဝဲသည်။) —(*pron.* tare,) *v. t.* to separate by violence, ဆုတ်သည်။ to rend (in various ways,) ဆုတ်ဖွဲ့သည်။ ဆုတ်ဖြတ်သည်။ ဆုတ်ဖြုတ်သည်။ ခွဲဖြုတ်သည်။ ဆုတ်ခွာသည်။ *v. i.* အရူကဲ့သို့ပြင်းပြင်းသွားပေါက်လွှတ်ပြေးသည်။ —from, *v. t.* အနိုင်အထက်နှုတ်ယူသည်။ အနိုင်အထက်ခွဲခွာသည်။ —off, *v. t.* အနိုင်အထက်ချွတ်သည်။ —out, *v. t.* အနိုင်အထက်ထုတ်သည်။ —up, *v. t.* အနိုင်အထက်ကော်ဖြုတ်သည်။

**Tearful,** *a.* မျက်ရည်ကျတတ်သော။

**Tearless,** *a.* မျက်ရည်မကျသော။

**Tease,** *v. t.* to annoy, နှောင့်ယှက်သည်။ to vex with impertinence or petty annoyances, ကလိသည်။ to vex with importunity, ပူဆာသည်။

**Teat,** *n.* —of a woman, နို့သီး။ —of a beast, နို့တိုင်။

**Technical,** *n.* အသီးအသီးအတတ်ပညာနှင့်ဆိုင်၍သုံးသော (စကား။)

**Techy,** *see* Touchy.

**Tedder,** *see* Tether.

**Tedious,** *a.* ကြာရှည်၍ငြောင်းစေသော။

**Tediousness,** *n.* from above.

**Tedium,** *n.* ကြာရှည်၍ငြီးငွေ့ခြင်း။

**Teem,** *v. i.* to bring forth young, မွေးသည်။ ဖွားသည်။ to be prolific, တိုးပွား၍များပြားစွာထွက်တတ်သည်။

**Teens,** *n. plur.* ၁၃ နှစ်အရွယ်ကသည်၊ ၁၉ နှစ်တိုင်ရောက်အောင်အကြားတည်သောကာလ။
**Teeter,** *v.* (Amer.) မောင်းစီး၍ကစားသည်။
**Teeth,** *n. plur.* of tooth; to the—, *adv.* ရင်ဆိုင်၊ မျက်နှာချင်းဆိုင်။ cast in the—, *v.* အပြစ်တင်၍ကဲ့ရဲ့သည်။ —*v. i.* သွားပေါက်သည်။
**Teething,** *n.* from above last def.
**Teetotal,** *a.* အလျှင်းမသုံးဘဲရှောင်ခြင်းနှင့်ဆိုင်သော။
**Tegument,** *see* Integument.
**Telegram,** *n.* သံကြိုးစာ။
**Telegraph,** *n.* အဝေးက သိခြင်းအောင်သညာ အမှတ်ကိုပြရသော မှတ်တိုင်စည်။ —*v. t.* နန်းကြိုးရိုက်သည်။ သံကြိုးရိုက်သည်။
**Telegraphic,** *a.* ထိုသို့သောမှတ်တိုင်နှင့်ဆိုင်သော။
**Telescope,** *n.* မှန်ပြောင်း။
**Telescopic,** *a.* မှန်ပြောင်းနှင့်ဆိုင်သော။
**Tell,** *v. t.* to say, ပြောသည်။ ဆိုသည်။ ပြောဆိုသည်။ to give information, communicate, ကြားပြောသည်။ သိတင်းပြောသည်။ to number, count. ရေတွက်သည်။ to disclose, ဖော်ပြသည်။ —*v. i.* to take effect, ဖြစ်စေသည်။ to produce an effect, (တစုံတခုသော) အကျိုးကိုဖြစ်စေသည်။ —of, *v. t.* (တစုံတဦးသော) သူ၏အကြောင်းကိုပြောသည်။ —stories, ပုံစကားပြောသည်။ —tale, *n.* စကားမြှိုသောသူ။ ကုန်းတိုက်သောသူ။ —tales, *v.* စကားမြှိုသည်။ စကားရောင်းစကားဝယ်ပြုသည်။
**Temerity,** *n.* အရဲကိုးခြင်း။
**Temper,** *v. t.* to qualify by mixture, တော်သင့်အောင်ရောနှောသည်။ to accommodate, adapt, တော်လျော်အောင်ပြုပြင်သည်။ to equalize, ညီမျှစေသည်။ to make gentle, နူးညံ့သိမ်မွေ့အောင်ပြုသည်။ to harden (metal,) ဆေးသည်။ —*n.* a state resulting from mixture, ရောနှော၍ဖြစ်သောအရာ။ disposition of mind, စိတ်သဘော။ calmness of mind, စိတ်ငြိမ်ဝပ်ခြင်း။ heat of mind, စိတ်ဆိုးခြင်း။ induced hardness (of metal,) ဆေး၍မာခြင်း။
**Temperament,** *n.* —of the mind, စိတ်သဘော။ —of the body, ကိုယ်ခန္ဓာ၏သဘော။ ကိုယ်၏အသွေးအသားအနေ။ a state induced by due mixture, ရောနှောပြုပြင်၍တော်သင့်သောအခြေအနေ။
**Temperance,** *n.* from next, 3d and 4th def.
**Temperate,** *a.* moderate, not excessive, မလွန်မကျူးသော။ moderate, not violent, ပြင်းထန်ခြင်းမဟုတ်၊ ငြိမ်းညွှန်းသော။ moderate in eating and drinking, စားသောက်ခြင်းအမှု၌မလွန်မကျူးသော။ moderate in the indulgence of the natural appetites, ကာမဂုဏ်ချုပ်တည်းသော။

**Temperature,** *n.* အပူအအေးရော၍ဖြစ်သောအခြေအနေ။ *see also* Temperament.

**Tempest,** *n.* မုန်တိုင်း။ မိုဃ်းသက်မုန်တိုင်း။ လေဟုန်။

**Tempestuous,** *a.* မိုဃ်းသက်မုန်တိုင်းကျသော။

**Temple 1,** *n.* a building devoted to the deity, ဗိမာန်။ a place of public worship, သုဓမ္မာဇရပ်။ —2, *n.* the upper part of the sides of the head, နားထင်။

**Temporal,** *a.* pertaining to the world, လောကီနှင့်ဆိုင်သော။ pertaining to time, contrasted with eternity, လောကီကာလနှင့်ဆိုင်သော။ pertaining to the temples of the head, နားထင်နှင့်ဆိုင်သော။

**Temporalities, Temporals,** *n. plur.* ဝတ်တကန်မြေနှင့်ဆိုင်၍စားရသောပစ္စည်း။

**Temporary,** *a.* အမြဲမဟုတ်၊ ခဏသာတည်သော။ ယာယီ။

**Temporize,** *v. i.* ကာလအလိုက်၊ ရိုက်သင့်အောင်ပြုသည်။ ကာလကိုထောက်၍အလိုက်သင့်အောင်ပြုသည်။

**Tempt,** *v. t.* —by inciting, ထိုက်တွန်းသည်။ နှိုးဆော်သည်။ —by persuading, alluring, သွေးဆောင်သည်။ ဖြားယောင်းသည်။ to entice to evil, အပြစ်သို့သွေးဆောင်သည်။ to try, စုံစမ်းသည်။

**Temptation,** *n.* from above; an inducement to evil, အပြစ်သို့သွေးဆောင်သောအရာ။

**Tempter,** *n.* အပြစ်သို့သွေးဆောင်သောသူ။

**Ten,** *a.* တဆယ်။ ၁၀။ တကျိပ်။ ဒသ။ *Pali.* —fold, *a.* ဆယ်ဆဖြစ်သော။ —o'clock, တဆယ်နာရီ။ —thousand, တသောင်း။ —million, တကုဋေ။ *num. a.* ကျိပ်။ (used for ဆယ် in numbering rational beings.)

**Tenable,** *a.* ရပ်ခံ၊ ဆီးတားနိုင်ဖွယ်ဖြစ်သော။

**Tenacious,** *a.* holding fast, လက်မလွှတ်၊ အမြဲစွဲကိုင်တတ်သော။ retentive, အမှတ်မြဲသော။ မှတ်ဉာဏ်ရှိသော။ adhesive, စေးကပ်တတ်သော။

**Tenaciousness, Tenacity,** *n.* from above.

**Tenancy,** *n.* from next.

**Tenant,** *v. t.* (အိမ်၊ မြေ၊ လယ်ယာကို) ငှါး၍နေသည်။ —*n.* one that occupies a house or ground on lease, ငှါး၍နေသောသူ။ a dweller, နေသောသူ။

**Tenantless,** *a.* ငှါး၍နေသောသူမရှိသော။

**Tenantry,** *n.* ငှါး၍နေသောသူများ။

**Tend 1,** *v. t.* ထိန်းသည်။ စောင့်ထိန်းသည်။ —affectionately, မွေးမြူသည်။ —2. *v. i.* to move in a certain direction, (တစုံတခုသော) အရပ်သို့သွားလျက်ရှိသည်။ to aim at, ရွယ်စောင်သည်။ to contribute to, ညီညာသည်။ to feed, (as creatures,) ကျွောင်းသည်။

**Tendency**, *n.* from above.

**Tender 1**, *n.* one that tends, ထိန်းသောသူ။ စောင့်သောသူ။ a small vessel attending on a larger, သင်္ဘောကြီး၌ အစေခံသင်္ဘောငယ်၊ သင်္ဘောကလေး။ —2, *v. t.* to offer acceptance, သူတပါးထံ ဆောင်ယှက်၍ပေးသည်။ —*n.* an offer for acceptance, from above, the thing offered. သူတပါးထံဆောင်ပေးသောအရာ။ —3, *a.* of dilicate consistence, not firm, နူသော။ နူနယ်သော။ yielding, အိသော။ easily pained, နာတတ်သော။ နာကြင်တတ်သော။ inclined to feel for, ကြင်နာတတ်သော။ exciting kind concern, ကြင်နာစုံမက်ဖွယ်ဖြစ်သော။ careful not to injure, ထောက်ထား၍ကြင်နာစွာပြုသည်။ apt to occasion painful feelings, နာစေတတ်သော၊ —hearted, ကြင်နာတတ်သောစိတ်ရှိသော။ —mouthed, အာနူသော။ very—, နူထွတ်သော။ young and—, နူနယ်သော။

**Tenderly**, *adv.* with tender care, ကယုကယ။ to treat—, ထက်သင်ခွေးသည်။

**Tenderness**, *n.* from Tender, *a.* —of conscience, ဩတ္တပ္ပ။ *Pali.*

**Tendon**, *n.* လေကြောနှင့်အရိုးကိုဆက်တွယ်သောအကြောမြှီး။

**Tendril**, *n.* အနွယ်နှာမောင်း။

**Tenebrosity**, *n.* from next.

**Tenebrous**, *a.* မှိုင်းဝေသော။

**Tenement**, *n.* property occupied on a lease, ငှါး၍သုံးဆောင်သောအိမ်၊ မြေ၊ လယ်ယာ။ a dwelling, နေရာအိမ်။

**Tenesmus**, *n.* ဥါရတွင်ဆွဲသကဲ့သို့ဖြစ်၍ငြင်းစွာခံရသောဝေဒနာ။

**Tenet**, *n.* အယူဝါဒ။

**Tennis**, *n.* ဗလီကစားခြင်းတမျိုး။

**Tenon**, *n.* စခွေး။

**Tenor**, *n.* a regular proceeding or passing on. a course, အစဉ်အတိုင်းလိုက်ခြင်း။ sense contained, အရ။ အနက်။ သဘော။ ရုပ်။ rift of words, အထားအထာ။

**Tense 1**, *n.* ကာလ။ future—, အနာဂတ်။ past—, အတိတ်။ present—, ပစ္စုပ္ပန်။ —2, *a.* တင်းသော။

**Tensely**, *adv.* ကြင့်တင့်တင့်။

**Tenseness**, *n.* from above.

**Tension**, *n.* the act of making tense, တင်းစေအောင်ပြုခြင်း။ the state of being tense, တင်းခြင်း။

**Tensor**, *see* Extensor.

**Tent** 1, *n.* a pavilion, ကုလားတဲ၊ တဲရှင်။ —2, a roll of lint or cloth, အနာ၌ချပ်ထားသောအဝတ်လိပ်စ။

**Tentative,** *a.* (ဖြ) စမ်းလျှက်ရှိသော။

**Tenter,** *n.* —hook, တင်းဆောင်ဆွဲသောချိတ်။

**Tenth,** *a.* ဒသမ၊ ဆယ်ခုမြောက်သော၊ —*n.* ဆယ်ပုံတွင်တပုံ။

**Tenuity,** *n.* from next.

**Tenuous,** *a.* thin, ပါးသော၊ slender, သေးသော၊ rare, မသိပ်၊ ပွသော။

**Tenure,** *n.* manner of holding property, ပစ္စည်းဥစ္စာကိုပိုင်သောနည်း။ manner of holding in general, ပိုင်သောနည်း။ သုံးပိုင်သောနည်း။

**Tepefaction,** *n.* from next.

**Tepefy,** *v. t.* from next.

**Tepid,** *a.* ချပ်ချပ်ရှိသည်၊ ချပ်ချပ်နွေးသော။

**Tepidness, Tepidity,** *n.* from above.

**Tergiversation,** *n.* ပရိယာယ်ဖြုံ၍ပြောခြင်း။

**Term,** *n.* a limit, အပိုင်းအခြား၊ a border, အစွန်အနား၊ a specified time, ပိုင်းခြားသောကာလ၊ *in grammar,* a word, စကား၊ *in logic,* စကားသုံးရန်တွင်တရပ်၊ a condition (of an engagement,) ဝန်ခံရန်တင်၍ထားသောဥပဒေချက်၊ *see also* Terms; —*v. t.* သရုတ်သည်၊ ခေါ်ဝေါ်သည်၊ မှည့်သည်။

**Termagant,** *a.* တောက်တီးမြည်တွန်၊ ရန်တွေ့တတ်သော၊ —*n.* တောက်တီးမြည်တွန်၊ ရန်တွေ့တတ်သောမိန္မ။

**Termes,** *n.* ခြ။

**Terminate,** *v. i.* to come to an end (in various ways,) ဆုံးသည်၊ အဆုံးသို့ရောက်သည်၊ ကုန်သည်၊ ပြီးသည်၊ ငြိမ်းသည်။ —*v. t.* from *do.*

**Termination,** *n.* from above, *v. i.* and *v. t.*; point of terminating, ဆုံးချက်၊ etc.; an end, အဆုံး။ inflected termination of a verb, ပစ္စည်း။ *Pali.**

**Terms** *n. plur.* of Term, bring to—, *v. t.* from next; come to—, make—, *v.* သဘောတူ၍ဝန်ခံသည်။

**Ternary,** *a* သုံးခုဖြစ်သော။

**Terrace,** *n.* a raised bank of earth, ကမ်းထစ်၊ an uncovered verandah, ဆင်ဝင်၊ —inside a fortification, ပစ္စင်၊ သူရဲခြေ။

**Terra firma,** *n.* ကုန်း။

**Terraqueous,** *a.* မြေနှင့်ရေစပ်လျက်ရှိသော။

**Terrene, Terrestrial,** *a.* pertaining to the earth, မြေကြီးနှင့်ဆိုင်သော၊ consisting of earth, မြေဖြစ်သော၊ pertaining to the world, လောကီနှင့်ဆိုင်သော။

**Terrible,** *a.* ကြောက်မက်ဖွယ်ဖြစ်သော။

**Terribleness,** *n.* from above.

Terrier, *n.* မြေတွင်းထဲသို့ဝင်၍လိုက်တတ်သောခွေးမျိုး။
Terrific, *a.* ကြောက်လန့်စေတတ်သော။
Terrify, *v. t.* ခြောက်လှန့်သည်။ ထိတ်လန့်စေသည်။
Territorial, *a.* နယ်နှင့်ဆိုင်သော။
Territory, *n.* နယ်၊ what belongs to one's jurisdiction, ပိုင်နယ်၊ မြေရင်းစု။
Terror, *n.* ထိတ်လန့်ခြင်း။
Terse, *a.* neat (in style,) ခေါ်သနှင့်ကင်းလွတ်၍ပြေပြစ်သော။
Terseness, *n.* from above.
Tertian, *a.* ရက်ခြားတက်တတ်သော (ဖျားနာ။)
Tesselated, *a.* အကွက်အကန့်ချယ်လှယ်သော။
Test, *n.* crucible, မိုက်၊ trial, စုံစမ်းခြင်း။ means of trial, စုံစမ်းခြင်းအကြောင်း။ a criterion, standard, စံ၊ a rule of judging, စုံစမ်းရန်ထားသောအရာ။ —*v. t.* try by comparing with a standard, စံချသည်၊ စံထိုးသည်၊ ဝါသည်။ to try the correctness of, မှန်သည်မမှန်သည်ကိုစုံစမ်းသည်၊ to attest, သက်သေခံသည်။
Testaceous, *a.* အဆစ်အပတ်မပါ၊ မာသောအခွံရှိသော (ရေတိမိရစ္ဆာန်။)
Testament, *n.* a will, သေတမ်းစာ၊ the Old Testament, ဓမ္မဟောင်းကျမ်း။ the New Testament, ဓမ္မသစ်ကျမ်း။
Testamentary, *a.* သေတမ်းစာနှင့်ဆိုင်သော။
Testate, *a.* သေတမ်းစာကိုရေးထားပြီးသော။
Testator, *n.* သေတမ်းစာကိုရေးထားသောသူ။
Tester, *n.* ခုတင်၏မျက်နှာကြက်။
Testicle, *n.* ဝှေးစေ့၊ ငွေးစေ့၊ *pl.* အသိုး။
Testification, *n.* from Testify.
Testifier, *n.* agent, from next.
Testify, *v.* သက်သေခံသည်။
Testimonial, *n.* သက်သေခံချက်၊ သက်သေထွက်ချက်။
Testiness, *n.* from Testy.
Testy, *a.* စိတ်တိုသော။
Tete-a-tete, *adv.* ပါးတော့၊ နားတော့။
Tether, *v. t.* ထိသည်၊ ထိထားသည်၊ —*n.* ထိကြိုး။
Tetragon, *n.* လေးထောင့်ပုံ၊ စတုဂံ၊ a regular tetragon, စတုရမ်း။
Tetragonal, *n.* လေးထောင့်ရှိသော (ပုံ။)
Tetrarch, *n,* ရှေးကာလ၌ရောမနိုင်ငံအဝင်၊ တနိုင်ငံကိုအုပ်စိုးသောစော်ဘွား။
Tetter, *n.* ပွေးတမျိုး။
Text, *n.* the original writing from which a translation is taken, ပါဠိ၊ ပါဠိပါဠိ၊ original text accompained with a translation, မိတ်လင်စုံ၊ a verse or passage of scripture quoted for some purpose, ရွတ်ထုတ်သောကျမ်းစာချက်၊ —book, မူရင်းနှင့်

တကွနေ၁က်ဖွင့်သော၁စကားကိုမှတ်သားရန်စာအုပ်၊ —hand, စာလုံးကြီးသောလက်ရေး။

**Textile,** *a.* woven, ရက်သော၊ capable of being woven, ရက်ခွင့်ကောင်းသော၊

**Textual,** *a.* ရွတ်ထုတ်သောကျမ်းစာချက်နှင့်ပါသော၊

**Textuary,** *n.* ကျမ်းစာချက်များကိုလေ့ကျက်သောသူ၊

**Texture,** *n.* the act of weaving, ရက်ခြင်း၊ a web, thing woven, ရက်ကန်းသားအခြေအနေ၊ the character of any substance composed of parts, အသားအပေါ်၏အခြေအနေ၊

**Than,** *adv.* ထက်၊

**Thane,** *n.* ရှေးကာလ၌အင်္ဂလိပ်မှူးမတ်တမျိုး။

**Thank,** *v. t.* ကျေးဇူးရှိသည်ဟုပြောသည်၊ ကျေးဇူးရှိသည်ဟုဝန်ခံသည်၊ ကျေးဇူးကိုချီးမွမ်းသည်၊ ကျေးဇူးတင်သည်၊ *n. adv. plur.* from above; —offering, ကျေးဇူးတော်ဝန်ခံရာပူဇော်သကာ၊ —worthy, *a.* ကျေးဇူးရှိသော၊

**Thankful,** *a.* ကျေးဇူးတင်သော၊ ကျေးဇူးသိသော၊

**Thankfulness,** *n.* from above.

**Thankless,** *a.* ကျေးဇူးကိုမသိသော၊ ကျေးဇူးမဲ့သော၊

**Thanksgiving,** *n.* ကျေးဇူးရှိသည်ဟုဝန်ခံခြင်း။

**That,** *pron. a.* not this, but another, ထို၊ ဟို၊ ယင်း။ who, which, (relative,) သော၊ ထင်း၊ —*adv. or conj.* —(noting indication,) ထု၊ ဟူ၍၊ *conj.* ကြောင်း။ —(noting a consequence,) so as to, စေခြင်း၊ တိုင်အောင်၊ —(noting a final end,) in order to, ငှါ၊ အလိုငှါ၊ စေခြင်း၊

**Thatch,** *n.* အိမ်မိုးရန်ဓနိ၊ သက်ကယ်၊ သစ်ရွက်တမျိုးမျိုး။ —*v. t.* ဓနိ၊ သက်ကယ်၊ သစ်ရွက်တမျိုးမျိုးနှင့်မိုးသည်၊

**Thaw,** *v. i.* (ရေ) ခဲ၍ခဲပြီးမှတဖန်ပူ၍အရည်ဖြစ်ပြန်သည်၊ —*v. t.* from *do.* —from *do.* —*v. i.* and *v. t.*

**The,** *art.* ထို၊

**Theatre,** *n.* ဇာတ်ရုံ၊

**Theatrical,** *a.* ဇာတ်ရုံနှင့်ဆိုင်သော၊

**Thee,** *obj.* of Thou, *which see.*

**Theft,** *n.* ခိုးခြင်း။ ခိုးမှု၊ the crime or punishment of the same, ခိုးခြင်း။

**Their, Theirs,** *poss.* of They, *which see.*

**Theism,** *n.* ဘုရားသခင်တဆူတည်းရှိတော်မူသည်ဟုယူသောအယူဝါဒ၊

**Theist,** *n.* ဘုရားသခင်တဆူတည်းရှိတော်မူသည်ဟုယူသောသူ၊

**Them,** *obj.* of They, *which see.*

**Theme,** *n.* a subject of discourse, ပြောတောသောအကြောင်းအရာ၊ a subject discussed in writing, စာစီကုံးသောအကြောင်းအရာ၊

**Themselves**, *pron.* သူတို့ကိုယ်တိုင်။

**Then**, *adv.* at that time, ထိုအခါ။ afterwards, ထိုနောက်။ in that case, သို့ဖြစ်လျှင်။ therefore, ထိုကြောင့်။

**Thence**, *adv.* from that place, ထိုအရပ်မှ။ from that time, ထိုအခါမှ။ for that cause, ထိုအကြောင်းကြောင့်။ —forth, —forward, *adv.* ထိုအခါမှစ၍။

**Theocracy**, *n.* ဘုရားသခင်စီရင်အုပ်စိုးခြင်း။

**Theocratical**, *a.* ဘုရားသခင်စီရင်အုပ်စိုးခြင်းနှင့်ဆိုင်သော။

**Theodolite**, *n.* အမြင့်၊ အဝေးကိုတိုင်းသောတန်ဆာ။

**Theogony**, *n.* နတ်ဘုရားတို့၏သားစဉ်မြေးဆက်စာရင်း။

**Theologian, Theologist**, *n.* တရားတော်နှင့်ထွေကျွက်သောဆရာ။

**Theological**, *a.* တရားတော်နှင့်ဆိုင်သော။

**Theology**, *n.* တရားတော်။

**Theomachy**, *n.* နတ်နှင့်အသူရာတိုက်ခြင်း။

**Theorem**, *n.* သိဆိုရင်တည်းတွေ့သော၊ ဧကန်စင်စစ်ဖြစ်ကြောင်းကိုသက်သေအားဖြင့်တည်သောစကားချက်။

**Theoretic, Theoretical**, *a.* စိတ်ကူး၊ထောက်ရှု၊နှိုင်းချိန်ခြင်းနှင့်ဆိုင်သော။

**Theorist**, *n.* agent, from next.

**Theorize**, *v. i.* စိတ်ကူး၍ထောက်ရှုနှိုင်းချိန်သည်။

**Theory**, *n.* အတတ်မသိ၊ စိတ်ကူး၊ ထောက်ရှု၊ နှိုင်းချိန်ခြင်းအားဖြင့်ဖွဲ့ထားသောအရာ။

**Therapeutic**, *a.* ဆေးကုခြင်းနှင့်ဆိုင်သော။

**There**, *adv.* in that place, ဟိုမှာ။ ထိုအရပ်မှာ။ thither, ဟိုကို။ ထိုအရပ်သို့။ (expletive before a verb,) —about, —abouts, *adv.* near that place, ထိုအရပ်အနီးအပါးတွင်။ about so much, ထိုမျှလောက်။ —after, *adv.* after that, ထိုနောက်။ accordingly, ထိုအတိုင်း။ ထိုသို့နှင့်အညီ။ —at, *adv.* at that place, ထိုအရပ်မှာ။ on that account, ထိုအတွက်ကြောင့်။ —by, *adv.* ထိုအကြောင်းအားဖြင့်။ —for, —fore, *adv.* for the reason, ထိုကြောင့်။ ထိုအကြောင်းကြောင့်။ on that account, ထိုအတွက်ကြောင့်။ —from, ထိုအရပ်မှ။ —in, ထိုအရပ်မှာ။ —of, ထိုအရာအညီကို။ —on, —upon, on that, ထိုအရာအပေါ်မှာ။ for that reason, ထိုအကြောင်းကြောင့်။ —to, —unto, ထိုအရပ်သို့။ —with, together with that, ထိုအရာနှင့်တကွ။ by means of that, ထိုအရာအားဖြင့်။ when used in exclamation and expressive of disapprobation, ထော။

**Thermometer**, *n.* အပူအအေးကိုတိုင်းသောတန်ဆာ။ အပူတိုင်း။

**These**, *plur. of* This, ဤ—တို့။ သည်—တို့။

**Thesis**, *n.* ဆွေးနွေးနှီးနှောရန်သို့တင်၍ပြောသောအကြောင်းအရာ။

**Thew**, *n.* ကိုယ်၌ခိုင်မာသောအသား။

**They,** *plur. of* He and She, သူတို့၊
**Thick,** *a.* dense, not thin, မကြဲ၍ ထူသော၊ turbid, foul, နောက်သော၊ close together, စိတ်သော၊ ထူသော၊ ထူထပ်သော၊ close, as a thicket, ချုံပိတ်၊ frequent, ခဏခဏဖြစ်လာသော၊ indistinct (as utterance,) မပြတ်သားသော၊ —of hearing, နားထိုင်းသော၊ နားလေးသော၊ noting the diameter of a body, (ဤမည်သော) ထုရှိသော၊ having much depth or extent from one surface to its opposite, မပါး၊ ထူသော၊ —headed, —skulled, ညာဏ်တုံးသော၊ ဖွစ်ထူကြီးသော၊ —*n.* ထူထပ်စွာရှိသောနေရာ၊
**Thicken,** *v. i.* to become more dense, ထူလာသည်၊ to become close together, ထူထပ်၍သွားသည်၊ —*v. t.* to make dense, ထူစေအောင်ပြုသည်၊ to make close together, ထူထပ်စေအောင်ပြုသည်၊
**Thicket,** *n.* မြိုင်တောထူ၊ တောထုံ၊ မြိုင်ပိတ်ပေါင်း၊ ချုံမြိုင်၊
**Thickly,** *adv.* ထိုက်ထိုက်၊ ထူထူ၊
**Thickness,** *n.* from Thick, *a.* the extent of a body from surface to surface, ထု၊ အထု၊
**Thickset,** *a.* closely planted, စိပ်စိပ်စိုက်လျက်ရှိသော၊ short and thick, တုပ်သော၊
**Thick-skulled,** *a.* ညာဏ်တုံးသော၊
**Thief,** *n.* သူခိုး၊ ခိုးသား၊ *pl.* ဖြည်ဆူးဖြည်ပြောင်း၊ —catcher, —taker, သူခိုးကိုဖမ်းသောသူ၊ (to cry thief, လူလူဟစ်သည်၊ သူခိုးသူခိုး၊)
**Thieve,** *v. i.* ခိုးလေ့ရှိသည်၊
**Thievingly,** *adv.* ခိုးကြောင်ခိုးဝှက်၊
**Thievish,** *a.* ခိုးတတ်သောသဘောရှိသော၊
**Thigh,** *n.* ပေါင်၊
**Thill,** *n.* ရထားသန်၊ လှည်းသန်၊
**Thimble,** *n.* အပ်ချုပ်လက်စွပ်၊
**Thin,** *a.* not thick or dense, မထူ၊ ကြဲသော၊ not close together, ကျဲသော၊ ပါးသော၊ ပါးရှားသော၊ having little extent from one surface to the other, ပါးသော၊ —and flat, ပါးချပ်သော၊ of a light flimsy texture, ပါးလျှသော၊ lean, ပိန်သော၊ slender (in sound,) သေးသော၊ —*v. t.* from above, 1st and 2d def. (too thin, ရေတုန်တုန်၊)
**Thing,** *n.* အရာ၊ တာ၊ ဥစ္စာ၊ ပစ္စည်း၊
**Think,** *v.* be of opinion, ထင်သည်၊ မှတ်သည်၊ ထင်မှတ်သည်၊ စိတ်ထင်သည်၊ to consider, ဆင်ခြင်သည်၊ to intend, ကြံသည်၊ ကြံစည်သည်၊ အကြံရှိသည်၊ —lightly of, *v. t.* အမှုမထား၊ ဂရုမပြု၊ —much of, လေးမြတ်သည်၊ —of, to consider, ဆင်ခြင်သည်၊ to recollect, call to mind, သတိရသည်၊ —on, —upon, to meditate, reflect on, ဆင်ခြင်သည်၊ အောင်းမေ့သည်၊ —of an

object at a distance, အာရုံရောက်သည်။ to conceive, အကြံရသည်။ —well of, လေးမြတ်သည်။ (faculty of thinking, မနောယတနး)
Thinker, *n.* agent, from Think.
Thinness, *n.* from Thin *a.*
Third, *a.* တတိယ။ သုံးခုမြောက်သော။ —*n.* သုံးပုံတွင်တပုံ။
Thirst, *v. i.* to feel the want of drink, ရေငတ်သည်။ to have a longing desire, တောင်တခင်ခွတ်သည်။ —*n. do.*
Thirstiness, *n.* from next, 1st def.
Thirsty, *a.* feeling the want of drink, ရေငတ်သော။ ခွတ်သိပ်သော။ very dry, ခြောက်သွေ့သော။
Thirteen, *a.* ဆယ်သုံး။ ၁၃။
Thirteenth, *a.* ဆယ်သုံးခုမြောက်။ တေရသမ။
Thirtieth, *a.* သုံးဆယ်ပြည့်သော။
Thirty, *a.* သုံးဆယ်။ ၃၀။
This, *pron. a.* ဤ။ သည်။ in modern style, ထည်းကောင်း။ ၎င်း။
Thistle, *n.* ဆူးပင်တမျိုးမျိုး။
Thistly, *a.* ဆူးပင်ပေါမျှားသော။
Thither, *adv.* ဟိုကို။ ထိုအရပ်သို့။ —ward, ထိုအရပ်သို့။
Thole, *n.* ခတ်တိုင်။
Thong, *n.* သားရေကြိုး။ twisted—, သားရေလွှန်း။
Thorax, *n.* ရင်ခေါင်း။
Thorn, *n.* a thorn bush, ဆူးပင်။ Mysore—, ဆူးကြိုး။ a spine on a thorn bush, ဆူး။ —apple, ပဒိုင်းနီ။ ပဒိုင်းခတ္တာ။ ပဒိုင်းဖြူ။
Thorny, *a.* ဆူးများသော။
Thorough, *a* စုံလင်သော။ —bred, အကုန်အစင်သင်ပြီးသော။ —fare, *n* ထုတ်ချင်းခပ်ပေါက်သောလမ်း။ —going, *a.* မဆုတ်မဆိုင်းပြုလုပ်တတ်သော။ —paced, *see* —bred, and —going; —*prep. see* Through.
Thoroughly, *adv.* အကုန်အစင်။ to the very bottom, နှစ်နှစ်နည်းနည်း။
Those, *plur.* of That, ထို—တို့။ ဟို—တို့။
Thou, *pron.* ကိုယ်တော်။ သင်။ ကိုယ်တော်မြတ်။ (of royalty or divinity.)
Though, *conj.* သို့သော်လည်း။ သို့ရာတွင်။
Thought, *n.* the act of thinking, စိတ်ထင်ခြင်း။ ထင်မှတ်ခြင်း။ idea, စိတ်အထင်အမှတ်။ design, အကြံ။
Thoughtful, *a.* သတိနှင့်ဆင်ခြင်တတ်သော။
Thoughtfulness, *n.* from above.
Thoughtless, *a.* သတိမရှိသော။
Thoughtlessness, *n.* from above

Thousand, *n.* ထောင်၊ တထောင်၊ ၁၀၀၀၊ ten—, သောင်း၊ hundred—, သိန်း။

Thousands, *n.* သောင်းသောင်း။

Thousandth, *a.* တထောင်ပြည့်သော၊ သဟဿ၊

Thrall, *n.* ကျွန်၊

Thralldom, *n.* ကျွန်ခံခြင်း။

Thrash, *v. t.* to beat out (grain,) စပါးဝှတ်သောဒုတ်တန်ဆာနှင့်ဝှတ်သည်၊ to whip, တံပွာနှင့်ရိုက်သည်၊

Thrashing, *n.* from *do.;* —floor, ကောက်တလင်း။ ကောက်နယ်တလင်း။

Thread, *n.* a small twist for sewing, ချည်၊ အပ်ချည်၊ ချည်ကျစ်၊ any filament, အမျှင်၊ a single—, ချည်ပင်၊ ချည်မျှင်၊ gold, silver or copper thread in cloth, နဂါးထား၊ charmed—, ပရိတ်ချည်၊ arranged course, အစီအစဉ်၊ —bare, *a.* worn to the naked threads, သုံးထောင်၍အမွေးတုံးသော၊ trite, အသုံးများ၍ဆိုသော (စကား၊) —*v. t.* to pass a thread through (the eye of a needle,) ချည်နှင့် (အပ်နဖားကို) လျှိုသည်၊ to pass through (a narrow way,) ရှပ်သွားသည်၊

Threat, *n.* from next.

Threaten, *v. t.* to menace, ခြိမ်းသည်၊ to terrify by threats, ခြိမ်းခြောက်သည်၊ မောင်းမဲသည်၊ ခြိမ်းပသည်၊

Threateningly, *adv.* တဟဲ့ဟဲ့၊

Three, *a.* သုံး။ ၃၊ တြိ၊ *Pali.* —cornered, သုံးထောင့်ရှိသော၊ —fold, *a.* three times as much, သုံးဆဖြစ်သော၊ thrice repeated, သုံးထပ်ဖြစ်သော၊ —masted, သုံးပင်တိုင်ရှိသော၊ —o'clock, သုံးနာရီ၊ သုံးချက်တီး။ —score, ခြောက်ဆယ်၊ ၆၀၊

Thresh, *see* Thrash.

Threshold, *n.* the sill of a door, တံခါးခုံ၊ entrance, ဝင်ဝ၊

Thrice, *adv.* သုံးကြိမ်၊

Thrid, *v. t.* ရှပ်သွားသည်၊

Thrift, Thriftiness, *n.* from Thrifty.

Thriftless, *a.* မခြွေတာ၊ အသုံးကြွားသော၊

Thrifty, *a.* frugal, ခြွေတာသော၊ making profit, prosperous, စီးပွားတိုးသော၊ စီးပွားတတ်သော၊ growing rapidly, as a plant, သန်စွမ်း၍ကြီးပွားသော၊

Thrill, *v. t.* to pierce, penetrate, စူးသည်၊ —*v. i.* to be pierced with a sharp, pervasive feeling, နှစ်လုံးခိုက်၍တကိုယ်လုံးဖြန့်းသည်၊ —with a pleasurable sensation or with cold, စိမ့်သည်၊ ခြင်ဆိစိမ့်သည်၊ —with horripilation, ကြက်သီးထသည်၊

Thrive, *v. i.* to make profit, prosper, အမြတ်ရသည်၊ စီးပွားတိုးတတ်

သည်။ to be thrifty, as trees, or to increase, as animals, သန်စွမ်း၍ကြီးပွားသည်။

**Throat,** *n.* လည်ချောင်း။

**Throb,** *v. i.* (as the heart or pulse,) လှုပ်သည်။ ခုန်သည်။ *n. do.*

**Throe,** *n.* ပြင်းစွာသောအနာအကြင်း။

**Throne,** *n.* ရာဇပလ္လင်။ —*v. t. see* Enthrone.

**Throng,** *v. i.* ဝိုင်း၍ကျပ်လျက်နေကြသည်။ —*v. t.* ညှပ်ဆောင်လူချင်း ကျပ်၍နေကြသည်။ —*n.* a crowd of people, လူထပ်သောလူထု၊ လူချင်းကျပ်၍နေသောအစုအဝေး။ a large multitude, များစွာသော လူအစုအဝေး။

**Throttle,** *v. t.* လည်ကိုအစ်သည်။

**Through,** *prep.* from end to end, or from side to side, တရှောက်လုံး၊ ထုတ်ချင်း၊ by means of, အားဖြင့်။ —*adv.* အကုန်အစင်။ lengthwise. ဖိုးဖိုး all over, ဗရပိန်။ right—, ဒွိဒွိ။

**Throughout,** *prep.* and *adv.* တရှောက်လုံး။ အနှံ့အပြား။ all over, ဗရပိန်။

**Throw,** *v. t.* to cast, fling, ပြစ်သည်။ ပြစ်လိုက်သည်။ to cast down or upon, လှည်း၍ချသည်။ —dice, အန်ထိုးသည်။ —aside, ပြစ်ထားသည်။ —at, ပြစ်ခတ်သည်။ —away, to cast away, ပြစ်သည်။ စွန့်ပြစ်သည်။ to reject, ပယ်သည်။ —back, အပြန်အလှန်ပြစ်သည်။ —by, ပြစ်ထားသည်။ —down, to cast down, ချသည်။ တွန်းချသည်။ —down with a violent jerk, ဆောင့်ချသည်။ to break down, ဖြိုချသည်။ to put down, depress, နှိမ့်ချသည်။ —down (one's self,) အပ်သည်။ —in, သွင်းသည်။ —into or upon, မှီသည်။ —off, *v. t.* to free from, ကင်းလွတ်စေခြင်းပြုသည်။ to reject, ပယ်ထားသည်။ to strip off, ချွတ်သည်။ —on, အပေါ်သို့ပြစ်ထားသည်။ —on (one's self,) အပ်သည်။ —out, to reject, ပယ်သည်။ ပယ်ထားသည်။ —out, as in scooping an excavation, ယှိုက်သည်။ to bring out, produce, ထုတ်သည်။ to distance, ရှေ့သို့လွန်၍နောက်၌ကျန်ရစ်စေသည်။ —up, to resign, အရာကိုချထားသည်။ to vomit, အန်သည်။ —*n.* a cast, fling, ပြစ်ခြင်း။ ပြစ်လိုက်ခြင်း။ —of dice, အန်ထိုးခြင်း။ the distance reached in throwing, ပြစ်၍မှီရာအရပ်။ effort, အားထုတ်ခြင်း။

**Thrum 1,** *n.* ဖြတ်ဆာ။ —2, *v.* ဖြစ်ကတတ်ဆန်းတီးသည်။

**Thrush,** *n.* the bird, မြေလူးငှက်။ one species, ဗီလုံး။ blue ant—, မြေခုန်။ မြေငုံး။ the disease, မကွရူ။

**Thrust,** *v.* to push, တွန်းသည်။ to thrust at, ထိုးသည်။ —at, *v. t.* ထိုးသည်။ —down, အောက်သို့တွန်းထိုးသည်။ —in, သွင်းသည်။ —in (one's self), *v.* အခွင့်မရှိဘဲဝင်သည်။ —off, *v. t.* လွတ်အောင်တွန်းသည်။ —on, ရှေ့သို့တွန်းသည်။ —out, နှင်ထုတ်သည်။

—through, ထုတ်ချင်းခပ်ပေါက်အောင်ထိုးသည်။ လှိုသည်၊ —*n.* from Thrust, *v.*

**Thumb,** *n.* လက်မ။ —*v. t.* နေရာမကျ၊ ကိုင်သည်။

**Thump,** *v. t.* ထုသည်။ *n.* from *do.*

**Thumping,** *a.* large, stout, ကြီးမားသည်။

**Thunder,** *v. i.* to fulminate, မိုဃ်းခြိန်းသည်။ မိုဃ်းခြိမ်းသည်။ —in short claps, မိုဃ်းကြုံးထစ်သည်။ to make a loud noise, မိုဃ်းခြိန်းသကဲ့သို့ပြင်းထန်စွာမြည်သည်။ to menace by ecclesiastical authority, ဂိုဏ်းချုပ်၊ ရဟန်းမင်းအာဏာနှင့်ခြိမ်းခြောက်၍ အပြစ်ပေးသည်။ —*n.* from *do.;* the sound of thunder, မိုဃ်းခြိန်းသံ၊ မိုဃ်းကြိုးသံ၊ —bolt, မိုဃ်းကြိုး။ မိုဃ်းကြိုးစက်၊ မိုဃ်းကြိုးသွား။ —clap, မိုဃ်းခြိန်းသံတချက်၊ —cloud, မိုဃ်းခြိန်းခြင်းနှင့်ဆိုင်သော မိုဃ်းတိမ်။ —shower, မိုဃ်းခြိန်း၍မိုဃ်းရွာခြင်း။ —storm, မိုဃ်းခြိန်းခြင်းပါသောမိုဃ်းသက်မုန်တိုင်း။ —struck, *a.* အလွန်မှိုင်တွေသော။

**Thunderingly,** *adv.* ခြိန်းခြိန်း၊ ထိန်းထိန်း။

**Thurification,** *n.* နံ့သာပေါင်းကိုမီးရှို့ခြင်း။

**Thursday,** *n.* သာစဒေး ကြာသပတေးနေ့။

**Thus,** *adv.* ဤသို့၊ ထိုသို့၊ သည်အတိုင်း။ သည်နှယ်၊ ထိုအတူ၊ ထိုနည်းတူ၊ ဤကဲ့သို့၊ ထိုကဲ့သို့၊ —much, *a.* and *adv.* ဤမျှလောက်။

**Thwack,** *v. t.* တပြားနှင့်ရိုက်သည်။ —*n. do.*

**Thwart,** *v. t.* ကန့်လန့်ပြုသည်။ (သူ) အကြံကိုဖျက်သည်။ နှောင့်ရှက်သည်။ —*n.* ကန့်၊ ပါးကန့်။

**Thy,** *poss. of* Thou, *which see;* —self, *pron.* ကိုယ်တော်တိုင်။

**Tiara,** *n.* ဦးရစ်။

**Tibia,** *n.* ညိုကျည်း၊ မြင်းခေါင်း။

**Tical,** *n.* အကျပ်။

**Tick 1,** *n.* an account of articles bought on credit, အကြွေးအငမ်းဝယ်သောစာရင်း။ —2, the animal, ခွား။ the small red kind, ကမှည်းနီ၊ —3, the cover or case of a mattress, မွေ့ရာအိုချုပ်သောအထည်။ —4, *v. i.* (as a watch,) ဂျက်ဂျက်မြည်သည်။

**Ticken,** *n.* မွေ့ရာချုပ်အိုတော်သင့်သောအထည်။

**Ticket,** *n.* အခွင့်ပေးသောလက်မှတ်။

**Tickle,** *v. t.* to affect with a prurient sensation by slight touches, ကလိထိုးသည်။ to excite any pleasant sensation, ပျော်ပါးအောင်ပြုသည်။

**Ticklish,** *a.* easily tickled, ကလိထိုး၍ယားတတ်သော။ not firm, easily moved, မမြဲ၊ လှုပ်လွယ်သော။ difficult of management, ခက်ခဲသော။

**Tid,** *a.* နူသော။

**Tide,** *n.* the alternate ebb and flow of the sea, ဒီ။ ဒီရေ။ spring—, ရေထ။ course, current of affairs, အစဉ်အလိုက်သွားခြင်း။ —gate, ဒီရေသွင်းထုတ်ရာပြွန်ပေါက်တံခါး၊ ဝဒိတ်လှော။ —waiter, သင်္ဘောစောက်စောင့်။ —way, ဒီရေကြောင်း။

**Tidiness,** *n.* from Tidy.

**Tidings,** *n.* သိတင်း။ သိတင်းစကား။

**Tidy,** *a.* သန့်ရှင်းကျစ်လစ်သော။

**Tie,** *v. t.* to bind, ချည်သည်။ ချည်နှောင်သည်။ —hand and foot, တုပ်သည်။ တုပ်နှောင်သည်။ —a knot in a string, ထုံးသည်။ —in a knot, ထုံးဖွဲ့သည်။ —with a hard knot, နှစ်ကျိုက်ကျိုက်၍ချည်သည်။ —a bow-knot, ခေါက်တွဲချည်သည်။ —down, မထကြွနိုင်အောင်ချည်နှောင်၍ထားသည်။ —together, *v. t.* တွယ်၍နှောင်ဖွဲ့သည်။ —up, ချည်ထားသည်။ —in a bundle, ထုပ်ထားသည်။ —*n.* a knot in a string, အထုံး။ bond, obligation, မပြုဘဲမနေရမည့်အကြောင်း။

**Tier,** *n.* အထပ်ထပ်အဆင့်ဆင့်ထားတတ်သော အတန်းတို့တွင်တတန်း။ အတန်းဆင်ထဲကတတန်း။

**Tiff,** *n.* စိတ်ပေါက်ခြင်း။

**Tiffin,** *n.* သားရေစာ။ မွန်းဘည့်စာ။

**Tiger,** *n.* ကျား။ a small species, ကျားမင်း။ monkey—, ကြောင်ခြီးကောက်။ ကျောက်ကျား။ —lily, သစ္စာပန်း။ *pardanthus chinensis.*

**Tight,** *a.* tense, as a rope, တင်းသော။ close, as a garment, or hard, as a knot, ကျပ်သော။ snug in dress, ကျစ်လစ်စွာဝတ်သော။ not pervious to a liquid, လုံသော။ close, confined, as air, လေမလာသော။ close in dealing, ခဲယဉ်းသော။ not easily obtained, ရခဲသော။ —sleeved, လက်ကျပ်သော။

**Tighten,** *v. t.* တင်းအောင်ဆွဲသည်။

**Tightly,** *adv.* ကြပ်ကြပ်။ မိမိ။ တင်းတင်း။

**Tigress,** *n.* ကျားမ။

**Tile,** *n.* အုတ်ကြွပ်။ —*v. t.* အုတ်ကြွပ်နှင့်မိုးသည်။

**Till 1,** *n.* ငွေးနှုပ်စုထည့်သောအံ။ —2, *prep.* တိုင်အောင်။ —3, *v. t.* ထယ်၊ ထွာ၊ ဥယည်ထုပ်သည်။

**Tillage,** *n.* from above, last def.

**Tiller 1,** *n.* agent, from Till 3.—2, *see* Till 1.—3, *n.* the handle of a rudder, တက်မကျင်။ —4, a shoot from the root or stump of a tree, အတက်။ —*v. i.* အတက်ပေါက်သည်။

**Tilt 1,** *n.* an arched covering, ပေါင်း။ ပေါင်းမိုး။ —2, *v. t.* to raise one end higher than the other, တစွန်းကိုမြှောက်၍ထားသည်။ စောက်ထိုးရထားသည်။ —3, *v.* to thrust with spears on horseback, မြင်းစီးချင်းလှံရှိန်၍ထိုးသည်။ —*n.* the military exercise of tilting, မြင်းစီးချင်းလှံထိုးပွဲ။

Timber, *n.* သစ်။ —yard, သစ်ထားသောဝင်း။ —tree, ပန်းသစ်ယာ၊ ပရဝါ။ hollow—, ခြောင်းဝင်သစ်၊ standing—, ပင်ထောင်သစ်၊ twisted—, သစ်နဂါး။

Timbered, *a.* သစ်ပင်ပေါမှားသော။

Timbrel, *n.* စည်တမျိုး။

Time, *n.* the measure of duration, ကာလ၊ အခါ။ a season, convenient season, အချိန်။ အဆင်သင့်သောအချိန်။ unseasonable—, အကာလ။ a repeated time, a turn, အကြိမ်၊ အဖန်၊ အလီ၊ အခေါက်၊ ancient—, ပဝေသဏီ။ future—, နောင်။ —being, အခိုက်၊ အတွန်၊ time, as contrasted with eternity, လောကီကာလ၊ a season (of day or night,) ယံ။ in—, *adv.* sufficiently early, အချိန်မလွန်မှီ။ after some time, အင်တန်ကာလကြာမှ။ —keeper, —piece, *n.* နာရီ၊ —server, agent, from next; —serving, *n.* ကာလအလိုက်၊ စရိုက်သင့်အောင်ပြုတတ်သော၊ ကာလကိုထောက်၍အလိုက်သင့်ပြုတတ်သော။ —serving, from above; —*v. t.* to adapt to the time or occasion, ကာလအချိန်နှင့်တော်သင့်အောင်စီရင်သည်။ to regulate the time in music, သီခြင်းဆိုခြင်း၊ တီးမှုတ်ခြင်းနှင့်သံတို၊ သံရှည်ကိုနေရာကျအောင်ညှိသည်။

Timely, *a.* being in sufficiently early time, အချိန်မလွန်မှီဖြစ်သော၊ seasonable, အဆင်သင့်သော၊ အခန့်သင့်သော။

Times (at), *adv.* တခါတလေ။

Timid, Timorous, *a.* ကြောက်တတ်သော။

Timidity, Timorousness, *n.* from above.

Timidly, *adv.* ရွံရွံတွဲတွဲ။

Tin, *n.* the metal, ခဲမဖြူ၊ a thin plate of iron covered with *tin*, သံဖြူ။ —foil, *n.* ရွှေမှုက်ပါးကဲ့သို့ခတ်သောသံဖြူပြား။ —man, သံဖြူသမား၊ သံဖြူပန်းတိမ်။ —*v. t.* သံဖြူပြာ နှင့်ကွပ်သည်။

Tincture, *n.* a liquid extract, ဆေးသြဇာကိုနှုတ်ယူ၍ရသောအရည်၊ a tinge of color, ကူးသောအရောင်အဆင်း။ slight taste superadded, မိမ်သောအားဖြင့်ဖြစ်စေ၊ ရောရှက်သောအားဖြင့်ဖြစ်စေ၊ ကူးသောအရသာ၊ some quality superadded, ရောရှက်ကူးဝင်သောဓာတ်၊ သဘော။ —*v. t.* to impart a tinge of color, အရောင်အဆင်းကူးစေအောင်ပြုသည်။ to impregnate with some taste, အရသာကူးစေအောင်ပြုသည်။ to change or modify the quality of a thing, ဓာတ်ချင်း၊ သဘောချင်းရောရှက်ကူးဝင်စေအောင်ပြုသည်။

Tinder, *n.* ထောင်းဖား။ —box, မီးခတ်ဖာ၊ မီးခတ်အစ်။

Tine, *n.* ခက်ရင်းသွား။

**Tinge,** *v. t.* အရောင်၊ အနံ့၊ အရသာအစရှိသောဓာတ်တစုံတခုကူးရှတ်စေအောင်ပြုသည်။ —*n.* ကူးရှက်သောဓာတ်။

**Tingle,** *v. i.* to feel a thrilling sound, နားစူးလျက်ရှိသည်။ to feel a twinging sensation, စိုးစိုးစစ်စစ်ရှိသည်။ to have a pricking sensation on checking the circulation of the blood, ကျဉ်သည်။

**Tinkal,** *n.* လက်ခြားရှိုင်း။

**Tinker,** *n.* သံဖိုး၊ ကြေးဖိုးဖာသောသူ။

**Tinkle,** *v. i.* သွင်သွင်မြည်သည်။ တသွင်သွင်မြည်သည်။

**Tinsel,** *n.* ကုလားရွှေ။ —*v t.* ကုလားရွှေနှင့်ချယ်လှယ်မွမ်းမံသည်။

**Tint,** *n.* အရောင်၏အသွေးအရည်။

**Tiny,** *a.* သေးနုပ်သော။

**Tip 1,** *n.* အဖျား။ —of a finger, လက်ထိပ်။ —staff, ရိုးလုသင်အုပ်။ —toe, ခြေဖျား။ on—, *adv.* ခြေဖျားထောက်သည်နှင့်။ —top, ထိပ်ဖျား၊ အထွဋ်။ —*v. t.* အဖျားကိုကွပ်သည်။ to touch lightly, တို့သည်။ —the wink. မျက်ရိပ်ပေးသည်။ —2, to make incline to one side, စောင့်ထားသည်။ to tilt, စောက်ထိုးထားသည်။ —off, *v. i.* စောက်ထိုးကျသည်။

**Tippet,** *n.* သားမွေးပါသောလည်စည်းနံငယ်တပက်။

**Tipple,** *v. i.* သေရည်သေရက်ကိုခဏခဏသောက်သည်။

**Tippler,** *n.* agent, from above.

**Tipsy,** *a.* ဝေဝေရှိသော။

**Tirade,** *n.* အလွှတ်မဲ့အပြစ်တင်သောစကား။

**Tire,** *n.* head-dress, မိန်းမဆောင်းသောခေါင်းအုပ်တန်ဆာ။ the iron band of a wheel, လှည်းဘီးကိုကွပ်သောသံပတ်ခွေ။ —woman, မိန်းမဆောင်းသောခေါင်းအုပ်တန်ဆာကိုလုပ်သောမိန်းမ။ —2, *v. i.* မောသည်။ ပင်ပန်းသည်။ —*v. t.* to fatigue, မောအောင်ပြုသည်။ ပင်ပန်းအောင်ပြုသည်။ to make uneasy by long continuance, ငြောင်းအောင်ပြုသည်။ —out, same.

**Tired** (be), *v. i.* ငြောင်းငြာသည်။ ပင်ပန်းသည်။ မောပန်းသည်။ —of, *a.* စိတ်ကုန်သော။

**Tiresome,** *a.* fatiguing, မောစေသော၊ ပင်ပန်းစေသော။ rendering uneasy, (by long continuance,) ငြောင်းစေသော။

**Tiresomeness,** *n.* from above.

**Tissue,** *n.* cloth interwoven with gold or silver, ရွှေခြည်၊ ငွေခြည်ထိုး၊ ရက်သောအထည်။ a connected series, အစီအစဉ်။ စီစဉ်သောအရာ။

**Tithe,** *n.* ဆယ်မို့တွင်တမို့။ —*v. t.* ဆယ်မို့တွင်တမို့ကိုကောက်ယူသည်။

**Tithing,** *n.* ဓိုးခေါင်းတဦးအုပ်သောဆယ်အိမ်။ —man, ဓိုးခေါင်း။

**Titillate,** *v.* ကလိထိုးလျက်ရှိသော။

**Titillation,** *n.* from above.

**Title,** *n.* a superscription, or the name of a writing or book, လိပ်၊ လိပ်စာ၊ a name, appellation, အမည်၊ နာမ၊ အမည်အရည်၊ an appellation of honor, ဘွဲ့၊ right, just claim, ဆိုင်ခြင်း၊ ပိုင်းခြင်း၊ ပိုင်ထိုက်ခြင်း၊ တောင်းပိုင်သောအခွင့်၊ the evidence of a claim, ပိုင်ထိုက်ခြင်းသက်သေ၊ —deed, ပိုင်ထိုက်ခြင်းစာချုပ်၊ —page, လိပ်စာပါသောပဌမရွက်နှာ၊ —*v. t.* ဘွဲ့ပေးသည်၊

**Titter,** *v. i.* တကျိကျိရယ်သည်၊ —*n.* from *do.*

**Titteringly,** *adv.* တခိခိ၊

**Tittle,** *n.* သေးနုပ်သောအစအန၊

**Tittle-tattle,** *n.* ဗလောဗလွှင့်စကား၊

**Titubate,** *v. i.* ထိခိုက်လည်းသည်၊

**Titular,** *a.* ကေနိအမှန်မထုတ်၊ ခေါ်ဝေါ်ယံမှတ်ခြင်းသာရှိသော၊

**To,** *prep.* toward, သို့၊ ကို၊ noting accord or adaptation, contrast or opposition, နှင့်၊ sign of the dative, အား၊ for, အမှို၊ အမှို အလိုငှါ၊ unto, as far as, တိုင်အောင်၊ noting the object, ကို၊ in order to, ငှါ၊ အလိုငှါ၊ အောင်၊ —and fro, *adv.* ခေါက်တို့ ခေါက်ပြန်၊ လူးလာ၊ တောက်တက်တောက်တက်၊ တောင်မြောက်၊

**Toad,** *n.* ဖားပြုပ်၊ —stool, မှို၊

**Toast 1,** *v. t.* to dry and scorch by a fire, ကင်ထည်၊ —*n.* toasted bread, မုန့်ကင်၊ —2, *v. t.* to drink to the health of, (တစုံတဦးသော) သူအမှိမေတ္တာသို့ဈ်သောက်သည်၊ —*n.* a lady whose health is drunk, စပွစ်ရည်ပွဲတွင်မေတ္တာသို့ဈ်သောက်ခြင်းကို ခံသောမိန်း၊

**Toaster,** *n.* မုန့်ကင်သောတန်ဆာ၊

**Tobacco,** *n.* ဆေး၊ ဆေးရွက်၊ —pipe, ဆေးတံ၊ —stopper, ဆေတံနှို တပ်သောဆေးဆို့ဖုံး၊

**Tobacconist,** *n.* ဆေးသေး၊ ဆေးရွက်၊ ဆေးလိပ်ကိုရောင်းသောသူ၊

**Tocsin,** *n.* သတိပေးသောခေါင်းလောင်းထိုးခြင်း၊

**To-day,** *n.* ယနေ့၊

**Toddle,** *v. t.* ကတုန်ကရင်သွားသည်၊

**Toddy,** *n.* palm liquor, ထမ်းရည်၊ ဓနိရည်၊ sweetened grog, ရေနှင့် သကြားရောသောအရက်၊

**Toe,** *n.* ခြေချောင်း၊ great—, ခြေမ၊ little—, ခြေသန်း၊ middle—, ခြေချောင်းလယ်၊ —next the great—, ခြေညှိုး၊ —nail, ခြေ သည်း၊

**Together,** *adv.* in company, အတူ၊ တကွ၊ နှင့်အတူ၊ နှင့်တကွ၊ အတူတ ကွ၊ unitedly, in concert, တညီတည်း၊ တညွတ်တည်း၊ in junction or union, အပေါင်းအဖက်၊ အစပ်အရှက်၊ အရောအနှော၊ at once, တပြိုင်နက်၊ တချက်တည်း၊ —with, တကွနက်၊ ထက်ကြပ်၊

**Toil** 1, *v. i.* ပင်ပန်းစွာလုပ်ဆောင်သည်၊ —*n.* from *do.* —2, ဖမ်းမိရာထောင်သောပိုက်ကွန်။

**Toilet**, *n.* a dressing table, အဝတ်တန်ဆာဆင်ရင်ရန်၊ ဘီး၊ မှန်တင်သောစားပွဲ။ the act of dressing and adorning, အဝတ်တန်ဆာဆင်ရင်ခြင်း။ —glass, အဝတ်တန်ဆာဆင်ရင်ရန်စားပွဲပေါ်မှာတင်သောမှန်။

**Toilsome**, *a.* ပင်ပန်းစေတတ်သော။

**Toilsomeness**, *n.* from above.

**Token**, *n.* a mark, အမှတ်၊ အမှတ်အသား။ a sign, လက္ခဏာ။ an audible—, အရိပ်အသံ၊ a visible—, အရိပ်အရောင်၊ a memorial, မှတ်မိစေခြင်းငှါထားသောအရာ၊ အထိမ်းအမှတ်။

**Tole**, *v. t.* မြူသည်။

**Tolerable**, *a.* endurable, ခံနိုင်ဖွယ်ဖြစ်သော၊ moderately good, passable, တော်တော်ကောင်းသော၊ တော်ရုံမျှရှိသော။

**Tolerant**, *a.* from next.

**Tolerate**, *v. t.* မဆီးတား၊ အခွင့်ပေးသည်။

**Toleration**, *n.* from above.

**Toll** 1, *n.* a tax paid for the liberty of passing, ဝင်ထွက်သွားလာရသောအခ၊ a portion of flour taken for grinding, ဂုန်ညက်ကြိတ်၍ကောက်ယူရသောအခ။ —booth for receiving duties, တည်း —bridge, အခခံယူသောတန်တား။ —gate, ရှောက်သွားခကိုခံယူရာတံခါး။ —gatherer, ရှောက်သွားခကိုခံယူသောသူ။ —house, ရှောက်သွားခကိုခံယူရာတဲ။ —2, *v.* ခေါင်းလောင်းလေးလေးထိုးသည်၊ —*n.* from *do.*

**Tomahawk**, *n.* အမေရိကရှုန်လူသုံးသောပုဆိန်။ —*v.* ပုဆိန်နှင့်ခုတ်သတ်သည်။

**Tomato**, *n.* ခရမ်းသီး၊ ခရမ်းကျည်ဦး။ wild—, one species, မြေပုံခရမ်း။

**Tomb**, *n.* a grave, သင်းချိုင်းတွင်း။ a vault for the deposit of corpses, အလောင်းကောင်ကိုသွင်းထားသင်းဂြိုဟ်သောမြေတိုက်၊ a monument for the dead, သင်းချိုင်းရာ၌အမှတ်ထားသောကျောက်ပုံ၊ ဆုတ်ပုံ၊ stone or brick-work inclosing or surmounting an urn, အရိုးအိုး။ —stone, ကမ္ဗည်းထိုး၍သင်းချိုင်းအမှတ်အသားထားသောကျောက်ပြား။

**Tomboy**, *n.* a rude boy, ရိုင်းသောလူကလေး။ a girl of masculine manners, ယောက်ျားကလေးနည်းတူ၊ ကခုန်ကစားတတ်သောမိန်းကလေး။

**Tome**, *n.* စာအုပ်ကြီးတအုပ်။

**Tom-fool**, *n.* သူတပါးရယ်ဖွယ်ဖြစ်သောသူမိုက်၊ လူသွပ်။

**Tom-foolery**, *n* သူတပါးရယ်ဖွယ်ဖြစ်သောလူမိုက်၊ လူသွပ်ပြုမူခြင်း။

**To-morrow**, *n.* နက်ဖြန်နေ့။

**Tompion**, *n.* အခြောက်ဆို့။

**Tom-tom,** *n.* (East Indian,) စည်တီးခြင်း။

**Ton,** *n.* genteel fashion, မြေလည်လျှောက်ပတ်ယဉ်ကျေးခွယ်ရာသော ထုံးစံ။ —(*pron.* tun,) the weight, တုန်တည်းဟူသော ၆၀၈၇ ခန့်ရှိသောအချိန်။

**Tone,** *n.* sound, အသံ။ modification of sound, အသံ၏အပြောင်းအလဲ၊ အသံပြည်ခြင်း၏လက္ခဏာ။ an affected sound in speaking, ပကတိအသံမဟုတ်၊ ပြုပြင်၍မြွက်ဆိုသောအသံ။ tension of the bodily organs, vigor, strength, ကိုယ်အကြောအချင်သန်မာခြင်း။ mental energy, ဉာဏ်အစွမ်းသတ္တိ။

**Toned,** *a.* (ညှိမည်သော) အသံရှိသော။

**Tongs,** *n. plur.* common fire-tongs, မီးညှပ်။ blacksmith tongs, ညှပ်၊ သံညှပ်ကြီး။

**Tongue,** *n.* the organ, လျှာ။ ဇိဝှါ။ *Pali.* speech, စကားပြောခြင်း။ a language peculiar to a people, ဘာသာစကား။ —of a buckle, ထိကပေါက်လျှာ။ —of a cow-bell, ခလောက်ဆန့်။ —of a balance, ချိန်ခွင်လျှာ။ —of a large bell, ခေါင်းလောင်းဆန့်။ —of land, ကြက်လျှာစွန်း။ —tied, *a.* လျှာပ်ံးပျည်ကြောဆိုင်း၍စကားပြောသဘောင်မပြောနိုင်သော။

**Tonic,** *a.* increasing vigor and strength, အားတိုးတက်စေတတ်သော။ —*n.* အားတိုးတက်စေတတ်သောဆေး။

**To-night,** *n.* ယနေ့ညည့်။

**Tonjon,** *n.* ယဉ်ပေါင်းချုပ်။

**Tonnage,** *n.* the amount of weight which a ship can carry, သင်္ဘောပါနိုင်သောချိန်ဝန်။ the duty on a ship's cargo per ton, သင်္ဘောပါနိုင်သောချိန်ဝန်အကောက်တွက်။

**Touquinese,** *n.* ကျောက်ကသည်း။

**Tonsil,** *n.* ပါးချေး။

**Tonsure,** *n.* ဦးဆံကိုဖြတ်ခြင်း၊ ခေါင်းရိတ်ခြင်း။

**Too,** *adv.* overmuch. လွန်း၊ (verbal affix:) also, လည်း။

**Tool,** *n.* တန်ဆာ၊ လုပ်ကိုင်ရန်တန်ဆာ။ တန်ဆာပလာ။

**Toot,** *v. i.* ပူပူမှုတ်သည်။

**Tooth,** *n.* —of an animal, သွား၊ သွားပါး။ —of a saw, သွားထွယ်။ an eye-tooth, အစွယ်။ supernumerary double—, အံပွား။ wisdom—, အံသွား။ —ache, သွားကိုက်ခြင်း၊ သွားပိုးထခြင်း။ —brush, သွားတိုက်တံပွတ်၊ နံနက်စာတံပူ။ —drawer, သွားကိုနုတ်တတ်သောသူ။ —pick, သွားကြားထိုး။ —stick, တံပူ။ (to use the same, တံပူစားသည်။)

**Toothless,** *a.* သွားမရှိသော။

**Toothsome,** *a.* အရသာကောင်းသော။

**Top,** *n.* the highest part, ထိပ်၊ အခေါင်၊ အဖျား၊ အထွဋ်။ —*of a* carriage, ရထားပေါင်း။ (one which can be shut down, ရထား ပေါင်းချုပ်။) the highest place or rank, အထွဋ်။ အမြင့်ဆုံးသော နေရာ။ the upper surface, အပေါ်ယံမျက်နှာပြင်။ a platform around the head of a lower mast. မသလိန်စင်။ a play top, ဂျင်။ —gallant mast, အထက်ဖိုတိုင်။ —gallant sail, အထက်ဖိုး —heavy, *a.* အထက်ဝါလေး၍ထဲတတ်သော။ —knot, *n.* မိစ္ဆာ ငှက်စသည်တို့၏ ဦးခေါင်းပေါ်၌ထောင်နေသောအမွေး။ —mast, အလယ်ဖို တိုင်။ —most, *a.* အထက်ဆုံးသော။ အမြင့်ဆုံးသော။ —sail, *n* အလယ်ဖို။ —*v. t.* to cover on the top, ဖုံးသည်။ ထဲဖုံးအုပ် တင်သည်။ to rise above, သာ၍မြင့်အောင်တက်သည်။ to excel, surpass, လွန်ကဲသည်။ to crop, cut off the end, အဖျားကိုဖြတ် သည်။

Topaz, *n.* ဥဿဖရား။

Tope, *v. i.* အလွန်အကျူးသောက်သည်။

Toper, *n.* agent, from above.

Tophet, *n.* ငရဲ။

Topic, *n.* a subject treated on, အကြောင်းအရာ။

Topical, *a.* local, တစ်ခုတစ်ခုသောအရပ်နှင့်ဆိုင်သော။ pertaining to a topic, အကြောင်းအရာနှင့်ဆိုင်သော။

Topmost, *a.* အမြင့်ဆုံးသော။

Topographer, *n.* အရပ်ဒေသအကြောင်းအရာများကိုမှတ်သားသောသူ။

Topography, *n.* အရပ်ဒေသ၏အကြောင်းအရာများကိုမှတ်သားခြင်း။

Topple, *v. i.* ထဲသည်။

Topsy-turvy, *adv.* ပြောင်းပြန်။ ဇလိုင်းကျွမ်းမှောက်ခုံ။ ဇောက်ထိုး။ (—fish, ငါးနောက်သွား။)

Torch, *n.* မီးတိုင်။ —(of different kinds,) ဆီမီးတိုင်။ စွယ်ပေါင်ထိုင်။ မီးစည်း။ မီးရှူး။ ကညင်တိုင်။ —bearer, မီးတိုင်ကိုင်။ —light, မီး တိုင်ရောင်။

Torment, *v. t.* to inflict excruciating pain, ပြင်းထန်စွာညှဉ်းဆဲ သည်။ to harass, ပင်ပန်းအောင်နှောင့်ရှက်သည်။ —*n.* ပြင်းထန်စွာ သောဝေဒနာ။

Tormenter, *n.* agent, from Torment, *v. t.*

Tornado, *n.* ပြင်းထန်စွာသောမိုဃ်းသက်မုန်တိုင်း။

Torpedo, *n.* ထုံကျဉ်စေတတ်သောငါး။

Torpid, *a.* numb, ထုံသော။ ထုံကျဉ်သော။ inert, inactive, မလှုပ်ရှား တတ်သော။ dull, sluggish, လေးလံသော။ ဆေးဆေးလေးလေး ဖြစ်သော။

Torpidity, Torpor, *n.* from above; (to be in a state of torper preceeding death, ဇောဆိုက်သည်။ ဇောပြန်သည်။)

Torrefaction, *n.* from next.

Torrefy, *v. t.* ဒီးကင်သည်။
Torrent, *n.* ရေစြင်းချောင်း။
Torrid, *a.* very hot, အလွန်ပူသော။ parched with heat, အလွန်ပူ၍ သွေ့ခြောက်သော။
Tortoise, *n.* လိပ်။ one species, ဖင်းချောလိပ်။ great Burmese land—, တောလိပ်။ တောင်လိပ်။ soft—, လိပ်ကြည်။ —shell, လိပ်ခွံ။
Tortuous, *a.* လိမ်သော။
Tortuousness, *n.* from above.
Torture, *v. t.* to inflict excruciating pain, ပြင်းထန်စွာညှဉ်းဆဲသည်။ to inflict pain under judicial examination, အပူအပြင်းစစ်သည်။ —*n.* from above; extreme pain, ပြင်းထန်စွာသောဝေဒနာ။
Torturingly, *adv.* အပူအပြင်း။
Tory, *n.* ရှင်ဘုရင်စိုးရင်ပိုင်သောအခွင့်ကျယ်စေခြင်းငှါအလိုရှိသောသူ။
Toss, *v. t.* to throw up, မြှောက်သည်။ —(as rice when cleaning it), ပြသည်။ to throw with the hand, လက်နှင့်ပြစ်သည်။ —the head (as a horse,) ဆတ်ခနဲမော့သည်။ ဇက်ထန်၍ဆတ်ခနဲမော့သည်။ —with the horn, ခတ်၍ကော်လိုက်သည်။ to shake up and down (as a boat on the water,) စုန်ဆောင်ပြုသည်။ —*v. i.* to roll and tumble, ငါးဝယ်ဖြန်ဖြန်နေသည်။ —from side to side with pain, ဖြတ်ဖြတ်လူးသည်။ —up, *v. t.* same with Toss, four first def. —and catch with a stick, တော၍ကစားသည်။ —*n.* from Toss, *v. t.* 1st, and 3rd def.
Tossing, *n.* from Toss, *v. t.* and *v. i.*
Total, *a.* အကုန်အစင်ဖြစ်သော။ စုံထင်သော။ —*n.* ပေါင်း။ grand—, ပေါင်းချုပ်။
Totality, *n.* same as above.
Totally, *adv.* အကုန်အစင်။ အကြွင်းမဲ့။
Totter, *v. i.* ထဲထုမတတ်တုန်လှုပ်သည်။
Totteringly, *adv.* ခနော်ခနဲ့။ —as a child, တေ့ာတီတေ့ာတာ။
Touch, *v. t.* to put in contact with, တို့သည်။ to come in contact with, ထိသည်။ to reach, မှီသည်။ to affect the mind, စိတ်တစုံတခုကိုဖြစ်စေသည်။ to strike (as a musical instrument,) တီးသည်။ *v. i.* to be in contract, ထိသည်။ —slightly, as a boat partially aground, မှေးသည်။ —at, *v. i.* မဏာဆိုက်သည်။ —on, —upon, (in discourse,) မြွက်ကာမျှပြောသည်။ —up, ပြုပြင်သည်။ —*n.* contact, ထိခြင်း။ the sense of feeling, ကာယာယတနဲ့ တွေ့တတ်သောသတ္တိ။ the act of touching, တို့ခြင်း။ trial, စုံစမ်းခြင်း။ test, criterion, စုံ။ a stroke of the pencil, စုတ်တံနှင့်တချက်တည်းရေးသားခြင်း။ lineament, မျက်နှာအင်္ဂါပန်းလက္ခဏာ။ the act of the hand on a musical instrument.

တချက်တည်းတီးခြင်း power of exciting the feelings, စိတ်ကို နိုးဆော်နိုင်ခြင်း feeling of passion or affection, ကြွင်နာခြင်း —hole, နားပေါက်၊ —stone, a stone by which metals are tried, မှတ်၊ မှတ်ကျောက်၊ any test or criterion, ပ်။ —wood, သစ်ဆွေး။

Touchiness, *n.* from Touchy.

Touching, *a.* ကြွင်နာဖွယ်ဖြစ်သော၊ —*prep.* ဆိုင်လျှက်၊ စပ်ဆိုင်လျှက်၊ အကြောင်းအရာနှင့်ဆိုင်လျှက်။

Touchy, *a.* စိတ်ဆတ်သော။

Tough, *a.* yielding without breaking, not brittle, ကြည်းသော၊ stiff, not flexible, တောင့်သော၊ firm, strong, မြင်ခံ့သော။

Toughen, *v. i.* ကြည်းသွားသည်။ —*v. t.* from Tough, *a.*

Toughness, *n.* from Tough, *a.*

Tour, *n.* အရပ်ရပ်လှည့်ပတ်ခြင်း။

Tourist, *n.* အရပ်ရပ်လှည့်ပတ်သောသူ။

Tourmalin, *n.* အကျွတ်။ black—, အဖြိုက်၊ green—, သိဟိုဠ်မြ၊ red—, မိန်နီ၊ yellow—, ဥဿဖရား။

Tournament, *n.* မြင်းစီးသူရဲချင်းလှံထိုး၍စစ်ရှည်ကစားပွဲ။

Tourniquet, *n.* ဝက်အူ၊ လက်ရှည်ပါလျှက်တင်းကျပ်အောင်ပတ်စည်းသောသားရေတန်ဆာ။

Tow 1, *n.* ထင်းလျှော်။ —2, *v. t.* ရေပေါ်မှာမျှောသောအရာကိုဆွဲသည်။ —boat, *n.* ဆွဲသောလှေ၊ သိတန်။

Toward, Towards, *prep.* in the direction to, သို့၊ in regard to, ကို၊ မှာ။

Towardly, *a.* သူအလိုသို့လိုက်လွယ်သော၊ ဆုံးမသွန်သင်လွယ်သော၊ (look toward, မျက်နှာမူသည်၊ မျက်နှာမူသည်။)

Towardness, Towardliness, *n.* from above.

Towel, *n.* လက်သုတ်ပဝါ။

Tower, *n.* an elevated structure surmounting the main edifice, တန်ဆောင်း၊ a citadel, ရဲတိုက်၊ —*v. i.* အမြင့်သို့တက်သည်။

Town, *n.* a city or village, မြို့၊ ရွာ၊ the inhabitants of a city or village, မြို့သူမြို့သား၊ ရွာသူရွာသား၊ —clerk, မြို့စာရေး၊ —crier, လည်၍ကျော်ညာစေသောသူ၊ —house, မြို့သူမြို့သားတို့စည်းဝေး၍ညှိနှိုင်းတိုင်ပင်စီရင်ရာရုံး၊ —talk, မြို့သူမြို့သားတို့အချင်းချင်းအနှံ့အပြားပြောဆိုခြင်း။

Township, *n.* မြို့နယ်။

Townsman, *n.* မြို့သား။

Toy, *n.* a plaything for children, မိန်ငယ်၊ (obsolete); အရုပ်ကလေးအစရှိသောသူငယ်ကစားရန်တန်ဆာ၊ a bauble, အကျိုးမရှိသောကစားစရာအရာ၊ from Toy, *v. i.* —shop, အရုပ်ကလေးအစရှိသော

သူငယ်ကစားရန်တန်ဆာများကိုရောင်းသောဆိုင်၊ ကာမရာဂနှင့်ရှည်ကြာ ကစားသည်။

**Trace 1,** *n.* ဖြင်းကြဲဆွဲသောကြိုး။ —2, *v.* to mark out, ရေးသားသည်။ to follow out by certain marks, လက္ခဏာရိပ်ထင်ရှားရာကို ရှောက်၍လိုက်သည်။ to follow closely, ထက်ကြပ်လိုက်သည်။ *n.* a mark left by something passing, ခြေရာ၊ အကြောင်းအရာ၊ remains, ပျက်စီးသောနေရာတွင်ကျန်ကြွင်းရစ်သောအစအန။

**Trachea,** *n.* အသက်လေထွက်ဝင်ရာလည်ချောင်း။

**Tracing,** *n.* လစဉ်အတိုင်းလိုက်ခြင်း။

**Track,** *n.* a mark left by something passing, ခြေရာ၊ အကြောင်းအရာ၊ —of any thing drawn along the ground, နွပ်ကြောင်း။ a road, way, လမ်းကြောင်း။ —*v. t.* to follow footsteps, ခြေရာသို့လိုက်သည်။ to tow, ရေပေါ်မှာရှိသောအရာကိုဆွဲသည်။

**Trackless,** *a.* ခြေရာမရှိ၊ မထင်သော။

**Tract,** *n.* something drawn out long, ရှည်လျားသောအရာ၊ protracted duration, ရှည်လျားသောကာလ၊ a region, အရပ်ဒေသ၊ a short essay, ဆွေးနွေးသောစာငယ်။

**Tractability, Tractableness,** *n.* from next.

**Tractable,** *a.* သင်လွယ်သော၊ ဆုံးမလွယ်သော။

**Tractile,** *a.* that may be drawn into wire, နန်းဆွဲနိုင်ဖွယ်ဖြစ်သော၊ that may be extended by beating, ခတ်၍ဆန့်နိုင်ဖွယ်ဖြစ်သော။

**Trade,** *v. i.* ရောင်းဝယ်သည်၊ ကုန်သွယ်သည်၊ ဖောက်ကားသည်၊ ကုန်ကူးသည်။ —*n.* from above; a craft, manual art, လက်မှုပညာအတတ်၊ —wind, ရာသီကိုလိုက်သောလေ။

**Trader,** *n.* ကုန်သည်။

**Tradesman,** *n.* ဆိုင်ရှင်။

**Trading,** *n.* from Trade, *v. i.*

**Tradition,** *n.* the act of delivering in succession from one to another, ဆက်ကာဆက်ကာတယောက်မှတယောက်သို့ထွဲအပ်ခြင်း။ the act of handing down from age to age, ဘိုးဘေးတို့မှဆင်းသက်၍ဆက်ကာဆက်ကာထွဲအပ်ခြင်း။ a doctrine or practice handed down from age to age by oral communication, စာဌ်မပါဘဲဘိုးဘေးတို့မှဆင်းသက်၍ အဆက်ဆက်ခံယူသောအယူဝါဒ၊ နည်းဥပဒေသ။

**Traditional, Treditionary,** *a.* စာဌ်မပါဘဲဘိုးဘေးတို့မှဆင်းသက်၍အဆက်ဆက်ခံယူသော၊ (traditional records, ဥဒါန်းစကား။)

**Traduce,** *v. t.* to censure unjustly, မဟုတ်မမှန်အပြစ်တင်သည်၊ to calumniate, သူအသရေပျက်အောင်မဟုတ်မမှန်ပြောသည်။

**Traducer,** *n.* agent from above, 2d def.

**Traffic,** *v. i. see* Trade, *v. i.* —*n. see* Trade, *n.* 1st def.

**Tragacanth,** *n.* တမာစေး။

**Tragedian,** *n.* နှစ်လုံးကြေကွဲ၊ ဝမ်းနည်းဖွယ်ပါသောဇာတ်သမား။

**Tragedy,** *n.* a mournful drama, နှစ်လုံးကြေကွဲ၊ ဝမ်းနည်းဖွယ်ပါသောဇာတ်၊ a calamitous event, အလွန်ဆင်းရဲညှိုးငြင်ဖွယ်ဖြစ်သောအမှု၊

**Tragic, Tragical,** *a.* pertaining to tragedy, နှစ်လုံးကြေကွဲ၊ ဝမ်းနည်းဖွယ်ပါသောဇာတ်နှင့်ဆိုင်သော၊ calamitous, အလွန်ဆင်းရဲညှိုးငြင်ဖွယ်ဖြစ်သော၊

**Trail,** *v. t.* to hunt by the track, ခြေရာသို့လိုက်၍ရှာသည်၊ to draw along the ground, ဒရင့်သီဆွဲသည်၊ ဒရင့်တိုက်သည်၊ —*n.* a track, ခြေရာ၊ any thing long and flowing, တံခွန်ကဲ့သို့ရှည်လျားစွာလွင့်၍နေသောအရာ၊

**Trailingly,** *adv.* ရင့်ရင့်သီသီ၊ in disorder, ဒရင့်တသီ၊

**Train,** *v. t.* to draw along, ဆွဲသည်၊ ငင်သည်၊ to draw by persuasion, ဖြားယောင်းသွေးဆောင်သည်၊ to teach the manual exercise, စစ်ရေးသင်သည်၊ to break (an animal,) ကျင့်သည်၊ —a tree, ပြုပြင်သည်၊ to educate, ဆုံးမသွန်သင်သည်၊ —up, *see* last def. —*n.* the tail of a grown, ဒရင့်သီဆွဲသောအင်္ကျီမြိတ်၊ enticement, ဖြားယောင်းသွေးဆောင်ခြင်း။ a retinue, နောက်ပါအခြွေအရံ၊ a series, အစီအစဉ်၊ a process, အစဉ်အတိုင်းလိုက်၍တိုးသွားခြင်း။ —of gunpowder, စနက်၊ —of artillery, တပ်နှင့်ပါသောအမြောက်စု၊ —band, ဖွဲ့စည်း၍စစ်ရေးသင်သောလူစု၊ —bearer, အင်္ကျီမြိတ်ကိုမသောသူ၊ —oil, ငါးဆီ၊

**Training,** *n.* from Train, *v. t.*

**Traipse,** *v. i.* ဆူခြေမရသွားသည်၊

**Trait,** *n.* a touch, တချက်တည်းတို့ခြင်း။ a feature, ဝိပန်း။ လက္ခဏာ၊ အခြေအနေ၊

**Traitor,** *n.* သစ္စာဖောက်၍ရန်သူဘက်သို့ဝင်စားသောသူ၊ —to friendship, ခင်ပွန်းဖြစ်၊ မိတ္တဒုဗ္ဘိ၊ *Pali.*

**Traitorous,** *a.* သစ္စာဖောက်၍ရန်သူဘက်သို့ဝင်စားခြင်းနှင့်ဆိုင်သော၊

**Traitress,** *n.* အရှင်သစ္စာဖောက်သောမိန်းမ။

**Traject,** *v. t.* ထုတ်ချင်းခပ်ထိုးသည်၊

**Trajection,** *n.* from above.

**Trammel,** *n.* a kind of net, ငှက်နှင့်ငါးကိုမိစေအောင်ထောင်သောတန်ဆာတမျိုး။ a pot hook, မီးဖိုနှင့်အိုးဆွဲသောသံချိတ်၊ —*v. t.* အလိုရှိတိုင်း မပြုနိုင်စေအောင်ဆီးတားကန့်ကွက်၍ထားသည်။

**Tramp,** *v. i.* to tread, ခြေလှမ်း၍နင်းသည်၊ to go about, လှည့်လည်သည်၊ —*n.* ခြေလှမ်း၍နင်းခြင်း။

**Trample,** *v.* ကျော်နင်းသည်၊ နှိပ်နင်းသည်။

**Trance,** *n.* ဘဝင်ဖြစ်ခြင်း။

**Tranquil,** *a.* ငြိမ်သက်သော၊ ငြိမ်ဝပ်သော၊

**Tranquilize,** *v. t.* from above.
**Tranquility,** *n.* from Tranquil.
**Trans,** *pref. in composition,* အလွန်၊ တစက်။
**Transact,** *v. t.* သယ်ပိုးဆောင်ရွက်သည်။
**Transaction,** *n.* from above; something done, ဆောင်ရွက်သောအမှု၊ အပြုအမူ။
**Transcend,** *v. t.* to surmount, အပေါ်သို့တက်သည်။ to be beyond, exceed, be more excellent than, သာသည်၊ လွန်သည်၊ မြတ်သည်၊ to excel, surpass, သာ၍မြတ်သည်၊ လွန်ကဲသည်။
**Transcendence, Transcendency,** *n.* from next.
**Transcendent, Transcendental,** *a.* အထူးသဖြင့်မြတ်သော၊ အလွန်အမြတ်ဖြစ်သော။
**Transcendentalism,** *n.* အလွန်အမြတ်သို့ရောက်အောင်ကြိုးစားခြင်းတရား။
**Transcendentalist,** *n.* ထိုတရားကိုကျင့်သောသူ။
**Transcribe,** *v. t.* စာကူးသည်၊ ရေးကူးသည်။
**Transcriber,** *n.* စာကူးသောသူ။
**Transcript,** *n.* ထက္ခ်ံ။
**Transcription,** *n.* စာကူးခြင်း။
**Transcursion,** *n.* လမ်းလွှဲ၍သွားခြင်း။
**Transfer,** *v. t.* to remove, cause to change place, နေရာပြောင်းစေသည်။ —an entry, ပြောင်း၍မှတ်သားသည်၊ to make over, လွှဲပေးသည်၊ လွှဲအပ်သည်၊ —one's self, ပြောင်းလွှဲသည်။ —*n.* from *do.*
**Transferable,** *a.* လွှဲအပ်နိုင်ဖွယ်ဖြစ်သော။
**Transferree,** *n.* လွှဲအပ်ခြင်းကိုခံသောသူ။
**Transferrence,** *n.* လွှဲအပ်ခြင်း။
**Transferrer,** *n.* လွှဲအပ်သောသူ။
**Transfiguration,** *n.* from next; the state of being transfigured, အဆင်းသဏ္ဍာန်ပြောင်းလဲခြင်း။
**Transfigure,** *v. t.* အဆင်းသဏ္ဍာန်ပြောင်းလဲစေသည်။
**Transfix,** *v. t.* ထုတ်ချင်းခပ်ပေါက်အောင်ထိုးသည်။
**Transform,** *v. t.* to change the form of, ပုံသဏ္ဍာန်ပြောင်းလဲစေသည်၊ to transmute, ဓာတ်ကိုပြောင်းလဲစေသည်၊ to change the disposition, စိတ်သဘောပြောင်းလဲစေသည်။
**Transformation,** *n.* from above.
**Transfuse,** *v. t.* to pour from one into another, တခုမှတခုသို့လောင်းသည်၊ to cause to pass from one into another, တဦးမှတဦးသို့ဝင်အောင်သွင်းသည်။
**Transfusion,** *n.* from above.
**Transgress,** *v. t.* လွန်ကျူးသည်၊ မှားယွင်းသည်၊ ပြစ်မှားသည်။

Transgression, *n.* from above.
Transgressor, *n.* agent, from Transgress.
Tranship, *v. t.* သင်္ဘောတစင်းမှတစင်းသို့ကူးပြောင်း၍တင်သည်။
Transhipment, *n.* from above.
Transient, *a.* အမြဲမတည်။ ခဏသာတည်သော။
Transit, *n.* a passing over or through, ရှောက်သွားခြင်း။ conveyance over or through, ရှောက်၍ဆောင်သွားခြင်း။ the passage of a planet over the sun's disc, နေမျက်နှာကိုဖြတ်သန်း၍သွားခြင်း။
Transition, *n.* a passing from one place to another, ကူးပြောင်းခြင်း။ a change, ပြောင်းလဲခြင်း။ to another state of existence, လားခြင်း။ ဂတိ။ —to a happy state of existence, သုဂတိ။ —to an unhappy state of existence, ဒုဂတိ။
Transitive, *a.* ကူးပြောင်းတတ်သော။
Transitoriness, *n.* from next; အနိစ္စ။ အမြဲမရှိခြင်း။
Transitory, *a.* အမြဲမတည်။ ခဏသာတည်သော။
Translate, *v. t.* to remove, cause to change place, နေရာပြောင်းစေသည်။ to interpret, အနက်ပြန်သည်။ စကားပြန်သည်။
Translation, *n.* from above: a version, တဘာသာအနက်ပြန်ယူသောစာ။
Translator, *n.* အနက်ပြန်သောသူ။ စကားပြန်။
Translucent, Translucid, *a. see* Transparent.
Transmarine, *a.* ပင်လယ်တဖက်မှာရှိသော။
Transmigrate, *v. i.* to migrate, တပြည်မှတပြည်သို့ပြောင်းသည်။ to pass from one body into another, သေ၍ကိုယ်ခန္ဓာပြောင်းသည်။
Transmigration, *n.* from above.
Transmigratory, *a.* တပြည်မှတပြည်သို့ပြောင်းတတ်သော။
Transmission, *n.* from next.
Transmit, *v. t.* to send from one to another, ပေးလိုက်သည်။ to make pass (through some medium,) ရှောက်သွားစေသည်။ to make pass from one to another, အဆင့်ဆင့်ထွဲအပ်သည်။ —impetus, စက်သည်။
Transmutable, *a.* ဓာတ်တနည်းတခြားဖြစ်စေနိုင်ဘွယ်။
Transmutation, *n.* from next.
Transmutate, *v. t.* ဓာတ်တနည်းတခြားဖြစ်စေသည်။
Transom, *n.* သင်္ဘောပဲ့ခန်းထုပ်။
Transparency, *n.* from next.
Transparent, *a.* ဖန်မှန်ကဲ့သို့ကြည်လင်၍ တဖက်မှတဖက်သို့ အလင်းထိုးဖောက်ထင်ရှားနိုင်သော။ အလင်းပေါက်နိုင်သော။
Transpierce, *v. t.* ထုတ်ချင်းခပ်ပေါက်စေအောင်ထိုးသည်။

**Transpiration**, *n.* from next, 1st def.

**Transpire**, *v. i.* to be emitted in vapor, အငွေ့ထွက်သည်။ to become public, ထင်ပေါ်၍သွားသည်။ to come to pass, ဖြစ်လာသည်။

**Transplant**, *v. t.* to remove and plant in another place, ပြောင်း၍စိုက်သည်။ to remove and settle in another place, အခြားသော အရပ်သို့ပြောင်း၍နေရာချသည်။

**Transplantation**, *n.* from above.

**Transport**, *v. t.* to convey from one place to another, သယ်ပိုး ကြည်းဆောင်၍သွားသည်။ to send into exile, ရာဇဝတ်သင့်၍ တရပ်တပါးသို့ပို့သည်။ to excite uncontrollable feeling, မချုပ်တည်းနိုင်အောင်စိတ်အားကြီးစေခြင်းငှါပြုသည်။ —*n.* from above, 1st def.; a ship employed to convey stores, etc. ချောသင်္ဘော။ uncontrollable emotion, မချုပ်တည်းနိုင်အောင်စိတ်အားကြီးခြင်း။

**Transportation**, *n.* from Transport, *v. t.* 1st and 2d def.

**Transposal, Transposition**, *n.* from next.

**Transpose**, *v. t.* နေရာချင်းလဲသည်။

**Transubstantiate**, *v. t.* ဓာတ်ကိုပြောင်းစေသည်။

**Transubstantiation**, *n.* from above.

**Transude**, *v. i.* စိမ့်သည်။

**Transverse**, *a.* ကန့်လန့်ဖြစ်သော။

**Transversely**, *adv.* ကန့်လန့်။

**Trap**, *n.* ထောင်ချောက်။ ကျွမ်း။ ဘီ။ fish—, ငါးမြှုံး။ large fish—, မြှုံးကတို။ —door, ဝက်ပေါက်ဖုံး။ ကြမ်းပေါက်ဖုံး။ ကုန်းပတ်ပေါက်ဖုံး။ —*v. t.* ထောင်မိသည်။ set a—, ဘီထောင်သည်။

**Trapan**, *v. t.* ကျော့မိသည်။

**Trapezium**, *n.* ထောင့်ချင်းမညီမျှသော ၄ ထောင့်ပုံးတရားပချွန်း။

**Trappings**, *n. plur.* ornaments appendant to a saddle, ကကြိုး တန်ဆာ။ ornamental cords, တရုတ်ကြိုး။ any ornamental appendages, လှပအောင်ဆင်ရင်သောတန်ဆာ။

**Trash**, *n.* any worthless stuff, အမှိုက်။ stuff unfit for food, မစား ကောင်းသောအရာ။

**Trashy**, *a.* အသုံးမဝင်သော။

**Travail**, *v. i.* to toil, ပင်ပန်းစွာလုပ်ဆောင်သည်။ to suffer the pangs of child-birth, ဖွားမြင်ခြင်းဝေဒနာကိုင်သည်။ —*n. do.*

**Travel**, *v. i.* ခရီးသွားသည်။ —(as a priest), လှမ်းကြွသည်။ (to be much travelled, လမ်းတွင်သည်။) —*n. do.*

**Traveller**, *n.* from Travel, *v. i.;* one who travels abont from place to place, အရပ်ရပ်လှည့်လည်၍ခရီးသွားသောသူ။ ခရီးသည်။ ခရီးသွား။ a stranger, ဧည့်သည်။

**Traverse**, *v. t.* to cross, ကန့်သည်။ ကန့်လန့်ထားသည်။ to thwart,

ကန့်လန့်ပြုသည်၊ ဆန့်ကျင်ဘက်ပြုသည်၊ to deny, ငြင်းခုံသည်၊ to pass over in various directions, အရပ်ရပ်အနှံ့အပြားလှည့်ပတ်သည်၊ —*v. i.* to turn on an upright pivot, မဏ္ဍိုင်ပေါ်တွင်လှည့်လည်သည်၊

**Travesty,** *v. t.* သူတပါးရေးသောစာကိုရယ်ဖွယ်ဖြစ်စေအောင်ဖျက်ချော်သောစကားဖြင့်ဖျက်၍ရေးသည်၊ —*n.* ထိုသို့ဖျက်၍ရေးသောစာ၊

**Tray,** *n.* ဗျပ်၊ လင်ပန်း၊၊ round tray standing on legs, ဒေါင်းလန်း၊၊

**Treacherous,** *a.* သစ္စာကိုဖျက်ခြင်းနှင့်ဆိုင်သော၊

**Treachery,** *n.* သစ္စာကိုဖျက်၍ကျင့်ကြံပြုမူခြင်း၊၊

**Treacle,** *n.* တင်လဲ၊

**Tread,** *v.* to set the foot, နင်းသည်၊ to trample, ကျော်နင်းသည်၊ to press with the foot, နင်းနယ်သည်၊ to compress (as a male bird,) ကုတ်သည်၊ —down, *v. t.* နှိပ်နင်းသည်၊ —on, နင်းသည်၊ —*n.* from Tread, *v.* —mill, အပြစ်သင့်သောသူနင်း၍လှည့်ရသောယန္တရားစက်၊

**Treadle,** *n.* နင်းခွက်၊ ခြေနင်းခွက်၊

**Treason,** *n.* ဝန်ကန်ခြင်း၊၊

**Treasonable,** *a.* pertaining to treason, ဝန်ကန်ခြင်းနှင့်ဆိုင်သော၊ involving the crime of treason, ဝန်ကန်ခြင်းအပြစ်ပါသော၊

**Treasure,** *n.* ဘဏ္ဍာ၊ ဆည်းပူးသိုထားသောဥစ္စာ၊ —house, ဘဏ္ဍာတိုက်၊ —up, *v. t.* ဆည်းပူးသိုထားသည်၊

**Treasurer,** *n.* ရွှေတိုက်စိုး၊ ဘဏ္ဍာစိုး၊ ဘဏ္ဍာထိန်း၊၊ ငွေထိန်း၊၊

**Treasury,** *n.* ဘဏ္ဍာတိုက်၊

**Treat,** *v. t.* to deal by or with, (တစုံတဦးသောသူ)၌ပြုသည်၊ to discourse on, အကျိုးအကြောင်းကိုထုတ်ဖော်၍အစဉ်အတိုင်းပြောဆိုသည်၊ to apply medicine, ဆေးကုသည်၊ to feed gratuitously, ခေါ်ဖိတ်၍ကျွေးသည်၊ —with, အမှုပြီးစီးစေအောင်နှီးနှောတိုင်ပင်သည်၊ —with attention, ဂရုစိုက်သည်၊ ဂရုပြုသည်၊ —*n.* စားပွဲသောက်ပွဲ၊

**Treatise,** *n.* အကျိုးအကြောင်းကိုထုတ်ဖော်၍ပြသသောစာ၊ a book, စာစောင်၊

**Treatment,** *n.* from Treat, *v t.* 1st and 3d def.

**Treaty,** *n.* from Treat (with); a contract between national powers, မင်းချင်းဖွဲ့သောစာချုပ်၊

**Treble,** *a.* threefold, သုံးဆဖြစ်သော၊ of sharp sound, အသံစူးသော၊ —*v. i.* သုံးဆတိုးပွားသည်၊ —*v. t.* သုံးဆဖြစ်စေအောင်ပြုသည်၊

**Tree,** *n.* အပင်၊ သစ်ပင်၊ ရုက္ခ၊ *Pali.* artificial tree laden with religious offerings, ပဒေသာပင်၊

**Trellis,** *n.* မျက်ကွက်၊

**Tremble,** *v. i.* တုန်သည်၊ တုန်လှုပ်သည်၊

Tremblingly, *adv.* —in mind, from sudden passion, ချုံချုံ။

Tremendous, *a.* very dreadful, အလွန်ကြောက်မက်ဖွယ်ဖြစ်သော၊ very violent, အလွန်ပြင်းထန်သော။

Tremor, *n.* from Tremble, *v. i.*

Tremulous, *a.* တုန်သော၊ တုန်လှုပ်သော၊ တုန်လှုပ်တတ်သော၊ —and weak, (as the hand), ဆွံ့သော။

Tremulousness, *n.* from above.

Tremulously, *adv.* ခိုက်ခိုက်။

Trench, *n.* a ditch for water, မြောင်း။ a moat, ကျုံး။ hollow place made in the ground, ကျင်း။ —*v.* to dig a ditch, မြောင်းတူးသည်၊ to furrow, အကြောင်းလုပ်သည်၊ *see* Intrench, *v. t.*

Trenchant, *a.* အသွားထက်သော။

Trencher, *n.* သစ်သားဝုကန်ပြား၊ ဗျပ်။

Trend, *v. i.* တန်း၍သွားသည်။

Trepan 1, *v. t.* to perforate the skull, ဦးကျွောင်းခွံကိုထွင်းဖောက်သည်။ —2, to insnare, *see* Trapan.

Trepang, *n.* *see* Sea slug.

Trepidation, *n.* ကြောက်လန့်၍တုန်လှုပ်ခြင်း။

Trespass, *v. i.* လွန်ကျူးသည်၊ ပြစ်မှားသည်။ *n.* from *do.* —offering, ဒုစရိုက်ဖြေရာယဇ်။

Tress, *n.* ဆံပင်တခတ်။

Trestle, *n.* ခုံ။

Tret, *n.* ပယ်။

Triad, *n.* သုံးခုပေါင်း၍တခုတည်းဖြစ်သောအရာ။

Trial, *n.* from Try.

Triangle, *n.* သုံးထောင့်ပုံ၊ တြိဂံ၊ an equilateral triangle, တြိရန်း။ a right angled triangle, ရိုဇ္ဇြိဂံ၊ an isosceles triangle, အနားစုံညီတြိဂံ၊ a scalene triangle, ခေါင်းလျှားတြိဂံ။

Triangular, *a.* သုံးထောင့်ရှိသော (ပုံ)

Tribe, *n.* အမျိုး။

Tribulation, *n.* ညှဉ်းဆဲနှိပ်စက်ခြင်း။

Tribunal, *n.* တရားပလ္လင်၊ an inferior—, တရားတင်းကုပ်။

Tribune, *n.* ရောမနိုင်ငံဟောင်း၌မြို့သူကြီး။ a platform from which speeches are delivered, ပရိသတ်ရှေ့မှာပြောဆိုရာစင်။

Tributary, *a.* တပါးသောမင်း၌အခွန်ဆက်သွင်းရသော။

Tribute, *n.* တပါးသောမင်း၌ဆက်သွင်းရသောအခွန်။

Trice, *n.* တခဏ၊ တဒင်္ဂ။

Trick 1, *v. t.* to decorate, တန်ဆာဆင်သည်၊ —off, —out, —up, same; —2, to cheat, လိမ်လည်သည်။ —*n.* a stratagem to deceive, လိမ်လည်ရအောင်ပရိယာယ်ပြုခြင်း။ a dextrous artifice or sleight of hand, လက်လှည့်အားဖြင့်ပြုသောအမှု။ legerdemain, မျက်လှည့်ပြခြင်းအမှု။ a particular habit or manner of doing, ထူးခြားသောအကျင့်အလေ့။ —with (play), *v. t.* ကျီစားသည်။

**Trickery**, *n.* from Trick 1, *n. t.* and Trick 2, *v. t.*

**Trickish**, *a.* ငဒိမ်တိမ်တိမ်ပြုတတ်သော။

**Trickle**, *v. i.* သေးသေးသွယ်သွယ်တမိမ့်မိမ့်စီးသည်။

**Trickster**, *n.* လိမ်လည်တတ်သောသူ။

**Trident**, *n.* သုံးခွရှိသောလှံခက်ရင်း။

**Triennial**, *a.* taking place once in three years, သုံးနှစ်တွင်တခါဖြစ်တတ်သော။ continuing for three years, သုံးနှစ်တိုင်အောင်တည်တတ်သော။

**Trifle**, *n.* အတွက်မရှိသောအရာ။ —*v. i.* ပေါ့လျှော့စွာပြုမူနေသည်။ —away, *v. t.* (ကာလကို) အချည်းနှီးလွန်စေသည်။ —with, ပျက်ရယ်ပြုသည်။

**Trifling**, *a.* အတွက်မရှိသော။

**Triform**, *a.* ပုံသုံးပုံရှိသော။

**Trigger**, *n.* လက်လွှတ်။ —of a cross-bow, စည့်။

**Trigon**, *n.* သုံးထောင့်ပုံတည်းဟူသောတရိဂံ။ a regular trigon, တရိရန်း။

**Trigonometry**, *n.* သုံးထောင့်ပုံကိုတိုင်းထွာတတ်သောအတတ်တည်းဟူသောတရိဂနောမေရီအတတ်ပညာ။

**Trilateral**, *n.* အနားသုံးဖက်ရှိသော (ပုံ။)

**Trill**, *v.* တုန်လှုပ်သံပြုသည်။ —*n.* from *do.*

**Trillion**, *n.* သိန်းကုဋေ။ one hundred—, ကောဋိ။

**Trim**, *a.* ကျစ်လစ်သော။ —*v. t.* to put in order, ပြင်သည်။ ပြင်ဆင်သည်။ to decorate, တန်ဆာဆင်သည်။ —the hair, ဆံပင်ကိုညှပ်သည်။ to clear from any thing superfluous, ခုတ်ထွင်သည်။ to make smooth, as timber, ချောအောင်လုပ်သည်။ —a boat, ရေနှင့်ညီအောင်ညှိ၍တင်သည်။ —sail, အသွားမြန်အောင်ရွက်ကိုတိုင်းထွာ၍ပြုပြင်သည်။ —*v. i.* to seek the favor of adverse parties, စပ်ကြားတွင်နေ၍နှစ်ဖက်အလိုကိုအလိုက်သင့်စွာပြုသည်။ —up, *v. t.* same with Trim, 1st and 2d def. —*n.* the state of being in order, ပြင်ဆင်သောအခြေအနေ။ ornamental dress, ဝတ်ဆင်သောတန်ဆာ။

**Trimming**, *n.* အဝတ်နှင့်လှပအောင်ကွပ်လျက်တွန့်လျက်ဆင်ရင်သောတန်ဆာ။

**Trimness**, *n.* from Trim, *a.*

**Trine**, *n.* တြိန်း။ —*a.* သုံးခုဖြစ်သော။

**Trinitarian**, *a.* ဘုရားသခင်သည်သုံးပါးပေါင်း၍တဆူတည်းဖြစ်တော်မူသည်ဟုယူသောသူ။

**Trinity**, *n.* တဆူတည်းဖြစ်အောင်သုံးပါးပေါင်းတော်မူခြင်း။

**Trinket,** *n.* အသိုးမထိုက်သောတန်ဆာကလေး။
**Trio,** *n.* သုံးခုပေါင်းသောအရာ။
**Trip 1,** *v. t.* to throw by striking the feet from under one, ခြေကိုထိမိုတ်၍လည်းစေသည်။ —an anchor, ကျောက်ဆူးကိုနှုတ်၍မြေနှင့်ကွာရုံမြှောက်သည်။ —*v. i.* to stumble, ထိမိ၍လည်းသည်။ to take a wrong step, ရှုတ်ယှင်းသည်။ —up, *v. t.* same with Trip, 1st def. —1, *n.* from Trip 1 *v. t.* and *v. i.* —2, to walk with a light step, ကြွကြွကလေးနှင့်သွားသည်။ to take a journey or voyage, ခရီးကြောင်း၊ ရေကြောင်းခရီးသွားသည်။ —2, *n.* from *do.* 2d def.
**Tripartite,** *a.* သုံးပိုင်းပိုင်းလျက်ရှိသော။
**Tripe,** *n.* ရှူဖိမ်း။
**Tripthong,** *n.* အသံတခုတည်းဖြစ်အောင်ပေါင်းသောသရသုံးခု။
**Triple,** *a.* threefold, သုံးဆဖြစ်သော။ consisting of three, သုံးခုဖြစ်သော။ သုံးအထပ်ရှိသော။ —*v. t.* from *do.*
**Triplet,** *n.* three of a kind united, အမျိုးတူသုံးပါးကိုပေါင်း၍ဖြစ်သောအရာ။ three born at one birth, အမွှာ။ a verse consisting of three lines, သုံးကြောင်းနှင့်ပြည့်စုံသောဂါထာ။
**Triplicate,** *a.* သုံးထပ်ဖြစ်သော။ —*v. t.* from *do.*
**Triplication,** *n.* from above.
**Tripod,** *n.* ခြေသုံးခုရှိသောခုံ။ —to support a cooking pot, ခနောက်။
**Trisect,** *v. t.* သုံးပိုင်းညီမျှအောင်ပိုင်းသည်။
**Trisection,** *n.* from above.
**Trisyllable,** *n.* သုံးလုံးသံရှိသောသဒ္ဒါ။
**Trite,** *a.* ကြားရဖန်များ၍ပေါ့သော။
**Triteness,** *n.* from above.
**Tritheism,** *n.* ဘုရားသခင်သုံးဆူရှိတော်မူသည်ထုထူသောအယူဝါဒ။
**Tritheist,** *n.* ဘုရားသခင်သုံးဆူရှိတော်မူသည်ထုယူသောသူ။
**Triturate,** *v. t.* ညက်အောင်ကြိတ်သည်။
**Trituration,** *n.* from above.
**Triumph,** *v. i.* to celebrate victory, အောင်ပွဲလုပ်သည်။ to rejoice on account of victory, အောင်သောကြောင့်ဝမ်းမြောက်သည်။ to obtain victory, အောင်သည်။ အောင်မြင်သည်။ —over *v. t.* အောင်မြင်သည်။ —*n.* အောင်ပွဲ။ and from *do.*
**Triumphal. Triumphant,** *a.* အောင်ပွဲနှင့်ဆိုင်သော။ အောင်ပွဲခံလျက်ရှိသော။ အောင်မြင်လျက်ရှိသော။ အောင်မြင်၍ဝမ်းမြောက်သော။
**Triumvir,** *n.* သင်းဖွဲ့သောသူသုံးပါးတွင်တပါးပါး။
**Triumvirate,** *n.* သင်းဖွဲ့သောသူသုံးပါးအပေါင်းအသင်း။
**Triune,** *a.* သုံးပါးပေါင်း၍တဆူဖြစ်တော်မူသော။
**Trivet,** *n.* ခြေသုံးခုရှိသောခုံ။

**Trivial,** *a.* အပန်းမကြီးလောက်သောအမှု၊ ပမာဏမပြုတန်သောအမှု၊
**Trocar,** *n.* ဝမ်းကိုထိုးဖောက်သောပြွန်တန်ဆာ၊
**Troche,** *n.* ဆေးပြား၊
**Trogon,** *n.* ထူအွှရှှင့ငှက်၊
**Troll,** *v.* လိမ့်ထည်း၊
**Trollop,** *n.* ညစ်ညမ်းသောမိန်း၊
**Troop,** *n.* a collection of persons, လူစု၊ a body of soldiers, ရဲမက်ဗိုလ်ခြေ၊ စစ်ဗိုလ်ပါ၊ a company of cavalry, မြင်းတပ်၊ —*v. i.* to collect in numbers, စုဝေးသည်၊ to march, ချီသည်၊
**Trooper,** *n.* မြင်းစီးစစ်သူရဲ၊ မြင်းစီးသူရဲ၊
**Trope,** *n.* တင်စားသောစကား၊
**Trophied,** *a.* အောင်မြင်ခြင်း၏အထိမ်းအမှတ်တို့နှင့်တန်ဆာဆင်သော၊
**Trophy,** *n.* အောင်မြင်ခြင်း၏အထိမ်းအမှတ်၊
**Tropic,** *n.* —of Cancer, မြောက်ဗာဟိရစက်ပိုင်း၊ မြောက်တရောမိတ်၊ —of Capricorn, တောင်ဗာဟိရစက်ပိုင်း၊ တောင်တရောမိတ်၊ ဓက္ခိဏာယည်ပြွန်းတန်း၊
**Tropical,** *a.* မြောက်ဗာဟိရစက်ပိုင်းနှင့်တောင်ဗာဟိရစက်ပိုင်းစပ်ကြားမှာဖြစ်တတ်သော၊
**Trot,** *v. i.* သုံးချောင်းထောက်သွားသည်၊ လမ်းထိုးသွားသည်၊ (on a dog trot, ခွေးခြေးသိုးချောင်းထောက်၊) —*n.* from *do.*
**Troth,** *n.* သစ္စာ၊
**Trouble,** *v. t.* to stir up or disturb, နှေသည်၊ နှေနှောက်သည်၊ to annoy, နှောင့်ရှက်သည်၊ to tease, ပူစာသည်၊ —*n.* distress, ဆင်းရဲပြင်းခြင်း၊ စိတ်ပူပန်ခြင်း၊ a cause of distress, ဆင်းရဲပြင်းစေသောအကြောင်း၊ စိတ်ပူပန်စေသောအကြောင်း၊ annoyance, နှောင့်ရှက်ခြင်း၊ a cause of annoyance, နှောင့်ရှက်စေသောအကြောင်း၊
**Troubled (be),** *v. i.* —about, စိုးရိမ်သည်၊ ကြောင့်ကြသည်၊
**Troubler,** *n.* နှောင့်ရှက်တတ်သောသူ၊
**Troublesome,** *a.* annoying, နှောင့်ရှက်တတ်သော၊ ပင်ပန်းစေတတ်သော၊ ပူဆာတတ်သော၊ rude, ဆော့သော၊ —as in cross questioning, ဇုဆစ်သော၊
**Troublesomeness,** *n.* from above.
**Troublous,** *a.* agitated, လှုပ်ရှားလျက်ရှိသော၊ full of trouble, အနှောင့်အရှက်များသော၊ အမှုများသော၊
**Trough,** *n.* ခေါင်း၊ ကျင်း၊ one for eating, စားကျင်း၊ စားခွက်၊ watering—, ရေကျင်း၊ —of the sea, လှိုင်းတံပိုးကြား၊ an eaves-trough, ရေတရောက်၊ —turning on a pivot to raise water, ဥူးမောင်း၊
**Trounce,** *v. t.* ပြင်းစွာဒါဏ်ပေးသည်၊
**Trover,** *n.* ကိုယ်ဥစ္စာကိုသူသက်၌တွေ့၍စသုံးထားအရေးပြုလုပ်ခြင်း၊

**Trow,** *v. i.* မိတ်ထင်သည်။
**Trowel,** *n.* သံလက်၊ သစ်သားလက်။
**Trowsers,** *n. plur.* ဘောင်းဘီ။
**Troy-weight,** *n.* အလေးမျိုးတမျိုး။
**Truant,** *a.* ကျောင်းမှိုက်လွတ်ပတ်သော။ —*n.* agent, from *do.*
**Truce,** *n.* a temporary suspension of hostilities, စစ်တိုက်သည်အထွင်းသဘောတူခဏရပ်ဆိုင်း၍မတိုက်ဘဲနေခြင်း။ short quiet, ခဏငြိမ်ဝပ်ခြင်း။
**Truck 1,** *v.* လဲသည်၊ ထပ်သည်၊ —*n.* from *do.* —2, a cart wheel, လှည်းဘီး။ a long cart, မိကျောင်းတုံး။ လှည်းရှည်၊ လှည်းခင်တိတ်။
**Truckle,** *v. i.* သူအလိုသို့လိုက်၍ဝန်ခံသည်။ —bed, *n.* ဘိန်းတပ်သောခုတင်။
**Truculence,** *n.* from next.
**Truculent,** *a.* savage, cruel, ရက်စက်သော။ terrible of aspect, ကြောက်မက်ဖွယ်သောအဆင်းသဏ္ဍာန်ရှိသော။
**Trudge,** *v. i.* လေးလေးကန်ကန်ပင်ပန်းစွာသွားသည်။
**True** *a.* conformable to fact, ထုတ်သော၊ right, မှန်သော။ genuine, စစ်သော၊ စင်စစ်ဖြစ်သော၊ ဇာတိဖြစ်သော၊ faithful, သစ္စာစောင့်သော၊ addicted to speaking truth, veracious, ထုတ်မှန်စွာပြောဆိုတတ်သော။ —born, ဇာတိစစ်သော၊ —hearted, သဘောဖြောင့်သော၊ —love, *n.* ချစ်ခြင်းကိုအမှန်ခံရသောသူ။
**Trueness,** *n.* from True.
**Truism,** *n.* ယုံမှားရန်မရှိသောစကား။
**Trull,** *n.* ပြေးစားမိန်း။
**Truly,** *adv.* indeed, စကန်၊ အမှန်၊ အကယ်စင်စစ်၊ အမှန်အကန်၊ မလွတ်၊ အတတ်၊ ဆက်ဆက်။ according to truth, မှန်ကန်စွာ၊ ထုတ်မှန်သည်နှင့်။
**Trump,** *see* Trumpet.
**Trumpery,** *n.* idle talk, အချည်းနှီးသောစကား။ useless matter, အသုံးမဝင်သောအရာ။
**Trumpet,** *n.* တံပိုး။ —shell, ခရုစွာမောင်းလိမ်၊ —flower, species, လိုင်အ၊ သူကဲနီ၊ —*v. t.* တံပိုးမှုတ်၍ကျော်ညာစေသည်။
**Trumpeter,** *v. t.* တံပိုးမှုတ်သောသူ။
**Truncate,** *v. t.* ခုတ်ဖြတ်သည်။
**Truncheon,** *n.* a cudgel, ဒုတ်၊ a staff of authority, အရာရှိသောဒုတ်။
**Trundle,** *v. i.* လိမ့်သည်၊ *v. t.* လှိမ့်သည်။ —bed, ဘီးတပ်သောခုတင်။ —*n.* ဗလိမ့်။
**Trunk,** *n.* the stock of a tree, ပင်စည်၊ the body of an animal without the limbs, ထက်ခြေအင်္ဂါမပါ၊ ကိုယ်ချည်း။ the main

part of a thing, မ (*in composition*); a proposcis နှာမောင်း၊ a chest covered with skin, သားရေကွပ်သောသစ်တာ၊

**Trunnion**, *n.* နားပန်း၊

**Truss**, *v. t.* to bind, စည်းသည်၊ to tie in a bundle, ထုပ်သည်၊ to stuff, သိပ်သည်၊ သိပ်သွင်းသည်၊ —*n.* a quantity of things tied up lengthwise, as grass, etc. အစည်း၊ . bundle, pack, အထုပ်၊ a bandage worn for hernia, ဖွတ္ထဝ်သောသူပတ်စည်းရသောကိုက်၊

**Trust**, *v. t.* to believe, place confidence in, ယုံသည်၊ ယုံကြည်သည်၊ to commit in confidence, ယုံ၍အပ်သည်၊ to sell on credit, အကြွေးရောင်းသည်၊ —*v. i.* (ဖြစ်မည်) သဘောကျလျက်ရှိသည်၊ —in, *v. t.* ကိုးစားသည်၊ —*n.* from Trust *v. t.* and Trust in, *v. i.;* the object of confidence, ကိုးစားသောအရာ၊ something committed in confidence, ယုံ၍အပ်သောအရာ၊ something committed to the management of another, သူတပါးသက်သို့တွဲအပ်၍ထားသောအရာ၊ —worthy, *a.* ယုံထောက်သော၊ (to regard as wholly trust-worthy, ယုံကျုံသည်၊)

**Trustee**, *n.* သူတပါးတွဲအပ်ခြင်းကိုခံသောသူ၊

**Trustiness**, *n.* from next.

**Trusty**, *a.* trust worthy, ယုံထောက်သော၊ that will not fail, မလွတ်ယွင်းနိုင်သော၊

**Truth**, *n.* the opposite of error, သစ္စာ၊ the opposite of falsehood, သစ္စာ၊ conformity to fact, ထုတ်မှန်ခြင်း၊ that which really is, စေန်အမှန်ဖြစ်သောအရာ၊ fundamental—, တရားရင်း၊ veracity, သစ္စာ၊ fidelity, သစ္စာစောင့်ခြင်း၊ in —, of a—, *adv.* အကယ်စင်စစ်၊

**Truthful**, *a.* ထုတ်မှန်ရာပြောဆိုတတ်သော၊

**Try**, *v. i.* to exert strength, အားထုတ်သည်၊ —*v. t.* to make trial of, စုံစမ်းသည်၊ စူးစမ်းသည်၊ to test by a standard, စံရှသည်၊ စံထိုးသည်၊ to purify, refine (as metals), ချွတ်သည်၊ to search into, စစ်ဆေးသည်၊ to examine judicially, စစ်မေးသည်၊ စစ်ကြောသည်၊ to attempt, ပြုစမ်းသည်၊ အားထုတ်ဖမ်းသည်၊ to put to a severe test, ဖြုပ်တည်းနှာနံစမ်းသည်၊ —tallow, etc, အဆီထွက်အောင်ချက်သည်၊ —the drums before playing, ပတ်ဖျိုးသည်၊ —on, *v. t.* ဝတ်၍စမ်းသည်၊ —out, အဆုံးတိုင်အောင်စုံစမ်းသည်၊

**Tub**, *n.* စည်ပိုင်း၊

**Tube**, *n.* ပြောင်း၊ ပြွန်၊ —closed at one end, ကျည်တောက်၊ the ear, နားခေါင်း၊ — rose, နှင်း၊

**Tubercle**. *n.* အဖု၊

**Tuberous**, *a.* အဥပြစ်သော၊

**Tubular,** *a.* ပြောင်းသဏ္ဍာန်ရှိသော၊ ဟောင်းလောင်းပေါက်သော၊
**Tubulous,** *a.* ခေါင်းလောင်းဖြစ်သော၊
**Tuck,** *v. t.* ရုပ်မိ၍ထားသည်၊ —*n.* အဝတ်၌ခေါက်သိမ်း၍ ထားသော အခေါက်၊
**Tucker,** *n.* ရင်ဖုံးတန်ဆာ၊
**Tuesday,** *n.* တျူးဒေး အင်္ဂါနေ့၊
**Tuft,** *n.* an ornamental bunch (of flowers, feathers, etc.), ပန်းခွေ၊ a cluster, clump (of trees), အရုံး၊ —(of grass), အဖုတ်၊ —(of hair or feathers on the head), ဦးစွန်း၊ ဦးစွန်းဖုတ်၊
**Tug,** *v.* အားဆုတ်၍ဆွဲငင်သည်၊ —*n.* from *do.*
**Tuition,** *n.* the business of teaching various branches of learning, သိပ္ပံအတတ်သင်ပေးခြင်း၊ the money paid for instruction, သင်ခ၊
**Tumble,** *v. i.* to fall by losing the footing, လည်း၍ကျသည်၊ to roll down, လိမ့်၍ကျသည်၊ to toss, ငါးဖယ်ပြန်ပြန်နေသည်၊ to exhibit feats of activity, ကျွမ်းထိုးသည်၊ —*v. t.* to turn over or about for search or examination, မွှေသည်၊ to disarrange, throw into confusion, ဖွန်ဖွာရှုပ်ရှက်ခတ်သည်၊ —*n.* လည်း၍ကျခြင်း၊
**Tumbler,** *n.* one who exhibits feats of activity, ကျွမ်းထိုးသမား၊ a large glass cup, ဖန်ခွက်ကြီး၊ ဖန်ဖလား၊
**Tumbrel,** *n.* တပ်ဆောင်လှည်းတမျိုး၊
**Tumefaction,** *n.* from next.
**Tumefy,** *v. i.* အကျိတ်အခဲဖြစ်သည်၊
**Tumid,** *a.* swelled, ရောင်လျက်ရှိသော၊ overstrained in expression, ပိုလျှံ၍ပလွှားသော (စကား၊)
**Tumor,** *n.* အကျိတ်အခဲ၊
**Tumular,** *a.* အပုံဖြစ်သော၊
**Tumulous,** *a.* တောင်ပုဆာများသော၊
**Tumult,** *n.* ရုန်းရင်းခတ်မှုရှိခြင်း၊
**Tumultuary, Tumultuous,** *a.* making a confused noise, ရုန်းရင်းခတ်မှုရှိသော၊ ပရုန်းပရင်းရှိသော၊ being agitated, in commotion, လှုပ်ရှားလျက်ရှိသော၊
**Tumultuously,** *adv.* ပြောင်းဆန်၊ ပရုန်းပရင်း၊ သောသောအုတ်အုတ်၊
**Tun,** *n.* ဂါလံ ၂၄၀ ဝင်သောစည်ကြီး၊
**Tune,** *n.* a series of musical notes, တီးမှုတ်သံ၊ သီချင်းဆိုသံအစီအစဉ်၊ the state of being properly disposed, တော်သင့်အောင်ညှိဆင်၍ ထားသောအခြေအနေ၊ —*v. t.* to put into a state adapted to produce musical sound, တီးမှုတ်သံ၊ သီချင်းဆိုသံထွက်အောင်ညှိဆင်သည်၊ to sing melodiously, ကျူးသည်၊ ကျူးရင့်သည်၊
**Tuneful,** *a.* ကျူးသောအသံနှင့်ဆိုမြည်တတ်သော၊

**Tungsten,** *n.* ခဲမသား။

**Tunic,** *n.* a close jacket, ကိုယ်ကျပ်အင်္ကျီ။ an integument, ဖုံးထုပ်သောအရာ။ a covering membrane, ဖုံးလွှမ်းသောအမြှေး။

**Tunnel,** *n.* a cone-shaped tube, ကတော့။ a pipe for the passage of smoke, မီးခိုးခြွန်။ an arched passage through or under ground, ထုတ်ချင်းခပ်ပေါက်သောဥမင်လမ်း။

**Turban,** *n.* ပေါင်းထုပ်၊ ခေါင်းပေါင်း၊ ဦးရစ်၊ ခေါင်းလုံး။ (to put on a turban, ခေါင်းပေါင်းပေါင်းသည်။)

**Turbid,** *a.* နောက်သော။

**Turbot,** *n.* one species, ငါးခြင်ဝပ်။

**Turbulence,** *n.* from next.

**Turbulent,** *a.* agitated, tumultuous, မငြိမ်မဝပ်၊ လှုပ်ရှားလျှက်ရှိသော။ disposed to insubordination, မငြိမ်မဝပ်၊ ထကြွင်သောသဘောရှိသော။ rebellious, သောင်းကျန်းသော။

**Tureen,** *n.* ဟင်းလုံဝုကန်ခွက်။

**Turf,** *n.* sward, မြက်မြစ်တွယ်သောအပေါ်ယံမြေလွှာ၊ မြက်ပင်ပါသောမြေနိုင်။ peat, ထင်းကဲ့သို့မီးဆိုက်သောမြေနိုင်။ horse racing, မြင်းပြိုင်ခြင်း။ raceground. မြင်းပြိုင်ရာတာထင်း။ —*v.* မြက်ပင်ပါသောမြေနိုင်ကိုစီ၍ချထားသည်။

**Turfy**, *a.* မြက်ပင်ပါသောမြက်စုတ်ထူသော။

**Turgent,** Turgid, *a.* puffed up, inflated, ဖောင်းသော။ tumid, swelled, ရောင်သော။ tumid, pompous in expression, မိုလျှံ၍ပလွှားသော (စကား။)

**Turgency,** Turgidity, Turgidness, *n.* from above.

**Turkey,** *n.* ကြက်ဆင်။

**Turmeric,** *n.* နံနွင်း၊ သနွင်း။

**Turmoil,** *n.* ပင်ပန်းခြင်း။ —*v. t.* ပင်ပန်းစေခြင်းပြုသည်။

**Turn,** *v. i.* to move round itself (wholly or in part), လည်သည်။ လှည့်သည်။ လှည့်လည်သည်။ လှည့်ပတ်သည်။ to turn from a forward direction, လှည့်သည်။ to change to another, ပြောင်းသည်။ ပြောင်းလဲသည်။ to change sides in lying, တဖက်မှတဖက်သို့လှည့်၍စောင်းသည်။ to change (as the tide), —on ceasing to flow. လည်သည်။ —on ceasing to ebb, လှန်သည်။ to become giddy, မူးသွားသည်။ to become acid (as milk,) ချဉ်သွားသည်။ —*v. t.* to make move round, (wholly or in part), လှည့်သည်။ to pass round (as a corner), ကွင်းသည်။ to put the upper side down, or the inside out, လှန်၍ထားသည်။ to change, ပြောင်းစေသည်။ ပြောင်းလဲစေသည်။ to form on a lathe, ပွတ်ခံသည်။ to translate, အနက်ပြန်သည်။ to transfer (to another). လွှဲအပ်သည်။ to cause to nauseate, ပျို့ထိုးထိုးရှိ

အောင်ပြုသည်။ to make giddy, မူးစေသည်။ —the brain, စိတ်
ပေါ့စေသည်။ မူးစေသည်။ to revolve in the mind, ထင်မြင်သည်။
to bend (the edge), ပေအောင်ပြုသည်။ to make sour, ချဉ်
အောင်ပြုသည်။ —the back to or upon in contempt, ကြော
ခိုင်းသည်။ နောက်ခိုင်းသည်။ —the back, in order to flee,
နောက်သို့လှည့်သည်။ —about, *v. i.* လှည့်သည်။ —aside, to
go out of the way, လွှဲသည်။ —*v. t.* to avert, လွှဲသည်။ လွှဲ
ဖယ်သည်။ —a boat from shore, တက်မဖေးသည်။ —a day,
month or year, အခါလည်သည်။ —away, *v. i.* to deviate,
လွှဲသည်။ to avert, လွှဲသည်။ လွှဲဖယ်သည်။ to dismiss from em-
ploy, လုပ်ဆောင်ရသောအခွင့်ကိုနုတ်၍လွှတ်လိုက်သည်။ —down,
*v. t.* ခေါက်သည်။ —from, *v.* လွှဲသည်။ —in, *v. i.* to bend
inward, ကောက်၍ဝင်သည်။ to enter for lodgings, တည်းအောင်
ဝင်သည်။ to go to bed, အိပ်ရာသို့သွား၍အိပ်သည်။ —*v. t.* to
fold in, ခေါက်၍သွင်းသည်။ —off, *v. i.* to take another
direction, as a road, ဖယ်သွားသည်။ to dismiss from
employ, လုပ်ဆောင်ရသောအခွင့်ကိုနုတ်၍လွှတ်လိုက်သည်။ to di-
vert, လွှဲသည်။ —on, —upon, *v. i.* to come back upon, ပြန်
လှန်၍လာသည်။ —*v. t.* throw back upon, အပြန်အလှန်ဖြစ်သည်။
—out, *v. i.* to bend outward, ငေါ့၍ထွက်သည်။ to rise from
bed, အိပ်ရာမှထသည်။ to go abroad, ပြင်သို့ထွက်သွားသည်။
—*v. t.* to put out, expel, နှင်ထုတ်သည်။ to put to pasture,
စားကျက်၌လွှတ်၍ထားသည်။ —over, *v. i.* to turn from side
to side, တဖက်မှတဖက်သို့လှည့်၍စောင်းသည်။ —*v. t.* to put the
upper side downward, လှန်၍ထားသည်။ to transfer, make
over, လွှဲအပ်သည်။ to open (the leaves of a book) consecu-
tively, (စာအုပ်ကို) တချပ်စီဖွင့်လှန်သည်။ to overset, လှည်းသည်။
—to, *v. t.* အသုံးပြုသည်။ —to account, *v. i.* အကျိုးရှိသည်။
ကျေးဇူးရှိသည်။ —under, *v.* အောက်သို့ကုပ်၍ဝင်သည်။ —up,
*v. i.* to bend up, ကော့၍နေသည်။ to happen, ဖြစ်လာသည်။
—*n.* the act of turning, လည်ခြင်း။ လှည့်လည်ခြင်း။ a bend
(in a river), အကွေ့။ a walk to and fro, စင်္ကြံသွားခြင်း။ change,
ပြောင်းခြင်း။ ပြောင်းလဲခြင်း။ alternation, အလှည့်လှည့်ဖြစ်ခြင်း။
appropriate turn in a course of alternations, အလှည့်။ (to
come one's turn, အလှည့်ကျသည်။ အလှည့်သင့်သည်။) oppor-
tunity, အဆင်သင့်သောအချိန်ကာလ။ an act of dealing with,
(တစုံတဦးသောသူ) ၌ပြုမူသောအပြုအမူ။ an occasion, circum-
stance of need, အသုံးလိုခြင်းနှင့်ရှည်သောအမှုအရာ။ form, shape.
ပုံသဏ္ဌာန်။ character, leading trait, လက္ခဏာသဘော။ အခြေ
အနေ။ change (of tide), လည်ခြင်း။ သွန်ခြင်း။ one round (of

a rope), တပတ်၊ one time, တကြိမ်၊ —coat, ဧောက်ပြန်သောသူ၊ —key, ထောင်တံခါးကိုသော့ခတ်သောသူ၊ သော့ကိုင်၊ —out, ဂုဏ်ပြလျှက်စစ်ခမ်းအနားကျွင်းပ၍သွားခြင်း၊ —pike, the road, အခထူသောလမ်း၊ the gate, လမ်းခခံသောတံခါး၊ —spit, တံမြိုက်ကိုလှည့်၍ကင်ရသောသူ၊ —stile, တံခါးဝ၌ထားသောဒလက်တံခါး၊ —*adv.* by turns, အလှည့်အလှည့်၊ ရှလှယ်၊

Turned (in age), *a.* ကျော်လျှက်ရှိသော၊

Turner, *n.* ပွတ်သမား၊ ပန်းပွတ်၊

Turning, *n.* from Turn, *v. t.* and *v. i.* —point, လှည့်သောအချက်၊

Turnip, *n.* မုန်လာဥဝိုင်း၊

Turpentine, *n.* ထင်းရှူးဆေး၊

Turpitude, *n.* ဆိုးညစ်ယုတ်မာခြင်း၊

Turquoise, *n.* နဂါးသွဲ့၊

Turret, *n.* တန်ဆောင်းငယ်၊ —on the wall of a fortification, ပြအိုး၊ graduated—, ပြသာဒ်၊

Turtle, *n.* လိပ်၊ sea—, ပင်လယ်ပြင်ဝန်း၊ —shell, လိပ်ခွံ၊

Turtle-dove, *n.* ကူတွန်တတ်သောငှက်၊

Tush, *int.* ဒို၊

Tusk, *n.* အစွယ်၊

Tut, *int.* တိတ်တိတ်နေ၊

Tutelage, *n.* from next.

Tutelar, Tutelary, *a.* စောင့်ထိန်းသော၊

Tutor, *n.* ဆရာသင်ဆရာ၊ —*v. t.* ဆုံးမသွန်သင်သည်၊

Tutoress, *n.* စာသင်ပေးသောမိန်း၊

Tutty, *n.* သွပ်ပွင့်၊

Twain, *a.* နှစ်၊ ထခုံ၊

Twang, *v. i.* ပုံခနဲမြည်သည်၊ *v. t.* from *v. i.* —*n.* from Twang, *v. i.* a nasal twang, နှာခေါင်းသံပါအောင်ထုပ်၍ပြောဆိုသောအသံ၊

Twattle, *v. i.* ပြန်းဖျင်းသောစကားများသည်၊

Tweak, *v. t.* ဆွဲလိမ်သည်၊

Tweezers, *n. plur.* မွေးညှပ်၊

Twelfth, *a.* ဒွါဒသမ၊ ဆယ်နှစ်ခုမြောက်သော၊

Twelve *a.* ဆယ်နှစ်၊ ၁၂၊ —month, *n.* ဆယ်နှစ်လ၊ တနှစ်၊ —o'clock, ဆယ်နှစ်နာရီ၊ နှစ်ချက်တီး၊ မွန်းတည့်၊

Twentieth, *a.* ဝီသတိမ၊ နှစ်ဆယ်ပြည့်သော၊

Twenty, *a.* နှစ်ဆယ်၊ ၂၀၊ ဝီသတိ၊ *Pali.*

Twice, *adv.* two times, နှစ်ကြိမ်၊ doubly, နှစ်ဆဖြစ်သည်နှင့်၊

Twig, *n.* အညွန့်၊ topmost—, ခေါင်ညွန့်၊ —used as a decoration, ပန်း၊

Twilight, *n.* ဆည်းဆာ၊ evening—, နေဝင်ရီးရီး၊ —of the morning, ဝေလီဝေလင်း၊

**Twilled**, *a.* ခွတ်၊ ထဲလုံးပြောက်၊ ထေးလုံးပြောက်၊

**Twin**, *n.* အမွှာပူးဖက်၊ —*a.* အမွှာပူးဖက်ဖြစ်သော၊ —born, *same.*

**Twine**, *v. t.* to twist several strands into one, လွန်းပေါင်းတင်သည်၊ လွန်းပေါင်းတင်၍ကျစ်သည်၊ to unite by intertwining of parts, ပူးလိမ်သည်၊ to encircle, ရစ်ပတ်သည်၊ —*v. i.* to be closely united by intertwining of parts, ပူးလိမ်လျက်ရှိသည်၊ to wind, meander, make turns, ကောက်ကောက်ကွေ့ကွေ့သွားသည်၊ to whirl round, လိမ့်သည်၊ —round, *v. t.* (as a creeper,) လိမ်ပတ်သည်၊ —*n.* a string composed of several strands twisted together, လွန်းပေါင်းတင်သောကြိုး၊ the act of winding round, လိမ်ပတ်ခြင်း။

**Twinge**, *v. i.* ထိုး၍ကိုက်သည်၊ —*n.* from *do.* —*adv.* with a sudden sharp—, ဖြတ်ခနဲ၊ စစ်ခနဲ၊

**Twinkle**, *v. i.* as a star or the eyes, မှိတ်တုတ်မှိတ်တုတ်နေသည်၊

**Twinkling**, *n.* from above; a wink of the eye, မျက်စိတမှိတ်၊

**Twinklingly**, *adv.* တသွင်သွင်၊

**Twirl**, *v. i.* ချာချာလည်သည်၊ —*v. t.* ရွှေသည်၊ —*n.* from *do.*

**Twist**, *v. t.* —one strand, လွန်းသည်၊ လွန်း၍ကျစ်သည်၊ to twine several strands into one, လွန်းပေါင်းတင်သည်၊ လွန်းပေါင်းတင်၍ကျစ်သည်၊ to unite closely by intertwisting of parts, ပူးလိမ်သည်၊ ထွေးလုံးရစ်ပတ်ဆောင်ဖွဲ့သည်၊ to encircle, ရစ်ပတ်သည်၊ to contort, လိမ်သည်၊ လိမ်ထစ်သည်၊ to pervert, အမှန်မှတ္တဲ့ဖယ်သည်၊ *v. i.* လွန်းပေါင်းတင်ခြင်းကိုခံသည်၊ —one's self into, *v.* လိမ်၍ဝင်သည်၊ ခေါင်းလိမ်၍ဝင်သည်၊ —off (fruit) with a forked pole, ချူသည်၊ —*n.* a twine, လွန်းပေါင်းတင်ကြိုး။ a contortion, လိမ်ခြင်း။ small roll of tobacco, ဆေးလိမ့်၊

**Twit**, *v. t.* ကဲ့ရဲ့သည်၊

**Twitch**, *v. t.* to pull with a jerk, တုပ်၍ဆွဲသည်၊ a spasmodic contraction, တွန့်သည်၊ တွန့်သည်၊ —(a fish) out of water, သုတ်သွားသည်၊ —*n.* from *do.*

**Twitter**, *v. i.* စစ်စစ်မြည်သည်၊

**Twixt**, *see* Betwixt.

**Two**, *a.* နှစ်၊ ၂၊ ငွေး၊ —edged, အသွားနှစ်ဖက်ရှိသော၊ —fold, twice as much, နှစ်ဆဖြစ်သော၊ twice repeated, နှစ်ထပ်ဖြစ်သော၊ two of a sort, နှစ်ဖက်ရှိသော၊ —together, တွဲစုံတွဲစုံ၊ (applied to persons), —handed, လက်နှစ်ဖက်ရှိသော၊ —legged, ခြေနှစ်ဖက်ရှိသော၊ —masted, နှစ်ပင်တိုင်ရှိသော၊ —o'clock, နှစ်နာရီ၊

**Tyke**, *n.* ခွေးညှိ၊

**Tympan**, *n.* a drum, စည်၊ —of a printing press, ပုံနှိပ်တန်ဆာကားထက်၊

**Tympanum,** *n.* နား‌ခေါင်းနှ်စည်ကြက်သကဲ့သို့ရှိသောအမြှေး။
**Tympany,** *n.* လေဖျဉ်းနာ။
**Type,** *n.* an emblem, အနက်အဓိပ္ပာယ်ပါသောပုံ၊ ပုံဥပမာ။ a printing letter, စာလုံးပုံ၊ —metal, စာလုံးစုံသွန်းရန်ခနောက်မိမ်းရောသောခဲ။
**Typhoon,** *n.* တရုပ်ပင်လယ်၌ဖြစ်တတ်သောလေပြင်းမုန်တိုင်း။
**Typhus,** *n.* သွေးအားနည်းသောတုပ်ဖျား။
**Typical,** *a.* ပုံဆောင်သော၊ ပုံပမာအားဖြင့်ဖြသော၊
**Typify,** *v. t.* ပုံပမာအားဖြင့်ပြသည်။
**Typography,** *n.* စာပုံနှိပ်သည်အတတ်။
**Tyrannic, Tyrannical,** *a.* from next.
**Tyrannize,** *v. i.* ရက်စရာကြမ်းကြုတ်စွာအုပ်စိုးသည်။
**Tyranny,** *n.* from above.
**Tyrant,** *n.* ရက်စရာကြမ်းကြုတ်စွာအုပ်စိုးသောမင်း။
**Tyro,** *n.* စာသင်စရှိသောသူ။

# U.

**Ubiquity,** *n.* ခပ်သိမ်းသောအရပ်တို့၌ရှိခြင်း။
**Udder,** *n.* နို့အိုး။
**Ugliness,** *n.* from next.
**Ugly,** *a.* အရုပ်ဆိုးသော၊ အဆင်းတန်သော၊ အကျည်းတန်သော။
**Ulcer,** *n.* အနာစိမ်း။ malignant—, on the neck, ဆင်ခွလည်ပြတ်၊ malignant—, on the back, အနာပဆုပ်။
**Ulcerate,** *v. i.* အနာစိမ်းဖြစ်လာသည်။
**Ulceration,** *n.* from above.
**Ulcerous,** *a.* having the nature of an ulcer, အနာစိမ်းကဲ့သို့သဘောရှိသော၊ affected with an ulcer, အနာစိမ်းစွဲသော၊
**Ulcerousness,** *n.* from above.
**Ullage,** *n.* စည်၌လျော့သောအလျော့။
**Ulna,** *n.* တံတောင်ရိုးငယ်။
**Ulterior,** *a.* ငင်ခြင်ရှိသော၊
**Ultimate,** *a.* farthest, most distant, အဝေးဆုံးဖြစ်သော၊ last, နောက်ဆုံးသော၊ final, အဆုံးဖြစ်သော၊
**Ultimatum,** *n.* a final proposition, ဆင်ခြင်ရာဘို့နောက်ဆုံး၌တင်ပြောသောအရာ၊
**Ultra,** *a.* အကြီးအစည်၊ အပြွအမူလွန်သော၊
**Ultraism,** *n.* from above.
**Ultraist,** *n.* agent, from Ultra.
**Ultra-marine,** *a.* ပင်လယ်ကမ်းတဖက်၌ရှိသော။
**Ultra-mundane,** *a.* ဤလောကတဖက်၌ရှိသော၊

**Umber**, *n.* ပဒ်ဝိုးယ်ဝါးမြေ။
**Umbilical**, *a.* ချက်မနှင့်ဆိုင်သော။
**Umbles**, *n.* ဒရယ်အူ။
**Umbrage**, *n.* a shade, အရိပ်။ offence, displeasure, စိတ်ထွက်ခြင်း။
**Umbrageous**, *a.* အရိပ်နှင့်လွှမ်းမိုးသော။
**Umbrella**, *n.* ထီး။ —over the royal bed. ကနုတ်ကတန်း။ common Chinese—, လက်ကိုင်ထီး။ (one—, ထီးတလက်။)
**Umpire**, *n.* စစ်ကြားမှာစီရင်သောသူ။ —in a wrestling match, နပန်းထိုင်။
**Un**, *pref. in composition, (privative or negative)* not, အ။ မ။
**Unabashed**, *a.* အရှက်မကွဲသော။
**Unabated**, *a.* မလျော့သော။ အားမလျော့သော။
**Unable**, *a.* မတတ်နိုင်သော။
**Unabolished**, *a.* မပျက်စီးသော။ မပပျောက်သော။
**Unacceptable** *a.* not acceptable, ခံယူစရာမကောင်းသော။ not pleasing, နှစ်သက်ဖွယ်မထုတ်သော။
**Unacceptableness**, *n.* from above.
**Unaccommodated**, *a.* လိုရာကိုမရသော။
**Unaccommodating**, *a.* သူ့အလိုသို့မလိုက်၊ ကျေးဇူးမပြုတတ်သော။
**Unaccompanied**, *a.* လိုက်သူမရှိသော။ အခြွေအရံမပါသော။
**Unaccomplished**, *a.* မပြီးစီးသော။ မပြည့်စုံသော။
**Unaccountable**, *a.* inexplicable, မရှင်းလင်းနိုင်သော။ irresponsible, တာဝန်လွတ်သော။
**Unaccountably**, *adv.* အကြောင်းမတန်။
**Unaccustomed**, *a.* not habituated, အကျင့်မပါသော။ new, not familiar, မတွေ့ကျက်၊ မကျွမ်းကျင်သော။
**Unacknowledged**, *a.* not acknowledged, ထက်မခံသော့ကြောင့်အခွင့်မရသော။ not confessed, ပြုသောသူအမှုကိုမဖော်ပြ၊ ထိမ်ဖုံးကွယ်ရှိသော (အပြစ်။)
**Unacquainted**, *a.* not knowing as a friend, မသိမကျွမ်းသော။ not skilled in, မတွေ့ကျက်သော။
**Unadorned**, *a.* တန်ဆာမဆင်သော။ ရိုးသော၊ မှန်သော။
**Unadulterated**, *a.* ဓာတ်မစပ်သော။ ညှိုးအောင်ရောနှောခြင်းမရှိသော။
**Unadvised**, *a.* တိုင်ပင်ခြင်းမရှိ၊ မဆင်ခြင်ဘဲပြုသော (အမှု။)
**Unaffected**, *a.* not affected in mind, နှစ်လုံးမထိခိုက်သော။ natural, တန်ဆောင်ခြင်းမရှိ၊ ပကတိသဘောအတိုင်းအတည့်အထင်းဖြစ်သော၊ real, not assumed, အရောင်မဆောင်၊ မှန်သော။
**Unaided**, *a.* အကူအညီမရသော။ of one's self, သယံ။ *Pali.* ကိုယ်အလိုလို။
**Unalienable**, *a.* သူ့ကပါးထက်သို့မလွှဲနိုင်သော (အရာ။)

Unallied, *a.* not allied by marriage, နှံစက်ခြင်းအားဖြင့်အမျိုးမတော်သော၊ not allied by voluntary engagement, မပြိုညှိုဖွဲ့မိတ်မဖွဲ့သော၊
Unalloyed, *a.* သန့်စင်ခြင်းသက်သက်ရှိသော၊
Unalterable, *a.* မပြောင်းလဲနိုင်သော၊
Unaltered, *a.* မပြောင်းလဲသော၊
Unambitious, *a.* လွန်ကဲချင်သောစိတ်မရှိသော၊
Unamiable, *a.* ချစ်ဖွယ်မထုတ်သော၊
Unanimity, Unanimousness, *n.* from next.
Unanimous, *a.* စိတ်ထားသောတူကြသော၊ သဘောတညီတညွတ်တည်းဖြစ်ကြသော၊
Unanimously, *adv.* တညီတညွတ်တည်း၊ သမတ၊
Unanswerable, *a.* ကျေပနိုင်ဖွယ်မထုတ်သော၊
Unanswered, *a.* not replied to, ပြန်ပြောခြင်းကိုမရသော၊ not refuted, မကျေပသော၊
Unappalled, *a.* မကြောက်လန့်သော၊
Unappeasable, *a.* not to be appeased, မငြိမ်းနိုင်သော၊ implacable, ငြိုးဖွဲ့မပြေနိုင်သော၊
Unappeased, *a.* မငြိမ်းသော၊
Unapprehensive, *a.* မကြောက်မစိုးရိမ်တတ်သော၊
Unapproachable, *a.* မရောက်နိုင်အောင်အဆီးအတားရှိသော၊
Unapt, *a.* not fit, မတော်မသင့်သော၊ having no tendency to, ဝ (—) တတ်သော၊ dull in intellect, ဉာဏ်တုံးသော၊
Unaptness, *n.* from above.
Unarmed, *a.* လက်နက်ကရိယာမပါသော၊
Unasked, *a.* အတယ်သူမှမတောင်းဘဲရှိသော၊
Unaspirated, *a.* ထထိုးသံမပါသော၊
Unaspiring, *a.* ရောင့်ရဲလွယ်သောကြောင့်အထက်သို့မလှမ်းချင်သော၊
Unassailable, *a.* တိုက်နိုင်ဖွယ်မထုတ်သော၊
Unassailed, *a.* တိုက်ခြင်းကိုမခံရသော၊
Unassuming, *a.* မဆိုင်လျှင်ဆိုင်လျောက်မပြုတတ်သော၊
Unassured, *a.* not confident, စိတ်မထိုသော၊ not to be trusted, မထိုထိုက်သော၊
Unatoned, *a.* (အပြစ်) မပြေသော၊
Unattached, *a.* အစွဲအထမ်းမရှိသော၊
Unattainable, *a.* ရနိုင်ဖွယ်မထုတ်သော၊
Unattainableness, *n.* from above.
Unattained, *a.* မရသော(အရာ) မမှီသော (အရာ)
Unattempted, *a.* အဘယ်သူမှမပြုစမ်းသေးသော၊

**Unattended**, *a.* unaccompanied, လိုက်သူမပါသော၊ အခြွေအရံမပါသော၊ not taken care of, ပြုစုသောသူမရှိသော၊
**Unauthorized**, *a.* အခွင့်မရသော၊
**Unavailable, Unavailing**, *a.* လိုသောအကျိုးကိုမဖြစ်စေနိုင်သော၊
**Unavoidable**, *a.* မတွေ့မရှောင်နိုင်အောင်ဖြစ်သော၊
**Unavowed**, *a.* မဖော်မပြ၊ ဝှက်ထားလျက်ရှိသော၊
**Unawakened**, *a.* အဘယ်သူမျှမနိုးသော၊
**Unaware, Unawares**, *adv.* အမှတ်တမဲ့၊
**Unawed**, *a.* မကြောက်ရွံ့၊ မရိုသေသော၊
**Unbacked**, *a.* not having been mounted, အစီးမခံဘူးသော၊ unsupported, အထောက်အပင့်မရှိသော၊
**Unbalanced**, *a.* not poised, ချိန်စက်၌မညီမျှသော၊ not settled (as an account), မရှင်းထင်းသော (ငွေစာရင်း။)
**Unbaptized**, *a.* ရေနှစ်မင်္ဂလာကိုမခံသော၊ ခရစ်ယာန်ဘာသာသွင်းခြင်းမင်္ဂလာကိုမခံသော၊
**Unbar**, *v. t.* (တံခါး) ကန့်လန့်ကိုချွတ်သည်၊ ကန့်လန့်ကိုဖွင့်သည်၊
**Unbeaten**, *a.* not beaten, အရိုက်မခံသော၊ not trodden, မနင်းသော၊
**Unbecoming, Unbefitting**, *a.* မလျောက်ပတ်သော၊
**Unbefriended**, *a.* အဆွေခင်ပွန်း၏ကျေးဇူးကိုမခံရသော၊
**Unbegotten**, *a.* အဖမရှိသော၊ သန္ဓေပေးသူမရှိဘဲဖြစ်သော၊
**Unbelief**, *n.* မယုံခြင်း။
**Unbeliever**, *n.* agent, from next; အယုံတရားမရှိသောသူ၊
**Unbelieving**, *a.* မယုံသော၊ မယုံကြည်သော၊
**Unbend**, *v. t.* to free from flexure, လှန်၍ဖြောင့်သည်၊ to relax, slacken, လျော့သည်၊ —a bow, လေးညှို့ချသည်၊
**Unbending**, *a.* not suffering flexure, မကွေးမကောက်၊ မကိုင်းမညွတ်နိုင်အောင်မာသော၊ inflexible in purpose, သဘောမပြောင်းလဲနိုင်အောင်စိတ်ခိုင်မာသော၊
**Unbesought**, *a.* အဘယ်သူမျှမတောင်းဘဲရှိသော၊
**Unbestowed**, *a.* အဘယ်သူမျှမပေးမကမ်းဘဲရှိသော၊
**Unbewailed**, *a.* အဘယ်သူမျှမငြည်တမ်းဘဲရှိသော၊
**Unbias**, *v. t.* ငဲ့ကွက်သောစိတ်ပျောက်၍လျစ်လျူသောစိတ်ရှိအောင်ပြုသည်၊
**Unbiased**, *a.* ငဲ့ကွက်သောစိတ်မရှိသော၊
**Unbid, Unbidden**, *a.* not bid, အမိန့်မရှိဘဲဖြစ်သော၊ not invited, မခေါ်မဖိတ်ဘဲလာသော၊
**Unbind**, *v. t.* ဖြည်သည်၊
**Unblamable**, *a.* အပြစ်တင်ဖွယ်မရှိသော၊
**Unblamed**, *a.* အပြစ်တင်ခြင်းနှင့်ကင်းလွတ်သော၊
**Unblemished**, *a.* အသရေမယုတ်မလျော့သော၊
**Unblenched**, *a.* ထုတ်လျော့ခြင်းမရှိသော၊

**Unblenching,** *a.* မတွန့်တိုလျှက်ရှိသော။
**Unblended,** *a.* ရောနှောခြင်းမရှိသော။
**Unblest,** *a.* အမင်္ဂလာဖြစ်သော။ ကောင်းကြီးမင်္ဂလာကိုမခံရသော။
**Unbloody,** *a.* အသေသတ်ခြင်းနှင့်လွတ်သော။
**Unblown,** *a.* မပွင့်သေးသော။
**Unblushing,** *a.* အရှက်မရှိသော။
**Unbodied,** *a.* ကိုယ်ကာယမရှိသော။
**Unboiled,** *a.* မချက်မပြုတ်သော။
**Unbolt,** *v. t.* တံခါးကျင်ကိုနှုတ်သည်။ ချွတ်သည်။
**Unborn,** *a.* မဖွားမမြင်သေးသော။
**Unborrowed,** *a.* ဇာတိဖြစ်သော။
**Unbosom,** *v. t.* နှစ်လုံးခွဲ၌ရှိသမျှကိုအထည့်အလင်းပြောသည်။
**Unbought,** *a.* မဝယ်သော။
**Unbound,** *a.* မချည်မနှောင်သော။ —as a book, မချုပ်သေးသော (စာအုပ်။)
**Unbounded,** *a.* အနန္တ၊ အဆုံးအစမရှိသော။
**Unbrace,** *v. t.* လျှော့သည်။
**Unbraid,** *v. t.* ဝက်အူကျစ်ကိုဖြည်သည်။
**Unbred,** *a.* မယဉ်ကျေး၊ ရိုင်းသော။
**Unbridled,** *a.* not bridled, ဇက်မပါသော။ unrestrained, ပေါက်လွှတ်ကျင့်ကြံပြုမူသော။
**Unbroken,** *a.* not broken, အကျိုးမကွဲ၊ မပဲ့သော။ not violated (as a promise,) မပျက်သော (သစ္စာ။) not subdued, မနှိပ်နင်းသော။ not tamed (as an animal,) မကျင့်သော။
**Unbrotherly,** *a.* ညီအစ်ကိုကဲ့သို့မထုတ်သော။
**Unbuckle,** *v. t.* ထိကပေါက်ဖြုတ်သည်။
**Unburied,** *a.* မသင်းဂြိုဟ်သော။
**Unburnt,** *a.* not consumed or injured by fire, မီးမလောင်သော။ not baked, as brick, မဖုတ်သော။
**Unburden,** *v. t.* to free from a load, ဝန်ကိုချသည်။ to relieve the mind by a disclosure, စိတ်ပူသည့်အကြောင်းကိုဖော်ပြသည်။
**Unbutton,** *v. t.* အင်္ကျီသီးကိုဖြုတ်သည်။
**Uncalled,** *a.* မခေါ်သော၊မခေါ်မချသော။ မခေါ်မဖိတ်သော။ —for, အသုံးမလိုသော။
**Uncancelled,** *a.* မကျေမပျက်သော။
**Uncandid,** *a.* မှန်သည်မမှန်သည်ကိုမထောက်ဘဲငဲ့ကွက်၍စီရင်တတ်သော။
**Uncanonical,** *a.* နည်းဥပဒေအတိုင်းမထုတ်သော။
**Uncase,** *v. t.* အဖုံးကိုဖွင့်သည်။တန်ဆာဖါမ်ကိုချွတ်သည်။
**Uncaught,** *a.* ဖမ်း၍မရသော။
**Uncaused,** *a.* ဖြစ်စေသောအကြောင်းမရှိသော။
**Unceasing,** *a.* အစဉ်မပြတ်သော။

**Uncensured**, *a.* အပြစ်တင်ခြင်းနှင့်ကင်းလွတ်သော။

**Uncertain**, *a.* not certain or sure, ကေန်မုက္ခမဖြစ်သော၊ not having certain knowledge, အတပ်အမှန်မသိသော။ unsettled, မသေချာသော။

**Uncertainty**, *n.* from above; အနေကန်း something unknown, မသိသောအရာ။

**Unchain**, *v. t.* သံကြိုးကိုချွတ်သည်။

**Unchangeable**, *a* မပြောင်းလဲနိုင်သော။

**Unchangeableness**, *n.* from above.

**Unchanged**, *a.* မပြောင်းလဲသော။

**Uncharitable**, *a.* မေတ္တာမိတ်နည်း၍သူတပါးအမှု၌မကောင်းသောလက္ခဏာကိုရှုမှတ်တတ်သော။

**Uncharitableness**, *n.* from above.

**Unchaste**, *a.* ကိလေသာကာမကိုမချုပ်မတည်း၊ ဖွန်ကျူးသော။

**Unchastity**, *n.* from above.

**Unchecked**, *a.* အဆီးအတားမရှိသော။

**Unchristian**, *a.* ခရစ်ယာန်ဘာသာနှင့်မညီသော။

**Uncial**, *a.* စာလုံးကြီးသော။

**Uncircumcised**, *a.* အရေဖျားလှီးခြင်းမင်္ဂလာကိုမခံသော၊ဓာတ်သွင်းမင်္ဂလာကိုမခံသော။

**Uncircumcision**, *n.* ထိုသို့မခံဘဲနေခြင်းအဖြစ်။

**Uncircumscribed**, *a.* ပတ်လည်၌သတ်မှတ်ခြင်းမရှိသော၊အပိုင်းအခြားမရှိသော။

**Uncircumstantial**, *a.* အတွက်မရှိသော။

**Uncivil**, *a.* rude, impolite, မယဉ်ကျေးသော၊ not complaisant, ယောကဝတ်မပြုတတ်သော။

**Uncivilized**, *a.* မယဉ်ကြ၊ ရိုင်းသော။

**Unclasp**, *v. t.* ချိတ်ကိုဖြုတ်သည်။

**Uncle**, *n.* a father's elder brother, ဘကြီး။ a father's younger brother, ဘထွေး။ a mother's elder brother, ဦးရီး၊ ဝရီးကြီး။ a mother's younger brother, ဦးမင်း၊ ဝရီးငယ်။

**Unclaimed**, *a.* အရှင်မပေါ်သော။

**Unclean**, *a.* ညစ်သော၊ ညစ်ညူးသော၊ ညစ်ညမ်းသော၊ မစင်သော၊ မစင်ကြယ်သော၊ မသန့်စင်သော၊ မသန့်ရှင်းသော၊ မသန့်ပြန့်သော။

**Uncleanliness**, *n.* from next.

**Uncleanly**, *a.* ညစ်သော၊ ညစ်ညူးသော။

**Uncleanness**, *n.* from Unclean.

**Uncleansed**, *a.* အညစ်အကြေးနှင့်မကင်းစင်သော။

**Unclinch**, *v. t.* ထက်ဆုပ်ကိုဖြန့်သည်။

**Unclog**, *v. t.* to free from incumbrance, နှောင့်နှေးသောအရာနှင့်ကင်း

လွှတ်စေသည်။ to free from obstruction, အဆီးအတားအနှောင့်အရှက်နှင့်ကင်းလွတ်စေသည်။

**Unclose**, *v. t.* ဖွင့်သည်။

**Unclosed**, *a.* open, not inclosed, တင်းလင်းရှိသော။ not concluded, ထက်စမသတ်သော။ not sealed, တံဆိပ်မခတ်သော။

**Unclothe**, *v. t.* အဝတ်ကိုချွတ်သည်။

**Unclouded**, *a.* free from clouds, မိုဃ်းမဆို့သော။တိမ်ကြေးစင်သော။ clear, not obscure, ကြည်လင်သော။ရှင်းလင်းသော။

**Uncloudedness**, *n.* from above.

**Unclutch**, *v. t. see* Unclinch.

**Uncoil**, *v. t.* အခွေကိုဖြည်သည်။

**Uncoined**, *a.* ဒင်္ဂါးမခတ်သော။

**Uncollected**, *a.* not collected, မစုမသိမ်းဘဲရှိသော။ disconcerted, မကြံစည်နိုင်အောင်စိတ်နေရာမကျဘဲဖြစ်သော။

**Uncolored**, *a.* အဆင်းအရောင်မှုမတင်မဆိုးသော။

**Uncombed**, *a.* မဖြီးဘဲထားလျက်ရှိသော။

**Uncomeliness**, *n.* from next.

**Uncomely**, *a.* not comely, မတင့်တယ်သော။ unbecoming, မလျှောက်ပတ်သော။

**Uncomfortable**, *a.* not happy, မချမ်းသာသော။ not affording comfort, ချမ်းသာမပေးသော။ giving distress, or uneasiness, ဆင်းရဲစေသော။ နှောင့်ရှက်တတ်သော။ uneasy, စိတ်ညစ်ညူးသည်။ —from an empty stomach, ရင်ဟာသည်။

**Uncomfortableness**, *n.* from above.

**Uncomfortably**, *adv.* as the stomach for want of food, ဟာဟာဟား

**Uncommanded**, *a.* ပညတ်တရားနှင့်မပါသော။ ဥပဒေထားရာနှင့်မပါသော။

**Uncommon**, *a.* not common, singular, ထူးခြားသော။ ထူးဆန်း၊ ထူးလည်သော။အာကားဆိုဘဲ့။ infrequent, တခါတလေသာဖြစ်သော။

**Uncommunicated**, *a.* not imparted, မဝေမျှ၊ မပေးကမ်းသော (အရာ။) not told (to another), မကြားမပြောသော (အရာ။)

**Uncommunicative**, *a.* not disposed to impart, မဝေမျှ၊ မပေးကမ်းတတ်သော။ not disposed to give information, မကြားမပြောတတ်သော။

**Uncompact**, *a.* not snug, not well arranged, မကျစ်လစ်သော။ မသိပ်သည်းသော။ not united in a mass, တပိန်းတည်းမဖြစ်သော။

**Uncompassionate**, *a.* မသနားတတ်သော။

**Uncomplaining**, *a.* မငြည်းတမ်းသော။

**Uncomplaisant**, *a,* လောကဝတ်မပြုတတ်သော။

**Uncomplying**, *a.* သူအလိုသို့မလိုက်၊ ဝန်မခံဘဲနေသော။

**Uncompounded**, *a.* ရောနှောခြင်းမရှိ၊ မှလစင်သော။

**Uncomprehensive,** *a.* not comprehensive, မဆုံနိုင်သော၊ unable to understand, နားမလည်တတ်သော၊

**Uncompressed,** *a.* မဖိမနှိပ်သေးသော၊ မသိပ်လျက်ရှိသော၊

**Uncompromising,** *a.* အမှုပြေအောင်အားကိုမလျှော့သော၊

**Unconceived,** *a.* အာရုံမထင်သော၊

**Unconcern,** *n.* from next, 1st def.

**Unconcerned,** *a.* not anxious, မစိုးရိမ်သော၊ having no interest in, မဆိုင်သော၊ not taking an interest in, အမှုမထားသော၊

**Unconcocted,** *a.* မကြေသော၊ မကြေမနှပ်သော၊

**Uncondemned,** *a.* အပြစ်တင်ခြင်းကိုမခံရသော၊ အပြစ်ခံစေထုံးစီရင်ခြင်းကို မခံရသော၊ (ဓမ္မသတ်အတိုင်းမစီရင်ဘဲ၊)

**Unconditional,** *a.* အခြားတပါးသောအကြောင်းရှိသည်ဖြစ်စေ၊ မရှိသည် ဖြစ်စေ၊တည်သော၊

**Unconfessed,** *a.* မဖော်မပြ၊ထိမ်ဝှက်လျက်ရှိသော၊

**Unconfined,** *a.* not kept within limits, မချုပ်မထား၊လွတ်လျက်ရှိ သော၊ illimitable, အပိုင်းအခြားမရှိသော၊

**Unconfirmed,** *a.* not firm, အားမရှိ၊ မခိုင်ခံ့သော၊ not supported by testimony, သက်သေမရှိသောကြောင့်မတည်သော၊

**Unconformable,** *a.* မညီမလျော်သော၊

**Unconformity,** *n.* from above.

**Unconfounded,** *a.* ရောနှောရှုပ်ထွေးခြင်းနှင့်ကင်းလွတ်သော၊

**Unconfused,** *a.* မရှုပ်မထွေးသော၊

**Unconfutable,** *a.* မချေပနိုင်သော၊

**Uncongenial,** *a.* of a different nature, အမျိုးချင်းမတူသော၊ of a different temper, သဘောချင်းမတူသော၊ not suitable, not adapted, မသင့်သော၊

**Unconjugal,** *a.* ခင်ပွန်းဝတ်တရားနှင့်မညီလျော်သော၊

**Unconnected,** *a.* မစပ်မရှက်သော၊ incoherent, မစပ်မထပ်သော၊

**Unconquerable,** *a.* မအောင်နိုင်ဖွယ်ဖြစ်သော၊

**Unconquered,** *a.* အရှုံးမခံရသေးသော၊

**Unconscientious,** *a.* ဩတ္တပ္ပစိတ်မရှိ၊မဖြောင့်မတ်သော၊

**Unconscionable,** *a.* အကြောင်းမတန်သော၊

**Unconscious,** *a.* not sentient, အာယတနအားဖြင့်မသိမှတ်တတ်သော၊ အာရုံကိုမခံစားတတ်သော၊ not cognizant of the state of one's own mind, ကိုယ်စိတ်နေရာကိုမသိသော၊

**Unconsciousness,** *n.* from above.

**Unconsecrated,** *a.* ဘုရားဝတ်နှင့်ဆိုင်သောအမှု၌သုံးဆောင်ရန်သီးသန့်၍ မခွဲမထားသော၊

**Unconsenting,** *a.* ဝန်မခံသော၊

**Unconstitutional,** *a.* နိုင်ငံပမိန့်ညည်နှင့်မညီလျော်သော၊

**Unconstrained**, *a.* အနိုင်အထက်ပြုခြင်းနှင့်ကင်းလွတ်သော။
**Unconstraint**, *n.* from above.
**Unconsumed**, *a.* not burnt up, မီးလောင်၍မကျွမ်းသော။ not destroyed, မပျက်စီးသော။
**Uncontested**, *a.* not striven for, ပြိုင်၍မလုမယူသော (အရာ။) not disputed, မငြင်းခုံသော (အရာ။)
**Uncontradicted**, *a.* မငြင်းခုံသော (အရာ။)
**Uncontrite**, *a.* နောင်တမရသော။
**Uncontrollable**, *a.* မဆီးတားနိုင်ဖွယ်ဖြစ်သော။
**Uncontroverted**, *a.* ငြင်းခုံခြင်းမရှိသော။
**Unconverted**, *a.* မပြောင်းလဲသော။
**Unconvertible**, *a.* မပြောင်းလဲနိုင်ဖွယ်ဖြစ်သော။
**Unconvinced**, *a.* သဘောမကျသော။
**Uncord**, *v. t.* ကြိုးကိုဖြည်သည်။
**Uncork**, *v. t.* အဆို့ကိုနုတ်သည်။
**Uncorrected**, *a.* မပြင်သေးသော။
**Uncorrupt, Uncorrupted**, *see* Incorrupt
**Uncountable**, *a.* မရေတွက်နိုင်သော။
**Uncouple**, *v. t.* တွဲထားရာမှလွှတ်သည်။
**Uncourteous**, *a.* လောကဝတ်မပြုတတ်သော။
**Uncourteousness**, *n.* from above.
**Uncourtliness**, *n.* from next.
**Uncourtly**, *a.* မယဉ်ကျေးသော။
**Uncouth**, *a.* ရိုင်းသော
**Uncouthness**, *n.* from above.
**Uncovenanted**, *a.* ဝန်ခံခြင်းစာချုပ်ထဲသို့မဝင်သော။
**Uncover**, *v. t.* to take off a cover, အဖုံးကိုဖွင့်သည်။ to take off (a hat, clothes, &c.,) ချွတ်သည်။ to take off (a roof,) ဖျက်သည်။
**Uncreated**, *a.* not yet created, ဖန်ဆင်း၍မဖြစ်သေးသော။ not produced by creation, သူတပါးဖန်ဆင်းသောအားဖြင့်မဖြစ်၊ကိုယ်အလိုအလျောက်ဖြစ်သော။
**Uncreditable**, *see* Discreditable.
**Uncropped**, *a.* မရိတ်မသိမ်းသေးသော။
**Uncrossed**, *a.* မဆီးတားမကန့်ကွက်သော။
**Uncrowded**, *a.* ကျပ်၍နေအောင်မထူထပ်သော။
**Uncrown**, *v. t.* (Eng.,) မကိုဋ်ကိုချသည်။ (Burm.,) နန်းကချသည်။
**Uncrowned**, *a.* မကိုဋ်မဆောင်းသော။
**Unction**, *n.* the act of anointing, ဆီလိမ်းခြင်း။ ဆီလူးခြင်း။ pathos,

နှိုးဆော်ခြင်းအမှုဌ္ဌိမိတ်အားသန့်ခြင်း။ sanctifying grace, သန့်ရှင်းစေတတ်သောကျေးဇူးတော်။

**Unctuous**, *a.* containing oil, ဆီပါသော။ like oil, ဆီကဲ့သို့ဖြစ်သော။

**Unculled**, *a.* မကောက်မသိမ်းသော။

**Unculpable**, *a.* အပြစ်တင်ခွင့်မရှိသော။

**Uncultivated**, *a.* not cultivated, မပြုပြင်၊မတီထွင်သော။ not civilized, မယဉ်ကျေးသော။

**Uncurable**, *see* Incurable.

**Uncurbed**, *a.* အဆီးအတားမရှိ၊ ပေါက်လွှတ်နေသော။

**Uncurl**, *v. t.* အလိပ်ကိုဖြည်သည်။

**Uncut**, *a.* မဖြတ်မပိုင်းသော (အရာ။)

**Undamaged**, *a.* မပျက်သော။ မယိုယွင်းသော။

**Undaunted**, *a.* မကြောက်သော။

**Undauntedly**, *a.* ထိမထင်။

**Undazzled**, *a.* မျက်မိမဖန်သော။

**Undebased**, *a.* မယုတ်ညံ့သော။

**Undebauched**, *a.* ကာမဂုဏ်အားဖြင့်မပျက်သော။

**Undecagon**, *n.* ဆယ့်တထောင့်ပုံးကောဒသဂံ။ a regular undecagon, ဧကာဒသရန်း။

**Undecayed**, *a.* မပျက်စီး၊ မယိုယွင်းသော။

**Undecaying**, *a.* မပျက်စီး၊ အမြဲတည်လျှက်ရှိသော။

**Undeceive**, *v. t.* လှည့်စားခံခြင်းအမှုနှင့်ကင်းလွတ်စေခြင်ပြုသည်။

**Undecided**, *a.* not settled or determined, မစီရင်မဆုံးဖြတ်လျှက်ရှိသော။ not settled in mind, သဘောမကျသော။ နှောင့်နှေးလျှက်ရှိသော။

**Undecisive**, *see* Indecisive.

**Undeck**, *v. t.* ဆင်သောတန်ဆာကိုချွတ်သည်။

**Undecked**, **Undecorated**, *a.* တန်ဆာမဆင်သော။

**Undefaced**, *a.* အဆင်းသဏ္ဍာန်မပျက်သော။

**Undefeasible**, *see* Indefeasible.

**Undefinable**, *a.* not capable of being marked out, မပိုင်းခြားနိုင်ဖွယ်ဖြစ်သော။ being without an explainable meaning, အနက်အဓိပ္ပါယ်ကိုမဖော်ပြနိုင်ဖွယ်ဖြစ်သော။

**Undefined**, *a.* not defined, အပိုင်းအခြားမရှိသော။ indefinite, မသေချာသော။

**Undeformed**, *a.* ရုပ်ပုံသဏ္ဍာန်မပျက်သော။

**Undemolished**, *a.* မပြိုမပျက်သော။

**Undemonstrable**, *a.* ယုံမှားရန်မရှိအောင်အတပ်အမှန်မပြနိုင်ဖွယ်ဖြစ်သော။

**Undeniable**, *a.* ငြင်းခုံရန်မရှိသော။

**Undepraved**, *a.* မယုတ်မာသော။

**Undeprived**, *a.* နုတ်သိမ်းခြင်းကိုမခံရသော။

**Under**, *a.* ယုတ်သော။ —*prep.* or *adv.* beneath, အောက်။ less than, လျော့လျက်။ with the pretence of, အရောင်ဆောင်လျက်။ in a state of being subject to, ခံလျက်။ ထောက်ခံလျက်။ during the time of, လက်ထက်။ bearing (a name, character, &c.) ဆောင်လျက်။ signed by, လက်မှတ်ထိုးသည်နှင့်။

**Underbid**, *v. t.* တဦးထက်တဦးလက်ခကံကျွေးကိုလျော့၍ထောင်းသည်။

**Undercurrent**, *n.* အောက်ထပ်ကစီးသောရေ။

**Underdealing**, *n.* လျှို့ဝှက်၍ပြုခြင်း။

**Underdo**, *v. t.* ပြုသင့်သည်ထက်လျော့၍ပြုသည်။

**Underdone**, *a.* မကျက်တကျက်ရှိသော။

**Underfoot**, *adv.* ခြေအောက်မှာ။

**Undergarment**, *n.* အတွင်းအဝတ်။ ချွေးခံအဝတ်။

**Underground**, *adv.* မြေအောက်မှာ။ *a.* မြေအောက်မှာရှိသော။

**Undergrowth**, *n.* သစ်ပင်ကြီးအောက်၌ပေါက်သောချုံဖုတ်စု။

**Under-hand**, *a.* လျှို့ဝှက်သော။ *adv.* လျှို့ဝှက်သည်နှင့်။

**Under-handed**, *a.* (Amer.) လျှို့ဝှက်သော။

**Underived**, *a.* အမှီတကဲ၊ အဆက်အနွယ်မရှိဘဲအလိုအလျောက်ဖြစ်သော။

**Underlay**, *v. t.* အောက်မှာချထားသည်။

**Underline**, *v. t.* စာကြောင်းအောက်မှာသားမှတ်၍ထားသည်။

**Underling**, *a.* သူတပါးကိုအမှီပြုသောသာမညလူ။

**Undermine**, *v. t.* to sap, အောက်သို့တွင်းဖောက်သည်။ to excavate (as the bank of a river,) ခလိုင်၍စားသည်။ to remove a foundation clandestinely, အခြေအမြစ်ကိုလျှို့ဝှက်၍ဖျက်သည်။ —and carry away, ရေဝက်တိုးသည်။

**Underminer**, *n.* agent, from above.

**Undermost**, *a.* အောက်ဆုံး၌ရှိသော။

**Underneath**, *prep.* or *adv.* အောက်။

**Underogatory**, *a.* မယုတ်လျော့စေသော။

**Underpetticoat**, *n.* ချွေးခံထမိန်။

**Underpinning**, *v.* ဓိကျောင်းတိုင်းကိုခံသောကျောက်မြစ်။

**Underprize**, *v. t.* တန်ဘိုးကလျော့၍ဖြတ်သည်။

**Underprop**, *v. t.* အောက်ကထောက်သည်။

**Underproportioned**, *a.* အချိုးအစားမရအောင်နည်းလွန်းသော။

**Underrate**, *v. t.* to underprize, တန်ဘိုးကလျော့၍ဖြတ်သည်။ to undervalue, ကောင်းမြတ်သည်ဟုထင်သင့်သည်ထက်လျော့၍ထင်သည်။

**Underscore**, *see* Underline.

**Undersell**, *v. t.* သူတပါးဈေးကလျော့၍ရောင်းသည်။

**Undershot**, *a.* (စက်ရဟတ်) အပေါ်ကိုလျှို၍တိုက်သော။

**Undersign**, *v. t.* လက်မှတ်ထိုးသည်။

**Undersized**, *a.* ညှက်သော၊ ယှိသော။

**Understand**, *v. t.* to comprehend, နားလည်သည်။ to know how, တတ်သည်။ to learn, be informed of, ကြားသိရသည်။

**Understanding**, *n.* the intellect, ဉာဏ်။ the act of comprehending, နားလည်ခြင်း။ friendly intercourse, မိဿဟာရဖွဲ့ခြင်း။ —*a.* intelligent, knowing, ဉာဏ်ကောင်းသော၊ သိနားလည်တတ်သော။ [to come to a thorough understanding of (an affair), စကားကြိုချက်သည်။]

**Understrapper**, *n.* ယုတ်ညံ့သောအစေခံ။

**Undertake**, *v.* to enter upon, take in hand, (အမှု) ၌ဝင်စပြုသည်။ ထုပ်မည်အကြံနှင့်အစပြုသည်။ to attempt, ပြုစမ်းသည်။အားထုတ်စမ်းသည်။ to promise, ဂတိထားသည်။ to covenant, ဂတိထား၍ဝန်ခံသည်။

**Undertaker**, *n.* agent from above.

**Undertaking**, *n.* ဆောင်ရွက်ရန်အမှု။

**Undertenant**, *n.* တဆင့်ငှါးသောသူ။

**Undervalue**, *v. t.* to underprize, တန်ဘိုးကလျှော့၍ဖြတ်သည်။ to value not enough, ကောင်းဖြတ်သည်ထက်ထင်သင့်သည်ထက်လျှော့၍ထင်သည်။

**Underwood**, *see* Undergrowth.

**Underwork**, *v. t.* တဦးထက်တဦးလက်ခကိုလျှော့၍တောင်းသည်။

**Underwrite**, *v. t.* to subscribe, လက်မှတ်ထိုးသည်။ to insure, လုံချုံအောင်ခံဝန်သည်။

**Underwriter**, *n.* agent, from above, last def.

**Undescribed**, *n* သရုပ်သကန်ပေါ်ငါအောင်အဘယ်သူမျှမပြောသေးသော။

**Undeserved**, *a.* မခံထိုက်သော (အရာ။)

**Undeserving**, *a.* မခံထိုက်သော (သူ။)

**Undesigned**, *a.* အကြံအစည်မရှိဘဲဖြစ်သော။

**Undesigning**, *a.* not acting with a set purpose, အကြံအစည်မရှိဘဲပြုသော။ sincere, upright, ရိုးသားသော။ သဘောဖြောင့်သော။

**Undesirable**, *a.* လိုချင်ဖွယ်မရှိသော။ (—body, အနှိုရုပ်။ —object, အနှိဓာရုံ။)

**Undestroyed**, *a.* မပျက်စီးသော။

**Undetermined**, *a.* not limited, မသတ်မှတ်သော။အပိုင်းအခြားမရှိသော။ not settled, decided, မဆုံးဖြတ်သေးသော။

**Undeterred**, *a.* အတားအဆီးရှိသော်ကြောင့်စိတ်မပျက်သော။

**Undeviating**, *a.* လမ်းမှမတွဲ၊ဖြောင့်တန်းစွာသွားတတ်သော။

**Undevout**, *a.* ဘုရားဝတ်၌စိတ်မစွဲလမ်းသော။

**Undigested**, *a.* မကြေသော။

**Undignified**, *a.* ဂုဏ်အသရေမရှိသော။
**Undiminished**, *a.* မလျော့သော။
**Undine**, *n.* ရေနတ်သမီး။
**Undirected**, *a.* လမ်းပြခြင်းကိုမခံရသော။
**Undiscerned**, *a.* ကြည့်၍မမြင်သော (အရာ။)
**Undiscernible**, *a.* ကြည့်၍မမြင်နိုင်ဖွယ်ဖြစ်သော။
**Undiscerning**, *a.* ပိုင်းခြား၍မသိမှတ်တတ်သော။
**Undisciplined**, *a.* ရိုင်းသော၊မသင်သေးသော။
**Undiscoverable**, *a.* ရှာ၍မတွေ့နိုင်ဖွယ်ဖြစ်သော။
**Undiscovered**, *a.* ရှာ၍မတွေ့သေးသော(အရာ။)မဖေါ်ပြသေးသော(အရာ။)
**Undisguised**, *a.* အရောင်မဆောင်၊မူလဓာတ်ထင်ရှားသော။
**Undismayed**, *a.* မကြောက်လန့်သော။
**Undisputed**, *a.* ငြင်းခုံခြင်းမရှိသော။
**Undissembled**, *a.* လှို့ဝှက်ခြင်းမရှိသော။
**Undissipated**, *a.* ထန့်အပြားမပျံ့လွင့်သော။
**Undistinguished**, *a.* not distinctly separated, ခြားနား၍မခွဲမထားသော (အရာ။) of ordinary reputation, အမိကရမရှိသော။
**Undistinguishing**, *a.* making no difference, ခြားနား၍မခွဲမထားသော။ not discriminating, ပိုင်းခြား၍မသိမှတ်တတ်သော။
**Undistracted**, *a.* စိတ်တည်ကြည်သော။
**Undisturbed**, *a.* ငြိမ်သော။ — by enemies, ရန်ငြိမ်းသော။
**Undivided**, *a.* united, မကွဲပြားသော။ not parted into shares, မခွဲမဝေသေးသော (အရာ။)
**Undivulged** *a.* မဖေါ်မပြသော (အရာ။)
**Undo**, *v. t.* to annul, ဖြေဖျက်သည်။ to loose, ဖြည်သည်။ to ruin, ဖျက်သည်။ ဖျက်ဆီးသည်။
**Undone**, *a.* not done, မပြုသေးသော (အမှု။) left—, ထစ်ဟင်းသော။
**Undoubted**, *a.* ယုံမှားရန်မရှိသော။
**Undoubting**, *a.* မယုံမှားသော။
**Undress**, *v. t.* အဝတ်ကိုချွတ်သည်။ —*n.* မပြုပြင်ဘဲဝတ်သောအဝတ်။
**Undressed**, *a.* being without clothes, အဝတ်မဝတ်သော။ not cooked, မချက်သေးသော။ not pu' in order, မပြင်ဆင်သေးသော။
**Undried**, *a.* not dried, wet, မငွေ့မခြောက်သော။ not dried, green, စိမ်းသော။
**Undue**, *a.* not right, not legal, မတရားသော။ exceeding proper bonnds, လွန်ကျူးလျက်ရှိသော။
**Undulary Undulatory**, *a.* from next.
**Undulate**, *v.* လှိုင်းတံပိုးကဲ့သို့လှုပ်သည်။
**Undulation**, *n.* from above.
**Unduly**, *adv.* မတော်မလျော်သည်နှင့်။

**Unduteous, Undutiful,** *a.* not performing duty, ဝတ်မပြုသော။ not respectful, မရိုသေသော။
**Undying,** *a.* မသေတတ်သော။
**Unearth,** *a.* မြေတွင်းကထွက်ရသော။
**Unearthly,** *a.* မြေကြီးနှင့်မဆိုင်သော။ လောကီနှင့်မဆိုင်သော။ —*adv.* —appearance, wild, staring, ကြီးတီးကြွက်တက်။
**Uneasiness,** *n.* from next, 1st and 2d def. —from listening, ရွှင်းမိုညီးငွေ့ခြင်း။
**Uneasy,** *a.* feeling pain, နာသော။ unquiet, မငြိမ်သက်သော။ annoying, နှောင့်ရှက်တတ်သော။ constrained, ကြောက်ရွံ့၍အငြေအဆိုအနေအထိုင်ကျူးသော။ discontented, ညီးငွေ့သော။ —in mind, စိတ်ညစ်ညူးသော။ နှလုံးညစ်ညူးသော။ —in body or mind, တိုက်ဆူသော။ —from an unnatural appetite, ရင်ဆာသော။ —in the stomach from fullness, ရင်အင့်သော။ ရင်လေးသော။
**Uneducated,** *a.* တတ်အောင်ဆုံးမသွန်သင်ခြင်းကိုမခံရသော။ အသင်အကြားမရှိသော။
**Unembarrassed,** *a.* clear in mind, စိတ်ရှင်းလင်းသော။ free from encumbrances, အငြိအတွယ်၊ အနှောင့်အရှက်နှင့်ကင်းလွတ်သော။
**Unemployed,** *a.* အလုပ်အဆောင်မရှိ၊ အလွတ်အလပ်နေသော။
**Unending,** *a.* အဆုံးမရှိသော။ အစဉ်အမြဲတည်သော။
**Unengaged,** *a.* not engaged by promise, ဂတိမထားသော။ free from binding attachment, အငြိအတွယ်၊ အစွဲအလမ်းနှင့်ကင်းလွတ်သော။ not busy, unoccupied, အားလပ်သော။ not appropriated, အသုံးတစုံတခုဘို့ရန်၍မထားသော (အရာ။)
**Unengaging,** *a.* not attractive, မခြားယောင်းမသွေးဆောင်တတ်သော။
**Unenlightened,** *a.* မထင်းချင်း၊ မိုက်မဲသော။
**Unenviable,** *a.* လိုချင်ဖွယ်မထိုက်သော။
**Unenvied,** *a.* အထယ်သူမျှမငြူစူသော။
**Unequable,** *a.* မညီညွတ်သော။
**Unequal,** *a.* not equal, not even, မညီမျှသော။ inadequate, not suitable, မတန်သော။ မလောက်သော။
**Unequalled,** *a.* ပြိုင်ဖက်မရှိသော။
**Unequivocal,** *a.* ယုံမှားရန်မရှိအောင်ရှင်းထင်းသော။
**Unerring,** *a.* committing no mistake, မမှားတတ်သော။ incapable of erring, မမှားနိုင်သော။
**Unessential,** *a.* သာမည၊ အသုံးဝင်သော။
**Unestablished,** *a.* အမြဲမတည်သော။
**Unevangelical,** *a.* ဧဝံဂေလိတရားနှင့်မညီသော။
**Unevangelized,** *a.* ဧဝံဂေလိတရားကိုမနာခံရသော၊ သာသနာတော်တွင်းသို့မရောက်သေးသော။

**Uneven**, *a.* မညီညာသော။ မညီညွတ်သော။
**Unevenly**, *adv.* applied to language and things, အထစ်ထစ်အရစ်ရစ်။ —in step, ခုန်မိခုန်ပေါက်။
**Unevenness**, *n.* from above.
**Unexamined**, *a.* မစစ်ဆေးသော။ မစစ်ကြောသော။
**Unexampled**, *a.* နှိုင်းယှဉ်စရာမရှိသော။
**Unexceptionable**, *a* အပြစ်တင်ဖွယ်မရှိသော။
**Unexecuted**, *a.* မပြီးသေးသော။
**Unexhausted**, *a.* မကုန်သေးသော။
**Unexpanded**, *a.* မပြန့်သော။
**Unexpected**, *a.* အရိပ်အမြွက်မထင်ဘဲဖြစ်သော။
**Unexpectedly**, *adv.* အမှတ်တမဲ့။ snddenly and—, လတ်လတ်ဆတ်ဆတ်။
**Unexplored**, *a.* အရပ်ရပ်သို့လိုက်၍မကြည့်ရှုသော (အရာ၊)
**Unexposed**, *a.* ကွယ်ကာလျှက်ရှိသော။
**Unfaded**, *a.* မနွမ်းသော။
**Unfading**, *a.* မနွမ်းတတ်သော။
**Unfailing**, *a.* အစဉ်မပြတ်သော။
**Unfair**, *a.* တဖက်သို့လိုက်စား၍မမျှတသော။
**Unfairness**, *n.* from above.
**Unfaithfnl**, *a.* သစ္စာမစောင့်သော။ သစ္စာဖျက်သော။
**Unfaithfulness**, *n.* from above: အဂတိ။
**Unfashionable**, *a* ဝတ်စား၊ နေထိုင်၊ ပြုမူခြင်း၌ကာလထသို့မလိုက်သော။
**Unfashioned**, *a.* ပုံသဏ္ဌာန်မရှိသေးသော။
**Unfasten**, *v. t.* to loose, ဖြည်သည်။ to free from fastenings, လုံချုံဆောင်ကန့်သောအရာကိုပယ်ရှားသည်။
**Unfathomable**, *a.* that cannot be sounded by a line, ရေစမ်းချ၍မမှီနိုင်သော။ that cannot be reached by the understanding, ညာဏ်မမှီနိုင်။
**Unfavorable**, *a.* ကျေးဇူးမပြုတတ်သော။ မမစ၊ မပြုစုတတ်သော။
**Unfeasible**, *a.* မဖြစ်နိုင်သော။
**Unfeeling**, *a.* မကြင်နာတတ်သော။ မေတ္တာ၊ ကရုဏာမသက်တတ်သော။ ခြောင်သော။ ရက်စက်သော။ မိမ်းကားသော။
**Unfeelingly**, *adv.* ခြောင်တောင်တောင်။ ခေါက်ခေါက်ရက်ရက်။
**Unfeigned**, *a.* အရောင်ဆောင်မဟုတ်၊ အမှန်ဖြစ်သော။
**Unfilled**, *a.* မပြည့်သော။
**Unfinished**, *a.* and *adv.* မပြီးစီးသော။ ထက်စမသတ်သော။ မစုံလင်သော။ rough, အရိုင်း၊ တောထုတ်သော။ တန်းလန်း။ ထက်စတင်းထင်။ —work, လက်ငုတ်။ ထက်ငုတ်လက်စ။
**Unfit**, *a.* မတော်သော။ မလျော်သော။ မသင့်သော။ မလျောက်ပတ်သော။ —*v. t.* from *do.*

**Unfitness**, *n.* from Unfit, *a.*
**Unfix**, *v. t.* နှုတ်သည်၊ ချွတ်သည်။
**Unfixed**, *a.* not settled, နေရာမကြသော။
**Unfledged**, *a.* အတောင်မပေါက်သေးသော။
**Unflinching**, *a.* တွန့်ဆုတ်ခြင်းမရှိဘဲရဲရင့်သော။
**Unfoiled**, *a.* မရှုံးသော။
**Unfold**, *v. t.* to spread open, ဖြန့်သည်။ to disclose, ဖွင့်ပြသည်။ ဖေါ်ပြသည်။
**Unforced**, *a.* not forced, အနိုင်အထိုင်ပြုသောသူမရှိဘဲအလိုလိုလုပ်၍ဖြစ်သော။ not produced by effort, but coming of itself, မကြိုးစားဘဲပကတိအတိုင်းဖြစ်သော။
**Unforeseen**, *a.* အရင်တင်၍မသိမမြင်သော (အရာ။)
**Unforgiving**, *a.* သူ့အပြစ်ကိုမလွှတ်တတ်သော။
**Unforgotton**, *a.* မမေ့လျော့သော (အရာ။)
**Unformed**, *a.* ပုံသဏ္ဍာန်မရှိသေးသော။
**Unfortified**, *a.* not secured by fortifications, သစ်တပ်၊ မြို့ရိုး၊ ကျုံး၊ မြောင်း၊ လက်နက်ကရိယာမရှိသော။ weak, infirm, မခိုင်ခံ့၊ မမြဲမြံသော။
**Unfortunate**, *a.* unpropitious, အမင်္ဂလာရှိသော။ unsuccessful, အကြံမထမြောက်သော။ unhappy, ဆင်းရဲသော။ unlucky, ကံဆိုးသော။
**Unfounded**, *a.* အမြေအမြစ်မရှိသော။
**Unframed**, *a.* အမြွှာထည့်မှုမပြီးသေးသော။
**Unfrequent**, *see* Infrequent.
**Unfrequented**, *a.* ခဏခဏသွား၍မနေသော။
**Unfriended**, *a.* being without a friend, မိတ်ဆွေမရှိသော။ not countenanced, ရှုက်နှာပေးသူမရှိသော။
**Unfriendly**, *a.* inimical, ရန်ထက်ဖြစ်သော။ hurtful, အကျိုးကိုဖျက်တတ်သော။ —(on unfriendly terms, တကန်း။)
**Unfrozen**, *a.* အေး၍မခဲသော (ရေ။)
**Unfruitful**, *a.* not producing fruit, အသီးမသီးသော။ အသီးခဲဖြစ်သော။ not bearing young, မမွေးမဖွားတတ်သော။ not productive, အကျိုးကိုမဖြစ်တတ်သော။ ကျေးဇူးမရှိသော။ not fertile, အသီးအနှံအထွက်နည်းသော (မြေ။)
**Unfruitfulness**, *n.* from above.
**Unfulfilled**, *a.* မပြည့်စုံသော။
**Unfurl**, *v. t.* ပြည်၍ဖြန့်သည်။
**Unfurnished**, *a.* အသုံးအဆောင်ပရိက္ခရာမရှိသော၊ ကရိယာမရှိသော။
**Ungainly**, *a.* အသွားအလာအနေအထိုင်မယဉ်ကျေးသော။
**Ungenerous**, *a.* ကိုယ်အကျိုးကိုငဲ့ကွက်၍သတောသုတ်မာသော။
**Ungenial**, *a.* မသင့်သော။

**Ungenteel**, *a.* မယဉ်ကျေးသော။
**Ungentle**, *a.* ကြမ်းတမ်းသော။
**Ungentlemanly**, *a.* သူကောင်းပြုသင့်သည်မထိုက်သော။
**Ungentleness**, *n.* from Ungentle
**Ungird**, *v. t.* ခါးစည်းကိုဖြည်သည်၊ စည်းကြိုးကိုဖြည်သည်။
**Unglazed**, *a.* not furnished with glass windows, မှန်ပြတင်းမရှိသော။ not covered with vitreous matter, စဉ့်မသုတ်သော။
**Ungodliness**, *n.* from next.
**Ungodly**, *a.* ဘုရားသခင်ကိုမရိုသေ၊ ပြစ်မှားတတ်သော။
**Ungovernable**, *a.* မချုပ်တည်းနိုင်ဖွယ်ဖြစ်သော။
**Ungoverned**, *a.* မချုပ်တည်းသော (ခံရေး)
**Ungraceful**, *n.* မတင့်တယ်သော။
**Ungracefulness**, *n.* from above.
**Ungracious**, *a.* not kindly disposed, ကျေးဇူးပြုချင်သောသဘောမရှိသော။ disagreeable, နှစ်သက်နှစ်လိုဖွယ်မရှိသော။
**Ungrammatical**, *a.* သဒ္ဒါရေးနှင့်မညီသော.
**Ungrateful**, *a.* unthankful, ကျေးဇူးမတင်သော။ disagreeable, နှစ်သက်နှစ်လိုဖွယ်မရှိသော။ basely—, ကြေးစွပ်သော။ (to act ungratefully, ကာပြန်သည်။)
**Ungratified**, *a.* ခံသားမရသော။
**Ungrounded**, *a.* အခြေအမြစ်မရှိသော။
**Ungu rded**, *a.* not defended, အကွယ်အကာအစောင့်အမမရှိသော။ careless, သတိထစ်သော၊သတိမထားသော။ (to speak unguardedly, စကားလစ်သည်။)
**Unguent**, *n.* ဖယောင်းချက်၊ ဖယောင်းဆီ။
**Unhand**, *v. t* ကိုင်စွဲခြင်းမှလွှတ်သည်။
**Unhandsome**, *a.* မလှသော၊
**Unhandsomeness**, *n.* from above.
**Unhandy**, *a.* not ready, not dextrous, ပြုလုပ်ဖို့အသင့်မရှိသော။ not convenient for use, သုံးဆောင်ဖို့ရာအသင့်မရှိသော
**Unhappiness**, *n.* ဒုက္ခ၊ ဆင်းရဲ။
**Unhappy**, *a.* ဒုက္ခရှိသော။ ဆင်းရဲသော။ (—person, ဒုက္ခိတ။)
**Unharmed**, *a.* အနာအဆာမရှိသော။
**Unharness**, *v. t.* ဖွဲ့ကြိုးတန်ဆာကိုချွတ်သည်။
**Unhatched**, *a.* ဥမပေါက်သေးသော၊
**Unhealthful**, *a.* အနာရောဂါကိုဖြစ်စေ သော
**Unhealthfulness**, *n.* from above.
**Unhealthiness**, *n.* from next.
**Unhealthy**, *a.* wanting health, habitually indisposed, မကျန်းမာ

သော၊ အနာရှိတတ်သော။ insalubrious, အနာရောဂါကိုဖြစ်စေတတ်သော။

**Unheard**, *a.* not heard, မကြားသော (အရာ၊) not publicly known, မကျော်စောသော။ —of, unprecedented, ဤကဲ့သို့မဖြစ်စဖူးသော။

**Unheated**, *a.* မပူသော။

**Unheeded**, *a.* အအယ်သူမှုမမှတ်ဘဲနေသော၊

**Unheedful, Unheeding**, *a.* သတိမပြု၊ အမှုမထားသော။

**Unhesitating**, *a.* နှောင့်နှေးခြင်းမရှိသော။

**Unhinge**, *v. t.* ဖြုတ်သည်။

**Unholiness**, *n.* from next

**Unholy**, *a.* not devoted to religious purpose, ဘုရား၊ တရားနှင့်မဆိုင်၊လောကီနှင့်သာဆိုင်သော။ morally impure, မသန့်ရှင်း၊ မစင်ကြယ်၊ ဆိုးညစ်ယုတ်မာသော။

**Unhonored**, *a.* ဂုဏ်အသရေမရှိသော။

**Unhoped**, *a.* မမျှော်လင့်သော (အရာ။)

**Unhorse**, *v. t.* မြင်းပေါ်ကတိုက်၍ချသည်။

**Unhostile**, *a.* ရန်ဘက်နှင့်မဆိုင်သော။

**Unhouse**, *v. t.* အိမ်ကနှင်ထုတ်သည်။

**Unhoused**, *a.* destitute of a habitation or shelter, အရိပ်မိုရာမရှိသော။

**Unhumbled**, *a.* စိတ်မနှိမ့်ချသော၊ ထောင်လွှားသော။

**Unhurt**, *a.* အနာအဆာမရှိသော။

**Unhurtful**, *a.* အကျိုးကိုမဖျက်တတ်သော။

**Unicorn**, *n.* ကြံ့ကောင်။

**Uniform**, *a.* ညီညွတ်သော၊ညီညာသော။ —*n.* တပုံတဆင်တည်းဝတ်သော အဝတ်။

**Uniformity**, *n.* from Uniform, *a.*

**Uniformly**, *adv.* တသံတည်း၊ တသမတ်တည်း။

**Unimaginable**, *a.* စိတ်ကွန့်မြူး၍မပြုပြင်နိုင်ဖွယ်ဖြစ်သော။

**Unimaginative**, *a.* စိတ်ကွန့်မြူး၍မပြုပြင်တတ်သော။

**Unimagined**, *a.* စိတ်ကွန့်မြူး၍မပြုပြင်သော (အရာ။)

**Unimpaired**, *a.* မလျော့မပျက်သော၊ မယိုယွင်းသော။

**Unimpassioned**, *a.* စိတ်အားနည်းသော။

**Unimpeachable**, *a.* အပြစ်တင်ခွင့်နှင့်ကင်းလွတ်သော၊

**Unimpeached**, *a.* အပြစ်တင်ခြင်းနှင့်ကင်းလွတ်သော။

**Unimpeded**, *a.* အဆီးအတားမရှိသော။

**Unimportant**, *a.* အတွက်မရှိသော၊ ပမာဏမပြုလောက်သော။

**Unimportuned**, *a.* တောင်းပန်ခြင်းကိုမခံရသော။

**Unimpressive**, *a.* စိတ်စွဲမှတ်စရာမရှိသော။

**Unimprovable**, *a.* တိုး၍ကောင်းဖွယ်ရာသောအကြောင်းမရှိသော။

Unimproved, *a.* not made better, တိုးချဲမကောင်းသော၊ not used to advantage, အကျိုးရှိအောင်မသုံးဆောင်သော (အရာ၊)
Unimproving, *a.* တိုးချဲကောင်းအောင်မပြုသော၊
Uninclosed, *a.* and *adv.* ဟာလာသော၊ ဟင်းလင်းသော၊
Unindifferent, *a.* စိတ်ငံကွက်သော၊
Uninflammable, *a.* မီးမလောင်နိုင်သော၊
Uninformed, *a.* အသင်အကြားမရှိသော၊
Uninhabitable, *a.* နေရာမကျနိုင်ဖွယ်ဖြစ်သော၊
Uninhabited, *a.* နေမြဲနေသောသူမရှိသော၊
Uninjured, *a.* အနာအဆာမရှိသော၊
Uninspired, *a.* စိတ်နှစ်လုံး၌မှုတ်သွင်း၍ဝဲပျှင်ခြင်းကိုမခံရသော၊
Uninstructed, *a.* သွန်သင်ခြင်းကိုမခံရသော၊
Uninstructive, *a.* ပညာမတိုးပွားစေတတ်သော၊
Unintelligent, *a.* not endowed with intellect, ညာဏ်မရှိသော၊ not knowing, ညာဏ်မကောင်းသော၊ မသိ၊နားမလည်သော၊
Unintelligible, *a.* နားမလည်နိုင်သော (အရာ၊) နားမလည်နိုင်ဖွယ်ဖြစ်သော၊
Unintended, Unintentional, *a.* မကြံစည်ဘဲပြုသော (အမှု၊) အမှတ်တမဲ့ဖြစ်သော၊
Uninterested, *a.* not concerned in, မဆိုင်သော၊ not taking an interest in, စိတ်မပါမဝင်သော၊ ပမာဏမပြုသော၊
Uninteresting, *a.* စိတ်နှစ်လုံးကိုမနိုးဆော်တတ်သော၊
Uninterrupted, *a.* not broken in continuance, မပြတ်သော၊ not stopped in progress, အဆီးအတားမရှိသော၊
Uninterruptedly, *adv.* ရှိတောင်ထဲ၊ မပြတ်၊
Uninvited, *a.* မခေါ်မဖိတ်သော၊
Uninviting, *a.* မမြူတတ်သော၊ စိတ်ပါအောင်မသွေးဆောင်တတ်သော၊
Union, *n.* from Unite, *v. i.* and United (be), *v. i*
Unique, *a.* အတုမရှိသော၊
Unison, *n.* အသံညီညာခြင်း၊၊
Unit, *n.* အစ်၊ တစ်၊ အခု၊ တခု၊
Unitarian, *n.* ဘုရားသခင်သည်သုံးပါးပေါင်း၍တဆူတည်း၊ဖြစ်တော်မူသည်ထုပြင်းသောသူ၊
Unite, *v. i.* to be joined by contact of parts, စေ့သည်၊ စေ့စပ်သည်၊ to be joined in one, ပေါင်းသည်၊ to join in action, act in concert, ညီညာသည်၊ to coalesce, သမသည်၊ တသားတည်းပေါင်းသည်၊ to be mixed, ရောသည်၊ ရောနှောသည်၊ to be joined in marriage, စုံဖက်သည်၊ to associate, ပေါင်းဖော်သည်၊ ပေါင်းဖက်သည်၊ —*v. t.* from above; —(in various ways), ဆက်စပ်သည်၊ ပူးသည်၊ ကပ်သည်၊ ပေါင်းသည်၊ ဖက်သည်၊

စက်သည်၊ ရှည်ဩသည်၊ တွဲသည်။ —several parts under one jurisdiction, တိုက်ခွဲသည်။

**United (be),** *v. i.* —in sentiment, သဘောတညီတညွတ်တည်းဖြစ်သည်။ —in affection, မိတ်ဆွေဖွဲ့သည်၊သင့်တင့်သည်၊

**Unity,** *n.* the state of being one, တခုတည်းဖြစ်ခြင်း၊ တလုံးတဝတည်းဖြစ်ခြင်း။ concord, agreement ညီညာခြင်း။ ညီညွတ်ခြင်း၊တညီတညွတ်တည်းဖြစ်ခြင်း။

**Univalve, Univalvular,** *a.* ခရုကဲ့သို့အခွံတခုရှိသော

**Universal,** *a.* အလုံးစုံနှင့်ဆိုင်သော၊ အလုံးစုံဖြစ်သော၊

**Universalist,** *a.* လူခပ်သိမ်းတို့သည်နောင်ထဝမှာချမ်းသာရကြလိမ့်မည်ဟုထင်သောသူ၊

**Universality,** *n.* from Universal, *a.*

**Universe,** *n.* ဖြစ်လေသမျှသောစကြဝဠာ၊

**University,** *n.* သိပ္ပံအတတ်သင်ရာကျောင်းစု။

**Univocal,** *a.* အနက်တခုတည်းရှိသော၊

**Unjust,** *a.* မတရားသော၊

**Unjustifiable,** *a.* မှန်ကြောင်းကိုပြနိုင်ဖွယ်မဟုတ်သော၊

**Unjustified,** *a.* မှန်ကြောင်းထင်ရှားသော၊ ဖြောင့်မတ်ရာသို့ရောက်သော၊

**Unkennel,** *v. t.* ခြေတွင်းထဲကနှင်ထုတ်သည်၊

**Unkept,** *a.* not retained, ကိုယ်ထက်၌မထားသော (အရာ၊) not observed, မကျင့်မစောင့်သော (အရာ၊)

**Unkind,** *a.* ကျေးဇူးမပြုချင်သော၊

**Unkindly,** *a.* ကျေးဇူးမပြုတတ်သော၊

**Unkindness,** *n.* from Unkind.

**Unknowing,** *a.* မသိသော၊

**Unknown,** *a.* အဘယ်သူမျှမသိသော (အရာ၊)

**Unlabored,** *a.* produced without labor, မလုပ်မဆောင်ဘဲဖြစ်သော၊ spontaneous, အားမထုတ်ဘဲအလိုလိုဖြစ်သော၊

**Unlace,** *v. t.* ခက်၍ချည်သောကြိုးကိုဖြည်သည်၊

**Unlade,** *v. t.* ဝန်ကိုချသည်၊ ဝန်ချသည်၊

**Unlaid,** *a.* not placed, မထားသော (အရာ၊) not stilled, မငြိမ်းသော (အရာ၊)

**Unlamented,** *a.* ငြည်တမ်းခြင်းကိုမခံသော၊

**Unlawful,** *a.* တရားကိုလွန်ကျူးသော (အမှု၊)

**Unlawfulness,** *n.* from above.

**Unlearn,** *v. t.* (သင်ပြီးသောအရာကို) မေ့လျော့စေခြင်းပြုသည်၊

**Unlearned,** *a.* not acquired by study, မသင်ဘဲနှင့်တတ်သော၊ illiterate, စာမတတ်သော၊

**Unleavened,** *a.* တဆေးမဲ့သော၊ တဆေးမခတ်သော (မုန့်၊)

**Unless,** *conj.* except, မ (—) လျှင်၊

**Unlettered**, *a.* စာမတတ်သော။
**Unlicensed**, *a.* ပြုရသောအခွင့်ကိုမရသော။
**Unlighted**, *a.* မီးမညှိသော။
**Unlike**, *a.* not like, မတူသော။ improbable, *see* next, 1st def.
**Unlikely**, *a.* improbable, ဖြစ်မည်လက္ခဏာမရှိသော၊ ဖြစ်မည်ဟုထင်စရာမရှိသော။ not promotive of success, အကြံထမြောက်ခြင်းနှင့်မဆိုင်သော။
**Unlikeness**, *n.* မတူခြင်း။
**Unlimited**, *a.* အပိုင်းအခြားမရှိသော။
**Unlink**, *v. i.* ကွင်းပြုတ်သည်။
**Unload**, *v. t.* ဝန်ကိုချသည်။
**Unlock**, *v. t.* သော့ခတ်၍ဖွင့်သည်။
**Unlocked**, *a.* not locked, သော့မခတ်သော။ သော့ခတ်၍မပိတ်သော။
**Unlooked (for,)** *a.* မမျှော်သော (အမှု။)
**Unloose**, *v. t.* ပြေသည်။
**Unloosed (be)**, *v. i.* ပြေသည်။
**Unloveliness**, *n.* from next.
**Unlovely**, *a.* ချစ်ဖွယ်မထုတ်သော။
**Unlucky**, *a.* unpropitious. အမင်္ဂလာရှိသော။ not successful, အကြံမထမြောက်သော။ not lucky, အခွင့်မသင့်၍မရသော။ unfortunate, ကံဆိုးသော၊ ဘွဲ့ဆိုးသော။ mischievously waggish, ဟုတ်ရယ်ပြု၍နှောင့်ရှက်တတ်သော။ (happening unluckily, မတော်တဆ။)
**Unmaimed**, *a.* မချို့တဲ့သော။
**Unmake**, *v. t.* (လုပ်သောအရာကို) ဖျက်ခြိမ်သည်။
**Unman**, *v. t.* to deprive of the qualities of a man, လူ့ရုပ်၊ သဘောကိုပြောင်းလဲစေအောင်ပြုသည်။ to emasculate, သင်းကွပ်သည်။ to dishearten, စိတ်ပျက်အောင်ပြုသည်၊
**Unmanageable**, *a.* တတ်နိုင်ဖွယ်မထုတ်သော။ ဆုံးနိုင်ဖွယ်မထုတ်သော။
**Unmanly**, *a.* unbecoming a man, ယောက်ျားနှင့်မတော်သော။ effeminate, မိန်းကဲ့သို့နူးညံ့သော။
**Unmannerly**, *a.* မယဉ်ကျေး၊ ရိုင်းသော။
**Unmarked**, *a.* not marked, အမှတ်မရှိသော။ not observed, အမှတ်တမဲ့ဖြစ်သော။
**Unmarriageable**, *a.* ထက်မထပ်သင့်သော။
**Unmarried**, *a.* ထက်မထပ်သော။ တပင်တိုင်။ (applied to king's daughters).
**Unmask**, *v. t.* to strip off a mask, ဝဲလဝါကိုချွတ်သည်။ to strip off any disguise, အရောင်ဆောင်ခြင်းကိုဖျက်သည်၊
**Unmastered**, *a.* မရှုံးသော။
**Unmatched**, *a* အပြိုင်အဖက်မရှိသော။

**Unmeaning,** *a.* having no meaning, အနက်မရှိသော။ unexpressive, ပကတိအတိုင်းအဘယ်လက္ခဏာမျှမထင်ရှားသော (မျက်နှာ။)
**Unmeant,** *a.* မကြံစည်ဘဲဖြစ်သော။
**Unmeasurable,** *see* Immeasurable.
**Unmeasured,** *a.* အတိုင်းအထွာမရှိသော။
**Unmeet,** *a.* မတော်မသင့်သော။
**Unmeetness,** *n.* from above.
**Unmelted,** *a.* not liquefied, ကြိုဖြ်အရည်မဖြစ်သော။ not softened in feeling, မနူးညွတ်သော။
**Unmentionable,** *a.* မပြောမဆိုသင့်သော။
**Unmentioned,** *a.* မပြောမဆိုခဲ့ပြီးသော။
**Unmerciful,** *a.* မသနားတတ်သော။ ရက်စက်သော။
**Unmerited,** *a.* မခံထိုက်သော (အရာ။)
**Unmilitary,** *a.* စစ်မှုစစ်ရေးနှင့်မတော်မသင့်သော။
**Unmindful,** *a.* သတိမရှိသော။
**Unmindfulness,** *n.* from above.
**Unmingled,** *a.* မရောနှော၊ စင်ကြယ်သော။
**Unministerial,** *a.* မွူးဆရာနှင့်မတော်မသင့်သော။
**Unmitigable,** *a.* မပေါ့မလျော့သော။ မညှိုးသော။
**Unmixed,** Unmixt, *a.* မရောမနှော၊ စင်ကြယ်သော။
**Unmodified,** *a.* မပြုပြင်သော (အရာ။)
**Unmolested,** *a.* အနှောင့်အရှက်မခံရသော။
**Unmoor,** *v. t.* ထိပ်ဆံကြိုးကိုရုပ်သိမ်းသည်။
**Unmoveable,** *see* Immoveable.
**Unmoved,** *a.* not moved, မရွေ့သော။ unchanged in purpose, အကြံမြဲသော။ ခိုင်မာသော။ not affected in feeling, စိတ်မရှိသော။ not altered, မပြောင်းလဲသော။
**Unmuffle,** *v. t.* ချုံရုံသောအရာကိုဖွင့်လှစ်သည်။
**Unmusical,** *a.* အသံညီညာခြင်း၊အချိုအချွဆိုလျော်ခြင်းမသာယာသော။
**Unmuzzle,** *v. t.* (တိရိစ္ဆာန်၏) နှုတ်ခွံချုပ်တည်းသောတန်ဆာချွတ်သည်။
**Unnamed,** *a.* အမည်နာမကိုထုတ်၍မပြောသော (အရာ။)
**Unnatural,** *a.* contrary to the laws of nature, ပကတိအတိုင်းမထုတ်သော။ destitute of natural affection, မိမ်းကားသော။
**Unnecessary,** *a.* မရှိသော်လည်းနေနိုင်သေးသော။
**Unneighborly,** *a.* အိမ်နီးချင်းဝတ်တရားနှင့်မညီသော။
**Unnerve,** *v. t* အားလျော့စေသည်။
**Unnoted,** *a.* မမှတ်မိသော။
**Unnoticed,** *a.* not observed, မမှတ်မိသော။ not honored, အသရေမရှိသော။
**Unnumbered,** *a.* မရေတွက်သော (အရာ။)

**Unobjectionable,** *a.* အပြစ်တင်စရာမရှိသော။
**Unobstructed,** *a.* အဆီးအတားမရှိသော။
**Unobtrusive,** *a.* အခွင့်မရှိဘဲမသွင်းတတ်သော။ ဝင်တတ်သော။
**Unoccupied,** *a.* လွတ်လပ်သော။
**Unoffending,** *a.* မပြစ်မှားတတ်သော။
**Unofficial,** *a.* မင်းအခွင့်နှင့်မဆိုင်သော။
**Unopposed,** *a.* အဆီးအတားမရှိသော။
**Unorganized,** *a.* အင်္ဂါနှင့်ကရိယာအစုံအထင်ပြုပြင်၍မဖြစ်သော။
**Unoriginated,** *a.* ဖြစ်စေသောအကြောင်းမရှိဘဲဖြစ်သော။
**Unorthodox,** *a.* ထုတ်မှန်သောအယူဝါဒကိုမယူသော။
**Unostentatious,** *a.* မဝါကြွားသော။ မပလွှားသော။
**Unowned,** *a.* having no owner, အရှင်မရှိသော။ not acknowledged, ဝန်မခံသော (အရာ။)
**Unpack,** *v. t.* အထုပ်ကိုဖြည်သည်။
**Unpaid,** *a.* not paid, as a debt, မချေသော။ မဆပ်သော။ not having received pay, အခကိုမခံရသေးသော။
**Unpalatable,** *a.* အရသာမကောင်းသော။
**Unparalleled,** *a.* အတုမရှိသော။
**Unpardonable,** *a.* အပြစ်လွှတ်နိုင်ဖွယ်မဟုတ်သော။
**Unpardoned,** *a.* အပြစ်မလွှတ်သော။
**Unparliamentary,** *a.* လွှတ်တော်တွင် တိုင်ပင် စီရင်သော ထုံးနည်းနှင့်မညီသော။
**Unparted,** *a.* မကွာသော။
**Unpawned,** *a.* မပေါင်သော (အရာ။)
**Unpeople,** *v. t.* အိမ်မြေ၊ လူနေမရှိအောင်ပြုသည်။
**Unperceived,** *a.* မသိမမှတ်သော (အရာ။)
**Unperformed,** *a.* မပြုမလုပ်သော (အရာ။)
**Unperjured,** *a.* မထုတ်မမှန်ဘဲကျိန်ဆိုခြင်းအပြစ်မရှိသော။
**Unperplexed,** *a.* not intricate, မရှုပ်ထွေးသော။ not confused, စိတ်ရှင်းလင်းသော။
**Unpersuadable,** *a.* သွေးဆောင်၍ရနိုင်ဖွယ်မထုတ်သော။
**Unphilosophical,** *a.* ဓမ္မတာတရားတို့ကိုဖော်ပြသောအတတ်ပညာနှင့်မညီ၊ ဆန့်ကျင်ဘက်ဖြစ်သော။
**Unpin,** *v. t.* တွယ်အပ်ကိုဖြုတ်သည်။ ချိကိုနှုတ်သည်။
**Unpitied,** *a.* သနားခြင်းကိုမခံသော။
**Unpitiful,** *a.* မသနားတတ်သော။
**Unpitying,** *a.* မသနားသော။
**Unplausible,** *a.* ကောင်းဟန်၊ မှန်ဟန်မရှိသော။
**Unpleasant,** *a.* မသာယာသော။
**Unpleasantness,** *n.* from above.

Unpleasing, *a.* နှစ်သက်၊ နှစ်လိုဖွယ်မရှိသော။
Unpliant, *a.* ပျောင်းသော။
Unpoetical, *a.* လင်္ကာသဘောမရှိသော။
Unpointed, *a.* having no point, အချွန်းအဖျားမရှိ၊ တိတိနေသော။ not punctuated, ပိုက်ချက်တွက်၍ထားသော (စာ။)
Unpolished, *a* not made permanently smooth and bright, အရောင်တင်ခြင်းမခံသော။ not refined, မကျေခဲ့သော။ မယဉ်ကျေးသော။
Unpolite, *see* Impolite.
Unpolluted, *a.* သန့်ရှင်းခြင်းမပျက်သော။
Unpopular, *a.* လူများမကြိုက်သော။
Unportable, *a.* ဆောင်သွားနိုင်ဖွယ်မဟုတ်သော။
Unportioned, *a.* ထက်ဖွဲ့ခြင်းကိုမခံရသော။
Unpossessed, *a.* မရသေးသော (အရာ။) မခံစားသေးသောအရာ။
Unpractised, *a.* မလေ့ကျက်သော။
Unprecedented, *a.* ဤကဲ့သို့မဖြစ်စဖူးသော။
Unprejudiced, *a.* အကြောင်းမတော်တဲ တဖက်၌စိတ်စွဲထမ်းခြင်းနှင့်ကင်းလွတ်သော။
Unpremeditated, *a.* အရင်တင်၍မဆင်ခြင်သော (အရာ။) အရင်တင်၍မကြံစွယ်သော (အရာ။)
Unprepared, *a.* အသင့်မရှိသော။ (သုံးဆောင်ရန်အမှု) မပျင်ဆင်သော (အရာ။)
Unpretending, *a.* ကိုယ်ကိုမချီးမြှောက်သော။
Unprincely, *a.* မင်းသားနှင့်မတော်မသင့်သော။
Unprincipled, *a.* not having settled principles, အယူဝါဒမစွဲလမ်းသော။ profligate, အလွန်ကျင့်သော။
Unprinted, *a.* ပုံမနှိပ်သော။
Unprivileged, *a.* အခွင့်မရသော။
Unprized, *a.* ကောင်းသည်၊ မြတ်သည်ဟုမထင်သော (အရာ။)
Unproclaimed, *a.* မကျော်ညာသေးသော။
Unproductive, *a.* များပွားမဖြစ်စေတတ်သော။ စီးပွားမဖြစ်စေတတ်သော။
Unproductiveness, *n.* from above.
Unprofaned, *a.* (ချီးမြှောက်သင့်သောအရာကို) ရှုတ်ချ၍မသုံးဆောင်သော (အရာ။)
Unprofitable, *a.* အကျိုးကျေးဇူးမရှိသော။
Unprolific, *a.* မပွားမစီးသော။
Unpromising, *a.* မျှော်လင့်အခွင့်နှင့်မဆိုင်သော။
Unpropitious, *a.* အမင်္ဂလာနှင့်ဆိုင်သော။ ကျေးဇူးပျက်ခြင်းနှင့်ဆိုင်သော
Unproposed, *a.* ဆင်ခြင်ရန်အိုတင်၍မပြောမထားသော (အရာ။)
Unprosperous, *a.* အကျိုးစီးပွားမတိုးမတက်သော။
Unprotected, *a.* အကွယ်အကာ-အစောင့်အမမရှိသော။

**Unproved,** *a.* not tried, မစုံစမ်းသော (အရာ၊) not shown to be true, ထုတ်မှန်ကြောင်းကိုမပြသော (အရာ၊)
**Unprovided,** *a.* not qualified, တော်သင့်အောင်မပြင်ဆင်သော (အရာ၊) not furnished, အသုံးလိုသောအရာကိုမရသော၊
**Unprovoked,** *a* not instigated, သူတပါးမနှိုးဆော်သော၊ not angry, စိတ်မဆိုးသော၊
**Unpublished,** *a.* not made public, မကျော်ညာသော၊ not printed for public use, လူများကြည့်ဘို့ပုံမနှိပ်သော (စာ၊)
**Unpunished,** *a.* ဒါဏ်မခံရသော၊
**Unpurchased,** *a.* မဝယ်သော (အရာ၊)
**Unpurified,** *a.* မစင်ကြယ်သော၊
**Unqualified,** *a.* not having the requisite qualifications, တတ်နိုင်သော အခွင့်မရှိသော၊ unmodified, အနက်ကျဉ်းအောင်မပြုပြင်သော (စကား၊)
**Unquelled,** *a.* not subdued, မနှိမ်နင်းသော (အရာ၊) not quieted, မငြိမ်သော (အရာ၊)
**Unquenchable,** *a.* မငြိမ်းနိုင်သော၊
**Unquenched,** *a.* မငြိမ်းသော၊ မအေးသော၊
**Unquestionable,** *n.* ယုံမှားရန်မရှိသော၊
**Unquestioned,** *a.* not doubted, မယုံမှားသော (အရာ၊) not interrogated, မေးစစ်ခြင်းကိုမခံရသော၊ indisputable, ငြင်းခုံဘွယ်မရှိသော၊
**Unquiet,** *a.* မငြိမ်သော၊
**Unquietness,** *n.* from above.
**Unravel,** *v. t.* အရှုပ်အထွေးကိုဖြင်သည်၊ ရှင်းထင်းစေသည်၊
**Unravelled (be,)** *v. i.* explained, အပတ်ပြေသည်၊
**Unreached,** *a.* မမှီသော (အရာ၊)
**Unread,** *a.* မဖတ်သော (စာ၊)
**Unreadiness,** *n.* from next.
**Unready,** *a.* ကာလအချိန်ရောက်မှအသင့်မရှိသော၊
**Unreal,** *a.* not actually existing, ကေန်အမှန်မထုတ်သော၊ having appearance only, အမှန်မထုတ်၊ အရောင်ဆောင်သော၊
**Unreasonable,** *a.* not agreeable to reason, လူညာဏ်နှင့်မညီလျော်သော၊ excessive, မတော်မတန်၊ လွန်ကျူးသော၊
**Unreasonableness,** *n.* from above.
**Unreclaimed,** *a.* ဆိုးသောအဖြစ်မှကောင်းသောအဖြစ်သို့မရောက်သော၊
**Unreconciled,** *a.* စိတ်မကြေချမ်းသော၊
**Unrecorded,** *a.* စာရင်း၌မမှတ်သေးသော (အရာ၊)
**Unredeemed,** *a.* ရွေးခြင်းကိုမခံရသော၊
**Unredressed,** *a.* not reformed, မပြုပြင်သော (အရာ၊) not having obtained redress, အစားမရသော၊ တန်ဆိုးကိုမရသော၊

**Unreformed,** *a.* အသစ်ပြုပြင်ခြင်းကိုမခံသော။

**Unrefreshed,** *a.* အားမပြည့်သော။

**Unrefreshing,** *a.* အားပြည့်မပြုတတ်သော။

**Unregarded,** *a.* not observed, မမှတ်မိသော (အရာ။) not made account of, ပမာဏမပြုသော (အရာ။) not esteemed, မလေးမြတ်သော (အရာ။)

**Unregeneracy,** *n.* from next.

**Unregenerate,** *a.* ဒုတိယမွေးခြင်းကိုမခံရသော။ စိတ်သဘောမပြောင်းလဲသော။

**Unregistered,** *a.* စာရင်း၌မသွင်းသော (အရာ။)

**Unrelenting,** *a.* ကြင်နာသောစိတ်မရှိ၊ ခိုင်မာတတ်သော။

**Unrelieved,** *a.* not eased, မသက်သာသော။ not released from service, အမှုထမ်းရာမှနုတ်ခြင်းကိုမခံရသော။

**Unremediable,** *a.* (မကောင်းသောအမှုအရာ) မပပျောက်နိုင်ဘွယ်ဖြစ်သော

**Unremedied,** *a.* (မကောင်းသောအမှုအရာ) မပပျောက်သော။

**Unremembered,** *a.* သတိမရသော (အရာ။)

**Unremitted,** *a.* not slackened, မလျော့သော။ not forgiven, အပြစ်မလွှတ်သော။

**Unremitting,** *a.* မလျော့ဘဲအစဉ်မြဲရှိသော။

**Unremoveable,** *a.* နေရာမှရွေ့နိုင်ဘွယ်မဖြစ်သော။

**Unremoved,** *a.* နေရာမှမရွေ့သော (အရာ။)

**Unrenewed,** *a.* အသစ်တဖန်ပြုပြင်ခြင်းမခံရသော။

**Unrepaid,** *a.* မဆပ်မပေးသော (အရာ။)

**Unrepealed,** *a.* မနုတ်မပယ်သော (အမိန့်တော်။)

**Unrepentant,** *a.* နောင်တမရသော။

**Unrepining,** *a.* စိတ်ညစ်ညူးခြင်းမရှိသော။

**Unreplenished,** *a.* ပြည့်အောင်မထည့်သော (အရာ။)

**Unreprieved,** *a.* ကွပ်မျက်ခြင်းနှင့်ခဏမလွှတ်သော။

**Unreproached,** *a.* ကဲ့ရဲ့၍အပြစ်တင်ခြင်းနှင့်လွတ်သော။

**Unreprovable,** *a.* အပြစ်တင်ဘွယ်မရှိသော။

**Unreproved,** *a.* အပြစ်တင်ခြင်းကိုမခံရသော။

**Unrepugnant,** *a.* မဆန့်ကျင်သော။

**Unrequested,** *a.* အဘယ်သူမျှမတောင်းဘဲရှိသော။

**Unrequited,** *a.* အတုံ့အလျှော်မကျေသော။

**Unrescued,** *a.* ကယ်လွှတ်ခြင်းကိုမခံရသော။

**Unresented,** *a.* စိတ်ဆိုးခြင်းကိုမခံရဘဲနေသော။

**Unreserve, Unreservedness,** *n.* from next, 2nd def.

**Unreserved,** *a.* not kept back, ချန်ကြွင်း၍မထားသော (အရာ။) concealing or withholding, မထိမ်ချန်၊ မဝှက်ထားတတ်သော။

**Unreservedly,** *adv.* frankly, ဟောဟောတိုင်းတိုင်း။

**Unresigned**, *a.* ဝန်မခံသော။
**Unresisted**, *a.* ဆီးတားခြင်းကိုမခံရသော။
**Unresisting**, *a.* မဆီးတားသော။
**Unresolved**, *a.* not separated into component parts, ခွဲတ်မကွဲသော။ not made clear, မရှင်းထင်းသော။ not settled in purpose, စိတ်မချသော။
**Unrespited**, *a.* not having any pause, တန့်ရပ်စောင့်ဆိုင်းခွင့်မရှိသော။ unreprived, ကွပ်မျက်ခြင်းနှင့်ခဏလွတ်သော။
**Unrestored**, *a.* not given back, ပြန်၍မပေးသော (အရာ။) not replaced, အရင်နေရာ၌မထားပြန်သော (အရာ။)
**Unrestrained**, *a.* အဆီးအတားမရှိသော။ မချုပ်တည်းသော။ ပေါက်လွှတ်နေသော။ —*adv.* ဖာသိဖာသာ။ တတ်ထိုင်း။
**Unrestricted**, *a.* အပိုင်းအခြားထား၍ကန့်ကွက်ခြင်းမရှိသော။
**Unrevealed**, *a.* မဖော်ပြသော (အရာ။)
**Unrevenged**, *a.* လက်စားမချေသော။
**Unrevengeful**, *a.* လက်စားချေစောင်ရန်တုံ့ပြန်၍ပြုချင်သောစိတ်သဘောမရှိသော။
**Unreverently**, *adv.* မရိုမသေသည့်နှင့်။
**Unrevoked**, *a.* မနုတ်မသိမ်း၊ တည်လျက်ရှိသော။
**Unrewarded**, *a.* ဆုလပ်မရသော။
**Unriddle**, *v. t.* to solve a riddle, စကားထာကိုဖော်သည်။ to explain, ဖွင့်ပြသည်။
**Unrig**, *v. t.* ရွက်ကြိုးတန်ဆာကိုရုပ်သိမ်းသည်။
**Unrighteous**, *a.* မဖြောင့်မတ်သော။ မတရားသော။
**Unrighteousness**, *n.* from above.
**Unrip**, *v. t.* ချုပ်ရိုးကိုဖြုတ်သည်။
**Unripe**, *a.* —as fruit, မမှည့်သော။ not brought to maturity, မရင့်သော။ not prepared for action, ကြိုချက်၍မပြီးစီးသော။
**Unripeness**, *n.* from above.
**Unrivalled**, *a.* အပြိုင်အဖက်မရှိသော။
**Unroll**, *v. t.* (အလိပ်ကို) ဖြန့်သည်။
**Unroof**, *v. t.* အမိုးကိုဖျက်သည်။
**Unruled**, *a.* အုပ်စိုးသောသူမရှိသော။
**Unruliness**, *n.* from next.
**Unruly**, *a.* ဆုံးမရသော။ ချုပ်တည်း၍မဖြစ်နိုင်သော။
**Unsaddle**, *v. t.* ကုန်းနှီးကိုချသည်။
**Unsaddled**, *a.* ကုန်းနှီးမပါသော။
**Unsafe**, *a.* မလုံချုံသော။
**Unsaid**, *a.* မပြောမဆိုသော (အရာ။)
**Unsaleable**, *a.* ရောင်း၍မထွက်သော။

**Unsalted,** *a.* ဆားမနယ်သော။

**Unsanctification,** *n.* from next.

**Unsanctified,** *a.* unconsecrated, ဘုရားဝတ်နှင့်ဆိုင်သောအမှု၌သုံးဆောင်ရန်သီးသန့်၍မခွဲမထားသော။ destitute of holiness, သန့်ရှင်းခြင်းပါရမီမရှိသော။

**Unsanctioned,** *a.* သဘောတူ၍တည်စေခြင်းအခွင့်မရသော။

**Unsatiable,** *see* Insatiable.

**Unsatisfactoriness,** *n.* from next.

**Unsatisfactory,** *a.* အလိုမပြည့်စုံစေတတ်သော။ အားမရစေတတ်သော။

**Unsatisfied,** *a.* not having eaten food enough,. မဝသော။ not pleased or gratified, အားမရသော။ အလိုမပြည့်စုံသော။ not settled in opinion, သဘောမကျသော။

**Unsatisfying,** *see* Unsatisfactory.

**Unsavoriness,** *n.* from next.

**Unsavory,** *a.* tasteless, အရသာမရှိသော။ having a bad smell, နံသော။ unpleasing, နှစ်သက်၊ နှစ်လိုဖွယ်မရှိသော။

**Unsay,** *v. t.* ပြောမိသောစကားကိုရုတ်ပြန်သည်။

**Unscarred,** *a.* အနာရွတ်မရှိသော။

**Unscathed,** *a.* အနာအဆာမရှိသော။

**Unschooled,** *a.* အသင်အကြားမရှိသော။

**Unscorched,** *a.* မီးမမြိုက်သော။

**Unscreened,** *a.* အကွယ်အကာမရှိသော။

**Unscrew,** *v. t.* ဝက်အူကိုဖြုတ်သည်။

**Unscriptural,** *a.* ကျမ်းစာနှင့်မညီသော။

**Unscrupulous,** *a.* ဩတ္တပ္ပမရှိ၍မဆုတ်မဆိုင်းရှိသော။

**Unscrupulousness,** *n.* from above.

**Unscrutable,** *see* Inscrutable.

**Unseal,** *v. t.* တံဆိပ်ကိုခွာသည်။

**Unsealed,** *a.* having no seal, တံဆိပ်မခတ်သော။

**Unsearchable,** *a.* စစ်ဆေး၍နားမလည်နိုင်အောင်ဖြစ်သော။

**Unsearchableness,** *n.* from above.

**Unsearched,** *a.* စစ်ဆေးခြင်းကိုမခံရသော။

**Unseasonable,** *a.* occurring at an improper time, အခါမဲ့သော။ မတော်မသင့်သောအချိန်၌ဖြစ်သော။ occurring at an inconvenient or undesirable time, အဆင်မသင့်သော။ အခန့်မသင့်သော။

**Unseasonably,** *adv.* မတန်။

**Unseasonableness,** *n.* from above.

**Unseasoned,** *a.* not rendered palatable, အရသာကောင်းအောင်မပြုပြင်သော (အစာ။) not prepared for use, အသုံးဝင်စေခြင်းငှါမပြုပြင်သော (အရာ။)

**Unseduced,** *a.* မှားဆောင်သွေးဆောင်ရာသို့မလိုက်သော၊
**Unseemliness,** *n.* from next.
**Unseemly,** *a* မတင့်တယ်မလျှောက်ပတ်သော၊
**Unseen,** *a.* မမြင်သော (အရာ၊)
**Unselfish,** *a.* ကိုယ်အကျိုးကိုသာမမှတ်တတ်သော၊
**Unseparable,** *see* Inseparable.
**Unserviceable,** *a.* အသုံးမဝင်သော၊
**Unserviceableness,** *n.* from above.
**Unsettle,** *v. t.* from next.
**Unsettled,** *a.* အတည်မကျသော၊ နေရာမကျသော၊ မသေမဝပ်သော၊ အမြဲမဟုတ်သော၊ အမြဲမစွဲသော၊
**Unsevered,** *a.* မခွဲမခွာသော (အရာ၊)
**Unsex,** *v. t.* ဝန်းဘာဝကိုပြောင်းလဲစေသည်၊
**Unshackle,** *v. t* ချည်နှောင်မြင်းကိုဖြည်၍လွှတ်သည်၊
**Unshaded, Unshadowed,** *a.* အရိပ်မလွှမ်းမိုးသော၊
**Unshaken,** *a.* မလှုပ်သော (အရာ၊)
**Unshamed,** *a.* မရှက်သော၊
**Unshapen,** *a.* ပုံမကျဘဲလုပ်သော (အရာ၊)
**Unshared,** *a.* မခွဲမဝေသော (အရာ၊)
**Unsheath,** *v. t.* (ထားကို) အိမ်မှနှုတ်သည်၊
**Unshed,** *a.* မဒိတ်သော (အရာ၊) မသွန်သော (အရာ၊)
**Unsheltered,** *a.* roofless, အမိုးမရှိသော၊ exposed overhead, အမိုးအကာမရှိသော၊ unprotected, အကွယ်အကာအစောင့်အမမရှိသော၊
**Unshielded,** *a.* အကွယ်အကာမရှိသော၊
**Unship,** *v. t.* to take out of a ship, သင်္ဘောပေါ်ကဝန်ကိုချသည်၊ to remove from its place, နေရာကချွတ်သည်၊
**Unshod,** *a.* ခြေနင်းမပါသော၊
**Unshorn,** *a.* မညှပ်မြိတ်သော (ဆံပင်၊)
**Unshrinking,** *a.* မဆုတ်မတွန့်သော၊
**Unshut,** *a.* မပိတ်ဘဲနေသော၊
**Unsifted,** *a.* not separated by a sieve, ဆန်ခါနှင့်မချသော (မုန့်ညက်၊) not tried, မစစ်မဆေးသော (အရာ၊)
**Unsightliness,** *n.* from next.
**Unsightly,** *a.* အရုပ်ဆိုးသော၊ မြင်စဖွယ်မကောင်းသော၊
**Unsinged,** *a.* မီးမရှို့ကျက်သော၊
**Unsinning,** *a.* မပြစ်မှားသော၊
**Unsisterly,** *a.* ညီအစ်မနှစ်မကဲ့သို့မဟုတ်သော၊
**Unskillful,** *a.* ထွေကျက်၊ တတ်မြောက်ခြင်းမရှိသော၊
**Unskillfulness,** *n.* from above.
**Unslain,** *a.* အသေအခိုက်မရှိ၊ သက်နက်ထေးနှင့်လွတ်သော၊

**Unslaked**, *a.* —as thrist, သောက်၍မပြေသော။ —as lime, မဖော်ထီသော။

**Unsociable**, *a.* not disposed to associate, ပေါင်းဖေါ်ချင်သောသဘော မရှိသော။ not disposed to familiar conversation and intercourse, လိုက်လိုက်လျောလျော ပေါင်းဖေါ် နှီးနှောချင်သော သဘော မရှိသော။

**Unsociableness**, *n* from above.

**Unsocial**, *a.* not pertaining to society, ပေါင်းဖေါ်သောသူတို့နှင့်မဆိုင်သော။ unsociable, *which see* in both definitions.

**Unsoiled**, *a.* မညစ်သော။

**Unsolaced**, *a.* နှစ်သိမ့်ခြင်းမရှိသော။

**Unsold**, *a* မရောင်းသော (အရာ။)

**Unsoldierlike**, *a.* စစ်သူရဲနှင့်မထိုက်တန်သော။

**Unsolicited**. *a.* မတောင်းပန်သော (အရာ။)

**Unsolicitons**, *a*- not very desirous, လိုချင်အားမကြီးသော။ not anxious, မစိုးရိမ်သော။

**Unsolid**, *a.* အခြေအမြစ်မခိုင်ခံ့သော။

**Unsolvable**, *a.* မရှင်းလင်းနိုင်သော။

**Unsolved**, *a.* မရှင်းလင်းသော။

**Unsophisticated**, *a.* ဇာတိရင်းပျက်၍ပဝတ္တိမဖြစ်သော။ (—person, လူဝိန်း။)

**Unsorted**, *a.* အမျိုးအလိုက်တခြားစီခွဲမထားသော (အရာ။)

**Unsought**, *a.* မရှာသော (အရာ။)

**Unsound**, *a.* diseased, အနာရှိသော။ having some flaw or defect, အနာအဆာရှိသော။ not tight, မလုံသော။ not strong, မခိုင်ခံ့သော။ not free from error, မိစ္ဆာဒိဋ္ဌိနှင့်မလွတ်သော။ not profound, as sleep, အအိပ်ဆတ်သော။ broken or weakened in mind or body, ချွေလျော့၍ပကတိအတိုင်းမဖြစ်သော။

**Unsoundness**, *n.* from above.

**Unsoured**, *a.* not made acid, ချဉ်ဖန်အောင်မလုပ်သော (အရာ။) not cross, စိတ်မပြုသော။

**Unsown** *a.* မစိုက်၊ မပျိုး၊ မကြဲသော။

**Unsparing**, *a.* profuse, အသုံးဖွားသော။ liberal, လက်ကြီးသော။ not forbearing from pity, မသနားသောကြောင့်ပြုတတ်သော။

**Unspeakable**, *a.* စကားအားဖြင့်ဖေါ်၍မပြောနိုင်ဘွယ်ဖြစ်သော။

**Unspecified**, *a.* တန်းမှန်း၍မပြောသော (အရာ။)

**Unspent**, *a.* not expended, သုံး၍မကုန်သော။ not weakened, အား မလျော့သော။

**Unspilt**, *a.* မဖိတ်သော (အရာ။)

**Unspoiled,** *a.* not ruined, မပျက်သော။ not plundered, မလုမယူသော (အရာ။)

**Unspoken,** *a.* မပြောမဆိုသော (အရာ။)

**Unspotted,** *a.* not spotted, အစွန်းအကွက်မရှိသော။ not tarnished in character, အသရေမယုတ်မလျော့သော။

**Unstable,** *a.* not firm, မခိုင်ခံ့သော၊ ဗောက်ဗက်။ not steady, inconstant, မမြဲမြံ၊ မတည်ကြည်သော၊ ပြောင်းလဲတတ်သော။

**Unstained,** *a.* not dyed, ဆေးမဆိုးသော။ not tarnished in character, အသရေမယုတ်မလျော့သော၊ ညစ်စွန်းခြင်းနှင့်ကင်းစင်သော။

**Unstamped,** *a.* တံဆိပ်မခတ်၊ မပါသော။

**Unsteadily,** *adv.* discomposedly, ကလိန်းကထက်။ ဆူပြေမရသည်နှင့်။ rolling about, ဗောက်ဗက်။

**Unsteadiness,** *n.* from next.

**Unsteady,** *a.* not firm, မခိုင်ခံ့သော။ not constant in mind, မတည်ကြည်သော။ not uniform, မသမတ်သော၊ ပြောင်းလဲတတ်သော။

**Unstinted,** *a.* အလိုအတိုင်းမဖြစ်စေခြင်းငှါတားမြစ်ခြင်းမရှိသော။

**Unstop.** *v. t.* အဆို့ကိုနှုတ်သည်

**Unstored,** *a.* သိုထားလှောင်မရှိသော။

**Unstrained,** *a.* not filtered, မစစ်သော (အရာ။) occurring without effort, အားမထုတ်ဘဲပကတိအတိုင်းဖြစ်သော။

**Unstraitened,** *a.* မကျဉ်းကျပ်သော။

**Unstring,** *v t.* to deprive of strings, ကြိုးကိုဖြုတ်၍ထားသည်။ to take from a string, (ပုတီးကို) ကြိုးမှနှုတ်သည်၊ to relax tension, လျော့စေခြင်းပြုသည်။ to untie, ဖြည်သည်။ —a bow, လေးညှို့ကိုလျော့သည်။

**Unstudied,** *a.* unpremeditated, အရင်တင်၍မထင်ခြင်းသော (အရာ။) not labored, မကြိုးစား၊ အားမထုတ်ဘဲဖြစ်သော။

**Unstuffed,** *a.* ဖြည့်စောင်မသိပ်သော။

**Unsubdued,** *a.* တောင်း၍နှိမ့်ထားခြင်းကိုမခံသော။

**Unsubmissive,** *a.* ဝန်မချသော

**Unsubstantial,** *a.* not real, ကေန်အမှန်မဖြစ်သော။ not having real substances, အနတ္တဖြစ်သော၊ အနှစ်သာရမရှိသော။ ဖျင်းသော။

**Unsubstantiality,** *n.* အနတ္တ။ အနှစ်မရှိခြင်း။

**Unsuccessful,** *a.* အကြံမထမြောက်သော။ အကျိုးစီးပွားကိုမရသော။

**Unsucked,** *a.* နို့စို့မခံသော။

**Unsuitable, Unsuit,** *a.* not suitable, မတော်သော။ မတန်သော။ မလျော်သော။ မသင့်သော။ not becoming, မလျောက်ပတ်သော။

**Unsuitableness,** *n.* from above.

**Unsullied,** *a.* not soiled, မညစ်သော။ not tarnished, မမိုန်သော။ မမှုန်သော၊ မမှေးသော။ not disgraced, အသရေမယုတ်မလျော့သော။

**Unsung,** *a.* သီချင်းမဖွဲ့မဆိုသော (အရာ၊)
**Unsupported,** *a.* အထောက်အမမရှိသော။
**Unsurpassed,** *a.* အထက်သူမျှမသာမလွန်သော။
**Unsusceptible,** *a.* not capable of receiving impressions, ခံနိုင်သော သဘောမရှိသော။ having feelings not easily excited, ဝေဒနာကိုမခံစားလွယ်သော။ စိတ်ကိုမနှိုးဆော်နိုင်လွယ်ဖြစ်သော။
**Unsuspected,** *a.* သတ်ပတ်ခြင်းကိုမခံရသော။
**Unsuspecting,** *a.* မယုတ်ပတ်သော။
**Unsuspicious,** *a.* not disposed to think evil, မယုတ်ပတ်တတ်သော။ not calculated to excite suspicion, ယုတ်ပတ်ရန်မရှိသော။
**Unsustained,** *a.* အထောက်အမမရှိသော။
**Unswathe,** *v. t.* ကြပ်စည်းသောအပတ်ကိုဖြည်သည်။
**Unswerving,** *a.* မလွှဲသွားသော။
**Unsworn,** *a.* သစ္စာမခံသော။
**Unsymmetrical,** *a.* အချိုးအစားမရသော။
**Unsystematic,** *a.* အစီအစဉ်မလိုက်သော။
**Untainted,** *a.* not impregnated with a bad quality, ယုတ်ညံ့သော ဓာတ်ကူးဆောင်မရောမရှက်သော။ not affected with incipient putrefaction, ပုပ်စမရှိသော။ not tarnished in character, အသရေမယုတ်မလျော့သော။
**Untaken,** *a.* ဖမ်း၍မမိသော။
**Untamable,** *a.* မယဉ်နိုင်သော။
**Untamed,** *a.* wild, မယဉ်သော။ not subdued in spirit, စိတ်မနှိမ့်ကျသော။
**Untangle,** *v. t.* အရှုပ်အထွေးကိုဖြင်သည်။ ရှင်းလင်းစေသည်။
**Untarnished,** *a.* —(in various ways), မမှိန်သော၊ မမှုန်သော၊ မဖွေးသော၊ unsullied in character, အသရေမယုတ်မလျော့သော။
**Untasted,** *a.* not tasted, အရသာမခံသော (အရာ၊)
**Untaught,** *a.* not instructed, အသင်အကြားမရှိသော။ သွန်သင်ခြင်းကိုမခံရသော။ not skilled in, မလေ့ကျက်သော။
**Unteachable,** *a.* မသင်နိုင်သော။
**Untempered,** *a.* တော်သင့်အောင်မရောနှော၊ မပြုပြင်သော (အရာ၊)
**Untempted,** *a.* ဖြားယောင်းသွေးဆောင်ခြင်းကိုမခံသော။
**Untenable,** *a.* မရပ်ခံ၊ မဆီးတားနိုင်လွယ်ဖြစ်သော။
**Untenanted,** *a.* ငှါး၍နေသောသူမရှိသော။
**Untended,** *a.* အစောင့်အထိန်းမရှိသော။
**Untendered,** *a.* သူတပါးယူရအောင်လှမ်း၍မပေးသော (အရာ၊)
**Unterrified,** *a.* မကြောက်မလန့်သော။
**Unthanked,** *a.* ကျေးဇူးတင်သည်ဟုဝန်ခံခြင်းစကားကိုမကြားရသော။
**Unthankful,** *a.* ကျေးဇူးမတင်သော။ ကျေးဇူးကိုမသိသော၊ ကျေးဇူးမဲ့။

**Unthankfulness**, *n.* from above.
**Unthinking**, *a.* မဆင်ခြင်သော၊ သတိမရှိသော၊
**Unthought (of,)** *a.* not brought to mind, သတိမရသော၊ not considered, မဆင်ခြင်သော (အရာ၊)
**Unthread**, *v. t.* ခြည်ကို (အပ်နဖားက) နှုတ်ထုတ်သည်၊
**Unthriftiness**, *n.* from next
**Unthrifty**, *a.* not frugal, မခြွေတာသော၊ not making profit, not prosperous, စီးပွားမတိုးသော၊ စီးပွားမတက်သော၊ not thriving, as a plant, မသန်စွမ်း၊ မကြီးပွားသော၊
**Untidiness**, *n.* from next.
**Untidy**, *a.* မသန့်ရှင်း၊ မကျစ်လစ်သော၊
**Untie**, *v. t.* ဖြေသည်၊
**Untied (be)**, *v. i.* ပြေသည်၊
**Until**, *prep.* တိုင်အောင်၊
**Untile**, *v. t.* အုတ်ကြွပ်မိုးကိုဖျက်သည်၊
**Untilled**, *a.* မလုပ်သော (လယ်၊ ယာ၊ ဥယျာဉ်၊)
**Untimely**, *a.* အချိန်မရောက်မှီဖြစ်သော၊
**Untinged**, *a.* အရောင်၊ အနံ့၊ အရသာအစရှိသောဝတ္ထုတစုံတခုကူးစက်အောင်မပြုသော (အရာ၊)
**Untiring**, *a.* ဆောင်ရွက်၍မပင်ပန်းနိုင်သော၊
**Untitled**, *a.* ဘွဲ့မရှိသော၊
**Unto**, *see* To.
**Untold**, *a.* မပေါ်မပြောသော (အရာ၊) မပြောမပြောသော (အရာ၊)
**Untouched**, *a.* not touched (in various ways,) မတို့၊ မထိ၊ မခိုသော (အရာ၊) not affected in mind, အဘယ်စိတ်မှုမရှိသော၊
**Untoward**, *a.* ဆိုးနွဲ့သော၊ ကတ်သတ်သော၊ ဆန့်ကျင်ဘက်ပြုတတ်သော၊
**Untowardness**, *n.* from above.
**Untraceable**, *a.* လက္ခဏာရိပ်ထင်ရှားရာကိုရှောက်၍မလိုက်နိုင်ဘွယ်ဖြစ်သော၊
**Untraced**, *a.* လက္ခဏာရိပ်ထင်ရှားရာကိုရှောက်၍မလိုက်သော (အရာ၊)
**Untractable**, *see* Intractable.
**Untrained**, *a.* ဆုံးမသွန်သင်ခြင်းကိုမခံရသော၊
**Untransferable**, *a.* မလွှဲအပ်နိုင်ဘွယ်ဖြစ်သော၊
**Untransferred**, *a.* မလွှဲမအပ်သော (အရာ၊)
**Untranslated**, *a.* အနက်မပြန်သော (စာ၊)
**Untransparent**, *a.* အလင်းမပေါက်နိုင်သော၊
**Untravelled**, *a.* not trodden by passengers, အဘယ်သူမှမနင်းသော (လမ်း၊) not having visited foreign countries, တတိုင်းတပြည်သို့မရောက်သော၊

**Untried,** *a.* not tried, မစုံစမ်းသော (အရာ။) မစစ်ကြောသော (အရာ။) not attempted, မပြုစမ်းသော (အမှု။)

**Untrod, Untrodden,** *a.* လူရောက်ပေါက်ခြင်းမရှိသော။ ခြေကြောင်းခြေရာမရှိသော။

**Untroubled,** *a.* not disturbed, ချွေနှောက်ခြင်းကိုမခံရသော၊ not annoyed, နှောင့်ရှက်ခြင်းကိုမခံရသော။

**Untrue,** *a.* not comformable to fact, မဟုတ်သော။ မမှန်သော။ not faithful, သစ္စာဖောက်သော။

**Untruth,** *n.* falsehood, မမှန်သောစကား။ မုသာ။

**Untune,** *v. t.* တီးမှုတ်သံ၊ သီခြင်းဆိုသံမသာမယာအောင်ဖျက်သည်။

**Unturned,** *a.* တဖက်မှတဖက်သို့လှည့်၍မစောင်းသော (အရာ။)

**Untutored,** *a.* ဆုံးမသွန်သင်ခြင်းကိုမခံရသော။

**Untwine, Untwist,** *v. t.* လွန်းပေါင်းတင်ကိုဖြည်သည်။ အရှုပ်အထွေးကိုရှင်းသင်းစေသည်။

**Unurged,** *a.* နှိုးဆော်တိုက်တွန်းခြင်းကိုမခံရသော။

**Unused,** *a.* not used, မသုံးဆောင်သော (အရာ။) not accustomed, အကျင့်အလေ့မပါသော။

**Unuseful,** *a.* အသုံးမဝင်သော။

**Unusual,** *a.* singular, not common, ထူးခြားသော။ infrequent, တခါတလေသာဖြစ်သော။

**Unutterable,** *a.* စကားအားဖြင့်ဖေါ်၍မပြောနိုင်ဘွယ်ဖြစ်သော။

**Unvalued,** *a.* ကောင်းသည်၊ ခြတ်သည်ဟုမထင်သော (အရာ။)

**Unvanquished,** *a.* အရှုံးမခံသော။

**Unvaried,** *a.* မထူးထွေသော။

**Unvariegated,** *a.* မချယ်လှယ်သော (အရာ။)

**Unvarnished,** *a.* not overlaid with varnish, ပြောင်သောအရောင်ထွက်အောင်ဆေးမသုတ်သော။ plain, not embellished, စကားရည်လှအောင်မဆင်၊ ရိုးသားသော (စကား။)

**Unvarying,** *a.* သဘောမပြောင်းလဲ၊ တညီတသမတ်တည်းဖြစ်သော။

**Unveil,** *v. t.* to remove a veil, မျက်နှာဖုံးကိုဖွင့်လှစ်သည်။ to disclose, ဖေါ်ပြသည်။

**Unversed,** *a.* မလေ့ကျက်သော။

**Unviolated,** *a.* not broken or destroyed, မပျက်သော၊ not transgressed, လွန်ကျူးခြင်းကိုမခံရသော။ not profaned, ရှုတ်ချ၍သုံးဆောင်ခြင်းကိုမခံရသော။ not ravished, မုဒိမ်းကျင့်ခြင်းကိုမခံရသော။

**Unvisited,** *a.* လာ၍ကြည့်ရှုသူမရှိသော။

**Unwakened,** *a.* အဘယ်သူမျှမနှိုးသော။

**Unwalled,** *a.* အုတ်ရိုး၊ ကျောက်ရိုးမရှိသော။

**Unwariness,** *n.* from Unwary.

**Unwarlike**, *a.* not suitable for war, စစ်မှုနှင့်မသင့်သော၊ not addicted to war, စစ်မတိုက်တတ်သော၊
**Unwarned**, *a.* သတိပေးခြင်းကိုမခံရသော၊
**Unwarrantable**, *a.* အပြစ်တင်ခွင့်ရှိသော၊ လွန်ကျူးသော၊
**Unwarranted**, *a.* not authorized, အခွင့်မရှိသော၊ not engaged for, ခံဝန်ခြင်းမရှိဘဲရောင်းဝယ်သော၊
**Unwary**, *a.* သတိမပြုသော၊
**Unwashed**, *a.* ရေမဆေးသော၊
**Unwasted**, *a.* (in various ways,) မလျော့၊ မကုန်၊ မဆုံး၊ မပျက်၊ မပြုန်းတီးသော၊
**Unwasting**, *a.* မလျော့၊ မပျက်၊ တည်မြဲတည်သော၊
**Unwatched**, *a.* အစောင့်အထိန်းမရှိသော၊
**Unwatered**, *a.* ရေလောင်းခြင်းကိုမခံရသော၊
**Unwavering**, *a.* စိတ်မဝေသော၊ ဇဝေဇဝက်မရှိသော၊
**Unweakened**, *a.* အားမလျော့သော၊
**Unwearied**, *a.* not tired, မပင်ပန်းသော၊ indefatigable, ဆောင်ရွက်၍မပင်ပန်းနိုင်သော၊
**Unwedded**, *a.* လက်မထပ်သော၊
**Unweeded**, *a.* ပေါင်းမသင်သော၊
**Unweighed**, *a.* not weighed, မချိန်တွယ်သော (အရာ၊) not considered, မစဉ်းစား၊ မဆင်ခြင်သော (အရာ၊)
**Unwelcome**, *a.* ခံစချင်ဖွယ်မကောင်းသော၊ —(*see* under Welcome.)
**Unwell**, *a.* မကျန်းမမာသော၊
**Unwept**, *a.* ငိုကြွေး၊ ခြည်တမ်းခြင်းကိုမခံရသော၊
**Unwet**, *a.* မစိုသော၊
**Unwhipt**, *a.* အရိုက်မခံရသော၊
**Unwholesome**, *a.* insalubrious, အနာရောဂါကိုဖြစ်စေတတ်သော၊ pernicious, အကျိုးကိုဖျက်တတ်သော၊
**Unwholesomeness**, *n.* from above.
**Unwieldiness**, *n.* from next.
**Unwieldy**, *a.* ကြီးခြင်း၊ လေးခြင်းကြောင့်အသုံးအကိုင်ခက်သော၊
**Unwilling**, *a.* အလိုမရှိသော၊ (ပြု) ပျင်သော၊
**Unwillingness**, *n.* from above.
**Unwind**, *v. t.* (ရစ်ပတ်၍ထားသောအရာကို) ဖြည်သည်၊
**Unwise**, *a.* ပညာမရှိသော၊
**Unwished**, *a.* မလိုချင်သော (အရာ၊)
**Unwithered**, *a.* မညှိုးနွမ်းသော၊
**Unwithering**, *a.* မညှိုးနွမ်းတတ်သော၊
**Unwitnessed**, *a.* သက်သေမရှိသော၊ သိမြင်သူမရှိသော၊
**Unwittingly**, *adv.* အမှတ်တမဲ့၊

**Unwomanly**, *a.* မိန္မနှင့်မတော်သော။

**Unwonted**, *a.* not used to, အလေ့မရှိသော၊ အလေ့အကျင့်မရှိသော။ infrequent, တခါတလေသာဖြစ်သော။

**Unworkmanlike**, *a.* တတ်သောသူကဲ့သို့မထုတ်သော။

**Unworldly**, *a.* not pertaining to the world, လောကီနှင့်မဆိုင်သော။ destitute of the spirit of the world, လောကီသဘောမရှိသော။

**Unworn**, *a.* not used, as clothes, မဝတ်သော (အဝတ်၊) not impaired by wear, မဝတ်၍မဟောင်းမနွမ်းသော။

**Unworshipped**, *a.* ကိုးကွယ်ခြင်းကိုမခံရသော။

**Unworthiness**, *n.* from next, 1st def.

**Unworthy**, *a.* not deserving, မထိုက်သော၊ မထိုက်တန်သော။ bad, vile, ဆိုးယုတ်သော။

**Unwounded**, *a.* အထိအရှမရှိသော။

**Unwove**, *a.* မရက်သော (အရာ၊)

**Unwrap**, *v. t.* အထုပ်ကိုဖြည်သည်။

**Unwritten**, *a.* ရေးမှတ်၍မထားသော (အရာ၊)

**Unwrought**, *a.* မလုပ်သော (အရာ၊) —as silver, မိမ်းသော။

**Unyielded**, *a.* လျှော့၍မပေးသော (အရာ၊)

**Unyielding**, *a.* ဝန်မချသော၊ ထောင်ထားသော။

**Unyieldingly**, *adv.* ခွတ်တရဘယ်၊ ခွတ်တခွတ်။

**Unyoke**, *v. t.* to loose from a yoke, ထမ်းဆိုးချွတ်သည်။ to disjoin, ခွဲခွာသည်။

**Unzoned**, *a* ခါးကိုမစည်းဘဲနေသော။

**Up**, *prep.* အပေါ်သို့၊ အညာသို့၊ နိမ့်သောအရပ်မှမြင့်သောအရပ်သို့၊ —*adv.* in an ascending direction, အထက်သို့တက်သည်နှင့်၊ —and down, applied to the gait in walking, မောက်ဆီးမောက်ဆတ်၊ as a boat among the waves, ထောက်လီးထောက်လက်၊ on high, အထက်၌၊ above the horizon, ထွက်လျှက်ရှိသော၊ out of bed, အိပ်ရာမှထလျှက်ရှိသော၊ having risen from a seat, ထိုင်ရာမှထ၍မတ်တတ်နေသော၊ in a state of approaching, ချဉ်းကပ်သည်နှင့်၊ —bear, *v. t.* ချီမသည်၊ —cast, လန်၍ကြည့်သော (မျက်စိ၊) —hill, *a.* ခက်ခဲသော၊ တောင်၊ ကမ်းကိုတက်သကဲ့သို့ပင်ပန်းစွာလုပ်ရသော (အလုပ်၊) —hold, *v. t.* to lift on high, ချီပင့်သည်၊ to hold up, keep from falling or declension, ထောက်မသည်၊ —lift, ချီသည်၊ မြှောက်သည်၊ —raise, *do.* —rear, *do* —rise, *v. i.* ထသည်၊ —as the sun, ထွက်သည်၊ —root, *v. t.* အမြစ်ပါနှုတ်သည်၊ —rouse, နှိုးသည်၊ နှိုးဆော်သည်၊ —set, *see* Overset ; —start, *n.* အခြေအမြစ်မရှိ၊ ဘွားခနဲပေါ်ထင်သောသူ၊ —turn, *v. t.* လှန်သည်၊ —whirl, အထက်သို့ချွေလွှင့်သည်၊ —*int.* ထတော့၊ —with, ကြွတော့၊ ချီတော့၊

**Upbraid,** *v. t.* ကဲ့ရဲ့ပြစ်တင်သည်။

**Upholsterer,** *n.* အိပ်ရာ၊ခင်းနှီးနှင့်တကွအိမ်တွင်းခွဲစွဲ၍ကာရန်သုံးဆောင်သောအထည်စုကိုချုပ်လုပ်၍ရောင်းသောသူ။

**Upholstery,** *n.* အိပ်ရာ၊ ခင်းနှီး၊နှင့်တကွအိမ်တွင်းခွဲစွဲ၍ကာရန်သုံးဆောင်သောအထည်စု။

**Upland,** *n.* ကုန်းမြေ။

**Upmost,** *see* Uppermost.

**Upon,** *see* On, *prep.*

**Upper,** *n.* higher in place, အထက်ကျသော၊ သာ၍မြင့်သော။ superior, သာ၍အရာကြီးသော၊ မြင့်မြတ်သော။ —hand, *n.* နိုင်သောအခွင့်။ —part, အညာ။

**Uppermost,** *a.* the highest in place, အထက်ဆုံးသော၊ အမြင့်ဆုံးသော။ predominant, အားကြီး၍လွန်ကဲသော။

**Upright,** *a.* erect, မတ်သော၊သမတ်သော၊တည့်မတ်သော။ sticking up, ထောင်လျက်ရှိသော။ —as the ears, တစွင့်စွင့်နေသော။ honest, ဖြောင့်မတ်သော။ တော်တည့်သော။ ရိုးဖြောင့်သော၊ရိုးမတ်သော။ ရှုစင်းသော။ ဖြောင့်စင်းသော။ —*adv.* in an upright position, မတ်တတ်မတ်ထတ်။

**Uprightness,** *n.* from above, last def.

**Uproar,** *n.* ရုန်းရင်းခတ်မှုဖြစ်ခြင်း။

**Upshot,** *n.* ultimate result, အဆုံး။

**Upside-down,** *adv.* ပြောင်းပြန်။ ခေါက်ထိုး။ ဦးခေါက်။ ကပြောင်းကပြန်။ with head down and feet up, ခေါက်ထိုးမိုးမျှော်။ ခေါက်ထိုးလင်းပြန်။

**Upward,** *a.* အထက်သို့တက်လျက်ရှိသော၊အထက်သို့မျက်နှာပြုလျက်ရှိသော

**Upwards,** *adv.* toward a higher place, အထက်သို့။ toward the source, အညာသို့။ more than, ထက်မက။

**Uranus,** *n.* the planet, ဥရာနပ်ဂြိုဟ်။ ဗာယဗိရုဂြိုဟ်။

**Urbane,** *a.* ယဉ်ကျေး၍လောကဝတ်ပြုတတ်သော။

**Urbanity,** *n.* from above.

**Urchin,** *n.* a hedgehog, ဖြူငုမျိုး။ a troublesome child, ဆိုးသောလူကလေး။

**Ureter,** *n.* ကျောက်ကပ်မှကျင်ငယ်အိမ်သို့ဆင်းသောရေကြော။

**Urethra,** *n.* ကျင်ငယ်အိမ်မှဥါရသို့ဆင်းသောကျင်ငယ်ရေကြော။ ဆီးချောင်း။ female—, ခေါက်ခေါင်း။

**Urge,** *v. t.* to impel, push forward, တွန်းသည်။ to press by motives, တိုက်တွန်းသည်။ to excite, နှိုးဆော်သည်။ to press forcibly, ကြပ်တည်းစွာတိုက်တွန်းသည်။ to importune, ကြပ်ကြပ်တောင်းပန်သည်။ to labor vehemently, ကြိုးစားအားထုတ်သည်။

**Urgency,** *n.* from above.

**Urgent,** *a.* from **Urge,** *v. t.* pressing, not easily dispensed with, မတွဲသာသော (အမှု)

**Urinal,** *n.* ကျင်ငယ်လောင်းသောအိုး။

**Urinary,** *a.* ကျင်ငယ်နှင့်ဆိုင်သော။

**Urinate,** *v. i.* အပေါ့သွားသည်။ (polite), ကျင်ငယ်စွန့်သည်။

**Urine,** *n.* ကျင်ငယ်။ ရေဟောင်း။ သေး။ ဆီး။ အပေါ့။ (—and fœces collectively, အပေါ့အလေး။)

**Urn,** *n.* a water pot (different kinds), ရေအိုး။ ဗူးကျတ်အိုး။ တာအိုး။ ညောင်ရေအိုး။ ကြာသွတ်အိုး။ a vessel containing the bones or ashes of the dead, အရိုးအိုး။

**Ursine,** *a.* pertaining to a bear, ဝက်ဝံနှင့်ဆိုင်သော။ like a bear, ဝက်ဝံကဲ့သို့ဖြစ်သော။

**Us,** *obj.* of **We,** *which see.*

**Usable,** *a.* သုံးဆောင်ဖွယ်ဖြစ်သော။ သုံးစရာကောင်းသော။

**Usage,** *n.* continuous treatment, (တစုံတဦး၌) ပြုမြဲပြုခြင်း။ custom, ထုံးစံ။ အလေ့။ ဓလေ့။

**Use,** *v. i* to be accustomed, be in the habit of, အလေ့ရှိသည်။ (ပြု) လေ့ရှိသည်။ (ပြု) တတ်သည်။ —*v. t.* to employ, သုံးသည်။ သုံးဆောင်သည်။ သုံးစွဲသည်။ to accustom, habituate, အကျင့်အလေ့ဖြစ်စေအောင်ပြုသည်။ to treat habitually, (တစုံတဦး၌) ပြုမြဲပြုသည်။ —*n.* the act of using, သုံးခြင်း။ သုံးဆောင်ခြင်း။ need or occasion of using, သုံးဆောင်ရန်အကြောင်း။ advantage, benefit, ကျေးဇူး။ အကျိုး။ interest on money, အတိုးအညွန့်။

**Useful,** *a.* much used, အသုံးဝင်သော။ အသုံးချသော။ အသုံးရှိသော။ beneficial, profitable, အကျိုးရှိသော။ ကျေးဇူးပြုတတ်သော။

**Usefulness,** *n.* from above, last def.

**Useless,** *a.* unserviceable, အသုံးမဝင်သော။ unprofitable, အကျိုးကျေးဇူးမရှိသော။ good for nothing, ဖျင်းသော။ အလကား။ အလဟဿ။

**Uselessly,** *adv.* အချည်းစည်း။ အချည်းနှီး။ အလကား။ အလဟဿ။ အကျိုးမဲ့သက်သက်။

**Uselessness,** *n.* from above.

**Usher,** *n.* an officer who introduces into the presence of his master, အရှင်ထံသို့သွင်းပေးသောအရာရှိ။ an assistant in teaching, ဆရာထက်ထောက်။ —*v. t.* သွင်းပေးသည်။

**Usual,** *a.* အဖြစ်များတတ်သော။ ဖြစ်လေ့ရှိသော။ (to be of the usual size, လူတန်းစေ့သည်။)

**Usurer,** *n.* အတိုးအညွန့်ကိုအလွန်အကျူးယူသောသူ။

**Usurious,** *a.* အတိုးအညွန့်ကိုအလွန်အကျူးယူတတ်သော။

**Usurp,** *v. t.* မပိုင်မဆိုင်ဘဲလုယူသည်။

**Usurpation,** *n.* from above.

**Usurper** *n.* agent, from Usurp, *v. t.*
**Usury,** *n.* အလွန်အကျူးယူသောအတိုးအညွန့်၊
**Utensil,** *n.* အသုံးအဆောင်၊ သုံးဆောင်ရန်တန်ဆာ၊ အသုံးအဆောင်အခင်း၊ အနှား။
**Utensils,** *n.* ပရိက်၊ ပရိဘောဂ၊ အဆောက်အဦး၊ ပရိက္ခရာ၊ ကရိယာ၊ cooking and eating—, ဝုကန်ခွက်ယောက်၊
**Uterine,** *a.* သားအိမ်နှင့်ဆိုင်သော၊
**Uterus,** *n.* သားအိမ်၊
**Utilitarian,** *n.* ကျေးဇူးရှိသောအရာကိုသာမှတ်တတ်သောသူ၊
**Utility,** *n.* ကျေးဇူးရှိခြင်း။ အကျိုးကိုပြုစုခြင်း။
**Utmost,** *a.* outmost, အစွန်ဆုံးသော၊ being in the greatest or highest degree, အကြီးဆုံးသော၊ အများဆုံးသော၊ အပြင်းဆုံးသော၊ —*n.* တတ်နိုင်သမျှ၊
**Utopian,** *a.* ဓာတိမထုတ်၊ညာဏ်ကွန့်မြူး၍ကြံစည်သော (အရာ၊)
**Utter,** *a.* outer, ပြင်မှာရှိသော၊ extreme, အပြင်ဆုံးသော၊ entire, အကြွင်းမဲ့ဖြစ်သော၊ more, သတ်သတ်၊ —*v. t.* to pronounce, speak, မြွက်သည်၊ ပြောသည်၊ to put or send into circulation, အနှံ့အပြားယူ၍သုံးစွဲစေခြင်းငှါပြုသည်၊
**Utterance,** *n.* from above ; divine—, နှုတ်ကပတ်တော်၊
**Utterly,** *adv.* အကုန်အစင်၊ အကြွင်းမဲ့၊
**Uttermost,** *see* Utmost.
**Uvula,** *n.* လျှာခင်၊
**Uxorious,** *a.* မယားကိုချစ်လွန်းသော၊
**Uxoriousness,** *n.* from above.

# V

**Vacancy,** *n.* an empty place, လပ်သောနေရာ၊ the state of a place or office unsupplied, လွတ်လပ်သောအရာ၊ leisure, အားလပ်ခြင်း။ listlessness, သတိမရှိ၊ အမှုမထားခြင်း။
**Vacant,** *a.* empty, လပ်သော၊ ပလာဖြစ်သော၊ unoccupied, လွတ်လပ်သော၊ being at leisure, အားသော၊ အားလပ်သော၊
**Vacate,** *v. t.* to make vacant, လပ်စေသည်၊ လွတ်လပ်စေသည်၊ to annul, ပျောက်စေသည်၊
**Vacation,** *n.* from above, last def.; an intermission or suspension of business, ဆောင်ရွက်သောအမှုကိုခဏလွှတ်ထား၍အားလပ်သောကာလ၊
**Vachellia,** *n.* နံ့လုံးမှိုင်ပင်၊
**Vaccinate,** *v. t.* နွားကျောက်ထိုးသည်၊
**Vaccination,** *n.* from above.
**Vaccine,** *a.* နွားမနှင့်ဆိုင်သော၊

**Vacillancy,** *n.* from next.

**Vacillate,** *v. i.* to fluctuate, ရထားလူဖြစ်သည်။ to waver in mind, စိတ်ဝေသည်။ ဇဝေဇဝက်ရှိသည်။

**Vacillation,** *n.* from above.

**Vacuity,** *n.* emptiness, ထပ်ခြင်း၊ ထာမှုမပါ၊ ပထာဖြစ်ခြင်း။ an empty place, ထပ်သောနေရာ။ empty space, အာကာသ။ အာကာသကာသ။

**Vacuum,** *n.* လဟာသက်သက်။

**Vade mecum,** *n.* လက်စွဲစာ။

**Vagabond,** *n.* အတည်မကျ၊ လေလွင့်၍နေသောလူဖျင်း။

**Vagary,** *n.* ပျံ့လွင့်သောစိတ်ရူပ်တရက်ပေါက်ခြင်း။

**Vagrancy,** *n.* from next.

**Vagrant,** *a.* အတည်မကျ၊ အရပ်ရပ်လှည့်လည်သော။ —*n. see* **Vagabond**; a wanderer, အလေအလွင့်။

**Vagrantly,** *adv.* ဗလေဗစာ၊ ဗလေဗလွင့်။

**Vague,** *a.* မသေချာသော။

**Vaguely,** *adv.* ယိသဲ့သဲ့။

**Vail,** *v.* a curtain or screen, ကုလားကာ။ a covering for the face, မျက်နှာဖုံး။ any thing which conceals, အကွယ်အကာ။—*v. t.* —the face, မျက်နှာကိုဖုံးအုပ်သည်။ —one's character, etc. လျှို့ဝှက်သည်။

**Vain,** *a* empty, worthless, အချည်းနှီးသက်သက်ဖြစ်သော၊ လျှပ်ပေါ်သော။ light, wanton, ကမြှောသော။ unsteady in deportment, နန့်တက်သော unsubstantial, ဖြုန်းဖျင်းသော။ ineffectual, မတတ်နိုင်သော။ အကျိုးကိုမဖြစ်စေနိုင်သော၊ conceited and ostentations, ပလွှားသော။ in—, *adv.* အလကား။ အလဟဿ။ အချည်းနှီး။ အကျိုးမဲ့။

**Vain-glorious,** *a.* vain without merit, ဂုဏ်မရှိဘဲပလွှားတတ်သော။ greedy of empty praise, အချည်းနှီးသောကျော်စောကြွားကိုတပ်မက်သော။

**Vain-glory,** *n.* from above.

**Vainness,** *n.* from Vain, *a.*

**Vakeel,** *n.* (East Indian), ရှေ့နေ။

**Valance,** *n.* ခုတင်မျက်နှာကြက်အိသတောင်းလည်း။

**Vale,** *n.* ချိုင့်။ ချောင်။

**Valediction,** *n.* သွားသောအခါနှုတ်ဆက်သောစကား။

**Valedictory,** *a.* သွားသောအခါနှုတ်ဆက်သော (စကား။)

**Valentine,** *n.* a sweetheart chosen on valentine's day, ဝါလင်တိန်နေ့ရက်၌ရည်းစားဖြစ်သောသူ။ a love letter sent on valentine's day, ဝါလင်တိန်နေ့ရက်၌ရည်းစားကိုရေး၍ပေးလိုက်သောစာ။

**Valet,** *n,* အစေအပါ။ လက်ပါးစေလူကလေး။

**Valetudinarian.** *n.* မကျန်းမမာသောသူ။
**Valetudinary,** *a.* မကျန်းမမာသော။
**Valiant,** *a.* strong, powerful in body, ခွန်အားကြီးသော၊ intrepid, သူရဲသတ္တိရှိသော။
**Valiantness,** *n.* from above.
**Valid,** *a* ခိုင်ခံ့သော၊
**Validity,** *n.* from above.
**Valise,** *n.* ခရီးသွားရာဆောင်သောသားရေသစ်တာ။
**Valley,** *n.* ချိုင့်၊ တောင်ကြား။ ချောင်း —between mountains, တောင်ခွင်း။ long, narrow, winding—, မြောင်ကြား။
**Valor,** *n.* သူရဲတော။
**Valorous,** *a.* သူရဲတောရှိသော၊
**Valuable,** *a.* having value, အသိုးထိုက်သော၊ အသိုးတန်သော၊ ကြေးထိုက်သော၊ estimable, worthy of esteem, နှစ်သက်ဖွယ်ဖြစ်သော၊
**Valuation,** *n.* from next.
**Value,** *v. t.* to apprize. အသိုးဖြတ်သည်။ to prize highly, နှစ်မြောနိုမက်သည်။ to esteem, နှစ်သက်သည်။ to estimate, ဖြင့်တွက်သည်၊ —*n.* worth in price, တန်သိုး။ worth in utility or desert, (—ခြင်းငှါ) ထိုက်တန်ခြင်း။ efficacy, ဖြစ်စေနိုင်သောအစွမ်းသတ္တိ၊ import (of a word). အနက်။
**Valueless,** *a.* of no value, အသိုးမတန်သော၊ being of no worth, မထိုက်တန်သော။
**Valve,** *n.* lid which closes an aperture, အဖုံး a folding door, တံခါးရွက်။
**Vamp,** *n.* ဖြေနင်းဖမိုးဖုံး။ —*v. t.* ဖာသည်။
**Vampire,** *n.* သွေးစုတ်လင်းနို့၊
**Van,** *n.* the front of an army, တပ်ဦး၊ တပ်ဖျား။ a wing, အတောင်။ —guard, တပ်ဦး။
**Vane,** *n.* —on a steeple or spire, ငှက်မနား၊ —on board ship, ကုပ်ကားတိ။
**Vanish,** *v. i.* ကွယ်ပျောက်သည်၊ —from sight, ပျောက်လွင့်သည်။
**Vanity,** *n.* emptiness, unsubstantiality, အနတ္တ၊ fruitless desire, အချည်းနှီးတပ်မက်ခြင်း။ fruitless endeavor, အချည်းနှီးကြိုးစားခြင်း။ idle talk, အထဲဟာသောစကား။ self-conceit with ostentation, ပလွှားခြင်း။
**Vanquish,** *v. t.* နိုင်သည်။ အောင်သည်၊ အောင်မြင်သည်။ နှိပ်စက်သည်။
**Vantage,** *see* Advantage; —ground, *n.* နိုင်ရသောအခွင့်၊
**Vapid,** *a.* stale, အရသာပြယ်သော၊ dull, unanimating, စိတ်ကိုမနှိုးဆော်တတ်သော၊

**Vapidness,** *n.* from above.

**Vapor,** *n.* an exhalation, အငွေ့၊ အခိုးအငွေ့၊ —arising from heat, အပူငွေ့၊ vaporous particles in the atmosphere, မြူ၊ *plur.* hypochondria, ဥပါဒါန်ကြောင့်ဖြစ်သောစိတ္တဇနာ၊ —bath, အခိုးအငွေ့ခံရာအခန်း။ —*v. i.* to evaporate, အခိုးအငွေ့ဖြစ်၍ပျောက်လွင့်သည်၊ to brag, ဝါကြွားသည်၊ ထောင်လွှားသည်။

**Vaporer,** *n.* လူဝါ၊

**Vaporous,** *a.* အခိုးအငွေ့များသော၊

**Vapory,** *a.* ဥပါဒါန်ကြောင့်ဖြစ်သော၊ စိတ္တဇနာစွဲသော၊

**Variable,** *a.* changeable, အမှန်မဟုတ်၊ ထွေတတ်သော၊ unsteady, inconstant, မတည်တံ့၊ တနည်း၊ တခြားဖြစ်တတ်သော၊

**Variableness, Variability,** *n.* from above.

**Variance,** *n.* ပဋိပက္ခ၊ မသင့်မတင့်ဖြစ်ခြင်း။

**Variation,** *a.* difference, ခြားနားခြင်း၊ change, alteration, တနည်းတခြားဖြစ်ခြင်း၊ deviation, လွဲခြင်း။

**Variegate,** *v. t.* ချယ်လှယ်သည်၊ —by setting glass, stone, etc. စီချယ်သည်၊

**Variegation,** *n.* from above.

**Variety,** *n.* difference, dissimilitude, ခြားနားခြင်း၊ နာနတ်၊ *Pali.* the dissimilarity of several things together, အထူးထူးအထွေထွေဖြစ်ခြင်း၊ a different sort or kind, ထူးသောအမျိုး၊ ထူးခြားသောအမျိုး၊ many and different kinds, အထူးထူးအထွေထွေသောဥစ္စာ၊ deviation, လွဲခြင်း။

**Various,** *a.* diverse, multifarious, ဝိနာတာဝ၊ ထူးခြားသော၊ ထူးခြားသော၊ အထူးထူးအထွေထွေဖြစ်သော၊ အထူးထူးအခြားခြားသော၊ နာနာသော၊ changeable, uncertain, unfixed, မသေချာသော၊ (of various sorts, အစားစား၊ of various kinds, အနည်းနည်း၊ အမျိုးမျိုး၊ အသွယ်သွယ်အာဝဝ၊)

**Variously,** *adv* diversely, အသွယ်သွယ်၊ အသီးသီးအခြားခြား၊ နာနာဘာဝ၊ *Pali.*

**Varioloid,** *a.* ကျောက်လေး၊ ကျောက်လွှင့်၊

**Varlet,** *n.* ဆိုးညစ်သောသူ၊

**Varnish,** *n.* အရောင်တင်ဆေး၊ black—, သစ်စေး၊ —*v. t.* to cover with varnish, အရောင်တင်ဆေးနှင့်သုတ်သည်၊ to give a fair coloring to, အသရေတင်၍ပြောသည်၊ (yellow varnish tree, တောင်သရဲ၊)

**Vary,** *v. i.* to differ, be different, ခြားနားသည်၊ to change, become different, တနည်း၊ တခြားဖြစ်သည်၊ to become different from itself, ထူးထွေသည်၊ to deviate, လွဲသည်၊ —*v. t.* to change, alte., တနည်း၊ တခြားဖြစ်စေအောင်ပြုသည်။ to diversify, ထူးထွေစေသည်။ ထူးထွေအောင်ပြုသည်။

**Vascular**, *a.* အကြောအမျှားရှိသော။

**Vase**, *n.* မြေနှံပါသောဝထား။

**Vassal**, *n.* a feudal tenant, အရှင်၏အမှုကိုဆောင်စေညီအခါအရှင်ချထား သောလယ်၊ ယာ၊ ဥယည်ာကိုလုပ်၍နေသောသူ။ a tributary ruler, ကျွန်တော်မျိုးခံ၍အခွန်အတ္တာကိုဆက်သွင်းသောသူ။

**Vassalage**, *n.* ထိုသို့နေရသောအဖြစ်။

**Vast**, *a.* great in extent, ကြီးကျယ်သော။ great in numbers, အလွန် များစွာသော။ great in force, အလွန်အားကြီးသော။ —*n.* ကြီး ကျယ်သောလထာခြင်း။

**Vastly**, *adv.* အလွန်။ အထူးသဖြင့်။

**Vastness**, *n.* from Vast.

**Vat**, *n.* a large vessel for holding wine in an immature state, စပျစ်ရည်ကောင်းအောင်လှောင်ရန်စည်ကြီး၊သစ်သားကျင်း။ a tan-pit, သားရေနယ်လုပ်ရန်မြဲသောကျင်း။

**Vaticinate**, *v. i.* ဖြစ်လတ္တံ့သောမှုအရာကိုဟောပြောနှင့်သည်။

**Vault 1**, *n.* an arch of brick or stone, ပေါင်းကူး။ a cave, ဥမင်။ a cellar, မြေတိုက်။ a tomb, သင်းပြုဟ်ရန်မြေတိုက်။ —*v. t.* ပေါင်းကူးသည်။ —2, *v. i.* to leap from some distance, ခုန် သွားသည်။

**Vaunt**, *v.* ဝါကြွားသည်။ —*n.* from above.

**Vaunter**, *n.* လူဝါ။

**Veel**, *n.* နွားကလေး၏အသား။

**Veda**, *n.* ဗေဒင်ကျမ်း။

**Vedette**, *n.* ကင်းထိုးမြင်းစီး။

**Veer**, *v. i.* လှည့်သည်။ —away, —out, the wind veers, လေဝေ့ သည်။ *v. t.* လျှော့၍ပေးသည်။

**Vegetable**, *n.* a plant, အပင်မျိုး။ plants used for culinary pur-poses, တင်းသီး၊ တင်းရွက်ပင်။ —*a.* အပင်မျိုးနှင့်ဆိုင်သော။

**Vegetate**, *v. i.* အပင်အသက်ရှိ၍တိုးပွားသည်။

**Vegetation**, *n.* from above.

**Vehemence**, *n.* from next.

**Vehement**, *a.* forcible, violent, ပြင်းထန်သော။ ထန်သော။ ardent, စိတ်အားကြီးသော။

**Vehicle**, *n.* a conveyance of any kind, လှည်း၊ရထားအစရှိသော၊နေ ရာပြောင်း၍စီးရန်ယာဉ်။ a medium of communication, တဦးကို တဦးသိကြား၊ နားသည်စေခြင်းငှါ သုံးသောစာ၊ စကားအစရှိသောအ ထိမ်းအမှတ်မျိုး။

**Veil**, *see* Vail.

**Vein,** *n.* —in an animal body, နှစ်လုံးထဲသို့ဝင်သောသွေးကြော၊ —in flowers and plants, အရည်ကြော၊ —in stone and wood, ကြိုး၊ ကြိုးကြောင်း။ course of metal in the mine, ကျောက်ကိုထိုးဖောက်၍ထွက်သောသတ္တုအကြောင်း၊ အမှျင်၊ a particular disposition or cast of mind or genius, စိတ်ဓါတ်သဘော၊ ဉာဏ်ဓါတ်သဘော။
**Veined, Veiny,** *a.* ကြိုးကြောင်း၊ ကြိုးထို့င်းပေါ်သော၊
**Vellum,** *n.* စာရေးရန်လုပ်သောနွားသငယ်သားရေ၊
**Velocity,** *n.* မြန်ခြင်း၊ လျင်ခြင်း၊ အရှိန်၊ အဟုန်၊
**Velvet,** *n.* ကတ္တီပါ၊ different kinds, မှော်လျှော်၊ မှိုင်းသုံး။
**Velveteen,** *n.* ခြည်ကတ္တီပါ၊
**Venal,** *a.* လက်ဆောင်တံစိုးထိုး၍ရသော (အရာ၊)
**Venality,** *n.* လက်ဆောင်တံစိုးစားခြင်း။
**Venation,** *n.* အခဲကိုလိုက်ခြင်း။
**Vend,** *v. t.* ရောင်းသည်၊
**Vender,** *n.* agent, from above.
**Vendible,** *a.* ရောင်းထိုက်ဖြစ်သော၊
**Vendue,** *n.* လေလံ၊ —master, *n.* လေလံဖြစ်စေသောသူ၊
**Veneer,** *v. t.* ပါးလွှာစွာလုပ်၍ကပ်သည်၊
**Venerable,** *a.* အလွန်ရိုသေထိုက်ဖြစ်သော၊
**Venerableness,** *n.* from above.
**Venerate,** *v. t.* အလွန်ရိုသေသည်၊
**Veneration,** *n.* from above.
**Venereal,** *a.* မေထုန်သံဝါသနှင့်ဆိုင်သော၊ [ —disease, အနာယည်း၊ (polite), လူမိုက်နာ၊ မိုးစွဲနာ၊]
**Venery,** *n.* မေထုန်သံဝါသ၊
**Venesection,** *n.* သွေးဖေါက်ခြင်း။
**Venetian blind,** *n.* တရုပ်ကပ်၊
**Vengeance,** *n.* လက်စားချေအောင်ရန်တုံ့ပြန်၍ပြုခြင်း။
**Vengeful,** *a.* လက်စားချေအောင်ရန်တုံ့ပြန်၍ပြုတတ်သော၊
**Venial,** *a.* pardonable, အပြစ်လွှတ်ထိုက်ဖြစ်သော၊ allowed, အခွင့်ရှိသော (အမှု၊)
**Venison,** *n.* သမင်၊ ဒရယ်သား။
**Venom,** *n.* poison, အဆိပ်၊ spite, အငြိုးထားခြင်း။
**Venomous,** *n.* containing venom, အဆိပ်ပါသော၊ noxious, ထေးဖြစ်စေတတ်သော၊ spiteful, အငြိုးထားလျှက်ရှိသော၊
**Venous,** *a.* နှစ်လုံးထဲသို့ဝင်သောသွေးကြောနှင့်ဆိုင်သော၊
**Vent,** *n.* an aperture for passage outward, ထွက်ပေါက်၊ passage outward, as from a state of restriction or confinement, ပေါက်၍ထွက်သွားခြင်း။ —*v. t.* to let out at an aperture, ဖောက်၍ထွက်သည်၊ to emit, send forth, ထုတ်သည်၊ လွှတ်သည်၊

**Ventilate,** *v. t.* to introduce fresh air, လေဝင်စေ၍သွင်းသည်။ to winnow, လှေ့သည်။

**Ventilation,** *n.* from above.

**Ventilator,** *n.* လေသွင်းသောတန်ဆာ။

**Ventral,** *a.* ဝမ်းနှင့်ဆိုင်သော။

**Ventricle,** *n.* ရင်ခေါင်းမှစ၍ဝမ်းတွင်းသားနှင့်ရှိသောအခေါင်းငယ်။

**Ventriloquist,** *n.* အခြားကပြောဆိုသကဲ့သို့ထင်စေခြင်းငှါတတ်သောနား လှည့်သမား။

**Venture,** *v. i.* to dare, (ပြု) ဝံ့သည်။ —*v. t.* to risk, hazard, စိုးရိမ်စရာရှိလျက်နှင့်စမ်း၍ပြုသည်။ စွန့်သည်။ စွန့်စားသည်။—*n.* a hazardous affair, ဘေးဖြစ်မည်ဟုစိုးရိမ်စရာအကြောင်းရှိသောအမှု။ an affair of uncertain result, အဆုံး၌အဘယ်သို့ဖြစ်မည်ဟုမသိသောအမှု။ the thing put to hazard, အဆုံး၌အဘယ်သို့ဖြစ်မည်ကိုမသိဘဲလျက်စွန့်၍ပြုသောအရာ။

**Venturesome, Venturous,** *a.* ရဲရင့်သောသဘောရှိသော။ ဘေးကိုအမှုမထား၊ ပြုဝံ့သော၊ စွန့်၍ပြုဝံ့သော၊ စွန့်စားဝံ့သော။

**Venus,** *n.* the planet, သောက်ကြာကြယ်။

**Veracious,** *a.* မှန်သောစကားကိုပြောတတ်သော။

**Veracity,** *n.* သစ္စာ။

**Veranda,** *n.* လက်ခံနန်း။

**Verb,** *n.* ကြိယာ။

**Verbal,** *a.* spoken, ပြောဆိုသော (အရာ။) oral, နှုတ်မြွက်သော (အရာ။) pertaining to words merely, စကားနှင့်သာဆိုင်သော။ literal, စကားကိုအစဉ်အတိုင်းလိုက်သော။

**Verbatim,** *adv.* စကားကိုအစဉ်အတိုင်းလိုက်သည်နှင့်။

**Verbiage, Verbosity, Verboseness,** *n.* from next.

**Verbose,** *a.* စကားများစွာရှည်၍ပြောသော။

**Verdancy,** *n.* from next.

**Verdant,** *a.* စိမ်းလန်းသော။

**Verderer,** *n.* တောကဲ။

**Verdict,** *n.* ဆုံးဖြတ်ချက်။

**Verdigris,** *n.* သင်းတွဲ။

**Verdure,** *n.* အပင်စိမ်းလန်းခြင်း။

**Verge 1,** *n.* a staff of authority, လှံတံ။ a brink, edge, border, အစွန်း၊ အနား။ —**2,** *v. i.* to tend, (တခုတပါးသော) အရပ်သို့သွားလျက်ရှိသည်။ to slope, လျှောလျှောနေသည်။

**Verger,** *n.* မင်းရှေ့၊ ဂိုဏ်းအုပ်ရှေ့သို့လှံတံကိုဆောင်သောသူ။

**Verification,** *n.* from next.

**Verify,** *v. t.* to prove to be true, မှန်ကြောင်းကိုပြသည်။ to establish, confirm, တည်စေသည်။

**Verily**, *adv.* စေကန်၊ အမှန်၊ အမှန်အကန်၊ အကယ်စင်စစ်၊

**Verisimilar**, *a.* ထုတ်ထန်ရှိသော၊

**Verisimilitude**, *n.* ထုတ်ဟန်၊

**Verity**, *n.* moral truth, သစ္စာ၊ conformity to fact. ထုတ်မှန်ခြင်း၊၊ a true assertion, ထုတ်မှန်သောစကား၊၊

**Verjuice**, *n.* ချဉ်သောအသီးမျိုးကကျွက်သောချဉ်ရည်၊

**Vermicelli**, *n.* မုန့်တီ၊ မုန့်ဟင်းခါး၊ made by Chinese, ခေါက်ဆွဲ၊

**Vermicular**, *a.* တီကောင်နှင့်ဆိုင်သော၊

**Vermifuge**, *n.* သံချဆေး၊

**Vermillion**, *n.* ဟင်းသပတား၊

**Vermin**, *n.* နှောင့်ရှက်ဖျက်ဆီးတတ်သောအကောင်မျိုး၊၊ small—, အလှူအလှေး၊ အလှူအရှား၊ noxious—, ကင်းသန်း၊၊

**Vermiparous**, *a.* သံကိုဖြစ်စေတတ်သော၊

**Vernacular**, *a.* ဇာတိအမျိုးဘာသာနှင့်ဆိုင်သော၊ —*n.* ဇာတိအမျိုးဘာသာနှင့်ဆိုင်သောစကား၊

**Vernal**, *a.* အပင်ပေါက်သောဥတုတည်းဟူသော၊ အင်္ဂလိပ်ပြည်မှာပဌမဥတုနှင့်ဆိုင်သော၊

**Vernant**, *a.* အပင်ပေါက်၍စိမ်းလန်းသော၊

**Versatile**, *a.* that may be turned round, လှည့်တတ်သော၊ variable, unsteady, မတည်ထုံဖြောင်းလဲတတ်သော၊ possessing varied powers အရာရာ၌တတ်နိုင်သော၊

**Versatility**, *n* from above.

**Verse**, *n.* poetry, လင်္ကာ၊ ဗတ်စာ၊ a line of poetry, လင်္ကာစာကြောင်း၊၊ အပုဒ်၊ a small paragraph or subdivision of a paragraph, အပုဒ်၊ အပိုက်၊

**Versed**, *a.* ထွေကျက်သော၊ လေကျွမ်းသော၊ ကျင်လည်သော၊ ကျင်ကျွမ်းသော၊ ကြေပြွန်သော၊ ထွေပြွန်သော၊ —in literature, စာတတ်သော၊

**Versification**, *n* from Versify

**Versify**, *n.* ဂါထာဖွဲ့သည်၊ လင်္ကာစပ်သည်၊ စပ်ဆိုသည်၊

**Version**, *n.* a translation, ဘာသာအနက်ပြန်ထူသောစာ၊ a subsequent account, အသစ်တဖန်ပြုပြင်၍ပြန်ပြောသောစကား၊၊

**Vertebra**, *n.* ကျောရိုးဆစ်၊

**Vertebral**, *a.* ကျောရိုးဆစ်နှင့်ဆိုင်သော၊

**Vertex**, *n.* a summit, ထိပ်၊ အထွဋ်အထိပ်၊ the zenith, အထက်ဗဟိုရိချက်မ၊

**Vertical**, *a.* placed in the zenith, အထက်ဗဟိုရိချက်မ၌တည်သော၊ perpendicular, မတ်တတ်ရှိသော၊

**Verticity**, *n.* လှည့်လည်ခြင်း၊၊

**Vertiginous**, *a.* turning round, လှည့်လည်တတ်သော၊ giddy, အမူးနောက်သော၊

**Vertigo**, *a.* အမူးနာစွဲခြင်း။

**Very**, *a.* real genuine, စစ်သော၊ စင်စစ်ဖြစ်သော၊ ကေန်အမှန်ဖြစ်သော။ —*adv.* အလွန်၊ အလွန်တရာ။ exceedingly, အယ်အောင်၊ တယ်က ရ။ applied to words of depth, အသွတရာ။ intensive to words of quantity, သိမ့်အောင်။

**Vesicate**, *v. t.* အရေကိုဖေါင်းစေသည်။

**Vesication**, *n.* from *do.*

**Vesicle**, *a.* a blister, အဖေါင်း။ a small membranous cavity, ကိုယ်အတွင်း၌ရှိသောအခေါင်းငယ်။

**Vesper**, *n.* the evening star, နေဝင်ကျော်ကိုပေါ်ထွန်းသောသောက်ကြာကြယ်။ the evening, ညဦး၊ ညဦးယံ။

**Vespers**, *n. plur.* ညဦးဝတ်။

**Vessel**, *n.* a ntensil for holding liquids (of various kinds), ခွက်၊ ဖလား၊ ဝက္ကန်လုံး၊ အိုး၊ အင်တုံ။ a tube in the animal body containing blood or other humors, သွေးကြောမှစ၍အဆီ၊ အရည်တည်သောအကြော။ a ship or large boat, သင်္ဘော၊ သိထန်း။

**Vest**, *n.* an outer garment, ဝတ်လုံ။ a waistcoat, ထက်ထို၊ ကိုယ်ကျပ်အင်္ကျီ။ —*v. t.* clothe, ဝတ်သည်၊ ချုံသည်၊ အဝတ်နှင့်ချုံသည်။ —in, to put in possesion of, အပ်သည်၊ အပ်နှင်းသည်။ to deposit (money) with a view to profit, ရင်းနှီးသည်။—with, to commission, အခွင့်ပေး၍ခန့်ထားသည်။

**Vestal**, *a.* သိဝါသနှင့်မဆက်ဆံသော။ —*n.* သိဝါသနှင့်မဆက်ဆံဘူးသောသီလသည်မ၊ မယ်သီလရှင်။

**Vested**, *a.* settled beyond contingency, သေဝပ်သော။

**Vestibule**, *n.* အမိုးရှိသောဆွေးကတက်။

**Vestige**, *n.* a footstep, ခြေရာ၊ ခြေနင်းရာ။ a trace, အကြောင်းရာ၊ remains, ပျက်စီးသောနေရာတွင်ကျန်ကြွင်းရစ်သောအစအန။

**Vestment**, *n.* အဝတ်။

**Vestry**, *n.* a sacristy, သုဓမ္မာဇရပ်နှင့်ဆိုင်သောဝတ်စားဘန်ဆာ၊ အသုံးအဆောင်တို့ကိုထားရာအခန်း။ room where parochial meetings are held, သုဓမ္မာဇရပ်နှင့်ဆိုင်သောသူတို့စည်းဝေးရာအခန်း။ a parochial assembly, သုဓမ္မာဇရပ်နှင့်ဆိုင်သောသူတို့အစည်းအဝေး။

**Vesture**, *n.* အဝတ်။

**Veteran**, *a.* အကျင့်အတွေ့ဖြစ်အောင်ရှည်ခြင့်စွာတွေ့ကျက်သော။ —*n.* နှစ်ကာလအရှည်စစ်သူရဲလုပ်သောသူ။

**Veterinary**, *a.* မြင်း၊ နွား၊ သိုး၊ ဆိတ်တို့အနာကိုကုသခြင်းနှင့်ဆိုင်သော။

**Veto**, *n.* မူးမတ်တို့သွင်းဘျက်ကိုသဘောမတူလျှင်ပယ်နိုင်၊ နှုတ်နိုင်သောအခွင့်။

**Vex**, *v. t.* to disquiet, မငြိမ်မဝပ်အောင်ပြုသည်။ to annoy, နှောင့်ရှက်သည်၊ ရွှေနှောက်သည်။ to irritate, စိတ်ထွက်အောင်ပြုသည်။ to tease with impertinence or petty annoyance, ကလိသည်။

**Vexation**, *n.* from above.
**Vexatious**, *a.* from Vex, *v. t.* annoying with petty persecution, အမှုမဖွန်ဘဲလျှက်ရှာကြံ၍အမှုလုပ်သည်။
**Vexed (be)** *v. i.* စိတ်ချုညှိုသည်။
**Via**, *adv.* ဤမည်သောလမ်းကြောင်းဖြင့်။
**Viaduct**, *n.* through a mountain, တောင်ကိုဖေါက်ထွင်း၍လုပ်သောလမ်း။ —from one hill to another, တောင်တလုံးနှင့်တလုံးကိုပေါင်းကူး၍လုပ်သောလမ်း။
**Vial**, *n.* ဖန်ဘူးငယ်။
**Viand**, *n.* ချက်ပြုတ်သောအစာ။
**Viaticum**, *n.* လမ်းခရီးရိက္ခာ။
**Vibrate**, *v. i.* to oscilate, တောက်တက်ခတ်လှုပ်၍နေသည်။ to quiver, တုန်လှုပ်သည်။ —*v. t.* to brandish, ထိုင်းကသည်။
**Vibration**, *n.* from above.
**Vibratory**, *a.* from Vibrate, *v.*
**Vicar**, *n.* a deputy, ကိုယ်စားလှည်။ a priest of inferior rank, အင်္ဂလိတ်ဘာသာ၌အရာငယ်သောသင်းအုပ်။
**Vicarage**, *n.* အရာငယ်သောသင်းအုပ်ဆရာနေရာကျောင်းနှင့်ဝတ်မြေ။
**Vicarious**, *a.* သူကိုယ်စားဖြစ်သော။
**Vice 1**, *n.* a sinful habit, ဆိုးညစ်သောအကျင့်အလေ့။ —2, an iron press, ပြဒ္ဒါ။ —3, *pref. in composition*, ကိုယ်စား။
**Vice admiral**, *n.* ရေကြောင်းဗိုလ်ချုပ်ထင်။
**Vicegerent**, *n.* မင်းကိုယ်စားလှည်။
**Vicepresident**, *n.* နိုင်ငံအုပ်အောက်ကစောင့်ရန်၍ထားသောသူ။
**Viceregal**, *a.* ရှင်ဘုရင်ကိုယ်စားပြု၍အုပ်စိုးခြင်းနှင့်ဆိုင်သော။
**Viceroy**, *n.* ရှင်ဘုရင်ကိုယ်စားပြု၍အုပ်စိုးသောမင်း။ ဘုရင်ခံမင်း။
**Viceroyalty**, *n.* ရှင်ဘုရင်ကိုယ်စားပြု၍အုပ်စိုးသောမင်း၏အရာ။
**Vice versa**, *adv.* အပြန်အလှန်။
**Vicinage**, *n.* ပတ်ဝန်းကျင်နီးစပ်သောအရပ်။
**Vicinity**, *n.* nearness, နီးခြင်း။ neighborhood, ပတ်ဝန်းကျင်နီးစပ်သောအရပ်။
**Vicious**, *a.* ဆိုးညစ်သောအကျင့်အလေ့ရှိသော။
**Viciousness**, *n.* from above.
**Vicissitude**, *n.* regular alternation, အလှည့်အလှည့်ဖြစ်ခြင်း။ change, ပြောင်းလဲခြင်း။
**Victim**, *n.* a creature offered in sacrifice, ယဇ်ပူဇော်သောအကောင်။ a person ruined, ပျက်စီးသောသူ။
**Victor**, *n.* နိုင်သောသူ။
**Victorious**, *a.* conquering, overcoming, နိုင်သော။ အောင်သော။ အောင်မြင်သော။ pertaining to victory, အောင်မြင်ခြင်းနှင့်ဆိုင်သော။

**Victory,** *n.* from above, 1st def.
**Victual,** *v. t.* စားနပ်ရိက္ခာလုံလောက်အောင်ပေးသည်။
**Victualler,** *n.* agent, from above.
**Victualling-house,** *n.* ထမင်းဆိုင်။
**Victuals,** *n.* အစား၊ စားနပ်။
**Vide,** *int.* ကြည့်လော့။
**Videlicet,** *adv.* ထို၊ ဟူ၍၊ ဟူသော၊ ဟူသည်ကား။
**Vie,** *v. i.* ဂုဏ်ပြိုင်သည်။ အားတု၍ပြိုင်သည်။ —with, အားကျသည်။
**View,** *v t.* to look at attentively, စေ့စေ့ကြည့်ရှုသည်။ to consider, ဆင်ခြင်သည်။ —*n.* the act of seeing, မြင်ခြင်း။ the act of inspecting attentively, စေ့စေ့ကြည့်ရှုခြင်း။ intellectual or mental sight. သိမြင်ခြင်း။ consideration, ဆင်ခြင်ခြင်း။ a prospect of things within reach of the eye, မျက်စိတဆုံးတွမ်းကြည့်၍မြင်ခြင်း။ the space visible, or the whole extent seen ကြည့်၍မြင်နိုင်သောအကွာအဝေး။ exhibition, presentation to the sight or mind, ပြခြင်း။ ထင်ရှားစေခြင်း။ opinion, ထင်မှတ်ခြင်း။ prospect of interest, မျှော်လင့်ခြင်း။ intention, purpose, ကြံရွယ်ခြင်း။ regard, ထောက်ထားခြင်း။ —*adv.* with a view to, မျက်မှန်း။
**Viewless,** *a.* မထင်ရှားသော၊ အရူပဖြစ်သော။
**Vigil,** *n.* watch, abstinence from sleep, မအိပ်ဘဲစောင့်နေခြင်း။ devotion performed in the customary hours of sleep, မအိပ်ဘဲစောင့်၍ဝတ်ပြုခြင်း။ religious duty performed on the evening previous to a sacred day, အဖိတ်နေ့ညဦးမှာသီလဆောင်တည်ခြင်း။
**Vigilance,** *n.* abstinence from sleep, မအိပ်ဘဲစောင့်နေခြင်း။ watchfulness, သတိနှင့်စောင့်နေခြင်း။
**Vigilant,** *a.* သတိနှင့်စောင့်နေသော။
**Vignette,** *n.* စာအုပ်ပဌမမျက်နှာမှာပုံနှိပ်သောရုပ်ပုံ၊ ပန်းခြောက်။
**Vigor,** *n.* strength, အား။ ခွန်အား။ သန်မာခြင်း။ ability, အစွမ်းသတ္တိ။ သန်စွမ်းခြင်း။
**Vigorous,** *a.* strong, ခွန်အားရှိသော၊ သန်မာသော၊ မာဆာသော။ —and rapid, သန်မြန်သော၊ done with effort, အားထုတ်၍ပြုသော။
**Vile,** *a.* mean, ယုတ်ညံ့သော။ base, wicked, ဆိုးညစ်သော။ ဆိုးယုတ်သော။ ယုတ်မာသော။ ဆိုးသွမ်းသော။ ညစ်ညမ်းသော။ (—fellow, လူတေ။)
**Vileness,** *n.* from above.
**Vilification,** *n.* from next.
**Vilify,** *v. i.* to debase, degrade, ယုတ်ညံ့စေသည်။ ရှုတ်ချသည်။ to defame, သူ့အသရေပျက်အောင်မဟုတ်မမှန်ပြောသည်။

**Villa,** *n.* ဥယာဉ်၌နေ၍ပျော်မွေ့ရာအိမ်။

**Village,** *n* ရွာ၊ ဇနပုဒ်၊ ဂါမ၊ *Pali.* market—, နိဂုံး၊ petty villages, ပစ္စန္တရစ်။

**Villager,** *n.* ရွာသူရွာသား။

**Villain,** *n.* ဆိုးသွမ်းသောသူ၊ လူဆိုးလူသွမ်း။

**Villainous,** *a.* ဆိုးသွမ်းသော။

**Villainy,** *n.* from above.

**Villous,** *a.* အမွေးထူသော။

**Vindicate,** *v. t.* to show to be true, correct, မှန်ကြောင်းကိုပြသည်၊ to maintain, support, ထောက်ပင့်သည်။

**Vindication,** *n.* from above.

**Vindicative, Vindicatory,** *a.* from Vindicate.

**Vindicator,** *n.* agent, from Vindicate.

**Vindictive,** *a.* လက်စားချေအောင်ရန်တုံ့ပြန်၍ပြုတတ်သော။

**Vindictiveness,** *n.* from above.

**Vine,** *n.* the plant that produces grapes, စပျစ်နွယ်ပင်၊ any creeper, အနွယ်၊ နွယ်ပင်၊ —clad, *a.* စပျစ်နွယ်ပင်ဖုံးထုပ်လွှမ်းမိုးသော၊ —dresser, *n.* စပျစ်ခြံကိုပြုစုသောသူ၊ —yard, စပျစ်ခြံ၊ စပျစ်ဥယာဉ်။

**Vinegar.** *n.* ပုံးရည်၊ ပဒိုးရည်။

**Vinewort,** *n* one species, ကလက်။

**Vinous,** *a.* စပျစ်ရည်သဘောရှိသော။

**Vintage,** *n.* the time of grape gathering, စပျစ်သီးကိုဆွတ်ယူရာကာလ၊ the produce of the vine for the season, စပျစ်ခြံကအမှိန်အခါတွင်ထွက်သောစပျစ်ရည်။

**Vintner,** *n.* စပျစ်ရည်ကိုရောင်းသောသူ။

**Viol,** *n.* တယော။

**Violable,** *adjective in* နိုင်ဖွယ် from next.

**Violate,** *v. t.* to do violence to, အနိုင်အထက်ပြုသည်၊ to transgress လွန်ကျူးသည်၊ to destroy, ဖျက်ဆီးသည်၊ to profane, ရှုတ်ချသည်၊ to ravish, မုဒိမ်းကျင့်သည်။

**Violation,** *n.* from above.

**Violence,** *n.* from next; to commit—, အဓမ္မပြုသည်။

**Violent,** *a.* forcible, vehement, ပြင်းသော၊ ပြင်းထန်သော၊ ပြင်းပြသော၊ သည်းထန်သော၊ done by force, အလိုအလျောက်မဟုတ်၊ အနိုင်အထက်ပြုခြင်းဖြင့်ဖြစ်သော၊ harsh, ရုန့်ရင်းသော၊ acting by force, အနိုင်အထက်ပြုသော၊ အဓမ္မပြုသော၊ —in word or deed, ကြမ်းသော။

**Violently,** *adv.* by force, အတင်းအကြမ်း၊ severely, အပူအပြင်း၊ passionately, ကြွပ်ကြွပ်ရွပ်ရွပ်၊ quickly and—, ထုန်ခနဲ၊ ထုန်ထုန်။

severely and violently, in language and treatment, ရှုတ်ပွ ထက်ကြမ်း။
**Violet**, *n.* ပန်းပင်တမျိုး။ —color, နီကျင်ကျင်။ နီကြန်ကြန်။
**Violin**, *n.* တယော။
**Violincello**, *n.* တယောကြီး။
**Viper**, *n.* သားကောင်မွေးတတ်သောမြွေ။ မြွေဗွေး။
**Viperous**, *a.* မြွေဗွေးကဲ့သို့ဖြစ်သော။
**Virago**, *n.* သူရဲဘောရှိသောမိမ္မ။
**Virgin**, *n.* သံဝါသနှင့်မဆက်ဆံသောကညာ။ အပျိုကညာ။ —*a.* remaining in a natural, unwrought state, မပြုပြင်ဘဲပကတိအတိုင်းရှိသော။ becoming a virgin, ကညာနှင့်တော်သင့်သော။
**Virginal**, *a.* ကညာနှင့်ဆိုင်သော။
**Virginity**, *n.* ကညာ၏အဖြစ်။ ပန်းဦး။ ပန်းကောင်းအညွန့်။
**Virgo**, *n.* ကန်ရာသီ။
**Viridity**, *n.* စိမ်းလန်းခြင်း။
**Virile**, *a.* ယောကျ်ားနှင့်ဆိုင်သော။
**Virility**, *n.* ယောကျ်ားအရွယ်ရောက်သောအဖြစ်။ အသိုး။
**Virtu**, *n.* ထူးဆန်း၊ လှပ၊ ယဉ်ကျေးသောအတတ်ပညာတို့ကိုဝါသနာရှိခြင်း။
**Virtual**, *a.* မထင်ရှားသော်လည်း၊ ဧကန်အမှန်ဖြစ်သော။
**Virtue**, *n.* strength, efficacy, အား။ အစွမ်း။ တန်ခိုး။ moral goodness, or a particular moral excellence, ပါရမီ။
**Virtuoso**, *n.* ထူးဆန်း၊ လှပ၊ ယဉ်ကျေးသောအတတ်ပညာတို့ကိုဝါသနာရှိသောသူ။
**Virtuous**, *a.* morally good, ပါရမီနှင့်ပြည့်စုံသော။ conformed to the moral law, တရားနှင့်ညီလျော်သော။ chaste, မတရားသောကိလေသာကာမနှင့်ကင်းစင်သော။
**Virulence**, *n.* from next.
**Virulent**, *a.* very poisonous, အဆိပ်ပြင်းထန်သော။ very malignant, အလွန်စိတ်ငြိုးထားသော။
**Virus**, *n.* the poisonous matter of a sore, အဆိပ်အကင်းပါသောအနာပြည်ရည်။ the small pox virus, ကျောက်ရည်။ ကျောက်ပေါက်ရည်။ the vaccine virus, နွားကျောက်ရည်။
**Visage**, *n.* မျက်နှာ။
**Viscera**, *n.* အူ။
**Visceral**, *a.* အူနှင့်ဆိုင်သော။
**Viscid, Viscous**, *a.* စေးသော။ စေးကပ်တတ်သော။
**Viscidity**, *n.* from above.
**Viscidly**, *adv.* ကြွပ်ကိုကျိ။
**Viscount**, *n.* ဝိကောင့်။ အင်္ဂလိပ်မှူးမတ်တမျိုး။
**Vise**, *n.* ဖြဆါ။

**Visibility**, *n.* from next; appearance, ရူပ၊ *Pali.*

**Visible**, *a.* ထင်ရှားသော၊ ထင်ပေါ်သော၊

**Vision**, *n.* the act of seeing, မြင်ခြင်း၊ the faculty of seeing, စက္ခာယတန၊ something seen supernaturally, ထူးဆန်းသော ရူပါရုံ၊ a spectre, တစ္ဆေ၊ a phantasm, မျက်စိမြင်၍ထင်မြင်သော ရုပ်ပုံသဏ္ဌာန်၊

**Visionary**, *a.* susceptible of impression on the imagination, အမှန်မဟုတ်ဘဲစိတ်ကထင်မြင်တတ်သော၊ imaginary, အမှန်မဟုတ်ဘဲစိတ်ထင်ရုံသာရှိသော၊ —*n.* မဖြစ်နိုင်သောအမှုကိုအချည်းနှီးကြံတတ်သောသူ၊

**Visit**, *v. t.* to go or come to see, အကြည့်အရှုသွားသည်၊ အကြည့်အရှုလာသည်၊ —for the purpose of inspecting and examining, ကြည့်ရှုစစ်ဆေးခြင်းငှါသွားသည်၊ လာသည်၊

**Visit**, **Visitation**, *n.* from above.

**Visitant**, *n.* agent, from Visit, *v. t.* 1st def.

**Visitor**, *n.* agent, from Visit, *v. t.*

**Visitorial**, *a.* ကြည့်ရှုစစ်ဆေးခြင်းငှါသွားလာခြင်းအခွင့်နှင့်ဆိုင်သော၊

**Visor**, *n.* မျက်နှာဖုံး၊ the front piece of a cap, နေရောင်ကာ၊ the front piece of a cap of state, သင်းကျစ်၊

**Viss**, *n.* ပိဿာ၊

**Vista**, *n.* တဖက်တချက်သစ်ပင်ရှိ၍ပိုးမြိုဖေါက်မြင်ရသောမြောင်း၊

**Visual**, *a.* မြင်ခြင်းနှင့်ဆိုင်သော၊

**Vital**, *a.* living, အသက်ရှင်သော၊ pertaining to life, အသက်ရှင်ခြင်းနှင့်ဆိုင်သော၊ essential to life, အသက်တည်ရခြင်းအကြောင်းနှင့်ဆိုင်သော၊ essential, highly important, အဓိကဖြစ်သော၊

**Vitality**, *n.* အသက်ရှင်ခြင်းအကြောင်း၊

**Vitals**, *n. plur.* ကိုယ်တွင်း၌အသက်တည်နိုင်သောအင်္ဂါစု၊

**Vitiate**, *v. t.* to injure, damage, ယိုယွင်းစေသည်၊ to invalidate, ချို့တဲ့၍မတည်စေအောင်ပြုသည်၊

**Vitiation**, *n.* from above.

**Vitreous**, *a.* pertaining to glass, ဖန်နှင့်ဆိုင်သော၊ like glass, ဖန်ကဲ့သို့ဖြစ်သော၊

**Vitrifaction**, *n.* from next, *v. t.*

**Vitrify**, *v. i.* ဖန်ဖြစ်လာသည်၊ —*v. t.* ဖန်ဖြစ်စေအောင်ပြုသည်၊

**Vitriol**, *n.* blue vitriol, ဓုဿာ၊ green vitriol, ပါလဓုဿာ၊ ဓုဿာစိမ်း၊ white vitriol, တွဲဓုဿာ၊ ဓုဿာဖြူ၊ oil of—, ဓုဿာဆီ၊ သေလောဒက၊ *Pali.*

**Vitriolic**, *a.* ဓုဿာနှင့်ဆိုင်သော၊

**Vituperate**, *v. t.* အပြစ်တင်သည်၊

**Vituperation**, *n.* from above.

**Vivacious**, *a.* ပေါ့ပါးလျှင်မြန်သော။
**Viváciousness, Vivacity** *n.* from above.
**Viva voce**, *adv.* နှုတ်မြွက်ဆိုသည်နှင့်။
**Vivid**, *a.* —as light or color, တောက်သော။ ထိန်ထိန်တောက်သော။ —as impressions, or operations of the mind, ကြည်လင်သော။ ရှင်းလင်းသော။ အာရုံအားဖြင့်ရှင်းထင်းစွာထင်မြင်တတ်သော။
**Vividness**, *n.* from above.
**Vivification**, *n.* from next.
**Vivify**, *v. t.* အသက်ရှင်စေသည်။
**Viviparous**, *a.* သားကောင်ကိုမွေးတတ်သော။
**Vixen**, *n.* နှုတ်သီးကောင်းသောမိန်းမ။
**Viz**, *a.* *contraction* of Videlicet, *which see.*
**Vizard**, *n.* *see* Visor.
**Vizier**, *n.* တုရကပြည်မှာဝန်ကြီးချုပ်။
**Vocabulary**, *n.* အဘိဓန်။
**Vocal**, *a.* having a voice, နှုတ်ထွက်သံရှိသော။ uttered by the voice, နှုတ်မြွက်ခြင်းနှင့်ဆိုင်သော။
**Vocation**, *n.* the act of calling, ခေါ်ခြင်း။ the act of calling to some state or situation, ခေါ်၍ခန့်ထားခြင်း။ stated employment, စွဲမြဲ၍လုပ်ကိုင်ဆောင်ရွက်သောအမှု။
**Vocative**, *a.* ခေါ်ခြင်းနှင့်ဆိုင်သော။ အာလုပ်ဖြစ်သော။
**Vociferate**, *v. i.* အော်ဟစ်သည်။
**Vociferation**, *n.* from above.
**Vociferous**, *a.* အော်ဟစ်တတ်သော။
**Vogue**, *n.* ခေတ်ကာလအလိုက်ပေါ်ပေါက်သောဓလေ့။
**Voice**, *n.* sound emitted by the mouth, (လူတိရိစ္ဆာန်၏) နှုတ်ကထွက်သောအသံ။ speech, နှုတ်မြွက်ခြင်း။ နှုတ်မြွက်သောအသံ။ vote, suffrage, တဖက်၌နေ၍သဘောရှိရာအမှတ်သင်္ကေတကိုပြခြင်း။
**Void**, *a.* empty, လပ်သော။ လွတ်လပ်သော။ ပလာဖြစ်သော။ null, မတည်၊ပလပ်သော။ destitute, (—)ခဲ့သော။(—)မရှိသော။make—, *v. t.* to nullify, ပလပ်စေသည်။ to do away with, ပပျောက်စေသည်။ —*n.* လဟာ။ လွတ်လပ်ထဟာ။ —*v. t.* to leave, quit, ထွက်သွားသည်။ to vacate, လပ်စေသည်။ လွတ်လပ်စေသည်။ —(excrement,) စွန့်သည်။ —(worms,) ချဖြစ်သည်။ to nullify, ပလပ်စေသည်။
**Voidable**, *a.* ပထပ်နိုင်သော။
**Voidance**, *n.* the act of emptying, လပ်စေခြင်း။လွတ်လပ်စေခြင်း။ the act of ejecting from a benefice, စမွဲထရာအသက်မွေးရန်ဖြစ်သောအရာကိုနှုတ်သည်။
**Volant**, *a* ပျံလျှက်ရှိသော။

**Volatile,** *a.* capable of flying, ပျံတတ်သော၊ capable of being dissipated, ပျံလွင့်တတ်သော၊ lively,ပေါ့ပါးလျှင်မြန်သော၊ fickle, မိတ်ကစားတတ်သော၊

**Volatility,** *n.* from above, 2nd, 3rd and 4th def.

**Volatilize,** *v. t.* ပျံလွင့်တတ်စေအောင်ပြုသည်၊

**Volcanic,** *a.* မီးထွက်သောတောင်နှင့်ဆိုင်သော၊

**Volcano,** *n.* မီးထွက်သောတောင်၊ မီးတောင်၊

**Volitation,** *n.* ပျံခြင်း။

**Volition,** *n.* the act of willing, အလိုရှိခြင်း။ the power of willing, အလိုရှိနိုင်သောသတ္တိ၊

**Volitive,** *a.* အလိုရှိတတ်သော၊

**Volley,** *n.* a flight of shot, တညီတညီးသေနတ်ပေါက်၍တပြိုင်နက်ကျည်စေ့ထွက်ခြင်း။ a burst of words, ကျယ်သောစကားသံတပြိုင်နက်ထွက်ခြင်း။

**Volubility,** *n.* from next.

**Voluble,** *a.* capable of rolling, လိမ့်တတ်သော၊ rolling, လိမ့်သော၊ nimble, ပေါ့ပါးလျှင်မြန်သော၊ fluent, သွက်သွက်လွတ်လွတ်ပြောတတ်သော၊

**Volume,** *n.* a coil, အခွေ၊ a roll, အလိပ်၊ a roll of writing, စာလိပ်၊ —of palm leaf writing, အတွဲ၊ a book, စာအုပ်၊ compass, ထုထည်၊

**Voluminous,** *n.* having many coils, အခွေများသော၊ consisting of many books, စာအုပ်များသော၊

**Voluntary,** *a.* အလိုလိုပြုသော၊ ကိုယ်အလိုအလျောက်ပြုသော၊

**Volunteer,** *v. i.* ဆောင်ရွက်ရန်အမှုကိုကိုယ်အလိုအလျောက်ဝင်သည်၊ —one's services, *v. t. do.* —*n* from above, *v. i.*

**Voluptuary,** *n.* agent, from next.

**Voluptuous,** *a.* ကာမဂုဏ်မှုနှင့်ပျော်မွေ့သော၊

**Voluptuousness,** *n.* from above.

**Vomit,** *v.* အန်သည်၊ အော့သည်၊ disposed to—, ပျို့တို့တို့ဖြစ်သည်၊ —*n.* the matter ejected from the stomach, အန်ဖတ်၊ an emetic, အန်ဆေး။

**Vomiting,** *n.* from Vomit, *v.*

**Vomitive, Vomitory,** *a.* အန်စေတတ်သော၊

**Voracious,** *a.* အလွန်အစားကြီးသော၊

**Voraciously,** *adv.* ဖိုဝါးသည့်လို၊

**Voracity,** *n.* from above.

**Vortex,** *v.* ဝဲကတော့၊

**Vortical,** *a.* ရှဲချာလည်တတ်သော၊

**Votary,** *n.* သစ္စာပြုခဲ့သကဲ့သို့တစုံတခုသောအမှု၌သာမိတ်စွဲလမ်းသောသူ၊

**Vote**, *v.* to give one's suffrage, တဝက်၌နေ၍သဘောရှိရာအမှတ်ထက္ခဏာကိုပြသည်၊ to decide by suffrage, သဘောတူ၍ဆုံးဖြတ်သည်၊ —*n.* from *do.*

**Votive**, *a.* သစ္စာဂတိနှင့်ဆိုင်သော၊

**Vouch**, *v.* to appeal to for the truth of, တိုင်တည်သည်၊ to bear witness, သက်သေခံသည်၊

**Voucher**, *n.* a witness, သက်သေခံသောသူ၊ a testimonial, သက်သေခံသောစာ၊

**Vouchsafe**, *v.* ကိုယ်ကိုနှိမ့်လျက်ကျေးဇူးပြု၍ပေးသည်၊

**Vouchsafement**, *n.* from above.

**Vow**, *v.* သစ္စာပြုသည်၊ သစ္စာဂတိပြုသည်၊ သစ္စာထားသည်၊ —*n.* from *do.*

**Vowel**, *n.* သရ၊

**Voyage**, *v.* ပင်လယ်ခရီးသွားသည်၊ *n.* from *do.*

**Voyager**, *n.* agent, from Voyage, *v.*

**Vulgar**, *a.* pertaining to the common people, ထင်းခုတ်သားတို့နှင့်ဆိုင်သော၊ vernacular, ဇာတိအမျိုးသားသာနှင့်ဆိုင်သော (စကား) mean, low, unrefined, မယဉ်ကျေးသော၊ — fraction, *n.* အစွဲဂဏန်း၊

**Vulgarism**, *n.* ရိုင်းသောစကား၊

**Vulgarity**, *n.* မယဉ်ကျေး၊ ရိုင်းခြင်း၊

**Vulnerable**, *a.* ထိုးခုတ်ပြစ်ခတ်၍နာနိုင်သော၊

**Vulnerary**, *a.* ရှနာ၊ ခုတ်ပြတ်သောအနာမျိုးကိုကုသရန်ဖြစ်သော (ဆေး)

**Vulture**, *n.* ထင်းတ၊

# W.

**Wabble**, *v. i.* စောင်းဘိစောင်းထင်းလိမ့်လည်သည်၊

**Wad**, *n.* သေနတ်၊ အခြောက်ပြစ်ရန်ထိုးသောအစာ၊

**Wadding**, *n.* အဝတ်နှစ်ထပ်ကြားသို့ထိုးသွင်းရန်အစာ၊

**Waddle**, *v. i.* (ဝမ်းဘဲကဲ့သို့) ယမ်း၍သွားသည်၊

**Wade**, *v. i.* (ရေထဲသို့) ဆင်း၍သွားသည်၊

**Wafer**, *n.* a small thin cake, မုန့်ပြားကလေး၊ မုန့်ကြွပ်၊ paste for sealing letters, ထံဆိပ်ခတ်ရန်ကော်ပြား၊ —*v. t.* ကော်ပြားနှင့်တံဆိပ်ခတ်သည်၊

**Waft**, *v. t.* လွင့်၍ပါသွားသည်၊

**Wag**, *v. i.* —as the tail, နှံ့သည်၊ —as the head or the beard, လှုပ်သည်၊ —*v. t.* from *do.* —*n.* လူပျက်၊

**Wage**, *v. t.* (Amer.), to wager, *which see.* —war, *v.* စစ်တိုက်သည်၊

**Wager**, *v. t.* to bet, လောင်းသည်၊ လောင်းစားသည်၊ —*n.* လောင်းထောဝန္တာ၊

**Wages**, *n.* အခ၊ လက်ခ၊ ကံကျွေးလက်ခ၊ one who lives on—, အခစား။
**Waggery**, *n.* from next.
**Waggish**, *a.* ကျီစားသော၊ ပျက်ရယ်ပြုသော။
**Waggle**, *see* Waddle.
**Wagon**, *n.* လှည်းခင်တိုက်။
**Wagoner**, *n.* လှည်းခင်တိုက်နှင်သမား။
**Wagtail**, *n.* သပိတ်လွယ်။
**Waif**, *n.* တွေ့ရှိအရှင်မပေါ်မရှိသောဥစ္စာ။
**Wail**, *v.* ငိုကြွေးမြည်တမ်းသည်။ —*n.* from *do.*
**Wain**, *see* Wagon.
**Wainscot**, *n.* တိုက်၊ အိမ်နံရံအတွင်းဘက်လှပအောင်ကပ်သောပျဉ်ပြား။ —*v. t.* တိုက်၊ အိမ်နံရံအတွင်းဘက်လှပအောင်ပျဉ်ပြားကပ်သည်။
**Waist**, *n.* ခါး။ —of a ship, သင်္ဘောအလယ်ကုန်းပတ်။ —band, ပေါင်းဘိခါးစည်းအနားပက်။ —cloth, ပုဆိုး။ —coat, လက်တို၊ ကိုယ်ကျပ်အင်္ကျီ။ —of a mountain, တောင်ခါးပန်း။
**Wait**, *v. i.* to delay, tarry, ဆိုင်းသည်။ —for, *v. t.* ငံ့သည်၊ ငံ့လင့်သည်၊ ဆိုင်းထင့်သည်၊ စောင့်နေသည်။ —with expectancy, စောင့်စားသည်။ —on, —upon, to attend, as a servant, အစေအပါခံသည်။ ဝတ်ပြုသည်။ to attend or visit on business or for ceremony, ခစားသည်။ —*n. see under* Lay wait, and Lie in wait.
**Waiter**, *n.* လက်ပါးစေ၊ အစေအပါ။
**Waiting**, *a.* from Wait, *v. i.* —maid, *n.* အစေအပါမိန္မ။
**Wake**, *v. i.* to be awake, မအိပ်ဘဲစောင့်နေသည်။ to cease from sleeping, နိုးသည်။ —easily, နိုးကြားသည်၊ အအိပ်ဆတ်သည်။ —*v. t.* to rouse from sleep, နှိုးသည်။ to rouse to action, နှိုးဆော်သည်။ —up, *v.* same, except the 1st def. —*n.* vigil, မအိပ်ဘဲစောင့်နေခြင်း။ a festival kept in the season of sleep, မအိပ်ဘဲစောင့်၍ပွဲခံခြင်း။ —(of a ship) ရက်ကြောင်း။
**Wakeful**, *a.* indisposed to sleep, အိပ်မပျော်လိုဘဲနေသော၊ easily awaked, နိုးကြားသော၊ အအိပ်ဆတ်သော။
**Wakefulness**, *a.* from above, 1st def.
**Waken**, *v.* same as Wake, *v. i.* and *v. t.* except the 1st def.
**Wale**, *n.* the ridge in ribbed cloth, အထည်အလိပ်၌ထသောအကြောင်း။ the mark of a whip on the flesh, ရိုက်၍ထသောအရှိုး။
**Walk**, *v. i.* to advance by steps, ခြေလှမ်း၍သွားသည်။ —as a king, စက်တော်ခြန်သည်။ to go afoot (as distinguished from other modes of travelling), ခြေကျင်သွားသည်။ to go about for air or exercise. လည်သည်၊ လည်သွားသည်။ to behave, conduct, ကျင့်ဆောင်ပြုမူသည်။ —to and fro, စင်္ကြံသွားသည်၊ စင်္ကြံခတ်သည်။

—in sleep, မှင်စားသင့်သည်။ —*n.* from above; manner of walking, gait, လှမ်း၍သွားခြင်း၏အခြေအနေ။ a length of space through which one walks, သွားရာလမ်းကြောင်း။ a place for walking to and fro, စင်္ကြံ။ range, ထည်သွားရာအရပ်။ *see* Sheep-walk.

**Walking,** *n.* from Walk, *v. i.* —staff, —stick, တောင်ဝေး။

**Wall,** *n.* an elevated line of brick or stone, အုတ်ရိုး၊ ကျောက်ရိုး။ a brick or stone fence, တန်တိုင်း။ မဟာရံ။ the wall of a fortification, အုတ်တမ်း၊ ကျောက်တမ်း။ the brick or stone side of a house, တိုက်နံရံ။ —eyed, *a.* မျက်စိဖြူသော။ —fruit, *n.* ဥယျာဉ်တန်တိုင်းနံရံကိုမှီ၍စိုက်မှမှည့်တတ်သောအပင်အသီးမျိုး။ —*v. t.* to inclose with a wall, အုတ်ရိုး၊ကျောက်ရိုးလုပ်၍ကာရံသည်။ to fill up with a wall, အုတ်၊ ကျောက်နှင့်ပိတ်ဆို့၍ထားသည်။

**Wallet,** *n.* ရိက္ခာထည့်ရန်လွယ်အိတ်။

**Wallop,** *v. i.* ကျွက်ကျွက်ဆူသည်။

**Wallow,** *v. i.* to flounder, ခြောင်းဆန်၍နေသည်။ ခြောင်းဆန်အောင်လှုပ်သည်။ to roll one's self, လူးလည်သည်။

**Walnut,** *n.* သစ်ကျားသီး။

**Waltz,** *v. i.* ခြေရာလက်ပါတကိုယ်လုံးလိမ့်လည်လှည့်ပတ်၍ကသည်။

**Wampum,** *n.* ကြွေကုံး။

**Wan,** *a.* ဖျော့သော။

**Wand,** *n.* a rod, တံပျာ။ a staff of authority, ဒုတ်။

**Wander,** *v. i.* to ramble, rove, အရပ်ရပ်လှည့်လည်၍သွားသည်။ to stray, လမ်းမှလွဲ၍လှည့်လည်သည်။ to deviate from right, မှားသည်။ မှားယွင်းသည်။ to be delirious, စိတ်ကတောင်ကရင်ဖြစ်သည်။

**Wanderer,** *n.* a vagrant, အလေအလွင့်။

**Wane,** *v. i.* —as the moon, ဆုတ်သည်။ to decline, လျော့သည်။ ရှေ့လျော့သည်။ ယုတ်လျော့သည်။ —*n.* from above; —of the moon, လဆုတ်၊ လပြည့်ကျော်။

**Wanness,** *n.* from Wan.

**Want,** *v. t.* to lack, be wanting, improperly absent, လိုသည်။ to be deficient, defective, မစုံလင်၊ ချို့တဲ့သည်။ to fall short, ယုတ်။ (with a continuative affix understood,) —*v. t.* to be without, destitute of, not to have, လိုသည်၊ (တစုံတခုံး) နှင့်မရှိ။ (—) မဲ့ဖြစ်သည်။ to need, အသုံးလိုသည်။ to desire, အလိုရှိသည်။ လိုချင်သည်။ —*n.* a not being, မရှိခြင်း။ —မဲ့ခြင်း။ the state of not having, (တစုံတခုံး) နှင့်မရှိခြင်း။ —မဲ့ဖြစ်ခြင်း။ need, အသုံးလိုခြင်း။ poverty, ဆင်းရဲခြင်း။ a prime—, လိုရင်း။

**Wanting** (be), *v. i.* omitted in writing, ခေါကျာသည်။ lack, လျော့သည်။ (not fit for either this or that, စကောစက။)

**Wanton,** *a.* unsteady, in temper or conduct, လျှပ်ပေါ်သော။ ထေ့လည်သော။ immodest, မခြင်းသော။ ကလက်သော။ နွဲ့သော။ unrestrained, running to excess, ပေါက်လွှတ်ပြုတတ်သော။ လွှန်ကျူးတတ်သော။ reckless, ကန့်စင်းမရှိသော။ indulging sensuality, ကာမဂုဏ်ငါးပါး၌လွှန်ကျူးတတ်သော။ lustful or lewd, တဏှာရာဂအားကြီးသော။ ကာမရာဂအားဖြင့်ညစ်ညူးသော။ —*n.* ကမြင်းသောမိန်း၊ ကခြင်းမ။ မိုင်းတာ။ —*v. i.* to revel, play wantonly or without restraint, ပေါက်လွှတ်ကစားသည်။ to play lasciviously, ကိလေသာစိတ်နှင့်ဆွဲငင်၍ကစားသည်။

**War,** *n.* စစ်၊စစ်မက်၊စစ်မှု၊စစ်တိုက်ခြင်း၊ရန်စစ်။ —boat, ရဲလှေ။ ရဲသံဘန်း။ —flag, ရဲအလံ။ —whoop, စစ်တိုက်မည်ဆဲဆဲတွင်ညာသံပေးခြင်း။ —worn, *a.* ကြာမြင့်စွာစစ်တိုက်၍ပိုပန်းလျော့ပါးသော။ —*v. i.* စစ်တိုက်သည်။

**Warble,** *v.* to quaver the voice in singing, (နားပျော်ဘွယ်) တုန်လှုပ်သံပြု၍သီခြင်းဆိုသည်။ to utter musically, ကျူးရင့်သည်။ to sing, as a bird, မြည်သည်။ မြည်တွန်သည်။

**Warbler,** *n.* မြည်တွန်သောငှက်။

**Ward,** *v. t.* —off, ကာဆီးသည်။ —off evil (from another), ဖေးသည်။ —*n.* the act of guarding, စောင့်နေခြင်း။ that which wards off, ကာဆီးတတ်သောအရာ။ custody, ချုပ်ထားခြင်း။ a person under a guardian, စောင့်မအုပ်ထိန်းခြင်းကိုခံရသောသူ။ a division of a city, မြို့၏အရပ်အကွက်။ a check in a lock, သော့စက်သွား။

**Warden,** *n.* စောင့်ထိန်းသောသူ။

**Warder,** *n.* လူစောင့်။ တံခါးစောင့်။ တံခါးမှူး။

**Wardrobe,** *n.* a room where clothes are kept, အဝတ်စိုထားသောအခန်း။ wearing apparel in general, အဝတ်စို။

**Wardship,** *n.* guardianship, စောင့်မအုပ်ထိန်းခြင်း။ the state of being under a guardian, စောင့်မအုပ်ထိန်းခြင်းကိုခံရသောအဖြစ်။

**Ware** 1, *see* Aware; —2, *n.* goods for sale, ကုန်။ ကုန်စည်။ manufactured articles, လက်မှုပညာနှင့်လုပ်သောအရာ။ —house, ကုန်လှောင်ရာတိုက်။

**Warfare,** *n.* စစ်မှုကိုထမ်းခြင်း။

**Wariness,** *n.* from Wary.

**Warlike,** *a.* pertaining to war, military, စစ်မှုနှင့်ဆိုင်သော။ disposed to war, martial, စစ်တိုက်တတ်သော။ စစ်တိုက်မှုကိုအလိုရှိသော။ fit for war, စစ်တိုက်ခြင်းအမှုနှင့်တော်သင့်သော။ having the appearance of commencing hostilities, စစ်တိုက်မည်သကဲ့သို့ထင်ရှားသော။ ကျာရှိသော။

**Warm**, *a.* having heat in a moderate degree, နွေးသော။ moderately—, နေမှုံသော။ feeling warm, အိုက်သော။ ardent in temper, စိတ်မြန်တတ်သော။ eager, စိတ်အားကြီးသော။ violent, ပြင်းသော။ —hearted, ချစ်ကြည်ညိုတတ်သောသဘောရှိသော။ —*v. i.* to acquire a moderate degree of heat, နွေးလာသည်။ to become ardent, စိတ်အားတိုးပွားသည်။ —*v. t.* to make warm, နွေးစေသည်။ နွှေးသည်။ to warm one's self by a fire, မီးလှုံသည်။ to make ardent, စိတ်အားကြီးစေသည်။ (disagreeably—, စပ်ဖျဉ်းဖျဉ်း။)

**Warming-pan**, *n.* အိပ်ရာကိုနွေးအောင်လုပ်သောမီးပူတန်ဆာ။

**Warmth**, *n.* from Warm, *a.*

**Warn**, *v. t.* to give notice of danger, သတိပေးသည်။ to give previous information, တင်ကူး၍ကြားပြောသည်။ to notify by authority, ဆင့်ဆို၍ထားသည်။ —against fire, မီးဆော်သည်။ မီးမောင်းခတ်သည်။

**Warning**, *n.* and *a.* from above.

**Warp 1**, *n.* the threads that are crossed by the woof, ထတိုင်ရက်ကန်းပင်။ a warping line, လှေးဘားကြိုး။ —2, *v. i.* to turn up at the sides, ကော့သည်။ ကော့လန်သည်။ to twist out of a plane, ကော့လိမ်သည်။ to incline from a straight course, တွဲသည်။ —*v. t.* from above; —a ship, လှေးဘားဆွဲသည်။

**Warrant**, *v. t.* to authorize, အခွင့်ပေးသည်။ to engage for, be security for, ခံဝန်သည်။ to guarantee, လုံချုံအောင်ခံဝန်သည်။ to justify, မှန်ကြောင်းကိုပြသည်။ —*n.* authority (to do), အခွင့်။ a legal precept to seize (a person), ဖမ်းဆီးရသောလက်မှတ်စာ။ (Eng.) ဝါရန်းစာ။ a search warrant, ရှာဖွေရသောလက်မှတ်စာ။

**Warrantable**, *a.* မှန်ကြောင်းကိုပြနိုင်ဖွယ်ဖြစ်သော (အမှု)

**Warranter**, *n.* one that authorizes, အခွင့်ပေးသောသူ။ a guarantee, လုံချုံအောင်ခံဝန်သောသူ။

**Warranty**, *n.* ခံဝန်သောစာချုပ်နှင့်ပါသောဂတိချက်။

**Warren**, *n.* ယုန်မွေးသောခြံ။

**Wart**, *n.* ကြွက်နို့။

**Wary**, *a.* မယုံ၍သတိပြုသော။

**Wash**, *v. t.* to cleanse with water, ဆေးသည်။ ဆေးကြောသည်။ —as clothes or the hair, လျှော်သည်။ —as clothes by beating, ဖွပ်သည်။ ခဝါချသည်။ ဖွပ်ဆောင့်သည်။ —as clothes by scrubbing, ဖွပ်လျှော်သည်။ —as the face, သစ်သည်။ —as the body in bathing, ရေချိုးသည်။ to wet, စိုစွတ်အောင်ပြုသည်။ to overflow, လွှမ်းသည်။ to plate with fused gold or silver,

အရည်၊ ငွေရည်နှင့်ပွတ်သည်။ —ball, *n.* ဆပ်ပြာလုံး။ —board, as of a boat, စပ်။ —of a room, ခန်းဆီးပုညှိထောင်နံရံအောက်ခြေကိုဖုံးကာသောကမ္ဘတ်ကြီး။ —bowl, မျက်နှာသစ်ရန်ဇလုံပုကန်။ —pot, အင်တုံ။ —tub, အဝတ်လျှော်ရန်စည်ပိုင်း။ alluvial matter, နွံ၊ ညွန်၊ a bog, မိမ့်မြေကွက်။ a lotion, ဆွတ်လူးရန်ဆေးရည်။ a plating of gold or silver, ပွတ်သောအရည်၊ ငွေရည်၊ swill, ဝက်စာအရည်။ one washing of clothes, အဝတ်ကိုစုဖြံတခါတည်းလျှော်ခြင်း။

**Washerman**, *n.* ခဝါသည်၊ ခဝါဖွပ်သောသူ။ —row, ခဝါတန်း။

**Washerwoman**, *n.* ခဝါသည်မ၊

**Washing**, *n.* from Wash, *v.* and *see* Wash, *n.* last def. —machine, အဝတ်ကိုဖွပ်လျှော်သောတန်ဆာ။

**Washy**, *a.* watery, ရေတုံတုံဖြစ်သော။

**Wasp**, *n.* နကြယ်။

**Waspish**, *a.* စိတ်ဆတ်သော။

**Waspishness**, *n.* from above.

**Wassail**, *n.* သေသောက်ပွဲ။

**Waste**, *v. i.* to dwindle, be diminished gradually, တဖြည်းဖြည်းလျော့ပါးသည်။ become weak, ခြယ်သည်။ အားလျော့သည်။ —*v. t.* to diminish gradually, တဖြည်းဖြည်းလျော့ပါးစေခြင်းပြုသည်။ to expend to no purpose, အချည်းနှီးသုံး၍ကုန်စေသည်။ to spend (time) to no purpose, အချည်းနှီးလွန်စေသည်။ to squander (property,) ဖြုန်းဖြုန်းသုံး၍ပြုန်းတီးသည်။ to cause to be exhausted without profit, အကျိုးမဲ့ပြယ်ပျောက်စေသည်။ to desolate, ဖျက်ဆီးပယ်ရှင်းသည်။ —*a.* desert, desolate, လူမရှိ၊ ဆိတ်ညံ့သော။ desolated, ဖျက်ဆီးပယ်ရှင်းလျက်ရှိသော။ uncultivated, မတီထွင်၊ မပြုစုသော (မြေ။) useless, အသုံးမဝင်သော။ —land, *n.* မြေရိုင်း၊ မြေလပ်။ —*n.* from Waste, *v. i.* and *v. t.*; uncultivated land, မြေရိုင်း၊ မြေလပ်။ a desolate, uncultivated tract, လွင်ပြင်လထား။

**Wasteful**, *a.* lavishly expending property to no good end, အချည်းနှီးကုန်စေခြင်းဖြုန်းဖြုန်းသုံးတတ်သော။ destructive to property, ပြုန်းတီးစေသော။

**Wastefully**, *adv.* ကပက်ကရက်။

**Wastefulness**, *n.* from above.

**Waster**, *n.* agent, from Waste, *v. t.*

**Watch**, *v. i.* to remain without sleeping, မအိပ်ဘဲစောင့်နေသည်။ to look out, be on the watch, စောင့်၍နေသည်။ to keep guard, act as sentry, ကင်းစောင့်သည်။ to be vigilant, သတိနှင့်စောင့်၍နေသည်။ to be insidiously attentive, ချောင်းမြောင်း

ၵ္ခြံနေသည်။ —*v. t.* to tend, စောင့်ထိန်းသည်။ to observe closely, စေ့စေ့ကြည့်ၵ္ခြံမှတ်သည်။ to observe in ambush, ချောင်းမြောင်းၵ္ခြံကြည့်သည်။ —for, to look out for, မျှော်သည်။ မျှော်ၵ္ခြံနေသည်။ —for from a distance, ကြည့်မျှော်သည်။ —over, to take care of, protect, စောင့်သည်။ စောင့်ကြပ်သည်။ —(one's own performance of duty,) စောင့်ရှောက်သည်။ —(one's conduct in order to avoid sin,) စောင့်စည်းသည်။ —*n.* abstinence from sleep, မအိပ်ဘဲစောင့်နေခြင်း attendance, without sleep, စောင့်ၵ္ခြံနေခြင်း။ close observation, စေ့စေ့ကြည့်ၵ္ခြံမှတ်ခြင်း။ the act of watching for, မျှော်ခြင်း။ မျှော်ၵ္ခြံနေခြင်း။ the act of watching over, စောင့်ခြင်း။ စောင့်ရှောက်ခြင်း။ စောင့်စည်းခြင်း။ for sub. def. *see* Watch over, , watchman or watchmen, အစောင့်။ လူစောင့်။ a sentry, ကင်းစောင့်။ one of the periods into which the night is divided, ယာမ်။ a portable time piece, ခါးပိုက်ဆောင်နာရီ။ နာရီခွက်။ —dog, အိမ်စောင့်ကောင်းသောခွေး။ —house, ကင်းတဲ။ ကင်းရုံ။ —maker, *n.* ခါးပိုက်ဆောင်နာရီလုပ်သမား။ —man, အစောင့်။ လူစောင့်။ ကင်းစောင့်။ ကင်းသား။ night watchman, one who sleeps by turns, အိပ်ဖန်သား။ —spring, သံနန်း။ —tower, ကင်းမျှော်စင်။ ထဲလင့်။ —word, အထိမ်းအမှတ်ပေးၵ္ခြံထားသောစကား။

Watchful, *a.* သတိနှင့်စောင့်နေသော။

Watchfulness, *n.* from above,

Watching, *n.* from Watch, *v.*

Water, *n.* the element, ရေ။ အာပေါ။ *Pali.* charmed or holy—, ပရိတ်ရေ။ pure—, ရေကြည်။ ရေစင်။ spring—, စိမ့်ရေ။ စမ်းရေ။ —set apart for drinking, ရေကမိုး။ urine, ရေပေါင်း။ ကျင်ငယ်။ the lustre of a diamond, စိန်၏အရည်အရောင်။ —carriage, ရေကြောင်းပို့ဆောင်ခြင်း။ —closet, ရေအိမ်။ —color, ရေနှင့်ဖျော်သောပန်းချီဆေး။—course, ချောင်းငယ်။ မြောင်း။—craft, လှေ၊ သံဘန်အစရှိသောသင်္ဘောကလေးအမျိုးမျိုး။ —fall, ရေတံခွန်။ —fowl, ရေငှက်။ —gruel, *see* Gruel; —hen, one species, ကလူကွက်။ —lily, ကြာပွင့်။ —logged, *a.* ရေများစွာဝင်ၵ္ခြံတက်မမောင်းနိုင်သော (သင်္ဘော။) —man, *n.* လှေသား။ —mark, ရေရာ။ ရေကုန်တက်သောရေရာ။ —melon, ဖရဲသီး။ —mill, ရေယန္တရားစက်။ —ordeal, ရေထားခြင်း။ —pot, for holding water, ရေအိုး။ for watering plants, ရေဖြန်းလောင်းသောခရား။ —proof, *a.* ရေမစိုစွတ်နိုင်သော (အရာ။) —rat, *n.* ရေကြွက်။ —skipper, ရေပိုး။ —snake, ရေမြွေ။ —spout, ရေဘွေး။ —tight, *a.* ရေလုံသော။ —work, *n.* ရေပန်းထွက်ဆောင်ပြုစုသောတန်ဆာ။ —*v. i.* —as the eyes, မျက်ရည်ပူထွက်သည်။

—as the mouth, လျှာရည်ယိုသည်၊ သွားရည်ယိုသည်၊ to take in water, as a ship, သောက်ရေတင်သည်။ —*v. t.* to irrigate, ရေနှင့်မိုးစွတ်စေအောင်ပြုသည်၊ to pour water on, ရေလောင်းသည်၊ to give (cattle) to drink, ရေတိုက်သည်၊ by—, *adv.* ရေကြောင်း။

**Watering-place,** *n.* ဆေးစမ်းတွင်း၌စုဝေး၍သောက်သောအရပ်။

**Watering-trough,** *n.* ရေတိုက်ရာကျင်း၊ ရေကျင်း။

**Watery.** *a.* pertaining to water, ရေနှင့်ဆိုင်သော၊ wet, abounding with water, စိမ့်၊ စမ်းကြီးသော (အရပ်။) thin, washy, ရေတုံတုံဖြစ်သော၊ vapid, tasteless, ပေါ့သော။

**Wattle,** *n.* a hurdle, သစ်ခက်ကိုရက်သောကပ်၊ the fleshy excrescence under a cock's bill, ကြက်ပါးပျဉ်း။ —*v. t.* သစ်ခက်ကိုရက်၍လုပ်သည်။

**Wave 1,** *n* billow, လှိုင်း၊ တံပိုး၊ a curving streak of color in silk, ကြိုးလှိုင်း၊ unevenness, မညီမညာခြင်း။ —*v. i.* to play loosely, move to and fro, တလစ်လစ်နေသည်၊ —as a flag, လွှားသည်။ to undulate, လှိုင်းတံပိုးကဲ့သို့လှုပ်သည်၊ လှိုင်းဒီထသည်၊ —*v. t.* to move one way and the other (as the hand,) တယမ်းယမ်းလှုပ်သည်။ —(as a sword,) တဝင့်ဝင့်လုပ်၍နေသည်၊ —(as a religious offering,) မြှောက်လွှဲသည်။ to beckon with the hand, လက်ယပ်သည်။ —offering, *n.* မြှောက်လွှဲပူဇော်သကာ။ —2, *v. t.* to drop, (cease prosecuting a subject,) တိုး၍မပြုဘဲနေသည်၊ လွှဲပယ်သည်၊ to decline using, မသုံးဘဲနေသည်။

**Waver,** *v. i. see* Wave, *v. i.* 1st def.: to fluctuate, be unsettled in opinion, စိတ်ဝေသည်၊ ဇဝေဇဝါရှိသည်။

**Waveringly,** *adv.* ယိမ်းတိမ်းယားတား။

**Wavingly,** *adv.* as a flag, လျှပ်လျှပ်။

**Wavy,** *a.* from Wave, *v. i.*

**Wax 1,** *n.* bee's wax, ဖယောင်း၊ ear-wax, နားဖာချေး၊ sealing-wax, သင်္ဘောခြိပ်၊ any tenacious matter, စေးကပ်တတ်သောအရာ၊ —candle, ဖယောင်းတိုင်။ —chandler, ဖယောင်းတိုင်သည်၊ —end, ခြေနင်းထိုးသောဖယောင်းတိုက်ဗန်ခြည်။ —work, ဖယောင်းကိုလုပ်သောရုပ်ပုံတန်ဆာ၊ —*v. t.* to rub with wax, ဖယောင်းတိုက်သည်၊ —2, *v. i.* to increase in size, grow, တိုးပွားသည်၊ —as the moon, ဆန်းသည်၊ to become, သွား၊ or လာ၊ (qualifying affix).

**Waxen,** *a.* ဖယောင်းကိုလုပ်သော၊

**Wax-wood,** *n.* သစ်ဖယောင်း။

**Waxy,** *a.* ဖယောင်းကဲ့သို့ဖြစ်သော၊

**Way,** *n.* a passage from one place to another, ခရီး၊ a road

လမ်း၊ means, တစုံတခုသောအကျိုးကိုရခြင်းငှါသုံးသောအရာ၊ အသွား in, အသွားဖြင့်၊ manner, mode, နည်း၊ နယ်၊ ထုံးဘမ်း၊ way of doing, အနေအထား၊ customary—, စရိုက်အသသာ၊ mode of religion, အသသာ၊ by the— *adv.* ပြောစည်းတွင်၊ be under—, *v. i.* (သင်္ဘော) သွားလျှက်ရှိသည်။

**Wayfarer,** *n.* ခရီးသွားသောသူ။

**Wayfaring,** *a.* ခရီးသွားသော၊

**Waylay,** *v. t.* လမ်းကချောင်း၍နေသည်၊

**Waymark,** *n.* လမ်းမလွဲအောင်ချထားခဲ့သောအမှတ်၊

**Wayward,** *a.* ဆုမ္မခံသော၊ နိုင်မခံစွာပေါက်လွှတ်ပြုတတ်သော၊ အောင့်တောင့်သော၊

**Waywardly,** *adv.* လားရာ၊ ဘဲဗြီ၊

**Waywardness,** *n.* from above.

**We,** *plur.* of I, *which see.*

**Weak,** *a.* not strong, အားနည်းသော၊ ရှည်းပျော့သော၊ feeble, infirm, ချွဲနွဲ့သော၊ မသန်စွမ်းသော၊ not having the power of endurance, မခိုင်ခံ့သော၊ —from fatigue or illness, နုန်းချွေသော၊ not much impregnated with pungent or stimulating ingredients, ပေါ့သော၊ အနှစ်အရသာနည်းသော၊ —in voice, အသံသေးသော၊ —headed ညာဏ်နည်းသော၊ —hearted, စိတ်ပျော့သော၊ —and tremulous, as the hand, လက်ဆွံ့သော၊ —side, *n.* ဝါသနာကြောင့်လွဲတတ်သောအချက်၊

**Weaken,** *v. t.* from Weak *a.;* to enfeeble gradually, အားလျော့စေအောင်ပြုသည်။

**Weakly,** *a.* မသန်မစွမ်း၊ ချွဲနွဲ့သော၊ —*adv.* from Weak, *a.;* faintly, သဲ့သဲ့၊

**Weakness,** *n.* from Weak, *a.;* want of judgement, feebleness of mind, foolishness, မိုက်ခြင်း၊ an infirmity, ပေါ့လျော့သောအပြစ်၊

**Weal,** *n.* ကောင်းသောအကျိုး၊

**Wealth,** *n.* riches, များစွာသောဥစ္စာ၊ opulence, ဥစ္စာရတတ်ခြင်း၊ ကြွယ်ဝခြင်း၊ the enjoyment of opulence, စည်းစိမ်၊

**Wealthiness,** *n.* from next.

**Wealthy,** *a.* ဥစ္စာရတတ်သော၊ ကြွယ်ဝသော၊

**Wean,** *v. t.* from next, နို့ခွဲသည်၊

**Weaned (be),** *v. i.* —from the breast, နို့ကွာသည်၊ —from a habit, အလေ့ပြတ်သည်၊

**Weapon,** *n.* လက်နက်၊

**Wear,** *v. t.* to consume by rubbing or attrition, စားသည်၊ တိုက်၍စားသည်၊ ပွတ်၍စားသည်၊ ပွန်းတီးအောင်ပြုသည်၊ to affect by degrees, တရွေ့ရွေ့ဖြစ်စေသောင်ပြုသည်။ to carry appendant to the body, as clothes, ဝတ်သည်။ —as a cap, etc. ဆောင်းသည်။ —as shoes, စီးသည်။ —as stockings or gloves, စွပ်သည်။ —as a weapon, ဆောင်သည်။ to exhibit (on the countenance,) ပြသည်။ —away, v. i. to be consumed by slow degrees, တရွေ့ရွေ့လျော့ပါးကုန်ခန်းသည်။ —as the bank of a river, ကြို့စားသည်။ —v. t. တရွေ့ရွေ့လျော့ပါးကုန်ခန်းစေအောင် တိုက်ပွတ်သည်။ —off, တဖြည်းဖြည်းကုန်အောင် တိုက်ပွတ်သည်။ —out, v. i. ဟောင်းနွမ်းပျက်စီးသည်။ —v. t. ဟောင်းနွမ်းပျက်စီးစေအောင်ပြုသည်။ —n. from do.

**Wearer**, *n.* agent, from Wear, *v. t.*

**Weariness**, *n.* from Weary, *a.*

**Wearisome**, *a.* မောစေသော။ ပင်ပန်းစေသော။ ညောင်းစေသော။

**Weary**, *a.* tired, fatigued, မောသော။ ပင်ပန်းသော။ uneasy from long continuance, ညောင်းသော။ —of, tired of, စိတ်ကုန်သော။ —*v. t.* from Weary, *a.*

**Weasel**, *n.* small species, ကြောင်ဖြန်။

**Weather**, *n.* မိုဃ်းလေဥတုအခြေအနေ။ —beaten, *a.* မိုဃ်းလေမိုက်ခြင်းကိုခံရသော။ —cock, *n.* ငှက်မနားကြက်ရုပ်။ —driven, *a.* မိုဃ်းသက်မုန်တိုင်းတိုက်၍လွင့်သော။ —glass, *n.* မိုဃ်းလေကိုတိုင်းရှိန်ရန်အကြောင်းပါသောဇန်ချောင်းတန်ဆာ။ —proof, *a.* မိုဃ်းလေလုံစုံသော။ —wise, မိုဃ်းရိပ်၊ လေရိပ်ကိုနားလည်သော။ —*v. t.* to sail to the windward of, ကုတ်ကုတ်ကတ်ကတ်ရွက်တိုက်၍ကျော်သွားသည်။ to pass with difficulty, အနားကိုကုတ်ကုတ်ကတ်ကတ်ရှောက်သွားသည်။ —a point, ကုတ်ကုတ်ကတ်ကတ်ပြု၍အကြိုထခြောက်သည်။ —out, *v. t.* အဆိုးတိုင်အောင်ခံရပ်၍နေသည်။

**Weave**, *v. t.* to unite by intermixture of parts, ရက်သည်။ —cloth in a loom, ရက်ကန်းရက်သည်။ —together, ဖွဲ့သည်။ ပေါင်းရှက်သည်။ to unite by intermixture, ရောနှောရှက်တင်အောင်ပြုသည်။ —grass (for roofing), သက်ကယ်ဖြစ်သည်။

**Weaver**, *n.* ရက်ကန်းသည်။ the bird, စာပေါင်းသောင်း။ စာဘူးတောင်း။ yellow-capped—, စာခေါင်းကွက်။

**Weaving**, *n.* from Weave, *v. t.* ရက်ကန်း။

**Weazen**, *a.* ပိန်ကျုံသော။

**Web**, *n.* cloth in the loom, ရက်ကန်းသား။ a film on the eye, တိမ်သလာ။ a spider's web, ပင့်ကူမျှင်။ —footed, Webbed, *a.* ဝဲနှဲကဲ့သို့တခြားတည်းသောခြေရှိသော။

**Wed**, *v.* to marry, ထက်ထပ်၍စုံဖက်သည်။ ထက်ထပ်မင်္ဂလာဆောင်သည်။ to unite closely, ပူးကပ်စေအောင်ပြုသည်။

**Wedding**, *n.* လက်ထပ်မင်္ဂလာဆောင်ခြင်း။ —clothes, လက်ထပ်မင်္ဂလာ

ပွဲနှင့်ဆိုင်သောအဝတ်။ —day, ထက်ထပ်မင်္ဂလာ ဆောင်သောနေ့။ —feast, *n.* ထက်ထပ်မင်္ဂလာပွဲ။

**Wedge,** *n.* a mass (of metal), အတုံး။ the double inclined plane, သပ်။ —shaped, *a.* သပ်၏ပုံသဏ္ဌာန်ရှိသော။ —*v. t.* to fasten with a wedge, ကျပ်အောင်သပ်ပင့်သည်။ to crowd or compress closely, မလှုပ်နိုင်အောင်ကျပ်၍ရှိအောင်ပြုသည်။

**Wedlock,** *n.* from Wed 1st def.

**Wednesday,** *n.* ဝန်အေး ဗုဒ္ဓဟူးနေ့။

**Weed 1,** *n.* mourning dress, အထိမ်းအမှတ်ပြု၍ဝတ်သောမသာအဝတ်။ —2, *n.* a useless plant, အသုံးမရ၊ ရာသီကိုလိုက်၍ပေါက်သော အပင်။ *plur.* ပေါင်း။ မြက်ပေါင်း။ —*v.* to free from weeds, ပေါင်းသင်သည်။ to extirpate (any thing noxious,) သုတ်သင်ပယ်ရှင်းသည်။

**Weeding,** *n.* from above.

**Weedy,** *a.* ထူပြောစွာပေါင်းပင်ပေါက်သော။

**Week,** *n.* ခုနှစ်ရက်။ one week, တသိတင်း။ two weeks, နှစ်သိတင်း။ etc. —day, ဥပုသ်နေ့မဟုတ်သောနေ့ထွက်။

**Weekly,** *a.* ခုနှစ်ရက်တခါဖြစ်တတ်သော။

**Ween,** *v. i.* မိတ်ထင်သည်။

**Weep,** *v.* to shed tears, မျက်ရည်ကျသည်။ မျက်ရည်ထိုသည်။ to cry silently, ငိုသည်။ to bewail, ညည်းတွားမြည်တမ်းသည်။ to shed moisture, အရည်ယိုသည်။

**Weeper,** *n.* agent, from above.

**Weeping,** *n.* from Weep.

**Weevil,** *n.* စပါးပိုး။

**Weft,** *see* Woof.

**Weigh,** *v. i.* to have weight, အချိန်ရှိသည်။ to be considered as important, ပမာဏပြုစရာအကြောင်းရှိသည်။ to bear heavily, လေးလေးဖိလျက်ရှိသည်။ —*v. t.* to examine by the balance, ချိန်သည်။ ချိန်တွယ်သည်။ —(heavy or bulky articles), တိုက်ချိတ်သည်။ to be equivalent to in weight, that is, to be of a certain weight, ဤမည်မျှအချိန်ရှိသည်။ to raise (an anchor), နုတ်သည်။ to culculate in the mind, estimate, ခြင့်တွက်သည်။ နှိုင်းချိန်သည်။ to consider, ဆင်ခြင်သည်။ စဉ်းစားသည်။ —in the mind, မိတ်နှိုင်းချိန်သည်။ —down, to overbalance, သာ၍လေးသည်။ to oppress with weight, လေးသောအရာနှင့်ဖိနှိပ်သည်။

**Weighing,** *n.* from Weigh, *v. t.*

**Weight,** *n.* the quantity of a body ascertained by weighing, အချိန်။ ချိန်သား။ gravity, heaviness, လေးခြင်း။ လေးသောသဘော။ a mass by which bodies are weighed, အလေး။ —to keep down any thing, အဖိ။ something heavy, လေးသောအရာ။ a burden, load, (applied to cares or duties), ဝန်။ importance, အမှုကြီးခြင်း။ impressiveness, ဩဇာ။

**Weightily,** *adv.* heavily, တစ်တစ်။

**Weightiness,** *n.* from next.

**Weighty,** *a.* heavy, လေးသော။ —as words, လေးနက်သော။ important, ကြီးသော (အမှု။) အမှုကြီးသော။ ဂရုပြုဖွယ်ဖြစ်သော။ having weight, adapted to influence, ဩဇာရှိသော။

**Welcome,** *a.* gladly received and entertained, အားရဝမ်းမြောက်စွာ ဧည့်သည်ဝတ်ပြုခြင်းကို ခံရသော။ desirable, လိုချင်ဖွယ်ရှိသော။ ကြိုက်နှစ်သက်ဖွယ်ဖြစ်သော။ free to take gratuitously, အဘိုးမပေးရဘဲ (ပြု) ရသောအခွင့်ရှိသော။ bid—, *v. t.* လောကဝတ်ပြု၍ ခေါ်ဖိတ်သည်။ လောကဝတ်ပြု၍ ဧည့်ခံသည်။ —*n.* from *do.* —*int.* အဆွေ၊ ဝင်ပါတော့။ လာခြင်းကောင်းသည်။

**Welcome, Welcoming,** *n.* agent, and *a.* from Welcome, *v. t.*

**Weld,** *v. t.* မီးနှင့်စေ့ဆော်သည်။

**Welfare,** *n.* ကောင်းမွန်စွာနေခြင်း။ ကောင်းမွန်သောအနေ။

**Welkin,** *n.* ကောင်းကင်အမိုး။

**Well 1,** *n.* ရေတွင်း။ space in a Burman boat used for bailing out water, ရေပက်ကန့်။ —curb, ရေတွင်းပေါင်။ —pole, မောင်းတက်။ —spring, ရေစမ်းပေါက်။ —sweep, မောင်း။ —water, တွင်းရေ။ —2, *a.* မာသော။ ကျန်းသော။ ကျန်းမာသော။ ကျန်းမာပကတိရှိသော။ ဖါသာသော။ pretty—, မထောင်းတာရှိသော။ being pleasant, agreeable, (as outward circumstances,) အရေးသာသော။ being in favor, ရှက်နှာရသော။ —wisher, *n.* ချမ်းသာစေချင်သောသူ။ မေတ္တာပို့တတ်သောသူ။ —*adv.* in a good manner, ကောင်းကောင်း။ ကောင်းစွာ။ properly, လျောက်ပတ်စွာ။ sufficiently, လောက်အောင်။ အတော်အတန်။ very much, အလွန်။ favorably, with praise, ချီးမွမ်းသည်နှင့်။ conveniently, အခန့်သင့်သည်နှင့်။ (not well done, ဖြစ်ကတတ်ဆန်း။ not well, မကောင်းတရောင်း။) —being, *n.* ကောင်းမွန်စွာနေခြင်း။ ကောင်းမွန်သောအနေ။ —beloved, *a.* အလွန်ချစ်အပ်သော။ —born, အမျိုးမြတ်သော။ —bred, ယဉ်ကျေးသော။ —doing, *n.* ကောင်းမွန်စွာကျင့်ခြင်း။ —done, *int.* သာဓု။ ကောင်းပြီ။ —favored, *a.* အဆင်းလှသော။ —intentioned, ကောင်းသောအကြံရှိသော။ —meaning, ကောင်းသောအကြံကိုကြံသော။ —off, ကောင်းစားသော။ —nigh, *adv.* လုပြီ။ လုနီးပြီ။ လုမတတ်။ ကုတ်မတတ်။ —spent, *a.* ကောင်းမွန်စွာပြုသောအားဖြင့်လွန်စေသော (ကာလ။) —*int.* very—, အဲအဲ။

**Welsh,** *a.* ဝေလစ်ပြည်။ ဝေလစ်အမျိုးနှင့်ဆိုင်သော။ —man, *n.* ဝေလစ်အမျိုးသား။

Welt, *n.* ထနားကွပ်၊ —*v. t.* ထနားကိုကွပ်သည်။

Welter, *v. i.* (ရွှံ့အသွေး၌) လူးလည်သည်။

Wen, *n.* ဖြင်း၊ ဖြင်းဖု၊ —on an animal, သားရွေးထုပ်။

Wench, *n.* a young woman, အပျို၊ a young woman of ill fame, မိစ္ဆာရှင်။

Wencher, *n.* မိစ္ဆာရှင်တို့နှင့်ပျော်ပါးတတ်သောသူ။

Wend, *v. i.* သွားသည်။

West, *n.* the western quarter of the heavens, အနောက်၊ အနောက်မျက်နှာ၊ the western parts of the earth, အနောက်အရပ်၊ —*a.* အနောက်မှာရှိသော၊ south—, အနောက်တောင်၊ north—, အနောက်မြောက်။

Westerly, Western, *a.* situated in the west, အနောက်မျက်နှာ၊ အနောက်အရပ်၌ရှိသော၊ pertaining to the west, အနောက်မျက်နှာ၊ အနောက်အရပ်နှင့်ဆိုင်သော။

Westward, *adv.* အနောက်မျက်နှာသို့။

Wet, *a.* containing water inhering, စိုသော၊ စိုစွတ်သော၊ soaking —, ရွှဲသော၊ raining, မိုးရွာသော၊ —nurse, *n.* နို့ထိန်း၊ —*v. t.* စိုစေအောင်ပြုသည်၊ ဆွတ်သည်။

Wetness, *n.* from Wet. *a.*

Wether, *n.* သိုးစင်၊ သင်းပြီးသောသိုး။

Whack, *v. t.* တံပြာနှင့်ရိုက်သည်။

Whale, *n.* ငါးဝှေလ၊ ငါးဝန်၊ ပင်လယ်၌အကြီးဆုံးသောငါး။ —bone, ငါးဝှေလပါးရိုး၊ ထားနနွား။

Whaler, *n.* ငါးဝှေလကိုဖမ်းယူတတ်သောသင်္ဘော။

Wharf, *n.* တန်တားဦးတို။

Wharfage, *n.* ကုန်ချရာတန်တားဦးတိုခ။

What, *pron. a.* that which, —သော (အရာ၊) (interrog.) အဘယ်၊ ဘယ်မည်၊ —kind, —sort, *pron. a.* (interrog.) အဘယ်သို့သော၊ မည်သို့သော၊ မည်သို့မည်ညာသော၊ —though, *adv.* သို့သော်လည်း။ —*used substantively,* What thing, ဘယ်အရာ၊ ဘယ်ဟာ၊ ဘာ။

Whatever, Whatsoever, *pron. a.* အကြင်၊ being one thing or another, ဘယ်အရာမဆို၊ မည်သည့်အရာမဆို၊ ဤမည်သောအရာဖြစ်စေ၊ အခြားသောအရာဖြစ်စေ၊ of whatever kind, အကြင်သို့၊ all that, the whole that, ရှိသမျှ၊ ရှိလေရာရာ။

Whatso, (obsol.) *pron. a.* အကြင်။

Wheat, *n.* ဂျုံစပါး၊ ကုလားစပါး၊ လူးနတ်ထောက်၊ (classic name.)

Wheaten, *a.* ဂျုံမှုန့်ကိုလုပ်သော။

Wheedle, *v. t.* ကချွဲကလျှာပြောသည်၊ ကချွဲကချွဲပြောသည်၊ ချော့မော့သည်၊ —as a child, ချွဲနှောင်းသည်၊ coax, ဘွဲ့ချွဲသည်။

**Wheel**, *n.* —of a carriage, ဘိန်း။ ဘီး။ —of a machine, စက်။ ရဟတ်။ ရစ်ပေါင်း။ စက်ရဟတ်။ —of a pulley, စက်ဆန့်။ a spinning wheel, ရစ်။ a potter's wheel, အိုးထိန်းစက်။ a certain engine of torture, အပူအပြင်းစစ်ကြောရန်စက်တန်ဆာ။ rotation (as on an axis,) လိမ့်ခြင်း။ the act of moving circuitously, ဝိုက်ခြင်း။ —barrow, ဘီးတခုသာပါသောထိုးလှည်းကလေး။ —carriage, ဘီးပါသောယာဉ်အမျိုးမျိုး။ —wright, လှည်း၊ ရထားမျိုးကို လုပ်သောလက်သမား။ —*v. i.* to turn on an axis, လိမ့်သည်။ to curve (to the right or left,) ဝိုက်သည်။ ကွေ့သည်။ to fetch a compass round, ကွင်းသွားသည်။ —*v. t.* from *do.* 1st def.

**Wheeze**, *v.* ရှုသံပြင်းသည်။

**Whelm**, *v. t.* မြှုပ်စေအောင်လွှမ်းသည်။

**Whelp**, *n.* the young of certain animals, ခြင်သေ့သငယ်။ ဝက်ဝံသငယ်။ ခွေးသငယ်။ —*v. t.* to bring forth, as certain animals, (ခြင်သေ့အစရှိ) ခွေးဖွားသည်။

**When**, *adv.* the time in which, —သောအခါ။ (interrog.) အဘယ်သောအခါ။ ဘယ်သောခါ။

**Whenever, Whensoever**, *adv.* ဘယ်အချိန်မဆို။ မည်သည်အချိန်မဆို။ ဤမည်သောအချိန်ဖြစ်စေ၊ အခြားသောအချိန်ဖြစ်စေ။

**Whence**, *adv.* from which place, —အရပ်က။ on which account, အကြောင်းကြောင့်။ (interrog.) အဘယ်အရပ်က။ ဘယ်ဆီက။ ဘယ်က။

**Where**, *adv.* at which place, —သောအရပ်မှာ။ (interrog.) အဘယ်အရပ်မှာ။ ဘယ်ဆီမှာ။ ဘယ်မှာ။ whither, (interrog.) အဘယ်အရပ်သို့။ ဘယ်ဆီသို့။ ဘယ်သို့။ ဘယ်ကို။ —about, near which place, —သောအရပ်အနီးအပါးတွင်။ (interrog.) အဘယ်အရပ်အနီးအပါးတွင်။ concerning which, —သောအကြောင်းနှင့်ဆိုင်လျက်။ —as. so that, it being so, သို့ဖြစ်၍။ when on the contrary, ထိုသို့မဟုတ်ဘဲလျက်။ —at, at which place, —သောအရပ်မှာ။ at which time, —သောအခါ။ on which account, —သောအကြောင်းကြောင့်။ —by, by means of which, —သောအကြောင်းအားဖြင့်။ (interrog.) အဘယ်သောအားဖြင့်။ —fore, for which reason, —သောအကြောင်းကြောင့်။ (interrog.) အဘယ်အကြောင်းကြောင့်။ —in, in which, —သောအမှုအရာမှာ။ (interrog.) အဘယ်အမှုအရာမှာ။ —of, concerning which, —သောအကြောင်းနှင့်ဆိုင်လျက်။ —on, —upon, upon which, —အရာအပေါ်မှာ။ for which reason, —အကြောင်းကြောင့်။ —to, —unto, to which place, —သောအရပ်သို့။ —with, together with which, သောအရာနှင့်တကွ။ by reason of which, —သောအရာအားဖြင့်။ (interrog.), အဘယ်သို့သောအားဖြင့်။

**Wherever**, *adv.* (၌) ရာရာ။ (၌) လေရာရာ။

**Wherry**, *n.* လှေကလေး။

**Whet**, *v. t.* to rub for the purpose of sharpening, ထက်စေခြင်းငှါသွေး သည်။ to stimulate, နှိုးဆော်သည်။ —*n.* from above, 1st def. —stone, ထားသွေးကျောက်။

**Whether**, *pron. a.* which of two, နှစ်ဦးတွင်အဘယ်သူ။ နှစ်ခုတွင်အဘယ် သင်း။ —or, *adv.* ကို။ (after two alternatives, thus, လာမည် မလာမည်ကိုပြောပါ။ say whether you will come or not.)

**Whey**, *n.* ဒိန်ရည်။

**Wheyey**, *a.* ဒိန်ရည်ကဲ့သို့ဖြစ်သော။

**Which**, *pron. a. neut.* that (relative,) သော။ what, that which, —သော (အရာ။) (interrog.) အဘယ်သင်း။

**Whichever**, *pron. a.* ဤ—ရှိသည်ဖြစ်စေ၊ ထို—ရှိသည်ဖြစ်စေ။

**Whiff**, *v.* to puff, မှုတ်သည်။ —*n.* အမှုတ်။ တမှုတ်။

**Whiffle**, *v. i.* လေတိုက်ရာပါသကဲ့သို့စိတ်မတည်ဖြည်သည်။

**Whig**, *n.* ရှင်ဘုရင်စိုးရင်မိုင်သောအခွင့်ကျည်းစေခြင်းငှါအလိုရှိသောသူ။

**While 1**, *n.* and *adv.* time being, အတုန်း။ တုန်းခါ။ အခိုက်။ အစည်။ ရှိစဉ်ကာလ။ a little—, တခဏ။ တခဏ။ applied to words of sleeping, တရေးတမှေး။ (standing for a little—, မိုးတိုးမတ် တတ်။) —2, *v. t.* ပျင်းရိ၍ဖင့်နွှဲသည်။ —away, *v. t.* (နေ့ရက် ကာလကို) လွန်စေခြင်းပြုသည်။

**Whim**, *n.* အကြောင်းမရှိဘဲသူတပါးနှင့်ခြားနားသောအမှုကိုပြုတတ်သောစိတ်။

**Whimper**, *v. i.* တရှုပ်ရှုပ်ငိုသည်။

**Whimsey**, *see* Whim.

**Whimsical**, *a.* အကြောင်းမရှိဘဲသူတပါးတို့နှင့်ခြားနားစွာပြုတတ်သော။

**Whine**, *v. i.* ညည်းသည်။ —as a child, တယင်ယင်ငိုသည်။ —as an elephant when angry, တည်းသည်။ —*n.* from *do.*

**Whinny**, *v. i.* ဟီသည်။

**Whip**, *n.* ရိုက်စရာတံပျာ။ —cord, အစည်လုပ်ရန်ကြိုး။ —lash, အစည် ကြိုး။ —snake, မြွေလက်ပပ်။ —stock အစည်ကြိုးတပ်သောနှင်တံ။ —*v. t.* to strike with a whip, ကြိမ်လုံး၊ တံပျာ၊ ကြိုးသေး၊ ကြိုး မှာနှင့်ရိုက်သည်။ to over-cast in order to gather, တွန့်စေခြင်း သီသည်။ —*v. i.* to move quickly from one place to another, ရုပ်ခနဲထွက်ဝင်သွားလာသည်။ —into, ရုပ်ခနဲဝင်သည်။ —*v. t.* ရုပ်ခနဲသွင်းသည်။ —out, *v. i.* ရုပ်ခနဲထွက်သည်။ *v. t.* ရုပ်ခနဲ ထုတ်သည်။ —up, ရုပ်ခနဲဖြိုတ္တူသည်။

**Whipping**, *n.* from Whip, *v. t.* —post, ချည်၍ရိုက်ရန်စိုက်ထား သောတိုင်။

**Whir**, *v. i.* ဝည်ဝည်မြည်သည်။

**Whirl**, *v. i.* ချာချာလည်သည်။ —*v. t.* to twirl, ရွှေသည်။ to swing round with velocity, မြန်မြန်ဝင့်သည်။ —a round, ရွှေယမ်း

သည်။ —round by the hair of the head, ဆွဲခွောက်သည်။ —*n.* from above, *v. t.* and *v. i.*

**Whirligig,** *n.* ထက်လှည့်ကျင်။

**Whirlpool,** *n.* ဝဲ။ large—, ဝဲဩဃ။ —with a vortex, ဝဲကတော့။ (to be thrown out by a whirlpool, ဝဲမှုတ်သည်။)

**Whirlwind,** *n.* လေဘွေ။

**Whisk,** *n.* တန်မြက်စည်းကလေး။ —*v. t.* အသာခတ်ဖြစ်လိုက်သည်။ —*v. i.* လျှပ်ကာနင်းသွားသည်။

**Whiskered,** *a.* ပါးမုန်းမွေးရှိသော။

**Whiskers,** *n. plur.* ပါးမုန်း။ ပါးမျိုင်း။

**Whisky,** *n.* ဆန်အရက်။

**Whisper,** *v.* တိုးတိုးပြောသည်။ —*n.* စကားတိုး။

**Whisperer,** *n.* စကားမှိုသောသူ။

**Whist,** *a.* တိတ်သော။ တိတ်ဆိတ်သော။

**Whistle,** *v.* —with the mouth, လေချွန်သည်။ —with a small fife, ပြွေမှုတ်သည်။ —*n.* from above; a small fife, ပြွေကလေး။

**Whistlingly,** *adv.* —as the wind, ရှီရှီ။

**Whit,** *n.* တဆိတ်တပေါက်။

**White,** *a.* —in color, ဖြူသော။ pure, ဖြူစင်သော။ သန့်ရှင်းသော။ —lead, *n.* ခဲဖြူ။ —livered, *a.* ကြောက်တတ်သော။ —wash, *n.* ထုံးဖြူရည်။ —*v. t.* ထုံးဖြူသုတ်သည်။ အဖြူသုတ်သည်။ —*n.* white color, ဖြူသောအဆင်း။ a white person, အဆင်းဖြူသောသူ။ white clothes, ဖြူသောအဝတ်။ —of an egg, ဥအကာ။ —of the eye, မျက်ဖြူ။ —*v. t.* see next, *v. t.*

**Whiten,** *v. i.* ဖြူလာသည်။ —*v. t.* ဖြူအောင်လုပ်သည်။ ဖြူစေသည်။

**Whiteness,** *n.* from White, *a.* (intensive to words of—, နင်နင်။ ဆွတ်ဆွတ်။)

**Whither,** *adv.* to which place, —သောအရပ်သို့။ (interrog.) အဘယ်အရပ်သို့။ အဘယ်သိသို့။ ထယ်ကို။

**Whithersoever,** *adv.* (သွား) လေရာရာ။

**Whiting,** *n.* Indian—, ငါးပုတ်သင်။ ငါးမြက်။

**Whitish,** *a.* ခပ်ဖြူဖြူ။

**Whitlow,** *n.* ခူနာ။

**Whittle,** *v. t.* (သစ်သားကို) ထားကလေးနှင့်လှီးသည်။

**Whiz,** *v. i.* ရှီခနဲမြည်သည်။

**Who,** (*pron.* hoo) *pron. a. mas.* and *fem.* that (relative,) သော။ (interrog.) အဘယ်သူ။ ဘယ်သူ။ အသူ။ မည်သူ။

**Whoa,** *int.* ဝှိုး။ (မြင်း၊ နွား၊ ရပ်စေခြင်းငှါပြုသောအသံ။)

**Whoever,** *pron. a.* ထယ်သူမဆို။ မည်သူမဆို။ အိုမည်သောသူဖြစ်စေ၊ အခြားသောသူဖြစ်စေ။

**Whoso,** *pron.* အကြင်သူ၊

**Whole,** *a.* all, the entire of (a thing.) အလုံး၊ တ—လုံး၊ အနက်၊ complete, နိုလင်သော၊ uninjured, အနာအဆာမရှိသော၊ well, ပကာတိကျန်းမာသော၊ —*n.* ပေါင်း၊

**Wholesale,** *adv.* ပေါက်သည်ချ၍ (ရောင်းသည်၊)

**Wholesome,** *a.* salubrious, ကျန်းမာစေတတ်သော၊ beneficial, အကျိုးကိုဖြစ်စေတတ်သော၊ အကျိုးရှိသော၊

**Wholesomeness,** *n.* from above.

**Wholly,** *adv.* အကုန်အစင်၊ အကြွင်းမဲ့၊ အလျှင်း၊ အသေသိ၊ *Pali.*

**Whom,** *obj.* of Who, *which see.*

**Whoop,** *v. i.* အော်ဟစ်သည်၊ ညာသံပေးသည်၊ —*n* from *do.*

**Whore,** *n.* ပြည်တန်ဆာ၊ မိမ္ဗုရှင်၊ ကြေးစား၊ —*v. i.* မတရားသောမေထုန်၌မှီဝဲသည်၊

**Whoremaster, Whoremonger,** *n.* ပြည်တန်ဆာတို့နှင့်ပျော်ပါးတတ်သောသူ၊

**Whorish,** *a.* ကာမတဏှာအလိုကြီးသော၊

**Whose,** *poss.* of Who, *which see.*

**Why,** *adv.* for which reason, —သောအကြောင်းကြောင့်၊ (interrog.) အဘယ်အကြောင်းကြောင့်၊ အဘယ်ကြောင့်၊ ဘဲ့နှယ်ကြောင့်၊ ထာပြုလို့၊

**Wick,** *n.* မီးစာ၊

**Wicked,** *a.* ဆိုးသော၊ ဆိုးသွမ်းသော၊

**Wickedly,** *adv.* အသွမ်း၊

**Wickedness,** *n.* bad disposition, ဆိုးသောသဘော၊ bad conduct, ဆိုးသောအကျင့်၊ မတရားသောအမှု၊

**Wicker,** *a.* သစ်ခက်ကိုရက်သော၊

**Wicket,** *n.* တံခါးငယ်၊ မလွယ်တံခါး၊

**Wide,** *a.* broad, ကျယ်သော၊ —as cloth, အနံကြီးသော၊ —as a boat, ဖြက်ကြီးသော၊ extensive, ကျယ်ဝန်းသော၊ remote, ဝေးသော၊ —apart, ကြဲစဲသော၊ —mouthed, ပွသော၊

**Widen,** *v. i.* ကျယ်သွားသည်၊ —*v. t.* ကျယ်စေခြင်းလုပ်သည်၊ ချဲ့ထွင်သည်၊ to make wide apart, ချဲ့သည်၊

**Wideness,** *n.* from Wide, *a.*

**Widgeon,** *n.* တဲအ၊

**Widow,** *n.* မုဆိုးမ၊

**Widowed,** *a.* မုဆိုးမအဖြစ်ရှိသော၊

**Widower,** *n.* မုဆိုးဖို၊

**Widowhood,** *n.* မုဆိုးဖို၏အဖြစ်၊

**Width,** *n.* အနံ၊ ဖြက်၊ (of one width, ကေန်၊ applied to cloth).

**Wield,** *v. t.* လက်စွဲပြု၍အလိုရှိတိုင်းသုံးသည်၊

**Wiery,** *see* Wiry.

**Wife,** *n.* မယား။ inferior—, မယားငယ်။ အခြွေအရံငယ်။ —of a governor, မင်းကတော်။ —of a teacher, ဆရာကတော်။ —and child, သားမယား။ (to have a wife, မယားနေသည်။)

**Wig,** *n.* ဆံပင်ဦးထုပ်။

**Wight,** *n.* သူ။

**Wigwam,** *n.* (Amer. Ind.) အိမ်။

**Wild,** *a.* untamed, uncivilized, မယဉ်ကျေး၊ ရိုင်းသော၊ ရိုင်းစိုင်းသော။ growing without culture, တောဝ၌အလေ့ပေါက်သော။ uncultivated, as land, မလုပ်သေးသော (မြေ။) desert, uncultivated, as a wilderness, လူမရှိ၊ မနေ၊ မပြုပြင်သော (တောအရပ်။) undisciplined, disorderly, unrestrained, ဆုံးမခြင်းကိုမခံ၊ နည်းဥပဒေသကိုမလိုက်၊ ပေါက်လွှတ်ပြု၍နေသော။ delirious, စိတ်ကတောင်ကရင်ဖြစ်သော။ not planned with sound reason, အကြောင်းအခြင်းကိုမရှု၊ အကျိုးအကြောင်းကိုမဆင်ခြင်ဘဲကြံသော (အကြံ။) —boar, *n.* တောဝက်။ —cat, တောကြောင်။ —fire, ညီးလောင်၍သောခဲသောအိုး ထုပ်။ —fowl, တောကြက်။ —honey, တော၌ဖြစ်သောပျားရည်။

**Wilder,** *see* Bewilder.

**Wilderness,** *n.* လူမရှိ၊ မနေ၊ မပြုပြင်၊ ဆိတ်ညံသောအရပ်။ တောအရပ်၊ တောကန္တာရ။

**Wildness,** *n.* from Wild, *a.*

**Wile,** *n.* လိမ်ထည်ရအောင်ပြုသောပရိယာယ်။ —*v. t.* ပရိယာယ်ပြု၍ သိမ်းလည်သည်။

**Wilful,** *a.* following one's own will, သူစကားကိုနားမထောင်၊ ကိုယ်အလိုသို့သာလိုက်တတ်သော။ forward, စိတ်ရိုင်းမာ၍ဆုံးမခဲသော။

**Wilfulness,** *n.* from above.

**Will,** *n.* inclination, determination of the mind, volition, အလို၊ အလိုရှိခြင်း။ good—, စေတနာ။ a testament, သေတမ်းစာ။ —*v. t.* to put forth an act of the will, အလိုရှိသည်။ to bequeath by will, သေတမ်းစာအားဖြင့်ပေးသည်။ —*adv.* according to one's will, တတ်တိုင်း။ ဝါသိဝါသာ။ of one's own will and way, ထာသာထဝါ။ *verb. affix of tense,* မည်၊ အံ့၊ လတ္တံ့။

**Willing,** *a.* consenting in mind, စိတ်ပါသော။

**Willingness,** *n.* from above.

**Willow,** *n.* မိုဃ်းမခ။

**Wilt,** *v. i.* to lose freshness, begin to wither, ညှိုးသည်၊ နွမ်းသည်။ ညှိုးနွမ်းသည်။ —*v. t.* from *do.*

**Wily,** *a.* လိမ္မာသော။

**Wimble,** *n.* စူးရိုးကောက်။

**Win,** *v. t.* နိုင်၍ရသည်။ —upon, တဖြည်းဖြည်းတိုးတက်၍ရသည်။

**Wince,** *v. i.* to flinch, တွန့်သည်။ to kick from uneasiness, ကန်ကျောက်သည်။

**Winch,** *n.* တုံးလုံးစက်။

**Wind,** *n.* air in motion, လေ။ head—, လေဆန်။ —(precursing a storm), မိုးသက်လေ။ wind (aft), နောက်ပိုးလေ။ power of respiration, သက်လုံ။ —bound, *a.* လေဆန်ဖြစ်၍မသွားနိုင်သော။ —fall, *n.* fruit blown from a tree, လေတိုက်၍ကြွေသောအသီး။ an unexpected acquisition, အခန့်တော်၍ရသောဥစ္စာပစ္စည်း။ —fall, အောင်လဲနတ်သတ်။ —mill, *n.* လေယန္တရားစက်။ —pipe, အသက်လေထွက်ဝင်ရာလည်ချောင်း။ —sail, သင်္ဘောဝမ်းထဲသို့လေသွင်းရန်လေပြွန်။ —tight, *a.* လေလုံသော။ —*v. t.* to follow by the scent, အနံ့ကိုခံ၍လိုက်သည်။ to ventilate, လေဝင်အောင်သွင်းသည်။ —*v. i.* to turn from one direction to another, လှည့်သည်။ to be serpentine in course, ကွေ့ကောက်သည်။ to have a circular direction upward, as winding stairs or an ascending creeper, လိမ်သည်။ —*v. t.* to sound by blowing, မှုတ်သည်။ to turn from one direction to another, လှည့်သည်။ to change, ပြောင်းလဲစေသည်။ ပြောင်းလဲသည်။ *v. t.* to encircle, ပတ်ရစ်သည်။ —as thread on a spool, ပတ်ထားသည်။ ပတ်ရစ်၍ထားသည်။ —thread into skeins, ဖြည့်သွတ်သည်။ to coil, ခွေသည်။ ခွေ၍ထားသည်။ —into, to introduce gradually, တဖြည်းဖြည်းဝင်အောင်ပြုသည်။ —off, (ရစ်ပတ်၍ထားသောအရာကို) ဖြည်သည်။ —round, ပတ်သည်။ ရစ်သည်။ —as an ascending creeper, လိမ်သည်။ လိမ်ပတ်၍တက်သည်။ —up, *v. t.* to wind, as thread on a spool, *which see;* to arrange and settle (one's affairs.) အမှုကိုဖြတ်လို၍ရှင်းသင်းအောင်ပြုသည်။ to convolve the spring or cord of a timepiece, သော့နှင့်လှည့်၍ပတ်ရစ်အောင်ပြုသည်။ to straiten the string of a musical instrument, ကြိုးတင်းအောင်လက်လှည့်ကိုလှည့်သည်။ to renovate, impart fresh strength, ပြုပြင်၍ခွန်အားကိုသွင်းသည်။ to excite and animate, နှိုးဆော်၍အားပေးသည်။ —*adv.* with the—, လေအောက်။ against the—, လေညာ။ လေတင်။

**Winding,** *n.* from Wind, *v.* —sheet, *n.* အလောင်းကောင်ကိုပတ်ရစ်သောအထည်။ spiral winding of a creeper, နွယ်လိမ်။

**Windlass,** *n.* တုံးလုံးစက်။

**Window,** *n.* an aperture for light and air, ပြတင်း။ ပြတင်းပေါက်။ လေသာတံခါး။ small round—, ပြူပြတင်း။ false—, ပြတင်းရောင်။ a glazed sash, မှန်ပြတင်း။ မှန်စီပြတင်း။ —blind, *n.* တရုပ်ကပ်။ —frame, *n.* ပြတင်းပေါင်နှင့်အထက်ထုပ်၊ အောက်ထုပ်တည်းဟူ

သောပြတင်းဝို့ (not in use.) —sash, *n.* ပြတင်းမှန်ထိမ်ကွတ်၊ —shutter, *n.* ပြတင်းရွက်၊ ပြတင်းဖိတ်၊

Windward, *adv* လေညာသို့၊ လေတင်သို့၊

Windy, *a.* having wind, လေရှိသော၊ လေပါသော၊ လေရှားသော၊ empty, airy, လေကဲ့သို့ဖြစ်သော၊

Wine, *n.* စပျစ်ရည်၊ —bibber, *n.* စပျစ်ရည်သောက်ကျူးသောသူ၊ —glass, *n.* ဖန်ကတိုး၊ —merchant, စပျစ်ရည်သည်၊ —press, *n.* စပျစ်သီးနယ်ရာကျင်း၊ စပျစ်ရည်ညှစ်သောတန်ဆာ၊

Wing, *n.* —of a bird or insect, အတောင်၊ —of an army, တပ်ခွယ်၊ တပ်နားရွက်၊ လက်စောင်း၊ flight, ပျံခြင်း၊ —*v. t.* to furnish with wings, အတောင်ကိုပေးသည်၊ —a flight, ခရီးတွင်ထောင်အတောင်နှင့်ကြိုးစား၍ပျံသည်၊

Winged, Wingy, *a.* having wings, အတောင်ရှိသော၊ rapid, လျှင်မြန်သော၊

Wink, *v. i.* to shut the eyes, မှိတ်သည်၊ to close and open the eyes, မျက်တောင်ခတ်သည်၊ to give a hint by a motion of the eyelid, မျက်တောင်ခတ်၍အမှတ်ပေးသည်၊ —at, *v. t.* အမြင်မတင်၊ တိတ်ဆိတ်စွာအခွင့်ပေးသည်၊ —*n.* from Wink, *v. i.*

Winkingly, *adv.* twinklingly, မှိတ်တုတ်မှိတ်တုတ်၊

Winner, *n.* agent, from Win.

Winning, *n.* ပြိုင်၍နိုင်သောဥစ္စာ၊ —*a.* adapted to please and gain favour, စိတ်ညွတ်၍ပါစေခြင်ငြှတတ်သော၊

Winnow, *v. t.* လှေ့သည်၊

Winsome, *a.* ရွှင်လန်းသော၊

Winter, *n.* ဟေမန္တဥတု၊ ဆောင်းကာလ၊ —*v. i.* to pass the winter, ဆောင်းကာလ၌နေသည်၊ —*v. t.* to keep through the winter, ဆောင်းကာလပတ်လုံးမြုစုသည်၊

Wintery, *a.* ဆောင်းကာလနှင့်တော်သင့်သော၊

Wipe, *v t.* သုတ်သည်၊ —*n.* from above; a blow, ရိုက်ပုတ်သည်အချက်၊ a sarcasm, သရော်သောစကား၊

Wire, *n.* နန်းကြိုး၊ နန်းခြည်၊ —draw, *v. t.* to draw wire, နန်းငင်သည်၊ နန်းဆွဲသည်၊ နန်းခြည်ခက်သည်၊

Wiry, *a.* နန်းခြည်ကဲ့သို့ဖြစ်သော၊

Wisdom, *n.* ပညာ၊ ပရိယာန်၊ *Pali.*

Wise 1, *a.* having wisdom, ပညာရှိသော၊ skilled, ထွေကျက်သော၊—2, *n.* manner, နည်း၊ နွယ်၊ (—man, ပညာရှိ၊ ပဏ္ဍိတ၊ ကဝိ၊ သုခမိန်၊)

Wiseacre, *n.* ပညာရှိရောင်ဆောင်သောလူမိုက်၊

Wish, *v.* to desire, အလိုရှိသည်၊ လိုချင်သည်၊ to ask, တောင်းသည်၊ တောင်းပန်သည်၊ —ill to, *v. t.* ကျိန်ဆဲသည်၊ —well to, *v. t.*

မေတ္တာပို့သည်။ —*n.* from Wish, *v.*; desire (to obtain), အလိုဆန္ဒ။ that which is desired, လိုချင်သောအရာ၊

Wishful, *a.* longing, တောင့်တသော။ showing strong desire, တောင့်တသောလက္ခဏာရှိသော။

Wisp, *n.* ကောက်ရိုး။ မြက်ခြောက်စည်းငယ်။

Wistful, *a.* ဆင်ခြင်အောင်းမေ့လျှက်ရှိသော။

Wit, *n.* the intellect, ဉာဏ်။ the faculty of forming and expressing ludicrous ideas, ရယ်ရွှင်ဖွယ်သောစကားကိုပြောတတ်သောသဘော။ a mode of speaking that excites mirth, ရယ်ရွှင်ဖွယ်သောစကားကိုပြောခြင်း။ a person of lively genius, ဉာဏ်ထက်မြက်သောသူ။ *plur.* saneness of intellect, ပေါ့သွတ်ခြင်းမရှိ၊ ပကတိသောစိတ်။ power of invention, ထူးထွင်းသောဉာဏ်။ to—, *v.* or *adv.* ထု။ ဟူ၍။ ဟူသော။ ဟူသည်ကား။

Witch, *n.* စုန်းမ။ ရွာဘွီး။ သူပြု။ —*v. t. see* Bewitch.

Witchcraft, Witchery, *n.* စုန်းဖြစ်မှုပြုစားခြင်း။

With, *prep.* in connection or company with, နှင့်။ နှင့်အတူ။ နှင့်တကွ။ by, by means of, ဖြင့်။ အားဖြင့်။ နှင့်။ ကြောင့်။

Withal, *adv.* အခြားတပါးတို့နှင့်အတူ။

Withdraw, *v. i.* to depart from, ထွက်သွားသည်။ —*v. t.* to take out, ထုတ်ယူသည်၊ နုတ်ယူသည်။ to take in, ရုပ်သိမ်းသည်။ to recall, ပြန်လာစေခေါ်သည်။

Withdrawing-room, *n.* ဧည့်ခံရာအခန်း။

Withdrawment, Withdrawal, *n.* from Withdraw, *v.*

Withe, *n.* လျှော်ကြိုး။

Wither, *v. i.* —as a plant, ညှိုးနွမ်းသွေ့ခြောက်သည်။ to begin to—, နွမ်းသည်။ —as an animal substance, ပိန်သွားသည်။ သွေ့ခြောက်သည်။ သေသည်။ to become withered, ပိန်ခြောက်သည်။ —*v. t.* from above.

Withers, *n.* မြင်း၏လက်ပြင်ရိုးနှင့်ကြောရိုးဆက်သောအရိုးဆုံ။

Withhold, *v. t.* to hold back, keep from action, မပြုရစေအောင်တားသည်။ to keep back, not to grant, မပေးဘဲနေသည်။

Within, *prep.* အထဲမှာ။ အတွင်းတွင်။

Without, *prep.* on the outside of, အပြင်မှာ။ beyond, အလွန်။ with exemption from, ကင်းလွတ်လျက်။ not with, မဲ့။ မ—ဘဲ။ unless, မ—လျှင်။

Withstand, *v. t.* (passively,) ရပ်ခံသည်။ ထန့်တားသည်၊ ခံဆီးသည်။ (actively,) ခုခံသည်။

Witless, *a.* ဉာဏ်မရှိ၊ မိုက်သော။

Witling, *n.* ဉာဏ်ရှိယောင်ဆောင်သောကာလသား။

Witness, *v.* to see and know personally, ကိုယ်တိုင်သိမြင်သည်။ to attest, bear testimony, သက်သေခံသည်။ —*n.* one who knows from personal observation, ကိုယ်တိုင်သိမြင်သောသူ။ အသိ။ ear —, အသိအကြား။ သိကြားသက်သေ။ eye—, အသိအမြင်။ သက်သေ အသိအမြင်။ —before a court of arbitration, စုံရာသက်သေ။ one who bears testimony, သက်သေ၊ သက်သေခံသောသူ။ bear—, *v.* သက်သေခံသည်။

Witticism, *n.* ပျက်ရယ်သောစကား။

Wittingly, *adv.* သိလျက်နှင့်။

Wittol, *n.* ကိုယ်မယားလင်ခေါင်ထားသည်ကိုသိလျက်နှင့်ငြိမ်နေသောသူ။

Witty, *a.* ညာဏ်ထက်မြက်သော။ droll, ပျက်ချော်သော။

Wive, *v. i.* မယားနှင့်နေသည်။

Wizard, *n.* စုန်း။ ခွာသား။ one kind, ကဝေ၊ သူပြု။

Woe, *n.* a calamity, ဘေးဥပါတ်။ a cause of calamity, အမင်္ဂလာ။ —begone, *a.* ဘေးဥပါတ်များ၍စိတ်မရပ်မတည်နိုင်အောင်ရှိသော။

Woeful, *a.* wretched, ဆင်းရဲညှိုးငြင်သော။ calamitous, ဘေးဥပါတ်ကို ဖြစ်စေတတ်သော။ ဆင်းရဲညှိုးငြင်စေတတ်သော။

Wolf, *n.* ဝံပုလွေ။

Wolfish, *a.* တောခွေးသဘောရှိသော။

Woman, *n.* a female of the human race, မိန်း။ လူမိန်း။ မာတုဂါမ။ *Pali.* a female servant, အစေခံမိန်း၊ ကျွန်မ။—hater, မိန်းမျိုးကိုမုန်းသောသူ။

Womanhood, *n.* မိန်းမ၏အဖြစ်။

Womanish, Womanly, *a.* like a woman, မိန်းကဲ့သို့ဖြစ်သော။ becoming a woman, မိန်းနှင့်တော်သင့်သော။

Womankind, *n.* မိန်းမျိုး။

Womb, *n.* သားအိမ်။

Wonder, *v. i.* အံ့ဩသည်။ —*n.* from above; a cause of wonder, a prodigy, အံ့ဩဖွယ်။ အံ့ဖွယ်သရဲ။

Wonderful, Wondrous, *a.* အံ့ဩဖွယ်သော။ အံ့ဩဖွယ်ဖြစ်သော။ *int.* သယ်။ (rather ironical.)

Wont, *a.* being used to, being in the habit of, အလေ့ရှိသော။ (ပြု) လေ့ရှိသော။ (ပြု) တတ်သော။

Wonted, *a.* accustomed, habituated, အကျင့်ပါသော။ အကျင့်အလေ့ပါ သော။ acquainted with, ကျွမ်းသော၊ အကျွမ်းဝင်သော။

Woo, *v. t.* to solicit in love, (မိန်းကို) လှည့်သည်။ to entice, ဖြား ယောင်းသွေးဆောင်သည်။

Wood, *n.* a collection of trees, တော။ သစ်တော။ close thick—, ပိတ်ပေါင်း။ the substance of trees, သစ်သား။ fuel, ထင်း။ —cut, ပုံနှိပ်ရန်ဖြည့်ပေါ်မှာထုသောရုပ်ပုံ။ —cutter, ထင်းခုတ်သမား။ —house, ထင်းရုံ။ —land, တောသစ်ပင်ပေါများသောမြေ။ —man, တောသား။ —note, တောသံမြင်း။ —nymph, ရုက္ခစိုးနတ်သမီး။

—oil, ကညင်ဆီ၊ —pecker, သစ်တောက်၊ ခေါက်ရှား ထောက်ရှား၊ —pile, ထင်းပုံ၊ —apple, မှန်

**Wooded**, *a.* သစ်ပင်မကြဲမစိပ်ပေါက်သော၊

**Wooden**, *a.* သစ်သားကိုလုပ်သော၊

**Woody**, *a.* သစ်ပင်များသော၊

**Wooer**, *n.* (မိန္မကို) ဟှည့်သောသူ၊

**Woof**, *n.* အပေါက်၊ ရက်ကန်းပေါက်၊

**Wool**, *n.* သိုးမွေး။ —sack, a sack of wool, သိုးမွေးထည့်သောအိတ်၊ the lord chancellor's seat in the house of lords, သိုးမွေးသွတ်သောခုံ၊

**Woolen**, *a.* made of wool, သိုးမွေးကိုလုပ်သော၊ pertaining to wool, သိုးမွေးနှင့်ဆိုင်သော၊

**Woolly**, *a.* consisting of wool, သိုးမွေးဖြစ်သော၊ resembling wool, သိုးမွေးကဲ့သို့ဖြစ်သော၊

**Word**, *n.* an articulate sound, သဒ္ဒါ၊ language, စကား။ a leading —, စကားဦး၊ ဝစီ၊ *Pali* a synonymous—, စကားမ၊ a promise, ဂတိ၊ an order, command, အမိန့်၊ tidings, သိတင်း။ a divine communication, နှုတ်ကပတ်၊ ဗျာဒိတ်တော်၊ written word of a deity, နှုတ်ကပတ်ကျမ်း။ spoken —, နှုတ်ထွက်၊ —*v. t.* စကားကိုစီကုံးသည်၊

**Wordless**, *a.* နှုတ်မမြွက်နိုင်သော၊

**Wordy**, *a.* စကားများသော၊

**Work**, *v. i.* to move, as a machine, လှုပ်သည်၊ လှုပ်ရှားသည်၊ to labor, အလုပ်လုပ်သည်၊ လုပ်ကိုင်သည်၊ လုပ်ဆောင်သည်၊ to operate, produce effects, ပြုသည်၊ ပြုလုပ်သည်၊ အကျိုးဖြစ်စေခြင်း လုပ်သည်၊ to ferment, ပေါက်သည်၊ to make way with effort, ကုတ်ကုတ်ကတ်ကတ်တိုးလျှို၍သွားသည်၊ —with painful efforts, ကြိုးကုတ်သည်၊ —by the day, နေ့စားလုပ်သည်၊ —for day wages, နေ့စားငှါးသည်၊ —*v. t.* to form or produce by labor, ဖြစ်စေအောင်လုပ်သည်၊ to exert, အားထုတ်သည်၊ to embroider, ပန်းပြောက်ထိုးသည်၊ to cause to ferment, ဖေါက်သည်၊ —on, ပြုလုပ်သည်၊ —out, *v. t.* to effect by exertion, (အကျိုးတစုံတခုကို) ဖြစ်စေခြင်းငှါကြိုးစားအားထုတ်သည်၊ to solve, ရှင်းလင်းအောင်ပြုသည်၊ —up, to excite, နှိုးဆော်သည်၊ to expend in work, လုပ်ရာတွင်ကုန်စေအောင်သုံးသည်၊ —*n.* labor, အလုပ်လုပ်ခြင်း။ လုပ်ကိုင်ခြင်း။ လုပ်ဆောင်ခြင်း။ အလုပ်အကိုင်၊ that on which one is working, လုပ်သောအရာ၊ that which is made, ထက်ရာ၊ an act, deed, ပြုသောအမှု၊ a performance (good or evil,) အကျင့်၊ a composition, writing, book, စီကုံးသောစာ၊ embroidery, အထည်၌ထိုးသောပန်းပြောက်၊ *plur.* fortification, *n.*

တန်ဆောင်း၊ ပြဒိုး၊ မြို့မြိုး၊ မြို့တာ၊ —bag, *n.* အချုပ်တန်ဆာထည့်သောထက်စွဲအိတ်၊ —fellow, *n.* လုပ်ဖော်ဆောင်ဖက်၊ —house, *n.* ဆင်းရဲပင်ပန်းသောသူတို့ကိုအလုပ်ပေး၍ထားသောအိမ်၊ —shop, *n.* ရုံ၊ (to require much labor, လက်ဝင်များသည်၊)

**Working,** *a.* & *n.* from same, —day, *n.* ဥပုသ်နေ့မဟုတ်သောနေ့လွတ်၊

**Workman**, *n.* a man employed in labor, အလုပ်လုပ်သောသူ၊ an artificer, လက်မှုပညာသည်၊ master—, ဓိသာ္ပကာ၊ *Pali* hired—, လုပ်သား၊

**Workmanlike, Workmanly,** *a.* စေ့စပ်သေချာစွာပြီးစီးသော၊

**Workmanship,** *n.* manner of execution, အလုပ်၊ that which is made, လုပ်၍ဖြစ်သောအရာ၊

**Workwoman,** *n.* လုပ်ကိုင်သောမိန်းမ၊

**World,** *n.* a mundane system, လောကဓာတ်၊ the earth, ပထဝီမြေကြီး၊ a division of the universe, ဘုံ၊ a state of existence, ဘဝ၊ the present state of existence, လောကဿ၊ လောကီ၊ the business or affairs of this life, လောကီအမှုအရေးများ၊ the course of life, အသက်ရှင်၍အစဉ်အတိုင်းလိုက်သောလမ်း၊ mankind, the inhabitants of the world, people in general, လောကီသားများ၊ a great multitude or quantity, အစု၊

**Worldliness,** *n.* from Worldly.

**Worldling,** *n.* လောကီအမှုအရာတို့၌စိတ်စွဲလမ်းသောသူ၊ လောကီသား၊

**Worldly,** *a.* pertaining to this world, လောကီနှင့်ဆိုင်သော၊ လောကီ၊ devoted to worldly affairs, လောကီအမှုအရာတို့၌စိတ်စွဲလမ်းသော၊ —minded, *a.* *see* last def. —mindedness *n.* from *do.*

**Worm,** *n.* an insect without distinguishable bones, ပိုး၊ an earth worm, တီ၊ blind—, မြွေဆင်ပျက်၊ an intestinal worm, သံ၊ the thread of a screw, ဝက်အူရစ်၊ ဝက်အူလိမ်၊ the worm of a still, ဝက်အူရစ်ပြွန်၊ —eaten, *a.* ပိုးစားသော၊ —powder, *n.* သံချဆေးမှုန့်၊ —wood, *n.* သံချဆေးဝါး၊ ဖေါ်နံ၊ —*v.* to work gently and secretly, လျှို့ဝှက်စွာဖြည်းညှင်းစွာပြုသည်၊ to draw out with the screw of a ramrod, ထိုးတံဝက်အူနှင့်နှုတ်သည်၊

**Wormy,** *a.* ပိုးစားသော၊

**Worry,** *v. t.* to annoy, နှောင့်ရှက်သည်၊ to harass, ပင်ပန်းစွာနှောင့်ရှက်သည်၊ to bite and mangle, ကိုက်ဖဲ့သည်၊ —*n.* —and anxiety, ဗျာပါသောက၊

**Worse,** *a.* more bad, သာ၍ဆိုးသော၊ more ill in health, သာ၍နာသော၊ အနာတိုးသော၊ the—, *n.* ရှုံးခြင်း၊ —off (be), *v. i.* သာ၍အရေးမသာ၊ သာ၍အကျိုးနည်းသည်၊

**Worship,** *v.* to adore, ကိုးကွယ်သည်၊ to treat with reverence, ရိုသေကျိုးနွံသည်၊ —*n.* from above; act of—, ပဏာမ၊ သရဏ၊

*Pali.*—day, ဥပုသ်နေ့။ day after —day, အထွက်နေ့။ day before —day, အဓိတ်နေ့။ အကြိုနေ့။ *a title of honor*, မင်းဘုရား။

Worshipper, *n.* agent, from Worship, *v.*

Worshipful, *a.* ရှိသေဖွယ်ဖြစ်သော။

Worst, *a.* အဆိုးဆုံးသော။

Worsted, *n.* သိုးမွေးချည်တမျိုး။

Worth 1, *v. i.* ဖြစ်သည်။ —2, *a.* equal in value to, ထိုက်သော။ တန်သော။ အဘိုးထိုက်သော။ အဘိုးတန်သော။ အဘိုးထိုက်တန်သော။ deserving of, (အကျိုးကို) ခံထိုက်သော၊ ထိုက်တန်သော။ having property to the value of, ရတတ်သော။ —*n.* value in price, အဘိုးထိုက်ခြင်း။ value in desert or utility, (အကျိုးကို) ခံထိုက်ခြင်း။ ထိုက်တန်ခြင်း။ ground of desert or utility, အကျိုးကိုခံထိုက်စရာအကြောင်း။ နှစ်သက်ဖွယ်ရန်အကြောင်း။

Worthiness, *n.* from Worthy.

Worthless, *a.* being of no value, အဘိုးမတန်သော။ having no worth or worthiness, မထိုက်တန်သော။ inefficient, ပေါ့တန်သော။ having no ground of esteem, နှစ်သက်စရာအကြောင်းမရှိသော။ useless, အသုံးမဝင်သော။ (—fellow, အဖျင်းကြီး။ အဖြေးအဖျင်း။)

Worthlessness, *n.* from above

Worthy, *a.* deserving, ထိုက်သော။ ထိုက်တန်သော။ estimable, နှစ်သက်ဖွယ်ဖြစ်သော။ —*n.* လေးမြတ်ဖွယ်သောဂုဏ်ရှိသောသူ။

Wot, *v.* သိသည်။

Wound, *v. t.* အနာဖြစ်အောင်ထိခိုက်သည်။ —slightly, ရှနသည်။ —slightly in passing, ထိရှသည်။ —the feelings, စိတ်နာစေသည်။ *n.* အနာ။ အနာအဆာ။

Wrangle, *v. i.* ပဋိဃာတ်ဖြစ်၍အချင်းချင်းငြင်းခုံသည်။

Wrap, *v. t.* to roll up, လိပ်သည်။ to cover with something rolled and thrown around, ထုပ်ရစ်သည်။ to conceal, ဖုံးထားသည်။ to comprise, ငုံသည်။ ထိန်းသိမ်းသည်။

Wrapper, *n.* အပေါ်ဖုံး။

Wrath, *n.* ပြင်းစွာသောအမျက်ဒေါသ။ ရန်းမာန်။ (to show wrath, ရန်းမာန်ဖိသည်။)

Wrathful, *a.* အမျက်ထွက်သော။ စိတ်ဆိုးသော။

Wreak, *v. t.* (သူ့ခေါင်းပေါ်သို့) ရောက်စေအောင်ပြင်းစွာပြုသည်။

Wreathe, *v. t.* to intertwine, ပူးလိမ်သည်။ ဖိမ်ဖွဲ့သည်။ to encircle as with a garland, ပူးလိမ်၍ရစ်ပတ်သည်။ —*n.* ပူးလိမ်သောပန်းကုံး။

Wreck, *v. t.* to destroy a vessel on rocks or sands, သင်္ဘောကိုကျောက်ဆောင်၊ သောင်ပေါ်သို့ တိုက်စေ၍ထိုးတင်၍ ဖျက်သည်။ to ruin, ပျက်ဆီးသည်၊ —*n.* from above; the ruins of a ship wrecked, သင်္ဘောပျက်၊

**Wrecker,** *n.* သင်္ဘောပျက်ထိုကိုလိုက်ရှာသောသူ၊

**Wren,** *n.* ငှက်ပြည်စုတ်တမျိုး။

**Wrench,** *v. t.* to force away by violent twisting, လိမ်ဖဲ့၍ယူသည်၊ to sprain, အကြောပျက်စေခေါင်မြှုသည်၊ —*n.* from *do.* —for plying a nut, ခေါ်ဗီး

**Wrest,** *v. t.* to force away by violent twisting, လိမ်ဖဲ့၍ယူသည်၊ to take by force, အနိုင်အထက်ယူသည်၊ to distort, pervert (the meaning), ထွေဖယ်၍ပြောသည်၊ —*n.* from *do.*

**Wrestle,** *v. i.* to struggle in efforts to throw one another, နပန်းလုံးထွေးသည်၊ to strive with, အန်ကျင်ထက်ပြု၍ပြိုင်သည်၊ ဆိုင်ပြိုင်၍ထိုက်ထိသည်၊

**Wrestling,** *n.* from above; —match, နပန်းပွဲ၊

**Wretch,** *n.* agent, from next.

**Wretched,** *a.* very miserable, အလွန်ဆင်းရဲညှိုးငြင်သော၊ very low, despicable, အလွန်ယုတ်ညံ့သော၊ —*adv.* in a wretched plight, ထိရှားပန်းလျှ၊

**Wretchedness,** *n.* from above.

**Wriggle,** *v.* လွန့်လိမ်သည်၊

**Wriggler,** *n.* ထောက်လမ်း။

**Wright,** *n.* ထက်သမား၊ ထက်မှုပညာသည်၊

**Wring,** *v. t.* to twist, contort, လိမ်စက်သည်၊ to squeeze by twisting, လိမ်၍ညှစ်သည်၊ —from, —out, *v. t.* ညှစ်၍ယူသည်၊ —off, *v. t.* လိမ်၍ဖြတ်သည်၊

**Wrinkle,** *v.* တွန့်သည်၊ —*n.* အတွန့်၊

**Wrinkled (be),** *v.* ရှုံ့သည်၊ ရှုံ့တွသည်၊ တွန့်သည်၊

**Wrist,** *n.* လက်ကောက်ဝတ်၊ —band, *n.* အင်္ကျီလက်ဖျားအနားပတ်၊

**Writ,** *n.* a writing, စာ၊ a sacred writing, ကျမ်းစာ၊ a legal precept, မှတ်ချက်၊

**Write,** *v* to form characters expressive of language, အက္ခရာထိုးသည်၊ ရေးသည်၊ စာရေးသည်၊ ရေးသားသည်၊ to compose, arrange in writing, စာစီကုံးသည်၊ စာကိုစီရင်ရေးထားသည်၊ စာဖွဲ့သည်၊ —from dictation, နှုတ်တိုက်ရေးသည်၊

**Writer,** *n.* agent, from above; a secretary, clerk, စာရေး၊ စာရေးစာချီ၊

**Writhe,** *v. i.* လွန့်လိမ်သည်၊

**Writing,** *n.* from Write; any thing written, ရေးသောစာ၊ writings books, စာပေကျမ်းဂန်၊ religious—, ကျမ်းဂန်၊ superficial writings, as novels, etc., စာပေါ်ဇာလွှင်၊ small running hand,

စာညွှင်း။ a contract, စာချုပ်၊ —on palm leaf, ပေစာ၊ roll of—, စာလိပ်၊ —book, *n.* စာရေးရန်စာအုပ်လွတ်၊ —desk, *n.* စာရေးစားပွဲခုံ၊ —master, *n.* လက်ရေးသင်ပေးသောဆရာ၊ —table, *n.* စာရေးစားပွဲ၊

Wrong, *a.* not right, မမှန်သော၊ not morally right, not just, မမှန်သော၊ မှားသော၊ မှားယွင်းသော၊ မတရားသော၊ မဖြောင့်မတ်သော၊ erroneous, မှားသော၊ လွဲသော၊ ချွတ်ယွင်းသော၊ —doer, *n.* မတရားသဖြင့်ပြုသောသူ၊ —headed, *a.* အယူသန်၍မိတ်မိုက်မဲသော၊ —timed, *a.* အချိန်မလျော်သော၊ —*v. t.* to injure, ပြစ်မှားသည်၊ —*n.* from *do.*

Wrongful, *a.* မတရားသဖြင့်ပြု၍ပြစ်မှားခြင်းနှင့်ဆိုင်သော၊

Wroth, *a.* ပြင်းစွာအမျက်ထွက်သော၊

Wrought, *pret.* of Work, *which see.*

Wry, *a.* twisted, လိမ်လျှက်ရှိသော၊ drawn aside, ယွဲ့သော၊

# Y

Yacht, *n.* ဖေါင်၊

Yam, *n.* မျှောက်ခေါင်း။ မျှောက်ဥကြီး။ ကဇော်၊ ကျွေးကျောက်သာ။ စင်လုံး၊ ကျွတ်၊ wild—, ကျွေး၊

Yankee, *n.* (a cant word,) အမေရိကမြောက်ပိုင်းသား။

Yard 1, *n.* the measure of two cubits, ယာဉ်တည်းဟူသော ၂ တောင်နှင့်မျှသောအတိုင်းအတွာ၊ measure of length, ကိုက်၊ (Bengali), —stick, *n.* ၂ တောင်တာ၊ —2, *n.* an inclosure, ခြံကာလျှက်ရှိသောအရပ်၊ ground inclosed by a fence of wrought materials, ဝင်းအတွင်းမြေ၊ —3, *n.* the piece of timber from which a sail is suspended, ရွက်ထက်၊ main—of a large boat, တန်း။ beam of a balance, ချိန်ခွင်ပေါင်၊

Yarn, *n.* woolen thread, သိုးမွေးချည်၊ any coarse thread, ကြမ်းသောချည်၊

Yau, *n.* ယောလူမျိုး။

Yawl, *n.* သင်္ဘော်ငယ်ပါသောသံဘန်၊

Yawn, *v. i.* to gape, သမ်းသည်၊ to open wide (as a mouth,) ဟသည်၊ —*n.* from *do.*

Ye, *plur.* of Thou, *which see.*

Yea, *adv.* ထုတ်ကဲ့၊

Yean, *v. t.* (သိုး) မွေးသည်၊

Year, *n.* နှစ်၊ last—, မနှစ်၊ —before last, *n.* တမြန်နှစ်၊ (a new year's day, နှစ်ဆန်းတရက်၊)

Yearling, *n.* အခါလည်ရှိသောအကောင်၊

**Yearly**, *a.* annual, နှစ်စဉ်ဖြစ်သော။ တနှစ်တခါဖြစ်တတ်သော။ lasting a year, တနှစ်သာတည်တတ်သော။

**Yearn**, *v. i.* ကြင်နာသည်။

**Yeast**, *n.* တဆေး။

**Yeasty**, *a.* အမြှုပ်ပါသော။

**Yelk**, *n.* ဥအနှစ်။

**Yell**, *v. i.* အော်ဟစ်သည်။ —*n.* from *do.*

**Yellow**, *a.* ဝါသော။ မရန်းရောင်။ bright yellow, ဝင်းသော။ —*n.* ဝါသောအဆင်း။ light—, အဝါနု။ နံ့သာရောင်။ deep—, အဝါရင့်။ *adv.* pale—, ဝါကြန့်ကြန့်။

**Yellowish**, *a.* ခပ်ဝါဝါ။

**Yellowness**, *n.* from Yellow, *a.*

**Yelp**, *v. i.* တိုးတိုးဟောင်သည်။

**Yeoman**, *n.* အိမ်၊ ထယ်ယာမြေကိုပိုင်သောသူ။

**Yeomanry**, *n.* အိမ်၊ ထယ်ယာမြေကိုပိုင်သောလူစု။

**Yerk**, *v. i.* ရုပ်ခနဲကန်သည်။

**Yes**, *adv.* ဟုတ်ကဲ့။ —*int.* အေး။ အိမ်း။ အေးအေး။

**Yesterday**, *n.* မနေ့။ day before—, တမြန်နေ့။

**Yesternight**, *n.* မနေ့ည။

**Yet**, *conj.* သို့သော်လည်း။ သို့ရာတွင်။ —*adv.* သေး။ ဦး။

**Yield**, *v. t.* to bear (as fruit.) သီးသည်။ to produce in the way of profit, ပေးသည်။ ထွက်အောင်ပြုသည်။ စီးပွားဖြစ်အောင်ပြုသည်။ to admit, ဝန်ခံသည်။ to concede, လျှော့၍ဝန်ခံသည်။ to give up (in contest,) လျှော့ပေးသည်။ to resign, give up, စွန့်၍အပ်သည်။ to surrender, ဝန်ချ၍အပ်သည်။ —*v. i.* to submit, ဝန်ချသည်။ —to, *v. t.* to give place, ဆုတ်၍နေရာပေးသည်။ to give way, cease opposing, အားလျှော့၍နေရာပေးသည်။ to comply with, (သူအလို) သို့လိုက်သည်။

**Yielding**, *a.* compliant, (သူအလို) သို့လိုက်တတ်သော။ flexible, ပျော့ပျောင်းသော။

**Yieldingly**, *adv.* အလိုက်သင့်။

**Yoke**, *n.* —for the neck or shoulder, ထမ်းပိုး။ —for the neck of a culprit, ဝက်ထိတ်။ a pair (of cattle,) အရှဉ်း။ တရှဉ်း။ —fellow, *n.* လုပ်ဖေါ်ဆောင်ဖက်။ —*v. t.* to put on a yoke, ထမ်းပိုးကသည်။ to join, connect, couple, တွဲဖက်၍ထားသည်။ —together, *v. t.* တွဲဖက်၍ထမ်းပိုးတင်သည်။ —to a cart, ရှဉ်းကောက်သည်။

**Yolk**, *see* Yelk.

**Yon**, **Yonder**, *a.* ဟို။ —*adv.* ဟိုမှာ။ ဟိုကို။

**Yore**, *n.* ရှေးကာလ။

You, *pron. obj.* of Ye, *which see;* 2d *person sing.* သင်၊ မင်း၊ မောင်မင်း၊ မောင်မင့်၊ နင်၊ ကျွယ်၊ တယ်၊ (fem.) ညည်း။
Young, *a.* being in the early part of life, အသက်ငယ်သော၊ ငယ်ရွယ်သော၊ adolescent, not old, ပျိုသော၊ ပျိုရွယ်သော၊ —and in the prime of life, နုပျိုသော၊ —*n.* အကလေး၊ —man, လုလင်၊
Youngest, *n.* အထွေး၊ —child, သားထွေး။
Youngster, *n.* လူပျို၊
Your, *poss.* of You and Ye, *which see;* —self, *pron.* သင်ကိုယ်၊ သင်ကိုယ်တိုင်၊ သင်ကိုယ်တိုင်ပင်၊
Youth, *n.* the state between childhood and manhood, ပျိုသောအရွယ်၊ a young man, လူပျို၊ young persons collectively, လူငယ်လူပျိုစု၊
Youthful, *a.* adolescent, ပျိုသော၊ အသက်ပျိုသော၊ pertaining to the state of adolescence, ပျိုသောအရွယ်နှင့်ဆိုင်သော၊

# Z.

Zany, *n.* လူပြက်၊
Zayat, *n.* (Burmese,) ဇရပ်၊
Zeal, *n.* from Zealous.
Zealot, *n.* စိတ်စွဲလမ်းခြင်းအမှု၌အလွန်အကျူးအားသန်သောသူ၊
Zealous, *a.* စိတ်အားကြီးသော၊
Zebra, *n.* မြင်းကြောင်မျိုး။
Zemindar, *n.* (East India,) မြေတိုင်းသူကြီး။
Zenith, *n.* အထက်ဗဟိုရ်ချက်မ၊
Zephyr, *n.* the west wind, အနောက်လေ၊ a gentle wind, လေညှင်း၊ လေပြေ၊
Zero, *n.* a cipher, သုံည၊ ၀။
Zest, *n.* သြဇာ၊ အရသာ၊
Zibet, *n.* ကြောင်မြင်း။
Zigzag, *adv.* ခိုနန်းချိုး။
Zinc, *n.* သွပ်၊ sulphate of—, ဒုဿာမြို၊
Zodiac, *n.* ၁၂ ရာသီတည်ရာစက်ဝိုင်း။ ရာသီစက်၊
Zone, *n.* a girdle, ခါးစည်း၊ ခါးပန်း။ a latitudinal division of the earth, မြေကြီးလုံးပတ်ကိုရစ်သောအပိုင်းအခြား၊ ဇောနအပိုင်းအခြား၊
Zoologist, *n.* ဇိုဩလဂိအတတ်ပညာကိုပြုစုသောဆရာ၊
Zoology, *n.* ဇိုဩလဂိအတတ်တည်းဟူသောတိရိစ္ဆာန်အမျိုးမျိုးကိုပိုင်းခြား၍သိကျွမ်းနားလည်သောအတတ်ပညာ၊
Zoophyte, *n.* အကောင်သဘော၊ အပင်သဘောတသားတည်းစပ်လျက်ရှိသောအရာ၊

FINIS.